# DICTIONNAIRE
# FRANÇAIS-ARABE,

PAR

R. ELLIOUS BOCTHOR, ÉGYPTIEN,

PROFESSEUR D'ARABE VULGAIRE A L'ÉCOLE SPÉCIALE DES L.L. O.O. VIVANTES,

REVU ET AUGMENTÉ,

PAR A. CAUSSIN DE PERCEVAL,

PROFESSEUR D'ARABE VULGAIRE A L'ÉCOLE SPÉCIALE DES L.L. O.O. VIVANTES.

PARIS,
CHEZ FIRMIN-DIDOT ET C<sup>IE</sup>, LIBRAIRES,
IMPRIMEURS DE L'INSTITUT DE FRANCE,
RUE JACOB, 56.

# DICTIONNAIRE
# FRANÇAIS-ARABE.

TYPOGRAPHIE FIRMIN-DIDOT. — MESNIL (EURE).

# DICTIONNAIRE
# FRANÇAIS-ARABE,

PAR

## ELLIOUS BOCTHOR, ÉGYPTIEN,

PROFESSEUR D'ARABE VULGAIRE A L'ÉCOLE SPÉCIALE DES L.L. O.O. VIVANTES;

REVU ET AUGMENTÉ

PAR A. CAUSSIN DE PERCEVAL,

PROFESSEUR D'ARABE VULGAIRE A L'ÉCOLE SPÉCIALE DES L.L. O.O. VIVANTES.

DEUXIÈME ÉDITION.

PARIS,

CHEZ FIRMIN-DIDOT ET C<sup>IE</sup>, LIBRAIRES,

IMPRIMEURS DE L'INSTITUT DE FRANCE,

RUE JACOB, 56.

M DCCC LXXXII.

# PRÉFACE.

L'auteur primitif de ce Dictionnaire, M. Ellious Bocthor, Égyptien copte, après avoir servi d'interprète à l'armée française en Égypte, vint en France avec ceux de ses compatriotes que leur dévouement pour notre cause avait forcés d'abandonner leur pays. Sur les rapports qui furent faits au duc de Feltre, ministre de la guerre, des connaissances de M. Ellious dans la langue arabe et de son goût pour l'étude, ce ministre lui permit, en juin 1812, de venir se fixer à Paris pour s'occuper de traductions d'arabe en français.

M. Ellious fut d'abord employé, au Dépôt général de la guerre, à traduire des pièces arabes qui faisaient partie de la correspondance de l'armée d'Orient. Ses services ne furent pas non plus inutiles aux personnes qui dressèrent la grande carte d'Égypte. Bientôt il fut attaché au Dépôt en qualité d'interprète. Il travailla alors avec ardeur à la confection d'un Dictionnaire français-arabe dont l'utilité était vivement sentie, et dont la classe d'histoire et de littérature ancienne de l'Institut avait signalé le besoin dans un rapport adressé à l'empereur, le 20 février 1806.

Réformé en 1814, replacé en 1815; réformé de nouveau en 1817 et replacé en 1818, avec son ancien traitement de 2,000 francs, à titre d'encouragement pour l'achèvement de son Dictionnaire, M. Ellious fut enfin nommé professeur d'arabe vulgaire à l'École royale des langues orientales vivantes, près la Bibliothèque du roi, en janvier 1821. Il mourut au mois de septembre de la même année, à peine âgé de trente-sept ans, laissant le manuscrit de son Dictionnaire achevé et mis au net.

M. le marquis Amédée de Clermont-Tonnerre, animé d'un noble zèle pour les progrès des études orientales, et désirant que ce travail important ne fût point perdu pour la France, a fait l'acquisition du manuscrit et entrepris de le faire imprimer.

Successeur de M. Ellious Bocthor dans la chaire d'arabe vulgaire à l'École royale des langues orientales, j'ai été chargé de revoir l'ouvrage et d'en effacer de légères incorrections, que l'auteur eût sans doute fait disparaître, s'il eût pu, en surveillant lui-même l'impression, mettre la dernière main à son travail. Pour que ce Dictionnaire fût aussi complet et d'une utilité aussi grande que possible, M. de Clermont-Tonnerre a souhaité qu'il reçût quelques augmentations jugées nécessaires. Suivant son désir, j'ai fondu dans l'ouvrage de nombreux matériaux que j'avais recueillis pendant mon séjour en Syrie, pour composer un dictionnaire semblable; j'y ai fait entrer aussi tout ce qu'il m'a paru utile d'extraire des Dictionnaires espagnol-arabe et italien-arabe, du P. Cañes et F. Domenico Germano di Silesia.

Cet ouvrage étant particulièrement destiné aux personnes qui ont besoin d'apprendre à parler et à écrire la langue arabe, c'est-à-dire aux voyageurs et surtout aux interprètes, M. Ellious et moi (je m'exprime ainsi collectivement, parce que mon travail entre dans la confection de ce Dictionnaire environ pour moitié) nous avons évité d'y insérer les mots qui sont exclusivement de l'idiome savant et poétique ; nous nous sommes attachés à ne le composer que des mots usuels, tant de la langue écrite que de la langue parlée. Ainsi, les expressions familières de la conversation, même les termes bas et populaires, aussi bien que les expressions recherchées du discours écrit et soigné des Arabes modernes, ont dû trouver place dans ce Dictionnaire. Les mots français qui n'ont point de correspondants en arabe ont été traduits par des périphrases, afin d'étendre l'usage de cet ouvrage aux Arabes qui veulent apprendre notre langue.

J'avais eu d'abord l'intention de faire suivre ce Dictionnaire d'un Index où les mots arabes, rangés suivant l'ordre alphabétique de leurs racines, devaient être accompagnés de numéros renvoyant aux pages dans lesquelles le sens et l'emploi de ces mots seraient indiqués. Mais j'ai réfléchi depuis, qu'un grand nombre de mots arabes n'ayant point en français de correspondants, et se trouvant ainsi exclus d'un Dictionnaire *français*-arabe, cet Index serait nécessairement fort incomplet. D'après cette considération, je me suis déterminé à entreprendre un Dictionnaire arabe-français dont l'usage sera beaucoup plus commode que celui d'un index, et qui contiendra toutes les expressions arabes usuelles, ou du moins toutes celles que j'aurai pu recueillir. Je sais qu'un orientaliste distingué, M. Freytag, s'occupe d'une nouvelle édition du Golius, qu'il doit enrichir de nombreuses augmentations. J'espère que son entreprise et la mienne ne se nuiront pas l'une à l'autre, car je les crois de natures différentes. Mon dessein est d'extraire seulement de Golius les mots généralement usités parmi les Arabes modernes, soit dans le style soigné, soit dans la conversation, et d'ajouter à ce fonds les mots vulgaires qui ne se trouvent point dans les Dictionnaires arabes publiés jusqu'à ce jour.

CAUSSIN DE PERCEVAL fils.

*NOTA.* J'ai adopté la manière concise employée par Golius pour indiquer le futur ou aoriste des verbes arabes. Les lettres A, I ou O, qui accompagnent le prétérit, représentent les voyelles *fathha, kesra* ou *dhamma* que doit prendre la seconde radicale à l'aoriste.

# DICTIONNAIRE
# FRANÇAIS-ARABE.

## ABA

A, première lettre de l'alphabet, اول حرف من الالف باء.

A, s. m., il ne sait ni A ni B, il ne sait rien, لايعرف الف ولاباء.

A, particule qui marque le datif, لـ. A moi, لي. A toi, لك. A qui est ce livre? لمن هذا الكتاب.

A, préposition qui exprime des rapports de temps, de lieu, etc.; s'il y a mouvement, الى, ou, par abréviation, dans le langage vulgaire, لـ; s'il n'y a point de mouvement في. Je vais à Tripoly, انا رايح الى طرابلس ou طرابلس. J'habite à Paris, انا ساكن فى باريس.

A, signifiant après, avec, pour, etc., s'exprime par بعد, ل, ب, على. Pas à pas, قدم بعد قدم. ‖ Chargé à mitraille, معمر بالخردق. ‖ Prendre à témoin, طلب للشهادة. ‖ Il va à pied, رايح على رجليه. ‖ Il va à cheval, رايح راكب على حصان. ‖ Il est cher aux amateurs, عزيز عند طلابه. ‖ A la française, على زي الفرنساوية. ‖ Quatre à cinq personnes, اربعة خمسة انفس.

ABAISSEMENT, s. m.; au propre, هبوط - توطية - وطا. Abaissement, au figuré, humiliation, ذل - حطة - هوان - انحطاط - انخفاض.

ABAISSER, v. a., diminuer de hauteur, وطى.

Abaisser, faire aller en bas, هبط - نزل - وطى.

Abaisser, humilier, اهان - اذل - خفض I. Abaisser l'orgueil de quelqu'un, كسر نفسه I.

## ABA

S'abaisser devant, s'humilier, تذلل - اتضع قدام - تخضع - تخشع بين يديه أو له.

S'abaisser, aller en bas, descendre, هبط. – نزل O.

ABANDON, s. m., هجران - هجر - ترك.

Abandon, négligence aimable, خلاعة.

A l'Abandon, adv. متروكاً - هاملاً - سايباً. Enfant laissé à l'abandon, ولد مدشر. ‖ Le bien laissé à l'abandon fait naître l'idée de voler, مال المدشر يعلم الناس الحرام, prov. ‖ Laisser à l'abandon, دشر - تغافل عن.

Qui est dans l'abandon ou sans appui, ظهره ما له احد - ما له ظهر - مقطوع.

ABANDONNÉ, adj., inhabité. خالى من - مهجور السكان.

Abandonné, délaissé, مدشر - متروك.

Abandonné, livré à ses passions, سايب - هامل.

ABANDONNEMENT, s. m., délaissement entier, هجران كلى - ترك كلى.

Abandonnement, dérèglement excessif, prostitution, ترك الحيا - سرف - انهماك فى المحارم.

ABANDONNER, v. a., quitter, ترك – فات O. O. Abandonner sa famille et sa patrie, هجر - تخلى عن - دشر O. ‖ Abandonner le service, تجرد من الخدمة. ‖ Abandonner quelqu'un à son malheureux sort, سيبه الى سوء فائه O. ‖ Abandonner à l'اهل والاوطان ‖ Abandonner بختة.

S'abandonner, v. réfl., se livrer à, انهمك فى. S'abandonner aux plaisirs, انهمك فى اللذات. S'a-

1

## ABA

bandonner à la Providence, سلّم ـ نوكّل على الله ـ امره لله.

**ABASOURDIR**, v. a., étourdir, consterner, دوّخ ـ ادهش. I. ـ دهى.

*Abasourdi*, adj., مدهوش.

**ABATAGE**, s. m., coupe des arbres, قطع الشجر.

*Abatage*, les frais de la coupe, اجرة قطع الشجر.

**ABATARDIR**, v. a., faire dégénérer, غيّره ـ افسد ـ غيّره عن اصله ـ طيبة اصله.

*S'Abâtardir*, v. réfl., تغيّر عن طيبة ـ انفسد ـ اصله.

**ABATARDISSEMENT**, s. m., تغيّر عن طيبة الاصل.

**ABATIS**, s. m. bois, maisons abattues, رديم ـ هدم.

*Abatis*, la tête, les pieds, le cou, les ailerons de volailles; le cuir, la graisse, etc. de bêtes tuées, سقط ـ عفشة ـ قشّة.

**ABAT-JOUR**, s. m., sorte de fenêtre, نوع شبّاك; plur., شبابيك.

**ABATTEMENT**, s. m., affaiblissement, diminution des forces physiques, دمار القوى ـ ضعف.

*Abattement* de courage, انكسار العزم ـ خمود ـ انكسار القلب.

**ABATTEUR**, s. m. bûcheron, كسّارين plur. كسّار.

*Abatteur*, au figuré, celui qui se vante de faire de grandes choses, فشّار plur., فشّارين.

**ABATTRE**, v. a., détruire, jeter par terre, هدم. I. ـ رمى ـ O. هدّ.

*Abattre*, affaiblir, دمّر القوى ـ ضعّف.

*S'abattre*, perdre courage, انكسر عزمه ـ O. خد, انكسر قلبه.

*S'abattre*, s'apaiser, هدأ A. Le vent s'abat, هدأ الريح.

*S'abattre*, tomber, وقع, aor. يقع. Le cheval s'abattit, وقع الحصان.

*S'abattre*, en parlant d'un oiseau, هبط O. ـ انحطّ O.

**ABATTU**, adj., مهدوم ـ مهدود. Un visage abattu, وجه متغيّر.

## ABI

**ABAT-VENT**, s. m., petit toit en saillie, دروند.

**ABBATIAL**, adj., qui appartient à l'abbé, بتاع رييس الدير, Droits abbatiaux, حقوق رييس الدير.

**ABBAYE**, s. m., monastère, دير; plur., ديورة.

**ABBÉ**, s. m., chef d'une abbaye, رييس الرهبان, plur., روسا الدير ـ رييس الدير. *Abbesse*, s. f. رييسة الراهبات ـ رييسة الدير.

**A. B. C.**, s. m., petit livret de l'alphabet, الف با.

*A. b. c.*, commencement d'une affaire, d'une science, بدو.

**ABCÉDER**, v. n., se tourner en abcès, اندمل ـ تدمّل ـ ادمل.

**ABCÈS**, s. m. tumeur pleine d'humeur, دمّل ـ دمّلة. plur. دماميل et دمامل.

**ABDICATION**, s. f., renoncement volontaire à une dignité souveraine, نزول عن ـ تنازل عن. Votre abdication est une chose étonnante, تنازلك عن الملك شي عجيب.

**ABDIQUER**, v. a., abandonner une dignité souveraine, تنازل عن.

**ABDOMEN**, s. m., bas-ventre, مأنة ـ صفاق.

**ABÉCÉDAIRE**, s. m., livre où l'on apprend à lire, كتاب الف باء.

**ABÉCQUER**, donner la becquée à un jeune oiseau, زقّ الطير O.

**ABEILLE**, s. f., mouche à miel, نحلة; plur., نحلات. Nom générique, نحل.

**ABERRATION**, s. f., erreur. ضلال ـ غلط.

**ABÊTIR**, v. a., rendre bête, بلّم A. ـ بلّه. *S'abêtir*, v. réfl., devenir bête, انبلم ـ تبلّه.

**AB HOC ET AB HAC**, adv., sans ordre, sans raison, شقلبًا مقلبًا.

**ABHORRER**, v. a. avoir en horreur, كره A.

**ABIME**, *Voy.* **ABYME**.

**AB INTESTAT**, adv., (mourir) sans tester, مات من غير وصية.

**AB IRATO**, adv., (testament) fait en colère, وصية مغتاظ.

## ABO

ABJECT, adj., vil, bas, méprisable, حقير - دنى; plur., أدنيا - وغد، plur. اوغاد - منهان - ذليل.

ABJECTION, s. f., humiliation, bassesse, دناوة - حقارة - ذل.

ABJURATION, s. f., renoncement à une fausse religion, جحد - جحود.

ABJURER, v. a., renoncer à une fausse religion, une erreur, une opinion, رفض A.—جحد. O. Abjurer les erreurs contraires à la foi, رفض الغلطات التى هى ضد الايمان.

ABLATIF, s. m., جرّ - المفعول معه او منه.

ABLE, s. f., sorte de petit poisson, نوع سمك صغير.

ABLERET, s. m., sorte de filet pour pêcher des ables, نوع شبكة لصيد السمك الصغير.

ABLUTION, s. f., action de se laver avant la prière, وضوء. Faire l'ablution, توضّأ.

*Ablution* avec du sable, تيمّم. Faire l'ablution avec du sable, تيمّم.

ABNÉGATION, s. f., renoncement à soi-même, ترك الانسان نفسه.

ABOI, ABOIEMENT, s. m., cri du chien, عوى - نبح - نبيح.

*Aux abois*, s. m. plur., فى شدّة - فى عزّ الضيقة. La ville est aux abois, المدينة فى عزّ الضيقة. || Un homme aux abois, mourant, رجل على اخر نفس.

ABOLIR, v. a.; annuler, بطل - ابطل.

ABOLISSEMENT, s. m., action d'abolir, تبطيل - ابطال - بطلان.

ABOLITION, s. f., anéantissement, ابطال.

ABOMINABLE, adj., كره - كريه - مغضوب - مكروه.

ABOMINABLEMENT, adv., بوجه - كريه - مكروهًا.

ABOMINATION, s. f., action abominable, معصية; plur., شى كره - فعل مكروه - معاصى.

ABONDAMMENT, adv., en abondance, كثيرا - بكثرة.

ABONDANCE, s. f., grande quantité, بركة - كثرة - زيادة - فيض - رخص. Il y a chez vous abondance de tout, عندكم البركة - عندكم الخير كثير.

*Abondance* des productions de la terre, خصب - غلّة.

*Abondance*, vie aisée, نعيم - سعة.

Parler d'*abondance*, sans préparation, تكلم حالًا.

ABONDANT, qui est en quantité, فايض - كثير - زايد.

*Abondant*, fertile, غليل - خصيب - خصب. Écrivain abondant, مؤلّف مكثر. || Un pays abondant en savants distingués, بلاد مشحونة بالعلما المشتهرة.

ABONDER, v. n., être ou avoir en abondance, خصب. A.—كان كثيرًا - عنك كثير.

*Abonder* en son sens, être trop attaché à son opinion, تمسّك براية.

ABONNÉ, s. m., مستاجر - مستكرى.

ABONNEMENT, s. m., marché à prix fixe, pour un temps, ايجار.

S'ABONNER A, v. pr., prendre un abonnement à, استاجر - استكرى.

ABONNIR, v. a., rendre bon, اصلح - طيب - عدل.

S'*abonnir*, v. n., devenir bon, استعدل - تعدّل.

ABORD, s. m., accès, وصول - دنو - قرب. D'un abord difficile, صعب الوصول اليه.

D'abord, tout d'abord, de prime abord, أوّلًا - فى أوّل الامر.

ABORDABLE, adj., d'un abord facile, سهل الدنو - سهل الوصول اليه - منه.

ABORDAGE, s. m., choc de deux vaisseaux, لطم - اقتراب والتصاق مركبين - مركبين فى بعضهم - محاربة بعضهم.

ABORDER, v. n., prendre terre, رسى على البرّ. —I. Aor. يصل، وصل الى البرّ.

*Aborder* un vaisseau, y monter par force, طلعوا (Barb.) تزنكر - الى المركب قوة واقتدار.

*Aborder*, joindre, approcher, اقترب - تقرّب. I. O.—دنا من - وصل الى - منه.

*Aborder* une question, la traiter, la discuter. ‎بحث المسئلة‎ A.

ABORIGÈNES, s. m. plur., premiers habitants d'un pays, ‎اولاد البلاد ـ اهل البلاد‎.

ABORNEMENT, s. m., action d'aborner, ‎تحديد‎.

ABORNER, v. a., donner des bornes, limiter, ‎حدّد‎.

ABORTIF, adj., avorté, ‎مسقوط ـ سَقطي‎. Enfant abortif, ‎جنين مولود قبل زمانه ـ سقط‎.

*Abortif*, qui n'a pas acquis la perfection, ‎ناقص‎.

ABOUCHER, v. a., rapprocher des personnes pour conférer, ‎جمع بينهم ـ قابل ب ـ واجب‎ A.

*S'aboucher*, v. p., avoir une entrevue avec quelqu'un, ‎اجتمع به ـ تواجه مع ـ تقابل مع‎.

ABOUGRI, adj., trapu, ‎مكبتل‎.

*Abougri*, mal conformé, ‎ناقص الخلقة‎.

ABOUTIR, v. a., toucher d'un bout à, ‎اتصل ب‎.

*Aboutir*, tendre à, ‎قصد الى‎ O. A quoi aboutissent ces discours? ‎ايش المقصود بهذا الكلام‎.

*Aboutir*, conduire à, ‎ودّى الى‎. Où aboutit ce chemin? ‎الى اين يودي هذا الدرب‎.

*Aboutir*, avoir pour résultat, ‎آل الى‎, Aor. ‎يؤول‎. Cela n'aboutira qu'à le perdre, ‎هذا الامر يؤول الى‎ ‎ما ينتهي من هذا الامر الا خراب بيته ـ خراب بيته‎.

*Aboutir*, crever (apostème) ‎دمى‎ A. — ‎طلع منه‎ A. ‎انفتح ـ قيح‎.

ABOUTISSANT, adj., qui aboutit à, ‎مودّى الى ـ متصل ب‎.

*Aboutissants*, s. m. plur., les tenants et les aboutissants d'une maison, ‎نواحى و حدود بيت‎. Tenants et aboutissants d'une affaire, ‎كيفية الامر‎ ‎الامر و متعلقاته ـ و جميع احواله‎.

AB OVO, adv., dès l'origine, dès le commencement, ‎من الاصل‎.

ABOYER, v. n., japper, ‎نبح‎ A. — ‎عوى‎ A. Aboyer à la lune, crier inutilement contre quelqu'un, ‎نبح‎ ‎فى الهوا‎.

ABOYEUR, s. m., chien qui aboie, homme médisant, satirique, ‎نبّاح‎.

ABRAHAM, n. pr., ‎خليل ـ ابرهيم ـ ابرهيم الخليل‎ ‎الله‎.

ABRAQUER, v. a., tirer un cordage de main en main, ‎جرّ اللبان‎ O.

ABRÉGÉ, s. m., réduction d'un ouvrage plus étendu, ‎مختصر‎.

*En Abrégé*, adv., ‎بالاختصار ـ بنوع الاختصار ـ‎ ‎اختصارًا‎.

ABRÉGER, v. a., rendre plus court un espace de temps, un discours, ‎قصر المدّة، الكلام‎. Pour abréger, enfin, ‎والحاصل‎.

*Abréger*, réduire en petit un grand ouvrage, ‎اختصر‎.

ABREUVER, v. a., faire boire des bêtes, ‎اسقى‎ I. ‎سقى ـ البهايم‎.

*S'abreuver* de chagrins, d'amertume, ‎تجرع المرار‎.

ABREUVOIR, s. m., lieu où l'on abreuve, ‎حوض‎; plur., ‎حيضان‎; ‎مورد ـ موارد‎ plur., ‎منهل‎; plur., ‎مناهل ـ مسقاة‎.

ABRÉVIATEUR, s. m., qui abrège l'ouvrage d'autrui, ‎مختصر‎.

ABRÉVIATION, s. f., retranchement de lettres d'un nom, d'un titre, ‎اقتصار فى حروف الاسما والالقاب‎. Ainsi l'on écrit en français S. M., au lieu de Sa Majesté; en arabe, ‎س‎, pour ‎سؤال‎, demande; ‎ج‎, pour ‎جواب‎, réponse; ‎الخ‎, pour ‎الى اخره‎, et cætera.

ABRI, s. m., lieu où l'on se met à couvert, hors de danger, ‎جا ـ ملجا ـ درا‎.

*A l'Abri*, adv., à couvert, ‎فى الامن ـ فى الدرا‎ ‎فى الحما‎.

ABRICOT, s. m., fruit, ‎مشمشة‎, nom d'unité ‎مشمش‎, nom générique. — ‎مشماش‎ (Barb.) Abricot dont l'amande est douce, ‎مشمش لوزى‎. Abricot dont l'amande est amère, ‎مشمش كلابى‎.

ABRICOTIER, s. m., ‎شجر المشمش‎. Un abricotier, ‎شجرة مشمش ـ مشمشة‎.

ABRITER, v. a., mettre à l'abri, ‎حمى من ـ دارى‎ I. ‎درق‎ (Barb.).

## ABS                      ABS

S'*Abriter*, se mettre à l'abri, التجى الى ،بحت ـ. احتمى تحت.

ABROGATION, s. f., suppression d'une loi, ،ترك ـ. ابطال ـ نسخ.

ABROGER, v. a., mettre hors d'usage, abolir, A. نسخ ـ بطل. O. ترك.

ABROTONE, s. f., plante, قيصوم ذكر ـ قيصوم وأنثى. *Voy.* Aurone, Santoline.

EX ABRUPTO, adv., tout d'un coup, brusquement, على غفلة.

Ex *Abrupto*, sans phrases préparatoires, بلا بلا ديباجة ـ مقدمة.

ABRUTIR, v. a., rendre brute, A. بلم ـ وحش.

S'*abrutir*, devenir brute, I. صار مثل ـ توحش صار مثل الدب ـ الوحش.

ABRUTISSEMENT, s. m., état d'un homme abruti, توحش.

ABSENCE, s. f., غياب ـ غيبة.

*Absence* d'esprit, distraction forte, غياب العقل.

ABSENT, adj., غايب; plur. غايبين et غياب.

*Absent* (qui a l'esprit), distrait, غايب العقل ـ فى دنية اخرى.

*Les absents ont tort*, من غاب خاب ـ الغايب. || L'absent porte son excuse avec lui, ما له فايب، الغايب حجته معه, proverbe, qui signifie : ne jugez pas un homme sans l'entendre.

S'ABSENTER, v. pron., غاب I. S'absenter de son pays, تغرب ـ غاب، سافر عن بلاده.

ABSINTHE, s. f., plante amère, خشرخ ـ افسنتين. *Absinthe* pontique, شيبة ـ ماميتا ـ ذقن الشيخ ; plur. شياح ـ شيح.

ABSOLU, adj., indépendant, مطلق.

*Absolu*, impérieux, متجبر، متسلط على.

ABSOLUMENT, adv., sans bornes, sans restriction, بالاطلاق ـ مطلقًا.

*Absolument*, entièrement, tout à fait, بالمرة ـ كليًّا.

*Absolument*, dans une phrase négative, قطعًا. Il n'en a absolument pas, ما عندك قط ـ قط ـ اصلا.

ABSOLUTION, s. f., déclaration de l'innocence d'un accusé, ابرآ، تبرية المتهوم ـ تبرير المتهوم.

*Absolution* des péchés prononcée par un prêtre, حل ، تحليل من الخطايا ـ مغفرة الذنوب ـ غفران.

ABSOLUTOIRE, qui absout, حلى.

ABSORBANT, adj., qui absorbe, qui pompe, ارض بلاعة. *Terres absorbantes*, شارب.

ABSORBER, v. a., pomper, A. شرب.

*Absorber*, engloutir, A. بلع ـ ابتلع.

*Absorber*, faire disparaître, غطس I. Absorber le son, غطى على الصوت ـ غطى الصوت.

S'*absorber*, s'enfoncer, se perdre, A. غرق ـ غارق، مستغرق فى. Absorbé en Dieu, استغرق ـ تأمل الامور الالهية.

ABSORPTION, s. f., action d'absorber, ابتلاع ـ شرب.

ABSOUDRE, v. a., déclarer innocent un accusé, ابرى ـ برى ـ برر المتهوم.

*Absoudre*, remettre les péchés, O. حل من. Être absous de ses péchés, I. برى من ـ عفر له ـ انحل من الخطايا.

ABSOUTE, s. f., absolution publique donnée au peuple, حلة.

ABSTÈME, adj., homme qui ne boit pas de vin, انسان لا يشرب خمرًا.

S'ABSTENIR DE, v. pron., احتمى من ـ امتنع عن O. كف عن ـ انتهى عن ـ I. عق عن ـ انقطع عن ـ A. زهد عن.

ABSTERGENT, adj., remède émollient qui dissout les duretés, دوا مفتت.

ABSTERGER, v. a., nettoyer une plaie, O. قشر ـ نظف ـ الجروح.

ABSTERSIF, adj., propre à nettoyer, دوا قاشر ـ دوا منظف.

ABSTERSION, s. f., l'action d'absterger, نظافة ـ تنظيف ـ الجروح.

ABSTINENCE, s. f., action de s'abstenir, احتما ـ انقطاع ـ زهد ـ اكفاف ـ امتناع.

**Abstinence**, privation de chair, قَطَاعَة. Il n'est pas jeûne aujourd'hui, il n'est que jour d'abstinence, Qui fait اليوم ما هو نهار صوم و لكن نهار قطاعة abstinence; قَاطِع, *Voy.* MAIGRE.

**Abstinent**, adj., sobre, مُحتَمِى فى - مُحتَمِى. قُنوع - الاكل.

**Abstractif**, adj., qui exprime les abstractions, تَجريدى.

**Abstraction**, s. f., examen d'une chose séparée de ses accessoires, تَجريد.

**Abstractivement**, adv., par abstraction, مُجَرَّدًا - بالتجريد.

**Abstraire**, v. a., considérer séparément les choses réellement unies, جَرَّدَ.

**Abstrait**, adj., séparé par abstraction, مُجرد.

*Abstrait*, opposé à concret, معنوى. Terme abstrait, اسم معنى.

*Abstrait*, enfoncé dans ses méditations, غارق او متغرق فى بحر الافكار.

*Abstrait*, difficile à pénétrer, بَعيد - عَسر الفَهم عن العَقل.

**Abstrus**, adj., difficile à entendre, غَويص.

**Absurde**, adj., contre le sens commun, مُحَال ضد العَقل - مستحيل.

**Absurdement**, adv., d'une manière absurde, من غير عقل - بالمحال - المحال.

**Absurdité**, s. f., chose absurde, محالة - استحالة. شى ضد العقل.

**Abus**, s. m., mauvais usage, désordre, عَادة رَدية.

*Abus*, usage excessif (des richesses), سَرَف. اسراف فى المال.

*Abus*, de l'autorité, ظُلم - تَعدى.

*Abus*, erreur, غَلَط. C'est un abus de croire, غَلطان من يَظُن.

*Abus* de confiance, tromperie, غِشّ.

**Abuser**, v. a., tromper. غَشّ O. غَرَّ O. Que votre amour-propre ne vous abuse pas, لا يَغرَّك العُجب بنفسك.

**Abuser**, faire un mauvais usage, اساء العمل ب. Abuser استعمل خلاف القانون, خلاف الحَقّ de son autorité, تَجَلوَز, جاوز - تَعدَّى على الرَعية - الحَدّ فى حُكومته.

*Abuser*, séduire, أغوى - غوى I.

*Abuser*, du temps, ضَيَّع الزَمن.

*S'abuser*, se tromper, أنغَرّ.

**Abusif**, adj., contraire aux règles, à l'usage, خِلاف الشَريعة - ضد القوانين - ضَلالى.

**Abusivement**, adv., d'une manière abusive, بغير قانون - بضلال.

**Abutilon**, s. f., plante de la famille des mauves, نوع من الخَبَازى - ابوطيلون - اوبوطيلون.

**Abyme**, s. m., gouffre sans fin, عمق - بير - هوّة. غَمر - قَعر - قاع.

*Abyme*, Enfer, هاوية.

*Abyme*, vaste capacité, لُجّة; plur., لُجَج; plur., غَمرات et غِمار.

**Abymer**, v. a., précipiter dans l'abyme, غَرّق فى - خَسف - أوقَع فى I. Les cinq villes que Dieu abyma, المدن الخَمس التى خَسف بها الله الارض.

*Abymer*, gâter, مَرمَط - خَسَّر - عَطَّل - خَرَّب.

*Abymer*, ruiner, perdre, خَرب بيته - أهلَك O.

*S'abymer*, se livrer à, se plonger dans, غَطَس فى I. غَرق فى A.

**Acabit**, s. m., qualité bonne ou mauvaise, تَركيب - اصل.

**Acacia**, s. m., arbre à fleurs, شَجر فِتنة - قَرظ. Fruit d'acacia, سَليخة - سَنط - زَنزَلَخت. Suc qu'on exprime du fruit de l'acacia, اقاقيا - عصارة القَرظ - رُبّ القَرظ.

**Académicien**, s. m., membre d'une académie, واحد من اعضاء جَمعية علما.

**Académie**, s. f., compagnie de savants, ديوان - مَجمَع, جَمعية علما علما.

**Académique**, adj., qui tient de l'académie, يَختَصّ جَمعية العُلما - مَدرَسى - عِلمى.

**Acagnarder**, v. a., accoutumer à la paresse, عَوَّد على الكَسل.

## ACC

*S'acagnarder*, s'accoutumer à la paresse, تعوّد على الكسل.

Acajou, s. m., arbre d'Amérique, كاجو.

Acanthe, s. f., plante, طابة الشوك - سلينج - كنكر - شوكة اليهود.

Acariatre, adj., d'une humeur aigre et fâcheuse, شرس - نكد - شعتى.

Acarne, s. m., poisson de mer, فريدنة.

*Acarne*, sorte de chardon, سلبين الحمار.

Acatalepsie, s. f., privation de la faculté de comprendre, عدم الفهم.

Acataleptique, adj., qui doute de tout, من اهل الشكوك.

Accablant, adj., fatiguant, متعب - ثقيل - مهلك.

Accablement, s. m., état de faiblesse, ضعف - دمار القوى - تعب - عجز.

*Accablement*, surcharge, ثقل. Il est dans un accablement d'affaires, qui ne lui permet pas de, من ثقل الاشغال التى عليه ما يمكنه.

Accabler, v. a., fatiguer, عيّى - اتعب.

*Accabler*, surcharger, اثقله - ثقل عليه. Accablé d'affaires, غارق فى. حمّله ما لا يطيق الاشغال.

*Accabler*, combler, غمره. Accabler de bienfaits, غمره بالاحسان.

Accaparement, s. m., sorte de monopole sur les marchandises, تخزين - تحويط على البضايع.

Accaparer, v. a., faire un accaparement, حوّط على البضايع.

Accapareur, s. m., celui qui accapare, حوّاط.

Accéder, v. n., consentir, رضى ب. A.

Accélération, s. f., تعجيل.

Accélérer, v. a., hâter le mouvement, عجّل.

Accent, s. m., prononciation propre à un peuple, à une province, لذغة ; plur., لغوى.

*Accent*, signe qui se met sur les voyelles pour indiquer les diverses manières de les prononcer,

## ACC 7

علامة توضع على حروف التحريك لبيان انواع التلفظ بها.

Accentuation, s. f., manière d'accentuer, وضع العلامات - تشكيل.

Accentuer, v. a., mettre des accents, شكّل - يشكّل. Aor., وضع العلامات.

Acceptable, adj., qui peut, qui doit être accepté, مناسب - مقبول.

Acceptant, adj., qui accepte, راضى ب - قابل.

Acceptation, action d'accepter, s. f., رضا - قبول.

Accepter, v. a., agréer ce qui est offert, قبل. A.

Accepteur, s. m., celui qui accepte une lettre de change, قابل بوليصة.

Acceptilation, s. f., quittance feinte, غلاق وصول مصطنع.

Acception, s. f., préférence, distinction des personnes, محاباة. Faire acception de personnes, تحابى معه - حابى احدًا.

*Acception*, sens d'un mot, معنى ; plur., معانى.

Accès, s. m., abord, دخول الى - وصول الى - قرب. Il n'a pas accès auprès de, ما له وصول الى.

*Accès*, retour, attaque d'un mal périodique, de la fièvre, دور - نوبة السخونة - برحاء. C'est aujourd'hui jour d'accès, اليوم دور السخونة.

Accessible, adj., abordable, dont on peut approcher, هيّن الوصول اليه - سهل لاقتراب.

Accession, s. f., consentement, رضاء.

Accessoire, adj., qui accompagne, qui est une dépendance, une suite, اجنبى - تابع.

*Les accessoires*, subst., التوابع.

Accessoirement, adv., بالتبعية - اجنبيًا - تابعًا.

Accidence, s. f., qualité, état de l'accident, عرضية.

Accident, s. m., cas fortuit, عارض ; plur., عوارض. Accident favorable, صدفة.

*Accident*, malheur, حادث ; plur., حوادث - مصيبة ; plur., مصايب.

*Accident*, terme de philosophie, opposé à substance, عرض - عوارض ; plur., عارض ضدّ جوهر, plur., أعراض. ‖ Accident commun, عرض عام. ‖ Accident séparable, عرض ممتاز. ‖ Accident inséparable, عرض لازم.

*Par accident*, sans dessein, من غير قصد - غلط. Il l'a tué par accident, قتله سهوا، غلط.

ACCIDENTEL, adj., qui arrive par accident, عرضي - عارضي.

ACCIDENTELLEMENT, adv., par hasard, عرضيًا.

ACCLAMATEUR, s. m., qui fait des acclamations, مهلّل.

ACCLAMATION, s. f., cri de joie, d'admiration, تهليل - تهوينة - هيلولة. faire des acclamations, هلّل.

ACCLIMATER, v. a., accoutumer à un nouveau climat, عوّد على الهوا.

*S'acclimater*, تعوّد على الهوا.

ACCLIMATÉ, adj., متعوّد على الهوا.

ACCOINTANCE, s. f., liaison, اختلاط - معاشرة. Je n'ai point d'accointance avec eux, ما لي اختلاط معهم.

S'ACCOINTER, v. pron., عاشر.

ACCOLADE, s. f., embrassement, معانقة - تعنيق.

*Accolade*, trait qui réunit plusieurs articles, خط يضعوه علامة لضمّ جملة اشيا الى بعضها.

ACCOLER, v. a., embrasser, عانق.

*Accoler*, lier ensemble, جمع بين - O. ربط مع.

ACCOMODABLE, adj., qui peut s'accommoder, ينساوى.

ACCOMMODAGE, s. m., apprêt de mets, de viandes, طبيخ - طهي.

ACCOMMODANT, adj., complaisant, مهاود - مساير - يرضى بكل شي.

ACCOMMODÉ, adj., ajusté, en ordre, مصلح - منظم.

ACCOMMODEMENT, s. m., accord d'un différent, réconciliation, مصطلح.

*Accommodement*, moyen pour terminer une affaire, سهولة - طريقة - تدبير.

ACCOMMODER, v. a., être convenable, صلح. Cela m'accommode, هذا يصلح لي. ‖ Cela ne m'accommode pas, je n'y trouve pas mon avantage, هذا ما يخلّصني.

*Accommoder*, ajuster, arranger, نظّم - صلّح - عدّل.

*Accommoder*, apprêter pour manger, طبخ.

*Accommoder*, traiter bien un acheteur, lui faire bon marché, راعى - هاود.

*Accommoder*, réconcilier, صرف المادّة - ساوى - صرف بينهم - اصلحهم.

*Accommoder*, conformer, وفّق ل - طابق على.

*S'accommoder à*, وافق. - A. تبع. ‖ S'accommoder d'une chose, la trouver à son goût, أعجبه الشي. Il s'accommode de tout, كل شي - كل شي عنك صابون يعجبه.

ACCOMPAGNEMENT, s. m., مرافقة - استصحاب - مشايعة.

ACCOMPAGNER, v. a., aller de compagnie avec quelqu'un, رافق - صاحب. - A. صحب. Accompagner, reconduire quelqu'un par honneur, شايع. ‖ Que Dieu vous accompagne, الله يحفظك ; réponse, الله يكون معك - الله معك.

*Accompagner* une chose d'une autre, ajouter, أضاف شي الى شي. - I. زاد فيه ب.

*Accompagner* le chant, وافق - رافق. - A. تبع. Je chanterai, accompagne-moi, انا اغنى وانت اتبعنى.

ACCOMPLIR, v. a., achever, خلّص - كمّل - تمّم.

*Accomplir*, effectuer, كمّل - تمّم - حقّق.

*S'accomplir*, s'effectuer, تمّ. A. Si nos désirs s'accomplissent, ان تمّ ما في الخاطر.

ACCOMPLI, adj., تامّ - كامل - تهام.

ACCOMPLISSEMENT, s. m., exécution entière, اتمام - تمام - تكميل - كمال.

ACCORD, s. m., convention pour terminer un différent, شرط - اتّفاق ; plur., عهد - شروط, plur.,

## ACC

Tels sont nos accords, هيكذ صار الشرط عهود. على ذلك, تم الاتفاق بيننا.

*Accord*, consentement, رضا.

*Accord*, union d'esprit, اتفاق - موافقة - وفق - اتحاد.

*Accord*, juste rapport, موافقة - مناسبة.

*Accord*, harmonie des sons, اتفاق الاصوات.

Instrument qui est d'accord, الة معدّلة.

*D'Accord*, d'une manière concertée avec quelqu'un, بالاتفاق مع. Nous sommes d'accord, نحن متفقين.

*D'Accord*, interj., j'y consens, سلّمنا - رضينا.

ACCORDABLE, adj., qu'on peut accorder, يُعطى.

ACCORDAILLES, s. f., خطبة.

ACCORDER, v. a., mettre d'accord, وفّق - خلاهم يتصالحوا, يتراضوا. O. - صرف بينهم.

*Accorder*, donner, A. - اكرم عليه ب - سمح له ب - انعم على احد ب.

*Accorder* une demande, اجابه الى ما طلب.

*Accorder* une fille en mariage à quelqu'un, اجاب الخاطب. O. - خطب بنته لاحد.

*Accorder* un instrument, عدّل الالة - شدّ الاوتار - اصلح - صلح.

*Accorder*, reconnaître pour vrai, A. - رضى ب - سلّم.

*S'accorder*, être d'accord, اتحد - اتفق - اتفق مع على مع. Ne pas s'accorder, اختلفوا.

*S'accorder*, être conforme, وافق, ناسب بعضه.

ACCORDOIR, s. m., outil de luthier pour accorder les instruments, مفتاح الالة.

ACCORT, d'humeur complaisante, accommodante, مساير - خفيف الدم.

ACCORTISE, s. f., humeur accommodante, مسايرة - خفّة دم.

ACCOSTABLE, adj., facile à aborder, يقرب اليه.

ACCOSTER, v. a., aborder, approcher pour parler, A. - قرب منه اليه.

*S'accoster*, s'approcher l'un de l'autre, قربوا من بعضهم - تقاربوا.

## ACC

ACCOTER, v. a., اسند على, الى. *S'accoter* sur, استند على - اتكى على. *S'accoter* contre, استند الى.

ACCOUCHÉE, s. f., femme qui vient d'accoucher, نفسا - والدة.

ACCOUCHEMENT, s. m., enfantement, ولادة - توليد - نفاس.

ACCOUCHER, v. a., aider à accoucher, ولّد.

*Accoucher*, v. n., mettre au monde, ولدت; aor., تضع - وضعت, aor., تلد.

ACCOUCHEUSE, adj., qui accouche une femme, قابلة - دايات, plur., قوابل; داية; plur., دايات.

S'ACCOUDER, v. pers., s'appuyer du coude, كوع - اتكى على.

ACCOUDOIR, s. m., appui pour s'accouder, مسند.

ACCOUPLEMENT, s. m., assemblage par couple, ازدواج - اجتماع.

*Accouplement*, coït des animaux, تعشير البهايم.

ACCOUPLER, v. a., joindre par couple, زوّج - جمع بين - جوّز - I. قرن. A.

*Accoupler*, appareiller, ولّف.

*Accoupler*, apparier pour la génération, عشّر.

*S'accoupler* pour la génération, تعشّر.

ACCOURCIR, v. a., rendre plus court, قصّر.

*S'accourcir*, devenir plus court, قصر. O. - انقصر - اقتصر.

ACCOURCISSEMENT, s. m., diminution de longueur, اقتصار - قصر.

ACCOURIR, v. n., aller promptement vers, بادر الى. A. - حضر بسرعة.

ACCOUTREMENT, s. m., زى - تزييـن - لبس - تزويق.

ACCOUTRER, v. a., زوّق - زيّن - لبّس.

ACCOUTUMER, v. a., faire prendre une habitude, عوّد على.

*S'accoutumer*, prendre l'habitude, تعوّد على - ادمن على - اعتاد ب, على.

ACCOUTUMÉ, adj., ordinaire, معتاد - اعتيادى.

*Accoutumé à*, qui a l'habitude de, متعوّد على – معتاد ب – على – مُدمِن على.

ACCRÉDITER, v. a., mettre en crédit, صيّت – A. اطلع اسمه، صيته – ‖ *Accréditer quelqu'un auprès d'un gouvernement*, جعل كلامه مسموع و مقبول عند ارباب الدولة.

*Accréditer*, rendre vraisemblable, قوّى.

*S'accréditer*, s'acquérir du crédit, تصيّت – طلع له اسم، صيت.

ACCRÉDITÉ, adj., qui a du crédit, معتبر – مُصيّت.

ACCROC, s. m., déchirure d'une étoffe en accrochant, خرق – تمزيق – مزق – شوطة.

ACCROC ou ACCROCHE, s. f., difficulté, obstacle, عائق – تعطيلة.

ACCROCHEMENT, s. m., شبك.

ACCROCHER, v. a., attacher, suspendre à un crochet, علّق في – على – O. شبك في.

*Accrocher*, retarder, arrêter, عوّق – عطّل.

*S'accrocher*, s'attacher à, A. علق في – انشبك في – تعربش ب – تعلّق ب.

ACCROIRE (FAIRE), v. a., faire croire ce qui n'est pas, وهم, أوهم ب.

*En faire accroire*, tromper, O. دخل عليه.

*S'en faire accroire*, présumer trop de soi, O. شاف حاله – ادّعى في نفسه.

ACCROISSEMENT, s. m., augmentation, علوّ – نموّ – زيادة – ازدياد.

ACCROÎTRE, v. a., augmenter, I. زاد – انمى – كثّر – كبّر. Cela accroît son chagrin, هذا يزيدك غمّ على غمّ.

*S'accroître*, devenir plus grand, O. – I. زاد – عظم – A. كبر – ازداد – I. نمى.

S'ACCROUPIR, v. pers., se baisser le derrière près des talons, O. برك – قرفش – قرفص. En parlant des chameaux, O. ناخ.

ACCROUPISSEMENT, s. m., قرفصة – برك – نخ.

ACCUEIL, s. m., réception faite à une personne qui arrive, ملاقاة – استقبال. Bon accueil, حسن الملاقاة – ترحيب. ‖ *Ne point faire accueil à quel-* *qu'un*, ما اعتنى فيه – ما احتفل فيه – ما اكترث فيه. ‖ Mauvais accueil, accueil froid, وجه كمد.

ACCUEILLIR, v. a., recevoir quelqu'un qui vient à nous, لاقى – استقبل. *Accueillir une proposition*, A. قبل. ‖ *Bien accueillir*, A. رضى ب – استرحب ب. ‖ *Accueillir avec les égards convenables*, ترحّب ب – احتفل في – اكرم قدومه – O. قام بواجبه. ‖ *Accueillir mal, froidement*, وجه كمد – اعطاه – بارد له.

ACCUL, s. m., lieu étroit, sans issue, مزنق – موضع سد.

ACCULER, v. a., pousser dans un coin, dans un endroit où l'on ne peut reculer, A. زنق – A. حزر.

*S'acculer*, se retirer dans un coin, انحزر.

ACCUMULATEUR, s. m., جمّاع.

ACCUMULATION, s. f., amas de choses ajoutées les unes aux autres, جَمْع – تكويم – لمّة.

ACCUMULER, v. a., amasser et mettre ensemble, O. كوّم – A. لمّ – جمع.

*S'accumuler*, اجتمع – التمّ – تكوّم.

ACCUSABLE, adj., qu'on peut accuser, يُتَّهم.

ACCUSATEUR, s. m., qui accuse quelqu'un en justice, مشتكي – شاكي – تاهم.

ACCUSATIF, s. m., terme de grammaire, المفعول به – النصب. *Un nom à l'accusatif*, اسم منصوب.

ACCUSATION, s. f., action en justice contre quelqu'un que l'on accuse, تهمة; plur. تهم – شكاية – شكاوة.

ACCUSÉ, s. m. et adj., traduit en justice par suite d'une accusation, مشتكى عليه – متهوم. Un accusé est souvent innocent, رُبّ متهوم و هو برى, prov.

ACCUSER, v. a., charger d'une accusation, I. قرف عليه – I. اشتكى عليه – تهم ب.

*Accuser*, reprocher une faute, O. لام – عيّر. Accuser quelqu'un d'avarice, O. نسبه الى – عيّره بالبخل.

*Accuser* la réception d'une lettre, l'annoncer, عرّف, عَلَم احدًا بوصول المكتوب.

*S'accuser*, se confesser, اعترف ب – اقرّ على نفسه.

## ACH          ACQ

Acenser, v. a., donner à cens, اقطع.

Acéphale, s. m., ما له راس - بلا راس.

Acerbe, adj., âpre, فجّ - غضّ.

Acerbité, s. f., qualité de ce qui est acerbe, فجاجة - غضاضة.

Acéré, adj., aigu, tranchant, مسنون - ماضى - حاد.

Acérer, v. a., mettre de l'acier avec le fer pour le faire mieux couper, O. سطم - طعم بالبولاد - البولاد مع الحديد.

Acescence, s. f., disposition à l'acidité, ميل الى الحموضية.

Acescent, adj., qui tend à l'acidité, مايل الى الحموضية.

Acéteux, adj., qui tient du goût du vinaigre, مايل الى طعمة الخل.

Achalander, v. a., donner des chalands, زبّن.

Acharnement, s. m., action de s'attacher à mordre, سعر الكلاب.

*Acharnement*, animosité, عناد.

Acharner, v. a., exciter, animer, حرّض - قوّم على. *S'acharner*, s'attacher avec excès à, تشدّد على. Ils s'acharnèrent au combat, اشتدّ بينهم الحرب. || Combat acharné, حرب شديد.

Achat, s. m., emplette, acquisition, شروة - مشترا - شرابة - شرا. L'achat de l'esclave est moins onéreux que l'entretien, شراية العبد و لا تربيته, prov.

Ache, s. f., herbe, حاشا - كرفس ماوى - ابيون - كرفس الماء.

Acheminement, s. m., moyen pour arriver à la fin qu'on se propose, تنهيضة - طريقة.

Acheminer, v. a., mettre en état de réussir, مشى. *S'acheminer*, se mettre en chemin, سار - I. توجّه الى.

Achéron, s. m., un des fleuves des enfers, وادى الاوجاع.

Acheter, v. a., acquérir, ابتاع - اشترى.

Acheteur, s. m., شارى; plur., شرّا - مشترى - مبتاع.

Achèvement, s. m., fin, exécution entière, فراغ - انهام - تتميم - تمام - تكميل - كمالة - خلاص.

Achevé, adj., fini, parfait, مكمّل - كامل - شاف - خالص - تمام - تمام. C'est un fou achevé, مجنون طاول - هو مجنون خالص.

Achever, v. a., finir une chose commencée, A. فرغ من - تمّم - كمّل - غلّق - خلّص.

Achillée, s. f., plante, espèce de jacobée, نوع من اليعقوبية - حشيشة الرية.

Achoppement, s. m., pierre d'achoppement, occasion de faillir, حجر عثرة.

Acide, s. m., حامض; plur., حوامض.

*Acide*, adj., حامض.

Acidité, s. f., qualité de l'acide, حوضية - حموضية.

Acidule, adj., tenant de l'acide, مزّ - محمّض.

Aciduler, v. a., rendre aigre, حمّض.

Acier, s. m., fer raffiné, بولاد - صُلب.

Aciérie, s. f., manufacture d'acier, معمل البولاد.

Acolyte, s. m., clerc promu à un ordre mineur, خادم القداس - شمّاسة, pl., شمّاس الشمعدان - شمّاس فى الدرجة الرابعة.

Aconit, s. m., plante vénéneuse, napellus, pardalianches, بيش - خانق الذيب - خانق النمر.

Acoquiner, v. a., attirer, attacher, عوّد - عشّق I. جذب الى - على. *S'acoquiner*, s'abandonner à l'oisiveté, تراخص - تعوّد على الكسل.

Acore, s. f., plante, وجّ - قارون.

Acoustique, s. f., théorie de l'ouïe, علم السمع.

*Acoustique*, adj., qui concerne l'ouïe, سمعى.

Acquéreur, s. m., مشترى - سارى.

Acquérir, v. a., acheter, اشترى. *Acquérir*, gagner, obtenir, A. حصل - A. حصل على - امتلك - A. حظى ب - A. نال - اكتسب - اكتسب. Acquérir des connaissances, تملّك ب.

ACT

Acquérir de la gloire, نال العزّ. ‖ معارف , علم.
Acquis, adj., gagné, مكتسب - اكتسابي.
Esprit acquis, عقل مكتسب.
Acquêt, s. m., gain, مكسب.
Acquêt, emplette, شروة.
Acquiescement, s. m., adhésion, امتثال.
Acquiescer, v. n., déférer à, امتثل ل.
Acquisition, s. f., action d'acquérir, امتلاك - شرا.
Acquit, s. m., quittance, décharge, وصول - غلاق - وفي. Payer une somme à l'acquit d'une personne, دفع المبلغ عن ذمّة فلان. ‖ Pour l'acquit de la conscience, لاجل تخليص الذمّة.
Acquit-à-caution, billet donné par le commis d'un bureau, pour faire passer librement un objet à sa destination, تذكرة - معاف.
Acquittement, s. m., action d'acquitter, تعليق - ايفا - وفا.
Acquitter, v. a., rendre quitte, وفى دين, Aor., I. قضى دين - اوفى دين - يفى.
Acquitter, renvoyer quitte et absous, اطلق - برّر - ابرا.
S'acquitter de ses devoirs, قضى واجباته, I. A. عمل ما عليه.
Acre (Saint-Jean d'), عكّا. Natif d'Acre, عكاوي.
Acre, adj., piquant, حيرز - حامز - حرّيف.
Acreté, s. f., qualité de ce qui est âcre, حرافة - حزّ.
Acrimonie. Voy. Acreté.
Acrimonieux, adj., qui a de l'acrimonie, حارّ - حرّيف.
Acrisie, s. f., crudité des humeurs, فجاجة.
Acromion, s. m., le haut de l'épaule, رمّانة الكتف.
Acrostiche, s. m., mot dont chaque lettre commence un vers, اسم كل حرف منه اول حرف من بيت شعر.
Acte, s. m., action d'un agent, عمل; plur., اعمال.

ACT

Actes des Apôtres, قصص الرسل - سفر اعمال الرسل; plur., افعال; فعل. ‖ Acte de foi, d'espérance, de charité, فعل الايمان والرجا والمحبّة.
Acte, décision juridique, حجّة; plur., حجج.
Acte, partie d'une pièce dramatique, جزو, pl., اجزا.
Acteur, s. m., qui joue un rôle, شادى - لعيب.
Acteur, qui a part à une action, شريك فى العمل.
Actif, adj., qui agit, qui a la vertu d'agir, فاعل - فعّال.
Actif, vif, حرك.
Actif, qui agit avec force et promptitude, قوى - سريع العمل.
Actif, laborieux, diligent, صاحب هيّة - مجتهد - نشيط - نشط - شغّال.
Actif, verbe, فعل متجاوز - فعل متعدّى.
Actif (l'), la voix active, المعلوم - صيغة المعلوم - الفاعل.
Action, s. f., opération d'un agent, fait, فعلة; pl., عمايل; plur., عملة - افعال; فعل - فعلات; plur., اعمال; عمل - عملات. ‖ Les bonnes actions, الافعال , الاعمال الصالحة. ‖ Les mauvaises actions, الاعمال الردية , القبيحة.
Action, demande en justice, ادعا - طلبة فى الشرع.
Action, combat, وقعة - عركة, plur., وقايع.
Action, somme, effet de commerce, حصّة - مبلغ.
Action de grâces, remercîments, شكر.
Actionnaire, s. m., qui a une action de commerce, شريك; plur., شركا.
Actionner, v. a., intenter une action en justice contre, ادعى عليه فى المحكمة O. - طلب للشرع.
Activer, v. a., donner du zèle à quelqu'un, استهم - اعطى هيّة O. حث.
Activer le feu, الهب النار - اعطى قوّة للنار - اضرم النار.
Activité, s. f., vertu d'agir, قوّة فاعليّة.
Activité, force, promptitude, قوّة - سرعة.

## ADH

*Activité*, diligence, vivacité dans le travail, مروّة - هِمّة - نشاط - حركة.

*Activité* de service, خدمة.

ACTUEL, adj., présent, حاضر - كاين الان.

ACTUELLEMENT, adv., à présent, الان - حالا - هلق - ذا الوقت - ذا الحين.

ADAGE, s. m., prov., مثل ; plur., أمثال.

ADAM, s. m., nom propre du premier homme, حضرة ادم - ابونا ادم - ادم. Le vieil Adam, l'homme en état de péché, الانسان العتيق ‖ Le nouvel Adam, l'homme en état de grâce, الانسان الجديد.

ADAPTER, v. a., appliquer, ajuster une chose à une autre, طبق على - وافق على.

ADDITION, s. f., ce qu'on ajoute, اضافة الى - زيادة فى.

*Addition*, première règle de l'arithmétique, جملة - تتمّة - جمع - جمعية.

ADDITIONNEL, adj., qui est ou doit être ajouté, اضافى.

ADDITIONNER, v. a., ajouter une somme à une autre pour en connaître le total, A. جمع -- O. تمّ -- O. ضمّ الى.

ADEMPTION, s. f., révocation d'un legs, d'une donation, تبطيل وقف - عطا.

ADEPTE, s. m., initié aux mystères d'une secte, d'une science, داخل فى السرّ - تابع.

ADHÉRENCE, s. f., union d'une chose à une autre, التحام - التصاق - اتحاد.

*Adhérence*, attachement à un parti, اعتصاب ب - تعصّب ب - اتحاد مع - اعتصام مع.

ADHÉRENT, adj., fortement attaché à, متحد - ملتحم - ملتصق.

*Adhérent*, qui tient au parti de quelqu'un, توابع ; plur., تابع - معتصم - متحد مع - معتصب ب - متعصّب ب.

ADHÉRER, v. n., tenir fortement à, اتحد مع - التحم ب - التصق ب.

## ADJ

*Adhérer*, consentir à une chose, A. رضى ب.

*Adhérer* à une opinion, à un parti, A. تبع راى - اعتصب - تعصّب به - اعتصم معه - احد - اتحد معه.

ADHÉSION, s. f., union, jonction, اتحاد - اقتران.

*Adhésion*, consentement, رضا.

ADIANTE, s. f., plante capillaire pectorale, كزبر - كزبرة البير.

ADIEU, dans la bouche d'une personne qui prend congé d'une autre, تهوّا فى - - خاطرك - خاطركم - خاطركم - اودعناكم - تهوّا على خير - حراسة الله - صبّحناكم (Le matin), - مسّيناكم (Le soir), - علينا.

*Adieu*, dans la bouche de la personne dont on prend congé, réponse aux phrases précédentes, فى امان الله - بالامان - مع السلامة - بحول السلامة. La personne qui a reçu une visite ajoute ordinairement à ses adieux le mot : شرفتنا ou انستنا, vous nous avez fait plaisir, vous nous avez fait honneur ; auquel on répond : انت مشرّق ou الله يانسك.

*Adieu*, c'en est fait de, راح - وعلى الدنيا السلام ‖ L'ânesse est morte, adieu le pèlerinage, ماتت الحمارة راحت الزيارة ‖ Adieu la bouteille, elle est cassée, انكسرت القنينة وعلى الدنيا السلام.

ADIEU, s. m., وداع. Dire adieu, faire ses adieux, O. ودّع احدا ‖ Dire adieu au monde, ترك الدنيا.

ADITION, s. f., acceptation d'un héritage, قبول ارث.

ADJACENT, adj., situé auprès, aux environs, قريب - واقع, كاين بالقرب من - من.

ADJECTIF, mot qui indique le mode, la qualité, نعت, plur. نعوت - صفة, plur. صفات.

*Adjectif verbal*, participe, اسم فاعل - اسم مفعول.

ADJECTIVEMENT, adv., en manière d'adjectif, نعتا.

ADJOINDRE, v. a., joindre à, avec, اشترك مع - O. ضمّ الى.

ADM

ADJOINT, s. m., associé à un autre, شريك ; plur., شركا.

Adjoint, aide, suppléant, نائب ; plur., نوّاب.

ADJONCTION, s. f., jonction d'une personne à une autre, اشتراك.

ADJUDANT, s. m., officier qui aide un officier supérieur, معاون ـ مساعد ـ نائب بعض روسا العسكر.

ADJUDICATAIRE, s. m., à qui l'on a adjugé, المحكوم له.

ADJUDICATIF, adj., qui adjuge, حكمى.

ADJUDICATION, s. f., acte qui adjuge, حكومة ـ حكم.

ADJUGER, v. a., déclarer en justice qu'une chose appartient de droit à l'un des plaideurs, O. حكم ل. Le cadi lui adjugea la jument, القاضى حكم له بالفرس.

ADJURATION, s. f., formule d'exorcisme, قسم ـ قسام.

ADJURER, v. a., commander au nom de Dieu de faire, اقسم عليه باسم الله.

ADMETTRE, v. a., recevoir, A. قبل.

Admettre, reconnaître pour vrai, O. قال ب.

ADMINISTRATEUR, s. m., qui gouverne les affaires, مدبر ; plur., مدبرين. Administrateur d'une mosquée, d'un khan, متولى الجامع او الخان. Administrateur des biens d'un particulier, وكيل, plur., وكلا.

ADMINISTRATIF, adj., qui concerne l'administration, تدبيرى.

ADMINISTRATION, s. f., direction des affaires, تدبير. Administration des affaires publiques, تدبير امور الجمهور. On dit encore حل وربط (délier et lier); دخل و خرج (l'entrée et la sortie); et امر و نهى (permettre et défendre).

Administration, les administrateurs, leur assemblée, المدبرين ـ ديوان المدبرين.

Administration des sacrements, منح الاسرار.

Administration, office d'administrateur de biens,

ADO

d'affaires particulières, وكالة. Confier à quelqu'un l'administration de ses biens, وكّله بماله || Prendre l'administration des biens, des affaires de quelqu'un, توكّل بمال او بامور احد.

ADMINISTRER, v. a., gouverner, régir, دبّر.

Administrer les sacrements, A. منح سرّ ـ قرّب.

Administrer des preuves, les fournir, قدّم اثبات.

ADMIRABLE, adj., عجيب.

ADMIRABLEMENT, adj., عجيبًا ـ بنوع عجيب.

ADMIRATEUR, s. m., qui admire, qui a coutume d'admirer, معجب ل, من ـ مادح ل.

ADMIRATIF, adj., qui marque l'admiration, استعجابى ـ للاستعجاب.

ADMIRATION, s. f., استعجاب ـ عجب ـ تعجّب ـ اندهال.

ADMIRER, v. a., رأى عجيبًا ـ تعجّب من, aor., يرى.

Admirer, trouver étrange, extraordinaire, استغرب الشى ـ اعتجب من.

ADMISSIBLE, adj., recevable, valable, مقبول ـ يُقبَل.

ADMISSION, s. f., قبول.

ADMONÉTÉ, s. m., réprimande, توبيخ.

ADMONÉTER, v. a., faire une réprimande en justice, à huis clos, حذّر ـ عذّر ـ وبّخ.

ADMONITION, s. f., action d'admonéter, تعذير ـ توبيخ ـ تحذير.

ADOLESCENCE, s. f., âge depuis quatorze ans jusqu'à vingt-cinq, شبوبية.

ADOLESCENT, s. m., jeune garçon, شاب ; et vulg., شبّ ; plur., شباب.

ADONIS, s. f., fleur, نوع من الشقيق.

ADONIS, s. m., très-beau garçon, غندور ; plur., غنادرة ; رشا ; plur., ارشا.

S'ADONNER à, توّلع ـ انكبّ على ـ انصبّ على ـ واظب على ـ انشبك ب. S'adonner à l'étude, انكبّ على ـ توّلع بالدرس.

# ADO        ADU

S'adonner à la chasse, تولّع بالصيد. ‖ الدرس.

*Adonné* au vin, مصرّ على - متولّع بشرب النبيد - شرب النبيد.

Adopter, v. a., prendre pour fils, اتّخذه ابنًا - اذخر - تبنّى.

*Adopter*, choisir de préférence, اختار.

Adoptif, adj., qui est adopté, ابن - متبنّى - الذخيرة.

Adoption, s. f., action d'adopter, اتّخاذ - تبنية - بنوّة الذخيرة.

*Adoption*, choix, اختيار.

Adorable, adj., digne d'être adoré, معبود - واجب السجود له.

Adorateur, s. m., qui adore, عابد ; plur., عبّاد.

Adoration, s. f., action d'adorer, عبادة.

Adorer, v. a., rendre un culte à Dieu, عبد الله O.

*Adorer*, se prosterner devant, سجد لِ O.

Adosser, v. n., mettre le dos contre, اسند ظهره الى.

*S'adosser*, استند الى - اسند ظهره الى.

Adouci, s. m., poliment d'une glace, des métaux par le frottement, صقل.

Adoucir, v. a., rendre doux au goût, احلى.

*Adoucir*, rendre doux au toucher, صيّره - نعّم - صيّره سهل, املس - ناعم.

*Adoucir*, tempérer l'âcreté, كسر حدّة I.

*Adoucir* sa voix, ليّن صوته. ‖ Adoucir le caractère de quelqu'un, ليّن اخلاقه.

*Adoucir*, soulager, خفّف.

*S'adoucir*, انكسر حدّته I. - لان I. - خفّ I.

Adoucissant, adj., remède qui adoucit, اود - ملتّن.

Adoucissement, s. m., action d'adoucir, ليّن - تليين.

*Adoucissement*, soulagement, تخفيف.

Adoucisseur, s. m., qui polit les glaces, صقّال المرى.

Ad patres (aller, être), vers ses pères, mourir, مضى الى حيث اباؤه I.

Adragant, s. m., sorte de gomme de couleur blanche et mate, très-utile pour adoucir l'âcreté des humeurs, صمغ كثيرة - كثيرا.

Ad rem, adv., répondre *ad rem*, convenablement, جاوب جوابًا لايقًا.

Adresse, suscription d'une lettre, عنوان - علوان المكتوب. Envoyer une lettre à son adresse, بعث المكتوب الى صاحبه A. ‖ Une lettre à l'adresse d'un tel, مكتوب باسم فلان.

*Adresse*, indication du domicile, بيان, تعريف. Donnez-moi votre adresse, البيت, المطرح - عرّفني - عرّفني فين انت ساكن - بيتك, مطرحك.

*Adresse*, lettre à un supérieur, عرض حال.

*Adresse*, mémoire, بيان.

Adresse, dextérité, نباهة - حرافة - حسن معرفة - شطارة - قيامة - خفّة - حذاقة - صناعة. Grande adresse, عياقة. ‖ Chef-d'œuvre d'adresse, شغل عياقة.

*Adresse*, ruse, اسلوب - شيطنة - محارفة - حيلة.

Adresser, v. a., envoyer directement à une personne, بعث - ارسل الى A.

*Adresser* la parole à, اقبل عليه - خاطب بالكلام.

*S'adresser* à quelqu'un, avoir recours à lui, وقع عليه O. - قصد اليه O. - قصله O. Il faut s'adresser à.... (la chose est de sa compétence), المرجع الى فلان.

Adriatique (mer), adj., golfe de Venise, جون البندقية.

Adroit, adj., qui a de l'adresse, de la dextérité, شيطان - شطّار ; plur., شاطر - قيّم - نبيه.

Adroitement, adv., avec adresse, بقيامة - بفنّ - باسلوب - بشطارة - بصناعة.

Adulateur, s. m., qui flatte bassement, منافق - ملّاق - مملّق - مواجه.

Adulation, s. f., flatterie basse et lâche, تمليق - مواجهة.

Aduler. *Voy.* Flatter.

Adulte, adj., qui a l'âge de raison, بالغ.

Adultération, s. f., action de gâter, d'altérer ce qui est pur, افساد.

Adultère, s. m., commerce illégitime entre personnes mariées et non mariées, زنا.

*Adultère*, adj., celui qui a eu ce commerce illégitime, زانى ; plur. m., زناة ; plur. f., زوانى.

Adultérer, v. a., commettre un adultère, زنى.

Adultérin, adj., né d'un adultère, ابن زنا ـ ابن حرام.

Aduste, adj., brûlé, en parlant du sang, d'humeur, de bile, محروق.

Adustion, s. f., état de ce qui est brûlé, احتراق.

Advenir, حصل لى A.

Adventice, adj., عرضى.

Adverbe, terme de grammaire : mot qui se joint avec les verbes et les adjectifs pour exprimer les manières et les circonstances (*Dict. Acad.*) لفظة من اصطلاحات النحويين معناها كلمة تنضم الى الفعل او الى اسم الصفة لبيان النوع و ساير الاحوال. Ex. : il chante admirablement, يغنى عجيبا اى بنوع عجيب. ‖ Très-grand, عظيم جدّا.

*Adverbe*, حرف ; plur., حروف (particule). Ex.: ‖ Oui, adverbe d'affirmation, نعم حرف ايجاب. Non, adverbe de négation, لا حرف نهى.

*Adverbe*, ظرف ; plur., ظروف (nom circonstanciel. Ex. : Aujourd'hui, demain, adverbes de temps, اليوم، غدا، ظروف زمان. ‖ Dedans, dehors, adverbes de lieu, برا، جوا ظروف مكان.

*Adverbe*, اسم مبنى (nom indéclinable). Ex. : Hier, alors, comment ? امس، اذا، كيف.

Adverbial, adj., ظرفى. Expression adverbiale, comme à droite, كلمة منصوبة على انها ظرف نحو يمينا. ‖ Locution adverbiale, comme mal à propos, جملة فى موضع النصب على الظرفية نحو بغير وقت.

Adverbialement, بمقام الظرف ـ ظرفا ـ ظرفيّا.

Adverbialité, كون الكلمة ظرفا ـ ظرفية او حرفا او اسما مبنيا.

Adversaire, s. m., غريم ; plur., غرما ـ خصم ; plur., اخصام ; plur., ضدّ ـ اضداد.

Adversatif, adj., particule adversative, qui marque l'opposition, la différence, حرف المباينة. Ex. : Mais, لكن.

Adverse, adj., contraire, مخالف. La fortune adverse, الدهر المخالف. ‖ Partie adverse, خصم ; plur., اخصام.

Adversité, s. f., mauvaise fortune, شدّة ; plur., ضيقة ـ شدايد. On ne connaît les amis que dans l'adversité, ما تعرف صاحبك الاى زمان الشدة. ‖ Dans l'adversité et la prospérité, فى الشدّة و فى الرخا. ‖ Des adversités, de grands malheurs, شدايد ـ مصايب ـ نوايب.

Aérer, v. a., donner de l'air, mettre en bon air, نشر ـ هوّى. O. ‖ Lieu aéré, فرج ـ مطرح هوى.

Aérien, adj., qui tient de l'air, qui lui appartient, هوايى.

Aériforme, adj., comme l'air, مثل الهوا ـ فى صفة الهوا.

Aérographie, s. f., description, théorie de l'air, معرفة الهوا.

Aéromètre, s. m., instrument pour mesurer la densité de l'air, ميزان الهوا.

Aérométrie, s. m., art de mesurer l'air, صناعة او معرفة وزن الهوا.

Aéronaute, s. m., qui voyage dans les aérostats, سفرى الهوا.

Aérostat, s. m., machine ou ballon plein de fluide plus léger que l'air, et qui s'y élève, قبّة الهوا.

Aétite ou pierre d'aigle, حجر العقاب ـ حجر الولادة ـ حجر النسر.

Affabilité, s. f., qualité d'un homme affable, طلاقة الوجه ـ بساطة الوجه ـ بشاشة.

## AFF        AFF

*Affabilité*, manières douces, سهولة الاخلاق.

AFFABLE, adj., qui reçoit, écoute avec douceur et bonté, خيّر - وجه - حليم الطبع - بشوش.

AFFABULATION, s. f., sens moral d'une fable, d'un apologue, معنى مثل.

AFFADIR, v. a., rendre fade un mets, un discours, مسخ A. ‖ Affadir le cœur, دوّخ.

AFFADISSEMENT, s. m., effet désagréable de la fadeur, دوخة.

AFFAIRE, tout ce qui est le sujet d'une occupation, شغل - شغلة ; plur., اشغال. ‖ Il a des affaires, عليه شغل - هو مشغول ‖ Qui n'a point d'affaires, فاضى - فاضى من الاشغال.

*Affaire*, ce qui concerne les intérêts publics ou particuliers, أمر ; plur., أمور - غرض ; plur., اغراض. ‖ Les affaires publiques, مصالح ; plur., مصالح الدولة. ‖ Affaire importante, مهمّة - مهمّ ; plur., مهمّات - مهامّ. ‖ Faire les affaires de quelqu'un, قضى اموره، اغراضه I.

*Affaire*, terme général : chose, امر - شغلة - دعوة - مادّة - قضيّة. ‖ C'est une affaire mal-aisée, هى دعوة مشكلة. ‖ Je ne suis pour rien dans cette affaire, ما لى يد فى هذه المادّة.

*Affaire*, ce que l'on a à traiter avec quelqu'un, لى شغل معك - غرض - شغل. ‖ J'ai affaire à vous, لى كلام معك ‖ Avoir affaire avec.... Avoir un commerce de galanterie, له عشرة مع.

*Affaire*, besoin, حاجة. ‖ Avoir affaire de, احتاج الى - له حاجة فى.

*Affaire*, embarras, عجقة. Donner des affaires à quelqu'un, عجق O. ‖ Affaire fâcheuse, بلشة. ‖ Tomber dans une affaire fâcheuse, dans un grand embarras, انبلش فى بلشة عظيمة.

*Affaire*, querelle, شبكة. Se faire une affaire avec quelqu'un, تشبّك معه.

*Affaire*, procès, دعوى ; plur., دعاوى.

*Affaire*, combat, وقيعة - وقعة - حرب - حرابة ; plur., وقايع. Il y eut entre eux une chaude affaire, وقع بينهم حرب شديد - صار بينهم وقعة شديدة - تحاربوا حربا شديدا.

AFFAIRÉ, adj., qui a beaucoup d'affaires, مشغول - غارق فى الاشغال - معجوق - كثير.

AFFAISSEMENT, s. m., état de ce qui est affaissé, هبوط.

*Affaissement*, faiblesse, ضعف.

AFFAISSER, v. a., faire abaisser, هبط.

S'*affaisser*, v. p., s'abaisser sous, هبط - O. خفس O.

S'*affaisser*, s'affaiblir, ضعف - قلّ قوّته A.

AFFAITAGE, s. m., éducation d'un oiseau de proie, تربية جوارح الطير.

AFFAITEMENT, s. m., manière d'affaiter, كيفية تربية الطيور الجوارح.

AFFAITER, v. a., dresser, élever un oiseau de proie, ربّى و علّم الطيور الجوارح.

AFFALER, v. a., abaisser, نزّل.

S'*affaler*, v. p., s'approcher trop de la côte et manquer de vent, قرب من البرّ و توقّف لقلّة الريح A.

AFFAMER, v. a., causer la faim, جوّع.

*Affamer*, ôter les vivres, هبّى.

AFFAMÉ, adj., pressé de la faim, جوعان ; plur., جواعة et جياع.

*Affamé*, très-avide, هبابة ; plur., هبيان على - ملهوف الى.

AFFÉAGER, v. a., donner une partie de fief, اقطع.

AFFECTATION, s. f., manière singulière, affectée dans le parler, les actions, تصنّع - مباهاة.

AFFECTER, v. a., marquer de la prédilection pour une chose, une personne, اختار - اختصّ.

*Affecter*, faire un usage fréquent et prétentieux de, تباهى ب.

*Affecter*, faire ostentation de, اظهر. Il affecte de la modestie, يظهر التواضع.

*Affecter*, prétendre à, ادّعى.

*Affecter*, destiner à, عيّن ل - اعدّ ل.

*Affecter*, toucher, faire une impression, أثّر عند O. غمّ ـ ألم (Affliger). في.

*S'affecter*, v. p., prendre du chagrin, انغمّ من ـ انقهر من.

Affecté, adj., destiné à, مخصّص ل.

*Affecté*, qui n'est point naturel, مصنّع ـ متباهي.

*Affecté*, affligé, offensé, مقهور.

*Affecté*, attaqué d'un mal, به داء.

Affection, s. f., amour, attachement pour une chose, une personne, ميل ـ محبّة ـ مودّة.

*Affection*, état de maladie, داء ـ علّة. Affection mélancolique, سوداء.

Affectionner, v. a., aimer, avoir de l'affection pour, O. ودّ ـ O. حبّ ـ O. هوى ـ I. مال الى I.

*S'affectionner*, v. p., s'attacher à, انشبك ب ـ تعلّق بحبّه.

Affectionné, adj., محبّ.

Affectueusement, adj., d'une manière affectueuse, بوداد.

Affectueux, adj., ودادي ـ ودّي.

Affermer, v. a., donner à ferme, ضمّن ـ أجّر.

*Affermer*, prendre à ferme, التزم ـ استأجر.

*Droits affermés*, taxe imposée sur les corporations, ميري أقلام.

Affermir, v. a., rendre ferme, مكّن ـ ثبّت ـ أثبت.

*Affermir*, fortifier, قوّى. Affermir le courage de, قوّى قلبه.

*S'affermir*, v. p., devenir ferme, استمكن ـ ثبت.

*S'affermir*, se fortifier, تقوّى.

Affermissement, s. m., action d'affermir, تقوية ـ اثبات ـ تمكين ـ تثبيت.

Afféte, adj., qui a de l'afféterie, de l'affectation, trop recherché, مصنّع.

Afféterie, s. f., manière affétée, تصنّع ـ صناعة.

Affiche, s. f., placard écrit ou imprimé, كتابة معلّقة على الحايط.

Afficher, v. a., attacher une ou plusieurs affiches, علّق كتابة على الحيطان.

*Afficher*, montrer publiquement, avec affectation, اظهر ـ تفاخر ب.

*S'afficher*, v. p., se donner pour (savant), ادّعى العلم ـ عمل نفسه عالم.

Affidé, adj., à qui on se fie, أمين; plur., أمنا ـ معتمد عليه ـ ثقة.

Affiler, v. a., aiguiser, donner le fil au tranchant d'un outil, سنّ O.

*Affilé*, حادّ ـ ماضي ـ مسنون. Qui a la langue bien affilée, لسانه طلق.

Affiliation, s. f., espèce d'adoption entre des communautés, اتّحاد بين جمعيات.

Affilier, v. a., adopter, associer une communauté à une autre, اشرك جمعية مع أخرى.

*S'affilier*, v. p., اتّحد مع ـ اشترك مع.

Affinage, s. m., action d'affiner, de purifier les métaux, روباص المعادن ـ تصفية المعادن.

*Affinage* du sucre, تكرير السكر.

Affiner, v. a., rendre plus pur un métal, دقّق ـ روبص ـ صفّى. Affiner le lin, le chanvre, كرّر السكّر ‖ Affiner le sucre, القنّب و الكتّان.

Affineur, s. m., مروّبص.

Affinerie, s. f., lieu où l'on affine, معمل يروبصوا فيه المعادن او يكرّروا السكّر.

Affinoir, s. m., instrument pour affiner le lin, الّتي يدقّقوا بها الكتّان.

Affinité, s. f., alliance, degré de proximité, مناسبة.

*Affinité*, rapport, conformité, مجانسة.

*Affinité*, liaison entre des personnes, معاشرة ـ مشاكلة ـ مخالطة. Je n'ai point d'affinité avec eux, مالي معاشرة معهم ـ ما اشاكلهم.

Affiquets, s. m. plur., parures, petits ajustements de femmes, حلى وحلل النسا ـ زينة الحريم.

Affirmatif, adj., terme de logique, تصديقي ـ ايجابي ـ تحقيقي. Une proposition affirmative

**AFF**                  **AFF**     19

Affirmative, Particule affirmative, تصديق، حرف. قضية موجبة || ايجاب ـ تحقيق.

AFFIRMATION, s. f., terme de logique, opposé à négation, تصديق ـ تحقيق ـ ايجاب ضدّ نهى.

Affirmation, assurance de la vérité d'une chose, اثبات ـ تاكيد.

AFFIRMATIVEMENT, adv., d'une manière affirmative, ايجابًا ـ بالتاكيد ـ بالتصديق.

AFFIRMER, v. a., assurer, soutenir qu'une chose est vraie, وكّد ـ اكّد.

AFFIXE, adj., terme de grammaire, se dit des pronoms joints à la fin des mots, ضمير متصل.

AFFLICTIF, adj., قصاصى. Peine afflictive, corporelle, عقوبة مؤلمة ـ عذاب ـ الم؛ plur., الام للجسد.

AFFLICTION, s. f., déplaisir, abattement d'esprit, غمّ ـ كآبة ـ حزن.

AFFLIGEANT, adj., qui afflige, مؤلم ـ مغمّ.

AFFLIGER, v. a., causer de l'affliction, كسر I. الم ـ احزن ـ اغمّ ـ خاطره. Vous m'avez affligé par vos paroles, المتنى بكلامك.

S'affliger, v. p., s'attrister, حزن A. ـ انغمّ ـ اغتمّ.

AFFLIGÉ, مكسور الخاطر ـ محزون ـ حزين.

AFFLUENCE, s. f., concours d'eaux, d'humeurs, انصباب.

Affluence, abondance de choses, كثرة.

Affluence, abondance de personnes, مزاحمة ـ ازدحام.

AFFLUENT, adj., qui verse dans, ينصبّ فى ـ ينصبّ فى.

AFFLUER dans, v. n., se rendre au même canal, انصبّ فى O. ـ صبّ فى.

Affluer, abonder, survenir en grand nombre, كثر A.

AFFAIBLIR, v. a., débiliter, diminuer la force, ضعّف ـ اضعف.

S'affaiblir, v. p., diminuer de force, ضعف A.

AFFAIBLISSEMENT, s. m., diminution de forces, تضعيف ـ ضعف ـ نقص قوّة.

AFFOLER, v. a., rendre fou, جنّن ـ سوّس.

S'affoler, v. p., s'engouer de, جنّ على O.

AFFOURCHER, v. a., terme de mer, poser les ancres en croix, صلّب اهلاب مركب.

AFFRANCHIR, v. a., mettre en liberté, عتق I. ـ اطلق.

Affranchir, décharger, exempter, اعفى من.

Affranchir, délivrer, نجّى من ـ خلّص من.

AFFRANCHI, adj., exempté, معافى.

Affranchi, tiré de l'esclavage, معتوق؛ plur., معاتيق.

S'affranchir, v. r., secouer le joug, s'exempter, تخلّص ـ اعفى نفسه من.

AFFRANCHISSEMENT, s. m., action d'affranchir, son effet, عتاق.

AFFRES, s. f. pl., grande peur, خوف عظيم ـ اهوال ـ حياض الموت. Les affres de la mort, الموت.

AFFRÈTEMENT, s. m., prix convenu du louage d'un navire, ناولون ـ كرا مركب.

AFFRÉTER, v. a., prendre à louage un vaisseau, استكرى I. ـ كرى مركب.

AFFRÉTEUR, s. m., qui prend à louage un vaisseau, مستكرى ـ كارى مركب.

AFFREUSEMENT, adv., d'une manière affreuse, بنوع مهول ـ مهولًا.

AFFREUX, adj., qui donne de l'effroi, horrible, مرعب ـ مهول.

AFFRIANDER, v. a., rendre friand, attirer par quelque chose d'agréable, طمّع A. ـ مخّن.

AFFRONT, s. m., outrage, déshonneur, كسفة ـ فضيحة ـ هتيكة؛ plur., فضايح. Faire un affront public, فضح A. I. هتك. || Venger un affront, اخذ الثار و خلع عند العار.

AFFRONTER, v. a., attaquer avec hardiesse, حمل على الاعدا بقلب لا يخشى الفوت O. ـ هجم.

2.

Affronter le péril, افتحم. و لا يفرغ من الموت O. خاص الاخطار - الاخطار.

Affronter, tromper, O. خان. - O. غش.

AFFRONTERIE, tromperie, غش - خيانة.

AFFRONTEUR, s. m., غشّاش - خاين.

AFFUBLEMENT, s. m., habillement, ce qui couvre la tête, le corps, le visage, غطا - لبس.

AFFUBLER, v. a., vêtir, couvrir, envelopper la tête, le corps, O. غطّاه ب - - O. لق على راسه - لبس ثوبا.

S'affubler de, v. p., A. لبس - التقب - تغطّى ب.

AFFUT, s. m., terme de vénerie, lieu où l'on se cache, مرصد. ‖ Être à l'affut, épier, ترصّد ل. ‖ Être à l'affut des nouvelles, استنشق الاخبار.

Affût, terme militaire, machine pour soutenir et mouvoir le canon, خشبة المدفع - جرار المدفع قنداق pl. ات.

AFFUTER, v. a., mettre un canon sur son affût, en mire, نصب المدفع - ركب المدفع O.

Affûter, aiguiser, سنّ O.

AFIN DE et AFIN QUE, conjonctions qui marquent le but que l'on se propose, لاجل ان - ل - لكى, et par abréviation تا. Ex.: Afin de nous dire votre avis, حتى لكى تقول لنا رايك. ‖ Afin que nous fassions, اقول حتى لنعل. ‖ Afin que je vous dise, لكت ليلا - تا ما - حتى لا. ‖ Afin que ne..., ‖ Afin qu'il ne dise pas, ليلا يقول - تا ما بقول.

AFRICAIN, adj., qui est d'Afrique, افريقى - مغربى plur., مغاربة.

AFRIQUE, s. f., افريقية - الغرب.

AGAÇANT, adj., مناغش - نغش - مغنّج.

AGACEMENT, s. m., impression désagréable d'un fruit acide, etc., sur les dents, تضريس الاسنان.

AGACER, v. a., causer un agacement, ضرّس A. الاسنان. ‖ Être agacé, ضرس A. ‖ J'ai les dents agacées, ضرست - ضرست اسنانى.

Agacer, exciter par des regards, des gestes, des paroles, تغنّج على - ناغش.

Agacer, provoquer, attaquer, animer, هارش - حرّك.

AGACERIE, s. m., gestes, discours d'une femme pour agacer et séduire, غنج - مناغشة.

AGALLOCHE, s. m., bois d'aloës, عود قاقلى - عود هندى - قطر - يلنجوج - عود البخور.

AGARIC, s. m., plante parasite vénéneuse, غاريقون - اغاريقون.

AGASILLIS, s. m., arbrisseau, شجرة الاشّق.

AGATE, s. f., pierre précieuse demi-transparente, جزبيانى - عقيق يمانى.

AGE, s. m., عمر - سنّ. Il est mort à l'âge de cinquante ans, مات وعمره نحو الخمسين سنة. Quel âge avez-vous ? ايش قد عمرك - ابن كم سنة. ‖ Nous sommes du même âge, انا واياك فرد عمر. ‖ Compagnon d'âge, ترب; plur., قرن - انتراب. ‖ Bas âge, سنّ الطفولية - الصغر, plur., اقران. ‖ Age mur, حدّ البلوغ. ‖ Age nubile, كمال السنّ. ‖ Grand âge, Qui est dans l'âge mur, كامل السن, الشيخوخة - الكبر.

Age, temps, époque à laquelle on vit, اوان - دهر - عصر - زمان.

Age, siècle, جيل; plur., اجيال. Le moyen âge, époque historique, الاجيال المتوسّطة.

Age d'or, temps heureux, ايام عزّ.

Age de fer, temps malheureux, ايام نحس.

AGÉ, adj., qui a tel âge, عمره - ابن. Agé de trente ans, عمره ثلثين سنة, ou ابن ثلثين سنة.

Agé, vieux, شيخ - كبير العمر - طاعن فى السنّ. ‖ Moins Plus âgé que lui, اكبر منه فى العمر. ‖ Moins âgé que lui, اصغر منه فى العمر.

AGENCE, s. f., charge, fonction d'agent, وكالة.

AGENCEMENT, s. m., manière d'arranger, تلفيق.

AGENCER, v. a., ajuster, لفق.

AGENDA, s. m., notes de choses à faire, تفكرة.

## AGI      AGN

S'AGENOUILLER, v. réfl., I. - جشى على ركبه - .O خرّ على ركبتيه - وقع على ركبتيه - .A ركع ركوعًا || .O نَثَّح - .O برك En parlant des chameaux, Faire agenouiller un chameau, بَرَّك الجمل.

AGENT, s. m., tout ce qui agit, عامل; plur., عمّال.

Agent, celui qui fait les affaires d'un corps, d'un prince, وكيل; plur., وكلا.

Agent, l'opposé de patient, فاعل.

Agent de change, s. m., entremetteur entre les banquiers et négociants pour le commerce de l'argent, سمسار للدراهم اى رجل متواسط بين الصيارفة والتجار لاجل بيع وشرا الدراهم.

AGGLOMÉRATION, s. m., تراكم.

S'AGGLOMÉRER, v. pr., se réunir en masse, تراكم.

AGGLUTINANT ou AGGLUTINATIF, adj., مُقَطِّب.

AGGLUTINATION, s. f., قطابة.

AGGLUTINER, v. a., réunir les chairs, les peaux, les consolider, قَطَّب الجرح.

AGGRAVANT, adj., مُكَبِّر - مُعَظِّم.

AGGRAVER, v. a., rendre plus grief, ثَقَّل - كَبَّر - .I زَيَّد - زاد فى - عَظَّم.

AGHA, s. m., commandant turc, أغا; plur., أغاوات. Agha de janissaires, أغا انكشاريّة - أغة انكشاريّة.

AGILE, adj., léger et dispos, شَمْلال - شَمْلول - نَشِط - رشيق - سريع - خفيف.

AGILEMENT, adv., برشاقة - بسرعة - بنشاطة.

AGILITÉ, s. f., légèreté, grande facilité à se mouvoir, رشاقة - سرعة - خفّة - شَمْلَلة - نشاطة.

AGIOTAGE, s. m., trafic sur les effets publics à la hausse, à la baisse, نوع من القمار فى معاملة - مرابحة - الدراهم.

AGIOTER, v. n., faire l'agiotage, رابح.

AGIOTEUR, s. m., qui fait l'agiotage, مرابح.

AGIR, v. a., faire quelque chose, .A - عمل شيئًا.

Il n'est jamais sans agir, .A - ب - اشتغل فى ب - فعل دايم يشتغل - لا يقعد ابدًا بلا عمل.

Agir sur, faire impression, اَثَّر عند فى.

Agir en.... Se comporter en, سلك سلوكًا - .O Il agit en homme de bien, I. مشى مشوة يسلك سلوك انسان خير.

Agir amicalement avec quelqu'un, سلك .O معه طريق الحبّ - سلوك الحبّ.

S'agir de.... Il s'agit maintenant de savoir si..., || De quoi s'agit-il ? بقى بدّنا نعرف ان .A الكلام على ايش - السؤال عن ايش. || Ceci n'est point une bagatelle, il s'agit de quarante bourses, ما هو شى وجيز الكلام على اربعين كيس.

AGISSANT, adj., qui se donne du mouvement, فايق لا ينام - شغّال - فعّال.

AGITATEUR, s. m., qui agite le peuple, qui cherche à le soulever, ضرّاب فتن.

AGITATION, s. f., ébranlement prolongé, رجّة - اضطراب - اهتزاز - هزّة.

Agitation, trouble de l'âme, قلق - اضطراب - هيجان - قلقلة.

AGITER, v. a., ébranler, secouer, .O هزّ - .O رجّ - ارتجّ || Être agité, زعزع - بركل - حرّك - هزهز - تزعزع - تبركل - تحرّك - تهزهز - انهزّ - اضطرب. || Le vaisseau est agité (par les vagues), المركب عمّال يتبركل - ينهزّ - يتهزهز.

Agiter (en parlant des vents qui agitent la mer), I. هاج البحر - هيّج - حرّك. || La mer devint agitée,

Agiter les esprits, les soulever, قوّم الناس - هيّج.

Agiter, priver de repos, inquiéter, قلقل - قلق. || J'ai été agité cette nuit, قلقت فى الليل - تقلقلت الليلة.

Agiter l'eau de manière à la troubler, حرّك الماء - .O خضّ الماء فكدّره.

Agiter, discuter, .A بحث.

S'agiter, v. pr., se tourmenter, s'inquiéter, I. هاج - تقلقل - اضطرب.

AGNAT, s. m., قريب من ناحية الرجال.

AGR

AGNATION, s. f., قرابةٌ من ناحية الرجال.

AGNEAU, s. m., petit d'une brebis, خَروف; plur., رميس - خواريف; plur., خاروف - خِرفان - قوزى.

*Agneau* pascal, N.-S. Jésus-Christ, حمل الله.

AGNELINS, s. m., plur., peaux avec la laine, laine des agneaux, جلود الخرفان و صوفهم.

AGNUS-CASTUS, s. m., arbuste, بنجكشت - أغُنس - حبّ الفقد - كفّ مريم.

AGONIE, s. f., سكرات الموت - نزاع الموت - منازعة || Il est à l'agonie, هو فى حال المنازعة. عمّال ينازع.

*Agonie*, vive angoisse, كرب عظيم.

AGONISANT, adj., qui est à l'agonie, منازع.

AGONISER, v. n., être à l'agonie, نازع.

AGRAFE, s. f., crochet qui entre dans un anneau, شبشة - بكلة - مشابكة; plur., مشبك.

AGRAFER, v. a., شبك O.

AGRANDIR, v. a., accroître, وسّع - كبّر - عظّم I. زاد على, فى.

*S'agrandir*, v. pr., étendre ses domaines, sa fortune, كبر - ازداد - تزايد - اتسع O. عظم || Il s'est agrandi dans le royaume, عظم امره فى الملك.

AGRANDISSEMENT, s. m., augmentation d'étendue, etc., توسيع - زيادة - ازدياد - اتساع - عظم.

AGRÉABLE, adj., qui plaît, حسن; plur., حسان. Personne agréable, بشوش - رجل لطيف - مقبول. || Lieu agréable, مطرح نزه - شرح.

AGRÉABLEMENT, adv., حسنًا - بلطافة.

AGRÉER, v. a., recevoir, accueillir favorablement, A. قبل قبولاً حسنًا Votre présent a été agréé, هديتك صارت بحسن القبول.

*Agréer*, trouver bon, استحسن - رضى ب A.

*Agréer*, v. n., plaire à, être au gré de, عجب A. Cela ne m'agrée pas, ما يقطع عقلي - ما يعجبني.

AGR

*Agréer*, terme de mer, fournir un vaisseau d'agrès, جهّز المركب بالالات.

AGRÉGATION, s. f., association, assemblage, اجتماع - انجماع - انضمام - ضمة - الحاق.

AGRÉGÉ, s. m., amas de choses, مجموع - جمع.

*Agrégé* en droit, en médecine, suppléant du professeur, ملحق بسلك - نايب لمعلم درس العلما.

AGRÉGER, v. a., associer à un corps, ضمّ الى O - الحق ب.

AGRÉMENT, s. m., approbation, consentement, رضى A. Donner son agrément, رضى ب.

*Agrément*, grâces, ملاحة - ظرافة.

*Agrément*, plaisir, avantage, لذة - خير.

*Agréments*, ornements, زينة.

AGRÈS, s. m. plur., terme de mer, voiles, cordages, poulies, etc., اداة مركب - الة مركب; plur., ادوات.

AGRESSEUR, s. m., qui attaque injustement le premier, معتدى - عادى - بادى. Coup pour coup et l'agresseur a plus de tort, هذه بتلك و البادى اظلم (proverbe). || Être l'agresseur, بادى احدًا بالشر.

AGRESSION, s. f., action de l'agresseur, تعدى - مباداة بالشر.

AGRESTE, adj., champêtre, sauvage, خلاوى - برى.

AGRICOLE, adj., adonné à l'agriculture, فلاح - قوم. Peuplade agricole, معتنى بالفلاحة - فلاحين.

AGRICULTEUR, s. m., cultivateur, فلاح.

AGRICULTURE, s. f., art de cultiver la terre, حراثة الارض - فلاحة - علم الفلاحة.

S'AGRIFFER, v. pr., انشبط فى - تخرمش فى.

AGRIPAUME, s. m., plante, فراسيون القلب.

AGRIPPER, v. a., saisir vivement, نتش O. - كبش O. - خطف.

AIE          AIG      23

*S'agripper* à, v. pr., اِنْكَمَشَ اِلَى - اِنْمَسَكَ، تَعَرَّشَ فِى، ب.

AGRONOME, adj., versé dans la science de l'agronomie, عَارِف بِعِلْمِ الفَلَاحَةِ - مُعَلِّم فِى الفَلَاحَةِ النَظَرِيَّةِ.

AGRONOMIE, s. f., théorie de l'agriculture, عِلْمُ الفَلَاحَةِ النَظَرِيَّةِ.

AGUERRIR, v. act., accoutumer à la guerre, عَلَّمَ بِاَحْوَالِ الحَرْبِ - عَوَّدَ عَلَى الحَرْبِ.

*S'aguerrir*, v. r., devenir courageux, s'accoutumer à, تَعَلَّمَ - تَعَوَّدَ عَلَى - تَعَفْرَتَ - تَشَجَّعَ.

AGUETS, s. m. plur., lieu choisi pour guetter, مَرْصَد - كَمِين. *Être aux aguets.* Voyez GUETTER.

AH! interjection, آه - آخ.

AHI! interjection, أَيْ - اوه - آجوه - آح.

AHEURTER, v. a., contrarier quelqu'un, عَاند.

*S'aheurter* à quelque chose, v. pr., عَنَدَ فِى - عَاند فِى.

AHURIR, v. a., rendre stupéfait, اَدْهَشَ - اَخَذَ عَقْلَه. O.

AHURI, adj., ضَايِع العَقْل - مَدْهوش.

AIDE, s. f., secours, assistance, عَوْن - مَعُونَة - مُعَاوَنَة - اِسْعَاف - مُعَاضَدَة - مُسَاعَدَة - اِعَانَة. A l'aide de, ب - بِمُسَاعَدَة. || Avec l'aide de Dieu, بِعَوْنِ اللهِ وَ تَوْفِيقِهِ. || Demander de l'aide à, طَلَبَ مِنْهُ المَعُونَةَ - اِسْتَعَانَ ب. O.

AIDE, s. m., celui qui aide un autre, le second, نَاصِر - اَعْوَان؛ plur., عَوْن - عَضُد - مُعِين - مُسَاعِد - ظَهِير - اَنْصَار، plur.

AIDER, v. a., secourir, assister, عَاوَنَ - سَاعَدَ - اَعَانَ - اَسْعَفَ. Aider quelqu'un de son pouvoir, شَدَّ ظَهْرَه. O.

*S'aider de*, v. r., se servir de, تَسَاعَدَ ب.

AIDES, s. f. pl., impositions, subsides sur les boissons, رَسَمَ عَلَى الاَشْرِبَة؛ plur., رُسُوم.

AÏEUL, s. m., plur., AÏEUX, جَدّ؛ plur., جُدُود et اَجْدَاد. || Aïeule, سِتّ؛ plur., سِتَّات.

*Aïeux*, les ancêtres en général, ceux qui ont vécu dans les siècles passés, سَلَف؛ plur., اَسْلَاف - اَوَائِل.

AIGLE, s. m., oiseau, نَسْر؛ plur., نُسُور - نُسُورَة. *L'aigle*, constellation, النَسْرُ الطَائِر. *Aigle* (Pierre d'), حَجَرُ الوِلَادَة.

*Aigle*, s. f., étendard, enseigne, رَايَة نَسْرِيَّة.

AIGLON, s. m., petit aigle, فَرْخُ النَسْر.

AIGRE, adj., acide, حَامِض - قَارِس (Barb.)

*Aigre*, rude, en parlant de l'humeur, du ton, خَشِن - قَاسِى - شَرِس - حَامِض. On dit d'une personne qui a l'humeur aigre, اِبْلِيس اَنْ يَبْلَه بِخَسٍّ (Si le diable en faisait une salade, il y perdrait son vinaigre).

*Aigre* (style, discours), كَلَام حَادّ - حِدَّة.

AIGRE-DOUX, adj., composé d'aigre et de doux, لَقَّان - مُلَيِّس - مَزّ - مِزَر.

AIGREFIN, s. m., chevalier d'industrie, نَصَّاب - اَصْحَاب؛ plur., صَاحِب مَلَاعِيب - مُحْتَال.

AIGRELET, adj., حَامِض شُوَيَّة - حَمَّص.

AIGREMENT, adv., بِخُشُونَة - بِحَمَاضَة - بِحِدَّة.

AIGREMOINE, s. f., plante détersive, apéritive, غَافِل - غَافِت - غَافِث. Voyez EUPATOIRE.

AIGREMORE, s. m., charbon pulvérisé pour le feu d'artifice, سِنّ فَحَم.

AIGRETTE, s. f., sorte de panache, رِيشَة - هِلَال - حِقَّة - شُوشَة. Aigrette d'argent qui se porte à la guerre sur le turban, comme récompense de la valeur, جَلَنْك - شَلَنْك.

*Aigrette*, léger bouquet de pierres précieuses, هِلَال، رِيشَة جَوَاهِر.

AIGREUR, s. f., qualité de ce qui est aigre, حَوْضِيَّة - حَمَاضَة.

*Aigreur*, amertume, disposition à se fâcher, حِدَّة - حَمَاضَة - حَوْضِيَّة - خُشُونَة. Aigreur dans le propos, || Parler avec aigreur, حِدَّةُ الكَلَامِ - اِحْتَدَّ كَلَامُه.

AIGRIR, v. a., rendre aigre, حَمَّصَ.

*Aigrir*, irriter contre, اَغَاظَ.

*S'aigrir*, v. p., se gâter en devenant aigre, حمص O. S'aigrir, tourner au vinaigre, تخلّل.

*S'aigrir*, s'irriter, احتدّ ـ اغتاظ.

AIGU, adj., terminé en pointe, en tranchant, حادّ ـ ماضى ـ مدبب.

*Aigu* (son), clair, صوت عالى ـ حسّ جهور.

*Aiguë* (maladie), violente, مرض حادّ; plur., امراض حادة.

AIGUADE, s. f., eau douce pour les vaisseaux, ما عذب للمراكب.

*Aiguade*, lieu où l'on prend l'eau, مورد; pl., موارد.

AIGUIÈRE, s. f., vase à anse et à bec où l'on met de l'eau, ابريق; plur., اباريق et ابارق.

AIGUIÉRÉE, s. f., plein une aiguière, ملو الابريق.

AIGUILLADE, s. f., gaule pour piquer les bœufs. منخاس ـ عصاية طويلة ينخزوا بها البقر.

AIGUILLE, s. f., outil pour coudre, ابرة; plur. ابر. Grande aiguille, مسلّة ـ سلّة. || Aiguille de montre, عقرب.

*De fil en aiguille*, adv., d'un bout à l'autre, par suite, من الخيط للمخياط.

*Sur la pointe d'une aiguille*, sur rien, ex. prov., على حبّة ـ على ادنى قضيّة.

AIGUILLÉE, s. f., longueur de fil, de soie, pour l'aiguille, فتلة خيط.

AIGUILLETTE, s. f., tresse, cordon garni de métal en pointe par le bout pour attacher, ماصورة. On dit bassement : Lâcher l'aiguillette, se décharger le ventre, ساب مزر I. || Nouer l'aiguillette, empêcher par maléfice le coït des époux, ربط O. حلّ الرجل اى منعه بالسحر من الجماع O.

AIGUILLON, s. m., bâton ferré, fer pointu, مناخز; plur., مناخيس ـ منخز; plur., منخاس; plur., نواخيز; plur., ناخوز.

*Aiguillon*, dard d'insectes, عقص ـ شوكة ـ زبان.

*Aiguillon*, fig., tout ce qui excite à, غمّاز ـ مهماز.

*Aiguillon de la chair*, فيران الشهوة ـ الشهوة ـ نفاح.

AIGUILLONNER, v. a., piquer avec l'aiguillon, نكز ـ A. نخز ـ A. O. نفس O.

*Aiguillonner*, fig., exciter, animer, غرّ O. ـ حرّك ـ انهض ـ استهم ـ حثّ O. Aiguillonner le courage, نخى.

AIGUISEMENT, s. m., action d'aiguiser, سنّ.

AIGUISER, v. a., rendre pointu, tranchant, aigu, سنّ O. ـ حدّد ـ دبّب O. Pierre à aiguiser, محرّ مسنّ. || *Aiguiser*, rendre plus subtil, رفع ـ شحّذ. || Aiguiser l'esprit, شحّذ الذهن ـ فتح العين A.

AIGUISEUR, s. m., qui aiguise, سنّان.

AIL, s. m.; plur., Aux; sorte d'oignon, توم. Ail serpentin, توم الحيّة.

AILE, s. f., membre des oiseaux et des insectes, جناح; plur., اجنحة et جنح. Battre des ailes, رفرف الطير ـ صفق I. ـ صفق باخنحته (oiseau). || Étendre les ailes, بسط اجنحته O.

*Aile*, côté d'une armée, جنب; plur., اجناب. جناح; plur., اجنحة. جناح; plur., جوانب ـ جانب. L'aile droite, الميمنة. || L'aile gauche, الميسرة.

*Aile*, protection, كنف; plur., اكناف ـ ظلّ.

*En avoir dans l'aile*, انصاب.

AILÉ, adj., qui a des ailes, ذو اجنحة.

AILERON, s. m., extrémité de l'aile, طرف الجناح.

AILLADE, s. f., sauce à l'ail, مرقة بتوم ـ مرقة توم.

AILLEURS, adv., en un autre endroit, (sans mouvement), في غير مطرح ـ في موضع اخر. (Avec mouvement), الى غير مطرح ـ الى موضع اخر I. || D'ailleurs, adv., d'un autre lieu, من غير مطرح ـ من موضع اخر.

*D'ailleurs*, en outre, وما عدا ذلك ـ وغير ذلك.

AIMABLE, adj., digne d'être aimé, محبوب.

*Aimable*, qui plaît dans la société, لطيف ـ شلبى ـ انيس ـ خفيف الذات ـ خفيف الدم.

AIMANT, adj., porté à aimer, مايل الى الحبّ ـ ودود.

AIMANT, s. m., pierre, minéral ferrugineux qui

# AIR — AJO

attire le fer, جر مغناطيس - جبر مغناطيس.
**AIMANTER**, v. a., frotter quelque chose avec l'aimant, حك, دلك بالمغناطيس, O.
**AIMER**, v. a., avoir de l'affection, de l'amour pour quelqu'un, حب O. - هوي I. - ودّ O.
*Aimer*, être amoureux de, عشق A. Il l'aime éperdument, يموت عليها.
*Aimer* mieux, préférer, قدم شيئاً على شي - أوثر - فضّل شيئاً على شي.
*S'aimer*, v. p., se chérir soi-même, حبّ نفسه. S'aimer réciproquement, حبّوا بعضهم - تحاببوا O.
**AINE**, s. f., partie du corps entre le haut de la cuisse et le bas-ventre, حالب - خن الورك. plur., أرنبة - حوالب.
**AÎNÉ**, adj., né le premier, avant un autre, الأول. L'aîné, le cadet et le plus jeune, الاكبر فى العمر. ‖ Il est l'aîné de tous, الاكبر و الاوسط و الاصغر. ‖ Son fils aîné, ولدك البكر - هو اكبر الكل فى العمر. *Voy.* PREMIER-NÉ.
**AÎNESSE**, s. f., priorité d'âge entre frères, كون. Droit d'aînesse, حقوق احد الاخوة الاكبر فى العمر - الاكبر فى العمر. *Voyez* PRIMOGÉNITURE.
**AINSI**, adv., de la sorte, de cette façon, كذلك - هيدا - هيكي - هيك - هكذا - كذا (Barb.).
*Ainsi*, par conséquent, فاذن.
*Ainsi*, c'est pourquoi, لاجل ذلك.
*Ainsi* que, de même que, كما - كـ - مثلما - مثل.
*Ainsi* soit-il, je le souhaite, ان شا الله امين.
**AIR**, s. m., l'un des quatre éléments qui entourent le globe, هوا; plur., أهوية. La haute région de l'air, الجوّ. ‖ Prendre l'air, se promener, شم الهوا - تنفس O. - تنزه. ‖ Prendre l'air, se rafraîchir, فشكر (Alger). ‖ Prendre l'air, être aéré, تهوّي. ‖ Parole en l'air, sans effet, كلام بوش - كلام فى الهوا.
*Air*, manière, هيئة - سية. Il a l'air d'un homme de bien, الظاهر الباين انه رجل مليح. ‖ Se donner l'air de, اظهر.

*Air*, suite de tons qui composent un chant, أهوية; plur., هوا الغنا.
**AIRAIN**, s. m., cuivre rouge, نحاس احمر - نحاس اسبيداريج. Front d'airain, extrême impudence, قلّت حيا للغاية. ‖ Cœur d'airain, extrême dureté, قلب اشد قساوة من الحجر الصلب - زيادة قساوة القلب.
**AIRE**, s. f., place pour battre le grain, جُرن; plur., نادر - يادر - بيدر - اجران (Barb.).
**AIS**, s. m., planche de bois, لوح خشب; plur., تختة - دفوف - دق - الواح.
**AISANCE**, s. f., facilité, سهولة - يسر - راحة.
*Aisance* dans les manières, لطافة - سعة - شلبنة.
*Aisance*, biens, سعة العيش - هناوة - خير.
Grande aisance, نعيم - انعم عيش.
*Aisances* (lieux d'), latrines, بيت الادب - كنيف - چشمه - مستراح.
**AISE**, s. f., contentement, joie, سرور - فرح.
*Aise*, commodité, راحة. Qui est à son aise, commodément, مستريح.
A L'AISE, adverbe, sans peine, commodément, من غير تعب - براحة - على راحة.
A *l'aise*, à loisir, على مهل.
**AISE**, adj., qui a de la joie, qui est content, مبسوط A. فرح - انحظ - انبسط. Être bien aise, فرحان.
**AISÉ**, adj., facile, هيّن - سهل - ساهل.
*Aisé*, assez riche, مبسوط - متيسّر.
**AISÉMENT**, adv., facilement, commodément, بسهولة.
**AISSELLE**, s. f., creux sous le bras où il se joint à l'épaule, ابط; plur., باط - اباط; plur., باطات.
**AJOURNEMENT**, s. m., assignation, امر حضور - قدّام القاضى.
*Ajournement*, remise d'une affaire à un autre jour, حذف الشى - ابقا الدعوة الى غير يوم.
**AJOURNER**, v. a., assigner quelqu'un à certain jour, طلبه للشرع فى يوم معيّن O.

*Ajourner*, renvoyer à jour fixe ou indéterminé, ابقى الى يوم يوم, حذف I.

AJOURNÉ, adj., assigné, مطلوب فى الشرع.

AJOUTER, v. a., joindre à, زاد شيئا I. ‒ الحق به. ‒ O. ضم اليه. ‒ وصل ب. اضاف اليه. Ajouter quelque chose à son discours, اعقب كلامه ب. ‖ Cela ajouta à sa colère, زاد غضبا على غضب I.

*Ajouter* foi, croire, صدّق.

AJUSTEMENT, s. m., action d'ajuster, ضبط ‒ تصليح.

*Ajustement*, parure, تزيين ‒ زينة ‒ تصليح.

AJUSTER, v. a., rendre juste un poids, ضبط الكيل O.

*Ajuster*, accommoder, rendre propre à, وضّب ‒ عدّل ‒ صلح.

*Ajuster*, parer, embellir, زيّن.

*Ajuster*, diriger contre, viser juste, حرّر.

*S'ajuster*, v. réf., se parer, تنظم ‒ تزين.

*S'ajuster*, cadrer, وافق.

AJUSTOIR, s. m., balance où l'on pèse les monnaies avant de les frapper, ميزان الدراهم.

ALAMBIC, s. m., vaisseau pour distiller, امبيق ‒ انبيق. Passer par l'alambic, discuter avec soin, examiner, دقق على A. بحث بغاية التدقيق ‒ حرر على.

ALAMBIQUER, v. a., fatiguer l'esprit, أتعـب الفكر.

*S'alambiquer*, v. r., s'épuiser l'esprit par une recherche obstinée de subtilités, اتعب فكره ‒ حاول بطلب المعانى الغريبة.

ALAMBIQUÉ, adj., trop subtil, trop raffiné, محاول ‒ دقيق للغاية.

ALARME, s. f., cri pour faire courir aux armes, فزعة ‒ ارجاف ‒ تخويف ‒ عياط تنبيه للقتال.

*Alarme*, émotion causée parmi des soldats par l'approche de l'ennemi, انزعاج ‒ ضجّة ‒ ضجيج ‒ رجفة.

*Alarme*, épouvante subite, رعبة ‒ دهوة.

*Alarme*; fig.: Inquiétude, souci, غم ; plur., قلق. ‒ هموم, plur.; هم ‒ غموم.

ALARMER, v. a., donner l'alarme, فزع ‒ خوّف.

*Alarmer*, causer de l'inquiétude, قلق ‒ قلقل. Cette nouvelle l'a alarmé, قلقله هذا الخبر ‒ قلقه.

*Alarmer*, causer de l'épouvante, ارعب.

*S'alarmer*, v. r., s'épouvanter, prendre l'alarme, فزع ‒ ارتعب A.

*S'alarmer*, s'inquiéter, قلق A. ‒ تـقـلـقـل ‒ هدس O.

ALARMISTE, s. m., qui répand de mauvaises nouvelles, صاحب اراجيف.

ALBATRE, s. m., espèce de marbre très-blanc, transparent, veiné, رخام ‒ مرمر ابيض.

ALBUGO, s. m., taie, tache blanche sur l'œil, ارغامن ‒ بياضة على العين.

ALBUM, s. m., cahier de papier blanc, دفتر.

ALBUMINE, s. f., substance semblable au blanc d'œuf, شى مثل بياض البيض.

ALCADE, s. m., juge en Espagne, قاضى فى بلاد اسبانيا.

ALCALI, s. m., sel tiré de la soude, قلى ‒ ملح القلى.

*Alcali* volatil. *Voyez* AMMONIAC liquidé.

ALCALIN, adj., qui a des propriétés de l'alcali له بعض خصايص القلى.

ALCALISER, v. a., tirer l'acide d'un sel neutre, ne laisser que l'alcali, استخرج القلى.

ALCÉE, s. f., espèce de mauve sauvage, نـوع خبّاز برّى.

ALCHIMIE, s. f., art chimérique de la transmutation des métaux, علم الكيميا.

ALCHIMILLE, s. f., herbe. *Voyez* PIED DE LION.

ALCHIMIQUE, adj., de l'alchimie, كيمياوى.

ALCHIMISTE, s. m., qui exerce l'alchimie, صانع كيميا.

ALCOHOL, s. m., poudre très-fine, كحل.

*Alcool*, esprit de vin pur, روح العرقى ‒ روح العرق.

ALCOOLISER, v. a., réduire en poudre impalpable, سحق مثل الكحل A.

ALCORAN, s. m., livre contenant les lois de Mohammed, القرآن.

ALCÔVE, s. f., enfoncement dans une chambre pour placer un lit, مضجع - مخدع للنوم ; plur., مخادع.

ALCYON, s. m., oiseau de mer, جُنقلة.

ALDEBARAN, s. m., étoile fixe de la première grandeur, près des hyades, الدبران.

ALÈNE, s. f., outil de cordonnier, poinçon, مخراز ; plur., مخارز ; مخرز ; plur., مخاريز.

ALENOIS, adj. (Cresson), حرف - رشاد بستاني - رشاد.

A L'ENTOUR DE, adv., aux environs, حـول - دايرًا ما دار - دار ما دار.

ALENTOURS, s. m., plur., les environs, حوالى - اطراف و اكناف - جوار - اطراف.

*Alentours*, ceux qui vivent habituellement avec quelqu'un, الذين حواليه - جواشى ; plur., حاشية.

ALEP, ville de Syrie, حلب الشهباء - حلب.

ALÉPIN, adj., natif d'Alep, حلبى. L'Alépin est petit-maître, حلبى چلبى, exp. prov.

ALERTE, adj., vigilant, sur ses gardes, صاحى - فايق - نشط.

ALERTE, s. f., alarme subite, رجفة.

*Alerte!* interj. ou adv., debout! sur vos gardes! قوموا.

ALEVIN, s. m., fretin pour peupler les étangs, بسارية ,سمك صغير.

ALEXANDRE, n. pr., اسكندر ذو - الاسكندر القرنين.

ALEXANDRETTE, ville de Syrie, اسكندرون.

ALEXANDRIE, ville d'Égypte, اسكندرية. Qui est d'Alexandrie, اسكندراني.

ALEXIS, nom prop., رشا.

ALEZAN, adj., de couleur fauve, شقر ; f., شقرا ; pl., شقر. Alezan doré, شقر ذهبى. ‖ Alezan brûlé, أدهم. ‖ Si l'on vous dit que la jument alezane a volé, croyez-le; les filles de l'air ne sont point soumises aux lois ordinaires de la nature, ان الشقرا اذا قالوا لك طارت صدّق بنات الريح ما عليهن رباط.

ALFONSIN, s. m., instrument de chirurgie pour tirer les balles, الة من الات الجراحة لاخراج جبّاد - الرصاص.

ALGARADE, s. f., sortie contre quelqu'un, سفاهة. Faire une algarade, سفه معه.

ALGÈBRE, s. f., science du calcul des propriétés des grandeurs représentées par des lettres, علم الجبر و المقابلة.

ALGÉBRIQUE, adj., de l'algèbre, جبرى.

ALGÉBRISTE, s. m., qui sait l'algèbre, qui s'en sert, عارف بعلم الجبر و المقابلة - جبرتى.

ALGER, ville, الجزاير.

ALGÉRIEN, adj., d'Alger, جزايرى - جزايرلى.

ALGUE, s. f., plante marine de beaucoup d'espèces, قش البحر منه انواع كثيرة.

ALIBI, s. m., présence dans un lieu autre que celui indiqué, وجود حضورى فى غير موضع. Prouver l'alibi, ثبت انه كان موجودًا فى موضع اخر.

ALIBIFORAIN, s. m., propos qui n'a pas de rapport à la chose dont il est question, غير كلام - تبجّح كلام خارج عمّا نحن فيه.

ALIBORON, s. m., ignorant, حمار.

ALIDADE, s. f., règle mobile pour mesurer les angles, جدول اقياس الزوايا.

*Alidade*, aiguille de cadran, عقرب دليل.

ALIDES, s. m., plur., descendans d'Ali, العلويون - جماعة على.

ALIÉNABLE, adj., qui peut être aliéné, يُباع.

ALIÉNATION, s. f., vente, transport de la propriété d'un fonds, نقلة - مبايعة.

*Aliénation* de l'esprit, folie, جنسون - جنة - خلل العقل.

*Aliénation* des esprits, haine, عداوة - شقاق.

ALIÉNER. v. a., vendre, transporter la propriété, نَقَل الى O. - I. باع.

*Aliéner* le cœur, رمى الشقاق العداوة بينهم - امال قلبه عن احد - غيّر عقله فى حق احد - O. ابعد عن - O. صدّ عن.

*Aliéner* l'esprit, rendre fou, ضرب بعقله O. - I. Son esprit s'est aliéné, حصّل فى عقله خَلَل - جنّ - اختلّ عقله.

ALIGNEMENT, s. m., action d'aligner, de mettre en ligne droite, مساواة - تسوية - صفّ. Sa maison est dans l'alignement de la mosquée, بيته فى سواة الجامع.

ALIGNER, v. a., ranger sur une même ligne droite, ساوى بين - سوّى - O. صفّ.

*S'aligner*, v. r., se mettre en ligne droite, استق - انصقّ.

ALIMENT, s. m., nourriture, قوت; plur., اقوات. Aliments, plur., tout ce qu'il faut pour la nourriture, l'entretien du corps, اكل - غذا; pl., اغذية ‖ Aliment de l'esprit, قوت العقل ‖ معاش. Prendre des aliments, تقوّت - اقتات.

ALIMENTAIRE, adj., destiné pour les aliments, قوتى. Fixer une pension alimentaire, رتّب له معلوم لاجل المعاش.

ALIMENTER, v. a., nourrir, fournir les aliments غذى I. - O. قات أطعم.

ALINÉA, s. m., commencement de ligne; commencement d'un article marqué par un espace vide, ابتدا كلام جديد و علامته موضع فاضى عن ابتدا سطر الكتابة.

ALIQUANTE, adj. (partie), terme de mathématiques, nombre qui n'est pas exactement contenu dans un autre, عدد متباين.

ALIQUOTE, adj. (partie), terme de mathématiques, nombre contenu juste dans un tout plusieurs fois, عدد متداخل.

ALITER, v. a., réduire à garder le lit, الزم الفراش.

*S'aliter*, v. r., garder le lit, لزم الفراش A.

ALITÉ, adj., طريح الفراش.

ALIZARI, s. m., racine sèche de garance, فُوَّة شروش الفوة اليابس.

ALIZÉS, adj. (Vents), réguliers, ارياح معلومة لا يتغيّر هبوبها.

ALIZE, s. f., fruit de l'alizier, ثمرة الميس - دومة - نبق.

ALIZIER, s. m., arbre; en espagnol *Almez*, مَيْس - دوم - جرجار - سدر.

ALKEKENDJE, ou Coqueret, s. m., herbe, كاكنج.

ALKERMÈS, s. m., confection de kermès, d'aloès, de perle, de pomme, d'or, santal, d'azur, معجون القرمز.

ALLAITEMENT, s. m., action d'allaiter, رضاعة.

ALLAITER, v. a., nourrir de son lait, ارضع.

ALLANT, s. m., qui aime à aller; نشط - مجرى.

ALLÉCHER, v. a., attirer par la séduction, غرّ O. - طمع O. جذب.

ALLÉE, s. f., passage entre deux murs parallèles, دهليز; plur., دهاليز.

*Allée*, espace entre deux rangs d'arbres pour se promener, مسارة - دروب, plur.; درب - شجرية.

*Allée* et venue, ذهاب وإياب - رواح و مجى.

ALLÉGATION, s. f., citation d'une autorité, d'un fait, ايراد شاهد.

*Allégation*, proposition mise en avant, زَعْم.

ALLÉGE, s. m., petit bateau à la suite d'un plus grand pour l'alléger, شختورة صغيرة تتبع واحدة اكبر منها لتحمل عنها بعض الاثقال.

ALLÉGER, v. a., décharger d'une partie du fardeau, خفف عنه.

*Alléger*, adoucir le mal, diminuer la douleur, خفف - هدى الوجع.

ALLÉGIR, v. a., diminuer en tous sens, خفّف - رقق.

ALLÉGORIE, s. f., discours, image qui exprime

ou représente une chose et en fait entendre une autre, plur., رموز - رمز - اشارة - كناية. ‏توریة.

ALLÉGORIQUE, adj., de l'allégorie, رمزي-مكني.

ALLÉGORIQUEMENT, adv., d'une manière allégorique, بالرمز-بالكناية.

ALLÉGORISER, v. a., expliquer selon le sens allégorique, donner un sens allégorique, كنى .I. - فسّر شيا بمعنى الرمز والكناية.

ALLÉGORISTE, s. m., qui explique les allégories, مفسر الكنايات.

ALLÈGRE, adj., gai, vif, dispos, agile, مبهوج - مبسوط - فرحان - نشط - بطران.

ALLÈGREMENT, adv., avec agilité, بابتهاج - بنشاطة.

ALLÉGRESSE, s. f., joie, فرح - سرور - بهجة.

ALLÉGUER, v. a., citer une autorité, un fait, un passage, ذكر. O. - روى .I.

*Alléguer*, mettre en avant, قدّم. Alléguer des raisons, قدّم حجج. ‖ Alléguer pour motif que, احتج على.

ALLELUIA, s. m., mot hébreu dont l'Église se sert pour exprimer sa joie, الليلوياه يعني سبحان الله.

ALLEMAGNE, s. f., بلاد نيمسا - نيمسا.

ALLEMAND, adj., né en Allemagne. نيمساوي; plur., نيمساوية.

ALLER, v. n., راح O. Où allez-vous? الى اين راح راكبا. ‖ Aller à pied, راح ماشيا. ‖ Aller à cheval, راح راكبا.

*Aller à*, aller vers, توجّه الى - سار الى .I. - مضى الى - انطلق الى - راح الى O. - قصد الى.

*Aller* de porte en porte, de pays en pays, دار O. طاف من باب الى باب, من بلاد الى بلاد.

*S'en aller*, partir, مضى .I. - ذهب .A. - راح O. ‖ Allons-nous-en, قم نانروح. ‖ S'en aller chacun chez soi, راح كل واحد الى بيته - ـــــــــــ ترّب.

*Va-t-en d'ici* (avec l'expression de la colère et de la menace), انقلع من هون .I. ‖ S'en aller en fumée, ذهب في الباطل .A.

*Aller*, en parlant de l'état de la santé : Comment allez-vous? كيف حالك. ‖ Il va bien, هو مليح. ‖ Il va mal, حاله ردي - ما هو طيب - هو طيب. ‖ Aller Comment vont vos affaires? كيف شغلك. ‖ Aller mal, se détériorer. تخربط - تخرّب. ‖ Aller en décadence, مال الى الخراب .I. ‖ Ainsi va le monde, هذا حال الدنيا - هيك الدنيا.

*Aller à*, convenir, être juste à, خال على .I. - يجي, *ou* اجا .I.; aor., يجي. ‖ Cet habit ne vous va pas (il n'est point juste à votre taille), ما تجي عليك هذه البدلة.

*Aller*, être séant, لبق .A. Cela vous va bien (vous sied), هذا يلبق لك. ‖ Cela vous va mal, هذا ما يلبق لك.

*Aller*, être sur le point de, راح O. Il va mourir, رايح يموت. ‖ Tu vas partir, ô ma chère âme, et tu me laisses blessé! رايح تروح يا روح و خلّيتني مجروح. ‖ Je vais vous parler tout à l'heure, شوية الاخرى اكلّمك. ‖ Au moment où il allait partir, محل الذي كان بدّه يروح.

*Aller*, en parlant d'une machine, اشتغل .I. - مشي. ‖ Ma montre va bien, ساعتي تمشي مليح - ساعتي تشتغل طيب. ‖ La pipe ne va pas bien (le tuyau en est bouché), القصبة ما تشتغل.

*Aller par haut*, vomir, طرش O. - نتق O. - فرغ. ‖ Aller par bas, ou seulement aller, استفرغ معدته. ‖ Il a pris un remède qui l'a fait aller quatre ou cinq fois, شرب دوا مشى بطنه اربع خمس مرّات.

*Aller* (pour marquer l'étendue), aller jusqu'à بلغ .A. - اتّصل الى. ‖ Son terrain va jusqu'à la rivière, ارضه متّصلة الى النهر. ‖ Il alla jusqu'à frapper sa mère, بلغ شرّه هذا الحدّ انه ضرب امّه - حتى و ضرب امّه.

*Aller en pente*, مال .I. Aller en rond, دار O.

*Aller* à (se montrer à), بلغ A. La dépense va à mille piastres, الكلفة تبلغ الف غرش.

*Aller*, mener à, أخذ - ودّى - راح الى O. Ce chemin va à la ville, هذا الدرب ياخذ الى البلد.

*Aller*, aboutir, آل; aor. يؤول. Cette affaire va à vous ruiner, هذا الامر يؤول الى اتلافي مالك - هذا الامر يوديك الى خراب بيتك.

*Aller*, faire des progrès, تقدّم. Cet écolier ne va pas, هذا الصبي ما يتقدّم في العلم.

*Aller*, se laisser aller à ses passions, طاوع نفسه - تبع هوى النفس A.

*Aller* aux voix, جمع الآراء A.

Il faut aller à lui (s'adresser à lui pour cela), الرجوع اليه في هذه المادة.

Il y va de ta vie, ولّا هلكت.

Qui va là ? منو هاد - من هو هذا ؟

Allons! allons! يالله يالله.

Le pis aller c'est que, اشرّ ما يجري هو ان - انجس ما يصير, العن ما يكون هو ان. || Au pis aller je prendrai celui-ci, ان كان ما صحّ لي غيره اخذ هذا.

ALLIACÉ, adj., qui a l'odeur de l'ail, له رايحة التوم.

ALLIAGE, s. m., union des métaux, خلط.

ALLIAIRE, s. f., herbe, حشيشة التومية.

ALLIANCE, s. f., union par mariage, مصاهرة - مناسبة - اهلية. Rechercher l'alliance de quelqu'un, رغب في مصاهرته A.

*Alliance*, confédération des états, اتحاد - معاهدة - اتفاق.

*Alliance*, mélange, خلط - اختلاط.

*Alliance*, bague de mariage, خاتم الخطوبة.

Ancienne *alliance*, de Dieu avec Abraham et les Juifs, العهد القديم. || Nouvelle alliance de Jésus-Christ avec les chrétiens, العهد الجديد.

ALLIÉ, s. m., joint par affinité, مقترن بالاهلية - متحد.

*Allié*, confédéré, حليف - متفق - معاهد; plur.

شعوب متحدة - متحد - حلف. || Peuples alliés, شعوب متحدة.

ALLIER, v. a., mêler, incorporer ensemble, خلط O.

*Allier*, joindre par mariage, اوصل حبلة المناسبة I. قرن.

*S'allier*, v. r., s'unir à une famille, صاهر قوماً.

*S'allier*, s'unir, اتفق مع - اقترن - اتحد مع - اجتمع ب.

ALLITÉRATION, s. f., consonnance des mots, تسجيع.

ALLOCATION, s. f., action de passer un article en compte, تقييد, نفذة في الحساب.

ALLOCUTION, s. f., harangue des généraux aux soldats, خطاب, خطبة روسا العساكر على عساكرهم.

ALLONGE, s. f., morceau, pièce, bout pour allonger, وصلة.

ALLONGEMENT, s. m., augmentation de longueur, اطالة - تطويل.

ALLONGER, v. a., rendre plus long; faire durer plus longtemps, اطال - طوّل I. Allonger la main, le bras, مدّ يدك O. طّ O. || Allonger le cou pour regarder quelque chose, طلّ براسه على O.|| Allonger un coup, مدّ يدك وضربه - طّى وضربه || Allonge-moi le bout de la corde, نولني طرف الحبل.

*S'allonger*, v. pr., devenir long, طال O.

*S'allonger*, s'étendre, étendre ses bras, ses pieds, مدّ يديه ورجليه - تطع - تطّى - تهدّد - امتدّ || Allongez-vous suivant la grandeur de votre tapis, على قدر بساطك مدّ رجليك, prov. (n'entreprenez rien au-dessus de vos moyens).

ALLOUABLE, adj, qui se peut allouer, يعطى.

ALLOUER, v. a., accorder, عيّن - ل - اعطى.

*Allouer*, approuver, passer une dépense en compte, قيّد في الحساب.

ALLUMER, v. a., اشعل A. O. شعل. Allumer le feu, قاد, شعل, اضرم, اوقد, ولع النار - علّق النار I. || Allumer une bougie, شعل الشمعة, قاد, اشعل.

## ALO — ALT

|| Il alluma dans son cœur le feu de l'amour divin, أضرم في قلبه نار المحبة الالهية. || Allumer la guerre, أضرم نار الحرب ـ أثار الحرب. || Allumer les passions, هيّج ـ أهاج اهوية النفس.

S'allumer, v. pr., اشتعل ـ اضطرم ـ التهب. La guerre s'alluma, ثار الحرب O. || Sa bile s'alluma (il se fâcha), طلع خلقه A.

Allumette, s. f., petit morceau de bois soufré par le bout, كبريت ـ عود كبريت.

Allumeur, s. m., qui allume les bougies, les lampes, شعّال الشموع ـ ضوّى.

Allure, s. f., démarche, façon d'aller, مشية ـ سَير ـ مشوة. Les différentes allures du cheval, انواع سير الخيل.

Cheval d'allure, bidet qui va l'amble, رهوان.

Allusion, s. f., figure, رمز ; plur., رموز ـ كناية. || Faire allusion à, اشار الى شي ـ أعنى شيئاً ـ كنّى عن شي.

Alluvion, s. f., accroissement du sol par le dépôt latéral des eaux, جَرْف ; plur., جروف ; تراكم الرمل او الطين في حافة الانهار.

Almageste, s. m., recueil très-ancien d'observations astronomiques, المجسطي.

Almanach, s. m., رزنامة ـ تقويم.

Aloès, s. m., arbre des Indes, à bois odoriférant et lourd, شجرة العود القاقلي ـ عود قماري ـ عود النّد.

Aloès, drogue médicinale, صبر.

Aloi, s. m., titre des métaux, عيار المعادن. Homme de bas aloi, رجل وطئ الاصل.

Alopécie, s. f., pélade, maladie qui fait tomber le poil, دا الثعلب.

Alors, adv., en ce temps-là, حينئذ ـ اذ ذاك ـ هذيك ـ هذاك الوقت ـ عند ذلك ـ يوميذ وقتها ـ يومها ـ الساعة ديكها الساعة.

Alors, en ce cas-là, فاذن ـ اذن ـ في.

Alors comme alors; expression proverbiale, c'est-à-dire : Dans cette conjoncture, on avisera à ce qu'il faudra faire, هذاك الوقت نبقى ندبّر حالنا ـ الله يدبّرنا ـ الله كريم.

Alose, s. f., poisson de mer très-bon, صبوغة ـ شابل.

Alouette, s. f., قنبرة ـ ابو المليح ـ دالوع.

Alourdir, v. a., rendre lourd, ثقّل.

Aloyau, s. m., pièce de bœuf, coupée le long du dos, قطعة لحم من ظهر البقر، من صلب البقر.

Alphabet, s. m., ensemble des lettres d'une langue حروف الهجا ـ حروف المعجم ـ حروف الالف با.
Alphabet, fig., éléments, commencement, بدو.

Alphabétique, adj., de l'alphabet, selon son ordre على حروف المعجم. Ranger par ordre alphabétique, رتّب شيئاً على ترتيب حروف المعجم.

Alphabétiquement, ad., d'une manière alphabétique, على ترتيب ـ على كيفية حروف المعجم.

Altérable, adj., qui peut être altéré, متغيّر ـ قابل التغيّر.

Altérant, adj., qui cause la soif, معطّش ـ مُعطِش.
Altérant, terme de médecine, remède qui change les humeurs, دوا مغير.

Altération, s. f., changement en mal, تغيير. Altération de l'amitié, تغيير المحبة ـ نقص في المحبة.
Altération, falsification de métal, غش المعاملة ـ زغل المعاملة.
Altération, grande soif, ظما ـ عطش.

Altercation, s. f., dispute, مشاجرة ـ منازعة ـ لدد.

Altéré, adj., qui a soif, عطشان.

Altérer, v. a., changer l'état en mal, أتلف ـ غيّر ـ أفسد. Altérer l'amitié, غيّر المحبة. || Altérer le sens, le texte, حرّف الكلام || عكس المعنى.
Altérer, causer une grande soif, عطّش.
Altérer la monnaie, زغل الدراهم A. ـ غش المعاملة O.

S'altérer, v. r., se corrompre, فسد O. ـ انفسد.

AMA

Sa raison s'altéra, نقص فى عقله دخل عليه تغيّر. اختلّ عقله.

ALTERNATIF, adj., se dit de deux choses agissantes l'une après l'autre, متعاقب- بالدور- دورى.

ALTERNATION, s. f., action d'alterner, معاقبة- تعاقب.

ALTERNATIVE, s. f., option entre deux choses, اختيار- خيرة- تخيير بين شيئين. Donner à quelqu'un l'alternative, خيّره بين هذا وبين هذاك ‖ Je vous offre l'alternative, انت المختار بين هذا و بين هذاك.

ALTERNATIVEMENT, adv., tour à tour et l'un après l'autre, متعاقبًا- بالمعاقبة- بالدور.

ALTERNER, v. a., faire à deux et tour à tour, تعاقب- A. عمل بالدور- تقلب.

ALTESSE, s. f., titre d'honneur des princes, الحضرة السامية- الجناب العالى. Son altesse le vizir, عالى الوزير ‖ Votre altesse, سعادة مقامكم- سعادتكم.

ALTHÉA, s. m. Voy. GUIMAUVE.

ALTIER, adj., qui a de la fierté, عاتى- متعظّم.

ALUMINEUX, adj., qui est d'alun, من- شبّى الشبّ.

ALUN, s. m., sel neutre, شبّ- شبّ يمانى. Alun blanc, شبّة زفرة- شبّة- حجر الشبّ ‖ Alun de plume, شبّ طايع- شبّ ابيض.

ALUNER, v. a., tremper dans l'alun, شبّب- O. بلّ بها الشبّ.

ALVÉOLE, s. f., cavité où est la dent, cellule de l'abeille, بيت; plur., بيوت.

AMABILITÉ, s. f., caractère d'une personne aimable, شلبنة- لطافة- خفّة الدم- خفّة الدات.

AMADOU, s. m., قوّ- صوفانة- صوفان.

AMADOUER, v. a., caresser pour attirer à soi, تلاطف به- O. اخذ بخاطره- لاطف- حايل.

AMAIGRIR, v. a., rendre maigre, لحّم- قلّل- انحف- انحل- اضعف- ضعّف.

AMA

AMAIGRIR, v. n., devenir maigre, لحّم رمى- I. A. نحف- انتحل- O. ضعف.

AMAIGRISSEMENT, s. m., سقم- ضعف.

AMALGAME, s. m., union des métaux à l'aide du mercure, اختلاط- اتّحاد المعادن بواسطة الزيبق. Amalgame, fig., union, mélange, خلط.

AMALGAMER, v. a., mêler du mercure avec des métaux fondus pour les unir, خلط المعادن. O. Amalgamer, mélanger, خلط- O. جمع بين و بين. S'amalgamer, v. r., اتّحد- اختلط.

AMANDE, s. f., fruit de l'amandier, لوزة, nom d'unité. لوز, nom générique. Amande verte, عقّابية ‖ Gâteau d'amandes, بقلاوة ‖ Des yeux en amande, عيون لوزية.

AMANDIER, s. m., لوز- شجرة لوز.

AMANT, s. m., qui aime avec passion une personne d'un autre sexe, عاشق; plur., عشّاق ‖ Amant éloigné de sa maîtresse, عاشق مفارق ‖ Les deux amants, الحبيب و المحبوب ‖ Une amante, عشيقة- حبيبة- محبوبة- معشوقة.

AMARANTE, s. f., plante d'automne d'un rouge pourpre, قطيفة- مخملية- سالف العروس- لعل- قلبق اليهودية- طنتور الجندى.

AMARRE, s. f., cordage pour attacher, مرسة- حبلة.

AMARRER, v. a., attacher, ربط O.

AMAS, s. m., assemblage de choses, لمّة- كبشة ‖ Un amas de bois, كومة حطب ‖ Amas de gens, جمع ناس ‖ Amas considérable de peuple, جمّ غزير و جمع كثير.

AMASSER, v. a., faire un amas, كوّم- جمع- A. لمّ O. Amasser du monde, جمع الناس. S'amasser, v. r., s'accumuler, تراكم- التمّ- اجتمع الخلائق ‖ Le peuple s'amassa, تكوّم- تجمّع.

AMATEUR, s. m., qui a beaucoup de goût pour une chose, غاوى; plur., غواة- طالب; plur., طلّاب- راغب فى; plur., راغبين.

AMAUROSE, s. f., cécité, goutte sereine, كمنة.

AMAZONE, subst. f., femme guerrière, اِمْرَاة مُسْتَرْجِلَة.

AMBASSADE, s. f., charge, fonction d'ambassadeur, سِفَارَة - رِسَالَة - وَظِيفَة الرَّسُول.

AMBASSADEUR, s. m., envoyé d'une puissance auprès d'une autre, رَسُول مِنْ مَلِك اِلَى اخَر، plur., رُسُل - سَفِير - الچى - باشادور. (Barb.)

AMBIANT, adj., qui environne, مُحِيط.

AMBIDEXTRE, adj., qui se sert également de ses deux mains, اَضْبَط - ذُو اليَدَيْن - اَزْدَل.

AMBIGU, adj., à double sens, douteux, رِيبِى - مُشَكَّك - مُعَمَّى - مُلْتَبِس المعنى.

AMBIGUÏTÉ, s. f., défaut d'un discours équivoque, à plusieurs sens, اِلتِبَاس المعنى - تعقِيدَة.

AMBIGUMENT, adv., بِاِلْتِبَاس المعنى.

AMBITIEUSEMENT, adv., avec ambition, بِطَمَع.

AMBITIEUX, adj., qui a de l'ambition, طَمَّاع.

AMBITION, s. f., désir immodéré d'honneurs, de pouvoir, طَلَب العَلَا - حُبّ الرِفْعَة - طَمَع - بُغْيَة. Noble ambition, طَلَب العَلَا - هِمَّة عَالِيَة.

AMBITIONNER, v. a., بَغَى. - طَلَب - I. اِبْتَغَى - A. طَمَع فِى.

AMBLE, s. m., sorte d'allure du cheval, دَرَج - مِشْيَة الرَّهْوَان - چَبَقَن.

AMBLER, v. n., aller l'amble, مَشَى مِثْلَ الرَّهْوَان - I. رَاحَ چَبَقَن. - O.

AMBLEUR, s. m., cheval qui va l'amble, چَبَقَن - رَهْوَان.

AMBRE, s. m., substance odorante, نَدّ - عَنْبَر. Ambre gris, عَنْبَر خَام. || Ambre jaune, كَهْرَمَان. || Bout d'ambre (pour une pipe), كَارَبَا - كَهْرَبَا - بِزّ كَهْرَبَا.

AMBRÉADE, s. f., ambre jaune faux, كَهْرَبَا مَصْنُوع.

AMBRER, v. act., parfumer avec de l'ambre, بَخَّر بِالعَنْبَر.

AMBRETTE, s. f., fleur, زَهْرَة لَهَا رَائِحَة العَنْبَر.

AMBROISIE, s. f., mets des dieux, mets exquis, طَعَام مُفْتَخَر - اَمْبرُوسِيَا.

AMBULANCE, s. f., hôpitaux ambulants, نَقَّالَة لِمَرْضَى العَسْكَر.

AMBULANT, adj., non fixé, نَقَّالِى. Homme ambulant, qui va et vient sans cesse, زَلَّال.

AME, s. f., principe de la vie, نَفْس; pl., نُفُوس et اَنْفُس, subst. fém. Ame végétative, qui fait croître les plantes, النَّفْس النَّامِيَة، النَّبَاتِيَة. || Ame sensitive des animaux, النَّفْس الحَيَوَانِيَة. || Ame de l'homme, âme raisonnable, العَقْلِيَة، النَّفْس - النَّفْس النَّاطِقَة. || Qui a l'âme noble, شَرِيف النَّفْس. Les facultés de l'âme, قُوَى النَّفْس.

Ame, conscience, ذِمَّة. Sur mon âme, فِى ذِمَّتِى - عَلَى ذِمَّتِى.

Ame, souffle, vie, رُوح; plur., اَرْوَاح, subst. fém. Il a rendu l'âme, طَلَعَت رُوحُه. || Corps sans âme, جَسَد بِلَا رُوح. || Ma chère âme (expression de tendresse), يَا رُوحِى.

Les âmes des trépassés, اَنْفُس المَوْتَى.

Ame, individu, نَفْس; plur., اَنْفُس. Une ville de quatre mille âmes, بَلْدَة فِيهَا اَرْبَعَة الاَف نَفْس.

AMÉLIORATION, s. f., اِصْلَاح - تَصْلِيح - تَعْدِيل.

AMÉLIORER, v. a., rendre une chose meilleure, اَصْلَح - صَلَّح - عَدَّل.

AMEN, s. m, ainsi soit-il, اَمِين.

AMENDABLE, adj., qui a mérité d'être mis à l'amende, مُسْتَحِقّ القِصَاص.

Amendable, qui peut s'amender, قَابِل التَّصْلِيح.

AMENDE, s. f., peine pécuniaire, قِصَاص - غَرَامَة - جَرِيمَة. Mettre à l'amende, faire payer l'amende, اَخَذ مِنْه جَرِيمَة، قِصَاص. - O. جَرَّم. || Amende pour un meurtre; prix que l'on paye pour échapper à la loi du talion, دِيَة - حَقّ الدَّم. || Amende pour une gageure, حَوْشَة. Voyez GAGEURE.

Amende honorable, aveu public d'un crime avec demande de pardon, اِسْتِغْفَار عَامّ.

AMENDEMENT, s. m., changement en mieux, تَصْلِيح - اِصْلَاح.

AMENDER, v. a., rendre meilleur, أصلح - صلح.
S'amender, v. r., se corriger, نظم سيرته - هذّب سيرته - أصلح حاله.
AMENER, v. a., faire venir au lieu où l'on est, جاب - أتى به إلى - أحضره إلى.
*Amener*, baisser pavillon, ميّر - نزّل البنديرة (Barb.) البنديرة.
AMÉNITÉ, s. f., douceur de caractère, حلاوة طبع - لطافة - ظرافة - لين الأخلاق.
AMENUISER, v. a. *Voyez* AMINCIR.
AMER, s. m., fiel des poissons, مرارة.
AMER, adj., مرّ, positif et figuré. Paroles amères, كلام مرّ.
*Amer*, triste, douloureux, صعب - مؤلم - مغمّ. Il est bien amer pour moi de, قوى صعب عليّ أن.
AMÈREMENT, adv., avec amertume, بمرارة. Il pleura amèrement, بكى بكاء شديدًا.
AMÉRIQUE, s. f., le Nouveau-Monde, بلاد لامیریك - دنیا الجدیدة - دنيا ينكي (pour ينكي دنيا - turk).
AMÉRICAIN, adj., d'Amérique, أمیریكاني - من بلاد لامیریك.
AMERTUME, s. f., saveur amère, مرار - مرارة.
*Amertume*, peine d'esprit, حزن - غمّ.
AMÉTHYSTE, s. f., pierre précieuse, جمست - كركهن - كركهان.
AMEUBLEMENT, s. m., quantité et assortiment de meubles pour un appartement, طقم - فرش بيت.
AMEUTEMENT, s. m., soulèvement, تثویر.
AMEUTER, v. a., mettre les chiens en état de chasser ensemble, عوّد الكلاب مع بعضهم على الصيد.
*Ameuter*, soulever, attrouper le peuple, A. - حرش الخلاق - قوّم الشعب - جمع الناس.
S'ameuter, v. pr., se réunir séditieusement, اجتمع - تعصّب.
AMFIGOURI, s. m., discours dont les mots présentent des idées sans ordre, et qui n'ont pas de sens déterminé, كلام مبهم.
AMI, s. m., avec qui on est lié d'une affection mutuelle, حبيب, plur., أحبّة, حبايب; plur., محبّ - محبّين, خليل, خلّ; plur., أحبّاء - محبّ; plur., أصحاب, صاحب - خلّان, أخلّا; plur., صديق - أصدقا. On connaît ses amis dans l'adversité, الصديق فى زمان الضيق, prov. || Ami sincère, محبّ مخلص.
AMIABLE, adj., gracieux, لطيف - أنيس - حسن.
A l'amiable, adv., sans procès, avec douceur, على طريق المحبّة و السهولة - بطريق المحبّة.
AMIABLEMENT, adv., بلطافة - بمحبّة.
AMIANTE, s. m., حجر الفتيلة.
AMICAL, adj., qui part de l'amitié, حبّي.
AMICALEMENT, adv., على سبيل الوداد - بمحبّة - بوجه المحبّة.
AMIDON, s. m., pâte de fleur de blé sèche dont on fait l'empois, نشا.
AMINCIR, v. a., rendre plus mince, رقّق - أرقّ.
AMIRAL, s. m., grand-officier des armées navales, commandant d'une flotte, قبطان باشا - أمير البحر.
AMIRAUTÉ, s. f., dignité d'amiral, أميرية البحر - أمارة البحر.
AMITIÉ, s. f., affection mutuelle des amis, محبّة - صحبة - ودّ - وداد - مصافاة - موالاة - مودّة - خلوص - صداقة - حبّ. L'amitié est indulgente, الحبّ يستر بذيله القصور. || Faire amitié à quelqu'un, أظهر له المحبّة.
AMMI, s. m., plante, أم الخلال - نانخة - نانخواه.
AMMONIAC, adj., sel ammoniac, composé de l'acide marin et de l'alcali volatil, ملح النشادر - نوشادر.
*Ammoniac* liquide, روح النشادر.
AMMONIAQUE (GOMME), قناوشق - أشق - وشق.
AMNISTIE, s. f., pardon général, عفو عام - أمان - راى و أمان. Accorder une amnistie, أعطى الراى و الأمان للجميع.

AMOINDRIR, v. a., قلّل.

*S'amoindrir*, v. pr., devenir moindre, قلّ I.

AMOINDRISSEMENT, s. m., diminution, تقليل.

AMOLLIR, v. a., rendre mou, طرّى - رخّى - ليّن.

*S'amollir*, v. pr., devenir mou, ارتخى - لان I. - تطرّى - صار رخو I.

*S'amollir*, fig., قلّت مروّته - ارتخى عزمه.

AMOLLISSEMENT, s. m., action d'amollir, ترخية - تطرية - تليين.

AMOME, s. m., plante, حاما.

AMONCELER, v. a., mettre en monceaux, كوّم - قنطر.

AMORCE, s. f., appât pour attraper les poissons, طعم السمك.

*Amorce*, poudre dans le bassinet du fusil, ذخيرة - دخير.

*Amorce*, ce qui attire, تطميعة.

AMORCER, v. a., garnir d'amorce un hameçon, طعم الصنّارة.

*Amorcer* une arme, دخّر.

*Amortir*, attirer par des choses qui flattent, طمّع A. - خدع O. - غرّ.

AMORTIR, v. a., rendre moins violent, خفّف I. *Amortir* un coup, خفّف الضربة.

*Amortir* une dette, طفى الدين I.

*S'amortir*, v. pr., خمد O. - خفّ I. - انطفى.

AMORTISSEMENT, s. m., rachat, extinction d'une rente, d'un droit, اطفا - انطفا.

AMOUR, s. m., penchant, affection, ودّ - حبّ. *Amour* d'un sexe pour l'autre, حبّ - عشق - محبّة. *Amour* violent, شغف. || Inspirer un amour violent à, شغف A. || Concevoir de l'amour pour, تولّع بحبّه - انشغف به A. - عشقه.

*Amour* de soi, désir de sa conservation, حبّ النفس - حبّ الذات.

*Amour-propre*, عجب بنفسه - عُجْب. || Avoir de l'amour-propre, اعجب برايه I. || Qui a de l'amour-propre, اعجب برايه - اعجب بنفسه - معجب بنفسه. || L'amour-propre égare, من اعجب برايه ضلّ, prov.

*Amour* (Pour l') de Dieu, لاجل الله - حبًّا بالله - حبًّا به تعالى - من شان الله. *Pour l'amour de moi*, كرما لخاطري - في حبّ الله. || Pour l'amour d'une seule personne, l'on en sert mille, من شاني - من شان خاطري - كرما لي, كرما لعين تكرم الف عين, prov.

*Les amours*, s. f. pl., l'objet aimé, الحبّ - المحبوب.

S'AMOURACHER de, v. pr., انبلش بحبّ - انشغف ب.

AMOUREUX de, adj., passionné pour, عاشق; plur., عشّاق. Devenir amoureux, عشق A. || Il est très-amoureux d'elle, هو قتيلها - هو قتيل هواها.

AMOVIBILITÉ, s. f., كون تحت العزل.

AMOVIBLE, adj., révocable, qui peut être destitué, تحت العزل.

AMPHIBIE, adj. et s., qui vit sur terre et dans l'eau, برّي بحري.

AMPHIBOLOGIE, s. f., ambiguïté d'une phrase, ابهام - لبس, التباس في الكلام.

AMPHIBOLOGIQUE, adj., à double sens, ambigu, مبهم - ملتبس - لبسي.

AMPHIBOLOGIQUEMENT, adv., ملتبسًا.

AMPHIGOURI. *Voyez* AMFIGOURI.

AMPHITHÉÂTRE, s. m., lieu garni de gradins, مقعد بدرج.

AMPHORE, s. f., sorte de vase, زلعة; plur., زلع.

AMPLE, adj., long, large, étendu, متّسع - واسع.

AMPLEMENT, adv., بالكثرة - من وسع - متّسعًا.

AMPLEUR, s. f., سعة - وسع.

AMPLIATIF, adj., qui étend, augmente, موسّع.

AMPLIATION, s. f., double d'un acte, etc., صورة حجّة او غير ذلك.

AMPLIFICATEUR, s. m., qui amplifie, exagère (iron.), معظّم - مجفّل - مبالغ.

3.

AMPLIFICATION, s. f., extension du discours, تحفيل - توسيع.
Amplification, exagération, غلو - اغراق - مبالغة.
AMPLIFIER, v. a., augmenter, étendre par le discours, زاد فى حفل - كبّر - عظّم - وسّع.
AMPOULE, s. f., enflure sur la peau, نفـطـة - فقفاقة.
Ampoule, fiole, petite bouteille, قارورة.
Ampoulé, adj., (style) enflé, كلام ضخم.
AMPUTATION, s. f., قطع.
AMPUTER, v. a., couper un membre, قطع عضواً.
AMULETTE, s. m., figure, caractères que l'on porte sur soi comme prétendu préservatif, حجاب ; plur., عوذة - تهايم ; plur., تهيّم - حروزة - حُرُز - حمايل. Amulette suspendu au cou avec un cordon.
AMUSANT, adj., qui divertit, مبهج - مسلّى.
AMUSEMENT, s. m., ce qui amuse, سلاوة - تنزيه - تسلّى - تسلاية - تسلية.
Amusement, tromperie, ملاعبة.
AMUSER, v. a., faire perdre le temps عن شغل A. الهى, عوّق عن الشغل - الشى.
Amuser, faire passer le temps agréablement, سلّى.
Amuser, tromper, لاعب.
S'amuser, v. pr., perdre le temps, توانى S'amuser à, التهى فى. ‖ Je me suis amusé à regarder, au lieu de travailler, التهيت فى الفرجة عن الشغل.
S'amuser, se divertir, passer le temps agréablement, تنزّه - انشرح - انبسط - تسلّى فى. ‖ Je m'amuse à lire, اتسلّى فى القرايّة. ‖ Vous êtes-vous bien amusés (dans votre partie de plaisir)? انبسطتوا. Réponse (à quelqu'un qui n'y était point): كنّا مشتهيك, ou اشتهيناك.
AMUSETTE, s. f., لعبة.
AMYGDALE, s. f., glande près de la racine de la langue, لوزة - لوز الحلق. Les amygdales, اللوزتين.
AN, s. m., douze mois, سنة ; plur., عام ; plur., اعوام ou سنين Voyez ANNÉE. Le jour de l'an, le premier de l'an, راس السنة. ‖ Tous les ans, مرّة فى سنتين. ‖ Tous les deux ans, كل سنة. ‖ Il a tant par an, له هل قدر فى السنة. ‖ كل سنتين Il y a un an entier que je ne l'ai vu, لى سنة كاملة ما شفته. ‖ L'an passé, عام الاوّل. ‖ Il y a deux ans, عام عام الاوّل.

ANACARDE, s. m., fruit de l'anacardier, grand arbre des Indes, بلادر.
ANACHORÈTE, s. m., qui vit seul dans un désert, زاهد - متوحّد - حبيس ; plur., حبسا.
ANACHRONISME, s. m., erreur de date, contre la chronologie, غلط فى التواريخ.
ANAGRAMME, s. m., transposition des lettres d'un mot de manière à former un autre sens, تغيير مواضع حروف الكلمة حتى يطلع غير معنى. — Si cette transposition consiste à retourner le mot, elle se nomme en arabe: قلب. Ainsi le mot حلب, Alep, ville, étant retourné, donne le mot بلح, datte.
ANAGYRIS, s. m., ou Bois-puant, خرنوب الخنازير - عود منتن - حب الكلى - اناغوروس.
ANALEPTIQUE, adject. (remède), qui fortifie, دوا مقوّى.
ANALOGIE, s. f., conformité, مناسبة - تناسب.
ANALOGIQUE, adj., qui a de l'analogie, مشابه - متناسب - مناسب.
ANALOGIQUEMENT, adv., مناسباً - مشابهاً - بالمناسبة.
ANALOGUE, adj., qui a de l'analogie avec, مناسب - متناسب.
ANALYSE, s. f., réduction, résolution d'une chose dans ses principes, تفصيل - انحلال - حلّ - ارجاع الشى الى اصوله.
Analyse grammaticale des mots, اعراب الكلمات و بيان ساير احوالها.
Faire l'analyse d'un discours, le réduire dans ses parties principales, استخرج زبدة الكلام و اصل معانيه.

*Analyse*, terme de logique, méthode qui remonte des effets aux causes, des conséquences aux principes, الرجوع الى الاسباب بالنظر فى الافعال والى الاصول بالنظر فى النتائج.

ANALYSER, v. a., réduire une chose à ses principes, استخرج اصول الشي - O. حلّ - فصّل.

ANALYTIQUE, adj., تفصيلى - حلّى.

ANALYTIQUEMENT, adv., par analyse, تفصيليّا.

ANANAS, s. m., plante des Indes, son fruit, قشطة.

ANALLÉRÉTIQUE, adj., remède externe qui cicatrise et fait revivre la chair, دوا مقطّب.

ANARCHIE, s. f., état sans chef, sans gouvernement, عدم الحكم.

ANARCHIQUE, adject., qui est dans l'anarchie, عديم الحكم.

ANARCHISTE, s. m., partisan de l'anarchie, مبغض للحكم - من حزب المبغضين للحكم - مشتهى عدم الحكم.

ANATHÉMATISER, v. a., frapper d'anathème, I. حرم.

ANATHÈME, s. m., excommunication de l'Église, قطع - حروم.

ANATHÈME, adj., excommunié, محروم - مغضوب.

ANATOMIE, s. f., art de disséquer les corps, علم التشريح.

ANATOMIQUE, adj., de l'anatomie, تشريحى.

ANATOMIQUEMENT, adv., تشريحيّا - حسب قوانين علم التشريح.

ANATOMISER, v. a., disséquer, شرّح.

ANATOMISTE, s. m., habile dans l'anatomie, عالم فى التشريح.

ANCÊTRES, s. m. plur., ceux de qui l'on descend, اباء - اجداد - جدود - ساف.

ANCHOIS, s. m., petit poisson de mer sans écailles, سمك بحرى صغير - مالوحة - سنامورة.

ANCIEN, adj., qui est depuis longtemps, عتيق - قديم; plur., قدما et قدم.

*Ancien*, qui occupait précédemment une place, الوزير السابق, L'ancien vizir, سابق.

*Les anciens*, ceux qui vivaient avant nous, الاوايل - القدما - الاقدمين - المتقدمين. Les anciens et les modernes, المتقدمين والمتاخرين.

ANCIENNEMENT, adv., dans les temps anciens, فى قديم الزمان و سالف العصر والاوان - قديما - فيها مضى وتقدّم من الزمان.

ANCIENNETÉ, s. f., qualité de ce qui est ancien, قديمية - قدم - قدامة.

ANCOLIE, s. f., plante, اخيليا.

ANCRAGE, s. m., lieu où l'on peut jeter l'ancre, مرسى; plur., مراسى. Droit d'ancrage, حق المرسى - حق المرسايه.

ANCRE, s. m., grosse pièce de fer pour arrêter les vaisseaux, هلب; plur., اهلاب et هاوب ou مرساة - مخطاف; plur., مراسى; مرسايه (Barb.). Jeter l'ancre, القى - O. رمى المرسايه - ارخى الهلب - ربط. ‖ Lever l'ancre, A. قلع المرسايه - O. حلّ.

S'ANCRER, v. pr., s'établir, s'affermir dans un emploi, تمكّن - استمكن - استقرّ فى.

ANDALOUSIE, sing. fém., province d'Espagne, الاندلس - بلاد الاندلس.

ANDOUILLE, s. f., boyau de porc farci, منبار.

ANDRÉ, nom propre, اندراوس.

ANDRINOPLE, s. f., ville de Turquie, ادرنه.

ANDROMÈDE, s. f., constellation, الامراة المسلسلة.

ANDROSACE, s. m., ou ANDROSELLE, s. f., plante, قبيع.

ANE, s. m., حمار; plur., حمير - (dans la haute Syrie), جحش; plur., جحاش. ‖ Plus patient qu'un âne, اصبر من حمار. ‖ Plus ignorant qu'un âne, اجهل من حمار.

ANESSE, s. f., جحشة - حمارة.

ANÉANTIR, v. a, réduire au néant, A. محق - I. محى عن لوح الوجود - افنى - دمّر - اباد - اعاد للعدم.

## ANG

S'anéantir, v. pron., فَنِيَ A. - بَلِيَ A. - اضمحلَّ - انضرب فى المحق.

Anéantissement, s. m., ابادة - محق - تدمير - اضمحلال.

Anecdote, s. f., نادرة; plur., نوادر - نكتة; plur., نكت et نكايت.

Anée, s. f., charge d'un âne, حمل حمار.

Anémone, s. f., sorte de renoncule, شقايق النعمان; plur., شقايق. Anemone sauvage, شقايق النعمان برى - شقيق نعمانى.

Anerie, s. f., جُرنة - حَربة.

Anet, s. m., plante, شبت.

Anévrisme, s. m., tumeur causée par l'ouverture ou la dilatation d'une artère, انورسما. Anévrisme des vaisseaux de l'œil, سَبَل.

Anfractueux, adj., معوَّج.

Anfractuosité, s. m., عوجة - انعواج.

Ange, s. m., مَلَك - ملاك; plur., ملايكة. Comme un ange, adv., très-bien, كالملاك.

Angélique, adj., qui tient de l'ange, ملايكى - ملكى.

Angélique, subst. f., plante, انجاليكة - حشيشة الملاك.

Angéliquement, adv., كالملاك.

Angine, s. f., maladie de la gorge, خُناق; plur., خوانيق et خنانيق - خُناقة - خناقى.

Angle, s. m., قرنة; plur., قرانى - زاوية; plur., زوايا. Angle droit, زاوية قايمة. || Angle aigu, زاوية منفرجة. || Angle obtus, زاوية حادة.

Angleterre, s. f., région d'Europe, بلاد الانكليز - انكليترة.

Anglican, adj., de la religion protestante d'Angleterre, من مذهب الانكليز.

Anglicisme, s. m., locution anglaise, لغوة انكليزية.

Anglais, adj., d'Angleterre, انكليزى. Les Anglais, الانكليز.

Anglomane, adj., imitateur zélé, admirateur outré des Anglais, مجنون بالانكليز.

## ANI

Anglomanie, s. f., affectation à imiter, à admirer les Anglais, جنون فى التقلد بالانكليز.

Angoisse, subst. f., grande affliction, كرب; plur., شدة - قلق عظيم - غصّة - غم، هم شديد شدايد. Poire d'angoisse, espèce de bâillon pour empêcher de crier, عقلة حديد; plur., عقل.

Angora, ville, انقرة ou انكوريا.

Anguille, s. f., poisson, حيات سمك - ثعبان سمك - سمك حيتة. En Syrie on dit encore, سمك انكليز - عنكليز - نونو. En Barbarie, صنّار الحوت - نون.

Anguille sous roche, expression proverbiale et familière, chose dangereuse et cachée dans une affaire, تحت الساهى دواهى.

Angulaire, adj., à angles, ذو زوايا. Pierre angulaire, حجر الزاوية.

Angulairement, adv., avec des angles, بزوايا.

Anguleux, adj., dont la surface a plusieurs angles, له زوايا - ذو زوايا.

Anicroche, s. f., obstacle, عايق - شبكة - عاقة.

Anier, s. m., qui conduit les ânes, حمّار; plur., حمّارة et حمارين.

Anil, s. m., plante dont on tire l'indigo, شتلة النيل.

Animadversion, s. f., improbation, ذم - مذمّة.

Animal, s. m., حيوان; plur., حيوانات. Animal raisonnable, حيوان ناطق. || Animal sauvage, وحش; plur., وحوش.

Animal, au figuré, homme stupide, grossier, بهيم - دُبّ - ثور - بقر.

Animal, adj., qui appartient à l'animal, حيوانى.

Animalcule, s. m., حُوين; plur., حوينات.

Animalité, s. f., ce qui constitue l'animal, حيوانية.

Animation, s. f., union de l'âme au corps, اتحاد الروح بالجسد.

Animer, v. a., donner la vie, احيى.

ANN ANN

*Animer*, encourager, قوّى قلب احد - نخّى - حرّص.

*Animer*, exciter, irriter, حرّك - حمى - اغرى - قوّم.

*Animer*, donner de la vivacité, de l'éclat, زهّى.

*S'animer*, v. pron., s'exciter, s'encourager à, تقوّى على - قوّى قلبه.

*S'animer*, prendre de l'éclat, زهى I.

*S'animer*, s'échauffer, حمى A. Le cheval s'est animé, حمى الحصان.

*S'animer* en parlant, parler avec feu et avec colère, حمى في الكلام - اشتدّ كلامه.

ANIMÉ, adj., échauffé, حميان.

*Animé* (discours), où se mêle de la colère, كلام حادّ.

*Animé*, vivant, حيّ; plur., احيا - ذو روح.

ANIMOSITÉ, s. f., بغضة - حقد.

ANIS, s. m., plante à semence chaude, انيسون ou يانسون (Barbarie), حبة حلاوة - يانسون.

ANISER, v. a., يضع - وضع فيه يانسون aor., يضع, خلط به يانسون O.

ANISÉ, adj., يانسوني.

ANISETTE, s. f., liqueur faite avec de l'anis, ابو يانسونة - عرق, عرقي يانسون.

ANNAL, adj., qui ne doit durer qu'un an, سنوي - للسنة.

ANNALES, s. f. plur., récit d'événements année par année; تاريخ; plur., تواريخ السنين - تواريخ.

ANNALISTE, s. m., qui écrit des annales, مؤرّخ.

ANNEAU, s. m., حلقة, plur., حلق. Anneau, bague sans chaton, دبلة; plur., دبل - مخبس. Anneau d'argent que les femmes se mettent au-dessus de la cheville du pied, خلخال; plur., خلاخيل - ججل; plur., اججال et ججول. Anneau qu'on se passe dans le nez, خزام.

*Anneau*, boucle de cheveux, خصلة; plur., خصل - حلقة شعر.

ANNÉE, s. f., سنة; plur., سنين et سنوات - عام;

pl., اعوام - حول; pl., احوال. *Voy.* AN. Cette année, سنة تاريخه. || La présente année, هذه السنة - السنة. || L'année passée, عام الاول - سنة الماضية. || L'année, prochaine, سنة الجاية - السنة المقبلة. || D'année en année, من حول لحول - من السنة للسنة. || Année lunaire, سنة قمرية - سنة هلالية. || Année astronomique, ou solaire, سنة شميسة. || Les belles années, celles de la jeunesse, سنين الصبا. || Bonne année, année abondante, سنة رخا. || Je vous souhaite une bonne année (compliment d'usage au premier jour de l'an), سنة مباركة; réponse, عليك ابرك السنين, ou الله يبارك فيك - و انت سالم; réponse, كل سنة و انت سالم - و انتم طيبين; réponse, كل عام و انتم طيبين, ou تعيشوا الى امثال امثالة ou تنعاد الى امثاله - و انت بخير; réponse, سنين عديدة - وانت بخير; réponse, افتتاح كل سنة وانت بخير. On dit encore à Alep, عقبا لكل سنة; réponse, الله يسلمك.

ANNELER, v. a., boucler les cheveux, برّم الشعر بشكل الحلقة.

ANNELURE, s. f., frisure en anneaux, تبريم الشعر بشكل الحلقة.

ANNEXE, s. f., bien uni à un autre, مال مضاف - مال مسند.

ANNEXER, v. a., joindre, اسند الى - اضاف الى.

ANNEXION, s. f., terme de grammaire, اضافة.

ANNIHILER, v. a. *Voyez* ANÉANTIR.

ANNIVERSAIRE, adj. (fête), qui revient le même jour chaque année, عيد سنوي. Jours anniversaires, qui se correspondent d'année en année, ايام متوافقة من سنة الى سنة. || C'est demain l'anniversaire de sa naissance, نهار غدا هو اليوم الموافق من السنة ليوم مولوده.

ANNONCE, s. f., avis au public, publication, منادية - اعلام.

ANNONCER, v. a., faire savoir une nouvelle à quelqu'un, اخبر ب - خبّر ب - علّم, اعلم.

*Annoncer*, prédire, نبىء عن.

*Annoncer* une chose agréable, بشّر ب.

*Annoncer*, publier, نبّه الناس على - اعلم ب - نادى عليهم ب.

ANNONCIATION, s. f., fête, عيد البشارة.

ANNUEL, adj., d'un an, ou qui revient tous les ans, حولى - سنوى.

ANNUELLEMENT, adv., par chaque année, سنة بسنة - فى السنة - بالسنة.

ANNUITÉ, s. f., remboursement annuel d'une partie du capital, ajoutée aux intérêts, دفع سنوى اصل المال مع الفائدة.

ANNULAIRE, adj. (doigt), quatrième doigt qui porte l'anneau, البنصر.

*Annulaire*, en forme d'anneau, بشكل الحلقة.

ANNULATIF, adj., qui annule, ناسخ - مُبطل.

ANNULATION, s. f., action d'annuler, ابطال - نَسْخ - بُطلان - تبطيل.

ANNULER, v. a., rendre nul, بطل - ابطل - نسخ.

ANOBLIR, s. f., rendre noble, شرّف.

ANOBLISSEMENT, s. m., تشريف.

ANODIN, adj. (remède), qui opère sans causer de douleur, دوا - دوا يعمل فى الجسد بغير وجع - لين.

ANOMAL, adj., irrégulier, en parlant d'un verbe (arabe) qui s'éloigne des règles générales, mais qui est soumis à certaines règles particulières, غير سالم.

*Anomal*, qui n'est assujetti à aucune règle fixe, بغير قياس - غير قياسى.

ANOMALIE, s. f., irrégularité, اختباط - عدم نظام - عدم الموافقة للقوانين او للقياس.

ANON, s. m., petit âne, جحش ; plur., جحاش - جحشة ; fém., (dans la haute Syrie), جحوش ; plur., كرار ; كر.

ANONNER, v. n., parler, lire en hésitant, طمطم - تفتف - تهتم.

ANONYME, adj., sans nom d'auteur, من غير اسم المؤلف او الكاتب.

*Anonyme*, auteur qui ne s'est pas nommé, كاتم اسمه - مجهول الاسم.

ANOREXIE, s. f., dégoût des aliments, سدّ النفس - سدم - عدم القابلية للاكل.

ANSE, s. f., d'un vase, اذن - اودان ; plur., ودن ; plur., اذان.

*Anse*, petit golfe, جونة - كرفز صغير.

ANTAGONISTE, s. m., خصم ; plur., اخصام.

ANTARCTIQUE, adj., méridional, جنوبى.

ANTÉCÉDENT, adj., qui précède en temps, سابق - مقدم.

*Antécédent*, subst., fait antérieur, سابقة ; plur., مقدمة - سوابق.

L'*antécédent*, terme de grammaire (dans un rapport d'annexion), المضاف.

L'*antécédent*, dans un argument, مقدم.

ANTECHRIST, s. m., faux Christ, المسيح الدّجال - الجدّال - الدّجال.

ANTÉDILUVIEN, adj., qui a précédé le déluge, قبل الطوفان.

ANTENNE, s. f., longue vergue mobile qui soutient les voiles, سرن - راجع ; plur., رواجع - (turc) فرمان (Id.).

*Antennes*, cornes des insectes, قرون حشرات الارض.

ANTÉPÉNULTIÈME, adj., ما يسبق ما قبل الاخر.

ANTÉRIEUR, adj., مقدم - اول - سابق.

ANTÉRIEUREMENT, adv., précédemment, سابقًا - مقدمًا - اولًا.

ANTÉRIORITÉ, s. f., priorité du temps, تقديم - تقدم.

ANTHROPOPHAGE, s. m., mangeur de chair humaine, ياكل لحم انسان - معتاد باكل لحم الانسان.

ANTHROPOPHAGIE, s. f., action, habitude de manger les hommes, العادة باكل لحم الانسان - اكل لحم انسان.

ANTICHAMBRE, s. f., pièce avant la chambre, اوضة يقونوا منها قبل الوصول الى اوضة اخرى. Faire antichambre, aor., يقف ؛ وقف على الباب - استنظر لاذن للدخول.

ANTICHRÉTIEN, adj., opposé au christianisme, ضد الديانة المسيحيّة.

ANTICHRISTIANISME, s. m., ديانة مخالفة للدين المسيحى.

ANTICIPATION, s. f., action d'anticiper, سبق. Anticipation, usurpation, تعدية. Par *anticipation*, adv., par avance, لقدام.

ANTICIPER, v. a., prévenir, devancer, سبق. O. Anticiper sur les droits de, تعدى على احد. Anticiper sur ses revenus, les dépenser par avance, انفق من مدخول السنين المقبلة - قبض من مدخوله السنوى سلفًا و صرفه.

ANTICONSTITUTIONNEL, adj., contraire à la constitution, ضد قوانين المملكة - ضد الشريعة.

ANTICONSTITUTIONNELLEMENT, بوجه مضادّ للشريعة و لقوانين المملكة.

ANTIDATE, s. f., date fausse et d'un jour antérieur à celui auquel elle est apposée, تقدمة التاريخ - تاريخ مقدم.

ANTIDATER, v. a., mettre une antidate, قدّم ارّخ بتاريخ اقدم - التاريخ.

ANTIDOTE, s. m., remède qui préserve du poison, ضد السمّ.

ANTIENNE, s. f., début de chant, مبتدا الترتيل. *Antienne*, au fig., mauvaise nouvelle, خبر سوء.

ANTIFÉBRILE, adj., دوا للحمّى - دافع الحمّى.

ANTIHYDROPIQUE, adj., remède contre l'hydropisie, دوا للاستسقا.

ANTIHYPOCONDRIAQUE, adj., remède contre les hypocondres, دوا للخواصر.

ANTIHYSTÉRIQUE, adj., contre les vapeurs, دوا ضد الرياح السوديّة.

ANTILOPE, s. f., quadrupède, gazelle, رشا ؛ plur., ارام ؛ plur., ريم - ارشا.

ANTIMÉPHYTIQUE, adj., contre la mauvaise odeur, ضد الرايحة النتنة.

ANTIMOINE, s. m., demi-métal, كحل حجر الاثمد - انتيمون - حجر الراسخت - كحل اصفهانى.

ANTIMONARCHIQUE, adj., contre la monarchie, ضد السلطنة.

ANTIMONIAL, adj., de l'antimoine, من الكحل الانتيمونى - الحجر.

ANTINATIONAL, adj., opposé aux mœurs de la nation, ضد عوايد و اخلاق الشعب. Antinational, contraire à la nation, مضادد للشعب - ضد الشعب.

ANTINÉPHRÉTIQUE, adj., contre la colique néphrétique, دوا للقولنج.

ANTINOMIE, s. f., contradiction entre deux lois, مخالفة بين قانونين.

ANTIOCHE, ville de Syrie, انطاكية. Qui est d'Antioche, انطاكى.

ANTIPAPE, s. m., faux pape, بابا جدّال.

ANTIPATHIE, s. f., aversion naturelle, non raisonnée, كراهة خلقية.

ANTIPATHIQUE, adj., opposé, contraire, مضادد - مخالف.

ANTIPESTILENTIEL, adj., bon contre la peste, مانع للطاعون - ضد الطاعون.

ANTIPHRASE, s. f., emploi d'un mot, d'une locution en sens inverse, كلام بالعكس - كلام بالضد.

ANTIPHTHISIQUE, adj., contre la phthisie, ضد السلّ.

ANTIPHYSIQUE, adj., contre la nature, ضد الطبيعة.

ANTIPODES, s. m., lieux, habitants de la terre diamétralement opposés, اقاليم وسكان من الارض مضادة لبعضها.

ANTIPUTRIDE, adj., contre la putridité, ضد مانع للعفونة - العفونة.

ANTIQUAILLE, s. f., chose antique, usée, de peu de valeur, عتاقة.

Antiquaire, s. m., qui connaît bien les antiquités, عالم بالاثار القديمة.

Antique, adj., vieux, fort ancien, عَتيق ; plur., قُدم et قُدما ; plur., قديم - عتاق.

Antiquité, s. f., ancienneté, قِدَم - قديمية. L'antiquité, les siècles reculés, الاجيال الخالية. || L'antiquité, les anciens, الاوايل - المتقدمين - الاجيال الماضية.
*Antiquité*, monument antique, اثر قديم, بنا.

Antivénérien, adj., contre le mal vénérien, دوا للمبارك.

Antiverminieux, adj., contre les vers, دوا للدود.

Antivérolique, adj., contre la petite-vérole, دوا للجدري.

Antonomase, s. f., emploi de l'épithète pour le nom propre, غلبة. Ex. : خليل الرحمن, l'ami du Seigneur, pour Abraham.

Antoine, nom propre, انطون.

Antore ou Antitore, s. f., plante antivénéneuse, ترياق البيش - قهبق - شتلة السم - شتلة سودا و بيضا.

Antre, s. m., caverne, غار ; plur., مغارة - اغوار ; plur., مغاير.

S'anuiter, v. réfl., se laisser surprendre en chemin par la nuit, تعوق حتى هجم عليه الليل. O. هجم عليه الليل.

Anus, s. m., bout du rectum, مجعر - خاتم - مقعدة. Anus imperforé, مقعدة غير مثقوبة. مقعدة غير منقوبة.

Anxiété, s. f., tourment d'esprit, ضجر - قلق. Être dans l'anxiété, قلق A. - ضجر A. || Je suis dans l'anxiété, روحي ضجرت.

Aoriste, s. m., temps indéfini qui peut en arabe exprimer le présent ou le futur, فعل مضارع.

Aorte, s. f., grosse artère du cœur, ابهر - اوريطى.

Aout, s. m., huitième mois de l'année grégorienne, شهر اب.

Apaiser, v. a., calmer, سكن - هدى - اهدى. || Apaiser Dieu, اهدى غضب الله. Apaiser une personne irritée, O. اخد بخاطره - تلافى قلبه. طيب خاطره.

*S'apaiser*, v. réfl., A. هدأ A. - سكن - O. ركن O. La mer s'est apaisée, ركن البحر.

Apamée, ville de Syrie, فامية.

Apanage, s. m., terres données par un souverain, اقطاع ; plur., اقطاعات.

*Apanage*, au figuré, خاصّة ; plur., خواصّ.

Apanager, v. a., donner en apanage, اقطع ل.

Apanagiste, s. m., prince qui a un apanage, صاحب اقطاع.

Aparté, s. m., كلام يقوله احد فى نفسه.

Apathie, s. f., état de l'âme insensible à tout, بلادة.

Apathique, adj., insensible à tout, بليد ; plur., بلدا.

Apepsie, s. f., impossibilité de digérer, قلّة الهضم.

Apercevable, adj., qui peut être aperçu, يُلمح - يُرى.

Apercevoir, v. a., لمح A. - راى ; aor., يرى - O. لاح ل O. Il aperçut de loin des arbres, لاحت له اشجار من بعيد.

*S'apercevoir* de, v. pr., اشتاق على A شعر ب - O. حسّ بالامر O.

Aperçu, s. m., première vue, لمح.
*Aperçu*, exposé sommaire, لمح.

Apéritif, adj., qui désobstrue, دوا مفتّح. Les cinq racines apéritives, الاصول الخمسة المفتّحة.

Apetisser, v. a., rendre plus petit, صغر.

Aphélie, s. f., la plus grande distance d'une planète au soleil, اقصى بعد سيّارة عن الشمس.

Aphérèse, s. f., retranchement fait au commencement d'un mot, حذف شى من اول الكلمة.

Aphorisme, s. m., sentence, maxime énoncée en peu de mots, راى ; plur., ارا. Les aphorismes d'Hippocrate, ارا بقراط.

APHRODISIAQUE, adj., qui excite à l'amour, محرّك الشهوة.

APHRONITAE, s. m., زَبَد البورق.

APHTES, s. m., petites ulcères dans la bouche, قُلاع - حلا.

API, s. m. (pomme d'), نوع تفاح صغير ابيض و احمر.

APITOYER, v. a., affecter de pitié, حنّن على. — S'apitoyer, v. pr., تحنّن - O. حنّ على - تحركت شفقته علي. — O. رقّ قلبه ل.

APLANIR, v. a., rendre uni, مهد - سهّل - سوّى. — Aplanir la terre avec un cylindre, مندر الارض. || Aplanir les obstacles, سهّل الامر. صقل بالمندرونة. S'aplanir, v. réfl., تسهل.

APLANISSEMENT, s. m., تمهيد - تسهيل.

APLATIR, v. a., rendre plat, بطّط. S'aplatir, v. réfl., devenir plat, تبطّط.

APLATISSEMENT, s. m., تبطيط.

APLOMB, s. m., ligne perpendiculaire à l'horizon, سمت. Qui est d'aplomb, bien droit, قايم - عديل.

APOCALYPSE, s. f., livre du Nouveau-Testament, contenant les révélations de saint Jean, ابو كالبسيس - كتاب ابو غلمسيس - جلية يوحنا الانجيلي.

APOCOPE, s. f., retranchement à la fin du mot, حذف شي من اخر الكلمة.

APOCRYPHE, adj., suspect, livre, auteur, histoire, منكر.

APOGÉE, s. m., la plus grande distance d'un astre à la terre, اقصى بعد الشمس او السيارات عن الارض - ارتفاع - اوج. Apogée de la fortune, de la gloire, اعلى الشرف - اوج - ارتفاع.

APOLOGÉTIQUE, adj., qui contient une apologie, مديحي - محامي.

APOLOGIE, s. f., justification, éloge, محاماة - مدح. Faire l'apologie de quelqu'un, I. حمى احدا - A. مدحه.

APOLOGISTE, s. m., qui fait l'apologie, qui justifie, مادح - حامي.

APOLOGUE, s. m., fable morale et instructive, مثل ; plur., امثال.

APOPHTHEGME, s. m., dit notable, قول الحكما ; plur., اقوال.

APOPHYSE, s. f., saillie sur un os, سنسن ; pl., زايدة - سناسن. Apophyse inférieure, supérieure, زايدة تحتانية او فوقانية.

APOPLECTIQUE, adj., de l'apoplexie, سكتي. Apoplectique, homme qui a des attaques d'apoplexie, مبتلي بالسكتة.

APOPLEXIE, s. f., maladie, هبدة - نقطة - سكتة.

APOSTASIE, s. f., ارتداد عن الدين - جحد - كفر - ترك الدين.

APOSTASIER, v. n., renoncer à sa religion, كفر - O. ارتدّ عن الدين - O. ترك الدين.

APOSTAT, s. m., qui a apostasié, كافر ; plur., تارك الدين - مرتدّ - كفار et كفرة.

APOSTÈME, s. m., enflure extérieure avec putréfaction, دنبلة - دمّلة ; plur., دماميل et دنابل.

APOSTER, v. a., mettre quelqu'un dans un poste, pour surprendre, رصد ل - اكمن ل.

APOSTILLE, s. f., addition marginale, حاشية. Apostille, recommandation au bas ou en marge d'un mémoire, وصية في حق كانت العرض - علامة.

APOSTILLER, v. a., mettre une apostille à un mémoire, كتب على العرض توصية بحق صاحبه - علّم على العرض.

APOSTOLAT, s. m., ministère d'un apôtre, رسولية - رسالة.

APOSTOLIQUE, adj., qui vient de l'apôtre ou du pape, رسولي.

APOSTOLIQUEMENT, adj., à la manière des apôtres, كالرسل.

APOSTROPHE, s. f., discours adressé à quelqu'un ou à quelque chose, خطاب.

*Apostrophe*, trait mortifiant, عزارة.

*Apostrophe*, petit signe d'élision, علامة حذف بعض الاحرف.

APOSTROPHER, v. a., adresser la parole à quelqu'un, خاطب.

*Apostropher*, faire des reproches, عزّر.

APOSTUME, *Voyez* APOSTÈME.

APOSTUMER, v. n., se former en apostème, تدمّل - تقيح.

APOTHÉOSE, s. f., déification, honneurs excessifs, تأليه.

APOTHÉOSER, v. a., mettre au rang des dieux, الّه.

APOTHICAIRE, s. m., celui qui prépare et vend les remèdes, صيدلاني ; pl., صيادلة - بياع الادوية.

APOTHICAIRERIE, s. f., magasin de drogues, دكان الادوية.

*Apothicairerie*, art de l'apothicaire, صناعة الصيادلة.

APÔTRE, s. m., disciple du Christ, حواري; plur., حواريون; رسول plur., الرسل الاطهار. ‖ Bon apôtre, expr. fam., qui contrefait l'homme de bien, عامل رجل صالح.

APOZÈME, s. m., potion d'une décoction d'herbes médicinales, ما طبيخ النبات.

APPARAT, s. m., pompe, زينة - طنطنة.

APPAREIL, s. m., préparatif de ce qui a de la pompe, جهاز - تجهيز.

*Appareil*, pompe, زينة - وكبة - الاي.

*Appareil*, instruments, عدّة.

*Appareil* que l'on met sur une blessure, emplâtre, bandage, عصابة - رباط - ضماد.

APPAREILLAGE, s. m., terme de mer, action d'appareiller, حل القلوع.

APPAREILLÉE, s. f., voile mise au vent, قلع محلول.

APPAREILLER, v. a., joindre à une chose une autre chose pareille, جمع بين الشى و مثله - وفق A. قرنه بمثله O.

*Appareiller*, v. n., terme de mer, mettre à la voile, حل القلوع O.

*S'appareiller*, v. réfl., se joindre avec son pareil, اجتمع بمثله - اقترن بمثله.

APPAREMMENT, adv., selon les apparences, الظاهر - الباين ان - ان.

APPARENCE, s. f., extérieur, ظاهر - صورة - هية - بالهية - فى الصورة - فى الظاهر. ‖ En apparence, فى الظاهر. Il a l'apperence d'un brave homme, هو فى الظاهر ناس ملاح. ‖ Les apparences sont trompeuses, الصورة تغشّ - الوجه يغشّ. ‖ Sauver les apparences, faire en sorte qu'il ne paraisse au dehors rien de blâmable, ستر O. ‖ حفظ الناموس الظاهر O. ‖ Pour les apparences, par affectation, par ostentation, لاجل الصورة - من شان عيون الناس - على عيون الناس. ‖ Sous l'apparence de l'amitié, فى صورة المحبة.

*Apparence*, vraisemblance, احتمال - وجه. ‖ Il n'y a nulle apparence à cela, هذا شى بعيد عن العقل - هذا ما له وجه - ما يحتمل ان يكون هذا. ‖ Il y a beaucoup d'apparence à cela, هذا ما يتصوّر فى العقل - هذا شى قريب للعقل - هذا شى يتصوّر فى العقل.

S'APPARENTER, v. réf., s'allier à, صاهر.

APPARIEMENT, s. m., action d'apparier, توليف - تزويج.

APPARIER, v. a., unir par paire, accoupler, ولّف - زوّج.

APPARITION, s. f., ظهور.

APPAROIR, v. n., être évident; il n'est usité qu'à l'infinitif et à la troisième personne; terme de pratique: Il appert, قد تحقّق.

APPARAÎTRE, v. a., se montrer, ظهر ل A. Apparaître avec éclat, comme Dieu qui se montre aux hommes, تجلّى ل.

APPARTEMENT, s. m., ensemble de pièces de suite, بيت - محلّات ,.plur ; محلّ - جملة اوض متواصلة pl., بيوت. Appartement, étage, طبقة. ‖ Il le fit monter à un joli appartement, اطلعه الى طبقة منظومة.

APPARTENANCE, s. f., ce qui appartient à, ou dépend d'une chose, d'une terre, تابعة - متعلّقة ; plur., توابع.

APPARTENIR, v. n., être de droit à quelqu'un, لـ A. - تبع احدًا .O. ‖ Ceci m'appartient, خصّ لـ هذا لك. ‖ Ceci t'appartient, هذا لك ‖ Il m'en appartient une moitié, يخصّ لى منه النصف - يتبعنى منه النصف. ‖ A qui appartient cette jument? نبع. ‖ Elle m'appartient, تُبَع من هذه الفرس.

Appartenir à une famille distinguée, انتسب الى ناس كبار.

Il appartient à, il convient à...., de, يحقّ له ان - من شأنه ان - يصلح له ان -.

APPAS, s. m. plur., charmes, جاذبة ; plur., جواذب. Les appas de la beauté, سُلطان الحُسن ‖ Une femme remplie d'appas, امراة ذات بها و كمال و قدّ و اعتدال.

APPAT, s. m., aliment mis dans un piège, à un hameçon, طعمة - طعم.

Appât, ce qui attire, تطميعة - حبّ. L'appât du gain l'a séduit, غرّه حبّ الكسب.

APPAUVRIR, v. a., افقر.

S'appauvrir, v. réf., افتقر.

APPAUVRISSEMENT, s. m., افتقار.

APPEAU, s. m., sifflet pour imiter le cri des oiseaux, صفارة.

APPEL, s. m., recours à un juge supérieur, رفع دعوة الى حاكم اكبر.

Appel, défi, دعا الى للقتال - طلب للميدان .I.

Faire l'appel des soldats, دعا كل واحد باسمه .I - عدّ الصلدات -.

APPELANT, adj., qui appelle d'un jugement, رافع دعوته.

APPELER, v. a., nommer, قال لـ .O - دعا - سمّى .O.I. Comment appelle-t-on cela? - ايش يقولوا لهذا ايش هو اسم هذا - كيف يسمّوا هذا. Voyez NOMMER, NOM.

S'appeler, اسمه - قيل له - سُمّى - دُعى. Un homme qui s'appelait Hassan, رجل يقولوا له الحسن - اسمه الحسن, يُقال له الحسن, يسمّوه الحسن.

Appeler quelqu'un, lui crier de venir, نادى احدًا A. - عيّط .A. - زعق .O. - صرخ احدًا او لاحد -.

Appeler au secours, استغاث.

Appeler, envoyer chercher, بعث طلبًا .A. - طلب .O.I. - دعا .O. - بعث خلفه.

Appeler, attirer, en parlant de l'inclination, du devoir, دعا .O.I.

Appeler en justice, طلبه للشرع .O. Appeler en témoignage, طلبه للشهادة .O.

Appeler, recourir à un tribunal supérieur, رفع دعوته الى حاكم اكبر .A. Il a appelé au vizir de la sentence du cadi, ما رضى بحكم القاضى فرفع دعوته الى الوزير.

En appeler à quelqu'un (style familier), le prendre pour juge, اقامه قاضيًا.

APPELÉ, part., اسمه - مسمّى - مدعو.

APPELLATIF, adj. (nom), qui convient à toute l'espèce, اسم الجنس. Ex.: Homme, رجل ; arbre, شجر.

APPELLATION, s. f., appel d'un jugement. Voyez APPEL.

Appellation des lettres, تسمية الحروف - هجاية.

APPENDICE, s. m., supplément à la fin d'un ouvrage, ذيل.

APPENDRE, v. a., pendre à, علّق فى, على.

APPENTIS, s. m., petit bâtiment appuyé contre un plus haut, بيت صغير مُسند الى بنا اكبر منه.

APPESANTIR, v. a., ثقّل .O.

S'appesantir, v.réf., devenir plus pesant, صار ثقيل - تثقّل .I -.

**APP**

*S'appesantir*, devenir moins vif, نَعَسَ - A. ثَقُلَ - I. قَلَّ نَشَاطُهُ -

*S'appesantir*, s'arrêter longtemps sur un sujet, طَالَ فِى الكَلَامِ - أطالَ الكَلَامَ فِى - O.

**APPESANTISSEMENT**, s. m., ثِقَل.

**APPÉTENCE**, s. f., شَهْوَةٌ - اِشْتِهَا.

**APPÉTER**, v. a., désirer vivement par instinct, اِشْتَهَى.

**APPÉTISSANT**, adj., qui excite l'appétit, مُشَهِّي - مُحَرِّكُ الاشْتِهَا.

**APPÉTIT**, s. m., désir de manger, قَابِلِيَّة لِلْأَكْل - نَفْس - اِشْتِهَا. Je n'ai pas d'appétit, مَا لِى قَابِلِيَّةٌ لِلْأَكْل - مَا لِى نَفْس أَكُل. ‖ Cela ouvre l'appétit, هَذَا يَفْتَحُ القَابِلِيَّة - هَذَا يَفْتَحُ النَّفْس.

*Appétits* sensuels, شَهْوَاتُ النَّفْس.

**APPLAUDIR**, v. a., battre des mains, صَفَّقَ. Applaudir à quelqu'un, تَلَقَّى أَحَدًا بِالتَّصْفِيق - صَفَّقَ لَه.

*Applaudir* à quelq. chose, l'approuver, اِسْتَحْسَنَ. Tout le monde applaudit à son action, اِسْتَحْسَنَ كُلُّ النَّاسِ فِعْلَه.

*S'applaudir*, v. r., de quelque chose, s'en féliciter, شَكَرَ اللّٰهَ عَلَى - اِنْسَرَّ لِ O.

*S'applaudir*, se glorifier, شَكَرَ نَفْسَهُ - O. أَطْنَبَ فِى حَالِهِ - A. مَدَحَ نَفْسَهُ.

**APPLAUDISSEMENT**, s. m., battement de mains, approbation, تَلَقٍّ بِالقَبُول - تَصْفِيق - تَحْسِين - التَّحْسِين. Son éloquence obtint l'applaudissement universel, وَقَعَ التَّلَقِّى بِالقَبُولِ مِنَ الخَاصِّ وَالعَامِّ لِحُسْنِ بَلَاغَتِه.

**APPLAUDISSEUR**, s. m., qui applaudit beaucoup, sans jugement, مُطَنِّب - شَكَّاز - مَدَّاح.

**APPLICABLE**, adj., destiné à, مُخْتَصّ - مَخْصُوص - مُعَيَّن. Cette somme est applicable aux frais de route, هَذَا المَبْلَغ مُخْتَصّ لِمَصْرُوف السَّفَر.

*Applicable*, qui peut être appliqué, مُطَابِق - مُوَافِق. Cette loi n'est pas applicable à ce cas-ci, هَذَا القَانُون مَا هُوَ مُطَابِق لِهٰذِهِ المَادَّة -

**APP**

هَذِهِ المَادَّة مَا هِىَ مِقْوَام هَذَا القَانُون - مَا هُوَ مَوْضِع هَذَا القَانُون.

**APPLICATION**, s. f., action d'appliquer une chose sur une autre, مُطَابَقَة - وَضْع.

*Application*, attention suivie, عِنَايَة - اِنْتِبَاه - جِدّ - تَقْيِيد - تَقَيُّد - اِجْتِهَاد - جَهْد.

**APPLIQUER**, v. a., mettre une chose sur une autre, يُوضَع، aor., يَضَعُ; vulg., طَابَقَ - طَبَّقَ - O. حَطَّ، وَضَعَ لِزْقَة. Appliquer un emplâtre sur, عَلَى.

*Appliquer*, destiner à, خَصَّصَ لِ - عَيَّنَ. O.

*Appliquer* l'esprit, l'attacher à, شَبَّكَ العَقْل. O.

*Appliquer* une loi, حَكَمَ بِمُوجِبِ قَانُون. 

*Appliquer* une peine, حَكَمَ عَلَيْهِ بِ - O. أَقَامَ عَلَيْهِ الحُكْمَ بِ. ‖ On peut nous appliquer ce que dit le proverbe, نَحْنُ كَمَا يَقُولُ المَثَل. ‖ Il lui appliqua ces vers, قَالَ فِيهِ قَوْلَ الشَّاعِر.

*S'appliquer à*, v. réf., apporter une extrême attention à un travail, اِجْتَهَدَ فِى - اِعْتَنَى بِ - O. اِنْتَبَهَ عَلَى - O. جَدَّ فِى - تَقَيَّدَ. S'appliquer à la lecture, à l'étude, A. لَزِمَ القِرَاءَةَ وَالدَّرْسَ.

*S'appliquer*, prendre pour soi, O. أَخَذَ لِنَفْسِه - اِتَّخَذَ لِنَفْسِه.

**APPOINT**, s. m., complément d'une somme en une autre monnaie plus petite, عَلَاقَة - كُسُور.

**APPOINTEMENTS**, s. m. pl., salaire d'un emploi, عُلُوفَة - جَامَكِيَّة; plur., جَوَامِك et جَامَكَات; plur., عَلَايِف.

**APPOINTER**, v. a., donner des appointements, رَتَّبَ لَهُ عُلُوفَة - أَعْطَى جَامَكِيَّة.

**APPORT**, s. m., lieu du concours de marchands de denrées, مَجْمَع الَّذِينَ يَجِيبُوا الزَّاد مِنْ بَرَّا - سُوق; plur., أَسْوَاق.

**APPORTER**, v. a., جَابَ I. Apporter des raisons, قَدَّمَ حِجَج.

**APPOSER**, v. a., mettre une signature, un cachet dessus, وَضَعَ عَلَى ، خَتَمَهُ عَلَى، aor., يَضَعُ et يُوضَع.

APPOSITION, s. f., action d'apposer, وضع الختم او العلامة.

*Apposition*, union de deux substantifs sujets d'une phrase, تبعية اسم لاسم. Ex.: Louis XVIII, roi de France, لويز الثامن عشر سلطان فرنسا.

APPRÉCIATEUR, s. m., qui apprécie, عارف ‒ بقية.

APPRÉCIATION, s. f., estimation de la valeur d'une chose, تثمين ‒ تقويم.

APPRÉCIER, v. a., évaluer, O. ‒ حط القيمة على ‒ ثمن.

*Apprécier*, connaître le prix, عرف قيمة. I. Vous avez donné la perle à qui sait l'apprécier, اهديت الدرة لمن يعرف قيمتها. || Il est parmi eux comme une perle incomparable que l'on ne sait pas apprécier, هو بينهم مثل الدرة اليتيمة التي لا يعرفوا لها قدر ولا قيمة.

APPRÉHENSION, s. f., crainte, خشية.

*Appréhension*, simple idée qu'on prend d'une chose, sans porter de jugement, وهم.

APPRENDRE, v. a., acquérir une connaissance, تعلم. Apprendre une science de quelqu'un sous un maître, O. اخذ العلم من.

*Apprendre*, ouïr dire, A. بلغه ان ‒ سمع ان. J'ai appris que, بلغني ان.

*Apprendre*, enseigner, علم. Il lui a appris à lire, علمه القراية.

*Apprendre*, informer de, اعلم ‒ علم ب ‒ خبر ‒ اخبر ب.

APPRENTI, s. m., qui apprend un métier, تلميذ في صناعة ‒ صبيان ; plur. ; صبي يتعلم كار plur. تلاميذ.

*Apprenti*, novice peu habile, غشيم.

APPRENTISSAGE, s. m., état, occupation de celui qui apprend un métier, تعلم ‒ صبينة. Faire l'apprentissage, تعلم. || Faire un dur apprentissage, تعلم بكل عنا ومشقة. Faire son apprentissage sur, s'essayer sur, جرب نفسه في.

APPRÊT, s. m., préparatif, تجهيز.

*Apprêt*, assaisonnement, تربية ‒ بهار.

APPRÊTER, v. a., préparer, حضر ‒ جهز.

*Apprêter*, assaisonner, O. حط بهار.

*Apprêter*, donner l'apprêt, limer, polir, صلح.

*S'apprêter à*, v. réf., se préparer, تحضر ‒ حضر حاله, نفسه. On dit aussi dans le Kasraouan, ولى حاله.

APPRIVOISER, v. a., انس ‒ ولف.

*S'apprivoiser*, v. réf., se rendre plus familier, A. الف ‒ تألف ‒ تأنس.

APPRIVOISÉ, adj., doux, familier, متعود مع الناس ‒ انيس.

APPROBATEUR, s. m., qui approuve, مستصوب ‒ مستحسن.

APPROBATION, s. f., consentement, رضاء.

*Approbation*, jugement, témoignage favorable, استصواب ‒ استحسان ‒ تحسين.

APPROBATIF, adj., qui marque l'approbation, استصوابي.

APPROCHANT, adj., qui a de la ressemblance, du rapport, مقارب ل.

APPROCHE, s. f., mouvement par lequel on avance vers, تقدم ‒ اقتراب ‒ قرب. Aux approches de la mort, il se souvint, لما حضرته الوفاة تذكر.

APPROCHER, v. a., avancer vers, mettre proche, قدم الى ‒ قرب الى.

*Approcher*, v. n., *S'approcher*, v. réfl., A. قرب ‒ O. اقترب من ‒ دنا من ‒ الى, من. Approche-toi d'ici, قدم لهون.

*Approcher*, v. n., avoir du rapport, قارب. Sa beauté approche de celle de sa mère, تقارب امها. || Il n'en approche pas, ما يقاربه في الملاحة. اين هذا واين هذاك.

APPROFONDIR, v. a., rendre plus profond, creuser, O. حفر ‒ جون.

*Approfondir* une science, y pénétrer plus avant,

*Approfondir* une chose, une affaire, l'examiner à fond, ‎- حقّق الشيء - امعن النظر فى A. - فحص الدعوة. ‎غاص فى , لتبحرفى , تعمّق فى , استقصى فى علم A. بحث الدعوة O.

APPROPRIATION, s. f., action de s'approprier une chose, استهلاك.

APPROPRIER, v. a., conformer à, rendre propre à, طبق , طابق على - وفق ل - حكم ل.

*S'approprier*, v. réfl., usurper la propriété de, استملك - اغتلس - اختلس.

*S'approprier* un ouvrage, ‎- نسب الى نفسه O. ادّعى لنفسه.

APPROUVER, v. a., agréer une chose, y donner son consentement, رضى ب A.

*Approuver*, trouver convenable, juger convenable, استحسن - استصوب.

*Approuver*, autoriser par un témoignage authentique, شهد بحسن , بصحّة , بحقيقة A.

APPROVISIONNEMENT, s. m., fourniture des choses nécessaires à une armée, تقديم الذخيرة - تموين - تقديم المؤنة , الزوادة.

APPROVISIONNER, v. a., جاب ذخيرة , مونة الى I. - عوّل - موّن (Barb.)

*S'approvisionner*, v. réfl., تموّن.

APPROXIMATIF, adj., تقريبى.

APPROXIMATION, s. f., calcul approché d'une quantité recherchée, تقريب - مقاربة. Par approximation, بالتقريب.

APPUI, s. m., support, سند; plur., سناد et سندات.

*Appui*, aide, protection, ظهر - معين. Qui est sans appui, ما له مساعد - ما له احد - ما له ظهر - ما له معين. ‖ Qui n'a plus d'appui, مقطوع الظهر. ‖ Qui a de l'appui ou des appuis, ظهره مقطوع. ‖ ظهره مشدود - مشدود الظهر - له ظهر A l'appui de ce que vous dites, تأييدًا , تصديقًا لقولك.

*Appui*, ou *point d'appui*, centre du mouvement, مركز; plur., مراكز.

APPUYER, v. a., soutenir avec un appui, سند ب. Appuyer contre, سند على - اسند على O.

*Appuyer*, aider, protéger, - اعان - ساعد شدّ ظهره O. *Voyez* APPUI.

*S'appuyer*, v. réfl., se soutenir sur, - استند على انسند على - اتكى على. S'appuyer sur des béquilles, تعكّز على عكّازات.

*S'appuyer* sur, au fig., faire fonds sur, اتّكل على.

*Appuyer* sur, v. n., insister sur, تمسّك ب.

*Appuyer*, peser sur, عضّ على - مكّن على A.

APRE, adj., rude au goût, غصّ. Apre au toucher, خشن.

*Apre*, rude, violent, شديد. Froid âpre, برد شديد.

*Apre*, ardent à, حريص على.

*Apre* (d'humeur), شرس - خشن. Humeur âpre, طبع خشن - طبع شرس - طبع وعر.

APREMENT, adv., - بخشونة - بخشانة - بحرص بشراسة.

APRÈS, préposition de temps, d'ordre, de lieu, غبّ - من بعد - بعد. Un an après il mourut, فلمّا كان بعد سنة توفّى الى رحمة الله.

*D'après*, imité de, بحسب.

Être *après*, occupé à ou de, اشتغل فى.

*Après* quoi, ensuite, و بعدُ - و بعد ذلك - ثمّ.

*Après* tout, cependant, tout bien considéré, بعد دا و دا - بعد كل ده - بعد هذا كله.

*Après* coup, trop tard, بعدين.

*Ci-après*, dans la suite de l'écrit, الآتى بعلُ - يأتى ذكره تحت.

*Après-demain*, adv., le deuxième jour après le jour présent, بعد غدا - بعد بكرة.

*Après-dînée*, s. f., espace de temps depuis le dîner jusqu'au soir, بعد الغدا.

*Après-midi*, s. f., espace de temps depuis midi jusqu'au soir, بعد الظهر. Après-midi, point intermédiaire entre le midi et le coucher du soleil, العَصْر. ‖ Dans l'après-midi, العَصْرِيّات - مِن العصريات.

*Après-soupée*, s. f., le temps entrer le souper et le coucher, بعد العشا. Dans l'après-soupée, من عشية.

*Après que*, conj., بعد ما - بعد ان.

*Après*, à la poursuite de, ورا - خَلْف.

APRETÉ, s. f., qualité de tout ce qui est âpre, شراسة - حِرص - شدّة - خشونة - غضاضة. *Voyez* APRE. Apreté de caractère, شراسة أخلاق.

APTE, adj., propre à quelque chose, اهل ل - مستعدّ ل.

APTITUDE, s. f., disposition naturelle à, استعداد طبيعى ل - ميل طبيعى الى.

APUREMENT, s. m., reddition finale d'un compte, قطع الحساب.

APURER, v. a. (un compte), قطع الحساب. A.

AQUATIQUE, adj., ماوى - مايى.

AQUEDUC, s. m., قناة et قناية; plur., قنا - قوادس (Barb.)

AQUEUX, adj., de la nature de l'eau, مايى.

AQUILIN, adj. (nez), courbé en bec d'aigle, مقنى.

AQUILON, s. m., vent du nord, ريح شمالى.

*Aquilons*, vents froids et violents, رياح عاصفة.

ARABES (les), peuple, العرب. Ce mot désigne proprement les Arabes Bédouins, c'est-à-dire ceux qui, partagés en tribus, mènent une vie errante et indépendante. Les Arabes domiciliés dans les villes et soumis à la domination ottomane sont appelés اولاد العرب.

*Arabe*, homme qui appartient à la nation arabe, ابن عرب - من العرب - أعرابى. Êtes-vous Arabe ou Français? انت ابن عرب والا فرنساوى.

*Arabe* (arabique), عربى. La langue arabe, ou seulement : l'arabe, لسان العربى - العربية - العربى - لغة العرب - اللغة العربية. Savez-vous l'arabe? تعرف عربى - تعرف العربى.

*Arabe*, homme dur, avare. Comme l'on ne dit point de mal de soi-même, les Arabes substituent à cette expression celle de يهودى; plur., يهود, juif.

ARABESQUE, adj., dans le genre des Arabes, على زىّ العرب - على شكل العرب.

ARABESQUES, s. m. pl., ornements, زواق العرب.

ARABIE, s. f., جزيرة العرب - بلاد العرب. (La presqu'île des Arabes.)

ARABIQUE, adj., عربى. Gomme arabique, صمغ سنارى - صمغ عربى, c'est-à-dire, Gomme de Sennar, ville de Nubie, d'où l'on tire principalement cette gomme.

ARABISER, v. a., donner à un mot un air, une terminaison arabe, عرّب.

ARABISME, s. m., locution arabe, لغوة عربية.

ARAIGNÉE, s. f., عنكبوت; plur., عناكب et عناكبيت. Toile d'araignée, نسج العنكبوت; عشاش, pl.; عشّ العنكبوت - هالوس - نساج, pl.

*Araignée* de mer, poisson, سمك عنكبوت.

ARATOIRE, adj., يخص الفلاحة.

ARBALÈTE, s. f., arme de trait, قوس; pl., قِسِىّ.

ARBITRAGE, s. m., jugement d'un différend par arbitre, حكم عرفى.

ARBITRAIRE, adj., dépendant de la volonté, du choix d'une personne, اختيارى. Pouvoir arbitraire, despotique, يد قوية - قوّة. ‖ Acte arbitraire, injuste, تعدّى - ظلم.

ARBITRAIREMENT, adv., d'une manière arbitraire et despotique, خلاف الوجه الشرعى - باليد القوية - ظلمًا.

ARBITRAL, adj., d'arbitre, عرفى.

ARBITRALEMENT, adv., par arbitres, عرفيًا.

ARBITRE, s. m., libre arbitre, faculté libre de choisir et de se déterminer, ارادة مطلقة - اختيار كلّى.

*Arbitre*, juge choisi par les parties, وكيل عرفى; plur., وكلا; قاضى; plur., قضاة. Prendre quelqu'un pour arbitre d'un différend, اقاموه قاضيًا بينهم.

4

*Arbitre*, au fig., arbitre de, maître absolu de, حاكم مطلق - يحكم كما يشاء في.

ARBITRER, v. a., juger en qualité d'arbitre, حكم عرفيّا في O.

ARBORER, v. a., نصب O. Arborer un drapeau, نصب البيرق.

ARBOUSE, s. f., fruit de l'arbousier, حنّا أحمر - خط الاديب - مشمش بري.

ARBOUSIER, s. m., مشمش بري - قطلب.

ARBRE, s. m., شجرة ou شجر; plur., أشجار ou أسجار. Nom collectif, شجر ou سجر.

ARBRISSEAU, s. m., petit arbre, شجيرة صغيرة, شجيرة.

ARBUSTE, s. m., petit arbre, شجيرة صغيرة للغاية.

ARC, s. m., قوس; plur., قسي et اقواس.
*Arc* de triomphe, باب نصر - باب انتصار.
*Arc* à battre le coton, قوس الستدافي, مندف القطن. *Voyez* ARÇON.

ARCADE, s. f., ouverture en arc, رواقة.
*Arcade*, longue voûte en arc, قبوة.

ARCANSON, s. m. *Voyez* COLOPHANE.

ARCANUM-DUPLICATUM, s. m., sulfate de potasse, سرّ المضاعف.

ARC-BOUTANT, s. m., pilier en demi-arc qui soutient une voûte, عامود قنطرة; plur., عواميد.

ARCEAU, s. m., arc de voûte, قوس القنطرة - حناية.

ARC-EN-CIEL, s. m., قوس قُدَح et قوس قُزَح - قوس النبي (Barb.).

ARCHAL (fil d'), s. m., fil de métal, سلك - خيط من نحاس أو غيره من المعادن.

ARCHANGE, s. m., ange d'un ordre supérieur, رئيس ملائكة; plur., روسا ملائكة.

ARCHE, s. f., voûte de pont, حني; plur., حنايا - قوس; plur., اقواس - طاق; plur., طاقات - قوصرة; plur., قواصر. Pont d'une seule arche, قنطرة فرد قوس.

*Arche*, vaisseau de Noé, فُلك نوح - سفينة نوح.
*Arche* sainte ou du Seigneur, chose dont il est dangereux de parler ou de se mêler, شي محرم.
*Arche* d'alliance, coffre mystérieux, تابوت العهد.

ARCHÉOLOGIE, s. f., connaissance des antiquités, علم الآثار القديمة.

ARCHER, s. m., homme de guerre armé d'un arc, رامي - ضرّاب نشاب; plur., رماة.
*Archer*, soldat de police, قوّاس; plur., قواسة et قواسين.

ARCHET, s. m., قوس; plur., اقواس. Archet de violon, قوس كمنجة.

ARCHÉTYPE, s. m., original, modèle d'un ouvrage, أصل - قالب.

ARCHEVÊCHÉ, s. m., juridiction, territoire de l'archevêque, كرسي المطرانية - ابرشية.
*Archevêché*, palais de l'archevêque, دار الابرشية.

ARCHEVÊQUE, s. m., prélat métropolitain au-dessus de l'évêque, رئيس اساقفة, pl., روسا اساقفة - مطران; plur., مطارنة.

ARCHIDIACONAT, s. m., dignité de l'archidiacre, رياسة شماسة.

ARCHIDIACRE, s. m., officier ecclésiastique au-dessus des curés, رئيس شماسة.

ARCHIDUC, s. m., titre de dignité des princes de la maison d'Autriche, رئيس امرا عند النمسا.

ARCHIÉPISCOPAL, adj., مطراني - خاص بالمطران.

ARCHIÉPISCOPAT, s. m., dignité de l'archevêque, مطرانية - رياسة اساقفة.

ARCHIFOU, adj., extrêmement fou, شيخ المجانين.

ARCHIFRIPON, adj., fripon insigne, كبير المعاكيس.

ARCHIMANDRITE, s. m., supérieur, abbé supérieur d'un monastère, رئيس دير.

ARCHIPEL, s. m., endroit de la mer où il y a beaucoup d'îles, موضع من البحر كثير الجزائر. Archipel grec, بحر جزائر الروم. || Les îles de l'Archipel grec, جزائر الروم.

ARCHIPRÊTRE, s. m., premier curé, qui a la prééminence sur les autres, قِمّص; plur., قمامصة.

ARCHITECTE, s. m., qui possède et exerce l'art de bâtir, مِعْمار - بنّا - مهندس.

ARCHITECTURE, s. f., art de bâtir les édifices, علم البناء - العمارة.

ARCHIVES, s. f. pl., anciens titres, papiers importants, قراطيس - دفاتر.

Archives, lieu où l'on garde ces papiers, ces titres, خزنة الدفاتر - خزانة القراطيس.

ARCHIVISTE, s. m., conservateur des archives, حافظ خزانة القراطيس - امين على خزاين الدفاتر.

ARCHONTAT, s. m., dignité d'archonte, ارخنية.

ARCHONTE, s. m., magistrat d'Athènes, ارخن; plur., اراخنة.

ARÇON, s. m., pièce de bois qui sert à faire le corps de la selle, خشبة السرج. Partie élevée de l'arçon de devant, pommeau, قربوس; plur., قرابيس. || Partie élevée de l'arçon de derrière, dossier, قربوس وراني - عبوس السرج.

Arçon, archet à battre la laine, le coton, مندف; plur., اقواس - قوس الندافة; plur., قوس النداف - منادي. Corde de l'arçon, قلسة القوس. Petit battant de bois qui frappe sur la corde, مندفة القوس. || Table de l'arçon : planche placée entre l'arc et la corde, dans cet instrument, tel qu'on l'emploie en Orient, طبلية القوس.

ARÇONNER, v. a., battre la laine, les bourres avec l'arçon, ندف الصوف و الكتكت - O. ندفى نجد. Voyez COTON.

ARÇONNEUR, s. m., qui prépare la laine avec l'arçon, نداف الصوف.

ARCTIQUE, adj., septentrional, شمالي. Le pôle arctique, القطب الشمالي.

ARCTURUS, s. m., étoile fixe du Bouvier, السماك الرامح.

ARDEMMENT, adv., avec ardeur, بحرقة - بحرارة - برغبة كلّية - باشتياق كلّى.

ARDENT, adj., en feu, allumé, ملتهب - شاعل.

Ardent, très-chaud, qui brûle, حار - محرق. Le soleil est très-ardent, الشمس حارّة.

Ardent à, qui se porte avec véhémence à, Ardent كثير الرغبة فى - حامى فى - حريص على au gain, حريص على الكسب.||Ardent à la dispute, حامى فى المشاجرة.||Ardent à l'étude, كثير الرغبة فى التعلم.

Ardent, qui a beaucoup d'activité, de vivacité, مثل النار - حامى.

ARDEUR, s. f., chaleur, حرارة - حرّ. L'ardeur du soleil, حرارة - حرّ الشمس.

Ardeur, véhémence avec laquelle on se porte à quelque chose, كثرة الرغبة - حرارة - حرص على - زود الاشتياق الى.

Ardeur, activité, نشاط - حمية - حرارة.

ARDILLON, s. m., pointe, شوكة.

ARDOISE, s. f., sorte de pierre de couleur bleuâtre, نوع حجر لونه ضارب الى الزرقة.

ARDU, adj., difficile, épineux, عسر - صعب - مشكل.

AREC, s. m., fruit des Indes, فوفل.

ARÈNE, s. f., sable, رمل - رملة; plur., رمال.

Arène, place où l'on combat, ميدان. Descendre dans l'arène, نزل الى الميدان.

ARÉOMÈTRE, s. m., instrument pour connaître le degré de pesanteur des fluides, ميزان الموايع.

ARÊTE, s. f., les parties dures et piquantes des poissons, حسكة - حسك - سلسلة السمك.

ARGEMON, s. m., ulcère du globe de l'œil, ارغامن.

ARGEMONE, s. f., pavot épineux, ارغامونى - شقايق النعمان برى.

ARGENT, s. m., métal blanc, فضّة. Argent filé, قصب ابيض - قصب فضّة.||D'argent, qui est en argent, من فضّة - فضى.

Argent, monnaie, دراهم - فلوس - معاملة; on dit aussi : مصريّات - عملة et قشور - حنانى.

4.

t. pop. Je n'ai point d'argent, ما عندى فلوس - . ‖ Cela ne peut se faire qu'avec de l'argent, ما معى مصريات. ‖ C'est de l'argent en barre, c'est une chose qui vaut autant que de l'argent comptant, ما يصير الا بالفلوس. ‖ Argent mort, qui ne porte point de profit, هذه مصريات فى العب - مصريات نايمة.

*Argent*, richesse, bien, مال. Qui a de l'argent, riche, مقرش - عندك مصريات - صاحب مال.

ARGENTER, v. a., couvrir de feuilles d'argent, I. طلى A., لطخ بالفضة - فضض.

ARGENTERIE, s. f., vaisselle, ustensiles d'argent, اوانى فضة - فضيات.

ARGENTEUR, s. m., celui applique l'argent sur les autres matières, مفضض.

ARGENTIN, adj., qui tient de l'argent par la couleur, par le son, مثل رنة - مثل لون الفضة - الفضة.

ARGILE, s. f., glaise, terre grasse, molle, ductile et fine, تراب الفخار - سجيل - طفل. Argile blanche, لبن مريم - لبن العذرا.

ARGILEUX, adj., qui tient de l'argile, طفلى. Sorte de terre argileuse dont on se sert au bain, comme de savon, بيلون.

ARGOT, s. m., langage particulier des filous, des gueux, كلام سيم.

ARGUER, v. a., accuser (de faux), I. تهم بزور.

ARGUMENT, s. m., raisonnement par lequel on tire une conséquence, برهان - قياس; plur., براهين.

*Argument*, indice, preuve, دليل; plur., دلايل - برهان.

*Argument*, sujet abrégé d'un livre, مضمون.

ARGUMENTATEUR, s. m., qui aime, qui cherche à argumenter (se dit par ironie), ابو البراهين.

ARGUMENTATION, s. f., action, manière d'argumenter, تبرهن - برهنة.

ARGUMENTER, v. a., faire un argument, prouver par argument, اقام البرهان على - برهن عن.

ARGUS, s. m., espion assidu et vigilant, جاسوس - رقيب.

ARGUTIE, s. f., vaine subtilité d'esprit, كلام باطل.

ARGYRITE, s. f., marcassite d'argent, مرتك - مرداسنج - مرداسنك.

ARIANISME, s. m., secte, hérésie d'Arius, طريقة اريوس - جماعة اريوس.

ARIDE, adj., sec, يابس. Terre aride, ارض يابسة. ‖ Esprit aride, عقل غير مثمر - ارض قاحلة.

ARIDITÉ, s. f., sécheresse, يبوسة - قحولة.

*Aridité*, insensibilité, يبوسة - عدم الحساسية.

ARIENS, s. m. plur., sectaires d'Arius, جماعة اريوس.

ARISTARQUE, s. m., critique sévère, mais équitable, باحث.

ARISTOCRATE, s. m., partisan de l'aristocratie, متعصب بالشرفا الحكام.

ARISTOCRATIE, s. f., souveraineté de plusieurs nobles ou privilégiés, تحكم جعية اشراف على باقى الشعب.

ARISTOCRATIQUE, adj., qui tient de l'aristocratie, qui lui appartient, يخص حكم الاشراف.

ARISTOLOCHE, s. f., plante, زراوند. Aristoloche ronde, longue, زراوند مدحرج - طويل.

ARISTOTE, n. pr., ارسططاليس - ارسطو.

ARISTOTÉLICIEN, adj., partisan de la philosophie d'Aristote, ارسططاليسى.

ARISTOTÉLISME, s. m., philosophie d'Aristote, فلسفة ارسططاليس.

ARITHMÉTICIEN, s. m., qui sait l'arithmétique, عارف بعلم الحساب - معلم حساب.

ARITHMÉTIQUE, s. f., art de calculer, علم الحساب. Les règles de l'arithmétique, قوانين علم الحساب.

ARITHMÉTIQUEMENT, adv., selon l'arithmétique, بموجب علم الحساب.

ARLEQUIN, s. m., farceur, bouffon dont l'habit

est bigarré, خلابيص ; plur., خلابيص et خلابصة.

ARLEQUINADE, s. f., bouffonnerie d'arlequin, خلابصة.

ARMATEUR, s. m., celui qui arme un vaisseau en course, صاحب مركب قرصان.

ARME, s. f., سلاح ; plur., اسلحة - آلة حربية. Les armes, l'armure complète, عدة الحرب.

*Armes*, plur., profession de la guerre, كار الحرب - كار العسكرية.

*Armes*, escrime, علم الطعن و الضرب. Apprendre à faire des armes, à tirer des armes, تعلم الطعن و الضرب.

Passer par les armes, fusiller, اطلق البندق على - بندق على.

Aux armes! يالله يالله خذوا سلاحكم.

ARMÉE, s. f., جيش ; plur., عسكر - جيوش - عساكر.

ARMEMENT, s. m., action d'armer un vaisseau, تعمير مركب.

*L'armement* d'un soldat, son équipage, عدة - اهبة - عدة حرب.

*Armement*, appareil de guerre, par mer ou par terre, تجهيز عمارة - تجهيز عسكر.

ARMÉNIE, s. f., بلاد الارمن.

ARMÉNIEN, adj., né en Arménie, ارمني ; plur., ارمن. Terre arménienne, bol d'Arménie, طين ارمني. ‖ Pierre arménienne, pierre précieuse dans les mines de cuivre, حجر ارمني.

ARMER, v. a., fournir, revêtir d'armes, سلح - لبسه عدة حربية - قلّد بسيف.

*Armer*, lever des troupes, جند - لمّ عسكر. O. جمع عسكر.

*Armer* un vaisseau, l'équiper, عمّر مركب - جهّز مركب للحرب.

*Armer* un fusil, ركّب البندقية.

*Armer* contre, exciter à faire la guerre à, قوّم على.

S'armer, v. r., se munir d'armes, تسلّح. S'ar-

mer d'une épée, تقلّد بسيف. ‖ S'armer d'une lance, اعتقل برمح. ‖ S'armer de courage, نشّج. ‖ S'armer de patience, لازم الصبر. — O. صبر.

A main armée, adv., de vive force, avec des armes, بالسيف - قهرًا.

ARMET, s. m., casque, خوذة ; plur., خود.

ARMILLAIRE, adj. (sphère), vide composée de cercles, كرة الفلك باطنها فاضى وهى مركبة من عدة دواير فى شكل الحلق.

ARMISTICE, s. m., suspension d'armes entre les combattants, منع السلاح بين المتحاربين - متاركة.

ARMOIRE, s. f., خزانة ; plur., خزاين - خرستان - خرستانات.

ARMOIRIES, s. f. pl., علايم النسب.

ARMORIER, v. a., mettre, peindre des armoiries sur, صوّر, نقش على الشى علايم نسب صاحبه.

ARMOISE, s. f., herbe de la Saint-Jean, plante, برنجاسف - شوبلا - دمسيسة - حبق الراعى.

ARMURE, s. f., armes défensives qui touchent au corps, comme cuirasse, casque, عدة محامية للجسد مثل زردية و خوذة.

ARMURIER, s. m., qui fait et vend des armes, صنّاع اسلحة - غندقلى - غندقجى.

AROMATE, s. m., drogue odoriférante, طيب ; pl., خلوق - افاويه - افواه, et الطياب - عطرى.

AROMATIQUE. adj., de la nature des aromates, qui en a l'odeur, عطرى - طيبى. Odeur aromatique, رايحة طيبة.

AROMATISATION, s. f., mélange des aromates avec des drogues, تعطير - تخليق - تطييب.

AROMATISER, v. a., mêler des aromates avec quelque chose, خلّق - طيّب.

AROME, s. m., principe odorant d'une plante, عطر - رايحة.

ARPENT, s. m., certaine étendue de terre, فدان ; plur., فدن et مقدار معلوم من الارض.

ARR

Voyez كِدْنة - فدادين - فدان - افدنة .plur ;
CHAMP.

ARPENTAGE, s. m., mesurage par arpent, قِيَاس - مساحة.

ARPENTER, v. a., mesurer un terrain, I. قاس A. Instrument pour arpenter, مقياس - مَسَح.

ARPENTEUR, s. m., qui mesure la terre; مسّاح، plur., قِيَاس - مَسَّاحين et مَسَّاحَة.

ARQUEBUSE, s. f., arme à feu et à rouet, زنبلك - نوع مكحلة.

ARQUEBUSIER, s. m., celui qui est armé d'une arquebuse, حامل زنبلك.

Arquebusier, ouvrier qui fait des arquebuses, صَنَّاع مكاحل.

ARQUER, v. a., courber en arc, عَوّج - قوّس.

Arquer, v. n., se courber, تعوّج - تقوّس - انعوج.

ARRACHER, v. a., tirer par force, A. قلع. Arracher une dent, A. قَبَع، قلع سنّ.

Arracher, obtenir avec peine, O. اخذ شيا بكل صعوبة. Arracher une parole à quelqu'un, طالع كلمة من فمه. ‖ Arracher de l'argent à quelqu'un, O. خطف فلوس من احد. ‖ Arracher la vie à quelqu'un, O. اخذ روحه. ‖ Arracher quelqu'un à un danger, اخرجه من - خلّصه من.

S'arracher à, v. r., se tirer avec effort de, A. تخلّص من - خلص من.

ARRACHEUR, s. m., qui arrache (les dents), قلّاع الاسنان.

ARRAGON, s. m., province d'Espagne, اركش من اقطاع الاندلس.

ARRANGEMENT, s. m., ordre, état de ce qui est arrangé, ترتيب - نظام.

Arrangement, conciliation, مساوبة - صلح.

Arrangements, plur., mesures pour finir une affaire, تدبير - طريقة - تساوى.

ARRANGER, v. a., mettre en ordre convenable, رتّب - نظّم. Arranger ses affaires, دبّر اموره.

ARR

Arranger une affaire, l'accommoder à l'amiable, O. صرف - صرف بينهم - ساوى الامر بينهم - المادّة.

Arranger en ordre les feuilles éparses d'un livre, طبّق اوراق الكتاب.

S'arranger, v. r., accommoder ses propres affaires, اصطفل - دبّر امره - تدبّر. Cela ne me regarde pas, arrange-toi tout seul, هذا ما يخصّني اصطفل ‖ S'arranger avec quelqu'un, (pour) مسك لبالك - اصطفل معه - دبّر امره معه - تساوى معه - استوى معه - (Barb.) افتصل. ‖ Arrange-toi avec lui, اصطفلوا مع بعضكم - اصطفل منك اليه.

ARRANGÉ, adj. (bien), منظوم - منظّم.

ARRENTER, v. a., donner ou prendre à rente, I. كرى و استكرى - اجر و استاجر.

ARRÉRAGES, s. m. plur., revenus arriérés d'une rente, d'un loyer, متاخّر.

ARRESTATION, s. f., action d'arrêter quelqu'un, saisie, prise de corps, مسك - توقيف - حوشة - قبض. ‖ Qui est en état d'arrestation, مسوك - مقبوض.

ARRÊT, s. m., jugement d'une cour souveraine, امر - احكام, plur., اوامر; حكم - حكومة. Mettre aux arrêts, جعل احدا تحت الترسيم - O. حاش.

Mettre la lance en arrêt, قوّم سنان الرمح.

ARRÊTÉ, s. m., résolution de plusieurs personnes, حكم جمعية - ما اتفق عليه الاراء; plur., احكام.

Arrêté de compte, règlement définitif, خلاص الحساب.

ARRÊTE-BOEUF, s. m. Voyez BUGRANE.

ARRÊTER, v. a., empêcher d'avancer, de se mouvoir, وقّف - اوقف - O. حاش - تقّف.

Arrêter, saisir au corps, ou par voie de justice, I. مسك - O. قبض على.

Arrêter, résoudre que, اعتمد على ان - استقرّ رايه على - اتفقوا على.

*Arrêter*, retenir à son service, حاش للخدمة.

*Arrêter* le sang, l'empêcher de couler, قطع الدم A.

*Arrêter* un compte, le régler, عمل الحساب .A - خلّص الحساب.

*S'arrêter*, v. réf., cesser d'aller, وقف; aor., يقف - وقف. Arrête-toi, ou arrête, وقف عندك - قف - وقف.

*S'arrêter*, tarder, rester, قعد - اقام - تعوّق .O. Nous nous sommes arrêtés chez lui quelque temps, اقمنا عنك ساعة - قعدنا عنك شوية.

*S'arrêter*, se contenir, انتهى عن - امتنع عن - انقطع عن - تمسّك عن.

*S'arrêter* à, se déterminer, se fixer à, اعتمد على - استقرّ رايه على - اختار.

*S'arrêter* à, avoir égard à, حسب .O - نظر الى .O. Ne vous arrêtez pas à l'apparence, اعتبر. ‖ Ne vous لا تعتبر الوجه الظاهر - لا تنظر الى الظاهر arrêtez pas à ce qu'il dit, لا تحسب كلامه شى - لا تعتبر كلامه.

Être arrêté par une difficulté, انشكل فى - اشتكل عليه معنى الكلام.

ARRHEMENT, s. m., action d'arrher, عربنة.

ARRHER, v. a., s'assurer d'une emplète par des arrhes, عربن. Arrher des marchandises, عربن احدًا على بضايع.

ARRHES, s. f., pl., gages d'un marché, عربون ou رعبون.

ARRIÉRÉ, s. m., paiement retardé, متأخّر - متقاعد.

ARRIÈRE, s. m., poupe, مؤخّر.

En *arrière*, adv., الى خلف - الى الورا - لورا. Être en arrière, en retard, قصّر - تأخّر.

ARRIÈRE-BOUTIQUE, s. f., دكان ورانى.

ARRIÈRE-COUR, s. f., حوش ورانى.

ARRIÈRE-FAIX, s. m., tunique qui enveloppe le fœtus, مشيمة - برنس الجنين - خلاص.

ARRIÈRE-GARDE, s. f., portion d'une armée marchant la dernière, اخرة العسكر; plur., اواخر - موخر العسكر - ساقة العسكر.

ARRIÈRE-GOUT, s. m., dernier goût d'une liqueur, différent de celui qu'elle a d'abord, طعم ثانى.

ARRIÈRE-LIGNE, s. f., صفّ ورانى.

ARRIÈRES-NEVEUX, s. m. pl., au fig., la postérité la plus reculée, اخر جيل.

ARRIÈRE-PENSÉE, s. f., vue secrète, فكرة مضمرة - نية مكتومة.

ARRIÈRE-POINT, s. m., rang de points sur une couture, نباتة.

ARRIÉRER, v. a., différer un paiement, اخّر الدفع.

*S'arriérer*, v. réfl., ne pas payer à l'époque, تأخّر عن الدفع.

*S'arriérer*, demeurer en arrière, تخلّف - قصّر - تأخّر.

ARRIÈRE-SAISON, s. f., l'automne, la fin de l'automne, اخر الخريف - اوان الخريف.

ARRIMER, v. a., arranger la cargaison d'un navire, نظم وسقة المركب.

ARRIVAGE, s. m., arrivée des marchandises, abord des vaisseaux, وصول بضايع - وصول المراكب.

ARRIVÉE, s. f., وصول - قدوم - ورود. Arrivée d'un événement, وقوع - حدوث. ‖ Compliment à quelqu'un sur l'arrivée d'un ami, اقرّ الله عينك; réponse, هنّاك الله بما اعطاك - الله يسلمك; réponse, الله يهنّيك.

ARRIVER, v. a., parvenir, وصل الى; aor., يصل; plus vulg., قدم الى - انتهى الى - يوصل .A. يفد; aor., وفد الى - على - يرد; aor., ورد على الى. *Arriver*, en parlant d'un événement, حدث ل .A. ‖ Il حصل ل .I. - صار ل .I. - جَرَى ل - على. m'est arrivé un accident, حدث لى عارض - حكمنى عارض .O. ‖ Il m'est arrivé un grand malheur, اصابتنى مصيبة عظيمة. ‖ Il raconta ce qui lui était arrivé, قصّ عليه ما جرى له. ‖ Que vous est-il arrivé? ‖ S'il t'en arrive mal, اِيش جرى عليك - اِيش صار لك ان كان حصل لك من ذلك. ‖ Voyez ce qui m'arrive, شف ما اجا عليّ. متضرّة - Il arriva par hasard que...., اتّفق ان راسي. *Voy.* HASARD. فاتّفق من الاتّفاق العجيب ان.

ARROCHE, s. f., plante rafraîchissante, émolliente, nommée aussi Atriplex et Bonne-Dame, سَرْمَق - قَطَف سرمة.

ARROGAMMENT, adj., avec arrogance, برهدلة - بتجبّر.

ARROGANCE, s. f., orgueil, présomption, رهدلة - تجبّر - تكبّر.

ARROGANT, adj., hautain, fier, متكبّر - مترهدل - متجبّر. Être arrogant, تجبّر - تكبّر - ترهدل. متجبّر.

S'ARROGER, v. réfl., s'attribuer mal à propos, ادّعى.

ARRONDIR, v. a., rendre rond, صيّر الشي مدوّراً - دوّر.

S'arrondir, v. réfl., augmenter son bien, توسّع.

ARRONDISSEMENT, s. m., action d'arrondir, تدوير.

*Arrondissement*, portion d'un pays, خط; plur., ديرة - خطوط.

ARROSAGE et ARROSEMENT, s. m., action d'arroser, سقي - رشّ.

ARROSER, v. a., humecter, mouiller, سقى I. Arroser un arbre, une fleur, سقى شجرة، زهرة. ‖ Arroser de larmes, بلّ بالدموع O. ‖ Arroser un pays (en parlant d'une rivière), سقى ارضاً I.

*Arroser*, humecter simplement la terre pour abattre la poussière, رشّ ماء - O. - رشّ الارض على الارض.

ARROSOIR, s. m., مسقاة - رشاشة.

ARSENAL, s. m., magasin d'armes, ترسخانة - خزانة السلاح.

ARSENIC, s. m., demi-métal, poison, زرنيخ - Arsenic blanc, ou mort aux rats, تراب البالك. ‖ Arsenic jaune, رهج ابيض - طعم الفار - سمّ الفار. *Voyez* ORPIMENT.

ARSENICAL, adj., qui tient de l'arsenic, زرنيخي.

ART, s. m., méthode pour faire un ouvrage selon certaines règles, فنّ; plur., فنون; pl., pl., صنايع; plur., صناعة - افانين.

*Art*, adresse, حسن معرفة - صَنعة - صناعة. Ouvrage de l'art, opposé à l'ouvrage de la nature, صنعة ضدّ خلقة.

ARTÈRE, s. f., vaisseau qui porte le sang du cœur vers les extrémités, شريان et شرن, pl., شرايين - ضارب, plur., ضوارب - روافز; رافز.

ARTÉRIEL, adj., qui appartient à l'artère, شرياني.

ARTICHAUT, s. m., plante potagère, ارضى شوكى - خرشوف. En Égypte, اردشوكة - جنارة. En Barbarie, قنارية.

ARTHRITE, s. f., goutte aux jointures, دا المفاصل - نِقْرِس.

ARTICLE, s. m., jointure des os, مفصل; plur., مفاصل.

*Article*, petite partie d'un discours, فصل; plur., فصول. Article biographique, ترجمة; plur., تراجم. Article d'un traité, d'un contrat, شرط; plur., شروط - مادّة; plur., موادّ.

A l'article de la mort, عند الممات - عند الموت.

*Article* de foi, قانون ايمان; plur., قوانين.

*Article*, partie d'oraison qui précède les noms, comme le, la, les, ال. Les Arabes appellent leur article, اداة التعريف - حرف التعريف - لام التعريف - الالف واللام.

*Article* de marchandise, صنف بضاعة; plur., اصناف.

ARTICULAIRE, adj., qui a rapport aux jointures, يخصّ المفاصل.

ARTICULATION, s. f., jointure des os, مفصل; pl., مفاصل. Articulation des doigts, عُقدة الاصابع; plur., عُقَد.

*Articulation*, prononciation nette, تلفظ.

*Articulation*, déduction des faits, تفصيل الاشيا.

ARTICULER, v. a., déduire par articles, فصّل.
*Articuler*, prononcer nettement, لفظ. O. — بيّن اللفظ. Il articule facilement, لسانه طلق. || Il articule mal, avec difficulté, لسانه ثقيل.
*Articuler* un fait, l'affirmer, le circonstancier, بيّن الشي.

ARTIFICE, s. m., art, industrie, صناعة — تصنع.
*Artifice*, ruse, fraude, مكر — حيلة ; plur., حيل — تصنع.
*Artifice*, finesse, manière adroite de faire, فن — صناعة.
*Artifice* (Feu d'), s. m., composition de matières inflammables, حريقة — حراقة شنلك.

ARTIFICIEL, adj., طبخى — عملى — اصطناعى — مصنع. Est-ce artificiel ou naturel? مصنّع ولا الخلقة.
ARTIFICIELLEMENT, adv., avec art, اصطناعًا.
ARTIFICIEUSEMENT, adv., avec ruse, artifice, بالمكر بالحيلة.

ARTIFICIER, s. m., صناع صواريخ.
ARTIFICIEUX, adj., plein d'artifices, de finesses, مكار — صاحب حيلة — صاحب صناعة — مخادع.

ARTILLERIE, s. f., canons et tout ce qui y a rapport, مدافع.
*Artillerie* (art de l'), فنّ الطبجية.
ARTILLEUR, s. m., طبجى ; plur., طبجية.
ARTIMON, s. m., mât de la poupe, الصارى الذى فى موخر المركب.

ARTISAN, s. m., ouvrier dans un art mécanique, صنايعى — صانع — اهل حرفة. Les plur., صنايعية ; artisans, اهل الحرف — اصحاب الصنايع.
*Artisan*, l'auteur, la cause, سبب — أصل. Artisan de troubles, ضراب فتن.

ARTISON, s. m., vers qui perce le bois, سوس.
ARTISONNÉ, adj., rongé, troué par les vers, en parlant du bois, مسوّس.

ARTISTE, s. m., qui travaille dans un art où le génie et la main doivent concourir, معلّم — استاذ — اهل صناعة يلزم فيها عمل العقل واليد.

ARTISTEMENT, ad., avec art, بصناعة — بصنعة.
ARUM, s. m., plante. *Voyez* PIED DE VEAU.
*Arum*, autre espèce, صواخة — سبط.
ARUSPICE, s. m., prêtre qui consultait les mouvements des victimes et leurs entrailles عرّاف.

AS, s. m., point seul marqué sur une carte, بك — اس. As de carreau, اس الدينارى.
ASARUM ou ASARET, s. m. *Voyez* CABARET.
ASCALON, ville, عسقلان.
ASCARIDES, s. m. pl., petits vers, دود قرعى.
ASCENDANT, s. m., pouvoir, empire, سُلطة.
*Ascendant*, signe qui monte sur l'horizon, طالع; plur., طوالع. Il a un heureux ascendant, طالعه سعيد.
*Ascendants* (les), les personnes dont on est descendu, الابا والاجداد.

ASCENSION, s. f., action de monter, صعود — ارتفاع.
*Ascension* (l'), fête des chrétiens, عيد الارتفاع — عيد الصعود.
ASCENSIONNEL, adj., ارتفاعى — صعودى.
ASCÈTE, s. m., voué aux exercices de piété, زاهد.
ASCÉTIQUE, adj., qui a rapport à la vie spirituelle, زهدى.
ASCITE, s. f., hydropisie du bas-ventre, استسقا — استسقا بطنى — زقى.
ASCITIQUE, adj., malade d'une ascite, مستسقى — مستسقى البطن — الزق.
ASCLÉPIAS ou DOMPTE-VENIN, s. m., plante, نوع ضدّ السموم.
ASIATIQUE, adj., qui est de l'Asie, شرقى.
ASIE, s. f., une des quatre parties du monde, بلاد الشرق — الشرق — اسيا.
ASILE, s. m., lieu établi pour servir de refuge, دار الحماء.
*Asile*, refuge, retraite dans l'infortune, ماوى — ملاذ — ملجاء.

ASPALATHE, s. m., bois odoriférant, قَنْدُول - دَارْ شِيشْعَان.

ASPECT, s. m., vue d'un objet, مَطَل - مَنْظَر. Il a un aspect terrible, لَه صُورَة مَهُولَة - لَه مَنْظَر مَهُول. ‖ Au premier aspect, فِي أَوَّل نَظْرَة ‖ A l'aspect de son maître il trembla de tous ses membres, لَمَّا نَظَرَ إلى سَيِّدِه ارْتَجَفَت اعْضَاه.

ASPERGE, s. f., plante potagère, هَلْيُون.

ASPERGER, v. a., arroser par petites gouttes, O. - طَرَشَ أَحَدًا بِالمَاء - رَشَّ مَاء عَلَى - رَشّ - طَرْطَشَه بِالمَيْتَة. Asperger en soufflant de l'eau que l'on tient dans sa bouche, O. بَخّ عَلَى.

ASPÉRITÉ, s. f., rudesse, dureté, حَرَاشَة - مَسَاحَة - خُشُونَة.

ASPERSION, s. f., action d'asperger, بَخَّة - رَشّ.

ASPERSOIR, s. m., مِرَشَّة.

ASPÉRULE, s. m., plante, نَوْع كَوْكَب الوَعْر.

ASPHALTE, s. m., bitume de Judée, قَفْر اليَهُود - حِيرْ - حُمَر - قَفْر اليَهُودِيَّة.

ASPHODÈLE, s. f., plante, بَرْوَاق - سِيرَاس - خُشَّى.

Asphodèle, adj. (lis), وَحْدَاح.

ASPHYXIE, s. f., privation subite de tous les signes extérieurs de la vie, غَشْوَة - غَشَيَان.

ASPHYXIÉ, adj., frappé d'asphyxie, غَشْيَان.

ASPIC, s. m., petit serpent très-venimeux, أَفْعَى; plur., أَفَاعِي - حَيَّة سُودَا - مَلِك الحَيَّات - أَفَاعِي. Langue d'aspic, homme dangereux par ses propos, لِسَان أَفْعَى.

Aspic, plante, espèce de lavande, نَوْع خُزَامَة.

ASPIRANT, adj., qui aspire à une charge, طَالِب; plur., طُلَّاب - مُرِيد.

ASPIRATION, s. f., action d'aspirer, جَذْب الهَوَا - أَخْذ النَّفْس.

Aspiration, terme de grammaire, manière de prononcer en aspirant, لَفْظ مِن الحَلْق.

ASPIRAUX, m. pl., trous de fourneaux couverts d'une grille, مَنَافِس.

ASPIRER, v. a., attirer l'air avec la bouche, O. اَخَذ النَّفْس - O. جَذَب - O. شَمّ الهَوَا.

Aspirer à, prétendre à, désirer ardemment, O. طَلَب - نَافَس فِي - اِشْتَهَى - اِشْتَاق إلى - عَلَى - O. قَصَد.

Aspirer, terme de grammaire, لَفَظ مِن الحَلْق.

ASPRE, s. m., monnaie turque équivalent à $\frac{1}{3}$ de para, $\frac{1}{3}$ de شَاهِيَّة, $\frac{1}{120}$ de piastre, عُثْمَانِيَّة - عُثْمَانِي; plur., عَثَامْنَة.

ASSA, s. m., suc médicinal, حِلْتِيت.

Assa-fœtida, espèce de gomme-résine, puante, sudorifique, bonne pour les nerfs, حِلْتِيت مُنْتِن ou seulement حِلْتِيت et حِنْتِيت.

Assa-dulcis, حِلْتِيت طَيِّب. Voyez BENJOIN.

ASSAILLANT, s. m., agresseur, بَادِي بِالشَّرّ.

Assaillant, qui assiége une place, مُحَاصِر.

ASSAILLIR, v. a., attaquer vivement, O. هَجَم عَلَى. Nous fûmes assaillis d'une tempête, حَكَمَتْنَا فُرْطُنَة.

ASSAINIR, v. a., rendre sain, طَيَّب الهَوَا - نَظَّف.

ASSAISONNEMENT, s. m., mélange d'ingrédients pour assaisonner, بَهَار - تَتْبِيل - حِيَاق - تَبْوِيل.

ASSAISONNER, v. a., accommoder, accompagner d'ingrédients pour rendre agréable au goût, حَيَّق (Barb.). فَوَّح - نَبَّل بِالمِلْح وَ الفِلْفِل و انْوَاع البَهَار.

ASSASSIN, s. m., qui tue par trahison, قَاتِل - فَاتِك. Au figuré, yeux assassins, عُيُون قَتَّالَة - عُيُون فَتَّاكَة.

ASSASSINAT, s. m., فَتْك - قَتْل.

ASSASSINÉ, adj., قَتِيل - مَقْتُول.

ASSASSINER, v. a., tuer de guet-apens, par trahison, O. فَتَك - O. قَتَل.

Assassiner, ennuyer excessivement, مَوَّت - قَتَل.

ASSAUT, s. m., attaque pour emporter de vive force une place, هَجْمَة - هُجُوم. Donner l'assaut, هَجَم. ‖ Faire assaut d'esprit, تَبَاهَى بِعَقْلِه.

ASSEMBLAGE, s. m., جَمْع.

Assemblée, s. f., nombre de personnes réunies, جمع - محضر - مجلس - جماعة - جمعية. ‖ Former, convoquer une assemblée, عقد مجلس I. ‖ L'assemblée se sépara, انفضّ المجلس.

Assembler, v. a., جمع A. Assembler les feuilles d'un livre, جمع ، طبق اوراق الكتاب A.

S'assembler, v. r., se réunir en un même lieu, اجتمع فى.

Assener, v. a., (porter) un coup violent, ضربه ضرب شديد - بطش فيه ب O. I. — زرع A. — لطشه ب O.

Assentiment, s. m., consentement, رضا — حسن الرضا.

Asseoir, v. a., mettre sur, dans un siège, قعد - اقعد على - اجلس على.

Asseoir, établir, وضع ; aor., يضع.

S'asseoir, v. pr., جلس على I. — قعد O. Asseyez-vous, تفضّل اقعد - اجلس. ‖ S'asseoir les jambes croisées, comme les tailleurs, قعد مربع - تربّع O. ‖ S'asseoir en affectant de grands airs, تمجلس (ironique).

Asseoir (Faire) quelqu'un, اقعد - اجلس على - قعد.

Assermenté, e, adj., qui a prêté serment, حالف.

Assermenter, v. a., exiger le serment de quelqu'un, حلف - كلّفه الى اليمين.

Assertion, s. f., proposition qu'on soutient vraie, زعم - دعوى.

Asservir, v. a., assujettir, réduire sous sa puissance, سخّر A. — جعل تحت حكمه - اخضع له.

Asservir, dompter, rendre esclave, استعبد.

S'asservir, v. réf., تعبد له. Voy. s'Assujettir.
Asservissement, s. m., servitude, عبودة - استعباد - عبودية.

Assesseur, s. m., adjoint à un juge, نايب القاضى.

Assez, adv., autant qu'il en faut, قدر الكفاية.

Assez, c'est assez, حاجة - عندك - يكفى - يكفّى - بركة. — En Barbarie on dit encore بس - بقدّى. ‖ J'en ai assez, يازّى ou يزّى - حاجتى - يكفّينى. ‖ C'est assez d'allées et de venues, tenez-vous tranquille, حاجة تروح و تجى اقعد مستريح - يقدّينى. ‖ C'est assez de rigueurs, couronne mon amour, بسّك تروح و تجى - بسّك من الجفا جودى. ‖ Assez et plus qu'il n'est nécessaire, بالوصل. ‖ C'est assez parler de cela, خلّينا من هذا الكلام - دعنا من هذا الكلام - قدر ما يكفى و يزيد. ‖ Ils ont assez de vivres pour un an, عندهم من المونة ما يكفيهم سنة - بسّك من هذا الكلام.

Assidu, e, adj., qui est exact à, qui a une application continuelle à, مواظب - ملازم - مداوم. ‖ Être assidu à ses affaires, واظب أشغاله. ‖ Être assidu à l'étude, داوم الدرس. ‖ Être assidu auprès du prince, واظب ، لازم خدمة الامير.

Assiduité, s. f., exactitude, application continuelle, مداومة - ملازمة - مواظبة.

Assidûment, adv., بالمواظبة - بالمداومة.

Assiégeant, e, adj., qui assiège, محاصر.

Assiéger, v. a., faire le siége d'une place, حاصر. Être assiégé, تحاصر.

Assiéger, environner, ضيّق على - احاط ب.

Assiéger, importuner par sa présence continuelle, ضيّق على.

Assiégé, s. m., qui soutient un siége, محاصر.

Assiette, s. f., situation, manière d'être, حالة. Il ne peut se tenir dans la même assiette, ما يمكنه يتمّ على حالة واحدة.

Assiette, situation ferme et stable, قاعدة - قرار.

Assiette, disposition de l'esprit, du corps, حالة. Il n'est pas aujourd'hui dans son assiette ordinaire, اليوم ما هو فى حالته الاعتيادية. ‖ Il n'a jamais l'esprit dans une égale assiette, ما له قاعدة - عقله ما له قرار - عقله يتقلّب من حال الى حال.

Assiette, vaisselle plate, صحن ; pl., صحون - سنيّة - زبادى ; plur., زبدية.

## ASS

Assiettée, s. f., plein une assiette, ملو الصحن.

Assignable, adj., qui peut être déterminé, قابل البيان والتحديد.

Assignat, s. m., billet d'état hypothéqué sur un bien, ورق من الحكم عوض المعاملة.

Assignation, s. f., destination de fonds pour tel payement, حوالة. Donner une assignation à quelqu'un sur, اعطاه ورقة حوالة، احاله، حوّله على.

*Assignation*, citation, احضار قدام القاضي - طلب، أمر حضور الى عند الحاكم.

Assigner, v. a., placer un payement sur un fonds, احال على - حوّل على.

*Assigner*, indiquer, désigner, عيّن - بيّن.

*Assigner*, appeler devant le juge, دعا الى الشرع O. - طلب الى المحكمة. O. - طلب قدام القاضي - استدعى للحضور قدام القاضي.

Assimiler, v. a., rendre semblable, présenter comme semblable, عادل بين و بين - شبّه ب.

*S'assimiler*, v. réf., se comparer à quelqu'un, تشبّه ب - شبّه نفسه ب.

Assise, s. f., terme de maçon, rang de pierres, صف حجارة.

*Assises*, séances de juges, مجلس قضاة.

Assistance, s. f., présence, حضرة. L'assistance, la compagnie assemblée, اهل المجلس - الحاضرين - الجماعة.

*Assistance*, aide, secours, معاونة - مساعدة - تاييد من السما. Assistance du ciel, عون - اسعاف. || Demander assistance à, استعان ب.

Assistant, adj., qui est présent en tel lieu, حاضر; plur., حضّار et حاضرين - جالس; plur., جالسين et جُلّاس.

*Assistant*, qui assiste, qui aide, معاون - مساعد.

Assister, v. a., être présent à, حضر. A. Assister à la messe, حضر القدّاس.

*Assister*, aider, secourir, اعان - عاون - ساعد. Assister les pauvres, احسن الى الفقرا - تصدّق على الفقرا. || Dieu vous assiste (à un pauvre auquel on ne donne rien), الله يعطيك. ||Dieu vous assiste (à une personne qui éternue), صحّة - عافية - صحّة; rép., الله يعافيك ou صحّتين ou على قلبك.

*Assister (se faire) de*, se faire accompagner de, اخذ معه، صحبته O.

Association, s. f., union de personnes, جمعية - شركة.

Associé, e, adj., qui est en société avec quelqu'un, شريك, plur., شُركا. || Prendre un associé c'est se donner des soucis, المشاركة دركة (prov.).

Associer, v. a., donner pour compagnon à, اشرك، ضم اليه.

*Associer à*, prendre pour compagnon dans, اشرك احدا في.

*S'associer quelqu'un*, le prendre pour associé, اشرك احدا. S'associer avec quelqu'un, faire une société avec lui, شاركه - تشارك معه - اشترك معه. || S'associer avec, fréquenter, hanter quelqu'un, اشترك معه - عاشره.

Assommer, v. a., tuer avec quelque chose de pesant, à coups de bâton, قتل بضرب العصا O. - موّته تحت الضرب.

*Assommer*, battre avec excès, شبّع ضرب O. قتل.

*Assommer*, au fig., importuner à l'excès, اهلك - عنّى القلب - موّت. Va-t-en, tu m'assommes, رح عييت قلبي.

Assommant, e, adj., qui tue, qui ennuie, شي يموت - هلكان.

Assomption, s. f., apothéose de la Vierge; fête des chrétiens, عيد ارتفاع العذرا الى السما - عيد العذرا - عيد انتقال العذرا.

Assortiment, s. m., convenance, union des choses qui ont du rapport, مرافقة - ملايمة - جمع اشيا متسنا سبة.

*Assortiment*, assemblage complet de choses qui conviennent ensemble, عدّة - طقم.

*Assortiment*, marchandises de fonds, جملة أشيا - . جملة بضايع.

ASSORTIR, v. a., réunir des choses qui se conviennent, جمع اشيا موافقة لبعضها - وضّب - وفق.

*Assortir*, fournir des choses convenables, طقّم. Assortir un magasin, شكّل دكان بالبضايع.

*Assortir*, v. n., et *S'assortir*, v. réf., se convenir, ناسب , وافق بعضه بعض - انطلى على بعضه - خال على. I.

ASSORTISSANT, E, adj., qui assortit bien, qui convient à, موافق - مناسب - منطلى - خايل.

ASSOUPIR, v. a., endormir à demi, نيّم - غفل.

*Assoupir*, disposer au sommeil, نعّس.

*Assoupir*, suspendre, adoucir la douleur, نيّم - هدّى , سكّن - رقد.

*Assoupir* une affaire, en empêcher l'éclat, نيّم, رقد المادّة.

*S'assoupir*, v. réf., s'endormir d'un léger sommeil, غفل - O. عسّلت عينه.

ASSOUPISSANT, E, adj., qui assoupit, منعّس - يجيب النوم.

ASSOUPISSEMENT, s. m., sommeil léger, غفوة - ثبات. Assoupissement long et profond, سنة.

*Assoupissement*, grande négligence, تغافل عن.

ASSOUPLIR, v. a., rendre souple, طبّع - ليّن.

ASSOURDIR, v. a., rendre sourd, اطرش.

*S'assourdir*, v. pr., devenir sourd, طرش A.

ASSOUVIR, v. a., rassasier pleinement, شبّع - اشبع.

*Assouvir*, satisfaire une passion, شفى غلّه. I. Assouvir sa haine, شفى غليله من احد.

*S'assouvir*, v. pr., شبع.

*S'assouvir*, au fig., انشفى غلّه - اشتفى غلّه.

ASSOUVISSEMENT, s. m., اشتـفـا الغـل - اشباع الجوع.

ASSUJETTIR, v. a., soumettre à sa domination, بسخّر - ادخل الى طاعته A. - غالب - اطاع A. قهر.

*Assujettir* à, astreindre à quelque chose, الـزمه - كلّفه شي ou الى - حمّله شي ou ب.

I. *Assujettir*, arrêter, fixer, ضبط O. - مسك.

*S'assujettir* à, s'astreindre à, كلّف نفسه ب - احتمل - الزم نفسه ب.

ASSUJETTISSANT, adj., qui astreint, qui rend extrêmement sujet, صعب - يُزهِق. C'est un métier trop assujettissant pour toi, هذا كار صعب عليك - يحتّملك ما لا تطيق.

ASSUJETTISSEMENT, s. m., contrainte, obligation de faire une chose, تكليف - تضيق - قهر.

ASSURANCE, s. f., certitude, تحقيق - تاكيد. J'ai l'assurance entière de cela, هذا عندى محقّق و مأكد.

*Assurance*, sécurité, état où l'on est hors de péril, امنيّة - امن - اطمينان - امانة - امان. Lieu d'assurance, موضع امان.

*Assurance*, garantie des pertes éventuelles, ضمان , تضمين الخسارة - سكورتا.

*Assurance*, fermeté, ثبات , قوة القلب. Avec assurance, بقلب قوى. ‖ Donner de l'assurance, ثبّت , قوّى القلب.

*Assurance*, hardiesse prise en mauvaise part, وقاحة.

ASSURÉ, adj., certain, مأكد - اكيد - ثابت - ما فيه شكّ - محقّق.

*Assuré*, ferme, hardi, قوى. Air assuré, وجه قوى. ‖ Il le regarda d'un air assuré, نظر اليه نظر من لا يخاف.

ASSURÉMENT, adv., من كل بدّ - بلا شكّ - حقًّا.

ASSURER, v. a., affirmer, وكّد , اكّد الشى. Je vous en assure, وحياتك - صدّقنى.

*Être assuré*, certain de quelque chose, ايقن ب - تيقّن. Assurez-vous que, soyez persuadé que, يكون عندك مأكد و محقّق ان.

*S'assurer* d'un fait, حقّق الشى.

*Assurer*, rendre ferme, sûr, مكّن - ثبّت.

*Assurer*, garantir des pertes, ضمن، ضمن A. الخسارة.

*S'assurer* en, établir sa confiance en, - توكل على. ‍استوثق ب.

*S'assurer* de quelqu'un, se rendre sûr de sa protection, de sa coopération, ملكه. - I. ملك قلبه.

*S'assurer* de quelqu'un, l'arrêter, I. مسك. - O. قبض على.

ASSUREUR, s. m., qui assure des marchandises, ضامن الخسارة - مسكورية; plur., مسكور.

ASTÉRIE, s. f. *Voyez* GIRASOL.

ASTÉRISQUE, s. m. (*), signe en forme d'étoile, علامة مثل النجمة لاشارة ما.

ASTHMATIQUE, adj., qui a un asthme, به الربو - مبتلى بضيق النفس - ضيّق النفس.

ASTHME, s. m., respiration très-pénible, courte haleine, ربو - ضيقة نفس - ضيق نفس - قصبة.

ASTICOTER, v. a., terme populaire, tourmenter, جاكر.

ASTRE, s. m., corps céleste, نجم; plur., نجوم. || Astre bénin, نجم سعيد; plur., كواكب ‍كوكب. Astre malin, نجم نحس. ||Consulter les astres pour quelqu'un, I. كشف النجم لاحد. - O. رصد له.

ASTREINDRE à, v. a., الزم - كلّف. *Voyez* ASSUJETTIR.

ASTRICTION, s. f., effet d'un astringent, قبوضة - انقباض.

ASTRINGENT, E, adj. (remède), دوا قابض.

ASTROÏTE, s. f., sorte de pierre, حجر الكوكب.

ASTROLABE, s. m., instrument pour prendre la hauteur des astres, اسطرلاب et اصطرلاب.

ASTROLOGIE, s. f., art chimérique de lire l'avenir dans les astres, علم الفلك و النجوم - علم التنجيم.

ASTROLOGIQUE, adj., تنجيمي.

ASTROLOGUE, s. m., منجّم.

ASTRONOME, s. m., عارف بعلم الهيئة والفلك.

ASTRONOMIE, s. f., science du cours et de la position des astres, علم الهيئة - علم الفلك.

ASTRONOMIQUE, adj., de l'astronomie, فلكي.

ASTRONOMIQUEMENT, adv., selon les principes de l'astronomie, حسب قوانين علم الهيئة - فلكيًا.

ASTUCE, s. f., mauvaise finesse, مكر - خديعة; plur., خيل. Homme rempli d'astuce, رجل عنك من الملعنة اربعين باب.

ASTUCIEUSEMENT, adv., بالحيلة - بالمخادعة.

ASTUCIEUX, SE, adj., qui a de l'astuce, خدّاع - تلبيس - شيطان - مكار.

ATELIER, s. m., lieu où travaillent les ouvriers sous un même maître, كرخانة - ورشة.

ATERMOIEMENT, s. m., accommodement avec les créanciers, تساوى مع المدايِنِيَة لمهلة.

ATERMOYER, v. a., prolonger les termes des payements, اعطى مهلة. - O. اخذ مهلة للدفع.

*S'atermoyer*, v. pr., s'arranger avec ses créanciers pour prolonger les termes des payements, تساوى مع المدايِنِيَة لمهلة.

ATHÉE, adj., ناكر وجود الله.

ATHÉISME, s. m., انكار وجود الله.

ATHÈNES, ville de la Grèce, مدينة اتينا.

ATHLÈTE, s. m., qui combat dans les jeux, بهلوان - مصارع; plur., بهلوين.

*Athlète*, homme robuste, فداوى - بطل.

ATLANTIQUE, adj. (Océan), بحر الظلمات.

ATLAS, s. m., recueil de cartes géographiques, مجموع رسوم البلدان.

ATLAS (mont), جبل الدرن.

ATMOSPHÈRE, s. f., masse d'air qui entoure la terre, نو - هوا - جوّ.

ATMOSPHÉRIQUE, adj., يخصّ - الجوّ.

ATOME, s. m., corpuscule indivisible; grain de poussière en l'air, هباء - ذرّة.

ATONIE, s. f., faiblesse, ضعف - ارتخا.

ATOURS, s. m. pl., parure de femmes, حلي و حُلل. Femme qui est dans ses plus beaux atours, زينة الحريم - امراة مُشَنْتَفَة، صايرة خصلة و عنقود - مشاطة - بلانتة. || Dame d'atours, امراة غاوية.

ATT          ATT     63

ATRABILAIRE, adj., qu'une bile noire et aduste rend triste et chagrin, نَكِد - شَرِس - سَوْداوي.

ATRABILE, s. f., bile noire, mélancolie, سَوْدا.

ATRE, s. m., foyer, place où l'on fait le feu, مُسْتَوْقَد.

ATRIPLEX. *Voyez* ARROCHE.

ATROCE, adj., énorme, excessif, شَدِيد - فاحِش. Supplice atroce, عَذاب شَدِيد فاحِش عَظِيم - كَبِير. ‖ Homme atroce, رَجُل سُوء للغاية.

ATROCEMENT, adv., d'une manière atroce, فاحشاً.

ATROCITÉ, s. f., énormité, عِظَم.

*Atrocité*, action atroce, كَبِيرَة; plur., كَبايِر.

*Atrocité*, caractère atroce, أَعْظَم ما يَكُون مِن الشَّر والقساوة.

ATROPHIE, s. f., extrême maigreur, هُزال.

S'ATTABLER, v. pr., قَعَد على السُّفرَة. O.

ATTACHANT, E, adj., qui fixe l'attention, يُرغِّب.

ATTACHE, s. f., lien, ce qui sert à attacher, رِباط; plur., رِبْصات - قَيْد; plur., قُيُود. A l'attache, مَرْبُوط - مُقَيَّد.

*Attache*, au fig., عَلاقة - الفة.

ATTACHEMENT, s. m., sentiment de vive affection, عَلاقة - مَحَبَّة - مَوَدَّة - حُبّ - اتّحاد.

*Attachement*, grande application, عِناية ب - تَقَيُّد في - رَغْبَة في.

ATTACHER, v. a., joindre, lier, رَبَط - شَدَّ. O. Attacher à un arbre, رَبَط الى - شَدَّ على الى شَجَرَة. ‖ Attacher à, suspendre à, عَلَّق في. ‖ Attacher contre, appliquer contre, عَلَّق في - الزَّق الى. Attacher par les pieds, قَيَّد.

*Attacher*, appliquer, lier par quelque chose qui plaît, سَبى العَقل - رَغَّب. I.

*S'attacher* à quelque chose, y adhérer, تَعَلَّق في - التَزَق ب.

*S'attacher*, fig., s'appliquer à, اعْتَنى ب. *S'attacher d'affection* à quelqu'un, تَعَلَّق ب - تَقَيَّد في - وَقَعَت في قَلبِه مَحَبَّة فُلان - تَعَلَّق بِمَحَبَّة فُلان.

‖ *S'attacher au service de*..., تَعَلَّق بِخِدمة مِنه. ‖ *S'attacher à une opinion*, تَمَسَّك بِرَأي - تَعَلَّق بِرَأي. ‖ *Il est fort attaché à cette opinion*, تَعَصَّب بِرَأي أَحَد هو شَدِيد العِناية - هو مُتَمَسِّك بِهذا الرَّأي بِهذا الرَّأي.

ATTAQUABLE, adj., qui peut être attaqué, يَتَحاصَر يُمكِن الهجوم عليه.

ATTAQUE, s. f., assaut, هُجوم - حَمْلَة. ‖ Il a eu une attaque de goutte sciatique, هاج به عِرق النِّسا.

ATTAQUER, v. a., assaillir, هَجَم على. O. - حَمَل على. I.

*Attaquer*, être agresseur, بادى أَحَداً بِالشَّر.

*S'attaquer* à, v. pr., se prendre à quelqu'un, عارَضَه. O. - حَكَّ الشَّرِم ع - قارَش أحداً - تَعَرَّض لـ.

Être attaqué d'une maladie, ابْتَلى بِالمَرَض - اعتَراه المَرَض.

ATTEINDRE, v. a., frapper de loin, أَصاب. Il tira et atteignit le but, أَطلَقَ الرَّصاص وأَصاب العَلامَ. ‖ Il l'atteignit à la cuisse, أَصابه في فَخِذه.

*Atteindre*, saisir, toucher de loin, وَصَلَت يَدي الى - طالَت يَدي الى. O. Je n'y puis atteindre, ما تَطُول يَدي اليه - ما تَصِل يَدي اليه.

*Atteindre*, parvenir à, يَصِل; aor., وَصَل الى. A. Il a atteint cinquante ans, بَلَغ من العُمر خَمسين سَنَة.

*Atteindre*, attraper, joindre en chemin, لَحِق ب. A. - لَحقه - أدرك.

*Atteindre*, égaler, لَحِق - أدرك. A. Il est bien loin de l'atteindre, ما يَلحَقه له غُبار.

*Atteint* (être), frappé de, انْصاب ب. Être atteint d'une maladie, انْصاب بِداء - في داء - اعْتَراه داء - ابْتَلى بِداء. ‖ Être atteint de la peste, انْصاب في الطَّاعون.

*Atteint*, frappé, affligé, مُبْتَلى - مُصاب.

*Atteint* de, accusé de, مُتَّهَم ب. Atteint et convaincu, reconnu coupable, مُلزوم لاعْتِراف ب - مَثْبُوت عليه.

ATTEINTE, s. f., coup qui atteint, ضربة - اصابة - لطشة.

*Atteinte* (Porter), préjudice à, I. ثلم - نقص. Porter atteinte à l'amitié, ثلم المحبّة.

ATTELAGE, s. m., chevaux, bêtes de somme attelés, مقارنة خيل - جلة دوابّ مكدّنة معاً - علقة.

ATTELER, v. a., attacher des chevaux, des bêtes de somme à une voiture, علّق الخيل في العربانة - كدّن الخيل, الدوابّ في العربانة.

ATTELLE, s. f., bande pour maintenir une fracture, جبيرة.

ATTENANT, E, adj., contigu, tout proche, متصل ب - قريب من.

ATTENDANT que (en), لبينما - لحينها - لوقتها. En attendant qu'il vienne, لبينما يجي. || En attendant mieux, لحينما يحصل احسن من ذلك. || En attendant l'heure du dîner, لوقت الغدا - الى وقت الغدا.

*En attendant*, cependant, dans cet intérim, في اثنا ذلك.

ATTENDRE, v. a., être dans l'attente, انتظر - (استنّى) aor. يستنّى (pour استنّى); استنظر - ناطرتك هون. O. نظر - صبر. Je vous attends ici, انا صابر لك هون. || Ne me faites pas attendre, لا تخلّيني استنّاك زمان. || Au moment où nous attendions de vos nouvelles avec sollicitude, nous avons reçu votre lettre, اذا كنّا مترقبين الى اخباركم بابرك الاوقات ورد علينا عزيز كتابكم. || Si vous avez besoin de nos services (disposez de nous), nous n'attendons que vos ordres, مهما لزم لكم من الخدم مرهون على الاعلام, رهين الاعلام - موقوف على الاشارة.

*Attendre* quelqu'un dans une embuscade, O. ربط له - ترّبط له.

*Attendre*, se promettre, espérer, O. نعشّم - عشم - امل - اتّل. O. أمل - Je n'en attendais pas moins de votre amitié, كان عشمه, امله - و هذا عشمنا بحسن محبّتكم. || Ce que j'attends de vous, c'est que, || المأمول من محبّتكم هوان - ما كنت اتوقّع ذلك منك - ما كان هذا عشمنا بكم. Je n'attendais pas cela de votre part.

*S'attendre* à une chose, compter qu'elle arrivera, توقّع. O. كان له في حساب - حسب حساباً - ما كنت اتوقّع ذلك. Je ne m'attendais pas à cela, || ما كان لي هذا في حساب - على غفلة. Au moment où l'on s'y attendait le moins,

*S'attendre* à quelqu'un, compter sur quelqu'un, اعتمد على. Ne t'attends qu'à toi seul, لا تعتمد الا على نفسك.

ATTENDRIR, v. a., rendre tendre, bon à manger, رخّص - رطّب.

*Attendrir*, au fig., rendre sensible à la pitié, à l'amitié, ليّن قلبه - حنّن - رقّق. I.

*S'attendrir*, v. pr., devenir tendre, صار رخص.

*S'attendrir*, s'émouvoir, O. رقّ قلبه - رقّ ل. I. الآن - O. شفق ل - تحنّن على - O. حنّ على.

ATTENDRISSANT, E, adj, qui rend sensible à la compassion, يرقّق القلب - محنّن.

ATTENDRISSEMENT, s. m., sentiment de tendresse, شفقة - حنيّة - تحنّن.

ATTENDU QUE, conj., vu que, puisque, نظراً ل - بناء على ان - كون.

ATTENTAT, s. m., entreprise contre les lois, contre un souverain, عدوان - تهجّم على.

ATTENTATOIRE, adj., تهجّمي - جوري.

ATTENTE, s. f., انتظار - استنظار. L'attente est cruelle, الانتظار يرمي في الاصفرار, prov.

*Attente*, temps employé à attendre, لطعة.

*Attente*, espérance, opinion conçue d'un être, خيّب الامل - عشم - امل. Tromper l'attente, || Notre attente n'a pas été trompée, ما خاب املنا. Remplir l'attente, وافق الامل.

ATTENTER, v. a., entreprendre contre les lois, la vie, تجاسر على - تهجّم على. Attenter aux jours de quelqu'un, تجاسر على القصد بقتل احد - تهجّم على قتل احد.

ATT ATT 65

Attentif, adj., qui a de l'attention, منتبه على - معتنى ب - متقيّد فى - واعى على. Il est attentif à son ouvrage, متقيّد فى شغله - واعى على شغلو ‖ Soyez attentif, دير بالك - أوعى.

*Attentif*, fait avec attention, بديران بال - بتقيّد. Examen attentif de conscience, فحص الضمير باجتهاد وتدقيق.

Attention, s. f., application d'esprit, انتباه على - اعتنا - تقييد - تقيّد - ديران بال - بال. Cela demande de l'attention, هذا بدّ ديران بال ‖ Faire attention à, donner attention à, اعطى بالـه ل - وعى على; aor. vulg., (pour ادار) I. دار باله على ‖ Ne pas faire attention à quelqu'un, le dédaigner, اعتنى به فيه - تقيّد فى - يوعى ما احتفل فيه - ما حسب له حساب - ما اعتنى به فيه ‖ Les actions d'un fou ne méritent point attention, المجنون ما عليه حرج, ما عليه تقييد.

*Attention*, soin obligeant, معروف. Il a eu pour moi toute sorte d'attentions, عمل معى كل معروف ‖ Homme rempli d'attentions, صاحب معروف.

Attentivement, adv., بتقييد - بانتباه -. Considérer attentivement quelque chose, y réfléchir, باجتهاد وتدقيق - بديران بال امعن النظر فيه.

Atténuant, e, et Atténuatif, ive, adj, qui rend moins grave, ملطّف.

Atténuation, s. f. (diminution) des forces, ضعف - هزال - تضعيف.

*Atténuation* (diminution) des charges contre l'accusé, تلطيف المادّة.

Atténuer, v. a., diminuer les forces, l'embonpoint, ضعف - اضعف.

*Atténuer* les humeurs, حلّ - اجرى O.

*Atténuer*, rendre moins grave, لطّف المادّة.

Atterrer, v. a., jeter par terre, قلب على الارض I.

*Atterrer*, ruiner, accabler, affliger, خرّب - O.I. ادهش - اهلك.

*Atterrer*, v. n., prendre terre, قرب الى البرّ A.

Atterrissement, s. m, dépôt de terre fait par les eaux sur leurs bords, قيف; plur., قيوف.

Attestation, s. f., témoignagne par écrit, شهادة.

Attester, v. a., certifier, شهد ب, فى, على A.

*Attester*, prendre à témoin, استشهد.

Attiédir, v. a., rendre tiède, برّد - فتر.

*S'attiédir*, v. pr., برد O. فتر.

Attiédissement, s. m. تبريد - فتور.

Attifer, v. a., parer, لبّس - زيّن - شنتف.

*S'attifer*, v. r., se parer, تلبّس - تشنتف.

Attirail, s. m., grande quantité de choses diverses, كركبة - عفش.

*Attirail* de, réunion des objets nécessaires à, عدّة - الآت. Attirail de cuisine, عدّة الطبخ.

Attirer, v. a., tirer à soi, جذب اليد I. جرّ O. Attirer quelqu'un dans son parti, امالـه اليه - استمالـه ‖ Attirer sur soi les miséricordes divines, استعطف المراحم الربية.

*S'attirer*, v. pr., l'amitié de quelqu'un, استعطفه عليه - املـه اليه - استمالـه - ملك قلبه I.

*S'attirer*, se causer, جلب لنفسه O. S'attirer des malheurs, جلب لنفسه مصايب.

Attiser, v. a. (le feu), pos. et fig., ولّع النار - اثار النار A. شعل النار.

Attiseur, s. m., qui attise le feu, ولّاع النار.

Attitude, s. f., situation, position du corps, قعدة - حالة - هية.

Attouchement, s. m., ملامسة - لمس.

Attractif, ve, adj., qui attire, جاذب - جاذبى.

Force attractive, قوّة جاذبة.

Attraction, s. f., جاذبية - جذب.

Attrait, s. m., ce qui attire par l'agréable, جاذب; plur., جواذب.

*Attraits*, appas, حسن - شطططة - جمال -. Ce visage plein d'attraits, جاذب القلوب ذلك المحيا المحبوب الذى اودع الله فيه جاذب القلوب ‖ Les attraits du monde, لذايذ الدنيا.

5

Attrape, s. f., tromperie, غش - فخّ.
Attraper, v. a., prendre à un piége, اصطاد - اوقع فى الفخّ.
*Attraper*, tromper, غشّ - جوّن O. - O. اوقع فى الفخّ فى الشرك.
*Attraper*, obtenir, خطف O. - O. نتش.
*Attraper*, atteindre en courant, قفش O. - لحق A.
*Attraper* un mal, حصل له وجع A. اعتراه مرض. J'ai attrapé les fièvres, اخذتنى البردية, مسكتنى. ‖ J'ai attrapé un rhume, صارلى رشح - حصل لى ترشّحت.
S'attraper, v. pr., être trompé, انغشّ.
Attrapoire, s. f., piège, شرك - فخّ.
Attrayant, e, adj., qui attire par ses charmes, جاذب القلوب - مشحّط - يسلب العقل.
Attribuer, v. a., imputer, rapporter une chose à, نسب الى, O. ‖ N'attribuez pas cela à l'ignorance, لا تنسب ذلك الى الجهل. ‖ On lui attribua ce fait, نسبوا له الأمر.
*Attribuer*, attacher quelque prérogative à, خصّ ب O.
S'attribuer, v. pr., s'approprier, نسب لنفسه - ادّعى ب.
Attribut, s. m., propriété particulière d'une chose, خاصية - خاصّة; plur., خواصّ - خصيصة; plur. خصائص. Les attributs de Dieu, comme Tout-Puissant, Clément, etc., اسما الله الحسنة.
*Attribut*, ce que l'on affirme ou nie d'un sujet, خبر - صفة - محمول - محكوم به - مُسنَد. Le sujet et l'attribut, المبتدا و المسند والمسند اليه - الخبر.
Attribution, s. f., prérogative, مزية.
*Attributions*, pouvoirs, ما فى اليد - ما فى الحكم. ‖ Ceci n'est pas dans vos attributions, هذا ما هو مما فى حكمك, ما يخصّك.
Attristant, e, adj., qui attriste, مغم.
Attrister, v. a., غمّ O. - كسر الخاطر I.

S'attrister, v. pr., s'affliger, انغم - انكسر خاطره - حزن A.
Attrition, s. f., regret du péché par la crainte des peines, حسرة على الخطايا لاجل خوف العقوبة.
Attroupement, s. m., réunion, لمّ; plur., لموم - اجتماع - لمّة.
Attrouper, v. a., لمّ O. - جمع A.
S'attrouper, v. réf., اجتمعوا - التمّوا.
Aubade, s. f., concert, نوبة. Donner une aubade à quelqu'un, دقوا له نوبة - عملوا له نوبة.
Aubain, s. m., étranger non naturalisé, ثوى - غريب.
Aubaine, s. f., succession aux biens d'un aubain, مخلفات الغريب - وراثة الغريب.
*Aubaine*, bien inattendu, سعادة - خير من الله.
Aube, s. f., pointe du jour, الفجر - طلعة النهار.
*Aube*, vêtement en toile pour les prêtres, تونية; plur., تون - كتونة - كيتونة.
Aubépine, s. f., arbrisseau épineux, à petites fleurs odorantes, baies rouges, شجرة العضاه - عضة.
Auberge, s. f., خان; pl., خانات - دار للمسافرين - منزل.
Aubergine, s. f., melongène, بادنجان - بادنجان.
Aubergiste, s. m., خانجى - صاحب خان.
Aubier, s. m., arbre. Voyez Obier.
Aubier, s. m., bois tendre, entre l'écorce et le vrai bois dans tous les arbres, خشب طرى يكون مابين قشر الشجر و الخشب الصلب.
Aubifoin, s. m., bluet, fleur, ترنشان.
Aubin, s. m., t. de man., allure qui tient de l'amble et du galop, نوع سير الخيل بين مشية الرحوان - دَرَج - و الركض.
Aubin, s. m., blanc d'œuf, بياض البيض.
Aucun, e, adj., pas un, لا واحد - ما احد; plus vulg., ما حدا. Dans aucun lieu, ما فى موضع. ‖ Sans aucune dépense, بلا مصروف اصلا.

AUCUNEMENT, adv., قط ـ قطعًا ـ اصلًا.

AUDACE, s. f., hardiesse excessive, جسارة.

*Audace*, en mauvaise part, سفاهة ـ وقاحة. As-tu bien l'audace de faire cela? يكن تتهجم تعمل هذا.

AUDACIEUSEMENT, adv., بوقاحة ـ بجسارة.

AUDACIEUX, SE, adj., متجاسر ـ جسور.

AUDIENCE, s. f., attention donnée à celui qui parle, استماع ـ سمع ـ التفات الى. Donnez-moi un moment d'audience, اعطني سمعك ، اذنك بالك.

*Audience*, temps donné par un homme puissant à recevoir des inférieurs, مواجهة ـ ملاقاة ـ مقابلة. Demander une audience à, استاذن احدًا في الملاقاة. ‖ Accorder une audience, A. اذن له بالدخول اليه ، بالملاقاة ، في المقابلة ‖ Avoir audience de quelqu'un, قبل احدًا ـ A. طلع الى مقابلته ـ اجتمع به ـ لاقى احدًا ‖ Peut-on aujourd'hui avoir audience du ministre? اليوم تتيسر مقابلة الوزير، يمكن الملاقاة مع الوزير ـ يصير اليوم الاجتماع بالوزير.

*Audience*, séance de juges, مجلس.

*L'audience*, l'assemblée, les assistants, الحاضرين ـ اهل المجلس ـ الحضار.

AUDITEUR, s. m., سميع ـ مستمع ـ سامع.

AUDITIF, VE, adj., qui appartient à l'ouïe, سمعي. Faculté auditive, القوة السامعة.

AUDITION, s. f., استماع.

AUDITOIRE, subst. m., assemblée d'auditeurs, السامعين.

AUGE, s. f. (de bois ou de pierre), pour donner à manger aux animaux, معلف ـ مدود ; pl., مداود ; plur., معالف. Auge, pierre creusée, auge de puits, جرن ; pl., جرون ، اجران. Auge de maçon, vaisseau de bois pour délayer le plâtre, قصعة ; plur., قصع.

AUGET, subst. m., petits vases attachés aux roues hydrauliques (en bois), قـادوس ; plur., ( En terre ), بَرْش ; plur., بـروش ـ قـواديس. *Auget*, bout de la trémie, قادوس الطاحونة.

AUGMENT, s. m., addition, زيادة.

*Augments*, lettres accessoires, زوايد.

AUGMENTATIF, VE, adj., t. de gram., particule, terminaison qui augmente le sens, حروف المبالغة. Faculté augmentative, القوة النامية.

AUGMENTATION, s. f., accroissement, ازدياد ـ نمو ـ زيادة في.

AUGMENTER, v. a., accroître, زوّد ـ كثّر.

*Augmenter*, v. n., ou *s'Augmenter*, v. p., croître en qualité ou en quantité, زاد ـ ازداد ـ كثر A.

AUGURE, s. m., présage; signe par lequel on juge de l'avenir, طيرة ـ طاير ـ طير ـ فال ـ علامة. Bon augure, فال مبارك ـ بشارة ـ بشارة خير ـ اوغر ‖ Mauvais augure, طير نحس ـ علامة خير. Ceci est de mauvais augure, فال ما هو مليح ـ ما هو اوغر ـ ما هي بشارة خير.

*Augure*, celui qui lisait l'avenir dans le vol des oiseaux, etc., عرّاف.

AUGURER (bien), v. a., tirer un bon augure, تفأل ب ـ فوّل. Augurer mal, tirer un mauvais augure, تشأم ب ـ تطير ب ، من.

AUGUSTE, adj., grand, vénérable, معظّم ـ محترم ـ جليل ـ جليل القدر ـ اجل ; plur., اجلاء.

AUJOURD'HUI, adv., ce jour, à présent, النهار ـ اليوم.

AUMÔNE, s. f., حسنة لله ـ زكاة ـ صدقة. Demander l'aumône à, A. سال حسنة لله من احد ‖ Faire l'aumône aux pauvres, احسن الى الفقرا ـ تصدق على الفقرا.

AUMÔNER, v. a., تصدق على احد بشي ـ اعطاه شيًا على سبيل الصّدقة.

AUMÔNERIE, s. f., charge d'aumônier, امامة ـ وكالة الصدقات.

AUMÔNIER, s. m., prêtre attaché à un corps, à un grand, pour distribuer leurs aumônes, leur dire les prières, امام ـ قسيس وكيل الصدقات.

5.

**AUNAGE**, subst. m., mesurage à l'aune, قياس بالذراع - بالهندازة.

**AUNE**, s. m., arbre, حورة رومية.

**AUNE**, s. f., mesure de longueur, هنداز - ذراع ; plur., أَذْرُع. Notre aune de trois pieds huit pouces est égale à une aune trois quarts (ذراع و ثلاثة ارباع) de Syrie. ( Le *dera* arabe est composé de vingt-quatre pouces arabes. *Voyez* POUCE).

Mesurer à son *aune*, juger les autres d'après soi, قاس الناس على نفسه - خمّن الناس مثله.

**AUNÉE**, s. f., plante médicinale, راسان - راسن - جاسمين - جناح.

**AUNER**, v. a., قاس بالذراع , بالهندازة.

**AUPARAVANT**, adverbe, avant toutes choses, قبله - من قبل - قبل كل شي. Longtemps auparavant, قبل بزمان.

**AUPRÈS**, prép., tout contre, بجانب - جنب - عند - بالقرب من - قريب ل - الى جانب. Auprès de quelqu'un, à son service, عند. ‖ Auprès de, en comparaison de, بالنظر الى - نظراً الى - بالنسبة الى.

**AURÉOLE**, s. f., cercle lumineux autour de la tête des saints, اكليل انوار على راس القديسين.

**AURICULAIRE**, adj., qui regarde l'oreille, اذنى. Le doigt auriculaire, الخنصر.

**AURONE**, s. f., قيصوم ذكر , نوع من الشيبة.

**AURORE**, s. m., lumière avant le lever du soleil, فجر. L'aurore commence à paraître, عمال يشق الفجر - عمال يطلع الفجر.

**AUSPICE**, s. m., augure par le vol des oiseaux, leur chant, etc., فال - طاير. Va sous d'heureux auspices, امض على الطاير الميمون. Sous vos auspices, sous votre bonne fortune, على اسمك - بسعادتك - على نصيبك. ‖ Sous vos auspices, avec votre faveur, votre appui, تحت نظرتك الشريف - ببختك العالية - على يديك.

**AUSSI**, conj., de même, encore, ايضاً - كذلك - كأنّا - كماننا - كمن (Barb.). Et vous aussi vous partez, وانت الآخر رايح. *Aussi*, c'est pourquoi, فلهذا. ‖ Il *Aussi*, autant, مثل - قد - قدر (pour بقدر). هو مثلك في العلم est aussi savant que vous, هو عالم قدك.

**AUSSITÔT**, adv., à l'instant, حالاً - في الحال. Il se leva aussitôt et partit, قام من ساعته وراح. ‖ Aussitôt que, اول ما - حينما - عندما - حالما - ساعة ان - بمجرد ما.

**AUSTÈRE**, adj., rigoureux, pénible, صعب. *Austère*, rigide, sévère, صعب - صارم. Visage austère, وجه جهم - وجه عابس. ‖ Homme austère, dur, رجل قاسي. ‖ Homme de mœurs austères, dur à lui-même, رجل زاهد - رجل صارم على حاله. ‖ Mener une vie austère, mortifier ses sens, تزهد - امات نفسه بالصوم وبقلّة النوم. A. زهد لذات الدنيا.

**AUSTÈREMENT**, adv., avec austérité, بالقساوة - بالزهادة - بالزهد.

**AUSTÉRITÉ**, s. f., rigidité, قساوة - صعوبة. Des austérités, des mortifications, اماتة النفس بالصوم وغير ذلك. ‖ Austérité de mœurs, détachement des plaisirs, زهد - زهادة. ‖ Austérité de visage, تجهّم - كلوح الوجه.

**AUSTRAL**, adj., méridional, قبلي - جنوبي.

**AUTANT**, adv., autant que, على مقدار ما - مثل - بقدر ما - قد ما - على قدر ما - بمقدار ما. S'il a fait cela, j'en puis faire autant, ان كان عمل هذا قدر ما لي طاقة. ‖ Autant que je puis, اقدر اعمل مثله - على قدر الامكان - على قدر طاقتي - قد ما اقدر. ‖ J'ai autant d'argent que vous, عندى قد ما عندك مثلما عندك من - عندك من المصروبات. ‖ Deux fois autant, الطاق طاقين - الفلوس. ‖ Trois fois autant, المثل مثلين - بقدّ مرتين - ثلاثة امثاله - الطاق ثلاثة - بقدّ ثلاث مرات. ‖ Si je vous ai pris quelque chose, je vous rendrai

## AUT

dix fois autant, اِن اخدت منك شى اعوّض ,عليك الطاق عشرة, عشرة امثالـه . ǁ Il a quatre pieds de large et autant de long, لـه فى العرض . ǁ Autant l'un est généreux, autant l'autre est avare, اربع خطوات و فى الطول مثلها هذا بخيـل بقدر ما هذاك سخى, على مقدار ما هذاك سخى .بقدر ما الواحد سخى فبقدر ذلك الاخر بخيل ǁ D'autant que, parce que, لان. ǁ D'autant plus que, مع ان.

AUTEL, s. m., table pour les sacrifices, مذبح; plur., مذابح. Lieu qui correspond à l'autel, dans une mosquée, lieu où se place l'iman, محراب; plur., محاريب.

AUTEUR, s. m., la première cause de quelque chose, صانع - سبب - اصل - باعث. Les auteurs de nos jours, الوالدين.

Auteur d'une découverte, inventeur, مبدع - مخترع.

Auteur, écrivain qui fait un livre, مؤلف - مصنف. Aboulfaradj, l'auteur du livre des chansons, ابو الفرج صاحب كتاب الاغانى.

AUTHENTICITÉ, s. f., صحّة.

AUTHENTIQUE, adj., qui a l'autorité et les formes exigées par la loi, qui fait preuve, qui est légalisé, مشتمل على شرايط الصحة و اللزوم - صحيح - شرعى. Authentique, notable, معتبر - لازم الاعتبار.

AUTHENTIQUEMENT, adv., بصحة - شرعيًا.

AUTHENTIQUER, v. a., un acte, y apposer une attestation, un sceau, وقّع على الكتاب - وضع خطّه او ختمه على الكتاب, aor., يضع.

AUTOGRAPHE, adj., écrit de la main de l'auteur, بخط المالى. Autographe impérial, écrit de la main du sultan, خط شريف.

AUTOMATE, s. m., machine qui imite le mouvement des corps animés, آلة فى صورة - اوطوماطون انسان او غيره من الحيوانات تتحرك من ذاتها.

Automate, personne stupide, بقر - ثور - دب.

AUTOMNAL, E, adj., de l'automne, خريفى.

## AUT 69

AUTOMNE, s. m. et f., saison, خريف.

AUTOPSIE, s. f., terme de médecine, l'action de voir de ses propres yeux, المشاهدة عيانًا.

AUTORISATION, s. f., action par laquelle on autorise, permission, اذن - رضاء. Demander à quelqu'un l'autorisation de, طلب من احد رضاه الشرعى - استأذن احدًا فى - ب.

AUTORISER, v. a., donner à quelqu'un le pouvoir d'agir, اعطى احدًا رضاه - اقراره الشرعى ب - قدّر احدًا على - فوّض الامر الى احد. Autoriser à, permettre de, اذن لاحد ب فى A. - رضى لاحد ب A. ǁ Autoriser, revêtir de l'autorité, قلّد احدًا بالامر و النهى. ǁ Autoriser un usage par son exemple, le mettre en vigueur, سنّ عادة O.

S'autoriser, acquérir de l'autorité, استقرّ - تمكّن - استمكن.

S'autoriser de quelque chose pour faire de même, استند الى فعل غيره ليعمل مثله.

AUTORITÉ, s. f., puissance, سلطان - امر - امر و نهى - حكم.

Autorité, crédit, considération, اعتبار.

Autorité, opinion citée pour s'en appuyer, اسناد; plur., اسانيد - اسنادات - استناد. Sur l'autorité de tel auteur, استنادًا الى فلان.

Autorité (d'), adv., sans droit, بالقوة.

AUTOUR, prép., aux environs, auprès, حول - حوله. Autour de lui, دار ما دار - داير ما دار حواليه.

AUTOUR, s. m., oiseau de proie, نوع من البازات.

AUTOUR, s. f., espèce d'écorce qui ressemble à la cannelle, لطر.

AUTRE, adj., آخر; fém., اخرى; plur., اخرين. ǁ L'un et l'autre, الواحد و الآخر - غير - اخارى et. Autre chose, غير شى - شى اخر. ǁ Nous autres, انتم الاخارى - نحن الاخارى. ǁ Une autre fois, غير مرة - مرة اخرى. ǁ Autre que, غير - بدال - خلاف. ǁ Une autre chose que celle-ci,

AVA

شى غيرى - شى خلاف هذا ‖ .Un autre que moi, واحد غيرى - غيرى ‖ .N'aimez point d'autres que moi, لا تعشق بدالى ‖ .Ne faites pas à d'autres ce que vous ne voulez pas qu'on vous fasse à vous-même, لا تعمل لغيرك ما لا تريد لنفسك. ‖ A d'autres, expression d'incrédulité, لغيرى - ‖ .L'un après l'autre, قل هذا لغيرى واحد بواحد - ‖ .L'autre jour, هذاك اليوم - الواحد بعد الاخر. Autre, marquant l'égalité, ثانى - اخر. ‖ C'est un autre Alexandre, هو اسكندر ثانى. ‖ Les uns, les autres, marquant réciprocité, بعضهم بعض. ‖ Ni l'un ni l'autre, لا هذا و لا هذاك. Voyez UN.

AUTREFOIS, adv., anciennement, au temps passé, فى ما مضى و تقدم من الزمان - سابقاً فى قديم الزمان و سالف العصر والاوان.

AUTREMENT, adj., d'une autre manière, بنوع اخر غير شكل - بطرز اخر. Comment pourrait-il en être autrement, lorsque nous sommes gouvernés par un prince aussi juste que, كيف و لا و الحاكم علينا هو السلطان العادل فلان.

*Autrement*, sinon, sans quoi, والّا - ماذا والّا.

AUTRE PART, adv., ailleurs, فى غير موضع - (avec mouvement) الى غير موضع.

AUTRUCHE, s. f., le plus grand des oiseaux, نعامة; collectiv., نعام: Le cri de l'autruche, رعاب.

AUTRUI, s. m., الغير. Ne convoite pas le bien d'autrui, لا تشتهى مقتنى غيرك.

AUVENT, s. m., petit toit en saillie, درونـد - سقيفة - رفراف.

AUXILIAIRE, adj., qui aide (en parlant d'un corps d'armée étranger), مناصر - مساعد.

*Auxiliaires*, verbes qui servent à former les temps des autres verbes, افعال مساعدة لصرف غيرها.

S'AVACHIR, v. n., devenir mou (en parlant d'une étoffe, du cuir), صار لين - لان I.

*S'avachir*, devenir lâche, sans vigueur, هشر - صار رخو - ارتخى I. Cette femme s'est avachie, elle

AVA

est devenue trop grasse, هشرت هذه الامراة.

AVAL, s. m., souscription d'un billet fait par un autre, promesse de le payer, ضمانة فى ظهر تمسك.

AVALANCHE et AVALANGE, s. f., masse de neige qui roule des montagnes, هدف ثلج من جبل.

AVALASSE, s. f., torrent, chute impétueuse d'eau de pluie, سيل - زخة مطر; plur., سيول.

AVALER, v. a., بلع - ابتلع A. - زلط O. Avaler avec facilité, ساع بسهولة O. بلع A. ‖ Avaler de travers en buvant, شرق - تشردق A.; en mangeant, غص O.

*Avaler*, boire une chose désagréable, تجرع. ‖ Avaler le calice, avaler des couleuvres, تجرع المرارة.

AVALÉ, adj., مبلوع.

*Avalé*, qui pend un peu en bas, مدندل - هدل مدلى.

AVALEUR, s. m., بلاع.

AVALOIRE, s. f., grand gosier, مبلع.

AVANCE, s. f., espace de chemin que l'on a devant quelqu'un, سبقة.

*Avance*, ce qui se trouve déjà fait, préparé, طولة.

*Avance*, payement anticipé, دفع مقدم - سلف. Je vous ai fait une avance de mille piastres, اعطيتك الف غرش سلف. ‖ Je suis en avance pour le payement, انا متقدم فى الدفع. ‖ Recevoir, ou demander une avance d'argent, استسلف فلوس.

*Avances*, premières démarches pour un accommodement, تقديم صلح - فتح باب. Faire des avances à quelqu'un pour se réconcilier avec lui, بادى احداً بطلب المصالحة. ‖ Faire des avances à quelqu'un pour se lier avec lui, فتح معه باب المحبة A. بادأه باظهار المحبة. ‖ Faire des avances aux hommes (en parlant d'une femme), عرضت نفسها للرجال.

*D'avance*, adv., par anticipation (en parlant d'un

payement), سلف ـ لقدام. D'avance ou par avance, dès le moment présent, لقدام ـ من الان. ‖ Je m'en réjouis d'avance avec vous, و من الان افرح لفرحكـ.

AVANCEMENT, s. m., progrès, établissement de fortune, نجاح ـ نرقى ـ تـقدم ـ ترقية ـ تقديم ـ نهو.

AVANCER, v. a., porter en avant, prévenir le temps de, قدّم. Avancez une chaise, قدّم كرسى ‖ Il avança son départ, قدّم سفره O. ‖ Avancer la main, مدّ يك O. ‖ Avancer la tête pour regarder, طلّ براسه على O.

Avancer, faire aller plus vite, faire faire du progrès, نجّج ـ نجّع I. ـ رجّ ـ عجّل الشغل. Avancer un ouvrage, قرب لخلاص الشغل A.

Avancer, payer d'avance, اسلف ـ اعطى سلفاً ـ دفع لقدام A.

Avancer de l'argent pour payer pour quelqu'un, دفع عن ـ يوفى عن A. aor., يفى; وفى عن احد.

Avancer, mettre en avant, proposer comme vrai, ذكر ـ ادّعى ب A. ـ زعم O. Comme vous l'avancez, حسب زعمكـ.

Avancer quelqu'un, lui procurer de l'avancement, aider à sa fortune, انمى ـ رقى I.

Avancer, v. n., aller en avant, تـقدم ـ قدّم O. Avancez, vous qui êtes devant, ساق الى قدام ‖ سوقوا يا مقدمين Ma montre avance, ساعتى مقدمة.

Avancer, croître, faire des progrès, تـقدم. Avancer en âge, تـقدم فى العمر ‖ Avancer dans l'étude, تـقدم فى العلم ‖ L'ouvrage avance, il marche à sa fin, قرب للانتها ـ الشغل صار على الخلاص ـ عمّال يتـقدم الشغل.

S'avancer, v. réf., se mettre en avant, تـقدم.

S'avancer, marcher à la fortune, نرقى ـ انمى I. ـ نجّج A.

AVANIE, s. f., tort fait de gaieté de cœur, عوان ـ ظلم ـ عوانية.

Avanie, vexation exercée par les Turcs sur les chrétiens, بلصة ـ بلص. Faire une avanie à quelqu'un, بلص O.

‖ AVANT, prép., قبل. Avant lui, قبله ـ قبل منه. Faire quelque chose avant quelqu'un, سبق احداً فى O. ـ رجع على احد فى (Kasraouan).

Avant que, conj., قبل ان ـ قبل ما.

Avant, profondément, داخلاً ـ لجوّا.

En avant, قدّام ـ لقدام ـ الى قدام ‖ Qui est en avant, قدّامى ‖ Mettre en avant, قدّم.

L'avant, la proue d'un navire, راس المركب ـ مقدم المركب.

AVANTAGE, s. m., ce qui est utile, فايدة ـ خير; plur., فوايد; منفعة, plur., منافع ـ صالح. Vous ne retirez de cela aucun avantage, مايطلع لك من فايدة ـ ما تستفيد منه شى ـ مابنفعك شى. ‖ Retirer de l'avantage de, انتـفع من ـ استفاد من. ‖ Je ne trouverais pas cela à mon avantage, هذا ما يخلصنى. ‖ Procurer de l'avantage à quelqu'un, افاد احداً ـ نفع A.

Avantage, supériorité en général sur quelqu'un, فضل ـ تـقدم. Accorder à quelqu'un des avantages, قدّم احداً على ـ فضّل احداً على غيره I.

Avantage, victoire, نصرة ـ غلبة. Avoir l'avantage sur, انتصر على احد ـ غلب احداً I.

AVANTAGER, v. a., donner des avantages à quelqu'un par-dessus les autres, ميّزه من غيره ـ فضّله، قدّمه على غيره.

AVANTAGEUSEMENT, adv., d'une manière avantageuse, مفيداً ـ بوجه مفيد ـ بخير. Parler avantageusement de quelqu'un, ذكر عن احد الخير O. ‖ J'ai entendu parler de lui très-avantageusement, سمعت عنه كل خير.

AVANTAGEUX, adj., utile, مفيد ـ نافع ـ خير. Cela est plus avantageux pour moi que de, هذا انفع لى ـ احسن لى ميّا ان ‖ Être avantageux à, procurer de l'avantage à, نفع A. ـ افاد احداً ‖ Chacun sait ce qui lui est avantageux, كل واحد يعرف خلاصه.

Avantageux, qui sied, يلبق ـ لابق. Taille avan-

AVE

tageuse, élevée, noble, قامة عالية ـ قامة مرتفعة.

*Avantageux*, présomptueux, مدعى لنفسه ـ شايف حاله ـ مرتفع.

AVANT-BRAS, s. m., partie du bras, du coude au poignet, زند; plur., زنود ـ زند اسفل. Dans les animaux, ذراع; plur., اذرع.

AVANT-COUREUR, s. m., qui précède quelqu'un, qui annonce l'arrivée, مخبر ـ بشير ـ مبشر. Au figuré, سابقة; plur., سوابق.

AVANT-DERNIER, adj., ما قبل الاخر.

AVANT-GARDE, s. f., طليعة العسكر; plur., مقدمة ـ طلايع.

AVANT-GOUT, s. m., طعم, ذوق لقدام. Avoir en ce monde un avant-goût des béatitudes éternelles, O. ذاق فى الدنيا طرفاً او نوعاً من السعادة الابدية.

AVANT-HIER, adv., اول امبارح ـ اول امس. Avant-hier soir, اولة امبارحة ـ اول نهار البارح ـ اول ليلة البارحة.

AVANT-POSTES, عتاسين ـ راس المحلّة ـ مقدمة.

AVANT-MAIN, s. m., partie antérieure (d'un cheval), قدّامية.

AVANT-PROPOS, s. m., préface, introduction, فاتحة ـ مقدمة ـ ديباجة; plur., فواتح.

AVARE, adj., بخيل; plur., شحيح; plur., فاين ـ لئيم ـ خسيس ـ اشحّا ماسكة يدك. L'avare n'acquiert point d'honneur, لا يكسب الحميد فتى شحيح. || Être avare de quelque chose envers quelqu'un, O. بخل بشى على احد. || Être avare du temps, le ménager, وفر الاوقات. || Être avare de sa peine, se ménager trop soi-même, وفر ذاته من.

AVARICE, s. f., امساك ـ جهود الكف ـ خسّة ـ بخل ـ لامة.

AVARIE, s. f., dommage arrivé à un navire ou aux marchandises, عوار حصل لمركب او لوسقه.

AVARIÉ, E, adj., endommagé en voyage, معوّر. Marchandises avariées, بضاعة معورة.

AVE-MARIA, s. m., salutation de l'Ange à la Vierge, سلام عليكى يا مريم ـ سلام الملاك للعذرا.

AVEC, prép., ensemble, conjointement, صحبة ـ معى ـ وايّا ـ وبّا ـ ب ـ مع. Avec moi, معى. || Écris avec la plume, اكتب بالقلم. || Parle avec prudence, تكلم بعقل. || Il l'a tué avec le poignard, قتله بالخنجر; on dit aussi vulgairement, قتله فى الخنجر. || Les Algériens sont en guerre avec les Maltais, الجزاير حرب مع المالطية. || Va avec lui, رح وياه ـ رح انت و اياه. || Je vais avec vous, انا رايح وياك.

AVEINDRE, v. a., tirer une chose du lieu où elle était serrée, طالع ـ طيّع ـ اخرج.

AVELINE, s. f., grosse noisette, بندق.

AVENANT, adj., qui a bon air, حلو المنظر ـ ظريف. A l'avenant, à proportion, حسب ذلك.

AVÈNEMENT, s. m., venue du Messie, مجى المسيح ـ ظهور المسيح.

*Avènement* à une dignité suprême, تولية ـ جلوس.

AVENIR, v. n., arriver par accident, تأتّى ـ I. جرى ـ I. صار ـ A. عرض ـ A. حدث ـ اتفق ان. Il en aviendra ce qu'il pourra, ايش ما صار يصير ـ ودع يصير ايش ما صار.

AVENIR, s. m., le temps à venir, الزمان الاتى ـ ما قدامنا ـ الزمن المستقبل. Il a un triste avenir, مشقة و عناء.

A l'avenir, adv., désormais, من الان و صاعد ـ من هلق و رايح ـ بعد الان ـ فى ما بعد.

AVENT, s. m., temps avant Noël et pour se préparer à cette fête, صيام الميلاد. Les Coptes disent: صيام كيهك.

AVENTURE, s. f., accident inopiné, عارض; plur., حوادث ـ عوارض. Il lui est arrivé une aventure, حكمه عارض.

*Aventure*, récit de ce qui est arrivé, ما جرى ـ قص عليه ما جرى له. Il raconta son aventure, قصّة ـ قصّ عليه قصته.

*Aventure*, entreprise hasardeuse, مخاطرة.

Dire la bonne *aventure*, prédire ce qui arrivera à quelqu'un, فتح الفال A. Diseur de bonne aventure, فتّاح الفال.

Mal d'*aventure*, mal au bout des doigts, صداع الاصابع. J'ai un mal d'aventure, اصبعتى مصدوعة - انصدعت اصبعتى.

D'*aventure* ou par *aventure*, adv., بالصدفة - بالمصادفة.

AVENTURER, v. a., hasarder, عرض للخطر O. - جازف ب.

S'*aventurer*, v. réfl., se hasarder, خاطر بنفسه - خاض الاخطار O.

AVENTURIER, ÈRE, s., qui court les aventures, homme sans nom, sans fortune, طفشونى ; plur., طفاشنة.

AVENTURINE, s. f., pierre précieuse semée de paillettes d'or, جمرة البرق.

AVENUE, s, f., passage, منفذ ; plur., منافذ.

*Avenue*, allée plantée d'arbres devant une maison, درب بين صفين اشجار يودى الى باب دار.

AVÉRER, v. a., vérifier et prouver la vérité de, اكد - حقّق - ثبّت - اثبت الشى.

AVERSE, s. f., pluie abondante et subite, زخّة مطر - مطر نازل على غفلة مثل السيل - وبل.

AVERSION, s. f., haine, dégoût, كراهة - نفرة - بغضة - كراهية النفس - نفار الطبع. Prendre en aversion, avoir en aversion, كره A. - نفر قلبو من O. ‖ Je l'ai en aversion, قلبى نافر منه O. بغض.

AVERTIR, v. a., informer de, علّم - اعلم ب - عرّف عن ب - خبّر - اخبر ب عن. Avertir quelqu'un de, lui dire de se tenir sur ses gardes, نبّهم على - حذّره من - انذره ب.

AVERTISSEMENT, s. m., avis pour se mettre sur ses gardes, انذار. Avertissement pour payer l'impôt, تنبيه.

AVEU, s. m., reconnaissance d'avoir dit ou fait, اعتراف - اقرار. De l'aveu de tous, il a eu l'avantage, اعترفوا له كلهم بالغلبة.

*Aveu*, consentement, قبول - رضا. Il a l'aveu de ses parents, له الرضا و القبول من والديه ‖ Est-ce de votre aveu qu'il parle ainsi? انت راضى لم يدكذا ‖ Prendre l'aveu de, اخذ اقراره ورضاءه. الكلام.

Homme sans aveu, vagabond, خليع - زنطحى.

AVEUGLE, adj., privé de la vue, اعمى ; fém., عميا ; plur., ضرير - عمى - عميان. A l'aveugle ou en aveugle, aveuglément, مثل الاعمى. Devenir aveugle, عمى A.

AVEUGLEMENT, s. m., cécité, عما البصر - عماء.

*Aveuglement*, au fig., obscurcissement de la raison, عماء القلب. Le véritable aveuglement est celui de la raison, ما عما الا عما القلب.

AVEUGLÉMENT, adv., fig., sans examen, مثل الاعمى - من غير مبالاة - على العميانى.

AVEUGLER, v. a., priver de la vue, اعمى - عمّى.

*Aveugler*, obscurcir la raison, عمّى القلب والبصر. L'amour l'aveuglait, كان العشق يعمى منه البصر.

S'*aveugler*, v. réf., ne pas faire usage de sa raison, عمى A. - صيّر نفسه اعمى. S'aveugler, se tromper soi-même, croire ce qui n'est pas, زيّن لنفسه المحال - علّل نفسه بالمحال ‖ Ne vous aveuglez pas jusqu'à croire que, لا تزيّن لنفسك المحال و تظنّ انه.

AVEUGLETTE (à l'), adv., على العميانى.

AVIDE, adj., qui a un désir immodéré, شرهان على - شديد الطمع - حريص على - طماع فى - شره على. Nous étions avides de nouvelles de votre part, كنا متلهفين على اخباركم.

AVIDEMENT, adv., avec avidité, بشراهة.

AVIDITÉ, s. f., désir immodéré, شراهة - حرص - طمع. Manger avec avidité, باشتهاء كلى - اكل بشراهة - اكل با لعجلة.

AVILIR, v. a., rendre vil, méprisable, رذّل - اذلّ - وطى قدره - اهان.

*Avilir*, déprécier, بخّس ثمن الشى A.

S'*avilir*, v. pr., faire quelque chose de vil, ترذّل.

S'*avilir*, devenir vil, هان O. - تحاقر ‖ Il s'avilit à ses propres yeux, هانت نفسه عليه.

## AVI

‖ S'avilir, devenir à bas prix, تحاقرت نفسه اليه - رخص O.

AVILISSANT, E, adj., مهين - مرذّل.

AVILISSEMENT, s. m., état d'un être avili, ترذيل - اهانة - ذل.

AVIRON, s. m., sorte de rame de batelier, مجدى; fém. plur., مسداري; plur., مقاذيف - مقذاف.

AVIRONER, v. a., pousser avec l'aviron, عوّم بالمجدرى.

AVIS, s. m., opinion, ظنّ; plur., ظنون - راى; plur., ارا. ‖ A mon avis, على ظنّي. ‖ Quel est votre avis? (que jugez-vous convenable de faire)? ايش هو. ‖ Mon avis est que, المستحسن عندك. ‖ Recueillir les avis, جمع الارا A. ‖ عندى هو ان ‖ Les avis furent différents, اختلفت الارا. ‖ Les avis se réunirent pour, اتّفق رايهم على.

Avis, conseil, شور. Avis bienveillant, نصيحة; plur., نصايح. ‖ Donner un avis à, شار عليه O. ‖ Donner de bons avis, شار عليه شور مناسب A. نصيحة.

Avis, avertissement de faire ou prendre garde, تنبيه - انذار - نصيحة.

Avis, nouvelle, علم; plur., اعلام - خبر; plur., أخبار. ‖ Donner avis de, informer de, اعلم - علّم ب - عرّف ب - خبّر ب, عن. ‖ Si nous pouvons vous être utiles en quelque chose, marquez-le-nous; l'avis que vous nous en donnerez sera pour nous une agréable nouvelle, مهما لزم لجنابكم من الخدم عرّفونا بها الاشارة بشارة.

AVISÉ, E, adj., sage, prudent, عاقل.

AVISER, v. a., donner avis. Voyez AVERTIR.

Aviser à, prendre garde à, استحرس من.

Aviser à, faire réflexion à, افتكر فى. ‖ Aviser au moyen de, دبّر طريقه ل. ‖ Aviser à ce que l'on aura à faire, دبّر حاله - افتكر فى ما يصنع - تدبّر.

S'aviser de, penser à, افتكر فى - تنبّه على

## AVO

ما افتكرت فيه O. حسب ‖ Je ne m'en suis pas avisé, ما حسبت هذا الحساب.

S'aviser de, imaginer, جاء فى بالـ I. خطر فى بال، على بال O. ‖ De quoi t'avises-tu de, ايش الجابك - من اين جاء فى بالك ان الى ان.

AVITAILLEMENT, s. m., approvisionnement de vivres, تقديم المونة - ميّر - تزوّد.

AVITAILLER, v. a., faire l'avitaillement, زوّد - مون.

AVIVER, v. a., rendre plus frais, plus net, جدّد - نظّف.

Aviver, fortifier, قوّى.

AVIVES, s. f. pl., maladie des glandes gutturales des chevaux, الخنازير التى تطلع للخيل.

AVOCAT, s. m., défenseur en justice, محامى - الذى يتكلّم عن صاحب دعوى امام القاضى.

AVOINE, s.f., sorte de grain, شوفان - خرطال. Folle avoine, خرطمان - شوفان برّى.

AVOIR, v. a., ملك I. - حصل له الشى A. - حصل على الشى - عند ل - مع - به - فيه. ‖ As-tu de l'argent? لك فلوس - معك مصريات - انا صاحب مال - لى مال. ‖ As-tu mon couteau? عندك دراهم. ‖ سكيّنتى معك. ‖ Tout ce qu'il a (tout ce qu'il possède), كلّ ما يملكه. ‖ J'ai mal à la tête, لى وجع الراس - صاير لى وجع الراس. ‖ La maladie que j'ai, المرض الذى انا حاصل - المرض الذى حاصل لى. ‖ Le chagrin que j'ai, ما اجد من الغمّ عليه - ما عندى من الغم. ‖ Qu'avez-vous? (يجد - وجد ,aor.). ‖ Je n'ai rien, ايش صاير فيك - ايش بك. ‖ Qu'avez-vous que vous ne dites rien? ما بى شى - ما بالك ساكت - ايش بك ساكت. ‖ J'ai faim, انا جوعان - عطشان. ‖ Quel âge avez-vous? j'ai soif, كم سنتك عمرك. ‖ J'ai un mot à vous dire, لى معك كلمة. ‖ J'ai un conseil à vous donner, لك عندى نصيحة. ‖ Quand il n'aurait eu d'autre qualité que d'aimer la justice et les savans, cela aurait

# AVO — AZY

suffi à sa gloire, ولولم يكن فيه الا محبة العدل. ‖ J'ai eu de lui dix piastres, والعليا لكفاه ذلك شرفًا ‒ نلت ، صحّ لي منه عشر غروش.

*Avoir*, verbe auxiliaire, كان O. J'avais écrit, كنت كتبت. ‖ J'aurai écrit, اكون كتبت.

— *Avoir à*, être dans l'obligation de, لازم ان ‒ بلّي. ‖ J'ai à vous remercier, واجب عليّ ان استكثر بخيركم. ‖ J'ai à sortir, لازم اروح الى موضع ‒ بدّي اطلع لبرّا.

Il y a, فيه ‒ يوجد (Syrie) ‒ ثمّ ou ثمّا (Barb.) ‖ Il n'y a pas, ما فيه ‒ ما يوجد (Syrie) ‒ ما كان شي (Barb.) ‖ Il y a en ce moment un bâtiment qui va partir, لان موجود مركب من قريب يسافر. ‖ Il y a des gens qui croient, فيه ناس يظنّوا ‒ ومن الناس من يظن. ‖ Il y a un an que je ne l'ai vu, من سنة ما شفته ‒ لي سنة ما شفته. ‖ Il y a cinq ans que ton frère est parti, اخوك له خمس سنين سافر. ‖ Il y a maintenant stagnation de commerce, لان صاير وقف حال على المتجر. ‖ Il y avait, كان موجود ‒ كان فيه ‒ كان. ‖ Il y avait autrefois un pêcheur, كان ما كان يا مستمعين الكلام قولوا نستغفر الله من الزيادة والنقصان حتى كان في قديم الزمان رجل صياد الخ.

*Avoir*, s. m., ce que l'on possède de bien, محصول ‒ مال ‒ مقتنى. Tout son savoir, جميع ما يملكه ‒ كل ما احتوت عليه يده ‒ جميع ما حوت يده.

Avoisiner, v. a., كان قريبًا من ولي ‒ جاور O.

Avortement, s. m., accouchement avant terme, طرح ‒ اسقاط الجنين.

Avorter, v. n., accoucher avant terme, طرح A. ‒ اسقط.

*Avorter*, ne pas mûrir, en parlant des fruits, ما تكمل ‒ ما بلغ الكمال.

*Avorter*, ne pas réussir, خاب I. Notre projet est avorté, راحت المادّة ‒ خاب املنا ‒ فاتنا المقصود.

Avorton, s. m., né avant terme, سقط.

*Avorton*, fruit, plante, ثمر غير كامل ‒ ثمر ناقص.

Avoué, s. m., procureur, وكيل.

Avouer, v. a., confesser, اعترف ب ‒ اقرّ ب ‒ اقرّ على نفسه ب.

Avril, nom de mois, نيسان.

Axe, s. m., ligne droite qui passe par le centre d'un corps rond, خط مستقيم يفوت على مركز الكرة. ‖ L'axe du monde, مدار الدنيا. ‖ Axe d'une poulie, محور البكرة. ‖ Axe d'un rouet, avec poignée, لولب الدولاب.

Axillaire, adj., de l'aisselle, ابطي.

Axiome, s. m., proposition générale, incontestable dans une science, قاعدة ; plur., قواعد.

Axonge, s. f., graisse, شحم.

Ayant-cause, s. m., héritier, وارث.

Azédarac, s. m., arbre, ازادرخت.

Azérole, s. f., petite cerise rouge et acide, زعرور.

Azi, s. m., présure de petit-lait et de vinaigre, نوع منفحة وهي ذو وخل.

Azimut, s. m., cercle qui coupe l'horizon et le point vertical, السمت ; plur., السموت.

Azur, s. m., minéral, لاجورد ‒ لازورد.

*Azur*, couleur, bleu de ciel, لون سماوي ‒ ازرق ‒ لازوردي.

Azuré, e, adj., couleur d'azur, سماوي ‒ لازوردي. La voûte azurée, le ciel, قبة السما.

Azyme, adj., sans levain (pain), خبز فطير ‒ عيش فطير.

Azymite, s. m., qui se sert de pain azyme, من اصحاب الفطير.

# B

B., s. m., seconde lettre de l'alphabet, الحرف الثاني من الالف باء.

Babel, s. m., ancienne ville, بابل. Tour de Babel, برج نمرود.

Babel (Tour de), grande confusion de langues et d'opinions, بلبلة الالسن والارا.

Babil, s. m., caquet, superfluité de paroles, كثرة اللقش - كثرة الكلام - زيادة فى الكلام - غلبة.

Babillard, e, adj., qui a du babil, قوّال - كثير غلبة - فشّار - لقّاش - غلباوى.

Babiller, v. n., caqueter, هذر - O. كثّر غلبة - كثّر الكلام - O. لقش كثير - فشر.

Babine, s. f., lèvre des animaux, مشفر - شفتورة ; plur., مشافر.

Babiole, s. f., jouet d'enfant, هلسة - لعبة.

Babiole, chose puérile, شى جزوى - شى وجيز.

Babord, s. m., côté gauche d'un navire, جانب كردور متاع الشمال - اليسار من المركب (Barb.).

Babouche, s. m., pantoufle en usage au Levant, بابوج ; plur., بوابيج.

Babouin, ine, s., enfant badin étourdi. ولد بليط - ولد اطير.

Babouin, gros singe, نوع سعدان كبير.

Babylone, s. f., ancienne et célèbre ville d'Asie, بغداد العتيقة - مدينة بابل.

Bac, s. m., grand bateau plat servant à passer des voitures d'un bord à l'autre d'un fleuve, شختورة كبيرة مسطوحة لحمل العربانات من شط نهر الى قاطعه.

Bacchanal, s. m., grand tapage, قرقعة - غوشة. Faire un grand bacchanal, خرب الدنيا I.

Bachique, adj., qui a rapport au vin, يخص الخمر. Chanson bachique, غنية فى مدح الخمر.

Bachot, s. m., petit bateau, زورق .. plur. زوارق - قايق صغير.

Bacile, s. m., fenouil marin, شمرة بحرية - قريبس.

Bacler, v. a., fam., fermer une porte par derrière avec une barre, دربس ou تربس الباب.

Bâcler, expédier à la hâte. خلّص الشى بالعجلة - شهّل - استعجل فى خلوص الشى.

Badaud, s. m., homme qui est d'une curiosité frivole, هبيل ; plur., هبل et هبالى.

Badauder, v. n., niaiser, s'amuser à tout, تهابل.

Badauderie, s. f., action de badaud, هَبَالة.

Badigeon, s. m., couleur blanche ou jaune dont on peint les murs, لون ابيض او اصفر يدهنوا به الحيطان.

Badigeonner, v. a., دهن الحايط بلون ابيض O. او اصفر.

Badin, e, adj., folâtre, يحب المزاح واللعب - هرّج - مسخن - كثير اللعب والمزاح.

Badin, léger en parlant des choses, هزل.

Badinage, s. m., مزاح - لعب - تهريج.

Badine, s. f., petite baguette, شمروخ ; plur., قضيب - شهارينج.

Badiner, v. n., هرّج - هزل - A. لعب.

Badiner, v. a., plaisanter quelqu'un légèrement, مازح احداً - A. مزح مع.

Badinerie, s. f., هزل - مضحكة.

Bafetas, s. m., toile de coton blanc des Indes, بفتة.

Bafouer, v. a., traiter injurieusement et avec mépris, يهدل - رذل - شنير.

Bafrer, v. a., manger goulument, نسف فى الاكل O.

Bafreur, se, s., grand mangeur, نسّاف.

Bagace, s. f., canne à sucre passée au moulin, مصاص ; collect., مصاصة قصب.

BAGAGE, s. m., équipage, effets, ليشات - ليش - (Barb.) Gros bagage, قش - عفش - جلة - عزال - اجمال - اثقال - كركبة - قلابلق. ‖ Plier bagage, au propre, O. شدّ الاجمال - عزل - لبّش. ‖ Plier bagage, au figuré, déloger furtivement, s'enfuir, عزل كوع السكة - مسك I. ‖ Homme qui a soin des bagages, particulièrement des tentes, عكّام. ‖ Le chef des bagages, عكّام باشي.

BAGARRE, s. f., tumulte, bruit, غاغة - غَوشة.

BAGASSE, s. f., femme prostituée, قحبة - شلكة - شرموطة.

BAGATELLE, s. f., chose de peu d'importance, مضحكة - مسخرة; pl., تنتنيش - تنسانيش - مسخّر،جزوى،وجيز،شى. Ceci n'est pas une bagatelle, ما هى مضحكة.

BAGDAD, s. f., ville, بغداد - مدينة السلام.

BAGNE, s. m., prison des forçats, des esclaves, حبس اليسرا.

BAGUE, s. f., anneau avec pierre enchâssée, خاتم; plur., خواتم.

BAGUENAUDER, v. n., s'amuser à des bagatelles, تهابل.

BAGUENAUDIER, s. m., arbre, قلونتة - سنا.

BAGUETTE, s. f., bâton menu, شبق - قضيب; plur., قضبان. Baguette de fusil, مدكّ; plur., مدكّات.

BAH! interj. d'étonnement, يا - يه - مَه - يَه.

BAHUT, s. m., sorte de coffre, نوع صندوق - سبت.

BAI, E, adj., rouge-brun, احمر; fém., حمرا; plur., اجرادهم. Bai-brun, حمر.

BAIE, s. f., petit fruit mou, à noyaux ou pepins, حبّة; collect., حبّ.

Baie, espèce de golfe, rade, موردة - جونة.

BAIGNER, v. a., mettre dans le bain, حمّى - انزل الى الحوض.

Baigner, couler auprès de, جرى حول عند I.

Baigner, arroser, mouiller de, بلّ ب O. ‖ Baigner de larmes, بلّ بالدموع.

Se baigner, v. pr., prendre le bain (d'étuve), استحمّ - تحمّم. ‖ Se baigner dans l'eau, اغتسل - تغسّل.

Baigner, v. n., tremper, انتقع.

BAIGNEUR, s. m., qui tient des bains (des étuves), حمامي; plur., حمامية.

BAIGNOIR, s. m., lieu où l'on va se baigner, مغطس - موضع للتغسّل.

BAIGNOIRE, s. f., vaisseau dans lequel on se baigne, مغطس - محمّم; pl., احواض - حوض; pl., محامّ.

BAIL, s. m., contrat de louage d'un immeuble, ايجار; plur., ايجارات.

BAILLEMENT, s. m., action de bâiller, تشاوب.

BAILLER, v. n., ouvrir involontairement la bouche en respirant, تشاوب.

BAILLER, v. a., donner, اعطى احداً شيئاً.

BAILLET, s. m., cheval à poil roux, tirant sur le blanc, حصان لونه اشقر مايل الى البياض.

BAILLEUL, s. m., qui remet les côtes, les os cassés, مجبّر.

BAILLON, s. m., ce que l'on met dans la bouche, dans la gueule, pour empêcher de crier, de mordre, عقلة; plur., عقل.

BAILLONNER, v. a., حطّ عقلة فى الفم O.

BAIN, s. m., eau pour se baigner, ماء للتغسّل.

Bain, étuve, حمّام; plur., حمامات. Prendre un bain (d'étuve), استحمّ. ‖ Compliment à quelqu'un qui sort du bain: نعيماً (grand bien vous fasse!). Réponse, الله ينعم عليك. ‖ Garçon de bain, دلّاك. ‖ Maître du bain, صاحب الحمّام - حمامي.

Bain-marie, eau chaude dans laquelle on met un vase pour faire cuire les viandes ou les autres choses qui y sont, ما حار يضعوا فيه فراغاً فينضج ما فى الفراغ من لحم او غير ذلك.

BAÏONNETTE, s. f., pointe au bout du fusil,

زغَايَة - حَرُّب - ; plur., حربة فى راس السفنكة

BAÏRAM, s. m., fête turque, بيرام - عيد. Baïram à la fin du jeûne de Ramadan, عيد الفطر. || Grand Baïram, ou Courban-Baïram, qui se célèbre soixante-dix jours après le premier, عيد الكبير - العيد - عيد القربان - عيد الاضحى.

BAISEMAIN, s. m., hommage, بوس الايادى - سلام - تقبيل - قبلة الايادى.

BAISER, v.a., appliquer ses lèvres ou sa bouche sur, قبّل. - O. باس - O. لثم.

Baiser, terme bas et populaire, jouir d'une femme, سحم. A. رقم - I. ناك.

Se baiser, v. récip., se donner un baiser, تباوسوا.

BAISER, s. m., action de celui qui baise, لثم - قبلة - قبلة خاين. Baiser de Judas, بوسة - قبلة. || Envoyer un baiser à, اشار اومى بقبلة يودى الى.

BAISEUR, SE, s., qui baise volontiers, بوّاس.

BAISOTTER, v. a. fam., baiser souvent, بوس.

BAISSE, s. f., déchet des effets publics ou de commerce, نزول، انحطاط اوراق الحكم و التجار.

BAISSER, v. a., rendre plus bas, وطى. Baisser les yeux, ارخى عينه - اطرق. || Baisser la voix, وطى صسه - طاطا راسه. || Baisser la tête, طاطا. || Baisser pavillon, céder, انخضع قدام احد - اقر لاحد بالغلبية.

BAISSER, v. n., devenir plus bas, صار واطى - I. انحط. - I. نزل - نوطى. Le prix a baissé, نزل السعر. || Les eaux ont baissé, غاضت المياه I. || Le soleil baisse, مالت الشمس الى الغروب I.

Baisser, aller en diminuant, نقص O.

Tête baissée, بغير مبالاة - بغير اكتراث.

Se baisser, v. réfl., se courber, ماطى - انحنى - طاطا.

BAISSIÈRE, s. f., reste de vin mêlé de lie, فضلة النبيذ المخلوطة بقليل من العكر.

BAL, s. m., رقص.

BALADIN, s. m., danseur, farceur, مسخرة - رقاص.

BALAFRE, s. f., blessure au visage, sa cicatrice, سلخ فى الوجه - اثار ; plur., اثر ضربة فى الوجه.

BALAFRER, v. a., faire des balafres, سلخ الوجه O. - جرح فى الوجه A.

BALAI, s. m., مكنسة - مقشة ; plur., مكانس - مسامحة (Barb.).

BALAIS, adj. (rubis), لعل.

BALANCE, s. f., instrument pour peser, ميزان ; plur., موازين et ميزانات. Grande balance, قبّانة.

Balance, constellation, برج الميزان.

Balance, état final de compte, معدل حساب.

Emporter la balance, رجح على غيره A. || Mettre en balance, examiner en comparant, راجح - وازن.

Être en balance, irrésolu, تشكّك - تحيّر فى امره.

Qui est en balance, حيران.

BALANCEMENT, s. m., mouvement alternatif d'un corps qui balance, ارتجاج - اهتزاز. || Balancement des vagues, اضطراب الامواج. || Balancement du corps, ميل - تمايل.

BALANCER, v. a., tenir en équilibre, عادل.

Balancer, faire mouvoir en balançant, هزّ O. Balancer avec une balançoire, جوجج - مرجح.

Balancer, examiner, peser le pour et le contre, وزن - وازن - قابل - راجح ; aor., يزن.

La victoire fut longtemps balancée, طال بينهم القتال و لم يبن الغالب من المغلوب.

Balancer, compenser une chose par une autre, وازى ب.

Balancer, v. n., pencher tantôt d'un côté, tantôt d'un autre, مال - تمايل I.

Balancer, être incertain, حار I. - تشكّك - تقلب من راى الى راى - تحيّر فى ما يصنع.

Se balancer, v. réfl., se pencher d'un côté et d'un autre, مال - تمايل I. - ماس - اهتزّ فى المشى. Se balancer en marchant avec fierté, تبختر. || Se balancer avec une escarpolette, تمرجح - تجوجج.

BALANCIER, s. m., pièce d'une pendule, ثقالة الساعة ـ رقاص الساعة.

*Balancier*, bâton de danseur de corde pour garder l'équilibre, ميزان الرقاص.

*Balancier*, machine pour battre monnaie, آلة لضرب السكة.

BALANÇOIRE, s. f., pièce de bois ou corde pour se balancer; جوخجانة ـ مرجيحة, plur., مراجيح ـ جوخجانات.

BALAUSTE, s. f., fleur du grenadier sauvage, جنار ـ جلنار.

BALAYER, v. a., ôter les ordures avec le balai, كنس ـ قش O. Balayer une maison avec soin, nettoyer particulièrement les plafonds, corniches et autres endroits élevés, عسف البيت.

BALAYEUR, SE, s., مكنس ـ كناس.

BALAYURES, s. f. pl., زبالة ـ كناسة.

BALBUSARD, s. m., aigle de mer, نسر البحر.

BALBUTIEMENT, s. m., action de balbutier, تهتهة ـ تلجلج ـ لجلجة ـ تهتهة.

BALBUTIER, v. n., prononcer imparfaitement, en hésitant, تلجلج ـ تهته ـ دردش ـ تغتغ ـ تمتم.

BALBEK, ville de Syrie, بعلبك.

BALCON, s. m., saillie d'une fenêtre avec balustrade, درابزين خارج طاقة ـ شَهْنَشِين ـ خرجة شبّاك.

BALEINE, s. f., le plus gros des poissons de mer, سمك يونس ـ حوت يونس ـ حيتان, plur., حوت.

*Baleine*, constellation, قيطس.

*Baleine*, fanons de baleine, corne pliante, لحية الحوت.

BALEINON, s. m., petit d'une baleine, حوت صغير ـ ابن الحوت.

BALEINAS, s. m., membre de la baleine, زب الحوت.

BALISE, s. f., pieu, fascine, etc., servant à indiquer un lieu dangereux, علامة يضعوها في مواضع الخطر من الانهار او البحر.

BALISIER, s. m., canne d'Inde, خيزران.

BALISTE, s. f., machine de guerre, منجنيق; plur., مجانـق et مناجق.

BALIVEAU, s. m., arbre réservé dans la coupe des bois, pour le laisser croître, شجرة يخلوها على حالها لما يقطعوا غيرها.

BALIVERNE, s. f., discours frivole, علاكة ـ كلام باطل ـ بجقة ـ علكة.

BALIVERNER, v. n., علك ـ بجق.

BALLE, s. f., à jouer, طابة; plur., كورة ـ طوب; plur., كور.

*Balle* de plomb, رصاصة, collect., رصاص.

*Balle*, paquet de marchandises lié et enveloppé, شدّة; plur., فردة بضاعة ـ طرود; plur., فرادى. *Voyez* BALLOT.

BALLET, s. m., danse figurée, رقص رموزى.

BALLON, s. m., vessie pleine d'air et couverte de cuir, طابة هوا و هى مثانة منفوخة عليها جلد.

*Ballon* aérostatique, قبّة هوا.

BALLOT, s. m., gros paquet de marchandises emballées, شوال; plur., شوالات; plur., بوالط ـ بالوط; plur., فردة ـ شدّة ـ قرادى; plur., طرود. Un ballot de coton, شوال قطن. ǁ Un ballot de drap, بالوط جوخ.

BALLOTTER, v. a., une affaire, la discuter, بحث الامر A.

*Ballotter*, se jouer de quelqu'un, le renvoyer de l'un à l'autre, تلاعب مع ـ مارغ.

BALLOTTEMENT, s. m., action de ballotter, مهارغة.

BALOURD, E, s., personne grossière, stupide, ثقيل ـ اخشان ـ خشن ـ خشنى, plur., ـ دبّ ـ ثور ـ حمار ـ قليل العقل.

BALOURDISE, s. f., caractère du balourd; chose dite ou faite sans esprit, جرنة ـ قلّة عقل ـ خشونية.

BALSAMINE, s. f., plante, بلسمينة ـ بلسم زهر.

BALSAMIQUE, adj., qui tient du baume, بلسمى.

BALSAMUM, s. m., arbre qui produit le baume, بلسان ـ شجر البلسم.

BALUSTRADE, s. f., درابزين.

*Balustrade*, galerie autour d'un minaret, شرفة.

BALUSTRE, s. m., petit pilier, عامود درابزين ; plur., عواميد.

BALZAN, adj., cheval qui a des marques blanches aux pieds, حصان محجّل.

BALZANE, s. f., marque blanche aux pieds des chevaux, جحلة ; collect., تحجيل ـ حجل. Qui n'a point de balzane (pied), مطلوق.∥Cheval qui a trois pieds avec balzanes et un pied droit sans balzane, حصان محجّل الثلاثة مطلوق اليمين.

BAMBIN, s. f., petit enfant, طفل, plur., اطفال ـ ولد على البزّ ـ اولاد صغار ; plur., ولد صغير.

BAMBOU, s. m., sorte de roseau, نوع خيزران.

BAMIA ou ALCÆA ÆGYPTIACA, s. f., plante, بامية ـ بامة.

BAN, s. m., proclamation de promesse de mariage, مناداة زواج.

*Ban*, mandement quelconque à cri public, تنبيه.

*Ban*, exil, نفي ـ نفية.

BANAL, E, adj., commun, qui sert à tout le monde, للعامّ ـ عامّي ـ معتاد. Four banal, فرن للعام.

*Banal*, trivial, عامّي ـ عادي. Expression banale, كلمة عادية ـ من لغة العامّة.

BANANE, s. f., fruit, موزة ; collect., موز.

BANANIER, s. m., arbre, شجرة الموز ـ موزة.

BANC, s. m., long siège, مرتبة ـ صفّة. Banc de bois, دكّة ; plur., تخوت ـ دكك ; plur., تخوت. Banc en pierre ou en brique, مصطبة ; plur., مصاطب.

*Banc*, roche sous l'eau, صخرة ; plur., صخور.

*Banc* de sable, جرف ـ رمل ; plur., جروف ـ كومة رمل في البحر.

BANCAL, BANCROCHE, s. m., à jambes tortues, معوج الساقين.

BANDAGE, s. m., bandes de linge, de cuir, etc., pour fixer, حفاظ ; plur., حفاظات.

BANDAGISTE, s. m., qui fait les bandages pour les hernies, صانع الحفاظات.

BANDE, s. f., lien plat et large de fer, جلبة ; plur., جلب. Bande, long morceau d'étoffe, رباط ; plur., رباطات ـ عصابة ; plur., عُصُب.

*Bande*, troupe, منصر ; plur., مناصر ـ جماعة.∥Une bande de voleurs, جماعة حرامية ـ جوقة. Par bandes, جوقة جوقة.

*Bande*, parti, ligue, عصبة ; plur., عصب ـ جماعة. Faire bande à part, se séparer de la société, تفرّد بنفسه ـ اعتزل عن غيره.∥Il n'est pas de leur bande, ما هو من عصبتهم ـ من جماعتهم.

*Bande* de chameaux, de mulets. *Voyez* FILE.

BANDEAU, s. m., bande qui ceint le front, عصابة ; plur., عُصُب. Bandeau qui couvre les yeux, رفروف ; plur., رفاريف. ∥ Bandeau royal, diadème, عصابة ملوكية.

BANDER, v. a., lier, serrer avec une bande, ربط ـ عصب. O. Bander les yeux, ربط عينه ـ شدّ ـ عصب ـ غمى ـ رفرف عينه ـ عصب.

*Bander*, tendre un arc, شدّ ـ وبر القوس. O.

*Bander*, v. n., être tendu, سلّ. O. ـ قتب.

BANDEROLE, s. f., sorte d'étendard, علم ; plur., اعلام.

BANDIT, s. m., vagabond malfaisant, حرامي ; pl., ازبنطوط ـ زمنطوط ـ زالّة ; plur., زالل ـ حرامية.

BANDOULIÈRE, s. f., bande de cuir, سير جلد ـ جالة التفكّة او الكتير او غير ذلك.

BANGUE, s. m., chanvre des Indes, قنب هندي ـ نوع بنج.

BANLIEUE, s. f., étendue de pays autour d'une ville, et qui en dépend, ضاحية مدينة ; pl., ضواحي ـ اطراف ـ حوالي ـ ديرة.

BANNE, s. f., grosse toile qui couvre un bateau, etc., خيمة ـ جنفاصة.

BANNETTE, s. f., panier de petites branches, قوطة ; plur., قوط.

BANNI, E, adj., qui est en exil, مطرود ; plur., منفي - مسركل - مطاريد.

BANNIÈRE, s. f., enseigne, علم ; plur., اعلام ; راية ; plur., رايات. Se ranger sous la bannière de quelqu'un, se mettre de son parti, تعصّب ب - مع O. دار مع - انتصب ب.

BANNIR, v. a., chasser d'un pays, طرد A. - نفي - سركل.

BANNISSABLE, adj., يستحقّ النفي.

BANNISSEMENT, s. m., نفي - طرد.

BANQUE, s. f., commerce d'argent, صيرفة - مصارفة.

*Banque*, caisse publique, صندوق الصيارف.

BANQUEROUTE, s. f., faillite, انكسار - كسرة. Banqueroute frauduleuse, انكسار كاذب. || Faire banqueroute, انكسر. || Il a fait banqueroute de huit cent mille piastres, انكسر عن ثمن نمية الف غرش. || Faire banqueroute, expr. fam., manquer à sa promesse, نقض في كلامه.

BANQUEROUTIER, s. m., مكسور.

BANQUET, s. m., repas, ضيافة - وليمة ; plur., ولائم.

BANQUETTE, s. f., banc rembourré, لوحة تحت عليه جلدة أو جوخة محشية شعرًا - سدلة أو غيره.

BANQUIER, s. m., qui fait commerce d'argent, صيرفي - صرّاف ; plur., صيارف.

BAPTÊME, s. m., sacrement par lequel on est fait chrétien, تنصير - صبغة - معمودية - عماد - عبادة. Compliment que l'on adresse après un baptême au père et à la mère de l'enfant, au parrain et à la marraine, مبارك - الله يجعلها مباركة ; réponse : الله يبارك فيك.

BAPTISER, v. a., donner le baptême, عمّد - نصّر. Être baptisé, recevoir le baptême, تعمّد. Baptiser le vin, مزج النبيد بالما A.

BAPTISMAL, E, adj., qui appartient au baptême, تنصيري - عمادي - المعمودية. Fonts baptismaux, جرن.

BAPTISTE (SAINT JEAN), n. p., يوحنا المعمدان - يوحنا المعمداني , المعمدانى.

BAPTISTÈRE ou BAPTISTAIRE, adjectif, يخص العماد.

*Baptistère*, s. m., extrait baptistaire, ورقة التنصير - شهادة العمادة - حجة المعمودية.

BAQUET, s. m., cuvier de bois, دست خشب ; plur., علب - علبة.

BARAGOUIN ou BARAGOUINAGE, s. m., langage embrouillé, inintelligible, برطمة.

BARAGOUINER, v. a., parler mal, confusément, حمحم - برطم.

BARAQUE, s. f., hutte, بيت صغير ; plur., كوخ - بيوت صغار ; plur., خص - اخصاص ; plur., اكواخ. *Voyez* CABANE.

BARATTE, s. f., sorte de baril qui va en diminuant par en haut pour battre le beurre, برميل طويل اعلاه اضيق من اسفله يخضوا فيه الحليب. Les Arabes se servent, pour cet usage, d'une outre, مخضة - مخض - قربة لخض اللبن.

BARATTER, v. a., remuer le lait pour former le beurre, مخض اللبن O. - خض اللبن ,الحليب A. I.

BARATTERIE, s. f., tromperie de la part d'un patron de navire, غش من قبطان مركب.

BARBACANE, s. f., ouverture dans les murailles, مزغل للرمي - فتحة , طاقة في الاسوار ; plur., مزاغل.

BARBARE, adj., cruel, inhumain, قاسي ; plur., ما له حتية - قليل الرحمة - قلبه قاسي - قسّاة.

*Barbare*, au fig., sauvage, grossier, موحش - خشني - متبربر - وحشية ; plur., وحشي.

*Barbare*, impropre, en parlant d'un mot dur à l'oreille, et inusité, غير معتاد - غريب.

*Barbare* (dans un sens analogue à celui que les Romains donnaient à ce mot), qui n'est point Arabe, qui ne connaît point la langue arabe, اعجم ; plur., عجمى - اعاجم.

BARBAREMENT, adv., بقساوة.

BARBARESQUE, adj., qui est de la Barbarie, مغربى ; plur., مغاربة.

BARBARIE, s. f., cruauté - قسوة - عدم حنيّة - قساوة وحشيّة - قلّة رحمة.

*Barbarie*, état sauvage, خشونة - توحش. Siècles de barbarie des Arabes, temps avant l'islamisme, ايام الجاهليّة - الجاهليّة.

BARBARIE, s. f., contrée d'Afrique, بلاد المغاربة - بلاد الغرب.

BARBARISER, v. n., pécher contre la langue, بربر - A. غلط في كلام - A. لحن في الكلام.

BARBARISME, s. m., faute contre la langue, عجمة - لحن في الكلام ; plur., لحون.

BARBE, s. f., لحية ; plur., لحى ; ذقن ; plur., ذقون et مرد. Qui n'a point de barbe, أمرد ; plur., مرد || Qui a très-peu de barbe, كوسة - كوسج - مُزدان. Les meilleures barbes sont celles qui peuvent tenir dans la main, dont la mesure est une poignée, خير الذقون قبضة تكون في اليد || Faire sa barbe, A. I. تربن (Égypte). - تحفف (Barb.). حلق ذقنه || Compliment à quelqu'un qui vient de faire sa barbe, نعيمًا ; rép. : الله ينعم عليك.

*Barbe* d'un épi, شوك السنبل.

A la barbe de quelqu'un, en sa présence et par bravade, قدام عينيه - غصبًا عن ذقنه.

*Barbe*, nom de sainte, قديسة بربارة - بربارة.

*Sainte-Barbe*, endroit du vaisseau où l'on met la poudre, مخزن البارود - موضع البارود في المركب.

*Barbe-de-bouc*, plante, salsifis, دبج - تعبارون - لحية التيس.

*Barbe-de-chèvre*, plante, لحية المعزة.

*Barbe-de-Jupiter*, plante, لحية الراعى.

*Barbe-de-renard* ou Tragacanthe, plante qui donne la gomme adragant, قتاد.

BARBEAU, s. m., fleur. *Voyez* BLUET.

BARBEAU ou BARBOT, s. m., poisson, سمك بابوج - بورى.

BARBERIE, s. f., art de raser, كار الحلاقة.

BARBET, s. m., chien à long poil, نوع كلب له وبر طويل.

BARBIER, s. m., حفّاف - حلّاق - مزيّن.

BARBIFIER, v. a., حلق الذقن.

BARBILLON, s. m., petit poisson à moustaches, قراميط ; plur., قرموط.

BARBON, s. m., شيخ - اختيار ; plur., شيوخ.

BARBOTER, v. n., marcher dans la boue, خبص في الطين.

*Barboter*, agiter l'eau avec les mains, بربط - خض الماء.

BARBOTINE, s. f., semence, poudre contre les vers, خريسانة - بزر خريسانة.

BARBOUILLAGE, s. m., تخبيص - تخبطة - سخمطة. *Voyez* GRIFFONAGE.

BARBOUILLER, v. a., salir, صقل بالوسخة - سخمط - وسخ.

*Barbouiller*, faire grossièrement, لخبط - زروط - خبص. *Voyez* GRIFFONNER.

*Barbouiller* en parlant, لخبط في الكلام - خبص - تلجلج.

BARBOUILLEUR, SE, s., mauvais peintre, سخماط.

BARBU, E, adj, qui a de la barbe, ذقن - مذقن. Un homme qui a la barbe bien fournie, ابو ذقن - ابو الذقون.

BARBUE, s. f., poisson plat du genre du turbot, بُلطى - بُلاطى.

BARDACHE, s. m., jeune homme qui se livre aux pédérastes, بشت - ابنة.

BARDANE, s. f., glouteron, plante, ارقطيون - راعى. Petite bardane, عشبى خدنى معك الحمام.

BARDE, s. f., armure de lames de fer dont on couvrait autrefois les flancs et le poitrail des chevaux, صفايح حديد على صدور الخيل واجنابها.

*Barde* de lard, tranche de lard mince dont on enveloppe une volaille, شقفة رفيعة من شحم خنزير.

# BAR — BAS

BARDEAU, s. m., petit ais, دفتر ـ دق ; plur., دفوف.

*Bardeau*, mulet du cheval et de l'ânesse, البغل الذى ابوه حصان وامه حمارة.

BARDELLE, s. f., sorte de selle de toile et de bourre, جلال.

BARDER, v. a., un cheval, le couvrir de bardes, لبس الحصان صفايح حديد على صدره واجنابه.

*Barder* une volaille, la couvrir de bardes de lard, لف على الطير شقة رفيعة من شحم خنزير.

BARDOT, s. m., petit mulet qui chemine à la tête des autres, بغل صغير يمشى فى راس القطار.

BARGUIGNER, v. n., hésiter, توقف.

BARIL, s. m., petit tonneau, برميل ; plur., براميل.

BARIOLÉ, adj., ابرش ـ الاجم. Bariolé de blanc et de noir, ابلق.

BARIOLER, v. a., peindre de diverses couleurs, نقش بالوان مختلفة.

BAROMÈTRE, s. m., instrument qui marque la pesanteur de l'air et le temps, ميزان الهوا والطقس.

BAROQUE, adj., informe, irrégulier, مخبط.

BARQUE, s. f., petit bateau, قارب ; plur., قوارب ـ زورق ـ plur., زوارق ـ شختورة ـ plur., شخاتير.

BARRE, s. f., pièce de fer ou de bois, شوحية ; plur., شواحى. Barre pour fermer une porte, درباس ; plur., دقر ـ دقور. Barre de bois, عامود خشبة ـ Barre de fer seulement, عامود حديد ـ حديدة ; plur., قضيب ـ اقضيب ـ مخل ـ plur., امخال ; قضبان.

*Barre*, ligne, trait de plume, شطة ـ شط ; plur., شطوط.

*Barre*, entrée intérieure d'un tribunal, d'une assemblée, وسط ديوان ـ وسط محكمة ـ وسط جمعية.

*Barre* d'or ou d'argent, سبيكة ; plur., سبايك.

*Barre*, banc de sable à l'entrée d'un port, d'une rivière, كومة رمل فى بوغاظ نهر او مينا.

*Barres* d'un cheval, endroit de la mâchoire où pose le mors, موضع اللجام من فك اسفل الخيل.

BARREAU, s. m., sorte de barre, بلطة خشب ـ حديدة ـ خشبة.

*Barreau*, lieu où se mettent les avocats pour plaider, leur profession, leur corps, موضع جمعية المحامين فى المحاكم وكارهم و جماعتهم.

BARRER, v. a., fermer avec une barre par derrière, ترس ـ درس.

*Barrer*, raturer, شطب ـ O. رصد ـ O. خرطش.

*Barrer* le chemin, clore le passage, سد الطريق O.

BARRICADE, s. f., sorte de retranchement, متراس ; pl., متاريس, plur., كرنك ـ كرانك.

BARRICADER, v. a. (les rues), faire des barricades, سد الازقة A. عمل متاريس فى الازقة O. Barricader une porte, une fenêtre, ترس ـ درس.

*Se barricader*, v. réfl., se garantir avec des barricades, عمل متاريس ـ كرنك.

BARRIÈRE, s. f., pièces de bois pour fermer un passage, محجز ـ سد ـ حاجز. Les barrières d'une ville, بوابات المدينة.

BARRIQUE, s. f., sorte de gros tonneau, بتية ; plur., بتانى.

BAS, s. m., vêtement des jambes, جَوْرب ; plur., جوارب ـ كلسات ـ جرابات ; plur. Une paire de bas, جوز جرابات. Mettre ses bas, لبس جراباته.

BAS, adj., peu élevé, واطى ـ وطى. Plus bas, اوطى. Stature basse, قد قصير.

*Bas*, qui est au-dessous, سفلى ـ تحتانى ـ اسفل. Salle basse, بيت تحتانى. || Le bas peuple, السفلة ـ اسافل الناس. || Bas prix, ثمن بخس. || Qui est à bas prix, رخيص. || Voix basse, صوت خفى ـ حس واطى. || Parler à voix basse, تكلم بالواطى ـ بصوت خفى. || Vue basse, قصير النظر. || Qui a la vue basse, نظر قصير.

*Bas*, vil, méprisable, دنى ; plur., ادنيا ـ ذليل. || Action basse, فعل دنى ـ فعل قبيح ـ خسيس.

En ce bas monde, في هذا العالم الفاني الدني. ‖ Expression basse, كلمة واطية. ‖ لفظ خسيس.

Faire main-basse sur les ennemis, les tuer tous, قتلهم قتل عام.

*Le bas*, subst., la partie inférieure, تحت - اسفل. ‖ Le bas de la montagne, اسفل الجبل. ‖ Le bas de la robe, ذيل الثوب, plur., اذيال. ‖ Au bas, في الاسفل. ‖ تحت. Au bas de cet écrit, في ذيله.

*Bas*, adv., doucement, à voix basse, بالشويش - بالواطي - بشوية شوية. Parler bas à quelqu'un, تنبّشت معه - توشوش معه - وشوش احدا.

*A bas*, الى الارض - تحت. Mettre à bas, détruire, هدّ O.

*En bas*, sans mouvement, تحت. Avec mouvement, الى تحت - لتحت. ‖ Il est en bas, هو تحت. ‖ Il descendit en bas, نزل الى تحت. De haut en bas, من فوق الى تحت - من فوق الى اسفل. ‖ Mettre bas les armes, les déposer, رمى السلاح - سلّم السلاح. ‖ Mettre chapeau bas, l'ôter, شال البرنيطة. ‖ Mettre bas, faire des petits, en parlant des animaux, نتج O. - جاب I.

*Là-bas*, هناك - هونيك.

*Ici-bas*, في هذه الدنيا. Les choses d'ici-bas, حطام الدنيا. ‖ Les biens d'ici-bas, امور الدنيا.

BASALTE, s. m., sorte de marbre noir, نوع رخام اسود.

BASANE, s. f., peau de mouton tannée pour la reliure, جلد غنم مدبوغ - خور.

BASANÉ, E, adj., à teint noirâtre, مسمر اللون - اسمر اللون.

BASCULE, s. f., jeu d'enfant, مرجيحة. Faire la bascule, انقلب.

BASE, s. f., ce qui soutient le fût de la colonne, قاعدة; plur., قواعد.

*Base*, principe, fondement, اساس; pluriel, اصول.

BASER, v. a., appuyer sur, بنى I. - اسّس I.

*Se baser*, v. pr., se fonder sur, بنى على I.

BAS-FONDS, s. m., terrain bas et enfoncé, غوطة وطا.

*Bas-fonds*, fonds de mer où il y a peu d'eau, قصاير - موضع من البحر غير عميق (Barb.).

BASILIC, s. m., plante odorante, cordiale, céphalique, ريحان - بادروج - حوك - حبق - حبقة.

Faux-basilic. Voyez CLINOPODIUM.

*Basilic*, serpent fabuleux dont le regard tue, صلّ - افعى; plur., اصلال.

BASILIQUE, s. f., grande église, كنيسة كبيرة.

*Basilique*, veine de la partie interne du bras, العرق الابطي - حبل الذراع - عرق الباسيليق.

BAS-RELIEF, s. m., نقش; plur., نقوش.

BASIN, s. m., sorte de toile de coton très-forte, بفتة هندي.

BASQUE, s. f., pan d'habit, ذيل; plur., اذيال - طرف الثوب; plur., اطراف.

BASSE, s. f., instrument, نوع الة موسيقا.

*Basse*, les tons les plus bas, بم - دوكة.

BASSE-COUR, s. f., endroit où il y a de la volaille, حوش الفراخ.

BASSEMENT, adv., au fig., d'une manière basse, vile, بدناوة.

BASSES, s. m. plur., bancs de sable; rochers sous l'eau, كومات رمل او صخور تحت وجه الما.

BASSESSE, s. f., inclinations viles, سقاعة - دنية - دناوة - خساسة الطبع - رذالة.

*Bassesse*, action basse, عمل قبيح - فعل دني. Plutôt la mort qu'une bassesse, رذالة دنية المنية ولا الدنية.

BASSET, s. m., chien de chasse à jambes courtes, نوع كلب صيدي قوايمه قصار.

BASSIN, s. m., grand plat, صحن; plur., صحون.

Bassin creux, bassin à laver, cuvette, طشت; pl., لكن - طشوت.

*Bassin*, pierre creuse, حوض ; plur., احواض - اجران ; plur., جرون.

*Bassin*, pièce d'eau, بركة ; plur., حوض - برك. Bassin avec jet d'eau, فسقية ; plur., فساقي.

*Bassin* de balance, ميزان كفّة ; plur., كفف.

*Bassin* d'un port de mer, بنط.

*Le bassin*; la partie inférieure du tronc humain, الحوصة - غور الجوف الاسفل.

*Bassin*, belle plaine ronde entourée de montagnes, فسحة بين جبال.

*Bassin* d'un bain, بركة - مغطس.

BASSINER, v. a., chauffer avec une bassinoire, سخّن الفرشة.

*Bassiner*, fomenter en bouillant, هبّل.

BASSINET, s. m., partie creuse d'une arme à feu, où est l'amorce, بيت الذخيرة - جرن - فالية.

BASSINOIRE, s. f., sorte de bassin pour chauffer le lit, الة نحاس لتسخين الفرش.

BASSORA, ville d'Asie, مدينة البصرة.

BASTION, s. m., برج ; plur., ابراج.

BASTONNADE, s. f., coups de bâton, علقة ; plur., ضرب عصا - علق. Recevoir la bastonnade, اكل عصا, علقة. ‖ Donner la bastonnade, ضرب علقة O. I. - شطّ, ضرب عصا O.

BASTRINGUE, s. m., pop., bal de guinguette, رقص في خمارة.

BAS-VENTRE, s. m. *Voyez* ABDOMEN.

BAT, s. m., queue de poisson, ذنب السمك.

BAT, s. m., selle des bêtes de somme, pour un chameau, رحل - شاغر ; plur., رحال - شواغر ; plur كور ; اكوار. Bât de chameau plus petit, حداجة. ‖ Bât rembourré pour un âne, une mule, بردعة ; pl., برادع ; plur., حلس. ‖ Bât de bois seulement, سرج.

BATAILLE, s. f., حرب - عركة - قتال. Mettre en bataille, صفّ عسكره للقتال O. ‖ Se mettre en bataille, اصطفّ العسكر للقتال.

BATAILLER, v. n., contester, disputer, تعارك مع - تقاتل مع - تعالج مع.

BATAILLON, s. m., troupe de trois cents à six cents fantassins, جماعة مشاة من ثلثماية لستماية. En Égypte, le bataillon qui est d'environ mille hommes, est appelé أرطة, pl., أرط. ‖ Chef de bataillon, بينباشي.

BATARD, E, adj., né hors mariage, ابن زنا ; plur., بناديق. En Syrie, ابن حرام.

BATARDEAU, s. m., digue, سدّ - حاجز للما.

BATEAU, s. m., barque, قنجة ; plur., قايق - قنج ; pl., شختير - شختورة. Grand bateau, قوايق.

BATELAGE, s. m., métier, tour de bateleur, زعبرة - بهلوانية.

BATELET, s. m., petit bateau, معدية.

BATELEUR, s. m., charlatan qui amuse le peuple, مزعبر. Bateleur, danseur de corde, joueur de farces, بهلوان ; plur., بهالوين et بهلوانات.

BATELIER, ÈRE, subst., qui conduit un bateau, نوتي - قايقجي - ملّاح - مراكبي ; plur., مراكبي. Batelier, qui conduit un batelet, معداوي.

BATER, v. a., mettre un bât sur un âne, شدّ الحمار O. حطّ السمر, البردعة على الدابّة.

BATIER, s. m., qui fait des bâts, برادعي ; plur., برادعية.

BATIFOLER, v. n., se jouer comme les enfants, تصغرن - A. لعب مثل ولد صغير.

BATIMENT, s. m., navire en général, مركب ; plur., قياس - مراكب ; fém. plur., قياسة. *Bâtiment*, édifice, بنا ; plur., ابنية - عمارة.

BATINE, s. f., sorte de selle en toile rembourrée, جلال.

BATIR, v. a., édifier, بنى I. عمّر.

*Bâtir*, terme de tailleur, coudre à grands points, dresser l'ouvrage, شلّل.

BATISSE, s. f., بنا - بناية.

BATISSEUR, s. m., terme familier, propriétaire qui aime a bâtir, يحبّ البنا.

BÂTON, s. m., morceau de bois long et maniable, نابوت - نبود ; plur., نبابيت - نبابيت ; plur., عصا ; plur., عصاء - عصاية - عصاة ; plur., عصى - نباييد. لعب النبوت, Jeu de bâton, مسوقة ; plur., مساوق. || Joueur de bâton, لعيب النبوت. || Bâton crochu par un bout pour ramasser le djérid, معقالة - جوكان. || Bâton, canne, espèce de javelot sans pointe, جريد - جريدة. || Tour du bâton, profit casuel et souvent illicite d'un emploi, مكسب طارى.

BATONISTE, s. m., joueur de bâton, لعيب النبوت.

Bâtonner, v. a., donner des coups de bâton, حط تحت النبوت .O - ضرب عصا .O - شمط علقتـ .I - نزل عليه بالعصا.

Bâtonner, rayer, شال .I - شطب .O.

BATONNIER, s. m., porteur du bâton d'une confrérie, حامل العصا - شيخ.

BATTAGE, s. m., action et temps de battre le blé, دراس الغلة.

BATTANT, s. m., chacun des deux côtés d'une porte, ضلفة الباب ; plur., ضلف - درفة ; plur., درف - فردة ; plur., فرد. Porte à deux battants, باب من درفتين.

Battant, adj., celui qui bat, ضارب.

Mener tambour battant, maltraiter, زوع.

Marcher tambour battant (armée), سار العسكر بالطبول و الزمور.

BATTEMENT, s. m., action de battre, ضرب - دق. Battement de mains, تصفيق - ضرب يد على يد. || Battement de cœur, خفقان القلب. || Battement d'artère, رفز الشريان.

BATTE, s. f., instrument pour battre, مدق - طورية ; plur., طوارى.

BATTERIE, s. f., querelle avec coups, عراكة - قتالة - مقاتلة.

Batterie, plusieurs canons réunis et disposés pour tirer, طبخانة ou طبانة - الاى مدافع - مدافع مجهزة (Barb.). Dresser une batterie, نصب مدافع .O.

Batterie, pièce d'un fusil sur laquelle frappe le chien, مقلب. La batterie et le chien pris ensemble, شقمق - زناد .I. || La batterie et toutes les pièces qui y tiennent, عدة البندقية.

Batterie de cuisine, نحاس المطبخ.

BATTEUR, SE, s., qui aime à battre, ضراب - يحب الضرب.

Batteur en grange, qui bat le blé, دراس القمح.

Batteur de pavé, oisif, vagabond, سندال ; pl., سندالة - دوار.

BATTOIR, s. m., palette pour battre le linge, مدق.

BATTRE, v. a., donner des coups, ضرب .O. I. || Battre quelqu'un, le frapper, ضرب .O - قتل .O. Tu mérites d'être battu, تستاهل القتلة .I. || Être battu, اكل ضرب - اكل قتلة .O.

Battre les ennemis, les vaincre, كسر الاعدا .I. Être battu, خسر - انكسر .A.

Battre la mesure, la marquer, دق بوزن .O.

Battre monnaie, la fabriquer, ضرب السكة .O. I - دق معاملة .O.

Battre le tambour, دق الطبل .O.

Battre un bois, le parcourir en chassant, دارى الحرش .O - فتش الحرش.

Battre la campagne, fam., déraisonner, خرّف.

Battre un habit, le nettoyer, نفض الثوب.

Battre la laine. Voyez ARÇONNER.

Battre le blé, درس القمح .O. Battre le briquet, قدح الزناد .A.

Battre les cartes, خلط الاوراق .O.

Battre, v. n., éprouver un mouvement d'agitation, تحرك - دق .O - رفز .I.

Battre, palpiter, خفق .I. O.

Battre de l'aile, رفرف بجناحه - ضرب.

Battre des mains, applaudir, صفق - (par corruption), صقف.

Battre en retraite, commencer à se retirer, ولى.

Faire une chose tambour battant, au vu et au su

de tout le monde, فعل الشيء قدام عيون الناس A. على الباه و العلني.

Se battre, v. pr., تقاتل مع - قاتل.
Se battre, v. récip., تقاتل - نضارب.
Battu, part., en parlant des yeux, عيون ناعسة.
Battu (chemin) frayé, طربق مسلوك - طريق سالكة.
Battu des flots, ملطوم من الامواج.
Battu de la tempête, مضروب من العواصف.
Battue, s. f., recherche du gibier dans un bois, une plaine, تفتيش على الصيد.
Bauche ou Bauge, s. m., enduit sur les murs, تلبيس.
Baudet, s. m., âne; au fig. ignorant, حمار; pl., حمير - جحش; plur., جحاش.
Baudrier, s. m., écharpe qui sert à porter l'épée, حمايل - حمالة السيف.
Bauge, s. f., lieu fangeux où se retire le sanglier, موضع وحل ماوى الخنزير البري.
Baume, s. m., herbe odoriférante, ريحان; plur., رياحين.
Baume, s. m., liqueur qui découle de certains arbres, بلسم - دهن - البلسان - بلسان; plur., بلاسم. || Baume de la Mecque, بلسان مكي. || Baume du Pérou, بلسم هندي. || Baume de Copahu, بلسم. || Baume de Judée, بلسم اسرائيل. || التعقيبة.
Baume, onguent, مرهم; plur., مراهم.
Baumier, s. m., arbre qui porte le baume, بلسان - شجر البلسم.
Bavard, e, adj., qui parle sans mesure, بقباق - فشار - كثير الكلام - قوال - علاك - لقاش - هذار - بجاق. || Bavard indiscret, qui parle de choses qui ne le regardent pas, فضولي - كثير غلبة.
Bavardage, s. m., هذيان - شقشقة لسان - علكة - فشر - بجقة - هذر - كثرة الكلام - بقبقة. Bavardage sur des objets dont on ne doit pas se mêler, كثرة غلبة - طولة لسان - فضول - فوضلة.
Bavarder, v. n., dire beaucoup de paroles inu-tiles, لقش كثير - فشر A.- هذر - كثر الكلام O. Bavarder sur des choses dont on ne doit pas se mêler, تفوضل - كثر غلبة A.- بجق - بقبق - علك - اطال لسانه.

Bave, s. f., salive qui coule de la bouche, ريالة - ريوال - روال - لعاب.
Baver, v. n., jeter de la bave, ريل - جرى الروال من فمه I.
Bavette, s. f., petite pièce de toile que l'on met sur la poitrine des enfants, قطعة قماش كتان اوخام بحطوها على صدر الاطفال ليجرى عليها روالهم - ابو ريالة.
Baveux, se adj., qui bave, ريال.
Bayer, v. n., regarder la bouche béante en contemplant, فتح حنكه و بهت A. - بهت - انبهل.
Bazar, s. m., marché public en Orient, بزار - بازار; plur., اسواق - سوق.
Bdellium, s. m., gomme, مقل - مقل ازرق.
Béant, e, adj., ouvert, مفتوح. Qui a la bouche béante, فاتح حنكه.
Béat, e, adj. (ironiquement), qui fait le dévot, طوباوى - مبارك - مدعي لنفسه الديانة.
Béat, terme de jeu, exempt de jouer ou de payer sa part dans un repas, طبشة.
Béatification, s. f., action de béatifier les morts, تطويب الاموات.
Béatifier, v. a., mettre au rang des bienheureux, جعل من الطوبانيين A.
Béatifique, adj., qui rend bienheureux, طوبانى.
Béatitude, s. f., bonheur, félicité éternelle, سعادة ابدية - نعيم - طوبى.
Beau, Bel, Belle, adj., جميل - كويس (Barb.). Une belle femme, مزيان - ملاح; plur., مليح - حسن - امراة ذات بها وكمال وقد واعتدال. || Un beau jour, un certain jour, يوم من الايام - ذات يوم.
Beau, s. m., المليح - الجميل.
Beau, adv., en vain, باطلاً - بلا فايدة. Il a beau faire, بالباطل يتعب. J'ai eu beau lui dire

de s'en aller, il ne m'a pas écouté, عجزت، روح له روح ما سمع مني.

Il fait *beau* aujourd'hui, الطقس طيب اليوم- الدنيا صحو.

*Tout-beau*, interj. fam., على مهلك.

*En beau*, adv., sous un bel aspect, حسنًا- بالوجه الحسن.

BEAUCOUP, adv., كثيرًا- شي كثير- كثيرًا- بالزاف ياسر (Barb.). Beaucoup de gens, كثير ناس- ناس كثير- كثيرين من الناس. ‖ Beaucoup de fois, أمرار عديدة- كثير مرّات. ‖ Beaucoup plus savant que lui, أمرار كثيرة. ‖ Il sait beaucoup moins que vous, أعلم منه بكثير. ‖ Il s'en faut beaucoup, يعرف أقل منك بكثير- الفرق بعيد.

BEAU-FILS, s. m., celui dont on a épousé le père, ابن الزوج ; plur., أولاد.

*Beau-fils*, celui dont on a épousé la mère, ابن الزوجة- ابن الامراة ; plur., أولاد.

*Beau-fils*, gendre, صهر- زوج البنت.

BEAU-FRÈRE, s. m., celui dont on a épousé la sœur, أخو المراة- عديل- سلف.

*Beau frère*, frère du mari, عديل- سلف- أخو الزوج.

*Beau-frère*, celui qui a épousé la sœur de, صهر- عديل- سلف- زوج الاخت.

BEAU-PÈRE, s. m., second mari d'une mère, زوج ام.

*Beau-père*, père du mari, حمو- عمّ- ابو الزوج.

*Beau-père*, père de la femme, حمو- عمّ- ابو المراة.

BEAUPRÉ, s. m., mât à la proue d'un vaisseau, الصاري الذي على مقدم المركب.

BEAUTÉ, s. m., حسن- ملاحة- كياسة- جمال- بها و كمال- كويسية.

BEC, s. m. (d'oiseau), منقار ; plur., مناقير. *Bec de plume*, سن القلم- سن- زقم. ‖ *Bec d'alambic*, لولب الانبيق.

*Se prendre de bec* avec quelqu'un, تقاول مع- نشاجر مع.

*Tenir quelqu'un le bec dans l'eau*, l'amuser de vaines promesses, ماطل أحدًا ; le faire attendre, خلى أحدًا يستنظر زمان.

BEC-DE-GRUE, s. m., plante. *Voyez* GÉRANIUM.

BÉCASSE, s. f., oiseau, دجاجة الأرض- جاجة قرنبيط- جاجة الحرش- دجاج الغابة. *En Barbarie*, ابو خلل.

BÉCASSINE, s. f., oiseau, بيكاسون- بكاسون.

BEC-FIGUE, s. m., oiseau, عصفور التين ; plur., تونينة- توينة- عصافير.

BÊCHE, s. f., outil de jardinier, فاس ; plur., مرّ- فاسات.

BÊCHER, v. a., فتح الأرض بالمرّ- عزق الأرض- قلب الأرض بالمرّ.

BÉCHIQUE, adj., ou pectoral, نافع للصدر- نافع للسعال.

BÉCONQUILLE, s. f., racine, عرق الذهب.

BECQUÉE, s. f., ce qu'un oiseau porte à ses petits ; ce qu'il leur donne à la fois, زقة الطير لفراخه. *Donner la becquée*, زق. O.

BECQUETER, v. a., donner des coups de bec, نقر- O. نقر.

*Se becqueter*, v. récip., تنافر.

BEDAINE, s. f. (comiquem.), gros ventre, بطنجيها- مدود- كرش كبير- بطن جخّا.

BEDEAU, s. m., خدّام من خدامين الكنايس- يحمل في يك رمح ويمشي قدام القسوس.

BÉDOUIN, s. m., Arabe nomade, بدوي ; plur., البداوى- العرب. *Les Bédouins*, بداوى et بدوية.

BÉGAIEMENT, s. m., vice de la parole, تهتة- طهطة- لكنة.

BÉGAYER, v. n., articuler mal les mots, لكن. A.- تمتم- تهته- طهطم.

BÉGU, adj., cheval qui marque toujours quoique vieux, حصان لا يبيس سنة مع انه متقدم في العمر.

BÈGUE, adj. com., qui bégaie, الكن ; fém., لكنا ; plur., لكن.

BÉGUEULE, s. f., امراة صاحبة صنع.

BÉGUIN, s. m., coiffe pour les enfants, نوع عرقية للاولاد.

BÉHEN, s. m., racine, بهمن - بهمن.

Béhen, arbre. *Voyez* BEN.

BEIGNET, s. m., pâte frite à la poële, عجين مقلى - زلوبية - زُنْكُلة - زلابية - عومة.

BÊLANT, E, adj., qui bêle, ثاغى.

BÉLEDIN, s. m., coton du Levant, قطن بلدى.

BÊLEMENT, s. f., cri des moutons, معمعة - ثغا - بغى الغنم.

BÉLEMNITE, s. f., pierre de lynx, حجر النشاب.

BÊLER, v. n., بَغَى - O. ثغا - معمع A. I.

BEL-ESPRIT, s. m., qui affecte de l'esprit, مدعى بالعقل.

BELETTE, s. f., قرقدون - ابن عرس - عرسة ; plur., قراقدين - نمس ; plur., نموس.

BÉLIER, s. m., mâle de la brebis, كبش ; plur., كبوشة, اكباش, كباش.

*Bélier*, machine pour renverser des murailles, منجنيق ; plur., مناجق.

*Bélier*, premier signe du zodiaque, برج الحمل.

BELLA-DONA ou BELLE-DAME, s. f., plante vénéneuse, حشيشة الحمرة.

BELLE-DE-JOUR, s. f. *Voyez* HÉMÉROCALE.

BELLE-DE-NUIT, s. f. *Voyez* JALAP.

BELLE-FILLE, s. f., fille du mari, بنت الزوج.

*Belle-fille*, fille de femme remariée, بنت المراة.

*Belle-fille*, bru, امراة الابن - كنّة.

BELLE-MÈRE, s. f., seconde femme du père, امراة الاب.

*Belle-mère*, mère du mari, حماية - ام الزوج - حماة.

BELLE-SŒUR, s. f., sœur du mari ou de la femme, ou femme du frère, زوجة الاخ - سلفة - عديلة - اخت الزوج او الامراة.

BELLEMENT, adv., fam., doucement, بهدو - بشوية شوية.

BELLERIE, s. f., espèce de mirobolans, ابليلج نوع اهليلج.

BELLIGÉRANT, E, adj., qui est en guerre, متحارب.

BELLIQUEUX, SE, adj., يحب الحرب - حربى.

BELVÉDER, s. m., pavillon sur une maison, lieu d'où l'on a une belle vue, مطل - عَلِيّة ; plur., علالى.

BEN, s. m., arbre ou chicot d'Arabie, شجر البان. Noix de ben, فستق البان - حب البان. ‖ Huile de ben, دهن البان.

BÉNÉDICTION, s. f., بركة - تبرك. Donner sa bénédiction, بارك على.

*Bénédictions*, grâces, faveurs du ciel, بركة - نعم ; plur., انعام - خيرات.

BÉNÉFICE, s. m., profit, منفعة - نفع ; plur., ربح - منافع. Bénéfice territorial, اقطاع ; plur., اقطاعات.

BÉNÉFICIER, v. n., انتفع - استفاد من.

BENÊT, adj., s. m., niais, sot, بهلول ; pl., بهاليل - جدبة - مجدوب - دب - عبايط ; plur., عبيط.

BÉNÉVOLE, adj. com., bien disposé, سهل. Sachez, lecteurs bénévoles, que, اعلموا يا سادة يا كرام ان.

BÉNI, E, adj., مبروك - مبارك.

BÉNIGNEMENT, adv., avec bonté, برافة - بحلم.

BÉNIGNITÉ, s. f., douceur, bonté, حلم - سلامة - لطافة - رافة.

BÉNIN, NIGNE, adj., doux, humain, حليم الطبع - لطيف الطبع - سليم - رؤوف.

BÉNIR, v. a., consacrer au culte avec des cérémonies, كرّس - قدّس.

*Bénir* les assistants, leur donner la bénédiction, اعطى البركة للجميع - بارك على الناس.

*Bénir*, faire prospérer, بارك. Que Dieu vous bénisse, الله يبارك فيك. ‖ Que Dieu bénisse vos soins, بارك الله فى همتكم.

Dieu vous bénisse ! (à quelqu'un qui éternue),

رحم الله والديكم اجركم الله; réponse ,رحمكم الله
على قلبك; réponse ,- صحّة.

Bénir, louer, rendre grâce, O.- حمد الله على.
O. Nous bénissons Dieu de ce que, شكر على
الذي, نشكر الله على - لله الحمد و المنة على ||. Que votre nom soit béni, ما مكرّس - ما مقدس Eau bénite,
يتبارك اسمك - يتقدس اسمك.

Bénitier, s. m., جرن الما المقدس.

Benjamin, s. m., enfant préféré à d'autres,
محبوب - بنيامين.

Benjoin, s. m., gomme aromatique, بخور جاوى
- جاوى - بخور جوري.

Benoit, nom propre, مبارك.

Benoite, s. f., plante, حشيشة المباركة.

Béquillard, s. m., qui se sert de béquilles,
ابو العكازات - معكز.

Béquille, s. f., عكّازة ; pl., عكّازات et عكاكيز.

Béquiller, v. n., se servir de béquilles, تعكّز.

Berberis, s. m. Voyez ÉPINE-VINETTE.

Bercail, s. m., bergerie, زريبة. Au fig., le sein de l'Église, حضن البيعة المقدسة.

Berce, s. f., plante, اسفندليون - اسقندفليون.

Berceau, s. m., lit d'enfant à la mamelle, مهد;
plur., أسرة - سرير - مهود. Berceau suspendu,
espèce de hamac, مرجيحة.

Berceau, lieu où a commencé une chose, منبع -
منشا. L'Égypte fut le berceau des sciences et des arts, مصر كانت منبع العلوم و الصنايع.

Berceau, bas âge, صغر - عهد الطفولية - طفولية.

Berceau, voûte en treillage garnie de vigne, de jasmin, etc., عريش - عريشة ; plur., عرايش.

Bercer, v. a., mouvoir dans et avec le berceau,
مرجح - هزهز -O. هز.

Bercer de, amuser par des promesses, علّل بالمحال - اوعد مواعيد باطلة - عشّم بالباطل.

Se bercer de, v. réf., se nourrir d'espérances vaines, تعشم بالباطل - اوعد نفسه بالباطل -
تعلّل بعسى و لعل - علّل نفسه بالمحال.

Bergamote, s. f., orange très-odorante, نوع
برتنقان ذكى الرايحة.

Bergamote, espèce de poire, نوع كمثرى.

Berge, s. f., bord élevé d'un fleuve, d'un fossé, etc., حافة نهر او خندق مرتفعة.

Berger, ère, s., راعى ; plur., رعاة.

Bergerie, s. f., lieu où l'on enferme les moutons, اصطبل الغنم - مراح الغنم.

Bergeronnette, s. f., petit oiseau blanc et noir qui suit les troupeaux, نوع طير صغير ابيض و اسود
يتبع الغنم.

Berle, s. f., plante, ache d'eau, كرفس الما.

Berlue, s. f., éblouissement, غشاوة البصر -
ضبابة تحدث فى النظر.

Berner, v. a., faire sauter quelqu'un en l'air par le mouvement d'une couverture, حطوا رجلا
على لحاف مسكوا اربعة اطرافه و هزّوه فشلفوا
الرجل فى الهوا.

Berner, v. n., au fig., se moquer de quelqu'un,
نضحك على O. - سلخ احدا فى الضحك.

Bernique, adv., t. pop., se dit à quelqu'un frustré dans un espoir, بسقيك يا كيون - هيهات.

Béryl, s. m., ou Aigue-marine, pierre précieuse, حجر الازرق.

Besace, s. f., sorte de sac formant deux poches,
خرج ; plur., خراج.

Besacier, s. m., حامل الخرج.

Besicles, s. f. plur., lunettes à branches,
كوزلك.

Besogne, s. f., ouvrage, travail, شغل ; plur.,
شغلة - اشغال.

Besoin, s. m., manque de choses nécessaires,
حاجة - اعتيازات ; plur., اعتياز - عوزة - عازة -
احتياج ; pl., احتياجات. S'informer des besoins de quelqu'un et y pourvoir, استفقده و لاحظه بكل
ما يلزمه || Au besoin, فى وقت الاحتياج -
O. عاز شيئا || Avoir besoin de, فى وقت الحاجة
|| A. لزمه شى - احتاج الى - احتاز شيئا الى شى.

Tout ce dont tu auras besoin, كل ما تحتاج اليه-. ‖ J'ai besoin de vous, كل ما يلزمك - كل ما تعوزه. ‖ Je n'en ai pas besoin, ما لي حاجة فيه. ‖ أنا عاوزك ‖ Je n'ai plus besoin de rien (j'ai pris tout ce qu'il me fallait), كفّيت ووفّيت. ‖ Tu n'en as pas besoin (tu en possèdes assez), ما انت مفتقر اليه -. ‖ Laissez à d'autres les ornements et la parure, vous n'en avez pas besoin, دعي لغيرك انت غنى عنه. ‖ Besoin urgent, الحلى والحال انت غنية عنها. ‖ Qui a un besoin urgent de, ملهوف الى شي. ‖ Donner à quelqu'un ce dont il a un besoin pressant, رد لهفته O. ‖ Il n'est pas besoin de, ما يلزم ان -. ‖ Qu'est-il besoin de ? ما يحتاج الامر الى - ماهو لازم ان - ايش لازم ان ؟

*Besoin*, indigence, فقر - عازة.

*Besoin*, nécessité naturelle, حاجة - ضرورة - شغل. Faire ses besoins, satisfaire un besoin, قضى شغله - قضى حاجة I.

BESTIAL, adj., qui tient de la bête, بهيمى.

BESTIALEMENT, adv., مثل البهايم.

BESTIALITÉ, s. f., commerce charnel avec les bêtes, اتيان البهايم.

BESTIAUX, s. m. pl., طرش - بهايم - سعى.

BÉTAIL, s. m., طرش - مواشى - ماشية; plur.

BÊTA, s. m., fam., très-bête, جحشة - بهيم بالمرة - دب - مجدوب -.

BÊTE, s. f., animal irraisonnable, بهيمة; plur., بهايم. ‖ Bête sauvage, وحش; plur., وحوش ‖ Bête féroce, سبع; plur., سباع - كاسر - وحوش كواسر.

*Bête*, personne stupide, بليد - بارد - بهيم - بقر - ثور - دب - مجدوب - جحشة - قليل العقل. Faire la bête, dire ou faire des bêtises, تبارد.

*Bête* noire, au fig., personne que l'on déteste, كريه. C'est sa bête noire, هذا كريه.

BÉTEL, s. m., plante, تانبول - طمبول - بطر.

BÊTEMENT, adv., comme une bête, sottement, ببهامة - مثل الدب.

BETHLÉEM, village de Palestine, بيت لحم.

BÊTISE, s. f., défaut d'intelligence, action sotte, قلة عقل - برادة - بهامة - بلادة. Faire ou dire des bêtises, تبارد على احد.

BÉTOINE, s. f., plante sternutatoire, apéritive, شاطرة - قسطران - بطونيكا - دانين الجدى.

BETTE ou POIRÉE, s. f., plante, سلق.

BETTERAVE, s. f., bette à grosses racines de rave, rafraîchissante, شوندر - سوندر - بنجر.

BEUGLEMENT, s. m., cri, mugissement du bœuf, de la vache, عجيج - نعير الثيران والبقر.

BEUGLER, v. n., عجّ I. - عرّ I. - نعر.

BEURRE, s. m., سمنة - سمن. ‖ Beurre frais, زبدة. ‖ Beurre fondu, سمن مسلى.

BEURRIER, ÈRE, adj., qui vend du beurre, سمّان.

BÉVUE, s. f., erreur par ignorance, غلطة.

BEY, s. m., seigneur turc, gouverneur d'une ville, d'une province, بيه; pl., بيكوات - بيك; plur., سناجق - سنجق; plur., بيهات - بيهانى.

BÉZOARD, s. m., concrétion pierreuse dans le corps de certains animaux, qu'on dit bonne contre le venin, حجر بادزهر - بنزهير.

BIAIS, s. m., ligne oblique, عوجة - تعوّج - انحراف.

*Biais*, moyen détourné, طريقة عوجا.

*De biais*, adj., obliquement, منحرفا - معوّجا.

BIAISEMENT, s. m., marche en biaisant, عوج.

*Biaisement*, détour pour tromper, حيلة; pl., حيل - عوج - محارفة - عوج - انحراف - تعوّج.

BIAISER, v. n., être, aller de biais, سلك طريقة اوجا.

*Biaiser*, employer la finesse, تحارف على احد - تلوّع.

BIAISEUR, s. m., homme qui biaise, ملوّع.

BIBERON, s. m., vase à bec pour boire, اناء صغير في شكل الابريق.

*Biberon*, homme qui aime à boire, شرّيب.

BIBLE, s. f., l'Écriture sainte; livre de l'ancien et du nouveau Testament, الكتاب المقدس -.

كتاب العهد العتيق - كتاب العتيقة والحديثة والجديد.

BIBLIOGRAPHE, s. m., qui connaît les livres, leur prix, عارف باسما الكتب و قيمتها.

BIBLIOGRAPHIE, s. f., معرفة الكتب.

BIBLIOMANE, s. m., qui a la passion des livres et les entasse, مولع بالكتب - غاوي كتب.

BIBLIOMANIE, s. m., passion des livres, غية الكتب - تولع بالكتب.

BIBLIOPHILE, s. m., يحب الكتب.

BIBLIOTHÉCAIRE, s. m., ناطر خزنة الكتب - حافظ كتب - امين خزانة كتب.

BIBLIOTHÈQUE, s. f., lieu où il y a beaucoup de livres en ordre, خزنة كتب - مكتبة - خزانة كتب.

BICHE, s. f., femelle du cerf, نوع غزالة - بقر وحش - ايل انثى.

BICOQUE, s. f., petite ville ou place, terme de mépris, بلدة صغيرة و هي كلمة احتقار.

BIDET, s. m., petit cheval sans distinction, كديش صغير.

BIDON, s. m., vase pour l'eau, نوع اناء للماء.

BIEN, s. m., ce qui est utile, avantageux, خير; plur., صالح - منفعة - نفع - خيرات. Ceci est pour votre bien, هذا من شان - هذا لاجل صالحك - خيرك. || Le bien public, خير الناس عموما - منفعة الشعب. || Le souverain bien, الخير الاعظم - النعمة العظمى. || C'est un bien que la chose soit arrivée ainsi, مليح الى صار هيك. || Faire du bien, être utile (en parlant de choses), نفع A. || La saignée ne m'a fait aucun bien, الفصادة ما نفعتنى اصلا.

Bien, services, bienfaits, جميل - معروف - خير - احسان - مليح. Faire du bien à quelqu'un, احسن اليد A عمل معه خير. || Celui qui ne fait pas de bien à soi-même, n'en ferait pas aux autres, من لم يحسن الى نفسه لم يحسن الى غيرة prov.

|| Rendre le mal pour le bien, قابل الجميل بالقبيح. || Nous avons fait du bien, on nous a rendu du mal, زرعنا جميلا قابلونا بضده. || Faites du bien et jetez-le dans la mer (il ne sera cependant pas perdu), اعمل خير و ارمه فى البحر; prov. || Faire du bien à des gens qui ne le méritent point, فعل الجميل مع غير اهله.

Bien, vertu, ce qui est louable, صلاح - خير - اهل خير - رجل صالح - رجل خير. || Celui qui conseille le bien est considéré comme le faisant lui-même, اهل صلاح - الدال على الخير كفاعله.

Bien, fortune, ce que l'on possède, مال; plur., رزق - تُلد - امتعة; plur., متاع - ملاببل - اموال pl., املاك; pl., ملك - ارزاق. Il n'a ni enfants ni biens, لا له ولد و لا تلد. || Les biens de ce monde اثار الدنيا - حطام الدنيا. Voyez Avoir, s.

BIEN, adv., d'une manière bonne, طيب - مليح. Très-bien, قوى معدن - قوى مليح - حسنا - جيدا. || Faire très-bien une chose, احسن اتقن فى شى. || Elle chanta et chanta très-bien, غنت و اتقنت او احسنت فى غناها. || Il l'a battu et il a bien fait, ضربه و ما قصر. || Il est bien auprès du prince, هو فى عين الامير - هو مقبول عند الامير. || C'est bien dit! c'est bien pensé! نعم ما قلت - قلت حسنا - هذا هو الصواب و الامر الذى لا يعاب. || Est-il bien de nous laisser ainsi manquer d'eau? نعم ما رايت يسوى هيك تخلينا بلا مية.

Bien, beaucoup, قوى - كثير - جدا.

Bien que, quoique, مع ان - و لوان.

Bien loin de, au lieu de, tant s'en faut que, فضلا عن.

BIEN-AIMÉ, adj. et s., اعز الجميع - محبوب.

BIEN-AISE, adj., محظوظ - فرحان - مبسوط.

BIEN-DIRE, s. m., langage poli, حسن الكلام - فصاحة اللسان.

BIEN-ÊTRE, s. m., fortune aisée, ارغد عيش - نعيم العيش - لين العيش.

*Bien-être*, situation agréable de corps et d'esprit, راحة - هَنا.

Bien-faire, v. a., s'acquitter de son devoir, réussir, عمل مليح - احسن فى شى A.

*Bien-faire*, faire de bonnes œuvres, pratiquer la vertu, فعل الخير A.

Bienfaisance, s. f., inclination à faire du bien aux autres, libéralité, كرم - جود - فعل الخير.

Bienfaisant, e, adj., qui aime à faire, qui fait du bien, مُحسن - فاعل الخير - خيّر.

*Bienfaisant*, en parlant des choses, qui soulage, نافع - طيّب - مليح - خير.

Bienfait, s. m., bien que l'on fait à quelqu'un, فضل - عرف - جميل - معروف - خير, plur., احسان - انعام et نعم, plur., نعمة - افضال ; Combler quelqu'un de bienfaits, غمره بالاحسان. || Ceci est un de vos bienfaits, هذا من بعض افضالك. || Le bienfait ne se perd pas entre Dieu et les hommes, (On en trouve la récompense dans cette vie ou dans l'autre), العرف لا يذهب بين الله و الناس. || Placer bien ses bienfaits, وضع الجميل فى موضعه || Placer mal ses bienfaits, وضع الجميل فى غير موضعه. || Les bienfaits sont souvent funestes au bienfaiteur, كلما تغرس فى الفدان ينفعك تغرس ابن ادم يقلعك prov. (mot à mot : ce que vous planterez dans un champ vous sera utile ; mais si vous élevez un homme, il vous détruira).

Bienfaiteur, trice, subst., qui fait du bien, ولى النعم - فاعل الخير - منعم على - محسن الى. Vous êtes notre bienfaiteur, انت ولى نعمتى.

Bien-fonds, s. m., immeuble, ملك ; plur., عقار - بيوت و اراضى - املاك.

Bienheureux, se, adj., fort heureux, béatifié, طوبانى - سُعدا ; plur., سعيد.

Bienséance, s. f., convenance, ادب - واجب. Se tenir dans les bienséances, قعد فى ادبه O. || Garder les bienséances, sauver les apparences, حفظ الناموس الظاهر O.

Bienséant, e, adj., ce qu'il sied bien de dire ou de faire, لايق - مناسب - واجب على احد.

Bientôt, adv., dans peu de temps, عن قريب - من هناشوية - بعد قليل من الزمان - عن قليل (Barb.)

Bienveillance, s. f., disposition favorable envers quelqu'un, حسن الللفتة - ميل الى احد - محبة - حسن الالتفات الى. || Il m'honore de sa bienveillance, مكرم علينا بحسن اللفتة. || Captiver la bienveillance de quelqu'un, ملك قلبه I.

Bienveillant, adj., qui veut du bien, خيّر - يريد الخير.

Bienvenu, adj., regardé de bon œil, مقبول عند. Être bienvenu auprès de, être regardé de bon œil par, صار فى عين A. - حظى بحسن القبول عند I. Soyez le *bienvenu*, compliment à quelqu'un qu'on reçoit chez soi, بكم فيكم - اهلا و سهلا ; réponse, مرحبا بك - مرحبا بكم, rép., مرحبا الف مرحبا ; réponse, حلت البركة - مرحبتين ; réponse, السلامة, مية سلامة - الله يبارك فيك ; rép., الله يسلمك.

Bienvenue, s. f., heureuse arrivée, قدوم بالسلامة.

*Bienvenue*, entrée dans un corps, دخلة بين جماعة.

Bière, s. f., cercueil, تابوت ; plur., توابيت ; نعش - خشبة. Bière ouverte, espèce de brancard, plur., نعوش.

Bierre, s. f., boisson faite avec de l'orge ou du blé, et du houblon, فقاع - بيرة. Bierre blanche, dans laquelle entre du millet, بوزة.

Biffer, v. a., rayer, effacer l'écriture, شطب O. - محى I. - رصد - خرطش O.

Bigame, adj., marié à deux personnes en même temps, متزوج بامراتين.

Bigamie, s. f., الزيجة بامراتين.

Bigarade, s. f., grosse orange aigre et grenue, نوع برتقان حامض - كبادة - ترنج.

Bigarreau, s. m., grosse cerise, صنف من الكرز.

Bigarreautier, s. m., نوع شجرة كرز.

BIGARRER, v. a., rassembler des couleurs tranchantes ou mal assorties, شوّه بالالوان المختلفة. - جمع في الشى الوان مختلفة وغير موافقة لبعضها.

BIGARRURE, s. f., variété de couleurs tranchantes, اختلاف الالوان و عدم موافقتها لبعضها.

BIGLE, s. f., louche, أحول; fém., حولا; plur., حول ; fém., زغلا plur., زغل ; أزغل - حُول.

BIGLER, v. n., A. أحول - زغل بعينه.

BIGOT, E, adj., dévot outré, متنسك.

Bigot, faux dévot, منافق - مظهر الديانة.

BIGOTERIE, s. f., dévotion outrée, تنسك.

Bigoterie, hypocrisie, اظهار الديانة - نفاق - رياء.

BIJOU, s. m., chose jolie, bien faite, تحفة ; plur., تحف.

Bijoux, pl., petits ouvrages de luxe en métaux, مصاغ - صيغة - حلى.

Bijoux, diamants montés, جواهر - حلى.

BIJOUTERIE, s. f., commerce de bijoux, جوهرجية.

BIJOUTIER, s. m., qui fait ou vend des bijoux, جواهرجى - جوهرى - جوهرجى.

BILAN, s. m., état de l'actif et du passif d'un négociant, حساب ما للتاجر و عليه.

BILE, s. f., humeur du corps; bile jaune, صفرا. Bile noire, سودا.

Bile, au fig., colère, خُلق. Échauffer la bile de quelqu'un, طالع خلقه.

BILIEUX, SE, adj., qui abonde en bile, صفراوى.

BILLARD, s. m., jeu, طاولة كبيرة يلعبوا عليها بطابات من سن الفيل.

BILLE, s. f., boule d'ivoire, طابة من سن الفيل.

BILLET, s. m., petite lettre missive, رقعة - كتاب ; plur., رقاع - تذكرة ; plur., تذاكر. Petit billet inséré dans une lettre pour une affaire particulière ou que l'on avait oublié, ملحق.

Billet, promesse par écrit de payer, صك - تمسك ; plur., تمسك.

Billet, effet public, ورقة معاملة.

Billet, marque pour entrer dans quelque endroit, ورقة اجازة.

BILLEVESÉE, s. f., discours frivole, كلام باطل - كلام بوش.

BILLION, s. m., mille millions, الف الف الف - بليون.

BILLON, s. m., monnaie mauvaise, défectueuse, دراهم ناقصة ما تسلك.

BILLONNER, v. n., substituer de mauvaise monnaie à la bonne, وضع دراهم ناقصة عوضًا عن الصحاح. A. زغل الدراهم.

BILLOT, s. m., tronçon de bois gros et court, وصم - قرمة ; plur., قرامى.

BINAIRE, adj., composé de deux unités, مثنى.

BINER, v. a., donner une seconde façon à la terre, قلب الارض ثانى مرة. I.

BIOGRAPHE, s. m., auteur de vie particulière, كاتب سير - مترجم.

BIOGRAPHIE, s. f., histoire de la vie des particuliers, سيرة ; plur., سير - ترجمة ; plur., تراجم.

BIOGRAPHIQUE, adj., qui tient de la biographie, ترجمة ; plur., تراجم. Article biographique, يختص السير.

BIPÈDE, adj., qui a deux pieds, ذو رجلين.

BIQUE, s. f., chèvre, عنزة - معزة.

Bis, E, adj., brun, en parlant du pain, de la pâte, اسمر يقال عن الخبز و العجين.

Bis! interj., encore une fois, يُعاد - اعيدوا الغناء - مرّة اخرى.

BISAÏEUL, E, s., père de l'aïeul, ابو الجدّ. I. Mère de l'aïeul, أم الجدّ.

BISANNUEL, ELLE, adj., (plante) qui dure deux ans, نبت يستقيم سنتين و بعد ذلك يبوت.

BISBILLE, s. f., querelle, مخانقة - مقاتلة.

BISCAÏEN, s. m., sorte de long fusil, زربطانة - نوع تفنك طويل.

BISCORNU, E, adj., irrégulier, معكوس - معوج.

BISCOTIN, s. m., biscuit rond, قرص ; pl., اقراص.

Biscuit, s. m., pain cuit deux fois, ‎بقسماط - ‎بشماط (Barb.).

Biscuit, sorte de pâtisserie faite avec du sucre, ‎قرقوشة بسكّر ; plur., ‎قراقيش. Espèces de biscuits, ‎غرايبة. Biscuit en caisse, dans un papier, ‎معمول صندوقة.

Bise, s. f., vent sec et froid, vent du nord, ‎ريح شمالي - صقعة - مريسي.

Biset, s. m., espèce de pigeon, ‎نوع من الحمام درغل - ترغل.

Bismut, s. m., demi-métal, ‎قشيطة التصدير.

Bisquain, s. m., peau de mouton en laine, ‎فروة خاروف.

Bissac, s. m., sorte de sac, ‎نوع خرج أو مخلاة.

Bissextil, e, adj., année où il y a un jour de plus, ‎سنة كبيسة.

Bistorte, s. f., plante, ‎بسترنتة لفلاقة.

Bistouri, s. m., instrument de chirurgie pour faire des incisions, ‎مشرطة - مشراط ; plur. ‎مشارط.

Bitume, s. m., matière liquide, noire, inflammable, ‎قفر - قار. Bitume de Judée. Voy. Asphalte.

Bitumineux, se, adj., ‎قاري.

Bivouac ou Bivac, s. m., garde de nuit dans un camp et en plein air, ‎حرس العرضى بالليل.

Bivouaquer, v. n., terme milit., passer la nuit à l'air dans un camp, ‎بات تحت الطلّ. I. A.

Bizarre, adj., fantasque, capricieux, ‎مجنون ; plur., ‎ملاطيش - ملطوش - مشعور - مشعوط. Chose bizarre, extraordinaire, ‎في عقله خباط ‎شي ضد العادة - شي غريب.

Bizarrement, adv., d'une manière bizarre, ‎بشكل غريب - بنوع غريب - ضد العادة.

Bizarrerie, s. f., caprice, humeur bizarre, ‎جنون - خباط العقل.

Bizarrerie, singularité excessive, ‎غرابة.

Blafard, e, adj., d'une couleur blanche terne, pâle, ‎أبيض كابي.

Blaireau, s. m., animal, ‎ناقب الأرض.

Blamable, adj., qui doit être blâmé, ‎يلام - عليه ملام - مستحق الملام.

Blame, s. m., ‎مدمّة - ملام - لوم.

Blamer, v. a., désapprouver, réprimander, ‎عيّر احدا ب - عيب على احد ب - ذمّ. O.

Blanc, che, adj., ‎أبيض ; plur., ‎بيضا ; plur., ‎بيض. Cheveux blancs, vieillesse, ‎شيب.

Blanc, propre, ‎نظيف. Armes blanches, ‎الاسلحة التي لها لمع مثل السيوف و الرماح. Donner carte blanche, ‎فوّض الامر اليه.

Blanc, s. m., la couleur blanche, ‎البياض. En blanc, sans écriture, ‎على بياض. Cheval qui boit dans son blanc, ‎حصان يشرب في بياضه.

Blanc d'œuf, ‎بياض البيض. Blanc, but, ‎نشان ابيض - علامة بيضا.

Blanc, s. m., chair blanche, ‎نسير الفراخ.

Blanc-bec, s. m., jeune homme sans expérience, ‎غلام امرد - لسّا ولد.

Blanc de baleine, s. m., cervelle de baleine pour la poitrine, ‎مخّ الحوت - سن سمك.

Blanc d'Espagne, s. m., craie, ‎طباشير.

Blanc-signé ou Blanc-seing, s. m., papier signé sur lequel on n'a pas écrit, ‎ورق مختوم على بياض.

Blanchatre, adj., tirant sur le blanc, ‎أبيضاني - مبيّض - مايل إلى البياض.

Blanchement, adv., en linge blanc, ‎بنظافة.

Blancherie, s. f., lieu où l'on blanchit, ‎مبيضة.

Blancheur, s. f., la couleur blanche, ‎بياض - البياض. La blancheur est la moitié de la beauté, ‎نصف الحسن ; prov.

Blanchir, v. a., rendre blanc, ‎بيّض.

Blanchir, laver, ‎غسل. I. — ‎غسّل.

Blanchir le lin, la toile, leur faire subir un apprêt qui les rend blancs, ‎قصّر. O. — ‎بيّض. Toile de lin blanchie (le contraire de toile écrue), مقصور.

*Blanchir*, fam., justifier, faire paraître innocent, بيّض وجه احد - بيّض عرض احد.

*Blanchir*, v. n., devenir blanc, ابيَضَّ - رجع ابيض A.

*Blanchir*, vieillir, شاب I.

BLANCHISSAGE, s. m., action de blanchir du linge, تغسيل - غسيل.

BLANCHISSEUR, SE, subst., qui blanchit le linge, غسّال.

BLANCHISSERIE, s. f., lieu où l'on blanchit, مغسلة - مبيضة.

BLANQUETTE, s. f., fricassée blanche, نوع يخني.

BLASER, v. a., user les sens, اضعف الحواس. Se blaser, être blasé sur, ne plus sentir le goût de, ما بقى يلتذّ بالشي - ما بقى يذوق طعمة الشى.

BLASPHÉMATEUR, s. m., مجدّف.

BLASPHÉMATOIRE, adj. com., qui contient des blasphèmes, تجديفى.

BLASPHÈME, s. m., parole impie, تجديف.

BLASPHÉMER, v. a., جدّف على الله.

BLATIER, s. m., marchand de blé, قمّاح - بيّاع حنطة.

BLAUDE, s. f., sorte de surtout de toile très-grosse, نوع مشلح من الكتان التخين.

BLÉ, s. m., plante, قمح - حنطة. Blé mondé et concassé, برغل.

*Blé* noir. *Voyez* SARRASIN.

*Blé* de Turquie. *Voyez* MAÏS.

BLÊME, adj. com., pâle, اصفر.

BLESSÉ, E, adj., جريح - مجرح - مجروح; pl., جرحى. Cheval blessé par la selle, حصان معقر.

BLESSER, v. a., donner un coup qui fait une plaie, جرح A. Blesser, en parlant de la selle qui blesse le dos d'un cheval, عقر.

*Blesser* l'honneur, l'amitié, ثلم الصيت I. - ثلم المحبّة. Sa réputation a été blessée, انثلم صيته.

*Blesser*, faire du tort, ضرّ O.

*Se blesser*, v. réf., se faire une blessure à soi-même, جرح روحه.

*Être blessé*, انجرح. Être blessé par la selle (cheval), تعقر ظهره - عقره السرج.

BLESSURE, s. f., plaie, جرح; pl., اجراح, جروح - جراحة - جروحات. Blessure légère, qui n'est pas dangereuse, جرح سالم - جرح لطيف. ‖ Blessure profonde, جرح بالغ.

BLETTE, s. f., plante potagère, humectante, émolliente, rafraîchissante, بقلة اليمانية.

*Blette*, adj. f. (poire), انجاص مستوى بالزود.

BLEU, E, adj., de la couleur du ciel, ازرق - ازرق سماوى - كحلى.

*Bleu*, s. m., la couleur bleue, الزُرقة.

BLEUÂTRE, adj. com., tirant sur le bleu, مزرقّ - مايل الى الزرقة.

BLEUIR, v. a., rendre bleu, زرّق - رجع ازرق.

*Bleuir*, v. n., devenir bleu, ازرقّ - رجع ازرق A. - صار ازرق I.

BLOC, s. m., amas, assemblage, كتلة; plur., جملة - كتل.

*Bloc*, gros morceau informe, قطعة; pl., قطع.

*En bloc*, adv., sans compter, جملة - مكورجة - بالكورجة.

BLOCUS, s. m., état d'une ville, d'un port cerné, حصار - ضرب حلقية على بلد.

BLOND, E, adj., entre le doré et le châtain clair, اشقر; fém., شقرا; plur., شقر.

BLOND, s. m., la couleur blonde, الشُقرة.

BLONDE, s. f., espèce de dentelle de soie, نوع تخريم من حرير.

BLONDIN, E, adj., qui a les cheveux blonds, اشقر الشعر.

BLONDIR, v. n., devenir blond, jaunir, اشقرّ - صار اصفر - اصفرّ I. - صار اشقر I.

BLOQUER, v. a., faire un blocus, ضرب حلقية على.

SE BLOTTIR, v. réf., se ramasser en un tas, s'accroupir, لبد O. - كرش O.

Blouse, s. f. *Voyez* Blaude.

Se blouser, v. r., se tromper, غلط فى شي A.

Bluet ou Barbeau, s. m., plante qui croît dans les blés, ترنشان.

Bluette, s. f., petite étincelle, شرارة ـ لمعة ; pl., شرر. Petit trait d'esprit, نكتة ; plur., نكت.

Bluteau ou Blutoir, s. m., instrument pour passer la farine, منخل ; plur., مناخل ; plur., مناخيل.

Bluter, v. a., passer la farine par le bluteau, نخل الدقيق O.

Bluterie, s. f., lieu où l'on blute, موضع النخل.

Boa, s. m., sorte de grand serpent, نوع ثعبان عظيم.

Boa, sorte de fourrure à l'usage des femmes, شريط فروة.

Bobèche, s. f., partie d'un chandelier où l'on met la bougie, محط الشمعة فى الشمعدان.

Bobine, s. f., espèce de fuseau ou peloton sur lequel on dévide le fil, نوع مغزل او مكبّ يلفوا عليه الخيط.

Bocage, s. m., petit bois, غابة صغيرة ـ عريش.

Bocal, s. m., sorte de vase à col court et à ouverture large, انا واسع الفم قصير الحلقوم ـ قطرميز ـ مرتبعة.

Bœuf, s. m., taureau châtré, بقر مخصى ـ بقر. En Barbarie, ثور مخصى et فرد غرض. La chair du bœuf, لحم خشن ـ لحم بقرى.

Bœuf, au fig., gros homme stupide, ثور. Plus stupide qu'un bœuf, ابلد من ثور, prov.

Bohémien, enne, s., Arabe vagabond, Tchinghianè, qui dit la bonne aventure, vole, etc., غجرى ; pl., غجر (Égypte). — نورى ; plur., نور (Kasraouan). — زطّى ; plur., قرباتى ـ قربات (Alep). — ضراب قال ; plur., زط (Damas).

Boire, v. a., avaler une liqueur, شرب A. Boire à longs traits, عبّ O. || Boire goutte à goutte, شرب قطرة قطرة ـ نجرّع A. || Donner à boire à quelqu'un, ou faire boire quelqu'un, سقى I. ـ اسقى. || Compliment à quelqu'un qui vient de boire (grand bien vous fasse!) هنيّا ـ هناك الله ; réponse, صحتّة ـ الله ينيّك ; rép. على قلبك. || Boire à la santé. *Voyez* Santé.

Boire, boire beaucoup de vin, تعاطى المدام ـ شرب نبيذ I. سقى الحبقة A. Homme qui a bu, mais qui n'est point tout à fait ivre, شربان.

Boire, au fig., souffrir, نجرّع.

Boire, en parlant du papier, نشّ O.

Pour-boire, petite récompense, بخشيش ; plur., بخاشيش.

Boire, s. m., مشرب ـ شرب.

Bois, s. m., substance dure des arbres, خشب ; plur., اخشاب ـ عود. Un morceau, une pièce de bois, خشبة. || Cet édifice est-il de pierre ou de bois? هذه العمارة قبو الا خشب. || Bois à brûler, حطب ; plur., احطاب. A. || Faire du bois, ramasser du bois, احتطب.

Bois de lit, تخت ; plur., تخوت.

Bois, lieu planté d'arbres, غاب ; plur., غابات ـ جرش ; plur., جروش.

Bois de cerf, cornes, قرون الايل.

Bois de Brésil. *Voyez* Brésillet.

Bois de citron. *Voyez* Chandelle.

Bois de corail, بقم مرجانى.

Bois de fer, بقم حديدى.

Bois de rose, de Rhodes, de Chypre, بقم قبرصى.

Bois de Sainte-Lucie. *Voyez* Mahaleb.

Bois puant. *Voyez* Anagyris.

Bois sain. *Voyez* Gaïac.

Boisage, s. m., le bois d'une boiserie, خشب.

Boiser, v. a., garnir de bois, دفّف ـ خشّب. Terre boisée, bien garnie de bois, ارض كثيرة الاشجار.

Boiserie, s. f., ouvrage en bois plat qui revêt un mur, تخشيبة.

Boiseux, se, adj., de la nature du bois, خشبى.

Boisseau, s. m., mesure pour le grain ou le sel, مدّ ; plur., امداد ـ مكيل ; نوع.

Boisselée, s. f., contenu d'un boisseau, ملو المدّ.

Boisson, s. f., liqueur à boire, شراب ـ مشروب.

Boite, s. f., ustensile creux à couvercle, علبة ; plur., علب ـ حقق ; plur., حقاق et حقوق.

Boitement, s. m., action de boiter, عرج.

Boiter, v. n., عرج O. A.

Boiteux, se, adj., qui boite, اعرج ; fém., عرجا ; plur., عرج et عرجان.

Bokhara, ville de Tartarie, مدينة بخارا.

Bol ou Bolus, s. m., petite boule composée de drogues médicinales, بلوع.

Bol, jatte creuse, سلطانية.

Bol, espèce de terre, طين ـ تراب. Bol d'Arménie, تراب ارمنى ـ طين ارمنى.

Bombardement, s. m., ضرب القنبر.

Bombarder, v. a., jeter des bombes, ضرب بمب ـ ضرب قنابر O. I.

Bombardier, s. m., qui tire des bombes, قنبرجى ـ ضراب القنبر ـ ضراب البمب.

Bombasin, s. m., étoffe de soie, قماش بابازى.

Bombe, s. f., boule de fer creuse remplie de poudre, قنبرة ـ بمب, pl., بميات ; coll., بمب, pl., بميات ; collect., قنبر ; قنابر.

Bombement, s. m., convexité, تقبيب ـ قبابة.

Bomber, v. a., rendre convexe, قبب.

Bomber, v. n., برز O.

Bon, adj., qui a de la bonté, خيّر ـ رؤوف. Dieu est bon, الله رؤوف رحيم. حليم. Les bons (opposés aux méchants), الاخيار ـ الابرار ـ الصالحين ـ اهل الخير.

Bon, qui a les qualités convenables, طيب ; pl., اطياب ـ مليح ـ ملاح ـ عديل ; plur., Un bon écu, ريال صحيح ـ ريالات صحاح de bons écus.

Bon, utile pour, نافع ـ طيبـل. Remède bon pour la toux, دوا نافع للسعال.

Bon à, propre à (en parlant des hommes), اهل ل. Bon au goût, طيب ـ لذيذ. Très-bon, عظيم ـ طيب قوى. Trouver bon, approuver, استحسن شيا ; aor., يرى ; راى مناسب ـ استحسن عندك شى. O. شاف مناسب.

Tenir bon, résister, ثبت مكانه O. صمل O.

Bon, adv., bien, مليح ـ طيب ـ عظيم ـ معدن. Dans la haute Égypte on se sert plus particulièrement du mot معجب.

Bon ! interj., telle que Bah ! يم ـ بياه.

Tout de bon, adv., sérieusement, من جدّ. Ils se battent pour tout de bon et non pour rire, قتالهم جدّ ما هو هزل ـ من حق ـ من صحيح ـ من حقا.

Bon, s. m., consentement par écrit, ورقة رضا.

Bonace, s. f., calme de la mer, غليينة.

Bonasse, adj. com., simple, sans malice et de peu d'esprit, مسكين ; plur., مساكين ـ على نيته ـ ساذج ـ بسيط.

Bonbon, s. m., friandise avec du sucre, ملبّس ; plur., ملبّسات.

Bonbonnière, s. f., علبة ملبس.

Bon-chrétien, s. m., sorte de grosse poire, صنف من الكمثرى.

Bond, s. m., rejaillissement, saut, نطة ـ قفزة. Faire faux bond, manquer de parole, خالف وعد.

Bonde, s. f., pièce de bois qui retient les eaux, d'un étang, سدّ.

Bonde, trou rond à un tonneau, ou tampon de bois qui ferme ce trou, بخش البرميل او سدادة ذلك البخش.

Bondir, v. n., نطّ ـ قفز O. I.

Bondissant, e, adj., قافز.

Bondissement, s. m., نطّ ـ قفز.

Bondon, s. m., grosse cheville de bois qui ferme la bonde d'une futaille, سدادة برميل.

Bône, nom de ville, بونة ـ عنّابة.

Bon-Henri, s. m., plante. *Voyez* Patte-d'oie.

Bonheur, s. m., état, événement heureux, حظّ ـ بخت ـ سعادة ـ سعد ـ نصيب. Le bonheur céleste, السعادة السماوية. ‖ Il n'a pas de bonheur, ما له بخت ـ ما له نصيب. ‖ Par bonheur pour lui, من سعادته أن ـ بسعده ـ من بخته. ‖ Prince dont la présence porte le bonheur, أمير صاحب قدم. ‖ J'ai eu le bonheur de, صار لي النصيب ب.

Bonhomie, s. f., bonté naturelle et simplicité, مسكنة ـ سداجة.

Bon-homme, s. m., qui a de la bonhomie, ساذج ـ مسكين.

Bonification, s. f., amélioration, اصلاح.
*Bonification*, remise, سماح.

Bonifier, v. a., améliorer, اصلح.
*Bonifier*, faire une remise, سمح ب A.
*Bonifier*, suppléer, عوّض على احد.

Bonjour, s. m., salut du matin, صباح الخير ـ الله يصبّحك بالخير ـ صبّحك بالجير ـ اسعد الله ـ يسعد صباحك ـ صباحكم سعيد ـ صباحكم مية (ces phrases servent de réponses les unes aux autres). On dit aussi à Alep: مية صباح صبّحتك. Les Égyptiens emploient encore les phrases suivantes : نهارك ابيض ـ صباحكم ابيض ـ نهاركم مشرق ـ صباحك لين.
Dans le milieu de la journée on souhaite le bonjour en disant : اوقاتكم سعيدة ـ اسعد الله اوقاتكم. Donner, dire le bonjour à quelqu'un, صبّح على. ‖ Rendre le bonjour, ردّ الصباح O.

Bon-mot, s. m., facétie, répartie fine, كلام مسخّن ; plur., نكت ـ نكتة.

Bonne, s. f., gouvernante d'enfant, دادة ـ دايّة.

Bonne-aventure, s. f., vaine prédiction, فال, plur., فالات. Dire la bonne aventure, فتح الفال A. ـ كشف بخت احد I.
*Bonne-aventure*, aventure heureuse, بخت ; plur., بخوتات.

Bonne-fortune, s. f., avantage inattendu, سعادة ـ نصيب ـ بخت ـ خير من الله.

Bonne-dame, s. f., plante, *Voyez* Arroche.

Bonnement, adv., بسلامة قلب.

Bonnet, s. m., vêtement de tête, قلوسة. Bonnet de nuit, تخفيفة الراس ـ استوفية ـ قلوسة. ‖ Bonnet pointu, قبوعة ـ قبعة ـ قبّيعة. ‖ Bonnet à poil de forme cylindrique ou pointue, قلباق ـ قلبق ; pl., قواديق. ‖ Bonnet sans poil, de forme cylindrique, au bas duquel est roulée une pièce de mousseline, قاوق ; pl., قواويق. ‖ Bonnet sans poil, rembourré de coton, طنطور ـ قاوق. ‖ Autre sorte de bonnet, طنطور ـ تنبقية. ‖ Bonnet de drap, espèce de calotte blanche ou rouge, autour de laquelle est roulé le turban, طربوش ـ كلبوش ; plur., طرابيش. ‖ Bonnet long, pendant, طربوش مشموط. ‖ Bonnet de toile, espèce de calotte, عرقية ـ طاقية ; pl., عراقي ـ طواقي.

Qui a la tête près du bonnet (fig.); prompt à se mettre en colère, سريع الغضب ـ يطلع خلقته ـ قوام.

Prendre sous son bonnet, inventer, لفق I. ـ طالع الشى من عقله.

*Gros bonnet*, homme important, واحد من الكبار.

Bonneterie, s. f., art, métier du bonnetier, صنعة الطرابيش.
*Bonneterie*, fabrique de bonnets, كرخانة طرابيش.

Bonnetier, s. m., marchand, بياع طرابيش.

Bonsoir, s. m., salut du soir, مسا الخير ـ يسعد مساكم ـ اسعد الله مساكم ـ مساكم سعيد ـ مسيكم بالخير ـ الله يمسّيكم بالخير et par abréviation, on dit aussi à Alep, مية مسا مساكم (ces phrases servent de réponses les unes aux autres). ‖ Dire bonsoir à quelqu'un, مسّى على.

Bonté, s. f., qualité de ce qui est bon, طيبة.
*Bonté*, qualité morale, douceur, رأفة ـ لطافة الطبع ـ حلم ـ حسن الشيم.

*Bonté*, ce qui se fait par pure honnêteté, فضل. Des bontés, جميل - مجابرة - معروف - خير - افضال - احسان. || Remercier quelqu'un de ses bontés, O. شكر فضله و جميله واحسانه. ||Il a eu beaucoup de bontés pour moi, عمل معي مجابرة كلية. || Avoir la bonté de, تـفـضّـل على أحد ou من فضلــك قل لي ou تـفـضّـل على وقل لي. || Ayez la bonté de me dire, || Ayez la bonté de me donner l'encrier, la plume, كلف خاطرك ناولني الدوايـة او القلم.

BORAX, s. m., sel minéral, بورق - بوراق - ملح الصاغة.

BORBORISME ou BORBORYGME, s. m., vent dans les intestins, قرقرة; plur., قراقر.

BORD, s. m., extrémité d'une chose, طرف; pl., حواف. Bord d'un bassin, d'une chaise, حافة ou حافيـة - الطراف - حافـة الحـوض - حافـة الكرسي. || Bord de la mer, ساحل البحر; plur., شواطي - سواحل - شواطي البحر. || Bord de rivière, شط النهر; plur., شطوط البر.!. || A l'autre bord de la rivière, حافة النهر. || على قاطـع النهـر.

*Bord*, ruban, frange pour border, سجاف.

*Bord*, terme de mer, navire, مركب. A son bord, في مركبه.

BORDAGE, s. m., revêtement extérieur en planches d'un vaisseau, خشب مطبق على المركب.

BORDAT, ou mieux BERDÉ, s. m., petite étoffe d'Égypte en laine, بردة.

BORDÉE, s. f., décharge de tous les canons d'un des côtés du vaisseau, اطلاق كل المدافع من جنب الغليون.

*Bordées* (courir des). *Voyez* LOUVOYER.

BORDEL, s. m., lieu de débauche, بيت فساد.

BORDER, v. a., garnir le bord, être sur le bord, O. كان حول ,جنب ,على حافة. La prairie qui borde l'étang, المرج الواقع حول الغدير.

*Border*, orner le bord avec une frange, سجف.

*Border* la côte, côtoyer la terre, جانب البر.

BORDEREAU, s. m., mémoire de divers articles formant une somme, تذكرة - علم بيان الدفع - ورقة حساب.

BORDURE, s. f., ce qui borde, داير; pl., حاشية - سجاف - حواشي. Bordure de châle de cachemire, كنر - كنار.

BORÉAL, E, adj., du côté du Nord, شمالي..

BORÉE, s. m., vent du Nord, ريح شمالي.

BORGNE, adj. com., qui a perdu un œil, أعور; fém., عورا; plur., عوران et عور - فرد عين.

BORNAGE, s. m., وضع الحدود.

BORNE, s. f., pierre qui marque les limites, حجرة لبيان الحدّ.

*Borne*, au fig., limite, حدّ; plur., حدود. Passer les bornes, aller au-delà des bornes, جاوز الحدّ. || Sans bornes, ما له حدّ. تجاوز الحدّ

BORNÉ, E, adj., qui a des bornes, محــــدود. Homme borné, qui a peu d'esprit, قليل العقل.

BORNER, v. a., mettre des bornes, limiter, حدّ. *Se borner* à, v. réfl., se contenter de, اقتصر على.

BOSNIE, province de Turquie, بلاد البشناق.

BORNOYER, v. a., regarder avec un seul œil pour aligner, حوّق بعينه.

BOSPHORE, s. m., canal qui sépare l'Europe de l'Asie, et fait communiquer la mer de Marmara à la mer Noire, الخليج القسطنطيني.

BOSQUET, s. m., petit bois, petite touffe de bois, شجيرة - عريشة من شجر.

BOSSE, s. f., grosseur au dos, à l'estomac, حدبة; plur., قتب; plur., اقتاب. Bosse de chameau, سنم; plur., سنمة et اسنام; plur., اسنمة.

*Bosse*, élevure par suite de contusion, بقبيقة. Bosse sur un métal, طبج; pl., اورام - بورة - ورم.

BOSSELER, v. a. *Voyez* BUSSUER.

BOSSU, E, adj., qui a une bosse, ابو قتب - حدب - قنبور; fém., حدبا; plur., حدب.

BOSSUER, v. a, faire des bosses, طبج.

## BOU

Se *bossuer*, v. pr., être bossué, انطعج.

BOSTANGI, s. m., jardinier turc, ou garde des jardins du sérail, بُستانجيّ; plur., بُستانجيّة.

BOT, adj., pied bot, contrefait, رجل مقصوعة. Pied bot, homme qui a le pied contrefait, افصع.

BOTANIQUE, s. f., science qui traite des plantes et de leurs propriétés, علم - علم الاعشاب - النباتات.

BOTANISTE, s. f., qui s'applique à la botanique, qui connaît les plantes, عارف بالنباتات - عشّاب.

BOTTE, s. f., assemblage de choses liées ensemble, شدّة - مربط; plur., شُدَد; حزمة; plur., حُزَم. Une botte de fagots, حزمة حطب. Une botte de radis, حزمة فجل.

*Botte*, chaussure élevée, موزة - جزمة; plur., جزمات et جزم.

*Botte*, coup que l'on porte, ضربة - طعنة. A propos de bottes, sans raison, بلا - من غير اصل - سبب.

BOTTELER, v. a., lier en bottes, O. شدّ شُدَد - A. حزم حزم - I. عمل حُزَم.

BOTTER, v. a., mettre des bottes à quelqu'un, I. لبّس احدا الجزمات.

Se *botter*, v. réfl., I. لبس الجزمات.

BOTTIER, s. m., qui fait des bottes, جزماتيّ.

BOTTINE, s. f., petite botte, بلغة; plur., بُلغ. Bottine de femme, خفّ; plur., اخفاف.

BOUC, s. m., تيس; plur., تيوس.

BOUCAGE, s. m., plante, بيمبينلا.

BOUCAN, s. m., lieu où l'on fume la viande, مدخنة لتقديد اللحم.

BOUCANER, v. a., faire fumer et griller la viande, قدّد اللحم على الدخان.

BOUCHE, s. f., فَم; plus régulier, فَم ou فُم; plur., احناك; plur., حنك - بُقّ - افهام et افواه. Ouvrir la bouche, A. فتح تَمَّه - فتَح حنكه. De bouche, ou bouche à bouche, de vive voix, مشافهة - بالفم. ‖ Ce cheval a bonne bouche, il a la bou-

## BOU 101

che tendre, هذا الحصان تمّه ليّن, راسه ليّن - راسه ماكن, راسه سرت. ‖ Cet homme sent mauvais de la bouche, هذا الرجل بخاره فى تمه.

Faire venir l'eau à la bouche (fig.), exciter en parlant le désir d'une chose, اجرى الريق.

*Bonne bouche*, mets le plus exquis, افخر الطعام. Garder pour la bonne bouche, الطعام الذى عليه الكلام ويوكل فى الاخر - ابقى الى الاخر.

*Bouches* à feu, canons, مدفع; plur., مدافع.

BOUCHÉE, s. f., لقمة; plur., لقم.

BOUCHER, v. a., fermer une ouverture, O. سدّ. Boucher un trou (fam.), payer une dette سدّ خرق.

Se *boucher*, v. réfl., se fermer, انسدّ.

BOUCHÉ, E, adj., sans intelligence, مطلوس العقل.

BOUCHER, ère, adj., qui tue et débite les bestiaux, قصّاب - جزّار.

BOUCHERIE, s. f., lieu où l'on tue les bestiaux, مجزرة - دكان الجزار. Lieu où l'on débite la viande, دكان القصاب.

BOUCHON, s. m., ce qui sert à boucher une bouteille, سدادة; plur., سدايد.

*Bouchon* de paille, de foin; poignée de paille ou de foin tortillée, قبضة حشيش مفتول.

BOUCHONNER, v. a., chiffonner, جعّلك - دعبل.

*Bouchonner*, frotter un cheval avec un bouchon, A. مسح الفرس بقبضة حشيش مفتول.

BOUCLE, s. f., sorte d'anneau de métal avec un ardillon, بُكلة - ابزيم; plur., ابازيم. *Boucle* de cheveux, غديرة - حلقة شعر; plur., غداير. Boucle de cheveux prenant leur origine sur les tempes, مقصوص; plur., مقاصيص.

*Boucle*, anneau en cuivre ou en corde qu'on met au nez des chameaux pour les faire obéir, خزام.

*Boucle* d'oreilles, حلقة; plur., حلقات.

BOUCLER, v. a., mettre une boucle, O. حطّ ابزيم. Boucler, attacher avec la boucle, I. شبك الابزيم

*Boucler* les cheveux, les tourner en boucles, O. برم الشعر بشكل الحلق. – A. عمل الشعر غداير.

BOUCLIER, s. m., arme défensive, تُرس ; plur., تروس ; دَرْقة ; plur., درق.

BOUDER, v. n., faire la mine par humeur, بَوَّزَ.

BOUDERIE, s. f., action de bouder, تبويز.

BOUDEUR, SE, adj., qui boude, مبَوِّز.

BOUDIN, s. m., boyau rempli de sang, de graisse, سُجُق – منبار محشى من دم ودهن.

BOUDOIR, s. m., petit cabinet, خَلْوة.

BOUE, s. f., غيس, كلتة, غرقة – طين – وحل. (Barb.). S'enfoncer dans la boue, patauger, خبص في الطين.

BOUEUR, s. m., qui ôte la boue dans les rues, نزّاح الوحل.

BOUEUX, SE, adj., plein de boue, وَحِل – موحّل.

BOUFFANT, E, adj., qui paraît gonflé, منفوخ.

BOUFFÉE, s. f., haleinée, نَفَس ; plur., انفاس.

*Bouffée*, action passagère du vent, هبوة – هَبَّة.

*Bouffée*, masse de fumée, دخنة.

BOUFFER, v. n., être enflé, كان منفوخ O.

BOUFFETTE, s. f., petite houppe pendante, شرابة.

BOUFFI, E, adj., enflé, منفوخ – ورمان.

*Bouffi* d'orgueil, ملان كبرياء.

BOUFFIR, v. a., enfler, O. نفخ – وَرَّم.

BOUFFISSURE, s. f., enflure des chairs ; au fig., du style, نفخة – انتفاخ.

BOUFFON, s. m., celui qui faire rire, قشمر – مهرّج – مسخرة – خَلْبوص.

BOUFFONNER, V. n., هَرَج – تمسخر.

BOUFFONNERIE, s. f., ce que dit ou fait un bouffon pour faire rire, خلبصة – قشمرية – تهريج.

BOUGEOIR, s. m., sorte de petit chandelier, نوع شمعدان صغير.

BOUGER, v. n., se mouvoir de sa place, تحرّك.

BOUGIE, s. f., chandelle de cire, شمعة ; collect., شمع ; plur., شموع.

*Bougie*, nom de ville, بجاية.

BOUGON, NE, s., مُقَّتْ – دايم ينقنق.

BOUGONNER, v. n., fam., gronder, murmurer entre ses dents, بربر – نقنق.

BOUILLANT, E, adj., qui bout, يغلي.

*Bouillant*, vif, ardent, مثل النار.

BOUILLI, s. m. viande, bœuf bouilli, لحم مسلوق.

BOUILLIE, s. f., lait et farine cuits ensemble ; pâte liquide, حريرة – لبّة.

BOUILLIR, v. n., en parlant d'un liquide, غلى I ; inf., غليان. Faire bouillir un liquide, غلى – أغلى.
|| Faire bouillir, faire cuire dans l'eau, سلق O.

BOUILLOIRE, s. f., vase pour faire bouillir de l'eau, انا لتغلية الماء – غلاية.

BOUILLON, s. m., rondeur, bulle d'une liqueur agitée par le feu, بقبقة. Faire bouillir l'eau à petits bouillons, à gros bouillons, اغلى الماء غليانا خفيفا او غليانا شديدا.

*Bouillon*, eau qui a bouilli avec la viande, مسلوقة – زوم – مرقة لحم – مَرَقة.

BOUILLON-BLANC, s. m., plante, بوصير – لبيدة بيضا.

BOUILLONNANT, E, adj., فاير – ثاير.

BOUILLONNEMENT, s. m., état d'une liqueur qui bouillonne, غليان – غلق – غَلْيَة – فوران.

BOUILLONNER, v. n., s'élever par bouillons, بقبق – فار .O I. غلى.

BOULANGER, v. a., faire du pain, خبز I.

BOULANGER, ÈRE, s., فرّان – خبّاز.

BOULANGERIE, s. f., art, métier de boulanger, خبز – صناعة الخبّاز.

*Boulangerie*, lieu où le pain se fait, مخبز.

BOULE, s. f., corps rond, كورة – أكرة – طابة (pour كُرة) ; plur., كُرر. Jeu de boule, لعب الكورة – كبكب.
|| Mettre en boule, former en boule, كَبْتل – دعبل – دعبل.

BOULEAU, s. m., arbre, بتولا.

BOULET, s. m., boule de fer dont on charge un canon, كلّة ; plur., كلل.

# BOU

*Boulet* d'un cheval, jointure au-dessus du paturon, ازرار; plur., زُرّ.

BOULETTE, s. f., petite boule de chair hachée, d'oignon et de persil, مدقّقة; plur., مدققات ـ داود باشا ـ لسان عصفور. Boulette faite avec de la viande, du persil, de l'ail, des pistaches, du blé, hachés et pilés, ensuite frite dans le beurre, ou cuite dans un bouillon de viande, كبّة; en Égypte, كبيبة ou كبابة. Les Arabes aiment beaucoup ce mets. On dit en Syrie: كبّة كبتنا هى ربتنا لولا كبتنا كنا متنا, c'est-à-dire: Boulettes! chères boulettes! ce sont elles qui nous ont nourris; sans elles nous n'existerions pas.

BOULEVARD ou BOULEVART, s. m., rempart, أسوار; plur., سور ـ متاريس; متراس.

*Boulevard*, allées d'arbres autour d'une ville, اشجار مصفوفة صفّين حول المدينة ـ داير المدينة.

BOULEVERSEMENT, s. m., renversement total, خراب ـ انقلاب.

BOULEVERSER, v. a., ruiner, mettre en désordre, خرب O. I. ـ قلب I. Il a tout bouleversé, تخرّب A. ـ خرب. ‖Être bouleversé, خرب الدنيا ـ انقلب.

BOULEVUE (A LA), adv., vaguement, على باب الله.

BOULIMIE, s. f., maladie, grande faim avec défaillance, بوليموس, ou plus vulg., دا البطن.

BOULIN, s. m., trou de colombier, ou pot de terre pour servir de retraite aux pigeons قادوس; plur., قواديس ـ الحمّام.

BOULINE, s. f., corde amarrée sur un côté d'une voile, حبلة مربوطة فى طرف القلع.

BOULOIR, s. m., instrument pour remuer la chaux, الة لخضّ الكلس.

BOUQUET, s. m., assemblage de fleurs, باقة زهر ـ صحبة زهر ـ مربط ـ ربطة زهر.

*Bouquet*, parfum du vin, زكاوة الشراب.

BOUQUETIÈRE, s. f., marchande de bouquets, امراة تبيع باقات زهر.

BOUQUETIN, s. m., bouc sauvage, وَعل; plur., اوعال.

BOUQUIN, s. m., vieux bouc, تيس عتيق.

*Bouquin*, vieux livre de peu de prix, كتاب عتيق.

*Bouquin*, embouchure de pipe, مبسم ـ طقم ـ بزّ (Barb.).

BOUQUINER, v. n., chercher, ramasser de vieux livres, عقّش كتب قدم.

BOUQUINERIE, s. f., تعفيشة كتب.

BOUQUINEUR, s. m., qui cherche de vieux livres, معفّش كتب.

BOUQUINISTE, s. m., marchand de livres de hasard, بياع كتب قدم.

BOURACAN, s. m., espèce d'étoffe en poil de chèvre, نوع جوخ من شعر المعز.

BOURBE, s. f., boue, fange, طين ـ وحلة.

BOURBEUX, SE, adj., plein de boue, موحّل.

BOURBIER, s. m., lieux creux plein de bourbe, وحلة ـ روبة.

BOURBILLON, s. m., pus épais, قيح مثل الطين.

BOURDE, s. f., mensonge, كذبة.

BOURDON, s. m., grosse mouche, دبّور; plur., دبابير.

BOURDONNEMENT, s. m., bruit des bourdons, des abeilles, وظّ ـ طنين ـ زنين ـ زنّ.

BOURDONNER, v. n., bruire comme les bourdons, les mouches, وزّ I. ـ وظّ I. ـ طنّ I. ـ زنّ I. ـ وزوز.

BOURG, s. m., village considérable, قصبة ـ بلدة.

BOURGADE, s. f., petit bourg, كفر; plur., كفور ـ ضيعة; plur., ضيع.

BOURGEOIS, OISE, s., habitant d'une ville, ابن بلد; plur., اولاد بلد. Les bourgeois, les roturiers, العامّ ـ العامّة. Les gentilshommes et les bourgeois, الخاصّة والعامّة ـ الخاصّ والعام.

BOURGEOISEMENT, adv., مثل العامّة.

BOURGEOISIE, s. f., qualité de bourgeois d'une

ville, كون احد من اولاد البلد. Réunion des bourgeois, جماعة اهل البلد.

Bourgeon, s. m., bouton qui renferme les branches, les feuilles et les fruits, زرّ; plur., ازرار – لبلوب, plur., لباليب – عيون, plur., عيون.

Bourgeonné, e, adj., qui a des bourgeons, مزرّر.

Bourgeonné, qui a des boutons sur le visage, فى وجهه حبات جدر.

Bourgeonner, v. n., jeter des bourgeons, O. برّز. A. طلعت له عيون, لباليب – نزرّر – برّعم.

Bourguépine ou Bourg-épine, s. f., عوسج.

Bourrache, s. f., plante potagère, annuelle, béchique, cordiale, براوى – لسان الثور.

Bourrade, s. f., coup de crosse ou du bout du fusil, ضربة, لطشة بقندق الشفنكة او براسها.

Bourrade, répartie vive, دكتر فى الكلام.

Bourrasque, s. f., coup de vent impétueux, تلقيحة – ريح شديد, عاصف.

Bourrasque, au fig., caprice, mauvaise humeur, ثايرة – تلقيحة.

Bourre, s. f., amas de poils d'animaux quadrupèdes, وبر – شعر. ‖ Bourre de soie, كتكت. Bourre de laine, مشاق.

Bourre d'une arme à feu, باشاورات – لبدة (Barb).

Bourreau, s. m., exécuteur de la justice criminelle, جلّاد – سيّاف – مشعلى; plur., مشاعلية.

Bourreler, v. a. (en parlant de la conscience), tourmenter, قلق – وبّخ.

Bourrelet ou Bourlet, s. m., coussin rond et bourré, vide par le milieu, لواية.

Bourrelier, s. m., faiseur de harnois de bêtes de somme, منجّد – صانع برادع و رحال وجلالات.

Bourrer, v. a., remplir de bourre, حشى شعر I. Bourrer un fusil, دك O.

Bourrer, au fig., porter des coups, O. زق – O. ضرب I. O. لطش.

Bourrer quelqu'un, lui adresser des paroles brusques, dures, كلّمه كلام قاسى.

Bourrique, s. f., ânesse, جحارة.

Bourriquet, s. m., petit ânon, جحش.

Bourru, e, adj., brusque et chagrin, معفرت – دايم عصبان – صعب الاخلاق.

Bourse, s. f., petit sac pour mettre l'argent, كيس; plur., اكياس. Sans bourse délier, من غير ثمن.

Bourse à tabac, ضبية – جلدة – كيس التتن.

Bourse, lieu où s'assemblent les négociants, مجمع التجار.

Bourse, somme de cinq cents piastres, كيس.

Bourse, peau des testicules, كيس ou بيض البيض.

Bourse à pasteur, ou Tabouret, plante astringente, كيس الراعى.

Boursier, s. m., enfant élevé dans un collége aux frais de l'État, صبى يتربى فى مدرسة على كيس الدولة.

Bourson, s. m., petite bourse ou poche, جيب.

Boursouflage, s. m., نفخ فى الكلام.

Boursoufler, v. a., enfler la peau, O. نفخ الجلد.

Boursouflé, adj., enflé, منفوخ – وارم.

Bousculer, v. a., mettre sens dessus dessous, fam., I. قلب – O. عجق.

Bouse ou Bouze, s. f., fiente de vache, de bœuf, خثى.

Bousillage, s. m., chaume et terre détrempée, طين مخلوط بتش.

Bousillage, ouvrage mal fait, تخبيص – لخبطة.

Boussole, s. f., cadran à aiguille aimantée qui tourne vers le Nord, بوصلة – بيت الابرة.

Boussole, au fig., guide, conducteur, مرشد.

Bout, s. m., extrémité d'un corps, طرف; plur., اطراف; plur., رؤوس. Le bout des doigts, راس – اطراف. ‖ Passe-moi le bout de la corde, ناولنى طرف الحبلة. ‖ Le bout d'une pique, راس الحربة. ‖ Le bout du nez, طرف الانف. ‖ J'ai ce mot sur le bout de la langue, لساني راس على الكلمة هذه ‖ D'un bout à l'autre, راس الى راس من - براس راس - ‖ Bout du turban pendant sur اخره الى اوله من. l'épaule, à la manière des habitants du Hedjaz, عذبة. ‖ Bout d'un châle, d'un mouchoir, هداب - طرف. ‖ Le haut bout d'une table, السفرة راس ‖ Le haut bout, la place d'honneur, الصدر.

*Bout*, fin d'un temps, d'un ouvrage, etc., نهاية - اخر. Au bout de l'année, السنة اخر في. ‖ Au bout de deux ans, سنتين بعد. ‖ Au bout du monde, الدنيا اخر في.

Un *bout* de, une petite partie de, قطعة; plur., قطع - حصة; pl., شقفة - شقف; plur., قطع. ‖ Un bout de corde, حبلة قطعة. ‖ Un bout d'homme, un petit homme, رجل قطعة. ‖ A tout bout de champ, à chaque moment, ساعة كل.

Être à *bout*, dans le dernier embarras, غلب - عجز I. Être à bout, perdre patience, روحه طلعت A. صبر له بقي ما.

Venir à *bout* de quelque chose, réussir, A. الاخر الى الشي انهى - شي في راس طلع. I. الشي معه صح A. Venir à bout de ses desseins, المراد نال. A. المقصود الى اتصل. ‖ Venir à bout d'une personne, l'amener à ce qu'on veut, عقله نيل. ‖ Venir à bout de ses ennemis, A. اعداه قهر. I. اعداه غلب.

*Au bout du compte*, adv., tout considéré, après tout, الحاصل ودونه دا اخر.

*A bout portant*, طرف السلاح على. Il l'a tué d'un coup de fusil dans la poitrine tiré à bout portant, صدره على التفنكة طرف حط فقتله الرصاص واطلق.

BOUTADE, s. f., saillie, خرجة - خلق طلعة.
BOUTARGUE, s. f., œufs de poisson salés, بطارخ.
BOUTE-EN-TRAIN, s. m., homme de plaisir qui excite les autres, مسخن.
BOUTE-FEU, s. m., النار ولاع.
BOUTEILLE, s. f., vase de verre à goulot, قزازة; plur., قزايز - سلاحية - قنينة; plur., قناني. Petite bouteille, خناصر, pl., فتيلة - فتايل. ‖ Bouteille noire, مسودة - سوداية. ‖ Bouteille à liqueur, عنبرية.

BOUTIQUE, s. f., دكان; plur., دكاكين - حانوت; plur., حوانيت. Garde-boutique, marchandise qui n'est plus de débit, بايرة بضاعة.

BOUTIQUIER, s. m., دكان صاحب.

BOUTOIR, s. m., instrument de maréchal pour parer le pied d'un cheval, الخيل حوافر لقطع البيطار الة - كفتة.

Boutoir de sanglier, groin, فنطيسة - الخنزير زمر - زلطوم.

BOUTON, s. m., bourgeon des arbres, des plantes, عقدة - لباليب; plur., لبلوب - عيون; plur., عين; plur., ازرار - زرّ; plur., عقد - زرّ. Bouton de rose, ورد زرّ.

Bouton d'habit, زرّ; plur., ازرار - قفلة (Barb.).

Bouton, pustule, بثرة; plur., بثور - حبّة - دمّلة; plur., دمامل.

BOUTON-D'OR, s. m., plante, ربعية.

BOUTONNER, v. a., mettre, passer les boutons, زرّر - زرزر - الازرار شدّ. O. قفل. I. O. (Barb.).

Boutonner, v. n., pousser des bourgeons, برّ O. نبت. Pousser des boutons, en parlant de fleurs, الزهر عقد.

Se boutonner, v. réfl., mettre ses boutons, تزرّر - تزرزر.

BOUTONNÉ (Homme), adj., qui ne laisse point pénétrer ce qu'il pense, ذاته في منطوي.

BOUTONNIER, s. m., qui vend ou fabrique des boutons, الازرار بياع - ازرار صانع.

BOUTONNIÈRE, s. f., entaille pour passer les boutons, عروة; plur., عراوى.

BOUTURE, s. f., branche coupée d'un arbre, et qui, replantée en terre, y prend racine, مقطوع غصن فينبت الارض في يغرس.

BOUVERIE, s. f., étable à bœufs, البقر اصطبل.

BOUVIER, ÈRE, s., بقّار - راعي البقر.
*Bouvier*, constellation près la grande Ourse, البقّار - العوّا.
BOXER, v. n., se battre à coups de poing, تلاكم.
BOYAU, s. m., intestin, مصران; plur., مصارين; plur., معى - امعا. Corde à boyau, وتر; جفت - plur., اوتار.
BRACELET, s. m., bijou que l'on porte au bras, اسورة; plur., اساور et اسورة; سوار.
*Bracelet*, ce qui couvre, garantit le bras, دملج.
BRACHIAL, E, adj., qui a rapport au bras, ذراعي.
BRACMANE, BRAMIN, BRAMINE, s. m., prêtre ou philosophe indien, برهمة; plur., برهمن - برهمان.
BRACONNER, v. n., chasser furtivement sur les terres d'autrui, اصطاد في ارض بغير اذن صاحبها.
BRACONNIER, s. m., صياد في ارض غيره - صيّاد بغير اذن.
BRADYPEPSIE, s. m., terme de médecine, digestion lente, faible et imparfaite, بطؤ الهضم.
BRAI, s. m., sorte de goudron, بياض - نوع قطران.
BRAIE, s. f., linge, قباط.
BRAILLARD, E, adj., qui parle haut, qui crie, جعجاع.
BRAILLER, v. n., parler haut, crier, جعجع.
BRAILLEUR, SE, adj., جعجاع - صرصاع.
BRAIMENT, s. m., cri des ânes, نهيق الحمير.
BRAIRE, v. n., crier, en parlant des ânes, نهق A. - شهّق - نهق.
BRAISE, s. f., charbon ardent, جمرة ou بصّة. Collectivement, بصّ - جمر.
BRAISIÈRE, s. f., vaisseau pour faire cuire à la braise, انا لشوى اللحم على الجمر.
BRANCARD, s. m., litière à bras, نعش - نقالة - سرير.
BRANCHAGE, s. m., toutes les branches d'un arbre, اغصان - فروع الشجرة.
BRANCHE, s. f., bois qui sort du tronc d'un arbre, غصن; plur., غصون et اغصان; فرع - plur., فروع.

*Branches*, familles issues d'une même tige; parties d'une chose composée, فرع; pl., فروع - شعبة; plur., شعاب. Le fleuve se divise en trois branches, النهر يتشعّب ثلاث شعاب.

BRANCHE-URSINE ou ACANTHE, s. f., plante, شوكة اليهود - عرفج - كنكر.
BRANCHU, E, adj., qui a des branches, مفرع - شجرة لها اغصان كثيرة.
BRANDILLEMENT, s. m., اهتزاز - نطوح.
BRANDILLER, v. a., mouvoir de çà et de là, هزهز - طوّح.
*Brandiller*, balancer dans une brandilloire, جوجج ou جوجح.
*Se brandiller*, v. réfl., se balancer avec une corde, تجوجح - نطوح. *Voyez* SE BALANCER.
BRANDILLOIRE, s. f., balançoire, جوجحانة.
BRANDIR, v. a., balancer dans sa main avant de lancer, هزّ في يك O. - رجّ O.
BRANDON, s. m., espèce de flambeau fait de paille, مشعلة; plur., مشاعل.
*Brandon*, corps enflammé lancé par l'explosion du feu, شعلة; plur., شعل.
BRANLANT, E, adj., مخلخل - ماخلخل.
BRANLE, s. m., agitation de ce qui branle, رجّة - هزّة. Donner le branle à une affaire, مشى المادّة. || Donner le branle aux autres, les mettre en mouvement, حرّك غيره على. || Se mettre en branle, تحرّك.
BRANLEMENT, s. m., اهتزاز - هزّ.
BRANLER, v. a., agiter, remuer, حرّك - زعزع - هزهز O. - هزّ. Branler la tête, هزّ راسه O.
*Branler*, v. n., être agité, تهزهز - تزعزع - انهزّ - تحرّك.
BRAQUE ou BRAC, s. m., chien de chasse à oreilles pendantes, نوع كلب - كلب زغاري - صيدي.

BRAQUER, v. a., diriger d'un certain côté, en ajustant, ركّب على.

BRAS, s. m., membre du corps humain qui tient à l'épaule, ذراع; pl., أذرعة ou اذرع; pl., عضد ـ ساعد, plur., سواعد. Le bras et l'avant-bras, ساعد ـ اعضاد; le mot يد, le Zend الاعلى والزند الاسفل plur. ابادى, qui signifie *main*, s'emploie aussi, par extension, pour *bras*. Prendre entre ses bras une personne, حضنه. — O. اخذ فى حضنه ـ احتضن.

Recevoir à *bras* ouverts, cordialement, avec joie, استقبل بالحضن. Être sur les bras, à la charge de quelqu'un, لصق فى اكتافى احد ‖ Il lui est tombé sur les bras une fâcheuse affaire, انبلش فى بلشة عظيمة ‖ Se jeter entre les bras de quelqu'un, recourir à lui, وقع عليه; aor., يقع ـ التجى الى.

*A bras*, adv., à force de bras, بالذراع. Frapper à tour de bras, de toute sa force, ضرب بعزمه I. O.

*Bras dessus, bras dessous*, adv., ذراع فى ذراع. C'est par le moyen des *bras* que les mains peuvent agir (pour dire : protégez les talents, ils fleurissent), بالساعدين تنبطش الكفان, prov. ‖ Quand son bras devint fort, il me terrassa (c'est-à-dire, devenu puissant, il n'a reconnu mes services que par l'ingratitude, لما اشتند ساعده رمانى, prov. ‖ Qui a les bras longs, qui a du pouvoir, du crédit, طويل الباع.

Le pli du bras, معطف المرفق.

*Bras*, division d'une rivière, شعبة.

*Bras de mer*, خليج ـ بوغاز; plur., خلجان.

*Bras de fauteuil*, يد كرسى.

BRASIER, s. m., feu de charbons ardents, جمر نار.

*Brasier*, bassin de métal pour mettre la braise, منقل ـ كانون; plur., مناقل.

BRASILLER, v. a., faire griller promptement sur la braise, شوى على الجمر I.

BRASSE, s. f., mesure de deux bras étendus, باع ـ طول باع; pluriel, باعات et ابواع.

BRASSÉE, s. f., autant qu'on peut contenir entre ses bras, قدر ما يمسكه احد و يحمله بين ذراعيه ـ حضنة ـ اغمار; plur., غمر.

BRASSER, v. a., remuer avec les bras, mélanger, خلط ـ حرّك باليد. — O. خض.

BRASSERIE, s. f., lieu où l'on fait la bière, معمل الفقّاع ـ معمل البوزة.

BRASSEUR, s. m., qui fait et vend la bière, بيّاع البوزة ـ فقّاعى.

BRASSIÈRES, s. f. plur., espèce de camisole pour les enfants, نوع صدرية للاولاد.

BRASSIN, s. m., cuve de brasseur, دن بوزة.

BRAVACHE, s. m., fanfaron, مهياص ـ فشّار.

BRAVACHERIE, s. f., jactance frivole, مهيصة ـ فشار.

BRAVADE, s. f., action, parole par laquelle on brave quelqu'un, جهرمة.

BRAVE, adj. com., vaillant, شجيع et شجاع; pl., شجعان ـ شمول; plur., رجال ـ جدع; pl., جذعان.

*Brave* homme, homme bon, رجل طيب ـ هو قوى ‖ C'est un très-brave homme, ناس ملاح.

BRAVEMENT, adv., avec bravoure, بجذعنة ـ بشجاعة.

BRAVER, v. a., affronter les dangers, la mort, لا هاب الموت ـ لا خاف عن الموت A. ـ ما اهابه الموت. Braver la fortune, dans l'adversité, عارك الدهر فى الشدايد.

*Braver*, narguer à un, تجهرم على احد.

BRAVO! interj., terme pour applaudir, عفية عليك (ou عافية) ـ عافاك. Bravo! (c'est bien dit), الله يسلّم تمّك pour تمّك ‖ Bravo! (c'est bien fait), سلّم ديّاتك est pour أيديات, plur. de يد.

BRAVOURE, s. f., valeur, fermeté de l'âme, جذعنة ـ قوة قلب ـ شجاعة.

BREBIS, s. f., femelle du bélier, نعجة - غنمة ; plur., نعاج et نعجات.

*Brebis*, au fig., chrétiens sous un pasteur, رعية - خراف.

*Brebis* galeuse, fam., personne dont la société est dangereuse, نعجة جربا.

BRÈCHE, s. f., ouverture faite à un mur, une clôture, شرم - خراقة - فتحة فى حايط - نقبة ; pl., شروم. Faire brèche à un mur, نقب الحايط O. - خرق O. - هد جانب من الحايط I. || Brèche à une lame, ثلمة.

*Brèche* à l'honneur, انثلام الصيت.

BRÈCHE-DENT, s. com., qui a perdu des dents de devant, أشرم ; fém., شرما - هتما ; أهتم ; fém., هتما.

BREDOUILLEMENT, s. m., لجلجة - لكنة - تبلتم.

BREDOUILLER, v. n., parler d'une manière peu distincte, sans articuler, تمتم - لجلج - بلتم.

BREDOUILLEUR, SE, s., qui bredouille, مبلتم - متمتم - ملجلج.

BREF, VE, adj., court, موجز - قصير.

*Bref*, adv., enfin, en deux mots, الحاصل.

*Bref*, s. m., lettre du pape, براة.

BRÉHIS, s. f., quadrupède de Madagascar, شاة.

BRELAN, s. m., jeu de cartes, نوع لعب بالورق - لعب البرلان.

BRÉSIL, s. m., ou BRÉSILLET, bois rouge, بقم - بقم صبى.

BRELOQUE, s. f., bijou, دندش.

BRETELLES, s. f. pl., sortes de sangles, شناط - شبار.

BRETAGNE ( LA GRANDE- ), l'île des Anglais, برطانية العظما جزيرة الانكليز.

BRETTE, s. f., longue épée, سيخ طويل ; plur., اسياخ.

BREUVAGE, s. m., liqueur à boire, شراب.

BRÈVE, s. f., syllabe prononcée rapidement, جزو قصير من الكلمة - سبب خفيف.

BREVET, s. m., expédition d'une grâce royale, فرمان - خط شريف - براوات ; plur., براة.

*Brevet* d'invention, privilége accordé à un inventeur, تقرير ; plur., تقارير.

BREVETAIRE, s. m., porteur de brevet du roi, فرمانلى - براتلى - صاحب التقرير.

BREVETER, v. a., donner le brevet d'un office, اعطى احدا خط شريف , براة , فرمان.

*Breveter*, accorder un privilége à un auteur pour une découverte, اعطى تقرير - قرر O.

BRÉVIAIRE, s. m., office de chaque jour pour les prêtres; livre contenant tous ces offices, كتاب صلوات الفرض - صلوات الفرض للكهنة. Dire son bréviaire, صلى صلوات الفرض.

BRÉVITÉ, s. f., opposé à longueur, قصر.

BRIBE, s. f., gros morceau de pain, كسرة خبز.

*Bribes*, au pl., restes des repas, فضلات الطعام.

BRICOLE, s. f., partie du harnois qui s'attache au poitrail du cheval, لبب.

*Bricole*, longe de cuir, سير - قايش ; pl., سيور.

BRIDE, s f., partie du harnois composée de la têtière, des rênes et du mors, لجام ; plur., لجم ou صريمة - لجامات , ou الجيمة (Barb.)

*Bride*, rênes, عنان ; plur., اعنة - دزكين - سرع ; pl., اسراع. Courir à toute bride, à bride abattue, de toute la vitesse d'un cheval, رمح بجد السرع A. - ركض كل ركضه O. ||Tenir en bride, dans le devoir, حفظ سرعه O. || Lâcher la bride à, cesser de retenir, رخى السرع I. || Rendre la bride à un cheval, رخى الدزكين I. - رخى للحصان. || Serrer la bride, tenir la bride courte à un cheval, قصر O. - لم ,شد الدزكين O. - شد للحصان || Tourner bride, ادار الحصان - الوى العنان.

BRIDER, v. a., mettre la bride à un cheval, etc.; au fig., réprimer, لجم.

BRIDON, s. m., bride légère, قنطرمة.

BRIEF, ÈVE, adj., court, قصير.

BRIÈVEMENT, adv., بالاقتصار - مقتصرا.

BRIÈVETÉ, s. f., courte durée, قصر.

# BRI          BRI          109

BRIFE, s. f., popul., gros morceau de pain, كسرة كبيرة من الخبز - خابور خبز.

BRIFER, v. a., popul., manger avidement, O. خم - I. طوى - A. بلع.

BRIFEUR, SE, s., grand mangeur, بلّاع - خمّام.

BRIGADE, s. f., troupe de soldats d'une même compagnie, فرقة عسكرية من اوضة واحدة; plur., فرق.

BRIGADIER, s. m., chef d'une brigade, رئيس فرقة.

BRIGAND, s. m., voleur sur les grands chemins, قطّاع طريق - حرامي.

BRIGANDAGE, s. m., vol sur les routes, قطع الطرق.

Brigandage, déprédation, مظلمة - ظلم - نهب.

BRIGANDER, v. n., vivre en brigand, A. قطع الطريق.

BRIGANTIN, s. m., petit vaisseau à voiles et à rames pour aller en course, غرابة; plur., اغربة - مركب قرصان صغير.

BRIGUE, s. f., poursuite vive, اختلاس - سعى, اجتهاد فى طلب شى.

Brigue, faction, parti, حزب - عصبة.

BRIGUER, v. a., poursuivre par brigue, rechercher avec ardeur, A. سعى فى طلب الشى - اجتهد فى طلب.

BRIK, s. m., sorte de navire, بلاندرة (Barb.)

BRILLAMMENT, adv., d'une manière brillante, مثل النور الساطع - حسنا.

BRILLANT, E, adj., لامع - برّاق - منير. Au fig., بهى - باهى.

Brillant, s. m., diamant à facettes, الماس برلنت.

Brillant, s. m., éclat, lustre, لمعة - بَرَق.

BRILLANTER, v. a., semer de faux brillants, بهرج.

BRILLER, v. n., avoir de l'éclat, reluire, تلألأ - O. برق - I. لمع - A. ضوى; et plus vulg., اضاء - A. سطع النور.

BRIMBORION, s. m., chose de peu de valeur, شى وجيز - لعبة - هلست.

BRIN, s. m., premier jet d'un végétal, tige d'arbuste, عود - عروق, pl.; عرق; عيدان. ‖ Brin de plante, شتلة.

Brin, parcelle, شقفة, قطعة; plur., قطع et شقف.

Brin-à-brin, adv., successivement, un brin après l'autre, واحد بواحد - عرق عرق.

Un brin, pop., un peu, شوية.

BRIOCHE, s. f., gâteau, نوع لقمة القاضى.

BRIOINE, s. f. Voyez COULEUVRÉE.

BRION, s. m., mousse sur l'écorce des chênes, des arbres, أشنة - كشت العجوز.

BRIQUE, s. f., terre argileuse, moulée et cuite ou séchée, طوبة; collect., طوب. On dit aussi, قرميد - قوالب طوب, plur.; قالب طوب, plur., اجرّة - قرامید; collect., اجرّة. Brique cuite ou non cuite, قرميد مطبوخ او غير مطبوخ.

BRIQUET, s. m., outil d'acier pour tirer du feu d'un caillou, قدّاحة - ازندة, plur.; زناد. La pierre du briquet, صوانة - جرّة القدّاحة. ‖ Battre le briquet, A. قدح.

BRIQUETERIE, s. f., lieu où se fait la brique, طوّابة.

BRIQUETIER, s. m., qui fait ou vend de la brique, طوّابة, plur.; طوّاب.

BRIS, s. m., fracture, كسر.

BRISANTS, s. m. pl., rochers, écueils à fleur d'eau, صخور, plur.; صخر.

Brisants, vagues qui se brisent sur la côte, امواج تلطم البرّ.

BRISE, s. f., petit vent frais, نسيمة.

BRISE-COU, s. m., dangereux, roide, en parlant d'un escalier, etc., كسر رقبة.

BRISE-RAISON, s. m., qui parle sans suite, مجنون - دشّاش.

BRISÉES, s. f. pl., t. de chasse, branches rompues, éparses, servant d'indices, دهس الشجر ـ عيدان مكسورة متفرقة على الارض للعلامة. Suivre les brisées de quelqu'un, تبع أثره ‖ Aller sur les brisées de quelqu'un, حشى حاله فى امر غيره ـ I. عارض احدا.

BRISEMENT, s. m., choc violent des flots contre la côte, لطم الموج.

Brisement, au fig., vif repentir, attrition, حسر ـ انكسار القلب.

BRISER, v. a., rompre et mettre en pièces, I. كسر ـ O. رضّ ـ I. حطم ـ O. دشّ ـ (énergique) ـ كسّر.

Briser les reins, fatiguer, I. كسر الظهر.

Briser le cœur, affliger, I. كسر الخاطر، القلب.

Briser ses fers, s'affranchir de la tyrannie, تخلّص من الظلم. Briser ses chaînes, se dégager d'une prison, فكّ سجنه O.

Se briser, v. réf., se casser, être mis en pièces, تكسّر ـ انحطم ـ انكسر.

Se briser ou Briser, v. n. (contre la côte), heurter la côte avec violence, لطم البرّ.

BRISOIR, s. m., instrument à briser le chanvre, la paille, مدقّ.

BRISURE, s. f., partie brisée, كسر ; plur., كسور.

BROC, s. m., sorte de vase de bois pour le vin, نوع انا من خشب للنبيذ.

De bric et de broc, من هنا و من هناك.

BROCANTER, v. a., vendre et acheter, I. باع و اشترى ـ قالب ـ ضارب ـ تسبّب ـ تسرّق.

BROCANTEUR, s. m., رجل يبيع و يشترى ـ مضارب.

BROCARD, s. m., raillerie piquante, تنكيت ـ نقر. Lancer un brocard à quelqu'un, نقر احدا كلمة O ـ ضربه كلمة O. I.

BROCARDER, v. a., fam., piquer par des paroles satiriques, نقره كلمة ـ نكّت O.

BROCARDEUR, SE, fam., منكّت.

BROCART, s. m., étoffe de soie et d'or ou d'argent, سندس ـ قماش مقصّب ـ ديباج.

BROCHE, s. f., verge de fer pointue pour rôtir la viande, سيخ ; plur., اسياخ.

BROCHÉE, s. f., سيخ كباب.

BROCHER, v. a., passer des fils de côté et d'autre, خيّش ـ شجّر.

Brocher, écrire, composer à la hâte, خطّ.

Brocher, couvrir un livre de papier, جلّد بورق.

BROCHES, subst. fém. plur., défenses du sanglier, انياب الخنزير الوحشى.

BROCHET, s. m., poisson, سمك الكراكى.

BROCHETTE, s. f., petite broche, سيخ صغير.

BROCHEUR, s. m., qui broche les livres, مجلّد بورق.

BROCHURE, s. f., action de brocher, تجليد بورق.

Brochure, livre broché, كتاب مجلّد بورق.

Brochure, petit ouvrage de peu de feuilles, وريّقات.

BROCOLI, s. m., sorte de chou d'Italie, ou rejetons de choux, زنابيط ـ قليبات; plur., زنابيط.

BRODEQUIN, s. m., chaussure, خفّ; plur., اخفاف.

BRODER, v. a., tracer des dessins à l'aiguille sur des étoffes, سجّ ـ طرّز ـ شغّل. Brodé d'or, et مزركش ـ مشغّل بالقصب ـ مطرّز بالذهب ـ مجركش.

BRODERIE, s. f., شغل الطارة ـ تطريز ـ طرازة.

BRODEUR, SE, s., طارانى ـ طرّاز ـ شغّال ـ حلاطجى (Barb.).

BROMOS, s. m., plante vulnéraire, détersive, دوسر ـ شوفان برّى.

BRONCHADE, s. f., faux pas d'un cheval, عثرة.

BRONCHEMENT, subst. m., action de broncher, عثار.

BRONCHER, v. n., faire un faux pas, A. نعس ـ O. نعثر.

Broncher, au fig., faillir, O. زلّ ـ O. عثر.

BRONCHES, s. f. pl., vaisseaux du poumon qui reçoivent l'air, مجارى الرية.

BRONCHIAL, E, adj., qui appartient aux bronches, يخص مجارى الرية.

BRONZE, s. m., mélange de cuivre, d'étain et de zinc, نوج ثلاثة معادن.

BROQUETTE, s. f., sorte de petit clou à tête, نوع مسمار صغير.

BROSSE, s. f., planche garnie de faisceaux de crin pour nettoyer, فرشة - برشيمة - شيتة (Barb.).

BROSSER, v. a., frotter, nettoyer avec une brosse, نظف بالبرشيمة - A. مسح بالفرشة.

BROU, s. m., écale verte de noix, قشرة الجوز الخضرا.

BROUET, s. m., sorte de bouillon, حزيرة.

BROUETTE, s. f., sorte de petit tombereau à une roue qu'un homme pousse devant lui, نوع عربانة صغيرة بجرخ واحد يسوقها رجل قدامه.

BROUETTER, v. a., transporter dans une brouette, I. حمل فى العربانة المذكورة.

BROUHAHA, s. m., bruit confus, غوشة - قرقعة - غاغة. Faire du brouhaha, غوش.

BROUILLAMINI, s. m., désordre, خبص.

BOUILLARD, s. m., vapeur, ضباب.

Brouillard, adj., (papier) gris et qui boit, ورق الكدش - ورق المص - ورق خوشق - ورق ميس.

BROUILLER, v. a., mettre pêle-mêle, خبص .O - لخبط - خلط .O - لخبص.

Brouiller deux personnes, les mettre en mauvaise intelligence, وقع الغبنة بين - وقع بين I. رمى الفتنة بين.

Se brouiller, v. réfl., se troubler en parlant, تخبل.

Se brouiller, v. réc., cesser d'être ami, اغبن مع.

Se brouiller, se couvrir de nuages, تغيم - غيم. Le temps s'est brouillé, تغيبت الدنيا.

BROUILLERIE, s. f., mésintelligence, غبنة.

BROUILLON, E, adj., qui brouille ou qui s'embrouille, خباص.

Brouillon, s. m., qui sème la dissension, رماى فتن - ضراب فتن.

Brouillon, s. m., papier sur lequel on écrit d'abord pour mettre ensuite au net, ébauche, مسودة - تسويد.

BROUIR, v. a., griller les feuilles, les fleurs, etc., en parlant du soleil, حرقت الشمس اوراق الاشجار والازهار وغير ذلك.

BROUISSURE, s. f., احراق الشمس اوراق الاشجار او الازهار بعد انجماد الندى عليها.

BROUSSAILLES, s. f. pl., ronces, épines, عقول - حسك.

BROUTER, v. a., manger sur place les végétaux, A. رتع - I. قرض الحشيش.

BROYEMENT, s. m., هرس - سحق.

BROYER, v. a., piler, réduire en poudre, A. سحق - O. هرس.

BROYEUR, s. m., celui qui broie, سحاق.

BROYON, s. m., molette pour broyer l'encre, يد لسحق.

BRU, s. f., belle-fille, femme du fils par rapport à ses père et mère, كنة - امراة الابن; pl., كنائن.

BRUGNON, s. m., espèce de pêche, نوع خوخ.

BRUINE, s. f., petite pluie froide très-fine, نفنافى - نفنوف.

BRUINER, v. imp., نفنف المطر.

BRUIRE, v. n., rendre un son confus, I. دوى.

BRUISSEMENT, s. m., bruit sourd et confus des vagues, دوى الامواج.

BRUIT, s. m., son, حس. Bruit, assemblage de sons confus, دوى - طشة - قرقعة - غواش - غوشة. ‖ Faire du bruit, غوش - قرقع. ‖ Bruit des pieds de personnes qui sautent, courent, دبكة. ‖ Bruit que font des souliers neufs quand on marche, une plume dont le bec est trop long quand on écrit, etc., زقزقة. ‖ Faire cette sorte de bruit, زقزق. ‖ Bruit retentissement d'un métal, رنة.

Bruit, nouvelle, خبر; plur., اخبار - خبرية. Le

bruit s'est répandu que, شاع الخبر بـان طلع خبر بان.

*Bruit*, éclat que font certaines choses dans le monde, قرقعة ـ اشاعة I. شاع ـ تقرقع. || Afin que cette affaire ne fasse pas de bruit, حتى لا تتقرقع هذة المادة || Il y a beaucoup de bruit pour peu de chose, الميت الكلب و الجنازة حامية, proverbe.

*Bruit*, renom, صيت ـ سمعة.

*Bruit*, querelle, trouble, مقاتلة ـ غاغة ـ غوشة ـ شيطة ـ فتنة. || Il y eut un bruit affreux, قامت القيامة.

A grand *bruit*, avec ostentation, بطشة كبيرة ـ بطنطنة عظيمة. A petit bruit, على السكت ـ على السكيتى.

BRULANT, E, adj., محرق.

BRULÉ, s. m., odeur d'un corps qui brûle, رايحة شياط.

*Brûlé*, adj., trop cuit, شايط ـ محروق.

BRULER, v. a., consumer par le feu, حرق I. O.
*Brûler*, faire du feu de, شعل O. قاد I.
*Brûler*, v. n., être consumé par le feu, احترق ـ انحرق. || *Brûler* du désir, احترق قلبه من الشوق ـ كوى قلبه الشوق.

*Brûler*, sentir le brûlé, شاط I.

*Brûler*, v. a., appliquer le feu sur une partie malade du corps pour la guérir, au fig., inspirer une passion violente, كوى I. ـ كوى القلب.

Se *brûler*, v. réfl., être brûlé, احترق.

*Brûler* le café, le torréfier, حمص البن. Endroit où l'on brûle le café, محمص.

BRULOT, s. m., navire plein de matières inflammables pour incendier les vaisseaux, حراقة.

BRULURE. s. f., impression produite par le feu, حرقة ـ كى ـ حرق. Ce dernier mot s'emploie souvent par imprécation.

BRUMAL, E, adj., de l'hiver, شتوى.

BRUME, s. f., brouillard épais, ضباب غليظ ـ غيم.

BRUMEUX, SE, adj., couvert de brumes, مغيم ـ مضبب.

BRUN, E, adj., tirant sur le noir, أسمر; fém., سمرا; plur., سمر.

*Brun*, s. m., couleur brune, سمار.

A la *brune* ou sur la brune, adv., à la chute du jour, عند ميل النهار.

BRUNATRE, adj., tirant sur le brun, مسمر ـ اسمرانى.

BRUNELLE, s. f., plante vulnéraire, نورية.

BRUNET, TE, adj., diminutif de brun, سمير ou سمرمر.

BRUNI, s. m., terme d'orfévrerie, partie polie et brillante, مصقول.

BRUNIR, v. a., rendre brun, سمر.
*Brunir*, polir, lisser, صقل O.
*Brunir*, v. n., devenir brun, اسمر.

BRUNISSAGE, s. m., صقال ـ صقل.

BRUNISSEUR, SE, s., qui brunit l'argent, صقال.

BRUNISSOIR, s. m., instrument pour brunir, polir les métaux, مصقلة ـ الة لصقل المعادن.

BRUSQUE, adj. com., vif et rude, خشن ـ خشنى.

BRUSQUEMENT, adv., بخشانة.

BRUSQUER, v. a., offenser par des paroles rudes, خشن لـ.

*Brusquer*, faire vivement et brusquement, لهوج ـ زوع.

BRUSQUERIE, s. f., caractère de ce qui est brusque, خشانة ـ خشونة.

BRUT, E, adj., qui n'est pas poli, بلا صقل ـ طشاق ـ بعبله.

*Brut*, qui n'est pas raffiné, خام.

*Brut*, qui n'est pas net, غلث.

BRUTAL, E, adj., qui tient de la brute, بهيمى ـ وحشى ـ موحش. Homme brutal, وحشى الطبع ـ فظ ـ احمق.

BRUTALEMENT, adv., avec brutalité, موحشا ـ بحماقة ـ مثل البهيمة.

BRUTALISER, v. a., outrager de paroles brutales, خشن له - غلظ له فى الكلام - شفرO.

BRUTALITÉ, s. f., vice du brutal, بهامة - فظاظة - حماقة.

BRUTE, s. f., animal irraisonnable, بهيمة; plur., عجماوات. Brute, homme stupide, بهيمة - دبّ - ثور - بقر; plur., عجمها - بهايم.

BRUYANT, E, adj., qui fait grand bruit, مقرقع. Lieu bruyant, dans lequel il y a beaucoup de bruit, موضع فيه قرقعة, غوشة.

BRUYÈRE, s. f., arbrisseau, خلنج.

BUANDERIE, s. f., lieu où l'on fait la lessive, مغسلة.

BUANDIER, s. m., qui fait le premier blanchiment des toiles, غسّال - قصّار.

BUBE, s. f., élevure sur la peau, بثر - فقفيقة; plur. بثور.

BUBON, s. m., tumeur maligne, كبّة; plur., كُبَب - غدّة; plur., غُدَد.

BUCCIN, s. m., coquille en forme de cornet, نوع صدف فى شكل البوق.

BUCÉPHALE, s. m., cheval de parade, كحيل.

BUCHE, s. f., gros morceau de bois, قرمة; plur., قرم - حطبة - زند حطب.

Bûche, fam., homme stupide, بليد - قطعة خشبة.

BUCHER, s. m., magasin où l'on met le bois, مخزن الحطب.

Bûcher, pile de bois, كومة حطب.

BUCHERON, s. m., qui coupe le bois dans la forêt, كسّار حطب - حطّاب.

BUCHETTE, s. f., menu bois, عودة.

BUDGET, s. m., état de l'actif et du passif d'un pays, حساب مدخول البلاد و مخروجاتها.

BUFFET, s. m., armoire pour le linge, la vaisselle, etc., دولاب; plur., دواليب - خرستان; plur., خرستانات.

BUFFLE, s. m., quadrupède, جاموس; pluriel, جواميس.

Buffle, son cuir, جلد كسلة - جلد جاموسى.

BUFFLETIN, s. m., jeune buffle, عجل جاموس.

BUGLOSE, s. f., plante, لسان الثور. Buglose des bois, اكيون.

BUGRANE ou ARRÊTE-BOEUF, s. f., plante, عجرم.

BUIS ou BOUIS, s. m., arbrisseau, بقس.

BUISSON, s. m., touffe d'arbrisseaux, دغلة. Buisson d'épines, عوسج.

BULBE, s. f., oignon de plante, بصل - رأس.

BULGARE, s., habitant de la Bulgarie, بلغار.

BULGARIE, s. f., province de Turquie, بلاد البلغار.

BULLE, s. f., petit globule, نفّاخة - فقّاعة; pl., حباب; plur., قفاقيع.

Bulle du pape, براة - كناب من البابا; plur., براوات.

BULLETIN, s. m., nouvelle, état de la situation journalière, اخبار يومية.

Bulletin, petit billet, تذكرة - وريقة.

BUPHTHALMUM ou OEIL-DE-BOEUF, s. m., plante, عرار - بهار - عين البقر.

BUPIÈVRUM ou OREILLE-DE-LIÈVRE, s. m., plante, اذان الارنب - خير الله.

BUPRESTE, s. f., insecte, خنفس; plur., خنافس.

BUBALISTE, s. m., qui tient un bureau de recette, صاحب مكتب.

BURAT, s. m., bure grossière, مسح شعر غليظ.

BURE, s. f., grosse étoffe de laine, مسح; plur., مسوح.

BUREAU, s. m., cabinet où l'on travaille, مكتب; plur., مكاتب.

Bureau, compagnie, lieu où elle s'assemble, مجمع - ديوان. Bureau d'un ministère, قلم, plur., أقلام. Commis des bureaux, كاتب; plur., كتاب.

Bureau, table à écrire, طاولة للكتابة.

BURETTE, s. f., vase à petit goulot pour l'eau, le vin, à la messe, ابريق; plur., اباريق - بُرَيق; plur., بُرَيقات.

Burin, s. m., pointe d'acier pour graver, مناقيش - قلم النقاش plur., مناقيش.
Buriner, v. a., graver au burin, نقش O.
Burlesque, adj., bouffon, هزلي - مضحك - مسخن.
Burlesquement, adv., بنوع مضحك.
Buse, s. f., espèce d'oiseau de proie, صنف طير من الطيور الجوارح.
Buse, au fig., sot, بليد - قليل الفهم.
Busqué, adj. (Chanfrein), انف احدب.
Busserole, s. f., arbrisseau, عنب الدب.
Buste, s. m., représentation d'une tête, avec l'estomac, les épaules, صورة راس لـوسـط الانسان.
But, s. m., point où l'on vise, نشان - ميس - هدف - علامة. Atteindre le but, toucher le but, اصاب النشان - اصاب. ‖ Tous ceux qui visent, n'atteignent pas le but, ماكل من يرمي يصيب, prov.
But, fin proposée, مطلوب - مقصود - قصد - غاية. Atteindre son but, نسال المقصود - مراد. A. حظى بالمقصود A. حصل على المطلوب.
De but en blanc, inconsidérément, brusquement, من غير اعتبار.
Buter, v. n., broncher, chopper, عثر في جرة O.

et (expressions irrégulières), اعتثر - تعتثر, نفشكل.
Se buter à, v. réfl., se mettre obstinément dans la tête, حط في راسه.
Butin, s. m., ce que l'on prend à un ennemi, غنيمة - ميز. Le salut est un butin, c'est gagner beaucoup que d'échapper au danger, السلامة غنيمة, prov.
Butiner, v. n., faire du butin, غنم I. - غتم - اغتنم.
Butireux, se, adj., de la nature du beurre, سمني.
Butor, s. m., sot, stupide, قليل الحيلة - جدبة - ثور - دب - قليل العقل.
Butte, s. f., tertre, تل صغير, plur., تلال - هدف.
Être en butte à, exposé à, كان مستهدفا ل - كان تحت الضر O. Se mettre en butte à, استهدى ل - اعرض نفسه - جعل نفسه تحت الضر.
Buvable, adj., qui peut être bu, ينشرب.
Buveur, se, s., celui qui boit beaucoup, شريب - يحب الدمعة.
Buvotter, v. n., fam., boire souvent et à petits coups, شرب قطرة قطرة A.

# C

C, s. m., troisième lettre de l'alphabet, ثالث حرف من الالف باء.
Ça, interjection pour commander ou encourager, هيه - يالله.
Ça, adv., ici, هنا. Çà et là, هنا وهناك.
Ça, pron. pop., fam., cela, cette chose-là, دا ; fém., دى ; هذا ; fém., هله.
De-çà, en de-çà, prép., de ce côté-ci, من هذا الصوب - الناحية دى.

Or ça, interj., maintenant, à présent, دا الوقت - هلق - بقى.
Qui ça ? qui est-ce ? من دا ou من.
Cabale, s. f., art prétendu de commercer avec les esprits, علم الروحاني.
Cabale des Juifs, tradition sur l'interprétation mystique de l'Ancien Testament, القبلة.
Cabale, complot, intrigue, رباطية - عصبة - فتنة - فتن, plur., دسايس ; دسيسة.

# CAB        CAC     115

CABALER, v. n., former des cabales, نَعَصَّبَ .I. ـ رمى الفتنة ـ مع, ب

CABALEUR, s. m., intrigant, صاحب دسايس.

CABALISTE, s. m., savant dans la cabale des Juifs, اهل القَبَلة.

CABALISTIQUE, adj. com., qui appartient à la cabale des Juifs, يَخَصّ القَبلة.

CABANE, s. f., maisonnette en feuillage, كُوخ ; plur., أخصاص et أكواخ ; plur., خُص ـ كيخان . Cabane en feuillage où l'on dévide la soie, حلالة.
Fête des cabanes (pour les Juifs), عيد المَظَلّة.

CABARET, s. m., taverne, lieu où se vend le vin, خَمّارة ; plur., خَمامير.
Cabaret, plateau, table où l'on met des tasses, صدر ـ صوانى , plur., صينية ; plur., صدور.
Cabaret ou Oreille-d'homme, s. m., plante qui entre dans la thériaque, أسارون .I.

CABARETIER, ÈRE, s., qui tient cabaret, خَمّار.

CABAS, s. m., petit panier de jonc, مِقطَف, plur., مقاطف.

CABESTAN, s. m., tourniquet pour rouler le câble, ملوى ـ ملوة.

CABILLE ou CABILEH, s. f., tribu des Arabes, des Abyssins, قبيلة ; plur., قبايل.

CABINET, s. m., petite chambre, مخدع ; plur., مخادع. Cabinet, lieu de retraite et de travail, مكتب ; plur., مكاتب . Homme de cabinet, d'étude, qui l'aime, رجل يحب الدرس . أوضة السرّ ـ جيرة
Cabinet, lieu où l'on conserve quelque chose de précieux, خزنة ; plur., خزن.
Cabinet, secrets d'une cour; conseil intime, ديوان مدبرين المملكة.

CABLE, s. m., très-grosse corde, حبل تخين ; plur., كومَنة ـ لبان ـ حبال.

CABLER, v. a., faire des câbles, فتل الحبال .O.

CABOCHE, s. f., tête, راس ـ دماغ.

CABOTAGE, s. f., navigation le long des côtes, سفرى البحر بالقرب من السواحل.

CABOTER, v. n., naviguer le long des côtes, سافرى البحر بالقرب من السواحل.

SE CABRER, v. réfl., se lever sur les pieds de derrière, قام شاه .O. ـ شَبّ .O. ـ تَقَطَر.
Se cabrer, au fig., s'emporter de dépit, de colère, شَمَرَ من .I.

CABRIOLE, s. f., saut léger, نطّة ـ قفزة ـ تجليبة.

CABRIOLER, v. n., faire des cabrioles, جَلَب ـ نطّ .O. ـ نَطَط.

CABRIOLET, s. m., voiture légère à deux roues, عربانة خفيفة بجرخين.

CABRIOLEUR, s. m., faiseur de cabrioles, قَفّاز.

CACA, s. m., pop., excrément d'enfant, كسح ـ خريت.

CACADE, s. f., pop., décharge du ventre, فشنة.
Cacade, au fig., folle entreprise, خرية.

CACALIA, s. f., ou PAS-DE-CHEVAL, plante, قاقل.

CACAO, s. m., amande dont on fait le chocolat, لوز الشوكولاتة ـ لوز هندى.

CACHE, s. f., fam., lieu secret pour cacher quelque chose, مخباية.

CACHE-CACHE, s. m., jeu d'enfant, طَمامة.

CACHECTIQUE, adj. com., d'une mauvaise constitution, مراض ـ مهروض.

CACHEMIRE, s. m., nom de pays, كَشمير.
Cachemire, grand fichu de laine des Indes, شال كشميرى ـ شال نورما , plur., شالات ou شيلان . Voyez CHALE.

CACHER, v. a., mettre en un lieu où l'on ne peut voir, خَبَّى.
Cacher, couvrir, celer, ستر .O. ـ خفى .I. ـ أخفى .I. Cacher un secret, طوى كشحه على أمر .I. ـ كتم .O. ‖ Être caché, ignoré, خفى .A. ـ أخفى سرًّا . Rien ne lui est caché, يستخفى عليه شى .Y. ‖ Cache ton or, tes démarches et tes opinions, استر ذهبك و ذهابك و مذهبك . لا يختفى عند شى
Se cacher, v. réfl., اختفى من ـ تخفى ـ تخبّى .I.

CACHÉ, adj., secret, خَفِى.

8.

**Cachet**, s. m., petit sceau, خاتم ; plur., خواتم - طابع ; plur., طوابع. Son empreinte, ختم ; plur., ختوم et اختام. ‖ Rompre le cachet d'une lettre, فضّ الختم O.

**Cacheter**, v. a., mettre le cachet, ختم O. Pain à cacheter, rond de pâte pour cacheter une lettre, برشان.

**Cachette**, s. f., petite cache, مُخَبَّا - مخبايَة - مطمورة.

En *cachette*, adv., à la dérobée, en secret, بالدسّ - بالدسدسة - بالخفي - من تحت لتحت.

**Cachexie**, s. f., dépravation des humeurs, سوء المزاج.

**Cachot**, s. m., prison souterraine, basse et obscure, حبس الظلام.

**Cachotterie**, s. f., manière mystérieuse d'agir, de parler, دروزة.

**Cacis**, s. m., espèce de groseillier à fruits noirs, نوع ربّاس أسود.

**Cacocholie**, s. f., dépravation de la bile, انقلاب الصفر.

**Cacochyme**, adj. com., d'une mauvaise complexion, معلول - كثير المواد الفاسدة.

**Cacochymie**, s. f., abondance de mauvaises humeurs, كثرة المواد الفاسدة.

**Cacophonie**, s. f., rencontre de sons, voix, désagréables, شذوذ - تنافر اصوات.

**Cadastre**, s. m., état des biens-fonds d'un pays, حساب جميع الاملاك التي تشتمل عليها البلاد - زمام البلاد - تربيع - روك.

**Cadavéreux**, se, adj., جيفي.

**Cadavre**, s. m., corps mort, رمّة ; pl., رمم - شلو ; plur., جِيَف - جيفة.

**Cade**, s. m., grand genévrier, شجر العرعر. Huile de cade, زيت العرعر - شجر السندروس - زيت الزفت.

**Cadeau**, s. m., present, هدية ; plur., هدايا. Faire cadeau de quelque chose à quelqu'un, أهدى شيئًا ل, هدى. ‖ I. Le cadeau est proportionné au rang de celui qui le fait, الهدية على قدر هاديها.

**Cadenas**, s. m., sorte de serrure mobile, قفل ; plur., اقفال.

**Cadence**, s. f., mesure qui règle le mouvement, وزن. *Cadence*, terminaison d'une phrase harmonique, ايقاع - مسحط. Harmonie d'un vers d'une période, نظام - ترنيم.

**Cadencer**, v. a., rendre nombreux, agréable, نظم.

**Cadet, te**, adj., le plus jeune de deux frères, de deux personnes, اصغر العمر.

**Cadi**, s. m., juge musulman, قاضي ; plur., قضاة.

**Cadilesker**, s. m., juge supérieur, grand-juge dans l'empire ottoman, قاضي العسكر.

**Cadmie**, s. f., espèce de suie métallique, قليميا.

**Cadole**, s. f., loquet d'une porte, سقاطة الباب.

**Cadran**, s. m., horloge solaire, ساعة شمسية. Cadran horizontal, ساعة بسيطة. ‖ Cadran vertical, ساعة منحرفة. *Cadran*, surface divisée par heures, وجه ساعة.

**Cadrature**, s. f., terme d'horlogerie, assemblage, de pièces qui forment la répétition, leur place, عدّة الدقّ في الساعة.

**Cadre**, s. m., sorte de bordure de bois, autour d'un tableau, برواز - دايز ; plur., براويز - برواس.

**Cadrer**, v. n., convenir, طابق على - وافق.

**Caduc, uque**, adj., cassé, vieux, عاجز - هرم ; plur., حطم - خطية. *Mal caduc*, épilepsie, دا الارض - الصرع. Tomber du mal caduc, انصرع. ‖ Qui a le mal caduc, مصروع.

**Caducée**, s. m., verge accolée de deux serpents, عصاة بصورة حيتين ملتفّين عليها.

**Caducité**, s. f., vieillesse débile, هرم - عجز.

CAFARD, E, adj., hypocrite, كافر; plur., كفرا - مراى.

CAFFAS ou CAPS, s. m., espèce de grand panier de branches de palmier, قفص; plur., اقفاص.

CAFÉ, s. m., fève du cafier, بُنّ; plur., ابنان.

Café (liqueur), قهوة. Après avoir pris le café, on remercie le maître de la maison (à moins qu'il ne soit en deuil), en disant : قهوة دايمة واصحابها سالمة; réponse : الله يسلمك ou يديم حياتك.

Café, lieu où on le prend, قهوة; plur., قهاوى.

CAFETAN, s. m., robe de distinction turque, قفطان; plur., قفاطين.

CAFETIER, s. m., qui tient café, qui en vend, قهوتى et قهوانى - قهوجية; plur., قهوجى.

CAFETIÈRE, s. f., vase pour le café, بكرج; plur., اباريق - ابريق القهوة - بكارج.

CAFFILA, s. f., caravane en Asie et en Afrique, قافلة; plur., قوافل.

CAFIER, s. m., arbre qui porte le café, شجر البن.

CAGE, s. f., petite loge pour les oiseaux, قفص; plur., اقفاص.

CAGNARD, E, adj., paresseux, fainéant, متراخص - قليل مروة - كسلان - رخو.

Cagnard, poltron, جبان.

CAGNARDER, v. n. fam., vivre dans la paresse, تكاسل - تراخص.

CAGNARDISE, s. f., fam., paresse, رخاصة - كسل - قلّة مروة.

CAGNEUX, SE, adj., qui a les jambes et les genoux tournés en dedans, معوج الساقين.

CAGOT, E, adj., hypocrite, faux dévot, مهارى - منافق - مراى.

CAGOTERIE, s. f., نفاق - رياء - مهاراة.

CAHIER, s. m., feuilles de papier réunies, كراس; plur., كراريس (c'est proprement un cahier de cinq feuilles, vingt pages). — سباعية (cahier de sept feuilles). Ces mots s'emploient, par extension, pour toute sorte de cahiers. || La gloire du négociant est dans sa bourse, celle du savant dans ses cahiers, مجد التاجر فى كيسة مجد العالم فى كراريسه.

Cahier, registre, دفتر; plur., دفاتر.

CAHOS, s. m. Voyez CHAOS.

CAHOT, s. m., saut d'une voiture, نخعة.

CAHOTAGE, s. m., نخع A.

CAHOTER, v. a., causer des cahots, نخع A.

CAHUTTE, s. f., maisonnette, بيت صغير.

CAÏQUE, s. m., esquif, قايق; plur., قوايق.

CAILLE, s. f., oiseau de passage du genre de la perdrix, سُمَن, coll., سُمَنة - سمّان, coll.; ساوات, plur., سلوة - سلاوى; سَلوى, plur. A Alep, on appelle سلوى, le roi de cailles, et سُمَن, la caille ordinaire. Dans le Kasrouan, on nomme la caille, قرّة.

CAILLE-LAIT ou GALLIUM, s. m., plante, غاليون.

CAILLEMENT, s. m., انعقاد - انجماد.

CAILLER, v. a., coaguler, عقد O. - جد - جبن - روب.

Se cailler, v. pr., راب O.- انعقد - تعقد - انجمد. || Se cailler (sang), تقرّس الدم - قرس A. || Lait caillé (sans feu), حليب رايب - حليب مجبن. Lait caillé (avec feu), لبَن (Syrie).

CAILLOT, s. m., masse de sang caillé, جُلطة دم; plur., جُلط.

CAILLOU, s. m., pierre très-dure qui peut étinceler sous le briquet, حَصوة - صوان, coll.; صوانة, plur., حصا.

CAÏMACAM, s. m., lieutenant du grand-vizir, قيمقام pour قايم مقام.

CAIRE (LE), capitale de l'Égypte, مدينة مصر - القاهرة.

CAISSE, s. f., coffre, صندوق; plur., صناديق.

CAISSIER, s. m., celui qui tient la caisse, خزندار - امين الصندوق.

CAISSON, s. m., sorte de caisse sur des roues pour

les vivres, les munitions, عجل لحمل الذخرة - . عربانة.

CAJOLER, v. a., flatter, ملقه - تلطف به - لاطف - حايل عليه - تملّقه.

CAJOLERIE, s. f., محايلة - تمليق - ملاطفة.

CAJOLEUR, SE, s., كثير التمليق - حيلي.

CAL, s. f., durillon, قشب - دمان - دحاس - كنب.

CALADE, s. f., terrain en pente, نزول - دحديرة.

CALAISON, s. f., profondeur d'un navire, عمق المركب.

CALAMENT, s. m., plante (Calamintha), صرمران - بقلة العدس - كلمنتون - حبقة التمساح - موتج. *Calament*, plante (Nepeta), قطرية.

CALAMINE, s. f., pierre calminaire, حجر سليماني - حجر التوتيا.

CALAMITE, s. f., pierre d'aimant, حجر المغناطيس.

CALAMITÉ, s. f., grand malheur, بلية ; plur., مصائب ; مصيبة - بلايا plur.

CALAMITEUX, SE, adj., malheureux سوء. Temps calamiteux, ايام سوء.

CALAMUS, s. m. (verus), roseau du Levant, قلم - يراعة. *Calamus aromaticus*, قصب الذريرة.

CALANDRE, s. f., sorte de grive ou alouette, نوع دج او قنبر كبير.

CALANDRE, s. f., ver qui ronge le blé, سوس القمح.

CALANDRE, s. f., machine pour lustrer les étoffes, الة لصقل الاقمشة.

CALANDRER, v. a., faire passer par la calandre, صقل القماش بالالة المذكورة O.

CALCAIRE, adj. com., que le feu change en chaux, Pierre calcaire, حجر الجير - الذي تقلبه النار كلسا.

CALCANÉUM, s. m., os, عظم العقب.

CALCÉDOINE, s. f., agathe blanche, اخليدونيا.

CALCINATION, s. f., action de calciner, تكليس.

CALCINER, v. a., réduire en chaux, كلس.

CALCUL, s. m., supputation, حساب.

*Calcul*, pierre dans les reins, la vessie, حصاة - حصى.

CALCULABLE, adj. com., يحصى.

CALCULATEUR, s. m., حسيب.

CALCULER, v. a., compter, حسب O.

CALCULEUX, SE, adj., graveleux, حصوي.

CALE, s. f., abri pour les vaisseaux, جونة - ملجا للمراكب.

CALE, s. f., petit morceau de bois ou pierre pour soutenir un objet, l'empêcher de vaciller, قطعة خشبة او حجرة تحط تحت الشي لاثباته.

CALE, s. f., ou Fond de cale, la partie la plus basse d'un navire, خُنّ المركب.

CALEBASSE, s. f., courge vide, قرعة فارغة.

CALÈCHE, s. f., carrosse léger, عربانة خفيفة و ظريفة.

CALEÇON, s. m., sorte de culottes de toile, ميزر ; plur., ميازر. En Syrie, لباس ; plur., لباسات.

CALEMBOUR, s. m., jeu de mots fondé sur une équivoque, نقط ; plur., انقاط.

CALEMBREDAINE, s. f., vains propos, جعجعة باطلة - كلام بوش.

CALENDES-GRECQUES, s. f. plur., fam., temps qui ne peut venir, دهر الداهرين.

CALENDRIER, s. m., table qui contient l'ordre des jours de l'année, تقويم - حساب ايام السنة - روزنامه.

CALEPIN, s. m., recueil de notes, دفتر صغير ; plur., دفاتر.

CALER, v. a., baisser la voile, وطى القلع. *Caler*, assurer avec une cale, ثبت الشي بقطعة خشبة محطوطة تحته.

CALFAT, s. m., celui qui calfate, قلفاط ; plur., قلافطة.

CALFAT, s. m., étoupe, مشاق للقلفطة.

CALFATER, v. a., قلفط.

CALFEUTRAGE, s. m., سدّ بورق.

CALFEUTRER, v. a., boucher les fentes avec du papier ou autre chose, سدّ الشقوق بورق أو بغيره.

CALIBRE, s. m., grandeur, l'ouverture d'une arme à feu, grosseur de la balle, عيار. Les gens de ce calibre. اهل هذا الشأن. ‖ Ils sont du même calibre, هم فى طبقة واحدة - عيارهم واحد.

CALICE, s. m., coupe pour l'Eucharistie, كاس; plur., كؤوس et كاسات.
Boire le calice, souffrir, شرب الكاس A.
*Calice*, terme de botanique, enveloppe extérieure de la fleur, كمّ الزهرة; plur., كمام - مغلف الزهرة.

CALIFAT, s. m., dignité du calife, خلافة.

CALIFE, s. m., titre des premiers souverains qui succédèrent à Mahomet, خليفة; plur., خلفا.

A CALIFOURCHON, adv., jambe de çà, jambe de là مفشّح - مفرشح.

CALIN, E, s., indolent, niais, بليد; plur., بُلدا.
*Câlin*, enfant qui caresse pour obtenir quelque chose, مدلّل - مغنّج. Faire le câlin auprès de sa mère, تغنّج،تدلّل على امّه.

CALINER, v. n., ou SE CALINER, v. p., prendre ses aises, être indolent, تراخص - تبالد.

CALLEUX, SE, adj., où il y a des cals, معظّم - متدمّن - متقشّب.

CALLIGRAPHE, s. m., qui a une belle écriture, خطّاط - خطّه عظيم.

CALLIGRAPHIE, s. f., حسن الخطّ - علم الخطّ.

CALLOSITÉ, s. f., chair durcie, تعظيم اللحم - دمان - دحاس.

CALMANT, s. m., remède qui calme les douleurs, دوا مسكّن.

CALME, s. m., bonace, غلينة.
*Calme*, au fig., tranquillité, repos, هدو - سكون. Le calme n'est pas encore rétabli, الامور بعد ما راقب.

CALME, adj., tranquille, هادى - ساكن. La mer est calme, البحر راكن.

CALMER, v. a., rendre calme, apaiser, سكّن - اهدى. Calmer la colère, هدّى - اهدى الغضب.
*Se calmer*, v. réfl. هدأ A. - سكن O. - غلن. La mer s'est calmée, ركن البحر O. - غلن البحر.

CALOMEL, s. m., زيبق الحلو.

CALOMNIATEUR, TRICE, s., qui calomnie, نمّام - مفترى - وشاة; plur., وشاى.

CALOMNIE, s. f., fausse imputation, افترا - قذف - تجنّى - نميمة. Les violences et les calomnies des méchants, اصطهادات الاشرار و السنتهم الظالمة.

CALOMNIER, v. a., attaquer par des calomnies, وشى على - O. - نمّ على - I. قذف فى حقّه - افترى به - يشى - aor., وشى به الى فلان - I. رماه بالبهتان - تجنّى عليه.

CALOMNIEUSEMENT, adv., بالبهتان - بالزور - بالنميمة - ظلماً.

CALOMNIEUX, SE, adj., قذفى - نميمى - نمّى.

CALORIQUE, s. m., principe de la chaleur, حمو.

CALOTTE, s. f., petit bonnet qui couvre le haut de la tête, طرطور; pl., طراطير. Calotte de drap sur laquelle on roule le turban, طربوش; pl., طرابيش ou شاشيات; plur., شواشى - شاشية (Barb.). Calotte de toile qui se met sous la précédente, طاقية - عراقى; plur., طواقى; عرقية.

CALUMET, s. m., pipe, قصبة.

CALQUE, s. m., dessin calqué, نقل رسم.

CALQUER, v. a., contre-tirer un dessin avec un transparent, نقل رسماً O.

CALUS, s. m., nœud des os fracturés, des articulations, لحم معظّم - عظم.
*Calus*, au fig., endurcissement du cœur, قساوة.

CALVAIRE, s. m., élévation plantée d'une croix, تلّ عليه صليب - موضع الصلب. Le mont Calvaire, جبل الجلجلة.

CALVITIE, s. f., état d'une tête chauve, صلعة.

CAMARADE, s., com., compagnon, رفيق; plur., زميل - اصحاب et رفقا - صاحب; plur., زملا.

CAMARD, E, adj., à nez plat et écrasé, افطس ـ
fém., فطسا; plur., فطس.

CAMBOUIS, s. m., شحم خنزير عتيق.

CAMBRER, v. a., courber, قوّس ـ عوّج.

Se cambrer, v. p., تنقوّس ـ انعوج ـ تعوّج.

CAMBRURE, s. f., انعواج.

CAME, s. f., coquillage, صَدَف.

CAMÉLÉE, s. f., olivier main, زيتون لارض ـ
معزرون.

CAMÉLÉON, s. m., lézard qui change de couleurs, بُزبخـتي ـ حرباء ـ حرباية ـ (Barbarie) ناتا.

CAMELOT, s. m., étoffe de poil de chèvre, laine et soie, صوف ـ مخيّر.

CAMISOLE, s. f., chemisette, زبون; plur., ازبنة.

CAMOMILLE, s. f., plante odoriférante, بابونج ـ اقحوان.

CAMOUFLET, s. m., mortification, فضيحة ـ قَهر.

CAMP, s. m., lieu où séjourne une armée, عرضى ـ مُعَسكر.

CAMPAGNARD, E, adj., qui demeure aux champs; فلّاح ـ خلاواتى.

CAMPAGNE, s. f., plaine, champs, خلا ـ برّية; plur., ارياف ـ ريف. A la campagne on est libre (on n'est point assujetti à l'étiquette), البرّية حرّية, exp. prov. || Campagne, opposé à la ville, الضيعة.
|| Maison de campagne, بيت فى الضيعة.

Campagne, suite d'opérations militaires pendant l'année ou moins, سفر, pl., اسفار ـ سرحة العساكر ـ تجريدة.

Battre la campagne, déraisonner, تكلم بغير عقل.

CAMPANULE, s. f., ou GANTELÉE, fleur, جرسة.

CAMPÊCHE, s. m., arbre d'Amérique, bois dur pour la teinture noire, بقم مور.

Campêche, pour la menuiserie, ساج.

CAMPEMENT, s. m., action de camper, نصب.
Lieu de campement, محطّ العسكر ـ العرضى.

CAMPER, v. a., dresser un camp, نصب عرضى. O.

Camper, s'arrêter, حطّ O. ـ I. نزل.

CAMPHRE, s. m., gomme blanche, كافور.

CAMPHRÉ, E, adj., où l'on a mis du camphre, مُكَوفَر ـ ممزوج بالكافور.

CAMPHRÉE, s. f., plante médicinale de la famille des arroches, حشيشة الكافور ـ كافورة.

CAMUS, E, adj., qui a le nez court et plat, مبططالانف ـ افطس.

CANAILLE, s. f., coll., vile populace, اسافل ـ حرافيش ـ جعيدية ـ اراذل الناس.

CANAL, s. m., CANAUX, plur., conduit de l'eau, قناة; plur., ترعة ـ قنيات ـ قنوات, pluriel, ترع.

Canal, rivière factice, mer resserrée, خليج; pl., خلجان.

Canal, conduit dans le corps, مجرى; plur., مجارى.

Canal, au fig., voie, moyen, واسطة.

CANAPÉ, s. m., long siège à dossier, سدلة ـ ديوان.

CANARD, s. m., oiseau aquatique, بط; pl., بطوط ـ (Barbarie) بركت ـ وزّ.

CANARDER, v. a., tirer sur quelqu'un d'un lieu où l'on est à couvert, الطلق الرصاص على الاعدا من موضع امان.

CANARI, s. m., serin, حزّار ـ ترنجى.

CANCAN, s. m., popul. Voyez QUANQUAN.

CANCAMUM ou CANCAME, s. m., espèce de gomme, لك بسر ـ كهكام.

CANCER, v. a., annuler une écriture, محى. I.

CANCER, s. m., tumeur maligne qui ronge et dégénère en ulcère, شَوْطان ـ رعاية ـ آكلة.

Cancer, signe du zodiaque, برج السرطان.

CANCRE, s. m., écrevisse de mer, سرطان بحرى, pl., زلعطين ـ سلاطين, pl., سُلَعْطان.

CANDÉLABRE, s. m., شمعدان كبير.

CANDEUR, s. f., pureté d'âme, بياض القلب ـ سلامة القلب.

CAN          CAN    121

Candi, s. m., sucre cristallisé, طَبَرْزَد - سُكَّر نَبَات - قِنْدَة.

Candie, île, كريد - كريت.
Candie, ville, قنديتْ.

Candidat, s. m., aspirant, prétendant à une charge, طَالِب ; plur., طُلَّاب et طَلَبَة.

Candide, adj., qui a de la candeur, اَبِيض القَلْب - سَلِيم القَلْب.

Candidement, adv., avec candeur, بِبَيَاض قَلْب.

Candir, v. n. ou Se candir, v. réf., se durcir, O. جَمَّد - سَكَّر.

Cane, s. f., femelle du canard, بَطّ اُنْثَى - بَطَّة.

Caneton, s. m., petit du canard, فرخ البَطّ.

Canevas, s. m., grosse toile claire, جُنْفَاص - خَيْش.

Canevas, plan d'un ouvrage, رَسْم ; plur., رُسُوم.

Caniche, s., chien barbet, كَلْب طَوِيل الشَّعْر.

Caniculaire, adj. (jour), يَوْم مِن اَيَّام الشِّعْرَى.

Canicule, s. f., le grand Chien, constellation, الشِّعْرَى اليَمَانِيَّة.

Canicule, temps de l'influence supposée de cette constellation, اَيَّام الشِّعْرَى.

Canif, s. m., petite lame pour tailler la plume, مُوس لِبَرْي الاَقْلَام - مَطَاوِي ; plur., مَطْوَة - عَوَيْسِيَّة - اَمْوَاس (Kasrawan).

Canin, e, adj., qui tient du chien, كَلْبِي. Dent canine; faim canine, جُوع كَلْبِي - نَاب كَلْبِي.

Cannaie, s. f., lieu planté de cannes, مَقْصَبَة.

Cannamelle, s. f. Voyez Canne a sucre.

Canne, s. f., roseau à nœuds, قَصَبَة ; collect., قَصَب - بُوصَة ; collect., بُوص.

Canne, bâton, jonc pour s'appuyer en marchant, عَصَا ; plur., عُصِي - عَصَايَة.

Canne à sucre, قَصَب مَصّ - قَصَب سُكَّر - عُود قَصَب - قَصَب حُلْو ; plur., عِيدَان.

Cannelas, s. m., dragée de cannelle, مَلْبَّس القِرْفَة.

Canneler, v. a., creuser des cannelures sur une colonne, O. نَقَش خُطُوط عَلَى - خَطَّط.

Cannelle, s. f., écorce du cannellier, قِرْفَة سَيْلَانِيَّة. En termes de droguiste, دَارْصِيني - قِرْفَة.

Cannelle, robinet mobile, بُزْبُوز ; plur., بَزَابِيز - لِبْلُوبَة - بَلْبُولَة.

Cannellier, s. m., arbre qui donne la cannelle, شَجَر الدَّارْصِيني.

Cannelure, s. f., creux le long du fût des colonnes, تَخْرِيم - تَخْطِيط.

Cannibale, s. m., sauvage qui mange de la chair humaine; au fig., homme féroce, غُول ; pl., غِيلَان.

Canon, s. m., pièce d'artillerie, مَدْفَع ; plur., مَدَافِع. Tirer un coup de canon, ضَرَب مَدْفَع O. I.

Canon, partie des armes à feu où l'on met la charge, جَعْبَة ; plur., مَوَاصِير - مَاصُورَة ; plur., جِعَاب (Barb.).

Canons, règles, قَانُون ; plur., قَوَانِين. Les canons de l'Église, قَوَانِين الكَنِيسَة.

Canonial, e, adj., réglé par les canons, قَانُونِي.

Canonicité, s. f., قَانُونِيَّة.

Canonique, adj. com., conforme aux canons, قَانُونِي.

Canoniquement, adv., بِمُوجِب القَوَانِين.

Canonisation, s. f., تَقْدِيس الاَمْوَات.

Canoniser, v. a., mettre un mort au rang des saints, قَدَّس الاَمْوَات.

Canoniste, s. m., savant dans le droit canon, مُعَلِّم القَوَانِين.

Canonnade, s. f., ضَرْب المَدَافِع - اِطْلَاق المَدَافِع.

Canonner, v. a., battre à coups de canon, ضَرَب مَدَافِع عَلَى O. I.

Canonnier, s. m., qui sert le canon, طُوبْجِي ou طَبْجِي ; plur., طَبَجِيَّة.

Canonnière, s. f., embrasure pour le canon, le fusil, كَرَنْك ; plur., كَرَانِك.

Canope, s. f., étoile, سُهَيْل.

Canot, s. m., petite chaloupe, قَارِب ; plur., قَوَارِب - صَنْدَل.

CANTATE, s. f., sorte de petit poëme en musique, نوع قصيدة للغن.

CANTATRICE, s. f., chanteuse, عالمة ; plur., عوالم - مغنية.

CANTHARIDE, s. f., mouche venimeuse, base des vésicatoires, ذراريح ; plur., ذرّوح - ذبّان هندى ; plur., ذرانيح ; plur., ذرنوح.

CANTINE, s. f., coffret de voyage à compartiments, بشتختة.

Cantine, cabaret, lieu où se distribue le vin aux soldats, خمّارة.

CANTINIER, s. m., qui tient une cantine, خمّار.

CANTIQUE, s. m., chant en actions de grâces à la gloire de Dieu, تسابيح ; plur., تسبيح - تسبحة ; plur., مدايح ; plur., مديحة - انشاد ; plur., نشيد. Cantique des cantiques, épithalame mystique de Salomon, نشيد الانشاد لسليمان بن داود.

CANTON, s. m., étendue de pays, بلاد.

CANTONNÉ, E, adj., logé à demeure dans un canton, نازل - حاطط.

CANTONNEMENT, s. m., lieu où des troupes sont cantonnées, منازل العسكر - محطّ العساكر.

CANTONNER, v. n., ou SE CANTONNER, v. réfl., être en cantonnement, نزل في المنازل. O. I. حطّ في. Faire cantonner des troupes, نزّل العسكر في.

CANULE, s. f., petit tuyau au bout d'une seringue, انبوبة - ماصورة حقنة.

CAP, s. m., promontoire, tête, راس ; plur., رؤوس.

Armé de pied en cap, fam., de la tête aux pieds, ملتسح من راسه الى رجليه.

CAP-DE-MORE, adj., couleur de cheval, اخضر.

CAPABLE, adj., qui a les qualités requises pour quelque chose, كفول - كافي ل - قادر على - اهل ل - فيه كفاية ل - فيه اهلية ل - فيه صلاحية ل. Être capable de, صلح لشي. A. I. - قدر على. A. Vous n'êtes point capable d'une semblable action (d'une mauvaise action), طلع من يد الشي.

حاشاك ان تفعل ذلك - ما انت اهل لذلك - حاشا حرمتك من ذلك.

Capable, intelligent, habile, كفو. C'est un homme capable, هذا كفو.

Capable de, susceptible de, قابل ل.

CAPACITÉ, s. f., largeur et profondeur d'une chose qui contient, سعة.

Capacité, portée de l'esprit, قدرة - قدر العقل - طاقة - قابلية. Capacité, intelligence, habileté, كفاية. Capacité pour une chose, هلية - صلاحية لشي.

CAPARAÇON, s. m., couverture pour le cheval, نوع كوبان خفيف للخيل. Riche caparaçon d'étoffe de soie (y compris un harnois), رخت ; pl., رخوت.

CAPARAÇONNER, v. a., mettre un riche caparaçon sur un cheval, وضع الرخت على الحصان - رخّت الحصان. Cheval richement caparaçonné, حصان مرخّت.

CAPE, s. f., manteau dont on se couvre la tête et les épaules, برنس - طيلسان.

Cape, capuchon. Voyez CAPUCHON.

Rire sous cape, fam., rire en dessous, en cachette, ضحك من تحت لتحت. A.

CAPELET, s. m., sorte d'enflure à l'extrémité du jarret des chevaux, نوع ورم يحدث في طرف عراقيب الخيل.

CAPIGI, s. m., portier du sérail, قابجى - قبجى.

CAPILLAIRE, adj. com., délié comme les cheveux, شعرى - رفيع مثل الشعر.

CAPILLAIRE, s. m., ou ADIANTE, genre de plante, كزبرة البير - كزبرة. Capillaire, en terme technique, برسياوشان ou برشاوشان.

CAPILOTADE, s. f., ragoût, يخنى.

CAPITAINE, s. f., chef d'une compagnie de gens de guerre, ربيس - كبير جماعة من العسكر ; plur., رؤسا - يوزباشى. Capitaine, commandant d'un na-

## CAP

Capitaine du port, وِيرة, ; plur., قبطان - قباطين - رَيّس ∥ .ريّس الميناء ربّان مركب

CAPITAL, s. m., somme constituée; fonds d'une dette, راس مال ou مال رسمال - اصل المال.

CAPITAL, adj., principal, الذى عليه الكلام - رَييسى - اصلى - اكبر. *Crime capital*, qui mérite la mort, ذنب عظيم يستحق القتل. *Peine capitale, de mort*, قصاص بالموت. *Péché capital*, قلم طومار- ثلث ∥ خطية رووسية. *Lettre capitale*, *Voyez* MAJUSCULE.

CAPITALE, s. f., ville principale d'un royaume, بايتخت - تخت مُلك - كرسى المملكة.

CAPITALISTE, s. m., qui possède de l'argent placé, متموسل - صاحب مال.

CAPITAN, s. m., fanfaron, فشّار- بقبّاق - بقاق.

CAPITAN-PACHA, s. m., amiral turc, قبطان باشا.

CAPITATION, s. f., taxe sur chaque tête, جالية ; plur., جزية - خراج - جوالى.

CAPITEUX, SE, adj., qui porte à la tête, يدوّخ - يضرب على الراس - يلطش الراس.

CAPITULAIRE, s. m., ordonnance des rois de France, قوانين , شرايع ملوك فرنسا.

CAPITULATION, s. f., traité pour la reddition d'une place, شروط تسليم بلد. *Par capitulation*, صلحا.

CAPITULER, v. n., traiter de la reddition d'une place, اتفق على - O. - عقد شروط لتسليم البلد. *Demander à capituler*, طلب الامان O.

CAPIVERT, s. m., animal amphibie, خنزير الماء.

CAPON, s. m., joueur rusé, قهرانى.

*Capon*, hypocrite à dessein, منافق.

*Capon*, popul., lâche, جبان.

CAPONNER, v. n., user de finesse au jeu, قامر.

*Caponner*, popul., dissimuler, نافق.

*Caponner*, montrer de la lâcheté, جبن O.

CAPOT, s. m., être capot, être honteux, خندس.

CAPOT, s. m., ou CAPOTE, s. f., espèce de manteau à capuchon d'étoffe grossière, كبّوت ; plur.,

## CAP

بابونجة - كَرادين ; plur., كردون - كبا بيد.

CAPRE, s. f., bouton du câprier, قبار- كبّار- بزر قبار.

CAPRICE, s. m., fantaisie, هوا - زنطرة ; plur., اهوا. *Selon son caprice*, على كيفه - على هواه.

CAPRICIEUSEMENT, adv., على هوا النفس.

CAPRICIEUX, SE, adj., sujet aux caprices, مزنطر. *Enfant capricieux*, gâté, هوايى - حالاتى - ولد دلع.

CAPRICORNE, s. m., signe du zodiaque, برج الجدى.

CAPRIER, s. m., arbuste dont les boutons donnent les câpres, شجر الكبار- شجر القبار.

*Faux-caprier*, s. m., ou Fabago, قبار البقلة.

CAPSULE, s. f., espèce de boîte, حقة ; plur., حقق.

*Capsule*, ce qui renferme la graine des plantes, بيت البزر- حقة البزر.

*Capsule*, membrane qui enveloppe une articulation, غشا المفصل ; plur., اغشية.

CAPTATEUR, s. m., qui surprend par adresse un donateur, غفّاى.

CAPTATION, s. f., action de capter, غفّة.

CAPTER, v. a., gagner par voie d'insinuation, استملك - غفّ O. *Capter les bonnes grâces de quelqu'un*, استمال - دارى خاطره - غفّه O. - قلبه اليه.

CAPTIEUSEMENT, adv., بغرور.

CAPTIEUX, SE, adj., qui tend à tromper par une belle apparence, يغرر. *Homme captieux*, لقّاف- موقع - خادع.

CAPTIF, VE, adj., prisonnier, يسير ; plur., يُسرا - اسير ; plur., اسرا.

CAPTIVER, v. a. (l'esprit), سبى العقل I.

*Captiver*, assujettir, ضبط O.

*Captiver* la bienveillance de, ملك عقله I.

CAPTIVITÉ, s. f., esclavage, أسر - يسر- سبى.

Capture, s. f., butin, غنيمة.

Capture, saisie, مسكة.

Capturer, v. a., faire capture, prendre au corps, I. O. قبض على. – I. سك. – O. اخذ. – A. غنم.

Capuchon, s. m., vêtement de tête, طرطور; pl., طراطير; قلوسة - طناطير, pl., قلاليس; طنطور - طواطير.

Capucin, s. m., religieux de Saint-François, كبوشين.

Capucinade, s. f., plat discours de morale, de dévotion, قسقسة.

Capucine, s. f., fleur potagère, ابو خنجر.

Caquet, s. m., babil, كثرة غلبة - لهوقة.

Caquetage, s. m., تكثير غلبة - لهوقة.

Caqueter, v. n., babiller, لهوق - كثر غلبة - كاكى.

Caqueteur, s. m., qui babille beaucoup, لهواق - لقاش - كثير غلبة.

Car, conj., فانها - فان - إذ أنه - لان.

Carabé, s. m., ambre jaune, كهربا - كارم اصفر.

Carabin, s. m., fam. et par dénigrement, jeune homme qui apprend la chirurgie, شاب يتعلم الجراحة; plur., شباب.

Carabine, s. f., fusil court, نوع تفنك قصير - قربانة; collect., قربان.

Carabinier, s. m., cavalier armé d'une carabine, حامل قربانة.

Caracole, s. f., mouvement en rond ou demi-rond que l'on fait faire à un cheval, دورة - حلقة.

Caracoler, v. n., faire des caracoles, دار حلقة. O.

Caracouler, v. n., crier; se dit du pigeon, O. ناح الحمام. – I. صاح الحمام.

Caractère, s. m., marque empreinte, علامة - رسم; plur., رسوم.

Caractère, les figures dont on se sert pour écrire ou pour imprimer, حرف; plur., حروف.

Caractère, écriture de quelqu'un, خط.

Caractère naturel de quelqu'un, طبع الانسان.

Caractère, titre, dignité, مقام.

Caractère, force d'âme, نخوة. Homme à caractère, ferme dans ses sentiments, رجل صاحب نخوة.

Caractériser, v. a., marquer le caractère de, عين - عرّف - يصف, aor., وصف.

Caractéristique, adj. com., qui caractérise, الذى يميّز الشى عن غيره - تعريفى - بيانى.

Carafe, s. f., vase de verre ou de cristal, قنينة - قنانى; plur., بلور.

Carafon, s. m., vase de bois pour mettre rafraîchir l'eau, نوع علبة لتبريد الماء.

Carafon, petite carafe, قنينة بلور صغيرة.

Caraïte, s. m., juif qui s'attache à l'écriture et rejette les traditions, قرّا; plur., قرايين.

Caramel, s. m., sucre fondu, brûlé, سكر مذوّب - سكر محروق.

Carat, s. m., terme de monnaie, titre de l'or; poids de quatre grains, قيراط ou قراط, pl., قراريط - قراطيط. Sot à trente-six carats, fam., très-sot, بهيم من دايرة ستة و ثلاثين قيراط.

Caravane, s. f., troupe de marchands avec des chameaux, chevaux et mulets, en voyage dans le Levant, قفل - قافلة; plur., قوافل - قفول. La caravane de la Mekke, la troupe des pélerins qui va à la Mekke ou qui en vient, الحج.

Caravansérail, s. m., خان; plur., خانات.

Carboniser, v. a., صيّر الشى فحما.

Carbonnade, s. f., viande grillée accommodée avec oignons, ail, قاورمة.

Carcan, s. m., collier de fer pour attacher au poteau, طوق حديد للمذنبين.

Carcasse, s. f., ossements décharnés, mais encore joints, d'un animal, كركوبة - كرنيبة (il se dit aussi d'une personne très-maigre).

Carcasse, charpente de bâtiment, الواح مركب.

Cardamine, s. f., cresson des prés, رشاد - قرّة العين.

CARDAMOME, s. m., graine aromatique, قاقلّة - حبهان - حبّ الهال - هال - هَيْل.

CARDE, s. f., sorte de peigne pour carder, شيتة - مُشط لتسريح الصوف.

CARDER, v. a., peigner avec la carde, شيّت - قردش - مشّق - سرّج.

CARDEUR, SE, s., qui carde la laine, le coton, etc., ممشّق - مقردش.

CARDIALGIE, s. f., douleur vive vers l'orifice supérieur de l'estomac, وجع شديد فى رأس المعدة.

CARDIAQUE, adj., propre à fortifier le cœur, نافع للقلب.

CARDIAQUE ou Agripaume, s. f., plante pour la cardialgie, etc., فراسيون القلب.

CARDINAL, s. m., prélat de la cour de Rome, كاردينال مطران فى مجمع البابا.

CARDINAL, E, adj., principal, أصلى. Les quatre points cardinaux, الجهات الاربع - الجوافق. Les vertus cardinales, الفضايل المتقدّمة.

CARDINALAT, s. m., مقام الكاردينال.

CARDON, s. m., plante vivace, voisine de l'artichaut, خرشوف - قرنين (Barbarie) - حلاج.

CARÊME, s. m., les six semaines d'abstinence avant Pâques, صوم الكبير - الصيام الكبير - صوم الاربعين.

CARÈNE, s. f., la partie inférieure d'un navire, النصف الاسفل من المركب الذى فى الماء. Mettre en carène un bâtiment, le mettre sur le côté pour le réparer, صفي المركب لتصليحه.

CARÉNER, v. a., radouber, réparer la carène d'un bâtiment, رمّم، قلفط اسفل المركب.

CARESSANT, E, adj, qui aime à caresser, ودود.

CARESSE, s. f., témoignage extérieur d'affection, تدليل - ملاطفة - علامة مودّة.

CARESSER, v. a., faire des caresses à, لاطف احدا - دلّل ولدا. Caresser en frappant légèrement l'épaule avec la main, طبطب له.

CARGAISON, s. f., d'un navire, وسقة مركب.

CARGUE, s. f., corde pour carguer les voiles, حبال ; plur., حبل لطوى القلوع.

CARGUER, v. a., trousser, accourcir les voiles, طوى O. I., لمّ جانب القلع.

CARICATURE, s. f., charge en peinture, صورة مسخرة.

CARIE, s. f., pourriture des os, رمّ. Carie du bois, des blés, سوس - سوسة. Se carier, v. pr., se gâter (os) رمّ I. Se carier (blé, bois), تسوّس, سوّس.

CARILLON, s. m., battement de cloches, سنطير - دقّ الاجراس. Carillon, au fig., fam., tapage, غوشة - دوشة.

CARILLONNER, v. a., دقّ الاجراس O.

CARILLONNEUR, s. m., دقّاق الاجراس.

CARINE, s. f., pleureuse dans les funérailles, ندّابة.

CARMAGNOLE, s. m., vêtement qui descend jusqu'au milieu du corps, قطوش.

CARME, s. m., religieux, كرمليتان.

CARMEL (MONT), en Palestine, جبل الكرمل.

CARMIN, s. m., couleur d'un rouge vif, لعلى.

CARMINATIF, VE, adj., remède contre les vents, دوا مخرج الارياح.

CARNAGE, s. m., massacre, tuerie, مقتلة - ذبح. Il y eut un grand carnage des habitants et des soldats, صار مقتلة عظيمة من اهل البلد و من العسكر.

CARNASSIER, ÈRE, adj., qui ne se repaît que de chair crue, جارح, pl., جوارح - كاسر, pl., كواسر. Les animaux carnassiers, الوحوش الجوارح - الجوارح.

CARNATION, s. f., teint de la peau, لون الجسد - لون.

CARNAVAL, s. m., temps depuis les Rois jusqu'au Carême, الكريزة - رفاع - مرفع. Faire carnaval, se livrer aux divertissements de ce temps, كرّز.

CARNE, s. f., angle extérieur d'une pierre, etc., قرنة ; plur., قرانى - ركن ; plur., اركان.

## CAR

Carnet, s. m., petit livre d'achat, دفتر المشترا - ; plur., دفاتر ; دفتر صغير.

Carnification, s. f., changement des os en chair, انقلاب العظم لحماً - تلحيم.

Carnivore, adj. com., qui se nourrit principalement de chair, ياكل اللحم - غذاه لحمى.

Carnosité, s. f., excroissance charnue, زيادة لحمية.

Carogne, s. f., femme méchante, débauchée, شرموطة - عرصة - مرة فلانية.

Caroncule, s. f. (myrtiforme), بُظر ; plur., بُظور.

Carotides, s. f. pl., les deux artères du cerveau, ابهرتا الدماغ.

Carotte, s. f., plante, جزر - جزرة.

Carotte de tabac, نَتش بُقجة - حزمة دخان.

Caroube, Carouge, s. m., fruit du caroubier en gousse aplatie, خرّوبة - خرنوب ou خرنوب - قرن خروب.

Caroubier, s. m., arbre d'Italie et d'Asie, خرنوبة - شجرة خروب.

Carpe, s. f., poisson d'eau douce, لبتة ; collect., شبابيط ; plur., شبّوط - بُنّى - لبت.

Carpe, s. m., partie entre le bras et la paume de la main, خنفة اليد. En terme technique, رسغ اليد ; plur., ارساغ.

Carquois, s. m., étui à flèches, جُعبة ; plur., جعاب.

Carré, s. m., figure à quatre angles droits, مربّع. Le carré d'un nombre, عدد في مثله. || Le carré de trois, ثلاثة في ثلاثة - ثلاثة في مثله. || Carré magique, وَفق ; plur., اوفاق.

Carré, ée, adj., مربع.

Carreau, s. m., pavé plat (en pierre, en marbre), بلاطة ; coll., بلاط. Carreau en brique, قرميد مربّع ; plur., قراميد. || Sur le carreau, على الارض - على البلاط.

Carreau, verre carré, لوح قزاز ; plur., الواح.

Carreau, signe du jeu de cartes, ورق دينارى.

## CAR

Carreau, maladie des enfants, obstruction qui durcit et tend le ventre, مرض النسافج.

Carreau, coussin, مقعد - مخدّدة ; plur., مقاعد.

Carrefour, s. m., endroit où les rues, les chemins se croisent, مفرق الطرق ; plur., مفارق. Carrefour formé par deux chemins qui se croisent, صليبة.

Carrelage, subst. m., ouvrage du carreleur, تبليط.

Carreler, v. a., paver avec des carreaux, بلّط - فرش الارض بقراميد.

Carreler les souliers, رقّع التواسيم.

Carrelet, s. m., grande aiguille carrée, ميبر ; plur., ميابر - مسلّة.

Carrelet, s. m., poisson de mer qui a de petites taches rouges, نوع سمك بحرى عليه نقط حمر.

Carreleur, s. m., qui pose les carreaux, مبلّط.

Carreleur de souliers, مرقّع تواسيم.

Carrelure, s. f., semelle neuve à de vieilles chaussures, نعل جديد.

Carrément, adv., en carré, بتربيع - مربّعاً.

Carrer, v. a., donner une figure carrée, ربّع.

Se carrer, v. réfl., marcher d'un air arrogant, تبغدد في المشى - تبختر - تقصّع.

Carrier, s. m., qui travaille dans les carrières, قطّاع حجر في المعادن.

Carrière, s. f., lieu d'où l'on tire la pierre, معدن حجر - محاجر ; plur., معادن - محجر.

Carrière, lice, lieu fermé pour courir, حلقة ; pl., حلق - ميدان ; plur., ميادين. Ouvrir à quelqu'un une belle carrière, lui fournir une belle occasion de, فتح له باب حسن.

Carrière (donner), laisser aller, ارخى - اطلق. Se donner Carrière, v. réfl., se réjouir, se laisser aller à dire ou faire quelque chose, انطلق.

Carrière, au fig., espace de temps, مدّة.

Carrière, profession, شغل - كار.

Carrière des astres, دور, سيران الكواكب.

CARRIOLE, s. f., petite charrette couverte, عربانة صغيرة بجرخين عليها خيمة.

CARROSSE, s. m., voiture à quatre roues, كاروصة نوع عربانة ظريفة باربعة اجراخ.

CARROSSIER, s. m., صانع كاروصات.

CARRURE, s. f., largeur du dos, aux épaules, عرض الاكتاف.

CARTE, s. f., plusieurs papiers collés, carton, قرطاس - رقوق ; plur., رَقّ - مقوّى - قراطيس.

*Carte* à jouer, ورق لعب. Un plur., اوراق ∥ *Battre les cartes*, شدّة ورق ∥ خلط الاوراق

*Carte*, liste des mets, علم اشكال الطعام.

*Carte géographique*, représentation linéaire d'un pays, ورقة رسم البلاد.

*Carte blanche*, permission de se conduire comme on voudra, تصرّف, تصريف كلّى. Je vous donne carte blanche, لك التصريف الكلّى فى هذه المادة. ∥ Connaître le dessous des cartes, avoir le secret d'une affaire, عرف باطن الامر - ∥. عرف المخبّى Brouiller les cartes, désunir, causer des divisions, أرمى الفتن ∥. *Perdre la carte, se troubler*, تخبّل - ضيع المعقول - انعجق.

CARTEL, s. m., défi par écrit pour un combat, طلب للحرب للميدان.

*Cartel*, traité d'échange des prisonniers, اتّفاق على مبادلة اليسرا.

CARTHAME, s. m., ou safran bâtard, plante annuelle, قرطم.

CARTILAGE, s. m., partie dure, élastique, à l'extrémité des os, قرقوش. En terme technique, غضروف ; plur., غضاريف.

CARTILAGINEUX, SE, adj., غضروفى.

CARTON, s. m., grosse carte, مقوّى ; plur., مقوّيات.

*Carton*, boîte en carton, علبة ورق.

CARTONNER, v. a., جلد بمقوّى.

CARTOUCHE, s. f., charge d'une arme à feu, فشكة - فوشيكة ; plur., فوشيك - عُمار بارود - فشك.

CARUS, s. m., affection soporeuse, assoupissement profond, سكتة.

CARVI, s. m., cumin des prés, كراويا - كراوية المباركة.

CARYBDE. *Voyez* CHARYBDE.

CAS, s. m., désinence des noms déclinables, تغيير اواخر الاسما المعربة.

*Cas*, accident, حادث ; plur., حوادث. *Cas fortuit*, صدفة ; plur., عوارض ∥ عارض. Par cas fortuit, بالصدفة.

*Cas*, fait quelconque, حال ; plur., احوال ∥ *Voilà le cas*, هذا هو الحال. ∥ *En pareil cas*, فى مثل هذا الحال - وارد. ∥ *Posons le cas que*, فرضنا ∥ *Suivant l'exigence du cas*, بحسب اقتضا الحال. ∥ *Nous ne sommes pas dans le cas de semblables cérémonies*, ما نّافى وارد مثل هذا التكليف. ∥ *Tout ce qu'il sera nécessaire, dans ce cas, de vous faire connaître*, كل ما يقتضى تعريفه فى هذا الوارد.

*Au cas que*, conj , *si*, اذا - ان - ان كان.

*En ce cas*, adv., alors, les choses étant ainsi, من حيث - والحالة هذه - ان كان هيك كذا.

*En tout cas*, quoi qu'il arrive, على كل حال.

*Faire cas* de quelqu'un, اعتبره - اكرمه - اعزّ ∥. Un tel fait cas de lui, له عند فلان قدر واعتبار. Ce prince fait cas des savants, هذا الامير يعرف قيمة العلما. ∥ Faire cas des paroles de quelqu'un, اعتبر كلامه. ∥ Ne faire aucun cas de quelqu'un, ما حسب له - ما عدّ شيًا - استحقره - حساب.

CASANIER, ÈRE, adj., qui aime à rester chez lui, قليل الخروج.

CASAQUE, s. f., vêtement en manteau, نوع عبا. *Tourner casaque, changer de parti*, انقلب.

CASAQUIN, s. m., déshabillé court de femme, تخفيفة حريم.

CASCADE, s. f., chute d'eau, دربكة الماء.

CASE, s. f., terme de jeu, place pour poser un pion, خانة ; pl., بيوت ; بيت حجارة السطرنج, plur., خانات.

CASER, v. a., arranger les pions, رصّ O. - حط في موضعه O.

Caser, mettre en ordre, نظّم - رتّب.

Se caser, v. réfl., s'établir, استقرّ - تأبّد.

CASERNE, s. f., logement de soldats, قاعة العساكر - قشلا - حجرة (Barb.).

CASERNEMENT, s. m., توطين العساكر - نزول العساكر في القاعات.

CASERNER, v. a., loger dans des casernes, نزّل, سكّن العساكر في قاعات.

CASEUX, SE, adj., de la nature du fromage, جبني.

CASPIENNE (mer), s. f., بحر جرجان - بحر الخزر.

CASQUE, s. m., armure de tête, خوذة ; pl., خُوَذ.

CASSADE, s. f., mensonge pour rire ou pour s'excuser, fam., خرطة - حجّة ; plur., حجج.

CASSANT, E, adj., sujet à se casser, سهل الكسر.

CASSATION, s. f., acte juridique qui annule un jugement, etc., تبطيل شرعي.

CASSE, s. f., fruit du cassier, sa moelle médicinale, قرفة - خيار شنبر. Casse aromatique, ساليخة - حطبية.

CASSE-COU, s. m., endroit dangereux, كسر رقبة.

CASSE-NOISETTE, s. m., instrument pour casser les noisettes, دقماق.

CASSE-TÊTE, s. m., chose qui exige une contention d'esprit, bruit qui fatigue, كسر راس.

CASSÉ, E, adj., brisé, مكسّر - مكسور - مهشّم.

Cassé, affaibli, مضعضع.

Cassé, vieux, infirme, عاجز.

CASSER, v. a., briser, كسر I. كسّر.

Casser, débiliter la santé, أضعف - ضعضع.

Casser, annuler un acte, أبطل - بطل. Casser un mariage, فسخ جازة A.

Casser, licencier des troupes, وزّع العساكر - فرّق, اصرف العساكر.

Casser, priver d'un emploi, عزل من, عن I.

Être cassé, destitué, انعزل.

Se casser, v. réfl., être brisé, انكسر I. Lorsqu'une chose est cassée par accident, on dit en arabe, انكسر الشرّ, c'est-à-dire que, par la perte de l'objet cassé, un mal plus grave est détourné. Se casser (corde), انقطع الحبل.

Se casser la tête, s'appliquer fortement à une étude, كسر راسه.

Se casser le nez, ne pas réussir, انكسر انفه.

CASSEROLE, s. f., ustensile de cuisine, sorte de poêlon, طنجرة ; plur., طناجر.

CASSETTE, s. f., petit coffre, صرّافة - صندوقة صغيرة.

CASSEUR, s. m., كسّار.

CASSIE, s. f., arbre à fleurs jaunes odorantes, سيسبان - فتنة.

CASSIER, s. m., arbre, شجر خيار الشنبر.

CASSIOPÉE, s. f., constellation, ذات الكرسي.

CASSOLETTE, s. f., vase à parfums, حق روايح زكية - مبخرة.

CASSONADE, s. f., sucre non raffiné, سكّر خام.

CASSURE, s. f., rupture, كسرة - كسر.

CASTAGNETTE, s. f., instrument composé de deux morceaux de bois ou de fer creux et ronds, qu'on tient entre les doigts, et qu'on frappe l'un contre l'autre en cadence, صغانة - فقّيشات - ساجات - جلبارة.

CASTE, s. f., tribu, classe, فرقة ; plur., فِرَق - طايفة ; plur., طوايف.

CASTOR, s. m., animal amphibie, كلب الماء - حيوان جندبادستر - بيدستر - سكلابي.

CASTORÉUM, s. m., matière tirée du castor, خصوة الجرد - جُنْد بادستر.

CASTRAT, s. m., chanteur châtré, طواشي مغني.
CASTRATION, s. f., amputation des testicules, اخصا ـ تطويش.
CASUALITÉ, s. f., عرضية.
CASUEL, s. m., revenu fortuit, مدخول براني ـ عارضي ـ براني.
CASUEL, E, adj., fortuit, accidentel, غيبي ـ عارضي ـ عرضي.
Casuel, adj., fragile. Voyez FRAGILE.
CASUELLEMENT, adv., par hasard, عرضياً ـ غيبياً.
CASUISTE, s. m., théologien qui résout les cas de conscience, حلّال المشكلات.
CATACHRÈSE, s. f., métaphore par abus des termes, منافرة التشبيه.
CATACOMBES, s. m., plur., tombeaux souterrains, قبور تحت الارض ـ مغارات لدفن الموتا.
CATAFALQUE, s. m., décoration funèbre, زينة نعش مزين ـ النعش.
CATAIRE, s. f., ou herbe-au-chat, قطربة ـ حشيشة القط.
CATALEPSIE, s. f., espèce d'apoplexie avec immobilité et respiration, نقطة.
CATALEPTIQUE, adj. com., attaqué de la catalepsie, به النقطة.
CATALOGUE, s. m., liste de livres, فهرسة كتب ; plur., فهارس ، فهرست.
CATAPLASME, s. m., espèce d'emplâtre, لبخة.
CATARACTE, s. f., chute des eaux d'un fleuve, آت ; plur., شلّال ـ جندل ; plur., جنادل. En style sacré, pluies excessives, ميزاب ; plur., ميازيب.
Cataracte, humeur, tache sur le cristallin de l'œil, بياضة في العين ـ ماء ينزل على العين.
CATARRHE, s. m., fluxion d'humeurs, نزل ـ نزلة ; plur., نزول.
CATARRHEUX, SE, ou CATARRHAL, E, adj., accompagné de catarrhe; sujet aux catarrhes, نزولي ـ معتاد بالنزول ـ به نزول.

CATASTROPHE, s. f., événement funeste, مصيبة ; plur., مصايب ـ بلية ; plur., بلايا. Catastrophe, fin malheureuse, نهاية سوء ـ اخرة سوء.
CATÉCHISER, v. a., instruire des mystères de la foi, علّم قواعد الدين.
Catéchiser, fam., endoctriner, وعظ ; aor., يعظ.
CATÉCHISME, s. m., instruction sur les mystères de la foi, تعليم مسيحي.
CATÉCHUMÈNE, s. com., celui que l'on dispose au baptême, تلميذ للعماد.
CATÉGORIE, s. f., ordre, rang, باب ـ طبقة ـ طرز.
CATÉGORIQUE, adj. com., dans l'ordre, à propos, حسب مقتضا الامر ـ موافق ـ مناسب ـ في محلّه. Réponse catégorique, جواب شافي.
CATÉGORIQUEMENT, adv., à propos, avec précision, مناسباً ـ من بابه. Répondre catégoriquement, ردّ جواب شافي.
CATHÉDRALE, s. f., église principale d'un évêché, راس الكنايس ، اول كنيسة في ابرشية ـ الكنيسة الكبيرة.
CATHOLICISME, sing. m., religion catholique, ايمان كاطوليكي ـ كاطوليكية.
CATHOLICITÉ, s. f., pays des catholiques, بلاد الكاطوليكية. Catholicité, doctrine catholique, مذهب كاطوليكي.
CATHOLIQUE, adj. com., قاثوليقي ـ كاطوليكي.
CATI, s. m., apprêt des étoffes pour les lustrer, les affermir, بوش.
CATIN, s. f., fam., prostituée, شلكة.
CATIR, v. a., donner le cati, بوّش القماش.
CATHÉTER, s. m., sonde creuse de chirurgie, قاثاطير ـ قاطاثر.
CAUCASE, chaîne de montagnes d'Asie, جبل قاف.
CAUCHEMAR, s. m., oppression en dormant, كابوس.
CAUSALITÉ, s. f., سببية.
CAUSATIF, VE, adj., terme de gramm., qui rend

raison de ce qui a été dit, سببى. Particule causative, حرف سببى.

Cause, s. f., ce qui fait qu'une chose est, علّة ; plur., سبّة - علل ; plur., سبب - اسباب (Barb.). La cause première, العلّة الاولى - العلّة المبدية. || Dieu est la cause première, la cause des causes, الله هو العلّة الاولى و علّة العلل || Cause seconde, علّة ثانية. || Cause formelle, علّة صوريّة. || Cause matérielle, علّة ماديّة. || Cause efficiente, علّة فاعليّة. || Cause finale, علّة غائيّة. || Cause principale, سبب اخصّ. علّة تماميّة.

Cause, sujet, داعى ل - موجب - سبب - باعث - سبّة (Barb.). Il n'a point fait cela sans cause, ما عمله بلا سبب. || Tous les jours il était battu à cause de cet enfant, و كان كلّ يوم ياكل قتلة من تحت راس هذا الصبى.

Cause, procès, دعوى ; plur., دعاوى. En connaissance de cause, avec connaissance de cause, على بصيرة - على جليّة خبر.

Cause, intérêt, غرض. Prendre fait et cause pour quelqu'un, طلع من غرضه - تغضب معه A. - حمى احدًا I. || A ces causes, بناءً عليه - نظرًا لذلك.

A cause de, لاجل - بسبب. A cause de, pour l'amour de, par égard pour, على - لاجل خاطر - من شان خاطر - كرمال خاطر من شان - كرمالك. A cause de vous, خاطرك.

A cause que, conj., كون ان - لانّ.

Et pour cause, pour bonne raison, و لسبب اصل.

Causer, v. a., être cause de, علل - سبّب.

Causer, v. n., s'entretenir familièrement, ساير - قجم O. - لقش (Syrie) (Barb.). Causer de choses et d'autres, تسامر - تحاكى.

Causerie, s. f., action de causer, babil famil., مسايرة (Syrie) لقش.

Causeur, se, adj., مساير - لقاش.

Causticité, s. f., au fig., malignité, penchant à critiquer, ميل للهجو - شرّ - اذية - شقا.

Caustique, adject. com., corrosif, brûlant, محرق.

Caustique, au fig., satirique, مودى - هاجى - شقى - شرير.

Cauteleusement, adv., avec ruse, finesse, بالحيلة - بمناكفة.

Cauteleux, se, adj., fin, rusé, مناكف - محتال - صاحب حيل.

Cautère, s. m., ulcère artificiel, كى ; plur., حجمة - كيّات.

Cautère, s. m., instrument. مكواة. Faire, appliquer un cautère, فتح كيًّا A.

Cautérique, adj. com., qui brûle les chairs, محرق اللحم - اكّال اللحم.

Cautérisation, s. f., action de faire un cautère, كى - كوى اللحم.

Cautériser, v. a., brûler comme font les caustiques, كوى I.

Cautériser, appliquer un cautère, فتح كى A.

Caution, s. f., répondant qui s'oblige pour quelqu'un, كفيل - ضامن - ضمانة. Bonne caution, كفيل يوثق به. || Fournir une caution, قدّم كفيل. || Élargir quelqu'un à la caution d'un autre, اطلق احدًا بكفالة غيره، بضمانة غيره.

Être, se rendre caution de, ضمن A. - كفل I.

Sujet à caution, douteux, dont il faut se méfier, بلا كفيل - بدّه ضامن.

Cautionnement, s. m., acte par lequel on cautionne quelqu'un, كفالة - ضمانة - تضمين.

Cautionner, v. a., se rendre caution pour quelqu'un, كفل I. - ضمن A. - قعد ب O.

Cavalcade, s. f., marche pompeuse, personnes à cheval, ركبة - ركب - رماحة - بنيش.

Cavalcadour, adj. (écuyer), qui a soin des chevaux, des équipages du roi, باش سيّاس السلطان.

CAVALE, s. f., femelle du cheval, jument, فرس;
plur., افراس ; plur., جَوْرة - جُوْرة.
CAVALERIE, s. f., troupe à cheval, خيّالة.
CAVALIER, s. m., homme à cheval, خيّال; plur.,
خيّالة - فارس et فوارس ; plur., فرسان.
Cavalier, adj., aisé, libre, مخلّص.
Cavalier, brusque, hautain, متهجّم.
CAVALIÈREMENT, adv., lestement, de bonne
grâce, بلطافة - بصنعة.
Cavalièrement, avec hauteur, brusquerie, بتهجّم.
Traiter quelqu'un cavalièrement, تهجّم به -
استحقّ به.
CAVE, s. f., lieu souterrain pour le vin, etc.,
مطورة - قبو النبيذ - زرزميّة.
Cave, mise au jeu, رسمال اللعب.
Veine-cave inférieure et supérieure, les deux plus
gros vaisseaux du sang, وريد أجوف اسفل و أعلى -
عرق أجوف.
CAVEAU, s. m., قبو صغير - مطورة صغيرة.
CAVEÇON, s. m., fer sur le nez des chevaux
pour les dompter, بلام.
CAVER, v. a., creuser, miner, حفر A. - O. بحث.
- O. L'eau a cavé le rocher, اكل الماء الصخرة
- اكل.
Caver, terme de jeu, faire fonds d'une certaine
somme, O. حطّ رسمال فى اللعب.
CAVERNE, s. f., grotte dans des rochers, sous
terre, مغارة; plur., مغاير - مغارات ou غار; plur.,
اغوار. Petite caverne, كهف; plur., كهوف.
CAVERNEUX, SE, adj., مملى مغاير.
CAVIAR, s. m., œufs d'esturgeon salés, خبيارى.
CAVILLATION, s. f., fausse subtilité, مغالطة.
CAVITÉ, s. f., vide, creux, تجويف - خلو -
جورة.
CE, CET; fém., CETTE; plur., CES, هذا - ذا -
(Égypte) دة - fém., هذه - ذه - (Égypte) دى - pl.,
هؤلاء - هدول - (Égypte) دول. Cet homme,
هذا الرجل - للرجل - (Égypte) لرجل, ou par contraction,
الراجل دة.

Ce qui, ما - الّذى. Ce qui me fâche, c'est que,
الّذى يصعب علىّ هو ان.
Ce que, ما - الّذى. Écoute ce que je te dis,
اسمع ما اقول لك. ‖ Ce que vous dites est vrai,
الّذى قلتم صحيح. ‖ Je ne sais ce qu'il fait,
ما اعرف ايش يعمل. ‖ A ce qu'on dit,
حسب قول الناس - على ما يقولوا.
Qu'est-ce? ما هذا - اى شى هذا - ايش هو هذا.
Fût-ce mon fils, و لو كان ابنى.
Qui est-ce? منو هات - من هو؟ - C'est moi, انا.
‖ Est-ce toi, انت هو. ‖ C'est lui, هو هو. ‖ C'est moi, انا هو.
Ce sont de très-honnêtes gens, هم قوم ناس
ملاح. Ce furent les Français qui assiégèrent la
ville, الفرنساويّة هم الّذين حاصروا المدينة.
C'est pourquoi, و من شان هذا - ولاجل ذلك -
و كمانّك.
CECI, adj. démonstratif, cette chose-ci, هذا -
(Égypte) دة.
CÉANS, adv., ici-dedans, هنا - هون.
CÉCITÉ, s. f., état d'un aveugle, عمى.
CÉDANT, E, adj., qui cède son droit, مسلّم حقّه.
CÉDER, v. a., laisser à quelqu'un, فات O. - 
تخلّى له عن شى - O. ترك - خلّى -
تنازل له عن شى - A. سيّب له بالشى -
سلّم لاحد حقّه.
Céder, v. n., se relâcher, لان I. - حطّ O.
Céder, se soumettre, se rendre, سلّم نفسه -
A. خضع. Céder à la raison, اذعن
للحقّ.
Céder, acquiescer, ne pas résister, طاوع. Céder
à ses supérieurs, طاوع من اكبر منه.
Céder, se reconnaître ou être reconnu inférieur,
vaincu, O. حطّ له فى - ما لحق درجة احد -
A. - شهد، اعترف لغيره بالظرف على نفسه.
Il ne le cède à personne en mérite, ما لحق طبقته
لا يشهد لاحد بالفضل على نفسه. ‖ Il lui cède en
science, يحطّ له فى العلم - ما يلحق درجته فى العلم.
Céder, s'affaisser, O. هبط.

CÉDRAT, s. m., espèce de citronnier, son fruit odorant, أُتْرُجّ - كَبَّاد.

CÈDRE, s. m., du Liban, أرزة; coll., ارز لبنان. Cèdre ordinaire, de plus petite espèce, شاربين - شربين.

*Cèdre*, espèce de citron, نوع ليمون.

CÉDRIE, subst. f., résine du cèdre, صمغ الشربين.

CÉDULE, s. f., billet sous seing-privé, تمسك; plur., تمسكات.

CEINDRE, v. a., entourer, أحاط ب. Ceindre d'une ceinture, حزم - زنّر. ‖ Ceindre l'épée à quelqu'un, la lui placer au côté, قلّد بالسيف. Ceindre l'épée, pour se ceindre de l'épée, تقلّد بالسيف. ‖ Ceindre le diadème, prendre la couronne, لبس التاج I. ‖ Se ceindre la tête d'un bandeau, عصب رأسه بعصابة. ‖ Se ceindre les reins, se les serrer avec un cordon, شدّ وسطه ب O. - شدّ حقويه (Évang.). ‖ Se ceindre d'une ceinture, تنزّر.

CEINTRAGE, s. m., cordages qui ceignent les navires, حبال حول المركب.

CEINTURE, s. f., ce dont on ceint le milieu du corps, حزام; plur., أحزمة حزامات et (Syrie) - زنّار; plur., زنانير. Ceinture de cuir et à poche pour mettre de l'argent, كمر. ‖ Ceinture de cuir, sans poche, à l'usage des domestiques hommes, سبتة. ‖ Ceinture de soie, avec deux plaques en argent ou en or, qui se ferme par le moyen d'un crochet, garnie quelquefois de pierreries, à l'usage des dames en Orient, حياصة ou حزام. Ceinture pour passer dans la coulisse des caleçons à l'orientale, دكّة; plur., دكك.

*Ceinture*, endroit du corps où s'attache la ceinture, وسط.

CEINTURIER, s. m., qui fait et vend des ceintures, حزاماتي - زنانيري.

CEINTURON, s. m., sorte de ceinture pour porter l'épée, etc., حمالة سيف - منطقة لحمل السيف.

CELA, pron. démonstr., cette chose-là, ذا ou هذا (Égypte) - ذلك.

CÉLÉBRATION, s. f., de la messe, عمل القداس. Célébration du mariage, تكليل - اكليل. ‖ Célébration d'une fête, عمل العيد.

CÉLÈBRE, adj. com., renommé par, مشهور ب.

CÉLÉBRER, v. a., louer avec éclat, مدح A. - عظم - مجّد - فخّم. Célébrer la puissance et la sagesse divines, عظم قدرة الرب و مجّد حكمته.

*Célébrer* la messe, la dire, قدّس A. Célébrer un concile, le tenir, عمل القداس A. ‖ Célébrer un mariage, le faire avec les cérémonies, كلّل. ‖ Célébrer une fête, la solenniser, عمل العيد A.

CÉLÉBRITÉ, s. f., grande réputation, اشتهار.

CELER, v. a., cacher, taire, كتم عن أحد O. - داري, اخفى, خبّى عن.

CÉLERI, s. m., plante potagère, كرفس بستاني. Céleri sauvage, كرفس برّي - بطرساليون.

CÉLÉRITÉ, s. f., vitesse, سرعة - عجلة.

CÉLESTE, adj. com., qui appartient au ciel, علوي - سماوي.

*Céleste*, qui vient de Dieu, من الله. Inspiration céleste, الهام من الله. ‖ La colère céleste, غضب الرب.

CÉLIBAT, s. m., état d'une personne non mariée, عزوبة - عزوبية.

CÉLIBATAIRE, s. m., qui vit dans le célibat, عازب; plur., أعزاب - اعزب; pl., عزّاب - عزب; plur., عزبان. On dit aussi par ironie, عزبنجي; plur., عزبنجية.

CELLE, pron. fém., التي; plur., اللاتي; vulg., الذين. *Voyez* CELUI.

CELLÉRIER, s. m., religieux qui a soin des provisions de bouche, أمين الكلار - وكيل المونة.

CELLIER, s. m., lieu où l'on serre les provisions, بيت المونة - كرار ou كلار.

CELLULAIRE, adj. com., (partie du corps, membrane), qui a des cellules, خلَلي.

CELLULE, s. f., petite chambre d'un religieux, قلاية; plur., قلالي.

Cellule, cavité, loge, خلال - خلل.

CELUI, pron. démonstr., m. s., الذى. Ceux, plur. m., الذين. || Celui que j'ai vu, الذى شفته.

CELUI-CI, pr. dém. m., هذا - (Égypte) دہ; pl., هولا; vulg., دول - هدول.

CELLE-CI, pr. dém. f., هذه - (Égypte) دى; plur., هولا; vulg., دول - هدول.

CELUI-LA, pr. dém. m., (Égypte) داك - هذاكي ; pl., ذلك - هذاك - اولايك; vulg., هدوك - دوك - هدوليك.

CELLE-LA, pr. dém. f. (Égypte), ديكها، دكها - ; pl., تلك - تاك - هذيكي - هذيك ; اولايك ; vulg. comme le masculin.

CÉMENT, s. m., mélange de sel, de soufre et de métaux en poudre, pour faire l'acier, etc., خلط معادن وملح وكبريت لعمل البولاد او لتغيير ذلك.

CÉMENTER, v. a., purifier les métaux au feu, طهر المعادن بالنار.

CENDRE, s. f., poudre qui reste des matières brûlées, رماد - صفية.

Cendres, au plur, restes des morts, تراب الاموات.

Cendre allumée, qui reste dans la pipe et avec laquelle on allume une autre pipe, زرزور - زرزورة.

Cendre gravelée, du marc de vin, قلي الخمر.

CENDRÉ, E, adj., couleur de cendre, رمادي.

CENDRÉE, s. f., petit plomb pour la chasse, رش رصاص.

CENDREUX, SE, adj., مرمد.

CENDRIER, s. m., où tombe la cendre, ce qui la reçoit, محل الرماد.

CÈNE, s. f., dernier souper de J.-C. avec ses apôtres, عشا السيد المسيح السرى مع تلاميذه.

CÉNOBITE, s. m., ancien moine vivant en communauté, راهب; plur., رهبان.

CÉNOBITIQUE, adj. com., رهبانى.

CÉNOTAPHE, s. m., tombeau vide dressé à la mémoire d'un mort, قبر خالي.

CENS, s. m., redevance annuelle en argent de biens qui relèvent d'un fief, معتاد سنوى لصاحب الملك - خوالي.

CENSAL, s. m., courtier dans le Levant, صيصار; plur., دلال - سماسرة - صماصرة ; plur., سمسار.

CENSÉ, E, adj., réputé, كانه - اسمه.

CENSERIE, s. f., courtage en général, صمصرة - دلالة - سمسرة.

CENSEUR, s. m., garde des mœurs, مادب. Censeur importun, chagrin, عذول. || Censeur, critique équitable, باحث - منتقد.

Censeur, celui qui est chargé d'examiner les livres, فاحص الكتب.

CENSIER, ÈRE, s., propriétaire, صاحب الملك.

Censier, qui tient une ferme à cens, ملتزم.

CENSITAIRE, s. m., tenancier, qui doit cens et rente à un seigneur de fief, ملتزم.

CENSIVE, s. f., redevance quelconque due à un fief, معتاد الملتزم.

CENSURABLE, adj. com., qui mérite la censure, مستحق التوبيخ.

CENSURE, s. f., dignité du censeur, رتبة الفاحص.

Censure, répréhension, ملامة.

Censure ecclésiastique, interdiction, suspension d'une charge ecclésiastique, ربط، منع الكاهن.

Censure, examen d'un livre, فحص كتاب.

CENSURER, v. a., reprendre, ذم o. - لام o. - انكر. Censurer les actions des autres, لام غيره على افعالهم. || Censurer une expression de quelqu'un, انكر عليه كلمة. Voyez CONTRÔLER.

Censurer, déclarer erroné (un livre, une proposition), حكم على كتاب او قضية بالغلط.

CENT, s. m., dix fois dix, مية ou ماية; plur.,

مِيَات ;Cent hommes, رجل مِيَة. || Deux cents, ميتَيْن. || Trois cents, ثلاثميَة. || Quatre cents, اربعمِيَة ; et ainsi de suite.

CENTAINE, s. f., nombre de cent unités, مايَة ـ قَدَر مِيَة. Une centaine d'hommes, ميَة واحد رجل.

CENTAURÉE, s. f., plante médicinale, قنطوريون ـ حشيشَة القنطرِيَة. Grande et petite centaurée, قنطوريون كبير و دقيق.

CENTENAIRE, adj. com., qui a cent ans, عمرهُ ميَة سنَة ـ ابن مايَة سنَة.

CENTIÈME, adj. com., مايَة.

CENTIME, s. m., centième partie du franc, واحد من مايَة يتركب منها الافرنك.

CENTINODE, s. f., plante, عصا الراعي.

CENTON, s. m., poésie composée de vers ou fragments pris d'un auteur célèbre, قصيدة مركبَة من بيوت او اجزا شعر مختلفَة من اشعار بعض الشعرا المشهورة.

CENTRAL, E, adj., qui est dans le centre, متوسط.
CENTRALISATION, s. f., انضمام في الوسط.
CENTRALISER, v. a., réunir en un centre commun, ضم في الوسط.
CENTRE, s. m., point du milieu d'un cercle, etc., وسط ـ مركز ; plur., مراكز. Centre, lieu où les choses tendent naturellement, مرجع. || Centre, milieu d'une ville ou d'une armée, قلب ـ وسط.

CENTRIFUGE, adj. com., qui tient à s'éloigner du centre, متباعد من الوسط ـ من المركز.

CENTRIPÈTE, adj. com., qui tend à gagner le centre, مايل الى الوسط ـ الى المركز.

CENTUPLE, adj. comm., cent fois autant, مايَة اضعاف.

CENTUPLER, v. a., rendre cent fois plus grand, صار الواحد مايَة. Être centuplé, ضاعف الواحد مايَة.

CENTURION, s. m., commandant de cent hommes, راس ميَة ـ قايد مايَة.

CEP, s. m., pied de vigne, عقل العنب ـ داليَة; plur., دوالي.

CEPENDANT, adv., pendant cela, فبينها هو كذلك. Nous bûmes et mangeâmes, cependant la nuit survint, واما ماكان من فلان فانه هذا و اكلنا و شربنا. || Cependant le roi Zohaïr commanda aux esclaves d'apporter le dîner, فبينما نحن كذلك هجم علينا الليل هذا والملك زهير امر العبيد باحضار الطعام. || Cependant Antar, après avoir mis en fuite les ennemis, revenait vers sa tribu, هذا ماكان من هولاء و اما ماكان من عنتر فانه لما هزم الاعدا رجع طالب الاطلال.

Cependant, conj., nonobstant cela, néanmoins, الان ـ غير ان ـ والحال ـ مع هذا كلّه ـ مع ذلك. Vous m'avez promis cent fois de m'aider, et cependant vous m'êtes contraire, اوعدتني ميَة مرَة بالمساعدة و مع هذا كلّه تخالفني. || Ils se ressemblent en apparence, et cependant il y a entre eux une différence bien grande, يشبهوا بعضهم في الظاهر و الحال بينهم فرق بعيد. || Le roi fut très-irrité, cependant il ne fit point mourir ce jeune homme, de crainte de commettre une injustice, فغضب السلطان غضبًا شديدًا الا انه ما امر بقتل الشاب خوفًا من البغي.

CÉPHALALGIE, s. f., douleur de tête, صُداع.
CÉPHALIQUE, adj. com., qui appartient à la tête, يخصّ الراس.
CÉPHÉE, s. m., constellation, الملتهب ـ قيفاوس.
CÉRAT, s. m., pommade de cire, etc., مرهم من الشمع و الزيت.
CÉRAUNIAS, s. m., pierre de foudre, حجر الصاعقة.
CERBÈRE, s. m., chien des enfers à trois têtes, كلب الجهنم.
CERCEAU, s. m., cercle de bois, de fer, pour lier les tonneaux, طارَة ـ جلب; plur., جلب.
CERCLE, s. m., figure dont toutes les parties sont à distance égale du centre, دايرة; plur., دواير. Cercle, assemblée, جمعية ـ محضر ـ حلقَة.

*Cercle* vicieux, faux raisonnement où l'on donne pour preuve ce qu'il faut d'abord prouver, دور.

*Cercle*, cerceau, طوق; plur., اطواق - جلبة - طارة.

Cercler, v. a., حطّ طارات على البرميل.O - شد الواح البرميل بطارات O.

Cerceuil, s. m., bière, تابوت للميت; plur., توابيت.

Cérébral, e, adj., qui appartient au cerveau, دماغي - مخّي.

Cérémonial, s. m., usage réglé pour les cérémonies, طقوس, pl.; طقس - قوانين, pl.; قانون. Cérémonial de l'église, طقس و مناسك الكنيسة. || Cérémonial, cérémonies entre particuliers, تكليف.

Cérémonie, s. f., formes extérieures et religieuses, طقس - منسك; plur., مناسك. Cérémonie, formalités observées dans les actions solennelles, pompe, الاى - وكبة. || En cérémonie avec appareil, بوكبة.

*Cérémonie*, manière honorable de traiter, تبجيل - احتفال - اكرام - تشريف - واجب. Maître des cérémonies, تشريفنجي - والي التشريفات.

*Cérémonie*, civilité importune, تكليف - غلبة; plur., تكاليف - كلفة. Entre amis il n'y a point de cérémonies, بين المحبين ما فيه تكليف. Quand l'amitié existe, la cérémonie cesse, اذا حصلت الالفة سقطت الكلفة. || Sans cérémonie, sans façons, librement, من غير تكليف - من غير تكلّف - بلا تكليف.

Cérémonieux, adj., qui fait trop de cérémonies, كثير التكاليف - يعمل تكليف - متكلف بالتشريفات.

Cerf, s. m., quadrupède fauve, اريل - ايّل. (Barbarie) لبّن. Espèce de cerf des déserts de l'Arabie, بقر وحش.

Cerf-volant, s. m., jouet d'enfant, طيّارة.

*Cerf-volant*, escarbot, ابو جعران.

Cerfeuil, s. m., plante potagère, كزبرة خضرا - اطريلال - رجل الغراب - سرفول.

Cérinthée, s. f., ou Mélinet, plante vulnéraire, لسان العصفور جبلي.

Cerisaie, subst. fém., lieu planté de cerisiers, شجرية كرز.

Cerise, s. f., fruit rouge à noyau, كرز.

Cerisier, s. m., شجر الكرز.

Cerné, e, adj., battu (en parlant des yeux), ذبلان.

Cerneau, s. m., moitié de noix verte sans la coque, جوز مقشر - نصف جوزة خضرا مقشّرة - قلب جوز - لبّ جوز.

Cerner, v. n., entourer, حلق على.

*Cerner* des noix, نقّى لبّ الجوز من القشر - قشّر جوز.

Certain, e, adj., vrai, indubitable, اكيد - محقّق - حقيقي - ماكّد. C'est une chose certaine, هذا شي حقيقي. || Renseignements certains, علم اليقين - يقيناً. || De science certaine, جليّة الخبر. || Je sais de science certaine que, انا اعرف علم اليقين ان.

Être *certain* de quelque chose, ايقن ب. Certain de, assuré de, ماكّد على و موقن ب. || Je suis certain de cela, انا على يقين من ذلك. || Je suis certain de votre amitié, هذا عندي محقّق و ماكّد - حبّكم عندي محقّق و ماكّد - انا ماكّد على حبّكم.

*Certain*, quelque, بعض. Certaine personne, بعض شخص; plur., بعض اشخاص. || Certaines choses, بعد اشيا. || Une certaine nuit, ذات ليلة - في بعض الليالي.

Certainement, adv., en vérité, بالحقيقة - حقّاً. Certainement, indubitablement, اكيداً - بلا شكّ. || Savez-vous cela certainement? تعرف هذا اكيداً. || Me connaissez-vous? تعرفني; réponse: certainement, الا. || Certainement je ferai cela (je veux absolument faire cela), من كل بدّ اعمله. || Certainement il aura du profit à cela, البتّ ما يكون

CES

Certes, adv., certainement, وأنها - حقا ou إنّ.

Certificat, s. m., écrit faisant foi de quelque chose, ورقة شهادة - شهادة على.

Certificateur, s. m., celui qui certifie, شاهد - محقق.

Certification, s. f., assurance, شهادة - تحقيق.

Ceatifier, v. a., témoigner, assurer, حقّق - شهد ب.

Certitude, s. f., assurance pleine et entière, يقين - علم اليقين. J'en ai la certitude, هذا عندى ماكد و محقق.

*Certitude*, stabilité, قرار - دوام. Il n'y a nulle certitude dans les choses du monde, أمور الدنيا ما لها قرار.

Cérumen, s. m., l'humeur jaune des oreilles, وسخ الاذان.

Cérumineux, se, adj., qui tient de la cire, شمعى.

Céruse, s. f., blanc de plomb, blanc de céruse, اسفيداج - سبيداج.

Cerveau, s. m., substance molle dans le crâne, ماقوق الانسان - امخاخ plur. مخّ - دماغ.

*Cerveau*, esprit, jugement, ذهن ou عقل. Cerveau fêlé, عقل مشعور. ‖ Cerveau brûlé (homme emporté, entêté), مقل - وقح.

Cervelas, s. m., petit saucisson, منبار صغير.

Cervelet, s. m., partie postérieure du cerveau, موخر المخ.

Cervelle, s. f., partie blanche et molle du cerveau, ذهن - ظوظ زوز. *Voyez* Cerveau.

Cervical, e, adj., qui appartient au cou, عُنقى.

Cervoise, s. f., boisson faite avec du grain et des herbes, مِزر.

Cervier (Loup-). *Voyez* Lynx.

César, s. m., empereur, titre, قيصر ; plur., قياصرة.

من كل بدّ، البتّة يطلع له-له منفعة فى هذا - منفعة من هذا.

CHA

Cessant, e, adj., qui cesse, منقطع - منتهى.

Cessation, s. f., discontinuation, انقطاع.

Cesse (Sans), adv., continuellement, بلا فتور - دايما - بلا انقطاع.

*Cesse* (n'avoir point de), ما زال. Il n'a point eu de cesse qu'il n'ait obtenu de lui ce qu'il sollicitait, لم يزل يلحّ عليه حتى اجابه الى ما طلب.

Cesser, v. a., discontinuer, قطع - بطل A. Cessez ce discours, دع عنك هذا الكلام.

*Cesser* de, v. n., انقطع عن - افتر من - كفّ عن. A. زال - بطل - عدل عن - خلى عنه الشى. J'ai cessé d'aller chez lui, بطلت اروح الى عنك - عدلت عن الرواح الى عنك - انقطعت عن بيته ‖ Il ne cesse de courir, ما يهدى من الركض ‖ Il n'a point cessé de dormir, ما زال ينام - لم يزل نايم ‖ Cessez de parler ainsi, خلِّ عنك هذا الكلام ‖ Cessez de nous tourmenter, دع عنك هذا الكلام - اكفينا شرك - كفّ عنا شرك.

Faire *cesser*, بطل - قطع A. Faire cesser la fièvre, قطع السخونة.

Cession, s. f., abandon, transport d'une propriété, تخلى عن - ترك - فوات - معطى - نقل.

Cessionnaire, adj. com., celui à qui on cède; celui qui accepte la cession, متسلم. Cessionnaire, celui qui cède, مسلم.

Césure, s. f., وَقف فى بيت الشعر.

Cet. *Voyez* Ce.

Cétacé, s. m., grand poisson comme la baleine, سمك كبير نحو الحوت.

Cætera (et), et le reste, الى اخرة ; et par abréviation, الخ.

Cétérac, s. m., ou Doradilla, plante, عقربان - اشقولو فندريون - حشيشة الذهب.

Ceylan, île des Indes, جزيرة سيلان.

Chabot, s. m., poisson d'eau douce à grosse tête plate, شال - نوع سمك ; plur., شيلان.

Chacal, s. m., animal qui tient le milieu entre le chien et le loup, واوى - چكال - ابن اوى.

# CHA        CHA    137

Chacun, e, adj., chaque personne, كل من هو. Chacun de ces rois, كل احد - كل واحد من هؤلاء الملوك. ‖ Chacun parle selon son caprice, كل من هو يحكي على هواه. Chaque chose, كل احد - كل واحد. ‖ Chacune de ces opinions a eu ses sectateurs, فذهب الى كل رأي من تلك الاراء طائفة.

Chagrin, s. m., peine, affliction, كرب; plur., كروب - غم; plur., غموم. Avoir du chagrin, اغتم - وجد غمّا - انغم, aor., يجد.

Chagrin, espèce de cuir, جلد ساغري.

Chagrin, e, adj., triste, مغبّن - مغموم (Barb.).

Chagrinant, e, adj., qui afflige, مغمّ.

Chagriner, v. a., attrister, اغمّ - غمّ. O. — غبّن (Barb.).

Se chagriner, v. réfl., اغتم - انغم.

Chaîne, s. f., lien composé d'anneaux entrelacés, سلسلة, pl. سلاسل - زنجير, pl. زناجير - جنزير.

Chaîne, fils tendus sur un métier pour faire de la toile, سدى - قيام - قيامة. Faire la chaîne d'une toile, سدى.

Chaîne, au fig., continuité, سلسلة.

Chaînette, s. f., petite chaîne, سليسلة - سلسلة صغيرة.

Chaînon, s. m., anneau de chaîne, زردة; coll., زرد - كلب - حلقة السلسلة; plur., حلق.

Chair, s. f., لحم; plur., لحوم.

Chair, au fig., concupiscence, aiguillon de la chair, شهوة. Sentir l'aiguillon de la chair, طالبته الشهوة. ‖ Chair, opposé à esprit, corps, جسد. ‖ Les plaisirs de la chair, اللذّات الجسدانية.

Chair, la nature humaine, الطبيعة البشرية.

Chaire, s. f., tribune, منبر; plur., منابر.

Chaire, charge de professeur, مدرسة.

La chaire apostolique, الكرسي الرسولي.

Chaise, s. f., voiture, نوع عجلة خفيفة.

Chaise, siège, كرسي; plur., كراسي. Chaise percée, كرسي فيه مستعملة.

Chaland, e, adj., acheteur, pratique d'un marchand, مشتري - زبون; plur., زباين ou زبونات.

Chalastique, adj. com., remède qui relâche les fibres, دوا مرخي.

Chalcite, s. m., colcotar fossile, قلقطار معدني.

Chaldaïque, adj. com., des Chaldéens, كلداني.

Chaldée, s. f., portion méridionale de l'Irak-Arabique, بلاد الكلدانيين - كلدة.

Chaldéen, adj., habitant de la Chaldée, كلداني.

Chaldéen, s. m., langue, اللسان الكلداني.

Chale, s. m., شال; plur., شالات et شيلان. Châle long, شال - شالة. ‖ Châle de cachemire, شالة كشمير - شالة ترما. ‖ Châle qui n'est point de cachemire, شالة كرمان. ‖ Châle à palmes des deux côtés avec bordures (كنار), et des coins شال كتفي, (شربة بالقراني). ‖ Châle de Perse à grandes raies, شالة فرماجي. Châle carré, avec un rond (بركة) au milieu, بقجة. ‖ Châle de cachemire, بقجة ترما. ‖ Châle de Perse à grandes raies, بقجة فرماجي.

Chaleur, s. f., qualité de ce qui est chaud, الحرارة الغريزية. La chaleur naturelle, حرارة - حر. ‖ Chaleur de la température, حر - شوب - سخانة (Barb.). ‖ La chaleur est bien forte aujourd'hui, اليوم الحر شديد - اليوم الشوب عظيم. Au plus fort de la chaleur, في اشد الحر و الشوب. ‖ La chaleur du soleil force souvent de recourir à un mauvais abri, حر الشمس يلجي الى مظل سوء; prov.

Chaleur, vive ardeur, حرارة. Parler avec chaleur, avec colère, تكلم بحرقة. ‖ Dans la chaleur du combat, في اشد القتال.

En chaleur, en rut, طالب - حايل. Jument en chaleur, فرس طالبة, حايلة.

Chaleureux, se, adj., qui a beaucoup de chaleur naturelle, حامي.

Chalit, s. m., bois de lit, تخت; plur., تخوت.

Chaloupe, s. f., petit navire, زورق; plur.,

Chaloupe d'un vaisseau, فَلُوكة; plur., زَوَارِق. ‖ Chaloupe canonnière, لنجون. صُنْدَل ـ فَلَائِكْ.

CHALUMEAU, s. m., tuyau de paille, قَشّ ـ غَاب ـ غَابَة ـ قَصَبَة الحنْطَة.

Chalumeau, flûte, مِزْمَار ـ قَصَب ـ شَبَّابَة مِن قَصَب.

CHAMADE, s. f. (battre la), demander à capituler, ٥. طلب الامان.

CHAMAILLER, v. n., disputer avec bruit, تخانَق ـ تقَاتَل.

Se chamailler, v. récipr., se battre pêle-mêle, à grand bruit, se disputer, تخانَقُوا ـ تشَاعَشُوا ـ تقَاتَلُوا.

CHAMAILLIS, s. m., mêlée où l'on se chamaille, قِتَال ـ مقَاتلَة ـ خناق.

CHAMARRÉ, E, adj., orné de broderies, مزَوَّق.

CHAMARRER, v. a., orner de broderies, زَوَّق.

CHAMARRURE, s. f., manière de chamarrer, ornements prodigués, زَوَاق ـ تزْوِيق.

CHAMBELLAN, s. m., حَاجِب; plur., حجَّاب. Grand chambellan, حاجِب الحجَّاب.

CHAMBRANLE, s. m., ornement de bois ou de pierre pour une cheminée, une porte, etc., عَامُودَة ـ خشب او جِرى جانِب مدخنَة او باب للزينة.

CHAMBRE, s. f., pièce d'une maison, بِيت; plur., بُيُوت et أوضَة ـ جُجْرَة; plur., أوضَات. ‖ Grande chambre, قَاعَة. ‖ Petite chambre, مخْدَع ـ جُجَيْرَة; plur., علالِي ـ مخَادِع. ‖ Chambre haute, عُلِّيَّة; plur., علالِي. ‖ Chambre basse, أوضَة فوقَانِيَّة ـ غُرْفَة ـ أوضَة تحتَانِيَّة.

Chambre d'une arme à feu, الخزنَة.

Chambre d'un navire, القَامرَة ـ الطارمَة (Barb.).

Femme de chambre, فرَّاشَة. Valet de chambre, فرَّاش.

CHAMBRÉE, s. f., soldats qui logent ensemble, جمَاعَة أوضَة. Chef de chambrée, أوضَة باشي.

CHAMBRETTE, s. f., petite chambre, مخْدَع ـ جُجَيْرَة.

CHAMBRIÈRE, s. f., servante, فرَّاشَة ـ خدَّامَة.

CHAMEAU, s. m., quadrupède qui a une bosse sur le dos, بَعِير; plur., جَمَل ـ جِمَال ـ أبَاعِر ـ أبِل, nom générique. Un jeune chameau, قَاعُود ـ حُوَار. ‖ Cri du chameau, أطِيط العِير.

CHAMÉCISSE, s. f., sorte de lierre terrestre, خِما قِسُّوس.

CHAMÉDRYS, subst. masc., plante sudorifique, كمَادرِيوس ـ خمَادرِيوس.

CHAMELIER, s. m., qui conduit et soigne les chameaux, جَمَّال; plur., جَمَّالَة ou جَمَّالِين.

CHAMELLE, s. f., femelle du chameau, نَاقَة; plur., نوق.

CHAMÉPITYS ou IVETTE, s. f., plante, كمَافِيطوس.

CHAMOIS, s. m., quadrupède, أروِيَّة; pl., أراوى ـ نَيْشَل ـ بَدَن ـ أروى et.

Chamois, peau de chamois, جلد أروِيَة.

CHAMP, s. m., pièce de terre, حَقْل; plur., حقُول ـ مزْرَعَة ـ غِيطَان; plur., غِيط. Champ de 400 kassaba (قَصَبَة), فدَّان; plur., فدَّادين (le kassaba est de 6 dera et deux tiers. Voyez AUNE).

Champ, étendue qu'embrasse une lunette d'approche, ضرْبَة نظَارَة.

Champ, sujet, matière, مدَا. C'est un vaste champ, هذا مدَا وَاسِع.

Champ de bataille, موْضِع الحرْب ـ مِيدَان الحرْب.

Sur-le-champ, adv., sur l'heure même, حَالا ـ فى سَاعَة الحَال ـ مِن وقْته ـ فى الحَال ـ فى السَّاعَة ـ مِن سَاعَة.

A tout bout de champ, adv., كل سَاعَة.

Les champs, la campagne, البَرِّيَّة ـ الخَلَا.

CHAMPÊTRE, adj. com., des champs, خلوى ـ برَّى.

CHAMPIGNON, subst. masc., plante spongieuse, فقَّاع (Barb.) ـ فطَازى; plur., فطْر ـ عش الغرَاب.

CHAMPION, s. m., combattant en champ clos, خصْم; plur., أخصَام ـ مبَارِز.

Champion, défenseur, محَامى.

CHANCE, s. f., hasard, événement, نصِيب ـ خَطر

C'est la chance la plus probable, وجوه .plur ,;وجه الامر. ‖ Courir la chance, hasarder, هذا هو الوجه الاقرب للعقل. ‖ Si vous voyez quelque chance de succès, يايس. aor., ;ايس ان رايت لك فى الذى تريد مطبع.

CHANCELANT, E, adj., qui vacille, مترجرج-ركك.
*Chancelant*, adj., irrésolu, حيران - متحيّر فى امره.

CHANCELER, v. n., n'être pas ferme, assuré, ارتك - ارتج. Chanceler dans sa résolution, انحل عزمه - تحيّر فى امره.

CHANCELIER, s. m., officier, chef de la justice, قاضى قضاة.
*Chancelier*, celui qui a le sceau, حامل الختام - صاحب الختام.

CHANCELLERIE, s. f., hôtel, bureau du chancelier, مكتب او دار صاحب ختام.

CHANCEUX, adj., qui est en chance, en bonheur, له نصيب - له بخت.
*Chanceux*, soumis aux chances, تحت الريب - تبع الصيب.

CHANCIR, v. n., moisir, عطن A. - صوّف.
CHANCISSURE, s. f., moisissure, تصويف - عطنة.
CHANCRE, s. m., ulcère, اكلة - تاكولة.
CHANCREUX, SE, adj., تاكولى.

CHANDELEUR, s. f., fête catholique, عيد دخول سيدنا عيسى الى الهيكل و تطهير العذرا.
CHANDELIER, s. m., ustensile, شمعدان ;plur., شماعدين et شمعدانات.
*Chandelier*, s. m., marchand, شمّاع.

CHANDELLE, s. f., mèche recouverte de suif, شمع شحمى - شمع دهنى - شمعة دهن شموع ,.plur ;. Chandelle de cire, شمع عسلى. ‖ Donner une chandelle à Dieu et l'autre au diable, se ménager entre deux partis, مسك الحبل من الطرفين I.
*Chandelle*, s. f., bois jaune des Antilles, بقم اصفر.

CHANFREIN, s. m., devant de la tête du cheval, خيشوم - مقدم راس الفرس. Raie blanche sur le chanfrein, سيالة.

CHANGE, s. m., troc, مبادلة.
*Change*, lieu établi pour changer les espèces, دكان الصيرفى - دار الصرف.
Lettre de *change*, بوليصة ;plur., بوالص.
*Change*, droit du banquier pour ses traites, فرط المعاملة.
Donner ou faire prendre le *change*, à, tromper, غش - مضيّع O.

CHANGEANT, E, adj., قلّاب.
CHANGEMENT, s. m., انقلاب - تغيير.
CHANGER, v. a. et n., غيّر. Changer d'habits, غيّر ثيابه ‖. Changer de discours, غيّر الكلام ‖. Changer une chose contre une autre, بدل شيا بشى I. Voyez TROQUER.
*Changer*, convertir en, حوّل - قلب I. A. مسخ ‖. Changer l'eau en vin, حوّل الماء خمرا ‖. Il le changea en singe, قلبه قردا - مسخه قردا.
*Changer* les espèces, صرف معاملة.
*Changer*, v. n., n'être plus le même, تغيّر. Le vent changea, تغيّر الريح. ‖ Changer de visage, تغيّر وجهه.

CHANGEUR, s. m., qui fait le change des monnaies, صرّاف - صيارف ;plur., صيرفى.
CHANOINE, ESSE, s., qui a un canonicat, راهب قانونى.
CHANSON, s. f., vers que l'on chante, غنيد ;plur., اغانى ;plur., اغنية - غنوة - غنانى.

CHANSONNER, v. a., faire des chansons contre quelqu'un, عمل غنانى على احد A. - هجا احدا باغانى O.
CHANSONNETTE, subst. fém., petite chanson, غنيّة صغيرة.
CHANSONNIER, ÈRE, s., faiseur de chansons, مغنى.
*Chansonnier*, s. m., recueil de chansons, سفينة - كتاب اغانى.

CHANT, s. m., action de chanter, غنا. Chant, air,

modulation, هوا - نغمة - لحن; plur., الحان. || Chant, ramage des oiseaux, مناغاة الطيور - .صياح الديك Chant, cri du coq, تغريد الطيور || Chant d'église, ترتيل. || Chant, annonce des prières dans les mosquées, اذان.

CHANTANT, E, adj., facile à chanter, يغنّى.

CHANTER, V. a., غنّى. Chanter dans les églises, رتّل. || Chanter dans une mosquée, أذّن. || Chanter en parlant du coq, صاح I. || Chanter, en parlant de la cigale, des insectes, رتّل. || Chanter, en parlant des oiseaux, غرّد - ناغى.

Chanter, louer, مدح - مدّح A.

CHANTERELLE, s. f., corde la plus délicate, la plus aiguë d'un violon, زير - جركة.

CHANTEUR, SE, s., مغنّى.

CHANTIER, s. m., magasin de bois en pile, دكّة حطب - حطّابة; plur., دكك.

Chantier, atelier, معمل.

CHANTRE, s. m., qui chante à l'église, أرشى; plur., أرشية - رتّال.

Chantre, poëte, شاعر; plur., شعرا.

CHANVRE, s. m., plante annuelle, قنّب - كاندير. - Filasse de chanvre, قنّب - قنبس - حشيش. || Graine de chanvre, chenevis, قنبس - نيل - شهدانق. || Breuvage ou pilules faites avec les feuilles du chanvre, بسط.

Chanvre bâtard, ou Galéopsis, غاليوبسيس - راس الهرّ.

CHAOS, s. m., confusion de toutes choses avant la création, خاوية أو خوا.

Chaos, fig., grande confusion, خبصة - خلطة - لخبطة.

CHAPE, s. f., large vêtement d'église en manteau, بدرشين - غفارة.

Chape, couvercle d'un alambic, غطا انبيق.

CHAPEAU, s. m., برنيطة - برانيط pl., برنيطة (Barb.).

CHAPELAIN, s. m., qui dessert une chapelle, قسّ; plur., قسوس - إمام; plur., أيمّة.

CHAPELER, V. a., ôter la superficie de la croûte, شال قشفة الخبز .I - قحط الخبز.

CHAPELET, s. m., grains enfilés, مسبحة; plur., سبح; pl., سبحة - مسابح. Dire son chapelet, سبّح.

Chapelet, hydraulique, قوادس. Voyez SCEAU.

CHAPELIER, ÈRE, s., برانيطى.

CHAPELLE, s. f., petite église, عزبة.

Chapelle, petite mosquée, زاوية.

CHAPELURE, s. f., croûte de pain ôtée en chapelant, قشفة الخبز.

CHAPERON, s. m., espèce de coiffure, نوع قلنسوة.

Chaperon, le haut, le dessus d'un mur, أعلا حايط بشكل جلون.

CHAPITEAU, s. m., haut de colonne posé sur le fût, تاج عامود - راس عامود.

Chapiteau, vaisseau sur la cucurbite, قبّة.

CHAPITRE, s. m., division d'un livre, باب من كتاب; pl., أبواب. Chapitre de l'Alcoran, سورة من القران; plur., سُوَر. || Chapitre, division d'un compte, باب من حساب.

Chapitre, assemblée de religieux, جمعية الكهنة.

CHAPON, s. m., coq châtré, ديك مخصى; pl., ديوك مخاصى. - (Barbarie) ديك مبعوج.

CHAPONNEAU, s. m., ديك صغير مخصى.

CHAPONNER, v. a., châtrer un coq, خصى ديك I. - (Barbarie) بعج A.

CHAQUE, adj. com., tout individu d'une même espèce, كل. Chaque homme, كل انسان. || Chaque femme, كل امراة.

CHAR, s. m., sorte de voiture, نوع عربانة.

CHARADE, s. f., sorte d'énigme, نوع لغز.

CHARANÇON, s. m., genre d'insectes qui rongent le grain, دودة الفول - سوس القمح.

CHARBON, s. m., à brûler, فحم. Charbon de terre, فحم حجر - فحم أرضى. || Charbon ardent, جمرة; collect., جمر. || Un petit charbon allumé, نارة - بصّة نار. (Barb.) ولعة - بتّة. || Apportez-moi un petit charbon, جب لى بصّة نار - .جب لى نارة

*Charbon*, gros furoncle, tumeur pestilentielle, دمّلة - زنطارية - فرخ جمر - شلغوطة.

*Charbon*, maladie des blés. *Voyez* CARIE.

CHARBONNER, v. a., noircir avec du charbon, سوّد بالفحم.

CHARBONNIER, ÈRE, s., qui fait, vend ou porte du charbon, فحّام; plur., فحّامين. Le charbonnier est maître en sa maison, chacun est maître chez soi, الكلب فى بيته سلطان; prov.

*Charbonnier*, magasin à charbon, حاصل الفحم.

CHARBONNIÈRE, s. f., endroit où on fait le charbon, فحامة.

CHARCUTER, v. a., tailler, couper malproprement la viande, هشّم.

CHARCUTERIE, s. f., état et commerce de charcutier, بيع لحم الخنازير.

CHARCUTIER, ÈRE, s., بيّاع لحم الخنازير.

CHARDON, s. m., plante, شوكة - شويكة - حسكة - عقول - خرشف. ‖ Chardon-bénit, باداورد - شوكة المباركة. ‖ Chardon de Notre-Dame, chardon laité, chardon-Marie, مَيّال. ‖ Chardon à chameau, أرضى شوكى برّى - عليص - لحلاح - شوك الجمال. ‖ Chardon aux ânes, chardon rampant, سلبين - سلبين الحمير. ‖ Chardon hémorroïdal, ou Cirsium, ذنب السبع. ‖ Chardon à cent têtes, panicaut, زرنب. ‖ Chardon à bonnetier, ou à foulon, لحية المعزية - عشربا - قرصعنة - طوباليس. ‖ Chardon à

CHARDONNERET, s. m., petit oiseau, زقاقية - بردون et مقنين (Barbarie) - دنورة - زُقَيْقية.

CHARDONNETTE, s. f., espèce d'artichaut sauvage, شوك العلك - شكاعى - خلاون.

CHARGE, s. f., fardeau, حمل; plur., أحمال.

*Charge*, ce que peut porter une personne, شيلة الرجل. ‖ Charge d'un animal, حمل الدابّة.

Charge d'un navire, تعبية المركب - حمولة. ‖ Navire de charge, مركب حمولة.

*Charge*, certaine quantité ou mesure, حمل. Une charge de bois, حملة حطب. ‖ Demi-charge d'une bête de somme, moitié de la charge placée d'un côté et faisant équilibre à l'autre moitié, شدّة - فردة.

*Charge*, ce qui nécessite une dépense, كلفة; pl., كُلَف; ثقل; pl., أثقال; تكليف, plur., تكاليف. Soulager quelqu'un de ses charges, خفّف عنه الأثقال. ‖ Il est à ma charge, il vit à mes dépens, هو على رقبتى - هو على كيسى. Être à charge a quelqu'un, l'incommoder, ثقل عليه. ‖ Pourquoi ne venez-vous point chez nous? C'est pour ne point vous être à charge, ليش ما تجى الى عندنا* حامل ثقلة. ‖ Ceci est à votre charge, هذا عليك.

*Charge*, obligation, condition onéreuse, تكليف; plur., تكاليف. Imposer à quelqu'un une charge, الزمه بشى - كلّفه بشى - كلّفه شيأ.

*Charges*, impositions, تكاليف.

*Charge*, office, dignité, منصب - خدمة; plur., وظيفة - مناصب, plur., وظائف.

*Charge*, commission, ordre, أمر - وكالة. Donner charge. *Voyez* CHARGE.

*Charge*, ce qu'on met dans une arme à feu, عمار بارود.

*Charge*, choc de combattants, حملة.

*Charge*, indice contre un accusé, بيّنة على المتهوم. Témoin à charge, شاهد ضدّ المتهوم.

Revenir à la *charge*, faire de nouveau, ثنّى.

A la *charge* de, adv., على شرط أن.

CHARGEMENT, s. m., cargaison d'un vaisseau, وسق مركب.

*Chargement*, acte qui constate la cargaison, علم الوسق.

CHARGER, v. a., mettre une charge sur, حمّل. Charger les bêtes de somme, حمّل الدواب - شدّ الأحمال على الدواب. ‖ Charge une mule de bois, حطب البغلة حمّل ‖ . Charger quelque chose sur son épaule, شفل على كتفه O.

*Charger*, peser sur, ثقل على.

*Charger* une arme à feu, عمّر ـ دكّ O.

*Charger* une chose de, y mettre trop de, شحن ب.

*Charger* sa conscience d'une chose, s'en rendre responsable devant Dieu, حمّل ذمته شيًا.

*Charger* d'impôts, ثقل عليهم التكاليف ـ اتعب الخلق بالتكاليف.

*Charger* l'ennemi, حمل على العدو I. حمل.

*Charger*, donner ordre, امر O. ‖ Charger, donner commission, وصّى ـ وكّل. ‖ Charger quelqu'un d'une affaire, فوّض اليه امره ـ كلّمه. ‖ Il m'a chargé de vous saluer, وصّاني ان اسلم عليك.

*Charger* un navire, اوسق I. ‖ Charger un navire de coton, وسق المركب قطنًا. ‖ Charger une pipe, la remplir, ملى القصبة ـ عبّى القصبة. ‖ Charger trop une pipe, bourrer trop le tabac, لبّد الغليون.

*Charger*, accuser, تهم ب I. ‖ Charger, déposer contre, شهد على A.

*Charger*, représenter avec exagération, زوّد ـ بالغ فى وصف الشى.

*Se charger*, v. réfl., se mettre une charge, تحمّل.

*Se charger*, s'obliger s'engager à, اخذ على O. ‖ ضمن الشى ـ ذمّته A. ‖ *Se charger*, prendre le soin, la conduite de, قام ب O. ـ توكّل ب ـ ناب عن غيره O. ‖ Chargez-vous de baiser pour moi les mains de, نوبوا عنى قبّلة اياده.

CHARGEUR, s. m., qui charge, شيّال.

*Chargeur*, propriétaire d'une cargaison, صاحب الوسق.

CHARIOT, s. m., voiture, عجلة ـ عربانة.

*Le Chariot*, constellation. *Voyez* OURSE.

CHARITABLE, adj. com., qui a de la charité pour son prochain, محبّ للقريب. Charitable, qui fait l'aumône, متصدّق على ـ محسن الى الفقرا. ‖ Charitable, qui part de la charité, حبّى. الفقرا.

CHARITABLEMENT, adv., avec charité, بمحبّة تصدّقا.

CHARITÉ, s. f., amour de Dieu, محبّة الله.

*Charité*, amour de son prochain, محبّة القريب.

*Charité*, aumône, صدقة ـ حسنة. ‖ Faire des charités, تصدّق على الفقرا ـ احسن الى الفقرا.

CHARIVARI, s. m., bruit confus de chaudrons, avec cris, lors du deuxième mariage d'une veuve âgée parmi le peuple, هيلولة ـ دربكة القزان.

*Charivari*, bruit, querelle, غاغة ـ غوشة.

CHARLATAN, s. m., trompeur, hâbleur, خيّاط ـ فشّار ـ كذّاب.

CHARLATANERIE, s. f., خراطة ـ فشر.

CHARLATANISME, s. m., caractère du charlatan, فشر ـ خرط.

CHARMANT, e, adj., qui plaît extrêmement, بديع يسلب العقل ـ بشحطط ـ حلّو.

CHARME, s. m., arbre, نوع شجرة كبيرة.

*Charme*, s. m., enchantement, سحر.

*Charme*, au fig., attrait, جاذب ـ حلاوة ـ لذّة القلوب. La nouveauté a du charme, كل جديد له لذّة.

*Charmes*, beauté, حسن و جمال و بها و كمال.

CHARMER, v. a., produire un effet extraordinaire par charme, سحر A.

*Charmer*, au fig., plaire beaucoup, ravir, entraîner, سبى العقل I. ـ جذب القلب A. ـ شكع O. ـ سلب القلب ـ اخذ العقل O. ـ شحطط.

*Voy.* ENCHANTER.

Être charmé de, se réjouir de, انسرّ A. ـ فرح ل حصل عنك غاية المحظوظية ب ـ انحظ ب.

CHARNEL, LE, adj., qui appartient à la chair, شهواني. Charnel, voluptueux, جسداني.

CHARNELLEMENT, adv., selon la chair, جسدانيًا ou بالجسد.

CHARNEUX, SE, adj., composé de chair, لحمي.
CHARNIER, s. m., lieu où sont les os des morts, دار عظام الموتى.
CHARNIÈRE, s. f., pièces de métal enclavées et mobiles, مشبك.
CHARNU, E, adj., كثير اللحم - ملحم.
CHARNURE, s. f., parties charnues, لحم.
CHAROGNE, s. f., cadavre de bête, جيفة - رمة.
CHARPENTE, s. f., pièces de bois disposées pour être assemblées شوحية; plur., شواحي.
Charpente, au fig., structure au corps, d'un ouvrage, تركيب - تركيبة.
CHARPENTER, v. a., travailler le bois, نجر.
Charpenter, v. a., tailler maladroitement la chair, هشم.
CHARPENTERIE, s. f., كار النجارة.
CHARPENTIER, s. m., نجار; plur., نجارين - مشترداش (Barb.).
CHARPIE, s. f., filament de linge usé, نسالة - فتيلة. Bouchon de charpie, كتيت.
CHARRETÉE, s. f., plein une charrette, ملو نقالة.
CHARRETIER, s. m., qui conduit une charrette, une charrue, نرّاس; plur., عجّال - تراسين - مدبر العربانة.
CHARRETTE, s. f., chariot à deux roues, نقالة - كريتة - بعجلتين (Barb.).
CHARRIAGE, s. m., action de charrier; salaire du voiturier, تحويل - جولة - حق الحمولة - نقل.
CHARRIER, v. a., voiturer, حوّل O. نقل.
Charrier, porter des glaçons, en parlant des rivières, O. جرّ - A. سحب.
CHARROI, s. m. Voyez CHARRIAGE.
CHARRON, s. m., نجار العربانات.
CHARRONAGE, s. m., نجارة العربانات.
CHARRUE, s. m., instrument aratoire, محراث; plur., محاريث - فدّان; plur., فدادين. Manche, timon de la charrue, لسان الفدّان.

Mettre la *charrue* devant les bœufs, faire avant ce qui doit être fait après, عمل بالمقلوب A. بالمندار.
Charrue, étendue de terre qu'on peut mettre en valeur avec une charrue, فدّان.
CHARTRE, ou CHARTE, s. f., anciens titres, سجلّات و اوراق قديمة.
Charte, lois constitutionnelles, قواعد المملكة - قوانين المملكة - شريعة.
Charte partie, acte entre le propriétaire du navire et celui des marchandises, حجّة بين الريس والتاجر.
CHARTRIER, s. m., lieu où l'on conserve les chartes, خزنة السجلّات القديمة.
Chartrier, conservateur des chartes, حافظ خزنة السجلّات.
CHARYBDE en Scylla (tomber de), prov., d'un péril en un autre, وقع من داهية الى داهية.
CHAS, s. m., trou d'une aiguille, خرم الابرة.
CHASSE, s. f., action de chasser les bêtes sauvages, غيّة - قنص - صيد. Donner la chasse à un vaisseau, A. طرد مركب O. تبع.
CHASSE-MOUCHE, s. m., petit balai pour chasser les mouches, مكشة - منشة; plur., منشات - انبوبة.
CHÂSSE, s. f., coffre pour les reliques, صندوقة ذخاير القدّيسين.
CHASSELAS, s. m., sorte de raisin, نوع عنب.
CHASSER, v. a., mettre dehors, طرد O. Chasser quelqu'un d'un pays, نفى, طرد احدا من البلاد I. || Chasser un domestique, دشر, طرد من عند الخدّام. || Chasser un mal, A. دفع المرض.
Chasser, pousser en avant, O. - A. دفع - دفش O. ساق.
Chasser les bestiaux, les faire marcher devant soi, O. ساق الاغنام.
Chasser les mouches, O. - كش الدبّان - كشكش الدبان.
Chasser, poursuivre les animaux sauvages, tirer

sur les oiseaux, تصيّد ‑ صاد ‑ اصطاد .I. Bon chien chasse de race, les enfants suivent les exemples de leur père, من اشبه اباه فما ظلم; prov.

CHASSEUR, s. m.; fém., CHASSERESSE, qui chasse, qui aime à chasser, صياد ‑ قناص.

CHASSIE, s. f., humeur gluante des yeux, غُماص.

CHASSIEUX, EUSE, adj., أعمص ‑ مغمّص.

CHÂSSIS, s. m., ouvrage de menuiserie sur lequel on adapte du vitrage, de la toile, ou du papier huilé, برواز ‑ شبّاك ‑ وراقة الشبّاك.

CHASTE, adj. com., qui s'abstient des plaisirs de la chair, عفيف; plur., عفاف et أعفا ‑ عفيف. طاهر النفس ‑ الذيل.

CHASTEMENT, adv., d'une manière chaste, بعفّة.

CHASTETÉ, s. f., عفّة.

CHASUBLE, s. f., sorte de vêtement de prêtre, نوع بدلة للقسوس.

CHAT, TE, s., animal domestique, قطّ ‑ قطّة; pl., قطط ‑ ستور. Chat sauvage, قطّ برّى ‑ سبسب. || Chat échaudé craint l'eau froide, on craint jusqu'à l'apparence d'un péril auquel on a échappé, Ré-من قرصته الحية من الحبل يخاف. || veiller le chat qui dort, réveiller une affaire assoupie, حرّك الساكنين. || Quand on joue avec le chat, il faut supporter ses égratignures, من يلعب مع القط يحمل خرمشة; prov.

CHÂTAIGNE, s. f., fruit farineux, أبو فروة. En Syrie, كستنة ‑ شاهبلوط.

Châtaignes de mer, oursins, توتيا ‑ توتية البحر.

CHÂTAIGNERAIE, s. f., lieu planté de châtaigniers, شجرية كستنة ‑ شجرية أبوفروة.

CHÂTAIGNIER, s. m., arbre qui porte les châtaignes, كستنة شجر ‑ شجر شاهبلوط ‑ شجر أبوفروة.

CHÂTAIN, adj. m., couleur de châtaigne, سمر. كلف ‑ لون الشاهبلوط; fém., كلفا ‑ أكلف; plur., كلف.

CHÂTEAU, s. m., forteresse, قلعة; plur., قلع. قصبة (Barb.).

CHÂTEAU, grande maison, قصر; plur., قصور.

Châteaux en Espagne, projets en l'air, هوس.

CHÂTELAIN, adj., propriétaire d'un château, صاحب القصر.

CHAT-HUANT, s. m., sorte de hibou à plumage roux rayé, بومة; collect., بوم.

CHÂTIER, v. a., punir, عاقب ‑ قاصص.

Châtier, au fig., retoucher, corriger le style, هذّب كلامه.

CHÂTIMENT, s. m., عقوبة ‑ عقاب ‑ قصاص.

CHATON, s. m., petit chat, قطيط.

Chaton, partie de la bague qui enchâsse le diamant, داير الفص. Pierre ou diamant enchâssée dans le chaton, فص الخاتم.

CHATOUILLEMENT, s. m., action de chatouiller, ses effets, تغميش ‑ دكدكة ‑ زغزغة.

Chatouillement, impression agréable, انتعاش.

CHATOUILLER, v. a., causer un tressaillement qui provoque ordinairement à rire, زغزغ ‑ كركر ‑ نغمش ‑ دغدغ ‑ دكدك.

Chatouiller, flatter les sens, انعش الحواس ‑ اطرب. La musique chatouille les oreilles, الموسيقا تنعش المسامع.

CHATOUILLEUX, SE, adj., sensible au chatouillement, غيور ‑ غيّار. Être chatouilleux, غار I. A. ‑ A. قصع ‑ تدكدك ‑ تكركر ‑ تدغدغ.

Chatouilleux, au fig., susceptible, qui s'offense aisément, شكلي ‑ على الحركركة.

Chatouilleux, délicat, critique, صعب.

CHATOYANT, E, adj., dont la couleur varie, قلّاب اللون ‑ متلوّن.

CHÂTRÉ, adj., privé de ses testicules, مجبوب ‑ خصي; plur., خصيان ‑ مخصى ‑ طواشي; plur., طواشية.

Châtré, privé du membre et des testicules, امسح.

CHÂTRER, v. a., ôter les testicules, خصى .I. ‑ جبّ .O ‑ طوّش.

CHÂTREUR, s. m., qui châtre les animaux, مطوّش.

CHATTEMITE, s. f., qui a l'air doux, humble, flatteur pour tromper, بهتة. Faire la chattemite, عمل البهتة A.

CHATTER, verb. neut., faire des petits chats, ولدت القطّة.

CHAUD, E, adj., qui a de la chaleur, حارّ - سخن - مويّة سخنة. Eau chaude, دافي - حامي - ماء حارّ - ماء سخن ‖ Fer chaud, حديد سخن ‖ Endroit, appartement chaud, موضع دافي - حديد حارّ ‖ J'ai les pieds chauds, رجلي دفيانة - رجلي سخنة ‖ Le soleil est bien chaud aujourd'hui, اليوم الشمس حارّة - الشمس حارّة ‖ Pleurer à chaudes larmes, بكى بدموع حارّة - الشمس حرّ ‖ Chaud à l'estomac (comme vin, etc.), حارّ - حامي.

Chaud, ardent, ناري - حامي. Chaude (femelle), en rut, طالبة - هايجة.

Chaud, récent, سخن. Il le lui a rendu tout chaud, ردّها عليه وهي سخنة.

CHAUD, s. m., chaleur, حرّ - شوب. J'ai chaud (je suis incommodé par la chaleur), انا حرّان - انا مشوّب ‖ J'ai chaud (j'ai une chaleur convenable), انا دافي - انا دفيان. Tenir chaud, دفّى ‖ La pelisse me tient chaud, الفروة تدفّيني ‖ Tenir trop chaud, شوّب. La pelisse me tient trop chaud, الفروة تشوّبني ‖ Il fait chaud ici, هون شوب - هنا حرّ ‖ Il fait chaud aujourd'hui, اليوم شوب - اليوم حرّ.

Il souffle le froid et le *chaud*, il est tantôt pour, tantôt contre, ساعة معك ساعة عليك. Cela ne fait ni chaud ni froid, لا ينفع ولا يضرّ.

CHAUDE, s. f., feu violent des verreries, des forges, نار القيّين و الكور.

CHAUDE-PISSE, s. f., سيلان فرنجي - زنقة.

CHAUDEAU, s. m., sorte de bouillon qu'on porte aux mariés le lendemain matin de leurs noces, مسلوقة الصبحيّة.

CHAUDEMENT, adv., دافيا - سخنا.

*Chaudement*, avec ardeur, بهمّة - بحرارة.

CHAUDIÈRE, s. f., grand vase pour faire chauffer, قزان - حلل plur.; حلّة - مواعين; ماعون pl., قدور pl., قدر - دسوت pl., دست - قزانات pl.

CHAUDRON, s. m., petite chaudière, قزان صغير - سطول plur.; سطل.

CHAUDRONNÉE, s. f., ملو السطل.

CHAUDRONNERIE, s. f., marchandise de chaudronnier, نحاسات.

CHAUDRONNIER, ÈRE, s., qui fait et vend des chaudrons, des ustensiles de cuisine, نحّاس.

CHAUFFAGE, s. m., provision de bois pour se chauffer, مونة الحطب - حطب الحريق.

CHAUFFER, v. a., donner de la chaleur, دفّى. Chauffez-vous les pieds, دفّي رجليك ‖ Chauffer de l'eau, سخّن الماء ‖ Chauffer le four, حمى الفرن.

*Chauffer*, v. n., recevoir de la chaleur, سخن O. - حمى A.

Se chauffer, v. réf., s'approcher du feu pour en recevoir de la chaleur, تدفّى عند النار، على النار. Ils sont assis et se chauffent au soleil, قاعدين في الشمس عمّالين يتدفّوا.

CHAUFFERETTE, s. f., مسخّنة للرجلين - منقل صغير مغطّى.

CHAUFFERIE, s. f., forge où le fer se réduit en barres, مسبك الحديد.

CHAUFFOIR, s. m., linge de propreté pour les femmes, حيضة.

CHAUFOUR, s. m., four à chaux, قمين جير - كلّاسة.

CHAUFOURNIER, s. m., ouvrier qui fait la chaux, كلّاس - جيّار.

CHAUME, s. m., tuyau de blé, قش القمح; plur., قشوش.

CHAUMER, v. a., couper, arracher le chaume, قلع القش A.

CHAUMIÈRE, s. f., petite maison couverte de

**146**     **CHE**           **CHE**

chaume, pl., خُصّ - اخصاص ; pl., كوخ ; pl., كيخان.

CHAUMINE, s. f., petite chaumière, خُصّ صغير.

CHAUSSÉE, s. f., levée de terre dans des lieux bas pour servir de chemin, جسر ; plur., جسورة. Chaussée, levée de terre au bord d'une rivière, d'un étang pour retenir l'eau, رصيف.

CHAUSSER, v. a., mettre à quelqu'un des bas ou des souliers, لبس احدًا الجرابات او الصرمة.

Se chausser, v. réf., mettre ses bas, ses souliers, A. لبس الجرابات او الصرمة.

CHAUSSES, s. f. pl., vêtement d'homme depuis la ceinture jusqu'aux genoux, شخشور - لباس.

CHAUSSETTE, s. f., petit bas, جرابة.

CHAUSSON, s. m. (en peau), فلشين, pl., قلاشين. Chausson en forme de bottine, مست - ترليك.

CHAUSSURE, s. f., ce qu'on met aux pieds pour se chausser, حذا ; plur., نعال - احذية ; نعل - ثوب القدم.

CHAUVE, adj. com., qui a peu ou point de cheveux, اجلح - اصلع ; plur., صلع ; fém., صلعا. Chauve par l'effet de la teigne, اقرع ; fém., قرعا ; plur., قرع.

CHAUVE-SOURIS, s. f., quadrupède à membranes pour voler, خفاش ; plur., وطواط - وطاويط. Excrément de chauve-souris employé dans la médecine arabe, طوار الليل - طير الليل عدسية.

CHAUVETÉ, s. f., état d'une tête chauve, صلعة - جلحة - قرعة.

CHAUVIR, v. n., serrer les oreilles contre la tête (se dit des chevaux), قرن اودانه. I.

CHAUX, s. f., pierres calcinées, جير - كلس - نورة. Chaux vive, كلس غير مطفي. ‖ Chaux éteinte, كلس مطفي.

CHAVIRER, v. a., renverser, قلب. I.

Chavirer, v. n., se renverser, انقلب. I.

CHÉBECK, s. m., sorte de navire, شباك.

CHEF, s. m., tête, راس ; plur., رؤوس. Chef, celui qui est à la tête d'un corps, d'une armée, رييس ; pl., رؤسا ; كبير - كبار ; pl., مقدم - مقدمين. Leur chef, المقدم عليهم ou مقدمهم. Chef d'accusation, وجه تهمة ; plur., وجوه. De son chef, de lui-même, de son propre mouvement, من ذاته - من راسه - من تلقا نفسه - من عقله - مند لباله.

CHEF-D'OEUVRE, s. m., ouvrage parfait dans son genre, ملحة ; plur., ملح - معلمية. Chef-d'œuvre d'adresse, شغل عياقة.

CHEF-LIEU, s. m., بندر ; plur., بنادر.

CHEIK OU CHEIKH, s. m., chef arabe, عرب شيخ ; plur., مشاينخ عربان. Cheik, chef de village, شيخ ضيعة. ‖ Cheik, chef d'une corporation, شيخ حرفة. ‖ Cheik, chef de la religion, شيخ الاسلام.

CHÉLIDOINE, s. f., pierre, يرقان.

Chélidoine, plante, ميرميران - ضميران - خليدونيون. Voyez ÉCLAIRE.

SE CHÉMER, v. pr., maigrir beaucoup, ذبل. O.

CHEMIN, s. m., voie qui mène d'un lieu à un autre, درب ; pl., دروب ; طريق - masc. et fém., طرايق. ou طرقات et طرق ; pl., طريقة. Chemin frayé, درب سكة - سكك ; plur., سكة. ‖ Grand chemin, شارع ; plur., شوارع - درب سلطاني. ‖ Le chemin qui conduit à, الدرب الذى يأخذ الى ou يودى الى - يسلكك الى الموضع الفلاني. ‖ Il passa son chemin, راح الى حال سبيله. O. - Il se mit en chemin et partit, اخذ دربه وراح. O. ‖ Montrer le chemin à, دل احدا على الطريق. O. ‖ Demander le chemin à, سال احدا عن الطريق. A. ‖ Perdre le chemin, تاه - ضيع الدرب. O. - ضل عن الطريق. I. ‖ Aller le droit chemin, مشى فى الطريق المستقيمة. I. ‖ Le chemin battu, l'usage établi, الطريق المعتادة. I. ‖ Faire son chemin, parvenir, avancer sa fortune, ترقى. I. ‖ Montrer le chemin, donner l'exemple, اعطى مثال. I. ‖ S'arrêter en beau chemin, quand le succès paraît sûr, توقف فى ع الطريق. ‖ Couper chemin au mal, en arrêter les progrès, قطع المرض A. ‖ Il me trouvera en son chemin, منع الضرر A. ‖ je le traverserai dans ses desseins, يجدنى قدامى.

*Chemin* de Saint-Jacques, la voie lactée, ام النجوم - طريق اللبانة. *Voyez* Voie Lactée.

Cheminée, s. f., مدخنة; plur., مداخن.

Cheminer, v. n., marcher, سار I. مشى I.

Chemise, s. f., قميص; plur., قمصان - قوجة; plur., قواجى (Barb.). En chemise, بالمقميص. ‖ N'avoir pas de chemise, être très-pauvre, ما حيلته قميص (à la lettre, il n'a pas le moyen d'une chemise). ‖ Vendre jusqu'à sa chemise, باع لحد القميص. ‖ On ne lui a laissé que la chemise, طلعوا بطلق القمصان.

*Chemise* de maille, arme défensive, زردية.

Chemisette, s. f., قميص قصير.

Chenaie, s. f., lieu planté de chênes, شجيرية بلوط.

Chenapan, s. m., vaurien, معتّر - ابن حرام.

Chêne, s. m., arbre, بلوط.

Chêne-vert, s. m., arbre, سنديان - سنديان.

Chêneau, s. m., jeune chêne, بلوط صغير.

Chenet, s. m., ustensile de fer qui soutient le bois dans une cheminée, منصب الاحطاب فى المدخنة.

Chenevière, s. f., champ semé de chènevis, مزرع قنّيس - غيط قنّب.

Chènevis, s. m., graine de chanvre, شهدانج ou قنّبس - شهدانق.

Chenil, s. m., logement des chiens, محل الكلاب.

Chenille, s. f., insecte reptile, دودة; coll., دود; plur., طراطر - الحساس; plur., لحس -.

*Chenille*, tissu de soie velouté, كمخ.

Chenille, s. f., ou Chenillette, ou Scorpioïde, plante, ذنب العقرب - عقربانة.

Chenu, e, adj., blanc de vieillesse, شايب.

Cher, e, adj., tendrement aimé, عزيز عند; pl., غاليين ou غوالى; pl., غال - اعزّا et عزّز.

Cher, qui coûte beaucoup, غالى.

*Cher*, qui vend à haut prix, مغلوانى.

*Cher*, adv., à haut prix, غالى. Vous l'avez acheté bien cher, اشتريته غالى. ‖ Il vous a demandé bien cher, سامك سوم - طلب منك كثير.

Chercher, v. a., se donner du soin pour trouver, دسّ على - دار على - دوّر على - فتّش على. Envoyer chercher quelqu'un, بعث خلفه A. ‖ Chercher querelle, طلب شكل من. ‖ ارسل دعاه O. ‖ Chercher fortune, طلب رزق O. ‖ Chercher retraite, طلب ماوى O. ‖ Chercher midi à quatorze heures, faire de mauvaises difficultés, عاتل. ‖ Le bien cherche le bien, le bien vient à celui qui en a déjà, من له يُعطى ويزداد; prov.

Chercher à, tâcher de, سعى فى A. - اجتهد فى I. Chercher à se faire aimer, سعى فى اجتلاب المحبة A. بذل المجهود فى A. عمل جهله A.

Chercheur, s. m., qui cherche, طالب. Chercheur de pierre philosophale, طالب الحجر الكريم.

Chère, s. f., qualité, quantité des mets, طعام. Bonne chère, grande chère, اكل و شرب - الوان المواكيل المفتخرة - افخر الطعام.

Chèrement, adv., tendrement, عزيزًا. Chèrement, à haut prix, غالى.

Chérif, s. m., descendant de Mohammed, سيّد; plur., سيّدا; شريف; plur., اشراف et شرفا.

*Chérif*, prince chez les Arabes et les Maures, شريف.

Chérir, v. a., aimer tendrement, حبّ از O.

Chéri, ie, adj., محبوب - عزيز.

Chérissable, adj. com., digne d'être chéri, مستاهل المحبّة - مستحقّ المعزّة.

Cherté, s. f., haut prix, غلا - غلو.

Chérubin, s. m., كاروبيم ou شاروبيم.

Chervi, s. m., plante potagère, كراوية - سيسرون.

Chétif, ive, adj., vil, faible, حقير - دنى - ضعيف.

CHÉTIVEMENT, adv., حقيرًا - دنيًا.

CHEVAL, s. m., خيل, nom collectif qui admet le pluriel, خيول. Préparez les chevaux, حضّروا الخيل. ‖ Les chevaux les foulèrent aux pieds, داسوا عليهم الخيل. ‖ Quatre chevaux, اربعة رؤوس خيل. ‖ Quinze chevaux, خمسة عشر راس خيل.

*Cheval* (entier), حصان, plur., أحصنة, حُصُن et حصانات - (Barbarie) عود. Un beau cheval noir, de forme ramassée; ses oreilles ressemblent à des becs de calem, ses sabots sont ronds comme des dragmes; lorsqu'il hennit, peu s'en faut qu'il ne parle, حصان ادهم مليح ململم اذانا كالقلم حوافرة كالدرهم اذا صهل كاد ان يتكلم. ‖ Cheval de race, حصان اصيل - كحيل - كحيلان. ‖ Cheval qui n'est point de race, كديش; plur., كدش. ‖ Cheval hongre, حصان مطوّش - كديش; plur., كدش. ‖ Cheval de main, بَنَكْ. ‖ Cheval envoyé en présent sans harnais, قَوْد. ‖ Cheval qui a un ou plusieurs pieds blancs. *Voyez* PIED. ‖ Monter à cheval, A. ركب - ركب على الحصان. ‖ Êtes-vous venu à pied ou à cheval? جيت ماشي و جيت مَشو و الاركب - الّا راكب. ‖ Homme de cheval, فارس, pl., فرسان - خيّال, pl., خيّالة. ‖ *Cheval* marin, animal fabuleux, فرس البحر.

*Cheval* de frise, pièce de bois hérissée de pointes, شك فلك.

CHEVALERESQUE, adj., digne de l'antique chevalerie; héroïque, فداوي.

CHEVALERIE, s. f., dignité de chevalier, امارة.

CHEVALIER, s. m., membre d'un ordre de chevalerie, امير; plur., امرا.

*Chevalier* d'industrie, escroc, نصّاب.

CHEVALET, s. m., morceau de bois qui tient élevées les cordes d'un violon, مشط الكمنجة.

*Chevalet*, supplice, مزوار.

CHEVELU, E, adj., qui a de longs cheveux, راخي الشعور - ابو شعر - طويل الشعر.

*Chevelu*, qui a de petites racines, ذو شعر.

CHEVELURE, s. f., شعور - شعر.

CHEVET, s. m., traversin, مخدّة - خددية.

CHEVEU, s. m., poil de la tête, شعر الراس, pl., شعور; nom d'unité, شعرة. Cheveux sur le front des femmes, غرة - طرّة - مدرّج. ‖ Raser les cheveux, A. حلق الشعر.

CHEVILLE, s. f., morceau de bois ou de métal pointu, مسمار - عصفورة, plur., عصافير. ‖ Cheville tournante, لولب, plur., لوالب - مسامير.

*Cheville* ouvrière, principal agent d'une affaire, مهباز - مدار الامور - له اليد الطويلة في.

*Cheville* du pied, كعب, pl., كعاب - عرقوب; plur., عراقيب.

*Cheville*, tout ce qui, dans les vers, n'est que pour la mesure ou la rime, حشو - حاشية.

CHEVILLER, v. a., joindre avec des chevilles, A. جمع ضبط بمسامير O.

CHÈVRE, s. f., femelle du bouc, عنزة - معزاية - معزة. Sa chair, ماعز معزة لحم. ‖ Ménager la chèvre et le chou, مسك الحبل من الطرفين.

CHÈVRE, s. f., machine pour lever des fardeaux, الة لرفع الاثقال.

*Chèvre* (la), étoile brillante de la constellation, du Cocher, العيوق.

CHEVREAU, s. m., petit de la chèvre, جدى; pl., جداء ou جديان.

CHÈVRE-FEUILLE, s. m., arbrisseau, زهر العسل.

CHEVREUIL, s. m., bête fauve, تيس جبلي; pl., تيوس جبلية.

CHEVRIER, s. m., معّاز; plur., معّازة.

CHEVRON, s. m., pièce de bois, خشبة.

CHEVROTER, v. n., avoir la voix tremblotante, صوته مضعضع مثل صوت الشيوخ.

CHEVROTIN, s. m., peau de chevreau corroyée, جلد جدى مدبوغ.

CHEVROTINE, s. f., sorte de plomb pour la chasse du chevreuil, رصاص لصيد التيس الجبلي.

CHEZ, préposition qui marque le lieu, عند. En-

## CHI          CHI    149

trez chez moi, ادخل الى عندى ou ادخل عندى. || Je viens de chez vous, انا جايى من عندك. || J'ai passé par chez vous, انا فت من عندك. || Chez soi, فى البيت - فى بيته.

CHIAOUX, s. m., جاويش ; plur., جاويشية.

CHIASSE, s. f., écume des métaux, رغوة المعادن.

Chiasse, excrément des mouches, خرا الدبان.

CHICANE, s. f., subtilité captieuse, مكابرة - لجاج.

CHICANER, v. n., faires des chicanes, شاكل - كابر - لج عليه فى - ناقر - عاتل. I.

CHICANERIE, s. f., mauvaise difficulté, نقار - مشاكلة - لجاج.

CHICANEUR, SE, s., et CHICANIER, qui aime à chicaner sur tout, لجوج - مناقر - مكابر.

CHICHE, adj. com., trop ménager, خسيس - قذر.

CHICHEMENT, adv., بقذارة.

CHICORÉE, s. f., herbe potagère, هندبة - شكورية - هندبسة برية ; هندبات.

Chicorée sauvage, جامجلان.

CHICOT, s. m., reste de bois ou d'os rompu, قطعة خشب او عظم مكسور ; plur., قطع.

CHICOTIN, subst. m., suc très-amer, مرار - عصارة حشيشة مرة للغاية.

CHIEN, subst. masc., quadrupède domestique, كلب ; plur., كلاب. Plus avare qu'un chien, ابخل من كلب (prov.). || Chaque tribu a son chien, mais ne soyez point celui de la vôtre, لكل قوم كلب فلا تكن كلب اصحابك (prov.). || Affamez votre chien, il vous suivra, جوع كلبك يتبعك (prov.). || N'engraissez point votre chien, car il vous mangerait, لا تسمن كلبك ياكلك (pr.).

Chien de chasse, كلب سلوقى - كلب صيدى - ضارى - كلب سلاقى ; plur., زغر - ضوارى.

Chien, pièce d'un fusil, جقمق - ديك.

Le grand Chien, constellation, الكلب الاكبر. Étoile brillante à sa gueule; Syrius, الشعرى اليمانية - الشعرى العبور.

Le petit Chien, constellation, الكلب الاصغر. Étoile à sa partie postérieure, الشعرى الشامية. Cette étoile et celle de Syrius sont appelées par les Arabes, اختا سهيل et الشعريان.

CHIEN-DENT, s. m., plante, نجيل - ثيل - عرق الانجيل.

CHIENNE, s. f., كلبة.

CHIER, v. a., خرى A.

CHIEUR, SE, s., خرّا.

CHIFFON, s. m., vieux morceau d'étoffe, خلقة, شرطوطة ; plur., خرق - خرقة ; plur., خلق.

CHIFFONNER, v. a., froisser du linge, etc., دعبل - جعلك.

CHIFFONNIER, ÈRE, s., qui ramasse des chiffons, عتقى ; plur., عتقية.

CHIFFRE, s. m., caractère pour marquer les nombres, رقم ; plur., ارقام.

CHIFFRER, v. a., marquer par des chiffres, كتب الارقام - O. خط العدد O. Chiffrer, compter la plume à la main, كتب الحساب.

CHIFFREUR, s. m., celui qui compte bien avec la plume, حساب - حسبنجى.

CHIGNON, s. m., derrière du cou, قفا.

Chignon, cheveux que les femmes retroussent sur le derrière de la tête, ضفاير.

CHIMÈRE, s. f., monstre, وحش ما له وجود.

Chimère, imagination vaine et sans fondement, اوهام ; plur., وهم - خيالات ; plur., خيال فاسد.

CHIMÉRIQUE, adj. com., visionnaire (homme, esprit), مختل.

Chimérique, sans fondement, وهمى - خيالى - باطل - ما له اصل.

CHIMIE, s. f., art d'analyser les corps, كيميا - علم الحل الكيماوى.

CHIMIQUE, adj. com., يختص علم الحل.

CHIMISTE, s. m., عارف بالحل الكيماوى.

CHINA. Voyez SQUINE.

CHINE, s. f., pays, بلاد الصين.

CHINOIS, se, adj., de la Chine, صيني.
CHIO, île de l'Archipel, جزيرة ساقز.
CHIOURME, s. f., collectif, tous les rameurs d'une galère, نواتية الغراب.
CHIPER, v. a., popul., dérober, شمط O. - سرق O.
CHIPOTER, v. n., faire peu à peu et lentement, vétiller, تلاكع.
CHIPOTIER, s. m., qui chipote, لكع.
CHIQUE, s. f., tabac à mâcher, دخان للمضغ.
CHIQUENAUDE, s. f., coup du doigt du milieu, replié, et détendu avec force, نقفة; pl., نقف.
CHIQUER, v. a., mâcher du tabac, مضغ A. الدخان.
CHIROGRAPHAIRE, adj., qui est créancier par acte sous seing privé, صاحب تمسك.
CHIROMANCIE, s. f., divination par l'inspection des mains, علم - علم الاسارير - علم السيميا القيافة.
CHIROMANCIEN, NE, s., qui exerce la chiromancie, ماهر بعلم الاسارير - ضراب سيميا - قايف.
CHIRURGICAL, adj., de la chirurgie, جراحي.
CHIRURGIE, s. f., علم الجراحة.
CHIRURGIEN, s. m., qui exerce la chirurgie, جراح - جراحية plur. ; جرايحي.
CHITES, s. f. plur., toile des Indes bon teint, شيت.
CHIURE, s. f., excréments des mouches, خرا دبان.
CHOC, s. m., heurt de deux corps, صدمة - لطمة - اصطدام.
CHOCOLAT, s. m., شوكولاته.
CHŒUR, s. m., troupe de musiciens qui chantent ensemble, جماعة مغنيين يغنوا سوا.
Chœur, partie de l'église où l'on chante, خورس - صدر الكنيسة.
Chœur, ordre des esprits célestes, طغمة ملايكة.
CHOISIR, v. a., élire, prendre de préférence, نقى - اختار - انتخب. Ils le choisirent pour chef, انتخبوه مقدّما عليهم. || Faire choisir, donner à choisir, خيّر.
Choisir, trier, نقى.
CHOIX, s. m., action de choisir, تنقية - نقاوة - انتخاب - اختيار - خيرة. || Donner le choix, خيّر. Si vous voulez le rendre indécis, donnez-lui le choix, ان اردت تحيّره خيّره. || Je vous donne le choix, انت المختار - انت بالمختار.
CHOLAGOGUE, adj., remede qui fait couler la bile, دوا ينزل الصفرا. Pilules cholagogues, حب الصفرا.
CHOLÉRA-MORBUS, s. m., maladie, هيضة.
CHÔMABLE, adj. com. (jour), يوم بطالة.
CHÔMAGE, s. m., repos, temps d'inaction, بطالة.
CHÔMER, v. n., ne rien faire, بطل.
Chômer, v. a., solenniser une fête, عمل العيد A. - بطل في نهار العيد.
CHONDRILLE, s. f., plante, قندرون - شكورية.
CHOPINE, s. f., mesure de liquides, demi-pinte, بطسة - نصف مسودة.
CHOPPER, v. n., faire un faux pas, تعتر A. - irr., تفشكل - اترجل او اطرجل, أتعتر. Chopper contre une pierre, عثر في حجرة.
CHOQUANT, E, adj., offensant, déplaisant, يغيظ - موجب كدر الخاطر - ثقيل على الخاطر.
CHOQUER, v. a., heurter, لطم O. - صدم O. Choquer, déplaire, offenser, كدّر الخاطر - اغاظ O. - اخذ على خاطره - اغتاظ من - اغمّ. Se choquer de, || Je crains qu'il ne se choque de cela, اخاف ان ياخذ هذا على خاطره.
Choquer, être contraire à, ضدّ A. - صدع O. كان ضدّ. Cela choque la raison, هذا ضدّ العقل.
CHORISTE, s. m., chantre du chœur, ou dans le chœur, ارشية ; plur., ارشى.
CHOROGRAPHIE, s. f., description, représentation d'un pays, وصف او رسم بلاد.
CHOROÏDE, s. f., tunique de l'œil où est la prunelle, قسم من العنبية - عنبية - طبقة العين.

CHORUS, s. m., chœur, خورس. Faire chorus, fam., chanter ensemble, غنّى سوا.

Faire *chorus*, émettre ensemble la même opinion, اتّفقوا مع بعضهم.

CHOSE, s. f., ce qui est, شي ; plur., اشيا. Quelque chose, شي.

*Chose*, affaire, امر - حاجة ; plur., حوايج - امور.

CHOU, s. m., légume, كرنبة ; collect., كرنب. Chou pommé, ملفوف - (Barbarie) مكور.

CHOU-DE-CHIEN, s. m., mercuriale sauvage purgative, كرنب الكلب - ملفوف الكلب.

CHOU-FLEUR, s. m., قرنبيط.

CHOUETTE, s. f., oiseau de nuit, نوع بومة - قبيصة - مصاصة - امّ قويق.

CHOYER, v. a., ménager une chose, تقيد في - استحفظ على. Veiller avec grand soin à la conservation d'une personne, تقيّد في - سايس - دلّل. ǁ Choyer ses enfants, ربّى اولاده في الدلال.

*Choyer* quelqu'un, ne rien dire ou faire qui puisse le choquer, اخذ بخاطره - دارى خاطره. *Se choyer*, تدلّل. Il est nuisible de trop se choyer, كثرة التدلّل شي مضرّ.

CHRÈME, s. m., huile sacrée pour des sacrements, الميرون المقدّس - ميرون.

CHRÉTIEN, NE, adj., نصراني ; plur., نصارى - مسيحي ; plur., مسيحيين.

CHRÉTIENNEMENT, adv., بطريقة مسيحية.

CHRÉTIENTÉ (LA), s. f., les chrétiens, النصرانية - النصارى.

*La chrétienté*, les pays chrétiens, البلاد النصرانية.

CHRIST, s. m., oint, le Messie, المسيح.

*Christ*, sa représentation sur la croix, الصلبوت - صورة المصلوب.

CHRISTIANISME, s. m., loi et religion du Christ, الدين المسيحي.

CHRONIQUE, s. f., histoire selon l'ordre des temps, تواريخ ; plur., تاريخ سنة بسنة.

CHRONIQUE, adj. com., de longue durée, مزمن. Maladie chronique, مرض مزمن.

CHRONIQUEUR, s. m., historien, مؤرّخ.

CHRONOGRAMME, s. m., inscription dont les lettres numérales forment la date de l'événement rapporté, تاريخ حادثة.

CHRONOLOGIE, s. f., science des temps, علم التواريخ.

CHRONOLOGIQUE, adj. com., يخصّ التواريخ.

CHRONOLOGISTE, s. m., qui sait, enseigne la chronologie, معلم تواريخ.

CHRONOMÈTRE, s. m., instrument pour mesurer le temps, مقياس الزمان.

CHRYSALIDE, s. f., fève ; état d'un insecte qui passe du ver au papillon, شرنقة ; collect., شرنق.

CHRYSANTHEMUM, s. m., plante, زهر الصبّاغ - بهار اربيان - اقحوان اصفر.

CHRYSANTIN, s. m., bourre de soie, كشكت.

CHRYSOCOLLE, s. f., matière détachée des mines de cuivre, d'or, تنكار - لزاق الذهب.

*Chrysocolle*, ou Borax. *Voyez* BORAX.

CHRYSOLITHE, s. f., pierre précieuse, زبرجد.

CHUCHOTER, v. n., parler tout bas avec quelqu'un, تنبّت مع - نوشوش مع - وشوش احدًا.

CHUCHOTERIE, s. f., وشوشة.

CHUCHOTEUR, SE, s., qui chuchote, وشوش.

CHUT ! interj., paix ! silence ! اش - سكتة - اسكت.

CHUTE, s. f., mouvement de ce qui tombe, وقعة - سقوط - سقطة. Chute d'eau, انحدار الماء. ǁ Chute des feuilles, انتثار الورق.

*Chute*, faute envers Dieu, زلة - عصيان الله.

CHYLE, s. m., suc blanc exprimé des aliments digérés, كيموس - كيلوس.

CHYLIFICATION, s. f., تحكيم الكيلوس.

CHYME, s. m., bol alimentaire, كيموس.

CHYPRE, île de la Méditerranée, جزيرة قبرس.

CI, adv. de lieu, de proximité, هنا. Ci-joint,

Ci-. ‖ .فِيهَا بَعْد - بَعْدَهُ ,Ci-après ‖ .مَعَهُ - مَعَ هَذَا contre, ‖ سَابِقًا - قُدَّامِ ,Ci-devant ‖ بِإِزَائِهِ. ‖ Ci-derrière, وَرَاءُ. ‖ Ci-dessus, أَعْلَاهُ. ‖ فِيهَا تَقَدَّمَ. Ci-dessous, أَدْنَاهُ. ‖ Ci-inclus, ضِمْنَهُ - طَيَّهُ. ‖ Ci-gît, ici repose, هَهُنَا مُسْتَرِيحٌ.

Par-*ci*, par-là, مِنْ هُنَا وَمِنْ هُنَاكَ.

Ciboire, s. m., vase pour conserver les hosties, حُقَّةٌ مِنْ ذَهَبٍ أَوْ فِضَّةٍ لِيَحْفَظُوا فِيهَا الْقُرْبَانَ الْمُقَدَّسَ.

Ciboule, s. f., شِتْل بَصَل - بَصَل أَخْضَر.

Cicatrice, s. f., أَثَرُ الْجُرْحِ; plur., آثَار.

Cicatrisant, e, adj., يَخْتِم.

Cicatriser, v. a., faire des cicatrices, أَثَّرَ.

*Cicatriser*, fermer une plaie, خَتَمَ - ضَمَّدَ - قَطَّبَ.

Se *cicatriser*, v. réf., se refermer, en parlant d'une plaie, خَتَمَ - قَطَّبَ - ضَمَّ. O.

Cicerole, s. f., espèce de pois-chiche, نَوْع حُمَّص.

Ciclamen. *Voyez* Cyclamen.

Cicutaire, t. f., ciguë aquatique, شَوْكَرَان الْمَاء.

Cidre, s. m., boisson faite de jus de pommes, خَمْر مَاء التُّفَّاح - شَرَاب التُّفَّاح.

Ciel, s. m. plur., cieux, vaste espace qui entoure notre globe, سَمَاء; pl., سَمَوَات ou سَمَاوَات.

*Ciel*, Dieu lui-même, اللّٰه. C'est un coup du ciel, هَذِهِ ضَرْبَةٌ مِنَ اللّٰهِ. C'est un arrêt du ciel, هَذَا قَضَا اللّٰه. ‖ Grâces au ciel, الْحَمْدُ لِلّٰهِ - أَشْكُرَكَ يَا رَبِّ - الشُّكْرُ لِلّٰهِ.

*Ciel* des planètes, etc., فَلَك; plur., أَفْلَاك.

*Ciel*, temps, هَوَا - طَقْس - دُنْيَا. Le ciel est serein, الدُّنْيَا مُغَيِّمَة. ‖ Le ciel est obscur, الدُّنْيَا صَحْو.

Cierge, s. m., grande chandelle de cire, فَنَد شَمْع; plur., شُمُوع - شَمْع شَمْعَة.

Cigale, s. f., insecte, صُرْصُور - أَبُو دَقِيق; plur., زِيزَان - صَرَاصِر.

Cigare, s. m., feuille de tabac roulée pour fumer, وَرَق دُخَان مَلْفُوف لِلشُّرْب.

Cigogne, s. f., oiseau de passage, لَقْلَق; plur., أَبُو حُدَيْج - كُرْكِي - بُولُوج - بُولُوجَة - لَقَالِق, coll.; بَلَارِج (Barbarie) - أَبُو مَغَازِل.

Cigue, s. f., plante froide et vénéneuse, نَبَات سَامّ - شَوْكَرَان.

Cil, s. m., هُدْب الْعَيْن - شَعْرُ الْجَفْن.

Cilice, s. m., tissu de crin qu'on porte sur la chair, par mortification, قَمِيص مِنْ - مِسْح شَعْر - شَعْر.

Cillement, s. m., action de ciller, رَمْش الْعَيْن.

Ciller, v. a., fermer les yeux, les paupières, et les rouvrir tout de suite, رَمَشَ الْعَيْنَ I.

Cimbalaire, s. f., plante, حَشِيشَة الشَّقُوقَة.

Cime, s. f., sommet, رَأْس - شُوشَة.

Ciment, s. m., brique, tuile pilée, sorte de mortier, خُرَاسَانِي - خَافِقِي.

*Ciment*, au fig., lien d'amitié, رِبَاط.

Cimenter, v. a., joindre avec du ciment, لَحَمَ بِالْخَافِقِي - ضَبَطَ بِالْخُرَاسَانِي. O.

*Cimenter*, lier, affermir, عَقَدَ I. - ثَبَّتَ - أَكَّدَ.

Cimeterre, s. m., sabre recourbé, شَاكْرِيَّة - سَيْف; plur., سُيُوف.

Cimetière, s. m., lieu destiné à enterrer les morts, قَرَافَة - مَقْبَرَة - فَسَاقِي; plur., مَقَابِر.

Cimier, s. m., ornement au haut du casque, زِينَة فَوْق الْخُوذَة.

Cimolie, s. f., espèce d'argile, بِيلُون - طِين قِيمُولِيَا.

Cinabre, s. m., زِنْجُفْر سِنْجَفْر et سِنْجَفْر.

Cinération, s. f., réduction en cendres par le feu, إِصَارَة الْأَشْيَاء رَمَاد.

Cinglage, s. m., chemin que fait ou peut faire un vaisseau en vingt-quatre heures, سَيْر مَرْكَب فِي أَرْبَع وَعِشْرِين سَاعَة.

Cingler, v. n., voguer à pleines voiles, سَارَ I. - نَجَعَ الْمَرْكَبُ A.

*Cingler*, v. a., frapper, لَفَعَ.

Cinnamome, s. m., cannelle, نُوَيْرَة - دَار صِينِي - الْقِرْفَة الْحُلْوَة - قِرْفَة.

## CIR

Cinq, adj. com., nombre cardinal, خَمْسَة m. - خَمْس, f. Cinq cents, خَمْسَمِيَّة.

Cinquantaine, s. f., خَمْسِين واحد.

Cinquante, adj. com., cinq dixaines, خَمْسِين.

Cinquantième, adj. com., الخَمْسِين.

Cinquième, adj., nombre ordinal, خامس.

Cinquième, s. m., cinquième partie d'un tout, أخْماس plur., ; خُمْس.

Cinquièmement, adv. خامسًا.

Cintre, s. m., voûte, arcade, قَنْطَرَة - قَوْصَرَة.

Cintre, arcade de bois sur laquelle on bâtit les voûtes, طاق من خَشَب.

Cintrer, v. a., bâtir en cintre, قَنْطَر - قَوْصَر.

Cintré, adj., مُقَنْطَر - مُقَوْصَر.

Cirage, s. m., ce qui sert à cirer, دِهْن.

Circassie, s. f., pays d'Asie, بِلاد الچَرْكَس.

Circassien, ne, adj., de la Circassie, چَرْكَس ; plur., شَرْكَس - چَراكِسَة ; plur., شَراكِسَة.

Circée, s. f., herbe de Saint-Étienne, عَشْرَق.

Circoncire, v. a., couper le prépuce, طاهَر - ختَن - طَهَّر O.

Circoncis, adj., مُطَهَّر - مَخْتُون - مُطاهَر.

Circoncision, s. f., action de circoncire, طَهارَة - خِتان - طُهور.

Circonférence, s. f., ligne courbe qui termine le cercle, دايْرَة - اسْتِدارَة.

Circonflexe, adj. (accent), عَلامَة تُوضَع عَلى بَعْض الأحْرُف.

Circonlocution, s. f., دَوْرَة فِى الكَلام.

Circonscription, s. f., ce qui limite la circonférence, حُدود - تَحْديد - تَدْويرَة.

Circonscrire, v. a., mettre des limites, أحاطَ ب - حَدَّ O. - حَدَّد.

Circonspect, e, adj., مُحْتَرِز - حَريص.

Circonspection, s. f., prudence, retenue, حَرَس - اِحْتِياط - اِحْتِراز.

Circonstance, s. f., particularité d'un fait, حالَة ; plur., كَيْفِيَّة الأحْوال - أحْوال ; حال -. Les circonstances et dépendances, لَواحِق ومُتَعَلَّقات الأمر.

## CIR 153

Circonstance, occasion, temps, حالَة - وَقْت - صَدَد. ‖ Suivant la circonstance, حَسَب الحال - حَسَب الوَقْت.

Circonstanciel, adj. (terme), d'état, حال ; de temps, ظَرْف زَمان ; de lieu, ظَرْف مَكان.

Circonstancier, v. a., dire, marquer les circonstances, بَيَّن جَميع الأحْوال.

Circonvallation, s. f., خَنْدَق ; pl., خَنادِق.

Circonvenir, v. a., tromper par des détours, راوَغ - تَحايَل عَلَيْه - حاوَل.

Circonvention, s. f., tromperie, مُحاوَلَة - مُراوَغَة - مُحايَلَة.

Circonvoisin, e, adj., proche, environnant, مُجاوِر. Les lieux circonvoisins, الحَوالى.

Circonvolution, s. f., دَوْرَة.

Circuit, s. m., enceinte, tour, اِسْتِدارَة - دايِر.

Circuit, ce qu'on dit avant de venir au fait, لَفَّة.

Circulaire, adj. com., rond, مُسْتَدير.

Circulaire, qui va en rond, دَوْرى. Mouvements circulaires, حَرَكات دَوْرِيَّة.

Circulaire, s. f., lettre par laquelle on informe plusieurs personnes d'une même chose, كِتاب فى تَعْريف شَى ما يُبْعَث مِنْه صُوَر اِلى جُمْلَة ناس.

Circulairement, adv., en rond, مُسْتَديرًا.

Circulation, s. f., mouvement de ce qui circule, سَيَران - جَرى - سَرى.

Circuler, v. n., se mouvoir en rond, دار O.

Circuler, passer, couler, جَرى. Circuler, passer de main en main, سار I. - دار O.

Cire, s. f., matière produite par les abeilles شَمْع. Cire jaune, شَمْع عَسَلى ‖ Cire blanche وِسْنى - كَوايِر النَحْل ‖ Cire vierge, شَمْع كافورى ‖ Cire d'Espagne, لَكّ. ‖ شَمْع غَرّا.

Cire, humeur des oreilles, صَدا الأذان.

Cirer, v. a., enduire de cire, شَمَّع.

Cirer, appliquer le cirage, دَهَن O.

Cirier, s. m., ouvrier en cire, شَمّاع.

Ciron, s. m., très-petit insecte, قرصة صغيرة للغاية - دبوع.

Cirque, s. m., ملعب - ميدان.

Cisailler, v. a., couper avec des cisailles, قرض I.

Cisailles, s. f. pl., gros ciseaux à longues branches pour couper le métal, مقراض.

Cisaille, rognures de métal, قراضة.

Ciseau, s. m., instrument d'arts et métiers, plat et tranchant d'un bout, منقار ; pl., مناقير - منقاش ; plur., مناقيش.

Ciseaux, s. m. pl., instrument à deux branches tranchantes mobiles, مقص ; pl., مقصات - مقرط ; Ciseaux pour tondre les brebis, etc., جلم ; plur., اجلام. مقاريط

Ciseler, v. a., faire des ornements avec le ciselet au métal, نقش .O - نقر .O.

Ciselet, s. m., petit ciseau, منقاش صغير.

Ciseleur, s. m., نقاش - نقار.

Ciselure, s. f., نقر - نقش.

Ciste, s. m., arbrisseau qui donne le laudanum, شجيرة اللادن.

Citadelle, s. f., قلعة ; plur., قلاع et قلع.

Citadin, e, s., bourgeois, habitant d'une cité, مدني - ابن المدينة ; plur., اولاد المدينة.

Citation, s. f., ذكر قول بعض المصنفين.

Citation, assignation, طلب قدام القاضي.

Citatoire, adj. com., طلبي.

Cité, s. f., ville, بلد ; plur., بلاد.

Citer, v. a., appeler pour comparaître devant le magistrat, دعا الى المحكمة .O - طلب قدام القاضي .O.

Citer, nommer l'auteur d'une nouvelle, سمّى.

Citer, alléguer, ذكر O.

Citerne, s. f., réservoir souterrain d'eau de pluie, جبّ ; plur., صهاريج ; plur., صهريج جباب (Barb.).

Citoyen, ne, s., habitant d'une ville, بلدي - ابن بلد ; plur., اولاد.

Citragon, s. m., ou mélisse, بادرنجبوية - بقلة الاترجية - ترنجان.

Citrin, e, adj., couleur de citron, ليموني.

Citron, s. m., ليمقارص - ليمونة - ليمون ou ليمون قارص (Barb.).

Citronnat, s. m., confiture d'écorce de citron, مربّة ليمون.

Citronné, e, adj., مليمون.

Citronnelle, s. f., plante, ou mélisse, ترنجان - بقلة الاترجية - بادرنجبوية.

Citronnier, s. m., شجر الليمون.

Citrouille, s. f., plante rampante, son fruit, قرع - يقطين, collect., يقطينة.

Civet, s. m., ragoût de lièvre, يخنى من لحم ارنب.

Civette, s. f., chat musqué, قط الزباد.

Civette, liqueur tirée de cet animal, زباد.

Civière, s. f., sorte de brancard sur lequel on porte des fardeaux à bras, عتلة.

Civil, e, adj., qui concerne les citoyens, شعبي - يخصّ اهل البلاد.

Civil, opposé à criminel, يخصّ مصالح الناس مع بعضهم.

Civil, honnête, poli, اديب - محتشم - ادمي - شلبي - مادّب.

Guerre civile, قومة اهل البلاد على بعضهم.

Civilement, adv., en matière civile, فيها يخصّ مصالح الناس.

Civilement, avec civilité, politesse, بادب.

Civilisation, action de civiliser, تاديب - تانيس - تعليم.

Civilisation, état de ce qui est civilisé, عمران - الاداب الحضرية - حضراوية - ادب - انس.

Civiliser, v. a., polir les mœurs, rendre sociable, علّم - ادّب - انس.

Civilité, s. f., courtoisie, ادب - شلبنة.

Civilités, actions civiles, اكرام. Faire à quelqu'un beaucoup de civilités, اكرمه غاية الاكرام.

CIVISME, s. m., zèle dont le citoyen est animé, نخوة - غيرة.

CLABAUD, s. m., chien de chasse qui crie beaucoup, كلب صيدى نباح.

CLABAUDAGE, subst. m., criaillerie, نبح - صياح.

CLABAUDER, v. n., aboyer souvent; au fig., crier mal à propos, عيط I. - صاح A. - نبح.

CLABAUDERIE, s. f., criaillerie importune, عياط - صياح - تصدعة.

CLABAUDEUR, SE, s., qui crie beaucoup, نباح.

CLAIE, s. f., tissu d'osier, etc., شبكة من صفصاف.

CLAIR, E, adj., lumineux, نيّر - مضى. Clair, éclatant, luisant, لامع.

*Clair*, qui a beaucoup de jour, نور ضوكثير فيه. *Clair*, transparent, شفاف.

*Clair*, qui n'est pas trouble, صافى - رايق. *Clair*, comme eau de roche, صافى مثل ماء الصخرة.

*Clair*, peu foncé, فاتح. *Clair*, peu épais, مروّق - رخو - سايل. *Clair*, peu serré, خفيف. ‖ Gaze claire, برنجق خفيف.

*Clair*, pur et serein, صاحى - صافى. *Clair*, sonore, net, جهور.

*Clair*, facile à comprendre, مفهوم. Clair, évident, manifeste, باين - واضح - معلوم. ‖ Il est bien clair que, من المعلوم الواضح أن. ‖ La chose est claire maintenant, الآن اتضح الامر.

*Clair*, s. m., clarté, lumière, ضو. Le clair de lune, ضو القمر. ‖ Il fait clair, طلع الضو.

*Clair*, adv. *Voyez* CLAIREMENT.

Semer *clair*, de loin à loin, بجر.

Tirer une chose à *clair*, au clair, rechercher la vérité, فحص الامر - عرف حقيقة الامر A.

CLAIR-SEMÉ, E, adj., بعيد عن بعضه.

CLAIREMENT, adv., d'une manière claire, ظاهراً - واضحاً - جهراً.

CLAIRE-VOIE (A), s. f., clair-semé, بعيد عن بعضه. A claire-voie, dont les parties ne sont pas serrées (comme panier, claie), مخرّم بشكل الشبكة.

CLAIRIÈRE, s. f., endroit dégarni d'arbres dans une forêt, موضع فاضى من الاشجار فى حرش.

CLAIRON, s. m., trompette, بوق; plur., ابواق.

CLAIRVOYANCE, s. f., sagacité, بصيرة - نظر.

CLAIRVOYANT, E, adj., بصير - صاحب نظر.

CLAMEUR, s. f., grand cri, صياح - صيحة.

CLANDESTIN, E, adj., fait en cachette et contre les lois, خفى - مخفى - محظور.

CLANDESTINEMENT, adv., d'une manière clandestine, خفيةً - بالخفى - محظوراً.

CLANDESTINITÉ, s. f., خفية - حظر.

CLAPIER, s. m., trou de lapin, جحر; plur., اجحار.

CLAPIR (SE), v. réf., se blottir dans son trou, تختبى الارنب فى جحره.

CLAQUE, s. f., coup du plat de la main, كف. Claque sur la nuque, لطشة بالكف - صفعة.

CLAQUEDENT, s. m., gueux qui tremble de froid, قرندلى.

CLAQUEMENT, s. m., bruit des dents, des mains, صرير الاسنان - طرقعة الاسنان و الايادى - تصفيق الايادى - اصطكاك الاسنان.

CLAQUEMURER, v. a., renfermer dans une prison étroite, حبس I. - سجن O.

Se claquemurer, v. réfl., سجن نفسه - حبس حاله.

CLAQUER, v. n., faire un bruit éclatant et aigu, طرطق - قرقع. Claquer des mains, صفّق. Claquer des dents, صرّر باسنانه - اصطكّت اسنانه.

Claquer, v. a., donner des claques, لطش I. O. Claquer quelqu'un sur la nuque, ضربه كفّ A. صفع.

Faire *claquer* son fouet, faire valoir son autorité, بيّن حكمه.

CLAQUET, s. m., petite latte qui bat sur la trémie du moulin, طرطقة طاحون.

CLARIFICATION, s. f., action de clarifier, ترويق.

CLARIFIER, v. a., صفى - روّق.

Se clarifier, v. pro., راق O.

CLARINE, s. f., clochette pendue au cou des animaux, جرس صغير معلّق فى رقبة الدابّة - جلجل - جَلَل.

CLARINETTE, s. f., sorte de hautbois, زمارة.

CLARTÉ, s. f., lumière, splendeur, نور - نورانية. || Clarté de l'esprit, فطنة - ذكاوة - ضوء. || Clarté du discours, ايضاح - تصريح. || Clarté de la vue, حدّ البصر.

CLASSE, s. f., ordre, rang des personnes, des choses, طبقة; plur., طباق - باب; plur., ابواب.

Classe, salle d'étude, بيت للدرس. Classe, temps que dure une leçon, زمان الدرس.

CLASSEMENT, s. m., ترتيب.

CLASSER, v. a., ranger, رتّب الاشيا طبقات.

CLASSIFICATION, s. f., ترتيب.

CLASSIQUE, adj. (auteur), qui fait autorité, معتبر - معتمد.

CLAUDICATION, s. f., action de boiter, عَرَجان.

CLAUSE, s. f., disposition particulière d'un traité, d'un contrat, شرط; plur., شروط.

CLAUSTRAL, E, adj., appartenant au cloître, ديرى.

CLAVEAU, s. m., ou CLAVELÉE, s. f., maladie contagieuse des brebis, فصل الغنم.

CLAVECIN, s. m., الة من الات الموسيقا - صنطير فرنجى.

CLAVICULE, s. f., deux os de la poitrine qui l'attachent aux épaules, ترقوة; plur., براقى.

CLAVIER, s. m., rangée des touches d'un clavecin, دساتين الصنطير الفرنجى.

CLEF, s. f., مفتاح, plur., مفاتيح.

Clef d'un pays, place forte sur les frontières, اقليد. La clef de la mer, اقليد البحر (nom d'un des châteaux des Dardanelles).

CLÉMATITE, s. f., plante, دالية سودا.

CLÉMENCE, s. f., vertu, رحمة - رافة.

CLÉMENT, adj., qui a de la clémence, رحمان (Se dit de Dieu) - رووف - رحيم.

CLEPSYDRE, s. f., horloge d'eau, ساعة الماء.

CLERC, s. m., celui qui par la tonsure est entré dans l'état ecclésiastique, من الاكليروس - الكليركى.

Clerc, celui qui écrit et travaille sous un homme de pratique, كاتب; plur., كتبة; صبى; plur., صبيان.

CLERGÉ, s. m., corps ecclésiastique d'un état, d'une ville, جماعة الكهنة - الاكليروس.

CLÉRICAL, adj., يختص الكهنة او الكتبة.

CLÉRICATURE, s. f., condition de clerc, d'ecclésiastique, كار الكاتب او الاكليركى.

CLIENT, s. m., qui a chargé un avocat de sa cause; protégé, محمى - حاية - فى حاية.

CLIENTELLE, s. f., protection accordée à des clients, ذمّة - حاية.

CLIGNEMENT, s. m., mouvement précipité involontaire des paupières, برقفة - رمش العين - غمز العين.

CLIGNE-MUSETTE, s. f., jeu d'enfants, dont l'un ferme les yeux, les autres se cachent, pour être découverts et pris par lui, طقطق شعيرك يا دبور.

CLIGNER, v. a., fermer l'œil à demi, غمّز بالعين. Cligner les yeux, remuer les paupières, غمّص عينه - رمش عينيه O.

CLIGNOTEMENT, s. m., mouvement rapide, continuel, involontaire des paupières, برقفة العين.

CLIGNOTER, v. n., برقق عينيه.

CLIMAT, s. m., partie de la terre, اقليم; plur., اقاليم.

Climat, la température de l'air dans un pays, هوا - مناخ - مزاج القطر. Le climat de Paris, مزاج قطر باريس.

CLIMATÉRIQUE, adj., se dit de chaque septième

# CLO

année de la vie humaine, سبوعي. Année climatérique, année fatale, سنة قطوعية.

CLINCAILLERIE, CLINCAILLIER. *Voy.* QUINCAILLERIE, etc.

CLIN D'OEIL, s. m., mouvement subit des paupières, طرفة - لمحة - غمزة عين - رمشة عين. || En un *clin d'œil*, en un moment في لحظة - في رمشة عين - في لمحة بصر - في طرفة عين. En moins d'un clin d'œil, أسرع من اللمح. || Faire un clin d'œil à quelqu'un, غمزه.‍‍I.

CLINOPODIUM, s. m., faux basilic, ريحان برّي - فنجنجشك.

CLINQUANT, s. m., petite lame de cuivre doré ou argenté, نوّار - مَيس - بهرجان.

CLIQUE, s. f., gens réunis pour cabaler, كبشة هم - عصبة. Ils forment une clique, كلهم عصبة.

CLIQUETER, v. n., imiter le bruit d'un claquet, قرقع - طقطق - طرطق.

CLIQUETIS, s. m., bruit d'armes qui se choquent قرقعة السلاح - خشخشة السلاح.

CLIQUETTE, s. f., sorte d'instrument ساجات. *Voyez* CASTAGNETTE.

CLISSE, s. f., claie d'osier ou de jonc pour égoutter les fromages, شندة الجبن.

*Clisse*, bande de bois, de fer blanc, pour contenir les os fracturés, طاب; plur., طابات.

CLISSÉ, E. garni de clisses, مربوط.

CLISSER, v. a., ربط بالطاب. O.

CLITORIS, s. m., partie supérieure de la vulve, كَيْن - قُنب - زنبور المراة.

CLOAQUE, s. m., lieu destiné à recevoir les immondices, égout, بلاعة - خرّارة.

CLOCHE, s. f., instrument de métal pour sonner, جرس - نواقيس plur., اجراس; ناقوس. O. Sonner la cloche, دقّ الجرس O. دقّ الناقوس.

*Cloche* de verre, pour des plantes délicates, قبّة من قزاز.

*Cloche*, ampoule sur la peau, بقبيقة - بقبوقة.

# CLO 157

A *Cloche-pied*, sur un seul pied, على رجل واحدة.

CLOCHEMENT, s. m., action de boiter, عرج.

CLOCHER, s. m., bâtiment élevé pour les cloches, برج النواقيس - عمارة كالماذنة.

CLOCHER, v. n., boiter en marchant, عرج.‍‍I. - A. O. Il ne faut pas clocher devant les boiteux, لاتعرج عند المكسحين (ce proverbe se prend en arabe dans le sens de : Ne cherchez pas à finasser avec des gens plus fins que vous).

CLOCHETTE, s. f., petite cloche, جرس صغير.

CLOCHETTE, s. f., fleur, زمر القاضي.

CLOISON, s. f., séparation en planches, en briques, حاجز; plur., حواجز.

CLOISONNER, v. a., séparer par une cloison, اقام حاجزًا.

CLOÎTRE, s. m., monastère, دير; plur., ديورة. *Cloître*, galeries avec cour au milieu, رواقات - دايرة حوش الدير.

CLOITRER, v. a., حبس في دير.‍‍I.

CLOPIN-CLOPANT, adv., وهو يمشي مثل الاعرج.

CLOPINER, v. n., marcher en boitant un peu, مشى مثل الاعرج.‍‍I. - تصعفى.

CLOPORTE, s. m., حمير جدة - امّ على - حمار قبّان.

CLORE, v. a., fermer, سدّ O.

*Clore*, achever, غلق - انهى O. - ختم - كمّل.

*Clore*, entourer de, زرّب - احاط.

A huis-*clos*, à portes fermées, والابواب مغلقة.

CLOS, s. m., espace cultivé, fermé de murs, de haies, حكر - حاكورة - غيط مزرّب.

Clôture, s. f., enceinte, سياج - زريبة.

*Cloture*, action de terminer, ختم.

*Cloture*, vœu de ne point sortir du couvent, التسكير والحبس المديد في الدير.

CLOU, s. m., morceau de métal à tête et pointe, مسمار; plur., مسامير.

*Clou* de girofle, كبش قرنفل.

*Clou*, furoncle, حبسة; plur., حبسون.

Clou de mer, coquillage, بطلينس – عوينات حَبَّةٌ تَطْلُعُ فِي جَسَدِ الاِنْسَانِ.
Clouer, v. a., attacher avec des clous, سَمَّرَ.
Clouer, garnir, orner de clous, سَمَّرَ.
Clouterie, s. f., fabrique de clous, مَعْمَلُ المَسَامِير.
Clouterie, commerce de clous, بِضَاعَةُ مَسَامِير.
Cloutier, s. m., مَسْمَرْجِي.
Club, s. m., assemblée, مَجْمَع.
Clubiste, adj., أَهْلُ المَجْمَع.
Cludiforme, adj., qui a la figure d'un clou, فِي صُورَةِ مِسْمَار.
Clymène, s. f., plante, قراكوز.
Clystère, s. m., lavement, حُقْنَة. Prendre un clystère, اِحْتَقَنَ.
Clystériser, v. a., donner un clystère à quelqu'un, حَقَنَ. I. – حَقَّقَ.
Coaccusé, e, s., accusé avec d'autres, مُتَّهَمٌ مَعَ.
Coactif, ive, adj., قَهْرِي.
Coaction, s. f., contrainte, غَصْب – قَهْر.
Coadjuteur, s. m., adjoint et successeur désigné d'un prélat, نَايِبُ المَطْرَان.
Coadjutorerie, s. f., نِيَابَةٌ عَنِ المَطْرَان.
Coagulation, s. f., action de se coaguler; ses effets, تَجْمِيد – جَمَاد.
Coaguler, v. a., figer, جَمَّدَ – رَوَّبَ – عَقَّدَ.
Se coaguler, v. pro., تَرَوَّبَ – اِنْعَقَدَ – O. جَمَدَ.
Coaliser (se), v. pro., former une coalition, اِعْتَصَبَ, تَعَصَّبَ بِ, مَعَ – اِتَّفَقَ مَعَ – اِجْتَمَعَ بِ.
Coalition, s. f. réunion, عَصَبِيَّة.
Coassement, s. m., شَخِيرُ الضَّفَادِع – نَقِيقُ العَقَارِق.
Coasser, v. n., crier, en parlant des grenouilles, شَخَرَ الضَّفْدَع. I. نَقَّ العَقَارِق.
Cobalt, ou Cobolt, s. m., substance minérale dont on tire l'arsenic, حَجَرٌ يُخْرِجُونَ مِنْهُ الزِّرْنِيخ.
Cocagne, s. f., (pays de) بِلَادُ نَعِيم – بِلَادُ عِزّ. Mât de cocagne, صَارِي مَرْكُوز فِي الأَرْض و عَلَى رَأْسِه تُحَف مُعَلَّقَة مَنْ طَلَعَ اِلَيْهِ يَأْخُذ نَصِيبَه.

Cocarde, s. f., nœud de ruban, أِشَارَة – وَرْدَةٌ مِنْ حَرِير.
Cocasse, adj. com., ridicule, مُضْحِك – مَسْخَرَة.
Coccix, s. m., os à l'extrémité du sacrum, عُصْعُص.
Coccus, s. m., ou Kermès, قِرْمِز – حَبُّ القِرْمِز.
Coccus, chéne vert qui donne le kermès, سِنْدِيَان.
Coche, s. m., espèce de voiture, نَوْعُ عَرَبَانَة. Coche d'eau, مَرْكَبٌ يَسِيرُ عَلَى الأَنْهَار.
Coche, s. f., entaille, حَزّ – شَقّ.
Cochemar. Voyez Cauchemar.
Cochenille, s. f., insecte d'Amérique, qui donne une teinture d'un rouge vif, دُودَةُ القِرْمِز – قِرْمِز.
Cocher, s. m., celui qui conduit un carrosse, مَاسِكُ العِنَان – سَوَّاقُ العَرَبَانَة.
Le Cocher, constellation, مَاسِكُ العِنَان – ذُو العِنَان – مُمْسِكُ الأَعِنَّة.
Cochevis, s. m., alouette huppée, قُبَّرَة.
Cochléaria, s. m., herbe, حَشِيشَةُ المَعَالِق – قُوقْلَارِس.
Cochon, s. m., porc, حَلَالِيف; plur., حَلُّوف. Cochon d'Inde, خِنْزِيرٌ هِنْدِي; pl., خَنَازِير. || Cochon de lait, خَنُوص; plur., خَنَانِيص.
Cochonner, v. n., parlant de la truie qui fait ses petits, تَوَلَّدُ اَلْخِنْزِيرَة; aor., تَلِد وَلَدَت.
Cochonner, v. a., au fig., fam., faire mal, salement, grossièrement un ouvrage, خَبَّصَ – سَخَّطَ.
Cochonnerie, s. f., pop., chose sale, سَخَافَة. Faire des cochonneries, تَخْبِيص – خَبْصَة – خَبَّصَ.
Coco, s. m., fruit du cocotier, جَوْزٌ هِنْدِي – فَوْفَل – نَارْجِيل.
Cocon, s. m., coque du vers à soie, جَوْزُ القَزّ – شَرْنَقَة – قَزّ; plur., شَرَانِق; collect., شَرْنَق.
Cocotier, s. m., arbre qui produit le coco, شَجَرُ النَّارْجِيل – شَجَرُ جَوْزِ الهِنْد.
Coction, s. f., digestion des aliments, اِنْهِضَام.
Coction, cuisson, طَبْخ – اِنْضَاج.

COCU, s. m., celui dont la femme est adultère, قوّاد - قرنان - مقرن - معرّص. Cette dernière expression s'applique à un mari qui consent à l'infidélité de sa femme.

COCUAGE, s. m., état du cocu, حال القرنان - قوادة - تعريص.

COCUFIER, v. a., عمله قرنان - استعرص. A.

COCYTE, s. m., fleuve des enfers, وادى سقر.

CODE, s. m., recueil des lois, كتاب الشرائع - قانون نامه - مجموع القوانين.

CODICILLE, s. m., addition ou changement à un testament, الحاق أو تغيير فى وصية ميت.

CODILLE, s. m., terme de jeu, gagner codille, sans avoir fait jouer, كسب على السلمى. I.

CODONATAIRE, adj. com., associé dans une donation, احد المتعاطيين.

COECUM, s. m., المعى الاعور.

COERCIBLE, adj. com., qui peut être contraint, qui peut être retenu, يضبط - يقهر.

COERCITIF, IVE, adj., qui a le pouvoir de contraindre, حتمى - قهرى.

COERCITION, s. f., ضبط - قهر - حتم.

COÉTERNEL, LE, adj., أزلى مع.

CŒUR, s. m., partie noble de l'animal, siège des passions, قلب; plur., قلوب - فؤاد, plur., أفئدة; plur., مهج. مهجة. Son cœur palpite, قلبه يخفق. || Il a le cœur plein d'indignation, قلبه ملان من الغضب. || Qui a mauvais cœur, ردى القلب. Qui a le cœur noir, قلبه اسود - اسود القلب. Qui a bon cœur, قلبه ابيض - سليم القلب. Qui a le cœur sincère, خالص الفؤاد.

Cœur, estomac, نفس - قلب. Mal de cœur, دوخة - دود القلب - وجع القلب || Avoir mal au cœur, وجعه قلبه; aor., يوجع - داخ. O. لعبت نفسه. A. || Faire mal au cœur, دوخ.

Faire mal au cœur, au fig., causer du déplaisir, حرق القلب. I. O.

Cœur, courage, vigueur, قلب - قوة القلب - شجاع - قوى القلب. Homme de cœur, مروّة - همّة. || Il n'a pas de cœur, صاحب مروّة - قوى الجنان - عالم مروّة. || Je n'ai pas le cœur de faire cela, ما لى قلب اعمل هذا.

Cœur, intérieur, fond de l'âme, باطن النفس; plur., صدور. Du fond du cœur, صدر - قلب. || من صميم القلب - من صميم الفؤاد. Dieu connaît les cœurs, الله عارف بذات الصدور - الله يعرف ما فى القلوب.

Cœur, milieu, intérieur, وسط - قلب. Le cœur de l'hiver, قلب الشتا.

Cœur, affection, قلب - محبّة. Gagner le cœur de quelqu'un, ملك قلب. I. || Loin des yeux, loin du cœur, بعيد عن العين بعيد عن القلب. || Ils ne sont qu'un cœur et qu'une âme, هم قلب واحد و نفس واحدة. || Prendre à cœur, s'intéresser vivement à, حط وجده فى. O.

Par cœur, de mémoire, على الغايب - على ذهنه - على ظهر قلبه.

De bon cœur, volontiers, حاضر - بطيبة الخاطر. || De tout mon cœur, من كل قلبى. || De franc cœur, بقصد حقيقى و نيّة صحيحة.

A contre-cœur, بكراهية النفس - من غير نفس.

Mon cœur, terme de tendresse, يا قلبى. Mon petit cœur, يا قليبى.

Cœur, carte marquée d'un cœur, ورق كبّا.

COEXISTENCE, s. f., وجود معا.

COEXISTER, v. n., exister ensemble, وجد معا.

COFFIN, s. m., petit panier d'osier, مقطف, pl., مقاطف.

COFFRE, s. m., صندوق; plur., صناديق.

COFFRE-FORT, s. m., pour serrer l'argent, خزانة - صندوق المال, plur., سحاجير.

COFFRET, s. m., petit coffre, صندوق صغير.

COFFRER, v. a., mettre en prison, حبس. I

COGNASSE, s. m., coing sauvage, سفرجل برى.

COGNASSIER, s. m., شجر السفرجل.

COGNAT, s. m., parent, قريب; plur., قرايب.

Cognat, allié par les femmes, قريب من ناحية النسا.

COGNATION, s. f., parenté des cognats, قرابة قرابة من النسا.

COGNÉE, s. f., outil de fer en forme de hache, فراعة – قدّوم – فؤوس ; plur., فاس.

COGNER, v. a., frapper pour enfoncer, etc., O. دقّ.

Cogner, heurter, O. طرق – O. دقّ – لطم O.

Se cogner, v. réf., se heurter contre, تلطم – انطرق فى – اندقّ فى. Je me suis cogné la tête contre cette poutre, انطرق راسى فى الخشبة. Il se cognait les jambes contre les chaises, كان يخبط بسيقانه فى الكراسى.

COHABITATION, s. f., état des époux vivant ensemble, سكنة رجل مع امراة.

COHABITER, v. n., vivre comme époux, عاش مع.

COHÉRENCE, s. f., union entre les parties, التصاق.

COHÉRENTE, E, adj., ملتصق.

COHÉRITIER, IÈRE, s., héritier avec un autre, شريك فى الارث ; plur., شركا.

COHÉSION, s. f., التصاق – اتصال.

COHORTE, s. f., troupe de gens armés ou non, جماعة – طوايف ; plur., طايفة.

COHUE, s. f., assemblée tumultueuse, غلبة خلق – جمع كثير من الناس مع اختلاف الاصوات – زجّة.

COI, COITE, adv., tranquille, هادى – فى حاله. Se tenir coi, قعد فى حاله O.

COIFFE, s. f., voiles et ajustements de tête de femme, مقنعة – كسوة راس النسا. Petite coiffe de toile, serre-tête, طاقية – عراقية ; plur., طواقى.

COIFFER, v. a., parer la tête d'une femme, lui mettre sa coiffure, لبسها الارنوطية – عصّب راسها ب. Voy. COIFFURE. Coiffer un homme, lui mettre son turban, لبس العمامة – عمّه O. لفّ له لفته.

Coiffer, peigner une femme, مشّط. Coiffer, lui couper le bout des cheveux plus longs que les autres, قصقص شعرها.

Se coiffer, v. réf., mettre sa coiffure, en parlant d'une femme, لبست الربطة – تعصّبت الامراة – لبست الارنوطية. Se coiffer, mettre son turban, O. لفّ لفته – تعمّم.

Se coiffer de, s'engouer de, انبلش ب – انهوس ب.

Né coiffé, sous une bonne étoile, سعيد – مُسعد – طالعه سعيد.

COIFFEUR, s. m., مزيّن.

COIFFEUSE, s. f., مشاطة – بلانة.

COIFFURE, s. f., ornement de tête des femmes, زينة راس الحريم. Coiffure, consistant en un simple mouchoir roulé autour de la tête, عصابة. || Coiffure plus épaisse en forme de turban, ربطة – ارنوطية – قصدغلى. (Cette dernière, en usage à Alep, est une espèce de gros bourrelet recouvert en châle de cachemire.) || Coiffure particulière à certaines femmes des montagnes de Syrie, consistant en une sorte de corne d'argent creuse et de forme évasée par les deux bouts, فنجان – طاسة – طنطورة.

Coiffure d'hommes. Voyez BONNET, TURBAN.

COIN, s. m., angle, زاوية ; plur., زوايا ; قرنة ; plur., قرانى ; ركن ; plur., اركان. Coin de l'œil, ماق ; plur., موق. || Coin d'un châle, fleurs dans les coins, شربة بالقرانى. || Coin de rue, tournant de rue, عطفة زقاق. Les quatre coins, jeu, الاربع قرانى. || Au coin du feu, جنب النار. || Les quatre coins de la terre, les extrémités les plus éloignées de la terre, اربعة اقاطير – اربعة اطراف الارض – الارض. || Coin, portion de logis ; réduit caché, زاوية – قرنة – طابق – مزبلة. Coin aux ordures, مزبلة.

Coin, outil de fer pour fendre, زقم حديد – سكّة – اسافن ; plur., سفن – شروخ ; plur., شرخ.

*Coin*, poinçon pour l'argenterie, sa marque, دمغة. Marqué au bon coin, fam., حسن - معتبر.

*Coin*, fer gravé pour frapper la monnaie, سكة; plur., سكك.

COIN ou COING, s. m., fruit du cognassier, سفرجل.

COÏNCIDENCE, s. f., état de choses coïncidentes, التقا - اتفاق - موافقة - مطابقة.

COÏNCIDENT, E, adj., qui coïncide, tombe au même point, ملتقى - موافق - مطابق.

COÏNCIDER, v. n., s'ajuster l'un sur l'autre; au fig., arriver en même temps, وافق - طابق - اتفق.

COÏON, s. m., terme bas, poltron, lâche, نذل; plur., انذال - خسيس - خنث.

COÏONNER, v. a., t. bas, traiter en coïon; se moquer de quelqu'un, استخنث.

*Coïonner*, v. n., dire des coïonneries, خلبص - مشق - تمشقع.

COÏONNERIE ou COÏONNADE, s. f., fam., bassesse de cœur, lâcheté, خنث.

*Coïonnerie*, farce, مشقية - مشق - خلبصة.

COÏT, s. m., مجامعة - جماع - نكاح.

COL, s. m., ou Cou, partie qui unit la tête aux épaules, رقبة; plur., رقاب - عنق; plur., اعناق. *Voyez* COU.

*Col* d'un vêtement, قبّة.

COLCHIQUE, s. f., plante, خانق - قاتل الكلب.

COLCOTAR, s. m., résidu de l'huile de vitriol, زاج محروق - قلقطار.

COLÈRE, s. f., irritation violente, غيظ - غضب - اغتاظ. Se mettre en colère, غضب A. - تخلق A. ‖ Mettre quelqu'un en colère, exciter la colère de quelqu'un, اغضب - اغاظ - اثار غضبه - هيج غضبه. *voy.* ALLUMER. ‖ Qui est en colère, طالع خلقه - طبيع خلقه - غضبان. ‖ Apaiser la colère, سكن - اطفى الغضب. ‖ Celui qui se laisse aller à la colère, برد الخلق. ‖

perd toutes ses qualités, من الطاع غضبه اضاع ادبه. ‖ La colère est un commencement de folie, الغضب اول الجنون. ‖ La colère commence par la folie et finit par le repentir, اول الغضب جنون واخره ندم. ‖ La colère d'un ignorant se voit dans ses discours; celle d'un homme d'esprit dans ses actions, غضب الجاهل فى قوله و غضب العاقل فى فعله; prov.

*Colère*, adj. com., خلقانى - غضوب.

COLÉRIQUE, adj. com., enclin à la colère, غضبى - صفراوى.

COLIFICHET, s. m., babiole, مساخر - مسخريات. (Le singulier de ces mots n'est pas en usage).

COLIMAÇON, s. m. *Voyez* LIMAÇON.

COLIN-MAILLARD, s. m., jeu où l'un des joueurs a les yeux bandés et poursuit les autres, غميضة - عميشة - عماشة.

COLIQUE, s. f., maladie qui cause des tranchées, قولنج - مغاص - مغيص - مغوص. Qui a la colique, ‖ Il a la colique, صاير له مغاص - هو مغوص.

COLLABORATEUR, TRICE, s., qui travaille de concert avec un autre, رفيق - مساعد.

COLLAGE, s. m., action d'enduire de colle, تغرية.

COLLATÉRAL, E, adj., parent hors de la ligne directe, قريب من بعيد.

COLLATION, s. f., action de comparer la copie d'un écrit avec son original, مقابلة الكتب.

*Collation*, repas léger qui tient lieu de souper, تعويدة. Collation prise le soir après un jeûne, قرزمة الصيام. ‖ Collation du matin, فطور.

COLLATIONNER, v. a., comparer une copie à son original, قابل على ب.

COLLATIONNÉ, adj., قوبل. Copie collationnée à l'original avec tout le soin possible, نسخة قوبلت على اصلها بغاية التدقيق و التحقيق.

COLLE, s. f., matière tenace pour coller, عصيدة - غرا مركب. Colle forte, غرا - اس - سيرس. ‖ Colle à bouche ou de poisson, من عصاب البقر

‖ Colle de farine, بــالـسـوزة. غـرا سـمـك.

Colle, lourde menterie, خرطة - كذبة.

Collecte, s. f., levée des impositions, جمع الخراج - جبباية. Faire la collecte des impositions, جبى مال الميرى. I.

Collecte, levée de deniers, لمّة مصريات. Faire une collecte, لمّ مصريات. O.

Collecteur, s. m., celui qui fait la collecte des impositions, جامع ; plur., جبياة - جابى. الخراج.

Collectif, ive, adj., se dit des mots qui au singulier désignent plusieurs, comme peuple, armée, اسم جمع نحو شعب و جيش.

Collection, s. f., recueil de choses qui ont du rapport entre elles, مجموعة - جملة.

Collectivement, adv., dans un sens collectif, جمعاً - استغراقاً للجنس.

Collége, s. m., compagnie, مجمع.

Collége, lieu destiné pour enseigner, مدرسة ; plur., مدارس.

Collègue, s. m., compagnon en dignité, en fonction, زميل ; plur., زملا - رفيق ; plur., رفقا.

Coller, v. a., joindre avec de la colle, لزق - لصّق بالغرا. Coller quelque chose contre un mur, لزق الشى فى الحايط او للحايط - علق الشى للحايط بالغرا.

Coller, enduire de colle, غرّى - سيّرس.

Se coller, v. réfl., être collé contre un mur, s'en tenir si près qu'on y semble attaché, التصق بالحايط.

Collerette, s. f., petit collet de linge, طويقة.

Collet, s. m., partie du vêtement autour du cou, زيق ; plur., ازياق - طوق ; plur., اطواق - ياقة - قبّة - خناق. Saûter au collet de..., saisir au collet, مسك احداً من الاطواقة. I..مسك من ازياقه - مسك من الخناق.

Collet de mouton, رقبة الخروف.

Colleté, e, adj., qui a un collier, مطوّق.

Colleter, v. a., prendre au collet pour terrasser, دقّ فى خناقه. O.

Se colleter, v. récip., se battre en se prenant au collet, دقوا فى خناق بعضهم. O.

Colleur, s. m., ouvrier qui fait le carton, etc., الذى يصنع المقوى و يلزق الورق للحيطان.

Collier, s. m., ornement que les femmes portent au cou, عقد ; plur., عقود - مزنقة - لبّة. Collier de perles, بغمة - حبل لولو - عقد لولو. ‖ Collier d'or, طوق من ذهب ; plur., اطواق - قلادة ; plur., قلايد. ‖ Collier de fils d'or, كردان ; plur., كردادين.

Collier, cercle de métal qu'on met au cou des esclaves ou des animaux, طوق ; plur., اطواق.

Collier, marque naturelle en forme de cercle, qu'on voit au cou de certains oiseaux, طوق. Pigeon à collier, حمام مطوّق.

Collier, partie du harnois autour du cou, زناق.

Colline, s. f., éminence de terre, علوة ; plur., تلول et تلال ; plur., تل - علاوى - كدية (Barb.).

Colliquatif, ive, adj., qui fond les humeurs, محلّل الاخلاط.

Colliquation, s. f., résolution, décomposition du sang, انحلال الدم.

Collision, s. f., choc de deux corps, تلاطم.

Collocation, s. f., action de ranger les créanciers dans l'ordre de payement, ترتيب المداينية للدفع.

Colloque, s. m., entretien, مذاكرة - مكالمة.

Colloquer, v. a., placer, جعل فى موضع. A. - رتّب - وضع.

Colluder, v. a., tromper un tiers par collusion, خاوز - خامر - تخامر على - تخاوز على.

Collusion, s. f., intelligence entre plusieurs pour tromper un tiers, مخاوزة - مخامرة.

Collusoire, adj. com., fait par collusion, خوز - مفعول بمخامرة.

Collusoirement, adv., par collusion, بمخاوزة.

COLLYRE, s. m., remède extérieur pour les yeux, كحل ; plur., اكحال. Style, instrument qui sert à appliquer le collyre sur les paupières, مكحل - ميل. ‖ Se mettre du collyre sur les paupières, تكحّل.

COLOCASIE, s. f., racine d'Égypte gluante, potagère, باقلّا مصرى - فول مصرى - قلقاس.

COLOMBE, s. f., pigeon femelle, حمامة.

La Colombe, constellation, حمامة نوح.

COLOMBIER, s. m., pigeonnier, برج حمام.

CÓLON, s. m., le deuxième des gros intestins, قولون - عنق البواب.

COLON, s. m., habitant d'une colonie, ماجى.

COLONIE, s. f., peuplade d'émigrés, le pays où ils se sont établis, بلاد استقرت فيها جماعة هاجّة - جماعة هاجّة.

COLONEL, s. m., qui commande un régiment, امير الاى.

COLONNADE, s. f., rangée de colonnes, صف عواميد.

COLONNE, s. f., pilier rond, عامود ; plur., عواميد - عرصة ; plur., اعمدة - عمود (Barb.).

Colonne, division d'une armée, فرقة عساكر.

Colonne d'un livre, جدول ; plur., جداول.

COLOPHANE, s. f., sorte de résine pour frotter l'archet, زفت الترمنتين - قلافونية - قلافونية - صمغ البطم.

COLOQUINTE, s. f., plante, حنظل.

COLORANT, E, adj., ملوّن.

COLORER, v. a., donner de la couleur, لوّن.

Colorer, au fig., donner une belle apparence à ce qui est mauvais, زيّن - لوّن.

Se colorer, v. pro., تلوّن.

COLORIER, v. a., employer les couleurs dans un tableau, وضع الالوان - لوّن - زوّق ; aor., يضع.

COLORIS, s. m., mélange des couleurs, manière de les employer, الوان - وضع الالوان.

COLORISTE, s. m., peintre qui entend bien le coloris, مصور ماهر فى الالوان.

COLOSSAL, E, adj., de grandeur démesurée, عونى - عظيم الجسم كالعفريت.

COLOSSE, s. m., homme ou statue gigantesque, شخص عظيم الجسم كالعفريت - عون.

COLPORTAGE, s. m., كار الدوّار - دوارة.

COLPORTER, v. a., porter çà et là pour vendre, دار يبيع O.

COLPORTEUR, s. m., qui porte de côté et d'autre pour vendre, بسطانى - خردجى - حدّار - دوّار.

COLURE, s. f., grand cercle qui coupe l'équateur à angles droits, دايرة السموت. Colure des solstices, سمت الانقلاب. ‖ Colure des équinoxes, سمت الاعتدال.

COLUTHEA, s. m., ou BAGUENAUDIER, arbre, سنا - قلوثة.

COLSA ou COLZA, s. m., sorte de chou dont la graine fournit une huile bonne à brûler, سلجم.

COMBAT, s. m., action de combattre, مقاتلة - وقعة. Combat, affaire entre deux armées, قتال. ‖ Combat singulier, براز - مبارزة. ‖ Appeler au combat, طلب للميدان او للبرز O. كونة

Combat, au fig., état d'agitation, نزاع.

Être hors de combat, n'être plus en état de combattre, ما بقى له قوّة - O. خرج من القتال - بقاتل.

COMBATTANT, s. m., homme de guerre, مقاتل. Combattant pour la foi, مجاهد فى سبيل الله.

COMBATTRE, v. a., attaquer ou soutenir une attaque, قاتل. Combattre pour défendre sa famille, دافع قاتل عن العيال. ‖ Combattre pour la foi, جاهد فى سبيل الله. ‖ Combattre les passions, اجتهد فى منع النفس عن هواها.

COMBIEN, adv., de quantité, كم - قدّ ايش (Barb.). Combien de fois? ايش قدّ - اش حال - كم مرّة. ‖ Combien êtes-vous? كم واحد انتم. ‖ En combien de temps? فى كم - فى كم من الزمان.

‖ Dans combien de jours? فى كم يوم - بعد كم يوم.
‖ De combien d'hommes est son armée? قدّ ايش
عدد جيشه.

*Combien*, lorsqu'on donne le prix, بايش - بكم -
باش حال - بقدّ حال (Barb.). Combien vendez-
vous la livre? بقدّ ايش تبيع - بكم تبيع الرطل
الرطل.

*Combien*, à quel point, ايش قدّ - قدّ ايش.
Si vous saviez combien je déteste le mensonge,
لو تعرف قد ايش اكره الكذب.

*Combien*, avec exclamation, كم و كم - يا ما.
Combien il a amassé de biens! يا ما جمع مال.
‖ Combien de périls nous avons affrontés! كم و كم
من الاخطار خضناها.

COMBINAISON, s. f., disposition des choses d'a-
près un plan, تدبير - ترتيب - توفيق.
*Combinaison*, union intime, اتّحاد.

COMBINER, v. a., disposer des choses, les arran-
ger d'après un plan, رتّب - دبّر - وفّق.
*Combiner*, mêler, خلط - جمع.
Armées *combinées*, جيوش متّفقة.

COMBLE, s. m., ce qui dépasse une mesure,
فيض. ‖ Ce qui dépasse un vase plein, Met-
tez le comble à vos bienfaits en...., تمّم كمّل
احسانك و.

*Comble*, faîte d'une maison, اعلا البيت.
*Comble*, le plus haut degré, تهام - غاية. ‖ Le
comble des honneurs, غاية الشرف. ‖ Le comble
de l'infortune, تهام المصيبة. ‖ Pour comble de,
pour surcroît, لزيادة. ‖ Il est au comble de ses
désirs, فى غاية مناه. ‖ Les crimes sont au comble,
المعاصى بلغت حدّها.

De fond en *comble*, entièrement, كلّيّا - بالمرّة -
من فوق الى اسفل.

COMBLE, adj. (mesure), remplie au-dessus des
bords, كيل معرّم.

COMBLER, v. a., remplir une mesure par dessus
les bords, ازاد فى الكيل - عرّم الكيل.

*Combler*, remplir un vide, طمّ O. - ردم (Barb.).
*Combler* de biens, de faveurs, les prodiguer à,
غمره بالاحسان - افاض عليه من النعم -
اجزل له فى العطا - اجزل عليه بالعطا.

*Combler* la mesure, faire une nouvelle faute qui
empêche le pardon, زاد فى الذنب I.

COMBUSTIBLE, s. m., ce qui sert à entretenir le
feu, وقود - وقد.
COMBUSTIBLE, adj., يوقد - يحترق.

COMBUSTION, s. f., action de brûler entièrement,
احتراق كلّى.
*Combustion*, au fig., grand désordre, grand tumulte dans le peuple, dans un état, هيجان Être
en combustion, هاج I. ‖ Mettre en combustion,
اثار الفتنة فى - هيج.

COMÉDIE, s. f., piece de théâtre, تقليد - لعب
كوميديه نوع من اللعب عند الافرنج و فيه تذكر
الرذايل و القبايح من اخلاق الناس و غايته انهم
يرتدّون عنها.

C'est une *comédie*, une feinte, une hypocrisie,
هذا لعيون الناس - هذا لعب.

COMÉDIEN, NE, s., qui joue la comédie publiquement, لعيب الكوميديه.

COMESTIBLE, adj., s., ماكول - يوكل.

*Comestibles*, s. m. pl., vivres, الماكول - المعاش -
المواكيل.

COMÈTE, s. f., astre suivi d'une queue lumineuse, نجمة بذنب.

COMIQUE, adj. com., plaisant, risible, مضحك.
COMIQUEMENT, adv., مضحكًا.

COMITÉ, s. m., assemblée, جمعية.

COMMANDANT, s. m., حاكم; plur., حكّام -
اغا - قايد الجيش; plur., اغوات. Commandant
de province, والى; plur., ولاة.

COMMANDE, s. f., ouvrage donné à faire exprès
pour quelqu'un, عهدة - وصية.

COMMANDEMENT, s. m., ordre du commandant,
امر; plur., اوامر - حكم; plur., احكام.

## COM

*Commandement*, autorité, اَمر - حُكم. Il a le commandement, هو صاحب الامر - له الامر. Ils sont tous sous ton commandement, كلهم تحت حكمه - كلهم تحت يده. ‖ *Commandement de troupes*, حُكم، قيادة الجيش. ‖ *Commandement d'une province*, حُكم - ولاية. ‖ Donner à quelqu'un le commandement d'une province, d'une armée, ولّى احدًا على بلاد او جيش.

*Commandement*, loi de Dieu, de l'Église, وصيّة ; plur., وصايا.

COMMANDER, v. a., ordonner quelque chose à quelqu'un, امر احدًا بشي O. Il lui commanda de le tuer, امره بقتله.

*Commander*, donner une commande à un ouvrier, وصّى. Commander un habit au tailleur, وصّى الخيّاط على بدلة.

*Commander* une armée, la conduire, قاد O. الجيش.

*Commander*, v. n., avoir autorité, empire, حكم على O. Le père commande à ses enfants, الاب يحكم على اولاده.

*Commander*, v. a., être élevé au-dessus, رمى على - اشرف على I. Cette colline commande la ville, هذه التلّة ترمى على البلد.

COMMANDERIE, s. f., bénéfice affecté à un ordre militaire, امارة.

COMMANDEUR, s. m., امير.

COMMANDITAIRE, s. m., celui qui a une commandite, مضارب.

COMMANDITE, s. f., société de commerce dans laquelle l'un donne son industrie, l'autre son argent, شركة مضاربة. Société en commandite, مضاربة.

COMME, adv. de comparaison, زَيّ - مثل - كـ et بحـال (Barb.). Froid comme glace, بارد كالثلج. ‖ Comme l'on dit, مثل ما بقولوا. ‖ Comme mort, مثل الميت. ‖ Comme toi, مثلك. ‖ مثل حكايتك (Syrie) - زيّك (Égypte).

*Comme*, adv. de temps, لـمّا - وقت ما ‒

## COM 165

Comme j'entrais, il arriva, وقت الذى دخلت وصل - محلّ الذى. ‖ Comme j'allais sortir, il entra, وقت الذى كنت بدّى اطلع دخل.

*Comme* en effet, والحال. S'il est homme de bien, comme en effet il l'est, ان كان رجل صالح والحال هوكدا.

*Comme*, conj., puisque, vu que, لـمّا كان - حيث ان. Comme la justice est la base des lois, لـمّا كان العدل اساس الشرائع.

*Comme*, en tant que, من حيث. Le conseil, comme conseil, blesse l'amour-propre de l'homme, النصيحة من حيث هى نصيحة تجرح كبر الناس.

*Comme si*, حسبًا ان - كان - صانكـه (Turc). Vous le voyez fier, comme s'il était un homme incomparable, تراه متكبرًا بهذا المقدار كانه وحيد عصره.

*Comme*, de quelle manière, كيف. Je vais vous dire comme cela est arrivé, اقول لك كيف صار.

*Comme*, combien, قدّ - ايش - ما - يا. Comme il se dépêche! ايش قد يستعجل. ‖ Comme il écrit vite! ما اسرع خطه - ما ارشقه فى الخطّ. ‖ Comme nous nous sommes amusés! يا ما انبسطنا - ايش قد انبسطنا.

*Comme* cela, comme ci, comme çà, ni bien ni mal, كذا وكذا - هيك وهيك.

COMMÉMORATION, s. f., mémoire d'un saint le jour de la fête d'un autre, تذكار القديسين.

COMMÉMORATIF, IVE, adj., تذكارى.

COMMENÇANT, TE, s., qui est aux premiers éléments d'un art, d'une science, مبتدى.

COMMENCEMENT, s. m., ce par où une chose commence, راس - اوّل - بداية - ابتدا - بدى - بدو. Tout ce qui a un commencement doit avoir une fin, كل شى له ابتدا لازم ان يكون له انتها. ‖ J'ai lu le livre depuis le commencement jusqu'à la fin, قريت الكتاب من اوّله الى اخره. ‖ Le commencement du livre, صدر الكتاب. ‖ Heureux commencement! افتتاح مبارك. ‖ Le commencement de l'année, du mois, رأس السنة. ‖ Au commencement, بدو السنة او الشهر ‎- او الشهر في الاول - في الابتدا - في البدو.

*Commencement*, cause première, principe, مَبدأ - أصل - مُبدِع. Dieu est le commencement et la fin de toutes choses, الله مبدأ و منتهاها كل شي ‖ La crainte de Dieu est le commencement de la sagesse, مبدا الحكمة مخافة الله.

COMMENCER, v. a., donner commencement à, A. شرع في - ابتدى في. - O. بدى A. Commencer une bâtisse, ابتدى في البنا - شرع في البنا. ‖ Il commence à lire, يبدى - يبتدى يقرى يقرا.

*Commencer*, faire d'abord, A. بدى ب. Il commence par la fin, par où il devrait finir, يبدى بالآخر. - يصنع في الاول ما كان لازم يصنعه في الاخر - ‖ On fait le bien pour le bien, mais celui qui commence a le plus de mérite. On fait le mal pour le mal, mais celui qui commence a plus de torts, بالخير والبادي اكرم والشر بالشر والبادي اظلم.

*Commencer* à, se mettre à, A. اخذ. - O. جعل - قسام - بــدى. ‖ Commencer l'année par, افتتح السنة ب. ‖ Nous commençons l'année, نحن في اول السنة.

*Commencer*, v. n., A. بدى.

COMMENSAL, plur., COMMENSAUX, adj. m., qui mangent à la même table, ياكل مع.

COMMENSURABILITÉ, s. f., rapport entre deux grandeurs, مناسبة العدد او القياس.

COMMENSURABLE, adj. com., en rapport de nombre ou de mesure, متناسب في العدد او القياس.

COMMENT, adv. interrog., de quelle sorte, كيفاش (Barb.). كيفاش (Égypte) - ازاى - كيف Comment en serait-il autrement lorsque....? كيف ولا و.

*Comment*, exclamation d'étonnement, كيف. Comment a-t-il fait cela! كيف صنع ذلك.

*Comment*, employé pour faire répéter un discours qu'on n'a pas compris, نعم - ايش - ايه - كيف.

Le *Comment*, la manière dont une chose est arrivée, الكيف.

COMMENTAIRE, s. m., éclaircissement, observations sur un livre, شرح.

*Commentaire*, interprétation maligne, تأوّل.

COMMENTATEUR, s. m., شارح; plur., شراح.

COMMENTER, v. a., faire un commentaire, A. شرح.

*Commenter* sur les actions, les tourner en mauvaise part, أوّل.

COMMERÇABLE, adj. com., يتاجر فيه.

COMMERÇANT, E, s., مسبّب - تاجر; plur., تجار.

COMMERCE, s. m., négoce de marchandises, متجر - تجارة - بيع وشرا - سبب. Le commerce ne va pas, السوق كساد - صاير وقف حال على المتجر. ‖ Commerce d'argent, اخذ و عطا - معاملة.

*Commerce*, fréquentation, communication, مخالطة - مشاكلة - مصاحبة - معاشرة. Il n'a point de commerce avec eux, ما يشاكلهم - ما يخالطهم - ما يعاشرهم.‖ Cet homme est d'un bon commerce, d'agréable société, هذا الرجل عشرته مليحة. ‖ Le commerce des gens honorables procure de l'honneur, celui des hommes méprisables attire le mépris. Voyez cette peau qui a si peu de prix par elle-même, et que l'on baise respectueusement parce qu'elle est la compagne du livre saint, من عاشر الاشراف عاش مشرفا و عاشر الاندال غير مشرف الا ترى الجلد الحقير مقبلا بالثغر لما صار جار المصحف.

*Commerce*, intrigue, دسيسة.

*Commerce*, union des sexes, الفت.

COMMERCER, v. n., باع واشترى - تاجر.

COMMERCIAL, E, adj., du commerce, تجارى.

COMMÉRAGE, s. m., bavardage, كثرة - فضول - غلبة.

COMMÈRE, s. f., qui tient ou a tenu sur les fonts un enfant, اشبينة.

*Commère*, femme curieuse et bavarde, كثيرة غلبة - فضولية.

Commettant, s. m., qui charge un autre d'une affaire, مفوّض - موكّل.

Commettre, v. a., faire (une faute), ارتكب خطية - جنى جناية.

Commettre quelqu'un, le préposer à; commettre le soin à quelqu'un, lui confier le soin de, وكلّه على الامر - فوّض اليه الامر. Commettre, nommer un juge, اقام قاضيا.

Commettre, compromettre, لطّ ٥.

Commettre, brouiller deux personnes, رمى بين.

Comminatoire, adj., تهديدي.

Commis, s. m., employé dans un bureau, كاتب; plur., كتبة كتاب. Commis chez un marchand, garçon de boutique, صبي حاصل; plur., صبيان.

Commisération, s. f., حنو القلب - رأفة - رحمة - حنيّة.

Commissaire, s. m., commis par un supérieur ou par justice pour exercer une fonction, وكيل; plur., وكلا. Commissaire de quartier, شيخ الحارة. ‖ Commissaire nommé par le gouvernement pour terminer une affaire spéciale, حوالة - مباشر.

Commission, s. f., l'opposé d'omission, عمل.

Commission, charge donnée à quelqu'un de faire quelque chose, خدمة - وصية; plur., خدم. Si vous avez des commissions à me donner, disposez de moi, مهما يلزم من الخدم رهين الاعلام ‖ Je vous prie de me faire une commission, ارجاك تقضي لي حاجة او غرض. ‖ Donner commission à quelqu'un de, وصّى احدا على ان.

Commission, emploi qu'on exerce comme y étant commis, وكالة - وكلية.

Commission, réunion de personnes, وكلا.

Commission, droit prélevé, حقّ - حوالة - معلوم.

Commission, course de commissionnaire, مشوار.

Commission (prix d'une), حقّ - اجرة. La commission est payée, والمرسال خالص الاجرة.

Commissionnaire, s. m., chargé de l'achat ou du débit de marchandises, qui trafique par commission, بيّاع - شرّا - وكلا; plur., وكيل.

Commissionnaire, portefaix, عتّال - جمّال.

Commissionnaire, messager, مرسال.

Commissure, s. f., jonction, اتّصال - اجتماع.

Commodat, s. m., prêt gratuit, قرض حسنة.

Commode, adj. com., d'un usage utile et facile, en parlant d'une chose, فيه فكّة - هيّن - سهل - مليح - هنى - مناسب - فيه راحة. Maison commode, بيت منظم, منظوم.

Commode, d'une société douce, aisée, en parlant d'un homme, سهل الاخلاق - مساير.

Commode, trop indulgent, ساهل - مسامح.

Commode, s. f., meuble à plusieurs tiroirs, صندوق بادراج.

Commodément, adv., من وسع - بسهولة - براحة - على هينة وسعة.

Commodité, s. f., chose, état, moyen commodes, وسعة - هينة - سهولة - فكّة - راحة.

Commodité, occasion, temps propre à, فرصة. A votre commodité, à votre aise, sans vous presser, على مهلك - على هينتك.

Commodité, proximité, قرب.

Commodités, s. f. plur., privés d'une maison, مهشى - بيت الادب - بيت الخلا - مستراح - كنيف - ادبخانة.

Commotion, s. f., ébranlement, اختباط - زعزعة.

Commotion, agitation des esprits, هيجان.

Commuer, v. a., changer la peine, بدل القصاص.

Commun, adj., à quoi tous peuvent participer, عمومى - للعام - مشاع.

Commun, dont l'usage appartient à plusieurs, مشترك - شركة. Tout est commun entre nous, كل شى بيننا مشترك - كل شى بيننا شركة. ‖ Je ne veux rien avoir de commun avec lui, aucun rapport avec lui, ما اشاكله.

Commun, d'un usage général, للعام - عمومى.

Commun, universel, عامّ - عمومى. Le bruit commun, c'est que, قول الناس عموماً, قول العامّ هو ان.

**Commun**, ordinaire, كثير الوجود ـ معتاد ـ عادة. Cela est très-commun entre les gens de guerre, هذا كثير الوجود, هي عادة بين العساكر.

**Commun** (terme), usité, par opposition à terme recherché, مطروق ـ عادي ـ دارج. Les mots communs de la langue, الكلام الدارج بين الناس. ‖ Dicton, proverbe commun, connu généralement, مثل ساير ـ مثل مشهور, جاري.

**Commun**, bas, opposé à noble, قبا ـ واطي.

**Commun**, qui se trouve en abondance, مفروط ـ كثير الوجود مثل الهم على القلب.

**Commun**, médiocre, qui n'est pas de première qualité (marchandise), مسكين. Objet commun, سكاجة. ‖ Très-commun, de peu de valeur, بطال ـ نصلق.

**Le Commun**, la plupart, اعوام ـ اغلب ـ اكثر. Le commun des hommes, اعوام الناس.

**Le sens commun**, الحسّ المشترك.

**En commun**, en société, اشتراكًا ـ جملة ـ سوا ـ شركة ـ على سبيل الاشتراك. Ils mangent en commun, ياكلوا جملة. ‖ Prier en commun, صلّى جماعة. ‖ Sur le commun, aux dépens d'une société, على اكتاف الخلق.

**Communal, e**, adj., commun à un ou plusieurs villages, روكي. Biens communaux, مال الروك.

**Communauté**, s. f., société, جمعية.

**Communauté**, société de biens entre plusieurs personnes, اشتراك ـ شركة. En communauté, en commun, على سبيل الاشتراك ـ شركة.

**Communauté**, biens communs, مال مشترك.

**Communaux**, s. m. pl., pâturages des communes, ربيع الوسية.

**Commune**, s. f., corps d'habitants d'un village, des bourgeois d'une ville, جمعية اهل بلد.

**Communes**, s. f. pl., شعب.

**Communes**, terres communes entre les habitants d'un village, ارض الوسية.

**Communément**, adv., ordinairement, العادة. C'est ainsi que l'on fait communément, العادة يعملوا كذا. ‖ Communément parlant, c'est-à-dire, selon l'opinion commune, selon la façon de parler ordinaire, المستفاض على السنة العامة هو ان.

**Communicable**, adj. com., qui peut se communiquer (bien, pouvoir), يمكن اشراك الغير فيه.

**Communicable**, que l'on peut dire, يطلع عليه ـ يقال.

**Communicable**, maladie, مرض ساري ـ مرض معدي, ذو عدوة.

**Communicables**, qui peuvent se joindre, en parlant des rivières, يقترن.

**Communicatif, ive**, adj., homme qui se communique aisément, مهترج ـ مساير.

**Communication**, s. f., action d'associer un autre à, اشراك الغير في شي.

**Communication**, connaissance donnée à quelqu'un de quelque chose, اعلام بشي ـ اطلاع على شي. Communication d'un secret, اطلاع على سرّ ـ مسارّة. ‖ Donner communication d'une affaire à quelqu'un, اطلعه على امر. ‖ Avoir communication d'une affaire, اطّلع على امر ـ وقف على امر ; aor., يقف.

**Communication**, commerce, familiarité, معاشرة ـ اخذ و عطا ـ مخالطة ـ صحبة. Communication par lettres, مكاتبة ـ مراسلة.

**Communication**, passage, voie qui communique d'un lieu à un autre, منفذ ; pl., منافذ. Rompre les communications, سدّ المنافذ الى ـ سدّ الطرق. ‖ Rupture des communications entre un lieu et un autre, انقطاع الدروب ـ انسداد المنافذ.

**Communier**, v. a., administrer l'eucharistie, ناول القربان ـ قرّب.

**Communier**, v. n., recevoir l'eucharistie, تقرّب ـ تناول القربان.

**Communion**, s. f., تناول القربان.

*Communion*, union de plusieurs dans une même foi, جماعة ناس لهم ايمان واحد.

COMMUNIQUANT, E, adj., qui communique, نافذ ال.

COMMUNIQUER, v. a., rendre une chose commune à, اعطى احداً من ـ اشرك احداً فى.

*Communiquer*, faire parvenir à, اوصل الشى الى. Communiquer une maladie à quelqu'un, اعدى احداً من مرض.

*Communiquer*, donner connaissance, communication de, اطلع على ـ اكتشف على.

*Communiquer*, avoir commerce, relation, عاشر ـ بينهم اخذ وعطا ـ خالط. Communiquer par messages, راسل.

*Communiquer*, v. n., avoir communication, en parlant de deux appartements, نفذ لبعض I.

*Se communiquer*, v. réf., être communicatif, ساير. Se communiquer, en parlant d'une maladie, سرى O. I. عدا اليه او فيه المرض I. ‖ Le feu se communiqua à la mosquée, اتصل الحريق الى الجامع.

COMMUTATION, s. f., changement de peine, بدل القصاص ـ ملاطفة القصاص.

COMPACITÉ, s. f., qualité de ce qui est compacte, اكتناز ـ كثافة.

COMPACTE, adj. com., serré, مكتنز ـ كثيف.

COMPAGNE, s. f., صاحبة.

*Compagne*, épouse, قرينة. Compagne, femelle d'oiseau, الفة.

COMPAGNIE, s. f., société, رفقة ـ مرافقة ـ صحبة. En votre compagnie, صحبتك. ‖ Pour aller de compagnie, il faut se convenir, شرط المرافقة الموافقة.

*Compagnie*, corps, جماعة.

*Compagnie*, assemblée de personnes qui conversent ensemble, مجلس ـ جمعية. La bonne compagnie, الناس ـ الاوادم. ‖ Il est en compagnie, il est avec du monde, عنده ناس ـ هو مع ناس. ‖ Les personnes qui composent la compagnie, اهل المجلس ـ الجماعة.

*Compagnie*, troupe, جماعة عساكر.

*De compagnie*, adv., ensemble, صحبة ـ جملة ـ سوا.

COMPAGNON, s. m., camarade, رفيق; plur., الف ـ اصحاب, pl.; صاحب ـ ارفاق et رفقا ـ انيس. Il faut connaître son voisin avant de prendre une maison, et son compagnon avant de se mettre en voyage, الجار قبل الدار و الرفيق قبل الطريق. ‖ Les compagnons de Mahomet, الصحابة. ‖ Compagnon, égal, قرين; plur., اقران.

*Compagnon*, ouvrier qui fait son apprentissage, qui n'est pas maître, صانع; plur., صناع.

COMPAGNONAGE, s. m., temps que l'on est compagnon dans un métier, مدة الصانع.

COMPARABLE, adj. com., qui peut se comparer, يماثل ـ مشابه ـ شبيه ـ يتشبه ب ـ يُقاس على ـ شبيه. Rien ne lui est comparable, ما له نظير ـ ما له مثيل ـ ما يماثله شى.

COMPARAISON, s. f., مشابهة ـ تشبيه. En comparaison de, adv., بالنسبة الى. ‖ Par comparaison, eu égard à, par rapport à, نظراً الى. ‖ Sans comparaison, hors de comparaison, ما له مثيل ـ ما له نظير ـ ما له شبيه. ‖ Sans comparaison, expression employée par civilité et par respect, lorsqu'on indique un rapport entre deux êtres disproportionnés, حاشا من التشبيه ـ من غير تشبيه.

*Comparaison*, confrontation, مقابلة ـ معدل.

*Comparaison*, parallèle, مقارنة.

COMPARATIF, IVE, adj., de comparaison, تشبيهى.

*Comparatif*, s. m., t. de grammaire, اسم تفضيل.

COMPARATIVEMENT à, adv., par comparaison, نظراً الى بعضهم ـ بالنسبة الى بعضهم.

COMPARER, v. a., examiner le rapport qu'il y a entre deux personnes ou deux choses, قابل الشى على الشى ـ قارن الشى بالشى.

*Comparer*, marquer un point de ressemblance, شبّه ب. Il le compare à un lion furieux, يشبّهه بالأسد الغضبان.

*Comparer*, égaler, شبّه ب - عادل بين. Vous ne pouvez le comparer à ce grand roi, ما يمكنك تعادل بينه وبين هذا الملك العظيم - ما يمكن تشبّهه بهذا الملك العظيم.

*Comparer*, confronter les écritures, عبل معدل قابل الخط بالخط او على الخط - الخط.

COMPAROIR, v. n., comparaître devant un juge, A. حضر في الشرع.

COMPARAÎTRE, v. n., paraître devant un juge, en justice, A. - حضر, تقدم قدام القاضي - حضر. Faire comparaître, توافيف بالشريعة - احضر.

COMPARTIMENT, s. m., dessin, partie disposée symétriquement avec d'autres, رسم ; plur. رسوم - رسوم متقابلة ; pl. اقسام. Des compartiments, قسم - اقسام منظمة. ‖ Compartiment, dorures à petit fer sur un livre, جدول ذهب.

COMPARUTION, s. f., حضور في الشرع.

COMPAS, s. m., instrument, بيكار. Par compas et par mesure, au fig., fam., avec beaucoup d'exactitude, على البيكار. ‖ Avoir le compas dans l'œil, mesurer juste à la vue seule, نظره على البيكار.

COMPASSEMENT, s. m., قياس بالبيكار.

*Compassement*, au fig., régularité froide et affectée, تنظيم.

COMPASSER, v. act., mesurer au compas, I. قاس بالبيكار.

*Compasser*, bien proportionner, نظّم.

*Compasser* ses actions, bien régler ses actions, I. مشى على البيكار - نظّم سلوكه.

COMPASSÉ, E, adj., fort exact, fort réglé dans ses actions, ses discours, رجل على البيكار.

COMPASSION, s. f., pitié, commisération, شفقة - حنيّة - رحمة. Avoir compassion de quelqu'un, O. - حنّ على - A - رحمه - I. شفق على احد - توجّع لحال احد - I. رقّ له قلبه - تحنّن على. ‖ Ayez compassion des autres afin qu'on ait compassion de vous, ارحموا لترحموا.

COMPATIBILITÉ, s. f., موافقة.

COMPATIBLE, adj. com., qui peut compatir avec un autre, موافق ل. Compatible, qui peut être possédé avec un autre, يتّفق مع.

COMPATIR, v. n., être touché de compassion des maux d'autrui, I. - شفق على. توجّع ل. *Voyez* COMPASSION. Compatir, supporter avec indulgence les défauts, احتمل.

*Compatir*, être compatible avec, اتّفق مع.

COMPATISSANT, E, adj., porté à la compassion, حنون - رقيق القلب - شفوق على.

COMPATRIOTE, s. com., qui est du même pays qu'une autre personne, ابن بلاد ; plur. اولاد. C'est mon compatriote, هو ابن بلادي.

COMPENDIUM, s. m., abrégé, مختصر - مقتصر.

COMPENSATION, s. f., estimation par laquelle on compense une chose par une autre, تعديل - معاوضة. En compensation de, عوض عن.

COMPENSER, v. a., balancer le prix de deux choses qui se remplacent, عدّل.

*Compenser*, réparer le mal par le bien, dédommager, وازن - قابل - عوّض الشي على احد - سدّ. O. Le gain de cette année compense la perte de l'année passée, مكسب هذه السنة عوّض على خسرة السنة الماضية - مكسب هذه السنة سدّ خسرة السنة الماضية - يوازن او يقابل او يسدّ خسرة السنة الماضية.

COMPÉRAGE, s. m. fam., relation entre les parrain et marraine, etc., شبّينة.

COMPÈRE, s. m., qui tient un enfant sur les fonts, اشبين.

*Compère*, gaillard, éveillé, fin, شيطان - محتال بالخواطر. Par *compère* et par commère, par faveur, recommandation, بالخواطر.

COMPÉTENT, E, adj., qui est dû, qui appartient à, خاصّ ل - يحقّ ل.

*Compétent*, suffisant, كافي.

*Compétent*, capable de, qui a le droit de, كفول ـ فيه كفاية ـ كافي ل.

COMPÉTENCE, s. f., droit de connaître, خاصّة. Ceci n'est point de ma compétence, هذا ما يخصّني. || La chose est de la compétence des médecins, المرجع الى الاطبّا.

*Compétence*, capacité, كفاية. Ceci n'est point de sa compétence, il n'est point capable de cela, ما فيه كفاية لذلك.

*Compétence*, concurrence, معارضة. Entrer en compétence avec quelqu'un, عارض أحداً.

COMPÉTER, v. n., appartenir à, خصّ ل O. ـ تبع A. Tout ce qui compète et appartient dans la succession, كل ما يخصّ له ويتبعه في الميراث.

*Compéter*, être de la compétence, خصّ O. Cette affaire compète à tel tribunal, هذا الامر يخص المحكمة الفلانية.

COMPÉTITEUR, s. m., خصم; plur., اخصام.

COMPILATEUR, s. m., qui compile, جامع.

COMPILATION, s. f., amas de morceaux épars et réunis en corps d'ouvrage, مجموع.

COMPILER, v. a., faire un amas de choses lues dans les auteurs, جمّع.

COMPLAIGNANT, E, s., شاكي.

COMPLAINTE, s. f., plainte en justice, شكوى.

*Complainte*, chanson plaintive, رثاء.

COMPLAIRE, v. n., se conformer au goût, à l'humeur de quelqu'un pour lui plaire, اعجب أحداً O. ـ اخذ بخاطره ـ تلاطف به ـ ارضى أحداً. Pour vous complaire, من شان ـ راعى خاطرك ـ اكراماً لخاطركم ـ خاطرك.

*Se complaire* en, v. réf., se plaire en soi-même, en ses ouvrages, اعجب بنفسه.

COMPLAISANCE, s. f., douceur d'esprit; déférence aux volontés d'autrui, امتثال لكل ما يريدوه الناس. Ayez la complaisance de faire, كلّف خاطرك اعمل هذا ـ ملاطفة ـ مراعاة الخاطر ـ مهاودة. || Par complaisance pour vous, من شان خاطرك ـ كرما لك.

*Complaisance*, effet et marque de complaisance, معروف.

COMPLAISANT, E, adj., qui a de la complaisance pour les autres, ملاطف ـ مراعي خاطر الناس ـ صاحب معروف ـ مبادر الى ما يرضى الناس.

*Complaisant*, s., assidu auprès d'un autre, qui s'attache à lui plaire, مساير.

COMPLÉMENT, s. m., ce qui termine, rend complet, غلاقة ـ تتمّة ـ كمالة. Complément d'une somme, غلاقة المبلغ.

COMPLET, ÈTE, adj., entier, تامّ ـ كامل ـ تمام.

COMPLÈTEMENT, s. m., action de rendre complet, تكميل ـ تتميم.

*Complètement*, adv., على التمام والكمال.

COMPLÉTER, v. a., rendre complet, كمّل ـ تمّم. Compléter une somme, y mettre le complément, غلّق المبلغ.

COMPLEXE, adj. com., qui embrasse plusieurs choses, اقتراني ـ مقترن ـ غير مفرد. Argument complexe, قياس اقتراني.

COMPLEXION, s. f., tempérament, constitution du corps, تركيب الجسد ـ مزاج. Complexion, humeur, inclination, مزاج; pl., امزجة ـ طبع; pl., طباع.

COMPLEXIONNÉ, E (bien), adj., سليم الجسد ـ معتدل المزاج. Mal complexionné, نحيف ـ مزاجه ـ ضعيف التركيب.

COMPLICATION, s. f., concours de choses de différente nature, اختلاط.

COMPLICE, adj. com., qui a part au crime d'un autre, شريك في الذنب; plur., شركا; رفيق, plur., رفقا.

COMPLICITÉ, s. f., اشتراك في الذنب.

COMPLIES, s. f. pl., prières après vêpres, صلوة الغروب.

COMPLIMENT, s. m., paroles civiles, salutation,

تَحِيَّة - سَلام. Faites mes compliments à M. un tel, - اقرا منّي السلام على فلان - سلّم لي على فلان. ‖ Com-أهدوا منّا مزيد السلام بكلّ احترام إلى pliments d'usage en société, formules de civilités, الاحتشام - الحِشمَة.

*Compliment*, félicitation, تهنية. Je vous fais mon compliment, هنّاك الله بما اعطاك - مبارَك ما اجاك - مبارَك ما عملت. (*Voyez* Année, Arrivée, Baptême, Noce, etc.)

*Compliments* chantés en l'honneur des assistants dans une noce, هتّونة - هنهونة. Mauvais compliment, discours fâcheux, عَكسَة.

*Compliment*, cérémonie, أوز - تكليف. Laissons là les compliments, دعنا من الأوز - التكليف.

Complimenter, v. a., faire compliment sur, هنّى احدًا ب.

*Complimenter* quelqu'un pour une fête, عيّد له - بارَك له.

Complimenteur, adj., qui fait trop de compliments, كثير الأوز.

Compliqué, e, adj., mêlé avec d'autres en parlant d'une maladie, مختلط.

*Compliqué*, embrouillé, ملخبط - غويص.

Complot, s. m., mauvais dessein formé par deux ou plusieurs personnes, اتفاق على - رباطية الشرّ.

Comploter, v. n., faire un complot, conspirer, اتّفق على - ترابط على.

Componction, s. f., regrets, ندامة.

Comporter, v. a., permettre, souffrir, قبل - احتمل. Sa dignité ne comporte pas qu'il en use autrement, ما هو من مقامه ان يعمل خلاف ذلك.

*Se comporter*, v. réfl., سلك مع الناس. *Se comporter* bien, قعد في ادبه - احسن سلوكه و معاشرته مع الناس. ‖ *Se comporter mal*, اساء سلوكه مع الناس - اساء الادب.

Composé, s. m., tout formé de plusieurs choses ou parties, مركّب.

Composer, v. a., faire un tout de plusieurs parties, ركّب. Cet instrument est composé de trois parties, هذه الآلة مركّبة من ثلاثة اجزا. ‖ Son armée était composée de Druzes et de Maronites, كان عسكره دروز و موارنة. ‖ Une fille et deux garçons composent toute sa famille, بنت و صبيّين هم كلّ عيلته.

*Composer* un ouvrage d'esprit, صنّف - ألّف.

*Composer*, inventer, broder un récit, نمّق.

*Composer* son visage, ou se composer, ساير - اظهر في وجهه خلاف ما في ضميره.

*Composer*, v. n., s'accommoder sur un différent, اصطلح مع - تساوى مع.

*Composer*, capituler, *Voyez* Capituler.

*Composer*, t. d'imprim., ألّف الحروف للطبع.

Compositeur, s. m., qui arrange les lettres pour en former des mots, مولّف الحروف للطبع.

*Compositeur* (amiable), arbitre, وكيل عرفي - مصلح.

*Compositeur* de musique, صاحب الحان.

Composition, s. f., action de composer quelque chose, تركيب.

*Composition*, préparation pour imiter un métal, des pierreries, طبيخ.

*Composition*, action de composer un ouvrage d'esprit, ou cet ouvrage même, تصنيف - تأليف.

*Composition*, accommodement, مصطلح.

De bonne *composition*, d'humeur facile, بشوش - سهل الاخلاق.

Par *composition*, par capitulation, بالامان و العهد والشروط.

Compote, s. f., fruits cuits, خبيصة. Compote, ragoût de pigeons, مسبك الحمام.

En *compote*, adv., trop bouilli, meurtri, مخبوص.

Compréhensible, adj. com., qui peut être compris, يُدرِكه الفهم - يُدرَك - يُفهَم - ينفهم.

COMPRÉHENSION, s. f., faculté de comprendre, فهم - ادراك. Il a la compréhension facile, فهمه مفتوح.

COMPRENDRE, v. a., contenir, renfermer en soi, تضمّن - احتوى على - اشتمل على. Je l'ai acheté vingt piastres tous frais compris, اشتريته : منه وفيه - داخله. ‖ Y compris, بعشرين قرش قاطّ. Je te donnerai vingt piastres y compris le pourboire, اعطيك عشرين قرش والبخشيش منه وفيه. ‖ Non compris, غير : Sa place vaut dix mille piastres non compris le casuel, علوفته عشرة الاف قرش غير المدخول البرّاني.

*Comprendre*, concevoir, فهم - ل - ب - فطن A. - احاط به علمًا - اكتنه - ادرك. Ils n'en comprennent pas le sens, لا يدركوا فحواه ولا يفهموا معناه.

*Comprendre*, mentionner, ذكر O. Il n'a pas compris ceci dans la note des dépenses, ما ذكر هذا في علم المصاريف.

COMPRESSE, s. f., linge sur une plaie, لفاقة.

COMPRESSIBILITÉ, s. f., qualité de ce qui est compressible, قابلية الانحصار.

COMPRESSIBLE, adj. com., ينحصر.

COMPRESSION, s. f., انحصار - حصر.

COMPRIMER, v. a., presser avec violence, ضيّق على O. - شدّ على O. - حصر O.

*Comprimer* des factieux, au fig., les contenir, خزم الاشقيا O.

COMPROMETTRE, v. a., exposer quelqu'un à des chagrins, à une peine, لطّ احدًا O. Compromettre sa vie, خاطر بنفسه - عرض نفسه للهلاك.

*Compromettre*, v. n., convenir d'arbitres, اقام وكلا.

*Se compromettre*, v. réfl., s'exposer inconsidérément, prendre part à une action répréhensible, لطّ نفسه O.

COMPROMIS, s. m., soumission à l'arbitrage, acte qui la contient, حجة توكيل - توكيل - اقامة وكلا.

COMPTABILITÉ, s. f., محاسبة.

COMPTABLE, adj. com., assujetti à rendre compte, عليه حساب.

COMPTANT, adj. et s. m., argent en espèce, معدود - دراهم نقدية - عددية - نقد.

*Comptant*, adv., en espèces, نقدية - معجلًا - بالحاضر.

COMPTE, s. m., supputation, nombre, حساب - عدد. Faire ses comptes, régler ses comptes avec quelqu'un, تحاسب مع. ‖ Faire rendre à quelqu'un ses comptes, حاسب احدا. ‖ Il regarda combien il restait dans sa bourse, et ne trouva pas le compte de son argent, عدّ ما بقي في كيسه ما اجا سوا او ما طلع سوا, او طلع الحساب ناقص.

*Compte*, papier sur lequel est écrit un compte, قايمة الحساب - حساب - علم الحساب. Compte de recette et de dépense, زمام الايراد والمصروف.

*Compte*, au fig., récit, rapport, خبر - بيان. Rendre compte de ce qui a été fait, اعطى بيان - ردّ له خبر O.

Mettre sur le *compte* de quelqu'un, lui attribuer, نسب الى. Prendre sur son compte, se charger de faire, d'exécuter, اخذ عليه الامر - توكل في الامر O. ‖ ناب عن غيره عمل الشي O. Prendre sur son compte, se rendre responsable, تكفل.

A votre *compte*, suivant votre opinion, على قولك.

Au *compte* de, sur le compte de, pour le compte de, aux frais de, على كيس - على. Sa nourriture et son habillement sont à votre compte, اكله ولبسه عليك, على كيسك.

Sur le *compte* de, au sujet de, في حقّ. Qu'a-t-il dit sur mon compte? ايش قال في حقّي.

Trouver son *compte* à, faire son compte de, retirer du profit, انتفع من - استفاد من. Je ne trouve pas mon compte à cela, cela ne me tourne pas à compte, هذا ما يخلّصني. ‖ Chacun sait ce qui lui tourne à compte, كل من هو يعرف خلاصه.

|| Il entend bien son compte, ses intérêts, يعرف خلاصه.

Tenir *compte* de quelque chose, اعتبر. Il ne tient pas compte de ce qu'on lui dit, ما بعتبر كلام الناس.

Faire *compte* de quelqu'un, l'avoir en considération, حسب له حساب ـ اعتبره O.

Au bout du *compte*, adv., enfin, après tout, واخر ده ـ النهاية ـ والحاصل.

*A-compte*, s. m., جانب من المبلغ. A-compte sur, en déduction de, من أصل.

A bon *compte*, رخيص. Homme de bon compte, fidèle, qui ne trompe pas, صاحب امانة ـ عنده وفا ـ امين.

COMPTER, v. a., nombrer, calculer, حسب O. ـ عدّ I. Compter avec quelqu'un, حاسب أحداً ـ تحاسب معه. || Planche à compter, معدّ.

*Compter*, payer, نقد O. ـ عدّ له دراهم نقدية.

*Compter*, se proposer de, نوى على I. اعتمد. Il compte partir demain, معتمد على السفر بكرة.

*Compter*, estimer, réputer, حسب ـ عدّ. Compter pour rien, لا عدّ شيأ ـ لا حسب شيأ.

*Compter*, v. n., faire fond sur, اتكل على ـ اعتمد على.

A *compter* du jour où, من يوم الذى.

COMPTOIR, s. m., table à tiroir (dans le Levant, coffre à tiroir) des marchands, pour compter et serrer l'argent, خزنة ـ صرّافة.

*Comptoir* de négociant, مكتب.

COMPULSER, v. a., فتش. Compulser un registre, en prendre communication en justice, كشف على I. دفتر.

COMTE, ESSE, s., dignité au-dessus du baron, اسم شرف فى ممالك الافرنج اعلى من اسم بارون.

COMTÉ, s. m., ارض صاحبها له اسم كونت.

CONCASSÉ, adj., brisé par morceaux, مدقوق.

CONCASSER, v. a., briser, دقّ O.

CONCAVE, adj. com., creux et rond en dedans, مقعّر ـ اجوف ـ مجوّف.

CONCAVITÉ, s. f., تجويف ـ قعرة.

CONCÉDER, v. a., accorder, اعطى احداً الشى A. ـ سمح له بالشى.

*Concéder*, accorder, terme de logique, سلّم.

CONCENTRATION, s. f., اجتماع ـ ضم ـ انضمام ـ جمع. *Voyez* CONCENTRER.

CONCENTRER, v. a., réunir, جمع فى موضع واحد ـ ضمّ O. Concentrer sur quelqu'un toutes ses affections, حطّ كل محبّته فيه O.

*Concentrer*, rendre plus actif (un sel), كرّر.

*Concentrer* sa colère, la cacher, كسر O. ـ اخفى غضبه.

*Se concentrer*, v. réfl., être triste, mélancolique, اخفى ما عنك من الهمّ A. ـ كظم.

CONCENTRÉ, E, adj., qui ne communique pas ses pensées, منقبض فى حاله.

CONCENTRIQUE, adj., cercles concentriques, qui ont un même centre, دواير لها مركز واحد.

CONCEPT, s. m., idée, simple vue de l'esprit, تصور.

CONCEPTION, s. f., action par laquelle le fœtus est conçu dans la matrice, حبالة ـ حبل.

*Conception*, faculté de concevoir, de comprendre, ادراك ـ فهم.

CONCERNANT, prépos., sur, touchant, بخصوص ـ فيما يخص.

CONCERNER, v. a., regarder, avoir rapport à, تعلّق ب O. ـ خصّ. Pour ce qui concerne telle chose, je dirai que, وبخصوص المادة الفلانية اقول ان.

CONCERT, s. m., harmonie de voix, d'instruments, نوبة ـ اصوات و الات متفقة ـ سماع.

*Concert*, union, اتفاق ـ اتحاد. De *concert*, adv., d'intelligence, باتفاق.

CONCERTANT, E, s., qui fait sa partie dans un concert, نوباتى ـ لآتى.

CON           CON      175

Concerté, e, adj., résolu, مدبّر - مربوط.
Concerté, étudié, affecté, مصنّع.
Concerter, v. a., répéter ensemble un morceau de musique, كرّر الغنا او النوبة مع غيره ليحسّنها.
Concerter une entreprise avec, ربط الامر مع O. — تداول معه على الامر - دبّر الامر مع.
Se concerter, v. récip., conférer ensemble, تداول مع احد على امر.
Concession, s. f., don, octroi fait par un souverain, un seigneur, عطيّة ; plur., عطايا.
Concession, figure de rhétorique, par laquelle on accorde un point que l'on pourrait disputer, تسليم.
Concetti, s. m., pensées brillantes, mais fausses, بهرجة.
Concevable, adj. com., يتصوّر في العقل - ينفهم.
Concevoir, v. a., devenir grosse d'enfant, A. حبلت I. A. حبلت الامراة.
Concevoir, entendre, فهم A. — ادرك A.
Concevoir, exprimer, شرح A. Concevoir les conditions en termes précis, شرح الشروط شرحًا واضحًا. ‖ Cette phrase est mal conçue, هذه الجملة تركيبها بشع ‖ Une lettre conçue en ces termes, كتاب مضمونه.
Concevoir, éprouver, حصل عندك A. J'en ai conçu une grande joie, حصل عندي من ذلك فرح عظيم. ‖ Concevoir de l'amitié pour, تعلّق وقع في قلبه محبّة فلان - قلبه بمحبّته.
Concierge, s. com., portier, بوّاب. Concierge d'une prison, سجّان.
Conciergerie, s. f., fonction, logement de concierge, محلّ السجّان - محلّ البوّاب.
Concile, s. m., assemblée légale de prélats, مجمع ; plur., مجمع مطارنة.
Conciliabule, s. m., gens qui complotent, لمّة جمعيّة اشقيا.
Conciliant, e, adj., مصالح.

Conciliateur, s. m., trice, f., qui concilie les personnes, مصالح - مصلح.
Conciliation, s. f., action de concilier des personnes, مصالحة موافقة - اصلاح الحال. ‖ Conciliation des choses contraires, توفيق.
Concilier, v. a., accorder ensemble des personnes, اصلح الحال بينهم - ساوى, صالح بينهم. Concilier des choses contraires, وفّقهم - صرّف بينهم وفّق.
Se concilier, v. réfl., s'accorder, اتّفق مع - تساوى مع - وافق بعضه.
Concilier, attirer, acquérir à quelqu'un l'amitié, l'estime, كسب احدًا المحبّة, المعزّة.
Se concilier, v. pro., gagner, obtenir, اكتسب. Se concilier l'amitié, les bonnes grâces de quelqu'un, امال اليه - استعطفه عليه - اكتسب محبّته. ‖ Se concilier les esprits, امال الناس اليه. Chercher à se concilier les esprits, استمال الناس اليه.
Concis, adj., court, resserré, مختصر - موجز - اختصر الكلام - اوجز في كلامك - لا تطيل الكلام.
Concision, s. f., ايجاز في الكلام.
Concitoyen, ne, s., citoyen d'une même ville qu'un autre, من بلد واحدة. C'est mon concitoyen, هو ابن بلدي.
Conclave, s. m., assemblée de cardinaux pour élire le pape, ديوان الكاردينالية لانتخاب البابا.
Concluant, e, adj., qui conclut, qui prouve bien, قاطع - مقنع. Preuve concluante, برهان قاطع.
Conclure, v. a., achever, terminer, قضى I. — تمّم - كمّل - انهى. Conclure un discours par, ختم كلامه ب O. ‖ Conclure un traité, en arrêter les conditions, عقد شروطًا - عقد عهدًا O.
Conclure, inférer de, استدلّ ب - استنتج من. Il en conclut que, استنتج من ذلك ان. ‖ Que faut-il en conclure? استدلّ بذلك على ان - والحاصل ايش هو - وايش النتيجة.

*Conclure*, prouver bien, اقنع - بتّ الأمر - O. قطع A.

*Conclure*, proposer les fins de la demande (en parlant d'un avocat), طلب ان O.

*Conclure*, juger, donner son avis, حكم ب O. Les juges ont conclu à la peine de mort, حكموا عليه القضاة بالموت. Ils ont conclu à la mise en liberté du prévenu, حكموا للمتهم بالاطلاق.

CONCLUSION, s. f., fin d'une affaire, d'un discours, ختام - نهاية.

*Conclusion*, conséquence d'un raisonnement, نتيجة ; plur., نتايج.

*Conclusions*, demande, طلبة.

CONCOMBRE, s. m., plante potagère, fruit gros et long, فقوس - عجور - خيار. Concombre mince, dont la peau est comme cannelée, قثّا - قثّاية - قثّ. ‖ Concombre sauvage, قثّا الحمار - عجور الحمار.

CONCOMITANCE, s. f., accompagnement d'une chose accessoire avec la principale, مصاحبة - ملازمة.

CONCOMITANT, E, adj., qui accompagne, ملازم.

CONCORDANCE, s. f., rapport, convenance, استوا - موافقة - مطابقة. Concordance grammaticale, مطابقة. ‖ Concordance de l'adjectif et du substantif, مطابقة النعت و المنعوت.

CONCORDAT, s. m., convention, accord en matières ecclésiastiques, اتفاق كنايسى.

CONCORDE, s. f., union de volontés, de cœurs, اتّحاد - صلح - وفق - موافقة.

CONCORDER, v. n., وافق - اتّفق مع.

CONCOURIR, v. n., coopérer, agir conjointement, شاركه فى العمل - ساعد احدا على العمل - اتّحد - اتّفق مع. Il n'a concouru en rien à cette affaire, ما له يد فى هذه المادة.

*Concourir* pour, être en concurrence pour, تسابق على.

*Concourir*, se rencontrer, التقى بعضه - تقابل - تلاقى.

CONCOURS, s. m., action d'agir conjointement, اتّحاد فى العمل - مساعدة.

*Concours*, rencontre, التقاء.

*Concours*, affluence de monde, ازدحام - زحام - اجتماع الناس. Il y a un grand concours de monde dans cette maison; il y vient beaucoup de gens, هذا البيت مطروق كثير.

*Concours*, pour un prix, سباق.

CONCRET, ÈTE, adj., fixé, coagulé, معقود.

*Concret* (terme), qui exprime la qualité unie au sujet, comme *clément*, *généreux*, etc.; opposé à terme abstrait, comme *clémence*, *générosité*, etc., نعت او اسم صفة نحو رحيم وكريم مقابل لاسم معنى نحو رحمة و كرم.

CONCRÉTION, s. f., amas, تجمع.

CONCUBINAGE, s. m., commerce illégitime d'un homme et d'une femme non mariés, تسرى - الفة الرجل مع الامراة من غير زيجة.

CONCUBINAIRE, s. m., qui a une concubine, عنده محظية - سرّية - محتظى.

CONCUBINE, s. f., qui cohabite avec un homme sans être sa femme, سرّية - محاظى ; plur., محظية, plur., سرارى.

CONCUPISCENCE, s. f., pente au mal, aux plaisirs sensuels et illicites, هوى النفس - شهوة.

CONCURREMMENT, adv., ensemble, معا - سوا.

CONCURRENCE, s. f., prétention de plusieurs à, معارضة جلة ناس بعضهم فى - مغايرة فى. Entrer en concurrence avec, عارضه - اعترضه فى.

Jusqu'à *concurrence* de, jusqu'au complément d'une somme, d'un nombre, الى حدّ.

CONCURRENT, E, s., compétiteur, منازع - معارض, plur., اخصام ; خصم - طلاب, plur., طالب. Il a écarté tous les concurrents, منع ساير الطلاب عن الشى.

CONCUSSION, s. f., exaction, ظلم - مظلمة ; pl., اختلاس اموال الناس - بلصة - مظالم.

CONCESSIONNAIRE, s. m., qui exerce des concussions, مختلس اموال الناس - ظالم.

CONDAMNABLE, adj. com., répréhensible (chose), مستحق اللوم. Condamnable (personne), مُنكر.

CONDAMNATION, s. f., jugement qui condamne, حكومة على - حكم على. Passer condamnation, convenir du tort, اعترف بالخطا - اقرّ بعيبه.

CONDAMNER, v. a., donner un jugement contre, سجّل على - حكم على احد ب O. Ils le condamnèrent à la mort, سجلوا ، حكموا عليه بالموت.

Condamner, désapprouver, rejeter, نفى - انكر. J'ai condamné son action, انكرت عليه ذلك الفعل. ‖ Ebn Ishak est de ceux qui ont condamné la chimie, ابن اسحاق هو من جملة من نفى الكيميا.

Condamner, fermer une porte, سدّ باب O.

Se condamner, v. réf., avouer, reconnaître sa faute, اقرّ بذنبه - اعترف بالخطا.

CONDAMNÉ, E, adj., محكوم عليه.

CONDENSATION, s. f., تثخين - تكثيف.

CONDENSER, v. a., rendre plus compacte, plus serré, كثّف - ثخّن.

CONDESCENDANCE, s. f., complaisance qui fait qu'on se rend à la volonté d'autrui, تنزّل - تنازل - مطاوعة - مراعاة مهاودة. Avoir de la condescendance pour quelqu'un, راعاه - هاوده - تنزّل له - راعى خاطره - طاوعه.

CONDESCENDANT, E, adj., مطاوع.

CONDESCENDRE à, v. n., se rendre à la volonté, aux sentiments d'autrui, طاوع احدًا على شي - هاوده - A. سمح له ب ، تنزّل له في شي - راعى خاطره في شي.

CONDISCIPLE, s. m., compagnon d'étude, رفيق ; plur., ارفاق et رفقا et في التلمذة.

CONDITION, s. f., nature, état, شان - طبيعة - حال. Telle est la condition de l'homme, هكذا شان بنى ادم - كذا هو حال الانسان.

Condition, qualité requise, شرط ; plur., شروط - شريطة ; plur., شرايط. Qui a toutes les conditions d'authenticité, مشتمل على شرايط الصحة اللزوم.

Condition, état de l'homme quant à la naissance, نسب - اصل. Homme de condition, de haute condition, رجل اصيل - من ذوى البيوت - من الاكابر و الاعيان - من الاصايل - (pluriel اكابر - ابن ناس - ذو حسب و نسب qui s'emploie aussi dans le langage vulgaire comme singulier). ‖ De basse condition, رجل دنّى - واطى الاصل.

Condition, profession, حال - كار. Chacun doit vivre selon sa condition, على قد بساطك مدّ رجليك ; prov.

Condition, état de domesticité, باب - خدمة. Être en condition, خدم عند احد O. ‖ Chercher une condition, فتّش على من يستخدمه - فتّش على باب. ‖ Qui est sans condition, قبو سز - ما له باب (Turk).

Condition, clause, charge, شرط ; plur., شروط. Imposer à quelqu'un des conditions, فرض عليه شروط O. ‖ A condition que, بشرط ان - بحيث ان.

CONDITIONNÉ E, adj. (bien), qui a les conditions requises, كامل الاوصاف - فى غاية ما يكون - منظوم - صاغ - محكم - كامل فى جميع احواله - مضبوط. Acte bien conditionné, حجة مشتملة على. ‖ Mal conditionné, فيه نقص - سقط - شرايط الصحة.

CONDITIONNEL, LE, adj., qui renferme une condition, تحت الشرط - شرطى.

CONDITIONNELLEMENT, adv., avec condition, تحت الشرط - بالشرط.

CONDITIONNER, v. a., donner à quelque chose les qualités requises, كمّل جميع احوال الشى - احكم صنعته.

CONDOLÉANCE, s. f., témoignage de douleur; compliment de condoléance, تعزية. Faire compliment de condoléance à quelqu'un sur, اخذ خاطره فى - عزّى احدًا فى O.

CONDOR, s. m., le plus grand des oiseaux, نوع طير واكبر الطيور - رخ.

CONDUCTEUR, TRICE, s., guide, دليل ; plur., سوّاق - سايق. Conducteur d'animaux, هادى - ادلّا - قايد.

CONDUIRE, v. a., guider, دلّ احدًا على الطريق O. — هدى احدًا لـ I. Conduire, mener quelqu'un à, chez, اخذه الى O. — ودّى احدًا الى. Conduire quelqu'un, l'accompagner par honneur ou pour sa sureté jusqu'à un endroit, وصّله الى.

Conduire les animaux, en les chassant devant soi, ساق O. Conduire les animaux, en les menant par la bride, قاد O.

Conduire l'eau, اجرى الماء من موضع الى.

Conduire, diriger des ouvrages, des affaires, دبّر.

Conduire, diriger, commander, قاد O. — دبّر. Conduire une armée, قاد العسكر. || Conduire une maison, دبّر امور البيت.

La raison le conduit, يتبع عقله - عقله يهديه. Les passions le conduisent, يتبع اهوية النفس. || Sa cupidité le conduisit à, le porta à, حمله الطمع الى.

Se conduire, v. réf., agir bien ou mal, سلك O. — مشى I. Voyez SE COMPORTER.

CONDUIT, s. m., canal, tuyau pour le passage d'un fluide, مجرى ; plur., مجارى. Conduit alimentaire, المرى.

CONDUITE, s. f., action de guider, دلالة - هداية.

Conduite, action de mener quelqu'un à, de l'accompagner, توصيل الا ياخذ الى - تودية الى.

Conduite d'affaires, direction, تدبير امور.

Conduite, commandement, تدبير - ضبط - قيادة. Avoir la conduite de, ضبط O. || Être sous la conduite de, كان فى ضبط O.

Conduite, manière d'agir, سيرة - سلوك - معاملة. || Bonne conduite, سيرة حسنة - مشوة. Mauvaise conduite, سيرة رديّة. || Il a bonne con-

duite, معاملته مليحة. || Homme de bonne conduite, محمود الا فعال مشكور الا عمال - حسن السيرة. || Suivant la conduite que vous aurez, que vous tiendrez, بحسب السلوك الذى تسلكه. Tenir une conduite indécente envers quelqu'un, تراذل مع احد.

CONDYLE, s. m., éminence des articulations des os, نتوة عظام المفاصل - عظم سمسمانى. Condyle, jointure des doigts, عقدة ; plur., عقد الاصابع.

CONDYLOME, s. m., excroissance de chair, وذم - باسور.

CÔNE, s. m., pyramide à base circulaire, مخروط ; plur., مخروطات.

Cône, pomme de pin, جوز صنوبر.

CONFECTION, s. f., action de composer des drogues pour médicaments, تركيب الادوية.

Confection, drogue composée, معجون ; plur., معاجين. || Confection d'hyacinthe, معجون ياقوت. || Confection d'alkermès, معجون القرمز.

Confection, action de faire, عمل.

Confection, achèvement, تمام - تكميل.

CONFECTIONNER, v. a., faire, achever, عمل A. — كمّل - انجز.

CONFÉDÉRATION, s. f., ligue, alliance, معاهدة.

CONFÉDÉRÉ, E, adj., متّفق - متعاهد.

SE CONFÉDÉRER, v. récip., se liguer ensemble, اتّفقوا - تعاهدوا.

CONFÉRENCE, s. f., entretien sur une affaire, مداولة - مجلس , كلام على امر - محادثة.

CONFÉRER, v. act., comparer deux choses, قابل شيا بشى , على شى.

Conférer, donner des honneurs, اعطى احدًا - قلّد - ولّى - منصبًا.

Conférer, parler ensemble d'une affaire, تشاور فى امر - تحاكى - تداول على امر. Il faut que j'en confère avec mon associé, ادّى اشاور شريكى فى هذه المادّة.

CONFESSE. Voyez CONFESSION.

CONFESSER, v. a., avouer, ب اعترف ‎ـ أقرّ.
*Confesser*, ouïr une confession, عرّف ‎ـ
سمع الاعتراف A.
*Se confesser*, v. pro., اعترف بذنوبه.
CONFESSEUR, s. m., prêtre qui a pouvoir d'entendre une confession et d'absoudre, أبو اعتراف ‎ـ
معلّم اعتراف.
CONFESSION, s. f., aveu, اعتراف.
CONFESSIONNAL, s. m., siège du confesseur, كرسي الاعتراف.
CONFIANCE, s. f., espérance ferme en quelqu'un, en quelque chose, توكّل ‎ـ عوّل ‎ـ اتّكال على. Mettre sa confiance en Dieu, توكّل على الله.
*Confiance*, assurance que l'on prend sur la probité, la discrétion de quelqu'un, اعتماد ‎ـ ثقة. Avoir confiance en quelqu'un, اعتمد على صدق أحد ; يثق به aor., وثق به. ‖ Prendre confiance en quelqu'un, استأمن أحدا. ‖ Personne de confiance, en qui on peut se confier, صاحب أمانة ‎ـ أمين. ‖ Homme de confiance, qu'on emploie dans ses affaires, معتمد. ‖ Envoyez-nous votre homme de confiance, راسلوا لنا معتمد محبّتكم.
*De confiance*, par confiance dans la discrétion, la probité de quelqu'un, من باب الثقة.
*Confiance*, sécurité, hardiesse, ثبات القلب.
*Confiance*, présomption, عجب.
CONFIANT, E, adj., disposé à la confiance, مستأمن.
*Confiant*, présomptueux, معجب بنفسه.
CONFIDEMMENT, adv., en confidence, في السرّ ‎ـ بيني و بينك ‎ـ من باب الثقة.
CONFIDENCE, s. f., part donnée ou reçue d'un secret, مسارّة. Faire confidence à quelqu'un de quelque chose, سارّه ‎ـ أخبره بالشيء سرًّا ‎ـ بالشيء.
CONFIDENT, E, adj., à qui l'on confie ses secrets, صاحب السرّ ‎ـ أمين السرّ ‎ـ كاتم سرّ.
CONFIDENTIEL, LE, adj., dit en confidence, سرّي.

CONFIDENTIELLEMENT, adv., d'une manière confidentielle, في السرّ ‎ـ سرًّا.
CONFIER, v. a., commettre à la fidélité de quelqu'un, استأمنه على A. ‎ـ أمّن أحدًا على شيء. Confier un dépôt à quelqu'un, أودع عنك وديعة. ‖ Confier ses secrets à quelqu'un, استحفظه أمانة ‎ـ استودعه أمانة ‎ـ أمّنه على أسراره ‎ـ أطلعه على أسراره. ‖ Secret confié à plus de deux personnes est bientôt divulgué, كلّ سرّ جاوز الاثنين شاع.
*Confier* une affaire à quelqu'un, l'en charger, وكّله بالأمر ‎ـ فوّض اليه الأمر. Confier une place à quelqu'un, ولّى أحدًا المنصب.
*Se confier* en, v. réf., se fier à, استوثق ب ‎ـ استأمنه ‎ـ أمنه. C'est une faiblesse que de se confier en tout le monde, الثقة بكلّ الناس عجز. ‖ Se confier en, mettre sa confiance en, faire fond sur, اعتمد على ‎ـ توكّل على ‎ـ اتّكل على. ‖ Se confier en la providence de Dieu, توكّل على الله. ‖ Se confier en soi-même, اتّكل على نفسه.
CONFIGURATION, subst. f., forme extérieure, صورة.
CONFIGURER, v. a., figurer l'ensemble, صوّر.
CONFINER avec, v. n., toucher par les limites, اتّصل ب ‎ـ تاخم.
*Confiner* dans, v. a., reléguer dans un lieu, ترك في I. ‎ـ نفى الى I. ‎ـ حذف الى O.
*Se confiner*, v. réf., se retirer dans une solitude, انفرد ‎ـ ابتعد.
CONFINS, s. m., extrémités d'un pays, تخوم ; sing., حدّ ; sing., حدود ‎ـ تخم.
CONFIRE, v. a., faire cuire des fruits dans le sucre, ربّى A. ‎ـ عمل مربّى. Confire dans du vinaigre, خلّل. ‖ Fruits confits dans le vinaigre, مخلّل.
CONFIRMATIF, IVE, adj., qui confirme, مثبت ‎ـ محقّق ‎ـ مقرّر.
CONFIRMATION, s. f., ce qui rend plus ferme,

plus stable, Con-ثبات ـ اقرار ـ تقرير ـ تأكيد .firmation dans une dignité, اقرار ـ ابقا.

*Confirmation*, preuves dans le discours, تحقيق ـ تأكيد ـ اثبات.

*Confirmation*, sacrement de l'Église qui confirme dans la grâce du baptême, تثبيت ـ سرّ الميرون.

CONFIRMER, v. a., rendre plus stable, affermir, ثبّت ـ اثبت ـ اكد ـ اقرّ ـ قرّر. Confirmer quelqu'un dans sa dignité, dans son gouvernement, اقرّه على عمله، فى عمله ـ ابقى احداً فى منصبه.

*Confirmer*, donner des preuves, des assurances, اثبت ـ حقّق ـ اكد.

*Confirmer*, donner la confirmation, ثبّت ـ منح سرّ الميرون. A. Êtes-vous confirmé? انت اخذت الميرون ـ مثبّت.

*Se confirmer*, v. réfl., se rendre plus ferme, تأكد. Se confirmer, devenir plus certain, تحقّق.

CONFISCABLE, adj. com., qui peut être confisqué, ينضبط ـ يضبط.

CONFISCATION, s. f., action de confisquer, ضبط الاموال.

CONFISEUR, s. m., qui fait et vend des confitures, des dragées, حلواتى ـ حلوانى; plur., حلوانيّة ـ حلواتيّة, plur.

CONFISQUER, v. a., adjuger au fisc par condamnation, ضبط للميرى O. Être confisqué, انضبط.

CONFITEOR, s. m., prière avant la confession, صلاة الاعتراف.

CONFITURE, s. f., fruits confits, racines confites au sucre, au miel, مربّى ـ مربّة; plur., مربّيات ـ مربّبات plur. (Barb.). نقانق ـ حلاوات ـ حلو ـ مربّبات. On leur a présenté le café et les confitures, جابوا لهم القهوة والحلو.

CONFITURIER, s. m. *Voyez* CONFISEUR.

CONFLAGRATION, s. f., embrasement général, incendie, احتراق ـ حريقة.

CONFLIT, s. m., contestation entre les juridictions sur le droit de juger une cause, ادعا فصل الدعوى شقاق. Il s'éleva entre eux un conflit de juridiction, صار بينهم شقاق وادعى كل واحد لنفسه فصل الدعوى.

CONFLUENT, s. m., jonction de deux rivières, مصبّ نهر فى نهر اخر ـ ملتقى نهرين.

CONFONDRE, v. a., mêler des choses ensemble, خلط O. Ne confondez pas l'innocent avec le coupable, لا تخلط البرى بالمذنب.

*Confondre*, convaincre en couvrant de honte, خجّل ـ خزى I. Dieu le confonde, الله يخزيه ـ صقاعة فى ذقنه.

*Confondre*, réduire à ne pouvoir répondre, افحم ـ اخرس.

*Confondre*, embarrasser quelqu'un par des louanges excessives, etc., خجّل. ∥ Je suis confondu de toutes vos bontés, خجلت منك، استحيت منك لكثرة احسانك الىّ.

*Se confondre*, v. réfl., se troubler, تخجّل.

CONFORMATION, s. f., manière dont un corps organisé est conformé, تركيب ـ تكوين.

CONFORME, adj. com., semblable, موافق ـ مطابق.

*Conforme*, convenable, موافق ـ مناسب.

CONFORMÉMENT, adv., d'une manière conforme, بحسب ـ حسب ـ على موجب ـ بموجب. Conformément à vos ordres, على موجب اوامرك. Conformément aux usages, حسب العوايد ـ حكم العوايد.

CONFORMER, v. a., rendre conforme à, وفق مع، ل ـ طابق مع، على.

*Se conformer*, v. réfl., se soumettre, se rendre conforme à, امتثل الامر ـ اتّفق ـ A. تبع ـ وافق. Pour que l'on s'y conforme, عمل بموجب ـ ليُعمَل به ∥ Lorsque notre présent ordre vous sera parvenu et que vous en aurez pris connaissance, conformez-vous-y et prenez bien garde de vous en écarter en rien, حال وصول فرماننا هذا اليكم و وقوفكم على مضمونه السامى اعملوا بموجبه و الحذر ثم الحذر من حركة خلافه.

CONFORMITE, s. f., rapport entre des choses conformes, مطابقة - موافقة.

*Conformité*, soumission à la volonté de Dieu, متابعة لمشية الله.

*En conformité*, adv., conformément à, على بحسب - موجب.

CONFORTATIF, VE, adj., qui fortifie, مقوّى.

CONFORTATION, s. f., corroboration, تقوية.

CONFORTER, v. a., fortifier, قوّى.

CONFRATERNITÉ, s. f., relation ou qualité de confrères, compagnons, اخوّة - رفقة.

CONFRÈRE, s. m., membre d'une compagnie, d'une association religieuse, اخ; plur., اخوان. Les confrères d'un artisan, ceux qui exercent le même métier que lui, اخوانه فى الصناعة - اولاد صناعته.

CONFRÉRIE, s. f., اخويّة رهبان.

CONFRONTATION, s. f., action de confronter des témoins, des accusés, اجتماع بين و بين - مواجهة.

*Confrontation*, examen d'écritures, de passages, مقابلة.

CONFRONTER, v. a., mettre en présence pour interroger, جمع بين و بين - واجه احدًا باخر A.

*Confronter*, comparer les choses entre elles, قابل الشى على ب.

CONFUS, adj., mêlé, brouillé, sans ordre, مخلوط - بغير ترتيب - بغير نظام - ملخبط. Discours confus, obscur, كلام مخبوص, مخلوط فى - كلام مندار.  ǁ Cris confus, اصوات مختلفة.  ǁ Bruit confus, nouvelle vague, خبر بغير تاكيد, بغير تحقيق.

*Confus*, honteux, مستحى - خجلان - خزيان. Je suis confus de vos bontés, انا خجلان منك او مستحى منك لكثرة احساناتك الىّ.  ǁ Être confus, استحى A. - خجل من احد.

*Confus*, embarrassé, troublé, مختبل.

CONFUSÉMENT, adv., pêle-mêle, بغير - خلطًا نظام.

*Confusément*, d'une manière confuse, من غير تحقيق - تاكيد. Je m'en souviens confusément, فايق عليه ولكن من غير تاكيد.

CONFUSION, s. f., mélange confus, embrouillement, اختلاط - لخبطة - خلطة - خبصة. Mettre tout en confusion, خرب الدنيا O.

*Confusion*, honte, ignominie, خزى - كسفة - خجل.

*Confusion*, honte par modestie, حيا - خجالة - مستحيا.

CONGÉ, s. m., permission de s'en aller, de s'absenter, اجازة, اذن للرواح.  ǁ Congé dans un collège, exemption de classe, بطالة الكتاب.  ǁ Jour de congé, يوم بطالة.

Donner *congé* à un locataire, امر احدًا ان يعزل O. Donner congé à un domestique, le renvoyer, دشّر الخدمتكار.

Prendre *congé*, saluer avant de partir, ودّع - اخذ خاطر O.

CONGÉDIÉ, E, adj., ماذون له بالانصراف.

CONGÉDIER, v. a., donner permission de se retirer, اذن له بالانصراف - اصرف O.

CONGÉLATION, s. f., action du froid qui gèle les liquides, عقد - تجميد - جمود.

CONGELER, v. a., عقد - جمّد.

*Se congeler*, v. réfl., انعقد - انجمد.

CONGESTION, s. f., amas d'humeurs, جمع اخلاط - نزلة.

CONGLOBATION, s. f., terme de rhétorique, accumulation de preuves, جمع دلايل كثيرة.

CONGLOMÉRER, v. a., amasser, جمع A.

CONGLUTINATION, s. f., action de rendre gluant, تصيير الشى مثل الدبق.

CONGLUTINER, v. a., rendre gluant, صيّر مثل الدبق.

CONGRATULATION, s. f., تهنية.

CONGRATULER, v. a., féliciter, هنى.

CONGRÉGATION, s. f., compagnie, مجمع - جماعة.

Congrès, s. m., assemblée de ministres pour traiter des affaires de leurs États, مجمع وزرا ملوك.

Congrès, assemblée des représentants des États-Unis d'Amérique, ديوان نواب الشعب بالاميريك.

Congru, e, adj., suffisant, convenable, لايق - كافي. || Réponse congrue, précise, جواب شافي. Phrase congrue, correcte, كلام مضبوط.

Congruité, s. f., convenance, لياقة.

Congrûment, adv., pertinemment, بمعرفة.

Conifère, adj., arbre dont le fruit approche de la figure d'un cône, شجرة ثمرتها فى شكل جوز الصنوبر.

Conique, adj., en forme de cône, مخروطي - فى صورة المخروطة - صنوبرى.

Conjectural, e, adj., وهمي - حدسي.

Conjecturalement, adverbe, par conjecture, بالفرضية - بالتخمين - بالحدس.

Conjecture, s. f., jugement probable, opinion fondée sur des apparences, تخمين - وهم حدس - ظنّ. Par conjecture, بالتخمين - بالفرضية - بالقياس. || Si mes conjectures ne me trompent point, أن صدقني حزري. || Sa conjecture était vraie, كان الحساب الذي حسبه صحيح. || La plupart des conjectures sont fausses, اكثر الظنون ميون; prov. || La conjecture d'un homme est un échantillon de son esprit, ظن الرجل قطعة من عقله; prov. || La conjecture d'un sage vaut mieux que la certitude d'un fou, ظن العاقل خير من يقين الجاهل; prov.

Conjecturer, v. a., juger par conjecture, probablement, قطع عقله أن - خمّن - توهّم.

Conjoindre, v. a., unir, قرن - وصل.

Conjoint, e, adj., uni, joint, مصل. Conjoints, au plur., les époux, الرجل و امراته.

Conjointement, adv., ensemble, سوا - جملة.

Conjonctif, ive, adj., t. de grammaire, موصول. Particule conjonctive, حرف موصول. || Nom ou adjectif conjonctif, اسمى موصول. || Proposition conjonctive, قضية متصلة صلة.

Conjonction, s. f., union, اقتران.

Conjonction, t. de gramm., حرف العطف.

Conjonction, rencontre apparente des astres, قران - اجتماع. Trouver les conjonctions des astres au moyen de, استخرج الاحتماعات ب.

Conjonctive, s. f., membrane, le blanc de l'œil, الملتحم - بياضة العين.

Conjoncture, s. f., occasion, rencontre de circonstances, حال - صدفة; plur., احوال.

Conjugaison, s. f., assemblage des variations dont un verbe est susceptible, تصريف الفعل. Conjugaison, manière de conjuguer, paradigme, وزن - ميزان; plur., أوزان. || Ce verbe est de la même conjugaison que cet autre, هذا الفعل على وزن هذاك.

Conjugal, e, adj., qui concerne le mariage, le mari et la femme, تزويجي - زيجي. Violer la foi conjugale, خان حقيقة التزويج.

Conjugalement, adv., selon l'union conjugale, بموجب الزيجة.

Conjuguer, v. a., faire subir à un verbe les différentes variations grammaticales dont il est susceptible, ذكر تصريف الفعل - صرّف الفعل. Verbe qui se conjugue sur un autre, comme un autre, فعل على وزن أخر.

Conjurateur, s. m., qui conduit une conjuration, رييس عصبة.

Conjurateur, prétendu magicien qui conjure les démons, les tempêtes, عزّام.

Conjuration, s. f., conspiration, اتفاق - معاهدة - موامرة على قتل الامير.

Conjuration, paroles magiques pour conjurer les démons, عزيمة - تعزيم; plur., عزائم.

Conjurations, prières, تضرّع.

Conjuré, s. m., membre d'une conjuration, متفق على الشر - متعاهد - متعصّب - من العصبة.

Conjurer, v. a., prier instamment, تضرّع الى ا. Conjurer au nom de Dieu, اقسم عليه بالله. ناشد الله.

Conjurer les démons, استقسم - عزّم على ا.

Conjurer, au fig., détourner par prudence, ردّ O. تدارك -.

Conjurer, former un complot, اتّفــــق, تعاهد, تحالف, تعصّب مع ناس على. Conjurer la perte de quelqu'un, عمل على هلاكه A.

Connaissable, adj. com., qui est aisé à connaître, سهل المعرفة.

Connaissance, s. f., idée, notion, علم ب - معرفة. ‖ La connaissance de Dieu, معرفة الله - خبر ب. Je n'ai point connaissance de cela, ما لى علم بذلك. ‖ Prendre connaissance de quelque chose, ما عندى خبر بذلك. احاط علمًا ب - عرف I. ‖ Qui a une grande connaissance des affaires, يقف aor., وقف; خبير فى - خبير بالامور. ‖ En connaissance de cause, على بصيرة - الامور. بمعرفة كلية - بجلية خبر.

Connaissance, savoir, معرفة; plur., معارف - معلومات - فنون; plur., فنّ. Acquérir des connaissances, اكتسب معارف. ‖ Il a beaucoup de connaissances, عنده معلومات و فنون كثيرة - عنده علم كثير.

Connaissance, exercice de la faculté de distinguer les objets, وعى - رشد - بصيرة. ‖ Il n'a pas sa connaissance, ما هو واعى على نفسه A. ‖ Avoir sa connaissance, يعى, aor., وعى على نفسه; vulg., يوعى. ‖ Perdre la connaissance et le sentiment, عدم الرشد و الحواسّ. ‖ Perdre connaissance, s'évanouir, غُشى عن رشك A. - غبى. ‖ Reprendre connaissance, وعى من غشوته. استفاق من غشوته - غشوته.

Connaissance, liaison, تعارف - معارفة - معرفة. Cette personne n'est pas de ma connaissance, ما هو من معارفى - ما لى معه معرفة. ‖ Faire connaissance avec quelqu'un, تعارف معه. ‖ Faire faire connaissance à quelqu'un avec un autre, عرّف. ‖ Connaissance, personne que l'on connaît, معرفة; plur., معارف. ‖ Nous étions amis, nous ne sommes plus que de simples connaissances, كنا اصحاب صرنا معارف. ‖ En pays de connaissance, بين معارف. ‖ Pour renouveler connaissance avec vous, حتى اجدّد بكم عهدى.

Connaissement, s. m., la déclaration de la charge du vaisseau, تعريف الوسق.

Connaisseur, se, adj., qui se connaît à ou en quelque chose, اهل - عارف ب - خبير ب, فى خبرة.

Connaître, v. a., avoir une notion, une idée d'un être, عرف I. - علم A. - عقل I. (Barb.). Je vous connaissais bien pour un méchant, علمى بك, عهدى بك انك شقى. ‖ Connaître parfaitement une chose, عرف الشى جيد المعرفة. ‖ Faire connaître quelque chose à quelqu'un, اعلم ب - عرّف احدا ب A. ‖ On lui refusa l'entrée, il se fit connaître, منعوه عن الدخول فعرّفهم بنفسه.

Connaître, avoir une grande pratique, une grande expérience de, اختبر O. - بلا I. - عرف A. Il connaît les affaires, هو خبير فى الامور.

Connaître, discerner, distinguer les objets, ميّز - عرف I.

Connaître quelqu'un, avoir quelque habitude avec lui, له معرفة مع - عرف احدا A.

Connaître, cohabiter avec une femme, جامع - تمتّع ب - اكتشفى على.

Connaître de, juger d'une affaire, نظر فى الامر O. - قضى A. - فحص الامر I.

Se connaître, v. réf., se juger soi-même, ذاق روحه A. - عرف نفسه O. Il n'est rien de plus difficile que de se connaître soi-même, لاشى اصعب على الانسان من معرفة نفسه. ‖ Depuis que je me connais, depuis que j'ai l'usage de ma raison, .مـن يوم الـذى فقـت على الـدنـيـا.

*Se connaître* en, à, s'entendre en, être en état de juger de, عرف .I - كان عارف ب - لـه معرفـة ب. — A. فهم فى - كان خبير فى - لـه خبر فى.

*Connu* sous le nom de, معروف ب.

Connétable, subst. masc., chef des armées, امير الجيوش.

Connexe, adj., qui a de la liaison avec une autre chose, مقترن - مقرون.

Connexion, s. f., ou Connexité, liaison, rapport de choses, اقتران - مقارنة.

Connivence, s. f., complicité par tolérance et dissimulation du mal qu'on doit et peut empêcher, تغييض - محاباة - موالسة. Connivence, complicité, متفق. || Qui est de connivence avec, متفق مع.

Conniver, v. n., participer au mal qu'on doit et peut empêcher en le dissimulant, غمّض عن احد فى - والس - حابى احدًا فى -.

Conque, s. f., grande coquille, نوع ودعة كبيرة. *Conque de Vénus*, ودعة - جزئة.

Conquérant, s. m., qui fait, a fait des conquêtes, ابو الفتوحات - فاتح الفتوح.

Conquérir, v. a., acquérir par les armes, I. كسب البلاد - ملك. — A. فتح. *Conquérir* les cœurs, I. ملك - استملك. القلوب.

Conques, s. f. plur., cavités de l'oreille, تجاويف الاذن.

Conquête, s. f., action de conquérir, فتح ; pl. فتوحات. *Pays conquis*, بلاد مفتتحة et فتوح.

Consacrant, adj. m., qui sacre un autre, راسم.

Consacrer, v. a., dédier une église, un autel, un calice à Dieu, كرّس كنيسة او اوانيها. *Consacrer* ou sacrer un évêque, un prêtre, O. رسم. *Être consacré prêtre*, ارتسم.

*Consacrer*, dévouer, sacrifier son temps, sa vie, ses soins, sa fortune à, O. صرف اوقاته او عمره فى - بذل جهدك او ماله فى -.

*Consacrer*, sanctionner, en parlant de l'usage, اسلك - اثبت.

*Consacrer* un mot, le déterminer à une signification particulière, خصّص.

*Consacrer*, prononcer la consécration de l'eucharistie, قدّس القربان.

*Se consacrer*, v. ref., se dévouer, se donner tout entier à, قدّم كل ذاته ل. *Se consacrer à Dieu*, تعبّد لله.

Consanguin, e, adj., parent, frère du côté paternel, قرايب, اخ من الاب.

Consanguinité, s. f., parenté du côté du père, قرابة من الاب.

Conscience, s. f., sentiment intérieur du bien et du mal, ضمير - ذمّة ; plur. ضماير ; plur. سراير. *Examen de conscience*, فحص الضمير. || *Bonne conscience*, ذمّة صالحة - ضمير صافى. || *Mauvaise conscience*, ذمّة رديّة. || *Conscience troublée*, متقلقلة.

Il y a *conscience*, c'est conscience, خطيّة ; vulg. خطيّة. C'est conscience de le tromper, ان تغشّه. || Ne fais pas cela, il y aurait conscience, لا تعمل هذا خطيّة. || Faire conscience de quelque chose, شاف الشي حرامًا عليه. O. || Je me fais conscience de cela, اشوفه حرام علىّ. || Un homme de conscience, رجل صاحب ذمّة. || Avoir une conscience large, ne pas être scrupuleux, له ذمّة واسعة. || En conscience, sur ma conscience, en vérité, على ذمّتى - فى ذمّتى.

Consciencieusement, adv., avec conscience, بذمّة.

Consciencieux, se, adj., qui a la conscience délicate, صاحب ذمّة.

Conscription, s. f., enrôlement fixé par la loi, طلب للعسكرية.

Conscrit, adj., porté au rôle militaire, مطلوب للعسكرية.

Consécration, s. f., action par laquelle une église, un calice est consacré, تكريس.
Consécration d'un prêtre, ارتسام - رسم - رسامة.
Consécration, action par laquelle le prêtre consacre à la messe, تقديس القربان.

Consécutif, ive, adj., qui se suit immédiatement dans l'ordre du temps, متتابع - متوالى. Cinq jours consécutifs, خمسة أيام متواليات - plus vulg., خمسة أيام على بعضهم.

Consécutivement, adv., de suite, بالتوالى - على بعضهم.

Conseil, s. m., avis donné à quelqu'un, شورة - نصيحة ; plur., شور - مشورة - نصايح ; plur., اشوار. Par mon conseil, من شورى. ‖ Demander conseil à quelqu'un, prendre conseil de, استشار من احد - شاورة. ‖ Sans demander conseil à personne, من غير مشاورة احد. ‖ Tenir conseil avec, ضربوا بينهم مشورة - تشاور مع - شاورة. ‖ J'ai un conseil à vous donner, لك عندى نصيحة. ‖ Donner de bons conseils à quelqu'un, بدّى انصحك نصيحة - A. شار عليه شور مليح. ‖ Donner de mauvais conseils, شار عليه شور ردى.

Conseil, celui, ceux qui conseillent, مشير على ; plur., اصحاب ; صاحب الشور - شوّار - احد.

Conseil, assemblée de gens qui délibèrent, dirigent les affaires, ديوان - مجلس مدبّرين. Conseil de guerre, ديوان, مجلس بعض روسا العسكر. Assembler le conseil, عقد المجلس.

Conseiller, s. m., qui donne conseil, مشير - صاحب شور - ناصح.

Conseiller, juge, ou membre d'un conseil, من ارباب مجلس الشرع - من ارباب الديوان. Conseiller d'état, من ارباب ديوان السلطان - وزير من وزرا القبّة.

Conseiller, v. a., donner conseil, اشار عليه ب - شار عليه ب. O.

Consentant, e, adj., qui consent, قابل - راضى ب.

Consentement, s. m., acquiescement à, رضا - قبول. Avec le consentement des deux parties, برضا الطرفين. ‖ Cette action doit être faite de plein consentement, sans être aucunement déterminée par la force et la nécessité, يكون هذا الفعل مفعولا برضا كلى متنزها عن كل اغتصاب و اضطرار. ‖ Prendre le consentement de, اخذ رضاه. O.

Consentir à, v. n., acquiescer à quelque chose, A. قبل - ارتضى - رضى ب, عن. J'y consens, رضيت - قبلت. ‖ Consentir à une demande, اجابه الى ما طلب - قبل سواله.

Conséquemment, adv., d'une manière qui marque la juste liaison des propositions entre elles, بالتبعية. Par conséquent, على موجب ذلك.

Conséquence, s. f., conclusion de propositions, حاصل الكلام - نتيجة ; plur., نتايج. Tirer une conséquence de, استدل بالشى على.

Conséquences, suites d'une action, عاقبة ; plur., عواقب. Celui qui ne pense pas aux conséquences n'a point d'ami dans le monde, من لم يحسب العواقب ما له فى الدهر صاحب. ‖ Cela peut avoir de fâcheuses conséquences, يمكن انه ينتج من ذلك اضرار شتّى. ‖ Cela ne peut avoir que d'heureuses conséquences, ما تكون العاقبة الا خير.

En conséquence, على موجب ذلك.

De conséquence (personnage), واجب الخاطر. ‖ Affaire de conséquence, واجب الاعتبار - ثقيل - خاطره لازم - مهمّة - امر مهمّ - امر ثقيل. ‖ De peu de conséquence (homme), امر ضرورى. ‖ Affaire de peu de conséquence, امر غير ضرورى - امر خفيف, يسير, وجيز - خفيف - لا اعتبار به. ‖ Sans conséquence, لا عبرة به - من غير اعتبار - لا يعتبر.

Conséquent, s. m., deuxième proposition d'un enthymème, terme de logique, تالى.

Le conséquent, terme de grammaire (dans un rapport d'annexion), المضاف اليه.

Conséquent, e, adj., qui raisonne, agit conséquemment, صاحب عقل. Conséquent dans ses discours, ‖ كلامه موافق لبعضه. Conséquent dans ses actions, اعماله موافقة لبعضها.

Par *conséquent*, adv., donc, par suite naturelle et nécessaire, بناء على ذلك - ومن ثمّ - فاذن - على موجب ذلك.

Conservateur, trice, s., حافظ.

Conservation, s. f., action de conserver, ses effets, حفظ - صون. La conservation de l'individu, بقا الشخص. ‖ La conservation de la vie, السلامة.

Conservatoire, s. m., école gratuite de musique, مدرسة الموسيقى.

*Conservatoire*, adj., qui conserve, يصون.

Conserve, s. f., confiture de fruits, d'herbes, de fleurs, de racines, مربّة - ربصال.

*Conserve*, navire qui fait route avec un autre, مركب يسير مع غيره رفقة. Aller de conserve, ساروا المركبين رفقة, صحبة.

Conserves, s. f. plur., sorte de lunettes pour conserver la vue, نوع عوينات.

Conserver, v. a., garder avec soin, حفظ O. - استحفظ على - تقيّد على فى.

*Conserver*, mettre en réserve, ذخر O. - خبى.

*Conserver*, garantir du dommage, صان من O. - حفظ من. Conserver sa réputation, حفظ من الناموس O.

*Conserver*, ne pas se défaire de, ابقى عندك - ما فرّط فى.

*Se conserver*, v. pro., ne point vieillir ou se gâter, استقام A. - ظلّ على حاله A. - تمّ على حاله O. - قعد O.

*Se conserver*, avoir soin de soi, se ménager, سايس نفسه - يوعى aor., وعى لنفسه.

Considence, s. f., affaissement, هبوط.

Considérable, adj. com., qui doit être considéré, remarquable, معتبر - واجب لاعتبار. Personne considérable, له صورة - من الكبار. *Considérable*, grand, nombreux, عظيم. Somme,

armée considérable, مبلغ عظيم - جيش عظيم.

Considérablement, adv., beaucoup, بزيادة - كثير.

Considérant, s. m., motifs énoncés d'un jugement, d'un arrêté, سبب; plur., اسباب.

Considération, s. f., action de considérer, d'examiner, اعتبار - ملاحظة - نظر فى - تأمّل. Cela mérite considération, هذا واجب الملاحظة ‖ Des considérations, des réflexions, des aperçus, ملاحظات.

*Considération*, circonspection, حسب العواقب. Il n'apporte aucune considération dans ce qu'il dit ni dans ce qu'il fait, ما يحسب العواقب لا فى اعماله ولا فى كلامه.

*Considération*, motif, سبب; plur., اسباب.

*Considération*, égard pour quelqu'un, مراعاة - رعاية. A votre considération, en votre considération, كرما لك - اكراما لخاطركم - رعاية لكم. ‖ En considération de ses services, من شان خاطرك - كرما لخاطرك - نظرا الى حسن خدمته - اعتبارا لحسن خدمته.

*Considération*, estime, اعتبار - معزّة. Qui jouit de beaucoup de considération, له اعتبار عظيم. ‖ Qui n'a nulle considération, رجل معتبر ومحترم ومعزز ومكرم - لا عبرة به.

Considérément, adv., avec prudence, circonspection, بتأمّل - بحسب العواقب.

Considérer, v. a., regarder, examiner attentivement, نظر الى - تأمّل الشى O.

*Considérer*, estimer, اعتبر احدا.

*Considérer*, avoir égard à, اعتبر - نظر الى - حسب O.

*Considérer*, examiner, réfléchir sur, peser, تأمّل فى - تأمّل O. - نظر فى - افتكر, تفكر فى O. Considérer les conséquences, نظر فى العواقب O. - حسب العواقب O.

Consignataire, s. m., dépositaire de consignation, عنك امانة مودوعة - مستودع.

CONSIGNATION, s. f., dépôt juridique d'argent entre les mains d'un notaire, ـ امانة ـ تسليم شرعى ـ مال مودوع عند احد.

CONSIGNE, s. f., ordre, أمر ـ وصية.

Consigne, punition militaire, défense de sortir, ترسيم ـ يرسّم. Mettre à la consigne, aux arrêts, جعل تحت الترسيم ـ يرسّم.

CONSIGNER, v. a., mettre une somme en dépôt, اودع مال عند ـ سلّم.

Consigner dans un écrit, mentionner, ذكر ـ O. قيّد الشى فى الدفتر.

Consigner, donner ordre à une sentinelle de, أمره ان ـ وصّى الحارس على ان O. Consigner quelqu'un à sa porte, défendre au portier de le laisser entrer, أمر البواب ان لا يدخّله. || Consigner un soldat, le mettre à la consigne. Voyez CONSIGNE.

CONSISTANCE, s. f., épaississement, جمودية.

Consistance, solidité, dureté, صلابة.

Consistance, état de stabilité, de permanence, قرار ـ ثبات.

CONSISTANT, E, adj., qui consiste en, متضمّن ـ محتوى على. Maison consistante en deux pièces, دار محتوية على بيتين.

Consistant, qui a de la consistance, صلب ـ جامد.

CONSISTER, v. n., avoir son essence dans, كان O. aor., يكون. Cela consiste à chercher la vérité, يتوقّف ـ موقوف على. Le courage consiste à, هذا موقوف على تفتيش الحقّ. Faire consister le bonheur suprême à, الشجاعة هى ان. جعل السعد الاكبر ان.

Consister, être composé, formé de, تركّب من ـ تضمّن ـ احتوى على.

CONSISTOIRE, s. m., assemblée du pape et des cardinaux, مجمع البابا والكاردينالية. Consistoire, assemblée de ministres ou de vieillards protestants, مجمع مشايخ المعاندين.

CONSOLABLE, adj. com., qui peut être consolé, يتسلّى ـ يتعزّى.

CONSOLANT, E, adj., يعزّى ـ يسلّى.

CONSOLATEUR, TRICE, s., personne qui console, معزّى ـ مسلّى. Le consolateur des affligés, جابر القلب ـ جابر القلوب المنكسرة ـ مفرّج الكربات ـ مفرّج عن كل محزون.

CONSOLATION, s. f., soulagement donné à l'affliction, مواساة ـ تعزية ـ تسلّى ـ سلوة ـ تسلية ـ جبران الخاطر.

Consolation, satisfaction, فرحة.

CONSOLER, v. a., adoucir l'affliction par des discours, des soins, اخذ خاطره ـ سلّى ـ عزّى ـ واسى O. جبر قلبه او خاطره.

Se consoler, v. réfl., avoir moins d'affliction, تسلّى ـ تعزّى.

CONSOLIDANT, s. m., remède qui affermit et cicatrise les plaies, مختّم ـ مقطّب.

CONSOLIDATION, s. f., action par laquelle une dette est consolidée, تعيين مبلغ لوفا الدين ـ تقرير.

Consolidation, état d'une plaie qui se cicatrise. تقطيب ـ اختتام ـ ختم الجرح.

CONSOLIDER, v. a. (une plaie), ختّم ـ قطّب.

Consolider, affermir, مكّن ـ اكّد ـ ثبّت ـ قرّر.

Consolider une dette publique, assigner un fonds à son payement, عيّن مبلغاً لوفا الدين.

CONSOMMATEUR, s. m., celui qui consomme les denrées, آكل ـ قطّاع; plur., قطّاع.

CONSOMMATION, s. f., achèvement, تكميل ـ تمام ـ كمالة.

Consommation, usage, استعمال.

Consommation, fin des siècles, du monde, انقضا الدهور.

Consommation, débit, distribution de marchandises, نفاق ـ بيع. Voyez DÉBIT.

CONSOMMÉ, s. m., bouillon de viande très-cuite, مرقة.

CONSOMMER, v. a., achever, كمّل ـ خلّص ـ تمّم. Faire consommer de la viande, انضج اللحم

حتى طلع منم كل الدسم و صبار مرقة.

**Consommer**, détruire les vivres par l'usage, A. — O. — قطع A. اهلكك. Ce que les habitants de la ville consomment de viande par année, ما يهلكه اهل المدينة من اللحم فى السنة.

**Consommé, e**, adj., parfait, كامل. Homme consommé en quelque chose, رجل كامل فى, قرارى فى.

**Consomptif, ive**, adj. (remède), qui consume les humeurs, les chairs, دوا الآكال.

**Consomption**, s. f., état des choses qui se consument par le feu, احتراق - تلاف - افنا.

**Consomption**, sorte de phthisie, نوع من داء السل - نشفان.

**Consonnance**, s. f., accord agréable de deux sons, موافقة اصوات.

*Consonnance* de terminaison, rime, قافية; pl., قواف.

**Consonne**, s. f., lettre qui n'a point de son sans le secours d'une voyelle, حرف من احرف الافرنج لا ينقرى الا اذا اجتمع ببعض احرف التحريك. Consonne redoublée, حرف مشدود او مضاعف.

**Consorts**, s. m., plur., ceux qui ont le même intérêt, رفقا.

**Consoude**, s. f., plante, سنفيتون - جاجم - اذان الحمار.

**Conspirateur**, s. m., qui conspire pour quelque mauvais dessein, متوامر - متفق مع غير ناس على شر.

**Conspiration**, s. f., entreprise secrète de plusieurs, موامرة, اتفاق ناس على شر.

**Conspirer**, v. a., être unis pour un même dessein, contribuer, اتفق معه على.

*Conspirer*, faire une conspiration contre l'État, le prince, اتفق معه على قتل الامير او شبيه ذلك - توامر معه - تعصب به.

**Conspuer**, v. a., cracher sur, O. — بصق على. — O. بزق على.

**Constamment**, adv., avec constance, persévérance, بمداومة بثبات.

**Constance**, s. f., vertu qui affermit l'âme contre la douleur, l'adversité, صبر - جلد - ثبات القلب.

*Constance*, persévérance, مداومة - عزم. Constance en amitié, قرارى المحبة - وفا.

**Constant, e**, adj., qui a de la fermeté dans le malheur, les tourments, صابر على المصايب - ثابت القلب.

*Constant*, certain, indubitable, محقق - مؤكد - ثابت - مثبوت.

*Constant*, invariable, persévérant, مستمر - مداوم على عزمه. Constant dans ses desseins, صاحب عزم. Constant en amitié, وفى - صاحب مقيم على العهد - له قرارى المحبة - وفا.

**Constantine**, ville, قسنطينة.

**Constantinople**, ville, قسطنطنية - استنبول.

**Constater**, v. a., établir la vérité d'un fait par des preuves certaines, اثبت - اكد - حقق.

**Constellation**, s. f., assemblage d'étoiles auquel on a supposé une figure, صورة; plur., صور. Constellation du zodiaque, برج; plur., بروج.

**Conster**, v. n., être certain, اتضح - ثبت A.

**Consternation**, s. f., étonnement avec abattement de courage, اندهال - دهشة - حيرة - انكسار القلب.

**Consterner**, v. a., étonner et abattre le courage, ادهل - ادهش - حير.

**Constipation**, s. f., difficulté d'aller à la selle, انقباض البطن - يبس البطن.

**Constipé, e**, adj., qui va difficilement à la selle, بطنه يابس - بطنه منقبض.

**Constiper**, v. a., resserrer le ventre, يبس - يبس المعدة - يبس البطن - قبض البطن.

**Constituer**, v. a., composer un tout de choses réunies, ركب. Le corps et l'âme constituent l'homme, الانسان مركب من جسد ونفس ناطقة.

Constituer, faire consister en, جعل A. الجسد والنفس الناطقة هما الانسان.

Constituer, établir, جعل A. اقام - . Constituer quelqu'un son procureur, جعله وكيله ـ اقام وكيلا.

Constituer quelqu'un prisonnier, حاش احدا O. - حبس I.

Constituer quelqu'un en frais, كلّف احدا.

Constituer une pension à quelqu'un, رتّب له شيا معلوما فى السنة.

Constitué, adj. (bien), de bonne complexion, صلب التركيب ـ صلب البنية. Mal constitué, ضعيف المزاج ـ ضعيف التركيب.

Constitutif, ive, adj., qui constitue essentiellement une chose, ذاتى ـ مقوّم.

Constitution, s. f., composition, تقويم ـ تركيب.

Constitution, lois fondamentales d'un état, قوانين المملكة ـ قاعدة الشرايع.

Constitution, règlement, loi, شريعة ـ نظام. De nouvelles constitutions, نظامات جُدد.

Constitution, création (d'une rente), ترتيب.

Constitution, complexion de l'homme, مزاج ـ بنية ـ تركيب الجسد.

Constitutionnaire, s. com., soumis à la constitution, تابع للشريعة.

Constitutionnel, le, adj., conforme à la constitution, à ses lois, موافق لقوانين ـ شرعى المملكة.

Constitutionnellement, adv., selon la constitution, بموجب الشريعة.

Constricteur, s. m., muscle qui resserre, ضامّ.

Constriction, s. f., resserrement, ضمّ.

Constructeur, s. m., celui qui construit un vaisseau, مدّاد ـ معمار. Constructeur, qui construit un édifice, معمار ـ بنّا.

Construction, s. f., action de construire, بناء ـ عمارة ـ تعمير.

Construction, au fig., arrangement des mots selon les règles et l'usage du discours, تركيب الكلام.

Construire, v. a., un édifice, عمّر ـ بنى I. Construire un vaisseau, مدّ O. ـ عمّر ـ انشى.

Construire, arranger les mots, ركّب الكلام.

Consubstantialité, s. f., unité et identité de substance, terme de théologie, اتّحاد الجوهر.

Consubstantiel, le, adj., de même et seule substance, متّحد بالجوهر مع.

Consubstantiellement, adv., d'une manière consubstantielle, بموجب الاتّحاد الجوهرى.

Consul, s. m., envoyé d'un état dans un autre, pour la protection du commerce, etc., قنصل; plur., قناصل.

Consulaire, adj. com., du consul, قنصلى.

Consulat, s. m., charge de consul, قنصلية.

Consultant, s. m., qui donne avis et conseil, صاحب شور.

Consultation, s. f., conférence pour consulter sur une affaire, une maladie, مشورة ـ مشاورة.

Consultation, avis donné par un avocat ou un médecin, شور. Consultation, avis demandé, استقضا.

Consultative, adj. f. (voix), droit de dire son avis sans qu'il soit compté dans les délibérations, صوت. Il a voix consultative dans le conseil, له الصوت فقط فى المشورة يعنى يمكنه يشير على اهل المجلس بما يستحسنه من الامر ولكن رايه ما ينحسب فى جمع الارا.

Consulter, v. a., prendre conseil, avis ou instruction de, راجع ـ شاور احدا ـ استشار من احد. Consulter le dictionnaire, راجع كتاب اللغة.

Consulter, v. n., délibérer sur, تشاوروا فى ـ تشاور معه فى.

Se consulter soi-même, شاور حاله ـ شاور نفسه.

Consumant, e, adj., qui consume, ياكل ـ يرعى.

Consumer, v. a., dissiper, détruire, اتلف ـ اعدم ـ افنى. Il a consumé son bien en prodigalités, اتلف ماله ورّوحه بالاسراف.

*Consumer*, employer son temps, ses forces sans réserve, صرف, انفق, ضيّع اوقاته على, في I.

*Consumer*, en parlant de l'action du feu sur les corps, زعمت النار ; aor., ترعى. Être consumé par le feu, احترق.

*Consumer*, en parlant d'un mal, اضنى. La maladie et le chagrin le consument, اضناه المرض و الهمّ.

*Se consumer*, v. réfl., dépérir par le chagrin, la maladie, انضنى.

CONTACT, s. m., attouchement de deux corps, مسّ - ملامسة.

CONTAGIEUX, SE, adj., qui se prend, se communique par contagion, سارى - معدى - يعدى. Maladie contagieuse, مرض له قوة السريان و العدوة || Être contagieux, عدا O. I. مرض سارى I.

CONTAGION, s. f., communication d'une maladie, عدوة.

*Contagion*, peste, طاعون - وبا. Communiquer la contagion à quelqu'un, اعدى احدًا من المرض. || Prendre la contagion de quelqu'un, انعدى من احد - احد.

CONTAMINATION, CONTAMINER. *Voyez* SOUILLURE, SOUILLER.

CONTE, s. m., narration, حكاية. Conte fait à plaisir, حكاية مصنوعة. || Conte de bonne femme, خرافة.

CONTEMPLATEUR, TRICE, s., qui contemple de la pensée, متأمّل في - مطالع على.

CONTEMPLATIF, IVE, adj., adonné à la contemplation par la pensée (homme), صاحب مطالعة. Contemplative (vie, philosophie), متأمّل في الامور اللاهيات - نظرى.

CONTEMPLATION, s. f., action de contempler des yeux ou de l'esprit, مطالعة على - مشاهدة - تأمّل في - نظر في.

CONTEMPLER, v. a., considérer attentivement avec les yeux du corps, شاهد - تأمّل O. - نظر الى O. - Contempler avec les yeux de l'esprit, نظر في O. - طالع على - تأمّل في.

CONTEMPORAIN, E, adj., du même temps, معاصر - من عصر -

CONTEMPORANÉITÉ, s. f., existence de personnes dans le même temps, وجود في عصر واحد - معاصرة.

CONTEMPTEUR, s. m., qui méprise, محتقر.

CONTENANCE, s. f., capacité, سعة.

*Contenance*, maintien, posture, هية - حالة. Faire bonne contenance, montrer de la résolution, اظهر الثبات - اظهر الجلد - ثبت. || Perdre contenance, quitter sa contenance ordinaire par embarras, se troubler, ضاعت نحاوته I. - تغيّرت - تخبّل - احواله.

CONTENANT, E, s. m., adj., qui contient, renferme en soi, متضمّن - حاوى - محتوى على.

CONTENDANT, s. m., adj., concurrent, adversaire, خصم - طلاب ; plur. اخصام ; طالب plur. طلاب.

CONTENIR, v. a., comprendre, renfermer dans un espace, احتوى على - اشتمل على - تضمّن - اخذ O. - سَاع A. - يسع ; aor., وسع I. - حوى. Ce livre contient dix chapitres, هذا الكتاب يشتمل على عشرة فصول. || Cette boîte contient (il y a dedans) un ratl de raisins secs, هذه العلبة حاوية رطل زبيب - فيها رطل زبيب. || Cette boîte contient (elle est de la contenance de) deux ratls, هذه العلبة يسع فيها رطلين - تسع رطلين.

*Contenir*, retenir dans les bornes, dans le devoir, ضبط O. - حاش O. Contenir, réprimer ses passions, ردع نفسه عن اهويتها A.

*Se contenir*, v. réfl., se retenir, se modérer, ne pas exprimer sa colère, حاش نفسه O. - ضبط نفسه. Se contenir, s'abstenir des plaisirs, كفّ عن اللذات O. - عفّ عن I.

CONTENT, E, adj., qui a l'esprit satisfait, مبسوط. Content de, راضى بشى - مبسوط من || Content de son état, راضى بحاله || Content de quelqu'un,

|| Content de peu, رضيان عليه - مبسوط من احد. || Content de soi-même, قـنـوع - قـانـع - معجب بنفسه - متعجب فى نفسه.

Être *content* de, être satisfait de, agréer, consentir, رضى A. - رضى على احد - انبسط من A. بشى.

CONTENTEMENT, s. m., satisfaction, plaisir, رضا - انشراح - راحة القلب - انبساط. Contentement de peu, ou de ce que l'on a, اكتفا - قناعة. Contentement est richesse, القانع غني - الاكتفا غنا. || Donner du contentement, فرح - ارضى. || Contentement de soi-même, عجب.

CONTENTER, v. a., satisfaire, rendre content, صير مبسوطا - ارضى - راضى. Chercher à contenter, || Contenter l'esprit, en parlant d'une raison, d'une preuve, اقنع.

*Contenter*, apaiser quelqu'un par un don, O. جبر خاطره - طيب خاطره. Contenter des passions, des désirs, قضى - اعطى النفس هواها I. شهوة.

*Se contenter*, v. réfl., se satisfaire, قضى مراده I. Se contenter, s'en tenir à ce que l'on a fait, en demeurer là, I. كفاء الشى - اكتفى ب. || Contentez-vous de ce que vous m'avez déjà fait, كفاك ما عملت معى الى الان. || Se contenter de peu, ou de ce que l'on a, A. قنع , اقتنع , اكتفى بالقليل او بما عندك من المال.

CONTENTIEUSEMENT, adv., بمنازعة.

CONTENTIEUX, SE, adj., qui est ou peut être disputé, مجادل فيه - منازع فيه.

CONTENTION, s. f., dispute, débat, منازعة - مكافحة - مجادلة - مشاجرة. Véhémence dans la dispute, شدة المنازعة.

*Contention*, forte application de l'esprit, شدة الفكر.

CONTENU, s. m., مضمون.

CONTER, v. a., narrer, قص على احد I. - حكى O. قصة.

CONTESTABLE, adj. com., qui peut être contesté, فيه خلاف.

CONTESTANT, adj. et subs., qui conteste en justice, خصم ; plur., اخصام.

CONTESTATION, s. f., débat, dispute, خلف - مشاجرة - مجادلة - منازعة.

CONTESTER, v. a., disputer, débattre quelque chose en justice ou autrement, نازع احدا على - اعترض فى - تشاجر معه على - خالفه على.

CONTESTÉ, adj., منازع فيه.

CONTEUR, SE, s., qui raconte, محدث.

*Conteur*, menteur, كذاب.

CONTEXTURE, s. f., tissure, enchaînement de parties, نساجة.

CONTIGU, E, adj., touchant immédiatement, متصل ب - ملتصق ب - ملاصق ل.

CONTIGUÏTÉ, s. f., état des choses contiguës, ملاصقة - التصاق - اتصال.

CONTINENCE, s. f., vertu de s'abstenir des plaisirs de la chair, امتناع عن الشهوات - عفة - ورع.

CONTINENT, s. m., terre ferme qui n'est pas tout entourée d'eau, بر. Le continent, البر الاكبر - البر الاصيل - البر المتصل.

CONTINENT, E, adj., qui a la vertu de la continence, عفيف - وارع - ورع.

CONTINGENCE, s. f., casualité, حدوث - حصول.

CONTINGENT, s. m., part que chacun doit fournir ou recevoir, خصّة - نايب.

CONTINGENT, adj., qui peut arriver ou ne pas arriver, فى الغيب.

CONTINU, E, adj., dont les parties s'entretiennent, متواصل.

*Continu*, dont la durée n'est pas interrompue, مستمر - مداوم - دايم. Fièvre continue, حمى دايمة - لازمة. || Dix jours continus, عشرة ايام متواليات.

CONTINUATEUR, s. m., auteur qui continue l'ouvrage d'un autre, مكمّل.

Continuation, s. f., action de continuer, مواظبة - مداومة - استمرار.
Continuation, chose continuée, كمالة.
Continuel, le, adj., qui dure sans interruption, دايم.
Continuellement, adv., من غير انقطاع - دايما - بلا فتور - على الاستمرار.
Continuement, adv., من غير انقطاع.
Continuer, v. a., poursuivre, achever une chose commencée, تمّ - كمّل. Continuer un travail, كمّل الشغل. ‖ Continuer à, continuer de, faire une chose sans interruption, داوم على - ادمن على - لم يزل عاملا - استمرّ على - واظب على.
Continuer, prolonger, طوّل. Continuer à quelqu'un la possession de quelque chose, ادام له الشي - ابقى له الشي. Continuer quelqu'un dans une charge, ابقى احدا فى منصب, على منصب.
Continuer, v. n., durer, دام - O. ما انقطع.
Continuité, s. f., liaison non interrompue des parties, مواصلة - اتصال.
Continuité, durée continuelle, مداومة - دوم.
Contorsion, subst. f., mouvement violent des membres et des muscles, انعراج - تلوى الاعضا.
Contour, s. m., circuit, دايرة - تدوير.
Contourné, e, adj., de travers, mal tourné, عوجا - أعوج - معوّج ; fém., عوجا.
Contourner, v. a., marquer les contours, رسم الدواير, صوّر, O. صنع ٨.
Contractant, adj. s. m., partie qui contracte, متعاهد - متشارط.
Contracter, v. a., faire un contrat, une convention, عقد I. - تعاهد على - تشارط معه على. Contracter un mariage, عقد النكاح. ‖ Contracter une alliance (par mariage), صاهر - (faire un traité). ‖ Contracter des dettes, اندين - تديّن - عقد عبدا - ارتكب الدين.
Contracter, acquérir une habitude, تعوّد على.
Contracter, gagner une maladie, انعدى من المرض - اعتراه المرض.
Contracter, former des liaisons, اختلط مع - انشبك مع - عاشر. Contracter amitié, عقدوا بينهم محبة - وقعت بينهم المحبة.
Contracter, resserrer, raccourcir les nerfs, قلّص - قبض - كتّع - شنّج.
Se contracter, v. réf., se resserrer, se raccourcir, تشنّج - تقلّص - تقبّض - تكتّع.
Contraction, s. f., raccourcissement des nerfs, تقلّص - قبض - كشّ العصب. Contraction spasmodique, تشنّج.
Contraction, réduction de deux syllabes en une, حذف بعض الاحرف لاختصار الكلمة - ادغام - مداغمة الحروف.
Contradicteur, s. m., مضادد - مخالف.
Contradiction, s. f., action de contredire ou de contrarier, ابطال قول باخر - مضاددة - مخالفة - مناقضة. Impliquer contradiction, être contradictoire, ضادد بعضه - ناقض بعضه - خالف بعضه. Il y a contradiction entre ces deux propositions, القول الاول يُبطل الاخر.
Contradictoire, adj. com., dont l'un contredit l'autre, متخالف - متناقض - متضادد. Contradictoire à, opposé à, مضادد ل - مخالف ل - مناقض ل. ‖ Jugement contradictoire, rendu après l'audition des parties, حكم بعد المرافعة والمخاصمة.
Contradictoirement, adv., d'une manière contradictoire, بالمضاددة. En présence de toutes les parties, بحضور الاخصام - بعد المرافعة والمخاصمة.
Contraignable, adj. com., qui peut être contraint, يُلزَم - ملزوم.
Contraindre, v. a., obliger quelqu'un par force à faire quelque chose, اكره احدا على - الزم ب ان - I. غصب احدا على - الجاه الى. On l'a contraint par force à faire cela, غصبوه, اكرهوه على ذلك. ‖ La nécessité le contraignit à, الزمته العازة ان - الجاته الضرورة الى ان.

Il fut contraint de se rendre, التزم ان يسلّم نفسه.

Contraindre, gêner quelqu'un, l'obliger à s'abstenir de quelque chose, منع احدًا عن A.

Contraindre, au fig., serrer, mettre à l'étroit, ضيّق على - عسف.

Se contraindre, v. réf., se forcer, se retenir, غصب على نفسه. - I. غصب نفسه.

Contraint, e, adj., serré, mis à l'étroit, معسّف.

Air contraint, وجه غير طلق.

Contrainte, s. f., violence faite à quelqu'un, اغتصاب - غصب. Par contrainte, الزام - اكراه جبرًا و قهرًا - كرهًا - غصبًا - بالدبّوس - بالغصب. || Sans contrainte, من غير اغتصاب.

Contrainte, gêne éprouvée quand on est trop serré, عسف - ضيق.

Contrainte, gêne dans le style, عسف.

Contrainte par corps, ou par saisie de biens, امر ليكره الرجل على وفا دينه ويقبض عليه او على كل ما يملكه ان عاند عن الوفا.

Contraire, adj. com., opposé, مخالف - ضدّ.

Contraire, nuisible, ضارّ.

Contraire, s. m., ضدّ - خلاف - عكس. Les contraires, الاضداد.

Au contraire, adv., tout autrement, d'une manière opposée, بالعكس - بالضدّ - بالخلاف - بالمقلوب. Au contraire de ce que, بخلاف ما.

Contrariant, e, adj., qui aime à contrarier, جكر - عندي.

Contrarier, v. a., dire ou faire le contraire d'un autre, طلع له من - ضادد - عاند - خالف A. خلاف.

Contrarier, faire obstacle, عاكس امر احد - اعترضه - خالف.

Se contrarier, v. réf., être opposé, se contredire, ناقض - خالف بعضه - تضادد - ضادد بعضه. Vos paroles se contrarient, تناقض نخالف - اقوالك متضاددة - اقوالك مضاددة بعضها بعضها.

Contrariété, s. f., opposition entre deux choses contraires, مخالفة - مضاددة.

Contrariété, obstacle, empêchement, مانع ; pl., عوايق - موانع ; plur., عوايق.

Contraste, s. m., opposition, différence de figures, etc., اختلاف - تباين - فرق.

Contraster, v. a., faire un contraste, باين من - اختلف - تباين من.

Contrat, s. m., convention notariée, حجّة ; plur., حجج ; plur., كتب. Contrat de mariage, كتاب نكاح. || Faire le contrat de mariage, كتب الكتاب O.

Contravention, s. f., infraction à une loi, مخالفة الشرايع.

Contra-yerva, s. f., contre-poison, antidote contre la peste, قونطرايربا.

Contre, prépos. qui marque opposition, ضدّ - على. Contre moi, ضدّي - عليّ. || Tu es pour lui, moi je suis contre, انت معه و انا ضدّ. || Parler contre quelqu'un, تكلّم عليه او ضدّ. || Ils se révoltèrent contre lui, قاموا عليه. || Contre son opinion, بخلاف رايه - ضدّ رايه. || Le pour et le contre, وجهين الامر الذي معه و عليه.

Contre, auprès, جنب - عند. Ma maison est contre la sienne, بيتي جنب بيته.

Contre, à, على - في. Attacher quelque chose contre la muraille, علّق الشي في الحايط.

Ci-contre, بازايه.

Contre-amiral, s. m., troisième officier d'une flotte, ريالابك.

Contre-balancer, v. a., compenser, عادل - قاوم.

Contre-basse, s. f., instrument, نوع الة موسيقا.

Contre-batterie, s. f., batterie opposée à une autre, مدافع منصوبة ضدّ مدافع.

Contre-charme, s. m., charme qui en détruit un autre, ضدّ السحر.

A contre-cœur, adv., malgré soi, à regret, من غير خاطر - كرهًا - بحسرة.

Contre-coup, s. m., répercussion d'un corps sur un autre, عكس الضربة و انتكاسها - ردّة الضربة. Contre-coup, au fig., suite, effet pour quelqu'un d'un événement malheureux arrivé à un autre, عاقبة. Le contre-coup en tombera sur vous, عاقبته ترجع عليك. || Ils furent tous renversés par le contre-coup de sa disgrâce, راحوا فى اتباعه راحوا فى جرّته او فى صحبايفه - رجليه.

Contre-danse, s. f., sorte de danse, رقصة.

Contre-épreuve, s. f., dessin tiré sur un autre et qui marque les mêmes traits, mais à rebours, صورة مطبوعة عن رسم فيطلع كل ما فيها بالمقلوب عمّا هو فى الرسم الاصلى.

Contre-finesse, s. f., مكر ضدّ مكر.

Contre-fort, s. m., mur servant d'appui à un autre, حايط مبنى لاسناد غيره.

Contre-indication, s. f., indications contraires aux autres, علامة ضدّ غير علامة.

Contre-jour, s. m., endroit où le jour ne donne pas à plein, ضدّ الضو.

Contre-lettre, s. f., acte secret par lequel on déroge à un acte public, كتاب سرّى لابطال كتاب مشتهر.

Contre-maître, s. m., qui commande sous le maître, terme de marine et de manufacture, ريس الصنّاع فى الكرخانات - نايب ريس البحرية.

Contre-marche, s. f., marche d'une armée, contraire à celle qu'elle paraissait vouloir faire, سير العساكر بخلاف ما اظهروه للاعدا.

Contre-marque, s. f., seconde marque à un ballot, à la vaisselle d'argent, نشان ثانى.

Contre-marquer, v. a., mettre une contre-marque, O. حطّ نشان ثانى.

Contre-mine, s. f., mine pour éventer une autre, لغم ضدّ لغم.

Contre-miner, v. a., faire des contre-mines, O. - لغم الارض ليلاقى لغم الاعدا و يبطّلها. A. عمل لغم ضدّ لغم الاعدا.

Contre-mur, s. m., mur de soutien, حايط مبنى جنب حايط اخر ليشدّه و يمكّنه.

Contre-ordre, s. m., révocation d'un ordre, امر بالضدّ.

Contre-partie, s. f., partie que chante ou que joue celui qui accompagne un autre, ما يغنّيه او يدقّه الذى يتبع غيره.

Contre-percer, v. a., percer en sens contraire, O. I. خرق بالضدّ.

Contre-peser, v. a, contre-balancer, servir de contre-poids, وازن - عادل - ثاقل.

Contre-pied, s. m., au fig., le contraire de quelque chose, عكس - ضدّ.

Contre-poids, s. m., poids qui contre-balance un autre, عدل - ميزان - موازنة.

Contre-poil, s. m., le rebours, le sens contraire du poil, قايم - عكس الشعر.

A contre-poil, adv., en sens contraire au poil, بالعكس - على القايم.

Contre-point, s. m., point opposé d'ouvrage à l'aiguille, تنبيت - تضريب.

Contre-pointer, v. a., piquer des deux côtés une étoffe, نبّت - ضرّب.

Contre-pointer, opposer une batterie à une autre, حرّر مدافع على مدافع الاعدا.

Contre-poison, s. m., antidote, remède qui détruit l'effet du poison, ضدّ السمّ.

Contre-porte, s. f., seconde porte, باب ثانى.

Contre-poser, v. a., mal porter sur un livre de marchand, قيّد الشى فى الدفتر غلطاً.

Contre-promesse, s. f., promesse opposée, وعد بالضدّ - ضدّ وعد.

Contre-révolution, s. f., retour à un gouvernement détruit par une révolution, رجعة - قومة ناس ليرجعوا الامور كما كانت فى الاول.

Contre-révolutionnaire, adj., contre la révolution, ضدّ القومة.

Contre-révolutionnaire, partisan d'une contre-

CONTRE-RUSE, s. f., حيلة ضدّ حيلة.

CONTRE-SCEL, s. m., petit sceau apposé à côté du grand, ختم صغير موضوع جنب الختم الكبير.

CONTRE-SEING, s. m., seing à côté d'un autre, امضاء ثاني.

CONTRE-SENS, s. m., sens contraire au sens naturel, عكس المعنى. Contre-sens d'une étoffe, عكس. A contre-sens, adv., en sens contraire, عكسًا نكسًا - بالعكس - بالمقلوب. Qui est à contre-sens, معكوس. ‖ Enfant qui vient au monde à contre-sens, منكوس.

CONTRE-SIGNER, v. a., signer comme secrétaire, امضى تحت - عمّ تحت. Contre-signer, mettre sur une adresse de lettre le nom d'un ministre, etc., pour indiquer que cette lettre vient de lui, وضع على مكتوب نشان المحرّر.

CONTRE-TEMPS, s. m., accident imprévu qui traverse le succès d'une entreprise, مانع; pl., موانع - تعطيل - عائق; plur., عوائق. A contre-temps, adv., mal à propos, en prenant mal son temps, فى غير محلّه - فى غير وقته - من غير وقت.

CONTRE-VÉRITÉ, s. f., paroles, propositions à prendre en sens contraire, كلام بالضدّ.

CONTREBANDE, s. f., commerce prohibé, chose dont la vente est défendue, بضاعة مخرّجة - نفاذ; plur., بضاعة ممنوعة. ‖ Qui est de contrebande, شي يُسرق - بضايع - ممنوع - مخرج. ‖ Faire la contrebande, نفذ بضايع من غير كمرك. ‖ En contrebande, تعاطى البضايع الممنوعات من ورا الكمرك.

CONTREBANDIER, ÈRE, s., qui fait la contrebande, متعاطى بضاعة مخرّجة.

CONTREBOUTER, v. a., mettre un pilier, un étai, سند بعامود.

CONTRECARRER, v. a., s'opposer directement à quelqu'un, عاكس امره - ضادده - عارض احدًا. اعترضه فى الشى او على الشى.

CONTREDATER, v. a., mettre une autre date, غيّر التاريخ.

CONTREDIRE, v. a., dire le contraire, ناقضه. O. نقض كلامه - A. طلع له من خلافى فى ما يقول. ضادد احدًا فى الكلام.

Se contredire, v. réf., dire des choses contradictoires, غيّر كلامه - تكلم بكلام ضدّ كلامه الاول. تكلّم باشيا متضاددة.

CONTREDIT, s. m., réponse contre ce qui a été dit, جواب - ردّ كلام - نقض كلام.

CONTREDIT (SANS), adv., certainement, sans difficulté, من كل بدّ - ما فيه كلام.

CONTRÉE, s. f., étendue de pays, ناحية; plur., نواحى - بلاد; plur., بلدان - قطر; plur., اقطار - مصر; plur., امصار.

CONTRE-ÉCHANGE, subst. m., échange mutuel, مقايضة.

CONTREFAÇON, s. f., fraude en contrefaisant un livre, une étoffe, تزوير - تقليد.

CONTREFACTEUR, s. m., qui contrefait un livre, des étoffes, etc., مزوّر - مقلّد.

CONTREFAIRE, v. a., imiter, copier, surtout pour ridiculiser, قلّد.

Contrefaire, déguiser, غيّر. Contrefaire sa voix, غيّر صوته.

Contrefaire, rendre difforme, قبّح.

Contrefaire, faire une contrefaçon, قلّد - زوّر. Contrefaire l'écriture, زوّر الخط.

Se contrefaire, v. réfl., déguiser son caractère, اظهر خلافى ما فى باطنه - اخفى طبعه.

CONTREFAIT, E, adj., imité falsifié, مقلّد - زوّر - مزوّر - تقليد.

Contrefait, difforme, mal fait, اعوج - ملخبط.

CONTREMANDER, v. a., révoquer un ordre, ابطل الامر - غيّر الامر.

CONTRESCARPE, s. f., pente du mur extérieur du

côté de la place, جهة برانية من جدار الخندق مقابلة للقلعة.

CONTREVALLATION, s. f., fossé et retranchement autour d'une place pour empêcher les sorties de la garnison, خندق و متاريس حول قلعة لمنع اهلها عن الخروج و الهجوم على المحاصرين.

CONTREVENANT, E, s., مخالف الاحكام.

CONTREVENIR, v. n., agir contre une loi, un engagement, A. عمل - خالف العهد او القانون بخلاف.

CONTREVENT, s. m., sorte de volet extérieur, درفة شباك برانية.

CONTRIBUABLE, adj. com., qui doit contribuer aux impositions, الذى عليه المال - دفاع.

CONTRIBUER, v. n., aider à, avoir part à, A. سعى فى المصالحة - ساعد، عاون احدًا على.

*Contribuer*, payer les contributions, les impôts, les taxes, O. حطّ، دفع المال.

CONTRIBUTION, s. f., levée de deniers, impôts, تكاليف .plur ; تكليف - فُرَد .plur ; فردة - مال.

*Contribution*, taxe, livraison de denrées imposée par l'ennemi lors d'une invasion, d'une conquête, غرامة - جالية. Imposer des contributions, وضع عليهم غرامات.

CONTRISTER, v. a., affliger, donner du chagrin, I. كسر خاطره - ألم - آسف.

CONTRIT, E, adj., très-affligé de ses fautes, par amour de Dieu, ندمان على خطية لاجل محبة الله.

CONTRITION, s. f., douleur des péchés par amour de Dieu, ندامة كاملة.

CONTRÔLE, s. m., registre de vérification d'un rôle, d'un registre, دفتر لتحقيق دفتر اخر - رُزنامة.

*Contrôle*, marque sur l'argenterie qui a le titre, qui a payé les droits, دمغة.

CONTRÔLER, v. a., mettre sur le contrôle, قيّد.

*Contrôler*, marquer du contrôle, وضع الدمغة على.

*Contrôler*, au fig., critiquer, censurer, كثرة الفضول. Il ne contrôle point les actions des autres, عد سيات الناس - تفوضل على الناس .I - ما هو فضولى على الناس.

CONTRÔLEUR, sing. m., officier qui contrôle, صاحب دفتر التحقيق - رُزنمجى. Contrôleur d'argenterie, صاحب الدمغة.

*Contrôleur*, qui se mêle de censurer, عذول - كثير الفضول على الناس - فضولى.

CONTROUVER, v. a., inventer une fausseté pour nuire à quelqu'un, صنع - اخترع - لفق. Chose controuvée, حكاية مصنوعة.

CONTROVERSE, s. f., débat sur des opinions, مجادلة - مباحثة - مناظرة. Controverse religieuse, مباحثة عن احوال الاعتقاد فى الامور الدينية.

CONTROVERSÉ, E, adj., discuté, contesté, فيه مباحث عنه - مجادل فيه - مجادلة.

CONTROVERSISTE, s. m., qui s'occupe de controverses, مباحث - مجادل.

CONTUMACE, s. f., défaut de répondre, de comparaître en justice, عناد عن - عصيان الشرع - الحضور.

CONTUMACE ou CONTUMAX, s. com., accusé qui ne comparaît point, معاند عن - عاصى الشريعة - هربان - الحضور.

CONTUS, SE, adj., meurtri, sans entamure, مدشدش - مضعضع.

CONTUSION, s. f., meurtrissure, دشّة - ضعضعة - ضربة من غير شق.

CONVAINCANT, E, adj., qui a la force de convaincre, مُلزم - مقنع.

CONVAINCRE, v. a., persuader, réduire par le raisonnement, par des preuves évidentes, à convenir d'une vérité, الزم لرايه - اقنع احدًا بالدلايل. Convaincre un accusé, اثبت، ثبّت عليه. || Être convaincu de (accusé), A. ثبت عليه. || Être convaincu, persuadé, عنك محقق و ماكد.

*Se convaincre*, v. réfl., s'assurer de la vérité, de la réalité de, تحقق الشى.

CONVALESCENCE, s. f., passage de la maladie à la santé, جهة الصحة ـ افاقة. Il est en convalescence, عمّال يتنشنش من مرضه ـ ‏. || Entrer en convalescence, عيال يتوجّه الى العافية. ـ اتجه الى العافية ـ توجّه الى العافية. || Compliment à quelqu'un sur sa convalescence, افاق, استفاق, نقه من المرض الحمد للّٰه على ‏ ; réponse : اللّٰه يعافيك ـ اللّٰه يسلمك. العافية.

CONVALESCENT, E, adj., qui relève de maladie et retourne à la santé, متوجه الى العافية ـ متجه للصحّة ـ ناقه ـ قايم من الفراش.

CONVENABLE, adj. com., sortable, qui convient, لايق ـ مناسب ـ موافق. Juger convenable, A. راى ـ تحسّن عنده ـ استحسن ـ استلاق. I. لاق عنك ـ مناسب.

CONVENABLEMENT, adv., d'une manière convenable, كما ينبغي ـ بوجه مناسب ـ موافقاً ـ كالواجب. Traiter quelqu'un convenablement, O. عامله بالواجب ـ قام بواجبه.

CONVENANCE, s. f., rapport, conformité, وفق ـ ملايمة ـ مناسبة ـ موافقة. Convenance, bienséance, لياقة ـ مناسبة. Il n'y aurait point de convenance à, ما هو مناسب ان. || Convenances, bienséances de société, المعروف ـ الواجب ـ الادب. || Il sait les convenances, يعرف الواجب. Raisons et convenances humaines, حركة و لياقة بشرية.

CONVENIR, v. n., reconnaître une chose, en demeurer d'accord, اتفق مع احد بالراى ـ اقرّ. Ils convinrent tous que, اجتمعوا في, على ـ اجمع على ان. || Il faut convenir que, لا بد من الاجتماع في ان. || Je conviens de ce que vous dites, صحيح قولك.

Convenir, faire une convention, se mettre d'accord de, نشارط معه على ـ اتفق معه على ـ ابتنى معه ان ـ O. شرط الشي عليه ـ O. شرط على ـ I. بنى امره معه على ان ـ O. ربط معه ان ـ . || Comme nous en sommes convenus, تعاهدوا على

|| Comme nous en sommes convenus en nous quittant, كما صار الشرط بيننا ـ كما نشارطنا كما تفارقنا. || Convenir d'un prix, تشارط معه على الثمن ـ I. فصل الثمن ـ A. قطع الثمن ـ شرط عليه الثمن. || Ils étaient convenus de se trouver dans tel endroit, كانوا رابطين مع بعضهم انهم يلتقوا في موضع. || Ils convinrent de se rendre au palais, اتّفقوا على ان يتوجّهوا الى القصر او بنوا امرهم على ان يتوجّهوا الى دار الامير. || C'est là ce dont nous sommes convenus, هكذا صار البنا ـ على ذلك تم الاتفاق.

Convenir à, avec, avoir de la conformité, du rapport, ناسب ـ وافق.

Convenir, être convenable, sortable, لاق ب I ـ A. صلح ل ـ A. لبق ل ـ O. كان مناسبا ل ـ حقّ ل I. Ces discours ne vous conviennent pas, ما يصلح لك هذا الكلام ـ ما يحقّ لك هذا القول. || Vous convient-il de parler ainsi (osez-vous bien)? هذا الكلام ما هو من سيمتك ـ بلغ من قدرك, ـ جاء من قدرك ان تتكلم بهذا الكلام. || Vous ne lui convenez pas pour gendre, يحقّ لك, يصلح لك هذا الكلام ما تصلح لبنته. || Cette charge ne lui convient pas, ما انت كفو لبنته ـ ما هو ـ ما يصلح له هذا المنصب هذا المنصب. || Cela ne convient pas à mon intérêt, خرّجه. || Chacun sait ce qui convient à ses intérêts, هذا ما يخلّصني. || Si cela te convient, prends-le, كل واحد يعرف خلاصه ـ ان كان هذا خرجك خذه. || Cela est trop cher, cela ne me convient pas, هذا غالي كثير ما هو خرجي. || Il convient de, Il vous convient d'agir ainsi, ينبغي ان. || Comme il convient, convenablement, ينبغي لك ان تعمل كذا ـ كما ينبغي.

Se convenir, v. réfl., avoir du rapport ensemble, ناسب بعضه ـ وافق بعضه.

CONVENTION, s. f., accord, pacte de deux ou plusieurs personnes, شرط على شي ـ اتفاق على شي ; plur., شروط ـ عهد ; plur., عهود. Faire une con vention avec quelqu'un, A. – عمل معه شرط على O. ‖ Sous la convention de, تشارط معه على أن – شرط عليه أن بشرط أن.

CONVENTIONNEL, LE, adj., qui suppose la convention, شرطى – اتفاقى.

CONVENTIONNELLEMENT, adv., sous ou par convention, بالشرط – اتفاقياً.

CONVENTUALITÉ, s. f., état d'un couvent, ديرية.

CONVENTUEL, adj., qui est du couvent, ديرى.

CONVENTUELLEMENT, adv., en communauté et selon les règles du couvent, على موجب قوانين الدير.

CONVERGENCE, s. f., état des rayons, des lignes qui vont en s'approchant, تقارب – اقتراب.

CONVERGENT, E, adj., qui converge, متقارب.

CONVERGER, v. n., tendre et se réunir au même point, تقارب.

CONVERS, adj., religieux servant, راهب خدّام.

CONVERSATION, s. f., entretien familier, محادثة – ملاقشة – محاكاة (Syrie) – كلام. Ils ont eu une conversation ensemble, صار بينهم كلام – تحاكوا مع بعضهم. ‖ Entrer en conversation avec quelqu'un, فاتحه بالكلام. ‖ Faire tomber la conversation sur quelque chose, A. – فتح سيرة شى – O. أجرى ذكر الشى. ‖ La conversation tomba sur l'éloquence, جرى ذكر البلاغة. ‖ Le style de conversation, le langage familier, الكلام العادى – الحكى.

CONVERSER, v. n., s'entretenir familièrement, O. لقش مع – تحاكى مع – تكلم مع – تحدث مع – تصاحب مع (Syrie).

CONVERSIBLE, adj. com., qui peut être converti, يتغير.

CONVERSION, s. f., transmutation, changement de forme, احالة – قلب – انقلاب – استحالة.

Conversion, changement de foi, رد للايمان – رجوع الى الايمان.

Conversion, changement de mœurs, de sentiments, avec amélioration, رجوع عن المناهى – توبة.

CONVERTI, E, adj., qui a réformé sa vie ou embrassé une autre religion, تائب. Converti à la foi catholique, راجع الى الايمان.

CONVERTIBLE, adj. com., qui peut être changé contre, يُصرف – ينقلب. Billet convertible en argent, تمسك يمكنك تاخذ بدالة دراهم.

CONVERTIR, v. a., changer une chose en une autre, قلب – احال. I. Convertir l'eau en vin, قلب الماء خمراً. ‖ Convertir une pièce d'or en paras, I. صرف الذهب و اخذ بدالة مصارى – اخذ صرفة الذهب مصارى.

Convertir, faire changer de mal en bien, ردّه – رجعه عن المحارم – توّبه – عدّل احداً عن المناهى.

Convertir, faire changer de croyance, O. – ردّه الى الايمان. Convertir à la foi, رجّع الى ردّه عن الرفض و ادخله الى الدين الحقيقى – ردّه الى حضن البيعة المقدسة.

Se convertir, v. réf., changer de croyance, I. – نفى الرفض و دخل الى الدين الحقيقى A. رجع الى ايمان.

Se convertir, changer de mœurs, O. – تاب ارتجع عن – A. رجع عن المناهى.

Se convertir en, se changer en, استحال. La montagne se convertit en or, انقلب الجبل ذهباً.

CONVERTISSEMENT, s. m., changement, تغيير – قلب – احالة – صرف – بدال.

CONVERTISSEUR, s. m., qui réussit à convertir les infidèles, هادى الضالين.

CONVEXE, adj. com., courbé à l'extérieur; l'opposé de concave, مقبب – محدّب.

CONVEXITÉ, s. f., حدبة.

CONVICTION, s. f., effet d'une preuve évidente, d'une vérité sur l'esprit, الزام – اقناع.

Conviction, preuve certaine, تاكيد – تحقيق – اثبات. J'ai la conviction que, عندى محقق وماكد ان.

CONVIÉ, s. m., prié à un festin, معزوم – مدعو.

Convier, v. a., inviter à, دعا الى شي O. Convier à un repas, دعا الى الاكل. – I. عزم للغذا.

Convive, s. m. com., qui est invité et se trouve à un repas avec d'autres, نديم; plur., ندما.

Convocation, s. f., action de convoquer, اجماع – امر بالاجتماع – جمع.

Convoi, s. m., cortège d'un corps qu'on porte en cérémonie à la sépulture, جناز – جنازة.

Convoi, provisions pour un camp, une place, قافلة زاد – قومانية – ذخيرة.

Convoi, vaisseaux, soldats qui escortent des provisions, des bâtiments, حفظة – خفر – غفر – مراكب حرب تسير مع مراكب التجار لتغفرها وتحميها او عساكر تغفر قافلة الزاد و القومانية.

Convoi, réunion de bâtiments marchands escortés par des bâtiments de guerre, جملة مراكب تجار مع مراكب حرب تخفرها.

Convoiter, v. a., désirer avec avidité, avec une passion déréglée, A. طمع فى – I. بغى – اشتهى.

Convoitise, s. f., اشتها – طمع.

Convoler, v. n., se marier en secondes noces, تزوج ثانى مرة.

Convoquer, v. a., faire assembler par autorité juridique, A. جمع – امر بالاجتماع.

Convoyer, v. a., escorter pour protéger, خفر – رافق لاجل الحماية – غفر.

Convulsif, ive, adj., qui se fait avec convulsions, بتلوى – بالتوا الاعصاب.

Convulsif, qui donne des convulsions, ملوى.

Convulsion, s. f., mouvement violent et involontaire des muscles, تلوى – التوا الاعصاب – قوة.

Convulsion, au fig., grand mouvement, emportement, قوة.

Convulsionnaire, adj. com., qui a des convulsions, مبتلى بالتوا الاعصاب – هذار.

Conyse, s. f., sorte d'herbe aux puces, طيون – طباق منتن – حشيشة البراغيث.

Coobligé, e, s., obligé avec un ou plusieurs autres dans un contrat, ملزوم مع.

Coopérateur, trice, s., qui coopère avec quelqu'un, مساعدة على شى – فاعل مع.

Coopération, s. f., action de coopérer, مشاعدة.

Coopérer, v. n., opérer conjointement, ساعد احدا فى فعل او على شى.

Cooptation, s. f., admission extraordinaire dans un corps, ادخال – اتخاذ.

Coopter, v. a., admettre quelqu'un dans un corps, en le dispensant des conditions nécessaires, ادخل احدا فى جماعة من غير بحث – اتخذ.

Copahu, s. m., baume, بلسم التعقيبة.

Copaïba, s. m., arbre du Brésil dont on tire le copahu, شجرة بلسم التعقيبة.

Copal, s. m., gomme d'une odeur agréable qui entre dans le vernis, سندروس بلورى.

Copalme, s. m., résine liquide, عنبر سايل.

Copartageant, s. m., qui partage avec un autre dans une association, متقاسم.

Copeau, s. m., éclat de bois enlevé en le coupant, شرتة. Des copeaux, نشارة.

Cophte. Voyez Copte.

Copie, s. f., écrit fait sur un autre, imitation, نسخة; plur., نسخ; صورة; plur., صور.

Copier, v. a., faire une copie, A. نسخ – O. اخذ صورته.

Copier, au fig., imiter les actions, etc., A. تبع – قلد. – O. نقل.

Se copier, v. réf., se répéter, كرر العمل او الكلام – اعاد.

Copieusement, adv., abondamment, بكثرة.

Copieux, se, adj., abondant, كثير – جزيل – وفى – وافر.

Copiste, s. m., qui copie, ناسخ; plur., نساخ; كاتب; plur., كتبة et كتاب; ورّاق.

Copiste, qui imite, مقلد.

Copropriétaire, adj. com., qui possède par indivis une maison, etc., avec un autre, مشارك - .مالك الشى بالشركة مع غيره

Copte ou Cophte, s. m., chrétien égyptien de la secte jacobite, قبطى ; plur., قبط ou اقباط.

Copte, ancienne langue d'Égypte, اللسان القبطى.

Copulatif, ive, adj., qui lie les mots, عاطف - حرف العطف. Et, conjonction copulative, واو العطف.

Copulation, s. f., coit, مجامعة.

Copule, s. f., mot qui joint l'attribut au sujet, مايجمع بين المبتدا والخبر والمسند والمسند اليه - رابطة.

Coq, s. m., mâle de la poule, بروك (Barbarie) - ابو يقظان - ديوك .plur ; ديك - سردوك (Barb.).

Coq-a-l'âne, s. m., discours sans suite ni raison, كلام بلا معنى.

Coque, s. f., écaille d'œuf ou de noix, قشر الجوز ; plur., قشور. OEuf à la coque, بيض نيمبرشت - بيض برتشت || Coque de ver à soie, شرنقة - جوز القز, plur., شرانق.

Coque du Levant, baies des Indes, qui enivrent les poissons et tuent les poux, سم الحوت - طعم السمك.

Coquelicot, s. m., petit pavot des champs à fleur rouge, شقيق - شقيق - خشخاش برى.

Coquelourde, s. f., plante, هواية - نوع شقيق.

Coqueluche, s. f., rhume, سعال كلبى.

Coqueluchon, s. m., طنطور.

Coquemar, s. m., vase pour faire bouillir l'eau, ابريق - كوكم ; plur., اباريق.

Coqueret ou Alkekendje, s. m., plante, كاكنج. Son fruit, حب اللهف.

Coquet, te, adj., qui cherche à plaire, à donner de l'amour, مدلل - معجبانى - مغنج.

Coquet, qui fait l'agréable, qui est recherché dans sa parure, غندر.

Coqueter, v. n., faire le coquet, تغنج على - تغندر - تعاجب - تدلل على.

Coquetier, s. m., marchand d'œufs, de volailles, بياع بيض ودجاج.

Coquetier, petit vase pour manger les œufs à la coque, ظرف ; plur., ظروف.

Coquetterie, s. f., manières, paroles employées à dessein de plaire, d'attirer, عجبنة - دلال - غنج - تغنج على احد. Faire des coquetteries à quelqu'un, تدلل عليه.

Coquetterie, parure affectée, غندرة.

Coquillage, s. m., petit poisson testacé, coquille, ودعة - محارة - قوقع.

Coquille, s. f., coque ou enveloppe des limaçons, etc., صدفى ; pl., اصدافى - صدفة - ودعة. Coquille d'œufs ou de noix, قشر البيض والجوز ; plur., قشور.

Coquin, e, s., voleur, fripon, خاسر ; pl., خسّر - حرامى ; plur., حرامية - ابن حرام.

Coquinerie, s. f., action de coquin, خسران - فعل ابن حرام.

Cor, s. m., durillon aux pieds, دحّاس - دمان.

Cor, instrument à vent, بوق ; pl., ابواق - نفير.

Corail, plur. Coraux, s. m., sorte de plante marine, بُسَّد - مَرجان.

Coraline, s. f., plante marine, كورلينا - كشة العروس.

Corailleur, s. m., pêcheur de corail, صياد مرجان.

Corallin, e, adj., couleur de corail, مرجانى.

Corbeau, s. m., gros oiseau à plumage noir, قاق - اغربة ou غربان .pl , غراب ; pl., قيقان ou زاغ زاق. Plus lent que le corbeau de Noé, ابطى من غراب نوح ; prov.

Corbeille, s. f., panier d'osier, سلة - مشنة ; plur., سلل.

Corbeille, bijoux, etc., donnés dans une corbeille à une mariée, هدية العريس للعروس.

Corbillard, s. m., char à transporter les morts, عربانة لنقل الموتا.

CORBILLON, s. m., petite corbeille, سليلة.

*Corbillon*, sorte de jeu, نوع لعب.

CORDAGE, s. m., assemblage de cordes pour la manœuvre d'un vaisseau, حبل. Cordage, corde, plur., حبال - حبلة - لبان. ‖ Cordage fait de roseaux, نوال.

CORDE, s. f., longs fils entortillés, حبل ; plur., امراس ; plur., مرس - حبال. Corde à puits, أرشية ; plur., رشا - حبل الدلو. ‖ Corde à boyau pour les instruments de musique, وتر ; plur., اوتار. ‖ Corde de métal, تيل ; plur., تيلات.

*Corde*, au fig., la potence, شنق - مشنقة.

CORDEAU, s. m., corde pour aligner, جدول.

CORDELER, v. a., tresser, tordre en corde, O. جدل - O. برم - O. ضفر.

CORDELETTE, s. f., مرس صغير.

CORDER, v. a., faire de la corde, O. فتل الحبل.

CORDERIE, s. f., lieu où l'on fait les cordes, art de les faire, حبالة.

CORDIAL, E, adj., qui conforte le cœur, نافع للقلب.

*Cordial*, au fig., qui procède du cœur, قلبى.

CORDIALEMENT, adv., tendrement, de tout son cœur, affectueusement, من صميم الفواد - من القلب - بخلوص المحبة و صدق الوداد.

CORDIALITÉ, s. f., affection sincère et tendre, صدق و صفا - خلوص - محبة القلب.

CORDIER, s. m., qui fait et vend la corde, حبّال.

CORDON, s. m., tresse, ruban, قيطان ; plur., بنود - قياطين ; plur., دكة. Cordon de caleçon passé dans une coulisse à la ceinture, دكة ; pl. دكك.

*Cordon*, suite de postes militaires, صف عساكر.

*Cordon*, bord façonné autour d'une pièce de monnaie, جنزير.

*Cordon* ombilical, حبل السرة.

CORDONNER, v. a., tortiller en cordon, O. جدل.

CORDONNERIE, s. f., métier de cordonnier, اسكافية.

CORDONNET, s. m., petit cordon, قيطان صغير.

CORDONNIER, ÈRE, s., qui fait et vend des souliers, des bottes, اسكاف - اسكافى - صرماتى ; et plur., سباطى - خرّاز - اساكفة. سكاف مقسفولجى (Barb.).

CORDOUAN, s. m., peau de chèvre préparée, سختيان. Cordouan blanc, peau de brebis préparée, حورة ; plur., حور.

CORDOUE, ville d'Espagne, قرطبة.

CORIACE, adj. com., ماكن - عاسى - مجلد.

*Coriace*, au fig., difficile, dur, avare, قزبن.

CORIACÉE, adj., qui a la consistance du cuir, جلدى.

CORIANDRE, s. f., plante dont la graine est aromatique, carminative et stomacale, تابل - كزبرة. Semence de coriandre, جلجلان.

CORIZE, s. f., écoulement muqueux du nez, زكام.

CORME ou SORBE, s. m., fruit très-acide du sorbier, غبيرا.

CORMIER ou SORBIER, s. m., arbre très-beau, à bois très-dur, شجر الغبيرا.

CORMORAN, s. m., oiseau aquatique, قاق الماء.

CORNAC, s. m., conducteur d'éléphant, قايد الفيل.

CORNALINE, s. f., pierre précieuse, transparente, rouge, عقيق ; plur., عقايق.

CORNARD, s. m. fam., cocu, قرنان - مقرن - عوصة - ديّوث.

Cheval *cornard*, qui fait entendre par les naseaux un bruit indiquant qu'il est poussif, حصان يطلع من مناخيره حس يدل على ضيق نفسة.

CORNE, s. f., partie dure, qui sort de la tête de quelques animaux, قرن ; plur., قرون - نصاب (Barb.). Coup de corne, نطحة. ‖ Donner un coup de corne à, نطح A.

*Corne*, partie dure d'un pied non fourchu d'animal, حافر ; plur., حوافر. Corne de pied fourchu, ظلف ; plur., اظلاف.

Porter des *cornes*, être cocu, عرّص - قرون له.

CORNE DE CERF, s. f., plante sauvage et cultivée, رجل الغراب - اطريلال - قرن الايل.

CORNE D'AMMON, s. f., pierre, قرن هامان.

CORNÉE, s. f., première tunique de l'œil, et qui renferme toutes ses parties, قرنية العين.

CORNEILLE, s. f., oiseau du genre du corbeau, plus petit, زاغ - قيقان ; plur., قاق - غراب صغير ou زاق.

CORNEMENT, s. m., tintement dans les oreilles, طنين و دوى فى الاذان.

CORNEMUSE, s. f., instrument à vent champêtre, composé d'une peau enflée et de tuyaux, قربة.

CORNER, v. n., sonner d'un cornet, نفخ البوق O. - بوّق.

*Corner* (oreilles), طنّ O. Les oreilles me cornent, اذانى تطنّ.

CORNET, s. m., petit cor, petite trompe, بوق.

*Cornet*, vase pour l'encre, دواية حبر.

*Cornet*, papier roulé en cornet, قرطاس ; plur., قرقة ورق - قراطيس.

CORNETTE, s. f., coiffure, نوع لبس الراس للنسا.

CORNEUR, s. m., celui qui corne, نافخ البوق - بوّاق.

CORNICHE, s. f., ornement en saillie au-dessous d'un plafond, افريز - رفوف ; pl., رفّ - قوصرة.

CORNICHON, s. m., petit concombre à confire, صغبوس ; plur., صغابيس.

CORNOUILLE, s. f., fruit rouge, قراصية - قرانيا - حب الشوم - قرلجق.

CORNOUILLER, s. m., arbre, شجر القرانيا.

CORNU, E, adj., qui a des cornes, ذو قرون.

*Cornu*, au fig, mauvais, faux, en parlant d'une raison, d'un raisonnement, باطل - فاسد.

COROLLAIRE, s. m., ce qu'on ajoute de surabondance pour prouver, دليل يُقدّم لزيادة التاكيد.

*Corollaire*, conséquence tirée d'une proposition, نتايج ; plur., نتيجة - توابع - تابعة.

CORONAL, s. m., ou FRONTAL, os, العظم الاكليلى.

CORPORAL, s. m., linge carré sur l'autel pour poser le calice, l'hostie, صديدة - لفايف ; pl., لفافة - شوشفة.

CORPORATION, s. f., association autorisée de gens de même profession, حرفة - جماعة ; pl., حُرَف.

CORPOREL, LE, adj., qui a un corps, جسم له.

*Corporel*, qui concerne le corps, جسدى - جسمانى - جسمى.

*Corporel*, opposé à spirituel, بشرى - جسمانى.

CORPORELLEMENT, adv., جسمانياً.

CORPORIFICATION, s. f., action de rendre le corps aux esprits, terme de chimie, تجسيم.

CORPORIFIER, v. a., donner un corps à ce qui n'en a pas, جسّم.

CORPS, s. m., substance étendue, impénétrable, جرم - جسم, pl., جسم - اجساد ; plur., جسد ; plur., اجرام. *Corps* animé, جسم - جسم - بدن ; plur., ابدان.

Le *corps*, le tronc d'un animal, الجثّة - البدن.

*Corps*, cadavre, بدن بلا روح - جثّة, pl., جثث ; plur., جيف - جيفة.

*Corps*, au fig., portion d'armée, فرقة عساكر - محلّة (Barb.).

*Corps*, société, جماعة - جمعية.

*Corps*, globe, disque des planètes, جرم ; plur., اجرام.

*Corps*, partie d'habit du col à la ceinture, بدنة.

*Corps*, épaisseur, solidité d'une étoffe, سمك.

*Corps*, force intérieure du vin, قوّة.

A *corps* perdu, sans crainte, avec ardeur, من غير اهابة - من غير مبالاة.

J'ai fait cela à mon *corps* défendant, malgré moi, عملته غصبًا عنى - بالضرورة. Je l'ai tué à mon corps défendant, en défendant ma personne, قتلته و انا ادافع عن نفسى ‖ Se saisir corps à corps, تقابضوا باليدين ‖ Corps pour corps (répondre de quelqu'un), كفل بخطر الراس.

Drôle de *corps*, plaisant, مسخن - نكتة.
Corps de garde, s. m., soldats posés en un lieu pour faire garde, غفر - حُرَّاس - حَرَس.
*Corps* de garde, lieu où se tiennent les soldats de garde, غفر - بيت الحُرس.
Corps de logis, s. m., partie de maison formant partement séparé, مسكن - قطعة من الدار.
Corpulence, s. f., grosseur, جسامة.
Corpulent, e, adj., gros, مجسّم - جسيم.
Corpuscule, s. m., petit corps, atome, ذرّة.
Correct, e, adj., où il n'y a pas de fautes, ما فيه غلط - صحيح - مضبوط.
Correctement, adv., sans faute, على الضبط.
Correcteur, trice, s., qui corrige les fautes, مصحّح - مُصلح. *Correcteur*, qui reprend, réprimande, مؤدّب.
Correctif, s. m., qui a la vertu de corriger, de tempérer, كاسر - مصلح.
*Correctif*, adoucissement au discours, pour faire passer quelque chose de trop fort, تلطيف.
Correction, s. f., action de corriger les erreurs d'un ouvrage, تصليح - اصلاح - تصحيح.
*Correction*, réprimande, action de châtier, توبيخ - تأديب.
*Correction*, qualité de ce qui est correct, pureté de langage, تهذيب الكلام - صحّة - ضبط.
Correctionnel, le, adj., تأديبي.
Corrélatif, ive, adj., متناسب.
Corrélation, s. f., relation réciproque, مناسبة - تناسب.
Correspondance, s. f., rapport entre les choses, les personnes, مناسبة - موافقة.
*Correspondance*, relation entre les marchands pour le commerce, أخذ وعطا. Il est en correspondance avec un tel, بينه وبين فلان أخذ وعطا.
*Correspondance*, commerce de lettres, مكاتبة - مراسلة. || Lier une correspondance entre deux personnes, أوصل بينهم حبايل المراسلة.

Correspondant, s. m., négociant en correspondance avec un autre, عميل ; plur., عملا.
*Correspondant*, celui avec qui on est en correspondance de lettres, مكاتب.
Correspondant, e, adj., qui se correspond, متناسب - متقابل.
Correspondre, v. n., répondre de sa part, par sentiments, par actions, قابل - وافق. Correspondre à l'affection de, قابل محبته بمثلها.
*Correspondre* avec quelqu'un par lettres, راسل - تراسلوا - تكاتبوا - كاتب احدًا.
*Correspondre*, se rapporter à, répondre par symétrie, وافق - طابق ل, على - ناسب - قابل. || L'an.... de J.-C., qui correspond à l'an.... de l'hégire, السنة... المسيحية الموافقة لسنة... الهجرية.
*Se correspondre*, v. récip., se rapporter symétriquement, وافق بعضه - تقابل - تناسب.
Corridor, s. m., galerie étroite, passage entre des appartements, دهليز ; plur., دهاليز. Corridor avec des chambres à droite et à gauche, ممشى.
Corriger, v. a., ôter les défauts des choses, صحّح - اصلح - صلح. *Corriger* une personne d'une mauvaise habitude, رجعه عن - أنابه عن العادة الردية.
*Corriger*, reprendre, châtier, أدّب.
*Corriger*, tempérer les effets de, لطّف - كسر حدّة الشي, قوة الشي.
*Se corriger*, v. réfl., s'amender, انعدل - تصلح - نظم حاله - ثقف حاله - قوّم سيرته - تأدّب - روّض سيرته - هذب سيرته. Préceptes utiles pour s'instruire et se corriger, حكم مفيدة للتعليم والتهذيب والتقويم والتأديب. || Se corriger d'un défaut, تاب عن, من - رجع عن.
Corrigible, adj. com., يتصلح.
Corroboratif, ive, adj., مقوّي - مشدّد.
Corroboration, s. f., action de corroborer, تقوية - تشديد.
Corroborer, v. a., fortifier, شدّد - قوّى.

Corrodant, e, adj., qui ronge, آكِل - آكَال.
Corroder, v. a., ronger peu à peu, أكل O.
Corroi, s. m., préparation du cuir, دباغ.
Corrompre, v. a., gâter, altérer, أفسد - نزع A. Corrompre l'air, أفسد الهوا. عفن. || Corrompre la viande, عفن اللحم, نزع - انشح اللحم.
Corrompre, débaucher une femme, أفسد - اوقع.
Corrompre, gagner un juge, un officier, etc., à prix d'argent ou autrement, برطل - رشا O. Présent pour corrompre un juge, برطيل - رشوة. || Se laisser corrompre, A. تبرطل - قبل البرطيل - ارتشى.
Corrompre, tronquer, altérer un passage, un texte, غيّر - حرّف.
Se corrompre, v. réfl., se gâter, A. انفسد - خسر. || Se corrompre (eau, viande), A. انتزع - نشح. Se corrompre (viande), تعفن.
Corrompu, e, adj., gâté, فاسد - خاسر. Eau, viande corrompue, ميتة ميشحة - ميتة منشحة - لحم منشح, منزوع, معفن, ميته منزوعة.
Corrompu, en parlant d'une personne, des mœurs, مرتشى, مبرطل Juge corrompu, فاسد.
Corrosif, ive, adj., qui corrode, آكال - سارف.
Corrosion, s. f., action du corrosif, سرف - أكل.
Corroyer, v. a., apprêter le cuir, دبغ O.
Corroyeur, s. m., qui apprête le cuir, جلودى - دبّاغ; plur., دبّاغة et دبّاغين.
Corrude, s. f., asperge sauvage, هليون برّى.
Corrupteur, trice, s., au fig., qui corrompt les mœurs, l'esprit, le goût, مُفسد. Corrupteur d'un juge, راشى - مبرطل.
Corruptibilité, s. f., qualité de ce qui est corruptible, قابلية الانفساد.
Corruptible, adj., qui peut se corrompre, فانى - قابل الانفساد. Juge corruptible, قاضى يقبل الرشوة, البرطيل.
Corruption, s. f., altération des qualités principales de la substance, putréfaction, انفساد - فساد - انتزاع - عفونة.
Corruption, action de corrompre, افساد.
Corruption, au fig., dépravation, فساد.
Corruption, changement vicieux dans le texte d'un livre, تحريف - تغيير - عكس.
Corruption, moyens de corrompre un juge, رشوة - برطيل.
Cors, s. m. pl., cornes qui sortent des perches du cerf, قرون الأيل.
Corsac, s. m., espèce de renard de Tartarie, قرصق.
Corsage, s. m., la taille des épaules aux hanches, البدن من الاكتاف الى الأوراك. Corsage délié, قد مثل الرمح - خصر نحيل.
Corsaire, s. m., commandant d'un vaisseau armé en course, قرصان.
Corsaire, vaisseau armé en course, مركب قرصان.
Corsaire, au fig., homme méchant, dur, inique, ضرّاب مراكب.
Corselet, s. m., petite cuirasse, زردية.
Corset, s. m., vêtement, زبون - صدّيرى.
Cortège, s. m., suite nombreuse de personnes qui accompagnent un grand, موكب; pl., مواكب - محفل; plur., محافل - وكبة. En grand cortège, en grande pompe, باحتفال عظيم - بالالاى.
Cortuse, s. f., plante odorante, astringente, اذان الدب - قرطاس.
Corvéable, adj. com., qui est sujet à la corvée, تحت السخرة.
Corvée, s. f., travail gratuit et forcé, سُخرة. Faire travailler à la corvée, prendre par corvée, سخّر. || Être pris de corvée, تُسخّر.
Corvée, au fig., embarras, سخرة - بلشة. Je lui ai donné la corvée de venir ici, سخرته يجى لهون. || Donner une corvée à quelqu'un, سخّره الى شى.

CORVETTE, s. f., vaisseau léger pour aller à la découverte, نـقـيـرة ; plur., نـقـايـر.

CORYPHÉE, s. m., chef d'une secte, celui qui se distingue le plus dans sa profession, رييس.

COSAQUES, s. m. pl., peuple, القزاق.

COSMÉTIQUE, adj. com., qui sert à embellir la peau, ما يستعمله الحريم لتنعيم الجلد و تحسين لونه.

COSMOGONIE, s. f., système de la formation du monde, راى فى ترتيب العالم.

COSMOGRAPHIE, s. m., qui sait la cosmographie, عارف برسم الدنيا.

COSMOGRAPHIE, s. f., description du monde entier, رسم الدنيا.

COSMOLOGIE, s. f., science des lois du monde physique, علم قواعد الدنيا.

COSMOLOGIQUE, adj. com., de la cosmologie, يخص قواعد الدنيا.

COSMOPOLITE, s. m., citoyen du monde; qui n'adopte pas de patrie, كل البلاد بلاده ـ من كل الارض.

COSSE, s. f., enveloppe de certains légumes, قشر ; plur., اغماد ـ غمد ـ حروب ـ قشور.

COSSER (SE), v. récip., se battre, en parlant des béliers, تلاطش.

COSSON, s. m., petite vermine qui gâte le blé, سوس الغلّة.

COSSU, E, adj., qui a beaucoup de cosses, كثيرالقشر.

Cossu, au fig., riche, مقرش ـ مبسوط ـ متيسر.

COSTAL, E, adj., qui appartient aux côtés, ضلعى.

COSTUME, s. m., manière d'habillement, لبس ـ كسم.

COSTUMER, v. a., habiller suivant le costume, لبس كسم مناسب.

COSTUS, s. m., arbrisseau des Indes, ressemblant au sureau, قسط.

COTE, s. f., marque numérale pour l'ordre des pièces, علامة.

CÔTE, s. f., os courbé et plat placé obliquement sur les côtés du thorax, ضلعة ـ ضلع ; plur., ضلوع et اضلاع et اضلع. Côte sternale, vraie côte, ضلع صحيح. || Côte asternale, fausse côte, ضلع كاذب ـ شرسوف ; plur., شراسيف. || Côte à côte, près l'un de l'autre, جنب بعضهم. || Serrer les côtes à quelqu'un, le presser vivement, لزّة O. ـ لحّ عليه I.

Côte ou coteau, penchant d'une montagne, جانب الجبل.

CÔTÉ, s. m., partie d'une chose, ناحية ـ شقّة ; pl., نواحى ; جنب ـ اجناب, pl., جانب ـ جوانب ; plur., طرف ـ اطراف ـ جهة ـ صوب. Le côté droit, le côté gauche, جانب اليمين و جانب الشمال. || De tous côtés, من كل جانب. || Ils s'en allèrent les uns d'un côté les autres d'un autre, ناس راحوا لجهة و ناس لجهة اخرى. || Celui-ci agrippe d'un côté, celui-là d'un autre, هذا يتنش من ميّل و هذاك من ميل. || De quel côté est-il allé? الى اى صوب راح. || Il est du côté du jardin, هو صوب البستان. || Ce côté-ci du fleuve, هذا الصوب من النهر. || L'autre côté du fleuve, قاطع النهر ـ هذاك الصوب من النهر. || Se mettre l'épée au côté, تقلّد بالسيف.

Côté d'un animal, de l'aisselle à la hanche, جنب ; plur., جوانب ـ اجناب.

Côté, face, aspect d'une affaire, وجه ; plur., وجوه ـ جهة. D'un autre côté, و من وجه اخر.

Côté, parti, حزب ـ غرض. Se ranger du côté de, شدّ ظهره ـ تعصّب به ـ طلع من غرضه A. ـ شدّ معه O.

A côté, prép., جنب ـ بجانب ـ على جانب.

A côté de moi, جنبى ـ على جانبى. || Mettre quelque chose à côté d'une autre pour les comparer, قرن ب مع O. || Sur le côté, couché, renversé, على جنب.

De côté, par le côté, adv., de biais, obliquement, على شقّة ـ منحرفاً. Regarder de côté, avec dédain ou colère, O. نظر اليه, تطلّع فيه بغضب.

**Mettre** de *côté*, en réserve, خلّى على - خبّى - ناحية. Laisser de côté, abandonner, ne pas s'occuper d'une chose, d'un homme, A. طرح شيا - دشره - ما اعتنى باحد - خلّى على ناحية.

**Coteau**, s. m., penchant d'une colline, صفح - مطلع - جانب الجبل - الجبل.

**Côtelette**, s. f., côte séparée d'un mouton, ضلعة ; plur., ضلوع.

**Coter**, v. a., marquer par lettres ou par nombres des pièces, وضع عليه - علّم على - أشّر علامة.

**Coterie**, s. f., société, compagnie de quartier, de famille, جماعة - صحبة.

**Côtier**, adj. (pilote), qui connaît les côtes, خبير, عارف بالسواحل.

**Cotillon**, s. m., jupe de dessous, فستان تحتاني. Aimer les cotillons, au fig., aimer les femmes, O. حبّ الفستان.

**Cotisation**, s. f., action de cotiser, impôt par cote, فرض على كل واحد - تفريد.

**Cotiser**, v. a., taxer par cote, I. قسط - A. فرض عليه.

*Se cotiser*, v. réfl., O. حطّ - I. جاب على نفسه. Ils se cotisèrent chacun suivant ses moyens, حطّ كل واحد منهم على قدر ماله.

**Coton**, s. m., bourre du cotonnier, قطن. Nettoyer le coton avec l'arçon, نجّد, ندّف القطن. || Coton battu, نديف. || Nettoyer le coton avec le دولاب, espèce de rouet, حلج القطن. || Celui qui nettoie le coton avec cette machine, حلّاج. || Toile de coton, خام - قطنية. || Coton d'écritoire, ليقة - صوفة الدواية. || Fourré, rembourré de coton, مقطّن. || Élevé dans du coton, مرتى في الدلال.

*Coton*, duvet, poil follet, زغب.

**Cotonner**, v. n., se couvrir de coton, devenir mol et spongieux, قطّن.

**Cotonneux**, se, adj., مقطّن.

**Cotonnier**, s. m., arbuste qui produit le coton, شجر القطن.

**Côtoyer**, v. a., aller côte à côte de quelqu'un, لاصق. Côtoyer, aller le long de, تبع - I. سار بالقرب من.

**Cotret**, s. m., petit faisceau de morceaux de bois, حزمة حطب.

**Cotte**, s. f., jupe, فستان.

*Cotte* de mailles, s. f., زرّادة - قميص حديد - زرديّة ; collect., زرد.

**Cotula**, s. f., plante voisine des camomilles, نوع بابونج - ويناديك اخوان.

**Cotylédon**, s. m., ou Nombril de Vénus, plante, سرّة الأرض - اذان القسيس - اذان القاضي - انثى.

**Cou**, s. m., partie du corps qui joint la tête aux épaules, عنق ; plur., اعناق ; رقبة plur., رقاب. I. Rompre le cou à quelqu'un, كسر رقبته.

**Couchant**, s. m., l'occident, غرب - مغرب.

*Couchant*, adj. (soleil), الشمس عند المغيب - الشمس عند الغياب, الغروب.

Chien *couchant*, sorte de chien de chasse, زغر - كلب صيد. Chien couchant, au fig., capon, منخضع.

**Couche**, s. f., lit, فراش. Couche, le seul bois de lit, سرير - تخت.

*Couche*, enfantement, ولاد - نفاس. Le temps de couches, ايام النفاس. || Femme en couche, نفساء ; plur., نفساوات. || Fausse couche, طرح - اسقاط الجنين. || Faire une fausse couche, A. طرحت الامراة - اسقطت الامراة.

*Couche*, linge dont on enveloppe un petit enfant, لفافة ; plur., لفايف.

*Couche*, enduit, دهنة.

*Couche*, se dit des choses mises par lit, راق ; plur., راقات ; طاق plur., طاقات - طبقة.

**Couchée**, s. f., lieu où l'on couche en voyage,

COU

قونَاقَات .plur ,قونَاق ;.plur - مَنَازِل ;مَنْزِل.

COUCHER, s. m., action de se coucher, نَوم - رُقَاد. Coucher du soleil, des astres, غِياب - غُروب. || Le moment du coucher du soleil, المَغْرِب. || Heure intermédiaire entre le coucher du soleil et minuit, العشَا.

COUCHER, v. n., passer la nuit dans un endroit, بَات .I. A. - نَام A.

Coucher, v. a., mettre au lit, رَقَّد فى الفُرشَة O. نَوَّم، نَيَّم فى الفُرشَة - حَطّ - نَيَّم - رَقَّد - مَدَّد. Coucher, étendre de son long.

Coucher, renverser par terre, رَمى على الأرض I. Coucher la face contre terre, بَطَّح على الأرض A.

Coucher, incliner, عَوَّج - مَيَّل.

Coucher par écrit, قَيَّد فى الدَفتَر.

Coucher en joue, ارشد اليه المَكحَلة - حَرَّر عليه.

Coucher en joue, au fig., avoir en vue, رَقَّب O.

Se coucher, v. réfl., se mettre au lit, نَام A. - رُح أرقد O.ا نَضجِع. Va te coucher, رَقَد - فَرْشَتَه روح نَام O.

Se coucher, s'étendre de son long, تَمَدَّد - تَسَطَّح (سَطَح-) تَنَسَطَح A. شَطَح - رَقَد, نَام بطولِه - تَسَلَّط. || Se coucher sur le dos, استَلقى - انبَطَح. || Se coucher sur le ventre, نَام على ظَهرِه. || Se coucher les pieds sous le نَام على بَطنِه - ventre, comme les bestiaux, les chiens, etc., رَبَض I. Pour les chameaux, on se sert de, بَرَك O.; pour les oiseaux, on dit, جَثَم O.

Se coucher, astre, غاب I. - غَرَب O.

COUCHETTE, s. f., petit lit, تَخت.

COUCHEUR, SE, s., qui couche avec un autre, ضَجيع - نَوَّام مع غَيرِه.

COUCOU, s. m., oiseau, كُوكو - طَاطَوى - طَكْوَك (Barb.), وَقوق.

COUDE, s. m., la partie extérieure du bras où il se plie, قَطَّال - عَكس - مِرفَق - كِيعَان ;pl. كُوع ou كَبتَال (Barb.). Endroit opposé au coude, pli intérieur du bras, مَعطَف المِرفَق.

COU

Coude, angle, détour, عَوجَة.

COUDÉE, s. f., mesure de longueur, ذِرَاع; pl., ذِرَاع هاشِمى - أذرع.

COUDOYER, v. a., heurter quelqu'un du coude, دَفش O., دَفش O., زَقّ بِكُوع.

COUDRAIE ou COUDRETTE, s. f., lieu planté de coudriers, شَجوريَة بُندُق.

COUDRE, v. a., joindre avec du fil passé, خَيَّط.

Coudre, au fig., rassembler, ajouter l'un à l'autre des passages de livres, لَفَّق.

COUSU, E, adj., مَخيَّط.

COUDRIER, s. m., noisetier, شَجرَة البُندُق.

COUENNE, s. f., peau de pourceau, جِلد خَنزِير.

COUFFE, s. f., panier, قُفَّة; plur., قُفُوف.

COULAGE, s. m., perte de vin, etc., par écoulement, سَيَحان.

COULAMMENT, adv., d'une manière coulante, aisée, بِسُهولَة.

COULANT, E, adj., qui coule, سَايل - جَارى - سَايح. Nœud coulant, qui se serre et se desserre, شَبيطَة.

Coulant (homme), aisé en affaire, مِهاوِد.

Coulant, en parlant du style, سَهِل.

COULER, v. n., se dit du liquide qui suit sa pente, جَرى I. - سَال I. - سَاح I. Couler goutte à goutte, نَقَط O. قَطَر. || L'eau coule par le plafond dans l'appartement, يَكِفّ البَيت (prét., وَكَفَ).

Couler, en parlant d'un vase d'où le liquide sort, زَرب O. - نَقَط - رَشِح I. - خَرّ I. || Cette jarre coule, هَل الجَرَّة تَنَقَّط.

Couler, en parlant d'une chandelle, d'une bougie, سَال I. - نَطَف I.

Couler, glisser doucement, en parlant de choses solides, زَبَق A.- زَحلَق A.- زَحلَق A.- زَحَف A. Couler de la main, échapper de la main, انمَلص من اليد. Voyez GLISSER.

Couler, au fig., passer (temps), مَرّ I. - مَضى O.

*Couler*, partir de l'esprit, du cœur, avec facilité, سال I.

*Couler*, en parlant de la vigne, يبس او وقع. العنب من اول انعقاده.

*Couler* bas, غطس I. - غرق A.

*Couler*, v. a., passer à travers une étoffe, etc., صفى - روّق.

*Couler*, verser dans un moule une matière fondue, سكب O. - صبّ O.

*Couler*, mettre adroitement en quelque endroit, parmi quelque chose, ادخل الشى بلطافة فى، بين - دسّ O. *Couler*, dire doucement, adroitement, زحلق.

*Couler* à fond un navire, غطس - غرّق.

*Couler*, au fig., un sujet, en dire tout ce qu'on peut en dire, شفت.

*Couler* une personne, la ruiner, خرب احدا -O. خرّت بيته.

*Se couler* parmi des personnes, ادخل نفسه بين، انسلّ و دخل بينهم.

*Se couler*, se laisser glisser le long de, ارخى نفسه بلطافة من.

COULEUR, s. f., لون ; pl., الوان. Couleur claire, لون فاتح || Couleur obscure, لون معتم || Couleur mauvaise, qui n'est pas unie, لون كدر || De toutes couleurs, de toutes façons, اشكال و الوان.

*Couleur*, drogue pour teindre, صبغ - صباغ ; plur., الوان - اصباغ.

*Couleur*, teint, لون الوجه. Changer de couleur, تخطف لونه - تغيّر لونه.

*Couleur*, au fig., apparence, صورة.

COULEUVRE, s. f., serpent, حيّة. Avaler des couleuvres, souffrir des désagréments, تجرّع المرار.

COULEUVRÉE ou BRIONE, s. f., plante, كرمة بيضا، هزارجشان - فاشرى et فاشر.

COULEVRINE, s. f., long canon, مدفع طويل.

*Coulis*, s. m., suc de viande, مرقة لحم.

Vent *coulis*, qui se glisse à travers des fentes, ريح داخل من شقوق.

COULISSE, s. f., rainure de châssis ou volet pour le mouvoir en glissant, مجرى - زبة.

*Coulisse*, rempli pour passer un cordon, une ceinture de caleçon, etc., بيت دكّة.

COULOIR, s. m., passage, مقطع.

*Couloir*, canal de la bile, مجرى ; pl., مجارى.

COULOIRE, s. f., vase pour faire passer un liquide, مصفاية - راووق.

COULPE, s. f., faute, péché, خطية ; pl., خطايا.

COULURE, s. f., les grains de la grappe qui tombent ou se dessèchent quand le raisin commence à se nouer, ما يقع اويبيس من حبات العنب عند الانعقاد.

COUP, s. m., choc, son impression, ضربة - لطمة. Coup de pointe, طعنة. || Donner un coup, ضربه ضربة I. O. - طعنه طعنة A. || Donner un coup violent, بطش فيه O. - لطشه شطه O. || Recevoir des coups, اكل ضرب O. - اكل قتلة I. Il a reçu cent coups de bâton, اكل مية عصا I. || Coup de poing, لكمة مشط. || Coup de pied, رفسة. Donner un coup de pied, رفسه O. || Coup de pied d'un quadrupède, لبطة. || Donner des coups de pied, ruer, لبط O.

*Coup*, frappement, دقّ - دقّة. Il frappa trois coups à la porte, دقّ الباب ثلاث دقات.

*Coup* de sang, ضربة دم. Qui a un coup de sang, مضروب الدم.

*Coup*, blessure, جراحة - ضربة - طعنة.

*Coup* de vent, ريح عاصف - ريح شديد - نافحة.

*Coup*, décharge des armes à feu, ضرب - طلق. Coup de canon, ضربة مدفع - مدفع. || Tirer un coup de canon, ضرب مدفع. || Coup de fusil, قواسة - ضربة - طلق تفنكة. || Tirer un coup de fusil, ضرب تفنكة - قوّس قواسة. || Fusil à deux coups, تفنكة مجّوزة - تفنكة جفت.

COU            COU    209

*Coup*, action de jouer, طَارق.

*Coup*, en parlant du bruit que fait une baguette sur une caisse, نَقْرة; plur., نَقَرات.

*Coup*, jet, رمية ـ القا.

*Coup* de main, attaque subite, كبسة ـ هجمة.

*Coup* de théâtre, changement subit, انقلاب.

*Coup*, action, dessein, فعل; plur., أفعال ـ عمل. Mauvais coup, vol, meurtre, أعمال ـ مراد ـ مقصود ـ قصد. pl. Coup de tête, action étourdie, دقة ردية ـ عمل ردي. Coup de désespoir, لطشة. ‖ Il a fait son coup, عمل من ايس من السلامة. ‖ عمل غرضه ـ .I قضى مراده. Il a manqué son coup, فاتته ـ راحت من يك ـ O. خاب املهـ حرم من مراده ـ .I خاب عن المقصود. ‖ Il tira une perdrix, manqua son coup et tua son chien, قوس جلة فراخ ضربه شلش و قتل كلبه.

*Coup* de foudre, de massue, coup imprévu, qui atterre, داهية.

*Coup* d'œil, نظرة ـ نظر ـ طلة. Lancer un coup d'œil à quelqu'un pour lui faire signe, غمز احدا ـ بصبص عليه.

*Coup* du ciel, événement imprévu, شي من الله.

Porter *coup*, tirer à grande conséquence, أثر.

*Coup*, fois, مرّة ـ دفعة.

Tout d'un *coup*, tout en une fois, فى فرد مرة ـ فى مرة واحدة. A coup sûr, certainement, بلا شك ـ من كل بد. A coup sûr, sans craindre des choses contraires, باطمينان. ‖ Après coup, quand il n'est plus temps, بعد ـ بعدين. ‖ Pour le coup, pour cette fois, حقا هذه المرّة. ‖ Coup sur coup, immédiatement l'un après l'autre, tout de suite, بلا انقطاع ـ على بعضه ـ ورا بعضه. ‖ Tout à coup, soudainement, بغتة ـ على غفلة. ‖ Tout à coup il voit entrer un homme, و اذا بواحد داخل عليه ـ ما لاقى الا و رجل دخل عليه ـ ما احس الا و رجل داخل عليه. ‖ Encore un coup, encore une fois, كمان مرّة. ‖ A tout coup, souvent, à tout instant, à chaque fois, كل مرّة.

COUPABLE, adj. com., qui a commis une faute, un crime, مذنب ـ ذنب له. C'est vous qui en serez coupable, وبال هذا على رقبتك.

COUPANT, E, adj., qui coupe, قاطع ـ حاد.

COUPE, s. f., bois coupé, قطعة. *Coupe*, action de couper le bois, قطع الاشجار. ‖ La coupe des pierres, نحت الاحجار ـ قطع. ‖ *Coupe*, action, manière de couper les habits, etc., تفصيل.

COUPE, s. f., vase, كأس; plur., كؤوس.

COUPE-GORGE, s. m., lieu où l'on assassine, مهلك; plur., مهالك.

COUPE-JARRET, s. m., assassin de profession, قتيل قتلى.

COUPER, v. a., trancher, diviser, قطع A. Couper en morceaux, قطّع. ‖ Couper avec des ciseaux, قصقص ـ O. قص. ‖ Couper ses moustaches, قص شواربه. ‖ Couper les ailes, قص اجنحة الطير. ‖ Couper trop, rogner trop, قرّط عليه. ‖ Parez le pied de ce cheval, mais ne lui coupez pas trop de corne, اقطع حافر هذا الحصان الا لا تقرّط عليه. ‖ *Couper*, tailler suivant les règles de l'art une étoffe, etc., فصّل.

*Couper*, traverser, diviser, قطع A. Couper les ennemis, فرّق بين الاعداء. ‖ Couper les secours, قطع وصول الزاد. ‖ Couper les vivres, قطع المدد. ‖ A. Couper les chemins, la retraite, منع وصول الزاد الى ـ اخذ عليهم الطرقات و المذاهب ـ سدّ عليهم طريق النجا ـ O. سدّ عليهم الطرق. ‖ Couper chemin à la fièvre, قطع السخونة.

*Couper*, surcouper une plume, قطع القلم. ‖ Plaque d'ivoire ou d'os sur laquelle on pose la plume pour la couper, مقطع.

*Couper* du vin avec de l'eau, خلط النبيذ بالماء.

*Couper*, châtrer, خصى ـ طوّش .I.

*Couper* court, abréger un discours, اختصر الكلام ـ قصّر الكلام.

*Se couper*, v. réfl., s'entamer la chair,

14

A. Se couper avec un couteau, جرح روحه انجرح بالسكينة.

*Se couper*, se contredire, تكلّم بكلام مضادد بعضه.

Couper bras et jambes, faire grand tort, غلب.

COUPERET, s. m.; sorte de très-large couteau de boucher, ساطور.

COUPEROSE, s. f., vitriol martial ou de fer, زاج قبرصى - زاج - زاج. *Voyez* VITRIOL MARTIAL.

COUPEROSÉ, adj., (visage), rouge, bourgeonné, وجه فيه حبات و نقط حمر.

COUPEUR de bourses, s. m., نشال - طرّار.

COUPLE, s. f., deux choses de même espèce réunies, زوج - جواز; plur., ازواج - اجواز; plur., جوز.

*Couple*, s. m., époux, ازواج.

COUPLER, v. a., joindre deux à deux, زوج - ربطهم ازواج ازواج O.

COUPLET, s. m., nombre de vers faisant chaque partie d'une chanson, دور; plur., ادوار.

COUPOIR, s. m., outil pour couper et rogner, مقطع.

COUPOLE, s. f., intérieur d'un dôme, قبوة.

*Coupole*, dôme, قبّة; plur., قبب et قباب.

COUPON, s. m., petit reste d'étoffe ou de toile, فضلة; plur., فضل.

COUPURE, s. f., séparation, division dans un corps continu, قطع - شقّ.

*Coupure*, blessure, جرح; plur., جروح.

COUR, s. f., espace découvert entouré de murs, فسحة الدار - حيشان et حواش; plur., حوش - ساحه - صحن الدار.

*Cour*, résidence d'un souverain avec sa suite, دار السلطان - دار السعادة - مقرّ الملك و الحاشية - الباب الاعلى.

*Cour*, suite d'un grand seigneur, d'un prince, الحشم و الخدم - حاشية.

*Cour*, le souverain, son conseil et ses officiers, الدولة - الملك وارباب الدولة. Homme de cour, من حشم الملك - ملازم الباب الاعلى.

*Cour*, au fig., respects, احترام. Faire la cour aux grands, لازم باب الاكابر. ‖ Faire la cour, flatter, تملّقه تمليقًا. ‖ Faire la cour à une femme, اظهر لها المحبة و استمال قلبها اليه.

*Cour*, siége de justice, les juges, محكمة - ارباب مجلس الشرع - مجلس الشرع الشريف.

*Cour* du roi Pétaut, maison pleine de confusion où chacun commande, خيصة.

COURAGE, s. m., force d'âme, قلب - قوّة قلب - مروّة - جسارة - شجاعة. Courage guerrier, همّة - عزم. O. شدّ حيله - قوّى قلبه ‖ Prendre courage, جرأة. ‖ Perdre courage, تشجّع - تجرّأ - شدّ عزمه. ‖ Je n'ai pas le courage de voir cela, ما لى قلب انظر هذا. انفلّ عزمه - انكسر قلبه.

*Courage!* interj., الشدّة - الا - هلا - تشجّع - قوّى قلبك.

COURAGEUSEMENT, adv., بشجاعة.

COURAGEUX, SE, adj., qui a du courage, شجاع - جسور - قوى القلب - شجعان; plur., شجيع - بطل; plur., ابطال.

COURAMMENT, adv., facilement, بسرعة.

COURANT, s. m., le fil de l'eau, جريان الماء.

*Courant*, terme de marine, تيّار et طيّار.

Le *courant*, le mois qui court, هذا الشهر - في ثلاثة شهرى. Le 3 du courant, الشهر الجارى.

*Courant* d'eau, canal, ruisseau d'eau vive, ماء جارى - مجارى; plur., مجرى الماء.

*Courant* du marché, le prix actuel des denrées, السعر الحاضر.

*Courant* des affaires, les affaires ordinaires, جارى العادة.

Dans le *courant* du mois d'avril, فى دور شهر نيسان.

Qui est au *courant* de, qui sait, عنك خبر من - عارف ب.

COURANT, E, adj., qui court, s'écoule, جارى

Monnaie courante, دراهم معامل بها.

COURBATURE, s. f., maladie de l'homme, du cheval, provenant de grande fatigue, تيبّس - تكسير.

COURBATU, adj., (cheval), متيبّس.

COURBE, adj. com., en arc, qui n'est pas droit, معوّج - مُقَنطر - منحنى.

COURBER, v. a., rendre courbe, حنى I. - عوّج.

Se courber, v. réf., au fig., plier, céder à la volonté d'un autre, خضع ل A. - حط O.

Se courber, devenir courbe, انعوج - انحنى.

COURBETTE, s. f., terme de manége, شبثة. Faire des courbettes, شبّ O.

Courbettes, s. f. pl., au fig., salutations humbles, intéressées, تذلل - كتعة. Faire des courbettes, au fig., ramper, تذلل ل.

COURBURE, s. f., انحنا - انعواج.

COUREUR, SE, s., léger à la course, ركّاض - مجبرآ - ركيص.

Coureur, qui va et vient, jeune libertin, vagabond, معتر - مفندل - دوّار - زالل.

COUREUSE, s. f., prostituée, زالّة.

COURGE, s. f., plante cucurbitacée, قرع - كوسة.

COURIR, v. n., aller avec vitesse, ركض O. - جرى I. Faire courir un cheval, ركض الفرس O. - طرد الفرس O. ‖ Courir ensemble, en parlant de chevaux qui cherchent à se devancer, نسابق ‖. Courir aux armes, اسرع الى سلاحه.

Courir, errer çà et là, دار O. - زلّ I.

Courir, en parlant d'un bruit, شاع الخبر بانّ I. - اشتهر الخبر بانّ. Faire courir le bruit que, اشهر, اشاع الخبر بانّ.

Courir après, poursuivre, جدّ في طلب O. - A. Au fig., rechercher avec ardeur, طلب - تبع.

Courir, eau, temps, جرى I.

Ses appointements courent toujours, علوفته تنشغل دايما.

COURLIS, s. m., ou COURLIEU, oiseau, كرلى.

COURONNE, s. f., ornement de tête, اكليل; pl., تيجان; plur., تاج - اكاليل.

Couronne impériale, plante, اكليل الملك.

Couronne, pain, كعكة.

Couronne, royaume, ملك - دولة - سلطنة.

COURONNEMENT, s. m., cérémonie pour couronner les souverains, مبايعة - تتويج - تكليل.

COURONNER, v. a., mettre une couronne sur la tête, توّج - كلّل.

Couronner, mettre la dernière perfection à, كمّل.

COURRIER, s. m., qui porte en hâte les dépêches, تتري - تتر - بريدى - بريد.

COURROIE, s. f., lien de cuir, سير; pl., سيور. Courroie pour chaussures, شمع; plur., شموع; بند; plur., بنود.

COURROUCER, v. a., irriter, mettre en courroux, احنق - هيّج غضبه - اغاظ - اغضب - اوغر. Se courroucer, حنق A. - اغتاظ A.

COURROUX, s. m., colère, حنق - غيظ - غضب. En courroux, غضبان.

COURS, s. m., flux, جرى. Cours de ventre, لين - اسهال البطن.

Cours, mouvement des astres, سير.

Cours des affaires, مشى - جرى. Nous verrons quel cours prendra cette affaire, نشوف كيف يتحوّل الامر.

Cours, vogue d'une chose à la mode, غية.

Cours du temps, جرى الايّام, ممر.

Cours, durée, مدّة.

Cours, leçons, تدريس - درس. Il a suivi mon cours avec assiduité, واظب على الحضور لتدريسى.

Cours de la monnaie, سعر المعاملة. Avoir cours, سلك O. ‖ La monnaie qui a cours, الدراهم المعامل بها.

Donner cours, اجرى.

COURSE, s. f., action de courir, جرى - ركض.

Course, voyage, prix d'une course, مشوار.

COU

Course, au fig., la durée de la vie, مُدَّة.

Course, incursion, غارة. Faire des courses, A. I. اغار - غار على. ‖ Faire la course sur mer, قرصن.

Coursier, s. m., grand et beau cheval, جواد - حصان عظيم الخلقة.

Coursier, canon à la proue d'un navire, قووش - مدفع الغراب.

Court, e, adj., مقتصر - قصير. Couper court, abréger, trancher, A. قطع. ‖ Rester court, muet, interdit, وقف - انقطع عن الكلام - خرس aor., يقف. ‖ Tenir de court, ضبط محكم O. ‖ Tenir court en bride, قصّر له اللجام. ‖ Tout court, sans addition, من غير زيادة. ‖ A court de, qui a besoin, عاوز - محتاج الى.

Courtage, s. m., entremise, négociation de courtier, سمسرة - دلالة.

Courtaud, s. m., écourté, de taille grosse et courte, قصير نكت.

Courte-haleine, s. f., ضيق نفس.

Courte-pointe, s. f., sorte de couverture, لحاف شغل ابرة.

Courtier, s. m., entremetteur dans les ventes, سمسار - صمصرة, plur.; سمسرة, plur.; صمصار.

Courtine, s. f., terme de fortification, حائط يضرب من برج الى برج.

Courtisan, subst. masc., attaché à la cour, ملازم باب السلطان - جلسا, pl.; جليس الملوك - معاشر الملوك.

Courtisan, qui cherche à plaire, assidu par intérêt, مداخل.

Courtisane, s. f., femme prostituée, un peu considérable, قهرمانة.

Courtiser, v. a., faire la cour à quelqu'un par intérêt, نلطّف به - نظرف به - داخل - ساير - ملقَ.

Courtois, se, adj., affable, gracieux, ظريف - بشوش - شلبي - لطيف.

COU

Courtoisie, s. f., civilité, honnêteté, بشاشة - شلبنة - لطافة - ظرافة.

Cousin, s. m., moucheron incommode par son bruit et ses piqûres, برغش - بعوض - ناموس - بق.

Cousin, e, s., issu de frères, ابن عم. Cousin, issu de sœurs, ابن خالة.

Cousins, au fig., pl., bons amis, en bonne intelligence, محبّين.

Cousinage, s. m., parenté entre cousins, القرابة التي بين اولاد عم - ولدية العم.

Cousinière, s. f., rideau de gaze contre les cousins, ناموسية.

Coussin, s. m., sac rembourré pour s'appuyer ou s'asseoir dessus, مقعد - مساند, plur.; مسند, plur.; مقاعد. Coussin, oreiller, مخدّة.

Coussinet, s. m., petit coussin, خديديّة.

Cout, s. m., ce qu'une chose coûte, ثمن.

Coutant, adj., (prix) ce qu'il en a coûté, ثمن. Je vous le donne au prix coûtant, اعطيك اياه بالثمن الذي واقف به على.

Couteau, s. m., lame emmanchée pour couper, موس - سكاكين, plur.; سكين, plur.; اموس. Petit couteau, canif, عويبسية (Syrie). Être à couteaux tirés, بينهم ضرب سكاكين.

Coutelas, s. m., épée large et plate à un seul tranchant, يطقان.

Coutelier, s. m., faiseur de couteaux, سكاكيني.

Coutellerie, s. f., métier, art du coutelier, صنعة السكاكيني - سكاكينية.

Couter, v. n., être difficile à faire, à dire, O. ما هان عليه - A. صعب على. - O. شق على.

Coûter, être acheté, être obtenu à prix de, كلّف - تكلّى عليه - وقف عليه ب. Combien vous coûte ce livre? بكم واقف عليك هذا الكتاب. Mon voyage m'a coûté cent piastres, سفري كلّفني - تكلّفت على سفري, نتكلّف على - مية غرش سفري مية غرش.

COUTEUX, SE, adj., qui cause de la dépense, كثير الكلفة.

COUTIL, s. m., toile forte, نوع قماش كتّان.

COUTUME, s. f., habitude, عادة; plur., عوايد. Selon la coutume, على جارى العادة - حسب العادة. ‖ Se défaire d'une coutume, خرق عادة O. ‖ Avoir coutume de. *Voyez* ÊTRE ACCOUTUMÉ.

*Coutume*, ce qui a passé en obligation, en engagement par une pratique fréquente, عادة - سير.

*Coutume*, droit municipal ou particulier à un pays, autorisé par l'usage commun, عادة معتاد; plur., عوايد.

COUTUMIER, ÈRE, adj., selon la coutume, اعتيادى.

*Coutumier*, qui a accoutumé de faire, معتاد ب, على - معوّد على.

COUTURE, s. f., action, façon de coudre, خياطة.

*Couture*, rang de points à l'aiguille, نباتة.

*Couture*, cicatrice, اثر جرح; plur., آثار.

Battre à plate *couture*, complètement, فني I. - كسرهم كسرة فاحشة I.

COUTURIER, ÈRE, s., qui travaille en couture, خيّاط.

Le muscle *couturier*, العضلة الخياطية.

COUVÉE, s. f., œufs couvés à la fois, حضنة - قرقة. Les petits qui en sont éclos, صوص - فقسة; plur., صيصان.

COUVENT, s. m., دير; plur., ديورة.

COUVER, v. a., se dit de l'oiseau qui échauffe ses œufs en se tenant couché dessus, رقد على البيض O. - En parlant de la poule, قرق O. - رود. حضن.

*Couver* de mauvais desseins, ضمر شرّ O. Il couve une maladie, فى باطنه مرض خفى. ‖ Le feu couve sous la cendre, النار مختبية تحت الرماد.

COUVERCLE, s. m., غطا; plur., اغطية.

COUVERT, s. m., ce qui couvre une table à manger, طقم سفرة.

*Couvert*, enveloppe d'un paquet, مغلف.

*Couvert*, cuiller et fourchette seuls, معلقة وشوكة.

*A couvert*, adv., à l'abri, فى امن - تحت الحما. Être à couvert, se mettre à couvert de, امن من A. احتمى من - استأمن من O. - كان فى امان من. ‖ Mettre à couvert de, حمى - أمّن, أمن من I.

COUVERT, E, adj., caché, مكتوم - مختبى.

*Couvert*, fermé par un couvercle, مغطى.

*Couvert*, obscur, مغيّم.

*Couvert*, vêtu, paré, لابس - مزيّن.

*Couvert*, défendu, محمى.

*Couvert*, au fig., dissimulé, تحتانى - كامن. Mots couverts, لغز; pl., الغاز. ‖ Parler à mots couverts, لغز - الغز.

*Couvert* de honte, متشّح بالخزى. *Couvert* de gloire, لابس ثوب السعار - متشّح بالجلال - مطلل بالجلال.

COUVERTURE, s. f., ce qui sert à couvrir, غطا. Couverture de laine, حرام. ‖ Couverture de coton, لحاف; pl., ملاحف - ملحفة - لحف. ‖ Couverture de sopha avec franges, قياس. ‖ Couverture de cheval à l'écurie, كوبان; plur., كوابين.

COUVEUSE, s. f., poule qui couve, فرخة رقادة - دجاجة قرقانة.

COUVRE-PIED, s. m., couverture pour les pieds, لحاف.

COUVREUR, s. m., qui couvre les toits, بنّا سطوح.

COUVRIR, v. a., mettre une chose sur une autre pour la cacher, غطى. Couvrir, mettre une chose en grande quantité sur une autre, غطى - غمر. ‖ Couvrir de terre, طمّ بالتراب O.

*Couvrir*, revêtir les pauvres, كسى العريان I.

*Couvrir*, cacher, dissimuler, ستر O. - اخفى. Le tambour est venu et a couvert le son des flûtes, phrase proverb., جاء الطبل غطى على النايات - جا الطبل اخفى اصوات النايات.

*Couvrir*, défendre, حمى O. - صان I.

*Couvrir*, saillir, طاح I. - قفز O. - علا I. شر.

*Se couvrir*, تَسْتَر - تَغَطَّى. Se couvrir d'un prétexte, اِحْتَجّ بِحِجَّة, عَلَى حِجَّة.

*Se couvrir*, s'obscurcir, غَيَّم - تَغَيَّم. Le temps s'est couvert, تَغَيَّمَتِ الدنيا.

*Se couvrir* de gloire, اِتَّشَح بالجلال.

COXAL, adj., (os), حَرقَفِيّة.

CRABE, s. m., crustacé, زَلْعطين; pl.; زَلْعطَين.

CRACHAT, s. m., salive, flegme, بَزَاق - بَصَاق.

CRACHEMENT de sang, s. m., maladie de poitrine, نَفَث الدم.

CRACHER, v. a., jeter dehors la salive, بَصَق O. - تَفَل O. - تَفَّ O. - بَزَق O.

CRACHEUR, s. m., qui crache souvent, بَصَّاق - كَثير البزاق - بَزَّاق.

CRACHOIR, s. m., vase, boite pour y cracher, تَفَلْدان - مَبزَقة - مَتْفَلَة.

CRACHOTEMENT, s. m., تَفْتَفَة.

CRACHOTER, v. n., cracher peu et souvent, تَفْتَف.

CRAIE, s. f., pierre blanche et tendre, حُوَّارَة - طَبَاشِير الخَيَّاط.

CRAIGNANT, s. et adj., خايف.

CRAINDRE, v. a., redouter, avoir peur, خاف من A. Je crains de tomber, أَخَاف لا أَقَع. || Faire craindre une chose à quelqu'un, خَوَّف مِن الشيء. || Craignez la méchanceté de celui à qui vous avez fait du bien, اِتَّقِ شرَّ مَن أحسنتَ إليه; prov. arabe. || Craindre est perdre, c'est-à-dire, celui qui est timide ne réussit point dans ses entreprises, الهَيبة خَيبة. || Ne le craignez point, ما عليك منه.

*Craindre*, respecter, vénérer, خاف - اِتَّقى A. هاب.

CRAINTE, s. f., appréhension, peur, خَوف - فَزَع - خَشية - مَخافة.

*Crainte*, respect., هَيبة.

De *crainte* de, que, conj., لِئَلَّا - خَوفاً من, أن - خَشيَة.

CRAINTIF, IVE, adj., timide, peureux, خَويف - وَخفَان - فَزْعان.

CRAMOISI, s. m., rouge foncé, قِرمِزى - كَوَازى.

*Cramoisi*, adj., عَكَري - لون القِرمِز - قِرمِزى (Barb.).

CRAMPE, s. f., sorte de contraction convulsive et douloureuse de la jambe, عُقَّال. Avoir une crampe, اِنْعَقَل.

CRAMPON, s. m., morceau de métal courbé, تَوْقَة - عَقْفَاة - كَلَّاب.

CRAMPONNER, v. a., attacher avec des crampons, شَبَك O. - كَلَّب.

*Se cramponner*, v. réf., s'attacher fortement à, تَعَلَّق فى - تَعَربَش على - كَلَّب.

CRAN, s. m., entaille, حَزَّة - شَقّ.

CRÂNE, s. m., boite osseuse du cerveau, قِحْف; plur., اقحاف. Crâne, tête, جُمجُمة; plur., جَماجِم; قَرْعَة الإنسان.

*Crâne*, au fig., fam., fou, tapageur, عَتَر - مُقَل - وَقِح; plur., وَقَاح.

CRAPAUD, s. m., animal venimeux, amphibie, ضِفْدَع السم; plur., ضَفَادِع.

CRAPAUDINE, s. f., plante, سِيدَرِيتس.

*Crapaudine*, morceau de métal creux dans lequel entre un gond, رَزَّة; plur., رِزَز.

CRAPULE, s. f., vile et continuelle débauche, تَعتير - دَنَاسة - تَعكيس - فَلْت.

CRAPULER, v. n., vivre, être dans la crapule, اِنهَمَك فى المحارم.

CRAPULEUX, SE, adj., qui aime la crapule, فَلَاتى - دَنِس - مَعَتَّر - مَعكوس.

CRAQUELIN, s. m., pâtisserie qui craque sous la dent, قَرقُوشَة.

CRAQUEMENT, s. m., son de ce qui craque, قَرقَطة - زَقزَقة - قَرقَعة.

CRAQUER, v. n., faire du bruit en se rompant, en se heurtant, قَرقَع. Craquer, comme des souliers neufs, زَقزَق.

*Craquer*, au fig., hâbler, فشر O. - قشر - هبّيص.

CRAQUERIE, s. f., hâblerie, فشره - خرطة.

CRAQUETEMENT, s. m., convulsion qui fait craquer les dents, قرقطة الاسنان.

CRAQUETER, v. n., craquer souvent et à petit bruit, قرط - قرط O. - زقزق.

CRAQUEUR, SE, menteur, qui craque, خرّاط - هبياص - فشّار.

CRASE, s. f., t. de gram., élision, حذف حرف.

CRASSE, s. f., ordure attachée au corps, درن. Crasse de la tête, حزاز - هبرية - وسخ.

*Crasse*, au fig., fam., avarice sordide, لامة - خساسة - قذارة.

CRASSE, adj. f., épaisse, grossière, غليظة. Ignorance crasse, جهل غليظ.

CRASSEUX, SE, adj., وسخ - موسخ.

*Crasseux*, avare, sordide, خسيس - لئيم - قذر.

CRATÈRE, s. m., bouche d'un volcan, فم جبل نار.

CRAVATE, s. f., linge qu'on met et noue autour du cou, محرمة الرقبة ; plur., محارم.

CRAYON, s. m., substance pierreuse pour dessiner, حجرة للرسم - ميل حجر. Crayon de mine de plomb, قلم رصاص.

*Crayon*, au fig., premier essai, رسم.

CRAYONNER, v. a., dessiner, رسم O.

CRÉANCE, s. f., dette active, مطلوب لاحد من غيره.

*Créance*, foi, confiance, اعتقاد - اعتماد. Nous vous prions de donner créance à tout ce qu'il vous dira de notre part, المأمول ان تعتمدوا حسن الاعتماد على جميع ما ينبيكم به من جانبنا.

*Créance*, instruction secrète, تنبيه سرّي.

CRÉANCIER, ÈRE, adj. et s., à qui on doit de l'argent, صاحب الحقّ - صاحب الدين ; plur., مدايني - اصحاب مداينية. Pour être délivrés des instances de nos créanciers, حتى نخلاص من مطالبة ارباب الديون.

CRÉATEUR, s. m., qui crée, خلاّق - خالق - باري - صانع - مبتدع.

*Créateur*, au fig., inventeur, مصنف - محدث - مخترع - واضع.

CRÉATION, s. f., action de créer, خلقة - خلق - ايجاد.

CRÉATURE, s. f., être créé, مخلوق ; plur., مخلوقات - خليقة ; plur., خلائق - بريّة ; plur., برايا - خلقة.

*Créature*, protégé, homme qui doit sa fortune à un autre, شراق - جراق.

CRÉCELLE, s. f., moulinet de bois, مطرقة خشب.

CRÉCERELLE, s. f., oiseau de proie, صقيرة - نبّاك الهوا.

CRÈCHE, s. f., mangeoire des bœufs, des brebis, معلف ; plur., معالف - مذود ; plur., مداود.

CRÉDENCE, s. f., petite table des burettes, المايدة الموضوعة عند المذبح ليحطوا عليها اوعية القداس - درج الزينة.

CRÉDIBILITÉ, subst. fém., raisons pour croire, تصديق.

CRÉDIT, s. m., réputation de solvabilité qui rend un emprunt facile, مكنة - صيت - اعتبار. Ruiner le crédit de quelqu'un, كسر عرضه I. || Lettre de crédit pour toucher de l'argent, تمسك - وثيقة - ورقة لدفع دراهم لحاملها.

*Crédit*, autorité, pouvoir, considération, يد طولة - كلام نافذ - كلام مسموع - اعتبار. Homme de grand crédit, رجل نافذ الاحكام مسموع كلامه. || Il a du crédit auprès de, مسموع الكلام و مقبول عند فلان.

A *crédit*, adv., sans payer, بالدين - شكّك - بالطلوق - بالنسية.

CRÉDITER, v. a., inscrire une dette acquittée ou due, قيّد فى دفتره مبلغا وصل من احد او مبلغا سيدفع لاحد.

*Créditer* quelqu'un sur, lui donner une lettre de crédit, اعطاه ورقة حوالة على احد.

CRÉDO, s. m., symbole de la foi, قانون الايمان - الامانة.

CRÉDULE, adj. com., qui croit facilement, مصدق - ساذج - غشيم.

CRÉDULITÉ, s. f., سداجة - تصديق.

CRÉER, v. a., tirer du néant, اوجد من العدم - O. برأ - خلق.

Créer, établir, وضع - أحدث; aor., يضع.

CRÉMAILLÈRE, s. f., instrument de cuisine, معلق الدست.

CRÈME, s. f., partie épaisse du lait, قيماق - زبدة - پاوزة - قَشْطَة (Barb.). Crème cuite, بيراط - قَشْطَة. ‖ Crème recuite, لبا.

Crème, au fig., ce qu'il y a de meilleur, زهر.

CRÉMER, v. n., طلع له زبدة A.

CRÉMIÈRE, s. f., qui vend de la crème, بياعة قشطة.

CRÉMENT, s. m., augmentation des syllabes dans la formation des temps, etc., حرف زايد; plur., حروف زوايد.

CRÉNEAU, s. m., dents, vides égaux par intervalles au haut des murs d'une citadelle, ذكرنك; plur., افريز - شراريف; شرّافة - كرانك plur., افاريز.

CRÉNELER, v. a., faire des créneaux, façonner en créneaux, عمل شراريف A. - حزّز. خرم I.

CRÉOLE, s. com., originaire européen né dans les colonies de l'Amérique, افرنجى مولود فى الدنيا الجديدة.

CRÊPE, s. f., pâte, زنكلة.

Crêpe, s. m., étoffe claire, frisée, كريشة - قره برنجق.

CRÊPER, v. a., friser, برم الشعر O.

CRÉPI, s. m., et CRÉPISSURE, s. f., enduit sur un mur, تلييس. Crépi de mortier mêlé de paille, سياع.

CRÉPIR, v. a., enduire un mur, سيّع - ليّس.

CRÉPITATION, s. f., bruit du feu qui pétille, تكتكة.

CRÉPU, E, adj., très-frisé, crêpé, مجعّد - جعد - مكنفش - مفلفل. Qui a les cheveux crépus, مكنفش الشعر - اجعد الشعر.

CRÉPUSCULE, s. m., lumière qui précède le soleil levant, ou suit le soleil couchant jusqu'à la nuit close, ضو قبل طلوع الشمس او بعد - شفق - غروبها.

CRESSON, s. m., plante aquatique, حرف - حدّة - كرسون - قرّة العين - رشاد الماء (Kasraouan). Cresson alénois, نعناع الماء - جرجير الماء - نهنام - نهامة - رشاد بستانى - حرف بستانى.

CRÊTE, s. f., excroissance charnue sur la tête des gallinacés, نوارة الديك - عرف, plur., اعراف - جذرية - عفرية - (Barbarie) فلفلة البروك.

Crête, huppe sur la tête des oiseaux, des serpents, شوشة.

Lever la crête, au fig., fam., s'enorgueillir, s'en faire accroire, رفع شوشته. Baisser la crête, perdre de son orgueil, de ses forces, وطّى شوشته.

Crête d'une montagne, راس الجبل - اعلى الجبل.

CRÊTE-DE-COQ, s. f., plante, طنتور الجندى.

CRÈTE, s. f., île, كريد.

CRÊTÉ, adj, qui a une crête, ابو عرف.

CRETONNE, s. f., sorte de toile, مقصور فرنجى.

CREUSER, v. a., caver, rendre creux, فحت A. - جوّر O. - نبش الارض O. Creuser la terre, حفر الارض.

Creuser, vider, قوّر.

Creuser, au fig., approfondir une chose, une affaire, امعن النظر فى. Se creuser la tête, اتعب فكره.

CREUSET, s. m., vase pour fondre les metaux, بوطقة - بوادق., plur.; بُودقة - بواطق.

CREUX, SE, adj., qui a une cavité, مجوّر - مقوّر - مجوّف - فارغ. Creux, profond, عميق. Esprit creux, homme visionnaire, ملطوش. Pensée creuse, فكر باطل.

Creux, s. m., cavité, جَوْرَة - فَرَاغَة. Creux de la main, كَفّ اليد. ‖ Creux de l'estomac, نَقْرَة المَعِدَة. ‖ Creux dans lequel s'emboîte un os, مَقْعَرَة.

Crevasse, s. f., fente de ce qui crève, شَقَّة - فَافُوش - طَرْشَقَة - بَعج - فَقْعَة.
Crevasses, maladie du cheval, بِجَلْغَان.
Crevasser, v. a., شَقّ - فَقَع O.
Se crevasser, v. réfl., se fendre, انْشَقّ.

Crève-cœur, s. m., grand déplaisir, grande douleur mêlée de dépit, كَسْر قَلْب - فَقْع قَلْب - كَرْب.

Crever, v. a., faire rompre avec effort, فَقَع A. O. فَزْر - بَعِج A. - فَقْعَ - فَرْقَع - شَقّ O. - Crever un œil, قَلَع عينه A. - بَخَّص عَينَه. ‖ Cela crève les yeux, est évident, هذا اظهر من الشمس.

Crever, v. n., se rompre, s'ouvrir par un effort violent, فَقَع A. - فَزَر - تَفَزَّر - انْبَعج - انْفَزَر. Crever de rire, فَقَع من الضَحَك.

Crever, mourir de mort violente, mourir, طَقّ O. - فَطَس A. I.

Se crever, v. réfl., manger avec excès, انْفَلَق. Se crever de travail, قَتَل حاله من كَثْرَة التَعَب.

Cri, s. m., voix haute et poussée avec effort, صِياح - عِياط - صُرَاخ - صَرْخَة - زَعْقَة - صَوْت. ‖ Jeter un grand cri, صِياح - صُرْخَة عَظِيمَة. ‖ Des cris, du bruit, غَوْشَة. ‖ Cris de joie, زَلْغَطَة; plur., زَلاغِيط; pl., هَنْهُونَة; plur., هَنَادِين. ‖ Pousser des cris de joie, لَغَطّ. ‖ Cris d'affliction, وَلْوَلَة; plur., وَلَاوِيل. ‖ Pousser des cris d'affliction, وَلْوَل.

Criailler, v. n., fam., crier souvent, pour rien. كَثَّر العِياط - هَاتَى.

Criaillerie, s. f., fam., cris répétés, مَهَاتَيَة - كَثْرَة عِياط.

Criailleur, se, s., qui criaille, مَهَاتَى - كَثِير العِياط.

Criant, e, adj., qui excite à se plaindre hautement, لا يُطَاق.

Criard, e, adj., qui crie souvent, قَوَّار - صَرَّاخ - بَعْبَاع - جَعْجَاع.

Crible, s. m., instrument percé de trous pour nettoyer le grain, غِرْبَال; plur., غَرَابِيل.

Cribler, v. a., nettoyer avec le crible, غَرْبَل.

Cribler, percer comme un crible, خَرْبَق. Cribler de blessures, اشْخَنَه بالجِرَاحَات.

Cribleur, s. m., qui crible, مُغَرْبِل.

Criblure, s. f., reste du grain criblé, نُزَالَة.

Cric, s. m., machine à roue de fer pour lever des fardeaux, الة بدولاب حديد مُسَنَّن لرَفْع الاَثْقَال.

Cric-Crac, exprime le bruit d'une fracture, du froissement de deux solides, قَرْق.

Criée, s. f., proclamation de vente d'un bien, حَرَاج - مُنَادَيَة.

Crier, v. a., jeter un ou des cris, صَاح I. - زَكى I. (Barb.). O. - صَرَخ - عَيَّط A. - زَعَق A. Voyez Cri.

Crier, rendre un son aigre par le frottement, زَقْزَق - زَبَّق.

Crier, se plaindre hautement, avec aigreur, عَيَّط.

Crier après quelqu'un, le réprimander à haute voix, زَجَرَه - عَيَّط على - غَوَّش على O.

Crier, proclamer pour vendre ou retrouver quelque chose, بَرَّح - نَادَى على شِي.

Crierie, s. f. fam., bruit fait en criant, contestant, عِياط - غَوْشَة - مُخَانَقَة.

Crieur, se, s., qui crie, proclame, بَرَّاح - مُنَادى. Crieur de mosquée, qui annonce la prière, مُؤَذِّن.

Crime, s. m., action méchante, قَبَاحَة; plur., ذُنُوب; plur., ذَنْب; plur., جُرْم - أَجْرَام - قَبَايِح; plur., كَبَايِر; كَبِيرَة.

Criminaliser, v. a., rendre criminel, اسْتَذْنَب.

Criminaliste, s. m., instruit sur les matières criminelles, مُتَبَحِّر فى عِلم الأمور السياسية - عارف بأمور السياسة.

Criminel, le, adj., qui a rapport au crime, سِيَاسى - ذَنْبى.

*Criminel*, contraire aux lois, ضد الشرايع.

CRIMINEL, s. m., coupable, مُذنب - مُجرم.

CRIMINELLEMENT, adv., d'une manière criminelle, باجتراء.

*Criminellement*, qui est en matière criminelle, فى دعوة متعلّقة لامر السياسة.

CRIN, s. m., poil long et dur, شعر - سبيب.

CRINIÈRE, s. f., tous les crins du cou, معرفة - زعزوع الفرس - شعر الرقبة.

CRISE, s. f., moment périlleux et décisif, شدّة - قطوع.

*Crise*, changement subit dans une maladie; effort de la nature contre elle, قطوع - بحران. Il a une crise à subir; s'il y résiste, il est sauvé, عليه قطوع ان سلم منه طاب.

CRISPATION, s. f., resserrement dans les parties qui se contractent, تشنّج.

CRISPER, v. n., causer de la crispation, شنّج.

*Se crisper*, v. réfl., se contracter, كشّ I. تشنّج.

CRISTAL, s. m., CRISTAUX, plur., pierre transparente, verre fin, بلّور: Cristal de roche, حجر البلّور.

CRISTALLIN, s. m., humeur de l'œil, رطوبة زجاجية فى العين.

CRISTALLIN, adj., بلّورى.

CRISTALLISATION, s. f., انجماد - تجليد I.

CRISTALLISER, v. a., congeler, réduire en cristal, صيّر مثل البلّور - جمد.

*Se cristalliser*, v. pro., devenir comme le cristal, شبّة زفرة صار مثل البلّور I. Alun cristallisé, شبّة زفرة I.

CRITERIUM, s. m., marque à laquelle on reconnaît la vérité des objets intellectuels, دليل - اشارة.

CRITIQUABLE, adj. com., تحت اللوم.

CRITIQUE, s. f., art de juger d'un ouvrage d'esprit, علم البحث.

*Critique*, dissertation, discussion, بحث - مباحثة.

*Critique*, censure maligne, هجو - هجا - قدح.

CRITIQUE, s. m., celui qui examine, juge, explique les ouvrages d'esprit, مباحث - باحث.

*Critique*, censeur qui trouve à redire à tout, هاجى - عذول - قادح.

CRITIQUE, adj com., de la critique, بحثى.

*Critique*, dangereux, en parlant d'un jour qui amène une crise, يوم باحورى. Circonstances critiques, adversités, امور - قطوعات - شدايد - صعبة.

CRITIQUER. v. a., examiner un ouvrage, باحث - بحث عن A.

*Critiquer*, censurer, عذل O. - هجا O. I.

CROASSEMENT, s. m., cri du corbeau, نعيق - نعيب الغراب.

CROASSER, v. n., نعق A. - نعب A.

CROC, s. m., instrument à pointes recourbées, خطّاف - قراقل pl., قرقل - كلاليب pl., كلّاب plur., خطاطيف. Croc à retirer le seau d'un puits, خطّاف - قاشوشة.

*Croc* en jambe, صكّ. Donner un croc en jambe, صكّ O.

CROCHE, adj. com., courbé et tortu, معوّج.

CROCHET, s. m., petit croc, عقّاف; pl., عقاقيف; مشبك; plur., كلاليب. Crochet, agrafe, كلّاب. || Crochet de porte-faix, الة الحمّال لوضع حمله عليها - حمّالة.

*Être aux crochets de*, vivre aux dépens de, كان على كيس فلان O.

CROCHETER, v. a. (une porte), كلّب الباب - فتح قفل الباب بالكلابة.

CROCHETEUR, SE, s., porte-faix qui se sert de crochets, حمّال - شيّال.

CROCHU, E, adj., recourbé, tortu, معوّج - معقّف. Bâton crochu pour ramasser le djérid, معقالة - جوكان.

CROCODILE, s. m., animal amphibie, تمساح; plur., تماسيح.

CROCUS, s. m., safran, sa fleur, كركم.

CROIRE, v. a., estimer une chose véritable, صدّق

- ‎اعتقد ب‎. Croire en Dieu, ‎آمن بالله‎. ‖ Croyez-moi, ‎صدّقني‎.

Croire, estimer, penser que, ‎ظنّ - خمّن‎ O. - ‎توهّم - حسب‎ I. Je ne crois pas que, ‎ما يقطع عقلي ان‎.

Croisade, s. f., ligue contre les infidèles, ‎مجاهدة‎.

Croisé, s. m., celui qui partait pour la Terre-Sainte, ‎مجاهد‎.

Croisée, s. f., ouverture dans un mur, ‎طاقة‎; plur., ‎طوق‎. Croisée, la menuiserie qui garnit cette ouverture, ‎شباك‎; plur., ‎شبابيك‎.

Croisement, s. m., ‎تشبيك‎.

Croiser, v. a., mettre, disposer en croix, ‎صلّب - شبّك‎. Croiser les mains sur la poitrine (position respectueuse), ‎كتّف يديه - تكتّف‎ ‖ Croiser les jambes en s'asseyant à la turque, ‎تربّع‎ ‖ Croiser les jambes en s'asseyant à la manière européenne, ‎علّق فخذ‎. ‖ Demeurer les bras croisés, oisif, ‎قعد بطّال‎.

Croiser, traverser un chemin, ‎قطع السكّة‎.

Croiser, tordre légèrement les fils, ‎برم‎ O.

Croiser, mettre à quatre marches une étoffe, ‎ربّع‎.

Croiser quelqu'un, le traverser dans ses desseins, ‎تعرّض له - عارضه - عطّل عليه‎.

Croiser, rayer avec la plume, ‎شطب‎ O.

Croiser, v. n., faire une croisière, ‎قرصن‎.

Croisette, s. f., plante, ‎حشيشة الصليب‎.

Croiseur, s. m., capitaine qui croise, ‎قرصان‎.

Croisière, s. f., action de croiser, ‎قرصنة‎.

Croissance, s. f., augmentation en grandeur, ‎انتشا - نمو - طول‎.

Croissant, s. m., figure de la nouvelle lune, ‎هلال‎; plur., ‎اهلّة‎.

Croissant, e, adj., qui croît, ‎متزايد‎.

Croît, s. m., augmentation du bétail, par la génération, ‎تكاثر - نمو‎.

Croître, v. n., devenir plus grand, ‎كبر‎ A. - ‎طال‎ O.

Croître, augmenter, ‎نما - ازداد‎ I. - ‎نشا‎ A. - ‎نجح - انتشا‎ A.; en parlant de l'eau, etc., ‎ازداد‎.

Croître, multiplier, ‎زاد - ازداد‎ I. - ‎كثر‎ A.

Croître, être produit, pousser (plante), ‎نبت‎ O.

Croître en science et en sagesse, ‎زاد علمًا و حكمة‎.

Croix, s. f., ligne formant quatre angles; gibet en croix; sa figure, ‎صليب‎; plur., ‎صلبان‎.

Croix, au fig., affliction envoyée par le ciel, ‎بلايا‎; plur., ‎بلية - تجارب‎; ‎تجربة‎.

Signe de croix, ‎علامة الصليب‎. Faire le signe de croix, ‎صلّب على وجهه‎.

Croix-de-Jérusalem, s. f., plante, ‎زهرة الصليب‎.

Croquant, s. m., homme de néant, misérable, ‎شقي‎; plur., ‎اشقيا‎.

Croquant, e, adj., qui croque sous les dents, ‎يقرط تحت الاسنان - يقرش‎.

Croque-au-sel (manger à la), s. f., sans autre assaisonnement que le sel, ‎اكل بالملح فقط‎ O.

Croquer, v. a., manger, ‎مرش‎ O.

Croquer, v. n., faire du bruit sous la dent, ‎قرش‎ O. - ‎قرط تحت الاسنان - قرقش‎ O.

Croquet, s. m., pâte croquante, ‎قرقوشة‎; plur., ‎قراقيش‎.

Croquis, s. m., esquisse, ‎رسم‎.

Crosse, s. f., bâton pastoral d'un évêque ou d'un abbé, ‎عكّازة‎; plur., ‎عكاكيز‎.

Crosse, courbe du fût d'un fusil, ‎قندق - كرنيفة‎.

Crosse, bâton courbé par le bout pour pousser une balle, une boule, ‎صولجان - جوكان‎.

Crossé, e, adj., ‎صاحب عكّاز‎.

Crosser, v. a., pousser avec une crosse, ‎ضرب بالجوكان‎ I. O.

Crotte, s. f., boue, ‎طين - وحلة‎.

*Crotte*, fiente de certains animaux, بَعْرَة ; coll., بَعْر - زِبَالَة ; plur., زِبْل.

CROTTER, v. a., couvrir, salir avec la crotte, لَوَّث بالطين - وَحَّل.

*Se crotter*, v. réfl., تَلَوَّث بالطين - تَوَحَّل.

CROTTIN, s. m., fiente de cheval, زِبْلَة ; coll., زِبْل.

CROULANT, E, adj., qui croule, qui tombe, سَاقِط.

CROULEMENT, s. m., éboulement, سُقُوط.

CROULER, v. n., tomber en s'affaissant, هَبَط .O - سَقَط .O.

CROUPADE, s. f., saut du cheval, نَطَّة.

CROUPE, s. f., partie postérieure du corps des animaux, عَجُز ; plur., اعْجَاز - كَفَل ; plur., كَفُول. Croupe d'une femme, expression familière, عَجُز ; plur., اردَاف - رِدْف.

*En croupe*, adv., par derrière, sur la croupe, مكتَفِلا - على كَفَل الفرس. Mettre en croupe, اردَف - اكْتَفَل. Qui est en croupe, رِدْف - مُرْتَدِف.

*Croupe* de montagne, رَاس جَبَل.

CROUPÉ, E, adj., qui a une belle croupe, ابوكَفَل.

CROUPIÈRE, s. f., longe de cuir sous la queue d'une bête de somme, ثَفَر, et plus régul., طَفَر ; plur., بَرَاطِيز - بَرْطِيز ; plur., اثْفَار - ثَسْقُون.

CROUPION, s. m., le bas de l'échine, عُصْعُص. Croupion des oiseaux, زِمِكَّي.

CROUPIR, v. n., se corrompre, en parlant du liquide en repos, عَطَن - .O مَكَث الماء - .A نَتِن الماء, انْتَزَع الماء من طُول المكث .A.

*Croupir*, au fig., croupir dans, demeurer longtemps, اسْتَمَرّ على.

CROUPISSANT, E, adj., نَايِم - مَعْطُون.

CROUSTILLE, s. f, petite croûte de pain, قُشَيْفَة.

CROUSTILLEUX, SE, adj., un peu libre, فَالِت.

CROÛTE, s. f., partie extérieure du pain, etc., tout ce qui se durcit sur une chose, قِشْفَة - قِشْرَة.

CROÛTELETTE, s. f., petite croûte, قُشَيْفَة.

CROÛTON, s. m., morceau avec beaucoup de croûte, قِطْعَة خُبْز بكْثِير من القِشْرَة.

CROYABLE, adj. com., qui doit, qui peut être cru, مَحَلّ - مَعْقُول - قَابِل التَّصْدِيق - مُصَدَّق الاعْتِقاد.

CROYANCE, s. f., ce qu'on croit, عَقِيدَة - اعْتِقاد - اِيمَان.

CROYANT, E, s., qui croit sa religion, مُومِن.

CRU, s. m., terroir où croît quelque chose, مَزْدَرَع.

CRU, E, adj., qui n'est pas cuit (viande), نِي. Cru (fruit), فِجّ. || Cru, non apprêté, écru, خَام. *Cru*, difficile à digérer, ثَقِيل على المَعِدَة. *Cru*, dur, choquant, en parlant d'un discours, فِجّ.

CRUAUTÉ, s. f., inhumanité, قَسَاوَة. Cruauté d'une maîtresse, جَفَا.

CRUCHE, s. f., vase de terre ou de grès à anse et ventre large, جَرَّة ; plur., جِرَار et جُرَر - بَلَّاص, pl., بَلَالِيص. Tant va la cruche à l'eau qu'à la fin elle se casse, ماكل مَرَّة تسلم الجَرَّة.

CRUCHÉE, s. f., plein une cruche, مَلُو بَلَّاص.

CRUCHON, s. m., petite cruche, جَرَّة صَغِيرَة - كُوزَة ; plur., اكْوَاز.

CRUCIFIEMENT, s. m., action de crucifier, صَلْب.

CRUCIFIER, verbe a., attacher à une croix, صَلَب .O. I.

CRUCIFIX, s. m., représentation de J.-C. mis en croix, صُورَة المَصْلُوب.

CRUDITÉ, s. f., qualité de ce qui est cru, فَجَاجَة - نِيء - نِيُوَة.

*Crudité*, indigestion, humeurs crues dans l'estomac, اخْلَاط فَجَّة - وَخِمَة.

*Crudité*, au fig., discours durs, كَلَام فَجّ - كَلَام قَاسِي.

CRUE, s. f., augmentation, زِيَادَة - ازْدِيَاد.

*Crue*, croissance, طُول.

CRUEL, LE, adj., قَاسِي ; plur., قُسَاة. Maîtresse cruelle pour un amant, قَاسِيَة - جَافِيَة على العَاشِق.

# CUE / CUI

‖ Être cruelle, جافته ـ اعطته عين الجفا.
*Cruel*, amer, dur, قاسى ـ مرّ.
*Cruel*, insupportable, douloureux, مؤلم ـ موجع.
**Cruellement**, adv., avec cruauté, بقساوة.
**Crument**, adv., sans ménagement, من غير حساب.
**Crural**, adj. (muscle), عضلة الساق. Artère crurale, شريان الفخد.
**Crustacé, ée**, adj., couvert d'écailles ou d'une enveloppe dure, ذو قشر.
**Cubature**, s. f., méthode pour trouver le cube, تكعيب.
**Cube**, adj. com., cubique, مكعب ـ كعبي.
**Cube**, s. m., solide à six faces carrées égales, كعب ـ مكعب; plur., كعوب.
**Cubèbe**, s. f., plante médicinale des Indes, كبابة صينى ـ كبابة.
**Cubique**, adj. com., du cube, مكعب ـ كعبي.
**Cubitus**, s. m., os triangulaire de l'avant-bras, زند اسفل.
**Cuboïde**, s. m., os du pied en forme de cube, كعب الرجل.
**Cucubale**, s. f., plante rampante, حشيشة القبال.
**Cucurbitacé, ée**, adj. (plante), de la forme de la courge, صنف القرع.
**Cucurbitains**, s. m. (vers), دود حب القرع.
**Cucurbite**, s. f., vaisseau pour distiller, قرعة.
**Cueillette**, s. f., récolte annuelle des fruits, جمع وتحصيل الاثمار ـ جناء.
*Cueillette*, collecte pour les pauvres, لمّة.
**Cueillir**, v. a., détacher des fleurs, des fruits de leur tige, قطف I. ـ جنى I. Cueillir des lauriers, remporter des victoires, ظفر على الاخصام A. ـ بطش بالاعدا O.
**Cueilloir**, s. m., panier pour cueillir les fruits, مقطف; plur., مقاطف.

**Cuiller**, s. f., ustensile de table, ملعقة; plur., معالق ـ معلقة ـ ملاعق. Une grande cuiller, خاشوقة ـ مغرفة.
**Cuillerée**, s. f., plein une cuiller, ملو معلقة.
**Cuir**, s. m., peau d'un animal, جلد; plur., جلود. Cuir de vache, جلد بقر ـ كون.
**Cuirasse**, s. f., principale partie de l'armure qui couvre le corps, درع ـ زردية; plur., دروع.
**Cuirassé, e**, adj., مدرّع ـ مزرّد.
**Cuirasser**, v. a., revêtir d'une cuirasse, زرّد ـ درّع.
**Cuirassier**, s. m., cavalier revêtu d'une cuirasse, لابس درع.
**Cuire**, v. a., préparer par le feu, طبخ O. ـ طيب (Barb.).
*Cuire*, faire mûrir, أنضج.
*Cuire*, faire du pain, خبز.
**Cuire**, v. n., être au feu, استوى ـ نضج A.
*Cuire*, causer une douleur âpre et aiguë, حرق O. هب I. كوى O. L'œil me cuit, عيني تحرقني ـ تهب عينى.
**Cuisant, e**, adj., aigu, piquant, محرق ـ يكوى ـ شديد.
**Cuisine**, s. f., lieu où l'on apprête les mets, مطبخ; plur., مطابخ. L'art de la cuisine, صناعة الطبخ.
**Cuisiner**, v. n., faire la cuisine, طبخ O.
**Cuisinier**, s., طباخ; plur., طباخين.
**Cuisse**, s. f., partie du corps de la hanche au jarret, ورك ـ فخد; plur., اوراك ـ افخاد.
**Cuisson**, s. f., action, façon de cuire, طبخ ـ طبيخ.
*Cuisson*, douleur du mal qui cuit, حرقان.
**Cuistre**, s. m., pédant grossier, فاضولى.
**Cuit, e**, adj., qui a été cuit, طايب ـ مستوى.
**Cuivré, e**, adj., de la couleur du cuivre, اصفر نحاسى.
**Cuivre**, s. m., métal, نحاس ـ صفر.

Cul, s. m., derrière, مقعد - دُبْر ; plur., ادبار -
طيز ; plur., اطياز - است ; plur., اسوت.
Cul, fond ou derrière d'un vase, قعر ; plur., قعور
- عقب.
Cul-de-jatte, s. m., مكرسح.
Cul-de-sac, s. m., زقاق سدّ غير نافذ -
تدريبة ما تنفذ.
Culasse, s. f., fond d'une arme à feu, بورمة.
Culbute, s. f., saut fait cul par-dessus tête,
تقلة - تقلبة - شقليبة. Faire la culbute,
I. O. ضرب تقلبة.
Culbuter, v. a., renverser cul par-dessus tête,
I. قلب - شقلب - كركب.
Culbuter, v. n., tomber en faisant la culbute,
تكركب - تشقلب.
Culbutis, s. m., amas confus, كركبة.
Culée, s. f., masse de pierres pour soutenir la
poussée d'un pont, جمع جارة لاسناد وتمكين قنطرة.
Culot, s. m. fam., dernier né, اخِر - عُقب.
Culot, dernier éclos d'une couvée, راقوبة.
Culotter, v. a., mettre en culotte, لبسه سروال.
Culotte, s. f., vêtement de la ceinture jus-
qu'aux genoux (en drap), سروال ; plur., سراويل
- شروال ; plur., شراويل. Culotte en toile ou cuir,
تبان ; plur., تبابين. Voyez Pantalon.
Culte, s. m., honneur rendu visiblement à une
divinité, عبادة.
Cultivable, adj. com., propre à la culture,
قابل الحراثة - حرث.
Cultivateur, s. m., qui cultive la terre, حارث
- فلاح - زراع.
Cultiver, v. a., donner les soins nécessaires
pour fertiliser le sol, فلّح الارض - خدم الارض. O.
Cultiver des plantes, خدم - ربى.
Cultiver les sciences, les arts, مارس العلوم. Cul-
tiver l'esprit, ادّب - علّمه الادب. || Cultiver l'a-
mitié de quelqu'un, l'entretenir, ابقى على محبّته -
داري خاطره.

Pays cultivé, ارض معمورة - ارض عامرة. Qui a
l'esprit cultivé, اديب - مخرّج.
Culture, s. f., travaux nécessaires pour culti-
ver, خدمة - تربية - فلاحة - حراثة.
Culture d'esprit, ادب.
Cumin, s. m., plante ombellifère à graine diges-
tive. كمّون. Je t'arroserai, cumin, يا اسقيك
كمّون ; ex. prov. qui veut dire : jamais.
Cumulatif, ive, adj., جمعي.
Cumulativement, adv., جمعيًا.
Cumuler, v. a., réunir, جمع A.
Cupide, adj. com., avide, طمّاع - شره.
Cupidité, s. f., désir immodéré, طمع - شراهة.
Cupidon, s. m., l'Amour, الحُبّ.
Curage, s. m., action de curer, نزح.
Curatelle, s. f., charge et pouvoir de curateur,
Curatelle d'un legs, ولاية. وكالة.
Curateur, trice, s., administrateur de biens,
متولي الوقف - وكيل ; pl., وكلا. Curateur d'un legs,
نوكّل له بامورة. || Être curateur pour quelqu'un,
Curatif, ive, adj., appliqué pour guérir,
علاجي.
Curation, s. f., traitement, علاج - مداواة.
Curcuma, s. f., safran d'Inde, كركم - ورس.
Cure, s. f., traitement pour guérir. برآة -
مداواة.
Cure, bénéfice, fonctions d'un curé, خورية.
Curé, s. m., prêtre pourvu d'une cure, خوري ;
plur., خوارنة.
Cure-dent, s. m., instrument pour se curer les
dents, مسواك ; pl., مساويك ; خلال ; pl., خلالات.
Ce que le cure-dent tire de la bouche, خلالة.
Cure-oreille, s. m., instrument pour nettoyer
les oreilles, هلال - منكاش.
Curée, s. f., butin, غنيمة.
Curée, morceaux d'une bête donnés aux chiens,
حصّة من الصيد تعطى للكلاب.
Curer, v. a., nettoyer quelque chose de creux,

CUV          CYT        223

O. − ساكٌ اسنانهُ, Se curer les dents, A. نزح − ‖ Se curer les ــ خلّل اسنانهُ ــ سوّك اسنانه oreilles, نكش اذانه O.

CUREUR, s. m., qui cure, qui nettoie, نزّاح ــ خرابشتى ــ سراباتى.

CURIAL, E, adj., qui concerne une cure, ou le curé, خورىّ.

CURIEUSEMENT, adv., باعتناء ــ برغبة.

CURIEUX, SE, adj., qui a l'envie de savoir, d'apprendre, راغب.

Curieux, rare, extraordinaire, عجيب ــ غريب.
Curieux, qui aime à voir, متفرّج ــ يحبّ يتفرّج.
Curieux, indiscret, فضولىّ ــ كثير غلبة ــ مداخل.
Être curieux, indiscret, تفضّل ــ كثّر غلبة ــ داخل.
Curieux, amateur de curiosités, عاشق للتحف.

CURIOSITÉ, s. f., désir d'apprendre, رغبة ــ التصتّط والتشوّق الى ــ حبّ التصتّط.

Curiosité, désir blâmable, indiscret de savoir les affaires, كثرة غلبة ــ فضول ــ مداخلة.

Curiosité, spectacle curieux, فرجة; pl. فرج. Des curiosités, des choses curieuses, عجايب وغرايب; plur., تحف ــ تحفة.

CURSIVE, adj. et s. f., courante, en parlant de l'écriture, تحرير عجلة.

CURURES, s. f. plur., ordures d'un égout, d'une mare qui ont été curés, سراب.

CURVILIGNE, adj. com., formé par des lignes courbes, مركّب من خطوط منحنية.

CUSCUTE, s. f., ou Barbe-de-moine, plante, كشوت.

CUTANÉ, ÉE, adj., de la peau, جلدىّ.

CUVE, s. f., sorte de grand tonneau, دنّ; pl. خوابى; plur., خابية ــ دنان. Grande cuve pour la teinture, طيغار.

CUVEAU, s. m., petite cuve, خابية صغيرة.

CUVÉE, s. f., contenu d'une cuve, ملو الدنّ.

CUVER, v. n., demeurer dans la cuve et y fermenter, غلى النبيذ فى الخابية I.

Cuver son vin, dormir après avoir bu, نام مخمورًا A.

CUVETTE, s. f., vase pour se laver les mains, لكن ــ طشت ــ طست.

CUVIER, s. m., cuve pour la lessive, دست للغسيل.

CYCLAMEN, subst. masc., ou Pain-de-pourceau, ولف ــ قرن الغزال ــ اذن الارنب ــ بخور مريم ــ سكوكيا ــ عرطنيشا.

CYCLE, s. m., cercle, période d'un certain nombre d'années, دور; plur., ادوار.

CYGNE, s. m., oiseau du genre de l'oie, اردىّ; plur., قوغى ــ بجع ــ فون ــ ارادىّ.
Le Cygne, constellation, الدجاجة ــ الطاير. Les étoiles qui sont sur ses ailes se nomment الفوارس.

CYLINDRE, s. m., solide rond, long et droit, عامود ــ اسطوانة.

Cylindre, gros rouleau pour aplanir, مندرونة.

CYLINDRIQUE, adj. com., qui a la forme du cylindre, عامودىّ.

CYMBALE, s. f., instrument d'airain, صنجة; plur., سنج ــ صنوج ــ صنج.

CYNIQUE, adj. com., secte de philosophes sans pudeur, شرذمة الفلاسفة الكلبيين.

Cynique, impudent, obscène, مجونىّ ــ كثير المجون والوقاحة.

CYNISME, s. m., doctrine des philosophes cyniques, مذهب الفلاسفة الكلبيين.

Cynisme, impudence, مجون ــ وقاحة.

CYNOCRAMBE, s. m. Voyez CHOU-DE-CHIEN.

CYNOGLOSSE, s. f., plante, لسان الكلب ــ اذان الارنب ــ اذان الشاة ــ اذان الغزال.

CYPRÈS, s. m., arbre toujours vert, سرو ــ سروة.

CYSTÉOLITHE, subst. masc., pierre marine, حجر السفنجة.

CYTHERÉE, s. f., Vénus, زهرة.

CYTISE, s. m., arbrisseau, قصاص ــ شجرة النحل.

# D

D, s. m., quatrième lettre de l'alphabet français, رابع حرف من الالف باء نجيل.

DACTYLE, s. m., plante graminée, نجيل.

DADAIS, s. m., nigaud, بهلول - مجذوب.

DAGUE, s. f., espèce de poignard, سكّين; plur., خناجر; plur., خنجر - سكاكين.

DAIGNER, v. n., s'abaisser jusqu'à vouloir bien, تفضّل - تنزل. Si vous daignez vous informer de nous, ان تفضّلتم بالسوال عن هذا الداعى - ان تفضّلتم وعن احوالنا سألتم.

DAIM, s. m., bête fauve, ظبى; pl., شاذن - ظبا.

DAINE, s. f., femelle du daim, ظبية.

DAIS, s. m., poêle en ciel de lit, مظلّة - حلّة - بشجانة.

DALLE, s. f., tablette de pierre, لوح حجر - بلاطة; plur., الواح.

Dalle, tranche de poisson, حلقة.

DALMATIQUE, s. f., vêtement des diacres, حلّة الشمامسة فى القدّاس.

DAMAS, ville de Syrie, الشام - دمشق.

DAMAS, s. f., étoffe de soie à fleurs, مشجّر.

Damas, sabre ou lame qui viennent de Damas, طابان.

DAMASONIUM, s. m., plante, دمشقية.

DAMASQUÈTE, s. f., étoffe de soie, or et argent, de Venise, du Levant, à fleurs, كمخ.

DAMASQUINER, v. a., incruster l'or ou l'argent dans le fer ou l'acier, سقط البولاد بالذهب - سقط I. حلى – O. نقش.

DAMASSÉ, s. m. adj. (linge), مشغول.

DAMASSER, v. a., faire une étoffe en façon de Damas, شعل A.

DAME, s. f., femme mariée, ست; pl., ستّات.

Dame à jouer, فلس الطاولة - ضامة, plur., فلوس. Jeu de dames, لعب الضامة. || Aller à dame, طلع ضامة A.

DAME-JEANNE, s. f., grosse bouteille, دمجانة.

DAMER, v. a., mettre une dame sur l'autre, طلع ضامة A.

DAMERET, s. m., coquet, غندور.

DAMIER, s. m., دقّة الضامة - طاولة - ضامة - رقعة الضامة.

DAMIETTE, ville d'Égypte, ثغر دمياط.

DAMNABLE, adj. com., qui mérite damnation, مستحقّ النار.

DAMNATION, s. f., condamnation du pécheur à l'enfer, الهلاك الابدى - قصاص الجهنم.

DAMNÉ, E, adj., qui est en enfer, من اهل الجهنم - هالك - من اهل النار.

DAMNER, v. a., punir de l'enfer, ادخل الجهنم - دعى من اولاد الهلاك I. Damner, causer la damnation, سبّب الهلاك الابدى.

DANDIN, s. m., sans contenance, مخلّع - مخلوع.

SE DANDINER, v. réf., marcher en se balançant, مشى مخلّع I.

DANGER, s. m., péril, مخافة - اخطار; pl., مهالك; pl., مهلكة - اهوال; pl., هول - مخاوف. Il est en danger, عليه خطر. || Se mettre en danger, خاطر بنفسه. || Celui qui se met en danger ne mérite point d'éloges, lors même qu'il échappe, ليس المخاطر بمحمود و لو سلم. || On n'atteint ses fins qu'en s'exposant à des dangers, من لم يركب الاهوال لم ينل الامال.

DANGEREUSEMENT, adv., مع خطر - فيه خطر.

DANGEREUX, SE, adj., qui se met en danger, خطر - مخيف.

Dangereux, à qui l'on ne peut se fier, موذى.

DANIEL, n. p., دانيال.

DANS, prép. de lieu et de temps, فى - ب. Il est dans la chambre, هو فى الاوضة. || Il arrivera dans peu, يحضر عن قريب. || Il entra dans la mai-

## DAT

son, دخل الى البيت. ‖ Dans trois jours d'ici, من الآن الى ثلاثة ايام - بعد ثلاثة ايام.

DANSE, s. f., mouvement cadencé du corps, رقص. Danse des derviches tourneurs, سماع - حنجلة.

DANSER, v. a., رقص - I. جبل - O. تحنجل - A. شطح (Barb.).

Faire *danser* quelqu'un, au fig., lui donner de l'exercice, de l'embarras, رقّص.

DANSEUR, SE, s., qui fait profession de la danse, رقّاص - جنكى.

*Danseur* de cordes, بهلوان ; plur., بهالوين.

*Danseuse* (femme publique), عالمة ; plur., عوالم - غازية ; plur., غوازى.

DANUBE, s. m., fleuve, نهر طونه.

DARD, s. m., long bois ferré en pointe, حربة.

*Dard*, aiguillon des reptiles, شوكة.

DARDANELLES (détroit des), بوغاز اسلامبول.

DARDER, v. a., lancer, رشق احدا ب - O. زرق ب - O.

DARTRE, s. f., maladie de peau, قوبة ; plur., قوابى - جذام - جونية - جذمة.

DARTREUX, SE, adj., جذامى.

DATE, s. f., époque, chiffre qui l'indique, تاريخ ; plur., توارين. En date de, بتاريخ. A trente jours de date, لانقضاء ثلاثين يوم من التاريخ.

DATER, v. a., mettre une date à, ارخ.

DATIF, s. m., terme de gram., نوع من الخفض.

DATTE, s. f., fruit du palmier, تمر ; quand elle commence à se former on l'appelle نينى. Une fois formée, mais encore verte, رامخ. Mûre et fraîchement cueillie, رطب ; plur., رطاب - بلح. Sèche, تمرة ; plur., اتمار - قسبة - قسب. Si elle est rabougrie, on la nomme بسر. On nomme aussi بلح une sorte de *datte* qui ne mûrit jamais.

*Dattes* sèches pressées dans des boîtes, عجوة - تمر معفّس.

DATTIER, s. m., palmier qui porte les dattes, نخلة - نخل.

## DÉB

DATURE, s. f., plante, جوز ماثل.

DAUBE, s. f., sorte de ragoût, نوع يخنى.

DAUCUS, s. m., carotte, جزر جبلى - جزر. *Daucus* de Candie, شقاقل كريدى - نوع من الجزر الجبلى.

DAUPHIN, s. m., poisson, دلفين - دارفيل.

*Dauphin*, fils aîné du roi de France, ابن بكر سلطان فرنسا.

DAVANTAGE, adv., plus, plus longtemps, اكثر.

DAVID, n. p., داود النبى النبيل والملك الجليل.

DE, prép. de rapport, de lieu, adv. partitif, etc., ne s'exprime pas en arabe, ou se rend quelquefois par من - ب - عن, etc. Morceau de pain, قطعة خبز - قطعه من خبز. ‖ Il est parti de nuit, سافر ليلا - سافر بالليل. ‖ J'ai entendu dire de vous que, سمعت عنك انّ. ‖ Il a parlé d'éloquence, تكلم فى البيان. ‖ Je suis satisfait de votre conduite, انا مبسوط من سلوكك. ‖ Vous êtes aimé de tous, انت محبوب من الكل. ‖ De Marseille à Paris, من مرسيليا الى باريس. ‖ Une porte de bois, باب خشب. ‖ Un livre de prières, كتاب صلاة. ‖ Les chevaux du roi, خيل السلطان. ‖ Un homme de bien, رجل خيّر. ‖ Beau de figure, حسن الوجه.

*De par*, adv., par l'autorité, au nom de, باسم - من قبل - من طرف.

DÉ, s. m., instrument pour coudre, كستوان - كشتبان - كستبان.

*Dé*, solide cube marqué de points pour jouer, كعب ; plur., كعاب - زهر - زيق - زاقة.

DÉBÂCLE, s. f., débarrassement d'un port, فتح مينا.

*Débâcle*, rupture subite et écoulement des glaces d'une rivière, انحلال الجليد وسياح المياه.

*Débâcle*, révolution, غفليقة.

DÉBÂCLER, v. a., débarrasser, A. فتح.

*Débâcler*, v. n., I. ساحت المياه بعد الانجماد.

DÉBALLER, v. a., défaire une balle, en tirer quelque chose, فكّك - O. حلّ الاجمال واخرج منها شيئا.

DÉBANDADE (à la), adv., sans ordre, شذر مذر.

15

DÉBANDEMENT, s. m., action de débander des troupes, تشتيت.

DÉBANDER, v. a., détendre, ارخى.

Débander, ôter une bande ou le bandeau, O. حلّ الرفوف - I. شال العصابة

Se débander, v. réf., se détendre, ارتخى.

Se débander, se disperser sans ordre, تشتّت.

DÉBAPTISER, v. a., changer de nom, غيّر الاسم.

DÉBARBOUILLER, verb. act., ôter ce qui salit, مسح.

Se débarbouiller, v. réf., se nettoyer le visage, A. غسّل وجهه - O. مسح وجهه - ﻋرك وجهه.

DÉBARQUÉ, s. m., (nouveau), étranger nouvellement arrivé, واصل من جديد - غريب.

DÉBARQUEMENT, s. m., طلوع من المركب.

DÉBARQUER, v. a., faire sortir d'un vaisseau, اخرج, طلّع من المركب.

Débarquer, v. n., طلع من المركب A.

DÉBARRAS, subst. masc., cessation d'embarras, خلاص. Ils sont partis, c'est un grand débarras, راحوا و خلّصنا منهم.

DÉBARRASSEMENT, s. m., تخليص - خلاص.

DÉBARRASSER, v. a., tirer d'embarras, ôter ce qui embarrasse, خلّص - عتق O. Nous sommes débarrassés de ce soin, كفّتنا مؤنته. ‖ Débarrasser un endroit, فرّغ المكان, فتّى, سلّك. ‖ Débarrasser quelqu'un, cesser de le gêner, حمل ثقلة عنه I.

Se débarrasser, v. réfl., être débarrassé, تخلّص A. فرغ A. خلص - انعتق من.

DÉBARRER, v. a., ôter la barre, A. نزع الدقر او الدرباس من الباب.

DÉBAT, s. m., contestation, مجادلة - منازعة - معالجة. Après bien des débats nous avons conclu que, تعالجنا كثير و بعد انتهينا على انّ.

DÉBATTRE, v. a., contester, تنازع معه على - جادل - نازع - تعالج معه على شى A. بحث عن شى.

Se débattre, v. refl., s'agiter beaucoup, هابر. Se débattre comme un animal égorgé, I. هرج - O. خبط - تهارج - اختبط.

DÉBAUCHE, s. f., dérèglement, abandon à tous les plaisirs, Se. فسوق - فسق و فساد - انهماك. livrer à la débauche, انهمك فى المحارم.

DÉBAUCHÉ, E, adj., abandonné à la débauche, معكوس - فاسق - منهمك; plur., معاكيس.

DÉBAUCHER, v. a., jeter dans la débauche, corrompre la fidélité, عكس - افسد I. Débaucher, entraîner à des parties de plaisir, فندل - ولى. Débaucher, faire quitter le service de quelqu'un, ولى - افسده عليه.

DÉBAUCHEUR, SE, s., مفسد.

DÉBET, s. m., dû par arrêté de compte, متأخر.

DÉBILE, adj. com., faible, ضعيف.

DÉBILITATION, s. f., اضعاف - ضعف.

DÉBILITÉ, s. f., faiblesse, ضعف.

DÉBILITER, v. a., affaiblir, اضعف.

DÉBIT, s. m., vente, نفق - بيع - رواج - ترويج. Marchandise de débit, سلعة نافقة. ‖ Marchandise qui n'a point de débit, سلعة كاسدة. ‖ Il n'y a point de débit (le commerce ne va pas), السوق كساد. ‖ Plus pâle qu'un marchand lorsqu'il n'y a point de débit, اكثر اصفراراً من التاجر يوم الكساد.

Débit, déclamation, عارضة لكلام.

DÉBITANT, E, s., بيّاع.

DÉBITER, v. a., vendre, I. باع - نفق - روّج. ‖ O. راج - O. نفق. ‖ Ne pas être débité, se débiter, كسد O. ‖ Le drap ne se débite point, كساد صاير على الجوخ.

Débiter, répandre, فرّق.

Débiter, déclamer, O. عرض.

DÉBITEUR, TRICE, s., qui doit à quelqu'un, غريم - مديون.

DÉBLAI, s. m., enlèvement de terre, etc., تعزيل المكان - شيل التراب.

DÉBLAYER, v. a., débarrasser, عزل.

DÉBLOQUER, v. a., faire lever le blocus, فكّ الحصار O.

DÉBOIRE, s. m., mauvais goût d'une liqueur après l'avoir bue, طعم ردي يبقى فى الفم بعد الشرب.

Déboire, au fig., dégoût qui suit le plaisir, كرة.

Déboire, mortification, نكاية - تعنيف.

DÉBOÎTEMENT, s. m., خلع العظم.

DÉBOÎTER, v. a., disloquer un os, A. خُلِع - خُلُوع

DÉBONDER, v. a., ôter la bonde, - سيّب A. نزع السدّادة.

Débonder, v. n., I. سال - I. ساح - I. ساب.

DÉBONNAIRE, adj., doux, حليم الطبع.

DÉBORD, s. m., débordement de bile, فوران صفرا - فوران الصفرا.

DÉBORDEMENT, s. m., action de déborder, طفح - فيض - طغيان.

DÉBORDER, v. a., ôter le bord, I. شال الداير.

Déborder, v. n., ou Se déborder, v. pro., sortir hors du bord, O. طفا - I. فاص - I. طغى - A. طفح - O. ثار. Déborder, sortir d'un vase, en parlant de l'eau qui bout, O. فار.

Déborder, v. a., avoir plus de longueur que, O. كان اطول من.

DÉBOTTER, v. a., tirer les bottes, قلع الجزمة.

DÉBOUCHEMENT, s. m., فتح - تسليك.

Débouchement, moyen de débit de marchandises, تصوير بضاعة.

DÉBOUCHÉ, s. m., moyen de se défaire des marchandises, طريقة لترويج البضايع - تسليم.

Débouché, au fig., expédient, طريقة ; plur., أبواب - طرايق.

Débouché, extrémité d'un défilé, مخرج.

DÉBOUCHER, v. a., ôter ce qui bouche, سلّك - A. فتح - I. شال السداد.

Déboucher, v. n., sortir d'un défilé, O. خرج.

DÉBOUCLER, v. a., فكّ الابزيم O.

DÉBOURBER, v. a., اخرج من الوحل O.

DÉBOURRER, v. a., ôter la bourre, I. شال اللدّة.

Débourrer, au fig., former, علّم - A. فتح عينه.

DÉBOURS et DÉBOURSÉ, s. m., argent déboursé, مصروف - فلوس مدفوعة ; plur., مصاريف.

DÉBOURSEMENT, s. m., دفع دراهم.

DÉBOURSER, v. a., tirer de sa bourse pour payer, A. دفع من كيسه.

DEBOUT, adv., sur ses pieds, droit, واقف - قايم. Se tenir debout, وقف ; aor., يقف - A. قام واقف - O. قام وقف - استوى قايماً.

Debout! interj., lève-toi, قم.

Vent debout, ريح مخالف.

DÉBOUTER, v. n., déclarer déchu d'une demande, O. ردّه خايبا - O. رفض طلبته.

DÉBOUTONNER, v. a., faire sortir les boutons des boutonnières, O. فكّ الازرار - ارخى الازرار.

Se déboutonner, v. réfl., parler sans gêne, A. فتح صدره.

DÉBRAILLER (SE), v. réfl., se découvrir avec indécence, A. كشف صدره - I. شلح.

DÉBRIDÉ, E, adj., sans bride, من غير لجام.

DÉBRIDER, v. a., ôter la bride, O. فكّ اللجام - I. شال اللجام. Sans débrider, sans interruption, بلا انقطاع.

DÉBRIS, s. m., restes d'un vaisseau, d'un édifice, ردم بيت - الواح مركب - بواقى - بقايا - خراب بيت.

Débris, au fig., restes de la fortune, d'une armée, بواقى - بقايا.

Débris, restes d'un pâté, d'un repas, حتّت - فواصل - حُتات.

DÉBROUILLEMENT, s. m., حلّ.

DÉBROUILLER, v. a., démêler, remettre en ordre, O. حلّ - نظّم.

Débrouiller, au fig., éclaircir une affaire, une question, O. حلّ المشكلات - I. كشف - A. شرح.

DÉBRUTIR, v. a., commencer à polir les glaces, A. بدى بصقل المراة.

DÉBUSQUEMENT, s. m., اخراج - كرش.

15.

DÉBUSQUER, v. a., chasser d'un poste, اخرج - O. كرش من مكان.
DÉBUT, s. m., t. de jeu, premier coup, اول طابق.
Début, au fig., commencement d'une affaire, بدو. Début, commencement d'un discours, مطلع.
DÉBUTANT, E, s., بادي.
DÉBUTER, v. neut., jouer le premier coup, A. لعب اول طابق.
Débuter, au fig., commencer, A. بدى.
DEÇA, prép., de ce côté-ci, من الناحية دي - من هذا الصوب.
DÉCACHETER, v. a., ouvrir ce qui est cacheté, O. فضّ الختم - A. فتح الختم.
DÉCADENCE, s. f., déclin, زوال - انحطاط. Aller en décadence, O. زال - I. مال الى الزوال.
DÉCAGONE, adj., à dix angles et à dix côtés, معشر الاضلاع.
DÉCALOGUE, s. m., les dix commandements de la loi donnée à Moïse, وصايا الله العشر - العشر كلمات - وصايا.
DÉCAMPEMENT, s. m., levée d'un camp, ارتحال - رحيل.
DÉCAMPER, v. a., lever le camp, A. رحل.
Décamper, au fig. fam., déloger, عزل. Décamper, se retirer promptement, s'enfuir, O. زمط - O. فرّك.
DÉCAPITATION, s. f., ضرب العنق - قطع الراس.
DÉCAPITER, v. a., couper la tête, ضيع الراس - I. ضرب العنق - I. رمى الرقبة.
DÉCÉDER, v. n., mourir de mort naturelle, توفّي.
DÉCELER, v. a., découvrir une chose, une personne cachée, كشف I. باح بالسرّ - O. خان احدأ - O. دلّ على.
DÉCEMBRE, s. m., dernier mois de l'année, كانون اول.
DÉCEMMENT, adv., avec décence, باحتشام - مثل الناس - كما يليق - بادب.
DÉCENCE, s. f., honnêteté extérieure, حشمة. Décence, convenances, لياقة. ادب.

DÉCENNAL, E, adj., qui dure dix ans, ou qui revient tous les dix ans, مدّته عشر سنوات او يعود كل عشر سنوات.
DÉCENT, E, adj., conforme à la décence, موافق للادب و - مناسب - لايق - حشمى. Être décent, I. لاق. الحشمة.
DÉCEPTION, s. f., tromperie, غشّ.
DÉCERNER, v. a., ordonner par autorité publique, O. حكم. O. امر له ب.
DÉCÈS, s. m., mort naturelle, وفاة.
DÉCEVANT, E, adj., trompeur, غارّ - خاين.
DÉCEVOIR, v. a., tromper par des apparences spécieuses, غرّ O. Décevoir les espérances de quelqu'un, خيّب امله. ‖ Son espoir a été déçu, I. خاب امله.
DÉCHAÎNEMENT, s. m., emportement extrême, ثوران - هيجان.
DÉCHAÎNER, v. a., détacher la chaîne, O. حلّ - O. فكّ لزنجير - السلسلة. Déchaîner, au fig., exciter contre, قوّم على - حرّك على.
Se déchaîner, v. réfl., A. قطع السلاسل. Se déchaîner, au fig., s'emporter contre, I. هاج - O. ثار على - على.
DÉCHANTER, v. n., changer de langage, rabattre de son orgueil, de ses espérances, A. رجع عنّا كان - I. ذلّ و تواضع فى الكلام بعد التكبّر - فيه. Trouver à déchanter, لاقى خلافى ماكان فى ظنّه.
DÉCHARGE, s. f., de ballots, etc., تنزيل - تحـــــويـــــل. Décharge de bateaux, charrettes, تفريغ.
Décharge d'armes à feu, طلاق.
Décharge, acte par lequel on décharge d'une obligation, خلاص.
Décharge, déposition des témoins en faveur d'un accusé, شهادة للمتّهم. Les témoins à charge et à décharge, الشهود الذين يشهدوا للمتّهم و عليه.
Décharge de la conscience, تخليص الذمّة.

DÉCHARGEMENT, s. m., تنزيل الحمل - تفريغ الوسق.

DÉCHARGER, v. a., ôter la charge, حطّ عنه O. - حوّل الاحمال - نزّل الجمل عن.

Décharger, évacuer, فضّى - فرّغ.

Décharger sa douleur, كشف وجعه I. Décharger sa conscience, خلّص ذمته. ‖ Décharger sa bile, sa colère, قاع غضبه على احد A. O. - فشّ خلقه A.

Décharger, déclarer quitte, رفع عنه ما عليه A. - سلّمه من الطلب - ابرى ذمته من.

Décharger, soulager, خفّف عن.

Décharger, dispenser, اعفى احدا عن.

Décharger une arme à feu, اطلق I. - فضّى - فرّغ.

Décharger un coup de poing, شطّه مشط O. - لكمه لكمة O.

Décharger d'une accusation, برّر - برى.

Décharger, éjaculer, فاض I.

Se décharger, v. réfl., mettre bas un fardeau, حطّ عن ظهره الحمل O.

Se décharger, se reposer sur, فوّض اليد الامر.

Se décharger, se jeter dans, en parlant de l'eau courante, انصبّ - صبّ O. - انكبّ.

Se décharger, devenir moins foncé, en parlant de la couleur, صفى I.

DÉCHARNER, v. a., عرّى من اللحم - انحل.

DÉCHARNÉ, E, adj., fort maigre, شخّت.

DÉCHAUSSER, v. a., ôter la chaussure, حفّى - خلع نعله او جرباته A.

Se déchausser, v. réfl., خلع حذاه.

DÉCHAUSSÉ, adj., حفيان.

DÉCHÉANCE, subst. f., perte d'un droit, تضييع حقّ.

DÉCHET, s. m., diminution d'une chose en qualité, en valeur, انحطاط - نقص - بوار.

DÉCHIFFRABLE, adj. com., ينقرى - يتفسّر.

DÉCHIFFRER, v. a., lire قرأ A.

Déchiffrer, expliquer ce qui est obscur, بيّن - فسّر A. - شرح.

DÉCHIQUETER, v. a., découper par taillades, شقشق - مزّق - شرمط - حتّت.

DÉCHIQUETURE, s. f., taillade, حتّة.

DÉCHIRANT, E, adj., qui déchire le cœur, يقطع القلب.

DÉCHIREMENT, s. m., تمزيق - تقطيع.

DÉCHIRER, v. a., mettre en pièces sans trancher, خرق O. - شقّ - مزّق - شرمط O. - شرّق - شقشق (Barb.). Déchirer avec les ongles, en parlant des animaux, نهش A.

Déchirer le cœur, قطع القلب.

Déchirer, médire de quelqu'un, قدح فيه A. - مزّق عرضه O. - خرق ناموسه A. - طعن في عرضه.

DÉCHIRURE, s. f., خرق - شرمطة.

DÉCHOIR, v. n., tomber dans un état moindre, تضعضع - انحطّ A. - نقص.

DÉCIDÉ, E, adj., d'un caractère ferme, جازم - صاحب عزم - مايس.

DÉCIDÉMENT, adv., d'une manière décidée, قطعا - بسّم. Décidément, que voulez-vous? تبتّت على ايش - والحاصل ايش تريد.

DÉCIDER, v. a., porter son jugement sur une chose, حكم A. - قطع O. - بتّ الراى في امر. L'intelligence ne peut décider que Dieu ait telle ou telle figure, الظنون ما تنقطع في الله انه كذا و كذا صورة A. ‖ Décider une difficulté, قطع المشكلة I. - جزم الامر.

Décider quelqu'un à, ميّله الى.

Décider, terminer un différend, فصل الدعوى I. Décider en faveur de quelqu'un, حكم له O. ‖ فصّل. Le mufti décida en faveur de l'iman, ترجيح المفتي ‖ Décider contre quelqu'un, حكم عليه. كلام الامام.

Décider de, v. n., disposer de, حكم في O. - قضى على I.

Se décider, v. réfl., prendre son parti, عزم I. اعتمد على - ازمع على - على.

DÉCIMAL, E, adj., composé de dixaines, etc., عشرة عشرة.

DÉCIME, s. m., contribution de la dixième partie des biens, عشر المال.

DÉCIMER, v. a., punir un sur dix, قاصص واحداً في العشرة.

DÉCISIF, IVE, adj., qui décide, حتمى - بتّى - قاطع. Preuve décisive, برهان قاطع.

DÉCISION, s. f., jugement, حكم - حكومة ; plur., احكام - بتّ امر - قطع مشكلة - فصل دعوى. Décision donnée par le mufti sur une question proposée ; فتوى plur., فتاوى. || Demander une décision au mufti, استفتاه شى. || Donner une décision (mufti), افتاه في الامر بيان.

DÉCISIVEMENT, adv., حتماً - بتًّا.

DÉCLAMATEUR, s. m., qui déclame, شادى - خطيب. Déclamateur qui exagère, مبالغ.

DÉCLAMATION, s. f., شدو - خطابة.

Déclamation, exagération, مهاتنية - مبالغة - مهاتاة.

DÉCLAMATOIRE, adj. com., qui ne renferme que des déclamations, مهاتنى.

DÉCLAMER, v. a., réciter à haute voix, خطب O. Déclamer des vers, انشد O.

Déclamer, v. n., invectiver, هاتى.

DÉCLARATIF, IVE, adj., تعريفى.

DÉCLARATION, s. f., acte, discours pour déclarer, تعريف - تصريح. Déclaration de guerre, تصريح العداوة - اشهار الحرب. || Déclaration aveu, témoignage, اقرار - شهادة.

DÉCLARER, v. a., manifester, annoncer, اظهر - صرّح بالشى - اشهر - اعلن - عرّف - بيّن. Déclarer la guerre, اشهر الحرب على - صرّح بالحرب على.

Déclarer, révéler, اشهر - اقرّ.

Se déclarer pour, v. réfl., ظهر ل A. Se déclarer contre, ظهر على.

Se déclarer, se faire connaître, اشهر نفسه.

Se déclarer, paraître (maladie), بان A. - ظهر A.

DÉCLIN, s. m., état de ce qui penche vers sa fin, زوال - اخر - نقص - هبوط - انحطاط. Être sur son déclin, مال الى الزوال I.

DÉCLINABILITÉ, s. f., qualité d'un mot déclinable, اعراب - انصراف الاسم.

DÉCLINABLE, adj. com., منصرف - مُعْرَب - معرب.

DÉCLINAISON, s. f., manière de faire passer les noms par les cas, تصريف الاسماء - اعراب الاسماء.

Déclinaison, éloignement des astres de l'équateur, انحراف او ابتعاد الكواكب عن خط الاستوا.

DÉCLINATOIRE, s. m., انكار.

Déclinatoire, adj., انكارى.

DÉCLINER, v. n., déchoir, pencher vers sa fin, مال الى الزوال I. - نقص O. - انحط - هبط O.

Décliner, en parlant des astres, انحرف.

Décliner, v. a., terme de gram., عرّب الاسم - صرّف الاسم.

Décliner, ne pas reconnaître une juridiction, انكر الحكم A. - انكر.

Décliner son nom, se nommer, سمّى نفسه.

DÉCLIVITÉ, pente, حدور.

DÉCLOUER, v. a., فكّ المسمار - خلع المسمار A.

DÉCOCHER, v. a., lancer un trait, نشب - رمى I. - رشق احدا ب O.

Décocher un trait de satire, ضرب احدا كلمة I. O. - نقره كلمة O. A. - طعن فيه O. A.

DÉCOCTION, s. f., bouillon de plantes et drogues, طبيخ النبات - مطبوخ ماء نبات.

DÉCOIFFER, v. a., défاire la coiffure, خبل العِقّة A. - نزع ما على الراس من اللبس و الزينة A.

DÉCOLLATION, s. f., action de couper le cou, قطع راس.

DÉCOLLEMENT, s. m., حلّ الغرا.

DÉCOLLER, v. a., couper le cou à quelqu'un, قطع راس A.

Décoller, détacher ce qui était collé, حلّ الغرا O.

## DÉC

*Se décoller*, v. pro., se détacher, انحلّ - انفكّ. I.
Décolleter, v. a., كشف الصدر. I.
Décolorer, v. a., ôter la couleur, فسخ اللون A. - ذبل اللون.
*Se décolorer*, v. pro., se ternir, perdre sa couleur, انفسخ لونه. I. - كبى.
Décoloré, e, adj., terne, كابى.
Décombrer, verb. act., ôter les décombres, شال الردم. I.
Décombres, s. m. pl., ردم.
Décomposer, v. a., réduire un corps, حلّ. - O. فكّ التركيب O.
*Décomposer*, au fig., décomposer un raisonnement, un discours, l'analyser, فصّل.
*Décomposer* le sang, افسد A. - فسخ الدم. الدم.
Décomposition, s. f., résolution d'un corps dans ses principes, انحلال - انفكاك - حلّ - فكّ.
*Décomposition*, dissolution du sang, فساد الدم - انفساخ الدم.
Décompte, s. m., déduction sur une somme à payer, حسم مقدار ما من المبلغ الذى يقتضى دفعه. - حسم - خصم.
Décompter, v. a., rabattre sur une somme, شال من. - O. حسم من I.
*Décompter*, v. n., rabattre de l'opinion, نقّص. Trouver à décompter, لاقى خلاف ما كان فى ظنّه.
Déconcerter, v. a., rompre les mesures, les desseins, عكس - بطّل A. - فسخ - افسد I.
*Déconcerter* quelqu'un, lui faire perdre contenance, le troubler, خزى. I. - O. لخبط - خبّل.
*Se déconcerter*, v. réfl., se troubler, تخبّل - تغيّرت احواله - انخزى.
Déconfiture, s. f., défaite, ruine, كسرة.
Déconseiller, v. a., persuader de ne pas faire, شار عليه بان لا يعمل الشى - رجّع عن. O.
Décontenancer, v. a., faire perdre contenance, غيّر احواله - التخم. O. لخّم.

## DÉC 231

Déconvenue, s. f., malheur, ما جرى عليه - ما اصابه.
Décorateur, s. m., مزخرف.
Décoration, s. f., ornement, زخرفة - زينة.
*Décoration*, marque de dignité, علامة شرف.
Décorder, v. a., détortiller, حلّ برمة الحبلة O.
Décorer, v. a., orner, زيّن - زخرف.
Décorum, s. m., bienséance, الناموس الظاهر - هيبة. Garder le décorum, حفظ الناموس الظاهر A.
Découcher, v. n., coucher hors de chez soi, بات برّا A.
*Découcher*, v. a., faire découcher quelqu'un, بيّته برّا او فى غير فرشته.
Découdre, v. a., défaire la couture, فتق O.
*Se découdre*, v. pron., انفتق. I.
*En découdre*, v. n., fam., en venir aux mains, تقاتلوا - تحاربوا.
Décousu, e, adj., sans ordre, sans liaison, غير مسلسل ببعضه - غير مضبوط.
Découlant, e, adj., سايل.
Découlement, s. m., سيلان.
Découler, v. n., couler, جرى I. A. - سال I. - زرب O.
*Découler*, au fig., avoir sa cause dans, نتج من O.
Découper, v. a., couper en morceaux, قطّع. Découper en petites parties des étoffes, du papier, قصقص. - O. قصّ.
Découpler, v. a., détacher ce qui est couplé, délier, فرق بين الاثنين. - O. حلّ.
Bien *découplé*, de belle taille, طويل القامة - صاحب قدّ واعتدال.
Découpoir, s. m., ciseaux, مقصّ.
Découpure, s. f., taillade, chose découpée, قصقوصة.
*Découpure*, action de découper, تقطيع.
Décourageant, e, adj., يبخمد - يبرّد الهمّة.
Découragement, s. m., perte de courage, حمود - فتور - تبريد الهمّة - انكسار القلب.

DÉCOURAGER, v. a., ôter le courage, كسر القلب I. - اخمد - برّد الهمّة.

Se décourager, v. pr., A. - خمد .O - بردت هتة - O. فترت هته - انفل عزمه - انكسر قلبه.

Découvs, s. m., décroissement de la lune, نقصان القمر - هبوط القمر.

Décousure, s. f., endroit décousu, فتق.

Découvert, e, adj., مكشوف. Lieu découvert, agréable, مكان شرح - موضع فرج.

A découvert, adv., sans être couvert, مكشوف - على المكشوف.

A découvert, manifestement, اشكارًا - جهارًا.

Découverte, s. f., action de découvrir, كشف.

Découverte, invention, ايجاد - ابتداع.

Découvrir, v. a., ôter ce qui couvre une chose, كشف الغطا عن الشى .I - كشف الشى.

Découvrir, dégarnir de forces, de secours, exposer aux dangers, عرض للاخطار - خلّى بلا محامى.

Découvrir, parvenir à connaître ce qui était caché, اطّلع على - يطّلع .aor - وقف على. Il découvrit en lui des dispositions guerrières, شمّ فيه رايحة الشجاعة.

Découvrir, révéler, اظهر.

Découvrir, commencer à voir, A. - استلمح. ‎

Découvrir, faire une découverte, اطّلع على - كشف .aor - يجد - وجد I.

Se découvrir, v. réf., انكشف. Se découvrir la tête, la gorge, كشف راسه - صدره I.

Se découvrir, se faire connaître, اظهر نفسه - بيّن نفسه.

Se découvrir, être indiscret, فضح روحه A.

Décrasser, v. a., ôter la crasse, غسل الوسخ.

Décrasser, au fig., polir un homme grossier, هندم.

Décréditement, s. m., تبويز.

Décréditer, v. a., ôter, faire perdre le crédit, l'estime, etc., كسر عرضه .I - ثلم صيته .I - قلّل اعتباره - بوز - خرق ناموسه.

Se décréditer, v. réf., perdre son crédit, تبوز - قلّ اعتباره - انثلم صيته I.

Décrépit, e, adj., vieux et cassé, هرم.

Décrépitation, s. f., petillement du sel dans le feu, تكتكة الملح.

Décrépiter, v. n., petiller, تكتك.

Décrépitude, s. f., vieillesse extrême, عجز- هرم.

Décret, s. m., ordonnance, حكم; plur., احكام - امر - قضا .plur, اوامر. Les décrets du ciel, الامر المقدّر - القضا و القدر - امر الله - المقادير.

Décréter, v. a., décerner un décret, ordonner, امر .O - حكم .I - قضى.

Décri, s. m., cri public pour défendre le débit d'une marchandise, le cours d'une monnaie, etc., مناداة بنهى بضاعة او نوع من المعاملة.

Décri, au fig., perte de la réputation, جرسة - فضيحة - هتيكة - انكسار العرض.

Décrier, v. a., défendre le débit d'une marchandise, le cours d'une monnaie, par un cri public, نادى بنهى البضاعة او المعاملة.

Décrier, au fig., ôter l'honneur, la réputation, l'estime, كسر عرضه .I - فضح .A - هتك .O.

Décrire, v. a., peindre par paroles, وصف - يصف .aor.

Décrire, tracer, رسم .O.

Décrocher, v. a., فكّ الشى المعلق .O - شال الشى من I.

Décroissement, s. m., انتقاص - نقصان.

Décroître, v. n., diminuer, نقص .O - انتقص - تصاغر- خسّ .I.

Décrotter, v. a., ôter la crotte, مسح A.

Décrotteur, s. m., مسّاح الصرم.

Décrottoire, s. f., ممسحة.

Décrue, s. f., نقص.

Décruer, v. a., lessiver du fil cru avant la teinture, غسل الخيط الخام قبل صبغه I.

Decruser, v. a., faire bouillir des cocons de soie

pour les dévider avec facilité, غلى جوز القزي الماء ليتحلّ الغزل بسهولة.

Décuple, s. m. et adj., عشرة اضعاف.

Décupler, v. a., rendre dix fois plus grand, صيّر الشي قدر ماكان عشرة اضعاف.

Dédaigner, v. a., mépriser, احتقر ‐ استحقر ‐ ما حسب له حساب ‐ ما اعتنى في ‐ استخفّ ب.

Dédaigner de, v. n., ne pas vouloir par mépris, من قلّة اعتباره لاحد ‐ A. كبرت نفسه عن ما اراد ان.

Dédaigneusement, adv., باستحقار.

Dédaigneux, se, adj., مستحقر.

Dédain, s. m., mépris, استحقار.

Dédale, s. m., labyrinthe, تيه.

Dedans, adv., dans l'intérieur, جوّا ‐ داخل.

Dedans, s. m., intérieur, داخل. Le dedans de la maison, داخل البيت.

Dédicace, s. f., consécration d'une église, رسم ‐ تكريس كنيسة ‐ تخصيص كنيسة باسم قدّيس.

Dédicace, épître pour dédier un livre à quelqu'un, خطبة ‐ رسالة الى من أهدى له الكتاب ‐ هدية كتاب.

Dédicatoire, adj. com., contenant la dédicace, لاجل اهدا كتاب ‐ مهدى.

Dédier, v. a., consacrer au culte. O. ‐ رسم ‐ كرّس ‐ خصّص باسم قدّيس.

Dédier, adresser un livre par une dédicace, A. جعل كتابه على اسم ‐ اهدى كتاب.

Dédire, v. a., désavouer ce qu'une personne a dit ou fait pour nous, A. ‐ كذب ‐ نكر.

Se dédire, v. réf., se rétracter, O. ‐ نقض قوله ‐ A. رجع في كلامه ‐ رجع من كلامه.

Dédit, s. m., rétractation, رجوع في الكلام.

Dédit, peine convenue contre celui qui se dédit, مبلغ معلوم بين المتعاهدين يدفعه الذى يرجع عن كلامه.

Dédommagement, s. m., réparation de dommage, عوض ‐ تعويض خسارة.

Dédommager, v. a., indemniser, عوّض عليه ‐ عوّض خسارة. Dieu vous dédommagera d'un autre côté, الله يعوّض عليك من غير باب.

Se dédommager, v. réf., O. سدّ.

Dédoubler, v. a., ôter la doublure, I. شال البطانة.

Dédoubler, séparer en deux, I. قسم قسمين.

Déduction, s. f., soustraction, حسم ‐ خصم. Déduction faite des frais, بعد حسم المصروف.

Déduction, énumération, شرح.

Déduire, v. a., rabattre, O. ‐ حسم ‐ O. ‐ خصم ‐ A. طرح.

Déduire, narrer en détail, O. ‐ شرح ‐ A. قصّ.

Déduire, inférer, استنتج من.

Déesse, s. f., divinité féminine, مكلة ‐ جنّية ‐ الاهة.

Se défâcher, v. réf. fam., s'apaiser après la colère, O. راق من غضبه.

Défaillance, s. f., غشوة ‐ غشية.

Défaillant, e, adj., qui s'affaiblit, ناقص القوى.

Défaillant, s., qui ne comparaît point sur l'assignation, متأخر عن الحضور ‐ مخالف.

Défaillir, v. n., dépérir, s'affaiblir, O., نقص ‐ انتقص قوته.

Défaillir, se pâmer, A. ‐ غشى عليه ‐ A. غشى.

Défaire, v. a., détruire ce qui est fait, I. O. ‐ نزع ‐ A. خرب. Défaire un mariage, O. فكّ العقدة ‖ Défaire un nœud, فسخ الزيجة.

Défaire, mettre en déroute, I. ‐ انتصر على ‐ A. كسر. Être défait, انكسر.

Défaire, débarrasser, خلّص من.

Défaire, maigrir, exténuer, اضعف ‐ اسقم ‐ غيّر ‐ انحف ‐ اضنى ‐ ضعّف.

Défaire, au fig., effacer par plus d'éclat, de beauté, O. فاق.

Se défaire, v. réf., se débarrasser de, انعتق من ‐ تخلّص من. Se défaire d'un ennemi, le faire mourir, ‖ اهلك عدوه فتخلّص منه و استراح من شرّه. Se défaire de, se désaccoutumer de, O. ‐ ترك.

خلّى عنه. ‖ Se défaire d'une chose, la vendre, باع I.

DÉFAIT, E, adj., amaigri, abattu, متغير - ضعيف.

DÉFAITE, s. f., déroute, كسرة.

*Défaite*, débit, vente, بيعة. Qui est de défaite, سهل البيع.

*Défaite*, excuse, حجّة; plur., حجج, Mauvaise défaite, حجّة باردة.

DÉFALCATION, s. f., déduction, حسم - شيل.

DÉFALQUER, v. a., déduire, حسم - شال من. O.

DÉFAUT, s. m., imperfection, عيب; pl., عيوب - نقص - نقيصة; pl. نقائص. Quiconque verra ses propres défauts ne s'occupera pas de ceux d'autrui, من أبصر عيب نفسه اشتغل عن عيب غيره.

*Défaut*, manque, privation, نقص - عدم - قلّة.

*Défaut*, manquement à une assignation, مخالفة - تأخّر عن الحضور.

Au *défaut* de, adv., au lieu de, en place de, عوض عن.

DÉFAVEUR, s. f., قلّت قبول.

DÉFAVORABLE, adj. com., مخالف - منكوس.

DÉFAVORABLEMENT, adv., منكوساً - بمخالفة.

DÉFECTIF, IVE, adj. (verbe) qui n'a pas tous ses modes et temps, فعل غير كامل الاحوال.

DÉFECTION, s. f., abandonnement d'un parti, تخلية - تخلّى عن - ترك.

DÉFECTUEUSEMENT, adv., بعيب - بعوار.

DÉFECTUEUX, SE, adj., qui n'a pas les qualités requises, ناقص - معيوب - معور. Verbe défectueux (comme غزا, رضى, etc.), فعل ناقص.

DÉFECTUOSITÉ, s. f., défaut, عيب; pl., عيوب - نقصان - نقص - عوار.

DÉFENDABLE, adj. com., يحتمى.

DÉFENDEUR, DERESSE, s., opposé à demandeur, مجيب - مدّعى عليه.

DÉFENDRE, v. a., protéger, soutenir, دافع عنه - حامى عن I. - حمى O. - نصر O. - ردّ عنه. A son corps défendant, مدافعًا عن نفسه. ‖ Défendez-votre frère, qu'il ait tort ou raison, prov., انصر اخاك ظالمًا و مظلومًا. ‖ Défendre quelqu'un, l'excuser, تلافى دعوته. ‖ Défendre, garder une place forte, حافظ. - I. حمى.

*Défendre*, empêcher de, منع عن.

*Défendre*, prohiber, interdire, حرّم - حرج - نهى عن I. - منع A. On aime le fruit défendu, كل ممنوع متبوع - كل ممنوع حلو - احبّ شى للانسان ما مُنع.

*Se défendre*, v. réf., repousser par la force, دافع عن نفسه.

*Se défendre*, s'excuser de faire, امتنع من - اعتذر من.

*Se défendre* de, se disculper, nier, برّر نفسه - احتجّ بان A. Il se défendit en disant que, نكر.

*Se défendre*, se tenir en garde, se garantir, احترس من - استحرس من.

DÉFENSE, s. f., protection, soutien, مدافعة - محاماة - حماية - صيانة. Prends ma défense, Dieu prendra la tienne, خذ بيدى الله ياخذ بيدك. ‖ Mettre une place en état de défense, حصّن - تحصّن - احترس - استعدّ للمدافعة. ‖ Se mettre en défense, 

*Défense*, justification d'une inculpation, تبرية.

*Défense*, prohibition, نهى - منع - تحريج.

*Défenses*, au plur., réponses en justice, مجاوبة - احتجاج I. Il sera ouï en ses défenses, يستمع فى احتجاجه.

*Défenses*, longues dents de sanglier, نابات - ناب; sing., انياب.

*Défenses*, ce qui met les assiégés à couvert, تحصين.

DÉFENSEUR, s. m., qui défend, محامى.

DÉFENSIF, IVE, adj., fait pour défendre, دفاعى.

DÉFENSIVE, s. f., مدافعة. Être sur la défensive, ne faire que se défendre, حامى - دافع.

DÉFÉRANT, E, adj., qui condescend, ممتثل - مراعى.

DÉFÉRENCE, s. f., condescendance, امتثال - رعاية - مراعاة.

DÉFÉRENT, s. m., terme de monnaie, marque de la fabrique, نشان المعاملة.

DÉFÉRER, v. n., céder, راعى - امتثل ل.

Déférer, donner, سلّم ل - اولى احدا ب - اعطى. Déférer le serment à quelqu'un, حلّف.

Déférer. Voyez DÉNONCER.

DÉFERRER, v. a., (un cheval), شال نعل الفرس. I.

Se déferrer, v. réf., perdre son fer, en parlant d'un cheval, تحفى.

Déferrer, v. a., rendre muet, confus, افحم. I.

DÉFI, s. m., provocation, طلب شرّ - اباحة - استدعا للميدان - طلب للميدان. Porter un défi à quelqu'un, استدعى احدا للميدان - رمى اباحة, القى اباحة عليه ب, فى. I.

DÉFIANCE, s. f., crainte d'être trompé, ظنّ سوء - استحراس - حذر - استخوان. La défiance est la mère de la sûreté, الاستخوان يولد الامان.

DÉFIANT, E, adj., qui craint qu'on ne le trompe, لا يامن احدا - مستخون - متوهّم طنّان.

DÉFICIT, s. m., ce qui manque, نقصان - خسّ - نقص.

DÉFIER, v. a., provoquer au combat, faire un défi, دعا للقتال - استدعى للميدان. O. I. – رمى, القى اباحة عليه. O. – طلب للشر. I. Il défia à la course tous ceux qui se présenteraient, رمى اباحة فى الركض على اى من كان.

Défier quelqu'un, le braver, استهتر.

Se défier de, v. réf., avoir de la défiance de, ماءن - احتذر من - تحرّس من - استحرس من - استخون. O. – شكّ فى. O. – ظنّ السوء فى - خوّن. Il faut se défier de tout le monde, لا تظنن فى الناس الّا سوءا.

DÉFIGURER, v. a., rendre difforme, gâter, شوّه. I. – عكس - هشّم الوجه.

DÉFILÉ, s. m., passage étroit, مضيق.

DÉFILER, v. a., ôter le fil, سلّت الخيط. O. I. – فرط عقد لولو. O. Défiler un collier de perles, فرط عقد لولو.

Défiler, v. n., passer à la file, les uns après les autres, فات واحد بعد واحد او ناس بعد ناس. O.

DÉFINI, s. m., chose définie, شى محدود.

DÉFINIR, v. a., déterminer le temps, le lieu, les bornes, حدّ - حدّد. O.

Définir, expliquer la nature, l'essence d'une chose, عرّف - عرّف ماهية الشى.

DÉFINITIF, IVE, adj., qui décide, بتّى.

En définitive, adj., par un jugement définitif, بتّيا.

En définitif, enfin, والاخر - والحاصل.

DÉFINITION, s. f., explication de la nature d'une chose, etc., تعريف; plur., تعريفات.

DÉFINITIVEMENT, adv. Voyez EN DÉFINITIF.

DÉFLAGRATION, s. f., combustion, احتراق.

DÉFLEURIR, v. n., perdre sa fleur, سقط زهره. O. – يبس زهره. A.

Défleurir, v. a., اسقط الزهر.

DÉFLEXION, s. f., détour de sa route naturelle, انحراف - ميل.

DÉFLORATION, s. f., dépucellement, زباح البكورية - ازالة البكارة.

DÉFLORER, v. a., ôter la virginité, ازال البكارة. O. اخذ الوجه - ازاح البكورية.

DÉFONCER, v. a., ôter le fond d'un tonneau, خفس. A. Défoncer la terre, شقّ الارض. O. – عزق الارض. I.

Se défoncer, v. réf., perdre son fond, انخفس.

DÉFORMER, v. a., gâter la forme, عكس. I. – سمّج.

Se déformer, v. réf., انعكس.

DÉFOURNER, v. a., ôter du four, اخرج من الفرن.

DÉFRAI, s. m., دفع المصروف.

DÉFRAYER, v. a., payer la dépense, حمل الكلفة. I. – دفع المصروف. A.

Défrayer, amuser une société, سلّى الجماعة.

DÉFRICHEMENT, s. f., عزق الارض.

Défricher, v. a., cultiver une terre inculte, O. عمر الارض - احيى الارض - I. عزق الارض.
Défricheur, s. m., عمّار الارض.
Défriser, v. a., défaire la frisure, I. رخى الشعر.
Défroncer, v. a., défaire les plis, O. فرط - بسط. O. Défroncer le sourcil, بسط وجهه - O. حل عقديه.
Défroque, s. f., dépouille, تشليحة.
Défroquer, v. a., ôter le froc, شلح.
Se défroquer, v. réf., quitter le froc, A. شلح. Moine défroqué, راهب شالح.
Défunt, e, s., mort, متوفى - هالك - متشنّج - مرحوم (les musulmans ne se servent de ce dernier mot qu'en parlant de leurs coreligionnaires).
Dégagé, e, adj., libre, مخلّص.
Dégagement, s. m., تخليص - خلاص. Dégagement, issue secrète, منفذ سرّ - باب سرّ - مسلك سرّ.
Dégager, v. a., retirer ce qui était engagé, خلّص. Dégager, débarrasser, délivrer, O. فكّ خلّص. Dégager un soldat, le rendre libre, I. - اطلق عتق. Dégager, donner une issue, سلّك. Dégager sa parole, la retirer, I. شال بلى. Dégager sa promesse, y satisfaire, كمّل وعد.
Se dégager, v. réf., تخلّص.
Dégainer, v. a., O. - A. سلّ - سحب.
Dégarnir, v. a., ôter ce qui garnit, ce qui orne, I. شال الزينة، العدّة. - A. نزع الادوات - جرّد - عرّى. Dégarnir un arbre, en ôter les branches inutiles, قلّم الشجرة.
Se dégarnir, se vêtir légèrement, تخفّف.
Dégât, s. m., ravage, ruine, خسارة - خراب - تلاف. Faire du dégât dans une province, I. خرب البلاد (اخرب). || Ils ont fait un dégât épouvantable, خربوا الدنيا.
Dégauchir, v. a., ôter l'irrégularité du bois, صلّح الخشب.

Dégauchissement, s. m., تصليح الخشب.
Dégel, s. m., fonte des neiges, de la glace, سياح الثلج - حلّ الثلج - ذوبان الجليد.
Dégeler, v. a., fondre la glace, la neige, حلّل، ذوّب الجليد - سيّح الثلج. Dégeler, v. n., ou Se dégeler, I. - ساح الثلج، تحلّل، انحلّ الجليد.
Dégénération, s. f., انفساد - تلف.
Dégénérer, v. n., s'abâtardir, تغيّر عن طيبة اصله - A. انفسد - تلف. Cet homme a dégénéré, il vaut moins qu'il ne valait autrefois, انحطّ عن قيمته السابقة.
Dégénérer en, changer de bien en mal, انقلب O. آل الى.
Dégingandé, ée, adj., مخلّع.
Dégluer, v. a., O. حل من الدبق.
Déglutition, s. f., action d'avaler, ابتلاع.
Dégobiller, v. a., O. نتق - تقيّأ.
Dégoiser, v. a. et n., I. حكى.
Se dégoiser. Voyez Se dégourdir.
Dégorgement, s. m., تفريغ.
Dégonfler, v. a., ازال الورم، الانتفاخ.
Dégorger, v. a., déboucher, سلّك. Dégorger, v. n., se déboucher, O. سلّك. Se dégorger, v. réf., s'épancher, استفرغ - فرّغ.
Dégourdi, e, adj., expérimenté, مدعوك - مفتول.
Dégourdir, v. a., ôter l'engourdissement, A. I. أنعش. Dégourdir, au fig., fam., façonner une personne, I. فتل - A. دعك.
Se dégourdir, v. réf., se défaire de son engourdissement, O. - انتعش صحّ. Se dégourdir, se défaire de sa simplicité, تشطّر - O. صحّ - A. فتح عيند.
Dégourdissement, s. m., انتعاش.
Dégoût, s. m., manque de goût, d'appétit, سأم - عدم الذوق و الاشتهاء - قرف.

**Dégoût**, aversion pour une chose, pour une personne, ملل - من - كراهة - قرف. Éprouver du dégoût pour, من - تَقَرَّف من. ‖ Dégoût de l'étude, زهد - زهق.

**Dégoût**, déplaisir, قهر.

**Dégoutant, e**, adj., كريه - مقرف.

**Dégouté, e**, adj., qui manque d'appétit, قرفان - مسدوم.

**Dégouté**, difficile, délicat, ملول - چلبى المزاج - ركيك المزاج.

**Dégouter**, v. a., ôter le goût, l'appétit, اقرف - O. سدّم نفسه - سدّ النفس - قرّف.

**Dégouter** de, donner de l'aversion pour, اقرف من - كرّه فى.

**Dégouter** de, faire qu'on ne trouve plus à son goût, O. صدّ عن.

**Se dégouter** de, v. réf., prendre du dégoût pour, I. O. - تَقَرَّف من A. - قرف A. - زهد - زهق A. - زعل من A.

**Se dégouter**, perdre l'appétit, I. قرف A. - سدم A.

**Dégouttant, e**, adj., qui tombe goutte à goutte, قاطر. Son sabre était dégouttant de sang, وسيفه يقطر بالدما.

**Dégoutter**, v. n., tomber goutte à goutte, O. قطر - نقط. Le sang lui dégoutte du nez, انفه ينقط دم. ‖ L'eau dégoutte dans la chambre, البيت يكف.

**Dégradation**, s. f., destitution honteuse d'un grade, حطّ عن المقام.

**Dégradation** d'un édifice, خراب.

**Dégradation**, avilissement, ذلّ - ترذيل.

**Dégradation**, affaiblissement des couleurs, de la lumière, نقص بالتدريج.

**Dégrader**, v. a., démettre d'un grade avec ignominie, O. حطّ عن المقام.

**Dégrader**, déshonorer, avilir, اذلّ - رذّل - بهدل.

**Dégrader**, faire du dégât, I. خرّب.

**Dégrader**, affaiblir insensiblement les couleurs, la lumière, انقص, قلّل بالتدريج.

**Se dégrader**, au fig., s'avilir, ترذل.

**Dégrafer**, v. a., O. فكّ.

**Dégraissement**, s. m., غسيل - ازالة الدهن.

**Dégraisser**, v. a., ôter la graisse, les taches de graisse, I. غسل - ازال الدهن, زوّل الدهن. Il mangea des fruits pour se dégraisser la bouche, اكل فواكه ليزيل عن فمه زفرة الطعام.

**Dégraisseur**, s. m., غسّال.

**Degré**, s. m., escalier, درج - سلّم et سلّم; pl., سلالم. Degré, marche d'un escalier; درجة; collect., درج.

**Degré**, grade, درجة - رتبة.

**Degré**, division d'une ligne, درجة.

Par **degrés**, petit à petit, بالتدريج. Au plus haut degré, au fig., الى ابعد غاية - للغاية.

**Dégréer**, v. a., ôter les agrès d'un navire, I. شال ادوات المركب.

**Dégringoler**, v. a., descendre vite et malgré soi, A. كرت - تكركب.

**Dégrossir**, v. a., diminuer, I. رقّ - رقّق.

**Dégrossir**, au fig., commencer à éclaircir une affaire, نوّر المادّة.

**Déguenillé, e**, adj., dont les habits sont en lambeaux, مخلقن - مخرقن.

**Déguerpir**, v. a., abandonner un héritage, O. ترك الارث.

**Déguerpir**, v. n., fam., sortir d'un lieu par crainte, par la force, O. فرّك - انقلع. Déguerpissez d'ici, انكسحوا, انقلعوا من هون.

**Déguerpissement**, s. m., abandon d'un héritage, ترك ارث.

**Dégueuler**, v. n., vomir, I. طرش.

**Déguisement**, s. m., état d'une personne déguisée, تنكير - تخفية - تبديل.

**Déguisement**, au fig., dissimulation, تدليس.

**Déguiser**, v. a., travestir, نكّر. On le déguisa en marchand, لبّسوه زى تاجر.

**Déguiser**, cacher sous des formes trompeuses,

I. Il déguisa son chagrin, et fit bonne contenance, اخفى - خبى اخفى الكمد واظهر الجلد.

*Se déguiser*, v. réf., se travestir, تبدّل - تنكّر. Il se déguisa en femme, تنكّر بزى النسوان - لبس زى النسوان.

*Se déguiser*, se montrer autre que l'on n'est, دالس - دلّس.

Dégustation, s. f., essai, ذواقة.

Déhanché, e, adj., qui a les hanches rompues, مخلّع - مخلّع.

Déharnacher, v. a., شال عدّة الفرس I.

Déhonté, e, adj., بلا حيا - وقح.

Dehors, s. m., la partie extérieure, خارج. Dehors, au plur., fortifications extérieures, سياج.

*Dehors*, apparence, ظاهر.

Dehors, adv. de lieu, prép., hors de, برّا. Par dehors, من برّا - من خارج.

Déicide, s. m., crime des Juifs en faisant mourir le Christ, قتل المسيح.

Déification, s. f., تأليه.

Déifier, verb. a., mettre au rang des dieux, الّه.

Déisme, s. m., croyance à l'existence d'un dieu, sans révélation ni culte, القول بالوجدة المطلقة - اعتقاد بوجود الله و نكر جميع الاديان.

Déiste, s, qui reconnaît un dieu, et rejette toute religion révélée, الآدوى - قايل بالوجدة المطلقة - معتقد بوجود الله و ناكر جميع الاديان.

Déité, s. f., divinité de la Fable, الاله - الهة.

Déja, adv. de temps, dès cette heure, الساعة. Déjà, dès l'heure dont on parle; auparavant, قد - قبل الان - لقد. || Il s'est déjà passé bien du temps, لقد برح زمان. || Je suis déjà venu deux fois, جيت مرّتين قبل هك.

Déjection, s. f., excréments, براز.

Déjeter (se), v. réfl., se dit du bois, etc., qui travaille, qui se courbe, نفش الخشب و اعوج O.

Déjeuné ou Déjeuner, s. m., فطور.

Déjeuner, v. a., manger le matin, فطر O. Faire déjeuner, donner à déjeuner, فطّر.

Déjoindre, v. a., شقّ - فرّق بين O.

*Se déjoindre*, v. r., se séparer, افترق - انشقّ.

Déjouer, v. a., empêcher de réussir (un projet), ابطل - عطّل. I. - عكس.

De la, adv., de cela, من هذا. Il s'ensuit de là que, مقتضى ذلك ان - و من ذلك يستلزم ان.

*De là*, de l'autre côté de, من هناك - Au-delà, par-delà, من الناحية ديكها - من الناحية الثانية - هذاك الصوب. Au-delà du fleuve, ورا البحر. || Au-delà de la mer, الصوب من النهر || Au-delà des espérances, فوق الامل.

Délabrement, s. m., خراب - ضعضعة.

Délabrer, v. a., déchirer, mettre en mauvais état, خرّب - خرب - ضعضع - مزّق. I.

Délacer, v. a., défaire le lacet, فكّ الخيط O - ارخى القيطان.

Délai, s. m., remise, مهلة. Donner un délai, امهل. || Demander un délai, استمهل.

Délaissement, s. m., abandonnement, تخلّى.

Délaisser, v. a., abandonner, تخلّى عن.

Délassement, s. m., repos, استراحة - راحة.

Délasser, v. a., ôter la lassitude, ريّح.

*Se délasser*, v. réfl., prendre du repos, استراح I.

Délateur, trice, s., dénonciateur, عوانى - عوانية plur.

Délation, s. f., dénonciation, عوان.

Délayant, adj. (remède), qui rend les humeurs fluides, دوا محلّل.

Délayement, s. m., حلّ.

Délayer, v. a., détremper dans un liquide, حلّ O.

Delectable, adj. com., agréable, لذيذ.

Délectation, s. f., plaisir qu'on savoure, تلذّذ.

Délecter, v. a., réjouir, سرّ O. - شرح قلبه A. - بسط O.

*Se délecter*, v. réfl., prendre beaucoup de plaisir à, استلذّ - التذّ - تلذّذ ب.

DÉLÉGATION, s. f., commission pour connaître, agir au nom de, وكالة - نيابة.

*Délégation*, acte qui donne pouvoir à une personne de recevoir une somme d'une autre, حوالة.

DÉLÉGUÉ, s. m., chargé d'agir au nom d'un autre, وكيل ; plur., نواب - نايب.

*Délégué*, porteur d'une délégation, حوالة.

DÉLÉGUER, v. a., commettre, نسـتوّب - وكّل. اقام وكيلا.

*Déléguer*, assigner des fonds, حوّل.

DÉLESTAGE, s. m., تفريغ التصبيرة.

DÉLESTER, v. a., ôter le lest, فرّغ تصبيرة المركب.

DÉLÉTÈRE, adj. com., qui cause la mort, مقتل - مُناف - قاتل.

DÉLIBÉRANT, E, adj., مشاور.

DÉLIBÉRATIF, IVE, adj., qui tend à persuader ou à dissuader, نصحي. Voix délibérative, suffrage compté dans les délibérations, opposé à voix consultative, الرأي المحسوب و المعتبر في جمع الآرا.

DÉLIBÉRATION, s. f., discussion entre plusieurs pour prendre une résolution, مشاورة - مشورة.

*Délibération*, résolution, راي - بنا.

DÉLIBÉRÉ, s. m., ordonnance, حكم - امر.

DÉLIBÉRÉ, adj., aisé, libre, عازم - مخلص. De propos *délibéré*, عمدا - قصدا.

DÉLIBÉRÉMENT, adv., d'une manière délibérée, بعزم.

DÉLIBÉRER, v. n., consulter en soi-même ou avec les autres, تشاور مع - شاور نفسه. La passion ne délibère point, ليس في الشهوة مشورة ; prov.

*Délibérer* de, se déterminer à, اعزم - اعتمد على - بنا امره على.

DÉLICAT, E, adj., agréable au goût, لذيذ - ناعم - مفتخر.

*Délicat*, fin, رفيع. Esprit délicat, عقل رفيع. *Délicat*, délié, faible, رقيق - نحيف - طرى. Constitution délicate, لطيف - ظريف - ناعم - طبع نحيف. ‖ Main délicate, douce, molle,

‖ Main délicate, légère, adroite, يد يد طرية. ‖ Ouvrage délicat, شغل ظريف. خفيفة.

*Délicat*, efféminé, مدلل.

*Délicat*, difficile à contenter, نظلي.

*Délicat*, difficile à juger, conduire, صعب.

*Délicat* sur l'honneur, صاحب نخوة. Délicat dans ses procédés, ادمي - صاحب معروف.

DÉLICATEMENT, adv., avec délicatesse, بلطافة - بخفة. Élevé délicatement, مربى في الدلال.

DÉLICATER, v, a., traiter, élever délicatement, ربّى في الدلال - لاطف.

DÉLICATESSE, s. f., qualité de ce qui, de celui qui est délicat (*voy.* les différents sens de DÉLICAT), لذّة - ظرافة - لطافة. Délicatesse d'un mets, لذّة الطعام.‖Délicatesse d'un ouvrage, ظرافة الشغل.

*Délicatesse*, mollesse, نعومة - دلال.

*Délicatesse*, légèreté, adresse, خفة.

*Délicatesse*, faiblesse, ténuité, رقّة - نحافة.

*Délicatesse*, finesse, رقّة - رفاعة.

*Délicatesse*, sensibilité, excessive, حسوس.

*Délicatesse* de procédés, معروف.

DÉLICES, s. f. pl., plaisir, هنا - لذّة - تنعّم - نعيم - لذّات و مسرّات.

DÉLICIEUSEMENT, adv., بكمال اللذّة - بتنعّم.

DÉLICIEUX, SE, adj., extrêmement agréable, لذيذ - مفتخر.

DÉLICOTER (SE), v. pers., défaire son licou, قشط الرسن عن راسه.

DÉLIÉ, E, adj., grêle, mince, رفيع - رقيق. Taille déliée, خصر ناحل, رقيق.

*Délié*, au fig., fin, subtil, شاطر - رفيع.

DÉLIER, v. a., défaire le lien, فكّ - حلّ.

*Délier*, au fig., absoudre, حلّ.

DÉLINQUANT, s. m., مذنب.

DÉLINQUER, v. n., contrevenir à la loi, اذنب.

DÉLIRE, s. m., égarement d'esprit causé par la maladie, هذيان - هذى - تخريف. Être en délire, هذى.

Délit, s. m., crime, خطاء – ذنب; pl., ذنوب.
Délivrance, s. f., action de mettre en liberté, خلاص – عَتَق – اطلاق.
Délivrance, livraison, تسليم.
Délivre, s. m. Voyez Arrière-faix.
Délivrer, v. a., mettre en liberté, اطلق – سرّح O. – عتق I. (Barb.).
Délivrer, affranchir d'un mal, خلّص من – سلّك – نجّى (Barb.).
Délivrer, accoucher, ولّد – خلّص.
Délivrer, mettre entre les mains, سلّم.
Se délivrer, v. réfl., se débarrasser, accoucher, تخلّص A. – خلاص.
Délogement, s. m., تعزيل – انتقال.
Déloger, v. a., faire quitter un logis, une place, اخرج من – عزل.
Déloger, v. n., quitter un logement, un lieu, انتقل من O. – خرج من – عزل.
Déloyal, e, adj., sans foi, خاين.
Déloyalement, adv., بخيانة.
Déloyauté, s. f., infidélité, perfidie, خيانة.
Delphinium, s. m. Voyez Pied-d'alouette.
Deltoïde, adj. (muscle), عضلة الذالية.
Déluge, s. m., débordement universel des eaux, grande inondation, طُوَفان.
Démagogie, s. f., faction populaire, عصابة – عصبة الشعب.
Démagogue, s. m., chef, membre d'une faction, populaire, ريس عصبة من الشعب – واحد من العُصَب.
Démailloter, v. a., حلّ قماط الولد O.
Demain, adv. de temps, s. m., le jour après celui où l'on est, غدًا – بُكرة – غدوة (Barb.).
Après demain, adv., dans deux jours, بعد بُكرة – بعد غدا – بعد غدوة et غير غدا (Barb.).
Démancher, v. a., ôter le manche, خلع القبضة A.
Démancher, v. n., avancer la main vers le chevalet du violon, قرب يدّ الى مشط الكمنجة.

Se démancher, v. pr., انخلعت القبضة.
Se démancher, v. pr., aller mal, انعكس – تخربط.
Demande, s. f., action de demander, chose demandée, مطلوب – طلب.
Demande, question, مسيلة; plur., مسايل – سوال; plur., سوالات. Un livre par demandes et par réponses, كتاب سوال و جواب.
Demande, action en justice, ادّعاء – طلب.
Demander, v. a., prier quelqu'un d'accorder, التمس من O. – سأل A. – طلب من احد.
Demander, questionner, سأل احدًا عن A. – سقس ou سقسى et سكسى (Barb.). Demander des nouvelles, استخبر عن شي. Demander à quelqu'un son nom, استسمى احدًا.
Demander, désirer, vouloir, طلب O. – اراد – قصد O. Quelqu'un vous demande, واحد طالبك. || Il ne demande qu'à jouer, ما مقصوده الا اللعب. || Il ne demande pas mieux; il sera très-content de cela, يتمنى.
Demander, exiger, اقتضى. Cela a demandé beaucoup de peines et de travaux, اقتضى ذلك الى اتعاب كثيرة و عنا شديد. || Cela demande beaucoup de soin et de précaution, هذا بلّ تقييد وديران بال.
Demander, quêter, شحد A. – سأل A.
Demandeur, se, s., qui demande souvent, importun, لجوج – هلكان.
Demandeur, deresse, s., qui demande en justice, مدّعى.
Démangeaison, s. f., picotement entre cuir et chair, اكلان – رعاية – حكّة – نغلان.
Démanger, v. n., avoir la démangeaison, حكّ O. – نغل A. – اكل O. – رعى A. La main me démange, يدى تاكلنى – يدى ترعانى – تحكنى.
Démantèlement, s. m., هدّ اسوار قلعة.
Démanteler, v. a., abattre les fortifications, هدّ لاسوار O.

DÉMANTIBULER, v. a., rompre, mettre hors de service, هشم - خَلَعَ - خلع .I.

Se démantibuler, v. pr., انهشم - تخلوع - تخلع .I.

DÉMARCATION, s. f., ligne servant de limite, وضع الحدود.

DÉMARCHE, s. f., manière de marcher, مشوة - مشية - مشى.

Démarche, pas, procédé, conduite, خطوة - سلوك - اعمال ; plur., عمل.

DÉMARIER, v. a., rompre le mariage, فسخ النكاح A.

DÉMARQUER, v. a., ôter une marque, اشال العلامة .I.

DÉMARRER, v. a. et n., détacher, partir, حل O.

Démarrer, v. n., changer de place, تحرك - برح من موضعه A.

DÉMASQUER, v. a., ôter le masque, كشف وجهه .I. - ازاح الغطا عن.

DÉMATER, v. a., rompre les mâts, كسر الصواري.

DÉMÊLÉ, s. m., querelle, خناقة - منازعة.

DÉMÊLER, v. a., trier et séparer ce qui est mêlé, فرق O. Démêler les cheveux, سرح الشعر ‖ Démêler du fil, حل الخيط المعرقل O.

Démêler, distinguer, reconnaître, ميز - عرف I.

Démêler, contester, quereller, تخاصم معه على I. Qu'avez-vous à démêler avec lui ? نازع - شى ايش بينك و بينه.

Démêler, débrouiller, éclaircir, كشف I. - شرح حل A. O.

Se démêler de, v. réfl., se tirer de, تخلاص من.

DÉMEMBREMENT, s. m., تقسيم.

DÉMEMBRER, v. a., diviser, قسم.

DÉMÉNAGEMENT, s. m., transport des meubles d'un logis à l'autre, رحيل - انتقال - تعزيل.

DÉMÉNAGER, v. a., transporter des meubles d'un logis à l'autre, رحل, انتقل من بيت الى بيت A. عزل.

DÉMENCE, s. f., folie, aliénation, جنون - جنة - خلل في العقل. Tomber en démence, اختل عقله.

DÉMENER (SE), v. réfl., s'agiter, اختبط.

DÉMENTI, s. m., action de nier ce qui a été dit par quelqu'un, تكذيب.

Démenti, au fig., fam., désagrément de ne pas réussir, خيبة.

DÉMENTIR, v. a., dire à quelqu'un qu'il a menti ; prouver le contraire, كذب.

Se démentir, v. réfl., se dédire, كذب نفسه.

Se démentir, au fig., s'écarter de son caractère, حاد عن I.

DÉMÉRITE, s. m., ce qui fait perdre l'estime, تقصير - قصور - عدم الاستحقاق.

DÉMÉRITER, v. n., agir de manière à perdre la bienveillance, l'estime, عدم الاستحقاق A. - بان منه قصور A. I.

DÉMESURÉ, E, adj., extrême, خارج عن القياس - مفرط.

DÉMESURÉMENT, adv., بافراط - من غير قياس - للغاية.

DÉMETTRE, v. a., disloquer, فك - خلع A. O.

Démettre, au fig., destituer, عزل O.

Se démettre, v. réfl., se défaire de sa charge, عزل نفسه عن - تنازل عن O.

DÉMEUBLEMENT, s. m., شيل الفرش.

DÉMEUBLER, v. a., dégarnir de meubles, شال I. عرى البيت من الحوايج و الاثاث - الفرش.

DEMEURANT, E, adj., qui demeure, ساكن. Au demeurant, adv., au reste, والباقي - و ما بقي.

DEMEURE, s. f., habitation, مسكن ; pl., مساكن.

DEMEURER, v. a., faire sa demeure, سكن O.

Demeurer, rester, بقي A. Demeurer court, interdit, انقطع عن الكلام - توقف ‖ Demeurer à ne rien faire, قعد بلا شغل O.

Demeurer, tarder, ابطى - تعوق.

DEMI, E, adj. sing., la moitié d'un tout, نصف ; plur., انصاف. Dans la conversation on supprime le plus souvent le ف final de ce mot, et l'on prononce : نصّ. Demi-heure, نصّ ساعة ‖ Demi-once, نصّ وقية ‖ Une heure et demie, ساعة و نصّ.

*A demi*, adv., à moitié, النصف و النصف -.

A demi brûlé, محروق نصفه. نص على نص.

DEMI-CERCLE, s. m., نصف دايرة.

DEMI-CIRCULAIRE, adj., نصف دايروي.

DÉMIS, E, adj., disloqué, مفكوك - مخلوع.

DÉMISSION, s. f., acte par lequel on se démet d'une charge, عزل نفسه - تنازل.

DÉMISSIONNAIRE, adj. com., متنازل عن.

DÉMOCRATE, s. m., attaché au gouvernement populaire, تابع الحكم الجمهور.

DÉMOCRATIE, s. f., gouvernement populaire, قيام الجمهور بالحكم.

DÉMOCRATIQUE, adj. com., يخص حكم الجمهور.

DÉMOCRATIQUEMENT, adv., تبعاً لحكم الجمهور.

DEMOISELLE, s. f., fille d'une famille honnête, دمريت - ست - ستيتة.

DÉMOLIR, détruire, O. هدم - هد - O. خرب I.

DÉMOLITION, s. f., هدم.

DÉMON, s. m., diable, عفريت ; plur., عفاريت ; شيطان, plur., شياطين -.

*Démon*, enfant vif, pétulant, زبط - بليط - بلط.

DÉMONIAQUE, adj. com., possédé du démon, مسكون - مصاب - ملبوس.

DÉMONSTRATEUR, s. m., celui qui démontre, معلم - مبيّن.

DÉMONSTRATIF, IVE, adj., qui démontre, qui indique, دال - دلالـــــــى. Pronom démonstratif, اسم الاشارة.

DÉMONSTRATION, s f., preuve évidente et convaincante, ايضاح - دليل واضح.

*Démonstration*, marque, témoignage extérieur, اظهار - تورية.

*Démonstration*, leçon d'une science expérimentale, تعليم بتورية الاشيا التي يتكلّم عنها المعلم.

DÉMONSTRATIVEMENT, adv., d'une manière évidente, بدليل واضح.

DÉMONTER, v. a., désassembler les parties, O. فكّ.

*Démonter*, au fig., déconcerter, خبّل.

*Démonter* un cavalier, le renverser par terre, كركبه الى الارض - I. قلبه عن السرج.

*Se démonter*, v. réfl., se désassembler, انفكّ - تخلخل.

DÉMONTRABLE, adj. com., qui peut être démontré, قابل الدليل.

DÉMONTRER, v. a., prouver d'une manière évidente, O. دلّ على ان - اثبت - اوضح - بيّن.

*Démontrer*, faire une leçon, علّم واورى.

DÉMORALISER, v. a., corrompre les mœurs, خسّر - افسد I. عكس.

DÉMORDRE, v. n., lâcher ce qu'on tient avec les dents; se départir d'une entreprise, سيّب - ارخى - عدّى عن -.

DÉMUNIR, ôter les munitions, شال الذخاير من I.

DÉMURER, v. a., فتح ما كان مسدود بحمايط A.

DÉNANTIR (SE), v. pr., عدّى عن - ارخى.

DÉNATTER, v. a., حلّ ما كان مضفور O.

DÉNATURÉ, E, adj., contraire à la nature, ضد الطبع.

*Dénaturé*, qui n'a point les sentiments naturels à l'homme, ما له انسانية.

DÉNATURER, v. a., changer la nature, l'acception, قلب I. غيّر - افسد - حرّف.

DÉNÉGATION, s. f., action de nier, نكران - نكارية.

DÉNI, s. m., refus d'une chose due, اباة - اباء - مباءة. Déni de justice, مباءة الحق.

DÉNIAISER, v. a., rendre plus fin, فتل O.

DÉNICHER, v. a., ôter des oiseaux du nid, اخذ افراخ الطير من العش O.

*Dénicher* quelqu'un, découvrir sa retraite, نكش O.

*Dénicher*, v. n., au fig., fam., s'évader, هجّ O.

DENIER, s. m., monnaie de cuivre valant le douzième d'un sol, فلس ; plur., فلوس - سحتوت.

*Deniers*, monnaie de compte, somme d'or ou d'argent, دراهم.

DÉNIER, v. a., nier un fait, جحد A. - نكر A.

*Dénier*, refuser, ابى عن شى.

DÉNIGREMENT, s. m., action de dénigrer, تعييب - ثلب - تغيير.

DÉNIGRER, v. a., chercher à diminuer la réputation de quelqu'un, le prix de quelque chose, حط قيمة الشى I. – ثلب - عيّب عليه A. – طعن فى عرض احد O. A.

DÉNOMBREMENT, s. m., compte en détail, احصا - عداد.

DÉNOMBRER, v. a., compter, عدّ I. - أحصى.

DÉNOMINATEUR, s. m., nombre inférieur d'une fraction, مقام.

DÉNOMINATIF, IVE, adj., علمى - تعريفى.

DÉNOMINATION, s. f., désignation d'une chose, d'une personne, par un nom, تسمية.

DÉNOMMER, v. a., désigner, سمّى.

DÉNONCER, v. a., faire connaître à l'autorité, بلّغ الحاكم شيا - اعلم الحاكم ب. Dénoncer quelqu'un, faire contre lui une dénonciation perfide, سعى به عند - تعاون عليه A.

DÉNONCIATEUR, s. m., qui dénonce, مبلّغ - عوانى - ساعى.

DÉNONCIATION, s. f., déclaration, délation, عوان - تبليغ الحاكم.

DÉNOTATION, s. f., désignation par certains signes, اشارة - تأشير.

DÉNOTER, v. a., indiquer, دلّ على - أشّر O. – اشار الى.

DÉNOUEMENT, s. m., solution, fin, ختام.

DÉNOUER, v. a., حلّ O. – فكّ O. Dénouer les membres, les rendre plus souples, ليّن.

*Dénouer*, démêler une affaire, حلّ O. – كشف I.

*Dénouer* la langue, faire parler, أطلق لسانه.

*Se dénouer*, v. réfl., se défaire, en parlant d'un nœud, انفكّ - انحلّ.

*Se dénouer*, devenir plus souple, لان I.

*Se dénouer*, se démêler, انحلّ - انكشف.

DENRÉE, s. f., tout ce qui se vend pour la nourriture; marchandise, زاد - سلعة; plur., سلع.

DENSE, adj. com., épais, سميك - كثيف.

DENSITÉ, s. f., سماكة - كثافة.

DENT, s. f., سنّ - سنّة; plur., اسنان. Dents mâchelières, ضرس; plur., ضروس et اضراس. Dents aiguës des animaux féroces, ناب; plur., انياب. ‖ Dents de devant et dents de lait, premières dents, ثنيّة; plur., ثنايا. ‖ Perdre ses dents de lait pour en faire de nouvelles (enfant), فرم اسنانه. ‖ Dent de sagesse, ضرس الحلم. ‖ Dent qui branle, سنّة تتحرّك - سنّة تتخلخل. ‖ Arracher une dent, قلع A. – قبع سن A.

*Dent*, tout ce qui a la forme d'une dent, سن; plur., اسنان. Les hommes sont égaux comme les dents d'un peigne, الناس كاسنان المشط.

Être sur les *dents*, harassé de fatigue, طايب - هلك من التعب A. Coup de dent, trait de médisance, لسعة. ‖ Avoir les dents longues, être affamé, انفجع. ‖ Avoir une dent contre quelqu'un, قلبه ملان من - فى قلبه جرح من. ‖ Pour la dent creuse, pour la première faim, للهفة. ‖ Parler des grosses dents, fortement, avec menace, غلظ - شجّر. ‖ Montrer les dents à quelqu'un (fig.), lui faire tête, كشّر I. ‖ Montrer les dents (pos.), en parlant d'un chien, هرّ الكلب - كشّر عن اسنانه O. – بزاز الكلبة.

DENT-DE-CHIEN, s. f. plante, اسنان الكلب.

DENT-DE-LION. *Voyez* PISSENLIT.

DENTAIRE, s. f., plante, حشيشة الاسنان.

DENTAIRE, adj. com., des dents, سنّى.

DENTALE, adj. f. (lettre), qui se prononce à l'aide des dents, حرف سنّى.

DENTÉ, E, adj., qui a des dents, des pointes en dents, مسنّن - ذو اسنان.

DENTÉE, subst. fém., coup de dent, نهشة - كدشة.

DENTELÉ, E, adj., en forme de dents, باسنان - مسنّن.

16.

DENTELER, v. a., faire des entailles en forme de dents, سنّن.

DENTELLE, s. f., ouvrage à jour, de fil, de soie, تخريمة - شبيكة.

DENTELURE, s. f., ouvrage en forme de dents, أسنان - تسنين.

DENTIFRICE, s. m., remède pour les dents, دوا للاسنان.

DENTISTE, s. m., chirurgien qui s'occupe de ce qui concerne les dents, جرايحى الاسنان.

DENTITION, s. f., sortie naturelle des dents, طلوع الاسنان.

DENTURE, s. f., ordre des dents, أسنــــان - صفّ الاسنان.

DÉNUDATION, s. f., état d'un os à découvert, انكشاف عظم - تعرية العظم.

DÉNUEMENT, subst. masc., privation, عــــدم - حرمان.

DÉNUER, v. a., priver, dépouiller de, أعدمه شيا - عرّى - أحرمه شيا.

DÉNUÉ, E, adj., dépourvu, عادم - عديم.

DÉPAQUETER, v. a., فتح - فكّ O.

DÉPAREILLER, v. a., ôter l'une de deux ou plusieurs choses pareilles, عكس اشيا متالفة.

DÉPARER, v. a., rendre moins agréable, شوّه.

DÉPARIER, v. a., ôter une chose de la paire, فرّق بين الازواج.

DÉPARLER, v. n., fam., بطل يحكى.

DÉPART, s. m., سفر - رحيل.

DÉPARTEMENT, s. m., division d'un pays, اقليم ; plur., اقاليم - قسم ; plur., اقسام - عمل ; plur., اعمال ; plur., اعمالات.

DÉPARTIR, v. a., distribuer, قسم بين على I. - فرّق على -

Départir, donner, أوهـــب - أعــطــى - اختصّ احدا ب.

Se départir, v. réfl., s'écarter de, حاد عن I.

Se départir, se désister, رجع عن - عدّى عن A.

DÉPASSER, v. a., passer outre, تعدّى الشى - تجاوز الشى.

Dépasser, devancer quelqu'un, سبق O.

DÉPAVER, v. a., ôter le pavé, قلـع الـبـلـاط - قلع الحجارة.

DÉPAYSER, v. a., tirer quelqu'un de son pays, أخرج من بلاده - طفش.

Dépayser, au fig., dérouter, نوّه.

DÉPÈCEMENT, s. m., تقطيع.

DÉPECER, v. a., mettre en pièces, قطّع.

DÉPÊCHE, s. f., lettre d'affaires publiques, تحارير ., plur ; تحرير بخصوص امور الدولة.

DÉPÊCHER, v. a., faire promptement, شهّل - اسرع فى - عجّل - انجز.

Dépêcher quelqu'un, se défaire de lui, عجّل هلاكه.

Dépêcher, envoyer en diligence, أرسل استعجالة.

Se dépêcher, v. réfl., se hâter, استعجل. Dépêche-toi, أعمل خفيف (Barb.). Se dépêcher en marchant ou en travaillant des mains, خفّ I. رجليه - يديه.

DÉPEINDRE, v. a., décrire et représenter par le discours, وصف ; aor., يصف.

DÉPENDANCE, s. f., sujétion, طاعة. Il est sous votre dépendance, هو تحت - هو تحت يدك قياده فى يدك - حكمك.

Dépendance, état d'une chose qui dépend, relève d'une autre, انتساب - تبعيّة - علاقة - تعلّق.

Dépendances, au plur., tout ce qui fait partie de, qui appartient à, به يتعلّق ما - تعلّقات - توابع منتسبات - لواحق.

DÉPENDANT, E, adj., personne qui dépend d'une autre, تحت حكم - تحت يد.

Dépendant, chose qui dépend de, متعلّق ب - موقوف على ب - منوط ب - تابع.

DÉPENDRE, v. a., détacher une chose qui était pendue, شال الشى المعلّق I.

Dépendre, v. n., être dépendant, en parlant d'une chose, توقّف - تعلّق ب O. - ناط ب A. - تبع.

## DEP

عليٰ. La félicité de l'homme dépend de la connaissance de la vérité, السعادة الانسانية موقوفة و منوطة بمعرفة حقايق الاشيا. ‖ Cela dépend de vous, هذا مفوض اليك ـ هذا موقوف على ارادتك ‖ Cela ne dépend pas de moi, هذا ما هو فى يدى ـ ليس ذلك تحت حكمى ولا تصرّف فى ذلك ـ ما لى يد فى ذلك.

*Dépendre*, s'ensuivre, تبع A.

*Dépendre*, en parlant d'une personne, être subordonné à, كان تحت حكم, تحت يد O.

Dépens, s. m. pl., frais, مصاريف الشرع ـ خرج المحكمة ـ الكلفة ـ المصروف. Condamné aux dépens, مسجّل عليه خرج المحكمة. ‖ Aux dépens de, aux frais de, على كيس.

Aux *dépens* de ma vie, ولو ملكت. Aux dépens de son honneur, مع نقص عرضه. ‖ Rire aux dépens de quelqu'un, ضحك على احد.

Dépense, s. f., argent dépensé, مصروف; plur., مصاريف ـ خرج. Argent pour la dépense, نفقة ـ خرجية. ‖ Je n'ai point d'argent pour faire ma dépense, ما معى نفقة ـ ما عندى خرجية.

*Dépense*, office, lieu où l'on serre la garniture et la fourniture de la table à manger, دولاب.

Dépenser, v. a., employer de l'argent pour acheter, صرف I. O. ـ انفق ـ اخرج ـ تكلّف. J'ai dépensé cent piastres pour mon voyage, تكلّفت ميت غرش على سفرى.

Dépensier, ère, adj., qui aime trop la dépense, صرّيف ـ مسرف ـ دولتى.

Dépensier, s. m., celui qui fait la dépense de la communauté, وكيل الخرج.

Déperdition, s. f., perte, تضييع.

Dépérir, v. n., s'affaiblir, se ruiner, ضنى A. ـ تدمّر ـ تلف A. ـ تخرب ـ ضعف O.

Dépérissement, s. m., état de ce qui dépérit, خراب ـ دمار ـ ضنا.

Dépêtrer, débarrasser, خلّص.

*Se dépêtrer*, v. réfl., se délivrer, تخلّص.

## DEP 245

Dépeuplement, s. m., état d'un pays dépeuplé, خراب البلاد.

Dépeupler, v. a., dégarnir un pays d'habitants, خرب البلاد ـ صيّر البلاد قفرة I.

*Se dépeupler*, v. pro., اقفر.

Dépilation, s. f., action de dépiler, نتف الشعر.

Dépilatoire, s. m., drogue pour dépiler, نورة.

Dépiler, v. a., faire tomber le poil, l'ôter, نتف I. ـ نتف الشعر.

Dépister, v. a., découvrir en suivant les pistes, تبع اثاره فكشفت عليه.

Dépit, s. m., chagrin avec colère, جكارة ـ قهر ـ كيد ـ نكاية ـ رغم. Il a fait cela par dépit, عمل هذا من قهره. ‖ Pour vous faire dépit, لارغامك ـ جكارة فيك ـ نكاية فيك.

En *dépit* de, malgré, رغمًا عن ـ غصبًا عن, على رغم انفه.

Dépiter, v. a., causer du dépit, نكى I. ـ كاد I. ـ ارغم ـ اغاظ.

*Se dépiter*, v. réfl., اغتاظ ـ استنكى ـ انكاد.

Déplacer, v. a., ôter une chose de sa place, حوّل شيا من محله I. ـ شال شيا من محله.

*Se déplacer*, v. réfl., انتقل الى غير موضع.

Déplacé, e, adj., فى غير محله.

Déplacement, s. m., شيل الشى من محله ـ انتقال.

Déplaire, v. n., ne plaire pas, ما اعجبه الشى ـ استكره شيًا ـ استقبح شيًا.

*Déplaire*, donner du chagrin, offenser, اغم ـ اغاظ. ‖ Ne me déplaît que, يصعب على ان. ‖ Ne vous en déplaise, عن اذنك.

*Se déplaire*, v. réfl., se trouver mal dans un lieu, ضاقت نفسه فى هذا الموضع ـ لا طاب له الموضع.

Déplaisant, e, adj., qui déplait, غير مقبول.

*Déplaisant*, qui fâche ou chagrine, مغمّ.

Déplaisir, s. m., chagrin, غم ـ قهم ـ غبن. ‖ Éprouver du déplaisir, اغتم ـ انغبن ـ انقهر. Causer du déplaisir à quelqu'un اساء الى

Déplanter, v. a., arracher pour planter ailleurs, A. قلع الغرس من الارض و نقله الى غير موضع.

Déplier, v. a., étendre ce qui était plié, I. فرد. – O. نشر – افرد.

Déplisser, v. a., défaire les plis d'une étoffe, I. فرد الطيّات.

Déplorable, adj. com., محزن – يرثي له.

Déplorablement, adv., بطريقة محزنة.

Déplorer, v. a, plaindre beaucoup, A. حزن على – I. بكى على – تأسّف على.

Déployement, s. m., action de déployer, بسط.

Déployer, v. a., étendre, déplier, O. بسط – I. نشر – فرد. O.

Déployer, montrer, اظهر – اورى.

Déployer son éloquence, بدّع.

Déployé, e, adj., étendu, منشور – مفرود. Rire à gorge déployée, aux éclats, كركع.

Déplumé, e, adj., qui n'a plus de plumes, منتوف الريش.

Déplumer, v. a., ôter les plumes, au fig., dépouiller, I. نتف الريش.

Dépolir, v. a., ôter le poli, ازال الصقلة.

Dépopulation, s. f., خراب.

Déportation, s. f., sorte de bannissement, نفي.

Déporté, e, adj., banni, منفي.

Déportements, s. m. pl., mauvaise conduite, mauvaises mœurs, سلوك ردي – فسق.

Déporter, v. a., bannir au loin, I. نفي.

Déposant, e, adj., qui dépose et affirme en justice, شاهد.

Déposer, v. a., destituer, A. رفع من المنصب – O. عزل.

Déposer entre les mains de quelqu'un, lui confier, ودع، اودع عندك – استودعه شيئاً – سلّمه شيئاً.

Déposer une dignité, تنازل عن المنصب.

Déposer, laisser, former un dépôt (en parlant de liquides), O. ترسّب – رسب. L'eau a déposé au fond du vase la terre qu'elle contenait, ركز، ربص. رسب التراب فى العقب.

Déposer, dire en témoignage que, A. شهد ب، ان.

Dépositaire, s. com., à qui on a confié un dépôt, مستودع – امنا.؛ plur., امين.

Déposition, s. f., destitution, عزلة.

Déposition, ce qu'un témoin dépose, شهادة.

Déposséder, v. a., ôter à quelqu'un ce qu'il possède, O. اخذ من احد ما له.

Dépossession, s. f., اخذ المال.

Déposter, v. a., chasser d'un poste, A. طرد من مركز.

Dépôt, s. m., action de déposer, تسليم – وداعة.

Dépôt, ce qui est mis à la garde de, وداعة – امانة – ودايع.؛ plur., وديعة.

Dépôt, lieu où l'on dépose, مستودع – حاصل.

Dépôt, lieu où restent des soldats, des recrues d'un corps, بقية.

Dépôt, sédiment des urines, des liqueurs, de l'eau, طين – رسوب – راسب.

Dépôt, amas d'humeurs, تعبية.

Dépouille, s. f., peau de serpent ou de ver, ثوب.

Dépouille, butin, سلب.؛ pl., اسلاب – غنيمة.

Dépouille mortelle, corps de l'homme mort, جسد مايت.

Dépouillement, s. m., état de ce qui est dépouillé, تعرّي.

Dépouillement, extrait, état abrégé, كشف.

Dépouiller, v. a., déshabiller, قشّط الثياب – عرّى – شلّح.

Dépouiller, ôter la peau, سلخ O. A.

Dépouiller un os de chair, un arbre de feuilles, جرّد الغصن عن لاوراق – جرد العظم عن اللحم.

Dépouiller, recueillir les fruits de la terre, حصّل.

Dépouiller ou Se dépouiller de, au fig., quitter, se dit des sentiments, des opinions, ودع.؛ aor., يدع – A. ترك. O. خلع.

*Dépouiller*, extraire un compte, etc., كشف .I.
*Dépouiller*, priver, عرّى عن.
*Se dépouiller*, v. réf., se priver, حرم نفسه .I. ـ
تعرّى. *Se dépouiller de ses habits*, عرّى نفسه عن ـ شلح ثيابه .A.

Dépourvoir, v. a., dégarnir de ce qui est nécessaire, اعدم ـ اعوز ـ اخلى من اللوازم ـ نقص.

Dépourvu, e, adj., dégarni, خالى من ـ منقص ـ معدوم ـ عاوز ـ خلّى.

Dépourvu (au), adv., sans être préparé, على غفلة. Qui est pris au dépourvu, خالى من اللوازم.

Dépravation, s. f., corruption, فساد.
Dépravé, e, adj., gâté, فاسد.
Dépraver, v. a., pervertir, افسد.
Déprécatif, ve, adj., en forme de prière, دعائى.

Déprécation, s. f., t. de rhétor., figure contenant un souhait, دعا.

Déprécier, v. a., mettre une chose, une personne au-dessous de son prix, بوكس ويكس, aor., بوكس ـ بخس .A.

Déprédateur, adj., نهّاب.
Déprédation, s. f., pillage, سلب ـ نهب.
Dépression, s. f., abaissement, انحطاط ـ انخفاض.
Déprier, v. a., révoquer une invitation, contremander, بطّل العزومة.

Déprimer, v. a., rabaisser, mettre au-dessous de sa valeur, بخس .A. ـ O. ذمّ .I. ـ خفض ـ ادلّ.

Dépriser, v. a., ôter du prix, témoigner qu'on fait peu de cas de, احتقر ـ نقص من السعر.

Dépuceler, v. a., ازاح بكارتها .A. ـ فتح بنت.
Depuis, prép., منذ ـ مذ ـ من. Depuis un an, منذ سنة ـ من مدّة سنة. ‖ Depuis le Caire jusqu'à Rosette, من مصر الى رشيد ‖ Depuis le premier jusqu'au dernier, من الاول الى الاخر.

Depuis peu, من مدّة قريبة. Depuis quand?

من اى متى ـ من متى. Je ne l'ai pas revu depuis, و من بعد ما شفته.

Depuis que, conj., depuis le temps que, منذ ان ـ من اليوم الذى ـ منذ ما.

Dépuratif, ive, adj., remède propre à dépurer le sang, دوا مروّق.

Dépuration, s. f., action de dépurer, ترويق ـ تصفية ـ تنقية.

Dépuratoire, adj. com., qui sert à dépurer, منقّى ـ مروّق.

Dépurer, v. a., rendre pur, نقّى ـ روّق ـ صفّى.

Députation, s. f., réunion de députés, وفد ـ رسل ـ وكلا.

Député, s. m., envoyé, رسول; plur., رسل ـ وافد ـ وكلا; plur., وكيل.

Députer, v. a., envoyer avec commission un député, ارسل ـ وفد.

Déracinement, s. m., قلع الجدر.
Déraciner, v. a., arracher de terre avec des racines, قلع من الجدر .A. ـ قلع الجدر.
*Déraciner*, au fig., ôter entièrement, استاصل.

Déraison, s. f., défaut de raison, تحريف ـ قلّة عقل.

Déraisonnable, adj. com. (chose), qui ne s'accorde pas avec la raison, خارج عن حيطة الصواب ـ قليل العقل. Homme déraisonnable, مخالف للعقل.

Déraisonnablement, adv., بطريقة مخالفة للعقل.

Déraisonner, v. n., tenir des discours déraisonnables, خرّف.

Dérangé, e, adj., qui n'est pas en ordre, ملخبط ـ مخربط. Dérangé, homme dont les affaires sont en mauvais état, (اشياء) اشيته عيانة ـ مخربطة. Montre dérangée, ساعة مخربطة ـ ساعة ملخبطة.

Dérangement, s. m., désordre, انقلاب النظام ـ مرمتة ـ شخططة ـ فلقلة ـ لخبطة. Dérangement de l'esprit, انخرام ـ اختلال العقل ـ خلل فى العقل. ‖ Dérangement de la santé, انحراف المزاج.

*Dérangement*, importunité, ثـقـلـة.

DÉRANGER, v. a., déplacer, قلقل ‑ قلب النظام I. ‑
Déranger, mettre en désordre, لخبط ‑ خربط ‑
مرمت ‑ قلب I.

*Déranger* quelqu'un, l'importuner, le détourner, de ses affaires, منع احداً عن اشغـالـه ‑ A. ‑
اتعب سرّه ‑ ثقّل عليه.

*Déranger* la santé, حرف المزاج I. L'eau de ce pays a dérangé ma santé, اخــذت عــلى مــيــة هذا البلاد.

*Déranger* les mesures, افسد التدبير ‑ عكس I.

*Se déranger*, v. pro. (santé), انحرف I. Se déranger (montre), تـغيّر ‑ تاخبط.

*Se déranger*, en parlant d'un homme qui devient déréglé dans sa conduite, انعكس.

DÉRATÉ, adj., sans rate, alerte, معدوم الطحال ‑ نشط.

DERECHEF, adv., de nouveau, ثاني مرّة ‑ بالثاني.

DÉRÉGLÉ, E, adj., contraire aux règles, من غير ‑
من غير قانون ‑ نظام. Déréglé, contraire à la morale, معكوس ‑ فاسد.

DÉRÉGLEMENT, s. m. (de mœurs), فسق و فساد.

*Déréglement*, état de ce qui est hors des règles ordinaires, انقلاب النظام ‑ عدم النظام Déréglement du pouls, اضطراب المفصل.

DÉRÉGLÉMENT, adv., sans règle, بعدم ترتيب.

DÉRÉGLER, v. a., mettre dans le désordre, افسد ‑
خرب نظام I.

*Se dérégler*, v. réfl., انعكس ‑ انفسد. *Voyez* SE DÉRANGER.

DÉRIDER, v. a., ôter les rides, فرط O.

*Dérider*, au fig., réjouir, ابسط.

*Se dérider*, v. réfl., quitter son air sérieux, انفرط ‑
انحلت عقدته.

DÉRISION, s. f., moquerie amère, هزو. Tourner en dérision, استهزى ب.

DÉRISOIRE, adj. com., fait avec dérision, بهزو ‑
هزواً ب.

DÉRIVATIF, IVE, adj., qui sert à détourner les humeurs, تحويلي.

DÉRIVATION, s. f., origine d'un mot tiré d'un autre, اشـتـقـاق.

*Dérivation*, détour des eaux, des humeurs, تحويل المياه والاخلاط.

DÉRIVE, s. f., détour de la route, terme de marine, حيّد عن الطريق ‑ انحراف.

DÉRIVÉ, E, adj. (mot), qui tire son origine d'un autre, مشتق ‑ اشتقاقي.

DÉRIVER, v. n., venir de, tirer son origine de, صدر من ‑ اشتق من O.

*Dériver*, s'écarter de la route, حاد عن الطريق I. ‑ انحرف.

*Dériver*, v. a., faire dériver un mot, اشتق ‑
استخرج I. Faire dériver des eaux, حوّل.

DERME, s. m., la peau de l'homme, جلد.

DERNIER, ÈRE, adj., qui est après tous les autres, après lequel il n'y a plus rien, أخر. Jusqu'au dernier, كلّهم قاطبةً ‑ من الاخر ‑ الى اخرهم ‖ Le dernier soupir, اخر نفس. ‖ Le dernier mot, اخر كلمة.

*Dernier*, précédent, مــاضى. L'an dernier, عام اوّل ‑ العام الماضى. Le mois dernier, الشهر الماضى.

*Dernier*, extrême en bien ou en mal, اخر. Le dernier des hommes, le pire de tous, اردى الناس ‖ Le dernier degré, اخر درجة ‑ ابلغ غاية ‑ نهاية.

En *dernier* lieu, adv., فى الاخر ‑ أخيراً.

DERNIÈREMENT, adv., il n'y a pas longtemps, ما له زمان ‑ القرب بهذا.

DÉROBÉE (A LA), adv.; furtivement, فى خفية.

DÉROBER, v. a., ôter la première enveloppe des fèves des marais, قصّص.

*Dérober*, voler en cachette, نشل O. ‑ سرق O.

*Dérober*, soustraire à la vue, cacher, اخفى.

*Se dérober*, v. réfl., se sauver de quelque chose, تخلّص من ‑ اختفى عن. Se dérober, quitter une compagnie sans être vu, انسلّ ـ انسرق.

Dérobé, e, adj., secret, خفيّ. Escalier dérobé, سلّم سرّ.

Heure dérobée, prise sur le temps du travail, ساعة سرقة.

Dérogation, s. f., action de déroger à une loi, un acte, مخالفة ـ تعدية الاوامر.

Dérogatoire, adj. com., qui déroge à un édit, un acte, مخالف.

Déroger, v. n., faire quelque chose de contraire à un acte, un édit, خالف ـ تعدّى الاوامر.

Déroger, faire quelque chose qui fait déchoir de la noblesse, عرّ A.

Déroidir, v. a., ôter la roideur, au fig., ليّن ـ طبّع A.

Dérouiller, v. a., ôter la rouille, au fig., polir, façonner, جلى I.

Se dérouiller, v. réfl., se polir, انجلى I.

Dérouler, v. a., mettre en long ce qui était roulé, فرد I. بسط O. نشر O. Dérouler un peloton de fil, جرّ كرّ الخيط عن الطّابة ـ كرّ الطّابة O.

Déroute, fuite de troupes défaites, كسرة ـ هزيمة. Mettre en déroute, كسر I.

Déroute, désordre des affaires, ruine, انكسار.

Dérouter, faire perdre à quelqu'un sa route, توّه.

Dérouter, déconcerter, rompre les mesures, حيّر.

Derrière, s. m., partie postérieure, ورا ـ موخر. Le derrière, طيز ـ دبر.

De derrière, وراني ـ خلفاني. Porte de derrière, au figure, faux-fuyant, échappatoire, مخلّص.

Sens devant derrière, le devant à la place du derrière, متقدّم و متأخر ـ بالمقلوب.

Derrière, prép., ورا ـ خلف.

Derviche, s. m., pauvre religieux turc, درويش; plur. دراويش.

Des, mot composé de de et de les. Voyez De.

Des, quelques, بعض.

Dès, prép., depuis, من ـ منذ. Dès que, aussitôt que, أوّل ما ـ عند ما.

Dès que, puisque, من حيث.

Désabuser, v. a., détromper, ازال عنه الغلط ـ نبّهه على حقيقة الشى.

Se désabuser, v. réfl., se détromper, وعى; aor., يعى, plus rég., يوعى, Se désabuser d'une chose, reconnaître qu'elle est vaine, عرف ان الشى باطل.

Désaccord, s. m., désunion, شقاق ـ اختلاف.

Désaccorder, v. a., détruire l'accord d'un instrument, نزع صلاح الالة المعدّلة A.

Désaccoupler, v. a., désunir, فرّق بين.

Désaccoutumer, v. a., faire quitter l'habitude, ابطل العادة.

Se désaccoutumer, v. réfl., بطل العادة ـ خرق العادة I.

Désachalander, v. a., faire perdre les chalands, ضيّع الزباين.

Désagréable, adj. com., qui déplaît, ليس مكروه ـ غير مقبول ـ بحسن.

Désagréablement, adv., بطريقة غير حسنة.

Désagrément, s. m., défaut de la personne, du visage, مساخة ـ تشويه.

Désagrément, sujet de chagrin, de dégoût, شى مكروه ـ قرف.

Désajuster, v. a., خرب النظام ـ نزع A. I.

Désaltérer, v. a., ôter la soif, سقى ـ أروى I. ـ دفع العطش A.

Se désaltérer, v. réfl., شفى غلّه A. ـ روى I.

Désancrer, v. n., lever l'ancre, حلّ المرساة ـ حلّ O.

Désappointement, s. f., خزية ـ غبن ـ خيبة.

Désappointer, v. a., dérouter, contrarier, غلب ـ اخزى ـ خيّب I.

Désappareiller, v. a., terme de mer, le contraire d'appareiller, طوى القلوع I.

Désapparier, v. a., فرّق بين الالف و الفه.

Désapprendre, v. a., نسى الذى تعلّمه A.

DÉSAPPROBATEUR, TRICE, s., قدّاح.
DÉSAPPROBATION, s. f., action de désapprouver, مواخذة - مذمة - انكار.
DÉSAPPROPRIATION, s. f., renoncement à la propriété, ترك الاملاك.
SE DÉSAPPROPRIER, v. réf., renoncement à la propriété, O. فات الملك - ترك الملك. O.
DÉSAPPROUVER, v. a., trouver mauvais, blâmer, انكر عليه شيئا - استوحش - اعاب - استقبح.
DÉSARÇONNER, v. a., mettre hors des arçons, I. قلب عن سرجه.
Désarçonner, au fig., fam., confondre dans une dispute, اخزى.
DÉSARGENTER, v. a., I. شال الفضة.
DÉSARMEMENT, s. m., I. اخذ السلاح.
DÉSARMER, v. a., ôter les armes, O. اخذ السلاح - I. شال من. Désarmer un vaisseau, قلع السلاح - المركب المدافع وساير الالات.
Désarmer, au fig., calmer la colère, la vengeance, سكّن الغضب - هدّى الغضب.
Désarmer, v. n., poser les armes, cesser la guerre, I. رمى السلاح. - O. حطّ السلاح.
DÉSARROI, subst. mascul., désordre, خربطة - لخبطة.
DÉSASSEMBLER, v. a., I. فكّ. - O. فصل.
DÉSASTRE, s. m., malheur, مصيبة ; plur., مصايب.
DÉSASTREUSEMENT, adv., بوجه سوء.
DÉSASTREUX, SE, adj., funeste, سوء - نحس.
DÉSAVANTAGE, s. m., infériorité dans la concurrence, عدم المعادلة - خسارة.
Désavantage, préjudice, خسارة - خسران ; plur., اضرار ; ضرر.
DÉSAVANTAGEUSEMENT, adv., بضرر. Juger de quelqu'un désavantageusement, شافه بعين النقص.
DÉSAVANTAGEUX, SE, adj., qui cause du dommage, du désavantage, مضر - مخسّر.
DÉSAVEU, s. m., dénégation, نكران.

DÉSAVEUGLER, v. a., tirer de l'aveuglement, de l'erreur, I. كشف عن بصره ستر العمى - جذب احدا من العما.
DÉSAVOUER, v. a., nier, A. نكر.
Désavouer quelqu'un, déclarer qu'on ne lui a pas donné ordre de faire, انكر عليه الشي.
Désavouer, ne pas reconnaître pour sien, repousser, I. نفى. - O. I. جحد. - A. رفض.
DESCELLER, v. a., ôter le scellé, le sceau, I. شال الختم.
Desceller, détacher ce qui est scellé en plâtre, A. خلع.
DESCENDANCE, s. f., extraction, نسب - انتساب.
DESCENDANTS, s. m. plur., postérité, اولاد - ذرية ; plur., ذراري.
DESCENDANT, E, adj., qui tire son origine de, سلالة - من نسل.
DESCENDRE, v. n., aller de haut en bas, I. نزل. - O. هبط - انحدر. Descendre de cheval, حول - نزل, ترجّل عن الفرس.
Descendre, aller en pente, تحدّر - تدحدر.
Descendre de, tirer son origine d'une race, O. كان من ذرية - انتسب الى. - O. خرج من.
Descendre, déchoir d'un rang, انحطّ - سقط. - O. انخفض.
Descendre, faire une irruption à main armée, I. غار على.
Descendre chez, dans, (en parlant de la justice), aller sur les lieux, I. كبس.
Descendre la garde, en être relevé, انقام من الغفر.
Descendre, v. a., transporter en bas, نزّل.
DESCENTE, s. f., action de descendre, نزول.
Descente, pente par laquelle on descend, تحدّرة - نزول.
Descente, irruption d'ennemis par terre ou par mer, نزلة غارة ou غارة.

*Descente*, visite des lieux par autorité de justice, كشف على محل.

*Descente*, hernie, فتق - دبّة - أُدْرة (Turk) - فيلة - قرق - فتاق. Qui a une descente, مسقوط - مقبول - مفروق - ابو دبّة -.

A la *descente*, adv., au moment où l'on descend, عند النزول.

DESCRIPTIF, IVE, adj., qui décrit, وصفي.

DESCRIPTION, s. f., discours qui peint, وصف.

DÉSEMBALLAGE, s. m., فتح الاحمال.

DÉSEMBALLER, v. a., défaire une balle, en tirer ce qui était emballé, فتح الطرد. A.

DÉSEMBARQUEMENT, s. m., اخراج من المركب.

DÉSEMBARQUER, v. a., tirer hors du vaisseau, اخرج من مركب.

DÉSEMBOURBER, v. a., tirer de la bourbe, طلع من الوحلة.

DÉSEMPARER, v. a., abandonner le lieu où l'on est, ترك الموضع. O.

*Désemparer*, v. a., rompre les manœuvres, les mâts d'un vaisseau, كسّر صواري و قلوع مركب.

DÉSEMPESER, v. a., ôter l'empois du linge, ضيّع النشاء.

DÉSEMPLIR, v. a., rendre moins plein, نقّص.

*Désemplir*, v. n., et *Se désemplir*, v. réf., devenir moins plein, نقص O. — خسّ A.

DÉSEMPRISONNER, v. a., اخرج من الحبس.

DÉSENCHAÎNER, v. a., فكّ السلاسل O.

DÉSENCHANTEMENT, s. m., حلّ السحر.

DÉSENCHANTER, v. a., détruire l'enchantement, le prestige, حلّ السحر O.— حلّ من السحر O.

DÉSENCLOUER, v. a., tirer un clou de, قلع A. المسمار.

DÉSENFLER, v. a., ôter l'enflure, ازال الورم - فكّ الورم O. — كبس الورم I.

*Désenfler*, v. n., ou *Se désenfler*, v. réf., cesser d'être enflé, انفشّ الورم A. — فشّ الورم I.

DÉSENFLURE, s. f., cessation d'enflure, فشّ الورم.

DÉSENIVRER, v. a., ôter l'ivresse, ضيّع السكر.

*Désenivrer*, v. n., cesser d'être ivre, فاق من السكر I.

DÉSENNUYER, v. a., chasser l'ennui, طرد الزعل A. — دفع الهمّ - سلّى - A.

*Se désennuyer*, v. réf., se divertir, تسلّى.

DÉSENRHUMER, v. a., ازال السعلة و الرشح - خلّص من الزكام.

DÉSENROUER, v. a., ازال البحّة.

DÉSENSEVELIR, v. a., كشف الكفن عن الميّت I.

DÉSENSORCELER, v. a., guérir de l'ensorcellement, خلّص من السحر.

*Désensorceler*, au fig., guérir d'une passion, شفى من , عن I.

DÉSENSORCELLEMENT, s. m., تخليص من سحر.

DÉSENTÊTER, v. a., رجّع عن.

DÉSERT, s. m., lieu désert, inculte, برية; plur., برارى ; بادية - صحرا - صحارى ; plur., بوادى - قفر - قفار ; plur., شول.

DÉSERT, E, adj., inhabité, خالى من السكّان - قفر - مهجور.

DÉSERTER, v. a., abandonner un lieu, هجر O.

*Déserter*, v. n., quitter le service militaire sans congé, هرب من العسكرية O.

DÉSERTEUR, s. m., qui a déserté, هارب.

*Déserteur*, qui abandonne une société, la foi, la bonne cause, خاين.

DÉSERTION, s. f., action de déserter, هربة.

DÉSESPÉRANT, E, adj., qui jette dans le désespoir, يقطع الاياس.

DÉSESPÉRÉ, E, adj., qui ne donne aucune espérance, من غير رجا.

*Désespéré*, qui n'a plus d'espoir, قاطع الرجا - مأيوس.

*Désespéré*, furieux, زال. Il chargea l'ennemi en désespéré, حمل حملة من باع نفسه بابخس ثمن.

Être *désespéré* de, être fâché, avoir regret de, صعب عليه A.

Désespérément, adv., éperdument, avec excès, من غير عقل.

Désespérer, v. a., tourmenter, affliger vivement, اغمّ - اهلك I. Désespérer, réduire au désespoir, رمى للايأس I.

Désespérer de, v. n., perdre l'espérance, قطع الرجا - قطع الطمع A. - قطع الامل O. قنط - ايس من - قطع الاياس. Quand on désespère d'obtenir une chose, on se résigne à s'en passer, من ايس من شي استغنى عنه.

Se désespérer, v. réf., se tourmenter, s'agiter dans la douleur, تقلّى.

Désespoir, s. m., perte de toute espérance, قنوط - قطع الرجا - اياس. Être au désespoir. Voyez ÊTRE DÉSESPÉRÉ, SE DÉSESPÉRER.

Déshabillé, s. m., vêtement de chambre de nuit, لبس النوم - تخفيفة.

Déshabiller, v. a., ôter les habits, les ornements, شلّحه تيابه - قلّع حوايجه.

Se déshabiller, v. réf., شلح ثيابه A.

Déshabité, e, adj., مهجور - خالى.

Déshabituer, v. a., désaccoutumer, ابطل العادة. Se déshabituer, v. réf., بطّل العادة - خرق عادته I. O.

Déshérence, s. f., droit sur une succession vacante, معلوم على مخلفات من غير ورّاث.

Déshériter, v. a., exhéréder, منع من ارث A. - حرمه الارث I.

Déshonnête, adj., فاحش.

Déshonnêtement, adv., فاحشاً.

Déshonneur, s. m., عار - فضيحة - هتيكة - شين.

Déshonorable, adj. com., يعرّ - فاحش.

Déshonorant, e, adj., فاضح - فاحش.

Déshonorer, v. a., perdre d'honneur, عرّ I. - شأن I. - فضح A. - كسر العرض - خرق حرمته I. O. Il est déshonoré, ما بقى له وجه اسودّ وجهه عند الناس - راس ينشأل.

Déshonorer une femme, فضح A. - هتك I.

Désignatif, ive, adj., qui spécifie, مبيّن.

Désignation, s. f., dénotation d'un être par des signes précis, علامة - اشارة - بيان.

Désignation, nomination et destination expresse, تعيين.

Désigner, v. a., dénoter par des signes précis, اشار الى - بيّن.

Désigner, destiner à, marquer précisément, عيّن.

Désincorporer, v. a., séparer une chose d'un corps, عزل عن O.

Désinence, s. f., terminaison des mots, اواخر الكلم.

Désinfatuer, v. a., désabuser un homme infatué, ابطل الغرور.

Désinfecter, v. a., ôter l'infection, طهّر.

Désinfection, s. f., action d'ôter l'infection, تطهير الهوا.

Désintéressé, e, adj., qui n'est pas mû par intérêt, par passion, خالص العلاقة - عديم الغرض - متنزّه عن الطمع.

Désintéressement, s. m., détachement de son propre intérêt, عدم الغرض - نزاهة - تنزّه.

Désintéressement, adv., sans vue d'intérêt, من غير غرض.

Désintéresser, v. a., mettre hors d'intérêt en indemnisant, عوّض عليه حتى لايبقى له غرض فى المادّة I.

Désinviter, v. a., بطّل العزومة.

Désir, s. m., souhait, مراد - مرام - امنية; pl., شهوة - بغية - رغبة - مقصود - مطلوب - امانى. Désir de voir quelqu'un, شوق; plur., اشواق. Satisfaire son désir I. اشتياق - اتواق; pl., توق. Quiconque de voir quelqu'un, بلّ شوقه من احد. borne ses désirs vivra libre, من ترك الشهوات عاش حرّاً.

Désirable, adj. com., qui mérite d'être désiré, يشتاق اليه.

Désirer, v. a., souhaiter, avoir désir, اِشتَهَى - A. رام - O. تَهَنَّى - اِشتَاقَ اِلَى. Vous êtes bien fait désirer (à quelqu'un qu'on n'a pas vu depuis longtemps), أَوحَشتَنَا; réponse : اِشتَقنَا عَلَيكَ - اللّٰه لَايُوحِشنِي مِنكَ; réponse : وَأَنَا بِالأَكثَر.

Désireux, adj., راغِب فِى - مُشتَهِى.

Désistement, s. m., تَعدِيَة عَن - تَرك - تَنَازُل عَن.

Se désister, v. réf., renoncer à, تَنَازَل عَن - تَرَك O. عَدَّى عَن.

Dès-lors, adv., dès ce moment, مِن وَقتِها - مِن هَذَا الوَقت.

Désobéir, v. n., ne pas obéir à, I. عَصَى عَلَى أَحَد - O. عَقَّ وَالِدَيه. Désobéir à ses parents, خَالَف.

Désobéissance, s. f., عِصيَان - مُخَالَفَة.

Désobéissant, e, adj., qui désobéit, عَاصِى - عُقُوق - مُخَالِف.

Désobligeamment, adv., مِن غَير مَعرُوف.

Désobligeance, s. f., disposition à désobliger, قِلَّة مَعرُوف.

Désobligeant, e, adj. (personne), عَدِيم المَعرُوف. Désobligeant (chose, action), يَكسِر الخَاطِر - مُغِمّ.

Désobliger, v. a., faire du déplaisir, I. كَسَرَ خَاطِرَة - A. أَسَاءَ اِلَى أَحَد - عَمَل مَعَه قِلَّة مَعرُوف.

Désobstructif, adj., qui guérit les obstructions, دَوَا مُفَتِّح لِلسُّدَد.

Désobstruer, v. a., détruire les obstructions, A. فَتَح السُّدَد. Désobstruer, dégager ce qui embarrasse une rue سَلَّكَ السِّكَّة.

Désoccupation, s. f., قِلَّة الشُّغل.

Désoccupé, e, adj., désœuvré, مِن غَير شُغل - فَاضِى.

Désœuvré, e, adj. et s., سِندَال - بَطَّال.

Désœuvrement, s. m., عَدَم الشُّغل.

Désolant, e, adj., qui afflige, مُحَزِّن - مُوجِب كَسرِ الخَاطِر.

Désolateur, s. m., qui ravage, détruit, خَرَّاب.

Désolation, s. f., extrême affliction, غَمّ شَدِيد - كَآبَة - حُزن.

Désolation, ruine entière, دَمَار - خَرَاب.

Désolé, e, adj., affligé, مَكسُور الخَاطِر - حَزِين.

Désolé, ruiné, ravagé, مُدَمَّر - خَربَان.

Désoler, v. a., affliger, O. غَمّ - أَحزَن.

Désoler, ravager, O. I. خَرَّب - دَمَّر.

Désopilatif, ive, adj., (remède), دَوَا مُسَلِّك.

Désopilation, s. f., débouchement d'une obstruction, فَتح - تَسلِيك.

Désopiler, v. a., ôter les obstructions, les opilations, A. فَتَح السُّدَد - سَلَّك.

Désopiler la rate, au fig., faire rire, أَضحَك.

Désordonné, e, adj., excessif, مُفرِط.

Désordonné, sans ordre, غَير مُنتَظِم.

Désordre, s. m., défaut d'ordre, renversement, confusion, لَخبَطَة - اِنقِلَاب - عَدَم النِّظَام.

Désordre, dérèglement de mœurs, فِسق وَفَسَاد - اِنهِمَاك.

Désordre, pillage, dégât, خَرَاب - نَهب.

Désordre, trouble, embarras d'esprit, اِضطِرَاب.

Désordre, discorde survenue entre des personnes unies, شِقَاق.

Désorganisateur, s. m., qui renverse l'ordre, خَارِب نِظَام.

Désorganisation, s. f., تَخرِيب النِّظَام - خَرَاب التَّركِيب.

Désorganiser, v. a., détruire l'organisation, خَرَّب التَّركِيب - O. I. خَرَّب النِّظَام.

Désorienter, v. a., pos. et fig., حَيَّر - نَوَّه.

Désormais, adv., مِن هَذَا الوَقت - فِيهَا بَعد - مِن هَلَق وَرَايِح - مِن الآن وَصَاعِد.

Désossement, s. m., نَزع العَظم.

Désosser, v. a., A. نَزَع العَظم.

Despote, s. m., qui gouverne arbitrairement, ظَالِم - جَائِر.

Despotique, adj. com., absolu, arbitraire, جَائِر - ظَالِم.

Despotiquement, adv., بِظُلم - بِجَوْر.

Despotisme, s. m., pouvoir absolu, arbitraire, حُكومة مُطلَقة - ظُلم - جَوْر.

Dessaisir (se), de, v. réfl., abandonner, سَيَّب - ارخى.

Dessaisissement, s. m., تَرْك - تَسْييب.

Dessalé, e, adj., moins salé, مُقلَّل مَلَح.

Dessalé, s. m. fam., homme rusé, مَكَّار.

Dessaler, v. a., ôter la salure, rendre moins salé, نقَص ملحه - اذهب المِلوحيةَ.

Dessangler, v. a., défaire, lâcher les sangles, ارخى الحزام - O. حلّ الحزام.

Desséchant, e, adj. (vent), ريح مجفِّف.

Dessèchement, s. m., تَنشيف - جَفَاف.

Dessécher, v. a., mettre à sec, نشَّف - جفَّف.

Se dessécher, v. réfl., I. - نشف - خقّ. - A.

Dessein, s. m., intention, projet, مُراد - نيّة - قَصد. J'avais dessein d'aller, كان في نيّتي اروح, ‖ Former le dessein de, كان في خاطري اروح O. - هَمّ بـ - I. - نوى على - عزم على - اعتمد على ان.

Dessein, plan d'un ouvrage, رسم.

A dessein, adv., exprès, عَمداً - قَصداً - بِالقَصد - بِالذِمَّة et بِالمَعَاني - عَامِداً (Barb.). Sans dessein, سَهْو - غَلَط - مِن غَيْر قَصد - بِلا قَصد.

Desseller, v. a., ôter la selle, I. شَال السَرج.

Desserre, s. f. (dur à la), بخيل ماسكة - مُقربِط.

Desserrer, v. a., relâcher, بَجَبي - ارخى. Desserrer les dents, A. فتَح ثَمَّه.

Dessert, s. m., fruits, etc., نُقل - فاكهة.

Desserte, s. f., فضلة الطعام.

Dessertir, v. a., ôter la monture d'une pierrerie, O. فَكّ الحَجرة.

Desservant, s. m., qui dessert une église, un bénéfice à la place d'un titulaire, نَايِب.

Desservir, v. a., faire le service d'une cure, O. خدَم كنيسة.

Desservir, ôter les mets, I. شال الطعام.

Desservir quelqu'un, lui nuire, médire de lui auprès de ses supérieurs, I. - رمى في احد - A. وَشى به الى فلان - aor., يِشي, سعى به عند.

Dessiccatif, ive, adj., مُنَشِّف - مُجَفِّف - مُيَبِّس - مُخَشِّن.

Dessiccation, s. f., تَجفيف.

Dessiller, v. a. (les yeux), ouvrir les yeux; au fig., détromper, فتَح عَينيه.

Dessin, s. m., رسم - تَصْوير.

Dessinateur, s. m., رَاسِم - مُصَوِّر.

Dessiner, v. a., O. رسم - صَوَّر.

Dessoler, v. a., ôter la sole, قوَّر حافر الدابّة - قطع جواة حافر الدابّة.

Dessouder, v. a., ôter la soudure, O. فَكّ اللحام.

Se dessouder, v. réfl., انفكّ لِحَامه.

Dessouler, v. a., طيَّر السُّكر مِن راسه.

Dessous, s. m., تَحت - التَحتاني. Le dessous des cartes, au fig., fam., le secret d'une affaire, المَخبيّ. Il y a dans cette affaire un dessous de cartes, هذا الغرض له تَحتاني. ‖ Avoir le dessous, le désavantage, خاب - I. غُلب - تَقَهقَر.

Dessous, adv. de lieu, تَحت.

Au-dessous, prép., plus bas, أوطى مِن - دون. Au-dessous, moindre en nombre, en durée, دون. ‖ Au-dessous de votre rang, دون مقامِك. ‖ Par-dessous, مِن تَحت. ‖ En-dessous, sous main, مِن تَحت لِتَحت. ‖ De-dessous, qui est dessous, تَحتاني.

Dessus, s. m., عُلو - اعلى - الفَوقاني.

Dessus, surface, وَجه, qu'on prononce en Égypte, وِش. Le dessus, opposé à la doublure, الظهارة. Le dessus, au fig., l'avantage, فائقة. Avoir le dessus, l'avantage sur, O. فاق على - I. غلب.

Dessus et au-dessus, prép., على - فَوق. Par-dessus, sur, على. ‖ Dessus, outre, زيادة على

**DÉS**

غيرِ ذلك ‖ Là-dessus, à ces mots, dans le moment, عند ذلك.

DESTIN, s. m., fatalité, مقدور - مقدَّر - قضاء و قدر. Les destins, المقادير.

*Destin*, sort particulier, ce qui arrive aux hommes, aux choses, en bien ou en mal, نصيب - قسمة.

DESTINATION, s. f., emploi pour un objet déterminé, تعيين - اختصاص.

*Destination*, but proposé, مقصود.

DESTINÉE, s. f., destin, بخت - مكتوب - مقدَّر - قسمة - نصيب - ما كتب على الجبين. Destinée malheureuse, قلّة نصيب - سوء بخت. ‖ C'était ma destinée, كان مقدَّر على. ‖ Subir sa destinée, استوفى ما كتب عليه. ‖ Finir sa destinée, I. قضى نحبه.

DESTINER, v. a., prédestiner, déterminer la destination d'un être, قدّر الله له او عليه شيئا - O. كتب الله النصيب ب - A. جعل ل - I. قضى الله له او عليه ب.

*Destiner*, disposer en idée de l'emploi de, أعدّ - خصّص ل - عيّن ل.

*Destiner*, v. n., projeter, قصد O. - I. عزم على.

*Se destiner*, v. réfl., أعدّ نفسه ل.

DESTINÉ, E, adj., préparé pour, معدّ ل - معيّن ل - مخصّص ل. Cet homme était destiné par la Providence à, كان نصيب هذا الرجل انه.

DESTITUABLE, adj. com., تحت العزل - يُعزَل.

DESTITUÉ, E, adj., dépourvu de, عاوز - فارغ - خالي من.

DESTITUER, v. a., déposer, A. خلع - O. عزل.

DESTITUTION, s. f., عزل.

DESTRUCTEUR, s. m., مُفسد - هادم - خرّاب.

DESTRUCTIBILITÉ, s. f., فناء - انفساد.

DESTRUCTIF, IVE, adj., مفسد - هادم - متلف.

DESTRUCTION, s. f., إبادة - إتلاف.

DÉSUÉTUDE, s. f., anéantissement par le non-usage, انتساء.

**DÉT**

DÉSUNION, s. f., séparation des parties, انفصال - افتراق.

*Désunion*, au fig., mésintelligence, افتراق - شقاق.

DÉSUNIR, v. a., disjoindre, O. فرق - I. فصل.

*Désunir*, rompre l'union, la bonne intelligence, I. رمى الشقاق بين.

*Se désunir*, v. réfl., se séparer, انفصل - افترق.

DÉTACHEMENT, s. m., état de celui qui est détaché d'une opinion, d'une passion, ترك - تجريد عن.

*Détachement*, troupe de soldats, تجريدة عساكر - فرقة عسكر.

DÉTACHER, v. a., ôter les taches, روّح البقعات.

DÉTACHER, v. a., séparer, I. فصل.

*Détacher*, délier, défaire ce qui attache, O. حلّ - O. فكّ.

*Détacher*, mettre séparément pour quelque dessein, O. جرّد - O. عزل - أفرد.

*Détacher* quelqu'un d'une opinion, d'une passion, رجع أحدا عن.

*Se détacher*, v. réfl., se séparer, انفصل - انفرد عن - انعزل عن.

*Se détacher*, se délier, انفكّ - انحلّ.

*Se détacher* d'une opinion, d'une passion, رجع عن. A. Se détacher du monde, O. ترك الدنيا.

DÉTACHÉ, E, adj., isolé, منفرد.

DÉTAIL, s. m., circonstances, particularités d'une affaire, شرح مفصّل - تفصيل. L'affaire avec tous ses détails, المادّة بكافّة اعراضها.

*En détail*, avec toutes les circonstances, بالتفصيل.

*En détail*, par parties, par petites mesures (en parlant de la manière de vendre ou d'acheter), بالتقطيع.

DÉTAILLER, v. a., raconter une chose en détail, شرح الامر شرحا مفصّلا - I. حكى بالتفصيل.

*Détailler*, vendre en détail, I. باع بالتقطيع.

DÉT

DÉTAILLÉ, adj., circonstancié, مفصّل.
DÉTAILLEUR, s. m., qui vend en détail, قطّاع - متسبّب.
DÉTALER, v a., ôter, resserrer la marchandise, شال البضاعة .I
Détaler, v. n., s'enfuir, هرب .O - فرّك.
DÉTEINDRE, v. a., ôter la couleur, افسخ اللون - روّح اللون .O - حلّ اللون .A - فسخ اللون.
Déteindre, v. n., se déteindre, perdre sa couleur, برش .O - حلّ .A - فسّخ. Mon gilet a déteint sur ma chemise, صديريّتى حلّت على قميصى.
DÉTELER, v. a., détacher les chevaux attelés, حلّ الخيل .O.
DÉTENDRE, v. a., ôter les tentures, شال الستاير .I.
Détendre, lâcher ce qui était tendu, ارخى.
DÉTENIR, v. a., retenir injustement ce qui n'est pas à soi, حاش - اختلس .O.
Détenir, emprisonner, حبس .I - حاش .O.
DÉTENU, E, adj., prisonnier, محجاش.
Détenu au lit, مريض بالفراش.
DÉTENTE, s. f., pièce du ressort d'une arme à feu, pour le faire partir, رقّاص زناد - زنبرك البندقيّة. || Garde, pièce qui entoure la détente, ستار. || Détente, action de ce ressort, رخى.
DÉTENTION, s. f., حوشة.
DÉTENTEUR, TRICE, s., qui possède un bien sans droit, ماسك - مختلس - مغتلس.
DÉTERGER, v. a., nettoyer, نظّف.
DÉTÉRIORATION, s. f., خراب - خسران.
DÉTÉRIORER, v. a., dégrader, خرّب - خسّر.
DÉTERMINANT, E, adj., قاطع - ناهى.
DÉTERMINATIF, IVE, adj., qui détermine la signification d'un mot, مبيّن المعنى - تعريفى.
DÉTERMINATION, s. f., résolution, حزم - نيّة - عزم. Quelle est votre détermination? على ايش عزمت.

DÉT

Détermination du sens d'un mot, بيان معنى اللفظ.
Détermination, tendance prise d'un côté, ميل الى.
DÉTERMINÉ, E, adj., statué, fixé, محكوم به - معيّن - مقرّر.
Déterminé, hardi, شديد العزم - جسور.
Déterminé, effréné, بلا لجام.
Déterminé, qui a peu de solution, en parlant d'un problème, منهى.
Déterminée, (proposition), قضيّة مسورة.
DÉTERMINÉ, s. m., capable de tout, شرّير.
DÉTERMINÉMENT, adv., résolument, absolument, مطلقًا - عازمًا.
Déterminément, courageusement, بجسارة.
DÉTERMINER, v. a., décider, قرّر - حكم ب .O - قضى ب .I.
Déterminer, préciser, عيّن.
Déterminer, porter vers, حمّل - حمل على .I.
Déterminer, faire prendre une résolution, الزم الى - ميّل الى - امال الى - الجى الى .I - حمل على -.
Déterminer, donner à un mot une signification précise, بيّن معنى اللفظ - عرّف اللفظ.
Déterminer de, v. n., ou Se déterminer à, v. réf., ازمع على - اعتهد على .I - عزم على .I - حتم على .I.
DÉTERRÉ, E, adj., منبوش - خارج من القبر.
DÉTERRER, v. a., exhumer, tirer de terre, طلّع من الارض - اخرج من الارض .O - نبش.
Déterrer, au fig., découvrir, كشف .I.
DÉTERSIF, IVE, adj., (remède), دوا غسّال.
DÉTESTABLE, adj. com., يُكرَه - شنيع.
DÉTESTABLEMENT, adv., كريهًا.
DÉTESTATION, s. f., كراهة.
DÉTESTER, v. a., بغض .O - كره .A.
DÉTIRER, v. a., étendre en tirant, مطّ .O.
DÉTISER, v. a. (le feu), ôter les tisons du feu, les couvrir de cendres, شال قطع الحطب المشعولة وغطّاها بالرماد.
DÉTONATION, s. f., terme de musique, شذّة.

*Détonnation*, inflammation subite avec éclat, ثَورة.

DÉTONNER, v. n., s'enflammer avec éclat, ثار O.

DÉTONER, v. n., sortir du ton, شذّ O.

DÉTORDRE, v. a., déplier ce qui est tors, فرد O.

*Se détordre*, v. pers., (le bras, etc.), se faire mal au bras par la tension violente d'un muscle, خدل ذراعه - التوى ذراعه A.

DÉTORQUER, v. a., donner un sens forcé à une phrase, مسخ المعنى A.

DÉTORS, E, adj., (fil, soie), مفرود - (membre) مخدول.

DÉTORSE, s. f., violente extension d'un muscle, خدلة. *Voyez* ENTORSE.

DÉTORTILLER, v. a., فرد O. - حلّ O.

DÉTOUR, s. m., endroit qui va en tournant, عوجة - عطفة - لفتة.

*Détour*, chemin qui éloigne du droit chemin, عوجة - دورة - لفتة. Nous avons fait un long détour, عوّجنا عوجة كبيرة - درنا دورة كبيرة - لفّينا لفتة كبيرة.

*Détour*, au fig., discours qui semble regarder une autre matière que celle qu'on veut traiter, لف.

*Détour*, subtilité, دولاب.

*Détour*, subterfuge, حجّة; plur., حجج.

*Détours*, replis secrets du cœur, بواطن القلب.

DÉTOURNER, v. a., écarter, tourner ailleurs, صرف عن - حرّف عن - ابعد عن I.

*Détourner*, le sens, حرّف الكلام.

*Détourner*, dissuader, صرف عن I. - رجع عن.

*Détourner*, soustraire avec fraude, حوّل.

*Détourner*, distraire d'une occupation, عطّل - لاهى احدا عن - الهى احدا عن A. - شغله عن.

*Détourner*, v. n., quitter le droit chemin, مال، انحرف عن الطريق المستقيم I.

*Se détourner*, v. réf., prendre un chemin plus long que le chemin ordinaire, لفّ لفتة O. - عوّج عوجة O. - دار دورة O. Se détourner du droit chemin, fig., عدل عن الحق I. - زاغ عن I. - حاد عن الحق - الحق I.

DÉTRACTATION, ou DÉTRACTION, s. f., مسبّة - شناعة.

DÉTRACTER, v. a., médire avec violence, سبّ O - شنع على - تشنع في.

DÉTRACTEUR, s. m., مشنّع على.

DÉTRAQUER, v. a., dérégler, déranger une machine, خربط - عطّل - تلف الآلة I.

*Détraquer*, faire perdre les bonnes allures d'un cheval, عكس I.

*Détraquer*, au fig., détourner d'une vie réglée, عكس - خسّر I.

DÉTREMPE, s. f., couleur délayée avec de l'eau et de la gomme, لون محلول بالماء والصمغ.

DÉTREMPER, v. a., délayer dans une liqueur, حلّ - نقع A. - نقع O.

*Détremper*, ôter la trempe de l'acier, ضيّع البولاد.

*Détremper*, au fig., ôter l'énergie de l'âme, رذّل.

DÉTRESSE, s. f., péril, embarras, peine d'esprit, حصر - ضيقة - شدّة.

DÉTRIMENT, s. m., dommage, ضرر - خسارة - مضرّة.

*En détriment*, terme d'astronomie, dans un signe opposé, مخالف.

DÉTROIT, s. m., bras de mer entre deux terres, بوغاز; plur., بواغيز. Détroit, passage entre des montagnes, مضيق.

DÉTROMPER, v. a., اصحى من الغلط.

DÉTRÔNER, v. a., نزّل عن كرسي الملك.

DÉTROUSSER, v. a., défaire ce qui était troussé et le laisser pendre, ارخى.

*Détrousser*, au fig., fam., voler, عرّى - شلّح - قشط.

DÉTRUIRE, v. a., démolir, ruiner, هدم O. - خرب I. O. - هدّ O.

*Détruire* une armée, محق I., قرص العسكر A.

Son armée fut détruite, انكسر عسكره.
*Détruire*, ruiner, au fig., اهلك.
*Se détruire*, v. réf., se tuer, قتل نفسه. O.
*Se détruire*, tomber en ruine, خرب. A. — تخرّب.
DETTE, s. f., دين – دينار ; plur., ديون. Perdu de dettes, واقع تحت حمل الديون. Dettes actives et passives, الديون التي له و عليه.
DEUIL, s. m., habits noirs, cortége, ornements, et tout ce qui caractérise la tristesse à l'occasion de la mort de quelqu'un, عزا – حزن على ميت. Qui est en deuil, حزنان. ‖ Prendre le deuil, لبس ثياب العزا عليه – لبس السواد – حزن عليه. A.
DEUX, s. com., اثنين. Deux à deux, اثنين اثنين – افراد ازواج ازواج. ‖Un à un, deux à deux,
DEUXIÈME, adj. com., ثاني.
DEUXIÈMEMENT, adv., ثانيًا.
DÉVALISER, v. a., voler quelqu'un, شلح.
DEVANCER, v. a., gagner le devant, précéder, قدّم. O. – سبق.
*Devancer*, au fig., avoir l'avantage, فاق. O. – سبق. O.
DEVANCIER, ÈRE, s., qui a précédé, الذى كان قبل – سالف – الاقدمين. Nos devanciers, nos ancêtres, السَلَف.
DEVANT, s. m., partie antérieure, الوجه القدّامى.
*Devant*, prépos., opposée à *après, derrière*, قدّام.
*Devant*, vis-à-vis, قبال – قصاد – تجاه.
Au *devant* (aller), لاقى له – استقبل – تقدم الى – راح الى ملاقاته. O. Par devant, من قدام. Par devant, en présence, بحضرة.
Ci-*devant*, adv., précédemment, سابقًا.
DÉVASTATEUR, TRICE, s., خراب.
DÉVASTATION, s. f., خراب بلاد.
DÉVASTER, v. a., خرب I. O.
DÉVELOPPEMENT, s. m., شرح – تبسيط – انتشار.

DÉVELOPPER, v. a., ôter l'enveloppe, شال I. المغلف.
*Développer*, déployer ce qui était enveloppé, بسط. O. – فرد. O. – نشر. O. – مدّ. O.
*Développer*, au fig., éclaircir, expliquer, شرح A. I. – كشف – اوضح.
*Se développer*, v. réf., s'étendre, انتشر – امتدّ.
*Se développer*, s'éclaircir, انكشف – اتضح.
DEVENIR, v. n., صار I. عاد O. De pauvre qu'il était, il devint riche, بعد ما كان فقيرًا صار غنيًّا. Qu'est-il devenu ? ايش صار فيه.
DÉVERGONDÉ, adj., فاجر – قليل حيا.
SE DÉVERGONDER, v. pr., خلع الحيا A. – فجر. O.
DEVERS, prép., الى. Par-devers, عند.
DÉVERSER, v. n. et a., incliner, مال I. – ميّل.
*Déverser* (répandre) la honte sur, فضح A.
SE DÉVÊTIR, v. pr., تعرّى من ثيابه – شلح ثيابه A.
DÉVIATION, s. f., détour, écart, احادة – حيدة – زوغ – انحراف.
DÉVIDER, v. a., mettre le fil du fuseau en écheveau, كوّف – صربص – سلتك. O. – حلّ الغزل. O.
*Dévider*, mettre les écheveaux en pelotons كبّ. O.
DÉVIDEUR, SE, s., حلّال الغزل.
DÉVIDOIR, s. m., صُرْبَص – طيّار – محلّة الغزل. ; plur. كوافي ; كوفية.
DÉVIER, v. a., écarter de la route, احاد عن – زوّغ عن.
*Dévier*, v. n., et Se *dévier*, v. réf., s'écarter de la route, حاد عن. O. I. – زاغ عن. O. I.
DEVIN, ERESSE, s., عرّافة ; plur., عرّاف – رمّال – فاتح الفال.
DEVINER, v. a., prédire l'avenir, عرّف الغيب A. – فتح الفال.
*Deviner*, juger par conjecture, حزر I. – حزّر.
Deviner une énigme, فسّر اللغز.

# DEV — DIA 259

Devis, s. m., état de dépenses à faire, قَائِمَة تَتَضَمَّن بَيَان المَصَارِيف اللَازِمَة.

Dévisager, v. a., هَشَم - خَرمش الوَجه - الوَجه.

Devise, s. f., figure allégorique, accompagnée de paroles, pour exprimer une pensée, un sentiment, ; plur., رُمُوز. رَمز

Devise, mot choisi qu'on s'applique, قَاعِدَة.

Dévoiement, s. m., - اِسهَال البَطن - لِين - انسِهَال. Il a le dévoiement, طَبعَتُه مَسهُولَة - صَايِر لَه لِين.

Dévoiler, v. a., ôter le voile, كَشف الوَجه - I. A. رَفع البُرقُع - كَشف الغِطَا عَن الوَجه.

Devoir, s. m., ce à quoi on est obligé par la loi, l'honnêteté, حَقّ ; plur., حُقُوق - لَازِمَة ; pl., واجِب - لَوَازِم. Devoir imposé par la religion, فَرض ; pl., فُرُوض. ||C'est mon devoir, واجِب عَلَيّ. Derniers devoirs, honneurs funèbres, اكرام الامَوَات.

Devoir, thème, version donnée à un écolier, مِثَالَة.

Devoir, v. a., être obligé à, التَزَم بِ.

Devoir, être obligé par honnêteté, وَجَب عَلَيه ; aor., يَنبَغِي اَنه - يَجِب.

Devoir, avoir des dettes, عَنك لِ - عَلَيه لِ - فِي ذِمَّته الَى. Paul doit à Pierre cent francs, بُولُص عَلَيه لِبُطرُس مَايَة افرَنك|| Il m'est dû par un tel cinquante bourses, لِي عَلَى فُلَان خَمسِين كِيس.||Je reconnais devoir au porteur de ce billet la somme de, عِندِي وَ لَازِم فِي ذِمَّتِي الَى نَافِل هَذِه الوَرقَة مَبلَغ قَدرَة كَذَا.

Dévolu, e, adj., échu par droit, يَحِقّ لِ.

Dévolu, s. m., (jeter un) sur, prétendre à, اِبتَغَى - اِدَّعَى.

Dévolution, s. f., acquisition d'un droit dévolu, اِستِحقَاق.

Dévorant, e, adj. (en parlant d'une bête), مُفتَرِس.

Appétit dévorant, جُوع شَدِيد. Feu dévorant, نَار مُحرِقَة.

Dévorer, v. a., déchirer sa proie, اِفتَرَس - نَهَش A,

Dévorer, au fig., lire avidement, اَكَل O. - قَرَى بِسَبغِيَة A.

Dévorer, consumer, détruire, اَكَل O. - رَعَى A. - اِبتَلَع.

Dévorer un affront, en cacher le ressentiment, اِستَحمَل البَهدَلَة - تَجَرَّع البَهدَلَة.

Dévorer ses larmes, les retenir, حَاش دُمُوعَه O. - حَبَس دُمُوعَه I.

Un coursier qui dévore l'espace, جَوَاد يَنهَب الاَرض نَهبًا.

Dévot, e, adj., pieux, دَيِّن - نَاسِك - مُتَعَبِّد.

Dévotement, adv., بِتَعَبُّد.

Dévotion, s. f., piété, نُسك - دِيَانَة - عِبَادَة.

A la dévotion de, فِي تَصَرُّف - فِي يَد.

Dévoué, e, adj., donné sans réserve, مُقَدِّم ذَاته لِ.

Dévouer, v. a., dédier, consacrer, نَذَر O. - قَدَّم - اَهدَى.

Se dévouer, v. réf., se consacrer entièrement à quelqu'un, قَدَّم ذَاته لِ. Se dévouer au service du Christ, بَذَل نَفسَه فِي طَاعَة المَسِيح.

Dévoyer, v. a., causer le dévoiement, سَهَّل البَطن - لَيَّن البَطن.

Dextérité, s. f., adresse, شَطَارَة - لَبَاقَة.

Dey, s. m., chef du gouvernement de Tunis, d'Alger, حَضرَة حَاكِم الجَزَائِر اَو تُونُس.

Diabétès, s. m., fréquence d'urine, بَوَال - سَلَس.

Diable, s. m., شَيطَان - اِبلِيس ; pl., اَبَالِيس ; plur., شَيَاطِين. Comme plur., عَفَارِيت - عِفرِيت. Comme un diable, مِثل القِرد - مِثل الشَّيطَان.||Devenir diable, تَشَيطَن - تَعَفرَت. مِثل العِفرِيت.

Enfant diable, وَلَد بَلِيط. Faire le diable (enfant), تَبَالَط.

Faire le diable contre quelqu'un, faire du pis

## DIA

qu'on peut contre lui, عمل معه عمابل الشياطين A. ‖ En dire le diable, O. ‖ قال فيه قول الشياطين Tirer le diable par la queue, avoir de la peine à vivre, دايما جاري وراه الشيطان. ‖ C'est là le diable, c'est ce qu'il y a de fâcheux, هذ الداهية. ‖ Faire le diable à quatre, s'emporter, faire du vacarme, خرب الدنيا A. ـ عمل البدع I. ‖ Bon diable, bon garçon, ولد طيب ـ مسكين. ‖ Méchant diable, fin et malin, خبيث. ‖ Pauvre diable, misérable, مسكين ـ فقير. ‖ Que diable dites-vous? العما ايش تقول ـ جاك الشيطان ايش تقول ـ العيش ايش تقول. ‖ Donner quelqu'un au diable, le maudire, لعن A. ‖ Que le diable t'emporte, يجيك نكبة ـ يقصف عمرك ـ يخطفك الشيطان ـ روح لجهنم ـ داهية تجيك D. ‖ Va t'en au diable, انكسر من هنا ـ انقلع من هون. ‖ Mentir comme tous les diables, كذب مثل الشيطان I.

DIABLEMENT, adv. fam., بزيادة.

DIABLERIE, s. f., شيطنة.

DIABLESSE, s. f., شيطانة.

DIABOLIQUE, adj. com., du diable, شيطاني. *Diabolique*, très-méchant, شرير.

DIABOLIQUEMENT, adv., شيطانيا ـ بشيطنة.

DIACONAL, E, adj., شماسي.

DIACONAT, s. m., le second des ordres sacrés, درجة الشماس.

DIACRE, s. m., شماس انجيلي; plur., شمامسة.

DIADÈME, s. m., bandeau royal, عصابة الملك.

DIAGNOSTIQUE, adj. com., يدل على المرض. Signes diagnostiques, علامة مرض; plur., علام.

DIAGONAL, E, adj., مستقيم من زاوية الى زاوية.

DIAGONALE, s. f., ligne qui va d'un angle à l'autre, خط الزاوية.

DIAGONALEMENT, adv., من زاوية الى زاوية.

DIALECTE, s. m., langage d'un pays, d'une ville, dérivé de la langue nationale, لغوة ـ لغة.

DIALECTICIEN, s. m., منطيقي.

DIALECTIQUE, s. f., علم المنطق.

## DIC

DIALECTIQUEMENT, adv., منطيقيا.

DIALOGUE, s. m., سؤال و جواب ـ مخاطبة ـ محاورة ـ محادثة. En forme de dialogue, على طريق السؤال و الجواب.

DIALOGUER, v. a., faire parler entre elles plusieurs personnes, جعل يتحادثوا A.

DIAMANT, s. m., حجر الالماس. Poudre de diamant, حكاكة الماس.

DIAMANTAIRE, s. m., lapidaire, جواهرجي ـ حكاك ـ جواهري.

DIAMARGARITON, s. m., médicament fait avec des perles, معجون اللولو ـ سفوف لولوي.

DIAMÉTRAL, E, adj., قطري.

DIAMÉTRALEMENT, adv., directement (en parlant de choses opposées), بالكلية ـ بالمرة. Deux points diamétralement opposés, نقطتان متقاطرتان.

DIAMÈTRE, s. m., قطر; plur., اقطار.

DIAPASON, s. m., étendue de voix du bas en haut, الطامة الكبرى.

DIAPHANE, adj. com., نير ـ شفاف.

DIAPHANÉITÉ, s. f., نيرة ـ شفوف.

DIAPHÉNIE, s. m., électuaire de dattes, معجون التمر.

DIAPHORÉTIQUE, adj. com., qui purge par les sueurs, معرّق.

DIAPHRAGME, s. m., muscle large, nerveux, entre la poitrine et le ventre, حجاب حاجز.

DIAPRÉ, adj., منقش.

DIARRHÉE, s. f., dévoiement, ذرب البطن ـ اسهال ـ سيلان البطن.

DIATESSARON, s. m., ترياق الاربعة.

DIATRIBE, s. f., critique amère, قدح زايد.

DICTAME blanc, s. m., herbe vulnéraire, sudorifique, etc., نجيل. Dictame de Crête, بقلة الغزال.

DICTAMEN, s. m., sentiment intérieur de la conscience, سريرة.

DICTATEUR, s. m., souverain magistrat unique, ولي الامر كله.

DICTATURE, s. f., ولاية الامر.

DICTÉE, s. f., ce qu'on dicte pour être écrit, املا.

DICTER, v. a., prononcer mot à mot pour faire écrire, قرى عليه - املى عليه - ملى.

Dicter, au fig., suggérer, لقّن.

DICTION, s. f., élocution, choix de mots, تحبير الكلام.

DICTIONNAIRE, s. m., ترجمان - كتاب لغة - قاموس اللغة.

DICTON, s. m., mot piquant, mot sentencieux, مثل ; plur., اقوال ; قول.

DICTUM, s. m., dispositif d'un jugement, مضمون الحكومة.

DIDACTIQUE, adj. com., تعليمي.

DIÈTE, s. f., régime de nourriture, تدبير الاكل.

Diète, abstinence, احتما عن الطعام.

Diète, assemblée des états, جمعية.

DIÉTÉTIQUE, adj. com., يختص تدبير الطعام.

DIEU, s. m., الحق سبحانه و تعالى - الله.

Dieu! grand Dieu! exclamation, الله اللهم - يا لطيف - لا حول و لا قوة الا بالله العلى العظيم - يا مريم العذرا. Les chrétiens disent encore, يا ستار - ياسم الصليب - يا عذرا - اسم يسوع. ‖ Dieu sait, عالم الله - الله يعلم. ‖ Ce que Dieu fait est toujours bon, ما صنع الله فهو خير. ‖ O Dieu ! يا رب - اللهم. ‖ Dieu nous en préserve, البعيد - الله لا يقدّر.

Les dieux, الالهة.

DIEUDONNÉ, surnom, نعمة الله - عطا الله.

DIFFAMANT, E, adj., هاتك - مهتك.

DIFFAMATEUR, s. m., هتاك - فاضح.

DIFFAMATION, s. f., طعن فى العرض - هتيكة.

DIFFAMATOIRE, adj. com., هتيكي.

DIFFAMER, v. a., perdre de réputation, هتك .I. - .O طعن فى عرضه - جرّس .A. - فضح - مزّق عرضه.

DIFFÉREMMENT, adv., بالخلاف.

DIFFÉRENCE, s. f., فرق - اختلاف. Quelle différence entre eux ! هيهات بين هذا و بين هذاك - شتان بينهم - اين هذا و اين هذاك. ‖ Faire la différence, ميّز من - .O فرق بين.

Différence, excès d'une quantité sur une autre, فرق - تفاوت.

DIFFÉRENCIER, v. a., distinguer, .O فرق بين.

DIFFÉREND, s. m., querelle, منازعة - خلف.

DIFFÉRENT, E, adj., qui diffère, بينهم فرق - متغاير - مختلف - متباين - بشقة.

DIFFÉRER, v. a., remettre à un autre temps, اخّر .I. - حذف الى غير وقت - تمهّل عن - تعوّق عن. Sans différer, بلا تأخير. تأخّر - توانى عن.

Différer, v. n., tarder, 

Différer, être différent, اختلف - تفاوت - تباين - تغاير.

DIFFICILE, adj. com., عسير - تعب - صعب - مستصعب على. Difficile à comprendre, وعر - عسر - مشكل - الفهم. ‖ Être difficile pour quelqu'un, تعسّر عليه. ‖ Homme difficile, رجل صعب. ‖ Caractère difficile, طبع وعر. ‖ Temps difficiles, اوقات الشدّة - اوقات رديئة.

DIFFICILEMENT, adv., بصعوبة - بتعب.

DIFFICULTÉ, s. f., صعوبة - عسر.

Difficulté, endroit difficile à entendre, عقوبة - مشكلة. ‖ Être arrêté par une difficulté, انشكل فى - اشتكل عليه معنى الكلام.

Difficulté, obstacle, مانع - عائقة - عقدة. Cette difficulté ne devrait-elle pas être levée? ليش ما كانت تنحلّ هذه العقدة. ‖ Faire des difficultés, امتنع عن - تعذّر من. ‖ Dès qu'il entendit parler d'argent, il cessa de faire des difficultés, اوّل ما سمع بالفلوس انحلّ برمه. ‖ Sans difficulté, sans doute, بلا شك.

DIFFICULTUEUX, SE, adj., qui fait des difficultés, معاقب.

DIFFORME, adj. com., laid, وحش - مسوخ - قبيح الصورة - شنيع الصورة - بشع - سمج.

DIFFORMER, v. a., ôter la forme, غيّر الصورة.
DIFFORMITÉ, s. f., قباحة الصورة - سماجة.
DIFFUS, E, adj., prolixe, طويل في الكلام.
DIFFUSÉMENT, adv., بتطويل.
DIFFUSION, s. f. (des fluides), انتشار - سياح.
*Diffusion* (du style), اطالة في الكلام.
DIGÉRER, v. a. (des aliments), هضم. I. Difficile à digérer, ثقيل على المعدة.
*Digérer*, souffrir patiemment, تجرّع - احتمل.
*Digérer*, examiner, discuter avec soin une affaire, استوعب دعوة.
*Digérer*, v. n., cuire, t. de chimie, انطبخ.
DIGESTE, s. m., recueil de décisions, مجموع فتاوى.
DIGESTIF, IVE, adj., مهضم. Faculté digestive, قوة هاضمة.
DIGESTION, s. f., هضم - انهضام. De bonne digestion, سريع الانهضام. ‖ De difficile digestion, بطي الانهضام.
DIGITALE, s. f., fleur, زهر الكشاتبين.
DIGNE, adj. com., qui mérite quelque chose, اهل ل - مستاهل - مستحق.
*Digne* de lui, conforme à son caractère, لايق به. Fils digne de son père, ابن معادل لابيه.
*Digne* homme, très-honnête homme, رجل فاضل - ناس ملاح.
DIGNEMENT, adv., selon ce qu'on mérite, على قدر الاستحقاق.
*Dignement*, très-bien, noblement, كما ينبغي.
DIGNITAIRE, s. m., صاحب وظيفة - من ارباب المناصب. Les grands dignitaires, اكابر واعيان الدولة.
DIGNITÉ, s. f., mérite, importance, عظمة - قيمة. Dignité dans les manières, هيبة - وقار. ‖ Parler avec dignité, تكلّم بهيبة.
*Dignité*, charge, منصب; plur., مناصب - مقام - مرتبة.
*Dignité*, élévation, رفعة - علو.

DIGRESSION, s. f., ce qui est hors du sujet principal du discours, كلام خارج عن الكلام الاصلي - اعتراض.
DIGUE, s. f., سدّ; plur., سدود - جسر; plur., جسور.
DILACÉRATION, s. f., تمزيق - تمزيع.
DILACÉRER, v. a., déchirer, مزّع - مزّق.
DILAPIDATION, s. f., dépense désordonnée, تبذير.
*Dilapidation*, vol de deniers publics, سلب المال.
DILAPIDER, v. a., dépenser follement, بعزق المال.
*Dilapider*, voler les deniers publics, سلب O. المال.
DILATABILITÉ, s. f., امتطاط.
DILATABLE, adj. com., ينبسط - يمتط.
DILATATION, s. f., امتطاط - انبساط - ارتخا.
DILATER, v. a., étendre, بسط O. - مطّ O.
*Dilater* le cœur, fig., شرح القلب A.
*Se dilater*, v. réf., occuper un plus grand espace, انبسط - امتطّ O. - فرش O.
DILATOIRE, adj. com., qui tend à différer le jugement, امهالي.
DILEMME, s. m., argument, برهان قاطع.
DILIGEMMENT, adv., بسرعة.
DILIGENCE, s. f., promptitude, عجلة - نشاط - سرعة. Faire diligence, استعجل.
*Diligence*, poursuite, طلب.
*Diligence*, soin, recherche exacte, هِمّة.
*Diligence*, voiture, عربة.
DILIGENT, E, adj., expéditif, سريع - نشط.
*Diligent*, soigneux, laborieux, صاحب همة - مجتهد.
DILIGENTER, v. a., حضّ O. - استهمّ - عجّل.
*Se diligenter*, v. pro., استعجل.
DILUVIEN, NNE, adj., يخصّ الطوفان.
DIMANCHE, s. m., premier jour de la semaine, نهار الاحد - يوم الاحد.
DÎME, s. f., عشر; plur., عشور.

DIMENSION, s. f., كيفية ـ حال ; plur., احوال ـ
جهة ; plur., جهات. Prendre toutes les dimensions
d'un édifice, ‖ I. قاس جميع جهات البنا Prendre
ses dimensions, au fig., تدبر ـ دبر أمره.

DÎMER, v. n., اخذ العشور O.

DIMINUER, v. a., amoindrir, نقص ـ قلّل.

Diminuer, v. n., devenir moindre, نقص O. ـ
قلّ ـ انتقص I.

DIMINUTIF, IVE, adj., تصغيرى.

DIMINUTIF, s. m., اسم التصغير.

DIMINUTION, s. f., amoindrissement, نقص ـ
تنقيص.

Diminution, rabais, انحطاط ـ خسر.

DÎNATOIRE, adj. com., qui tient lieu du dîner
(déjeuner), فطور غدائى.

DINDE, s. f., poule d'Inde, دجاج هندى.

DINDON, s. m., coq d'Inde, ديك هندى.

DINDONNEAU, s. m., ديك هندى صغير.

DÎNÉ, DÎNER, s. m., غدا.

DÎNÉE, s. f., dîner, lieu où l'on dîne, غدا ـ
موضع يتغدّوا فيه.

DÎNER, v. a., تغدّى. Faire dîner, ou donner à
dîner, غدّى.

DIOCÉSAIN, E, adj., du diocèse, من الابرشيّة ـ
ابرشية.

DIOCÈSE, s. m., ابرشية.

DIPHTHONGUE, s. f., terme de gram., réunion de
deux voix en une syllabe, كلمة اصطلاحية للنحويين
معناها اتحاد صوتين.

DIPLOMATIE, s. f., science des rapports, des intérêts de puissance à puissance, علم اصطلاحات
الممالك بين بعضها.

DIPLOMATIQUE, s. f., traité du droit des gens,
حقوق واجبة على الامم بين بعضها.

Diplomatique, adj., يخصّ اصطلاحات. Le corps diplomatique,
les ambassadeurs, الممالك بين بعضها وكلا الممالك.

DIPLÔME, s. m., براة ; plur., براوات.

DIRE, s. m., قول. Au dire de, على قول فلان

DIRE, v. a., قال O. ذكر O. J'ai entendu dire
que, سمعت ـ سمعت من يقول ـ سمعت ان
يقولوا. ‖ On dirait qu'il pleut, كانها تمطر. ‖ C'est
bien dit, سلّم تبك ـ نعم ما قلت. ‖ Le poëte a
fort bien dit que, يا ما احسن الشاعر اذا قال.
‖ Il n'y a pas à dire, il faut que tu partes, ما لها
فايدة بدّك تروح. ‖ Trouver à dire, qu'il manque quelque chose, trouver à reprendre. قال فيه.
‖ Vouloir dire, بلّ يقول ـ قصد O. ‖ C'est-à-
dire, يعنى ـ اعنى اى.

Dire, avertir, (voix surnaturelle), هتف I. Quelque chose me dit que, حدّثتنى نفسى بان.

Se dire, v. réf., se prétendre, ادّعى انه.

DIT, E, adj., surnommé, يقال له ـ يدعى ـ
ملقب ب.

DIRECT, E, adj., droit, دوغرى ـ مستقيم ـ عدل.
Discours direct, خطاب.

DIRECTEMENT, adv., دغرى ـ عدل. Directement
opposé, entièrement opposé, مصادد بالكليّة.

Directement, sans détour, clairement, نصرى بحتا.

DIRECTEUR, TRICE, s., مدبّر ـ مرشد.

Directeur, qui a soin de la conscience de quelqu'un, معلم ذمّة.

DIRECTION, s. f., action de diriger, ارشاد ـ
تدبير. Être sous la direction, sous l'autorité de,
كان فى ضبطه. ‖ Mettre sous la direction de quelqu'un, وكّل احدا عليه.

Direction, manière de se conduire, سلوك ـ سير.
Dans la direction, dans l'alignement de, على
سواة.

Direction, tendance vers, توجّه ـ ميل الى.

DIRIGER, v. a., conduire, régler, ارشد ـ دبّر.

Diriger, tourner vers, وجّه الى ـ صوّب الى
I. صرف الى.

DIRIMANT, adj. m., (empêchement), qui rend
nul un mariage, داعى يفسخ الزيجة.

DISANT, (SOI-) adj. m., se prétendant, مدّعى.

DISCALE, s. f., déchet dans le poids par suite

DIS

d'évaporation, نقص فى وزن الشى بعد يبسه.
DISCERNEMENT, s. m., تمييز - افراز.
DISCERNER, v. a., distinguer, فرز - I. فرزن - ميّز.
DISCIPLE, s. m., qui apprend d'un autre, تلميذ; plur. تلاميذ.
*Disciple*, qui suit la doctrine de, صاحب; pl. اصحاب. Les disciples de Socrate, اصحاب سقراط.
DISCIPLINABLE, adj. com., قابل التعليم.
DISCIPLINE, s. f., instruction, تعليم.
*Discipline*, éducation, ادب - تاديب.
*Discipline*, règlement, ordre, قانون, pl. قوانين - نظام - ترتيب.
*Discipline*, fouet, سوط; plur. اسواط.
DISCIPLINER, v. a., instruire, ادّب - علّم.
DISCONTINUATION, s. f., انقطاع عن الشى.
DISCONTINUER, v. a., انقطع عن - بطل - قطع.
*Discontinuer*, v. n., cesser, انقطع.
DISCONVENANCE, s. f., قلة مناسبة.
DISCONVENIR, v. n., nier, ne pas demeurer d'accord, A. استنكر - نكر.
DISCORD, adj., qui n'est point d'accord, غير معدّل.
DISCORDANCE, s. f., تنافر - منافرة.
DISCORDANT, E, adj., منافر - متنافر.
*Discordant*, au fig., incompatible, غير مطابق - متنافر.
DISCORDE, s. f., dissension, شقاق - خلف. Pomme de discorde, اصل الخلف - فتنة.
DISCORDER, v. n., être discordant, نافر.
DISCOUREUR, s. m., grand parleur, كثير الكلام. Beau discoureur, qui affecte de bien parler, ابو هاذور - بلضام.
DISCOURIR, v. a., parler sur, de, تكلّم فى, عن.
*Discourir*, ne dire que des choses frivoles, O. لقش - تحدّث.
DISCOURS, s. m., كلام - حديث. Plus nul qu'un

DIS

discours sans effets, prov. اقل من كلام بلا فعل.
*Discours* oratoire, harangue, خطاب - خطبة.
DISCRÉDIT, s. m., خمول - قلة اعتبار - تبويز. Tomber en discrédit, O. خمل - تبوّز - تنبوّز.
DISCRÉDITÉ, E, adj., ما له اعتبار - خامل.
DISCRÉDITER, v. a., بوّز - بوّر.
DISCRET, ÈTE, adj., avisé, retenu dans ses paroles, ses actions, عاقل - رزين.
*Discret*, au fig., fidèle au secret, كتوم السرّ - امين.
DISCRÈTEMENT, adv., برزانة - بعقل.
DISCRÉTION, s. f., circonspection, retenue, رزانة - محاسبة - عقل. User d'une chose avec discrétion, استعمله بالمعروف.
*Discrétion*, fidélité à garder les secrets, كتمان السرّ. La discrétion est le caractère des honnêtes gens, السترّ من صفة الاحرار - الاسرار عند الاحرار. La discrétion est la clef du succès, من كتم سرّه بلغ مراده.
*A discrétion*, adv., à volonté, على غرضه - كما يريد - على كيفه. Se rendre à discrétion, سلّموا انفسهم من غير مشارطة.
*A la discrétion de*, à la volonté, au jugement de تحت طرّ - تحت امر.
DISCULPATION, s. f., تبرير.
DISCULPER, v. a., justifier, برّر - بيّض وجه احد - تلافى دعوته.
*Se disculper*, v. réfl., بيّض وجهه قدّام احد - تبرّر.
DISCURSIF, IVE, adj., ناتج. Faculté discursive, قوة ناتجة.
DISCUSSIF, IVE, adj., qui dissipe les humeurs, دوا مصرف الاخلاط.
DISCUSSION, s. f., examen, مباحثة.
*Discussion*, dispute, مشاجرة. Avoir une discussion avec quelqu'un, تعالج مع - تقاول مع - تشاجر مع.
DISCUTER, v. a., examiner avec soin, A. بحث - باحث عن.

DISERT, E, adj., qui parle élégamment, فَصِيح.
DISERTEMENT, adv., بِفَصَاحَةٍ.
DISETTE, s. f., manque de vivres, غَلَا - قَحْط - قِلَّة - جَدْب.
DISEUR, s. m., مُحَدِّث - قَائِل. Beau diseur, فَتَّاح الفَال. || Diseur de bonne aventure, بِلِضَام.
DISGRÂCE, s. f., perte des bonnes grâces, غَضَب. Tomber en disgrâce, نُزُول من العين - سُقُوط من النَّظَر I. نَزَل من عين - سَقَط من نَظَر المَلِك. المَلِك.
Disgrâce, malheur, مُصِيبَة - دَاهِيَة. Ses gens ont été enveloppés dans sa disgrâce, أَتْبَاعُه رَاحُوا فِي رِجْلَيْه.
DISGRACIER, v. a., priver de ses bonnes grâces, أَسْقَطَهُ من نَظَرِهِ A. - غَضَب على.
DISGRACIÉ, E, adj., qui a quelque chose de difforme, مَمْسُوخ.
Disgracié, tombé dans la disgrâce, مَغْضُوب عَلَيْه - نَازِل من العين - سَاقِط من النَّظَر.
DISGRACIEUSEMENT, adv., بِسَمَاجَة.
DISGRACIEUX, SE, adj., désagréable, سَمِج.
DISJOINDRE, v. a., séparer, فَصَل I. - فَضّ I.
Se disjoindre, v. pr., تَخَاخَل - تَفَسَّخ - انْفَصَل.
DISJONCTIF, IVE, adj., انْفِصَالِي. Proposition disjonctive, قَضِيَّة مُنْفَصِلَة.
DISJONCTION, s. f., انْفِصَال.
DISLOCATION, s. f., déboîtement d'un os, خَلْع العَظْم.
DISLOQUER, v. a., déboîter les os, فَكّ O. - خَلَع A. - خَلْع - خَلُوع.
Se disloquer, verb. réfléchi, تَخَلَّع - انْفَكّ - خُلُوع.
DISLOQUÉ, E, adj., démis, مَخْلُوع - مُخَلَّع.
DISPARATE, s. f., manque de rapport, مُضَادَدَة - قِلَّة مُنَاسَبَة.
Disparate, adj. com., contraire, مُضَادِد.
DISPARITÉ, s. f., différence, فَرْق.
DISPARITION, s. f., غِيَاب - غُطُوس.

DISPARAÎTRE, v. n., غَاب I. Disparaître en s'enfonçant, غَطَس I. Disparaître sous terre (eau), O. غَار.
Disparaître, se cacher, غَاب I. - اخْتَفَى I.
Disparaître, cesser d'être, زَال O.
DISPENDIEUX, SE, adj., très-coûteux, غَالِي - بِتْكَلَّف.
DISPENSAIRE, s. m., traité de la préparation des remèdes, كِتَاب فِي تَرْكِيب الأَدْوِيَة.
Dispensaire, lieu où l'on prépare les remèdes, بَيْت تَرْكِيب الأَدْوِيَة.
DISPENSATEUR, TRICE, s., مُفَرِّق - قَسَّام.
DISPENSATION, s. f., distribution, تَفْرِيق - تَقْسِيم.
Dispensation, préparation des drogues pour le mélange, تَحْضِير العَقَارَات.
DISPENSE, s. f., exemption, سَمَاح مِن.
Dispense, permission de, حَلّ لـ - تَحْلِيل.
DISPENSER, v. a., départir, بَيْن - قَسَم على I. - فَرَّق على.
Dispenser, mettre en ordre, رَتَّب.
Dispenser, exempter de, سَامَح مِن - أَعْفَى عَن.
Se dispenser de, v. réfl., اسْتَقَال - أَعْفَى عَن.
DISPENSÉ, E, adj., exempté, مَسْمُوح لَه.
DISPERSER, v. a., répandre çà et là, بَدَّد - نَثَر O. - فَرَّق.
Disperser, séparer, disperser, شَتَّت - شَهْلَم - بَدَّد - شَهْلَم فَرَّق. Le vent dispersa les vaisseaux, شَتَّت الرِّيح المَرَاكِب.
Être dispersé, se disperser, تَشَتَّت - تَفَرَّق.
DISPERSION, s. f., تَشْتِيت.
DISPONIBLE, adj., dont on peut disposer, حَاضِر - تَحْت اليَد.
DISPOS, adj. m., léger, شَهْلُول.
DISPOSER, v. a., arranger, نَظَّم - رَتَّب.
Disposer, préparer, أَعَدّ - حَضَّر - هَيَّأ.
Disposer, engager à faire, مَيَّل لـ.

DIS

*Disposer* de, v. n., faire ce que l'on veut de, تصرّف في.

Se *disposer*, v. réf., se préparer à, تحضّر ل - استعدّ ل.

Disposé, e, adj., intentionné, قاصد. Mal disposé, قاصد ردي. ‖ Bien disposé, قاصد خير. ‖ Bien disposé (sous le rapport de la santé), له كيف. Mal disposé, ما له كيف.

Dispositif, ive, adj., qui prépare, استعدادي.

*Dispositif*, s. m., prononcé d'un arrêt, نصّ مضمون فتوا.

Disposition, s. f., arrangement, ترتيب - نظام. *Disposition*, situation, حال.
*Disposition*, état de santé, كيف مزاج.
*Disposition*, volonté, خاطر - قصد.
*Disposition*, pouvoir, autorité, يد - حكم. En la disposition de, تحت يد - في يد - في تصريف. تصريف - في حيطة تصرّف - تحت حكم ‖ Laisser une somme à la disposition de quelqu'un, ابقى المبلغ تحت طلب فلان.
*Disposition*, aptitude à, استعداد طبيعي ل - قريحة. Il reconnut en lui des dispositions courageuses, شمّ فيه رايحة الشجاعة.
*Disposition*, sentiment à l'égard de, ميل - خاطر.
*Disposition*, préparatifs, تدبير - تهيّا - تحضير. Faire ses dispositions pour, تهيّى ل - تحضّر ل - دبّر امره ل.
*Dispositions*, conventions d'un acte, شروطات.

Disproportion, s. f., قلّة التناسب.
Disproportionner, v. a., ابطل التناسب.
Disproportionné, e, adj., عديم التناسب.
Disputable, adj. com., فيه نزاع.
Dispute, s. f., débat, مجادلة - مباحثة.
*Dispute*, querelle, مقاتلة - خناقة.
Disputer, v. n., être en querelle, خانق احدًا - تقاتل مع - جادل - تقاول مع - تخانق مع - تخاصم مع - تشاجر مع.

DIS

*Disputer* une chose à quelqu'un, y prétendre concurremment avec lui, نازع احدًا على - خاصمه على - سابقه على - نافسه في.
Le *disputer* à, ou disputer de, avec, l'égaler, عادل في - ساوى في.
*Disputer* sur, agiter une question, بحث عن A. - باحث عن.
*Disputer* sa vie, son bien, دافع عن - مانع عن - قاتل عن.
Se *disputer*, v. pro., une chose, y prétendre concurremment, تنافس على - تسابق على.
Disputeur, s. m., qui aime à disputer, à contredire, شكلي.

Disque, s. m., corps d'un astre, جرم ; plur., اجرام.
*Disque*, centre d'une fleur radiée, terme de botanique, عين زهرة.
*Disque*, grandeur d'un verre, d'un champ, terme d'optique, دايرة.

Dissection, s. f., تشريح.
Dissemblable, adj. com., غير مشابه - مختلف.
Dissemblance, s. f., اختلاف - فرق - قلّة مشابهة.
Disséminer, v. a., répandre çà et là, بعزق - بذر - فرق - O. نثر.
Dissension, s. f., شقاق - فتن ; plur., فتنة.
Disséquer, v. a., شرح.
Dissertateur, s. m., مباحث - شارح.
Disserter, v. n., discourir, باحث عن - تكلّم في A. - بحث عن.
Dissertation, s. f., مباحثة.
Dissident, s. m., sectaire qui rejette la religion dominante, مخالف - معاند.
Dissimilaire, adj. com., qui n'est pas de même genre, غير مجانس.
Dissimilitude, s. f., différence, قلّة مجانسة - اختلاف.
Dissimulation, s. f., مكر - اخفا ما في الضمير - مخادعة.

DIS          DIS          267

Dissimulé, e, adj., fin, artificieux, مكّار - مخادع.

Dissimuler, v. a., cacher sa façon de penser, etc., كتم، اخفى ما في ضميره O.

*Dissimuler*, feindre de ne pas voir ou ressentir, تغابى - غطرش.

Dissipateur, trice, s., prodigue, مبذّر - مسرف.

Dissipation, s. f., action de se dissiper, ذهاب - فروغ.

*Dissipation*, action de dissiper son bien, etc., اتلاف المال - تبديد.

*Dissipation*, évaporation, تصاعد.

*Dissipation*, état d'une personne dont l'esprit est dissipé, ضياع الفكر - تشتّت العقل - طيشان العقل.

Dissiper, v. a., consumer, disperser, بدّد - اتلف - فرّق - شتّت. Dissiper son bien, اتلف ماله - بذّر، بزّر، بعزق، بدّد ماله. || Dissiper une armée, شتّت - بدّد شملهم - فرّق العسكر. || Dissiper les nuages, ازاح الغيم. || Dissiper des troubles, هدّى الفتن. || Dissiper le chagrin, كشف الغمّ - اذهب الغمّ I. - جلى الغمّ I. - طرد الغمّ A. - فرج الغمّ I.

*Dissiper*, distraire, détourner l'esprit, شتّت - طيّش العقل - ضيع الفكر - العقل I. Dissiper un homme, le jeter dans une conduite dissipée, فندل.

*Dissiper*, distraire du chagrin, سلّى.

*Se dissiper*, v. pr., s'en aller, se perdre, ذهب A. - انزاح A. - تلف. Le chagrin s'est dissipé, انجلى، انكشف الغمّ. || L'esprit, l'attention se dissipe, تشتّت العقل I. - طيش العقل I. - ضاع الفكر I.

Dissipé, e, adj., livré aux plaisirs, طايش العقل - شائت.

Dissolu, e, adj., débauché, فاسد - فاسق - زاني - فلاتي. Discours dissolu, كلام فالت.

Dissoluble, adj. com., ينحلّ.

Dissolument, adv., فاسدًا.

Dissolutif, ive, adj., dissolvant, محلّل.

Dissolution, s. f., séparation des parties, انحلال. || Dissolution d'une société, ابطال الشركة. || Dissolution d'un mariage, انفساخ الزيجة.

*Dissolution*, débauche, زنا - فسق و فساد - انهماك.

Dissolvant, e, adj. et s., مذوّب - محلّل.

Dissonance, s. f., عدم المطابقة.

Dissonant, e, adj., غير موافق - غير مطابق.

Dissoudre, v. a., pénétrer et diviser un corps, liquéfier, حلّ O. - ذوّب.

*Dissoudre*, au fig., détruire, ابطل - فسخ A.

*Se dissoudre*, v. pr., انحلّ - ذاب O. Se dissoudre, se séparer, se rompre, تشتّت - تفرّق - بطل - انفسخ A.

Dissuader, v. a., détourner de, رجع عن - ردّ عن O.

Dissyllabe, adj. (mot), de deux syllabes, كلمة مركبة من جزوين.

Distance, s. f., espace entre les objets, les lieux, مسيرة - بعد - مسافة. Quelle est la distance d'Alep ici? مسيرة حلب قدّ ايش من هون - ايش قدّ من هون الى حلب. || La distance de ce village à Paris est de trois milles, بعد هذه الضيعة عن باريز مسافة ثلاثة اميال.

*Distance* (des temps), مدّة.

Distant, e, adj., éloigné, بعيد.

Distendre, v. a., causer une tension violente, شدّ بالزود O.

Distension, s. f., état des nerfs trop tendus, زود انشداد العصب.

Distillateur, s. m., qui distille des liqueurs, خرّاج العنبري.

Distillation, s. f., تقطير - تخريج.

Distiller, v. n., tirer le suc, l'esprit par l'alambic, قطّر - اخرج. Eau distillée, ما مقطّر.

*Distiller*, v. n., tomber goutte à goutte, قَطَّرَ - نَقَطَ.

DISTILLERIE, s. f., مَعْمَل التَّقْطِير.

DISTINCT, E, adj., séparé, مُنْفَصِل - مُمَيَّز - مُمْتَاز - مُفْرَق -

*Distinct*, clair, net, صَرِيح - بَايِن.

DISTINCTEMENT, adv., بِبَيَان - صَرِيحًا.

DISTINCTIF, IVE, adj., مُمَيَّز - مُفْرَق.

DISTINCTION, s. f., division, تَمْيِيز - فَرْق.

*Distinction*, différence, préférence, prérogative, singularité avantageuse, تَفْضِيل - تَمْيِيز - مَيَازَة. Faire distinction, مَيَّز عن غَيْرِه. || Homme de distinction, de mérite, رَجُل فَاضِل. || Homme de distinction, d'une naissance ou d'un rang élevé, رَجُل من الاكَابِر.

*Distinction*, explication, تَمْيِيز - بَيَان.

DISTINGUER, v. a., discerner, فَرَز I. - مَيَّز.

*Distinguer*, élever au-dessus des autres, فَضَّل على.

*Distinguer*, mettre de la différence entre, diviser, مَيَّز. O. - فَرَق بين.

*Distinguer*, caractériser, marquer la différence, مَيَّز - بَيَّن.

*Distinguer*, traiter avec distinction, أَكْرَم.

*Se distinguer*, v. réf., se signaler, اِشْتَهَر - تَبَيَّن.

DISTIQUE, s. m., sentence en deux vers, بَيْتَيْن شِعْر.

DISTORSION, s. f., contorsion d'une partie du corps, التَوَى جَانِب من البَدَن.

DISTRACTION, s. f., inapplication, inattention, سَهْو - سُرُوح العَقْل - شَتَات العَقْل. C'est une distraction de ma part, صَار مِنِّى سَهْو. || J'ai eu une distraction, سَهِيت.

*Distraction*, séparation, شِيل - تَفْرِيق.

DISTRAIRE, verb. act., séparer d'un tout, شَال I. من.

*Distraire*, détourner l'attention, سَهَّى عن - لَاهِى. A. - اَلْهَى احدًا عن - شَغَل البَال. Ce spec-tacle m'a distrait de mon ouvrage, التَهَيْت فى الفُرْجَة عن الشُغْل.

*Distraire*, détourner de l'argent, اَخَذ من الدَرَاهِم.

*Distraire*, amuser, سَلَّى.

*Se distraire*, v. réf., se divertir, تَسَلَّى - تَفَسَّح.

DISTRAIT, E, adj., سَاهِى. Être distrait, سَهَا O. I. A.

DISTRIBUER, v. a., départir, قَسَم على - بَيَّن - وَزَّع على - فَرَق على I.

*Distribuer*, diviser, ranger, قَسَم I. - نَظَم.

*Se distribuer*, v. pro., se partager, اِنْقَسَم - تَفَرَّق.

DISTRIBUTEUR, TRICE, s., مُفَرِّق.

DISTRIBUTIF, IVE, adj., تَقْسِيمِى. Justice distributive, قِسْمَة الحَقّ.

DISTRIBUTION, s. f., تَفْرِيق - قَسْم - تَقْسِيم - تَوْزِيع.

*Distribution*, chose quelconque distribuée, عَطِيَّة - تَفْرِقَة; plur., طَبَايَا. Faire des distributions aux pauvres, فَرَّق على الفُقَرَا. O. - نَشَر.

DISTRIBUTIVEMENT, adv., تَقْسِيمِيًا.

DISTRICT, s. m., étendue de juridiction, خَطّ; plur., خُطُوط - قَضَا - تُخُم; plur., تُخُوم.

DIT, s. m., mot, قَوْل; plur., اَقْوَال.

DIURÉTIQUE, adj. com., دَوَا مُدِرّ.

DIURNAL, s. m., livre d'église pour chaque jour, عُنْدَاق.

DIURNE, adj. com., يَوْمِى.

DIVAGUER, v. n., s'écarter de la question agitée, حَاد عن اَصْل الكَلَام. O. - نَظّ I.

DIVAN, s. m., conseil du Grand-Seigneur, conseil en général, دِيوَان.

DIVERGENCE, s. f., تَبَاعُد - مُبَاعَدَة.

DIVERGENT, E, adj., مُتَبَاعِد.

DIVERS, E, adj., مُتَنَوِّع - مُتَنَوِّع - مُخْتَلِف.

*Divers*, signifiant plusieurs, مُتَعَدِّد - شَتَّى - عِدَّة. A diverses fois, عِدَّة اَمْرَار.

DIVERSEMENT, adv., مُتَنَوِّعًا.

DIVERSIFIER, v. a., varier, نَوَّعَ.

DIVERSION, s. f., action de détourner, مُشَاغَلَة. — Faire diversion, شَغْلُ أَحَدٍ عَنْ A. — صَرْفُ أَحَدٍ عَنْ I. — لَاهَى أَحَدًا عَنْ I.

DIVERSITÉ, s. f., تَنَوُّع.

DIVERTIR, v. a., distraire de, لَاهَى عَنْ. — *Divertir* les deniers du roi ou de l'État, les employer à un usage différent de leur destination, صَرْفُ أَمْوَالِ السُّلْطَانِ بِخِلَافِ أَوَامِرِهِ I.

*Divertir*, récréer, شَرْحُ الخَاطِرِ - سَلَّى - أَطْرَبَ A.

*Divertir*, dérober, سَرَقَ O.

*Se divertir*, v. réf., se réjouir, انْشَرَحَ - تَبَجَّحَ - انْبَسَطَ I.

DIVERTISSANT, E, adj., مُطْرِب - يَبْسُط.

DIVERTISSEMENT, s. m., plaisir, كَيْفِيَّة - بَهْجَة - انْشِرَاح.

DIVIDENDE, s. m., nombre à diviser, مَقْسُوم.

DIVIN, E, adj., لَاهِي.

*Divin*, au-dessus de la nature, يَفُوقُ الطَّبِيعَة.

DIVINATION, s. f., art prétendu de prédire l'avenir, عِيَافَة - فَتْحُ الفَالِ - عِلْمُ التَّحْزِيرِ.

DIVINATOIRE, adj. com., تَحْزِيرِي.

DIVINEMENT, adv., par la puissance divine, مِنْ عِنْدِ اللهِ - بِالقُوَّةِ اللَّاهِيَّةِ - لَاهِيًا.

*Divinement*, très-bien, قَوِي مَلِيح.

DIVINISER, v. a., أَلَّهَ.

DIVINITÉ, s. f., essence, nature divine, الأُلُوهِيَّة - لَاهُوت.

*Divinité*, faux dieu, إلٰه ; fém., إلٰهة ; pl., آلِهَة.

DIVISER, v. a., partager, séparer, قَسَّمَ I. — Diviser un livre en trois chapitres, قَسَّمَ الكِتَابَ إِلَى ثَلَاثَةِ فُصُولٍ.

*Diviser*, au fig., mettre en discorde, فَرَّقَ بَيْنَ O. — رَمَى الشِّقَاقَ بَيْنَ I.

*Se diviser*, v. réfl., se partager, تَفَرَّقَ - انْقَسَمَ - تَشَعَّبَ.

DIVISEUR, subst. masc., nombre par lequel on en divise un autre, قَاسِم - مَقْسُومٌ عَلَيْهِ.

DIVISIBILITÉ, s. f., انْقِسَام.

DIVISIBLE, adj. com., يَنْقَسِم.

DIVISION, s. f., séparation, partage, قِسْم - تَفْرِيق - تَقْسِيم - قِسْمَة.

*Division*, désunion, فِتْنَة - شِقَاق.

*Division*, règle d'arithmétique, قِسْمَة - تَقْسِيم.

*Division*, distribution du discours par parties, تَجْزِئَة - تَقْسِيم.

*Division*, partie d'un tout, جُزْء ; plur., أَجْزَاء. — قِسْم ; plur., أَقْسَام. *Division* d'une armée, فِرْقَةُ عَسْكَرٍ.

DIVORCE, s. m., طَلَاق.

*Divorce*, au fig., renoncement volontaire, تَرْك.

DIVORCER, v. a., طَلَّقَ.

DIVORCÉ, E, adj., طَالِق - مُطَلَّق.

DIVULGATION, s. f., إِشَاعَة - إِذَاعَة.

DIVULGUER, v. a., أَفْشَى - أَشَاعَ - أَذَاعَ - أَعْلَنَ. — Être divulgué, شَاعَ I. — ذَاعَ I.

DIX, s. m., عَشَر ; fém., عَشَرَة.

DIXIÈME, adj. com., عَاشِر.

DIXIÈMEMENT, adv., عَاشِرًا.

DIXME, s. f., عُشْرُ المَالِ ; plur., عُشُور.

DIZAINE, s. f., عَشَرَة ; plur., عَشَرَات.

DIZENIER, s. m., chef de dix, شَيْخُ عَشَرَة.

DOCILE, adj. com., قَابِلُ التَّعْلِيمِ - طَائِع. — Être docile aux avis de quelqu'un, أَصْغَى إِلَيْهِ.

DOCILEMENT, adv., بِطَاعَة.

DOCILITÉ, s. f., طَاعَة.

DOCTE, adj. com. (homme), savant, عَلَّامَة - عَالِم.

*Docte*, qui contient beaucoup d'érudition, مُفِيد.

DOCTEMENT, adv., بِعِلْمٍ.

DOCTEUR, s. m., promu au doctorat, رَئِيس - مُعَلِّم.

*Docteur*, homme docte, شَيْخ ; plur., مَشَايِخ.  حَبْر ; plur., أَحْبَار.

*Docteur*, médecin, حَكِيم ; plur., حُكَمَاء.

DOCTORAL, E, adj., رِيَاسِي.

DOCTORAT, s. m., qualité de docteur, رِيَاسَة.

DOCTRINAL, E, adj., يَخُصّ التَعلِيم - تَعلِيمى.

DOCTRINE, s. f., érudition, عِلم.

*Doctrine*, maximes, sentiments, enseignements, تَعلِيم - مَذهَب - رَاى ; plur., ارَا. *Doctrine chrétienne*, تَعلِيم مَسِيحى.

DOCUMENT, s. m., preuve, renseignement, بَيان - دَلِيل ; plur., دَلَايل.

SE DODINER, v. réf., avoir grand soin de soi, سَايس نَفسه.

DODO (Faire), v. a., dormir, هَنِّم.

DODU, E, adj. fam., gras, مَربَرب.

DOGE, s. m., chef de la république de Venise, رَئِيس مَشيَخَة البَندَقِية.

DOGMATIQUE, adj. com., qui regarde le dogme de la religion, اِعتِقَادى.

*Dogmatique*, sentencieux, حِكمى.

DOGMATIQUEMENT, adv., d'une manière dogmatique, حِكمِيّاً.

*Dogmatiquement*, d'après la raison et l'expérience, تَجسِيمِياً.

DOGMATISER, v. a., enseigner une doctrine fausse, تَمذهَب.

*Dogmatiser*, parler par sentences, حَتَم I. - O. حَكم و رَسم.

DOGMATISEUR, s. m., حَتّام.

DOGMATISTE, s. m., مُتَمذهَب.

DOGME, s. m., point de doctrine servant de règle, قَاعِدَة - تَقلِيد ; pl., قَوَاعِد - تَقَالِيد ; plur., اِعتِقَاد.

DOGUE, s. m., chien à grosse tête, كَلب جَعاسى ; plur., دَروَاس - دَروَس.

DOIGT, s. m., أَصبَع - إِصبَع ; plur., أَصَابِع. *Doigt de Dieu*, son action, أَصبَع الله. || *Donner sur les doigts*, fam., châtier, أدَّب. || *Avoir sur les doigts, être châtié*, تَأدَّب. || *Le bout des doigts*, البَنَان - الأَنامِل. || *Savoir sur le bout du doigt, très-bien*, عرف الشَى قوى مَلِيح ,عَن ظَهر القَلب.

|| *Montrer du doigt quelque chose à*, اومى له الى شَى ,عَن شَى.

DOIGTER, v. a., hausser et baisser les doigts sur un instrument, لَعِب الأَصَابِع على الآلَة.

DOIGTÉ, s. m., لَعِب الأَصَابِع على الآلَة.

DOIGTIER, s. m., كِيس لِلأَصبَعَة.

DOIT ET AVOIR, s. m., terme de commerce, actif et passif, الذى عَلَيه و الذى لَه.

DOL, s. m., tromperie, غِش - دَغَل.

DOLER, v. a., aplanir, A. سَحَل - A. نَحَت.

DOLÉANCE, s. f., plainte, شَكوَى.

*Doléances*, au plur., représentations au roi, رَفع شَكوَى لِلمَلِك.

DOLEMMENT, adv., بَانِين.

DOLENT, E, adj., شَاكِى.

DOLIE, s. m., plante, مَاش.

DOLIMAN, s. m., habit turc, ضَوله.

DOMAINE, s. m., biens, fonds, مِلك ; plur., الِتزَام - أَرزَاق ; plur., رِزق - أَملَاك. *Le domaine* (de l'état), الِتزَام - مِيرى.

DOMANIAL, E, adj., الِتزَامى.

DÔME, s. m., قُبَّة ; plur., قُبَب.

DOMESTICITÉ, s. f., خِدمَة.

DOMESTIQUE, s. com., serviteur, خِدمَتكار ; plur., et خَدَّام - خِدمَة ; plur., خَدَّام - خِدمَتكارِية - اَجِير - خُدَّام.

DOMESTIQUE, adj., de la maison, بَيتِى.

*Domestique*, privé (animal), بَيتُونِى - مَأنوس.

DOMICILE, s. m., مَنزِل - مَسكَن.

DOMICILIER, (SE) v. réf., O. سَكَن - تَوَطَّن.

DOMICILIÉ, E, adj., مُتَوَطِّن - سَاكِن.

DOMINANT, E, adj., مُتَسَلِّط - غَالِب.

DOMINATEUR, s. m., حَاكِم - قَاهِر.

DOMINATION, s. f., puissance, حُكومَة - تَسَلُّط - أَمَارَة. *La domination est douce à savourer, il est amer de s'en sevrer*, الأَمَارَة حُلوَة الرَضَاع مُرَّة الفِطَام ; prov.

DOMINER, v. a., avoir autorité sur, حَكم على O.

## DON

*Dominer*, être plus haut, استولى على - تغلّب على - تسلّط على - I. رمى - اشرف على. Une hauteur domine le château, تلّة ترمى على القلعة.

*Dominer*, être le plus apparent, le plus fort, I. غلب عليه. Le blanc y domine, يغلب عليه البياض.

DOMINICAIN, E, adj., من رهبان عبد الاحد.

DOMINICAL, E, adj., du Seigneur, سيدى.

*Dominical*, qui marque le dimanche, حدى - أحدى.

DOMMAGE, s. m., préjudice, ضرر - مضرّة - خسارة - خطيّة - ضيعان - حيف عليه. C'est dommage, يا خسارة. || C'est dommage de nous être donné tant de peine, حيف على تعبنا. || C'est au négligent à souffrir le dommage qui résulte de sa négligence, المفرّط اولى بالخسارة; prov.

DOMMAGEABLE, adj. com., مضرّ.

DOMPTABLE, adj. com., يطبع.

DOMPTER, verbe actif, subjuguer, réduire à l'obéissance, قمع A. - قهر - سخّر - اطاع A. - اخضع I.

*Dompter*, surmonter, غلب I. Dompter ses passions, قهر شهواته A. - قمع النفس A. Dompter sa colère, كظم الغيظ I.

*Dompter* des animaux, leur ôter leur férocité, طبع.

DOMPTEUR, s. m., قاهر.

DOMPTE-VENIN ou ASCLÉPIAS, s. m., plante, ضدّ السموم.

DON, s. m., présent, هبة - وهبة - عطيّة; plur., هدايا - هديّة; plur., عطايا. La raison est un don de Dieu, العقل منحة من الله - العقل وهبة من الله. || C'est un don que je vous fais, هديّة منى اليك. || Faire don de, اهدى اليه شيًا. || Don de pièces de monnaie fait aux musiciens dans une fête, à la mariée dans une noce, نقط - نقيط. || Faire ce don de pièces de monnaie, نقّط على المغنيين.

## DON

DONATAIRE, s. com., à qui on fait une donation, مُعطى له.

DONATEUR, TRICE, s., مُعطى - عاطى.

DONATION, s. f., عطا - موهبة.

DONC, part., إمالا - بقى - يبقى - لكن ou لكان. En style relevé, اذن - فاذن - ف.

DONJON, s. m., مشرف; plur., مشارف - منظرة; plur., مناظر.

DONNANT, E, adj., qui aime à donner, سخى.

DONNER, v. a., faire don, اعطى احدًا لاحد الشي - وهب ل - يهب - انعم عليه ب, aor., اكرم - بخشش O. - من عليه ب. Dieu lui a donné des enfants, رزقه الله اولادًا. || Donner une place à quelqu'un, قلّده وظيفة - اعطاه منصب - انعم عليه بمنصب. || Donner promptement c'est augmenter le prix du bienfait, خير البرّ عاجله.

*Donner*, mettre entre les mains, سلّم.

*Donner*, apporter, présenter, قدّم - جاب I. || Donne, هات. || Donner à boire, سقى I.

*Donner*, payer, دفع - اعطى A. Combien me donnez-vous de ceci? ايش قد تعطينى فى هذا.

*Donner*, causer, جلب O. - احدث.

*Donner*, accorder, octroyer, منح احدًا الشى A - وهب ل - انعم عليه ب اكرم. || Donner sa fille à quelqu'un, la marier à, زوّجه ببنته - ازوجه بنته.

*Donner* son temps à, l'employer à, صرف I. اوقاته فى.

*Donner* les cartes, les distribuer, فرّق الاوراق.

*Donner*, rapporter abondamment, en parlant des arbres à fruits, طرح A. - جاب اثمار I.

*Donner* sur, v. n., avoir vue sur, طلّ على O.

*Donner* sur, كشف على I. - رمى على I.

*Donner* contre, heurter, لطم فى O. Donner contre un écueil, لطم فى عقبة. || Donner dans le panneau, se laisser tromper, وقع فى الشرك - انطلى عليه الكذب.

*Donner*, charger l'ennemi, حمل على العدو I.

*Donner* jour à, faire naître, أحدث - فتح A.
باب ل.
*Donner* la chasse, poursuivre, كرش I.
La *donner* belle, vouloir en faire accroire, طلى على I. - كذب على I.
*Donner* dans le jeu, etc., s'y livrer, انشبك فى اللعب.
DONNEUR, s. m., وهّاب.
DONT, part., الذى A. || L'homme dont vous parlez, الرجل الذى تتكلّم عنه || La femme dont le fils est malade, الامراة التى ابنها مريض.
DORADE, s. f., poisson, سمك لونه كلون الذهب.
DORADILLA, s. f., plante. *Voyez* CÉTÉRAC.
DORÉNAVANT, adv., désormais, فى المستقبل - من هلّق ورابح - من الان وصاعد.
DORER, v. a., enduire d'or, طلى بالذهب I. - لطخ بالذهب O. - موّه بالذهب - ذهّب.
*Dorer* la pilule, au fig., حلى له الشى. Dorer un refus, صلح الحكاية.
*Dorer*, éclairer de ses rayons (soleil), ذهّب.
*Se dorer*, v. pr., jaunir (moissons), اصفرّ السبل.
DORÉ, adj., couleur d'or, ذهبى.
DOREUR, s. m., طلّا - مذهّب.
DORLOTER, v. a. fam., traiter délicatement, سايس - نظّم - لاطف.
*Se dorloter*, v. réfl., سايس نفسه - نظّم نفسه.
DORMANT, E, adj., نايم. Eau dormante, qui ne coule pas, ما واقف.
Les sept *dormants*, martyrs, اصحاب الكهف.
DORMEUR, SE, s., نوّام.
DORMIR, v. n., رقد A. - نام A. O. Dormir comme un sabot, نام مثل الميّت || Avoir envie de dormir, نعس A. || Qui a envie de dormir, نعسان.
*Dormir*, au fig., agir négligemment, نعس A. - نام - تهامل فى A.
Laisser *dormir*, laisser une chose sans s'en occuper, ترك O. - خلى المادّة نايمة.
*Dormir*, être mort, تنيّح.

DORMIR, s. m., نوم.
DORMITIF, IVE, adj., منيّم - منوّم.
DORONIC, s. m., ou DORONIQUE, s. f., plante, درونج - درنج - درانج.
DORSAL, E, adj., du dos, ظهرى.
DORTOIR, s. m., قاعة النوم - منيّم.
DORURE, s. f., طلية - طلى.
Dos, s. m., toute la partie postérieure du corps, ظهر; plur., ظهور. Dos du chameau, متن غارب ou || Le dos de la main, قفا اليد - ظاهر اليد - ظهر اليد. || Le dos d'une lettre, ظاهر الكتاب || Se coucher sur le dos, استلقى على ظهره - تسلّقى. || نام على قفاه Faire le gros dos, faire l'homme important, نفش روحه - تبغدد - ادّعى O. || Mettre sur le dos, accuser de, حطّ فى ظهر O. || Qui a bon dos, qui est riche, capable de supporter, جامد الظهر. || Mettre à dos, faire un ennemi, عمل له عدوًّا. || Tourner le dos, fuir, ولّى الدبر. || Dos à dos, الظهر فى الظهر || Mettre dos à dos, sans avantage l'un sur l'autre, ساوى بينهم.
*Dos* d'un toit, dos d'âne, جملون.
DOSE, s. f., mesure, وزن - قدر - مقدار.
*Dose*, prise d'une drogue, أخذة.
DOSER, v. a., mettre les doses, جزّى.
DOSSIER, s. m., partie d'une chaise, etc., pour soutenir le dos, ظهرية - ظهر.
*Dossier*, liasse de papiers, أوراق.
DOT, s. f., bien apporté par la femme en mariage, مال لامراة. Dot, suivant l'usage des Arabes, c'est-à-dire, ce que le mari donne à la femme en l'épousant, صداق - مهر.
*Dot*, pension, établissement de secours, راتب; plur., رواتب.
DOTAL, E, adj., de la dot, مهرى.
DOTATION, s. f., تمهير - ترتيب رواتب.
*Dotation*, fonds pour doter un établissement, وقف; plur., أوقاف.

Doter, v. a., établir une dot, مهر A. - رتّبل-.
اعطى.

Douaire, s. m., don du mari à sa femme s'il prédécède, ارث الامراة لزوجها ـ مستحل ـ صداق.

Douairier, s. m., qui se tient au douaire de sa mère, et renonce à la succession de son père, وارث مال امه و تارك ميراث ابيه.

Douairière, s. f., veuve qui jouit du douaire, ارملة.

Douane, s. f., ديوان; plur., دواوين - كمرك; plur., كمارك - مقاطعة. Droits de douane, عوايد الكمرك - معلوم الديوان.

Douanier, s. m., fermier, معلم الديوان - امين الكمرك - كمركجي.

Douanier, commis, خدّام الديوان.

Douanier, garde contre les contrebandiers, غفر الديوان.

Double, adj. com., qui vaut, pèse deux fois, qui est composé de deux, قدره مرتين - مضاعف; vulg., مزوّج. A double sens, ذو معنيين; vulg., مجوز.

Double, épais, مطبّق.

Double, opposé à simple, fleur double, زهر مكبّس ضدّ طاقي.

Double, de plus grande vertu, عظيم جدًّا.

Double, au fig., dissimulé, ذو وجهين - ماكر - خاين - موجهن - ذو لسانين. L'homme double dit au voleur: Volez; et au maître de la maison: Surveillez votre bien, ذو الوجهين يقول للسارق اسرق و لصاحب المنزل احفظ متاعك (prov.).

Double, s. m., seconde copie d'un acte, صورة نسخة ثانية.

Le double, une fois autant, قدره مرتين; plur., ضعف - الطاق طاقين - الواحد اثنين. Au double, beaucoup plus, ازيد بكثير - اضعاف اضعافًا.

Mettre en double, عمل الشي طاقين.

Doubleaux, s. m. plur., solives pour soutenir les planchers, شواحي.

Doublement, adv., pour deux raisons, en deux manières, بنوعين - من وجهين.

Doubler, v. a., mettre une doublure, بطّن.

Doubler, donner ou mettre le double, ضاعف - حطّ الطاق طاقين O.

Doubler un cap, passer au-delà, عوّج - عدّى.

Doublon, s. m., monnaie, دبلون.

Doublure, s. f., بطانة.

Douce-amère, s. f., vigne sauvage, عنب الذيب - حلاوة مرّة.

Douceâtre, adj. com., مايل الى الحلاوة.

Doucement, adv., d'une manière douce, باسلوب - برقّة - بلطافة.

Doucement, sans bruit, بالهدو - من غير طشّة - شوية شوية.

Doucement, délicatement, بلطافة - برشاقة.

Doucement, lentement, sans précipitation, على روافة - شوية شوية - على مهل. Aller doucement, faire doucement, ثاني.

Doucement, médiocrement bien, على قدّه - كذا و كذا - هيك و هيك.

Doucement, commodément, agréablement (vivre), فى الرخا فى نظام.

Doucement, mollement, lâchement, برخاوة.

Doucement! exclamation qui contient une sorte de réprimande ou de conseil, على مهل شوية - طوّل روحك.

Doucerette, s. f., fam. (femme), متحالية.

Doucereux, se, adj., doux sans être agréable, دلع.

Doucet, te, adj , diminutif de doux, حيلوة.

Douceur, s. f., حلاوة. La douceur du sucre, حلاوة السكر - وداعة. || Douceur de caractère, لطافة الطبع - رافة - حلم. || Douceur du visage, بشاشة الوجه. || Douceur de la peau, نعومة الجلد. || Parler avec douceur, كلّمه برقق - كلّمه برقّة. || Prendre par la douceur, داري خاطره - لاطفه. || Douceur dans les paroles, dans le style, عذوبة الكلام.

Douceurs, friandises, حلاويات.
Douceurs, petits profits, فكّة.
Les *douceurs* de la vie, لذايذ - نعيم العيش الدنيا.
Dire des *douceurs* à une femme, غازل الامراة.
DOUCHE, s. f., eau versée d'un lieu élevé sur une partie malade, صبّ ماء على وجع.
DOUCHER, v. a., O. صبّ الماء على الوجع.
DOUÉ, E, adj., pourvu, موصوف ب - مزيّن ب.
DOUER, v. a., donner un douaire, اصدق الرجل زوجته.
Douer, avantager, orner de, مَنّ عليه ب - O. جمّل ب - زيّن ب - O. خصّ ب.
DOUILLET, TE, adj., délicat, ناعم - طرى - اغيد - نحيف.
Douillet, qui aime ses aises, نظلي.
DOUILLETTE, s. f., sorte de vêtement, بطانية.
DOUILLETTEMENT, adv., بنعومة.
DOULEUR, s. f. (du corps), وجع - الأم ; plur. - آلم ; plur., اوجاع (de l'esprit) غمّ - حزن.
DOULOUREUSEMENT, adv., بانين - بحزن - بوجع.
DOULOUREUX, SE, adj., موجع - الّيم - وجيع - محزن - مؤلم.
DOUTE, s. m., ريب - شكّ - شبهة. Comment as-tu pu mettre cela en doute ? كيف حصل لك شكّ. || Beaucoup de doute provient du zèle qu'on prend pour la défense de la vérité, الشكّ في هذا prov. كثرة الشكّ من صدق المحاماة عن اليقين.
Sans *doute*, adv., من غير شكّ - ما فيه شكّ - من كل بدّ - بلا شكّ.
DOUTER, v. n., ارتاب فى - O. شكّ فى.
Se *douter*, v. réf., soupçonner, ارتاب - شكّ ب. || I. Je ne me doutais pas qu'il agirait ainsi, ما كنت اشكّ انه يعمل هذا. || Il se douta de quelque chose, حسّ بشي.
DOUTEUSEMENT, adv., بشكّ.
DOUTEUX, SE, adj., incertain, تحت الشكّ - فيه شكّ - مشكوك - تحت الريب.
Douteux, sur qui on ne peut compter, لا ثقة به.
Douteux, ambigu, مشبوه - مشتبه.
DOUVE, s. f., planche, دقّ ; plur., دفوف.
DOUX, CE, adj., d'une saveur agréable, حلو.
Doux, sans amertume, sans piquant, etc., عاذب - ما عذب - ما فرات - عذب. || Eau douce, موية حلوة || Température douce, هوا معتدل.
Doux au toucher, ناعم.
Doux de caractère, humain, bénin, حليم الطبع - وديع - لطيف الطبع. || Paroles douces, style doux, وجه بشوش || كلام عذب Air doux, agréable, وجه حسن || Un doux regard, نظر ذابل.
Doux, flexible (métal), ليّن.
Doux, léger (châtiment), قليل - خفيفي.
Doux, opposé de farouche, سلس - انيس - طايع.
Doux, agréable, حلو - حسن. Voix douce, صوت رقيق.
Doux (escalier), qui ne fatigue pas, سالك.
Vin *doux*, qui n'a pas cuvé, نبيذ حلو.
Billet *doux*, ورقة محبّة.
Tout *doux* ! interj., ne vous emportez pas, لا تغتاظ.
Filer *doux*, ساير.
DOUZAINE, s. f., أثنى عشر - طزينة - بالطزينة - مرطوط. A la douzaine, très-commun.
DOUZE, adj. com., أثنى عشر.
DOUZIÈME, adj. com., ثانى عشر ; fém., ثانية عشرة.
DOUZIÈMEMENT, adv., ثانى عشر.
DOYEN, s. m., شيخ ; plur., مشايخ - كبير ; plur., الاقدم - كبار.
DRACHME ou DRAGME, s. f., monnaie ancienne; ou gros, huitième partie de l'once, درهم ; plur., دراهم.
DRAGÉE, s. f., ملبّس.
DRAGEON, s. m., bouture, bourgeon qui part du pied d'un arbre, فرع ; pl., فروع - فروخ ; pl., فروخ.

# DRA — DRO

Dragon, s. m., monstre fabuleux, تنين.
Le *Dragon*, constellation, الشعبان التنين.
*Dragon* de vertu, fam., آفة.
*Dragon*, tache dans la prunelle, dans le diamant, غشاوة.
*Dragon*, soldat qui combat à pied et à cheval, عسكري يقاتل فارساً وراجلاً.
Drague, s. f., pelle pour tirer le sable, جرافة - نوع مجرفة لشيل الرمل من الانهار.
Draguer, v. a., curer, جرف. — I. شال الرمل I.
Dramatique, adj. com., fait pour le théâtre, et représentant une action tragique ou comique, كلام منظوم مبكي ام مضحك.
Drame, s. m., poëme pour le théâtre, قصيد.
Drap, s. m., étoffe de laine, جوخ; plur. اجواخ - ملف (Barbarie).
*Drap* de lit; pièce de toile dans le lit pour coucher, شرشف - شرشوفة - ملاية فرش. En Syrie, plur. شراشف - ازار; plur. أُزُر (Barb.).
Tailler en plein *drap*, au fig. fam., avoir tous les moyens de succès, فضل في العريض. Être dans de beaux draps, dans une situation critique, وحل.
Drapeau, s. m., enseigne d'infanterie, بيرق; plur. بيارق. Se ranger sous les drapeaux de quelqu'un, دخل تحت بيرق O.
Draper, v. a., couvrir de drap, غطى بالجوخ.
*Draper*, railler médire, لبس.
*Draper*, habiller une figure, كسّم.
Draperie, s. f., manufacture, commerce de drap, بيع و شرا الجوخ - كرخانة جوخ. Draperie, draps divers, اصناف الجوخ.
*Draperie*, terme de peinture, représentation des habits, كسم.
Drapier, s. m., fabricant, marchand de drap, جوخي; plur. جوخية.
Drastique, adj. com., actif et violent (remède), دوا فعّال.

Drave ou Draba, s. f., plante, حرف مشرقي - قنبرى.
Drèche, s. f., marc de l'orge, ثفل الشعير.
Dresser, v. a., lever, tenir, faire tenir droit نصب O. — اقام A. — رفع. *Dresser* la tête, قرن - قنّش دانبه - رفع راسه. || *Dresser* les oreilles, ركب تخت. || *Dresser* un lit, le monter, اذاند. || *Dresser* une tente, خيمة نصب. || *Dresser* un piège, شرك نصب. || *Dresser* vers, tourner vers, ادار دوّر الى.
*Dresser*, aplanir une allée, ساوى ممشى.
*Dresser* du linge, le repasser, كوى القماش.
*Dresser* un buffet, une table, رص الاواني O. — رص الطعام.
*Dresser* des batteries, prendre des mesures pour, نصب متاريسه.
*Dresser* un plan, une minute d'acte, سوّد. *Dresser* un contrat, حرّر الكتاب.
*Dresser*, instruire, façonner, علّم.
*Dresser*, v. n., se hérisser, se dit des cheveux, قب شعر الراس O.
*Se dresser*, v. pr., قام O.
Drogman, s. m., ترجمان; plur. تراجمين.
Drogue, s. f., ingrédients pour purger ou teindre, عطرى.
*Drogue*, au fig., chose mauvaise, شي ردى - رذالة.
Droguer, v. a., donner trop de médicaments, خبّص في الادوية.
*Droguer*, falsifier, غش O.
Droguerie, s. f., toute sorte de drogues, عطارة.
Droguiste, s. m., صيدلاني - عطار.
Droit, s. m., ce qui est juste, حق. Faire droit à chacun, اعطى كل واحد حقه - اجرى الحق.
*Droit*, jurisprudence, loi, شريعة - فقه. *Droit* naturel, ناموس طبيعي. || *Droit* civil, règles entre les citoyens, حقوق الشعب. || *Droit* des gens ou public, des nations civilisées entre elles, حقوق واجبة على الطوائف بين بعضها.

18.

*Droit*, pouvoir légitime, prétention fondée; ce qui appartient légitimement, حقّ ; pl., حقوق. Ne vous liez point avec celui qui ne vous donne pas autant de droit qu'il s'en donne à lui-même, لا تصحب من لا يرى لك من الحق مثل ما يرى لنفسه. J'ai droit là-dessus, لى حق في هذا. ‖ Il a droit à des égards, يحق له المراعاة. ‖ A bon droit, avec raison, بالحق. ‖ A tort ou à droit, ان كان حق و الا باطل.

*Droit*, imposition, taxe, معلوم - عوايد. Droit d'entrée et de sortie, كمرك - مكس ; pl., كمارك. ‖ Droit sur les fermes, حملة. ‖ Droit sur l'emplacement des maisons, حكر البيوت. ‖ Payer les droits, دفع العوايد.

*Droit*, adv., directement, عدلا - سوا - دُغري - قبال (Barb.). Marcher droit, faire son devoir, سلك سلوكاً حسنا - استقام في مشيه O.

DROIT, E, adj., ce qui va en droite ligne, مستقيم - دُغري - مسدّد (Barb.). Angle droit, زاوية قايمة.

*Droit*, debout, قايم - واقف - على حيله.
*Droit*, au fig., judicieux, juste, حقاني - مستقيم. Droit sincère, خالص - على نيته.
*Droit*, opposé à gauche, أيمن. La main droite, اليد اليمنى - يد اليمين.
La *droite*, s. f., اليمين - الميمنة.
A *droite*, adv., يمينا - على يد اليمين. Se tourner à droite et à gauche, تلفت يمين و شمال.

DROITIER, ÈRE, s., أيمن.
DROITURE, s. f., équité, rectitude, رشاد - استقامة.
En *droiture*, adv., par la voie directe, ordinaire, بالطريق المستقيم - بالوجه المعتاد.
DROITURIER, ÈRE, adj., qui aime l'équité, رشيد.
DRÔLE, adj. com., plaisant, نكتة - مسخن - مضحك.
DRÔLE, s. m., mauvais sujet, معتر - فاجر.
DRÔLEMENT, adv., نكتة - بنوع مضحك.

DRÔLERIE, s. f., chose drôle, تنكيت.
DRÔLESSE, s. f. fam., femme de mauvaise vie, فاجرة - غجرية.
DROMADAIRE, s. m., chameau coureur, هجين ; plur., جمل هيرى - هجن (Barbarie). Courrier monté sur un dromadaire, هجّان ; plur., هجّانة.
DRU, E, adj., vif, نشط - صاحى.
*Dru*, touffu, plante près à près, كثيف - ملتق - مزنوق.
*Dru*, en parlant de la pluie, غزير.
DRUSE, s. com., habitant du mont Liban, sectateur de Hakem, درزى ; plur., دروز.
*Du*, s. m., ce qui est dû, devoir, حقّ - مطلوب - مقتضى.
DUBITATIF, IVE, adj., qui exprime le doute, شكّى - يبتين الشكّ.
DUBITATION, s. f., doute feint, شككت.
DUC, s. m., première dignité de la noblesse, أمير الامرا.
DUCAL, E, adj., يخص امارة الامرا.
DUCHÉ, s. m., terre donnant le titre à un duc, التزام و مقام أمير الامرا.
DUCHESSE, s. f., femme d'un duc ou dame qui possède un duché, ست حريم أمير الامرا او امراة متلزمة.
DUCTILE, adj. com., يطرق - ليّن.
DUCTILITÉ, s. f., ليان - ليانة.
DUÈGNE, s. f., قهرمانة.
DUEL, s. m., combat singulier, قتال بين اثنين.
*Duel*, terme de gram., تثنية. Un mot au duel, مثنّى.
DUELLISTE, s. m., coupable de duel, متقاتل مع واحد.
*Duelliste*, qui se bat souvent, شكّى يحب المقاتلات.
DUMENT, adv., selon la raison, les formes, في غاية ما يجب - على موجب القوانين.
DUNE, s. f., monticule sablonneux le long des

## DUR — DYS

côtes, كوم رمل على ساحل البحر - رمال.

**Duodenum**, s. m., le premier des intestins grêles, المعى الاثنى عشر.

**Dupe**, s. f., qui est trompé, facile à tromper, زبون - غفلة - غشيم ; plur., زبائن. Il me prend pour une dupe, يستغشني. ‖ Il a été dupe de cette ruse, de ce mensonge, انطلى عليه الكذب والحيلة. ‖ Sur deux associés il y a une dupe, اذا كانوا اثنين متّفقين اعلم ان الغلب على واحد.

**Duper**, v. a., tromper, غشّ. O. — غفل O. — غبن I. — غلب I. — جون.

**Duperie**, s. f., غبن - غشّ.

**Duplicata**, s. m., expédition double d'une dépêche, نسخة ثانية.

**Duplicature**, s. f., انطوا - اطباق.

**Duplicité**, s. f., état de ce qui est double, كون الشى مزوج.

*Duplicité*, au fig., mauvaise foi, منافقة.

**Dur, e**, adj., ferme, solide, صلب - صلد. Pierre dure, عاسي - يابس - ناشف - ماكن. ‖ Viande dure, لحم ماكن - لحم عاسي. ‖ حجر صلد.

*Dur*, inhumain, insensible, قاسي - قاصي. Paroles dures, جافي - عديم الحاسّة - صعب. ‖ Dur à lui-même, صارم على حاله. ‖ كلام قاسي.

*Dur*, difficile, incommode, متعب - صعب. Dur à digérer, عسر الانهضام. ‖ Dur, fâcheux à souffrir, صعب - مرّ.

*Dur*, austère, rude (vie), صعب - متقشف.

*Dur*, âpre, rude au goût, غضّ.

*Dur*, peu coulant (style), كلام واقف. Dur, sans grâce, lourd, ثقيل - سامج.

Tête *dure*, راس يابس - راس ماكن. Oreille dure, سمع ثقيل.

*Dur*, adv., entendre dur, سمع ثقيل. A.

**Durable**, adj. com., يدوم - يبقى.

**Durant**, prép., فى مدّة - فى.

**Durcir**, v. a., نشّف - يبّس.

*Se durcir*, v. pro., نشف A. — ييبّس.

**Dure**, s. f., la terre, le pavé, الارض. Coucher sur la dure, نام على الارض الصلدة.

**Dure-mère**, s. m., membrane extérieure qui enveloppe le cerveau, أم جافية.

**Durée**, s. f., مدّة. Longue durée, durée éternelle, دوام - بقا.

**Durement**, adv., avec rudesse, بقصاحة - بقساوة. Traiter quelqu'un durement, جفى - جافى.

**Durer**, v. n., continuer d'être, استقام. Durer longtemps, بقى A. — دام O. Durer (en parlant d'un objet qui fait un long usage), ضاين - استقام.

*Durer*, souffrir longtemps, استحمل.

**Dureté**, s. f., fermeté, solidité, صلابة - نشوفية - يبوسة.

*Dureté* d'oreille, ouïe dure, ثقل السمع.

*Dureté*, manière de peindre sèche, sans grâce, ثقالة.

*Dureté* de style, وقوف الكلام.

*Dureté*, insensibilité, inhumanité, قساوة - شراسة - يبس - قصاحة - صعوبة اخلاق.

**Durillon**, s. m., petit calus, دمان.

**Duvet**, s. m., menue plume, ريش ناعم.

*Duvet*, premier poil des joues, du menton, عذار.

*Duvet*, coton sur la peau des fruits, وبر.

**Duveteux, se**, adj., كثير الريش الناعم.

**Dynamique**, s. f., science des forces qui meuvent les corps, علم تحريك الاجرام.

**Dynastie**, s. f., suite de souverains d'une même famille, دولة ; plur., دول.

**Dyspepsie**, s. f., digestion laborieuse, terme de médecine, عسر الانهضام.

**Dyspnée**, s. f., difficulté de respirer, ضيقة نفس - عسر التنفّس.

**Dyssenterie**, s. f., espèce de flux de sang, اسهال الدم - ديسانطريا - نزيف.

**Dysurie**, s. f., difficulté d'uriner, عسر البول.

# E

E, s. m., cinquième lettre de l'alphabet français, الحرف الخامس من الالف باء.

Eau, s. f., ماء; plur., مياه; plus vulgairement, موية ou مَيِّتة. Eau pure, eau de fontaine, terme de médecine, ماء القراح. ‖ Eau des fruits, ماء الفواكه. ‖ Eau de raisin, d'abricots, de prunes, خشاف.

Eaux, pl., jets d'eau, cascades, بزابيز.

Eau bénite de cour, belles promesses sans effets, مواعيد كويسة. Eaux basses, manque d'argent, عدم الموجود. ‖ Battre l'eau, perdre sa peine, A. ذهب تعبه باطلاً. ‖ Revenir sur l'eau, rétablir ses affaires, O. عام. ‖ Nager entre deux eaux, ménager deux partis, I. A مسك الحبل من الطرفين. ‖ A vau-l'eau, au cours de l'eau, مع التيّار. ‖ Affaire à vau-l'eau, manquée, شغل تلف. ‖ Nager en grande eau, dans l'abondance, A. غرق في الخير. ‖ Mettre de l'eau dans son vin, rabattre de ses prétentions, هاود.

*Eau-de-vie*, عرقي - عرق. Eau forte, الماء الغالب.

*Eau*, sueur, عرق. Qui est en eau, عرقان. Lâcher de l'*eau*, pisser, ريّق ماء - طيّر موية.

S'ÉBAHIR, v. réf., A. تحيّر - بهت - اندهل.

ÉBARBER, v. a., rogner, قلّم.

ÉBAT, s. m., passe-temps, لعب - بسط - حظ.

S'ÉBATTRE, v. pr., A. لعب - تبجبج.

ÉBAUBI, adj., surpris, باهت - حاير.

ÉBAUCHE, s. f., ouvrage commencé, رسوم - تسويد.

ÉBAUCHER, v. a., faire l'ébauche, O. رسم - أشّر - سوّد.

ÉBÈNE, s. f., bois noir, خشب الأبنوس.

ÉBÉNIER, s. m., شجر الأبنوس.

ÉBÉNISTE, s. m., خرّاط ابنوس.

ÉBLOUIR, v. a., priver de la vue par trop d'éclat, O. - I. اخذ البصر - خطف البصر - زغلل النظر - فطمش - جهّر البصر - غشّى العين - غبش العين - تحيّر - انغشّ - غشش. Être ébloui, تغشّش.

*Éblouir*, au fig., surprendre l'esprit par une apparence brillante, O. اخذ العقل - ادهش - ابهل. Éblouir, séduire, O. غرّ.

ÉBLOUISSANT, E, adj., يخطف البصر - يدهش.

ÉBLOUISSEMENT, s. m., état de l'œil ébloui, تغشيشة. Éblouissement, difficulté de voir par trop d'éclat ou par une cause intérieure, غشا.

*Éblouissement*, au fig., surprise, séduction, دهشة.

ÉBORGNER, v. a., crever un œil, عوّر.

*Éborgner*, au fig., ôter une partie du jour à une fenêtre, عكس نور شبّاك.

ÉBOUILLIR, v. n., diminuer à force de bouillir, A. خسّ من كثر الغلي.

ÉBOULEMENT, s. m., هبوط.

S'ÉBOULER, v. n., O. - O. خرّ - هبط.

ÉBOULIS, s. m., chose éboulée, هابط.

ÉBOURGEONNEMENT, s. m., تقليم الاشجار.

ÉBOURGEONNER, v. a., ôter les bourgeons superflus, A. كسح - زبّر الكروم - قلّم الاشجار - O. نثر اوراق الكروم.

ÉBRANCHEMENT, s. m., تخفيف الشجر من الفروع.

ÉBRANCHER, v. a., قلم الشجر من الفروع.

ÉBRANLEMENT, s. m., هزّة - تزعزع.

ÉBRANLER, v. a., donner des secousses, زعزع - O. هزّ - I. رجّ - نعتع. Le sol était ébranlé par les pieds des chevaux, ارتجّت الارض من ركض الخيل. Il poussa un cri qui ébranla les montagnes, صرخ ‖ Cela est si lourd qu'on ne peut l'ébranler, هذا من ثقله ما يتنعتع.

Ébranler, étonner, toucher, دهل .I - هزّ .I -| جذب .I.

S'ébranler, v. réf., branler, تزعزع - تنعتع - ارتجّ.

S'ébranler, commencer à se mouvoir, t. militaire, تحرّك - زحف A.

Ébrasement, s. m., élargissement, توسيع.

Ébraser, v. a., élargir, وسّع.

Ébrécher, v. a., ثلم .I - شردم .I. Être ébréché, انثلم.

Ébrouement, s. m., جفل - تنخّم.

S'ébrouer, v. pr., ronfler par frayeur, souffler avec force, en parlant d'un cheval, جفل .O - تنخّم.

Ébruiter, v. a., divulguer, افشى - اشاع.

S'ébruiter, v. pr., شاع .I - تفرقع. Pour que cette affaire ne s'ébruite pas, لئلّا تتفرقع هذه المادّة.

Ébruité, e, adj., مفشى.

Ébullition, s. f., élevures, taches rouges sur la peau, فقفقة. Ébullition du sang, غليان الدم.

Ébullition, état d'un liquide qui bout, غلى - بقبقة - غليان.

Écacher, v. a., écraser, حدس .O - دهك .A - خبص .O.

Écaille, s. f. (de testacés), صفيحة - باغة. Écaille de tortue, صفيحة السلحفا ‖ Écaille de poissons, قشر السمك - فلس السمك, plur., فلوس.

Écailler, v. a., ôter l'écaille, نقّى فلوس السمك قشر السمك.

S'écailler, v. réf., tomber par écaille, تقشّر.

Écailleux, se, adj., composé d'écailles, ابو فلوس - باغى.

Écale, s. f., coque, écorce, قشرة.

Écaler, v. a., قشّر.

Écarbouiller, v. a. popul., écraser, دشدش.

Écarlate, s. f., قرمزى - اجر.

Écarquillement, s. m., تحملق العيون - فرشخة.

Écarquiller, v. a. fam., ouvrir trop (les yeux), حملق عينيه. Écarquiller les jambes, سيقانه فرشخ.

Écart, s. m., action de s'écarter, ابتعاد. Faire un écart (cheval), قفز الى اليمين او الشمال .I.

A l'écart, adv., à part, منفرداً - على ناحية. Mettre à l'écart, على جنب - خلّى. ‖ Se mettre à l'écart, طرح A. ‖ تجنّب عن. Prendre quelqu'un à l'écart, تفرّد بنفسه. اختلى معه.

Écarteler, v. a., قطع المذنب اربعة.

Écartement, s. m., disjonction, انقسام - ابتعاد.

Écarter, v. a., éloigner, ابعد عن - بعّد .I. Le vent a écarté les vaisseaux, شتّت الريح المراكب.

Écarter, mettre à part, خلّى عن جنب.

S'écarter, v. réf., se détourner (du devoir), مال عن الحقّ .I. - حاد عن الواجب .I. زاغ عن الحقّ .I.

S'écarter, ne plus joindre, ابتعد عن بعضه - تباعد.

S'écarter, s'éloigner de, se mettre à l'écart, تنحّى عن - تجنّب عن .A - بعد عن .A. S'écarter de son chemin, انحرف عن الطريق.

Un lieu écarté, موضع خلوة.

Ecclésiaste, s. m., كتاب الحكمة.

Ecclésiastique, adj. com., qui appartient à l'église, كنايسى.

Ecclésiastique, s. m., قسّ; plur., قسوس; collect., الكليروس.

Ecclésiastiquement, adv., en ecclésiastique, مثل القسوس.

Écervelé, e, adj. et subst., étourdi, مخبوط - ملطوش - مجنون.

Échafaud, s. m., assemblage de bois, تخشيبة - صقالة. Échafaud pour placer des spectateurs, تخت; plur., تخوت - منظر مصنوع من دفوف.

ÉCH

|| Échafaud pour exécuter les criminels (gibet), مشنقة.

ÉCHAFAUDAGE, s. m., construction des échafauds pour bâtir, نصب الصقالات - صقالات.

Échafaudage, au fig., grands préparatifs pour peu de chose, كركبة.

ÉCHAFAUDER, v. a., نصب الصقالات O.

S'échafauder, v. réf., faire de grands préparatifs pour peu de chose, كركب.

ÉCHALAS, s. m., وتد ; pl. أوتاد - خازوق ; pl. خوازيق ; مسماك - سوامبك ; pl. سوماك - مسماك plur.

ÉCHALASSEMENT, s. m., تسنيد العنب.

ÉCHALASSER, v. a. (la vigne), سند العنب - شومك الكرمة.

ÉCHALOTE, s. f., plante, بصل صغير.

ÉCHANCRER, v. a., vider en arc, قور.

ÉCHANCRURE, s. f., تقويرة.

ÉCHANGE, s. m., بدل - معاوضة.

En échange, adv., à la place de, عوضه - بداله.

En échange, d'un autre côté, من ناحية اخرى - من وجه اخر.

ÉCHANGEABLE, adj. com., يُبدل.

ÉCHANGER, v. a., faire un échange, بدل شيا I. قاوض احدا فى شى , بشى - بشى.

ÉCHANSON, s. m., سقاة ; plur. ساقي الراح.

ÉCHANTILLON, s. m., مسطرة ; plur. مساطر - شُشْني - عينة - عروضة - اشكال ; plur. اشكال. Des échantillons d'étoffes, اشكال القماش - مساطر القماش || Échantillon de blé, عينة حنطة.

ÉCHAPPATOIRE, s. f., défaite, subterfuge, حجة - باب للخلاص - حيلة - مخلص.

ÉCHAPPÉE, s. f., action imprudente, فلتة.

ÉCHAPPER, v. a., éviter, نفذ. L'échapper belle, نفذ من داهية عظيمة.

Échapper, v. n., ou S'échapper, v. pro., s'évader, فرك - انطلق - انسل A. فلت O. Cheval

ÉCH

échappé, حصان فالت || Laisser échapper, افلت.

Échapper de, échapper à, sortir de, n'être pas saisi, نفذ من A. - نصل من A. - خلص من - سلك من I. O. Échapper au danger, نفذ من الخطر. || Échapper du naufrage, خلص من الغرق. || Cette parole m'est échappée, هذه الكلمة وقعت منى هفوة. || Parole échappée, هفوة لسان. || Toute parole échappée est relevée, لكل ساقطة لاقطة ; prov. || Échapper à la vue, ما ادركه النظر. || Échapper de la mémoire, راح من البال. || La patience m'échappe, عدمت الصبر - عيل صبرى.

S'échapper, v. réf., s'emporter inconsidérément, سقط فى حق احد - اساء الادب O.

ÉCHARDE, s. f., épine, éclat de bois, شوكة - حسكة.

ÉCHARDONNER, v. a., قلع العقول A.

ÉCHARPE, s. f., large bande d'étoffe en baudrier, شريط - محزم - وشاح.

Écharpe, bandage pour soutenir le bras, علاقة.

En écharpe, adj., soutenu par une écharpe, معلق.

En écharpe, de biais, de travers, منحرفاً.

ÉCHARPER, v. a., faire une large blessure, هشم I. Écharper, tailler en pièces, هشم - قرض.

ÉCHASSES, s. f. plur., عكاز البهلوان. Monté sur des échasses, guindé, شامخ.

ÉCHAUBOULURES, s. f. plur., شرى - فقفقة ; plur. اشرا.

ÉCHAUDÉ, s. m., pâtisserie, لقمة قاضى.

ÉCHAUDER, v. a., mouiller avec de l'eau chaude, سمط O. Chat échaudé, etc. Voyez CHAT.

S'échauder, v. réf., au fig., être attrapé, انسمط.

ÉCHAUDOIR, s. m., مسمط.

ÉCHAUFFAISON, s. f., حموة.

ÉCHAUFFANT, E, adj., مشوب - حامى - حار.

ÉCHAUFFEMENT, s. m., action d'échauffer, تدفية - تسخين.

*Échauffement*, état de ce qui est échauffé, حرارة.

ÉCHAUFFER, v. a., donner de la chaleur, حرّ I. - شوّب - سخّن - دفّى. Échauffer une chambre, دفّى البيت. ‖ Échauffer une personne qui a froid, دفّى رجل بردان. ‖ Les épices échauffent, échauffent le sang, البهار يشوّب او يحرق الدم.

*Échauffer*, allumer la bile, اوغر.

*S'échauffer*, v. réf., reprendre un degré de chaleur convenable, دفى A. - ندفى. S'échauffer (eau), سخن O.

*S'échauffer*, avoir trop chaud, prendre un échauffement, تشوّب.

*S'échauffer*, s'animer, se mettre en colère, شاط I. - ثارت فيه الحميّة - اخذتْهُ الحميّة A. - حمى. S'échauffer au jeu, حمى فى اللعب. ‖ Le combat s'échauffa, اشتدّ القتال.

ÉCHAUFFOURÉE, s. f. fam., entreprise sans succès, فسلة. Échauffourée, léger combat, كبسة.

ÉCHÉANCE, s. f., terme de payement, ميعاد الدفع - وعدة.

ÉCHECS, s. m. pl., jeu, سطرنج - شطرنج. Faire marcher les pièces au jeu d'échecs, نقل O. ‖ Échec et mat, شاه مات.

*Échec*, au fig., perte considérable, خسارة.

Tenir en *échec*, empêcher d'agir sans péril, خصم I.

ÉCHELLE, s. f. (de bois), سلّم خشب ; plur., سلّم تسليك et سلّم تسليق - سلالم. Échelle de corde, .

*Échelle*, ligne divisée par degrés, قياس.

*Échelle*, port du Levant, مينا الشرق ; plur., اساكل - اسكلة - مين ; plur.,

ÉCHELON, s. m., degré, درجة.

ÉCHENILLER, v. a., ôter les chenilles, شال I. الدود.

ÉCHEVEAU, s. m., fil, soie, etc., pliés et repliés, ذراع كتّان - ذراع خيط - شلّة قطن - شلّة حرير.

ÉCHEVELÉ, E, adj., qui a les cheveux en désordre, نائر الشعر - منفوش الشعر.

ÉCHEVIN, s. m., شيخ البلد.

ÉCHINE, s. f., épine du dos, سلسلة الظهر. Échine, partie de l'animal depuis le milieu des épaules jusqu'au croupion, فلوة الظهر - جمال الظهر.

ÉCHINER, v. a., كسر جمال ظهر I.

ÉCHINOPHORA, s. f., plante, فوفل.

ÉCHINOPUS, s. m., plante, عكّوب.

ÉCHIQUIER, s. m., طاولة - رقعة الشطرنج.

*Échiquier*, en Angleterre, juridiction qui règle les affaires de finances, محكمة مال الخزينة.

ÉCHIUM, s. m., plante. *Voyez* VIPÉRINE.

ÉCHO, s. m., répétition du son; صدى - ركاء - يواغى ; plur., يواغى - دوى. Donner de l'écho, répéter le son, اعطى ياغى - اصدى - ادوى.

*Écho*, au fig., celui qui répète ce qu'un autre dit, عوّاد.

ÉCHOIR, v. n., arriver par cas fortuit, tomber en partage, خصّه I. - صحّ له - يقع ; وقع له ; aor., نابه O.

*Échoir*, en parlant d'un terme qui échoit ou d'une lettre de change, حكم O. Ce qui est échu de nos appointements, المترتّب لنا من علوفتنا.

ÉCHOUER, v. n., donner contre un écueil, sur un bas-fond, شحط A. O. - حرث O. - لطم O. (Barb.).

*Échouer*, au fig., ne pas réussir, بطل O. - ما صحّ معه.

ÉCIMER, v. a., couper la cime, قطع راس A. الشجر.

ÉCLABOUSSER, v. a., faire jaillir de la boue sur, طرطش.

ÉCLABOUSSURE, s. f., طرطشة.

ÉCLAIR, s. m., برق ; plur., بروق. Passer comme l'éclair, فات مثل البرق O. ‖ Plus prompt que l'éclair, اسرع من البرق.

ÉCLAIRAGE, s. m., تنوير.

ÉCLAIRCIR, v. a., rendre clair, moins épais, صفّى - روّق.

*Éclaircir*, diminuer le nombre, قلّل العدد - خفّف.

*Éclaircir* une couleur, en diminuer le foncé, فتح اللون A.

*Éclaircir*, au fig., rendre clair, intelligible, صرّح - أوضح - بيّن. Éclaircir un doute, le résoudre, رفع الشكّ A. || Éclaircir une difficulté, فسّر الشي - أوضح الشي O. - حلّ المشكلة.

*Éclaircir* quelqu'un, l'instruire d'une vérité, بيّن له الحقيقة.

*S'éclaircir* de, sur, استفهم الشي جيّدًا.

ÉCLAIRCISSEMENT, s. m., explication de ce qui est obscur, تصريح - بيان - تفسير.

*Éclaircissement*, explication dans une querelle, pour savoir de quelqu'un ce qu'il a dit ou fait, et dans quelle intention, استفهام.

ÉCLAIRE, s. f., plante, مرميران كبير و صغير - حشيشة الخطاطيف - بقلة الخطاطيف.

ÉCLAIRER, v. imp., faire des éclairs, برق O.

*Éclairer*, illuminer, أضاء. Des torches les éclairaient pendant la nuit, والمشاعل تضيهم في الليل.

*Éclairer*, au fig., instruire, donner de l'intelligence, نوّر العقل - فهّم.

*Éclairer*, épier la conduite, ترقّبه - تبع أحدًا.

*Éclairer*, donner, apporter de la lumière à quelqu'un, ضوى له - نوّر له O.

*Éclairer*, v. n., étinceler, ضوى I. - برق O.

ÉCLAIRÉ, E, adj., instruit, intelligent, فهّامة - صاحب الفهم.

ÉCLAIREUR, s. m., soldat qui va à la découverte, روّاد .plur ; رايد العسكر.

ÉCLANCHE, s. f., فخذ غنم.

ÉCLAT, s. m., partie d'un morceau de bois brisé, شرنتة - كسور .plur ; كسر - قطع .plur ; قطعة.

*Éclat*, lueur brillante, lustre, ضاء - رونق - جلا.

*Éclat*, splendeur, gloire, بهاء. Éclat, magnificence, وكبة - طنطنة.

*Éclat*, scandale, grand bruit, طنشة. Rire aux éclats, قرقع من الضحك.

ÉCLATANT, E, aoj., qui a du lustre, de l'éclat, جلي - بهي - باهي.

*Éclatant*, qui brille, لامع. Lumière éclatante, نور ساطع.

*Éclatant*, qui fait un grand bruit, مطنطن - برّن.

ÉCLATER, v. n. et pro., se briser par éclats, فقع A. - طقّ O. - تفرتك.

*Éclater*, avoir de l'éclat, briller, لمع A.

*Éclater*, faire un grand bruit, رنّ O. - طنطن O. - طقّ - نقرقع.

*Éclater*, au fig., s'emporter en injures, blâmer avec force, قام ضدّ O. - خرج على O.

*Éclater*, devenir public, شاع I. - ظهر A. - اشتهر.

*Éclater*, montrer son ressentiment à découvert, أظهر الم.

ÉCLECTIQUE, adj., qui adopte les meilleures opinions, منتخب.

ÉCLECTISME, s. m., فلسفة منتخبة.

ÉCLIPSE, s. f., (du soleil), كسوف الشمس. Éclipse de la lune, خسوف القمر.

*Éclipse*, au fig., obscurcissement, انكساف.

*Éclipse*, absence subite, momentanée, غطوس - غياب.

ÉCLIPSER, v. a., cacher un astre, كسف I.

*Éclipser*, au fig., effacer, غطّى على - اخفى.

*S'éclipser*, v. pr., souffrir l'éclipse, انكسف I. - خسف القمر I. - كسفت الشمس.

*S'éclipser*, s'absenter, disparaître, غاب I.

ÉCLIPTIQUE, s. f., ligne que le soleil ne quitte pas, طريقة الشمس في وسط - سمت الشمس - منطقة البروج.

*Écliptique*, adj. com., des éclipses, كسوف.

ÉCLISSE, s. f., rond d'osier pour le fromage, شندة.

*Éclisse*, bâton plat pour fixer les fractures, جبيرة - جبارة.

ÉCLOPÉ, adj., سقط.

ÉCLORE, v. n., sortir de la coque, فقس I. - O. برز - فقس A. طلع.

*Éclore*, s'épanouir (fleurs), فتح.

*Éclore*, commencer à paraître (jour), لاح O.

*Éclore*, au fig. (desseins, projets), ظهر A. - نشأ A.

ÉCLOSION, s. f., action d'éclore, فقصة.

ÉCLUSE, s. f., سد ; plur., سدود.

ÉCOLE, s. f., lieu où l'on enseigne, مدرسة ; plur., مدارس - مكتب ; plur., مكاتب - كتاب - مسيد (Barb.). Mettre un enfant à l'école, حط O. الولد فى الكتاب.

*École*, secte, doctrine, مذهب - جماعة.

*École*, manière d'un écrivain, d'un poëte, d'un peintre, صناعة.

*École*, faute, غلطة.

ÉCOLIER, ÈRE, s., qui va à l'école, ولد الكتاب ; pl., اولاد الكتاب - بنت الكتاب ; pl., بنات الكتاب. *Écolier*, qui apprend d'un maître, تلميذ ; pl., تلاميذ.

*Écolier*, homme peu habile, يعوزه شى - غشيم.

ÉCONDUIRE, v. a., éloigner quelqu'un avec ménagement, adroitement, روح بسلطافة - كرت بصنعة.

ÉCONOME, adj. com., qui épargne, موفر.

*Économe*, s., régisseur de la dépense, مدبر الخرج - وكيل خرج - ماسك المصروف.

ÉCONOMIE, s. f., règle dans la dépense, تدبير - مداراة. L'économie est la moitié de l'entretien, التدبير نصف المعيشة ; prov. || Vivre avec économie, نفق بافراز O.

*Économie*, épargne, توفير - توفرة. Faire des économies sordides, فلس.

*Économie* politique, تدبير المملكة || *Économie* domestique, علم تدبير المنزل || *Économie* rurale, تدبير الفلاحة || *Économie* végétale, تركيب النبات.

*Économie*, au fig., harmonie des parties, des qualités du corps, نظام.

ÉCONOMIQUE, adj. com., de l'économie, تدبيرى.

ÉCONOMIQUEMENT, adv., بتوفير - بتدبير.

ÉCONOMISER, v. a., administrer, régler, دبر.

*Économiser*, épargner, وفر. Économiser le temps, وفر الزمان و اقتصد فيه.

ÉCORCE, s. f., قشر ; plur., قشور.

*Écorce*, au fig., superficie, الوجه الظاهر.

ÉCORCER, v. a., ôter l'écorce, قشر.

ÉCORCHER, v. a., ôter la peau, سلخ A.

*Écorcher*, déchirer la peau, blesser légèrement, قحط A. - خدش I. Je me suis écorché la main, انقحطت يدى. || La selle a écorché le dos du cheval, عقر السرج ظهر الفرس.

*Écorcher* par le frottement, لحس A.

*Écorcher*, faire une impression désagréable, زج A.

ÉCORCHERIE, s. f., سلخانة - مسلخ.

ÉCORCHEUR, s. m., qui écorche les bêtes, سلاخ.

ÉCORCHURE, s. f., endroit écorché de la peau, قحطة - خدشة - سلخة - سلخ. Écorchure faite par la selle sur le dos d'un cheval, عقورة.

ÉCORNER, v. a., rompre la corne, les angles, كسر القرن I.

*Écorner*, au fig., fam., diminuer, لطم O. - نقص.

ÉCORNIFLER, v. a., fam., manger aux dépens d'autrui, تطفل - لقلق - تسلط.

ÉCORNIFLERIE, s. f., طفالة - سلبطة.

ÉCORNIFLEUR, SE, s., parasite, سلباط ; plur., سلابطة - لقلوق ; plur., لقاليق - طفيلى.

ÉCOSSER, v. a., tirer de la cosse, فصص.

ÉCOSSEUR, SE, s., مفصص.

ÉCOT, s. m., quote-part de dépenses de table, نايب فى المصروف - مصرفية - حق الاكل. Écot, dépense pour un repas,

ÉCOUER, v. a., couper la queue, قطع ذيل A.

ÉCOULEMENT, s. m., mouvement de ce qui s'écoule, جريان - سيلان - نزّ.

Écoulement, au fig. (des billets d'État), تشفيت.

S'ÉCOULER, v. n. pro., couler d'un lieu dans un autre, نزح A. - سال I. - ساح I.

S'écouler, passer (temps), مضى I. برح A.

S'écouler (foule, argent), انصرفوا تفرقوا الناس - تصفى المال.

ÉCOURTER, v. a., rogner court, قرطم. Écourter les cheveux, زعّر I. || Écourter un cheval, un chien, lui couper la queue, les oreilles, قصّر ذيل واودان.

ÉCOUTE, s. f., lieu où l'on écoute, موضع تنصّت. Être aux écoutes, تنصّت - نصّت.

ÉCOUTER, v. a., ouïr, سمع A. - استمع I.

Écouter, prêter l'oreille pour ouïr, نصت I. - تنصّت. Taisez-vous, on nous écoute, اسكت الدنيا محضورة.

Écouter, donner audience, consentement à quelqu'un, l'entendre avec plaisir, استمع ل.

Écouter la raison, écouter quelqu'un, suivre son avis, أصغى الى احد - اعتبر كلامه A. - ذعن للحق A. - سمع منه.

S'écouter, v. réf., avoir trop soin de soi, سايس نفسه - اتاخذ في نفسه.

ÉCOUTILLE, s. f., ouverture dans le tillac d'un vaisseau, باب - فتحة في سطح السفينة.

ÉCOUVILLON, s. m., خرقة لمسح داخل المدفع.

ÉCOUVILLONNER, v. a., مسح داخل المدفع بالخرقة.

ÉCRAN, s. m., sorte de meuble pour garantir de l'ardeur du feu, حايل للنار - دروة.

ÉCRASER, v. a., aplatir et briser par le poids, هرس O. - عفس A. دهك. Écraser en frappant, دقّ O.

Écraser, au fig., détruire entièrement, محق A. - قرض I.

Écraser, surpasser, مسح A. - سحق A.

ÉCRASÉ, E, adj., trop aplati, مبطّط - مفعوص.

ÉCRÉMER, v. a., ôter la crème, اخذ قشطة اللبن O.

ÉCREVISSE, s. f., poisson testacé, سرطان; plur., سلاطين. Écrevisse de mer, سلطعان. || Yeux d'écrevisse, عين السرطان. || سرطان بحري.

Écrevisse, signe du zodiaque, برج السرطان.

ÉCRIER (S'), v. n. pr., صرخ وقال.

ÉCRIN, s. m., coffret où l'on met des pierreries, سفط جواهر.

ÉCRIRE, v. a., former des lettres, كتب O. Écrire, faire une lettre, une missive, كتب مكتوب - حرّر مكتوب. || J'en écrirai à monsieur un tel, اكاتب فلان في ذلك. || Il est écrit que, كان مقدّران - قد كتب ان. || Son caractère est écrit sur son front, طبعه مكتوب على جبينه.

Écrire, composer un ouvrage, ألّف.

ÉCRIT, s. m., acte portant promesse ou convention, كتابة - كتاب.

Écrit, livre, كتاب; pl., كتب. Écrits, pl., ouvrages d'un auteur, تاليفات; pl., || Écrits, leçons, cahiers d'école écrits sous la dictée d'un professeur, كراريس درس.

ÉCRITEAU, s. m., inscription en grosses lettres, لوحة - كتابة.

ÉCRITOIRE, s. f., دواية - دواة.

ÉCRITURE, s. f., caractères écrits, كتابة. Écriture, manière de former les lettres, خطّ. || Écriture entrelacée, خطّ معاق. || Les sept genres d'écriture arabe, انواع الخطّ السبعة او السبعة اقلام.

L'Écriture, la parole de Dieu, les livres saints, كتب الله - الكتاب المقدس.

Écritures, livres de négoce, دفاتر التاجر.

ÉCRIVAILLEUR, ÉCRIVASSIER, s. m., mauvais écrivain, كاتب خبّاص.

ÉCRIVAIN, s. com., maître à écrire, خطّاط. Écrivain en général, كاتب; plur., كتّاب. Écrivain, rédacteur de lettres, placets, كاتب الانشا - منشى.

*Écrivain*, auteur, مصنّف - مؤلّف.

Écrou, s. m., trou de la vis, خرق البريمة.

*Écrou*, acte d'emprisonnement, تقييد المسجون.

Écrouelles, s. f. plur., humeurs froides avec tumeurs à la gorge, aux glandes, خنازير - سلعات - خلد ; plur., خود.

Écrouer, v. a., inscrire sur le registre des prisons, قيّد فى دفتر الحبس يوم سجن المحبوس والأصل.

Écroulement, s. m., éboulement, هبوط - سقوط.

S'écrouler, v. pr., s'ébouler, وقع, aor., يقع - خسف A. (toit, voûte). سقط O. - هبط O.

Écroulé, e, adj., détruit, ساقط.

Écrouter, v. a., ôter la croûte, شال القشفة I.

Écru, e, adj., qui n'a pas été lavé, خام.

Écu, s. m., monnaie d'argent, ريال ; plur., ريالات. Écu d'or, ذهب ; plur., ذهبات.

Écueil, s. m., rocher dans la mer, صخر ; plur., دبار ; دبر - صخور.

*Écueil*, au fig., chose dangereuse, آفة.

Écuelle, s. f., سكروجة - طاسة - (en porcelaine) صحفة - زبدية ; plur., سلطانية (en terre) زبادى.

Écuellée, s. f., plein une écuelle, ملو السلطانية.

Éculer, v. a., plier les quartiers d'un soulier en dedans, ثنى كعب الصرمة.A - فكّ التاسومة I.

Écumant, e, adj., مزبّد - مرغّى.

Écume, s. f., espèce de mousse sur les liquides, ريبة - رغوة.

*Écume*, scorie des matières fondues, bave, كشكوشة - رغاوى ; plur., رغوة - زَبَد (Barbarie.).

Écumer, v. n., jeter l'écume, رغى - ارغى - ريّم - ازبد.

*Écumer* de rage, la faire éclater, تبرمر من الغيظ - ارغى و ازبد من الغيظ.

Écumer, v. a., ôter l'écume, قشط الريبة I. - قشّ الرغوة O.

*Écumer*, au fig., prendre çà et là, لقط O.

Écumer les mers, faire la piraterie, قشط.

Écumeur, s. m., de mer, pirate, قشّاط.

*Écumeur* de marmite, parasite, لحّاس الخّلل.

Écumeux, se, adj., qui jette de l'écume, مرغّى.

Écumoire, s. f., ustensile de cuisine, مرغاة - قسطة الريم - قشاشة.

Écurer, v. a., nettoyer, frotter, دعك بالرماد A. - جلى I.

Écureuil, s. m., petit animal, سنجاب.

Écureur, se, s., مجلى صحون.

Écurie, s. f., lieu où l'on loge les chevaux, اخور - اصطبل الخيل.

*Écurie*, chevaux, طوالة.

Écusson, s. m., écu des armoiries, مجنّ.

Écuyer, s. m., gentilhomme-servant d'un chevalier, d'un prince, سلحدار. Grand-écuyer, le chef des écuries d'un prince, امير اخور.

*Écuyer*, qui enseigne à monter à cheval, ركبدار.

Éden, s. m., paradis terrestre, ارض عدن.

Édenté, e, adj., مقلوع الاسنان.

Édenter, v. a., rompre les dents, كسّر الاسنان.

Édifiant, e, adj., qui porte à la vertu, موجب العبرة - موجب الاقتدا به.

Édificateur, s. m., qui fait un édifice, مشيّد.

Édification, s. f., action de bâtir des temples, بناية الهياكل.

*Édification*, au fig., action de donner le bon exemple, عطية المثل الصالح.

Édifice, s. m., bâtiment, بناء pl., ابنية - عمارة.

Édifier, v. a., bâtir un temple, بنى هيكلاً I.

*Édifier*, porter à la vertu par les exemples ou le discours, اعطى مثلاً صالحًا. Édifier, satisfaire par les procédés, ارضى.

Édit, s. m., ordonnance, امر سلطانى ; plur., اوامر.

Éditeur, s. com., مباشر لطبع كتاب غيره.

Édition, s. f., publication, impression, طبع كتاب.

ÉDUCATION, s. f., تربية - ادب - تأديب - تربية - ربابة. Éducation des enfants, تربية الاطفال. || Celui qui prend soin de l'éducation de ses enfants triomphe de ses envieux, من ادّب اولاده ارغم حسّاده. || Donner de l'éducation, ربّى وادّب.

ÉDULCORATION, s. f., تحلية.

ÉDULCORER, v. a., adoucir avec du sucre, حلّى.

ÉFAUFILER, v. a., tirer le fil du bout coupé d'un ruban, d'une étoffe, نسل I.

EFFACER, v. a., ôter les traits, les marques, محى I. - طمس I. - طلس I. Effacer la mémoire de, ou effacer de la mémoire, ازاح من - ازال من البال. || Effacer la beauté, la détruire, ازال الحسن البال. || Effacer les péchés, ازاح الخطايا.

Effacer, raturer, شطب O.

Effacer, au fig., surpasser, غطّى على.

S'effacer, v. pr., انمحى I. S'effacer, se mettre en arrière, تأخّر.

EFFAÇURE, s. f., ce qui est effacé, محى.

EFFARER, v. a., troubler, غيّب وعى انسان - اخذ عقله O.

EFFARÉ, E, adj., troublé, غايب وعيه في دنية اخرى - غايب العقل.

EFFAROUCHER, v. a., effrayer, جفل - نفّر.

Effaroucher, au fig., donner de l'éloignement, شرّد القلوب من.

S'effaroucher, v. réf., s'épouvanter, جفل I. - نفر من O.

EFFECTIF, IVE, adj., réel, حقيقى.

EFFECTIVEMENT, adv., حقّاً - بالحق.

EFFECTUER, v. a., mettre à effet, حقّق - تمّم - كمّل وعمل.

EFFÉMINÉ, E, adj., faible comme une femme, مخنّث - خنثى.

EFFÉMINER, v. a., amollir, صيّر مثل النسا - خنّث.

EFFENDI, s. m., et ÉFENDI, monsieur, maître, افندى ; plur., افندية.

EFFERVESCENCE, s. f., mouvement intestin d'une liqueur par l'action d'un acide, فوران - تكتكة.

Effervescence, au fig., émotion vive, فوران.

EFFET, s. m., produit d'une cause, exécution, فعل. Il n'y a point d'effet sans cause, لا فعل من غير سبب. || En effet, effectivement, réellement, حقّاً. Pour cet effet, ou à cet effet, لاجل ذلك. || A l'effet de, pour l'exécution de quoi, لاجل تمام ذلك. || A quel effet? pourquoi? à quelle intention? لاى قصد. || Faire effet, agir, اشتغل - عمل فى A. || Faire effet, faire impression, عمل فى - أثّر فى A. || Produire un grand effet sur les spectateurs, leur plaire, ابسط الحضّار. || Produire un grand effet, faire naître un grand bien, صدر منه نفع عظيم O. || Produire un très-mauvais effet, نتج منه ضرر عظيم O.

Effet de commerce, billet, بوليصة - ورقة معاملة - تمسّك.

Effets, au plur., meubles, hardes, اثاث البيت - لبش - حوايج.

EFFEUILLER, v. a., قطف الورق I.

S'effeuiller, v. pro., وقع الورق; aor., يقع.

EFFICACE, s. f., force, vertu, قوّة.

EFFICACE, adj. com., نافذ - فعّال - مؤثّر.

EFFICACEMENT, adv., نافذاً.

EFFICACITÉ, s. f., efficace, force, قوّة - فاعلية.

EFFICIENT, E, adj. (cause), qui produit certain effet, علّة فعّالة.

EFFIGIE, s. f., figure, représentation d'une personne, صورة ; plur., صور. Exécuter en effigie, قاصص صورة انسان غايب.

EFFILÉ, E, adj., grand et mince, طويل مهصوص - مسفوط.

EFFILER, v. a., défaire un tissu fil à fil, نسل I.

S'effiler, v. pron., s'en aller par fil, نسل A.

EFFILOQUER, v. a., effiler de la soie pour faire de la ouate, مشق الحرير O. - نسل I.

EFFLANQUER, v. a., rendre un cheval maigre au

point d'avoir les flancs creux et abattus, هزّل - I. سقم الحصان.

EFFLANQUÉ, E, adj. fam., qui a les flancs creux; maigre, مهزول. Efflanqué, grand et maigre, طويل مثل العود.

EFFLEURER, v. a., enlever la surface, I. قشط.
*Effleurer*, toucher légèrement, O. - I. هق - لمس. Effleurer une matière, O. - ذكر طرفا من ذكر من الجمل اذنه.
*Effleurer*, ôter les fleurs, I. جنى الزهور.

EFFLEURER, v. n., tomber en efflorescence, جنزر.

EFFLORESCENCE, s. f., terme de chimie, enduit salin, semblable à de la moisissure, qui se montre à la surface des métaux, جنزرة.
*Efflorescence*, éruption sur la peau, حلا.

EFFONDRER, v. a., briser, كسر.

EFFONDRILLES, s. f. pl., عكر.

EFFORCER (S'), v. pr., A. - سعى فى - اجتهد فى I. بذل جهك فى - عمل همّة فى.
*S'efforcer*, s'industrier pour, تحايل على.

EFFORT, s. m., همّة - مجهود - سعى - جهد - عزم A. عمل كل جهك. Faire tous ses efforts pour, I. بذل همّته فى - بذل مهجته فى - حتى. || Nous avons fait inutilement tous nos efforts, اتعبنا جهدنا ما صح معنا. || Je fais tous mes efforts, et je ne puis apprendre, جهدى ادرس ما اتعلّم. || Il fit un effort et rompit ses liens, عجزت ادرس ما اتعلّم تبطا فى قيوده قطعها.

EFFRACTION, s. f., rupture faite par un voleur pour dérober, كسر باب واخلافه من حرامى.

EFFRAYANT, E, adj., مزع - مفزع - مخيف.

EFFRAYER, v. a., فجّل - خوّف - فزّع - O. خض - I. وهر - ارعب.
*S'effrayer*, v. réf., I. ارتعب - A. فزع - جفل. S'effrayer d'une chose, s'en étonner, انوهر - استهول الامر - استعظم الامر.

EFFRAYÉ, E, adj., جفلان - فزعان - موهور.

EFFRÉNÉ, E, adj., sans frein, بلا لجام - هايج من غير ضابطة.

EFFRÉNEMENT, s. m., absence de tout frein, رفع الحيا - هيجان.

EFFROI, subst. m., frayeur, خوف - فزع - رعب.

EFFRONTÉ, E, adj., impudent, وقح; plur., وقاح قليل حيا - بليط - باطل; plur., بلط - سفها; plur., سفيه - فنجرى.

EFFRONTÉMENT, adv., بوقاحة - بلا حيا.

EFFRONTERIE, s. f., impudence, بلاطة - وقاحة - فنجرة - قلّة حيا.

EFFROYABLE, adj. com., qui cause de l'effroi, مخوّف - مهول - مرعب - مفزّع.

EFFROYABLEMENT, adv., مفزّعًا.

EFFUSION, s. f., épanchement, انصباب I. Effusion de sang, سفك الدماء.
*Effusion* de cœur, انفتاح القلب.

ÉGAL, E, adj., pareil, semblable, متساوى - مثل بعضه - قرن - نظير - معادل - مساوى هذا مساوى هذاك. Celui-ci est égal à celui-là, سوا. || هذا و هذاك فرد شى - هذا مثل هذاك. Ils sont tous égaux, كلهم مثل بعضهم - كلهم سوا.
*Égal*, uni, de niveau, سوى - ممهّد - مساوى.
*Égal*, toujours le même, بذاته. Son caractère est égal, طبعه دايمًا بذاته.
*Égal*, indifférent, فرد شى - سوا - مثل بعضه. Tout lui est égal, كل شى عنك مثل بعضه. || Cela m'est égal, je ne m'en embarrasse pas, ما علىّ - ما علينا. || Cela m'est égal, employé pour témoigner qu'on ne regrette pas la mort d'une personne, son départ, la perte d'un objet quelconque, للقرد لا اسؤ عليه - للهفاين - للهفا - لجهتم.

ÉGAL, s., ÉGAUX, pl. m., de même qualité ou condition, امثال - اقران. Sans égal, ليس له نظير - ما له مثيل - ما له مماثل.

ÉGALEMENT, adv., d'une manière égale, سوا -

Également, autant, aussi, على التسوية ـ بالسوية. ـ وكذلك.

ÉGALER, v. a., rendre égal, ساوى ـ عادل بين ـ ساوى ـ بين.

*Égaler*, être égal à, عادل ـ قارن ـ ساوى. Elle égale sa mère en beauté, تعادل امها فى الملاحة.

*Égaler*, rendre uni, مهّد ـ ساوى.

*S'égaler*, v. pr., s'assimiler à, شبّه نفسه بـ ـ تشبّه بـ.

ÉGALISATION, s. f., تسوية الاقسام.

ÉGALISER, v. a., égaliser la part, ساوى القسمة.

*Égaliser*, rendre uni (le sol), ساوى الارض ـ مهّد.

ÉGALITÉ, s. f., تسوية ـ مساواة ـ سوية.

ÉGARD, s. m., considération, circonspection, اعتبار. Avoir égard à, considérer, اعتبر ـ حساب ـ حسب حساب O. Égards, marques d'estime, de déférence, كرام ـ مراعاة خاطر ـ رعاية خاطر. ‖ Avoir des égards pour quelqu'un, اكرم ـ لاحظ ـ راعى خاطره ‖ N'avoir point d'égards pour quelqu'un, ما راعى خاطره ـ ما عدّ له خاطر. ‖ Personnage à qui l'on doit des égards, خاطره لازم ـ رجال خاطرلى ـ صاحب خاطر ‖ Traiter quelqu'un avec les égards convenables, قام بواجبه O. ‖ Par égard pour vous, لاجل اكرامك لخاطرك. ‖ Eu égard, ayant égard, نظراً الى خاطرك.

A cet *égard*, adv., sous ce rapport, من قبل ذلك. A différents égards, من جهة وجوه.

A l'*égard* de, quant à, من قبل ـ بخصوص. ‖ A l'égard de, envers, فى حقّ. ‖ A mon égard, و اما فى حقى. ‖ A l'égard de, en comparaison de, بالنسبة الى.

ÉGAREMENT, s. m., erreur, désordres, ضلال.

*Égarement*, aliénation d'esprit, خلل فى العقل.

*Égarement* de cœur, عمى ـ غتة ـ غرور ـ القلب.

ÉGARER, v. a., détourner du droit chemin, ضيعه الدرب ـ توّهه عن الطريق.

*Égarer*, au fig., اضلّ.

*Égarer*, perdre quelque chose, تاه منه الشى O.

*S'égarer*, v. pro., se fourvoyer, ضيع الدرب O. ـ طاح O. ـ تاه عن الطريق I. ـ ضلّ I. Quiconque a des aveugles pour guides, s'égarera indubitablement, قد يضلّ من كانت العميان تهديه; prov.

*S'égarer*, au fig., errer, ضلّ I. ـ زلّ I.

*S'égarer*, se perdre (chose), تاه O. ـ ضاع I.

ÉGARÉ, E, adj., تايه.

*Égaré*, au fig., hors de la raison, ضالّ.

ÉGAYER, v. a., réjouir, ابسط ـ ابهج.

*S'égayer*, v. pron., تبجّح ـ تنكيت. S'égayer, plaisanter, se mettre à faire des folies, مزح A. ـ بطر O. ‖ Commencer à s'égayer après avoir été affligé, انبش.

ÉGIDE, s. f., au fig., défense, درقة ـ جاية.

ÉGLANTIER, s. m., arbuste, ورد جبلى ـ عليق الكلب ـ نسرين.

ÉGLANTINE, s. f., fleur, جلنسرين.

ÉGLISE, s. f., temple, كنيسة; plur., كنايس.

L'*Église*, l'assemblée des fidèles, البيعة المقدّسة.

ÉGLOGUE, s. f., غنا الرعاة ـ قصيدة.

ÉGOÏSER, v. n., parler trop de soi, جحّ O.

ÉGOÏSME, s. m., انانية ـ تفضيل الذات.

ÉGOÏSTE, s. m. com., ما يحبّ الا نفسه.

ÉGORGER, v. a., couper la gorge, ذبح A.

*Égorger*, ruiner quelqu'un, اهلك.

S'ÉGOSILLER, v. pron., انذبح حلقه ـ بحّ من الصراخ O.

ÉGOUT, s. m., conduit des eaux de la pluie, ميزاب; plur., ميازيب.

*Égout*, réceptacle d'immondices, بلوعة ـ بلاعة; plur., بالوعة ـ بلاليع.

ÉGOUTTER, v. a., faire écouler l'eau goutte à goutte, نقط الماء ـ قطر الماء.

ÉGRATIGNER, v. a., خدش ـ خربش ـ خرمش I.

ÉGRATIGNURE, s. f., خدش ـ خربشة ـ خرمشة.

## ÉLA

Quand on joue avec le chat, il faut souffrir ses égratignures, الذى يلعب مع القط يحمل خرمشاته.

ÉGRENER, v. a., فرك الحب O. - فرط O.

ÉGRILLARD, s., بطران.

ÉGRUGER, v. a., briser, mettre en poudre, دق O.

ÉGRUGEOIR, s. m., مدق.

ÉGYPTE, s. f., nom de pays, مصر - بلاد مصر - الديار المصرية - الاقليم المصرى - بر مصر - ارض مصر. Haute Égypte, اقليم الصعيد - الاقطار المصرية. ‖ Moyenne Égypte, الاقليم الوسطانى. ‖ Basse Égypte, الاقليم البحرى.

ÉGYPTIEN, NE, adj., qui appartient à l'Égypte, مصرى - من مصر. Égyptien, habitant, natif d'Égypte, مصرى; plur., مصاريين et مصارى; plur., ابن مصر - اولاد مصر - مصاروة.

ÉHONTÉ, adj., قليل الحيا.

ÉJACULATION, s. f., خروج المنى.

ÉLABORATION, s. f. (des humeurs, du sang), تحكيم الدم - انضاج المواد.

ÉLABORER, v. a., terme de médecine, préparer, perfectionner (les humeurs, le sang), انضج المواد - حكم الدم - دبر.

S'élaborer, v. pr. (humeurs, sang), تحكم الدم - نضجت المادة A.

ÉLAGUER, v. a., ébrancher, كسح الاشجار - قلم A. نظف شجرة.

Élaguer, au fig., retrancher d'un écrit les choses inutiles, ازال. I. - نفى عنه العاطل.

ÉLAGUEUR, s. m., زبار - كساح.

ÉLAN, s. m., mouvement subit, وثبة.

ÉLANCEMENT, s. m., impression d'une douleur subite, نخزة - نغزة.

ÉLANCER, v. n., produire des élancements, نغز A. نخز - عض A.

S'élancer, v. réf., وثب - هجم - يثب; aor., O. - انطبق على - اندفع على - انزرق على - طح O. (Barb.).

## ÉLÉ

ÉLANCÉ, E, adj., haut et mince, طويل رقيق. Taille élancée, قامة مثل الرمح.

ÉLARGIR, v. a., rendre plus large, وسع.

Élargir, mettre en liberté, اطلق.

S'élargir, v. pr., اتسع.

ÉLARGISSEMENT, s. m., augmentation de largeur, اتساع - توسيع.

Élargissement, mise en liberté, الاطلاق من الحبس.

ÉLARGISSURE, s. f., largeur ajoutée à, وصلة.

ÉLASTICITÉ, s. f., qualité d'un corps qui a du ressort, qui se redresse après la pression, كشاشة - قوة تحولية مثل كيفية رجوع القوس الى حالته الاولى بعد انحنائه.

ÉLASTIQUE, adj. com., qui réagit après la pression, تحولى اى اذا انحنى يرجع الى حالته الاولى - يكش و يرد.

ÉLATERIUM, s. m., ماء قثا الحمار.

ÉLECTEUR, s. m., صاحب الانتخاب; plur., اصحاب.

ÉLECTIF, IVE, adj., انتخابى.

ÉLECTION, s. f., action d'élire, انتخاب.

ÉLECTORAL, E, adj., يخص اصحاب الانتخاب.

ÉLECTRICITÉ, s. f., propriété d'attraction des corps frottés, جاذبية تظهر فى الاجسام عند دعكها.

ÉLECTRIQUE, adj., يجذب.

ÉLECTRISER, v. a., développer, communiquer la faculté électrique, احدث فى الشى الجاذبية.

Électriser, enflammer les âmes, هيج.

ÉLECTUAIRE, s. m., opiat, معجون; plur., معوق - معاجين.

ÉLÉGAMMENT, adv., بظرافة.

ÉLÉGANCE, s. f., ظرف - ظرافة. Élégance du langage, فصاحة و بلاغة - ظرافة الكلام. ‖ Élégance de la taille, رشاقة القامة.

ÉLÉGANT, E, adj., ظريف. Style élégant, كلام فصيح. ‖ Taille élégante, قد رشيق.

ÉLÉGIAQUE, adj. com., رثائى.

ÉLÉGIE, s. f., poëme tendre et triste, مرثاة ; pl., مراثي.

ÉLÉMENT, s. m., corps simple, عنصر - طبع ; plur., اركان - ركن - عناصر.

Élément, au fig., chose, lieu, etc., qui plait le plus, أنس. Il est dans son élément, هو في بيته انسه - هو في موضعه.

Éléments, au pl., principes d'art, de science, قواعد - اصول - مبادئ.

ÉLÉMENTAIRE, adj. com., qui appartient à l'élément, طبيعي - عنصري.

Élémentaire, qui contient les éléments, أصلي.

ÉLÉMI, s. m., gomme, صمغ لامي.

ÉLÉPHANT, s. m., فيل ; plur., افيال.

ÉLÉPHANTIASIS, s. f., sorte de lèpre, جذام - داء الفيل.

ÉLÉPHANTIQUE, adj., infecté de lèpre, مجذوم.

ÉLÉVATION, s. f., exhaussement, رفع - ارتفاع. Élévation de l'hostie, رفع القربان ‖ Élévation de la voix, رفع, ارتفاع الصوت ‖ Élévation du pôle sur l'horizon, ارتفاع القطب.

Élévation en dignité, رفعة - ارتقا الى المعالي - ارتفاع شان - علا.

Élévation du style, sa sublimité, sa noblesse, شرف, ارتفاع شان الكلام. Élévation d'esprit, عظم همة - علو همة ‖ العقل. Élévation d'âme, علو الهمة - شرف الاراء. Élévation de sentiments,

Élévation, colline, تل, plur., تلال.

ÉLÈVE, s. com., celui qu'on a instruit, تلميذ ; plur., تلاميذ - شراق.

Élève, celui qu'on a élevé, نشو.

ÉLEVER, v. a., hausser, رفع A. - علا.

Élever, bâtir, بنى I. - شيّد.

Élever, nourrir, éduquer, انشا - ربّى. Il a été élevé dans la mollesse, تربّى في الدلال ‖ Il éleva ses enfants dans des sentiments semblables aux siens, ربّى اولاده في جور الدلال ‖ Élever pour, رشّح ل ‖ Il a été élevé على طبع pour gouverner, ترشيح للسلطنة.

Élever, au fig., procurer de l'élévation, رفع A.

S'élever, v. pr., ارتفع - ترقى - ارتقى - نمى I. الى - نمى - رقى.

S'élever contre, قام ضدّ O. - انتشى.

S'élever, s'enorgueillir, شمخ A.

S'élever, survenir, naître, قام - ثانى O. - نشأ A. O. Il s'éleva du vent, de la poussière, ثار A. O. ظهر. ثار الهوا - ثار الغبار.

S'élever, commencer, ابتدى.

ÉLEVÉ, adj., haut, عالي - مرتفع.

Bien élevé, qui a reçu une bonne éducation, ادب صاحب - ادمي ; plur., اوادم.

ÉLEVURE, s. f., pustule, bouton sur la peau, بثر ; plur., بثور.

ÉLIDER, v. a., terme de grammaire, حذف I.

S'élider, pron., انحذف.

ÉLIE, nom propre, الياس.

ÉLIGIBILITÉ, s. f., capacité d'être élu, نخبة - كون احد اهلا ان ينتخبوه.

ÉLIGIBLE, adj. com., qui peut être élu, ينتخب.

ÉLIMÉ, adj., usé, بالي.

S'ÉLIMER, v. pr., s'user, بلى A. انبرى.

ÉLIMINATION, s. f., اخراج.

ÉLIMINER, v. a., expulser, اخرج.

ÉLIRE, v. a., choisir, اختار - انتخب.

ÉLISION, s. f., حذف حرف.

ÉLITE, s. f., ce qu'il y a de meilleur, عنبرة ; plur., عنابر.

ÉLIXIR, s. m., liqueur, اكسير.

Élixir, au fig., ce qu'il y a de meilleur, خلاصة.

ELLE, pr. f., هي ; plur., ELLES, هنّ.

ELLÉBORE, s. m., plante, خربق ابيض و اسود.

ELLÉBORINE, s. f., plante, زرموزة - دمشقية.

ELLIPSE, s. f., suppression de mots, تقدير - كلمة مقدّرة.

Ellipse, terme de géométrie, اليبسي - قطع ناقص.

Elliptique, adj. com., تقديري.

Élocution, s. f., manière de s'exprimer, لفظ - نص - كلام.

Éloge, s. m., مدح. Faire l'éloge de quelqu'un, A. - مدحه - شكره عند الناس.

Éloignement, s. m., action d'éloigner, de s'éloigner, ابتعاد - بعد - ابعاد.

Éloignement, au fig., aversion, ابتعاد - كراهة. Avoir de l'éloignement pour, نفر قلبه من A. كره.

Éloignement, absence, غياب - بعاد.

Éloignement, distance, بعد.

Éloigné, adj., بعيد. Les pays les plus éloignés. اقصى البلاد.

Éloigner, v. a., écarter, بعد - ابعد. Éloigner, retarder, différer, I. ابقى الى غير زمان , حذف - غيّر القلوب . Éloigner, au fig., aliéner les cœurs, نفّر القلوب - امال القلوب عن.

S'éloigner, v. réf., s'absenter, A. بعد عن - I. تغرّب - غاب عن.

S'éloigner, s'écarter, تباعد عن. S'éloigner de son devoir, ظهر منه قصور, نقيصة - O. نقص. S'éloigner de, concevoir de la répugnance, A. كره - نفر قلبه من.

S'éloigner, paraître éloigné, A. بان بعيد.

Éloquemment, adv., بفصاحة.

Éloquence, s. f., بيان - فصاحة - بلاغة. L'éloquence est une magie permise, I. البيان سحر حلال. || L'éloquence est l'ornement de l'homme, جمال الرجل فصاحة لسانه.

Éloquent, e, adj., فصيح ; plur., فصحا - بليغ ; plur., بلغا.

Élu, e, s., مصطفى - مختار - منتخب.

Éluder, v. a., rendre vain, مرغ A. ابطل.

Éluder, éviter avec adresse, زاغ عن - حاول O. I.

Élysée, s. m., terme de mythologie, جنان.

Émail, s. m., composition appliquée sur un métal, مينا - زرنشان.

Émail, variété de couleurs, نقش.

Émailler, v. a., orner d'émail, نقش - O. فصّص بالزاز - ركّب بالمينا.

Émailler, décorer de fleurs, زيّن بالزهور.

Émailleur, s. m., نقّاش.

Émanation, s. f., اشتقاق - ورود - صدور.

Émanations, odeurs, vapeurs qui émanent de, روايح او ابخرة طالعة من.

Émancipation, s. f., acte qui émancipe un enfant, عتاق الولد من القصر.

Émanciper, v. a., mettre hors de tutelle, hors de la puissance paternelle, I. عتق الولد من القصر.

S'émanciper, v. réf., prendre trop de liberté, تجاسر. S'émanciper, sortir du devoir, des bienséances, خرج من القانون.

Émaner, v. n., découler, صدر من.

Émaner, s'élever de, A. طلع من - صعد من.

Émargement, s. m., تقييد فى الهامش.

Émarger, v. a., porter en marge, قيّد فى الهامش.

Embaillonner, v. a., mettre un bâillon, كمّم.

Emballage, s. m., حزم بضايع.

Emballer, v. a., حزم, I. حزم البضايع.

Emballeur, s. m., حزّام البضايع.

Embarcation, s. f., petit navire, فلوكة - مركب.

Embargo, s. m., défense faite aux navires de sortir du port, تحريج على خروج من مينا - منع المراكب عن الخروج من المينا.

Embarquement, s. m., نزول بالمراكب.

Embarquer, v. a., نزّل بالمراكب.

Embarquer, engager dans une affaire, شبك فى O.

S'embarquer, v. réf., نزل بالمركب I.

S'embarquer, au fig., s'engager dans, انشبك فى - انحشى فى.

Embarras, s. m., obstacle, عايق ; pl., موايق.

Embarras, au fig., confusion de choses, لخبطة - كركبة.

Embarras, irrésolution, trouble d'esprit, حيرة - تشويش البال - خبلة.

*Embarras*, peine causée par une multitude d'affaires, لبكة ـ غلبة ـ عجقة.

*Embarras*, affaire fâcheuse, بلشة. Se trouver dans l'embarras, انبلش ـ بُلش في ‖ Mettre quelqu'un dans l'embarras, بلشه في دعوة ردية. ‖ C'est un embarras qui m'est tombé sur le corps, هى بلشة وانبلشت فيها.

*Embarras*, plénitude, تعبية.

Faire de l'*embarras*, ـ تباهى ـ تبغدد O. نفش روحه.

EMBARRASSANT, E, adj., ملبّك ـ معوّق ـ محيّر.

EMBARRASSER, v. s., empêcher la liberté des mouvements, عوّق ـ لبّك ـ O. لخم. Embarrasser quelqu'un, lui donner beaucoup d'affaires, O. عجق.

*Embarrasser*, au fig., mettre en peine, donner de l'irrésolution, شوّش باله ـ شوّش عليه ـ حيّر. Être embarrassé, incertain, احتار في امره ـ اشتكل عليه الامر.

*Embarrasser*, rendre obscur, embrouillé, O. خبّص. ‖ Embarrasser le style, عقّد الكلام ـ عربق. Phrase embarrassée, كلام واقع.

*S'embarrasser*, v. réf., s'inquiéter de, هكل هَمّ I. ‖ Ne vous embarrassez de rien, لا تهكل همّ ـ ما عليك من شى. ‖ S'embarrasser de, éprouver de la peine de, غلب A.

*S'embarrasser*, se troubler, ـ تخبّل ـ التخم ـ احتار. Voici où l'auteur s'embarrasse, عند العقدة خرى النجار.

*S'embarrasser*, s'emplir, تعبّى.

*S'embarrasser*, éprouver de la gêne, تلبّك. Il s'embarrassa les pieds dans une corde et tomba, تعربق في حبلة، تشركل في حبلة ووقع ‖ Le filet s'embarrassa dans les pierres, علقت الشبكة في الاحجار.

EMBARRASSÉ, adj., gêné, ملبّك ـ ملبوك. ‖ Embarrassé dans ses habits, ملبوك في ثيابه.

*Embarrassé*, irrésolu, en peine, متحيّر ـ حيران.

مشوّش البال ـ Je ne suis pas embarrassé pour faire cela, ما يصعب علىّ عمل هذا.

EMBAUCHAGE, s. m., توليف.

EMBAUCHER, v. a., prendre un ouvrier, un soldat par adresse, ولّف الصنايعية والعسكر.

EMBAUCHEUR, s. m., موّلف.

EMBAUMEMENT, s. m., حناطة ـ تحنيط.

EMBAUMER, v. a., remplir un corps de baume, حنّط.

*Embaumer*, parfumer, remplir de bonne odeur, عطّر ـ بخّر.

EMBELLIR, v. a., orner, جمّل ـ حسّن ـ زيّن.

*Embellir*, v. n., devenir beau, حسن O.

*S'embellir*, v. pro., تزيّن ـ تجمّل.

EMBELLISSEMENT, s. m., تزيين.

D'EMBLÉE, s. f., tout d'un coup, من الاول.

EMBLÉMATIQUE, adj. com., رموزى.

EMBLÈME, s. f., figure symbolique, رمز ; plur., اشارة ـ رموز.

EMBOÎTEMENT, s. m., (d'un os dans un autre), تعشيق العظم.

EMBOÎTER, v. a., enchâsser des ais l'un dans l'autre, عشّق الواح.

*S'emboîter*, v. pr., تعشق فى، مع.

EMBOÎTURE, s. f., endroit où les choses s'emboîtent, معشق.

EMBOLISME, s. m., intercalation d'un mois, d'un jour, كبيس.

EMBOLISMIQUE, adj. com., intercalaire, كبيسى.

EMBONPOINT, s. m., شحم ـ سمن.

EMBOUCHER, v. a., mettre à la bouche un cor, une trompette, O. زمر.

*Emboucher*, au fig., instruire de ce qu'il faut dire, لقّن ـ لقم.

*S'emboucher*, v. pron., (rivière) se jeter dans, صبّ فى O.

EMBOUCHOIR, ou EMBAUCHOIR, s. m., instrument pour élargir les bottes, قالب ; plur., قوالب.

EMBOUCAURE, s. f., partie que l'on embouche, فم.
Embouchure, manière d'emboucher la flûte, le cor, نفخ.
Embouchure d'un canon, فم مدفع.
Embouchure d'un fleuve, بوغاز ; plur., بواغيز. – O. فم نهر.
EMBOUQUER, v. a., entrer dans, دخل فى, الى. – O. انحشر فى.
EMBOURBER, v. a., وحل.
Embourber, au fig., fam., engager dans une mauvaise affaire, ورّط.
S'embourber, v. pron., وحل. – A. توحل. – A. علق فى الوحل.
EMBOURSER, v. a., حط فى الكيس. – O.
EMBRASEMENT, s. m., اشتعال النار – التهاب.
EMBRASER, v. a., mettre en feu, لهب. – اشعل النار فى.
S'embraser, v. pro., التهب – اشتعل.
EMBRASSADE, s. f., fam., حضنة – قبلة.
EMBRASSEMENT, s. m., action d'embrasser, معانقة – حضن – احتضان.
Embrassements, pl., conjonction de l'homme et de la femme, جماع.
EMBRASSER, v. a., serrer, étreindre dans ses bras, احتضن – عانق. – O. ضم الى صدره.
Embrasser, au fig., environner, احاط ب.
Embrasser, contenir, حوى. – A. وسع. – I. اشتمل على – احتوى على. Sa science embrasse le ciel et la terre, وسع علمه الارض و السموات.
Embrasser, entreprendre, تعانى – تعاطى.
Embrasser un parti, تعصّب مع – انضم الى.
S'embrasser, v. récip., تعانق.
EMBRASURE, s. f., ouverture pour le canon, طاقة للمدفع.
EMBROCATION, s. f., تطيل – نطول.
EMBROCHER, v. a., شك فى السيخ. – O.
EMBROUILLEMENT, s. m., confusion, لخبطة – خبص.

EMBROUILLER, v. a., mettre de la confusion, شوّش – لخبط – خبص – عرقل – شبّك. Style embrouillé, كلام معقد.
S'embrouiller, v. réf., se mêler, s'embarrasser, تشربك – تشبّك – تعرقل.
S'embrouiller, perdre le fil de ses pensées, التخم – تخبّل.
EMBRUMÉ, E, adj., chargé de brouillards, مغتّم.
EMBRUNIR, v. a., rendre brun, اسمرّ.
EMBRYON, s. m., fœtus naissant, جنين.
Embryon de fruits, de plantes, etc., طلع.
EMBUCHE, s. f., شرك – فخ. Dresser des embûches à, كاد ل. I.
EMBUSCADE, s. f., فخ – كمين. En embuscade, مدرّق – متكمّن – رابط لاحد – مكين (Barb.).
EMBUSQUER (S'), v. réf., se mettre en embuscade, ربط له – ترّبط – اكمن – كمن. – O. الطريق.
ÉMENDER, v. a., corriger, صلح.
ÉMERAUDE, s. f., pierre précieuse, زمرّد.
ÉMERGENT, adj., شاقق.
ÉMERI, s. m., pierre pour polir, دهنج – سنباذج – سنفرة – سفيرة.
ÉMERILLON, s. m., oiseau, نوع صقر صغير.
ÉMÉRITE, adj. m. (professeur), pensionné, retraité, متقاعد – عتيق.
ÉMERSION, s. f., apparition d'une planète en sortant de l'ombre qui l'éclipsait, ظهور.
Émersion, élévation d'un solide au-dessus d'un fluide, عوم.
ÉMERVEILLER, v. a., étonner, حيّر. – A. خرع. – I. دهل.
S'émerveiller, v. réf., s'étonner de, تعجب من – اندهل – انخرع.
ÉMÉTIQUE, adj. et subst., vomitif, مطروش – مقيّئ. Tartre émétique, طرطير المقيّئ.
ÉMETTRE, v. a., exprimer, اظهر – اعرض.
Émettre, produire, ابرز.

ÉMEUTE, s. f., sédition, قومة - قتنة.

ÉMIER, v. a., frotter un corps entre les doigts pour le mettre en petites parties, فتّفت - O. فتّ - فرك O.

ÉMIETTER, v. a., réduire du pain en miettes, فتّفت الخبز - O. فتّ الخبز - فتّت الخبز - فرفط الخبز.

ÉMIGRANT, E, adj., طافش.

ÉMIGRATION, s. f., طفشان.

ÉMIGRÉ, E, adj., طافش - هاجر.

ÉMIGRER, v. n., abandonner son pays pour se fixer dans un autre, هجر بلاده - O. هجّ O.

ÉMINCER, v. a., couper par tranches minces, حتّمت.

ÉMINEMMENT, adv., au suprême degré, للغاية - اعلا ما يكون.

ÉMINENCE, s. f., lieu élevé, ربوة - علوة - تلّة ; plur., روابى.

Éminence, titre des cardinaux, نيافة.

ÉMINENT, E, adj., élevé, عالى - منيف.

ÉMINENTISSIME, adj., très-éminent, titre des cardinaux, كلّى النيافة.

ÉMIR, s. m., prince, امير; plur., أمرا.

ÉMISSAIRE, s. m., envoyé secret, رايد; plur., روّاد.

ÉMISSION, s. f., action d'émettre, de pousser dehors, اخراج - ابراز.

EMMAGASINER, v. a., خزن O.

EMMAILLOTTER, v. a., لفّ فى القماط - قمّط O.

EMMANCHEMENT, s. m., jointure des membres, de leurs parties, تعشيق الاعضا.

EMMANCHER, v. a., mettre un manche, حطّ يد O. - نصب له قبضة.

Emmancher, ajuster, دبّر - وفّق.

S'emmancher, v. pr., s'arranger, اتّفق.

EMMANUEL, n. pr., عمّانوئيل.

EMMÉNAGER, v. n., S'EMMÉNAGER, v. pr., نظم اثاث بيته.

EMMENER, v. a., اخذ معه O.

EMMIELLER, v. a., دهن بالعسل - خلط O. بالعسل.

EMMIELLÉ, E, adj., (discours) d'une douceur affectée, كلام مدهون.

EMMUSELER, v. a., mettre une muselière, كمّم.

ÉMOLLIENT, adj. (remède), دوا مليّن.

ÉMOLUMENT, s. m., profit, avantage casuel, مدخول.

ÉMONCTOIRE, s. m., glandes, مياسم.

ÉMONDER, v. a., couper les branches superflues d'un arbre, قصّ زوايد الاغصان - O. قلم الشجر - فرع A. - كسح A. - زبّر.

ÉMOTION, s. f., agitation, mouvement dans l'âme, اضطراب - روعة - حركة.

ÉMOUCHER, v. a., débarrasser des mouches, les chasser, بشّ الذبّان - O. كشكش الذبّان - كشّ O.

ÉMOUCHET, s. m., نوع باشق.

ÉMOUCHOIR, s. m., instrument pour émoucher, منشّة - مكشّة.

ÉMOUDRE, v. a., aiguiser, سنّ O.

ÉMOULEUR, s. m., سنّان.

ÉMOUSSER, v. a., ôter la pointe, le tranchant, اعدم السيف حدّ - غلظ الحدّ.

Émousser, au fig., ôter la force, اضعف.

S'émousser, v. pr., حفى السيف A.

S'émousser, au fig., ضعف - كلّ I.

ÉMOUVOIR, v. a., mettre en mouvement, حرّك - قوّم. Émouvoir le peuple, l'exciter à la révolte, حرّك النفوس - الناس. Émouvoir la colère, l'exciter, طالع خلقه - حرّك الغضب.

Émouvoir quelqu'un, lui causer de l'émotion, حرّك فيه الشفقة - O. راع - حرّك.

S'émouvoir, v. réfl., se sentir ému, s'agiter, تحرّك - ارتاع - تحرّكت فيه الشفقة - اضطرب.

EMPAILLER, v. a., garnir de paille, كسى تبن I.

Empailler, remplir de paille, حشى تبن I.

EMPAILLEUR, s. m., حشّا التبن.

EMPALEMENT, s. m., نخورزق.

EMPALER, v. a., خورزق.

EMPAN, s. m., espace entre les extrémités du pouce et du petit doigt écartés, شبر; plur., أشبار. Empan, espace entre les extrémités du pouce et de l'index écartés, فتر.

EMPAQUETER, v. a., صرّ O.

S'empaqueter, v. réfl., s'envelopper, النفّ.

EMPARER (S'), v. pr., se saisir de, أخذ O. - مسك I. ضبط - استولى على O. On s'empara de ses biens, أخذوا ماله - ضبطوا ماله I. ǁ Il s'empara de la ville, أخذ - ملك البلد I. البلد.

S'emparer, au fig., asservir, dominer, ملك I. - استولى على - تسلط على. La colère s'empara de lui, استولى عليه الغضب. ǁ S'emparer de l'esprit de quelqu'un, ملك عقله.

EMPÂTEMENT, s. m., عجين. Empâtement de la langue, ثقلت اللسان.

EMPÂTER, v. a., rendre pâteux, عجّن. Empâter la langue, ثقل اللسان.

EMPAUMER, v. a., recevoir une balle, la renvoyer, صدّ O.

Empaumer, au fig., se rendre maître de l'esprit de quelqu'un, ملك عقله I. - سحر A.

Empaumer une affaire, la bien conduire, دبّر الامر.

EMPÊCHEMENT, s. m., obstacle, عايق; plur., عوايق - مانع; plur., موانع.

EMPÊCHER, v. a., منع عن A. - عاق O. - عوّق O. Que rien ne vous empêche de venir, لا يحصل لكم عايق عن المجى.

S'empêcher de, v. réf., se défendre, امتنع عن - تمسّك من عن - حاش نفسه عن O. - منع نفسه A. Je ne puis m'empêcher de rire, ما اقدر امسك - ما اقدر انمسك من الضحك ضحكى.

EMPEIGNE, s. f., le dessus du soulier, وش النعل - وجه التاسومة.

EMPENNER, v. a., (flèche), لبّس النشابة ريش.

EMPEREUR, s. m., قيصر - سلطان سلاطين.

EMPESAGE, s. m., تنويش.

EMPESER, v. a., mettre de l'empois, نوّش - نشّى - روّى بالنشا.

EMPESÉ, adj., guindé, lourd, ثقيل.

EMPESEUR, s. m., نوّاش.

EMPESTER, v. a., infecter de mal contagieux, افسد - اعدى الناس من مرض.

Empester, au fig., fam., répandre une odeur fétide, نتن.

EMPÊTRER, v. a., embarrasser, عنقل - عربق - عرقل.

S'empêtrer, v. pr., تعنقل - تعرقل - نشركل.

EMPETRUM, s. m., plante, اثل العذبة.

EMPHASE, s. f., pompe affectée, تطنيب - نفخة - طشّة - جخة. Louer quelqu'un avec emphase, مدحه و طنّب فيه.

EMPHATIQUE, adj. com., منفوخ.

EMPHATIQUEMENT, adv., بنفخة.

EMPHYTÉOSE, s. f., bail à longues années, غروقة - رقبة (bail à perpétuité).

EMPHYTÉOTE, s. m., qui jouit de l'emphytéose, صاحب غروقة.

EMPHYTÉOTIQUE, adj., مغروق.

EMPIÉTEMENT, s. m., جوران - تعدّى.

EMPIÉTER, v. a., usurper sur le terrain d'autrui, جار على ارض غيره O.

Empiéter, au fig., entreprendre sur les droits de quelqu'un, تجرّى على - تعدّى على.

EMPIFFRER, v. a., faire manger excessivement, حشى I.

S'empiffrer, v. pr., manger beaucoup, devenir extrêmement replet, انفزر من الاكل - نرفس.

EMPILEMENT, s. m., رصّ.

EMPILER, v. a., mettre en piles, رصّ O.

EMPIRE, s. m., puissance, autorité, سلطة - قدرة - سلطان.

*Empire*, domination, monarchie, سلطنة.

*Empire*, étendue de pays, مملكة; pl., ممالك.

EMPIRER, v. n., devenir pire, صار اردى من I. ـ اشتدّ. Sa maladie empira, زاد فى الاذاء ـ الاول موضه.

*Empirer*, v. a., faire devenir pire, صيّر اردى ـ زوّد فى الاذاء. Cela a empiré son mal, هذا ثقل موضه.

EMPIRIQUE, adj. com., qui ne s'attache qu'à l'expérience, تجربى.

EMPIRISME, s. m., connaissance pratique de l'empirique, médecine empirique, علم المجرّب ـ طب مجرّب ـ طب تجربى.

EMPLACEMENT, s. m., place, موضع.

*Emplacement*, action de placer, وضع.

EMPLASTIQUE, adj. com., ou EMPHRACTIQUE, (remède) qui bouche les pores, دوا مسدّد.

EMPLATRE, s. m., لزقة ـ لصقة.

EMPLETTE, s. f., achat, شروة.

EMPLIR, v. a., A. ملا ـ ملى ـ عبّى.

*S'emplir*, v. pr., امتلا ـ تعبّى ـ تملى.

EMPLOI, s. m., usage, استعمال. Faire un bon emploi de, استعمل الشى بالمعروف.

*Emploi*, fonction, خدمة ـ وظيفة; plur., وظايف.

EMPLOYÉ, s. m., qui a un emploi, صاحب وظيفة; plur., اصحاب.

EMPLOYER, v. a., donner un emploi, de l'occupation, اعطى وظيفة ـ شغّل.

*Employer*, se servir de, استعمل I. Employer son argent, son temps à, صرف ماله و اوقاته فى I.

*Employer* dans un compte, un état, y comprendre, دخّل فى.

*S'employer*, v. réf., s'occuper à, s'appliquer à, بذل المقدور و صرف المجهود فى ـ اشتغل فى A. سعى فى ـ اعتنى فى

EMPOCHER, v. a., حط فى الجيب O.

EMPOIGNER, v. a., قبض I. ـ كبش O. ـ مسك I. ـ قفش.

EMPOIS, s. m., colle d'amidon, بوش ـ نشاء.

EMPOISONNEMENT, s. m., سمّ.

EMPOISONNER, v. a., سمّ O. ـ سمّم ـ سقى سمّ I.

EMPOISONNEUR, SE, s., سامّ.

EMPOISSER, v. a. *Voyez* POISSER.

EMPORTÉ, E, adj., violent, خُلقانى ـ خُلقى.

EMPORTE-PIÈCE, s. m., instrument pour découper, مشرط.

EMPORTEMENT, s. m., mouvement de colère, غضب ـ غيظ. Emportement d'une passion, هيجان النفس.

EMPORTER, v. a., enlever d'un lieu, رفع A. ـ شال I. ـ اخذ معه O.

*Emporter*, attirer après soi, جرّ A. ـ سحب O.

*Emporter*, effacer, محى I.

*Emporter*, arracher, enlever avec violence, جذب I. ـ قلع A.

*Emporter*, gagner, obtenir, ظفر A. Emporter une place, تغلب على ـ استولى على.

*Emporter*, jeter l'âme dans un excès, اغاظ ـ هيّج النفس.

*L'emporter*, avoir le dessus, غلب I.

*L'emporter*, exceller, فاق O.

*L'emporter*, peser davantage, رجح على A.

*S'emporter*, v. réf., se mettre en colère, اغتاظ ـ احنق A. ـ غضب ـ تخلّق.

*S'emporter*, s'abandonner, ne pouvoir plus être retenu, هاج I. ـ ثار O.

EMPREINDRE, v. a., imprimer une figure sur, وضع علامة على ـ طبع على A. ـ دوّغ.

EMPREINTE, s. f., impression, marque, أثر; pl., ختم. Empreinte d'un sceau, داغ ـ علامة ـ آثار. Empreinte des pas, أثر الاقدام.

EMPRESSÉ, E, adj., عجل ـ مبادر ـ مستعجل.

EMPRESSEMENT, s. m., عجلة ـ مبادرة ـ هّمة.

## EN

Mettre de l'empressement à, استعجال. عمل همّة فى .
‖ Remercier quelqu'un de son empressement, استكشر بخيرة عن غيرته اليه.

S'EMPRESSER, v. réf., بادر فى - إستعجل فى - A. نهض ب - A. نهض ب A. ‖ Nous nous empresserons de l'envoyer, نقدم ارساله. ‖ Nous nous empresserons de le faire, ما بحصل منا قصور بذلك.

EMPRISONNEMENT, s. m., حبس.

EMPRISONNER, v. a., سجن I. - حبس O.

EMPRUNT, s. m., action d'emprunter, argent emprunté, قرض - قرضة - سلف.

Emprunt, chose empruntée, postiche, عيرة - عارية, pl. عوارى. Beauté d'emprunt, جمال عيرة. ‖ Vertu d'emprunt, فضل مستعار.

EMPRUNTER, v. a., demander et recevoir un emprunt (d'argent), إستسلف من - اقترض من - تدين من - استقرض. Emprunter une chose, (pour s'en servir), استعار.

Emprunter, tirer d'ailleurs, استعار.

EMPRUNTÉ, E, adj., qui n'est pas naturel, مستعار.
EMPRUNTEUR, SE, s., مستقرض.
EMPUANTIR, v. a., نتن - انتن.
EMPUANTISSEMENT, s. m., نتان.

EMPYÈME, s. m., amas de pus ou de sang épanché, نزول دم.

EMPYRÉE, s. m., partie la plus élevée des cieux, فلك الافلاك.

EMPYREUME, s. m., qualité désagréable d'une drogue brûlée, شياط.

ÉMULATION, s. f., مباراة - مغايرة - غيرة.

ÉMULE, s. com., concurrent, غريم; pl., غرما - مبارى.

ÉMULSION, s. f., potion rafraîchissante, blanche, مستحلب.

EN, préposition de lieu, de temps, فى. En ville, فى البلد. ‖ En été, فى الصيف. ‖ En haine, كراهة. ‖ En règle, مضبوط. ‖ En vertu de, بوجب. ‖ En

## ENC

sage, comme un homme sage, مثل رجل عاقل. ‖ S'en aller en fumée, ذهب بالباطل A. ‖ Je l'ai vu en venant ici, شفته و أنا جايى. ‖ En partant il me dit, حال رواحه قال لى. ‖ Il parla en tremblant, تكلم وهو يرجف.

En, particule relative, عن - من. En voulez-vous? تريد اعطيك منه. ‖ Ne m'en parlez pas, لا تكلمنى عنهم.

ÉNALLAGE, s. f., terme de grammaire, انقلاب الازمنة فى النحو.

ENCADREMENT, s. m., وضع داير.

ENCADRER, v. a., وضع داير; aor., يضع.

ENCAGER, v. a., حط فى قفص O.

ENCAISSEMENT, s. m., d'un chemin, تجسير الطريق.

ENCAISSER, v. a., mettre en caisse, عبى فى الصندوق. Rivière encaissée, نهر حافاته عاليات.

ENCAN, s. m., حراج. Vendre à l'encan, باع حراج I. ‖ Acheter à l'encan, باع بالمزاد شرى من الدلالة (Barb.).

S'ENCANAILLER, v. réfl., عاشر الارذال - عاشر الاجرام.

ENCAQUER, v. a., mettre dans une caque, entasser, presser, كبس I. - عفس.

S'ENCASTELER, v. pr., ضاق عقب حافر الدابّة I.

ENCASTELURE, s. f., douleur dans les pieds de devant des chevaux, causée par l'étrécissement des talons, وجع يحدث فى ايادى الخيل لضيق عقب الحافر.

ENCASTREMENT, s. m., تعشيق.

ENCASTRER, v. a., enchâsser, joindre, عشق.

ENCAUSTIQUE, adj., من شمع.

ENCAUSTIQUE, s. f., دهين بشمع.

ENCEINDRE, v. a., entourer, احاط ب.

ENCEINTE, adj. f., grosse, حبلى; pl., حبالى - حاملة - حامل. J'étais enceinte de toi, كنت حاملة فيك.

ENCEINTE, s. f., clôture, circuit, داير - حظيرة.

ENCENS, s. m., parfum, gomme aromatique, كُنْدُر - حصا لبان - لبان - بخاخير ; plur. بَخور ou كَنْكَ قَنَقْ.

*Encens*, au fig., flatterie, بَخور.

ENCENSEMENT, s. m., تَبْخِير.

ENCENSER, v. a., بَخَّر.

*Encenser*, au fig., flatter, فَتَّم.

ENCENSEUR, s. m., louangeur, مَدَّاح.

ENCENSOIR, s. m., مَجْمَرَة - مَبْخَرَة ; pl., مَباخِر - مَجامِر ; plur., شوريَّة ; ce dernier mot est usité seulement pour l'encensoir dont on se sert dans les églises.

*Encensoir*, au fig., l'église ou l'autel, كَهَنوت. Mettre la main à l'encensoir, entreprendre sur l'autorité, les droits de l'Église, تَعَدَّى على الكنيسة. Donner de l'*encensoir*, des louanges outrées, نَفْخ فى O.

ENCHAÎNEMENT, s. m., fig., suite, liaison, اتحاد - نظام - سلسلة - ارتباط.

ENCHAÎNER, v. a., lier avec une chaîne, قَيَّد - جَنْزَر - زَنْجَر.

*Enchaîner*, au fig., captiver, سبى I.

*Enchaîner*, lier des idées, etc., رَبَط O.

ENCHANTEMENT, s. m., effet de la magie, سِحْر. Détruire un enchantement, فَكّ السِحْر.

*Enchantement*, ravissement, غاية السرور - حَيْرَة.

ENCHANTER, v. a., ensorceler par la magie, سَحَر A. - رَقَى A.

*Enchanter*, séduire, سَحَر A.

*Enchanter*, ravir en admiration, سَطَل I. - سَلَب العقل - ادْهَل - حَيَّر. سَطَل I. O. Il enchanta les oreilles par l'harmonie de ses chants, لَذَّذَ الآذان بالحانه. ‖ Enchanter l'esprit, أبْهَج العقل.

ENCHANTÉ, E, adj., soumis à quelque enchantement, مَسْحور - مَرصود - مَسْطول.

*Enchanté*, au fig., merveilleux, عَجيب.

*Enchanté*, transporté de joie, قَوِى مَبْسُوط - فى غاية السرور.

ENCHANTEUR, ERESSE, adj., (personne), فَتَّان - ساحر - سَحَّار ; (chose, lieu), يَحيِّر العقل.

ENCHÂSSER, v. a., نَضَّد - رَكَّب - رَصَّع. Des perles enchâssées dans du corail, لؤلؤ مُنَضَّد فى مَرجان.

ENCHÈRE, s. f., offre au-dessus d'une autre, مَزاد. Mettre une chose à l'enchère, حَطَّ الشى بالمزاد O. ‖ Mettre enchère, زاد I. - زَوَّد.

ENCHÉRIR, verb. act., mettre enchère, زاد I. - زَوَّد.

*Enchérir*, au fig., ajouter à ce qu'un autre a fait, le surpasser, زاد على I. - فاق على O.

*Enchérir*, v. n., devenir plus cher, زاد ثَمَنُه I. - ازداد سِعْرُه.

ENCHÉRISSEMENT, s. m., haussement de prix, زود الاسعار.

ENCHÉRISSEUR, s. m., مُزَوِّد.

S'ENCHEVÊTRER, v. pr., (cheval), تَحبَّل الحصان.

ENCHIFRÈNEMENT, s. m., embarras dans le nez, causé par un rhume, زُكام.

ENCHIFRENER, v. a., زَكَّم I. - سَدّ المناخير O.

ENCLAVE, s. f., chose enclavée, شى داخل فى شى.

*Enclave*, limites, bornes, حَدّ - حاجز ; plur. حُدود.

ENCLAVEMENT, s. m., ادخال.

ENCLAVER, v. a., enclore, enfermer une terre dans une autre, ادخل - دخَّل ارض فى ارض.

ENCLIN, E, adj., مايل الى.

ENCLORE, v. a., clore de murs, حيَّط على.

ENCLOS, s. m., espace contenu dans une enceinte de murs, etc., حاكورَة - حَكَر - حَلْقَة.

ENCLOUER, v. a., piquer le cheval en le ferrant, اخذ عليه O. - شَكّ الحصان O.

*Enclouer* un canon, بَرْشَم.

ENCLUME, s. f., زَبَرْبَرَة - سَنْدان - سِنْدال (Barb.). Être entre l'enclume et le marteau, صار بين السندال والمطرقة. ‖ Remettre sur l'enclume, طَرَق. ‖ Lorsque vous êtes enclume, supportez, c'est-à-dire : souffrez le malheur avec patience, prov.; اذا كنت سنداناً فالقى.

Encoffrer, v. a., حطّ ‒ عبّى فى الصندوق O.
Encoffrer, mettre en prison, سجن O.

Encoignure, s. f., coin, angle, ركن; plur., قرانى; plur., قرنة ‒ اركان.

Encolure, s. f., رقبة الحصان.
Encolure, au fig., air, سحنة ‒ هية.

Encombre, s. m., empêchement, عايق ‒ مانع.
Encombrement, s. m., انسداد.
Encombrer, v. a., embarrasser de décombres, etc., ردم I. ‒ لخم O. ‒ سدّ O.

A l'encontre de, prép., خلاف ‒ ضدّ.

Encore, adv. de temps, (للساعة) لسّا ‒ الى الان- || كان متسلط ايضا. Il régnait encore || Il vit encore, لسّا عايش ‒ يعيش ايضا || Il durera encore, يستفيم ايضا. || Vous dormez encore, لسّاك نايم ‒ بعدك نايم || Il n'est pas encore venu, الى الان ما حضر ‒ لسّا ما اجا. || Pas encore, لسّا ‒ لسّا ما ....

En Barbarie, le mot encore se rend ordinairement par مازال; ex. : il est encore de bonne heure, مازال بكرى. ||Il n'a pas encore fini, مازال ما خلص. || Tu es encore au lit, انت ما زلت فى الفراش. || Le café est-il prêt ou pas encore? القهوة طابت والّا ما زالت. || Avez-vous fini vos affaires ou pas encore? خلصت اشغالك و الّا مازلت. || Que vous faut-il encore? اش ما زلت تستحق. || Tu mangeras encore un peu de douceurs, ما زلت تاكل شوية حلاوات. || J'irai encore vous voir, نروح ما زال نشوفك. || Elle n'a pas encore apporté le pain, مازالت ما جابت الخبز.

Encore, de nouveau, de plus, كمان ‒ ايضا ‒ كمانا.

Encore que, conj., bien que, و لو ان.

Encouragement, s. m., ترغيب ‒ تقوية للقلب. Les encouragements qu'il donne aux sciences, عنايته و تقويته للعلوم.

Encourager, v. a., شجّع ‒ قوّى القلب ‒ رغب.

Encourir, v. a., attirer sur soi, mériter, tomber en, وقع فى ‒ استاهل I. ‒ جلب على نفسه. Encourir la disgrâce, وقع فى غضب.

Encrasser, v. a., وسّخ.

Encre, s. f., حبر ‒ مداد. Encre épaisse, claire, حبر جامد ‒ رجو.

Encrier, s. m., محبرة ‒ دواة ‒ دواية كتابة.

Encyclopédie, s. f., ouvrage où l'on traite de toutes les sciences, حاوى العلوم.

Encyclopédique, adj. com., qui comprend toutes les sciences, محتوى على جميع العلوم.

Endémique, adj. com., particulier à un pays, خصوصى.

Endetter, v. a., charger de dettes, ديّن.
S'endetter, v. réf., faire des dettes, اندين I. ‒ ركبه الدين.

Endetté, adj., تحمت المديون ‒ مديون ‒ عليه ديون.

Endêver, v. n. pop. Voyez Enrager.

Endiablé, e, adj., enragé, معفرت.

Endiabler, v. n. Voyez Enrager.

S'endimancher, v. réf., fam., mettre ses plus beaux habits, تلبّس ‒ اطقم.

Endive, s. f., plante, هندبة.

Endoctriner, v. a., instruire, وعظ ‒ علّم I.

Endommagement, s. m., ضرر ‒ اذى.

Endommager, v. a., causer du dommage à une chose, سايل O. ‒ ضرّ ‒ اذى (Syrie).

Endormeur, s. m., enjôleur, مدهلز.

Endormir, v. a., faire dormir; fig. fam., amuser pour tromper, نوّم ‒ نيّم ‒ رقّد.

S'endormir, v. réf., commencer à dormir, نام O. A. A. غفل.

S'endormir, manquer de vigilance, d'attention, تغافل عن O. ‒ غفل.

Endormi, e, adj., engourdi, مخدول.

*Endormi*, au fig., lent, paresseux, نعسان.

ENDOSSE, s. f., fam., le faix, la peine d'une chose, ثقلة تعب.

ENDOSSEMENT, s. m., توقيع فى ظهر بوليصة.

ENDOSSER, v. a., mettre une chose sur son dos, حط فى ظهره - وضع على ظهره O. *Endosser* un billet, وقع على قفا بوليصة.

ENDOSSEUR, s. m., celui qui a endossé un billet, موقع على قفا بوليصة - ضامن.

ENDROIT, s. m., lieu, مكان ; plur., امكنة - ; موضع ; pl., مواضع - مطارح ; pl., مطرح ; مضرب ; plur., مضارب (Barb.).

*Endroit*, l'opposé de l'envers, وجه, qu'on prononce en Égypte وش.

ENDUIRE, v. a., دهن O. - طلى I. Enduire de chaux, de plâtre, ليّس. ‖ Enduire de mortier mêlé de paille hachée, ميّع.

ENDUIT, s. m., دهان - دهين. Enduit de plâtre, تلييس. ‖ Enduit de mortier et paille, سياع.

ENDURANT, E, adj., patient, صبور - حمّل اسا.

ENDURCIR, v. a., rendre dur, insensible, قسّى - يبّس.

*Endurcir*, accoutumer à la peine, عوّد على.

*S'endurcir*, v. pro., devenir dur, تدمّن - تيبّس. Mon âme s'est endurcie par les souffrances comme mes mains par le travail, تدمّنت نفسى بالمشقات كما تدمّنت يدى بالشغل.

*S'endurcir*, s'accoutumer à la peine, à la fatigue, اخد على التعب - تعوّد على التعب O.

*S'endurcir* au crime, au vice, استبلد على I.

ENDURCISSEMENT, s. m., dureté de cœur, قساوة - قسا.

ENDURER, verb. act., supporter avec patience, استحمل - احتمل - صبر على O.

*Endurer*, souffrir, كابد - قاسى.

ÉNERGIE, s. f., force, courage, قوّة - شهامة - مروّة.

ÉNERGIQUE, adj. com., قوى - شهم.

ÉNERGIQUEMENT, adv., بقوّة - بشهامة.

ÉNERGUMÈNE, s. m. com., possédé du démon, enthousiaste, مصاب - ماطوش.

ÉNERVER, v. a., affaiblir, اخمل - اضعف.

*S'énerver*, v. pr., خمل O.

ÉNERVÉ, E, adj., faible, خامل.

ENFANCE, s. f., طفولية - صغر.

*Enfance*, puérilité, ولدنة.

ENFANT, s. com., طفل ; plur., اطفال ; ولد - plur., اولاد. Enfant, garçon, صبى ; plur., صبيان. ‖ Enfant, fille, بنت ; plur., بنات - بنيّة ‖. ولد - Faire l'enfant, تصغرن. ‖ Enfants, postérité, اولاد - نجل - نسل.

*Enfant*, au fig., produit par, مولود.

ENFANTEMENT, s. m., ولادة - توليد. Les douleurs de l'enfantement, المخاض - طلق. ‖ Être dans les douleurs de l'enfantement, طلق A. - مخض A.

ENFANTER, v. a., ولد ; aor. يلد.

ENFANTILLAGE, s. m., صغرنة - ولدنة.

ENFANTIN, E, adj., طفلى - صغارى.

ENFARINER, v. a., poudrer de farine, رش بدقيق O. - رش دقيق على.

*Venir la gueule enfarinée*, au fig. fam., inconsidérément, جاء مثل الثور I.

ENFARINÉ, E, adj., au fig. fam., prévenu d'une opinion, معتّم براى.

ENFER, s. m., جهنم - جحيم - سقر.

ENFERMER, v. a., mettre, retenir en un lieu, قفل عليه I. - حبس فى O. I.

*Enfermer*, environner, احاط ب.

*S'enfermer*, v. réf., entrer dans une place pour la défendre, rester, انحصر فى.

*S'enfermer*, se retirer dans son cabinet pour ne voir personne, اختلى.

ENFERRER, v. a., percer avec un fer, شكّ O.

*S'enferrer*, verb. réfléch., se jeter sur le fer انشكّ.

*S'enferrer*, au fig. fam., se nuire à soi-même, نجون. O. - لطّ نفسه.

ENFILADE, s. f., longue suite de, صفّ.

ENFILER, v. a., passer un fil par un trou, O. - ضمّ. لضمّ الخيط. Enfiler une aiguille, عبّر الخيط في الابرة - ضمّ خيط في الابرة. || Une aiguille enfilée, ابرة مضموم فيها خيط. Enfiler des perles, les grains d'un chapelet, ضمّ شيالة لولو - سلس لولو. I. نظم لولو ، نظم - ضمّ مسبحة. *Enfiler* un chemin, le suivre, سلك طريق - A. تبع طريق.

*Enfiler*, engager dans la perte, جوّن.

*S'enfiler*, v. réf., s'enferrer, نجوّن.

ENFIN, adv., après tout, à la fin, أخيراً - غايته - والحاصل.

ENFLAMMER, v. a., allumer, A. أشعل - شعّل - الهب.

*Enflammer*, au fig., exciter les passions, الهب - I. زمن - أضرم الغضب. Enflammer la colère, أضرم || Enflammer le sang, l'échauffer, أحرق الدم.

*S'enflammer*, v. réf., prendre feu, اشتعل - ولع - التهب.

ENFLÉCHURES, s. f. pl., t. de marine, سلّم تسليق.

ENFLER, v. a., remplir de vent, O. نفخ.

*Enfler*, au fig., enorgueillir, ورّم - نفخ. O. *Enfler* le courage, قوّى القلب. Enfler la dépense, حشى الحساب. I.

*S'enfler*, v. pr., انتفخ.

*Enfler*, v. n., تورّم - ورم. I. - انتفخ. Faire enfler, ورّم || Enflé, ورم - وارم - ورمان - مورّم - ادرم.

ENFLURE, s. f., tumeur, ورم ; plur. ادرام.

*Enflure* du cœur, du style, انتفاخ.

ENFONCEMENT, s. m., ce qui paraît le plus reculé, le plus éloigné dans un lieu enfoncé, قاع.

ENFONCER, v. a., pousser vers le fond, faire pénétrer bien avant, دخل - غطّ - عمّق. Enfoncer une chose dans l'eau, غطس في الما - غطّ في الموية. O.

*Enfoncer* une chose pointue dans, شكّ ب. O. - غرز في. O. || Enfoncer un pieu, دقّ خازوق. O.

*Enfoncer*, rompre, كسر. I. - بعج.

*Enfoncer*, v. n., aller au fond, entrer dans, تورّط - تغوّط - غاص. O. - غطّ في الما. I. Son pied enfonça dans la boue, طمست رجله في الطين - غرزت رجله في الوحل. || On enfonce ici (à cause de l'humidité du sol), هون يغوّر.

*S'enfoncer*, v. réf., pénétrer plus avant, نجوّن. O. دخل الى جوا. S'enfoncer dans, se livrer entièrement à, تعمّق في.

*S'enfoncer*, entrer dans, en parlant d'une chose pointue, غرز - انشكّ في. A.

ENFONCEUR de portes ouvertes, subst. masc., مهنجم.

ENFORCIR, v. a. et n., تقوّى - قوّى.

ENFOUIR, v. a., cacher, دفن في. I.

ENFOURCHER, v. a. fam., monter à cheval, jambe de çà, jambe de là, فرشح علي الحصان.

ENFOURNER, v. a., حطّ في الفرن. O.

ENFREINDRE, v. a., violer, rompre, خان العهد. O. - نقض العهد - تعدّى الشرايع.

ENFROQUER, v. a. fam., faire moine, رهّب.

S'ENFUIR, v. n. pr., فرّ. I. - هرب. O.

ENFUMER, v. a., noircir, incommoder par la fumée, سوّد بالدخان - دخّن.

ENGAGÉ, s. m., lié par un engagement, مشبوك - ملزوم. Il est engagé, impliqué dans cette affaire, له علاقة في ذلك.

ENGAGEANT, E, adj., qui attire, يستميل.

ENGAGEMENT, s. m., obligation, promesse, عهد ; plur. عهود - شرط - ارتباط.

*Engagement*, enrôlement, انشباك في العسكر.

*Engagement*, combat, وقعة - شبكة.

ENGAGER, v. a., mettre en gage, رهن شياً عند. I.

*Engager*, donner pour assurance, رهن. I. - ضمّن.

*Engager* son cœur, aimer, شبك قلبه.

*Engager* dans, impliquer dans, خلط .O – شبك .O

*Engager*, obliger à, الزم.

*Engager*, déterminer par la seule persuasion, دعا .O – استمال – ميّل.

*Engager*, inviter, عزم .I – دعا .O.

*Engager*, enrôler, شبك فى العسكرية .O.

*Engager* le combat, حرّك الشرّ.

*Engager* une querelle, طلب الشكل.

*S'engager*, v. réf., promettre, s'obliger à, ضمن .A – التزم – تعهّد – الزم نفسه ب. *S'engager* au service de, تعلّق بخدمة – تقيّد بخدمة.

*S'engager*, s'emplir d'humeurs, تعبّى من موادّ.

*S'engager*, s'enrôler, شبك نفسه فى العسكر – تطوّع و دخل فى العسكرية.

*S'engager*, s'empêtrer, تعنقل .A – علق – تعلّق.

*S'engager*, s'enfoncer, entrer trop avant, تغوّط.

*S'engager*, s'embarrasser, s'engager imprudemment et trop avant dans une affaire, تورّط – انشبك.

ENGAÎNER, v. a., حطّ فى قراب .O.

ENGEANCE, s. f., race, جنس – زريعة. C'est une maudite engeance, هذه زريعة ملعونة.

ENGELURE, s. f., قياس .pl – قياسات – قطلس – حراق الجلد – دحاس.

ENGENDRER, v. a., produire son semblable, ولد; aor. يلد.

*Engendrer*, au fig., être cause, كان .O – ولد – سبب.

*S'engendrer*, v. pr., être produit, تولّد – وُلد.

ENGERBER, v. a., رصّ السبل .O.

ENGIN, s. m., instrument, الة.

ENGLOBER, v. a., ضمّ الى .I – حشى فى .O.

ENGLOUTIR, v. a., avaler, بلع .A.

*Engloutir*, au fig., absorber, ابتلع.

ENGLUER, v. a., دهن بدبق .O.

ENGORGEMENT, s. m., embarras dans un canal, سدد.

ENGORGER, v. a., boucher le passage d'un fluide, سدّ .O.

*S'engorger*, v. pr., se boucher, se remplir, زور .A – تعبّى – انسدّ.

ENGOUEMENT, s. m., مكابرة – بلاش ب.

*S'engouer*, v. réf., s'entêter de, انهوس ب – انبلش ب.

*S'engouffrer*, v. pr., غار فى .O.

ENGOURDIR, v. a., خدّر .I – خدر. *Engourdir* l'esprit, le courage, اخمد الهمّة – برّد الهمّة.

*S'engourdir*, v. pr., خدر .A – انخدل – اخدرّ.

*S'engourdir*, au fig., خمد .O – برد .O – فتر .A – فشل.

ENGOURDI, E, adj., خادر – خدر – خدران.

ENGOURDISSEMENT, s. m., خدر – خمود – فشل.

ENGRAIS, s. m., pâturage gras, ce qui engraisse les animaux, علف.

*Engrais*, fumier, etc., زبل – سبخ.

ENGRAISSER, v. a., rendre gras, سمّن.

*Engraisser*, rendre sale, crasseux, زفر.

*Engraisser* et *S'engraisser*, v. pr., devenir gras, سمن .A – نصح – تسمّن.

*S'engraisser*, devenir crasseux, تزفّر.

*Engraisser* des terres, زبّل – سبّخ.

*S'engraver*, v. pr., s'engager dans le sable (bateau), لبث .A – لبص – لبث.

ENGRENER, v. a., mettre du blé dans la trémie, ملى عين الطاحونة قمح.

*Engrener*, v. n., ou *S'engrener*, v. pr., (en parlant des dents de deux roues), دخل فى بعضه .O – تعشّق.

*Engrener*, nourrir de grains, اطعم الدابّة شعير او شوفان.

*Engrener* une affaire, شرع فى امر.

ENGROSSER, v. a. fam., حبّل.

*S'engrumeler*, v. pron., se mettre en grumeaux, تكتّب – تجمّد.

ENHARDIR, v. a., جسر.
S'enhardir, v. réf., تجاسر.
ENHARNACHER, v. a. *Voyez* HARNACHER.
ÉNIGMATIQUE, adj. com., معمّى.
ÉNIGMATIQUEMENT, adv., ملغزا.
ÉNIGME, s. f., لغز ; plur., الغاز - معمّى - تعمية - حزّورة.
ENIVRANT, E, adj., مسكر.
ENIVREMENT, s. m., سكر.
ENIVRER, v. a., rendre ivre, اسكر! I.
*Enivrer*, au fig., اسكر - سطل I.
S'enivrer, v. réf., سكر A.
ENJAMBÉE, s. f., فشخة. Faire de grandes enjambées, فشخ فشخات كبار.
ENJAMBEMENT, s. m., sens qui porte sur deux vers, انقسام لفظة في بيتين من الشعر.
ENJAMBER, v. a., جلب - فشّخ - فشخ.
ENJEU, s. m., mise au jeu, رهن - رسمال اللعب. Retirer son enjeu, au fig. fam., sortir d'une affaire sans perte, خلاص لا له و لا عليه A.
ENJOINDRE, v. a., امر ب O. - وصّى ب.
ENJÔLER, v. a., cajoler, لعب في عقله A. - حابل O. - دهن - جون O. - دخل تحت راسه - تحاوف عليه - تحابيل عليه.
ENJÔLEUR, SE, صاحب حيل.
ENJOLIVEMENT, s. m., تنحيف - زخرفة.
ENJOLIVER, v. a., تحف - زخرف.
ENJOLIVEUR, SE, s., متحف - مزخرف.
ENJOLIVURE, s. f., تنحيفة.
ENJOUÉ, E, adj., خلاعى - بشوش.
ENJOUEMENT, s. m., انخلاع - بشاشة.
ENLACEMENT, s. m., تشبيك.
ENLACER, v. a., شبك.
*Enlacer*, au fig., surprendre, وقع.
ENLAIDIR, v. a., rendre laid, بشّع - شوّه - مسخ A.
*Enlaidir*, v. n., devenir laid, صار بشع I.
ENLÈVEMENT, s. m., خطف - سلب - شيل.

ENLEVER, v. a., lever en haut, رفع A. - شال I.
*Enlever*, prendre de force, ravir, اخذ O. - سلب I. - خطف O. Enlever quelqu'un à sa famille (en causant sa mort), فجع, فجع اهله فيه A. || La mort lui a enlevé son fils, انفجع في ابنه.
*Enlever* des marchandises, les acheter toutes à la hâte, خطف البضايع I.
*Enlever*, faire disparaître, ôter, شال I. - قام I. - قشط I.
*Enlever*, charmer, سلب العقل O.
S'enlever, v. pr., être ôté, انقشط - انشال.
ENLUMINER, v. a., colorier, لوّن - زوّق.
*Enluminer*, rendre le visage rouge, ورّد الوجه.
ENLUMINEUR, SE, s., ملوّن - مزوّق.
ENLUMINURE, s. f., تلوين - نقشة.
ENNEMI, E, adj., دشمان - عدو ; plur., عدى et اعادى ou اعدا. Grand ennemi, عدو ازرق || Mieux vaut sage ennemi que sot ami, عدو عاقل خير من صديق جاهل.
ENNOBLIR, v. a., شرّف.
ENNUI, s. m., زعل - ملالة.
ENNUYANT, E, adj., مزعل.
ENNUYÉ, E, adj., زعلان.
ENNUYER, v. a, زعل - امل I.
S'ennuyer, v. réf., زعل A. - مل A. - برم من A. I. ضاق صدره A. - ضجر من.
ENNUYEUX, SE, adj., يزعل.
ENNUYEUSEMENT, adv., بنوع مزعل.
ÉNONCÉ, s. m., chose énoncée, زعم - شرح.
ÉNONCER, v. a., exprimer sa pensée, شرح A.
S'énoncer, v. pr., s'exprimer, لفظ I. - تكلّم. S'énoncer en termes choisis, élégants, تكلّم باصطلاح فصيح و تعبير بليغ.
ÉNONCIATIF, IVE, adj., خبرى.
ÉNONCIATION, s. f., expression, لفظ.
ENORGUEILLIR, v. a., كبّر نفسه.
S'enorgueillir, v. réf., تكبّر - انتفخ.
ÉNORME, adj. com., عظيم - كبير - مفرط -

ENR

Péché énorme, ذنب فاحش. خارج عن الحدّ.
ÉNORMÉMENT, adv., فوق الحدّ ـ للغاية ـ كثيراً.
ÉNORMITÉ, s. f., عُظم ـ كِبَر.
S'ENQUÉRIR, v. pr., ـ استخبر عن A.ـ بحث عن ـ فحص عن A.
ENQUÊTE, s. f., recherche judiciaire, بحث ـ فحص.
S'ENQUÊTER, v. pr., s'enquérir, بحث عن A. ـ فتّش على ـ عن ـ فتّش.
S'enquêter, se soucier, بالى.
ENQUÊTEUR, s. m., juge commis pour les enquêtes, مفتّش ـ باحث.
ENRACINER, v. a., أصّل.
Enraciner, v. n., et S'enraciner, v. pr., prendre racine (habitude, opinion), تأصّل ـ انزرع.
ENRAGÉ, E, adj., qui a la rage, fougueux, سعران ـ مستكلب ـ مكلوب ـ كلبان. || Devenir enragé, تسعرن ـ استكلب A. ـ كلب A. || Manger de la vache enragée, fig., قاسى الضرّ و العنا.
ENRAGEANT, E, adj., qui fait enrager, يسعرن.
ENRAGER, v. n., être saisi de colère, avoir du dépit, انقهر ـ انكاد A. ـ سعر. Faire enrager quelqu'un, lui causer du dépit, انكى A. ـ قهر ـ سعرن. || Pour vous faire enrager, نكاية فيك ـ جاكر.
ENRAYER, v. a., empêcher de tourner (une roue), ضبط ـ منع الجرخ عن الدوران.
Enrayer, v. n., fig., s'arrêter, وقف ـ; aor., يقف.
ENRÉGIMENTER, v. a., رتّب ـ طوبر العسكر.
ENREGISTREMENT, s. m., تسجيل.
ENREGISTRER, v. a., قيّد فى الدفتر ـ سجّل ـ زمّ فى الزمام.
ENRHUMER, v. a., ازكم ـ زكم I. ـ زكّم.
S'enrhumer, v. pr., نوشش ـ استهوى.
ENRHUMÉ, E, adj., مرشّح ـ مزكوم.
ENRICHIR, v. a., rendre riche, أغنى.
Enrichir, orner en général, زيّن. Enrichir de pierreries, رصّع ـ كلّل بالجواهر. || Enrichir une

ENS

langue, y ajouter des expressions وسّع اللغة ـ زاد فى لغة I.
S'enrichir, v. réf., devenir riche, تموّل ـ استغنى ـ العوذ بالله من شحّاد تموّل.
Il n'est rien de pire qu'un gueux enrichi,
S'enrichir, devenir plus orné, تزيّن.
S'enrichir, devenir abondant, en parlant d'une langue, اتسع.
ENRICHISSEMENT, subst. masc., زود الكمال و الغنى.
ENRÔLEMENT, s. m., تكتيب العسكر ـ دخول فى العسكر.
ENRÔLER, v. a., écrire sur le rôle des gens de guerre, كتب فى العسكرية ـ كتب عسكر O.
S'enrôler, v. réf., دخل فى العسكرية O.
ENRÔLEUR, s. m., مكتّب العسكر.
ENROUEMENT, s. m., بحّة ـ بجّة.
ENROUER, v. a., ذبح الحلق ـ ابحّ ـ بجّح A.
S'enrouer, v. réf., انذبح صوته ـ ابحّ حسّة A. ـ بحّ.
ENROUÉ, E, adj., مبحوح ـ مذبوح الصوت.
ENROUILLER, v. a., صدّى.
S'enrouiller, v. réf., صدى A. ـ صدّى.
ENROULEMENT, s. m., لفّ.
ENROULER, v. a., rouler une chose dans une autre, لفّ فى O.
ENSABLEMENT, s. m., amas de sable, زحف الرمل ـ كومة رمل.
ENSABLER, v. a., faire échouer sur le sable, لبّس المركب فى الرمل ـ بلّط المركب فى الرمل.
S'ensabler, v. pr., لبس A. ـ لبّس.
ENSANGLANTER, v. a., غرق فى الدم ـ ضرج بالدم ـ Ensanglanter les mains, خضّب بالدم.
ENSEIGNE, s. f., marque, نشان ـ اشارة ـ علامة. A telles enseignes que, la preuve en est que, و الشاهد لذلك ـ و الدليل على ذلك.
Enseigne, drapeau, علم ـ راية.; plur., أعلام ـ بيارق.; plur.,

Marcher sous les *enseignes*, au fig., suivre le parti de, دخل تحت بيرق.

*Enseigne*, tableau figuré à la porte d'un marchand, علامة.

ENSEIGNE ou PORTE-ENSEIGNE, s. m., بيرقدار - صاحب العلم.

ENSEIGNEMENT, s. m., تعليم.

ENSEIGNER, v. a., instruire, montrer une science, علّم. Enseigner à lire à quelqu'un, علّمه القراية. || C'est une science qui enseigne à gagner de l'argent, هو علم يتعرف منه تحصيل المال.

*Enseigner*, indiquer, O. علّم - عرّف. A. دلّ على.

ENSELLÉ, adj., (cheval) qui a le dos un peu enfoncé, مسرّج.

ENSEMBLE, adv., معًا - سوا - جملة. Nous irons ensemble, نروح سوا.

ENSEMBLE, s. m., réunion, harmonie, جملة - اتفاق.

ENSEMENCER, v. a., A. زرع.

ENSEVELIR, v. a., envelopper un corps mort dans un drap, I. كفن. 

*S'ensevelir*, v. réf., se plonger dans, A. غرق في. S'ensevelir sous les ruines d'une ville, se faire tuer en la défendant, O. مات تحت تراب مدينة. || Être enseveli dans le sommeil, غرق في النوم. || Enseveli dans l'oubli, منسي الذكر - غاطس في بحر النسيان.

ENSORCELER, v. a., A. سحر.

ENSORCELEUR, s. m., سحّار.

ENSORCELLEMENT, s. m., سحر.

ENSUITE, adv., après, ثمّ - بعد.

S'ENSUIVRE, v. pron., être après, A. تبع - O. تلا.

*S'ensuivre*, dériver, procéder de, I. نتج من - O. تحصل - صد.

ENTABLEMENT, s. m., saillie du mur sous le toit, خرجة.

S'ENTABLER, v. pron., se dit du cheval dont les hanches devancent les épaules, ببجر.

ENTACHÉ, E, de, adj., infecté, مهرى. Entaché de lèpre, مهرى بالبرص. || Entaché d'avarice, مهرى بالبخل.

ENTAILLE, s. f., فرص - حزّة ; pl., شقوق.

ENTAILLER, v. a., O. شقّ. - O. حزّ. - A. فجر.

ENTAILLURE, s. f., حزّ.

ENTAME, s. f., premier morceau coupé, أوّل قطعة.

ENTAMER, v. a., faire une petite déchirure, une petite incision, O. شقّ. - I. لطم.

*Entamer*, ôter une petite partie d'un tout, O. اخذ من. - A. قطع من.

*Entamer*, commencer une affaire, A. بدى ب - A. شرع في.

*Entamer* un bataillon, O. لكم.

Se laisser *entamer*, fig., خلّى يلبس.

ENTAMURE, s. f., petite incision, شقّ.

EN TANT QUE, conj., من جهة ما هو - من حيث.

ENTASSEMENT, s. m., amas, تكويم.

ENTASSER, v. a., كدّس - كردس - كوّر - كوّم.

ENTE, s. f., greffe, scion d'arbre greffé sur un arbre, فرع مطعم - تطعيم - طعمة.

ENTENDEMENT, s. m., فهم - تفهم.

ENTENDEUR, s. m., fam., (bon), صاحب فهم.

ENTENDRE, v. a., ouïr, A. سمع. J'ai entendu dire que, سمعت ان - سمعت يقولوا ان. || Entendre la messe, A. حضر القداس.

*Entendre*, prêter l'oreille, استمع.

*Entendre*, comprendre, A. فهم. Il entend le turc, يفهم بالتركي. || Donner à entendre, laisser entendre, فهم - سمع.

*Entendre*, être habile, savoir, I. عرف. - A. علم. - A. فهم ب - في.

*Entendre* dur, être un peu sourd, سمعه ثقيل.

L'*entendre*, trouver convenable, استوعب - استحسن.

*Entendre*, v. n., prétendre, avoir intention, O. قصد - اراد.

*Entendre* à, consentir à, A. رضى ب

*S'entendre* avec, v. récip., agir de concert, اتّفق مع. Vous vous entendez avec lui, انت رابط معه ‒ انت متّفق معه.

*S'entendre* à, ou *L'entendre*, savoir faire, عرف ‒ A. فهم ب, فى.

ENTENDU, E, adj., ouï, مسموع.

*Entendu*, conçu, مفهوم.

*Entendu*, intelligent, habile, صاحب فهم ‒ فهيم ‒ معلّم. Entendu en affaires, قضا شغل ‖ Faire l'entendu, le capable, ادّعى.

Bien *entendu*, bien ordonné, منظوم.

Bien *entendu* que, conj., à condition que, avec cette restriction que, ولكن من المفهوم ان ‒ بشرط ان.

Bien *entendu*, adv., sans doute, من المفهوم ‒ معلوم.

ENTENTE, s. f., interprétation, تأويل. A double entente, ذو معنيين ‖ L'entente est au diseur, prov. صاحب الكلام اخبر بالمعنى.

ENTER, v. a., greffer, بطم ‒ طعم شجرة ‒ O. ركّب.

ENTÉRINEMENT, s. m., تقرير.

ENTÉRINER, v. a., ratifier légalement, قرّر.

ENTERREMENT, s. m., funérailles, جنازة.

ENTERRER, v. a., mettre en terre un mort, دفن I.

*Enterrer*, au fig., enfouir en terre, I. دفن ‒ I. طمر O. ‒ طمّ بالتراب ‒ خبّى.

*Enterrer* quelqu'un, lui survivre; effacer sa réputation et la faire oublier, O. قبر.

ENTÊTÉ, E, adj., عنيد ‒ مقّل ‒ معنّد.

ENTÊTEMENT, s. m., عناد ‒ عند.

ENTÊTER, v. a., faire mal à la tête, دوّخ.

*Entêter*, au fig., donner de la vanité, O. نفخ.

*S'entêter*, v. pr., s'opiniâtrer, I. عند ‒ عاند.

*S'entêter* de, s'engouer de, لصق ب ‒ انبلش ب.

ENTHOUSIASME, s. m., mouvement extraordinaire de l'âme, جاس ‒ جيّة ‒ هيجان النفس.

*Enthousiasme*, admiration outrée, عجب زايد.

ENTHOUSIASMER, v. a., ravir en admiration, هيّم.

*S'enthousiasmer*, v. réf., I. هام ب.

ENTHOUSIASTE, adj. com., admirateur outré, مستهام.

ENTHYMÈME, s. m., argument composé de l'antécédent et du conséquent, برهان مقتصر.

ENTICHÉ, E, adj., opiniâtrement attaché à, لاصق ب.

ENTICHER, v. a., commencer à gâter, I. عطب.

*Enticher*, au fig. fam., faire adopter une opinion, I. الصق ب ‒ بلش ب. S'enticher d'une opinion, A. تعلّق براى ‒ لصق براى.

ENTIER, ÈRE, adj., complet, كامل ‒ تامّ ‒ تمام. Tout entier, بكلّيّته ‒ كلّه ‖ Entier, auquel on n'a rien gâté, dont rien n'a été ôté, صحيح ‖ Nombre entier, عدد صحيح.

*Entier*, opiniâtre, عنيد ‒ مقّل.

*Entier*, qui n'est pas hongre, فحل.

ENTIÈREMENT, adv., بالاصالة ‒ بالكلّية ‒ كلّيّا ‒ بالمرّة ‒ بالكمال و التمام.

ENTITÉ, s. f., ce qui constitue l'être, كون.

ENTONNER, v. a., verser dans un tonneau, O. كبّ فى البتّية ‒ عبّى البتّية ‒ O. سكب.

*Entonner*, chanter le commencement d'un air, بدى يغنّى.

ENTONNOIR, s. m., قمع.

ENTORSE, s. f., violente extension et relâchement des nerfs, التوا ‒ ملخة.

*Entorse*, au fig., action de détourner le sens d'un texte, قلب.

ENTORTILLEMENT, s. m., برم.

ENTORTILLER, v. a., envelopper en tortillant, I. لفّ ‒ O. برم.

*Entortiller*, au fig., embarrasser, لفّ.

*S'entortiller* autour de, v. réf., s'attacher par des tours à, I. عجق ‒ التفّ على.

Entourer, v. a., ceindre, لقّ O. – احاط ب – كنف.

S'entr'accuser, v. récip., تشاهموا.

S'entr'aider, v. récip., تعاونوا – تساعدوا.

Entrailles, s. f. pl., intestins, احشاء ; pos. et fig.

S'entr'aimer, v. récip., تحابّوا.

Entraînant, e, adj., يشحطط.

Entraînement, s. m., انجذاب.

Entraîner, v. a., traîner avec soi, شحطط – جذب O. – جرّ O. Entraîner à, porter à, حمل على I.

Entraver, v. a., mettre des entraves à un cheval, قيّد شكّل – كستك.

Entraver, au fig., arrêter le mouvement, embarrasser la marche des affaires, عقد – ربط – عوّق.

S'entr'avertir, v. récip., نبّهوا على بعضهم.

Entraves, s. f. pl., liens aux pieds, هجار – قيد ; plur. ربط – كساتك ; plur. كستك – قيود ; plur. شكال – رباط ; plur. شكالات.

Entrave, au fig., obstacle, عايق ; pl. عوايق.

Entre, prép., بين – ما بين. Je vous le dis entre nous, اقول لك بيني و بينك.

Entre-bailler. Voyez Entr'ouvrir.

S'entre-baiser, v. récip., تباوسوا.

S'entre-choquer, v. récip., تلاطموا – تصادموا.

S'entre-connaître, v. récip., تعارفوا.

Entrecôte, s. m., morceau coupé entre les côtes, بين الضلوع.

S'entre-couper, v. pr., se blesser les pieds en marchant, ضرب رجل على رجل فى مشيه فانجرح.

Entre-couper, v. a., couper en, ou par divers endroits, قطّع.

Entre-deux, s. m., بين البينين – حايل.

S'entre-frapper, v. récip., تضاربوا.

S'entre-manger, v. récip., اكلوا بعضهم.

S'entre-nuire, v. récip., ضرّوا بعضهم.

S'entre-percer, v. récip., جرحوا بعضهم.

S'entre-pousser, v. récip., تدافعوا.

S'entre-quereller, v. récip., تشاكلوا.

S'entre-regarder, v. récip., نظروا الى بعضهم.

S'entre-répondre, v. récip., تجاوبوا.

S'entre-secourir, v. récip., ساعدوا بعضهم.

S'entre-suivre, v. récip., تبعوا بعضهم – تتابعوا.

S'entre-tailler, v. réc. Voy. S'entre-couper.

S'entre-toucher, v. récip., هفوا بعضهم I.

S'entre-tuer, v. récip., قتلوا بعضهم.

Entrechat, s. m., saut, نطّة.

Entrée, s. f., عبور – دخول – دخلة. Faire son entrée, دخل O.

Entrée, droit de séance, droit d'entrer, اذن بالدخول.

Entrées, au pl., premiers mets, اوايل الاطعمة.

Entrée, droit payé en entrant, معلوم. Voyez Droit.

Entrée, au fig., commencement, اوّل – ابتدا.

Entrée, occasion, ouverture, مدخل – باب. Donner entrée à, فتح باب ل.

Entrefaites (Sur ces), s. f. plur., عند ذلك – فى اثنا ذلك.

S'entr'égorger, v. récip., ذبحوا بعضهم.

Entrelacement, s. m., اشتباك – تشبيك – تجبيك.

Entrelacer, v. a., شبّك – حبّك – علّق – عقد.

Entrelacé, adj., مشتبك – محتبك – معلّق.

Entrelarder, v. a., غرز فى اللحم قطع من شحم خنزير.

Entremèler, v. a., خلط O. Collier d'or entremèlé de corail et de perles, قلادة ذهب ملدوم فيه اللولو و المرجان.

Entremets, s. m., ce qu'on sert après le rôti, avant le dessert, ما يوكل بعد المشوى و قبل النقل.

Entremetteur, se, s., واسطة – متوسّط.

S'entremettre, v. réf., توسّط – توسط بين – دخل بين O.

20.

ENTREMISE, s. f., واسطة - وساطة - مواسطة. Par l'entremise de, بواسطة - على يد.

ENTR'OUVRIR, v. a., فتح نصف فتحة.

S'entr'ouvrir, v. réf., انفتح قليل.

ENTREPOSER, v. a., t. de commerce, mettre dans un entrepôt, سلّم فى حاصل.

ENTREPÔT, s. m., magasin de dépôt, حاصل.

ENTREPRENANT, E, adj., hardi, ندب - مندبا - مهارس لامور العظام - جسور.

ENTREPRENDRE, v. a., prendre la résolution de faire quelque chose, اهتمّ ب - O. قصد. A. تهجّم على - شرع فى - حمّل نفسه ما لا يطيق. Entreprendre au-dessus de ses forces.

Entreprendre quelqu'un, le persécuter, le railler, مسك فى I.

Entreprendre sur, usurper, جار على - O. تعدّى على. Entreprendre sur la vie de, عمل على قتله.

Entreprendre, s'engager à faire quelque chose à certaines conditions, باشر - A. ضمن - تعاطى.

Entreprendre, embarrasser, rendre perclus un bras, كنع - خبّل. A.

ENTREPRENEUR, SE, s., qui entreprend à forfait un édifice, une besogne, معمار مباشر.

ENTREPRIS, E, adj., embarrassé, perclus, مخبّل.

ENTREPRISE, s. f., ce qu'on a entrepris, تعاطى - مباشرة.

Entreprise, dessein, مقصد; plur., مقاصد.

Entreprise, violence, جور - تعدّى.

ENTRER v a., فات الى جوا - O. دخل الى - O. عبر الى جوا. Donnez-vous la peine d'entrer, تفضّل الى جوا. ‖ Faire entrer, ادخل.

Entrer en condition, se faire domestique, خدم.O.

Entrer en goût, en prendre pour quelque chose, A. بدى الشى يعجبه.

Entrer dans, se mêler d'une chose, d'une affaire, حطّ يده فى - تداخل O. Il entre pour quelque chose dans cette affaire, له يد فى الوسط. ‖ Quant

à la dépense, je ne veux y entrer pour rien, وما يخصّ الكلفة هذا ما اعرف فيه.

ENTRESOL, s. m., étage entre le rez-de-chaussée et le premier, طبقة واطية بين البيت - مقعد التحتانى و الفوقانى.

ENTRE-TEMPS, s. m., intervalle de temps, غضون - مسافة.

ENTRETENIR, v. a., arrêter et tenir ensemble, ضبط O.

Entretenir, faire subsister en bon état, conserver, رعى. A. - حفظ. I. - كفى. Entretenir commerce de lettres avec, تراسل مع ‖ Entretenir la paix, حفظ الصلح. ‖ Entretenir l'amitié de quelqu'un, راعى خاطره. ‖ Entretenir, faire durer, ابقى.

Entretenir, fournir à la subsistance, كلّف - قدّم له الكلفة او النفقة - قام بمعاشه - لاحظه بكلّ ما يلزمه. Femme entretenue par un homme, امراة على كيس رجل.

Entretenir, parler à, حادث - خاطب. Entretenir quelqu'un de, faire part de, تكلّم معه فى, عن - حكى له عن - كلّمه عن. ‖ Entretenir quelqu'un de promesses, علّله بمواعيد باطلة.

S'entretenir, v. pr., converser, تحدّث مع. S'entretenir avec Dieu, penser à Dieu, ناجى.

S'entretenir, se conserver, استقام. S'entretenir dans une pensée, دام على فكر - وقف على فكر O.

S'entretenir, se fournir des choses nécessaires, صرف على نفسه فى تحصيل اللوازم I.

S'entretenir, v. récip., se tenir réciproquement, تمسّكوا فى بعضهم.

ENTRETIEN, s. m., conversation, منادمة - مذاكرة - محادثة. Mettre l'entretien sur, فتح السيرة على A. ‖ L'entretien tomba sur, وقعت المذاكرة على.

Entretien, subsistances et vêtements, كلفة.

Entretien, dépense pour entretenir, مصروف.

Entretien, conservation d'une chose, حفظ.

ENTREVOIR, v. a., لمح A.

ENTREVUE, s. f., مُقَابَلَة - مُوَاجَهَة. Avoir une entrevue avec, اجتمع به - تلاقى معه - قابله.

ENULA-CAMPANA. *Voyez* AUNÉE.

ÉNUMÉRATION, s. f., تعديد.

ÉNUMÉRER, v. a., dénombrer, عدَّ I.

ENVAHIR, v. a., usurper, غار على I. - استولى على شى غدرًا.

ENVAHISSEMENT, s. m., غارة.

ENVELOPPE, s. f., tout ce qui enveloppe, garantit, ملف. || Enveloppe de lettres, مغلف مكاتيب. || Mettre des lettres sous enveloppe, غلف مكاتيب.

ENVELOPPER, v. a., لف ب O. - غلف فى. — Envelopper une caisse avec des feutres, لبّد الصندوق. || Envelopper la vérité, خبى الحق.

*Envelopper*, embarrasser, ضيق عليه - لفه O.

*Envelopper*, comprendre dans, شمل فى A. - جمل فى I. Ses gens ont été enveloppés dans sa disgrâce, اتباعه راحوا فى رجليه.

*Envelopper* l'ennemi, ضرب حلقية العدو I.

ENVENIMER, v. a., infecter de venin, سمّ O. *Envenimer* un mal, une plaie, les rendre difficiles à guérir, ثقل المرض - زمن الجرح I. *Envenimer* un discours, une action, قلّب الكلام. *Envenimer* l'esprit, قوّم النفس.

ENVERS, s. m., le côté le moins beau d'une étoffe, قفا.

*Envers*, sens contraire, ضد المعنى.

*A l'envers*. adv., du côté de l'envers, على القفا.

*A l'envers*, en sens contraire, بالضد - بالمندار - بالعكس - بالمقلوب.

*A l'envers*, le dessus dessous, تحت فوق.

*A l'envers*, en désordre, مشقلب. || Esprit à l'envers, faux, عقل بالمندار. || Tête à l'envers, troublée, راس بالمقلوب.

ENVERS, prép., نحو - فى حق.

A L'ENVI, adv., avec émulation, بتغاير - غيرة فى بعضهم.

ENVIE, s. f., jalousie, حسد. Porter envie à, حسد احدا على شى I. O.

*Envie*, désir, خاطر - شهوة. Envie de dormir, نعس - نعاس. || Avoir envie de dormir, نعس A. || Qui a envie de dormir, نعسان. || Envie d'apprendre, رغبة فى العلم. || Prends-le si tu en as envie, خلّ ان كان عينك فيه. || Si vous en avez envie, ان كان لك خاطر. || J'ai envie de pisser, بدى اشخ - انقطع وسطى - على شخاخى.

*Envie*, signe dans le corps apporté en naissant, شهوة.

*Envie*, petit filet qui se détache de la peau autour des ongles, نسرة.

ENVIER, v. a., حسد احدا على I. O.

ENVIEUX, SE, adj., حاسد - حسود - plur., حسّاد.

ENVIRON, adv., à peu près, نحو - تقريبًا.

ENVIRONNER, v. a., entourer, احاط ب - حوّط - كنّف - احتاط ب.

ENVIRONS, s. m. plur., lieux d'alentour, حول - اطراف واكناف - حوالى.

ENVISAGER, v. a., تأمل - نظر الى O. - نظر فى. *Envisager* les conséquences, نظر الى العواقب وجه.

ENVOI, s. m., ارسال - ارسالية.

S'ENVOLER, v. réf., طار I. *S'envoler*, au fig., passer, فات O. - مضى I.

ENVOYÉ, E, député, رسول ; pl., رسل - مرسل.

*Envoyé*, messager, مرسال.

ENVOYER, v. a., dépêcher à, ou vers, ارسل الى A. - ودّى الى. Envoyer, donner ordre d'aller, بعث الى O. - انفذ الى - ارسل - بعث - ندب الى. || Envoyer chercher quelqu'un, بعث خلفه.

ÉPACTE, s. f., supplément de jours ajoutés à l'année lunaire pour l'égaler à l'année solaire, ايام مضافة الى السنة القمرية.

ÉPAGNEUL, E, s., كلب سلاقى اندلسى.

ÉPAIS, SE, adj., qui a de l'épaisseur, سميك. Épais de quatre doigts, اربعة اصابع سميكه.

*Épais*, dru, serré, كثيف - متكاثف - غبى.
*Épais*, gros, grossier, غليظ - ثخين.
*Épais*, (en parlant d'un liquide), جامد - خاثر.
*Épais*, au fig., pesant, lourd, ثقيل. Il a l'esprit épais, عقله ثقيل.

ÉPAISSEUR, s. f., ثخانة - ثخن - سمك - غلاظة. Épaisseur, état de ce qui est dru, serré, كثافة - غبا. Épaisseur des ténèbres, au fig., شدة الظلام.

*Épaisseur*, milieu, وسط.

ÉPAISSIR, v. a., rendre épais, ثخن - خثّر - كثّف - جمّد.

*Épaissir*, v. n., et *S'épaissir*, v. pron., devenir épais, ثخن .O - خثر .A - تكاثف.

ÉPAISSISSEMENT, s. m., condensation, تكاثف.

ÉPAMPREMENT, s. m., قطف ورق العنب.

ÉPAMPRER, v. a., زول غلافق الكرم - قطف ورق العنب I.

ÉPANCHEMENT, s. m., au pos., انصباب - صبّ.

*Épanchement*, au fig., épanchement du cœur, انفتاح القلب - انعطاف.

ÉPANCHER, v. a., verser doucement, صبّ O.

*Épancher* les grâces, افاض الانعام.

*Épancher* ses chagrins dans le sein de quelqu'un, بتّ له همّه وغمّه O.

*Épancher* son cœur ou *S'épancher*, se confier, s'ouvrir, فتح قلبه .A - فشّ A.

ÉPANDRE, v. a., فرّق.

ÉPANOUIR, v. a., réjouir, شرح A.

*S'épanouir*, v. pro., s'ouvrir (fleurs), فتّح.

*S'épanouir*, au fig., se dérider, انفرط.

ÉPANOUISSEMENT, s. m., au propre, تفتيح.

*Épanouissement*, au fig., انفراط.

ÉPARGNANT, E, adj., trop ménager, قرط - موفّر.

ÉPARGNE, s. f., parcimonie, دندقة - امساك. User d'épargne, être d'une épargne sordide, دندق - فلّس.

*Épargne*, ménagement, توفير.

ÉPARGNER, v. a., économiser, ménager, وفّر. Votre cheval vous épargne la dépense d'une monture de louage, حصانك يوفّر عليك كرا دابّة. Épargner le sang, حقن الدم I.

*Épargner* quelqu'un, ne pas le traiter avec trop de rigueur, شفق على A.

*Épargner* une chose, l'employer avec réserve, قيّد, تقيّد على - توقّى فى - خلّى - ابقى - استعمل بالمعروف I.

*Épargner* une chose à quelqu'un, ne pas la lui faire souffrir, كفاه شرّ الشي I. Épargner la peine, وفّر التعب. On nous en a épargné la peine, اكفينا مؤنته I.

*S'épargner*, v. pro., ménager sa peine, وفّر نفسه.

ÉPARPILLEMENT, s. m., تفريق - بعزقة.

ÉPARPILLER, v. a., بذّر - فرّق - بعزق.

ÉPARS, E, adj., dispersé, متفرّق. Les cheveux épars, شعرها منشور على وجهها.

ÉPART, s. m., jonc, سمار.

ÉPARVIN, s. m., maladie du jarret dans le cheval, تسقيط فى عراقيب الخيل.

ÉPATÉ, E, adj. (nez), انف افطس.

ÉPAULE, s. f., كتف ; plur., اكتاف. Articulation qui joint le bras à l'épaule, منكب ; plur., مناكب. || Hausser les épaules, au fig. fam., témoigner du mépris, هزّ اكتافه O. || Plier, baisser les épaules, رخى كتافه I. || Prêter l'épaule, aider, ساعد - حطّ كتف O. || Porter sur ses épaules, être ennuyé de, شال على اكتافه I.

ÉPAULÉE, s. f., coup d'épaule, دفعة كتف.

ÉPAULEMENT, s. m., rempart de terre, متراس.

ÉPAULER, v. a., disloquer l'épaule, خلع الكتف A.

*Épauler*, assister, ساعد.

ÉPAULETTE, s. f., galon sur l'épaule, شريط على الكتف.

ÉPEAUTRE, s. m., espèce de froment, نوع قمح.

Épée, s. f., سيف ; plur., سيوف ; سيخ - سيوخ ; plur., اسياخ.

Épeler, v. a., هجّى - تهجّى.

Épellation, s. f., art, action d'épeler, هجاية.

Épenthèse, s. f., insertion d'une lettre dans un mot, اضافة حرف فى لفظة.

Éperdu, e, adj., حيران - ولهان - واله - مدهى.

Éperdument, adv., شديدا - بافراط.

Éperlan, s. m., نوع سمك صغير بحرى.

Éperon, s. m., شوكة ; collect., شوك ; مهماز - مهامز ou شبيير - شابيير (Alger).

*Éperon* d'un vaisseau, منطم مركب.

*Éperon* de muraille, بغلة الحايط - مسندة.

Éperonner, v. a., هزّ - نغش بالشوك. – A. دكز ركز الحصان – غزّ الحصان بالركاب. I.

Éperonnier, s. m., بياع الشوك - صانع مهاميز.

Épervier, s. m., oiseau de proie, باز ; pl., بازات ; دواشق ; plur., باشق.

Éphèdre, s. f., arbrisseau, عبّاسى.

Éphémère, adj. com., يومى - ابن يومه - غير دايم - غير ثابت.

Éphémérides, s. f. pl., كتاب زيج - تقويم.

Épi, s. m., سنبل ; plur., سنابل.

Épi-d'eau, s. m., plante, جار النهر.

Épice, s. f., بهار - عطرى.

Épicène, adj. com., t. de gram. commun aux deux sexes, مطلق على المذكر و المونث.

Épicer, v. a., حطّ بهار. O.

*Épicer*, au fig. fam., taxer des frais très-haut, زود فى المصاريف.

Épicerie, s. f., بهارات - عطريات.

Épicier, ère, s., عطّار.

Épicurien, ne, adonné aux plaisirs, بطنانى - بيطرانى.

Épidémie, s. f., maladie contagieuse, générale, populaire, مرض وافد - وباء.

Épidémique, adj. com., وبائى - وافد.

Épiderme, s. m., première peau, بشرة.

Épier, v. a., رصد - ترصّد. – O. راقب - ترقّب - وكد (Kasrawan).

Épierrer, v. a., شال الاحجار. I.

Épieu, s. m., حربة.

Épigastre, s. m., partie supérieure du bas-ventre, راس المعدة - اعلا المأنة.

Épigastrique, adj. com., يخصّ اعلا المأنة.

Épiglotte, s. f. *Voyez* Luette.

Épigrammatique, adj. com., قدحى.

Épigrammatiste, s. m., شاعر قدّاح.

Épigramme, s. f., poésie terminée par un trait mordant, un mot piquant, شعر اخره قدح - قدح. Lancer des épigrammes contre quelqu'un, قدح فيه. A.

Épigraphe, s. f., inscription, devise, عنوان.

Épilatoire, adj. com., منتّف.

Épilepsie, s. f., mal caduc, صرع.

Épileptique, adj. com., qui a l'épilepsie, مصروع.

Épiler, v. a., نتّف. – I. نتف الشعر.

Épilogue, s. f., fin, conclusion, خاتمة.

Épiloguer, v. a. fam., censurer, عيّب على - عيب.

Épilogueur, s. m. fam., عيّاب.

Épinards, s. m. pl., herbage, اسبانخ.

Épine, s. f., arbrisseau piquant, شوك - شوكة.

*Épine* du dos, سلسلة الظهر.

*Épine*, au fig fam., embarras, difficultés, بلشة - حيرة عظيمة. *Épine* au pied, grand embarras, غلبة. || Fagot d'épines, personne revêche, شلقة. || Marcher sur des épines, مشى على شوك. I.

Épine-arabique, s. f., plante, ام غيلان - شكاعى.

Épinette, s. f., petit clavecin, سنطير.

Épine-vinette, s. f., plante, بربّاريس - امير باريس.

Épineux, se, adj., ذو شوك.

*Épineux*, au fig., difficile, عضل - صعب.

Épingle, s. f., دبّوس ; pl., دبابيس. Tirer son épingle du jeu, خلص مثل الشعرة من العجين. A.

Épingles, au pl., fig., présents, هدية.
Épinglier, ère, s., بياع دبابيس.
Épinière, adj. fém., يخص سلسلة الظهر.
Épiphanie, s. f., fête, عيد ظهور السيد المسيح - عيد الغطاس.
Épiploon, s. m., membrane qui couvre les intestins, ثرب.
Épique, adj. com. (poëte), شاعر حوادث. Poëme épique, قصيد شعر حماسي.
Épiscopal, e, adj., أسقفي.
Épiscopat, s. m., أسقفية.
Épisode, s. m., action incidente, حادث.
Épisodique, adj. com., حدثي.
Épispastique, adj. com. (médicament), qui attire les humeurs, دوا سحاب.
Épistolaire, adj. com., انشائي. Style épistolaire, اصطلاح الانشا. || Auteur épistolaire, ناشى - صاحب انشا - منشى.
Épitaphe, s. f., كتابة على قبر ميت - عنوان قبر.
Épithalame, s. m., مديحة ازواج.
Épithète, s. f., adj., نعت; plur., نعوت.
Épithyme, s. m., fleur médicinale, افتيمون.
Épitome, s. m., abrégé, مختصر.
Épître, s. f., missive, رسالة; pl., رسايل. Épître, discours en vers, قصيدة.
Épizootie, s. f., جايحة - فصل البهايم.
Éploré, e, adj., en pleurs, باكي.
Épluchement, s. m., تنقية.
Éplucher, v. a., trier, nettoyer, نقى - نيش O. Éplucher, ôter la vermine, les ordures, فلى - نظف.
Éplucher, au fig. fam., rechercher les défauts avec malice ou avec grand soin, ضبط O. نحس, دقق, حرّر على - على من; prov. غربل الناس نخلوه.
Éplucheur, se, s., منقى - منحس.

Épluchures, s. f. pl., قشور - اوساخ.
Épointer, v. a., casser la pointe, اكسر الراس I.
Éponge, s. f., سفنجة.
Éponger, v. a., مسح بالسفنجة A.
Épopée, s. f., منظومة شعر في حادثة مشهورة.
Époque, s. f., تاريخ; plur., تواريخ.
Épouiller, v. a., ôter les poux, فلى.
S'épouiller, v. réf., تفلى.
Époumonner, v. a., fatiguer, فطر القلب O.
S'époumonner, v. réfl., se fatiguer, انفطر.
Épousailles, s. f. pl., fam., زيجة - تكليل.
Épouse, s. f., زوجة; vulg., جوزة - قرينة - حليلة - حرمة.
Épousée, s. f., celle qui vient d'être, ou qui doit être bientôt épousée, عروسة - عروس; plur., عرايس.
Épouser, v. a., تزوج - تزوج مع. Épouser, un parti, une opinion, التصق مع ب - تعصب مع ب.
Épousseter, v. a., نظف - نفض.
Épouvantable, adj. com., يرجف - مهول.
Épouvantablement, adv., مهولا.
Épouvantail, s. m., chose qui fait peur, خيال - تخويفة.
Épouvante, s. f., terreur, رجفة - رعب - خضّة.
Épouvanter, v. a., ارعب - خض O.
S'épouvanter, v. réfl., ارتعب - انخض.
Époux, s. m., زوج; vulg., جوز - حليل - بعل. Nouvel époux, عريس - ختن.
Épreindre, v. a., exprimer le suc, عصر I.
Épreinte, s. f., douleur du ventre, حزقة.
Éprendre (S'), v. pr., تولع ب.
Épris, se, adj., passionné pour, موّلع ب في - وُلِهي, fém., ولهانة; ولهان - مغرم, مغروم في ب. Elle le laissa épris de sa beauté, خانته مفتون بجمالها.
Épreuve, s. f., essai, expérience, امتحان - تجربة; plur., تجاريب et تجارب. A l'épreuve, qui résiste, على تجربة. || C'est à l'épreuve qu'on

# ÉQU

connaît si un homme mérite le respect ou le mépris, عند الامتحان يكرم المرء او يهان. || Les cœurs sont des boîtes fermées; l'épreuve en est la clef, ان القلوب صناديق مقفلة ولا مفاتيحها الا التجاريب.

Épreuve, feuille tirée d'une planche, d'une estampe pour en corriger les fautes, تجربة.

Épreuve, calamité, محنة ; plur., محن - تجربة.

Éprouver, v. a., essayer, جرّب - امتحن.

Éprouver, faire expérience, connaître par expérience, اختبر - جرّب - راز O.

Éprouver, ressentir (un mal), كابد - قاسى - وجد - لاقى. Éprouver de la joie, A. حصل عنك سرور.

Eptagone, s. m., figure à sept angles, مسبّع.

Épuisement, s. m., perte des forces, etc., ضعف.

Épuisement des finances, نفاد المال، نفد تشفيت.

Épuiser, v. a., tarir, نزح - نزف A. - نشف.  || Épuiser les forces, شفت - اضعف - اضنى. Épuiser les finances, افنى المال - انفد المال.

Épuiser, prendre tout l'argent, les vivres, etc., نفض.

Épuiser la matière, tout dire, استوعب - قال كل شي - استقصى فى O.

S'épuiser, v. réf., détruire son tempérament, نشّف نفسه - شقّت نفسه.

S'épuiser, v. n., finir, A. فنى - A. نفد.

Épulie, s. f., terme de chirurgie, ابوليس - لحم زايد فى اللثة.

Épurer, v. a., صفى - طهّر.

S'épurer, pron., تطهّر - تصفى.

Épurge, s. f., plante, شبرم - حبة الملوك.

Équarrir, v. a., نحت مربّعاً A.

Équarrisseur, s. m., qui tue et dépèce les bêtes, مشاعلى.

Équateur, s. m., خط الاستواء.

Équation, s. f., différence de l'heure de la pendule et de l'heure solaire, فرق ما بين الساعة و ــ بين الشمس.

# ÉQU 313

Équation, manière de réduire à un moyen terme les mouvements inégaux, تعديل الحركات.

Équation, formule d'algèbre, مقابلة فى علم الجبر.

Équerre, s. f., instrument, زاوية - جدول - مسطرة.

Équestre, adj. (statue), صورة راكب.

Équiangle, adj. com., متساوى الزوايا.

Équilatéral, adj., متساوى الاضلاع.

Équilibre, s. m., موازنة - ميزان - معادلة - . En équilibre, اعتبار وزن - سنج على سنج - على الميزان.

Équilibre, au fig., égalité, موازنة - معادلة.

Équinoxe, s. m., معدل النهار والليل - اعتدال.

Équinoxial, e, adj., اعتدالى.

Équipage, s. m., suite de valets, etc., عيلة - حشم.

Équipages, bagages, اثقال - عفشة.

Équipage, carrosse, عربة.

Équipage, ceux qui montent un bâtiment, معاش - بحرية.

Équipage, choses qui servent à équiper, عدّة. Équipage de guerre, عدّة حرب. || Équipage d'un cheval, طاقم الفرس، طقم - عدّة الفرس.

Équipée, s. f., action téméraire, sans succès, فلتة.

Équipement, s. m., action d'équiper, تجهيز - تقديم اللوازم.

Équipement, objets nécessaires pour équiper, لوازم - عدّة.

Équiper, v. a., pourvoir de tout ce qui est nécessaire, لاحظه بكل ما احتاج اليه - جهّز - اعدّ. Équiper une flotte, قدّم اللوازم، العدّة. عبّر عمارة. S'équiper, se pourvoir, اشترى ما كان يحتاج اليه - جهّز لوازم السفر - عيّش.

Équipollence, s. f., مساواة - معادلة.

Équipollent, e, adj., معادل - مساوى.

Équipoller, v. n. et a., ساوى - عادل.

ÉQUITABLE, adj. com., conforme à l'équité, حقّ.
*Équitable*, qui a de l'équité, عادل.
ÉQUITABLEMENT, adv., بعدل.
ÉQUITATION, s. f., art de monter à cheval, خيالة - مخيلة.
ÉQUITÉ, s. f., justice, عدل - عدالة.
ÉQUIVALENT, E, adj., معادل - مساوي - مقاوم.
ÉQUIVALENT, s. m., شي يساوي غيره - عوض - بدل.
ÉQUIVALOIR, v. n., ساوى - عادل.
ÉQUIVOQUE, s. f., مرية - كلام له معنيين.
ÉQUIVOQUE, adj. com., à double sens, ذو معنيين - مشكل.
*Équivoque*, qui prête à des jugements opposés, فيه شكّ - مشبوه.
ÉRABLE, s. m., arbre, شجر الاسفندان - شجر العرب.
ÉRAFLER, v. a., écorcher légèrement, جلط I. - قحط A.
ÉRAFLURE, s. f., قحطة - جلاطة.
ÉRAILLER, v. a., (des étoffes), نفش O.
*S'érailler*, v. pr., أنتفش.
ÉRAILLÉS, adj. (yeux), عيون حمر.
ÈRE, s. f., تاريخ, plur., توارايخ.
ÉRECTION, s. f., action d'ériger, d'établir, أقامة - نصب.
*Érection*, action de parties qui s'élèvent; son effet, t. de médecine, قيام - انتصاب.
ÉREINTER, v. a., كسر الظهر I.
*S'éreinter*, v. réf., انحلّ - انكسر ظهره.
ÉREINTÉ, E, partic., مكسور الظهر - محلول.
ÉRÉSIPÉLATEUX, SE, adj., حموي.
ÉRÉSIPÈLE, s. m., tumeur inflammatoire sur la peau, رشكين - ورشكين - حمرة - جو.
ÉRÉTHISME, s. m., شدّ العصب.
ERGO, part., donc, أذن.
ERGOT, s. m., petit ongle du pied des animaux, كلاب او ظفر الدكّ - مهماز - عقر.

*Ergot*, maladie des grains, عاهة الحبوب.
ERGOTER, v. a., chicaner, عاتل - ناقر - قامر.
ERGOTEUR, s. m., مناقر - مقامر.
L'ÉRIDAN, s. m., constellation, النهر - نهر اردن.
ÉRIGER, v. a., élever, établir, نصب - أقام O.
*Ériger en*, جعل A.
*S'ériger en*, v. réfl., أدّعى A. - عمل نفسه.
ÉRIGONE, s. f., constellation, السنبلة.
ERMINETTE, s. f., outil de charpentier, قادوم.
ERMITAGE, s. m., habitation d'un ermite, صومعة.
ERMITE, s. m., solitaire, عابد - زاهد.
ÉROSION, s. f., أكل.
ÉROTIQUE, adj. com., عشقي.
ÉROTOMANIE, s. f., délire d'amour, دا العشق.
ERRANT, E, adj., vagabond, ضالل - دوّار - طفشوني.
ERRATA, s. m., تصليح الغلط - زمام - فهرست الغلط.
ERRES, s. f. pl., ou ERREMENTS, s. m. pl., voies, traces, اثار - سلوك.
ERRER, v. n., vaguer de côté et d'autre, ضلّ I. - هام I. - دار O. - طفش
*Errer*, se tromper, غلط A. - ضلّ I. - زلّ I. - انغرّ.
ERREUR, s. f., fausse opinion, ضلال - غرور - غيّ - غلطان من يظنّ
C'est une erreur que de croire,
*Erreur*, faute, méprise, زلة - غلطة.
*Erreur*, dérèglement, ضلالة.
ERRONÉ, E, adj., ضلال - ضالّ.
ERS, s. m., vesce noire, كشنى - كرسنة.
ÉRUCAGUE, s. f., plante, ركوة - نوع جرجير.
ÉRUDIT, adj. m., عالم - علامة.
ÉRUDITION, s. f., سعة العلم.
ÉRUPTION, s. f., t. de médecine, خروج - طفحة.
*Éruption* d'un volcan, ثوران - فوران - فورة - هيجان جبل نار.
ÉRYNGE, s. m., panicaut, شقاقل.
ESCABEAU, s. m., ou ESCABELLE, f., اسكملة.
ESCADRE, s. f., عمارة.
ESCADRON, s. m., جماعة خيالة - طابور خيالة.

Escalade, s. f., شعبطة - شعلقة.
Escalader, v. a., تسلّق - تشعبط - تشعلق.
Escalier, s. m., سلالم ; plur., سلم - درج.
Escamoter, v. a., زوّغ. - I. خطف - I. حوى.
Escamoteur, s. m., حاوي - مزعبر ; pl., حواة.
Escamper, v. n., s'enfuir, فرّ O.
Escapade, s. f., فلتة.
Escarbot, s. m., insecte, جُعَل ; pl., جعلان - ابو زبل - خنافس ; pl., خنفسة.
Escarboucle, s. f., بهرمان - ياقوت جمري.
Escargot, s. m., limaçon, مسقلة - قوقعة - حلزون.
Escarmouche, s. f., t. milit., ملاطمة عساكر - مناوشة.
Escarmoucher, v. n., ناوش - تلاطم مع العدو.
Escarpe, s. f., mur de fossé du côté d'une place, حايط الخندق من ناحية القلعة.
Escarpement, s. m., pente, نزلة - ميل.
Escarpé, e, adj., شامخ - قايم - واقف.
Escarpin, s. m., باسومة خفيفة.
Escarpolette, s. f. *Voyez* Balançoire.
Escarre, s. f., croûte sur les plaies, قشرة الجرح.
Escient, s. m. (A son). *Voyez* Sciemment.
Esclandre, s. m., accident qui fait de l'éclat avec honte, جرسة. Faire un esclandre, quereller, جرّس.
Esclavage, s. m., عبودية.
Esclave, adj. com., مملوك - عبيد ; pl., عبد ; pl., مماليك. J'ai dit à mon esclave de s'asseoir, et il s'est mis trop à son aise, قلت لعبدى اجلس فاتّكى, prov.
Esclavon, ne, s., né en Esclavonie, صقلاب ; plur., صقالبة.
Escogriffe, s. m., fam., qui prend hardiment sans demander, لهاف.
Escompte, s. m., remise, retenue sur un payement avant l'échéance, ف ط.

Escompter, v. a., faire l'escompte, عامل الدراهم.
Escopette, s. f., espèce de carabine, قربانة.
Escorte, s. f., gens qui escortent, غفر.
Escorter, v. a., accompagner pour protéger, غفر.
Escouade, s. f., فرقة.
Escourgeon, s. m., قصيل.
Escrime, subst. f., art de faire des armes علم الطعن والضرب - فنّ لعب السيف - مسايفة.
Escrimer, v. n., faire des armes, تطاعن.
*Escrimer*, se disputer, جادل.
*S'escrimer* de, v. réfl., savoir se servir de, تعاطى.
Escrimeur, s. m., خبير بالطعن و الضرب.
Escroc, s. m., fripon, نصّاب.
Escroquer, v. a., نصب - I. خطف منه O. عليه.
Escroquerie, s. f., منصب - نصب.
Espace, s. m., مسافة - مقدار. Espace de temps, مدّة. || Dans l'espace de trois jours, فى غضون ثلاثة ايام. || Espace vide, فسحة.
Espacement, s. m., فسح.
Espacer, v. a., فسح.
Espagne, s. f., اندلس - اسبانيا.
Espagnol, adj., d'Espagne, اندلسى.
Espagnolette, subst. f., ferrure de fenêtre, حديدة شبّاك.
Espalier, s. m., شجرة منشورة اغصانها على حايط.
Espatule, s. f., plante, قاسورس.
Espèce, s. f., sorte, نوع ; plur., انواع - صنف ; pl., اصناف - طبع ; plur., الطباع (Barb.).
Espérance, s. f., امل ; plur., امال - رجا. || Tromper l'espérance de, خيّب امله - خيّبه. || Justifier, remplir l'espérance de, صدّق امله. || La mort seule met fin à l'espérance, لا تخرج الامل من النفس || On jouit plus de l'espérance que des biens mêmes, الناس بالامال اكثر من سرورهم بالاموال.

## ESP

Espérer, v. a., رجا – امل. O. – اتل. O. Il espère de la bonté du prince, يرجو من كرم الامير. ‖ Espérer en Dieu, رجا بالله.

Espéré, adj., مرجو – مامول.

Espiègle, adj. com., بليط – شيطان – فسيح.

Espièglerie, s. f., شيطنة – فحاحة.

Espion, s. m., جاسوس; plur., حواسيس.

Espionnage, s. m., تجسيس.

Espionner, v. a., تجسس.

Esplanade, s. f., فسحة.

Espoir, s. m. sans pl., امل; plur., امال – توقع – عشم.

Esprit, s. m., substance incorporelle, روح; pl., ارواح. ‖ Le Saint-Esprit, روح القدس. ‖ Esprit, ange, ملك – ملاك; plur., ملايكة, Esprits, mauvais anges, جن – عفاريت; plur., عفاريت – روح; plur., ارواح.

Esprit, vertu, puissance surnaturelle qui opère dans l'âme, روحانية – روح.

Esprit, revenant, عفريت الميت.

Esprit, intention, pensée, نية – بال. Il lui vint à l'esprit, خطر في باله – قام في باله – جا في باله.

Esprit, sens d'une phrase, معنى.

Esprits animaux, قوى حيوانية. Reprendre ses esprits, جمع حواسه – وعى على روحه. O. – لم حواسه.

Esprit, âme, نفس – روح. Rendre l'esprit, طلعت روحه. A.

Esprit, raison, facultés de l'âme, عقل; plur., عقول. Qui a de l'esprit, عاقل. ‖ Bel esprit, art de bien dire, فصاحة. ‖ Bel esprit, celui qui possède cet art, فصيح; plur., فصحاء – اهل الفصاحة. ‖ Esprit faux, عقل فاسد. ‖ Bon esprit, عقل سليم. ‖ Esprit fou, عقل مصاب. ‖ Esprit juste, عقل مستقيم. ‖ Esprit solide, عقل رزين. ‖ Esprit superficiel, عقل خفيف. ‖ Esprit fort, qui traite de chimères les articles de foi, قليل الدين.

## ESS

Esprit, vivacité d'imagination, ذكاوة العقل – فطنة – دقة الافكار – ذهن.

Esprit, t. de chimie, fluide très-subtil, روح. ‖ Esprit de sel, روح الملح ‖ Esprit de vin, alcool, روح العرقي ‖ Esprit de vitriol, acide sulfurique, روح الزاج.

S'esquicher, v. pr., éviter de, زاغ عن. O.

Esquif, s. m., قارب; plur., قوارب.

Esquille, s. f., éclat d'un os fracturé, شظية عظم.

Esquinancie, s. f., خناقة.

Esquisse, s. f., ébauche, رسم.

Esquisser, v. a., رسم. O.

Esquiver, v. a., éviter adroitement le coup, etc., زاغ عن الضربة – حول عنه – اصرف عنه – زوغ عنه. S'esquiver, v. réf., fam., fuir adroitement, انزبق. O. – فرك – انسل من. O. – زاغ من ؛ عن – مرق. O.

Essai, s. m., épreuve, تجربة.

Essai, composition littéraire, رسالة.

Essai, portion, qui sert à juger de son tout, ششنى.

Essai pour juger le métal, حك المعدن.

Coup d'essai, premier essai, بويبات.

Essaim, s. m., volée de jeunes abeilles, ثول – سربة – طرد نحل.

Essaim, multitude, سربة; plur., سرب.

Essayer, v. a., éprouver, au prop., حك. O. – جرب.

Essayer, au fig., جرّب.

S'essayer, v. réf., s'éprouver, عس نفسه. O. – جرب نفسه.

Essayer, v. n., tâcher, اجتهد.

Essayeur, s. m., حكاك المعادن.

Essence, s. f., ce qui constitue la nature d'une chose, ذات الشي.

Essence, huile très-subtile, دهن – عطر. Essence de roses, عطر.

EST             ÉTA       317

ESSENTIEL, LE, adj., qui est de l'essence, ذاتي. | له عند فلان قدر و قيمة. ‖ Perdre l'estime de,
Essentiel, important, nécessaire, لازم ‑ لابد منه. انحطّت قيمته عند. ‖ Perdre sa propre estime,
مهمّ ‑ عليه ركن. Essentiel, sur qui l'on peut هانت نفسه عليه ‑ تحاقرت نفسه عليه.
compter, عليه عهدة. Estime, conjecture, تخمين.
Essentiel, s. m., le principal, أصل. ESTIMER, v. a., faire cas de, اعتبر ‑ أعزّ.
ESSENTIELLEMENT, adv., par son essence, بذاته. Estimer, fixer la valeur de, سعّر ‑ ثمّن. Ils seront
Essentiellement, d'une manière importante, estimés d'après les prix courants, يتسعّروا على
في شي عليه ركن. اثمان السعر الحاضر من البضايع.
ESSIEU, s. m., محور ‑ سفود. Estimer, présumer, خمّن.
ESSOR, s. m., أخذ في العلو ‑ انطلاق ‑ ارتقا. S'estimer, v. réf., عدّ نفسه. I.
Prendre son essor, انطلق. ‖ Donner l'essor, اطلق. ESTIVER, v. n., passer l'été, تصيّف.
ESSORER, v. a., exposer à l'air, نشر. O. ESTOC, s. m. (frapper d'), et de taille,
ESSOUFFLER, v. a., قطع نفسه ‑ ضيّق نفسه. A. طعن و ضرب.
Être essoufflé, لهث ‑ ضاقت نفسه. I. ESTOCADE, s. f., coup, طعنة.
ESSUIE-MAIN, s. m., فوطة ‑ منشفة ; plur., فوط ESTOMAC, s. m., معدة. Sa partie extérieure, صدر.
pl., مناشف. Essuie-main avec frange effiloquée, S'ESTOMAQUER, v. pr., se fâcher, سودن.
محزم ; plur., محازم. ESTRADE, s. f., élévation en planche dans un
ESSUYER, v. a., مسح ‑ نشف. A. appartement, صفة ; pl., صفوف. Estrade en pierre
Essuyer, au fig., souffrir, قاسى. Nous avons hors de l'appartement, مصطبة ; plur., مصاطب.
essuyé un coup de vent, حكمنا ريح عاصف. ESTRAGON, s. m., herbe, طرخون.
EST, s. m., شرق. Vent d'est, الشرقي. ESTRAMAÇON, s. m., ancienne épée, شاكرية.
ESTACADE, s. f., digue, سدّ. ESTRAPADE, s. f., supplice, البكرة الوجيعة.
ESTAFETTE, s. f., courrier, استعجالة. ESTROPIER, v. a., سقط ‑ عجّز.
ESTAFIER, s. m., grand valet, coquin, شاطر ; Estropier, au fig., défigurer, عطّل.
plur., شطّار. S'estropier, v. pr., تسقّط.
ESTAFILADE, s. f., خماشة ‑ جرح. ESTROPIÉ, adj., سقط. Estropié du bras, اكتع ‑
ESTAMINET, s. m., مجمع ناس يشربوا نبيذ و. ‖ Estropié du pied, أفصع. ‖ Bras estropié, أفشل
قهوة و دخان. رجل مفصوعة. ‖ Pied estropié, يد مكتوعة, فشلة.
ESTAMPE, s. f., صورة طبع. ESTURGEON, s. m., سمك كبير بحري.
ESTAMPER, v. a., طبع. A. ÉSULE, s. f., plante, شبرم ‑ لاعية.
ESTAMPILLE, s. f., طابع ‑ ختم ‑ مهر. ET, conj., و ‑ واو العطف.
ESTIMABLE, adj. com., يعزّ ‑ مستحق الاعتبار. ET CÆTERA, s. m., الى اخره. En abrégé, الخ.
ESTIMATEUR, s. m., مثمّن. Juste estimateur, ÉTABLE, s. f., اصطبل ‑ زريبة.
عارف بقيمة. ÉTABLER, v. a., ربط في زريبة. O.
ESTIMATIF, IVE, adj., تثميني. ÉTABLI, s. m., table d'artisan, طاولة النجّار.
ESTIMATION, s. f., تسعير ‑ تثمين. ÉTABLIR, v. a., rendre stable, قرّر ‑ اثبت ‑ مكّن.
ESTIME, s. f., cas que l'on fait de, اعتبار ‑ معزّة. Établir, donner un état, رتّب له معاش. Établir
Un tel a beaucoup d'estime pour lui, قيمته une fille, زوّج بنت.

ÉTA

*Établir* une loi, un usage, أقام - وضع - O. سَنّ سَنَّةً.

*Établir*, prouver, أثبت - قرّر.

*Établir*, fonder, وضع - أسّس.

*Établir*, régler, نظّم - رتّب.

*Établir*, nommer, instituer, A. جعل - أقام A.

*Établir*, exposer un fait, شرح A.

*S'établir*, v. réf., se monter un établissement, تأثّث.

*S'établir*, se fixer, استمكن - توطّن.

*S'établir*, passer en usage, I. صار عادةً.

ÉTABLISSEMENT, s. m., action d'établir, إقامة - توطين - تقرير - ترتيب - قيام.

*Établissement*, poste, état, منصب - معاش.

*Établissement*, édifice, بنا ; plur., أبنية - عمارة.

*Établissement*, institution, ترتيب - نظام.

*Établissement*, commencement, إنشا.

ÉTAGE, s. m., طبقة ; plur., ادوار - دور.

ÉTAGÈRE, s. f., tablette, رفّ ; plur., رفوف.

ÉTAI, s. m., سند - دعمة.

ÉTAIN, s. m., métal, قصدير - فزدير.

ÉTAL, s. m., table ou boutique de boucher, طاولة جزّار - دكّان جزّار.

ÉTALAGE, s. m., exposition de marchandises ; au fig., parade, فرش بضاعة.

ÉTALER, v. a., exposer, عرض O. - فرش بضاعة O. au propre et au fig.

ÉTALON, فحل ; plur., فحول.

*Étalon*, modèle de poids et de mesures fixé par la loi, اصل كيل و وزن شرعى.

ÉTALONNEMENT, s. m., طرق الوزن و الكيل.

ÉTALONNER, v. a., marquer les poids et mesures conformes à l'étalon, طرق الوزن و الكيل O.

ÉTAMAGE, s. m., تبييض.

ÉTAMER, v. a., enduire d'étain, بيّض.

ÉTAMEUR, s. m., مبيّض النحاس.

ÉTAMINE, s. f., tissu pour passer les poudres, les liqueurs; bluteau, منخل ; pl., مناخل. Passer par l'étamine, نخل O., au propre et au fig.

*Étamines*, s. f. plur., terme de botanique, filets chargés des poussières fécondantes, طلع النبات.

*Étamines*, organe sexuel mâle de la plante, طرح ذكر النبات.

ÉTAMURE, s. f., étain pour étamer, قصدير.

ÉTANCHEMENT, s. m., action d'étancher, ses effets, قطع.

ÉTANCHER, v. a., arrêter l'écoulement du sang, etc., قطع الدم A. - حبس السيلان I. - جزّ O. *Étancher* la soif, نشف I. - روى الظمى - بلّ الريق - قطع - دفع العطش.

*Étancher* la soif de l'or, de la vengeance, شبع ذهبًا - شفى غليله من I.

ÉTANÇON, s. m., pièce pour soutenir un mur, des terres, سند - سهم.

ÉTANÇONNER, v. a., سند حايط بسهم.

ÉTANG, s. m., غدير - مستنقع ماء ; pl., غدران.

ÉTAPE, s. f., محطّة ; plur., محطّات.

ÉTAT, s. m., disposition d'un être, حال ; plur., أحوال. Ceux qui se trouvent en état de mort spirituelle, الموجودين او الحاصلين فى حال الموت الروحانى. Il n'est pas en état de se lever, ما يقدر يقوم - ما له حال يقوم.

*État*, registre, liste, دفتر ; plur., دفاتر - قايمة ; plur., قوايم - علم.

*État*, inventaire, بيان - قايمة.

*État*, train, dépense, كلفة. Grand état de maison, باب كبير.

*État*, profession, صناعة - كار.

*État*, empire, سلطنة - دولة ; plur., دُوَل. État, pays, ممالك ; plur., ممالك - بلاد.

*État*, gouvernement, حُكم. Maximes d'État, أرباب قواعد الحكم. Les conseillers d'État, أرباب الديوان. Coup d'état, mesure vigoureuse, ملعوب من ملاعيب الحكم.

ÉTAT-MAJOR, s. m., روسا العسكر.

ÉTATS-GÉNÉRAUX, s. m. pl., جماعة وكلا المملكة.

## ÉTE

Étau, s. m., نوع كلبتين لضبط الاشيا.
Étayement, s. m., تسنيد - سند.
Étayer, v. a., سند O. - ستد - سكي.
Été, s. m., صيفية - صيف - قيظ. Cet été, صيفى ‖ هذه الصيفية D'été,.
Éteignoir, s. m., مطفى.
Éteindre, v. a., طفى I. - اخمد. Éteindre, exterminer, قرض I. - اباد.
S'éteindre, v. réf., انطفى.
Étendard, s. m., بيرق ; plur., بيارق - لوا ; pl., الوية. Étendard de la révolte, بيرق العصيان. Arborer l'étendard de, شال بيرق I.
Étendre, v. a., déployer, نشر O. - فرد O. - مد O. Étendre du linge pour le faire sécher, نشر القماش.
Étendre, allonger, élargir, مد O. - مط O. - طول. بسط O.
Étendre sur le carreau, رمى على الارض I.
Étendre, donner plus de surface, وسع.
Étendre, augmenter, عظم - وسع.
S'étendre, v. réf., se déployer, انتشر - انفرد - امتد.
S'étendre, s'agrandir, اتسع.
S'étendre, durer, دام O.
S'étendre, aller jusqu'à, atteindre, اتصل الى. Son mauvais destin s'est étendu jusqu'à nous, شأمته اتصلت الينا - عتت علينا.
S'étendre tout de son long, تمدد - شطح A.
S'étendre sur le ventre, بطح A. - انبطح. ‖ S'étendre sur le dos, انبطح. ‖ S'étendre, étendre les bras comme en s'éveillant, تمطط - تمطى.
S'étendre sur un sujet, اطال الكلام فى - طال فى الكلام O.
Étendu, adj., مديد - واسع. D'une utilité plus étendue, اعم فايدة.
Étendue, s. f., انبساط - سعة - امتداد.
Étendue, longueur, طول - اطالة.
Étendue, durée, طول - مدة.

## ÉTI

Étendue de pouvoir, etc., مقدار - اتساع - سعة.
L'Éternel, s. m., Dieu, الله الازلى.
Éternel, le, adj., سرمدى - ازلى - ابدى - دايم.
Éternellement, adv., دايماً - للازل.
Éterniser, v. a., ادام الى الازل - ابد.
Éternité, s. f., بقا - دوام - ابد - ازل. De toute éternité, من الازل.
Éternité, fort longtemps, مدة طويلة.
Éternuer, v. n., عطس I. Compliment à quelqu'un qui éternue. Voyez Bénir.
Éternument, s. m., عطاس.
Étêter, v. a., قطع راس الشجرة A.
Éther, s. m., ciel, فلك الاثير.
Éther, liqueur, روح العرقى مع الزجاج.
Éthéré, e, adj., هوايى.
Éthiopie, s. f., بلاد الحبش.
Éthiopien, ne, adj., حبشى ; collect., حبش.
Éthiops, s. m., mélange de mercure et de soufre, زيبق مخلوط بكبريت - حبشى المعدنى.
Ethmoïde, s. m., os du crâne, العظم الغربالى.
Éthologie, s. f., traité sur les mœurs, les manières, كتاب فى علم الاخلاق.
Étincelant, e, adj., قداح نار - لامع.
Étinceler, v. n., briller, لمع A. - قدح نار A. طار الشرار من I.
Étincelle, s. f., شرارة ; plur., شرار et شرر, au propre et au fig.
Étincellement, s. m., قدح - لمع.
S'étioler, v. pr., رق النبات وضعف I.
Étiologie, s. f., traité des causes des maladies, رسالة فى سبب العلل.
Étique, adj. com., maigre, ضعيف - مقرقم.
Étique, attaqué d'étisie, مسلول.
Fièvre étique, حمى الدق.
Étiqueter, v. a., حط عنوان على O.
Étiquette, s. f., petit écriteau, عنوان.
Étiquette, cérémonial, قانون ; plur., توانين.

Étisie, s. f., maladie, داء السلّ.
Étoffe, s. f., قماش ; plur., اقمشة.
Étoffe, au fig., mérite, condition, باب.
Étoffé, e, adj. (bien), bien vêtu, etc., منظوم.
Étoile, s. f., astre, كوكب ; plur., كواكب - نجم - نجمة ; plur., نجوم.
Étoile, sort, طالع - حظ - بخت. Bonne étoile, طالع مليح - بخت - يمن ‖ Mauvaise étoile, طالع نحس - طالع سوء - سوء بخت - شوم.
Étoile, marque blanche sur le front d'un cheval, غرّة (litt.) - صبحة - نجمة بيضا - هلال.
Étoilé, e, adj., ذو نجوم - مكوكب.
Étoilé, fêlé, مشعور.
Étole, s. f., ornement de prêtre, بدرشين - بطرشين ; plur., بطارش.
Étonnant, e, adj., عجيب - مدهش - مدهش. C'est étonnant, عجايب - عجيبة.
Étonnement, s. m., surprise, دهشة - حيرة - تعجّب. Faire une exclamation d'étonnement, شهق شهقة. A.
Étonner, v. a., I. ادهش - دهش - اذهل - حيّر.
S'étonner, v. pr., être surpris, استعجب - اندهل - اندهش - اخذه العجيب - تعجّب.
S'étonner, trouver étrange, استغرب.
Étouffade, s. f., ragoût, مكمور.
Étouffant, e, adj., يفطس.
Étouffement, s. m., difficulté de respirer, ضيقة نفس - تفطيس.
Étouffer, v. a., suffoquer, جيّف - فطس (Barb.).
Étouffer, gêner la respiration, عبق و غمّ القلب.
Étouffer la douleur, اخفى, كتم الوجع.
Étouffer une affaire, etc., نسّم المسادّة I. O. طبق على الشى.
Étouffer, faire cesser, قطع - ابطل.
Étouffer, v. n., respirer avec peine, زهق A. -

Étouffer de rire, ضاقت نفسه. فتع من الضحك.
Étouffoir, s. m., ustensile, مكمرة.
Étoupe, s. f., مشاق.
Mettre le feu aux étoupes, au fig., ولّع النار.
Étouper, v. a., سدّ بمشاق. O.
Étoupille, s. f., فتيلة.
Étourderie, s. f., caractère de l'étourdi, طياشة - طيارة.
Étourderie, action d'étourdi, فترة. C'est une étourderie de ma part, صار منّى فترة.
Étourdi, e, adj., imprudent, طيور - طير - طايش.
Étourdiment, adv., بطيارة.
Étourdir, v. a., causer un étourdissement, دوّخ. Être étourdi, داخ O.
Étourdir les oreilles, صوّر - طيّش - طوّش I. Être étourdi, assourdi, انصور.
Étourdir, causer de l'étonnement, خبّل. Être étourdi, تخبّل.
Étourdir la douleur, هدّى, نوّم الوجع.
S'étourdir, v. pr., s'entêter de, اندوخ.
S'étourdir sur, se distraire de, ترك من باله O.
Étourdissant, e, adj., يطيّش.
Étourdissement, s. m., ébranlement du cerveau, دوخة.
Étourdissement, au fig., trouble, تخبّل.
Étourneau, s. m., oiseau, زرزور ; plur., زرازير.
Étrange, adj. com., غريب - خارج عن العادة. Trouver étrange, استغرب.
Étrangement, adv., خارجاً عن العادة.
Étranger, ère, adj., غريب ; plur., اغراب et برّانى - اجنبى - غرباء. Bien accueillir les étrangers, اكرم الغريب ‖ Les affaires étrangères, الامور البرانية.
Étranger, que l'on tire du dehors, جلب.
Étranger, visiteur, خاطر ; plur., حطّار - زاير ; plur., زوّار.
Étranger, qui n'a point de rapport à, خارج عن

# ÉTR        ÉTU

L'*étranger*, le pays étranger, برّا. ‖ Faire venir de l'étranger, جلب من برّا O.

Étranglement, s. m., خنق.

Étrangler, v. a., خنق I.

*Étrangler*, v. n., اختنق I. Étrangler en mangeant trop vite, غصّ O.

Être, s. m., ce qui est, كون; plur., اكوان - ; plur., موجودات ; موجود - كاينات ; plur., كاين. Être, personne, شخص; plur., اشخاص.

L'*Être*, l'existence, الوجود.

Être, v. s., exister, كان O. On le rend aussi par les pronoms personnels. C'est lui, هو. ‖ Je vous suis obligé, انا ممنون لك. ‖ Nous sommes des hommes libres, نحن ناس احرار. ‖ Il a été trois heures à faire cela, قعد ثلاث ساعات حتى يعمل هذا.

Êtres, s. m. plur., (d'une maison), تقاطيع بيت.

Étrécir, v. a., ضيّق.

Étreindre, v. a., حزق I. - O. شدّ.

Étreinte, s. f., حزقة - شدّ.

Étrenne, s. f., présent au commencement de l'année, بخشيش - عيديّة.

*Étrenne*, premier débit, première recette, استفتاح.

Étrenner, v. a., donner des étrennes, بخشش.

*Étrenner*, acheter le premier, فتح A.

*Étrenner*, v. n., recevoir le premier argent, استفتح.

Étrier, s. m., زنكاوة - ركاب; plur., ركابات. Qui a le pied à l'étrier, qui est sur le chemin de la fortune, فى الباب. ‖ A franc étrier, جرى.

Étrière, s. f., courroie qui attache l'étrier, زخم; plur., زخمة.

Étrille, s. f., قشق - محسّة - جبرة.

Étriller, v. a., قشق - حسّ O. - نمر - O. جبر الحصان.

*Étriller* quelqu'un, le battre, le faire payer trop cher, سلخ O.

Étrivière, s. f., courroie qui porte l'étrier, زخمة - سيور; plur., سير الركاب. Donner les étrivières, fouetter, ضربه سوط I.

*Étrivière*, au fig., traitement déshonorant, بهدلة. Donner les étrivières, بهدل.

Étroit, e, adj., peu large, ضيق - حرج.

*Étroit*, intime, صادق.

*Étroit*, strict, محكم.

A l'*étroit*, adv., فى الضيق - على الضيق.

Étroitement, adv., à l'étroit, على الضيق.

*Étroitement*, extrêmement, جدًّا - محكمًا.

*Étroitement*, au fig., à la rigueur, على التدقيق.

*Étroitement*, expressément, على كل وجه.

Étron, s. m., terme popul., قلوط - قلوس - جعلوس.

Étude, s. f., travail, application, مطالعة - قراية درس. Se livrer entièrement à l'étude des sciences, انصبّ على درس العلوم.

*Étude*, soins, جهد - اجتهاد I. Mettre toute son étude à, بذل كل جهدك فى.

*Étude*, artifice, affectation, مصانعة - تصنّع.

*Étude*, cabinet, مكتب.

Étudiant, s. m., écolier, مطالع - تلميذ.

Étudié, e, adj., fait avec soin, متّقون - متقن.

*Étudié*, feint, affecté, مصنّع.

Étudier, v. a., طالع - درس O. Étudier une science, قرأ فى علم. ‖ Étudier sous quelqu'un, اخذ عن A. - قرا على احد O. ‖ L'homme qui étudie finit par surpasser le savant (qui se repose), الدارس يغلب الفارس.

*Étudier*, observer avec soin, اختبر.

S'*étudier* a, v. pr., جدّ فى O. - اجتهد فى.

Étui, s. m., بيت - كيس. Étui à aiguilles, اتّارة.

Étuve, s. f., lieu qu'on échauffe pour faire suer, حمّام - طقيسى.

Étuvée, s. f., viande, poisson, cuits de certaine manière, مسبّك.

Étuver, v. a., laver en frottant, طلى ب.

21

ÉTYMOLOGIE, s. f., origine d'un mot, اصل الكلمة.
ÉTYMOLOGIQUE, adj. com., يختصّ اصول الكلام - اصلي.
ÉTYMOLOGISTE, عارف باصول الكلام.
EUCHARISTIE, s. f., ذبيحة - قربان مقدس.
EUCHARISTIQUE, adj. com., يختصّ القربان.
EUCOLOGE, s. m., كتاب صلوات.
EUFRAISE, s. f., plante, فراسيون.
EUMÉNIDES, s. f. pl., furies, عوانية جهنم.
EUNUQUE, s. m., طواشي; plur., طواشية.
EUPATOIRE, s. f., plante, غافت - غافث - ترمنان - طباق - اوقطاريون.
EUPHÉMISME, s. m., trope, تعريض.
EUPHONIE, s. f., son agréable, عذوبة نغم.
Euphonie, ce qui rend la prononciation facile, coulante, سهولة اللفظ.
EUPHONIQUE, adj. com., يختصّ سهولة اللفظ.
EUPHORBE ou EUPHORBIER, s. m., arbrisseau de Mauritanie, لوبائنة مغربية - فرفور - فربيون.
EUPHRATE, nom de fleuve, نهر الفرات.
EUROPÉEN, NE, adj., افرنجي - غربي; plur., افرنج.
EUROPE, s. f., بلاد الاوربا - بلاد الافرنج.
EUX, pr. pers. pl., هُمّن - هُمّ (Barb.).
ÉVACUANT, ÉVACUATIF, IVE, adj., (remède), دوا منقّى.
ÉVACUATION, s. f., décharge d'excréments, etc., استفراغ - براز.
Évacuation d'une place, تخلية خلو قلعة.
ÉVACUER, v. a., faire sortir, استفرغ - اخرج.
Évacuer, sortir de, O. خرج من - اخلى.
S'ÉVADER, v. pron., s'enfuir, O. هرب.
ÉVALUATION, s. f., estimation, تقويم - تشمينة.
ÉVALUER, v. a., ثمّن. Voyez ESTIMER.
ÉVANGÉLIQUE, adj., انجيلي.
ÉVANGÉLIQUEMENT, adv., حكم الانجيل.
ÉVANGÉLISER, v. a., O. دعا على المذهب الانجيلي.
ÉVANGÉLISTE, s. m., انجيلي.

ÉVANGILE, s. m., انجيل; plur., اناجيل.
Mot de l'Évangile, chose qu'il faut croire, اربع بشاير - كلمة من الانجيل.
ÉVANOUI, adj., غارق في البحران - مغشي عليه.
S'ÉVANOUIR, v. pron., tomber en défaillance, A. غشي - غبى عليه. - A. غبى - A. غاب عن رشك - غشي عليه.
S'évanouir, disparaître, غاب عن العين. - I. غطس - I. مضى - A. ذهب.
ÉVANOUISSEMENT, s. m., défaillance, غشيان - بحران.
Évanouissement, disparition, غطس.
ÉVAPORATION, s. f., (de l'humidité), تصعيد.
Évaporation, légèreté, (d'esprit), خفة عقل.
ÉVAPORÉ, E, adj., étourdi, طايش - مخيول.
ÉVAPORER, v. a., soulager (son chagrin), A. فش هته.
S'évaporer, v. pro., se résoudre en vapeurs, تصعّد.
S'évaporer, (tête), I. طاش عقله.
ÉVASEMENT, s. m., تفلطح.
ÉVASER, v. a., élargir l'ouverture, فلطح. Évaser un arbre, وسّع شجرة.
S'évaser, v. pr., s'ouvrir, تفلطح.
ÉVASIF, IVE, adj., qui sert à éluder, محاولة. Réponse évasive, جواب محاولة.
ÉVASION, s. f., fuite, هريبة.
ÉVÊCHÉ, s. m., اسقفية.
ÉVEIL, s. m., تشنيبة. Donner l'éveil, نبّه.
ÉVEILLÉ, E, adj., vif, فايق - نبيه.
ÉVEILLER, v. a., tirer du sommeil, صحّى - فيّق - ايقظ - نبّه.
Éveiller, égayer, شرح.
S'éveiller, v. réf., cesser de dormir, فاق - I. A. صحى - انتبه - استيقظ من النوم.
ÉVÉNEMENT, s. m., issue, succès, عاقبة - آخر.
Événement, fait, accident, عارض; plur., عوارض.
Événement, حادثة; plur., حوادث. A tout événement,

phrase adverbiale, quoi qu'il arrive, مهما يحصل على كل حال.

ÉVENT, s. m. (tête à), عقل طايش - عقل خفيف. Mettre à l'évent, exposer à l'air, هوّى. ‖ Donner de l'évent, introduire de l'air, نفس.

ÉVENTAIL, s. m., مروحة ; plur., مراوح.

ÉVENTAILLISTE, s. m., بيّاع مراوح.

ÉVENTAIRE, s. m., plateau d'osier, قفص.

ÉVENTÉ, E, adj., léger, طايش - طاير. Il a l'esprit éventé, عقله طاير.

ÉVENTER, v. a., faire du vent avec un éventail, روح - هوّى. Exposer au vent, هوّى. Éventer le grain, le remuer pour lui donner de l'air, هوّى الغلّة.

Éventer, découvrir, كشف. I. Éventer la mine ou la mèche, كشف المختبى.

S'éventer, v. réf., se donner de l'air, تهوّى.

S'éventer, se gâter à l'air, A. - انفسد - تلف. افسك, اتلفه الهوا.

ÉVENTOIR, s. m., gros éventail, مروحة.

ÉVENTRATION, s. f., sortie accidentelle des viscères, خروج الامعاء.

ÉVENTRER, v. a., شقّ البطن. O.

ÉVENTUEL, LE, adj., عارضي - غيبي.

ÉVENTUELLEMENT, adv., غيبيا.

ÉVÊQUE, s. m., اسقف ; plur., اساقفة.

S'ÉVERTUER, v. réf., s'efforcer, اجتهد فى - قارف.

ÉVICTION, s. f., terme de droit, خلع واحد من متاع.

ÉVIDEMMENT, adv., واضحا.

ÉVIDENCE, s. f., ايضاح - وضوح. Mettre en évidence, اوضح - بيّن - اظهر.

ÉVIDENT, E, adj., باين - واضح - ظاهر. Être ou devenir évident, تبيّن - اتّضح. ‖ Il est évident que, من المعلوم الواضح ان.

ÉVIDER, v. a., faire sortir l'empois du linge, I. شال النشا.

Évider, échancrer, فوّر.

ÉVIER, s. m., بلوعة المطبخ.

ÉVINCER, v. a., déposséder, خلع من. A.

ÉVITER, v. a., حذر من - عن - تجنّب - اجتنب. A. Éviter les vices et acquérir les vertus, تحرّس من - احترز عن - اجتناب الرذايل و اقتنا الفضايل. ‖ Éviter un coup qu'on vous porte, زاغ عن الضربة.

S'éviter, v. récip., تجانبوا.

ÉVOCATION, s. f., استدعا - احضار.

ÉVOLUTION, s. f., mouvement de troupes, حركة العساكر.

ÉVOQUER, v. a., appeler, faire apparaître, استدعا. Évoquer une cause à, احضر. امر برفع دعوى الى.

EX, prép., ci-devant, سابقا. Ex-général, عسكر سابقا.

EXACT, E, ponctuel, مضبوط - صاغ - مدقّق. Exact, fait avec exactitude, مضبوط. ‖ C'est l'exacte vérité, هذا عين الحقّ.

EXACTEMENT, adv., بتدقيق و تحقيق - بضبط.

Exactement semblable, مثل طبق.

EXACTEUR, s. m., ظالم - بلّاص.

EXACTION, s. f., ظلم - بلصة.

EXACTITUDE, s. f., attention ponctuelle, دقّة - ضابطة - تدقيق.

Exactitude, précision, justesse, تحكيم - ضبط - افراط.

EXAGÉRATION, s. f., مبالغة.

EXAGÉRÉ, E, adj., qui exagère, مبالغ.

EXAGÉRER, v. a., كبّر - عظّم - بالغ فى.

EXAGONE, s. m., مسدّس.

EXALTATION, s. f., élévation (au pontificat), ارتفاع الى.

Exaltation, exagération, تعظيم. Exaltation, chaleur d'imagination, حماسة.

EXALTER, v. a., vanter, رفع - فخّم - عظّم.

Exalter, porter à l'enthousiasme, احمس - حمّى.

EXAMEN, s. m., فحص - بحث. Examen de conscience attentif et scrupuleux, فحص الضمير باجتهاد و تدقيق.

21.

EXAMINATEUR, s. m., باحث.

EXAMINER, v. a., faire l'examen, فتّش - A. فحص A. Examiner une affaire, بحث. ‖ Examiner avec soin, éplucher, فحص الامر. حرّر على - دقق على.

*Examiner*, considérer attentivement, تأمّل.

*Examiner*, discuter, باحث عن.

EXASPÉRATION, s. f., زهاق.

EXASPÉRER, v. a., irriter, زهق - اغاظ.

*S'exaspérer*, v. pron., s'irriter, زهق A. - اغتاظ.

EXAUCER, v. a., اجاب - استجاب.

EXCAVATION, s. f., فحت.

EXCAVER, v. a., creuser, A. فحت.

EXCÉDANT, s. m., ce qui excède, زايد - فايض.

EXCÉDER, v. a., outrepasser, تجاوز - تعدى - I. O. عدى Une somme qui excède cent piastres, مبلغ يزيد على مية غرش - ينيف عن مية غرش.

*Excéder*, fatiguer, importuner, اتعب - اهلك. Excéder de coups, اهلك من الضرب.

*S'excéder*, v. pron., faire quelque chose jusqu'à l'excès, l'extrême fatigue, اهلك نفسه - فرهد.

EXCELLEMMENT, adv., بفضل - بشرف.

EXCELLENCE, s. f., degré éminent de perfection, جودة - فضل - سعو - نيافة.

*Excellence*, s. f., titre d'honneur au-dessous de celui d'Altesse, جناب - حضرة. A son Excellence le ministre de...., الى جناب حضرة وزير.

*Par excellence*, excellemment, بنيافة.

EXCELLENT, E, adj., très-bon, جيد عظيم - فايق. Excellent vin, نبيذ عظيم.

EXCELLENTISSIME, adj., très-excellent, عظيم جدًا.

*Excellentissime*, titre d'honneur, كُلّي النيافة.

EXCELLER, v. n., فاق على غيره O.

EXCENTRIQUE, adj. com., se dit des cercles engagés l'un dans l'autre et à centres différents, دواير متوسطة و مختلفة المراكز.

EXCEPTÉ, prép., hors, خلافي - سوى - غير - الّا.

EXCEPTER, v. a., استثنى - اخرج عن.

EXCEPTION, s. f., استثنا. A l'exception, excepté, كلّهم قاطبةً. ‖ Sans exception, ماخلا - خلا عن.

Excès, s. m., ce qui passe les bornes, زودة - خروج عن الحدّ - افراط - فرط.

*Excès*, débauche, افراط - انهماك.

*Excès*, violence, ظلم - تعدّى - شطّ.

*A l'excès*, adv., outre mesure, بالزود - بكشرة - للغاية.

EXCESSIF, IVE, adj., qui excède les bornes, خارج عن الحدّ - مفرط - زايد.

*Excessif*, violent, شديد.

EXCESSIVEMENT, adv., فوق الحدّ - للغاية - بالزود.

EXCIPER de, v. n., احتجّ على.

EXCITATIF, VE, adj., propre à exciter, مهيّج.

EXCITER, v. a., faire naître, provoquer, هيّج - حرّك.

*Exciter à, ou contre, animer*, حرّك الى على - حثّ على - حرّض علي A. ‖ Exciter au combat, نخى. ‖ Exciter le peuple contre, قوّم الناس على. ‖ Exciter à l'étude, استهمّ علي الدرس.

*Exciter*, occasionner, سبّب.

EXCLAMATION, s. f., cri, صرخة. Exclamation de surprise, شهقة. ‖ Exclamation de crainte, etc., تهويلة; plur., تهاويل.

EXCLURE, v. a., empêcher d'être admis, منع A. ‖ Exclure, expulser, نفى I. ‖ Exclure, écarter, ابعد. ‖ Exclure, priver de, حرم من - I. حرمه الشي.

EXCLUSIF, IVE, adj., دون غيره - مانع لغيره - مخصّص.

EXCLUSION, s. f., منع. A l'exclusion de, دون.

EXCLUSIVEMENT, adv., à l'exclusion des autres, دون غيره.

*Exclusivement*, non compris, غير محسوب - خارج عن.

EXCOMMUNICATION, s. f., حرم - حروم.

EXCOMMUNIÉ, E, adj., محروم.

# EXÉ

EXCOMMUNIER, v. a., séparer des fidèles, حرم I. - منع A.

EXCORIATION, s. f., écorchure, سلخ - سحج.

EXCORIER, v. a, écorcher, سلخ A. - سحج A.

EXCRÉMENT, s. m., براز - وسخ.

EXCRÉMENTEUX, SE, ou EXCRÉMENTITIEL, ELLE, adj., وسخي - برازي.

EXCRÉTION, s. f., sortie naturelle des humeurs, رشح - خروج المواد.

EXCRÉTOIRE, adj. com., رشّاح - للرشح.

EXCROISSANCE, s. f., زيادة لحم.

EXCURSION, s. f., irruption, غارة.

*Excursion*, au fig., digression, خروج عن الغرض.

EXCUSABLE, adj. com., معذور.

EXCUSE, s. f., معذرة - اعتذار - عذر. Dans les excuses entrent souvent des mensonges, ان المعاذر يشوبها الكذب. || *Excuse*, prétexte, حجة باردة، حجة باطلة، بطالة. || *Mauvaise excuse*,

EXCUSER, v. a., justifier, disculper quelqu'un, اقام عذره عند - تلاقى دعوته - برّر I. عذر I. - *Excuser*, pardonner, tolérer, عذر - سامح - تحمل - احتمل.

*Excuser*, admettre les excuses, قبل عذر A. *Excusez-moi*, rép., انت غير مواخذ، لا تواخذني.

*Excuser*, dispenser de, اعفى عن.

*S'excuser*, v. réf., se justifier, بيّض وجهه - تبرّر - اقام عذره عند.

*S'excuser de*, se dispenser de, اعتذر من - استعذر من.

*S'excuser sur*, اعتذر على - احتجّ على.

EXÉCRABLE, adj. com., horrible, ملعون - مكروه. *Exécrable*, extrêmement mauvais, ردي جدًا.

EXÉCRABLEMENT, adv., بنوع ردي جدًا.

EXÉCRATION, s. f., horreur extrême, كراهة. Avoir en exécration, كره A.

*Exécration*, imprécation, لعنة.

EXÉCRER, v. a., كره A.

EXÉCUTABLE, adj. com., يُعْمَل.

# EXE 325

EXÉCUTER, v. a., mettre à effet, عمل A. - تمّم - كمّل - امضى - انفذ. Exécuter un ordre, انفذ الامر - عمل ما امره به. || Exécuter une promesse, انجز وعك - كمّل وعك، تمّم وعك. || Exécuter soi-même une chose, باشر الشي بنفسه.

*Exécuter*, saisir les biens, ضبط الاموال I. O.

*Exécuter*, faire mourir, قتل O.

*S'exécuter*, v. réf., faire les sacrifices nécessaires, اهلك نفسه.

EXÉCUTEUR, s. m., qui exécute, منفذ الامر. || Exécuteur testamentaire, وكيل على الوصية. || Exécuteur des hautes œuvres, مشاعلي. || Exécuteur des basses œuvres, سراباتي.

EXÉCUTIF, IVE, adj. (pouvoir), qui fait exécuter, منفذ الاحكام.

EXÉCUTION, s. f., نفاذ الامر - عمل - امضا الامر - اتمام - تكميل.

*Exécution*, peine de mort, قتل.

EXÉCUTOIRE, adj., terme de pratique, معمول به - موجب العمل به.

EXEMPLAIRE, s. m., livre, نسخة ; plur., نسخ.

EXEMPLAIRE, adj. com., qui peut servir d'exemple, مليح المثال - معتبر به.

EXEMPLAIREMENT, adv., بوجه معتبر.

EXEMPLE, s. m., ce qui peut servir de modèle, مثال ; pl., امثلة. Exemple قاعدة ; pl., قواعد. || Il est l'exemple des gens de bien, هو قدوة الاخيار و اسوة الابرار. || Exemple à éviter, عبرة. || Faire un exemple sur, مثّل به, مثل I. || Servir d'exemple, خلاه عبرة لمن يعتبر. || Suivre l'exemple de, تبع اثر, ستنة I. صار عبرة A. || Exemple d'écriture, قاعدة خط - اقتدى به.

*Exemple*, chose pareille, مثل. || Citer un exemple, اورد شاهدًا.

Par *exemple*, adv., مثلًا. Comme par exemple, كنحو - مثل.

EXEMPT, s. m., sorte d'officier, اغا ; plur., اغاوات.

EXEMPT, adj., qui n'est point sujet à, معاف عن - ما عليه. Il est exempt de blâme, ما عليه ملام. ‖ Exempt de crime, برى من الذنب. ‖ Nul n'est exempt de, لا يخلو احد عن.

EXEMPTER, v. a., اعفى ان.

EXEMPTION, s. f., privilège qui exempte, معافاة.

EXERCER, v. a., dresser, former à, درّب على - عوّد على - علّم.

*Exercer*, mettre en exercice, راض O. Exercer un cheval, جرّد الفرس.

*Exercer* son droit, تصرّف فى حقّه. Exercer un art, مارس صناعة - عمل كار. ‖ Exercer l'hospitalité, اكرم الضيف. ‖ Exercer sa cruauté sur, اظهر قساوة قلبه فى. ‖ Exercer une charge, تولّى وظيفة. ‖ Exercer la patience de quelqu'un, la mettre à l'épreuve, امتحن صبره.

*S'exercer* à, v. réf., s'instruire à, تمرّن على - تدرّب على.

*S'exercer*, se mettre en exercice, استدمن - ترّوض.

EXERCICE, s. m., action par laquelle on s'exerce, ادمان - رياضة. Qui est en exercice, مستدمن - مجرود (cheval).

*Exercice*, pratique, مهارسة - عمل - فعل.

*Exercice* à feu, تعليم نارى.

*Exercice* d'une charge, خدامة بوظيفة.

*Exercice*, peine, fatigue, تعب.

EXHALAISON, s. f., بخار; plur., بخارات.

EXHALATION, s. f., opération pour faire évaporer, تصعيد.

EXHALER, v. a., تصاعد منه بخار O. فاح بروايح طيبة A. — طلع منه روايح. *Exhaler* sa colère, sa douleur, فشّ خلقه A.

*S'exhaler*, v. réf., تصاعد من A. S'exhaler (en parlant d'odeurs agréables), فاح - عبق O.

EXHAUSSEMENT, s. m., élévation, علو.

EXHAUSSER, v. a., élever, رفع على A.

EXHÉRÉDATION, s. f., منع من ارث.

EXHÉRÉDER, v. a., déshériter, منع من الارث A.

EXHIBER, v. a., montrer, عرض A. — قدّم.

EXHIBITION, s. f., représentation de, عروض - تقديم.

EXHORTATION, s. f., ترغيب - موعظة.

EXHORTER, v. a., engager à, رغّب فى - وعظ ب; aor., يعظ - شار عليه ب O. Exhorter au combat, حضّى الى القتال. ‖ Exhorter à la mort, شجّع على الموت.

EXHUMATION, s. f., اخراج ميت من قبر.

EXHUMER, v. a., déterrer un corps, اخرج ميت من قبر.

EXIGEANT, E, adj., qui exige trop, تثقيل - يطلب كثير.

EXIGENCE, s. f., besoin, مقتضى. L'exigence du cas, مقتضى الحال.

EXIGER, v. a., demander de droit ou de force, طلب من - طالب ب O. Exigez de vos gens qu'ils ne molestent personne, قرّط على رجالك ان لا يؤذّوا احدا.

*Exiger*, obliger à, اقتضى. C'est là ce qu'exige de vous votre charge, كذا تقتضى وظيفتك.

EXIGIBLE, adj. com., يُطلَب.

EXIGU, E, adj. fam., fort petit, نزر - قليل.

EXIGUÏTÉ, s. f., petitesse, نزارة - قلّة.

EXIL, s. m., bannissement, نفى. Exil en terme métaphorique ou mystique, غربة. ‖ Ceux qui sont en exil dans cette vie, الذين فى غربة هذه الحيوة. ‖ Dans mon exil, فى غربتى.

EXILÉ, E, adj., منفى - مسركل.

EXILER, v. a., bannir, نفى I. — سركل.

*S'exiler*, v. réf., au fig., تغرّب - ابتعد.

EXISTANT, E, adj., موجود.

EXISTENCE, s. f., وجود.

EXISTER, verb. n., être, كان O. — وجد; aor. يوجد.

EXODE, s. m., deuxième livre du Pentateuque, سفر الخروج.
EXORBITAMMENT, adv. بزيادة - فوق الحدّ.
EXORBITANT, E, adj., excessif, خارج عن الحدّ.
EXORABLE, adj., يلين ل - مجيب.
EXORCISER, v. a., استقسم - عزّم على.
EXORCISME, s. m., استقسام - تعزيم.
EXORCISTE, s. m., مستقسم.
EXORDE, s. m., مطلع الكلام - فاتحة.
EXOSTOSE, s. f., tumeur osseuse, زايدة عظمية.
EXOTÉRIQUE, adj. com., extérieur, ظاهر.
EXOTIQUE, adj. com., étranger, مجلوب.
EXPANSIBILITÉ, s. f., faculté de s'étendre, فرش - امتداد.
EXPANSIBLE, adj. com., qui peut s'étendre, يفرش - يمتدّ.
EXPANSIF, IVE, adj., qui a la force de s'étendre ou d'étendre, يبسط أو ينبسط.
EXPANSION, s. f., état d'un corps qui se dilate, انبساط - امتداد.
EXPATRIER, v. a., طفش.
S'expatrier, v. réf., تغرّب - طفش.
EXPECTANT, E, adj., مستنظر.
EXPECTATIVE, s. f., attente fondée, استنظار - انتظار.
EXPECTORANT, E, adj. (remède), دوا يقطع البلغم.
EXPECTORATION, s. f., تنخيم.
EXPECTORER, v. a., chasser les humeurs de la poitrine, تنخّم.
EXPÉDIENT, s. m., moyen, مخلص - طريقة.
EXPÉDIER, v. a., dépêcher, hâter l'exécution de, خلّص عجّل - انجز - روّج - سهّل.
Expédier quelqu'un, terminer promptement son affaire, خلّصه - انجز امره - عجّل عليه بقضا امره.
Expédier, tuer promptement, قلع.
Expédier, envoyer, ارسل.
EXPÉDITIF, IVE, adj., prompt, سريع.
EXPÉDITION, s. f., envoi, ارسال - ارسالية.

EXPÉDITION, entreprise militaire, تجريدة.
EXPÉDITION, copie d'un acte, صورة حجّة.
EXPÉDITIONNAIRE, s. m., copiste, كاتب.
EXPÉRIENCE, s. f., épreuve, تجربة, plur., تجارب. Une longue expérience étend la raison, طول التجارب زيادة فى العقل; prov. || Les expériences sont infinies, التجارب ليس لها نهاية; prov.
Expérience, connaissance acquise par l'usage, خبرة. Qui a de l'expérience, مجرّب الامور || Sans expérience, مجدّد - غشيم.
EXPÉRIMENTAL, E, adj., تجربى.
EXPÉRIMENTÉ, E, adj., مجرّب الامور - خبير.
EXPÉRIMENTER, v. a., éprouver, جرّب.
EXPERT, E, adj., versé dans un art, ماهر.
Expert, nommé pour faire un examen, اهل خبرة - كشّاف.
EXPERTISE, s. f., examen des experts, كشف.
EXPIATION, s. f., استغفار - كفّارة - تكفير.
EXPIATOIRE, adj. com., تكفيرى - استغفارى.
EXPIER, v. a., réparer une faute par une peine, كفّر عن - استغفر من, ل.
EXPIRATION, s. f., échéance, fin, تمام وعدة - فروغ - فراغ.
EXPIRER, v. n., mourir, خرجت روحه. O.
Expirer, au fig., finir, خلص - تمّت الوعدة. A. فرغ. A.
EXPLÉTIF, IVE, adj. (mot), de trop, زايد - اشباعى.
EXPLICABLE, adj. com., يتفسّر.
EXPLICATIF, IVE, adj., ايضاحى.
EXPLICATION, s. f., interprétation, تعبير - عبارة - تفسير.
Explication, éclaircissement, استفهام.
EXPLICITE, adj. com., clair, formel, واضح.
EXPLICITEMENT, adverbe, en termes formels, بكلام واضح.
EXPLIQUER, v. a., interpréter, اوّل - فسّر - عبّر.
Expliquer, déclarer, صرّح ب - عرّف.

*S'expliquer*, v. pron., s'exprimer clairement, بيّن , فسّر ما فى ضميره.

*S'expliquer* avec quelqu'un, avoir un éclaircissement avec lui, استفهم منه .I — حكى مع الشى.

Exploit, s. m., action de guerre signalée, سطوة — plur., افعال ; فعل.

*Exploit* d'assignation, امر حضور قدام القاضى. *Exploit* de saisie, امر بضبط — مسك طلب.

Exploitable, adj. com., qui peut être exploité, يستخرج.

*Exploitable*, qui peut être saisi, يُضبَط.

Exploitation, s. f., استخراج I.

Exploiter, v. a., abattre, façonner, débiter des bois, استخرج الحطب.

*Exploiter*, faire valoir par ses mains, اشتغل. *Exploiter* une terre, حرث الارض O. || *Exploiter* une mine, عالج المعدن.

*Exploiter*, v. n., faire des exploits, des assignations, امر بالحضور فى الشرع.

Explorateur, s. m., qui va à la découverte, رايد.

*Explorateur*, espion, جاسوس.

Explosion, s. f., éclat, طلقة — ثورة.

Exportation, s. f., سفر بضاعة الى بلاد برا.

Exposant, e, adj., عارض امره.

*Exposant*, terme de mathématique, جذر.

Exposé, s. m., منهى — اعراض — معروض.

Exposer, v. a., mettre en vue, اورى — عرض O.

*Exposer*, placer, tourner vers, وجّه — عرض O. *Exposé* au midi, مقابل القبلة.

*Exposer*, expliquer, شرح — بيّن A. — عرض O.

*Exposer*, mettre en péril, عرض للخطر. *Exposer* un enfant, le laisser dans la rue, رمى طفل فى سكة I.

*Exposer* un criminel, اقامه للناس. Le promener par la ville, جرّس — جَرس.

*S'exposer*, v. réf., se hasarder, خاطر بنفسه — تعرض ل — عرض نفسه ل — جازف.

Exposition, s. f., action d'exposer, عروض — توربة.

*Exposition*, explication, شرح — بيان — عرض.

*Exposition*, abandonnement d'un enfant, ترك طفل فى سكة.

*Exposition*, situation relative aux objets, طلة.

*Exposition*, peine, اقامة للناس — تجريس (promenade par la ville).

Exprès, s. m., messager, مرسال — قاصد — ساعى ; plur., سعاة (à pied).

Exprès, se, adj., formel, معين — واضح.

Exprès, adv., à dessein, بالقصد — قصدا — عمدا. Sans le faire exprès, غلط — سهو — من غير قصد.

Expressément, adv., formellement, كلام واضح — حتماً.

Expressif, ive, adj., énergique, كلام نبر ، بليغ — ابلغ. Plus expressif, شديد التعبير — كثير المعنى — اكثر مبالغة.

Expression, s. f., action d'exprimer en serrant, عصر.

*Expression*, terme, عبارة — لفظ.

*Expression*, représentation des traits, des passions, بيان ما فى النفس — هية.

Exprimer, v. a., tirer le suc en pressant, عصر I.

*Exprimer*, énoncer, لفظ ب .I — شرح A. — بيّن. Bien exprimé, لطيف البيان و ظريف الالفاظ.

*Exprimer*, représenter, dénoter, نطق ب O. — بيّن — وصف.

*S'exprimer*, v. pr., s'énoncer, تكلّم.

Ex-professo, phrase adv., avec toute l'attention possible, بالعنية.

Expropriation, s. f., اخذ اموال الناس.

Exproprier, v. a., اخذ اموال الناس.

Expulser, v. a., اخرج من — دفع.

Expulsif, ive, adj., دافع. Faculté expulsive, قوة دافعة.

Expulsion, s. f., اخراج — دفع.

Exquis, e, adj., excellent, مفتخر — عظيم — زكى.

EXSICCATION, s. f., desséchement, جفاف.

EXSUCCION, s. f., action de sucer, مص.

EXSUDATION, s. f., عرق - رشيح - نزّ.

EXSUDER, v. n., sortir en forme de sueur, نزّ I. - ترشح.

EXSTANT, E, adj., terme de pratique, qui est en nature, بزّيّة.

EXTASE, s. f., ravissement d'esprit, انسطال - اندهال. Être ravi en extase, اخطف بالروح - طار عقله - انسطل - انخرع I.

Extase, état de maladie, سبات.

EXTASIÉ, E, adj., مسطول - مدهول.

S'EXTASIER, v. pr., tomber en extase, اندهل - انسطل.

EXTATIQUE, adj. com., انسطالي - اندهالي.

EXTENSEUR, adj., باسط.

EXTENSIBILITÉ, s. f., امتداد - بسط.

EXTENSIBLE, adj. com., qui peut s'étendre, ينبسط - يمتدّ.

EXTENSION, s. f., étendue, augmentation, توسيع - امتداد - توسيع.

Extension, relâchement, ارتخا.

Extension, explication dans un sens plus étendu, توسيع المعنى - تفسير.

EXTÉNUATION, s. f., affaiblissement, etc., هزال - ضنا - سقم - ضعف.

Exténuation, terme de pratique, تلطيف.

EXTÉNUER, v. a., affaiblir, أضنى - أسقم - أضعف.

Exténuer, terme de pratique, خفف - لطف.

EXTÉRIEUR, s., et EXTÉRIEUR, E, adj., ظاهر - خارج - برّاني.

A l'extérieur, adv., en apparence, في الخارج - في الظاهر.

EXTÉRIEUREMENT, adv., من برّا - من خارج.

EXTERMINATEUR, s. m., مدمر - مبيد.

EXTERMINATION, s. f., تدمير - إبادة.

EXTERMINER, v. a., détruire, أباد - دمّر.

EXTERNE, adj. com., برّاني - خارجي.

EXTINCTION, s. f., انطفا - اطفا - طفي.

Extinction, rémission d'un crime, محي الذنب.

Extinction, cessation, فراغ. Extinction d'une race, انطفا سلالة.

EXTIRPATEUR, s. m., مستأصل.

EXTIRPATION, s. f., استيصال - قلع جذر.

EXTIRPER, v. a., arracher, détruire, قلع A. - استأصل - قلع جذر.

EXTORQUER, v. a., prendre par force, سلب O.

EXTORSION, s. f., exaction, سلب - بلصة.

EXTRACTION, s. f., origine, أصل.

Extraction, action de tirer, استخراج.

EXTRADITION, s. f., remise de criminels à leur souverain, تسليم مذنبين لملكهم.

EXTRAIRE, v. a., tirer, استخرج - أخرج. Extraire d'un livre des passages, نقل من كتاب O. || Extraire la racine d'un nombre, استخرج جذر عدد. || Extraire, faire l'abrégé, لخّص - اختصر - شرح مضمون كتاب.

EXTRAIT, s. m., ce qu'on extrait d'un livre, منقول من كتاب. Des extraits, des morceaux choisis tirés de, منتخبات.

Extrait, analyse, abrégé, مختصر - تلخيص.

Extrait, terme de chimie, دهن - روح.

EXTRAJUDICIAIRE, adj. com., hors des formes de la procédure, عرفي - خارج عن قوانين الشرع.

EXTRAJUDICIAIREMENT, adv., sans observer les formes judiciaires, عرفيا - على غير قوانين الشرع.

EXTRAORDINAIRE, adj. com., خارج عن العادة - غريب - غير معتاد.

Extraordinaire, s. (dans les comptes de dépenses), طارى.

EXTRAORDINAIREMENT, adv., خارجا عن العادة - بنوع غريب - فوق العادة.

EXTRAVAGANCE, s. f., folie, جنون - جنان.

EXTRAVAGANT, E, adj., fou, ملطوش - مهووس - مجنون; plur., مجانين.

*Extravagant*, contre la raison, ضدّ العقل.
Extravaguer, v. n., هذى - هاتى - دردش I.
Extravasation ou Extravasion, s. f., طفح.
S'extravaser, v. pron., sortir des vaisseaux, طفح A.
Extrême, adj. com., très-grand, excessif, للغاية. ‖ Joie extrême, غاية السرور - زايد - عظيم. ‖ Froid extrême, برد شديد للغاية - برد لا يُطاق.
*Extrême*, qui ne garde aucune mesure, خارج عن الحدّ.
Extrême, s., opposé, ضدّ. Les deux extrêmes, les extrêmes, الافراط - ضدان متقابلان.
*L'extrême*, le plus haut point, النهاية - الغاية.
Extrême-onction, s. f., sacrement, مسح المرضى. ‖ Donner l'extrême-onction à un malade, مسح المريض بالزيت المقدس A.
Extrêmement, adv., للغاية - جدّا.

Extrémité, s. f., bout, طرف, plur., اطراف.
*Extrémité*, le dernier moment d'une affaire, اخر الامر - اخرة. *Extrémité*, le dernier moment de la vie, اخر نفس A. ‖ Il est à l'extrémité, هو على اخر نفس.
*Extrémité*, excès, نهاية - غاية. Extrémité, violence, ظلم - شدّة.
*Extrémité*, le pire état où l'on puisse être réduit, اشدّ الضيق - عزّ الضيقة.
Extrinsèque, adj. com., qui vient du dehors, اجنبى - خارجى.
Exubérance, s. f., surabondance, زيادة.
Exulcérer, v. a. *Voyez* Ulcérer.
Ex-voto, s. m., نذيرة - نذر.
Ézan, s. m., appel à la prière chez les musulmans, الاذان.
Ézotérique, adj. com., caché, obscur, مخفى.

# F

F, s. m., sixième lettre de l'alphabet français, حرف الفاء وهو السادس.
Fabagelle, s. f., plante, كمون قرمانى.
Fabago, s. m., plante, قنّار البقلة.
Fable, s. f., chose feinte, inventée pour instruire u amuser, مثل; plur., امثال.
*Fable*, fiction, chose controuvée, تصنيفة - حكاية مصنوعة.
La *Fable*, les fables de l'antiquité, اساطير الاولين.
*Fable*, risée de, هزو ل.
Fablier ou Fabuliste, s. m., صاحب الامثال.
Fabricant, s. m., معلم صاحب كرخانة.
Fabricateur, s. m., مصطنع - صانع. Fabricateur de fausse monnaie, زغلى.
Fabrication, s. f., صنع - عمل.
Fabrique, s. f., lieu où l'on fabrique, كرخانة - معمل.

Fabriquer, v. a., faire, عمل A. - صنع A. Fabriquer de la fausse monnaie, اصطنع. دقّ كيميا O.
*Fabriquer*, au figuré familièrement, inventer, اخترع.
Fabuleux, se, adj., feint, تصنيفى - من قبيل الاكاذيب و الاساطير.
Fabuliste, s. m., مصنّف امثال.
Façade, s. f., face, واجهة.
Face, s. f., côté, وجه; plur., وجوه - واجهة.
*Face*, facette, côté d'un polyèdre, قاعدة; plur., قواعد.
*Face*, visage, وجه; plur., وجوه.
*Face*, superficie des corps, وجه.
*Face*, au fig., état des affaires, حال.
Faire *face*, être tourné vers, قابل.
Faire *face*, être en état de satisfaire à ses engagements, etc., قام بها عليه O.

*Face à face*, adv., l'un devant l'autre, وجه بوجه - الوجه فى الوجه.

En *face*, adv., en présence, مواجهة. Eu face de, vis à vis de, فى مقابلة - قصاد - قبال. Sa maison est en face de la mienne, بيته مقابل بيتى.

FACÉTIE, s. f., bouffonnerie, تسنكيت - مضحكة ; plur., تهريج - تناكيت.

FACÉTIEUSEMENT, adv., بتسنكيت.

FACÉTIEUX, SE, adj., bouffon, منكت - مهرج - مسخن.

FACETTE, s. f., petite face, ركن ; plur., اركان. Taillé à facettes, محرف - مركن - مقرن.

FÂCHER, v. a., mettre en colère, سودن - اغاظ. Qui est fâché contre quelqu'un, حردان عليه - غضبان عليه - متسودن عليه , منه - مغبون عليه - محسور منه.

*Fâcher*, causer du déplaisir, غم - صعب على A. - I. عز على - O. شق عليه - O. ما هان عليه. Il me fâche que, je suis fâché de, يصعب علىّ ان - يعزّ علىّ ان. ‖ Qui est fâché de quelque chose, محسور على شى.

*Se fâcher*, v. pro., prendre du chagrin, se mettre en colère, انغمّ من - اخذ على خاطره - اغتاظ - تغشش - تسودن (Barb.). Se fâcher contre quelqu'un, A. حرد عليه - انحسر منه - تسودن منه - انتهر عليه. ‖ Il s'est fâché et est parti, اخذتة الحميّة وراح.

FÂCHERIE, s. f., déplaisir, قهر - غبنة.

FÂCHEUX, SE, adj., qui chagrine, مغمّ - صعب.

*Fâcheux*, importun, ثقيل - مكدّر.

*Fâcheux*, d'humeur bizarre, خلقة ضيّق.

FACILE, adj. com., aisé, هيّن - ساهل - سهل. Afin qu'il soit facile à tout le monde de se le procurer, ليسهل اقتناؤه على الجميع. ‖ Caractère facile, qui se laisse aller facilement, سريع الميل.

FACILEMENT, adv., بسهولة.

FACILITÉ, s. f., سهولة. Facilité de mœurs, سهولة اخلاق.

FACILITER, v. a., سهّل عليه - هوّن عليه - يسّر له.

FAÇON, s. f., manière dont une chose est faite, sa forme, صناعة - عمل - شكل.

*Façon*, travail de celui qui a fait un ouvrage, شغل - عمل. Prix de la façon, كرة اليد - حق. ‖ Façon d'un habit, الخياطة و التفصيل.

*Façon*, air, mine, هيّة.

*Façon*, sorte, manière d'agir, de faire, etc., شكل - نوع - طرز - زى. A la façon des Arabes, على زى العرب. ‖ Façon de parler, اصطلاح.

*Façon*, invention, composition, تصنيف.

*Façon*, manières contraintes, embarrassantes, cérémonie, تكليف ; plur., تكاليف - اماثل. Sans façon, من غير تكليف.

*Façon*, soin excessif, بدع.

*Façon*, afféterie, دلاعة - بغددة.

De *façon que*, de sorte que, ف. En aucune façon, ابدًا - قط.

FAÇONNER, v. a., faire, donner la façon, A صنع - هندم. A. - عمل.

*Façonner*, orner, زيّن - نظم - وصّب.

*Façonner*, labourer, A. شغل.

*Façonner*, former, accoutumer, طبّع.

FAÇONNIER, ÈRE, adj., qui fait trop de façons, صاحب تكليف - صاحب توانى.

FAC-SIMILE, s. m., imitation d'une écriture, تقليد خط.

FACTEUR, s. m., commis chargé de négoce, وكيل.

*Facteur*, faiseur, صانع.

*Facteur*, celui qui porte les lettres, ساعى.

*Facteur*, quantité dont un produit est formé, احد الحواصل.

FACTICE, adj. com., صنعة - اصطناعى. Est-ce naturel ou factice? خلقة و لّا صنعة.

FACTIEUX, SE, adj., من اهل العصب.

FACTION, s. f., guet d'une sentinelle, غفر.

*Faction*, parti, cabale, قسم - عصبة ; plur., فرقة ; plur., عصب.

FACTIONNAIRE, s. m., qui fait faction, غَفِير.
FACTORERIE, s. f., bureau des facteurs des compagnies de commerce, مكتب جماعات التجار في الهند.
FACTOTON ou FACTOTUM, s. m., مهماز.
FACTUM, s. m., mémoire, مصرّح - بيان.
FACTURE, s. f., mémoire d'un marchand, علم مشترا او بيع بضاعة.
FACULTATIF, IVE, adj., qui donne la faculté, اقتداري.
FACULTÉ, s. f. puissance, vertu naturelle, قوة ; plur., قوى. Les facultés de l'âme, قوى النفس.
*Faculté*, facilité pour bien faire, مقدرة.
*Faculté*, propriété naturelle des plantes, خاصّة ; plur., خواصّ - خاصية.
*Faculté*, droit, moyen de faire, مقدرة. Je n'en ai pas la faculté, ما اقدر على ذلك.
*Faculté*, corps de savants, جماعة علماء.
*Facultés*, pl., biens, talents, moyens, ressources, مقدرة.
FADAISE, s. f., bagatelle, هلسة.
*Fadaise*, ineptie, برادة. Dire des fadaises à quelqu'un, تبارد عليه.
FADE, adj. com., insipide, ما له طعمة - عادم الطعمة - ما له لذة. En style plus élevé, تفه.
*Fade*, au fig., qui n'a rien de piquant, بارد - ما له طعمة.
FADEUR, s. f., qualité de ce qui est fade, تفاهة.
*Fadeur*, au fig., manque de grâces, برادة. Fadeur, louange fade, تملق - برادة. ‖ Dire des fadeurs à, تدلع على - تبارد على.
FAGOT, s. m., جرزة حطب - حزمة حطب.
*Fagot*, au fig. fam., sornette, كذب - رقاعة - اباطيل - برادة.
FAGOTER, v. a., mettre en fagots, شدّ O. - حزم I.
*Fagoter*, arranger mal, سخط.
FAIBLE, adj., l'opposé de fort, ضعيف. Être le plus faible, عجز من - عن I. ‖ Qui a les reins faibles, figurément, qui manque de moyens, قصير الباع ‖. Faible de caractère, قليل الحزم. Tabac faible, qui a peu de goût, تتن بارد - خفيف. ‖ Style faible, كلام ركيك - ركيك.
FAIBLE, s. m., partie faible, عيب. Avoir un faible, un penchant pour, مال نحو I.
FAIBLEMENT, adv., بضعف.
FAIBLESSE, s. f., débilité, ضعف.
*Faiblesse*, évanouissement, غشوة - غميان.
*Faiblesse*, manque, défectuosité des choses morales, ركاكة - قلّة - نقصان.
*Faiblesse*, faute, نقيصة ; plur., نقايص.
Avoir de la *faiblesse* pour, مال الى نحو I.
FAIBLIR, v. n., perdre de sa force, de son courage, انفلّ عزمه I. - وهى.
FAÏENCE, s. f., sorte de poterie, كاشي - عجمي.
FAÏENCERIE, s. f., fabrique, commerce de faience, معمل العجمي.
FAÏENCIER, ÈRE, s., بياع العجمي.
FAILLI, s. m., qui a fait faillite, تاجر مكسور.
FAILLIBILITÉ, s. f., sujétion à l'erreur, كون تحت الغلط.
FAILLIBLE, adj. com., قابل للغلط - تحت الغلط.
FAILLIR, v. n., faire une faute, une erreur, زلّ I. - غلط - اخطى A.
*Faillir*, finir, manquer, نقص - انتهى O.
*Faillir*, faire faillite, انكسر.
*Faillir*, être sur le point de, كاد - كان رايح A. Il a failli tomber, كان رايح يقع - كاد يقع.
FAILLITE, s. f., banqueroute non frauduleuse, كسرة تاجر. Il a fait faillite de cent mille piastres, انكسر عن مية الف غرش.
FAIM, s. f., مجاعة - جوعة - جوع. Qui a faim, جيعان - جوعان - جايع. ‖ Nous mourons de faim, nous avons très-faim, خفّتنا من الجوع. ‖ Mourant de faim, خفتان من الجوع. ‖ Faim canine, داء الكلب. ‖ Celui qui compte sur le pain

FAI      FAI    333

d'autrui, peut avoir faim très-longtemps, من اتكل على زاد غيره طال جوعه ; prov.

Faîne, s. f., fruit du hêtre, عيش السواح.

Fainéant, e, adj., كسلان - بليد, pl., كسالى.

Fainéanter, v. n., بطل - تكاسل.

Fainéantise, s. f., بطالة - كسل - بلادة.

Faire, v. a., عمل A. - فعل A. - سوّى - صنع A. Qu'en ferai-je? ايش اعمل فيه. ‖ Que faire à cela? ايش هي الحيلة - ايش بدّنا نعمل - ايش العمل ‖ Il l'a battu, et a bien fait, ضربه و ما قصّر.

Faire un tour de promenade, دار دورة O. Faire une lieue, سار مشى قدر ساعة I.

Faire, arranger, صلّح. Faire un lit, صلّح الفرشة. ‖ Faire une chambre, كنّس الاوضة و نظّمها.

Faire, former, habituer à, عوّد على - علّم.

Avoir à faire de, احتاج الى - اعتاز. Je n'en ai que faire, ما لي حاجة فيه.

Ne faire que, لم يزل - دايم - ما له الّا. Il ne fait que dormir, دايم ينام. ‖ Il ne fait qu'aller et venir, ما فيه الّا يروح و يجي - ما له الّا يروح و يجي ‖ Il ne fait que s'enivrer, بتم يسكر. ‖ Il ne fait que de sortir, il vient de sortir, توا طلع لبرّا.

Faire, contrefaire, faire semblant de, عمل A. - صيّر روحه كأنه - عمل روحه. Faire l'ignorant, غشّم حاله - عمل حاله غشيم. ‖ Faire le sourd, عمل حاله اطرش. ‖ Faire le malade, عمل حاله مريض - تمارض.

Faire, composer un nombre, صوّر عدد.

Faire, publier, répandre, قال O. - اشهر. On le faisait mort, قالوا عنه اشهروا عنه انه ميت.

Faire, causer, attirer, كان O. - جلب I. - احدث A. Cela lui a fait grand plaisir, حصل له من ذلك غاية المحظوظية - سرّه ذلك. ‖ Faire de la peine, كسر الخاطر I.

Faire, joint avec des infinitifs, جعل - خلّى. Je vous ferai donner par lui, اجعله يعطيك - اخلّيه يعطيك. ‖ Faire suer, عرّق. ‖ Faire dormir, نوّم. ‖ Faire rire, ضحّك. ‖ Faire faire un habit à un tailleur, امر الخياط ان يعمل بدلة - وصّى الخياط يعمل بدلة. ‖ Faire faire quelque chose à quelqu'un sans le payer, سخّره يعمل الشي.

Faire de l'eau, lâcher de l'eau, راق موية I. - طيّر ماء. Faire ses besoins, ou seulement faire, قضى شغل I. - زاح ضرورة I.

Faire, prendre, recueillir, لمّ O. - جمع A. Faire du bois, جمع حطب. ‖ Faire des provisions, تزوّد - اخذ ميرة.

Faire eau, avoir une voie d'eau, انخرق المركب.

Faire, être séant, لاق I. - لبق A. - صلح A.

Il fait, imp., صاير. Il fait chaud aujourd'hui, اليوم حرّ - صاير شوب اليوم. ‖ Il faisait beaucoup de vent, كان الريح شديد. ‖ Il fait jour, طلع الضوء - ذا الوقت نهار. ‖ Il fait nuit, صار الليل. ‖ Il fait beau, الطقس عظيم.

Faire, demander un prix, طلب سعر O. - سام O. Combien vous a-t-il fait ce livre? بكم سامك هذا الكتاب. ‖ Il vous l'a fait bien cher, سامك سوم.

Qu'est-ce que cela me fait? ايش لي فيه - ايش يضرّ منه. Qu'est-ce que cela fait? ايش ينفع.

C'est fait de nous, nous sommes perdus, هلكنا و خلصنا. C'en est fait, tout est fini, خلص.

Faire bon pour quelqu'un, كفل I. - ضمن A.

Se faire, v. passif, être praticable, convenable, كان I. - صار A. - عمل. Cela ne peut se faire, هذا ما يصير.

Se faire, avoir lieu, صار I. - حصل A. Si la paix se fait, ان حصل الصلح.

Se faire, s'habituer, تعوّد على - اعتاد على.

Se faire, devenir, صار I.

Se faire, se bonifier, صحّ I.

Se faire fort, répondre de, توكّل ب.

Se faire, v. pr., s'exécuter, نفذ A. - تمّ I.

Se faire, embrasser un état, عمل A. Il s'est fait

charpentier, عمل نجّار - تعلّق بكار النجّارة.

*Homme* fait, dans l'âge mûr, رجل كامل. Fait, cuit, mûr, مستوى.

*Fait* à, habitué à, متعوّد على.

*Bien* fait, d'une taille bien proportionnée, حسن الخلقة. *Mal* fait, قبيح الخلقة.

FAIRE, s. m., manière de faire, عمل - صنع.

FAISABLE, adj. com., possible, يصير - يُعمل.

FAISAN, s. m., oiseau, ديك برّي - قبج.

FAISANDEAU, s. m., jeune faisan, فرخ قبج.

FAISANDER, v. a., faire acquérir du fumet au gibier, ذبّل الطير.

FAISANDERIE, s. f., بيت القبج.

FAISANDIER, s. m., بيّاع قبج.

FAISANE, s. f., قبجـة.

FAISCEAU, s. m., amas, حزمة.

FAISEUR, SE, s., صنّاع - عمّال.

FAIT, s. m., action, عمل - فعل ; plur., افعال et عملة ; plur., عمايل et اعمال. *Sur le* fait, en flagrant délit, فى معصية مبينة.

*Fait*, événement, قضية - مجرى ; plur., قضايا et وقايع - وقعة ; plur., وقيعة. *Venez au* fait, والحاصل - احكى الزبد.

*Fait*, ce qui convient à quelqu'un, غرض - خرج. *Cela n'est point mon* fait, ما هو خرجى.

*Fait*, part, avoir, حاصل - قسم.

*Dire à quelqu'un son* fait, وبّخه - ما خاف منه.

*Hauts*-faits, s. m. plur., exploits, سطوة ; plur., سطوات. *Hauts*-faits, par ironie, crimes, مزايا.

*Voies de* fait, violences, ضرب.

*Être au* fait, bien instruit, عرف جيدا I. *Mettre au* fait, عرّف ب - اخبر ب - فهّم - علّم.

*Prendre* fait et cause pour quelqu'un شدّ O. ظهره.

*De* fait, adv., en effet, من المعلوم - فى الواقع - بالحقيقة.

*En* fait de, adv., en matière de, فيما يخصّ.

*Si* fait, adv., fam., oui, بلى - اى نعم.

*Tout-à-*fait, adv., entièrement, بالمرة.

FAÎTE, s. m., d'un édifice, مشرف ; pl., مشارف. *Faîte d'un arbre,* شوشة.

*Faîte*, au fig., le plus haut degré, غاية.

FAIX, s. m., ثقل ; pl., اثقال - حمل ; pl., احمال.

FAKIR ou FAQUIR, s. m., فقير ; plur., فقرا.

FALACA, s. f., instrument de supplice, فلقة.

FALAISE, s. f., côte escarpée garnie de landes à sa base, قيف ; plur., قيوف.

FALBALA, s. m., bande d'étoffe plissée, تعريج.

FALLACIEUSEMENT, adv., بغشّ.

FALLACIEUX, SE, adj., trompeur, غاشّ.

FALLOIR, v. imp., être de nécessité, de devoir, يجب ; aor., وجب - ينبغى - لا بدّ من - A. لزم. *Il faut,* لازم - يستحقّ (Barb.). || *Il faut nous informer,* لازم نستخبر. || *Il m'a fallu partir,* التزمت الروح. || *Il faut que je m'en aille,* بدّى اروح. || *Il faut que je consulte,* على مشورة. || *Il faut craindre Dieu,* علينا بالخوف من الله. || *Les conditions qu'il faut observer,* الشروط التى يجب مراعاتها. || *Comme il faut,* كما ينبغى. || *Il faut mourir,* لا بدّ من الموت.

*Il* faut, il est besoin. *Voyez* BESOIN. *Tout ce qu'il lui faut,* جميع لوازمه - كل ما يلزمه. || *Il ne me faut plus rien,* ما بقى بدّى - ما بقى يلزمنى شى - كفيت ووفيت - شى.

*Il s'en* faut beaucoup, الفرق بعيد. *Peu s'en est fallu que,* شوية الأخرى - A. كاد - لو لا قليل - لو لا قليل كان. *Peu s'en est fallu qu'il ne l'ait tué,* كاد يقتله - قتله فضلا. || *Tant s'en faut que,* عن ان.

FALOT, s. m., فانوس ; plur., فوانيس.

FALOURDE, s. f., حزمة حطب.

FALSIFICATEUR, s. m., مزوّر - زغلى.

FALSIFICATION, s. f., تزوير - زغل - غشّ.

FALSIFIER, v. a., contrefaire, زوّر.

*Falsifier*, altérer par un mauvais mélange, غشّ O. زغل A. - افسد.

FAMÉ, E, adj., مصيّت. Bien famé, صيته مليح ||
Mal famé, صيته ردى.
FAMÉLIQUE, adj. com., ملهوف.
FAMEUX, SE, adj., renommé, مشهور.
FAMILIARISER, v. a., accoutumer, عوّد على.
Se familiariser, v. pro., s'accoutumer, تآنس ب. Je suis familiarisé avec les combats, تعوّدت على, مع - الفت الحرب. ‖ Se familiariser avec des personnes, O. - سلكت مع - اندمج مع - استانس.
Se familiariser, prendre des manières trop familières, A. طمع فى - O. - اخذ دالّة - اخذ وجه.
Se familiariser avec un auteur, I. صار يفهم.
FAMILIARITÉ, s. f., manière familière, دالّة - تدلّل - دلال - ادلال.
Familiarité, habitude, موانسة - انسة - اعتياد.
FAMILIER, ÈRE, adj., qui a une habitude avec, انيس.
Familier, qui a des manières familières avec, متدلّل على.
Langage, style familier, كلام ساير.
Familier, devenu facile par l'usage, هيّن - سهل.
Esprit familier, sorte d'ange gardien, ملك حارس.
FAMILIÈREMENT, adv., بدالّة. En user familièrement avec quelqu'un, تدلّل على.
FAMILLE, s. f., les personnes d'un même sang, أهل.
Famille, race, maison, ال - بيت. Enfant de famille, من بيت اكابر - ابن الناس.
Famille, toutes les personnes d'une même maison, عيلة.
FAMINE, s. f., disette, مجاعة - جدب.
FANAL, s. m., lanterne, فانوس ; plur., فوانيس.
Fanal, feu pour éclairer les côtes, نارى القرى.
FANATIQUE, adj. com., passionné jusqu'à la fureur pour la religion, etc., شديد الغيرة على الدين.

FANATISER, v. a., حرّك فيه الغيرة على الدين - صيّر غيور على الدين.
FANATISME, s. m., zèle outré en matière de religion, etc., غيرة زايدة فى كل شى.
FANE, s. f., feuille sèche, ورق ناشف يسقط من الشجر.
FANER, v. a, flétrir, اذبل - نشّف.
Faner, tourner et retourner le foin, قلّب.
Se faner, v. réf., se flétrir, نشّف - ذبل .O.
FANÉ, E, adj., ناشف - ذبلان.
FANFARE, s. f., concert de trompettes, etc., نوبة. Sonner des fanfares, دقّ نوبة .O.
FANFARON, s. m., شكّار روحه - مطنّب فى حاله - مهياص - فشّار.
FANFARONNADE, s. f., فشار - مهيصة.
FANFRELUCHE, s. f. fam., bagatelle, هلسة.
FANGE, s. f., boue, وحل - طين.
FANGEUX, SE, adj., وحل - ملان وحل.
FANON, s. m., peau qui pend sous la gorge du taureau, طنطلة البقر - لغد ; plur., لغود.
Fanon, barbes de baleine, ربش الحوت.
Fanon, poils aux boulets des chevaux, ثنّة.
Fanons, au pl., t. de chir., appareil pour fixer une fracture, طاب.
FANTAISIE, s. f., esprit, idée, بال - خاطر. Il lui vint en fantaisie, خطر فى باله .O.
Fantaisie, désir, goût, كيف - مراد - خاطر. A ma fantaisie, على كيفى - هوى.
Fantaisie, caprice, وسواس.
FANTASQUE, adj. com., capricieux, bizarre, ملطوش - هوايبى حالانى - موسوس.
FANTASSIN, s. m., soldat à pied, قراب ; plur., قرابة - راجل - زلمة - نرّاس (Barb.); plur., نرارسة.
FANTASTIQUE, adj. com., chimérique, خيالى.
FANTÔME, s. m., vaine image, طيف خيال - خيال.
FAON, s. m., petit d'une biche, راشا ; pl., رشا.
FAQUIN, s. m., homme de néant, جعيدى.
Faquin, élégant, غندور ; plur., غنادرة.

FARCE, s. f., ce avec quoi l'on farcit, حشو.
Farce, chose bouffonne, مضحكة - حكاية مضحكة - تهريج.
FARCE, adj. com., drôle, مسخّن - نكتة - مسخرة.
FARCEUR, s. m., bouffon, مسخّن - نكتى - قشمر - مسخرة - مهرّج.
FARCIN, s. m., maladie, سراجا.
FARCIR, v. a., remplir, حشى I. Concombres farcis, خيار محشى.
Se farcir, v. réf., se remplir l'estomac avec excès, حشى روحه I. - كبس I.
FARD, s. m., poudre, pâte pour peindre la peau, اسفيداج - حسن يوسف - حمرة.
Fard dans le discours, زواق.
Fard, dissimulation, تصنّع.
FARDEAU, s. m., حمل ; plur., احمال.
FARDER, v. a., mettre du fard, دهن الوجه ب O. Se farder, زوّق - زوزق - حفّف - حمر الوجه - نزوزق - تحفّف.
Farder, donner un faux lustre, déguiser, زوّق - طلى I.
Farder un discours, طلى كلامه I., زوّق.
FARFADET, s. m., lutin, جنّى ; coll., جنّ.
FARFOUILLER, v. a., حركش - نخصص.
FARIBOLE, s. f. fam., مسخرة - اباطيل.
FARINE, s. f., دقيق - طحين. Farine de sésame, دقيق - كماجة. || Farine de première qualité, طحينة. || Farine de seconde qualité, طحين. || Farine de troisième qualité mêlée de son, خشكار - خوشكار. || Fleur de farine, زهر الدقيق. || Fleur de farine de froment, سميد.
FARINEUX, SE, adj., de la nature de la farine, ذو دقيق.
FARINIER, s. m., marchand de farine, بيّاع دقيق.
FAROUCHE, adj. com., sauvage, وحشى - موحّش - نافر.

FASCICULE, s. m., ce qu'on peut porter d'herbes sous le bras, باط حشيش.
FASCINATION, s. f, سحر - طلسمة.
FASCINE, s. f., جرزة حطب ; plur., جراز.
FASCINER, v. a., ensorceler, سحر - طلسم A.
Fasciner, au fig., charmer, سحر A.
FASÉOLE, s. f., légume, حنبل.
FASTE, s. m., vaine ostentation, زهو - جحّة.
Fastes, au pl., registres historiques, كتب الاخبار - دفاتر الوقايع - توارين.
FASTIDIEUSEMENT, adv., مضجرًا.
FASTIDIEUX, SE, adj., qui cause de l'ennui, مضجر.
FASTUEUSEMENT, adv., بجحّة.
FASTUEUX, SE, adj., qui a du faste, صاحب جحّة.
FAT, adj. et subst., impertinent, sot, قلّس - رقع - احمق.
FATAL, E, adj., marqué par le destin, محتوم - مقدّر. L'heure fatale, الاجل المحتوم.
Fatal, funeste, malheureux, سوء - نحس.
FATALISME, s. m., doctrine, مذهب القدرية.
FATALISME, s. m., qui attribue tout à la fatalité, قدرية ; plur., قدري.
FATALITÉ, s. f., destinée inévitable, القضا والقدر - تقدير.
FATÉMITES, s. m. pl., princes descendants d'Ali, الخلفا الفاطميين.
FATIGANT, E, adj., متعب.
FATIGUE, s. f., تعب.
FATIGUÉ, E, adj., t. d'art, sans légèreté, sans fraîcheur ou netteté, مكبتل.
Fatigué, las, تعبان.
FATIGUER, v. a., donner de la fatigue, اتعب. Je suis fatigué, انا تعبان.
Fatiguer, au fig., ennuyer, importuner, امل - اضجر - ازعج.
Se fatiguer, v. réf., se lasser, تعب A. - كلّ I.

## FAU          FAU     337

Je suis fatigué d'aller et de venir, تعبت و انا اروح و اجي.

Fatras, s. m., amas confus, دشت - عفش - Fatras de paroles, حشو و تطويل.

Fatuité, s. f., impertinence, حماقة - رقاعة.

Faubourg, s. m., partie d'une ville au-delà de ses portes, حارة برانية - ضواحى مدينة, pl.; ضواحي, plur.; ضوايح براني.

Fauchaison, s. f., temps où l'on fauche, زمن الحش.

Fauchée, s. f., ce qu'un faucheur coupe en un jour, حشّة.

Faucher, v. a., couper avec la faux, حش O. - قصل I.

Faucheur, s. m., قصّال - حشّاش.

Faucille, s. f., مقصال - منجل - محشّة; plur. مقاصيل.

Faucon, s. m., oiseau de proie, صقر; pl. صقور; باز, plur., بازات - طير الحرّ (Barbarie).

Fauconnerie, s. f., بازية.

Fauconnier, s. m., صقّار - بزادرة; pl., بازدار.

Faufiler, v. a., faire une fausse couture à longs points, شلّل.

Se faufiler, v. réf., au fig. fam., s'insinuer, زبق I.

Se faufiler, se lier, انشبك مع.

Faussaire, s. m., qui fait de fausses écritures, مزوّر خط.

Faussement, adv., contre la vérité, بالكذب.

Fausser, v. a., courber, ثنى I. - عوّج.

Fausser, enfreindre, violer, خان O.

Fausser la compagnie, la quitter, ne pas s'y trouver après l'avoir promis, كذّب الجمعية.

Fausset, s. m., voix aiguë, صوت عالي.

Fausset, brochette pour boucher, خلال.

Fausseté, s. f., qualité de ce qui est faux; chose fausse, كذبة - زور.

Fausseté, duplicité, hypocrisie, منافقة.

Faute, s. f., péché, manquement contre le devoir, خطيّة - خطا - ذنوب ,.plur; ذنب - خطايا (Barb.). فالتة - هفوة - زلّة - عيب - قصور - نقص. Ce n'est pas ma faute, ما هو ذنبى - مالى ذنب - الذنب ما هو علىّ.

Faute, erreur, هفوة - زلّة - غلطة.

Faute, disette, manque, نقص - عدم - قلّة. Une chose nous fait faute, ناقصنا شي. ‖ On eut faute de blé, قلّت الحنطة. ‖ Faute d'argent, لقلّة الفلوس. ‖ Faute de moyens, لعدم الفلوس - من عدم المقدرة.

Sans faute, adv., immanquablement, من كل بدّ.

Fauteuil, s. m., كرسي ;.plur, كراسي - صندلى.

Fauteur, s. m., qui favorise un parti, une opinion, معين ل - داعى العصب.

Fautif, ive, adj., sujet à faillir, تحت الغلط.

Fautif, plein de fautes, ملان غلط - مغلوط - سقيم.

Fauve, adj. com., qui tire sur le roux, مزعفر - أشهل - ورد.

Bêtes fauves, plur., cerfs, daims, biches, مها.

Fauvette, s. f., oiseau, طير الديّوث.

Faux, s. f., instrument pour faucher, محشّة - مقصال - منجل.

Faux, s. m., le contraire du vrai, كذب. Faire un faux, produire une pièce fausse, rendre un faux témoignage, شهد بالزور - قدّم خط مزوّر A.

A faux, adv., faussement, injustement, en vain, فى الباطل.

Faux, sse, adj., contraire au vrai, باطل - كاذب - كذّاب - زور - من غير اصل - ما له اصل. Fausse nouvelle, خبر بلا اصل. Fausse doctrine, مذهب باطل. ‖ Faux témoignage, شهادة زور. ‖ Fausse alarme, رجّة كاذبة.

Faux, mal appliqué, غير مطابق.

Faux, feint, contrefait, مصنع - على - كذّاب غشّ. ‖ Faux diamant, جوهر على مصنع. ‖ Fausse monnaie, دراهم زغل - كيميا - قلب. ‖ Fausse clef,

22

Fausse lettre, كتاب مزور عن لسان. ‖ مفتاح مقلّد. ‖ Fausse attaque, هجوم مكر - حصار مكر ‖. احد.
Fausse porte, باب كاذب. ‖ Fausses enseignes, اشاير مكر. ‖ Fausses manches, manches par-dessus les autres, اكمام عيرة.

*Faux*, postiche, عيارة - عيرة. Faux cheveux, شعر عيارة.

*Faux*, discordant, شاذ.

*Faux*, perfide (homme), بوجهين - موجهن - ماكر - ذو لسانين.

FAUX-ACCORD, s. m., faux ton, شذاذ.

FAUX-BOND, s. m. (faire), manquer à ses engagements, خالف الوعد.

FAUX-BRILLANT, s. m., بهرج.

FAUX-COUP, s. m., ou coup faux, ضربة خايبة.

FAUX-EMPLOI, s. m., مصروف كذب.

FAUX-FEU, s. m., amorce qui brûle sans que le coup parte, تكذب.

FAUX-FRAIS, s. m. plur., petites dépenses مصروف هالك.

FAUX-FRÈRE, s. m., traître, اخ خاين.

FAUX-FUYANT, s. m., endroit détourné pour s'évader, عطف.

*Faux-fuyant*, fam., défaite, حجّة; plur., حجج.

FAUX-JOUR, s. m., lueur fausse, ضد النور.

FAUX-MONNOYEUR, s. m., ضرّاب كيميا - كيهاوي - قلبزان - صناّع معاملة زغل.

FAUX-PAS, s. m., pas mal assuré, عثار - عثرة.

*Faux-pas*, au fig., faute, زلّة.

FAUX-PLI, s. m., pli déplacé, كرمشة.

FAUX-PRÊTRE, s. m., قسيس زور.

FAUX-PROPHÈTE, s. m., نبى كذاب.

FAUX-SEMBLANT, s. m., apparence trompeuse, بهتة - اظهار خلاف ما فى الباطن - صورة.

FAUX-TÉMOIN, s. m., شاهد زور; plur., شهود.

FAVEUR, s. f., grâce, bienfait, فضل; pl., افضال; plur., نعم; plur., انعام.

*Faveur*, marque d'amour de la part d'une femme, اشارة حب - قبول. Les faveurs d'une femme, sa possession, وصل. ‖ Accorder ses faveurs, جاد بالوصل. O.

*Faveur*, bonnes grâces, جاه - معزّة - قبول - قرب. Il est en faveur auprès du prince, هو فى عين الامير. ‖ له جاه و معزّة عند الامير. Perdre la faveur du prince, نزل من عين الامير. I. ‖ Prendre faveur, علا شانه. I. O.

*Faveur*, crédit, puissance, عزّ - سلطة.

*Faveur*, protection, ظهر. Il a obtenu cet emploi par faveur, اخذ المنصب بقوّة الظهر. ‖ Aujourd'hui la faveur l'emporte sur le mérite, ابناء الدهر ما يقيمون الفضل بل يقيمون الظهر. ‖ Par la faveur divine, بتوفيق الله.

A la *faveur* de, adv., بواسطة. A la faveur de la nuit, تحت الليل - وستر عليه الليل.

En *faveur* de, adv., en considération de, من شان - نظرًا ل - رعاية ل.

En *faveur* de, au profit de, ل - لمنفعة. Il décida en faveur d'un tel, حكم لفلان.

FAVORABLE, adj. com., propice, موافق. Vent favorable, ريح موافق - عدل.

*Favorable*, avantageux, نافع.

FAVORABLEMENT, adv., بقبول. Traiter quelqu'un favorablement, عامله بالذى احسن.

FAVORI, TE, adj., محبوب.

*Favori*, s. m., qui tient le premier rang dans les faveurs d'un prince, نديم; plur., ندما.

FAVORISER, v. a., traiter favorablement, قبل. Il est favorisé du prince, مقبول عند الامير.

*Favoriser*, aider, اعان - وفق - ساعد - شدّ ظهره. O.

*Favoriser*, être favorable à, مال الى - وافق. I. Il favorisait cette opinion, كان يميل الى هذا الراى.

*Favoriser* quelqu'un de, lui accorder, اكرم عليه ب - تفضّل عليه ب. Les grâces dont tu as favorisé tes serviteurs, الانعام المتفضّل بها على عبادك.

# FEI          FEN

FÉAL, pl., FÉAUX, s. m., fidèle, terme de chancellerie, صادق.

FÉBRIFUGE, s. m., qui chasse la fièvre, دافع للحمى.

FÉBRILE, adj. com., حمى.

FÉCALE, adj. fém., de l'excrément, برازى.

FÈCES, s. f. pl., lie, عكار ـ ثجل.

FÉCOND, E, adj., qui produit beaucoup par la génération, كثير الاولاد ـ ولود ـ ناسل.

*Fécond*, fertile, خصيب ـ مخصب.

*Fécond*, qui produit beaucoup (auteur), مكثر.

*Fécond*, qui fournit beaucoup (sujet, matière), واسع ـ كثير الشبر.

FÉCONDANT, E, adj., qui rend fécond, مخصب.

FÉCONDATION, s. f., تلقيح ـ تخصيب.

FÉCONDER, v. a., rendre fécond, fertiliser, لقّح ـ أخصب.

FÉCONDITÉ, s. f., خصب ـ كثرة الاولاد.

FÉCULE, s. f., partie farineuse des graines, des racines, دقيق.

*Fécule*, sédiment de liqueur, عكار.

FÉCULENCE, s. f., sédiment des urines, رسوب.

FÉCULENT, E, adj., chargé de lie, متُرسّب ـ عكر.

FÉDÉRATIF, VE, adj., de l'alliance, اتحادى.

FÉDÉRATION, s. f., alliance, اتحاد.

FÉDÉRÉ, E, adj., allié, متّفق ـ متحالف.

FÉE, s. f., divinité imaginaire, جنّية.

FÉERIE, s. f., art des fées, très-beau spectacle, صنع الجن ـ سحر.

FEINDRE, v. a., simuler, اظهر ـ عمل روحه. Feindre de la joie, اظهر السرور. || Il feignit d'aller à la chasse, عمل روحه رايح الى الصيد. || Il feignit une maladie, عمل حاله مريض ـ تمارض.

*Feindre*, inventer, controuver, صنع ـ دلّس.

*Feindre*, v. n., dissimuler, اخفى ما فى ضميره ـ بهت O. ـ مكر A.

*Feindre*, boiter, غمز A. ـ عرج O.

FEINTE, s. f., artifice, بهتة ـ مكر ـ حيلة.

FÊLER, v. a., fendre, شعر A.

*Se fêler*, v. pro., انشعر.

FÊLÉ, E, adj., مشعور. Cerveau fêlé, عقل مشعور.

FÉLICITATION, s. f., compliment, تهنية.

FÉLICITÉ, s. f., سعادة ـ هناوة et هناء.

FÉLICITER, v. a., complimenter, هنّى ب.

*Se féliciter*, v. réfl., s'applaudir de, فرح ل A. ـ استبشر ب.

FÉLONIE, s. f., perfidie, خيانة.

FÉLOUQUE, s. f., petit bâtiment, فلوكة.

FÊLURE, s. f., fente, انشعار.

FEMELLE, s. f., انثى plur. اناثى ـ انشاية.

FÉMININ, E, adj., مؤنّث.

FÉMINISER, v. a., terme de grammaire, انّث.

FEMME, s. f., امراة ـ مرة ; pl., نساء et نسوان ; coll., حريم ; حرمة. Les femmes du pacha, حريم الباشا. || L'appartement des femmes, الحرم. Bonne femme, femme âgée, عجوزة مرة. || Jolie femme, ستوفة (Égypte). || Femme de chambre, فراشة.

*Femme*, opposé à fille, امراة مزوجة.

FEMMELETTE, s. f., homme efféminé, رجل خنثى.

FÉMUR, s. m., os de la cuisse, عظم الفخد.

FENAISON, s. f., temps auquel on coupe les foins, زمن حش الحشيش.

FENDEUR, s. m., فرّاع حطب.

FENDRE, v. a., diviser, couper en long, شقّ O. I. فلق A. ـ فلع A. ـ فرع. Fendre du bois, فرع الحطب.

*Se fendre*, v. réfl., s'entr'ouvrir, انشقّ.

FÉNER, v. a., sécher le foin, نشف الحشيش.

FENÊTRAGE, s. m., les fenêtres, شبابيك.

FENÊTRE, s. f., ouverture pour donner le jour, طاقة ـ روزن ; plur., روازن.

*Fenêtre*, sa fermeture en bois et verres, شبّاك ; plur., شبابيك.

FENOUIL, s. m., plante aromatique, شمر ـ شمرة ـ بسباس ـ رازيانج.

22.

FER

FENOUILLETTE, s. f., sorte de pomme, صنف من ‏الثفاح.

Fenouillette, eau-de-vie de fenouil, عرقى الشمر.

FENTE, s. f., ouverture faite en fendant, شقّ; plur., شقوق - فلق. Fente, ouverture à une porte ou à un mur pour regarder, درخوش; plur., دراخيش.

Fentes, gerçures des rochers, des mines, فلح.

FENU GREC, s. m., plante, شنبليلة - حلبة.

FÉODAL, E, adj., qui concerne les fiefs, سيادى

FÉODALEMENT, adv., سيادياً.

FÉODALITÉ, s. f., droits de seigneur à foi et hommage, تسييد, سيادة على الشعب.

FER, s. m., métal, حديد. Morceau de fer, outil en fer, حديدة. ǁ Chaque être trouve dans son espèce l'instrument de sa destruction; le fer même est détruit par la lime, كل شى له افة من جنسه حتى الحديد يسطو عليه المبرد. ǁ C'est battre un fer froid, تضرب فى حديد بارد : c'est-à-dire, c'est faire des efforts inutiles. ǁ Tête de fer, homme de fer, opiniâtre, راسه ماكن - مقل - عنيد. ǁ Homme de fer, robuste, قوى. ǁ Sceptre de fer, gouvernement très-dur, قضيب من حديد.

Fer d'une pique, d'une flèche, etc., نصل; plur., نصول et نصال.

Fers, au pl., chaînes, menottes, زناجير; pl. ....

Fers, au fig., captivité, يسر - أسر.

Fers, engagement d'amour, رق الحب.

Fer-blanc, s. m., صفيح - صفيحة بيضا - تنك.

Fer à cheval, demi-cercle, نصف دايرة - شكل هلال.

Fer de cheval, plante, نعل الحصان.

Fer de cheval, نعل الحصان; plur., انعال - صفيحة (Barbarie).

Fer pour repasser, مكوى.

FERBLANTIER, s. m., سنكرى.

FÉRIE, s. f., jours où l'on ne travaille pas à cause des fêtes, ايام بطالة.

FER

FÉRIR (Sans coup), sans combat, من غير نزاع.

FERLER, v. a., plier (les voiles), لمّ - طوى. O.

FERMAGE, s. m., prix du loyer, حقّ الايجار.

FERME, s. f., bail ou louage d'un bien, etc., التزام - ايجارة. Donner ou prendre à ferme. Voyez AFFERMER. ǁ Ferme de certains droits ou marchés, قلم; plur., اقلام.

Ferme, domaine, bâtiments loués à ferme, التزام - احواش et حيشان; حوش (turk) - pl. جفتلك (Barb.).

FERME, adj. com., qui tient fixement, محكم - ثابت. Tenir ferme, faire ferme, ثبت. I. Ferme, assuré, ماكن - ثابت. Un regard ferme, نظر من لا يخاف.

Ferme, fort, robuste, ماكن - قوى.

Ferme, compacte et solide, ماكن - صلد.

Ferme, constant, inébranlable, متين - ثابت. Ferme dessein, قصد حقيقى. ǁ Homme ferme en ses desseins, رجل صاحب حزم.

Ferme, droit et solide (esprit), رزين - مكين.

Ferme, énergique (style), بليغ.

Ferme, adv., fortement, بشدّة - بحزم.

Ferme! interj., courage! الشدّة.

FERMEMENT, adv., avec fermeté, invariablement, بحزم - محكماً - بثبات.

FERMENT, s. m., levain, خمير.

Ferment de haine, sujet de haine, سبب عداوة.

FERMENTATIF, IVE, adj., يخمّر.

FERMENTATION, s. f., mouvement interne d'un liquide qui se décompose, اختمار.

Fermentation, au fig., agitation des esprits, هيجان.

FERMENTER, v. n., entrer en fermentation, اختمر.

Fermenter, au fig., s'agiter, هاج. I.

FERMER, v. a., clore ce qui est ouvert, سكّر - غلّق. I. - غلق. I. قفل - قفّل. Fermer une porte, غلق باب - سكّر باب. ǁ Fermer un livre, اطبق, طبق كتاب. ǁ Ils fermèrent leurs

# FER     FER    341

greniers, جروا على أنابرهم O. ‖ Fermer la main, طبق يد O. ‖ Fermer les yeux, غمض عينيه. ‖ Fermer les yeux sur quelque chose, faire semblant de ne pas la remarquer, اغضى على, عن. ‖ Fermer la bouche à quelqu'un, le réduire au silence, افحم. ‖ Fermer la bouche à quelqu'un, ou l'engager à fermer les yeux sur quelque abus, نيّم. ‖ Fermer ses habits (en signe de respect), تلملم - لملم ثيابه.

*Fermer*, plier, طوى I. Fermer une lettre, طوى مكتوب.

*Fermer*, lier, ربط O.

*Fermer*, boucher, clore, سدّ O. Toute voie de salut est fermée pour eux, طريق النجاة فى وجههم مسدود. ‖ Fermer le chemin, au fig., ôter les moyens de succès, سدّ عليه الطرق - سدّ الباب.

*Fermer*, v. n., تسكّر - انقفل.

*Se fermer*, v. pro., تسكّر - انطبق - (en parlant d'une fleur) طبق - ضمّ O. (en parlant d'une plaie) ختم I.

FERMETÉ, s. f., état de ce qui est ferme, solide, ثبات.

*Fermeté*, assurance, courage, ثبات القلب - شهامة القلب - قوّة قلب - جلد.

*Fermeté*, résolution invariable, عزم - حزم.

FERMETURE, s. f., ce qui sert à fermer, قفل.

*Fermeture*, action, moment de fermer, تسكير - قفل.

FERMIER, ÈRE, s., qui prend à ferme, متلقى - مستأجر.

FERMOIR, s. m., agrafes, etc., مشبك.

FERNAMBOUC, s. m., bois de Brésil, بقم.

FÉROCE, adj. com., (bête), كواسر - كاسر; plur., ضوارى; plur., ضارى.

*Féroce* (homme), رجل قاسى مثل الوحش.

FÉROCITÉ, s. f., قساوة وحشية - افتراس.

FERRAILLE, subst. f., vieux morceau de fer, حديد عتيق.

FERRAILLER, v. n., faire du bruit en frappant des épées les unes contre les autres, لاطش.

*Ferrailler*, au fig., fam., disputer, عانل.

FERRAILLEUR, s. m., qui aime à se battre, شكلى.

FERRANT (Maréchal), s. m., نعلبند - بيطار; pl., بياطرة ou بيطارة.

FERREMENT, s. m., آلة حديد.

FERRER, v. a., garnir de fer, لبس حديد.

*Ferrer*, mettre des fers à un cheval, نعل A. - بيطر - حذى الحصان I. Cheval qui n'est pas ferré, حصان حفيان.

*Ferrer* la mule compter plus cher qu'on n'a payé, زوّد فى السعر.

Homme *ferré* à glace, fam., capable de très-bien répondre ou de se défendre, رجل فحل.

FERRONNIER, s. m., بيّاع أشيا من حديد.

FERRONNIÈRE, s. f., bijou que les femmes mettent sur leur front, نبريز.

FERRUGINEUX, SE, adj., حديدى.

FERRURE, s. f., garniture en fer, حديد - تلبيس حديد.

*Ferrure*, action de ferrer, حداية - نعل.

FERTILE, adj. com., abondant en, fécond (terre), كثير الاثمار - مثمر - مخصب - خصيب - مريع. Esprit fertile, qui produit beaucoup et facilement, عقل مثمر - كثير البركة.

Sujet *fertile*, موضوع واسع.

FERTILEMENT, adv., avec fertilité, بكثرة.

FERTILISER, v. a., اخصب.

FERTILITÉ, s. f., خصب.

FÉRULE, s. f., terme de collège, palette de bois pour frapper les enfants dans la main, عصا الادب.

Être sous la *férule* de, au fig., être sous la puissance, كان تحت سلطان O.

FÉRULE, s. f., plante, فيرولة - عشبة السكبينج - كفّ العروس.

FERVEMMENT, adv., بحرارة - بشدّة.

FERVENT, E, adj., مجتهد - منهمب فى العبادة -
غيرة كلية. Zèle fervent, صاحب هيئة وحرارة.
FERVEUR, s. f., ardeur, zèle, حرارة - حمية - غيرة -
اجتهاد. Ferveur de dévotion, صدق النية - شدة -
حرارة فى العبادة.
FESSE, s. f., partie charnue du derrière de l'homme, وِرث - فلكة; pl., فلك - اوراك -
أردان; plur., ردنى.
FESSE-MATHIEU, s. m. fam., usurier, مرابى -
نتن - ديس.
FESSER, v. a. Voyez FOUETTER.
FESSIER, s. m., les fesses, الطيز - الكفل - العجز.
Les *fessiers*, les muscles des fesses, عضل الكفل.
FESSU, E, adj. fam., مطيز - ثقيل الارداف.
FESTIN, s. m., repas, وليمة - ضيافة; pl., ولايم.
FESTON, s. m., faisceau de branches ornées de fleurs et de fruits, حزمة افراع بزهور و فواكه.
FESTONNER, v. a., découper en feston, قطع مثل الزهر.
FÊTE, s. f., solennité religieuse, عيد; pl., أعياد.
Célébrer une fête, عمل العيد. || Nous sommes en fête aujourd'hui, نحن معيّدين اليوم. || Fête-Dieu, fête du Saint-Sacrement, عيد القربان المقدس - عيد الجسد.
Souhaiter à quelqu'un sa fête, عيّده - عيّد له - عايده. Compliments à l'occasion d'une fête : عايد عليه. عليك ابرك الاعياد; réponse : عيد مبارك عليك - و انت سالم; réponse : كل سنة و انت سالم - و انت بخير; réponse : سنين عديدة وايام مديدة - الله يسلمك; réponse : عقبا لكل سنة.
*Fête*, réjouissance publique avec foire, موسم; plur., مواسم. Fête, réjouissance particulière, فرح; plur., أفراح.
*Fête*, au fig. fam., bon accueil, اكرام - فرحة. Faire fête à quelqu'un, lui faire un accueil empressé, اكرم قدومه - A. فرح به.
Se faire *fête* de, se promettre du plaisir à, تبجح.

FÊTER, v. a., chômer, célébrer une fête, عيّد.
*Fêter*, bien accueillir, اكرم.
FÊTÉ, E, adj., bien reçu partout, مكرّم.
FETFA, ou mieux FETVA, mot arabe qui veut dire décision du mufti, فتوى; plur., فتاوى.
FÉTIDE, adj. com., منتن.
FÉTU, s. m., brin de paille, قشّة.
FEU, s. m., élément, نار. Feu fait avec des combustibles, عافية - وقيد - نيران (fém.); plur., نار (fém.); (Barb.). || Mettre le feu à, ضرب النار فى. I. O.
Prendre feu, اخذت النار فيه - علقت النار فيه. || Le feu prit à la poudre, اخذت النار فى البارود. ||
Prendre feu, au fig., s'animer, se mettre en colère, اخذته الحمية - احتدّ. || Le feu lui monte au visage, وجهه يفور. || Feu de paille, ardeur passagère, نار قش. || Mourir à petit feu, languir avec douleur, ضنى A. || Jeter de l'huile dans le feu, entretenir la discorde, ولّع النار. || Mettre les fers au feu, commencer vivement une affaire, حطّ O. فى وجلّ. || N'avoir ni feu ni lieu, être vagabond, لا له لا بيت و لا غيط. || Faire feu des quatre pieds, employer tous les moyens de succès, عمل كل جهله. || Feu d'enfer, très-vif, نار جرا. || Feu de joie, de fête, نار عيدية. || Feu d'artifice, حراقة - نار مصنعة.
*Feu*, incendie, حريق. Au feu! exclamation pour avertir qu'il y a un incendie quelque part, نار نار.
*Feu*, supplice, حرق.
*Feu* volage, dartre, قوبة; plur., قوابى.
*Feu*, famille, بيت; plur., بيوت.
*Feu*, lueur des flambeaux, des torches, ضو. Pêcher au feu, اصطاد السمك بضو المشاعل.
*Feu*, coup d'arme à feu, طلاق نار - ضرب مدافع - طلاق رصاص. Faire feu, (avec un fusil) - قوس - اطلق الرصاص على - ضربوا المدافع.
*Feu* du ciel, صاعقة.

*Feu*, remède brûlant, cautère, كى. Appliquer le feu à, كوى I.

*Feu*, au fig., chaleur, ardeur, نار - حرقة - حرارة. Parler avec feu et colère, نتكلم بحرقة - احتد في. || Le feu de l'amour, نار الحبّ - Feu, vivacité de l'esprit, ذكا العقل - توقد الذهن, || كلامه نارية.

*Feu*, brillant éclat, ضياء. Il a les yeux pleins de feu, يقدح من عينيه الشرر.

*Feu, e*, adj. sans plur., défunt depuis peu, *Voyez* DÉFUNT. Feu mon père, المرحوم ابي. مرحوم.

FEUILLAGE, s. m., ورق شجر plur., اوراق.

FEUILLE, s. f., (plante), ورقة; coll., ورق; plur., اوراق. Se garnir de feuilles, ورق - اوراق. || Trembler comme la feuille, ارتعب مثل الورقة.

*Feuille* de papier, ورقة - طرحية ورق, plur.; افراخ ورق - فرخ ورق (Syrie) pluriel, طراحى (Égyp.)

*Feuille* d'or, d'argent, etc., صفيحة فضّة او ذهب; plur., صفايح.

FEUILLET, s. m., partie d'une feuille de papier contenant deux pages, نصف الورقة.

FEUILLETER, verbe a., tourner les feuillets, قلّب الورق.

FEUILLETTE, s. f., tonneau, نبيّة.

FEUILLU, E, adj., مورّق - كثير الاوراق.

FEUTRE, s. m., étoffe non tissue, faite en foulant la laine ou le poil, لبد - لبّاد - لبّادة; plur., لبابيد. Envelopper un coffre dans des feutres, لبّد الصندوق.

FEUTRER, v. a., garnir de feutre, لبّد.

FEUTRIER, s. m., qui prépare le feutre, لبّاد.

FÈVE, s. f., légume long et plat, فول. Marchand de fèves, فوّال.

*Fève*, nymphe de ver à soie, جيز - شرنقة.

*Fève*, maladie de la bouche du cheval, جرّة في فم الفرس.

FÉVEROLE, s. f., petite fève de marais, فول صغير - قطانية - بقلة.

FÉVRIER, s. m., شهر اشباط.

FEZ, ville, مدينة فاس.

FI ! interjection qui marque le mépris, le blâme, الله يقبحك على هذا الفعل - توه عليك.

FIACRE, s. m., carrosse de louage, عربة بالكرا.

FIANÇAILLES, s. f. plur., promesse de mariage devant un prêtre, شبكة الزواج - خطبة. Bague de fiançailles, خاتم الخطوبة - خطبة. || Rompre les fiançailles, renvoyer la bague, رجّع الخطبة.

FIANCÉ, E, adj., qui a fait promesse de mariage, مخطوب ل - مشبوك - خطيب.

FIANCER, v. a., s'engager à épouser, خطب O. انشبك للزيجة - بنت.

*Fiancer*, promettre en mariage, شبك للزيجة O, خطب, خطب البنت ل.

FIBRE, s. f., filaments déliés dans les chairs, ليف; plur., ليف; coll., الياف.

*Fibre* dans les plantes, شروش plur., شروش; ليف; plur., الياف.

FIBREUX, SE, adj., شرشى - بشروش - بالياف.

FICELER, v. a., lier avec de la ficelle, ربط O. بالدّبارة.

FICELLE, s. f., petite corde de fils, دبارة - خيط قنّب.

FICHE, s. f., petite pointe de fer, مسمار.

*Fiche*, marque de jeu, فيشه.

FICHER, v. a., faire entrer par la pointe, خيّش - ركز دقّ خازوق O. I.

FICHU, subst. masc., mouchoir de cou, طرحة - منديل.

FICTIF, IVE, adj., qui n'existe que par supposition, موجود بالاسم فقط - اسم من غير جسم.

FICTION, s. f., invention fabuleuse, تصنيفة.

*Fiction*, mensonge, كذب - مختلة.

FIDÉICOMMIS, s. m., وداعة.

FIDÉICOMMISSAIRE, s. m., مستودع.

FIDÉJUSSEUR, s. m., كفيل.

FIDÉLITÉ, s. f., exactitude, vérité, صداقة - ضبط - صدق.

*Fidélité*, loyauté, régularité à remplir des engagements, صدق - امانة - وفاء. Fidélité en amitié, وفا - رباط, قرار فى المحبّة ‖ Garder fidélité à, A. حفظ عهدك - حفظ حقه.

FIDÈLE, adj. com., vrai croyant, مومن.

*Fidèle*, qui garde sa foi, loyal, صاحب وفا - صادق - امين ; plur., امنا - مُقيم على العهد. Fidèle à ses promesses, صاحب وفا. Il n'est pas fidèle à ses promesses, فى الوعد ما له رباط.

*Fidèle*, conforme à la vérité, مضبوط - صحيح.

FIDÈLEMENT, adv., d'une manière fidèle, بضبط - بامانة - بوفا. Servir quelqu'un fidèlement, O. خدم خدمة صادقة.

FIEF, s. m., domaine noble, relevant d'un autre, اقطاع - زعامة - التزام.

FIEFFÉ, E, adj., désigne le suprême degré dans le vice, قرارى. Fripon fieffé, حرامى قرارى - اكبر الفلاتية.

FIEL, s. m., liqueur jaunâtre, مرّة. Vésicule qui contient le fiel, مرارة.

*Fiel*, haine, aigreur, حقد - مرار.

FIENTE, s. f., excrément d'animaux, بَعر - زبل - سوادَ. Fiente d'oiseau, ذرق.

FIENTER, v. n., زبل I.

SE FIER, v. pr., avoir de la confiance en, ركن لِ O. وثق به - استامنه - آمنه aor. يثق. Je ne me fie pas à toi, مانى امين من - ما استامنك طرفك.

*Se fier* sur, en, اعتمد على - اتكل على.

FIER, ÈRE, adj., hautain, orgueilleux, نافخ - منخارة - مفتخر - متكبّر - متعجرف - شامخ - عالى.

*Fier*, noble, grand, شريف - عزيز - عظيم.

FIÈREMENT, adv., بنفخة.

FIERTÉ, s. f., نفخة - كبر - عجرفة - شمخة. Noble fierté, عزّة النفس.

FIÈVRE, s. f., maladie, حُمّى ; plur., حميات - حرارة الحمّى. La chaleur de la fièvre, السخونة. ‖ Fièvre précédée de frisson, حمّى باردة. ‖ Fièvre continue, حمّى دايمة - حمّى نافضة - بَرديّة. ‖ Fièvre d'accès, حمّى لازمة. ‖ Fièvre périodique, réglée, حمّى دايرة مطردة - حمّى مطردة. ‖ Fièvre intermittente, حمّى دايرة غير مطردة. ‖ Fièvre quotidienne, حمّى واظبة - حمّى نهاريّة. ‖ Fièvre tierce, سخونة مثلثة - غبّ. ‖ Fièvre quarte, ربع. ‖ Fièvre inflammatoire, حمّى التهابية. ‖ Fièvre chaude, حمّى محرقة. ‖ Avoir la fièvre, ساخن - محموم. ‖ Qui a la fièvre, سخن - اخذته السخونة. ‖ Gagner la fièvre, سخنان. ‖ Il a eu une atteinte de fièvre, مسكته البرديّة. ‖ Il a eu trois accès de fièvre, عرضه عارض من الحمى - تواصلت السخونة ثلاث مرّات.

*Fièvre*, inquiétude, émotion violente, ضربة - اضطراب.

FIÉVREUX, SE, adj., qui cause la fièvre, مسبب للحمى.

FIFRE, s. m., petite flûte très-aiguë, صفارة - مزمار ; plur., مزامير.

FIGEMENT, s. m., انجماد - تجميد.

FIGER, v. a., épaissir, عقد - جمّد. Se figer, v. pr., se coaguler, جمد O. - انعقد - تقرس O. - عقد.

FIGUE, s. f., fruit, كرموس - تين (Barb.). Figue précoce, ديفورة. ‖ Figue que porte le figuier à raquette, كرموس النصارى - صبّيرة - صبر (Barb.).

FIGUERIE, s. f., lieu planté de figuiers, شجر تين.

FIGUIER, s. m., arbre, كرمة - شجر تين (Barb.). Figuier à raquette ou figuier d'Inde, صبّار - شجر كرموس النصارى (Barb.).

FIGURATIF, IVE, adj., qui est la figure, le symbole de quelque chose, رمزى - معنوى. Plan figuratif, تصوير - رسم.

FIGURATIVEMENT, adv., بالرمز - معنويّاً.

Figure, s. f., forme extérieure, image, صورة; plur., صُوَر.

Figure allégorique, رمز - اشارة.

Figure, visage, وجه; plur., وجوه.

Figure mathématique, espace renfermé dans des lignes, شكل; plur., اشكال.

Figure de pensées, مجاز فى المعنى. Figure de mots, مجاز فى الكلام.

Figure, carte de jeu sur laquelle est peinte une figure, مزوّقة.

Faire figure, jouer un rôle brillant, صار له صورة I. - جح O.

Figurément, adv., par métaphore, مجازاً.

Figurer, v. a., représenter la forme, صوّر. Figurer, représenter allégoriquement, اشار الى - اشر.

Figurer avec, v. n., avoir de la convenance avec, ناسب.

Figurer, faire figure, قام O. - له صورة.

Se figurer, v. pron., s'imaginer, تخيّل - تصوّر.

Figuré, e, adj., représenté, مصوّر.

Figuré, métaphorique, مجازى.

Fil, s. m., brin long et délié de lin, de soie, etc., خيط; plur., خيوط et خيطان. Fil de métal, سلك. || Fil de fer, شريط حديد - نيل - شريط حديد - ساكك حديد. || Fil d'or, التون - تلى - نيل. || Fil de soie, ابرسيم. || Fil d'argent, نيل - تلى. || Fil de soie doré, قصب اصفر. || Fil de soie argenté, قصب ابيض.

Fil de perles, collier, عقد لؤلؤ - سلك لؤلؤ.

Fil, tranchant, حدّ. Passer au fil de l'épée, وضع بذل فيهم السيف - قتلهم قتل عام.

Fil, courant d'eau, سلسول ماء - مجرى الماء.

Fil, au fig., suite de choses, d'une affaire, d'un discours, مساق - سياق.

Donner du fil à retordre, de l'embarras, expr. fam., اوحل.

De fil en aiguille, d'une chose à une autre, من الخيط للمخياط.

Finesse cousue de fil blanc, facile à découvrir, حيلة ما تسلك - شى لا ينطلى.

Fils de la Vierge, fils qui voltigent en l'air, لعاب الشمس.

Filage, s. m., manière de filer, غزيل.

Filament, s. m., petit filet long et délié, شلش - ليفة - شرش.

Filamenteux, se, adj., ذو ليف.

Filandière, s. f., qui file par métier, غزّالة.

Filandres, s. f., fibres dans la viande, الياف - عروق فى اللحم.

Filandreux, se, adj., rempli de filandres, كله عروق.

Filasse, s. f., قنب - مشاق.

Filassier, ère, s., qui façonne ou vend la filasse, مشاشقى.

Filature, s. f., lieu où se prépare le coton, etc., معمل الفتالة.

File, s. f., suite, rangée, صفّ; plur., صفوف. A la file, واحد بعد واحد. || Se ranger en file, اصطفّوا صفّاً. || File de chameaux, de mules, قطار; plur., قطارات.

Filé, s. m., or, argent tiré à la filière, قصب.

Filer, v. a., faire du fil, غزل I. Machine à filer le coton, دولاب; plur., دواليب. || Coton filé, غزل قطن - غزل حرير, soie filée.

Filer, lâcher peu à peu, رخى I.

Filer, v. n., s'étendre en filets, سحب A.

Filer, fam., s'échapper, انسل - هرب O.

Filer, aller l'un après l'autre, سار I. Faire filer des troupes sur un pays, سير عساكر الى بلاد.

Filer, au fig. fam., conduire, diriger lentement, دبّر الامر بصنعة. Filer une intrigue, دبّر الامر بلطافة - قزز.

Filer doux, agir avec douceur, par crainte, اخذ فى الناعم.

Filet, s. m., fil délié, خيط - فتلة - نسالة.

Filet, ligament sous la langue, شعب اللسان.

*Filet*, fibre, عرش - ليف ; plur., الياف.
*Filet*, partie charnue du dos du bœuf, لحم ظهر الثور.
*Filet*, ligne, trait, خط - شطة ; plur., خطوط.
*Filet*, petite lame, صفيحة.
*Filet*, petite quantité, quelques gouttes, قليل - رشة - شوية. Un filet de vinaigre, رشة خل - نطفة خل.
*Filet* de voix, petite voix, حس رفيع.
*Filet*, rets, شبكة - فخ. Coup de filet, capture, ce que l'on prend en une fois, صيدة.
*Filets*, pl., piéges, embûches, مصيدة ; plur., شرك - مصايد.
*Fileur*, se, s., qui file, غزال.
*Filial*, e, adj., qui est du devoir du fils, بنوى - محبة لابن. Amour filial, واجب على البنين لوالدية.
*Filialement*, adv., مثل البنين.
*Filiation*, s. f., descendance, انتساب الى.
*Filiation*, dépendance d'une église, تعلق.
*Filiation*, relation des fils au père, بنية.
*Filiation*, au fig., suite des idées, متابعة الافكار.
*Filière*, s. f., outil d'acier pour filer les métaux, مسحبة. Passer par la filière, au fig. fam., passer par une épreuve difficile, انقرص.
*Filigrane*, s. m., ouvrage d'orfévrerie à jour, مصاغ مخرّم.
*Filipendule*, s. f., plante, القندول.
*Fille*, s. f., enfant du sexe féminin, بنت ; pl., عيّلة - صبيية - بنات (Barb.). || Jeune fille, بنتى ; plur., عوانق (Barb.). || Ma fille, عانق.
*Fille* de joie, prostituée, قحبة ; plur., قحاب - صبيية.
*Fille* d'honneur, près des princesses, جليسة.
Petite-*fille*, fille du fils, بنت لابن. Petite-fille, fille de la fille, بنت البنت.
*Fillette*, s. f. fam., petite fille, بنيّة.
*Filleul*, e, s., la personne qu'on a tenue sur les fonts baptismaux, ابن او بنت المعمودية ; fém., فليونة - فليون.
*Filoselle*, s. f., grosse soie, كتنكت الحرير.
*Filou*, s. m., qui vole par adresse, شرطى - نشال - طرار.
*Filouter*, v. a., voler avec adresse, سرق O. - نشل I.
*Filouterie*, s. f., action de filou, سرقة.
*Fils*, s. m., enfant mâle, ولد ; pl., اولاد - ابن ; plur., ابناء et بنين. Petit-fils, fils du fils, ابن لابن.
*Filtration*, s. f., تصفية.
*Filtre*, s. m., tout ce qui sert à filtrer, مصفا.
*Filtre*, breuvage pour exciter à l'amour, معجون العشق.
*Filtrer*, v. a., clarifier, صفى - مصل I.
*Filtrer*, v. n., couler, ترشح - جرى I. A.
*Filure*, s. f., qualité de ce qui est filé, غزل.
*Fin*, s. f., terme, ce qui termine, نهاية - منتها - اخرة - اخر - تمام - فراغ - ختام - منتهاها.
Faire une *fin*, au fig. fam., prendre un état, اشتغل شغل.
*Fin*, but, غاية - نهاية.
*Fin*, mort, وفاة - اجل.
A la *fin*, adv., enfin, فى الاخر.
*Fin*, e, adj., délié, mince, رقيق - رفيع. Étoffe fine, قماش رفيع. || Taille fine, خصر ناحل. || Poudre fine, غبرة دقيقة - ناعمة. || خصر رقيق. Laine fine et moelleuse, صوف ناعم.
*Fin*, excellent en son genre, خاص - من العال.
*Fin*, rusé, adroit, شاطر - مكار - عيّار.
*Fin*, délicat (en parlant de l'esprit), رفيع - معنى دقيق - دقيق. || Le fin de la chose, اصل الامر.
*Final*, e, adj., sans plur., اخير - اخر.
*Final*, qui dure jusqu'à la fin de la vie, لاخر العمر.
Cause *finale*, ce qu'on a pour but, علة غايبية.

FINALE, s. f., dernière syllabe, أخر; pl., أواخر.
FINALEMENT, adv., enfin, في الاخر - النهاية.
FINANCE, s. f., argent comptant, دراهم نقد.
Les *finances*, au plur., trésor public, خزنة - مال الميري - بيت المال.
FINANCER, v. n. et act., دفع مال A.
FINANCIER, IÈRE, s., qui manie les finances, محاسب.
FINASSER, v. n., راوغ - تحايل.
FINAUD, adj. fam., fin, rusé, خبيث; plur., خبثا.
FINEMENT, adv., بلطافة - بصنعة - برفاعة.
FINESSE, s. f., qualité de ce qui est fin, رقة - رفاعة.
*Finesse*, délicatesse dans les choses d'esprit, دقة - لطافة.
*Finesse*, ruse, artifice, حيلة - مكر, pl., خيل - شطارة. La meilleure finesse est de ne point finasser, ترك الشطارة عند اهل الشطارة شطارة - الحيلة في ترك الحيل.
Entendre *finesse* à quelque chose, y donner un sens malin, استخرج من الكلام معنى دقيق.
Les *finesses* d'une langue, d'un art, دقايق اللغة - دقايق الصناعة.
FINI, E, adj., terminé, خالص - تمام - مكمّل.
Le *fini*, s. m., terme d'arts, اتقان.
FINIR, v. a., achever, هيّا - خلّص - تمّم - كمّل A. Finir, mettre la dernière main à, فرغ من - اتقن.
*Finir de*, فرغ من A. - خلاص من A. Il ne finit point de parler, ما يخلاص من كلامه. || Pour en finir, حتى لا يطول الحال - حتى نخلاص.
*Finir*, v. n., prendre fin, فرغ A. - خلاص A. - انقضى - تمّى A. - نفد - تشاهى - انتهى. Comment cela finira-t-il? الى ايش ينتهي الامر؟ - على ايش ينفصل الحال - كيف تكون العاقبة - الى ايش ينقضي احال.
*Finir*, mourir, قضى اجل I.

FIOLE, s. f., petite bouteille de verre, قارورة; plur., قواریر. فتيلة plur., فتايل.
FIRMAMENT, s. m., le ciel, سما. Firmament, sphère bleue où les étoiles fixes paraissent attachées, فلك الثوابت.
FIRMAN, s. m., ordre du grand-seigneur, فرمان; plur., فرامين et فرمانات.
FISC, s. m., trésor de l'État, الميري-بيت المال.
FISCAL, E, adj., ميري - يخص بيت المال.
FISSURE, s. f., انفساخ - شق.
FISTULE, s. f., ulcère, ناصور ou ناسور - زرّ.
FIXATION, s. f., détermination du prix, etc., تحديد - تعيين.
*Fixation*, terme de chimie, ثبوت.
FIXE, adj. com., qui ne se meut pas, ثابت. Les étoiles fixes, الثوابت. || OEil fixe, ouvert et immobile, عين مبحلقة.
*Fixe*, certain, arrêté, déterminé, محدّد - مقرّر. معلوم - معيّن Somme fixe, مبلغ معلوم. || Jour fixe, يوم معيّن.
FIXEMENT, adv., بثبات. Regarder fixement, فنجر عيونه فيه.
FIXER, v. a., déterminer, قرّر - حدّد - عيّن.
*Fixer*, rendre fixe, invariable, قرّر - ثبّت.
*Fixer* les regards de quelqu'un, devenir l'objet de son attention, استمال نظره.
*Fixer*, regarder avec attention, فجّر فنجر عيونه في شخص I.
*Se fixer*, v. réf., s'arrêter à, استقرّ على - اعتمد على.
FIXITÉ, s. f., propriété de n'être point dissipé par le feu, ثبوت - صلابة.
FLACON, s. m., petite bouteille, قزازة - فتيلة; plur., فتايل. Flacon d'argent à goulot etroit et long, avec bouchon percé de plusieurs trous, مرشة - قمقم.
FLAGELLATION, s. f., الجلد بالسياط.
FLAGELLER, v. a., fouetter, جلد O.

FLAGEOLET, s. m., petite flûte, زُمر - زمارة.
FLAGORNER, v. a. fam., flatter, طلى على I. - ملّق.
FLAGORNERIE, s. f., flatterie, تمليق - منافقة.
FLAGORNEUR, SE, adj. fam., qui flagorne, منافق.
FLAGRANT, adj., حاضر. En flagrant délit, sur le fait, في حال الفعل - بعينه.
FLAIRE, s. m., odorat, شمّ.
FLAIRER, v. a., sentir, شمّ - شمشم O. - كرف I.
Flairer, au fig., pressentir, شمّ - استنشق O.
FLAMAND, E, adj., de Flandre, فلمنكي.
FLAMANT, s. m., oiseau, نحاف.
FLAMBANT, E, adj., ملتهب.
FLAMBEAU, s. m., torche, مشعلة; pl., مشاعل.
Flambeau, chandelle, bougie, chandelier, شمع; plur., شموع - شمعدان.
Flambeau, au fig., celui qui éclaire, مصباح.
FLAMBER, v. a., passer sur ou par le feu, شعوط O.
Flamber, v. n., jeter de la flamme, شعل O. - التهب.
FLAMBERGE, s. f., سيف.
FLAMBOYANT, E, adj., برّاق.
FLAMBOYER, v. n., jeter un grand éclat, سطع A. O. - برق.
FLAMME, s. f., partie lumineuse du feu, لهبة; plur., لهيب - لهب. Les flammes de l'enfer, نار الجحيم - لهيب الجهنم.
Flamme, au fig., amour, نار الحب.
Flamme, lancette, نشتر.
FLAMMÈCHE, s. f., شرارة; coll., شرر.
FLANC, s. m., جنب; plur., اجناب. De flanc, على جنب. Le flanc d'une montagne, كتف الجبل.
Flancs, au plur., sein, احشا.
Se battre les flancs, faire beaucoup d'efforts inutiles, قاطع في الطيار - اتعب جهله.
FLANDRE, s. f., pays, بلاد الفلمنك.
FLANDRIN, s. m. fam., fluet et élancé, زعزوع.

FLANELLE, s. f., étoffe légère de laine, صوف.
FLÂNER, v. n., حوتك - حستك.
FLANQUER, v. a., terme de fortification, se dit de la partie qui en défend une autre, دارى - حصن I. - حمى.
Flanquer, appliquer un coup, شط O.
Se flanquer, v. réf., se mettre mal à propos dans une assemblée, انحشر في مجلس. Se flanquer dans la boue, وقع في الوحل.
FLAQUE, s. f., petit amas d'eau, مستنقع ماء.
FLASQUE, adj. com., mou, رخو - مرهرط.
FLATTER, v. a., louer pour séduire, ملّق - تملّق.
Flatter, peindre en beau, حلّى - زوّق.
Flatter, traiter avec trop de ménagement, دارى.
Flatter, caresser, دلّل - تدلّل على - حايل.
Flatter de la main, طبطب له.
Flatter, délecter les sens, لذّ O. - لذّذ.
Flatter, faire espérer, عشّم ب.
Se flatter, v. réf., se croire du mérite, احسن الظنّ في نفسه.
Se flatter, se persuader, espérer, ظنّ O. - تعشّم.
FLATTÉ, E, adj., peint en beau, محلّى.
FLATTERIE, s. f., louange exagérée, تمليق.
FLATTEUR, SE, s., qui flatte, مملّق - موارى.
Flatteur, agréable, حسن.
FLATUEUX, SE, adj., qui cause des flatuosités, مريح.
FLATUOSITÉ, s. f., vent qui sort du corps, ريح.
FLÉAU, s. m., pour battre les grains, مدق.
Fléau, verge transversale d'une balance, قبة الميزان.
Fléau, barre de fer mobile derrière une porte, متراس.
Fléau, mal, châtiment du ciel, داهية من الله - بلايا; plur., ضربة من الله - بلية - دواهى.
FLÈCHE, s. f., سهم; plur., سهام - نشابة - سهام; plur.,

## FLE

Ailes d'une flèche, نَبْل ـ نشاب; plur., نِبَال. أذن السهم.

FLÉCHIR, v. a., ployer, courber, ثَنَى I. ـ حَنَى I. ـ عَطَفَ. Fléchir les genoux, بَرَكَ O.

Fléchir, émouvoir, toucher de pitié, حَنَّ ـ لَيَّنَ. Fléchir la colère de quelqu'un, أهدى غَضَبَهُ. ǁ Se laisser fléchir, لَانَ I.

Fléchir, v. n., se ployer, se courber, انْحَنَى ـ انْثَنَى.

Fléchir, au fig., s'abaisser, se soumettre, حَطَّ O. ـ خَضَعَ A.

Fléchir, v. n., ne pas persister dans ses sentiments, ارْتَخَى I.

FLÉCHISSEUR, adj., مَعْطُوف.

FLEGMATIQUE, adj. com., qui abonde en flegme, بَلْغَمِي.

Flegmatique, au fig., froid, بَارِد.

FLEGME, s. m., pituite, بَلْغَم.

Flegme, au fig., froideur, بُرُود.

FLEGMON, s. m., tumeur pleine de sang, خِيرجِل.

FLEGMONEUX, SE, adj., خِيرجِلِي.

FLÉTRIR, v. a., faner, ذَبَّلَ.

Flétrir, au fig., déshonorer, عَرَّ I. ـ هَتَكَ I. ـ فَضَحَ A.

Flétrir l'âme, l'abattre, كسر القلب I.

FLÉTRI, E, adj., déshonoré, repris de justice, مفضوح ـ مُجَرَّس.

Flétri, fané, ذَابِل ـ ذَبلان.

Se flétrir, v. pr., se faner, ذَبَلَ O.

FLÉTRISSURE, s. f., état d'une chose flétrie, ذُبُول.

Flétrissure, marque d'un fer chaud sur l'épaule d'un criminel, داغ المُذنب.

Flétrissure, déshonneur, فضيحة.

FLEUR, s. f., زَهْرَة ـ زَهَر; plur., أزهار et زُهُور. Fleur d'arbre, نَوْر; plur., أنوار; plur., نَوَاوير. ǁ Eau de fleur d'orange, ماء زَهْر. ǁ Fleur de Constantinople ou de Jérusalem, زَهْرَة استنبولية ـ زهرة الصَّلِيب.

## FLO

Fleur, au fig., temps de la plus grande force, du plus vif éclat, عُنْفُوان ـ عِزّ.

Fleur, fraîcheur, velouté, lustre, نَضَارَة ـ رَعرَعَة.

Fleur, élite, عِنْبَرَة.

Fleur, ornement du style, رَوْنَق ـ زِينَة.

A fleur, au niveau, مُسَاوِى ـ على رَأس ـ على وجه.

FLEURAISON, s. f., تَزْهِير.

FLEURETTE, s. f., petite fleur, زُهَيْرَة.

Fleurette, au fig., fam., cajolerie, زُهُورَات. Conter fleurettes à, غَازَلَ.

FLEURI, E, adj., qui est en fleur, مُزْهِر ـ زَاهِر.

Fleuri, au fig., frais, orné, زَاهِر.

Pâques fleuries, عيد الزيتون.

FLEURIR, v. n., pousser des fleurs, نَوَّرَ ـ زَهَّرَ.

Fleurir, au fig., être en crédit, en honneur, نَبَغَ A.

FLEURISSANT, E, adj., fleuri, مُزْهِر.

FLEURISTE, s. m., cultivateur de fleurs, أزهري.

FLEURON, s. m., زَهْرَة.

FLEURS-BLANCHES, s. f. pl., maladie des femmes, رطوبة النساء.

FLEUVE, s. m., grande rivière, نَهْر; plur., أنهار et أنهر. On dit بَحْر, en parlant de quelques grands fleuves, tels que le Nil, le Tigre, etc.

FLEXIBILITÉ, s. f., لِيَانَة.

FLEXIBLE, adj. com., souple, لَيِّن ـ سهل العطوفة.

FLEXION, s. f., état de ce qui est fléchi, انْحِنَا.

FLIBUSTIER, s. m., ضَرَّاب مَرَاكِب.

FLOCON, s. m., touffe de laine, كَوْكَة. Flocon de neige, رقعة ثلج.

FLORAISON, s. f., تَزْهِير.

FLORENCE, s. f., étoffe de soie, صَنْدَل.

FLORENTINE, s. f., satin façonné de Florence, سَلاوى.

FLORISSANT, E, adj., au fig., en vogue, en honneur, نَابِغ ـ زَاخِر ـ فى عِزّ. Ville florissante, مدينة معمورة ـ عامرة.

Flot, s. m., vague, موج ; plur., أمواج. A flot, على وجه الماء.

Flot, petite houppe de laine ou soie, شُرّابة ; pl., شراريب.

Flottaison, s. f., partie d'un navire qui est à fleur d'eau, ما يساوي وجه الماء من المركب.

Flottant, e, adj., طافي على وجه الماء.

Flottant, au fig., incertain, متماوج.

Flotte, s. m., vaisseaux réunis, عمارة.

Flottement, s. m., ondulation, تماوج.

Flotter, v. n., surnager, طفا على وجه الماء O. - عام O.

Flotter, au fig., être irrésolu, تماوج - تقلب من راي الى راي.

Flottille, s. f., petite flotte, عمارة صغيرة.

Fluctuation, s. f., variation, mouvements, رجرجة.

Fluctueux, se, adj., مرجرج.

Fluer, v. n., couler, صبّ - انصب O.

Fluet, te, adj., mince, نحيف - مهزوص.

Flueurs, s. f. pl., عوايد النسا - حيض.

Fluide, adj., سايل - مايع.

Fluide, s. m., مايع ; plur., موايع.

Fluidité, s. f., ميّاعة.

Flute, s. f., instrument de musique, غابة ; pl., مزمار - شبّابة - غاب.

Flux, s. m., mouvement d'élévation de la mer, - مدّ. Le flux et le reflux, مدّ - ملا وجزر البحر - البحر المالي و البحر الهربان - ملا و حسر البحر.

Flux, écoulement, سيلان. Flux de ventre, اسهال البطن - سيلان البطن. ‖ Flux de sang, سيلان باسورى. ‖ Flux hémorroïdal, اسهال الدم.

Fluxion, s. f., écoulement d'humeurs, enflure, نزل ثقيل - نزلة. Forte fluxion, نزل ثقيل - نزلة.

Fœtus, s. m., embryon, جنين.

Foi, s. f., vertu théologale, ايمان. Article de foi, عقيدة الايمان ; plur., عقايد.

Foi, religion, croyance, اعتقاد - ايمان دين.

Foi, probité, régularité à tenir sa promesse, وفا - امانة. Bonne foi, صدق امانة - نية خالصة. ‖ De bonne foi, en bonne foi, à parler franchement, بالحقيقة - حقًا. ‖ Qui est de bonne foi, qui ne cherche pas à tromper, خالص النية - سليم القلب.

Foi, assurance, parole, عهد - وعد - قول. Engager sa foi à quelqu'un, عاهد - اعطاه قول. ‖ Violer la foi conjugale, اقام على العهد - حفظ العهد. ‖ Violer sa foi, نقض عهد. O. خان حق التزويج.

Foi, croyance, ثقة. Digne de foi, معوّل عليه - اهل ثقة. ‖ Ajouter foi, croire, صدّق. ‖ Ajouter foi à un mensonge, انطلى عليه الكذب.

Faire foi, attester, أكد - شهد على ب. Ce qui fait foi de cela, c'est que, و تصديق ذلك ان.

Ma foi, par ma foi, expression adverbiale pour affirmer, فى حظى - على ذمتى - فى ذمتى و دينى - و رحمة ابى.

Foie, subst. m., viscère, كبد ; plur., اكباد. Ce qui est bon pour le foie est mauvais pour la rate, ما ينفع الكبد يضر الطحال ; prov.

Foin, s. m., herbe sèche, حشيش يابس.

Foire, s. f., grand marché public à époque fixe, سوق - موسم ; plur., مواسم.

Foire, populaire, cours du ventre, زرق - لين البطن.

Fois, s. f., nom qui désigne le nombre des actions, مرّة ; plur., مرار و مرات - طريق - طرق plur., (Syrie) - خطرة. Une seule fois, فرد مرّة. ‖ Toutes les fois que, كلّما. ‖ Plusieurs fois, جملة مرار. ‖ Lattaquié est deux fois aussi grande que Djéblé, اللاذقية تطلع قدّ جبلة مرتين. ‖ De fois à autre, de temps en temps, بعض مرار - بعض الاوقات.

A la fois, tout à la fois, en même temps, معًا - سوا - جملة.

Foison, s. f., sans plur. ni article, زوف.

A foison, adv., abondamment, بالزوف - كثير.

Foisonner, v. n. fam., abonder, رطرط.

FON            FON    351

Fol ou Fou; fém., Folle, adj., qui a perdu l'esprit, مجنون - مهبول (Barb). Devenir fou, جنّ A. هبل A. (Barb.). ‖ Rendre fou, جنّن. ‖ Rendre fou (d'amour), سوّس. ‖ Être fou de quelqu'un, l'aimer beaucoup, جنّ على A.

Fou, gai, badin, مخلوع.

Le fou, au jeu d'échecs, الفيل.

Folâtre, adj. com., badin, خلاعي - بطران.

Folâtrer, v. n., badiner, jouer, انخلع - بطر A. O. لعب.

Folie, s. f., démence, جنون - جنان.

Folie, imprudence, faute de jugement, لوثة - قلّة عقل - رعونة.

Folie, propos gais, خلاعة.

Folie, passion excessive, غرام.

Folies, plur., excès, écarts de conduite, خبايث - جهل.

A la folie, adv., éperdument, بجنان. Il l'aime à la folie, يجنّ عليها.

Folio, s. m., sans plur., page, صفحة. In-folio, livre composé de feuilles entières pliées en deux, كتاب في الكامل.

Follement, adv., بجنان.

Follet, e, adj., un peu fou, badin, مخلوع.

Poil follet, duvet, premier poil, زغب - صوف - عذار.

Esprit follet, sorte de lutin, عفريت.

Feu follet, sorte de météore, نار في السما.

Follicule, s. f., enveloppe de grains, قشر الحبّ.

Fomentation, s. f., remède appliqué extérieurement pour adoucir, fortifier, résoudre, كماد - تهميل.

Fomenter, v. n., appliquer une fomentation, هبّل - كمّد.

Fomenter, au fig., entretenir, شاغل.

Foncé, e, adj., riche, مقرش - صاحب رسمال.

Foncé, habile, consommé dans une science, متبحّر.

Foncé, en parlant d'une couleur, غامق.

Foncer, v. n, fondre sur, هجم على O.

Foncier, ère, adj., qui concerne le fonds d'une terre, أرضي.

Foncièrement, adv., au fond, في الأصل.

Fonction, s. f., action pour s'acquitter du devoir d'une charge, شغل - خدمة - وظيفة. Il a rempli les fonctions d'aide, أدار خدمة المعاونة.

Fonctions des viscères, حركات.

Fonctionnaire, s. m., صاحب وظيفة; plur., أصحاب وظايف.

Fond, s. m., l'endroit le plus bas, قرار - قعر. Fond d'un vase, عقب - قاع.

Fond, au fig., l'essentiel, la base, أصل.

Fond, ce qu'il y a de plus caché, باطن. Du fond du cœur, من صميم القلب.

Fond, ce sur quoi on travaille, موضوع. Fond d'une étoffe d'un châle, أرضية.

Faire fond sur, compter sur, اتّكل على.

Couler à fond, ruiner, غرّق.

Couler à fond, épuiser en discutant, شفّت - استقصى في - استوعب.

A fond, adv., profondément, tout à fait, جيداً.

De fond en comble, بالمرّة - كلّيا - من فوق لتحت.

Au fond, adv., dans le principal, en effet, في - في نفس الأمر - في باطن الأمر - بالأصالة - الحقيقة.

Fondamental, e, adj., أساسي. C'est là le point fondamental de la religion, هذا أساس و مسند الدين.

Fondant, e, adj., qui se fond, سايح.

Fondant, qui résout, محلّل.

Fondateur, trice, s., مؤسّس - واضع - صاحب بناء.

Fondation, s. f., action de fonder, تأسيس.

Fondation, fonds légués pour un usage louable, وقف; plur., أوقاف.

Fondation, au fig., commencement, ابتدا.

Fondé, e, adj., chargé d'une procuration, موكّل.

Bien fondé, mal fondé, qui a ou n'a pas de fon-

# FON

dement, ما لـه اصـل ـ لـه اصـل.

**Fondement**, s. m., fondation, base, أساس ـ أساس ; plur., مبانى ـ قاعدة ـ مبانى ـ قواعد.

*Fondement*, au fig., motif, principe, اصل.

*Fondement*, l'anus, مقعد.

**Fonder**, v. a., jeter les fondements d'un édifice, وضع الاساس ـ اسّس.

*Fonder* un empire, اقام مملكة.

*Fonder*, instituer, donner des fonds pour un établissement, جعل ـ A. اقام ـ وقف ـ اوقف.

*Fonder*, appuyer sur des raisons, بنى على I. ـ اسند الى.

**Se fonder**, v. pr., s'appuyer sur, اتّكل على ـ استند الى.

**Fonderie**, s. f., lieu où l'on fond, مسبك ـ دار السكّ.

**Fondeur**, s. m., qui fond les métaux, سبّاك.

**Fondre**, v. a., rendre fluide (les métaux), سبك ـ سيّح O. || Fondre (choses grasses et autres), ذوّب. || Fondre les humeurs, حلّل الاخلاط O. || Fondre le beurre, سلا السمن A.

*Fondre*, mêler, خلط O.

*Fondre*, v. n., diminuer d'embonpoint, انحلّ ـ ضعف O.

*Fondre*, tomber impétueusement sur, attaquer, هجم على I. ـ حمل على ـ انقضّ على O.

*Fondre* en larmes, ذرفت عيونه بالدموع I. ـ كاد يذوب من شدّة الدموع.

*Fondre*, v. n., et *Se fondre*, v. pr., se liquéfier, ذاب O. ـ ساح I. ـ انسبك.

*Se fondre*, s'abîmer, se perdre, انسبك. *Voyez* S'ABÎMER.

**Fondrière**, s. f., ouverture à la surface de la terre, شقّ فى الارض.

*Fondrière*, terrain marécageux, غوّار.

**Fonds**, s. m., le sol d'un champ, ارضيّة. Fond de terre, ارض ; plur., اراضى. || Bien fonds, bien réels, عقار ـ املاك.

# FOR

**Fonds**, capital d'un bien, رسمال ـ اصل المال.

*Fonds*, biens, argent, مال ـ دراهم.

*Fonds*, marchandises d'une boutique, بضاعة.

*Fonds*, au fig., abondance, كثرة ـ وسع.

**Fongus**, s. m., excroissance charnue, زايدة لحمية.

*Fongus* hématoïde de l'œil, وردينج.

**Fontaine**, s. f., eau vive sortant de terre, نبع ـ عين ; plur., عيون.

*Fontaine*, édifice pour fournir de l'eau, سبيل ـ سبّالة ـ قسطل. Fontaine avec bassin et jet d'eau, petit château d'eau, فسقية ـ شادروان ; plur., فساقى.

*Fontaine*, vase pour garder l'eau, robinet, حنفية.

*Fontaine* de la Tête, ou Fontanelle, s. f., يافوخ ـ هامة الراس.

**Fonte**, s. f., action de fondre, سبك ـ اذابة ـ ذوبان.

*Fonte*, mélange de métaux, سبع معادن.

**Fontenier**, s. m., معمّر الفساقى.

**Fonticule**, s. f., petit ulcère artificiel, كى.

**Fonts** de baptême, s. m. pl., vaisseau pour baptiser, جرن المعمودية.

**For intérieur**, s. m., conscience, ضمير ـ ذمّة.

**Forain**, e, adj., du dehors, برّانى ـ اجنبى.

**Forban**, s. m., ضرّاب مراكب.

**Forçat**, s. m., galérien, قذّاف فى مركب الجر ـ مجرم. Travailler comme un forçat, travailler beaucoup, A. شطّ.

**Force**, s. f., قوّة ; plur., قوى. Au-dessus de mes forces, فوق طاقتى. || Je n'ai pas la force de, ما لى جلادة, ما لى قوّة حتى. || De toutes mes forces, بكل جهدى. || Je cours de toutes mes forces et je ne puis l'atteindre, ما اركض جهدى العقه.

*Force*, puissance, قوّة ـ قدرة.

*Force*, contrainte, غصبانية ـ غصب ـ جبر ـ قهر.

*Force*, impétuosité, شدّة. La force du vent,

FOR          FOR      353

*Force*, terme d'arts, vigueur dans le coloris, شدّة الهواء. ‖ La force de l'eau, دفعة الماء.
زهاوة الالوان.

*Force*, solidité, pouvoir de résister, صلابة - قوّة - متانة. Force d'une place, مناعة الحصن.

*Force*, énergie, courage, قوّة قلب - مروّة - شدّة عزم.

*Force*, énergie dans la signification, شدّة التعبير وكثرة المعنى.

*Force majeure*, puissance irrésistible, قوّة قاهرة.

*Force du sang*, mouvement secret de la nature entre parents, حنية الدم. La force du sang se fit sentir en lui, حنّ الدم على الدم.

Maison de *force*, prison, سجن.

*Forces*, au plur., troupes, جنود - عساكر.

*Force*, adv. fam., beaucoup, كثير.

*Force*, adv. fam., beaucoup, كثير.

A *force* de, adv., من كثرة - من كثر ما. A force de pleurer, من كثر ما بكى. A force d'être assis on s'ennuie, على القعود يزعل الانسان. ‖ Vous n'obtiendrez cela qu'à force de peine et de travail, ما تنال ذلك الا بشدّة التعب والعنا.

De *force*, par force, adv., بالغصب - غصبًا - بالزاز - جبرًا وقهرًا (Barb.).

A toute *force*, absolument, من كل بد - من كل جهك.

De vive *force*, قوّة واقتدارًا.

FORCÉMENT, adv., par contrainte, غصبًا. Chose faite forcément, غصبية.

FORCENÉ, E, adj., furieux, مجنون - زالل.

FORCEPS, s. m., كلاليب.

FORCER, v. a., contraindre à, غصب على شي .I. Cela m'a forcé de, هذا الجاني اكره على شي - هذا الزمني ان - الى.

*Forcer*, prendre par force, اخذ بالسيف .For-cer une ville, ملك البلد بالسيف .I. ‖ Forcer une femme, افتعل فيها غصبًا - قهر الامراة.

*Forcer*, rompre, كسر .I.

*Forcer*, fausser, عكس .I.

*Forcer* un cheval, le mener avec violence, تعترس على فرس.

FORCÉ, E, adj., affecté, sans naturel, متسنف.

*Forcé*, détourné, faux, معكوس.

*Forcé*, gêné, حصر.

*Forcé*, outré, خارج.

FORCLORRE, v. a., exclure, le terme étant passé, منعه عن شي لفوت الميعاد .A.

FORCLUSION, s. f., exclusion, faute d'avoir fait à temps, فوت الميعاد.

FORER, v. a., terme d'arts, percer, خرز .I.

FORESTIER, ÈRE, adj., qui concerne les eaux et forêts, خلاوى.

FORET, s. m., instrument pour percer, برمة.

FORÊT, s. f., احراش ; حرش - غابة, plur.

FORFAIRE, v. n., prévariquer, خان .O.

FORFAIT, s. m., crime énorme, جرم عظيم - كباير, plur.

*Forfait*, marché à perte ou à gain, حواط - بيعة.

FORFAITURE, s. f., prévarication, خيانة.

FORFANTERIE, s. f., hâblerie, لاظة لماضة ou فشار.

FORGE, s. f., كور الحداد.

FORGEABLE, adj. com., ينسبك.

FORGER, v. a., donner la forme au métal à l'aide du feu et du marteau, طرق .O. - دقّ الحديد .O. - صنع .A.

*Forger*, au fig., controuver, صنع - ولّف .A.

Se *forger*, v. réfl., se former (des idées), تصوّر - صنّف لنفسه.

FORGERON, s. m., حدّاد.

FORGEUR, s. m., qui forge le métal, طرّاق الحديد.

*Forgeur*, qui controuve, مولّف الكذب.

FORMALISER (SE), verbe pro., s'offenser de, توغوش من.

23

Formaliste, adj. com., façonnier, vétilleux, مدقّق.

Formalité, s. f., قانون ; plur., عادة - قانون ; plur., عوايد.

Format, s m., dimensions d'un livre, قدر كتاب - قطعة - قطع.

Formation, s. f., action de former, de se former, صنع - استحكام - تكوين. *Voyez* Former.

Formation, terme de mathématique, action d'élever à une puissance, تقويم.

Formatrice, adj. f., terme de physique, مصوّرة. Force formatrice, قوّة مصوّرة.

Forme, s. f., شكل ; plur., اشكال ; صورة ; plur., صُور. Forme extérieure, هية - ظاهر. || En forme de, بصورة - بشكل. || En forme de dialogues, على طريق السوال و الجواب.

Forme, moule, قالب ; plur., قوالب.

Forme, manière d'être, façon d'agir, de parler selon les règles, قانون ; plur., قاعدة - قوانين ; plur., قواعد. En forme, suivant les formes requises, حسب القوانين.

Par *forme* de, adv., par manière de, بنوع.

Pour la *forme*, adv., pour les formalités seules, لاجل الصورة - لعيون الناس - قدام الناس.

Formel, le, adj., exprès, précis, صريح - مُعيّن.

Formellement, adv., صريحاً و بياناً - مُعيّنا.

Former, v. a., donner l'être et la forme, كوّن - A. صنع - O. جبل - صوّر.

Former, produire, ابدى.

Former, concevoir (un projet), نوى نيّة - I. عزم على.

Former, figurer, façonner, A. صنع - صوّر.

Former, faire, disposer, A. عمل - رتّب.

Former, instruire, علّم.

Se former, v. pron., prendre, recevoir la forme, تكوّن - تصور.

Se former, s'instruire, تعلّم. Se former sur un modèle, اقتدى ب.

Se former une idée, تصوّر الشى.

Formidable, adj. com., redoutable, مهول.

Formulaire, s. m., livre de formules, de formalités, انموذج - دستور العمل - كتاب قوانين.

Formule, s. f., forme prescrite, modèle des actes, صورة - قانون. Formule de serment, صورة يمين. || Formules préliminaires, phrase d'usage au commencement des lettres, etc., ديباجة.

Fornicateur, trice, s., زاني ; plur., زناة.

Fornication, s. f., زنا.

Fort, s. m., lieu fortifié, حصن ; pl., حصون.

Fort, le plus épais du bois, ملتقى الاشجار.

Fort, ce en quoi on excelle, شطارة - فنّ.

Fort, endroit le plus fort, temps du plus haut degré, شدة - اشدّ - عزّ - وقت.

Fort, e, adj., robuste, شديد - قوى.

Fort, grand et épais de taille, تخين - متعافي.

Fort, épais en matière, capable de résister, جامد - ماكن. Étoffe forte, épaisse, قماش تخين - قماش سمك.

Fort, touffu, ملتفّ.

Fort, bien fortifié, محصن - منيع.

Fort, rude, difficile, صعب.

Fort, puissant, شديد - قوى. Tabac *fort*, تتن ثقيل, سرت, حامى. Beurre fort, سمن زنخ.

Fort, violent, impétueux, شديد. Vent fort, vent violent, ريح شديد. || Forte maladie, مرض ثقيل.

Fort, grand, extrême, شديد - عظيم. Une forte inclination, ميل شديد.

Fort, énergique (expression), شديد التعبير - كلام بليغ. Il lui a écrit une lettre très-forte en ma faveur, كتب له مكتوب مشدّد بحقنا.

Fort, dur, offensant, قاسى.

Fort, habile, ماهر - شاطر.

Se faire *fort*, s'engager à, O. قعد ب.

A plus *forte* raison, بالحرى. A combien plus forte raison, كم بالحرى.

FORTEMENT, adv., شديداً - بقوّة.

FORTERESSE, s. f., قلعة ; plur., قلع.

FORTIFIANT, E, adj., (remède), دوا مقوّي.

FORTIFICATION, s. f., تحصين.

FORTIFIER, v. a., entourer de fortifications, حصّن.

*Fortifier*, donner plus de force, شدّد - قوّى.

*Se fortifier*, v. réf., devenir plus fort, تقوّى.

FORTUIT, E, adj., qui arrive par hasard, غيبي.

FORTUITEMENT, adv., par hasard, par cas fortuit, مصادفة.

FORTUNE, s. f., destin, hasard, حظّ - بخت. || Si Braver la fortune, عارك الدهر الايام الدهر la fortune me seconde, ان اسعفني زماني, دهري. || Fortune favorable, سعد - بخت - دهر موافق. || A la bonne fortune de, بسعادة - على نصيب. Fortune contraire, قلّة نصيب - دهر مخالف. || La bonne et la mauvaise fortune, سوء بخت, la prospérité et l'adversité, الرخا و الشدّة.

*Fortune*, avancement, établissement en honneurs, دولة - قبول. Faire une haute fortune, حصّل الدولة الكبيرة.

*Fortune*, condition, حال.

*Fortune*, biens, مال.

Bonne *fortune*, bonnes grâces, faveurs d'une femme, رضا امراة.

Bonne *fortune*, bonheur imprévu, رزق - خير من الله.

FORTUNÉ, E, adj., heureux, سعيد.

FOSSE, s. f., trou en terre, حفرة - حفير (Barb.).

*Fosse*, tombeau, قبر.

Basse *fosse*, cachot obscur et profond, جبّ.

FOSSÉ, s. m., fosse en long, خندق ; plur., حفير - خنادق.

FOSSETTE, s. f., creux au menton, aux joues, نقرة - غرزة. Fossette aux joues, غمّازة. || Fossette au menton, طابة الحسن. || Elle a des fossettes aux jointures des doigts, عقد ايديها مطبورات.

FOSSILE, adj. com., معدني.

FOSSOYAGE, s. m., فحت.

FOSSOYER, v. a., creuser la terre, فحت. A. – حفر. O.

FOSSOYEUR, s. m., حفّار - تربي.

Fou, adj. m., مجنون - أحق. *Voyez* FOL.

FOUDRE, s. com., صاعقة ; plur., صواعق.

*Foudre* de guerre, grand général, داهية - غضبة.

FOUDROYANT, adj., terrible, مثل الصاعقة - مرعد.

FOUDROYER, v. a., frapper de la foudre, صعق A.

*Foudroyer*, au fig., ruiner, renverser, سحق A.

FOUET, s. m., مقرعة ; plur., مقارع - فرقلة - سوط ; plur., سياط - مشحاط (Barb.).

Faire claquer son *fouet*, au fig. fam., se faire valoir, افتخر - عهل قلبه.

FOUETTER, v. a., ضربه سوط. O. – جلد. O. – شيط.

FOUGÈRE, s. f., plante, سرخس - بطارس.

FOUGUE, s. f., mouvement violent, emportement, هيجان - دفعة.

*Fougue*, enthousiasme, حميّة.

*Fougue*, ardeur, impétuosité, ثورة.

FOUGUEUX, SE, adj., شديد الحميّة - غاير.

FOUILLE, s. f., travail fait en fouillant la terre, نكّاش - حفر.

FOUILLE-MERDE, s. m., scarabée, جُعَل ; plur., جعلان.

FOUILLER, v. a., creuser pour chercher, حفر. O. – نبش. O. – نكش الارض.

*Fouiller*, chercher avec soin, نبش. O. – فتّش.

*Fouiller* quelqu'un, نبش حوايجه - فتّشه.

*Fouiller*, au fig., sonder, بحث A.

FOUINE, s. f., sorte de belette, قرقدون.

FOUIR, v. a., creuser, بحث A.

FOULE, s. f., presse, multitude de personnes, غاشي - ازدحام - زحّة (Barb.).

*Foule* de choses, جملة اشيا.

*Foule*, préparation aux étoffes, تخبيط - قصر.

23.

En *foule*, adv., en grand nombre à la fois, افواجاً.
FOULER, v. a., presser, écraser, O. كبس - لبد. O. داس - A. دعس - كبس - كبس A., داس. — O. Fouler aux pieds, O. دعسه. — A. دعس على. ‖ Fouler le blé, l'orge, etc., opération faite par des bêtes de somme et qui remplace le travail du batteur, درس القمح.

*Fouler*, opprimer, surcharger d'impôts, ثقل عليهم التكاليف.

*Fouler*, donner un apprêt aux étoffes, O. قصر - O. خبط.

*Fouler*, blesser, offenser un nerf, O. هرس - O. رض. — Il a le poignet foulé, يد مرضوضة. O. كبس.

FOULERIE, s. f., où l'on foule les draps, مقصرة.
FOULEUR, s. m., qui foule le raisin, دهاس.
FOULOIRE, s. f., مخباط.
FOULON, s. m., قصّار.
FOULQUE, s. f., poule d'eau, دجاجة الماء.
FOULURE, s. f., contusion d'un membre foulé, هرسة.

FOUR, s. m., فرن; plur., افران. Four à chaux, كلّاسة - قمين جير. ‖ Four pour la poterie, فخورة.
FOURBE, adj. com., trompeur, ماكر - خاين.
FOURBERIE, s. f., tromperie, مكر - خون.
FOURBIR, v. a., O. صقل - A. مسح الحديد. جلى I.
FOURBISSEUR, s. m., سيوفي.
FOURBU, E, adj., attaqué de fourbure, سقط.
FOURBURE, s. f., maladie aux jambes du cheval, سقط.
FOURCHE, s. f., instrument à tige ou mânche, et à deux ou trois branches, مصبع.
FOURCHETTE, s. f., ustensile de table, شوكة; plur., شوك - ملاقط; plur., ملاقط - كرفو (Barb.).
*Fourchette* du pied du cheval, نسر.
FOURCHON, s. m., branche de fourche ou de fourchette, سن - سنة.
FOURCHU, E, adj., مفلوق.

FOURGON, s. m., charrette, عربة - صندوق بارود.
*Fourgon*, perche pour remuer la braise dans un four, محراك. La pelle se moque du fourgon; prov., deux personnes ridicules se moquent l'une de l'autre, ما هذا الا لهذا.

FOURGONNER, v. n., remuer, حرّك.
FOURMI, s. f., insecte, نملة; plur., نمل. Fourmi rouge, سمسمة; plur., سماسم.
FOURMILIÈRE, subst. fém., بيت - عش نمل.
FOURMILLEMENT, s. m., picotement, تنميل.
FOURMILLER, v. n., au fig., abonder, A. شغى.
*Fourmiller*, picoter entre cuir et chair, A. نمل - نبل.

FOURNAISE, s. f., sorte de grand four, اتون; plur., اتونات - قمين.
FOURNEAU, s. m., كانون; plur., كوانين - كور - كير - اكوار.
FOURNÉE, s. f., le contenu d'un four à pain, خبزة.
FOURNI, E, adj., garni, ملان - كامل الاداة.
FOURNIER, s. m., فرّان.
FOURNIL, s. m., موضع الفرن.
FOURNIR, v. a., pourvoir de ce qui est nécessaire, ادى - جهز ب - قدم اللوازم. Fournir à quelqu'un les moyens de, انهضه للشى.
*Fournir*, parfaire, achever, كمّل.
*Fournir*, subvenir, contribuer à, اعان احداً على.
*Fournir*, v. n., suffire, فيه كفاية ل.
FOURNISSEUR, s. m., qui entreprend la fourniture, موانة; plur., موانات.
FOURNITURE, s. f., ce qui est fourni, مؤونة; اداة. *Fournitures* de tailleurs, boutons, ganses, etc., كلفة.
FOURRAGE, s. m., علف.
FOURRAGER, v. a., couper, amasser du fourrage, O. راد - O. لمّ العلف.

FOURRAGEUR, s. m., جمّاع العلف ; plur., رايد - رواد.

FOURREAU, s. m., gaîne, étui, غمد ; plur., اغماد - غلاف ; plur., غلاف - قراب - بيت.

*Fourreau* d'un cheval, قنب.

FOURRER, v. a., introduire, دسّ O. - ادخل.

*Fourrer*, au fig., fam., faire entrer dans une affaire, حشر O. - دحش A. I. Fourrer dans l'esprit, حط فى راسه O. ‖ Fourrer son nez partout, حشر حاله فى كل شى.

*Fourrer*, donner en cachette et souvent, زوّخ.

*Fourrer*, insérer mal à propos, حشر O. - حشى I.

*Fourrer*, garnir de fourrures, بطن بفروة.

*Se fourrer*, v. réf., s'immiscer dans, انحشر فى - اندحش فى - حشر حاله فى - احتشى فى - تداخل.

*Se fourrer*, se couvrir d'habits chauds, انحشى.

FOURRÉ, E, adj., garni, مبطن ب.

*Fourré*, couvert, caché, مخفى - مغطى.

FOURREUR, s. m., فرّا.

FOURRIER, s. m., terme militaire, sous-officier qui cherche les logements et distribue le pain aux soldats, باش متفرقة.

FOURRIÈRE, s. f., (mettre en), saisir, retenir, ضبط على O. I. - حاش.

FOURRURE, s. f., فروة ; plur., فراوى.

FOURVOYER, v. a., égarer, توّه.

*Se fourvoyer*, v. pron., s'égarer, تاه A. I. O.

FOYER, s. m., âtre, مستوقد.

*Foyer* d'ellipse, نقطة الاحتراق.

*Foyer*, au fig., siège principal, محل.

*Foyers*, au plur., patrie, وطن ; plur., اوطان.

FRACAS, s. m., rupture avec bruit, éclat, désordre, غاغة - رجّة - طشّة.

FRACASSER, v. a., briser en pièces, دشّ O. - كسّر.

FRACTION, s. f., action de rompre, كسرة.

FRACTION, terme d'arithmétique, parties égales de l'unité, كسور.

FRACTIONNAIRE, adj., (nombre) qui contient des fractions, كسرى.

FRACTURE, s. f., rupture, كسر.

FRACTURÉ, E, adj., مكسور.

FRAGILE, adj. com., aisé à rompre, à se détruire, سريع العطب - واهى.

*Fragile*, au fig., sujet à tomber en faute, ضعيف - سريع الزلّة.

FRAGILITÉ, s. f., qualité de ce qui est fragile, سرعة العطب.

*Fragilité*, facilité à tomber en fraude, ضعف.

FRAGMENT, s. m., morceau, جزو ; plur., اجزا - قطعة ; plur., قطع.

FRAI, s. m., altération par le frottement, برو.

*Frai*, multiplication des poissons, son temps, كثرو زمن البسارية.

*Frai*, petits poissons, بسارية - صير.

FRAÎCHEMENT, adv., بطراوة - على البرودة.

*Fraîchement*, depuis peu, ما له زمان.

FRAÎCHEUR, s. f., frais agréable, طراوة - برودة.

*Fraîcheur*, vivacité, nouveauté du coloris, جدّة - نضارة - زهو.

*Fraîcheur*, maladie causée par un froid humide, رطوبة.

FRAÎCHIR, v. n., devenir fort (vent), اشتدّ.

FRAIS, CHE, adj., médiocrement froid, رطب - بارد - طرى. L'air est frais, الهوا برودة - الهوا مرطب القلب.

*Frais*, fort et favorable (vent), طياب.

*Frais*, récent, طرى - جديد. Pain frais, خبز لين طرى. ‖ Beurre frais, زبدة.

*Frais*, qui n'a pas été fatigué ou employé, بجدّته بشوكته.

*Frais*, humide, رطب.

*Frais*, délassé, مستريح.

*Frais* de coloris, زاهى - نضر.

Frais, s. m., froid agréable, طراوة - برودة.
Frais, s. m. pl., dépense, كلفة; plur., كلف; plur., مصاريف. مصروف. Cela est à mes frais, هذا على - المصروف على كيسي.
Fraise, s. f., توت ارضي - توت فرنجي.
Framboise, subst. fém., توت - ثمرة العليق - شوكي.
Framboisier, s. m., عليق.
Franc, che, adj., libre, sincère, loyal, حرّ - مخلص - صادق - ابيض القلب - سليم القلب - خالص النية.
Franc, qui a les qualités requises, entier, صحيح.
Franc, hardi, aisé, جبر.
Franc, sans mélange, خالص.
Un franc mauvais sujet, معتر خالص.
Franc, exempt de, خالص من - سليم من - معفى عن. Lettre franche de port, مكتوب خالص معفى عن الكرا.
Franc, pièce de vingt sous, قطعة بعشرين صلدى.
Franc, adv. Voyez Franchement.
Franc, que, s., Européen, فرنجي; coll., فرنجى.
Français, e, adj., فرنساوي.
En bon français, adv., franchement, clairement, بالمفتوح. Parler français, s'expliquer nettement, بيّن الكلام.
Parler français, avec autorité, menace, نهيت.
France, s. f., مملكة فرنسا.
Franchement, adv., avec sincérité, بخلاصة. Franchement, librement, باطلاق.
Franchement, avec immunité, معافي.
Franchir, v. a., sauter par dessus, نظ O. Franchir, passer au delà, passer hardiment, خطى I. قطع A. ‖ Franchir les obstacles, نفذ I. عدا O. I. ‖ Franchir les limites, تعدّى تجاوز الحدّ.
Franchise, s. f., immunité, عفو.
Franchise, droit d'asile, حما.

Franchise, sincérité, candeur, خلاص نية - صدق - سلامة قلب.
Franciser, v. a., صيّر فرنساوي.
Se franciser, v. réfl., صار فرنساوي I.
Francolin, s. m., oiseau, دُرّج - دَرّاج; plur., ابو زرّاد - دراريج (Barbarie).
Frange, s. f., tissu d'où pendent les filets, سجاني - شراريب - هداب.
Frangipane, s. f., pâtisserie, عجينة.
Frappant, e, adj., qui fait une impression vive, يؤثر في العقل - يشكع.
Frappement, s. m., ضرب.
Frapper, v. a., donner un ou plusieurs coups, ضرب I. O. Frapper à la porte, دقّ الباب O. طرق الباب - دقدق في الباب O. ‖ On frappe à la porte, الباب يندقّ - يدقّوا الباب I. ‖ Frapper sur l'épaule pour caresser, طبطب له ‖. Frapper des mains, applaudir, صفق I. صفّق.
Frapper monnaie, ضرب سكة - ضرب معاملة.
Frapper, former, صوّر.
Frapper juste, atteindre le but, اصاب.
Frapper, faire impression sur, اثّر في.
Frappé, e, adj., bien fait, جيد.
Fraque, s. m., habit étroit, لبس ضيق.
Frasque, s. f., action extravagante, عيبة.
Fraternel, le, adj., اخوي.
Fraternellement, adv., مثل الاخوة.
Fraterniser, v. n., خاوى - تواخى - واخى - تخاوى.
Fraternité, s. f., خوة - اخوية.
Fratricide, s. m., meurtre, قتل الاخ.
Fratricide, meurtrier de son frère, قاتل اخاه.
Fraude, s. f., tromperie, مكر - غش.
Frauder, v. a., tromper, غشّ O.
Fraudeur, se, s. f., غشّاش.
Frauduleusement, adv., avec fraude, بغش.
Frauduleux, se, adj., enclin à la fraude, مكّار غشّاش.

*Frauduleux*, fait avec fraude, غِشّ - مَغْشُوش.

Frayé, adj. (chemin), سِكَّة - دَرْب - دَرْب فِيهِ آثارُ المَشْيِ - مَسْلُوك.

Frayer, v. a., marquer un chemin, فَتَحَ سِكَّة A.
*Frayer*, frôler, frotter contre, حَكَّ O.
*Se frayer* un passage, فَتَحَ لِنَفْسِهِ طَرِيقاً.

Frayeur, s. f., épouvante, خَوْف - وَهْرَة.

Fredaine, s. f., folie de jeunesse, جَهالَةُ الصِّبَا.

Fredon, subst. m., roulement dans le chant, دَرْج.

Fredonner, v. a., faire des fredons en chantant, دَرَجَ فِي الغِنَا O.

Frégate, s. f., navire de guerre, فَرْقاطَة.

Frein, s. m., mors, لِجَام; plur., لُجُم.
*Frein*, au fig., ce qui retient dans le devoir, حاجِز - ضَبْط - ضابِطَة. Mettre frein à sa langue, ضَبَطَ لِسانَهُ O. || Ronger son frein, n'oser faire éclater son dépit, كَظَمَ I.
*Frein* du prépuce, مَتَك. Frein de la langue, قَيْد - رِباطُ اللِّسان.

Frelater, v. a., falsifier, غَشَّ O.

Frelaterie, s. f., altération, غَشُّ البَضايِع.

Frêle, adj. com., faible, fragile, واهِي.

Frelon, s. m., grosse mouche ressemblant à la guêpe, زَنابِيط; plur., زَنابِير; زَنْبُور; plur., دَبُّور.

Freluquet, s. m., homme léger, frivole, طَيْر.

Frémir, v. n., trembler d'agitation, ارْتَجَّ - ارْتَعَدَ - ارْتَجَفَ - رَجَفَ O.
*Frémir* (eau prête à bouillir), تَكْتَكَ.
*Frémir* de colère, اضْطَرَبَ مِنَ الغَيْظِ.

Frémissement, s. m., émotion, tremblement, رَجَفان - ارْتِعاد.

Frêne, s. m., grand arbre, دِيش بُوداق - شَجَرَةُ لِسانِ العَصافِير. Graine de frêne, لِسانُ العَصافِير.

Frénésie, s. f., égarement d'esprit, سَرْسام.
*Frénésie*, au fig., emportement, جِنَّة - عَزْرَنَة.

Frénétique, adj. com., atteint de frénésie, بِهِ داءُ السَّرْسام - مَسْرَسِم.
*Frénétique*, furieux, مُعَزْرَن.

Fréquemment, adv., souvent, بِكَثْرَة - كَثِير.

Fréquence, s. f., كَثْرَة. Fréquence du pouls, سُرْعَةُ دَقِّ النَّبْضِ.

Fréquent, e, adj., qui arrive souvent, مُتَرَدِّد - كَثِيرُ الوُقُوعِ.

Fréquentation, s. f., commerce d'habitude, اخْتِلاط مَعَ - مُعاشَرَة.

Fréquenter, v. a., avoir un fréquent commerce avec, اخْتَلَطَ مَعَ - عاشَرَ I. Fréquenter, visiter souvent, تَرَدَّدَ إِلى عِنْدَهُ - تَرَدَّدَ عَلَيْهِ I. || Fréquenter un endroit, لَفَى لِمَوْضِعٍ I.

Fréquenté, e, adj. (chemin), دَرْب مَسْلُوك. Maison fréquentée, بَيْت مَطْرُوق.

Frère, s. m., أَخُو - أَخ; pluriel, أُخْوَة et إِخْوان. Votre véritable frère est celui qui vous donne de bons conseils, أَخُوكَ مَنْ صَدَقَكَ فِي النَّصِيحَة; prov. || Souvent votre véritable frère n'est pas celui qui est né d'une même mère que vous, رُبَّ أَخٍ لَمْ تَلِدْهُ أُمُّكَ; prov. || Frère de lait, رَضِيع - أَخ مِنَ الرَّضاعِ.

Fresque, s. f., peinture sur la muraille, تَصْوِير عَلى حايِط.

Fressure, s. f., le cœur, la rate, le foie et les poumons, مَعَلّاق.

Fret, s. m., louage d'un bâtiment, كِرا مَرْكَب.

Fréter, v. a., donner un bâtiment à louage, أَكْرى مَرْكَب. Fréter un bâtiment, le prendre à louage, اسْتَكْرى مَرْكَب.

Frétillant, e, adj., يَرْعَص.

Frétillement, s. m. fam., رَعْص.

Frétiller, verb. act. fam., s'agiter vivement رَعَصَ A.

Fretin, s. m., menu poisson, بَسارِيَّة.
*Fretin*, au fig., choses, êtres de rebut, بَواز.

Friabilité, s. f., هَشاشَة.

FRIABLE, adj. com., qui se peut aisément réduire en poudre, هشّ.

FRIAND, E, adj., qui aime les bons morceaux, طبایخی.

*Friand*, délicat au goût, طعم ـ لذیذ.

FRIANDISE, s. f., amour des bons morceaux, حبّ الطبیخ والنواعم.

*Friandises*, sucreries, etc., حلاویات.

FRICANDEAU, s. m., لحمة محمّرة.

FRICASSÉE, s. f., viande fricassée, قاورمة.

FRICASSER, v. a., طبخ قاورمة. O.

FRICHE, s. f., terre inculte, ارض بلا فلاحة ـ شراقی.

FRICTION, s. f., frottement, تفریك ـ تمرین.

FRICTIONNER, v. a., faire des frictions, مرخ ـ فرك. O.

FRILEUX, SE, adj., برّاد.

FRIMAS, s. m., grésil, brouillard, froid, ضبابة ـ شفشاف.

FRINGANT, E, adj., fort éveillé, بطران. Faire le fringant, بطر. O.

FRIPER, v. a., chiffonner, gâter, هفش ـ دعك.

*Friper*, manger goulûment, خمّ. I.

*Friper*, au fig. fam., dissiper (son bien) en débauches, صرف ماله فى الفسق. I.

FRIPERIE, s. f., vieilles hardes, عتيقة.

Se jeter sur la *friperie* de quelqu'un, en médire, افتكر القديم.

FRIPIER, ÈRE, s., عتیقى ; plur., عتيقة.

FRIPON, NE, s., voleur adroit, fourbe, شرطى ; plur., شرطية ـ محتال.

*Fripon*, adj., qui a l'air coquet, éveillé, دنس ـ شقى.

FRIPONNER, v. a. et n., لعب علیه ملعوب. A. ـ نصب على. A.

FRIPONNERIE, s. f., نصب ـ منصب ; plur., مناصب.

FRIRE, v. a., قلى. I.

FRIRE, v. n., انقلى. I.

FRIT, E, adj., مقلى.

FRISE, s. f. (cheval de), t. de guerre, pièce de bois garnie de pieux ferrés, شلك (جرخ فلك) ـ فلك.

*Frise*, s. f., ornement d'architecture, افریز ; plur., افاریز.

FRISER, v. a., boucler les cheveux, جعّد الشعر ـ برم الشعر. O.

*Friser*, v. n., être frisé, انبرم ـ تسبسب الشعر.

*Friser*, v. a., effleurer, مسّ ـ دقّ. I. O.

FRISÉ, adj., جعد.

FRISSON, s. m., tremblement causé par le froid, قفقفة ـ رعشة. Frisson de fièvre, نفاض. || Frisson de peur, قشعریرة ـ رعشة ـ بردیة ـ نفضة.

FRISSONNEMENT, s. m., ارتعاش.

FRISSONNER, v. n., avoir le frisson, ارتعش. I.

FRISURE, s. f., سبسبة الشعر.

FRITILLAIRE, s. f., plante, حشيشة الججل.

FRITURE, s. f., action et manière de frire, قلى.

*Friture*, chose frite, قلیّة ـ مقلى.

FRIVOLE, adj. com. (chose), باطل. Homme frivole, رجل حفیف العقل.

FRIVOLITÉ, s. f., caractère de ce qui est frivole, خفّة ـ هفق.

FROC, s. m., habit de moine, ثوب الراهب. Quitter le froc, ترك كهنوته. O.

FROID, E, adj., privé de chaleur, بارد.

*Froid*, plat, sans intérêt, sans expression, بارد ـ من غیر معنى ـ بلا طعمة ـ مقتتل.

*Froid*, qui ne garantit pas du froid, خفیف.

FROID, s. m., l'opposé de la chaleur, برد. Avoir froid, gagner du froid, برد. O. || J'ai froid, انا بردان || Il fait froid, برد الدنیا ـ الهوا بارد.

*Froid*, au fig., air sérieux et composé, برود.

*A froid*, adv., sans mettre au feu, على البارد.

FROIDEMENT, adv., en exposition froide, فى البرد.

*Froidement*, au fig., d'une manière sérieuse, réservée, ببرود.

FROIDEUR, s. f., accueil froid, برودية - برادة. Il y a de la froideur entre nous, بيني و بينه برودية.

FROIDURE, s. f., برد - برودة الطقس.

FROISSEMENT, s. m., رضرضة.

FROISSER, v. a., meurtrir, رضرض.

*Froisser*, chiffonner, مرمط.

FROISSURE, s. f, رضّة.

FRÔLER, v. a., toucher légèrement, هقّ I.

FROMAGE, s. m., جبن - جبنة. Un fromage, قالب جبن.

FROMAGERIE, s. f., جبانة.

FROMENT, s. m., la meilleure espèce de blé, قمح - حنطة - بر. Froment concassé, bouilli, séché, برغل. ‖ Froment bouilli simplement, بليلة. ‖ Froment encore tendre et grillé légèrement au four, فريك.

FROMENTACÉE, adj. (plante), نبات قمحي.

FRONCEMENT, s. m. (des sourcils), تقرقص الحواجب.

FRONCER, verbe a., plisser menu du linge, كرمش اللبس بالكي.

*Froncer*, rider le sourcil, عرقص الحواجب - عبس وجهه - قطب وجهه I.

FRONCIS, s. m., plis à une étoffe, طي.

FRONDE, s. f., مقلاع.

FRONDER, verbe a., jeter avec une fronde, حذف بالمقلاع I.

*Fronder*, au fig., blâmer, critiquer, عيب على.

FRONDEUR, s. m., ضراب مقلاع.

*Frondeur*, au fig., qui blâme, معيب.

FRONT, s. m., haut du visage, جبهة - جبين - قورة.

*Front*, face d'une armée, وجه العسكر.

*Front*, grande hardiesse, وقاحة. Il n'a pas le front de se montrer publiquement, ما له وجه يدور بين الناس. ‖ Il n'ose plus lever le front, ما بقى له راس ينشال. ‖ De quel front oserais-tu lui demander?...., باي وجه تطلب منه.

*De front*, adv., par devant, من قدام.

*De front*, côte à côte, في صف واحد - سوا.

FRONTAL, adj., يخصّ الجبهة. *Voyez* CORONAL.

FRONTIÈRE, s. f., limites d'un état, حدود مملكة.

FRONTIÈRE, adj. (place), ثغر; plur., ثغور.

FRONTISPICE, s. m., face de bâtiment, واجهة.

*Frontispice*, titre d'un livre, اول الكتاب.

FRONTON, s. m., ornement au frontispice d'un édifice, au-dessus d'une porte, قوصرة.

FROTTAGE, s. m., مسح.

FROTTEMENT, s. m., collision de deux corps qui se frottent, حكّ - تلاطم.

FROTTER, v. a., toucher en passant et repassant dessus, فرك O. - حكّ O. Frotter le linge en le lavant, معك - دعك. ‖ Frotter pour polir, nettoyer, مسح A. ‖ Frotter les hommes au bain, دلّك - كيّس.

*Frotter*, enduire, oindre, دهن ب O.

*Frotter*, au fig. fam., battre, قشر I.

*Se frotter*, v. pr., fam., au fig., s'attaquer à, احتكّ في.

*Se frotter* contre, v. réfl., احتكّ ب. Se frotter les mains, فرك راحتيه.

FROTTEUR, s. m., celui qui frotte les planchers, مسّاح.

*Frotteur*, celui qui frotte les hommes au bain, دلّاك - مكيّس.

FROTTOIR, s. m., ce qui sert pour frotter ou essuyer, ممسحة. Frottoir de bain, كيس.

FRUCTIFICATION, s. f., اثمار.

FRUCTIFIER, v. n., au propre et au fig., اثمر. Faire fructifier son argent, l'employer avantageusement, شغل مصرياته.

FRUCTUEUSEMENT, adv., utilement, بثمرة.

FRUCTUEUX, SE, adj., مفيد - مثمر.

**Frugal, e**, adj., qui se contente de peu pour sa nourriture, زهيد الاكل - متقشف.

*Frugal*, simple, peu abondant (repas), اكل عفيف.

**Frugalement**, adv., avec frugalité, بتقشف.

**Frugalité**, s. f., qualité de ce qui est frugal, قشافة.

*Frugalité*, tempérance, تقشف - زهادة.

**Frugivore**, adj. com., يعيش من النبات.

**Fruit**, s. m., ثمار. pl.; ثمر - فواكه pl.; فاكهة.

*Fruit*, au fig., résultat, ثمرة.

*Fruit*, utilité, profit, منفعة; plur., منافع - فايدة - نفع. Quel fruit en avons-nous retiré? ايش استفدنا منه.

*Fruit*, enfant, ولد - حمل. Jusqu'à ce que cette femme soit délivrée de son fruit, حتى تضع هذه الحاملة حملها.

**Fruitier**, s. m., lieu où l'on conserve le fruit, بيت الفواكه.

*Fruitier*, qui vend des fruits, فاكهاني - فكهاني - بقال - خضري.

*Fruitier*, adj., qui porte du fruit, مثمر.

**Frustratoire**, adj. com., مخيّب.

**Frustrer**, v. a., priver, حرم I. - خيّب.

**Fugitif, ive**, adj., qui est en fuite, هارب - هربان - طافش. Onde fugitive, ماء جاري.

*Fugitif* (ouvrage d'esprit), شارد.

**Fuir**, v. a., éviter, هرب من O. - بعد عن O. - اجتنب. Fuir le vice, اجتنب الرذايل.

*Fuir*, v. n., courir pour se sauver, انهزم - شرد O. - هرب I. - فرّ O.

*Fuir*, différer, éluder, حاول.

*Fuir*, passer vite, مرّ I. - فرّ O.

*Fuir*, couler par une fêlure, خرّ I. *Fuir*, laisser couler le liquide, رشح A. - نقط.

*Se fuir*, v. réf., au fig., هرب من نفسه O.

**Fuite**, s. f., فرار - هروب. Mettre en fuite, هزم - هرب I.

**Fulmination**, s. f., promulgation des bulles, مناداة اوامر البابا.

*Fulmination*, explosion par le feu, انشعال.

**Fulminer**, v. a., publier avec formalités, نادى ب.

*Fulminer*, au fig., s'emporter, التهب.

*Fulminer*, en parlant de l'explosion faite par le feu, انشعل.

**Fumage**, s. m., action d'exposer à la fumée, تدخين.

**Fumant, e**, adj., qui jette de la fumée, مدخّن.

**Fumée**, s. f., vapeur qui sort des choses brûlées, دخان.

*Fumées*, au plur., vapeurs qui s'élèvent au cerveau, دخنة - بخار.

**Fumer**, v. a., exposer à la fumée, دخّن.

*Fumer*, prendre du tabac en fumée, شرب A. دخان.

*Fumer* la terre, y répandre du fumier, زبّل الارض.

*Fumer*, v. n., jeter de la fumée, دخّن.

**Fumebon**, s. m., charbon qui jette de la fumée, فحم ردي.

**Fumet**, s. m., odeur, ذكاوة - رايحة - طيب.

**Fumeterre**, s. f., plante, شاهترج - شاهترة.

**Fumeur**, s. m., شرّيب دخان.

**Fumeux, se**, adj., qui envoie des vapeurs à la tête, يطيش.

**Fumier**, s. m., زبل - زبالة. Endroit où l'on jette le fumier, مزبلة.

**Fumigation**, s. f., تبخير - تهبيل.

**Fumiste**, s. m., ouvrier qui empêche les cheminées de fumer, منظّم المداخن.

**Funambule**, s., danseur de corde, بهلوان.

**Funèbre**, adj. com., des funérailles, جنائزي.

**Funérailles**, s. f. pl., obsèques, جنازة; plur., جنائز.

**Funéraire**, adj., يخصّ الجنازة.

Funeste, adj. com., sinistre, ردى - سوء - نحس.

A fur et a mesure, adv., à mesure, اول باول.

Furet, s. m., petit animal du genre des belettes, عريسة - عرسة.

Fureter, v. n., chercher, فتش - تصيّد.

Fureur, s. f., frénésie, colère violente, هيجان - غضب شديد - جنان.

Furibond, adj., مسعور - مجنون - هايج.

Furie, s. f., emportement, هيجان - غشمرة.

Furie, au fig., femme méchante, غولة - امراة ردية الاخلاق للغاية.

Furieusement, adv., avec furie, بغشمرة.

Furieux, se, adj., en furie, غضبان - هايج - سعران.

Furieux, violent, شديد.

Furoncle, s. m., clou, دملة - حبّة.

Furtif, ive, adj., qui se fait à la dérobée, بالخفي - في الدس.

Furtivement, adv., à la dérobée, سرقة - بالخفية.

Fusain, s. m., ou Bonnet à prêtre, arbrisseau, افونموس - عرقية الراهب.

Fuseau, s. m., petit instrument pour filer, مغزل; plur., مغازل. Fuseau pour tordre le fil, مبرم; pl., مبارم.

Fusée, s. f., fil autour du fuseau, شموطة; pl., شماميط.

Fusée, pièce d'artifice, فشاكة. Fusée volante, دركاوي - ابو قصبة - صواريخ; plur., صاروخ.

Fuser, v. n., se répandre, انتشر.

Fusibilité, s. f., ذوبان - سيحان.

Fusible, adj., qui se peut fondre, يسيح - يذوب.

Fusil, s. m., briquet, زند - قدّاحة.

Fusil, arme à feu, بندقية; plur., بندق - بارودة; plur., بواريد - مكاحل; مكحلة. || Fusil à un coup, بندقية مفردة. || Fusil à deux coups, بندقية مجوزة - بندقية بزوج جعاب (Barb.). || Un coup de fusil, قواسة.

Fusilier, s. m., fantassin armé d'un fusil, حامل مكحلة - بواردية; plur., بواردى.

Fusillade, s. f., coups de fusil, طلاق بارود.

Fusiller, v. a., tuer à coups de fusil, بندق على.

Fusion, s. f., liquéfaction, اذابة - سبك.

Fustet, s. m., arbrisseau, شجر بزر قطونا.

Fustigation, s. f., ضرب المقارع.

Fustiger, v. a., ضرب بالمقارع. I.

Fût, s. m., bois sur lequel on monte un fusil, un pistolet, خشب طبنجة - خشب بندقية.

Fût de colonne, طول العامود.

Futaie, s. f., forêt composée de grands arbres, حرش; plur., احراش.

Futaille, s. f., tonneau, دن; plur., دنان.

Futaine, s. f., étoffe, قماش قطن و كتان.

Futé, e, adj., fin, شيطان - فطن.

Futile, adj. com., frivole, باطل - هفق.

Futilité, s. f., frivolité, هفق.

Futilité, bagatelle, هلسة - شي باطل.

Futur, e, adj., à venir, مستقبل - آتي.

Futur, s. m., terme de gram., الزمان المستقبل.

Le futur, celui qui va se marier, عريس. La future, عروسة; plur., عرايس - عروس.

Fuyard, e, adj., هارب.

# G

G, s. m., septième lettre de l'alphabet français, الحرف السابع من الالف با.

Gabare, s. f., bateau large et plat pour remonter les rivières; navire de charge, قياسة ; plur., مركب جولة - قيايس.

Gabelle, s. f., impôt sur le sel, ميرى الملح.
Gabelle, lieu où l'on vend le sel, ملاحة.

Gabion, s. m., sorte de panier, قفة ; plur., قفف.

Gâche, s. f., pièce qui retient le pêne, ضبّة - رزّة.

Gâcher, v. a., détremper, خلط بالمويّة O.
Gâcher, au fig., faire mal salement, خبّص.

Gâcheux se, adj., boueux, sale, وسخ - وحل.

Gâchis, s. m., saleté, boue, وحلة - لاعة.
Gâchis, au fig., خبيصة.

Gadoue, s. f., matière fétide, خرا.

Gaffe, s. f., perche avec un croc, عصاية طويلة فى راسها خطّاف.

Gage, s. m., ce qu'on livre pour la sûreté d'une dette, رهن ; plur., رهان et رهون. Mettre en gage, رهن الشى عند احد. || Je lui ai donné cela en prenant en gage un objet de même valeur, أعطيته هذا فى حرز مثله. || Sur gages, بعد اعطا الرهن.
Gages, assurances, preuves, شاهد ; pl., شواهد.
Gages, au plur., salaire, جامكية ; pl., جوامك - علوفة ; plur., علايف - اجرة.

Gager, v. a., donner des gages, رتّب له علوفة - عمل له جامكية A.
Gager que, v. n., parier, راهن - تراهن معه على.
Combien veux-tu gager? ايش لايش - من ايش.

Gageur, se, s., qui gage souvent, مراهن.

Gageure, s. f., مراهنة - رهان.
Soutenir la gageure, au fig., persister, ثبت.

Gagnable, adj. com., يكسب.

Gagnant, e, adj., qui gagne, كاسب - رابح.

Gagne-denier, subst. masc., porte-faix, etc., شيّال.

Gagne-pain, ce qui fait gagner la vie à quelqu'un, باب الرزق - كسب العيش. Le filet est ton gagne-pain, الشبكة باب رزقك.

Gagner, v. a., faire quelque gain, كسب I. - ربح A. - سوّر (Barb.). Gagnez-vous ou perdez-vous? انت كسبان ولا خسران. || On vante le marché quand on y a gagné, ما يمدح السوق الّا من ربح ; prov. || Qu'avez-vous gagné avec lui? ايش - ايش نلت منه - ايش صحّ لك منه - استفدت. || Gagner la bataille, غلب I. - كسب I. || Gagner sa vie en travaillant, تقوّت بشغل يديه - انتصر.

Gagner, se rendre quelqu'un favorable, اكتسب A. عمل له عرق اخضر - استملك - استمال اليد -. Gagner un juge, le corrompre, برطل القاضى.

Gagner, acquérir, obtenir, ظفر A. O. فاز A. - نال A. - حصل على A. Gagner la béatitude éternelle, ظفر بالسعادة الابدية. || Gagner l'affection de quelqu'un, ملك قلبه I.

Gagner, prendre un mal, انعدى من المرض - اعتراه المرض. Il a gagné la fièvre, اخذته البردية.

Gagner pays, fuir, هرب O.

Gagner quelque chose sur quelqu'un, obtenir de. Je n'ai rien pu gagner sur lui, ارضى احدا ل - عجزت عنه.

Gagner, faire des progrès, تقدّم Le poison gagne, pénètre, دبّ السم O. - سرى A. Le feu gagne la maison, اتصلت النار الى البيت.

Gagner, mériter, استحقّ - استاهل.

Gagner, arriver à, وصل الى - حصل فى A.

Gaguer chemin, قطع الطريق. Gagner du temps, différer, قطع الزمان A.

*Gagner* les devants, gagner quelqu'un de vitesse, رجّ عليه O. – سبقه (Kasraouan).

GAI, E, adj., joyeux, بطران – بجبوح – مبسوط. Visage gai, وجه بشوش.

*Gai*, qui réjouit, clair, bien situé, مبهج – شرح. Temps *gai*, serein et frais, هوا مرطّب القلب.

GAÏAC, s. m., arbre, حطب القدّيس يس – خشب الانبيا.

GAÎMENT, adv., avec gaîté, بانبساط.

GAÎTÉ, s. f., belle humeur, بهجة – انبساط. Se mettre en gaîté, نكيف كيف.

*Gaîté*, paroles, actions folâtres, خلاعة – بجحة. *Gaîté*, vivacité, نشاطة. *Gaîté*, enjouement du style, بساطة.

De *gaîté* de cœur, من غير مقتضى.

GAILLARD, E, adj. fam. joyeux, بطران – خلوع. *Gaillard*, un peu libre, فالت شوية – شوية خارج.

*Gaillard*, hardi, éveillé, مخلّص. *Gaillard*, sain, dispos, مبسوط – نشط.

GAILLARD, s. m., terme de marine, موضع مرتفع في سطح المركب من مقدمه و موخره.

GAILLARDEMENT, adv., joyeusement, بخلاعة. GAILLARDISE, s. f. fam., gaîté, خلاعة – بطر. *Gaillardise*, paroles un peu libres, كلام فالت – كلام شوية فاحش.

GAIN, s. m., profit, ربح – كسب – مكسب. *Gain*, heureux succès, victoire, نصر – ظفر.

GAÎNE, s. f., étui, قراب – غلاف; plur., غلف – قرابات; plur., قرابات.

GAÎNIER, s. m., بيّاع قرابات.

GALA, s. m., fête, festin, وليمة; plur., ولايم.

GALACTITE, s. m., ou pierre de lait, حجر اللبن.

GALAMMENT, adv., بظرف – بظرافة.

GALANOR, s. m., plante, خو لنجان.

GALANT, E, adj., galant homme, homme probe, civil, etc.; de conversation agréable, رجل امائل – أدمى; plur., اوادم.

Homme *galant*, homme qui cherche à plaire aux dames, عايق; plur., عنادرة – غندور; plur., عيّاق. Femme galante, qui a des intrigues de galanterie, قهرمانة.

*Galant*, agréable, de bon goût, شلبى – ظريف. Vert *galant*, vif, alerte et robuste, ابن فكة.

GALANT, s. m., amant, معشوق – محبوب.

GALANTERIE, s. f., agrément, etc., ظرافة – شلعنة – حلاوة.

*Galanterie*, manières agréables, empressement auprès des femmes, مغازلة النساء – غندرة.

*Galanterie*, commerce amoureux, مسايرة – الفت – الحريم.

*Galanterie*, petit présent, هدية.

GALANTIN, s. m., ironiq., ridiculement galant, متغندر.

GALBANUM, s. m., plante; sa gomme, قنّاوشق – قنّى – قنّة.

GALE, s. f., maladie de la peau, جرب. Plus méchant que la gale, أعدى من الجرب (prov.).

GALÉGA ou GALEC, s. m., rue de chèvre, plante سداب التيس.

GALÉNIQUE, adj. com., على راى جالينوس.

GALÉNISME, sing. m., doctrine de Galien, راى جالينوس الطبيب.

GALÉNISTE, adj. com., من جماعة جالينوس.

GALÉOPSIS, s. m., plante, راس الهرّ – جملج.

GALÈRE, s. f., bâtiment à voiles et à rames, غراب; plur., اغربة.

*Galères*, punition des malfaiteurs, مركب الجبر – قصاص المجرمين.

*Galère*, au fig. fam., état, travail pénible, عذاب. Vogue la *galère*! risquons! يجرى ما يجرى.

GALERIE, s. f., longue pièce d'un bâtiment, رواق – ممشى. *Galerie*, allée de communication, مجاز.

Galerie, balustrade qui règne autour d'un minaret, شرفة.

Galerie, au fig., auditeurs, الحُضّار.

Galérien, s. m., condamné à ramer, قدّاف - مذنب محكوم عليه بالقدف.

Galet, s. m., caillou, حصاة البحر.

Galetas, s. m., dernier étage, اخر طبقة. ‖ Galetas, logement misérable, خُنّ.

Galette, s. f., gâteau plat, قرصة.

Galeux, se, adj., qui a la gale, أجرب ; fém., جرباء ; plur., جربان - جُرب.

Brebis galeuse, au fig., عنزة جرباء.

Galilée, s. f., nom de pays, بلاد الجليل.

Galimafrée, s. f., طبيخ فضلات لحم.

Galimatias, s. m., discours confus, مهاتية - غالبة.

Galion, subst. masc., vaisseau, غليون ; plur., غلايين.

Galiote, s. f., long bateau couvert, قُنجة ; pl., براش - بَرشة - قُنج ; plur., براش.

Galle, s. f. (noix de), عفص.

Gallican, e, adj., qui concerne l'église de France, يخصّ الكنيسة الفرنساوية.

Gallicisme, s. m., لفظة فرنساوية.

Gallique, adj. com., tiré de la noix de galle, عفصى.

Gallium, s. m., plante, غاليون.

Galoche, s. f., chaussure très-élevée en bois, قبقاب ; plur., قباقيب.

Galon, s. m., tissu épais de soie ou fil, شريط. Galon d'or, انديشة صفرا ‖ Galon d'argent, انديشة بيضا.

Galonner, v. a., حطّ شريط O.

Galop, s. m., allure d'un cheval qui court, رمح - ركض.

Galopade, s. f., رمحة.

Galoper, v. a., mettre un cheval au galop, ركض.

Galoper, v. n., aller le galop, ركض O. - رمح A. - رابع (Alg.).

Galopin, s. m., petit commissionnaire, صبى.

Galopin, popul., homme de néant, معتر.

Gambade, s. f., saut, نطّة.

Gambader, v. n. fam., faire des gambades, نطّ O.

Gambiller, v. n. fam., remuer sans cesse les jambes, هزّ ركبه O.

Gamelle, s. f., grande écuelle, ماجور ; plur., قصعة - مواجير.

Gamin, s. m. fam., marmiton, غسّال صحون.

Gamme, s. f., table des notes de musique, دايرة الموسيقا.

Chanter la gamme à quelqu'un, au fig. fam., le réprimander, lui dire des injures, بهدل. Changer de gamme, au fig., changer de conduite, انقلب.

Ganache, s. f., mâchoire inférieure du cheval, فكّ اسفل الفرس - حنك الحصان.

Ganache, au fig. fam., qui a l'esprit lourd, ثقيل الدم - تنبل.

Gangrène, s. f., أكلة - عطبة.

Se gangrener, v. pron., عطب A.

Gangreneux, se, adj., عطبى.

Ganse, s. f., cordonnet de soie, d'or, خيط - قيطانة.

Gant, s. m., ce qui couvre la main et les doigts, كفوف.

Souple comme un gant, traitable, soumis, مهاود. En avoir les gants, être le premier à, كان أوّل مَن. Jeter le gant, au fig., défier, طلب للقتال O. Ramasser le gant, برز له - حرّك الشرّ مع O.

Gantelée, s. f., ou Campanule, plante, جرسة.

Gantelet, s. m., sorte de gant revêtu de fer, كفوف حديد.

Ganterie, s. f., بضاعة كفوف.

Gantier, ère, s., يبيع كفوف.

Garance, s. f., plante, فوة - فوة الصبّاغين - رُنّاس.

GAR          GAR      367

Garant, s. m., caution, كفيل - ضامن.

Garant, au fig., auteur dans lequel on a puisé un fait, un passage, سند.

Garanti, e, adj., مكفول - مكفل.

Garantie, s. f., obligation de garantir, كفالة - ضمانة. Garantie, repentir, الكفالة ندامة. prov. arabe, pour dire : Il ne faut jamais répondre de personne.

Garantir, v. a., se rendre garant de, كفل O. - A. - قعد ب - تكفل ب - ضمن.

Garantir de, préserver, صان من. O.

Se garantir, v. réf., حمى نفسه - I. احتمى من.

Garce, s. f., prostituée, شلكة خاطية - عرصة.

Garçon, s. m., enfant mâle, صبى; pl., صبيان. Jeune garçon, عذرى; plur., عذارى (Maroc).

Garçon, célibataire, عزب; plur., اعزاب.

Garçon, valet, ouvrier, صبى; plur., صبيان.

Garçonnière, s. f., fille qui fréquente les garçons, صبية.

Garde, s. f., action de garder, حراسة - حرس. Faire la garde, حرس A. - تولى الحرس.

Garde, gens de guerre qui font la garde, حَرَس - حُرَّاس - غفر.

La garde, le guet, ceux qui le font, طوف - عسس.

Garde, femme qui garde un malade, امراة تحرس المريض و تداريه.

Garde, commission de garder, حفظ - محافظة. Donner en garde. Voyez CONFIER.

Garde, protection, حراسة - حماية. A la garde de Dieu, فى حراسة الله. || Que Dieu l'ait en sa garde, حفظه الله - حرسه الله تعالى.

Prendre garde, avoir soin, avoir l'œil sur, I. دار باله على - يوعى - aor., يوعى; ووعى على. || Prenez garde à vous, احذر - دير بالك. || Prenez garde à ce cheval, اصغى - اوعى بالك و الفرس - اياك و الفرس. || Être sur ses gardes, كان على حذر O. || Se mettre sur ses gardes, اخذ حذره O. || Mettre quelqu'un en garde contre, حذره من. || Je n'ai garde, استغفر الله. || Il n'a garde de (il est trop fin pour), هو اشطر من ان.

Se donner de garde, éviter, se précautionner, A. حاسب على نفسه. - حذر من.

Garde d'une épée, d'un poignard, قبضة.

Garde, s. m., homme chargé de garder, حارس; plur., حُرَّاس - حافظ. Garde de douanes, وقاف.

Garde-avancée, s. f., terme de guerre, اطراف الغفر.

Garde-bois, s. m., حارس الحطب.

Garde-boutique, s. f., ce qui reste longtemps en boutique, عفش الحاصل.

Garde-chasse, s. m., حارس, ناظر الصيد.

Garde-côte, s. m., milice qui garde les côtes, حُرَّاس البر.

Garde-des-sceaux, s. m., حامل ختام.

Garde-du-corps, s. m., حارس السلطان.

Garde-feu, s. m., حاجز للنار.

Garde-fou, s. m., balustrade, حاجز - درابزين.

Garde-magasin, s. m., وكيل المخزن - مخزنجى.

Garde-malade, s. m. com., خدّام مريض.

Garde-manger, s. m., كلار.

Garde-marine, s. f., garde de l'amiral, قبطان باشا.

Garde-meuble, s. m., خزنة الفرش.

Garde nationale, s. f., غفر اهل البلاد.

Garde-robe, s. f., lieu où l'on serre les hardes, خزنة الملبوس - صندوق اللبس. Garde-robe, lieu d'aisances, مستراح.

Garder, v. a., conserver, حفظ A. - خبى. || Garder sa gravité, هيبته. || Garder copie de, حفظ صورة. || استحرس على.

Garder, retenir, حاش O. - ابقى معه. Gardez cela pour vous, خليه عندك - ابقيه معك.

Garder, réserver pour un autre temps, ابقى الى غير وقت.

*Garder*, rester dans, قَعَدَ فِي O.

*Garder*, veiller à la garde de, نَظَرَ A. - O. حَرَسَ. Garder une forteresse, حَافَظَ القَلْعَةِ. ‖ Garder un malade, عَالَ المَرِيضِ O. - دَارَى المَرِيضَ. ‖ Garder un troupeau, رَعَى الغَنَمَ A.

*Garder*, protéger, حَمَى I.

*Garder*, préserver d'un mal, حَفَظَ مِنْ A. Dieu m'en garde! (je n'ai point commis cette faute), اِسْتَغْفِرُ الله - حَاشَا وَكَلَّا. ‖ Dieu nous garde d'un pareil malheur, الله لَا يُقَدِّرُ - بَعِيدٌ عَنَّا. - الله لَا يُرِينَا.

*Garder*, observer, حَفَظَ A. Garder la bienséance, ‖ Garder le silence, لَزِمَ السُّكُوتَ A. حَفَظَ النَّامُوسَ.

En donner à *garder*, fam., en faire accroire, ضَحِكَ عَلَى A.

La *garder* bonne, attendre l'occasion de se venger, حَقَدَ عَلَى I. Je te la garde bonne, خُذْ مِنِّي عَلَى مَا يَجِيكَ.

*Se garder*, v. réf., se préserver de وَعَى لِنَفْسِهِ - حَذَرَ مِنْ A. Gardez-vous bien de faire, بَالَكْ ثُمَّ بَالَكْ مِنْ اِنَّكْ تَعْمَلْ, اَلْحَذَرَ ثُمَّ الْحَذَرَ, اِيَّاكَ ثُمَّ اِيَّاكَ, اِصْحَا مِنْ اِنَّكْ تَعْمَلْ.

GARDEUR, SE, s., qui garde des animaux, رَاعِي, plur. رُعَاةٌ.

GARDIEN, NE, s., qui garde, حَافِظٌ ; حَارِسٌ - عَسَّاسٌ (Barb.); نَاطُورٌ - نَوَاطِيرُ, pl., خُرَّاسٌ, pl. Que Dieu protège la vigne contre son gardien, الله يَسْتُرُ الكَرْمَ مِنَ النَّاطُورِ ; prov.

GARE! impératif, interjection pour faire déranger ou menacer, بَالَكْ - اِيَّاكَ - اِصْحَا - اُوعَى - رَاسَكْ - ظَهْرَكْ.

GARE, s. f., lieu de sûreté pour les bateaux sur les rivières, مَلْجَأ لِلْمَرَاكِبِ فِي الْأَنْهَارِ.

GARENNE, s. f., lieu peuplé de lapins, غَيْطُ الأَرَانِبِ.

SE GARER, v. pro., تَجَنَّبَ عَنْ.

GARGAMELLE, s. f., popul., gosier, حَلْقٌ.

SE GARGARISER, v. pron., se laver la gorge, تَغَرْغَرَ بِ - تَمَخْمَضَ.

GARGARISME, s. m., liqueur pour se gargariser, مَا مُدَبَّرٌ لِلتَّغَرْغُرِ.

GARGOTAGE, s. m., popul., mets malpropre, وَسَاخَةٌ.

GARGOTE, s. f., cabaret sale, خَانَةٌ زَفِرَةٌ.

GARGOTER, v. n., manger, boire sans propreté, زَفِرَ.

GARGOTIER, ÈRE, s., qui tient gargote, طَبَّاخٌ وَسِخٌ.

GARGOUILLE, s. f., endroit d'une gouttière où l'eau tombe, فَمُ مَجْرَى.

GARGOUILLEMENT, s. m., bruit de l'eau, كَرْكَبَةٌ - خَرِيرُ الْمَاءِ.

GARGOUILLER, v. n., popul., خَبَّصَ.

GARGOUSSE, s. f., عِمَارُ بَارُودٍ لِلْمِدْفَعِ.

GARNEMENT, s. m., vaurien, خَاسِرٌ.

GARNIR de, v. a., pourvoir de tout ce qui est nécessaire pour la commodité, l'ornement, la conservation, la défense, جَهَّزَ بِ - كَلَّفَ. ‖ Garnir des lampes, عَمَّرَ القَنَادِيلَ. ‖ Garnir un fuseau, لَدَمَ القُطْنَ بِالْمِغْزَلِ O. ‖ Garnir une boutique, شَكَّلَ الدُّكَّانَ بِالْبَضَائِعِ - وَتَّبَ.

*Garnir*, meubler une maison, فَرَشَ البَيْتَ.

GARNI, E, adj., meublé, مَفْرُوشٌ.

*Garni*, orné, مُزَيَّنٌ.

GARNISON, s. f., soldats qui gardent une place, نُوبَةٌ - مُحَافِظِينَ (Barb.).

*Garnison*, gens qui gardent une maison, des meubles saisis, حَوَالَةٌ - مُعَيَّنِينَ.

GARNISAIRE, s. m., homme en garnison chez un débiteur, حَوَالَةٌ.

GARNITURE, s. f., ce qui sert à garnir, orner, كُلْفَةٌ - عُدَّةٌ.

GARROT, s. m., حَوَّرَكٌ - سُحَرَكٌ - حَارِكٌ.

GARROTTER, v. a., lier fortement, رَبَطَ O. - شَدَّ O. I. كَتَّفَ يَدَيْهِ وَقَيَّدَ رِجْلَيْهِ.

GASCON, NE, adj., fanfaron, خرّاط.
GASCONNADE, s. f., fam., fanfaronnade, خرطة - فشر.
GASCONNER, v. n., fam., dire des gasconnades, فشّر - O. خرط.
GASPILLAGE, s. m., تبذير.
GASPILLER, v. a., dissiper, بذّر, ضيّع المال.
GASPILLEUR, SE, s., مبذّر.
GASTER, s. m., le bas-ventre, l'estomac, معدة - مأنة.
GASTRIQUE, adj. com., stomacal, يخصّ المعدة.
GASTRITE, s. f., douleur vive à l'épigastre, phlegmasie de l'estomac, داء - داء السمأنة - المعدة.
GASTRONOME, s. m., طبابخي.
GASTRONOMIE, s. f., art de faire bonne chère, فنّ الاكل.
GÂTEAU, s. m., espèce de pâtisserie ronde et plate, قرص; plur., اقراص. Gâteau feuilleté au miel et aux amandes, زلابية - بقلاوة.
Gâteau, gaufre d'une ruche, قرص عسل.
Part au gâteau, au profit, قسم - نصيب.
GÂTE-BOIS, subst. masc., mauvais menuisier, نجار متعوس.
GÂTE-ENFANT, s. com., تلّاف الاولاد.
GÂTE-MÉNAGE, s. m., متلّف البيت.
GÂTE-MÉTIER, s. m. fam., تلّاف صنعة.
GÂTE-PAPIER, s. m., mauvais auteur, تلّاف ورق.
GÂTER, v. a., endommager, mettre en mauvais état, افسد - خربط - عطّل - I. - نزع A. - تلّف - اعطب - خسّر - I. عكس.
Gâter, salir, لوّث - I. عكس.
Gâter, corrompre, au prop. et au fig., افسد - اتلف. Gâter par trop d'indulgence, caresser trop, خسّر.
Se gâter, v. pr., perdre ses bonnes qualités, انفسد - انعكس.
Se gâter, se corrompre, انتزع - تعفّن - عيّن - جبابرة.

GÉA 369

خمّ I. (viande) - اشترى (fruit, viande, etc.) - مذر A. (œufs).
Se gâter, ou être gâté, être détérioré, تعطّل - تخروط - تخرّب - تخربط (Barb.).
Gâté, pourri, corrompu, معفّن.
Gâté (enfant), ولد خاسر - ولد دلع - ولد مدلّل.
GAUCHE, s. f., le côté gauche, شمال - ميسرة. A gauche, du côté gauche, على الشمال. A gauche, de travers, à contre-sens, بالمقلوب.
GAUCHE, adj., opposé à droit, ايسر - شمالي. La main gauche, اليد اليسرى - يد الشمال.
Gauche, au fig. fam., ridicule, maladroit, غشيم - قليل الشطارة.
Gauche, mal fait, mal tourné, معوّج.
GAUCHEMENT, adv. fam., avec maladresse, بالمندار - بقلّة صنعة.
GAUCHER, ÈRE, s., qui se sert ordinairement de la main gauche, اعسر - اشول.
GAUCHERIE, s. f., غشومية.
GAUDE, s. f., herbe qui teint en jaune, صفرا.
GAUFRE, s. f., pâtisserie, رقاقة.
Gaufre, rayon de miel, قرص شهد.
GAUFRER, v. a., empreindre, طبع A. - O. بصم.
GAULE, s. f., perche, عصاية طويلة.
GAULER, v. a., خبط بالعصاية.
GAZ, s. m., fluide aériforme, روح.
GAZE, s. f., étoffe très-claire, برنجق - قزّ.
Gaze, au fig., voile, ستر.
GAZELLE, s. f., bête fauve, غزال; plur., غزلان.
GAZETIER, s. m., مخبّر.
GAZETTE, s. f., ورقة خبرية.
GAZEUX, SE, adj., de la nature du gaz, روحي.
GAZON, s. m., خضرة.
GAZOUILLEMENT, s. m., تغريد الطير - مناغاة الطير.
GAZOUILLER, v. a., غرّد - ناغى.
GÉANT, E, s., عون; plur., اعوان - جبّار; plur., جبابرة. A pas de géant, très-vite, مثل العون.

24

GÉLATINE, s. f., substance animale gélatineuse, هلام.

GÉLATINEUX, SE, adj., هلامى.

GELÉE, s. f., grand froid qui glace, جليد. Gelée blanche, راوية. (Barb.) - صرّ.

Gelée, suc, jus coagulé, رُبّ - مرقة مجلّدة. plur., ربوب. Espèce de gelée composée de moût et de farine, خبيصة.

GELER, v. a., endurcir par le froid, جمّد. Il gèle, الدنيا جليد.

Geler, v. n. et Se geler, v. pr., جمد O. تجلّد. Je gèle, j'ai très-froid, انا بردان كثير.

GELINOTTE, s. f., oiseau, فروجة برّية.

GÉMEAUX, s. m. pl., constellation, برج الجوزا.

GÉMIR, v. n., soupirer et pleurer, ناح O. - انّ I.

GÉMISSANT, E, adj., نايح.

GÉMISSEMENT, s. m., نواح - انين.

GEMMATION, s. f., bourgeonnement, تنبيت.

GEMME, adj. (sel), ملح معدنى - ملح اندرانى.

GÊNANT, E, adj., ثقيل - يزعل - يزنق.

GENCIVE, s. f., chair qui entoure les dents, لحم، قيد ; plur., لثات - لثة الاسنان et لثا الاسنان.

GENDARME, s. m., شرطى - قوّاسة, plur., قوّاس ; شرطية, plur.

GENDARMER (SE), v. pr. fam., s'irriter, - تعزرن تغشمر.

GENDARMERIE, s. f., le corps des gendarmes, شرط - جلاوزة.

GENDRE, s. m., qui a épousé la fille de quelqu'un, حافد - صهر - جوز, vulg.; زوج بنت, plur., اختان; ختن - حفدة, plur.

GÈNE, s. f., torture, عذاب.

Gêne, état pénible, contrainte, عسف - ضيقة - زنقة. Se mettre l'esprit à la gêne, اتعب فكره.

GÉNÉALOGIE, s. f., نسب - نسبة. Généalogie de J.-C., ميلاد يسوع المسيح.

GÉNÉALOGIQUE, adj. com., نسبى.

GÉNÉALOGISTE, s. m., qui dresse des généalogies, نسّابة.

GÊNER, v. a., incommoder, importuner, زعّل - ثقل عليه.

Gêner, contraindre les mouvements, زنق I.

Gêner, tenir en contrainte, عسف - ضيّق على.

Gêner, embarrasser les mouvements, لبّك.

Se gêner, v. réf., se donner de la peine, اتعب I. زنق روحه - قلبه.

GÉNÉRAL, E, adj., commun à un grand nombre, عام - عمومى. D'une utilité plus générale, اعمّ فايدة O. عمّ على الكل. ∥ Devenir général,

GÉNÉRAL, s. m., qui commande une armée en chef, صارى عسكر - سرعسكر.

Général, le plus grand nombre, الاكثر.

En général, adv., فى الاكثر - بالجملة.

GÉNÉRALAT, s. m., مقام سرعسكر.

GÉNÉRALEMENT, adv., بالجملة - عموماً.

GÉNÉRALISER, v. a., rendre général, عمّ O.

GÉNÉRALISSIME, s. m., ريس روس العساكر.

GÉNÉRALITÉ, s. f., عموم - عمومية.

Généralités, au plur., discours sans rapport précis au sujet, كلام عام.

GÉNÉRATIF, IVE, adj., مولّد. Force générative, قوّة مولدة.

Génératif, d'où découlent toutes les conséquences, اصلى.

GÉNÉRATION, s. f., action d'engendrer, تناسل - توليد.

Génération, postérité, descendants, ذرّية.

Génération, peuple, امّ - ابنا ; plur., العصر.

Génération, ordre naturel de la génération, تولد - تناسل.

Génération, espace convenu de trente ans, جيل ; plur., اجيال.

GÉNÉREUSEMENT, adv., بمروة - بكرم.

GÉNÉREUX, SE, adj., magnanime, صاحب مروّة.

# GEN    GÉO

صاحب نخوة - . Il n'est point généreux d'abandonner cet homme, ما في المروة ان تتخلى عن هذا الرجل.

*Généreux*, libéral, كريم - اسخيا ; plur., سخى ; plur., كرام - مفتوحة اليد.

*Généreux*, de bonne qualité, جيد.

GÉNÉRIQUE, adj. com., جنسى.

GÉNÉROSITÉ, s. f., grandeur d'âme, مروّة.

*Générosité*, libéralité, كرم - جودة - سخا.

GENÈSE, s. f., histoire de la création, سفر الخليقة.

GENÊT, s. m., arbuste, وزال - رتمة. Genêt d'Espagne, à fleurs jaunes, odorantes, نرجبنيل.

GENÉVRIER, s. m., arbrisseau, عرعر - كوكلان - شجرة السندروس - ابهل.

GÉNIE, s. m., esprit, démon, جنّى ; coll., جنّ ; plur., جان - شيطان.

*Génie*, ange tutélaire, حارس ملك.

*Génie*, caractère propre d'une langue, اصطلاح.

*Génie*, talent, disposition naturelle, قريحة. Il a le génie du mal, دابه ان يؤذى الناس.

*Génie*, esprit élevé, عقل - همّة عالية.

*Génie*, inspiration, faculté de créer, براعة - قريحة. Qui du génie, ذو قريحة.

*Génie*, art de l'ingénieur, الهندسة.

GENIÈVRE, subst. masc., graine du genévrier, حب العرعر - حب الكوكلان.

GÉNISSE, s. f., jeune vache, عجلة.

GÉNITAL, E, adj., تناسلي. Faculté génitale, قوة مولّدة. || Parties génitales, اعضا التناسل.

GÉNITIF, s. m., terme de gram., جرّ - خفض.

GÉNITOIRES, s. f., pl., parties génitales du mâle, مذاكر.

GENOU, s. m., ركبة ; plur., ركب. A genoux, على الركب.

Demander à *genoux*, au fig., en grâce, humblement, نواقع على الركب و التمس.

GENOUILLET, s. m., plante, خاتم سليمان.

GENRE, s. m., جنس ; plur., جنوس et اجناس. Le genre humain, البشر.

*Genre*, goût particulier d'un peintre, etc., غية.

*Genre*, style, manière d'écrire, نظم.

*Genre*, terme de grammaire, جنس.

GENS, s. plur., fém. après l'adj., masc. avant, domestiques mâles, زلام - اتباع ; sing, زلمة - خدمة.

*Gens*, personnes, قوم - ناس. Bonnes gens, honnêtes gens, ناس ملاح.

*Gens* de, اهل - اصحاب. Gens de lettres, اهل الادب. || Gens de loi, اهل الشرايع. || Gens d'affaires, اصحاب الاشغال. || Gens de bien, اهل خير - اهل عرض.

GENTIANE, s. f., plante, جانطيان - جنسيانة.

GENTIL, s. m., païen, وثنى.

GENTIL, LE, adj., joli, شلبى - ظريف - كويّس.

GENTILHOMME, s. m., noble, شريف ; plur., اشراف.

GENTILITÉ, s. f., idolâtrie, عبادة الاوثان.

GENTILLESSE, s. f., agrément, طرافة - شلبنة - كواسة - حلاوة.

GENTIMENT, adv. fam., بكواسة.

GÉNUFLEXION, s. f., ركعة ; plur., ركعات et ركوع.

GÉODÉSIE, s. f., علم المساحة.

GÉOGRAPHE, s. m., جغرافي ou رسّام الارض.

GÉOGRAPHIE, s. f., علم وضع البلاد - جغرافيا - علم رسم الارض.

GÉOGRAPHIQUE, adj. com., جغرافي.

GEÔLAGE, s. m., droit dû au geôlier, معلوم السجان.

GEÔLE, s. f., prison, سجن.

GEÔLIER, s. m., concierge d'une prison, سجّان.

GÉOMANCE, CIE, s. f., divination au moyen de points tracés au hasard sur la terre, ضرب الرمل.

GÉOMANCIEN, NE, s., ضرّاب رمل - رمّال.

GÉOMANTIQUE, adj. com., de la géomancie, رملى.

GÉOMÈTRE, s. m., مهندس.

GÉOMÉTRIE, sing. fém., science des mesures, علم الهندسة.
GÉOMÉTRIQUE, adj., de la géométrie, هندسى.
GÉOMÉTRIQUEMENT, adv., بهندسة.
GEORGE, n. p., جرجس.
GÉORGIE, s. f., كُرُجستان.
GÉORGIEN, adj., كرجى.
GÉRANIUM, s. m., ou BEC DE GRUE, plante, ابرة الراعى.
GERBE, s. f., faisceau de blé coupé, جرزة.
GERBER, v. a., mettre le blé en gerbe, ربط السبل.
GERBO, s. m., ou GERBOISE, petit quadrupède, يربوع; plur., يرابيع.
GERCE, s. f., vermine qui ronge les habits, عثة. Gerce qui ronge les meubles, سوسة. || Gerce qui ronge les livres, سوسة - ارضة - دودة.
GERCER, v. n., faire de petites crevasses, شقّ O.
Se gercer, v. pr., انشقّ.
GERÇURE, s. f., petite crevasse, شقّ - فلح.
GÉRER, v. a., administrer, دبّر.
GERFAUT, s. m., oiseau, شاهين; plur., شواهين.
GERMAIN, NE, adj., issu de frère, ابن عمّ لزم.
Germain, issu de sœur, ابن عمّة لزم.
GERMAIN, s., Allemand, نمساوى.
GERMANIQUE, adj. com., يخصّ النمساوية.
GERMANDRÉE, s. f., plante (grande ou aquatique), اسقورديون - كامادريوس الماء. Germandrée (petite), ou petit chêne vert, بلّوط - كامادريوس الارض.
GERME, s. m., partie de la semence dont se forme la plante; première pointe de verdure, نبت - ناشية - زراع.
Germe, au fig., semence, cause, اصل - بزر. Faire éclore les germes d'une révolution, انشأ اصول الفتنة.
GERMER, v. n., pousser le germe au dehors, زرع A. نشا O. - نبت -.
GERMINATION, s. f., نبوت - تزريع.

GÉSIER, s. m., deuxième ventricule des oiseaux granivores, plur., قوانص; قونصة, ou قانصة.
GESSE, s. f., plante légumineuse, نوع جلبان.
Gesse sauvage, ou gland de terre, قلبق اليهودية.
GESTATION, s. f., temps de la portée des femelles, مدّة الحبل.
GESTE, s. m., mouvement du corps, de la main, des bras, تشبير - حركة - ايما - وما.
GESTICULATEUR, s. m., وموى.
GESTICULATION, s. f., وما.
GESTICULER, v. n., faire des gestes, اومى الى - شبّر.
GESTION, s. f., action de gérer, تدبير الاشغال - وكالة.
GIBBEUX, SE, adj., bossu, احدب.
GIBBOSITÉ, s. f., courbure en bosse, حدبة.
GIBECIÈRE, s. f., bourse, sac pour la chasse, كنبر - خربطة.
GIBELOTTE, s. f., fricassée, يخنى.
GIBERNE, s. f., boîte aux cartouches, بيت بارود - بَلْسكة (Barb.).
GIBET, s. m., potence, مشنقة.
GIBIER, s. m., صيدة - صيد.
Gibier de potence, خرج المشنقة.
GIBOULÉE, s. f., ondée de pluie mêlée de grêle, رشة مطر مع بَرَد.
GIBOYER, v. a., chasser, اصطاد.
GIBOYEUR, s. m., صيّاد.
GIBOYEUX, SE, adject., abondant en gibier, كثير الطير والوحوش.
GIGANTESQUE, adj. com., qui tient du géant, عونى.
Gigantesque, au fig., emphatique, منفوخ.
GIGERY, ville, جيجل.
GIGOT, s. m., cuisse, فخدة; plur., افخاذ.
GIGOTTER, v. n., هزّ ركبه - حرّك رجليه O.
GILET, s. m., sorte de corset, صديرى ou صدرية; plur., صدارى.

GILLE, s. m., niais, مسخرة - مضحكة.

GIMBLETTE, s. f., pâtisserie dure en anneaux, كعك - كعك.

GINGEMBRE, s. m., plante des Indes, زنجبيل - جنزبيل.

GINGUER, v. n., ruer, لبط O.

GIRAFE, s. f., caméléopard, زرافة; plur., زرافى.

GIRANDE, s. f., ou Girandole, amas (de jets d'eau, de fusées réunies), باقة.

Girandole, chandelier à branches, شمعدان; plur., شماعدين.

Girandole, assemblage de diamants, جارة الماس.

GIRASOL, s. m., pierre précieuse, حجر شمسى.

GIROFLE, s. m., épicerie, قرنفل. Clou de girofle, كبش قرنفل.

GIROFLÉE, s. f., fleur, منثور. Giroflée jaune, خيرى.

GIROFLIER, s. m., arbre qui donne la girofle, شجر القرنفل.

GIRON, s. m., partie du corps depuis la ceinture jusqu'aux genoux, étant assis, حجر; plur., حجور.

Giron de l'Église, sa communion, حضن الكنيسة.

GIROUETTE, s. f., دوارة هوا.

GISANT, E, adj., étendu, ممدود.

GISEMENT, subst. m., (des côtes de la mer), وضع سواحل البحر.

CI-GÎT, ici est, ههنا مستريح.

GÎTE, s. m., demeure, ماوى.

Gîte, bas de la cuisse du bœuf, اسفل فخدة البقر.

GIVRE, s. m., gelée blanche, صرّ.

GLACE, s. f., eau durcie par le froid, ثلج - بوز - جليد.

Glace, cristal pour se mirer, مراية - مراية; plur., مرايا et مراء.

Glace, liqueur glacée, عنبرى مثلج.

Glace, au fig. air de froideur, indifférence, برود.

Ferré à glace, au fig. ram., très-habile, قرارى.

Rompre la glace, au fig., hasarder le premier une démarche, etc., فتح باب A. ‖ Cœur de glace, très-dur, قلب قاسى.

GLACER, v. a., congeler, جمّد - ثلّج.

Glacer, au fig., intimider, refroidir, نشّف.

Glacer, v. n. ou Se glacer, v. pr., se prendre par le froid, جمد - ثلج O.

Glacer, lustrer, صقل O.

GLACERIE, s. f., صنعة و عمل المرايات.

GLACIAL, E, adj., au prop. et au fig. ينشّف. La mer Glaciale, بحر الثلج - البحر المنجمد.

GLACIÈRE, s. f., lieu où l'on conserve la glace, سرداب للثلج.

GLACIS, s. m., talus, نزلة.

GLAÇON, s. m., قطعة جليد - قطعة ثلج.

GLAÏEUL, s. m., plante, كسيفون - دلبوت.

GLAIRE, s. f., humeur visqueuse, شغنة - زلال.

Glaire, blanc d'œuf, بياض البيض.

GLAIREUX, SE, adj., plein de glaires, مشغنت.

GLAISE, adj. et s. f, terre forte et grasse, طين - تراب الفخار - ابليز.

GLAIVE, s. m., épée tranchante, سيف.

GLANAGE, s. m., لمّ القش - تصييف.

GLAND, s. m., fruit du chêne, بلّوط - بجم.

Gland, ornement qui imite le gland, زرّ. Gland de soie, flot, شرّابة.

Gland, extrémité de la verge, كمرة - حشفة.

Gland de terre, s. m., plante, قلبق اليهودية.

Gland de mer, coquillage, بلّان.

GLANDE, s. f., partie molle, spongieuse, qui sert à la sécrétion des humeurs, لوزة.

Glande, tumeur, غدّة - فاح.

GLANDULE, s. f., petite glande, فاح صغير.

GLANDULEUX, SE, adj., لوزى.

GLANER, v. a., ramasser des épis après la moisson, قشّ O. - لمّ القش - صيّف.

GLANEUR, s. m., لمّام القش - صيّاف.

GLANURE, s. f., ce que l'on glane, صيفة.

GLAPIR, v. n., crier, عوى I. - صوى.

GLAPISSANT, E, adj., qui glapit, يصوى.
GLAPISSEMENT, s. m., cri, عواء - صوى.
GLAUCIUM, s. m., pavot cornu, ما ميتــا شقيق القرن.
GLAUX, s. m., herbe, حشيشة الحليب.
GLISSADE, s. f., mouvement du pied qui glisse, زلقة.
GLISSANT, E, adj., sur quoi on glisse aisément, مزلّة. Pas glissant, زلق - يزلق.
GLISSEMENT, s. m., زلقة - تزليق.
GLISSER, v. a., mettre, insérer adroitement, A. دسّ - O. دحش.
Glisser, v. n., couler sur un corps gras ou uni, A. زلق - زحلق - زحل. A. La selle glissa de dessus le dos du cheval, زحل السرج عن ظهر الفرس. Son pied glissa, زلقت رجله. || Glisser de la main, de la poche, tomber, A. سلت, انسلت من يد. || L'anneau glissa de son doigt, او من جيبه - انسلت, انسل, انلص الخاتم من اصبعته.
Nous avons tout prévu, excepté de glisser pendant l'été, (prov.) كل شى حسبناه الا الزلق فى الصيف. || Glisser à dessein pour s'amuser, تزلق.
Glisser, être glissant, A. زحلق - زلق.
Glisser sur, passer légèrement sur, O. فات الشى - اوجز ذكر الشى.
Glisser sur, faire une impression légère sur, ما اثر فيه.
Se glisser, v. pro., s'insinuer, se couler doucement sans être vu, A. زبق - انسل - اندسّ. Il se glissa dans l'appartement, انسل و فات الى جوا.
GLISSOIRE, s. f., endroit pour glisser, زلاقة.
GLOBE, s. m., corps rond, كرة; plur., كرات - كور; plur., كورة.
GLOBULE, s. m., كرة صغيرة.
GLOBULEUX, SE, adj., composé de globules, كرى.
GLOIRE, s. f., honneur, estime, réputation méritée, علا - فخر - عزّ - مجد. C'est au prix de longues veilles qu'on acquiert la gloire (littéraire), (prov.) من طلب المعالى سهر الليالى. || Ternir la gloire, خرق الناموس. I. || A Dieu appartient la gloire éternelle, لله الحمد المؤبّد و الشنا السرمد.
Gloire, éclat, splendeur, جلال - ابهة.
Gloire, béatitude céleste, جلالة.
Gloire, orgueil, vanité, فخرة. Se faire gloire de, افتخر.
GLORIEUSEMENT, adv., بعزّ - بمجد.
GLORIEUX, SE, adj., qui s'est acquis, qui mérite de la gloire, مجيد - ممجّد - معزز - جليل - مجيد - مفتخر.
Glorieux, qui jouit de la gloire céleste, جليل.
Glorieux, plein de vanité, متعظم - مفتخر.
GLORIFICATION, s. f., تمجيد.
GLORIFIER, v. a., rendre honneur et gloire, عظم قدرة الرب و مجّد. Glorifier Dieu, عظم - مجّد - حكمته.
Se glorifier, v. réf., افتخر - نفخ.
GLORIOLE, s. f., vanité, نفخة.
GLOSE, s. f., commentaire, تفسير.
GLOSER, v. a., faire une glose, فسّر.
Gloser, censurer, interpréter en mal, اوّل.
GLOSEUR, SE, s., qui glose sur tout, معبّر.
GLOSSAIRE, s. m., dictionnaire, ترجمان.
GLOSSATEUR, s. m., qui explique un texte, شارح - مفسّر - مترجم.
GLOTTE, s. f., fente du larynx, فتحة الحلق.
GLOUGLOU, s. m., bruit d'une liqueur versée dans une bouteille, قلق.
GLOUSSEMENT, s. m., cri de la poule, تكاكى - قرق.
GLOUSSER, v. n., crier (poule), O. قرق - نقنق - كاكى.
GLOUTERON, s. m., plante. Voyez BARDANE.
GLOUTON, NE, s., شره - بطنانى - اكول.
GLOUTONNEMENT, adv., بشراهة.

## GOE — GON

GLOUTONNERIE, s. f., avidité dans le manger, شراهة.

GLU, s. f., composition visqueuse, دبق.

GLUANT, E, adj., visqueux, لزج - يدبّق - دبق.

GLUAU, s. m., عودة مدهونة بدبق.

GLUER, v. a., enduire de glu, دهن بدبق O.

GLUTEN, s. m., مادة لزجة.

GLUTINATIF, VE, et GLUTINEUX, EUSE, adj., لزج.

GNOME, s. m., génie gardien des trésors, جني حافظ الكنوز.

GNAPHALÉUM, s. m., ou Cotonnière, plante, فضية.

GNOMON, s. m., style sur un cadran, ميل.

GOBE-MOUCHE, s. m., lézard, صنف من الورل.

Gobe-mouche, au fig. fam., niais qui s'occupe de riens, سندال ; plur., سنادلة.

GOBELET, s. m., vase, قدح ; plur., اقداح.

Gobelets de joueur, حقة, pl., حقق. Joueur de gobelets, escamoteur, fourbe, حقة باز - حاوى - مزعبر.

GOBER, v. a. fam., avaler, لفح A.

Gober, au fig., croire légèrement, صدّق.

Gober, saisir quelqu'un à l'improviste, عفق I.

GOBEUR, s. m., gourmand, بلاع.

GODAILLER, v. n., boire avec excès, سقى الحبقة I.

GODELUREAU, s. m., غندور ; plur., غنادرة.

GODET, s. m., sorte de vase à boire, فنجان ; plur., فناجين.

Godet, vase attaché à une roue pour élever l'eau, قادوس ; plur., قواديس.

GODICHE, s. f., GODICHON, s. m., niais, تيس ; plur., تيوس - مسخرة.

GODIN, s. m., veau déjà fort, عجل.

GODIVEAU, s. m., pâté chaud de hachis de veau, عيش بلحم عجل.

GOÉLAND, s. m., oiseau de mer, جنقلة.

GOÉLETTE, s. f., petit bâtiment à deux voiles, مركب بقلعين.

GOFFE, adj., mal bâti, grossier, maladroit, عجيرى.

GOGAILLE, s. f. popul., repas joyeux, طبهة.

A GOGO, adv. pop. (vivre), dans l'abondance, عاش فى عز I.

GOGUENARD, E, adj., mauvais plaisant, خبيث - لئيم - بارد.

GOGUENARDER, v. n., plaisanter mal, railler, تهسخر - تبارد - تلاءم.

GOGUENARDERIE, s. f., fam., mauvaise plaisanterie, خبث - برادة - لامة.

GOGUETTES, s. f. plur. fam., propos joyeux, كلام بحبجة. Se mettre en goguettes, en belle humeur, سقى الحبقة I.

GOINFRE, s. m. popul., اكول - بتاع اكل.

GOINFRER, v. n. popul., لهط A.

GOINFRERIE, s. f. popul., لهطة.

GOÎTRE, s. m., tumeur grosse de nature spongieuse à la gorge, سلغة.

GOLFE, s. m., جون - بحر داخل فى الارض.

GOMME, s. f., substance épaisse qui découle des arbres, صمغ ; plur., صموغات et صموغ. Gomme arabique, صمغ عربى ou صمغ سنارى || Gomme-gutte, كوتا كتبا.

GOMMER, v. a., enduire, mêler de gomme, صمغ.

GOMMEUX, SE, adj., صمغى.

GONAGRE, s. f., goutte aux genoux, وجع ركب.

GOND, s. m., morceau de fer qui soutient la penture, زرزة - عقب الباب - جارور الباب ; plur., رزز.

Hors des gonds, au fig. fam., hors de soi, زهقان - طاير العقل من الغضب.

GONDOLE, s. f., bateau couvert, قنجة ; plur., قنج.

GONFLÉ, E, adj., enflé, منفوخ - وارم.

GONFLEMENT, s. m., enflure, نفخة - ورم.

GONFLER, v. a., faire devenir enflé, نفخ - ورّم.

Gonfler, v. n., enfler, ورم I.

*Se gonfler*, v. pr., s'enfler, انتفخ.

GONORRHÉE, s. f., سيلان فرنجي - نزول المني.

GORET, s. m., petit cochon, خنّوص.

GORGE, s. f., devant du cou, عنق ; plur., زور - اعناق.

*Gorge*, gosier, حلقوم - حلق. Mal de gorge, خناق.

*Gorge*, cou et sein d'une femme, صَدر.

*Gorge*, détroit, défilé, مضيق.

Couper la *gorge*, au fig. fam., ruiner, اهلك. Prendre à la gorge, contraindre par violence, غصب A. ‖ Rendre gorge, vomir ; au fig., restituer un vol, طرش I. ‖ Rire à gorge déployée, à l'excès, ضحك بقهقهة A.

GORGÉE, s. f., جرعة - شربة. Prenez une gorgée de fumée (de tabac), خذ لك سحبة.

GORGER, v. a., soûler, remplir, ملا A. - اشبع.

*Se gorger*, v. pron., se remplir jusqu'à la gorge, امتلى - انبشم.

GOSIER, s. m., canal de la voix, des aliments, حلقوم - حلق - زور.

GOTHIQUE, adj. com., au fig., ancien, قديم.

GOUACHE, s. f., peinture avec des couleurs délayées dans l'eau, تصوير بالوان محلولة في الماء.

GOUDRON, s. m., قطران.

GOUDRONNER, v. a., دهن بالقطران - قطرن.

GOUFFRE, s. m., abîme, مهلكة - غمر.

GOUJAT, s. m., valet de soldat, de maçon, عفش.

GOUJON, s. m., قابودي ,سمك صغير - بمبارية.

GOULÉE, s. f., bas, grosse bouchée, خمّة.

GOULET, s. m., entrée étroite d'un port, فم ,بوغاز المينا.

GOULIAFRE, adj. com., pop., glouton malpropre, زفر.

GOULOT, s. m., cou d'un vase, حلقوم - عنق.

GOULU, E, s., glouton, هبيان.

GOULUMENT, adv., avidement, بهماء.

GOUPILLON, s. m., مرشّة.

GOURD, E, adj., engourdi par le froid, خدران من البرد.

GOURDE, s. f., courge vide servant de bouteille, قرعة. Gourde de bois ou de cuir pour conserver l'eau, مطرة.

GOURDIN, s. m., pop., bâton, مسوقة - زقلة.

GOURMADE, s. f., coup de poing, لكمة.

GOURMAND, E, adj., عبد البطن - بطيني - عديم.

GOURMANDER, v. a., réprimander durement, بهدل A. - نهر.

GOURMANDISE, s. f., vice du gourmand, بطانة - نهمة.

GOURME, s. m., maladie, mauvaises humeurs, البلغم الغليظ.

GOURMET, s. m., qui sait goûter et connaître le vin, صاحب نظر في النبيد.

GOURMETTE, s. f., anneau, chaînette de fer tenant au mors et passant sous la ganache, سلسلة اللجام حلق الفك.

GOUSSE, s. f., enveloppe de grains, فص - قصل. *Gousse* d'ail, tête d'ail, رأس ثوم.

GOUSSET, s. m., creux de l'aisselle, نقرة الابط. *Gousset*, petite poche de culotte, جيب اللباس.

GOÛT, s. m., le sens qui discerne la saveur, ذوق. Il a le goût bon, ذوقه صحيح.

*Goût*, appétence des aliments, اشتها - نفس. Il n'a de goût pour rien, ما له نفس ياكل.

*Goût*, saveur, لذة - طعمة.

*Goût*, au fig., sentiment du beau, discernement, finesse de jugement, تمييز - نظر - ذوق. Bon goût, ذوق سليم. ‖ Il a du goût et du discernement, هو صحيح الذوق و التمييز.

*Goût*, inclination pour, sentiment agréable qu'on a d'une chose, ميل - غبّة. Écouter avec goût la parole divine, استماع كلام الله بابتهاج و رغبة. ‖ Il n'a pas le goût du travail, ما له قرضنة للشغل. ‖ Être du goût de quelqu'un, ما له سودا للشغل,

lui plaire, قطع عقله على ميله – .A .I. – | جاء على ميله طلع على خاطره.

*Goût*, manière de faire, genre, طعمة – زي. Dans le goût européen, على سبر الفرنج – طرز – سبر على طعمة فرنجية.

GOÛTER, v. a., discerner les saveurs, .O ذاق.

*Goûter*, au fig., essayer, ذاق. – جرّب.

*Goûter*, approuver, استصوب – استحسن.

*Goûter*, sentir, jouir des plaisirs, استطعم – تمتّع ب.

*Goûter*, avoir du goût pour, اعجبه الشي – مال الى .I.

*Goûter*, v. n., manger (quelques heures après le dîner), اكل العصر .O. Goûter (avant le dîner), تعوّد.

GOÛTER, s. m., repas entre le dîner et le souper, اكل العصر. Goûter (entre le déjeuner et le dîner), تعويدة. || Temps du goûter (après midi), العصر.

GOUTTE, s. f., petite partie d'un liquide, دمعة – قطرة. Goutte à goutte, قطرة قطرة. || Une goutte, un peu, نقطة.

*Goutte*, adv., au fig., rien, شي. Ne voir goutte, لا ينظر شياً.

*Goutte*, maladie qui attaque les jointures, داء الملوك – وجع المفاصل – نقرس. || Goutte aux pieds, داء الملوك. || Goutte sciatique, goutte à l'emboîture de la cuisse, عرق النسا. || Goutte sereine, obstruction subite du nerf optique, كمنة – نقطة في العين.

GOUTTEUX, SE, adj., به دا الملوك.

GOUTTIÈRE, s. f., tuyau pour faire couler les eaux de pluie des toits, مزراب – قصبة ; plur., مزاريب.

GOUVERNAIL, s. m., timon mobile pour gouverner un navire, دفّة.

Tenir le *gouvernail*, au fig., régir, gouverner, ساس .O. – دبّر.

GOUVERNANTE, s. f., femme qui a soin d'un enfant, دادة. Gouvernante, femme qui a soin d'un ménage, امينة.

GOUVERNEMENT, s. m., constitution d'un État, ceux qui gouvernent, حكم.

*Gouvernement*, manière de gouverner, حكومة – تدبير – حكم.

*Gouvernement*, charge de gouverneur, حكم – ولاية. Donner à quelqu'un le gouvernement d'un pays, قلّك ولاية البلاد.

*Gouvernement*, territoire dépendant d'un gouverneur, ايالة.

GOUVERNER, v. a., régir, conduire avec autorité, ضبط .O. – ساس .O. – حكم على .O. Il gouverne ses États par lui-même, يباشر ضبط مملكته بذاته – يمارس حكم بلاده بنفسه.

*Gouverner*, administrer avec épargne, دبّر.

*Gouverner*, conduire, mener, قاد .O.

*Gouverner*, faire l'éducation, avoir les soins convenables de, دبّر – دارى – ربّى.

*Gouverner*, avoir grand crédit sur quelqu'un, le mener, قاد .O. – تسلّط على – استولى على. Se laisser gouverner par quelqu'un, اعطى ذقنه بيد أحد.

*Gouverner*, régir, t. de gramm., عمل في .A.

*Se gouverner*, v. réf., se conduire, سلك سلوكاً .O.

GOUVERNEUR, s. m., qui gouverne une province, باشا – ولاة ., pl., والي ; حاكم ., pl., حكّام ; plur., باشاوات. Gouverneur d'une ville pour un pacha, متسلّم.

*Gouverneur*, intendant, administrateur, مدبّر.

*Gouverneur*, chargé de l'éducation, معلّم – مربّي.

GRABAT, s. m., petit et méchant lit, حصيرة (natte).

GRABUGE, s. m. fam., désordre, querelle, شوشرة – غائرة.

GRÂCE, s. f., faveur volontaire, فضل ; pl., أفضال – مزية ; plur., نعمة – انعام – احسان ; plur., مزايا (Barb.). Faire à quelqu'un la grâce de, انعم و اكرم عليه ب. || Faites-moi la grâce d'accepter, اريد منك ان تمنّ عليّ بقبول. || De grâce, je vous en prie, دخلك - من فضلك - الله يخليك.

*Grâce*, remise, pardon, عفو - سماح. Faire grâce à quelqu'un, عفا عنه O. I. ‖ Faire grâce à quelqu'un de quelque chose, سمح له ب A. ‖ Demander grâce pour quelqu'un, شفع، تشفّع فيه A.

*Grâce*, secours de la divinité, نعمة ; plur., نعم - مراحم ; plur., مرحمة. Par la grâce de Dieu, avec la grâce de Dieu, بعون الله و توفيقه - بنعمة الله A ‖ la grâce de Dieu, على خيرة الله. ‖ L'état de grâce, حال النعمة. ‖ Qui est en état de grâce, حاصل في حال النعمة. ‖ Les grâces célestes, المراحم الربّية. ‖ Dieu lui fasse la grâce de se corriger de ce défaut, رجه الله بالتوبة عن ذلك - الله ينعم عليه بالتوبة عن ذلك.

*Grâce*, bonnes grâces, amitié, faveur, محبّة. Il est en grâce auprès du prince, il est dans les bonnes grâces du prince, هو في عين الامير - الامير شايفه. ‖ Perdre les bonnes grâces de, نزل من عينه I.

*Grâce*, agrément, حلاوة - ظرافة. Se donner des grâces en marchant, اهتزّ - تهايل. ‖ De bonne grâce, volontiers, بطيبة خاطر. ‖ De mauvaise grâce, à contre-cœur, كرهًا.

*Grâce*, ou Grâces, remerciments, شكر. Je vous rends grâces, نشكر فضلك و جميلك. ‖ Grâce à Dieu, لله الحمد.

GRACIABLE, adj. com., مستحقّ العفو.
GRACIEUSEMENT, adv., بظرافة.
GRACIEUSETÉ, s. f., شلبنة - ظرافة.
GRACIEUX, SE, adj., agréable, ظريف - حلو.
GRACILITÉ, s. f., رقّة.
GRADATION, subst. f., augmentation successive, تدريج - مذارجة.
GRADE, s. m., degré d'honneur, مرتبة ; plur., درجة - مقامات ; plur., مقام - مراتب.
GRADIN, s. m., petit degré, درجة.
*Gradins*, au plur., bancs au-dessus les uns des autres, درج.

GRADUATION, s. f., division en degrés, قسمة درج.
GRADUÉ, E, adj., divisé en degrés, مقسّم بدرج.
*Gradué*, augmenté par degrés, مدرّج.
*Gradué*, un élève qui a pris un degré, له مقام.
GRADUEL, LE, adj., qui va par degrés, تدريجي.
GRADUELLEMENT, adv., par degrés, بتدريج.
GRADUER, v. a., diviser, augmenter par degrés, قسّم بدرج - درج.
*Graduer*, conférer les degrés, اعطى درج.
GRAILLON, s. m., restes de mets, فضلة طعام زفر. Odeur de graillon, رايحة زفرة.
GRAIN, s. m., semence du blé, etc., حبّ - حبّة ; plur., حبوب. Les grains, le blé, l'orge, etc., الغلال - الحبوبات - البدار.
*Grain*, fruit de plantes, حبّ - حبّة ; plur., حبّة عنب. Grain de raisin, حبّة عنب.
*Grain*, poids, soixante-douzième partie d'un gros, petite parcelle, قمحة - حبّة ; plur., قمح.
*Grain* de vent, تلقيحة ريح.
GRAINE, s. f., semence de plantes, بزرة ; coll., بزر ; plur., بزور.
Mauvaise *graine*, au fig., fam., mauvais sujet, بزرة ملعونة.
GRAISSAGE, s. m., action de graisser, دهان.
GRAISSE, s. f., دهن ; plur., ادهان - شحم - دسم.
GRAISSER, v. a., oindre de graisse, دهن - دهن O.
*Graisser*, salir, زفر.
*Graisser* la patte, au fig. fam., payer pour corrompre, برطل - دهن O.
*Graisser* les épaules, bâtonner, عرك الظهر O.
GRAISSEUX, SE, adj., شحمي - دهني.
GRAMEN, s. m., plante, ثيل.
GRAMINÉE, adject., de la nature du gramen, من جنس الثيل.
GRAMMAIRE, s. f., règles d'une langue, اجرومية - صرف و نحو - علم النحو.

GRA — GRA — 379

GRAMMAIRIEN, s. m., نحوى; plur., نحاة.
GRAMMATICAL, E, adj., de la grammaire, نحوى.
GRAMMATICALEMENT, adv., حسب قوانين النحو - نحويا.
GRAND, E, adj., fort étendu dans les trois dimensions, كبير; plur., كبار - عظيم; plur., عظام. Grand de taille, رجل طويل. ‖ Homme grand, طويل.
Grand homme, qui a de grands talents, رجل عظيم.
Grand, excessif, remarquable dans son genre, عظيم. Grand crime, ذنب عظيم. ‖ Un grand froid, برد عظيم. ‖ Un grand repas, وليمة عظيمة.
Grand, principal, important, الذى عليه الكلام - اصلى - كبير - راس - رووسى.
Les grands, الاكابر - الكبار.
En grand, de grandeur naturelle, فى الكامل.
En grand, d'une manière grande, فى الكبير.
Grand merci, adv., كثر خيرك.
GRAND-CONSEIL, s. m., tribunal, محكمة كبيرة.
GRAND-MAÎTRE, s. m., chef, رييس.
GRAND-OEUVRE, s. m., la pierre philosophale, حجر الفلاسفة.
GRAND-PÈRE, subst. m., اب كلام - اب الاب - جدّ.
GRAND-PRÉVÔT, s. m., juge militaire, قاضى العسكر.
GRAND'CHAMBRE, s. f., ديوان اوّل.
GRANDEMENT, adv., avec grandeur, بعظمة - بشرف.
Grandement, beaucoup, بزيادة.
GRAND'MÈRE, s. f., جدّة - ام الاب ou ام الام.
GRAND'MESSE, s. f., قدّاس كبير.
GRAND'RUE, s. f., rue principale, السكة لكبيرة.
GRAND-ONCLE, s. m., oncle de l'oncle ou de la tante, عم العمة ou عم العم.
GRAND'TANTE, s. f., عمّة العمة ou عمّة العم.
GRANDESSE, s. f., qualité d'un grand, عظمة.

GRANDEUR, s. f., qualité de ce qui est grand, كبر - عظم - كبرة.
Grandeur, excellence, sublimité, noblesse, عظم - شرف - علو - عظمة.
Grandeur, énormité, عظم.
Les grandeurs, au plur., les honneurs, les dignités, المعالى - الشروف. Grandeur, élévation, puissance, قدرة - رفعة.
Grandeur, tout ce qui peut être diminué ou augmenté, مقدار.
GRANDIOSE, adj. com., sublime, عظيم.
GRANDIR, v. n., croître en hauteur, devenir grand, A. كبر - O. طال - طوّل.
GRANDISSIME, adj. fam., عظيم للغاية.
GRANGE, s. f., bâtiment où l'on serre les gerbes, انبار; plur., انابر - جرون; plur., جرن.
GRANIT, s. m., pierre fort dure, حجر صوان.
GRAPPE, s. f., grains en bouquets pendants, عنقود; plur., عناقيد. Grappe de dattes, زباطة; pl., زباط - عرجون; plur., عراجين.
GRAPILLON, s. m., petite grappe, خصلة.
GRAPPIN, s. m., ancre à quatre becs, كلب; pl., اكلاب. Jeter le grappin sur, s'emparer de, O. شبك.
GRAPPINER, v. a., accrocher un vaisseau avec le grappin, O. شبك المركب.
GRAS, SE, adj., qui a beaucoup de graisse, مدهن - ناصح - سمان, pl., سمين. Devenir gras à lard, خنزر. ‖ Rendre gras à lard, تخنزر.
Gras, sali, enduit de graisse, زفر.
Gras, au fig., fam., sale, obscène, زفر. Discours gras, كلام زفر. ‖ Parler gras, لقش فالت.
Gras, tenace, fertile (terre), ارض دسمة.
Gras (jours), où les chrétiens mangent de la viande, ايام الزفر.
Faire gras, manger gras, O. اكل زفر - زفر. Je suis dégoûté du gras, انا قرفان من الزفر.
La grasse matinée (dormir), نام الى الظهر.

GRA

Gras, s. m., partie grasse de la viande, endroit charnu, شحم - دهن. Le gras et le maigre d'un morceau de viande, الشحم و الهبر ‖ Le gras de la jambe, لحم الساق.

Gras-double, membrane de l'estomac du bœuf, كرشة.

Grassement, adv., à l'aise, فى الهنا.

Grassement, généreusement, بزيادة.

Grasset, te, adj. fam., un peu gras, سمين.

Grassette, s. f., jointure de la cuisse à la jambe, سبانة.

Grassette, subst. fém., plante, بقلة الكرم - حشيشة الدهن.

Grasseyement, s. m., لدغة فى حرف الراء.

Grasseyer, v. n., parler gras, mal prononcer le R, لدغ فى حرف الراء A.; mieux, لثغ O. - لسانه يقرط بالرا.

Grasseyeur, se, s., qui grasseye, الثغ - الدغ.

Grassouillet, te, adj., diminutif de Grasset, مبغلل.

Grateron, s. m., plante, خذنى معك - بلسك - مصفى الراعى.

Gratification, s. f., don, libéralité, انعام - بخشيش.

Gratifier, v. a., اكرم، انعم عليه ب.

Gratifier, par iron., تكرم على ب.

Gratin, s. m., ce qui demeure attaché au fond du poêlon, قعر المقلى.

Gratiole, s. f., petite digitale, غراتيولا.

Gratis, adj., sans frais, بلاش - من غير اجرة - جابا - مجانا.

Gratis, au fig., sans preuves, من غير اثبات.

Gratitude, s. f., reconnaissance d'un bienfait, عرفان الجميل - شكر الاحسان - حمد.

Gratter, v. a., frotter avec les ongles, حكّ O.

نام الى الضحا Dormir la grasse matinée fait devenir la barbe longue (rend l'esprit obtus), النوم الى الضحا يطوّل اللحا.

GRA

Gratter, racler, enlever, قشط - قحط O.

Grattelle, s. f., maladie, حكّة - قوابى.

Grattoir, s. m., outil, مقشط، plur., مقاشط.

Gratuit, e, adj., fait ou donné gratis ou sans obligation, من طيبة الخاطر - بلا اجرة - مجان.

Gratuit, sans fondement, باطل.

Gratuitement, adv., de pure grâce, تفضّلا - مجانا.

Gratuitement, sans fondement, باطلا.

Gravats. Voyez Gravois.

Grave, adj. com., pesant, ثقيل; plur., ثقال.

Grave, au fig., qui agit, parle avec sagesse, وقور - صاحب وقار.

Grave, important, de conséquence, sérieux, ثقيل - يحرز - عظيم. Maladie grave, مرض ثقيل.
‖ Auteur grave, auteur de grande considération, مؤلّف معتبر. ‖ Affaire grave, fâcheuse, مادّة فظيعة. ‖ Style grave, كلام جدّ.

Grave, bas et profond (ton), حسّ جرم.

Gravelée, adj. fém. (cendre), قلى الخمر.

Graveleux, se, adj., mêlé de gravier, مرمّل.

Graveleux, sujet à la gravelle, به الحصوة.

Graveleux, au fig., fam., trop libre (discours), كلام فالت - كلام خارج.

Gravelle, s. f., maladie, حصوة.

Gravement, adv., avec gravité, بوقار.

Graver, v. a., tracer avec le burin, نقش O.

Graver, au fig., imprimer fortement dans la mémoire, dans le cœur, رسّخ A. Se graver quelque chose dans la mémoire, حفظ الشى A. ‖ Ce que l'on apprend dans la jeunesse se grave bien dans la mémoire, العلم فى الصغر مثل النقش فى الحجر.

Gravé, e, adj. (de la petite vérole), منقّش، منقوش بالجدرى.

Graveur, s. m., artiste qui grave, نقّاش.

Gravier, s. m., حصى - حصحاص (Barh.).

Gravir, v. a., monter, grimper avec peine, تشعبط على. Gravir une montagne, تشعبط

|| Gravir au haut d'une muraille, تسلق الحايط على جبل.

GRAVITATION, s. f., action de graviter attribuée à la matière, ميل - انجذاب.

GRAVITÉ, s. f., pesanteur, ثقل - ثقالة.

Gravité, au fig., importance des choses, عظم - ثقل.

Gravité, qualité d'un personnage grave, وقار - حشمة - هيبة.

GRAVITER, v. n., tendre et peser vers un point, مال الى - ركز الى. O.

GRAVOIS, s. m., partie grossière du plâtre, حصى. Gravois, menus débris de murs démolis, دبش.

GRAVURE, s. f., art de graver, نقاشة.

Gravure, ouvrage du graveur, نقش - نقشة.

GRÉ, s. m., bonne volonté de faire, خاطر - مراد. De son bon gré, بطيبة خاطر. || De bon gré, من طيبة - طوعاً. || Contre son gré, بالغصب - غصبا عنه. || De gré à gré, à l'amiable, d'un commun accord, مراضاة. || Bon gré mal gré, طوعاً او كرهاً - غصب و لا رضا - بالطيب او بالغصب - كرهاً.

A mon gré, selon mon goût, على - على كيفي. Être au gré de quelqu'un, على مرادي - على خاطري - رضاي A. طلع على خاطره - ارضاه - اعجبه.

Gré, reconnaissance, شكر - استكثار الخير. Savoir gré ou bon gré à quelqu'un de, حد احداً O. شكره على - على. || Sachez-moi gré de cette action, اعرف لي هذه الفعلة. || Savoir mauvais gré, ذم احداً على. O.

GREC, QUE, adj. (ancien), يوناني. Grec moderne, رومي ; coll., روم.

GRÈCE, s. f., بلاد الروم.

GREDIN, s. m., gueux, جعيدي.

GRÉEMENT, s. m., ce qui sert à gréer un vaisseau, ادوات لوازم المركب.

GRÉER, v. a., munir un vaisseau de manœuvres, etc., حضّر - جهّز المركب بجميع لادوات المركب.

Gréer, préparer, حضّر.

GREFFE, s. m., bureau où l'on expédie les actes d'un tribunal, مكتب المحكمة.

Greffe, s. f., ente, فرع مطعم - طعم.

GREFFER, v. a., enter, ركب - طعّم الشجر.

GREFFIER, s. m., كاتب الوقايع - كاتب الشرع.

GRÊLE, adj. com., long et mince, دقيق. Intestins grêles, امعا دقاق.

Grêle, aigu, faible (voix), صوت رفيع.

GRÊLE, subst. fém., pluie gelée, بَرَد - تبرورى (Barb.).

GRÊLÉ, E, adj., marqué de la petite vérole, منقش بالجدري - منقور بالجدري.

GRÊLER, v. impers., نزل بَرَد - بَرَّد. I.

GRÊLON, s. m., grain de grêle, حب بَرَد.

GRELOT, s. m., boule de métal creuse et bruyante, جلجل ; plur., جلاجل.

Attacher le grelot, au fig., fam., se hasarder le premier, خاطر في الاول.

GRELOTTER, v. n., trembler, رجف من البَرَد. O.

GRELUCHON, s. m., fam., amant secret, محبوب.

CRÉMIL, s. m., plante, قلت - جوالس.

GRENADE, s. f., fruit du grenadier, رُمّانة ; coll., رُمّان.

Grenade, boule de métal creuse, pleine de poudre, قنبرة - كُلّة مثل الرُمّانة.

GRENADIER, s. m., arbre du Midi qui donne la grenade, شجرة رُمّان. Grenadier à fleur double qui ne porte point de fruit, شجرة جُلّنار. || Fleur double de ce grenadier, جُنّار - جُلّنار.

Grenadier, soldat qui jette les grenades, ضَرّاب قنبر. Grenadier, soldat d'élite, عسكري منتخب.

GRENADILLE, s. f., fleur, زهرة الآلام.

GRENAILLE, s. f., menus grains de métal, خردة - شمسم - خردق (Barb.).

GRENAT, s. m., pierre précieuse rouge, عقيق - حجر سيلان.

GRENAUT, s. m., poisson à grosse tête, سمك كبير الراس.

GRENELER, v. a., faire paraître des grains sur le cuir, حبّب الجلد.

GRENER, v. a., réduire en petits grains, سحق A.

Grener, v. n., produire de la graine, beaucoup de grains, حبّب.

GRENETIER, ÈRE, subst., qui vend des graines, بيّاع الحبوب.

GRENIER, s. m., lieu où l'on serre les grains, هُرى - انابر plur., ; انبار - شون ; شونة coll.; اهرا plur.

Grenier, dernier étage, اخر طبقة.

GRENOUILLE, s. f., animal aquatique, ضفدعة; كرانة (Barb.) عقرق - ضفادع plur.

GRENOUILLÈRE, s. f., lieu où les grenouilles se retirent, نقرة ضفادع.

GRENOUILLET, s. m., plante, خاتم سليمان.

GRENOUILLETTE, s. f., espèce de renoncule, شقيق الماء.

GRENU, E, adj., plein de grains; bien grenelé, محبّب.

Grenu, liquide figé en grains, مرمّل. Miel grenu, عسل مرمّل.

GRÈS, s. m., pierre qui sert à paver, حجر بلاط - حجر مسن.

GRÉSIL, s. m., menue grêle, صرّ - برد رفيع.

GRÈVE, s. f., plage sablonneuse, رملة.

GREVER, v. a., faire tort, ضرّ O.

Grever, charger d'un impôt, حمّله التكليف - رمى عليهم او سقّم تكاليف I.

GRIBOUILLAGE, s. m., mauvaise écriture, تخربش.

GRIEF, s. m., dommage reçu, ضرر; pl., اضرار.

Grief, plainte pour un dommage, شكوى.

GRIÈVEMENT, adv., بليغًا - جدّا.

GRIFFE, s. f., ongle crochu, ظفر; plur., اظفار; مخاليب - اظفور مخلب - مخلاب plur., et

Coup de griffe d'un chat, خرمشة - تخرمش.

Griffe, empreinte d'un nom, ختم.

GRIFFER, v. a., خلب I. - اختلب.

GRIFFON, s. m., animal fabuleux, عنقا.

GRIFFONNAGE, s. m., mauvaise écriture indéchiffrable, خط مخربش - تخربش - كتابة ملخبطة.

Excusez mon griffonnage, j'écris précipitamment, سطر عجلة لا مواخذة, لا تواخذنى بعكاشة الخط.

GRIFFONNER, v. a., écrire mal, خربش - لخبط.

GRIGNON, s. m., (de pain), morceau de croûte bien cuite, قرقوشة عيش; plur., قراقيش.

GRIGNOTER, v. a. pop., manger en rongeant, مرش O.

GRIGOU, s. m., جعيدى - خسيس.

GRIL, s. m., ustensile pour faire griller, شبكة - مصبع.

Être sur le gril, au fig. fam., dans une situation douloureuse, تقلى على النار.

GRILLADE, s. f., viande grillée, شوى على المصبع.

GRILLAGE, s. m., garniture de fil de fer, محرّم - شعرية.

GRILLE, s. f., assemblage de barreaux, شبكة - شبّاك حديد.

Grille, plaque trouée sur une râpe, محرّم.

GRILLER, verb. act., faire cuire sur le gril, شوى على المصبع I. Griller du café, حمّص القهوة || Griller du pain, حمّص, قمّر الخبز.

Griller, fermer avec une grille, سدّ بشبكة - سدّ بشباك حديد O.

Griller, v. n., brûler d'impatience, تقلى على النار.

GRILLON, s. m., insecte, صرّار الليل - صرصر - ابو دردان.

GRIMACE, s. f., contorsion du visage, كشرة. Faire des grimaces à quelqu'un, كشّر I. تلوّق, تلايق فيه.

Grimace, mauvais pli, دعبلة.

Grimace, au fig., dissimulation, بهتة.

## GRI — GRO

**Grimacer**, v. n., ١. كشر - تلولق - برنش.
*Grimacer*, faire des faux plis, انثنى.
**Grimacerie**, s. f., dissimulation, بهتان.
**Grimacier**, ère, adj., qui fait des grimaces, صاحب بهتنة. Grimacier, hypocrite, ابو تلولق.
**Grimoire**, s. m., livre des prétendus magiciens, كتاب الطلاسم.
**Grimper**, v. a., monter en s'aidant des pieds et des mains, تشعلق - تسلّق - تشعبط. Grimper sur un mur, sur un toit, تسلّق الى سطح البيت - تعربش الى. ‖ Grimper à un arbre, تسلّق الحائط شجرة.
**Grincement**, s. m. (des dents), قرقطة الاسنان - صرير الاسنان.
**Grincer**, verb. act., les dents ou des dents, O. صرّ باسنانه - قرقط باسنانه.
**Griotte**, s. f., sorte de cerise, وشنة.
**Griottier**, s. m., arbre qui porte la griotte, شجر وشنة.
**Grippe**, s. f. pop., fantaisie, سودا - كيف. *Grippe*, prévention, haine, كراهة. Prendre en grippe, en vouloir à quelqu'un, O. دار ورا. ١. صار يبغض.
**Gripper**, v. a., attraper, ravir subitement, ١. خطف - A. قفش.
*Se gripper*, v. pr., se froncer, تكرمش.
**Gris**, e, adj., de couleur grise, سنجابى. Cheval gris, حصان ازرق. ‖ Gris cendré, رمادى. ‖ Cheveux gris, شعر سلق بلبن.
*Gris*, à demi ivre, متكيّف.
**Gris**, s. m., couleur grise, لون ازرق - لون سنجابى.
*Petit-gris*, s. m., fourrure dont la couleur est grise, سنجاب.
**Grisâtre**, adj. com., qui tire sur le gris, مزرق مايل الى لون السنجاب.
**Griser**, v. a., fam., faire boire jusqu'à rendre demi-ivre, اسكر - كيّف.

*Se griser*, v. réf., devenir gris, تكيّف ١. سقى الحبقة.
**Grisette**, s. f., au fig. iron., jeune ouvrière, صبيّة.
**Grison**, s. m. pop., âne, حمار.
**Grison**, ne, adj., qui grisonne, خطّه الشيب.
**Grisonner**, v. n., devenir gris (cheveux), ١. صار شعره سلق بلبن - O. خطّه الشيب.
**Grive**, s. f., oiseau, دجّ - سمنة (Alep).
**Grivois**, se, adj., éveillé, دنس. Propos grivois, كلام فالت.
**Grognard**, s. m., qui gronde sans cesse, نقناق.
**Grogne**, s. f., action de grogner, نقنقة.
**Grognement**, s. f., cri des pourceaux, عياط الخنازير.
*Grognement*, au propre et au fig., عياط - نقنقة.
**Grogner**, v. n., crier comme les pourceaux عيط مثل الخنازير.
*Grogner*, au fig., murmurer, برير - نقنق.
**Groin**, s. m., museau de cochon, بوز الخنزير - زنفارة الحلّوف - فنطيسة الخنزير (Barbarie).
**Grommeler**, v. n., grogner, برير.
**Grondement**, s. m., (du tonnerre) عجيج الرعد - صوت الرعد. Grondement des animaux féroces, همهمة - دمدمة - هدير.
**Gronder**, v. a., gourmander de paroles, خانق - بهدل - عزّر - O. عتب على - O. زجر - وبّخ. O. Ne pas gronder quelqu'un, O. ركن له زمرق.
*Gronder*, v. n., murmurer entre ses dents, همهم - دمدم - برير - نقنق. Gronder (animal féroce), همهم - دمدم - O. هدر.
**Gronderie**, s. f., criaillerie, عياط - مخانقة.
**Grondeur**, se, adj., qui aime à gronder, مقّت - مخانق.
**Gros**, s. m., la plus grande partie, la partie la plus forte, اشدّ - اكثر - اغلب.
*Gros*, huitième d'une once, درهم; pl., دراهم.

Gros, se, adj., qui a beaucoup de volume, épais, عفى - تخت - تخين - غليظ. Gros homme, رجل تخين، تخت - رجل غليظ. ‖ Grosse voix, حس غليظ - صوت خشن. ‖ Gros mots, paroles déshonnêtes, كلام غليظ, سفيه - رذالة.

Gros, considérable, عظيم - كبير.

Gros, grave, ثقيل - كبير.

Gros, mauvais, orageux (temps), معتم.

Femme grosse, enceinte, امراة حبلى.

En gros, le contraire de, en détail, فى الجملة.

Tout en gros, popul., seulement, فقط. ‖ Toucher la grosse corde, au fig., fam., toucher le point principal, لمس الوتر الذى عليه الكلام O. ‖ Faire le gros dos, l'homme important, عمل أبهة A. ‖ Cœur gros, au fig., oppressé par la douleur, قلب ملان - قلب وارم. ‖ Gros d'haleine, ضيق النفس.

Gros de Naples, subst. masc., étoffe de soie, سندل.

Groseille, s. f., fruit; Groseillier, arbuste qui le porte, عنب الثعلب.

Grosse, s. f., douze douzaines, رزمة.

Grosse, expédition d'un acte, نسخة - صورة.

Grossesse, s. f., état d'une femme qui est enceinte, حبل.

Grosseur, s. f., تخن - غلظ. De la grosseur d'une noix, قدّ الجوزة - بقدر الجوزة.

Grosseur, tumeur, درم; plur., اورام.

Grossier, ère, adj., épais, qui n'est pas délié ou délicat, خشن - غليظ - سامج.

Grossier, mal travaillé, mal poli, تصليق.

Grossier, rude, peu civilisé, خشنى - غليظ. Être grossier, malhonnête envers quelqu'un, سفه معه - ترادل معه. ‖ Discours grossier, كلام سفيه.

Grossier, qui suppose beaucoup d'ignorance ou de sottise, عظيم. Faute grossière, غلطة عظيمة. ‖ Ignorance grossière, جهل فظيع.

Grossièrement, adv., d'une manière grossière, بغشومية - بخشانة. Piler grossièrement, دقّ جريشا O.

Grossièreté, s. f., caractère de ce qui est grossier; manque de délicatesse, de civilité, غلاظة - خشونة - خشانة. Grossièreté, parole grossière, malhonnête, سفاهة. ‖ Dire des grossièretés à quelqu'un, غلظ له فى الحكى - سفه معه فى الكلام - ترادل معه فى الكلام.

Grossir, v. a., rendre gros, exagérer, غلظ - خشن حسّه. Grossir sa voix, كبّر - عظم - تخن.

Grossir, v. n., devenir gros, تخن O. - عط O.

Grotesque, adj. com., ridicule, مسخرة - مضحك.

Grotesquement, adv., بمسخرة.

Grotte, s. f., caverne, مغارة; plur., مغاير.

Grouillant, e, adj. pop., qui grouille, يرعص.

Grouillement, s. m., رعص.

Grouiller, v. a. pop., remuer, هزّ O.

Grouiller, v. n., et Se grouiller, v. réf., fourmiller, se remuer, رعص A.

Groupe, s. m., assemblage, كوم - جملة. Groupe de personnes, لبّة. ‖ Groupe d'argent, صرّة.

Grouper, v. a., mettre en groupe, رتب.

Se grouper, v. pr., former un groupe, التمّ.

Gruau, s. m., orge, avoine mondée et moulue grossièrement, شوفان او شعير مقشر و مطحون جريشا.

Grue, s. f., oiseau de passage, كركى - وزّ عراقى; plur., غرانيق; غرنوق - كراكى (Barb.). Grue, machine, الة البنّائيين لرفع الاحجار.

Gruger, v. a., manger, لقم A. - قرش O.

Grumeau, s. m., portion de sang, de lait caillé, جلفة.

Se grumeler, v. pr., devenir en grumeaux, تكبّب.

Grumeleux, se, adj., qui a de petites inégalités, مرمل.

Gué, s. m., endroit d'un rivière où l'on passe

à pied, خوض - مقطع. Passer une rivière à gué, O. ‖ Sonder le gué, جرّب عبر النهر خوضاً.

GUÉABLE, adj. com. (rivière), يُخَاض.

GUÈDE, s. f., ou PASTEL, plante, وسمة - عظلم - نيلة برية.

GUENILLE, s. f., haillon, خرقة - خلقة.

GUENILLON, s. m., petite guenille, خليقة.

GUENIPE, s. f. fam., coureuse, prostituée, امراة دوّارة.

GUENON, s. f., singe femelle, قردة.

GUENUCHE, s. f., petite guenon, قريدة.

GUÊPE, s. f., mouche carnassière, زنبور - زنبوط ; plur. زنابير.

GUÊPIER, s. m., بيت الزنابير.

GUÈRE, GUÈRES, adv., pas beaucoup, ما إلّا قليل - ضنين. Il n'y a guère de bonne foi dans le monde, ما في الدنيا امانة الّا قليل. ‖ Il n'a plus guère à vivre, ما بقى له من العمر الّا قليل. ‖ Il n'y a guère que lui, ما في الّا هو.

GUÉRET, s. m., terre abourée, ارض محروثة.

GUÉRIDON, s. m., porte-chandelier, عامودة شمعدان.

GUÉRIR, v. a., délivrer de maladie, اشفى - طيّب - ابرا - I. شفى.

Guérir, verbe neutre, recouvrer la santé, اشتفى - استراح - استعدل مزاجه - I. طاب - A. برأ.

Se guérir de, v. pr., au fig., se dit des passions, des erreurs برا من.

GUÉRISON, s. f., recouvrement de la santé, cure, اشفا - شفا - برو. Quand on visite un malade, on lui souhaite une heureuse guérison, en disant : لا تشوف شرّ ; rép. ما عليك شرّ ان شا الله ; ‖ Pour الله يعافيك ; rép. ما عليك الّا العافية. féliciter quelqu'un de sa guérison, on lui dit : الله يعافيك ; rép. الحمد لله على العافية.

GUÉRISSABLE, adj. com., يُشفى.

GUÉRISSEUR, s. m., مشفى العليل.

GUÉRITE, s. f., loge d'une sentinelle, مطرح صغير - منظرة.

GUERRE, s. f., différend à main armée entre deux pays, حرب. Faire la guerre à, حارب. ‖ Ils sont en guerre avec nous, بيننا و بينهم حرب. ‖ Petite guerre, guerre faite pour s'exercer, ملعب. ‖ Bonne guerre, guerre faite sans ruse, حرب من غير غش. ‖ Guerre sainte, جهاد. ‖ Nom de guerre, sobriquet, لقب. ‖ Faire .a guerre à, railler, contrarier, عاكس.

GUERRIER, ÈRE, adj., qui appartient à la guerre, حربى.

Guerrier, qui aime la guerre, qui la fait, حربجى ; plur. محارب - حربجية. Guerrier qui combat pour la foi, مجاهد.

GUET, s. m., action d'épier, ترصّد - ترقب. Faire le guet, ترقب.

Guet, soldats qui épient, غفر الليل - عسس.

Mot du guet, mot pour se reconnaître, كلمة سرّ.

Guet-apens, embûche dressée pour assassiner, بالخيانة. De guet-apens, مطرح خونة.

GUÊTRE, s. f., sorte de chaussure, جراب للرجلين.

GUETTER, v. a., épier, ترصّد - تربط ل - لبّد - ترقب.

GUEULARD, s. m., qui parle haut et beaucoup, جعجاع.

GUEULE, s. f., bouch des animaux, حنك - فم ; vulg. تمّ.

Gueule, bouche, ouverture, فم.

GUEULÉE, s. f., fam., grosse bouchée, بلعة.

Gueulées, plur., famil., parole. sales, كلام زفر.

GUEULER, v. n., crier, عيط - جعجع.

GUEUSAILLE, s. f., fam., canaille, جعيدية.

GUEUSER, v. n., fam., mendier, شحد. A.

GUEUSERIE, s. f., au fig. fam., action vile, رذالة - نتانة.

Gueux, se, adj., pauvre, صعاليك .pl ;صعلوك - شحّاد.

Gueux, vagabond, coquin, مجرم.

Gui, s. m., plante, دبق.

Guichet, s. m., petite porte dans une grande, بويبة - خوخة.

Guichet, porte d'armoire, باب دولاب.

Guichetier, s. m., portier du guichet, بوّاب.

Guide, s. m., qui accompagne pour guider, دليل; plur., ادلاء.

Guide, qui donne des avis, مدبّر - مُرشد.

Guides, s. f. pl., rênes, عنان - دزكين.

Guider, verbe a., conduire dans un chemin, O. دلّ على الطريق.

Guider, au fig., diriger dans une affaire, diriger, دبّر احداً في الامور.

Guidon, s. m., enseigne, بيرق.

Guidon, officier qui le porte, بيرقدار.

Guigne, s. f., sorte de cerise, كرز اسود.

Guigner, v. a., regarder du coin de l'œil entr'ouvert, حوّق.

Guignon, s. m. fam., malheur, سوء بخت - نحس.

Guillemets, s. m. plur., » علامة صورتها كذا.

Guilleret, adj., gaillard, éveillé, بطران.

Guillotine, s. f., machine pour trancher la tête, مخرطة.

Guillotiné, e, adj., انقطع راسه.

Guillotiner, v. a., قطع راسه A.

Guimauve, s. f., espèce de mauve blanche, غِسْل - خطمى - خطمية.

Guimpe, s. f., fichu, محرمة الرقبة.

Guindé, e, adj., affecté (style), كلام عنو - كلام عسف.

Guinder, v. a., hausser, رفع A.

Se guinder, v. pr., affecter de l'élévation, شمخ O. - علا I. O.

Guinguette, s. f., petit cabaret, بيت طنب - خمارة.

Guirlande, s. f., couronne, feston de fleurs, اكليل زهر; plur., اكاليل.

Guise, s. f., manière, façon d'agir, بنك - زى - خاطر - كيف. Chaque pays a sa guise, كل بلاد لها زى. ‖ Je ferai à ma guise, اعمل على كيفى.

En guise de, à la façon, à la ressemblance, فى زى.

Guitare, s. f., instrument de musique, قيتارة.

Gustatif, adj. (nerf), عصبة الذوق.

Gustation, s. f., الذايقة - ذوق.

Guttural, e, adj., du gosier, حلقى.

Gymnase, s. m., lieu d'exercice, محل رياضة.

Gymnastique, s. f., art d'exercer les corps pour les fortifier, علم الرياضة.

Gymnastique, adj. com., de la gymnastique, رياضى.

Gymnosophistes, s. m. pl., anciens philosophes indiens nus, qui menaient une vie très-austère, فلاسفة متقشفين.

Gynécée, s. m., retraite des femmes, حرم.

Gypse, s. m., pierre calcaire, جبس.

Gypseux, se, adj., de la nature du gypse, جبسى.

# H

H, s. m., lettre de l'alphabet, حرف الهاء.

Ha! interject. de surprise, d'étonnement, ها - أه.

Ha! interj. de douleur, آه.

Habile, adj. com., terme de jurisprudence, qui a droit, يحق له أن.

HAB            HAC      387

*Habile*, capable, adroit, شاطر - عايق - ماهر - .صاحب معرفة

*Habile*, savant, ماهر - خبير - معلّم - حاذق. Devenir habile dans une science, تمهّر في فنّ.

*Habile*, alerte, expéditif, شمبلول.

Habilement, adv., بمعرفة - بشطارة.

Habileté, s. f., intelligence, adresse, شطارة - مهارة - معرفة - عياقة - حذق.

Habilité, s. f., aptitude à succéder, حقّ في الارث.

Habiliter, v. a., rendre habile à, اعطى حقّا في. ان.

Habillement, s. m., vêtement, لبس - كسوة.

Habiller, v. a., vêtir, لبس. Habiller quelqu'un, كسى I. O. ‖ Habiller, donner un habit, لبّسه ثيابه ‖ Habiller les pauvres, كسى الفقرا.

*Habiller*, au fig., donner les mœurs, le costume, لبّسه زي - طقم.

*Habiller*, maltraiter de paroles, عكس I. - لبّس.

S'*habiller*, v. réf., se vêtir, لبس ثيابه A. S'habiller, se donner un habit, انكسى.

S'*habiller*, mettre des habits plus recherchés que ceux qu'on porte ordinairement, تهندم - تنظّم - تلبّس.

Habit, s. m., vêtement, ثوب ; plur., ثياب - بدلة - كسوة. Changer d'habits, بدّل - غيّر ثيابه. ‖ Habit habillé, هندمة. ‖ Fermer ses habits en signe de respect, تلملم - لملم ثيابه.

*Habit*, costume, زي - لبس - كسم.

Habitable, adj. com., qui peut être habité, يسكن. Habitable, qui est habité, معمور - مسكون. ‖ La terre habitable, الربع المعمور.

Habitacle, s. m., demeure, مسكن.

*Habitacle*, armoire de la boussole, خزانة البوصلة.

Habitant, e, adj., qui demeure, ساكن ; plur., سكان - قاطن ; plur., قطّان. Les habitants d'un pays, اهل البلاد.

Habitation, s. f., demeure, مسكن ; pl., مساكن - سكينة.

*Habitation*, terme de prat., compagnie charnelle, عشرة.

Habiter, verbe a. et n., faire sa demeure en, سكن في O.

*Habiter*, connaître charnellement, عاش مع I.

Habitude, s. f., coutume, عادة ; plur., عوايد. Habitude passée dans le caractère, خصلة ; plur., خصال. ‖ L'habitude est une seconde nature, اذا تعوّد السنّور كشف القدر لا يعبر عنه. ‖ La nature l'emporte sur l'habitude, الطبع غلب التطبع. ‖ Prendre les habitudes et le caractère de, تخلّق باخلاق - تطبّع بطبع. ‖ Quitter une habitude, s'en défaire, عبر عن عادته - خرق عادته O.

*Habitude*, liaison, commerce de galanterie, معاشرة - الفة - صحبة.

*Habitude* du corps, son air, son maintien, هيئة - تخاطير الجسم.

Habituel, le, adject., passé en habitude, اعتيادي.

Habituellement, adv., par habitude, بالعادة.

Habituer, v. a., accoutumer à, عوّد على.

S'*habituer*, v. réf. s'accoutumer à, تعوّد على.

Habitué, e, adj., accoutumé à, معتاد على - متعوّد على.

Habler, v. n., parler beaucoup avec vanterie خرط O. - فشر O. فشر

Hablerie, s. f., vanterie, خرطة - فشر.

Hableur, se, s., خرّاط - فشّار.

Hache, s. f., instrument tranchant, فرّاعة - فووس ; plur., فأس ; plur., بلط - بلطة.

Hacher, v. a., couper en petits morceaux, فرم O. Hacher en menus morceaux, نعّم - فرم ناعم.

*Hacher*, au fig., couper par petites phrases, قطع الكلام

25.

HACHETTE, s. f., marteau avec un tranchant, شاكور ou شكور - قدّوم (Barb.).

HACHIS, s. m., viande hachée, لحم مفروم - حشو.

HACHOIR, s. m., table pour hacher, خشب الفرم.

Hachoir, grand couteau pour hacher, سكين الفرم.

HAGARD, adj., موحّش - زالل.

HAIE, s. f., clôture de ronces, d'épines, etc., سياج ; plur., زروب - زرب.

Haie, rangée, صفّ.

En haie, en ligne, côte à côte, على الصفّ. Se mettre en haie, اصطفّ.

HAÏE, interj., cri des charretiers pour animer les chevaux, ها.

HAILLON, s. m., guenillon, خلقة - خرقة ; plur., شراميط - شرموطة.

HAINE, s. f., inimitié, حقد - بغضة - كراهة.

Haine, répugnance, aversion, كراهة - مقت.

HAINEUX, SE, adj., naturellement porté à la haine, غبي - مقّت - حقود.

HAÏR, v. a., كره A. - بغض O. Il le hait fort, يموت منه.

HAIRE, s. f., chemisette de crin pour se mortifier, قميص من شعر - مسح شعر.

HAÏSSABLE, adj. com., كريه - مكروه.

HÂLE, s. m., impression de la chaleur qui jaunit, sèche, حرق الشمس - شوب.

HALEINE, s. f., نفس - تنفّس ; plur., انفاس. Prendre haleine, تنفّس. اخذ نفس ‖ Retenir son haleine, حبس نفسه I. ‖ Mettre hors d'haleine, قطع النفس ‖ Être hors d'haleine, انقطع نفسه. ‖ Il a l'haleine mauvaise, بخار في فمه.

Courte haleine, asthme, ضيقة نفس.

Haleine de vent, souffle léger, نسمة.

En haleine, en exercice (cheval), مجرود. En haleine (homme), مستدمن. ‖ Cheval qui n'est pas en haleine, حصان خام ربيط. ‖ Mettre un cheval en haleine, جرّد الحصان ‖ Se mettre en haleine (cheval), جرّد - (homme), استدمن.

Tenir en haleine, en incertitude, خلّى فى الحيرة.

Tenir d'une haleine, au fig. fam., sans intermission, فى نفس.

A perte d'haleine, longuement, لقطع النفس.

De longue haleine, طويل.

HÂLER, v. a., rendre basané, حرق - شوّب I.

HÂLÉ, E, adj., محروق وجهه من الشمس - أسمر.

HALER, v. a., tirer avec une corde, جرّ بحبل O.

HALETANT, E, adj., essoufflé, ينهج.

HALETER, v. n., respirer péniblement en soufflant, نهج A. - لهث A. - لهد A.

HALLE, s. f., place publique couverte pour le marché, سوق ; plur., اسواق.

HALLEBARDE, s. f., pique, رمح - حربة - مزراق.

HALLEBARDIER, s. m., qui porte la hallebarde, مزارقى.

HALLIER, s. m., buisson, دغلة.

HALO, s. m., couronne lumineuse autour des astres, هالة - طفاوة.

HALTE, s. f., pause, lieu où l'on s'arrête, محطّة ; plur., محطّات. Faire halte, وقف, aor., يقف O. قعد للراحة.

Halte! halte là! interj., قف - وقف.

HAMAC, s. m., sorte de lit suspendu, فرشة معلّقة.

HAMEAU, s. m., ضيعة - ضويعة ; plur., ضياع.

HAMEÇON, s. m., petit crochet pour prendre le poisson, سنّارة - صنارة.

Mordre à l'hameçon, au fig. fam., se laisser séduire, انغرّ.

HAMPE, s. f., bois d'une hallebarde, عصاية - سريك المزراق.

HANCHE, s. f., partie du corps de l'homme, du cheval, etc., où s'emboîte la cuisse, ورك ; plur., اوراك - حرقفة.

HANEBANE, s. f. Voyez JUSQUIAME.

HANGAR, s. m., درى.

HAR

HANNETON, s. m., insecte, نوع خنفس.

HANTER, v. a., fréquenter une personne, عاشر. Hanter un lieu, لفي I. ‖ Dis-moi qui tu hantes, je te dirai qui tu es, عن المرء لا تسل و انظر قرينه.

HANTISE, s. f. fam., fréquentation, مصاحبة - معاشرة.

HAPPER, v. a., saisir, لقف A. - خطف I. - عفق I.

HAQUENÉE, s. f., jument qui va l'amble, رهوانة.

HAQUET, s. m., نوع عربانة طويلة.

HARANGUE, s. f., خطبة ; plur., خطب.

HARANGUER, v. a. et n., خطب - خاطب O.

HARANGUEUR, s. m., qui harangue, خطيب.

HARAS, s. m., lieu destiné à loger des étalons et des juments, ces animaux réunis, اصطبل خيل - موضع لتربية الخيل.

HARASSER, v. a., fatiguer à l'excès, لوّش - اتعب (Kasraouan).

HARCELER, v. a., provoquer, تحارش على.

Harceler, importuner, tourmenter, نكّد على - ازعل.

Harceler, fatiguer par des attaques, عاكس - تحارش على.

HARDES, s. f. pl., tout ce qui sert à l'habillement, حوايج.

HARDI, E, adj., courageux, assuré, جاسر - جري.

Hardi, effronté, قليل الحياء - وقح - سفيه.

Hardi, grand, extraordinaire, عظيم - عالي - غريب.

HARDIESSE, s. f., courage, témérité, جسارة - جراة. Avoir la hardiesse de, تجرى على - تهجّم ب - تجسّر على ب ‖ Auras-tu bien la hardiesse de? يمكن تتهجّم و تعمل هذا؟

Hardiesse, impudence, insolence, قلّة الحيا - وقاحة - سفاهة.

Hardiesse, au fig., pensée, expression sublime, فكرة - كلمة عالية.

HARDIMENT, adv., بجسارة.

HAR 389

HARENG, s. m., poisson, رنكة - فسيخ. Hareng saur ou fumé, فسيخ - مدخّن. ‖ Hareng peck ou pec, nouvellement salé, sans être encaqué, فسيخ مملّج.

Pressés comme des harengs, au fig., très-serrés, مكبوس مثل الفسيخ.

HARENGÈRE, s. f., marchande de poissons, سمّاكة.

HARGNEUX, SE, adj., querelleur, d'humeur chagrine, طبعه شرس - مناقر.

HARICOT, s. m., légume, لوبية. Haricot bariolé, لوبية مرقّطة.

Haricot, ragoût de mouton et de navets ou de pommes de terre, لفت بلحم ضاني.

HARIDELLE, s. f., فرس ضعيف مقرقم.

HARMALE, s. f., plante, حرمل.

HARMONIE, s. f., sons agréables réunis, اللحن - الفة الاصوات.

Harmonie, au fig., accord, اتفاق - موافقة.

Harmonie des langues, ظرافة الالسن.

HARMONIEUSEMENT, adv., بنوع مطرب - باتفاق.

HARMONIEUX, SE, adj., حسن - لذيذ للسمع - مطرب. Voix harmonieuse, صوت شجي.

HARMONIQUE, adj. com., qui produit de l'harmonie, حسن - مطرب.

HARMONIQUEMENT, adv., selon les lois de l'harmonie, على قاعدة الاتفاق.

HARNACHEMENT, s. m., تطقيم الخيل.

HARNACHER, v. a., mettre le harnois à un cheval, طقم - عدّد الخيل. Cheval richement harnaché, حصان مزخرف.

HARNOIS, s. m., équipage de cheval, de carrosse, عدّة - طقم.

HARO, s. m., (sur), clameur pour arrêter, حوش.

HARPAGON, s. m., avare, بخيل.

HARPE, s. f., instrument, جنك - عود ; plur., عيدان.

HARPER, v. a., saisir, قبض على I.
Se harper, v. récip., تـقـابضوا.
HARPIE, s. f., monstre fabuleux; au fig. fam., femme criarde et méchante, حربابة - شلقه.
HARPON, s. m., خطاف; plur., خطاطيف.
HARPONNER, v. a., رمى الخطاف على I.
HASARD, s. m., fortune, sort, بخت - نصيب.
Hasard, cas fortuit, صدفة; pl., صدفى. Le hasard fit que, اتـفـق مـن الاتـفـاق العجيب ان. || C'est un coup de hasard, هى صدفة.
Hasard, risque et péril, خطر; plur., اخطار.
Par hasard, adv., fortuitement, مصادفة - بالصدفة.
Au hasard, à tout hasard, pour voir ce qui en arrivera, للنصيب.
A tout hasard, par précaution, للاستحراس.
Au hasard, sans dessein, sans réflexion, من غير تامّل - على باب الله - من غير قصد.
De hasard (chose), qui n'est pas neuve, qui est de rencontre, لقطة.
HASARDER, v. a., exposer au hasard, خاطر - عرض للخطر O. Hasarder une phrase, l'employer contre l'usage, القى الكلام. || Hasarder un mot, le risquer, رمى الكلمة I. || Hasarder une proposition, la mettre en avant, قدّم الكلام.
Se hasarder, v. réf., s'exposer, خاطر بنفسه.
HASARDEUSEMENT, adv., بمخاطرة.
HASARDEUX, SE, adj., hardi, courageux, مخاطر.
Hasardeux, périlleux, تحت خطر - خطر.
HASE, s. f., femelle du lapin, du lièvre, ارنبة - ارنب انثى.
HÂTE, s. f., vitesse, précipitation, عجلة. Faire hâte, se hâter, استعجل.
En hâte, à la hâte, adv., بعجلة - بالعجل.
HÂTER, v. a., faire dépêcher, عجّل.
Se hâter, v. pr., se dépêcher, استعجل I. Nous nous hâterons de vous l'envoyer, نقدّم ارساله - نبادر بارساله.

HÂTIF, IVE, adj., précoce, عاجل.
HAUBANS, s. m. pl., cordages qui tiennent les mâts, سرسيات - حبال تشدّ الصوارى (Barb.).
HAUSSE, s. m., terme de commerce, augmentation de valeur, زيادة سعر.
HAUSSEMENT, s. m., action de hausser, رفع.
Haussement des monnaies, des effets, des denrées, تزايد الاسعار.
HAUSSER, v. a., rendre plus haut, lever en haut, رفع - على A. Hausser les épaules, fam., signe de blâme, رفع اكتافه A.
Hausser, élever, augmenter, زوّد.
Hausser, v. n., devenir, être plus grand, علا I. O.
Se hausser, v. pr., s'élever, ارتفع.
HAUT, s. m., hauteur, علو. Cette maison a cent coudées de haut, هذا البيت له فى العلو مية ذراع.
Haut, sommet, اعلا. Le haut du mur, اعلا الحايط. || Du haut de, من فوق - من اعلا. || Du haut en bas, من فوق الى تحت - من فوق الى اسفل.
Traiter du haut en bas, avec mépris, احتقر.
HAUT, E, adj., élevé, عالى - مرتفع. Moins haut que, اوطى. || Plus haut que, اعلا من. || A haute voix, بصوت عالى.
Haut, au fig., éminent, excellent, منيف - سنى - سامى. Le haut bout, الصدر.
Haut, profond, en parlant de l'eau, عميق.
Haut, au fig., sublime (style), كلام سامى.
Haut, grand, magnanime, عظيم.
Haut, fier, orgueilleux, شامخ - متكبّر.
Haut, excessif en son genre, زايد - عظيم.
HAUT, adv., à haute voix, باعلى صوت - بالعالى.
Le prendre haut, au fig. fam., parler avec arrogance, تـكـلّم بعتو.
Le porter haut, au-dessus de son état, عظم قدره.
Haut la main, avec autorité, assurance, بحكم.
En haut, الى فوق - فوق. Il est en haut, il est

là-haut, هو فوق. || Montez là-haut, اطلع الى فوق.

Haut-bord, s. m. (vaisseau de), غليون.

Haut-de-chausses, s. m., شخشير ; plur., شخاشير.

Haut-fond, s. m., place où la mer est peu profonde, حوض.

Haut-goût, s. m., (de), qui a un goût relevé, piquant, كثير البهار.

Haut-mal, s. m., mal caduc, صرع - وجع الارض.

Hautain, e, adj, orgueilleux, عاتى - متعظم - منخاره عالى.

Hautainement, adv., بتعظم.

Hautbois, s. m., instrument, مزمار - ارغل. Jouer du hautbois, زمر - O. زمّر. Joueur de hautbois, زمّار - زامر.

Haute-futaie, s. f., bois dans toute sa hauteur, اشجار على طولها.

Haute-lutte, s. f., (de), adv., d'autorité, قهرا.

Hautement, adv., au fig., hardiment, باطلاق - اشكارا.

Hautement, à force ouverte, بقوّة.

Hautesse, s. fém., titre du Grand-Seigneur, سعادة سلطان العثمانلى.

Hauteur, s. f., étendue en élévation, علو.

Hauteur, éminence, colline, تلة - علوة ; pl., تلال.

Hauteur de l'eau, sa profondeur, عمق, عماقة الماء.

Hauteur, au fig., fermeté, قوّة.

Hauteur, arrogance, fierté, عتو - كبر.

Hauteur, élévation d'un astre, ارتفاع.

Hauteur, grandeur d'âme, de courage, سمو - علو - رفعة.

Hâve, adj. com., pâle, maigre, شحت الخلقة.

Havir, v. a., dessécher, احرق - نشّف.

Havre, s. m., port de mer fermé et sûr, مينا ; plur., مين.

Havre, petit golfe, لسان بحر.

Havre-sac, s. m., sorte de sac en peau, جراب - مخلاة ; plur., مخالى.

Hé ! interj. pour appeler, انت - يا هو - هيه.

Hebdomadaire, adj. com., فى كل جمعة.

Héberger, v. a., اضاف.

Hébété, e, adj., stupide, مجدوب - منبلم - بليد.

Hébéter, v. a., rendre stupide, ابهم.

Hébraïque, adj. com., عبرانى - عبرى.

Hébraïsant, s. m., qui s'attache à l'étude de l'hébreu, مولع بدرس اللسان العبرانى.

Hébreu, s. m. sans f., juif, عبرانى.

Hébreu, la langue hébraïque, العبرانية - العبرى.

Hébreu, au fig., fam., chose inintelligible, عبرى.

Hécatombe, s. f., sacrifice de cent bœufs, ذبيحة ماية ثور.

Hégire, s. f., fuite de Mahomet, servant d'ère aux mahométans, تاريخ الهجرة. L'année 396 de l'hégire, سنة ست وتسعين وثلثماية لتاريخ الهجرة - سنة ست وتسعين وثلثماية الهجرية.

Hélas ! interj. pour se plaindre, آه.

Hélénie, s. f., plante, قنس - راس - الانيون - زنجبيل شامى.

Héler, v. a., appeler, دعا I. O. - نك A. - عيط على.

Hélianthème, subst. fém., plante, شمسية - جرج الشمس.

Héliaque, adj. com., (astre) qui se lève ou se couche dans les rayons du soleil, نجمة تطلع او تغيب بين شعاع الشمس.

Héliognostique, adj. com., adorateur du soleil, عابد الشمس ; plur., عبدة.

Hélioscope, s. f., lunette pour regarder le soleil, نظارة شمس.

Héliotrope, s. m., ou herbe aux verrues, نموم || Petit héliotrope, دوار الشمس - اكرار. Grand héliotrope, صامريوما.

*Héliotrope*, sorte de jaspe, نوع يشب.

HELLÉNISME, s. m., tour, locution grecque, لغوة يونانية.

HELLÉNISTE, s. m., versé dans la langue grecque, عالم فى اللغة اليونانية.

HÉLOSE, s. f., rebroussement des paupières, انقلاب قبب العينين.

HEM ! interj. pour avertir, احم احم.

HÉMAGOGUE, s. m., remède pour provoquer les règles et le flux hémorroïdal, دوا لاجتلاب دم الحريم.

HÉMATITE, s. f., pierre, حجر الدم. *Voyez* SANGUINE.

HÉMÉRALOPE, adj., أعشى.

HÉMÉROCALE, s. f., espèce de lis, سوسن برى.

HÉMICRANIE, s. f. *Voyez* MIGRAINE.

HÉMIONITE, s. f., plante, نوع من الكزبر يشبه لسان الايل.

HÉMIPLÉGIE, s. f., maladie, فالج.

HÉMISPHÈRE, subst. masc., moitié du globe, نصف كرة الارض ‒ نصف الدنيا.

HÉMISPHÉROÏDE, adj., de la figure de l'hémisphère, نصف كرى.

HÉMISTICHE, subst. masc., moitié d'un vers, مصراع.

HÉMOPTYSIE, s. f., نفث الدم.

HÉMORRAGIE, substant. fém., perte de sang par le nez, par une plaie, نزوف ‒ نزف دم ‒ رعاف.

HÉMORROÏDAL, E, adj., qui a rapport aux hémorroïdes, بواصرى ‒ باسورى. Flux de sang hémorroïdal, سيلان باسورى.

HÉMORROÏDES, s. f. pl., dilatation de la veine hémorroïdale de l'anus, بواصير ‒ باصور ; plur., بواسير ; plur., باسور. Hémorroïdes sèches, بواسير ضم. || Hémorroïdes internes, externes, بواسير داخلية, غير سايلة خارجية.

HÉMORROÏDALE, s. f., plante, بوصير.

HENNIR, v. n., A. صهيل الحصان ‒ حمحم.

HENNISSEMENT, s. m., cri du cheval, صهيل الخيل ‒ حمحمة.

HÉPATIQUE, adj. com., du foie, كبدى.

HÉPATIQUE, s. f., plante, ابيبباتيكة ‒ حنصة ‒ حنا قريش ‒ حزاز الصخر ‒ كوكب الوعر.

*Hépatique*, fleur printannière, نوع شقيق.

HÉPATITE, s. f., ou HÉPATITIS, inflammation du foie, ذات الكبد ‒ كُباد.

HEPTAGONE, adj., qui a sept côtés et sept angles, مسبع.

HÉRAUT, s. m., officier chargé de proclamer, منادى. Héraut d'armes, الاى جاوش.

HERBAGE, s. m., toutes sortes d'herbes, حشيش. Des herbages, خضرة.

*Herbage*, pré qu'on ne fauche pas, مرج ; plur., مروج.

HERBE, s. f., حشيشة ‒ حشيش ; pl., حشايش ; pl., اعشاب ‒ عشب. Herbe à coton, herbe aux cancers, شتلة القطن. || Herbe à la coupure ou au charpentier. *Voyez* MILLE-FEUILLE. || Herbe à l'épervier, ou Hiéracium, حريشة. || Herbe au chat. *Voyez* CATAIRE. || Herbe au lait. *Voyez* GLAUX. || Herbe aux cuillers. *Voyez* COCHLÉARIA. || Herbe aux épices. *Voyez* NIELLE. || Herbe aux gueux. *Voyez* CLÉMATITE. || Herbe aux mites, بلاطة. || Herbe aux perles. *Voyez* GRÉMIL. || Herbe aux poux. *Voyez* STAPHISAIGRE. || Herbe aux puces, *Psyllium majus erectum*, برغوثى ‒ حشيشة بزر قطونا ‒ بجدق. *Voyez* CONYSE. || Herbe aux teigneux. *Voyez* BARDANE. || Herbe de Saint-Christophe, Actée à épis, ابرة الراعى. || Herbe à Robert, حشيشة عبد المسيح. Herbe Paris. *Voyez* RAISIN DE RENARD.

HERBETTE, s. f., خضرة.

HERBEUX, SE, adj., كثير العشب.

HERBIER, s. m, collection de plantes sèches, مجموع حشايش يابسة.

HERBORISATION, s. f., لم الحشايش.

HERBORISER, v. a., chercher des herbes, des plantes, عشب - حشايش لمّ O.

HERBORISTE, s. com., qui connaît, vend des plantes médicinales, عشاب.

HERCULE, s. m., homme robuste, ابوزيد - عنتر - جبّار - عفريت.

*Hercule*, constellation, الجاثى على ركبتيه.

HÈRE, s. m., (pauvre), مسكين.

HÉRÉDITAIRE, adj. com., qui vient par succession ou des aïeux, وَرَثيّ - ابا عن جدّ - وراثة.

HÉRÉDITAIREMENT, adv., وراثة.

HÉRÉDITÉ, s. f., droit de succession, خلافة - وراثة.

*Hérédité*, biens laissés en mourant, مخلّفات.

HÉRÉSIARQUE, s. m., auteur d'une hérésie, صانع الهرطقة.

HÉRÉSIE, s. f., proposition fausse, contraire à un système adopté, خلاف - بدعة - هرطقة.

HÉRÉTIQUE, adj. com., qui appartient à l'hérésie, qui la professe, هرطوقى ; plur., هراطقة - روافض et ارفاض ; plur., رافضى - هرتوقى - خارجى ; plur., خوارجى.

SE HÉRISSER, v. pron., se dresser (cheveux, poils), انفش - قبّ O.

HÉRISSER, v. a., نفش O.

HÉRISSÉ, E, adj., difficile à manier, صعب.

*Hérissé*, qui présente des armes serrées, مشكّك.

*Hérissé*, couvert, plein, ملان.

HÉRISSON, s. m., animal couvert de piquants, قنفذ ; mieux, قنفض ; plur., قنافذ.

HÉRISSONNE, s. f., femme fâcheuse, امراة مثل القفندة.

HÉRITAGE, s. m., ce qui vient par succession, ميراث - ارث.

HÉRITER, v. n., recueillir une succession, ورث aor., يرث. J'hérite de lui, انا وارثه.

*Hériter*, au fig., imiter ses parents dans leurs vertus ou leurs vices, اخلف.

HÉRITIER, ÈRE, s., qui hérite, وارث, plur., ورثة et ورّاث. Héritier présomptif de la couronne, الموصى له بالملك بعد السلطان.

HERMAPHRODITE, adj. com., qui a les deux sexes, خرنستي - خناث, plur., خنثى - ذكر وانثى معا.

HERMÈS, s. m., nom, هرمس.

HERMÉTIQUE, adj. com., t. d'alchimie, هرمسى.

HERMÉTIQUEMENT, adverbe, très-bien (fermé), مسدود طيب - مسدود بطين الحكمة.

HERMINE, s. f., animal rare, blanc, à queue noire, قاقوم.

HERMINETTE, s. f., hache de menuisier, قادوم.

HERMITAGE, s. m., صومعة.

HERMITE, s. m., solitaire, سايح ; plur., سوّاح - حبيس ; plur., حبسا.

HERMODACTE, s. f., plante, سورنجان - اصابع هرمس.

HERNIE, s. f., descente de boyaux, فتاق - فتق ; plur., فتوق - ادرة. Hernie intestinale, ادرة معاىبة.

HÉRODIENS, s. m. pl., juifs sectaires, يهود تابعين هيرودس.

HÉROÏ-COMIQUE, adj. com., qui tient de l'héroïque et du comique, جدّ مخلوط بهزل.

HÉROÏDE, s. f., épître en vers, قصيدة.

HÉROÏNE, s. f., femme courageuse, امراة شجيعة.

HÉROÏQUE, adj. com., qui tient du héros, بطلى - عظيم - فداوى.

HÉROÏQUEMENT, adv., بشجاعة.

HÉROÏSME, s. m., qualités, vertus du héros, نجادة - علو همّة - شهامة.

HÉRON, s. m., oiseau, صياد سمك - دنكلة.

HÉROS, s. m., homme illustré par une très-grande valeur, بطل ; plur., ابطال. Le héros de son siècle, رجال الدهر - فريع الدهر.

*Héros*, principal personnage d'un récit, سيد - الذى عليه الكلام.

HERSAGE, s. m., سلف - ثلم.

HERSE, s. f., instrument de laboureur, ثلج - مسلفة.

HERSER, v. a., passer la herse dans un champ, O. ثلف. – A. سلف. – A. حرث.

HERSEUR, s. m., qui herse, حرّاث.

HÉSITATION, s. f., توقف - توقيف - كنّة.

HÉSITER, v. n., être embarrassé, lent à parler, à agir, توقف. Hésiter, être incertain, indécis, احتار.

HÉTÉROCLITE, adj., irrégulier, bizarre (homme, esprit), ملطوش - غريب.

HÉTÉRODOXE, adj. com., مخالف للحق.

HÉTÉRODOXIE, s. f., مخالفة للدين الحق.

HÉTÉROGÈNE, adjectif, de différentes natures, مختلف الطباع.

HÉTÉROGÉNÉITÉ, s. f., اختلاف الطباع.

HÊTRE, s. m., arbre qui porte la faîne, زان - شجر عيش السوّاح.

HEUR, s. m., bonne fortune, bonheur, سعد ; plur., سعودات. Il n'y a qu'heur et malheur en ce monde, الدنيا سعودات ونحوسات.

HEURE, s. f., ساعة ; pl., ساعات. Quelle heure est-il? Quatre heures, كم الساعة, أربعة - ايش وقت الدنيا, أربع ساعات. || Vous viendrez à trois heures, الساعة فى الكم, فى الأربعة - تجى الساعة فى الثلاثة. || Il est l'heure de se retirer, حل وقت الرواح. || Heure dérobée, ساعة سرقة. || Heures perdues, heures de loisir, plur., أوقات فضاوة. || Employer mal les heures, صرف أوقاته فى الباطل. || Bonne heure, temps convenable, وقت. || A la bonne heure, à l'heure qu'il faut, فى وقتها - فى وقته. || Heure indue, qui ne convient pas, غير وقت. || Mauvais quart d'heure, temps d'embarras, de douleur, ساعة ملعونة. || A cette heure, présentement, الساعة. || A l'heure qu'il est, à présent, فى هذه الساعة. || A la bonne heure, soit, bien, طيب. || Tout à l'heure, dans un moment, شوية - كمان شوية. || Tout à l'heure, il n'y a qu'un instant, توا أخرى.

|| De bonne heure, tôt, pas tard, على وقت - بوقت - بكرى (Barb.). || Il est encore de bonne heure, (Kasraouan) - لسّا على وقت بعد بكير (Alep) - ما زال المحال (Égypte) - كمان الوقت بدرى (Barb.). || Il se lève de bonne heure, يقوم بكير. || Il dîne de bonne heure, يبكر بالغدا. || Venez chez moi de bonne heure, بكّر علىّ. || Il se couche de bonne heure, ينام بكير - ينام على وقت. || (Kasraouan). || Dernière heure, la mort, الساعة الأخيرة. || D'heure en heure ; من ساعة لساعة.

HEUREUSEMENT, adv., d'une manière heureuse, بسعد - بخير. || Il est heureusement arrivé, وصل بالسلامة.

Heureusement, exclam., par bonheur, خيرية ان - مليح الّى - الحمد لله الذى.

HEUREUX, SE, adj., qui a du bonheur, que la fortune favorise, له حظ - سعيد - مسعد - بختك. || Vous êtes heureux, مليح بختك. || Que vous êtes heureux de savoir cela ! يا بختك تعرف هذا. || Heureux l'homme qui, طوبى لمن. || Heureux celui qui! qu'il est heureux celui qui! يا سعد من - يا فوز من.

Heureux, propice, favorable, سعيد - خير. Heureux ascendant, طالع سعيد. || Jour heureux, نهار مبارك - نهار سعيد. || Heureux sort, علامة خير. || Heureux présage, بخت مليح. || Main heureuse, يد طايلة - بشارة خير.

Heureux, bon excellent, عظيم.

Heureux, justifié par le succès, ناجح.

D'heureuse mémoire, سعيد الذكر.

HEURTER, v. a., rencontrer durement, لطم. O. Se heurter l'un contre l'autre par accident, تلاطم. || Se heurter (à dessein), تصادم.

Heurter, contrarier, صادد - خالف. Heurter la raison, صادد العقل.

HEURTER, v. n., donner contre, لطم فى. O. - I. O. Heurter du pied contre une pierre, انعتر - تعتور. O. – عثر فى جرة. || Sa tête a heurté

## HIP — HOC

**Heurter,** frapper à la porte, دقّ الباب O. - طرق الباب O.

**Hexagone,** adj. com., à six angles et six côtés, مسدّس الزوايا.

**Hiatus,** s. m., prononciation gênée par le choc de deux voyelles, ثقل اللفظ.

**Hibou,** s. m., oiseau nocturne, بومة - بوم.

**Hic,** s. m. fam., nœud, difficulté d'une affaire, داهية - عقدة. Voilà le hic, هذه الداهية ; prov. العقدة خرى النجّار.

**Hideusement,** adv., ببشاعة.

**Hideux, se,** adj., horrible à voir, قبيح المنظر - بشع.

**Hièble,** s. f., plante, بلسان صغير - خمّان صغير - سنبوقة برّيّة.

**Hiène,** s. f., animal, ضبع - ضبعة ; pl., ضباع.

**Hier,** adv., امبارحة - (البارح) امبارح - امس. Qui pourrait faire revenir hier, ou enduire de boue le disque du soleil ? من يقدر على امس و تطيين عين الشمس.

**Hiéracium,** s. m., plante, حريسة.

**Hiérarchie,** s. f., ordre et subordination des anges et des degrés de l'état ecclésiastique, طغمة ; plur., طغمات.

*Hiérarchie,* degrés entre ceux qui ont l'autorité, درجات - رتبى ; plur., رتب ; رتبة.

**Hiérarchique,** adj. com., de la hiérarchie, رتبى.

**Hiérarchiquement,** adv., على موجب الرتب.

**Hiératique** (écriture), قلم كاهني.

**Hiéroglyphe,** s. m., figure, caractère symbolique qui a un sens mystérieux, قلم المصريين - قلم برباوي - القديم.

**Hiéroglyphique,** adj. com., de l'hiéroglyphe, برباوي - يخصّ القلم القديم.

**Hilarité,** s. f., gaité douce, انبساط - فكه.

**Hippiatrique,** s. f., art du vétérinaire, بيطرة.

**Hippocentaure,** s. m., monstre moitié homme, moitié cheval, عجيبة نصفها رجل و نصفها حصان.

**Hippocrate,** s. m., nom propre, بقراط الحكيم.

**Hippocratique,** adjectif com., d'Hippocrate, بقراطى.

**Hippodrome,** s. m., ميدان - ملعب الخيل.

**Hippopotame,** s. m., animal, حصان البحر - ارد - برنيق.

**Hirondelle,** s. f., oiseau de passage, سنّ ; pl., خطاطيف - سنونة - سنونوة - سنونو - سنون ; plur., خطاطيف.

**Hisser,** v. a., t. de marine, hausser, رفع A.

**Histoire,** s. f., narration de faits, سيرة ; plur., سير - قصة ; plur., قصص - تاريخ ; plur., تواريخ.

**Historié,** adj., enjolivé, مزخرف.

**Historien,** s. m., qui écrit l'histoire, مؤرّخ - صاحب تاريخ ; plur., اصحاب.

**Historiette,** s. f., petite histoire, حكاية.

**Historiographe,** s. m., nommé pour écrire l'histoire, كاتب التاريخ ; plur., كتبة - كاتب الوقايع.

**Historique,** adj., de l'histoire, يخصّ التواريخ. Style historique, sans ornement étranger, style qui convient à l'histoire, كلام بسيط لايق لكتابة التواريخ.

**Historiquement,** adv., d'un style, d'une manière historique, بنوع لايق لكتابة التواريخ - بالبسيط.

**Histrion,** s. m., baladin, farceur, خلبوص.

**Hiver,** s. m., saison, شتوة - شتوية - شتا. Quartier d'hiver, قشلاق - مشتا. ‖ D'hiver, شتوى.

**Hiverner,** v. n., passer l'hiver, شتّى.

**Ho!** interj., pour appeler, انت - ياهو. ‖ Ho! pour témoigner l'admiration, يه - هوه.

*Ho! ho!* interj. d'indignation, ولبكت.

**Hoche,** s. f., coche, entaillure, حزّ ; pl., حزوز.

**Hochequeue,** s. m., oiseau, هزّاز الذنب - ذعرة.

**Hocher,** v. a., remuer, هزّ O. - حرّك.

**Hochet,** s. m., joujou d'enfant (avec des grelots), شخشيخة.

Hoir, s. m., terme de pratique, héritier, وارث; plur., ورّاث.

Hoirie, s. f., héritage, وراثة.

Hola, interj., adv., pour appeler, هوه - ياهو.

Holà! adverb., tout beau, assez, على مهل - بس.

Mettre le holà, apaiser une querelle, سكّت.

Hollande, nom de pays, بلاد الفلمنك.

Hollandais, se, adj., فلمنكي; coll., فلمنك.

Holocauste, s. m., sacrifice où la victime était consumée par le feu, محرقة - ضحيّة; pl., ضحايا.

Homard, subst. m., grosse écrevisse de mer, اربيان - زلعطان بحري - سلاطعين بحري.

Homélie, s. f., instruction sur la religion, موعظة; plur., مواعظ.

Homicide, s. m., meurtre, قتل قتيل.

Homicide, meurtrier, قاتل; plur., قتّال.

Homicide, adj., qui tue, قاتل - مقتل.

Hommage, s. m., devoir du vassal envers le suzerain, واجب - طاعة. Prestation d'hommage à un souverain, بيعة.

Hommage, soumission, respect, احترام - طاعة.

Hommages, plur., devoirs, civilités, واجب - تحيّات - تسليمات. Présentez mes hommages respectueux à, اهدوا منّي ما وجب ولائق لحضرة. اهدوا منّي مزيد السلام بوفور الاحترام الى جناب.

Hommasse, adj. f., qui tient de l'homme par la taille, les manières (femme), امرأة مسترجلة.

Homme, s. m., رجل; plur., رجال; انسان; pl., ناس. Dans le style élevé on dit, مرء. En Syrie on se sert quelquefois du mot, زلم; pl., زلام. Voyez Gens. Les hommes, le genre humain, الناس - البشر. || Homme de cœur, ferme, رجال - بني آدم. || De l'homme, بشري. رجل صنديد. || Au-dessus des forces, de la portée de l'homme, خارج عن حيطة البشر - خارج عن الطاقة البشريّة. || Vieil homme, mauvaises inclinations, خصايل دنسة. || Bon homme, homme faible et doux,

مسكين - رجل نعجة. || Mon homme, celui qui me convient, رجل يليق لي يصلح لي. || Mon homme, celui à qui j'ai affaire, à qui j'en veux, غريمي. || Leur homme, celui qui leur convient, رجل يصلح لهم. || Homme d'affaires, qui fait les affaires, رجل فتّا اشغال. || Homme de loi, légiste, فقيه; plur., فقها. || Homme de lettres, اديب; plur., ادبا - من اصحاب الادب. || Homme à, capable de, كفو ل. || Il est homme à tout, propre à tout, هو كفو لكل شي. || Il n'est pas homme à s'enfuir, ما هو من الذين يهربوا. || Il n'est pas homme à supporter un affront, ما هو موس يستحمل البهدلة.

Homogène, adj. com., de même, متجانس - مجانس.

Homogénéité, s. f., مجانسة.

Homologation, s. f., confirmation d'un acte par la justice, تقرير شرعي.

Homologuer, v. a., confirmer en justice, قرّر شرعا.

Homonyme, adj. com., terme de grammaire, de même nom, avec des sens, des natures différentes, اشيا اسمها متّفق في الصورة مختلف في المعنى. Je suis votre homonyme, je porte le même nom que vous, انا سميّك.

Hongre, adj. m., châtré (cheval), طواشي - مخصي.

Hongrer, v. a., châtrer un cheval, طوّش.

Hongrie, s. f., nom de pays, بلاد المجار.

Hongrois, e, adj., مجار.

Honnête, adj. com., vertueux, خير - صالح - رجل صالح - رجل خير - ناس ملاح - اهل عرض.

Honnête, licite, حلال. Gain honnête, مكسب حلال.

Honnête, conforme à la bienséance, حشم - لايق - مناسب.

Honnête, civil, poli, انيس - آدمي; pl., أوادم

Les honnêtes gens, les gens de bonne société, شلبي - الأوادم.

*Honnête*, plausible, spécieux, مناسب - يليق.

*Honnête*, suffisant, proportionné à la valeur, مناسب - فيه الكفاية.

*Honnête* naissance (qui est d'une), ابن ناس - ابن أوادم.

HONNÊTEMENT, adv., d'une manière bienséante, كالواجب - بحشمة.

*Honnêtement*, avec probité, بصلاح - بخير.

*Honnêtement*, avec civilité, بأنسة - بأدب. Parlez honnêtement, تكلم - احكي مثل الناس بأدب.

*Honnêtement*, suffisamment, passablement, بكفاية.

HONNÊTETÉ, s. f., pureté de mœurs, de manières, صلاح. Honnêteté, modestie, حيا.

*Honnêteté*, politesse, civilité, شلبنة - أنسة - أدب - احتشام. Des honnêtetés, des compliments, تسليمات - تحيات - سلام.

*Honnêtetés*, manières obligeantes, officieuses, معروف - اكرام. Faire beaucoup d'honnêtetés à quelqu'un, أكرمه اكرام زايد.

*Honnêteté*, bienséance, أدب - حشمة.

*Honnêteté*, conformité à la vertu, probité, صلاح - استقامة.

*Honnêteté*, présent, هدية.

HONNEUR, s. m., gloire, estime, réputation, عز - عرض - حرمة - فخر - شرف. Acquérir de l'honneur, اكتسب العز. ‖ Il en est sorti à son honneur, تخلص من ذلك بسلامة عرضه. Notre honneur n'a pas été compromis, وحرمتنا باقية. ‖ Pour votre honneur, pour votre réputation, علينا. ‖ Mettre à couvert l'honneur de quelqu'un, ستر عرضه. ‖ Perdre quelqu'un d'honneur, هتكه. I. — A. فضحه. I. خرق حرمته. I. كسر عرضه. I. Tenir à honneur, حسب الشي تشريفا له. ‖ Se faire honneur de, حسن سمعتك لاجل. ‖ s'en tenir honoré, افتخر ب. ‖ Ce sera un honneur pour moi, يكون لنا بذلك الافتخار. ‖ Il veut parvenir à se faire honneur auprès de vous, بده يرمي بذلك قدامك. ‖ Honneur à celui qui se connaît lui-même, الفاتحة في صحايف من يذوق روحه.

Le point d'*honneur*, النخوة. Sentiment d'honneur, مروة - نخوة. ‖ L'honneur ne nous permet pas de l'abandonner, ما من المروة أن نتخلى عنه.

*Honneur*, probité, صلاح. Homme d'honneur, ابن حرة - أحرار, plur.; حر. ‖ D'honneur, sur mon honneur, في ذمتي - على ذمتي.

Les *honneurs*, les dignités, المناصب - المعالي.

*Honneur* (des femmes), pudicité, حيا. Femme sans honneur, قليلة حيا. ‖ Jaloux de l'honneur des femmes, شديد الغيرة على النسوان.

*Honneur*, marque de vénération, d'estime, احترام - تعظيم - اكرام. Ils lui rendirent de grands honneurs, عظموا قدره و بجلوه اكرموه غاية الاكرام. ‖ Par honneur pour, en l'honneur de, ل - اكراما ل - تعظيما ل.

*Honneur*, chose qui honore; expression de politesse, تشريف. Il me fera l'honneur de m'écrire, يواصلني بتشريفاته - يشرفني بمكاتيبه. ‖ J'ai eu l'honneur d'aller chez vous, تشرفت لعندكم. Faire à quelqu'un l'honneur de, شرفه ب. ‖ Comme vous m'avez fait l'honneur de me le dire, كما تفضلت. ‖ Faites-nous l'honneur de dîner avec nous, تفضل كل معنا. ‖ Si vous voulez nous faire l'honneur de venir nous voir, ان كان تريدوا تحضروا تشرفوا محلكم. ‖ Faites-nous l'honneur de venir nous voir, شرفنا; أنت مشرف.

Faire les *honneurs* d'une maison, قام باكرام الضيوف. ‖ Faire honneur à un repas, y bien manger, شرف السفرة. ‖ Faire honneur à une dette, l'acquitter, وفي الدين. I.

HONNIR, v. a., couvrir de honte, يردل.

Honorable, adj. com., qui fait honneur, يشرّف.
Honorable, splendide, باهي.
Amende *honorable*, aveu public du crime, اقرار الذنب.
Honorablement, adv., بشرف.
Honorablement, avec un accueil distingué, باكرام.
Honoraire, adj., qui a les honneurs d'une place, صاحب مقام شرف.
Honoraire, s. m., ce que l'on paye aux médecins, etc., حلوان - معلوم.
Honorer, v. a., rendre honneur et respect, عظّم - قدّر - اكرم.
*Honorer*, avoir beaucoup d'estime pour, أعزّ.
*Honorer*, faire honneur à, شرّف.
Honorés (AD), للتشريف.
Honorifique, adj. com., qui consiste dans les honneurs rendus, شرف.
Honte, s. f., trouble causé par l'idée du déshonneur, مستحا - خجل - حيا - خجالة - خزي. Avoir honte, استحى - خجل. A. ‖ Faire honte, خجّل. A. ‖ Dépouiller toute honte, خلع العذار. A. ‖ Il est accablé de honte, رفع الحيا - A. ‖ ما بقى له راس ينشال.
*Honte*, opprobre, عيب - عار. C'est une honte pour vous, عيب عليك. ‖ Le feu vaut mieux que la honte, النار خير من العار. ‖ Courte honte, خزي - خزية.
Honteusement, adv., avec ignominie, بالعار.
Honteux, se, adj., qui cause de la honte, du déshonneur, عيب - عار - مفضح - فاحش.
*Honteux*, qui a de la honte, مستحى - حتى - منخجل - خجلان. N'êtes-vous pas honteux? ماتستحى. *Voyez* Confus. ‖ Il n'y a que les honteux qui perdent, prov., الهيبة خيبة.
*Honteux*, que l'on doit cacher, يستتر. Parties honteuses, سافلة الانسان - العورة.
Hôpital, s. m., maison pour recevoir les malades, les pauvres, les fous, بيب المرضى -

بيمارستان ; plus vulgairement, مرستان.
Hoquet, s. m., mouvement convulsif du diaphragme avec bruit, حزقة - حزوقة - كرب. ‖ a le hoquet, صاير له حزوقة.
Horaire, adj. com., qui a rapport aux heures, se fait par heures, يخص الساعات - بالساعة.
Horde, s. f., peuplade, قوم ; plur., اقوام.
Horizon, s. m., أفق ; plur., افاق.
Horizontal, e, adj., parallèle à l'horizon, أفقى - بسيط.
Horizontalement, adv., محاذيا للافق.
Horloge, s. f., ساعة.
Horloger, ère, s., ساعاتى ; plur., ساعاتية.
Horlogerie, s. f., art de faire des montres, كار الساعاتية.
Hormis, prép., hors, excepté, سوا - خلاف - غير - الا.
Horoscope, s. m., prédiction de la destinée de quelqu'un d'après l'inspection des astres, lors de sa naissance, نجم - طالع. Tirer l'horoscope de quelqu'un, كشف له النجم. I.
Horreur, s. f., saisissement de terreur, فزع - رعب. Avoir horreur de, نفر قلبه من. O.
*Horreur*, détestation, haine, كراهية - بغضة. Avoir en horreur, كره. A. - بغض. O.
*Horreur*, abomination, chose horrible, شنعة - شى مكروه - شنايع ; plur., شناعة.
*Horreurs*, au plur., choses déshonorantes, actions flétrissantes, اشياء معرّة. Dire des horreurs de quelqu'un, médire de lui, نشتّع فيه.
*Horreur*, énormité, هول - كبر - عظم.
*Horreur* (en parlant de choses qui l'inspirent), هول ; plur., اهوال. L'horreur des combats, اهوال الحرب.
Horrible, adj. com., qui fait horreur, هايل - مفزع - مهول.
*Horrible*, extrême en mal, عظيم - شنيع.
Horriblement, adv., بشناعة - بنوع مهول.

HORRIPILATION, s. f., قشعرة الجلد.

HORS, prép., خارج - برّا. Hors de la ville, برّا من البلد - خارج المدينة ‖ Hors de soi, مثل المذعور - طاير العقل - غايب العقل.

Hors, excepté, الا - سوا.

Hors d'œuvre, digression, حاشية; pl., حواشي.

Hors-d'œuvres, petits plats avec le potage, اصحن طعام تنحط على السفرة مع الشربة.

HOSPICE, s. m., retraite, asile, دار - ماوى.

HOSPITALIER, ÈRE, adj., qui exerce l'hospitalité, مكرم الضيوف - ماوى الغربا.

HOSPITALITÉ, s. f., ايوا الغربا - قبول الضيف - ضيافة. Donner l'hospitalité, اضاف - اوى - ضيف.

HOSTIE, s. f., terme de liturgie, victime, ذبيحة.

Hostie, pain consacré, ou destiné à l'être, قربانة - قربان مقدس.

HOSTILE, adj. com., qui annonce la guerre, l'inimitié, عداوى.

HOSTILEMENT, adv., en ennemi, بعداوة.

HOSTILITÉ, s. f., action d'ennemi, de peuple à peuple, شر - تعدية - معاداة.

Hostilité, incursion, غارة.

HÔTE, ESSE, s., qui tient auberge, صاحب المنزل.

Hôte, qui reçoit chez lui un étranger, صاحب الدار - مضيف.

Hôte, qui est logé, qui a reçu l'hospitalité, ضيف; plur., ضيوف - خاطر; plur., خطار.

HÔTEL, s. m., maison de prince, de grand, دار; plur., دور - قناق; plur., قناقات.

Hôtel, maison garnie, دار للغربا.

Hôtel de ville, maison commune, دار شيخ البلد.

Hôtel-dieu, hôpital des malades, بيت مرضى.

HÔTELLERIE, s. f. auberge, منزل - خان - وكالة.

HOTTE, s. f., قفة; plur., اقفاس - قفص; plur., قفف.

HOUBLON, s. m., حشيشة الدينار.

HOUE, s. f., instrument d'agriculture, مجرفة.

HOUER, v. a., جرف الارض. O.

HOUILLE, s. f., charbon de terre, فحم ارضي.

HOULE, s. f., vague, موج; plur., امواج.

HOULEUX, SE, adj., متلاطم بالامواج.

HOULETTE, s. f., bâton de berger, عصاة راعي.

HOUPPE, s. f., touffe de fils en bouquet, en boule, شرّابة; plur., شراريب.

HOURI, s. f., femme dans le paradis de Mahomet, حور et حوريات; plur., حورية.

HOUSSE, s. f., couverture du cheval, طراحة - رخد. Housse, couverture de meubles, غطا - اغطية et غطي; plur., الفرش.

HOUSSER, v. a., nettoyer avec le houssoir, زعف. A.

HOUSSINE, s. f., baguette, قضيب.

HOUSSOIR, s. m., balai de branches, de plumes, زعافة.

HOUX, s. m., arbuste, شرّابة الراعي.

Houx frelon, housson, arbuste semblable au myrte, آس برّي.

HUCHE, s. f., grand coffre pour pétrir et serrer le pain, ماجور العجين.

HUÉE, s. f., terme de chasse, cris pour effrayer les bêtes, غاغة.

Huée, au fig., cris nombreux de dérision, ضحكة.

HUER, v. a., faire des huées après le loup, غاغا على الذيب.

Huer quelqu'un, ضحك على. A.

HUILE, s. f., liqueur grasse et onctueuse, زيت. Huile de lampe, tirée du sésame, سيرج. ‖ Marchand d'huile, زيّات.

Huiles, au plur., essences onctueuses, زبد - ادهان; plur., دهن.

Jeter de l'huile sur le feu, au fig. fam., exciter les passions, رمى زيت فى نار - هيّج النفوس. I. Sentir l'huile, le travail, la méditation, فيه رايحة زيت القنديل.

Saintes *huiles*, le chrême, ميرون.

HUILER, v. a., oindre avec de l'huile, زَيَّتَ - دهن بالزيت O.

HUILEUX, SE, adj., gras, زيتي - دسم.

HUILIER, s. m., vase à huile, ماعون زيت.

HUISSIER, s. m., garde de la porte chez un roi, un ministre, etc., حاجب ; plur., حجاب.

*Huissier*, officier de justice, رسول محكمة ; pl., رسل.

HUIT, adj. com., ثمانية ; fém., ثماني.

HUITAIN, s. m., pièce de vers, ثمانية ابيات شعر.

HUITAINE, s. f., huit jours, ثمانية ايام.

HUITIÈME, adj. com., nombre ordinal, ثامن.

*Huitième*, s. m., huitième partie, ثمن ; plur., اثمان.

HUITIÈMEMENT, adv., ثامنًا.

HUÎTRE, s. f., coquillage marin, محارة ; coll., محار - بادلان - استريديا.

HULOTTE, s. f., espèce de hibou, نوع بومة - بوم.

HUMAIN, E, adj., de l'homme, انساني - بشري.

*Humain*, sensible à la pitié, حنون - شفوق - رحوم - رقيق القلب.

Les *humains*, s. m. pl., les hommes, البشر - الورى.

HUMAINEMENT, adv., suivant le pouvoir, la capacité de l'homme, حسب طاقة البشر - بشريًا.

*Humainement*, avec bonté, بشفقة.

*Humainement* parlant, selon les idées communes, على العادة.

HUMANISER, v. a., inspirer des sentiments, donner des mœurs conformes à l'humanité, أنس.

*Humaniser*, rendre plus favorable, ليّن.

*S'humaniser*, v. pr., تأنّس.

HUMANISTE, s. m., qui sait, qui enseigne les humanités, معلم العلوم الادبية.

HUMANITÉ, s. f., nature humaine, بشرية - انسانية - ناسوت. Au-dessus de l'humanité, فوق طاقة البشر. Payer tribut à l'humanité,

mourir, وفى حق الطبيعة. Payer tribut à l'humanité, faire une faute, زلّ I.

*Humanité*, douceur, sensibilité, حنو القلب - حنيّة - شفقة - رأفة.

*Humanités*, au plur., études jusqu'à la philosophie, علوم الادب.

HUMBLE, adj. com., qui a de l'humilité, modeste, متواضع - نفسه صغيرة - منكسر النفس.

*Humble*, plein de respect, de déférence, خاضع.

*Humble*, bas, حقير.

HUMBLEMENT, adv., بتواضع - بانكسار.

HUMECTANT, E, adj., qui rafraîchit, مرطب.

HUMECTER, v. a., rendre humide, بلّ - رطب O. - ندّى.

HUMER, v. a., avaler, عبّ - رشف I. Humer l'air, شمّ الهوا O.

HUMÉRAL, E, adj., qui a rapport à l'épaule, كتفي.

HUMÉRUS, s. m., os du bras, عضد - منكب. La tête de l'humérus, راس العضد.

HUMEUR, s. f., substance fluide dans les corps organisés, خلط ; plur., اخلاط. Humeur vicieuse, peccante, مادّة ; plur., مادّة فاسدة - مواد. Humeur qui découle du nez dans les rhumes de cerveau, مادّة زكامية. Les quatre humeurs du corps (le sang, la bile, la pituite, la mélancolie), الاربعة الاربع طبايع وهي الدم والصفرا والبلغم و السودا اخلاط.

*Humeur*, disposition de l'esprit, du tempérament (naturelle) مزاج - طبع - (accidentelle) كيف - حالة - نفس. Qui a l'humeur douce, لطيف المزاج - لطيف الطبع. Qui a l'humeur sombre, ممقوت. Humeur fâcheuse, acariâtre, شراسة اخلاق - طبع شرس - نكد. Bonne humeur, بشاشة. Belle humeur, كيف. En belle humeur, على الحشيشة - في كيف - متكيّف. Mettre en belle humeur, كيّف. Mettre en mauvaise humeur, فقير - خربط كيفه. En mauvaise humeur, فقسان. ‖ Prendre de l'humeur, فقس A. ‖ Qui est de mauvaise humeur contre quelqu'un, تخربط كيفه – متسودن منه – زعلان منه ‖ Être en humeur de, له نفس – له كيف – له خاطران ‖ Êtes-vous en humeur d'aller vous promener? الك خاطر تروح تشمّ الهوا ‖ Il n'est pas d'humeur à souffrir un affront, ما هو ممّن يستهمل البهدلة.

*Humeur*, petite bouderie, نبويزة. *Humeur*, boutade, caprice, طلعة خلق.

HUMIDE, adj. com., نديان – رطب – طرى – ندى. Chambre humide, بيت – بيت رطب – ندى.

HUMIDE, s. m. (radical), الرطوبة الغزيرية.

HUMIDEMENT, adv., فى الرطوبة.

HUMIDITÉ, s. f., نداوة – رطوبة. S'imprégner d'humidité, ترطب – تندّى.

*Humidités*, au plur., sérosités, pituites, رطوبات.

HUMILIANT, E, adj., يخجل.

HUMILIATION, s. f., état de celui qui est humilié, حطّة – هوان – ذلّ.

*Humiliation*, action par laquelle on humilie, اذلال – اهانة – حطّة.

HUMILIER, v. a., اهان – اذلّ. Humilier l'orgueil de, كسر نفسه I.

*S'humilier* devant quelqu'un, تذلّل له I. – ذلّ ل – خضع له A.

HUMILITÉ, s. f., vertu, تواضع – انكسار – خضوع.

*Humilité*, déférence, soumission, انخضاع – خضوع.

HUMORAL, E, adj., qui vient des humeurs, خلطى.

HUNE, s. f., sorte d'échafaud au haut du mât, قفص فى طرف الصارى – غابية – قصعة الصارى.

HUPPE, s. f., touffe sur la tête des oiseaux, شوشة الطير.

*Huppe*, s. f., oiseau, هدهد – ابو الربيع – طير ابابيل (Barb.) – شبب.

HUPPÉ, E, adj., qui a une huppe, ابو شوشة.

*Huppé*, au fig. fam., apparent, considérable, من الثقال – من الكبار – نافش.

HURE, s. f., tête coupée de sanglier, de saumon, de brochet, راس الخنزير و خلافه.

HURLEMENT, s. m., cri lugubre et prolongé du loup, du chien, عوى بالمقلوب.

HURLER, v. a., عوى بالمقلوب.

HUTTE, s. f., كوخ; plur., اكواخ; خصّ, plur., اخصاص; عشّة, plur., عشش.

HYACINTHE, s. f., pierre précieuse, ياقوت خاقا – جريهانى. Confection d'hyacinthe, معجون الياقوت.

*Hyacinthe*, fleur. Voyez JACINTHE.

HYADES, s. f. plur., constellation, cinq petites étoiles formant la tête du Taureau, et dont la plus brillante est Aldébaran, الخمسة كواكب التى على وجه الثور و انورها الدبران.

HYDRAULIQUE, s. f., science du mouvement et de la résistance des fluides; art de conduire et d'élever l'eau, فن رفع الماء – علم سير المياه و وقوفها.

*Hydraulique*, adj. com., qui sert à élever l'eau, يختصّ برفع المياه. Machine hydraulique, ناعورة; plur., نواعير. Voyez ROUE.

HYDRE, s. f., serpent d'eau douce, حيّم الماء.

*Hydre*, monstre fabuleux; au fig., mal qu'augmentent les efforts faits pour le détruire, بليّة – آفة.

L'*Hydre*, constellation australe, الشجاع.

HYDRIE, s. f., cruche, جرّة.

HYDROCÈLE, s. f., tumeur aqueuse autour des testicules, قليطة.

HYDROCOTYLE, s. f., plante, قصعة الماء.

HYDROGÈNE, s. m., gaz, اصل الماء.

HYDROGRAPHIE, s. f., description des mers, رسم البحور و وصفها.

26

HYDROMEL, s. m., breuvage d'eau et de miel, شراب العسل.

HYDROPHOBE, adj. com., qui a les liquides en horreur, attaqué de la rage, خايف من الماء - كلبان.

HYDROPHOBIE, s. f., horreur pour les liquides, rage, كَلَب - خوف من الماء.

HYDROPIQUE, adj. com., حبين - مستسقى - مجبون.

HYDROPISIE, s. f., enflure causée par l'épanchement des eaux, جَبَن - استسقا. Hydropisie de poitrine, استسقا الصدر.

HYDROSTATIQUE, s. f., connaissance de la pesanteur des liquides comparée à celle des corps solides, معرفة ثقل الموايع بالنسبة الى ثقل الجوامد.

HYGIÈNE, s. f., manière de conserver la santé, سياسة صحّة الابدان - معرفة حفظ الصحّة.

HYMEN, et HYMÉNÉE, s. m., mariage, عرس - زواج - زيجة.

Hymen, membrane, pellicule au col de la vulve des vierges, حجاب البكورية.

HYMNE, s. com., poëme, مديحة ; pl., مدايح.

HYPALLAGE, s. m., inversion de mots, انقلاب الكلام.

HYPERBATE, s. f., inversion de l'ordre naturel de la construction des phrases, تقديم الكلام و تأخيره.

HYPERBOLE, s. f., t. de rhétoriq., exagération, تعظيم - مبالغة.

Hyperbole, t. de math., القطع الزايد.

HYPERBOLOÏDE, s. m., solide, قطع زايد مجسّم - مجسم زايد.

HYPERBOLIQUE, adj. com., للمبالغة - تعظيمي.
HYPERBOLIQUEMENT, adv., تعظيميا.

HYPÉRICUM, s. m., plante. Voy. MILLEPERTUIS.

HYPOCONDRE, s. m., parties latérales de la partie supérieure du bas-ventre, خاصرة ; pl., خواصر - مراق. Les deux hypocondres, المراقين.

Hypocondre, adj., qui se croit malade, ملطوش.
HYPOCONDRIAQUE, adj. com., des hypocondres, يخصّ الخواصر.

Hypocondriaque, au fig. fam., atrabilaire, triste, سوداوي.

HYPOCONDRIE, s. f., maladie hypocondriaque, سوداء.

HYPOCRAS, s. m., vin, sucre et cannelle, شراب القرفة.

HYPOCRISIE, s. f., خبث - ربا - نفاق.
HYPOCRITE, adj. com., خبيث - مراي - منافق.
HYPOGASTRE, s. m., اسفل الماند.
HYPOSTASE, s. f., terme de théologie, personne, اقنوم ; plur., اقانيم.
HYPOSTATIQUE, adj. com., اقنومي.

HYPOTHÉNUSE, s. f., côté opposé à l'angle droit dans un triangle, وتر زاوية قايمة شكل مثلث.

HYPOTHÉCAIRE, adj. com., qui a droit d'hypothèque, له حق على الرهينة - وثقى.
HYPOTHÉCAIREMENT, adv., وثقيا.

HYPOTHÈQUE, s. f., droit d'un créancier sur les immeubles, وثيقة.

Hypothèque, chose hypothéquée, رهن ; plur., رهون.

HYPOTHÉQUER, v. a., donner pour hypothèque, وثّق A. رهن الشى عند.

HYPOTHÈSE, subst. fém., supposition, قياس - فرضية.

HYPOTHÉTIQUE, adj., fondé sur une hypothèse, فرضي - قياسي.
HYPOTHÉTIQUEMENT, adv., قياسياً.

HYSOPE, s. f., plante, زوفا. Hysope de Garigue. Voyez HÉLIANTHÈME.

HYSTÉRALGIE, s. f., douleur dans la matrice, مرض الرحم.

HYSTÉRIQUE, adj. com., qui a rapport à la matrice, يخصّ الرحم. Pilules hystériques, حبّ النسا.

# I

I, s. m., neuvième lettre de l'alphabet français, الحرف التاسع من الالف باء.

IBID, IBIDEM, latin, au même lieu, فى نفس الموضع.

IBIS, s. m., espèce de cigogne, لقلق ; plur., القالق.

ICHNEUMON, s. m., petit quadrupède, نمس ; pl., زقزاق - نموس.

ICI, adv. de lieu, en ce lieu-ci, هنا - هون (Syrie) تمّ - هِهنا (Barb.). Ici-bas, dans ce bas monde, فى هذه الدنيا. ‖ Ici près, à côté, هنا قريب.

Jusqu'*ici*, jusqu'à ce moment, الى الان. D'ici à huit jours, من الان الى ثمانية ايام.

ICONOCLASTE, s. m., briseur d'images, كسّار الصور.

ICONOGRAPHIE, s. f., description, connaissance des images, des monuments antiques, معرفة الصور و الشخوص و الاثار القديمة.

ICONOGRAPHIQUE, adj. com., qui appartient à l'iconographie, يخصّ علم الشخوص.

ICONOLÂTRE, s. m., adorateur des images, عبّاد الصور.

ICONOLOGIE, s. f., explication des images, des monuments antiques, تفسير الاثار القديمة.

ICTÈRE, s. m., débordement de bile qui cause la jaunisse, يَرَقان.

ICTÉRIQUE, adj. com., qui a la jaunisse, به يرقان.

*Ictérique*, qui guérit la jaunisse, نافع لليرقان.

IDÉAL, E, adj. sans plur. m., qui n'existe que dans l'entendement, خيالى - تصوّرى.

*Idéal*, chimérique, بالاسم - خيالى.

IDÉAL, subst. masc., beauté, perfection idéale, غاية الحسن.

IDÉALISME, s. m., système de ceux qui voient en Dieu l'idée de tout, راى جماعة من الفلاسفة ان كل شى فى صورة الله.

*Idéalisme*, système de ceux qui pensent que nous ne connaissons les objets que par nos propres idées, et non par les sens, اعتقاد جماعة من الفلاسفة يظنون ان الاشيا لا تعرف الا بالتصور لا بالحس.

IDÉE, s. f., perception de l'âme, notion que l'esprit se forme, معرفة - تصوّر - روية. Se faire l'idée de quelque chose, تصوّر الشى فى عقله. ‖ Concevoir une haute idée de quelqu'un, عظم قدره فى عينه. ‖ Prendre une petite idée de quelqu'un, شافه بعين النقص.

*Idée*, ce qui occupe l'esprit, ce qu'il perçoit lorsqu'il pense, فكر - مراى العقل ; plur., افكار. Quelle idée vous occupe? ايش تستفتكر - ايش فى بالك.

*Idée*, dessin, esquisse, رسم.

*Idée* creuse, vision chimérique, خيال - تخيّل. Des idées, des choses sans réalité, خيالات - اشيا باطلة.

*Idée*, esprit, بال - خاطر. Il lui vient à l'idée de, جاء فى باله - خطر فى باله ان - قام فى باله.

*Idée*, souvenir, فكرة. J'ai quelque idée de l'avoir vu, فى بالى انى شفته.

*Idée*, forme, modèle des choses, صورة.

Une *idée*, très-peu, نطفة.

IDEM, adv., le même, مثله - شرحه.

IDENTIFIER, v. a., comprendre deux choses sous la même idée, قرن ب.

*S'identifier*, v. réf., confondre son être avec, اتحد ب.

26.

IDENTIQUE, adj. com., le même, بذاته.

*Identique*, qui ne fait qu'un avec un autre, متحد.

IDENTIQUEMENT, adv., d'une manière identique, بالاتحاد.

IDENTITÉ, s. f., qualité de ce qui est identique, اتحاد.

IDENTITÉ, s. f., qualité de ce qui est identique, الذات ـ ذاتية مشابهة.

*Identité*, ressemblance, مشابهة.

IDIOME, s. m., langue, لغة; plur., لغات.

IDIOPATHIE, s. f., maladie propre à quelque membre, علّة مخصوصة لبعض الاعضا.

IDIOT, E, adj., stupide, جدنة ـ ابله ـ ابدة ـ عبيط.

IDIOTISME, s. m., locution particulière à une langue, لغوة.

*Idiotisme*, absence d'idées, غياب الفكر.

IDOLÂTRE, adj. com., عبدة; plur., عابد الاصنام et عبّاد صنم ـ عباد.

*Idolâtre*, au figuré, qui aime avec excès, مجنون بحبّ.

IDOLÂTRER, v. n., adorer les idoles, عبد الاصنام ـ تختف بالاوثان.

*Idolâtrer*, v. a., au fig., aimer avec passion, جن بحبّ O.

IDOLÂTRIE, s. f., عبادة الاصنام.

*Idolâtrie*, au fig., amour excessif, غرام.

IDOLE, s. f., statue d'une divinité, صنم; plur., اوثان ـ وثن ـ اصنام.

*Idole*, au fig., objet de passion, دين.

IDYLLE, s. f., قصيدة الرعاة.

IF, s. m., arbre vert, نوع شجرة تشبه السرو.

IGNARE, adj. com., qui n'a point étudié, امّي ـ جهال; plur., جاهل.

IGNÉ, E, adj., de la nature du feu, ناري.

IGNICOLE, s. com., qui adore le feu, عبّاد النار ـ عبده; plur., عابد النار.

IGNITION, s. f., état d'un métal rougi au feu, احرار فى النار.

IGNOBLE, adj. com., bas, vil, qui sent la basse extraction, سفلة; plur., رذيل ـ قبا ـ اسافل ـ ارذال.

IGNOBLEMENT, adv., برذلة.

IGNOMINIE, s. f., grand déshonneur, فضيحة ـ عار.

IGNOMINIEUSEMENT, adv., avec ignominie, بعار. Traiter ignominieusement, بهدل.

IGNOMINIEUX, SE, adj., qui porte l'ignominie, مفضح ـ يعرّـ فاحش.

IGNORANCE, s. f., قلة معرفة ـ جهل.

IGNORANT, E, adj., qui n'a point de savoir, d'étude, جاهل; plur., جهال.

*Ignorant*, qui ignore une chose, un fait, غبى; plur., اغبيا.

Faire l'*ignorant*, غشم حاله ـ عمل حاله غشيم ـ تغاشم.

IGNORANTISSIME, adj. com., très-ignorant, ابو الجهل.

IGNORER, v. a., ne savoir pas, خفى عند, عليه A. ـ لا يخفى عليه شى A. Il n'ignore rien, ـ لا يخبى عليم شى. || Vous n'ignorez pas les événements qui, معلومك الاحوال التى ـ و لا يخفاك الاحوال التى.

IL, pron. m., هو.

ILE, s. f., ou ISLE, جزيرة; plur., جزاير.

ILES, s. m. pl., os du bassin, اعظام الحوضة.

ILEUM, s. m., le dernier des intestins grêles, اخر الامعا الدقاق.

ILIAQUE, adj., يختصّ المعى المذكور.

ILLÉGAL, E, adj., contre la loi, ضدّ الشريعة.

ILLÉGALEMENT, adv., contre les lois, les formes, بغير قانون ـ مضاددا للشرع.

ILLÉGITIME, adj. com., qui n'a pas les conditions requises par la loi pour être légitime, غير شرعى.

*Illégitime*, injuste, déraisonnable, غير حق.

ILLÉGITIMEMENT, adv., مِن غَيرِ حَقّ - بِخِلَافِ الشَّرعِ وَالقَانُون.

ILLÉGITIMITÉ, s. f., كَونُ الشِّيءِ غَيرَ شَرعِيّ.

ILLETTRÉ, E, adj., أُمِّي - قَلِيلُ المَعرِفَة.

ILLICITE, adj. com., qui n'est pas permis, مُحَرَّم - حَرَام.

ILLICITEMENT, adv., بِالحَرَام - مُحَرَّماً.

ILLIMITÉ, E, adj., sans limites, غَير مُحَدَّد.

ILLISIBLE, adj. com., qu'on ne peut lire, مَا يُنقَرَأُ - غَير مَقرُوّ.

ILLUMINATION, s. f., lumières disposées avec symétrie pour une réjouissance, وَقِيد - وَقدَة.

Illumination, au fig., lumière extraordinaire que Dieu répand dans l'âme, الهَام - نُورَانِيَّة.

ILLUMINÉ, E, adj., éclairé, وَاقِد.

Illuminé, subst. masc., hérétique, visionnaire, مُدَّعِي الإلهَام.

ILLUMINER, v. a., répandre de la lumière sur, أَضَاءَ - أَنَارَ - نَوَّرَ.

Illuminer, faire des illuminations, زَيَّن البَلَد - أَوقَد.

Illuminer, au fig., éclairer l'âme, l'esprit, أَنَارَ العَقل.

ILLUSION, s. f., apparence trompeuse, غُرُور. Vous vous êtes fait illusion, عَقلُكَ زَيَّن لَكَ المُحَال. || Des illusions, des imaginations chimériques, أَضغَاث أَحلَام - تَخَيُّلَات.

ILLUSOIRE, adj. com., غُرُورِي - يَغُرّ.

ILLUSOIREMENT, adv., غُرُوراً.

ILLUSTRATION, s. f., ce qui illustre une famille, تَشرِيف.

ILLUSTRE, adj. com., célèbre par le mérite, la noblesse, جَلِيل ; plur., أَجَلَّاء - مَشهُور - شَهِير.

ILLUSTRER, v. a., rendre illustre, أَشهَرَ صِيتَه - شَرَّف.

ILLUSTRISSIME, adj. com., très-illustre, titre, السَّيِّد الكُلِّي الشَّرَف وَالجَزِيل الاحتِرَام - جَلِيل.

ILOT, s. m., petite île, جَزِيرَة صَغِيرَة.

IMAGE, s. f., représentation d'objets, صُورَة ; plur., صُوَر. Belle image, au fig., belle personne sans âme, صَنَم.

Image, idée, صُورَة. Se représenter l'image d'une chose, تَصَوَّر الشِّيء فِي عَقلِه. || Se représenter l'image de quelqu'un, تَشَخَّصَه.

IMAGINABLE, adj. com., يَتَصَوَّر فِي العَقل.

IMAGINAIRE, adj. com., idéal, sans réalité, خَيَالِي - تَخَيُّلِي.

IMAGINATIF, IVE, adj., qui imagine aisément, سَرِيع الِاختِرَاع - سَرِيع التَّخَيُّل.

IMAGINATIVE, subst. fém., faculté d'imaginer, قُوَّة خَيَالِيَّة - قُوَّة مُتَخَيِّلَة.

IMAGINATION, s. f., opinion peu fondée, chimère, vision, ظَنّ ; plur., ظُنُون - وَهم ; plur., أَوهَام ; خَيَال ; plur., خَيَالَات. Se repaître d'imaginations, تَعَلَّل بِالمُحَال, بَاشَيَا بَاطِلَة.

Imagination, fantaisie bizarre idée folle, لَطشَة - خَيَال.

Imagination, faculté d'imaginer, de se représenter les objets, تَخَيُّل - تَصَوُّر - عَقل - قُوَّة خَيَالِيَّة.

IMAGINER, v. a., se représenter quelque chose dans l'esprit, تَصَوَّر الشِّيء. Le plus grand qu'on puisse imaginer, الأَعظَم الَّذِي يُمكِن يَتَصَوَّر فِي العَقل.

Imaginer, inventer, اختَرَع.

S'imaginer, v. pr., croire, se persuader, se figurer sans fondement, تَصَوَّر أَن - تَوَهَّم - ظَنّ. O. || تَخَيَّل لَه أَن - تَخَايَل فِي عَقلِه أَن. Je ne saurais m'imaginer que, مَا يَتَصَوَّر فِي عَقلِي أَن. || Comme vous vous l'imaginiez, مَا يَقطَع عَقلِي أَن. || Vous vous êtes imaginé des choses impossibles, عَقلُكَ زَيَّن لَكَ المُحَال.

IMAM, s. m., ministre de la religion chez les mahométans, إِمَام ; plur., أَئِمَّة.

IMARET, s. m., hôpital, عِمَارَة.

IMBÉCILE, adj., faible d'esprit, سَخِيف العَقل.

IMM

مجذوب - plur., هبل; أهبل - plur., أبله; بلم - مغفل - عبيط.

IMBÉCILEMENT, adv., ببهالة.

IMBÉCILLITÉ, s. f., faiblesse d'esprit, سخافة العقل - عباطة - هبالة.

IMBERBE, adj. com., sans barbe, مُرد; pl., أمرد.

IMBIBER, v. a., abreuver, mouiller, I. سقى - A. نقع - O. بلّ.

*S'imbiber*, v. pr., devenir imbibé, انبلّ - انتقع. S'imbiber d'humidité, de rosée, تشرّب الماء - تندّى.

IMBIBITION, s. f., انتقاع.

IMBROGLIO, s. m., confusion, خبصة - لخبطة.

IMBU, E, adj., pénétré d'une doctrine, d'un principe, ملان من. Lorsqu'il est imbu d'une idée, لما ملا فكره من شى - لما دخل شى فى عقله - اذا حط فى راسه شى.

IMITABLE, adj. com., qu'on peut, qu'on doit imiter, حسن الاتّباع - ممكن التقليد - يقتدى به.

IMITATEUR, TRICE, s., مقلّد - مقتدى ب. Le principal mérite est au modèle, quelque parfaite que soit l'œuvre de l'imitateur, الفضل للمبتدى وان احسن المقتدى.

IMITATIF, IVE, adj., qui imite, تقليدى.

IMITATION, s. f., action par laquelle on imite, تمثّل ب - اتّباع - اقتدا ب - تقليد. A l'imitation, à l'exemple de, مثل - اتّباعا ل - على نظيرة ب.

*Imitation*, chose imitée, تقليد.

*Imitation* de Jésus-Christ, livre de piété de Thomas A Kempis, الاقتدا المسيحى.

IMITER, v. a., suivre l'exemple de, prendre pour exemple, تمثّل ب - اقتدى ب - اتّبع A. - تبع. Imiter quelqu'un, تشابهه - ساوى احدا فى عمايله - تمثّل به فى عمايله.

*Imiter*, suivre un modèle, قلّد.

IMMACULÉ, E, adj., sans tache de péché, سالم من الدنس - غير مدنس.

IMMANGEABLE, adj. com., لا يتاكل.

IMM

IMMANQUABLE, adj. com., qui ne peut manquer d'être, de réussir, لازم - يصير من كل بدّ.

IMMANQUABLEMENT, adv., من كل بدّ - من اللازم.

IMMATÉRIALITÉ, s. f., غير هيولانية.

IMMATÉRIEL, LE, adj., غير هيولانى.

IMMATRICULATION, s. f., تقييد.

IMMATRICULE, s. f., enregistrement, registre, دفتر.

IMMATRICULER, v. a., enregistrer sur la matricule, قيّد فى الدفتر.

IMMÉDIAT, E, adj., qui est produit, qui agit sans intermédiaire, من غير واسطة.

*Immédiat*, qui suit ou qui précède sans intervalle, متلاحق ل - متواصل ب - يلى - تابع - اقرب الية.

IMMÉDIATEMENT, adv., من غير واسطة. Immédiatement après, بعد متّصلا به - حالا بعد.

IMMÉMORIAL, E, adj., dont l'origine très-ancienne est inconnue, قبل كل تاريخ - لا يعرف له زمن. Temps immémorial, زمان منسى الذكر.

IMMENSE, adj. com., d'une grandeur démesurée, sans bornes, غير محدود - غير متناهى - بلا قياس - ما له حدّ.

*Immense*, très-grand, عظيم.

IMMENSÉMENT, adv., كثير - جدّا.

IMMENSITÉ, s. f., grandeur, étendue immense, عدم القياس - عظم - اتّساع غير محدود.

IMMERSIF, IVE, adj., fait par immersion, تغطيسى.

IMMERSION, s. f., غطوس.

IMMEUBLE, adj. et s. m., bien en fonds, maison, terre, pl., أراضى; ارض - املاك, plur., ملك; عقارات, plur., عقار.

IMMINENT, E, adj., prêt à tomber sur, مزمع - قريب الوقوع.

S'IMMISCER, v. pr., se mêler mal à propos de quelque chose, انحشر فى - تداخل فى.

IMMIXTION, s. f., action de s'immiscer dans, مداخلة.

IMMOBILE, adj., qui ne se meut pas, ساكن - عديم الحركة.

IMM / IMP  407

*Immobile*, au fig., ferme, inébranlable, ثابت.

IMMOBILIER, ÈRE, adj., qui concerne les immeubles, عقاري املاكي.

IMMOBILITÉ, s. f., سكون - عدم الحركة - ثبات.

IMMODÉRÉ, E, adj., excessif, زايد - مفرط. Il lui donna des louanges immodérées, افرط في مدحه - اطنب، طنب في مدحه.

IMMODÉRÉMENT, adv., avec excès, بافراط.

IMMODESTE, adj. com., sans modestie, غير متضع; plur., سفيه. Chose immodeste, قليل حيا - سفاها, contre la pudeur, قلة حيا - سفاهة.

IMMODESTEMENT, adv., بقلة حيا - من غير اتضاع.

IMMODESTIE, s. f., manque de modestie, de pudeur, قلة حيا - قلة اتضاع.

IMMOLATEUR, s. m., مضحي.

IMMOLER, v. a., قدم ذبيحة للـ - ذبح. *Immoler*, au fig., sacrifier à ل, قرب ضحية ل - قدم ذبيحة ل.

*S'immoler*, v. pr., se sacrifier, اهلك نفسه. S'immoler pour quelqu'un, اهلك نفسه اكراما له.

IMMONDE, adj., impur, sale, نجس.

IMMONDICE, s. f., ordures, boue, نجاسة; plur., اوساخ - وسخ - وساخة.

IMMORAL, E, adj., contraire à la morale, فاسد - ضد الادب - ضد تأديب الاخلاق.

*Immoral*, sans mœurs, sans principe de morale, ردي الاخلاق - فاسد.

IMMORALITÉ, s. f., opposition à la morale, مخالفة لتأديب الاخلاق.

*Immoralité*, manque de morale, رداوة الاخلاق.

IMMORTALISER, v. a., rendre immortel dans la mémoire des hommes, خلد ذكره.

*S'immortaliser*, v. réf., خلد ذكره - تخلد.

IMMORTALITÉ, s. f., espèce de vie perpétuelle dans le souvenir des mortels, تخليد الذكر.

*Immortalité*, état de ce qui est immortel, حياة - بقا - دوام. L'immortalité de l'âme, دوام النفس.

IMMORTEL, LE, adj., qui n'est point sujet à la mort, باقي - دايم - لا يموت.

*Immortel*, dont la mémoire est ou doit être éternelle, مخلد الذكر.

IMMORTELLE, s. f., plante, كتلة صفرا - زهر الدايم.

IMMUABLE, adj. com., qui ne change point, بري من التغيير والتحويل - لا يتغير.

IMMUABLEMENT, adv., بلا تغيير.

IMMUNITÉ, s. f., exemption, privilége, معافاة; plur., مزايا - مزية.

IMMUTABILITÉ, s. f., عدم التغيير.

IMPAIR, adj. com., وتر - مفرد - فرد. *Voyez* PAIR.

IMPALPABLE, adj. com., qui ne peut se sentir au toucher, لا يلمس.

*Impalpable*, très-fin, ناعم للغاية.

IMPARDONNABLE, adj. com., لا يغفر.

IMPARFAIT, E, adj., qui n'est pas achevé, parfait, complet, غير كامل - ناقص - غير تام.

*Imparfait*, qui a des défauts, des imperfections, فيه عيب - فيه عوار.

IMPARFAIT, s. m., terme de grammaire, comme : *il aimait*, فعل مضارع ومعه كان نحو كان يحب.

IMPARFAITEMENT, adv., غير كامل.

IMPARTABLE ou IMPARTAGEABLE, adj. com., لا ينقسم.

IMPARTIAL, E, adj., qui ne s'attache par préférence aux intérêts de personne, خالي من التعصب باحد - عديم الغرض.

IMPARTIALEMENT, adv., من غير غرض.

IMPARTIALITÉ, s. f., عدم الميل الى - عدم الغرض - عدم التعصب مع.

IMPASSE, s. f., cul-de-sac, عطفة; plur., عطف - زقاق سد.

IMPASSIBILITÉ, s. f., عدم الالم.

IMPASSIBLE, adj. com., non susceptible de souffrance, غير متألم - ما يتألم - غير قابل للالم.

Impastation, s. f., substances en pâte, عجن.

Impatiemment, adv., بغير صبر - بقلق. Supporter une chose impatiemment, ماصبر على الشى.

Impatience, s. f., قلة صبر. L'impatience est une impiété, la patience est toujours récompensée, من لجّ كفر و من صبر نال.

Impatient, e, adj., قليل الصبر. Il était impatient d'arriver, ما كان يصدّق اى متى يصل ‖ Je suis impatient de vous revoir, انا مشتاق الى رؤياكم غاية الشوق.

Impatient, qui ne peut supporter le joug, لا يطيق.

Impatienter, v. a., faire perdre patience, اعدمه الصبر - اعيل صبره.

S'impatienter, v. pron., perdre patience, n'en avoir point, A. - عدم الصبر - I. ضاق صدره - A. لجّ - A. S'impatienter, se fâcher, أخذته الحمية ‖ Ne vous impatientez pas, je vais venir, اصبر انا جايى.

S'impatroniser, v. pron., fam. iron., s'établir dans une maison et finir par y dominer, تملّك - تسلطن.

Impayable, adj. com., fam., qui ne peut trop se payer, لا يثمّن.

Impeccabilité, s. f., عصمة عن الخطا - عصمة.

Impeccable, adj. com., incapable de faillir, منزه عن الخطا - معصوم.

Impénétrabilité, s. f. (des corps), كون الشى معصوم عن نفاذ غيره فيه. Impénétrabilité des secrets, بُعد عن الادراك.

Impénétrable, adj. com., qui ne peut être pénétré, لا يدخل فيه - لا ينفذ فيه - لا يتمكن منه. Cuirasse impénétrable, زردية لا تنفذ فيها الرماح.

Impénétrable, au fig., qu'on ne peut connaître (chose), لا يدركه الفهم - لا يُدرَك - لا يُعرف.

Homme impénétrable, dont on ne peut découvrir les pensées, بعيد الغور.

Impénitence, s. f., endurcissement dans le péché, عدم التوبة قلّة الندم.

Impénitent, e, adj., endurci dans le péché, غير نادم على خطاياه - غير تايب.

Impératif, s. m., mode du verbe, الأمر.

Impératif, ive, adj., qui exprime le commandement, حتمى - أمرى.

Impérativement, adv., بتآمر.

Impératoire, s. f., benjoin sauvage, جاوى - جاورى برى.

Impératrice, s. f., ملكة - سلطانة.

Imperceptible, adj. com., qui ne peut être aperçu, لا يدركه النظر - لا يُدرَك.

Imperceptiblement, adv., insensiblement, من غير حسّ.

Imperdable, adj., ما فيه خسارة.

Imperfection, s. f., défaut, نقيصة - نقص; plur., عيوب; عيب - plur., نقايص.

Imperforé, e, adj., غير مثقوب - غير منقوب.

Impérial, e, adj., de l'empereur, de l'empire, سلطانى.

Impériale, s. f., dessus d'un carrosse, سطح الكاروصة.

Impérieusement, adv., avec hauteur, بتجبر - من باب التسلّط و الوقاحة.

Impérieux, se, adj., altier, hauteur, متجبر.

Impérissable, adj. com., qui ne peut périr, لا يدركه الهلاك.

Impéritie, s. f., قلّة معرفة - غشومية.

Imperméabilité, s. f., عدم قطع الماء فيه.

Imperméable, adj. com., qu'un fluide ne peut traverser, لا يأثر فيه الماء - لا يقطع فيه الماء - لا ينفذ فيه الماء.

Impertinemment, adv., بسفاهة.

Impertinence, s. f., سفاهة. Faire des impertinences à quelqu'un, تلايق فيه - ترادل معه - أساء الادب فى حقّه - سفة معه.

Impertinent, e, adj., سفيه; plur., سُفها.

## IMP        IMP        409

IMPERTURBABILITÉ, s. f., عدم مبالاة.

IMPERTURBABLE, adj. com., qu'on ne peut troubler, tranquille, لا تتغير احواله - لا يبالى - لا يتخبّل.

IMPERTURBABLEMENT, adv., من غير مبالاة. Savoir quelque chose par cœur imperturbablement, عرف الشى جيداً على ظهر قلبه.

IMPÉTRABLE, adj. com., terme de droit, qui se peut obtenir, يُنال.

IMPÉTRANT, E, adj., qui obtient, نايل.

IMPÉTRATION, s. f., obtention, نوال.

IMPÉTRER, v. n., obtenir, نال A.

IMPÉTUEUSEMENT, adv., avec impétuosité, بشدّة.

IMPÉTUEUX, SE, adj., violent, شديد.

Impétueux (homme), emporté, خلقي.

IMPÉTUOSITÉ, s. f., qualité de ce qui est impétueux, شدّة.

Impétuosité, extrême vivacité, شدّة النفس - صولة.

IMPIE, adj. com., sans religion, كافر; plur., كفرة et كفّار. Discours impie, كلام كفر. ‖ Action impie, فعل مخالف للدين - فعل كافر.

IMPIÉTÉ, s. f., كفر.

IMPITOYABLE, adj. com., sans pitié, ما له حنّية - ما له رحمة.

IMPITOYABLEMENT, adv., من غير رحمة.

IMPLACABLE, adj. com. (homme), لا يعفى ابدا - شديد الحقد - لا يقبل المصالحة. Ressentiment, colère implacable, غضب لا يهدأ - وغل لا يشفى.

IMPLICATION, s. f., engagement dans une affaire, شبكة.

Implication, contradiction, مضادّة.

IMPLICITE, adj. com., compris dans une proposition, c'est-à-dire qui en est tiré par induction, ناتج من نصّ الكلام.

IMPLICITEMENT, adv., ناتجاً من نصّ الكلام.

IMPLIQUER, v. a., engager, embarrasser dans, شبك فى O.

Impliquer contradiction, en renfermer, فيه ضادّد بعضه - مضادّدة.

IMPLORER, v. a. (quelqu'un), تضرّع الى احد O. ‖ طلب A. ‖ Implorer, demander, سأل. Implorer la clémence du vainqueur, طلب الامان من. ‖ Implorer le secours de, سأله المعاونة - استعان به.

IMPOLI, E, adj., sans politesse, من غير واجب - قليل ادب.

IMPOLITESSE, s. f., قلّة ادب - قلّة واجب. Faire des impolitesses à quelqu'un, قلّل الادب فى حقّه - اساء الادب فى حقّه.

IMPORTANCE, s. f., ce qui rend considérable une chose, ثقل - ضرورية - عظم. Chose d'importance, امر ثقيل, عظيم, ضرورى - شى مهمّ. ‖ Chose de peu d'importance, شى ما تحت خبر. ‖ Homme d'importance, de qualité, de savoir, de capacité, صاحب مقام - رجل ثقيل - رجل عظيم. ‖ Faire l'homme d'importance, نفش روحه O.

IMPORTANT, E, adj., qui importe, qui est considérable, عظيم - ثقيل - مهمّ. Chose importante, مهمّة; pl., مهمّات et مهامّ.

Important, qui fait l'homme d'importance, متعظّم.

IMPORTATION, s. f. (de marchandises), اجتلاب بضايع.

IMPORTER, v. a., faire venir des marchandises du dehors, جلب بضايع الى O.

Importer, v. n., usité à l'infinitif et aux 3es personnes, لزم A. - هم O. Il importe de, يلزم ان, يهم. ‖ N'importe, cela ne doit pas empêcher, ما فيه. ‖ Qu'importe, qu'est-ce que cela fait? ما فيه باس - مانع. ‖ Il m'importe peu, ابيش يجرى. ‖ Cela lui importe peu, ما على بالى - ما علىّ. ‖ Que t'importe? ما على بالك - ما عليك ايش - عليك انت.

IMPORTUN, E, adj., fâcheux, incommode (chose), ثقيل - (personne), مغمّ - يضجّر - صعب. Être importun à quelqu'un, l'incommoder, le gêner, ثقّل على. J'ai peur de vous être importun, اخاف اثقل عليك.

IMPORTUNÉMENT, adv., بشقالة.

IMPORTUNER, v. a., incommoder, fatiguer, déplaire, ثقل على ـ A. مل ـ ازعج ـ ضجر ـ زقق. Il m'a importuné, مليت منه ـ ملّني. || Je ne veux pas vous importuner, ما اريد اثقل عليك. || Nous venons vous importuner pour une affaire, جايين نصدّع راسك ـ جايين نوجع راسك.

IMPORTUNITÉ, s. f., ثقالة ـ ثقلة ـ تصديع الراس. Il m'a accablé d'importunités, تصديع الخاطر ـ دوّخني.

IMPOSABLE, adj. com., sujet aux impositions, عليه دفع مال للميري ـ عليه تكاليف.

IMPOSANT, E, adj., qui imprime du respect, صاحب هيبة ووقار ـ موقّر ـ مهاب.

IMPOSER, v. a., mettre dessus, وضع على ; aor., يضع. Imposer des contributions, etc., فرد عليهم غرامة .I ـ رمى عليهم تكاليف .I.

Imposer une peine, une punition à quelqu'un, قضى عليه ب .O ـ حكم .I.

Imposer à quelqu'un une chose fâcheuse ou difficile, كلّفه الى شى ، بشى ـ كلّفه شيئا ـ سخّره ب.

Imposer à quelqu'un un fardeau au-dessus de ses forces, حمّله ما لا يطيق.

Imposer un nom, سمّى.

Imposer, imputer à tort, نهم ب .I.

Imposer le respect, la crainte, صار له هيبة .I. — Sa présence imposa du respect au peuple, فلما حضر هابوه الناس. —

Imposer silence à quelqu'un, امره بالسكوت ـ سكّت.

En imposer, mentir, كذب على .O ـ غشّ .I.

S'imposer à soi-même une chose, الزم نفسه ب ـ كلّف نفسه ب .O ـ حكم على نفسه ب.

IMPOSITION, s. f., impôt, فردة ; plur., فرد ; plur., تكاليف. Imposition sur des marchandises, مكس. Voyez DROITS.

Imposition des mains, شرطونية.

IMPOSSIBILITÉ, s. f., عدم الامكان ، قلة الامكان. Cela est de toute impossibilité, هذا شى ما يتاتى ابدا.

IMPOSSIBLE, adj. com., qui ne peut être, غير ممكن ـ مستحيل ـ محال ـ لا يستطاع. Si vous voulez être obéi, n'exigez point ce qui est impossible, اذا اردت ان تطاع فلا تطلب ما لايستطاع. || Cela est impossible, ما يصير ـ ما يمكن. || Il est impossible qu'il revienne jamais, هيهات ان كان بقى يرجع. || Il t'est impossible de faire cela, ما يمكنك تعمل هذا. || Il n'est pas impossible que, غير مستبعد ان.

IMPOSTEUR, s. m., qui en impose, مفترى ـ كذّاب.

IMPOSTURE, s. f., calomnie dans l'intention de nuire, افترا ـ فرية.

Imposture, hypocrisie, نفاق ـ مراياة.

Imposture, illusion des sens, tromperie, غشّ.

IMPÔT, s. m., droit imposé, مال ـ جوالة ـ رسم, plur., رسوم ـ تكليف, plur., تكاليف ـ مكس, plur., مكوس. Mettre des impôts sur, القى ، رمى تكاليف على الناس.

IMPOTENT, E, adj., سقط ـ عاجز.

IMPRATICABLE, adj. com., qu'on ne peut faire, ما يصير ـ لا يُعمل. Chemin impraticable, طريق لا ينمشى فيه ـ طريق غير سالك. || Maison impraticable, qu'on ne peut habiter, بيت لا ينسكن. || Homme impraticable, qu'on ne peut fréquenter, رجل لا يتعاشر.

IMPRÉCATION, s. f., malédiction, souhait fait contre quelqu'un, دعا على احد ـ لعنة. Faire des imprécations contre quelqu'un, دعا عليه .O. I.

IMPRÉGNABLE. adj. com., qui peut être imprégné, يختلط ـ يختلط.

IMPRÉGNATION, s. f., اختلاط ـ خلط.

IMPRÉGNER, v. a., charger une liqueur de particules étrangères, خلط ب .O.

S'imprégner, v. pron., اختاط.

Imprégner, au fig., pénétrer, remplir d'une opinion, ملأ فكره من شى.

Imprenable, adj. com., اخذ غير - لا يؤخذ - ممكن.

Imprescriptibilité, s. f., عدم البطلان مع طول المدة.

Imprescriptible, adj., لا يبطل ابدا.

Impression, s. f., action d'un corps sur un autre, تاثير - اثار ; plur., اثر.

Impression, au fig., effet produit sur l'esprit, اثر - تاثير - اثرة. Ces paroles ne lui ont fait aucune impression, هذا الكلام ما اثر فيه, ما عمل فيه, ما قطع فيه.

Impression, empreintes sur la toile, بسم - بصمة.

Impression d'un livre, effet de l'imprimerie, طبع.

Impressionner, v. a., faire impression sur, اثر فيه.

Imprévoyance, s. f., قلة الحساب.

Imprévoyant, e, adj., قليل الحساب - غافل - قليل التدبير.

Imprévu, e, adj., شى ما كان له فى حساب - شى صاير على غفلة.

Imprimé, s. m., كتاب مطبوع.

Imprimer, v. a., faire une empreinte (sur des étoffes), بصم O.

Imprimer des livres, طبع A. Ce livre a été imprimé par les soins de, طبع هذا الكتاب بعمل فلان.

Imprimer, communiquer (le mouvement), هزّ O. حمل على الحركة - حرك I.

Imprimer des sentiments dans l'esprit, le cœur, احدث, ادخل فى قلبه A. طبع فى عقله. Imprimer la crainte, خوّف. ‖ S'imprimer dans l'esprit, اثر فى النفس - انطبع فى النفس.

Imprimerie, s. f., art d'imprimer, طباعة - صناعة الطبع.

Imprimerie, lieu où l'on imprime, مطبعة - دار الطباعة.

Imprimeur, s. m., طبّاع - مطبعجي.

Improbable, adj., بعيد عن العقل. Regarder comme improbable, استبعد.

Improbabilité, s. f., بعد عن العقل.

Improbateur, trice, adj., homme, chose, لايم - يبيّن المذمة.

Improbation, s. f., مذمّة.

Improbité, s. f., défaut de probité, قلة الذمة.

Impromptu, s. m., sans plur., vers faits sur-le-champ, شعر مرتجل. Chose quelconque faite sans préparation, بديهة - بداهة. ‖ En impromptu, على البديهة.

Impropre, adj. com., qui ne convient pas, n'est pas juste (expression), كلمة غير لايقة - كلمة فى غير موضعها.

Improprement, adv., على غير وضع - فى غير محله.

Impropriété, s. f., قلة مناسبة.

Improuver, v. a., blâmer, لام O.

Improvisateur, trice, s., شاعر مرتجل.

Improviser, v. a., composer et réciter sur-le-champ des vers, انشد ارتجالا - ارتجل O. قال الشعر على البديهة.

A l'improviste, adv., على غفلة - بغتة.

Imprudemment, adv., من غير عقل.

Imprudent, e, adj., qui manque de prudence, قليل الاحتياط - قليل العقل.

Imprudence, s. f., ترك الاحتياط - قلة العقل - قلة النظر فى العواقب.

Impubère, adj., غير بالغ.

Impudemment, adv., effrontément, بوقاحة.

Impudence, s. f., effronterie, وقاحة - سفاهة.

Impudent, e, adj., effronté, وقح ; plur., وقاح ; سفيه ; plur., سفها.

Impudeur, s. f., قلة حيا.

Impudicité, s. f., vice contraire à la chasteté, فسق و فساد - عهارة.

Impudique, adj. com. (personne), عاهر - فاسق.

– دنس نجس. Jeter des regards impudiques sur, نظر اليها بعين الفسق و العهارة. ‖ Discours impudique, كلام دنس.

*Impudiquement*, adv., بعهر.

IMPUISSANCE, s. f., manque de pouvoir, عجز. Être dans l'impuissance de, عجز عن I.

*Impuissance*, incapacité d'engendrer, انحلال.

IMPUISSANT, E, adj., sans pouvoir, من غير قدرة – عاجز.

*Impuissant*, incapable d'engendrer, رجل مرخى.

IMPULSIF, IVE, adj., qui agit par impulsion, باعث. Force impulsive, قوة باعثة.

IMPULSION, s. f., mouvement communiqué par le choc, دفعة.

*Impulsion*, au fig., instigation, حث.

IMPUNÉMENT, adv., avec impunité, sans inconvénient, بلا ضرر – بلا قصاص – بالساهل. Il ne peut boire beaucoup impunément, ما يمكنه يشرب كثير من غيران يحصل له ضرر.

IMPUNI, E, adj., qui demeure sans punition, بلا قصاص – ساهل – غير معاقب. Sa mort est demeurée impunie, ذهب دمه هدرا I.

IMPUNITÉ, s. f., manque de punition, سهولة – عدم القصاص.

IMPUR, E, adj., immonde, دنس – نجس.

*Impur*, altéré, corrompu par le mélange, مخلوط – غير خالص – مغشوش.

*Impur*, impudique, دنس – نجس – داعر.

IMPURETÉ s. f., ce qu'il y a d'impur, de grossier, d'étranger dans un corps, جناية – نجاسة.

*Impureté*, au fig., impudicité, دناسة – نجاسة – دعارة.

IMPUTATION, s. f., déduction d'une somme sur une autre, حسم – خصوم.

*Imputation*, accusation sans preuves, تهمة. Il m'a chargé d'imputations calomnieuses, رماني I. رماني بالبهتان – بالمحال I.

IMPUTER, v. a., attribuer une chose à quelqu'un, نسب الشى الى احد I. Imputer à négligence, etc., نسب الى نهامل.

*Imputer*, accuser de, تهم احدا ب I.

*Imputer*, terme de finance, appliquer un payement à une dette, حسم I – حذف من O.

INABORDABLE, adj. com., au propre et au fig., لا يمكن القرب منه.

INACCESSIBLE, adj. com., لا يقرب اليه – لا يمكن الوصول اليه. Lieu inaccessible, موضع منيع.

INACCORDABLE, adj., qu'on ne peut accorder, لا يتفق.

INACCOUTUMÉ, E, adj., غير معتاد.

INACTIF, VE, adj., indolent, كسلان – قليل مروة.

INACTION, s. f., بطالة. Qui est dans l'inaction, بطال O. ‖ Rester dans l'inaction, قعد بطال.

INACTIVITÉ, s. f., défaut d'activité, قلة نشاط – قلة مروة – كسل.

INADMISSIBLE, adj. com., لا يقبل.

INADVERTANCE, s. f., défaut d'attention, سهو. C'est une inadvertance de ma part, صار منى سهو.

INALIÉNABLE, adj. com., qu'on ne peut aliéner, لا يباع.

INALLIABLE, adj. com., qu'on ne peut allier, لا يتفق مع بعضه – لا يختلط مع بعضه.

INALTÉRABLE, adj. com., au propre et au fig., لا يعتريه التغيير – لا يتغير.

INAMISSIBILITÉ, s. f., عدم الاضاعة.

INAMISSIBLE, adj. com., t. de théologie, لا يضيع.

INAMOVIBILITÉ, s. f., عدم الانعزال.

INAMOVIBLE, adj. com. (fonctionnaire), لا يعزل – لا ينعزل. Emploi inamovible, منصب لا ينعزل صاحبه.

INANIMÉ, E, adj., بلا روح – لا روح له.

INANITION, s. f., faiblesse causée par le jeûne, خوى – سخسخة.

INAPERCEVABLE, adj. com., لا يدركه – لا يلمح النظر.

INC INC 413

INAPERÇU, E, adj., qui n'est pas aperçu, غير ملحوج.

INAPPLICABLE, adj. com., qui ne peut être appliqué, غير مناسب - لا يليق ل.

INAPPLICATION, s. f., inattention, قلة الاجتهاد.

INAPPLIQUÉ, E, adj., qui manque d'application, قليل الاجتهاد.

INAPPRÉCIABLE, adj. com., dont on ne peut connaître le prix, لا يعرف له قيمة - لا يثمن. Inappréciable, qui ne peut être évalué, لا يقدر.

INAPTITUDE, s. f., défaut d'aptitude à, de capacité pour, قلة استعداد - قلة فهم - قلة صلاح.

INARTICULÉ, E, adj., غير متميز.

INATTAQUABLE, adj. com., لا يمكن الهجوم عليه.

INATTENDU, E, adj., ما كان فى - غير معهود - حساب.

INATTENTIF, IVE, adj., لا يدير باله - غير منتبه - غافل.

INATTENTION, s. f., défaut d'attention, قلة الانتباه - شتات العقل - قلة ديران بال.

INAUGURAL, E, adj., de l'inauguration, افتتاحى - رسمى.

INAUGURATION, s. f., cérémonie religieuse du couronnement, رسم - مبايعة. Inauguration d'un monument, تكريس. ‖ Inauguration d'une chaire de professeur, افتتاح.

INAUGURER, v. a., dédier, رسم - كرس. O.

INCALCULABLE, adj. com., لا يحصى - لا يدركه الفهم.

INCANDESCENCE, s. f., état d'un corps pénétré de feu jusqu'à devenir blanc, كون الشى حارا حتى يرجع ابيض لشدة عمل النار فيه.

INCANDESCENT, E, adj., qui est en incandescence, ابيض لشدة عمل النار فيه.

INCANTATION, s. f., cérémonies des prétendus magiciens, تعزيم.

INCAPABLE, adj. com., qui n'est pas capable, عاجز عن - لا يقدر على - ما له مقدرة ب - ما هو كفول - لا يخرج من يك, لا يطلع من يك ان - ما فيه كفاية ل.

Incapable, exclu par la loi, privé par elle de certains avantages, لا يقدر على.

Incapable de, pris en bonne part, لا يمكنه ان. Vous êtes incapable d'une semblable action, حاشا حرمتك من - حاشاك من ذلك ذلك.

INCAPACITÉ, s. f., défaut de capacité, عدم كفاية.

INCARCÉRATION, s. f., سجن.

INCARCÉRER, v. a., t. de pratique, emprisonner, سجن. O.

INCARNAT, E, adj., احمر - جورى.

INCARNAT, s. m., لون احمر - لون جورى.

INCARNATIF, VE, adj. (remède), qui réunit, fait revivre les chairs, دوا ملحم.

INCARNATION, s. f., تجسد.

INCARNÉ, E, adj., متجسد.

S'INCARNER, v. pr., se revêtir d'un corps de chair, تجسد.

INCARTADE, s. f. fam., insulte brusque, extravagance, نقص - فلتة - عيبة.

INCENDIAIRE, adj. com., auteur volontaire d'un incendie, محرق.

INCENDIE, s. m., حريق - حريقة.

INCENDIER, v. a., brûler, mettre le feu à, حرق I. - ضرب النار فى.

INCERTAIN, E, adj., douteux, غير مثبوت - تحت الشك - تحت الريب.

Incertain, variable, متقلب.

Incertain, irrésolu, حاير - حيران - متحير. Je demeurai incertain de quel côté j'irais, حرت الى. بقيت حيران الى اين اروح - اين اتوجه.

Incertain, qui ne sait pas, لا يعرف - غير محقق.

Incertain, s. m., ce qui est incertain, باطل.

INCERTITUDE, s. f., état d'irrésolution, حيرة. Être dans l'incertitude, حار I. - تحير. ‖ Jeter dans l'incertitude, حير.

*Incertitude*, état de celui qui ne sait pas, ارتياب - عدم تحقيق - عدم اليقين.

*Incertitude*, inconstance, قلّة ثبات - تقلّب.

INCESSAMMENT, adv., sans délai, من غير عاقة.

*Incessamment*, continuellement, بلا انقطاع.

INCESTE, s. m., conjonction illicite entre parents au degré prohibé, صنع الفاحشة من الاقارب.

INCESTUEUSEMENT, adv., avec inceste, بالفاحشة.

*Incestueusement*, dans l'inceste, فى الحرام - فى الفاحشة.

INCESTUEUX, SE, adj., qui commet un inceste, صانع فاحشة مع اهل القرابة. *Incestueux*, où il y a inceste, حرام - فاحش.

INCIDEMMENT, adv., par incident, عرضياً.

INCIDENT, s. m., chose qui survient, عارض; pl., حوادث - عوارض.

*Incident*, mauvaise difficulté dans les disputes, حجّة.

INCIDENT, adj., qui survient, معترض. Proposition incidente, جملة معترضة.

INCIRCONCIS, E, adj., qui n'est pas circoncis, اغلف.

INCIRCONCISION, s. f., terme de liturgie, état du cœur qui n'est pas mortifié, غلفة القلب.

INCISE, s. f., t. de rhét., petite phrase, جملة كلام.

INCISER, v. a., couper en long, شقّ.

INCISIF, IVE, adj., propre à diviser les humeurs, دوا مفتّت.

Dents *incisives*, dents de devant, الاسنان المقادم.

INCISION, s. f., coupure, taillade en long, شقّ. Faire de légères incisions à quelqu'un derrière les oreilles, pour lui tirer du sang (pratique usitée en Orient), شطب دانيه - شطب احداً.

INCITATION, s. f., impulsion au mal, تحريك للشر.

INCITER, v. a., induire à faire quelque chose, حرّك على - حمل على.

INCIVIL, E, adj., qui n'est pas bienséant, غير واجب.

*Incivil*, qui manque de civilité, قليل ادب - قليل الانست - خشنى.

INCIVILEMENT, adv., بقلّة ادب.

INCIVILISÉ, adj., قوم ماعندهم علم ولا ادب.

INCIVILITÉ, s. f., manque de civilité, chose contraire à la civilité, قلّة ادب - قلّة انسة.

INCLÉMENCE, subst. f., rigueur (d'une saison), شدّة.

INCLINAISON, s. f., état de ce qui n'est pas perpendiculaire, ميل - انحراف.

INCLINATION, s. f., action de s'incliner, انحنا. Légère inclination de tête, اشارة بالراس.

*Inclination*, affection, amour, ميل الى - حبّ.

*Inclination*, disposition, pente naturelle à, ميل - هوى. Inclination naturelle vers le mal, ميل طبيعى الى الشر.

INCLINER, v. a., pencher, courber, عطف I. - ميّل I. - حنى.

*Incliner*, v. n., avoir du penchant pour, pencher d'un côté, مال الى I.

S'*incliner*, v. pr., se pencher, انحنى.

INCLUS, E, adj., renfermé dans, ضمن - داخل. Vous recevrez ci-inclus un billet adressé à un tel, واصل طيّاً, واصل ضمنه مكتوب باسم فلان ǁ Je vous prie de rendre l'incluse à un tel, واصلكم طيّة كتاب نسترجاكم تسلّموه بيد فلان.

INCLUSIVEMENT, adv., y compris, داخلاً - وهو داخل فى الحساب.

INCOGNITO, adv., sans être connu, متخفّى.

INCOHÉRENCE, s. f., qualité de ce qui est incohérent, قلّة مطابقة.

INCOHÉRENT, E, adj., qui manque de liaison, غير ملاصق ببعضه - غير مطابق.

INCOMBUSTIBLE, adj., لا يحترق.

INCOMMENSURABILITÉ, s. f., قلّة امكان قياس.

INCOMMENSURABLE, adj. com., qui ne peut être mesuré, خارج عن القياس.

INCOMMODANT, E, adj., qui incommode, يغلب.

INCOMMODE, adj. com., fâcheux, مكدر على - مغم. Maison incommode, دار غير مطومة, ما فيها راحة. ‖ Cela est fort incommode pour vous, هذا تعب عليك.

*Incommode*, qui est à charge, importun, ثقيل - متعب.

INCOMMODÉ, E, adj., un peu malade, موعوك - مخستك - مشوش.

INCOMMODÉMENT, adv., بلا راحة.

INCOMMODER, v. a., causer quelque incommodité, gêner, شوش عليه - ثقل على - اتعب. Je crains de vous incommoder, اخاى اثقل عليك ‖ Je vous prie de me rendre un service, si cela ne vous incommode point, ارتجاك تقضى لى حاجة ان كان لا يحصل لك من ذلك ثقلة او تشويش خاطر.

*Incommoder*, causer une indisposition, شوش - ضر. O.

INCOMMODITÉ, s. f., peine que cause une chose incommode, ثقلة - تشويش الخاطر - تعب.

*Incommodité*, indisposition, وعكة - تشويش علة; plur., علل.

*Incommodité*, défaut de commodité, قلة راحة.

INCOMMUNICABLE, adj., لا يمكن اشراك فيه غيره.

INCOMMUTABILITÉ, s. f., possession sans crainte de trouble légitime, مكنة.

INCOMMUTABLE, adj. com., qui ne peut être légitimement dépossédé, لا يمكن تغييبره شرعاً - مكين.

INCOMPARABLE, adj. com., وحيد - فريد - ما له شبيه - ما له مثيل - ما له نظير.

INCOMPARABLEMENT, adv., sans comparaison, بلا قياس - من غير تشبيه.

INCOMPATIBILITÉ, s. f., antipathie, تنافر - منافرة - عدم اتفاق - قلة وفق.

INCOMPATIBLE, adj., غير موافق - لا يتفق مع.

INCOMPÉTENCE, s. f., manque de compétence, قلة كفاية - قلة خصوص.

INCOMPÉTENT, E, adj., ما يخصه الشى - ما هو كفول.

INCOMPLET, ÈTE, adj., ناقص.

INCOMPLEXE, adj. com., غير مركب.

INCOMPRÉHENSIBILITÉ, s. f., خروج عن حيطة الادراك.

INCOMPRÉHENSIBLE, adj., qui ne peut être compris, خارج عن حيطة الادراك - لا يسعه العقل. Homme incompréhensible, dont on ne peut comprendre la conduite, les procédés, لا يفهم - لا يدرك.

INCOMPRESSIBLE, adj., qui ne peut être comprimé, لا ينحصر - لا ينحاز.

INCONCEVABLE, adj. com., لا ينفهم - لا يتصور.

INCONCILIABLE, adj. com., لا يتفق.

INCONDUITE, s. f., سلوك ردى - سوء سلوك.

INCONGRU, E, adj., au fig. fam., contre les convenances, عيب - غير لايق - غير مناسب.

*Incongru*, qui pèche contre les règles de la syntaxe, غلط - غير مضبوط.

INCONGRUMENT, adv., بغلط - بعيب.

INCONGRUITÉ, s. f., au fig., faute contre la bienséance, le bon sens, قلة عقل - قلة ادب.

*Incongruité*, faute contre la syntaxe, غلط.

INCONNU, E, adj., غير معروف - مجهول.

*Inconnu*, cherché (quantité), مجهول - مطلوب.

INCONSÉQUENCE, s. f., défaut de conséquence, قلة مطابقة - قلة موافقة.

*Inconséquence*, discours, action imprudente, عيبة - قلة عقل.

INCONSÉQUENT, E, adj., qui agit, qui parle contre ses propres principes, مضاد لنفسه - اقواله او اعماله غير موافقة لبعضها.

INCONSIDÉRATION, s. f., légère imprudence, فترة - قلة تمييز. J'ai fait cela par inconsidération, صار منى فترة.

INCONSIDÉRÉ, E, adject., imprudent, étourdi, خفيف العقل - قليل التفكر - من غير تمييز. Dire une chose inconsidérée, فترة فى كلامه. O.

Inconsidérément, adv., بلا اعتبار - بلا تمييز - بلا تفكّر. Il a agi inconsidérément, صار منه فترة بغير تفكّر.

Inconsolable, adj. com., لا يتعزّى - لا يتسلّى - لا تنشفى له دمعة ولا تنهد - لا يقبل سلوة عن لوعة.

Inconsolablement, adv., من غير تعزّي.
Inconstamment, adv., من غير ثبات.
Inconstance, s. f., facilité à changer, قلّة ثبات - انقلاب - قلّة قرار.

Inconstant, e, adj., sujet à changer, قليل ثبات - قلّاب.

Inconstitutionnalité, s. f., مخالفة للشريعة.
Inconstitutionnel, le, adj., غير شرعي - غير موافق لقوانين المملكة.

Incontestable, adj. com., لا يمكن النزاع فيه - لا يُنكر.

Incontestablement, adv., من غير نزاع - من غير اعتراض.

Incontesté, e, adj., غير منازع - غير منكور فيه.

Incontinence, s. f., l'opposé de la continence, انهماك.

Incontinence d'urine, صبّ البول.

Incontinent, e, adj., qui n'est pas continent, منهمك.

Incontinent, adv., aussitôt, في الساعة - في الحال.

Inconvenable, adj. com., غير مناسب.

Inconvénient, s. m., conséquence, chose fâcheuse, ضرر ; plur., أضرار - مضرّة. Il en peut résulter plusieurs inconvénients, يمكن ينتج منه جملة أضرار. || S'il résulte de là quelque inconvénient pour vous, ان حصل لك من ذلك مضرّة. Il n'y a pas d'inconvénient, ما فيه - ما فيه باس - ما فيه ضرر.

Incorporalité, s. f., qualité des êtres incorporels, روحانيّة.

Incorporation, s. f., ادخال - تدخيل.

Incorporel, le, adj., qui n'a point de corps, لا جسم له.

Incorporer, v. a., mêler, réunir, ادخال الى فى - جمع ب.

S'incorporer, v. pro., اتّحد مع.

Incorrect, e, adj., مغلط - غير مضبوط.
Incorrection, s. f., قلّة صحّة - قلّة ضبط - غلط.
Incorrigibilité, s. f., عناد عن التوبة - قلّة الانعدال.

Incorrigible, adj. com., لا يتوب - لا ينعدل - لا يقبل الاصلاح.

Incorruptibilité, s. f., qualité d'une chose incorruptible, عدم الانفساد - قلّة تغيير.

Incorruptibilité, intégrité d'un juge, صلاح - عدم قبول البرطيل.

Incorruptible, adj. (au propre), لا يتغيّر - لا ينفسد. (au fig.) - صالح - لا يقبل الرشوة - لا ياكل برطيل.

Incorruption, s. f., terme de physique, état de ce qui ne peut se corrompre, قلّة انفساد.

Incrassant, e, adj. (remède), qui épaissit le sang, les humeurs, دوا مجمّد.

Incrédibilité, s. f., ce qui fait qu'on ne peut croire une chose, كون الشى خارج عن حيطة التصديق.

Incrédule, adj. com., qui ne croit pas aisément, قليل التصديق.

Incrédule, qui ne croit pas aux mystères de la religion, قليل الايمان.

Incrédulité, s. f., répugnance à croire, قلّة تصديق.

Incrédulité, manque de foi, قلّة الايمان.
Incréé, e, adj., غير مخلوق.
Incroyable, adj. com., qui ne peut être cru, لا يتصدّق.

Incroyable, excessif, زايد - عظيم.

Incrustation, s. f., application d'un corps sur une surface pour l'orner, لصق.

INCRUSTER, v..a., revêtir (une muraille) de, لَبِّس الحَائِط بِ. Incruster d'or, d'argent, طَعَّم بِالذهب او الفضة.

INCUBATION, s. f., action des ovipares qui couvent des œufs, رُقاد على بيض.

INCUBE, s. m., cauchemar, كابوس.

INCULPATION, s. f., تُهمة.

INCULPER, v. a., accuser d'une faute, تَّهم بِ I.

INCULQUER, v. a., imprimer une chose dans l'esprit à force de la répéter, A. - طبع فى عقله - دَخَّل فى عقله.

INCULTE, adj. com., qui n'est pas cultivé, بَاير - ارض ما فيها زرع.

Inculte, au fig., qui n'est pas poli, sauvage, وحشى.

INCURABILITÉ, s. f., كون الداء لا علاج له.

INCURABLE, adj. com., qu'on ne peut guérir, داء عضال - دا عيا - ما له دوا.

INCURIE, s. f., défaut de soin, اهمال.

INCURSION, s. f., irruption, غارة.

INDE, s. f., pays, الهند.

Inde, couleur bleue, نيلة.

INDÉBROUILLABLE, adj. com., لا ينكشف.

INDÉCEMMENT, adv., بقلة ادب - بلا حشمة.

INDÉCENCE, s. f., manque de décence, قلة ادب - قلة حشمة.

INDÉCENT, E, adj., contraire à la décence, à la bienséance, فاحش - خارج - عيب.

INDÉCHIFFRABLE, adj. com., qu'on ne peut lire, déchiffrer, لا يُفهم - لا يُنقرأ.

INDÉCIS, E, adj., qui n'a pas été décidé, واقف.

Indécis, irrésolu, مُتحيِّر - حاير - غير عازم.

INDÉCISION, s. f., état, caractère d'un homme indécis, قلة العزم - حيرة.

INDÉCLINABILITÉ, s. f., عدم الانصراف - بناء.

INDÉCLINABLE, adj. com., qui ne peut se décliner (nom), اسم مبنى, غير منصرف.

INDÉCROTTABLE, adj. com., qui ne peut se décrotter, لا ينمسح.

Indécrottable, au fig., d'un caractère très-difficile, لا تنحلّ عقدته - شرس الاخلاق.

INDÉFECTIBILITÉ, s. f., دوام - عدم الزوال.

INDÉFECTIBLE, adj. com., qui ne peut cesser d'être (se dit de l'Église), دايم - لا يزال.

INDÉFINI, E, adj., dont on ne peut déterminer les bornes, غير محدود.

INDÉFINIMENT, adv., من غير تحديد.

INDÉFINISSABLE, adj. com., qu'on ne saurait définir, لا يمكن تفسيره - لا يُعرَّف.

INDÉLÉBILE, adj. com., qui ne peut être effacé, لا ينمحى.

INDÉLÉBILITÉ, s. f., عدم انمحا - عدم محى.

INDEMNISER, v. a., dédommager, عوّض عليه. Indemniser quelqu'un de sa perte, عوّض عليه الخسارة. || Pour m'indemniser de ce que j'ai souffert, لاجل مكافاة الضرر الذى تحملته.

INDEMNITÉ, s. f., dédommagement, عوض.

INDÉPENDAMMENT, adv. (malgré), مع. Indépendamment de tout cela, malgré tout cela, مع هذا كله.

Indépendamment, sans, outre, ماعدا - غير. Indépendamment de cela, en outre, وغير ذلك.

INDÉPENDANCE, s. f., عدم العلاقة بِ - حُرِّية.

INDÉPENDANT, E, adj., qui n'a point de connexité avec, غير متعلّق بِ - ما له علاقة بِ.

Indépendant, qui ne dépend de personne, خالص - مستقلّ - قايم بذاته - ما هو تحت حكم.

INDESTRUCTIBILITÉ, s. f., عدم الخراب - عدم الفنا.

INDESTRUCTIBLE, adj. com., لا يفنى - لا يخرب.

INDÉTERMINATION, s. f., irrésolution, قلة الحزم - تقلّب الراى.

INDÉTERMINÉ, E, adj., indéfini, غير محدّد.

Indéterminé, irrésolu, غير معتمد على شى - مركرك.

*Indéterminé*, de valeur variable ou inconnue, غير مقرّر.

INDÉTERMINÉMENT, adv., d'une manière indéterminée, vague, مهملًا.

INDEX, s. m., table d'un livre, فهرسة كتاب.

*Index*, doigt près du pouce, السبّابة - الشاهد.

*Index*, catalogue des livres prohibés à Rome, بيان الكتب المحرمة.

INDICATEUR, TRICE, adj., qui indique, دليل.

*Indicateur*, qui fait connaître un coupable, دليل - مخبر, مبلّغ الحاكم.

*Indicateur*, doigt. *Voyez* INDEX.

INDICATIF, s. m., mode du verbe, بنا الفعل للرفع - الرفع.

INDICATIF, IVE, adj., qui indique, دلالي - يدلّ على.

INDICATION, s. f., action d'indiquer, signe qui indique, دليل - اشارة - بيان - دلالة; pl., دلايل.

INDICE, s. m., signe, دليل; plur., دلايل.

INDICIBLE, adj. com., qui ne peut être exprimé, يعجز عن وصفه اللسان - لا يعبّر عنه بلسان - لا يوصف.

INDIEN, NE, adj., de l'Inde, هندي; pl., هنود.

INDIENNE, subst. fém., toile de coton peinte, شيت يمني - شيت هندي.

INDIFFÉREMMENT, adv., d'une manière indifférente, avec froideur, من غير اعتنا به - بتيه.

*Indifféremment*, sans faire distinction, من غير على وجه السويّة - فرق.

INDIFFÉRENCE, s. f., état d'une personne indifférente, قلّة اعتنا - خلو البال - تيه.

INDIFFÉRENT, E, adj., qui se fait bien de manière ou d'autre, qui n'est ni bon ni mauvais en soi, سوا - سواتين - ما فيه فرق. Tout cela est indifférent, هذا كلّه سوا, ما فيه فرق. ‖ Le choix entre les deux est indifférent, الاثنين سوا فلك الاختيار.

‖ Chose, action indifférente, qu'on peut faire ou ne pas faire à son choix, فعل مختار, مخيّر. ‖ Il m'est indifférent d'être assis ou debout, سوا عندي اكون قاعد و لا قايم.

*Indifférent*, qui touche peu, dont on ne se soucie pas, ما هو على البال. Il m'est indifférent que vous vous fâchiez, اذا غضبت ما على بالي - نساهى - نتحاكى.

Parler de choses indifférentes,

*Indifférent*, qui n'a point de penchant pour, d'attachement à rien, قليل الاعتنا ب - خلي البال.

INDIGENCE, s. f., pauvreté, فقر - فاقة.

INDIGÈNE, adj. com., qui croît naturellement dans un pays, بلدي.

*Indigène*, qui habite un pays dès l'origine, اولاد; plur., ابن البلاد.

INDIGENT, E, adj., très-pauvre, فقير - محتاج; plur., فقرا - صعلوك; plur., صعاليك.

INDIGESTE, adj., difficile à digérer, عسر الهضم - ثقيل على المعدة.

*Indigeste*, au fig., mal expliqué, mal conçu, غير واضح.

INDIGESTION, s. f., coction imparfaite des aliments, بشمة - تخمة.

INDIGNATION, s. f., colère, غضب - غيظ.

INDIGNE, adj. com., qui ne mérite pas, غير اهل - غير مستاهل - غير مستحقّ. Faire du bien à des gens qui en sont indignes, صنع الجميل مع غير اهله. ‖ Présent indigne de vous, qui ne mérite pas de vous être offert, هدية ما هي من مقامكم, من شانكم. Action indigne de vous, qu'il ne vous convient pas de faire, عمل ما هو لايق, ما هو مناسب لشانك عيب عليك.

*Indigne*, méchant, très-condamnable, ردي - فاحش - فبيح - مغضوب.

INDIGNEMENT, adv., très-mal, رديًا - فاحشًا.

INDIGNER, v. a., exciter l'indignation, اغاظ - هيّج الغضب - اسخط - اغضب.

*S'indigner*, v. pro., غضب - A. اغتاظ - سخط A.

Indignité, s. f., qualité odieuse de ce qui est indigne, énormité, قباحة - غضبة.

Indignité, chose indigne, outrage, عيبة - شى فاحش - شى قبيح.

Indigo, s. m., plante; couleur bleue qu'on en tire, نيل - نيلة.

Indiquer, v. a., montrer, أشار الى - أشر - دلّ على. Indiquez-moi la maison de, دلّونى على بيت فلان.

Indirect, e, adj., qui n'est pas direct, منحرف - بانحراف - انحراف.

Indirect, blâmable, غير مرضى. Des voies indirectes, de mauvais moyens, طريقة عوجا.

Indirectement, adv., تعريضا - منحرفا, opposé à, تصريحا. Il récita ces vers qui s'adressaient indirectement à l'émir, أنشد معرّضاً بالامير.

Indiscernable, adj. com., لا يتميز.

Indisciplinable, adj. com., indocile, لا يتأدب.

Indiscipliné, e, adj., من غير نظام - قليل اطاعة للحكم.

Indiscipline, s. f., manque de discipline, قلّة طاعة للحكم - قلّة نظام.

Indiscret, te, adj., qui n'a pas de discrétion, de prudence, قليل الحساب - ما له ضابطة - كلام بغير محاسبة. Paroles indiscrètes, قليل الحسّ.

Indiscret, qui se mêle de ce qui ne le regarde pas, فضولى.

Indiscret, qui ne garde aucun secret, فاشة - لا يكتم السر - يفشى السر.

Indiscrétion, s. f., manque de prudence, de réserve, فضول - قلّة محاسبة - قلّة ضابطة. Indiscrétion consistant à ne point garder le secret, عدم كتمان السر.

Indiscrètement, adv., بقلّة ضابطة - من غير حساب.

Indispensable, adj. com., ضرورى - لازم.

Indispensablement, adv., من كل - حتمًا - بدّ.

Indisposé, e, adj., légèrement malade, مشوّش - مخستنك.

Indisposé, fâché contre, غضبان على - محسور من.

Indisposer, v. a., fâcher, أغضب على - أغمّ.

Indisposer, mettre dans une disposition moins favorable, غيّر على.

Indisposition, s. f., maladie légère, دعبلة - انحراف المزاج - تشويش.

Indisposition, éloignement pour, disposition peu favorable, غضب على - تغيير خاطر.

Indisputable, adj. com., incontestable, ما فيه كلام.

Indissolubilité, s. f., عدم انفصال - قلّة انحلال.

Indissoluble, adj. com., qui ne peut se dissoudre (au prop.), لا ينحل.

Indissoluble, au fig., لا ينفسخ - لا ينحل. Attachement indissoluble, محبّة لا يعتريها انفصال.

Indissolublement, adv., بلا انفصال - بلا انحلال.

Indistinct, e, adj., غير باين - غير صريح - غير مميّز.

Indistinctement, adv., d'une manière indistincte, من غير بيان. Indistinctement, sans faire de distinction, من غير فرق.

Individu, s. m., فرد; plur., أفراد - شخص; plur., أشخاص - نفر; plur., أنفار.

Individuel, le, adj., de l'individu, نفرى - مخصوص للشخص - مفرد.

Individuellement, adv., بمفرد - نظراً للشخص. Chacun individuellement, كل واحد بمفرده.

Indivis, e, adj., qui n'est pas divisé, غير منقسم. Par indivis, adv., sans division, من غير قسمة.

Indivisibilité, s. f., عدم الانقسام.

Indivisible, adj. com., لا ينقسم.

Indivisiblement, adv., من غير انقسام - من غير انفصال.

Indivision, s. f., عدم الانقسام.

Indocile, adj. com., difficile à gouverner, عاصى - صعب - عنيد - غير طايع.

27.

INDOCILITÉ, s. f., صعوبة - عصيان - عدم طاعة.
INDOLEMMENT, adv., ببلادة.
INDOLENCE, s. f., nonchalance, insensibilité, بلادة - قلّة مروّة - قلّة همّة.
INDOLENT, E, adj., nonchalant, insensible à tout, قليل مروّة - قليل همّة - بلدا ; plur. ; بليد.
*Indolent*, qui n'excite pas de douleur, غير موجع.
INDOMPTABLE, adj. com., au propre et au fig., لا ينطبع. Homme d'un caractère indomptable, رجل لا يلين, لا ينطبع. || Courage indomptable, عزم لا ينفلّ.
INDOMPTÉ, E, adj., qu'on n'a pu dompter, fougueux, sauvage, غير مضبوط - عاصي - شموس - غير منضبط.
INDU, E, adj., contre la raison, l'usage, بغير وقت. A heure indue, ضدّ القانون.
INDUBITABLE, adj. com., ما فيه شكّ - اكيد.
INDUBITABLEMENT, adv., من غير شكّ.
INDUCTION, s. f., conséquence vraisemblable tirée de, استدلال - قياس - نتيجة. Tirer induction de, استدلّ على الشي ب.
*Induction*, énumération des faits particuliers pour en tirer une conséquence générale, استقرا.
INDUIRE, verbe actif, porter, pousser à, حمل على I. Induire en erreur, tromper, غلط. || Ne nous induisez pas en tentation, لا تدخلنا تجاريب.
*Induire*, inférer, tirer une conséquence, استدلّ على الشي ب - استنتج من.
INDULGEMMENT, adv., بمسامحة.
INDULGENCE, s. f., sans plur., facilité à pardonner, à excuser, رخصة - حسن التغاضي - مسامحة - ستر القصور.
*Indulgence*, rémission des péchés par l'Église, غفران.
INDULGENT, E, adj., qui a de l'indulgence, مسامح - اهل سماح. L'amitié est indulgente, الحبّ يستر بذيله القصور.

INDUMENT, adv., ضدّ القانون.
INDUSTRIE, s. f., adresse à savoir faire, travail, كدّ - حرفة - معرفة - شطارة - صناعة.
*Industrie*, commerce, متجر - سبب.
Chevalier d'*industrie*, نصّاب خيّل - محتال.
INDUSTRIEL, LE, adj., produit par l'industrie, شغل اهل الصنايع - كدّي.
*Industriel*, qui vit de son travail, من اهل الصنايع.
INDUSTRIER, v. n., ou S'INDUSTRIER, v. pron., احترف.
INDUSTRIEUX, SE, adj., qui a de l'industrie, de l'adresse, شاطر - حرك. Celui qui n'est pas industrieux ne gagne pas de quoi vivre, من لم يحترف لم يعتلف ; prov.
INÉBRANLABLE, adj. com., لا يتزعزع - ثابت.
INÉBRANLABLEMENT, adv., من غير زعزعة - بثبات.
INÉDIT, E, adj., qui n'a point été publié (écrit), غير مطبوع - غير مشهور.
INEFFABILITÉ, s. f., قلّة امكان وصف.
INEFFABLE, adj. com., qu'on ne peut exprimer par des paroles, لا يوصف - لا يمكن وصفه.
INEFFAÇABLE, adj. com., لا ينمحي.
INEFFICACE, adj. com., sans efficacité, من غير فعل.
INEFFICACITÉ, s. f., manque d'efficacité, قلّة فعل.
INÉGAL, E, adj., qui diffère en quantité, grandeur, etc., ما هو سوا - غير متساوي - مختلف. Des lignes d'inégale longueur, خطوط مختلفة الطول. || Ils sont de rangs inégaux, خطوط غير متساوية في الطول شانهم ما هو سوا.
Terrain *inégal*, qui n'est pas uni, غير مستوي - غير سوي. Homme inégal, d'humeur inégale, رجل لا يدوم على حال, يتقلّب من حال الى حال || Couleur inégale, qui n'est point partout la même, لون كدر. || Style inégal, كلام ملخبط.
INÉGALEMENT, adverbe, d'une manière inégale, من غير استوا.

INÉGALITÉ, s. f., différence, اختلاف - عدم. ‖ Iné- عدم مساواة. ‖ Inégalité de terrain, مساواة. ‖ Inégalité d'humeur, تقلّب الاخلاق. ‖ Inégalité d'une couleur qui est mauvaise, كدورة.

INÉLIGIBLE, adj. com., لا يمكن انتخابه.

INEPTE, adj. com., sans aptitude à, قليل الذهن - عديم المفهومية.

Inepte, absurde, ضدّ العقل - محال.

INEPTIE, s. f., absurdité, sottise, قلّة عقل - شي محال.

INÉPUISABLE, adj. com., لا ينفد - لا يفرغ - لا يفنى. La connaissance de l'homme est un trésor inépuisable, معرفة الانسان كنز لا يفنى; prov.

INERTE, adj. com., sans activité, عديم الحركة.

INERTIE, s. f., inaction, résistance au mouvement, عدم حركة.

INESPÉRÉ, E, adj., غير منتظر.

INESPÉRÉMENT, adv., ضدّ العشم.

INESTIMABLE, adj. com., لا يتقاوم بثمن.

INÉVITABLE, adj. com., que l'on ne peut éviter, لا بدّ منه - لا يُردّ - لا مفرّ منه.

INÉVITABLEMENT, adv., من كل بدّ - من غير مفرّ.

INEXACT, E, adj., sans exactitude, غير مضبوط - غير صحيح.

INEXACTITUDE, s. f., قلّة صحّة - قلّة ضبط.

INEXCUSABLE, adj. com., ما له عذر - غير معذور.

INEXÉCUTABLE, adj. com., عمله غير - لا يصير ممكن.

INEXÉCUTION, s. f., manque d'exécution, قلّة نفاذ - عدم اتمام.

INEXERCÉ, E, adj., qui n'est pas exercé, غشيم.

INEXORABLE, adj. com., qu'on ne peut fléchir, لا يلين - لا يُهدا غضبه.

INEXORABLEMENT, adv., من غير رحمة.

INEXPÉRIENCE, s. f., قلّة خبرة - قلّة تجربة - غشومية.

INEXPÉRIMENTÉ, E, adj., غشيم - قليل الخبرة.

INEXPLICABLE, adj. com., لا يتفسّر - لا يُشرَح.

INEXPRIMABLE, adj. com., يعجز عن وصفه اللسان - لا يوصف.

INEXPUGNABLE, adj. com., حصين - منيع.

INEXPUGNABILITÉ, s. f., مناعة.

INEXTINGUIBILITÉ, s. f., عدم انطفا.

INEXTINGUIBLE, adj. com., qui ne peut être éteint, لا ينطفى - لا يطفى. Soif inextinguible, عطش لا يندفع, لا ينقطع.

INEXTRICABLE, adj. com., لا ينكشف.

INFAILLIBILITÉ, s. f., عصمة عن الخطا - اعتصام.

INFAILLIBLE, adj. com., certain, مأكد, Infaillible, qui ne peut errer, معصوم عن الخطا - معصوم.

INFAILLIBLEMENT, adverbe, indubitablement, من المعلوم - من كل بد.

INFAISABLE, adj., لا يمكن - ما يصير.

INFAMANT, E, adj., qui déshonore, فاضح - مقرّ.

INFÂME, adj. com., flétri par la loi, l'opinion, مجرّس - مهتوك.

Infâme, honteux, indigne, فاحش - قبيح.

Lieu infâme, de prostitution, موضع فسق.

INFAMIE, s. f., flétrissure imprimée par l'opinion ou la loi, هتيكة - فضيحة - عار - شي.

Infamie, action infâme, عار - عزارة - شي فاحش, قبيح.

Infamies, paroles injurieuses, كلام فاحش, سفيه - جرسة.

INFANTERIE, subst. fém., fantassins, عساكر مشاة.

INFANTICIDE, subst. m., meurtrier d'un enfant, قاتل طفل.

Infanticide, meurtre d'un enfant, قتل طفل.

INFATIGABLE, adj. com., لا يسكّل ولا يملّ - لا يتعب.

INFATIGABLEMENT, adv., من غير كلال.

INFATUATION, s. f., prévention ridicule et excessive en faveur de, تعظيم من غير اصل - انبلاش ب.

INFATUER, v. a., prévenir excessivement en faveur de ce qui ne le mérite pas, ب بلشه .I - عظّم الشى بالكذب فى عينه.

*S'infatuer*, v. pr., s'entêter de, ب انبلش - I. صار يعظم الشى بغير اصل مفتخر بنسبه.

INFÉCOND, E, adj., غير مثمر - قليل الاثمار.

INFÉCONDITÉ, s. f., stérilité, عدم الاثمار.

INFECT, E, adj., puant, منتن - نتن.

INFECTER, v. a., empuantir, انتن.

*Infecter*, corrompre par contagion, اعدى الناس Infecter .I سرى, عدى المرض الى الناس - من l'air, افسد الهوا.

*Infecter*, corrompre les mœurs, خسّر.

INFECTION, s. f., puanteur, نتانة.

*Infection*, corruption, انفساد - عفونة.

INFÉRER, v. a., tirer une conséquence de, انتج .I استدل بالشى على - استنتج من - من.

INFÉRIEUR, E, adj., placé au-dessous, اسفل - سفلى.

*Inférieur*, au-dessous, moindre, ادنى - دون - اقلّ عددا .I. Inférieur en nombre, اقلّ - اوطى ‖ Inférieur en mérite, اقل منه علما - ماهو قلّ فى العلم.

INFÉRIEUREMENT, adv., au-dessous, دون.

INFÉRIORITÉ, s. f., rang de l'inférieur, دناوة - كون احد دون غيره فى المقام او اقلّ منه علمًا و نحو ذلك.

INFERNAL, E, adj., d'enfer, جهنمى.

INFERTILE, adj. com., stérile, غير خصب.

INFERTILITÉ, s. f., stérilité, قلة خصب.

INFESTER, v. a., piller, ravager par des incursions, A. نهب - I. غار على.

*Infester*, incommoder, tourmenter, I. اسى على - اذى.

INFIDÉLITÉ, s. f., déloyauté, trahison, خيانة.

*Infidélité*, état de ceux qui n'ont pas la vraie foi, كفر.

INFIDÈLE, adj. com., déloyal, qui ne garde pas la foi, خاين ; plur., خاينين. قليل الوفا.

*Infidèle*, qui n'a pas la vraie foi, كافر; plur., كفّار, كافرين.

*Infidèle*, inexact, غير مضبوط.

INFIDÈLEMENT, adv., بخيانة - من غير ضبط.

INFILTRATION, s. f., رشّح.

INFILTRER (s'), v. pr., passer comme par un filtre, A. قطع الماء فى - O. دخل فى A. رشح.

INFIME, adj., اسفل - ادنى.

INFINI, E, adj., qui n'a point de bornes, ما له حدّ - غير متناهى.

*Infini*, qui n'a ni commencement ni fin, لا له اول و لا اخر.

*Infini*, sans fin, ما له نهاية.

*Infini*, innombrable, لا يُعدّ - لا يُحصى.

A l'*infini*, adv., sans fin, من غير نهاية.

INFINIMENT, adv., extrêmement, كثير جدّا - للغاية.

INFINITÉ, s. f., qualité de ce qui est infini, عدم التحديد.

*Infinité*, grand nombre, عدّة كثيرة - عدة لا تحصى.

INFINITIF, s. m., t. de gramm., مصدر; pl., مصادر.

INFIRMATIF, IVE, adj., qui rend nul, مبطل.

INFIRME, adj. com., d'une faible constitution, valétudinaire, سقيم - عليل - عاجز. Les infirmes, اهل العاهات.

INFIRMER, v. a., invalider, ابطل.

INFIRMERIE, s. f., lieu destiné aux malades, محلّ المرضى.

INFIRMIER, ÈRE, s., ناظر المرضى.

INFIRMITÉ, s. f., mal habituel, علّة - عاهة; plur., علل.

*Infirmité*, au fig., faiblesse, ضعف.

*Infirmité*, imperfection, نقص.

INFLAMMABILITÉ, s. f., التهاب.

INFLAMMABLE, adj. com., qui s'enflamme aisément, ملتهب.

INFLAMMATION, s. f., action qui enflamme un combustible, الْتِهَاب - اِحْتِرَاق.

Inflammation, ardeur aux parties échauffées du corps, الْتِهَاب - حَرَارَة - نَارِيَّة.

INFLAMMATOIRE, adj. com., qui cause l'inflammation, الْتِهَابِي - حَارّ - نَارِي. Tumeur inflammatoire, وَرَم حَارّ - وَرَم الْتِهَابِي.

INFLEXIBILITÉ, s. f., caractère de l'être inflexible, تَجَبُّر - صُعُوبَة - قَسَاوَة.

INFLEXIBLE, adj. com., qui ne cède à aucune compression, لَا يَلِين.

Inflexible, au fig., qui ne se laisse point émouvoir, fléchir, لَا يَلِين - جَبَّار. Constance inflexible, عَزْم ثَابِت شَدِيد.

INFLEXION, s. f., passage d'un ton de voix à un autre, نَهْزَة صَوْت.

Inflexion, déclinaison, conjugaison, تَصْرِيف تَغْيِير آخر الْكَلِمَة.

INFLICTIF, IVE, adj., qui est ou doit être infligé, حُكْمِي.

INFLICTION, s. f., condamnation à une peine, حُكُومَة بِقِصَاص.

INFLIGER, v. a., imposer une peine, un châtiment, قَاصَص ب - O. - حَكَمْ بِقِصَاص عَلَى أَحَد.

INFLUENCE, s. f., action supposée des astres sur les corps terrestres; action d'une cause qui aide à produire un effet, سُلْطَان - حُكْم - أَثَر - تَأْثِير - سُلْطَة.

INFLUENCER, verbe a., exercer une influence, A. عَمِل فِيه.

INFLUER, v. n, agir par une vertu secrète, faire impression sur, أَثَّر في.

IN-FOLIO, s. m., livre à feuilles pliées en deux feuillets, كِتَاب فِي الْفَرْخ.

INFORMATION, s. f., t. de pratique, فَحْص دَعْوَى.

Information, action de s'informer, اِسْتِفْهَام - اِسْتِخْبَار.

Informations, recherches pour découvrir la vérité, تَفْتِيش - فَحْص - بَحْث. Prendre des informations sur la matière d'un procès, sur les mœurs des parties, فَحَص ؛ بَحَث عَن كَيْفِيَّة الدَّعْوَى وَ عَوَايِد الْأَخْصَام.

INFORME, adj. com., لَيْسَ لَهُ صُورَة.

INFORMÉ, s. m., terme de pratique, information, بَحْث - اِسْتِقْصَا.

INFORMER, v. a., avertir, instruire, أَخْبَر - عَنْك خَبَر، عَلَّم ب - أَعْلَم ب - خَبَّر ب. Bien informé, وَاقِف عَلَى جَلِيَّة الْخَبَر. ǁ Je ne suis pas informé de cela, مَا عِنْدِي خَبَر بِذَلِك.

Informer, v. n., t. de prat., faire une information, une enquête, A. فَحَص، بَحَث عَن الشَّي.

S'informer, v. pr., s'enquérir de, اِسْتَفْهَم الشَّي - اِسْتَفْهَم عَن شَي. S'informer à quelqu'un de quelque chose, اِسْتَخْبَر مِن أَحَد عَن شَي - A. سَأَل أَحَدًا عَن شَي.

INFORTUNE, s. f., malheur, désastre, دَاهِيَة؛ plur., دَوَاهِي؛ مُصِيبَة؛ plur., مَصَايِب.

Infortune, adversité, شِدَّة. Infortune, mauvais sort, نَحُوسَة - شَآمَة.

INFORTUNÉ, E, adj., malheureux, قَلِيل الْبَخْت - طَالِعَه نَحْس.

INFRACTEUR, s. m., transgresseur, نَاكِث الْعَهْد - مُتَعَدِّي الشَّرَايِع.

INFRACTION, s. f., transgression, نَكْث الْعَهْد - تَعَدِّيَة الشَّرَايِع.

INFRUCTUEUSEMENT, adv., بِلَا - مِنْ غَيْر ثَمَرَة - مَنْفَعَة.

INFRUCTUEUX, SE, adj., qui ne rapporte point de fruit, de profit, غَيْر مُثْمِر - غَيْر مُفِيد - غَيْر نَافِع. Sa peine a été infructueuse, تَعِب بِلَا فَايِدَة - رَاحْ تَعَبُه سُدًى.

INFUS, E, adj., donné par la nature, طَبِيعِي - وَهْبِي. La science infuse, الْعِلْم الْوَهْبِي.

INFUSER, v. a., faire tremper, macérer dans un liquide, نَقَع A. - نَقَّع.

INFUSION, s f., liqueur dans laquelle certaines

substances ont séjourné, نقوع - نقيع.
Infusion, au fig., manière dont les facultés surnaturelles sont infusées dans l'âme, الهام - لهبة.
INGAMBE, adj. com. fam., dispos, alerte, مخلص - نشط.
S'INGÉNIER, v. pr., chercher dans son esprit des moyens de succès, احترف - تحايل لنفسه.
INGÉNIEUR, s. m., مهندس; plur., مهندسين.
INGÉNIEUSEMENT, adv., avec esprit, ببدع.
INGÉNIEUX, SE, adj., qui annonce du génie, بديع.
Ingénieux, plein d'esprit, d'invention, ماهر.
INGÉNU, E, adj., naïf, simple, ساذج; plur., بسيط - سذج.
INGÉNUITÉ, s. f., franchise, naïveté, سذاجة - هوج.
INGÉNUMENT, adv., بسذاجة.
S'INGÉRER, v. pr., se mêler de, اندحش.
INGRAT, E, adj., qui ne reconnaît pas les bienfaits, ناكر المعروف - ناكر الاحسان.
Ingrat, au fig., stérile, خسيس.
INGRATITUDE, s. f., manque de reconnaissance, نكران المعروف. L'ingratitude dégrade l'homme, من لم يعرف الاحسان ما هو انسان.
INGRÉDIENT, s. m., ce qui entre dans un mélange, جزء; plur., اجزا.
INGUÉRISSABLE, adj. com., لا دوا له.
INGUINAL, E, adj., de l'aine, يخص الارنمة.
INHABILE, adj. com., incapable, غير ماهر - غير كفو - غشيم - غير شاطر.
INHABILETÉ, s. f., manque d'habileté, عدم كفاية - قلة شطارة.
INHABITABLE, adj. com., لا يسكن.
INHABITÉ, E, adj., غير مسكون.
INHÉRENCE, s. f., jonction, لزوم - اتحاد ب - التحام.
INHÉRENT, E, adj., joint inséparablement à, لازم - متحد ب - ملتحم.

INHIBER, v. a., défendre, حرج على.
INHIBITION, s. f., défense, نهى - تحريج.
INHOSPITALIER, ÈRE, adj., qui n'aime pas à donner l'hospitalité, لا ياوى الغريب - لا يكرم الضيف. Pays inhospitalier, بلاد ليس فيها ماوى للغريب.
INHOSPITALITÉ, s. f., قلة ماوية الغريب - عدم ايوا الغريب.
INHUMAIN, E, adj., cruel, ما له رحمة - قاسى - ما له انسانية.
INHUMAINEMENT, adv., بقساوة - قاسيًا.
INHUMANITÉ, s. f., cruauté, قساوة.
INHUMATION, s. f., enterrement, دفنة.
INHUMER, v. a., enterrer, دفن O.
INIMAGINABLE, adj. com., لا يتصور.
INIMITABLE, adj. com., لا يتقلد.
INIMITIÉ, s. f., haine, عداوة - بغضة.
ININTELLIGIBILITÉ, s. f., عدم مفهومية.
ININTELLIGIBLE, adj. com., لا ينفهم - لا يفهم.
INIQUE, adj. com., injuste (personne), اثيم - ظلم. Chose inique, قليل العدل - ظالم.
INIQUEMENT, adv., بظلم - باثم.
INIQUITÉ, s. f., injustice, قلة عدل - ظلم - اثم.
Iniquité, corruption de mœurs, péché, اثم; plur., اثام.
INITIAL, E, adj., qui commence, اول. Lettre initiale, اول حرف الكلمة.
INITIATION, s. f., دخول فى الاسرار.
INITIATIVE, s. f., مبادأة. Prendre l'initiative à l'égard de quelqu'un, بادى احد ب - فتح معه باب كلام A.
INITIÉ, E, adj., داخل فى السر.
INITIER, v. a., admettre aux cérémonies secrètes, etc., ادخل فى الاسرار.
INJECTER, v. a., introduire une liqueur avec une seringue ou la bouche dans une plaie, dans les veines, ادخل فى O. - بج O. - بل ب O.
INJECTION, s. f., بجة.
INJONCTION, s. f., commandement, امر; pl., اوامر.

INJURE, s. f., insulte de paroles, شتم - شتيمة - مسبّة سبّة. Injure, insulte de parole ou de fait, بهدلة. ‖ Pardonner à quelqu'un les injures qu'on en a reçues, سامحه بما عمل من النقص فى حقه. ‖ Faire injure à quelqu'un, lui faire tort, ظلمه. ‖ Les injures du temps, افعال الزمن.

INJURIER, v. a., dire des injures, شتم - O. سبّ O.

INJURIEUSEMENT, adv., ببهدلة - بمسبّة.

INJURIEUX, SE, adj., outrageant, عيب - نقصان للعرض - نقص فى حق.

INJUSTE, adj. com., contraire à la justice, ظلم. Qui n'a pas de justice, ظالم - قليل الانصاف. ‖ Je n'ai point été injuste à votre égard, ما ظلمتك.

INJUSTEMENT, adv., ظلمًا.

INJUSTICE, s. f., manque de justice, violation du droit d'autrui, ظلم ; plur., مظالم - جَوْر - ظلمة.

INLISIBLE, adj. com., qu'on ne peut lire, لا ينقرى.

INNÉ, E, adj., né avec nous, طبيعى - غريزى.

INNOCEMMENT, adv., sans dessein de faire du mal, sans fraude ni tromperie, من غير قصد شر - على نيّة - بسلامة قلب.

INNOCENCE, s. f., état de l'accusé innocent, تبرية - كون المتهم بريًا. Innocence, candeur, simplicité, سداجة - سلامة قلب. Innocence, état de celui qui est exempt de fautes, نقا الضمير - طهارة. Innocence baptismale, العصمة الميلادية.

INNOCENT, E, adj., exempt de crime, برى ; pl., ابريا. Innocent, candide, simple, ساذج - على نيّته - سليم القلب. Chose innocente, شى ما فيه باس. Fête des Innocents, عيد قتل الاطفال.

INNOMBRABLE, adj., لا يُحصى - لا يُعَدّ.

INNOMBRABLEMENT, adv., من غير عدد.

INNOMMÉ et INNOMINÉ, E, adj., sans nom, ما له اسم.

INNOVATION, s. f., chose innovée, بدعة - حادثة.

INNOVER, v. a., اخترع - احدث - ابدع.

INOBSERVATION, s. f., manque d'obéissance aux lois, etc., قلة حفظ الشرايع.

INOCCUPÉ, adj., بلا شغل.

INOCULATEUR, s. m., مطعّم الجدري.

INOCULATION, s. f., communication artificielle de la petite vérole, تلقيح الجدري - تطعيم الجدري.

INOCULER, v. a., communiquer la petite vérole par inoculation, لقّح - طعّم الجدري.

INODORE, adj. com., sans odeur, لا رايحة له.

INONDATION, s. f., فيض الماء - غرق الاراضى. Inondation, au fig., grande multitude, كثرة.

INONDER, v. a., submerger par débordement, couvrir d'eau, غطى الماء الارض - غرّق الما الاراضى. Inonder, au fig., envahir, ملأ A.

INOPINÉ, E, adj., imprévu, غير مظنون - ما كان فى حساب.

INOPINÉMENT, adv., على غفلة - من غير ظن.

INOUÏ, E, adj., ما سمع احد بمثله - ما انسمع.

INQUIET, ÈTE, adj., qui a de l'agitation, du trouble, قلق - مضطرب الخاطر - مشغول الفكر - بالى عندك. J'étais inquiet de vous, قلقان. ‖ Je suis très-inquiet de vous et de mon frère, كل قلبى و فكرى نحوك و نحو اخى. ‖ Nous n'avons pas cessé d'être inquiets de vous, لم نزل نهدس فيك. ‖ N'en soyez pas inquiet, لا يكون لك فكرة. ‖ Il a passé une nuit inquiète, قلق فى الليل. Inquiet, remuant, inconstant, طايش.

INQUIÉTANT, E, adj., يشغل الفكر.

INQUIÉTER, v. a., rendre inquiet, شغل الفكر A. Inquiéter, troubler dans la possession, faire de la peine, زعج - نكّد على A. S'inquiéter, v. pron., قلق - اضطرب A. S'inquiéter de, اشتغل فكره - نكّد على نفسه.

O. ‖ Ne vous inquiétez de – I. هدس فيه. هكل هيّه, rien, لا تهكل هم.

INQUIÉTUDE, s. f., agitation de l'âme, بلبال - هادس - اضطراب - هموم, plur.; هم - قلق. N'ayez point d'inquiétude, اشغال الفكر - وسواس - شغل البال ‖ لا يكون لك فكرة - لا تفتكر. Être sans inquiétude, اطمأن.

Inquiétude, impatience, inconstance, قلق - طيش العقل.

INQUISITEUR, s. m., قاضي - مفتّش; plur., فضاة.

INQUISITION, s. f., tribunal qui recherche et punit ceux qui ont des sentiments contraires à la foi, محكمة التفتيش و القصاص في امور الدين.

INSAISISSABLE, adj. com., لا يضبط.
INSALUBRE, adj. com., malsain, مضرّ - مؤذي.
INSALUBRITÉ, s. f., اذاء.
INSATIABILITÉ, s. f., قلّة الشبع.
INSATIABLE, adj. com., qu'on ne peut rassasier, لا يشبع - لا يقنع.
INSATIABLEMENT, adv., من غير شبع.
INSCIEMMENT, adv., sans savoir, من غير علم.
INSCRIPTION, s. f., mots, etc., gravés sur, كتابة.

Inscription, action d'écrire sur un registre, تقييد - كتابة.

INSCRIRE, v. a., mettre sur un registre, كتب O. قيّد في دفتر.

S'inscrire, كتب اسمه O.
INSCRUTABLE, adj., لا يفحص.
A L'INSÇU. Voy. INSU.
INSECTE, s. m., petit animal, دويبة; plur., حشرات الارض - دويبات.
INSENSÉ, E, adj., fou, مصاب - مجنون.
Insensé, contraire à la raison, ضدّ العقل.
INSENSIBILITÉ, s. f., عدم الحاسّية.
INSENSIBLE, adj. com., qui ne sent point, عديم الحسّ.

Insensible, qui n'est point ému de compassion عديم الشفقة - عديم الرحمة. Insensible aux reproches, لا يؤثر فيه التعزير.

Insensible, imperceptible, لا يُحسّ.
INSENSIBLEMENT, adv., peu à peu, قليلاً قليلاً.
INSÉPARABLE, adj. com., qu'on ne peut séparer, لا ينفرق.
INSÉPARABLEMENT, adv., من غير انفراق.
INSÉRER, v. a., mettre dans, ادخل في - حشى في.
INSERTION, s. f., إدخال. Insertion d'une lettre dans une autre par un techdid, إدغام, terme de grammaire.

INSIDIEUSEMENT, adv., بخداع.
INSIDIEUX, SE, adj., qui cherche à surprendre, مخادع.
Insidieux, qui tend à tromper (chose), خداعي.
INSIGNE, adj. com., remarquable, عظيم - مشتهر.
INSIGNIFIANCE, s. f., qualité de ce qui est insignifiant, عدم معنى.
INSIGNIFIANT, E, adj., insipide, qui ne signifie rien, بلا طلاوة - بلا طعمة - ما له معنى.
INSINUANT, E, adj., qui a l'adresse de s'insinuer, رفيع. Paroles insinuantes, كلام يحصّل المحبّة.
INSINUATIF, IVE, adj., propre à insinuer, يدخل.
INSINUATION, s. f., ce qu'on dit pour capter la bienveillance, كلام لتحصيل محبّة السامع. Insinuation, chose que l'on veut insinuer, faire entendre à l'auditeur, كلام يراد تأثيره في عقل السامع.
INSINUER, v. a., introduire adroitement, حشى A. دسّ - ادخل - دخل بلطافة O.
Insinuer, au fig., faire entendre doucement, فهّم الشي.
Insinuer, faire entrer dans l'esprit, دخّل في عقله.
S'insinuer, v. pr., دخل في O. S'insinuer indiscrètement partout, حشر حاله في كل شي O. ‖ S'insinuer dans l'esprit de quelqu'un, ملك عقله

# INS        INS    427

O. ‖ S'insinuer dans ses bonnes grâces, دخل تحت راسه A. سعى فى تحصيل محبته - I. ملك قلبه.

INSIPIDE, adj. com., sans saveur, ما له طعم.

*Insipide* (personne, discours), بلا طعمة - بارد.

INSIPIDEMENT, adv., من غير طعم.

INSIPIDITÉ, s. f., قلة طعم.

INSISTER, v. n., faire instance, appuyer fortement sur, الح عليه بالطلب - I. لج فى.

INSOCIABILITÉ, s. f., قلة انس.

INSOCIABLE, adj. com., avec qui l'on ne peut vivre, لا يتعاشر - وحشى.

INSOLATION, s. f., exposition au soleil, تشميس.

INSOLEMMENT, adv., بسفاهة - بفرعنة.

INSOLENCE, s. f., effronterie, manque de respect, وقاحة - سفاهة - فرعنة. Dire des insolences à quelqu'un, تراذل معه فى الكلام - سفه معه.

INSOLENT, E, adj., effronté, qui perd le respect, سفيها ; plur., سفهاء - وقاح , plur. وقح ; مفرعن.

*Insolent*, orgueilleux, متجبر - متكبر.

INSOLITE, adj. com., contre l'usage, ضد العوايد.

INSOLUBILITÉ, s. f., قلة انحلال.

INSOLUBLE, adj. com., qui ne peut se résoudre, se dissoudre, لا ينحل.

INSOLVABILITÉ, s. f., عسر - افلاس.

INSOLVABLE, adj. com., qui n'a pas de quoi payer, معسر - مفلس.

INSOMNIE, s. f., privation du sommeil, قلة نوم - سهاد.

INSOUCIANCE, s. f., خلو البال - تهامل.

INSOUCIANT, E, adj., qui ne se soucie, ne s'affecte de rien, ما على باله من شى - خلى البال - متهامل.

INSOUMIS, E, adj., غير طايع.

INSOUTENABLE, adj. com., qu'on ne peut soutenir, لا يتحامى عنه.

*Insoutenable*, qui ne peut se supporter, لا يطاق.

INSPECTER, v. a., examiner comme inspecteur, I. كشف على.

INSPECTEUR, s. m., qui a inspection sur, ناظر ; pl. نظار. Inspecteur de marchandises aux douanes, ديدبان - كشاف.

INSPECTION, s. f., action de regarder, d'examiner, كشف - نظارة - نظر.

INSPIRATION, s. f., suggestion, conseil, وسوسة. ‖ Inspiration, الهام ربانى. Inspiration céleste, شور ‖ وحى - الهام - لهمة, chose inspirée (par le ciel), Inspiration du démon, اغوا الشيطان.

*Inspiration*, aspiration de l'air, شم الهوا - اخذ النفس.

INSPIRER, v. a., faire entrer (de l'air) dans les poumons, نفخ فى - شم هوا O.

*Inspirer*, au fig., faire naître une pensée (en parlant de Dieu), اوحى اليه الشى - الهمه الشى. Paroles inspirées par Dieu, كلام موحى به من الله ‖. Être inspiré, التهم بالهام ربانى. ‖ C'est le démon qui lui a inspiré cela, اغواه الى ذلك الشيطان.

*Inspirer*, faire naître dans l'esprit ou le cœur, I. جاب, احدث فى عقله. Inspirer la crainte de, امال القلب اليه. ‖ Inspirer de l'amitié, خوفه من.

INSTABILITÉ, s. f., عدم قرار - قلة ثبات.

INSTABLE, adj. com., ما له قرار - غير ثابت.

INSTALLATION, s. f., action de s'installer, استقرار.

*Installation*, mise en possession d'une charge, تجليس فى منصب.

INSTALLER, v. a., mettre en possession d'un office, جلس فى منصب.

*S'installer*, v. pr., (dans une maison), استقر فى - تابد فى.

INSTAMMENT, adv., avec instance, بلجاجة. Je vous prie instamment de, ارجاك رجا كلى ان.

INSTANCE, s. f., sollicitation pressante, رجا كلى - ابرام - الحاح - لجاجة كلية. Faire des instances à quelqu'un, le presser de, I. لزة فى - الح عليه ب.

*Instance*, poursuite en justice, طلب شرعى.

INSTANT, E, adj., pressant, موزم. Prière instante, رجا كلى. ‖ Besoin instant, حاجة كلية. Péril instant, خطر حاضر.

INSTANT, s. m., moment, آن - ساعة - درجة.
En un instant, فى لحظة واحدة. ‖ A chaque instant, كل ساعة. ‖ J'attends d'un instant à l'autre des lettres de vous, منتظرين ساعة بساعة وصول مشرفاتكم. ‖ A l'instant, à l'heure même, فى الساعة. ‖ Il sortit à l'instant, خرج من وقته. ‖ Il était ici à l'instant, خرج من ساعته. ‖ Je vais vous le donner à l'instant, توا كان هون. ‖ A l'instant où, شوية الاخرى اعطيك اياه عند ما.

INSTANTANÉ, E, adj., qui ne dure qu'un instant, qui est produit à l'instant même, ابن ساعته.

INSTANTANÉITÉ, s. f., existence instantanée, فوات.

A L'INSTAR, adv., de même que, مثل.

INSTIGATEUR, TRICE, s., محرّك الى الشرّ - ; plur., طغاة - داعى الى الشرّ.

INSTIGATION, s. f., sollicitation à faire le mal, حثّ, تحريك الى الشرّ اغوا.

INSTINCT, s. m., sentiment, mouvement naturel qui dirige les animaux dans leur conduite, leur affection, etc., ميل طبيعى - طبع. Par pur instinct, بمجرّد الطبع.

Instinct, mouvement indélibéré de l'homme, sentiment irréfléchi, انبعاث الطبع.

Instinct, conscience du bien et du mal, تمييز.

INSTINCTIF, IVE, adj., طبيعى.

INSTINCTIVEMENT, adv., par instinct, بالطبع - بميل طبيعى - بمجرّد الطبع.

INSTITUER, v. a., établir quelque chose de nouveau, رتّب - A. جعل - اقام - يضع, aor., وضع; O. سنّ.

Instituer, établir en fonction, en charge, A. جعل.

Instituer héritier, جعل وارثًا - اقام وارثًا.

INSTITUT, s. m., manière de vivre sous une règle, cette règle, قانون; plur., قوانين.

Institut, corps de savants, d'artistes choisis, Institut de France, ديوان علما فرانسا. ديوان علما.

INSTITUTEUR, TRICE, s., qui établit, مرتّب - واضع.

Instituteur, celui qui donne les premières instructions à un enfant, معلّم. Instituteur, maître de pension, معلّم كُتّاب.

INSTITUTION, s. f., action d'instituer, chose instituée, ترتيب - وضع - نظام; plur., نظامات.

INSTRUCTEUR, s. m., qui montre l'exercice, معلّم تعليم - تعليمجى - مدرّب.

Instructeur, juge qui instruit un procès, قاضى موكل بكتابة دعوة.

INSTRUCTIF, IVE, adj., propre à instruire, مفيد - مفيد للتعليم.

INSTRUCTION, s. f., éducation, تعليم. Instruction, préceptes, تعليم; pl., تعاليم. ‖ Des instructions morales, تعاليم ادبيّة.

Instruction, connaissances données ou acquises de faits, etc., science, علم - افادة.

Instructions, au plur., ordres donnés à un envoyé, اوامر.

Instruction, dans un procès, tout ce qui précède le jugement, بحث دعوى قبل الحكم.

INSTRUIRE, v. a., enseigner, donner des leçons, علّم. Instruire, donner des connaissances utiles, افاد. ‖ Instruire, donner des préceptes pour les mœurs, ادّب.

Instruire, informer, donner connaissance de, عرّف ب - خبّر, اخبر ب - اعلم ب.

Instruire, mettre un procès en état d'être jugé, O. كتب دعوة.

S'instruire, v. réf., تعلّم. Chercher, aimer à s'instruire, A. رغب فى العلم.

INSTRUIT, E, adj., savant, عالم - صاحب معارف.

INSTRUMENT, s. m., آلة; plur., آلات.

Instrument, au fig., moyen, personne, chose qui sert à une fin, واسطة.

INSTRUMENTAL, E, adj., آلاتى.

INSTRUMENTER, v. n., faire des actes, des procès-verbaux, etc., O. كتب حجّة او صورة دعوة او غير ذلك.

A L'INSU, adv., من غير معرفة - من غير علم.

INSUBMERGIBLE, adj. com., لا يغرق.

INSUBORDINATION, s. f., عصيان - مخالفة - قلّة طاعة.

INSUBORDONNÉ, E, adj., عاصي - مخالف الاوامير - غير طايع.

INSUCCÈS, s. m., عدم نجاح - خيبة.

INSUFFISAMMENT, adv., من غير كفاية.

INSUFFISANCE, s. f., عدم كفاية - عدم كفاءة. A cause de mon insuffisance, لاجل قلّة بضاعتي و عدم استطاعتي.

INSUFFISANT, E, adj., غير كافي.

INSULAIRE, adj. com., من اهل جزيرة.

INSULTANT, E, adj., مهين.

INSULTE, s. f., mauvais traitement de fait ou de parole avec dessein d'offenser, بهدلة - اهانة - نقص في حقّ - جرسة. Hors d'insulte, à l'abri d'une surprise, في أمان.

INSULTER, v. a., faire insulte, I. قل عدل على - I. بغى على.

*Insulter*, attaquer ouvertement, vivement, حاصر - O. هجم على.

*Insulter* à, manquer à ce qu'on doit à, خالف. Insulter à la raison, نقص في حقّه العقل.

INSUPPORTABLE, adj. com., intolérable, لا يطاق - ما ينهضم. Il est insupportable, ما ينطاق.

INSURGÉS, s. m. pl., ceux qui s'élèvent contre une autorité, عصاة - خوارج.

S'INSURGER, v. pron., se soulever, I. عصى على - O. قام على.

INSURMONTABLE, adj. com., لا يكن الظفر به - لا يُغالب.

INSURRECTION, s. f., soulèvement d'un peuple contre un gouvernement, قومة شعب على حكم.

INSURRECTIONNEL, LE, adj., يخصّ قومة الشعب - قومي.

INTACT, E, adj., entier, pur, صحيح. Son honneur est resté intact, وحرمته باقية عليه. Sa réputation est intacte, ما انثلم صيته. ‖ Homme intact, رجل ما عليه كلام.

INTARISSABLE, adj. com., qui ne peut tarir, لا ينزح.

INTÉGRAL, E, partie finie, كامل.

INTÉGRANT, E, adj., qui contribue à l'intégrité, مكمّل.

INTÈGRE, adj. com., d'une probité incorruptible, صالح - مستقيم - عادل.

INTÉGRITÉ, s. f., probité, vertu incorruptible, استقامة - صلاح.

*Intégrité*, état d'un tout complet, d'une chose saine, صحّة - كمال.

INTÉGUMENT, s. m., غشاء; plur., اغشية.

INTELLECT, s. m., entendement, تفهّم.

INTELLECTIF, IVE, adj., تفهّمي.

INTELLECTUEL, LE, adj., qui est de l'entendement, spirituel, عقلي - فهمي.

INTELLIGENCE, s. f., faculté intellective, عقل; plur., افهام; فهم - ذهن - عقول.

*Intelligence*, connaissance approfondie, compréhension nette et facile, معرفة - فهم. Pour l'intelligence des termes obscurs, لضبط خفي الالفاظ.

*Intelligence*, bonne intelligence, accord, amitié, انفاق - محبّة.

*Intelligence*, substance spirituelle, روح. Les intelligences célestes, les anges, الملائكة.

*Intelligence*, communication entre personnes qui s'entendent, correspondance, مكاتبة - انفاق. Ils sont d'intelligence pour vous tromper, هم متفقين حتى يغشّوك. ‖ Avoir des intelligences avec les ennemis, بينه وبين الاعدا مكاتبة. ‖ Il a des intelligences dans la ville, له جواسيس في المدينة - هو متفق مع ناس من اهل المدينة.

INTELLIGENT, E, adj., capable de raisonner, d'entendre, عاقل - فهيم.

Intelligent, habile, نبيه - خبير ب. Intelligent en affaires, قصّا شغل.

INTELLIGIBLE, adj. com., ينفهم - مفهوم. A haute et intelligible voix, بصوت جهر عالى.

INTELLIGIBLEMENT, adv., واضحاً - صريحاً.

INTEMPÉRANCE, s. f., vice opposé à la tempérance, قلة عفاف. Intempérance de langue, طولة لسان.

Intempérance, excès, افراط - فرط.

INTEMPÉRANT, E, adj., منهمك فى اللذات - شبق.

INTEMPÉRÉ, E, adj., déréglé, معكوس - مفرط.

INTEMPÉRIE, s. f., déréglement de l'air, des saisons, شدة البرد او الحرّ او الارياح - انقلاب الهوا - قلة اعتدال الهوا.

INTEMPESTIF, IVE, adj., qui n'est pas à propos, فى غير وقته.

INTENDANCE, s. f., direction d'affaires; fonction d'intendant, امانة - نظارة - مباشرة.

INTENDANT, E, s., préposé à la direction de certaines affaires, مباشر - كواخى; plur., كخبة; امين; plur., امنا. Intendant des douanes, امين الكمرك.

INTENSE, adj. com., grand, fort, شديد بالغ.

INTENSION, s. f., force, véhémence, شدّة.

INTENSITÉ, s. f., force, activité, شدّة - مبالغة.

INTENTER, v. a., commencer une action, un procès contre, ادّعى عليه - فتح دعوى على.

INTENTION, s. f., dessein, نية - قصد. Qu'avez-vous intention de faire? ايش فى نيتك تعمل. || A quelle intention? ايش فى خاطرك تعمل - باى نية. || Quelle était votre intention en parlant ainsi? وايش كان غاية مرادك من هذا الكلام. || Les actions se jugent d'après les intentions, الاعمال بالنيات prov. || Bonne intention, نية خير. || Mauvaise intention, نية شرّ - نية ردية.

Faire une chose à l'intention de quelqu'un, à sa considération ou pour lui, عمل الشى لاجل فلان من شانه, على نيته.

INTENTIONNÉ, E, adj., qui a une intention, قاصد. Mal intentionné, قاصد الردى. || Bien intentionné, قاصد خير.

INTENTIONNEL, LE, adj., de l'intention, قصدى.

INTERCALAIRE, adj. com., inséré dans, ajouté à, مضاف.

INTERCALATION, s. f., addition d'un jour à février des années bissextiles, اضافة يوم فى شهر اشباط. Voyez EMBOLISME.

INTERCALER, v. a., insérer, ajouter, اضاف الى - ادخل فى.

INTERCÉDER, v. n., prier pour, شفع فيه - نشفع فيه.

INTERCEPTER, v. a., arrêter par surprise, قطع A. - قبض I. - حاش O. Intercepter une lettre, حاش مكتوب. || Intercepter la lumière, حجب النور A. - منع النور A.

INTERCEPTION, s. f., منع - حجز.

INTERCESSEUR, s. m., شفيع; plur., شفعا.

INTERCESSION, s. f., prière pour intercéder, نشفع - شفعة - شفاعة.

INTERCOSTAL, E, adj., qui est entre les côtes, بين الضلوع.

INTERCUTANÉ, E, adj., entre la chair et la peau, بين اللحم الجلد.

INTERDICTION, s. f., suspension des fonctions, منع. Interdiction, défense de disposer de ses biens, منع شرعى عن التصرف فى ماله.

INTERDIRE, v. a., défendre quelque chose à quelqu'un, منع احدا عن شى A. - حرم الشى I. Interdire un officier, lui défendre d'exercer sa charge, منعه عن الاشتغال بخدمته. || Interdire au public l'entrée d'un lieu, حجر على موضع O. || Interdire un homme, lui défendre par justice de disposer de ses biens, منع احدا بوجه شرعى عن التصرف فى ماله.

*Interdire*, déconcerter, troubler, أفحم. Demeurer interdit, انقطع عن الكلام كأنه الجم بلجام - أعجم لسانه عن رد الجواب. A. بهت.

INTERDIT, s. m., censure ecclésiastique, منع - حرم - امتناع.

INTERDIT, adj., celui qui est en état d'interdiction, محروم - ممنوع.

*Interdit*, déconcerté, باهت - حيران - مختبل.

INTÉRESSANT, E, adj., qui inspire de l'intérêt, يستميل - يرغب.

INTÉRESSÉ, E, adj., attaché à ses intérêts, mû par l'intérêt, حريص - طماع - صاحب غرض - مغرض - يحب الكسب ولا يطلب إلا منفعته.

*Intéressé*, qui a intérêt dans une affaire, له علاقة في - له نايب في. Intéressé à, qui a de l'avantage, de l'intérêt à, له صالح في - له فايدة في.

INTÉRESSER, v. a., donner un intérêt, faire entrer dans une affaire pour avoir part au succès, نفع - دخّل في - أشركه في المكسب.

*Intéresser*, inspirer de l'intérêt, استمال - رغّب.

*Intéresser*, importer, خصّ - عنى. O. I. Une affaire qui nous intéresse, غرض مختص في صالحنا. || En quoi cela vous intéresse-t-il ? ايش يخصك هذا.

*Intéresser*, toucher, émouvoir, حنّن - حرّك فيه الشفقة.

S'*intéresser* à, v. pron., prendre intérêt à, embrasser les intérêts de, رغب في - غار على. I. A.

S'*intéresser*, prendre part dans une affaire, تداخل في.

INTÉRÊT, s. m., ce qui convient à l'utilité, etc., نفع - خير - صالح - افادة. Dans l'intérêt de vos enfants, من شان خير اولادك || Dans l'intérêt de votre réputation, لاجل حسن سمعتك - من شان حفظ ناموسك. || Intérêts, affaires, choses importantes, مصالح ; plur., مصالح - 

|| Ses intérêts me sont aussi chers que les miens, أغراض ; plur., غرض || Mes intérêts et les siens sont les mêmes, أغراضه كأغراضي - ما ينفعه ينفعني و ما يضرّه يضرّني.

*Intérêt*, part dans une affaire, profit que l'on en espère, نايب - علاقة - غرض. Je suis sans intérêt dans cette affaire, ما لي علاقة في هذه المادة. || Mettre quelqu'un hors d'intérêt, عوّض عليه.

*Intérêt* que l'on prend à quelqu'un, رغبة فيه - غيرة اليه، عليه - حسن الاهتمام في. Prendre intérêt à la joie de quelqu'un, à sa tristesse, انغمّ لغمّه - انسرّ لسروره. A. - فرح لفرحه. L'intérêt qu'il porte aux sciences et arts, les encouragements qu'il leur donne, عنايته و تقويته للعلوم و الفنون.

*Intérêt*, ce qui attache dans un ouvrage d'esprit, لذّة.

*Intérêt*, cupidité, طمع - حرص.

*Intérêt*, profit sur l'argent prêté, فايدة ; plur., فوايد - ربح - مرابحة. Placer son argent à intérêt, شغّل مصرياته. - O. حطّ مصرياته بالفايدة. || Emprunter à intérêt, تديّن بالمرابحة، بالفايدة.

INTÉRIEUR, E, adj., qui est au dedans, باطن - داخلي - داخل جواني. Commerce intérieur, الاسباب الجوانية.

L'INTÉRIEUR, s. m., le dedans, pensées secrètes, سريرة.

*Intérieur*, le dedans d'un pays, opposé à l'extérieur, جواني. Ministère de l'intérieur, وزارة الامور الجوانية.

INTÉRIEUREMENT, adv., في الباطن.

INTÉRIM, s. m., entre-temps, حين - مدّة. Dans l'intérim, في هذه المدة. || Il gouverna par intérim, تولى الحكم في مدة غياب الحاكم.

INTERJECTION, s. f., terme de grammaire, صوت ; plur., اصوات.

*Interjection*, terme de pratique, action d'interjeter appel, رفع دعوى.

432 INT

INTERJETER, v. a. (un appel), appeler d'un jugement, رفع دعوى الى A.

INTERLIGNE, s. m., espace entre les lignes, بين السطور.

INTERLIGNER, v. a., mettre des interlignes, وسّع بين السطور.

INTERLINÉAIRE, adj. com., écrit dans l'interligne, مكتوب بين السطور.

INTERLOCUTEUR, s. m., personnage introduit dans un dialogue, مخاطب ـ مسامر.

INTERLOCUTOIRE, adj., لاجل استفهام دعوى.

INTERLOPE, adj., qui trafique, qui se fait en fraude, يخص التجارة الممنوعة.

INTERLOQUER, v. a., حكم باستفهام دعوى. — Interloquer, embarrasser, خجّل.

INTERMÈDE, s. m., divertissement entre les actes, لعب بين اقسام كوميدية. — Intermède, substance jointe à une autre pour la distiller, واسطة.

INTERMÉDIAIRE, adj. com., qui est entre deux, واسطة ـ متوسط.

INTERMINABLE, adj. com., لا ينتهي ـ لا يفرغ.

INTERMISSION, s. f., discontinuation, انقطاع.

INTERMITTENCE, s. f., interruption (du pouls), انقطاع النبض بعدة زمان.

INTERMITTENT, E, adj., qui cesse et reprend par intervalle, تارة ينقطع و تارة يعود يظهر. Fièvre intermittente, حمّى دايرة ـ حمّى غبّ.

INTERNE, adj. com., باطن ـ داخل ـ داخلي ـ جواني. Remède interne, علاج داخلي.

INTERNONCE, s. m., celui qui remplace le nonce, نايب وكيل البابا.

INTERPELLATION, s. f., sommation de répondre à un fait, طلب جواب.

INTERPELLER, v. a., sommer de répondre sur un fait, اقبل عليه بالكلام وطلب الجواب.

INTERPOLATEUR, s. m., محشّي.

INTERPOLATION, s. f., ادخال ـ تحشية.

INT

INTERPOLER, v. a., insérer un mot, une phrase dans un texte, درج فى ـ .I حشى, حشى فى O.

INTERPOSER, v. a., mettre un corps entre deux, حوّل بين ـ وسّط. — Interposer la médiation de quelqu'un, جعله واسطة. Interposer le nom de quelqu'un, جاب I. اسمه فى الوسط ـ ذكره I.

S'interposer, v. pron., intervenir, قارش المادة ـ تداخل فى. S'interposer comme médiateur, دخل بين ـ توسّط بين O. S'interposer, se placer entre, دخل بين O.

INTERPOSITION, s. f., situation entre deux corps, deux choses, دخول بين. — Interposition, au fig., مواسطة.

INTERPRÉTATIF, IVE, adj., تفسيرى ـ تاويلى.

INTERPRÉTATION, s. f., تفسير ـ تاويل.

INTERPRÈTE, s. m., truchman, ترجمان; plur. تراجمين. — Interprète, qui explique un discours, un songe, un présage, مفسّر. — Interprète des désirs, des sentiments de quelqu'un, موكّل بتفهيم مراده و شرح ما فى قلب.

INTERPRÉTER, v. a., traduire d'une langue dans une autre, فسّر ـ ترجم. — Interpréter, expliquer ce qui est obscur, فسّر. — Interpréter, prendre en bonne ou mauvaise part un mot, une action, أوّل.

INTERRÈGNE, s. m., temps pendant lequel il n'y a pas de roi, مدة زمان بين ملك وملك اخر ـ فترة ـ غياب الملك.

INTERROGATIF, IVE, adj., qui sert à interroger, للسوال.

INTERROGATION, s. f., question, demande, سوال ـ استفهام. Point d'interrogation, نقطة للاستفهام.

INTERROGATOIRE, s. m., questions que fait un juge, et réponses de l'accusé, سوالات القاضى وجوابات المتهوم.

INTERROGER, v. a., questionner, سأل A. Interroger quelqu'un sur quelque chose, سأله عن شي.

*Interroger* sa conscience, فحص ضميره A. Interroger le bon sens, شاور العقل.

INTERROMPRE, v. a., empêcher la continuation d'une chose, قطع ـ عطل A.

INTERRUPTION, s. f., انقطاع ـ مقاطعة ـ قطع.

INTERSECTION, s. f., تقاطع.

INTERSTICE, s. m., petit intervalle, خلل.

INTERVALLE, s. m. (de temps), مدّة ـ (de lieu) مسافة. Intervalle entre deux choses, interstice, خلل ـ مابين.

INTERVENIR, v. n., entrer dans une affaire, s'en mêler, تداخل في ـ قارش O. Intervenir comme médiateur, دخل بين ـ توسّط بين O. Faire intervenir le nom de quelqu'un, جاب ذكر I.

*Intervenir*, terme de pratique, demander à être reçu dans une instance, دخل في دعوة O.

*Intervenir*, avoir lieu pendant la durée de, صدر في مدة O.

INTERVENTION, s. f., وساطة ـ دخول في ـ مداخلة ـ توسّط ـ مواسطة.

INTERVERSION, subst. f., renversement d'ordre, انقلاب نظام.

INTERVERTIR, v. a., déranger, renverser l'ordre, قلب I.

INTESTAT, adj., qui n'a pas fait son testament, من غير وصية.

Mourir *ab intestat*, مات من غير ان يوصّي.

INTESTIN, E, adj., interne, qui est dans le corps, في الاحشاء ـ باطني. Guerre intestine, guerre civile, قيام الشعب على بعضهم.

INTESTIN, s. m., boyau, مصران ; plur., مصارين ـ امعاء ; plur., امعا. Les gros intestins, الامعا الغلاظ. || Les intestins grêles, الامعا الدقاق.

INTESTINAL, E, adj., يخصّ الامعا.

INTIMATION, s. f., action par laquelle on intime, تعريف شرعي ـ طلبة للشرع.

INTIME, adj. com., qui a, pour qui l'on a une vive amitié, خاصّ ـ خاصة ; plur., خواصّ. Il est de nos plus intimes amis, هو من اخصّ احبابنا.

Amitié *intime*, très-étroite, صحبة اكيدة ـ محبة كلية.

Persuasion *intime*, intérieure et profonde, تحقيق كلّي.

INTIMÉ, E, s., défendeur en cause d'appel, مدّعى عليه ـ محامي في دعوة.

INTIMEMENT, adv., avec une affection particulière, بمحبة كلية ـ بالحصر. Être intimement persuadé, عنك مؤكد ومحقق ان.

INTIMER, v. a., signifier, déclarer juridiquement, عرّفه شرعًا ب O. Intimer un ordre, امره ب O.

*Intimer*, assigner, طلبه للشرع O.

INTIMIDATION, s. f., تخويفة.

INTIMIDER, v. a., خجل ـ خوّف I.

INTIMITÉ, s. f., liaison intime de deux personnes, الفت ـ صحبة اكيدة.

INTITULÉ, s. m., titre d'un acte, عنوان.

INTITULER, v. a., donner un titre, سمّى ب.

INTOLÉRABLE, adj. com., لا يطاق ـ لا يحتمل ـ لا ينطاق.

INTOLÉRANCE, subst. fém., défaut de tolérance, قلة الاحتمال.

INTOLÉRANT, E, adj., qui n'est point tolérant, قليل الاحتمال.

INTONATION, s. f., note chantée, لحن ; plur., اصوات ; plur., صوت ـ الحان.

INTRADUISIBLE, adj. com., لا يفسّر.

INTRAITABLE, adj. com., d'un commerce difficile, وحشي ـ لا يتعامل.

INTRANSITIF, IVE, adj. (verbe), neutre, لازم ـ غير متعدي.

INTRÉPIDE, adj. com., qui ne craint point le danger, لا يخاف ـ جسور ـ ذو بطش.

INTRÉPIDEMENT, adv., بجسارة ـ ببطش ـ بلا خوف.

INTRÉPIDITÉ, s. f., جسارة ـ بطش.

**Intrigant, e,** adj., صاحب دسايس.
**Intrigue,** s. f., pratique secrète pour réussir, دسايس ; plur., دسيسة.
*Intrigue,* embarras fâcheux, خبصة.
*Intrigue* de galanterie, الفة.
*Intrigue* d'une pièce de théâtre, جملة الحوادث التي تذكر في الكومدية.
**Intrigué, e,** adj., embarrassé, غلبان.
**Intriguer,** v. a., embarrasser quelqu'un, غلب.
*Intriguer,* v. n., faire des intrigues, دسّ O.
*S'intriguer,* v. pr., se donner beaucoup de peine pour réussir, اتعب جهك - تحايل.
**Intrinsèque,** adj. com., réel, qui est en soi, قايم بنفسه - حقيقي.
**Intrinsèquement,** adv., حقيقيا - قايماً بنفسه.
**Introducteur, trice,** s., مدخّل.
**Introductif, ive,** adj., qui sert comme d'entrée, افتتاحي.
**Introduction,** s. f., action d'introduire, ادخال - تدخيل.
*Introduction,* acheminement, باب - مدخل.
*Introduction,* exorde, préface, مقدمة - فاتحة.
*Introduction,* terme de procédure, commencement de procédure, بدو دعوة.
**Introduire,** v. a., donner entrée, faire entrer, دخّل - ادخل.
*Introduire,* donner cours, commencement, ابدى - بدى ب I. A. Introduire un usage, اجرى عادة - سنّ سنة O.
*S'introduire,* v. pr., entrer, دخل O.
*S'introduire* (usage), جرى I. A.
**Introït,** s. m., بدو القداس - فاتحة.
**Intromission,** s. f., ادخال.
**Intronisation,** s. f., installation d'un évêque, جلوس - تجليس اسقف.
**Introniser,** verb. act. (un évêque), اجلس اسقف.
**Introuvable,** adj., لا يوجد.

**Intrus, e,** adj., introduit par force, par ruse, دخيل.
**Intrusion,** s. f., action de s'introduire sans droit, دخول بغير حق.
**Intuitif, ive,** adj., qui s'aperçoit intérieurement et indépendamment du secours des sens, حضوري.
**Intuition,** s. f., vision de Dieu, comme les bienheureux, معاينة الله.
*Intuition,* perception interne indépendante des sens, ادراك بغير الحواس - نظر عقلي - مكاشفة.
**Intuitivement,** adv., بالنظر العقلي - بمكاشفة.
Voir Dieu *intuitivement,* عاين الله عياناً.
**Intumescence,** s. f., انتفاخ.
**Inusité, e,** adj., غير معتاد - غير ساير - Mot inusité, كلمة غريبة - غير مستعملة.
**Inutile,** adj. com., غير نافع - بلا فايدة. Tous ses efforts ont été inutiles, عمل كل جهله ما صح معه. || C'est inutile, ce n'est pas nécessaire, تعبه راح سدا - ما هو لازم.
**Inutilement,** adv., بلا فايدة - من غير نفع. Je l'ai attendu inutilement, غُلبت وانا ناظره سُدا. || Il s'est fatigué inutilement, ما كان يسجيبى - تعبه راح سُدا.
**Inutilité,** s. f., قلة نفع. Inutilité, chose inutile superflue, شي باطل.
**Invalide,** adj. com., infirme, qui ne peut travailler, سُقَط - عاجز ; plur., عجز.
*Invalide,* au fig., sans validité (acte, contrat), باطل.
**Invalidement,** adv., sans validité, باطلاً.
**Invalider,** v. a., rendre nul, invalide (un acte, etc.), افسد - ابطل. Invalider la prière, l'ablution, نقض الوضو - افسد الصلاة O.
**Invalidité,** s. f., manque de validité, قلة صحة.
**Invariabilité,** s. f., عدم التغيّر - قلة تغيير.
**Invariable,** adj. com., qui ne varie point, لا يتغيّر.

Invariablement, adv., من غير تغيير.

Invasion, s. f., irruption, غارة. Faire une invasion, غار على. I.

Invective, s. f., expression injurieuse, discours amer, véhément, مسبة - شتيمة.

Invectiver, v. a., dire des invectives, شتم. O. - سبّ. O.

*Invectiver* contre, v. n., سبّ - خشّك على. O.

Invendable, adj. com., لا يباع.

Inventaire, s. m., rôle, mémoire, état, dénombrement par écrit et par article, علم بيان.

Inventer, v. a., trouver, imaginer quelque chose de nouveau, ابتدع - اوجد - اخترع - ابدع.

*Inventer*, controuver, supposer, افترى - اخترع.

Inventeur, trice, s., مخترع - مبدع - بادع.

Inventif, ive, adj., qui a le génie d'inventer, مبدع.

Invention, s. f., action d'inventer, ابداع - ابتداع.

*Invention*, chose inventée, بديعة; plur., بدايع - اختراعة - ايجادات; plur., ايجاد.

Inventorier, v. a., mettre dans l'inventaire, قيّد. O., كتب فى علم البيان.

Inverse, adj. com., pris dans un ordre renversé, مقلوب.

Inversion, s. f., transposition, changement d'ordre ordinaire des mots, تقديم الكلام و تأخيره.

Investigateur, s. m., جاد فى طلب الحقيقة.

Investigation, s. f., recherche suivie de la vérité, بحث - فحص - جدّ فى طلب الحقيقة.

Investir, v. a., donner l'investiture de, قلّد. Investir quelqu'un d'une dignité, منصب قلّد. Il l'a investi de la charge de gouverneur d'Alep, لبسه متسلّم حلب.

*Investir*, environner, cerner une place, احتاط. I. O., ضرب حلقية البلد - بالبلد.

Investissement, s. m., action d'investir une place, ضرب حلقة البلد.

Investiture, s. f., mise solennelle en possession d'une place, تقليد.

Invétéré, e, adj., enraciné, قديم - مزمن - متمكّن.

Invétérer, v. n., et S'invétérer, v. pers., عتق. O.

Invincible, adj. com., لا يقهر.

Argument *invincible*, برهان قاطع.

Invinciblement, adv., d'une manière invincible, من غير اقتهار. Prouver invinciblement que, برهن الشى برهان قاطع. O. - دلّ بدليل واضح على.

Inviolabilité, s. f., qualité de l'être inviolable, حرمة.

Inviolable, adj. com., qu'on ne doit jamais violer, لا يحلّ تعديته - ينقضه - لا يُنقَض.

Inviolablement, adv., من غير نقض.

Invisibilité, s. f., غياب عن الابصار.

Invisible, adj. com., qu'on ne peut voir, لا يرى - غايب عن الابصار. Il se rendait invisible aux yeux des hommes, كان يغيب عن ابصار الناس.

Invisiblement, adv., من غير ان يرى.

Invitation, s. f., action d'inviter à un dîner, etc., عزومة - عزيمة.

*Invitation*, action d'engager à faire, دعا.

Inviter, v. a., prier de se trouver à un dîner, etc., كلّفه للغدا. I. O. - دعا للغدا. I. - عزم للغدا.

*Inviter*, engager à, porter à, دعا الى. I. O. - حمل على. I.

Invocation, s. f., استغاثة. Invocation des démons, عزيمة; plur., عزايم.

Involontaire, adj. com., sans la participation de la volonté, بغير مراد - غير ارادى.

Involontairement, adv., من غير ارادة.

Invoquer, verbe a., appeler à son secours, استغاث ب. Invoquer les démons, عزم على I. الشياطين.

Invraisemblable, adj. com., غير مشبه للحقّ.

Invraisemblance, s. f., défaut de vraisemblance, قلّة مشابهة الحقّ.
Invulnérabilité, s. f., صيانة عن الانجراح - احتجاب.
Invulnérable, adj. com., qui ne peut être blessé, لا يؤثّر فيه السيوف و - لا يُجرَح - مَحجّب لا الرماح.
Ionien, ne, adj., grec, يوناني.
Ionie, s. f., بلاد اليونان.
Ipécacuanha, s. m., racine d'un violier d'Amérique qui sert d'émétique, عرق الذهب المطرش.
Ipso-facto, adv., par le seul fait, بنفس الامر.
Irascible, adj. com., qui s'irrite aisément, سريع التخلّق.
Iris, s. m., plante liliacée, سوسان - سوسَن - شرش الطيب. Sa racine, قرم بنفسج - ايوسا - ايرسا. || Sorte de petit iris sauvage, ياسمين بحري.
Iris, arc-en-ciel, قوس قزح.
Iris, cercle qui entoure la prunelle, داير البُوّ بُوّ.
Ironie, s. f., raillerie, هزو.
Ironique, adj. com., عزوي.
Ironiquement, adv., مستهزيًا به.
Iroquois, e, adj., intraitable, وحشي.
Irradiation, s. f., émission des rayons de lumière, du soleil, شعشعة.
Irréconciliable, adj., qui ne peut se réconcilier, لا يتصالح ابدًا - لا يقبل المصالحة. Inimitié irréconciliable, عداوة شديدة, دايمة.
Irréconciliablement, adv., بغير مصالحة - من غير اتفاق.
Irrécusable, adj. com., qu'on ne peut récuser, لا يُرفَض - لا يُرَدّ.
Irréfléchi, e, adj., fait sans réflexion, بغير تفكّر.
Irréformable, adj. com., لا ينقص.
Irréfragable, adj. com., qu'on ne peut contredire, irrécusable, لا يُرَدّ - غير مرفوض.
Irrégularité, s. f., عدم نظام - قلّة ترتيب.

Irrégulier, ère, adj., contre les règles, بغير - ضدّ القانون - قانون.
Irrégulier, qui n'est pas réglé, غير مضبوط - غير منظوم.
Irrégulièrement, adv., من غير نظام - بغير ضبط - من غير ترتيب.
Irréligieusement, adv., لا ديانة.
Irréligieux, se, adj., contraire à la religion, ضد الدين.
Irréligieux, qui n'a point de religion, غير دين - ما له ديانة - ما له دين.
Irréligion, s. f., manque de religion, قلّة دين.
Irrémédiable, adj. com., ما له - لا يتداوى دوا.
Irrémédiablement, adv., من غير مداواة.
Irrémissible, adj. com., qui ne peut se pardonner, لا يغفر.
Irrémissiblement, adv., من غير غفران.
Irréparable, adj. com., qu'on ne peut réparer (perte, dommage), لا يتعوض. Faute irréparable, غلط لا - ذنب لا ينمحى يُصلح.
Irrépréhensible, adj. com., ما عليه عتاب - لا عليه كلام - لا يلام.
Irrépréhensiblement, adv., من غير ملامة.
Irréprochable, adj. com., ما عليه عتاب - لا يعاب.
Irréprochablement, adv., من غير عيب.
Irrésistible, adj. com., à qui on ne peut résister, لا يقدر احد على مقاومته - لا يتقاوم.
Irrésistiblement, adv., غصبًا.
Irrésolu, e, adj., qui a peine à se résoudre, à se déterminer, يقدم رجلًا و يؤخّر - متردّد في امره - تحيّر في امره. Être irrésolu, حيران - اخرى - قلّب الراي في - تردّد في امره.
Irrésolution, s. f., incertitude, حيرة - تردّد.
Irrévérence, s. f., manque de respect, قلّة ادب - قلّة احترام.

## ISM

IRRÉVÉRENT, E, adj., contre le respect, ضدّ الادب.

IRRÉVOCABILITÉ, s. f., قلة مراجعة.

IRRÉVOCABLE, adj. com., qui ne peut être révoqué, لا يُرَدّ ـ لا يتغيّر ـ لا يتراجع.

IRRÉVOCABLEMENT, adv., من غير مراجعة.

IRRIGATION, subst. f., arrosement par rigoles, سقية الارض بالترع.

IRRITABILITÉ, s. f., qualité de ce qui est irritable, هيجة ـ كشاشة.

IRRITABLE, adj. com., qui s'irrite facilement (nerf), سهل الكش ـ (humeur, caractère) سهل يوغر ـ الهياج.

IRRITANT, E, adj., qui rend âcre, irrite, موغر ـ مهيّج.

IRRITATION, s. f., état des humeurs irritées, هيجان.

IRRITER, v. a., mettre en colère, اوغر ـ اكاد ـ اغاظ ـ اغضب.

Irriter, provoquer, exciter, حرّك. Irriter l'appétit, حرّك الاشتها ‖ Irriter la colère, l'augmenter, زاده غضبا على ـ اوغر ـ هيّج الغضب.

Irriter, causer l'irritation, اوغر ـ هيّج.

S'irriter, v. réfl., se mettre en colère, اغتاظ ـ غضب A.

IRRUPTION, s. f., غارة على بلاد.

ISABELLE, adj. com., de couleur jaune-blanchâtre, (Turk). قوله ـ كولا ; fém., اكول.

ISAGONE, adj., à angles égaux, متساوى الزوايا.

ISCHION, s. m., os, حقّ الفخد.

ISCHURÉTIQUE, adj. com., propre à guérir l'ischurie, نافع لانقطاع البول.

ISCHURIE, subst. f., suppression totale d'urine, انقطاع البول.

ISLAMISME, s. m., mahométisme, دين الاسلام.

ISMAEL, n. pr., اسماعيل.

ISMAÉLIENS, s. m. pl., secte, اسماعيلية.

## IVE 437

ISOCÈLE, adject., triangle à deux côtés égaux, متساوى الساقين.

ISOCHRONE, adj., mouvements isochrones, d'égale durée, حركات مدّتها واحدة لا تتغيّر.

ISOLÉ, E, adj., seul, منفرد.

Isolé, à qui personne ne s'intéresse, متروك.

ISOLEMENT, s. m., انفراد.

ISOLÉMENT, adv., بمفرده ـ بالانفراد.

ISOLER, v. a., افرد.

S'isoler, v. réf., se séparer de la société, انفرد.

ISRAÉLITE, adj. com., juif, يهودى ; coll., يهود.

ISSU, E, adj., مولود. Il est issu de la race de, ينتسب الى ‖ Issu de bas lieu, دنىّ الاصل.

ISSUE, s. f., lieu par où l'on sort; expédient pour se tirer d'affaire, مخلص ـ منفذ ; plur., منافذ ـ مخرج.

Issues, plur., les dehors, les environs d'une ville, دواير مدينة.

Issue, fin, événement, نهاية ـ اخرة ـ عاقبة ـ ختام. Que Dieu donne une heureuse issue à ces affaires, الله يجعل عاقبتها خيرا.

Issues, extrémités, entrailles d'animaux, فشة البهايم.

ISTHME, s. m., langue de terre resserrée entre deux mers, لسان ارض بين بحرين.

ITALIE, s. f., بلاد ايطاليا.

ITALIEN, NE, adj., d'Italie, طاليانى ـ من بلاد ايطاليا.

L'italien, la langue italienne, اللسان الطاليانى.

ITEM, adv., ايضا.

ITÉRATIF, IVE, adj., مكرّر.

ITÉRATIVEMENT, adv., plusieurs fois de suite, par intervalle, تكرارا ـ بتردد.

ITINÉRAIRE, s. m., mémoire de voyageur; note des lieux où l'on passe, ذكر ـ علم ببيان طرقات سفر.

IVE, IVETTE OU CHAMÉPITYS, subst. f., plante كمافيطوس.

IVOIRE, s. m., dent d'éléphant, عاج - سن فيل.
IVRAIE, s. f., ou IVROIE, mauvaise herbe, زوان - شيلم.
IVRE, adj. com., سكران; plur., سكارى.
IVRESSE, s. f. sans plur., état de celui qui est ivre, سكرة - سكر. Sortir de l'ivresse, صحا من O. A.

IVRESSE, exaltation, délire, سكر - دهشة.
IVROGNE, adj. com., sujet à l'ivrognerie, سكرى; مصرّ على شرب - شرّيب نبيذ - سكرية الخمر, plur.
IVROGNERIE, s. f., habitude, action de s'enivrer, اصرار على شرب الخمر - سكر.

# J

J, s. m., dixième lettre de l'alphabet français, الحرف العاشر من الف باء.
JABOT, s. m., poche membraneuse des oiseaux, حوصلة; plur., حواصل.
Jabot, morceau de mousseline plissé qu'on met à la fente du haut de la chemise par parure, قطعة همايون مكوية فى قبة قميص للزينة.
JABOTER, v. a fam., babiller, رغى I. - كاكى.
JACHÈRE, s. f., terre en labour qui se repose, ارض مرتاحة.
JACINTHE, s. f., ou HYACINTHE, plante, سنبل - خزامة (Alep).
JACOBÉE, s. f., fleur, يعقوبية.
JACOBIN, E, s., religieux, يعقوبى; pl., يعاقبة.
JACOBITE, s. m., sectaire, قايل بطبيعة واحدة - يعقوبى.
JACTANCE, s. f., vanterie, فشار - غلبة.
JADE, s. m., pierre, جريشم.
JADIS, adv., فى قديم الزمان - فى الزمن الماضى.
JAILLIR, v. n., sortir impétueusement (eau, etc.), برز A. - نبع I. - نبط O. - نفر. Faire jaillir, خرج - استنبط. || Le feu jaillissait de ses yeux, يقدح الشرار من عينيه.
JAILLISSANT, E, adj., نابع - نابط.
JAILLISSEMENT, s. m., بروز - نبط - نبع.
JAIS, s. m., substance bitumineuse solide, d'un noir luisant, نوع حجر اسود لامع.
Jais, espèce de verre, خرز.

JALAP, s. m., merveille-du-Pérou, belle-de-nuit, شبّ الليل.
Jalap, racine purgative, جلابا - جلبا.
JALON, s. m., bâton planté pour aligner, وتد - علامة - اوتاد, pl.
JALONNER, v. a., planter des jalons, نصب اوتاد O.
JALOUSER, v. a., être jaloux de, غار من I. A. - حسد O.
JALOUSIE, s. f., envie, غيرة - حسد. Jalousie en amour, غيرة.
Jalousie, treillis, volet à claire voie, مخرّم - شعرية.
JALOUX, SE, adj., envieux, حاسد; pl., حُسّاد. Jaloux (en amour), غيور - غيران. || Être jaloux, غار A. || Celui qui n'est pas jaloux est un âne, من لا يغار حمار; prov. || Il est jaloux de sa femme, يغار على امراته. || Il est jaloux de tous ceux qui parlent à sa femme, يغار على امراته من كل من يكلمها.
Jaloux, désireux de, attentif à, قاصد - له غيرة على فى - راغب فى.
JAMAIS, adv., en aucun temps, ابدا - قط - اصلا. Je n'ai jamais vu, عمرى ما شفت. || A, ou pour jamais, pour toujours, الى الابد. || Jamais, au grand jamais tu ne le reverras, هيهات ان تعود تشوفه. || Trois jours après jamais, حتى يحجّوا القيقان.

**JAMBAGE**, s. m., ligne, barre d'une lettre ou autre chose, رِجْل ; plur., ارجُل.

**JAMBE**, s. f., partie du corps, du genou jusqu'au pied, ساق ; plur.. ساقات et سيقان. Les jambes d'un cheval, قوايم الحصان - اربعة الحصان. ǁ Jambes de devant, يد ; duel, يدين. ǁ Jambe de derrière, رجل ; duel, رجلين. Casser bras et *jambes* à quelqu'un, fig., عطّل.

**JAMBÉ, E**, adj. (bien), ابو السيقان الحسان.

**JAMBETTE**, s. f., petit couteau, مطوة ; pl., مطاوي.

**JAMBON**, s. m., cuisse ou épaule de porc salé, كتيفة او فخذة خنزير مملحة.

**JANISSAIRE**, s. m., soldat turc, اينكجاري ; plur., اينكجارية.

**JANTE**, s. f., pièce de bois, partie du cercle d'une roue, قطعة خشبة من دايرة جرخ.

**JANVIER**, subst. m., premier mois de l'année, شهر كانون الثاني - كانون ٢ - كـ ٢.

**JAPON**, s. m., pays, بلاد الفرفور - جزيرة يابونيا.
*Japon*, porcelaine du Japon, فرفوري.

**JAPONAIS, SE**, adj., من بلاد الفرفور.

**JAPPEMENT**, s. m., عوي.

**JAPPER**, v. n., aboyer, عوى.

**JARDIN**, s. m., جنينة ; plur., بساتين - جنان ; plur., غيطان - غيط ; plur., جناين. Jeter des pierres dans le jardin de quelqu'un, au fig., prov., l'attaquer indirectement, رمى في ـ سمع I.

**JARDINAGE**, s. m., jardins réunis, جناين.
*Jardinage*, art de cultiver un jardin, خدمة الجناين.

**JARDINER**, v. n., اشتغل في بستان.

**JARDINET**, s. m., petit jardin, جنينة صغيرة.

**JARDINIER, ÈRE**, subst., qui cultive un jardin, غيطاني - بستاني - بستنجي - جناينى.

**JARDON**, s. m., tumeur calleuse au jarret d'un cheval, تسقيط في عراقيب الخيل.

**JARGON**, s. m., langage corrompu, رطانة.

**JARGONNER**, v. n., parler un jargon, رطن O.

**JARRE**, s. f., grande cruche, خابية ; pl., خوابي ; plur., ازبار. Jarre de moyenne grandeur, à goulot un peu étroit, جرّة ; plur., جرار. ǁ Petite jarre, دكوجة.

**JARRET**, s. m., partie postérieure du genou, معطف الركبة - لبّة الساق - بطن الساق.
*Jarret*, endroit où se plie la jambe de derrière des animaux, عرقوب - كرعوب.

**JARRETIÈRE**, s. f., ruban, courroie pour la jambe, رباط للساق.

**JARS**, s. m., mâle de l'oie, وزّ ذكر.

**JASER**, v. n., causer, babiller, دشّ - حكى I. O. (Syrie), لقش O.
*Jaser*, révéler un secret, افشى السرّ.

**JASERIE**, s. f., fam., babil, caquet, دشّ.

**JASEUR, SE**, s.. qui jase, indiscret, دشّاش.

**JASMIN**, s. m., arbuste, ياسمين العويس - ياسمين. Jasmin d'Arabie, فلّ.

**JASPE**, s. m., pierre, يصب - يشم - يشب.

**JASPER**, v. a., bigarrer en imitant le jaspe, نقّوش لون مثل اليشم.

**JASPURE**, s. f., نقّوشة - لون اليشم.

**JATTE**, s. f., vase rond et sans rebord, انجر ; plur. اناجر - طاسة. Jatte de porcelaine, سلطانية. *Voyez* ÉCUELLE.

**JATTÉE**, s. f., plein une jatte, ملو انجر.

**JAUGE**, s. f., juste mesure d'un vaisseau fait pour contenir des liqueurs ou des grains, عيار - كيلة.

**JAUGEAGE**, s. m., action de jauger, عيار.
*Jaugeage*, droit pour jauger, معلوم العيار.

**JAUGER**, v. a., mesurer la capacité, عاير.

**JAUGEUR**, s. m., celui qui jauge, كيّال.

**JAUNÂTRE**, adj. com., qui tire sur le jaune, مصفر - مايل الى الصفرة.

**JAUNE**, adj. com., اصفر ; fém., صفرا ; plur., صفر. Jaune foncé, اصفر فاقع.
*Jaune* d'œuf, صفار بيضة - صفرة البيض - فص البيض (Barbarie).

Le *jaune*, la couleur jaune, أصفرار - صفرة - صفار.

JAUNIR, v. a., rendre jaune, صفّر.

*Jaunir*, v. n., devenir jaune, أصفر صار I.

JAUNISSANT, E, adj., qui jaunit, مُصفرّ.

JAUNISSE, s. f., maladie causée par la bile répandue, يَرَقان ; et par corrupt., رَيَقان.

JAVART, s. m., furoncle au bas de la jambe des chevaux, حبّة تطلع فى اسفل قوايم الخيل.

JAVELER, v. a. (les blés), جزر الغلّة و خلاها على الارض لينشف الحب.

JAVELINE, s. f., dard, حربة - زراقة.

JAVELOT, s. m., dard, حربة ; plur., حراب.

JAVELLE, s. f., blé coupé laissé sur terre par petits faisceaux pour sécher, غلّة محصودة متروكة على الارض لتنشف.

JE, pron. de la 1re personne, انا ضمير المتكلم.

JE-NE-SAIS-QUOI, s. m., chose qu'on ne saurait définir, شى ما اعلم ما هو.

JEAN, nom propre, حنّا - يوحنّا.

JÉHOVAH, s. m., nom hébreu de Dieu, ياهوا - الله.

JÉJUNUM, s. m., le second intestin grêle, المعى الصايم.

JÉRÉMIADE, s. f. fam., plainte, شكوى - بكاية.

JÉRICHO, ville, أريحا.

JÉRUSALEM, ville, القدس - بيت المقدس. Qui est de Jérusalem, قدسى. Pélerin de Jérusalem, مقدسى ; plur., مقادسة.

JÉSUITE, s. m., religieux de la société de Jésus, يسوعية ; plur., يسوعى.

JÉSUITISME, s. m., caractère, morale des jésuites, عمايل، مذهب، راى اليسوعية.

JÉSUS, nom, يسوع المسيح - عيسى.

JET, s. m., action de jeter, espace parcouru par la chose jetée, رمية - حذفة. Un jet de pierre, رمية حجر - رشقة حجر.

*Jet*, rayon de lumière, شعاع.

*Jet*, bourgeons, scions, برز ; plur., بزاز.

*Jet* d'eau, eau qui jaillit hors d'un tuyau, خسّة - نوفرة - فوّارة - نافورة (Barb.). Machine de fer-blanc avec plusieurs petits jets d'eau dont le choc fait tourner des morceaux de verre qui produisent un cliquetis, شادروان.

JETÉE, s. f., amas de pierres, etc., صف حجارة - رصف.

JETER, v. a., lancer au loin, حذف - رمى I. - شلف O. (Alep). - رشق A. Jeter des pierres, une pierre à quelqu'un, رماه بحجرة - رجّه بالاحجار. Jeter (de haut en bas), une chose à quelqu'un, شلح له الشى A. (Alep). || Jeter à terre, القى. || Jeter à terre un cheval, le renverser en lui attachant les jambes, عرقب الحصان. || Jeter les uns sur les autres, كردس فوق بعضهم. || Jeter des œillades à, بصبص عليه. || Jeter les yeux sur, faire choix de, القى نظره على.

*Jeter* en moule, سكب O.

*Jeter*, répandre, كبّ O. Jeter un peu d'eau sur, رش ماء على. || Jeter de l'eau par gouttes, طرش، طرطش الشى بالماء. || Jeter des fleurs sur, نشر ازهار على O. || Jeter de la terre sur un mort, هال التراب على ميت I.

*Jeter*, mettre dans l'embarras, رمى فى بلشة I. - بلشه فى بلشة I.

*Jeter*; produire, pousser des rejetons, طرح A. - نبت O. - انبت.

*Jeter*, v. a. et n., faire couler ou jaillir de l'eau, du pus, طلع منه ما او قيح A.

*Se jeter*, v. réf., انحذف - رمى نفسه I. - القى نفسه. || Se jeter aux pieds de quelqu'un, ترامى على اقدامه - ارتمى على رجليه sur quelqu'un, انطبق عليه. - طقّ عليه O. I.

*Se jeter* à la tête de, s'offrir avec empressement sans être recherché, رمى روحه على I. Se jeter entre les bras de quelqu'un, recourir à lui, وقع عليه.

JETON, s. m., de métal, فَلْس ; plur., فُلُوس. ||
Jeton d'or, اشرافي ; plur., اشارفة. Jeton d'ivoire,
فيشة ; plur., فيش.

JEU, s. m., divertissement, récréation, لعب -
لعبة. Jeux de mains, jeux de vilains, لعب اليد يغيظ.
|| Jeu de hasard, ميسر. || Jeu où l'on joue de l'argent,
لعب قمار.

Jeu, plaisanterie, مزح - هزل. Ce n'est pas un
jeu, c'est très-sérieux, هذا جدّ ما هو هزل.

Un jeu de cartes, un paquet de cartes à jouer,
شدّة ورق.

Jeu, lieu où l'on joue, ملعب.

Jeu, facilité de mouvement, خفة حركة.

Beau jeu, occasion favorable, وقته -
فرصة مناسبة.

Mettre en jeu, mêler à l'insu dans une affaire,
حشر في O. Faire bonne mine à mauvais jeu,
أخفى الكبد و أظهر الجلد. || Bon jeu, bon argent,
très-sérieusement et véritablement, من جدّ.

Jeu de mots, انقاط - نكتة - تجنيس.

A deux de jeu, également maltraités dans un
débat, سواتين - سوا. A deux de jeu, avec un
avantage égal, صحة من الجهتين - سوا.

Le jeu ne vaut pas la chandelle, ما يجوز الشي
الفلوس التي تصرفها عليه.

Jeu de la nature, production singulière, من
عجايب الطبيعة.

Jeu d'esprit, لعب العقل.

JEUDI, s. m., cinquième jour de la semaine,
يوم الخميس ou الخميس. Jeudi gras, celui qui
précède le dimanche gras, خميس السكارى. || Jeudi
saint, jeudi de la semaine sainte, خميس العهد. ||
La semaine des trois jeudis, exp. populaire, jamais,
حتى يحجوا القيقان - استيك ياكمون.

A JEUN, adv., sans avoir mangé, من غير اكل
على الريق.

JEUNE, adj. com., qui n'est guère avancé en âge,
صغار (des deux genres et des deux nombres) -

صغير فى العمر ; plur., صغار. Il est plus jeune que
moi, هو اصغر منى فى العمر. || Jeune homme,
سبّان et شباب ; plur., شبّ, شابّ. || Jeune fille,
شابّة - صبية - بنت, plur., بنات.

Jeune, cadet, moins âgé, صغير.

Jeune, étourdi, évaporé, جاهل, pl., جهّال -
طايش.

JEÛNE, s. m., abstinence d'aliments, صوم -
صيام. Observer les jeûnes ordonnés, صام الأصوام
المفروضة.

JEÛNER, v. n., observer le jeûne, manger peu,
صام O. - طوى I.

Jeûner, se priver de, صام عن شى O.

JEUNESSE, s. f., âge entre l'enfance et l'adolescence, ou l'âge viril, صبا - شبوبية. Péchés de
jeunesse, ذنوب الجهل.

Jeunesse, jeunes gens, شباب - احداث.

JEÛNEUR, SE, s., qui aime à jeûner, صوّام.

JOAILLERIE, s. f., pierreries, art du joaillier, etc.,
جواهرية - جواهرجية.

JOAILLIER, ÈRE, s., qui travaille en joyaux, qui
les vend, جوهرى - جوهرجى. Ouvrier joaillier,
حكاك جواهر.

JOCRISSE, s. m., benêt, مجدوب - مغفل.

JOIE, s. f., فرح - فرحة - سرور. J'en ai éprouvé
beaucoup de joie, حصل عندى من ذلك غاية
السرور. || Dans la joie et les plaisirs, فى السرور
و الصفا.

JOIGNANT, E, adj., qui est contigu, ملاصق ل -
متصل ب.

JOIGNANT, prépos., près, tout contre, جنب.

JOINDRE, v. a., faire toucher, faire tenir plusieurs choses ensemble, وصل شى بشى -
جمع اشيا - لزق اشيا فى بعضها A. Joindre les
mains, طبق اليدين O. - شبك اليدين O.

Joindre à, ajouter à, ضم الى - اضاف الى O.

Joindre, unir, allier, جمع A.

Joindre, atteindre, attraper, parvenir à trouver

quelqu'un, حَصَّلَ - ادرك - لحِقَ .A.

**Joindre**, v. n., être joint, لَصَقَ, التَصَقَ .A. التحم - التَزَقَ فى بعضه

*Se joindre*, v. pron., s'ajouter à, انضاف الى.

*Se joindre*, se trouver ensemble, اجتمع مع.

*Se joindre*, se rejoindre, se toucher, اتصل ببعضه.

**Joint**, s. m., point de jonction, التحام.

**Ci-joint**, adv., avec cela, مع هذا. Je vous envoie ci-joint une lettre pour monsieur un tel, واصل طيّه كتاب باسم فلان.

**Jointé**, adj., (long, court), qui a les pâturons longs ou courts, en parlant d'un cheval, حصان ارساغه طوال او قصار.

**Jointée**, s. f., autant que les deux mains rapprochées peuvent contenir, حفنة.

**Jointure**, s. f., joint, مفصل; plur., مفاصل. Jointures des doigts, عقد الاصابع; pl. عقد; عقدة

**Joli, e**, adj., gentil, agréable, ظريف; plur., شاب - كويّس - طرفا ظراف (Barb.). De jolies choses, لطايف; sing., لطيفة.

**Joliet, te**, adj. fam., diminutif de joli, ظُرَيِّف - كويّس.

**Joliment**, adv., بظرافة.

**Jonc**, s. m., plante aquatique, ديس - اسل - حلفا. Jonc ligneux, canne de jonc, خيزران - قش الحصر. ‖ Jonc odorant, اذخر. ‖ Jonc fleuri, قش مزهر.

*Jonc*, bague unie, مجبس.

**Joncaire**, s. f., plante, نوع فوة تشبه قش الحصر.

**Joncher**, verb. act., couvrir la terre de, نشكك. O. - نشر على الارض. La terre est jonchée de feuilles, انتشرت الاوراق على الارض.

**Jonction**, s. f., union, assemblage, endroit où se joignent deux choses, مجمع - اجتماع.

**Jonglerie**, s. f., charlatanerie, tour de passe-passe, مخروقة.

**Jongleur**, s. m., charlatan, faiseur de tours, مزعبر - ملاعب.

**Jonquille**, s. f., fleur, قطْمير بوليا.

**Jon-thlaspi**, s. m., fleur, ثالسب.

**Joseph**, s. m., nom propre, يوسف.

**Joubarbe ou Jombarbe**, s. f., plante, حىّ عالم - الابيد.

**Joue**, s. f., côté du visage, خدّ; plur., حدود. Coucher en *joue*, viser pour tirer, حرّر على. Coucher en *joue*, viser à quelque chose pour l'obtenir, قعد نظرة على - رقب .O.

**Jouer**, v. n., s'amuser, se récréer, داعب - لعب .A. Jouer aux échecs, لعب بالشطرنج. Jouer de l'argent, لعب القمار. ‖ A quel jeu jouerons-nous? اينا لعب نلعب.

*Jouer*, v. a., tromper, ridiculiser, ضحك على .A. تلاعب مع - لاعب.

*Jouer*, contrefaire, قلد - عمل .A. - اظهر. Jouer l'affligé, اظهر الغم - عمل حاله مغموم.

*Jouer*, v. n., en parlant d'un ressort, avoir le mouvement facile, تحرّك.

*Jouer*, v. n., badiner, داعب - لعب .A. - مزح .A.

*Jouer*, v. a., exécuter un air, لعب .A.

*Jouer*, v. n., toucher un instrument de musique, savoir s'en servir, دقّ بالالة. O. Jouer du tambour de basque, نقر على دقّ.

*Jouer à*, verbe neutre, se mettre en péril de, عرض نفسه ل. O. - تعرّض ل. Il joue à se faire tuer, يخاطر بنفسه.

*Jouer de malheur*, ne réussir jamais, ما فلح - ما صحّ معه شى.

*Jouer de son reste*, prendre le moyen extrême, ايس. Jouer de son reste, user de ce qui reste de facultés, اهلك, ضيّع ما بقى عنك.

*Jouer gros jeu*, au fig., fam., risquer beaucoup, عرض نفسه لخطر عظيم.

*Jouer la comédie*, au fig., feindre un sentiment, تباكر.

*Se jouer de*, v. pron., faire aisément en s'amusant, لعب ب.

## JOU — JOU — 443

*Se jouer* de, mépriser, استهتر ب.

*Se jouer* de, profaner, badiner, تهزى ب.

*Se jouer* de, mal employer une chose, la profaner, s'en moquer, عبث ب.

*Se jouer* de quelqu'un, s'en moquer, le tromper par de belles paroles, تلاعب مع - لاعب - حاول.

*Se jouer* à quelqu'un, l'attaquer inconsidérément, تعرض ل - احترش فى - احتكّ فى.

JOUET, s. m., ce qui sert à amuser, لعبة ; plur., لعب.

*Jouet*, au fig., personne dont on se moque, dont on se joue, هزو - مسخرة - لعبة.

JOUEUR, SE, s., qui a la passion du jeu, لعيب - قمارجى.

*Joueur*, qui folâtre, qui aime à s'amuser, لعبى.

*Joueur* d'instrument, الاتى.

*Joueur* de gobelets, مشعبذ.

JOUFFLU, E, adj., à grosses joues, مكتّل الوجه.

JOUG, s. m., pièce pour atteler les bœufs, نير - كرب.

*Joug*, fléau de la balance, قبّة ميزان.

*Joug*, au fig., sujétion, servitude, رق - نير.

Mettre sous le joug, سخّر.

JOUIR, v. n., avoir l'usage et la possession actuelle de, استمتع - تمتّع ب - فى. Jouir des délices du paradis, تمتّع بنعيم الجنّة. ‖ Faire jouir quelqu'un de, متّع ب. ‖ Jouir de son bien, en disposer, تصرّف فى ماله.

*Jouir* de quelqu'un, jouir de la vue de quelqu'un, le voir, s'entretenir avec lui, تهنّى برويته - تفكّه به. O. بلّ شوقه منه.

JOUISSANCE, s. f., usage et possession, تصرّف - استمتاع - تمتّع.

*Jouissance*, plaisir, تلذّذ - لذّة.

JOUISSANT, E, adj., qui jouit, متمتّع ب - متصرّف فى.

JOUJOU, s. m., jouet d'enfant, لعبة - شخشيخة.

JOUR, s. m., clarté, lumière du soleil, نور - نهار - ضوء. Il est jour, طلع الضوء - اضحى الصباح. ‖ Le jour et la nuit, النهار و الليل. طلع النهار De jour, pendant le jour, بالنهار. ‖ Faux jour, lumière réfléchie qui se mêle à la directe, انعكاس ضوء.

*Faux jour*, au fig., fausse apparence, ظاهر كاذب.

*Jour*, espace de vingt-quatre heures, de douze heures, نهار - يوم ; plur., ايام. Tous les jours, كل يوم. ‖ Tout le jour, طول النهار. ‖ De jour en jour, من يوم الى يوم - يوم بيوم - يوماً فيوماً. ‖ Tous les deux ou trois jours, كل يومين ثلاثة. Ces jours-ci, ces jours derniers, بهذا القرب - فى هذه الايام. ‖ Deux jours après, بعد يومين. Jour de fête, نهار عيد. ‖ Jour ouvrier, نهار شغل. ‖ Jours de grâce, jours de délai, ايام سماح. ‖ Jours gras, les derniers du carnaval, ايام الرفاع. ‖ Beaux jours, au fig., la jeunesse, ايام الصبا. ‖ Beaux jours, le temps du bonheur, ايام العزّ. ‖ Promettre d'un jour à l'autre, ايام الحظّ. ‖ Un jour, فى يوم. صار يوعد من يوم الى يوم. ‖ La fortune est un jour favorable et un jour contraire, ذات يوم من الايام ; الدنيا يوم لنا و يوم علينا, prov.

*Jour*, vide, ouverture, تخريم.

*Jour*, au fig., la vie, حياة. Donner le jour, mettre au monde, ولد ; aor., يلد. ‖ Ceux à qui je dois le jour, والدىّ.

*Jour*, facilité, moyens de succès, باب - طريقة - سهولة.

*Jour*, terme de peinture, l'opposé d'ombres, point d'où la lumière se répand sur les objets, ضوء.

*Jours*, au plur., la vie, حياة - عمر. Dieu prolonge vos jours, الله يطوّل عمرك - الله يمدّ فى ايامك.

*Jours*, temps auquel l'on vit, عصر - ايام.

Mettre au *jour*, publier, اورد - اظهر.

Mettre dans son *jour*, dans la situation la plus favorable, جلّى - كشف. I.

JOURDAIN, s. m., fleuve, نهر الاردن.

JOURNAL, pl., AUX, s. m., note de ce qui arrive chaque jour, écrit périodique jour par jour, اوراق يومية - اخبار يومية.

JOURNAL, adj., (livre), cahier contenant la recette, la dépense, le débit de chaque jour, مواينة ; plur., دفاتر. دفتر

JOURNALIER, ÈRE, adj., de chaque jour, qui se fait par jour, يومي.

Journalier, sujet à changer, inégal, حالاني - يوم لك و يوم عليك.

JOURNALIER, s. m., qui travaille à la journée, فاعل., plur., فعلة.

JOURNALISTE, s. m., qui fait un journal, كاتب اخبار يومية.

JOURNÉE, s. f., depuis le lever jusqu'au coucher du soleil, نهار. Voici une belle journée, هذا نهار كويس.

Journée, travail, salaire d'un jour, يومية - شغل نهار - كرى نهار - اجرة يومية.

Journée, chemin qu'on fait en marchant pendant une journée, مسافة يوم - مراحل .pl, مرحلة ; pl., ايام. Combien de journées y a-t-il d'Alep à Bagdad? كم يوم من حلب الى بغداد. ‖ Marcher à grandes journées, طوى المراحل و قطع المنازل - جد في السير.

Journée, jour de bataille, يوم - وقعة.

JOURNELLEMENT, adv., يوميا - كل يوم - كل يوم و ثانيه.

JOUTE, s. f.; combat pour s'exercer, محاربة - مطاعنة.

JOUTER, v. n., faire des joutes; au fig. fam., disputer, تحارب مع - حارب.

JOUTEUR, s. m., celui qui joute, مححرب - مضارب.

JOUVENCE, s. f. (fontaine de), عين الحياة.

JOUVENCEAU, s. m., jeune homme, شاب - شب ; plur., شباب.

JOVIAL, E, adj., sans pl. m., gai, بحبوح.

JOYAU, s. m., ornement précieux d'or, etc., plur., جواهر ; جوهرة - مصاغ.

JOYEUSEMENT, adv., avec joie, بفرحة.

JOYEUX, SE, adj., qui donne de la joie, مفرح. Joyeux, rempli de joie, مسرور - فرحان.

JUBILATION, s. f. fam., réjouissance, bonne chère, سرور وصفا - طهيا.

JUBILÉ, s. m., indulgence plénière et solennelle accordée par le pape, سماح عام.

JUCHER, v. n., O. قعد على - O. جثم الطير للنوم.

JUDAÏQUE, adj. com., qui appartient aux juifs, يهودي.

JUDAÏSER, v. n., suivre les cérémonies de la loi judaïque, O. هاد - A. O. عمل يهودي.

JUDAÏSME, s. m., religion juive, دين اليهود.

JUDAS, s. m., nom propre, يهودا.

JUDÉE, s. f., contrée de la Palestine, ارض اليهودية - بلاد اليهود.

JUDICATURE, s. f., état, fonction de juge, قضا.

JUDICIAIRE, s. f. fam., jugement, faculté de juger, عقل - راي.

Judiciaire, adj. com., fait en justice, شرعي.

Astrologie judiciaire, prétendue connaissance de l'avenir par l'observation des astres, علم التنجيم.

JUDICIAIREMENT, adv., على موجب الشرع - شرعا.

JUDICIEUSEMENT, adv., d'une manière judicieuse, بعقل صايب.

JUDICIEUX, SE, adj., qui a le jugement bon, عاقل - جيد الراي. Judicieux, fait avec jugement, معقول - صواب - صايب.

JUGE, s. m., préposé pour juger les procès, قاضي, plur., حكام - قضاة ; (en parlant de Dieu), حاكم - ديان. Grand juge, اقام قاضيا ‖ Prendre pour juge, قاضي القضاة. ‖ Bon juge, capable de bien apprécier, عارف بقيمة - سلّم له فصل الدعوى - جعل قاضيا - صاحب الراي الراجح المعتبر في.

## JUG

*Juges*, au plur., septième livre de la Bible, سفر القضاة.

JUGEMENT, s. m., décision prononcée en justice, حكم ; plur., أحكام - قضا.

*Jugement*, faculté de l'âme de juger, تمييز - عقل.

*Jugement*, sentiment, opinion, رأي. Porter de mauvais jugements, des jugements favorables, approuver ou condamner, O. قال ، ظنّ السوء او لام او إستحسن - إستحسن فى الخير.

Le jour du *jugement* dernier, يوم الدين - يوم الحكم.

JUGER, v. a. et n., rendre justice, décider, I. قضى. O. حكم بينهم - I. فصل دعوى. Juger en faveur de quelqu'un, حكم له. ‖ On l'a jugé à mort, حكموا عليه بالقتل.

*Juger*, décider en bien ou en mal du mérite d'autrui, de ses sentiments, de ses actions, I. دان. O. قال ، ظنّ السوء او الخير. Vous serez jugé comme vous jugez les autres, ‖ كما تدين تدان. Juger favorablement de quelqu'un, ظنّ فيه الخير.

*Juger* de..., par, I. قاس. Juger d'autrui par soi-même, قاس غيره بنفسه ‖ Juger de ce que l'on ne connaît pas par ce que l'on connaît, قاس ما لا يعرف بما يعرف.

*Juger*, prononcer sur, A. حكم فى - شرع على - قطع فى.

*Juger*, être d'opinion que, رأى A. Juger à propos de, إستحسن ان - رأى ان ‖ Que jugez-vous à propos de faire? كيف يتحسن عندك؟ - ايش المستحسن عندك -.

*Juger*, faire usage de son jugement, ميّز.

*Juger*, conjecturer, prévoir, A. علم من عين - I. حسّ ب - العقل.

*Juger*, se figurer, s'imaginer, O. ظنّ - تصوّر. Vous jugez bien qu'il n'en fut pas satisfait, ومعلومك ما انبسط من هذا.

JUGULAIRE, adj. com., qui appartient à la gorge,

## JUR

Veine jugulaire, عرق الزور. En terme technique, ودج - وريد - حبل الوريد, pl أوداج.

JUIF, IVE, s., qui professe le judaïsme, يهودى. Se faire juif, هاد - تهوّد. O. plur., يهود.

JUILLET, s. m., mois, تمّوز.

JUIN, s. m., mois, حزيران.

JUIVERIE, s. f. fam., quartier des juifs, حارة يهود.

JUJUBE, s. f., fruit, عنّاب.

JUJUBIER, s. m., arbre qui porte des jujubes, زيزفون - شجر عنّاب.

JULEP, s. m., potion médicale composée de sirops et d'eaux distillées, جلّاب.

JULIENNE, s. f., potage avec des herbes, شوربة خضار.

*Julienne*, plante, espèce de giroflée, هسفاريس.

JUMART, s. m., produit d'un taureau avec une ânesse; d'un âne avec une vache, etc., بغل ابوه ثور وامّه حمارة او ابوه حمار وامّه بقرة.

JUMEAU, MELLE, adj., né d'une même couche, توم - توأم ; plur., أتوأم.

JUMENT, s. f., cavale, فرسة - جحرة - فرس (Barb.).

JUNTE, s. f., conseil en Espagne, ارباب الديوان بالاندلس.

JUPE, s. f., vêtement de femme, فسطان - جبّة.

JUPITER, s. m., planète, المشترى.

JUPON, s. m., courte jupe de dessous, محزم - فسطان تحتانى.

JURANDE, s. f., charge de juré d'un métier, مشيخة حرفة.

JURATOIRE, adj. com. (caution), serment que fait quelqu'un en justice de représenter sa personne ou de rapporter quelque chose dont il est chargé, ضمانة شرعية بيمين.

JURÉ, s. m., celui qui a fait les serments requis, حالف. Interprète juré, ترجمان حالف.

*Jurés*, préposés pour faire observer les statuts et

règlements aux gens de leur métier, مشايخ حرف plur. — معلّم حرفة, sing.

**Juré**, citoyen choisi, membre d'une commission pour constater si un accusé a commis le délit dont on l'accuse, وكيل بفحص ذنب, pl., وكلا. — Ennemi *juré*, عدو أزرق — عدو مصرّح — عدو محص.

**Jurement**, s. m., serment qu'on fait sans nécessité; blasphèmes, imprécations et exécrations, تحلف; plur., حلفانات — حلفان.

**Jurer**, v. a. et n., affirmer, promettre par serment, حلف A. أقسم. Jurer une chose à quelqu'un, حلف له على شي. || Se jurer une amitié mutuelle, تحالفوا على المحبّت. || Jurer fidélité à quelqu'un, حلف له أنه لا يخون عهل. || Je jure bien de ne plus mentir, التوبة ما بقيت اكذب. || Je vous jure, التسوبة اني عدت اكذب. || Jurer par, ورحمة أبي — على ذمتي و ديني — أقسم ب، بحقّ — حلف ب.

**Jurer**, faire des serments sans nécessité, par emportement, دعى I.

**Jurer**, au fig., se dit de deux choses dont l'union est choquante, تنافر — ما وافق بعضه O. — بسل.

**Jurer**, rendre un son aigre, صرصع.

**Jureur**, s. m. fam., qui jure beaucoup par mauvaise habitude ou par emportement, حلّاف — كثير الحلفان.

**Juri** ou **Jury**, s. m., corps, assemblée des jurés, جماعة وكلا.

**Juridiction**, s. f., pouvoir du juge, étendue du lieu où le juge a le pouvoir, قضا — قضاوة — حكومة.

**Juridique**, adj. com., شرعي.

**Juridiquement**, adv., شرعًا — شرعيًا.

**Jurisconsulte**, s. m., qui fait profession de droit et de donner conseil, فقيه — مفتي; plur., فقها.

**Jurisprudence**, s. f., science du droit, فقه.

**Juriste**, s. m., auteur qui a écrit sur les matières de droit, فقيه; plur., فقها.

**Jus**, s. m., suc, liqueur tirée par pression, ما — عصير — عصارة. Jus de citron, ما الليمون. Jus de viande, مرقة.

**Jusque** ou **Jusques**, prépos., الى حدّ — الى. || Jusqu'à présent, الى الآن — حتى. || Jusqu'à ce que, الى ان — الى متى. || Jusqu'à quand? || Ils ont poussé la dureté jusqu'à, لحدّ ما — الى وقت ما — بلغت بهم قساوة القلب الى هذا الحدّ ان. || Jusqu'aux enfants, même les enfants, حتى والاولاد.

**Jusquiame**, s. f., plante vénéneuse narcotique, سيكران — بنج.

**Jussion**, s. f., commandement fait par le roi, أمر سلطاني.

**Juste**, adj. com., conforme à la justice, عدل — يحقّ له ان — حقّ ان. Il est juste que, حقّ. || Cela est juste, هذا عين الحقّ — هذا حقّ.

**Juste**, qui juge et agit selon l'équité, عادل — أهل عدل — مُنصِف. Être juste avec quelqu'un, أنصفه.

**Juste**, vertueux, craignant Dieu, بار; pl., أبرار — صالح.

**Mesure juste**, qui a la justesse convenable, كيل وافي. || Calcul juste, حساب صحيح. || Expression juste, كلمة مضبوطة. || Son observation est juste, كلامه حقّ — قوله صحيح. || Montre juste, exacte, ساعة مضبوطة. || Habit juste, trop étroit, لبس ضيّق.

**Juste**, adv., précisément, سوا — بعينه — تمام.

**Juste**, comme il faut, مضبوط — كما ينبغي — محكم.

**Au *juste***, justement et précisément, بالتحكيم. — Dites-moi le prix au juste, قل لي كلام البيع بضبط الصحيح.

**Justement**, adv., avec justice, بعدل.

**Justement**, dans la juste proportion, بالقانون. Justement, précisément, ni plus ni moins qu'il ne faut, سوا — تمام لا زايد ولا ناقص.

JUSTESSE, s. f., sans plur., précision exacte, رشد - ضبط - احكام - اتقان. Justesse d'esprit, اصابة الراى.

JUSTICE, s. f., vertu morale qui fait que l'on rend à chacun ce qui lui appartient, عدل - استقامة - انصاف - عدالة. Traiter quelqu'un avec justice, عامله بالانصاف ‖ Se presser de blâmer quelqu'un n'est pas justice, ليس من العدل سرعة العذل; prov. ‖ Il n'y a pas de meilleure arme que la justice, ni de meilleure aide que la franchise, لا سيف مثل الحق ولا عون مثل الصدق; prov. ‖ Il n'y a pas de guide comme la raison, ni de garde comme la justice, لا سايس مثل العقل ولا حارس مثل العدل.

*Justice*, bon droit, raison, حق. J'ai la justice de mon côté, الحق معى.

*Justice*, les juges, اهل المحكمة - اهل الشريعة. La *justice*, la loi, les tribunaux, شرع الله. Rendre la *justice*, قضى امور الناس ‖ O. Se faire justice, se condamner soi-même, حكم فى نفسه ‖ Se faire justice, se venger, se payer par ses propres mains, خاص حقه بيك ‖ Nous aurons justice de lui devant Dieu, ناخذ حقنا منه قدام الله ‖ Faire justice à quelqu'un, lui faire rendre ce qui lui est dû, خاص له حقه ‖ Faire justice de, punir, طلع من حق ‖ Rendre justice à quelqu'un, avouer son mérite, شهد ل A. ‖ Rendre justice à quelqu'un, dire ce qu'on pense de lui en bien ou en mal, ما ظلمه - ما قصر فى حقه.

JUSTICIABLE, adj. com., soumis à la juridiction de, تحت حكم - فى حكم.

JUSTICIER, verb. act., punir judiciairement, قاصص.

JUSTICIER, s. m., prince qui aime à rendre ou faire rendre justice, عادل - رشيد.

JUSTIFIABLE, adj. com., qui peut être justifié, له عذر - يتبرر.

JUSTIFIANT, E, adj., qui justifie, مطهّر.

JUSTIFICATIF, IVE, adj., qui sert à justifier un accusé, مبرّر.

*Justificatif*, qui sert à prouver une allégation, محقق - مثبت.

JUSTIFICATION, s. f., défense qui prouve l'innocence, تزكية - تبرية - براءة.

JUSTIFIER, v. a., déclarer l'innocence, زكى - برّر.

*Justifier*, prouver la bonté, la solidité d'un avis, la vérité d'un fait, ثبت - حقق - ايّد.

*Justifier*, rendre juste, حقق - صيّر الشى حقّا. Justifier la bonne opinion, حقق حسن الظن.

*Se justifier*, v. réf., prouver son innocence, بيّض وجهه - برّر نفسه.

JUSTIFIÉ, adj., disculpé, مبرّر.

*Justifié*, prouvé, محقق - مثبت.

JUTEUX, SE, adj., qui a beaucoup de jus, كثير الماء.

# K

K, s. m., onzième lettre de l'alphabet français, الحرف الحادى عشر من حروف الف باء.

KALI, s. m., soude, plante maritime, sa cendre, قلى - اشنان.

KAN, s. m., prince tartare, خان.

KARABÉ, s. m., succin, ambre jaune, كهربا - كارابا.

KARAT, s. m., trente-deux grains, قيراط; plur., قراريط.

KAZINE, s. f., trésor du grand-seigneur, خزينة السلطان.

KEIRI, s. m., giroflée jaune, منثور اصفر - خيرى.

KERMÈS, s. m., excroissance rouge sur le chêne-vert; teinture faite avec le kermès, قرمز - قرمس - Kermès. حبّ القرمز يوجد على شجر السنديان minéral, قرمز معدني.

KHAN, subst. m., espèce d'hôtel pour loger les étrangers au Levant, خان; plur., خانات - وكالة.

KETMIE, subst. f., plante malvacée, mauve, خطمية.

KIOSQUE, s. m., pavillon dans les jardins turcs, كشك.

KOUFIQUE, adj., l'ancienne écriture des Arabes, خطّ كوفي.

KYRIE-ÉLÉISON, s. m., prière, كيرياليصون.

KYRIELLE, s. f., longue suite, جملة.

KYSTE, s. m., membrane en vessie qui renferme des humeurs, خراج - كيس.

# L

L, s. m., douzième lettre de l'alphabet français, الحرف الثاني عشر من الف با وهو حرف اللام.

LA, article pour le féminin, ال حرف التعريف للاسم المؤنث.

La, pronom relatif pour le féminin, ها.

Là, adv. démonstratif qui détermine le lieu, هنا (Syrie) - ثمّ (Égypte) - هون (Barb.).

Là, indiquant un lieu éloigné, un lieu différent de celui où l'on est, هناك (Syrie) - هونيك - ثمّاك (Barbarie). D'ici là, من هون - من هنا الى هناك - الى هونيك.

Là-dessus, sur ces entrefaites, alors, عند ذلك.

De là, adv., de ce lieu-là, de ce point-là, من هونيك - من هناك. De là, de cette cause-là, de ce sujet-là, من ذلك.

De là, prépos. et au-delà, de l'autre côté, من هذاك الصوب - من الناحية الاخرى. De là les monts, هذاك الصوب من - ورا الجبال. ‖ Au-delà des espérances, فوق الامل.

Au-delà, par-delà, adv., encore plus, ازيد - ازود. Je lui ai donné ce qu'il m'a demandé et au-delà, اعطيته قدر ما طلبه منى و ازود.

En delà, plus loin, ابعد.

Deçà et delà, de côté et d'autre, من هنا و هناك.

Dès-là, adv., cela étant, حيث ذلك.

LABEUR, s. m., travail pénible, تعب - جهد - كدّ.

LABIAL, E, adj., qui se prononce des lèvres, شفهى.

LABORATOIRE, s. m., lieu où l'on travaille, دولاب - معمل.

LABORIEUSEMENT, adv., بكدّ - بتعب.

LABORIEUX, SE, adj., qui exige de la peine, متعب.

Laborieux, qui travaille beaucoup, شغّيل - مجتهد - شغّال.

LABOUR, s. m., حراثة - حرث.

LABOURABLE, adj. com., propre à être labouré, يحرث.

LABOURAGE, s. m., تفليح - فلاحة - حراثة الارض.

LABOURER, v. a., fendre et retourner la terre avec une charrue, حرث - فلح الارض. O.

Labourer, au fig. fam., avoir beaucoup de peine, تعب - قارف. A.

LABOURÉ, adj., مفلوح - محروث.

LABOUREUR, s. m., فلّاح; plur., فلّاحين.

LABURNE, ou AUBOURS, s. m., espèce de cytise, نوع من شجيرة القصاص.

LABYRINTHE, s. m., lieu coupé de plusieurs chemins avec beaucoup de détours; au fig., complication d'affaires embrouillées, تيه - عقبة.

Labyrinthe, cavité de l'oreille, تجويف الاذان.

LAC s. m., grand amas d'eau dormante, بِرَك ; plur., بِرْكَة - بَحَاير .plur, بَحِيرَة.

LACER, v. a., serrer avec un lacet, عقد I. O.

Lacer, couvrir sa femelle (parlant du chien), زرّ (عن الكلب مع كلبة) O.

Lacer, attacher la voile à la vergue, ربط القلع O.

LACÉRATION, s. f., شرمطة.

LACÉRER, v. a., déchirer, مزع - مزق - شرمط.

LACERON, s. m., ou LAITERON, plante laiteuse, الحشقوق - بقلة اليهودية.

LACET, s. m., cordon de fil ou de soie, قيطان - خيط - أخية.

Lacets, lacs pour prendre les perdrix, etc., فخ.

LÂCHE, adj. com., qui n'est pas tendu, serré, رخو - مرتخى - مرخى.

Lâche, en parlant d'une étoffe, qui n'est pas bien battue et serrée, خفيف.

Lâche (ventre), trop libre, سايب - رخو.

Lâche, au fig., qui manque de vigueur et d'activité, بليد - قليل مروّة - كسلان.

Lâche, variant et mou (temps), رخو.

Lâche, languissant (style), ركيك, كلام ركك.

Lâche, poltron, qui manque de courage, جبان - قليل نخوة - اندال plur.; ندل - معيوب - سقيع.

LÂCHEMENT, adv., mollement, avec nonchalance, من غير مروّة - بوخاوة - ببلادة.

Lâchement, sans courage, sans générosité, sans cœur, من غير مروّة.

LÂCHER, v. a., desserrer, détendre, رخى I. Lâcher la bride, lâcher la main à un cheval, رخى I. للفرس.

Lâcher, laisser échapper ou aller, سيّب - I. Lâche-moi, ارخيني. رخى I.

Lâcher le ventre, ليّن, مشّى - سهل البطن - البطن.

Lâcher, donner un coup, شط O.

Lâcher la main, au fig. fam., céder de ses prétentions, حط O. - هاود. Lâcher pied, s'enfuir, هرب O. || Lâcher la bride, donner carrière, أطلق. || Lâcher prise, abandonner un dessein, renoncer, عدّى عن - ترك O. || Lâcher la parole, le mot, dire sa dernière pensée dans un traité, قال اخر كلامه.

Se lâcher, v. pron., parler sans discrétion, ou sans décence, قلع برقع الحياء.

LÂCHETÉ, s f., poltronnerie, جبانة.

Lâcheté, paresse, mollesse, قلّة مروّة - قلّة نشاط - بلادة - كسل.

Lâcheté, action basse, عمل ندل ; plur., أعمال - دناوة - عمل دنى - عمايل.

LACONIQUE, adj. com., concis, مقتصر.

LACONIQUEMENT, adv., مقتصرا.

LACONISME, s. m., façon de parler concise, اقتصار في الكلام.

LACRYMAL, E, adj, qui appartient aux vaisseaux d'où coulent les larmes, ميقى. Fistule lacrymale, ناصور في ماق العين.

LACS, s. m., nœud coulant qui sert à prendre des oiseaux, des lièvres, et autre gibier, شنيطة - فخ - حبالة.

Lacs, au fig., piège, شرك - فخ.

LACTAIRE, adj. com., qui a du lait, لبن.

LACTÉ, E, adj., qui a l'apparence, la nature, la qualité du lait, لبني.

Voie lactée, blancheur dans le ciel, formée par un assemblage de petites étoiles, ذُرَيْبُ التِّبَانَة - المجرّة - أمّ السما - طريق اللبانة - طريق التبن.

Veines lactées, veines qui contiennent le chyle, مجاري الكيموس.

LACUNE, s. f., vide dans le corps d'un ouvrage et qui en interrompt la suite, خلل. Remplir la lacune qui existe, سدّ الخلل الحاصل في.

LADANUM, s. m., ou LABDANUM, substance résineuse, لادنة - لادن.

LADRE, adj. com., lépreux, أبرص, plur., برص.

*Ladre*, au fig. fam., insensible de corps ou d'esprit, عديم الحس.

*Ladre*, extrêmement avare, خسيس - لئيم.

LADRERIE, s. f., lèpre, برص.

*Ladrerie*, au fig. fam., avarice sordide, لأمة.

*Ladrerie*, hôpital pour les lépreux, مرستان للبرص.

LADY, s. m., titre qui se donne en Angleterre aux femmes et aux filles des lords et des chevaliers, اسم يعطى للنسا الاشراف في بلاد لانكليز.

LAGOPUS ou LAGOPE, s. m. *Voy.* PIED-DE-LIÈVRE.

LAGUE, s. f. *Voyez* SILLAGE.

LAGUNE, s. f., petit lac, flaque d'eau, نقاعة - مستنقع ماء.

LAID, E, adj., difforme, désagréable à la vue, مسوخ - قبيح المنظر - بشع المنظر - بشع - وحش.

*Laid*, au moral, déshonnête, قبيح.

LAIDERON, s. f. fam., jeune femme ou fille laide, mais qui n'est pas sans agrément, وحشة و لكن نغشة.

LAIDEUR, s. f., قباحة - قبح - بشاعة. La laideur est l'égide de la vertu des femmes, القبح حارس المراة.

LAIE, s. f., femelle du sanglier, خنزيرة برية.

LAINAGE, s. m., marchandise de laine, بضاعة صوف.

*Lainage*, façon donnée aux draps avec les chardons qui tirent la laine, تمشيط الجوخ.

LAINE, s. f., poil des moutons, etc., صوف; plur., اصواف.

LAINEUX, SE, adj., qui a beaucoup de laine, كثير الصوف - غزير الصوف.

LAINIER, s. m., marchand de laines, بيّاع صوف.

LAÏQUE, adj. com., qui n'est point ecclésiastique ni religieux, عامي - عالماني; plur., عوام.

LAISSE, s. f., corde pour mener les chiens, حبلة سلبة الكلاب.

*Laisse*, cordon de chapeau, زناق برنيطة.

Mener quelqu'un en *laisse*, au fig. fam., en faire tout ce qu'on veut, سحبه بجبل. A.

LAISSER, v. a., quitter, ne pas emporter, oublier, ترك - خلى. O.

*Laisser*, mettre en dépôt, confier, اودع عند - خلّى عند.

*Laisser*, céder, ابقى ل - خلّى ل - اعطى.

*Laisser*, léguer, ترك - خلى - خلف. O.

*Laisser* aller, سيّب - اطلق. Laissez-moi passer, خلّيني افوت - فوتني. ‖ Laisser échapper l'occasion, خلّى الفرصة تفوته. ‖ Je ne laisserai pas passer un jour sans vous écrire, ما اخلى يوم يفوت الا و اكتب لك.

*Laisser* de, cesser, s'abstenir de, بطل. Malgré tout ce qu'on lui dit, il ne laissa pas d'aller, مع كل ما قالوا له ما بطل يروح الى.

Il est petit et maigre, mais il ne *laisse* pas de faire de l'ouvrage, هو صغير و ضعيف و مع هذا كله يشتغل كثير.

*Laisser* faire, permettre, souffrir que l'on fasse ou dise, ne pas empêcher, ترك - خلّى يعمل. O. Votre fils injurie celui-ci, frappe celui-là, et vous le laissez faire, ولدك يشتم هذا و يضرب هذاك و انت تسكت له تركن له.

Laissez-moi, laissez-moi tranquille, اعتقني - خلّيني - خلّصني.

Se *laisser* aller, se relâcher, لان. I.

Laissez! c'est assez; terme de modération, de dédain, quittez cela! خلّينا - دعنا. Laissez là ce discours, دع عنك هذا الكلام - دعنا من هذا الكلام - خلّينا من هذا الكلام.

LAIT, s. m., لبن (Égypte) - حليب (Syrie). Lait caillé et aigrelet, مروّب (Syrie) - لبن. ‖ Lait de femme enceinte, غيل. ‖ Premier lait d'une femme après l'accouchement, صبغة. ‖ Lait d'amande, مستحلب اللوز. ‖ Vache à lait, femme qui a beaucoup de lait, بقرة لبانة. ‖ Vache à lait, personne dont on tire beaucoup d'argent, de parti, مُسْتَحَلّ. ‖ Dent de lait, première dent, سِنَّةُ لبن. ‖ Frère de lait, اخ رضاعة - اخ من الرضاع. ‖ Sœur de lait, اخت رضاعة - اخت من الرضاع. ‖ Petit lait, sérosité du lait caillé, دُوغ - دَوّ - ميص - مصل. ‖ Cochon de lait, qui téte encore, خنّوص - خنزير رضيع.

Lait de poule, jaune d'œuf délayé dans du sucre et de la décoction de laitue, صفار بيض مع ما خس و سكر.

LAITAGE, s. m., لبونات. Laitage et œufs, بَياض. ‖ Manger du laitage et des œufs, ne pas faire maigre rigoureusement, اكل بياض.

LAITANCE ou LAITE, s. f., partie des entrailles des poissons mâles, de substance blanche et molle, منّ السمك اى شى مثل الحليب المروّب يوجد فى بطن ذكور السمك.

LAITÉ, E, adj., qui a de la laitance, سمك له منّ.

LAITERIE, s. f., lieu où l'on conserve le lait, etc., لبانة.

LAITERON, s. m. Voyez LACERON.

LAITEUX, SE, adj., qui a du lait, ذو لبن.

LAITIÈRE, s. f., qui vend du lait, لبّانة.

LAITUE, s. f., herbe potagère, خسّ. Laitue pommée, خسّ مدوّر.

LAITON, s. m., fil de cuivre jaune, سلك نحاس اصفر.

LAIZE, s. f., largeur d'une étoffe, عرض قماش.

LAMA, s. m., prêtre tartare, امام فى بلاد التطر.

LAMANEUR, s. m., pilote pour l'entrée d'un port, ريس البواغيز.

LAMANTIN, s. m., animal amphibie, دبّ البحر.

LAMBEAU, s. m., morceau déchiré, قطعة; plur., قطع. En lambeaux, مقطّع.

LAMBIN, E, s. fam., qui agit très-lentement, فتيلته طويلة - حبله طويل - لكع.

LAMBINER, v. n. fam., agir lentement, تلاكع - توانى.

LAMBRIS, s. m., revêtement des murs en menuiserie, تخشيبة. Lambris en marbre, ترخيم. Céleste lambris, le ciel, سما.

LAMBRISSAGE, s. m., ouvrage de celui qui a lambrissé, ترخيم - تخشيب.

LAMBRISSER, v. a., revêtir de lambris, خشّب - رخّم.

LAMBRUCHE ou LAMBRUSQUE, s. f., espèce de vigne sauvage, كرمة بريّة - كشمش.

LAME, s. f., table de métal fort mince, صفيحة; plur., صفايح.

Lame, fer d'un outil tranchant, d'une épée, نصلة; plur., نصال.

Bonne lame, au fig. fam., celui qui manie bien l'épée, ضرّاب سيف. Fine lame, femme fine et rusée, مرة مقطعة.

Lame, vague de la mer agitée, موجة.

LAMENTABLE, adj. com., déplorable, مبكى - محزن.

Lamentable, qui excite la pitié, شكى.

LAMENTABLEMENT, adv., بنوع مبكى.

LAMENTATION, s. f., plainte avec gémissements et cris, نوح - نياح - نحيب.

LAMENTER, v. a., déplorer; et SE LAMENTER, v. pr., se plaindre, ناح على O.

LAMIER ou LAMION, s. m., plante, قريص احمر - لاميون.

LAMINAGE, s. m., action de laminer, رقّ المعادن.

LAMINER, v. a., donner à une lame de métal une épaisseur uniforme, رقّ المعادن و عملها صفايح I.

LAMINOIR, subst. m., instrument pour laminer, الة لرقّ المعادن.

LAMPAS, s. m., enflure au palais du cheval, ورم يحدث فى سقف فم الفرس.

LAMPE, s. f., قنديل; plur., قناديل. Petite lampe simple composée d'un godet et d'une mèche, سراج.

LAMPER, v. a., boire avidement, بلع A.

LAMPION, s. m., petite lampe, سراج; pl., سرج.
LAMPROIE, s. f., poisson, سمك حيات بحرى - مرينة.
LAMPSANE, s. f., ou herbe aux mamelles, حشيشة البزاز.
LANCE, s. f., arme à long manche et fer pointu, رماح; plur., رمح - مزاريق; plur., مزراق.
LANCER, v. a., jeter avec raideur un dard, une flèche, I. رمى احدا بسهم - O. زرق بمزراق. Lancer des pierres à quelqu'un, I. - حذفه بالحجارة I. رماه بالحجارة.
Lancer, attaquer, faire partir le cerf, t. de chasse, اطلق حصانه O. اكرش الايل. Lancer un cheval, اعطى حصانه الميدان - ارخى الحصان.
Lancer des regards, بصبص على - تطلع على, I. Lancer un sarcasme à quelqu'un, ضربه كلمة - O. نقره كلمة.
Se lancer, v. pr., se jeter avec impétuosité sur, انزرق على - وثب على.
LANCETTE, s. f., instrument de chirurgie pour saigner, مشراط - نشتر - ريشة فصادة, pl., مشاريط.
LANCIER, subst. m., cavalier armé d'une lance, مزارقية; plur., مزارقى.
LANCINANT, E, adj., qui se fait sentir par élancement, ناخس - يغزغز. Douleur lancinante, وجع ناخس.
LANDE, s. f., grande étendue de terre où il ne vient que des bruyères, ارض عقول.
Landes, au plur. et fig., endroits secs et ennuyeux dans un ouvrage, ما يضجر فى تاليف.
LANDGRAVE, s. m., juge d'un pays en Allemagne, حاكم فى بلاد نمسا.
LANDGRAVIAT, s. m., état, pays soumis à un landgrave, الارض التى تحت حكومة الحاكم المذكور فى بلاد نمسا.
LANGAGE, s. m., idiome d'un peuple, لغة - لسان.
Langage, discours, style, manière de parler, كلام.
Langage muet, gestes, regards, لسان الحال.

LANGE, s. m., étoffe dont on enveloppe les enfants au maillot, لفافة - قماط; plur., لفايف.
LANGOUREUSEMENT, adv., بذبول. Regarder langoureusement, نظر اليه بعين ذابلة.
LANGOUREUX, SE, adj., qui marque de la langueur, ذابل. Regard langoureux, نظر ذابل. Ton langoureux, صوت شجى.
LANGOUSTE, s. f., écrevisse de mer, سرطان - جراد البحر.
LANGUE, s. f., organe de la parole, لسان; pl., السن et السنة.
Langue dorée, au fig. fam., personne qui sait séduire, persuader, عذب اللسان. Mauvaise langue, médisant, لسان سوء. || Personne qui a bien de la langue, qui a la langue longue, طويل اللسان - لسانه طويل. || Qui a la langue déliée, bien pendue, لسانه طلق. || Qui a la langue épaisse, embarrassée, لسانه ثقيل. || J'ai son nom sur le bout de la langue, اسمه على راس لسانى. || Cela lui a dénoué la langue, هذا اطلق لسانه. || Les imprudences de la langue causent les malheurs de l'homme, عثرات اللسان افات الانسان. || Mieux vaut chopper du pied que de la langue, عثرة القدم اسلم من عثرة اللسان; prov. || Prendre langue, s'informer, استخبر. || Coup de langue, médisance, نميمة.
Langue de terre, terre longue et étroite, لسان ارض.
Langue, idiome, langage d'une nation, لسان; plur., السن - لغة; plur., لغات. Langue mère, de laquelle sont dérivés les idiomes, لسان اصلى. || Langue vivante, parlée, لسان دارج. || Langue morte, ancienne, لسان قديم.
Langue-de-cerf. Voyez SCOLOPENDRE. Langue-de-bouc. Voyez VIPÉRINE. || Langue-de-chien. Voyez CYNOGLOSSE. || Langue-de-serpent, plante, لسان الحية.
LANGUETTE, s. f., de balance, لسان الميزان.

# LAN        LAR     453

LANGUEUR, s. f., état de celui ou de ce qui languit, فتور - سقم - ضنا - ذبول.

LANGUIR, v. n., être consumé peu à peu par une maladie qui abat, سلّ A.

Languir, au fig., souffrir, être consumé par une passion, l'ennui, les désirs, ضنى A. ـ انسقم. || Languir d'amour, أضناه العشق. || Languir de faim et de soif, أهلكه الجوع والعطش. || Languir d'ennui, أهلكه الضجر. || Faire languir quelqu'un, طوّل عذابه.

Languir, traîner en langueur, لم يزل الامر مرتخيا. L'affaire languit toujours, المادّة دايها مرتخية.

Languir, être traînant, être languissant (style), سقم.

LANGUISSAMMENT, adv., بسقم.

LANGUISSANT, E, adj., qui languit, سقيم - مضنى - ذابل - ذبلان. Regard languissant, عين ذبلانة. || Style languissant, كلام واقف، بارد. || نظر مكسور. سقيم، ركيك.

LANICE, adj. (bourre), مشاق صوف.

LANIÈRE, s. f., courroie, سير; plur., سيور.

LANIFÈRE, adj., ذو صوف.

LANTERNE, s. f., boîte transparente pour renfermer une lumière, فانوس - فنيار; plur., فوانيس.

Lanterne magique, خيال ظلّ.

Lanternes, au plur., fig. fam., fadaises, contes, أباطيل - مساخر.

LANTERNER, v. n. fam., être irrésolu, perdre le temps à des riens, لاكي.

Lanterner, v. a., remettre quelqu'un d'un jour à l'autre, l'amuser par de vaines promesses, ماطل أحدا.

Lanterner, importuner quelqu'un de propos impertinents, تبارد عليه - تحالى على احد.

LANTERNERIE, s. f. fam., irrésolution, تلاكع.

Lanternerie, fadaise, discours frivole, محالة - برادة.

LANTERNIER, s. m., lambin, لكع.

LANUGINEUX, adj., عليه صوف.

LAPATUM, s. m. Voyez PATIENCE.

LAPER, v. n., boire en tirant l'eau avec la langue comme font les chiens, لعق A. ـ ولغ A.

LAPEREAU, s. m., ارنب صغير; pl., ارانب صغار.

LAPIDAIRE, s. m., qui taille, vend des pierres précieuses, حكّاك - جواهرجي.

LAPIDATION, s. f., action de lapider, رجم بالحجارة.

LAPIDER, v. a., assommer à coups de pierres, رجم O.

LAPIDIFICATION, s. f., formation de pierres, تحجير.

LAPIDIFIER, v. a., t. de chimie, réduire les métaux en pierres, صيّر المعادن حجارة.

LAPIDIFIQUE, adj. com., se dit des substances propres à former les pierres, جاعل حجارة.

LAPIN, s. m., quadrupède herbivore à poil gris-roux, ارنب بلدي - ارانب, plur., ارانب; (Barbarie) اقنين, ou قلّين.

LAPINE, s. f., femelle du lapin, ارنبة.

LAPIS, LAPIS-LAZULI, s. m., pierre précieuse bleue veinée d'or, حجر لازورد ou لازورد.

LAPS, subst. m. (de temps), espace de temps, مدّة - مسافة زمن.

LAPS et RELAPS, adj., مرتدّ - كافر.

LAQUAIS, s. m., valet de livrée, de pied, خدّام - شطّار; plur., شاطر.

LAQUE, s. f., sorte de gomme, صمغ اللكّ.

LARCIN, s. m., vol, chose volée; au fig., plagiat, سرقة.

LARD, s. m., شحم الخنزير.

LARDER, v. a., mettre des lardons, شكّ O. شحم في.

Larder, au fig. fam., percer de coups, piquer, شكّ O. ـ غرغز.

LARDOIRE, s. f., instrument pour larder de la viande, مشكّ الشحم.

LARDON, s. m., morceau, aiguillette de lard, قطعة شحم - غرّة شحم.
*Lardon*, au fig. fam., mot piquant, شكّة.
LARGE, adj. com., qui a de la largeur, واسع - عريض. Large de cinq coudées, عرضه خمسة اذرع.
*Large*, au fig. fam., libéral, يد مفتوحة - سخيّ.
*Large*, grand, l'opposé de mesquin, واسع.
Conscience *large*, fam., relâchée ذمّة واسعة.
En *large*, فى العرض. Au large, pacieusement, à l'aise, فى الواسع. || Au large, en haute mer, فى العميق. || Prendre le large, au fig., s'enfuir, وسّع.
LARGEMENT, adv., généreusement, بكرم.
*Largement*, au large, d'une manière large, فى البسيط - فى الكبير.
LARGESSE, s. f., distribution d'argent, نعمة; plur., انعام - عطا - نـعـم. Faire des largesses, نشر النشار - افضل على - انعم على O.
LARGEUR, s. f., dimension en large, عرض - وسع.
LARGUE, adj. (vent), ريح موافقة تهبّ عن جانب المركب.
LARGUER, v. a., terme de marine, ارخى.
LARIX. *Voyez* MÉLÈZE.
LARME, s. f., دمعة; plur., دموع; coll., دمع.
*Larme* de Job, plante, قطرة ايوب - دمعة ايوب.
LARMIERS, s. m. pl., tempes des chevaux, اصداغ الخيل.
LARMOYANT, E, adj., qui pleure, عين تندمع.
*Larmoyant*, qui fait verser des larmes de douleur, يدمع العين.
LARMOYER, v. n., pleurer, دمّع.
LARRON, NESSE, s., qui vole furtivement, لصّ; pl., لصوص. L'occasion fait le larron, مال المدشّر يعلّم الناس الحرام, prov.
LARVES, s. m. plur., âmes errantes des méchants, ارواح الاشرار.
LARYNX, s. m., partie supérieure de la trachée-artère, حنجرة; plur., حناجر.

LAS, SE, adj., fatigué, تعبان. Je suis las de marcher, تعبت وانا امشى - تعبت من المشى.
*Las*, ennuyé, زعلان.
LASCIF, IVE, adj., fort enclin à la luxure, فاسق - شهوانى.
*Lascif*, qui porte à la luxure, يقوّم الشهوة.
LASCIVEMENT, adv., بفسق.
LASCIVITÉ, s. f., forte inclination à la luxure, شبق - شهوة.
LASERPITIUM, s. m. plante, شجيرة الحلتيت - انجدان.
LASSANT, E, adj., qui fatigue, متعب.
LASSER, v. a., fatiguer, اتعب - اعيى.
*Lasser*, ennuyer, زعّل.
Se *lasser*, v. pr., se fatiguer, تعب A. I. عيى A. I. Se fatiguer de, s'ennuyer de, زعل من A. - ملّ من A.
LASSITUDE, s. f., عيا - ملل - تعب.
LATENT, E, adj., caché, مخفى.
LATÉRAL, E, adj., يخصّ الجانب - عن جانب.
LATÉRALEMENT, adv., على جنب - عن الجانب.
LATIN, E, adj., لاتينى.
LATIN, s. m., la langue latine, اللسان اللاتينى.
LATINISER, v. a., كلام لاتينى.
LATINITÉ, s. f., langage latin, لاتينية. Basse latinité, langage des auteurs latins des derniers temps, تأليف المتأخرين فى اللغة اللاتينية.
LATITUDE, s. f., t. d'astronomie et de géographie, distance des lieux par rapport à l'écliptique ou à l'équateur, عرض; plur., عروض. Cercles de latitude, دواير العروض.
*Latitude*, au fig., espace, liberté d'action, وسع.
LATRIE, s. f., culte de latrie, que l'on rend à Dieu seul, عبادة لله واحده.
LATRINES, s. f. pl., ششمة; plur., ششم - كنيف.
LATTE, s. f., pièce de bois longue, étroite et plate, عارضية خشب - بدوارة.
LATTER, v. a., garnir de lattes, خشّب.

LATTIS, s. m., arrangement des lattes, رصّ خشب - تخشيب.

LAUDANUM, s. m., extrait, préparation d'opium, روح الافيون - دهن الافيون.

LAURÉOLE, s. f., plante, بينب.

LAURIER, s. m., arbre, شجر الغار. Laurier rose, دفل - دفلي ‖. Laurier cerise, كرز الغار ‖. Laurier thym, غار.

*Laurier*, au fig., la victoire, انتصار.

LAVAGE, s. m., غسل.

LAVANDE, s. f., plante aromatique, سنبل خزامى - خزامى. Eau de lavande ou de Cologne, موية الملكة.

LAVASSE, s. f., pluie subite, زختّ مطر.

LAVE, s. f., matière fondue qui sort des volcans, مادة من جبل النار.

LAVÉ, adj., clair, فاتح.

LAVEMENT, s. m., clystère, حقنة ; plur., حقن. Prendre un lavement, احتقن.

LAVER, v. a., nettoyer avec un liquide, غسل I. شلّل - سيّق - غسّل (Barb.). Donner à laver, قدّم له الطشت و الابريق ‖. Se laver avant la prière, faire l'ablution, توضّى.

*Laver* la tête à quelqu'un, le réprimander, عمل له تغسيلة راس.

*Laver*, effacer, محى I. Laver ses péchés, au fig., les pleurer, رحض الدرن A.

Se *laver*, se justifier, بـرّى نفسه - بيّض وجهه.

S'en *laver* les mains, fam., se décharger de toute responsabilité, de tout reproche, رفع يده من دعوة A.

LAVETTE, s. f., chiffon pour laver, ممسحة.

LAVEUR, SE, s., qui lave, غسّال.

LAVIS, s. m., manière de laver un dessin, القا لون على رسم.

LAVOIR, s. m., مغسل.

LAVURE, s. f., eau qui a servi à laver ; produit du lavage, غسالة.

LAXATIF, IVE, adj., qui lâche le ventre, ملين - مسهل - يمشّي البطن.

LAYETIER, s. m., qui fait des boîtes, علبي.

LAYETTE, s. f., linge pour un enfant, بقجة قماش لولد.

LAZARET, s. m., lieu où l'on fait la quarantaine, محل يسكنه مدّة اربعين يوم من يشكّ به طاعون - كارنتينة.

LAZULITE, s. f., لاجورد - لازورد.

LAZZI, s. m., épigramme, bon mot, تنكيت.

LE, art. m.; la, fém.; les, plur. com., ال - لام التعريف.

*Le*, la, les, pron., ۃ, masc.; ها, fém.; هم pl. m.; هنّ, pl. fém.

LÉ, s. m., largeur d'étoffe, عرض قماش.

LÉCHER, v. a., passer la langue sur, لحس A. لسح A.

LEÇON, s. f., instruction donnée à celui qui veut apprendre une science, une langue, تدريس - تعليم - تقرية. Il a suivi mes leçons avec assiduité, واظب على الحضور لتدريسي ‖. Je lui donne deux leçons par semaine, اعلّه مرتين فى الجمعة ‖. Prendre des leçons de quelqu'un, اخذ عنه - اخذ العلم عن.

*Leçon*, chose donnée à apprendre, مثالة.

*Leçon*, précepte, تعليم ; plur., تعاليم.

*Leçon*, avis, عبرة - وعظ. Ce sera une leçon pour les autres, يكون عبرة لمن يـعـتـبـر ‖. Que ceci serve de leçon à mes amis, et qu'ils ne fassent plus....., منى ينتصح اصحابى و لا يعودوا يعملوا ‖. L'argent que vous coûte une leçon n'est pas de l'argent perdu, لم يضع من مالك ما وعظك ; prov.

*Leçon*, remontrance, réprimande, توبيخة - تأديب.

*Leçon*, manière dont un texte est écrit, قراءة - رواية.

LECTEUR, TRICE, s., قارى ; plur., قرّاء.

LECTURE, s. f., قراية - قراءة.
LÈDE ou LÉDUM, s. m., arbrisseau, شجرة اللادن.
LÉGAL, E, adj., شرعي.
LÉGALEMENT, adv., على موجب الشرايع.
LÉGALISATION, s. f., certification de la vérité d'un acte par l'autorité, تعليم على ورق من ارباب الحكم - تصحيح.
LÉGALISER, v. a., rendre un acte authentique par la légalisation, عآم على كتابة للتصحيح.
LÉGALITÉ, s. f., qualité de ce qui est légal, صحّة.
LÉGAT, s. m., représentant du pape, قاصد رسولي - نايب البابا. Légat *a latere*, envoyé papal extraordinaire, رسول من طرف البابا.
LÉGATAIRE, s. m. com., à qui on fait un legs, الموصى له.
LÉGATION, s. f., charge du légat, نيابة البابا.
*Légation*, ambassadeur et toute sa suite, الجى و من معه.
LÉGENDE, s. f., livre de la vie des saints, سيَر القديسين.
*Légende*, liste ennuyeuse, longue liste, سيرة طويلة.
*Légende*, inscription autour d'une pièce de monnaie, دايرة معاملة; plur., دواير.
LÉGER, ÈRE, adj., qui ne pèse guère, خفيف; plur., خفاف.
Style *léger*, facile et agréable, كلام طريف.
*Léger*, adroit, agile, شاطر - خفيف. Plume légère, main légère, يد خفيفة - قلم رشيق.
Pièce de monnaie *légère*, qui n'a pas le poids, معاملة ناقصة - معاملة نحس.
*Léger*, facile à digérer, سهل الهضم.
*Léger*, facile à supporter, خفيف - هين.
*Léger*, frivole, خفيف - باطل.
*Léger*, peu important, peu considérable, خفيف - واهي - ما تحت خبر - وجيز. Légère blessure, جرح لطيف.

*Léger*, volage, خفيف - طايش.
*Léger*, subtil, رفيع.
A la légère, adv., avec de légers vêtements, خفاف بلبس خفيف.
A la légère, au figuré, inconsidérément, من غير تأمّل - من غير اتقان.
LÉGÈREMENT, adv., avec légèreté, بخفّة.
*Légèrement*, un peu, قليلًا. Légèrement blessé, مجروح جرح لطيف.
*Légèrement*, inconsidérément, من غير تمييز.
LÉGÈRETÉ, s. f., qualité de ce qui est léger, peu pesant, خفّة.
*Légèreté*, agilité, vitesse, خفّة - نشاطة.
*Légèreté*, au fig., légèreté d'esprit, inconstance, instabilité, طيشان - طيارة - خفّة عقل - قلة ثبات - تلون - طياشة.
*Légèreté*, imprudence, قلّة عقل - سهو.
*Légèreté*, peu de gravité, خفّة - قلّة.
LÉGION, s. f., corps militaire, troupe, طابور; plur., طوابير - جوقة; plur., اجواق.
Légion d'honneur, ordre institué pour récompenser tout genre de mérite, طابور شرف.
LÉGIONNAIRE, s. m., membre d'une légion, من اعضا الطابور.
LÉGISLATEUR, TRICE, s., qui fait les lois, y coopère, واضع الشرايع.
LÉGISLATIF, IVE, adj., شريعي.
LÉGISLATION, s. f., droit de faire des lois, وضع الشرايع.
*Législation*, corps des lois, شرايع.
LÉGISLATURE, s. f., le corps législatif, ديوان اصحاب الشرايع.
*Législature*, période de temps pendant lequel le corps législatif demeure assemblé, مدة جلستهم.
LÉGISTE, s. m., jurisconsulte, فقيه - متشرّع; plur., فقها.
LÉGITIMATION, s. f., changement d'état d'un enfant naturel, par lequel il acquiert les droits de

# LEN        LEQ    457

ceux qui sont légitimes, معرفة الابن بعد ما كان حرام و العاقة بالنسب.

*Légitimation*, action de légitimer, acte qui constate les pouvoirs, تحقيق.

LÉGITIME, adj. com., qui a les conditions, les qualités requises par les lois, حلال - شرعي.

*Légitime*, juste, fondé en raison, حقّ.

LÉGITIME, s. f., portion accordée aux enfants par la loi, نايب الاولاد فى ميراث والديهم شرعاً.

LÉGITIMEMENT, adv., بالحقّ - بالحلال.

LÉGITIMER, v. a., rendre légitime un enfant naturel, عرف ولده حلال و الحقّه بالنسب I.

*Légitimer*, faire reconnaître publiquement pour authentique et juridique, حقّق.

*Légitimer*, rendre juste, légitime, حقّق.

LÉGITIMITÉ, s. f., qualité, état d'un enfant légitime, حلال.

*Légitimité*, souveraineté d'un prince reconnue de père en fils, حقّ الملك.

*Légitimité*, qualité de ce qui est légitime, conforme aux lois, صحّة - حقّ.

LEGS, s. m., don laissé par un testateur, وصية - أوقاف ; pl., وقف ; Legs pieux, خلف موصّى.

LÉGUER, verb. act., donner par testament, خلف بوصية - وصّى لاحد ب.

LÉGUME, s. m., pois, fèves, etc., plantes potagères, بقل ; plur., بقول - قطنية ; plur., قطاني - خضار ; plur., خضرة.

LÉGUMINEUX, SE, adj., بقولي.

LENDEMAIN, s. m., le jour suivant, ثاني يوم.

LÉNIFIER, v. a., t. de médecine, adoucir, لين.

LÉNITIF, s. et adj. (remède), دوا مليّن.

LENT, E, adj., tardif, بطي. Homme lent, lambin, متواني - حبله طويل.

LENTE ou LENDE, s. f., œuf de poux dans les cheveux, صؤابة ; plur., صيبان - صيبانة ; coll., صيبان.

LENTEMENT, adv., avec lenteur, على مهل - Marcher lentement, بطولة بال - ببطوء مشى على مهل.

Agir *lentement*, avec circonspection, تأنّى.

LENTEUR, s. f., manque d'activité, de célérité, بطو - بطى. L'activité est une source de biens, la lenteur une source de maux, الحركة بركة و التواني هلكة.

*Lenteur*, opposé à précipitation, مهل - تأنّي - طولة بال.

LENTICULAIRE, adj. com., qui a la forme d'une lentille, عدسي.

LENTILLE, s. f., légume, عدس ; coll., عدسة. Riz avec des lentilles, pilau aux lentilles, مجدّرة. || Lentille des marais, طحلب.

*Lentille*, tache rousse ou brune sur la peau, شأمة - خال.

*Lentille*, verre convexe des deux côtés, قزازي محدّبة من الوجهين بشكل عدسي.

LENTISQUE, s. m., arbre, شجرة المصطكى - ضرو - كمكام.

LÉONIN, NE, adj., du lion, propre au lion, سباعى.

Société *léonine*, dans laquelle le plus fort tire à lui tous les avantages, شركة مع الاسد اى شركة ناس بينهم واحد متنشاط على ساير الشركا يحصل لنفسه جميع المنافع فيكون الغلب على غيره.

LÉONTOPÉTALON, s. m., plante, عرطنيثا.

LÉOPARD, s. m., quadrupède féroce, à peau tachetée, نمر ; pl., نمورة - قبلان بصطى (Barbarie) - غيلس.

LÈPRE, s. f., ladrerie, برص - اسد - بلا - جذام.

LÉPREUX, SE, adj., qui a la lèpre, مجذوم - مجذّم - مبتلى - أبرص.

LÉPROSERIE, s. f., hôpital pour les lépreux, بيمارستان المجذّمين.

LEQUEL, laquelle, lesquels, pron. relat., celui, celle qui, الذى ; fém., التى, plur., الذين.

*Lequel?* interrogatif, اى ; plus vulg., اين هو

Lèse, adj. f., qui blesse, ضادّ.
Crime de lèse-majesté, crime commis contre une tête couronnée, جناية ضد سلطان.
Léser, v. a., blesser, جرح A. - ضرّ O.
Léser, faire tort, ظلم I. - ضرّ O.
Lésine, s. f., épargne sordide, قذارة.
Lésiner, v. n., user de lésine, قذر.
Lésinerie, s. f., acte de lésine, تقذير.
Lésion, s. f., tort, dommage, ضرر - مضرّة.
Lésion, blessure, جرح.
Lessive, s. f., eau qui a passé sur les cendres ou dissous de la soude pour laver le linge ; eau détersive, بوغاضة - ماء قلي - ماء رماد للغسيل (Barb.).
Lessive, au fig. fam., grande perte au jeu, سمطة فى اللعب.
Lessiver, v. a., blanchir, غسّل الحوايج.
Lest, s. m., ce qu'on met au fond d'un bâtiment pour le tenir en équilibre, صبورة - تصبيرة.
Lestage, s. m., action de lester, تصبير مركب.
Leste, adj. com., légèrement vêtu, متخفّف.
Leste, au fig., adroit, léger, شهلول - نشط.
Leste, au fig. fam., prompt à, سريع.
Leste, peu délicat sur les convenances, etc., مخلّص.
Lestement, adv., بنشاطة - بخفّة.
Lester, v. a., garnir un vaisseau de lest, صبّر.
Léthargie, s. f., assoupissement profond contre nature, نسيان - سبات.
Léthargie, au fig., غفلة.
Léthargique, adj. com., سباتى.
Lettre, s. f., caractère de l'alphabet, حرف ; plur., حروف et أحرف. || Lettre ponctuée, حرف معجم. || Lettre sans points, حرف مهمل.
Lettre, épître, missive, مكتوب, pl. مكاتيب ; براءة, pl. براءات ; ورقة ; كتاب, pl. كتب (Barb.). J'ai reçu la lettre que vous m'avez fait l'honneur de m'écrire, وصلتنى مشرفتكم. || Lettre de recommandation, مكتوب توصية. || Lettre de change, بوليصة ; plur., بواليص. || Lettre circulaire, adressée à différentes personnes pour le même sujet, dans les mêmes termes, ملحق.
Lettres, au plur., actes de chancellerie, أوامر.
Lettres patentes, أمر شريف سلطانى.
Lettres, sciences, العلوم. Belles-lettres, la grammaire, l'éloquence, la poésie, العلوم الادبيات. ||
Les gens de lettres, اهل الادب.
Lettre, au fig., texte, sens littéral, نصّ - كتاب. La lettre tue et l'esprit vivifie, الكتاب يقتل و الروح يحيى.
A la lettre, adv., dans le sens littéral, apparent, على ظاهره.
A la lettre, mot pour mot, كلمة بكلمة.
Lettre de marque, commission, pouvoir, اجازة.
Lettre de voiture, état de sa charge, علم وسق العربة.
Lettré, e, adj., qui a du savoir, عالم ; plur., ادبا ; اديب - من اهل الادب - علما, plur., ادبا.
Leucacanthe, s. f., plante, شوك الجمال - اشرنغاز.
Leur, pron. plur. com., هم. Dites-leur, قولوا لهم. || Leur livre, كتابهم. || Leur maison, بيتهم. || Le leur, بتوعهم - متاعهم. || Les leurs, بتوعهم - متاعهم - متاعينهم.
Leurre, s. m., morceau de cuir rouge façonné en forme d'oiseau, pour rappeler les oiseaux de fauconnerie, طير من جلد لمناداة الصقر.
Leurre, au fig., chose dont on se sert artificieusement pour attirer, تطميعة - حيلة.
Leurrer, v. a., dresser un oiseau au leurre, علّم الصقر الرجوع.
Leurrer, au fig., attirer par quelques espérances pour tromper, وقع - طمّع - علّل. Leurrer quelqu'un de belles promesses, علّله بمواعيد كويسة - ماطله.
Levain, s. m., ce qui sert à faire lever la pâte, خميرة. Pain sans levain, فطير.

**Levain**, vice dans les humeurs, اخلاط فاسدة - غش فى الاخلاط.

**Levain**, au fig., reste d'une passion violente, mauvaise impression que laisse le péché, آثار الخطية - اسباب الفتنة. Levain de discorde, بقية الشهوة -

**LEVANT**, s. m., l'orient, المشرق - الشرق.

**LEVANT**, adj., qui se lève, se dit du soleil, شمس مشرقة, شارقة.

**LEVANTIN, E**, adj., qui est du Levant, شرقي ; plur., شرقيين ou شراقوة. Les Levantins, اهل الشرق.

**LEVANTINE**, s. f., sorte d'étoffe en soie, صندل.

**LEVÉE**, s. f., action de lever, de recueillir les impôts, etc., جمع الخراج - جمع المال - لمّ.

**Levée**, ce qui est recueilli, recette, لمّ. Levée d'hommes, de troupes, جمع عساكر - لمّ عساكر.

**Levée** de boucliers, au fig., attaque avec éclat, هيلولة. Faire une levée de boucliers contre quelqu'un, نادى الله اكبر على -

**Levée**, digue, chaussée, جسر - حاجز ; plur., جسور.

**Levée**, fin d'une séance, رفع مجلس. Levée d'un siége, رفع الحصار.

**Levée**, au jeu de cartes, دست.

**Levée**, action d'ôter, d'enlever, رفع.

**LEVER**, s. m., l'heure, le temps où l'on se lève, قيام. Le lever du soleil, l'heure où le soleil se lève, اشراق الشمس, طلوع ‖ Le lever des astres, طلوع الكواكب.

**Lever-Dieu**, le temps de la messe où le prêtre lève l'hostie, رفع القربان.

**LEVER**, v. a., hausser, رفع A. - شال I. - رفد I. (Barb.). Lever les yeux, رفع عينيه. ‖ Il n'ose plus lever la tête, ما بقى له راس يرتفع - ما بقى له راس ينشال. ‖ Elle leva son voile, رفعت, شالت, كشفت عن وجهها الغط.

**Lever**, dresser ce qui était penché, couché, A. رفع - O. نصب - اقام.

**Lever**, ôter, retirer, رفع A. - شال I. - رفد I. (Barb.). Lever une difficulté, حل مشكلة - حل عقدة. ‖ Lever l'ancre, حل المرساية.

**Lever**, couper, prendre une partie sur un tout, A. قطع I., شال من.

**Lever**, recueillir, جمع A. - لمّ O. Lever des troupes, لمّ عساكر, جمع.

**Lever** l'étendard contre quelqu'un, خرج على O. - رفع بيرق العصيان على -

**Lever** le siége, s'en aller, quitter une place qu'on avait assiégée, قام عن O. - رفع الحصار. Lever la séance, فض المجلس - رفع المجلس. ‖ Lever la garde, la retirer, شال الغفر I.

**Lever** boutique, ménage, commencer à les tenir, فتح دكان, بيت A.

**Lever**, v. n., pousser, نبت O.

**Lever**, fermenter, اختمر.

**Se lever**, v. pron., se mettre debout, cesser d'être assis, قام O.

**Se lever**, sortir du lit, قام من النوم, من الفرشة.

**Se lever**, paraître sur l'horizon (astres, soleil), طلع - اشرقت الشمس A.

**Se lever**, commencer à souffler, en parlant du vent, صار الريح يعصف, يبّ I.

**LEVIER**, s. m., barre propre à remuer les fardeaux, قوب ; plur., اقواب ; عتلة ; plur., عتل. Levier en fer, مخل ; plur., امخال.

**LÉVIGATION**, s. f., سحق.

**LÉVIGER**, v. a., réduire en poudre impalpable, سحق A.

**LEVIS**, adj. masc., pont-levis, pont qui se hausse et se baisse, قنطرة ترتفع وتنوطى.

**LÉVITE**, s. m., de la tribu de Lévi, من سبط لاوى.

**LÉVITIQUE**, s. m., troisième livre du Pentateuque, سفر لاوى.

**LÈVRE**, s. f., شفة ; plur., شفاه - plus vulgair., شفّة ; plur., شفّ. Petite lèvre, شفيفة.

**Lèvres**, bords d'une plaie, حافة, حافية الجرح.

Dire des *lèvres*, au fig., prov., sans que le cœur y soit, قال بالفم O. Rire du bout des lèvres, d'un rire forcé, ضحك من طرف الشفة. ‖ Avoir le cœur sur les lèvres, être franc, sincère, في فمه الذى فى قلبه.

LEVRETTE, s. f., femelle du lévrier, كلبة شلاقية.

LÉVRIER, s. m., chien de chasse pour les lièvres, كلب سلاق ـ كلب سلوقى ـ كلب شلاقى ـ سلاق; plur., كلاب سلاق.

LEVRON, s. m., jeune lévrier, سلاق صغير.

LEVURE, s. f., écume de bierre qui sert de levain, ريمة بوزة لتخمير العجين.

LEXICOGRAPHE, s. m., auteur d'un lexique, اهل اللغة ـ صاحب كتاب لغة.

LEXIQUE, s. m., dictionnaire, كتاب لغة.

LÉZARD, s. m., quadrupède ovipare, ورل ـ ورن ـ حية شمس ـ ضباب; plur., ضب ـ اورال (Barb.). حكاية الصلا ـ جردون ـ ابو بريص

LÉZARDE, s. f., fente, شق; plur., شقوق.

LÉZARDÉ, adj., fendu (mur), مشقوق.

LIAIS, s. m., sorte de pierre dure, نوع حجر صلد.

LIAISON, s. f., jonction de plusieurs corps ensemble, ارتباط ـ عقد ـ لجمة ـ خلطة ـ اتحاد.

*Liaison*, au fig., ce qui lie les parties d'un discours, رباط الكلام.

*Liaison*, attachement, union entre des personnes par amitié, par intérêt, الفة ـ عشرة ـ صحبة.

*Liaison*, rapport, connexité d'affaires, مناسبة.

*Liaison*, tout ce qui lie, unit deux choses, لحمة ـ وصلة.

*Liaison*, ce qui épaissit une sauce, عقد.

*Liaisons*, au plur., sociétés, connaissances, معارف. Les mauvaises liaisons, مصاحبة الارذال ‖ Il a de mauvaises liaisons, يعاشر ناس ارذال.

*Liaisons*, intelligences avec, موافقة.

LIANT, E, adj., souple, لين.

*Liant*, au fig., affable, prompt à former des liaisons, سريع الميل ـ مسايرة.

LIARD, s. m., petite monnaie, سحتوت ـ فلس; plur., فلوس.

LIASSE, s. f., papiers liés ensemble, ربطة ورق.

LIBANOTIS, s. f., plante, حصا اللبان.

LIBATION, s. f., effusion de liqueurs, اهراق الشربة.

LIBELLE, s. m., écrit injurieux, هجو.

LIBELLER, v. a., dresser suivant les formes, نظم ـ حرّر حسب القوانين.

LIBELLISTE, s. m., auteur d'une libelle, هاجى.

LIBÉRA, s. m., prière pour les morts, ترحيم على الاموات.

LIBÉRAL, E, adj., qui aime à donner, كريم; pl., كرام; سخى, pl., اسخيا.

Idées *libérales*, nobles et libres, الافكار الشريفة.

Les arts *libéraux*, arts où l'esprit a plus de part que le travail de la main, الفنون العقلية.

LIBÉRALEMENT, adv., بكرم.

LIBÉRALITÉ, s. f., penchant à donner, سخا ـ كرم ـ سخاوة.

*Libéralités*, dons faits par libéralité, افضال ـ انعام.

LIBÉRATEUR, TRICE, s., مخلّص.

LIBÉRATION, s. f., décharge d'une dette, d'une servitude, خلاص.

LIBÉRER, v. a., décharger de, délivrer de, خلّص. *Se libérer*, v. réf., s'acquitter, خلص من ـ تخلّص.

LIBERTÉ, s. f., état, condition libre, حرّية.

*Liberté*, affranchissement, عتاق. Donner la liberté à un esclave, عتق العبد I. ‖ Mettre en liberté un prisonnier, اطلق الاسير.

*Liberté*, pouvoir de faire ou de ne pas faire, indépendance des commandements de la volonté d'autrui, عدم التعلّق بالناس ـ اطلاق. Vous avez là-dessus liberté pleine et entière, انت مطلق الارادة فى ذلك.

*Liberté*, facilité heureuse, طلاقة ـ سهولة. La

liberté de la langue, طلاقة اللسان. ‖ Liberté d'esprit, طلاقة الفكر - فراغ العقل من الهمّ.

*Liberté* de conscience, permission de professer une religion quelconque, حرية الاديان.

*Libertés*, au plur., franchises, immunités, مزايا - معافات.

Des *libertés*, de trop grandes familiarités, دالّة عظيمة.

*Liberté*, manière d'agir trop hardie, جسارة. Je prends la liberté de vous envoyer, متهجّم بارسال. ‖ Nous prenons la liberté de vous prier de nous rendre un service, متجاسرين بتكليفكم قضى غرض.

LIBERTIN, E, adject., déréglé dans ses mœurs, فاسق - معتر - فلاتي.

LIBERTINAGE, s. m., débauche ou mauvaise conduite, فسق و فساد - فلت.

*Libertinage*, irréligion, قلة ديانة.

LIBIDINEUX, SE, adj., lascif, شهواني.

LIBRAIRE, s. com., marchand de livres, كتبي ; plur., صحّاني - كتبيّة.

LIBRAIRIE, s. f, profession de librairie, كتبيّة.

*Librairie*, magasin de livres, مخزن كتب.

LIBRATION, s. f., balancement apparent de la lune autour de son axe, مياسة القمر.

LIBRE, adj. com., qui a le pouvoir d'agir ou de n'agir pas, مطلوق الحرية. Libre, qui peut choisir ; faire ce qui lui plaît, مخيّر. ‖ L'homme est libre de faire ce qui lui plaît, الانسان مخيّر على نفسه يعمل ما يريد. ‖ Je suis libre de faire ce qui me plaît, انا دستوري في يدي اعمل ما يعجبني.

*Libre*, qui n'est point esclave, حرّ ; plur., احرار.

*Libre*, qui n'est point captif, servile, معتوق.

Action *libre*, faite librement, عمل متسرّع عن كل غصب و اكراه.

*Libre*, indépendant, خالص - دستوره في يدك. Pays libre, بلاد حرّية - ما هو تحت حكم.

*Libre*, délivré, exempt de peine, etc, خالص من.

*Libre*, qui n'est pas gêné, طلق. Sa langue est libre, لسانه طلق. ‖ Chemin libre, qui n'est pas fermé, درب سالك.

*Libre*, hardi, téméraire, جاسر.

*Libre*, licencieux, سفيه - فالت - زفر. Propos libre, لقش فالت - كلام زفر.

Être *libre* avec quelqu'un, avoir de la familiarité avec lui, له وجه مع - له دالّة على.

LIBRE-ARBITRE, s. m., liberté d'agir ou non, et de choisir entre le bien et le mal, اختيار العبد.

LIBREMENT, adv., sans y être forcé, باختياره - من غير اكراه.

*Librement*, sans égard, sans circonspection, بحرّية.

LICE, s. f., arène, ميدان.

Entrer en *lice*, au fig., s'engager dans une lutte, نزل في الميدان.

*Lice*, femelle de chien de chasse, كلبة صيد.

LICENCE, s. f., liberté trop grande, contraire au respect, اجترا - جسارة.

*Licence*, dérèglement de mœurs, de paroles, سفاهة.

*Licence*, liberté poétique, تجويز في علم الشعر.

*Licence*, écart des règles, de l'usage, بعاد عن القواعد.

*Licence*, degré de savoir qui permet d'enseigner, اجازة.

*Licence*, abus de la liberté, ضلال الحرّية.

LICENCIÉ, s. m., qui a pris le degré de licence, et peut enseigner, له اجازة.

LICENCIEMENT, s. m. (de troupes), توزيع عسكر.

LICENCIER, v. a., congédier des troupes inutiles, وزّع عساكر.

LICENCIEUSEMENT, adv., بسفاهة.

LICENCIEUX, SE, adj., déréglé, désordonné, سفيه - منهمك - فالت. Mener une vie licen-

cieuse, ‖ Propos licencieux, انهمك فى المحارم.
كلام زفر - كلام فالت.

LICHEN, s. m. *Voyez* PULMONAIRE de chêne.

LICHEN-PÉTREUS. *Voyez* HÉPATIQUE.

LICITATION, s. f., vente par enchère, بيعة بالمزاد.

LICITE, adj. com., permis, حلال - مباح.

LICITEMENT, adv, بالحلال - مباحاً.

LICITER, verbe a., faire vendre à l'enchère, امر ببيع فى المزاد O.

LICOL ou LICOU, s. m., fam., رسن - شكيمة (Barb.). Joli licol avec des ornements d'argent ou d'or qui pendent sur le chanfrein du cheval, رشمة.

LICORNE, s. f., sorte d'animal sauvage, وحش يشبه الفرس وفى جبهته قرن.

*Licorne* de mer, narval, كركدان بحرى.

LIE, s. f., dépôt que fait une liqueur, عكار. *Lie* de vin, طين النبيذ - ضيان النبيذ - عكار النبيذ. ‖ *Lie* d'huile, ثجل الزيت.

*Lie* du peuple, des hommes, au fig., les gens les plus vils, اراذل الناس.

LIÉGE, s. m., arbre, son écorce légère, spongieuse, طرواق - فلين - فل.

LIEN, s. m., ce qui lie, attache, unit, ربطة ; plur., رباطات ; رباط - حبل, plur., قيود ; قيد, plur., حبال et حبايل. Les liens de l'amitié, du sang, حبايل المودة او القرابة. ‖ Former entre deux personnes les liens de l'amitié, اوصل بينهم حبايل المحبة.

*Liens*, au plur., fig., esclavage, اغلال.

LIENTERIE, s. f., sorte de dévoiement, زلقة بطن.

LIER, v. a., serrer, attacher, ربط O. - شدّ O. Lier les mains derrière le dos, كتّف يديه. ‖ Lier les pieds, قيّد رجليه.

*Lier*, faire un nœud, عقد I. O.

*Lier*, unir, cimenter, لحم O. - عقّد I.

*Lier*, bien mélanger une sauce, عقد المرق.

*Lier*, au fig., astreindre, قيّد - لزم A. Lié par un serment, ملزوم بيمين. ‖ Lier et délier, refu-

ser ou donner l'absolution, ربط وحلّ.

*Lier* amitié, commerce, عمل صحبة. Lier conversation, فتح معه سيرة.

*Se lier*, v. pron., former une liaison, عاشر A. عمل صحبة مع.

*Se lier*, s'astreindre, الزم نفسه بشى O. ربط نفسه.

*Se lier*, t. d'arts, former un bel ensemble par l'union assortie, انطلى.

LIERRE, s. m, arbuste rampant ou grimpant, قسّوس. Lierre terrestre, حبل المساكين - خبا قسّوس.

LIEU, s. m. - مكان ; plur., مطارح - مطرح ; plur., مضارب - مضرب ; plur., مواضع - موضع (Barb.). Lieu, endroit, temps convenable de, فى وقته ومحله. ‖ En temps et lieu, محلّ.

*Lieu*, sujet, occasion, سبب - محلّ.

Mauvais *lieu*, maison de débauche, بيت عكس.

*Lieux*, au plur., appartements, pièces d'une maison, اوض البيت.

*Lieux*, latrines, ششمة - مستراح.

*Lieux* communs, réflexions générales, choses usées et triviales, موارد مطروقة.

*Lieu*, place, rang, مقام - محلّ. En premier lieu, اولاً. ‖ En second lieu, ثانياً. ‖ Tenir lieu de, valoir autant, remplacer, قام مقام O. - كان بمقام O. ‖ Au lieu de, à la place de, عوض ما ان - بدل ان. ‖ Dissiper au lieu de conserver, بذّر عوض - عوض. ‖ Jouer au lieu de travailler, لعب ما ان يحفظ. ‖ Au lieu d'argent il m'a donné des marchandises, عوض ما ان يشتغل عوض الفلوس اعطانى بضايع.

Avoir *lieu*, arriver, حصل A. - تمّ I. - حدث A.

*Au lieu que*, tandis que, اذا. Il ne pense qu'à jouer, au lieu qu'il devrait travailler à s'instruire, ما يفتكر الا فى اللعب اذا كان يجب عليه الاجتهاد الكلى فى تحصيل المعارف. ‖ Ton frère est savant, au lieu que tu es ignorant, اخوك عالم بينما انت جاهل.

LIEUE, s. f., mesure itinéraire, ساعة - ملقتة ; plur., املاق ou ملاق. Être à cent lieues, au fig. fam., être très-éloigné de ce qui est, بعد بالف ملقة عن.

LIEUTENANCE, s. f., رياسة نوبة - نيابة.

LIEUTENANT, s. m., نايب ; plur., نوّاب - خليفة (Barb.). Lieutenant, grade au-dessous de capitaine, راس نوبة - ملازم.

LIÈVRE, s. m., ارنب بري - ارنب ; plur., ارانب.
Le *Lièvre*, constellation australe, الارنب.
Lever le *lièvre*, être le premier à parler de quelque chose, فتح سيرة باب. A.

LIGAMENT, s. m., muscle qui lie, رباط ; plur., رباطات.

LIGATURE, s. f., bande de drap, de linge pour lier, عصابة - ربطة.

LIGNAGE, s. m., extraction, race, اصل - نسل. De haut lignage, شريف الاصل.

LIGNE, s. f., trait simple considéré sans largeur ni profondeur, خط ; plur., خطوط.
*Ligne*, suite de mots dans la largeur de la page, سطر ; plur., سطور. A la ligne, au commencement de la ligne, فى راس السطر.
*Ligne*, rang, rangée, صف ; plur., صفوف.
*Ligne*, terme militaire, retranchement, circonvallation, متاريس - تحصين.
*Ligne* à pêcher, صنّارة. Pêcher à la ligne, اصطاد السمك بالصنّارة.
*Ligne*, cordeau pour aligner, جدول.
*Ligne*, raie, trait dans la main, شرطة ; plur., اسارير - شرط.
*Ligne*, suite de descendants d'une race, سلالة.
*Ligne*, mesure, douzième partie du pouce, قدر حبّة شعير.
Mettre en *ligne* de compte, employer dans un compte, une énumération, O. - حسب فى ادخل الحساب.

La *ligne*, l'Équateur, خط الاستوا.

LIGNÉE, s. f., race, enfants, ذرّية - نسل.

LIGNEUX, SE, adj., de la nature du bois, خشبى.

LIGUE, s. f., confédération d'États, معاهدة ممالك.
*Ligue*, complot, cabale, عصبة - رباطية.

SE LIGUER, v. pron., former une ligue, اتّحد. تعاهد.

LIGUEUR, SE, s., membre d'une ligue, متعصّب.

LILAS, s. m., arbuste, ليلك - لعلى.

LIMACE, s. f., ou LIMAS, s. m., limaçon sans coquille, بزّاقة.

LIMAÇON, s. m., insecte rampant à coquille, حلزون - مسقلة.
*Limaçon*, partie osseuse du labyrinthe de l'oreille, qui a la forme d'une coquille de limaçon, صدفة الاذن.
Escalier en *limaçon*, درج حلزون.

LIMAILLE, s. f., partie de métal que la lime fait tomber, برادة.

LIMANDE, s. f., poisson de mer, سمك موسى.

LIMBE, s. m., bord, حافة - طرف.

LIMBES, s. m. pl., terme de théologie, الاعراف.

LIME, s. f., مبرد ; plur., مبارد. Chaque chose trouve dans son espèce l'instrument de sa destruction ; le fer même est rongé par la lime, prov., كل شى له افة من جنسه حتى الحديد يسطو عليه المبرد.
Passer la *lime*, au fig., corriger, polir le style, O. صقل الكلام.

LIMER, v. a., amincir avec la lime, برد. O.
*Limer*, au fig., polir le style, صقل, صلح الكلام.

LIMIER, s. m., chien de chasse, سلاق.

LIMITATIF, IVE, adj., محدّد.

LIMITATION, s. f., restriction, détermination, تحديد - حدّة.

LIMITE, s. f., حدّ ; plur., حدود.

LIMITER, v. a., fixer des limites, حدّد. Limité

à un nombre fixe, منحصر في عدّة مخصوصة.

Limitrophe, adj. com., متّصل بالحدود.

Limon, s. m., boue, طين.

Limon, fruit, ليمون.

Limonade, s. f., boisson, شراب الليمون - ليموناتة.

Limonadier, ère, s., شربتجى الليمون - شراباتى.

Limoneux, se, adj., ملآن طين - وحل.

Limonier, s. m., arbre, شجر ليمون.

Limpide, adj. com., clair, صافى.

Limpidité, s. f., صفاوة.

Limure, s. f., action de limer, برد.

Lin, s. m., plante dont l'écorce se file, كتّان - شتلة الكتّان. Toile de lin, قماش كتّان. ǁ Fin lin, كتّان خاص.

Linaire, s. f., plante, مخلصة.

Linceuil, s. m., drap pour ensevelir un mort, كفن ; plur., اكفان.

Linéaire, adj. com., خطوطى.

Linéament, s. m., trait, خطّ ; plur., خطوط - رسم.

Linge, s. m., toile pour le corps, le ménage, قماش بياض. Un linge, un morceau de linge, un chiffon, خرقة. ǁ Linge donné à la lessive, غسيل.

Linger, ère, s., قمّاش.

Lingerie, s. f., commerce de linge, endroit où l'on met le linge, قماشة.

Lingot, s. m., or, argent, étain, etc., en barre, سبيكة ; plur., سبايك.

Lingual, e, adj., لسانى.

Liniment, s. m., médicament d'huile, etc., pour amollir, résoudre, ضماد - دهان. Oindre avec un liniment, دهن ب - ضمد ب. O.

Linon, s. m., toile de lin claire, خيش.

Linote, s. f., oiseau qui chante, نوع عصفور يناغى - زقيقية.

Linteau, s. m., عتبة فوقانية.

Lion, s. m., animal, سبع ; plur., سباع et سبوعة ; plur., سيد - اسود - ; اسد (Barb.).

Lion, cinquième signe du zodiaque, برج الاسد.

Lionceau, s. m., petit du lion, شبل ; pl., شبال.

Lionne, s. f., لبوة.

Lippe, s. f., lèvre d'en bas trop grosse ou trop avancée, شفتورة.

Lippée, s. f. fam., bouchée, لقمة. Franche lippée, bon repas qui n'a rien coûté, غدوة بلاش.

Lippitude, s. f., écoulement trop abondant de la chassie, رمد - زيادة عماص.

Lippu, e, adj. fam., qui a une grosse lippe, ابو شفتورة.

Liquéfaction, s. f., انحلال - ذوبان.

Liquéfier, v. a., fondre, حل - ذوّب. O.

Se liquéfier, v. pron., devenir liquide, انحل - ذاب. O.

Liqueur, s. f., boisson qui a pour base l'eau-de-vie, l'esprit de vin, مثلّت - عنبرى.

Liqueur, substance fluide, boisson, شراب ; pl., اشربة.

Liquidambar, s. m., ambre liquide, عنبر سايل.

Liquidateur, s. m., qui liquide un compte, موكل بحساب.

Liquidation, s. f., action de liquider un compte, تصحيح حساب.

Liquide, adj. com., qui coule ou tend à couler, رخو - مارق - سايل - مايع.

Liquide, net, clair (bien), باين.

Liquide, s. m., مايع ; plur., موايع.

Liquider, v. a., rendre clair, اثبت.

Liquidité, s. f., qualité des corps liquides, مياعة.

Liquoreux, se, adj. (vin), qui a une douceur particulière, حلو.

Lire, v. a., قرأ A. Lire avec application, طالع. ǁ Lire une lettre à quelqu'un, قرأ عليه الكتاب.

Lire dans la pensée de quelqu'un, lire dans ses

LIT         LIT    465

yeux, كشف ما فى ضميره - اطّلع على ما فى ضميره - I.
عرف من عينيه ما فى ضميره. I.

Lis, s. m., plante bulbeuse à fleurs blanches, زنبق. ‖ Lis narcisse, زنبق النرجس. ‖ Lis asphodèle, وحداج. ‖ Lis jacinthe, زنبق خزامى. ‖ Lis bleu, سوس. ‖ Lis jaune, زنبق أصفر. ‖ Lis des vallées, muguet, مضعف.

LISERAGE, s. m., broderie autour d'une étoffe avec un cordonnet, طراز - حاشية.

LISÉRÉ, s. m., cordonnet brodé autour d'une étoffe, شريط - زية.

LISÉRER, v. a., broder, طرّز.

LISERON, ou LISET, s. m., plante, زمر السلطان - اقسين - غيارة - لفلافة.

LISEUR, SE, s., قرّا.

LISIBLE, adj. com., facile à lire, ينقرى - يُقرى.

LISIBLEMENT, adj., بنوع ينقرى.

LISIÈRE, s. f., extrémité d'une étoffe, حاشية - لواية - كنار (Barb.).

Lisière, bande, cordons à l'épaule d'un enfant, رباطات يعبّروها من تحت اباط الطفل فيمسكوها ويعينوه بها على المشى.

Mener à la lisière, au fig., comme un enfant, قاد مثل الولد. O.

Lisière, bornes, extrémités, طرف; pl., اطراف.

LISSE, adj. com., uni et poli, املس - مصقول.

LISSE, s. f., raie blanche sur le chanfrein d'un cheval, سيالة بيضا.

LISSER, v. a., polir, صقل. O.

LISSEUR, s. m., celui qui lisse, صقّال.

LISSOIR, s. m., instrument pour lisser, مصقلة.

LISTE, s. f., catalogue, علم - قائمة.

Liste civile, revenu du roi, مدخول السلطان - ماهية الملك.

LIT, s. m., فراش - فرشة (ces mots désignent particulièrement les matelas et couvertures) - مطرح (Barb.) - تخت; plur., تخوت (c'est particulièrement le bois de lit). Lit de repos, de parade, سرير; pl., أسرّة. ‖ Garder le lit, لزم الفراش. Qui est au lit, malade, طريح الفراش.

Lit, lieu, place où l'on se couche, مرقد - مطرح (Barb.).

Lit, canal d'un fleuve, مجرى النهر - مستقى النهر.

Lit, au fig., mariage, زواج.

Lit, couche d'une chose étendue sur une autre, راق; plur., راقات.

Lit, fond, base, قرار.

Mourir au lit d'honneur, au fig., sur le champ de bataille, à son poste, مات فى ميدان الشرف. O.

Lit de justice, مجلس سلطانى.

LITANIES, s. f. plur., prières aux saints et à la Vierge, طلبة العذرا - طلبة القديسين - سبح.

LITEAUX, s. m. pl., raies colorées des serviettes, حواشى المحارم.

LITHARGE, s. f., chaux ou oxyde de plomb, مردة سنك - مرداسنج - مرتى - مرتنك.

LITHOGRAPHIE, s. f., art d'imprimer avec des planches de pierre, طبع بالواح حجر.

LITHOLOGIE, s. f., connaissance des pierres, معرفة الاحجار.

LITHONTRIPTIQUE, adj. (remède), qui dissout la pierre, دوا يحلّل حصوة الانسان.

LITHOPHAGE, s. m., mangeur de pierre, ver, دود الحجر.

LITIÈRE, s. f., paille, etc., répandue dans les écuries, ما ينثروه تحت الخيل من زبل او تبن - زبلة لينامو عليه.

Litière, chaise couverte portée sur des brancards par deux mulets, تخت روان. ‖ Litière non couverte sur un chameau, محفة. ‖ Litière en forme de dôme, pour une seule personne, sur un chameau, قبّة; pl., قبب - هودج; pl., هوادج.

LITIGANT, E, adj., qui plaide, مدّعى.

LITIGE, s. f., contestation, مخاصمة.

LITIGIEUX, SE, adj., contesté, فيه مخاصمة.

30

LITRE, s. m., mesure, نوع كيل للحبوب قدره حفنة.

LITTÉRAIRE, adj. com., qui appartient aux belles-lettres, aux lettres, أدبي.

LITTÉRAL, E, adj., selon la lettre, لفظي. Traduction littérale, ترجمة كلمة بكلمة - ترجمة لفظ بلفظ.

Littéral, ancien, l'opposé de vulgaire, نحوي.

LITTÉRALEMENT, adv., à la lettre, mot à mot, حرف بحرف - كلمة بكلمة. Littéralement, selon la lettre, حسب ظاهر المعنى.

LITTÉRALITÉ, s. f., attachement scrupuleux à la lettre en traduisant, دقّة الحرف.

LITTÉRATEUR, s. m., homme de lettres, أديب; plur., اهل الادب - ادبا.

LITTÉRATURE, s. f., belles-lettres, علم الادب.
Littérature, l'ensemble des productions littéraires d'une nation, كتب أدبية. La littérature française, العلوم الادبية الفرنساوية.

LITURGIE, s. f., ordre, cérémonies, prières du service divin, خدمة القداس - طقس.

LITURGIQUE, adj. com., طقسي.

LIVÈCHE, s. f., plante, فطر اساليون - كاشم رومي.

LIVIDE, adj. com., de couleur plombée et noirâtre, كالح - كابي.

LIVIDITÉ, s. f., كباوة.

LIVOURNE, s. f., ville, اليكورنة.

LIVRAISON, s. f., action de livrer, تسليم.
Livraison, cahier d'un livre, d'un ouvrage publié par parties séparées, جزو من كتاب; pl., اجزا.

LIVRE, s. m., volume, feuilles reliées ou brochées, كتاب; plur., كتب. Livre in-folio, كتاب قطع كامل. ‖ Livre plus large que long, oblong, سفينة; plur., سفاين.
Livre, registre, papier-journal, دفتر; pl., دفاتر.
Livre, partie d'un ouvrage, جزو من كتاب; plur., قسم - اجزا; plur., اقسام.
A livre ouvert, phrase adverb., sur-le-champ,

Traduire à livre ouvert, ترجم حالا.
LIVRE, s. f., poids, رطل; plur., ارطال. رطل فرنجي.
Livre, monnaie, un franc, vingt sous, فرنك. غرش فرنجي.

LIVRÉE, s. f., habits des valets, بنك الخدامين - كسوة الخدامين.
Livrée, au fig., marques extérieures (de la misère), علامة فقر; plur., علايم.

LIVRER, v. a., mettre en main, en la possession de quelqu'un, سلّم له الشي.
Livrer à, abandonner à, أعطى. Livrer aux flammes, أحرق - ضرب النار في. ‖ Livrer au pillage, نهب - أعطى للنهب.
Livrer bataille, la donner, عمل حرابة مع.
Se livrer, v. pron., se mettre au pouvoir, سلّم نفسه ل. Se livrer à l'étude, توقّع بالدرس - انكبّ على الدرس. ‖ Se livrer aux plaisirs, انهمك في اللذات.

LIVRET, s. m., petit livre, دفتر; plur., دفاتر. Livret oblong, plus large que long, سفينة; pl., سفاين.

LOBE, s. m., terme d'anatomie (du foie), رعامي et رغامي.
Lobe, terme de botanique, semence et fruit partagés en deux parties égales, فلق - فلقة; pl., افلاق. ما يكون مفلوق من البزور والاثمار كالفول واللوز.

LOBULE, s. m., فلقة صغيرة.

LOCAL, E, adj., qui a rapport au lieu, محلّي.
LOCAL, s. m., disposition des lieux, ترتيب المحلّ - محلّ.

LOCALITÉ, s. f., particularité, circonstance locale, خاصية محلّ. Les localités, les lieux, المحلّ - الموضع.

LOCATAIRE, s. com., qui tient à louage, كاري - مستاجر - مستكري.

LOCATIF, IVE, adj., qui regarde le locataire, يخصّ المستكري.

LOCATION, s. f., action de donner à loyer, تأجير - ايجار.

LOCH, s. m., triangle de bois avec une ficelle pour mesurer la marche d'un vaisseau, آلة لقياس سير المراكب و هي قطعة دق بحبيلة.

LOCHIES, s. f. plur., flux de sang après l'accouchement, استفراغات نفاسية.

LOCUTION, s. f., façon de parler, كلام - قول.

LOGARITHME, s. m., pl., اوفاق; وفاق العدد. علم اوفاق العدد.

LOGARITHMIQUE, adj. com., يختص علم اوفاق العدد.

LOGE, s. f., petit réduit, بيت - مسكن; pl., بيوت.

LOGEABLE, adj. com., où l'on peut loger, يُسكن - مناسب للسكنة.

LOGEMENT, s. m., le lieu où on loge, محل - منزل; plur., منازل - سكنة.

LOGER, v. a., donner le logement, سكن - اسكن - انزل.

Loger, v. n., habiter dans, se loger, سكن. O. - I. Où logez-vous? اين انت ساكن - اين انت نازل.

LOGEUR, s. m., aubergiste, صاحب خان.

LOGICIEN, s. m., qui possède la logique, منطقي.

LOGIQUE, s. f., art de raisonner, علم المنطق.

LOGIQUE, adj. com., conforme à la logique, منطقي.

LOGIQUEMENT, adv., conformément à la logique, على موجب المنطق.

LOGIS, s. m., habitation, maison, محل; pl., محال - بيت; plur., بيوت. Corps de logis, شقة من دار.

LOGOGRIPHE, s. m., sorte d'énigme, لغز; plur., الغاز.

LOGOMACHIE, s. f., dispute de mots, مجادلة على لفظة.

LOI, plur., LOIS, s. f., règle établie qui défend ou ordonne certaine chose, شريعة; plur., شرايع; قانون - فرايض; pl., فريضة - سنن; plur., سنة; قوانين. Les lois de la bienséance, قوانين الادب. || Les premières lois de l'honneur, راس شريعة الشرف.

Loi naturelle, principes de justice innés dans l'homme, ناموس الطبيعة.

La loi et les prophètes, au fig., prov., vérité incontestable, الناموس و الانبيا.

S'imposer la loi de, فرض على نفسه ان. - A. || Faire la loi à, الزم نفسه ب. حكم عليه. O. || Recevoir la loi de, subir la loi de, اذل له - اطاع احدا. I. || Ranger sous ses lois, جعل تحت حكمه. - A. جعل تحت طاعته.

Loi, règle, principe, قاعدة; plur., قواعد.

Loi, terme de monnaie, vrai titre, carat de la fabrication, نشان الدراهم.

LOIN, adv., prépos. de lieu, de temps, بعيد. Loin des yeux, loin du cœur, بعيد عن العيون بعيد عن القلب. || De loin, من بعيد. || Revenir de loin, au fig. fam., échapper à une maladie, à un danger, جا من بعيد اى خلاص من خطر عظيم. I. || Loin de compte, éloigné du succès, du but, بعيد عن الحساب. || Au loin, dans un pays éloigné, بعيد. || De loin à loin, de loin en loin, من البعدة. في || L'un de l'autre, بعيد لبعيد الواحد بعيد عن الاخر. || Qu'il y a loin de l'un à l'autre! بينهم فرق بعيد - اين هذا و اين هذاك - هيهات بين - شتان بين هذا و بين هذاك هذا و بين هذاك. || Vous avez poussé la chose trop loin, صارت زودة منك. || Il a été beaucoup trop loin, زاد و كثّر. || Loin de vous un pareil malheur, البعيد - بعيد عنكم. || Loin de moi une semblable pensée, حاشا و كلا ان يخطر في بالي شى كذا. || Loin de moi l'idée que vous soyez avare, حاشا جنابك من البخل.

Bien loin de, فضلا ان - بعيدًا عن - فضلا عن ان.

Bien loin de me remercier, il m'a dit des injures,

30.

LOINTAIN, E, adj., éloigné, بعيد - قاصى - فضلا ان يستكثر بخيرى صار يستبنى.
متباعد.
LOINTAIN, s. m., éloignement, بعد.
LOIR, s. m., espèce de rat, جربوع ; plur., جرابيع.
LOISIBLE, adj., جايز - ممكن.
LOISIR, s. m., temps disponible, رواقة - فراغ - فضاوة. || Qui a du loisir, فارغ - فاضى - فضا. Donner à quelqu'un le loisir de, le temps de, امهله - تمهّل عليه حتى - اعطاه مهلة.
A loisir, adv., à son aise, sans se presser, على خلاة - على مهل - على رواقة.
LOK, s. m., électuaire pour la poitrine, لعوق - شراب للصدر.
LONCHITIS ou LONKITE, s. f., plante appelée aussi lancelée, لنختوس - حربة.
LOMBAIRE, adj. com., qui appartient aux lombes, صلبى.
LOMBES, s. m. plur., partie inférieure du dos, صلب.
LONDRES, ville, مدينة لوندره.
LONDRIN, s. m., drap qui imite ceux de Londres, جوخ تقليد انكليزى.
LONG, UE, adj., qui a de la longueur, de la durée, طويل ; pl., طوال. || Dents longues, dents d'un homme affamé, اسنان حادّة. || Qui a le bras long, qui est puissant, طويل الباع - يده طويلة. || Prendre le plus long, le chemin le plus long, لف لفة O. || En savoir long, être expérimenté, rusé, عرف كثير I. || Long de deux coudées, طوله ذراعين.
Long, lent, بطى - يتعوّق. Tu as été bien long, تعوّقت كثير. Il serait trop long d'expliquer, لو اردنا نفسّر ذلك لطال بنا الامر. De peur d'être trop long, خوفا من الاطالة.
A la longue, phrase adv., avec le temps, على ممرّ الايام - مع الطولة - مع طول الزمان.

De longue main, phrase adv., depuis longtemps, من زمان.
LONG, s. m., longueur, طول. Deux coudées de long, ذراعين فى الطول. || Étendu tout de son long, ممدود بطوله.
Le long, prépos. de lieu, sur les bords, en côtoyant, على حافة - على الداير - جنب. Le long de la rivière, على حافة النهر. || Il se laissa glisser le long du mur, ارخى نفسه بلطافة من جانب الحايط.
Le long, pendant la durée, مدّة - طول. Tout le long de l'année, طول السنة.
Au long, tout au long, adv., amplement, avec détails, بالتفصيل - مفصلاً.
Au long, d'une manière diffuse, باطالة.
LONGTEMPS, adv., pendant un long espace de temps, زمان طويل - زمان. Il y a longtemps que je ne vous ai vu, لى زمان ما شفتك - خير الله ما شفناك ou قدّاش ما شفناك شى (Barb.). || Il y a longtemps que vous le connaissez? بالزاف من الى تعقله (Barb.).
LONGANIMITÉ, s. f., اناة - طولة روح.
LONGE, s. f., moitié de l'échine d'un veau, d'un chevreuil, شقّة ظهر العجل او الجدى.
Longe, morceau de cuir coupé en long, سير ; pl., قطعة جلدة - سيور. Longe de corde ou de crin, طرف - حبلة.
LONGER, v. a., marcher le long, تبع جانب A.
LONGÉVITÉ, s. f., طولة العمر.
LONGITUDE, s. f., distance en degrés d'un lieu au premier méridien, طول البلاد ; plur., الاطوال. Cercles de longitude, دواير الاطوال.
LONGITUDINAL, E, adj., qui est étendu en long, بطوله - طول.
LONGITUDINALEMENT, adv., طولاً - فى الطول.
LONGUEMENT, adv., طويلا. Vivre longuement, طال عمره O. || Parler longuement, تكلم باطالة - اطال الكلام.

Longuet, te, adj., un peu long, طويل شوية.
Longueur, s. f., طول.
*Longueur*, durée du temps, طول المدّة - طولة. Tirer en longueur, se prolonger, طال O. ‖ Tirer en longueur une affaire, chercher à la prolonger, طوّل الحيلة.
*Longueur*, lenteur dans ce qu'on fait, عاقة - تواني - بطو. Longueurs dans un ouvrage, اطالة - تطويل.
Longue-vue, s. f., lunette, نظّارة - دوربين.
Lopin, s. m., gros morceau, قطعة كبيرة.
Loquacité, s. f., habitude de parler beaucoup, كثرة كلام - لماضة.
Loque, s. f., lambeau, قطعة ; plur., خرقة - قطع. En loques, مقطّع.
Loquèle, s. f., facilité à parler des choses communes, شقشقة لسان.
Loquet, s. m., fermeture de porte, سقّاطة.
Lord, s. m., titre d'honneur en Angleterre, سيد ; plur., اسياد.
Lorgner, v. a., regarder de côté, comme à la dérobée, لحظ A. - بصّ ل I. - بصبص على.
*Lorgner*, fam., avoir des vues sur, رقب ل O.
Lorgnerie, s. f., fam., بصبصة.
Lorgnette, s. f., petite lunette, نظّارة صغيرة.
Lorgneur, se, s., fam., بصّاص.
Loriot, s. m., oiseau, صفرى.
*Loriot*, bouton à la paupière, جلجل اى حبّة تطلع فى جفن العين.
Lors, prép., dans le temps de, عند. Lors de son départ d'ici, وقت خروجه، عند خروجه من هنا. Pour lors, عند ذلك. ‖ Dès-lors, dès ce temps-là, من ذلك الزمان. ‖ Dès lors, en conséquence, من حيث ذلك.
Lorsque, conj., dans le temps que, عند ما - لمّا - متى - وقت الذى - حال - عند ما سافر قال لى - لمّا سافر قال لى. Lorsqu'il partit il me dit, رواحه قال لى. ‖ Lorsque vous irez chez votre frère, متى تروح لعند اخوك خبّرنى avertissez-moi, . ‖ Lorsqu'ils me voient, ils s'empressent d'accourir, اذا شافونى يتبادروا الىّ. ‖ Comment pourrais-tu le savoir lorsque ton père l'ignore? كيف يمكنك تعرفه مع ان يجهله ابوك، والحال يجهله ابوك.

Losange, s. f., figure à quatre côtés égaux, ayant deux angles aigus et deux autres obtus, معين.
Lot, s. m., portion d'un tout partagé entre plusieurs, قسم - نصيب - نايب ; plur., اقسام. Mon lot est d'être, نصيبى ان اكون.
Loterie, s. f., banque où les lots sont tirés au sort, نصيب - بيت القمار. Mettre à la loterie, حطّ فى النصيب O. ‖ C'est une loterie, une affaire de hasard, هذا نصيب.
Lothier, subst. masc., ou trèfle musqué, herbe, حندقوقى - حندقوق.
Lotion, s. f., غسل - شطفة.
Lotir, v. a., partager, قسم I. Qui est bien loti, له نصيب عظيم، قسمة عظيمة.
Loto, s. m., jeu, espèce de loterie, نوع لعب.
Lotus ou Lotos, s. m., espèce de cerisier d'Égypte à fruit exquis, شجر نبق - سدر.
*Lotus*, herbe, plante égyptienne, حندقوق مصرى.
Louable, adj. com., digne de louange, جيد - محمود.
Louage, s. m., كرا. De louage, بالكرا.
Louange, s. f., ثنا - تمجيد - حمد. Louange à Dieu, الحمد لله.
Louangeur, se, s., qui loue sans discernement, مدّاح.
Louche, adj. com., qui a la vue de travers, حول ; fém., حولا ; plur., احول.
*Louche*, au fig., équivoque, مراب.
Loucher, v. n., كان احول.
Louer, v. a., donner à louage, كرى I. - اكرى. Je lui ai loué ma mule, كريته بغلتى.

LOU

*Louer*, prendre à louage, مدح A. – اِسْتَكْرَى.
Je lui ai loué sa mule, اِسْتَكْرَيْتُ مِنْهُ بَغْلَتَهُ.

LOUER, v. a., donner des louanges, مدح A. –
O. حمد O. Louer Dieu, شكر الله O. –
حمد الله O. سبّح لله. ‖ Louer quelqu'un avec emphase, مدحه وأطنب فيه.

*Se louer*, v. pron., se donner des louanges,
A. مدح روحه – شكر نفسه.

*Se louer*, être content du service, des procédés de, شكر من O.

LOUEUR, SE, s., qui fait métier de donner à louage,
مكارى – كرّا.

LOUIS, s. m., nom propre, لويز.

*Louis*, nom d'une monnaie d'or, لويزى اسم معاملة ذهب.

LOUP, s. m., animal carnassier, ذيب; pl., ذياب. ‖ Il faut hurler avec les loups, au fig. fam., imiter les autres en apparence dans ce qu'ils font, اذا رايت اهل قرية يعبدوا عجلًا حشّ واطعمه. ‖ Marcher à pas de loup, doucement, pour surprendre, تسلّل مثل الذيب. ‖ Entre chien et loup, بين الضوء و العتمة. ‖ Quand vous parlez du loup, préparez un bâton; quand vous parlez du chien, ayez dans la main un os à lui donner, اذا ذكرت الذيب اعدّ له العصا اذكر الكلب و في يدك عظمة; proverbes qui correspondent à peu près au proverbe français : Quand on parle du loup, on en voit la queue. ‖ Voir le loup, se trouver dans des dangers, se rompre aux affaires, عدى في القالب.

*Loup*, constellation australe, السبع – الفرد.

*Loup*-cervier, فهد.

*Loup*-garou, ذيب خاطف.

*Loup*-marin, poisson, ذيب بحرى.

LOUPE, s. f., tumeur ronde enkistée sous la peau, غدّة – كتيلة – قربة; plur., غدد.

*Loupe*, nœud sur l'écorce, عقدة.

LOY

*Loupe*, lentille de verre, نوع نظارة وهى قزازة بشكل عدسى.

LOURD, E, adj., pesant, ثقيل; plur., ثقال.

*Lourd*, au fig., ennuyeux, qui a l'esprit pesant, ثقيل – رذل. Homme lourd, ennuyeux, رجل ثقيل. ‖ Phrase lourde, كلام واقف – ثقيل الدم. ‖ *Lourde* faute, غلط فظيع.

LOURDAUD, E, adj., grossier et maladroit, مغفل – غليظ – ثقيل دم.

LOURDEMENT, adv., pesamment, بثقالة.

*Lourdement*, au fig., grossièrement, برذالة.

LOURDERIE, s. f., faute grossière contre le bon sens, la bienséance, رذالة – غلاطة – غفلة.

LOURDEUR, s. f., pesanteur, ثقل.

LOURDISE, s. f., défaut du niais, du timide, بغنسة.

LOUTRE, s. f., animal amphibie, ثعلب الماء – كلب الماء.

LOUVE, s. f., femelle du loup, ذيبة.

*Louve*, instrument pour lever une pierre, التر حديد لرفع الاحجار.

LOUVETEAU, s. m., petit de la louve, ذيب لبنى.

LOUVETERIE, s. f., équipage pour la chasse du loup, عدّة صيد الذيب.

LOUVETIER, subst. masc., chef de la louveterie, رييس صيد الذيب.

LOUVOYER, v. n., t. de mer, aller tantôt d'un coté et tantôt de l'autre pour profiter du vent, بوّج A. – صفح و صلّح – بلّط (Barb.)

*Louvoyer*, au fig., se conduire avec ménagement, adresse, دارى الناس – ساير.

LOUVRE, s. m., palais à Paris, قصر السلطان فى مدينة باريس.

LOYAL, E, adj., plein d'honneur, de droiture, صادق – مستقيم.

LOYALEMENT, adv., de bonne foi, بصداقة. Agir loyalement à l'égard de quelqu'un, نصح A.

LOYAUTÉ, s. f., fidélité, probité, صَدَاقَة - اِسْتِقَامَة.

LOYER, s. m., prix du louage, أُجْرَة - كِرَا ; pl., أُجَر. ‖ A loyer, بِالْكِرَا. ‖ Donner à loyer, كَرَى I. ‖ Prendre à loyer, اِسْتَكْرَى.

LUBIE, s. f., caprice, folie, لَطْشَة.

LUBRICITÉ, s. f., impudicité excessive, شَهْوَنَة. Lubricité, qualité de ce qui glisse, مَلَاسَة.

LUBRIFIER, v. act., oindre, rendre glissant, دَهَن O.

LUBRIQUE, adj. com., lascif, شَهْوَانِي - مَشْهُون.

LUBRIQUEMENT, adv., بِشَهْوَنَة.

LUCARNE, s. f., petite fenêtre au toit, رَوْشَن - طَاقَة - رَوْزَنَة ; plur., رَوَازِن.

LUCIDE, adj. com., clair, net, جَلِي - مَضِي. Moment lucide, de raison, سَاعَة صَحْو.

LUCIE (Bois de Sainte-). Voyez MAHALEB.

LUCIFER, s. m., chef des démons, إِبْلِيس - رَئِيس الشَّيَاطِين.

LUCRATIF, IVE, adj., فِيه مَكْسَب - يَكْسِب - كَثِير الْفَائِدَة.

LUCRE, s. m., gain, مَكْسَب - كَسْب - رِبْح.

LUETTE, s. f., morceau de chair mollasse à l'entrée du gosier, طَنْطَلَة - لَهَاة.

LUEUR, s. f., clarté faible; au fig., légère apparence, لَمْعَة - بَصِيص ضَوْ - ضِيَا.

LUGUBRE, adj. com., funèbre, propre à inspirer de la douleur, مُحَزِّن.

LUGUBREMENT, adv., بِنَوْع يُحَزِّن.

LUI, LUI-MÊME, pron. masc. de la 3e pers. au sing., هُو - هُو نَفْسُه.

LUIRE, v. n., éclairer, لَمَع - أَضَا A.

LUISANT, E, adj., qui luit, qui a de l'éclat, مَضِي - لَامِع.

LUISANT, s. m., صَقْل - لَمْع.

LUISANTE, s. f., étoile brillante, كَوْكَب نَيِّر.

LUMIÈRE, s. f., fluide subtil qui rend les objets visibles, clarté, ضِيَا - ضَوْ - نُور ; plur., أَنْوَار.

Lumière, bougie, chandelle allumée, نُور - ضَوْء.

Lumière, au fig., la vie, حَيَاة.

Lumière, intelligence, clarté d'esprit, نُورَانِيَة - نُور الْعَقْل.

Lumières, éclaircissements, indices, إِيضَاح - جَلِيَة خَبَر - خَبَر - مَعْرِفَة.

Lumières, connaissances, talents, مَعْرِفَة ; plur., مَعَارِف.

Lumière, homme très-savant, مِصْبَاح.

Lumière d'une arme à feu, فَالِيَة - بِرْمَة ; pl., فَوَالِي.

LUMIGNON, s. m., le bout de la chandelle qui brûle, زَهْرَة الشَّمْعَة.

LUMINAIRE, s. m., corps lumineux, نَيِّر - مَنَار. Le luminaire, terme coll., les bougies, cierges, الشُّمُوع - الْمَشْعَل.

LUMINEUX, SE, adj., نَيِّر - مُنِير.

LUNAIRE, adj. com., هِلَالِي - قَمَرِي.

LUNAIRE, s. f., plante, حَشِيشَة تَقْطَع سَيَلَان الدَّم.

LUNAISON, s. f., temps d'une lune à l'autre, هِلَّة ; plur., هِلَال.

LUNATIQUE, adj. com. (cheval), sujet à une fluxion périodique sur les yeux, حِصَان بِه رَمَد قَمَرِي. Lunatique, au fig. fam., fantasque et capricieux, حَالَانِي.

LUNDI, s. m., الْاِثْنَيْن - يَوْم الْاِثْنَيْن.

LUNE, s. f., planète, قَمَر ; plur., أَقْمَار. Nouvelle lune, هِلَال ; plur., أَهِلَّة. ‖ Pleine lune, بَدْر ; plur., بُدُور. ‖ Clair de lune, ضَوْ الْقَمَر - قَمَر لَيْلَة تَمَامه.

Lune, mois, هِلَال ; plur., أَهِلَّة.

Lune, t. de chimie, argent, لُجَيْن.

Lunes, fantaisies, caprices, طَلْعَة خَلْق - حَالَات.

LUNETTE, s. f. (d'approche), نَظَّارَة.

Lunettes, paire de lunettes, عُيُون - عُوَيْنَات.

Lunette, ouverture ronde des latrines, خَرْق - مَلَاقِي - بَالُوعَة - شَبَّة.

LUNETTIER, ÈRE, s., qui fait, vend des lunettes, بَيَّاع نَظَّارَات - بَيَّاع عُيُون.

Lupin, s. m., plante, ترمس.

Lustrale, adj. f. (eau), ما مقدّس.

Lustration, subst. f., cérémonies pour purifier, تطهير.

Lustre, s. m., éclat, beauté, بهجة - رونق. Lustre poli, صقلة.

*Lustre*, sorte de chandelier de cristal, etc., suspendu, ثريّا - نجفة.

*Lustre*, espace de cinq ans, مدة خمس سنين.

Lustrer, v. a., donner le lustre, صقل O.

Lustrine, s. f., étoffe de soie brochée, أصطوفة.

Lut, s. m., enduit pour boucher les vases mis au feu, طين الحكمة.

Luter, v. a., boucher avec du lut, سدّ بطين O.

Luth, s. m., instrument de musique à cordes, عود - طنبورة - طنبور ; plur., عيدان. Joueur de luth, عوّاد.

Luthéranisme, s. m., مذهب لوثير.

Luthérien, ne, adj., partisan de Luther, تابع لوثير. Luthérien, conforme à la doctrine de Luther, على مذهب لوثير.

Luthier, s. m., faiseur d'instruments de musique, صانع آلات الموسيقا.

Lutin, s. m., esprit follet, قطرب ; pl., قطارب ; coll., جنّ ; plur., عفاريت - جنّى - عفريت.

*Lutin*, au fig., enfant bruyant, قرد - شيطان - بليط.

Lutiner, v. a., tourmenter, عذّب.

*Lutiner*, v. n., faire le lutin, قطرب.

Lutrin, s. m., pupitre d'église, قراية - منجلية.

Lutte, s. f., combat corps à corps, مصارعة.

*Lutte*, au fig., combat, مقاتلة. De haute lutte, par autorité, par force, جبرًا و قهرًا.

Lutter, v. n., se prendre corps à corps, تصارعوا - صارع أحدًا.

*Lutter* contre, au fig., faire effort pour résister عارك ه, نازع - عارك. Lutter contre la fortune, عارك الدهر. || Lutter contre quelqu'un, قاومه.

Lutteur, s. m., مصارع - مقارشى (Barb.).

Luxation, s. f., déboîtement d'un os, خلع, فكّ, تخلّع العظم - العظم. Réduction d'une luxation, ردّ فكّ.

Luxe, subst. m., somptuosité excessive, زهو. افراط فى فخر الملابس و الاطعمة و غير ذلك.

Luxer, v. a., déboîter un os, خلع - فكّ O. Être luxé, انخلع - انفكّ.

Luxure, s. f., lubricité, شهوانة.

Luxurieux, se, adj., lascif, مشهور - شهوانى.

Luzerne, s. f., plante, قرط - قصّة - برسيم.

Luzernière, s. f., terre semée en luzerne, برسيمة.

Lycée, s. m., lieu consacré à l'instruction, مدرسة ; plur., مدارس.

*Lycée*, école d'Aristote, مذهب ارسطاطاليس.

Lychnis, s. m., plante, سراج القطرب.

Lycium, s. m., arbrisseau épineux, عوسج.

Lycoperdon, subst. m., vesse-de-loup, plante, نوع فطر.

Lycopersicum, s. m., pomme d'amour, تماتم.

Lycopode, s. m., plante, مسيم.

Lycopus, s. m., marrube aquatique, فراسيون الماء.

Lymphatique, adj. com., qui porte la lymphe, مادّى.

Lymphe, s. f., humeur aqueuse qui se répand dans le corps animal ou végétal, مادة تسرى فى اجسام الحيوان و النبات.

Lynx, s. m., animal sauvage, فهد ; plur., فهود.

Lyre, s. f., instrument de musique à cordes, عود ; plur., عيدان.

La *Lyre*, constellation, السلحفاة - الشلياق - النسر الواقع.

Lyrique, adj. com., qui se chante, غنوى.

Lysimachie, s. f., souci d'eau, corneille, chasse-bosse, plante qui arrête le sang, خونج الماء - لوسيماخوس - حشيشة تنفع لقطع الدم.

# M

M, s. m., treizième lettre de l'alphabet français, الحرف الثالث عشر وهو الميم.

Ma, adj. possessif fém., بيتي .Ma maison

Macaron, s. m., pâtisserie, حلاوة لوز بسكر.

Macaroni, s. m., pâte de farine fine, معكرون - شعيرية طليانية - مكاروني.

Macération, s. f., mortification, تعذيب النفس بالصوم وغيره.

*Macération*, séjour d'une substance dans une liqueur, نقعة.

Macérer, v. a., mortifier son corps pour l'amour de Dieu, أوهن جسمك. عذب نفسه محبة لله A. قهر قمع جسمه.

*Macérer*, faire tremper, نقع A.

Maceron, s. m., sorte de gros persil, نوع كرفس - نوع فطراسليون.

Mâche, s. f., herbe qu'on mange en salade, ماش.

Mâchefer, s. m., scorie de fer, نوبال الحديد.

Mâcher, v. a., لاك O. - مضغ A. - علك A. Mâcher son mors (cheval), لاك اللجام ‖ Mâcher ses paroles, parler d'une manière confuse, علك في كلامه - مغمغ كلامه.

Mâchelière, adj. f. (dent), ضرس; pl., أضراس.

Mâcheur, s. m., مضاغ - علاك.

Machiavélisme, s. m., politique, conduite astucieuse, تماكر - خداع.

Mâchicatoire, s. m., drogue à mâcher, علكة.

Machinal, e, adj., صاير مثل حركة الآلات - اي من غير تفكر ولا قصد.

Machinalement, adv., من غير - من غير تفكر - مثل اللوح - فهم.

Machinateur, s. m., صانع الدسايس.

Machination, s. f., action de machiner un complot, de dresser des embûches, دسايس; pl., دسيس.

Machine, s. f., آلة; plur., آلات.

*Machine*, au fig. fam., ruse, intrigue, حيلة; pl., دسيسة - حيل.

*Machine* ronde, l'univers, كرة العالم.

Machiner, v. a., faire des menées secrètes contre, دسدس على. Machiner la perte de quelqu'un, تعامل عليه - اضمر له السوء - احتال على قتله ‖ Machiner une trahison, اضمر الخيانة.

Machiniste, s. m., صانع الآلات.

Mâchoire, s. f., os dans lequel les dents sont implantées, فك; plur., افكاك. Mâchoire inférieure, supérieure, فك اسفل واعلى.

Mâchonner, v. a. fam., mâcher avec difficulté, مغمغ.

Macis, s. m., écorce intérieure de la muscade, بسباسة - بزبازة.

Maçon, s. m., بنّاء; plur., بنايين - فاعل; pl., فعول.

Maçonnage, s. m., travail de maçon, شغل البنا.

Maçonner, v. a., travailler à un bâtiment, بنى I. Maçonner, boucher, سد O.

*Maçonner*, au fig. fam., travailler grossièrement, هبب - خمط.

Maçonnerie, s. f., ouvrage de maçon, بناية.

Macque, s. f., instrument propre à briser le chanvre, مدقة.

Macquer, v. a., briser le chanvre avec la macque, دق القنب O.

Macreuse, s. f., oiseau aquatique, بطة البحر.

Maculature, s. f., feuille mal imprimée, ورق طبع ما ينفع.

Macule, s. f., tache, دنس - بقعة.

*Macule*, tache obscure sur le disque du soleil, ضبابة في عين الشمس.

MACULER, v. a., barbouiller des feuilles imprimées, عكس ورق الطبع.

MADAGASCAR, île, مداغشقر - جزيرة رانج. Noix de Madagascar, رانج.

MADAME, s. f., ستّ; plur. ستّات - ستّى - (en Barbarie) لالّة - سيدتى.

MADEMOISELLE, s. f., ستّى - ستيتة.

MADONE, s. f., représentation de la Vierge, صورة العذرا.

MADRÉ, E, adj., tacheté, diversité de couleurs, ملوّن - مشحور.

*Madré*, au fig., rusé, matois, خبيث.

MADRÉPORE, s. m., production marine, عرق اللولو.

MADRIER, s. m., planche très-épaisse, لوح تخين; plur., الواح تخان.

MADRIGAL, s. m., نوع قصيد او غزل.

MAESTRAL. *Voyez* MISTRAL.

MAFFLÉ, E, adj. fam., qui a de grosses joues, مكتّل الوجه.

MAGASIN, s. m., حاصل - مخزن; pl., مخازن - حواصل.

MAGASINAGE, s. m., temps de séjour d'une marchandise en magasin, تخزين.

MAGASINIER, s. m., celui qui garde ce qui est dans le magasin, وكيل الحاصل - مخزنجى.

MAGE, s. m., مجوسى; plur. coll. مجوس.

MAGICIEN, NE, s., ساحر; plur., سحرا - سحّار.

MAGIE, s. f., سحر. Magie blanche ou naturelle, حواية - سحر حلال. || Magie noire, exercée à l'aide des démons, سحر شيطانى.

MAGIQUE, adj. com., de la magie, سحرى.

*Magique*, enchanteur, يسلب العقل - يسحر.

MAGISME, s. m., ancienne religion des mages, زندقة.

MAGISTER, s. m. fam., maître d'école, معلّم كتّاب. Faire le magister, عمل معلّم.

MAGISTRAL, E, adj., معلّمى. Gravité magistrale, هيبة صاحب الامر - هيبة معلّم. D'un air, d'un ton magistral, بتأمّر.

MAGISTRALEMENT, adv., d'une façon magistrale, بتأمّر.

MAGISTRAT, s. m., حاكم; pl., حكّام. Magistrat, officier de police, والى; plur., ولاة. || Magistrat, officier de judicature, قاضى; plur., قضاة.

MAGISTRATURE, s. f., dignité de magistrat, sa durée, قضا - ولاية - حكم.

*Magistrature*, les magistrats, الحكّام - الولاة.

MAGNANIME, adj. com., qui a l'âme grande et élevée, شريف - واسع الصدر - صاحب همّة النفس.

MAGNANIMEMENT, adv., بسعة صدر - بعلو همّة.

MAGNANIMITÉ, s. f., grandeur, élévation d'âme, شرف النفس - سعة صدر - علو همّة.

MAGNATS, s. m. pl., اكابر.

MAGNÉSIE, s. f., sorte de terre, لبان العذرا.

MAGNÉTIQUE, adj. com., de l'aimant, مغنطيسى.

MAGNÉTISME, subst. m., propriétés de l'aimant, جاذبية - خواصّ المغنطيس. Magnétisme animal, المغناطيس الانسانية.

MAGNIFICENCE, s. f., فخرة - عزّ و جلال.

MAGNIFIER, v. a., عظم - كبّر.

MAGNIFIQUE, adj. com., splendide (chose), عظيم - فاخر - مفتخر.

*Magnifique* (personne), qui se plaît à faire de grandes et éclatantes dépenses, صاحب عزّ و جلال - فاخر.

MAGNIFIQUEMENT, adv., بفخرة.

MAGOT, s. m., gros singe; au fig. fam., homme fort laid, قرد جعاصى.

*Magot*, argent caché, مطمورة.

MAHALEB, s. m., bois de Sainte-Lucie, محلب.

MAHOMÉTAN, E, s., مسلم. Les mahométans, أمّة محمّد - اهل الاسلام - الاسلام.

*Mahométan*, e, adj., محمّدى; plur., محمّدية.

## MAI

Embrasser la religion mahométane, اسلم.
MAHOMÉTISME, s. m., الاسلام - الدين المحمدى.
MAI, s. m., cinquième mois de l'année, ايار.
MAIGRE, adj. com., ضعيف; plur., ضعاف - غث - نحاف; plur., نحاف. Personne très-maigre, مهزول - شخت - ممصوص. ‖ Viande maigre, لحمة غثة.

*Maigre*, aride, stérile (terre), قاحل.

*Maigre*, où l'on ne mange pas de viande, صيامى. Jour maigre, نهار قطاعة - نهار صيامة.

MAIGRE, s. m., partie de la chair où il n'y a point de graisse, نسير - هبر.

*Maigre*, abstinence de chair, beurre et œufs, قطاعة - صيامة. Faire maigre, اكل صيامة O. ‖ Faire maigre sans s'abstenir d'œufs et laitage, اكل بياض. ‖ Faites-vous gras ou maigre? انت قاطع و الا مزفر.

MAIGRELET, TE, adj., un peu maigre, هزيل.
MAIGREMENT, adv., au fig., petitement, بقلة.
MAIGRET, TE, adj., un peu maigre, سفيف.
MAIGREUR, s. f., ضعف - نحافة - سفافة.
MAIGRIR, v. n., devenir maigre, ضعف A. O. - رفع - انضنى - انهزل - هزل A. 
*Maigrir*, v. a., هزل I. - ضعى.

MAIL, s. f., petite masse de bois ferrée servant à jouer en poussant une boule, دبرك - صولجان; plur., صوالج.

*Mail*, place où l'on joue au mail, ميدان.

MAILLE, s. f., petit anneau dont plusieurs ensemble font un tissu, حلقة - زردة; plur., حلق; plur., زرد; plur., عيون. Cotte de mailles, عيون; pl., عيون. ‖ Maille de filet, درع - زردية; plur., غرز - غرزة. ‖ Maille de bas, شبكة.

*Maille*, tache sur l'œil, etc., بقعة; plur., بقع.

*Maille* à partir, querelle, شكل - شبكة.

MAILLET, s. m., marteau de bois à deux têtes, مطرقة - مرزبة - دقماق خشب.

MAILLOT, s. m., langes, couches d'enfant, قماط; plur., قنداق - قماطات.

MAILLURE, s. f., moucheture sur les ailes, نقشة فى اجنحة الطير.

MAIN, s. f., يد; plur., ايادى et ايدى, vulg., ايد et يدّ. Fait à la main, شغل يد. ‖ Plein la main, كمشة ملانة - ملو اليد. ‖ Battre des mains, صفق. ‖ Frapper ses deux mains l'une contre l'autre, ضرب كف على كف. ‖ Donner une poignée de main à quelqu'un, صافحه. ‖ Poignée de main, صفحة.

*Main*, écriture, خط.

*Main*, terme de jeu, levée, دست.

*Main* de papier, vingt-cinq feuilles, دسنة ورق; plur., رزمة - كفوف; كف ورق.

De bonne *main*, au fig. fam., de bonne part, من ناحية حسنة. Être en bonne main, sous l'autorité, la direction, au soin d'un homme capable et puissant, كان تحت حفظ O. ‖ Lever la main, faire serment, رفع يده وحلف A. ‖ Lever la main sur, menacer de frapper, قام يدك للضرب I. ‖ رفع يدك على A. ‖ Se tenir par la main, être lié d'intérêt, مسكوا بيد بعضهم I. ‖ Tendre la main, demander l'aumône, مدّ يدك للشحادة O. ‖ Tendre la main, secourir, مدّ يده للسعفة - اعن O. ‖ Donner la main, aider, favoriser, ساعد. ‖ Donner les mains à, approuver, رضى ب A. ‖ Donner la main, épouser, تزوج. ‖ Baiser les mains, complimenter, قبّل الايادى - سلم على. ‖ Je vous baise les mains, par ironie, je ne veux pas, السلام عليكم. ‖ Avoir quelqu'un en main, l'avoir à sa disposition, تحت اليد واحد. ‖ Mettre la main sur, saisir, مسك I. ‖ Mettre la main sur, trouver, لاقى - عثر O. ‖ Forcer la main à, contraindre, غصب احدا على شى I. ‖ Avoir les mains nettes, ne s'être pas laissé corrompre, n'avoir pas pris part à, كان نظيف اليدين O. ‖ Tenir la main à, soigner, faire exécuter, اعتنى ب - دار باله على I.

‖ Coup de main, action hardie, طرقة يد - باشر - ‖ Faire main basse sur, ne point donner de quartier, عمل قتل عام وضع السيف فى. ‖ Tenir la main haute, traiter sévèrement, تشدّد على. ‖ Être en main, en état, à portée, قدر على شى I. ‖ Mettre la dernière main à, كمّل. ‖ En venir aux mains, être aux mains, se battre, تقاتلوا. ‖ De longue main, depuis longtemps, من زمان. ‖ Sous main, secrètement, من تحت لتحت - بالدسّ - بالخفى. ‖ De main en main, d'une personne à une autre, من يد ليد. ‖ A pleines mains, abondamment, بكثرة.

MAIN-D'ŒUVRE, s. f. sing., travail de l'ouvrier, Prix de la main-d'œuvre, كرة اليد - كرا الشغل - كرا الشغل.

MAIN-FORTE, s. f., assistance donnée à la justice, يد معونة.

MAIN-LEVÉE, s. f., permission de disposer d'un bien saisi, اجازة بالتصريف فى المال - رفع يد المضبوط.

MAINT, E, adj., plusieurs, عديد - كثير - Maintes fois, عدّة مرار.

MAINTENANT, adv., à cette heure, دالوقت (Égypte) - هلق (Syrie) - الان.

MAINTENIR, v. a., tenir au même état, en état de consistance, مكّن - O. ضبط A. - حفظ - O. صان. ثبّت Cet anneau maintient ces pièces de bois, هذه الحلقة تضبط هذه الخشبات. ‖ Maintenir quelqu'un dans une place, مكّنه فى منصب - قرّره فى منصب. ‖ Maintenir les lois, ضبط الشريعة - حفظ الشرايع. ‖ Maintenir, affermir, أكّد - ثبّت -.

Se maintenir, v. pron., demeurer en état de consistance, مسك I. - استقام I. - Se maintenir dans le même état, تمّ على حاله I. - دام على حال O.

MAINTIEN, s. m., conservation dans un même état, ضبط - حفظ - صون. Maintien des lois, حفظ القوانين.

Maintien, air du visage, port du corps, هيئة. Maintien grave, وقار - هيئة. ‖ Qui a un maintien décent, ملازم حلّ - مؤدّب.

MAIRE, s. m., chef d'un corps municipal, شيخ بلد; plur., مشايخ.

MAIRIE, s. f., charge de maire, مشيخة بلد.

Mairie, maison de maire, دار شيخ البلد.

MAIS, conj. adversat., بل - و لكن. ‖ Mais encore, mais bien plus, بل و ايضاً.

MAÏS, s. m., blé de Turquie, ذرة et ذرا. Maïs blanc, درا شامى. ‖ Maïs jaune, درا مصرى.

MAISON, s. f., logis, bâtiment pour habiter, دار; plur., دور - بيت; plur., بيوت - منزل; plur., منازل.

Maison, race, famille, بيت - آل. De bonne maison, من بيت اكابر ‖ Jeune homme de bonne maison, ابن ناس ‖ Fille de bonne maison, بنت بيت ‖ La maison ottomane, آل عثمان.

Maison du roi, tous les officiers qui servent un roi, ملازمين سلطان.

Maison royale, impériale, les princes du sang, قرايب السلطان.

Maison, famille et domestiques, اهل البيت - عيلة.

Maison, établissement de commerce, compagnie, بيت; plur., بيوت.

Maison ou Mansion de la lune, منزل; plur., منازل.

Petites-maisons, hôpital des fous, مرستان.

Maison d'arrêt, prison, حبس. Maison d'éducation, maison où on élève les enfants, مكتب - مدرسة. ‖ Maison garnie, maison meublée qu'on loue par appartements, بيت مفروش للكرا.

MAISONNÉE, s. f. fam., tous les habitants d'une maison, جماعة بيت.

MAISONNETTE, s. f., petite maison, بويت.

MAÎTRE, s. m., celui qui a des sujets, des serviteurs, des esclaves, سيّد plur., اسياد.

## MAJ

*Maître*, celui qui a des ouvriers; celui qui enseigne un art, une science, مُعَلِّم.

*Maître*, supérieur qui commande, soit de droit, soit de force, مُسْتَوْلِى على - سُلْطَان. Chacun est maître chez soi, كلّ واحد في بيته سلطان ‖ Se rendre maître de, اسْتَوْلَى على. ‖ Être maître de soi, ضبط نفسه.

Être *maître* de faire quelque chose, avoir pleine liberté, كان مطلق الارادة فى O. Laisser quelqu'un le maître absolu de, خَلَّى الشى تحت قضا احد ‖ Vous êtes bien le maître, اطلق ارادتـه فى كيفك.

*Maître*, seigneur, propriétaire, صاحب - ربّ - مولى. Le maître de la maison, المُحَلَّى - صاحب البيت.

Petit-*maître*, jeune élégant, غندور; pl., غنادرة - طقطوق.

*Maître*-d'hôtel, ناظر المطبخ.

MAÎTRESSE, s. f., qui a des serviteurs, qui enseigne, مُعَلِّمَة - سيدة.

*Maîtresse*, propriétaire, صاحبة.

Petite-*maîtresse*, femme qui a les mêmes ridicules que le petit-maître, طقطوقة.

*Maîtresse*, amante, حبيبة.

MAÎTRISE, s. f., qualité de maître, مُعَلِّمِيَّة.

MAÎTRISER, v. a., gouverner en maître, تسلط على O. - حكم على.

*Maîtriser*, dompter, A. قمع - O. ضبط.

MAJESTÉ, s. f., grandeur suprême de Dieu, des rois, جَلَالَة.

*Majesté*, titre de roi, سعادة. Votre majesté, سعادتكم. ‖ Sa majesté le roi de France, سعادة سلطان فرنسا.

*Majesté*, ce qu'il y a de grand, d'auguste, عظمة - هيبة - جلالة.

MAJESTUEUSEMENT, adv., بجلالة - بهيبة.

MAJESTUEUX, SE, adj., qui a de la majesté, ملوكي - جليل - صاحب هيبة ووقار

## MAL 477

MAJEUR, E, adj., qui a atteint l'âge de jouir de ses droits, بالغ يحقّ له التصرّف فى ماله.

*Majeur*, important, عظيم.

Force *majeure*, irrésistible, يد قوية.

La *majeure* partie, اغلب - اكثر.

MAJEURE, s. f., première proposition d'un syllogisme, كبرى.

MAJOR, s. m., officier, ناظر; pl., نظار. Major-général, ناظر الجيش.

État-*major*, corps des officiers, رؤسا عساكر.

MAJORDOME, s. m., maître-d'hôtel, ناظر المطبخ.

MAJORITÉ, s. f., état du majeur, بلوغ شرعى.

*Majorité*, le plus grand nombre (des suffrages), etc., اكثر - كثرة الاراء.

MAJUSCULE, adj. com., lettre plus grosse que le reste de l'écriture, قلم طومار - حرف تخين - قلم ثلث.

MAL, s. m., le contraire de bien, شرّ; plur., شرور - سوء. Rendre le mal pour le bien, قابل الخير بالشرّ - قابل الجميل بالقبيح ‖ Prendre une chose en mal, اخذ الشى على وجه السوء - بالخلاف.

*Mal*, défaut, imperfection, عيب - نقص. Dire du mal de quelqu'un, تفشّع فيه - تشنّع فيه.

*Mal*, douleur, maladie, وجع; plur., اوجاع - وجع الراس. Mal de tête, علّة - دا; plur., علل - ادا. ‖ A. وجع - صداع. ‖ Faire mal, être douloureux, وجع. La tête me fait mal, j'ai mal à la tête, راسى يوجعنى ‖ Faire du mal, causer de la douleur, اوجع - وجّع ‖ Faire mal, causer un mal, une maladie, O. ضرّ - اذى - شوّش. ‖ L'eau de ce pays m'a fait mal, اخذت علىّ موية هذه البلاد. ‖ Il est tombé, mais il ne s'est pas fait de mal, وقع ولكن ما انضرّ - ما تاذى.

*Mal*, dommage, tort, اذية - ضرر - اذى. Faire du mal à quelqu'un, اسآء اليه - اذاه - اذاء - ضرّه. ‖ Il n'y a pas de mal, ما فيه ضرر - ما فيه باس - ما يسايل - ما يضرّ.

MAL

*Mal*, calamité, malheur, دَاهِيَة ; plur., دَوَاهِى - . Les maux de la vie, شُرُور هذِ الحَيَاة ; pl., شُرُور. ‖ Bien des maux nous sont réservés, الشقَا البَشرِى. ‖ Un petit mal pour un grand bien, ou, du mal naît quelquefois le bien, علينَا قطوعَات. ‖ prov., رٌبمَا صَحّت الاجسَام بالعِلل.

*Mal*, travail, peine, تَعب - مَشقّة - عَنَا. Se donner bien du mal, تَعب كَثِير A.

MAL, adv., ردى - عَاطِل - وَحش - بشع. Il écrit mal, خَطّه بشع. ‖ Vous avez mal fait, مَا عِملت مَليح. ‖ J'avais mal entendu, صَارت مِنك عيبة - كنت سمِعت بِالخِلاف, بالضِد.

MALADRESSE, s. f., عَدم شطارة - غشومِية. Faire un coup de maladresse, frapper une chose en visant un autre objet, رَاح ضَربه نشلش O.

MALADROIT, E, adj., qui manque d'adresse, غشيم - شَلوش - شَلش.

MALADROITEMENT, adv., بغشومية - بقلة معرِفة.

MALAISE, s. m., état fâcheux, indisposition, تَشويش - تَعب. Qui éprouve du malaise, مَا له كيف.

*Malaise*, au fig., détresse, ضيق.

MALAISÉ, E, adj., difficile, صَعب.

*Malaisé*, peu fortuné, فى الضيق.

MALAISÉMENT, adv., difficilement, بتعب - بصعوبة.

MAL A PROPOS, adv., à contre-temps, فى غير وقته.

MALAVISÉ, E, adj., imprudent, irréfléchi, قليل عَقل.

MALBÂTI, E, adj., mal fait, mal tourné, ملخبط.

MAL-CADUC, s. m., épilepsie, صَرع.

MALCONTENT, E, adject., mécontent, غشيم - مَسمُوط.

MAL DE MER, s. m., vomissement au commencement de la navigation, تَشويش البحر.

MAL-EN-POINT, adv. burles., en mauvais état, فى حَالة رَدِية.

MALENTENDU, s. m., erreur, méprise, غَلط.

MAL-ÊTRE, s. m., indisposition sourde, l'opposé de bien-être, تَعب - تَشويش.

MALFAIRE, v. n., faire de méchantes actions ou du mal, صَنع الشر الاذَى السُو A.

MALFAISANT, E, adj., qui se plaît à faire du mal, شَرِير. Malfaisant, nuisible, مُوذِى - مُضّر.

MAL FAIT, E, adj., qui n'est pas bien fait, sans grâces, مَمسُوخ.

MALFAMÉ, E, adj., qui a mauvaise réputation, صِيته رَدى - رَدى السمعة.

MALGRACIEUSEMENT, adv. fam., بخشَانة.

MALGRACIEUX, SE, adj. fam., rude, incivil, خشن - معجرف.

MALHABILE, adj. com., peu capable, غَير كفو - غَير شَاطر.

MALHABILEMENT, adv., بِقِلة معرِفة.

MALHABILETÉ, s. f., قلّة كفو - عَدم شطارة - قلّت معرفة.

MALHONNÊTE, adj. com., contraire à la bienséance, à l'honnêteté, ضِدّ الادَب - ضِدّ الحشمة. *Malhonnête*, contraire à la probité, فَاحش - حَرَام. *Malhonnête* homme, sans probité, قَليل الامَانة - قليل المَعرُوف. *Malhonnête*, incivil, قَلِيل الادب.

MALHONNÊTEMENT, adv., بِقلَة حِشمة - بقلّة ادَب. *Malhonnêtement*, par des moyens illicites, بِالحَرَام.

MALHONNÊTETÉ, s. f., manque de bienséance, d'honnêteté, قلّت حِشمة. *Malhonnêteté*, incivilité, قلَة اعتبَار - قلّت ادب. Faire à quelqu'un des malhonnêtetés, اسَاء الادب - قلّل الادب فى حَقّه - فى حَقّه.

MALINTENTIONNÉ, E, adj., قَاصد سُوء.

MAL-JUGÉ, s. m., erreur, غَلط فى القَضَاء.

MALMENER, v. a., réprimander, maltraiter, بَهدَل.

MALPROPRE, adj. com., sale, وَسِخ.

Malproprement, adv., salement, بوساخة.

Malpropreté, s. f., saleté, وساخة.

Malsain, e, adj., contraire à la santé, مضرّ - هوا، بلد مغيار, Air, pays malsain, وخم.

*Malsain*, qui n'est pas d'une bonne santé, ضعيف المزاج.

Malséant, e, adj., غير واجب - ما يليق.

Malsonnant, e, adj., qui déplaît, ما يعجب.

Malabatre, s. m., ساذج هندي - ساذج.

Malachite, s. f., pierre, نوع حجر أخضر وهو معدن نحاس.

Malacie, s. f., désir excessif de certains aliments qui ne se mangent pas, وحمة.

Malacoïde, s. f, plante, نوع من الخبّازى.

Malade, adj. com., مريض - عليل ; pl., مرضى - ضعيف - مشوّش. Tomber malade, مرض A.

Maladie, s. f., علّة ; plur., علل - مرض ; plur., داء - تشويش - أمراض. D'une maladie résulte quelquefois la santé du corps, ربما صحّت الاجسام بالعلل ; prov. || Prendre une maladie de quelqu'un, أعدى منه. || Donner, communiquer à quelqu'un sa maladie, اعداه من مرضه.

*Maladie*, affection, aversion excessive pour quelque chose, داء.

*Maladie* du pays, désir violent d'y retourner, شوق البلاد.

Maladif, ive, adj., valétudinaire, مسقام.

Maladrerie, s. f. *Voyez* Léproserie.

Malandres, s. f. pl., maladie du cheval, شقوق الجلد في معطف ركب الخيل يطلع منها مادّة فاسدة.

Mâle, s. et adj., du sexe masculin, ذكر ; plur., ذكور.

*Mâle*, adj., au fig., fort, vigoureux, قوي - يليق للرجال.

Malebête, s. f. fam., individu dangereux, مؤذى.

Malédiction, s. f., imprécation, لعنة. Donner des malédictions à, سبّ O. - لعن A.

Maléfice, s. m., action de nuire par le poison, etc., aux hommes, aux animaux, etc., أذية الناس او الحيوانات بالسم ونحوه.

Maléficié, e, adj. fam., atteint de différents maux, كثير العاهات.

*Maléficié*, maltraité, égratigné, écorché, مسلّخ.

Maléfique, adj. com., qui a de malignes influences, نحسى.

Malencontreux, se, adj. fam., sujet à des malheurs, منحوس.

*Malencontreux*, qui porte malheur, نحس.

Malepeste, imprécation avec étonnement, fam., العمى - وجع - مرض.

Malfaiteur, subst. masc., qui commet de méchantes actions, شرير ; plur., اشرار ; plur., شقّي - اشقيا.

Malfaisance, s. f., disposition à faire du mal, أذية - شر.

Malgré, prép., contre le gré de quelqu'un, طوعًا او كرهًا - غصبًا عن - بالطيب او بالغصب.

*Malgré*, nonobstant quelque chose, مع ذلك.

Malheur, s. m., mauvaise fortune, قلّة حظّ - سوء بخت - عدم بخت - سوء الحظ. C'est un effet de son malheur, هذا من سوء بختُه. || Votre voisinage me porte malheur, قعودك جنبي نحس عليّ. || J'ai du malheur aujourd'hui, اليوم ما لي نصيب - اليوم ما لي بخت. || J'ai eu le malheur de me trouver avec eux, من سوء بختى التقيت معهم. || Dans le malheur et la prospérité, في الشدّة وفي الرخا. || Tomber dans le malheur, وقع في الضيق، في البلاء.

*Malheur*, accident fâcheux, désastre, داهية ; pl., بلايا ; pl., بلية - مصايب ; plur., مصيبة - دواهى - مكروه ; plur., مكاريه. C'est un malheur qui nous arrive, مصيبة وقعنا فيها. || Les malheurs de la vie, الشقا البشرى.

*Malheur*! interj. pour menacer, ويل. Malheur

aux hommes sans reconnaissance, الويل لمن لا يحفظ المعروق.

Par *malheur*, adv., بسوء الحظّ - من سوء بختد.

MALHEUREUSEMENT, adv., par malheur, من قلّة البخت.

*Malheureusement*, d'une manière malheureuse, بنحس.

MALHEUREUX, SE, adj, qui n'est pas heureux, شقى; plur., اشقيا.

*Malheureux*, qui a du malheur, infortuné, ما له نصيب - ما له بخت - قليل البخت - ملعوك (Barb). - حزيط (Égypte).

*Malheureux*, mauvais, qui n'a pas les bonnes qualités requises, ردى.

*Malheureux*, qui manque de ce qui rend l'homme content, سوء - نكد. État malheureux, حال سوء. || Vie malheureuse, عيش نكد.

*Malheureux*, qui porte malheur, qui l'annonce, qui le marque, نحس - ميشوم - مشوم - منحوس. Jour malheureux, يوم نحس. || Vous avez la main malheureuse, يدك نحسة.

MALHEUREUX, s. m., pauvre misérable, مسكين; plur., مساكين.

*Malheureux*, méchant homme, شقى; pl., اشقيا - ملعون; plur., ملاعين.

MALICE, s. f., inclination à nuire, خبائثة - خبث.

*Malice*, chose faite, dite avec malice, malignité, دناسة - لعنة - خبائثة.

MALICIEUSEMENT, adv., بخبائثة.

MALICIEUX, SE, adj., qui a de la malice, لعين; pl., خبيث pl., خبيث - اشقيا شقى; pl., لعنا.

MALIGNEMENT, adv., avec malignité, بداذية - بخبائثة.

MALIGNITÉ, s. f., inclination au mal, خبائثة - رداوة.

*Malignité*, qualité nuisible, رداوة - شرّ - اذية. Malignité de l'air, رداوة الهوا.

MALIN, GNE, adj., nuisible, malfaisant, سوء - موذى - مُضرّ - شرّ.

*Malin*, qui aime à faire, à dire du mal, des malices, شقىّ - دنس - اشقيا; plur., لعين; plur., خبيث; plur., خبثا.

MALINGRE, adj. com. fam., longtemps convalescent, délicat, رجل ضعيف - عيان.

MALLE, s. f., coffre, صندوق; plur., صناديق.

*Malle*, valise des courriers, dans laquelle ils portent les lettres, جراب السعاة.

*Malle* ou *Malle-poste*, voiture dans laquelle voyagent les courriers, عربة السعاة.

MALLÉABILITÉ, s. f., ليانة.

MALLÉABLE, adj. com., dur, mais ductile, لين - يتطرق.

MALOTRU, E, adj., رذل; plur., اردال.

MALTE, île, مالطة.

MALTAIS, E, adj., de Malte, مالطى.

MALTÔTE, s. f. fam., exaction, ظلم - بلصة.

MALTÔTIER, s. m., qui exige des droits qui ne sont point dus, ظالم - بلاص.

MALTRAITER, v. a., traiter durement par des coups ou par des paroles, اساء الى - اذى - آذى - بهدل - جافى.

*Maltraiter*, faire tort à quelqu'un, ne pas le traiter favorablement, ظلم I. - عكس I.

MALVEILLANCE, s. f., كراهة - خبث النية. La malveillance, les gens malveillants, الاعدا.

MALVEILLANT, E, adj., qui veut du mal, ردى النية - عدوّ - طالب شرّ; plur., اعدا.

MALVERSATION, s. f., délit grave commis dans l'exercice d'une charge, خيانة اصحاب الوظايف.

MALVERSER, v. n., commettre des malversations, O. خان فى وظيفة.

MALVOULU, E, adj. fam., haï, مكروه.

MAMAN, s. f. (enfantin), mère, أمّ - ميمة.

MAMELLE, s. f., téton, بزّ - برّة; plur., ابزاز - زيزة - ثدى (Barb.).

Mamelon, s. m., bout des mamelles, حلمة البز.

Mamelouck, s. m., مملوك; plur., مماليك.

Mamelu, e, adj. popul., qui a de grosses mamelles, ام الابزاز - ابو الابزاز.

Mammaire, adj. com., se dit des artères qui portent le sang aux mamelles, عروق البز.

Manant, s. m., paysan, rustre, فلاح.

Manche, s. f., partie du vêtement pour le bras, كم; plur., اكمام.

Avoir dans sa *manche*, au fig. fam., avoir à sa disposition, فى اليد. Autre paire de manches, autre affaire, choses différentes, هذا شى ثانى - هذا غير شى.

Manche, s. m., partie d'un instrument, etc., pour le tenir, نصاب - قبضة - يد - ايد. Manche d'un violon, يد الكمنجة. || Manche d'un couteau, نصاب السكينة.

Qui branle dans le *manche*, qui n'est pas ferme dans sa résolution, assuré dans sa place, مخلخل. Jeter le manche après la cognée, abandonner tout par désespoir, dégoût, سيب السايب فى السايب.

Manchette, s. f., ornement qui s'attache au poignet de la chemise, دايرة لاكمام القميص.

Manchon, s. m., fourrure en façon de manche, dans laquelle on met les mains pour les garantir du froid, كم من فروة لتدفية اليدين.

Manchot, e, s., estropié ou privé de la main ou du bras, اكتع - مشلول - عاجز بيد - عاجز بذراع; fém., كتعا; plur., كتع.

*Manchot*, qui a la main coupée, اقطع.

Mandant, s. m., qui donne un mandat, موكل.

Mandarin, s. m., dignité à la Chine, صاحب منصب فى بلاد الصين.

Mandat, subst. masc., rescrit du pape, امر من البابا.

*Mandat*, procuration, pour conduire gratuitement une affaire, وكالة.

*Mandat*, ordre, billet à payer par un tiers, ورقة حوالة - حوالة.

*Mandat* d'amener, ordre de faire comparaître quelqu'un par-devant un tribunal, طلب من امر بالحضور الى المحكمة - محكمة.

*Mandat* d'arrêt, ordre d'arrêter, امر بحبس انسان.

Mandataire, s. m., chargé de procuration, وكيل; plur., وكلا.

Mandement, s. m., ordre par écrit; ordonnance publiée par une autorité civile ou ecclésiastique, منشور - تعريف.

*Mandement*, ordre de payer, ورقة حوالة.

Mander, v. a., donner un ordre de venir, ارسل امر بالحضور - بعث خلف - احضر. A. O.

*Mander*, faire savoir, donner avis, عرف احدا ب - خبر ،علم احدا ب.

Mandibule, s. f., mâchoire, فك.

Mandoline, s. f., petite guitare, طنبورة.

Mandragore, s. f., plante très-narcotique, purgatif violent, يبروح - ابو روح - لفاح.

Manducation, s. f., action par laquelle on reçoit le sacré corps de Notre-Seigneur, مناولة جسد و دم السيد المسيح.

Manége, s. m., exercice qu'on fait faire à un cheval pour le dresser, تعليم الخيل.

*Manége*, lieu où l'on exerce les chevaux, ملعب الخيل. Manége, lieu où l'on donne des leçons d'équitation, ميدان لتعليم ركوب الخيل.

*Manége*, au fig., certaines manières d'agir adroites et artificieuses, خبث - مكر - مكربات.

Mânes, s. m. plur., ombre ou âme d'un mort, ارواح الموتى; plur., روح الميت.

Manganèse, s. f., minéral, نوع معدن.

Mangeable, adj. com., يتاكل - يوكل.

Mangeaille, s. f. fam., nourriture, اكل.

Mangeant, e, adj. fam., qui mange, ياكل.

Mangeoire, s. f., auge de cheval, etc., مدود;

MAN

plur., مداود - معالف ; plur., معالف :
MANGER, v. a., اكل O. - كلى ; aor., ياكل (Barb.).
‖ Donner à manger, الطعمه الشي. ‖ Manger son bien, le consumer, اكل ماله - اهلك ماله, ضيع. ‖ Faites-nous l'amitié de manger avec nous, تفضل مالحنا. ‖ Mangez-le avec plaisir et santé (en faisant cadeau à quelqu'un de quelque chose qui se mange), تاكله بالهنا و العافية, ماكول السرور و العافية. ‖ Le soleil a mangé la couleur de ce drap, لون هذا الجوخ كلح من الشمس.
*Se manger*, v. pron., être mangeable, اتكل ; vulg., اتاكل.
MANGER, s. m., ce qu'on mange, اكل.
MANGEURE, s. f., endroit mangé d'une étoffe, d'un pain, اكلة.
MANGLE, s. m., arbre, تين هندى.
MANGOUSTE, s. f. *Voy.* ICHNEUMON.
MANIABLE, adj. com., qui se prête à l'action de la main, لين. ‖ Cuir maniable, جلد لين. ‖ Cela est trop lourd, ce n'est pas maniable, هذا ثقيل كثير ما تقدر اليد تحركه. ‖ Cheval maniable, حصان راسه لين.
*Maniable*, facile à mettre en œuvre, ليّن - يستعمل بسهولة.
*Maniable*, au fig., doux, traitable, يتغامل - لين الاخلاق.
MANIAQUE, adj. com., possédé d'une manie, مجنون - ملطوش.
MANIE, s. f., délire, aliénation d'esprit avec fureur, جنون - لطشة.
*Manie*, passion excessive, جنون - سوسة. Il a la manie des chevaux, له سوسة فى الخيل.
MANIEMENT, s. m., action de manier, جسّ - لمس. Maniement, action de mouvoir, de se servir, استعمال - تحريك. ‖ Maniement des armes, استعمال السلاح.
*Maniement*, au fig., administration, تدبير الامور.
MANIER, v. a., prendre et tâter avec la main,

MAN

جسّ O. - مسّ O. Manier, se servir de, استعمل.
*Manier*, au fig., administrer, دبّر.
*Manier*, diriger, ساس O.
*Manier* l'esprit de, ادار عقله كما يريد. Manier bien un cheval, خيّل الفرس كما - ادار الفرس كما يريد.
*Manier* un sujet, le traiter, جال فى ميدان الكلام O.
MANIÈRE, s. f., façon, sorte, نوع ; plur., انواع - وجوة ; plur., وجوه - اشكال ; plur., شكل. De quelle manière ? كيف. ‖ De quelque manière que ce soit ؟ كيف ما كان. ‖ Chacun parle à sa manière, كل من هو يحكى على هواه.
*Manière*, usage, coutume, عادة ; plur., عوايد. C'est là sa manière, هل عادتم. ‖ A la manière accoutumée, على الوجه المعتاد.
*Manière* de parler, نوع كلام.
*Manières*, au plur., façon d'agir, عمايل - اطباع - اوضاع - حركات - اخلاق.
*Manière*, affectation, تصنّع - صنعة.
De *manière* que, adv., de sorte que, ف. Par manière de, en forme de, على سبيل - بنوع.
MANIÉRÉ, E, adj., affecté, مصنّع.
MANIFESTATION, s. f., اظهار - اعلان.
MANIFESTE, adj. com., évident, ظاهر - واضح.
MANIFESTE, s. m., écrit public par lequel un prince, etc., rend raison de sa conduite en quelque affaire d'importance, اشهار سلوك - مصرّح - منشور.
*Manifeste*, état du chargement d'un navire, قايمة الوسق - قايمة البضايع.
MANIFESTEMENT, adv., ظاهرًا.
MANIFESTER, v. a., rendre manifeste, اظهر - بيّن - صرّح ب.
*Se manifester*, v. pron., se montrer, تجلّى A. - بان A. - ظهر A.
MANIGANCE, s. f. fam., intrigue, petites manœu-

vres, دسيسة ,.pl ; عمايل - دسايس - مكريات, ـ دناسة.

Manigancer, v. a. fam., tramer quelque petite intrigue, دبّر بالخفي. – I. غشّ.

Maniguette ou Malaguette, s. f., plante, sorte de cardamome, نوع قاقلة.

Manioc, s. m., arbrisseau d'Amérique, شجيرة توجد في بلاد الامريك.

Manipulation, s. f., manière d'opérer en certains arts, صناعة.

Manivelle, s. f., espèce d'instrument pour faire tourner un essieu, un manche, etc., pour tordre le cordage, نوع التّ - ملوي.

Manne, s. f., suc congelé d'une espèce de frêne, et qui purge doucement; nourriture que Dieu fit tomber du ciel, منّ - ترنجبين.

Manne, grand panier, سلّة.

Mannequin, s. m., figure d'homme en osier, en bois, بو.

Manoeuvre, s. m., qui travaille de ses mains, aide-maçon, aide-couvreur, فاعل ; plur., فعلة et فعول.

Manœuvre, mauvais artiste, حمّار.

Manoeuvre, s. f., cordage qui sert à manier les voiles, حبل ; plur., حبال. Manœuvre, ce qui se fait pour le gouvernement d'un vaisseau, تدبير - حركة.

Manœuvre, mouvement combiné de troupes, حركة عساكر.

Manœuvre, au fig., conduite dans les affaires, حركة - طريقة.

Manoeuvrer, v. n., faire la manœuvre, اشتغل - تحرّكت العساكر.

Manœuvrer, au fig., employer des moyens pour réussir, اشتغل. – I.

Manœuvrer, v. a., دبّر.

Manoeuvrier, s. m., matelot qui entend la manœuvre, بحّاري ; plur., بحّارية.

Manouvrier, s. m., qui travaille de ses mains, شغّال.

Manque, s. m., défaut, قلّة - عدم.

Manque, adv., faute de, من قلّة.

Manquement, s. m., faute, نقص - نقيصة ; pl., نقايص.

Manquer, v. a., laisser échapper, فات O. Il a manqué l'occasion, فاتته الفرصة - فات الفرصة. Il a manqué les voleurs, il n'a pas pu les prendre, ما حصل على الحرامية.

Manquer son affaire, ne pas réussir dans une entreprise, ما حصل على المطلوب - ما صحّ معه الامر.

Manquer, ne pas atteindre ce qu'on vise, خطا. I.

Manquer, v. n., tomber en faute, نقص - قصّر. – I. زلّ. – I. صار منه قصور.

Manquer, rater (arme à feu), كذب.

Manquer, avoir faute de, احتاج الى O. – عاز. – قلّت فلوسه. I. اعتاز. Manquer d'argent, احتاج الى الفلوس ǀǀ Il manque de cœur, ما له مروة - هو قليل المروة.

Manquer de parole, manquer de foi envers quelqu'un, خان وعده - خالف قوله O. – خان عهدة مع احد O.

Manquer à ses devoirs, قصّر في واجباته, نقص. Manquer à quelqu'un, ne pas faire envers lui ce qu'on doit, قصّر في حقّه - صار منه قصور في حقّه ǀǀ. Manquer à quelqu'un, manquer au respect qu'on lui doit, قلّل الادب في حقّه - اساء الادب في حقّه ǀǀ. Manquer aux traités, خان العهد O. – نقض العهد O.

Manquer, ne se trouver pas, faire faute, نقص O. – قلّ I. – خصّ O. (Barb.). L'argent lui manque, قلّ بارودهم ǀǀ.La poudre leur manqua, ناقصه فلوس. ǀǀIl ne lui manque que la parole, ما ناقصه الا اللسان ǀǀ Il nous manque une personne, ناقصنا واحد. ǀǀ Vous nous manquiez (pour que notre plaisir fût complet), افتقدناك. ǀǀ Il ne lui manque rien, ما يخصّه شي (Barb.).

Manquer, défaillir, نقص O. Les jambes lui

manquèrent, خانته رجليه. ‖ Les forces lui manquèrent, قلّت قواه.

*Manquer*, oublier, omettre de faire quelque chose, نسى A. – قصّر في – قصور منه صار I. Ne manquez pas de faire cela, لا تنسى تعمل هذا – بالك ثم بالك من انك لا تعمله – اصحى من انك لا تعمله. ‖ Je n'y manquerai pas, ما يصير منى قصور في ذلك.

Il a *manqué* de tomber, كاد يقع A.

Le pied lui a *manqué*, زلقت رجله.

*Manquer*, faire banqueroute, انكسر.

MANSARD, s. m. *Voyez* RAMIER.

MANSARDE, s. f., toit de maison, dont le comble est presque plat et les côtés presque à plomb, سطح مخروط.

MANTEAU, s. m., vêtement sans manches qu'on met par-dessus les autres, برنس ; plur., برانس – مشلح ; plur., مشالح. Manteau avec courtes manches d'étoffe rayée et ornée de dessins, عبا ; plur., عبى. ‖ Sorte de manteau de drap ou de camelot, avec courtes manches, qui se met par-dessus la robe (coumbaz), جبّة. ‖ *Idem*, à manches longues et fendues, بنيش.

*Manteau*, au fig., prétexte, etc., جبّة – صورة.

*Manteau* d'un cheval, son poil, sa couleur, ثوب الفرس.

MANTELET. s. m., ردا ; plur., اردية.

MANTILLE, s. f., منديل ; plur., مناديل.

MANUEL, LE, adj., fait avec la main, يدى – شغل يد.

MANUEL, s. m., livre abrégé qu'on peut porter à la main, كتاب مختصر يحمل في اليد.

MANUELLEMENT, adv., de la main à la main, من اليد لليد.

MANUFACTURE, s. f., كرخانة – معمل ; plur., معامل.

MANUFACTURER, v. a., fabriquer, اصطنع – صنع A.

MANUFACTURIER, s. m., maître ouvrier dans une manufacture, صنايعى – صاحب كرخانة.

MANUMISSION, s. f., action d'affranchir, عتاقة.

MANUSCRIT, E, adj., خطّ.

MANUSCRIT, subst. m., livre écrit à la main, كتاب خط ; pl., كتب.

MANUTENTION, s. f., maintien (des lois, du commerce, de la discipline), اصانة – حفظ.

*Manutention*, soin de régler, de surveiller certaines affaires, مباشرة – تدبير.

MAPPEMONDE, s. f., carte géographique des deux hémisphères, صورة كرة الارض.

MAQUEREAU, s. m., poisson, اسقمرى.

MAQUEREAU, RELLE, s., qui fait métier de prostituer des femmes, des filles, معرّص – قوّاد – طقّار (Barb). Faire le maquereau, servir de maquereau à, عرّص لِ.

MAQUERELLAGE, s. m., métier de prostituer des femmes, تعريص.

MAQUIGNON, s. m., revendeur de chevaux, qui les troque, etc., دلال الخيل.

*Maquignon*, au fig., celui qui intrigue pour des mariages, des ventes, صمصار ; plur., صماصرة.

MAQUIGNONNAGE, s. m., métier du maquignon, دلالة الخيل.

*Maquignonnage*, au fig. fam., intrigue, صمصرة.

MAQUIGNONNER, v. a., user d'artifice pour couvrir les vices d'un cheval, سلّع حصان.

*Maquignonner*, au fig. fam., s'intriguer pour faire quelque marché, صمصر.

MARABOUT, s. m., prêtre mahométan, شيخ مسلم ; plur., مرابط – مشايخ.

*Marabout*, cafetière, ابريق ; plur., اباريق.

MARAIS, s. m., terres abreuvées de beaucoup d'eau qui n'a point d'écoulement, مستنقع ما – بطيحة ; plur., بطايح.

*Marais*, terrain où l'on fait venir des légumes, etc., بستان ; plur., بساتين – غيط ; plur., غيطان.

Maraîcher, s. m., jardinier qui cultive un marais, غيطاني - بستاني.

Marasme, s. m., maigreur extrême, نشفان-هزال.

Marâtre, s. f., belle-mère, امراة الاب.

*Marâtre*, mère cruelle, dure, ام جافية.

Maraud, e, adj., coquin, خبيث - خاسر.

Maraude, s. f., vol fait par des soldats; action de butiner, عربدة.

Marauder, v. n., aller en maraude, عربد.

Maraudeur, s. m., soldat qui maraude, عربيد - معربد.

Marbre, s. m., رخام - مرمر.

Marbrer, v. a., peindre en marbre, l'imiter, لون مثل الرخام.

Marbrier, s. m., qui travaille le marbre, le vend, مرخم - رخاماتي.

Marbrure, s. f., imitation du marbre, لون الرخام.

Marc, s. m., demi-livre, poids qui contient huit onces, نصف رطل زياتي اى ثمان اواقي.

*Marc*, ce qui reste des fruits pressés, كسبة - ثفل. Marc d'olive, de sésame dont on a tiré l'huile, كسبة. ǁ Marc de raisin, جزينة.

*Marc*, ce qui reste des substances bouillies, رقراق - عكار. Marc de café, تنوة.

Marcassin, s. m., petit du sanglier, خنزير بري ملبون.

Marcassite, s. f., sorte de pierre, مرقشيطا.

Marchand, e, s., بياع - متسبب ; pl., بياعة et بياعين. Les marchands, اهل السوق.

S'en trouver mauvais *marchand*, au fig. fam., éprouver des suites fâcheuses, انعكس.

Ville *marchande*, مدينة فيها بيع وشرى كثير. Vaisseau marchand, مركب تجار.

Marchander, v. a., demander le prix de quelque chose, سأل ثمن البضاعة. A.

*Marchander*, disputer sur le prix, فصل الثمن. I. تعالج مع البياع فى ثمن الشى -

*Marchander*, au fig. fam., hésiter, balancer, توقف - تاخر. Ne pas marchander, ne pas épargner, maltraiter, ما قصّر فى.

Marchandise, s. f., بضاعة ; plur., بضايع - تجارة ; plur., اسباب ; سبب.

Marche, s. f., action de marcher, مشى - مشو. Se mettre en marche, مشى I. ǁ Faire des marches forcées, جدّ فى السير. O.

*Marche*, conduite, سلوك - مشوة.

*Marche*, procession en cérémonie, وكبة.

*Marche*, traite, chemin d'un lieu à un autre, مسيرة - مسافة. Il y a deux jours de marche d'ici à Tripoli, من هنا الى طرابلس مسيرة يومين.

*Marche*, degré d'escalier, درجة - سلمة.

*Marche*, progression des idées dans un ouvrage, سياق - مساق.

*Marche*, territoire d'une ville, ارض.

Marché, s. m., lieu public où l'on vend, سوق ; plur., اسواق.

*Marché*, vente de ce qui se débite dans le marché, سوق - مسواق. Le marché est mauvais, il n'y a point de débit, السوق كساد.

*Marché*, accord pour une vente, مسواق - بازار. ǁ Marché de dupe, صفقة مغبون بيعة. ǁ Marché d'or, très-avantageux, مسواق ذهب. ǁ Faire marché, convenir avec quelqu'un, تقاطع معه (Barb.).

*Marché*, prix, ثمن. A bon marché, رخيص. ǁ A très-bon marché, بابخس ثمن. ǁ Faire bon marché à quelqu'un, lui vendre à un prix modique, راعى احدًا - هاوده.

Faire bon *marché* de, au fig., prodiguer, ما وفّر. Avoir bon marché de quelqu'un, en venir aisément à bout, سهل عليه امره. O. ǁ Mettre le marché à la main, dire que l'on est prêt à rompre un engagement, un traité, فتح. A.

Marchepied, s. m., كرسى رجلين - موطأ.

Marcher, v. n., مشى I. Marcher vite, هرول.

Marcher en se balançant avec grâce, اهتزّ ـ تمايل.
‖ Marcher sur, A. داس على ـ O. دعس على. ‖
‖ Marcher sur les pieds et les mains, دبّ على رجليه ويديه.

*Marcher*, s'avancer en général, I. سار ـ تقدّم ـ توجّه I. ـ مشى.

*Marcher*, au fig., procéder, agir, I. سار ـ مشى. O. سلك. Marcher droit, se bien conduire, استقام فى المشي.

*Marcher*, faire des progrès, I. تقدّم ـ مشى. Faire marcher une affaire, مشى ـ وجّه الدعوة.

MARCHER, s. m., manière dont on marche, مشى.
MARCHEUR, SE, s., ماش ـ مشى.

MARCOTTE, s. f., branche de vigne, etc., qu'on met en terre afin qu'elle y prenne racine, عقلة ; plur., عقل ; عنب.

MARCOTTER, v. a., coucher en terre les marcottes, طمر بالتراب فروع شجرة نحو ـ O. غرس العقل الكرم لتصير منها اشجار جدد.

MARDI, s. m., jour de la semaine, يوم الثلاث الثلاثاء.

*Mardi* gras, du carnaval, ثلاث الرفاع.

MARE, s. f., amas d'eau dormante, نقاعة ـ مستنقع ماء.

MARÉCAGE, s. m., أجمة ـ سبخة ـ سبخ.
MARÉCAGEUX, EUSE, adj., سبخى.

MARÉCHAL, subst. m., grande dignité militaire, امير امرا عساكر.

*Maréchal*, artisan qui ferre les chevaux, بيطار ; plur., بيطارة et بياطرة ـ نعلبند ـ سمّار (Barb.).

*Maréchal* des logis, معين منازل العسكرية.

MARÉCHALERIE, s. f., art du maréchal ferrant, بيطرة.

MARÉCHAUSSÉE, s. f., gendarmerie, طوف.

MARÉE, s. f., flux et reflux, مدّ وجزر البحر.

*Marée*, poisson de mer qui n'est pas salé, سمك بحرى غير مملّح.

MARGE, subst. f., blanc autour d'une page imprimée, حواشى ; plur., حاشية ـ هامش.

MARGELLE ou MARDELLE, s. f., bords d'un puits, حافة بير ـ خرزة بير.

MARGER, v. a., compasser les marges d'une feuille d'un livre, جدول.

MARGINAL, E, adj., qui est à la marge, فى الهامش. Notes marginales, حاشية ; plur., حواشى.

MARGUERITE, s. f. fleur, زهر اللولو. Marguerite blanche, بيضة مقلية.

MARGUILLERIE, s. f., charge de marguillier, وكالة.

MARGUILLIER, s. m., qui a soin des affaires d'une fabrique et de l'œuvre d'une paroisse, d'une confrérie, وكيل كنيسة ـ حارس الاقلومية.

MARI, s. m., époux, جوز ; plus rég., زوج ; plur., بعول ; plur., بعل ـ زيجان.

MARIABLE, adj. com. fam., en âge d'être marié, ازوج.

MARIAGE, s. m., جازة ـ جيزة ـ زيجة ـ زواج ـ نكاح. ‖ Cérémonie du mariage chrétien, تكليل. ‖ Fête à l'occasion d'un mariage, عرس ـ فرح. ‖ Demander une fille en mariage, خطب بنت من ابوها.

MARIE, n. pr. de femme, مريم.

MARIÉ, E, adj., qui est marié, متزوج ; vulg. متجوز. ‖ Nouveau marié, عريس. ‖ Nouvelle mariée, عروسة. ‖ Compliments qui se font aux nouveaux mariés, مبارك ; réponse, الله يبارك فيك ـ ان شا الله تشتهوا وتستوفقوا و ترزقوا المال والبنين ; réponse : بدعاك وبوجودك.

MARIER, v. a., joindre par le mariage, زوّج ; vulg., جوّز. Marier sa fille à, زوج بنته ب مع.

*Marier*, au fig., allier, joindre deux choses, الّف.

*Se marier*, v. pron., تزوج ; plus vulg., تجوّز.

*Se marier*, au fig., être assorti, وافق بعضه ـ اتّفق.

MARIN, E, adj., de mer, بحرى.

MARIN, s. m., homme de mer, بحرى ـ نوتى ; plur., نواتى.

MARINADE, s. f., sauce de sel, vinaigre et épices, بهارة.

MARINE, s. f., science de la navigation sur mer, ce qui la concerne, صناعة البحر - نوتية.

*Marine*, vaisseaux, مراكب.

*Marine*, corps des marins, بحرية.

*Marine*, bord de la mer, ساحل البحر ; plur., سواحل.

MARINER, v. a., assaisonner pour conserver longtemps, نبّل - ملّح. Mariner, tremper dans le vinaigre, خلّل. || Mariner, tremper dans la saumure, ثقل.

MARINÉ, E, adj., متبّل.

MARINGOUIN, s. m., cousin d'Amérique, ناموسة بلاد الامريك.

MARINIER, s. m., qui sert à la conduite des bateaux de rivière, مراكبى.

MARIONNETTE, s. f., petite figure mobile, لعبة.

MARITAL, E, adj., زوجى.

MARITALEMENT, adv., en mari, مثل الزوج.

MARITIME adj. com., بحرى.

MARITORNE, s. f. fam., femme mal bâtie et maussade, مرة عفشة.

MARJOLAINE, s. f., plante ligneuse aromatique, عنقز - مرزنجوش - مردقوش - بردقوش - حبق الفيل.

MARMAILLE, s. f. coll., petits enfants, اولاد صغار.

MARMELADE, s. f., confiture de fruits très-cuits, مربّة فواكه.

En *marmelade*, au fig. fam., en morceaux, trop cuit, ذايب.

MARMITE, s. f., حلّة - تنجرة - قدرة ; pl., حلل.

MARMITON, s. m., valet de cuisine, غسّال صحون.

MARMONNER, v. a., murmurer sourdement, بربر - مغمغ.

MARMOT, s. m., gros singe barbu, قرد مذقن.

*Marmot*, figure grotesque, mal faite, وجه قرد.

*Marmot*, petit garçon, ولد ; plur., اولاد.

Croquer le *marmot*, au fig. fam., attendre à une porte, رصرص على باب.

MARMOTTER, v. a., parler confusément et entre ses dents, بربر - نقنق.

MARMOUSET, s. m., petit garçon; petit homme mal fait, مسخرة - مسخوط.

MARNE, s. f., espèce de terre calcaire, نوع تراب يشبه الطباشير.

MAROC, ville, مراكش.

MARONITE, adj. com., chrétien du mont Liban, موارنة ; plur., مارونى.

MAROQUIN, s. m., cuir de bouc ou de chèvre apprêté, سختيان.

MAROQUINER, v. a., apprêter des peaux de veau, comme du maroquin, قلّد السختيان.

MAROQUINERIE, s. f., art de faire le maroquin, صناعة السختيان.

MAROTTE, s. f., espèce de sceptre de la folie, قضيب الخلاعة.

*Marotte*, au fig. fam., objet d'une passion folle, ما يجنّ عليه الانسان. Il est épris de cette femme, c'est sa marotte, تولّع بحبّ هذه الامرأة هى روحه. || Chacun a sa marotte, كل واحد له يجنّ عليها نوع من الجنون.

MAROUFLE, s. m., malhonnête homme, homme grossier, جعيدى.

MARQUANT, E, adj., qui se fait remarquer, متبيّن.

MARQUE, s. f., ce qui sert à désigner ou à distinguer, نشان - علامة.

*Marque*, empreinte, نشان - دمغة.

*Marque*, impression, trace, أثر - علام - علامة ; plur., آثار.

*Marque*, signe apporté en naissant, علامة.

Homme de *marque*, رجل معتبر.

*Marque*, indice, signe, اشارة - علامة. C'est une marque de bonheur, هذه علامة خير.

*Marque*, témoignage, preuve, شاهد ; pl., شواهد. Donner des marques d'amitié à, بيّن له محبّته.

Marquer, v. a., mettre une empreinte, une marque sur une chose pour la distinguer, عَلَّمَ على - I. (Barb.). رَشَم - اشَّرَ على - O. حَطَّ علام على -

*Marquer*, mettre une marque pour souvenir, حَطَّ علامَة على - عَلَّمَ على.

*Marquer*, indiquer, بَيَّن.

*Marquer*, faire connaître de bouche ou par écrit, بَيَّن - عَرَّف ب. J'ai reçu une lettre de lui dans laquelle il me marque que, وَصَلَنا منهُ مكتوب و مَعرَفْنا فيه أنّ || J'ai bien compris ce que vous me marquez relativement à votre fils, وشَرحكم بخصوص ابنكم صار مفهوم.

*Marquer*, annoncer, pronostiquer, دَلَّ على O.

*Marquer*, témoigner, donner des marques d'un sentiment, أَظهَر - بَيَّن - أَعطى شاهِد.

*Marquer*, laisser des marques, des vestiges, des traces, etc., خَلَّى أَثَر - أَثَّر. Marqué de petite vérole, منقَّش , منقوش بالجُدَري.

*Marquer*, v. n., être marquant, تَبَيَّن , تَمَيَّز مِن غَيرِه.

Marqueter, v. a., marquer de plusieurs taches, نَقَّش - نَقَش - شَحَّر.

Marqueterie, s. f., ouvrages de menuiserie composés de pièces de rapport de diverses couleurs, قِطَع خَشَب مُلَوَّنة.

Marquette, s. f., pain de cire vierge, قُرص شَمع; plur., اقراص.

Marquis, e, s., titre, dignité entre le duc et le comte, أَمير; plur., أَمرا.

Marquisat, s. m., terre, titre de marquis, الالتزام او مقام الامير المذكور.

Marraine, s. f., celle qui tient un enfant sur les fonts de baptême, عَرّابة - شَبينة - اشْبينة.

Marron, s. m., grosse châtaigne, ابو فَروة - شاه بَلّوط - كَستَنة - كَستانية (En Syrie).

Marronnier, s. m., شَجَرة ابو فَروة - شاه بَلّوط.

Marrube, s. m., plante, فَراسيون ابيض و اسود - حشيشة الكلب - انجيدة.

Mars, s. m., le dieu de la guerre, الملك الاحمر - اله الحَرب.

*Mars*, planète, كوكب المِرّيخ.

*Mars*, terme de chimie, le fer, الحديد.

*Mars*, troisième mois de l'année, آدار - شهر آدار. Il vient comme mars en carême, يَظهَر عَلينا مِثل الخميس في نصف الجمعة.

Marseille, ville, مدينة مَرسيليا.

Marseillais, e, s., de Marseille, مِن مَرسيليا.

Marsouin, s. m., poisson de mer, خِنزير البَحر - دُرفيل سَمَك بَحري.

Martagon, s. m., sorte de lis, نوع زَنبَق.

Marteau, s. m., مِطرَقة.

Martel (en tête), s. m., inquiétude, هَمّ - قَلَق.

Marteler, v. a., battre à coups de marteau, طَرَق O.

Martelet, s. m., petit marteau, مِطرَقة صَغيرة.

Martial, e, adj. guerrier, حَربجي.

Martin-Pêcheur ou Martinet-Pêcheur, s. m., oiseau, نوع طَير ازرَق.

Martinet, s. m., sorte d'hirondelle, خُطّاف; plur., خَطاطيف - خُطّيف.

*Martinet*, sorte de fouet, سَوط.

Martingale, s. f., courroie pour retenir la tête du cheval, سُلْبَند - صَريمة.

Martre, s. f., espèce de fouine, زَردوا. Martre zibeline, سَمّور.

Martyr, e, s., qui souffre ou meurt pour sa religion, شَهيد; plur., شُهَدا.

*Martyr*, victime, قَتيل; plur., قَتلى. Martyr de l'amour, قَتيل الهَوى.

*Martyr*, qui souffre beaucoup, qui a beaucoup souffert, عَذاب.

Martyre, s. m., mort, tourment du martyr; au fig., peines cruelles, عَذاب الشُهَدا - شَهادة - عَذاب.

Martyriser, v. a., faire souffrir le martyre, tourmenter cruellement, عَذَّب.

MARTYROLOGE, s. m., catalogue des martyrs, كتاب سنكسار.

MARUM, s. m. plante, ماروس - حبق الشيوخ - مرماحوز.

MASCARADE, s. f., déguisement avec un masque, تمسخر - مسخرة.

*Mascarade*, troupe de masques, مساخر.

MASCULIN, E, adj., du mâle, qui lui convient, يصلح للذكر.

*Masculin*, terme de grammaire, مذكر.

MASCULINITÉ, s. f., تذكير.

MASQUE, s. m., faux visage de carton, etc., وجه عيرة.

*Masque*, personne masquée, لابس وجه عيرة - متمسخر.

*Masque*, au fig., apparence, صورة - حجة.

*Masque*, déguisement, غما - ستر.

Lever le *masque*, au fig., ne dissimuler plus, agir sans honte ni retenue, كشف عن وجهه الغما - A. رفع عن وجهه الغما - I. شال برقع الحيا - اظهر المختبى.

MASQUER, v. a., mettre un masque sur le visage, لبس وجه عيرة.

*Masquer*, au fig., couvrir sous de fausses apparences, ستر - O. ستر.

*Masquer*, cacher, dérober à la vue, دارى - حجب من النظر.

Se *masquer*, v. pron., se mettre un masque, تمسخر - تخفى - I. لبس وجه عيرة.

Se *masquer*, fig., déguiser ses sentiments, تستر.

MASSACRE, s. m., tuerie, ذبح - قتل - مقتلة.

MASSACRER, v. a., tuer, ذبح - A. ذبح - O. قتل.

*Massacrer*, au fig. fam., gâter, mal travailler, خربط - خبص - عطل - I. قلى.

MASSACREUR, s. m., qui massacre, ذباح.

MASSE, s. f., amas de parties quelconques qui font un ensemble, كومة - جلة - هدفة.

*Masse*, corps solide, قطعة. Argent en masse, فضة جمع.

*Masse*, totalité, جلة. En masse, بالجملة - بالكلية.

*Masse*, fonds d'argent d'une société, كوم - اصل المال.

*Masse*, somme que l'on retient sur la paye de chaque soldat pour l'habillement, صندوق العسكر.

*Masse*, gros marteau, مطرقة كبيرة.

*Masse*, bâton à tête d'or, d'argent, etc., قضيب فضة او ذهب.

*Masse* d'armes, دبوس; plur., دبابيس.

MÂSSE, s. f., somme d'argent qu'on met au jeu, رسمال اللعب.

MASSE-D'EAU, s. f., plante, خوص.

MASSEPAIN, s. m., pâtisserie faite avec des amandes pilées et du sucre, فطير من لوز وسكر.

MÂSSER, v. a., faire une masse au jeu, حط O. رسمال.

MASSICOT, s. m., sorte de vernis, نوع دهان.

MASSIER, s. m., officier qui porte une masse en certaines cérémonies, جاويش - حامل قضيب.

MASSIF, IVE, adj., pesant, épais, رصص.

*Massif*, plein et sans mélange (or, argent), صب.

*Massif*, au fig., grossier, lourd, ثقيل.

MASSIF, s. m. (de maçonnerie), رصيف.

MASSUE, s. f., bâton noueux نبوت; plur., دبرك - نبود - نبابيت.

Coup de *massue*, au fig., malheur imprévu, داهية على غفلة.

MASTIC, s. m., espèce de gomme, مصطكى - علكة.

*Mastic*, composition pour coller et enduire, boucher, لاقونة - غرا.

MASTICATION, s. f., action de mâcher, مضغ - علك.

MASTICATOIRE, s. m., علكة.

MASTIQUER, v. a., joindre, coller avec du mastic, لصق بالغرا. I.
MASTURBATION, s. f., استمنا.
SE MASTURBER, v. pr., حلب روحه - استمنى. I. - طرق روحه. O.
MASURE, s. f., خرابة.
MAT, TE, adj., en parlant de l'or, de l'argent, des couleurs, كابى.
Mat, lourd, compacte, مكتنز - مكبتل.
Mat, en parlant d'une broderie, trop chargée, مخبوص.
Mat (échec et), شاه مات.
MÂT, s. m. (d'un navire), صارى; plur., صوارى - سارى; plur., سوارى.
MATADOR, s. m., au fig. fam., homme considérable, رجل اكبر.
MATAMORE, s. m., faux brave, فشّار.
MATELAS, s. m., فرشة - مراتب; plur., فرتبة - مدربة et مطرح - طبّاحة (Barb.).
MATELASSER, v. a., حشى و ضرب كالطرّاحة. I.
MATELASSIER, s. m., نجّاد.
MATELOT, s. m., بحّرى - نواتية; plur., نوتى - بحرية. plur.,
MATELOTE, s. f., mets de poissons, منزلة سمك.
A la matelote, adv., à la façon des matelots, مثل النواتية.
MATER, v. a., mortifier, قمع. A. - قهر. A.
MÂTER, v. a., garnir un navire de ses mâts, حط الصوارى. O.
MATÉRIALISME, s. m., opinion de ceux qui n'admettent point d'autre substance que la matière, مذهب الفلاسفة الطبيعيين.
MATÉRIALISTE, s. m., partisan du matérialisme, فيلسوف طبيعى، نافى الالهيات.
MATÉRIALITÉ, s. f., qualité de ce qui est matière, ماديّة.
MATÉRIAUX, s. m. pl. (pour bâtir), اشيا لازمة للبنا.

Matériaux, au fig., pour composer un ouvrage, مواد - اجزا.
MATÉRIEL, LE, adj., formé de matière, هيولى - هيولانى.
Matériel, grossier, compacte, غليظ - ضخم.
Matériel, au fig., qui a l'esprit grossier et pesant, غليظ العقل - ثقيل.
Le matériel, s. m., terme militaire, الات الحرب - لوازم.
MATÉRIELLEMENT, adv., هيولانياً.
MATERNEL, LE, adj., de la mère, امّوى - الامّ. Affection maternelle, محبة الامّ لاولادها.
Langue maternelle, langue de son pays, لغة البلاد.
MATERNELLEMENT, adv., مثل الامّ.
MATERNITÉ, s. f., qualité de mère, امّية.
MATHÉMATICIEN, s. m., عالم بالرياضيات.
MATHÉMATIQUE, adj. com., qui appartient aux mathématiques, رياضى.
MATHÉMATIQUEMENT, adv., selon les règles des mathématiques, على موجب القواعد الرياضية.
Mathématiquement, au fig., clairement, ظاهراً.
MATHÉMATIQUES, s. f. pl., sciences, العلوم الرياضيات.
MATIÈRE, s. f., substance corporelle, مادّة - هيولى.
Matière, ce dont une chose est faite, ماهية.
Matière, excréments, pus, مادّة; plur., مواد.
Matière, sujet sur lequel on parle, on écrit, مادّة - موضوع الكلام - مسيلة. Entrer en matière avec quelqu'un, عبر معه فى الكلام. O. - فتح له السيرة.
Matière, motif, occasion, سبب; pl., اسباب.
En matière de, adv., en fait de, فيما يخصّ.
MÂTIN, s. m., gros chien, كلب كبير.
MATIN, s. m., premières heures du jour, صباح. Au matin, فى الصباح - عند الصباح. Subh ||. adv., de bon matin, على بكرة - بكير - من الصبح - بكرى (Égypte) - بدرى - تبكيرة (Barb.). || Il est

MAT          MAZ          491

parti de bon matin, راح بكير. ‖ Il est parti vers le matin, اليوم على بكرة. ‖ Ce matin, راح صبحية. ‖ Tous les matins, كل صباح - كل يوم على بكرة. ‖ Matin et soir, بكرة و عشية - صباح و مسا. ‖ Aller dès le matin chez, بدّر, بكّر الى عند. ‖ Étoile du matin, Vénus, نجمة الصبح.

MATINAL, E, ou MATINEUX, SE, adj., qui s'est levé, se lève de bon matin, مبكر - بدري. Matinal, du matin, صُبحي. ‖ Aube matinale, فجر.

MATINÉE, s. f., temps depuis le point du jour jusqu'à midi, بدرية - صبحية. Le milieu de la matinée, ضحوية النهار - ضحو - ضحوة - ضحا. ‖ Dormir la grasse matinée, نام الى ضحوة النهار. ‖ Il est parti dans la matinée, راح ضحوية. ‖ La matinée est avancée, تضاحى النهار.

MATINES, s. f. plur., première partie de l'office divin, صلاة باكر.

MATIR, v. a., terme d'orfèvrerie, rendre mat, جعل الشي كابياً.

MATOIS, E, adj., fin, rusé, مكّار.

MATOU, s. m., gros chat entier, قطّ كبير.

MATRICAIRE, s. f., plante, بيناديك - اقحوان - شجيرة مريم.

MATRICE, s. f., vulve, رحم; plur., ارحام - امّ الاولاد. Matrice, moule, قالب; plur., قوالب.

MATRICULE, s. f., registre, liste, دفتر; plur., قايمة اسامي - دفاتر.

MATRIMONIAL, E, adj., يخصّ الزيجة.

MATRONE, s. f., sage-femme, قابلة; pl., قوابل.

MATURATIF, IVE, adj., t. de médecine, qui hâte la formation du pus, دوا منضج.

MATURATION, s. f., progrès des fruits vers la maturité, استوا بلاغ الاثمار.

MÂTURE, s. f., les mâts, صواري المراكب.

MATURITÉ, s. f., بلاغ - استوا. Maturité, au fig., de l'âge, سرّ الانسان. Maturité d'une affaire, استحكام امر و استوا.

Maturité de l'esprit, كمال العقل و تمامه. Agir avec maturité, avec prudence et jugement, مشى بحساب.

MAUDIRE, v. a., faire des imprécations contre quelqu'un, réprouver, لعن. A. — I. دعى على.

MAUDISSON, s. m. fam., malédiction, لعن.

MAUDIT, E, adj., exécrable, ملعون. Maudit, très-mauvais, ردي.

MAUDIT, s. m., réprouvé, ملعون - مغضوب عليه; plur., ملاعين.

MAURES (les), s. com., les Arabes, العرب (coll.). Maure, barbaresque, مغربي; plur., مغاربة.

MAUSOLÉE, s. m., tombeau orné, مقام للميت - تربة.

MAUSSADE, adj. com., désagréable, de mauvaise grâce, عفش - بشع - باسل - وحش - ممسوخ.

MAUSSADEMENT, adv., بمسخة.

MAUSSADERIE, s. f., بسالة - مسخة.

MAUVAIS, E, adj., qui n'est pas bon, ردي; pl., ما ينتوش - دوني - موش طيب - عاطل - ارديا (Barb.). Mauvais présage, présage funeste, علامة O. ‖ فاح رايحة منتنة, Sentir mauvais, سوء. ‖ Trouver mauvais, désapprouver, استقبح. ‖ Les mauvaises mœurs d'une personne, سوء اخلاق انسان. Mauvais, nuisible, مضرّ ل. De mauvais français, قرنساوي ركيك.

MAUVE, s. f., plante humectante et adoucissante, خبّيزة - خبّارة - خبّازى.

MAUVIETTE, s. f., petite alouette, نوع قنبرة صغيرة.

MAXILLAIRE, adj. com., فكّي.

MAXIME, s. m., proposition générale qui sert de principe, de règle, قاعدة; plur., قواعد.

MAXIMUM, s. m., le plus haut degré d'une grandeur, le plus haut prix, الاعلى.

MAZETTE, subst. fém., mauvais petit cheval, كديش.

*Mazette*, homme qui ne sait pas jouer à quelque jeu, غشيم.

Me, pron. pers., نى - لى.

Mécanicien, s. m., صانع الآلات.

Mécanique, s. f., science des machines, du mouvement, etc., علم تركيب الآلات - معرفة الحركات - معرفة الآلات.

*Mécanique*, structure d'un corps qui se meut, عدّة الحركة.

Mécanique, adj. com., se dit des arts qui ont principalement besoin du travail de la main, يدى.

*Mécanique*, ignoble, دنّى.

*Mécanique*, conforme aux lois de la mécanique, على موجب علم الحركات.

Mécaniquement, adv., مثل الآلة.

Mécanisme, s. m., structure d'un corps, تركيب.

*Mécanisme*, au fig., structure matérielle du langage, كيفية تركيب الكلام و اللفظ.

Mécène, s. m., protecteur des lettres et des arts, جاه العلما ورّدهم.

Méchamment, adv., برداوة - بقصد سوء.

Méchanceté, s. f., penchant à faire du mal, شرّ - رداوة - خبث - اذا. Il faut réprimer la méchanceté par la méchanceté, quand on a épuisé les autres moyens, قد يدفع الشرّ بمثله اذا اعياك غيره, prov.

*Méchanceté*, parole, action méchante, لعنة. Des méchancetés, des plaisanteries malicieuses, خباثة.

*Méchanceté*, indocilité, opiniâtreté des enfants, قلة طاعة الاطفال.

Méchant, e, adj. (homme), شرير; plur., اشرار - ردى, pl. خبثا - خبيث - اشقيا, pl. شقى - ارديا, plur. (Barb.). Homme méchant, inique, شرانى - رجل سوء - باغى; plur., بغاة - ظالم ‖ Faites du bien au méchant, il vous fera du mal, ان احسنت الى السرير اذاك.

*Méchant*, mauvais (chose), سوء - حقير - ردى. Méchante action, ظلم - فعل سوء. ‖ Méchant repas, بدلة ردية, ما تنفع. ‖ Méchant habit, اكل حقير.

Mèche, s. f., cordon de coton, etc., qu'on met dans les lampes avec de l'huile; matière préparée pour prendre feu aisément; corde pour mettre le feu à la poudre; فتيلة; plur., فتايل. Découvrir la *mèche*, au fig. fam., découvrir le secret d'un complot, كشف اللعبة A.

*Mèche* de cheveux, غديرة شعر. Longue mèche de cheveux que les musulmans laissent sur le sommet de leur tête, شطبية.

Méchoacan, s. m., rhubarbe blanche, نوع راوند ابيض من بلاد الامريك.

Mécompte, s. m., erreur, غلط.

Se mécompter, verb. pronom., se tromper, غلط فى الحساب A.

Méconnaissable, adj. com., مغيّر ما بقى يُعرف.

Méconnaissant, e, adj., ingrat, خسيس.

Méconnaître, v. a., ne pas reconnaître, نكر A.

*Méconnaître*, être ingrat, نكر الجميل A.

*Méconnaître*, désavouer ses parents, نكر اهله A.

*Se méconnaître*, v. pron., oublier ce que l'on a été, ce qu'on doit de respect à, جهل نفسه A.

Mécontent, e, adj., غير مبسوط من - غضبان - مغتاظ - غير راضى عن شى - بشى - مكسور الخاطر. *Voyez* Fâché. Les mécontents, ceux qui ne sont pas satisfaits du gouvernement, etc., الغير راضيين عن الحكم.

Mécontentement, s. m., déplaisir, manque de satisfaction, كسر الخاطر - عدم الرضا. Donner du mécontentement, اغضب. ‖ Il a du mécontentement, هو غضبان - هو مكسور.

Mécontenter, v. a., كسر خاطر - اغضب A.

Mecque (la), s. f., ville, مكّة.

Mecquois, e, s., qui est de la Mecque, مكّاوى.

Mécréant, s. m., رافضى; plur., رافضة.

Médaille, s. f., pièce de métal frappée en

l'honneur de quelque personne illustre, شَخْص ;
plur., شُخُوص - قُونْت.

MÉDAILLIER, s. m., armoire où l'on conserve des médailles, خِزْنَة شُخُوص.

MÉDAILLISTE, s. m., qui connaît les médailles, عَالِم فِى الشُخُوص.

MÉDAILLON, s. m., grande médaille, شَخْص كَبِير.

MÉDECIN, s. m., طَبِيب ; plur. اطِبَّا - حَكِيم ; plur., حُكَمَا. Médecin, guéris-toi toi-même, يَا طَبِيب طِبّ نَفْسَك.

MÉDECINE, s. f., art, طِبّ حِكْمَة.

Médecine, breuvage pour se purger, شَرْبَة ; plur., شَرْب. Donner une médecine à quelqu'un, A. شَرَّب شَرْبَة I. سَقَاه شَرْبَة ‖ Prendre médecine, I. سَقَى احَدًا ادْوِيَة.

MÉDECINER, v. a., I. سَقَى احَدًا ادْوِيَة.

MÉDIAT, E, adj., qui n'a rapport, qui ne touche à une chose que moyennant une autre qui est entre deux, بِوَاسِطَة غَيْرُه.

MÉDIATEMENT, adv., بِوَاسِطَة.

MÉDIATEUR, TRICE, s., وَاسِطَة - وَسِيط - مُتَوَسِّط - مُصْلِح.

MÉDIATION, s. f., entremise, وَسَاطَة - وَاسِطَة.

MÉDICAGO, s. m., espèce de luzerne, نَوْع فِصَّة.

MÉDICAL, E, adj., طِبِّى.

MÉDICAMENT, s. m., remède, دَوَا ; plur., ادْوِيَة. Médicament composé, دَوَا مُرَكَّب - اقْرَابَاذِين.

MÉDICAMENTER, v. a., I. سَقَى احَدًا ادْوِيَة-دَاوَى. Se médicamenter, v. pron., O. اخَذ ادْوِيَة.

MÉDICAMENTEUX, SE, adj., دَوَائِى.

MÉDICINAL, E, adj., qui sert de remède, دَوَائِى.

MÉDIN, s. m., para, petite monnaie d'Égypte, مَصَارِى ; plur., مِصْرِيَّة - نِصْف فِضَّة - مِيدِى (Syrie).

MÉDINE, s. f., ville, المَدِينَة - مَدِينَة النَّبِى.

MÉDIOCRE, adj. com., entre le grand et le petit, le bon et le mauvais, وَسَط - وَسَطَانِى. Très-médiocre, au-dessous du médiocre, دُون - ادْنَى كَثِيرًا.

MÉDIOCREMENT, adv., عَلَى قَدْرِه.

MÉDIOCRITÉ, s. f., état de ce qui est médiocre, وَسَاطَة. Médiocrité de fortune, قِلَّة. ‖ Il faut garder la médiocrité en toutes choses, خَيْر الامُور اوْسَطُهَا.

MÉDIRE, v. n., mal parler de quelqu'un, O. سَبّ - A. جَاب مَغِيبَتُه - اغْتَاب - طَعَن فِى - I. نَمّ عَلَى -

MÉDISANCE, s. f., مَسَبَّة - نَمِيمَة - غِيبَة.

MÉDISANT, E, adj., qui médit, مُغْتَاب - نَمَّام.

MÉDITATIF, IVE, adj., يُحِبّ الدَّرْس - كَثِير التَّأَمُّل.

MÉDITATION, s. f., application de l'esprit pour approfondir un sujet, تَأَمُّل - مُطَالَعَة - تَفَكُّر - تِلَاوَة.

MÉDITER, v. a. et n., occuper son esprit de l'examen d'une pensée, O. تَلَا - طَالَع - تَأَمَّل - افْتَكَر فِى - تَفَكَّر فِى. Méditer la perte de quelqu'un, O. نَوَى هَلَاكُه I. قَصَد ‖ Méditer de, O. نَوَى ان - I. قَصَد ان ‖ Méditer sur, comment, etc., تَأَمَّل فِى - افْتَكَر فِى - تَفَكَّر فِى - افْتَكَر كَيْف.

MÉDITÉ, E, adj., déconcerté, مَقْصُود.

MÉDITERRANÉE, adj. com. (mer), البَحْر المُتَوَسِّط - البَحْر الوُسْطَانِى.

MÉDIUM, s. m., moyen d'accommodement, تَسَاوِى.

MÉDULLAIRE, adj. com., de la moelle, مُخِّى.

MÉFAIRE, v. n., terme de pratique, faire le mal, اذَى ; aor., يُوذِى.

MÉFAIT, s. m fam., اذِيَّة - فِعْل سُوء.

MÉFIANCE, s. f., crainte habituelle d'être trompé, ظَنّ الغَدْر - ظَنّ رَدِى - اسْتِخْوَان. La méfiance est la mère de la sûreté, الاسْتِخْوَان يُوَلِّد الامَان.

MÉFIANT, E, adj., qui se méfie, خَوَّان - ظَنَّان.

SE MÉFIER, v. pron., ne pas se fier, اسْتَخْوَن - اسْتَحْرَس مِن - O. ظَنّ الغَدْر فِى - خَوَّن.

MÉGARDE, s. f., manque d'attention, سَهْوَة. Par mégarde, سَهْوًا - سَهْو.

MÉGÈRE, s. f., femme méchante, مَرَة سَلِقَة.

MÉGIE, s. f., art de préparer les peaux de mouton en blanc, دباغة جلد الغنم.

MÉGISSERIE, s. f., métier de mégissier, صنعة الدباغة.

MÉGISSIER, s. m., دباغ جلد الغنم.

MEILLEUR, E, adj. compar., افضل - احسن. || Rendre meilleur, اصلح - حسّن - اطيب. || Rendre l'homme meilleur, نظم , هذّب سيرة الانسان.

MÉKINEZ, ville, مكناس.

MÉLANCOLIE, s. f., bile noire, disposition triste, ميلنخولية - سودا.

MÉLANCOLIQUE, adj. com., en qui domine la mélancolie, triste, chagrin, سوداوي.

Mélancolique, qui inspire la mélancolie, يسوّد الصدر.

MÉLANCOLIQUEMENT, adv., d'une manière triste, بكآبة.

MÉLANGE, s. m., union, اختلاط - خلط - امتزاج.

Mélanges, pièces de prose ou de poésie que l'on recueille en un même volume, مجموعة - جامع.

Mélange, accouplement d'animaux d'espèces différentes, اختلاط البهايم.

MÉLANGER, v. a., mêler ensemble, خلط O.

MÉLASSE, s. f., résidu du sucre raffiné, دبس - عسل اسود.

MÊLÉE, s. f., combat corps à corps entre plusieurs hommes, دعكة - معركة - شبكة.

Mêlée au fig., contestation opiniâtre, مخاصمة - شبكة.

MÊLER, v. a., mélanger, خلط ب مع O.

Mêler, brouiller, لخبط - خلط مع بعضه. Mêler du fil, de la corde, etc., شربك , عرقل الخيط - عربق , حبّك الخيط.

Mêler, comprendre dans, fourrer dans, خلط فى O. - شبك فى - حشر فى O.

Mêler un cheval, l'embrouiller, حيّر الحصان.

Se mêler, v. pron., اختلط ب مع. Les com-

battants se mêlèrent, اشتبكوا مع بعضهم - اختلطوا مع بعضهم.

Se mêler, s'embrouiller (fil, etc.), تعرقل - تحبّك - تشربك.

Se mêler de, s'occuper de, تعانى - تعاطى. || Il se mêle de poésie, يتعاطى الشعر. || Ne vous mêlez de rien, انت لا تتعاطى بشى. || Je ne me mêle pas de cette affaire, انا ما اتعاطى هذا. || Quant aux frais, je ne m'en mêle pas, واما ما يخص الكلفة انا ما اعرف فيه الدعوة. || Se mêler indiscrètement de quelque chose, s'y ingérer, O. حشر حاله فى - انحشر فى - تداخل - قارش - احتشى فى. || De quoi vous mêlez-vous ؟ ايش يخصّك انت. || Se mêler de ce qui ne vous regarde pas, حشر حاله فيها لا يعنيه - تفوضل - كثّر غلبة.

MÉLÈZE, s. m., arbrisseau, لاريس.

MÉLILOT, s. m., plante, اكليل الملك.

MÉLISSE ou CITRONNELLE, s. f., plante, ترنجان - بقلة الاترجية - بادرنجبوية.

MÉLOCHIA, s. f., plante d'Égypte, ملوخية.

MÉLODIE, s. f., حسن انغام - حسن الاصوات.

MÉLODIEUSEMENT, adv., بحسن صوت.

MÉLODIEUX, SE, adj., مطرب - حسن.

MELON, s. m., fruit, عبدالاوى - حرش - قاون - بطيخ اصفر et بطّيخ (Syrie).

MELON D'EAU. Voyez PASTÈQUE.

MÉLONGÈNE, s. f., aubergine, بيضنجان - بادنجان.

MEMBRANE, s. f., t. d'anat., غشاء ; plur., اغشية - غطا.

MEMBRANEUX, SE, adj., غشايى.

MEMBRE, s. m., partie du corps; au fig., partie du corps politique, عضو ; pl., اعضا. Membre viril, ذكر ; plur., ذكور - زبّ ; plur., زباب.

MEMBRU, E, adj. fam., qui a de gros membres, غليظ الاعضا.

MÊME, adj., qui n'est point autre, فرد - واحد -

De même espèce, من جنس واحد بعينه. ‖ C'est la même chose, زى بعضه - سوا (Syrie) - فرد شى (Égypte). ‖ Ils sont de même couleur, لونهم واحد. ‖ Cette nuit-là même, تلك الليلة بعينها. ‖ C'était le même couteau avec lequel il avait frappé son frère, وكانت هذة السكينة بعينها التى ضرب بها اخوة.

Même, joint aux pronoms, en personne, نفسه - ذاته - عينه. J'ai vu le prince lui-même, رايت الامير ذاته او نفسه او عينه. ‖ J'irai moi-même, اروح انا بذاتى. ‖ Il s'est tué lui-même, قتل نفسه - قتل روحه - قتل حاله. ‖ Il se dit à lui-même, قال فى نفسه - قال لحاله.

Même, aussi, plus, encore, حتى - ايضا. Je vous dirai même, و اقول لك ايضا. ‖ Même les enfants, حتى و الاولاد. ‖ Aujourd'hui les hommes sont éclairés en France, même les paysans, اليوم فى فرنسا صارت الناس اصحاب معرفة حتى الفلاحين. ‖ Comment lèveriez-vous cette pierre, quand moi-même je ne puis la remuer, هذة الحجرة كيف تنهضها انت مع انى انا ما اقدر احركها.

Pas même, و لا.

Quand même il l'aurait dit, ولو قال ذلك.

Même, adversatif, بل. Non-seulement il n'est pas avare, mais même il est prodigue, ما هو بخيل بل هو مسرف.

La vertu même, الصلاح بذاته - الصلاح بعينه.

De même, de même manière, كذلك.

Tout de même, de la même sorte, مثل بعضه.

Qui est à même, à portée de, يقدر - له التصرف فى الشى كما يريد. ‖ Vous voilà à même, mangez tant que vous voudrez, قدامك كل قدّ ما تريد.

A même, à la source, من الاصل. ‖ Boire à même la bouteille, شرب من القنّينة.

MEMENTO, s. m., chose destinée à rappeler, تذكرة.

MÉMOIRE, s. m., écrit, exposé, بيان.

Mémoire, écrit pour faire ressouvenir, تذكرة.

Mémoire, liste d'objets, état sommaire, قايمة.

Mémoire de dépenses, علم المصروف.

Mémoire d'apothicaire, au fig. fam., mémoire porté trop haut, هذا حساب برّيّك كان لك صار عليك.

Mémoires, relation de faits contemporains, ذكر بعض ما جرى فى زمان المولّف.

MÉMOIRE, s. f., sans plur., faculté de l'âme de se souvenir, القوة الحافظة - قوة الحفظ - حافظة - محفوظة. A. Apprendre de mémoire, حفظ. ‖ Ce que l'on apprend jeune se grave dans la mémoire; ce qu'on apprend dans la vieillesse s'oublie facilement, العلم فى الصغر مثل النقش فى الحجر و العلم فى الكبر مثل الخط فى المدر.

Mémoire, souvenir, réputation après la mort, ذكرى - ذكر. ‖ D'heureuse mémoire, سعيد الذكر. ‖ D'exécrable mémoire, شنيع الذكرى. ‖ Ils font cela en mémoire de, و ذلك تذكار منهم ل. ‖ Garder la mémoire de, ذكر الشى. O. ‖ Perdre la mémoire de, نسى الشى. A. ‖ Avoir présente la mémoire de quelque chose, وعى على شى - تذكر الشى, aor. vulg., يوعى.

MÉMORABLE, adj. com., digne de rester dans la mémoire, يذكر.

MÉMORIAL, s. m., mémoire, placet, عرض - بيان.

MENAÇANT, E, adj., مخوّف.

MENACE, s. f., تهديد - ترهيب.

MENACER, v. a., faire des menaces, هدّد.

Menacer, au figuré, pronostiquer du mal, دلّ على وقوع شرّ - خوّف ب. O.

Menacer ruine, آل للخراب; aoriste, اشرف على الخراب - يؤول.

MÉNAGE, s. m., gouvernement domestique, maison, بيت - تدبير بيت.

Ménage, meubles et ustensiles, اثاث بيت.

Ménage, famille, عيال.

*Ménage*, économie, épargne, توفير - مداراة - مداراة.
Époux qui font bon *ménage* ou mauvais ménage,
ازواج بينهم محبة او بينهم شقاق و بغضة
*Gâte-ménage*, عكس البيوت.

MÉNAGEMENT, s. m., égard, précaution, مداراة - مداراة الخاطر - رجل صاحب خاطر - Personne à qui l'on doit des ménagements, رجل خاطره لازم. ‖ Cela demande beaucoup de ménagements, de soins, de précautions, هذا بدّه توقّي , بدّه ديران بال.

MÉNAGER, v. a., user d'économie dans l'administration de son bien, تصرّف في ماله بمداراة - دبر بيته - و تدبير.

*Ménager*, conduire, manier avec adresse, دبر الامور - سايس الامور.

*Ménager*, épargner, وفر. Ménager sa peine, وفر تعبه.

*Ménager*, procurer, دبر - حصّل. Ménager une entrevue à quelqu'un avec, قابله ب.

*Ménager*, réserver, ابقى.

*Ménager* les termes, adoucir les expressions, parler avec circonspection, لطف الكلام - تكلّم بمداراة - لاطف احدًا في الكلام.

*Ménager*, user modérément, avec prudence de, استعمل بالمعروف - A. شفق على.

*Ménager*, conserver avec soin, ابقى على - تقيّد على - توقّى في.

*Ménager*, ne pas heurter les esprits, داري الناس. Ménager quelqu'un dont on a besoin, لاطف - راعى خاطره - داري خاطره.

*Se ménager*, v. pron., se choyer, avoir soin de soi, حاسب على نفسه - سايس نفسه - وفر ذاته من التعب.

*Se ménager*, se conduire avec art, prudence, précaution, سايس اموره.

*Se ménager* une protection, se la procurer, l'avoir en réserve, استحرس على حماية.

MÉNAGER, ÈRE, adj., économe, qui entend le ménage, صاحب تدبير و مداراة - مدبّر بيت. Trop ménager, un peu avare, قرط. ‖ Une ménagère, femme qui a soin du ménage, مدبّرة بيت.

MÉNAGERIE, s. f., lieu où l'on nourrit des animaux étrangers, rares, محل الوحوش الغريبة - دار السباع.

*Ménagerie*, lieu où l'on engraisse, élève des bestiaux, des volailles, etc., معلفة البهايم.

MENDIANT, E, s., شحّاد - سايل.
Quatre *mendiants*, quatre sortes de fruits secs, raisins, figues, noisettes et amandes pour le dessert, نقل.

MENDICITÉ, s. f., شحادة ou شحانة.

MENDIER, v. a., demander l'aumône, شحد A. - سأل A.

*Mendier*, fig., rechercher avec bassesse, سأل A.

MENÉE, s. f., intrigue, دسيسة; plur., دسايس.

MENER, v. a., conduire à, guider, قاد الى O. - اخذ الى O. - ادّى - ودّى. Mener un cheval par la bride, قاد الحصن. ‖ On le mena chez le prince, اخذوه الى عند الامير. ‖ Vous savez le chemin, menez-nous à la maison, تعرف الدرب ودّينا الى البيت. ‖ Le chemin qui mène à la ville, الدرب الذي ياخذ الى البلد , يوّدي الى البلد يسلك.

*Mener* une charrette, ساق عربانة O. Mener une barque, دبّر الشختورة.

*Mener*, conduire par force, مشّى بالغصب.

*Mener*, diriger une affaire, دبّر امر.

*Mener*, gouverner quelqu'un, et lui faire faire tout ce que l'on veut, حكم على - ادار عقله كما يريد O. Se laisser mener par, تسلّط على - مشّى على غرض O. - سلّم قياده ل - انقاد ل.

*Mener*, amuser et entretenir de paroles, d'espérances, ماطل - واعد.

*Malmener*, traiter mal, بهدل.

*Mener* tambour battant, au fig., prov., forcer à la fuite, كرش I.

MÉNÉTRIER, s. m., نوباتي.

MENEUR, s. m. fam., chef de parti, شوّار عصبة - مدبّر امور.

MÉNIANTHE, s. f., trèfle d'eau, فصّة الماء.

MÉNINGE, s. f., membrane du cerveau, امّ الدماغ - سحاية.

MENOTTE, s. f., petite main, يد صغيرة.

Menottes, au plur., fers, قيود حديد ;sing., قيد; plur., انكال - نكل.

MENSONGE, s. m., كذبة - كذب.

Mensonge, au fig., illusion, erreur, غرور.

MENSONGER, ère, adj., faux, كاذب - كذب.

MENSTRUE, s. f., terme de chimie, محلّل.

MENSTRUEL, LE, adj., حيضي.

MENSTRUES, s. f. plur., purgations de sang que les femmes ont tous les mois, حيض - طمث - عذر - عادات النسا.

MENSUEL, LE, et MENSUAIRE, adj., شهري.

MENTAL, E, adj., qui se fait en esprit, عقلي - باطن.

MENTALEMENT, adv., بالفكر - بالعقل - باطنًا.

MENTERIE, s. f. fam., mensonge, فرية - كذبة.

MENTEUR, SE, s., خرّاط - كذوب - كذّاب.

Menteur, qui a l'apparence trompeuse, كاذب.

MENTHE, s. f., plante aromatique, نعناع - نمّام.

MENTION, s. f., ذكرة - ذكر. Ne faites pas mention de moi, لا تجيبوا ذكري.

MENTIONNER, v. a., ذكر O. - جاب ذكر I.

MENTIR, v. n., كذب I. - اخلف - هان I.

MENTON, s. m., ذقن; plur., ذقون - قربوس. Le dessous du menton, حنك - الذقن.

MENTOR, s. m., guide, مرشد.

MENU, E, adj., délié, mince, رفيع; plur., رفاع - دقيق; plur رقاق - رقيق.

Menu, au fig., de peu de conséquence, حقير - دقي.

Menus plaisirs, au plur., dépenses pour l'amusement, شبرقة.

Menu, adv., en petits morceaux, حتت - ناعم ناعم.

MENU, s. m., détail d'un repas, etc., اشكال و الوان الطعام.

MENUAILLE, s. f. fam., quantité de petites choses de rebut, اشيا دقّية.

MENUET, s. m., danse, نوع رقص.

MENUISERIE, subst. fém., l'art du menuisier, كار النجارة. Menuiserie, les ouvrages que fait un menuisier, نجارة.

MENUISIER, s. m., نجّار.

MÉPHYTIQUE, adj. com., qui a une qualité, une odeur malfaisante, meurtrière, مؤذى - كثير الوخم - مقتل - مضرّ.

MÉPHYTISME, s. m., qualité de ce qui est méphytique, اذية - وخم.

SE MÉPRENDRE, v. pr., se tromper, غلط في A. - سهى على I.

MÉPRIS, s. m., sentiment, احتقار.

Mépris, paroles, action de mépris, هوان. Souffrir les mépris de, قاسى الذلّ و الهوان من.

Au mépris, adv., sans avoir égard à, بخلاف - باحتقار. En mépris, par mépris, من غير مراعاة - احتقارًا في، ل.

MÉPRISABLE, adj. com., digne de mépris, حقير; plur., ارذال - رذيل - ذليل - ادنى - دنيّ; plur., ادنيا.

MÉPRISANT, E, adj., qui marque du mépris, مزدري.

MÉPRISE, s. f., erreur, غلط - سهو.

MÉPRISER, v. a., احتقر - استخفّ ب - اهان - استزرى - ازدرى ب، في. Mépriser la mort, mépriser la vie, هانت عليه O. - هان عليه الموت و الحياة. ǁ Méprisez votre argent (prodiguez-le), mais estimez votre personne, اهن فلسك و لا تهن نفسك.

MÉPRISÉ, E, adj., مهان - منهان - مرذول.

MER, s. f., amas d'eau qui environnent les continents, بحر - بحر مالح; plur., بحار et بحور. La mer Noire, الْبَحْرُ الْأَسْوَدُ. ‖ La mer Rouge, بَحْرُ القُلْزُمْ – الْبَحْرُ الْأَحْمَرُ. ‖ La mer Blanche, الْبَحْرُ الْأَبْيَضُ.

*Mer*, abîme, بَحْرٌ مِنْ غَيْرِ قَرَارٍ.

Ce n'est pas la *mer* à boire, au fig. fam., ce n'est pas bien difficile, مَا هِيَ عَطَالَةٌ.

*Mer* de douleurs, au fig., بَحْرُ الْأَوْجَاعِ.

MERCANTILE, adj. com., commercial, تِجَارِيّ.

MERCENAIRE, adj. com., qui se fait pour de l'argent, بِالْأُجْرَةِ.

*Mercenaire*, au fig., intéressé, دَنِيّ – طَمَّاعٌ.

*Mercenaire*, s., qui travaille pour de l'argent, أَجِيرٌ – مُكْرِي.

MERCENAIREMENT, adv., بِأُجْرَةٍ.

MERCERIE, s. f., marchandises de mercier, خُرْدَةٌ.

MERCI, s. f., sans pl., miséricorde, أَمَانٌ – رَحْمَةٌ. Crier merci, طَلَبَ الْأَمَانَ. O.

A la *merci* de, à la discrétion de, عَلَى خَاطِرِ. A la merci de la Providence, عَلَى كَفِّ الرَّحْمَنِ.

*Merci*, s. m., remercîment, شُكْرٌ. Merci je vous remercie (à quelqu'un dont on reçoit un cadeau), اللهُ يُعْطِيكَ الْعُمْرَ – وَخَيْرَكَ ; rép., كَثَّرَ اللهُ خَيْرَكَ – اللهُ يُطَوِّلُ عُمْرَكَ ; réponse, اللهُ يُسَلِّمَكَ. ‖ Merci (à quelqu'un qui a pris quelque peine pour vous), كَلَّفْتَ خَاطِرَكَ ou كَلَّفْنَا خَاطِرَكَ ; réponse, عِشْتَ – وَاجِبٌ عَلَيَّ ou وَاجِبَةٌ. ‖ Merci (à quelqu'un qui vous présente quelque chose), سَلَّمْ ; rép., دِيَاتَكَ ; وَدِيَاتَكَ (Syrie). ‖ Merci, manière de refuser quelqu'un qui vous invite à manger, أَشْكُرْ فَضْلَكَ وَجَمِيلَكَ. ‖ Grand merci, صَحْتَيْنِ. ‖ Dieu merci, grâces à Dieu, الْحَمْدُ لِلَّهِ.

MERCIER, ÈRE, s. marchand d'étoffes, de fil, de soie, etc., بَيَّاعُ خُرْدَةٍ – خُرْدَجِي.

MERCREDI, s. m., quatrième jour de la semaine, يَوْمُ الْأَرْبَعِ – الْأَرْبَعَا.

MERCURE, s. m., planète, كَوْكَبُ عُطَارِدٍ.

*Mercure*, vif-argent, زِيبَقٌ. Mercure doux, زِيبَقٌ الْحُلْوِ.

*Mercure*, au fig., entremetteur de prostitution, مُعَرِّصٌ.

*Mercure*, feuille périodique, سَاعِي الْأَخْبَارِ.

MERCURIALE, s. f., assemblée du parlement, discours fait ce jour-là, دِيوَانُ الْقُضَاةِ وَخُطْبَةٌ تَصِيرُ فِيهِ.

*Mercuriale*, au fig., réprimande, خُطْبَةٌ – تَوْبِيخٌ.

MERCURIALE ou Foirole, s. f., plante, حَشِيشَةُ اللَّيِّنِ. ‖ Mercuriale sauvage. *Voyez* CHOU DE CHIEN.

MERCURIEL, LE, adj., fait avec du mercure, زِيبَقِي.

MERDAILLE, s. f. popul, t. de mépris, خَرَاوَاتٌ.

MERDE, s. f., excrément, خَرَا – خَرْيَةٌ ; plur., خَرَاوَاتٌ.

*Merde*, interj. de mépris, يَجِيكَ خَرْيَةٌ – خَرَا فِي ذَقْنِكَ.

MERDEUX, SE, adj., خَرْيَانُ.

MÈRE, s. f., أُمّ ; plur., أُمَّهَاتٌ – وَالِدَةٌ.

*Mère*, au fig., cause, سَبَبٌ – أُمّ. L'injustice est la mère de tous les désordres, قِلَّةُ الْعَدْلِ هِيَ أُمُّ سَايِرِ الْاِضْطِرَابَاتِ.

*Mère*, adj., أَصْل. Mère-laine, première qualité de laine, صُوفٌ عَالٍ. ‖ Mère-patrie, état à l'égard de ses colonies, أُمُّ الْبِلَادِ. ‖ Langue mère, d'où dérive une autre langue, لِسَانٌ أَصْل.

Dure-*mère*, terme d'anatomie, الْأُمُّ الْجَافِيَةُ.

Pie-*mère*, terme d'anatomie, الْأُمُّ الرَّقِيقَةُ.

Belle-*mère*, s. f., la mère de l'un des époux à l'égard de l'autre, أُمُّ الْمَرَأَةِ أَوْ أُمُّ الرَّجُلِ.

Belle-*mère*, deuxième femme du père à l'égard des enfants du premier lit, اِمْرَأَةُ الْأَبِ.

Grand'*mère*, aïeule, سِتّ – جِدَّةٌ.

MÉRIDIEN, s. m., grand cercle de la sphère qui passe par le pôle, دَايِرَةُ نِصْفِ النَّهَارِ ; plur., دَوَايِرُ.

MÉRIDIENNE, subst. f., ou ligne méridienne, خَطُّ نِصْفِ النَّهَارِ ; plur., خُطُوطٌ.

*Méridienne*, sommeil après midi, تَقْيِيلَةٌ – قَيْلُولَةٌ. Faire la méridienne, قَيَّلَ.

MÉRIDIONAL, E, adj., du côté du midi, جَنُوبِيّ.

MERISE, s. f., petite cerise, كرز صغير.

MERISIER, s. m., grand cerisier des bois, شجرة كرز برّى.

MÉRITE, s. m., ce qui rend digne d'estime, de récompense ou de punition, اِستحقاق. La grâce que Jésus-Christ nous a acquise par les mérites de ses souffrances, النعمة التى اكتسبها لنا سيدنا يسوع. ‖ Dieu vous traitera selon vos mérites, باستحقاق الله يلقيك فعلك (se prend ordinairement en mauvaise part). ‖ Acquérir des mérites devant Dieu, ربح الاجر والثواب A. Se faire un *mérite* de quelque chose, en tirer gloire, اِفتخر A. Il veut se faire un mérite auprès de vous, بل يرمى جريدة قدّامك.

*Mérite*, talent, فضل. Homme de mérite, رجل فاضل.

MÉRITER, v. a., être, se rendre digne de, اِستحقّ ‒ اِستاهل. Sa faute mérite la mort, ذنبه يستوجب القتل. ‖ Il le mérite bien, يصلح له ‒ يحقّ له ‒ مستاهل ‒ مستحقّ.

Bien *mériter* de l'État, etc., le servir, lui rendre service, نفع المملكة A.

MÉRITOIRE, adj. com., qui mérite récompense, اِستحقاقى.

*Méritoire*, qui mérite la récompense éternelle (œuvre), ثوابى.

MÉRITOIREMENT, adv., باستحقاق.

MERLAN, s. m., poisson de mer, بورى.

MERLE, s. m., oiseau noir, شحرور; pl., شحارير ‒ خجومة (Barb.).

Fin *merle*, au fig. fam., مكّار.

MERLUCHE, s. f., morue sèche, بقاليو.

MERVEILLE, s. f., chose rare, extraordinaire, أعجوبة ‒ عجايب; plur., عجيبة.

*Merveille*, chef-d'œuvre, تحفة; plur., تحف.

Faire *merveilles*, faire fort bien, فتك ‒ أعجب.

A MERVEILLE, adv., d'une manière admirable, على غاية ما يكون.

MERVEILLEUSEMENT, adv., بنوع عجيب.

MERVEILLEUX, SE, adj., surprenant, étonnant, بدهل ‒ عجيب. Merveilleux, étrange, غريب ‒ عجيب.

*Merveilleux*, fam., excellent en son genre, عظيم ‒ عجيب.

MERVEILLEUX, s. m., personne à prétentions, غندور ‒ مدّعى; plur., غنادرة.

MES, pron. plur. com., ى. Mes amis, حبايبى.

MÉSAISE, s. f., malaise, تعب.

MÉSALLIANCE, s. f., mariage avec une personne d'une condition inférieure, مناسبة ضد المقام ‒ زواج مع من لا يليق.

MÉSALLIER, v. a., marier à une personne d'une condition inférieure, زوّج مع من لا يليق. Se *mésallier*, v. pron., ناسب من لا يليق له.

MÉSANGE, s. f., petit oiseau, نوع طير صغير.

MÉSARRIVER ou MÉSAVENIR, v. n., جرى ردى A. I. A. حصل له مضرّة ‒

MÉSAVENTURE, s. f. fam., accident malheureux, مجرى.

MÉSENTÈRE, s. m., membrane le long des intestins, هشة ‒ هوشة.

MÉSESTIMER, v. a., n'avoir point ou n'avoir plus d'estime pour quelqu'un, حط ‒ احتقر O. ‒ شاف بعين النقص O.

*Mésestimer*, apprécier une chose au-dessous de sa juste valeur, بخس O.

MÉSINTELLIGENCE, s. f., défaut d'union, dissention, شقاق ‒ قلّة الوفق.

MÉSOFFRIR, v. n., offrir d'une marchandise beaucoup moins qu'elle ne vaut, تكسر.

MÉSOPOTAMIE, s. f., pays, بلاد بين النهرين ‒ الجزيرة.

MESQUIN, E, adj., chiche (homme), فقايرى. *Mesquin* (ornement, repas), فلّاسى.

MESQUINEMENT, adv., بقذارة ‒ فقايرى.

MESQUINERIE, s. f., épargne sordide, قذارة.

MESSAGE, s. m., commission de dire ou de por-

32.

ter quelque chose; ce qu'on porte, ce qu'on dit en message, خدمة, مأمورية الرسول - رسالة.

**MESSAGER**, s. m., qui fait un message, رسول - مرسال - ساعى ; plur., سعاة. Le chef des messagers, ساعى باشى.

**Messager**, celui qui est établi pour porter les paquets d'une ville à une autre, شيّال.

**MESSAGERIE**, s. f., entreprise des voitures publiques, وكالة العربانات.

**MESSE**, s. f., قدّاس ; plur., قداديس. Dire la messe, قدّس.‖ Entendre la messe, حضر القدّاس. ‖ Messe basse, قدّاس صغير. ‖ Grand'messe, قدّاس كبير. ‖ Offrir, célébrer une messe, قدّم قدّاسًا.

**MESSÉANCE**, s. f., قلّة لياقة - عيبة.

**MESSÉANT, E**, adj., malséant, غير - عيب مناسب.

**MESSEOIR**, v. n., n'être pas séant, ما لائق.

**MESSIE**, s. m., le Christ, المسيح.

**MESSIER**, s. m., garde des fruits de la terre, ناطور ; plur., نواطير الزرع.

**MESURABLE**, adj. com., qui peut se mesurer, يُقاس - يتعاير.

**MESURAGE**, s. m., action par laquelle on mesure, كيالة - كيل - قياس.

**Mesurage**, droit sur chaque mesure, معلوم الكيل.

**Mesurage**, salaire de celui qui mesure, كيالة.

**MESURE**, s. f., ce qui sert de règle pour déterminer une quantité, une dimension, عيار - قياس. Qui a moins que la mesure, ناقص. ‖ Qui a plus que la mesure, زايد.

**Mesure**, vaisseau pour mesurer, كيل ; pl., اكيال - مكيل ; plur., مكايل. Mesure comble, كيل معرّم.
‖ Mesure, quantité comprise dans le vaisseau qui sert de mesure, كيلة.

**Mesure**, terme de musique, وزن - ايقاع.

**Mesure** de vers, بحر - وزن شعر ; plur., بحور.

**Mesure**, au fig., précautions, moyens pour arriver au but proposé, طريقة ; pl., طرايق - تدبير ; plur., تدابير. Prendre des mesures, دبّر طريقة. ‖ Rompre les mesures, عكس تدبير. ‖ دبّر تدبير.

Passer la **mesure**, sortir des bornes, زاد وكثّر - تجاوز الحدّ - صارت منه زودة.

Être en **mesure** de, pouvoir, كان مستعدّ لـ - قدر.

**Mesure**, prudence, محاسبة.

A **mesure** que, كلّما. A mesure que l'un avançait, l'autre reculait, كلّما تقدّم واحد رجع الاخر الى ورا.

Outre **mesure**, avec excès, بزيادة.

Au fur et à **mesure** que, à mesure que, كلّما.

**MESURER**, v. a., déterminer une quantité avec une mesure, قاس - عاير. ‖ كال ou كيّل (pour les grains, etc.). Mesurer à l'aune, قاس بالذراع. ‖ Mesurer un champ, مسح ارضًا - قاس ارضًا. ‖ Mesurer au boisseau, كال بالكيل.

**Mesurer** les autres à son aune, les juger d'après soi-même, قاس غيره على نفسه.

**Mesurer**, au fig., proportionner, قدّر الشى على. Mesurez votre dépense à vos revenus, ou vos entreprises à vos forces, قدّ بساطتك مدّ على رجليك.

**Mesurer** des yeux, examiner attentivement, اختبر - نظر اليه بعين الاختبار.

Se **mesurer** avec quelqu'un, au fig., lutter avec lui, قاس طوله على طول احد - جرّب نفسه مع - قاوم - قاوى.

**Mesurer** ses forces contre, lutter contre, قابل - تقاوى مع - قاوى.

**Mesurer** ses discours, etc., au fig., parler avec mesure, ضبط لفظه - وزن كلامه - قيّد الفاظه.

**MESURÉ, E**, adj., qui a été mesuré, معاير - مكيول.

**Mesuré**, au fig., circonspect, موزون.

**MESUREUR**, s. m., كيّال.

Mésuser, v. n., faire un mauvais usage, اتلف - استعمل الشى بغير قانون.

Métacarpe, s. m., مشط اليد.

Métairie, s. f., bien de campagne, شفتلك.

Métal, s. m., au pl., aux معدن; pl., معادن.

Métalepse, s. f., figure de rhétorique; exemple: *Il a vécu, ou nous le pleurons*, pour *il est mort*, تورية نحو عاش فلان او نبكى عليه فى معنى مات.

Métallique, adj. com., معدنى.

Métallisation, s. f., تكوين المعادن.

Métalliser, v. a., صنع مثل المعدن A.

Métallurgie, s. f., art de tirer des mines, de travailler les métaux, صنعة استخراج المعادن وشغلها.

Métallurgique, adj. com., de la métallurgie, يخص استخراج المعادن وشغلها.

Métamorphose, s. f., transformation, changement, ابدال - انقلاب - تقلب.

Métamorphoser, v. a., changer, قلب I. Il le métamorphosa en chien, قلبه كلبا.

Se métamorphoser, v. pron., صار - انقلب I.

Métaphore, s. f., figure de rhétorique, استعارة.

Métaphorique, adj. com., مستعار - استعارى - مجازى.

Métaphoriquement, adv., مجازا - مستعارا.

Métaphysicien, s. m., qui sait la métaphysique, متكلم - عالم بما فوق الطبيعة.

Métaphysique, s. f., science des idées universelles, des êtres spirituels, علم ما فوق الطبيعة - علم الكلام - الالهية.

Métaphysique, art d'abstraire les idées, علم تجريد الفكر عن المادة.

Métaphysique, le monde moral, ce qui ne tombe pas sous le sens, ce qui n'existe que dans la pensée, الاشيا الغير المحسوسة - العالم الروحانى - الاشيا الفكرية.

Métaphysique, science de la génération des idées, علم استنباط الفكر.

Métaphysique, adj. com., de la métaphysique, فكرى - روحانى.

Métaphysique, abstrait, غويص - عميق.

Métaphysiquement, adv., مجردا - روحانيا.

Métastase, s. f., t. de méd., سروح الامراض.

Métatarse, s. m., مشط الرجل.

Métayer, ère, s., fermier, خولى.

Métempsycose, s. f., تقميص - تقمص الارواح - تناسخ.

Météore, s. m., phénomène qui se forme et apparaît dans l'air, حادث; plur., حوادث. Les météores, الاثار العلوية.

Météorologie, subst. f., science des météores, علم حوادث الجو.

Météorologique, adj. com., يخص حوادث الجو.

Méthode, s. f., habitude, عادة - منهاج.

Méthode, manière de faire d'après certains principes, un certain système, منهاج - طريقة - قاعدة. C'est la méthode qu'ils ont suivie dans leur enseignement, سلكوا هذه الطريقة فى تعليمهم.

Méthodique, adject. com., fait avec méthode, حسب القواعد - مضبوط - مرتب. Méthodique, attaché à une méthode, متمسك بقاعدة.

Méthodiquement, adv., بقاعدة.

Méticuleux, se, adj., خويف.

Métier, s. m., profession, حرفة; pl., حرف; كار - صنايع, plur., صناعة - صنع, plur., صنعة; مهنة - كارات, plur. Faire le métier de courtier, استعمل مهنة الدلالين ‖ Un métier est un préservatif contre la misère, صناعة فى اليد امانة من الفقر; prov. ‖ Il sait son métier, c'est un homme capable, هو كفو.

Métier, machine qui sert à manufacturer des bas, de la toile, نول. Métier pour broder, منسج - طارة.

Ouvrage sur le métier, au fig., commencé, كتاب على المنسج.

C'est un plat de son *métier*, هذا كاره. Tour de son métier, مكر من مكرياته.

Métis, se, adj., né d'un Européen et d'une Indienne, et réciproquement engendré de deux espèces, مولّد.

Métonymie, s. f., figure de rhétorique, كناية.

Mètre, s. m., mesure du vers, ميزان الشعر — plur., بحور; بحر.

Mètre, mesure de longueur, ذراع فرنساوى; plur., اذرع.

Métromane, s. m., qui a la manie de faire des vers, مجنون بنظم الشعر.

Métromanie, s. f., fureur de faire des vers, جنان بنظم الشعر.

Métropole, s. f., ville principale, مدينة كرسى.

Métropole, adj. (église), كنيسة كرسى.

Métropolitain, e, adj., épiscopal, archiépiscopal, يخص كرسى المطران.

Métropolitain, s. m., archevêque, مطران; pl., مطارنة.

Mets, s. m., طعام; plur., اطعمة et طعامات.

Mettable, adj. com., qui peut se mettre (habit), يلتبس.

Metteur en œuvre, s. m., ouvrier dont la profession est de monter des pierreries, مركّب الاحجار.

Mettre, v. a., poser, placer, حطّ O. — وضع; aor., يضع — جعل A. Mettre une clef dans la serrure, ركّب المفتاح فى القفل ‖ Mettre chaque chose à sa place, ركّن كل شى فى موضعه, رتّب ‖ Mettre la main à l'œuvre, commencer à faire, شرع فى A. ‖ Mettre l'épée à la main, امتسق سيفه — سلّ سيفه O. ‖ Mettre en main tierce, déposer, ودع عند احد A. — اودع.

Mettre aux mains, faire battre ou combattre, شبّك O.

Mettre en tête à quelqu'un, ou se mettre en tête une idée, un projet, حطّ فى عقله O.

Mettre de l'eau dans son vin, au fig. fam., se raviser, relâcher de ses prétentions, عقل I.

Mettre à mal, séduire, détourner du devoir, عكس I. — افسد.

Mettre bas (faire des petits), وضعت الانثى.

Se mettre en quatre, au fig. fam., faire tous ses efforts, عمل كل جهله.

Se mettre, se placer, s'asseoir, جلس I. — قعد O. Se mettre à table, قعد على السفرة.

Se mettre à, se prendre à, commencer, جعل A. — قام O. — صار I. — بدأ A. — اخذ — اندار ‖ Il se mit à rire, اخذ يضحك I. ‖ Il se mit à le frapper, قام يضربه — اخذ يضربه ‖ Il se mit à lui dire des injures, اخذ يسبّه — اندار يسبّه ‖ Se mettre à l'ouvrage, شرع فى الشغل.

Se mettre, s'habiller, لبس A. Se mettre en, متخوّج ‖ Bien mis, لبس كسم A. — لبس مثل (Barb.).

Meuble, s. m., tout ce qui sert à meubler; au pl., biens, effets que l'on transporte, متاع البيت — لبش — اثاث البيت — منقولات البيت — البيت.

Meuble, adj. (terre), aisée à remuer, à labourer, حرث.

Biens *meubles*, l'opposé de biens immeubles, المنقولات ضد العقارات.

Meubler, v. a., garnir de meubles, اثّث — فرش I. — نظم O. — نظّم I.

Meubler sa tête de connaissances, زيّن عقله بالمعارف.

Meule, s. f., cylindre plat pour broyer, رحاية — جّارة; plur., جّر طاحون — رحا; plur., ارحا. Meule à aiguiser, حجر مسنّ.

Meule, s. f., monceau, pile de foin, de grain, etc., كومة — عُرم; plur., عُرمة.

Meunier, ère, s., طحّان. Meunier d'un moulin dont une bête de somme fait tourner la meule, مدراتى.

MEURTRE, s. m., homicide, قتل. Commettre un meurtre, قتل قتيل O.

*Meurtre*, au fig. fam., grand dommage, خسارة.

MEURTRIER, ÈRE, s., qui a commis un meurtre, قاتل; plur., قتّال.

Arme *meurtrière*, سلاح قاتل. Combat meurtrier, وقعة شديدة هلكت فيها نفوس كثيرة - متقتل.

MEURTRIÈRE, s. f. *Voyez* BARBACANE.

MEURTRIR, v. a., faire une meurtrissure, رضض - دشدش.

MEURTRISSURE, s. f., contusion livide, خبطة - دشّة.

MEUTE, s. f., chiens de chasse, كلاب صيد.

MEZZO-TERMINE, s. m., parti moyen, واسطة - طريقة.

MI, particule indéclinable pour demi, نصف. Mi-chemin, نصف الطريق. || La mi-août, وسط شهر آب. || La mi-carême, وسط الصيام.

A mi-corps, adv., للحزام - لحدّ الوسط. A mi-jambe, لنصف الساق.

MI-PARTI, E, adj., composé de deux parties égales, mais d'une nature différente, النصف و النصف. Une robe mi-partie de blanc et de rouge, ثوب نصفه أبيض و نصفه أحمر.

MIASMES, s. m. plur., émanations morbifiques, بخارات رديّة.

MIAULANT, E, adj., منوّي.

MIAULEMENT, s. m., نّواى - نوى القطّ.

MIAULER, v. n., نوى القطّ.

MICA, s. m., poudre brillante, طلق أبيض.

MICHE, s. f., petit pain, قرصة خبز.

MICMAC, s. m. fam., intrigue, manigance, ملعنة.

MICOCOULIER, s. m., grand arbre, شجرة كبيرة - أوراقها تشبه أوراق الدردار و ثمرتها مثل الكرز - نوع سدر.

MICROCOSME, subst. masc., monde en abrégé, عالم صغير.

MICROSCOPE, s. m., instrument, نظارة الاشيا الصغار.

MIDI, s. m., le milieu du jour, ظهر - اعلام A || (Barb.). Il est midi, صار الظهر - الظهر أذن. Sur le midi, الظهريات || . الظهر - عند الظهر. Après-midi (environ trois heures), العصر. || Dans l'après-midi, العصريات.

Chercher *midi* à quatorze heures, chercher des difficultés où il n'y en a pas, عائل - نحجج.

Le *midi*, le sud, الجنوب.

MIE, s. f., partie molle du pain, لبابة - لبّة (Barbarie), بطعة الخبز - لب الخبز.

*Mie*, particule négative, لا - حتّة.

*Mie*, abrégé d'amie, حبيبة.

MIEL, s. m., شهد - عسل نحل.

MIELLEUX, SE, adj., حلو - عسلي.

MIEN, NE, adj., pronom possess., متاعي et بتاعي.

Les *miens*, au plur., mes proches, mes alliés, اهلي - قرايبي.

MIETTE, s. f., petite partie du pain, فتاتة. Des miettes de pain, فرافيط خبز - فتّ - فتيت.

MIEUX, adv., أحسن. Il le sait mieux que toi, يعرفه أحسن منك. || Mieux que je ne pensais, أحسن ممّا حسبت. || Beaucoup mieux, أحسن و أحسن. || J'aime mieux celui-ci que celui-là, هذا عندي أحسن من هذاك. || Ceci vaut mieux, هذا أحسن - هذا أفضل. || Il vaut mieux se taire que de parler mal à propos, السكوت خير من الكلام في غير محلّه. || Le malade va chaque jour de mieux en mieux, المريض كل يوم يصير أحسن. Ses affaires vont de mieux en mieux, أمره كلها له. || A qui mieux mieux, à l'envi l'un de l'autre, في زيادة و نمو غيرة في بعضهم. || Il n'y a rien de mieux, de plus convenable, ما فيه أحسن منه, أوفق منه. || Le mieux possible, ما فيه أنسب منه - على قدر الإمكان. || Il est devenu riche, tant mieux pour lui, صار غني هنيًا له. *Voyez* TANT.

MIGNARD, E, adj., agréable, affecté, ظريف - مغنّج - متحالى.

MIGNARDEMENT, adv. fam., بظرافة.

MIGNARDER, v. a. fam., traiter délicatement, لاطف.

*Mignarder*, affecter de la délicatesse, de la grâce, تحالى فى.

MIGNARDISE, s. f. fam., affectation de gentillesse, de délicatesse, محالاة - تغنّج - ظرافة.

*Mignardises*, au pl., attraits, caresses, ظرافات - غُنج.

MIGNON, NE, adj., délicat, gentil, ناعم - ظريف.

MIGNON, s., bien-aimé, محبوب.

MIGNOTER, v. a., délicater, سايس - لاطف.

MIGRAINE, s. f., douleur dans la moitié de la tête, شقيقة.

MIGRATION, s. f., action d'émigrer, طفشان.

MIJAURÉE, s. f., femme affectée, امرأة متحالية.

MIJOTER, v. a., faire cuire lentement et doucement, طبخ على نار هادية. O.

*Mijoter*, délicater, سايس - لاطف.

MIL., MILLET, s. m., plante graminée, sa graine, ميجو - دخن - دُرا بيضا - حب الشرانق (Barb.).

MIL. *Voyez* MILLE.

MILAN, s. m., oiseau de proie, حداية; plur., شوحة - باشق - حداء.

MILIAIRE, adj. com. (fièvre), accompagnée d'une éruption de très-petits boutons, حرارة مع حبّ مثل الشرانق.

MILICE, s. f., soldatesque, جند - عسكر; plur., جنود.

*Milice*, bourgeois, paysans armés, اولاد البلاد بسلاحهم.

MILIEU, s. m., وسط. Au milieu du marché, فى وسط السوق. ‖ Il le coupa par le milieu, قطعه من وسطه بالنصف. ‖ Le milieu du mois, نصف الشهر - اواسط الشهر. ‖ Qui est au milieu, وسطانى - وسطى. ‖ Le bien se trouve dans un juste milieu, خير الامور اوسطها.

*Milieu*, au fig., tempérament dans les affaires, ou pour concilier, طريقة - مصطلح - واسطة.

MILITAIRE, adj. com., de la guerre, حربى.

MILITAIRE, s. m., soldat, عسكرى.

MILITAIREMENT, adv., مثل العسكر.

MILITER, v. n. (pour), être favorable à, كان على. O. Militer contre, كان مع.

MILLE, s. m.; plur., MILLES, s. m., mesure itinéraire, ميل; plur., اميال.

MILLE, adj. numéral, الف; pl., الوف et الاف. Mille hommes, الف رجل. ‖ Trois mille hommes, ثلاثة الاف رجل.

MILLE FOIS, adv., très-souvent, الف مرّة.

MILLE-FEUILLE, subst. f., herbe à la coupure, بربرا.

MILLE-GRAINE, s. f. *Voyez* PIMENT.

MILLÉNAIRE, adj. com., qui contient mille, الفى.

MILLÉNAIRE, s. m., mille ans, الف عام.

MILLEPERTUIS, s. m., فاريقون - هيوفاريقون.

MILLE-PIEDS, s. m. *Voyez* CLOPORTE et SCOLOPENDRE.

MILLEPORE, s. m., غاب البحر.

MILLÉSIME, s. m., année marquée sur une pièce de monnaie, تاريخ المعاملة.

MILLET, s. m., graine. *Voyez* MIL.

MILLIADE, subst. fém., révolution de mille ans, الف سنة.

MILLIAIRE, adj., qui marque les milles, علامة الاميال.

MILLIARD, s. m., mille millions, الف الف الف.

MILLIÈME, adj. com., nombre d'ordre qui complète le nombre mille, الف.

MILLIÈME, s. m., ou millième partie, واحد من الالف.

MILLIER, s. m., الف; plur., الاف.

Par *milliers*, adv. fam., en grande quantité, بالالافات.

Million, s. m., mille fois mille, الف الف - مليو.

Millionième, adj. com., nombre d'ordre qui mplète un million, الفى الفى.

Millionième, s. m., l'une des parties du million, واحد من الالف الفى.

Millionnaire, s. com., au fig. fam., très-riche, صاحب الافات.

Milord, s. m., lord, titre en Angleterre, سيّد.

Milord, popul., homme riche, رجل دولتى.

Minaret, s. m., tour en clocher sur les mosquées, مأذنة ; plur., ميادن.

Minauder, v. n., affecter des manières pour plaire, تدلّل - تغنّج - تغندر - تجالى.

Minauderies, s. f. pl., mines et manières affectées pour plaire, دلال - غنج - غندرة.

Minaudier, ère, adj., غندور ; plur., غندرة - مغنّج.

Mince, adj. com., qui a peu d'épaisseur, رقيق.

Mince, très-médiocre, قليل.

Mine, s. f., air, apparence, visage, contenance, منظر - وجه - هية - روية - صورة. Qui a méchante mine, قبيح المنظر. || Qui a une mine agréable, ظريف المنظر. || Cela se voit à votre mine, هذا باين من وجهك. || J'ai jugé sur votre mine que vous êtes un homme entendu, انا فهمتك من الهية انك صاحب معرفة. || Il a la mine de, il paraît, باين عليه.

Faire *mine* de, au fig. fam., faire semblant, اظهر انه - A. عمل روحه.

Faire bonne *mine*, fam., faire bon accueil, اكرم قدومه - تلقّاه بحسن القبول - استرحب ب. Faire mauvaise mine, mauvais accueil, بارد له (Syrie). || اعطاه وجه كدِه - نظر اليه بعين البرودة. Faire bonne mine à mauvais jeu, اخفى الكدر واظهر الجلد.

Faire la *mine*, au fig. fam.; témoigner du mécontentement, بوّز - كشّر.

*Mine*, mouvements de visage, gestes affectés, غنج - بهتة.

*Mine*, lieu où se forment les métaux, etc., معدن ; plur., معادن.

*Mine*, mesure de grains, شنبول - كيّل.

*Mine*, cavité souterraine pratiquée sous un bastion, un roc, etc., pour le faire sauter par la poudre, لغم ; plur., لغوم. Faire jouer la mine, ضرب النار فى اللغم.

Faire jouer la *mine*, exécuter un complot, عملوا عملتهم. Éventer la mine, au fig. fam., découvrir un projet caché, I. كشف اللعبة.

Miner, v. a., faire une mine, عمل لغم تحت.

Miner, creuser, O. فجر - A. فحت. — حفر.

*Miner*, au fig., consumer peu à peu, اكل. O.

Minerai, s. m., métal combiné avec des substances étrangères, معدن مخلوط بتراب او غير ذلك.

Minéral, s. m.; pl., aux, معدن ; pl., معادن.

Minéral, e, adj., des minéraux, معدنى.

Minéralisation, s. f., combinaison de la mine avec du soufre ou de l'arsenic, خلطة معادن بكبريت او زرنيخ.

Minéralogie, s. f., علم المعادن.

Minéralogique, adj. com., يخصّ علم المعادن - معدنى.

Minéralogiste, s. m., عالم بالمعادن.

Minet, te, s. f. fam., petit chat, قطيط.

Mineur, s. m., celui qui fouille la mine, لغمجى - فاعل فى اللغم.

Mineur, e, adj. et s., qui n'a point atteint l'âge de majorité, قاصر ; plur., قصّر.

*Mineur*, adj. comparatif, plus petit, أصغر.

Mineure, s. f., seconde proposition d'un syllogisme, صغرى.

Miniature, s. f., peinture très-délicate, تصوير.

*En miniature, en petit,* برفاعة فى الصغير.
MINIÈRE, s. f., معدن.
MINIME, adj., très-peu important, دون - قليل - وجيز.
MINIMUM, s. m., le plus petit degré, اقلّ - ادنى.
MINISTÈRE, s. m., emploi que l'on exerce, وظيفة - خدمة.
*Ministère,* emploi d'un ministre d'État, وزارة. ‖ *Ministère de la justice,* وزارة القضا. ‖ *Ministère de la guerre,* وزارة الحرب.
*Ministère,* les ministres d'un État, وزرا - مملكة.
*Ministère,* entremise, واسطة. *Si vous avez besoin de mon ministère, vous n'avez qu'à parler,* مهما لزم من الخدم عرّفونى.
*Ministère public,* les procureurs et les avocats généraux, وكلا الحكم فى المحاكم.
MINISTÉRIEL, LE, adj., du ministère, du ministre, وزيرى - وزرى.
MINISTÉRIELLEMENT, adv., dans la forme ministérielle, على موجب الوزر.
MINISTRE, s. m., chargé des affaires d'État, وزير; plur., وزرا et وزر. *Ministre des finances,* وزير الخزنة. ‖ *Ministre de la police générale,* وزير السياسة العامة.
*Ministre,* envoyé d'un prince dans une cour étrangère, الشى - رسل; plur., رسل; رسول ملك.
*Ministre de la religion,* شيخ الدين; plur., كاهن - مشايخ; pl., كهنة. *Ministre,* celui qui fait le prêche parmi les protestants, واعظ عند المعتزلة.
MINIUM, s. m., matière rouge faite avec une chaux de plomb réverbérée au feu, سلاقون.
MINOIS, s. m. fam., visage d'une jolie personne, وجه كويس.
MINORATIF, s. m., remède qui purge doucement, دوا ينقّى البدن تنقية لطيفة.
MINORITÉ, s. f., état d'un mineur, قصر الاولاد.
*Minorité,* le petit nombre, القلة - العدد الاقل.
MINUIT, s. m., le milieu de la nuit, نصف الليل.

MINUTE, s. f., soixantième partie d'une heure, d'un degré de cercle, دقيقة; pl., دقايق.
*Minute,* original, brouillon, اصل - مسوّدة.
MINUTER, v. a., faire la minute d'un écrit, d'un acte, سوّد - A. عمل مسوّدة.
*Minuter,* au fig., projeter quelque chose pour l'accomplir bientôt, فكر - تفكّر فى اتمام شى.
MINUTIE, s. f., bagatelle, هلسة - شى ما يحرز - شى دنى - شى وجيز; plur., اشيا دنية.
MINUTIEUSEMENT, adv. fam., بتدقيق.
MINUTIEUX, SE, adj., qui s'attache trop aux minuties, كثير التدقيق فى الاشيا الدنية.
MIRABELLE, s. f., petite prune jaune, نوع صغير من البرقوق.
MIRACLE, s. m., acte de la puissance divine contraire aux lois connues de la nature, معجزة - اية.
*Miracle,* prodige, chose digne d'admiration, عجيبة - اعجوبة; plur., عجايب.
MIRACULEUSEMENT, adv., من عند الله - بنوع عجيب.
MIRACULEUX, SE, adj., fait par miracle, admirable, merveilleux, عجيب - من عند الله - اية.
MIRE, s. f., espèce de bouton au bout d'un fusil, d'un canon, et qui sert à mirer, نشان.
*Point de mire,* au fig. fam., objet que l'on a en vue, مطلوب - مقصود - غاية المراد.
MIRER, v. a., viser, حرّر على ناشن.
*Mirer un œuf,* etc., le regarder en faisant passer la lumière au travers, I. كشف على بيضة.
*Mirer,* au fig. fam., aspirer à, O. - طلب - طلع عينه على.
*Se mirer,* v. pron., se regarder dans un miroir, O. شاف روحه فى.
MIRI, s. m., impôt sur les terres dans l'empire ottoman, مال ميرى.
MIRLIFLORE, s. m., agréable, merveilleux, غندور; plur., غنادرة.
MIRMIDON, s. m. fam., jeune homme de peu de

considération et de petite taille, مسخوط ; plur., مساخيط.

MIROIR, s. m., مراة ; vulg., مرايةٌ ; pl., مرايات et مرى. Miroir ardent, المراة المحرقة.

OEufs au *miroir*, بيض مقلي.

MIROITERIE, s. f., commerce de miroirs, بضاعة مرى.

MIROITIER, s. m., مرايانى.

MISAINE, s. f., mât entre le beaupré et le grand mât, صارى على مقدم المركب بين الصارى الكبير و الصارى القدامى.

MISANTHROPE, s. m., نفور - متوحش.

MISANTHROPIE, s. f., نفور - وحشة.

MISCELLANÉES, s. m. plur., recueil de différents ouvrages de sciences, de littérature, جامعة فنون - مجموع.

MISCIBILITÉ, s. f., qualité de ce qui peut se mêler, خلطية.

MISCIBLE, adj. com., qui peut se mêler, يخلط - يختلط.

MISE, s. f., ce qu'on met au jeu; dans une association, حطة - رسمال.

*Mise*, enchère, مزاد - دلالة. Le crieur ouvrit les enchères sur la mise à prix de 4,000 dinars, فتح بابها المنادى اربعة الاف دينار.

*Mise*, débit, cours de la monnaie, سلوك - المعاملة.

Être de *mise*, au fig. fam., être de mode, لائق I. Être de mise, avoir cours, سلك O.

*Mise*, manière de se mettre, لبس - ملبوس - كسم.

*Mise* en possession, تمليك ب.

MISÉRABLE, adj. com., dans la misère, dans la souffrance, مسكين ; plur., مساكين.

*Misérable*, méchant, شرير ; plur., اشرار. Misérable, très-mauvais en son genre, ردى ; pl., اردیا.

*Misérable*, pauvre, فقير ; plur., فقرا.

*Misérable*, méprisable (chose), دنى - حقير.

MISÉRABLE, s. com., homme de néant, سفلة ; اسافل.

*Misérable*, très-malhonnête homme, خاسر ; pl., خسار. Misérable, femme décriée par sa mauvaise conduite, امراة فلانية.

MISÉRABLEMENT, adv., فى الذل و المسكنة.

MISÈRE, s. f., état malheureux, شقا - مسكنة. Misère, extrême indigence, اشد العازة.

*Misère*, peine, difficulté, مشقة - عنا - تعب.

*Misère*, faiblesse de l'homme, maux de l'humanité, الشقا البشرى - ضعف البشر.

*Misère*, bagatelle, minutie, شى حقير ; plur., اشيا حقيرة.

MISÉRÉRÉ, s. m., le psaume cinquantième, المزمور الخمسون.

*Miséréré*, colique très-violente, قولنج.

MISÉRICORDE, s. f., grâce, pardon, عفو - سماح - امان O. Demander miséricorde, طلب الامان. || Crier miséricorde, pousser de grands cris de douleur, صرخ O.

*Miséricorde*, vertu qui porte à avoir compassion des misères d'autrui, رحمة. Les miséricordes de Dieu, المراحم الرتية ; sing., مرحمة. || Faire miséricorde à, رحم احدا A.

*Miséricorde* ! interjection de surprise extrême, يا ستار - يا لطيف - يا سلام.

MISÉRICORDIEUX, SE, adj., رحيم - رقيق القلب - رحمن (ne se dit que de Dieu).

MISSEL, subst. masc., livre de messe, كتاب القداس.

MISSION, s. f., envoi, pouvoir donné à quelqu'un, وكالة - مامورية - رسالة. Donner mission de, وكل ب - O. - امرة ب.

*Mission*, commission donnée à des religieux pour prêcher en pays étranger, رسالة.

*Mission*, les prêtres missionnaires, المرسلين.

MISSIONNAIRE, s. m., employé aux missions, مرسل ; plur., مرسلين.

MISSIVE, adj. (lettre); et MISSIVE, s. f. fam., lettre, مكتوب - رسالة.

MISTRAL, s. m., vent du nord-ouest sur la Méditerranée, هوا مريسي.

MISTIFICATION, s. f., ضحكة على احد.

MISTIFIER, v. a. fam., ضحك على A.

MITAINE, s. f., sorte de gant, نوع كفوف.

MITE, s. f., très-petit insecte, دويبة صغيرة للغاية تحدث فى الجبن.

MITHRIDATE, s. m., espèce de thériaque, ترياق فاروق.

MITIGATION, s. f., adoucissement, ملاطفة - تلطيف.

MITIGER, v. a., adoucir, لطّف.

MITONNER, v. n., faire tremper longtemps le pain sur le feu en bouillonnant, سبّك على النار. Mitonner, v. a., au fig. fam., dorloter, cajoler, دادى. Mitonner, prendre grand soin de la santé, des aises, ساس - راشى.

Mitonner, disposer, préparer doucement une affaire pour la faire réussir, طبخ دعوة O.

Mitonner, ménager adroitement quelqu'un, ساير.

MITOYEN, NE, adj., qui est entre deux, موسّط - متواسط.

MITRAILLADE, s. f. fam., طلقة مدافع بخردة.

MITRAILLE, s. f., ferraille dont on charge un canon, خردة لتعمير مدفع.

MITRAILLER, v. a., اطلق مدافع معمّرة خردة على.

MITRE, s. f., ornement de tête d'évêque, تاج اسقف.

Mitre, tuiles placées en mitre sur une cheminée, قوصرة مدخنة.

MITRÉ, E, adj., متوّج.

MITRON, subst. masc. fam., garçon boulanger, صبى خبّاز.

MIXTE, adj. com., mélangé, مركّب.

MIXTE, s. m., corps mixte, مركّب; plur. مركّبات.

MIXTILIGNE, adj. com., se dit d'une figure, d'un plan terminé par des lignes droites et courbes, شكل حدوده خطوط مستقيمة و منحنية.

MIXTION, s. f., mélange de drogues dans un liquide pour un remède, اختلاط, اضافة عقاقير مع بعضها.

MIXTIONNER, v. a., mêler quelque drogue dans une liqueur, et faire qu'elle s'y incorpore, نقع عقاقير - O. خلط ب.

MOBILE, adj. com., qui peut être mû, متحرّك.

Mobile (fête), irrégulière, يتنقّل.

Mobile, au fig., léger et changeant, خفيف - قلّاب. Imagination mobile, vive et emportée, عقل حاد.

MOBILE, s. m., corps qui est mû, متحرّك.

Mobile, force qui meut, قوة محرّكة - محرّك.

Mobile, au fig., celui qui donne le branle aux autres; motif, مهماز - محرّك.

MOBILIAIRE ou MOBILIER, adj., qui concerne le mobilier, يختصّ المنقولات - اثاثى. Effets mobiliers, منقولات.

MOBILIER, s. m., meubles, اثاث البيت.

MOBILITÉ, s. f., facilité à être mû, خفّة حركة.

Mobilité, au fig., inconstance, légèreté, خفّة.

Moca, ville d'Arabie, مخا.

Moca, café de Moca en Arabie, بنّ حجازى.

MODALE, adj. f. (proposition), qui contient une condition ou une restriction, قضية شرطية.

MODALITÉ, s. f., manière d'être, كيفية.

MODE, s. f., usage passager qui dépend du goût et du caprice, غية.

Mode, pour ce qui concerne l'habillement, كسم - زّى. L'ancienne mode, الزى العتيق || La nouvelle mode, كسم اليوم - زى الوقت || C'est la mode, على زى. A la mode, هذا كسم اليوم - الوقت.

Mode, manière, guise, كيف - عادة. Laissez-le faire à sa mode, خلّوه يعمل على كيفه.

*Modes*, au plur., objets de mode, parures à la mode, كسم.

MODE, s. m., t. de gramm., manière de conjuguer les verbes relativement à la nature des propositions, تصريف الافعال نظراً لكيفية القضايا.

*Mode*, t. de philosophie, manière d'être, حال; plur., شكل - كيفية - احوال.

*Mode*, en musique, ton dans lequel une pièce est composée, مقام الموسيقى. Mode majeur, طامة كبرى. || Mode mineur, طامة صغرى.

MODÈLE, s. m., objets d'imitation que les artistes se proposent, قاعدة; plur., انموذج - قواعد - تمثال.

*Modèle*, au fig., ce qu'on se propose d'imiter, قدوة. Prendre pour modèle, اقتدى ب. || Sur le modèle de, على منوال.

MODELER, v. a., t. de sculpt., faire la représentation de quelque chose en terre, en cire, en plâtre, عمل صورة من شمع او طين او جبس.

*Se modeler*, v. pron, au fig. fam., prendre pour modèle, اقتدى ب.

MODÉRATEUR, TRICE, s., qui dirige, مُدبّر.

MODÉRATION, s. f., retenue, sage mesure, اعتدال - قانون - عقل - لطافة - احتما عن الافراط. User avec modération de, استعمل الشي بقانون, بعقل. || Modération dans les désirs, قناعة. || Parler avec modération, تكلم بلطافة.

*Modération*, état d'une âme qui se possède, امتلاك النفس.

*Modération*, diminution du prix, d'une peine infligée, d'une taxe, etc., تلطيف - ملاطفة.

MODÉRÉ, E, adj., tempéré, معتدل - لطيف.

*Modéré*, sage, retenu, عاقل.

*Modéré*, éloigné de toute sorte d'excès, غير مفرط.

MODÉRÉMENT, adv., avec retenue, بعقل - بقانون. Modérément, sans excès, من غير افراط.

MODÉRER, v. a., diminuer, tempérer, لطف - قلّل. Modérer ses désirs, قنع A. - اقنع نفسه ب. || Modérer ses passions, ضبط أهوا نفسه.

*Se modérer*, au fig., se contenir, se posséder, احتمى عن الافراط I. ملك نفسه O. - ضبط نفسه. *Se modérer*, s'adoucir, هدى A.

MODERNE, adj. com., nouveau, جديد; plur., جدد.

MODERNES (les), s. plur., opposé aux Anciens, اهل الزمان - المتاخرين.

MODESTE, adj. com., متضع - متواضع - بادبه - نفسه صغيرة. Femme modeste, qui a de la pudeur, امراة حيية, لها حياء.

MODESTEMENT, adv., بانضاع - بادب - بحيا.

MODESTIE, s. f., retenue dans la manière de se conduire et de parler de soi-même, ادب - انضاع - تواضع. La modestie rehausse le prix des belles qualités, تاج المروة التواضع; prov. || Se tenir dans la modestie, قعد فى ادبه O. - لزم الادب A.

*Modestie*, pudeur, حياء.

MODICITÉ, s. f., قلّة.

MODIFICATIF, IVE, adj., مكيّف.

MODIFICATION, s. f., restriction d'une proposition, حصر - اشتراط.

*Modification*, adoucissement, تلطيف.

*Modification*, manière d'être, action de modifier, تكييف - كيفية.

MODIFIER, v. a., modérer, adoucir, لطف.

*Modifier*, restreindre, حصر I.

*Modifier*, donner un mode, une manière d'être, كيّف.

MODIQUE, adj. com., médiocre, قليل.

MODIQUEMENT, adv., بقلّة.

MODISTE, adj. com., qui suit les modes, غاوى.

MODISTE, s. f., femme qui fait des objets de mode, امراة تصنع ما يختص كسم النسوان.

MODULATION, s. f., suite de tons qui forment un chant, لحن; plur., ترنيم - الحان.

MODULE, subst. m, mesure pour les proportions d'un ordre d'architecture, قياس للبناء.

Module, mesure pour les divisions du temps, du mouvement, قياس لتقسيم الزمان و الحركة.

Module, diamètre (d'une colonne, d'une médaille, d'une monnaie), قطر.

Moduler, v. a., formher un chant d'après les règles de la modulation, رتّب الغنا.

Moelle, s. f., substance molle et grasse dans les os, نخاع - مخ.

Moelle, substance molle dans le cœur des arbres, جمّار - قلب - لب.

Moelleusement, adv., ناعماً.

Moelleux, se, adj., rempli de moelle, دسم.
Vin moelleux, نبيذ لذيذ. Voix moelleuse, قماش ناعم. || Étoffe moelleuse, صوت حلو.

Moelleux, s. m., terme de dessin, حسن - نعومة.

Moellon, s. m., pierre à bâtir, حجر للبنا.

Moeuf, s. m., terme de gram. Voyez Mode.

Moeurs, s. f. plur., habitudes naturelles ou acquises, عوايد - خصايل - خصال - اخلاق. De bonnes mœurs, حسن السيرة - صالح || جيد الاخلاق || De mauvaises mœurs, ردي السيرة - ردي الاخلاق -

Mœurs, inclinations, coutumes particulières de chaque nation, عوايد. Mœurs, coutumes du pays et du temps, caractère des personnages, سير.

Bonnes mœurs, morale publique, أدب.

Mohatra, adj. m., (contrat, marché) par lequel un marchand vend très-cher à crédit ce qu'il rachète aussitôt à très-vil prix, argent comptant, بيع مخاطرة.

Moi, s. com., pron., انا. A moi, لي. || De moi, مني. || De vous à moi, fam., confidentiellement, بيني و بينك - ما بين بعضنا. || Quant à moi, pour moi, من جهتي انا.

A moi! exclamation pour appeler à soi, تعال - الحقوني - تعالوا.

Moi, s., le moi humain, محبّة النفس - لفظة انا - ذات الانسان.

Moignon, s. m., reste d'un membre coupé, d'une branche, عض.

Moindre, adj. com., plus petit, اقل.

Moindre, moins bon, plus mauvais, ادنى.
Le moindre, le plus petit, الادنى - الاقلّ. La moindre chose, ادنى شي.

Moine, s. m., religieux, راهب; plur., رهبان.

Moineau, s. m., passereau, عصفور دوري - زاوش et برطال (Barbarie).

Moinerie, s. f., terme d'ironie, esprit et humeur des moines, رهبنة.

Moinesse, s. f., religieuse, راهبة; pl., راهبات.

Moinillon, s. m., petit moine, رهيب.

Moins, adv. de comparaison, اقل - انقص. Moins haut, أوطى. || Moins grand, اصغر. || Plus de morts, moins d'ennemis, كلما كثرت القتلى قلّت العدى. || Moins savant, اقل علماً. || Il y en a un de moins, فيه واحد ناقص. || C'est un chien de moins dans le monde, كلب ناقص في الدنيا. || Ils payeront un de moins pour cent qu'ils n'auraient payé, si..... يحطّوا واحد في المايه ناقص عمّا كانوا يحطّوا لو. || En moins de temps que, في اقرب مدّة. || Je parcourrai le même espace que toi en moitié moins de temps, المسافة التي تسيرها في زمان كذا انا اقطعها بنصفه.

Le moins, la moindre chose, اقل شي. Le moins qu'il puisse arriver, اقل ما يجري. || Le moins possible, اقل ما يكون.

A moins de, pour un moindre prix, باقل من - بانقص من.

Au moins, du moins, marquent la restriction, بالقليل - قلّما يكون - اقل ما يكون. Il me faut au moins cent piastres, يلزمني اقل ما يكون ميّة غرش. || S'ils mentent, du moins ils n'osent le faire avec serment, ان كذبوا الّا انهم يخافوا من اليمين.

A moins que, si ce n'est que, اذ لم -

## MOI

A moins qu'il ne confesse sa faute, الَّا ان أعترف بذنبه.

En *moins* de rien, adv., très-promptement, في اسرع ما يكون – في لحة بصر.

MOIRE, s. f., étoffe de soie ondée et serrée, قماش حرير مموّج – كرمسود – جنفس – مخيّر.

MOIRÉ, E, adj., ondé comme la moire, مموّج.

Mois, s. m., شهر ; plur. أشهر et شهور. Le commencement du mois, غرّة الشهر. ‖ Les dix premiers jours du mois, أوائل الشهر. ‖ Les dix jours du milieu du mois, أواسط الشهر. ‖ Les dix derniers jours du mois, أواخر الشهر. ‖ La fin du mois, سلخ الشهر.

*Mois*, la paye d'un mois, شهرية.

MOÏSE, nom propre, موسى.

MOISI, s. m., chose moisie, شي معفّن – تصويف.

MOISIR, v. n., SE MOISIR, v. pron., se couvrir d'une certaine mousse blanche-grise, صوّف – تعفّن.

MOISISSURE, s. f., altération, état d'une chose moisie, عفونة – تصويف.

MOISSON, s. f., récolte des grains, حصيدة – حصاد.

MOISSONNER, v. a., faire la récolte des grains, حصد I.

*Moissonner*, au fig., recueillir des palmes, des lauriers, جنى الغار I.

*Moissonner*, enlever, détruire, حشّ O.

MOISSONNEUR, SE, s., qui coupe les blés, حصّاد.

MOITE, adj. com., qui a quelque humidité, مبلول.

MOITEUR, s. f., بلولة.

MOITIÉ, s. f., نصف, plus vulg. نصّ. Il est moitié plus petit que l'autre, هو بنصف الاخر. ‖ Moitié blanc moitié noir, نصفه ابيض و نصفه اسود.

Être de *moitié* avec quelqu'un, être associé, أشترك معه في. Mettre quelqu'un de moitié dans, أشركه في. ‖ A moitié, avec partage égal, مناصفة.

## MOL

‖ A moitié de gain et de perte, والربح بينهما عدلًا مناصفة وكذلك الخسارة لاقدر الله بها.

A *moitié*, à demi, نصف. A moitié vide, نصفه فارغ.

MOKA. *Voyez* MOCA.

MOL. *Voyez* MOU.

MOLAIRE, adj. (dent), ضرس ; plur., اضراس et ضروس.

MOLDAVIE, s. f., province de Turquie, بغدان.

MÔLE, s. f., masse de chair informe dont une femme accouche, قطعة لحم تسقطها المراة.

MÔLE, s. m., jetée forte, muraille dans un port, رصّة احجار في مينا.

MOLÉCULE, s. f., petite partie organique, جزء صغير ; plur., اجزا صغار.

MOLESTER, v. a., vexer, tourmenter, نكّد على – عذب I. – ظلم – عنف.

MOLETTE, s. f. (de l'éperon), شوكة.

*Molette*, morceau de marbre en cône pour broyer des couleurs, رخامة للسحق.

*Molette*, maladie des chevaux, tumeur molle au-dessus des boulets, نفخة فوق ارساغ الخيل.

MOLLASSE, adject. com., trop mou, مرهرط – رخو.

MOLLEMENT, adv. (être couché), dans un bon lit, نام في النعومة A.

*Mollement*, au fig., faiblement, برخاوة. Mollement, d'une manière efféminée, بطراوة.

MOLLESSE, s. f., qualité de ce qui est mou, رخاوة – طراوة – نعومة.

*Mollesse*, manque de vigueur et de fermeté, رخرخة. Mollesse, excès d'indulgence, رخاوة.

*Mollesse*, vie oisive et voluptueuse, تنعم. Élevé dans la mollesse, مربّى في الدلال, في جور الدلال.

MOLLET, TE, adj., agréable au toucher par sa mollesse, ناعم.

*Mollet*, un peu mou, رخو. Pain mollet, خبز طري.

Mollet, s. m., le gras de la jambe, سمانة الرجل - لحم الساق.

Molleton, s. m., étoffe, قماش ناعم من صوف أم من قطن.

Mollifier, v. a., rendre mou et fluide, ميّع - رخّى - ليّن.

Mollir, v. n., devenir mou, صار رخو - تطرّى. ‖ *Mollir*, au fig., manquer de force; céder trop aisément, ترخرخ ارتخى.

Moment, s. m., instant, وقت - ساعة; plur., برهة، حصة زمن - آن - اوقات. Ce n'est pas le moment d'entrer, ما هذا وقت الدخول. ‖ Il était ici il n'y a qu'un moment, توا كان هون (Syrie). ‖ En ce moment, maintenant, الساعة كان هنا - ذلك الوقت - الآن. ‖ Le moment est venu de, حلّ الوقت و حان الحين. ‖ A tout moment, à toute heure, كل ساعة. ‖ Du moment que, dès que, depuis que, من وقت ما - عندما - اوّلما. ‖ Dans le moment, sur-le-champ, في الحال. ‖ Au moment où, وقت الذي - عند ما - في ساعة ان. ‖ En un moment, في لحظة واحدة.

Momentané, e, adj., qui ne dure qu'un moment, وقتي.

Momentanément, adv., passagèrement, في وقت - لوقت ما.

Momerie, s. f., jeu joué, affectation, déguisement de sentiments, ملعبة - لعب - مسخرية - بهتة.

Momie, s. f., corps embaumé par les anciens Égyptiens, موميّة.

Mon, adj. poss. masc.; plur. m. et f., mes, ي. Mon livre, كتابي.

Monacal, e, adj., de moine, رهباني.

Monacalement, adv., مثل الرهبان.

Monachisme, s, m., état des moines, ترهّب.

Monarchie, s. f., gouvernement d'un État régi par un seul, سلطنة.

Monarchique, adj. com., سلطاني.

Monarchiquement, adv., على موجب قوانين السلطنة.

Monarque, s. m., سلطان; plur., سلاطين.

Monastère, s. m., couvent, دير; plur., ديورة.

Monastique, adj. com., qui concerne les moines, راهبي - رهبني.

Monceau, s. m., tas, كوم - كومة; plur., اكوام, plur., كيمان.

Mondain, e, adj., du monde, دنيوي - دنياوي. ‖ *Mondain*, qui aime les vanités du monde, يحبّ الدنيا - دنياوي.

Mondainement, adv., دنيوياً.

Mondanité, s. f., vanité mondaine, محبّة الدنيا. Les mondanités, les choses de ce monde, حطام الدنيا.

Monde, s. m., l'univers, le ciel et la terre, le globe terrestre, دنيا - عالم. Le nouveau monde, الدنيا الجديدة. ‖ Venir au monde, ولد. ‖ Rien au monde, لا شيء في الدنيا. ‖ Au bout du monde, في اخر الدنيا. ‖ *Monde*, gens, hommes, ناس. Tout le monde, كل الناس. ‖ Un monde, un grand nombre de personnes, عالم. Le *monde*, la société, معاشرة الناس - الناس. Le grand monde, le beau monde, la première classe de la société, الاكابر. ‖ Il aime le monde, la société, يحب العشرة. Le *monde*, les gens mondains, اهل الدنيا. *Monde*, vie séculière, les mœurs du siècle, الدنيا. Quitter le monde, ترك الدنيا - حياة الدنيا. *Monde*, les domestiques ou ceux qui dépendent de quelqu'un, famille, جماعة - اتباع. L'autre *monde*, la vie à venir, الآخرة. Dans ce monde et dans l'autre, في الدنيا والآخرة. Science du *monde*, art de se conduire avec les hommes, علم السلوك مع الناس. Monde, adject. com., l'opposé d'immonde, طاهر.

# MON        MON     513

Monder, v. a., nettoyer l'orge, etc., lui ôter la peau, قشر .O –

Mondé, e, adj., مقشّر – مقشور.

Mondifier, v. a., déterger une plaie, etc., نظّف.

Monétaire, adj., qui a rapport aux monnaies, يختصّ ضرب الدراهم.

Moniteur, s. m., qui avertit, منبّه.

Monition, s. f., avertissement, تنبيه.

Monnaie, s. f., toute sorte de pièces d'or et d'argent ou de quelque autre métal, دراهم – معاملة – سكّة. Battre monnaie, دقّ معاملة .O – I. ضرب سكّة ‖ Fausse monnaie, معاملة زغل – سكّة مغشوشة ‖ Bonne monnaie, معاملة صاغ – معاملة صحيحة.

Monnaie, lieu où on la bat, دار الضرب.

Monnaie, petites espèces, petite monnaie, فراطة – فلوس. Monnaie, valeur d'une pièce en espèces plus petites, صرفة ‖ J'ai changé la pièce d'or, et je vous en envoie la monnaie en paras dans un cornet de papier, والذهب صرفناه واصل صرفته ورقة فضة.

Monnayage, s. m., دقّ المعاملة.

Monnayer, v. a., faire de la monnaie, donner l'empreinte à la monnaie, دقّ المعاملة .O – ضرب سكّة .O. I Argent monnayé, معاملة – سكّة.

Monnayeur, s. m., ضرّاب معاملة. Faux monnayeur, ضرّاب معاملة زغل – كيهاوي.

Monocorde, s. m., الة موسيقية لها وتر واحد.

Monogramme, s. m., chiffre, طغرا.

Monologue, s. m., كلام من يتكلم واحده.

Monophysite, s. m., قائل بطبيعة واحدة.

Monophysisme, s. m., opinion qui n'admet qu'une nature en Jésus-Christ, القول بطبيعة واحدة.

Monopole, s. m., تحويط على البضايع.

Monopoler, v. n., حوّط على.

Monopoleur, s. m., qui fait le monopole, terme de mépris, حوّاط.

Monorime, s. m., poésie sur une même rime, شعر على قافية واحدة.

Monosyllabe, s. m., mot d'une seule syllabe, سبب واحد.

Monosyllabique, adj. com., formé de monosyllabes, كلّ كلمة منه سبب واحد.

Monotone, adj. com., qui est presque toujours sur le même ton, ennuyeux, بارد – مزعّل – باسل.

Monotonie, s. f., uniformité ennuyeuse, بسالة – برادة. Monotonie de sons, جعجعة.

Monseigneur, s. m., سيدنا – سيدي. Monseigneur l'évêque, قدس سيدنا المطران – سيادة المطران ‖ Monseigneur le prince, سعادة الامير – سعادة سيدنا الامير.

Monsieur, s. m.; plur., Messieurs, titre donné par civilité, سيدي; pl., اسيادي – (en écrivant) خواجة. En parlant à un négociant, حضرة سيدي ‖ En parlant à un artiste ou artisan, معلّم. ‖ Monsieur le curé, قدس ابونا الخوري.

Monsieur, le frère aîné du roi de France, حضرة اخو سلطان فرنسا.

Faire le monsieur, au fig. fam., faire l'homme d'importance, جنح .O.

Monstre, s. m., animal qui a une conformation contraire à l'ordre de la nature, سخطة.

Monstre, ce qui est extrêmement laid, سخّة.

Monstre, au fig., féroce, dénaturé, وحش.

Monstrueusement, adv., excessivement, prodigieusement, بنوع عجيب – خارج عن الطبيعة.

Monstrueux, se, adj., d'une conformation contre nature, مهول – مسخة – سخطة – خارج عن الطبيعة.

Monstrueux, excessif, prodigieux, عجيب – شنيع – مهول ‖ (en parlant des choses morales) فظيع.

Monstruosité, s. f., caractère de ce qui est monstrueux, هَوْل.

Monstruosité, chose, action monstrueuse, شناعة – شي مهول.

**Mont**, s. m., montagne, جبل ; pl., جبال. Des monts d'or, كيهان ذهب. ‖ Promettre monts et merveilles, علله بمواعيد كويسة.

Par *monts* et par vaux, au fig. fam., de tous côtés, من كل النواحى.

**Mont-de-piété**, s. m., lieu où l'on prête sur gages, بيت الرهن.

**Montagnard**, e, adj., qui habite les montagnes, سكان جبال ; plur., ساكن جبل.

**Montagne**, s. f., جبل ; plur., جبال.

**Montagneux**, se, adj., couvert de montagnes, كثير الجبال.

**Montant**, s. m., total d'un compte, جملة - مبلغ.

**Montant**, goût relevé, fort, شمخة.

**Montant**, adj., tout ce qui monte, طالع - صاعد.

**Monte**, subst. f., accouplement des chevaux, طبح - تعشير الخيل.

**Montée**, subst. f., طلوع - طلعة.

**Monter**, v. n. et quelquefois act., se transporter en haut, A. صعد - A. طلع. Monter un escalier, صعد فى السلّم - طلع السلّم. ‖ Montez là haut, أطلع الى فوق. ‖ Monter à un arbre, طلع الى شجرة. ‖ Monter une montagne, طلع الجبل. ‖ Monter sur un vaisseau, monter sur mer, صعد على جبل. I. نزل فى مركب. ‖ Monter en chaire, طلع الى المنبر. ‖ Monter à cheval, monter un cheval, ركب حصان. ‖ A. Il sait bien monter à cheval, هو خيّال A. ‖ Apprendre à monter à cheval, تعلّم ركب الخيل.

Monter sur le Parnasse, au fig., faire des vers, عمل شاعر. ‖ Monter sur les planches, se faire comédien, عمل لعيب كومدية. ‖ Monter sur ses grands chevaux, prendre un ton de hauteur, s'indigner, شمخ A. ‖ Monter sur ses ergots, élever la voix avec chaleur, رعد بصوته. ‖ Monter aux nues, s'emporter de colère, طار عقله من الغضب. ‖

Monter sur le trône, جلس على الكرسى I. - تسلطن - تملك.

Monter à, s'élever en grade, ترقى الى.

Monter, hausser de prix, s'accroître, زاد I. - ازداد ثمنه A. Le blé est monté à cinquante piastres, بلغ ثمن القمح خمسين غرش. ‖ Son insolence monta à un tel excès que, بلغت حماقته هذا الحدّ ان.

Monter, s'élever en haut (air, feu, eau), علا I. O. - طلع - تصاعد - ارتفع. La fumée monta vers les cieux, تصاعد الدخان الى السما طلع. ‖ L'eau monta au-dessus des maisons, علا الماء على البيوت. ‖ Monter à la tête, لعب فى الراس - لطش الراس.

Monter, v. a., porter en un lieu plus haut, على O. اخذ الى فوق - A. رفع.

Monter, établir une maison, etc., نظم بيت - رتب بيت.

Monter, accroître, زاد I.

Monter une montre, دور ساعة.

Monter, préparer, حضّر.

Monter un instrument, le garnir de cordes, جهّز الالة بالاوتار.

Monter une corde, en hausser le ton, شدّ الوتر.

Monter, assembler des pièces, mettre en œuvre, نظم - ركّب. Monter des pierreries, ركّب جواهر.

Monter la tête, inspirer une résolution, imprimer fortement une idée, ملا A. ملّى دماغه.

Se monter à, v. pr.; et monter à, v. n., former un total de, بلغ A. - صار مبلغ I. Les frais du procès se montent à mille piastres, بلغ مصروف المحكمة قدر الف غرش.

**Monticule**, s. m., تلّ ; plur., تلال - اكمة - تلّة.

**Montoir**, s. m, grosse pierre, etc., dont on se sert pour monter plus aisément à cheval, سلّم ركوبة. Côté du montoir, يسار الفرس حجر الركوبة. Côté hors montoir, يمين الفرس.

**Montre**, s. f., échantillon, ce que les marchands exposent au-devant de leurs boutiques, مسطرة ;

plur.; عَيِّنَة - مَسَاطِر. Pour la montre, pour l'apparence, لِعُيُونِ النَّاسِ.

Montre, petite horloge portative, سَاعَة. Montre à répétition, سَاعَة دَقَّاق. || Une montre d'or, سَاعَة ذَهَب. || Une montre d'argent, سَاعَة فِضَّة.

Montrer, v. a., faire voir, exposer aux yeux, اورى - ورّى - روّى - ارى. Montrez-moi vos pistolets, فرجني علي - اروينى طبنجاتك - اروّينى طبنجاتك. || Montrer le chemin, دلّ احدًا على الطريق O. || Montrer les dents, au pr. et au fig., كشرله عن انيابه. || Montrer quelque chose du doigt à quelqu'un, اومى له عن شى الى شى. || Montrer au doigt, désigner par mépris, اشار باصبعه الى - اشار الى احد بالاصابع احتقارًا له.

Montrer, donner des signes, des marques de quelque chose, بيّن - اظهر. Montrer de la joie, بيّن شجاعته. || Montrer son courage, اظهر السرور.

Montrer, faire connaître, prouver, بيّن - دلّ على - اثبت O. Cela montre qu'il n'est pas sincère dans ses discours, هذا يدل على انه غير صادق فى كلامه.

Montrer à, enseigner, علّم. Il lui a montré à lire, علّمه القرابة.

Se montrer, v. pr., paraître, ظهر A.

Montueux, se, adj., كثير الجبال - وعر.

Monture, s. f., bête sur laquelle on monte, مركوب - دوابّ; plur., دابة - ركوبة.

Monture d'un fusil, bois sur lequel le canon et la platine sont montés, خشب بندقية.

Monture, travail de l'ouvrier qui a monté un ouvrage, تركيب.

Monument, s. m., marque publique, édifice pour transmettre à la postérité la mémoire de quelque personne, d'une action célèbre, أثر مشهور; plur., أبنية, plur., بِنَا - أثار مشهورة; plur., هياكل.

Monuments, ouvrages célèbres des grands auteurs, آثار باهرة.

Monument, tombeau, تربة; plur., ترب; plur., قبور; قبر.

Se moquer, v. pron., plaisanter de, سخر A. Se moquer de quelqu'un, ضحك عليه - سخر به. || Il se moque du qu'en dira-t-on, ما عليه من كلام الناس. || Je m'en moque, ما على بالى - ما على. Se faire moquer, عرض نفسه للضحك O.

Se moquer, ne pas agir ou parler sérieusement A. مزح - تمسخر.

Moqueur, se, adj., qui raille, كثير الهزو بالناس - مسخراتى.

Moquerie, s. f., action, parole par laquelle on se moque, سخر - نقورة - هزو.

Moquette, s. f., étoffe, قماش صوف يشبه المخمل.

Morailles, s. f. plur., instrument de maréchal avec lequel on serre le nez des chevaux difficiles, مشخس - كلّابة - زيار.

Moral, e, adj., qui regarde les mœurs, conforme à la morale, أدبى. Instructions morales, تعاليم أدبية.

Moral, métaphysique, عقلى.

Moral, s. m., disposition morale, عقل.

Morale, s. f., doctrine des mœurs, الحكمة العملية - ادب - علم الادب - علم الاخلاق.

Moralement, adv., selon les lumières de la raison, بالعقل.

Moraliser, v. n. fam., faire des réflexions morales, وعظ I.

Moraliste, s. m., celui qui écrit sur les mœurs, صاحب رسالة فى الادب.

Moralité, s. f., réflexion morale, حكمة; plur., حكم.

Moralité, caractère moral d'une personne, ses principes, ses mœurs, سيرة - أخلاق.

Moralité, sens, but moral, حكمة - معنى.

Morbifique, adj. com., مرضى.

MORBLEU! interj. qui menace, exagère, هو آيه.

MORCEAU, s. m., قِطْعَة - قُطَع; plur., شَقْفَة - شُقَف; plur., شُقَف (Alep). Par morceaux, قِطَع قِطَع. ‖ Mettre en morceaux, شُقَف - قُطَع. ‖ Un morceau de pain, قِطْعَة خبز - كِسْرَة عيش.

MORCELER, v. a., diviser par morceaux, قَطَّع.

MORDACITÉ, s. f., qualité corrosive; au fig., médisance piquante, لَذْعَة.

MORDANT, E, adj. (animal), qui mord, عَضّاض.

Mordant (acide), qui marque, emporte une couleur, يلذع.

Mordant, au fig., piquant satirique, مُؤْذِى.

MORDANT, s. m., force, originalité dans l'esprit, قُوَّة مُؤَثِّرَة.

MORDICANT, E, adj., âcre, picotant, corrosif, آكال - حِرِّيف.

Mordicant, au fig. fam., qui aime à critiquer, à médire, مُؤْذِى.

MORDICUS, adv., au fig. fam., avec ténacité, بجَهْلك.

MORDILLER, v. a., fam., عَضْعَض.

MORDORÉ, adj., d'un rouge brun, أحمر أدهم.

MORDRE, v. a., serrer avec les dents, le bec, piquer, عَضّ A.

Mordre la poussière, au fig., être tué, عَضّ الثرا. Se mordre les doigts par regret, - عَضّ على كَفَّيه - اكل كفيه ندماً.

Mordre, creuser, user (eau-forte, lime, outil aigu), عَضّ المبرد و خلافه فى.

Mordre sur, au fig., médire, critiquer, قدح فى A. - قال فى O.

MORE, RESQUE, adj. Voyez MAURE.

Traiter de Turc à More, traiter sans aucun égard, عامِل من غير شفقة.

Cheval cap de more, d'un poil rouan, dont la tête et les extrémités sont noires, حصان أدهم أخضر.

MORELLE, subst. f., espèce de solanum, vigne de Judée, عنب الثعلب - عنب الذيب.

MORÉE, s. f., nom d'une presqu'île, جزيرة مورة.

MORFIL, s. m., dents d'éléphant séparées de l'animal, سِنّ فيل.

Morfil, ce qui reste adhérant au tranchant que l'on vient de repasser, قراضة رفيعة للغاية تبقى لاصقة بحدّ الموس بعد سنه.

MORFONDRE, v. a., refroidir, رصرص - برّد.

Se morfondre, v. pron., se refroidir, صقع A. - برد O.

Se morfondre, au fig., s'ennuyer à attendre, perdre du temps à, رصرص - تلطع.

MORGELINE ou ALSINE, s. f., plante, اذان الفار.

MORGUE, s. f., mine orgueilleuse, نفخة - رهدلة.

MORGUER, v. a., braver, ترهدل على.

MORIBOND, E, adj., qui va mourir, مُضْنى - فى حالة الموت.

MORICAUD, E, adj. fam., أسمر الوجه; fém., سمرا.

MORIGÉNER, v. a. fam., former, corriger, أدّب.

MORILLE, s. f., sorte de champignon, نوع فطر.

MORINGA, s. m., arbre, بان.

MORNE, adj. com., triste (visage), معبّس.

Morne, obscur (temps, couleurs), معتم - مغتم.

MOROSE, adj. com., chagrin, difficile, كَشِر - شَرِس.

MOROSITÉ, s. f., شراسة - كشّارة.

MORPION, s. m., terme bas, sorte de vermine, قمل - باعوط.

Morpions de mer, coquillages, عوينات - بطلينس.

MORS, s. m, pièces de métal pour brider un cheval, فَكّ; plur., فُكاك - لجام, pl., لجم et الجهة. Ce mors est trop dur, ou trop faible pour mon cheval, هذا الفك ثقيل او خفيف على فرسى. ‖ Prendre le mors aux dents, لَكَّ اللجام.

MORSURE, s. f., عَضّة - نهشة.

MORT, s. f., la cessation de la vie, موت - وفاة. Mort subite, موت فجأ. ‖ Mourir de mort naturelle, انفذ حتف مات. ‖ A l'article de la mort, عند سكرات الموت - الوفاة حضرته لما. Être à la mort, malade à la mort, الموت اشرف على. ‖ Blesser à mort, قاتل جرح خصمه جرح. Haïr à la mort, excessivement, من مات - O. ‖ Mettre à mort, قتل O. ‖ بغض بغضة شديدة. Souffrir mille morts, de grandes douleurs, قاسى الموت الاحمر.

*Mort*, manière de mourir, ميتة et موتة.

*Mort* aux rats, طعم الفار.

MORT, s. m., celui qui est mort, ميّت; plur., اموات et موتى.

MORTALITÉ, s. f., condition de ce qui doit mourir, فناء.

*Mortalité*, maladie qui emporte un grand nombre d'individus, طاعون - وبا.

MORTE-SAISON, s. f., temps où l'artisan ne travaille pas, faute d'ouvrage, وقت عطالة.

MORTEL, LE, s., homme, femme, انسى. Les mortels, الانام - البشر.

*Mortel*, sujet à la mort, فانى - يموت. Tous les hommes sont mortels, كل نفس ذائقة الموت.

*Mortel*, qui cause la mort, قاتل.

Péché *mortel*, au fig., qui donne une espèce de mort à l'âme, خطية مميتة.

*Mortel*, excessif, extrême, شديد - مقتل.

Ennemi *mortel*, عدو ازرق.

MORTELLEMENT, adv., à mort, لحد الموت - للموت. Blessé mortellement, مجروح جرح قاتل.

*Mortellement*, grièvement, شديدا - بليغا.

MORTIER, s. m., vase pour piler, جرن; pl., جرون et جران - هاون - مهراس.

*Mortier*, pièce d'artillerie pour lancer des bombes, مهاريس pl., اهوان - مهراس; plur., هاون.

*Mortier*, chaux détrempée avec du sable, du ciment, خافقى. *Mortier*, boue, طين - ملتم et باغلى (Barbarie). ‖ Mortier de boue et de paille, سياع. ‖ Enduire avec ce mortier, سيّع.

MORTIFIANT, E, adj., qui cause de la confusion, du chagrin, مغمّ.

MORTIFICATION, s. f. (du corps, des sens), اماتة النفس - قمع قهر الجسد.

*Mortification*, chagrin, humiliation causée par une réprimande, غمّ - قهر - كبد - عزارة.

*Mortification*, état de chairs qui ne participent plus à la vie et prêtes à se gangrener, تهويت.

*Mortifications*, au plur., austérités, تقشف.

MORTIFIER, v. a., faire que la viande devienne plus tendre, طرّى اللحم.

*Mortifier*, au fig., affliger son corps par des macérations, dompter ses sens, قهر نفسه A.— قمع A.

*Mortifier*, humilier, chagriner par une réprimande, etc., قهر A.— غمّ. O.— الم عزّر.

MORTUAIRE, adj. com., qui concerne les morts, l'enterrement, جنائزى - حزائنى - يخص الموتى.

MORVE, s. f., humeur visqueuse des narines, مخاطة - مخاط.

*Morve*, maladie contagieuse et mortelle des chevaux, دبية الخيل - سقاوة - علّة المنقافا.

MORVEUX, SE, adj., qui a de la morve au nez, petit enfant, ابو مخاطة.

*Morveux*, attaqué de la morve, به دبية - به سقاوة.

MOSAÏQUE, adj. com., de Moïse, موسوى.

MOSAÏQUE, s. f., ouvrage de rapport en petites pierres, زواق - فسيفسا. Orné de mosaïques, مجزع بالاحجار الملوّنة.

MOSCOVIE, s. f., بلاد المسكوب.

MOSCOVITE, adj. com., Russe, مسكوبى.

MOSQUÉE, s. f., temple des musulmans, جامع; plur., جوامع; مسجد; plur., مساجد.

MOT, s. m., لفظة - لفظ, plur., الفاظ - كلمة. J'ai un mot à vous dire, لى معك كلمة. ‖ Mot à mot, كلمة بكلمة. ‖ En peu de mots, بالاختصار. ‖ Ne dire mot, سكت - لا ابدى ولا اعاد. ‖ Trancher le mot, s'expliquer, قال الكلمة - بيّن مراده.

|| Gros mots, injures, jurements, كلام زفر-كلام سفيه.
|| En venir aux gros mots, عبروا الى الحماقة.
*Voyez* GROSSIÈRETÉ. || Le fin mot, le sens caché, المخبي - اصل المادة. || Bon mot, mot ingénieux, vif, plaisant, ملحة; plur., لطيفة - ملح; plur., لطائف. || En un mot, pour conclure, enfin, bref, قبل منه. || Prendre au mot, الحاصل - النهاية. || Demi-mot, اشارة. || L'homme habile entend à demi-mot, العارف تكفيه الاشارة.

*Mot*, sentence, apophthegme, dit remarquable, قول; plur., اقوال.

*Mot*, prix offert ou demandé, كلمة - كلام. Au dernier mot, qu'en voulez-vous? اخر الكلام ايش قد تريد فيه.

*Mot* de l'énigme, explication, تفسير المعنى.

*Mot* du guet, mot pour se reconnaître, كلمة سرّ.

MOTEUR, TRICE, s., qui donne le mouvement, محرّك الحركات. Puissance motrice, القوة المحركة.

MOTIF, s. f., ce qui porte à faire une chose, سبب; plur., اسباب - باعث - داعى.

MOTION, s. f., voyelle dans l'écriture arabe, حركة.

*Motion*, proposition faite dans une assemblée, شور - راى. Faire une motion ب, اشار عليهم ب - O. عرض عليهم ان.

MOTIVER, v. a., alléguer les motifs de, اورد سبب - احتجّ على.

MOTTE, s. f., petit morceau de terre détaché, مدر; plur., مدرة - دبشة.

MOTUS! interj. fam., ne dites mot, سكتت - اسكت.

MOU, s. m., poumon de veau ou d'agneau, فشّة.

MOU, MOLLE, adj., qui cède facilement au toucher, لين - طرى - رخو.

*Mou*, sans vigueur, رخو - مرخى - مرتخى.

*Mou*, qui ne prend rien à cœur, رخو - هامل.

MOUCHARD, s. m., et MOUCHE, s. f., espion, جواسيس pl.; جاسوس - عوانى; plur., عوانية.

MOUCHARDER, v. n., faire le métier de mouchard, A. عمل جاسوس - تعاون.

MOUCHE, s. f., petit insecte, دبّانة; coll., دبّان; plur., ذباب; mieux, ذبابة. Mouche à miel, O. نحلة. || Chasser les mouches, كش الدبان.

*Mouche*, difficulté, mauvaise humeur, قريفة. Prendre la mouche, se fâcher, انقرف. || Quelle mouche le pique? pourquoi se fâche-t-il? ما له مقروف.

Pieds de *mouche*, mauvaise écriture, كتابة نبش فراخ.

Pied de *mouche*, vétille, هلسة.

MOUCHER, v. a., presser les narines pour en faire sortir les humeurs, مخّط.

*Moucher*, ôter le bout du lumignon de la chandelle, I. نطف الشمعة - A. قطع لقطانوا الشمعة - O. قص الشمعة - I. قطف الشمعة.

Se moucher, v. pron., O. تمخّط - تمخّط O. مخط انفه.

Ne pas se *moucher* du pied, au fig. fam., être brave, difficile à tromper, لا يتخط بكوعه.

MOUCHERON, s. m., petite mouche, ناموسة - بعوضة.

*Moucheron*, bout de mèche de chandelle qui brûle, انف الشمعة - راس فتيلة الشمعة.

MOUCHETER, v. a., faire de petites marques rondes sur, نقط - O. نقش.

*Moucheter*, faire de petits trous, خرم.

MOUCHETÉ, E, adj., tacheté, منقوش - ملوّن. Moucheté de blanc et de rouge, منقط ابيض و احمر.

MOUCHETTES, s. f. plur., instrument pour moucher les chandelles, les bougies, مقص الشمعة; plur., ملاقيط - منطافى; plur., ملاقط.

MOUCHETURE, s. f., نقشة.

MOUCHOIR, s. m., linge pour se moucher, se couvrir le cou, منديل; plur., منادیل - محرمة; pl., محارم. Mouchoir de محرمة رقبة - محرمة مخاط -

mousseline blanche, brodé d'or ou de soie, جوراية. ‖ Mouchoir mis par-dessus le turban pour l'assujettir, عصاب. ‖ Mouchoir passé sous le menton, بشنوقة - لچك. ‖ Se passer un mouchoir sous le menton, تبشنق - تلچك.

MOUCHURE, s. f., قطافة الشمعة - فتيلة.

MOUDRE, v. a., mettre en poudre par le moyen de la meule, طحن A. - رحى. Moudre à la main, grossièrement, دش O. - جرش O.

MOUE, s. f., grimace en allongeant les lèvres, رخى برطومه - بوّز I. Faire la moue, تبويز - تبويزة.

MOUETTE, s. f., oiseau de mer, نورزة.

MOUFETTE, s. f., exhalaison pernicieuse, بخار ردى ; plur., بخارات ردية.

MOUFLARD, E, ou MOUFLE, s. fam., qui a le visage gros et rebondi, مترفس الوجه.

MOUILLAGE, s. m., fond propre pour jeter l'ancre, مرسى - موردة.

MOUILLE-BOUCHE, s. f., poire très-juteuse, نوع من الكمثرى كثير الماء.

MOUILLER, v. a., tremper, humecter, بلّ O. - بلبل - بلّل I. Mouiller le tabac avant de le couper, en prenant de l'eau dans sa bouche et la faisant jaillir dessus, بتخ التتن O.

Mouiller, v. n., jeter l'ancre, رمى المرساة I. - رسى I. - ارسى I. - ربط O. - رخى الهلب O.

Se mouiller, v. pron., انبل - تبلل.

MOUILLÉ, E, adj., humide, نديان - مبلّل - مبلول - مشمّخ (Barb.).

MOUILLURE, s. f., action de mouiller, بلّ.

Mouillure, état de ce qui est mouillé, بلولة - انبلال.

MOULAGE, s. m., mesurage de bois, كيل الحطب.

Moulage, salaire du mouleur, كرى كيال الحطب.

Moulage, action de jeter en moule, صبّ.

Moulage, action des meules, ses effets, طحن.

MOULE, s. f., petit poisson enfermé dans une coquille, ام خلول I.

MOULE, s. m., forme, قالب ; plur., قوالب. Jeter en moule, صبّ O.

Jeter en moule, au fig., faire d'un seul jet, ختم وقلب.

MOULER, v. a., jeter en moule, صبّ فى القالب O.

Mouler, prendre l'empreinte, imprimer, طبع A.

Mouler, mesurer le bois, كيّل الحطب.

Se mouler sur quelqu'un, v. pr., au fig. fam., se former sur le modèle de quelqu'un, ماثله - تماثل فيه - انخرط على شكله.

MOULÉ, E, adj. fam., bien fait, على المخروطة.

MOULEUR, s. m., qui visite le bois qu'on vend et qui le moule, كيّال الحطب.

MOULIN, s. m., machine à moudre du grain, etc., طاحونة - طاحون ; plur., طواحين. Moulin dont une bête de somme fait tourner la meule, مدار ; plur., مدارات. ‖ Moulin à bras pour le blé, جاروشة. ‖ Moulins, machines du même genre qui servent à divers usages, معصرة ; plur., معاصر.

MOULINET, s. m., petit moulin, طاحونة صغيرة.

Moulinet, tourniquet pour enlever ou pour tirer des fardeaux, ملوى.

Moulinet, machine pour la monnaie, ملزمة.

Faire le moulinet, tourner rapidement sur soi-même, دار، دوّر بعجلة O. - فتل بعجلة O.

MOULU, adj., pulvérisé, مطحون.

Moulu, froissé, meurtri, مرضوض - مرصوص.

MOULURE, s. f., ornement d'architecture, خراطة.

MOURANT, E, adj., qui se meurt, فى حال الموت - يطلع فى الروح - مشرف على الموت.

OEil mourant, langoureux, passionné, عين ناعسة - عين ذبلانة.

MOURIR, verb. neutr., cesser de vivre, d'exister, انتقل من دار الفنا الى دار البقا - توفى O. - مات O. - موت I. Faire mourir quelqu'un, قضى نحبه I. - قتله O. - عمل على قتله - امر بقتله.

*Mourir* de froid, au fig., en ressentir une forte impression, مَاتَ مِنَ البَرْدِ O.

*Mourir* ou *Se mourir* d'amour, avoir une passion violente pour une personne, مَاتَ مِنَ العِشْقِ. Il se meurt pour elle, يَمُوتُ عَلَيْهَا.

*Mourir* au péché, y renoncer, مَاتَ عَنِ الخَطِيَّةِ O.

*Se mourir*, v. pron., être sur le point de mourir, أَشْرَفَ عَلَى المَوْتِ.

MOURON ou ANAGALLIS, s. m., plante, مَرِيجَانَة - أَنَاغَالِيسْ.

MOUSQUET, s. m., ancienne arme à feu, زِنْبَلَكْ ; plur., مَكَاحِلْ.

MOUSQUETADE, s. f., طَلَاقْ مَكَاحِلْ.

MOUSQUETAIRE, s. m., ضَرَّابْ زِنْبَلَكْ.

MOUSQUETERIE, s. f., ضَرْبْ - ضَرْبْ مَكَاحِلْ - البُنْدُقِ.

MOUSQUETON, s. m., sorte de fusil, قَرْبَانَة.

MOUSSE, s. f., espèce d'herbe parasite sur les arbres, la terre, les pierres, أَشْنَة - شِيبَةُ العَجُوزِ - كِشْتَةُ العَجُوزِ.

*Mousse* aquatique ou marine, عَلْفَقْ - طَحْلَبْ.

*Mousse*, écume, رَغْوَةْ ; plur., رَغَاوِي.

MOUSSE, s. m., petit matelot, صَبِيُّ المَعَاشِ.

MOUSSELINE, s. f., toile de coton très-fine et claire, مُوصْلِي - شَاشْ ; plur., شَاشَاتْ.

MOUSSER, v. n. (liquide), se couvrir de mousse, رَغَى I. - رَغِي. Faire mousser, شَرَّعَ المَا.

Faire *mousser*, au fig., exagérer le mérite, شَرَّعَ.

MOUSSEUX, SE, adj., ذُو رَغْوَةْ ; plus vulg., أَبُو رَغْوَةْ.

MOUSSON, s. f., saison pendant laquelle soufflent certains vents réglés dans la mer des Indes; ces vents, أَرْيَاحْ مَعْلُومَة فِي بَحْرِ الهِنْدِ وَ زَمَانْ هُبُوبِهَا.

MOUSSU, E, adj., couvert de mousse, عَلَيْهِ كِشْتَةْ عَجُوزْ.

MOUSTACHE, s. f., شَارِبْ ; plur., شَوَارِبْ - (Barb.) شِلَاغِمْ ; plur., شَلَاغِمْ - شَنَبْ ; plur., شَنَبَاتْ.

MOUSTIQUE, s. f., cousin, نَامُوسِيَّة, colt., نَامُوسْ.

MOUSTIQUAIRE, s. f., garniture de lit pour garantir des cousins, بَاشْ خَانَة - نَامُوسِيَّة.

MOÛT, s. m., vin doux, nouvellement fait, نَبِيذْ.

*Moût*, jus de raisin, عَصِيرُ العِنَبْ. Espèce de gelée faite de moût et de farine, خَبِيصَة.

MOUTARDE, s. f., composition de graine de sénevé broyée avec du moût ou du vinaigre; graine de sénevé, خَرْدَل.

S'amuser à la *moutarde*, à des choses inutiles, تَلَاكِمْ. La moutarde lui monte au nez, il s'échauffe, اِخَذَتْهُ الحَمِيَّة - ثَارَتْ فِيهِ الحَمِيَّة - يَطْلَعُ دِينَهُ || C'est de la moutarde après dîner, c'est une chose venue après dîner, فَاتْ وَ قِتْهَا - فَرْغِتْ.

MOUTARDIER, s. m., vase pour la moutarde, مَاعُونُ الخَرْدَلِ.

*Moutardier*, celui qui fait, vend de la moutarde, بَيَّاعُ الخَرْدَلِ.

Premier *moutardier* du pape, au fig. fam., homme qui se croit important, عَامِلْ نَفْسَهُ خَيْرِيَّة كَبِيرَة.

MOUTON, s. m., خَارُوفْ ; plur., خَوَارِيفْ - خِرَافْ et خَرْفَانْ. Les moutons en général, غَنَمْ. || Garder les moutons, رَعَى الغَنَمِ A. || Viande de mouton, لَحْمْ ضَانِي - لَحْمُ الضَّانِ ou simplem. ضَانِي.

*Mouton*, peau de mouton préparée, جِلْدْ حَوَرْ.

Revenir à ses *moutons*, au fig. fam., revenir au sujet de son discours, رَجَعَ إِلَى مَا كَانَ فِي صَدَدِهِ A.

MOUTONNER, v. n., écumer, blanchir (mer), رَتِمَ البَحْرُ - رَغَى.

MOUTONNIER, ÈRE, adj. fam., qui a la nature et le caractère des moutons, غَنَمِي.

*Moutonnier*, au fig., qui suit l'exemple des autres, غَنَمْ.

MOUTURE, s. f., action de moudre du blé, طَحْنْ.

*Mouture*, mélange du froment, du seigle et de l'orge par tiers, خَلْطَةُ القَمْحِ وَ الشَّعِيرِ وَ الجَاوْدَارِ مُثَلَّثَة.

MOUVANCE, subst. f., dépendance d'une terre, تَعَلُّق ب.

MOUVANT, E, adj., qui a la puissance de mouvoir, مُحَرِّك. Force mouvante, قُوَّة مُحَرِّكة.

*Mouvant*, qui se meut, مُتَحَرِّك. Mouvant (sables, terres), dont le fond n'est pas stable et solide, هابط.

*Mouvant*, qui relève d'un fief, مُتَعَلِّق ب - تابع ل.

MOUVEMENT, s. m., transport d'un corps d'un lieu dans un autre, حَرَكة; plur., حَرَكات. Mettre en mouvement, حَرَّك. ‖ Se mettre en mouvement, تَحَرَّك. ‖ Mouvement, peine que l'on se donne, تَعِب - درد - درت - حَرَكة. ‖ Se donner bien du mouvement pour quelque chose, تَعِب A. كثيرا تعب جهك لاجل دعوة. ‖ Quand on se donne du mouvement on prospère, الحركة بركة; prov.

*Mouvement*, impulsion, affection, passion de l'âme, نَعَاش - حَرَكة. Par un mouvement de compassion, il s'avança vers lui, تَحَرَّكَت فيه الشَفَقَة فَتَقَدَّمَ اليه. ‖ De son propre mouvement, مِن بَالِه - مِن تِلْقا نَفْسه.

*Mouvements* dans l'art oratoire, figures pathétiques et propres à exciter les grandes passions, حَرَكات.

*Mouvements*, changements de postes, marches et contre-marches d'une armée, سير العسكر - حَرَكة - تَنْقيل العساكر.

*Mouvements*, au fig., fermentation et disposition à la révolte, فتنة.

*Mouvements*, changements qui arrivent dans un corps, et donnent lieu à des promotions, تَغْيِير.

*Mouvement*, manière de battre la mesure, دَقّ مَوزون.

*Mouvement*, ressorts d'une horloge, d'une montre, عُدَّة سَاعة.

MOUVER, v. a., remuer la terre, نَكَش الارض O.

MOUVOIR, v. a., donner du mouvement, حَرَّك.

*Mouvoir*, remuer, هَزّ O. - حَرَّك.

*Se mouvoir*, v. pron., تَحَرَّك.

MOYEN, NE, adj., de médiocre grandeur, entre deux extrémités, وَسْطَاني - مُتَوَسِّط - وَسَط - مُعْتَدِل.

MOYEN, s. m., ce qui sert pour parvenir à quelque fin, طَرِيقة - وَسَايط; plur., وَسَاطة - وَاسْطة; plur., حِيلة; plur., حِيَل. Par le moyen de, au moyen de, بِوَاسْطة. ‖ Par quel moyen? بِأَيّ طَرِيقَة. ‖ Quel moyen employer? ايش هي الحِيلة. ‖ Le meilleur moyen est de nous tenir tranquilles, الحِيلة في تَرْك الحِيَل. ‖ Trouver moyen d'arranger une affaire, دَبَّر للأمر طَرِيقة. ‖ Prendre tous les moyens pour, عَمِل كل الوَسَائط في. ‖ Il a trouvé le moyen de me manger tout mon argent, مالي كله اكله مني. ‖ Je n'eus pas d'autre moyen que de le prendre sur mes épaules, ما لي داب الا اني شَقَلته على كتفي.

*Moyen*, pouvoir, faculté de faire quelque chose, قُدْرة - مَقْدَرة. Je n'en ai pas le moyen, je ne le puis, ما تِصِل - ما تَطُول - ما يَطْلَع من يدي - ما بيدي اليه. ‖ Être sans moyen de travail, تَعَطَّل. ‖ Qui est sans moyens de travail, عَطَّل. ‖ Ôter à quelqu'un ses moyens de travail, عَطَّل.

*Moyens*, richesses, مال - وَسَع. Dépense selon tes moyens, على قدر بساطك مُدّ رجليك.

*Moyens*, facultés naturelles, قُدْرة - قُوَّة; pl., قُوَى.

*Moyens*, raisons, أَبْواب.

MOYENNANT, prép., au moyen, à l'aide de, ب - بِوَاسْطة.

MOYENNER, v. a., procurer par son entremise, دَبَّر.

MOYEU, s. m., partie de la roue dans laquelle entre l'essieu, قِطْعة خَشَبيّة في وَسَط العَجَلة يَدْخُل فيها المِحْور - مَرْكَز الدُّولاب.

*Moyeu*, jaune d'œuf, صَفار البَيض.

MUABLE, adj. com., sujet au changement, مُتَغَيِّر.

MUCILAGE, s. m., matière visqueuse, épaisse des plantes, لُعاب النَبات.

MUCILAGINEUX, SE, adj., لعابى.

MUCOSITÉ, s. f., humeur épaisse de la nature de la morve, مادة مخاطية خيل.

MUE, s. f., changement de plumes, de poils, de peau, تغيير الريش والشعر والجلد وزمانه.

MUER, v. n., changer de poil, de plumage, de peau, de voix, غيّر الشعر والريش والجلد والصوت.

MUET, TE, adj., qui ne peut parler, qui ne parle point, أخرس; plur., خرس - زيزون et بكوش (Barb.).

*Muet*, t. de gram. (lettre), qui ne se prononce pas, حرف ساكت.

MUFLE, s. m., extrémité du museau, بوز - خنفوفة (Barbarie).

MUFLE-DE-VEAU, s. m., plante, عين البقرة.

MUFTI, s. m., chef de la religion mahométane; jurisconsulte, مفتى.

MUGE ou MUGIL, s. m., poisson, بورى.

MUGIR, v. n., crier (taureaux, vaches), نعر A. — O. خار.

*Mugir*, au fig. (vents, flots), خرّ I. — عجّ I.

MUGISSANT, E, adj., qui mugit, ينعر - يخور. Mer mugissante, بحر عجّاج.

MUGISSEMENT, s. m., cri des taureaux et des vaches, نعير - خوار.

*Mugissement* de la mer, خرير البحر.

MUGUET, s. m., lis des vallées, plante, مضعف - سوسن.

*Muguet*, galantin, غندور; plur., غنادرة.

MUGUETER, v. n., faire le muguet, تغندر.

MUID, s. m., mesure, نوع كيل. Muid, tonneau qui contient un muid, بنيّة.

MULÂTRE, ESSE, adj., né d'une négresse et d'un blanc, ou d'un nègre et d'une blanche, مولّد - نغيل.

MULCTER, v. a., punir, قاصص.

MULE, s. f., femelle du mulet, بغلة - زايلة, pl., زوايل (Barb.).

*Mule*, pantoufle, بابوجة; plur., بوابيج.

MULET, s. m., animal engendré par un âne et une jument, ou par un cheval et une ânesse, بغل; plur., بغال. On demanda au mulet quel était son père, il répondit que la jument était son oncle, قيل للبغل من ابوك قال الفرس خالى; proverbe qui s'applique à un homme qui ne sait ce qu'il dit.

MULETIER, s. m., qui soigne et conduit les mulets, بغّال - مكارى.

MULOT, s. m., souris des champs, فار الغيط; pl., فيران.

MULTIPLICANDE, s. m., t. d'arith., nombre à multiplier par un autre, مضروب.

MULTIPLICATEUR, s. m., nombre par lequel on en multiplie un autre, مضروب فيه.

MULTIPLICATION, s. f., augmentation en nombre, نمو - تكثير.

*Multiplication*, opération d'arithmétique, ضرب - تضريب.

MULTIPLICITÉ, s. f., كثرة.

MULTIPLIER, v. a., augmenter une quantité, un nombre, ضاعف - كثّر.

*Multiplier* un nombre par un autre, faire une multiplication, ضرب عدد فى عدد I. O.

*Multiplier*, v. n., augmenter en nombre par la génération; et *Se multiplier*, v. pr., croître en nombre, نما O. I. — كثر A. — تكاثر.

MULTITUDE, s. f., grand nombre, كثرة - جلة.

La *multitude*, le peuple, le vulgaire, الشعب - العامة.

MUNICIPAL, E, adj., qui appartient à une municipalité, يخصّ البلد.

MUNICIPAL, s. m., membre d'une municipalité, احد كبار بلد.

MUNICIPALITÉ, s. f., circonscription de territoire, ville ou partie de ville administrée par des municipaux, بلد او قسم من بلد تحت حكومة ناس من الاكابر.

# MUR        MUS

*Municipalité*, le corps municipal, حكام من اهل البلد.

MUNIFICENCE, s. f., libéralité, جود - كرم.

MUNIR, v. a., pourvoir du nécessaire pour la défense ou la nourriture, اعدّ جميع اللوازم - ذخّر. Munir, fournir de, جهّز باللوازم - قدّم اللوازم ل.

*Se munir*, v. pron., se pourvoir de, اعتدّ ب - تجهّز ب.

MUNITION, s. f., provision de bouche, de choses nécessaires à la guerre, ذخر - ذخيرة ; plur., ذخاير - ذخيرة. Munition de guerre, جبخانة - زهبة - قومانية - مونة الطراد (Barb.).

MUNITIONNAIRE, s. m., t. milit., celui qui a soin des munitions, qui les fournit, موّانة ; pl., موّان.

MUQUEUX, SE, adj., qui a de la mucosité, مخلى - مخاطى.

MUR, s. m., muraille, حيط et حايط ; plur., حيطان. Les fous écrivent sur les murs, دفتر المجانين الحيطان ; prov. || Les murs ont des oreilles, الحيطان لها اذان || Les murs d'une ville, sing., سور ; اسوار مدينة.

Mettre au pied du *mur*, au fig. fam., mettre hors d'état de reculer, زنق I.

MÛR, E, adj., dans sa maturité (fruit), يانع - طايب. Mûr (apostème), prêt à crever, منهى - مستوى.

Age *mûr*, celui qui succède à la jeunesse, بلاغ سنّ - رجل كامل السنّ. Homme d'un âge mûr, كمال السنّ - السنّ.

*Mûr*, sage (homme, jugement, esprit), رزين - مستوى.

*Mûre* délibération, où tout a été bien examiné, تأمّل كلّى فى امر بتدقيق و اجتهاد - مشورة متقونة.

MURAILLE, s. f., mur, حايط - حيطة ; pl., حيطان. Muraille d'une ville, سور ; plur., اسوار.

MÛRE, s. f., fruit du mûrier, توتة ; pl., توت.

MÛREMENT, adverb., au figur., avec beaucoup d'attention, de réflexion, بكل انتباه.

MURÈNE, s. f., poisson, ابو مرينة - مرينة.

MURER, v. a., fermer par un mur, سدّ بحايط O.

MÛRIER, s. m., arbre qui porte les mûres, توتة - شجرة توت.

MÛRIR, v. n., venir à maturité, استوى I. - طاب.

*Mûrir*, v. a., rendre mûr, انضج - طيّب.

*Mûrir*, v. a. et n., au fig., se dit des personnes, des affaires, انضج A. - نضج.

MURMURE, s. m., bruit sourd et confus de plusieurs personnes qui parlent en même temps, ضجّة - دغى.

*Murmure*, bruit et plaintes des personnes mécontentes, مرمرة - تمرمر - شكوى.

*Murmure*, bruit que font les eaux, les vents, خرير الماء و هبوب الرياح.

MURMURER, v. n., faire du bruit en se plaignant doucement, sans éclater, مرمر.

*Murmurer*, produire, former un murmure, دغى I. - خرّ I. (eau).

MUSARAIGNE, s. f., sorte de souris des champs, فارة السمّ.

MUSARD, E, adj. fam., qui s'amuse à des bagatelles, لكع.

MUSC, s. m., animal gros comme un chevreuil, غزال المسك.

*Musc*, parfum qu'il fournit, مسك. Une vessie de musc, un rognon de musc, نفحة مسك - قليبة مسك - نافجة مسك.

MUSCADE, s. f., noix du muscadier, جوز طيب - جوز بوى.

MUSCADIER, s. m., arbre qui porte la muscade, شجر جوز طيب.

MUSCADIN, s. m., pastille musquée, حب مسك.

*Muscadin*, fam., fat musqué, متغندر.

MUSCAT, E, adj., qui a une odeur agréable, مسكى - ميسّك.

MUSCLE, s. m., partie fibreuse, organe du mouvement, عضلة - عضل.

Musclé, e, adj., qui a les muscles bien marqués, عضل - غليظ العصب.

Musculaire, adj. com., des muscles, عضلي.

Musculeux, se, adj., où il y a beaucoup de muscles, كثير العضل.

*Musculeux*, qui a les muscles très-apparents et très-forts, عضل - قوى العصب.

Muse, s. f., déesse de la poésie, الهة الشعر.

*Muses*, au plur., belles-lettres, بنات الادب - الادب.

Museau, s. m., la gueule et le nez du chien, etc., بوز الكلب و خلافه.

Musée, s. m., lieu destiné à rassembler des monuments relatifs aux arts, aux sciences et aux lettres, بيت التحف - خزانة، خزنة الفنون.

Muselière, s. f., ce que l'on met à quelques animaux pour les empêcher de mordre, de manger, etc., كمامة.

Muser, v. n. fam., s'amuser à des riens, تلاكم.

Muserolle, s. f, partie de la bride au-dessus du nez, صيصار.

Musette, s. f., instrument champêtre, زمارة.

*Musette*, sac qu'on suspend à la tête d'un cheval pour le faire manger, مخلاية ; plur., مخالي - علايق ; plur., عليقة.

Muséum, s. m., musée, بيت التحف.

Musical, e, adj., موسيقى.

Musicalement, adv., على موجب الموسيقا.

Musicien, ne, s., qui sait l'art de la musique et l'exerce, نوباتي - لآتى.

Musique, s. f., science, art, علم الموسيقا - فنّ الالحان.

*Musique*, chant, concert de voix et d'instruments, ألة - نوبة - غنا.

*Musique*, compagnie de personnes qui font profession de la musique, نوباتية - لآتية. Musique de régiment, musique guerrière, مهتر خانة.

Musquer, v. a., parfumer de musc, مسكك.

Musulman, e, adj., مسلم, plur., مسلمين.

Mutabilité, s. f., قلة دوام على - تغيير حال.

Mutation, s. f., changement, تغيير.

Mutilation, s. f., retranchement d'un membre, action de mutiler, عاهة - عوار.

Mutiler, v. a., retrancher un membre, عوّر - جدع A.

*Se mutiler*, v. pron., s'estropier, عوّر نفسه.

Mutilé, e, adj., أجدع.

Mutin, e, adj., opiniâtre, têtu, عنيد.

*Mutin*, séditieux, عاصي ; plur., عصاة.

Se mutiner, v. pr., se porter à la sédition, à la révolte, عصى I.

*Se mutiner*, se dépiter, s'entêter (enfant), نكاد - عاند.

Mutinerie, s. f., révolte, عصيان.

*Mutinerie*, obstination d'un enfant qui se dépite, اكادة - عناد.

Mutisme, s. m., état d'une personne muette, خرس.

Mutuel, le, adjectif, بعضهم بعض. Ils s'aiment d'un amour mutuel, يحبّوا بعضهم بعض - يتحابّوا. || Les devoirs mutuels du souverain et des sujets, ما يجب على الملك والرعية فى حق بعضهم.

Mutuellement, adverbe, réciproquement, بعض لبعض - بعضهم بعض.

Myologie, s. f., traité des muscles, رسالة فى معرفة العضلات.

Myope, subst. com., qui a la vue fort courte, قصير النظر.

Myopie, s. f., état du myope, قصر نظر.

Myosotis, s. masc., oreille-de-souris, plante, اذان الفار.

Myriade, s. f., nombre de dix mille, ربوة.

Myrobolan, s. m., fruit des Indes, gros comme la prune, اهليلجة ; coll., اهليلج. Myrobolan citrin,

Myrobolan emblic, اهليلج أملج ‖. اهليلج أصفر ‖. Myrobolan chebale, اهليلج كابلي.

Myrobolanier, s. m., arbre, شجر اهليلج.

Myrrhe, s. f., gomme odorante et amère, مرّ - مرّ مكة.

Myrte, s. m., arbrisseau toujours vert, آس - آس. Graine, petit fruit de myrte, حبّ الآس مرسين et par corruption جبلاس.

Mystère, s. m., secret, سرّ; plur., اسرار. Faire mystère d'une chose, اخفى، خبى الشي عن احد.

Mystérieusement, adv., بالسرّ.

Mystérieux, se, adj., qui contient quelque mystère, سرّى - فيه سرّ خفى. Mystérieux, qui fait mystère de choses qui n'en valent pas la peine, غلباوى.

Mysticité, s. f., raffinement de dévotion, عبادة مكررة.

Mystificateur, s. m., celui qui a l'art de mystifier, صاحب ملاعيب - ملاعب.

Mystification, s. f., لعب - مضحكة - سخر.

Mystifier, v. a., abuser de la crédulité de quelqu'un pour le rendre ridicule, ضحك على A. - سخر ب A.

Mystique, adj. com., allégorique, رمزي. Le sens mystique, المعنى الخفى.

Mystique, qui raffine sur les matières de dévotion, et sur la spiritualité, متروحن.

Mystiquement, adv., selon le sens mystique, رمزا.

Mythologie, s. f., science, explication de la Fable, معرفة سير آلهة عباد الاصنام.

Mythologique, adj. com., يختص سير الالهة الكاذبة.

# N

N, s. m., quatorzième lettre de l'alphabet français, حرف النون وهو الحرف الرابع عشر.

Nabot, e, adj. fam., de très-petite taille, قزعة - قصير.

Nacarat, adj., rouge clair, احمر فاتح.

Nacelle, s. f., bateau, قارب; plur., قوارب.

Nacre, s. f., coquille de perle, صدفة; coll., صدف.

Nadir, s. m., point du ciel opposé au zénith, النظير وهو ما يقابل سمت الراس - نظير السمت.

Nage, s. f., action de nager, عوم - سباحة. A la nage, en nageant, وهو عائم. En nage, baigné de sueur, غارق فى عرقه - عرقان.

Nageoire, s. f., partie du poisson qui lui sert à nager, جناح السمك - شوكة يعوم بها السمك; plur., اجنحة.

Nager, v. n., se soutenir sur l'eau par un certain mouvement du corps, سبح .A - عام .O.

Nager, flotter sur l'eau sans aller à fond, قبّ .O - طفا .A - سبح .O - عام .O.

Nager entre deux eaux, fig., ménager les deux partis, مسك الحبل من الطرفين. Nager dans les plaisirs, غرق فى اللذات.

Nageur, se, s., qui sait nager, سبّيح - عوّام.

Naguère, res, adv., il n'y a pas longtemps, انفا - ليس له زمان.

Naïade, s. f., nymphe des eaux, عروسة المياه; plur., عرايس.

Naïf, ive, adj., sans artifice, ingénu, بسيط - ساذج - قلبه خالص.

Naïf, qui imite bien la nature, la vérité, بسيط.

Nain, e, adj., d'une très-petite taille, قزعة - اجوج ماجوج.

Naissance, s. f., ميلاد - ولادة. Temps, lieu de la naissance, مولد. ‖ Aveugle de naissance, اكمه - من وُلد اعمى.

*Naissance* de la verdure, d'une fleur, du jour, etc., qui commencent à paraître, طلوع.

*Naissance*, extraction, أصل - بيت. D'une haute naissance, شريف الاصل - من بيت الاكابر. ‖ De basse naissance, دنئ الاصل - وطئ الاصل.

*Naissance*, commencement, ابتدا - ظهور - مطلع.

*Naissance*, bonnes ou mauvaises qualités avec lesquelles on est né, خلقة.

Naissant, e, adj., qui naît, qui commence à se former, à paraître, طالع - ناشى.

Naître, v. n., venir au monde, sortir du sein de la mère, وُلد A.

*Naître*, commencer à pousser, à croître (plantes), نشى I. A. - نبت O. - طلع A.

*Naître*, commencer à paraître, طلع A. - ظهر A.

*Naître*, au fig, commencer, prendre origine de, بدى من A.

*Naître*, provenir, être causé par, تاتى من - تولّد من O. - نتج من.

Né, adj., مزيود - مولود (Barb.). Premier-né, ابن بكر A. I. *Voyez* Né.

Naïvement, adv., avec naïveté, ببساطة.

Naïveté, s. f., ingénuité, simplicité, بساطة - فوج - سداجة.

*Naïveté*, grâce, simplicité naturelle, سداجة.

*Naïveté*, simplicité niaise, عباطة.

*Naïveté*, propos, expressions qui échappent par ignorance, فلتة.

Nanan, s. m., terme enfantin, friandises, sucreries, حلاويات - حلاوة.

Nantir, v. a., donner des gages pour assurances d'une dette, اعطاه رهنا A. - رهن عندك شيئا A.

*Se nantir* de, v. pron., se saisir, se garnir de, تمسك ب.

Nantissement, s. m., رهن.

Napel, s. m., aconit, poison, طوارة - بيش.

Naphte, s. f., espèce de bitume, نفط.

Naples, s. f., ville, نابلى الكتّان - مدينة نابلى.

Napolitain, e, adj., de Naples, نابوليتان.

Nappe, s. f., linge dont on couvre une table, بيز السفرة - سفرة.

*Nappe*, filet qui sert à prendre les cailles, شبكة صيد.

Naqueter, v. n., attendre servilement à la porte de quelqu'un, نطع على.

Narcisse, s. m., plante, sa fleur, نرجس. Narcisse jaune, نرجس جبلى, محلا زمانه.

*Narcisse*, au fig., homme amoureux de sa figure, عاشق وجه نفسه.

Narcotique, adj. com. et subst., qui assoupit, comme l'opium, le tabac, etc., مخدر - منوّم ; pl., مخدرات.

Narcotisme, subst. masc., affection soporeuse, تخدير.

Nard, s. m., plante aromatique, ناردين - نردين.

Nargue, s. f., sans article, fam., هزوة.

Narguer, v. a. fam., braver avec mépris, هزا ب A. I. - استهزئ ب.

Narine, s. f., ouverture du nez, منخار - مناخير ; plur. 

Narquois, se, adj. popul., fin, rusé, مكار.

*Narquois*, jargon pour tromper, تصحيف.

Narrateur s. m., ناقل - راوى.

Narratif, ive, adj., qui appartient à la narration, روايى.

Narration, s. f., récit, رواية - قصّة.

Narré, s. m., قص.

Narrer, v. a., raconter, قص القصة على احد O. - حكى I.

Narval, s. m., poisson, كركدان بحرى.

Nasal, e, adj., انفى.

Nasalement, adv., avec un son nasal, من الانف.

# NAT

NASARDE, s. f., chiquenaude sur le nez, نقروا على المنخار.

NASEAU, s. m., narine des animaux, منخار; plur., مناخير; البهايم.

NASILLARD, E, adj., qui parle du nez, أخن; plur., خن.

NASILLER, v. n., parler du nez, خنخن O.- خن.

NASILLONNER, v. n., خنخن.

NASSE, s. f., panier de jonc pour pêcher, نوع قرطلة يصطادوا بها السمك.

NATAL, E, adj., (pays) où l'on est né, مولد - مسقط الراس. Air natal, هوا البلاد.

NATATION, s. f., exercice, art de nager, سباحة - صناعة العوم.

NATIF, IVE, adj., né en un certain lieu, مولود ب.

NATION, s. f., habitants d'un même pays, ملّة; plur., ملل - طايفة, plur., طوايف.

NATIONAL, E, adj., يخصّ الطايفة. Garde nationale, غفر اهل البلاد لبلادهم.

NATIVITÉ, s. f., naissance de Notre-Seigneur, de la sainte Vierge et de quelques saints, ميلاد سيدنا و ميلاد العذرا و القديسين.

Nativité, terme d'astronomie, disposition des astres lors de la naissance de quelqu'un, مولد - طالع.

NATRIX, s. m., serpent d'eau, حيّة الماء.

NATRON, s. m., sel alcali naturel, terreux, نطرون.

NATTE, s. f., tissu de paille ou de jonc, حصير; plur., حصر. Natte de roseaux, بارية; pl., حصيرة - بواري.

Natte, tresse de cheveux, etc., ضفيرة شعر; pl., ضفاير.

NATTER, v. a., couvrir de nattes, غطّى بحصر.

Natter, tresser en natte, ضفر I. O.

NATTIER, ÈRE, s., qui fait et vend des nattes, حَضري.

# NAT

IN-NATURALIBUS, adv. fam., dans l'état de nudité, بالزلط.

NATURALISATION, s. f., اصارة واحد غريب من اهل البلاد.

NATURALISER, v. a., donner à un étranger les droits des naturels, اصار الغريب من اهل البلاد.

Naturaliser une plante exotique dans un pays, طبع O. - جلب نبات في بلاد.

Naturaliser un mot, transporter un mot d'une langue étrangère dans la langue nationale, ادخل في لغته كلام من لغة غريبة.

NATURALISME, s. m., système de ceux qui attribuent tout à la nature comme premier principe, مذهب الطبيعيين.

NATURALISTE, s. m., مشتغل بعلم الاشيا الطبيعية.

NATURALITÉ, s. f., état de celui qui est né dans le pays qu'il habite, ولدية البلاد.

NATURE, s. f., tout l'univers, tous les êtres, l'ordre, les lois, les mouvements qui les gouvernent, طبيعة. Les productions de la nature, مولدات الطبيعة. || Toute la nature, tous les êtres, الوجودات. || Payer tribut à la nature, mourir, I. قضى نحبه.

Nature, principe intrinsèque de chaque être, خصايل - ماهية - طبع - جبلّة. Il est de la nature de l'aimant de, و من خصايل المغنطيس ان.

Nature, mouvement par lequel l'homme est porté vers des choses qui peuvent contribuer à sa conservation, طبيعة - ميل طبيعي. Suivre l'instinct de la nature, طاوع الطبيعة - تبع الميل الطبيعي.

Nature, lumière née avec l'homme et qui le rend capable de discerner le bien d'avec le mal, طبيعة - ناموس الطبيعة. La nature nous ordonne d'honorer père et mère, من ناموس الطبيعة ان نحترم والدينا. || Contre nature, ضدّ الطبيعة.

Nature, complexion, tempérament, تركيب - مزاج.

*Nature*, caractère, disposition et inclination de l'âme, طَبع - شِيَم ; plur., شِيمة.

La *nature* humaine, الناسُوت. La nature divine, اللاهوت.

*Nature*, sorte, espèce, شكل - نوع.

*Nature*, parties qui servent à la génération dans les femelles des animaux, حياء.

*Nature*, au fig., Dieu, la Providence, الخَالق.

En *nature*, existant dans le même état, باقي في حاله. En nature, avec la chose elle-même, بعين الشى.

NATUREL, LE, adj., qui appartient à la nature, conforme à l'ordre de la nature, طبيعي. La chaleur naturelle, الحرارة الغريزية. ‖ Histoire naturelle, علم الأشياء الطبيعية. ‖ Il est naturel d'aimer ses parents, حبّ الأقارب من الطبيعة. ‖ Il est naturel que, ومن صفة الانسان حبّ الاقربا من مقتضيات الطبيعة ان.

*Naturel*, qui n'est point déguisé, tel que la nature l'a fait, خلقي - ساذج. Est-ce naturel ou artificiel? خِلقة ولّا صَنعة. ‖ Monticules naturels, تلال موجودة بمَحض قدرة اللّٰه.

*Naturel*, simple, franc, sans affectation, بسيط - من غير تصنع.

*Naturel*, facile, sans contrainte, ساهل.

*Naturel*, né hors mariage (enfant), ابن حرام.

*Naturel* d'un pays, ابن بلاد ; plur., أولاد.

NATUREL, s. m., propriété qui tient à la nature de la chose, humeur, inclination naturelle, طَبع ; plur., أطباع. Un bon naturel, الطبع السليم. ‖ Un mauvais naturel, الطبع الردي. ‖ Chassez le naturel, il revient au galop, اذا تعوّد السنّور كشفي الطبع يغلب التطبّع - القدر لا يعبر عنه ; prov.

NATURELLEMENT, adv., par un principe naturel, par une impulsion, une propriété naturelle, طبعًا. Il est naturellement chaste, من طبعه العفّة.

*Naturellement*, par le seul secours, par les seules forces de la nature, بالطبع.

*Naturellement*, d'une manière naïve et naturelle, ببساطة - خلقيًا.

NAUFRAGE, s. m., perte d'un vaisseau sur mer, انكسار مركب - غرق. Faire naufrage, A. - انكسر المركب.

NAUFRAGÉ, E, adj., qui a fait naufrage, غرقان - غريق.

NAULAGE, s. m., prix pour le passage sur mer, sur un fleuve, كرا مركب.

NAUSÉABOND, E, adj. com., qui cause des nausées, يدوّخ - ملعّب النفس.

NAUSÉE, s. f., envie de vomir, لعب نفس - دوّاخ.

NAUTIQUE, adj. com., qui appartient à la navigation, يخصّ سفر البحر.

NAUTONIER, s. m., celui qui conduit un navire, une barque, نوتي - رييس المركب.

NAVAL, E, adj., بحري.

NAVET, s. f., racine bonne à manger, لفت.

NAVETTE, s. f., espèce de navet, سليم.

*Navette*, instrument de tisserand, ماصورة - مكوك - الحيّاك.

Faire la *navette*, au fig. fam., faire des allées et des venues, صار يروح و يجي مثل ماصورة الحيّاك.

*Navette* à encens, علبة البخور.

NAVIGABLE, adj. com., où l'on peut naviguer, تجري عليه السُفُن - حامل المراكب.

NAVIGATEUR, s. m., qui fait des voyages sur mer, مسافر في البحر - قطّاع بحر.

NAVIGATION, s. f., voyage sur mer, sur les grandes rivières, سفر في البحور والانهار سفر البحور.

*Navigation*, art, métier de naviguer, صناعة سفر البحر.

NAVIGUER, v. n., aller sur mer, sur les grandes rivières, سافر في البحر.

*Naviguer*, manœuvrer un vaisseau, سيّر المركب - سار المركب. I.

NAVIRE, s. m., vaisseau, سفينة ; pl., سفاين et

# NÉC — NÉG

plur., شَقُوف - مَراكب ; plur., مركب - شُفُن - سُفُن شقوف (Barb.).

- Le *navire* Argo, constellation, سفينة نوح السفينة.

NAVRER, v. a., au fig., affliger extrêmement, غرّق في بحر الالم - A. جرح القلب.

NAZARETH, s. f., ville, الناصرة.

NE, particule négative, لا - ما. Ne faites point aux autres ce que vous ne voudriez pas que l'on vous fît, لا تصنع مع الغير ما لا تريد ان يُصنع معك. ‖ Il n'a rien fait de louable, ما عمل شى يُمدح.

NÉ, E, adj., qui vient de naître, مولود - مزيود (Barb.). Mort-né, mort avant de naître, انولد ميت - وُلد ميت. ‖ Nouveau-né, مولود. ‖ Premier-né, premier enfant mâle, بكر ; plur., ابكار. ‖ Bien né, d'une famille honnête, ابن ناس. ‖ Bien né, qui a de bonnes inclinations, سليم الطبع. ‖ Mal né, qui a de mauvaises inclinations, ردى الاصل - ردى الطبع.

NÉANMOINS, adverbe, cependant, pourtant, مع ذلك.

NÉANT, s. m., rien, non-existence, عدم - لا شى - لاش. Dieu a tiré le monde du néant, اخرج الله العالم من العدم الى الوجود. ‖ Toutes les choses d'ici-bas sont comme un néant à ses yeux, جميع امور الدنيا عنك كلا شى. ‖ Homme de néant, دنى الاصل - جعيدى - رجل ما هو شى. Mettre au néant, refuser d'admettre, طرح A.

NÉBULEUX, SE, adj., obscurci par les nuages, مغيم.

NÉBULEUSE, s. f., étoile peu brillante, لطخة.

NÉCESSAIRE, adj. com., dont on ne peut se passer, لازم - ضرورى. Cela n'est pas nécessaire, ما هو قضية - ما هو لازم.

*Nécessaire*, infaillible, inévitable, لا بد منه - لازم.

NÉCESSAIRE, s. m., ce qui est nécessaire à l'existence, à la subsistance, مقدار الحاجة - اللازم.

*Nécessaire*, boîte, étui renfermant ce qui est utile à l'usage d'une personne, بشختة.

NÉCESSAIREMENT, adv., par un besoin absolu, infailliblement, من كل بد - من اللازم. Il résulte nécessairement de cela que, ويلزم من ذلك ان.

NÉCESSITÉ, s. f., ضرورة - لزوم. Il n'y a pas de nécessité de, ما فيه لزوم لـ. ‖ Quelle nécessité y avait-il de? ايش كان يلزم ان. ‖ La nécessité le contraignit à, الزمته الضرورة ان.

*Nécessité*, indigence, عازة.

*Nécessités*, au plur., besoins de la vie, choses qui sont nécessaires, ce qui est nécessaire à l'état, etc., احتياجات - لوازم.

*Nécessités* du corps, évacuations, ضرورات.

De *nécessité*, adv., nécessairement, ضروريًا.

NÉCESSITEUX, EUSE, adj., indigent, محتاج.

NÉCESSITER, v. a., contraindre à, احوج الى - اقتضى الى - الزم الى. Vous l'avez nécessité à faire cela, احوجته الى ذلك. ‖ Cela nécessite de grandes dépenses, ذلك يقتضى الى مصروف كثير.

NEC PLUS ULTRA, le dernier degré, نهاية - غاية.

NÉCROLOGE, s. m., liste, registre des morts, دفتر الاموات.

NÉCROMANCE, CIE, s. f., magie, سحر.

NÉCROMANCIEN, NE, s., magicien, سحار.

NECTAR, s. m., breuvage des dieux, رحيق - شراب سلسبيل.

NEF, s. f., en poésie, navire, سفينة.

*Nef*, partie d'une église de la porte principale jusqu'au cœur, صحن كنيسة.

NÈFLE, s. f., fruit, زعرور - مشملا.

NÉFLIER, s. m., arbre qui porte les nèfles, شجر المشملا - شجر الزعرور.

NÉFASTE, adj. (jour), de deuil, de tristesse, يوم نحس - يوم حزن.

NÉGATIF, IVE, adj., qui exprime une négation, انكارى - سلبى - نفى - منفى.

*Négative*, proposition qui nie, انكار.

*Négative*, refus, لا كلمة.

*Négative*, particule qui sert à nier, حرف نفى.

NÉGATION, s. f., l'opposé de l'affirmation, انكار - نفى - سلب.

*Négation*, particule qui nie, حرف نفى.

*Négation*, absence d'une qualité dans un sujet qui n'en est pas capable, عدمية.

NÉGATIVEMENT, adv., d'une manière négative, بانكار - بنفى - بكلمة لا.

NÉGLIGÉ, E, adj., oublié, méprisé, مدشّر - متروك.

*Négligé*, sans ornements, peu régulier, peu travaillé, من غير اعتنا.

NÉGLIGÉ, s. m., état, costume d'une personne qui n'est point parée, تخفيفة. En négligé, متخفّف.

NÉGLIGEMMENT, adv., avec négligence, من غير اعتنا. Remplir négligemment une commission, قضى المطلوب بقفا يده.

NÉGLIGENCE, s. f., manque de soin, d'application, توانى - تهامل - قلّة انتباه - قلّة اعتنا.

*Négligence*, faute légère de style, هفوة - قلّة انتباه.

NÉGLIGENT, E, adj., qui a de la négligence, قليل الانتباه - متوانى - غيرمعتنى - متهامل.

NÉGLIGER, v. a., n'avoir pas le soin nécessaire de, توانى عن - تهامل عن - O. غفل عن - ما اعتنى فى الشى.

*Négliger* quelqu'un, ne pas le fréquenter comme auparavant, O. سيّب - ترك.

*Négliger* l'occasion, la laisser échapper, ضيّع الفرصة.

*Négliger* de faire, تغافل عن.

*Se négliger*, v. pron., n'avoir pas soin de soi, O. ترك نفسه.

*Se négliger*, s'occuper moins exactement de ses devoirs, قصّر فى الواجب.

NÉGOCE, s. m, commerce, تجارة - متجر.

NÉGOCIABLE, adj. com., qui peut se négocier (effet), سالك - ماشى.

NÉGOCIANT, s. m., qui fait le négoce, تاجر; pl. تجّار. Un négociant sans hardiesse ne gagne ni ne perd, التاجر الجبان لا يربح ولا يخسر.

NÉGOCIATEUR, s. m., celui qui négocie quelque affaire, مدبّر امر.

NÉGOCIATION, s. f., art et action de négocier des affaires importantes, تدبير - تدبرة امور عظيمة.

*Négociation*, affaire négociée, امر - مصلحة.

NÉGOCIER, v. n., faire négoce, trafiquer, تاجر.

NÉGOCIER, v. a., traiter une affaire d'État, دبّر امر.

*Négocier* des effets, عامل فى بواليص كما يعاملوا فى الدراهم.

NÈGRE, s. m., homme noir, اسود, plur., سودان - عبيد سود; Nègre, esclave noir, عبد اسود; plur., عبيد سود - وصيف (Alger).

Traiter comme un *nègre*, au fig. fam., traiter très-durement, بهدل - عمل معه مثل العبيد.

NÉGRESSE, s. f., femme noire et esclave, جارية - جوار سود; plur. سودا.

NÉGREPONT, s. f, île, اغريبوز.

NÉGRERIE, s. f., lieu ou l'on renferme les nègres, esclaves à vendre, خان العبيد - وكالة العبيد.

NÉGRIER, adj. (vaisseau), qui sert à la traite des nègres, مركب مجهّز لنقل العبيد.

NÉGRILLON, s. m., petit nègre, عبد صغير.

NÉGRILLONNE, s. f., petite négresse, جارية صغيرة.

NEIGE, s. f., ثلج.

NEIGER, v. n., se dit de la neige qui tombe, ثلج. Il neige, عمّ تثلّي - I. نزل ثلج I. - ثلج.

NEIGEUX, SE, adj., chargé de neige, مثلج.

NEMROD, s. m., nom propre, نمرود الجبّار.

NEMS, s. m., animal d'Afrique qui ressemble au furet, نمس.

NENNI, particule négative, fam., لا - نانا.

NÉNUFAR, s. m., plante aquatique, antiaphrodisiaque, نيلوفر - نوفر. Fleurs de nénufar, عرايس النيل.

NÉOGRAPHE, s., qui orthographie d'une manière nouvelle et inusitée, مبدع وضع غير معتاد فى الكتابة.

NÉOGRAPHIE, s. f., manière nouvelle d'écrire les mots, بدعة فى الكتابة.

NÉOLOGIE, s. f., invention, emploi de mots nouveaux, اختراعة كلام جديد فى لغة.

NÉOLOGIQUE, adj. com., de la néologie, جديد غير معتاد.

NÉOLOGISME, s. m., recherche blâmable d'expressions nouvelles, استعمال كلام جديد غير مقبول.

NÉOLOGUE, s. m., qui affecte le néologisme, مجدّد كلام غير مقبول.

NÉOMÉNIE, s. f., nouvelle lune, هلال - روية القمر.

NÉOPHYTE, s. com., converti à la religion chrétienne et nouvellement baptisé, داخل فى الايمان.

NÉPHRALGIE, s. f., ou Colique NÉPHRÉTIQUE, قولنج كلابى.

NÉPOTISME, s. m., autorité donnée à des neveux dans l'administration des affaires, تحكم اولاد اخوة.

NEPTUNE, s. m., terme de poésie, dieu de la mer, اله البحر.

NÉRÉIDES, s. f. plur., nymphes de la mer, بنات البحر.

NERF, s. m., عَصَبَة; collect., عصب. Nerf de bœuf, زبّ الثور.

Nerf, au fig., force, vigueur, قوة. L'argent est le nerf de la guerre, المال مدار الجهاد.

NERVEUX, SE, adj., qui a beaucoup de force dans les muscles, شديد العصب.

Nerveux, plein de nerfs, ملان عصب.

Nerveux, qui appartient aux nerfs, عصبى. Genre nerveux, les nerfs du corps humain, عصب الانسان.

Style nerveux, plein de force, كلام مكين.

NERPRUN, s. m., arbrisseau, نوع عليق - شوكة الصباغين.

NERVURE, s. f., parties élevées sur le dos d'un livre, حباكة الكتاب.

Nervure, parties saillantes des moulures, خراطة.

NESTOR, s. m., au fig., le plus vieux, le plus sage, et le plus expérimenté de, اسنّ الرجال واكثرهم تجربة.

NESTORIANISME, s. m., hérésie de Nestorius, راى نسطورس.

NESTORIEN, subst. m., partisan de Nestorius, نسطورى; plur., نساطرة.

NESTORIUS, subst. m., nom d'un chef de secte, نسطورس.

NET, TE, adj., propre, sans souillure, نظيف; plur., نظاف - نقى.

Net, vide, فارغ - فاضى.

Net, clair, رايق.

Net, au fig., clair, pur, aisé, واضح - مبيّن - صريح.

Net, sans difficulté, sans embarras, sans ambiguïté, مبيّن - صريح - خالص.

Mettre au net un brouillon, بيّض المسودة.

NET, adv., tout d'un coup, حالاً - فى اول مرة.

Net, au fig., franchement, librement, خالص - اشكارا.

NETTEMENT, adv., avec netteté, بنظافة.

Nettement, au fig., d'une manière claire, intelligible, صريحاً.

Nettement, franchement, بخلاصة - اشكارا.

NETTETÉ, s. f., qualité de ce qui est net, propreté, نظافة.

Netteté, au fig., تصريح - رواقة. Netteté du style, تصريح الكلام || Netteté de la vue, حدّ البصر || Netteté de l'esprit, نور العقل.

NETTOIEMENT, s. m., تنظيف.

NETTOYER, v. a., rendre net, نظّف. Nettoyer la maison, la bien balayer du haut en bas, عسّف البيت. || Nettoyer le riz, نقى الرز.

NEUF, adj. numéral com., تسعة; fém., تسع.

NEUF, VE, adj., جديد; plur., جدد et جداد. Expression neuve, qui n'a pas été employée,

34.

|| Habillé de neuf, revêtu d'habits neufs, كلام جديد ـ كلام بديع ـ مكسى جديد. || Tout neuf, qui n'a pas servi, بجدّته.

*Neuf*, novice, غشيم.

A *neuf*, adv., en renouvelant en entier, من جديد.

NEUTRALEMENT, adv. (employer), un verbe actif, اجرى الفعل المتعدّى مجرى اللازم.

*Neutralement*, sans prendre parti ni pour l'un ni pour l'autre, لا مع هذا ولا مع هذاك.

NEUTRALISATION, s. f., action de neutraliser, ابطال ـ كسر.

NEUTRALISER, v. a., rendre neutre un sel, اعدل. ـ l. كسر حدّة.

*Neutraliser*, rendre nul, ابطل.

*Neutraliser*, tempérer, mitiger, لطّف.

NEUTRALITÉ, s. f., état d'une nation, d'une personne neutre, ابتعاد دولة عن دول بينهم حرب ـ عدم التعصّب مع احد الخصمين ـ كون احد لا معك ولا عليك.

NEUTRE, adj. com., qui ne prend point de parti, منفرد, مبتعد عن الطرفين ـ لا معه ولا عليه.

*Neutre*, terme de grammaire (nom), qui n'est ni masculin ni féminin, اسم لا مذكر ولا مونث. Verbe neutre, فعل لازم.

*Neutre*, (sel) qui n'est ni acide, ni alcali, معتدل لا تغلب عليه الحموضية ولا الحرافة.

NEUVIÈME, adj. com., تاسع.

NEUVIÈME, s. m., neuvième partie, تُسع.

NEUVIÈMEMENT, adv., تاسعًا.

NEVEU, s. m., fils du frère, ابن الأخ; plur., اولاد الأخ. Neveu, fils de la sœur, ابن الاخت; pl., اولاد الاخت.

*Neveux*, au plur., poétiquement, les descendants, خلف.

NEZ, s. m., انف; plur., انوف et اناف ـ خشم et نيف (Barb.). ; plur., مناخير ـ منخار.

Avoir bon *nez*, au fig. fam., avoir de la sagacité, de la prévoyance, شمّ من بعيد O. Mettre le nez, ou son nez dans, au fig. fam., se mêler d'une affaire, حشر حاله فى O. ـ انحشرفى. || Il fourre son nez partout, يحشر حاله فى كل شى. || Avoir le nez sur, fig. fam., s'appliquer à, حط مناخيره فى ـ اشتغل فيه ـ شى O. || Mettez le nez dans, fig. fam., commencer à étudier, بصّ فى O. || Mener par le nez, faire agir comme l'on veut, سحب A. من ودنه (par l'oreille). || Se casser le nez, mal réussir, رجع بالخيبة ـ انكسر انفه A. || Donner sur le nez, mortifier, كسر انف l. || Au nez de, à la face de, en bravant, على رغم انف ـ على انف.

NI, particule conjonctive et négative, ولا. Je n'aime ni l'un ni l'autre, لا احبّ لا ذا ولا ذا.

NIABLE, adj. com., qui peut être nié, يُنكر.

NIAIS, E, adj., sot, sans expérience, simple, مجدوب ـ جدبة ـ مغفل.

NIAISEMENT, adv., بغفلة ـ مثل التيس.

NIAISER, v. n., s'amuser à des niaiseries, تهابل.

NIAISERIE, s. f., bagatelle, شى باطل.

*Niaiserie*, action, caractère de celui qui est niais, قلة عقل ـ تيسنة ـ هبالة.

NICÉE, s. f., ville, ازنيك.

NICHE, s. f., enfoncement dans l'épaisseur d'un mur pour y mettre une statue, etc., طاقة ـ شقّ.

*Niche*, réduit dans un appartement, une maison, مخبابة.

*Niche*, tour de malice, ملعوب; plur., ملاعيب. Faire une niche à quelqu'un, لعب عليه ملعوب ـ تحارش فيه.

NICHÉE, s. f., nid où il y a des petits, ces petits, افراخ ـ عش.

*Nichée*, au fig. fam. ironiq., réunion de plusieurs gens méprisables, كبشة هم.

NICHER, v. n., faire son nid ; SE NICHER, v. pron. عشّش.

*Nicher*, v. a., placer dans un endroit, حط فى O. موضع

**Nichet**, s. m., œuf mis dans les nids préparés pour la ponte des poules, بيضة محطوطة فى عش.

**Nicomédie**, s. f., ville, ازنكميد.

**Nicotiane**, s. f., *Voyez* Tabac.

**Nicosie**, s. f., ville, الفقسية.

**Nid**, s. m., عش; pl., وكر; pl., اوكار - عشاش. Faire son nid, عشّش. Trouver la pie au nid, faire une découverte avantageuse, لقى لقية.

**Nidoreux, se**, adj., qui a un goût, une odeur de pourri, منتن - معفن.

**Nièce**, s. f., fille du frère, بنت اخ; plur., بنات اخ. Nièce, fille de la sœur, بنت اخت, plur., بنات اخت.

**Nielle**, s. f., maladie des plantes, سوسة النبات.

**Nielle**, s. f., ou Herbe aux épices, الحبّة السوداء - حبّة البركة - شونيز.

**Nieller**, v. a., gâter par la nielle, سوّس.

**Nier**, v. a., نكر.

**Nigaud, e**, adj., sot, niais, هبل; fém., هبلا; plur., هُبل; تيس - هُبل; plur., تيوس.

**Nigauder**, v. n., s'amuser à des choses de rien, faire des nigauderies, تهابل - تراخص.

**Nigauderie**, s. f., action de nigaud, تيسنة.

**Nil**, s. m., fleuve d'Égypte, بحر النيل - نيل مصر.

**Nilomètre**, s. m., mesure de l'accroissement du Nil, المقياس.

**Nimbe**, s. m., ou Limbe, cercle de lumière autour de la tête des saints, اكليل انوار.

**Nipper**, v. a., fournir de nippes, هندم.

**Nippes**, s. f. pl., habits, meubles, هدوم - حوايج.

**Nique**, s. f., signe de moquerie, de mépris, مقلتم. Faire la nique, se moquer, تاوز على - استهزى ب.

**Nitre**, s. m., sel formé de l'acide nitreux et d'un alcali fixe, بارود ابيض - ملح بارود.

**Nitreux, se**, adj., qui tient du nitre, فيه ملح بارود.

**Nitrière**, s. f., lieu où se forme le nitre, معدن ملح البارود.

**Niveau**, s. m., instrument pour connaître si un plan est horizontal, etc., فادم - جَدُول; plur., قياس - فيادم; plur., فيدم - فوادم.

*Niveau*, horizontalité, مساواة. Prendre le niveau d'un terrain, قاس الارضية بالفادم.

*De niveau*, au niveau, بمساواة - متساوى مع.

**Niveler**, v. a., mesurer avec le niveau, mettre au niveau ou de niveau, I. سوّى ساوى - قاس بالفادم.

**Niveleur**, s. m., celui qui fait profession de niveler, قياس.

**Nivellement**, s. m., تسوية - قياس.

**Noble**, adj. com. et s., شريف; plur., اشراف - شرفا.

**Noblement**, adv., avec noblesse, d'une manière noble, بشرف.

*Noblement*, en gentilhomme, مثل الاشراف.

**Noblesse**, s. f., شرف.

*Noblesse*, les nobles, الشرفا.

**Noce**, s. f., mariage, festin, danse et réjouissances qui l'accompagnent, فرح; plur., افراح - عرس; plur., اعراس. Quand irons-nous à votre noce ? اى متى نفرح فيك.

**Nocher**, s. m., terme de poésie, ريس مركب.

**Noctambule**, s. com., qui marche la nuit en dormant, يمشى بالليل و هو نايم.

**Noctambulisme**, s. m., maladie du noctambule, داء الذى يمشى بالليل و هو نايم.

**Nocturne**, adj. com., qui arrive la nuit, ليلى - يصير بالليل.

**Noël**, s. m., fête de la nativité de Notre-Seigneur, عيد ميلاد سيدنا.

*Noël*, cantique à l'honneur de la nativité, airs sur lesquels ces cantiques ont été faits, مديح يوم الميلاد - ترتيل للميلاد.

**Nœud**, s. m., pos. et fig., عقدة; plur., عُقد.

*Nœud coulant*, شوطة. ‖ Le nœud du mariage,

|| Voici le nœud de l'affaire, عقدة النكاح. ||Nœud gordien, عقدة عسرة ما تنحل.||هذه العقدة.

Nœud dans le bois, عقدة ; plur., عُقَد.

NOIR, E, adj., أسود ; fém., سودا ; plur., سود ; fam. كحلا ; plur., كُحُل (Barb.).

Cachot noir, obscur, حبس ظلم.

Linge noir, sale, crasseux, قماش وسخ.

Temps noir, triste, دنيا مغيمة - طقس معبس.

Une âme noire, très-méchante, نفس ردية. طبع ردي.

Idée noire, mélancolique, فكرة نجزن.

Trahison noire, affreuse, خونة تفزع - خيانة فاحشة.

Action noire, odieuse, عمل فاحش - فعلة مكروهة.

Bête noire, personne que l'on déteste, كريهة.

Rendre noir, diffamer, سوّد عرض.

Du blanc au noir, d'une extrémité à l'autre, بالضد.

Voir en noir, prévoir des malheurs, بشر بالردي.

NOIR, s. m. couleur noire, سواد.

NOIR, s. m., nègre, أسود ; fém., سودا ; pl., سود et سودا.

NOIRÂTRE, adj. com., qui tire sur le noir, مسود - مايل الى السواد.

NOIRAUD, E, adj., qui a les cheveux noirs et le teint brun, أسمر ; fém., سمرا ; plur., سُمر.

NOIRCEUR, s. f., qualité par laquelle les choses sont noires, سواد.

Noirceur, au fig., atrocité d'une action, d'un caractère, رداوة - هول.

NOIRCIR, v. a., rendre noir, سوّد.

Noircir, au fig., diffamer, سوّد عرضه - جرّس.

Noircir, v. n., et Se noircir, v. pron., devenir noir, اسودّ.

Se noircir, au fig., se rendre infâme par quelque méchante action, جرّس نفسه.

NOIRCISSURE, s. f., tache noire, سوادة.

NOISE, s. f., fam., querelle, dispute, مشاكلة - طرب الكلام.

O. Chercher noise, طلب معه شكل. شكى.

NOISETIER, s. m., arbre, coudrier, شجر بندق.

NOISETTE, s. f., petite noix de coudrier, بندقة ; coll., بندق.

NOIX, s. f., fruit du noyer, etc., جوزة ; coll. جوز. || Noix d'Inde, جوز الهند. || Noix vomique, جوز ماثل. || Noix mételle, جوز القي. Voyez STRAMONIUM.

Noix, petite glande dans une épaule de veau, لوزة كتف عجل.

Noix de pipe, bout de pipe dans lequel on met le tabac, جمرة القصبة - بودقة.

NOLIS ou NOLISSEMENT, ou NAULAGE, s. m., louage d'un navire, ناولون, كري, اجرة مركب.

NOLISER, verb. act., fréter un navire, etc., استكرى - كرى مركب.

NOM, s. m., اسم ; plur., اسامي et اسماء. Quel est votre nom, s'il vous plaît? ايش اسمك بالخير. || Demander à quelqu'un son nom, استسمى احدا. ||Qui porte le même nom, homonyme, مسمى.||Nom propre, اسم علم. || Nom d'espèce, اسم جنس. || Décliner son nom, dire qui l'on est, O. قال من هو - عرّف بنفسه. || Au nom de, de la part de, على اسم.||En votre nom, على اسمك. من طرف - من قِبَل.||Au nom de, par, en considération, بحرمة - بحق. || Je vous conjure au nom de Dieu, بالله عليك - برضا الله عليك.||Au nom de Dieu clément et miséricordieux (formule de prière), بسم الله الرحمن الرحيم. || Prononcer cette formule, بسمل.

Nom de guerre, nom supposé, اسم عبرة.

Nom, réputation, اسم - صيت.

NOMADE, adj. com., se dit d'un peuple errant, sans habitation fixe, قوم ضالة.

NOMBRE, s. m., unité, plusieurs unités, عدد.

Nombre, quantité, multitude, عدد - عدّة. Le plus grand nombre d'entre eux, اكثرهم.

Nombre, harmonie du style, حسن الكلام.

Sans *nombre*, adverbe, en grand nombre, لا يُعَدّ ولا يُحصى - من غير عدد.

Au *nombre*, du nombre, parmi, من جملة. Mettez-moi au nombre de vos esclaves, اجعلني من جملة عبيدك.

NOMBRER, v. a, compter, عدّ I. - حصى I.

NOMBREUX, EUSE, adj., en grand nombre, عديد - كثير.

*Nombreux*, (style) harmonieux, كلام مطرب.

NOMBRIL, s. m., creux au milieu du ventre de l'homme, سُرَر ; plur., سُرّة.

*Nombril*, œil, cavité des fruits opposée à la queue, عين الثمرة.

NOMENCLATURE, s. f., collection des mots propres aux différentes parties d'une science ou d'un art, مجموع الالفاظ الاصطلاحية في فنّ - اسامي.

NOMINAL, E, adj., (appel), دعا كل واحد باسمه.

NOMINATAIRE, s. m., nommé par le roi à un bénéfice, مُسمّى , مقلّد من السلطان.

NOMINATEUR, s. m., celui qui nomme, qui a droit de nommer, صاحب التسمية.

NOMINATIF, s. f., le sujet d'une proposition, مبتدا.

*Nominatif*, premier cas des noms déclinables, رفع. Mot au nominatif, لفظة مرفوعة.

NOMINATIF, adj., par noms, اسم باسم. État nominatif, contenant les noms d'un corps, d'une classe, etc., قايمة اسم باسم.

* NOMINATION, s. f., action de nommer à une place, etc., تقليد - اقامة - تسمية.

NOMMÉMENT, adv., avec désignation par le nom, باسم.

*Nommément*, particulièrement, خصوصًا.

NOMMER, v. a., donner un nom, dire un nom, سمّى. Il se nomme Abdallah, اسمه عبد الله.

*Nommer*, faire mention, جاب ذكره O. - ذكر I.

*Nommer*, choisir, désigner pour un emploi, etc., قلّد - سمّى. Il le nomma gouverneur d'Égypte, قلّد ولاية مصر.

*Nommer*, déclarer, instituer, اقام - جعل A.

NOMMÉ, E, adj., مسمّى - اسمه.

A point *nommé*, adv., précisément, au temps qu'il faut, في وقته تمام - في محلّه.

A jour *nommé*, adv., au jour marqué, convenu, في اليوم المعهود.

NON, particule négative, لا.

*Non* plus, adv., ولا. Ni moi non plus, ولا انا.

*Non*-seulement, ليس فقط.

NONAGÉNAIRE, adj. com., âgé de quatre-vingt-dix ans, عمره تسعين سنة.

NONANTE, adject. com., quatre-vingt-dix, تسعين.

NONANTIÈME, adj. com., quatre-vingt-dixième, تسعين.

NONCE, s. m., prélat, ambassadeur du pape, قاصد رسولي - وكيل البابا.

NONCHALAMMENT, adv., بتهامل.

NONCHALANCE, s. f., négligence, paresse, تهامل - قلّة مروّة.

NONCHALANT, E, adj., négligent par paresse, mollesse, رخو - كسلان - قليل مروّة - تارك.

NONCIATURE, s. f., وظيفة وكيل البابا.

NON-CONFORMITÉ, s. f., défaut de conformité, قلّة المطابقة.

NON-JOUISSANCE, s. f., privation de jouissance, قلّة المتعة.

NONOBSTANT, prép., malgré, sans avoir égard, من غير التفات الى - من غير مراعاة - مع انّه. *Nonobstant* ces empêchements, مع وجود تلك الموانع.

NON-OUVRÉ, E, adj., qui n'est pas mis en œuvre, غير مشغول.

NON-PAIR, E, adj., impair, فرد.

NONPAREIL, LE, adj., sans pareil, عديم النظير.

NON-RÉSIDENCE, s. f., غيبة عن محلّه.

NON-SENS, s. m., كلام من غير معنى.

NONUPLE, adjectif commun, qui contient neuf

fois, قدره تسع مرّات - تسعة اضعاف.
NONUPLER, v. a., répéter neuf fois, تسّع.
NON-USAGE, s. m., عدم الاستعمال.
NON-VALEUR, s. f., manque de produit, قلّة محصول.
Non-valeurs, au pl., ce qu'on n'a pas recouvré ou levé d'impôts, etc., بواقى.
NON-VALEURS, s. f. plur., بواقى عاطلة.
NOPAL, s. m., arbre, صبّار.
NORD, s. m., septentrion, شمال. Vent du nord, شَرْش (Syrie) - هوا شمالى سماوى (Barbarie).
NORD-EST, s. m., point entre le nord et l'est, شمال و شرقى. Vent du nord-est, شمالى شرقى (Syrie) شرقى مشرش برّانى (Barbarie).
NORD-OUEST, s. m., point entre le nord et l'ouest, شمال وغرب. Vent de nord-ouest, شمالى غربى (Syrie) سماوى شرش (Barbarie).
NORMAND, E, adj., fin, adroit, مكار - دنس.
NOSOGRAPHIE, s. f., traité des maladies, صفة الامراض.
NOSOLOGIE, s. f., explication des maladies, بيان الامراض.
NOTA, s. m., remarque, observation à la marge, en bas d'un écrit, صح - حاشية (ce mot se met à la fin de la note).
NOTABLE, adj. com., considérable, عظيم.
Notables, les habitants les plus considérables d'un lieu, اعيان البلاد.
NOTABLEMENT, adv., grandement, عظيما.
NOTAIRE, s. m., officier public qui passe les contrats, كاتب شرعى; plur., كتّاب.
NOTAMMENT, adv., spécialement, بالاخص - خصوصا.
NOTARIAT, s. m., وظيفة الكاتب الشرعى.
NOTARIÉ, E, adj., passé par-devant notaire (acte), شرعى.
NOTE, s. f., marque sur un écrit, علامة.
Note, remarque, observation sur un texte, sur un mot, etc., حاشية ; plur., حواشى - تعليقة; plur., تعاليق.
Note, petit extrait, mémorial, تفكرة - تلخيص. Prendre note de, قيّد.
Note, liste d'objets, mémoire de dépenses, قايمة - علم.
Note d'infamie, عار لا ينجى - فضيحة - هتيكة.
Note de musique, نقطة، علامة الغنا, plur., نقط.
NOTER, v. a., remarquer que, نظر الى O.
Noter, faire une marque, حطّ, وضع علامة على - علّم على.
Noter, mettre en écrit, قيّد.
Noter d'infamie, فضح - هتك I. Noté d'infamie, مشار اليه بالهتيكة.
Noter de la musique, كتب غنا O.
NOTICE, s. f., بيان.
NOTIFICATION, s. f., تعريف شرعى.
NOTIFIER, v. a., faire savoir dans les formes juridiques, عرّف شرعاً.
NOTION, s. f., connaissance, idée d'une chose, معرفة - دراية - خبرة. Notion distincte, معرفة صحيحة ‖ Notion confuse, معرفة بغير تحقيق.
NOTOIRE, adj. com., connu, manifeste, مشهور - ظاهر.
NOTOIREMENT, adv., manifestement, مشهوراً.
NOTORIÉTÉ, s. f., évidence d'une chose généralement connue, شهرة.
NOTRE, adj. possessif com., plur., نا. Notre maison, بيتنا ‖ Le nôtre, متاعنا ‖ Les nôtres, ceux qui sont de notre parti, de notre compagnie, جماعتنا ‖ Les nôtres, nos parents, قرايبنا.
NOUÉ, E, adj., rachitique, مكسّح.
NOUEMENT, s. m. (d'aiguillette), ربط الذكر.
NOUER, v. a., lier en faisant un nœud, faire un nœud à quelque chose, عقد I. O.
Nouer, amitié, au fig., عمل صحبة A.
Nouer une partie, ربط مع واحد على شى.

*Nouer*, envelopper dans quelque chose en faisant un nœud, شكل .O - ربط .O - صرّ .O.

*Se nouer* (arbres), passer de fleur en fruit, انعقد - عقد الزهر I.

NOUET, s. m., linge noué, dans lequel on a mis quelque drogue pour la faire tremper, صُرّة.

NOUEUX, SE, adj. (bois), qui a des nœuds, معقد.

NOUGAT, s. m., pâtisserie d'amandes ou de noix, حلاوة لوزية او جوزية.

NOURRICE, s. f., femme qui allaite un enfant, مرضعة; plur., مراضع.

NOURRICIER, adj. (père), le mari d'une nourrice, اب من الرضاع - زوج مرضعة.

Suc *nourricier*, qui nourrit le corps, la plante, قوت; plur., اقوات.

NOURRIR, v. a., sustenter, اطعم .O - قات - علف. Nourrir des chevaux, etc.

*Nourrir*, allaiter, ارضع - رضّع.

*Nourrir*, au fig., élever, ربّى.

*Nourrir*, entretenir (passions), sentiments, ادام. Nourrir un espoir, se nourrir d'un espoir, علّل نفسه ب.

*Se nourrir*, v. pron., prendre de la nourriture, se repaître, تقوّت ب - عاش من I.

NOURRI, adj., au fig., plein, abondant (style), كلام مشبع.

NOURRISSAGE, s. m., soin et manière de nourrir et d'élever les bestiaux, تربية، علف البهايم.

NOURRISSANT, E, adj., qui nourrit beaucoup, مشبع.

NOURRISSON, s. m., enfant que l'on nourrit, رضيع; plur., رضايع.

*Nourrisson* des muses, au fig., bon poëte, رضيع الادب.

NOURRITURE, s. f., aliments, غذا - طعام - قوت - اكل.

*Nourriture* de l'esprit, قوت العقل.

NOUS, pronom pers. de la 1<sup>re</sup> personne, au pl. com., نحن - احنا - نحناء.

NOUVEAU, VEL, LE, adj., جديد; plur., جُدد et جداد.

*Nouveau*, au fig., neuf, inexpérimenté, مجدّد - محدث.

Homme *nouveau*, parvenu, enrichi, رجل مُحدث.

NOUVEAU, s. m., ce qui est nouveau, مُستجدّ - جديد.

De *nouveau*, adv., derechef, encore une fois, من جديد - ثاني مرّة.

NOUVELLEMENT, adv., depuis peu, جديد - من مدّة قريبة - من جديد.

NOUVEAUTÉ, s. f., qualité de ce qui est nouveau, جدّية - جدّة.

*Nouveauté*, chose nouvelle, شي جديد.

*Nouveautés*, légumes, fruits, etc., dans la primeur, فاكهة جديدة.

NOUVELLE, s. f., avis d'une chose arrivée récemment, خبر - خبرية; pluriel, أخبار. ‖ Bonne nouvelle, بشارة - خبرية خير. ‖ Je vous apporte une bonne nouvelle, جيتك مبشر; rép., الله يبشرك. ‖ Mauvaise nouvelle, خبر سوء - بالخير. ‖ Nouvelles affligeantes, اخبار، حوادث مكدّرة. ‖ Je n'ai pu en avoir de nouvelles positives, ما وقعت له على جليّة خبر. ‖ On n'a plus eu de ses nouvelles, ما عاد طلع له خبر - انقطع خبره. ‖ Demander des nouvelles de quelqu'un, استخبر عنه - سأل عنه. ‖ Si vous demandez de nos nouvelles, ان تفضّلتم بالسوال عنا. ‖ Donnez-nous de vos nouvelles, شرّفونا باعلام صحّتكم. ‖ Point de nouvelle, bonne nouvelle, ما طلع خبر ما حصل ضرر. ‖ Je sais de vos nouvelles, je connais vos aventures, vos actions, عدم الاخبار خير الاخبار. ‖ Tu auras de mes nouvelles, tu éprouveras ma vengeance, اعرف ما جرى لك - تفرّج - خذ مني على ما يجيك - افرجك.

*Nouvelle*, histoire, conte, حكاية.

NOUVELLISTE, s. m., curieux de nouvelles, qui les débite, بتاع أخبار.

NOVATEUR, s. m., qui innove, مُحدِث.

NOVEMBRE, s. m., تشرين الثاني.

NOVICE, adj. com., qui a pris nouvellement l'habit de religieux dans un couvent, تلميذ; plur., تلاميذ.

*Novice*, apprenti, peu exercé, peu habile, غشيم - بغنوس - مجدّد.

NOVICIAT, s. m., état des novices avant qu'ils fassent profession, le temps pendant lequel ils sont dans cet état, تجربة الرهبان - تجربة في الرهبنة.

*Noviciat*, au fig., apprentissage de quelque art, de quelque profession, صبينة. Faire son noviciat, تعلّم.

NOYADE, s. f., تغريق.

NOYALE, s. f., toile à voiles, قماش قلوع.

NOYAU, s. m., نواية; coll. عجم - نوى.

*Noyau*, au fig., principe, origine, masse principale, أصل - أمّ.

*Noyau*, vis où s'assemblent toutes les marches d'un escalier, عقد السلالم.

NOYER, s. m., arbre, شجرة جوز - جوزة.

NOYER, v. a., faire mourir dans l'eau, inonder, غرّق في.

*Se noyer*, v. pron., mourir dans l'eau; au fig., se plonger dans, غرق في A.

NOYÉ, E, adj., غريق; plur., غرقا.

*Noyé*, plongé dans un liquide, غرقان.

NU, E, adj., qui n'est pas vêtu, بالزلط - عاري. ‖ Mettre tout nu, عرّى بالزلط. ‖ Se mettre tout nu, تعرّى بالزلط. ‖ Nu-pieds, حافي الرجلين. ‖ Nu-tête, مكشوف الراس - حفيان.

*Nu*, au fig., sans déguisement, sans ornement, من غير زينة - مكشوف - عاري.

A *nu*, adv., à découvert, على المكشوف - بالمكشوف.

NUAGE, s. m., غيم; plur., غيوم - سحاب - غبرة - غبار (Barb.). Un nuage de poussière, مُزنة. ‖ Il a un nuage devant les yeux, في عينه ضبابة.

NUAGEUX, SE, adj., couvert de nuages, مغيّم.

*Nuageux*, terne (pierrerie), كابي.

NUANCE, s. f., degrés différents par lesquels peut passer une couleur, en conservant le nom qui la distingue, شكل; plur., أشكال; نوع; pl., أنواع.

*Nuance*, au fig., différence légère, فرق.

NUANCER, v. a., assortir des couleurs, نوّع الالوان - جمع الوان موافقة لبعضها A.

*Nuancer*, au fig. (des caractères), نوّع الاطباع.

NUBILE, adj. com., qui a atteint l'âge de se marier (fille), بنت بالغة. Age nubile, البلوغ.

NUBILITÉ, s. f., âge nubile, بلوغ - بلاغ السنّ.

NUDITÉ, s. f., état d'une personne nue, عرى - عريبة.

*Nudité*, parties que la pudeur oblige de cacher, عورة. Couvrir sa nudité, ستر عورته O.

NUE, s. f., nuage, سحابة; coll., سحاب - ضبابة; coll., ضباب - غمامة; coll., غمام. Porter quelqu'un aux *nues*, l'exalter, le vanter, عظّم قدره وطنّب فيه. Tomber des nues, être extrêmement étonné, تحيّر واندهل. ‖ Sauter aux nues, s'emporter, طار عقله I.

NUÉE, s. f., nuage, غمامة; coll., غمام.

*Nuée*, multitude, حومة.

NUER, v. a. *Voyez* NUANCER.

NUIRE, v. n., faire tort, porter dommage, ضرّ O. Nuire à quelqu'un par des propos, etc., أذى - أذى احدا ب.

NUISIBLE, adj. com., مؤذي - مضرّ.

NUIT, s. f., ليل. Une nuit, ليلة; plur., ليالي et ليالي. ‖ Cette nuit, الليلة. ‖ La nuit prochaine, ليلة غدا. ‖ La nuit passée, الليلة البارحة. ‖ Il fait nuit, صار ليل - صار الليل. La nuit nous surprit, هجم علينا الليل. ‖ La nuit est très-avancée, le jour

est prêt à paraître, اِسحَرَّ الليل. ‖ De nuit, pendant la nuit, بالليل - ليلًا. ‖ Passer la nuit, بَيَّت - بَات A. ‖ Nuit et jour, ليل و نهار. ‖ Bonne nuit, réponse : بَرويَاكم ; ليلتكم سعيدة.
*Nuit*, fig., obscurité, ظلام - عتمة.
Nuitamment, adv., بالليل - فى الليل.
Nul, le, adj., aucun, pas un, ولا واحد.
*Nul*, sans valeur, inutile, sans talent, لا ينفع - باطل.
Nullement, adv., en nulle manière, لا... أصلًا - ولا بوجه من الوجوه.
Nullité, s. f., défaut qui rend un acte nul, بطالة.
*Nullité*, au fig., défaut de talent, inaction, عجز - قلة نفع.
Nument, adv., sans déguisement, بالمكشوف.
Numéraire, adj. com. (valeur) fictive des espèces, سعر المعاملة.
Numéraire, s. m., argent comptant monnayé, دراهم نقد - معاملة.
Numéral, e, adj., qui marque un nombre, عددى.
Numérateur, s. m., terme d'arithmétique, بسط.
Numération, s. f., action de nombrer, de compter, حساب - عدّ - عدّية.
Numérique, adj. com., qui appartient aux nombres, عددى.
Numériquement, adv., en nombre, بالعدد.

Numéro, s. m., nombre, cote, نمرة - ع د د نشان; plur., نمر.
Numéroter, v. a., mettre le numéro ou la cote, O. حطّ نشان على.
Numismatique, adj. com., qui a rapport aux médailles antiques, يخصّ الشخوص القديمة.
Nummulaire, s. f., herbe aux écus, herbe à cent maladies, حشيشة المية.
Nuncupatif, adj. m., fait de vive voix (testament), وصية بالفم.
Nuptial, e, adject., du mariage, زيجى - عرسى.
Nuque, s. f., creux entre la tête et le chignon du cou, نوخعة - قفا - نقرة الرقبة. Frapper, donner une claque sur la nuque, صفع A.
Nutation, s. f., balancement, اهتزاز.
Nutritif, ive, adj., qui nourrit, غاذى. Faculté nutritive, قوة غاذية.
Nutrition, s. f., اغتذا.
Nutritum, s. m., onguent, مرهم المرداسنج بالخل.
Nyctalope, adj. com., qui voit mieux la nuit que le jour, qui a la vue faible, أعشى.
Nyctalopie, s. f., maladie des yeux, عشا - عشاوة.
Nymphe, s. f., divinité fabuleuse, جنّية.
*Nymphe*, premier degré de la métamorphose des insectes, شرنقة - جيز.

# O

O, s. m., quinzième lettre de l'alphabet français, الحرف الخامس عشر من الالف با.
O! interj., يا.
Oasis, s. f., terrains fertiles au milieu des déserts de sable, الواح; plur., الواحات.
Obédience, s. f., obéissance, طاعة.

Obédience, permission, congé donné à un religieux par un supérieur, اجازة من رئيس عام.
Obéir, v. n., se soumettre à la volonté de, I. انقاد ل - طاع ل - اطاع. ‖ Obéir aux ordres de quelqu'un, امتثل امره. ‖ Il ne vous obéit pas, ماهو طُوعك. ‖ Elle ne vous obéit pas, ماهى

طوعك. ‖ Se faire obéir, طبع ,طبّع الناس ‖. Obéir à ses passions, طاوع النفس على اهوائها.

Obéi, e, adj., à qui on a obéi, مطاع.

Obéissance, s. f., action d'obéir, soumission, طاعة ـ اطاعة ـ انقياد. Être sous l'obéissance de, كان تحت طاعة O. ‖ La femme est sous l'obéissance de son mari, et l'esclave sous celle de son maître, الامراة قيادها فى يد زوجها و العبد فى يد سيدة. ‖ Rendre obéissance, prêter obéissance à, رمى طاعة ل I. ‖ Ranger sous son obéissance, سخّر ـ ادخل تحت طاعته.

Obéissant, e, adj., qui obéit, soumis, طايع ـ مطيع. ‖ Il faut être obéissant à votre père, لازم تكون مطيع لابوك ,لازم تكون طوعه.

Obélisque, s. m., pyramide étroite et longue, مسلة ـ مسلة بناء.

Obérer, v. a., endetter, اوقعه تحت حمل الديون ـ حمّله ديون.

S'obérer, v. pron., s'endetter, اندين ـ فلّس ـ وقع تحت حمل الديون ـ تدين.

Obéré, e, adj., endetté, مديون ـ مفلس.

Obésité, s. f., excès d'embonpoint, سمنة زايدة.

Obier et Aubier, s. m., arbrisseau, اقلوس.

Obit, s. m., service fondé pour le repos de l'âme d'un mort, قداس ميت.

Obituaire, adj., se dit d'un registre des obits, دفتر قداديس للموتى.

Objecter, v. a., opposer quelque chose à ce que quelqu'un dit, اعترض على.

Objecté, e, adj., معترض.

Objectif, s. m., verre de lunette tourné du côté de l'objet qu'on veut voir, قزازة النظارة المقابلة للاشيا التى يُنظر اليها.

Objection, s. f., difficulté qu'on oppose à une proposition, اعتراض ـ معارضة.

Objet, s. m., tout ce qui s'offre à la vue, etc., شى; plur., اشيا.

Objet, matière d'un art, d'une science, موضوع.

Objet, sujet sur lequel se porte une action, cause d'un sentiment, d'une action, مظهر. Objet des faveurs du souverain, مظهر الالطاف الملوكية. ‖ Objet de pitié, مظهر الرحمة ـ يُرثى لحاله. ‖ Objet d'amour, معشوق ـ محبوب. ‖ Deven.r un objet de raillerie, صار هزو ـ صار مضحكة I.

Objet, but, fin qu'on se propose, مقصد ـ مقصود; plur., مقاصد ـ مطلوب ـ مطلب; plur., اغراض; plur., غرض.

Objurgation, s. f., reproche violent, تعزيرة.

Oblation, s. f., action d'offrir, تقديم.

Oblation, chose offerte, ضحية ـ قربة.

Obligation, s. f., engagement où l'on est par rapport à différents devoirs, واجبة ـ واجب.

Obligation, engagement qu'impose le devoir de la reconnaissance pour des services, des bienfaits qu'on a reçus de quelqu'un, منّة ـ منّية; pl., مِنن. Les obligations que je vous ai, متيتّك على ـ افضالكم التى عمّت على ـ احسانكّ الىّ ـ مالك على من التجميل والمعروف ـ افضالك علىّ. ‖ Avoir des obligations, كان تحت المنية. Je ne veux avoir d'obligation à personne, ما اريد احد يحمّلنى منية ـ ما احمل منية. ‖ Vous lui avez des obligations, له يد عليك ‖. Je lui ai les plus grandes obligations, انا غريق فى بحر جوده و الطافه. ‖ Je vous en aurai beaucoup d'obligation, اكون لك ممنون بذلك.

Obligation, acte par lequel on s'oblige de payer une somme, سند ـ تمسّك.

Obligatoire, adj. com., qui a la force d'obliger suivant la loi, يلزم.

Obligatoire, obligé, de devoir, فرضى.

Obligeamment, adv., d'une manière obligeante, بمعروف.

Obligeant, e, adj., qui aime à obliger, صاحب معروف.

Obligeance, s. f., penchant à obliger, معروف.

Obliger, v. a., lier quelqu'un par un acte,

# OBL        OBS    541

الزم. — I. مسك واحد بكتابة. Vous êtes obligé à cela par le traité, انت ملزوم بالشرط الى ذلك.

*Obliger*, imposer obligation de, forcer à, الزم — اوجب عليه. Les enfants sont obligés à honorer père et mère, واجب على الاولاد احترام والديهم. ‖ Le devoir de votre charge vous y oblige, هذا مقتضى وظيفتك. ‖ J'ai été obligé de partir, التزمت اروح. ‖ On l'obligea par force, غصبوه على. ‖ Je l'ai obligé à se contenter de, بالغصب ارضيته ب.

*Obliger*, porter, exciter, engager à faire quelque chose, الزم, الجأ الى — حمل على.

*Obliger*, rendre service, عمل معه معروف, خير. A. Vous m'obligerez beaucoup, تكون عملت معى خير — تصيّرنى ممنون.

*Obliger* un apprenti, l'engager chez un maître, شبك صبى. O.

*S'obliger* par un contrat à, التزم بالشرط ان — ضمن الشى — الزم نفسه بان. A.

*Obligé, E*, adj., redevable d'un service rendu, ممنون ل. Je ne veux pas rester son obligé, ما اخليه يحتملنى منية — ما احمل منيته.

*Obligé*, qui est de devoir, واجب — لازم.

*Obligé*, qui a contracté une obligation, ملزوم.

*Obligé*, s. m., acte entre un apprenti et son maître, اتفاق بين صبى و معلمه.

*Oblique*, adj. com., de biais ou incliné, مايل — منحرف.

*Oblique*, au fig., détourné, frauduleux, ملتوى — اعوج. Par des voies obliques, بطريقة عوجا.

*Obliquement*, adv., de biais, منحرفاً — بانحراف.

*Obliquement*, au fig., d'une manière frauduleuse, indirectement, بطريقة عوجا — بالتوا — باعوجاج.

*Obliquité*, s. f., اعوجاج — انحراف — ميل.

*Oblitérer*, v. a., effacer insensiblement, صحى. I. — طلس. I.

*Oblong, ue*, adj., plus long que large, مطاول. Tout ce qui est rond n'est pas noix, tout ce qui est oblong n'est pas banane, ما كل مدور جوز ولا كل مطاول موز; prov. ‖ Livre oblong, سفينة.

*Obole*, subst. f., petite monnaie, فلس; plur., فلوس.

*Obreptice*, adj. com., obtenu en taisant la vérité, مختلس باخفا الحق.

*Obreption*, s. f., surprise, réticence d'un fait vrai, اختلاس شى باخفا الحق.

*Obscène*, adj. com., qui blesse la pudeur, فاحش.

*Obscénité*, s. f., ce qui blesse la pudeur, فاحشة — عيب.

*Obscur, e*, adj., ténébreux, qui n'est pas clair, مظلم. Il fait obscur ici, هون عتمة — عتم. ‖ Couleur obscure, لون معتم.

*Obscur*, peu intelligible, مغلق — ملتبس — مبهم.

*Obscur*, caché, peu connu (homme, vie, naissance), خامل — مجهول (en mauvaise part).

*Obscurcir*, v. a., rendre obscur, ternir l'éclat, عتم على — اظلم على. Les nuages obscurcissent le jour, الغيم يحجب نور الشمس. ‖ Obscurcir le discours, ابهم, غلق, اغلق الكلام.

*S'obscurcir*, v. pron., devenir obscur, عتم — اظلم. I. — عتم. I. Dans la vieillesse la vue s'obscurcit, فى كبر السن يضعف البصر و تغشاه ضبابة.

*Obscurcissement*, s. m., affaiblissement de la lumière, تعتيم.

*Obscurément*, adv., dans l'obscurité, فى العتمة.

*Obscurément*, en termes obscurs, بكلام مبهم — مغلق.

*Obscurément*, dans un état obscur, inconnu, مجهولاً.

*Obscurité*, s. f., privation de la lumière, عتمة — ظلام.

*Obscurité*, au fig., défaut de clarté du discours, انغلاق — التباس — استبهام.

*Obscurité*, vie cachée, خفا — خمول (en mauvaise part).

OBSÉCRATIONS, s. f. plur., prières publiques, طلبات.

OBSÉDER, v. a., être assidu auprès de quelqu'un, A. لصق ب - لاصق - حاوط.

*Obséder*, tourmenter par des importunités, زهّق. Obsédé du démon, محصور من الشيطان.

OBSÈQUES, s. f. plur., funérailles, جنازة.

OBSÉQUIEUX, SE, adj., qui porte à l'excès les égards, les complaisances, مساير بالزود.

OBSERVABLE, adj. com., qui peut être observé, يدركه النظر - يُرقَب.

OBSERVANCE, s. f., pratique stricte de la règle, رعاية - مراعاة القوانين.

OBSERVATEUR, TRICE, s., qui obéit aux lois, suit les règles, مراعي - حافظ القوانين.

*Observateur*, qui observe la nature, صاحب النظر ; plur., اصحاب.

OBSERVATION, s. f., action d'observer la loi, sa promesse, مراعاة - حفظ القوانين.

*Observation*, action d'observer les merveilles de la nature, نظر في عجايب الطبيعة. Observation (pour l'astronomie), رقوب - رصد.

*Observation*, remarque sur les choses naturelles, نظر - بحث في الطبيعة.

*Observation*, note, remarque, تنبيهة. Votre observation est juste, ce que vous dites est vrai, كلامك صحيح - قولك صحيح.

OBSERVATOIRE, s. m., édifice destiné aux observations astronomiques, دار - مرصد الكواكب - الرصد.

OBSERVER, v. a., accomplir ce qui est prescrit par la loi, A. حفظ - راعى. Observer les fêtes, حفظ ايام الاعياد.

*Observer*, regarder, نظر الى O. Observer les astres, O. رصد الكواكب - رقب النجوم.

*Observer*, considérer avec application, امعن النظر في.

*Observer*, remarquer que, راى ان - O. نظران ; aor., يرى - فرزن. Observer à quelqu'un que, lui faire remarquer que, نبهه على شي.

*Observer*, épier, O. رصد ل - ترقب - راقب.

S'*observer*, v. pron., être très-circonspect, حاسب على نفسه.

OBSESSION, s. f., état des personnes qu'on croit obsédées du malin esprit, انحصار من الشيطان.

*Obsession*, action de celui qui obsède quelqu'un, état de celui qui est obsédé, التصاق - محاوطة.

OBSTACLE, s. m., empêchement, مانع ; plur., عوايق ; plur., عايق - موانع. Obstacle à une chose, عايق عن شي - مانع عن شي. || Mettre obstacle aux désirs de quelqu'un, منع عن مطلوبه. || Lever un obstacle, O. حلّ عقدة.

OBSTINATION, s. f., opiniâtreté, عناد - معاندة - مُقل.

OBSTINÉ, E, adj., opiniâtre, عنيد - مُقل.

OBSTINÉMENT, adv., بعناد - بمعاندة.

OBSTINER, v. a., rendre opiniâtre, faire qu'on s'obstine, خلّاه يعاند - وقف الشي في راسه.

S'*obstiner*, v. pron., s'opiniâtrer, عمل عناد - وقف في راسه ان ; aor., يقف - تعاند - عاند. S'il s'obstine à ne pas venir, ان كان يعاند عن المجي.

OBSTRUCTIF, IVE, adj., مسدّد.

OBSTRUCTION, s. f., terme de méd., سدد - سدّة.

OBSTRUER, v. a., O. سدّ.

OBSTRUÉ, adj., مسدود.

OBTEMPÉRER, v. n., obéir, امتثل - اطاع ل.

OBTENIR, v. a., نال - A. حصل على - A. حاز - O. حظى ب. Obtenir l'objet de ses désirs, حظى بالمطلوب - A. بلغ مقصوده - نال المقصود. || Il a obtenu du roi la grâce du coupable, سأل الملك في العفو عن المذنب فاجاب سواله.

*Obtenir*, parvenir à un résultat, A. حصل على.

OBTENTION, s. f., action d'obtenir, نيل - نوال - محصول.

OBTUS, adj. (angle), زاوية منفرجة.
Un esprit *obtus*, عقل مطموس.

OBTUSANGLE, adj., منفرج الزاوية.

OBUS, s. m., petite bombe, بوز - بومبة (Barb.).

OBUSIER, s. m., mortier pour lancer un obus, مهراس صغير - اهوان; plur., اهوان; هاون - بومبة.

OBVIER, v. n., prendre les précautions nécessaires pour empêcher un accident, تدارك - دارك - تدرك من - اذارك.

OCCASION, s. f., conjoncture de temps, de lieux propre à, فرصة; plur. فرص et فرصات. Lorsque l'occasion se présente, عند وقوع الفرصة. ‖ Épier l'occasion, ترصّد اغتنام الفرصة - استفرص الوقت. ‖ Trouver l'occasion, صادف - وجد الفرصة. ‖ Profiter de l'occasion, كسب، اكتسب الفرصة. ‖ Manquer, perdre l'occasion, اغتنم، انتهز الفرصة - فاتته الفرصة - فوّت الفرصة - ضيّع الفرصة. ‖ A la première occasion, فى أوّل فرصة. ‖ L'occasion fait le larron, مال المبذّر يعلّم الناس الحرام. ‖ Chose d'occasion, de hasard, صدفة - نقطة.

Occasion, sujet, ce qui donne lieu à, سبب.

Occasion, combat dans une rencontre, وقعة.

OCCASIONNEL, LE, adj., qui donne occasion, مسبّب.

OCCASIONNELLEMENT, adverbe, par occasion, بالصدفة.

OCCASIONNER, v. a., donner lieu à, صار سبب ل - سبّب.

OCCIDENT, s. m., مغرب - غرب.

OCCIDENTAL, E, adject., qui est à l'occident, غربى.

OCCIPITAL, E, adj., قفائى - قزلى.

OCCIPUT, s. m., le derrière de la tête, قفا - قزل.

OCCULTATION, s. f., disparition passagère d'un astre, غطوس كوكب.

OCCULTE, adj. com., caché, خفّى.

OCCUPANT, E, adj., qui occupe, s'empare, مالك.

OCCUPATION, s. f., ce à quoi on est occupé, شغل; pl., اشغال. Occupation pressante, شغل شاغل. Donner de l'occupation, faire travailler, شغل. Donner de l'occupation, au fig., donner de l'embarras, شغل A.

Occupation, habitation, اقامة ب - تملّك.

Occupation, terme militaire, action de s'emparer d'un pays, اخذة بلاد.

OCCUPER, v. a., tenir, remplir un espace, قضّى. Cela occupe très-peu de place, هذا يسعه موضع صغير - هذا يقتضيه موضع صغير - صغير.

Occuper, habiter dans, سكن فى O.

Occuper, s'emparer (d'un poste), اخذ O. - ملك I.

Occuper, donner de l'occupation, شغل. Cette affaire m'occupe, انا مشغول فى هذه الدعوة. ‖ Occuper les pensées, شغل البال A.

S'occuper, v. pron., travailler, s'appliquer, اشتغل ب. L'assemblée s'est occupée des affaires qui... وقعت فى المجلس المذكرة على الدعاوى التى.

S'occuper de, y penser, اهتمّ ب.

OCCUPÉ, E, adj., qui a de l'occupation, عنك شغل - غارق فى الاشغال. Très-occupé, مشغول - معجوق.

OCCURRENCE, s. f., événement fortuit, occasion, صدفة; plur., صدف. Selon les occurrences, بحسب مقتضى الاحوال.

OCCURRENT, E, adj., qui survient, حادث.

OCÉAN, s. m., la grande mer qui environne toute la terre, اوقيانوس - البحر المحيط.

OCHLOCRATIE, s. f., gouvernement du bas peuple, حكم الاسافل.

OCRE, s. f., terre ferrugineuse dont on fait une couleur jaune, ازنكار.

OCTAÈDRE, s. m., solide à huit faces, ذو ثمان قواعد.

OCTANT, s. m., secteur de quarante-cinq degrés, قطاع دايرة مقدارها خمس واربعين درجة.

OCTAVE, s. f., huitaine, ثمانية ايام.

*Octave*, huitième jour, اليوم الثامن.

*Octave*, en musique, البعد الكلّي.

OCTOBRE, s. m., mois, تشرين اوّل.

OCTOGÉNAIRE, adj. com., qui est âgé de quatre-vingts ans, ابن ثمانين سنة.

OCTOGONE, adj. com., qui a huit angles et huit côtés, مثمّن.

OCTROI, s. m., concession, عطا.

*Octrois*, plur., droits sur les denrées, عوايد.

OCTROYER, v. a., accorder, etc., انعم عليه ب.

OCTUPLE, adj. com., qui contient huit fois, قدره ثمان مرّات - ثمانية اضعاف.

OCTUPLER, v. a., répéter huit fois, ثمّن.

OCULAIRE, adj. com. (témoin), qui a vu de ses propres yeux, راى الشي راى العين - عياني.

OCULAIRE, s. m., verre de lunette placé du côté de l'œil, قزازة النظارة القريبة من عين الناظر.

OCULAIREMENT, adv., معاينةً.

OCULISTE, s. m., qui traite les maladies des yeux, مكحلاتي - كحّال.

ODALISQUE OU LIQUE, s. f., femme du sérail, محظيّة السلطان.

ODE, s. f., poëme lyrique, قصيدة; plur., قصايد.

ODEUR, s. f., exhalaison odorante d'un corps, نشر - ريّا - روايح; plur., ريحة, رايحة. Bonne odeur, رايحة طيّبة, زكيّة. || Mauvaise odeur, رايحة وحشة - رايحة منتنة.

*Odeur*, au fig., réputation, ريحة.

ODIEUSEMENT, adv., بنوع كريه - مغضباً.

ODIEUX, SE, adj., haïssable, qui excite la haine, مكروه - كريه - بغيض - مغضوب. Odieux à tout le monde, مكروه عند الناس كلّهم.

ODONTALGIE, s. f., douleur des dents, وجع اسنان - دآ اسنان.

ODONTALGIQUE, adj. com., qui calme l'odontalgie, نافع للاسنان.

ODORANT, E, adj., qui répand une bonne odeur, طيّب الرايحة.

ODORAT, s. m., sens qui perçoit les odeurs, الشامّة - الشمّ.

ODORIFÉRANT, E, adj., odorant, زكي الرايحة.

OECUMÉNICITÉ, s. f., عمومية - عامة.

OECUMÉNIQUE, adj. com., universel, عامّ.

OECUMÉNIQUEMENT, adv., عامّاً.

OEDÉMATEUX, SE, adj., وارم.

OEDÈME, subst. m., tumeur molle, ورم; plur., اورام.

OEDIPE, s. m., homme qui devine des choses très-embrouillées, محلّل الرموز.

OEIL, s. m.; pl., YEUX, organe de la vue, عين; plur., اعين et عيون. Fermer les yeux, غمّض عينيه. || Lever les yeux, رفع عينيه. || En un clin d'œil, في لمحة بصر. || Voir quelqu'un de bon œil, نظر اليه بعين المحبّة. || Voir une chose de bon œil, استحسن الشي. || Voir quelqu'un de mauvais œil, نظر اليه بعين البغض و الغضب. || Le mauvais œil, le malin regard (*cattivo occhio*), النظر - العين. || Donner à quelqu'un le mauvais œil, اصابه بالعين. || On a donné à cet enfant le mauvais œil, هذا الولد معيون, انصاب بالعين. A vue d'œil, à la simple vue, بمجرّد النظر اليه. A vue d'œil, visiblement, كل طلّة. || Elle grandit à vue d'œil, كلّما نظرت اليها كل طلّة تلاقيها كبرت. || Au premier coup d'œil, من اوّل طلّة. || Jeter les yeux sur, القى نظرة على. || Pour vos beaux yeux, كرما لعينك. || Faire quelque chose pour les yeux du monde, pour être remarqué, عمل الشي لعيون الناس, من شان عيون الناس.

Toucher au doigt et à l'œil, au fig., voir clairement, نظر بعينه و جس بيدك.

## OEU

Dévorer des *yeux*, regarder avec attention, بلع بعينه.

OEil, bouton, endroit d'où il sort, عين - زرّ.

*Yeux*, au pl., vides, trous dans la mie de pain, برابخ لبّة الخبز.

OEil, au fig., lustre des étoffes, éclat des pierreries, صقل - لمع.

OEil de chat, pierre précieuse, عين الهرّ.

OEil-de-bœuf, ou Buphthalmum, plante, بهار - عين البقرة.

OEil de bœuf, lucarne ronde, طاقة مدوّرة.

OEILLADE, s. f., coup d'œil, regard, طلّة - تطليعة. Jeter des œillades à quelqu'un, غمزة - بصبص عليه.

OEILLET, s. m., petit trou pour passer un lacet, etc., بخش - فتحة.

OEillet, fleur, قرنفل. OEillet d'Inde, مخملية.

OENANTE, s. f., plante, القندول الماء - يتر.

OESOPHAGE, s. m., canal membraneux, depuis le fond de la bouche jusqu'à l'orifice supérieur de l'estomac, بلعوم - مري.

OEUF, s. m., بيضة ; coll., بيض. Jaune d'œuf, صفار البيض. ‖ Blanc d'œuf, بياض البيض. ‖ OEufs des poissons, بطارخ. ‖ OEufs de vers à soie, بزر.

OEUVÉ, E, adj., (poisson) qui a des œufs, مبطرخ.

OEUVRE, s. f., ce qui est fait, action, عمل ; pl., أفعال ; plur., فعل - صنع - شغل - أعمال. Bonne œuvre, فعل صالح - عمل خير.

OEuvre pie, charité, حسنة - ثواب.

OEuvre, production de l'esprit, تصنيف - تأليف. Les œuvres d'un poète, ديوان شاعر.

Grand œuvre, pierre philosophale, حجر الفلاسفة.

Mettre en œuvre, au fig., employer, استعمل.

Hors-d'œuvre, s. m., au fig., choses dont un ouvrage peut se passer, حشى - حشو.

## OFF

Hors-d'œuvre, mets qu'on sert avec le potage, أشكال من الاطعمة توضع مع الفتّة.

Maître des basses *œuvres*, سراباتى. Maître des hautes œuvres, مشاعلى.

OFFENSANT, E, adj., مغضب.

OFFENSE, s. f., injure de fait ou de parole, نقص في حق أحد - عيبة في حق أحد.

Offense, péché, faute, خطية ; pl., خطايا - سيئة.

OFFENSÉ, E, adj., qui a reçu une offense, مظلوم - متعدّى عليه.

OFFENSER, v. a., faire une offense, une injure a quelqu'un, تعدّى على - أساء الى - I. عاب في حقّ. Offenser Dieu, pécher, ارتكب الخطية - أذنب.

Offenser, blesser, جرح - أذى A.

S'offenser, v. pr., se piquer de, اغتاظ, انغمّ من. O. أخذ على خاطره - انتخر من - متعدّى.

OFFENSEUR, s. m., celui qui a offensé, ظالم - عايب.

OFFENSIF, VE, adj., dont on se sert pour attaquer (arme), سلاح موذى - سلاح للتعدّى.

OFFENSIVE, s. f., terme de guerre, attaque, تحريك الشرّ - تعدية في الحرب. Prendre l'offensive, طلب الشرّ - حرّك الشرّ مع.

OFFENSIVEMENT, adv., طالبًا الشرّ.

OFFERTOIRE, s. m., partie de la messe, oblation du pain et du vin, تقريب القربان.

OFFICE, s. m., devoir de la vie, واجب. Il est de l'office d'un magistrat de, واجب على الحاكم ان - من مقتضى وظيفة الحاكم ان.

Office, assistance, service, مساعدة - عون. Rendre à quelqu'un de bons offices, عمل معه خير. ‖ Rendre à quelqu'un de mauvais offices, أعانه - ساعك A. سعى به عند اخر - اذاه - اساء اليه.

Office, service de l'église, prières, cérémonies qu'on y fait, قدّاس - خدمة القدّاس.

Office, charge, emploi, وظيفة ; plur., وظايف - منصب ; plur., مناصب. Faire son office, ses fonctions, اشتغل. ‖ Faire l'office de, قام مقام O.

**OFF**

O. ‖ Faire l'office d'interprète, كان بمكان - A. عمل. عمل ترجمان.

*Office*, art de préparer, de faire ce qu'on sert sur table pour le dessert, تدبير النقولات.

*Office*, classe de domestiques qui mange à l'office, خدمة الكلار.

*Office*, lieu dans une maison où l'on prépare tout ce que l'on met sur la table pour le dessert, كلار النقل.

OFFICIAL, s. m., juge de cour, d'église, قاضي الكنيسة.

OFFICIALITÉ, s. f., juridiction de l'official, قضا.

OFFICIANT, adj. m., qui officie à l'église, قسيس خادم.

OFFICIEL, LE, adj., déclaré par l'autorité, معتمد - منادى به من الحكم.

OFFICIELLEMENT, adv., d'une manière officielle, من قبل الحكم - معتمداً.

OFFICIER, s. m., qui a une charge, un office, وظيفة ; plur., أصحاب. Le pacha et les officiers de sa cour, الباشا واصحاب مناصبه.

*Officier*, militaire qui a un grade, رئيس ; plur., رؤسا.

*Officier*, qui a soin de l'office, كلارجي.

OFFICIER, v. n., faire l'office divin, قدّس.

*Officier* bien, fam., bien boire et bien manger, عرع A.

OFFICIEUSEMENT, adv., بمعروف.

OFFICIEUX, SE, adj., qui est prompt à rendre de bons offices, مبادر الى ما يرضى الناس - صاحب معروف.

Mensonge *officieux*, pour obliger, كذب بمعروف - كذب بنيّة عمل الخير.

OFFICINAL, E, adj., t. de pharm. (préparation), qui se trouve toujours composée et prête chez les pharmaciens, دوا حاضر.

OFFRANDE, subst. fém., ce qu'on offre à Dieu, à quelqu'un, تقدمة - تقربة - قربان.

**OH**

*Offrande* de pièces de monnaie dans une cérémonie, une fête, نقوط - نقيط.

OFFRANT, s. m., celui qui offre, عاطي, et mieux معطي. Vente au plus offrant et dernier enchérisseur, بيع من يزيد - بيع بالمزاد.

OFFRE, s. f., action d'offrir, ce qu'on offre, عرض ; plur., اعراض. Vous nous avez fait des offres obligeantes, عرضتم جميلكم علينا بكامل ما يلزمنا من طرفكم.

OFFRIR, v. a., présenter quelque chose à quelqu'un pour qu'il l'accepte, عرض ل, على - قدّم ل O. ‖ Offrir un présent à quelqu'un, قدم له هدية. Offrir ses services à quelqu'un, قدّم ذاته لخدمته.

*Offrir*, faire des offres, des propositions, اعطى عرض , اعرض عليه. Combien offre-t-il de ce livre? ايش يعطي في هذا الكتاب.

*S'offrir*, v. pron., se présenter, اعرض ذاته.

*S'offrir*, se trouver, se présenter, التقى - وجد. Il ne s'offrira jamais d'occasion plus favorable, ما تلتقى ابداً فرصة احسن من هل.

OFFUSQUER, v. a., empêcher d'être vu, جب A. غطّى - عتم على. Un nuage offusque le soleil, سحابة جبت الشمس عن النظر. Offusquer, empêcher de voir, منع عن النظر A.

*Offusquer*, éblouir, obscurcir, غشش النظر.

*Offusquer*, au fig., choquer, déplaire, ظلم على.

OGRE, s. m., monstre imaginaire, غول ; plur., غيلان.

OH! interj., اوه - ييه.

OIE, s. f., oiseau aquatique, وزّة ; coll., وزّ.

Contes de ma mère l'*Oie*, au fig. fam., contes d'enfants, absurdités, حكي صغار.

OIGNON, s. m., plante potagère, بصلة ; coll., بصل.

*Oignon*, tumeur douloureuse aux pieds, عثة ارض.

En rang d'*oignon*, au fig. fam., l'un après l'autre, sur la même ligne, صف واحد - شرح واحد.

## OIS          OMB

Vêtu comme un oignon, اكسى من بصلة.

OIGNONIÈRE, subst. fém., terre semée d'oignons, غيط بصل.

OINDRE, v. a., frotter de choses onctueuses, A. مسح - O. دهن ب

OING, subst. masc. (vieux), graisse de porc, شحم خنزير.

OINT, s. m., qui a reçu une onction sainte, مسيح. L'oint du Seigneur, الرب مسيح.

OISEAU, s. m, طير; plur., طيور. En parlant des petits oiseaux, on dit, عصفور; plur., عصافير ‖ Oiseau de proie, طير جارح; plur., طيور جوارح. A vol d'oiseau, en ligne droite, على خط مستقيم.

Oiseau, instrument pour porter le mortier sur les épaules, قفة البنّايين لحمل السياع.

OISELER, v. a., dresser un oiseau pour le vol, علم الطير.

Oiseler, v. n., tendre des filets, etc., pour prendre des oiseaux, اصطاد الطيور - القى شباك.

OISELEUR, s. m., صيّاد عصافير.

OISELIER, s. m., dont la profession est d'élever et de vendre des oiseaux, طيوري.

OISELLERIE, s. f., art d'élever les oiseaux, تربية الطيور.

OISEUX, SE, adj., qui, par goût ou par habitude, ne fait rien, عاطل - بطّال. Chose oiseuse, inutile, qui n'est bonne à rien, شي بطّال - باطل.

OISIF, VE, adj., qui ne fait rien, qui est dans l'oisiveté, بطّال - سندال; plur., سندالة. Rester بطل.

OISILLON, s. m. fam., petit oiseau, فرخ; plur., افراخ.

OISIVETÉ, s. f., état de celui qui est oisif, بطالة. Celui qui prend l'habitude de l'oisiveté ne prospère jamais, من اعتاد البطالة لم يفلح.

OISON, s. m., petit de l'oie, فرخ الوزّة.

Oison, au fig. fam., idiot, بقر - دبّ - بطّ.

OKE ou OCQUE, s. f., poids turc de deux livres, نصف رطل - اوقة.

OLÉAGINEUX, SE, adj., qui est de la nature de l'huile, زيتى.

OLÉANDRE, s. m., ou ROSAGE, arbrisseau, دفلى.

OLFACTIF, IVE, adj., de l'odorat, الشمّ - شمّى.

OLIBAN, s. m., encens mâle, le premier qui découle de l'arbre, كندر - كنكت ou قنّشق - لبان.

OLIBRIUS, s. m. fam., arrogant, pédant, متعجرف.

OLIGARCHIE, s. f., gouvernement où l'autorité souveraine est entre les mains d'un petit nombre, تحكّم بعض اشخاص على باقى الشعب.

OLIGARCHIQUE, adj. com., فيه تحكّم بعض اشخاص على باقى الشعب.

OLIVAISON, s. f., زمن جنى الزيتون.

OLIVÂTRE, adj. com., de couleur d'olive, زيتونى.

OLIVE, s. f., fruit, زيتونة; coll., زيتون.

Olive, couleur d'olive, زيتونى.

OLIVIER, s. m., arbre qui produit l'olive, أتم. شجر زيتون. Olivier sauvage, أتم.

OLOGRAPHE, adj. com., écrit tout entier de la main du testateur, بخط الموصّى.

OLYMPE, s. m., en poésie, le ciel, العرش - السما. Mont-Olympe en Bithynie, جبل الراهب.

OLYMPIENS, adj. m. plur., les douze divinités du paganisme, الهة العرش عند عباد الاصنام.

OMBELLE, s. f., زهر يتشبّه بالظلّة.

OMBELLIFÈRE, adj., زهره يتشبّه بالظلّة.

OMBILIC, s. m., nombril, سرّة.

OMBILICAL, E, adj., de l'ombilic, يخصّ السرّة. Cordon ombilical, سرّة.

OMBRAGE, s. m., ظلّ الشجر.

Ombrage, au fig., défiance, soupçon, شكّ. Prendre de l'ombrage, O. شكّ فى - ارتياب. ‖ Donner de l'ombrage, اراب - ارتياب فى اعطى شكّ.

. 35.

OMBRAGER, v. a., faire de l'ombre, donner de l'ombre, اظل - ظلل.

OMBRAGEUX, SE, adj., soupçonneux, défiant, ظنان.

*Ombrageux* (cheval), etc., peureux, حفول - جفلان - جفيل.

OMBRE, s. f., au pos., ظل - فتي. A l'ombre, في الفتي - في الظل ‖ Se mettre à l'ombre, استظل ‖ تفتّي. Les ombres de la nuit, ظلام الليل.

*Ombre*, au fig., protection, appui, ظل.

*Ombre*, apparence fantastique, خيال.

*Ombre*, prétexte, apparence, صورة. Sous ombre d'amitié, بصورة المحبّة.

*Ombre*, couleurs obscures, لون معتم.

Faire *ombre* à, obscurcir, éclipser, غطّى على - كسف.

OMBRER, v. a., distinguer par les ombres dans un dessin, dans un tableau, ce qui est supposé n'être pas frappé de la lumière d'avec ce qui en est frappé, فرق بين الالوان الكابية و الزاهية.

OMELETTE, s. f., œufs battus et cuits ensemble avec du beurre, عجّة بيض.

OMETTRE, v. a. (volontairement), فات - (involontairement) غفل عن - ترك - اهمل - فاته. Il a omis beaucoup de choses, فاته شي كثير.

OMISSION, s. f., فوات.

OMNISCIENCE, s. f., connaissance infinie de Dieu, معرفة الله الكلّية.

OMOPLATE, s. f., os plat et large de l'épaule, لوح - عظمة الكتف.

ON, pronom personnel indéfini, الناس. On dit que, يقولوا ان ; ou plus vulgairement, قيل ان ‖ Avec de la patience on réussit, من صبر نال ‖ A force d'être assis on s'ennuie, على القعود يزعل الانسان ‖ Des on-dit, des bruits, des propos vagues, قول ; plur., اقوال - حكي ‖ Le qu'en dira-t-on, les propos, كلام الناس.

ONAGRA, s. f., plante, حشيشة السوّاح.

ONAGRE, s. m., âne sauvage, حمار برّي - فرأ - غير.

*Onagre*, ancienne machine de guerre pour jeter des pierres, منجنيق.

ONCE, s. f., poids de huit gros, وقية ; plur., اواق.

ONCE, s. f., petite panthère, نوع نمر صغير.

ONCLE, s. m., frère du père, عم ; plur., اعمام. Oncle, frère de la mère, خال ; plur., اخوال.

ONCTION, s. f., terme de liturgie, action d'oindre, تقريب - مسحة. Extrême-onction, sacrement, اخر مسحة - المريض.

*Onction*, au fig., mouvement de la grâce, consolations du Saint-Esprit, حركة نعمة.

*Onction*, douceur et souplesse dans un discours, لين الكلام.

ONCTUEUSEMENT, adv., avec onction, بحركة بلين الكلام - النعمة.

ONCTUEUX, SE, adj, huileux, دسم.

*Onctueux*, au fig., qui a de l'onction, ليّن.

ONCTUOSITÉ, s. f., دسامة.

ONDE, s. f., flot, موج ; plur., امواج. *Onde*, en poésie, eau, mer, ماء ; plur., مياه - بحر.

ONDÉ, E, adj., fait, façonné en onde, مماوج - موّج.

ONDÉE, s. f., pluie subite et passagère, زخّة مطر - رشّة.

ONDOIEMENT, s. m., baptême, صبّ ما العماد على راس الطفل.

ONDOYANT, E, adj., متموّج - متماوج.

ONDOYER, v. n., flotter par ondes, تماوج - تموّج.

*Ondoyer*, v. a., baptiser sans pratiquer les cérémonies, صبّ ماء العماد على راس الطفل.

ONDULATION, s. f., mouvement oscillatoire par ondes, تماوج.

ONDULATOIRE, adj. com. (mouvement), d'ondulation, متماوج - موجيّ.

ONDULER, v. n., avoir un mouvement d'ondulation, تموج.

ONÉRAIRE, adj. com., assujetti à rendre compte, وكيل عليه حساب.

ONÉREUX, SE, adj., à charge, incommode, ثقيل، صعب، تعب على.

ONGLE, s. m., partie dure à l'extrémité des doigts; au pl., griffes de plusieurs animaux, ظفر; plur., ظفور ـ اظافير et اظافر، اظفار; plur., طوافر.

Rogner, couper les ongles, au figuré et positif, O. ― بَرَى الاظفار ‖ I. قَصّ الاظفار. Rognures d'ongles, براية، قراضة، قلامة الاظفار.

ONGLE-ODORANT, s. m., coquillage, ظفر الطيب ـ ظفر العفريت.

ONGLE ou ONGLÉE, s. f., excroissance membraneuse au coin de l'œil, ظفرة.

ONGLÉE, s. f., engourdissement au bout des doigts causé par le froid, صقعة الاصابع.

ONGLET, s. m. (sphérique), terme de géométrie, ضلع كرة.

ONGUENT, s. m., médicament onctueux, مرهم; plur., مراهم ـ دهان.

ONIROCRATIE, s. f., art prétendu d'expliquer les songes, علم تعبير الاحلام.

ONIROCRITIE, s. f., interprétation des songes, تفسير الاحلام.

ONKOTOMIE, s. f., ouverture d'une tumeur, d'un abcès, شق دمل.

ONOMATOPÉE, s. f., formation d'un mot dont le son est imitatif, مطابقة لفظ في الحس والمعنى.

ONTOLOGIE, s. f., science, traité de l'être en général, علم تجريد الوجود.

ONYX, s. m., espèce d'agathe, جزع.

ONZE, adj. numéral comm., احد عشر; fém., إحدى عشرة.

ONZIÈME, adj. com, nombre d'ordre, حادى عشر; fem., حادية عشرة.

ONZIÈME, s., onzième partie du tout; واحد في الاحد عشر.

OPACITÉ, s. f., qualité de ce qui est opaque, ظلمة ـ غلاظة.

OPAQUE, adj. com., qui n'est point transparent, غليظ ـ مظلم.

OPÉRA, s. m. sing. et plur., pièce de théâtre en musique, ملعب فيه غنا ودق آلات.

OPÉRATEUR, s. m., celui qui fait des opérations de chirurgie, جرايحى.

Opérateur, charlatan qui débite ses remèdes en place publique, معجونجى ـ طُرُقى.

OPÉRATION, s. f., action d'opérer, de ce qui opère, صنعة ـ اعمال, plur.; عمل ـ افعال, plur.; فعل. Opération de la grâce, تأثير، فعل النعمة.

Opération, action du chirurgien qui opère, عمل، شغل من صناعة الجرايحى.

Opération, calcul, حساب.

Opération, action, effet d'un remède, فعل دوا.

Opération, ce qu'on a fait, ce qu'on fait ou doit faire pendant une campagne, سير العسكر ـ افعال, plur.; فعل العسكر ـ حركات العسكر.

OPÉRER, v. a., faire, produire un effet, فعل A. ـ صنع A. ـ عمل A. Opérer un homme, lui faire une opération chirurgicale, telle que la taille, l'amputation d'une jambe, etc., شق الجرايحى مثانة رجل ليستخرج منها حصوة او قطع رجله او عمل فيه مثال ذلك مما يختص صناعة الجراحة.

Opérer, v. n., calculer, حسب O.

Opérer, travailler de la main, اشتغل.

Opérer, produire son effet (remède), اشتغل ـ عمل فيه A.

OPHIOGLOSSE, s. m., plante, لسان الحية.

OPHITE, adj. (marbre), et OPHITE, s. m., ou Serpentin, marbre vert, mêlé de filets jaunes, رخام الحية ـ رخام اخضر.

OPHTHALMIE, s. f., maladie des yeux, رمدة ـ رمد.

OPHTHALMIQUE, adj. com., contre les maladies des yeux, نافع للرمد.

*Ophthalmique*, qui concerne les maladies des yeux, رمدى.

OPIAT, s. m., électuaire, معجون.

*Opiat*, pâte pour les dents, معجون للاسنان.

OPILATIF, IVE, adj., qui cause des obstructions, مسدّد.

OPILATION, s. f., obstruction, سدّ.

OPILER, v. a., boucher, سدّ O.

OPINANT, adj. m., قايل رايه.

OPINER, v. n., dire son avis, اشار على الجماعة ب O. قال رايه -

OPINIÂTRE, adj. com., obstiné, عنيد الراى - عنيد. Combat opiniâtre, acharné, حرب شديد. || Travail opiniâtre, جهد كلّى بغير كلال و لا ملال. || Maladie opiniâtre, qui résiste aux remèdes, داء عسر الدواء.

OPINIÂTRÉMENT, adv., بعناد.

OPINIÂTRER, v. a., rendre opiniâtre, خلاّه يعاند - وقّف الشى فى راس -

*Opiniâtrer*, soutenir avec opiniâtreté, et *S'opiniâtrer*, v. pron., s'obstiner à رايه عند فى I. A. - تعاند - عاند.

OPINIÂTRETÉ, s. f., obstination, عناد - عند راى.

OPINION, s. f., avis, sentiment, jugement, راى ; plur. ارا - ظنّ ; plur. ظنون. Être de l'opinion de quelqu'un sur فى رايه وافق. || L'opinion des anciens sur, مذهب الاوايل فى. || Suivre une opinion, تبع مذهب - على ظنّى. || Suivant mon opinion, حسب رايى. || Il a une mauvaise opinion de vous, ظنّه بك ردى. || J'ai bonne opinion de vous, حسن ظنّى بك. || Avoir une faible opinion des moyens de quelqu'un, شافه بعين النقص. || Opinion publique, le sentiment général et unanime d'une nation, راى الشعب. || Il y a des hommes qui voudraient faire passer leur opinion particulière pour l'opinion publique, بعض ناس يريدون يوهموا ان رايهم الخصوصى هو راى كل الشعب.

OPIUM, s. m., suc de pavot narcotique et soporatif, افيون. Preneur d'opium, qui fait usage de l'opium pour s'égayer, افيونى.

OPOBALSAMUM, s. m., بلسم ابيض.

OPOPANAX, s. m., gomme purgative, جواشير - جاوشير.

OPPORTUN, E, adj., à propos, فى وقته - فى محلّه.

OPPORTUNITÉ, s. f., qualité de ce qui est opportun, مناسبة.

*Opportunité*, occasion propre, favorable, فرصة.

OPPOSANT, E, adj., معارض.

OPPOSER, v. a., placer une chose de manière qu'elle fasse obstacle à une autre, حط شيا O. ضد شى. Opposer une batterie à une autre, نصب مدافع ضد مدافع. || Opposer une digue aux eaux, حجز المياه بسدّ.

*Opposer*, mettre une chose vis-à-vis d'une autre, mettre en comparaison, en parallèle, قاوم - قابل ب - حطّ قبال - قصاد.

*Opposer* des raisons à quelqu'un, ردّ عليه.

*S'opposer*, v. pron., être contraire à, se rendre contraire à, اعترض - خالف - ضادد - عارض - تعرض ل. Ne vous opposez pas à ce que je ferai, لا تخالفنى على ما اعمل - لا تتعرض لى فيما اعمل. || S'opposer aux volontés de quelqu'un, طلع له من خلافى.

*S'opposer* à, empêcher, منع احدا عن A.

*S'opposer*, déclarer en forme judiciaire qu'on met empêchement à l'exécution de quelque acte, حجز شرعيًا O.

OPPOSÉ, E, adj., contraire, مضادد ل.

*Opposé*, qui est à l'opposite, متقابل - مقابل ل.

*Opposé*, s. m., ضدّ.

OPPOSITE, s. com., le contraire, l'opposé, ضدّ.

A *l'opposite*, adv., vis-à-vis, من قصاد - فى مقابلة - قبال.

OPT            ORA      551

Opposition, s. f., empêchement, obstacle, حجز - منع - معارضة. Je n'y mettrai pas d'opposition, ما اتعرض لك فى ذلك - ما امنعك عنه.

Opposition, esprit de contrariété entre des personnes, مخالفة - مضاددة. Être en opposition avec, خالف - ضادد.

Opposition en astronomie, مقابلة.

Opposition, partie d'une assemblée qui contrarie habituellement l'opinion de la partie dominante, الضدّ.

Oppresser, v. a., presser, gêner, حصر O. J'ai la poitrine oppressée, ضاقت نفسى.

Oppresser, opprimer, ظلم I.

Oppresseur, s. m., celui qui opprime, ظالم.

Oppressif, ive, adj., qui opprime, ظلمى.

Oppression, s. f., état de celui qui est opprimé, عسر التنفس - ضيق نفس - حصر.

Oppression, action d'opprimer, état de ce qui est opprimé, زنقة - ظلم.

Opprimer, v. a., accabler par violence, par autorité, ظلم I.

Opprobre, s. m., honte, affront, فضيحة - عار.

Optatif, s. m., terme de grammaire, mode de verbe qui marque le désir, التمنى.

Opter, v. n., choisir, اختار.

Opticien, s. m., versé dans l'optique, استاذ فى معرفة النور و نظر العيون.

Opticien, qui fait, vend des instruments d'optique, صانع الات النظر.

Optimé, adv. fam., fort bien, عليك نور عافاك.

Optimisme, s. m., système des philosophes qui soutiennent que tout est pour le mieux possible, مذهب جماعة من الفلاسفة يزعمون ان كل موجود و كل ما يجرى فى العالم هو خير ما يكون.

Optimiste, s. m., partisan de l'optimisme, homme content de tout ce qui arrive, مستحسن كلّ شى.

Option, s. f., pouvoir d'opter, اختيار.

Optique, adj. com., qui concerne la vue, نظرى.

Optique, s. f., traité, science de la lumière et des lois de la vision, معرفة النور و نظر العيون.

Optique, perspective, apparence des objets éloignés, نظر - طلعة.

Optique, spectacle optique, فرجة.

Opulemment, adv., بثروة.

Opulence, s. f., grande richesse, سعة المال - ثروة.

Opulent, e, adj., très-riche, وسيع المال - غنى.

Opuntia, s. f., figuier d'Inde, nopal, صبّار.

Opuscule, s. m., petit ouvrage de science, de littérature, رسالة فى علم.

Or, partic., و - ف.

Or, s. m., métal, ذهب. Pièce d'or, ذهب; plur., ذهبات. || Parcelle d'or natif, تبر. || Cela vaut son pesant d'or, هذا يسوا ثقله ذهب. || Tout ce qui brille n'est pas or, ما كل مدوّر جوز و لا كل مطاول موز; prov.

D'or, au fig., bon et avantageux, من ذهب. || Parole d'or, très-précieuse, كلام من ذهب. Marché d'or, très-avantageux, مسواق من ذهب. || Or en barre, chose avantageuse, dont le prix est sûr, هذا شى مثل سبيكة ذهب. - هل مصريات فى العب.

Oracle, s. m., prétendue réponse des dieux, وحى.

Oracle, divinité qui rendait des oracles, هاتف الغيب.

Oracle, fig., décision donnée par une personne d'autorité ou de savoir, قول معتبر كانّه اية كانّه وحى من عند الله.

Orage, s. m., tempête, vent, pluie et tonnerre, مطر شديد و رعد و ريح عاصف.

Orage, au fig., malheur dont on est menacé, disgrâces qui surviennent tout à coup, غفلقة - مصيبة.

*Orage*, reproches, emportements, تخلّق - طلعة خلق.

ORAGEUX, SE, adj. (vent), qui cause de l'orage, ريح عاصف.

Mer *orageuse*, sujette aux orages, بحر كثير الأرياح. Temps orageux, saison orageuse, où il arrive ordinairement de l'orage, فصل الأرياح والامطار.

*Orageux*, au fig., sujet aux troubles, à l'agitation, aux révolutions, كثير التقلبات.

ORAISON, s. f., terme de grammaire, discours, كلام.

*Oraison*, discours d'éloquence composé pour être prononcé en public, خطبة; plur., خطب.

*Oraison*, prière adressée à Dieu ou aux saints, صلاة - طلبة; plur., صلوات.

ORAL, E, adj., qui passe de bouche en bouche, حديث.

ORANGE, s. f., fruit, برتقانة - نفاش - نارنج; coll., برتقان.

ORANGÉ, E, adj., de couleur d'orange, برتقانى - لون البرتقان.

ORANGEADE, s. f., boisson de jus d'orange, de sucre et d'eau, شراب البرتقان.

ORANGEAT, s. m., confitures faites d'écorces d'orange, مربّة برتقان.

ORANGER, s. m., شجر البرتقان.

ORANGERIE, s. f., lieu où l'on place, où l'on serre les orangers, محلّ البرتقان.

ORANG-OUTANG, s. m., homme des bois, singe sans queue, رجل وحشى نوع قرد كبير بلا ذنب.

ORATEUR, s. m., خطيب; plur., خطبا.

ORATOIRE, s. m., lieu destiné à prier, مصلّى.

ORATOIRE, adj., qui appartient à l'orateur, خطبى.

ORBE, s. m., espace que parcourt une planète dans son cours, دور - سير كوكب.

*Orbe*, en poésie, globe, فلك.

ORBICULAIRE, adj. com., rond, qui va en rond, دايروى - كروى - مستدير.

ORBICULAIREMENT, adv., en rond, مستديرًا.

ORBITE, s. f., chemin que décrit une planète, سير - دورة كوكب.

*Orbite*, cavité dans laquelle l'œil est placé, بيت العين - وقب العين.

ORCANÈTE, s. f., espèce de buglose, plante pour la teinture rouge, شنجار - حنّا الغول.

ORCHESTRE, s. m., lieu où l'on place la symphonie, موضع النوبة.

*Orchestre*, réunion de tous les musiciens, الآلة النوباتية - النوبة.

ORCHIS, s. m., ou SATYRION, plante qui fournit le salep, نبات السحلب.

ORDINAIRE, adj. com., accoutumé, qui arrive communément, اعتيادى - معتاد.

*Ordinaire*, médiocre (homme), كعادة العوامّ - من عوامّ الناس. Objet ordinaire, qui n'est pas de première qualité, شى مسخّ - سكاجة.

ORDINAIRE, s. m., ce qu'on a coutume de servir pour le repas, أكل اعتيادى. Ordinaire, mesure de vin donné par chaque repas, عيار الشرب.

*Ordinaire*, ce qu'on a coutume de faire, ce qu'on a coutume d'être, عادة. C'est mon ordinaire, هى عادتى.

A *l'ordinaire*, selon l'ordinaire, حسب العادة - على جارى العادة - مثل العادة.

*D'ordinaire*, pour l'ordinaire, le plus souvent, بالعادة.

*Ordinaire*, courrier qui part et qui arrive à certains jours précis, ساعى عادة. Ordinaire, jour où ce courrier part et arrive, ميعاد الساعى.

*Ordinaires*, au plur., purgations menstruelles des femmes, عذر النساء - عادات النساء.

ORDINAIREMENT, adv., le plus souvent, d'ordinaire, بالعادة - بالاكثر - على الغالب. Il se lève

# ORD          ORD     553

ordinairement avant le jour, اكثر عادته ان يقوم
قبل الضوء.

ORDINAL, adj. (nombre), qui détermine l'ordre, عدد ترتيبي.

ORDINAND, s. m., qui se présente à l'évêque pour être promu aux ordres sacrés, طالب الارتسام.

ORDINANT, s. m., évêque qui confère les ordres sacrés, اسقف مصرّف، قاسم، راسم.

ORDINATION, s. f., action de conférer les ordres de l'Église, تصريف ـ رسم ـ قسمة.

ORDONNANCE, s. f., disposition, arrangement, ترتيب ـ نظام.

Ordonnance, règlement, حكم ; plur., احكام ـ قوانين ; plur., قانون ـ ترتيب.

Ordonnance, lois et constitutions du prince souverain, شريعة سلطانية ـ احكام سلطانية ; plur., امر سلطاني ; plur., شرايع أوامر.

Ordonnance, ordre, امر ; plur., أوامر.

Ordonnance, mandement pour payer, etc., امر بالدفع.

Ordonnance, ce que prescrit un médecin, écrit qui la contient, وصفة، امر الحكيم.

Ordonnance, t. milit., militaire qui accompagne un officier supérieur pour porter ses ordres, رسول عسكري ملازم.

Habit d'ordonnance, uniforme, لبس المقام.

ORDONNANCER, v. a., ordonner le payement de, امر بدفع O.

ORDONNATEUR, s. m., celui qui ordonne, qui dispose, منظّم ـ مرتّب.

Commissaire-ordonnateur, intendant militaire, celui qui ordonne les payements, مباشر العسكر.

ORDONNER, v. a., ranger, disposer, mettre en ordre, نظّم ـ رتّب.

Ordonner, commander, prescrire, امر احدا ب.

Ordonner un remède (médecin), وصف وصفة.

Ordonner, donner un mandement de payer, اعطاه حوالة ب ـ امر ان يُـدفـع لــه O.

Ordonner, conférer les ordres de l'Église, صرّف.

O. Être ordonné diacre, ارتسم شمّاس، رسم.

ORDRE, subst. m., arrangement, disposition, I. نظم ـ رتّب. Mettre en ordre, ترتيب ـ نظم. || نظّم Mettre en ordre les feuilles éparses d'un livre, طبّق، نظّم اوراق الكتاب. || En ordre, bien en ordre, منظوم ـ مرتّب ترتيب حسن. || Le mieux en ordre de tous, احسن الكل ترتيبا. || Ranger des troupes en ordre de bataille, رتّب العسكر صفوفا للقتال. || Mettre ordre à une affaire, نظّم الامر ـ دبّر الامر.

Ordre, rang, رتبة ; plur., رتب.

Ordre, corps qui composent un état, طائفة ; plur., جماعة ـ طوائف.

Ordre, devoir, règle, règlement, discipline, نظام ـ قوانين ; plur., قانون.

Ordre, commandement d'un supérieur, امر ; pl., حكم ـ اوامر ; plur., احكام Donner à quelqu'un l'ordre de, امره ب، ان O.

Ordre, mot donné tous les jours aux gens de guerre, امر يومي.

Ordre, cession, transport d'une lettre de change, تحويل بوليصة.

Ordre, compagnie, confrérie, جماعة ـ اخوية.

Ordres, au plur., sacrement qui donne la prêtrise, etc., ارتسام ـ تصريف الكاهن. Conférer les ordres, رسم O. || Prendre les ordres, ارتسم كاهن.

Ordre, terme d'architecture, proportions, ornements, قواعد ; plur., قاعدة البناء.

En sous-ordre, adv., subordonnément, تابع ـ تحت حكم.

ORDURE, s. f., excréments, impuretés du corps, نجاسة.

Ordures, balayures, زبالة ـ كناسة. Coin aux ordures, مزبلة.

Ordure, poussière, paille, etc., tout ce qui salit, وسخ.

*Ordure*, au fig., paroles sales, كلام زفر - رذالة.

*Ordure*, corruption honteuse de mœurs, فساد الطباع.

ORDURIER, IÈRE, adj., زفر - رذيل.

OREILLARD, E, adj., اذانه طوال ومرخية.

OREILLE, s. f., اذن; plur., اذان - plus vulg., اودان; duel., دانين - ودن; plur., دان. A l'oreille, فى ودنه - فى دانه. || Dire un mot à l'oreille de quelqu'un, وشوشه كلمة. || Mot dit à l'oreille, وشوشة. || Les murs ont des oreilles, الحيطان لها اذان. || Qui a l'oreille fine, خفيف السمع. || Oreille chaste ou pudique, اذن حشيبة. || Avoir de l'oreille, sentir la mélodie, لذ اذن. || Charmer, flatter l'oreille, لذذ الاذان. || Prêter l'oreille, écouter, نصت استمع ل - اعطى دانه I. || Prêter l'oreille à, accueillir, التفت الى - استمع ل. || Avoir l'oreille de, avoir un accès facile, la confiance, كان مقبول الكلام عند - انسمع ل. || Parvenir aux oreilles de quelqu'un, بلغ A. - طرق مسامعه.

Échauffer les *oreilles*, au fig. fam., mettre en colère par des paroles, طيلع خلقه - طلع روحه. Frotter les oreilles, مرس الودن O. || Baisser l'oreille, être humilié, رخى ودنه I. || Oreille basse, humiliation, fatigue, ودن مرخية. || Se faire tirer l'oreille, au fig. fam., résister longtemps aux propositions, تعزز. || La puce à l'oreille, inquiétude, اضطراب - قلق - غلبة. || Mettre la puce à l'oreille, شغل باله - خوّف - قلق A. || Secouer les oreilles, rejeter ce qu'on nous dit, هزّ اودانه O. || Être jusqu'aux oreilles dans, être plongé dans, التفت الى الكلام - غطس الى اودانه فى I. || Dormir sur les deux oreilles, ne pas s'inquiéter, ما هكل هم - ما افتكر - استراح.

*Oreille*-d'âne, s. f., plante, اذان الحمار. *Voyez* CONSOUDE.

*Oreille*-d'homme, s. f., plante. *Voyez* CABARET.

*Oreille*-de-Lièvre, s. f., Buplevrum, خير الله - اذان الارنب.

*Oreille*-d'Ours, s. f., Cortuse, اذان الدبّ.

*Oreille*-de-Judas, s. f., champignon de sureau, اذن يهودا.

*Oreille*-de-Souris ou Myosotis, s. f., اذان الفار.

OREILLER, s. m., coussin pour mettre sous la tête, مخدّة.

OREILLETTE, s. f., t. d'anat., cavité du cœur, ودن القلب.

ORÉMUS, s. m. fam., prière, صلاة.

ORFÈVRE, s. m., qui fait et vend de la vaisselle, des ouvrages d'or et d'argent, صايغ; plur., صياغ - صيّاغ.

ORFÈVRERIE, s. f., art des orfèvres, صياغة.

ORFRAIE, s. f., grand aigle de mer, عقاب; pl., عقبان.

*Orfraie*, oiseau de nuit, طير من طيور الليل.

ORFROI, s. m., étoffe tissue d'or, مقصب.

ORGANE, s. m., partie du corps servant aux sensations et aux opérations de l'animal, عضو; plur., اعضاء.

*Organe*, voix, صوت.

*Organe*, au fig., personne par l'entremise de laquelle une chose est dite, قايل عن لسان غيره - نايب - قايل على لسان غيره. Par l'organe de, par l'entremise de, بلسان - بواسطة.

ORGANIQUE, adj. com. (corps), qui agit par le moyen d'organes, عضوى.

*Organique*, qui concourt à l'organisation (partie), نظامى.

ORGANISATION, s. f., manière dont un corps est organisé, تركيب.

*Organisation*, au fig., constitution d'un état, d'une armée, etc., نظام.

ORGANISER, v. a., former les organes d'un corps, donner l'organisation, ركّب.

*Organiser*, au fig., régler, رتّب - نظّم.

ORGANISÉ, E, adj. (bien), صلب التركيب. Tête bien organisée, esprit net, fort et juste, راس صلب التركيب.

*Organisé*, en parlant du corps, de la matière, qui a en soi un principe inconnu de vie, de développement, نامى.

ORGANISTE, s. com., qui touche de l'orgue, ضرّاب ارغن.

ORGANSIN, s. m., حرير مفتول فتلين.

ORGASME, s. m., mouvement des humeurs, irritation des parties du corps, فوران - هياج المواد.

ORGE, s. f., grain, شعير. Orge en vert que l'on donne aux chevaux, خصيل, et mieux, قصيل. ‖ Orge mondé, شعير مقشّر ‖ Orge perlé, مقشّر مدقوق شعير.

ORGEAT, s. m., boisson faite avec de l'eau, du sucre, des amandes, et de la graine pilée des quatre semences froides, مستحلب اللوز و البزور المبردة.

ORGIE, s. f., et ORGIES, s. f. plur., débauches de table, غاعت على الاكل.

ORGUE, s. m., ORGUES, s. f. plur., instrument de musique, à tuyaux de métal et à soufflet, ارغن - ارغنون.

ORGUEIL, s. m., عثو - كبر - كبريا. Noble orgueil, juste estime de soi, معزّة النفس. ‖ Rabaisser l'orgueil de quelqu'un, كسر نفسه I.

ORGUEILLEUSEMENT, adv., بتكبّر - بكبريا.

ORGUEILLEUX, SE, adj., qui a de l'orgueil, متعظّم - شايف حاله - عنه عثو - متكبّر. Réponse orgueilleuse, inspirée par l'orgueil, جواب من يتكبّر فى نفسه.

*Orgueilleux*, au fig., élevé, عالى - شامخ.

ORIENT, s. m., partie ou point du ciel où le soleil se lève, شرق - مشرق; pl., مشارق. Situé à l'orient de Tripoli, شرقى طرابلس.

*Orient*, États orientaux, provinces de l'Asie orientale, الاقطار - ارض المشرق - بلاد الشرق الشرقية.

ORIENTAL, E, adj., de l'Orient, مشرقى - شرقى. Les Orientaux, les peuples de l'Orient, الشراقوة - اهل الشرق - الشرقيين.

ORIENTER, v. a., disposer une chose suivant la situation qu'elle doit avoir, وضع وضعاً حسناً - رتّب ترتيباً حسناً.

*S'orienter*, v. pron., reconnaître l'orient et les trois autres points cardinaux du lieu où l'on est, عرف الشرق والثلاث جهات الباقية.

*S'orienter*, v. pron., au fig., reconnaître de quoi il s'agit, envisager les différentes faces d'une affaire, استوعب المادّة.

ORIFICE, s. m., فم; plur., افواه et افهام.

ORIFLAMME, s. f., étendard, راية سلطانية.

ORIGAN, s. m., plante des montagnes, صعتر - زعتر.

ORIGINAIRE, adj. com., qui prend son origine de, اصله من.

*Originaire*, principal, premier, اصلى.

ORIGINAIREMENT, adv., primitivement, dans l'origine, فى الاصل.

ORIGINAL, s. m., opposé à copie, اصل; plur., اصول. Confronter la copie avec l'original, قابل الصورة على اصلها.

*Original*, au fig., homme singulier, شكله عجيب - نكتة.

ORIGINAL, E, adj., qui n'a aucun modèle, بديع - مخترع.

*Original*, qui est la source, le modèle, le principe, اصلى - ام. Le manuscrit original, نسخة الاصل - النسخة الاصلية.

*Original*, neuf, جديد.

*Original*, singulier, غريب - عجيب الشكل.

ORIGINALEMENT, adv., d'une manière originale, نوع غريب.

ORIGINALITÉ, subst. f., caractère de ce qui est

original, bizarrerie, singularité, غرابة - نكتة.

ORIGINE, s. f., principe, commencement, extraction, étymologie, اصل; plur., اصول. Remonter à l'origine, عاد الى الاصل.

ORIGINEL, E, adj., اصلى. Le péché originel, الخطية الاصلية.

ORIGINELLEMENT, adv., dès l'origine, dans l'origine, فى الاصل - من الاصل.

ORION, s. m., constellation, الجبّار - الجوزا.

ORIPEAU, s. m., cuivre mince et poli qui a l'éclat de l'or; au fig., faux brillant, بهرجان.

ORME, s. m., arbre grand et gros, دردار - قره اغاج - شجرة البق - بوقيصا (turc). Attendez-moi sous l'orme (expression proverb. ironique), هيهات ان كان بقى - prov. بسقيك ياكمّون يجى.

ORMEAU, s. m., petit orme, دردار صغير.

ORMIN, s. m., plante, خبّة.

ORNE, s. m., arbre, frêne sauvage, اق اغاج - نوع شجرة لسان العصافير (turc).

ORNEMENT, s. m., ce qui orne, حلية - زينة. Ornement du discours, زواق - زينة ‖ Ornement, décoration, زخرفة.

Ornements, habits sacerdotaux, حلّة الكاهن - بدلة الكاهن.

ORNER, v. a., parer, embellir, زان - زيّن ‖ Orner son style, زوّق كلامة ‖ Orner un appartement, زخرف البيت.

ORNIÈRE, s. f., trace profonde des roues d'une voiture, جرّة.

ORNITHOGALE, s. m., plante aussi appelée CHURLE, بلبوس.

ORNITHOLOGIE, s. f., histoire naturelle des oiseaux, معرفة الطيور.

ORNITHOPODE, s. m., ou Pied-d'oiseau, plante, رجل العصفور.

OROBANCHE, s. f., plante parasite, خانق الكرسنة - جعفيل - اسد العدس.

OROBE, s. f., Pois-de-pigeon, ers, plante, كرسنة - كشنى.

ORPHELIN, s. m., ORPHELINE, s. f., enfant en bas âge, qui a perdu son père et sa mère ou l'un des deux, يتيم; plur., ايتام et يتامى.

ORPIMENT, s. m., orpin minéral, arsenic naturel jaune, رهج اصفر - زرنيخ.

ORPIN, s. m. Voyez ORPIMENT.

ORPIN, s. m., plante, joubarbe des vignes, بقلة الكرم.

ORTEIL, s. m, gros doigt du pied, باهم الرجل - ابهام الرجل.

ORTHODOXE, adj. com., موافق للدين الحق - ارتدكسى.

ORTHODOXIE, s. f., موافقة للدين الحق - ارتدكسية.

ORTHOGRAPHE, s. f., manière d'écrire les mots d'une langue, املا - علم وضع الكتابة - ضبط الكتابة.

ORTHOGRAPHIER, v. a., écrire les mots selon l'orthographe, كتب بصحّة الاملا - O. كتب على الوضع.

ORTHOGRAPHIQUE, adj., de l'orthographe, بخصّ صحّة الاملا.

ORTHOPÉDIE, s. f., art de corriger les difformités du corps dans les enfants, فنّ اصلاح ما انعوج من اعضا الاطفال.

ORTIE, s. f., plante, انجرة - قرّيص.

ORTOLAN, s. m., petit oiseau, ارتولان وهو طير - صغير طيب للاكل.

ORVALE, ou Toute-bonne, s. f., plante, كلّه طيب.

ORVIÉTAN, s. m., espèce de thériaque, de contre-poison, ترياق.

Os, s. m., اعظم, عظمة; plur., عظام et عظم مجرّد عن اللحم. Os dépouillé de chair, عظام ‖ Os blanchi par le temps, vermoulu, رمّة; pl., رمم.

Faire de vieux os, fig. fam., vivre longtemps,

I. عاش لها يعجز — Laisser un os à ronger, susciter un embarras, بلشه بلشة. O. — حيّر. ‖ Donner un os à ronger, accorder une faible grâce pour amuser, الهى بعظمة.

OSCILLATION, s. f., mouvement alternatif, ارتجاج — هزهزة — ارتجاج.

OSCILLATOIRE, adj. com., de la nature de l'oscillation, مرتجّ — مرنّح.

OSCILLER, v. n., se mouvoir alternativement en sens contraire, ارتجّ — ترجرج.

OSEILLE, s. f., herbe potagère acide, حُمّيض — حمّاض.

OSER, v. n., avoir la hardiesse, l'audace de, استجرا — تجاسر على — جسّر. O. — جسر على — تجرّأ ب, على. Il n'ose marcher de nuit, ما يستجري, ما يتجاسر يمشي بالليل. ‖ Oseras-tu bien faire cela ? لك وجه تعمل هذا ؟ — J'ose vous prier de me rendre un service, يمكن نتهجّم و نعمل هذا متجاسرين, متهجّمين. ‖ Osez-vous bien parler ainsi ? بتكليفكم قضا حاجة بلغ من قدرك, جا من قدرك تتكلم بهذا الكلام.

OSÉ, E, adj., qui a l'audace de, جاسر. Être assez osé pour, تجاسر على.

OSERAIE, s. f., lieu planté d'osiers, شجرية صفصان.

OSIER, s. m., arbrisseau, خوص — صفصاف صغير — حطب الحتّا — خيزران.

OSSELET, s. m., petit os, عاشق.

OSSEMENTS, s. m. plur., os décharnés des cadavres, عظام.

OSSEUX, SE, adj., qui est de nature d'os, عظمي — معظم.

OSSIFICATION, s. f., changement des membranes et des cartilages en os, تعظيم اللحم.

OSSIFIER, v. a., changer en os, اصار عظمًا.

S'ossifier, verb. pronomin., devenir os, صار عظمًا I.

OSSIFRAGUE, s. m., grand aigle de mer, عقاب ; plur., عقبان.

OSSU, E, adj., qui a de gros os, تخين العظام.

OSTENSIBLE, adj. com., qui peut être montré, لعيون الناس — يُظهر عليه.

OSTENSIBLEMENT, adv., d'une manière ostensible, في الظاهر.

OSTENSOIR et OSTENSOIRE, s. m., pièce d'orfèvrerie dans laquelle on expose la sainte hostie, حُقّ الذخيرة.

OSTENTATION, s. f., affectation de montrer, تفاخر — مباهاة — جعجعة — مفاخرة. Il fait de bonnes œuvres par ostentation, يعمل الخيرات لعيون الناس فقط.

OSTÉOLOGIE, s. f., معرفة اعظم الحيوان.

OSTRACÉ, E, adj. (poisson), couvert de deux ou de plusieurs écailles dures, comme l'huître, la moule, حيوان ذو صدف كالاستريديا, و ام الخلول.

OSTROGOT, s. m., au fig. fam., homme qui ignore les usages, les bienséances, ثور — فلاح.

OTAGE, s. m., رهن — رهينة ; plur., رهاين — رهون.

OTALGIE, s. f., douleur d'oreille, وجع ادن.

OTALGIQUE, adj. com., remède, médicament contre l'otalgie, دوا لوجع الاذن.

OTER, v. a., tirer une chose de la place où elle est, نحّى I. قام I. شال الشي من مطرحه. Oter ses habits, نزع A. شلح ثيابه — خلع ثيابه. ‖ Oter à quelqu'un ses habits, قشّطه, شلّحه ثيابه.

Oter, faire cesser, faire passer un mal, etc., خلّصه من الوجع. — A. دفع — ازال — بطّل.

Oter, retrancher, شال من I. — نزع من A. Oter quelque chose à quelqu'un, l'en priver, حرمه شيا I. ‖ Oter le sommeil, حرمه النوم.

Oter, prendre par force, اخذ منه O.

S'ôter, v. pr., se retirer de, راح من O.

OTÉ, prép., excepté, hormis, الّا.

Ou, conj. altern., اما — و الّا — ام — او.

Où, adv., en quel lieu, en quel endroit (sans mouvement), وين - فين اين. Où (avec mouvement), فينك. Où es-tu? الى اين - لاين. || Où allez-vous? الى اين رايح. اين انت بالسلامة.

Où, dans lequel, الذى فيه. L'état où il se trouve, الحالة التى موجود فيها. || Le lieu où vous allez, الموضع الذى انت رايح اليه.

D'où, par où, من اين.

D'où, du lieu où, من حيث.

Où, à quoi, الى ايش - الى اين.

OUAILLE, s. f., brebis, fig., غنمة ; coll., غنم.

OUAIS! interj. de surprise, ياه.

OUATE, s. f., coton fin mis entre deux étoffes, حشوة قطن.

OUATER, v. a., mettre de la ouate entre deux étoffes, I. - بطّن بقطن - حشى قطن.

OUBLI, s. m., manque de souvenir, نسو - نسيان. C'est un oubli, هذه نسوة.

OUBLIE, s. f., pâtisserie très-mince, فطيرة رقاق.

OUBLIER, verb. act., نسى الشى A. - O. راح الشى من باله - O. شرد الشى من باله. || J'ai oublié de vous dire, نسيت اقول لك. Cela m'a fait oublier de, هذا الهانى عن.

*Oublier* son chagrin, s'en consoler, سلا همّ O. A.

S'oublier, v. pron., négliger ses intérêts, نسى نفسه. S'oublier, manquer à son devoir, نقص فى الواجب.

OUBLIEUX, SE, adj. fam., qui oublie aisément, نسّاى.

OUEST, s. m., partie du monde au soleil couchant, مغرب - غرب. Elle est située à l'ouest de la montagne, فانها غربى الجبل. || Vent d'ouest, الغربى.

OUF, interj. de douleur, de fatigue, اف - اخ.

OUI, adv., particule d'affirmation, نعم - اى - ايوا - معدن - ايه.

Oui-dà, adv., de bon cœur, volontiers, بسم الله على راسى.

Ouï-dire, s. m., ce qu'on ne sait que par le dire d'autrui ou par le bruit public, خبر - سمع. Voir par soi-même est plus sûr que d'apprendre par ouï-dire, ليس الخبر كالمعاينة ; prov.

OUÏE, s. f., sens, السمع.

OUÏES, s. f. pl., parties de la tête des poissons qui servent à la respiration, نخشوش السمك.

OUÏR, v. a., entendre, A. سمع - استمع. J'ai ouï dire, سمعت يقولوا ان - سمعت ان. || Ouï le rapport de, بعد استماع تقرير.

OURAGAN, s. m., tempête violente accompagnée de tourbillons, زوبعة, pl., ريح شديد - عاصف ; بواشكة - تلقيحة ريح - روابع (Barb.).

OURDIR, v. a., disposer les fils pour faire la toile, O. القى السدى و اللحمة - نسج.

*Ourdir*, au fig., tramer une trahison, دبر خيانة.

OURLER, v. a., faire un ourlet à du linge, etc., O. غبن - O. كفّ - I. لفق.

OURLET, s. m., rebord fait à du linge, à une étoffe, كفافة - لفق.

OURS, s. m., animal féroce; au fig., homme qui fuit la société, دبّ.

OURSE, s. f., femelle de l'ours, دبّة ; plur., دبب.

Grande *Ourse*, constellation septentrionale, Le بنات النعش الكبرى - الدبّ الاكبر - العجلة quarré se nomme النعش, et la queue, البنات.

Petite *Ourse*, constellation, الدب الاصغر - بنات النعش الصغرى. Le quarré se nomme également, النعش, et la queue, البنات. Les deux étoiles du quarré, du côté opposé à la queue, et appelées en français les *gardes* de la petite Ourse, se nomment en arabe, الفرقدان.

OURSIN, s. m., hérisson de mer, coquillage couvert de pointes, توتية البحر - توتيا - قنفذ البحر.

OURSON, s. m., petit d'une ourse, دبّ صغير.

OUT            OUV      559

Outarde, s. f., gros oiseau, حُبَارَى ; pl., حُبَارَى ; plur., حُبَارَيَات.

Outil, s. m., instrument, آلَة. Les outils d'un charpentier, etc., عُدَّة النجّار.

Outillé, e, adj., qui a des outils, عنده آلة.

Outiller, v. a., garnir d'outils, قدّم آلة، عدّة.

Outrage, s. m., injure de fait ou de parole, نقصان للعرض - بهدلة - شناعة - نقص فى حق. Outrage du temps qui détruit, عيب الزمان - فعل الزمان.

Outrageant, e, adj., qui outrage, منقصة - مفضح - شنيع.

Outrager, v. a., faire outrage, بهدل - فضح A. - نقص فى حق.

Outrageusement, adv., avec outrage, ببهدلة. Outrageusement, avec excès, بزيادة.

Outrageux, se, adj., qui fait outrage, مبهدل.

A outrance, adv., jusqu'à l'excès, بافراط - بالمرة - فوق الحدّ. Combat à outrance, jusqu'à la mort d'un des combattants, قتال موت.

Outre, s. f., peau accommodée pour mettre le vin, l'huile, ضرف ; plur., ضروف. Outre pour mettre l'eau, قربة ; plur., قرب.

Outre, prép., au-delà, من ورا. Pays d'outre-mer, بلاد من ورا البحر. La nuit l'empêcha de passer outre, هجم عليه الليل فما بقى امكنه السير ǁ Malgré ses représentations, on passa outre à l'instruction de l'affaire, باشروا فحص الدعوة بغير التفات الى كلامه.

D'outre en outre, adv., de part en part, من الجنب للجنب.

Outre, par-dessus, de plus, زيادة على - غير. Outre cela, خلاف ذلك - غير ذلك.

En outre, adv., de plus, davantage, غير ذلك - زيادة على ذلك.

Outré, e, adj., exagéré, excessif, مفرط. Outré, irrité, مقهور غاية القهر.

Outre mesure, adv., avec excès, فوق الحدّ - بافراط - بنوع خارج عن القياس.

Outre-passer, v. a., passer les bornes prescrites, تجاوز، جاوز، عدّى الحدود.

Outremer, s. m., couleur bleue faite de lapis pulvérisé, لون لازورد.

Outrer, v. a., accabler, surcharger de travail, اهلك - حمّله ما لا يطيق - ثقل على. Outrer, offenser à l'excès, اوغر. Outrer, pousser la patience à bout, غلب الصبر. Outrer, porter les choses au-delà de la juste raison, تجاوز الحدّ فى O. - خرج عن القانون.

Ouvertement, adv., sans déguisement, بالمفتوح.

Ouverture, s. f., fente, trou, خرق - فتحة. Ouverture à une porte, à un mur, fente pour regarder, درخيش ; plur., دراخيش. Ouverture, action d'ouvrir, فتح. Ouverture, au fig., commencement, افتتاح. Ouverture, occasion, باب - فرصة - فتوح. Ouverture, proposition, فتح سيرة - باب. Faire des ouvertures à quelqu'un, فتح له باب، سيرة A.

Ouvrable, adj. com. (jour), ouvrier, يوم من ايّام الشغل.

Ouvrage, s. m., œuvre, travail, شغل ; plur., اشغال. Ouvrage, production de l'esprit, تصنيف ; pl., تصانيف ; plur., تاليف - تاليفات. Ouvrages, terme de fortification, travaux avancés, سياج.

Ouvragé, e, adj., بديع الصنعة.

Ouvrant, e, adj.; à porte ouvrante, adv., au moment où l'on ouvre les portes d'une ville, عند فتح الابواب.

Ouvré, e, adj., travaillé, مشغول.

Ouvreur, euse, s., فتّاح.

Ouvrier, ière, s., qui travaille de la main, صانع - صنايعى. Une ouvrière, شغالة. Cheville ouvrière, au fig. fam., principal agent, مدار - مهباز.

PAC

Jour *ouvrier*, ouvrable, نهار شغل.
OUVRIR, v. a., فتح A.
*Ouvrir*, entamer, fendre, شقّ O. Ouvrir la terre, حفر الارض - شقّ الارض O.
*Ouvrir* l'esprit, au fig., le disposer à connaître, فتّح العقل. Ouvrir la campagne, commencer la guerre, فتح الحرب. || Ouvrir des voies de conciliation, فتح باب الصلح. || Ouvrir un avis, le proposer le premier, ابدى - بدى براى A. راى.
*S'ouvrir*, v. pron., n'être plus fermé, انفتح.
*S'ouvrir*, se fendre, تفزّر - انشقّ.
*S'ouvrir*, s'élargir, اتسع.
*S'ouvrir*, au fig., découvrir ses pensées, faire une confidence, اطلع على سرّه - كشف لاحد سرّه I.
*S'ouvrir* (fleurs), فتح.
OUVERT, E, adj., مفتوح. A livre ouvert, sans étude préalable, من غير اشتداد. || Guerre ouverte, déclarée, commencée, حرب مشهور. || A force ouverte, les armes à la main, بالسلاح - بالقوّة - بالسيف. || A cœur ouvert, بالمفتوح. Recevoir quelqu'un à bras ouverts, قباه بالحضن.

OVAIRE, s. m., partie où se forment les œufs dans le ventre de la femelle des animaux, محل البيض فى بطن الانثى.
OVALE, adj. com., de figure ronde et oblongue, شكل بيضى. Un ovale, une figure ovale, بيضى.
OVIPARE, adj. com., se dit des animaux qui se reproduisent par des œufs, يتولد من بيض - يضع بيض.
OXYCRAT, s. m., mélange d'eau, de vinaigre et de sucre, خلّ ممزوج بها وسكّر.
OXYGÈNE, s. m., base de l'air vital, générateur des acides, اصل الحوامض - روح الحيوية.
OXYGONE, adj. com., qui a tous ses angles aigus, حادّ الزوايا.
OXYMEL, s. m., liqueur faite de miel et de vinaigre, سكنجبين.
OXYSACCARUM, s. m., mélange de sucre et de vinaigre, شراب السكر بالخلّ.
OYANT, E, adj., celui ou celle à qui on rend compte, صاحب الحساب.
OZÈNE, s. m., ulcère putride du nez, قرح بالمنخار.

# P

P, s. m., seizième lettre de l'alphabet français, الحرف السادس عشر من الالف با وهو موافق للپا الفارسية.
PACAGE, s. m., lieu propre pour nourrir les bestiaux, مرعى; plur., مرعى البهايم.
PACAGER, v. n., paître, pâturer, رعى A.
PACANT, s. m. popul., manant, حوش.
PACHA, s. m., gouverneur de province en Turquie, باشا; plur., باشوات.
PACIFICATEUR, s. m., celui qui travaille à la paix entre États, entre particuliers, مصلح بين.
PACIFICATION, s. f., action de pacifier, اصلاح.

*Pacification*, rétablissement de la paix, de la concorde, مصالحة.
PACIFIER, v. a., rétablir la paix entre, اصلح - هدّى - سكّن الفتنة بين. Pacifier des troubles, سكّن الفتنة.
PACIFIQUE, adj. com., qui aime la paix, هادى - محبّ للصلح. Son règne fut pacifique, وكانت ايامه صلح - وكانت ايامه صافية.
PACIFIQUEMENT, adv., d'une manière pacifique, tranquillement, بصلح وهدو.
PACOTILLE, s. f., petite quantité de marchandises, برخانة - تعفيشة - متجر. Il se fit une

pacotille, عتبى متجر - جهّز برخانة. 
Pacotille, au fig. fam., bagages, paquets, عفشة. لبش -

Pacte, s. m., convention, عهد; plur., عهود.
Pactiser, v. n., تعاهد مع.
Paganisme, s. m., culte des faux dieux, عبادة الاصنام.
Page, s. f., un des côtés d'un feuillet, صفحة; plur., وش - اوجاد et وجوه; plur., وجه - صفح; plur., صحايف; plur., صحيفة - وشوش.
Page, s. m., jeune serviteur auprès d'un roi, etc., غلمان, plur.; غلام عند سلطان.
Pagne, s. m., morceau de toile de coton, dont les nègres et les Indiens, qui vont nus, s'enveloppent le corps, فوطة - وزرة.
Pagnote, s. f. fam., poltron, جبان - ندل.
Pagnoterie, subst. f. fam., action de pagnote, ندالة.
Pagode, s. f., temple d'idole, بيت صنم - بربى; plur., بربة.
Pagode, idole, صنم; plur., اصنام.
Pagode, petite statue de porcelaine, etc, à tête mobile, شخص من صينى.
Païen, ne, adj., adorateur des faux dieux, des idoles, عابد الاوثان, plur.; عدة.
Paillard, e, adj., terme bas, adonné à l'impudicité, فاسق; plur., فسقاء.
Paillardise, s. f., habitude de l'impudicité, فسق.
Paillasse, s. f., amas de paille dans un sac de toile pour mettre sur une couchette, طراحة تبن.
Paillasse, s. m., mauvais bouffon, خابوس - بهلول.
Paillasson, s. m., sorte de paillasse, طراحة.
Paillasson, natte de paille, etc., نتّ; pl., انتخاج; plur., حصر - حصير.
Paille, s. f., tuyau et épi du blé, du seigle, etc., sans grains, قش - تبن, plur., قشوش. Brin de paille, تبنة. || Paille dans l'œil, قذى. || Paille,

défaut dans les métaux, les diamants, قشّة فى المعادن والالماس.
Homme de *paille*, au fig. fam., homme de néant, sans pouvoir, رجل من قش. Feu de paille, au fig., ardeur passagère, نار تبن.
Pailler, s. m., cour où il y a des pailles, متبن.
*Pailler*, s. m., où l'on serre la paille, حاصل تبن.
Paillet, adj. (vin), qui est rouge pâle, faible, نبيذ باهت اللون.
Paillette, s. f., petite lame d'or, d'argent, d'acier mince, et percée pour être appliquée sur une étoffe, بروق; pl., برق - صفايح; plur., صفيحة.
*Paillette*, petite parcelle d'or, d'argent, etc., ذهبة او قطعة فضة او قطعة من اى معدن.
Pailleur, se, s., marchand de paille, تبّان; pl., تبّانة.
Pailleux, se, adj. (métal), qui a des pailles, فيه قش.
Paillon, s. m., grosse paillette, برق كبير - قطعة كبيرة من معدن.
Pain, s. m., خبز - عيش (Égypte). Un morceau de pain, خبز حافى - قطعة خبز. || Pain sec, خبز حاف. || Pain avec quelque chose, خبز بادام. || Ce qu'on mange avec le pain (nou compris les viandes et autres mets préparés), ادام. || Manger quelque chose avec son pain, ادم الخبز. || Pain rond et mince comme une feuille, رغيف; plur., ارغفة et رغفان. || Pain rond et creux au milieu, couronne, كعكة. || Pain épais en forme de quarré long, بقسماط. || Petit pain rond et épais, قرص; plur., اقراص. || Si Dieu n'avait pas donné le pain aux hommes, il n'en aurait pas été adoré, لولا الخبز ما عُبد الله; prov.
Un *pain* de sucre, راس سكر; plur., رؤوس سكر - قالب سكر; plur., قوالب.
Savoir son *pain* manger, être intelligent, 1. عرف كيف ياكل

36

*Pain* quotidien, ce que l'on fait tous les jours, المعتاد اليومي. Pain quotidien, nourriture de chaque jour, خبز الكفاف.

*Pain* à cacheter ou pain à chanter, برشانة; coll., برشان.

*Pain* bénit, pain bénit par les prêtres, خبز مقدّس.

*Pain*, au fig. fam. et par ironie, chose profitable, شي مبروك.

PAIN-DE-POURCEAU. *Voyez* CYCLAMEN.

PAIR, s. m., titre de dignité, أمير; plur., أمرا. Chambre des pairs, ديوان الامرا.

PAIR, adj. m., égal, semblable, قرين; plur., اقران.

*Pair*, divisible en deux parties égales, زوج; vulg., جوز - شفع. Pair ou non, terme de jeu, pair ou impair, جوز ولا فرد - جوزوك ولا فردوك.

*Pairs*, au plur., les égaux, الاقران.

De *pair*, adv., d'égal à égal, بالشوية. Aller de pair avec quelqu'un, كان معه في طبقة واحدة - ساوى احدا.

PAIRE, s. f., couple, deux choses de même espèce, جوز; plur., ازواج; plus vulgairement, جوز, plur., اجواز. Une paire de pigeons, جوز حمام. Une paire de pistolets, جوز طبنجات.

PAIRIE, s. f., dignité de pair, مقام امير - امارة.

PAISIBLE, adj. com., d'humeur douce et pacifique, هادى.

*Paisible*, qui n'est point troublé, où l'on est en paix, من غير اكدار - رايق.

PAISIBLEMENT, adv., d'une manière paisible, sans trouble, من غير اكدار - بهدو.

PAÎTRE, v. a., brouter l'herbe, A. رعى الحشيش. Faire paître, mener paître des moutons, A. رعى الغنم.

PAIX, s. f., état d'un peuple qui n'est point en guerre, صلاح - هدنة - صُلح. Traité de paix, مصالحة - شروط صلح.

*Paix*, tranquillité dans les familles, هدو سرّ.

*Paix*, repos, calme, راحة. Laissez-moi en paix, خلّيني في حالي.

*Paix*, silence, calme, رواقة.

*Paix*, réconciliation, صلح - مصالحة. Faire la paix avec quelqu'un, صالحه - تصالح معه.

PAIX! interj., pour obtenir silence, سكتة - اسكتوا.

PAL, s. m.; pl., PAUX ou PALS, pieu, خازوق; plur., خوازيق.

PALADIN, s. m., guerrier brave et galant, فداوى.

PALAIS, s. m., maison royale ou de grand seigneur, قصر - سراية; plur., قصور. Officiers du palais, خدم القصر.

*Palais* de justice, lieu où l'on juge, محكمة.

*Palais*, partie supérieure du dedans de la bouche, سقف الفم - حنك.

PALAMENTE, s. f., les rames d'un bâtiment de bas-bord, مقاديف.

PALAN, s. m., assemblage de cordes, de poulies pour enlever les fardeaux, بكرة لسحب الحمول.

PALANQUE, s. f., fortification faite avec des pieux, رصّ - صفّ خوازيق للتحصين.

PALANQUIN, s. m., sorte de litière, تخت روان.

PALASTRE, s. m., boîte d'une serrure, صفيحة القفل.

PALATALE, adj. com. (consonne), produite par le mouvement de la langue qui va toucher le palais, حرف نطعى - حرف حنكى مثل الدال و التاء.

PALATINE, s. f., fourrure que les femmes portent sur le cou, زعارة حريم.

PALE, s. f., bout plat de l'aviron, طرف المقداف.

*Pale*, pièce de bois pour retenir l'eau d'une écluse, خشبة - حاجز.

PÂLE, adj. com., tirant sur le blanc, sans vivacité, باهت.

*Pâle*, blême, اصفر الوجه - مصفرّن.

PALÉE, s. f., rang de pieux enfoncés pour former une digue, رصة اوتاد لعمل جسر.

PALEFRENIER, s. m., valet qui panse les chevaux, سايس; plur., سياس.

PALÉOGRAPHIE, s. f., science des écritures anciennes, معرفة الكتب القديمة.

PALESTINE, s. f., contrée d'Asie, بلاد الفلسطين.

PALET, s. m., petit disque de pierre, de bois, طبق. Jeu de palet, مطبقة.

PALETTE, s. f., instrument de bois long, plat et large par un bout, لوحة.

Palette, petit ais pour étendre les couleurs, لوحة الوان.

Une palette de sang, طاسة دم - فنجان دم.

PÂLEUR, s. f., couleur de ce qui est pâle, صفرة - اصفرار.

PALIER, s. m., endroit d'un escalier où les marches sont interrompues par une plate-forme, بسطة.

PALINGÉNÉSIE, s. f., prétendue régénération ou reproduction d'un corps détruit, تجديد خلقة.

PALINODIE, s. f., rétractation de ce qu'on a dit, تغيير الكلام. Chanter la palinodie, fam., se rétracter, غير كلامه.

PÂLIR, v. n., devenir pâle, اصفرّ - تصفرن.

PALIS, s. m., pieu, وتد; plur., اوتاد.

PALISSADE, s. f., clôture de pieux, شك فلك - حائط من خوازيق - دايرة اوتاد.

Palissade, pieu de la palissade, وتد; pl., اوتاد.

Palissade, haie de verdure, صف اشجار.

PALISSADER, verbe a., entourer de palissades, عمل حوله رصة. - A. عمل شك فلك حوله - اوتاد للتحصين.

PALISSANDRE ou PALIXANDRE, s. m., bois violet, خشب بنفسجي.

PALISSER, v. a., attacher le long des murailles d'un jardin les branches des arbres fruitiers, ربط اغصان الشجر على الحائط.

PALLADIUM, s. m., au fig., ce qui protége, assure la conservation de, حامي - حارس - حرز. Palladium des empires, عمّار البلاد والممالك.

PALLIATIF, IVE, adj. (remède), qui ne guérit pas à fond, دوا بطّال يريح قليلا وما يطيّب.

Palliatif, au fig., qui déguise pour très-peu de temps, مداراة شوية.

PALLIATION, s. f., au fig., déguisement, مداراة باطلة.

PALLIER, v. a., couvrir une chose qui est mauvaise, l'excuser en y donnant quelque couleur favorable, ستر - داري بالباطل.

Pallier, guérir en apparence, ريح قليلا.

PALLIUM, s. m., vêtement, طيلسان المطارنة.

PALMA-CHRISTI, s. f. Voyez RICIN.

PALME, s. f., branche de palmier, جريدة نخل.

Palme, au fig., victoire, avantage remporté, نصرة. Obtenir la palme dans, حاز قصب السبق في - حاز قصب الرهان في.

Palme, dessin au bout d'un châle, en forme de branche de palmier, طبلة; plur., طبل. Un châle à palmes, شال بطبل.

PALME, s. m., mesure de huit pouces trois lignes, شبر - فتر; plur., اشبار.

PALMIER, s. m., arbre qui donne les dattes, نخلة; coll., نخل.

PALMISTE, s. m., palmier des Antilles, نخلة جزاير الامريك.

PALMITE, s. m., moelle des palmiers, جبّار النخل.

PALPABLE, adj. com., qui se fait sentir au toucher, محسوس باللمس.

Palpable, au fig., fort évident, fort clair, واضح - محسوس.

PALPER, v. a. fam., toucher avec la main, جسّ.

PALPITANT, E, adj., خافق - راجف.

PALPITATION, s. f., mouvement déréglé et inégal du cœur, خفقان - رجفة قلب.

36.

PALPITER, v. n., avoir un tremblement convulsif, خفـق .O.I - رجف .O.

PÂMER, v. n., et SE PÂMER, v. pron., tomber en défaillance, غشي عليه A. Se pâmer de rire, غشي عليه من الضحك.

PAMOISON, s. f., évanouissement, غشي - غشيان - غشوة.

PAMPE, s. f., feuille du blé, de l'orge, etc., ورقة قمح او شعير.

PAMPHLET, s. m., petite brochure critique, كرّاس محتوى على قدح.

PAMPRE, s. m., branche de vigne avec ses feuilles, غصن دالية بورقه.

PAN, s. m., partie considérable d'un vêtement, d'un mur, شقة. Pan d'habit, de robe, partie pendante, queue, ذيل; plur., اذيال.

*Pan* de bois, ouvrage de charpente, تخشيبة.

*Pan*, mesure de neuf pouces, شبر; plur., اشبار.

PANACÉE, s. f., remède prétendu universel, دوا عام.

PANACHE, s. m., plume dont on ombrage un casque, etc., هلال من ريش; plur., اهلّة.

PANACHER, v. n.; SE PANACHER, v. pron. (fleurs), تلون الزهر.

PANADE, s. f., mets fait de pain émietté et mitonné dans du bouillon, فتّة خبز.

SE PANADER, v. pron. fam., se carrer, marcher avec ostentation, جحّ - نفش روحه .O - نفش نفسه.

PANAIS, s. m., légume, نوع جزر ابيض - (Barbarie) جعدة سفرانية.

PANARD, adj. (cheval), dont les pieds de devant sont tournés en dehors, افج اليدين.

PANARIS, s. m., tumeur phlegmoneuse au bout des doigts, صداع الاصابع - داحوس.

PANCARTE, s. f., placard pour avertir le public; papier quelconque, ورقة - ورقة تنبيه.

PANCRÉAS, s. m., une des glandes conglomérées derrière le fond de l'estomac, لوز المعدة.

PANCRÉATIQUE, adj. com. (liqueur), qui sort du pancréas, ما يسيل من لوز المعدة.

PANDECTES, s. f. plur., حاوى الشريعة - جامع الفتاوى.

PANDORE, s. f. (boite de), au fig., origine de tous les maux, منبع كل البلايا.

PANÉGYRIQUE, s. m., éloge, مديح.

PANÉGYRISTE, s. m., qui fait un panégyrique, مادح.

PANER, v. a., couvrir une viande de pain émietté, رش لبّة خبز على .O.

PANETERIE, s. f., lieu où l'on distribue le pain chez le roi, مخبز - طابونة السلطان.

PANETIER, grand panetier, s. m., grand officier de la paneterie, رييس الخبازين.

PANETIÈRE, s. f., petit sac où les bergers mettent leur pain, مخلاية - خريطة الراعي; plur., مخالي.

PANICAUT, s. m., plante, شقاقل. *Voyez* CHARDON A CENT TÊTES.

PANICUM, s. m., espèce de millet, دخن.

PANIER, s. m., ustensile de jonc, d'osier, قفّة; plur., قفف - سلّة et سلّات, plur., سلل - قرطلة; زنبيل - قرطل. Panier sans anse, corbeille, مشنة. || Paniers placés sur un chameau, et qui reçoivent chacun une personne, محاير - شبريات.

PANIFICATION, s. f., conversion des matières farineuses en pain, عجنة الدقيق و خبازته.

PANIQUE, adj. (terreur), subite et sans fondement, خوف بلا سبب - خضّة - فزع على غفلة.

PANNE, s. f., étoffe de soie, de fil, de laine, etc., dont les poils sont longs, قماش بوبرة - مخمل انشي.

*Panne*, graisse dont la peau du cochon, etc., se trouve garnie au dedans, شحم.

Mettre en *panne*, disposer les voiles d'un vaisseau de manière à ne pas continuer de faire route, صلب المركب.

PANNEAU, s. m, pièce de bois, ou vitrage qu'on enferme dans une bordure, لوح ; plur., الواح.

*Panneau*, filet pour prendre des lièvres, des lapins, فخ.

Donner dans le *panneau*, au fig. fam., se laisser tromper, attraper, وقع فى الفخ.

*Panneau* d'une selle, لبد, طراحة تحت السرج.

PANNETON, s. m., partie d'une clef qui entre dans la serrure, سن مفتاح.

PANNICULE, s. f., membrane sous la graisse, et dont les muscles sont enveloppés, غشاء العضل.

PANSAGE, s. m., action de panser un cheval, سياسة, تتمير حصان.

PANSE, s. f. fam., ventre, كرش. Ne pas faire une panse d'a, ne rien faire, ما عمل شى اصلا.

PANSEMENT, s. m., action de panser une plaie, une blessure, شق على جرح - مداواة جرح - كشف على جرح.

*Pansement*, soin qu'on prend d'un cheval, تتمير - سياسة - تطمير الخيل.

PANSER, v. a., lever l'appareil d'une blessure, appliquer les choses nécessaires à une plaie, داوى الجرح .O- شق على الجرح .I- كشف على.

*Panser* un cheval, le nettoyer, etc., ساس .O- نمّر, طمّر الحصان.

PANSU, E, adj. fam., qui a une grosse panse, ام كرش - ابو كرش.

PANTALON, s. m., vêtement depuis la ceinture jusqu'au talon, لباس, pl., البسة. Pantalon large en drap pour monter à cheval, شروال ou سروال, plur., شراويل. || Autre sorte de pantalon d'homme en étoffe légère, joint à des chaussures de peau, شخشور; plur., شخاشير. Pantalon de soie pour les femmes, شنتيان.

*Pantalon*, au fig. fam., homme qui prend toutes sortes de figures, et qui joue toutes sortes de rôles, farceur, خلبوص - ملاعب.

PANTALONNADE, s. f., bouffonnerie, مسخرة.

*Pantalonnade*, fausse démonstration, subterfuge ridicule pour se tirer d'embarras, دناسة.

PANTELANT, ANTE, adj., qui palpite étendu sans connaissance, يخبط - يختبط.

PANTHÈRE, s. f., bête féroce, marquée de taches noires en anneaux, نلتى - ببر - نمر (Barb.).

PANTOMIME, s. m., acteur qui ne s'exprime que par des gestes, لعّاب الوما.

PANTOMIME, s. f., art d'imiter par le geste, pièce suivie en gestes, لعب الوما.

PANTOUFLE, s. f., chaussure, بابوج - بابوجة ; pl., بوابيج. Soulier en pantoufle, تاسومة مكعية .I. || Mettre un soulier en pantoufle, كعى التاسومة.

PAON, s. m., oiseau, طاووس ; plur., اطواس et طواويس.

PAONNE, s. f., طاووسة.

PAONNEAU, s. m., jeune paon, فرخ طاووس.

PAPA, s. m., terme enfantin, بابا.

PAPAL, E, adj., du pape, باباوى.

PAPAUTÉ, s. f., dignité du pape, باباوية.

PAPE, s. m., chef de l'église catholique, البابا .I.

PAPEGAI, s. m., perroquet, ببغان.

PAPELARD, s. m. fam., hypocrite, مرايى.

PAPELARDISE, subst. fém. fam., hypocrisie, ريا - مراياة.

PAPERASSE, s. f., papier écrit, et qui ne sert plus de rien, ورق بطّال. Des paperasses, دشت ورق - اوراق بطّالة.

PAPETERIE, s. f., manufacture de papier, كرخانة ورق.

*Papeterie*, commerce du papier, بضاعة ورق.

PAPETIER, s. m., marchand de papier, بيّاع ورق - ورّاق.

PAPIER, s. m., ورق. Un morceau de papier, قطعة ورق - ورقة. || Le papier boit, الورق ينشّ, يبقّ .I. || Papier brouillard, papier gris, gros papier, ورق خوشق. || Papier très-fin, ورق جنوى.

*Papier* - journal, دفـتـر. Papiers publics, اوراق الاخبار - اوراق يومية.

*Papier*, effet, billet, titre, ورقة; plur., اوراق.

*Papier*-monnaie, qu'on fait circuler à la place de l'argent, ورق عوض نقد.

Il est bien dans les *papiers* de, له عند فلان معزّة فلان. - Rayez cela de vos papiers, فلان يحبه يميل اليه. لا تنظر هذا الظن الباطل.

PAPILLON, s. m., insecte, ابو دقيق - فرفور - بشّارة - فراش.

*Papillon*, au fig., esprit léger, عقل خفيف.

PAPILLONNER, v. n. fam., voltiger d'objets en objets, طار من شي الى اخر.

PAPILLOTAGE, s. m. (des yeux), زلل النظر.

PAPILLOTE, s. f., morceau de papier dont on enveloppe les cheveux que l'on met en boucles, ورقة للقّ الشعر.

PAPILLOTER, v. n., avoir un mouvement involontaire des yeux, qui les empêche de se fixer sur les objets, زلّ النظر.

*Papilloter*, v. a., mettre les cheveux en papillotes, لقّ الشعر فى ورق.

PAPISME, s. m., terme des protestants quand ils parlent de l'église catholique, مذهب البابا.

PAPISTE, s. m., catholique romain, رومانى.

PAPYRUS, s. m., plante d'Égypte, papier du Nil, كولان - فيلكون - بردى.

PÂQUE ou PÂQUES, s. f., fête, عيد الفصح.

*Paques* fleuries, عيد الزيتون.

PAQUET, s. m., assemblage de choses enveloppées ensemble, جبدة; plur., صُرَر - صُرَر (Barb.). Paquet enveloppé dans du papier, رزمة. ‖ Paquet de hardes, de linge, بقجة حوايج - صرة حوايج; on nomme proprement بقجة, un morceau carré de toile doublée et de couleur, servant à envelopper des habits. ‖ Mettre en paquet, faire un paquet de, عملهم صرة - O. صرّ. ‖ Paquet, lettres sous enveloppe, صرة مكاتيب, رزمة - مغلّف. ‖ Paquet d'allumettes, حزمة كبريت. ‖ Paquet de radis, ربطة فجل.

*Paquet*, au fig. fam., tromperie, malice, خرطة - ملعوب.

*Paquet*, réplique vive et mordante, شيلة. Donner à quelqu'un son paquet, ضربه كلمة نقرة. نقر فى جر.

*Paquet*, personne lourde, صُدمة.

PAQUEBOT, s. m., bâtiment destiné à porter des lettres, معدية.

PAR, prép. qui exprime la cause, من; le moyen, l'instrument, la manière, ب. Il a fait cela par crainte, عمل ذلك من خوفه، خوفاً من. ‖ Par ce moyen, بهذه الطريقة. ‖ Par force, بالغصب - غصباً. ‖ Par le travail, بالتعب و الجهد. ‖ Ranger par tas, صف الاشيا اكوام، كومة كومة. ‖ Ranger par ordre alphabétique, رتب على ترتيب حروف الهجا. ‖ Il le prit par le pied, اخذ من رجله. ‖ Passer par la ville, فات من البلد. ‖ Par terre et par mer, بالبر و البحر - برّا و بحراً. ‖ Venir par terre, جاء على البر. ‖ Venir par mer, جاء فى البحر. ‖ Cette lettre est venue par un Tartare, جاء المكتوب مع تترى، صحبة تترى. ‖ Je vous envoie le livre par monsieur un tel, واصلكم الكتاب صحبة فلان. ‖ Il a tant par jour, له فى كل يوم هلقدر.

*Par*, servant à protester, وحياة - وحقّ - و. ‖ Par votre amitié, وحياة محبتك. ‖ Par ma foi, فى ذمتى - على ذمتى.

*Par*, servant à la prière, بحق. Je vous en conjure par notre amitié, اسالك بحق محبتنا.

De *par*, prépos., de la part, par ordre de, من قبل.

*Par-ci par-là*, en divers endroits, çà et là, هنا و هناك. *Par-ci par-là*, de fois à autre, بعض امرار.

*Par-delà*, de l'autre côté, هذاك الصوب من. 

*Par derrière*, من خلف - من وراء. ‖ Par dessous,

|| مِن تحت. Par dessus, prép., مِن فوق. || Par devant, مِن قدّام. || Par-devant, en présence de, بحضرة - قدام. || Par ici, adv., de ce côté-ci, مِن الناحية دي - مِن هنا.

*Par là*, adv., par cet endroit, مِن هناك. || Par là, par moyen, بواسطة ذلك. || Par là, par ces paroles, بهذا الكلام.

PARA, s. m., quarantième partie de la piastre turque, نصف فضّة (Syrie) ; pl., مصاري مصرية (Égypte) - فضّة ; plur., انصاف.

PARABOLE, s. f., similitude et allégorie, مثل ; plur., امثال.

*Parabole*, terme de mathématique, قطع مكافى.

PARABOLOÏDE, s. f., solide formé par la parabole, مجسّم مكافى - قطع مكافى مجسّم.

PARACLET, s. m., Saint-Esprit, consolateur, البارقليط اى الروح القدس المعزّى.

PARADE, s. f., montre, étalage de quelque chose, فرجة. Lit de parade, سرير الزينة.

*Parade*, vanité, ostentation, مباهاة - جخّة - افتخار. Faire parade de, تباهى ب - افتخر.

*Parade*, exercice, grande revue de troupes, كشف على عساكر.

*Parade*, au fig. fam., vain semblant, étalage plein de fausseté, كذب - لعب - بهتنة. Ses larmes n'étaient qu'une parade, وكانت دموعه كاذبة. Faire parade de piété, اظهر الديانة.

PARADIGME, s. m., t. de gram., exemple, modèle de conjugaison, ميزان.

PARADIS, s. m., séjour des bienheureux, فردوس - جنّة.

PARADOXAL, E, adj., qui tient du paradoxe, qui l'aime, بدعى.

PARADOXE, s. m., proposition contraire à l'opinion commune, بدعة ; plur., بدع.

PARAFE ou PARAPHE, s. m., marque d'un ou de plusieurs traits de plume après une signature, طرة ; plur., طرر.

PARAFER ou PARAPHER, v. a., mettre un paraphe sur un écrit, علّم على ورق.

PARAGE, s. m., extraction, qualité des personnes de grande naissance, نسب. De haut parage, اكابر - صاحب نسب.

*Parage*, terme de marine, ناحية ; pl., نواحى.

PARAGOGE, s. f., changement dans le matériel primitif d'un mot par une addition finale, زيادة فى اواخر اللفظ.

PARAGOGIQUE, adj. com., dont la terminaison est changée par une addition, مزيد فى اخره.

PARAGUANTE, s. f., présent fait en reconnaissance de quelque service, حق بابوج.

PARAGRAPHE, s. m., petite section d'un discours, عبارة من كتاب. Paragraphe, marque qui indique la section (§), علامة كذا.

PARALLAXE, s. f., arc céleste compris entre le lieu véritable et le lieu apparent d'un astre, قوس بين موضع كوكب الظاهر و موضعه الحقيقى.

*Parallaxe*, angle formé dans le centre d'un astre par deux lignes qui se tirent, l'une du centre de la terre, l'autre de l'œil de l'observateur, زاوية حادثة فى مركز كوكب بالتقا خطين احدهما يخرج مِن مركز الارض و الاخر مِن عين الناظر الى الكوكب.

PARALLÈLE, s. f., ligne parallèle, خط متوازى.

*Parallèle*, communication d'une tranchée à une autre, t. de fortif., منفذ من خندق لخندق.

PARALLÈLE, s. m., cercle parallèle à l'équateur, داير موازية لخط الاستوا ; plur., دواير.

*Parallèle*, comparaison entre deux choses ou deux personnes, معادلة بين. Mettre en parallèle, قرن بين - عادل بين.

PARALLÈLE, adj. com., se dit d'une ligne, d'une surface également distante d'une autre dans tous ses points, متوازى. Des lignes parallèles, خطوط متوازية.

PARALLÈLEMENT, adv., متوازيا.

PARALLÉLIPIPÈDE, s. m., corps solide terminé

par six parallélogrammes dont les opposés sont parallèles entre eux, متوازي السطوح. Parallélipipède rectangle, متوازي المستطيلات.

PARALLÉLISME, s. m., état de deux lignes ou plans parallèles, توازي.

*Parallélisme* d'expression, ازدواج الكلام و حسن تجانس اللفظ.

PARALLÉLOGRAMME, s. m., figure plane dont les côtés opposés sont parallèles, متوازي الاضلاع. Parallélogramme rectangle, مستطيل. ‖ Parallélogramme oblique, شبيه بالمعين.

PARALOGISME, subst. m., faux raisonnement, قياس كاذب.

PARALYSER, v. a., rendre paralytique; au fig., de nul effet, sans force, عطل ـ عجز. L'affaire est paralysée, حصلت سكتة في المصلحة.

PARALYSIE, s. f., maladie, privation du sentiment, du mouvement, عطل ـ فالج.

PARALYTIQUE, adj. com., qui est atteint de paralysie, مفلوج ـ عاجز.

PARANT, E, adj., qui orne, يزين.

PARANYMPHE, s. m., discours solennel à la fin d'une licence, خطبة توزيع.

*Paranymphe*, compagnon du marié, شبين العريس. Paranymphe, écuyer de la mariée, شبين العروسة.

PARAPET, s. m., élévation au-dessus du rempart, ستارة ـ داير السور. Parapet, mur d'appui sur un pont, une terrasse, un quai, حاجز.

PARAPHRASE, s. f., explication plus étendue que le texte, شرح.

*Paraphrase*, fam., interprétation maligne, تأويل ـ اخذ لمعنى ردى.

PARAPHRASER, v. a., faire des paraphrases, شرح A.

*Paraphraser*, étendre, amplifier dans le récit, زوّد ـ زاد في I.

*Paraphraser*, interpréter malignement, أوّل ـ اخذ لمعنى ردى O.

PARAPHRASEUR, s. m. fam., qui interprète malignement, مؤوّل الكلام.

PARAPHRASTE, s. m., auteur de paraphrases, شارح; plur., شرّاح.

PARAPLUIE, s. m., خيمة للمطر.

PARASANGE, s. f., mesure itinéraire chez les Persans, فرسخ; plur., فراسخ.

PARASITE, s. m, qui fait métier d'aller manger chez autrui, طفيلي, plur., طفيلية ـ يستبيح; pl., سفالقة ـ بسائفة; plur., سفلاق.

PARASITE, adj. com., se dit d'une plante qui végète sur une autre, نبات ينمى على غيره.

*Parasite*, au fig. (mot, expression), qui revient trop souvent, superflu, زايد ـ مكرّر.

PARASITIQUE, s. f., art du parasite, فن الطفيلية.

PARASOL, s. m. شمسية ـ مظلة.

PARÂTRE, s. m., terme injurieux, beau-père, زوج الام.

PARAVENT, s. m., meuble en planches tapissées pour se garantir du vent, حاجز للهوا.

PARC, s. m., grande étendue de terre entourée de murs, etc., plantée d'arbres, بستنان.

*Parc*, endroit où l'on place l'artillerie, les munitions, جبخانه ـ طبخانه.

*Parc*, pâtis entourés de fossés où l'on met les bœufs, زريبة البقر.

*Parc* clôture de claies où l'on enferme les moutons, مراح غنم.

PARCAGE, s. m., séjour des moutons parqués, قيام لغيام الغنم بالمراح.

PARCELLE, s. f., petite partie, ذرّة ـ قطعة صغيرة.

PARCE QUE, conj., à cause que, لان ـ كون ان ـ علاش (vulg. Barb.).

PARCHEMIN, s. m., peau préparée pour écrire, رق غزال.

PARCHEMINERIE, s. f., art, commerce, atelier du parcheminier, صناعة او بضاعة او معمل رق الغزال.

PARCHEMINIER, s. m., qui apprête et vend le parchemin, صانع رق الغزال.

PARCIMONIE, subst. f. épargne, قتور - شحّة - قزانة.

PARCIMONIEUX, SE, adj., économe sans dignité, قرط - قزين.

PAR CONSÉQUENT, adv., par une suite nécessaire, ف - اذن.

PARCOURIR, v. a., aller d'un bout à l'autre, courir çà et là, I. دار .O - طاف .O - برم .O. Il a parcouru toute la ville, برم ,دار المدينة كلها.

*Parcourir*, passer légèrement la vue sur (un livre, un écrit), I. تفرّج على - طلّ فى.

PARDON, s. m., rémission d'une faute, d'une offense, عفو - سماح - مغفرة. Demander pardon à, استغفر I. ‖ Le pardon le plus beau est celui qu'on accorde quand on peut punir, خير العفو بعد المقدرة. ‖ Je vous demande pardon, ou seulement, pardon, formule de civilité pour s'excuser, لا تواخذنى. ‖ Pardon de la peine que je vous ai donnée, سامحونى - لا تواخذنى بتصديع الخاطر ; réponse : كلّفت خاطرك - بتصديع الخاطر. ‖ Je vous demande pardon, ce n'est pas cela, manière polie de contredire, واجب علىّ عن اذنك - ما هوكذا.

*Pardons*, plur., indulgence que l'église accorde aux fidèles, غفران.

PARDONNABLE, adj. com., qui mérite pardon, محلّ العفو - يُغفر.

PARDONNER, v. a., accorder le pardon, I. غفر له - سامح ب, على. A - سمح له ب. Pardonnez-nous nos fautes, اغفر لنا خطايانا.

*Pardonner*, faire grâce, I. عفى عن.

*Pardonner*, excuser, I. عذر فى, على - سامح ب. Pardonnez-moi si je vous dis que, لاتواخذنى ان قلت. *Voyez* PARDON.

PAREIL, LE, adj., égal, semblable, مثيل - شبيه. ‖ Il n'a pas son pareil, ماله شبيه - ماله مثيل - ماله مثل. ‖ Je veux une étoffe pareille à celle que j'ai vue, اريد قماش مثل الذى شفته. ‖ Ces choses ne sont pas pareilles, هذه الاشيا ما هى مثل بعضها. ‖ Vos pareils, les gens de votre état, de votre caractère, امثالك - اقرانك.

Le *pareil*, la pareille, objet semblable à un autre, et qui fait la paire avec lui, اخت - اخو - اخ. Rendre la *pareille* à quelqu'un, عارضه بمثل قابله بمثل ما صنع - كافاه على ما صنع - ما صنع. ‖ Je vous rends la pareille, واحدة بواحدة. ‖ Attendez-vous à la pareille, تتلقى من الناس مثل ما عملت معهم.

PAREILLEMENT, adv., semblablement, نظيره - كذلك - مثله.

PARELLE, s. f., ou PATIENCE, plante purgative, عرق المسهل.

PAREMENT, s. m., ornement, زخرفة - زينة.

*Parement*, bande d'étoffe qui borde, pare, حاشية - سجاف.

*Parement*, gros bois de fagot, حطب غليظ فى حزمة.

*Parement*, côté uni d'une pierre, وجه حجر. *Parement*, grosse pierre à la surface d'un mur, كبش حجر.

PARENCHYME, s. m., substance propre de chaque viscère, جوهر المعى.

*Parenchyme*, moelle, pulpe des fruits, des plantes, جوهر - جمّار.

PARÉNÈSE, s. f., discours moral, exhortation à la vertu, موعظة.

PARÉNÉTIQUE, adj. com., qui appartient à la parénèse, وعظى.

PARENT, E, s., qui est de même famille, de même sang, نسيب - اقارب et قرايب ; plur., قارب - نسايب, plur. Être parent de quelqu'un, A. قرب له.

*Parents*, plur., famille, اهل.

*Parents*, le père et la mère, الوالدين.

PARENTÉ, s. f., consanguinité, نسابة - قرابة

Quelle parenté y a-t-il entre vous? ايش تقرب له.
Parenté, qualité de parent, اهلية.
Parenté, tous les parents, اهل القرابة - قرايب.
Parenthèse, s. f., phrase formant un sens séparé au milieu d'une période, جملة داخلة فى حشو - اعتراض - جملة اخرى.
Parenthèses, marques qui enferment les mots d'une parenthèse, علامة كذا ( ) تدل على دخول جملة فى اخرى.
Parer, v. a., orner, embellir, زين - زان I. Femme très-parée, امراة مشتنفة, صايرة خصلة وعنقود.
Parer, apprêter un cuir, صلح جلد. Parer le pied d'un cheval, قطع حافر الفرس.
Parer, éviter un coup, un malheur, وقى ; aor., ابطل الضربة I. - صرف عنه الضربة - يقى I.
Parer, mettre à découvert de, défendre contre, حمى من I.
Parer à, se précautionner contre, استحرس - تدرك, اذاكرك الامر - تدرك من -.
Se parer, v. pron., faire parade de, تباهى ب.
Se parer, s'ajuster, تلبس - تزين.
Parère, s. m., sentiment des négociants sur des questions de commerce, راى تجار.
Paresse, s. f., fainéantise, nonchalance, توانى - كسل.
Paresser, v. n., faire le paresseux, توانى - تكاسل.
Paresseux, se, adj., كسلان ; plur., كسلى et عجزان, معجز - كسالى (Barb.).
Parfait, e, adj., كامل.
Parfait, terme de gram. (prétérit), فعل ماضى.
Parfaitement, adv., حسنا - بكمال.
Parfiler, v. a., séparer la soie de l'or dans une étoffe, فرق بين حرير القماش و القصب.
Parfois, adv. fam., quelquefois, بعض مرار.
Parfum, s. m., senteur agréable, رايحة ; plur., ريحة - روايح.

Parfum, chose dont il s'exhale une senteur agréable, بخور - عطر - اطياب ; plur., طيب.
Parfumer, v. a., répandre une bonne odeur sur, عطر - طيب. Parfumer pour chasser le mauvais air, بخر.
Se parfumer, v. pron., تعطر - تطيب.
Parfumeur, se, s., qui fait et vend des parfums, عطار ; plur., عطارين.
Pari, s. m., gageure, رهان.
Paria, s. com., dernière caste dans l'Inde, اسافل اهل بلاد الهند.
Parier, v. a., faire un pari, راهن - تراهن معه - تخاطر - تشارط معه - شارط (Barb.). Voulez-vous parier? تتراهن معى - بتشارطنى. Que voulez-vous parier? من ايش لايش. J'ai parié avec lui dix piastres contre cinq, تراهنت معه من عشر قروش الى خمسة. Il a parié dix piastres que, تراهن على عشر قروش ان.
Pariétaire, s. f., plante qui croît sur les murs, مرية القزاز - حشيشة الزجاج - حشيشة القزاز.
Parieur, se, s., qui parie, مراهن.
Paris, nom de ville, مدينة باريس.
Parisien, ne, adj., de Paris, من باريس.
Parité, s. f., égalité entre deux choses, مساواة - تساوى.
Parité, comparaison, similitude, مشابهة.
Parjure, s. m., faux serment, serment violé, خيانة العهد - يمين زور - حنث.
Parjure, adj., qui fait un faux serment, qui viole son serment, حانث - حالف بالزور - خاين العهد - حانث.
Se parjurer, v. pron., faire un faux serment, manquer à son serment, حلف بالزور A. - حنث O. خان العهد.
Parlage, s. m., verbiage, كثر كلام.
Parlant, e, adj., qui parle, qui semble parler, ناطق.
Parlement, s. m., assemblée des grands de l'État

pour juger une affaire considérable, ديوان اعيان الدولة.

*Parlement*, assemblée de pairs et de députés en Angleterre, ديوان الامرا و وكلا الشعب.

*Parlement*, cour supérieure de juges qui existait autrefois en France, ديوان قضاة بفرنسا.

PARLEMENTAIRE, subst. mascul., term. milit., chargé de négocier entre deux partis qui se battent, رَسُول ; plur., رُسُل ‒ مُتَكَلِّم ما بَين متحاربين.

PARLEMENTER, v. n., faire, écouter des propositions pour rendre une place, ou entrer en négociation pour faire la paix, تحدَّث فى تسليم محلّ او فى شروط الصلح.

PARLER, v. a., O. ‒ نطق ‒ تكلَّم ‒ تحدَّث ‒ حكى I. ‒ لَقش O. (Syrie). Parler à quelqu'un, تكلَّم معه ‒ حدَّثه ‒ كلَّمه. ‖ Parler avec quelqu'un, I. (Barb.). ‖ قجم I. ‒ حكى معه ‒ تحدَّث معه ‖ Parler à quelqu'un ou avec quelqu'un de quelque chose, تكلَّم معه عن شى ‒ كلَّمه فى شى. ‖ Parler arabe, تكلَّم عربى ‚ بالعربى ‒ حكى بالعربى ‖ J'ai entendu parler de lui, سمعت عنه ‖ عربى. Parler haut, تكلَّم بالعالى ‖ Parler bas, تكلَّم بالواطى ‒ وشوشه. ‖ Parler bas à quelqu'un, نوشوش معه ‒ تِّشتِت. ‖ Parler mal, incorrectement, خبَّص ‚ خرفش فى الكلام. ‖ Parler mal de quelqu'un, نفَوَّه فى حقَّه ‒ تَشَتَّع فيه ‒ حكى فى حقَّه I. ‖ Parler mal de quelqu'un en son absence, جاب مغيبته ‒ اغتابه I. ‖ Parler de choses et d'autres, s'entretenir de la pluie et du beau temps, تسامر ‒ تحاكى ‒ لغز. ‖ Parler à mots couverts, فَشَّختِها هنك ما. ‖ Nous n'en avons point parlé, السيرة. ‖ Faire parler de soi, اكسَب الصيت العظيم I. ‖ Je ferai parler de vous au prince par un de mes amis, طلع له صيت ‒ اشهر اسمه ‒ اخلى واحد من اصحابى يكلم الامير فيك. ‖ Parler en public, خاطب الناس. ‖ Dieu a parlé par la bouche de ce prophète, الله نطق بفم هذا النبى. ‖ Cela ne vaut pas la peine d'en parler, c'est une chose sans conséquence, ما بحَّت خبر. ‖ Trop parler nuit; prov., كنت قاعد بطولى ما خلّانى ‒ كثر الكلام يضر; prov., فضولى.

*Se parler*, parler ensemble, تكلَّموا مع بعض.

*Se parler*, parler à soi-même, كلَّم ذاته.

PARLER, s. m. langage, كلام.

PARLEUR, SE, s., qui parle beaucoup, كثير كلام. Beau parleur, qui s'énonce bien, avec affectation, متكلَّمانى.

PARLOIR, s. m., dans un couvent, etc., lieu pour parler aux personnes du dehors, محلَّ فى دير يتكلَّموا فيه مع الناس البرانيين.

PARMI, prépos., entre, dans le nombre de, بين.

PARNASSE, s. m., au fig., la poésie, نظم ‒ شعر. Monter sur le Parnasse, s'adonner à la poésie; تعاطى الشعر.

PARODIE, s. f., imitation ridicule d'un ouvrage sérieux, قلب الكلام الجدَّ هزلاً.

PARODIER, v. a., faire une parodie, قلب الكلام الجدَّ هزلاً.

PARODISTE, subst. m., auteur d'une parodie, قلاب الكلام الجد هزلاً.

PAROI, s. f., surface latérale, جانب; plur., جوانب.

PAROISSE, s. f., territoire d'une cure, ses habitants, son église, خط الخورى و كنيسته.

PAROISSIAL, E, adj., de la paroisse, يخص خط الخورى.

PAROISSIEN, NE, s., habitant d'une paroisse, من خط الخورى.

PARAÎTRE, v.n., se faire voir, se montrer, ظهر A. ‒ خرج للناس A. Paraître en public, بان O.

*Paraître*, sembler, avoir l'apparence, بان ل. ‖ Il paraît bon, باين انه طيب.

*Paraître*, éclater, se faire remarquer, نبغ A. *Paraître*, briller, لاح O. ‒ اضاء.

PAROLE, s. f., mot prononcé, كلمة; plur., كلم et كلام (collectif). Des paroles aimables, كلمات - كلام. ‖ Des paroles inciviles, كلام غليظ. كلام لطيف

*Parole*, faculté naturelle de parler, نطق. Il ne lui manque que la parole, ناقصه لسان.

*Parole*, ton de voix, حس.

*Parole*, sentence, mot notable, قول - كلام - كلمة.

*Parole*, promesse, assurance verbale, قول - كلمة. Donner parole à quelqu'un de, اعطاه قول بان - عاهدك على - اوعدك ب. ‖ Tenir sa parole, قام بوعدك - كمّل وعدك - وفي O. ‖ Manquer de parole, خان وعدك O. - قصّر بعهدك - وفي. Homme de parole, صاحب قول وفي.

Sur *parole*, à crédit, شكك - بالدين - فى الذمّة. Il a perdu cinquante piastres sur sa parole, خسر خمسين غرش وهى باقية فى ذمّته.

Sur ma *parole*, manière d'affirmer, فى ذمّتى - فى حظّى و بختى - على ذمّتى.

*Parole*, proposition, offre, كلمة - كلام. Parole de paix, مفاتحة الصلح.

*Parole*, droit de parler, tour à parler, كلام - تكلّم. ‖ Porter la parole, دورى فى الكلام. ‖ demander la parole, طلب الاذن للتكلّم.

Sur *parole*, adv., sur ouï-dire, على السمع.

*Paroles*, au plur., discours aigres, piquants, offensants, تغليظ فى الكلام. Se prendre de paroles avec quelqu'un, تشاجر مع - تقاول مع.

PARONOMASIE, s. f., ressemblance entre des mots de différentes langues, مشابهة بين الفاظ فى لغات مختلفة.

PAROTIDE, s. f., glande au-dessous des oreilles, بنت الودن; plur., بنات الاذن - بنات.

*Parotide*, tumeur qui occupe cette glande, نزلة فى بنات الاذن.

PAROXISME, s. m., accès, redoublement d'une maladie, شدّة مرض - برحاء.

PARQUE, s. f., au fig., la mort, منيّة; pl., منايا.

PARQUER, v. a., mettre des bœufs, des troupeaux dans une enceinte, دخل الرعى فى الزرائب.

*Parquer*, mettre l'artillerie dans un parc, حطّ الجبخانة فى محل O.

PARQUET, s. m., assemblage de pièces de bois en compartiments qui couvre un plancher, ou pour placer une glace, تخشيبة.

*Parquet*, salle des officiers du ministère public, محلّ وكلا الحكم فى المحاكم. *Parquet*, salle des huissiers, موضع رسل الشرع.

*Parquet*, les officiers du ministère public, وكلا الحكم فى المحاكم.

*Parquet*, espace entre les siéges des juges et le barreau, صحن المحكمة.

PARQUETAGE, subst. m., ouvrage de parquet, تخشيب.

PARQUETER, v. a., mettre du parquet dans un lieu, نحّت - خشّب.

PARRAIN, s. m., celui qui tient un enfant sur les fonts de baptême, اشبين ou شبين; pl., اشابين - عرّاب. Servir de parrain à un enfant, وقف له شبين - عرّب.

PARRICIDE, s. m., celui qui tue son père, sa mère, قاتل ابيه او امّه.

*Parricide*, crime que commet le parricide, قتل الاب او الامّ.

PARSEMER, v. a., jeter çà et là, نشك O. Parsemer un chemin de fleurs, نثر ازهار على الطريق. ‖ Habit parsemé de pierreries, ثوب مرصّع بالجواهر.

PART, s. f., portion d'une chose divisée entre plusieurs, قسمة - نصيب - حصّة; pl., حصص. Chacun eut pour sa part dix piastres, طلع لكل واحد او خصّ لكل واحد عشر قروش. ‖ Faire la part de ses biens à ses frères, اشرك اخوانه فى امواله ‖ Il lui donna sa part du bien, اعطاه نصيبه من المال - اعطاه حصّه.

PAR PAR 573

*Part*, intérêt que l'on prend à la joie, etc., de quelqu'un, مشاركة. Prendre part à la joie et à la douleur de quelqu'un, انسرّ لسروره و انغمّ لغمه. ‖ Prendre part aux peines de quelqu'un, توجّع لحاله.

Avoir *part* à, contribuer à, شارك غيره فى. Il a eu part à cette affaire, له يد فى هذه المادّة. ـ له يد فى الوسط.

*Part*, lieu, endroit, مطرح; plur., مطارح. Je vais quelque part, انا رايح الى مطرح. ‖ Nulle part, لا فى مطرح. ‖ Je n'ai été nulle part, ما رحت مطرح. ‖ Quelque part que, اينما. ‖ Autre part, فى غير مطرح.

Prendre une chose en bonne *part*, استحسن. ‖ Prendre I. en mauvaise part, حمل الشى على خير ـ معنى الكلام حمل الشى ـ استصعب الشى. ‖ Mot qui se prend en bonne ou en mauvaise part, كلمة تؤخذ بمعنى المدح او الذمّ.

Faire *part* à quelqu'un de, lui donner communication de, علّمه, عرّفه, خبّره, اخبره ب. اطلعه على.

La plus *part* ou la plupart, اغلب ـ اكثر.

*Part*, côté, جانب; plur., جوانب; ناحية; plur., نواحى ـ جهة ـ وجه. De toutes parts, من كل النواحى ـ من كل ناحية ـ من كل جانب. ‖ D'une part.... et d'une autre part, من ناحية ـ من وجه و من وجه آخر ـ و من ناحية اخرى. ‖ De part et d'autre, من الجهتين. ‖ De part en part, من الجنب للجنب.

A *part*, séparément, على ناحية ـ على جنب ـ منفرد. Prendre quelqu'un à part, اختلى معه عن. ‖ A part soi, فى نفسه ـ الجميعة.

Raillerie à *part*, بلا مزاح.

De la *part* de, من عند ـ من طرف ـ من قِبَل. Dis-lui de ma part, قل له على بالنيابة عن ـ لسانى. ‖ Baisez de ma part les mains de, نوبا عنى قبّلة ايادى , من قبلى.

PARTAGE, s. m., division d'une chose entre plusieurs, تقسيم ـ قسمة.

*Partage*, portion de la chose partagée, قسم; plur., اقسام.

*Partage*, portion de biens, de maux répartis par la nature, la fortune, à chaque individu, نصيب. Le ciel lui a donné en partage toutes les belles qualités, خصّه الله بجميع الشمايل الحميدة.

*Partage*, égalité de suffrages entre les juges, les membres d'un corps délibérant, انقسام الآراء بالسوية.

PARTAGER, v. a., diviser, قسم ـ O. Je partagerai mon bien avec vous, اقسم مالى بينى و بينك. ‖ Partager une chose en trois portions, قسم الشى ثلاثة اقسام.

*Partager*, donner en partage, خصّ احدا ب ـ O. اعطاه قسمة. Il est bien partagé, قسمه مليح. ‖ Bien partagé de la nature et de la fortune, مخصوص بالانعام الرتبية.

*Partager*, séparer en partis opposés, فرق O. بين.

*Partager*, avoir, prendre part à, شارك احدا فى. Partager les bénéfices avec quelqu'un, شاركه فى المكسب.

Se *partager* quelque chose, la partager entre soi, تقاسموا الشى.

PARTANT, adv., par conséquent, بناء عليه.

PARTERRE, s. m., jardin, ou partie d'un jardin orné de fleurs, روضة; plur., روض et رياض.

*Parterre* d'un théâtre, ارض الملعب.

*Parterre*, le public du théâtre, متفرجين.

PARTI, s. m., union de plusieurs personnes, عصب; plur., عصبة ـ احزاب; plur., حزب. Ils forment un parti, كلهم عصبة. ‖ Le combat s'engagea entre les deux partis, وقع الحرب بين الفريقين. ‖ Esprit de parti, تعصّب. ‖ Prendre le parti de quelqu'un, s'intéresser à lui, le défendre, طلع من غرضه ـ O. شدّ معه ـ تعصّب معه A.

574 PAR

|| Il est du parti d'un tel, حامى عن واحد. || Attirer هو من غرض فلان, من حزب فلان dans son parti, امال اليه.

*Parti*, résolution, détermination, قصد - عزم. Il a pris le parti de, اعتمد على - O. قصد يعمل I. عزم على.

*Parti*, condition, traitement, عملة. Faire un mauvais parti à, عمل معه عملة رديّة.

Tirer *parti* de, انتفع ب - استفاد من.

*Parti*, profession, emploi, كار. Il a pris le parti de l'épée, A. تبع كار الحرب.

*Parti*, expédient, باب; plur., ابواب. De plusieurs partis il a choisi le pire, من جملة ابواب اختار الالعن.

*Parti*, personne à marier, زواج. Il cherche un parti sortable, يطلب زواج مناسب. Il n'est pas un assez bon parti pour elle, ما هو كفو لها.

*Parti*, en terme de guerre, troupe détachée pour une expédition, جماعة عسكر.

PARTIAL, E, adj., qui favorise une personne par préférence; qui s'attache à une opinion par prévention ou intérêt, موالٍ - صاحب غرض - مغرض.

PARTIALEMENT, adv., avec partialité, بغرض - بولس.

SE PARTIALISER, v. réf., prendre parti pour ou contre, تعصّب ب, مع - اغرض.

PARTIALITÉ, s. f., attachement aux intérêts d'un parti, d'une personne, ميل الى احد الجانبين - غرضيّات - موالسة - تعصّب ب, مع - غرض.

PARTICIPANT, E, adj., متشارك.

PARTICIPATION, subst. f., action de participer à, مشاركة - اشتراك. Sans sa participation, sans qu'il ait eu aucune part à l'affaire, بغير ان يكون له يد فى الوسط.

PARTICIPE, s. m. (actif), اسم الفاعل. Participe passif, اسم المفعول.

PARTICIPER, verbe n., avoir, prendre part à, اشترك فى شى مع - شارك احدا فى.

*Participer* de, tenir de la nature d'une chose, اشترك فى بعض خصايصه مع.

PARTICULARISER, v. a., marquer les particularités d'un fait, désigner particulièrement, عيّن - بيّن.

PARTICULARITÉ, s. f., circonstance particulière, حال - خصوص - كيفيّة - خواصّ; plur., خاصيّة; plur., احوال.

PARTICULE, s. f., t. de gram., préposition, conjonction, حرف معنى.

*Particule*, petite partie, جزء صغير; plur., اجزا صغار.

PARTICULIER, ÈRE, adj., qui appartient singulièrement à, مختصّ ل - مخصوص ل - مختصّ ب. Chaque chapitre traite d'un sujet particulier, كل فصل منه ينطوى على معنى يخصّه.

*Particulier*, l'opposé de général, خاصّ ضدّ عامّ. Du particulier au général, قضيّة جزئيّة. || Assemblée particulière, جمعيّة خاصّة.

*Particulier*, extraordinaire, غريب. Il a un talent particulier, هو صاحب نباهة غريبة.

*Particulier*, secret, مخبّى - خفّى. Il y a quelque chose de particulier entre eux, بينهم شى مخبى - شى خفى.

*Particulier*, solitaire, متفرّد.

PARTICULIER, s. m., personne privée, شخص; plur., اشخاص.

*Particulier*, opposé à une personne publique, عامّى - رجل ليس من ارباب الحكم. En *particulier*, adv., à part, فى السرّ - فى الخلوة. En public et en particulier, فى الخلوة و بين - سرّا و علنا - الناس. || Prendre quelqu'un en particulier, اختلى معه. || En mon particulier, pour ce qui me concerne, انا من جهتى.

PARTICULIÈREMENT, adverbe, singulièrement, بزيادة.

*Particulièrement*, spécialement, خصوصا - بالاخصّ.

*Particulièrement*, en détail, بالتفصيل.

PARTIE, subst. f., portion d'un tout en général, جزء - جزو ; plur., اجزا. Le tout est plus grand que sa partie, الكلّ اكبر من جزئه. ‖ La partie est prise ici pour le tout, هنا من اطلاق الجزء وارادة الكلّ. ‖ Il le divisa en cinq parties, قسمه خمسة. ‖ Il en prit une partie, اخذ منه شي. ‖ اقسام ‖ Une bonne partie de, اكثر - شي كثير من. ‖ Il vaut mieux savoir une partie que d'ignorer le tout, معرفة البعض خير من جهل الكلّ. ‖ Les quatre parties du monde, اربعة اقطار الدنيا. ‖ Faire partie de, كان من جملة O.

*Partie,* somme d'argent due, جانب. Acquitter une partie, يوفي aor., وفي جانب.

*Partie* de marchandises, جانب من بضاعة.

*Partie,* article d'un compte, حسبة. Il reste une partie en souffrance, باقي حسبة.

*Parties,* articles d'un mémoire, كلفة - نفقة.

*Partie,* projet de divertissement, اتفاق على.

*Partie,* divertissement, كيفية - بجمعية.

*Partie,* jeu, دور - دست - طابق. Gagner la partie, غلب I. ‖ Perdre la partie, خسر A.

*Partie,* celui contre qui on plaide, خصم ; plur., اخصام.

Les *parties* nobles, au plur., la tête, le cœur, etc., الاعضا الرييسة - الاعضا النجيبة. Les parties honteuses, العورة. Les parties de la génération, المحاشم - اعضا التناسل.

*Parties,* au fig., qualités naturelles ou acquises, شيم ; sing., شيمة.

*Parties,* les contractants, المتعاهدين.

Coup de *partie,* coup décisif, au fig. fam., ملعوب.

Prendre à *partie,* attaquer, خاصم.

Forte *partie,* adversaire puissant, خصم غريم قوي.

En *partie,* adv., pour une part, بعض - جانب. Il ne le possède qu'en partie, ما في ملكه الا جانب منه. ‖ Ses troupes sont composées partie de Français, partie d'Allemands, عساكره بعضهم فرنساوية و بعضهم نمساوية.

PARTIEL, LE, adj., faisant partie d'un tout, جزى.

PARTIELLEMENT, adv., par parties, جزياً.

PARTIR, v. n., se mettre en chemin, commencer un voyage, راح - سافر O. - مشى I. Quand partez-vous? اى متى تسافر من غير اشر؟ ‖ Allons, partons, قوموا نروح.

*Partir,* sortir avec impétuosité, خرج O. - طلع A.

*Partir,* tirer son origine, émaner, طلع A. - صدر O.

*Partir* de, raisonner en conséquence de, بنى على I.

A *partir* de, adv., en commençant à, من ابتدا A. partir d'aujourd'hui, من اليوم و رايح - من اليوم.

PARTISAN, s. m., celui qui est du parti de quelqu'un, من جماعة - من حزب - متعصب مع. Partisan d'une opinion, مايل الى - تابع راى - راى.

*Partisan,* chef, membre d'expéditions hardies, عرابدة ; plur., عربيد.

PARTITION, s. f., t. de musique, toutes les parties d'une composition musicale, تراكيب الطرب.

*Partition,* partage, division, قسمة - تقسيم.

PARTITIF, IVE, adj., t. de gram., mot qui partage une partie, قسمى.

PARTOUT, adv., en tous lieux, في كل موضع. 

*Partout* où, en quelque lieu que ce soit, اينها - في اى موضع كان.

PARURE, s. f., ornement, ajustement, زينة. Moindre que la parure sans vertu, prov. arabe, pour exprimer le mépris qu'inspire un homme sans mérite personnel, اقل من زينة بلا فضل.

PARVENIR, v. n., arriver au terme, arriver à, وصل aor., يصل vulg., يوصل. Votre lettre m'est parvenue, ورد علي مكتوبك - وصلني مكتوبك - وفد الي مكتوبك.

*Parvenir,* s'élever en dignité, نال الرتبة العالية A.

ترقّى A. – بلغ رتبة عالية – Parvenir, faire fortune, A. سعد – انتشأ A. تموّل.

Parvenir à ses fins, à son but, obtenir ce que l'on souhaite, A. حصل على مطلوبه – A. ظفر بالمطلوب – A. نال المقصود – A. حظى على بمطلوبه.

PARVENU, E, s., personne de néant qui a fait une fortune subite, نشوة – محدث.

PARVIS, s. m., place devant la grande porte d'une église, ساحة قدّام كنيسة.

PAS, s. m., mouvement du pied en avant pour marcher, خطوة; plur., خطوات et خطا. Pas, espace entre les pieds en marchant, خطوة – قدم; plur., اقدام. ‖ A petits pas, على مهل – شوية شوية. ‖ Grand pas, فشخة. ‖ Marcher à grands pas, فشّن، فشّخ فشخات كبار I. ‖ Marcher à pas précipités, هرول – مهرول راح O. ‖ Presser le pas, خفّ رجلو. ‖ A chaque pas que l'on fait, كل ما مشيت خطوة. ‖ Il ne m'a pas laissé faire un pas, ماخلّانى انقل رجلى الواحدة عن الاخرى. ‖ Revenir sur ses pas, رجع على الاثار A. ‖ Il n'y a qu'un pas, pour dire c'est tout près, من هنا الى هناك خطوة، فشخة. ‖ Faux pas, عشرة – عشّار. ‖ Faire un faux pas, glisser, chanceler; et au fig., faire une faute, عثر O. – تعثّر. Voyez CHOPPER. ‖ Avoir le pas, la préséance, تقدم على. ‖ Faire des pas de géant, des progrès rapides, تقدم بسرعة. ‖ Le pas d'un cheval, مشية، مشو، مشوة الفرس. ‖ Allez au pas, امشى مشو. ‖ Pas de danse, نقلة قدم. ‖ Pas de tortue, marche lente, مشية سلحفا. ‖ Pas de loup, sans bruit, مشية ذيب. ‖ Suivre le pas, imiter, تبع A.

Pas, passage étroit, مزنق – مضيق.

Mauvais pas, bourbier, lieu dangereux, embarras, موضع خطر – وحلة.

Passer le pas, faire malgré soi, انجزم. Franchir le pas, se résoudre enfin, نهى I. – طقّ الساقية O.

Faire le premier pas, فتح باب A. La fierté l'empêchait de faire les premiers pas pour une réconciliation, كانت تمنعه عزّة نفسه ان يفتح باب الصلح.

Pas d'une porte, seuil, عتبة الباب.

Pas de cheval ou Cacalia, plante, قاقل.

Pas d'âne. Voyez TUSSILAGE.

Pas à pas, adv., doucement, على مهل. De ce pas, tout de suite, حالًا.

Pas, adv. de négation, point, ما – لا. Il n'est pas venu, ما جا. ‖ Pas un, nul, aucun, ولا واحد.

PASCAL, E, adj., qui appartient à la fête de Pâques, فصحى.

PASQUIN, s. m., bouffon, بهلول.

PASQUINADE, s. f., raillerie satirique, بهللة.

PASSABLE, adj. com., pas mauvais dans son espèce, مسكّن – على قدّ – ماهوش ردى (Kasrouan).

PASSABLEMENT, adv., d'une manière supportable, على قدّ.

PASSAGE, s. m., action, moment de passer, مرور – انتقال من – عبور. Passage d'une vie à l'autre, الدنيا على الاخرة.

Passage, chemin, lieu où l'on passe, معبر; pl., طرقات et طرق; plur., طريق – مقطع – معابر – مجاز. Fermer à quelqu'un tous les passages, سدّ عليه الطرق.

Passage, droit pour passer, مكس.

Passage, endroit cité d'un auteur, عبارة – موضع; plur., مواضع.

PASSAGER, E, adj., qui ne fait que passer, فايت – يفوت.

Passager, au fig., de peu de durée, زايل – يزول.

PASSAGER, s. m., qui s'embarque pour passer en quelque lieu, ركّاب مركب; le singulier n'est pas usité.

PASSAGÈREMENT, adv., pour peu de temps, en passant, فى مرور.

PASSANT, subst. masc., celui qui passe par un

PASSATION, s. f., action de passer un contrat, كتابة حجّة.

PASSAVANT, s. m., terme de douanes, ordre de laisser passer des marchandises, امر بفوات البضائع.

PASSE, subst. f., terme de marine, معبر; plur., معابر.

PASSE, s. f., au fig. fam., état, حالة. Être en passe, être en état de, قدر - O. كان فى حالة I. Il est en belle passe, الفرصة فى يدك.

Passe, adv. fam., à la bonne heure, طيب - ما عليه شى - مليح.

PASSÉ, s. m., temps passé, الزمان الماضى.

Passé, chose faite, شى صار. Se rappeler le passé, يفتكر القديم.

PASSE-DROIT, s. m., grâce accordée contre l'usage ou au préjudice de quelqu'un, ظلم - تعدّى.

PASSE-FLEUR. Voyez ANÉMONE.

PASSE-PARTOUT, s. m., clef qui ouvre plusieurs serrures, مفتاح الابواب.

PASSE-PASSE, s. f. fam., filouterie, tour d'adresse, ملعوب; plur., ملاعيب; plur., دورات; دورة.

PASSE-PIERRE, ou PERCE-PIERRE, s. f., fenouil marin, شمرة بحريّة.

PASSE-POIL, s. m., petit bordé d'or, etc., sur les coutures, qui dépasse l'étoffe, شريط.

PASSE-PORT, s. m., permission de passer librement, اذن للعبور.

PASSE-VELOURS, s. m. Voyez AMARANTE.

PASSE-TEMPS, s. m., plaisir, divertissement, تسلّى - تسلاية.

PASSEMENT, s. m., tissu plat et peu large servant d'ornement, شريط - حبكة.

PASSEMENTERIE, s. f., art du passementier; son commerce, صنعة الحباكة.

PASSEMENTIER, ÈRE, s., qui fait et vend des rubans, des passements, حبّاك.

chemin, فايت - عابر سبيل - عابر طريق.

PASSER, v. n., aller d'un lieu dans un autre, O. جاز - O. عبر, O. فات من موضع الى موضع - O. مرّ. Il est passé en France, انتقل الى فرنسا - عبر الى فرنسا. Passer de cette vie dans l'autre, انتقل من الدنيا الى الاخرة. Passer par un endroit, O. عدّى, فات على, من - O. مرق من. Je suis passé par Lyon, فتّ, عدّيت على ليون. Passer auprès de, مرّ على - O. مرّب. Passer chez quelqu'un, le voir en passant, شقّ عليه - O. فات عليه.

Passer, en parlant de ce qui change de propriétaire, انتقل من الى.

Passer, s'écouler (temps), مضى I. - O. مرّ - O. انقضى.

Passer, ne demeurer pas dans le même état, cesser, finir, زال O. La beauté passe, الجمال يزول. || Ce qui est passé est passé, n'en parlons plus, الذى صار صار و مضى و شى.

Passer, faire une transition dans un discours, O. عبر الى - التفت من كلام الى كلام.

Passer, suffire, كفى I.

Passer, être admis, reçu, قبل A.

Passer, mourir, طلعت روحه A.

Passer outre, ajouter à ce qu'on a fait, زوّد - زاد على I.

En passer par, se soumettre à, ما كان له مفرّ من - ارضى. J'en passerai par tout ce que vous voudrez, بكل ما تريد. || Il fallut qu'il en passât par là, ما له داب الا انه رضى بذلك.

Passer pour, être réputé, estimé, قيل عند انه - اشتهر ب. Il passe pour savant, يقولوا عند انه عالم - هو مشهور بالعلم.

Passer par l'étamine, être sévèrement examiné, نخل.

Passer par, éprouver, قاسى - لاقى. Passer par de rudes épreuves, قاسى الشدايد.

Passer, v. a., approuver, allouer une dépense,

O. Passer en compte, قعد بمصروف - أعطاه - قيّد فى الدفتر.

*Passer*, pardonner une faute, A. – سمح له عن - فوّت. Je te passe ce mensonge, mais une autre fois je te punirai, فوّت لك هل كذبة ولكن ثانى مرة اقاصصك. || On passe tout à un fou, ما المجنون عليه حرج, ما عليه تقييد.

*Passer*, aller au-delà de, O. فات. || Il a passé la mesure, جاوز الحدّ - زاد وكثّر - صارت منه زودة.

*Passer*, excéder un prix fixé, I. زاد على.

*Passer*, devancer, O. سبق.

*Passer*, surpasser en mérite ses rivaux, O. فاق على - تفضّل على.

*Passer*, être au-dessus de la portée, de l'intelligence, O. فاق عن حيطة - كان خارج عن الفهم - لا يدركه الفهم - الادراك.

*Passer* son chemin, راح الى حال سبيله.

*Passer*, transporter d'un lieu à un autre, عبّر, فوّت, انفذ من موضع الى موضع.

*Passer*, traverser, I. نفذ - O. عبر - A. قطع. || Passer une rivière, عبر, قطع النهر. || Passer une montagne, قطع جبل. || On lui fit passer la rivière dans une barque, قطعوه النهر فى معدية.

*Passer*, consumer, employer le temps, I. قضى الاوقات - الزمان. || Nous jouons pour passer le temps, pour nous amuser, نلعب حتى نقطع الوقت حتى نتسلّى. || Il passe son temps dans les plaisirs, يقضى اوقاته باللذات.

*Passer*, faire passer un liquide, etc., à travers un linge, صفّى.

*Passer*, préparer, accommoder des peaux, etc., اصلح - صلّح.

*Passer*, au figuré, toucher adroitement, sans s'arrêter dans le discours, O. اضرب عن - ذكر الشى بلطافة.

*Passer*, omettre, ne pas parler de, O. سكت عن - فات - عدّى عن.

*Se passer*, v. pron., s'écouler, en parlant du temps, O. مرّ - I. مضى.

*Se passer*, arriver, avoir lieu, I. A. جرى - I. صار. Dites-moi comment la chose s'est passée, قل لى كيف جرى الامر - احكى لى كيف صار. || Instruisez-moi de ce qui se passe dans votre pays, خبّرونا بالاحوال الصايرة فى بلادكم.

*Se passer*, ou *Passer*, v. n., perdre son éclat, sa fraîcheur (fleur), O. ذبل - A. فنى. Se passer au blanchissage (couleur), O. برش, انفسخ اللون فى الغسيل. || Se passer par l'effet du soleil (couleur), A. كلح من الشمس.

*Se passer*, se contenter de, اقتنع ب - اكتفى ب.

*Se passer*, savoir se priver de, استغنى عن. Je ne peux m'en passer, انا عاوزه - مالى غنى عنه.

PASSEREAU, s. m., moineau, عصفور; pl., عصافير - دورى.

PASSIBILITÉ, s. f., qualité de ce qui est possible, قابلية الالم.

PASSIBLE, adj. com., qui peut souffrir, éprouver des sensations, قابل الالم و غيره.

PASSIF, IVE, adj., terme de grammaire, مفعول. La voix passive, صيغة المجهول - المفعول. || Verbe passif, فعل مبنى على المفعول.

*Passif*, terme de commerce, ce qui est dû par, l'opposé de crédit, الذى على. Dette passive, دين عليه.

*Passif*, qui n'agit point, بغير عمل.

PASSION, s. f., souffrance de Jésus-Christ, الم يسوع المسيح.

Fleur de la *Passion*, ou Grenadille, زمرة الالم.

*Passion*, mouvement de l'âme, هوى النفس; plur., اهوا; شهوة, plur., شهاوى. La passion est l'écueil du jugement, افت الراى الهوى. || Résistez à la passion, et vous marcherez dans la voie de la droiture, خالف هواك ترشد. || La passion est souvent le dieu qu'on adore, الهوى اله معبود. || Celui qui suit sa passion se perd, من تبع هواه هلك ‖. Satisfaire ses passions, se livrer à ses passions, تبع هواه - اعطى النفس هواها.

*Passion*, affection violente, vive, profonde pour un objet, رغبة زايدة فى - تولع ب. Il a la passion de la chasse, هو متولع بالصيد.

*Passion*, amour, غرام - عشق.

PASSIONNÉMENT, adv., avec beaucoup de passion, بغرام - بحرقة - بشدة.

SE PASSIONNER, v. pron., se laisser aller à sa passion, تبع هواه A. Se passionner, s'emporter, احترق - حمى A.

*Se passionner* pour, devenir fortement épris de, انبلش ب - تولع بحب - غرم ب I. A.

*Se passionner*, se préoccuper par passion, غرض ل A.

PASSIONNÉ, E, adj., rempli de passion, de tendresse, مغروم ب, فى - مُغْرَم. Passionné pour la chasse, متولع بالصيد.

*Passionné*, prévenu, صاحب غرض.

PASSIVEMENT, adv., dans le sens passif, بمعنى المفعول.

PASSOIRE, s. f., vaisseau percé qui sert à passer, مصفى - مصفاة; plur., مصافى; plur., مصفاة.

PASTEL, s. m., crayon fait de couleurs pulvérisées, نوع قلم للرسم.

*Pastel*, plante. *Voyez* GUÈDE.

PASTENADE. *Voyez* PANAIS.

PASTÈQUE, s. f., melon d'eau, sucré, rafraîchissant, بطيخ اخضر - بطيخ - جَبَس (Kasraouan) - دلاع (Barb.).

PASTEUR, s. m., berger, راعى; plur., رعاة.

PASTICHE, s. m., tableau rempli d'imitations; composition mêlée, مخلوطة - تقليد.

PASTILLE, s. f., composition de pâte, d'odeurs, de médicaments, etc., حب; pl., حبوب. Pastille du sérail, حب العنبر - سخب; plur., تنسوخ - سخاب (Barbarie).

PASTORAL, E, adj., منسوب للرعاة - يخصّ الرعاة.

PATACHE, s. f., bâtiment léger pour le service des navires, قارب شختورة.

*Patache*, voiture, عجلة.

PATARAFFE, s. f., lettres confuses, traits informes, كتابة ملخبطة.

PATAUD, E, adj., grossièrement fait, villageois grossier, خشنى - غليظ - ثقيل - رذل.

PATATE, s. f., sorte de pomme de terre, نوع كماة.

PATAUGER, v. n., خبّص فى الطين.

PÂTE, s. f., farine trempée et pétrie pour cuire, choses broyées mises en masse, عجينة - عجين - خميرة. Former une pâte, se mettre en pâte, انعجن. ‖ Pâte pour engraisser la volaille, فداوش (Barbarie). ‖ Pâte d'abricots, قمردين.

*Pâte*, au fig. fam., naturel, طينة الانسان. Bonne pâte d'homme, مسكين - رجل طيب الطينة.

PATE, s. f., pied d'animaux. *Voyez* PATTE.

PÂTÉ, subst. m., pâtisserie qui renferme de la viande, etc., فطير محشى لحم. Petit pâté, سنبوسك.

*Pâté*, au fig. fam., goutte d'encre sur le papier, بطة - نقطة حبر على ورق.

*Pâté*, choses mêlées, خبصة.

PATÉE, s. f., mélange d'aliments en pâte, فتّة - مفروكة.

PATELIN, s. m., souple et artificieux, رقع.

PATELINAGE, s. m. fam., مرقعة - رقاعة.

PATELINER, v. a., ménager adroitement quelqu'un par intérêt, تحايل على.

*Pateliner*, v. n., agir en patelin, تراقع.

PATELINEUR, SE, s., patelin, رقع - حيلى.

PATÈNE, s. f., vase qui sert à couvrir le calice, صينية الكاس.

PATENÔTRE, s. f. popul., prière, le Pater, صلاة.

*Patenôtre*, chapelet, سبحة.

PATENT, E, adj., scellé en forme, مختوم. Lettres patentes, كتاب عليه ختم السلطان - امر سلطانى.

37.

PATENTE, s. f., lettres accordées par le roi à une université, تقرير; plur., تقارير.

Patente, sorte de brevet pour les marchands, تقسيط.

PATER, s. m., oraison dominicale, ابانا الذى فى السموات.

PATERNEL, LE, adj., du père, ابوى - والدى. Paternel, tel qu'il convient à un père, يجب مثلها على الاب. ‖ Amour paternel, الحنو الوالدى.

PATERNELLEMENT, adverbe, comme un père, مثل اب.

PATERNITÉ, s. f., titre, état, qualité d'un père, ابوة - ابوتة.

PÂTEUX, SE, adj., qui n'est pas assez cuit, de la nature de la pâte, مثل العجين - نى - عجين. Bouche pâteuse, empâtée, فم مشغت.

PATHÉTIQUE, adj. com., qui émeut les passions, بليغ - يهيج - يهتم.

PATHÉTIQUEMENT, adv., d'une manière pathétique, بنوع مهيج.

PATHOGNOMONIQUE, adj. com. (signe), propre et particulier à la santé, ou à telle maladie, يدل على الصحة او على علة.

PATHOLOGIE, s. f., traité de la nature, des différences, des causes, des symptômes des maladies, علم طبايع الامراض و اختلافاتها و اسبابها و اشاراتها.

PATHOLOGIQUE, adj. com., de la pathologie, يخص طبايع الامراض.

PATHOS, s. m. iron., chaleur de style, de discours, affectée et déplacée, جعجعة - هيجان فى الكلام - شقشقة لسان.

PATIBULAIRE, adj. com., qui appartient au gibet, يخص المشنقة. Il a une figure patibulaire, باين عليه من الهيبة انه خرج المشنقة.

PATIEMMENT, adv., بصبر - بطولة روح.

PATIENCE, s. f., vertu qui fait supporter les adversités, etc., l'attente, صبر - اصطبار - تأنى - طولة روح. Prendre une chose en patience, O. ‖ Prendre patience, طول باله - صبر O. ‖ Patience! interj., attendez, طول بالك - اصبر. ‖ Avec la patience on vient à bout de tout, اصطبر. ‖ من صبر نال - من تأنى ادرك ما تمنى. Perdre patience, عدم الصبر - عدم المصطبر A. - ينقطع الصبر.

PATIENCE ou PARELLE, s. f., plante, عرق المسهل.

PATIENT, s. m., t. de jurisp., condamné que l'on va exécuter, محكوم عليه.

Patient, t. de philos., sujet sur lequel on agit, مفعول.

Patient, t. de chirur., celui qui souffre une opération, الذى يقاسى الوجع - مجروح.

PATIENT, E, adj., qui souffre patiemment, صبور - ابو صبر. Patient, qui attend et persévère avec tranquillité, طويل الروح.

PATIENTER, v. n., prendre patience; attendre patiemment, صبر - طول روحه - طول باله O.

PATIN, s. m., chaussure élevée par devant et par derrière, قبقاب; plur., قباقيب. Patin pour glisser, نعل خشب مصفح بحديد للزحليقة.

PATINER, v. a., t. bas, manier indiscrètement, حسس.

Patiner, v. n., glisser avec des patins, لعب A. الزحليقة.

PATINEUR, s. m., qui glisse avec des patins, لعيب زحليقة.

PÂTIR, v. n., souffrir, avoir du mal, تعذب - قاسى الضر.

Pâtir, souffrir du dommage, de la perte, خسر A.

PÂTIS, s. m., lieu où l'on met paître les bestiaux, مرعى; plur., مراعى.

PÂTISSERIE, s. f., pâte préparée, assaisonnée et cuite, فطير - فطيرة; plur., فطورات.

Pâtisserie, art, commerce du pâtissier, صنعة كار الفطاطرى - الفطير.

PÂTISSIER, ÈRE, s., qui fait et vend de la pâtisserie, فطاطري ; plur., فطاطرية - خامرجى (Égypte).

Patois, s. m., sorte de langage particulier à un pays, لغوة.

Paton, s. m., morceau de pâte pour engraisser les volailles, فداوش.

Patraque, s. f., machine, montre, personne usée, de peu de valeur, الـ مخربطـة - قراضة.

Pâtre, s. m., pasteur, راعى ; plur., رعاة.

Patres (aller ad), مات O. Envoyer ad patres, tuer, موّت - اطنى.

Patriarcal, e, adj., du ou de patriarche, بطركى - بطريركى.

Patriarcat, subst. m., dignité de patriarche, بطركية.

Patriarche, s. m., saint personnage de l'Ancien Testament, أب ; plur., آباء.

Patriarche, premier évêque chez les Grecs et les Coptes, بطريرك ou بطركة ; plur., بطاركة.

Patrie, s. f., pays, État où l'on est né, مولد - وطن - ارض ميلاد - بلاد حبّ , معزّة الوطن. L'amour de la patrie,

Patrimoine, s. m., bien qui vient du père ou de la mère, مال الوالدين - مال الاب - مخلفات الوالدين.

Patrimonial, e, adj., du patrimoine, من مال الاب.

Patriote, adj. com., qui aime sa patrie par-dessus tout, كثير المعزّة لوطنه.

Patriotique, adj. com., du patriote, يخصّ المعزّ لوطنه.

Patriotiquement, adv., مثل المعزّ لوطنه.

Patriotisme, s. m., caractère du patriote, معزّة الوطن.

Patron, e, s., t. d'arts, modèle, مثال.

Patron, protecteur, défenseur, le saint dont on porte le nom, حامى - استاد.

Patronal, e, adj. (fête), عيد القديس الحامى لـ.

Patronymique, adj. com. (nom), donné à tous les descendants d'une race, كنية تبيّن النسب.

Patrouille, s. f., t. milit., marche nocturne pour la sûreté; escouade de soldats qui la font, O. طاف - طوف - غفر - عسس. Faire la patrouille,

Patte, s. f., pied des animaux, des oiseaux, des insectes, اجر ; plus rég., رجل, plur., ارجل. Patte de devant des animaux à quatre pieds, يد ; duel, يدين. ‖ Marcher à quatre pattes, sur les pieds et sur les mains, O. دبّ على يديه ورجليه - I. مشى على اربعته ‖ Faire patte de velours, se dit du chat qui retire ses griffes en donnant la patte, O. كتّش القط ظوافره.

Faire patte de velours, au fig., se dit d'un homme qui cache sous des dehors caressants le pouvoir et le dessein de nuire, خاتل - اضمر الشرّ و اظهر المحبّة. ‖ Donner un coup de patte, au fig. fam., lâcher un trait vif et malin contre quelqu'un, O. I. غزّ احدا ‖ Je le tiens sous ma patte, je puis lui nuire, وقع تحت يدى. ‖ Graisser la patte à quelqu'un, le corrompre à prix d'argent, O. دسّ برطل احدا.

Patte-de-lion, plante, عرطنيثا.

Patte-d'oie, plante dangereuse, اجر الوز - رجل الوز.

Pattu, e, adj (pigeon), qui a des plumes sur les pattes, حمام مشرول.

Pâturage, s. m., lieu où les bêtes vont paître, مرعى ; plur., مراعى.

Pâture, s. f., nourriture des bêtes en général; au fig., nourriture des hommes, de l'âme, de l'esprit, قوت - اكلة.

Pâturer, v. n., prendre la pâture, رعى A.

Paturon, s. m., partie du bas de la jambe du cheval, entre le boulet et la couronne, بيت الشكال.

Paume, s. f., le dedans de la main entre le poignet et les doigts, راحة - كفّ - كلوة.

Paume, jeu avec une balle, لعب الكورة - لعب الطابة.

Paumer la gueule, v. a. fam., donner un coup de poing sur le visage, خربشم.

Paupière, s. f., peau bordée de cils qui couvre l'œil, ses poils, قبّة العين - جفن ; plur., قبب - جفن ; plur., اجفان et جفون. Fermer la paupière, dormir, au fig., mourir, غمّض عينه.

Pause, s. f., suspension, cessation d'action, ركزة - حطّة - وقفة.

Pauser, v. n., appuyer sur une syllabe en chantant, وقف على لفظة ; aor., يقف.

Pauvre, adj. com., qui n'a pas suffisamment le nécessaire, مسكين ; plur., مساكين - فقير ; plur., زغابى (Maroc) - زغبى - فقرا.

Pauvre, dit par sentiment de compassion, مسكين.
Une pauvre chère, une chère de pauvre, طعام فقايرى. Langue pauvre, لسان ضيّق.

Pauvrement, adv., dans l'indigence, comme un pauvre, فى الفقر - فقايرى.

Pauvresse, s. f. fam., femme pauvre qui mendie, شحّادة ou شحّاتة.

Pauvret, te, subst. fam., diminutif de pauvre, مسيكين - مسكين.

Pauvreté, s. f., indigence, مسكنة - فاقة - فقر. La pauvreté est ma gloire, الفقر فخرى.

Pauvreté, au fig. fam., chose basse qu'on dit ou qu'on fait, قذارة.

Pauvreté, défaut d'abondance, de richesse dans une langue, ضيقة لسان.

Pavage, s. m., ouvrage de paveur, تبليط.

Se pavaner, v. pron., marcher d'une manière fière, superbe, تبختر - تعجبن فى المشى - تبغدد - نفش روحه O. - تباهى.

Pavé, s. m., pierre dure qui sert à paver, بلاط.
On dit, au fig. fam., être sur le pavé, sans gîte, sans condition, على البلاط - مالو ماوى. Le haut du pavé, le premier rang, place d'honneur, الصدر.

|| Batteur de pavé, coureur de rues, دزّار سكك.

Pavement, s. m., action de paver, تبليط.

Paver, v. a., couvrir de pavés un chemin, etc., بلّط - فرش الارض بالبلاط O.

Paveur, s. m., celui qui pave, مبلّط.

Pavillon, s. m., sorte de tente, خيمة ; plur., خيام et قبّة ; plur., قباب - وطاق - خيم.

Pavillon, corps de bâtiment, قاعة - بيت.

Pavillon, étendard, بنديرة - بيرق. Baisser pavillon, نزّل البنديرة - حطّ. || Baisser pavillon devant quelqu'un, au fig., حطّ له O.

Pavois, s. m., tenture de toile autour du bord d'un vaisseau, ستارة ممدودة على داير المركب للزينة.

Pavoiser, v. a., terme de mer, garnir de pavois, زيّن المركب.

Pavot, s. m., plante dont la graine est assoupissante, خشخاش - ابو النوم.
Pavot épineux ou Argemone, ارغونى.
Pavot cornu ou Glaucium, شقيق القرن - ماميثا.

Payable, adj. com., qui doit être payé, يدفع - يندفع.

Payant, e, adj., qui paye, دفّاع - دافع.

Paye, s. f., solde des gens de guerre, جامكية ; plur., جوامك ; علوفة ; plur., علايف - راتب ; plur., رواتب.
Mauvaise paye, homme qui ne paye pas bien, ما يوفى ما عليه, ما يدفع.

Payement ou Paiement, s. m., action de payer; somme payée, دفعة - دفعة. Payement des dettes, قضا الديون, ايفا.

Payement, salaire, récompense, جزا.

Payer, v. a., acquitter une dette, وفى دين ; aor., يوفى - دفع مبلغ - قضى دين A. || Payer l'amende, حطّ جريمة O. || Payer quelqu'un, lui payer ce qui lui est dû, اوفاه حقّه - اعطى - صاحب الحقّ حقّه - خلّصه (Barb.). || Je n'ai pas

## PÉA

été payé, ما قبضت حقي. ‖ Le porteur de cette lettre est payé, وحامل الاحرف خالص الاجرة. ‖ Tu me le payeras, je me vengerai de toi, تفرج. ‖ Payer une chose, en payer le prix, خذ مني على ما يجيبك ـ دفع حقّه ـ اعطى وفي حق الشي. ‖ Payer en espèces, دفع فلوس ـ دفع دراهم نقدا. ‖ Payer à vue, دفع في الساعة.

*Payer* de belles paroles, دفع حقّه بالفم. *Payer* d'audace, d'effronterie, علّله بمواعيد كويسة ـ اظهر الوقاحة ـ قوى عزمه.

*Payer*, au fig., récompenser ou punir, جازى احدا.

*Payer* le tribut à la nature, au fig., mourir, وفي حق الطبيعة. *Payer* pour les autres, être seul puni pour une faute commune, وفي ما عليه لاجل الغير. ‖ *Payer* en même monnaie, rendre la pareille, نقاصص ـ قابله بمثل ماصنع بمعاملته. ‖ *Payer* d'ingratitude, être ingrat, قابل الجميل ـ ما عرف الجميل ـ نكر المعروف بالقبيح. ‖ *Payer* de sa personne, faire son devoir dans une occasion dangereuse, خاطر بنفسه.

*Se payer* de, v. pron., se satisfaire, اقتنع ب.

PAYEUR, s. m., celui qui paye, دفّاع. Mauvais payeur, لايدفع ما عليه الا بكل صعوبة.

*Payeur*, titre de charge, موزّع ـ خزندار الجوامك.

PAYS, s. m., région, contrée, بلاد; plur., بلدان ـ قطر; plur., اقطار. Du pays, qui est production du pays, بلدي. ‖ Cet homme est de mon pays, هذا ابن بلادي.

PAYSAGE, s. m., étendue d'un pays qu'on voit d'un seul aspect, نظر البلاد.

*Paysage*, tableau qui le représente, صورة نظر البلاد.

PAYSAGISTE, s. m., peintre qui fait des paysages, مصوّر بلاد.

PAYSAN, NE, s., homme de campagne, فلّاح.

PÉAGE, s. m., droit pour un passage, مكس.

## PÉC 583

PEAU, s. f., partie extérieure de l'animal, جلد; plur., جلود ـ جلدة. Peau, épiderme, بشرة.

*Peau*, enveloppe, pellicule de fruits, قشرة; plur., قشور. Oter la peau de, قشّر.

Crever, enrager dans sa *peau*, au fig. fam., n'oser pas témoigner son dépit, اكل بغضه ـ اكل كفيه.

PEAUSSIER, s. m., artisan qui prépare les peaux, جلودي.

PECCABLE, adj. com., capable de pécher, قابل الخطا.

PECCADILLE, s. f., petit péché, زلّة.

PECCANT, E, adj., t. de méd., فاسد.

PÉCHÉ, s. m., transgression de la loi divine, وزر; pl., اوزار ـ ذنب; pl., ذنوب ـ خطية; pl., خطايا. Péché mortel, grand péché, خطية مميتة ـ كبيرة; plur., كباير.

PÊCHE, s. f., fruit, خوخ. En Syrie, درّاق et دراقن.

PÊCHE, s. f., exercice, action de pêcher, صيد السمك.

PÉCHER, v. n., transgresser la loi divine, اخطى ـ ارتكب خطية. Pécher, faillir contre quelque règle, manquer à un devoir, عاب في شي ـ خالف بعض القوانين ـ اخطى.

*Pécher*, n'avoir pas les qualités, la quantité requises, نقص. Il pèche par beaucoup d'endroits, به نقص كثير ـ ناقصه شي كثير. ‖ Il ne pèche que par, ما فيه نقص، مافيه عيب الا.

PÊCHER, v. a., prendre du poisson, etc., à la pêche, اصطاد السمك.

*Pêcher*, retirer de l'eau, اخرج من الماء.

PÊCHER, s. m., arbre, شجرة الخوخ ـ شجرة الدرّاق.

PÊCHERIE, s. f., lieu où l'on a coutume de pêcher, محل الصيد.

PÉCHEUR, CHERESSE, s., qui commet des péchés, خاطي; plur., خطاة.

PÊCHEUR, s. m., qui pêche des poissons, etc.,

(Barbar.). حوّات - صيّادين ; plur., صيّاد سمك.

Pécore, s. f. fam., sot, stupide, بهيمة.

Pecque, s. fém., femme sotte et impertinente, امراة شلقة.

Pectoral, e, adj., bon pour la poitrine, صدرى نافع للصدر.

Le *pectoral*, muscle, الصدرى.

Péculat, s. m., vol des deniers publics, نهب المال.

Pécule, s. m., bien acquis par l'industrie, le travail, مال محصول بالكدّ.

Pécuniaire, adj. com., يخصّ الفلوس.

Pécunieux, se, adj., qui a beaucoup d'argent, riche, مقرش - مموّل.

Pédagogie, s. f., instruction, éducation des enfants, تعليم الصغار.

Pédagogique, adj., qui a rapport à l'éducation des enfants, يخصّ تعليم الصغار.

Pédagogue, s. m. iron., qui enseigne les enfants, معلّم صغار - معلّم كتّاب.

Pédant, e, adj., terme injurieux, qui affecte un ton décisif, ou trop d'exactitude, de sévérité, d'instruction, كثير الغلبة. Pédant, qui affecte dans son langage une grande exactitude grammaticale, نحوى ; plur., نحاة.

*Pédant*, qui tient du pédant, qui sent le pédant, غلباوى.

Pédanter, v. n., t. de mépris, enseigner dans les colléges, علّم فى كتّاب.

Pédanterie, s. f., manière, érudition pédante, غلبة معلم كتاب.

Pédantesque, adj. com., qui sent le pédant, غلباوى.

Pédantesquement, adv., بغلبة.

Pédantiser, v. n. fam., faire le pédant, كثّر غلبة.

Pédantisme, s. m., air, caractère, manière de pédant, غلبة - عجرفة - تسيطر.

Pédéraste, s. m., adonné à la pédérastie, لوطى - متاع اولاد.

Pédérastie, s. f., amour des hommes, ou pour de jeunes garçons, فاحشة, فعل الذكر بالذكر - لواط.

Pédestre, adj. com. (statue), qui représente un homme à pied, صورة شخص واقف على رجليه.

Pédestrement, adv. fam., à pied, على رجليه - ماشى.

Pédiculaire, adj. (maladie), dans laquelle il s'engendre une grande quantité de poux, داء القمل - قمل.

Pédiculaire, s. f., plante, Crête de coq, فطيرا - طنطور الجندى.

Pédiluve, subst. masc., bain de pieds, حمّام الرجلين.

Pégase, s. m., cheval fabuleux, براق.

*Pégase*, constellation, الفرس الاعظم.

Peigne, s. m., instrument à dents pour démêler les cheveux, مشط ; plur., امشاط.

Peigné, e, adj., ajusté, soigné, منظّم. Mal peigné, عشش.

*Peigné*, exact, châtié (style), محبّر.

Peigner, v. a., démêler les cheveux, مشّط - سرّح.

*Peigner*, au fig. popul., battre, maltraiter, A. مرغ - O. قتل.

*Peigner*, apprêter le lin, le chanvre, سرّح.

Peignier, s. m., qui fait et vend des peignes, بيّاع امشاط.

Peignoir, s. m., linge que l'on endosse quand on se peigne, فوطة - محزم.

Peignures, s. f. plur., ce qui tombe de la tête quand on se peigne, مشاطة.

Peindre, v. a., figurer les objets par les traits, les couleurs, صوّر.

*Peindre*, couvrir d'un enduit coloré, O. دهن. Se peindre les sourcils, تخطّط. Se peindre les ongles, les mains, تَحْنًا. ‖ Se peindre les paupières, تَكْتَحِل.

*Peindre*, embellir, orner de figures, نَقَش.

*Peindre*, former très-bien les lettres en écrivant, نَمَّق.

*Peindre*, au fig., représenter vivement par le discours, وَصَف; aor., يَصِف.

*Se peindre*, v. pron., se montrer sensiblement, ظَهَر - بَان. A.

*S'achever de peindre*, au fig. fam., achever de s'enivrer, انْسَطَل.

*S'achever de peindre*, achever de se ruiner, كَمَّل العَكْس.

*Chose faite à peindre*, très-bien faite, تُحْفَة; plur., تُحَف.

PEINE, s. f., affliction, souffrance, ألم - عَنا - شَقا. ‖ Le sort nous réserve bien des peines, الشَّقا البَشَرِي عَلَيْنا قَطْوعات.

*Peine*, châtiment, punition, عُقوبة - قِصاص - جَزا. ‖ Il portera la peine de sa faute, يِلاقِي جَزا ذَنْبِه. ‖ Peine capitale, قِصاص يِتْقاصَص لاَجَل ذَنْبِه. ‖ Sous peine de mort, بِوَبال الرَّاس - بالموت. Il a ordonné cela sous peine de mort, أَمَرهم بذلك تَحْت الحُكْم بالهَلاك.

*Peine*, travail, fatigue, شَقا - عَنا - تَعَب - كَدّ - مَشَقّة. ‖ Avoir beaucoup de peine, prendre beaucoup de peine, تَعَذَّب - اتْعَب. A. - تَعَّب نَفْسه كَتير. ‖ Perdre sa peine, ضَيَّع تَعَبه. ‖ C'est peine perdue, يا خَيْبة المَسْعَى - حَيْف على تَعَبَك نَهَرم. Je vous récompenserai de votre peine, أُشوف تَعْبَك. ‖ On n'a rien sans se donner de peine, مِن لَم يَحْتَرِف لَم يَعْتَلِف. ‖ Donnez-vous la peine d'entrer, تَفَضَّل اِلَى جَوا - تَفَضَّل ادْخُل. ‖ Donnez-vous la peine, prenez la peine de faire cela, كَلِّف خاطْرَك اعْمِل هذا. ‖ Ne vous en donnez pas la peine, لا تْكَلِّف خاطْرَك - لا تْتَعَب. Je vous ai donné bien de la peine, pardon de la peine, كَلَّفْت خاطْرَك; rép.: كَلَّفْنا خاطْرَك ou

وَاجِب - وَاجِب على ou وَاجِبة. ‖ Excusez la peine que nous vous avons donnée, سامَحونا لا تْواخْذونا. ‖ Pour ne pas vous donner la peine de répondre, حتّى لا نْكَلِّف خاطْرَكم بِرَدّ الجَواب. ‖ Cela n'en vaut pas la peine, هذا شَي ما يُحْرَز - ما يُحْرَز.

*Homme de peine*, qui fait de gros travaux, فاعِل; plur., فَعَلَة.

*Peine*, difficulté, صُعوبة. J'ai eu toutes les peines du monde à le faire consentir, بِكُلّ صُعوبة ارْضَيته.

*Peine*, chagrin, ألم - غَمّ; plur., غُموم. Faire de la peine à quelqu'un, غَمَّه - ألَّمه. I. ‖ Cela me fait de la peine, هذا يَصْعَب على - يَعِزّ على. ‖ J'ai peine à, il m'en coûte de, يَشِقّ على ان - يَصْعَب على.

*Peine*, inquiétude, هَمّ; plur., هُموم - قَلَق - وَسْوَسة - بَلْبال - اضْطِراب البال. Être en peine de, هَدَس في. A. - شَغَل بالُه الشَّي. I. - هَكَل هَمّ. ‖ J'étais en peine de vous, كان فِكْري و قَلْبي بالَك عَنْدَك. ‖ N'en soyez point en peine, نَحَوَّك. ‖ Je suis en peine, لا تْفَتْكِر - لا يْكون لَك فِكْرة انا مَشْغول البال.

*A peine*, presque pas, انجَق. A peine sait-il lire, ما يَعْرِف يَقْرى الاّ قَليل - انجَق يَعْرِف يَقْرى. ‖ A peine est-il entré, il ne fait que d'entrer, تَوَّا دَخَل. ‖ A peine l'avait-il bu, qu'il tomba, ما لَحِق شُرْبه حتّى وَقَع. ‖ A peine eut-il prononcé ce mot, que l'assemblée se souleva contre lui, ما لَفَظ بهذا الكَلام اِلاّ و الجَماعة قامَت عليه.

*A peine*, ou à grand'peine, بالكَدّ - بِكُلّ صُعوبة - بِكُلّ جَهْد جَهيد.

PEINÉ, fâché, affligé, مَغْموم.

*Peiné*, travaillé avec effort, مُتْعَنّى.

PEINER, v. a., causer du chagrin, صَعَّب على. A. - شَقّ على. I. - غَمّ.

*Peiner*, causer de l'inquiétude, اتْعَب السِّرّ. A. شَغَل البال.

*Peiner*, v. n., répugner à, شَقّ عليه ان. O. -

PEINER, v. n., et *Se peiner*, avoir de la fatigue, تَعب .A.

PEINTRE, s. m., artiste, مصوّر - مصوّراتى .

*Peintre*, au fig., celui qui représente vivement en parlant, en écrivant, وصّاف .

PEINTURE, s. f., art de peindre, صناعة التصوير .

*Peinture*, ouvrage de peintre, تصوير ; plur., تصاوير .

*Peinture*, couleur, دهان .

*Peinture*, au fig., description vive et animée, وصف .

PELADE, s. f., maladie qui fait tomber le poil, داء الثعلب .

PÊLE-MÊLE, adv., confusément, خلطة - خلط ملط - خلطة بلطة - ملخبطين .

PELER, verb. act., ôter le poil, نتف الشعر I. نتف .

*Peler*, ôter la peau, l'écorce, قشر I. قشر .

*Peler*, v. n., se détacher, en parlant de la superficie de la peau, تقشّر .A. قشر .

PELÉ, E, adj., à qui on a ôté le poil ou l'écorce, مقشور - منتوف .

PÉLERIN, NE, s., qui va en pélerinage (à la Mecque), حاج ; pl., حجّاج . Pélerin de Jérusalem, زاير ; plur., زوّار . ‖ Pélerin en général, مقدسى ; plur., مقادسة .

PÉLERINAGE, s. m., voyage fait par dévotion, زيارة - حج . Aller en pélerinage à, زار O. ‖ Aller en pélerinage à la Mecque, حج O. ‖ Aller en pélerinage à Jérusalem, تقدّس . ‖ Lieu de pélerinage, de dévotion, مزار - مشهد - زيارة . ‖ Le pélerinage de la vie, غربة هذه الحيوة .

PÉLICAN, s. m., oiseau aquatique, رخمة ; plur., رخم - سقّا .

PELISSE, s. f., robe, manteau fourré, فروة ; pl., فراوى - كركك ; plur., اكراك .

PELLE, s. f., instrument large, plat, à long manche, مجرفة - بالة (Barb.). Sorte de pelle sur laquelle on ramasse les ordures en balayant, فرشخانة .

PELLÉE, PELLETÉE, s. f., autant qu'il en peut tenir sur une pelle, ملو مجرفة .

PELLETERIE, s. f., art de faire des fourrures, صناعة الفرّا .

*Pelleterie*, fourrures, فراوى .

PELLETIER, ÈRE, s., celui qui accommode et vend les peaux pour les fourrures, فرّا ; plur., فرّايين .

PELLICULE, s. f., peau très-mince, جلدة رفيعة . ‖ Pellicule au dedans d'un œuf, قشرة - غلالة ; plur., خراشى - خراشا .

PELOTE, s. f., petite balle de fil roulé, كبّابة - كبكوب - كبتولة - طابة - سلالة خيط .

*Pelote*, petit coussinet sur lequel les femmes fichent des épingles, des aiguilles, مغرز الدبابيس و الابر .

*Pelote*, marque blanche sur le front du cheval, غرّة - نجمة - صبحة - هلال فى جبهة الحصان .

PELOTER, v. a., battre, maltraiter, قتل O. - ضرب O. I.

*Peloter*, vaincre, غلب I.

*Peloter*, v. n., (en attendant partie), اخد فى الهزل قبل الجدّ .

PELOTON, s. m., pelote, سلالة - كبّابة - طابة - كبكوب . Peloton, linge, papier, morceau de bois sur lequel on roule le fil pour faire un peloton, مكبّ .

*Peloton*, au fig., t. milit., petite troupe, جماعة - عسكر .

PELOTONNER, v. a., mettre en peloton, كبّ O. - لفّ على المكتّ O.

*Se pelotonner*, v. pr., التمّ - اجتمع .

PELOUSE, s. f., terrain couvert d'une herbe épaisse et courte, خضرة .

PELU, E, adj., garni de poils, ازبّ - مُشعر .

PELUCHÉ, E, adj., velu, étoffe, plante, له وبرة

PELUCHE, s. f., étoffe à poils longs d'un côté, قماش له وبرة.

PELUCHER, v. n., se couvrir de poils par le frottement, l'usure, طلع له وبرة - انتفش - انفش A.

PELURE, s. f., la peau ôtée de dessus un fruit, etc., قشر - قشرة.

PÉNAL, E, adj., qui assujettit à quelque peine, حدى - قصاصى.

PÉNALITÉ, s. f., qualité de ce qui est pénal, peine, حدّ - قصاص.

PÉNATES, s. m. pl.; au fig., habitation, محلّ.

PENAUD, E, adj. fam., honteux, interdit, مخجّل.

PENCHANT, s. m., terrain qui va en pente, نزلة. Être sur le *penchant* de sa ruine, مال الى الخراب - اشرف على الخراب.

Penchant, au fig., inclination naturelle de l'âme, ميل الى - عطف - انعطاف.

Penchant, déclin, زوال - ميل.

PENCHANT, E, adj., qui penche, incliné, مايل.

Penchant, au fig., sur son déclin, مايل الى الزوال.

PENCHEMENT, s. m., état de ce qui penche, ميل.

PENCHER, v. a., incliner, baisser de quelque côté, حنى - ميّل - أمال I.

Pencher, v. n., être hors d'aplomb, مال I.

Pencher, au fig., être porté à quelque chose, incliner pour, مال الى - نحو I. - غرض لاحد A. Faire pencher quelqu'un pour soi, استماله أماله اليه.

PENDABLE, adj. com., qui mérite la potence, مستحقّ المشنقة.

PENDAISON, s. f. popul., شنق.

PENDANTS D'OREILLES, s. m. pl., pierres, bijoux pendus aux oreilles, حلقة; plur. حلق - قروط; pl., قرط - شنوف; plur., شنف - حلقان; pl.

PENDANT, s. m., pareil, نظير - اخو - اخ. Pendant, ce qui correspond, مقابل.

PENDANT, E, adj., qui est attaché par en haut, معلّق.

Pendant, qui pend, tombant, مرخى - مدندل.

Procès *pendant*, qui n'est pas décidé, دعوة معلّقة.

PENDANT, prépos., durant un espace de temps, طول - فى مدة.

Pendant que, conj., tandis que, و - بينما. Pendant qu'il parlait, وهو يتكلم - بينه هو يتكلم.

PENDARD, E, s., vaurien, fripon, مستحقّ الشنق - خرج المشنقة.

PENDELOQUE, s. f., parure de pierreries ajoutée à des boucles d'oreilles, قرط.

PENDILLER, v. n., تدندل.

PENDRE, v. a., attacher en haut, علّق فى.

Pendre, attacher à un gibet, شنق O.

Pendre, v. n., être suspendu, attaché, تعلّق فى - كان معلّق.

Se pendre, v. pron., se défaire de soi en se pendant, شنق روحه O.

Pendre, v. n., descendre trop bas, ارتخى - تدلّى - تدندل.

PENDU, E, adj., attaché à une potence, مشنوق.

Pendu, attaché en haut, معلّق.

PENDULE, s. f., horloge à pendule, ساعة - بشتختة.

PENDULE, s. m., poids d'une horloge, ثقالة.

PÈNE, s. m., morceau de fer qui sort d'une serrure et ferme une porte, لسان القفل.

PÉNÉTRABILITÉ, s. f., qualité de ce qui est pénétrable, اختراق.

PÉNÉTRABLE, adj. com., qu'on peut pénétrer, ينفذ فيه - ينشقّ.

PÉNÉTRANT, E, adj., qui pénètre, خارق - يخرق - نافذ.

Pénétrant, au fig., qui a une grande perspicacité, نبيه - اذكياء; plur., ذكىّ العقل - خارق; plur., نبهاء - فطن.

PÉNÉTRATIF, IVE, adj., qui pénètre aisément, خارق.

PÉNÉTRATION, s. f., vertu, action de pénétrer, نفاذ ـ دخول.

*Pénétration*, au fig., vivacité d'esprit, sagacité, نباهة ـ فطنة ـ ذكاء.

PÉNÉTRER, v. a., percer, passer à travers, A. قطع فى I. ـ نفذ فى I. ـ خرق.

*Pénétrer*, au fig., toucher vivement le cœur, قطع فى ـ اثّر فى.

*Pénétrer*, approfondir, avoir une connaissance profonde, تجوّن. Pénétrer un secret, وقف على I. عرف السرّ ـ طلع على سرّ ـ سرّ.

*Pénétrer* dans, parvenir, entrer dans un lieu, O. دخل فى ـ الى.

PÉNÉTRÉ, E, adj., affligé, متأسّف على ـ مكسور القلب. Pénétré de reconnaissance, ذاكر احسانكم و شاكر افضالكم. Je suis pénétré de cette vérité, هذا عندى مؤكّد و محقّق.

PÉNIBLE, adj. com., qui donne de la peine, شاقّ ـ متعب ـ تعب ـ صعب.

PÉNIBLEMENT, adv., بمشقّة ـ بصعوبة.

PÉNINSULE, s. f., presqu'île, جزيرة ; plur., جزاير.

PÉNITENCE, s. f., repentir, regret d'avoir offensé Dieu, توبة ـ ندامة. Faire pénitence de ses péchés, O. تاب عن ـ من الخطية.

*Pénitence*, peine imposée par le prêtre, etc., pour une faute, كفارة ـ قانون. Imposer une pénitence à, فرض قانون عليه ; A. عمل. ‖ Accomplir sa pénitence, وفى القانون ; aor., يوفى. ‖ Pour pénitence, en pénitence de, قانون.

PÉNITENT, E, adj., qui a regret d'avoir offensé Dieu, تايب ـ متندّم ـ ندمان.

PÉNITENT, E, s., qui confesse ses péchés à un prêtre, تلميذ الكاهن ـ ابنه فى الاعتراف.

PENNAGE, s. m., plumes des ailes d'un oiseau, ريش اجنحة الطير.

PENNE, s. f., grosse plume d'oiseau de proie, ريشة طير جارح.

PENSANT, E, adj., qui a la pensée, عاقل. Mal pensant, qui juge mal des autres, صاحب فكر السوء ظنّان. ‖ Bien pensant, qui a de bons sentiments, عاقل ; plur., عقلا.

PENSÉE, s. f., opération de l'esprit, chose pensée, فكر ـ فكرة ; plur., افكار. Pensée juste, فكر صايب. ‖ Plus rapide que la pensée, اسبق من الافكار.

*Pensée*, opinion, croyance, ظنّ.

*Pensée*, avis, راى.

*Pensée*, dessein, projet, قصد ـ ما فى الخاطر. Il lui vint en pensée de, خطر فى باله ان.

*Pensée*, maxime, dit mémorable, كلمة ; pl., كلم.

PENSÉE, s. f., fleur, زهرة الثالوث تشبه البنفسج.

PENSER, v. n., concevoir des idées, I. عقل. ـ A. تفكّر ـ فكر فى. A quoi pensez-vous ? ايش تفتكر. J'ai pensé à ce que vous m'aviez dit, افتكرت فيه ـ قلت لى.

*Penser*, être sur le point de, A. كاد. Il a pensé le tuer, كاد يقتله.

*Penser*, v. a., avoir dans l'esprit, اضمر. Il dit le contraire de ce qu'il pense, يقول خلاف ما فى ضميره.

*Penser*, imaginer, افتكر. Je vous laisse à penser, قس على ذلك ـ افتكر.

*Penser*, croire, juger, I. حسب ـ O. ظنّ ـ A. خمّن. ـ O. شاف ـ A. راى (Barb.). On pense de lui cent choses fâcheuses, يظنّوا فيه كل شى ردى. ‖ Que pensez-vous de cela ? كيف تشوف هذا. ‖ Comme vous le pensiez, كيف رايت هذا. ‖ Je ne puis penser que, كما حسبت ـ على حسابك ـ ما يقطع عقلى ان.

PENSEUR, s. m., qui est accoutumé à réfléchir, à penser, صاحب فكر ; plur., اصحاب الافكار.

PENSIF, IVE, adj., qui songe, qui rêve, occupé d'une pensée, محسب ـ متفكّر ـ مفتكر ـ مفكّر. Pourquoi êtes-vous pensif ? ايش بك مفتكر.

Pension, s. f., somme annuelle pour la nourriture, le logement, ثمن اكل وسكنة سنوى.

Pension, maison où l'on nourrit et loge, محل اكل و سكنة بالثمن.

Pension, maison d'éducation, مدرسة - مكتب; plur., مدارس.

Pension, gratification annuelle, récompense annuelle de services, جامكية - راتب, pl., رواتب; plur., علايف; plur., علوفة - جوامك.

Pension, somme fixe qu'on paye chaque année pour l'éducation d'un enfant, معلوم الكتاب.

Pensionnaire, s. m., qui paye une pension, له الاكل و السكنة بالثمن.

Pensionnaire, celui qui reçoit une pension, اصحاب الرواتب; plur., صاحب الراتب.

Pensionnat, subst. masc., pension, مكتب - مدرسة.

Pensionner, v. a., donner, faire une pension à quelqu'un, عيّن له ,اطلق له الرسوم و الجرايات و الرواتب.

Pensum, s. m., terme de collège, surcroît de travail exigé pour punir, قانون.

Pentaglotte, adj., en cinq langues, بخمسة السن.

Pentagone, adj. com., qui a cinq angles et cinq côtés, مخمّس.

Pentateuque, s. m., les cinq livres de Moïse, التوراة.

Pente, s. f., penchant d'une montagne, etc., نزلة - وهدة جبل. Pente, terrain qui va en descendant, تحديرة.

Pente, cours d'une rivière en descendant, انحدار.

Pente, au fig., inclination, penchant, ميل الى.

Pentecôte, s. f., fête des catholiques en mémoire de la descente du Saint-Esprit, عيد العنصرة - عيد حلول الروح القدس.

Penture, s. f., bande de fer pour soutenir une porte, une fenêtre, صفيحة حديد لباب; plur., صفايح.

Pénultième, adj. com., avant-dernier, قبل الاخر.

Pénurie, s. f., extrême pauvreté, قلّة.

Pépastique, adj. com., qui mûrit les humeurs, منضّج.

Pepie, s. f., pellicule qui vient au bout de la langue des oiseaux et qui les empêche de boire et de manger, داء يحصل للعصافير فى السنتهم و يمنعهم عن الاكل و الشرب.

Pepin, s. m., petite semence d'un fruit sans noyau, بزر - بزرة, plur., بزور - لبّ.

Pépinière, s. f., plant de jeunes arbres pour replanter, شتل - شجيرة.

Pépinière, au fig., réunion de jeunes gens, d'hommes destinés à, زريعة.

Peptique, adj. Voyez Pépastique.

Percale, s. f., toile de coton blanche, خام - همايون.

Perçant, e, adj., qui perce, qui pénètre, يخرق. Froid perçant, برد يخرق. ‖ Voix perçante, claire et aiguë, صوت رفيع عالى. ‖ Yeux perçants, vifs et pénétrants, عيون برقة. ‖ Vue perçante, qui voit des objets très-petits ou très-éloignés, نظر بعيد.

En perce, adv., (vin, tonneau), نبيذ خمر مفتوحة.

Perce-feuille, s. f., plante, خير الله.

Perce-mousse, s. m., polytric commun, كزبر الصخر.

Perce-oreille, s. m., insecte, ابو مقصّ.

Perce-pierre, s. f., fenouil marin, قريبس - شهرة بحرية.

Percée, s. f., ouverture dans un bois pour se procurer un chemin, un point de vue, فتحة ,منفذ فى هيش.

Percement, s. m., action de percer, خرق - ثقب.

PER

PERCEPTEUR, s. m., commis, préposé à la recette des impôts, قابض.

PERCEPTIBILITÉ, s. f., qualité de l'objet perceptible, ادراك.

PERCEPTIBLE, adj. com., qui peut être perçu (impôt), رايج.

Perceptible, qui peut être perçu par les sens, يُدرك بالحواس. Cela n'est pas perceptible aux yeux, لا يدركه النظر.

PERCEPTION, s. f., recette, recouvrement de deniers, قبض مال.

Perception, idée, sentiment que produit l'impression d'un objet, ما تدركه الحواس ـ ادراك ـ نظر.

PERCEPTIVE, adj. fém., (faculté), القوة المدركة.

PERCER, v. a., faire une ouverture, un trou dans, O. بخش ـ I. نفذ ـ O. ثقب ـ O. نقب ـ I. خرق. ـ I. خرم ـ Mon soulier est percé, تاسومتى مخرومة. || Les vers percent le bois, السوس ينخر الخشب.

Percer, pénétrer, imbiber, A. نقع ـ A. قطع فى.

Percer, se manifester, A. ظهر.

Percer, se déceler, انكشف.

Percer une croisée, une porte, en faire l'ouverture, A. فتح.

Percer, passer à travers, I. خرق. Percer la foule, un bataillon, etc., O. شق ـ O. شق بين.

Percer l'avenir, au fig., le prévoir, A. قرأ العاقبة ـ I. كشف العاقبة.

Cela me perce le cœur, m'afflige extrêmement, انا مكسور, متاسف على ذلك ـ هذا جرح قلبى ـ هذا الّمنى.

Percer, v. n., se faire une ouverture, s'ouvrir, A. فقع. || Cet abcès a percé, هذا الدمل فقع. Ses dents ont percé, ou il a percé des dents, طلعت اسنانه.

Percer, avoir issue, I. نفذ. Sa maison perce dans deux rues, بيته نافذ على حارتين.

Percer, au fig., faire son chemin, A. فلح ـ

PER

A. نجح. Ce jeune homme percera, هذا الشاب يفلح.

Il est bas percé, il est presque ruiné, خُرق.

PERCEVOIR, v. a., recevoir, recueillir des revenus, etc., I. قبض المال ـ تعاطى.

Percevoir, recevoir par les sens l'impression des objets, ادرك.

PERCHE, s. f., poisson, نوع سمك نهرى.

Perche, long bâton, شبيط ـ عصاية طويلة.

Perche, mesure, قصبة.

PERCHER, v. n., ou SE PERCHER, v. pr. (oiseaux), se mettre sur une branche, O. حط ـ I. جثم الطير على.

PERCHOIR, s. m., محل جثوم الدجاج.

PERCLUS, E, adj., impotent de tout ou d'une partie du corps, مقعد ـ سطيحة ـ مكسّح. Perclus du bras, de la main, أكتع ـ مكتع ; fém., كتعاء ; plur., كتع.

PERÇOIR, s. m., instrument pour percer, مخراز.

PERCUSSION, s. f., impression d'un corps qui en frappe un autre, طرق ـ طرقة.

PERDABLE, adj. com., يخسر.

PERDANT, s. m., qui perd au jeu, خسران.

PERDITION, s. f., mauvais emploi de son bien, اتلاف ـ تضييع المال.

Perdition, état d'un homme hors la voie du salut, dans le vice, هلكة ـ عطبة ـ خسران ـ عطب ـ هلاك.

PERDRE, v. a., cesser d'avoir, etc., A. خسر ـ I. فقد ـ عدم ـ A. ضيّع. J'ai perdu dix piastres au jeu, خسرت عشر غروش فى اللعب. || Ils ont perdu la bataille, غلبوا ـ خسروا. || J'ai perdu la clef, ضيّعت المفتاح. || Il a perdu ses parents, فقد اهله. || Perdre patience, انقطع الصبر ـ انفجع فى اهله ـ عدم اهله ـ عدم المصطبر. || Perdre haleine, ضيّع نفسه. || Perdre la vie, هلك. || Perdre le chemin, O. تاه عن الطريق ـ ضيّع الدرب. || Perdre son temps, en faire un mauvais emploi, ضيّع زمانه ـ صرف اوقاته بالباطل. || Perdre sa peine,

PER          PER       591

ضاع – راح نعبد نعبد سدا. *Voyez* PEINE. ‖ Perdre l'occasion, n'en pas profiter, ضيّع الفرصة. ‖ Perdre son procès, خسر A.

*Perdre* quelqu'un, le ruiner, خرب بيته I. – عكس I. ‖ Perdre quelqu'un, le faire périr, اهلكه ‖ Perdre quelqu'un d'honneur, le décréditer, عكسه. – كسر عرضه A. – فضحه I. ‖ Perdre quelqu'un dans l'esprit du prince, غيّر الامير عليه.

*Perdre*, corrompre les mœurs, débaucher, افسد – خسّر I. – عكس.

*Perdre*, gâter, endommager quelque chose, اتلف.

*Perdre* l'espérance de, ضاع عشمه ب I. – قطع الامل من A. Perdre de vue, cesser de voir, غاب الشي عن بصره – ما بقى ينظر I.

*Perdre* de vue, au fig., cesser de suivre une affaire, ترك من باله O.

*Perdre* pied, perdre terre, ne plus trouver le fond de l'eau avec ses pieds, غارت رجليه فى الماء O.

*Perdre* la tête, avoir la tête coupée, انقطع راسه.

*Perdre* la tête, au fig., perdre l'esprit, ضيّع العقل – جنّ – ضيّع المعقول O. ‖ Faire perdre la tête à quelqu'un, سوسه – جنّنه.

*Perdre*, v. n., éprouver quelque perte, خسر A. Il a perdu sur cette marchandise, خسر فى هل البضاعة.

*Perdre*, diminuer de valeur, نزل I. – انحطّ A. – خسّ.

*Se perdre*, v. pron., perdre son chemin, ضيّع O. الدرب تاه عن الطريق.

*Se perdre*, s'égarer, disparaître, ضاع I. Se perdre, s'évanouir, se dissiper, ذهب A. – راح O.

*Se perdre*, se débaucher, تلف A. – انعكس – نعثر. Se perdre, se ruiner, اتلف ماله.

*Se perdre*, faire naufrage, غرق A.

*Se perdre*, en parlant de l'eau qui est absorbée par les terres, غار O.

*Se perdre*, ne rien concevoir à une chose, حار فكره فى A.

PERDU, E, adj., ضايع – مفقود. Se jeter à corps perdu sur quelqu'un, هجم عليه – انطبق عليه O. ‖ Placer de l'argent à fonds perdu, غورق المال. ‖ A vos heures perdues, à vos moments de loisir, لما يكون لك فضاوة – فى رواقتك.

Enfants *perdus*, ceux qu'on détache pour combattre à la tête des troupes, اول من يتقدم فى الحرب.

Crier comme un *perdu*, de toute sa force, سرخ بكل عزمه O.

Femme *perdue*, femme publique, امراة فلاتية.

PERDREAU, s. m., petite perdrix, قبج; plur., افراخ; plur., فرخ حجل – قباج.

PERDRIGON, s. m., sorte de grosse prune, نوع من البرقوق.

PERDRIX, s. f., oiseau, حجلة; coll., حجل. Perdrix d'Égypte, petite perdrix de couleur cendrée, قطا.

PÈRE, s. m., والد – اباء; plur., ابو – اب. Mon père, بيّي – ابوى – ابى (très-vulg.). ‖ Ton père, بيّك – ابوك (très-vulg.). ‖ De père en fils, ابا عن جدّ. ‖ Nos pères, nos ancêtres, ابانا – جدودنا.

*Père* des pauvres, celui qui leur fait beaucoup de bien, etc., ابو الفقرا و المساكين.

*Pères* de l'Église, docteurs dont l'Église a approuvé les décisions, ابا الكنيسة. Pères des déserts, anciens anachorètes, الآبا السوّاح.

*Père*, titre des religieux, prêtres, ابـ – بادرى – ابونا.

*Père* nourricier, mari de la nourrice d'un enfant, اب من الرضاع – جوز, plus vulg.; زوج المرضعة.

Grand-*père*, جدّ; plur., اجداد – جدود et ابو زوج او ابو امراة.

Beau-*père*, père d'un conjoint, حمو.

PÉREMPTOIRE, adj. com., décisif, contre quoi il

n'y a rien à répliquer, مُقْنِع - مُفْحِم. Argument péremptoire, برهان قاطع.

**Péremptoirement**, adv., d'une manière péremptoire, بكلام مفحم, مقنع.

**Perfectibilité**, s. f., قابلية للاصلاح و الكمال.

**Perfectible**, adj. com., susceptible de perfection, قابل للاصلاح و الكمال.

**Perfection**, s. f., qualité de ce qui est parfait, كمال.

*Perfection*, qualité excellente, فضيلة; plur., فضايل.

*Perfection*, achèvement entier, تكميل - اتمام.

En *perfection*, adv., parfaitement, مكمل - فى نهاية الكمال.

**Perfectionnement**, s. m., تكميل - اصلاح.

**Perfectionner**, v. a., rendre plus accompli, كمّل.

Se *perfectionner*, v. pron., marcher, atteindre à la perfection, تكمّل - مهر A. Se perfectionner dans un art, تمهر - تفرّس فى فن.

**Perfide**, adj. com., traître, déloyal, غدّار - مخاوز - مخامر - خوّان - خاين.

**Perfidement**, adv., بغدر - بخيانة.

**Perfidie**, s. f., déloyauté, manquement de foi, خيانة - نكث العهد - غدر - غدرة.

**Perforation**, s. f., action de perforer, ثقب - خرز.

**Perforer**, v. a., terme d'arts, percer, ثقب O. I. - خرز O. I.

**Péricarde**, s. m., capsule membraneuse autour du cœur, شغاف القلب.

**Péricarpe**, s. m., pellicule qui enveloppe le fruit, قشر الثمر.

**Péricliter**, v. n., être en péril, menacer ruine, عليه خطر - يؤول aor., ال الى السقوط; اشرف على العطب.

**Péricrâne**, s. m., membrane qui couvre le crâne, قشر القحف.

**Périgée**, s. m., lieu d'une planète le plus proche de la terre, اقرب موضع السيارات من الارض - حضيض.

**Périhélie**, s. m., lieu d'une planète le plus près du soleil, اقرب موضع السيارات من الشمس.

**Péril**, s. m., danger, risque, خطر; pl., اخطار; معاطب pl., معطب; مهالك plur., مهلكة. Au péril de sa vie, بخطر الراس. ‖ Prendre à ses risques et périls, اخذ عليه ضمن A. - O.

**Périlleux**, se, adj., où il y a du péril, dangereux, خطر - مخوف.

**Périmer**, v. n., périr, se perdre par prescription, بطلت I. - ضاعت دعوة للتهامل بها O. Droit périmé, حق ميت.

**Périmètre**, s. m., contour d'une figure, محيط شكل.

**Périnée**, s. m., espace entre l'anus et les parties naturelles, بين الخاتم و الفرج - بين التر و الفر.

**Période**, subst. masc., espace de temps vague, مدة.

*Période*, le plus haut point de quelque chose, حدّ - غاية - نهاية الى ابعد. Au plus haut période, غاية.

**Période**, s. f., cours, révolution d'un astre, دور - سير.

*Période*, temps réglé du retour d'une fièvre, دور.

*Période*, phrase composée de plusieurs membres, عبارة - دايرة كلام.

**Périodique**, adj. com., qui a ses périodes, داير - دورى. Fièvre périodique, حمّى دايرة.

*Périodique*, qui paraît dans des temps fixés (ouvrage), داير - يطلع فى اوقات معلومة.

*Périodique*, abondant en périodes (style), كلام مدوّر.

**Périodiquement**, adv., بالدور.

**Périoste**, s. m., membrane qui enveloppe et couvre les os, غشا العظم - قشر العظام.

PÉRIPATÉTICIENS, adj., disciples d'Aristote, المشاوون اصحاب ارسطاطاليس.

PÉRIPATÉTISME, s. m., philosophie d'Aristote, مذهب ارسطو.

PÉRIPÉTIE, s. f., changement subit de fortune, تبدّل الاتراح بالافراح او الافراح بالاتراح على غفلة.

PÉRIPHÉRIE, s. f., terme de géométrie, contour d'une figure, محيط شكل.

PÉRIPHRASE, s. f., circoulocution, دورة فى الكلام.

PÉRIPHRASER, v. n., parler par périphrases, O. دار فى الكلام.

PÉRIPNEUMONIE, s. f., inflammation du poumon, ذات الرية.

PÉRIR, v. n., prendre fin, tomber en ruine, هلك A. – فنى A. – تلف A. – عدم A. Le vaisseau a péri, غرق المركب.

PÉRISSABLE, adj. com., sujet à périr, بالى – هالك – زايل – فانى.

PÉRISTYLE, s. m., suite de colonnes formant galerie, رواق.

PÉRITOINE, s. m., membrane souple qui revêt intérieurement le bas-ventre, الصفاق – ثرب الصفاق.

PERLE, s. f., corps dur, brillant, درّة; coll., درّ; pl., درر – لولوة; coll., لولو; pl., لالى. Perle fausse, لولو كذّاب || Fil de perles, سلك لولو || Garniture de perles servant à orner la tête, شيّالة لولو.

La perle des hommes, le meilleur des hommes, جوهرة.

Enfiler des perles, au fig. fam., faire des riens, طرّز.

PERMANENCE, s. f., durée constante d'une chose, دوام – مداومة.

Permanence, existence réelle et continue du corps de Jésus-Christ dans l'Eucharistie, حقيقة وجود جسد المسيح فى القربان.

PERMANENT, E, adj., stable, immuable, دايم – مدوم.

PERMÉABILITÉ, s. f., qualité de ce qui est perméable, قطع الماء او غيره فيه.

PERMÉABLE, adj. com., terme de physique, qui peut être traversé par un fluide, يقطع فيه الماء I. || Perméable à la lumière, شقّاف – او خلافه I. يقطع فيه النور.

PERMETTRE, v. a., donner liberté, pouvoir de, سمح له A. – اذن له بشى A. Les lois ne permettent pas de, لا يجوز, لا يحل فى الشرع ان I. || Il est permis, يجوز – يحل.

Se permettre de, prendre la liberté de, تجاسر ب – تهجّم و –.

PERMIS, E, adj., qui n'est pas défendu, مباح – ماذون – جايز.

Permis, licite, honnête, حلال.

PERMIS, s. m., permission, اذن – اجازة I.

PERMISSION, s. f., pouvoir, liberté de faire, de dire, اذن – اجازة I. Demander permission, استاذن عن اذنك I. || Avec votre permission, احدا فى شى بدستورك.

PERMUTATION, s. f., terme de droit canon, échange d'un bénéfice contre un autre, مبادلة – نقل.

Permutation, terme de grammaire, substitution d'une lettre à une autre, قلب الحروف.

PERMUTER, v. a., échanger un bénéfice, بدل شيأ بشى I.

Permuter, substituer une lettre à une autre, قلب I.

PERNICIEUSEMENT, adv., بضرر.

PERNICIEUX, SE, adj., nuisible, dangereux, ردى – مؤذى – مضرّ.

PER OBITUM, adv., par mort, موت.

PÉRONÉ, s. m., terme d'anatomie, os extérieur de la jambe, القصبة الصغرى.

PÉRORAISON, s. f., conclusion d'un discours d'éloquence, خواتم كلام, plur.; خاتمة كلام.

PÉRORER, verb. act. et neutr. fam., discourir

38

I. وعظ – O. خطب, pour persuader,

PÉROU, s. m. fam., lieu très-abondant en richesses, بلاد العزّ.

PERPENDICULAIRE, adj. com., qui tombe à plomb, Ligne perpendiculaire, خط عمود – عمود قايم.

PERPENDICULAIREMENT, adv., عموداً.

PERPENDICULARITÉ, s. f., état de ce qui est perpendiculaire, كون الخط عموداً – قيام ارتكب.

PERPÉTRER, v. a., commettre, ارتكب.

PERPÉTUATION, s. f., action de perpétuer, ادامة – تخليد.

PERPÉTUEL, LE, adj., continuel, دايم – مخلّد – لا يزال.

PERPÉTUELLEMENT, adv., sans cesse, دايماً – بلا انقطاع – بلا فتور.

PERPÉTUER, v. a., faire durer sans cesse, ادام – ابّد – خلّد.

Se perpétuer, v. pr., تخلّد.

PERPÉTUITÉ, s. f., durée sans interruption, دوام – خلد.

A perpétuité, adv., pour toujours, على الدوام.

PERPLEXE, adj. com., irrésolu, très-inquiet, محتار. Cas perplexe, qui jette dans la perplexité, امر صعب يرمي في الحيرة.

PERPLEXITÉ, s. f., irrésolution, grand embarras, حيرة – لوعة.

PERQUISITION, s. f., recherche exacte, تفتيش. Faire des perquisitions, فتّش على شي.

PERRON, s. m., sorte d'escalier découvert pour l'étage d'en bas, سلم تحتاني.

PERROQUET, s. m., oiseau, ببغان – دُرّة ou ضرّة – طير النطق (Barbarie).

PERRUCHE, s. m., femelle du perroquet, دُرّة ou ضرّة.

PERRUQUE, s. f., coiffure de faux cheveux, شعر عِيرة.

PERRUQUIER, ÈRE, s., qui fait et vend des perruques, qui coiffe, مزيّن.

PERSAN, E, adj. et subst., de Perse, عجمي; coll., عجم; plur., اعجام; فارسي, coll., فرس.

Le persan, la langue persane, الفارسي – الفارسية.

PERSE, s. f., royaume d'Asie, بلاد العجم – بلاد الفرس – فارس – بلاد فارس.

PERSÉCUTANT, E, adj., qui se rend incommode par ses importunités, مهلك.

PERSÉCUTER, v. a., vexer, tourmenter injustement, I. ظلم – اضطهد.

Persécuter, importuner, زقق – ضجر – اهلك – ضيّق عليه.

PERSÉCUTEUR, TRICE, s., qui persécute, مضطهد – ظالم.

PERSÉCUTION, s. f., vexation, ظلم – اضطهاد.

Persécution, importunité continuelle, ضيقة.

PERSÉVÉRAMMENT, adv., بمواظبة – بالحاح.

PERSÉVÉRANCE, s. f., constance, بمواظبة – مداومة – الحاح – لجاجة – ادمان.

PERSÉVÉRANT, E, adj., qui persévère, لجوج – مواظب – مداوم – لجوج.

PERSÉVÉRER, v. n., persister, continuer à faire toujours la même chose, داوم على – ادمن – واظب على.

PERSICAIRE, s. f., plante, ارقطيون – اراقيطون.

PERSICOT, s. m., liqueur de noyaux de pêche, شراب بزر الخوخ.

PERSIENNE, s. f., jalousie de lattes en abat-jour, مخرّم.

PERSIFLAGE, s. m., هجو – اوز.

PERSIFLER, v. a., rendre quelqu'un instrument et victime d'une plaisanterie, A. ضحك على – سلخ.

PERSIFLEUR, s. m., qui persifle, مهازج – سلّاخ.

PERSIL, s. m., plante potagère, بقدونس – مقدونس.

PERSISTER, v. n., demeurer ferme dans son sentiment, واظب – داوم على – O. ثبت, ثبّت في – A. لجّ في.

# PER — PER

Personnage, s. m., homme, personne, رجل; plur., رجال.

Personnage, rôle que joue un comédien, شخص تقليد فى لعب الكوميدية.

Il joue un beau personnage, il figure de manière à s'attirer la considération, له صورة عظيمة.

Personnaliser, v. a., dire des personnalités, تكلّم فى حقّ.

Personnaliser, appliquer des généralités à un individu, خصّص.

Personnalité, s. f., caractère de ce qui est personnel; ce qui constitue un individu, شخصية.

Personnalité, trait piquant, injurieux, مسبّة - عيبة.

Personne, s. f., un homme, une femme, شخص; pluriel, اشخاص. Beaucoup de personnes, كثير من الناس. || Les personnes instruites, اصحاب العلم. || Une jeune personne, بنت; plur., بنات.

Personne, en parlant du mystère de la Trinité, اقنوم; plur., اقانيم.

Personne, t. de gramm., la première personne, المتكلم. La seconde personne, المخاطب. || La troisième personne, الغايب.

Personne, avec les pronoms possessifs, نفس. Payer de sa personne, خاطر بنفسه.

Personne, même, نفس - ذات. Il était en personne, c'est-à-dire lui-même, كان هو ذاته - كان هو بذاته.

Personne, s. m., nul, qui que ce soit, ما أحد - ما حدا. Il n'y a personne, ما حد - ما من احد - ما فى حدا - ما فيش حد.

Personne, quelqu'un, احد. Si personne ose, ان تجاسر احد.

Personnel, le, adj., propre et particulier à chaque personne, شخصى - مخصّص - ذاتى.

Personnel, très-occupé de lui-même, بحث ذاته.

Personnel, s. m., t. milit., ce qui regarde la personne des soldats, ذات العساكر.

Personnellement, adv., en propre personne, مخصصاً - ذاتياً - شخصياً.

Personnifier, v. a., attribuer à une chose inanimée la figure, le langage d'une personne, انطق - صوّر كصورة انسان.

Perspectif, adj. (plan), qui représente un objet en perspective, يورى بحسب راى العين.

Perspective, s. f., art de représenter les objets dans leur situation respective, علم المنظورات - نورية - تصوير الاشيا حسبما تراها العين.

Perspective, aspect des objets vus de loin, طلّة - نظرة. Cela borne la perspective, هذا يمنع النظر.

Perspective, au fig., espérances ou craintes fondées, قدّام - قدام العين. Vous n'avez d'autre perspective que, ما قدّامك الّا.

En perspective, adv., dans l'éloignement, فى البعد.

Perspicacité, s. f., pénétration, بصارة - حداقة - فطنة.

Perspicuité, s. f., clarté, وضوح.

Persuadant, e, adj., مقنع.

Persuader, v. a., déterminer à croire, أثبت - حقّق له - اوهمه الشى - قطع بعقله ان - عنك. Je suis bien persuadé que, عندى محقق ومؤكد ان.

Persuader, déterminer à faire, ارضى احداً ب - حمل احداً على شى.

Persuader, entraîner les autres à son opinion, أمال الناس الى رايه.

Se persuader, v. pr., croire, se figurer, صدّق - خمّن - ٥. ظنّ.

Persuasible, adj. com., que l'on peut persuader à quelqu'un, يقطع العقل - يتصدّق.

Persuasif, ive, adj., qui persuade, مقنع - قاطع.

Persuasion, s. f., action de persuader, قطع - امالة الناس الى راى - العقل.

38.

*Persuasion*, ferme croyance, تَحْقِيق - تَصْدِيق - تَأْكِيد.

Perte, s. f., dommage, privation, خَسَارَة; pl., خَسَائِر - فَقْد - عَدَم. Les pertes et les bénéfices, الخَسَارَة و المَكْسَب. ‖ La perte d'un parent, فَقْد وَاحِد مِن الأَقَارِب. ‖ Éprouver une perte, حَصَلَتْ لَهُ خَسَارَة. ‖ La véritable perte est celle de la raison, et non pas celle du bien, عَدَم العَقْل لا عَدَم المَال.

*Perte*, ruine, perdition, هَلَاك - خَرَاب - تَلَافٍ.

*Perte* de sang, نَزِيف دَم.

A *perte*, adv., avec perte, بِخَسَارَة.

A *perte* de vue, adv., hors de la vue, عَلَى البُعْد - أَبْعَد مِن مَدَى البَصَر.

En pure *perte*, adv., sans utilité, عَلَى البُوش - فِى الفَارِغ البَطَّال - فِى الفَارِغ - مِن غَيْر مَنْفَعَة.

A *perte* d'haleine, إِلَى انْقِطَاع النَّفَس.

Pertinemment, adverbe, ainsi qu'il convient, كَمَا يَنْبَغِى - كَمَا يَجِب.

Pertinent, e, adj., tel qu'il convient, وَاجِب - كَمَا يَنْبَغِى - كَمَا يَجِب - مُنَاسِب.

Pertuis, s. m., trou, ouverture d'une digue, فَتْحَة - مَقْطَع.

Pertuisane, s. f., hallebarde, رُمْح.

Perturbateur, trice, s., qui cause des troubles, سَاعِى - ضَرَّاب فِتَن - كَثِير الأَرَاجِيف - مُقْلِق. Perturbateur du repos public, بِالفَسَاد النَّاس.

Perturbation, s. f., trouble, émotion, اضْطِرَاب.

Pervenche, s. f., plante, عُشْبَة أَوْرَاقها تُشْبه أَوْرَاق الغَار.

Pervers, e, adj., méchant, dépravé, فَاسِد - فَاجِر; plur., فُجَّار.

Perversion, s. f., changement de bien en mal, فَسَاد - تَلَافٍ.

Perversité, s. f., méchanceté, dépravation des mœurs, إِسْرَاف - فِسْق - فَسَاد.

Pervertir, v. a., faire changer de bien en mal, عَكَس - أَفْسَد. I.

*Pervertir*, troubler l'ordre, خَرَّب I. - قَلَب I. النِظَام.

Pesamment, adv., d'une manière pesante, بِثِقْل.

Pesant, e, adj., lourd, onéreux, fâcheux, ثَقِيل; plur., ثِقَال et ثُقَلَاء. Esprit pesant, lent, عَقْل ثَقِيل.

*Pesant*, qui a le poids légal, وَازِن.

*Pesant*, adv., du poids de, وَزْن. Dix livres pesant, وَزْن عَشَرَة أَرْطَال.

Pesant, s., ثِقْل. Il vaut son pesant d'or, يُسَوَّى ثِقْلَه ذَهَب.

Pesanteur, s. f., qualité de ce qui pèse, ثِقْل - ثِقَالَة.

*Pesanteur*, au fig., lenteur de l'esprit, بُطُوء - ثِقْل العَقْل.

*Pesanteur* d'estomac, تُخَمَة.

Pesée, s. f., action de peser, ce qu'on pèse, وَزْن - قَبَانَة - وَزَانَة.

Pèse-liqueur, s. m., instrument pour connaître la pesanteur des liquides, مِيزَان المَوَايِع.

Peser, v. a., juger avec des poids la pesanteur, وَزَن; aor., يُوزَن et يَزِن. Peser avec de grandes balances ou avec le peson, قَبَن.

*Peser*, au fig., examiner attentivement une chose, مَيَّز - تَأَمَّل فِى.

*Peser*, v. n., avoir un certain poids, وَزَن; aor., يَزِن O. Il pèse dix livres, كَان وَزْنه ثِقْله - وَزْنه عَشَرَة أَرْطَال O.

*Peser* sur, être lourd pour, ثَقُل عَلَى O. Peser sur l'estomac, être difficile à digérer, ثَقُل عَلَى المَعِدَة.

*Peser*, au fig., être à charge, ثَقُل عَلَى - صَعُب عَلَى A.

Peseur, s. m., celui qui pèse, وَزَّان; pl., وَزَانَة; قَبَّان; plur., قَبَانِية.

Peson, s. m., romaine, instrument pour peser,

PESSAIRE, s. m., remède solide pour les règles des femmes et leurs pertes, صوفة.

PESTE, s. f., maladie épidémique et contagieuse, حبوبة - وباء - طاعون - (Égypte) كبّة (Barb.). Être attaqué de la peste, انصاب فى - انطعن الطاعون.

Peste, au fig., personne dont la fréquentation est pernicieuse, عطبة.

Peste, fam., enfant méchant, لعنة - داهية.

Peste! sorte d'imprécation ou d'exclamation, لعها - العمى - كبّة.

PESTER, v. n., murmurer violemment, كفر O. ‖ A. Vous m'avez bien fait pester, كفّرتنى. Pester contre quelqu'un, لعن احدا A. - سبّة O. - دعى عليه I.

PESTIFÈRE, adj. com., qui communique la peste, وبى.

PESTIFÉRÉ, E, adj., atteint de la peste, مطعون - مريض بالطاعون, بالكبّة. Lieu pestiféré, dans lequel il y a de la peste, موضع فيه الطاعون الكبّة.

PESTILENCE, s. f., وباء.

PESTILENTIEL, LE, adj., infecté de la peste, contagieux, وبائى.

PET, s. m., vent qui sort avec bruit du fondement, مدفع - جيس - ضوطة - ضراط.

PÉTALE, s. m., feuille d'une fleur, ورق زهر.

PÉTARADE, s. f., fam. et popul., plusieurs pets de suite, طلاق ضراط.

PÉTARD, s. m., sorte de feu d'artifice, ساروخ; plur., سواريخ - بارود.

PÉTARDER, v. a., faire jouer le pétard contre, ضرب I. O. طلق الساروخ على.

PÉTARDIER, s. m., celui qui fait ou applique les pétards, ضرّاب السواريخ.

PÉTASITE, s. m., herbe aux teigneux, حشيشة القرعان.

PÉTAUD, s. m. fam., la cour du roi Pétaud, lieu de confusion, حوش عرمط.

PÉTAUDIÈRE, s. f., assemblée sans ordre, lieu où chacun veut être maître, موضع او مجلس بغير نظام يريد كل من فيه يحكم على غيره.

PÉTÉCHIES, s. f. plur., espèce de pourpre ou taches sur la peau dans les fièvres, خبر.

PÉTER, v. n., faire un pet, ضرط I.

Péter, au fig., éclater avec bruit, طق O.

PÉTEUR, SE, s., ou PÉTEUX, t. popul., ضرّاط - بصّاص (Barbarie).

PÉTILLANT, E, adj., qui petille ou qui brille, بارق - متكتك.

PÉTILLEMENT, s. m., action de petiller, تكتكة.

PÉTILLER, v. n., éclater avec un bruit réitéré comme le sel dans le feu, شرقط - تكتكت.

Petiller, briller avec éclat, برق O.

Petiller de, au fig., brûler de, avoir beaucoup de désir, d'impatience, غلى من I.

PÉTIOLE, s. m., qui soutient les feuilles des plantes, ذيل الورق.

PETIT, E, adj., qui a peu de volume, jeune, صغيّر; plur., صغار. Tout petit, صغيّر ‖ Petite quantité, قليل ‖ Un petit nombre, عدّة قليلة.

Les petites gens, le bas peuple, السفلة.

Petit esprit, عقل قصير.

Petit, au fig., bas, vil, حقيّر.

PETIT, s. m., animal nouvellement né, ولد; pl., اولاد. Petits d'animaux tels que chiens, etc., جرو; plur., جروات et جرا ‖ Petit d'oiseau, فرخ; pl., افراخ.

En petit, en raccourci, فى الصغير.

Petit à petit, adv., peu à peu, قليل قليل - بالتدريج - شويه شوية - قليلاً قليلاً.

PETIT-FILS, s. m., fils du fils ou de la fille, ولد الولد.

PETIT-GRIS, s. m., écureuil du Nord, sa peau, سنجاب.

PÉT — PEU

PETIT-LAIT, s. m., sérosité du lait, مصل ‎- ميس- دو ‎- ما الجبن‎.

PETIT-NEVEU, s. m., fils du neveu ou de la nièce, ابن ابن اخ او اخت‎.

PETITE-VÉROLE, s. f., maladie, جدري‎.

PETITEMENT, adv., en petite quantité, بقلّة‎.

*Petitement*, d'une manière chiche, mesquine, فقاريرى‎.

*Petitement*, à l'étroit, على الضيق‎.

PETITESSE, s. f., peu de volume, صُغر‎. Malgré son extrême petitesse, مع زيادة صغرة‎.

*Petitesse*, modicité, قلّة‎.

*Petitesse*, bassesse, دناوة‎.

Des *petitesses*, des minuties, اشيا حقيرة‎.

*Petitesse* d'esprit, قلّة العقل ‎- قصر العقل‎.

PÉTITION, s. f., demande adressée à une autorité, عرض‎; plur., عروضات et اعراض‎; طلبة - رقعة‎, plur., رقع - حال‎.

*Pétition* de principe, terme de logique, allégation de la chose même pour la prouver, دور‎.

PÉTITIONNAIRE, s. m., celui qui a adressé une pétition, صاحب الرقعة ‎- صاحب عرض الحال‎.

PÉTITOIRE, adj. (action), demande pour obtenir la propriété de, طلب شرعى لاجل التمكن من ملك‎.

PÉTRÉE, adj. fém. (l'Arabie), بلاد الحجاز ‎- الحجاز‎.

PÉTRIFIANT, E, adj., qui pétrifie, منشف ‎- مُحجر‎.

PÉTRIFICATION, s. f., changement en pierre, انقلاب الشى حجرًا ‎- تحجير‎.

PÉTRIFIER, v. a., convertir en pierre, صيّر حجر‎.

*Pétrifier*, au fig., interdire, glacer, حيّر ‎- نشّف‎.

Se *pétrifier*, v. pron., devenir pierre, صار حجر I. O.

PÉTRIN, s. m., coffre pour pétrir et serrer le pain, صندوق العجين‎.

PÉTRIR, v. a., détremper la farine avec de l'eau et en faire de la pâte, عجن I. O.

*Pétrir* de la terre, etc., جبل O.

PÉTRI, E, adj., au fig., rempli, ملآن‎. Pétri d'orgueil, ملآن كبريا‎.

PÉTRISSAGE, s. m., عجين ‎- عجن‎.

PÉTRISSEUR, SE, s., عجّان‎.

PÉTROLE, s. m., bitume liquide, نفط‎.

IN-PETTO, adverbe, dans l'intérieur du cœur, فى النفس ‎- فى القلب‎.

PÉTULAMMENT, adv., بحميّة ‎- بعجلة‎.

PÉTULANCE, s. f., vivacité impétueuse, immodérée, بطر ‎- عجلة ‎- حميّة‎.

PÉTULANT, E, adj., vif, impétueux, حامى ‎- مستعجل ‎- بطران‎.

PEU, s. m., petite quantité, قليل ‎- شوية‎. Un peu de vin fortifie l'estomac, قليل من الخمر يصلح المعدة‎. || Le peu qui me reste à vivre, القليل الذى بقى من عمرى‎. || Se contenter de peu c'est richesse, القنع بالقليل غنى‎. || Un peu, شوية‎. || Attendez un peu, اصطبر شوية ‎- قليل‎.

*Peu*, défaut, manque, قلّة‎. Le peu de nourriture affaiblit le corps, قلّة الغذا تضعف الجسم‎.

*Peu*, adv., l'opposé de beaucoup, قليل ‎- قليلا‎. Peu de chose, شى قليل‎. C'est peu de chose, ما هو شى‎. || Très-peu, قليل جدًا‎. Peu s'en est fallu qu'il ne le tuât, لولا قليل كان قتله‎. J'ai peu d'argent, عندى قليل من الفلوس ‎- عندى‎. || Peu de gens, قليل من الناس ‎- فلوس‎. || Si peu que rien, اقل ما يكون‎.

*Peu* à peu, adv., insensiblement, قليلا قليلا ‎- قليل قليل ‎- شوية شوية ‎- بالشويش‎.

A *peu* près, adv., presque, environ, نحو ‎- بالتقريب‎.

Dans *peu*, sous peu, dans ou sous peu de temps, عن قريب‎.

Pour *peu* que, le moins du monde, اذا ‎- اقلّ‎. Pour peu que vous en preniez soin, il grandira, واذا خدمته اقلّ ‎- واذا تقيّدت عليه قليلا يكبر‎. || Pour peu que vous lui parliez, il le fera, اذا كلّمته ولوكلمة يعمل ذلك‎.

PEUPLADE, s. f., قوم ; plur., اقوام.

PEUPLE, s. m., multitude d'hommes d'un même pays, أمم - أمّة - ناس - خلق - شعب ; plur., اقوام ; plur., قوم.

*Peuple*, habitants, اهل, اهالي البلاد.

*Peuple*, la partie la moins notable, la plus laborieuse de la population, الخلق - الشعب. Les grands et le peuple, الخواصّ و العوامّ. ‖ Bas peuple, اسافل.

Le *peuple*, les sujets, الرعية.

PEUPLE, adj. com., vulgaire, عامّ - عامّة.

PEUPLER, v. a., remplir d'habitants un lieu désert, عمّر. Peupler un étang, y mettre des poissons, رمى سمك في بركة I. ‖ Peupler un colombier, y mettre des pigeons, عمّر البرج من الحمام.

*Peupler*, v. n., se multiplier, نمى I. - تكاثر.

PEUPLIER, s. m., arbre, حور - شجر الحور. Peuplier blanc, noir, حور ابيض - حور اسود. ‖ Peuplier d'Italie, noir, حور رومي.

PEUR, s. f., crainte, frayeur, خوف - جزع - خيفة - مخافة - خشية - خشّة - وهرة - فزع. Avoir peur, ارتعب I. - جفل A. - فزع A. - خاف I. ‖ Faire peur à quelqu'un, جفله - خرّفه - فزّعه - ارعبه. ‖ Sa figure fait peur, وجهه يجفّل. ‖ Cela fait peur, شي يجفّل. ‖ Qui a peur, يفزع وجهه - جفلان - فزعان - وخفان. ‖ La peur lui a fait faire cela, عمل هذا من خوفه. ‖ De peur ou que, خوفًا لا - خوفًا من - خشية ان - لئلّا.

PEUREUX, SE, adj., sujet à la peur, خوّيف - جفيل - خوّاف.

PEUT-ÊTRE, adv., il peut se faire que, يمكن - بلكه - عسى - ربّما - لعل. Peut-être qu'il viendra, يحتمل انه يجي - يمكن انه يجي - بلكه يجي.

PHALANGE, s. f., os des doigts de la main, عقل اصابع - عقدة sing.; عقد اصابع sing., plur., سلامى - اعظام سلامية - عقلة - سلاميات.

*Phalange*, bataillon, كردوس ; plur., كراديس.

*Phalange*, sorte d'araignée, رتيلا.

*Phalange*, plante, زهر العنكبوت.

PHALÈNE, s. f., papillon de nuit, فراش الليل.

PHARAON, s. m., jeu de cartes, نوع لعب ورق اسمه فرعون.

*Pharaon*, nom de rois d'Égypte, فرعون ; plur., فراعنة.

PHARE, s. m., grand fanal sur une tour, منارة.

PHARISAÏQUE, adj. com., qui tient du caractère des pharisiens, فريسي.

PHARISAÏSME, s. m., caractère des pharisiens; fam., hypocrisie, مراأة - مذهب الفريسيين.

PHARISIEN, s. m., sectaire juif, فريسي ; plur., الفروسيم ; coll., فريسيين.

PHARMACEUTIQUE, adj. com., qui appartient à la pharmacie, يخصّ تركيب الادوية.

PHARMACIE, s. f., art de préparer et de composer les remèdes, صناعة تركيب الادوية.

*Pharmacie*, lieu où l'on prépare et où l'on conserve les remèdes, دكان الادوية.

PHARMACIEN, s. m., qui sait la pharmacie, l'exerce, صانع الادوية.

PHARMACOPÉE, s. f., traité de la préparation des remèdes, اقراباذينات - كتاب تركيب ادوية.

PHARYNX, s. m., orifice supérieur du gosier qui touche à la bouche, حنجرة ; plur., حناجر.

PHASE, s. f., diverses apparences des planètes, وجه كوكب ; plur., وجوه.

PHASÉOLE. *Voyez* FASÉOLE.

PHÉBUS, s. m., le soleil, الشمس.

*Phébus*, Apollon, الـه الشعر.

*Phébus*, style obscur, ampoulé, كلام مظلم.

PHÉNIX, subst. m., oiseau fabuleux, عنقاء - طير له اسم ما له وجود.

*Phénix*, homme rare dans son espèce, فريد وحيد دهره - عصره.

PHÉNOMÈNE, s. m., tout ce qui apparaît d'extraordinaire, de nouveau dans le ciel, dans l'air, effets de la nature, حدث - حادثة - حادث ;

plur., أحداث. Les différents phénomènes atmosphériques, ساير احداث و اوضاع الجوّ.

*Phénomène*, au fig., ce qui surprend par sa rareté, sa nouveauté, - أعجوبة; plur. أعاجيب; نادرة - نوادر, pl. ; plur. عجايب ; عجيبة.

PHILANTHROPE, s. m., porté naturellement à aimer ses semblables, محبّ الناس.

PHILANTHROPIE, s. f., caractère du philanthrope, محبّة الناس.

PHILANTHROPIQUE, adj. com., du philanthrope, من محبّ الناس.

PHILIPPIQUE, s. f., discours violent et satirique, رسالة قدح.

PHILOLOGIE, s. f., science des belles-lettres, de la critique, علم اللغة - علم الادب.

PHILOLOGIQUE, adj. com., qui concerne la philologie, ادبى.

PHILOLOGUE, s. m., savant appliqué à la philologie, اهل اللغة - ادبا, pl.; اديب.

PHILOMÈLE, s. f., rossignol, عندليب - بلبل - هزار.

PHILOSOPHAILLE, s. f., tourbe de faux philosophes, جماعة متفلسفين.

PHILOSOPHAILLER, v. n., parler de philosophie avec affectation, تفلسف.

PHILOSOPHALE, adj. f. (pierre), prétendue transmutation de métaux; au fig. fam., chose difficile à trouver, الحجر المكرّم - حجر الفلاسفة.

PHILOSOPHE, adj. com., فيلسوف ; plur. فلاسفة ; حكيم ; plur. حكما.

PHILOSOPHER, v. n., raisonner de philosophie, تفلسف.

PHILOSOPHIE, s. f., science des choses par leurs causes et leurs effets, حكمة - فلسفة.

*Philosophie*, élévation et fermeté d'esprit, حكمة.

PHILOSOPHIQUE, adj. com., فلسفى - حكمى.

PHILOSOPHIQUEMENT, adv., بفلسفة.

PHILOSOPHISME, substant. mascul., secte, doctrine des faux philosophes, فلسفة كاذبة.

PHILOSOPHISTE, s. m., faux philosophe, فيلسوف كاذب.

PHILTRE, s. m., breuvage, drogue, etc., qu'on suppose propre à donner de l'amour, معجون للعشق.

PHLÉBOTOMIE, s. f., saignée, فصادة.

PHLÉBOTOMISER, v. a., saigner, فصد I. O.

PHLEGMASIE, s. f., inflammation, حرارة.

PHLOGISTIQUE, s. m., partie des corps susceptible de s'enflammer, محترق.

*Phlogistique*, feu élémentaire, calorique, نارية.

PHLOGOSE, s. f., inflammation interne ou externe, نارية - حرارة.

PHOSPHORE, s. m., substances qui luisent comme le feu dans l'obscurité, اشياء تضى مثل النار فى الظلام.

PHOSPHORIQUE, adj. com., qui appartient au phosphore, de sa nature, مضى.

PHRASE, s. f., réunion de mots formant un sens complet, عبارة - قضية - جملة. Phrase par phrase, كل جملة بمفردها. || Des phrases, des paroles pompeuses sans effet, صفّ كلام.

PHRASIER, s. m., faiseur de phrases, بتاع كلام.

PHRÉNÉSIE, s. f. *Voyez* FRÉNÉSIE.

PHTHISIE, s. f., consomption, سلّ - داء السلّ.

PHTHISIQUE, adj. com., malade de la phthisie, مسلول - به داء السلّ.

PHU, s. f., Valériane, plante, فوّ.

PHYLACTÈRE, s. m., préservatif, talisman, mots sacrés écrits sur un morceau de peau, حرز.

PHYLLITIS, s. f., plante, لسان الايل.

PHYLLON, s. m., plante, فيلون - حشيشة اللين.

PHYSICIEN, s. m., qui sait la physique, طبيعى - طباعى - عارف بعلم الطبيعيات.

PHYSIOLOGIE, s. f., traité, science des principes de l'économie animale, de l'usage et du jeu des organes, معرفة تركيب الحيوان.

*Physiologie*, traité du corps humain en état de santé, معرفة جسم الانسان فى حال الصحة.

PHYSIOLOGIQUE, adj. com., de la physiologie, يخص العلم المتقدم.

PHYSIOLOGISTE, s. m., versé dans la physiologie, عالم بتركيب الطبايع.

PHYSIONOMIE, s. f., l'air, les traits du visage, صورة - هيئة الوجه - لاحة.

*Physionomie*, art de connaître le caractère, les inclinations d'une personne par l'inspection des traits de son visage, علم الفراسة.

PHYSIONOMISTE, s. m., qui se connaît ou prétend se connaître en physionomie, صاحب فراسة.

PHYSIQUE, s. f., science des choses naturelles, علم الطبيعيات.

PHYSIQUE, s. m., constitution naturelle, apparence d'un être animé, جسم.

PHYSIQUE, adj. com., naturel, qui tient à la physique, طبيعى.

PHYSIQUEMENT, adv., naturellement, طبعا.

PIACULAIRE, adj. com., qui a rapport à l'expiation, للكفارة - غفرانى.

PIAFFE, s. f. fam., ostentation, vanité somptueuse, جخة.

PIAFFER, v. n., faire piaffe, جنح O.

PIAILLER, verb. neutr. fam., criailler, عيط - صرخ O.

PIAILLERIE, s. f. fam., criaillerie, صراخ - صرخة - عياط.

PIAILLEUR, SE, s. fam., صراخ.

PIANO, adv., doucement, بهدو - على مهل.

PIANO, s. m., sorte de clavecin, اسم آلة من الآت الموسيقا.

PIASTRE, s. f., monnaie en Orient, غرش ; plur., غروش ; plur., قروش. Piastre forte, piastre d'Espagne, etc., ريال ; plur., ريالات. Piastre à colonnes, colonnade, ريال ابو مدفع ‖ Piastre avec une couronne de fleurs, ريال ابو طاقة.

PIAULER, v. n., se dit du cri du poulet, كاكى - نصوص.

Pic, s. m., instrument de fer courbé et pointu, à manche, pour ouvrir la terre, etc., معدور - فاس - معول ; plur., معاول. Petit pic, منكوش - معول ‖ Remuer la terre avec le pic, نكش الارض O.

*Pic*, t. de géogr., rocher qui termine une montagne ; montagne très-aiguë, très-haute, جبل حاد عالى.

*Pic*, oiseau, نقار الخشب - (Barbarie) هداد.

*Pic*, mesure turque de 25 pouces, ذراع بلدى ; plur., اذرع.

A *pic*, adv., perpendiculairement, واقفا.

PICA, s. m., appétit dépravé, وحم - توحم.

PICHOLINE, s. f., nom d'une espèce d'olive confite en Provence, زيتون صغير مملح.

PICORÉE, s. f., action de butiner, d'aller en maraude, طلب الغنيمة - رياد.

PICORER, v. n., butiner, راد O.

PICOTEMENT, s. m., شكشكة - غزغزة.

PICOTER, v. a., causer des picotements, غز I. O. - شكشك - غزغز.

PIE, adj. fém. (œuvre), pieuse, عمل صالح.

PIE, s. f., oiseau, عقعق ; plur., عقاعق - عقعقى.

PIE, adj. m. (cheval), blanc et noir, حصان ابلق.

PIE-MÈRE, s. f., membrane qui enveloppe le cerveau, ام الدماغ - ام رقيقة.

PIÈCE, s. f., morceau, portion, قطعة ; plur., قطع ; شقفة ; plur., شقف. Mettre en pièces, قطع - شقف ‖ Pièce dont on raccommode les choses de même nature, رقعة ; plur., رقع.

*Pièce*, se dit d'un tout complet, pièce de toile, مقطع قماش ; plur., مقاطع ; ثوب ; plur., ثياب. Pièce de drap, بالة جوخ - بسطوية - بسطة - شقة (Barb.).

*Pièce*, chaque, الواحد. Ils coûtent tant la pièce, وقفوا بكذا الواحد.

*Pièce* d'artillerie, canon, مدفع; plur., مدافع. -
*Pièce*, ouvrage en vers ou en prose, تاليفة -
تصنيف.

*Pièces*, écritures qu'on produit dans un procès,
اوراق - ورق.

*Pièce*, monnaie d'or, d'argent, de cuivre, قطعة;
plur., قطع. Pièce de dix sous, قطعة بعشرة.

*Pièce*, tour de malice, ملعوب. Faire une pièce,
jouer, faire pièce à quelqu'un, لعب عليه ملعوب A.

*Pièce*, partie d'un logement, أوضة; plur., أوض.

*Pièce* de terre, étendue de terre tout d'un morceau, قطعة ارض.

*Pièce* d'eau, bassin, canal, بركة; plur., برك -
قناية.

Tailler en *pièces* une armée, كسر العسكر كسرة I.
فاحشة. L'armée fut taillée en pièces,
الجيش تشتت بالمرة. ‖ Mettre tout le monde en
pièces, en médire, قدح فى كل الناس A. ‖ Emporter la pièce, médire, railler d'une manière violente, جرح بلسان A.

*Pièces* de rapport, qui servent dans les ouvrages de marqueterie, وصل - قطع.

Tout d'une *pièce*, qui se tient trop droit, qui
n'a rien de dégagé dans la taille, قطعة - واقف
مثل اللوح - واحدة.

Pied, s. m. (de bipèdes), قدم; plur., اقدام -
رجل, pl., ارجل; plus vulg., أجر; duel., اجرين.
Pied des quadrupèdes, jambe, قايمة; plur., قوايم.
‖ Pied de devant, يــد. ‖ Pied de derrière,
رجل. ‖ Les quatre pieds d'un cheval, اربعة
قوايم الحصان - الحصان. ‖ Cheval entravé des
quatre pieds, حصان مشكل الاربعة. ‖ Pied fourchu, comme celui des vaches, etc., ظلو; plur.,
ظلوف. ‖ Pied non fourchu, comme celui du cheval, sabot, حافر; plur., حوافر. ‖ Pied charnu,
comme celui du chameau, خف; plur., اخفاف.
‖ Pieds de mouton, مقادم. ‖ Aller à pied,
جا ماشى I ‖ Il est venu à pied, مشى على رجليه

‖ Êtes-vous venu à pied ou à cheval? جيت مشو
حافى الاقدام - حفيان ‖ Pieds nus, ولا ركب.
‖ S'embarrasser les pieds dans une corde, تشركل
فى حبلة.

*Pied*, trace, أثر; plur., أثار.

Va-nu-*pieds*, homme obscur, جعيدى.

*Pied*, bas d'un arbre, d'une montagne, d'un
mur, d'une tour, سفح جبل - اسفل.

*Pied*, tout l'arbre, toute la plante, شجرة; plur.,
شتلة - اشجار et شجر. ‖ Un pied d'œillet, شتلة
قرنفل; plur., شتل. ‖ Un pied de concombre,
شتر خيار; plur., شرور.

*Pieds*, partie des meubles qui les soutient,
رجل; plur., أرجل - قايمة; plur., قوايم. Pied,
base qui soutient un ustensile, قاعدة - قعر.

*Pied*, partie qui entre dans la composition d'un
vers, جزؤ; plur., أجزا.

*Pied*, mesure qui contient douze pouces de long,
قدم; plur., اقدام.

Sur le *pied*, à raison, à proportion de,
على موجب. Payer une étoffe sur le pied de tant
l'aune, دفع ثمن القماش على موجب كذا A. ‖ Sur ce pied-là, البندازة
على هذا الطرز - على موجب ذلك - على هذا الحال.

Lâcher le *pied*, reculer, رجع الى ورا A. De pied
ferme, avec assurance, sans quitter son poste,
بثبات - برجل ثابتة. ‖ Mettre pied à terre, descendre de cheval, ترجّل عن الفرس - حوّل -
نزل من على الحصان I.

*Pied* à terre, petit logement, محلّ صغير.

Gens de *pied*, زلام; sing., زلمة.

Être sur tel *pied*, dans tel rapport, dans telle situation, كان على حالة كذا O. Nous ne sommes
pas ensemble sur ce pied-là, sur le pied des compliments, ما انا معكم فى وارد مثل هذا التكليف
ما نحن معكم فى هذا المقام.

Mettre sur *pied*, en état, حضّر - جهّز.

Être sur *pied* toute la nuit, veiller, ne pas se

coucher, بات طول الليل على رجل A.
Pied à pied, peu à peu, قدم قدم ـ بالتدريج ـ قدم بعد قدم.

Au pied de la lettre, littéralement, sans exagération, على التدقيق.

D'arrache-pied, sans interruption, من غير انقطاع.

Prendre pied, s'établir solidement, تمكن. Laissez-leur prendre un pied chez vous, ils en auront bientôt pris quatre, قلت لعبدى اجلس فاتكى; prov.

Pied-plat, fam., [homme méprisable, رجل وطى.

Pied-d'alouette, plante, Delphinium, رجل اليمامة ـ مخالف والديه.

Pied-de-chat, plante, رجل القط.

Pied-de-lièvre, plante, Lagopus, رجل الارنب ـ لاعرين.

Pied-de-lion, plante, لوف السباع ـ رجل الاسد.

Pied-de-veau, plante, Arum, رجل البقرة ـ ارون ـ اذان الفيل.

PIÉDESTAL, s. m., corps qui porte une colonne, une statue, بسطة; pl., قاعدة عود ـ بسط, pl., قواعد.

PIÉGE, s. m., machine pour attraper des animaux; au fig., embûche, artifice, شرك, plur., افخاخ; plur., فخ ـ اشراك. Tendre un piége à quelqu'un, نصب له شرك O.

PIERRAILLE, s. f., amas de petites pierres, زلط ـ حصى ـ جار.

PIERRE, nom propre, بطرس.

PIERRE, s. f., corps dur, حجر ـ حجرة; pl., حجارة, et أحجار. Pierre dure, حجر صلب ‖ Bâtisse en pierre, قبو ‖ Pierre de taille, حجر منحوت ‖ Jeter des pierres à quelqu'un, رجم بالاحجار O.

Pierre, gravier dans la vessie, حصا.

Jeter la pierre, au fig., accuser, blâmer, رجم O. ـ لام O.

Pierre angulaire, حجر الزاوية ـ ركن.

Pierre d'achoppement, occasion de faillir, obstacle, حجر عثرة.

Pierre de scandale, ce qui scandalise, حجر الشكوك.

Pierre de touche, qui sert à éprouver l'or et l'argent en les frottant; au fig., ce à quoi on connaît l'amitié, محك ـ حجر محك. ‖ Pierre à fusil, صوان, coll., صوانة ـ صلاطة ‖ Pierre-ponce, blanche, luisante, très-légère, شوافة ـ خرفش ـ حجر الحاكوك ـ حجر الهش ـ رخفة ـ نشفة ـ حجر المسن ‖ Pierre à rasoir, فنك ـ سنباج ‖ Pierre d'aigle, حجر الولادة ـ حجر النسر ‖ Pierre de lait, حجر اللبن ‖ Pierre infernale, حجر الكى ‖ Pierre de lynx, حجر النشاب ‖ Pierre judaïque, الحجر اليهودى ـ زيتون بنى اسرائيل ‖ Pierre de foudre, حجر الصاعقة ‖ Pierre arménienne, تراب ارمنى ‖ Pierre d'éponge, Cysthéolithe, حجر السفنجة ‖ Pierre de Cologne, phosphorique, حجر النور.

Pierres précieuses, diamants, rubis, etc., جواهر; sing., أحجار ثمينة ـ جوهرة.

PIERRERIES, s. f. plur., pierres précieuses, حجارة كريمة ـ جواهر.

PIERREUX, SE, adj., plein de pierres, حجرى ـ كثير الاحجار.

PIERRIER, s. m., petit canon, مدفع صغير, pl., مدافع صغار.

PIÉTÉ, s. f., dévotion, تقوى ـ ديانة. Piété filiale, حب الوالدين.

PIÉTINER, v. n., remuer les pieds, دبك.

PIÉTON, s. m., qui voyage à pied, soldat à pied, مشاة ـ زلمة; plur., ماشى; plur., قرابة ـ قراب, plur., زلام. Bon piéton, bon marcheur, مشى.

PIÈTRE, adj., mesquin, فقايرى.

PIEU, s. m., وتد, plur., اوتاد; خازوق, plur., خوازيق. Enfoncer un pieu, دق خازوق O.

PIEUSEMENT, adv., avec piété, تقوى.

PIEUX, SE, adj., qui a de la piété, تقي ; plur., انتقياء.

*Pieux*, qui part d'un sentiment de piété, تقوي.

PIFFRE, RESSE, s., goulu, gourmand, لهّاط.

*Piffre*, gros, replet, ابو كرش.

PIGEON, s. m., oiseau domestique, حمام ; plur., يمامة - حمامة - حمايم. Pigeon à collier, حمام مطوّق.

*Pigeon*, au fig. fam., homme qu'on attire pour le duper, صيدة.

PIGEONNEAU, s. m., petit pigeon, فرخ حمام ; pl., زغاليل ou زغلول - زغاليل - فراخ.

PIGEONNIER, s. m., lieu où l'on élève des pigeons, برج حمام ; plur., بروج - ابراج.

PIGNOCHER, v. n. fam., manger négligemment et par petits morceaux, نقنق في الاكل.

PIGNON, s. m., mur d'une maison terminé en pointe, et qui porte le haut du faîtage, حائط جلون. Avoir un pignon sur rue, une maison à soi, du bien en évidence, له املاك.

*Pignon*, amande de la pomme de pin, صنوبرة - حب الصنوبر - فستق الصنوبر.

PILASTRE, s. m., pilier carré, عضادة - عامود مربع ; plur., عواميد.

PILAU, s. m., riz cuit avec du bouillon, du beurre et du jus de viande, رزّ مفلفل.

PILE, s. f., amas de choses rangées les unes sur les autres, كوم ; plur., اكوام - كيمان.

*Pile*, maçonnerie qui soutient les arches d'un pont, كبش - صدغ قنطرة ; plur., اصداغ - اكباش.

*Pile* d'une pièce de monnaie, قفا السكّة - ظهر.

PILER, v. a., broyer, écraser dans un mortier avec un pilon, سحق A. - دقّ O. - طحن O. - هرس O.

PILIER, s. m., ouvrage de maçonnerie pour soutenir, كبش ; pl., اكباش - عضادة - عامود ; pl., عواميد.

*Pilier*, au fig. fam., celui qui ne bouge pas d'un endroit, صدمة.

PILLAGE, s. m., نهب. Mettre, livrer au pillage, نهب A. Leurs maisons furent livrées au pillage, انتهبت بيوتهم.

PILLARD, E, adj., qui aime à piller, نهّاب ; plur., نهّابة.

PILLER, v. a., نهب A. - سلب مال الناس O.

PILLERIE, s. f., action de piller, نهبة.

PILLEUR, s. m., qui pille, نهّاب ; plur., نهّابة.

PILON, s. m., instrument pour piler dans un mortier, مدقّة - يد الهاون والجرن.

PILORI, s. m. (mettre, exposer un coupable au), جرّس المذنب - اقام المذنب للناس.

PILORIER, v. a., mettre au pilori, جرّس.

PILOSELLE, s. f., ou Oreille-de-rat, plante, اذان الفار.

PILOTAGE, s. m., terme de mer, art de conduire un vaisseau, علم تسيير المراكب.

PILOTE, subst. masc., qui gouverne un navire, ربّيس مركب - مدبّر مركب - عتّال, مستعمل. Un vaisseau qui a plusieurs pilotes ne manquera pas de faire naufrage, اذا كثرت الروسا غرق المركب.

PILOTER, v. n. et a., enfoncer des pilotis pour bâtir dessus, دقّ اوتاد ليبني عليها O.

*Piloter*, conduire un vaisseau, دبّر المركب.

PILOTIS, s. m., gros pieux qu'on enfonce en terre pour asseoir les fondements d'un ouvrage qu'on veut construire dans l'eau, اوتاد او شواحي - تدقّ في الارض ويبنى عليها اساس.

PILULE, s. f., composition médicinale en petites boules, حبّ ; plur., حبوب - حبّة - بلوع.

Dorer la *pilule*, au fig. fam., couvrir les désagréments par des apparences séduisantes, حلى الحكاية.

Avaler la *pilule*, au fig. fam., faire ce qui répugne, بلع المرّ A.

PIMBÊCHE, s. f. fam., femme impertinente qui fait la précieuse, صاحبة صنع.

PIMENT, s. m., ou Mille-graine, s. f., plante, بطيرة.

Piment, poivre d'Inde oblong, très-piquant, فلفل احمر ـ فليفلة.

PIMPANT, E, adj. fam., élégant et recherché, غندور et غنادير غندوره plur.,

PIMPRENELLE, s. f., herbe, مسيكة.

PIN, s. m., arbre toujours vert, résineux, صنوبر شجرة صنوبر. Pomme de pin, جوز صنوبر.

PINACLE, s. m., la partie la plus élevée d'un édifice; comble en pointe, اعلا ـ جناح الهيكل البنا.

Mettre sur le *pinacle*, au fig. fam., élever au-dessus des autres, رفع الى اعلا درجة.

PINCE, s. f., grande, petite tenaille, مقراص. Pince, petit instrument à deux branches pour arracher les poils, ملقاط.

*Pince*, levier de fer, مخل.

*Pince*, devant du pied d'un cheval, سنبك; plur., سنابك.

*Pinces*, deux dents inférieures et supérieures au-devant de la bouche du cheval, ثنايا الخيل.

PINCEAU, s. m., plume garnie de poils pour étendre les couleurs, شيشة ـ ريش ـ قلم شعر Barb.).

PINCÉE, s. f., ce qu'on peut prendre avec deux ou trois doigts, قرصة بثلاثة اصابع.

PINCE-MAILLE, s. m., avare, خسيس.

PINCER, v. a., serrer la superficie de la peau, قرص O.

*Pincer*, saisir quelqu'un, عفق I.

*Pincer* les cordes d'un instrument, دغدغ اوتار الالة بانامله.

*Pincer*, au fig. fam., critiquer, railler, لذع A.

PINCETTES, s. f. pl., ustensile à deux branches pour accommoder le feu, ماسك ـ ماشك ـ ملقط plur., ملقط النار. Pincettes pour arracher le poil, ملقاط ـ منتاف.

PINÇON, s. m., marque qui reste lorsqu'on a été pincé, قرصة.

PINSON, s. m., oiseau, شرشور ـ دُجّ.

PINTADE, s. f., sorte de poule, غرغرة ـ حُبَيش.

PINTE, s. f., mesure de liquides, نبادية.

PIOCHE, s. f., outil aratoire, طورية; pl., طواري فاس ـ قزم (Barb.), pl., قزمة ـ معاول; معول.

PIOCHER, v. a., travailler, fouir avec la pioche, دق بالطورية O. ـ نكش الارض.

*Piocher*, au fig. fam., travailler durement, خشب I.

PION, s. m., petite pièce du jeu de dames, جارة; plur., جَر دامة ـ كلاب; كلب. Pion, pièce du jeu d'échecs, بيدق; plur., بيادق.

Damer le *pion*, au fig. fam. l'emporter sur, etc., غلب I.

PIONNIER, s. m., travailleur à l'armée pour aplanir les chemins, remuer la terre, مسلك الطرق.

PIPE, s. f., tuyau avec un godet pour fumer le tabac, شبك; plur., شبكات; عود ـ دواية ـ pl., غلايين; غليون (Alep) ـ قصبة ـ عيدان (Barb.) ـ سبسي. La pipe ne va pas, elle est bouchée, الغليون ماينقس ـ ماينشتغل ‖ Pipe à la persane, اركيلة; plur., اراكيل.

*Pipe*, futaille, دن.

PIPEAU, s. m., flûte champêtre, زمّارة.

*Pipeaux*, au plur., branches enduites de glu pour prendre les petits oiseaux, دبق.

*Pipeaux*, au fig. fam., petits artifices pour tromper, مكريات.

PIPÉE, s. f., chasse aux oiseaux avec des gluaux, en imitant le cri de la chouette, صيد طير بدبق وصفر.

PIPER, v. a., t. d'oiseleur, contrefaire le cri de la chouette, des oiseaux, pour les attirer et les prendre, صفر للعصافير ليجذبهم I.

*Piper*, au fig. fam., tromper au jeu; tromper, غش ـ قامر O.

PIPERIE, s. f. popul., tromperie au jeu, fourberie, خوانة - سرقة فى لعب.

PIPEUR, s. m., qui pipe au jeu, غشاش.

PIQUANT, s. m., épine, شوك.

PIQUANT, E, adj., qui pique, يغز - يشك.

*Piquant*, offensant, choquant, يجرح - يؤذى. Dire à quelqu'un un mot piquant, نقرة كلمة. يُنكى || Se dire l'un à l'autre des choses piquantes, ضربه كلمة نقر فى حجر. تناقروا فى الكلام.

*Piquant*, qui plaît, qui touche vivement, يشكع - يجدب.

PIQUE, s. f., arme, خشت - حربة; pl. حراب; pl., خشوت.

*Pique*, au fig. fam., petite querelle; aigreur entre des personnes, نكاية - اكادة. Faire pique à quelqu'un, انكى احدأ - عمل له نكاية - جاكرة || Exprès pour vous faire pique, جكارة فيك - نكاية فيك.

PIQUE, s. m., une des deux couleurs noires des cartes, بستونى.

PIQUE-NIQUE, s. m., repas où chacun paye son écot, اكل على الراس.

PIQUER, v. a., percer, entamer légèrement avec une pointe, نخز O. - عز I. شك O. Une épine m'a piqué, شكتنى شوكة. || Une abeille le piqua, نخزته نحلة. || Une puce l'a piqué, قرصه عقصته. || Un serpent l'a piqué, لسعته عقصته لدغته حية.

*Piquer* une étoffe, faire des points qui la traversent, ضرب.

*Piquer* de la viande, la larder, غرز فى اللحم قطع شحم خنزير.

*Piquer* des deux, exciter un cheval avec l'éperon, دكر وكز الحصان.

*Piquer*, au fig., fâcher, irriter, انكى I. - نكى - جاكر.

*Piquer* la langue, affecter le goût, غزغز.

*Piquer* d'honneur, نخى - اثار فى راسه النخوة.

Il fut piqué d'honneur, ضربته نخوة الرجال. ثارت فى راسه النخوة.

*Se piquer*, v. pron., se blesser à quelque chose de piquant, انشك.

*Se piquer*, au fig., se fâcher, انكاد - استنكى.

*Se piquer* au jeu, s'opiniâtrer, s'entêter à jouer, حمى فى اللعب A. Se piquer au jeu, ou seulement se piquer, vouloir venir à bout d'une chose malgré les obstacles, عند O.

*Se piquer* d'une chose, faire profession d'y exceller, ادّعى. Se piquer de bien parler, ادّعى الفصاحة.

*Piquer* l'assiette, au fig. fam., faire le parasite, تطفل - تطافل.

PIQUET, s. m., petit pieu fiché en terre, خازوق - وتد. Piquet de fer, سكّة - رزّة.

*Piquet*, jeu de cartes, نوع لعب ورق.

*Piquet*, nombre de soldats prêts à marcher, جماعة عسكر متأهبة - كم عسكرى.

Lever le *piquet*, décamper, عزّل. Planter le piquet, s'établir chez, حط عند O.

PIQUETTE, s. f., petit vin, méchant vin, ثانى نبيذ ردى - نبيذ.

PIQUEUR, s. m., celui qui conduit à cheval une meute, كلابزى.

*Piqueur*, celui qui monte les chevaux, ركّيب الخيل.

PIQÛRE, s. f., blessure que fait ce qui pique, شكّة.

PIRATE, s. m., qui court les mers pour piller, قشاط - ضرّابة pl. ضرّاب مراكب pl., قشاطة - زبنطول.

PIRATER, v. n., faire le métier de pirate, قشط I. O. - ضرب المراكب.

PIRATERIE, s. f., métier de pirate, تقشيط.

PIRE, adj. com., comparatif de mauvais, العن - اكفس - انجس - اردى - اشر (Barb.).

PIRIFORME, adj. com., qui a la forme d'une poire, بشكل الكمثرى.

PIROUETTE, s. f., bois ou métal traversé d'un petit bâton, qui sert à le faire tourner sur lui-même, فريرة.

Pirouette, action de pirouetter, لفتة - برمة.

PIROUETTER, v. a., faire un tour entier de tout le corps, en se tenant sur un pied, O. برم - فتل O.

PIS, s. m., tétine de la vache, de la brebis, de la chèvre, ضرع ; plur., بزّ - ضروع ; plur. ابزاز.

PIS, adj. com., plus mal, انجس - اشرّ - العن.
Au *pis* aller, le pis qui puisse arriver, ما العن يكون. Qui pis est, العن من ذلك. ‖ Ce qu'il y a de pis, اشرّ ما فيه. ‖ De pis en pis, de mal en pis, le mal augmentant, العن و - انجس و - انجس العن.

PISCINE, s. f., réservoir d'eau, حوض - بركة.

PISSAT, s. m., urine, شخّة - بول - شخاخ.

PISSEMENT (DE SANG), s. m., action de pisser le sang, بروز دم - نزول دم.

PISSENLIT, s. m., dent-de-lion, plante, هندبا بري - سلاطة مرّة - سنّ الاسد - كبيبات الشتا.

PISSENLIT, subst. m., enfant qui pisse au lit, شخّاخ في فرشته.

PISSER, v. a. et n., uriner, شخّ - بال O.

PISSEUR, SE, s., qui pisse souvent, شخّاخ.

PISSOIR, s. m., baquet pour pisser, مشنّ.

PISSOTER, v. a., uriner fréquemment et peu, شرشر - قطر في الشخاخ O.

PISTACHE, s. f., amande du pistachier, فستق.

PISTACHIER, s. m., arbre, شجر الفستق.

PISTE, s. f., trace, اثر ; plur., اثار.
A la *piste*, adv., sur les traces, بالاثر - على الاثار. Suivre à la piste, تبعه على الاثار - اقتفى اثره A. - تبع اثره.

PISTIL, s. m., partie femelle de la fleur qui renferme la graine, موضع البزور من الزهر.

PISTOLET, s. m., petite arme à feu, طبنجة - فرد ; plur., فرود. Une paire de pistolets, جوز طبنجات - زوج كوابس بشاطل (Barb.).

PISTON, s. m., cylindre qui se meut dans un corps de pompe, مكباس الطولنبة.

PITANCE, s. f., portion de vivres et vin pour le repas d'un religieux, قسمة من - راتب راهب - الطعام.

Pitance, fam., ce qu'on mange avec son pain, ادام.

PITAUD, E, s., terme de mépris, paysan lourd et grossier, جمعص.

PITEUSEMENT, adv. fam., de manière à exciter la pitié, بنوع يحزّن.

PITEUX, SE, adj., digne de pitié, de compassion, محزّن - مبكي.

Piteux, rechigné, mauvais, قزر - بشع.

PITIÉ, s. f., compassion, douleur qu'on ressent du mal d'autrui, شفقة - رحمة. Avoir pitié de quelqu'un, رحم - حنّ I. - حنّن عليه A. - شفق عليه I. - رقّ له قلبه A. ‖ Faire pitié, حزّن - بكي - حرّك الشفقة. ‖ C'est grand' pitié, c'est une chose digne de pitié, شي مستوجب البكا. ‖ Regarder en pitié, mépriser, احتقر.

A faire *pitié*, au fig. fam., de manière à exciter la pitié, بنوع يحزّن.

A faire *pitié*, très-mal, ابشع ما يكون.

PITON, s. m., clou dont la tête est percée en anneau, مسمار في راسه حلقة.

PITOYABLE, adj. com., qui excite la pitié, مبكي - مستوجب البكا - محزّن.

Pitoyable, enclin à la pitié, شفوق - حنون - رقيق القلب.

Pitoyable, méprisable, mauvais, شنيع - بشع - عبرة.

PITOYABLEMENT, adv., d'une manière qui excite la compassion, بنوع محزّن - مبكي.

Pitoyablement, d'une manière qui excite le mépris, بنوع شنيع - بحالة عبرة.

PITTORESQUE, adj. com., qui produit beaucoup d'effet (en peinture, etc.), مشكع - مبهج.

PITUITAIRE, adj. com., بلغمي.

PITUITE, s. f., humeur aqueuse, lymphatique et visqueuse, بلغم.

PITUITEUX, SE, adj., qui abonde en pituite, بلغمى.

PIVERT, s. m., oiseau verdâtre qui pique les arbres, شرقراق - أخيل et شقراق.

PIVOINE, s. f., plante, شقايق - عود الصليب - فاونيا.

PIVOT, s. m., fer arrondi qui supporte en faisant tourner, مدار.

*Pivot*, au fig. fam., principal agent, أساس - مدار.

*Pivot*, grosse racine d'arbre qui s'enfonce perpendiculairement en terre, جذر نازل فى الارض مستقيما.

PIVOTER, v. n., tourner, اندار.

*Pivoter* (arbre), نزل جذر الشجر فى الارض مستقيما.

PLACAGE, s. m., bois en feuilles appliqué sur d'autres bois, خشب لصق.

PLACARD, s. m., écrit ou imprimé qu'on affiche, كتابة ملصقة فى السكك.

PLACARDER, v. a., afficher un placard, لصق كتابة على حيطان.

*Placarder* quelqu'un, l'attaquer par des critiques injurieuses, جرس.

PLACARDÉ, E, adj., couvert de placards (mur), حايط عليه كتابات.

PLACE, s. f., lieu, endroit, espace occupé par un être, مطرح - موضع - مكان - محل, pl., مطارح. Mettre chaque chose à sa place, ركّن كل شى فى موضعه ‖ Si vous étiez à sa place, لوكنت فى موضعه ‖ La première place dans une assemblée, la place d'honneur, الدست - الصدر.

*Place*, lieu public entouré de bâtiments, وسعة - سهلة - ساحة - ميادين, plur., ميدان - فسحة رحبة.

*Place*, lieu de commerce, du change de la banque, بندر.

*Place*, ville de guerre, forteresse, ثغر; plur., ثغور; حصن - حصون, plur.

*Place*, au fig., mention dans une liste, dans un récit, ذكرة. Avoir place dans l'histoire, y être cité, A. ذكر فى التواريخ.

*Place*, charge, dignité, emploi, منصب; plur., مناصب - وظيفة, plur., وظايف. Les gens en place, اصحاب المناصب.

*Place* d'armes, lieu spacieux destiné pour ranger des troupes en bataille, ميدان.

Faire *place* à quelqu'un, se ranger afin qu'il passe; le placer à côté de soi, وسّع له - وسّع له طريق.

Je ferai cela à votre *place*, pour vous, اعمله اعمل ذلك بالنيابة عنك - عنك.

PLACEMENT, s. m., action de placer de l'argent, معاملة دراهم.

PLACENTA, s. m., masse charnue, partie de l'enveloppe du fœtus, قطعة من المشيمة.

PLACER, v. a., mettre dans un lieu, وضع; aor., يضع - حطّ. O. Placer bien ce qu'on dit, I. ‖ جاب ذكر الشى فى موضعه Placer bien ses charités, وضع الجميل فى موضعه.

*Placer*, donner, procurer une place à, اعطاه A. لقى له محل, وظيفة - منصب.

*Placer*, employer ses fonds, شغل دراهم.

PLACET, s. m., demande succincte par écrit, عرض حال - عرض.

PLAFOND, s. m., le dessous du plancher, سقف; plur., سقوف.

PLAFONNER, v. a., garnir le dessous d'un plancher de plâtre, بيّض السقف - سقف.

PLAGE, s. f., rivage de mer, حرف - شط; plur., سواحل; ساحل.

*Plage*, au fig. poét., contrée, بلاد.

PLAGIAIRE, adj. com., qui s'approprie et pille les ouvrages d'autrui, منتحل كلام الغير - سرّاق.

PLAGIAT, s. m., انتحال كلام الغير - سرقة. Ceci

est un plagiat fait à un tel, هذا القَوْل سَرَقَهُ مِنْ فُلان.

**PLAIDANT**, adj., qui plaide pour, مُحَامِي عَنْ.

**PLAIDER**, v. n., contester quelque chose en justice, حَاجِج. Plaider pour quelqu'un, le défendre en justice, حَامِي عَنْ.

*Plaider*, v. a., prétendre, avancer un fait, بَيَّن. Plaider une cause, ادَّعَى دَعْوَى بِالشَيْ. ‖ Plaider la cause de quelqu'un, prendre son parti, تَلَافِي دَعْوَتَه عِنْد أَحَد.

**PLAIDEUR**, EUSE, s., qui plaide, مُدَاعِي - ; plur., اصْحَاب ; صَاحِب دَعْوَى - مُدَّعِي.

**PLAIDOIRIE**, s. f., art de plaider, عِلْم المُحَاجَجَة.

**PLAIDOYABLE**, adj. m. (jour), où l'on peut plaider, يَوْم مُحَاجَجَة.

**PLAIDOYER**, s. m., discours prononcé pour défendre une cause, مُحَامِيَة - مُحَامَاة.

**PLAIE**, s. f., جَرْح - قُرُوح ; plur., قَرْح - قَرْحَة ; plur., جَرُوح.

*Plaie*, au fig., malheur, affliction, بَلِيَّة ; plur., بَلَايَا. Les plaies d'Égypte, fléaux dont Dieu punit Pharaon, ضَرَبَات المِصْرِيِّين.

**PLAIGNANT**, E, adj., qui se plaint, شَاكِي - مُشْتَكِي.

**PLAIN**, E, adj., uni, plat, sans inégalités, مُسَاوِي - سَوِيّ - مُسْتَوِي - مُتَمَهِّد.

**PLAIN-PIED**, s. m. (de), de niveau, de même étage, مُسَاوِي - سَوَا.

**PLAINDRE**, v. a., avoir compassion de la peine d'autrui, تَأَسَّف عَلَى مُصِيبَتُه - شَفَق عَلَيْه. A. Que je le plains! حَيْف عَلَيْه - يَا حِيْفُه.

*Plaindre*, épargner (l'argent), etc., وَفَّر. Plaindre sa peine, la prendre à regret, وَفَّر تَعَب وَفَّر ذَاتُه مِن التَّعَب - اسْتَخْسَر التَّعَب.

*Se plaindre*, v. pron., se lamenter, soupirer, اشْتَكَى. I. O. - شَكَى. I. O. - اَنَّ - تَحَسَّر.

*Se plaindre*, porter des plaintes, شَكَا. I. O. - اشْتَكَى. Se plaindre de quelqu'un à un juge,

اشْتَكَى عَلَيْه عِنْد الحَاكِم - شَكَا أَحَدًا إِلَى الحَاكِم. ‖ Il s'est plaint à moi de sa misère, شَكَا إِلَى الحَاجَة و المَسْكَنَة. ‖ Il ne doit se plaindre que de lui-même, لَوْمُه عَلَى نَفْسِه.

**PLAINE**, s. f., plate campagne, سَهْلَة - وَسْعَة - وَطِيَّة - وَطَا - سَهْل (Barb.).

**PLAINTE**, s. f., gémissement, lamentation, أَنِين - مُشْتَكَى - شَكْوَى - شَكَايَة.

*Plainte*, exposé d'un grief, شَكَايَة - دَعْوَى.

**PLAINTIF**, IVE, adj., dolent, gémissant, نَايِب - صَوْت شَجِيّ. Voix plaintive, يَبْكِي - شَاكِي.

**PLAINTIVEMENT**, adv., d'un ton plaintif, بِصَوْت يَبْكِي.

**PLAIRE**, v. n., être au gré de, أَعْجَب أَحَدًا. A. قَطَع عَقْلُه.

*Plaire*, vouloir, avoir pour agréable, أَرَاد. Tout ce qui vous plaira, كُلَّمَا تُرِيد. ‖ Si cela vous plaît, ان كَان لَك كَيْف - اِن كَان لَك خَاطِر. ‖ Comme il vous plaira, عَلَى كَيْفَك - كَيْفَك. ‖ S'il vous plaît, اِن كُنْت تُرِيد. ‖ Plaît-il? Que vous plaît-il? Que demandez-vous de moi? نَعَم. ‖ S'il plaît à Dieu, اِن شَا الله - انْشَالله. ‖ Plût à Dieu, لَيْت - يَا رَيْت - اِن الله أَرَاد. ‖ A Dieu ne plaise, حَاشَا لله عَن - العَوْذ بِالله مِن - الله لا يُقَدِّر.

*Se plaire* à, v. pronom., prendre plaisir à, انْبَسَط مِن.

**PLAISAMMENT**, adv., d'une manière agréable, بِظَرَافَة.

*Plaisamment*, ridiculement, بِنَوْع مُضْحِك.

**PLAISANCE**, s. f. (lieu de), مُنْتَزَه ; pl., نُزْهَة ; نُزَه.

**PLAISANT**, E, adj., agréable, qui récrée, فَكِه - يُسَلِّي - يَبْسِط.

*Plaisant*, qui fait rire, مُسَخِّن - مُضْحِك.

**PLAISANT**, s. m., celui qui cherche à faire rire, مُسَخِّن - مُهَرِّج.

Le *plaisant*, la chose plaisante, الَّذِي يُضْحِك.

**PLAISANTER**, v. n., dire ou faire quelque chose

pour faire rire les autres, badiner, مَشْق - هَزْج - A. هَذَر - نَكَّت - A. ضَحِكَ - تَسَخَّر - مَزَح. J'ai dit cela pour plaisanter, قلت هذا على طريق المزح. || Plaisanter avec quelqu'un, مازحه - مزح معه.

*Plaisanter*, v. a., railler quelqu'un, تَسَخَّر - A. اضْحَك عليه - ضَحِكَ عليه - عليه تَلَكَّز، تَهَكَّز عليه.

PLAISANTERIE, s. f., raillerie, badinerie, chose dite ou faite pour faire rire les autres, هَذَار - مَشْقَية - بَسْط - مَشْق - مَزْح - تَهْرِيجَة - تَنْكِيت. Sans plaisanterie, plaisanterie à part, بلا مزح. || Mauvaise plaisanterie, بَرَادَة مَزْح. || Dire ou faire de mauvaises plaisanteries, تَبَارَد على الناس. || Qui entend la plaisanterie, qui sait la supporter, ابن عشرة يَسْتَحْمِل المزح.

PLAISIR, s. m., joie, contentement, حَظّ - انْبِسَاط - مَحْظُوظِيَّة - سُرُور. Prendre plaisir à quelque chose, انْحَظّ مِن - انْبَسَط مِن. || Votre présent lui a fait beaucoup de plaisir, حَصَل عنك من هديتكم غاية المَحْظُوظِيَّة. || Pour vous faire plaisir, اكراماً لخاطركم - كرماً لخاطرك - كرماً لك. || Écouter la parole divine avec plaisir, اسْتَمَع كلام الله بابتهاج ورغبة. || Avec plaisir, volontiers, نِكْرُم - على الراس والعين - على راسي - مرحباً بك.

*Plaisir*, amusement, divertissement, لَذَّة - بَهْجَة. Faire quelque chose pour son plaisir, par plaisir, عَمِل الشي للانبساط، حتى يَتَسَلَّى. || Il met tout son plaisir dans l'étude, ما يلتذ الا بالدرس. || Je me fais toujours un plaisir de vous servir, ما عندنا ثَقْلَة بكل ما يَخْصُّكم.

*Plaisir*, volonté, مُرَاد - خَاطِر. Si c'est votre bon plaisir, ان كان لك خَاطِر. || Sous votre bon plaisir, ان سمح الخاطر.

*Plaisir*, faveur, bon office, خير - مَعْرُوف - مَزِيَّة - جَمِيل (Barb.). Faire plaisir à quelqu'un, عَمِل معه خير، مَعْرُوف. || Je vous prie de me faire un plaisir, اترجّاك تقضي لي حاجة.

A *plaisir*, avec grand soin, باعتنا كلي.

A *plaisir* (fait), controuvé, كذب - مصنَع.

PLAN, s. m., surface plane, سطح ; plur., سطوح.

*Plan*, dessin d'un bâtiment, d'un ouvrage en général, رسم.

*Plan*, projet, قصد.

PLAN, E, adj., plat et uni, مسطوح - مستوي - سوي. Surface plane, سطح مستوي.

PLANCHE, s. f., morceau de bois long, large et plat, لوح - لوحة - دَفَّة - دُفُوف ; plat, دَقّ ; plur., الواح - تَخْت.

*Planche*, estampe, صورة ; plur., صُوَر.

*Planche* de légumes, مَقْلَة.

Faire la *planche*, au fig. fam., être le premier à faire ce qui semble difficile, A. فتح الباب لغيره - تَصَدَّر.

Faire la *planche*, nager sur le dos, O. عَام على ظهره.

PLANCHÉIER, verb. act., garnir de planches, نَخَّت - O. فَرش باللوح.

PLANCHER, s. m., partie haute d'un appartement, سَقْف ; pl., سُقُوف. Plancher, partie basse d'un appartement, أرضية.

PLANÇON ou PLANTARD, s. m., branche replantée ou à replanter, فرع ; plur., فروع.

PLANE, s. f., outil, مِبْرَا.

PLANER, v. a., unir, polir, O. بَرَى - I. صَقَل.

PLANER, v. n., voltiger, se soutenir les ailes tendues, immobiles, O. حام.

*Planer*, au fig., dominer en parlant de la vue, de l'esprit, O. سَاد على.

PLANÉTAIRE, adj. com., qui appartient aux planètes, يَخْتَصّ السَّيَّارَات.

PLANÈTE, s. f., astre errant, سَيَّارَة.

PLANIMÉTRIE, s. f., art de mesurer les surfaces planes, علم قياس السطوح المتسوية.

PLANISPHÈRE, s. m. (céleste), رسم فلك الثوابت. Planisphère ter- منقسم نصفين بوجه التسطيح.

restre, صورة كرة الارض منقسمة نصفين بوجه التسطيح.

PLANT, s. m., scion qu'on tire d'un arbre pour le planter; jeune bois, jeune verger, شتل.

PLANTAGE, s. m., action de planter, غرس.

*Plantage*, plantes de cannes à sucre, de tabac, etc., زرع.

PLANTAIN, s. m., plante médicinale astringente, اذان الجدى - لسان الحمل.

PLANTATION, s. f., établissement fait dans les colonies pour la culture, زراعة.

*Plantation*, action de planter, plant, غرس.

PLANTE, s. f., corps organique qui a des racines, نبات - نباتة - اعشاب et عشب ; plur., عشبة plur., حشيش ; coll., حشيشة - نباتات ; plur., حشايش.

*Plante*, au fig., jeune personne, زهرة.

*Plante* des pieds, le dessous des pieds, بطن الرجل.

PLANTER, v. a., mettre en terre une plante, un arbre, غرس I. O.

*Planter* un pieu, enfoncer en terre un pieu, etc., دق فى الارض خازوق O. Planter une lance en terre, la ficher dans la terre, ركز الرمح فى الارض ‖ Planter une échelle, نصب سلّم.

*Planter* là, au fig. fam., laisser, abandonner, دشر A. - طرح.

*Planter* le piquet, au fig. fam., s'établir en un lieu, y demeurer, انزرع فى محل.

PLANTEUR, s. m., زرّاع - غرّاس.

PLAQUE, s. f., table de métal, etc., لوح حديد - طبق.

PLAQUER, v. a., appliquer une chose plate sur une autre, لبس ب - صفح ب - O. طبق على.

*Plaquer* un soufflet, au fig. fam., le donner, شط كف قلم O.

PLASTIQUE, adj. com., t. de philos., qui a la puissance de former, مصوّر.

PLASTRON, s. m., pièce de devant de la cuirasse; pièce sur l'estomac, صدرية - صدر صفيح.

*Plastron*, au fig. fam., celui qui est en butte aux railleries, هزو - مضحكة.

SE PLASTRONNER, v. pr., se garnir de plastrons, لبس صدرية A.

PLAT, E, adj., dont la surface est unie, مسطوح - سوىّ - مبطّط.

*Plat*, sans sel, sans saveur, sans agrément, عادم - بارد - من غير طعم.

Être battu à *plate* couture, complètement, انضرب علي بكرة ابيه - انكسر كسرة فاحشة.

A *plat*, tout à plat, entièrement, tout à fait, كليا - بالمرّة.

PLAT, s. m., la partie plate, صفح. Plat de sabre, صفح السيف. ‖ Donner un coup de plat de sabre, ضربه بالسيف صفحاً - ضربه بالسيف فى العرض.

Le *plat* de la main, اليد المبسوطة.

*Plat*, sorte de vaisselle qui n'a point d'élévation, ce qu'il contient, طبق ; pl., اطباق ; plur., انجر ; plur., تباسى ; pl., تبسى - صحون ; pl., صحن - اناجر ; plur., زبدية.

Ceci est un *plat* de son métier, un tour de sa façon, هذا من طبخ فلان - هذه طبخة من فن فلان.

PLATANE, s. m., beau et grand arbre, دلب.

PLAT-BORD, s. m., garde-fou autour du pont d'un vaisseau, حاجز.

PLATEAU, s. m., fond de bois de grosses balances, كفّ الميزان.

*Plateau*, plat vernissé sur lequel on sert le café, etc., صينية - طباسى ; plur., طبسى.

*Plateau*, t. de guerre, terrain élevé, mais uni, où l'on place des batteries, علوة فى راسها فسحة متسوّية. Plateau d'une montagne, سطح جبل.

PLATE-BANDE, s. f., espace de terre de peu de largeur qui règne le long d'un parterre; ornement d'architecture uni et peu large, شريط.

PLATÉE, s. f. popul., ملو انجر.

PLATE-FORME, s. f., terrasse formant la couverture d'un bâtiment, سطح ; plur., سطوح.

PLATEMENT, adv. fam., d'une manière plate, بسماجة.

PLATINE, s. f., pièce où sont attachées toutes celles qui servent au ressort d'une arme à feu, لوح حديد يتركّب عليه زناد بندقية.

Platine, s. m., métal, ذهب ابيض.

PLATITUDE, s. f., au fig. fam., défaut de ce qui est plat dans les écrits; discours plat, زدالة - سماجة.

PLATON, s. m., nom propre, افلاطون الحكيم.

PLATONICIEN, E, adj., من جماعة افلاطون افلاطوني.

PLATONIQUE, adj. com., افلاطوني. Amour platonique, عشق افلاطوني من غير تلذذ.

PLATONISME, s. m., مذهب افلاطون الحكيم.

PLÂTRAGE, s. m., ouvrage en plâtre, تجبيس.

PLÂTRAS, s. m., débris de vieux plâtres, de vieux murs, قطعة جبسين - ردم.

PLÂTRE, s. m., gypse, جصّ - جبسين - جبس.

PLÂTRER, v. a., enduire de plâtre, جصّص - لبّس - جبّس.

Plâtrer, au fig. fam., cacher le mal sous de fausses apparences, دارى.

Se plâtrer, v. pron., se farder, دهن وجهO.

PLÂTRERIE, subst. fém., carrière à plâtre, معدن الجبس.

PLÂTRIER, s. m., qui fait, qui vend le plâtre, جبّاس.

PLÂTRIÈRE, s. f., où l'on fait le plâtre; carrière d'où on le tire, جبّاسة.

PLAUSIBILITÉ, s. f., qualité de ce qui est plausible, مناسبة - مشاكلة.

PLAUSIBLE, adj. com., qui a une apparence spécieuse, مناسب - يُقبل - يشكل.

PLAUSIBLEMENT, adv., d'une manière plausible, بنوع يشكل.

PLÉBÉIEN, NE, adj., de l'ordre du peuple, عوامّ ; plur., عامّى.

PLÉIADES, s. f. plur., six et jadis sept étoiles au signe du Taureau, ثُرَيّا.

PLEIN, E, adj., rempli, مملوّ - ملآن مليان. Plein d'eau, ملآن مويّة. ‖ Jument pleine, فرس معشّرة عشارة.

Plein, abondant en quelque chose, ملآن - فايض.

Pleine lune, بدر تامّ.

Plein, entier, absolu, كلّى - مطلق. Plein pouvoir, كمال السلطان - رخصة كلية - تفويض مطلق. ‖ Qui a plein pouvoir de, مطلق الارادة فى. ‖ Avoir une pleine connaissance de, وقف على الشى وقوفًا كلّيًا.

En pleine rue, فى وسط الزقاق. En plein jour, بالنهار. ‖ En plein midi, عند الظهر. ‖ En pleine assemblée, فى وسط الديوان.

En plein, complétement, كلّيًا - بالمرّة. En plein, directement vis-à-vis, ضدّه تمام سوا.

Donner l'argent à pleines mains, اعطى بالكبش - صار يكبش و يعطى.

Crier à pleine tête, à pleine gorge, de toute sa force, صرخ بكل عزمه.

Tout plein, beaucoup, كثير.

Plein, servant de préposition, autant que la chose peut en contenir, ملو. Plein la main, ملو اليد. ‖ Il a mangé plein l'assiette, اكل ملو الصحن.

Plein, solide, opposé à creux, مصمت.

PLEINEMENT, adv., entièrement, tout à fait, بالكلّيّة - كلّيًا - بالمرّة.

PLÉNIÈRE, adj. f., générale, entière, عامّ - كلّى. Cour plénière, assemblée solennelle que tenaient les grands princes, مجلس عام. ‖ Indulgence plénière, rémission de toutes peines, سماح كلّى.

PLÉNIPOTENTIAIRE, s. m., envoyé d'un souverain qui a plein pouvoir pour une négociation, مفوّض بكامل السلطان - مرخص.

PLÉNITUDE, s. f., abondance excessive, اِمْتِلا.
*Plénitude*, au fig., (du pouvoir), سُلْطَان كَامِل - سُلْطَان كُلِّي.

PLÉONASME, s. m., rédondance vicieuse de paroles, كَلَام زَايِد - زِيَادَة فِي الكَلَام.

PLÉTHORE, s. f., réplétion d'humeurs et de sang, اِمْتِلا.

PLÉTHORIQUE, adj. com., replet, مَلَان.

PLEUOTTER, v. n., تْنَفْنَف. Il pleuotte, il tombe une petite pluie, نَازِل نَفْنُوف - عَمْ تْنَفْنَف.

PLEURANT, E, adj., qui pleure, بَاكِي.

PLEURE-MISÈRE, PLEURE-PAIN, s. m., avare qui se plaint toujours de sa misère, شَحّ بَكَّاي.

PLEURER, v. n., répandre des larmes, بَكَى I. — A. ذَرَفَت عُيُونُه بِالدَّمْع. — ‖ S'empêcher de pleurer, مَسَك الدَّمْع.
*Pleurer*, v. a., avoir un grand regret d'une perte, etc., بَكَى عَلَى I. Pleurer un mort, se lamenter sur sa perte, نَدَب المَيْت - نَاحَ عَلَى مَيِّت O.

PLEURÉSIE, s. f., inflammation douloureuse de la plèvre ou de la partie externe du poumon, بِرْسَام - ذَات الجَنْب - شَوْصَة.

PLEURÉTIQUE, adj. com., terme de médecine, attaqué de la pleurésie, مَبْرْسَم - بِرْسَامِي.

PLEUREUX, SE, s., qui pleure, بَاكِي.

PLEUREUR, SE, s., qui pleure souvent, beaucoup, بَكَّاي.

*Pleureuse*, femme payée pour pleurer aux funérailles, نَوَّاحَة - نَايِحَة - نَدَّابَة - مُعَدِّدَة.

PLEURNICHER, v. n., pleurer, بَكَى I.

PLEURS, s. m. pl., larmes, عَبَرَات - دُمُوع - بُكَا. En pleurs, بَاكِي العَيْن. ‖ Ses pleurs ne séchaient pas, وَهِي لَا تَنْشَف لَهَا دَمْعَة.

PLEUTRE, s. m., رَذِيل.

PLEUVOIR, v. n., مَطَر O. — هَطَل المَطَر O. — عَمْ تِمْطُر O. Il pleut, سَحّ المَطَر (Barb.) تْصَوَّب ‖ Il va pleuvoir, عَمْ يِنْزِل مَطَر - نَازِل مَطَر - عَمْ تْنَطَّر - نَاوِي يِمْطُر.

PLÈVRE, s. f., membrane qui garnit intérieurement les côtes, غِشَا الضُّلُوع مِن دَاخِل.

PLI, s. m., double fait à une étoffe, à du linge, etc., sa marque, ثَنْيَة - طَيَّة.
*Pli*, enveloppe, طَيّ - مِغْلَف.
*Pli*, endroit où le genou, le bras se plient, مَعْطِف المِرْفَق أَو الرُّكْبَة - ثَنْيَة الرُّكْبَة أَو الذِّرَاع.
*Pli*, au fig., habitude, عَادَة. Le pli est pris, صَارَت عَادَة.
*Pli*, tournure d'une affaire, حَال - دَوْرَة. Donner un bon pli à une affaire, دَبَّر الأَمْر تَدْبِير حَسَن.

PLIABLE, adj. com., flexible, يِنْشَنِي - لَيِّن.

PLIAGE, s. m., action de plier, طَوَى - طَيّ.

PLIANT, E, adj., facile à plier, au fig., docile, لَيِّن - ذَابِل - يِنْشَنِي.

PLIER, v. a., mettre en un ou plusieurs doubles en arrangeant, طَوَى I. Plier en deux, طَوَى طَاقَيْن. ‖ Plier en quatre, طَوَى أَرْبَع طَيَّات. ‖ Plier une lettre, طَوَى مَكْتُوب.
*Plier*, courber, fléchir, ثَنَى I.
*Plier*, au fig., assujettir, accoutumer à la règle, طَبَّع.
*Plier*, v. n., devenir courbé, اِنْحَنَى - اِنْشَنَى.
*Plier*, au fig., se soumettre, اِنْطَبَع.
*Plier*, reculer, céder, رَجَع لَوَرَا - تْرَخَّى A.
*Se plier*, v. pr., s'accommoder, céder, اِنْسَبَل I. Se plier à la volonté de quelqu'un, طَاوَعَ عَلَى مَا أَرَاد.
*Plier bagage*, au fig. fam., décamper, s'en aller furtivement, فَرَك - عَزَّل O.

PLIEUR, SE, celui, celle qui plie, طَوَّاي.

PLIOIR, s. m., instrument pour plier, couper le papier, مَطْوَى.

PLIQUE, s. f., ou PLICA, s. m., maladie où plusieurs vaisseaux sanguins se portent dans les cheveux et les unissent tellement que, quand on les coupe, il en sort du sang, دَا شَعْر الرَّاس يَكُون مَلْزُوق بِبَعْضُه حَتَّى إِذَا قَصُّوه يَطْلَع مِنْه دَم.

PLISSER, v. a., faire des plis à du linge, ثنى I. Plisser avec un fer chaud, كوى I.

PLISSURE, s. f., ثنية.

PLOMB, s. m., métal blanc-bleuâtre, رصاص. Balle de plomb, رصاصة. || Petit plomb pour la chasse, خردة - خردق. || Sac à mettre le plomb, مصفنة.

*Plomb* ou Fil à plomb, instrument de maçon, etc., شقول - فيدم.

*A plomb*, adv., perpendiculairement, عدل.

APLOMB, s. m., situation fixe, ثبات. Qui est d'aplomb, راسخ. || Aplomb de l'esprit, رزانة العقل.

PLOMBÉ, E, adj., de couleur de plomb, رصاصى.

PLOMBER, v. a., vernir la poterie avec de la mine de plomb, دهن الفخار برصاص - رصّص.

*Plomber*, garnir de plomb, ou d'un plomb un ballot, ختم البلوط بالرصاص.

*Plomber*, aligner avec le plomb, عدل بالرصاص I.

PLOMBIER, s. m., ouvrier qui travaille en plomb, رصّاص.

PLONGEANT, E, adj., dont la direction est de haut en bas, نازل.

PLONGEON, s. m., oiseau aquatique qui plonge souvent, غمّاسة - غطّيس - غوّاص.

Faire le *plongeon*, au fig. fam., se soustraire au danger, à la discussion, à la vue, غطس I.

PLONGER, verb. act., enfoncer dans un fluide, غطّس فى.

*Plonger*, quelqu'un dans la douleur, غرقه فى بحر الالم.

*Plonger*, v. n., s'enfoncer dans l'eau, غاص O. - غطس فى I.

*Se plonger*, v. pron., se plonger dans, s'abandonner entièrement à, غرق فى A. Se plonger dans les plaisirs, انهمك فى اللذات.

PLONGEUR, s. m., qui a coutume de plonger, غوّاص - غطّاس.

PLOYER, v. a., courber, plier, ثنى I. *V.* PLIER.

PLUIE, s. f., مطر - مطرة; plur., امطار - شتى. Petite pluie, نفنوف. || Le temps est à la pluie, ناوى يمطر.

PLUMAGE, s. m., toutes les plumes de l'oiseau, ريش.

PLUMASSEAU, subst. masc., tampon de charpie, نسالة.

PLUMASSIER, ÈRE, s., qui vend des ouvrages de plumes, بيّاع ريش.

PLUME, s. f., tuyau garni de barbes et de duvet, qui couvre l'oiseau, ريشة; coll., ريش. Plume pour écrire, قلم; plur., اقلام.

Passer la *plume* par le bec, tromper l'attente, l'espérance, خيّب امله - لعب على A.

Gens de *plume*, d'affaires, ceux qui écrivent, ارباب الاقلام.

PLUMEAU, s. m., balai de plumes, منفّضة من ريش.

PLUMER, v. a., arracher les plumes; au fig. fam., dépouiller, نتف الريش I.

PLUMET, s. m., plumes autour du chapeau, ريش برنيطة.

PLUPART (la), s. f., la plus grande partie, اغلب - اكثر - معظم. La plupart des hommes sont ingrats, اغلب الناس ينكروا الجميل.

PLURALITÉ, s. f., le plus grand nombre; multiplicité, جماعة - كثرة.

PLURIEL, LE, adj., exprime la pluralité, جمعى.

PLURIEL, s. m., nombre pluriel, جمع.

PLUS, adv., davantage, اكثر - أزود - ازيد. Il y a plus de deux heures qu'il est parti, له اكثر عن ساعتين سافر. || Cela est nuisible en hiver plus qu'en été, هذا فى الشتا اضر منه فى الصيف. Plus grand que lui, اكبر منه. || Plus petit que lui, اصغر منه. || Le plus savant des hommes, اعلم الناس - اكثر الناس علماً.

*Plus*, employé avec une négation, ما بقى - ماعاد. Je n'ai plus d'argent, ما بقى عندى فلوس. || Il n'y en a plus, ما عاد فيه - ما بقى فيه. || Je ne

## PLU

J'ai plus vu, ما عدت شفته - ما بقيت شفته. Il n'est plus revenu, ما عاد رجع.

De *plus* en plus, اكثر و اكثر - ازيد و ازيد. Il augmente de plus en plus, كلما له في زيادة ‖ Il recule de plus en plus, كلما له يزيد كلما له يرجع الى ورا.

Au *plus*, tout au plus, اكثر اعظم ما يكون (Barb.), بالحَرى - بالكثير.

*Plus*, outre cela, ايضاً.

De *plus*, qui plus est, ايضاً - ما عدا ذلك واعظم من ذلك.

Ni *plus* ni moins, لا زايد و لا ناقص لا اكثر ولا اقل.

*Plus* ou moins, à peu près, مقارب زايد ناقص.

*Plus* répété, كلما. Plus il est vieux, meilleur il est, كلما صار عتيق يصير احسن ‖ Plus on cherche à cacher ses talents, plus on leur donne d'éclat par cela même, بقدر ما يجتهد الانسان على اخفا فضايله فمن هذا ذاته تشتهر اكثر ‖ Plus je la regarde, plus elle me plaît, قد ما نشوف فيها و هي تحلى فى قلبى (Barb.).

Vous devez le ménager d'autant *plus* qu'il est en grand crédit à la cour, اوجب عليك تدارى خاطره خصوصا لان كلامه مسموع و مقبول عند الامير.

PLUSIEURS, adj. plur. com., عدة جملة. Il est arrivé plusieurs vaisseaux, حضر جملة مراكب ‖ Plusieurs fois, جملة مرار.

PLUS TARD, adv., بعد. Vous êtes venu plus tard que lui, جيت بعدك ‖ Un jour plus tard, بعد بيوم.

PLUS TÔT, adv., marquant l'antériorité, قبل. Un jour, une heure plus tôt, قبل بيوم - قبل بساعة ‖ Au plus tôt, le plus tôt possible, باسرع وقت ‖ Envoyez-moi cela le plus tôt possible, نرجوك عدم العايق فى ارساله ‖ Plus tôt que je ne pensais, قبل انتظارى ‖ Il ne fut pas plus tôt arrivé

## POE

que..., اوّل ما وصل ‖ Plus tôt ou plus tard, ان كان اليوم ام بكرة - ان كان اليوم ام غدا.

*Plutôt*, marquant la préférence, اخير - خير احسن ‖ Plutôt que de faire cela, اخيير ما احسن ما تعمل هذا - تعمل هذا ‖ Plutôt la mort que l'esclavage, الموت ولا الاسر ‖ Je mourrais plutôt, الموت خير من الاسر ‖ J'admire plutôt ta vertu que ta science, عندى الموت احسن انا متعجب من فضلك دون عليك.

PLUVIALE, adj. f. (eau), ماء المطر.

PLUVIER, s. m., oiseau, نوع طير بقدر الحمام.

PLUVIEUX, SE, adj., abondant en pluie, qui amène la pluie, ماطر - كثير المطر.

PNEUMATIQUE, adj. (machine), qui sert à pomper l'air d'un récipient, التى لسحب الهوا و اخراجه من داخل وعاء.

PNEUMONIE, subst. fém., maladie de poumon, ذات الرية.

PNEUMONIQUE, adj. com., qui est propre aux maladies des poumons, نافع للرية.

POCHE, s. f., sac qui tient au vêtement, جيب مكتوب - جيب; plur. جيوب - جَيبَة plur.; (Barb.). Poche de sein, سَيالة - جيبة العب عبّ.

Payer de sa *poche*, de ses propres deniers, دفع من كيسه. Mettre en poche, serrer, prendre pour soi, حط فى جيبه - طوى O.

*Poche*, jabot d'oiseau, حوصلة.

POCHER, v. a., meurtrir, خبط O. - دشدش.

POCHETER, v. a., porter dans sa poche pendant quelque temps, ذبّل فى الجيب.

PODAGRE, s. m., qui a la goutte aux pieds, به داء الملوك.

POÊLE, s. f., ustensile de cuisine pour frire, مقلى لحوقى - طاجن - مقلاية.

POÊLE, subst. m., espèce de fourneau, وجاق - تنور.

*Poêle*, drap mortuaire qu'on met sur le cercueil, شقّة قماش تنحطّ على تابوت.
*Poêle*, dais, مظلّة.
POÊLÉE, s. f., plein une poêle, ملو مقلاية.
POÊLON, s. m., petite poêle, طوّة ـ مقلاية.
POÊME, s. m., ouvrage en vers, قصيدة ; plur., قصايد.
POÉSIE, s. f., art de faire des vers; versification, نظم الاشعار ـ الشعر.
*Poésies*, au plur., ouvrages en vers, ديوان شعر.
POÊTE, s. com., شاعر ; pl., شعرا. Le plus grand poëte de son siècle, اشعر اهل زمانه.
POÉTIQUE, adj. com., qui concerne la poésie, شعري ـ نظمي. Licence poétique, liberté que les poëtes se donnent contre les règles ordinaires de la versification, ضرورة الشعر.
POÉTIQUE, s. f., traité de l'art de la poésie, رسالة فى علم الشعر.
POÉTIQUEMENT, adv., d'une manière poétique, على طرز الشعر.
POIDS, s. m., pesanteur, qualité de ce qui est pesant, ثقل.
*Poids*, masse de métal pour comparer, connaître le poids, la pesanteur, رمّانة ـ وزن ـ سنجة. Qui n'est pas de poids, qui a moins que le poids, ناقص. || Avoir moins que le poids, شحّ فى الوزن ـ O. نقص. || Qui a plus que le poids, راجح. || Avoir plus que le poids, رجح فى الوزن. A. || Du poids de quatre rats, وزن اربعة ارطال.
*Poids*, au fig., importance, etc., ثقل ـ عظم.
*Poids*, force, solidité d'une raison, etc., قوّة.
Avec *poids* et mesure, au fig., avec circonspection, على الوزن ـ بوقار.
*Poids* du sanctuaire, stricte équité, ميزان الحقّ ـ ميزان العدالة.
POIGNANT, E, adj., qui pique, ناخس ـ موجع. Douleur poignante, وجع ناخس.

POIGNARD, s. m., arme pointue, courte; dague, خنجر; plur., خناجر.
Coup de *poignard*, au fig., douleur extrême, ضربة خنجر.
POIGNARDER, v. a., tuer avec un poignard, قتل بخنجر. O.
POIGNÉE, s. f., contenu de la main, قبضة. || بالكمش A poignées, ملو اليد ـ كبشة ou كمشة. Les meilleures barbes sont celles dont la mesure est une poignée, خير الذقون قبضة تكون.
*Poignée*, au fig., petit nombre, كم واحد ـ كبشة.
*Poignée*, ce par quoi on peut tenir à la main, مسكة ـ قبضة. Poignée de sabre, قبضة السيف.
POIGNET, s. m., jonction du bras et de la main, رسغ اليد ـ مفصل اليد ـ خنقة اليد ـ بوع.
*Poignet*, bord de la manche, طرف الكم.
POIL, s. m., (de l'homme) شعر ـ (des animaux) صوف ـ وبر. Poil des parties génitales, سوة ـ عانة.
*Poil* d'un cheval, sa robe, sa couleur, ثوب الفرس.
A *poil*, sans selle, بلا سرج.
POILU, E, adj., velu, ازبّ ـ مشعرانى.
POINÇON, s. m., outil de fer pour percer, مخراز.
*Poinçon* de graveur, منقاش. Poinçon pour l'empreinte des monnaies, des médailles, سكّة. || Poinçon pour marquer la vaisselle d'argent, دمغة.
POINDRE, v. n., commencer à paraître (jour, herbe), A. ـ شقّ الفجر O. ـ طلع النبت ـ O. نبت الحشيش.
POING, s. m., la main fermée, اليد المطبوقة ـ قبضة. Donner un coup de poing à quelqu'un, مشط ـ لكمة O. || Coup de poing, لكمة.
POINT, s. m., piqûre faite avec l'aiguille enfilée, غرزة; plur., غرزات et غرز.
*Point*, en géométrie, ce qui est sans étendue, نقطة.
Les *points* cardinaux, الجهات الاربع.

# POI        POI

*Point*, marque ronde, نُقطة ; plur., نُقَط.

*Point*, trou sur une courroie, شَكّة ; pl., شَكّات.

*Point de côté*, douleur piquante, نَخزة - نَغزة. J'ai un point de côté, صاير لي نَخزة. || *Point de côté*, pleurésie, ذات الجنب.

*Point*, endroit fixe, محلّ - مَركز ; plur., مَراكز - مواضع ; plur., موضع.

*Point*, question, difficulté, نُكتة ; pl., نُكت - مسألة - مُشكلة ; plur., مسايل. Je vous répondrai point par point, اعطيك جواب كل جملة بمفردها.

*Point*, objet principal d'une affaire, المَقصود - أصل الأمر - نفس الأمر. C'est un point très important, هذا شي مهمّ.

*Point*, division d'un discours, etc., قسم ; plur., أجزاء ; plur., جزو - اقسام.

*Point*, état, situation, حال. Mal en point, بحال ردى || Faire venir à son point, à l'état qu'il convient, جذب للطريقة.

*Point*, degré, période, درجة. Au dernier point, au plus haut point, extrêmement, الى ابعد غاية - للآخر || Au point que, حتى ان - حتى - الى هذا الحدّ ان.

*Point*, instant, temps précis, حال - وقت - في حال رواحه - محلّ. Sur le point de partir, في ساعة رواحه || Sur le point de mourir, لما حضرته الوفاة - عند الممات || J'étais sur le point de sortir, كنت رايح اطلع || Comme il était sur le point de sortir, محلّ الذى - وقت الذى كان رايح يطلع لبرا.

A *point* nommé, adv., au temps fixé, في الميعاد. A point, à propos, في وقته - في محلّه - في حقها.

De *point* en point, à la lettre, strictement, بضبط.

De tout *point*, adv., entièrement, بالكلّية.

*Point* d'honneur, ce en quoi l'on fait consister l'honneur, عرض.

*Point* du jour, moment où il commence à poindre, شقّ الفجر - طلعة النهار.

*Point de vue*, objet qui fait tableau, perspective, نظر - طلّة.

*Point de vue*, au fig., but que l'on a en vue, مُراد - قصد.

POINT, adv. de dénégation, ما. Il n'a point d'argent, ما عندك فلوس || Point du tout, اصلًا - قط - ابدا.

POINT-VOYELLE, s. m., terme de grammaire arabe, شكل - حركة.

POINTAGE, s. m., terme de mer, désignation sur une carte du lieu où l'on est, تحرير المحلّ.

POINTE, s. f., bout piquant et aigu, سنّ ; plur., أسنان - ستّة - دبدوبة. Pointe d'une lance, سنان رمح ; pl., أسنّة - راس الرمح ; pl., رووس || A la pointe de l'épée, بالسيف.

*Pointe*, bout, extrémité de ce qui va en diminuant, راس - طرف.

*Pointe*, petit clou, مسمار رفيع.

*Pointe*, outil pour graver, منقاش - قلم حديد.

*Pointe*, saveur piquante, agréable du vin, etc., لذعة - حدّة. Qui est en pointe de vin, en gaîté, نشوان - متكيّف || Se mettre en pointe de vin, سقى الحبقة I.

*Pointe*, au fig., entreprise, dessein, منهاج - مقصود. Suivre sa pointe, جدّ في طلب المقصود - تبع منهاجه.

*Pointe*, trait malin d'esprit, نُكتة ; pl., نُكت - نِقط.

*Pointe*, angle, قرنة.

La *pointe* du jour, طلوع الضو - شقّ الفجر A. la pointe du jour, عند شقّ الفجر.

POINTER, v. a., diriger vers un point, حرر على.

*Pointer*, donner des coups de pointe d'épée, طعن I. - غزّ O.

*Pointer*, v. n., s'élever, voler vers le ciel, طار الى نحو السما.

*Pointer*, faire à petits points, نقط.

*Pointer*, commencer à paraître (verdure), طلع O. ‒ نبت A.

POINTEUR, s. m., terme militaire, qui pointe le canon, محرر المدفع.

POINTILLAGE, s. m., terme de peinture, petits points, نقط.

POINTILLER, v. a., piquer par des choses désobligeantes, جاكر O. ‒ نقر O. ‒ لذع A.

*Pointiller*, v. n., contester sur des riens, ناقر.

*Pointiller*, faire des points avec le crayon, le burin, etc., نقط.

POINTILLERIE, s. f., contestation sur des bagatelles, مقاوحة ‒ مناقرة.

POINTILLEUX, SE, adj., qui aime à contester, à pointiller, مناقر.

POINTU, E, adj., qui a une pointe aiguë, مدبب ‒ مروّس ‒ مسنون.

POIRE, s. f., fruit, كمثرى ‒ انجاس ‒ انجاص.

*Poire* d'angoisse, bâillon, عقلة.

*Poire* à poudre, مذخر.

POIRÉ, subst. masc., cidre de jus de poire, خمر ما الانجاص ‒ شراب الكمثرى.

POIREAU, s. m., herbe potagère, كرّات ‒ (Barbarie) بيبروز.

*Poireau*, excroissance de chair sur les mains, etc., verrue, ثاّليل; plur., ثُولول ‒ ثالولة.

POIRÉE, s. f., plante, سلق.

POIRIER, s. m., arbre qui porte les poires, شجرة انجاص ‒ شجرة كمثرى.

POIS, s. m., légume, بسلّة ‒ جلبان. Pois chiche. قضامة. ‖ Pois chiche grillé, حمّص.

POISON, s. m., venin, drogue vénéneuse, سمّ; plur., سموم ‒ دردى. Mourir par le poison, مات مسموم. ‖ Le poison s'insinua dans ses veines et gagna son cœur, دبّ السم فى عروقه الى قلبه.

POISSARD, E, adj., du bas peuple, de la halle, سوقى.

POISSARDE, s. f., marchande de poisson, سمّاكة.

POISSER, v. a., frotter de poix, قيّر ‒ زفت.

*Poisser*, salir avec quelque chose de gluant, زفت ‒ دبّق.

POISSON, s. m., سمك; coll., سمكة; pluriel, سموك et اسماك ‒ سموكات.

Les *Poissons*, signe du zodiaque, sa figure, برج الحوت.

*Poisson* d'avril, au fig. popul., attrape faite au mois d'avril, كذبة ‒ ملعوب. Donner à quelqu'un un poisson d'avril, لعب عليه ملعوب فى رأس شهر نيسان.

POISSONNAILLE, s. f. fam., petit poisson, بسارية ‒ صير.

POISSONNERIE, s. f., lieu où l'on vend le poisson, سوق سمك ‒ سمّاكة.

POISSONNEUX, SE, adj., qui abonde en poisson, كثير الاسماك.

POISSONNIER, ÈRE, s., qui vend le poisson, بيّاع سمك ‒ سمّاك.

POITRAIL, s. m., le devant des épaules du cheval, صدر الحصان.

*Poitrail*, partie du harnais qui couvre le poitrail, لبب الحصان.

POITRINAIRE, adj. com., qui a la poitrine attaquée, متشوش بصدره.

POITRINE, s. f., partie du corps qui contient les poumons et le cœur, صدر; plur., صدور.

POIVRADE, s. f., sauce avec du poivre, du sel, du vinaigre, etc., تبول فلفل.

POIVRE, s. m., épice, fruit aromatique, فلفل. ‖ Poivre long, فلفل طويل ‒ دار فلفل. ‖ Poivre d'Inde ou piment, فليفلة.

POIVRER, v. n., assaisonner de poivre, حتّق بالفلفل.

POIVRÉ, adj., au fig., qui a été payé cher, سخن ‒ غالى.

POIVRIER, s. m., arbrisseau qui produit le poivre, شجرة فلفل.

**Poivrière**, s. f., boîte où l'on met le poivre, حُقَّة فلفل.

**Poix**, s. f., mélange de résine brûlée et de suie, قير - بياض - زفت.

**Poix-résine**, s. f., gomme jaunâtre, لبان شامى - كلفونيا.

**Polacre, Polaque**, s. f., sorte de bâtiment, شختورة - فلوكة.

**Polaire**, adj. com., auprès des pôles, qui leur appartient, قطبى. Étoile polaire, كوكب الشمال.

**Pôle**, s. m., l'une et l'autre extrémité d'un axe immobile, قطب.

**Polémique**, adj. com., qui appartient à la dispute littéraire et morale, جدالى.

**Poli**, s. m., lustre de ce que l'on a poli, صقل - صقلة.

*Poli*, au fig., perfection du style, etc., تحبير.

**Poli, e**, adj., uni et luisant, مصقول.

*Poli*, au fig. (style), châtié, محبّر.

*Poli*, civil, honnête, مودّب ; آدمى . pl., اوادم - ظريف - شلبى - اديب.

**Police**, s. f., ordre établi pour la sûreté, la tranquillité d'une ville, درك - سياسة.

*Police*, terme de commerce, contrat de garantie, ضمانة.

**Policer**, v. a., établir l'ordre dans un pays, ادّب - انس.

**Polichinelle**, s. m., bouffon à bosse devant et derrière, سعيد النصبة.

**Poliment**, adv., بظرافة - بادب.

**Poliment**, s. m., action de polir, صقل.

**Polir**, v. a., rendre uni et luisant à force de frotter, صقل O.

*Polir*, au fig., cultiver l'esprit, adoucir les mœurs, انس - ادب.

*Polir* le style, le rendre clair, نقّح الكلام - صقل، صلح، حبر الكلام O.

**Polisseur, se**, s., qui polit, صقال.

**Polissoir**, s. m., outil pour polir, مصقلة ; plur., مصاقل.

**Polisson, ne**, adj. et s., petit garçon malpropre et vagabond, ولد معكوس ; plur., اولاد معاكيس.

*Polisson*, celui qui dit ou fait des plaisanteries basses, des bouffonneries, des obscénités, فلاتى - خلابيص، خلابصة ; plur., خلبوص.

*Polisson*, homme sans considération, obscène, رذيل - معاكيس ; plur., معكوس - جعيدى ; plur., ارذال.

**Polissonner**, v. n., dire ou faire des polissonneries, تدالع - تبالط - تخليص.

**Polissonnerie**, s. f., action, parole de polisson, رذالة - قلّة ادب - فلت - خلابصة. Faire, dire des polissonneries, تراذل.

**Polissure**, s. f., action de polir, صقل - صقلة.

**Politesse**, s. f., manière honnête d'agir, de parler, ظرافة - حشمة - شلبنة - ادب. Faire à quelqu'un beaucoup de politesses, اكرمه غاية الاكرام.

**Politique**, s. f., art de gouverner un État, حكم الممالك - تدبير الممالك - سياسة.

*Politique*, connaissance du droit public, des intérêts divers des princes, et de tout ce qui concerne le gouvernement de l'État, معرفة الحقوق الواجبة على الامم و اصطلاحات الدول بين بعضها و تدبير امور المملكة.

*Politique*, conduite adroite dans les affaires, سلوك - سياسة.

**Politique**, adj. com., qui concerne le gouvernement d'un État, سياسى. Manifester ses opinions politiques ou religieuses, ابدى رايه فى مادة السياسات او فى مادة الاديان.

*Politique*, subst., qui s'applique à la politique, اهل سياسة.

*Politique*, fin, adroit dans les affaires, خبير - عارف بعلم السلوك.

**Politiquement**, adv., selon les règles de la politique, على موجب السياسة.

*Politiquement*, d'une manière fine, adroite, سلوك.

POLITIQUER, v. n. fam. iron., raisonner sur les affaires politiques, حكى, تداخل فى امور الحكم.

POLLUER, v. a., souiller un temple, نجس الهيكل.

*Se polluer*, v. réf., se masturber, طرق روحه.

POLLUTION, subst. f., profanation d'un temple, تنجيس هيكل.

*Pollution*, masturbation, استحلاب الذكر.

*Pollution* nocturne, écoulement involontaire de semence, احتلام.

POLOGNE, s. f., pays, بلاد الله.

POLONAIS, E, adj. et s., لهى.

POLTRON, NE, s., lâche, sans courage, جبان; plur., اندال.

POLTRONNERIE, s. f., lâcheté, manque de courage, فشل - ندالة - جبن - جبانة.

POLYÈDRE, s. m., corps solide à plusieurs faces, كثير القواعد.

POLYGAME, s. com., femme mariée à plusieurs hommes, كثيرة الازواج. Polygame, homme marié à plusieurs femmes, كثير الزوجات.

POLYGAMIE, s. f., état d'un homme qui a plusieurs femmes, ou d'une femme qui a plusieurs maris, كثرة الازواج - كثرة الزوجات.

POLYGARCHIE, s. f., gouvernement de plusieurs, كثرة الحكام.

POLYGLOTTE, adject., écrit en plusieurs langues, كتاب فى جملة السن.

*Polyglotte*, au fig., s., qui sait plusieurs langues, عارف جملة السن.

POLYGONE, adj. com. et s., qui a plusieurs angles et plusieurs côtés, كثير الاضلاع. Polygone régulier, شكل منتظم.

POLYONYME, adj. com., qui a plusieurs noms, ذو اسما كثيرة.

POLYPE, subst. m., animal qui ressemble à une plante, اخطبوط - حيوان يشبه النبات.

POLYPODE, s. m., plante capillaire, بسفايج - اضراس الكلب - بسفانج.

POLYTECHNIQUE, adj. com. (école), destinée à former des élèves pour l'artillerie, le génie, l'architecture militaire, etc., مكتب يدرس فيه علم ضرب المدافع والهندسة والتحصين وغير ذلك.

POLYTHÉISTE, adj. com., مشرك.

POLYTRIC, s. m., plante capillaire, نوع من الكزبر.

POMMADE, s. f., composition onctueuse, دهن - دهان.

POMME, s. f., fruit, تفاحة; coll., تفاح.

*Pomme*, tête ronde de chou, de laitue, etc., قلب; plur., قلوب.

*Pomme* de discorde, au fig., sujet de division, اصل العداوة.

Donner la *pomme*, au fig., donner le prix à la plus belle, استحسن على الجميع.

*Pomme* de terre ou Morelle tubéreuse, plante, كمايه - تفاح الارض.

*Pomme* d'Adam, éminence au-devant de la gorge, جوز الحلق - تفاحة ابونا ادم - نغاش - خرزة الرقبة.

*Pomme* de pin, جوز صنوبر.

*Pomme* épineuse, fruit du stramonium, جوز ماثل.

*Pomme* de senteur, شمامة.

*Pomme* dorée, pomme d'amour, تفاح الذهب - بوما دورا - بيضنجان قوطة - نماتم.

POMMÉ, E, adj., formé en manière de pomme, ملفوف - مكبب.

POMMEAU, s. m., sorte de petite boule au bout de la poignée d'une épée, رمانة. Pommeau à l'arçon du devant d'une selle, قربوس; pl., قرابيس.

POMMELÉ, adject., marqué de gris et de blanc, منقوش - زرزوري.

POMMER, v. n., t. de jardinage, se former en pomme, تكبب - التف.

POMMERAIE, subst. f., lieu planté de pommiers, شجيرة تفّاح.

POMMETTE, s. f., ornement en forme de petite pomme, أُكرة ; plur., أُكر.

*Pommette*, partie haute, éminente de la joue, حرّ الوجه - وجنة.

POMMIER, s. m., arbre qui porte les pommes, تفاحة - شجرة تفاح.

POMPE, s. f., machine pour élever l'eau, ترمبة - طُلمبة.

*Pompe*, appareil superbe, somptuosité, الاى - زينة - جعجة - طنطنة - وكبة - محفل - احتفال.

*Pompe*, style relevé, رنّة.

*Pompe*, vanité du monde, فخرة - اباطيل العالم.

*Pompe* funèbre, service solennel d'un enterrement, جنازة - عزا.

POMPER, v. a., épuiser avec la pompe, سحب A. - نزح بالترمبة A.

*Pomper*, boire, شرب A.

*Pomper* quelqu'un, lui tirer ses secrets avec adresse, اخذ خبره O.

POMPEUSEMENT, adv., avec pompe, باحتفال عظيم - بجعجة.

*Pompeusement*, en termes ampoulés, بكلام عالي.

POMPEUX, SE, adj., magnifique, qui a de la pompe, مفتخر - فاخر - عظيم.

POMPIER, subst. m., qui fait les pompes, صانع الترمبات.

*Pompier*, soldat qui fait agir les pompes pour éteindre les incendies, عسكري مختصّ بتطفية الحريق - طُلمبه جي.

PONANT, s. m., occident, مغرب - غرب.

POMPON, s. m., touffe de laine, وردة صوف للزينة.

PONCE, adj. (pierre), رغوة - خُرفش - شواغث. *Voyez* PIERRE.

PONCEAU, adj., rouge très-vif, احمر دودة.

PONCEAU, s. m. *Voyez* COQUELICOT.

PONCIRE, s. m., sorte de gros citron, كبّاد - اترج.

PONCTION, s. f., ouverture faite au ventre d'un hydropique, فتحة في بطن المستسقي.

PONCTUALITE, s. f., grande exactitude, ضبط.

PONCTUATION, s. f., art, système de ponctuer, علم تقسيم الكلام. Signes de la ponctuation, علامات لتقسيم الكلام.

PONCTUEL, LE, adj., exact, régulier, مضبوط.

PONCTUELLEMENT, adv., بضبط.

PONCTUER, v. a. et n., mettre les points, les virgules dans un écrit, وضع علامات تقسيم الكلام.

PONDERATION, s. f., science du mouvement et de l'équilibre des corps conformément aux lois physiques, معايرة حركات الاجرام واعتدالها.

PONDEUSE, adj. fém , qui pond, بيّاضة.

PONDRE, v. a. et n., faire des œufs, باض I.

PONT, s. m., construction sur une rivière, etc., pour en faciliter le passage, قنطرة ; pl., قناطر - جسر ; plur., جسور.

*Pont* dormant, pont fixe, immobile, قنطرة ماكنة. *Pont-levis*, pont qui se lève et s'abaisse à volonté, قنطرة تنفتح و- جسر يرتفع و يتوطى - تنسد. || *Pont tournant*, قنطرة تدور. || *Pont de bateaux*, جسر خشب مخطوط على شخاتير.

*Pont*, terme de mer, tillac, بنط - سطح - كوبرتة (Barb.).

*Pont*, étage de navire, انبر ; pl., انابر. Vaisseau à trois ponts, مركب بثلاثة انابر.

*Pont* aux ânes, au fig., chose facile à faire, حاجة تعرفها كل الناس.

PONTE, s. f., temps de pondre, œufs pondus, بيض.

PONTÉ, adj., qui a un pont (navire), له سطح.

PONTIFE, s. m., personne sacrée qui a juridiction et autorité dans les choses de la religion, حبر - كاهن ; plur., احبار. Le souverain pontife, le pape, البابا - الحبر الاعظم.

PONTIFICAL, E, adj., du pontife, حبري.

Pontificalement, adv., avec les cérémonies et les habits pontificaux, باكرام وبدلة حبرية.

Pontificat, s. m., dignité de grand pontife, de pape, كهنوت - حبرة.

Ponton, s. m., pont flottant formé de bateaux et de poutres, جسر من خشب يسبح.

Populace, s. f., le bas peuple, سفلة - جعيدية - خَوش - هَمَج - اسافل الناس.

Populaire, adj. com., du peuple, qui le concerne, يَخصّ الشعب، العوامّ. Expression populaire, لفظة من كلام العوام.

*Populaire*, qui se fait aimer du peuple, محبوب من الشعب.

*Populaire*, très-répandu, مشهور عند الناس.

Populairement, adv., en termes populaires, بكلام العوام.

*Populairement*, pour plaire au peuple, بنوع يستميل قلب الشعب.

Se populariser, v. pron., se concilier l'affection du peuple, استمال قلب الشعب.

*Se populariser*, se familiariser, O. نش بالشعب.

Popularité, s. f., caractère d'un homme populaire, مسايرة الشعب.

*Popularité*, crédit près du peuple, قبول الشعب - قبول عند الشعب.

Population, s. f., quantité d'habitants que renferme un pays, سكان - عدة أهل.

Populéum, s. m., onguent, مرهم الغَرَب.

Populeux, se, adj., très-peuplé, عامر بالشعب.

Porc, s. m., cochon, خنزير, plur., خنازير - (Barbarie) حلّوف.

Porc-épic, s. m., قنفذ; pl., قنافذ - (Barb.) ضربان.

Porcelaine, s. f., terre cuite très-fine, صيني - فرفوري.

Porche, s. m., portique, اسطوانة - ايوان.

Porcher, s. m., راعي خنازير.

Pore, s. m., petit trou dans la peau par où l'on transpire; trou dans les corps, مسام; pl., مسامات - plur., ميسم; مَنفس - مناقس plur., - منافذ صغار في جلد الحيوان.

Poreux, se, adj., qui a des pores, ذو مسامات.

Porosité, s. f., qualité d'un corps poreux, مسام - مسامات.

Porphyre, s. m., sorte de marbre rouge ou vert et tacheté, سماقي - برفير.

Porphyriser, v. a., broyer sur le porphyre, A. سحق.

Porreau, s. m., durillon, زرّ; pl., ازرار. *Voyez* Poireau.

Port, s. m., lieu propre à recevoir les vaisseaux, مين, pl., ميناء - مرسى, plur., مراسى. Capitaine de port, ريس المينا.

*Port*, maintien, contenance, قامة - هيئة.

*Port*, capacité pour contenir et porter, وسق - وسع.

*Port*, salaire pour le transport, حقّ الحامل - اجرة. Le port d'une lettre, اجرة مكتوب. ‖ Le port de cette lettre est payé, حامل المكتوب خالص الاجرة.

*Port*, au fig., lieu de repos, de tranquillité, وصل بالسلامة. Arriver à bon port, دار الامان.

Port d'armes, s. m., droit de porter les armes, اذن بحمل سلاح.

Portage, s. m., action de porter, حمل.

Portail, s. m., principale porte d'un édifice, ظاهر الباب - الباب الكبير.

Portant, e, adj. (bien), en bonne santé, مبسوط - طيّب. Mal portant, en mauvaise santé, مريض - متشوّش.

Portatif, ive, adj., qu'on peut porter aisément, خفيف الحمل - خفافي.

Porte, s. f., ouverture pour entrer ou sortir; assemblage de bois, etc., qui la ferme, باب; pl., بيبان et ابواب. Porte d'une ville ou d'une rue, باب - بوابة, plur., ابواب.

*Porte*, au fig., issue, منفذ; plur., منافذ.
*Porte*, accès, moyen d'arriver, باب - مدخل.
La *Porte* ou la Sublime Porte, la cour de Constantinople, الدولة العليّة.
Prendre la *porte*, au fig. fam., se retirer, s'évader, مسك كوع السكّة I. Mettre la clef sous la porte, pour dire déménager furtivement, شمّع الفتلة. ‖ Mettre à la porte, chasser, طرد A. - دشر.
*Porte* de derrière, faux-fuyant, حجّة; plur., مخلص - حجج.
PORTE-DRAPEAU, s. m., بيرقدار.
PORTE-ÉTENDARD, s. m., حامل اللواء.
PORTE-FAIX, s. m., crocheteur qui porte des fardeaux, شيّال - عتّال - حمّال.
PORTE-FEUILLE, s. m., carton ou sac en peau où l'on met des papiers, محفظة; pl., محافظ - جزدان.
PORTE-MALHEUR, s. m., personne qui attire le malheur sur les autres, نحس على - قدم نحس.
PORTE-MANTEAU, s. m., valise, جراب - جمدان; plur., جرابات.
*Porte-manteau*, bois pour suspendre les habits, شمّاعة.
PORTE-MOUCHETTES, s. m., plateau pour mettre les mouchettes, بيت مقصّ الشمعة.
PORTE-VOIX, s. m., sorte de trompette pour porter la voix au loin, بوق; plur., ابواق.
PORTÉE, s. f., ventrée, بطن. Ils sont de la même portée, هم من فرد بطن.
*Portée*, distance qu'on peut atteindre avec une arme à feu, ضربة.
*Portée* de la vue, de la voix, de la main, مدى - طول. Cela n'est pas à la portée de ma main, ما تطول يدى اليه - ما تصل يدى اليه.
*Portée*, ce que l'esprit peut saisir, sa capacité, طاقة. Au-dessus de la portée de l'esprit humain, فوق طاقة البشر.
*Portée*, ce qu'on peut faire, مقدرة - طاقة -

طولة يد - جهد. Cela est au-dessus de ma portée, de mon pouvoir, ما تطول يدى الى ذلك - ما تصل يدى الى ذلك. ‖ Être à portée de, pouvoir, قدر I.
PORTER, v. a., soutenir en l'air, être chargé du poids de, حمل I. - شال I. شقل على ظهره O. رفد I. O (Barb.).
L'un portant l'autre, le fort portant le faible, c'est-à-dire, l'un étant compensé par l'autre, فى قلب بعضهم - على بعضهم.
*Porter* quelqu'un, l'aider de son crédit, شدّ ظهره O.
*Porter*, transporter d'un lieu dans un autre, حمل I. - اخذ من موضع الى موضع O. - نقل. Porter une chose à quelqu'un, رفع اليه الشى - اخذ الشى اليه. ‖ Je porte une lettre à un tel, انا حامل مكتوب الى فلان.
*Porter*, avoir sur soi, حمل معه I. Porter les armes, حمل سلاح I. ‖ Porter à la main, tenir, مسك I. Porter un habit, لبس I.
*Porter* la tête haute, porter la tête basse, مشى و راسه عالى او واطى - رفع راسه - وطّى راسه I.
*Porter* ses désirs jusqu'à, طمع فى A. Porter la cruauté jusqu'à, بلغ به قساوة القلب الى ان. ‖ La chose fut portée au point que, انقضى الامر - بلغ الامر الى ان.
*Porter* bonheur, كان خيرا له - كان سعد له - جلب له السعادة - الخير O. Porter malheur, كان عليه نحس.
*Porter* la main à, مدّ يده الى O.
*Porter* un coup à, ضرب ضربة I. O. - طعنه طعنة A. Porter coup, au fig., faire effet, impression, أثر A. - قطع فى. ‖ Porter coup, nuire, ضرّ - أذى O.
*Porter* ses regards, porter sa vue, نظر الى O.
*Porter* ses pas, سار الى I. توجّه الى.
*Porter* la santé de quelqu'un, شرب فى محبّته A.
*Porter*, produire (arbre), جاب I. - طرح A.

*Porter* (en parlant de femmes, ou de femelles d'animaux), حمل I.

*Porter*, souffrir, endurer, احتمل.

*Porter*, induire, exciter à, حث على I. - حرّك الى I. حمل على I. Son inclination le porte à, له ميل طبيعي الى.

*Porter* amitié à, aimer, حب O. - اعزّ. L'amitié que tu me portes, محبّتك لي. ‖ *Porter* respect, احترم. ‖ *Porter* envie à, حسد O.

*Porter* la parole pour les autres, تكلّم عن غيره.

*Porter* témoignage pour, شهد له A. *Porter* témoignage contre, شهد عليه A.

*Porter* un jugement sur quelque chose, حكم في O. - قطع في A.

*Porter*, énoncer, annoncer, ذكر O. Sa dernière lettre porte que, و باخر مكتوبه مخبّرني ان ذاكرا ان.

*Porter*, v. n., poser, être soutenu, وقف على.

*Porter*, atteindre, اصاب - وصل الى.

*Se porter*, v. pron. (bien), être en bonne santé, كان طيب، مبسوط O. Se porter mal, être en mauvaise santé, كان مريض، متشوّش. ‖ Il ne se porte pas bien, ما في حاله شي (Barb.). ‖ Comment vous portez-vous? ايش حالك - كيف حالك. ‖ Vous vous portez bien? ان شا الله مبسوط. Portez-vous bien, soyez en bonne santé, adieu, تكون طيب - خاطرك - تكون بالعافية.

PORTEUR, SE, s., dont le métier est de porter des fardeaux, عتّال - شيّال - حمّال. Porteur d'eau, سقّا.

*Porteur*, qui porte un objet, حامل - ناقل. Le porteur de cette lettre, حامل الاحرف.

PORTIER, ÈRE, s., بوّاب.

*Portière*, petite porte de carosse, باب ; plur., ابواب.

*Portière*, espèce de rideau devant une porte, ستارة - بردايةّ - بردة.

PORTION, s. f., partie d'un tout, قطعة ; plur., شقة - قطع.

*Portion*, certaine quantité de pain, de viande, etc., قسمة - نايب.

PORTIQUE, s. m., galerie ouverte à comble, soutenue par des colonnes, des arcades, ايوان - رواق - اسطوانة.

*Portique*, au fig., secte, doctrine de Zénon, راي زينون الفيلسوف.

*Portique*, les stoïciens, اهل الاسطوانة.

PORTRAIT, s. m., description, وصفة. Faire le portrait de, وصف ; aor., يصف.

*Portrait*, image d'une personne au crayon, etc., صورة ; plur., صور.

PORTUGAIS, E, adj., من اهل البرتقال.

PORTUGAL, s. m., pays, بلاد البرتقال.

POSAGE, s. m., travail et dépense pour poser certains ouvrages, تركيب - وضع - حط.

POSE, s. f., travail pour poser les pierres, وضع الحجارة.

*Pose*, position, attitude, حالة.

POSÉ, adj., modeste, grave, عاقل - رزين.

POSÉE, s. f., (tirer à la), قوس حاطط.

POSÉMENT, adv., براضة - بهداوة - برزانة.

POSER, v. a., placer, mettre, حط O. - وضع. ‖ *Poser* une serrure, ركّب قفل. ‖ *Poser* la question, وضع المسئلة.

*Poser*, supposer un cas hypothétique, جعل A. فرض A. Posez que cela soit, فرضنا.

*Poser*, établir pour véritable, pour constant un fait, وضع I - بنى على. Cela posé, بنا على ذلك.

*Poser* les armes, faire la paix, رفع السلاح.

*Poser*, v. n., être soutenu par, وقف على.

*Se poser*, v. pr., en parlant d'un oiseau, حط O.

POSITIF, IVE, adj., certain, constant, اكيد - حق. ‖ Réponse positive, جواب شافي. ‖ Donnez-moi des renseignements positifs sur ce fait, احكي لي الخبر على جليته.

*Positif*, contraire de négatif, حقيقي.

POSITIF, s. f., terme de grammaire, premier degré dans les adjectifs qui admettent comparaison, وضع اسم الصفة البسيط الاصلى.

POSITION, s. f., situation, حالة - حال. Position difficile, ضيقة - شدّة.

Position, point, lieu où l'on est, موضع - مقام.

Position, terme de guerre, point occupé par une armée, un corps, مركز - محطة ; plur., مراكز.

POSITIVEMENT, adv., assurément, précisément, حقًا - اكيدا.

POSSÉDÉ, E, adj., tourmenté du démon, ملبوس - مسكون.

POSSÉDER, v. a., avoir à soi, en son pouvoir, ملك I. - حوى I.

Posséder, en parlant des passions qui dominent, تحكّم فى - تسلّط على.

Posséder, au fig., être instruit dans, عرف I. - حوى I.

Se posséder, v. pron., être maître de soi, ملك نفسه I.

POSSESSEUR, s. m., celui qui possède un bien, مالك - صاحب ; plur., اصحاب.

POSSESSIF, IVE, adj., (pronom) qui marque la possession, اسم ضمير الملك I. Exemple : le mien, متاعى ou متاعك || Le tien, متاعك ou متاعك.

POSSESSION, s. f., action de posséder, jouissance, d'un bien, ملك. Mettre en possession de, مكّن من || Prendre possession de, تمكّن من.

Possession, bien fonds, ارض ; plur., اراضى - املاك ; plur, ملك.

Possession, état d'un possédé, لبسة شيطان.

POSSIBILITÉ, s. f., qualité du possible, مُكنة - امكان.

POSSIBLE, adj. com., qui peut être, يمكن - مُمكن. Les choses possibles, المُمكنات || Il est possible que, يمكن ان - يحتمل ان || Il m'est possible de, يمكننى ان || Autant qu'il est possible, على قدر الامكان - على قدر الطاقة || Faire tout son possible,

O. - A. بذل المجهود فى - عمل كل جهده.

POSTE, s. m., charge, emploi, وظيفة ; plur., وظايف ; منصب ; plur.., مناصب.

Poste, terme militaire, lieu où un soldat, un corps est ou peut être placé, مركز عساكر ; plur., مراكز - موضع ; plur., مواضع. Ils abandonnèrent le poste où ils avaient ordre de rester, تركوا المركز المامورين بالوقوف فيه.

POSTE, s. f., établissement de chevaux placé de distance en distance pour le service des personnes qui veulent voyager vite, بريد - منزول. Aller en poste, سارى البريد - على البريد.

Poste, courrier qui porte les lettres, ساعى - رقّاص (Barb.). Par la poste, avec le courrier, مع الساعى.

POSTER, v. a., placer dans un poste, وضع A. - لبد. J'avais posté mes enfants sur les chemins, كنت منظّر اولادى على الطرق.

Se poster, v. pron., ركز O. - لبد O.

POSTÉRIEUR, E, adj., qui suit dans l'ordre du temps, متاخّر - بعد.

Postérieur, qui est derrière, ورانى.

POSTÉRIEUREMENT, adv., après, بعد.

POSTÉRIORITÉ, s. f., état d'une chose postérieure, تاخير.

POSTÉRITÉ, s. f., descendants, ذرّية - خلف.

Postérité, peuples à venir, اجيال اتية.

POSTHUME, adj. com., né après la mort de son père, مولود يتيم.

Posthume, (ouvrage) qui a paru après la mort de son auteur, عقب.

POSTICHE, adj. com., ajouté après coup, faux, عيارة - عيرة.

POSTILLON, s. m., qui mène en poste, سوّاق ; plur. سوّاقة.

POST-SCRIPTUM, s. m., par abréviation, P. S., ce qui est ajouté à une lettre après la signature, حاشية. On met en arabe à la fin du post-scriptum;

le mot صح, comme on met en français P. S. au commencement.

POSTULANT, E, adj., qui recherche avec instance, une charge, etc., طالب وظيفة; plur., طلاب.

POSTULER, verbe a., demander avec instance, A. لجّ في طلب – O. طلب.

POSTURE, s. f., situation où se tient le corps, حالة – قعدة.

*Posture*, au fig., état où l'on est par rapport à la fortune, حالة.

POT, s. m., marmite, حلّة – قدرة – قدر; plur., حلل.

*Pot* de terre, de forme ronde, avec goulot, étroit et allongé, هشّة – مطارية – برّادة – شربة ‖. *Pot* de terre avec un goulot et deux anses, نعارة – دَوَيْك – دورق; plur., دوارق. ‖ *Pot* de terre, mince au milieu et large aux deux extrémités, servant à rafraîchir l'eau, قلّة – قُلل; plur., قلل – قناوية. ‖ *Pot* de terre ou de métal, avec un col un peu allongé, une anse et un bec, ابريق; pl., اباريق. ‖ *Pot* de terre de même forme, mais plus petit, كوز; plur., اكواز. ‖ *Pot* à l'eau, aiguière, ابريق. ‖ *Petit pot* de terre sans anse, ayant le goulot presque égal au ventre, servant à mettre le lait caillé, برش; plur., بروش. ‖ Grand *pot* de terre vernissée, جرّة – بستوقة – نيغار. ‖ *Pot* de fleurs, قصرية زهر. ‖ *Pot* de pommade, حق دهان. ‖ *Pot* de chambre, قصرية – ارضية – مستعملة; plur., قصارى.

Ce serait le *pot* de terre contre le pot de fer, بيضة ما تلاطم جرة; expr. prov. Tourner autour du pot, user de détours, حاول. ‖ Payer les pots cassés, دفع المصاريف A. ‖ *Pot* aux roses, mystère d'une intrigue, دسيسة. ‖ Bête comme un pot, fam., très-bête, ابهم ما يكون – دبّ.

*Pot* de vin, présent au-delà du prix convenu, تقدمة; plur., تقادم.

POT-POURRI, subst. m., mélange de viandes, légumes, etc.; au fig. fam., discours mêlés, morceaux sans ordre, مخلوطة – خبصة.

POTABLE, adj. com., qu'on peut boire, ينشرب.

POTAGE, s. m., bouillon avec des tranches de pain, فتّ – تسقية – فتّة. *Potage* au riz, au vermicelle, شربة.

POTAGER, s. m., fourneau pour faire les potages, مطبخ.

POTAGER, ÈRE, adj., jardin potager; *ou* Potager, s. m., جنينة خضار. Herbes potagères, herbes pour les potages, بقلة – خضار; plur., بقول.

POTASSE, s. f., alcali qu'on retire surtout des cendres des végétaux, ملح قلي.

POTEAU, s. m., pièce de charpente debout, صارى; plur., صوارى – خشبة.

POTÉE, s. f., contenu d'un pot, ملو حلّة – ملو ابريق – ملو شربة.

POTELÉ, E, adj., gras et plein, سمين – مربرب.

POTENCE, s. f., gibet, مشنقة; plur., مشانق.

Gibier de *potence*, au fig. fam., voleur, scélérat, خرج المشنقة – صيد المشنقة.

POTENTAT, s. m., celui qui a la puissance souveraine dans un grand État, سلطان; pl., سلاطين – ملك; plur., ملوك.

Petit *potentat*, au fig. iron., qui aime à dominer, qui affecte de l'importance, متسلطن.

POTENTIEL, LE, adj., t. de méd., qui produit son effet par une vertu caustique, دوا له خاصّية محرقة.

POTERIE, s. f., vaisselle de terre, خزف – فخّار.

*Poterie*, lieu où l'on fait les pots de terre, فاخورة.

POTERNE, s. f., porte secrète dans un fort, بوَيْبة خفية في قلعة.

POTIER, s. m., qui fait et vend de la poterie, فخّاري – فخراني – فاخوري.

POTIN, s. m., cuivre jaune, نحاس اصفر.

POTION, s. f., boisson, breuvage, شربة.

POTIRON, s. m., sorte de citrouille très-grosse, فطر - قرع - قرعة.

POU, s. m., vermine, قملة - قمل. Chercher ses poux, فلى ثيابه - فلى راسه.

POUAH! interj., qui marque le dégoût, عزّ - تواه.

POUACRE, adj., sale, دنس نجس.

POUCE, s. m., le plus gros doigt de la main et du pied, ابهام; plur., اباهم.

Pouce, mesure de douze lignes, اصبعة; plur., اصابع.

Jouer du pouce, compter de l'argent, لعب الاصابع. Mettre les quatre doigts et le pouce, toute la main, avec avidité, ادخل كل يده. || S'en mordre les pouces, se repentir, اكل كفيه ندما O. — A. || Mettre les pouces, céder, se soumettre, خضع ل - سلم روحه A.

POUCE-PIEDS OU POUSSE-PIEDS, s. m., coquillage, gland de mer, بلان.

POUDRE, s. f., poussière, تراب - غبرة - درار (Barb.). Sucre en poudre, سكر ناعم - سكر هش.

Poudre, composition médicale en poudre, pour prendre intérieurement, سفوف. Poudre pour mettre sur une plaie, ذرور. || Poudre pour les yeux, كحل; plur., اكحال.

Poudre, composition de soufre, salpêtre et charbon, pour charger les armes à feu, بارود.

Mettre en poudre, au fig., ruiner, anéantir, سحق A.

Jeter de la poudre aux yeux, au fig., éblouir par de belles apparences, اعمى - عمّى.

Poudre d'or, تبر.

POUDRER, v. a., couvrir de poudre, ذرّ O. - غبّر.

POUDREUX, SE, adj., plein de poussière, مغبّر - ملان تراب.

POUDRIER, s. m., qui fait la poudre à canon, صانع البارود.

POUDRIER, s. m., ou POUDRIÈRE, s. f., boîte qui contient la poudre pour mettre sur l'écriture fraîche, رملية - موملة.

POUDRIÈRE, s. f., où l'on fait la poudre à canon, معمل بارود.

POUF, adv., mot qui exprime le bruit sourd d'un corps qui tombe, بوو.

POUFFER (de rire), v. n., fam., فقع من الضحك A.

POUILLEUX, SE, adj., مقمّل.

POULAILLER, s. m., lieu où se couchent les poules, قن الدجاج - خن الفراخ.

Poulailler, marchand de volailles, فرارخي - بياع دجاج.

POULAIN, s. m., jeune cheval, مهر; plur., مهارة - (Barbarie) جذع. Poulain très-jeune, فلو.

Poulain, terme de médecine, sorte de mal vénérien, tumeur dans l'aine, خراج.

POULARDE, s. f., poule jeune et grasse, فرخة سمينة; plur., فراخ.

POULE, s. f., femelle du coq, دجاجة; coll., دجاج - فرخة (Égypte) plur., فروجة - فراريج. Poule qui couve, قرقة.

Poule mouillée, poltron, جبان - طرى.

Plumer la poule, faire des exactions, نتف I. ريش الفرخة.

POULET, s. m., petit de la poule, (Égypte), دجاجة; coll., دجاج - فروج (Syrie), plur., فراريج - (Barbarie) فلّوس, plur., افراخ - فرخ.

Poulet, billet de galanterie, ورقة محبّة.

POULETTE, s. f., jeune poule, دجاجة - فروجة.

POULICHE, s. f., jeune jument, مهرة.

POULIE, s. f., roue suspendue sur laquelle passe une corde, etc., بكرة; plur., بكر.

POULINER, v. n., ولدت الفرس, aor., تلد - وضعت الفرس حملها A.

POULINIÈRE, s. f. et adj., jument destinée particulièrement à produire des poulains, فرس مخصّصة بالتناسل بالتخليف.

**Pouliot**, s. m., plante, فودنج - جبنجويه - غاغ - صعترالفرس - حبق.

**Poulpe**, s. f., ce qu'il y a de plus solide dans les parties charnues, هبر.

**Pouls**, s. m., battement des artères, نبض, et par corruption, نبط. Tâter le pouls, جسّ نبضه O.

**Poumon**, s. m., principal organe de la respiration, رية.

**Poupard**, s. m., enfant au maillot, ولد في القماط.

**Poupe**, s. f., l'arrière d'un vaisseau, موخر - قح (Barb.). Vent en poupe, ريح عدل من تمّ الدفّة. Avoir le vent en *poupe*, au fig., être dans la prospérité, انعدل له الريح.

**Poupée**, s. f., petite figure de femme pour servir de jouet aux enfants, عروسة تلعب بها - لعبة الاطفال.

**Poupon**, s. m., enfant potelé, ولد مربرب.

**Pour**, prép., marquant la cause, la destination, من شان - لاجل - لِ - بقصد (Barbarie). Ceci n'est pas pour vous, هذا ما هو من شانك. Ils sont faits l'un pour l'autre, ما هذا الا لهذاك. Il est malade pour avoir trop mangé, هو مريض لانه اكل بزيادة.

*Pour*, en considération de, لاجل - من شان - في خاطر (Barb.). Pour vous, pour l'amour de vous, اكراما لخاطرك - كرما لك - من شانك - كرامة خاطرك.

*Pour*, moyennant un certain prix, بِ. Il a donné son cheval pour mille piastres, باع حصانه بالف غرش. || Pour rien, بلاش - بالبلاش.

*Pour*, eu égard à, par rapport à, نظرا لِ - باعتبار - اعتبارا لِ. Pour son âge, نظرا لصغر سنّه. || Pour un Allemand, il parle bien français, نظرا انه نمساوي يتكلم بالفرنساوي طيب.

*Pour*, en la place de, au lieu de, عوض عن - عن - بالنيابة عن. Je le ferai pour vous, اعمله عنك. || Baisez pour moi les mains de, نوبوا عنى قبّلة

|| *Pour*, en échange, عوض. || Homme pour homme, رجل برجل.

*Pour*, comme, en qualité de, كأنّ. Tenez-moi pour présent, احسبنى - احسبنى كانّى حاضر - حاضر. || On le laissa pour mort sur la place, تركوه ممدود على الارض كانه ميت.

*Pour*, dans l'intérêt de, من شان - من اجل - من غرض. Je dis cela pour vous, dans votre intérêt, اقول هذا لاجل خيرك. || Le juge pour lui, طلع القاضى من غرضه. || Je suis pour vous contre lui, انا معك ضدّه.

Le *pour* et le contre, ما له و عليه.

*Pour*, afin, باش - كى - حتّى (Barb.). J'étudie pour devenir savant, ادرس حتى اصير عالما. || Pour ne pas, كيلا - لئلّا.

*Pour*, quant à, من جهة - امّا. Pour moi, من جهتى انا - وامّا اخى. || Pour mon frère, من جهتى انا. Pour les frais, je ne m'en mêle pas, و ما يخصّ الكلفة انا ما اعرف فيه.

*Pour* lors, عند ذلك O.

**Pourboire**, s. m., petite libéralité, بخشيش - بقشيش.

**Pourceau**, s. m., porc, خنزير; plur., خنازير.

**Pourchasser**, v. a., rechercher avec obstination, جدّ في طلب O.

**Pourfendeur**, s. m., qui pourfend, فلّاق.

**Pourfendre**, v. a., fendre un homme de haut en bas d'un seul coup, شقّ الرجل نصفين O.

**Pourparler**, s. m., conférence sur une affaire, مفاوضة - تفاوض.

**Pourpier**, subst. m., plante potagère, بقلة - بقلة الحمقا - رجلة - فرفحين - فرفحى - نقلة اللبنة.

*Pourpier* de mer, بقلة بحرية.

**Pourpre**, s. m., maladie maligne qui couvre la peau de taches pourpres, حصبة.

*Pourpre*, couleur rouge foncé tirant sur le violet, ارجوان - احمرقانى.

Pourpre, s. f., teinture, étoffe qui en est teinte, فرفير - ارجوان.

Pourpré, e, adj., de couleur pourpre, فرفيري - ارجواني.

Pourquoi, interrog., pour quelle raison, لماذا - ليه - ليش - عليش. Pourquoi vous taisez-vous? ايش بك ساكت. ‖ C'est pourquoi, voilà pourquoi, فلاجل ذلك.

Le pourquoi, s. m., la cause, السبب.

Pourri, s. m., chose, partie pourrie, نتن - عفن - معفن.

Pourri, adj., منشح - ناشح - منزوع - معفن - راشي - تخنان (Barb.).

Pourrir, v. a., corrompre, gâter, نزع - عفن A. - افسد.

Pourrir, v. n., ou Se pourrir, v. pron., se gâter, se corrompre, انعفن - تعفن - انتزع - انفسد A. نشح (fruits) - اهترا عين et (Barb.) - اخنز خمج et (viande) - تخ O. (bois, etc.).

Pourrir, v. n., mûrir (rhume), نضج السعال A.

Pourriture, subst. f., état de ce qui est pourri, تعفن - عفنة - عفونة.

Pourriture, corruption, فساد.

Poursuite, s. f., action de poursuivre quelqu'un, كراد - كرشة - مطاردة.

Poursuite, soin pour le succès, جدّ - مجاهدة - جهد.

Poursuites, au plur., procédures; action en justice, طلب, مداعاة في الشريعة.

Poursuivant, s. m., qui poursuit un emploi, une fille en mariage, etc., طلبة et طالب; pl., طلّاب.

Poursuivre, v. a., courir après pour atteindre, كرش I. O. - تبع A. - جدّ في طلب O.

Poursuivre, continuer ce que l'on a commencé, كمل - تتبع.

Poursuivre, agir en justice contre quelqu'un, داعى عليه, ادّعى عليه في الشرع.

Poursuivre, employer ses moyens pour obtenir, pour atteindre un but, اجتهد في تحصيل الشى.

Pourtant, conj., toutefois, néanmoins, مع ذلك.

Pourtour, s. m., le circuit d'un corps, داير.

Pourvoir, v. n., donner ordre à quelque chose, دبّر الامر - تدرّك, دارك لامر.

Pourvoir, v. a., munir, garnir de, جهّز ب - زود.

Pourvoir quelqu'un d'un emploi, اعطاه وظيفة - قلّد وظيفة.

Pourvoir, au fig., établir en mariage, donner un état, نصّب.

Se pourvoir, v. pron., se fournir, تجهّز - تزوّد - تحضّر.

Se pourvoir, intenter une action en justice, رفع دعوة للحكم A.

Pourvoyeur, s. m., qui fournit la viande, la volaille, etc., qui fait les provisions, كلارجى - موّن - متسوّق.

Pourvu que, conj., à condition que, بحيث ان - بشرط ان. Pourvu que vous ne tardiez pas, بس لا تتعوق.

Pousse, s. f., jet, petite branche, فرع; plur., فروع.

Pousse, maladie des chevaux, qui les fait souffler, ضيق نفس - قطعة الخيل.

Poussée, s. f., action de pousser, زقّة - دفعة.

Pousser, v. a., faire effort contre quelque chose, دفع O. - دفش O. - دفر A. Pousser quelqu'un pour l'avertir en cachette de quelque chose, دكزه على شى. ‖ Pousser la porte, ردّ الباب. ‖ Pousser dans une foule, زاحم. ‖ Pousser l'ennemi, le faire reculer, رجّع العدو الى ورا. ‖ Ils poussèrent l'ennemi jusqu'à ses tentes, لزّوا الاعدا الى الخيام.

Pousser, presser, attaquer vivement, هارش.

Pousser, excéder, importuner, فره.

Pousser, exciter à, encourager à, حمل على -

**POU** — 630 — **PRA**

Pousser son cheval contre l'ennemi, حرّك الى - حمل على I. حرّكت حصانه نحو العدى.

*Pousser*, faire entrer par force, زقّ O.

*Pousser*, faire faire des progrès, قدّم.

*Pousser*, faire parvenir aux places, ساعد - رقى - شدّ ظهره O.

*Pousser* à la roue, pour aider, ساعد - شدّ مع O.

*Pousser* à bout, choquer à l'excès, اغضب - مرمر.

Il a *poussé* la cruauté jusqu'à, بلغت به القساوة الى هذا الحدّ. Vous avez *poussé* la chose trop loin, ان صارت رودة منك. Il a *poussé* la chose beaucoup trop loin, زاد وكثّر.

*Pousser* un cri, صرخ صرخة - صاح صيحة I. O.

*Pousser*, v. n. (plantes, etc.), طلع - نبت A. O. - نمى I.

*Pousser*, v. n., battre des flancs, انقطع - ضاقت نفس الفرس I.

*Pousser*, aller en avant, cheminer jusqu'à, ساق - وصل لحدّ O.

*Se pousser*, v. pron., s'avancer dans la carrière, نجح A.

POUSSIER, s. m., poussière de charbon, دقّ الفحم.

POUSSIÈRE, s. f., terre, corps, etc., réduit en poudre, عفار - غبار - تراب - عفرة - غبرة. Poussière tombée des métaux, ou du marbre qu'on polit, قراضة - نحاتة. ‖ Mettre quelque chose en poussière, l'écraser, سحق A. ‖ Faire de la poussière, faire lever de la poussière, غبّر. ‖ Ne nous faites pas de poussière, لا تغبّر علينا.

*Poussière*, t. de botanique, poudre féconde, غبار.

POUSSIF, VE, adj. (cheval), qui a la pousse, ضيّق النفس - مقطوع.

POUSSIN, s. m., petit poulet nouvellement éclos, صيصان ; plur., صوص - كتاكيت ; plur., صوصانة.

POUTRE, s. f., pièce de charpente; grande pièce de bois qui soutient le plancher, شوحية - خشبة ; plur., شواحى.

POUVOIR, v. a. et n., avoir la faculté de, être en état de, قدر I. - حسن A. - استطاع - امكنه فيه - نجم A. - طلع من يك (Barb.). Je ne puis marcher, ما يمكنني - ما احسن امشى - ما اقدر امشى - قدّ ما له طاقة. ‖ Autant qu'il peut, امشى. ‖ Je n'ai pas pu réussir, ما صحّ - على قدر الامكان. ‖ Tu ne peux faire comme moi, ما طلع من يدى - معى ما فيك تعمل مثلى. ‖ N'en pouvoir plus, ما بقى له حال - له قدرة. ‖ Il peut beaucoup, ‖ Il peut tout, هو كفاية كل شي. ‖ Il ne peut rien, لا يقدر على شى.

*Pouvoir*, marquant la possibilité, احتمل - امكن - يحتمل ان - يمكن. ‖ Il se peut que, Cela se peut. ‖ Il ne peut pas encore être venu, ما حل له يجى. ‖ Tu ne peux pas encore être rassasié, ما حل لك تشبع.

POUVOIR, s. m., puissance, autorité, force, قدرة - قوّة - اقتدار - استطاعة - طاقة - مقدرة. Cela n'est pas en mon pouvoir, هذا ما هو فى يدى. Je n'ai pas de pouvoir sur lui, ما اقدر عليه - ما لى عليه سلطة - ما لى يد عليه.

*Pouvoir*, droit, faculté d'agir, acte qui constate cette faculté, سلطان - رخصة - تفويض.

*Pouvoir*, possession, يد - ملك. En son pouvoir, en sa possession, فى يك - فى ملكه.

PRAGMATIQUE, s. f., ou Pragmatique Sanction, règlement en matière ecclésiastique, شروط كنايسية.

*Pragmatique*, acte contenant la disposition de certains souverains, شروط ملوكية.

PRAIRIE, s. f., terre où l'on récolte le foin, le pâturage, مرج - مربع ; plur., مروج.

PRALINE, s. f., amande rissolée dans du sucre, لوز مقلى بسكر.

PRATICABLE, adj. com., qui peut être pratiqué, يصير - يصنع - يعمل.

*Praticable* (chemin), درب سالك.

*Praticable*, au fig., sociable (homme), يتعاشر.

PRATICIEN, s. m., celui qui entend les procédures, qui suit le barreau, مُتشرّع.

*Praticien*, médecin plein d'expérience, حكيم ـ طبيب مجرّب ـ صاحب تجربة ـ ماهر.

PRATIQUE, s. f., ce qui se réduit en acte dans une science, dans un art, عمل ـ صناعة. La pratique et la théorie, العمل والعلم. ‖ Mettre en pratique, à exécution, جرّب ـ استعمل ـ A. عمل. ‖ La pratique des vertus, افتعال الفضايل.

*Pratique*, usage, coutume, عادة.

*Pratique*, expérience des choses du monde, خبرة ـ تجربة ـ ممارسة. Il a la pratique des affaires, هو خبير في الامور.

*Pratique*, chaland d'un marchand, d'un ouvrier, زبون; plur. زباين.

*Pratiques*, au plur., menées, intrigues, دسايس.

PRATIQUE, adj. com., qui ne s'arrête pas à la théorie, qui exécute, رياضي ـ عملي.

PRATIQUEMENT, adv., dans la pratique, في العمل.

PRATIQUER, v. a., mettre en pratique, A. عمل ـ استعمل.

*Pratiquer*, exercer, عمل. Il pratique la médecine, يعمل حكيم.

*Pratiquer*, fréquenter, hanter, عاشر.

*Pratiquer*, attirer à son parti, suborner, برطل.

PRÉ, s. m., terre qui sert aux pâturages, مرج; plur. مروج.

PRÉALABLE, adj. com., qui doit être dit, fait, examiné auparavant, أول ـ قبل كل شي. Au préalable, avant tout, قبل كل شي.

PRÉALABLEMENT, adv., في الاول ـ قبل كل شي.

PRÉAMBULE, s. m., espèce d'exorde, d'avant-propos, ديباجة ـ دهليز ـ بدو ـ فاتحة.

PRÉBENDE, s. f., revenu d'un chanoine, مدخول راهب.

PRÉCAIRE, adj. com., qui ne s'exerce que par tolérance, avec dépendance, incertitude, غير ثابت ـ معلّق ـ غير مكين.

PRÉCAIREMENT, adv., من غير ثبات.

PRÉCAUTION, s. f., ce qu'on fait par prévoyance pour éviter un mal, حرس ـ احتراس ـ حذر. Prendre ses précautions, O. أخذ حذره ‖ Les précautions sont inutiles contre la destinée, لا ينفع حذر من قدر.

*Précaution*, ménagement, prudence, حساب ـ ديوان بال ـ لطافة ـ عقل.

PRÉCAUTIONNER, v. a., prémunir contre, حرس ـ حذر من ـ من.

*Se précautionner*, v. pron., prendre ses précautions contre, وعى ـ استحرس من ـ aor., ادّرك et تدرّك من وقوع الخطر ـ يوعى A. حذر من ـ.

PRÉCÉDEMMENT, adv., سابقاً.

PRÉCÉDENT, E, adj., متقدم ـ سالف ـ سابق.

PRÉCÉDENT, s. m., سابقة. Il a des précédents, سبق له بذلك سابقة.

PRÉCÉDER, v. a., aller, marcher devant, O. سبق.

*Précéder*, avoir le pas sur, تقدم.

*Précéder*, par rapport au temps, O. سبق ـ تقدم ـ O. سلف.

PRÉCEPTE, s. m., règle, enseignement, قاعدة; plur. قواعد ـ وصية plur., وصايا ـ اداب ـ تعليم; plur. تعاليم ـ حكمة, plur. حكم. Précepte de religion, فريضة ـ فرض, plur. فرايض. ‖ Préceptes utiles à la vertu, حكم مفيدة لتهذيب الاخلاق.

PRÉCEPTEUR, s. m., qui est chargé de l'éducation d'un enfant, معلّم ـ مؤدّب.

PRÉCEPTORAL, E, adj., qui appartient au précepteur, يخصّ المؤدّب.

PRÉCEPTORAT, s. m., fonction de précepteur, وظيفة المعلّم.

PRÉCESSION (des équinoxes), s. f., mouvement rétrograde des points équinoxiaux, حركة نقط مبادرة الاعتدال ـ الاعتدال.

**Prêche**, s. m., sermon des protestants, كرز المعاندين.

**Prêcher**, v. a., annoncer, instruire par des sermons, كرز .I - وعظ ; aor., يعظ ; vulg., يوعظ ; Prêcher l'Évangile, كرز بالانجيل || Prêcher aux hommes la vertu, وعظ الناس بتهذيب الاخلاق وفعل الخير.

*Prêcher* d'exemple, اعطى مثالا صالحا.

**Prêcheur**, s. m., qui prêche, qui fait des remontrances, واعظ ; plur., وعاظ.

**Précieuse**, s. f., femme affectée dans le langage, dans les manières, مراة متصنعة متغندرة.

**Précieusement**, adv., avec grand soin, بحرس عظيم.

**Précieux, se**, adj., de grand prix, ثمين - مثمن - غالى - عزيز - سنّى - نفيس.

*Précieux*, affecté, متصنع.

**Précipice**, subst. masc., gouffre; au fig., grand malheur, مهواة - هاوية - ورطة - مهلك - داهية.

**Précipitamment**, adv., à la hâte, بعجلة.

**Précipitant**, s. m., ce qui opère la précipitation, t. de chimie, مهبّط - مرتّسب.

**Précipitation**, s. f., vitesse, trop grande hâte, استعجال - عجلة. La précipitation amène le repentir; on sort d'embarras en allant doucement, العجلة ندامة و المهلة سلامة (proverbe).

*Précipitation*, t. de chim., chute des parties grossières d'une dissolution, etc., رسوب.

**Précipité**, s. m., matière dissoute et tombée au fond d'un vaisseau, راسب.

**Précipiter**, v. a., jeter dans un lieu profond, اهبط فى - ارمى فى - اسقط فى.

*Précipiter*, au fig., hâter, pousser trop une affaire, استعجل فى - عجّل - اسرع فى.

*Se précipiter*, v. pron., se jeter sur, fondre sur, انحذف على - انقضّ على - انطبق على - رمى نفسه على .I.

*Se précipiter*, tomber, رمى نفسه فى - توّرط فى - انحذف فى .I.

*Se précipiter*, se hâter trop, استعجل.

*Précipiter*, ٦. de chimie, faire le précipité, رسّب.

**Préciput**, s. m., don mutuel des époux, وهبة الازواج.

*Préciput*, prélèvement avant le partage de l'hérédité, etc., رفع جانب من ارث قبل القسمة.

**Précis**, s. m., sommaire, abrégé de ce qu'il y a de principal dans un ouvrage, etc., موجز - مختصر.

**Précis, e**, adj., fixe, déterminé, arrêté, محكم - مقرّر - معيّن.

*Précis*, juste, مضبوط.

*Précis*, net, exact et concis, مضبوط - موجز - صريح.

**Précisément**, adverbe, justement, exactement, بالضبط - بالتحكيم - بالتحقيق.

**Préciser**, v. a., fixer, déterminer, ضبط - بيّن .O.

**Précision**, s. f., exactitude dans le discours qui exclut le superflu, ايجاز - ضبط - تحكيم.

*Précision*, distinction subtile, exacte, qui fait abstraction d'une chose d'avec une autre, تحكيم - تدقيق.

**Précité, e**, adj., cité avant, مذكور قبل.

**Précoce**, adj. com., mûr avant le temps, la saison, بكير - عاجل - بدارى ; plur., بدارى - قبل الاوان - بكر.

**Précocité**, s. f., qualité de ce qui est précoce, تبدير.

**Précompter**, v. a., compter par avance et déduire, حسم .O. - خصم من .O.

**Préconisation**, s. f., déclaration au conclave qu'un bénéficier, un évêque nommé, a les qualités requises, تقرير.

**Préconiser**, v. a., déclarer en consistoire que celui qui est désigné a les qualités requises, قرّر - صيّت.

*Préconiser*, au fig., louer excessivement, عظّم - اطنب فى مدحه.

PRÉ          PRÉ     633

PRÉCONISEUR, s. m., مصيّت.

PRÉCONNAISSANCE, s. f., connaissance anticipée, معرفة سابقة.

PRÉCURSEUR, s. m., qui vient avant un autre pour annoncer sa venue, مبشّر - بشير.

*Précurseur*, au fig., en parlant des événements, تباشير - بشاير; plur., بشارة - بُشرى.

PRÉDÉCÉDER, v. n., t. de pratique, mourir avant, توفي قبل.

PRÉDÉCÈS, s. m., mort avant celle d'un autre, وفاة قبل.

PRÉDÉCESSEUR, s. m., qui a précédé quelqu'un dans une place, سالف, pl. اسلاف - الذي قبل.

*Prédécesseurs*, au plur., ceux qui ont vécu avant nous dans le même état, متقدّمون - سلف.

PRÉDESTINATION, s. f., décret de Dieu, arrangement immuable des événements futurs et nécessaires, المقدّر - القضا والقدر.

PRÉDESTINÉ, E, adj., que Dieu a destiné à la gloire éternelle, مختار.

*Prédestiné*, destiné à tel sort, مقدّر عليه ب - معدّ ل.

PRÉDESTINER, v. a., t. de théologie, destiner de toute éternité à, اعدّ من الازل الى - اختار ل I. قضى, قدّر عليه أو له الشي أو بالشي.

PRÉDÉTERMINANT, E, adj., qui prédétermine, ملهم.

PRÉDÉTERMINATION, s. f., action de Dieu sur la volonté humaine, qui la détermine, هداية الله و الهامه.

PRÉDÉTERMINER, v. a., mouvoir et déterminer la volonté humaine (Dieu), هدى ل - الهم I.

PRÉDICABLE, adj. com., se dit d'une qualité que l'on peut donner à un sujet, t. de logique, ينسب الى - يُقال عن.

PRÉDICAMENT, s. m., l'une des cinq catégories, classe d'êtres, احدى الكلّيّات الخمس - طبقة.

*Prédicament*, réputation, صيت. Qui est en mauvais prédicament, صيته ردي.

PRÉDICATEUR, s. m., qui annonce avec mission la parole de Dieu, كارز - كاروز - واعظ; pl., وعّاظ - خطيب.

PRÉDICATION, s. f., action de prêcher, sermon, انذار - وعظ - كرز.

PRÉDICTION, s. f., انذار. Sa prédiction s'est accomplie, تحقّق قوله.

PRÉDILECTION, subst. f., préférence d'affection, ميل الى - محبّة خصوصيّة ل.

PRÉDIRE, v. a., annoncer par inspiration, divination ou conjecture, انذر, انبأ, وعد الناس بشي - خبّرهم بالاشيا الاتيّة.

PRÉDOMINANT, E, adj., متسلّط - غالب على.

PRÉDOMINATION, s. f., تسلّط - تغلّب.

PRÉDOMINER, v. n., s'élever par-dessus, prévaloir, فاق على - تسلّط على I. - غلب على.

PRÉÉMINENCE, s. f., avantage, prérogative de la dignité, du rang, تصدّر - تقدّم - رفعة شان.

PRÉÉMINENT, E, adjectif, qui excelle au-dessus, اعظم - افضل.

PRÉÉTABLIR, v. a., établir d'abord, ثبّت, اقام في الاول.

PRÉEXISTANT, E, adj., موجود قبل.

PRÉEXISTENCE, s. f., existence antérieure, وجود قبل.

PRÉEXISTER, v. n., exister avant un autre, وُجد قبل A.

PRÉFACE, s. f., discours préliminaire, فاتحة - مقدّمة; plur., فواتح.

PRÉFECTURE, s. f., dignité de préfet, ses fonctions, ولاية.

PRÉFÉRABLE, adj. com., qui doit être préféré, اولى, خير, اخير, احسن من.

PRÉFÉRABLEMENT, adverbe, par préférence, دون غيره.

PRÉFÉRENCE, s. f., choix fait d'un être plutôt

que d'un autre, اختيار - تفضيل. Donner la préférence à quelqu'un, le choisir, اختاره دون غيره.
‖ Lui donner la préférence, le mettre au-dessus, فضّله على غيره.

PRÉFÉRER, v. a., choisir préférablement à tout autre, اختاره دون غيره - اختاره على غيره.
Préférer, mettre au-dessus de, فضّل على - رجّح على - قدّم على. Je préfère la mort à la honte, الموت عندى احسن من العار.

PRÉFET, s. f., chef d'un département, والى; plur., ولاة ; حاكم ; plur., حكّام.

PRÉFIX, E, adj., déterminé, arrêté, معيّن - مقرّر.

PRÉJUDICE, s. m., tort, dommage, ضرر ; plur., اضرار - خسارة ; pl. خساير. Éprouver un grand préjudice, حصل له ضرر عظيم. ‖ Sans préjudice de mes droits, بسلامة حقوقى - من غير مضرّة لحقوقى. ‖ Au préjudice de sa parole, contre sa parole, بخلاف القول ونكث العهد وحقوقى باقية بتمامها.
‖ Au préjudice de sa réputation, بنقص عرضه.

PRÉJUDICIABLE, adj. com., qui cause du préjudice, مُضِرّ.

PRÉJUDICIEL, LE, adj. (question), qui doit être jugée avant le fond, قبلى.

PRÉJUDICIER, v. n., nuire, ضرّ O.

PRÉJUGÉ, s. m., ce qui a été jugé auparavant et dont l'on tire quelque induction, حكم قياسى - حكم اعتبارى.

Préjugé, conséquence favorable ou défavorable tirée des précédents, سوء ظن - حسن ظن. Sa bonne conduite antérieure forme un préjugé favorable pour lui, لاجل ما سبق من حسن سيرته ما يظنّوا فيه الا خيرا.

Préjugé, signe, marque de ce qui arrivera, علامة ; plur., دلايل ; دليل.

Préjugé, opinion adoptée sans examen, وهم; plur., اوهام.

PRÉJUGER, v. a., prévoir par conjecture, توهّم - I. خمّن - حسب.

Préjuger, décider par avance, اوهم قبل الحكم. O. حكم فى مادّة قبل فحصها.

SE PRÉLASSER, v. pr., affecter un air de dignité, نفخ روحه .O - نفخ .O - جخّ.

PRÉLAT, s. m., revêtu d'une principale dignité ecclésiastique, امام ; plur., ايمّة - حبر ; pl., احبار.

PRÉLATURE, s. f., état de prélat, رياسة الكهنة - امامة.

PRÈLE, s. f., ou Queue-de-cheval, plante, اذناب الخيل - حشيشة الطوغ.

PRÉLEVER, v. a., lever préalablement une certaine portion sur le total, اخذ، رفع من الجملة - جهّى - جانب قبل القسمة.

PRÉLÈVEMENT, s. m., action de prélever, جهية - اخذ.

PRÉLIMINAIRE, adj. com., qui précède la matière principale et sert à l'éclairer, افتتاحى - اولى. Discours préliminaire, مقدّمة.

PRÉLIMINAIRE, s. m., ce qui doit être réglé avant un traité définitif, مقدّمة - فاتحة ; plur., فواتح.

PRÉLIMINAIREMENT, adv., قبل الدخول - فى الاوّل.

PRÉLUDE, s. m., ce qu'on chante, ce qu'on joue pour se mettre dans le ton, pour prendre l'accord, افتتاح - بدو.

Prélude, au fig., ce qui annonce, prépare, فاتحة ; plur., مطالع - مطلع.

PRÉLUDER, v. n., terme de musique, faire des préludes, essayer sa voix, دندن.

Préluder, au fig., commencer par ce qu'il y a de moins important, A. فتح افتتاح.

PRÉMATURÉ, E, adj., qui mûrit ou se fait avant le temps, بالغ قبل الاوان - عاجل - فى غير اوانه.

PRÉMATURÉMENT, adv., avant le temps, قبل الاوان - قبل وقته.

PRÉMATURITÉ, s. f., maturité avant le temps ordinaire, مبادرة - بلوغ قبل الاوان.

PRÉMÉDITATION, s. f., délibération en soi-même

avant d'agir, تقصّد ـ مشاورة النفس قبل عمل الشى.

**Préméditer**, v. a., méditer sur une chose avant de l'exécuter, projeter, تفكر فى امر قبل مباشرته ـ I. قصد ـ تقصّد ـ اضمر ـ I. عزم على.

**Prémices**, s. f. plur., les premiers fruits de la terre, etc., باكورة ـ ابكار ـ بكارى ـ بدارى.

**Premier**, ère, adj., qui précède par rapport au temps, au lieu, اوّل; fém., اولى; plur., اوّلين. La première fois, اوّل مرّة. ‖ Il tomba la tête la première, وقع على راسه شكب ـ وقع منكس الراس.

*Premier*, au fig., ce qui précède par rapport à la dignité, le plus excellent, رييس ـ كبار, pl.; كبير; plur., روسا.

**Premier-né**, s. m., le premier enfant d'un père, d'une mère, بكرى; plur., ابكار.

**Premièrement**, adv., en premier lieu, اولًا.

**Prémisses**, s. f. plur., les deux premières propositions d'un syllogisme, مقدمات البرهان.

**Prémunir**, v. a., précautionner contre, حرّس من ـ حذر من.

*Se prémunir*, v. pron., استحرس من ـ ادّرك et تدرّك من ـ احترس من.

**Prenable**, adj. com. (place), qui peut être prise, يؤخذ.

*Prenable*, (personne) qui peut être gagnée, يملك.

**Prenant**, e, adj., qui prend, آخذ. Partie prenante, qui reçoit une somme, متسلّم.

**Prendre**, v. a., أخذ ـ خذى; aor., ياخد (Barb.). Prendre en étendant le bras, تناول. Prendre, saisir, empoigner, مسك ـ I. قبض على.

*Prendre* les armes, s'armer, تسلّح.

*Prendre* son parti, se décider, I. عزم على شى ـ نوى. I. Prendre son parti, se résigner à ce qui doit arriver, توكل على الله فى امر. ‖ Prendre son parti, se résigner à la perte d'une chose, O. فات الشى ـ سلا الشى.

*Prendre* le parti d'un autre, le défendre, حامى ل

‖ I. اغتصب مع. O. Prendre parti pour, شدّ مع. Prendre parti contre, I. صار ضدّ ـ A. طلع ضد.

*Prendre* son habit, etc., le mettre sur soi, A. لبس بدلته. Prendre l'habit, le voile, se faire religieux, religieuse, ترهّب ـ ترهين. ‖ Prendre le deuil, se mettre en deuil, لبس ثياب الحزن.

*Prendre* femme, se marier, تزوج.

*Prendre*, dérober, enlever de force ou en cachette, I. خطف ـ O. أخذ ـ I. سرق الشى منه.

*Prendre*, s'emparer de, O. أخذ ـ I. ملك.

*Prendre* en chassant, I. مسك.

*Prendre* une chose à cœur, s'en affecter, أخذ على خاطره ـ انغمّ من. Prendre à cœur, s'intéresser vivement à, A. حط وجل فى ـ رغب فى.

*Prendre* en considération, O. نظر الى ـ اعتبر.

*Prendre*, attaquer, هجم على O. Prendre son ennemi par derrière, هجم عليه من ورا.

*Prendre*, saisir, attaquer, en parlant d'une maladie, O. أخذ ـ I. مسك ـ اعترى. La fièvre le prit, I. مسكته البردية. ‖ Il lui prit une colique, A. حصل له مغاص. La pluie nous *prit* en chemin, حكمنا المطر فى الطريق.

*Prendre* quelqu'un en amitié, I. صار يحبّ. I. Prendre en haine, I. صار يكره ـ مال الى O. نفر قلبه من.

*Prendre*, comprendre, interpréter, اعنى ل ـ أخذ بسبيل ـ أخذ بمعنى. Ne prenez pas cela pour une plaisanterie, لا تأخذه بسبيل المزح.

*Prendre*, recevoir, accepter, أخذ.

*Prendre*, avaler, humer, A. شرب.

*Prendre* par le nez, O. شمّ ـ تنشق. Prendre du tabac, شمّ نشوق.

*Prendre* un lavement, احتقن.

*Prendre*, choisir un chemin, أخذ. Prenez à gauche, خذ على شمالك.

*Prendre* le dessus, se rétablir d'une maladie, I. صحّ ـ افاق من مرض

*Prendre* congé de quelqu'un, lui dire adieu, ودّعه.

*Prenons* que, supposons que, كأنّ ـ فرضنا ان.

*Prendre* sur sa dépense, etc., en retrancher quelque chose, قطع من مصروفه.

*Prendre* sur soi, se charger de, اخذ عليه ـ A. كفل O. Prendre sur soi de faire une chose, la faire sans autorisation, عمل الشي من نفسه. || Prendre sur soi, se contraindre, تلفـق نفسه I. غصب نفسه.

*Prendre* un expédient, A. عمل وساطة, طريقة.

*Prendre* le change, se tromper, A. غلط.

*Prendre* haleine, تنفّس ـ اخذ نفس. Prendre l'air, se promener, O. شمّ الهوا.

*Prendre* feu, s'allumer, التهب ـ اشتعل. Prendre feu, au fig., s'échauffer, A. حمى ـ احتدّ. || Le feu prit à, اخذت النار فى.

*Prendre* quelqu'un à témoin de, اشهـد على.

*Prendre* pour, croire, O. ظنّ ـ I. حسب. Elle le prit pour son frère, خمّن ـ حسبته اخوها. || Prendre quelqu'un pour un autre, se tromper d'individu, ظنّت انه اخوها ـ شبّه عليه ـ تشبّه فيه.

*Prendre*, gagner une maladie, انعدى من مرض.

*Prendre*, embrasser un état, A. عمل كار ـ تعلّق بكار.

Se laisser *prendre* à, être trompé par, انغش ب.

*Prendre*, v. n., prendre racine, O. مدّ ـ تأصّل ـ نمى I.

*Prendre*, réussir, O. سلك I. ـ صحّ. Cette ruse ne prend pas avec moi, هذه الحيلة ما تسلك عندى, معى.

Bien vous a *pris* de, قـل الحمد لله الذى. Il lui en prendra mal, خيرية من شانك ان يحصل له ضرر من ذلك.

*Prendre*, se geler, تجلّد ـ جلد.

*Prendre*, faire impression sur, أثّر.

Se *prendre* à, v. pron., s'attacher à, تعلّق فى ـ O. مسك I. شبط فى. Le filet se prit à des pierres, علقت, تعلقب الشبكة فى حجارة.

Se *prendre* d'amitié pour, تعلق قلبه بمحبة.

Se *prendre* à, se mettre à, commencer à, O. قعد O. ـ A. جعل O. اخذ. Il se prit à rire, اخذ يضحك. || Elle se prit à pleurer, اخذت تبكى ـ قعدت تبكى.

Se *prendre* de paroles avec quelqu'un, تشاجر معه ـ تخانق معه ـ تناول معه.

S'en *prendre* à quelqu'un, lui attribuer le tort, le rendre responsable de, O. لام ـ O. عتب عليه ـ جاب الحق عليه I. ـ جاب العيب عليه. Ne vous en prenez qu'à vous-même, طلب منه ـ لومك على نفسك. || Si cela arrive, je m'en prends à vous, ان صار هذا فمطلوب منك. S'il vous en arrive mal, prenez-vous-en à moi, ان حصل لك منه مضرّة ابقى سبّنى.

Savoir s'y *prendre*, prendre les moyens convenables, I. عرف كيف يعمل.

Se *prendre*, se figer, O. جمد ـ انعقد.

Se *prendre* de vin, A. سكر ـ انسطل. Pris de vin, سكران ـ مسطول.

*Pris*, participe, trompé, واقع ـ مغشوش. Bien *pris* dans sa taille, حسن الخلقة.

PRÉNOM, s. m., nom qui précède le nom de famille, اسم; plur., اسامى.

PRÉNOTATION, s. f., connaissance antérieure, معرفة سابقة.

*Prénotion*, connaissance obscure et superficielle d'une chose avant de l'avoir examinée, معرفة غير حقيقية.

PRÉOCCUPATION, s. f., prévention, préjugé, وهم ـ غرض.

*Prévention*, attention exclusive de l'esprit à un objet, شغل البال ـ انشغال.

PRÉOCCUPER, v. a., prévenir l'esprit de quelqu'un en lui donnant une impression (se prend en mauvaise part), I. افسد الظنّ والراى ـ ملك عقله.

**Préoccuper**, occuper l'esprit, absorber l'attention, شغل الفكر، البال.

*Se préoccuper*, v. pron., se prévenir, أنوهم.

*Préoccupé* d'un objet, فكره مشغول بشي.

**Préopinant**, s. m., qui a opiné avant un autre, الذي أعطى رايه قبل.

**Préparatif**, s. m., apprêt, plus usité au plur., تجهّز - استعداد - جهاز. Faire ses préparatifs, اذّارك et تدارك في لوازمه.

**Préparation**, s. f., action de préparer ou de se préparer, استعداد - تجهيز.

*Préparation*, composition de remèdes, تدبير - تركيب أدوية - أدوية.

**Préparatoire**, adj. com., qui prépare, qui précède, قبلي - مهيّئ.

**Préparer**, v. a., apprêter, disposer à, هيّأ ل - وجّد - حضّر ل - أعدّ ل - جهّز ل (Barb.). Préparer des médicaments, دبّر أدوية. ǁ Quand Dieu veut quelque chose, il en prépare les causes, اذا أراد الله شيا هيّأ اسبابه.

*Préparer*, mettre dans la disposition nécessaire, أعدّ.

*Se préparer*, v. pron., تأهّب - تجهّز - تهيّا - حضّر حاله - تحضّر - استعدّ.

**Prépondérance**, s. f., supériorité d'autorité, رجحان - رجوح - قوة - غلبة.

**Prépondérant**, e, adj., qui a plus de poids, supérieur, فايق - رجيح - غالب - راجح.

**Préposé**, e, adj., commis à quelque chose, متوكل ب.

**Préposer**, v. a., charger de, وكّل على ب.

**Préposition**, s. f., particule indéclinable placée devant le mot qu'elle régit, حرف جرّ ; plur., حروف.

**Prépuce**, s. m., terme d'anatomie, peau qui couvre le gland, غرلة - غلفة - قلفة.

**Prérogative**, s. f., privilège attaché à une dignité, مزية ; plur., مزايا.

**Près**, prépos. qui marque proximité de lieu, توالي - قريب من - جنب (Barb.). Il s'assit près de lui, قعد جنبه، قريب منه O. ǁ Près, marquant proximité de temps, قريب من - عند. ǁ Près de mourir, مشرف على الممات - عند الموت. ǁ Il est près de midi, الظهر قريب - قرب الظهر. ǁ Il y a près de vingt ans, قريب من عشرين سنة.

A peu *près*, بالتقريب - مقارب.

A cela *près*, excepté cela, ما عدا ذلك.

De *près*, من قريب. De près et de loin, على القرب والبعاد - من قريب ومن بعيد. Cela me touche de près, j'y ai un grand intérêt, ينيني كثير.

**Présage**, s. m., augure, اشارة - علامة - دلالة. C'est un heureux présage, هل علامة خير.

**Présager**, v. a., marquer une chose à venir, وعد احدا ب - O. دلّ على شي I.

*Présager*, conjecturer, استدلّ بشي على.

**Presbyte**, s. com., qui ne voit que de loin, طويل نظر.

**Presbytéral**, e, adj., qui appartient à la prêtrise, قسوسي.

**Presbytère**, s. m., maison destinée au curé, دار خوري.

**Prescience**, s. f., connaissance qu'a Dieu de ce qui doit arriver, سابق علم الله.

**Prescriptible**, adj. com. (droit), qui peut se prescrire, يبطل بمرور الزمان - ينتسي.

**Prescription**, s. f., manière d'acquérir la propriété ou d'exclure une demande en justice; extinction d'une dette à défaut de demande de son payement dans le temps fixé, مرور - فوات ميعاد - استثنينا - الزمان.

**Prescrire**, v. n., ordonner, assigner avec autorité, فرض على O. - أمره ب I. - حتم على. Prescrit par la religion, مفروض.

*Prescrire*, marquer précisément, حدّد. Il nous prescrit le temps que nous ne devons pas dépasser,

PRESCRIRE, verbe n., acquérir la prescription, ملك، اكتسب بمرور الزمان I.

Se prescrire, v. pron., s'imposer une obligation, حتم على نفسه I.

Se prescrire, se perdre par prescription, O. فات I. ضاع O. بطل بمرور الزمان - ميعاده.

PRÉSÉANCE, s. f., droit de précéder, de prendre place au-dessus de quelqu'un, تصدّر - تقدّم.

PRÉSENCE, s. f., existence dans un lieu marqué, حضور - حضرة - قدّام. En présence de, بحضرة - أمام.

Présence d'esprit, سرعة العقل. Qui a de la présence d'esprit, حاضر قلبه.

PRÉSENT, s. m., don, تحفة; plur., تحف; تقدمة - هدايا; plur., تقادم; هدية; plur., هدايا. Faire présent d'une chose à quelqu'un, أتحفه بشي - أهدى الشي ل - إلى. ‖ Présent fait à un juge pour le gagner, رشوة - برطيل; plur., براطيل. ‖ Présent fait par un époux à une jeune mariée le lendemain de la noce, عرق أخضر - صباحية.

PRÉSENT, E, adj., حاضر; plur., حضّار.

PRÉSENT, s. m., le temps présent, حال.

A PRÉSENT, adv., à cette heure, maintenant, دبا (Égypte) - هلّق (Syrie) - دا الوقت - لان (Barb.). Pour le présent, حسب هل وقت.

PRÉSENTABLE, adj. com., qu'on peut présenter, يتقدم - يُعرض.

PRÉSENTATION, s. f., action de présenter, تقديم - عرض.

PRÉSENTEMENT, adv., à présent, الان.

PRÉSENTER, v. a., offrir à, introduire en la présence de, قدّم ل O. - عرض ل، على. Présenter une chose à quelqu'un, la lui donner à prendre, ناوله الشي.

Se présenter, v. pron., venir à la présence de, نقبّل بين يديه A. - تقدم ل Se présenter pour rendre visite, حضر لمقابلة A.

Se présenter, s'offrir par hasard (occasion), اتّفق A. - وجد A. - وقع. Lorsque l'occasion s'en présentera, اذا اتّفق لحضرتكم وقت.

PRÉSERVATIF, IVE, adj. (remède), qui a la vertu de préserver, دوا موقى.

PRÉSERVATIF, s. m., au fig., حرز.

PRÉSERVER, v. a., garantir du mal, حمى من I. - صان O. I. - حرس A. حفظ I. - عصم من O. - وقى من. Que Dieu le préserve de tout mal! صانه الله و حفظه من كل سو. ‖ Dieu nous préserve de ce malheur! بعيد عنا - الله لا يقدّر الله لا. ‖ Dieu m'en préserve! Dieu me préserve d'en avoir l'idée! يروينا - حاشا و كلّا - استغفر الله.

PRÉSIDENCE, s. f., état du président, رياسة.

PRÉSIDENT, E, s., celui qui préside, رييس, plur., روساء - متولّي المجلس.

PRÉSIDER, v. a. et n., occuper la première place dans une assemblée, رأس A. - تولّى المجلس.

Présider à, avoir le soin, la direction de, قام O. - دبّر.

PRÉSOMPTIF, IVE, adj. (héritier), qu'on présume devoir hériter, من يظنّوا ان تقع له الوراثة.

PRÉSOMPTION, s. f., conjecture, jugement fondé sur des apparences, ظنّ; plur., ظنون.

Présomption, opinion trop avantageuse de soi-même, غرور - استبداد، عجب، اعجاب برايه - بعجب - بدعو.

PRÉSOMPTUEUSEMENT, adv., بعجب - بدعو.

PRÉSOMPTUEUX, SE, adj., qui a trop bonne opinion de soi, مُعجب برايه - مُعجب بنفسه.

Présomptueux, orgueilleux, arrogant, مدّعى - متكبّر.

PRESQUE, adverbe, peu s'en faut, à peu près, الّا قليل.

PRESQU'ÎLE, s. f., péninsule, جزيرة.

PRESSANT, E, adj., qui presse, insiste sans relâche (homme), مكرب - مضيّق.

Pressant, urgent, مستعجل - ضروري - موزم.

# PRE — PRÉ

Besoin pressant, حاجة كلّية. ‖ Une lettre pressante, مكتوب مشدّد. ‖ Une prière pressante, رجاء كلّي. ‖ Douleur pressante, وجع شديد.

Presse, s. f., foule, multitude qui se presse, لمّة - زحمة.

Presse, machine pour imprimer, مطبعة ; plur., مطابع.

Presse pour comprimer fortement, ملزمة.

Presse pour exprimer l'humidité, منكنة - معصرة.

Pressé, e, adj., qui a hâte, مزروب - مستعجل - مغاول (Barb.). Si vous n'êtes pas pressé, ان كان عندك مهلة, مقلّق.

Pressé, pressant, مستعجل - ضروري.

Pressé, serré, مزنوق.

PRESSENTIMENT, s. m., sentiment secret de ce qui doit arriver, مكاشفة - حاسية - حسّ. J'eus des pressentiments vagues, حدّثتنى نفسى باشيا ما اري لها اصل.

Avoir un pressentiment de fièvre, حسّ بمجي السخونة.

PRESSENTIR, v. a., prévoir par un mouvement intérieur, حسّ فى قلبه ب I.

Pressentir, sonder, chercher à deviner les dispositions de quelqu'un, اجتهد على كشف ما - كاشف فى ضمير احد.

PRESSER, v. a., serrer, étreindre avec force, عصر - مكّن علىه - عسّس I. Presser le linge mouillé, عصر القماش. ‖ Presser un citron, عصر ليمون.

Presser, mettre en presse, بردخ.

Presser, approcher contre, لزّ زنق I. O. Presser les lignes de l'écriture, لزّ السطور. ‖ Presser quelqu'un dans une foule, زاحم. ‖ Presser les uns contre les autres, fouler, عقس - كبس. ‖ Presser contre son cœur, لمّ الى حضنه - ضمّ الى صدره O.

Presser, au fig., poursuivre vivement, sans relâche, continuer à attaquer avec ardeur, كرش I. - ضيّق على O. - لزّ.

Presser, hâter, عجّل.

Presser quelqu'un, insister auprès de lui pour le faire diligenter, الحّ علىه ب - لزّه بان O. حتّ O. Il le fit venir et le pressa vivement de compléter le payement, حضّره و قرّط علىه بالغلاقة.

Cela ne presse pas, j'ai le temps de le faire, ما بقى عندنا وقت. Le temps presse, لاحق علىه بدنا نستعجل.

Se presser, v. pron., se hâter, استعجل. Ne pas se presser, تأنّى.

Se presser en foule autour de quelqu'un, ارتكموا الناس علىه - تزاحموا الناس علىه.

PRESSION, s. f., action de presser, عصرة - زنقة.

PRESSIS, s. m., jus exprimé en pressant, عصير.

PRESSOIR, s. m., machine pour presser le raisin, etc., منكنة - معصرة - معصار ; plur., معاصر.

PRESSURAGE, s. m., عصر.

PRESSURER, v. a., presser des raisins, etc., عصر I.

Pressurer, au fig., épuiser par des impôts, des taxes, شحّد الناس من كثر الجرايم.

PRESTANCE, s. f., bonne mine, هيبة - هية حسنة.

PRESTATION, s. f. (de serment), حلف. Prestation d'hommage, تقديم طاعة - طاعة.

Prestation en nature, تقديم, اعطا, دفع اشيا معلومة.

PRESTESSE, s. f. fam., agilité, خفّة.

PRESTIGE, s. m., illusion par sortilège, par art, شعوذة - سحر - شعبذة. Les prestiges de l'éloquence, سحر البيان. ‖ Prestiges de l'imagination, تخيّلات.

PRESTIGIATEUR, s. m., مشعوذ.

PRESTO, adv., vite, بالعجل.

PRÉSUMABLE, adj. com., à présumer, يُظنّ.

PRÉSUMER, v. a., conjecturer, ظنّ O. - خمّن A. قطع عقله ان.

Présumer, avoir trop bonne opinion de, اتّكل على. Présumer de soi-même, أعجب بنفسه.

PRÉSUPPOSER, verbe a., supposer préalablement, فرض فى الاول A.

PRÉSUPPOSITION, subst. f., supposition préalable, فرض اول.

PRÉSURE, s. f., ce qui sert à faire cailler le lait, انفحة ـ مصر ـ منفحة.

PRÊT, s. m., action de prêter, chose prêtée, قرضة ـ سلفة ـ قرض ـ سلف. En manière de prêt, على وجه العارية.

PRÊT, E, adj., préparé à, en état de, حاضر ـ واجد ـ مستعدّ (Barb.).

PRÉTANTAINE, s. f. fam. (courir la), courir çà et là, دار من موضع الى موضع I. ـ زلّ O.

PRÊTE-NOM, s. m., qui prête son nom à quelqu'un pour une affaire, معير اسم.

PRÉTENDANT, E, adj., qui aspire à, زعيم ; plur., طلّاب ; plur., طالب ـ زعماء.

PRÉTENDRE, v. a., croire avoir droit à une chose, la réclamer, طلب ـ ادّعى O.

Prétendre, v. n., aspirer à, طلب O.

Prétendre, avoir intention, dessein, نوى I. ـ قصد ـ اراد.

Prétendre, soutenir, affirmer que, زعم A. Comme il le prétend, حَسَب زعمه.

PRÉTENDU, E, adj., faux, supposé, موهوم ـ كاذب.

PRÉTENDU, E, s. fam., le futur époux, la future épouse, عروسة ـ عريس.

PRÉTENTION, s. f., droit réel ou imaginaire de prétendre, dessein, مطلوب ـ زعم ـ ادّعا.

Homme à prétentions, fam., qui prétend aux talents, à l'esprit, مدّعى ـ صاحب زعم. Sans prétentions, بغير دعوى.

PRÊTER, v. a., donner à condition qu'on rendra, اعار ـ سلف I. ـ سلّف. Prêter une chose à quelqu'un, سلّف له الشى ـ اعاره الشى. Prêter de l'argent à quelqu'un, اقرضه فلوس.

Prêter (pris absolument) à intérêt, رابح. Prêter à usure, رابى.

Prêter secours, prêter la main, secourir, اغاث ـ ساعد ـ اعان. Prêter l'oreille, donner attention, سمع ل ـ استمع ل ـ اصغى الى A. ‖ Prêter l'oreille, écouter, استمع ل ـ اعطى ذانه.

Prêter, supposer par malice, attribuer, etc., نسب اليه O.

Prêter le collet, se présenter pour lutter, résister, تصدّر ل.

Prêter le flanc, s'exposer à l'attaque, تعرّض ل.

Prêter serment, حلف A.

Prêter, v. n., au fig., donner prise, اعطى مسكة.

Prêter, v. n., s'étendre (étoffe), مدّ O.

Prêter à, être susceptible de, قبل A. Sujet qui prête, qui est fécond, موضوع واسع ـ متّسع.

Se prêter, v. pron., consentir par complaisance à, رضى ب A. Se prêter à une chose, la laisser faire, تغاضى عن.

Se prêter, s'adonner pour quelque temps au plaisir, etc., مال الى I. Se prêter à la plaisanterie, l'approuver, ne pas s'en offenser, قبل المزاح A.

PRÊTER, s. m., prêt, قرضة. Ami au prêter, ennemi au rendre, حبيبك وقت الاستقراض وعدوك عند الرداد.

PRÉTÉRIT, subst. masc., t. de gramm., الفعل الماضى.

PRÉTÉRITION, s. f., fig. de rhét., par laquelle on feint d'omettre une chose, اضراب عن شى.

Prétérition, omission d'un héritier nécessaire dans un testament, نسوة وارث فى الوصية.

PRÊTEUR, SE, s., qui prête, مقرض ـ قرّاض ـ سلّاف.

PRÉTEXTE, subst. m., cause, raison apparente, علّة ; plur., علل ; حجّة ; plur., حجج. Mauvais prétexte, حجّة باطلة ـ بطالة ـ حجّة باردة. Sous prétexte, بحجّة.

PRÉTEXTER, verbe a., couvrir d'un prétexte, احتجّ فى فعله على ان.

## PRÉ — PRI

*Prétexter*, prendre pour prétexte, ‫احتجّ على‬ - ‫اعتلّ على‬.

Prêtraille, s. f., terme de mépris, les prêtres, ‫قساقسة‬.

Prêtre, s. m., ministre consacré à un culte, ‫كهنة‬ .pl ,‫كاهن‬ - ‫قسوس‬ ,.plur ‫قسّيس‬ - ‫قسّ‬.

Prêtresse, s. f., femme attachée au service des dieux, ‫كاهنة‬.

Prêtrise, s. f., sacerdoce, ‫قسوسية‬ - ‫كهنوت‬.

Preuve, s. f., ce qui établit la vérité d'un fait, ‫دليل‬ - ‫اثبات‬ - ‫شواهد‬ ,.pl ,‫دلايل‬ ; ‫شاهد‬ - ‫بينة‬. La preuve de cela c'est que, ‫والدليل على ذلك‬ ‫والشاهد على ذلك هوان‬ - ‫ذلك هوان‬. Faire *preuve* de courage, ‫اظهر‬, ‫بيّن شجاعته‬. Il a fait ses preuves depuis longtemps, ‫عرّف نفسه‬ ‫بيّن نفسه من زمان‬.

Preuve, t. d'arithmét., vérification, ‫ميزان‬.

Preux, adj. m., brave, vaillant, ‫فداوي‬.

Prévaloir, v. n., avoir l'avantage sur, ‫غلب‬ I. ‫استظهر على‬ - A. ‫قوى على‬ - ‫على‬.

*Se prévaloir*, v. pr., tirer avantage de, ‫تقاوى‬ ‫تقوّى عليه ب‬.

*Se prévaloir*, s'enorgueillir, ‫افتخر على‬ ‫الناس ب‬.

Prévaricateur, s. m., qui trahit son devoir, ‫متعدّي‬ - ‫خاين‬.

Prévarication, s. f., ‫تعدّي‬ - ‫خيانة‬.

Prévariquer, v. n., agir contre le devoir de sa charge, etc., ‫تعدّى‬ - O. ‫خان‬.

Prévenance, s. f., manière obligeante de prévenir, ‫مباداة بالخير‬ - ‫معروف‬ - ‫طولة‬.

Prévenant, e, adj., gracieux, qui prévient en sa faveur, ‫حسن‬ - ‫يستميل‬.

*Prévenant*, obligeant, ‫صاحب معروف‬.

Prévenir, v. a., devancer, O. ‫سبق‬ - ‫رجح عليه‬ (Kasraouan).

*Prévenir*, faire le premier, O. ‫سبق‬ - ‫بادى احدا ب‬. Prévenir quelqu'un par de bons offices, lui rendre service sans être sollicité, ‫باداه بالخير‬ - O. ‫طال عليه‬.

*Prévenir* le mal, prévenir le danger, empêcher qu'ils n'arrivent, ‫استحرس من الشرّ‬ - ‫تدرّك‬, ‫ادّرك من وقوع الخطر‬. Prévenir un événement, ‫صرف‬, ‫حوّل عنه المصيبة‬ - ‫استدرك الامر‬.

*Prévenir*, préoccuper l'esprit de quelqu'un, ‫استسبق ظنّه‬ A. ‫ملأ فكره‬.

*Prévenir* quelqu'un pour ou contre une personne, ‫اوهمه الخير او السوء فى‬ - ‫امال الى‬, ‫عن‬.

*Prévenir de*, instruire, ‫اخبر‬, ‫خبّره ب‬.

*Se prévenir*, v. pron., concevoir des préventions, ‫انوهم‬.

Préventif, ve, adj., destiné à prévenir le mal, ‫للاستحراس من وقوع الشرّ‬.

Prévention, s. f., préoccupation de l'esprit, ‫غرض‬ - ‫سبق ظنّ‬ ; .plur ‫غرضيات‬.

Prévenu, e, adj., accusé de crime, ‫متّهم‬.

*Prévenu*, préoccupé, ‫مشغول العقل بسبق ظنّ‬ ‫عقله ملأن‬.

Prévoir, v. a., juger par avance, ‫حسب‬ I. On ne peut pas tout prévoir, ‫حسبنا كل شي الا الزلق‬ ‫فى الصيف‬; prov.

Prévôt, s. m., titre de divers officiers ou chefs chargés de juger sur-le-champ, de surveiller, etc., ‫حاكم‬.

*Prévôt* des marchands, ‫شاهبندر‬.

Prévôtal, e, adj., qui concerne le prévôt, ‫حكمى‬.

Prévôtalement, adv., sans appel, ‫من غير‬ ‫مراجعة‬.

Prévôté, s. f., dignité de prévôt, ‫حكم‬.

*Prévôté*, hôtel de prévôt, ‫دار الحكم‬.

Prévoyance, s. f., ‫حساب العواقب‬ - ‫محاسبة‬.

Prévoyant, e, adj., qui juge bien de l'avenir, et prend bien ses mesures, ‫صاحب نظر فى العواقب‬ ‫صاحب تدبير‬ - ‫حريص‬ - ‫حسيب‬.

Priapisme, s. m., érection continuelle et doulou-

reuse de la verge, انتصاب الذكر بوجع شديد.
PRIER, v. a., demander par grâce, رجا O. I. -
رغب - تدخّل على - سأل A. - ترجّى
(Barb.). Je vous prie de me rendre un service, اترجّاك
تقضى لى حاجة. ‖ Il le pria instamment de,
وقع فى عرضه و ترجّاه ان. ‖ Je vous en prie,
و راسك - دَخلك - الله يرضى عليك - الله يخليك
(Barb.). ‖ Se faire prier, تعزّز.

*Prier* pour quelqu'un, intercéder pour lui,
سأل احدا, ترجّاه من شان A. - شفع فيه الى.
*Prier*, inviter, دعا O. - عزم I.
*Prier* Dieu, صلّى الى الله - تضرّع. Je prie
Dieu de, الطلب من الله ان - اسأل الله ان. ‖
Prier Dieu pour quelqu'un, دعا له I.

PRIÈRE, s. f., demande à titre de grâce, سؤال -
رجا. J'ai une prière à vous faire, لى عندك رجا
- لى عندك حاجة. ‖ Ne rejetez pas ma prière,
لاتردّنى خايب - لاتردّ سوالى.
*Prière*, acte par lequel on prie Dieu, صلاة -
صلوة; pl., صلوات - دعاء, pl., ادعية - طلبة.
Faire la prière du matin, صلّى الصبح. ‖ Faire la
prière de midi, صلّى الظهر.

PRIEUR, s. m., supérieur, رييس - شيخ.
PRIMAIRE, adj., اولى. École primaire, كتاب -
مكتب للصغار.
PRIMAUTÉ, s. f., premier rang, prééminence,
تقدّم.
PRIME, s. f., prix de l'assurance des marchandises exposées à la perte, etc., ضمانة بضايع -
سكورتنا.
*Prime*, prix pour encourager le commerce, l'importation, la fabrication, جزا - انعام.
De *prime* abord, من اوّل الامر - فى الاوّل.
PRIMER, v. a. et n., tenir la première place,
surpasser, فاق على O.
PRIMEUR, s. f., première saison, اوّل اوان.
*Primeurs*, au plur., fruits précoces, باكورة -
بشاير, اوايل الاثمار.

PRIMEVÈRE, s. f., plante, زهر الربيع.
PRIMITIF, IVE, adj., اصلى - اوّل.
PRIMITIVEMENT, adv., originairement, فى الاصل
- فى الاوّل.
PRIMO, adv., premièrement, اوّلا.
PRIMOGÉNITURE, s. f., droit d'aînesse, بكورية.
PRIMORDIAL, E, adj., premier et originaire, اولى
- اصلى.
PRIMORDIALEMENT, adv., اصليا - اوليا.
PRINCE, s. m., qui est d'une maison souveraine,
امير; plur., امرا.
*Prince*, au fig., le premier, le plus excellent,
قطب - رأس - كبير - سيّد.
PRINCESSE, s. f., اميرة - سيّدة.
PRINCIPAL, s. m., somme capitale, اصل - صرمية
- رسمال.
*Principal*, première demande, fond d'une contestation, اصل.
*Principal*, la chose la plus essentielle, la plus
importante, الراس - الاخصّ - الاهمّ -
الذى عليه الرّك.
PRINCIPAL, E, adj., capital, qui est le plus essentiel, le plus important, راس - رييس - اصلى
- الذى عليه الكلام - اكبر - اخصّ - اهمّ -
الذى عليه الرّك. La principale raison est que,
اكبر سبب ذلك هو ان. ‖ Les principales qualités morales, اخصّ الفضايل الادبية. ‖ Mon principal repas est le souper, ركّى لله على العشا.
Les principaux d'une ville, اعيان البلد, اكابر.
PRINCIPALEMENT, adv., surtout, particulièrement, خصوصا - بالاخصّ.
PRINCIPAUTÉ, s. f., dignité de prince, امارة -
رياسة - امرة.
PRINCIPE, s. m., origine, première cause, اصل;
plur., اصول - سبب; plur., اسباب.
*Principes*, au pl., premiers préceptes, premières
règles, اصل; plur., اصول - مبدا; plur., مبدى
- قاعدة, plur., قواعد.

*Principe*, maxime, قانون; pl., قوانين - قاعدة. J'ai pour principe de, القانون عندى أن.
Homme qui a des *principes*, une bonne moralité, رجل حسن السيرة, يمشى على القانون.
PRINTANIER, ÈRE, adj., du printemps, ربيعى.
PRINTEMPS, s. m., la première des saisons, ربيع.
*Printemps*, au fig., jeunesse, صباء شبوبية.
PRIORITÉ, s. f., antériorité, سبق - أولية.
PRISE, s. f., action de prendre, مسك - أخذ - قبض. *Prise* d'une ville, أخذ, فتح بلد.
*Prise*, moyen, facilité de prendre, مأخذ - ممسك. Donner prise sur soi, s'exposer à être repris, أعطى ممسك. || Être en prise, être exposé, عليه خطر. || Lâcher prise, abandonner ce qu'on a pris, رجع عن - أرخى الشى A.
*Prise* de tabac, نشوقة - شمّة.
*Prise* de corps, action d'arrêter un homme en vertu d'un acte du juge, مسك - مسكة.
*Prise* à partie, action contre un juge, طلب القاضى للشرع.
*Prise*, vaisseau, marchandises prises, اقترام - غنيمة - كسب.
*Prise*, querelle, مخانقة - شكل. En venir aux *prises*, être aux prises, combattre, تحاربوا - تقاتلوا.
*Prise*, dose de médicaments, أخذة.
PRISÉE, s. f., prix que l'on met aux choses à vendre à l'enchère, تسعيرة.
PRISER, v. a., mettre le prix à une chose, ثمّن - قدّر الثمن - سعّر.
*Priser*, estimer quelqu'un, لفلان عندك قدر و قيمة - أعزّ.
*Priser*, v. n., prendre du tabac, نشوق شمّ O.
PRISEUR, s. m., officier qui fait la prisée, مسعّر.
PRISMATIQUE, adj. com., qui a la figure d'un prisme, منشورى.
PRISME, s. m., corps terminé par des bases égales, parallèles, et des parallélogrammes, منشور; pl., مناشير. Prisme droit, oblique, قايم, مايل.
*Prisme*, au fig., se dit des passions qui égarent l'imagination, غرور - غيهبة.
PRISON, s. f., حبس; plur., حواصل - حاصل; سجن; plur., سجون - حبوس.
PRISONNIER, ÈRE, s., qui est en prison, مسجون - محبوس.
*Prisonnier*, qui est pris à la guerre, ou comme ennemi, أسير, يسير; plur., أسرى, يسرا.
PRIVATIF, IVE, adj., t. de gram., qui marque la privation, للنفى.
PRIVATION, s. f., perte, manque d'un bien qu'on avait ou pouvait avoir, عدم - حرمان - حرمانية.
*Privation*, action de se priver, de s'abstenir de ce dont on pourrait jouir, منع - حرم.
PRIVATIVEMENT, adv., à l'exclusion de tout autre, دون غيره.
PRIVAUTÉ, s. f., trop grande familiarité, دالّة. Prendre des privautés, أخذ دالّة على.
PRIVÉ, E, adj., qui est simple particulier, qui n'a aucun emploi public, خالى من المناصب - عامى ما هو متقلّد منصب من الحكم.
*Privé*, apprivoisé, أنيس - مؤلف.
*Privé*, personnel, خاصّ.
*Privé*, s. m., lieu d'aisances, كنيف - مستراح.
PRIVER, v. a., ôter à quelqu'un ce qu'il a, l'empêcher de jouir d'un avantage, أعدم الشى - حرمه من الشى - حرمه الشى I. Priver de sommeil, حرمه النوم.
*Priver*, apprivoiser, آنس - ولّف.
Se *priver*, v. pron., s'abstenir, حرم نفسه من I. حرّم الشى على نفسه.
PRIVILÉGE, s. m., prérogative, faculté de jouir d'un avantage à l'exclusion des autres, تفضّل - مزية; plur., مزايا - اختصاص - تمييز.
*Privilége*, acte qui contient le privilége, تقرير.
*Privilége*, droit, hypothèque préférable aux autres, حقّ خصوصى.

*Privilége*, don naturel, وهبة , منة , خاصّة.

*Privilége*, liberté particulière, usurpée ou légitime, de faire ce que d'autres ne feraient pas, اباحة - استباحة.

PRIVILÉGIÉ, E, adj., qui jouit d'un privilége, مختصّ , مخصوص بمزية - مفضّل - ممیّز.

PRIVILÉGIER, v. a., accorder un privilége à, خصّه , اختصّه ب I. — فضّله على غيره.

PRIX, s. m., valeur d'une chose, ce qu'on en paye, قيمة - اسعار .pl ; سعر - اثمان ; ثمن plur., سومة (Barb.). Prix exorbitant, ثمن واهی , زايد. || Prix courant, السعر الحاضر. || A bas prix, رخيص. || Au plus bas prix, بابخس ثمن - باقلّ ثمن. || Chaque chose a son prix, بارخص ثمن. || A quelque prix que ce soit, كل شی بحرز ثمن. || A quel prix donnez-vous ce livre? بكم ما يكون - بقدر ما يكون - بكم تعطينی هذا الكتاب. Donnez-moi le prix des marchandises que vous m'avez achetées, اعطينی حقّ البضايع التی اشتريتها منّی. || Dans quels prix voulez-vous cela? بابة ايش تريك. || Dans les prix de cinquante à soixante piastres, بابة خمسين ستين قرش.

— *Prix*, estime qu'on attache à une chose, قدر - قيمة - مقدار. Cela aura beaucoup de prix à mes yeux, هذا يكون له عندی قدر و قيمة. || N'avoir plus de prix aux yeux de, هان عليه - تحاقر اليه O.

*Prix*, récompense, جزا - حلوان. Vous me donnez cela pour prix de vous avoir délivré, تعطينی هذا حلوان ما خلّصتك. || Il ouvrit un concours entre les musiciens, et offrit un prix de dix mille dirhams à celui qui serait vainqueur, اراد ان يمتحن المغنيين و اخرج بدرة دراهم سبقاً لمن تقدّم منهم و احسن.

Au *prix* de, en comparaison de, نظراً الی - بالنسبة الی.

PROBABILITÉ. s. f., vraisemblance, قرب للعقل - تخمين - احتمال.

PROBABLE, adj. com., qui paraît fondé, قريب

للعقل. Il est probable que, علی التخمين.

PROBABLEMENT, adverbe, vraisemblablement, تخميناً - بالتخمين - علی التخمين.

PROBE, adj. com., qui a de la probité, صالح - امين - مستقيم - صالح.

PROBITÉ, s. f., droiture, استقامة - عدالة - امانة.

PROBLÉMATIQUE, adj. com., douteux, équivoque, شكّی.

*Problématique*, qui tient du problème, سؤالی.

PROBLÈME, s. m., question à résoudre, مسئلة, pl., مسايل. Problème mathématique, دعوی عملی.

*Problème*, au fig., homme dont la conduite est difficile à expliquer, احجية.

PROCÉDÉ, s. m., manière d'agir, عمل - معاملة, plur., اعمال - مشی - سلوك - سيرة. A cause de ses bons procédés à mon égard, لاجل حسن سلوكه معی. || Il a eu pour moi de bons procédés, عاملنی بالمعروف و الجميل.

*Procédé*, terme d'arts, méthode pour une opération, تدبير - طريقة - حركة.

PROCÉDER, v. n., provenir, tirer son origine de, صدر من O. Procéder, en parlant des personnes divines, انبعث - انبثق عن.

*Procéder*, agir dans une affaire, مشی I.

*Procéder* à quelque chose, باشر الامر.

*Procéder* contre quelqu'un, le poursuivre en justice, ادّعی عليه.

*Procéder*, se comporter de telle ou telle manière envers les autres, سلك مع الناس.

PROCÉDURE, s. f., forme de procéder en justice حركات و اعمال الدعوی - طريقة الشرع.

PROCÈS, s. m., instance devant un juge sur un differend, دعوة - خصومة - دعوی ; plur., دعاوی. Entrer en procès avec quelqu'un, تخاصم مع احد. || Intenter un procès à quelqu'un, ادّعی عليه. || Juger un procès, فصل دعوی I. || Gagner son procès, كسب دعواه I. || Faire le procès à quelqu'un, le poursuivre comme criminel, شارع.

PROCÈS-VERBAL, s. m., narré, description par écrit, صورة الوقائع - صورة الواقع - صورة دعوة. Procès-verbal d'une délibération, مضبطة المناكرة.

PROCESSIF, IVE, adj., qui aime les procès, شكلي.

PROCESSION, s. f., (du Saint-Esprit), انبثاق الروح القدس.

Procession, cérémonie religieuse conduite en ordre par des prêtres, دورة - دوران - زياح; pl., زياحات.

Procession, multitude du peuple, etc., en marche, زفة.

PROCESSIONNELLEMENT, adv., بزفة.

PROCHAIN, E, adj., qui est près d'arriver, قابل - اتي - قادم - جايي. Le mois prochain, الشهر الجايي - الشهر القادم.

Prochain, voisin, قريب. Dans le prochain village, فى الضيعة القريبة.

PROCHAIN, subst. m., son semblable, قريب. L'amour du prochain, محبة القريب.

PROCHAINEMENT, adv., bientôt, عن قريب.

PROCHE, adj. com., qui est près ou auprès, قريب من.

PROCHES, s. m. plur., parents, اهل - اقارب.

PROCHE, prép., près, auprès, قريب من. De proche en proche, من قريب لقريب. De proche en proche, au fig., peu à peu, par degrés, بالتدريج.

PROCLAMATION, subst. f., publication solennelle, منادة - منادية.

PROCLAMER, v. a., publier hautement, avec solennité, نادى ب - اشهر.

PROCRÉATION, subst. f., génération, توليد - تكوين.

PROCRÉER, v. a., engendrer, ولد; aor., يلد.

PROCURATION, s. f., pouvoir donné par quelqu'un à un autre, d'agir en son nom, توكيل - وكلية - وكالة. Donner à quelqu'un sa procuration, اقامه وكيلا.

PROCURER, v. a., faire obtenir une grâce, un avantage, حصّل له الشى - يسّر - قيض. Procurer, causer des désagréments, etc., O. جلب. I. جاب ل - ل.

Se procurer, v. pr., obtenir, acquérir une chose, A. - حصل على - اقتنى - حصّل الشى. توقع على.

PROCUREUR, s. m., chargé de procuration, وكيل; plur., وكلا.

PROCYON, s. m., étoile du Petit-Chien, الشعرى الشامية.

PRODIGALITÉ, s. f., profusion vaine, تبذيل المال - اسراف فى المال - تفريط فى المال.

PRODIGE, s. m., chose extraordinaire, معجزة - اية - اعاجيب, pl.; اعجوبة - عجايب, pl.; عجيبة.

PRODIGIEUSEMENT, adv., عجيب - بنوع عجيب.

PRODIGIEUX, SE, adject., qui tient du prodige, عظيم - عجيب.

PRODIGUE, adject. com., qui dissipe son bien, مسرف - مبذّر ماله. L'enfant prodigue, الابن الضال. || Prodigue de son sang pour l'État, ما يوفر ذاته من الاخطار فى خدمة السلطان. Prodigue de louanges, مكثر المدح - مفرط فى المدح. || Prodigue de paroles, كثير الكلام.

PRODIGUER, v. a., dépenser avec excès, donner avec profusion, اسرف فى ماله - اتلف ماله - بذّر - بدّد.

Prodiguer, ne pas épargner (ses soins, sa vie, etc.), I. ما وفر - بذل - اعطى.

PRODUCTIF, IVE, adj., مشمر.

PRODUCTION, s. f., ce qui est produit, fruit, ثمرة - نتايج, plur.; نتيجة. Productions d'un pays, محصولات البلاد. || Les productions des pays étrangers, الاصناف الواردة من البلدان البرانية. || Les productions de la nature, المولدات.

Les productions de l'esprit, ثمرة العقل - تاليف. Production de l'art, انشا الصناعة.

PRODUIRE, v. a., donner naissance, engendrer, خلق اولد انتج. Les siècles ne produiront plus un homme semblable, هيهات ان يخلف الدهر مثله.

*Produire*, rapporter des fruits, un avantage, أثر جاب منفعة .I جاب ثمرة .I.

*Produire*, causer, être cause, سبّب جاب .I.

*Produire*, créer, أنشأ.

*Produire*, composer un ouvrage d'esprit, ألّف أنشأ.

*Produire*, exposer à l'examen, à la vue, أورى قدّم. Produire des témoins, جاب شهود .I, قدّم شهود.

*Produire*, introduire, faire connaître quelqu'un, قدّم.

*Se produire*, v. pron., se faire connaître, s'avancer, تبيّن.

PRODUIT, s. m., rapport, résultat, نتيجة; plur., حاصل نتايج.

*Produit*, revenu, محصول صافي.

PROÉMINENCE, s. f., état de ce qui est proéminent, نتوة.

PROÉMINENT, E, adj., qui est plus en relief que ce qui l'environne, ناتي.

PROFANATEUR, s. m., منجّس.

PROFANATION, s. f., irrévérence commise contre les choses saintes, تدنيس نجاسة دناسة.

*Profanation*, abus des choses précieuses, خسارة.

PROFANE, adj. com., contre le respect dû aux choses sacrées; celui qui manque de respect pour les choses sacrées, دنس نجس.

*Profane*, l'opposé de sacré, qui ne concerne pas la religion, ما يخص أمور الدين بل يخص أمور الدنيا.

*Profane*, iron., ignorant, جاهل; plur., جهّال.

PROFANER, v. a., traiter avec irrévérence les choses sacrées, نجّس دنّس.

*Profaner*, faire mauvais usage d'une chose précieuse, خسّر. Réciter à ces gens-là une si belle pièce de vers, c'est la profaner, اذا انشدتهم تلك القصيدة العظيمة فكانك تطرح الدرر فى افواه الكلاب او تعلّق السجواهر فى اعناق الخنازير.

PROFÉRER, v. a., prononcer, dire, لفظ ب .I. نطق ب .I. Il n'a pas proféré un mot, لابدى ولا عاد.

PROFÈS, ESSE, adj., qui a fait des vœux, نادر بالرهبنة.

PROFESSER, v. a., faire profession de, se piquer de, ادّعى لنفسه.

*Professer* un métier, un art, l'exercer, عمل كار .A ادّعى بصنعة.

*Professer* une religion, اعتقد بدين تبع .A. دين.

*Professer*, enseigner publiquement, درّس علّم.

PROFESSEUR, s. m., qui enseigne une science, un art, مدرّس معلّم.

PROFESSION, s. f., déclaration publique, شهادة أقرار. Faire profession de, se piquer de, ادّعى ب.

*Profession*, état, صنعة كار. Exercer une profession, اشتغل فى صنعة عمل كار .A.

*Profession*, acte solennel des vœux, نذر.

PROFIL, s. m., délinéation d'une tête vue par un côté, ملتفت.

PROFIT, s. m., gain, avantage, utilité, ربح منفعة; plur., منافع. Tirer du profit de quelque chose, استفاد من. ‖ Quel profit en avons-nous tiré? أيش استفدنا منه. ‖ Mettre à profit, employer, فاز ب .O انتفع ب. Quel profit vous reviendra-t-il de cela? يجي لك من دا أيه. Je n'y trouve pas mon profit, هذا ما بيخلّصني. ‖ C'est le profit des domestiques, هل نصيبة الخدّامين.

PROFITABLE, adj. com., utile, نافع مفيد.

PROFITER, v. n., faire un gain, كسب .I. ربح .A. Faire profiter son argent, جعل فلوسه فى المرابحة شغّل مصرياته.

*Profiter*, tirer de l'utilité de quelque chose, استفاد من ـ انتفع بـ.
*Profiter* de l'occasion, اغتنم الفرصة ـ انتهز الفرصة ـ اكتسب الفرصة.
*Profiter*, être utile à, أفاد ـ نفع أحدا. Cela ne vous profitera point, هذا ما ينفعك شي.
*Profiter*, faire du progrès, تقدّم ـ استفاد. Profiter en science, ازداد علما ـ ترقّى ـ تقدّم في العلم.
*Profiter*, croître, se fortifier, تقوّى.

PROFOND, E, adj., dont le fond est éloigné de la superficie, غويص ـ عميق ـ جوين. Profond de deux coudées, عمقه ذراعين.
*Profond*, au fig., grand, extrême en son genre, عظيم. Profonde douleur, غمّ عظيم. Profond respect, احترام كلّي.
*Profond*, d'une grande pénétration, خارق. Savant profond, très-versé dans les sciences, عالم متبحّر.
*Profond*, très-difficile à acquérir, صعب ـ غويص.

PROFONDÉMENT, adv., bien avant, في العميق.
*Profondément* versé dans une science, عالم متبحّر بفن.

PROFONDEUR, s. f., عُمق. Profondeur de l'esprit, غوص الذهن في الغوبصات.
*Profondeur*, au fig., impénétrabilité (des mystères, des desseins), غور.

PROFUSÉMENT, adv., avec profusion, بأفراط.
PROFUSION, s. f., excès de libéralité, de dépense, تبذير ـ بعزقة ـ أفراط.
PROGÉNITURE, s. f., les enfants, ذرّية.
PROGRAMME, s. m., بيان.
PROGRÈS, s. m., mouvement en avant, تقدّم.
*Progrès*, augmentation en bien ou en mal, زيادة ـ ازدياد. Faire des progrès, avancer dans un art, etc., تنشطر ـ ترقّى في العلم ـ تقدّم في العلم ـ في فن.
PROGRESSIF, IVE, adj., en avant, الى قدّام.

PROGRESSIF, qui s'avance, s'accroît par degrés, متقدّم, متزايد بالتدريج.
PROGRESSION, subst. f., mouvement en avant, تقدّم بالتدريج.
*Progression*, suite non interrompue, متابعة.
PROGRESSIVEMENT, adv., par progression, مدارجة ـ بالتدريج.
PROHIBER, v. a., défendre, حرج على شي ـ منع الناس عن.
PROHIBÉ, adj., ممنوع.
PROHIBITIF, IVE, adj., qui défend, تحريجي ـ منعي.
PROHIBITION, s. f., défense, منع ـ حرج ـ تحريج.
PROIE, s. f., ce que les animaux carnassiers ravissent pour manger, صيدة. Oiseau de proie, طير جارح ـ طيور كواسر, plur.; طيور كاسر, plur., طيور جوارح.
*Proie*, butin fait à la guerre, غنيمة.
En *proie*, à la douleur, غارق في بحر الآلم. Il est en proie à la médisance, الناس يمزّقوا عرضه. En proie à la colère, استولى عليه ـ اعتراه الغضب ـ الغضب.
PROJECTILE, s. m., corps lancé, جرم محذوف.
PROJECTION, s. f., action de jeter, حذفة ـ حذفي.
*Projection*, représentation d'un plan sur un corps, رسامة.
PROJET, s. m., dessein, قصد ـ مراد ـ نيّة ـ تدبير. Quel est votre projet? ايش في خاطرك. تعميل. Déconcerter les projets de quelqu'un, عكس تدبيره.
*Projet*, plan, رسم.
PROJETER, v. a., former le projet de, قصد ـ هم بـ ـ نوى نيّة.
*Projeter*, tracer un plan, un projet, رسم.
Se *projeter*, v. pr., s'avancer, تقدم.
PROLÉGOMÈNES, s. m. pl., longue et ample préface, مقدمات كتاب.

PROLIFIQUE, adj. com., qui a la force, la vertu d'engendrer, يَنْفَعُ لِلتَّنَاسُل - تَنَاسُلِي.

PROLIXE, adj. com., diffus, trop long, طَوِيل - مُطَوَّل. Pour éviter d'être prolixe, خَوْفًا مِنَ الإِطَالَة.

PROLIXEMENT, adv., بِاطَالَة - طَوِيلًا.

PROLIXITÉ, s. f., trop grande étendue du discours de l'orateur, تَطْوِيل - طُول الكَلَام - اطَالَة.

PROLOGUE, s. m., avant-propos; prélude d'une pièce dramatique, فَاتِحَة.

PROLONGATION, s. f., تَطْوِيل. Prolongation de terme, délai, مُهْلَة.

PROLONGEMENT, s. m., extension, اِمْتِدَاد - مَدّ.

PROLONGER, v. a., faire durer plus longtemps, مَدَّ - طَوَّل - اَطَال O. Que Dieu prolonge vos jours! الله يمَدّ فِي اِيَّامَك - الله يُطَوِّل عُمرَك.

Prolonger, étendre, continuer, مَدَّ O. - طَوَّل.

Se prolonger, v. pr., اِمْتَدّ O. طَال.

PROMENADE, s. f., action de se promener, رِيَاضَة - تَجْوِيس (Barb.). - شَمّ الهَوَا - سَيَرَان - Nous avons fait une promenade, دُرْنَا دَوْرَة.

Promenade, lieu où l'on se promène, مُنْتَزَهَة - نُزْهَة.

PROMENER, v. a., mener çà et là, نَزَّه - سَيَّر. Promener ses yeux sur, نَقَل O. نَقَل نَظَرَه مِن شِي - اَدَار عَيْنَيْه بَيْن - اَجَال طَرْفَه فِي - اِلَى الشِي - سَرَّح نَظَرَه وَنَزَّه خَاطِرَه فِي.

Promener quelqu'un, l'amuser par de fausses espérances, مَاطَلَه - مَوَّطَلَه.

Se promener, v. pr., marcher pour faire de l'exercice, ou se divertir, شَمّ O. - دَار O. - تَنَزَّه - حَوَّس - تَمَشَّى - تَسَيَّر - تَبَجَّح - الهَوَا (Barb.).

PROMENOIR, s. m., lieu où l'on se promène, مُنْتَزَه.

PROMESSE, s. f., وَعْد - وَعْدَة - مَوْعُود; plur., مَوَاعِيد. Faire de belles promesses à quelqu'un, اَوْعَد مَوَاعِيد كَوِيسَة. Tenir, remplir sa promesse, وَفِي وَعْدَه - تَمَّم وَعْدَه - كَمَّل وَعْدَه - قَام بِوَعْدَه I. O. || Manquer à sa promesse, خَان وَعْدَه - خَالَف وَعْدَه O. || عَهْدَه. Il m'avait fait des promesses et donné des espérances, كُنْتُ مَعَه تَحْتَ الوَعْد وَالاَمَل.

Promesse, billet sous seing privé, عَهْد; plur., عُهُود.

PROMETTEUR, SE, s., qui promet beaucoup et qui tient peu, كَثِير الوَعْد قَلِيل الوَفَا.

PROMETTRE, v. a., donner parole de, s'engager à, اَعْطَاه عَهْدًا - اَوْعَد I. وَعَد اَحَدًا ب - عَاهَد اَحَدًا عَلَى. Il m'a promis de venir, اَوْعَدَنِي انَّه يِجِي. || Faites-lui promettre de garder le secret, عَاهِلُه عَلَى حِفْظ السِرّ وَكِتْمَه - خُذ مِنه عَهْدًا بِكِتْمَان السِرّ.

Promettre, faire espérer, اَوْعَد ب - عَشَّم.

Promettre monts et merveilles, au fig. fam., promettre à quelqu'un beaucoup d'avantages pour séduire, A. عَهَّل العَسَل - عَلَّل اَحَدًا بِمَوَاعِيد عَظِيمَة - طَحِينَة.

Se promettre, v. pr., espérer, تَعَشَّم. Nous nous promettions de voir des choses extraordinaires, كُنَّا مُعَاهِدِين نُشَاهِد اَشْيَا عَجِيبَة.

PROMINENCE, s. f., élévation, اِرْتِفَاع.

PROMINENT, E, adj., qui s'élève, مُرْتَفِع.

PROMINER, v. n., s'élever au-dessus de ce qui entoure, اِرْتَفَع فَوْق - عَلَى.

PROMISSION, s. f. (terre de), la terre promise, اَرْض المِيعَاد.

PROMONTOIRE, s. m., pointe de terre élevée qui avance dans la mer, رَاس.

PROMOTEUR, s. m., qui prend le soin principal d'une affaire, مِهْمَاز.

Promoteur d'une querelle, qui l'excite, مُحَرِّك الشَرّ.

PROMOTION, s. f., action d'élever à une dignité, اِعْطَا المَنَاصِب - تَنْصِيب.

PROMOUVOIR, v. a., élever à une dignité, رَقَّى - قَلَّد مَنْصِب - اَعْطَاه مَنْصِب.

PROMPT, E, adj., rapide, diligent, سَرِيع. Prompt à se fâcher, سَرِيع الغَضَب.

*Prompt*, colère, حادّ.

PROMPTEMENT, adv., بالزربة ـ بالعجل ـ بسرعة et دغيا (Barb.).

*Promptitude*, colère, emportement, حدّية.

PROMULGATION, s. f., publication des lois, اشهار شرايع.

PROMULGUER, v. a., publier une loi, اشهر شريعة.

PRÔNE, s. m., instruction faite dans l'église, خطبة ـ كرزة ـ وعظ.

PRÔNER, v. a., instruire en faisant le prône; faire de longs discours, كرز I. ـ وعظ ; aor., يعظ.

*Prôner*, vanter avec exagération, عظم ـ صيّب.

PRÔNEUR, SE, s., qui fait le prône, كاروز.

*Prôneur*, qui loue avec exagération, مصيّت.

*Prôneur*, grand parleur, qui fait des remontrances, واعظ ـ كاروز.

PRONOM, subst. m., t. de gramm., ضمير; plur., ضماير.

PRONOMINAL, E, adj., ضميري.

PRONONCÉ d'un jugement, s. m., ce qui a été prononcé par le juge, لفظ حكومة.

PRONONCÉ, adj., bien marqué, مبيّن ـ بايـن.

PRONONCER, v. a., proférer, articuler, لفظ I. A. Prononcer mal certaines lettres, grasseyer, sussayer, لثغ بحرف A.; plus vulg. لدغ A.

*Prononcer*, réciter, قرا A. ـ تلا O.

*Prononcer*, décider, ordonner, حكم فى O. ـ امر O.

*Prononcer*, marquer fortement, بيّن.

*Se prononcer*, v. pron., au fig., marquer fortement, développer son caractère, son intention, بيّن نفسه A. ـ بان.

PRONONCIATION, s. f., manière, action de prononcer, لفظ.

PRONOSTIC, s. m., jugement et conjecture, راى plur., آراء.

*Pronostic*, signe de ce qui doit arriver, اشارة ـ دلالة ـ علامة.

PRONOSTIQUER, v. act., faire un pronostic, انبى بشى ـ اخبر ب.

PROPAGANDE, s. f., société établie pour propager la foi, المجمع المقدّس.

PROPAGATEUR, s. m., qui propage, ناشر.

PROPAGATION, s. f., multiplication par la génération, تكاثر ـ نمو.

*Propagation*, extension, progrès, développement, انتشار ـ اشاعة.

PROPAGER, v. a., multiplier par la génération, انمى.

*Propager*, étendre, augmenter, répandre, نشر O.

*Se propager*, v. pron., se répandre, انتشر I. شاع.

PROPENSION, s. f., tendance naturelle, inclination, ميل الى.

PROPHÈTE, s. m., نبى; plur., انبياء. Nul n'est prophète en son pays, العالم فى ارض ميلاده مثل الذهب فى معدنه.

PROPHÉTESSE, s. f., نبية.

PROPHÉTIE, s. f., prédiction des choses futures, نباء ـ تنبية ـ نبوّة.

PROPHÉTIQUE, adj. com., du prophète, نبوي.

PROPHÉTIQUEMENT, adv., en prophète, نبويا.

PROPHÉTISER, v. a., prédire l'avenir par inspiration divine, اخبر بالغيب ـ انبى بالشى.

PROPHYLACTIQUE, s. f., traité sur la manière de conserver la santé, رسالة فى حفظ الصحة.

PROPHYLACTIQUE, adj. (remède), qui entretient, défend la santé, موقى الصحّة.

PROPICE, adj. com., favorable, (personne), موافق مناسب ـ موافق (chose) ـ موفّق, لطيف ل. Que Dieu nous soit propice! ربّنا يلطف. ‖ Jetez sur moi un œil propice, انظر الّى بعين اللطف. ‖ Temps propice, وقت مناسب, موافق. ‖ Dieu soit propice à nos vœux! الله يساعدنا على نيل المراد.

Se rendre quelqu'un propice, ‖ الله يوفّق امرنا استعطفه عليه.

PROPITIATOIRE, adj., الرّبّ لاستعطاف.

PROPORTION, s. f., convenance et rapport des parties entre elles et avec leur tout, تناسب. Dans les proportions d'un éléphant, في تقاطيع الفيل.

Proportion, convenance des choses entre elles, مطابقة – مناسبة.

Proportion, t. de mathématique, معادلة.

A proportion, adv., par rapport à, eu égard à, على قدر – بالنسبة الى.

PROPORTIONNALITÉ, s. f., تناسب.

PROPORTIONNEL, LE, adj., qui est en proportion avec d'autres, متناسب.

PROPORTIONNELLEMENT, adv., بالنسبة الى غيره – بالقياس على غيره.

PROPORTIONNER, v. a., I. ناسب ل – قاس على – قدّر على. Proportionnez votre dépense à vos moyens, على قدر بساطك مدّ رجليك.

PROPOS, s. m., discours dans la conversation, حديث – كلام. Entrer en propos avec quelqu'un, O. عبر معه في الكلام. ‖ Revenons à notre propos, نرجع الى – نرجع الى ما نحن فيه من الكلام – ما نحن بصدده. ‖ Jeter des propos d'accommodement, I. جاب سيرة الصلح – فتح باب المصالحة.

Propos, vain discours, حكي. Cela donnera lieu à des propos, يصير حكي. ‖ Je me moque des propos, ما على من حكي الناس.

Tenir des propos contre quelqu'un, médire de lui, تفضّح فيه – تشنّع فيه – تفوّه في حقّه. Tenir des propos contre quelqu'un en son absence, I. جاب مغيبته – اغتابه.

Propos, résolution, قصد – نيّة. Faire un ferme propos de, A. عمل قصد حقيقي ان. ‖ De propos délibéré, قصدًا – عمدًا.

A propos, adv., convenablement au temps, au lieu, etc., في مستحطّه – في محلّه – في وقته –

في موضعه. Vous êtes venu fort à propos, جيتنا في وقت الحاجة اليك.

A propos, j'oubliais de vous dire, من حقّا نسيت اقول لك. A propos de cela, و الشي بالشي يُذكر.

A propos de cela, je vous apprendrai que, ما دام نحن في هذا الحديث اخبّرك ان. ‖ A quel propos? لاى سبب. ‖ A propos de rien, بلا سبب.

A propos, convenable, مناسب – فيه الصواب. ‖ Il est à propos de, يجب ان – الصواب ان – est plus à propos de, الاصلح ان – الاصوب ان. ‖ Juger à propos, trouver à propos de, الاجود و الاولى ان – A. راى مناسب – لائق عنك ان. ‖ استحسن ان – استصوب ان – تحسن عنك ان. Que jugez-vous à propos de faire? كيف الراى – كيف ينحسن عندك – عندك ايش المستحسن عندك.

Mal à propos, sans convenance, في غير محلّه – في غير وقته. Mal à propos, sans sujet, من غير سبب.

A tout propos, كل ساعة – كل وقت.

PROPOSABLE, adj. com., qui peut être proposé, يُعرَض.

PROPOSER, v. a., offrir, mettre en avant, O. عرض له عليه الشي.

Proposer, indiquer pour un emploi, قدم.

Se proposer, v. pro., avoir dessein de, I. قصد – نوى – I. هم ب, على. O.

PROPOSITION, s. f., discours qui affirme ou nie, جملة, plur., جمل; قضية, plur., قضايا.

Proposition, chose proposée, قول.

PROPRE, adj. com., qui appartient exclusivement à, خاصّ ل – مخصّص ل. Écrit de sa propre main, مكتوب بخط يدك. ‖ Je l'ai vu de mes propres yeux, شفته بعيني.

Propre, même, بعينه.

Propre, qui peut servir à, convenable à, لائق – يصلح ل – مناسب.

# PRO

*Propre*, net, نظيف; plur., نقي ـ نظاف.

PROPRE, s. m., qualité particulière à, خاصّة ـ شان. Le propre du chien est d'aboyer, و من شان الكلب ان يعوّي.

*Propre*, bien de succession, qui n'entre pas en communauté, مال مختصّ ل.

PROPRE, adj., opposé de figuré, حقيقي. Au propre, dans le sens propre, بالمعنى الحقيقي.

PROPREMENT, adv., précisément, exactement, بالتحكيم.

*Proprement*, dans le sens propre, بالحقيقة.

*Proprement*, avec propreté, بنظافة. Proprement habillé, مليح في هندامه ـ نقي الثياب ـ مهندم.

*Proprement*, avec adresse, grâce, بلطافة.

PROPRET, ETTE, adj., نظايفي.

PROPRETÉ, s. f., netteté, نظافة.

*Propreté*, manière honnête de s'habiller, etc., هندام ـ نظافة.

PROPRIÉTAIRE, s. m., qui possède en propre, صاحب; plur., اصحاب.

PROPRIÉTÉ, s. f., droit par lequel une chose appartient en propre, ملك.

*Propriété*, chose possédée en propre, مال ـ متاع ـ املاك; plur., ملك.

*Propriété*, qualité, vertu des plantes, etc., شان ـ خواص, pl.; خاصّة ـ خصائص, pl.; خاصّية.

*Propriété*, sens propre d'un mot, وضع ـ حقيقة وضع.

PRORATA (AU), adv., à proportion de, على قدر.

PROROGATION, s. f., délai, remise, مهلة ـ تأخير.

PROROGER, v. a., prolonger, طوّل ـ اطال. Proroger le terme, اخّر الاجل.

*Proroger*, remettre la séance à un autre jour, ابقى الى غير وقت.

PROSAÏQUE, adj. com. iron., qui tient trop de la prose, نثري.

# PRO 651

PROSATEUR, s. m., écrivain en prose, مؤلّف نثر.

PROSCRIPTION, s. f., condamnation à mort sans formes judiciaires, امر بقتل.

*Proscription*, abolition, destruction d'un usage, ابطال.

PROSCRIRE, v. a., condamner à mort sans formes judiciaires, O. امر بقتل.

*Proscrire*, chasser, éloigner quelqu'un, نفي I.

*Proscrire*, abolir, détruire (un usage), ابطل.

PROSCRIT, E, s., qui a été proscrit, محكوم عليه بالقتل.

PROSCRIT, E, adj., banni, écarté de l'usage, ممنوع.

PROSE, s. f., نثر. Prose rimée, كلام مسجّع ـ سجع.

PROSÉLYTE, s. com., nouveau converti, غرس; pl. دخيل ـ اغراس.

*Prosélyte*, partisan, تابع.

PROSÉLYTISME, s. m., zèle de faire des prosélytes, غيرة في استمالة الناس الى مذهب.

PROSODIE, s. f., عروض.

PROSODIQUE, adj. com., عروضي.

PROSPECTUS, s. m., programme qui annonce et décrit un ouvrage, بيان كتاب.

PROSPÈRE, adj. com., favorable au succès, مقبل ـ مساعد ـ موافق.

PROSPÉRER, v. n., avoir la fortune favorable, être heureux, سعد ـ افلح A.

*Prospérer*, avoir un heureux succès, نجح A. ـ صحّ معه I.

PROSPÉRITÉ, s. f., situation, état heureux, خير ـ سعد ـ عزّ ـ سعادة. Dans la prospérité et dans l'adversité, في الرخاء والشدّة.

PROSTERNATION, s. f., état de celui qui est prosterné, خضوع ـ انحناء.

PROSTERNEMENT, s. m., action de se prosterner, ركوع ـ سجود.

SE PROSTERNER, v. pron., s'abaisser en suppliant, خضع ل A.

*Se prosterner*, se jeter à genoux, aux pieds de, s'abaisser jusqu'à terre, سجد ل O. - ركع A. - خرّ ساجدا O.

PROSTITUÉE, s. f., femme abandonnée à l'impudicité, قحبة ; plur., قحاب.

PROSTITUER, v. a., livrer à l'impudicité d'autrui, عرض على للكسب - عرض شانه للكسب. Elle a prostitué sa fille, عرضت شان بنتها للكسب - عرّضت على بنتها.

*Prostituer*, avilir sa dignité, son talent, رذّل.

*Se prostituer*, v. pron., se dévouer lâchement à, رذّل نفسه جرّس نفسه بتقديم ذاته ل.

PROSTITUTION, s. f., abandonnement des femmes à l'impudicité, قحبنة - فسق - فجر.

PROSTRATION, s. f., t. de méd., perte des forces, انحطاط القوى.

PROTE, s. m., celui qui dirige les travaux d'une imprimerie, revoit et corrige les épreuves, مصحّح ناظر في مطبعة.

PROTECTEUR, TRICE, s., défenseur, qui protège, حامي - حماة ; plur., ظهر.

PROTECTION, s. f., action de protéger, حماية. Accorder sa protection à, اجار ǁ Demander la protection de, استجار به ǁ J'implore votre protection, انا في عرضك.

*Protection*, appui, secours, personne qui protège, عون - ظهر. Il n'a aucune protection, ما له ظهر ǁ A force de protection, بقوة الظهر.

PROTÉE, s. m., qui change continuellement de forme, شيعة - ابو الحيل.

PROTÉGÉ, E, adj., محمي - في حماية.

PROTÉGER, v. a., défendre, حمى احدا من I. - درّق - حامى عن شي (Barb.).

PROTESTANT, E, s. et adj., luthérien, etc., معاند. Religion protestante, دين المعاندين.

PROTESTANTISME, s. m., croyance des églises protestantes, دين المعاندين - عناد الغير كاتوليكية.

PROTESTATION, s. f., déclaration publique, juridique, par laquelle on proteste contre quelque chose, اقرار بخلاف.

*Protestation*, promesse, assurance positive, تاكيد - حلفان على شي.

PROTESTER, v. a., assurer fortement, promettre positivement, حلف على شي - اقسم ان - اكّد A.

*Protester*, v. n., faire une protestation contre, اقرّ بخلافي O. - قام على.

*Protester*, v. a., faire un protêt, رجع بوليصة على الضامن.

PROTÊT, s. m., acte de recours contre les endosseurs d'un billet, رجوع على الضامن.

PROTOCOLE, s. m., formulaire pour dresser les actes publics, pour écrire aux différentes personnes suivant leur rang, كتاب الانشا.

PROTOTYPE, s. m., original, modèle, اصل.

PROTUBÉRANCE, s. f., t. d'anatomie, éminence, نتوة - نتو.

PROUE, s. f., terme de mer, devant du vaisseau, مقدم مركب.

PROUESSE, s. f., action de valeur, فعل ; plur., بطش - افعال.

PROUVER, v. a., établir la vérité, اثبت الشي - ثبّت. Cela prouve que, هذا يدل على ان.

PROVENANT, E, adj., صادر - وارد - حاصل.

PROVENIR, v. n., procéder, émaner de, صدر من O. Cela provient de ce que, وسبب ذلك ان.

*Provenir*, revenir au profit de quelqu'un, حصل له A.

PROVERBE, s. m., sentence, maxime, مثل ; pl., امثال. ǁ Dire un proverbe, ضرب مثل I. O. ǁ Passer en proverbe, devenir objet de comparaison, ضرب به الامثال I. - صار مثلا A.

PROVERBIAL, E, adj., امثالي.

PROVERBIALEMENT, adv., بنوع مثل.

**Providence**, s. f., sagesse de Dieu conduisant toutes choses, حكمة ربانية - حكمة الهية.

**Provigner**, v. a., coucher en terre les brins d'un cep de vigne afin qu'ils prennent racine et qu'il se forme d'autres ceps, طمر بالتراب فرع دالية ليطلع منه دالية جديدة.

*Provigner*, v. n., multiplier, تكاثر.

**Provin**, s. m., rejeton d'un cep de vigne provigné, غرسة الكرم المطمورة.

**Province**, s. f., إقليم; plur., اقاليم - ولاية - عمالة - عمل.

**Proviseur**, s. m., premier chef d'un collége, رئيس مدرسة.

**Provision**, s. f., choses nécessaires pour la subsistance d'une ville, etc., زاد - مونة - مؤونة - ميرة - قومانية. Provisions de maison, مونة. || Chambre où l'on met les provisions, بيت المونة. || Provisions d'hiver, مونة الشتا || Provisions de voyage, زوادة - (Barbarie) عولة et عويل رعوين. || Faire à quelqu'un ses provisions de voyage, عمل له زوادة - زوّده.

*Provision*, ce qu'on adjuge préalablement à une partie, en attendant le jugement définitif, محاضرة - حكم مقدم ب.

*Provisions*, au plur., actes, lettres qui confèrent un office, etc., تقرير.

**Par provision**, adv., préalablement, متقدماً - محاضرة.

**Provisoire**, adj. com., rendu, ordonné par provision, محاضر - متقدم.

*Provisoire*, temporaire, وقتي.

**Provisoirement**, adv., par provision, محاضرة - متقدماً.

*Provisoirement*, temporairement, لوقت - وقتياً.

**Provocation**, s. f., تحريك.

**Provoquer**, v. a., exciter à, دعى, حرّك الى.

*Provoquer*, causer le sommeil, etc., جلب النوم.

**Proxénète**, s. m., entremetteur, واسطة - (pris en mauvaise part) قوّاد معرّص.

**Proximité**, s. f., voisinage, قُرب.

**Prude**, adj. com., qui affecte un air sage, عامل عاقل - صاحب صنع.

**Prudemment**, adv., بعقل.

**Prudence**, s. f., تدبير - عقل - رشد - نظر في عواقب الامور.

**Prudent, e**, adj., qui a de la prudence, عاقل; plur., عقلا, عاقلين - صاحب راى و تدبير - عُقَّال, plur. عُقَلا.

**Pruderie**, s. f., affectation de sagesse, مصانعة.

**Prud'homme**, s. m., homme expert, صاحب خبرة.

**Prune**, s. f., fruit, اجّاص - خوخ - (Syrie) عين - برقوق (Barb.). Prune de petite espèce, قلب الطير.

Pour des *prunes*, au fig. fam., pour peu de chose, بلا شي.

**Pruneau**, s. m., prune sèche ou cuite, قراصية - اجاص مجفف.

**Prunelle**, s. f., ou Pupille, partie de l'œil au milieu, حدقة العين; plur., احداق et حدق - نني ou نيني العين - بؤبؤ العين - حبة العين.

Conserver comme la *prunelle* des yeux, au fig. fam., conserver avec très-grand soin, حفظ مثل نني العين. Jouer de la prunelle, lancer des œillades, بصبص على - تطلع الى.

**Prunier**, subst. masc., arbre, شجر اجاص - شجر برقوق.

**Prurit**, s. m., démangeaison vive, اكلان.

**Prusse**, s. f., royaume d'Europe, مملكة بروسية.

**Prussien, ne**, adj., de la Prusse, بروسياني.

**Psalmiste**, s. m., David, comme auteur de psaumes, داود النبي.

**Psalmodie**, s. f., chant des psaumes, de l'office, ترتيل.

**Psalmodier**, v. a., réciter des psaumes sur une même note, رتّل.

PSALTÉRION, s. m., instrument de musique, سنطير.

PSAUTIER, s. m., recueil de psaumes, كتاب مزامير.

PSAUME, s. m., cantique sacré, مزمور ; plur., زبور - مزامير.

PSEUDONYME, s. m., qui a pris un nom supposé, له اسم كذاب.

PSORIQUE, adj. com., de la nature de la gale, جربي.

PSYCHOLOGIE, s. f., science de l'âme, معرفة النفس.

PSYLLE, s. m., celui qui attire et manie les serpents, حواة ; plur., حاوي.

PTARMIQUE, adj. com., qui fait éternuer, معطس.

PTARMIQUE, s. f., herbe à éternuer, عود العطاس - كندس.

PTYALAGOGUE, adj. com., qui provoque la salivation, ملعّب - مريّق.

PTYALISME, s. m., salivation, ريق - لعاب.

PUAMMENT, adv., avec puanteur, بنتانة.

*Puamment*, au fig. fam., effrontément, بقلة حياء.

PUANT, E, adj., qui sent mauvais, منتن - نتن - كريه الرائحة.

*Puant*, au fig. iron., vaniteux, sans mérite, عفن.

PUANTEUR, s. f., عفانة - عفنة - نتانة - نتّنة.

PUBÈRE, adj. com., qui a atteint l'âge de puberté, بالغ - مدرك.

PUBERTÉ, s. f., âge où l'on peut se marier et procréer, بلوغ - بلاغ - حدّ البلوغ.

PUBIS, s. m., os innominé du bassin, عظم العانة - عانة.

PUBLIC, s. m., le peuple en général, العام - الناس.

PUBLIC, QUE, adj., qui concerne tout un peuple, qui appartient à tous, عام - شعبي - عمومي. ‖ Le bien public, خير الناس عموماً. ‖ Bain public,

حمّام عمومي. ‖ Lieux publics, où tout le monde a droit d'aller, محلّات عامّة.

*Public*, manifeste, connu de tout le monde, مجهور و مشهور و معلوم الجمهور.

Personne *publique*, revêtue de l'autorité publique, صاحب حكم.

Charges *publiques*, impositions que tout le monde doit payer pour les dépenses de l'État, موجبات المملكة.

Femme *publique*, fille ou femme prostituée, زانية ; plur., زواني.

En *public*, adv., publiquement, في الظاهر - قدّام الناس.

PUBLICAIN, s. m., fermier des deniers publics, عشّار.

PUBLICATION, s. f., action de publier une chose, اظهار - اشهار - مناداة ب. Publication d'un livre, ظهور كتاب.

PUBLICISTE, s. m, qui écrit sur le droit public, qui l'enseigne, مشرّع - معلّم شريعة.

PUBLICITÉ, s. f., notoriété, شهرة.

PUBLIER, v. a., rendre public, notoire, اشهر. Publier un livre, اظهر كتاب.

*Publier*, proclamer, نادى ب.

PUBLIQUEMENT, adv., en public, devant tout le monde, جهاراً - قدّام الناس.

PUCE, s. f., insecte aptère, برغوث ; plur., براغيث.

Avoir la *puce* à l'oreille, حسّ بالشوكة. I.

PUCEAU, s. m., garçon vierge, بتول.

PUCELAGE, s. m., mot libre, virginité, وجه - بكورية - بكارة.

*Pucelage*, sorte de coquillage, ودعة.

PUCELLE, adj. fam., fille vierge, بنت بكر ; pl., بنات ابكار - بتول.

PUCERON, s. m., insecte, نمش.

PUDEUR, s. f., honte honnête, crainte de ce qui blesse la modestie, حياء.

PUDIBOND, E, adj., مُسْتَحِي.
PUDICITÉ, s. f., chasteté, حَياء - عِفَّة.
PUDIQUE, adj. com., chaste, modeste, مُسْتَحِي - طاهر النفس - حَيِي.
PUDIQUEMENT, adv., بِحَياء.
PUER, v. n., sentir mauvais, نَتَن - انتن.
PUÉRIL, E, adj., qui appartient à l'enfance, طِفْلِي - صِغارِي.
Puéril, frivole, صِغارى - باطِل.
PUÉRILEMENT, adv., d'une manière puérile, مِثل الأطفال - مثل الصغار.
PUÉRILITÉ, s. f., ce qui tient de l'enfant, صَغْرنة - صِغارِيَة.
PUERPÉRALE, adj. (fièvre), de couches, حُمَّى وِلادة - حُمَّى النفاس.
PUGILAT, s. m., combat à coups de poing, مُلاكَمَة.
PUÎNÉ, E, adj., né depuis un frère, une sœur, مَوْلود بعد.
PUIS, adv., ensuite, après, وبعدك - ثُمَّ.
PUISARD, s. m., puits pratiqué pour recevoir les eaux, بَلُّوعَة - حُفرة.
PUISER, v. a., prendre de l'eau avec un vase, etc., O. أخذ .I غَرف ماء ب
PUISQUE, conj., à cause que, بِحَيث ان - مادام ان. Puisqu'il est midi, allons dîner, مادام صار الظهر قم حتى نتغدى.
PUISSAMMENT, adv., avec force, بقوة.
PUISSANCE, s. f., autorité, force, قُدْرة - عِزَّة - قُوَّة - اقْتدار. En puissance de, sous l'autorité de, تحت حكومة - في ضبط.
Puissance, domination, empire, سَلْطَنة - حَكومة. Soumettre à sa puissance, أطاع - سَخَّر - جعل تحت حكومته.
Puissance, souverain, مَلِك ; plur., ملوك.
Puissance, état souverain, دَوْلَة ; plur., دُوَل.
Les puissances, ceux qui possèdent les grandes dignités, أصحاب الدرجات - أصحاب القدرة العالية.

Puissance, force, vertu de remèdes, قُوَّة الدوا.
TOUTE-PUISSANCE, s. f., puissance sans bornes, قُدْرَة كُلِّيَّة.
PUISSANT, E, adj., qui a beaucoup de pouvoir, قَدير - قادر - صاحب قوة و اقْتدار. Puissante armée, جيش عظيم ‖ Remède puissant, دوا فَعَّال.
Puissant, très-riche, غَنِي جِدًّا.
Puissant, très-fort, très-robuste, عَفِي - قَوِي - مُتعافي.
Puissant, très-gros, سَمين.
LES PUISSANTS, s. m. pl., les grands, العُظَماء - أصحاب القُدرة.
TOUT-PUISSANT, adj., qui peut tout, قادر على كل شي.
PUITS, s. m., جُبّ ; plur., بير - جِباب ; plur., ابار - ابيار. Puits avec roue hydraulique. Voyez ROUE.
Puits de science, au fig. fam., homme très-savant, بير علم.
PULLULER, v. n., multiplier avec rapidité, نمى .I - تَكاثَر.
PULMONAIRE, s. f., herbe aux poumons, حَشيشة الريَة.
Pulmonaire, espèce de mousse qui vient sur les chênes, sur les pierres, أُشْنة - كِشْت العَجُور - حَرْحَر الصُخور.
PULMONAIRE, adj. com., qui appartient au poumon, يخص الرية.
PULMONIE, subst. fém., maladie du poumon, دا الرية.
PULMONIQUE, adj. com., attaqué du poumon, به دا الرية.
PULPE, s. f., substance médullaire et charnue des fruits, du cerveau, لُبّ - شَحم.
PULSATIF, IVE, adj., دَقِّي.
PULSATION, s. f., battement du pouls, ضَرب او دق النبض.
PULVÉRISATION, s. f., دَقّ - سَحن - سَحْق.

656 PUR PUR

Pulvériser, v. a., réduire en poudre, سحق A. - دقّ O. - A. سحن - I. محى -

Pulvériser, fig., détruire entièrement, محق A. - محى I.

Punais, e, adj., qui rend par le nez une odeur infecte, منتن الأنف.

Punaise, s. f., insecte et vermine plate et puante, بق ; coll. فسفسة ; plur., بق منتن - بق - فسافس.

Punaisie, s. f., maladie du punais, نتن الأنف.

Punique, adj. com. fig., foi punique, mauvaise foi, غدر.

Punir, v. a., faire subir une peine pour une faute, قَوَّنن - قاصص احدا على شيى A. - عاقب. Punir de mort, طلع من حقه - قاصص بالموت. || Que Dieu vous punisse de ce que vous nous avez fait, الله يجازيك على فعلك - الله يلقّيك فعلك.

Punissable, adj. com., qui mérite punition, مستحقّ القصاص.

Punition, s. f., peine par laquelle on punit, جزا - قصاص - مقاصصة - عقوبة.

Pupillaire, adj., qui appartient au pupille, يختصّ القاصر.

Pupillarité, s. f., temps qu'un enfant est pupille, qualité du pupille, قصر - مدّة القصر.

Pupille, s f., la prunelle de l'œil, بوبو العين - حدقة العين.

Pupille, s. com., enfant sous la conduite d'un tuteur, قاصر - يتيم ; pl., قصّر - ايتام.

Pupitre, s. m., meuble pour soutenir un livre, منجلبة.

Pur, e, adj., sans mélange, خالص - صريح. || Tout pur, خالص. Or pur, ذهب خالص. صافى. Intention pure, نية صافية - نية خالصة.

Pur, sans taches, sans souillure, نقى - طاهر. Main pure, يد طاهرة.

Pur, exact, correct (style), مضبوط - محبّر.

En pure perte, adv., inutilement, فى الباطل.

Purée, subst. fém., jus exprimé des légumes, صافى البقول.

Purement, adv., d'une manière pure, خالصاً.

Purement, correctement, بضبط - محبّراً.

Pureté, s. f., qualité de ce qui est pur, صفاوة. Pureté de dessin, دقّة. || Pureté de style, تحبير , ضبط الكلام.

Pureté, droite, innocence, طهارة استقامة - خلوص النية. Pureté d'intention, نقاوة - خلوص النية. || Pureté de l'âme, طهارة النفس - صفا النية.

Pureté, chasteté, نقاوة - عفّة.

Purette, s. f., sable brillant, رمل لميع.

Purgatif, ive, adj., qui purge, دوا مسهل - دوا منقّى الجسد.

Purgation, s. f., évacuation procurée par un purgatif, تنظيف الجسد.

Purgation, remède qui purge, شربة لتنظيف الجسد.

Purgations menstruelles des femmes, حيض النسا.

Purgatoire, s. m., lieu où les âmes des morts en grâce expient leurs fautes, مطهر.

Purger, v. a., purifier, nettoyer les humeurs avec une purgation, نقّى - نظّف الجسد - I. سقى , أعطى المريض شربة.

Purger, au fig., délivrer de, خلّص من.

Se purger, verbe pronom., prendre médecine, A. شرب شربة - O. أخذ شربة.

Se purger, au fig., se justifier, برّر نفسه.

Purification, s. f., تطهير - تصفية.

Purificatoire, s. m., linge avec lequel le prêtre essuie le calice, منشفة الكاس.

Purifier, v. a., rendre pur, طهّر - صفّى.

Se purifier, v. pron., devenir pur, تطهّر - O. صفا.

Purisme, s. m., défaut de celui qui affecte trop la pureté du langage, تدقيق فى اللغة.

PURISTE, s. m., qui affecte le purisme, مدقّق فى اللغة.

PURPURIN, E, adj., qui approche de la couleur de pourpre, ارجوانى - احمر.

PURULENCE, s. f., qualité de ce qui est purulent, قيح - مدّة.

PURULENT, E, adj., mêlé de pus, مقيّح.

PUS, s. m., sang ou matière corrompue, قيح.

PUSILLANIME, adj. com., sans courage, جبان.

PUSILLANIMITÉ, s. f., manque de courage, جبانة - جبن.

PUSTULE, s. f., petite tumeur pleine de pus, بثر - دمل ; plur., بثور - دمامل ; plur., دملة.

PUTAIN, s. f., t. bas, femme prostituée, قحبة - زانية - شلكة ; plur., قحاب - زواطى. pl.

PUTANISME, s. m., t. bas, désordre des putains, قحبنة - قحب.

PUTASSERIE, s. f., t. bas, fréquentation habituelle des putains, معاشرة القحاب.

PUTASSIER, s. m., t. bas, adonné aux putains, معاشر القحاب - عهور - فسقى.

PUTATIF, IVE, adj., qui passe pour être ce qu'il n'est pas, مظنون - محسوب.

PUTOIS, s. m., animal, قرقدون منتن.

PUTRÉFACTION, s. f., فساد - تعفين - عفونة.

PUTRÉFIER, v. a., corrompre, عفّن - افسد.

Se putréfier, v. pr., فسد - O. A. - تعفّن - انفسد.

PUTRIDE, adj. com., accompagné de pourriture, عفنى - عفونى. Fièvre putride, حمى عفنية.

PUTRIDITÉ, subst. f., t. de méd., corruption, عفونة.

PYGMÉE, s. m., nain, homme très-petit, نسناس ; plur., نسناس - ياجوج ماجوج.

PYLORE, s. m., orifice intérieur de l'estomac, فم المعدة.

PYRAMIDAL, E, adj., en pyramide, مثل الهرم.

PYRAMIDE, s. f., solide à quatre ou plusieurs côtés, qui s'élève en diminuant, هرم ; plur., اهرام. Pyramide régulière, اهرام منتظم.

PYRÈTHRE, subst. m., plante à racine salivaire, عاقر قرحا - عود القرح.

PYROTECHNIE, s. f., art de se servir du feu, فنّ صنع النيران.

PYRRHONISME, s. m., système de Pyrrhon, qui affectait de douter de tout, مذهب اهل الشكوك.

PYTHAGORE, s. m., nom propre, فيثاغورس.

PYTHAGORISME, s. m. système de Pythagore, مذهب فيثاغورس.

PYTHONISSE, s f., devineresse, عرّافة.

PYXACANTHE, s. m., Lycium, عود الحضض - عود الخولان - عوسج.

# Q

Q, s. m., dix-septième lettre de l'alphabet français, الحرف السابع عشر من الف با.

QUADRAGÉNAIRE, adject. com., ابن اربعين سنة.

QUADRANGULAIRE, adj. com., qui a quatre angles, ذو اربع زوايا.

QUADRATURE, s. f., réduction géométrique d'une courbe à un carré, تربيع.

QUADRIFOLIUM, s. m., plante à quatre feuilles, ذات اربع اوراق.

QUADRILATÈRE, adj. com., qui a quatre côtés, ذو اربعة ضلوع.

QUADRUPÈDE, adject. com., qui a quatre pieds, ذو اربع قوايم.

QUADRUPLE, adj com., quatre fois autant, اربعة اضعاف.

42

QUADRUPLER, v. a., prendre quatre fois le même nombre, ضاعف اربع مرار.

*Quadrupler*, v. n., être augmenté au quadruple, تضاعف اربع مرار.

QUAI, s. m., levée en pierres le long de l'eau pour la contenir, etc., رصيف.

QUAICHE, s. f., petit vaisseau à un pont, قياسة.

QUALIFICATIF, IVE, adj., qui donne la qualification, وصفي.

QUALIFICATION, s. f., attribution d'une qualité, d'un titre, وصف ـ صفة ـ لقب ـ كنية.

QUALIFIER, v. a., désigner la qualité, وصف aor., يصف ـ نسبة الى ـ O. سمى ب; احدُ ب; Qualifier quelqu'un d'avare, نسبه الى البخل.

*Qualifier*, donner, attribuer un titre, سمّى, لقّب, كنّى.

*Se qualifier*, v. pron., s'attribuer un titre, تكنّى, سمى نفسه ب.

QUALITÉ, s. f., ce qui fait qu'une chose est telle ou telle, كيفية ـ حالة ـ صفة.

*Qualité* du cœur ou de l'esprit, inclination, habitude, صفة ـ وصف, plur., اوصاف ـ خصلة; plur., خصال et شمائل ـ طبع; plur., طباع. Belles qualités, محاسن ـ اوصاف جيدة. || Mauvaises qualités, اوصاف ردية ـ اخلاق ردية. || Doué de belles qualités, موصوف باوصاف جيدة ـ حسن الشمائل لطيف الخصائل ـ وخصال مجيدة.

*Qualité*, noblesse distinguée, حسب و نسب. Homme de qualité, من الاكابر والاعيان ـ شريف.

*Qualité*, titre honorifique, لقب; plur., القاب ـ كنية.

Il l'a pris en *qualité* de secrétaire, اخذه بمقام ـ اخذه في خدمة الكتابة ـ كاتب.

En ma *qualité* de, attendu que je suis, من حيث اني.

Marchandise de première *qualité*, شيء خارق ـ رفيع, من العال, من الاعلا.

QUAND, adv., lorsque, متى ـ لمّا. Quand il partit, لما سافر ـ منذ ما سافر. || Comment l'auriez-vous connu, quand votre père lui-même ne le connaissait pas? كيف تكون عرفته انت مع ان ابوك ماكان يعرفه, والحال ماكان يعرف ابوك.

*Quand*, dans quel temps, متى ـ اي متى ـ ايش وقت ـ ايمن (Barb.). Quand reviendrez-vous? اي متى ترجع. || Depuis quand? من اي متى. || Jusques à quand? الى متى.

*Quand*, conj., encore que, quoique, bien que, ولوكان ـ واذا كان. Quand cela serait? ولو ـ واذا.

QUANQUAN, subst. m., éclat pour une bagatelle, شوشرة.

*Quanquan*, propos, bavardage, غلبة. Faire des quanquans, كثّر غلبة ـ قهقم على الناس.

QUANT à, adv., pour ce qui est de, امّا ـ من خصوص ـ من يم ـ من جهة. Quant à moi, je ne l'ai pas vu, انا ما شفته من جهتي. || Quant aux frais, nous ne nous en mêlons pas, وما يخص الكلفة فهذا ما نعرف فيه. || Quant à cette affaire, وبخصوص هذه المادة.

Qui est sur son *quant* à soi, fier, منقبض.

QUANTIÈME, s. m. et adj., désigne l'ordre numérique, كم في العدد. Quel quantième du mois avons-nous? C'est aujourd'hui le quinze, اليوم كم في الشهر. اليوم خمسة عشر في الشهر.

QUANTITÉ, s. f., se dit de tout ce qui peut être mesuré ou nombré, قدر ـ كمية ـ عدّية ـ كم. Grande quantité, كثرة. || Petite quantité, قلّة.

*Quantité*, mesure des syllabes, وزن.

QUARANTAINE, subst. f., nombre de quarante, اربعين.

*Quarantaine*, isolement pendant quarante jours de ceux qui sont soupçonnés de contagion, كارنتينة ـ قفلة مدّة اربعين يوم.

QUARANTE, adj. com., quatre fois dix, اربعين.

QUARANTIÈME, adject. com., nombre ordinal, اربعين.

## QUA

*Quarantième*, partie aliquote de quarante, واحد من اربعين.

QUART, s. m., la quatrième partie d'un tout, ربع; plur., ارباع. || Quart d'heure, ربع ساعة. || Deux heures et un quart, ساعتين وربع || Moins un quart, الّا ربع.

Fièvre *quarte*, qui laisse deux jours d'intervalle, حمى ربع.

Le tiers et le *quart*, fam., tout le monde, دول ودول.

QUARTERON, subst. m., quatrième partie d'une livre, ربع الرطل.

*Quarteron*, quart d'un cent, ربع المية.

QUARTIER, s. m., quatrième partie de, ربع; pl., ارباع.

*Quartier*, partie d'un tout qui n'est pas exactement divisé en quatre, قطعة; plur., قطع.

*Quartier*, partie d'une ville, حارة - محلّة; plur., صوايح - حومة (Barb.). Qui est du quartier, ابن الحارة.

*Quartier*, espace de trois mois, ثلاثة اشهر - ربع سنة. Quartier, paye de trois mois, موجب ثلاثة اشهر; plur., مواجب.

*Quartier*, campement, عرضى. Quartier d'hiver, مشتا. || Assigner aux troupes des quartiers d'hiver, عيّن المشتا للعساكر.

*Quartier* de la lune, quatrième partie du cours de la lune, ربع مسير القمر.

*Quartier*, partie latérale d'un soulier, d'un sabot, جانب; plur., جوانب.

*Quartier*, au fig., vie sauve accordée aux vaincus; grâce, امان - عفو. Demander quartier, طلب الامان. || Faire quartier, عفا عن. O. I.

A *quartier*, à l'écart, على جنب.

IN-QUARTO, s. m., livre dont les feuilles sont pliées en quatre, كتاب فى الربع.

QUARTZ, s. m., pierre très-dure qui étincelle sous le briquet, صوان.

## QUE

QUASI, adv. fam., presque, الّا قليل.

QUASIMODO, s. f., dimanche après Pâques, الاحد الذى يتلو عيد الفصح.

QUATERNAIRE, adj., nombre de quatre unités, رباعى.

QUATORZE, adj., dix et quatre, اربعة عشر; fém., اربع عشرة.

*Quatorze*, quatorzième, رابع عشر.

QUATORZIÈME, adject. com., nombre ordinal, رابع عشر.

QUATRAIN, s. m., stance de quatre vers, مربّع.

QUATRE, adj. com., deux fois deux, اربعة; fém., اربع. Quatre cents, اربعماية.

Se mettre en *quatre*, employer tous ses moyens, اتعب جهلك - قطّع روحه.

Faire le diable à *quatre*, faire beaucoup de bruit, de désordre, خرب الدنيا - هابر. I.

QUATRE, adj., quatrième, رابع.

QUATRE-TEMPS, s. m. pl., trois jours de jeûne dans chaque saison, الاصوام الاربعة فى - برمون السنة عند دخول كل فصل من الاربعة فصول.

QUATRE-VINGTS, adj., quatre fois vingt, ثمانين.

QUATRIÈME, adj. com., nom de nombre ordinal, رابع.

QUATRIÈMEMENT, adv., رابعًا.

QUE, pron. relatif, الذى; plus vulg., الّى. Celui que vous avez vu, الذى شفته.

*Que*, quelle chose, ماذا - ايه - ايش. Que faites-vous? ايش تعمل.

*Que*, pourquoi, لماذا - ليه - ليش. Que ne vous hâtez-vous? ليش ما تستعجل.

Je crois *que* vous êtes fou, اظن انك مجنون.

Je dis que cela est surprenant, اقول انه شى عجيب.

*Que*, combien! particule d'admiration, ايش قد - ما دلا - ملا - ما - يا ما. Que son écriture est belle! Que || ايش قد كويس خطّه - ما احسن خطّه. de soldats ont été tués! يا ما قتلوا ناس من العسكر.

|| Que j'ai eu de chagrin! يا ما انحسرت.

42.

Il ne dit *que* la vérité, ما يتكلم الّا بالحق.

*Qu*'il perde ou *qu*'il gagne, il aura des regrets, ان كسب وان خسر بندم.

*Que*, après un comparatif, من. Plus savant que moi, اعلم منى. ‖ Il est plus grand que je ne croyais, هو اكبر ممّا كنت اظن. ‖ Cela est plus nuisible en été qu'en hiver, هذا اضرّ فى الصيف منه فى الشتا.

Quel? Quelle? adj., اى; vulg., اينا et انا (Ég.) - اما (Barb.). Quel est le meilleur? ايّهم احسن - اينا هو الاحسن. ‖ Quel temps fait-il? كيف الطقس. ‖ En quel état sont les choses? كيف ايش حال الامور - الشغلة. ‖ Quelle heure est-il? ايش الساعة - كم الساعة. ‖ Quel livre voulez-vous? اى كتاب تريد - اينا كتاب تريد. ‖ Quel est cet homme? منو هذا - مَن هذا الرجل - اى الرجل.

*Quel*, marquant l'admiration, يا لها من - اى. Un malheur, et quel malheur! مصيبة و اى مصيبة. ‖ Quel courage! يا لها من شجاعة.

*Quel* qu'il soit, *quelle* qu'elle soit (personne), ايش ما كان يكون - اى من كان يكون (chose) مهما يكون.

Quelconque, adj. com., quel ou quelle que soit, مهما يكون - كاين ماكان - ما. Une chose quelconque, شى ما.

Quelque, adj. com., un ou une entre plusieurs, بعض - احد. Quelque historien en aurait parlé, يكون ذكره بعض المؤرّخين. ‖ Connaissez-vous quelque personne qui puisse faire cela? تعرف احد يقدر يعمل هذا. ‖ Savez-vous quelque chose de nouveau? تعرف شى جديد.

*Quelques*, plusieurs, كم - بعض - كم واحد. Il est resté quelques jours chez nous, قعد عندنا مدّة - كم يوم.

*Quelque*, quel ou quelle que soit le ou la, اى ما كان - مهما كان - اى من كان. Quelque chose qui arrive, ايش ما صار. ‖ Quelque remède qu'on lui donne, مهما اعطوه من الادوية. ‖ De quelque manière que ce soit, كيف ما كان. ‖ A quelque prix que ce soit, je l'achèterai, بكم ما تكون اخذها - بكم ما كانت اشتريها. Quel que soit leur nombre, je ne crains rien, بقدر ما يكونوا ما افزع.

Quelque, à quelque point que, بقدر ما. Quelque sage que vous soyez, بقدر ما تكون عاقل - و لو كنت عاقل.

*Quelque* peu, un peu, شويّة. Quelque temps, مدّة من الزمان.

Quelquefois, adv., de fois à autre, parfois, بعض احيان - بعض مرار - بعض اوقات.

Quelqu'un, une, adj., une personne entre plusieurs, احد منهم. Quelques-uns d'entre eux, كم واحد منهم - بعضهم.

*Quelqu'un*, une personne, احد - واحد. Y a-t-il quelqu'un chez lui? عندك احد.

Qu'en-dira-t-on, s. m., propos que pourra tenir le public, قول كلام الناس.

Quenouille, s. f., petit bâton entouré en haut de soie, etc., pour filer, ركّة.

Quenouillée, s. f., نشبة.

Querelle, s. f., dispute avec aigreur, animosité, شكل - مخانقة - خناق. Querelle d'Allemand, fam., sans sujet, شكل. ‖ Se prendre de querelle avec, تشاكل مع - تخانق مع - تشبك مع. ‖ Embrasser, prendre, épouser la querelle de quelqu'un, تعصّب معه.

Quereller, v. a., faire querelle à, gronder, خانق.

*Se quereller*, v. pron., se disputer, تخانق - تشاجر.

Querelleur, se, s., qui aime à quereller, شكلى.

Quérir, v. a., chercher avec charge d'amener, O. - جاب I. Envoyer quérir quelqu'un, ارسل من يجيبه - A. بعث خلفه.

Questeur, s. m., officier chargé de recevoir et

## QUE

de distribuer les deniers communs d'un corps, وكيل خرج.

QUESTION, s. f., interrogation, سؤال; plur., سؤالات.

*Question*, point, proposition à discuter, مسئلة; plur., مسايل.

*Question*, ce dont il s'agit, صدد ـ كلام. Revenons à la question, نرجع الى ما نحن بصدده. ‖ De quoi est-il question? نرجع الى ما نحن فيه من الكلام. ‖ Il est question de savoir si, المراد نعرف ان.

*Question*, torture, عذاب. Donner la question, عذب.

QUESTIONNER, v. a., faire des questions, A سأل احداً عن شي

QUESTIONNEUR, SE, s., qui fait sans cesse des questions, سؤالاتي.

QUESTURE, s. f., charge de questeur, مقام وكيل خرج.

QUÊTE, s. f., action de chercher, طلب ـ تفتيش.

*Quête*, collecte pour les pauvres, pour les œuvres pies, جبية ـ لمة.

QUÊTER, verb. act., chercher, طلب O. ـ فتش على.

*Quêter*, demander et recueillir des aumônes, لمّ O. ـ I. جبى.

QUÊTEUR, SE, s., qui fait une quête, جابي; plur., جباة.

QUEUE, s. f., ذنب; plur., اذناب. Queue de cheval, etc., ذنب ـ ذيل, pl., اذيال et ذيول ـ (Barbarie) زعكة, et شوال جرّيمة. ‖ Queue de cheval qu'on porte devant les pachas, طوغ; pl., الطواغ. ‖ Queue d'un fruit, d'une feuille, راس; plur., رؤوس.

*Queue*, dernière partie de quelque chose, dernier rang dans un corps, une troupe, اخر.

*Queue*, extrémité d'une robe, ذيل.

## QUI 661

A la *queue*, en queue, par derrière, من ورا ـ من خلف.

A la *queue*, l'un après l'autre, ورا بعض.

QUEUE-DE-CHEVAL, subst. fém., plante. *Voyez* PRÊLE.

QUEUE-DE-POURCEAU, s. f., plante, شمرة الخنازير.

QUI, pronom relatif, lequel, laquelle, الذي; vulg., اللي; fém., التي; plur., الذين. Qui que ce soit, اي من كان.

*Qui*, quel homme? quelle personne? من ـ من ذا ـ اش كون (Barb.).

QUICONQUE, pron. m. sing., qui que ce soit qui, اي من ـ كل من.

QUIDAM, s. m., personne dont on ignore ou dont on n'exprime pas le nom, شخص ـ واحد.

QUIET, TE, adj., calme, هادي.

QUIÉTUDE, s. f., tranquillité, repos, راحة.

QUILLE, s. f., longue pièce qui règne au-dessous du vaisseau, قعر مركب.

QUINCAILLE, s. f., ustensiles de fer, de cuivre, etc., الات حديد او نحاس.

QUINCAILLERIE, s. f., marchandise de quincaille, خردة.

QUINCAILLIER, s. m., marchand de quincaille, خردجي; plur., خردجية.

QUINQUAGÉNAIRE, adj., ابن خمسين سنة.

QUINQUENNAL, E, adj., qui dure cinq ans, ou qui a lieu de cinq ans en cinq ans, مدته خمس سنين او يصير كل خمس سنين مرّة.

QUINQUET, s. m., sorte de lampe, قنديل; pl., قناديل.

QUINQUINA, s. m., قينا قينا.

QUINT, s., cinquième, خمس.

QUINT, adj., cinquième, خامس.

QUINTAL; plur., QUINTAUX, s. m., cent livres قنطار; plur., قناطير.

QUINTE, s. f., toux violente, سعلة.

Quinte, au fig. fam., caprice, bizarrerie, - عفرنية. طلعة خلق.

QUINTESSENCE, s. f., terme de chimie, teinture, روح.

Quintessence, ce qu'il y a de principal, de plus fin, de plus caché, زبد - زبدة - خلاصة.

QUINTESSENCIER, v. a., subtiliser, دفق.

Quintessencier, tirer la quintessence, أخذ زبد.

QUINTEUX, SE, adj., fantasque, معفرت.

QUINTUPLE, adj. com., cinq fois autant, خمسة اضعاف.

QUINTUPLER, v. a., répéter cinq fois, ضاعف خمس مرار.

QUINZAINE, s. f., quinze unités, خمسة عشر.

Une *quinzaine*, quinze jours, مدّة خمسة عشر يوم.

QUINZE, adj. com., trois fois cinq, خمسة عشر.

QUINZIÈME, adj. com., nombre ordinal, خامس عشر.

QUIPROQUO, s. m. sing. et plur., fam., méprise, غلط.

QUITTANCE, s. f., acte par lequel le créancier confesse avoir reçu, et tient quitte, خلاص - علاق - ورقة خلاص - تبرية - وصول.

QUITTANCER, v. a., علم على ورقة لبيان وصول المبلغ.

QUITTE, adj. com., libéré de ce qu'il devait, مُغلّق - خالص. Je vous tiens quitte de, ابريت ذمّتك عن. || Nous sommes quitte à quitte, ما لاحد منا شي على الآخر.

Quitte de, débarrassé de, خالص من. J'en suis quitte, خلصت منه.

QUITTER, v. a., se séparer de quelqu'un, laisser, abandonner, تخلّى عن - O. فات - O. ترك - فارق. La fièvre ne le quitte pas, ما تفارقه السخونة. ||

Quitter sa famille, son pays, هجر الاهل والاوطان. || Quitter le monde, ترك الدنيا. || Quitter le service, تجرّد عن الخدمة. || Quitter ses habits, خلع ثيابه.

Quitter, lâcher, laisser aller, رخى. - I. سيّب.

Quitter, céder, se désister, تخلّى عن.

QUI-VA-LA? QUI-VIVE? s. m., cri pour savoir qui, من هو - من ذا - من.

Être sur le *qui-vive*, au fig., être inquiet, كان مشغول البال.

Quoi, interrogation, quelle chose, ايش. ايش.

Quoi qu'il arrive, ايش ما صار. Quoi qu'il en soit, كيف ما كان.

QUOI! interj., كيف.

Quoi? plaît-il? نعم.

Il a de *quoi* payer ses dettes, عنك ما يفي به دينه.

QUOIQUE, conj., encore que, bien que, وان - ولو - مع ان. Quoique cela ne soit pas convenable, cependant..., وان كان ذلك غير مناسب الا ان. || Quoiqu'il soit le plus difficile de tous, مع كونه اصعب الكل. || Quoique je l'aie vu dix fois, مع اني شفته عشر مرّات.

QUOLIBET, s. m., mauvais jeu de mots, mauvaise pointe d'esprit, نقط; plur., انقاط.

QUOTE-PART, adj. f., la part de chacun dans un partage, une contribution, قسم - نايب.

QUOTIDIEN, NE, adj., de chaque jour, كفاف يومى. Notre pain quotidien, خبزنا كفاف يومنا. || Fièvre quotidienne, حمى واظبة.

QUOTIENT, s. m., résultat de la division, حاصل التقسيم.

QUOTITÉ, s. f., somme fixe à laquelle monte chaque quote-part, كميّة - قدر مبلغ - نايب.

# R

R, s. m., dix-huitième lettre de l'alphabet français, مطابق با الف من حرف عشر ثامن .لحرف الراء

RABÂCHAGE, s. m. fam., défaut ou discours de celui qui rabâche, الكلام فى عجن, لَكّ, علكة - .فشار

RABÂCHER, v. n. fam., revenir souvent et inutilement sur ce qu'on a dit, الكلام فى لَتّ .O - .الكلام فى عجن, لَكّ .O - .علَّك

RABÂCHEUR, SE, subst., qui rabâche, لتَّات - .علّاك

RABAIS, s. m., diminution de prix et de valeur, .نقص ثمن

RABAISSEMENT, s. m., diminution des monnaies, .وطى المعاملة

RABAISSER, verb. act., mettre plus bas, وطى - .نزّل

Rabaisser, diminuer le prix, .نقص السعر

Rabaisser, déprécier le mérite, estimer au-dessous de la valeur, حطّ قدره .A - بخس .O.

Rabaisser l'orgueil de quelqu'un, كسر نفسه .I.

Se rabaisser, v. pron., s'abaisser, s'humilier, تذلّل - تنازل الى.

RABAT, s. m., collet, قبّة - زيق.

RABAT-JOIE, s. m. fam., homme triste, ennemi de la joie, منكّد.

RABATTRE, v. a., rabaisser, faire descendre, نزّل - وطى.

Rabattre, diminuer, retrancher, انقص - نقّص.

Rabattre, au fig., aplatir des coutures, سرّج.

Rabattre, abaisser, réprimer l'orgueil, كسر .I. - كسر نفسه - رذّل.

Rabattre le gibier, ردّد الوحوش على الصيّاد.

Se rabattre sur, v. pron., changer tout à coup de propos, de chemin, غيّر الدرب و مال الى - غيّر الكلام و فتح سيرة.

Se rabattre à, se borner à, تنازل الى.

RABBIN, s. m., docteur juif, ربّانى - خاخام.

RABBINIQUE, adj. com., des rabbins, ربّانى.

RABBINISME, s. m., doctrine des rabbins, .مذهب الربّانية

RABBINISTE, s. m., qui suit la doctrine des rabbins, ربّانى.

RABÊTIR, verb. act., rendre bête et stupide, .ابهم

Rabêtir, verb. neutr. fam., devenir bête, صار .I. بهيم

RÂBLE, s. m., lombes des animaux, صلب.

RABONNIR, v. a., rendre meilleur, عدل .I. - .حسّن

Rabonnir, v. n., devenir meilleur, حسن - .تعدل

RABOT, s. m., outil, فارة - رنديج - مسحة (Barb.).

RABOTER, verbe act., polir avec le rabot, مسح بالفارة .A.

Raboter, au fig. fam., retrancher, réformer dans un écrit, صلّح.

RABOTEUX, SE, adj., dont la surface est inégale, خشن. Chemin raboteux, درب وعر ‖ Bois raboteux, noueux, خشب معقّد.

Raboteux, au fig. (style), qui n'est pas poli, واعر - شازّ.

RABOUGRIR, v. n., ne pas parvenir au degré présumé de croissance (plante), عجز .I.

Se rabougrir, v. pron., devenir rabougri, عجز .I. Homme rabougri, mal conformé, مسخوط.

RABOUILLÈRE, s. f., trou, terrier où les lapins font leurs petits, جحر.

Raboutir, v. a., mettre bout à bout, وصّل ببعض.

Racaille, s. f., la plus vile populace, سفلة ; pl., اسافل.

*Racaille*, au fig. fam., chose de rebut, نبويزة.

Raccommodage, s. m., تصليح.

Raccommodement, s. m., réconciliation, صلح.

Raccommoder, verb. a., remettre en bon état, réparer, رمّ ـ صلّح O. Raccommoder un habit, رقع الثوب ـ صلّح الثوب ـ A. رقا الثوب. || Il veut raccommoder sa sottise, بدّ يرقّع السلّة. ||
Raccommoder une affaire, اصلح ـ داوى الامر.

*Raccommoder*, rajuster, réformer, صلّح ـ عدّل.

*Raccommoder*, réconcilier, صالح بينهم ـ صرف بينهم I. O.

Se raccommoder, v. pron., se réconcilier, تصالح مع ـ صالحه ـ اصطلح مع. Chercher à se raccommoder avec quelqu'un, راضاه ـ اخذ بخاطره ـ داری خاطره.

Raccommodeur, se, s., celui qui raccommode, مصلّح.

Raccordement, s. m., réunion de deux surfaces au même niveau, ou du vieux et du neuf; terme d'architecture, تعديل.

Raccorder, v. a., faire un raccordement, وفّق ـ عدّل.

Raccourcir, v. a., rendre plus court, قصّر.

A bras *raccourcis*, de toute sa force, بكل حيله.

En *raccourci*, مقتصرا.

Se *raccourcir*, v. pron., قصر O.

Raccourcissement, s. m., تقصير ـ قصر.

Raccoutrer, verb. act., raccommoder, صلّح ـ رقع.

Raccroc, s. m. (coup de), صدفة.

Raccrocher, v. a., accrocher de nouveau, علّق من جديد.

*Raccrocher*, arrêter et inviter les passants à entrer; se dit des femmes publiques, دقّ فى O.

*Se raccrocher* à, v. pr., s'attacher à, تعلّق ب O. شبك ثانى فى.

Raccrocheuse, s. f., fille qui raccroche les passants, terme bas, سحّابة الناس فى السكك.

Race, s. f., lignée, نسل ـ ذرّية ـ آل ـ سلسلة. De noble race, شريف الاصل. || De la race des Juifs, من نسل اليهود.

Cheval de *race*, كحيل ; plur., كحايل ـ كحيلان ; coll., خيل اصايل ; plur., حصان اصيل ـ كحيل.

Rachat, s. m., recouvrement d'une chose vendue en rendant le prix, استخلاص.

*Rachat*, rédemption, délivrance, خلاص ـ فدا.

Rachetable, adj. com., qui se peut racheter, يمكن استخلاصه بالفلوس.

Racheter, v. a., acheter ce qu'on a vendu, استخلص ـ خلّص ـ اشترى ثانى.

*Racheter*, acheter une chose pour remplacer une autre, عاد اشترى. ـ O. اشترى غيرة.

*Racheter*, délivrer، payer le prix de la délivrance, خلّص. ـ I. فدا.

*Racheter*, effacer ses fautes par, محى ذنوبه ب I. Il rachète ses défauts par de bonnes actions, افعاله الحسنة تستر عيوبه.

*Se racheter*, v. pron., payer une somme pour s'exempter de, فدى نفسه I.

Rachitique, adj. com., doué, attaqué du rachitis, مكسّح.

Rachitis, s. m., maladie, كُساح.

Rachitisme, s. m., maladie des blés, سقط القمح.

Racine, s. f., des arbres, des plantes, عرق plur., عروق ; أصل plur., أصول ; شرش plur., شروش ; جدر plur., جدور.

*Racine*, au fig., principe, origine, أصل ; plur., أصول.

*Racine*, terme d'arithmétique, nombre multiplié par lui-même, جدر ; plur., جدور.

*Racine* d'or, racine amère de la Chine, fébrifuge, stomachique, عرق الذهب.

Prendre *racine* dans un lieu, y demeurer longtemps, انزرع في.

Racler, v. a., enlever, emporter de la superficie, قشط I.

*Racler*, jouer mal du violon, نعّر.

Racleur, s. m., mauvais joueur de violon, زيّاق - نعّار.

Racloir, s. m., instrument pour racler, unir ou passer sur la mesure, مقشط.

Raclure, s. f., ce qu'on enlève en raclant, قشر - قراضة - حكاكة.

Racolage, s. m., métier de racoleur, لمّ عسكر.

Racoler, v. a., enrôler soit de gré, soit par finesse, شبك في العسكرية.

Racoleur, s. m., لمّام عسكر.

Raconter, v. a., narrer, حكى له الشي I. - أخبره بشي I. - روى. Il me raconta son aventure, حكى لي ما جرى له. - قص علي قصته. || On raconte, قيل - روي - حكي.

Raconteur, se, s. fam., qui a la manie de raconter, حكّا.

Racornir, v. a., rendre dur, coriace, صيّر - أصار. Racornir le cuir, شنّج الجلد. مثل الجلد.

*Se racornir*, v. pr., se retirer, se durcir, كش O. - تشنّج - جلد.

Racornissement, s. m., état de ce qui est racorni, تشنّج - كشش - تجليد.

Racquitter, v. a., dédommager de quelque perte, عوّض عليه الخسارة.

*Se racquitter*, v. pron., ravoir ce qu'on avait perdu, عاد حصل على ما كان خسره.

Rade, s. f., côte enfoncée où les vaisseaux peuvent jeter l'ancre, موردة - مرسى ; plur., مراسي ; plur., فرضة -.

Radeau, s. m., assemblage de pièces de bois qui forment une espèce de plancher mobile sur l'eau, كلك - الواح خشب للعوم.

Radiation, subst. fémin., effet des rayons de la lumière envoyée par un corps, شعشعة.

*Radiation*, action de rayer, محى - شطب.

Radical, e, adj., qui est la racine, le principe de quelque chose, أصلي. Humide radical, principe de la vie de l'animal, الرطوبة الغريزية - مادّة الحياة. || Vice radical, qui en produit d'autres, عيب أصل العيب - أصلي. || Guérison radicale, complète, شفا تام. || Mot radical, qui est la racine d'autres, لفظة أصلية.

Radicalement, adv., essentiellement, dans le principe, أصلاً - من الأصل.

Radicule, s. f., petite racine, شرش ; plur., شروش ; plur., عرش - عروش ; plur., شلش - شلوش.

Radié, e, adj., terme de botanique, مشعشع.

Radieux, se, adj., rayonnant, brillant, زاهر - مشعشع.

Radis, s. m., sorte de raifort, فجل ; pl., فجول.

Radius, s. m., os de l'avant-bras, زند أعلى.

Radotage, s. m., discours dénué de sens, علكة - شقشقة لسان - فشر - هديان - بجقة - تخريف.

Radoter, v. n., tenir des discours dénués de sens, بجّق - أخترف - خرّف (Syrie).

Radoterie, s. f., radotage, تخريف - خرافة - علكة - بجقة.

Radoteur, se, s., qui radote, مخرّف - خرفان.

Raloub, s. m., réparation d'un vaisseau, تقلفط.

Radouber, v. a., réparer un vaisseau, قلفط.

*Se radouber*, v. pron., au fig. fam., réparer une perte, سدّ خسارة - تقلفط O.

Radoubeur, s. m., qui donne le radoub, قلفاط ; plur., قلافطة.

Radoucir, v. a., rendre plus doux (le temps), عدّل الهوا.

*Radoucir*, apaiser, اهدى, هدى غضبه.

*Se radoucir*, v. pr., devenir plus doux (temps), اعتدل الهوا A. - هدا البرد او الحرّ.

*Se radoucir*, s'apaiser, هدا غضبه A. - لان L.

*Se radoucir* auprès d'une femme, faire l'amoureux, تحالى.

RADOUCISSEMENT, s. m., diminution (de la violence du froid ou du chaud de l'air), هدوّ.

*Radoucissement*, diminution du mal, خفّة.

RAFALE, s. f., coup de vent de terre, هبوة - تلقيحة ريح تهبّ من البرّ.

SE RAFFAISSER, v. pron., s'affaisser de nouveau, O. هبط ثانى.

RAFFERMIR, v. a., rendre plus ferme, affermir de plus en plus, مكّن - ثبّت.

*Se raffermir*, v. pron., devenir plus ferme, plus stable, O. ثبّت - تمكّن.

RAFFERMISSEMENT, s. m., affermissement, تمكين - تثبيت.

RAFFINAGE, s. m., تكرير.

RAFFINÉ, E, adj., fin, rusé, شاطر - رفيع - مكرّر - مدقّق -.

RAFFINEMENT, s. m., extrême subtilité, تكرير - زود تدقيق - زود دقّة - رفاعة.

RAFFINER, v. a., rendre plus fin, plus pur, كرّر.

*Raffiner*, subtiliser, دقّق.

*Se raffiner*, v. pron., devenir plus rusé, تكرّر - تشطّر.

RAFFINERIE, s. f., endroit où l'on raffine le sucre, معمل سكّر.

RAFFINEUR, s. m., qui subtilise trop, مدقّق.

RAFFOLER, v. n. fam., se passionner fortement pour, O. جنّ على - انشغف بحبّ.

RAFFOLIR, v. n. fam., devenir fou, جنّ O.

RAFLE, s. f., grappe de raisin qui n'a plus de grains, عراميش ; plur. عرموش.

*Faire rafle*, au fig. fam., enlever tout, I. لهف - O. قشّ.

RAFLER, v. a. fam., emporter tout promptement, O. قشّ - O. شمط.

RAFRAÎCHIR, V. a., rendre frais, رطّب - طرّى - برّد -.

*Rafraîchir*, réparer (tableau), etc., صلّح.

*Rafraîchir*, rétablir par le repos, etc., ريّح.

*Rafraîchir* (les cheveux), etc., en couper l'extrémité, قصقص.

*Rafraîchir* le sang, le rendre plus calme par les remèdes, رطّب الدم.

*Rafraîchir* le sang, au fig., faire plaisir, calmer les inquiétudes, رطّب القلب - رعرع.

*Rafraîchir*, renouveler, جدّد. *Rafraîchir* la mémoire de, فكّره فى الشى - ذكّره الشى.

*Se rafraîchir*, v. pr., devenir plus frais, برد O. - طرّى.

*Se rafraîchir*, boire quelque chose de rafraîchissant, faire une légère collation, شرب شى مبرّد و اكل لقمة.

*Rafraîchir*, v. n., devenir frais, برد O.

RAFRAÎCHISSANT, E, adj., ce qui rafraîchit, مبرّد - مرطّب. Herbes et drogues rafraîchissantes, مبرّدات.

RAFRAÎCHISSEMENT, s. m., effet de ce qui rafraîchit, ترطيب - تبريد.

*Rafraîchissement*, recouvrement des forces, راحة - رعرعة - ترعرع.

*Rafraîchissements*, aliments frais, مواكيل طريّة.

Rafraîchissements, vins, liqueurs, etc., مشروبات.

|| Rafraîchissements, munitions dont on rafraîchit une place, une armée, un vaisseau, ذخيرة; plur. ذخاير.

RAGAILLARDIR, v. a. fam., redonner de la gaîté, A. شرح القلب - O. فكّ.

*Se ragaillardir*, v. pron., انشرح قلبه - انفكّ.

RAGE, s. f., hydrophobie, كَلَب.

*Rage*, transport furieux de colère, etc., غضبنة - سعرنة.

*Rage*, cruauté excessive, سعرنة - قساوة.

*Rage*, passion violente, صرعة.

*Faire rage*, commettre des désordres extrêmes, I. خرب الدنيا.

RAGOT, TE, adj., court et gros, قصير و سمين.

RAGOÛT, s. m., mets composé d'ingrédients, يخنى - اطعمة ; plur., طعام ببهار.

RAGOÛTANT, E, adj., qui ragoûte, يحرك للاشتها - طعم.

RAGOÛTER, verbe actif, remettre en appétit, شهى - A. فتح النفس.

RAGRANDIR, v. a., rendre plus grand, كبّر - وسّع.

RAGRÉER, v. a., unir les parements d'un mur en y repassant le marteau, سمهد.

*Ragréer*, mettre la dernière main, اتمّ.

*Ragréer*, rajuster, réparer, صلح - نظم.

*Se ragréer*, v. pron., se réparer, se pourvoir de ce qui manque; terme de marine, تذخر - تجهز بما كان يحتاج اليه من ادوات المركب.

RAGRÉMENT, s. m., action de ragréer, تنظيم - تجهيز مركب بالادوات - تصليح.

RAIE, s. f., trait tiré de long avec une plume, شرطة.

*Raie*, toute sorte de lignes sur les étoffes, etc., خط ; plur., خطوط - قلم ; plur., اقلام. || Étoffe à raies, قماش مخطط - قماش مقلم. || Raie blanche sur le chanfrein d'un cheval, سيّالة بيضا في راس الحصان.

*Raie*, poisson de mer plat, سمك الترس.

RAIFORT, s. m., rave très-piquante, فجل حارّ.

RAILLER, v. a., plaisanter quelqu'un, le tourner en ridicule, تسخر على - تضاحك على - استهزى ب - تضحك على.

*Railler*, badiner, ne pas parler sérieusement, مزح - A. ضحك.

*Se railler*, v. pron., se moquer, ضحك على - A. تهزى ب.

RAILLERIE, s. f., action de railler, مضاحكة - هزو.

*Raillerie*, plaisanterie, مزح - لعب. || Raillerie à part, بلا مزح. || Cela passe la raillerie, ماهى مضحكة - صارت زودة. || Il n'entend pas raillerie, لا يقبل المزاح.

RAILLEUR, SE, s., qui aime à railler, ضحّاك - مستهزى بالناس.

RAINURE, s. f., entaillure en long dans le bois, زيتة.

RAIPONCE, s. f., plante, قمع القاقى.

RAISIN, s. m., fruit de la vigne, عنب ; plur., اعناب. Raisin sec, زبيب. || Grappe de raisin, عنقود عنب ; plur., عناقيد. || Raisin de Corinthe sans pepins, كشمش - كشمشى.

RAISINÉ, s. m., raisin en confiture molle, au miel, دبس - مربة عنب.

RAISON, s. f., faculté intellectuelle qui distingue l'homme de la bête, عقل.

*Raison*, son juste emploi, bon sens, صواب - ضيّع عقله - O. رشد - عقل. Perdre la raison, جن - I. غاب عن الرشد - ضيّع المعقول. || Reprendre sa raison, فاق على عقله - رجع الى عقله - O. صحا. || Qui est en état de raison, صاحى - عاقل. || Age de raison, سن التمييز.

*Raison*, ce qui est de droit, de devoir, ce qui est juste et vrai, حق. Avec raison ou sans raison, بالحق او بلا حق. || Se rendre à la raison, اذعن للحق - A. قبل الحق. || Vous avez raison, vous dites vrai, الحق معك - صدقت. || Avoir raison, الحق فى يد - الحق مع. || N'avoir pas raison, الحق على. || La raison du plus fort est toujours la meilleure, حق القوى اقوى. || On a bien raison de dire que, صدق المثل ان - قد صدق الذى قال.

Rendre *raison* de, rendre compte de, اعطى حساب عن. Rendre raison de, expliquer les motifs, فسّر - A. شرح سبب.

*Raison*, preuve par discours, par argument, حجّة - برهان - شاهد ; plur., شواهد.

*Raison*, motif, cause, sujet, سبب ; plur., داعى ; plur., دواعى - اسباب.

*Raison*, satisfaction sur une demande, une injure, حَقّ. Tirer raison, se faire raison, أخذ حقّه من أحد.

*Raison*, terme de commerce, nom des associés, اسم شركة.

Comme de *raison*, adv., comme il est juste qu'on fasse, على موجب الحقّ.

A plus forte *raison*, avec un motif plus fort, بالاكثر - بالحرى - من باب اولى. A combien plus forte raison, كم بالحرى - كم بالاكثر. ‖ Si ce chemin est difficile pour les jeunes gens, à combien plus forte raison doit-il l'être pour les vieillards ? ان كان هذا الدرب عسر على الشباب فكيف اذن على الشيوخ.

A *raison* de, en raison de, sur le pied de, à proportion de, على موجب.

RAISONNABLE, adj. com., doué de la raison, عاقل - ناطق.

Prix *raisonnable*, convenable, ثمن مناسب.

*Raisonnable*, équitable, منصف. Être raisonnable envers quelqu'un, ne pas exiger trop de lui, انصفه.

*Raisonnable*, selon la raison, من العقل - حقّ - معقول. Il est raisonnable de, حقّ ان - معقول ان.

RAISONNABLEMENT, adv., conformément à la raison, à l'équité, بالمعقول - بعقل - بالحقّ ولانصاف.

*Raisonnablement*, convenablement, مناسبًا.

*Raisonnablement*, passablement, بقانون.

RAISONNÉ, E, adj., appuyé de raisons, محكّم - متقون.

RAISONNEMENT, s. m., faculté, action de raisonner, تعقّل - عقل.

*Raisonnement*, argument, قياس ; pl., قياسات ; دليل, plur., دلايل - برهان ; plur., براهين.

RAISONNER, v. n., faire usage de sa raison, عقل I.

*Raisonner*, v. a., se rendre raison de, تفنّ I. - احكم - اتقن.

*Raisonner*, v. n., alléguer, chercher des raisons, حاجج. Raisonner sur, examiner une affaire à fond, بحث عن امر A.

RAISONNEUR, SE, qui raisonne, مبرهن.

*Raisonneur*, qui fatigue par de mauvais raisonnements, محاجج.

RAJEUNIR, v. a., rendre la jeunesse, la fraîcheur, جدّد الشباب.

*Rajeunir*, redevenir jeune, رجع الى A. - عاد شابًا O. - عاد الى الصبا.

RAJEUNISSEMENT, s. m., رجوع ,عود الى الصباء.

RAJUSTEMENT, s. m., تصليح - توفيق.

RAJUSTER, v. a., raccommoder, ajuster de nouveau, نظم - صلّح - وفّق.

RÂLE ou RÂLEMENT, s. m., bruit qu'on fait en râlant, تقعقع - دخول و خروج النفس عند الممات - حشرج - تنازع.

RALENTIR, v. a., rendre plus lent, اعاق - بطّى - عوّق.

Se *ralentir*, v. pron., devenir plus lent, تباطى - ارتخى - تراخى عن. Son zèle s'est ralenti, بردت هِمّته.

RALENTISSEMENT, s. m., relâchement, diminution du mouvement, تباطى - بطؤ - تراخى.

RÂLER, v. n., rendre un son enroué en respirant, حشرج - نازع - قعقع.

RALLIEMENT, s. m., action de se rallier, ضمّ - التئام. Mot de ralliement, que le général donne aux troupes pour se rallier en cas de déroute, كلام سيم. ‖ Point de ralliement, endroit marqué pour se rallier, موضع الالتئام.

RALLIER, v. a., rassembler des troupes qui étaient en déroute, ضمّ الشاردين O. - عاد لمّ العساكر O.

Se *rallier*, v. pron., se réunir à, اجتمع مع - انضمّ الى.

RALLONGEMENT, s. m., تطويل.

Rallonger, v. a., rendre plus long en ajoutant quelque chose, وصل .I - طوّل.

Rallumer, v. a., allumer de nouveau le feu, etc., عاد شعل النار O.

Ramadan, s. m., mois arabe consacré au jeûne, رمضان.

Ramage, s. m., chant des oiseaux, تغريد صياح ـ مناغاة الطيور.

Ramage, rameaux, branchages, leur figure, اغصان.

Ramager, v. neut., chanter (oiseaux), صاح .I ـ غرّد ـ ناغى.

Ramaigrir, v. a., rendre plus maigre de nouveau, عاد أسقم O.

Ramaigrir, verb. neutr., redevenir maigre, عاد O. ـ انسقم.

Ramas, s. m., assemblage de choses de peu de valeur, كبشة ـ عفشة.

Ramassé, e, adj., trapu, vigoureux, مجموع ـ ملان ـ ململم ـ مدعبل.

Ramasser, v. a., faire un assemblage, جمع A.

Ramasser, rassembler ce qui était épars, لمّ .O ـ قش A. ـ جمع ـ لملم.

Ramasser, prendre ce qui était à terre, تناول .I ـ شال .O ـ لقط.

Se ramasser, v. pron., se réunir, اجتمع ـ التمّ.

Se ramasser, se relever étant tombé, قام O.

Se ramasser, se replier sur soi-même pour s'élancer, etc., اجتمع للوثبة.

Ramassis, s. m., assemblage, choses ramassées sans choix, كبشة ـ عفشة ـ لمّة.

Rame, s. f., aviron, مقاديف ; plur., مقدافي.

Rame, vingt mains de papier réunies, رزمة ورق ; plur., ماعون ورق ـ رزم ـ رزمات.

Rame, branchage pour soutenir les pois, عودة لتسنيد الجلبان.

Rameau, s. m., petite branche d'arbre, غصن ; plur., اغصان ـ شعنون .pl, شعانين. Dimanche des Rameaux, dimanche avant Pâques, أحد الشعانين.

Rameau, branche, au fig., شعبة ; plur., شعاب.

Ramée, s. f., branches vertes, اغصان.

Ramener, v. a., amener une seconde fois, remettre une personne au lieu d'où elle était partie, عاد احضر .O ـ عاد جاب ـ اعاد ـ رجع.

Ramener, adoucir, calmer, هدّى.

Ramer, v. a., soutenir des pois avec des rames, سنّد الجلبان باوتاد.

Ramer, v. n., faire jouer les avirons, جذف .I; plus vulg., قدّف.

Rameur, s. m., qui rame, نوتي ; plur., نواتية ـ قدّاف.

Rameux, se, adj., qui jette beaucoup de branches, مفرّع.

Ramier, s. m., pigeon sauvage, حمام بري ـ ترغلة ـ ترغل ـ دلم.

Ramification, s. f., division en plusieurs rameaux, تشعّب ـ تشعيب.

Ramification, subdivision, branche, شعبة ; plur., شعاب.

Se ramifier, v. pron., se partager en branches, تشعّب.

Ramilles, s. f. pl., menus bois en fagots, قطوف ـ شواشي.

Ramingue, adj., rétif (cheval), حرون ـ حارون.

Ramollir, v. a., amollir, طرّى.

Se ramollir, v. pron., devenir mou, تطرّى.

Ramoner, v. a., ôter la suie d'un tuyau de cheminée, نظّف المدخنة من الهباب.

Ramoneur, s. m., منظّف المداخن.

Rampant, e, adj., qui rampe, دبّاب.

Rampant, au fig., bas, vil, دسّى ـ دابّى ـ ذليل.

Rampe, s. f., suite de marches d'un escalier, depuis un palier jusqu'à l'autre, سلالم.

Rampe, balustrade à hauteur d'appui, درابزين.

*Rampe*, plan incliné qui tient lieu d'escalier, طَلْعَة - نَزْلَة.

RAMPEMENT, s. m., action de ramper, دَبِيب.

RAMPER, v. n., se traîner sur le ventre comme les vers, O. دَبّ - I. دَبَى.

*Ramper*, au fig., être dans un état abject, I. عاش ذَلِيلاً Ramper devant quelqu'un, I. ذَلّ - تَذَلّل لـ, تَمَسْكَن.

RAMURE, s. f., bois d'un cerf, قُرون الايل.

*Ramure*, les branches d'un arbre, اغصان - فُروع.

RANCE, adj. com., qui commence à se corrompre, زَنِج.

RANCE, s. m., odeur de ce qui se corrompt, زَنَخَة.

RANCIDITÉ, s. f., ou RANCISSURE, qualité de ce qui est rance, زَناخَة.

RANCIR, v. n., devenir rance, زَنِج.

RANÇON, s. f., prix que l'on donne pour la délivrance, فِدْيَة - فِدا.

RANÇONNEMENT, s. m., exaction, سَلْب امْوال.

RANÇONNER, v. a., mettre à rançon, O. اخذ فِدا.

*Rançonner*, exiger plus qu'il ne faut, O. سَلَب A. سَلَخ - O. بَاص - ماله.

RANÇONNEUR, SE, s. fam., qui rançonne, سَلّاب.

RANCUNE, s. f., ressentiment gardé d'une offense, غِلّ - كَيْد - حِقْد - كَشاحَة - غَباوَة.

RANCUNIER, ÈRE, adj., qui garde de la rancune, صاحِب كيد - كاشِح - غَبِيّ - حَقود.

RANG, s. m., ordre de choses sur une même ligne, صَفّ; plur., صُفوف. Le premier rang des soldats, اول صَفّ العَسكر. || Un rang de perles سِلْك لولو. || Rang de choses superposées, طاق - طَبَقَة.

*Rang*, place d'une chose, مَوضِع; plur., مَواضِع - مَقام.

*Rang*, au fig., condition, degré d'honneur, مَقام; pl., مَقامات - دَرَجَة - طَبَقَة - مَرْتَبَة; pl., مَراتِب. Chacun se plaça suivant son rang, تَرَتَّبوا الناس. || Cela ne convient pas à votre rang, على مَراتِبهم هذا ما يَلِيق لِمَقامِكم - ليس هذا مِن شانِكم.

Mettre au *rang*, au nombre de, I. عَدّ مِن جُمْلَة. A. جَعَل فى مَقام. Être, se mettre sur les rangs; au fig., se mettre parmi les prétendants à une charge, On || دَخَل فى جُمْلَة الطُلّاب. - O. دَخَل الصَفّ. l'a mis au rang des savants, انتَظَم فى سِلْك العُلَما.

RANGÉE, s. f., صَفّ; plur., صُفوف.

RANGER, v. a., mettre en ligne, O. صَفّ.

*Ranger*, mettre en ordre, رَتّب - رَصّ - O. نَظّم. Ranger l'un sur l'autre, طَبّق. || Ranger chaque chose à sa place, رَكّن كل شى فى مَوضِعه. || Ranger les assiettes et les verres, رَصّ الصُحون و الاقداح.

*Ranger*, écarter, mettre de côté, حَطّ على ناحِيَة - I. شال.

*Ranger* parmi, compter parmi, I. عَدّ مِن جُمْلَة.

*Ranger* sous sa domination, جَعَل تَحْت حُكومَته.

*Ranger* à la raison, mettre à la raison, O. ضَبَط. I. جاب لِلطَريقَة. Je te rangerai à ton devoir, اوريك قيمتك و قدرك - اعَرّفك حَدّك.

*Ranger*, terme de mer, aller le long de, A. تَبِع البَرّ.

Se *ranger*, v. pron., s'écarter pour faire place, وَسّع السِكَّة.

Se *ranger*, se mettre en rang, اصطَفّ - انصَفّ.

Se *ranger* du parti de, embrasser le parti de, Se. تَبِع جماعَة فلان - انْضَمّ الى جماعَة فلان ranger à l'opinion de, A. تَبِع رايه.

RANIMER, v. a., redonner la vie, de la vigueur, قَوّى القَلب. Ranimer le courage, انعَش - احيى. || Ranimer, réveiller les passions, هَيّج - اثار اهوا النَفس.

Se *ranimer*, v. pron., انْتَعَش. Se ranimer (passion), I. هاج - O. عاد اشتَدّ.

RAPACE, adj. com., ardent à la proie, جارِح; pl., خاطِف - جَوارِح.

RAPACITÉ, s. f., خَطْف.

RAPATRIER, v. a., réconcilier, صالِح.

Se *rapatrier*, v. pron., تَصالَحوا.

RÂPE, s. f., ustensile pour râper, محكّة.
RÂPER, v. a., mettre en poudre avec la râpe; user par le frottement, حكّ O. Habit râpé, ثوب بالى.
RAPETASSER, v. a., رقع.
RAPETISSER, v. a., rendre plus petit, صغّر.
Se rapetisser, v. pron., صغر O.
RAPIDE, adj. com., vite, سريع.
RAPIDEMENT, adv., بسرعة.
RAPIDITÉ, s. f., célérité, سرعة.
RAPIÉCER, v. a., mettre des pièces, رقع.
RAPIÉCETAGE, s. m., action de rapiéceter, ترقيع.
RAPIÉCETER, v. a., rapiécer, رقع.
RAPIÈRE, s. f., longue épée, نصلة - سيف.
RAPINE, s. f., action de ravir, pillage, concussion, اختلاس - سلب - نهب.
RAPINER, v. a. fam., prendre injustement, I. خطف. – O. سلب.
RAPPEL, s. m., استعادة - ردّ - رجوع.
RAPPELER, v. a., appeler de nouveau, عاد ندا - استعاد - رجّع - اعاد - ردّ - استرجع O.
Rappeler, révoquer un envoyé, امره بالرجوع.
Rappeler, représenter l'idée du passé, فكّر فى. Rappelez-moi cela, فكّرنى فيه. ‖ Ne rappelons point le passé, لا نذكر القديم.
Se rappeler, se souvenir, I. فاق على – O. ذكر.
Rappeler, faire battre le rappel, دقّ الطبل لرجوع العساكر.
RAPPORT, s. m., revenu, produit, محصول - وارد.
Rapport, relation, récit, exposition d'un fait, اخبار - تقرير - عرض - بيان - نقل.
Rapport, récit fait par indiscrétion, malignité, نميمة - نقل. Faire des rapports malveillants contre quelqu'un, I. وشى بفلان الى. ‖ Celui qui te fait des rapports sur le compte des autres, fait aux autres des rapports sur ton compte, من نقل اليك فقد نقل عنك.

Rapport, convenance, conformité, موافقة - مطابقة - تناسب. Avoir du rapport avec, ناسب - وافق.
Rapport, liaison de certaines choses entre elles, relation à leur fin, علاقة.
Rapports, au plur., vapeurs qui sortent de l'estomac, بخارات.
Par rapport à, prép., quant à, pour ce qui est de, بخصوص - ومن جهة - واما.
Par rapport à, pour, dans la vue de servir, من شان - لاجل.
Par rapport, par comparaison ou proportion, بالنسبة الى - نظراً الى.
Pièces de rapport, unies et arrangées sur un fond, مجمّع.
RAPPORTABLE, adj. com., qui doit être rapporté à la succession, يختصّ الارث.
RAPPORTER, v. a., reporter une chose au lieu où elle était, ردّ الشى الى موضعه O.
Rapporter, apporter d'un endroit éloigné, différent, I. جاب – O. نقل.
Rapporter, joindre pour compléter, اضاف الى - ضمّ الى O.
Rapporter, raconter, I. روى – O. نقل - ذكر - حكى I.
Rapporter, redire par malice, نقل اليه عن احد O.
Rapporter, citer, alléguer un passage, اورد.
Rapporter, diriger, référer ses actions à un but, عمل الشى لاجل - وجّه الى.
Rapporter, attribuer, نسب الى O. Rapporter son origine à, انتسب الى.
Rapporter, recueillir, A. جمع - رجع ب A. Il n'en a rapporté que de la honte, رجع بالخزية.
Rapporter, produire un revenu, du fruit, A. طرح – I. جاب. Cette affaire ne vous rapportera rien de bon, ما يجيك, ما يحصل لك خير من هل المادة.

*Rapporter*, exposer l'état d'un procès, شرح A. O. عرض دعوة ـ دعوى.

*Rapporter*, révoquer, annuler, ابطل.

*Se rapporter*, v. pron., avoir du rapport, de la conformité, de la convenance avec, طابق ـ وافق ـ ناسب.

*Se rapporter*, terme de grammaire, avoir relation, رجع الى A.

*S'en rapporter* à quelqu'un, s'en remettre à sa décision, فوّض اليه الامر. Il faut s'en rapporter là-dessus aux médecins, المرجع فى ذلك الى الاطبّا. ‖ Je m'en rapporte à ma dernière lettre, je vous y renvoie, المرجع فى ذلك الى اخر مكتوبنا.

RAPPORTÉ, adj., منقول. Pièces rapportées, اجزا مجمّعة.

RAPPORTEUR, SE, s., qui fait des rapports, نقّال ـ فتّنى.

*Rapporteur*, qui fait le rapport d'un procès, شارح دعوى.

*Rapporteur*, instrument de géométrie, منقلة.

RAPPRENDRE, v. a., apprendre de nouveau, تعلّم ثانى.

RAPPROCHEMENT, s. m., action de rapprocher, تقريب.

*Rapprochement*, réconciliation, مصالحة.

*Rapprochement*, mise en regard, مقارنة.

RAPPROCHER, v. a., approcher de nouveau, de plus près, قرّب من.

*Rapprocher*, au fig., mettre en regard, قارن ـ شيا بشى.

*Rapprocher*, réconcilier, صالح بينهم ـ قرّب.

*Se rapprocher*, v. pron., قرّب من A.

*Se rapprocher*, se réconcilier, اصطلح ـ تصالح.

RAPSODIE, s. f., mauvais ramas de vers, de prose, خبيصة.

RAPSODISTE, s. m., qui ne fait que des rapsodies, خبّاص.

RAPT, s. m., enlèvement par violence d'une fille, etc., اختطاف ـ سبى.

RÂPURE, s. f., ce qu'on enlève avec la râpe, برادة.

RAQUETTE, s. f., ou Nopal, arbre, صبّار ـ صبر ـ صبّيرة.

RARE, adj. com., qui se trouve, arrive rarement, ضنين ـ قليل الوقوع ـ قليل الوجود ـ نادر.

*Rare*, singulier, excellent, غريب ـ نادر ـ عزيز ـ مقلّل (Barb.).

*Rare*, peu serré, غير مكتنز ـ غير كثيف.

RARÉFACTIF, IVE, adj., qui raréfie, باسط ـ مرخى.

RARÉFACTION, s. f., dilatation, ارتخا.

RARÉFIANT, E, adj., qui raréfie, dilate, باسط.

RARÉFIER, v. a., dilater, بسط ـ ارخى O.

RAREMENT, adv., peu souvent, فى النادر ـ فى القليل.

RARETÉ, s. f., disette, قلّة.

*Rareté*, qualité de ce qui se trouve, arrive rarement, قلّة وجود ـ قلّة وقوع.

*Rareté*, chose rare, singulière, عجيبة.

*Raretés*, au pl., choses rares, curieuses, غرايب; sing., تحفة.

RARISSIME, adj. fam., très-rare, نادر عزيز جدًّا.

RAS, E, adj., rasé, محلوق.

*Ras*, qui a le poil fort court, أحلس; pl., خُلس.

*Ras*, uni, سوى. La rase campagne, البرّية. ‖ Boisseau ras, mesure rase, السوية المتسعة. كيل ملان سوا لا زايد ولا ناقص.

RASADE, s. f., verre plein jusqu'aux bords, كاس ملان.

RASEMENT, s. m., terme milit., action de raser un fort, هدم.

RASER, v. a., couper le poil près de la peau, حفّ ـ زيّن A. ـ حلق (Barb.).

*Raser*, démolir, هدم I.

*Raser*, au fig., passer rapidement tout auprès, فات جنبه حتى كاد يصدمه O. ـ هفّ I.

Raser, v. n., en parlant d'un cheval qui ne marque plus, مسَح A.

Rasibus, adv. popul., tout près, قطّ.

Rasoir, s. m., instrument pour raser, موسى ; plur., امواس ; موس الحلاقة – مواسى plur., I.

Rassasiant, e, adj., qui rassasie, مُشبع.

Rassasiement, s. m., شبع.

Rassasier, v. a., apaiser la faim, اشبع – شبّع. Rassasier, au fig., satisfaire les passions, شفى غليل I.

Se rassasier, v. pron., شبع من A. Sans pouvoir se rassasier, من غير شبع.

Rassemblement, s. m., جمع – لمّ ; plur., لمّ.

Rassembler, v. a., mettre ensemble, faire amas, جمع A. – لمّ O.

Rassembler, mettre en ordre, رتّب.

Rassembler, rajuster ensemble des pièces de menuiserie désassemblées, ضمّ الى بعض – عاد ركّب O.

Se rassembler, v. pron., se réunir, s'amasser, التمّ – اجتمع I. On se rassembla en foule autour de lui, تزاحموا ، ارتكموا الناس عليه.

Rasseoir, v. a., asseoir de nouveau, replacer, ركّن.

Rasseoir, v. n., ou Se rasseoir, se reposer, se purifier, صفا I. – راق O.

Se rasseoir, v. pr., s'asseoir une deuxième fois, قعد ثاني O.

Se rasseoir, au fig., se remettre de son trouble, ركز – فاق على روحه I. – فاق من الاضطراب A. – هدأ O. – سكن – ركن O.

Rassis, e, adj. (pain), qui n'est plus tendre, عيش بايت.

Rassis, au fig., grave, réfléchi, رزين – رزن. Qui est de sens rassis, qui n'est point ému, troublé, غير مضطرب البال – واعى على روحه – ساكن البال – مالك عقله و رشك.

Rassurer, v. a., mettre en état de sûreté, raffermir, مكّن.

Rassurer, rendre la confiance, la tranquillité, طمّن. Rassurez-nous sur votre santé, طمّنونا على صحّتكم المرغوبة.

Se rassurer, v. pron., اطمأنّ.

Rat, s. m., animal rongeur, فار ; plur., فيران. Gros rat des champs, جردون ; plur., جرادين ; جرذ pl., جرذان. ‖ Chats et rats ont conspiré la ruine de la maison, اتّفق القطّ و الفار على خربان الدار I. ‖ La paix des chats et des rats est la ruine de la boutique du fruitier, اذا اصطلح الفار و السنّور خرب دكّان البقّال.

Rat de cave, bougie, فتيلة – شمعة.

Ratafia, s. m., liqueur faite d'eau-de-vie, de fruits, de sucre, etc., عنبرى.

Ratatiné, e, adj. fam., replié sur lui-même, مكرمش.

Se ratatiner, v. pron., se resserrer, كرمش.

Rate, s. f., viscère mou, طحال. J'ai la rate, j'ai un point de côté, صاير لى نخزة.

Épanouir la rate, au fig. fam., faire rire beaucoup, شرح صدره – موت من الضحك.

Râteau, s. m., outil de jardinage, مجرفة – الة البستانى بشكل المشط.

Râteler, v. a., ôter les ordures avec le râteau, نظّف – جرف O. Râteler, amasser avec le râteau, جرف O. – لمّ O.

Râteleur, s. m., qui râtèle, جرّاف.

Râtelier, s. m., endroit où l'on met le fourrage que l'on donne aux animaux, معلف.

Râtelier, les deux rangées de dents, صفّ اسنان.

Rater, v. n. (arme à feu), manquer à tirer, كذب.

Rater, au fig. fam., ne pas réussir, خاب امله I. – رجع بالخيبة.

Rater, v. a., ne pas attraper ou toucher, ما اصاب.

Ratière, s. f., machine à prendre les rats, etc., مصيدة.

43

*Ratière*, métier pour faire de la ganse, التّ لحياكة القيطان.

RATIFICATION, s. f., approbation authentique, تصديق - امضا بالقبول - رضا ب.

RATIFIER, v. a., approuver authentiquement, رضى ب - امضى بالرضا A.

RATINE, s. f., étoffe de laine, نوع قماش صوف.

RATION, s. f., portion de vivres, etc., distribuée par jour aux soldats, aux matelots, تعيين - رواتب, pl.; راتب يومي من ماكول و مشروب. Ration d'orge pour un cheval, عليق; pl., علايق; || Donner à un cheval sa ration, علّق للفرس.

RATIONNEL, LE, adj., عقلي.

RATISER, v. a., ranimer le feu, لهلب النار.

RATISSER, v. a., emporter en ratissant la superficie, قشط I. - قحط A. Ratisser avec le râteau, جرف O.

RATISSOIRE, s. f., instrument pour ratisser, جاروف - محكّة.

RATISSURE, s. f., ce qu'on ôte en ratissant, حكاكة.

RATTACHER, verbe actif, attacher de nouveau, عاد ربط O.

*Se rattacher*, v. pron., تعلّق ب.

RATTEINDRE, v. a., rattraper, لحق A.

RATTRAPER, v. a., ratteindre, reprendre, مسك I. - لحق A. - حصل على A.

*Rattraper*, rejoindre quelqu'un qui était devant, لحق A.

*Rattraper*, recouvrir ce qu'on avait perdu, عوّض - عاد حصل على O.

*Rattraper*, attraper de nouveau dans un piége, وقع ثاني مرّة.

RATURE, s. f., effaçure par un trait de plume, شطبة.

RATURER, v. a., effacer avec un trait de plume, شطب O.

RAUQUE, adj. com., rude, enroué (son), ابحّ.

RAVAGE, s. m., dégât, خراب.

RAVAGER, v. a., faire du ravage, خرب I. O.

RAVALEMENT, s. m., t. de maçonnerie, crépissure, تلييس حايط.

RAVALER, v. a., retirer en dedans du gosier, بلع A.

*Ravaler*, terme de maçonnerie, crépir un mur du haut en bas, سيّع بليّس, خفق حايط.

*Ravaler*, au fig., rabaisser, وطّى.

*Ravaler*, déprimer, avilir, وطّى - اذلّ.

*Se ravaler*, v. pron., se rabaisser, s'avilir, تنزّل.

RAVAUDAGE, s. m., raccommodage à l'aiguille, رفا - ترقيع.

RAVAUDER, v. a., raccommoder à l'aiguille de méchantes hardes, رقع I. O. - رفا.

RAVAUDEUR, SE, s., qui ravaude, رفّاء, fém., رفّاية.

RAVE, s. f., racine potagère, فجل - (Barbarie) فجّال. Vendeur de raves, لفت بلدي فجّال.

RAVIGOTER, v. a. fam., rendre des forces, قوّى - انعش.

RAVILIR, v. a., rendre vil, اهان.

RAVILISSEMENT, s. m., اهانة.

RAVIN, s. m., lieu cavé par une ravine, مجرى سيل.

RAVINE, s. f., débordement d'eau de pluie qui se précipite des montagnes, etc., سيل; plur., سيول.

*Ravine*, lieu cavé par la ravine, ارض هابطة من السيل.

RAVIR, v. a., enlever par force, خطف I. - سلب - اختطف O. Ravir quelqu'un à sa famille (en causant sa mort), فجع اهله فيه. || La mort lui a ravi son fils, انفجع في ابنه.

*Ravir*, au fig., charmer, exciter une vive admiration, سلب العقل I. - سبى O. Ravir de contentement, شطّط سرّه غاية السرور. || Ravir d'admiration, ادهل - حيّر. || Être ravi en extase, انبطل.

A *ravir*, adv. fam., admirablement, بنوع يشحطط.
Se raviser, v. pron. fam., changer d'avis, A. رجع فى رايه.
Ravissant, e, adj., qui ravit, emporte, خاطف.
*Ravissant*, au fig., qui charme l'esprit et les sens, مسلب العقل - يسلب العقل.
*Ravissant*, merveilleux, etc., مدهل.
Ravissement, s. m., au fig., transport de joie, d'admiration, انسلاب العقل.
Ravisseur, s. m., qui ravit, enlève avec violence, خاطف - سلّاب.
Ravitaillement, s. m., تجديد الذخاير - تموين.
Ravitailler, v. a., remettre des vivres, des munitions dans une place, جدّد الزاد و الذخاير - موّن.
Raviver, v. a., rendre plus vif le feu, les couleurs, زقّى.
Ravoir, v. a., avoir de nouveau, retirer des mains de quelqu'un, O. عاد حصل على.
Raya, s. m., sujet non mahométan du Grand-Seigneur, رعايا - ذمّى.
Rayer, v. a., faire des raies, سطّر. Étoffe rayée à raies, قماش مقلم, مخطّط. ‖ Toile rayée de bleu et de rouge, قماش مخطط خطوط زرق و خطوط حمر. ‖ Étoffe de soie rayée, خام مقلم ازرق و احمر الاجة.
*Rayer*, effacer, raturer, محى I. - خرطش - O. شطب - رصد O.
Rayon, s. m., trait de lumière, شعاع; plur., اشعّة.
*Rayon*, raie, sillon, خط; plur., خطوط.
*Rayon* ou gâteau de miel, قرص عسل.
*Rayon*, terme de géométrie, demi-diamètre, نصف قطر.
*Rayon*, tablette, رفّ; plur., رفوف.
Rayonnant, e, adj., qui rayonne; au fig., éclatant, brillant, منير - مضى - مشعشع.
Rayonnement, s. m., تشعشع.

Rayonner, v. n., répandre, jeter des rayons, briller, اشرق - اضاء - شعشع.
Rayure, s. f., terme de manufacture, maniere dont une étoffe est rayée, تخطيط - قلم - تقليم.
Réaction, s. f., action d'un corps frappé sur celui qui le frappe, رجعة - دفعة.
*Réaction*, au fig., vengeance, رجعة - انتقام.
Réagir, v. n., se dit d'un corps qui agit sur celui dont il vient d'éprouver l'action, دفع A. - O. رد عمل فى - O. ردّ.
Réajournement, s. m., terme de pratique, nouvel ajournement, ابقا ثانى.
Réajourner, v. a., ajourner de nouveau, ابقى ثانى مرة الى غير يوم.
Réal, s. m.; plur., Réaux, monnaie d'Espagne, ريال; plur., ريالات.
Réalgal ou Réalgar, s. m., arsenic rouge, ظعم الفار مكلّس - رهج احمر.
Réalisation, subst. f., action de réaliser, تحقيق.
Réaliser, v. a., rendre réel et effectif, حقّق, Réaliser sa fortune, changer ses propriétés contre de l'argent, جمع دراهم نقد.
*Se réaliser*, v. n., تحقّق.
Réalisme, s. m., système qui consiste à regarder les êtres abstraits comme des êtres réels, مذهب جماعة من الفلاسفة يقولون بتحقيق الاشيا المجرّدة.
Réaliste, s. m., qui regarde comme réels les êtres abstraits, فيلسوف محقّق.
Réalité, s. f., existence effective, حقيقة.
Réassignation, s. f., nouvelle assignation devant un juge, طلب ثانى الى عند الحاكم.
*Réassignation*, assignation sur un autre fonds plus sûr, حوالة ثانية ماكنة.
Réassigner, v. a., assigner de nouveau devant le juge, O. طلب ثانى مرة الى عند الحاكم.
*Réassigner*, assigner un revenu sur un autre fonds, I. قلب الحوالة على.

43.

RÉBARBATIF, IVE, adj. fam., rebutant, peu civil, عبوس - كشر.

REBÂTIR, v. a., bâtir de nouveau, عمّر بنى ثاني مرّة.

REBATTRE, v. a., remettre certaines choses en meilleur état en les battant, comme un matelas, etc., نفض O. *Voyez* BATTRE.

*Rebattre*, au fig., répéter jusqu'au dégoût, كرّر O. - طرق.

REBATTU, E, adj., (pensée, discours) très-commun, مطروق.

REBELLE, adj. com., qui se révolte, عاصى ; pl., خوارجى - عُصاة ; plur., خوارج.

Mal *rebelle*, qui ne cède pas, داء صعب.

SE REBELLER, v. pr., خرج على I. - عصى على O.

RÉBELLION, s. f., révolte, عصيان - خروج.

SE RÉBÉQUER, v. pr. fam., répondre avec fierté à son supérieur, تشمرد على شيخه.

SE REBIFFER, v. pron., تنمرد - تنرّد.

REBLANCHIR, v. a., blanchir une seconde fois, بيّض ثاني.

RÈBLE ou RIÈBLE. *Voyez* GRATERON.

REBONDI, E, adj., arrondi par embonpoint, مترفس.

REBONDIR, v. n., faire un ou plusieurs bonds, نطّ O.

REBONDISSEMENT, s. m., action du corps qui rebondit, تنطيط.

REBORD, s. m., bord élevé et ajouté, حافية - ثنية.

REBORDER, v. a., mettre un nouveau bord, حطّ داير جديد O.

REBOUCHER, v. a., سدّ O.

REBOURS, s. m., le contre-poil, عكس - قايم.

*Rebours*, au fig. fam., contre-pied, le contraire de, عكس - مندار - مقلوب.

A *rebours*, adv., à contre-poil, على القايم.

A *rebours* et au *rebours*, adv., à contre-pied, à contre-sens, بالمندار - بالمقلوب - بالعكس.

REBOUTEUR, s. m., qui remet les os cassés, les luxations, مجبّر.

REBROUSSER, v. a., relever les cheveux en sens contraire, وقّف الشعر. A rebrousse-poil, على بعكس الشعر - القايم.

*Rebrousser* chemin, retourner subitement en arrière, عاود - اندار.

REBUFFADE, s. f. fam., mauvais accueil, paroles dures, تكشيرة.

RÉBUS, s. m., sorte d'énigme, نوع معمّى.

REBUT, s. m., action de rebuter, تكشيرة.

*Rebut*, ce qui a été rebuté, بوار - بور - دشار - تبويز. Mettre au rebut, طرح A.

REBUTANT, E, adj., qui rebute, décourage, مزعّق.

*Rebutant*, déplaisant, ممقوت - كريه - مقرف.

REBUTER, v. a., rejeter avec dureté, ردّ O. - طرد A. - طفّر ل, متّ O.

*Rebuter*, dégoûter par des obstacles, زعّق.

*Rebuter*, choquer, déplaire, نفر.

Se *rebuter*, v. pron., se dégoûter, se décourager, ملّ A. - زهق A.

RÉCALCITRANT, E, adj., qui résiste avec opiniâtreté, عنيد - وقح.

RÉCAPITULATION, s. f., répétition sommaire de ce qu'on a dit, تكرير الكلام على سبيل الاجمال - اجمال.

RÉCAPITULER, v. a., redire sommairement, اجمل I. ذكر بالاجمال ماكان شرح بالتفصيل - اجمل.

RECÈLEMENT, s. m. action de recéler, تخبية الحرام.

RECÉLER, v. a., garder et cacher le vol de quelqu'un, خبّى السرقة.

*Recéler*, donner retraite à des coupables, les cacher, آوى مذنبين.

*Recéler*, détourner, cacher des effets, اخفى شيئاً.

RECÉLEUR, SE, s., qui recèle un vol, مخبّى السرقة.

RÉCEMMENT, adv., depuis peu, من مدة قريبة - بهذا القرب.

RECENSEMENT, s. m., dénombrement, عَدّ.

Recensement, nouvelle vérification de marchandises, كشف.

RECENSER, v. a., faire un recensement, عدّ I.

Recenser, vérifier, examiner, كشف I.

RÉCENT, E, adj., nouveau, جديد ; plur., جدد.

RÉCÉPISSÉ, s. m., reçu de papiers, quittance, وصول - رجعة ; plur., رجع.

RÉCEPTACLE, s. m., lieu où se rassemblent plusieurs personnes, مجتمع - مأوى.

Réceptacle, lieu où se rassemblent plusieurs choses venues de plusieurs endroits, ملمّ - مجتمع.

RÉCEPTION, s. f., action par laquelle on reçoit, وصول. Accusez-m'en la réception, عرّفوُنا بوصوله اليكم.

Réception, accueil, manière de recevoir, استقبال - قبول. Faire à quelqu'un une bonne réception, لاقاه بأحسن ملاقاة - اكرم قدومه.

Réception, cérémonie d'entrée dans un corps, ادخال - دخول.

RECETTE, s. f., ce qui est reçu en argent ou autrement, مقبوض - مدخول.

Recette, action, fonction de recevoir, قبضة - قبض.

Recette, composition de drogues, écrit qui l'enseigne, صفة - وصفة.

RECEVABLE, adj. com., يُقبَل - مقبول.

RECEVEUR, SE, adj., chargé d'une recette, متلقّي - مستوفي - محصّل.

RECEVOIR, v. a., accepter, prendre ce qui est offert, قبل A. - أخذ O. Votre présent a été bien reçu, agréé, هديتكم صارت بعزيز القبول - صارت مقبولة عند.

Recevoir, toucher ce qui est dû, أخذ O. - قبض I.

Recevoir une lettre, جاه - وصله مكتوب I. Recevoir une ورد عليه, وفد اليه كتاب - مكتوب

nouvelle, جاه خبر - وصله خبر I. ‖ Recevoir l'ordre de, أمروه ب O. - أمر ب وصله.

Recevoir des coups, ضرب اكل قتلة O. Recevoir un affront, صارت له بدلة. ‖ Recevoir une blessure, انجرح. ‖ Recevoir une récompense, نال جزا A. ‖ Vous en avez reçu des services, عمل معك خير - له يد عليك. ‖ Il reçut de grands honneurs, اكرموه غاية الاكرام. ‖ Recevoir un sacrement, اقتبل سرّا - تبرّك بسرّ.

Recevoir, éprouver (du déplaisir), حصل له غمّ.

Recevoir, retenir ce qui tombe de haut, etc., اسلقى - تلقى.

Recevoir, accueillir une personne, قبل A. - تلقّى - لاقى - استقبل. Bien recevoir quelqu'un, اكرمه.

Recevoir, donner retraite, آوى.

Recevoir, admettre dans une compagnie, ادخل.

Recevoir, approuver, رضي ب A.

Recevoir, être susceptible de, قبل A.

RECHANGE, s. m. (de), objet qu'on tient en réserve pour s'en servir au besoin, للتغيير.

RÉCHAPPER, v. n., être délivré de, نفذ من A. - تخلّص من - خلص من A.

RECHARGER, v. a., charger de nouveau les bêtes de somme, حمّل من جديد. Recharger une arme à feu, عمّر من جديد.

Recharger, faire une seconde charge sur, حمل I. - ثاني على.

RECHASSER, v. a., repousser d'un lieu dans un autre, طرد من موضع الى موضع A.

RÉCHAUD, s. m., ustensile où l'on met du feu, كانون ; plur., كوانين.

RÉCHAUFFAGE, s. m., au fig. fam., vieux propos donnés pour du neuf, كلام بايت.

RÉCHAUFFÉ, s. m. fam., mets réchauffé, طبيخ بايت.

Réchauffé, au fig., pensée, ouvrage pris, imité d'un autre, منتحل.

RÉCHAUFFER, v. a., سخّن - دفّى. Réchauffer de l'eau, سخّن الماء. ‖ Réchauffer les mains, دفّى يديه.
Se réchauffer, v. pron., سخن O. - تدفّى - دفى A.

RECHERCHE, s. f., action de rechercher, طلب - تفتيش.

Recherche, chose curieuse, recherchée avec soin, مطلب نفيس ; plur., مطالب.

Recherche, examen de la conduite, بحث.

Recherche, poursuite pour obtenir, جدّ فى طلب - رغبة فى.

Recherche, raffinement, زوذة - اعتنا زايد.

Recherche, affectation dans le style, etc., تصنّع - زهو.

RECHERCHER, v. a., chercher avec soin, tâcher d'avoir, جدّ فى طلب O. Rechercher une fille en mariage, رغب فى بنت A.

Rechercher, faire enquête de a vie, des actions de quelqu'un, فحص A. - بحث A.

RECHERCHÉ, E, adj., demandé, désiré, مطلوب - مبغى.

Recherché, opposé à naturel, مبالغ - مصنّع. Recherché dans sa parure, يرغب فى اللبس المفتخر.

RECHIGNÉ, E, adj., qui a l'air maussade, مكشّر.

RECHIGNER, v. n. fam., témoigner de la mauvaise humeur, de la répugnance par l'air du visage, عبس I. - كشّر.

RECHUTE, s. f., retour d'une maladie, نكسة. Avoir une rechute, انتكس فى المرض.

Rechute, retour au péché, رجوع للذنب.

RÉCIDIVE, s. f., rechute dans une faute, رجوع للذنب.

RÉCIDIVER, verbe n., retomber dans une faute, رجع للذنب A.

RÉCIF ou RESSIF, s. m., chaîne de rochers sous l'eau et à fleur, صنجر - صخور - صخارية (Barb..)

RÉCIPIENDAIRE, s. m., qui se présente pour être reçu dans une compagnie, طالب الدخول.

RÉCIPIENT, s. m., vase, اناء; plur., آنية.

RÉCIPROCATION, s. f., action par laquelle on reçoit ou on rend la pareille, مكافاة.

RÉCIPROCITÉ, s. f., شركة - مشاركة.

RÉCIPROQUE, adj. com., mutuel, مشترك A. cause de leur amitié réciproque, لاجل محبّة بعضهم لبعض.

RÉCIPROQUE, s. m., la pareille, مثل - نظير. Rendre le réciproque, جازى احدا بمثل ما صنع.

RÉCIPROQUEMENT, adv., mutuellement, مشتركًا - نظير بنظير. Ils s'aiment réciproquement, يحبّوا بعضهم.

RÉCIT, s. m., narration d'un fait, ذكر - قصّة - رواية. Il leur fit le récit de cette aventure, حدّثهم بالذى جرى - قصّ عليهم القصّة.

RÉCITATIF, s. m., chant non assujetti à la mesure, غنا غير موزون.

RÉCITATION, s. f., action de réciter, عرض.

RÉCITER, v. a., prononcer ce que l'on sait par cœur, عرض O.

RÉCLAMATION, s. f., action de revendiquer, طلبة - ادّعاء.

Réclamation, action de s'élever contre, de s'opposer à, اعتراض ل - قيام على.

RÉCLAME, s. f., t. d'imprim., mot au bas d'une page, et qui commence la suivante, تعقيبة.

RÉCLAMER, v. a., implorer avec instance, ترجّى.

Réclamer, revendiquer, طلب O.

Réclamer, v. n., s'élever ou revenir contre un acte, قام ضدّ O.

Réclamer, contredire, s'opposer à une résolution, Se réclamer de quelqu'un, v. pr., indiquer quelqu'un comme ami, comme parent, انتسب الى - انتمى الى باب - فلان.

RECLURE, v. a., renfermer dans une clôture, حبس I.

RECLUS, E, adj., qui ne sort pas, حبيس - محبوس.

REC

RECLUSION, s. f., détention, حبس.

RECOGNER, v. a. pop., repousser, rebuter durement, A. طرد - قلع.

RECOIN, s. m., petit coin, قرنة; plur., قراني.

Recoin, au fig. fam., repli du cœur, خفية; plur., خفايا.

RÉCOLEMENT, s. m., lecture faite à un témoin de sa déposition, قراة شهادة الشاهد عليه.

RÉCOLER, v. a., faire un récolement, قرأ على الشهود شهاداتهم.

RÉCOLTE, s. f., action de recueillir les biens de la terre, حصاد.

Récolte, fruits de la terre, produits récoltés, غلة - حصيدة; plur., حصايد. Récolte abondante, غلة جيدة, فايظة.

RÉCOLTER, v. a., faire la récolte, حصد I. (pour les céréales) حصل.

RECOMMANDABLE, adj. com., estimable, فاضل - مكرم - عزيز - محترم - معتبر. Se rendre recommandable par, se faire estimer par, استحق لاكرام و المعزة ب.

RECOMMANDATION, s. f., action de recommander quelqu'un, توصية - وصية. Lettre de recommandation, مكتوب توصية بحق أحد.

Recommandation, estime qu'on a pour le mérite, معزة. Être en grande recommandation auprès de, له قدر و قيمة عند - له غاية المعزة عند.

Recommandation, opposition à la sortie d'un prisonnier, faite à la requête de quelqu'un, حوشة.

RECOMMANDER, v. a., prier quelqu'un d'être favorable à, de prendre soin de, وصى أحدا على, فى. Recommander fortement une affaire à quelqu'un, وصاه فى دعوة و حرج عليه. Je vous ai recommandé à lui, وصيته بحقك - وصيته عليك. || Il est recommandé par un tel, هو موصى فيه من فلان. || Je vous recommande un tel, اجعلوا نظركم على فلان, القوا نظركم عليه اكراما لخاطرى.

REC 679

Recommander, charger, ordonner de faire, O. أكد عليه بأن - أمره ب. Ils me recommandent de vous dire, مؤكدين علينا بأن نقول لكم.

Recommander, exhorter à, O. شار عليه ب.

Recommander, rendre recommandable, استوجب له الاعتبار.

Se recommander, v. pron., prier d'avoir soin, implorer la protection, ترجى - تواقع عليه. Je me recommande à vos bontés, نرجو القا نظركم علينا. || Je me recommande à votre souvenir, نرجو عدم اخراجنا من خاطركم. || Se recommander à Dieu, فوض أمره الى الله - توكل على الله.

RECOMMENCER, v. a., commencer de nouveau à faire, O. عاد يعمل - أعاد - A. بدى من جديد.

RÉCOMPENSE, s. f., traitement en compensation, en proportion du mérite d'une action, مكافاة - مجازاة.

Récompense, salaire, أجرة - أجر.

Récompense, punition, جزا.

Récompense, dédommagement, compensation, مكافاة - عوض.

En récompense, adv., d'autre côté, en revanche, فى مقابلة ذلك.

RÉCOMPENSER, v. a., faire du bien à quelqu'un pour un service rendu, une bonne action, جازى كافى أحدا بالخير. Que Dieu vous récompense, جزاك الله عنى كل خير - الله يجازيك بالخير - الاجر عند الله || Dieu vous en récompensera, العوض على الله. || Récompenser une action par, جازى أحدا على عمل ب. || Être récompensé, تكافى - تجازى.

Récompenser, dédommager, عوض عليه.

Récompenser, punir, جازى.

RECOMPOSER, v. a., composer de nouveau, ركب ثانى مرة.

RECOMPOSITION, s. f., t. de chimie, تركيبة ثانية.

RECOMPTER, v. a., compter une seconde fois, I. عد ثانى.

Réconciliateur, trice, s., qui réconcilie, مُوَفِّق - مُصْلِح.

Réconciliation, s. f., raccommodement, مُصالَحة - صُلْحِيَّة.

Réconcilier, v. a., faire une réconciliation, صالَح بين - وَفَّق.

Se réconcilier, v. pron., se remettre bien avec quelqu'un, تَصالَح مع - اصْطَلَح مع.

Reconduction, s. f. (tacite), terme de pratique, إيجار بالتَّقْدير لا بالحقيقة.

Reconduire, v. a., accompagner par civilité quelqu'un dont on a reçu visite, وَصَّل - شايَع.

Reconduire, fam., faire sortir quelqu'un de chez soi en le maltraitant, طَرَد A.

Réconforter, v. a., fortifier, قَوَّى.

Reconnaissable, adj. com., facile à reconnaître, يُعْرَف - مَعْروف.

Reconnaissance, s. f., action par laquelle on reconnaît une personne ou une chose pour ce qu'elle est, مَعْرِفة.

Reconnaissance, récompense d'un service rendu, أجْر - مجازاة.

Reconnaissance, gratitude, souvenir du bien reçu, شُكْران الجميل - شُكْر - ممنونِيَّة - مُراعاة الجميل - عِرْفان الجميل. J'en ai la plus vive reconnaissance, حصل عندى بذلك غاية الممنونية - ذلك صَيَّرنا ممنونين شاكرين أفضالكم.

Reconnaissance, aveu d'une faute, إقْرار.

Reconnaissance, examen détaillé de lieux, كَشْف.

Reconnaissance, ceux qui sont chargés de faire une reconnaissance; terme militaire, كَشَّافي.

Reconnaissance, acte par lequel on se reconnaît redevable ou dépositaire, سَنَد - وَرَقة.

Reconnaissant, e, adj., qui a de la gratitude, de la reconnaissance, مَمْنون - شاكر الإحسان. Être reconnaissant, مُراعى الجميل - عارف الجميل - شُكْر - راعى الجميل.

Reconnaître, v. a., se remettre dans l'esprit l'image d'une chose, d'une personne, عَرَف .I.

Reconnaître, parvenir à connaître la vérité, عرف .I - تَحقَّق.

Reconnaître, établir, admettre, عرف .I - أقَرّ. Ils le reconnurent pour calife, بايَعوا له A. بالخلافة.

Reconnaître les lieux, les observer, les remarquer, دَيَّب - مَيَّز - اطَّلَع على .I - كَشَف.

Il reconnut en lui des dispositions courageuses, شَمّ فيه رايحة الشجاعة.

Reconnaître, avouer, confesser, اعْتَرَف ب .I - أقَرّ.

Reconnaître, avoir de la gratitude, عرف .I. O. شكر, راعى الجميل.

Reconnaître, récompenser, كافى - قابَل. Je reconnaîtrai ta peine, أشوف تَعْبَك .I. Dieu me donne le pouvoir de reconnaître vos bontés! الله يقَدِّرنى على المُكافاة.

Reconnaître pour, avouer pour, عرف .I.

Se reconnaître, v. pron., rentrer en soi-même, se repentir, فحص ضميره و نَدِم A. - تاب O.

Se reconnaître, s'avouer, عرف نفسه بأن .I. - اقَرّ على نفسه ب.

Se reconnaître, reprendre ses sens, صَحى .I. O. - استفاق من .I - فاق على روحه.

Se reconnaître en quelque endroit, se remettre l'idée d'un lieu, عرف الموضع .I - جاء فى باله .I.

Reconnu, e, adj., avoué, bien constaté, مَعْروف - مُحَقَّق.

Reconquérir, v. a., conquérir de nouveau, رَدّ الى حكومته .I. - مَلَك ثانى مرّة O.

Reconstruction, s. f., ثانى عِمارة.

Reconstruire, v. a., rebâtir, عَمَّر من جديد.

Recopier, v. a., transcrire de nouveau, نَقَل .I. O. ثانى.

Recoquiller, v. a., retrousser, replier, طَوى .I.

Recorriger, v. a., صَلَّح ثانى.

Recors, s. m., celui qui accompagne un huissier, اعوان plur., عون.

Recoudre, v. a., coudre ce qui est décousu, خيط ثاني.

Recoupe, s. f., farine grossière de son, خشكار.

Recourber, v. a., courber par le bout, ثنى I. – عوج.

Recourir, v. n., courir de nouveau, جرى I. ثاني.

*Recourir*, avoir recours à, التجى الى.

Recours, s. m., action par laquelle on cherche du secours, التجا. Avoir recours à, التجى الى – A. وقع على احد.

*Recours*, droit de reprise, action en dédommagement par voie légale, مرجع. Avoir son recours contre quelqu'un, له المرجع على فلان.

Recouvrable, adj., qui peut se recouvrer, متحصل.

Recouvrement, s. m., action de recouvrer, تحصيل. Recouvrement de la santé, تعديل المزاج – شفا – اتجاه الى الصحّة.

*Recouvrement*, recette de deniers, ces deniers, تحصيل, قبض المال.

Recouvrer, v. a., acquérir de nouveau, حصل – A. حصل على حصل على الشفا. Recouvrer la santé, اتجد الى العافية –.

*Recouvrer*, faire la levée de deniers, قبض المال I.

Recouvrir, v. a., couvrir de nouveau ce qui était découvert, غطّى.

*Recouvrir*, masquer sous des apparences, etc., اخفى. – O. ستر – غطى – دارى.

Récréance, s. f., jouissance provisionnelle, متعة.

Lettres de *récréance*, envoyées à un ambassadeur pour qu'il les présente au souverain d'auprès de qui on le rappelle, مكاتيب سلطانية للالچى المامور بالرجوع.

Récréatif, ive, adj., qui divertit, فكه – مبهج.

Récréation, s. f., action de se récréer, مفاكهة – تنزيه.

Récréer, v. a., donner une nouvelle existence, جدّد.

Récréer, v. a., divertir, réjouir, شرح الخاطر A. – O. بسط – ابهج.

*Se récréer*, v. pr., se divertir, تنزّه – تفكّه.

Récrément, s. m., humeur comme la salive, la bile, qui se sépare du sang et s'y remêle, مادّة نحو الريق و الصفرا تعود تختلط بالدم بعد ما كانت منفردة عنه.

Se récrier, v. pron., faire une exclamation de surprise, صاح – صوّت I.

Récrépir, v. a., ليّس, سيّع من جديد.

Récrimination, s. f., accusation, reproche pour en repousser un autre, معاتبة – متاهية.

Récriminer, v. n., répondre à des accusations, à des reproches, par d'autres accusations, etc., عيّر من يعيّره – اشتكى على من يشتكى O. I. – عتب على من يعتب عليه.

Récrire, v. a., écrire de nouveau, كتب ثاني O.

Se recroqueviller, v. pr., se replier, انطوى – كرمش.

Recru, e, adj., las, harassé, طابب.

Recrue, s. f., nouvelle levée de gens de guerre, لمّة عساكر جديدة.

*Recrue*, soldat de nouvelle levée, عسكرى جديد.

Recrutement, s. m., action de recruter, لمّ جمع, عساكر لتكميل العدد.

Recruter, v. a., faire des recrues, لمّ O. – جمع A. عساكر جدد لتكميل العدد.

Recruteur, s. m., qui recrute, جمّاع عسكر.

Recta, adv. fam., directement, ponctuellement, سوا – محكماً.

Rectangle, adj. (triangle), qui a un angle droit, قايم الزاوية.

Rectangle, s. m., parallélogramme à quatre angles droits, مستطيل.

RECTANGULAIRE, adj., qui a des angles droits, قايم الزوايا.

RECTEUR, s. m., chef supérieur, رَئِيس.

RECTIFICATION, s. f., action de rectifier, تَعديل - اصلاح.

RECTIFIER, v. a., redresser, remettre dans l'ordre, هذّب - عدّل - اصلح. Rectifier sa conduite, سيرته ثقّف سيرته.

Rectifier des liqueurs, les distiller une seconde fois, كرّر.

Rectifier une courbe, trouver une droite qui l'égale en longueur, عادل.

RECTILIGNE, adj. (figure), terminée par des lignes droites, مستقيم الخطوط.

RECTITUDE, s. f., conformité à la droite règle, استقامة.

RECTO, s. m., la première page d'un feuillet, وجه صفحة.

RECTORAT, s. m., charge de recteur, رِياسة.

RECTUM, s. m., t. d'anatomie, le dernier des trois gros intestins, المعا المستقيم.

REÇU, s. m., quittance sous seing-privé, ورد - رجعة - وصولات ; plur., وصول.

RECUEIL, s. m., réunion d'écrits, de pièces, مجموع - جامع ; plur., دواوين. Recueil de vers, ديوان.

RECUEILLEMENT, s. m., action de se recueillir, جمع حواسّ.

RECUEILLIR, v. a., faire une récolte, amasser les fruits de la terre, A. جمع - I. حصد - O. لمّ - I. جنى الاثمار.

Recueillir, au fig. (une succession), A. حصل على ميراث. Recueillir du fruit, du profit de, حصّل منفعة من - انتفع ب - استفاد من. Nous en recueillerons le fruit, النفع يعود ||. Celui qui sème des bienfaits recueille des actions de grâces, من زرع المعروف حصد الشكر.

Recueillir, ramasser des choses dispersées, A. جمع.

Recueillir, compiler, A. جمع - O. لمّ - التقط.

Recueillir, recevoir avec humanité les voyageurs, etc., آوى.

Recueillir, inférer, tirer une induction d'un entretien, انتمى من.

Se recueillir, v. pr., rappeler ses sens, ses idées, A. جمع حواسّه.

RECUIRE, v. a., cuire de nouveau, O. طبخ ثاني.

RECUIT, adj., t. de médecine, trop cuit, محروق.

RECUL, s. m., mouvement du canon, etc., en arrière, تأخير.

RECULADE, s. f., action de reculer, رجعة لورا.

RECULEMENT, s. m., action de reculer, تقهقر - رجوع الى ورا.

Reculement, pièces du harnois, سيور من عدّة خيل العربانات.

RECULER, v. a., éloigner, بعّد. Endroit reculé, éloigné, lointain, موضع بعيد.

Reculer, pousser, retirer en arrière, رجع الى ورا - اخّر.

Reculer, au fig., retarder, éloigner, اخّر.

Reculer, v. n., aller en arrière, différer, hésiter, A. تأخّر - رجع الى ورا.

Se reculer, v. pron., se retirer en arrière, رجع لوراء.

A RECULONS, adv., en reculant, لورا. Marcher à reculons, I. مشى لورا - مشى القهقرة - تقهقر.

SE RÉCUPÉRER, v. pron. fam., se dédommager de quelque perte, استعوض.

RÉCURER, v. a. Voyez ÉCURER.

RÉCUSABLE, adj. com., qui peut ou doit être récusé, مرفوض - يُرفَض - لم يُقبَل.

RÉCUSATION, s. f., رفض.

RÉCUSER, v. a., rejeter un juge, des témoins, etc., I. رفض - ما قبل.

RÉDACTEUR, s. m., qui rédige un écrit, كاتب؛ plur., كتّاب - منشى.

RÉDACTION, s. f., action de rédiger, manière dont est rédigé un écrit, إنشا - ترتيب - نص.

REDDITION, s. f., d'une place à ceux qui l'assiégent, تسليم محلّ.
*Reddition* d'un compte, عطية حساب.

REDEMANDER, v. a., demander de nouveau, طلب ثاني O.
*Redemander*, vouloir reprendre ce qu'on a donné, A. رجع فى ما أعطاه - O. عاد طلب منه ما أعطاه - استعاد - استرجع.

RÉDEMPTEUR, s. m., celui qui rachète, فادى - مخلّص - ناقذ.

RÉLEMPTION, s. f., rachat du genre humain par J. C.; rachat des captifs, خلاص.

REDEVABLE, adj. com., débiteur après un compte rendu, مديون. Il vous est redevable de cent piastres, بقى لك فى - بقى لك عليه ميت غرش - ذمّته ميت غرش.
*Redevable*, au fig., qui a de l'obligation à, ممنون ل. Il lui est redevable de son élévation, نال الشان الرفيع - هو كان سبب ارتفاع شانه بايادى فضل فلان.

REDEVANCE, s. f., dette, charge, معلوم. Il est chargé d'une redevance annuelle envers, عليه معلوم سنوى الى.

REDEVENIR, v. n., devenir de nouveau, O. عاد صار.

REDEVOIR, v. a., devoir après un compte fait, A. بقى لى. Vous me redevez tant, بقى عليه عليك قدر.

RÉDHIBITION, s. f., action pour faire casser la vente d'une chose défectueuse, ردّ بيعة.

RÉDHIBITOIRE, adj. com., qui peut opérer la rédhibition, مفسد البيع. Les vices rédhibitoires, العيوب الشرعية.

RÉDIGER, v. a., mettre en ordre et par écrit, I. نظم - O. رتّب - كتب.

SE RÉDIMER, v. pr., se racheter de, فدى نفسه I.

REDINGOTE, subst. fém., vêtement long et large, نوع تبش.

REDIRE, v. a., répéter, اعاد - كرّر.
*Redire*, révéler ce qu'on savait par confidence, افشى - اعاد.
*Redire*, blâmer, reprendre, O. قال فيه كلام n'y a rien à redire, ما فيه كلام. || Trouver à redire à quelque chose, I. وجد فيه عيب.

REDISEUR, s. m., qui répète, عيّاد كلام.

REDITE, s. f., répétition fréquente, اعادة - بدرار - كلام مكرّر.

RÉDONDANCE, s. f., superfluité, فوضلة - كلام زايد.

RÉDONDANT, E, adj., superflu, زايد.

RÉDONDER, v. n., être superflu, تفوضل - O. كان زايدا.

REDONNER, v. a., donner une seconde fois, rendre, رجّع.
*Redonner*, v. n., charger une seconde fois, O. عاد حمل على الاعدا.
*Redonner* dans, se livrer de nouveau à ce qu'on avait abandonné, A. عاد - O. رجع الى.

REDOUBLEMENT, s. m., accroissement, augmentation, تشديد - ازدياد.

REDOUBLER, v. a., réitérer, augmenter, ازاد - كثّر. Cela redoubla son affliction, زاده غمًّا على غمّ.
*Redoubler*, v. n., s'augmenter, اشتدّ - ازداد.
*Redoubler*, v. a., remettre une doublure, غيّر البطانة.

REDOUTABLE, adj. com., à redouter, مهاب - مخوف.

REDOUTE, s. f., pièce de fortification détachée, حصن; plur., حصون.

REDOUTER, v. a., craindre beaucoup, A. هاب - A. خاف من.

REDRESSEMENT, s. m., action de redresser des torts, تخليص حقّ.

REDRESSER, v. a., rendre droit, ثقّف - قوّم - عدّل.

*Redresser*, châtier, أدّب.

*Redresser* les torts, au fig., les réparer, secourir les opprimés, خلّص حقوق المظلومين - اغاث المظلومين.

*Se redresser*, v. pron., se tenir droit, قام O.

REDRESSEUR, SE, s., (grand) de torts, مخلّص حقوق المظلومين.

RÉDUCTIBLE, adj. com., qu'on peut réduire en, faire devenir, تجعله - يمكنك.

*Réductible*, qui doit être diminué, يُنقّص.

RÉDUCTION, s. f., action de réduire une ville, قهر - فتح.

*Réduction*, action de changer en, تصيير - اعادة - عمل.

*Réduction*, action de diviser en, تقسيم. Réduction d'une pièce de monnaie en espèces plus petites, تكسير.

*Réduction*, diminution, تنقيص - نقص - تقليل.

*Réduction*, opération de chirurgie pour remettre un os, etc., à sa place, تجبير - ردّ - ادخال. Réduction d'une luxation, ردّ فكّ.

*Réduction*, opération qui rend à un métal sa forme, etc., اعادة المعدن الى صورته الاولى.

RÉDUIRE, v. a., contraindre, nécessiter, الجأ الى - الزم ب ان - احوج. La nécessité le réduisit à, احوجته الضرورة الى. ‖ Réduit à la mendicité, محتاج الى الشحاذة. ‖ Réduit à l'extrémité, في اشدّ الضيق.

*Réduire*, soumettre, subjuguer, قهر A. Réduire sous son obéissance, جعل تحت طاعته.

*Réduire* à la raison, au devoir, ضبط O. - جاب للطريقة I. Réduire au silence, سكت - افحم.

*Réduire* en, évaluer en, جعل A. - عمل.

*Réduire* en, changer en, résoudre une chose en une autre, صيّر - جعل A. - اعاد I. Réduire le ble en farine, صيّر القمح دقيقًا.

*Réduire* à, borner, restreindre à, حصر فى O.

*Réduire*, diminuer, faire diminuer, نقّص - قلّل. Réduire en petit, réduire un dessin, le copier en petit, نقل الرسم فى الصغير - عمل الرسم صغير.

*Réduire*, faire la réduction d'un os, جبّر - ردّ O. Réduire une luxation, ردّ الفكّ.

*Se réduire*, v. pron., devenir moindre, نقص A. - قلّ I.

*Se réduire*, se soumettre, طاع I. - انضبط.

*Se réduire* à, aboutir à, se borner, se terminer à, انتهى الى - اقتصر على - انحصر فى. Il se réduit à deux espèces, ينحصر فى قسمين.

RÉDUIT, s. m., retraite, محلّ - موضع خلوة.

RÉDUPLICATIF, IVE, adj., terme de grammaire, qui marque le redoublement, تكريرى.

RÉDUPLICATION, s. f., répétition, تكرير. Réduplication d'une lettre en arabe, تشديد حرف.

RÉÉDIFICATION, s. f., reconstruction, عمارة جديدة.

RÉÉDIFIER, v. a., rebâtir, بنى من جديد I. - عمّر.

RÉEL, LE, adj., qui est en effet, حقيقى - حقّ.

RÉELLEMENT, adv., effectivement, حقًّا - بالحقيقة.

REFAIRE, v. a., faire une seconde fois, عاد O. - عمل ثانى A.

*Refaire*, réparer, raccommoder, صلّح.

*Refaire*, remettre en santé, عافى.

*Se refaire*, v. pron., reprendre vigueur, تعافى.

RÉFECTOIRE, s. m., lieu dans lequel une communauté prend ses repas, محلّ المايدة.

REFEND, s. m. (mur de), mur intérieur, حايط جوانى. Bois de *refend*, scié en long, خشب منشور فى الطول.

REFENDRE, v. a., scier, fendre en long, شقّ O. - نشر فى الطول O.

*Refendre*, fendre de nouveau, شقّ ثانى O.

RÉFÉRÉ, s. m., rapport fait par un juge à la compagnie, تقرير قاضى الى جماعة القضاة.

RÉFÉRENDAIRE, s. m., terme de chancellerie, rapporteur, عارض دعوة - مُبلّغ.

RÉFÉRER, v. a., rapporter une chose à une autre, attribuer, نسب الى O. I.

*Référer* le choix à quelqu'un, le lui laisser, فوض اليه الاختيار.

*Référer* le serment à quelqu'un, s'en rapporter au serment de quelqu'un, رضى بيمين.

*Référer*, v. n., faire un rapport, بلّغهم الامر - عرض عليهم الدعوة O.

*Se référer*, v. pr., avoir rapport à, تعلّق ب.

*Se référer*, s'en rapporter à quelqu'un, à son avis, سلّم اليه، فوض اليه الامر A. - رضى بقوله.

REFERMER, verbe actif, fermer de nouveau, عاد سكّر O. - سدّ ثانى O.

RÉFLÉCHI, E, adj., fait ou dit avec réflexion, بتفكّر - متفكّرون.

*Réfléchi*, qui agit, pense avec réflexion, رزين - صاحب فكر.

RÉFLÉCHIR, v. a., repousser, renvoyer (les rayons, etc.), عكس O. - ردّ A. - دفع I.

*Réfléchir*, v. n., rejaillir, être renvoyé (lumière), انعكس - ارتدّ.

*Réfléchir* sur, v. n., penser mûrement, تأمّل فى - تفكّر فى - فكّر طويلا.

RÉFLÉCHISSANT, E, adj., qui fait rejaillir, دافع - رادّ.

RÉFLÉCHISSEMENT, s. m., réverbération, reflet, انعكاس النور.

REFLET, s. m., réflexion de la lumière sur le corps voisin, نور منعكس.

REFLÉTER, v. a., renvoyer (la lumière, la couleur) sur, ردّ O.

REFLEURIR, v. n., fleurir de nouveau, عاد ازهر O.

RÉFLEXIBILITÉ, s. f., propriété d'un corps qui est réfléchi, معاكسة.

RÉFLEXIBLE, adj. com., propre à être réfléchi, منعكس.

RÉFLEXION, s. f., réverbération, انعكاس.

*Réflexion*, méditation sérieuse, تأمّل - تفكّر - مراودة فكر - اتقان.

*Réflexion*, pensée, فكر ; plur., افكار.

REFLUER, v. n., retourner vers (sa source), عاد الى - ارتجع O.

REFLUX, s. m., mouvement de la mer, جزر - البحر الفارغ (Barb.).

Flux et *reflux* des choses humaines, vicissitude des événements, تقلّب الامور.

REFONDRE, v. a., mettre à la fonte une seconde fois, سبك ثانى O.

*Refondre*, au fig., refaire un ouvrage, عاد نظّم O.

REFONTE, s. f., action de refondre, سبكة جديدة O.

RÉFORMABLE, adj. com., qui peut être réformé, يتصلّح.

RÉFORMATEUR, TRICE, s., qui réforme les abus, مصلح الامور.

RÉFORMATION, s. f., action de corriger, de rétablir dans l'ancienne ou dans une meilleure forme, تنظيم - تهذيب - تقويم - تعديل - اصلاح.

RÉFORME, s. f., rétablissement dans l'ordre, dans l'ancienne discipline, احيا القوانين - تنظيم - ترتيب.

*Réforme*, retranchement des abus, ابطال، ازالة، اصلاح ما بدأ من الامور المخالفة - العوايد الفاسدة للقوانين.

*Réforme*, réduction de troupes, تنقيص، تقليل العساكر.

*Réforme*, congé donné à un invalide, ركنة.

*Réforme*, rétablissement de l'ancienne discipline dans un ordre religieux, احيا القوانين - استعادة الى القوانين.

*Réforme* de conduite, de mœurs, تهذيب الاخلاق - تنظيم السيرة.

*Réforme*, changement fait par les protestants au

culte et aux dogmes de l'Église, دين المعتزلة -
دين المعاندين.

*Réforme*, diminution de dépense, توفرة -
تنقيص المصروف.

RÉFORMER, v. a., rétablir dans l'ancienne forme,
استعادهم الى ما كانوا - رجّع الى ما كان عليه -
عليه من القوانين.

*Réformer*, donner une meilleure forme, corriger,
نظّم - رتّب - اصلح.

*Réformer* la conduite, les mœurs, نظّم السيرة -
هذّب, ثقّف الاخلاق.

*Réformer*, retrancher ce qui est de trop ou nuisible, ازال - عدّل.

*Réformer* les troupes, les réduire à un plus petit
nombre, قلّل العساكر. Réformer des domestiques,
les renvoyer pour cause d'économie, دشّر خدامين
لاجل التوفير.

RÉFORMER, verbe actif, former de nouveau,
صنع ثاني A.

REFOULER, v. a., fouler une seconde fois,
داس ثاني O.

*Refouler*, bourrer un canon, دكّ O.

*Refouler*, repousser, دفع A.

*Refouler* la marée, aller contre la marée, قاطع.

*Refouler*, v. n., refluer en abondance, صبّ O.
- عاد - ارتجع O.

REFOULOIR, s. m., instrument pour bourrer les
canons, مدكّ.

RÉFRACTAIRE, adj. c., rebelle, عاصي; pl. عصاة.

*Réfractaire*, t. de chim., peu fusible, عسر الحلّ.

RÉFRACTER, v. a., produire la réfraction,
كسر, عوّج, نقل الشعاع I.

RÉFRACTION, s. f., changement de direction d'un
rayon de lumière qui passe par des milieux différents,
انحراف, انكسار, اعوجاج, تنقيل الشعاع.

REFRAIN, s. m., mots qu'on répète à chaque
couplet; au fig., chose qu'une personne ramène
dans le discours, مرّد.

RÉFRANGIBILITÉ, s. f., t. de physique, qualité
des rayons réfrangibles, انحراف, انكسار الشعاع
قابلية الشعاع للانحراف.

RÉFRANGIBLE, adj. com., susceptible de réfraction,
قابل للانحراف, للانكسار.

RÉFRIGÉRANT, E, adj., qui rafraîchit, مبرّد.

RÉFRIGÉRATIF, IVE, adj., مبرّد.

RÉFRIGÉRATION, s. f., t. de médecine, refroidissement, تبريد.

RÉFRINGENT, E, adj., qui cause une réfraction,
محرّف الشعاع.

REFROGNEMENT ou RENFROGNEMENT, s. m., action de se refrogner, عرقصة - تعرقص القورة.

SE REFROGNER ou SE RENFROGNER, v. pron., se
faire des plis au front en signe de mécontentement,
عرقص جبينه - عبس وجهه - قطّب وجهه -
انقّت. I.

REFROGNÉ, adj., منقّت - مقطّب - عبوس -
معرقص الوجه.

REFROIDIR, v. a., rendre froid; au fig., ralentir,
برّد. Refroidir le zèle, برّد همته.

*Refroidir*, v. n., et *Se refroidir*, v. pron., devenir
froid; au fig., diminuer d'ardeur, برد O.

REFROIDISSEMENT, s. m., diminution de chaleur;
au fig., diminution de passion, d'amitié, برود.

REFUGE, s. m., asile, retraite, حمى - ملجا -
ماوى - مناص.

*Refuge*, au fig., excuse, prétexte, منفذ.

RÉFUGIÉ, E, adj., ملتجي.

SE RÉFUGIER, v. pron., se retirer en lieu de
sûreté, أوى الى - احتمى الى - التجى الى I.

REFUS, s. m., action de refuser, ردّة - مأباة.
Essuyer un refus, رجع بالخيبة. ǁ Faire essuyer
un refus à quelqu'un, ردّه خايب.

REFUSER, v. a., ne pas vouloir, ne pas accepter,
أبى. A. Refuser des présents, أبى ان يقبل الهدايا.

*Refuser*, ne pas accorder, عزّ I. - بخل عليه ب.
Si je l'avais, je ne vous le refuserais pas,

Refuser quelqu'un, lui faire essuyer un refus, ردّه خايب O. لوكان عندي ما كنت اعزّه عنكسم.

Se refuser, v. pron., se priver, امتنع من.

Réfusion, s. f., remboursement de frais, دفع المصاريف.

Réfutation, s. f., انتقاض ـ نقض.

Réfuter, v. a., combattre, détruire par des raisons ce qu'un autre a avancé, نقض كلامه O. ـ غلطه في كلامه ـ ردّ عليه ـ ابطل قوله ـ ناقضه O.

Regagner, v. a., gagner ce qu'on avait perdu, عاد كسب O.

Regagner le logis, y retourner, عاد الى البيت O.

Regain, s. m., second foin, ثاني حشيش.

Régal, s. m., festin, grand repas, وليمة ـ ضيافة.

Régal, au fig. fam., grand plaisir, بهجة ـ كيفية.

Régale, adj. (eau), liqueur composée d'esprit de nitre et d'esprit de sel, qui dissout l'or, ماء مركب من روح ملح البارود و روح ملح العادة يحلل به الذهب.

Régaler, v. a., distribuer, قسط بين I.

Régaler, mettre de niveau, سوّى ـ ساوى.

Régaler, donner un régal, صنع وليمة ل ـ اضاف.

Régaler de, faire présent de, اتحف الشي ل. Il nous a régalés de cette nouvelle, اتحفنا بهذا الخبر.

Régalien, ne, adj., ملوكي.

Regard, s. m., action de regarder, نظر; plur., نظرة ـ انظار.

En regard, adv., devant, بحذاء ـ في مقابلة.

Regardant, e (près), adj. fam., trop exact, trop ménager, قرط ـ مقرّط.

Regarder, v. a., jeter la vue sur, نظر الى O. ـ طلّع في ـ تطلّع الى. Regarder en allongeant le cou, طلّ براسه على O. ‖ Regarder par la fenêtre, طلّ من الشباك O. ‖ Regarder en pitié, نظر بعين الاحتقار.

Regarder, être vis-à-vis, قابل.

Regarder sur, avoir vue sur, كشف على I. ـ طلّ على ـ اشرف على O. Mon appartement regarde sur le marché, بيتي كاشف على السوق ـ بيتي مطلّ على السوق.

Regarder à, faire attention à, prendre garde à, وعى على O. ـ نظر الى A.

Regarder, considérer avec attention, تأمّل ـ نظر الى ـ تطلّع الى.

Regarder de près, examiner sévèrement, حرّر على ـ دقّق على.

Regarder, concerner, عنى I. O. ـ خصّ I.

Regarder comme, réputer, حسب O. ـ احتسب I. ـ اعتدّ I. Regardez cela comme une condescendance, اعتدّ تنازلاً و مراعاة لك. Ils ont regardé ce livre comme la source de, نظروه كينبوع ‖ Je te regarde comme mon frère, انت عندي بمقام اخي.

Régence, s. f., droit, soin de gouverner pendant la minorité, l'absence d'un souverain, نيابة الملك.

Régence, conseil préposé au gouvernement, ديوان المدبّرين.

Régénérateur, s. m., celui qui régénère, مجدّد.

Régénération, s. f., تجديد.

Régénérer, v. a., donner une nouvelle existence, جدّد.

Se régénérer, v. pron., تجدّد.

Régent, s. m., professeur qui enseigne dans les collèges, مدرّس.

Régent, e, adj., celui qui gouverne pendant la minorité d'un souverain ou en son absence, نايب ـ سلطان.

Régenter, v. n., professer, enseigner, درس ـ علّم.

Régenter, verb. n. et act., au fig. fam. aimer à

dominer, à faire prévaloir son avis, تَأمَّرَ على.

RÉGICIDE, s. m., assassinat d'un roi, قتل ملك.

*Régicide*, celui qui commet cet assassinat, قاتل ملك.

RÉGIE, s. f., administration des biens, etc., à charge d'en rendre compte, تدبير وكيل.

RÉGIMBER, v. n., ruer; au fig., résister, رفص - رفس I. O.

RÉGIME, s. m., règle qu'on observe dans la manière de vivre par rapport à la santé, تدبير أكل.

*Régime*, gouvernement, son mode, حكم.

*Régime*, t. de grammaire, mot qui dépend immédiatement d'un verbe ou d'une préposition, مفعول. Régime d'un verbe, معمول. || Régime d'une préposition, مجرور. || La préposition et son régime, الجارّ والمجرور.

*Régime*, rameau de palmier avec les fruits, عذق; plur., عراجين; pl., عرجون - زباطة - أعذاق.

RÉGIMENT, s. m., corps militaire composé de plusieurs compagnies, كردوس; plur., كراديس - الاى - فرقة عسكر.

RÉGION, s. f., grande étendue sur la terre, dans l'air, dans le ciel, قطر; plur., أقطار - ناحية; plur., نواحي - أقليم; plur., أقاليم.

RÉGIR, v. a., gouverner, حكم فى - على O. - ساس - دبّر أمور المملكة O.

*Régir*, administrer, conduire, دبّر.

*Régir*, t. de gramm., gouverner un mot; se construire avec un cas, عمل فى الاسم A. - نصب أو جرّ الاسم O.

RÉGISSEUR, s. m., celui qui régit à charge de rendre compte, موكّل بتدبير الأمور.

REGISTRE, s. m., livre où l'on écrit jour par jour, دفتر; plur., دفاتر.

RÈGLE, s. f., instrument qui sert à régler, مسطرة; plur., مساطر.

*Règle*, au fig., principe, loi, قاعدة; pl., قواعد - قانون; plur., قوانين - ضابطة; plur., ضوابط.

En règle, dans les règles, على القانون - مضبوط.

*Règle*, coutume usage, قاعدة - قانون.

*Règle*, principes, préceptes des arts, قانون; plur., قوانين - قاعدة; plur., قواعد.

*Règle*, ordre, bon ordre, نظام.

*Règle*, exemple, modèle, عهدة - قدوة.

*Règles*, règlement, discipline, instituts, قانون; plur., قوانين.

*Règles*, menstrues, حيض.

RÉGLÉ, E, adj., conforme, assujetti aux règles, منظوم - منظم.

*Réglé*, décidé, jugé, مثبوت.

*Réglé*, sage, rangé, مدبّر - حسن السيرة.

*Réglé*, compassé, مجدول.

Fièvre *réglée*, حمى دائرة مطردة.

Montre bien *réglée*, ساعة مضبوطة.

Fille *réglée*, qui commence à avoir ses règles, ذات حيض.

RÈGLEMENT, s. m., ordonnance, statut, أمر; pl., قوانين - أوامر.

RÉGLEMENTAIRE, adj. com., du règlement, قانوني.

RÉGLER, v. a., tirer des lignes sur du papier, سطّر.

*Régler*, diriger suivant certaines règles, assujettir aux règles, دبّر - نظّم. Régler sa conduite, هذّب سيرته - نظّم سيرته - ثقّف حاله. || Régler ses affaires, les mettre en bon ordre, نظّم أموره. || Régler sa dépense sur son revenu, قدّر مصروفه. - مدّ رجليه على قدر بساطه - على مدخوله.

*Régler*, déterminer, fixer, حدد - عيّن. || Régler que, arrêter, décider que, بنى أمره على I. - اعتمد على.

*Régler* un différend, فصل دعوى I. Régler une affaire, la terminer, فضّ أمر - قضى أمر I. || Régler un compte, فضّ الحساب - حاسب أحدا - تحاسب مع. || Régler une montre, la mettre en état, صلح الساعة.

*Se régler* sur, v. pron., اقتدى ب - وافق - استقعد على.

RÉGLISSE, s. f., plante légumineuse, سوس. Racine de réglisse, عرق سوس ‖ Jus de réglisse, رُبّ السوس. Marchand de tisane de réglisse, سوّاس.

RÉGNANT, E, adj., qui règne, قايم بالملك.

*Régnant, e*, adj., qui règne, غالب - متسلّط.

RÈGNE, s. m., gouvernement d'un royaume par un roi, un souverain, ايّام سلطنة - دولة - حكم - ملك. Sur la fin du règne de, فى آخر مُلك فلان.

*Règne*, genre, جنس. Règne animal, végétal, minéral, الحيوانات و النباتات و المعادن.

RÉGNER, v. n., gouverner un État comme roi, ملك على I.

*Régner*, au fig., régir, dominer, تسلّط على - غلب على O. - حكم على - تسلطي على I. La peste *régnait* à Damas, كان الوبا مشتغل فى الشام.

REGNICOLE, s. m., habitant naturel d'un pays, من اهل البلاد.

REGONFLEMENT, s. m., élévation d'un fluide arrêté dans son cours, ارتفاع الماء.

REGONFLER, v. n., s'enfler et se soulever (eau), ارتفع.

REGORGEMENT, s. m., action de regorger, طفح.

REGORGER, v. n., déborder, قاض I. - طفح A. *Regorger*, au fig., avoir en abondance, امتلى. *Regorger*, abonder, كثر A. Faire *regorger*, au fig. fam., obliger de rendre, طرش.

REGRATTER, v. a, racler, قشط I.

REGRATTIER, s. m., petit marchand, بيّع - سرقى.

REGRET, s. m., déplaisir que cause une perte ou le défaut de succès, تأسّف - أسف - حسرة. Avoir du regret de, تأسف على - تحسّر على ‖ Votre absence nous causera bien des regrets,

توحّشنا ; rép. : منكم يوحشنى لا الله.

*Regret*, repentir, ندم - ندامة - تأسّف.

*Regrets*, plur., doléances, plaintes, أسف - حزن.

A *regret*, adv., avec répugnance, من غير خاطر.

REGRETTABLE, adj. com., qui mérite d'être regretté, مستحقّ الاسف.

REGRETTER, v. a., être affligé d'une perte, d'un manque de succès, تأسّف على - تحسّر على. Regretter une personne absente, افتقد - اشتاق الى.

RÉGULARISER, v. a, rendre régulier, رتّب - نظّم.

RÉGULARITÉ, s. f., conformité aux règles, aux devoirs, aux commandements de Dieu, etc., استقامة. Régularité de conduite, موافقة للقوانين - حسن السيرة.

*Régularité*, stricte observation des règles en général, نظام - محافظة القوانين.

*Régularité*, ordre invariable, نظام , ترتيب لا يتغيّر.

*Régularité*, ponctualité, تحكيم - ضبط.

RÉGULATEUR, s. m., balancier et spiral, verge à pendule, ميزان.

*Régulateur*, au fig., qui règle, dirige, مدبّر.

RÉGULIER, ÈRE, adj., selon les règles, مضبوط - على القانون.

*Régulier*, qui a de la régularité, منظّم - مرتّب - مضبوط - منظوم.

*Régulier*, exact, ponctuel, مدقّق - محكّم - مضبوط.

*Régulier*, terme de grammaire, verbe, mot qui suit une règle fixe, قياسى - سالم.

RÉGULIÈREMENT, adv., selon les règles, حسب القانون.

*Régulièrement*, avec régularité, invariablement, من غير تغيير - بترتيب - بنظام.

*Régulièrement*, ponctuellement, بضبط - على وجه التدقيق.

RÉHABILITATION, s. f., اعادة الرجل الى ماكان فيه - رجوع الشرف.

RÉHABILITER, v. a., rétablir dans le premier état une personne dégradée, رجّع له الشرف - اعاده الى ماكان فيه من العزّة والاعتبار.

Se réhabiliter, v. pron., رجع مثل ماكان A.

REHAUSSEMENT, s. m., action d'élever plus haut, رفع.

Rehaussement, augmentation, تزويد.

REHAUSSER, v. a., hausser davantage ce qui était trop bas, رفع A· - على.

Rehausser le courage de quelqu'un, شجّع. Rehausser l'audace de, قوّى قلبه بزيادة جسارة I.

Rehausser, faire paraître davantage (la beauté, le coloris), اظهر بزيادة ة.

Rehausser, augmenter, زوّد.

Rehausser, vanter avec excès, عظّم.

RÉIMPOSER, v. a., imposer de nouveau, رمى. تكليف ثاني عليهم.

RÉIMPOSITION, s. f., رمية.

RÉIMPRESSION, s. f., طبعة ثانية.

RÉIMPRIMER, verbe a., imprimer de nouveau, طبع ثاني A.

REIN, s. m., rognon, glande qui sépare du sang les matières salines, كلوة ou كلية; plur., كلى ou كلاوى.

Reins, au plur., les lombes, le bas de l'épine du dos, صلب. Se donner un tour de reins (bête de somme), انخلّ. || Qui a un tour de reins, محلول.

Avoir les reins forts, au fig. fam., être en état de soutenir une dépense, كان شديد الظهر O.

REINE, s. f., femme de roi; femme qui possède un royaume, سلطانة - ملكة. Reine au jeu d'échecs, وزير - فرزين || Reine au jeu de cartes, بنت.

REINE-DES-PRÉS. plante. Voyez ULMAIRE.

REINTÉ, adj., qui a de forts reins, شديد الظهر - شديد الصلب.

RÉINTÉGRATION, s. f., action de réintégrer, رجعة.

RÉINTÉGRER, v. a., rétablir dans la possession de, رجع له الشى.

RÉITÉRATION, s. f., تكرير - اعادة.

RÉITÉRER, v. a., faire de nouveau ce qu'on a déjà fait, كرّر - اعاد.

REJAILLIR, v. n., jaillir d'un point à un autre, عدّى. || Faire rejaillir sur quelqu'un la boue, etc., طرشه, طرطشه ب.

Rejaillir, être repoussé d'un corps sur un autre, عدّى من, الى - اندفع. Voyez RÉFLÉCHIR.

Rejaillir, au figuré, retomber sur, revenir à, حصل ل - عدّى الى - عاد على, الى A.

REJAILLISSEMENT, s. m., mouvement de ce qui rejaillit, اندفاع - تعدية. Rejaillissement de la lumière, انعكاس النور.

REJET, s. m., action d'exclure, de rejeter, رفض - اطراح.

Rejet, t. de finance, réimposition de ceux qui payent les non-valeurs, رمية.

Rejet, nouvelle pousse, فرع جديد.

REJETABLE, adject. com., qui doit être rejeté, مرفوض.

REJETER, v. a., jeter une seconde fois, عاد O. رمى.

Rejeter, jeter une chose dans l'endroit d'où on l'avait tirée, طرح, عاد رمى O.

Rejeter, en parlant des plantes, repousser, فرّع.

Rejeter, jeter dehors, اخرج - رمى I. - القى.

Rejeter, au fig., rebuter, n'agréer pas, رفض O. I. Rejeter la demande de quelqu'un, ردّه خايب O. || Rejeter une doctrine, ne point l'admettre, نفى رايا I.

Rejeter, renvoyer à un autre article; placer ailleurs, حذف I.

Rejeter la faute sur un autre, لام غيره O. - نسب الذنب الى غيره O.

REJETON, s. m., nouveau jet, فرع; plur., فروع.

## REL        REL    691

Pous- فروع؛ plur., فرخ - فروخ ; pl., خلف - des rejetons, خلف خلوف - فرع فروع فرخ فرو.

*Rejeton*, descendant, نجل.

REJOINDRE, v. a., réunir les parties séparées, ضم الى بعضهم .A - O. ج

*Rejoindre*, ratteindre, retrouver des personnes dont on avait été séparé, لحق - حصّل A.

*Se rejoindre*, v. pron., se rassembler (parties séparées), طبق O.

*Se rejoindre*, se réunir (personnes), اجتمع A.

RÉJOUI, E, adj. et subst., personne de bonne humeur, بهلول ; plur., بهاليل.

RÉJOUIR, v. a., donner de la joie, du plaisir, شرح خاطره - ابهج A. - سرّ - ا O. Réjouir la vue, ابهج النظر.

*Se réjouir*, v. pron., éprouver de la joie, سرّ O. فرح - انسر A. Je me suis réjoui de votre bonheur, فرحت بسعادتك. Se réjouir d'un mal qui arrive à un ennemi, etc., شمت في ب A.

*Se réjouir*, se divertir, انبسط.

RÉJOUISSANCE, s. f., démonstration de joie, شنلك. Réjouissance publique, فر ; pl., افراح

*Réjouissance*, terme de boucher, os et basse viande vendus avec la bonne, لحم خشن و عظم.

RÉJOUISSANT, E, adj., qui réjouit, مسرّ.

RELÂCHE, s. m., interruption, انقطاع. Relâche, interruption de travail, بطالة تبطيل ‖ Relâche, discontinuation de douleur, repos, راحة راضة ‖ sans relâche, بلا انقطاع.

*Relâche*, terme de mer, lieu où l'on peut relâcher, موردة.

RELÂCHÉ, E, adj., qui n'est plus si tendu, si ferme, مرتخى - مرخى. Il a le ventre relâché, طبيعته مسهولة - بطنه لين.

*Relâché*, au fig., qui n'est pas si sévère, presque dissolu, سايب - مهاود.

RELÂCHEMENT, s. m., diminution de tension, Relâchement du ventre, لين، تليين البطن. ارتخاء.

*Relâchement*, au fig., ralentissement d'ardeur, ارتخا - برود - فتور.

*Relâchement*, état de celui qui se relâche du travail, etc., ارتخا - تراخى - اهمال.

*Relâchement*, diminution de sévérité, de régularité, تسييب - ارتخا.

*Relâchement*, délassement, راحة.

*Relâchement*, disposition du temps à s'adoucir, ارتخا - هدو.

*Relâchement*, dépravation des mœurs, انهماك فساد.

RELÂCHER, v. a., faire qu'une chose soit moins tendue, رخى I. Relâcher, lâcher le ventre, لين سهّل البطن.

*Relâcher*, mettre en liberté, laisser aller, اطلق سيّب.

*Relâcher*, céder de ses droits, etc., فات O. - عدّى عن.

*Relâcher*, v. n., terme de mer, s'arrêter, رسي I.

*Relâcher* de, ou *Se relâcher* de, v. pron., diminuer d'ardeur, se ralentir, فتر - ارتخى O.

*Se relâcher*, n'être plus si constant, si sévère, si actif, ارتخى.

*Se relâcher*, s'adoucir, n'être pas si violent, هدأ A. - ارتخى.

*Se relâcher*, n'être pas si douloureux, خقّ I. - تفاوت.

*Se relâcher*, céder de ses droits, etc., فات O. - عدّى عن.

RELAIS, s. m. plur., chiens, chevaux qui doivent en remplacer d'autres, غيار - علقة - بدلة.

*Relais*, le lieu où se trouvent ces chevaux, etc., مربط ; plur., مرابط.

RELANCER, v. a., lancer de nouveau (une bête fauve), عاد كرش O.

*Relancer*, au fig. fam., repousser, répondre avec fermeté, fierté, ردّ عليه O.

44.

*Relancer*, aller trouver quelqu'un pour l'engager à, A. حضر عنك و حركه الى.

*Relancer*, poursuivre jusque dans le dernier asile, O. I. زنق.

RELAPS, E, adj., qui est retombé dans l'hérésie, dans un vice, واقع ثاني مرة - ضالل.

RELATER, v. a., raconter, mentionner, ذكر O.

RELATIF, IVE, adj., qui a quelque rapport à, متعلق ب - يخص.

*Relatif*, terme de grammaire, موصول.

RELATION, s. f., rapport d'une chose à une autre, تعلّق ب - علاقة ب.

*Relation*, liaison, commerce, معاشرة - مخالطة.

*Relation*, correspondance, مكاتبة. علاقة.

*Relation*, liaison de parenté, نسبة.

*Relation*, narration, récit, رواية - ذكر.

RELATIVEMENT, adv., par rapport à, بالنسبة الى. Le présent est petit relativement à sa richesse, الهدية قليلة بالنسبة الى ماله.

*Relativement* à, au sujet de, فيها يخص - بخصوص.

RELAVER, v. a., laver de nouveau, عاد غسل O.

RELAXATION, s. f., terme de médecine, relâchement des nerfs, etc., ارتخاء العصب.

RELAXÉ, E, adj., t. de chirurgie, qui a perdu sa tension, مرخى.

RELAXER, v. a., t. de pratique, remettre en liberté, اطلق - سيّب.

RELAYER, v. a., remplacer un autre dans un travail, O. ناب - A. عمل دورة - اشتغل بالدور عن غيره.

*Relayer*, v. n., prendre des relais, des chevaux frais, غير الخيل.

*Se relayer*, v. pron., travailler alternativement, تناوب - تبادل.

RELÉGATION, s. f., exil, نفية.

RELÉGUER, v. a., exiler dans un lieu désigné, I. نفى.

*Reléguer*, au fig., mettre à l'écart, I. سند O. ترك.

*Se reléguer*, v. pron., se retirer, ابتعد.

RELENT, s. m., mauvais goût que contracte un viande à l'humidité, عفونة اللحم.

RELEVAILLES, s. f. pl., cérémonies de la bénédiction, à l'église, d'une femme après les couches, قيام نفسها.

RELEVÉ, s. m., t. de finance, de commerce, extrait des articles, اجمال - بيان مختصر.

DE RELEVÉE, s. f., après midi, بعد الظهر.

RELÈVEMENT, s. m., action de relever, اقامة.

*Relèvement*, énumération exacte, بيان - علم.

RELEVER, v. a., remettre debout ce qui éta tombé, قوم. Relever une chaise, عدل كرسى I. Relever une colonne, اقام, اقام العامود, نصب العامود.

*Relever*, ramasser, I. شال, قام من الارض. A. رفع من الارض.

*Relever*, rétablir ce qui était tombé en ruin, O. عاد عمّر - بنى.

*Relever*, remettre dans son ancien état, جع مثل ماكان.

*Relever*, au fig., ranimer, جدّد - قوى. Relever le courage de, شجّع - قوى قلبه.

*Relever*, hausser, رفع. - A. على.

*Relever* sa condition, son état, augmenter sa d gnité, على شانه.

*Relever*, rehausser, faire valoir, اظهر بزيادة. - I. زين. - I. زاده رونقا و بها.

*Relever*, louer, exalter, عظّم. - A. رفع.

*Relever* un mot, les fautes, les remarquer, l critiquer, بيّن العيوب. - O. لام.

*Relever* la garde, une sentinelle, t. de guerre, l remplacer par d'autres, بدل. - I. غيّر. - I. قام الغفر.

Relever, prendre la place de la sentinelle, ولى الحرس بعده.

*Relever*, quelqu'un de, le dispenser d'un engage

nt contracté, حلّ احداً من - اعفى احداً عن .O. Se faire relever de ses vœux, les خلّصه من déclarer nuls, اخذ حلّ .O

*Relever*, reprendre avec aigreur, ردّ عليه .O

*Relever*, v. n., être dans la dépendance de, تعلّق.

*Relever* d'une maladie, commencer à mieux se ـter, قام من مرض .O. Relever de couches, commencer à sortir depuis ses couches, خرجت المرأة من النف

*Se relever*, v. pron., sortir du lit où l'on vient ـntrer, عاد قام من الفرشة.

*Se relever*, se redresser, قام .O.

*Se relever*, au fig., se remettre d'une perte, d'une ـaladie, صحّ .I. *Voyez* RÉTABLIR.

*Se relever*, v. récip., faire tour à tour, تناوب ـ تبادل.

RELIEF, s. m., ouvrage relevé en bosse, تجسيم.

*Relief*, au fig., éclat qu'une chose reçoit d'une ـtre, رونق.

En *relief*, adv., en bosse, مجسّم ـ بارز ـ مقبى.

RELIER, v. a., lier de nouveau, ربط ثاني .O. ـ عقد ثاني .O.

*Relier*, coudre et couvrir les feuillets d'un livre, سفر .I. ـ حبك .O. ـ شدّ (Barb.).

*Relier* un tonneau, شدّ الواح البرميل بطارات.

RELIÉ, E, adj., مجلّد.

RELIEUR, SE, s., qui relie des livres, مجلّد ـ حبّاك.

RELIGIEUSEMENT, adv., d'une manière religieuse, بتقوى ـ بديانة ـ بدين.

*Religieusement*, exactement, scrupuleusement, بتدقيق ـ بضبط.

RELIGIEUX, SE, adj., qui a rapport à la religion, ديني. Maison religieuse, habitée par des religieux, بيت رهبان ـ ديورة ; plur., د

*Religieux*, pieux, qui a de la religion, دين ـ تقي

*Religieux*, exact, ponctuel, مضبوط. Avec une exactitude religieuse, بغاية الضبط و التدقيق.

*Religieux*, se, s., soumis par des vœux à la profession religieuse, راهب ـ ناذر ; plur., رهبان. Se faire religieux, ترهّب. ‖ Religieux musulman, درويش ; plur., دراويش.

RELIGION, subst. fém., culte rendu à la divinité, croyance, دين ; plur., اديان.

*Religion*, piété, ديانة ـ تقوى.

*Religion*, fidélité à ses vœux, à son serment, امانة.

*Religion*, état religieux, رهبنة.

RELIGIONNAIRE, adj. com., qui suit la religion réformée, معتزل.

RELIQUAIRE, s. m., boîte, cadre, etc., où l'on enchâsse des reliques, صندوقة ذخاير القديسين ـ انبوبة.

RELIQUAT, s. m., reste de compte, باقي حساب ـ علاقة.

RELIQUATAIRE, s. m., qui doit un reste de compte, باقي عليه ، باقي في ذمته مبلغ ما.

RELIQUE. s. f., ce qui reste d'un saint, ذخيرة ; plur., ذخاير.

RELIRE, v. a., lire de nouveau, عاد قرأ .O.

RELIURE, s. f., manière dont un livre est relié, تجليدة ـ شدّة ـ حبكة.

*Reliure*, ouvrage du relieur, تجليدة.

RELOUER, v. a., sous-louer, كرى من باطن .I.

RELUIRE, v. n., luire par réflexion, briller, لمع ـ اضاء .A.

RELUISANT, E, adj., qui brille, reluit, لامع ـ مضي.

RELUQUER, v. a. *Voyez* LORGNER.

REMÂCHER, v. a., mâcher de nouveau, عاد مضغ .O.

*Remâcher*, au fig. fam., repasser dans son esprit, كرّر في عقله.

REMANIEMENT, s. m., تغيير ـ مود على شي.

REMANIER, v. a., manier de nouveau, عاد مسّ .O.

*Remanier*, refaire, raccommoder, au fig.; un écrit, عاد على ـ صلّح O.

*Remanier*, disposer autrement, غيّر.

REMARIER, v. a., marier de nouveau, زوّج من جديد.

*Se remarier*, v. pr., passer à de nouvelles noces, عاد تزوّج ـ تزوّج ثانى O.

REMARQUABLE, adj. com., qui se fait remarquer, متنبّين.

*Remarquable*, digne d'être remarqué, معتبر ـ مستوجب النظر، الملاحظة ـ مستحقّ الاعتبار.

REMARQUE, s. f., note, observation, تنبيهة.

REMARQUER, v. a., marquer une seconde fois, علّم ثانى على.

*Remarquer*, observer que, faire attention à, لاحظ ـ تأمّل ـ فرزن ـ تنبّه على ـ نظر الى O. Remarquez bien cette parole, انظر الى هذا القول.

*Remarquer*, distinguer dans la foule, ميّز ـ عرف من غيره I.

REMBARQUEMENT, s. m., نزول ثانى بالمركب.

REMBARQUER, v. a., embarquer de nouveau, نزّل ثانى بالمركب ـ وسّق ثانى I.

*Se rembarquer*, v. pron., se mettre de nouveau sur mer, عاد نزل بالمركب ـ عاد ركب البحر O.

*Se rembarquer*, au fig., s'engager de nouveau dans une entreprise, انشبك ثانى فى.

REMBARRER, v. a., repousser vigoureusement, دفع A.

*Rembarrer*, au fig., repousser avec fermeté, rejeter avec indignation les discours, les propositions de quelqu'un, ردّ O. ـ رفض كلامه I. O.

REMBLAI, s. m., terre rapportée pour combler un creux, etc., تراب منقول لطمّ جورة و تسوية الارض.

REMBLAYER, verbe a., combler un creux, etc., طمّ جورة و سوّى الارض O.

REMBOÎTEMENT, subst. m., action de remboîter, ردّ ـ ترجيع.

REMBOÎTER, v. a., remettre ce qui était désemboîté, عشّق ثانى. Remboîter un os, ردّ العظم المخلوع.

REMBOURRAGE, s. m., action de rembourrer, حشو.

REMBOURRER, v. a., garnir de bourre, حشى I.

REMBOURSABLE, adj. com., qui doit ou peut être remboursé, يرجّع.

REMBOURSEMENT, s. m., action de rembourser, de payer, ترجيع الدراهم ـ دفع.

REMBOURSER, v. a., rendre l'argent déboursé, prêté, دفع ـ رجّع الدراهم A. *Rembourser*, au fig. fam., recevoir, حصل له A. Rembourser des coups, أكل ضرب O.

REMBRUNIR, v. a., rendre brun, plus brun, سمّر.

*Rembrunir*, au fig., attrister, سوّد.

REMBRUNISSEMENT, s. m., اسمرار ـ تسويد.

REMÈDE, s. m., tout ce qui sert à guérir, à prévenir le mal, دوا ـ علاج; plur., أدوية. Prescrire un remède, يصف, aor., وصف دوا.

*Remède*, lavement, حقنة; plur., حقن.

REMÉDIER, v. n., apporter remède à, داوى ـ Remédier à un inconvénient, استدرك ـ داوى الامر الضرر.

REMÉMORATIF, IVE, adj., qui fait ressouvenir, تذكار ـ مفكّرى.

REMÉMORER, v. a., faire ressouvenir, فكّر فى ـ ذكّره الشى.

*Se remémorer*, v. pron., remettre en sa mémoire, ذكر ـ تفكّر فى O.

REMENER, v. a., conduire une personne, un animal où il était, رجّع.

REMERCIER, v. a., rendre grâces, شكر O. Remercier quelqu'un de quelque chose, استشكر بخير I. ـ استشكر بخيره عن شى، على شى ـ شكر فضله. || Remercier quelqu'un de ses bontés, كتّر الله خيرك ـ جميله و احسانه. || Je vous remercie, نشكرك ـ وخيرك: réponse: الله يكثّر خيرك. || Je vous remercie, فضلك. Voyez MERCI. || Je vous remercie d'être venu, نشكر فضلك على مجيئك.

*Remercier*, renvoyer, destituer, O. عزل ‏- اركن.

*Remercier*, refuser honnêtement, استكثر بخيره و ما قبل منه المعروض.

REMERCÎMENT, s. m., paroles pour remercier, حمد ‏- شكران ‏- شكر الاحسان.

REMETTRE, v. a., mettre une chose où elle était, O. عاد حطّ الشي فى موضعه ‏- ردّ الشي الى موضعه. Remettre l'épée dans le fourreau, عمله ردّ السيف الى.

*Remettre*, mettre encore, O. حطّ كمان.

*Remettre* en vente, O. عاد عرض الشي للبيع.

*Remettre* à la voile, O. عاد أقلع.

*Remettre* dans le bon chemin, اعاده الى الطريق.

*Remettre* devant les yeux, حطّ قدّام عينيه.

*Remettre*, rétablir dans le premier état, رجّع O. ردّ الى ما كان عليه.

*Remettre*, raccommoder, remboîter un os, etc., O. ردّ ‏- O. جبر ‏- جبّر.

*Remettre*, rétablir la santé, طيّب ‏- ابرا.

*Remettre*, redonner des forces, قوّى.

*Remettre*, rassurer, faire revenir du trouble, هدّى ‏- سكّن روعه ‏- طمّن.

*Remettre*, restituer, O. ردّ ‏- رجّع.

*Remettre*, livrer, سلّم.

*Remettre*, différer, renvoyer à un autre temps, I. ‏- اخّر O. ترك ‏- حذف ‏- ابقى الى غير وقت, خلّى المادة الى غير وقت. Remettre une chose de jour en jour, حذف الشي من يوم الى يوم. || L'affaire est remise à demain, تمّ لغدا. || Remettre quelqu'un de jour en jour, ماطله.

*Remettre*, pardonner, O. غفر ‏- سامحه ب.

*Remettre*, faire grâce de, faire la remise d'une dette, A. ‏- سمح له ب ‏- O. فات له الدين ‏- I. وهب له الشي ‏- اعفى احدا عن.

*Remettre*, confier aux soins, à la direction, فوّض الامر الى ‏- سلّم الشي ل.

*Remettre*, reconnaître, I. عرف.

*Se remettre*, v. pr., se replacer, O. عاد الى مكانه.

*Se remettre* à, recommencer à, A. بدى ‏- شرع فى شي تكرارا.

*Se remettre*, revenir (du trouble), O. ‏- سكن O. فاق ‏- افاق ‏- استفاق من.

*Se remettre*, reprendre sa santé, I. ‏- طاب ‏- استراح ‏- انتجم ‏- توجّه للعافية ‏- استعدل مزاجه O. راق مزاجه.

*Se remettre* (temps), O. A. ‏- صحا الطقس ‏- تعدّل الطقس.

*Se remettre*, se délasser, استراح ‏- ارتاح.

*Se remettre*, s'en remettre, s'en rapporter à, سلّم امره ل ‏- فوّض امره ل. S'en remettre au jugement de, A. رضى بحكم احد. Se remettre entre les mains de, سلّم نفسه ل.

RÉMINISCENCE, s. f., ressouvenir, تذكار ‏- تذكرة.

REMISE, s. f., abri pour un carrosse, اصطبل ‏- محطّ عربانة.

*Remise*, taillis qui sert de retraite aux perdrix, lièvres, etc., دغلة ماوى الارانب و الطيور.

*Remise*, délai, retard, مهلة. Remise, renvoi à un autre temps, تأخير الى ‏- ابقاء الى.

*Remise*, grâce, معافاة من. Faire à quelqu'un la remise d'une peine, اعفاه عن القصاص.

*Remise*, somme abandonnée, diminuée sur une dette, un prix, عفو ‏- سماح ‏- وهبة. Faire une remise à, A. سمح له ب.

*Remise*, argent remis, envoyé, تسليم دراهم ‏- ارسال دراهم.

REMISER, v. a., mettre une voiture sous la remise, حطّ العربانة فى موضعها.

RÉMISSIBLE, adj. com., qui peut être pardonné, يُغفَر ‏- مغفور.

RÉMISSION, s. f., pardon, grâce, غفران ‏- مغفرة ‏- عفو.

*Rémission*, diminution, relâchement de la maladie, مهاودة.

REMONTE, s. f., chevaux qu'on donne à des cavaliers pour les remonter, خيل ركوبة.

*Remonter*, v. n., monter de nouveau, عاد طلع O. عاد ركب على - الى.

*Remonter* vers sa source (rivière), A. صعد الى O. عاد الى ورا ,الى منبعه - المنبع.

*Remonter* jusqu'à (généalogie), اتصل الى.

*Remonter* à la source, à l'origine de, O. نظر الى I. كشف الاصل - الاصل.

*Remonter* à, reprendre une chose de loin, A. بدى من.

*Remonter*, v. a. et n., monter de nouveau, عاد صعد - O. عاد طلع.

*Remonter* une rivière, aller contre le courant, قاطع فى التيار.

*Remonter*, équiper, garnir de nouveau, جهز من جديد.

*Remonter*, donner de nouveaux chevaux, جدّد الخيل.

*Remonter*, raccommoder à neuf, صلّح.

*Remonter*, remettre une monture, assembler de nouveau, ركّب من جديد.

*Remonter* la tête de quelqu'un, ردّ عقله الى راسه.

*Remonter* une montre, la mettre en état d'aller, دوّر الساعة.

REMONTRANCE, s. f., représentation des inconvénients d'une action, نصيحة - انذار - تنذير.

*Remontrance*, avertissement d'un supérieur à son inférieur, انذار - توبيخ.

*Remontrances*, plur., représentations faites au roi par une cour souveraine, contre les abus, etc., شكوى ديوان للملك.

REMONTRER, v. a., représenter les inconvénients d'une action, نبّهه على - انذره ب - نذرب.

RÉMORA, s. m., obstacle, مانع - عايق.

REMORDRE, verbe a., mordre de nouveau, A. O. عضّ ثانى.

REMORDS, s. m., reproche d'un crime, que fait la conscience, نخز الضمير - اكل السريرة - ما تلسعه ذمته. Il n'a point de remords, ما ينخزه ضميره -.

REMORQUE, s. f., action de remorquer un navire, سحب ,قطر مركب.

*Remorque*, cordage, رُملكة (Barb.).

REMORQUER, v. a., traîner un vaisseau par le moyen d'un ou plusieurs autres, O. - قطر مركب A.- جرّ O. - رُملكَر - سحب (Barb.).

REMOUDRE, v. a., moudre de nouveau, عاد O. طحن.

RÉMOULEUR, s. m., سنّان سكاكين.

REMPAILLER, v. a., regarnir une chaise de paille, I. كسى كرسى.

SE REMPARER, v. pron., se faire un rempart, A. عمل متراس.

*Se remparer*, s'emparer de nouveau, عاد ملك.

REMPART, s. m., levée qui défend une place, اسوار pl., ;سور - متاريس pl., ;متراس - مترسة.

REMPLAÇANT, s. m., qui remplace un conscrit, عوض.

REMPLACEMENT, s. m., action de remplacer, de fournir une chose à la place d'une autre, تعويض. En remplacement de, عوض عن.

*Remplacement* d'argent, nouveau placement, ثانى شغل الدراهم - معاملة دراهم.

REMPLACER, v. a., faire un remplacement d'argent, un emploi utile, عامل فى دراهم - شغل دراهم من جديد.

*Remplacer*, tenir lieu de, قام مقام O. Remplacer quelqu'un, tenir dignement sa place, اخلف I. || S'il trouve quelqu'un capable de le remplacer dans ses fonctions, ان وجد من يسدّ مسدّه فى خدمته.

*Remplacer*, succéder à, I. جاء بعد - اعقبه.

*Remplacer*, fournir une chose à la place d'une autre, عوّض. Remplacer une chose par une autre, prendre une chose, s'en servir au lieu d'une autre, I. اخذ الشى ,استعمل الشى عوض غيره || Remplacer quelqu'un, faire une chose à sa place,

REMPLAGE, s. m., action de remplir de vin une pièce, تعبية.

REMPLI, s. m., pli fait à une étoffe, etc., pour la rétrécir, la raccourcir, ثنية - قطابة.

REMPLI, E, adj., plein, مليان - ملآن.

REMPLIER, v. a., faire un rempli, ثنى I. كفّ O. - قطب I. - غبن O.

REMPLIR, v. a., emplir de nouveau, emplir, A. ملا - ملى - عبى. Remplir une bouteille de vin, ملا القنينة نبيذ. ‖ Il a rempli la terre du bruit de son nom, ملا صيته الارض شرقًا وغربًا.

Remplir, occuper une place, un emploi, قام O. قام بوظيفة - فى وظيفة.

Remplir, compléter un nombre, كمّل.

Remplir, accomplir sa promesse, satisfaire à ses engagements, قام بوعده - يوفى ,.aor; وفى بوعده O. Remplir ses devoirs, كسّل, وفى وعــده, قام بالواجبات - القيام بشروط الشريعة.

Remplir sa destinée, استوفى ما كتب عليه.

Remplir l'attente, l'espérance, وافق الامل. Il remplit l'idée que je m'en formais, يوافق ظنى فيه.

Remplir, rembourser, دفع A.

Remplir, achever, كمّل.

Se remplir, v. pron., امتلى.

REMPLISSAGE, s. m., ouvrage fait pour remplir, au propre et au fig., حشو.

REMPLISSEUSE, s. f., qui raccommode des dentelles, رقاية.

REMPLOI, s. m., remplacement, nouvel emploi d'argent, ثانى شغل الدراهم.

REMPLOYER, verbe a., employer de nouveau, شغل ثانى.

REMPLUMER, v. a., regarnir de plumes, حطّ ريش.

Se remplumer, v. pron., se regarnir de plumes; au fig. fam., rétablir ses affaires, sa santé, ريّش.

REMPOCHER, verb. act., remettre dans la poche, ردّ الى جيبه - حطّ فى جيبه O. ناب عنه عمل - عمل الشى عوضه, عوض عنه - قام مقامه - الشى O.

REMPORTER, v. a., reprendre une chose et la reporter au lieu d'où on l'avait apportée, عاد اخذ O.

Remporter, enlever d'un lieu, emporter, شال I. اخذ O.

Remporter, gagner, obtenir, كسب I. Remporter une victoire sur, ظفر - غلب على I. - A.

REMUAGE, s. m., action de remuer, تحريك - هزّ.

REMUANT, E, adj., qui remue, qui s'agite sans cesse, حركرك - حرك - يرعص.

Remuant, au fig., brouillon, خبّاص - فتّان.

REMUE-MÉNAGE, s. m., dérangement de meubles, نكد بيت - خبص.

Remue-ménage, au fig. fam., trouble, désordre, فتنة - خبص.

REMUEMENT, s. m., action de ce qui remue, mouvement, تحريك - حركة. Remuement de terre, تقليب ارض - نتقيل تراب.

Remuement, au fig., trouble, brouillerie d'un État, فتنة - افتنان; plur., فتن.

REMUER, v. a., mouvoir quelque chose, حرّك - نعتع - زعزع - هزهز I. هزّ. Remuer l'eau, l'agiter et la troubler, خوّض الماء - حرّك, خضّ الماء (Barb.). ‖ Cela est si lourd qu'on ne peut le remuer, هذا من ثقله ما يتنعتع.

Remuer, changer de place, حرّك. Remuer la terre, la fouir et la porter d'un lieu à un autre, قلّب الارض O. - نكش الارض.

Remuer ciel et terre, au fig., employer toutes sortes de moyens, عمل كل A. - خرب الدنيا A. الوسايط.

Remuer, farfouiller, حركش.

Remuer, au fig., émouvoir, agiter, خضّ O.

Remuer, v. n., être agité, avoir du mouvement, تهزهز - انهزّ - تحرّك.

Remuer, tenter d'agir, exciter des troubles, تحرّك.

*Se remuer*, v. pron., se mouvoir, تحرّك - رَعَصَ O.

*Se remuer*, au fig., se donner du mouvement pour réussir, حرّك O. - تحرّك - تعب A.

RÉMUNÉRATEUR, s. m., qui récompense avec justice (Dieu), ثواب - مجازى.

RÉMUNÉRATION, s. f., juste récompense, مجازاةٌ.

RÉMUNÉRATOIRE, adj. com., terme de pratique, qui tient lieu de récompense, جزائى.

RÉMUNÉRER, v. a., récompenser, جازى.

RENACLER, v. n., faire certain bruit en retirant son haleine par le nez, en soufflant par le nez, تنخّم.

RENAISSANCE, s. f., nouvelle naissance; au fig., renouvellement (des lettres), رجوع العلوم - احيا.

RENAISSANT, E, adj., qui renaît, ناشى - جديد.

RENAÎTRE, v. n., pousser, naître de nouveau, نبت من جديد O. - وُلِدَ من جديد A. Faire renaître, أحيى.

*Renaître*, au fig., sortir du trouble, de l'affliction, انتعش.

RÉNAL, E, adj. voisin des reins, كلاوى.

RENARD, s. m., animal, ثَعلب; plur., ثعالب - اكعاب (Barbarie) - ابو الحصين.

RENARDEAU, s. m., petit renard, ثعيلب.

RENARDIER, s. m., qui prend, tue les renards, صيّاد ثعالب.

RENCHÉRI, E, adj., devenu plus cher, صاير غالى.

*Renchéri*, au fig. fam., précieux, difficile, متعزّز. Faire le renchéri, تدلّل - تعزّز.

RENCHÉRIR, v. a., rendre plus cher, غلى.

*Renchérir*, v. n., devenir plus cher, صار غالى I.

*Renchérir*, surpasser, فاق على O. - زاد على I.

RENCHÉRISSEMENT, s. m., غلو ثمن.

RENCONTRE, s. f., hasard qui réunit deux personnes, deux choses, صدفه - مصادفه. Faire rencontre de quelqu'un, صادف.

*Rencontre*, conjonction, concours de deux choses, التقا.

*Rencontre*, action d'aller au-devant de quelqu'un, ملاقاةٌ - مقابلة. Aller à la rencontre de, لاقى لهٌ - راح الى ملاقاته O.

*Rencontre*, choc, لطمة - التقا.

*Rencontre*, conjoncture, صدفة - حال.

*Rencontre*, au fig., trait d'esprit, bon mot, اصابة; plur., نكتة - نكت.

Chose de *rencontre*, de hasard, d'occasion, لقطة.

RENCONTRER, v. a., trouver sans chercher ou en cherchant, صادف - لقى A. - لاقى.

*Rencontrer*, v. n., au fig., dire des traits heureux, اصاب.

*Se rencontrer*, v. pron., التقى مع. Deux montagnes ne se rencontrent jamais, mais les hommes se rencontrent, جبل مع جبل ما يلتقى انسان مع انسان يلتقى. || Ses yeux rencontrèrent ceux de, وقعت عينه فى عين فلان.

RENDEZ-VOUS, s. m., assignation pour se rendre à la même heure, au même lieu; ce lieu, عهد - موضع معهود - ميعاد - ملتقا. Le lieu où il lui avait donné rendez-vous, الموضع الذى كان اوعدك فيه. || Le rendez-vous est dans le jardin, المواعدة فى البستان - الميعاد و الملتقا. || Ils se donnèrent rendez-vous à tel endroit, ربطوا مع بعضهم انهم يلتقوا فى الموضع الفلانى.

RENDORMIR, v. a., faire dormir de nouveau, عاد نوّم O.

*Se rendormir*, v. pron., s'endormir de nouveau, عاد نام.

RENDOUBLER, v. a., replier une étoffe pour la raccourcir, la mettre en double, ثنى I.

RENDRE, v. a., restituer, remettre au propriétaire, رجّع O. - ردّ. Rendre une lettre, etc., la remettre à la personne à qui elle est adressée, سلّم المكتوب لصاحبه.

*Rendre* gloire à, مجّد. Rendre grâces, شكر O. ‖ Rendre réponse, ردّ جواب. ‖ Rendre le bonjour, ردّ عليه السلام I. ‖ Rendre le salut, ردّ الصباح. Rendre à chacun ce qui lui est dû, اعطى كل واحد حقه. ‖ Rendre à quelqu'un ses devoirs, ses hommages, سلّم ـ اهدى اليه ما وجب ولاق عليه. ‖ Rendre visite à quelqu'un, زار O. ‖ Rendre la justice, اجرى الحق. ‖ Rendre service à quelqu'un, قضى له حاجة A. ـ عمل معه خير I.

*Rendre*, donner en retour, عوّض. Donne-moi cela, je t'en rendrai dix fois autant, اعطيني هذا اعوض عليك الطاق عشرة. ‖ Dieu vous le rendra, العوض على الله ـ الله يعوض عليك. ‖ Dieu vous rendra le mal que vous avez fait aux autres, الله يلقيك فعلك. ‖ Rendre le mal pour le bien, قابل الجميل بالقبيح. ‖ C'est la pareille que je vous rends, واحدة ـ هل بتلك و البادى اظلم بواحدة.

*Rendre*, faire recouvrer, رجّع ـ ردّ ـ اعاد. ‖ Cela lui a rendu les forces, هذا رجّع اليه قوّته. ‖ Rendre la vie, انعش ـ احيى. ‖ Rendre la liberté à, اطلق.

*Rendre*, faire devenir, اعاد ـ صيّر. Rendre sage, صيّر عاقل. ‖ Rendre facile, هوّن ـ سهّل.

*Rendre*, produire, rapporter, جاب ـ اعطى I.

*Rendre* un son, اعطى حسّ. Rendre du jus, اعطى مويّة ـ طلع منه ما. ‖ Rendre de la matière, du pus, سال A. ـ طلع منه قيح I.

*Rendre*, livrer une place, سلّم.

*Rendre*, exprimer, traduire, عبّر عن ـ اوضح ـ فسّر.

*Rendre*, représenter une figure, اورى ـ بيّن صورة.

*Rendre*, répéter, اعاد.

*Rendre*, rejeter par les voies naturelles, استفرغ I. ـ رمى O. ـ بقّ O. ـ ردّ. Rendre par la bouche ce qu'on a avalé, بقّ الاكل.

*Rendre* l'âme, طلعت روحه.

*Rendre* raison de, فسّر.

*Rendre* la bride, rendre la main à un cheval, رخى للفرس I.

*Rendre* un arrêt, un jugement, حكم حكماً O. ـ قضى قضاءً I.

*Rendre* témoignage, شهد شهادةً A.

*Se rendre*, v. pr., devenir, صار ـ صيّر نفسه I. *Se rendre* odieux, صار مكروه I. ‖ *Se rendre* maître de, ملك I.

ـ *Se rendre*, aller, se transporter, توجّه على. *Se rendre* dans un endroit, s'y réunir, انطلق الى ـ اجتمع ، التقى فى موضع.

*Se rendre*, céder à la force, se soumettre, سلّم ـ سلّم نفسه. La garnison du fort se rendit, اهل القلعة سلّموا انفسهم. ‖ *Se rendre* à la raison, طاوع الحق ـ اذعن للحق.

Rendu, e, adj., arrivé, واصل.

Rendu, exténué de fatigue, هالك من التعب.

Renduire, v. a., enduire de nouveau, عاد دهن O.

Rendurcir, v. a., rendre plus dur, قسّى.

Rêne, s. f., courroie de la bride d'un cheval, عنان ; plur., اسراع ; plur., سرع ـ اعنّة ; coll., دزكين. Raccourcir les rênes, قصر لمّ الدزكين زمام ـ قياد.

Rêne, au fig., gouvernement, قياد ـ زمام.

Renégat, s. m., qui a renié sa religion, جاحد ـ مرتدّ. Renégat chrétien, علج ; renégat juif, سلامى (Barb.).

Renfermer, v. a., enfermer de nouveau, قفل عليه من جديد I.

Renfermer, comprendre, contenir, اشتمل على ـ تضمّن I. ـ حوى ـ احتوى على I.

Renfermer, au fig., restreindre, réduire dans des bornes, حصر O.

Renfermer, enfermer, mettre en prison, حبس I.

Se renfermer, v. pr., se tenir clos, حبس نفسه I. ـ سجن نفسه.

Se renfermer dans, se restreindre à, انحصر فى I.

Se renfermer en soi, se recueillir, جمع حواسّه A.

RENFLEMENT, s. m. (d'une colonne), غلظ عامود.
RENFLER, v. n., augmenter de volume en cuisant, en fermentant, انتفخ.
RENFONCEMENT, s. m., تجويف.
RENFONCER, v. a., enfoncer plus avant, عمّق.
RENFORCEMENT, s. m., action de renforcer, تقوية.
RENFORCER, v. a., rendre plus fort, شدّد ـ قوّى. Renforcer un corps par de nouvelles troupes, امدّهم بجماعة جديدة.
Se renforcer, v. pron., se fortifier, تقوّى.
RENFORCÉ, part., مشدّد.
RENFORT, s. m., مدد ـ امداد.
RENFROGNER. Voyez REFROGNER.
RENGAÎNER, v. a., ردّ السيف الى غمد ـ O. غمد السيف.
RENGAGER, v. a., mettre de nouveau en gage, رهن ثانى A.
Rengager, engager de nouveau dans une affaire, شبك ثانى O.
SE RENGORGER, v. pron., avancer la gorge en retirant la tête en arrière, نفخ O.
Se rengorger, au fig. fam., faire le beau, l'important, انتفش ـ نفش روحه I. O. نفخ.
RENGRAISSER, v. act., faire redevenir gras, سمّن ثانى.
Rengraisser, v. n., ou Se rengraisser, v. pron., redevenir gras, عاد سمن O.
RENIABLE, adj. com., de nature à être renié, منكور.
RENIÉ, s. m., apostat, qui a renié, جاحد ـ ناكر.
RENIEMENT, s. m. (de saint Pierre), action de renier Jésus-Christ, انكار المسيح.
RENIER, v. a., désavouer, nier, انكر ـ A. نكر ـ I. O. رفض ـ A. جحد.
RENIEUR, SE, s., qui renie, ناكر.
RENIFLEMENT, subst. masc., action de renifler, تشخير.

RENIFLER, v. n., retirer en respirant l'air ou l'humeur des narines, شخر.
RENIFLEUR, SE, s., qui renifle, شخّار.
RENOM, s. m., réputation, اسم ـ صيت ـ سمعة I.
RENOMMÉ, E, adj., fameux, célèbre, جليل ـ مشتهر.
RENOMMÉE, s. f., réputation, renom, صيت ـ سمعة. Faire tort à la renommée de quelqu'un, ثلم صيته I. || Bonne renommée vaut mieux que ceinture dorée, الذكر و الثنا خير من الغنا; prov.
Renommée, bruit public, كلام الناس ـ الكلام الساير.
RENONCEMENT, s. m., action de renoncer, ترك.
RENONCER, v. a., renier, désavouer, رفض I. ـ نكر ـ A. تبرّأ من.
Renoncer, v. n., se désister de, ترك O. ـ عدل عن ـ عدّى عن I. Renoncer à quelque chose, n'en vouloir plus, عاف الشى A. I. || J'ai renoncé à aller, بطلت اروح الى.
Renoncer, quitter, abandonner la possession, رفض O. ـ ترك O. ـ فات O. I. Renoncer au monde, ترك الدنيا. || Renoncer à une fausse religion, رفض الدين الكاذب.
RENONCIATION, s. f., acte par lequel on renonce, فوات ـ ترك.
RENONCULE, s. f., plante, شقيق نعماني.
RENOUÉE, subst. fém., ou Centinode, plante, عصا الراعي.
RENOUER, v. a., nouer une chose dénouée, nouer, عاد ربط O. Renouer une conversation, عاد عقد الكلام. Renouer amitié, عاد عقد المحبّة.
RENOUEUR, s. m., qui remet les membres disloqués, مجبّر.
RENOUVELER, v. a., rendre nouveau, faire de nouveau, faire revivre, جدّد.
Renouveler de, v. n., augmenter en, ازداد. Renouveler de zèle, ازداد غيرة.

*Se renouveler*, v. pron., redoubler, paraître de nouveau, تجدّد.

RENOUVELLEMENT, s. m., تجديد.

RÉNOVATION, s. f., renouvellement, اعادة - تجديد.

RENSEIGNEMENT, s. m., indice qui sert à faire reconnaître, استفهام - خبر - بيان. Je n'ai pu avoir sur lui des renseignements certains, ما وقعت لد على جليّة خبر. ‖ Donner à quelqu'un des renseignements sur, اخبر, خبّر احدًا عن. ‖ Demander des renseignements, استخبر من احد عن شي.

RENTE, s. f., revenu annuel, مدخول; plur., مدخولات.

RENTER, v. a., assigner un revenu, رتّب راتب - عيّن, رتّب مدخول.

RENTIER, ÈRE, s., qui a des rentes, صاحب مدخول.

RENTRAIRE, v. a., coudre, joindre sans que la couture paraisse, خيّط خياطة حسنة لا تبان.

RENTRAITURE, s. f., couture, خياطة غير باينة.

RENTRANT, adj. m., t. de fortification, qui s'enfonce en dedans, داخل.

RENTRAYEUR, SE, s., qui sait rentraire, رفّا.

RENTRÉE, subst. fém., action de rentrer, retour, رجعة.

*Rentrée*, arrivée des fonds, وصول - ايراد.

RENTRER, v. a., entrer de nouveau, عاد دخل O. *Rentrer*, revenir chez soi, عاد A. - رجع O. Rentrer dans les bonnes grâces du prince, عاد الى ماكان عليه من الجاه و العزّة عند الامير. ‖ Rentrer en charge, عاد الى المنصب. ‖ Rentrer en possession de son royaume, عاد الى ملكه. ‖ Rentrer dans son bien, عاد حصل على ماله.

*Rentrer* en soi-même, faire réflexion sur soi-même, نظر الى نفسه O.

*Rentrer*, arriver, revenir (fonds), وصل - ورد - دخل O. Jusqu'à ce qu'il lui rentre des fonds, الى ان يدخل له فلوس.

RENVENIMER, v. a., envenimer de nouveau, هيّج.

A LA RENVERSE, adv., sur le dos, على قفاه. *Se coucher à la renverse*, استلقى - نام على قفاه, على ظهره - تسلقى A.

RENVERSEMENT, s. m., état d'une chose renversée, انقلاب. Renversement de la paupière inférieure, شترة الجفن الاسفل.

*Renversement*, dérangement, انقلاب - لخبطة.

RENVERSER, v. a., jeter par terre, faire tomber, كركب - رمى الى الارض - القى الى الارض I. Il le renversa de dessus son cheval, قلبه عن ظهر الحصان. ‖ Il les renversa les uns sur les autres, كردسهم فوق بعضهم. ‖ Renverser sens dessus dessous, شقلب - قلب I. ‖ Renverser une muraille, هدّ I. O., هدم O., خرب حايط I. O.

*Renverser*, troubler l'ordre de, bouleverser, لخبط - شقلب - قلب I.

*Renverser*, au fig., détruire, خرب I. O. - عكس I. Renverser la fortune de quelqu'un, عكس تدبيره. ‖ Renverser ses desseins, خرب بيته.

*Renverser*, pencher, incliner (un vase), pour faire tomber ce qu'il contient, نكس O.

*Se renverser*, v. pron., se mettre à la renverse, استلقى. Se renverser, tomber à la renverse, وقع على قفاه - انقلب. ‖ Se renverser les uns sur les autres, تكردسوا فوق بعضهم. ‖ Se renverser, se confondre, se mêler, تخربط - اختلط - انقلب.

RENVOI, s. m., envoi d'une chose à la personne qui l'avait envoyée, ردّ.

*Renvoi*, signe qui renvoie à une citation, à une note, اشارة.

*Renvoi*, addition, حاشية.

*Renvoi*, terme de pratique, jugement qui renvoie, امر برفع دعوى الى غير حاكم.

*Renvoi*, congé, توزيع - اصراف.

*Renvoi*, répercussion, ردّ.

*Renvoi*, action de renvoyer, de chasser un domestique, طرد .

RENVOYER, verbe actif, envoyer de nouveau, عاد ارسل O.

*Renvoyer*, faire reporter à quelqu'un ce qu'il avait envoyé, ce qui est à lui, رجّع - ردّ O. Renvoyer, faire retourner quelqu'un au lieu d'où il est parti, O. ردّ - امره بالرجوع O.

*Renvoyer*, donner congé, chasser, اصرف - سيّب - دشّر O. - طرد .

*Renvoyer*, réfléchir, répercuter le son, etc., رجّع - ردّ .

*Renvoyer*, adresser à une autre personne, وجّه الى - احال، حوّل على . Il n'a pu lui-même m'expliquer l'affaire, il m'a renvoyé à un tel, ما قدر يشرح لى المادّة احالنى على فلان .

*Renvoyer*, remettre une cause à la décision d'un autre juge, امر برفع دعوة الى O.

*Renvoyer* absous, renvoyer d'accusation, décharger d'une accusation, برّر .

*Renvoyer* quelqu'un de sa demande, rejeter une demande, رفض طلبه O. I.

*Renvoyer*, ajourner à un autre temps, remettre, ابقى الى، حذف I. Renvoyer une affaire d'un jour à l'autre, حذف المادّة من يوم الى يوم II. Il ne faut pas renvoyer au lendemain ce qu'on peut faire dans le jour, لا تؤخّر عمل اليوم الى الغد .

*Renvoyer* quelqu'un d'un jour à l'autre, ماطله - حذف امره من يوم الى يوم .

RÉORDINATION, s. f., action par laquelle on réordonne, ارتسام جديد .

RÉORDONNER, v. a., conférer de nouveau les ordres sacrés à quelqu'un, قسم كاهن من جديد I. رسم ثانى O.

REPAIRE, s. m., retraite des animaux malfaisants; au fig., des voleurs, des brigands, ماوى - وجار .

RÉPAISSIR, v. a., épaissir de nouveau, جدّد - ثخّن .

*Répaissir*, v. n., devenir plus épais, جمد O. - ثخن O.

REPAÎTRE, v. n., manger, اكل O. - رعى A.

*Repaître*, v. a., nourrir (d'espérance), عشّم - علّل بالمواعيد .

*Se repaître*, v. pr., se nourrir, تقوّت ب Se repaître de chimères, تعلّل بالباطل - انغرّ .

RÉPANDRE, v. a., épancher, verser, كبّ O. Répandre de l'eau çà et là, arroser, رشّ مويه I.

*Répandre* le sang, سفك الدما - اراق الدما . Répandre des larmes, بكى - اجرى دموع I.

*Répandre*, étendre au loin, نشر O. Répandre une odeur, نشر رايحة O. - فاح برايحة . Répandre un bruit, نشر، اشاع، اذاع خبراً O.

*Répandre*, départir, distribuer, نشر، فرّق على O. Répandre de l'argent, نشر الفلوس .

*Se répandre*, v. pron., se propager, شاع I. - اشتهر - انتشر . Sa renommée s'est répandue dans le pays, اشتهر اسمه، صيته شاع فى البلاد . || Le bruit se répandit que, انتشر ذكره شاع الخبر بانّ .

*Se répandre* en louanges, كثّر المدح .

RÉPARABLE, adj. com., qu'on peut réparer, يتداوى .

REPARAÎTRE, v. n., paraître de nouveau, عاد بان A. - ظهر ثانى .

RÉPARATEUR, s. m., qui répare, جابر - مُصلِح .

RÉPARATION, s. f., ouvrage fait ou à faire pour réparer, تصليح - مرمّة .

*Réparation*, satisfaction d'une injure, d'une offense, d'un tort, خلاص حقّ - وفا الحقّ . Réparation d'honneur, تنكيل العرض || Faire réparation d'honneur à, وفى له حقّه - رجّع عرضه .

RÉPARER, v. a., refaire quelque chose à un bâtiment, etc., رمّ O.

*Réparer*, raccommoder, صلّح .

*Réparer*, rétablir ses affaires, اصلح، داوى امره . Réparer son honneur, محى عنده العار I. || Réparer ses pertes, سدّ الخسائر O. ‖ Réparer ses forces, رجعت قوته اليه.

*Réparer*, effacer, faire disparaître (une faute), استدركَ ما صدر منه - محى ذنب I. ‖ Il veut réparer son tort, استدرك على ما فاته I. ‖ بدّ يرقع السلّة.

*Réparer*, faire réparation du dommage qu'on a causé, عوّض عليه الخسارة - سدّ الخسارة O. - Réparer l'honneur, la réputation de quelqu'un, رجع له عرضه - محى عنه العار.

*Réparer* le temps perdu, استدرك ما ضاع من اوقاته.

REPARLER, v. n., عاد تكلّم.

RÉPARTIE, s. f., réplique, جواب - مجاوبة. Qui a la répartie prompte, حاضر الجواب.

REPARTIR, v. n., partir de nouveau, راح O.

*Repartir*, v. a. et n., répliquer, جاوب.

RÉPARTIR, v. a., partager, distribuer, قسم على I. - قسم على.

RÉPARTITION, s. f., partage, distribution, قسمة - تقسيم.

REPAS, s. m., réfection, nourriture à heure fixe, اكلة - اكل. Un seul repas, طقة واحدة. ‖ Il fait quatre repas par jour, ياكل فى النهار اربع مرّات. ‖ Grand repas, repas prié, ضيافة - وليمة. ‖ Après un repas on remercie les maîtres de la maison en disant, سفرة دايمة و اصحابها سالمة; réponse : الله يسلمك ou يديم حياتك.

REPASSAGE, s. m., action de repasser (du linge), كوى.

*Repassage* (des couteaux), سنّ.

REPASSER, v. a., aiguiser, سنّ I. O.

*Repasser*, passer un fer chaud sur une robe, une chemise, etc., كوى I.

*Repasser*, traverser de nouveau (une rivière, etc.), عاد قطع النهر O.

*Repasser* dans sa mémoire, جاب على باله - ادار فى عقله - اعاد الى عقله - تذكّر.

*Repasser*, étudier de nouveau, درس O.

*Repasser* la lime sur, عاد صقل و صلح.

*Repasser*, v. n., عاد فات O.

REPASSEUR, s. m., qui repasse les couteaux, سنّان سكاكين.

REPASSEUSE, s. f., femme qui repasse le linge, كوّاية.

REPENTANCE, s. f., repentir, ندامة - حسرة.

REPENTANT, E, adj., qui se repent, ندمان.

SE REPENTIR, v. pron., avoir un véritable regret d'une faute, etc., ندم على شى A. Vous vous en repentirez lorsqu'il ne sera plus temps, تندم حيث لا ينفعك الندم.

REPENTIR, s. m, regret d'avoir fait ou de n'avoir pas fait quelque chose, ندامة - ندم.

RÉPERCUSSIF, IVE, adj., terme de médecine, qui fait rentrer, كاتم.

RÉPERCUSSION, s. f., terme de médecine, répulsion à l'intérieur des humeurs prêtes à sortir, كتم.

*Répercussion*, terme de physique, réflexion des sons, de la lumière, ردّ.

RÉPERCUTER, v. a., faire rentrer les humeurs, كتم O.

*Répercuter*, réfléchir, renvoyer le son, etc., رجع - ردّ O.

RÉPERTOIRE, s. m., table, recueil, inventaire, فهرسة.

RÉPÉTAILLER, v. a. fam., répéter trop souvent, كرّر - اعاد.

RÉPÉTÉ, adj., مكرّر - معاد.

RÉPÉTER, v. a., redire, refaire ce qu'on a dit ou fait, اعاد - كرّر. Il est inutile de le répéter, ما فى الاعادة افادة.

*Répéter*, rendre, redire, اعاد.

*Répéter*, réclamer son dû, طلب O.

*Répéter* des écoliers, اعاد للاولاد تعاليم المعلم و فسّرها مفصّلاً.

*Répéter*, exécuter préalablement pour s'exercer, جرّب O.

*Répéter*, rapporter ce que l'on a entendu, نقل O.

RÉPÉTITEUR, s. m., t. de collége, qui répète les écoliers, مقوّي - معلّم.

RÉPÉTITION, s. f., action de répéter, اعادة - تكرار.

*Répétition*, réclamation en justice, طلب.

*Répétition*, exercice préalable pour essayer, تجربة.

*Répétition*, redite, اعادةً - ترديد - كلمة معنادة.

*Répétition*, t. de collége, exercice, تقوية الاولاد - تعليم.

Montre à *répétition*, ساعة دقاقة.

REPEUPLEMENT, s. m., action de repeupler, تعمير.

REPEUPLER, v. a., peupler de nouveau, عمّر من جديد.

RÉPIT, s. m., délai, surséance, مهلة. Donner du répit à, تمهّل عليه - امهله.

*Répit*, relâche, تنفيس - تنفس.

REPLACER, v. a., remettre en place, أعـــاد - ردّ الشى الى موضعه.

REPLÂTRAGE, s. m., réparation légère et superficielle avec du plâtre, تجبيس.

REPLÂTRER, v. a., renduire du plâtre, جبّس.

*Replâtrer*, au fig. fam., chercher à couvrir mal une faute, ستر O. Il veut replâtrer ce qu'il a fait, بدّه يرقع السلة.

REPLET, ÈTE, adj., qui a trop d'embonpoint, ممتلى - سمين - بدن.

RÉPLÉTION, s. f., plénitude, grande abondance d'humeurs, امتلا.

REPLI, s. m., pli redoublé, ثنية.

*Repli*, au fig., fond du cœur, de l'âme, طويّة - طيّة القلب - صميم الفواد.

REPLIER, v. a., plier ce qui avait été déplié, I. ثنى - طوى I.

*Se replier*, v. pron., انشنى - انطوى.

*Se replier*, t. militaire, se mouvoir en arrière, رجع الى ورا O.

*Se replier* sur soi-même, au fig., se recueillir, réfléchir sur soi-même, تفكّر فى ذاته.

RÉPLIQUE, s. f., réponse, جواب.

RÉPLIQUER, v. a., faire une réplique, جاوب - ردّ له عليه O.

REPLONGER, v. a., plonger de nouveau, رمى I. ثانى مرّة.

RÉPONDANT, s. m., caution, garant, ضامن - كفيل.

RÉPONDRE, v. a, répartir sur ce qui a été dit ou demandé, اجاب - جاوب - ردّ له عليه O. Répondre à une lettre, ردّ جــــواب O. Répondre à quelqu'un sur quelque objet, جاوبه عن شى على شى.

*Répondre*, avoir proportion, conformité avec, وافق. Répondre aux espérances, وافق - عادل الامل. || L'an de Jésus-Christ qui répond à l'an de l'hégire, السنة المسيحية الموافقة للسنة الهجرية.

*Répondre*, réfuter, نقض O. - ردّ على احد O.

*Répondre* pour, être caution, garant de, ضمن A. - كفل O. Je vous en réponds, انا لك كفيل. || S'il est perdu, il faut que vous en répondiez, ان ضاع فمطلوب منّك.

*Répondre* à, être égal à, ساوى - عادل - وافق. Son bien ne répond pas à sa générosité, ماله ما هو على قدر جوده - يوافق كرمه.

*Répondre*, faire réciproquement de son côté, وافق غيره على. Il n'a pas répondu à mon amitié, قلبه ما وافق قلبي - ما وافقني على المحبة.

*Répondre*, aboutir à, se faire sentir par communication à, اتّصل الى.

*Se répondre*, v. récip., تجاوبوا.

*Se répondre*, correspondre symétriquement, تقابل.

RÉPONSE, s. f., répartie, جواب ; plur., اجوبة

رَدّ جواب ـ مجاوبة ـ جوابات.

*Réponse,* lettre en répondant, ce qu'on répond, جواب. La réponse à vos lettres, جواب مكاتيبكم. ‖ Faire réponse, الجواب عن مكاتيبكم ـ ردّ جواب.

*Réponse,* réfutation, مناقضة.

REPORTER, v. a., porter la chose où elle était, عاد اخذ الشي الى ـ رجع الى.

*Reporter,* redire, نقل ـ اعاد.

*Se reporter,* v. pron., se transporter en idée, تذكّر. O. ـ نظر الى. O. ـ عاد رجع الى.

REPOS, s. m., privation, cessation de mouvement, سكون.

*Repos,* cessation de travail, tranquillité, quiétude, قرار ـ ارتياح ـ استراحة ـ راحة. En repos, مستريح.

*Repos,* sommeil, نوم.

*Repos,* césure dans les vers, محطّ.

REPOSER, v. a., poser dans une situation tranquille, حطّ. O. Reposer sa tête sur un oreiller, حطّ راسه على مخدّة.

*Reposer,* procurer du repos, du calme, ريّح ـ سكّن.

*Reposer,* v. n., dormir, نام. A.

*Reposer,* cesser de travailler, استراح. Laissez-les reposer, خليهم يستريحوا.

Ici repose, ci-gît, ههنا مستريح.

*Reposer,* être placé, كان محطوط, موضوع في.

*Reposer,* se rasseoir, se dit des liqueurs troubles, خلّى يروق راق. O. Laisser reposer des liqueurs, روّق.

Laisser *reposer* les esprits d'un homme agité, خلّاه يسكن, يهدا.

*Se reposer* sur, v. pr., faire fond sur, اتّكل على ـ اعتمد على.

*Se reposer,* cesser de travailler, de se mouvoir, d'agir, استريّح, et mieux, استراح.

A tête *reposée,* au fig., avec réflexion, على رواقة.

*Se reposer* sur ses lauriers, être tranquille, inactif après un succès, استراح.

REPOSOIR, s. m., autel provisoire où le Saint-Sacrement s'arrête lors d'une procession, مركز.

REPOUSSANT, E, adj., qui inspire de l'aversion, كريه.

REPOUSSEMENT, s. m., action de repousser, دفع.

REPOUSSER, v. a., rejeter, renvoyer, faire reculer avec effort, دفع A. ـ ردّ O. Repousser la force par la force, دافع عن نفسه ـ مانع عن نفسه.

*Repousser,* réfuter, ابطل.

*Repousser* une injure, s'en venger, خلّص حقّه من احد.

*Repousser* une raillerie, y répondre avec force et raison, ردّ على احد.

*Repousser* quelqu'un, l'éloigner de soi, ne vouloir point le voir, نفى I.

*Repousser,* inspirer de l'aversion, نفّر القلب.

*Repousser,* v. n., pousser de nouveau, عاد نبت.

RÉPRÉHENSIBLE, adj. com., qui mérite répréhension, يلام.

RÉPRÉHENSION, s. f., réprimande, ملامة ـ توبيخ.

REPRENDRE, v. a., prendre de nouveau, عاد O. ـ اخذ ثانى ـ اخذ. O. La fièvre le reprit, نقض عليه الحمى.

*Reprendre,* continuer quelque chose qu'on avait interrompu, رجع الى. A. Reprenons notre discours, نرجع الى ـ نرجع الى سياق الكلام ما كنا بصدده.

*Reprendre* le dessus, rétablir sa santé, داوى ـ حصل على الشفا ـ صحّة. Reprendre le dessus, reprendre l'avantage, عاد كسبان بعد ما كان. ‖ Reprendre ses forces, رجعت قوّته اليه ـ خسران. ‖ Reprendre courage, اشتدّ عزمه ـ قوّى قلبه. Reprendre ses esprits, لمّ حواسّه ـ وعى على روحه.

*Reprendre,* raccommoder, faire une reprise, رفا A. I.

*Reprendre,* blâmer, censurer, لام O. ـ واخذ.

Lorsque je me trompe, il me reprend, اذا غلطت فى كلمة يردّلى.

*Reprendre*, v. n., pousser de nouvelles racines après avoir été replanté, نبّت.

*Reprendre*, se rétablir d'une maladie, استفاق ـ اتجه الى العافية ـ استعدل مزاجه.

*Se reprendre*, v. pron., se reformer, se rejoindre (blessures, chairs), O. قطب ـ O. ختم.

*Se reprendre*, se corriger, A. استفاق من شهوة.

*Se reprendre*, se rétracter, رجع فى قوله.

REPRÉSAILLE, s. f., ce qu'on fait ou prend pour s'indemniser ou se venger, اخذ ثار ـ قصاص. User de représaille, قابل فعله ـ قابله بمثل ما صنع بمثله.

REPRÉSENTANT, s. m., qui en représente un autre, qui en tient la place, وكيل ؛ plur., وكلا ـ قايم مقام غيره ؛ plur., نوّاب ؛ نايب.

REPRÉSENTATIF, IVE, adj., de représentant, نايبى ـ وكيلى.

*Représentatif*, qui représente, tient la place de, figure, يعبّر عن ـ قايم بمقام.

REPRÉSENTATION, s. f., exhibition, exposition devant les yeux, احضار ـ عرض ـ تقديم. Représentation d'objet par la peinture, la sculpture, صورة.

*Représentation*, objection, remontrance respectueuse, douce, تنبيه ـ مراجعة.

*Représentation*, belle apparence, extérieur avantageux d'une personne, صورة ـ هية.

*Représentation*, faste, pompe, crus nécessaires, فخرة ـ جثّة ـ صورة.

*Représentation*, droit de succéder, نيابة.

*Représentation* d'une comédie, لعب كوميدية ـ لعب تقليد.

REPRÉSENTER, v. a., présenter de nouveau, قدّم I. ـ احضر I. Représenter quelqu'un, le faire paraître personnellement, جاب I. ـ احضره.

*Représenter*, exhiber, mettre une chose sous les yeux, I. جاب له ـ O. قدّم له ـ عرض عليه.

*Représenter*, offrir l'image, l'idée, اورى ـ I. جاب فى عقله.

*Représenter*, exprimer, A. شرح ـ عبّر عن ـ فسّر ـ I. وصف.

*Représenter*, rappeler le souvenir, l'image, اذكره الشى I.

*Représenter*, être le type, la figure, O. كان صورة.

*Représenter*, figurer par le pinceau, le ciseau, etc., عمل صورة ـ صوّر.

*Représenter*, tenir la place de, O. قام مقام ـ O. I. ناب عن ـ O. I. سدّ عن.

*Représenter*, remontrer, بيّن له ـ نبّه احدا على ـ O. عرض عليه.

*Représenter*, imiter par l'action, le discours, A. لعب تقليد ـ قلّد.

*Représenter*, v. n., paraître en public, faire de la dépense avec éclat, تظاهر. Il représente bien, له صورة.

*Se représenter*, v. pron., se remettre en la présence de, comparaître, O. عاد حضر قدّام.

*Se représenter*, se figurer, تخيّل ـ تصوّر فى عقله. Se représenter une personne absente, نشخّص احدا.

*Se représenter*, s'offrir de nouveau (occasion), اتفق ثانى.

RÉPRESSIF, IVE, adj., qui réprime, منعى ـ قصاصى.

RÉPRESSION, s. f., action de réprimer, منع ـ قصاص.

RÉPRIMABLE, adj. com., qui doit être réprimé, منعه لازم.

RÉPRIMANDE, s. f., reproche, نهرة ـ توبيخ ـ عتاب.

RÉPRIMANDER, v. a., reprendre quelqu'un avec autorité, A. وبّخه ـ نهر عليه ـ O. عتب عليه.

RÉPRIMER, v. a., arrêter les progrès du mal, A. منع.

*Réprimer*, contenir, A. قمع ـ O. ضبط. Réprimer

ses passions, قمع نفسه. ‖ Réprimer l'ambition, قطع عرق الطمع.

*Réprimer* l'orgueil de, كسر نفسه A. — I. قهره.

REPRISE, s. f., continuation après l'interruption, رجعة. A plusieurs reprises, plusieurs fois, مرار جملة. مرّة بعد مرّة.

*Reprise*, raccommodage à l'aiguille, رفية.

REPRISE, s. f., TÉLÉPHIUM ou ORPIN, plante, بقلة الكرم.

RÉPROBATION, s. f., لعنة.

REPROCHABLE, adj. com., qui mérite reproche, مستحق اللوم.

*Reprochable*, récusable, يعاب - يُرفض.

REPROCHE, s. m., ce qu'on objecte pour faire honte, توبيخ - معاتبة - عتاب. Faire des reproches à quelqu'un, عتب عليه O. — وتخّم. ‖ Faire a quelqu'un des reproches de, لامه على O. — عيّره ب - غيّره ب.

*Reproche*, motif pour récuser un témoin, عيب.

Sans *reproche*, adv., à qui l'on ne peut rien reprocher, sans défauts, كامل - نقيّ من كل لوم - بلا عيب.

Sans *reproche*, sans prétendre en faire un reproche, من غير عتاب.

REPROCHER, v. a., objecter une chose pour faire honte, عتب عليه O. I. — لامه على O. — عيّره ب. Reprocher à quelqu'un d'être avare, عيّره بالبخل.

*Reprocher*, t. de pratique, récuser (un témoin), رفض O.

*Reprocher*, rappeler avec reproche un service rendu, reprocher un bienfait, منّ عليه الشي I. O. Un bienfait reproché cesse d'être un bienfait, المنّة تهدم الصنيعة.

*Reprocher*, fam., donner comme à regret, etc., استخسر عليه الشي.

Se *reprocher*, v. pr., se faire des reproches, se repentir, لام نفسه - عتب على نفسه O. — على.

REPRODUCTIBILITÉ, s. f., faculté d'être reproduit, نمو - تولّد - تخليف - توليد.

REPRODUCTIBLE, adj. com., susceptible d'être reproduit, de se reproduire, متولّد - ينبت ثاني - مخلّف.

REPRODUCTION, s. f., naissance de nouvelles tiges, de nouvelles parties, تنبيت ثاني - طرح.
*Reproduction*, action d'engendrer, توليد - تخليف.

REPRODUIRE, v. a., produire de nouvelles tiges, طرح فروع جدد - فرّع فروع جدد A.
*Reproduire*, présenter de nouveau, قدّم ثاني مرّة I. — جاب ثاني مرّة.

Se *reproduire*, v. pron., repousser, عاد نبت O.
Se *reproduire*, se représenter, avoir lieu de nouveau, عاد حدث O. — عاد ظهر O.
Se *reproduire* par la génération, خلف.

RÉPROUVÉ, s. m., damné, ضالّ, pl., ضالّين et هالك - ملاعين, pl., ملعون - ضالّين.

RÉPROUVER, v. a., rejeter, condamner une doctrine, رفض I. O. — نفى. انكر الشي على احد.
*Réprouver* (en parlant de Dieu), قضى عليه الهلاك الابدي.

REPTILE, adj. com., animal qui rampe, هامّة; plur., هوامّ - دبيب.

RÉPUBLICAIN, E, adj., qui appartient à la république, جمهوري - مشيخي.

RÉPUBLICAIN, s., qui est attaché à la république, aux opinions républicaines, يحبّ المشيخة - تابع لحكم الجمهور.

RÉPUBLIQUE, s. f., État gouverné par plusieurs, جمهور - مشيخة.
*République* des lettres, corps des gens de lettres, جمهور الادب.
La *république*, la chose publique, l'État, الجمهور.

RÉPUDIATION, s. f., action de répudier, طلاق.

RÉPUDIER, v. a., renvoyer sa femme avec les for-

45.

malités légales, طلق. Je te répudie, انتِ خلية منّي.

*Répudier*, rejeter, I. رفض - A. نكر.

RÉPUGNANCE, s. f., sorte d'aversion, كراهة. Avoir de la répugnance pour, O. نفر قلبه من - A. كره ‖ Avec répugnance, كرها - بغير رضا.

RÉPUGNANT, E, adj., contraire, مضادد - مخالف.

RÉPUGNER à, v. n., être plus ou moins opposé, contraire à, خالف - ضادد.

*Répugner*, avoir de la répugnance, A. كره الشي - ما رضى بالشي.

*Répugner*, inspirer de la répugnance, نفر القلب. Il me répugne de faire cela, يعز , يصعب على - على ان.

RÉPULSIF, IVE, adj., qui repousse, دافع.

RÉPULSION, s. f., action de ce qui repousse, état de ce qui est repoussé, دفعة - ردّ.

RÉPUTATION, s. f., renom, estime, صيت - سمعة - اسم. Pour votre réputation, لاجل حسن سمعتك. ‖ Faire tort à la réputation, entamer la réputation de quelqu'un, ناموسه I. خرق - I. ثلم صيته. ‖ Sa réputation a reçu une atteinte, انثلم صيته. ‖ Il a la réputation d'un honnête homme, هو مشهور بالصلاح.

RÉPUTER, v. a., présumer, croire, regarder comme, O. ظنّ I. عدّ - I. حسب.

RÉPUTÉ, adj., regardé comme, معدود - محسوب.

REQUÉRABLE, adj. com., qui doit être requis, مطلوب.

REQUÉRANT, E, adj., qui requiert, qui demande en justice, طالب.

REQUÉRIR, v. a., demander en justice, ou avec autorité, O. طلب. Autant que la nécessité le requerra, حسب مقتضى الامر.

REQUÊTE, s. f., demande par écrit en justice, etc., طلبة - عرض ; pl., اعراض - عرض حال. *Requête*, prière, رجا - طلبة.

REQUIN, s. m., chien de mer, poisson très-vorace, كلب بحرى.

REQUINQUÉE, s. f., vieille qui se pare, عجوز متغندرة.

SE REQUINQUER, v. pron., se parer, تغندر - تلبّس.

REQUIS, E, adj., demandé, مطلوب.

*Requis*, convenable, واجب.

*Requis*, nécessaire, لازم.

RÉQUISITION, s. f., action de requérir, طلبة - طلب. A la réquisition d'un tel, بطلب فلان.

*Réquisition*, demande faite par autorité publique, qui met une chose à sa disposition, طلب - امر باعطا شى - من الحكم. ‖ Mettre tous les jeunes gens en réquisition pour aller à l'armée, طلب جميع الشباب للعسكرية.

RÉQUISITOIRE, s. f., acte de réquisition judiciaire, طلبة.

RESCINDANT, s. m., demande pour faire casser un acte, طلب بابطال حجّة.

RESCINDER, v. a., annuler un acte, etc., ابطل.

RESCISION, s. f., terme de pratique, cassation d'acte, etc., ابطال.

RESCISOIRE, adj., مبطل.

RESCISOIRE, s. m., motif principal de rescision, سبب ابطال.

RESCRIPTION, s. f., mandement par écrit pour toucher une somme sur, ورقة حوالة على.

RESCRIT, s. m., réponse écrite d'un souverain, كتاب من صاحب الامر.

*Rescrit*, bulle, monitoire, فتوى من البابا - كتاب البابا.

RÉSEAU, s. m., petits rets, tissu, entrelacement qui en a la forme, شبكة - شبك - نسيج.

RÉSÉDA, s. m., herbe maure ou d'amour, plante odoriférante, فاغية - ترجحنة.

RÉSERVATION, s. f., action par laquelle on réserve, ابقا.

RÉSERVE, s. f., action de réserver, ابقاء.

*Réserve*, chose réservée comme provision, ذخر.

Mettre en réserve, serrer, garder, خبّى - ادّخر.

*Réserve*, discrétion, circonspection, محاسبة. User avec réserve de, استعمل الشى بالقانون بالمعروف.

Se tenir sur la *réserve*, ne point se livrer, se confier, انقبض ضدّ انبسط.

*Réserve*, troupes, vaisseaux à l'arrière, ظهر. Corps de réserve, فرقة عسكر متّذخرة لوقت الحاجة.

A la *réserve*, adv., à l'exception, الّا.

En *réserve*, à part, متّذخر للاستخراس.

Sans *réserve*, sans exception, من غير ابقاء.

RÉSERVÉ, E, adj., retenu, sage, discret, circonspect, عاقل - حرّيص.

RÉSERVER, v. a., garder, retenir quelque chose du total, ابقى. Ne vendez pas tout, réservez-en quelques-uns pour vous, لاتبيع الكل ابقى عندك ابقى لنفسك, خلّى عندك كم واحد.

*Réserver*, garder pour un autre temps, un autre usage, ادّخر - خبّى - خلّى. Il les réservait pour combattre les troupes de Noman, كان يختبيهم لقتال عساكر النعمان.

Se *réserver*, v. pron., attendre, remettre à faire, à parler, بقى A. Je me réserve à faire cela en temps et lieu, ابقى اعمل هذا فى وقته و محلّه.

RÉSERVOIR, s. m., lieu fait pour amasser et conserver de l'eau, جابية - حوض (Barb.).

RÉSIDANT, E, adj., qui réside, demeure, قاطن - مقيم - ساكن.

RÉSIDENCE, s. f., demeure ordinaire, سكنة - اقامة. Faire sa résidence en un lieu, اقام بوضع.

*Résidence*, lieu de résidence d'un prince, etc., محلّ اقامة - مسكن.

*Résidence*, emploi d'un résident auprès d'un prince, وكالة.

RÉSIDENT, s. m., envoyé pour résider auprès d'un prince, وكيل.

RÉSIDER, v. n., faire sa demeure, O. قطن - اقام ب - O. سكن.

*Résider*, au fig., exister dans, consister dans, وقف على - O. قام ب فى.

RÉSIDU, s. m., t. de commerce, le restant, باقى.

*Résidu*, t. de chimie, ce qui reste d'une substance soumise à une opération; sédiment, بقيّة - ثفل.

RÉSIGNANT, s. m., qui résigne un bénéfice, فايت.

RÉSIGNATAIRE, s. m., celui à qui on a résigné, مفاوت له.

RÉSIGNATION, s. f., démission d'un bénéfice, abandon en faveur de, مفاوتة.

*Résignation*, soumission à la volonté de Dieu, à son sort, صبر - تسليم.

RÉSIGNER, v. a., se démettre d'un office, etc., en faveur de quelqu'un, تخلّى - تنازل له عن - استخلف احدا فى - تفاوت له عن.

Se *résigner*, v. pron., se soumettre, s'abandonner à, لزم الصبر على - O. صبر على - سلّم A. Se résigner à la volonté de Dieu, سلّم امره لله. || Se résigner à son sort, à son malheur, صبر على المصيبة.

RÉSILIATION, subst. f., résolution d'un acte, ابطال, تبطيل حجّة. Résiliation d'un marché, اقالة. || L'acheteur a demandé la résiliation de la vente, le vendeur l'a accordée, طلب المشترى الاقالة فاقاله البايع.

RÉSILIER, v. a., casser, annuler, ابطل - فسخ A. Consentir à résilier un marché conclu avec quelqu'un, اقاله البيع. || Consens à résilier notre marché, اقلنى البيع. || Je consens à le résilier, اقلتك.

RÉSINE, s. f., matière inflammable qui sort du sapin, du pin, etc., دهن - صمغ صنوبر - راتينج - قلفونية.

RÉSINEUX, SE, adj., qui produit la résine, ذو صمغ - ذو راتينج. Odeur résineuse, رائحة راتينج. ‖ Bois résineux, حطب مدهن.

RÉSIPISCENCE, s. f., reconnaissance de sa faute avec amendement, توبة - اقرار بذنب. Venir à résipiscence, تاب A.

RÉSISTANCE, s. f., qualité par laquelle un corps résiste au choc, au frottement, صبر على - صلابة.

*Résistance*, au fig., défense contre l'attaque, صبر على - مدافعة.

*Résistance*, opposition aux volontés, مقاومة - مخالفة.

RÉSISTER, v. n., se défendre, opposer la force à la force, مانع - دافع عن نفسه.

*Résister*, ne pas céder au choc, à l'impression d'un autre corps, صبر على - ضايـن O. - صلب O. Un vase qui résiste au feu, اناء صابر على النار.

*Résister*, s'opposer aux volontés de quelqu'un, tenir ferme contre, ردّ O. - دفع A. - قاوم. On ne peut résister à ses ordres, حكمه لا يُدفع و لا يُردّ. ‖ Résister à quelqu'un, قاوم - عاند.

*Résister*, endurer, souffrir, supporter la peine, صبر على - احتمل O. Résister à l'adversité, صبر على الشدائد O. ‖ Résister à la fatigue, صبر على التعب.

RÉSOLU, adj., déterminé, hardi, صاحب حزم - مايس.

*Résolu*, décidé, arrêté, معتمد عليه - مفصّل.

RÉSOLUBLE, adj. com., qui peut être résolu, ينحل.

RÉSOLUMENT, adv., hardiment, بعزم شديد - بجسارة.

RÉSOLUTIF, IVE, adj., terme de médecine, qui peut résoudre (remède), دوا محلّل.

RÉSOLUTION, s. f., cessation totale de consistance, terme de médecine, انحلال.

*Résolution*, annulation d'un bail, etc., اقالة - ابطال.

*Résolution* d'une tumeur, تحليل - حلّ.

*Résolution*, solution d'une difficulté, حلّ مشكلة.

*Résolution*, fermeté, courage, عزم - حزم - شدّة عزم - ثبات القلب.

*Résolution*, dessein, parti pris, قصد - نيّة. ‖ Sincère résolution, نية صحيحة - قصد حقيقي. J'ai pris la résolution de partir, اعتمدت اروح - اعتمدت على الرواح.

RÉSOLUTOIRE, adj., qui annule, مبطل.

RÉSOLVANT, E, adj., qui résout, محلّل - حالل.

RÉSONNANCE, s. f., battement prolongé et graduel du son, رنّة.

RÉSONNANT, E, adj., qui renvoie le son, رنّان.

RÉSONNEMENT, s. m., retentissement, دوي - رنّ.

RÉSONNER, v. n., retentir, renvoyer le son, رنّ I. - دوى A. Résonner, rendre un son, رنّ I. - طنّ I.

RÉSOUDRE, v. a., faire cesser la consistance, l'union entre les parties, حلّ.

*Résoudre*, annuler, ابطل - فسخ A.

*Résoudre* quelqu'un, le déterminer à, جعله على I. - جذب احدًا الى I.

*Résoudre*, arrêter, décider, former un projet, بنى امره على - اعتمد على - ازمع على I. - قصد I. Ils résolurent d'un commun accord de, عزم على I. - اجمعوا على - اتّفق رايهم على.

*Résoudre*, décider une question, نهى I. Résoudre une difficulté, حلّ مشكلة O.

*Résoudre*, réduire, changer en, احال.

*Se résoudre*, v. pron., se déterminer, نوى I. - عزم على - اعتمد على I.

*Se résoudre*, être dissous, amolli, dissipé, انحلّ.

*Se résoudre* en, se changer en, صار I. - عاد O. - استحال.

RESPECT, s. m., vénération, توقير - اكرام - احترام - مهابة. Présentez mes respects à, اهدوا منى السلام بوفور الاحترام الى حضرة فلان ‖ Sauf le respect, حاشا من السامعين - حاشا حرمة السامعين - البعيد. ‖ Respect humain, حركة و لياقة بشرية. ‖ Perdre le respect,

pect, أسا الأدب, قلّل. || La familiarité détruit le respect, المزاحة تذهب المهابة.

RESPECTABLE, adj. com., qui mérite du respect, مستوجب لاعتبار - موقر - مكرم - معتبر.

RESPECTER, v. a., révérer, honorer, porter respect, ‎ - احترم - اعتبر - عظم قدره - اكرم - كرّم, وقر - A. هاب.

Respecter, épargner, ne point endommager, كفاه شرّة I.

Se respecter, v. pron., garder avec soin la décence, اكرم نفسه. Celui qui ne se respecte point lui-même, n'est pas respecté des autres, من لا يكرم نفسه لا يكرمه غيره.

RESPECTIF, IVE, adj., qui a rapport à chacun en particulier, qui concerne réciproquement, بين. Leurs prétentions respectives, يخص كل واحد - بعضهم ادعا بعضهم - ادعا كل واحد على صاحبه على بعض.

RESPECTIVEMENT, adv., d'une manière respective, كل واحد. Ils ont présenté respectivement leurs requêtes, قدّم كل واحد عرض حاله.

RESPECTUEUSEMENT, adv., avec respect, باحترام - باكرام - بتوقير.

RESPECTUEUX, SE, adj., qui porte respect (personne), مكرم - محترم.

Respectueux, qui indique le respect, يدلّ على الاحترام.

RESPIRABLE, adj. com., qu'on peut respirer, en parlant de l'air, ينشمّ.

RESPIRATION, s. f., action de respirer, تنفيس - نفس - تنفّس. Difficulté de respiration, عسر التنفس - ضيق نفس. || Couper, gêner la respiration, قطع نفسه - عبّق القلب - غمّ القلب.

RESPIRER, v. n., attirer et repousser l'air par le mouvement des poumons, تنفس.

Respirer, prendre haleine, avoir quelque relâche, بلع ريقه - O. اخذ نفس A.

Respirer, vivre, عاش I.

Respirer, v. a., aspirer, شمّ O.

Respirer, au fig., marquer, témoigner, بيّن - كان علامة. - O. دلّ على.

Respirer, et respirer après, désirer vivement, اشتهى - اشتاق الى - O. تاق الى.

RESPLENDIR, v. n., briller avec un grand éclat, تلألأ - اضاء.

RESPLENDISSANT, E, adj., qui brille avec éclat, مضى - متلالي.

RESPLENDISSEMENT, s. m., grand éclat, بها - ضياء.

RESPONSABILITÉ, s. f., obligation d'être garant, ضمانة - كفالة. Responsabilité des fonctionnaires publics, مطالبة اصحاب المناصب بما وقع من الفساد.

RESPONSABLE, adj. com., qui doit répondre, être garant de quelque chose, de ce que fait quelqu'un, مطالب ب - ضمنا, pl.; ضامن - كفلا, pl.; كفيل. C'est vous qui êtes responsable, s'il arrive quelque chose de fâcheux, المطلوب منك اذا جرى شي. || Vous en serez responsable devant Dieu, تكون انت المطالب به عند الله.

Responsable, qui doit rendre compte de sa gestion, etc., مطالب ب.

RESSAC, s. m., choc impétueux des vagues en mouvement contre la côte, لطم الامواج للبرّ.

RESSAIGNER, v. a., tirer du sang de nouveau, عاد فصد O.

RESSAISIR, v. a., et SE RESSAISIR de, v. pron., se remettre en possession d'une chose, عاد تملك.

RESSASSER, v. a., sasser de nouveau, نخل ثاني O.

Ressasser, au fig., discuter, examiner de nouveau, بحث ثاني A.

RESSAUT, s. m., avance, saillie, خرجة.

RESSEMBLANCE, s. f., conformité, rapport, مشابهة.

RESSEMBLANT, E, adj., qui est semblable, مشابه.

RESSEMBLER, v. n., avoir de la ressemblance

avec, شبه A. - حاكى - ضاهى. Il vous ressemble, ‖ يشبهك. Je trouve que vous ressemblez à un tel, شبهتك لفلان. ‖ Il est heureux, je voudrais lui ressembler, بخته مليح كنت اريد اكون مثله. ‖ Ils se ressemblent, يشبهوا بعضهم. ‖ Les jours se succèdent et ne se ressemblent pas, ما يمضى يوم و يجى مثله. ‖ Qui se ressemble s'assemble, شبيه الشكل منجذب اليه.

RESSEMELER, v. a., mettre de nouvelles semelles, حط نعل جديد A. - نعل ثانى.

RESSENTIMENT, s. m., faible attaque ou renouvellement d'un mal, حسّ بوجع. Il a encore quelques ressentiments de fièvre, لسا يحسّ بالسخونة بعض اوقات.

Ressentiment, désir de se venger d'une injure, غيظ - فـلّ الغيظ I. Étouffer son ressentiment, كظم.

RESSENTIR, v. a., sentir, éprouver, حسّ ب I. - وجد I. لاقى. Ressentir une douleur physique, حسّ بوجع. ‖ Ressentir une vive peine, وجد الماً شديداً ,لاقى. ‖ Ressentir de la joie, A. حصل عنك سرور.

Se ressentir de, v. pron., sentir encore quelque reste de, حسّ ب I.

Se ressentir d'un événement heureux ou malheureux, en éprouver les conséquences, en avoir sa part, A. - حصل له ,وصل اليه خير او شرّ - O. عاد عليه شرّ - O. عمّ عليهم خير الشى او شوّمه - O. عاد اليه خير.

Se ressentir d'une injure, s'en souvenir avec le désir de s'en venger, لم يزل ذاكر البهدلة طالب الانتقام.

RESSERREMENT, s. m., action par laquelle une chose est resserrée, زنق - انطباق. Resserrement de ventre, انقباض.

RESSERRÉ, adj., qui n'est pas libre (ventre), مقبوض - منقبض.

Resserré, étroit, ضيّق.

RESSERRER, v. a., serrer davantage ce qui s'est lâché, شدّ O.

Resserrer, renfermer, remettre une chose où elle était serrée, renfermée, حط فى O. - عاد خبّى O. - ردّ, رجّع الى موضعه - مطرحه O.

Resserrer, rendre moins ouvert, ضيّق - طبق O.

Resserrer le ventre, le rendre moins libre, قبض I. - قبض.

Resserrer un prisonnier, des assiégés, ضيّق على - زنق O.

Resserrer, au fig., abréger, قصّر.

Se resserrer, v. pron., devenir plus intense (froid), اشتدّ.

Se resserrer, devenir moins libre, moins lâche (ventre), تقبض - انقبض.

Se resserrer, se fermer, se rétrécir, انطبق - ضاق I.

Se resserrer, au fig., retrancher de sa dépense, قندق.

RESSIF, RÉCIF, s. m., rochers sous l'eau, صخر - صخور.

RESSORT, s. m., propriété de la matière pressée pliée ou tendue, de se rétablir dans son premier état, قوة تحوّلية.

Ressort, morceau de métal qui réagit contre la pression, زنبرك - لولب ; plur., لوالب - زنبلك.

Ressort, au fig., le ressort de l'âme, sa force, قوّة.

Ressort, moyens de succès, حيلة ; plur., حيَل.

Ressort, étendue, juridiction, compétence, يختصّ - ما يتعلّق ب. La chose est du ressort des médecins, المرجع الى الاطبّا.

En dernier ressort, sans appel, من غير مراجعة.

RESSORTIR à, v. n., être du ressort, de la juridiction de, A. - تبع I. O. - خصّ I. - تعلّق ب.

Ressortir, sortir de nouveau, A. طلع ثانى.

Ressortir, produire de l'effet par contraste, تبيّن.

Ressortissant, e, adj., qui ressort à un tribunal, مختصّ ب.

Ressouder, v. a., لحم ثاني O.

Ressource, s. f., ce à quoi on a recours pour se tirer d'embarras, حيلة ; plur., حيل.

Ressouvenir, s. m., idée conservée d'une chose passée, اثر الشى فى العقل - تذكرة - ذكر.

Se ressouvenir, v. pron., se rappeler, se remettre dans la mémoire, تفكّر فى - تذكّر. Faire ressouvenir quelqu'un de, فكّره فى - ذكره الشى.

Se ressouvenir, considérer, réfléchir, faire attention à, افتكر ،تفكّر فى - تأمّل.

Ressuage, s. m., état, action d'un corps qui ressue, عرق - تعريق.

Ressuage, opération de métallurgie, تنقية الفضّة من النحاس.

Ressuer, v. n., rendre l'humidité intérieure, عرق A.

Ressuer, t. de monnaie, séparer l'argent du cuivre, نقّى الفضّة من النحاس.

Ressusciter, v. a., ramener de la mort à la vie, اقام من الموت - احيى.

Ressusciter, au fig. fam., renouveler, faire revivre, احيى - جدّد.

Ressusciter, v. n., قام من بين الاموات O.

Ressuyer, v. n., Se ressuyer, v. pron., se sécher, نشف A.

Restant, e, adj., qui reste; et Restant, s. m., ce qui reste, باقى - فاضل.

Restauper, v. a., raccommoder à l'aiguille les trous d'une toile, رفى I.

Restaur, s. m., recours des assureurs les uns contre les autres, ou contre le maître du vaisseau, رجوع على.

Restaurant, s. m., établissement de restaurateur, دكان طبّاخ.

Restaurant, consommé très-succulent, pressis de viandes, مسبّك لحم - مرقة لحم.

Restaurant, e, adj., qui restaure, qui répare les forces, مقوّى.

Restaurateur, trice, s., qui refait, rétablit, répare, معمّر - محيى.

Restaurateur, sorte de traiteur, بيّاع طعام - طبّاخ.

Restauration, s. f., réparation, rétablissement, احياء - تعمير - عمار - اصلاح.

Restaurer, v. a., réparer des édifices, une ville, عمّر - اصلح - صلح.

Restaurer les lois, les sciences, احيى.

Restaurer, rétablir, remettre en bon état, rendre la vigueur à, عدّل - قوّى.

Reste, s. m., ce qui reste d'un tout, باقى, pl., بقيّة - فضلة - فاضل, pl., فاضل - بواقى, pl., بقايا. Quand apporterez-vous le reste de la somme? اى متى تجيب الغلاقة، بقية المصريات. Elle a des restes de beauté, عليها بقايا من الجمال.

Être en reste de, rester débiteur de, بقى عليه, فى ذمّته شى. Je ne veux pas être en reste de bons offices avec lui, ما اريد يحمّلنى منّية.

Reste, ce que quelqu'un a refusé, laissé, فضلة. Je ne veux pas de ton reste, ما ارضى بفضلتك.

De reste, adv., plus qu'il ne faut, بزيادة - فضّار.

Au reste, du reste, au surplus, d'ailleurs, cependant, و غير ذلك.

Restes, au plur., les cendres, تراب.

Rester, v. n., être de reste, فضل A. - بقى A. - تبقّى.

Rester, demeurer malgré certaines raisons, demeurer après les autres, ظلّ A. - تمّ A. - بقى A. تمّ موضعك O. Restez à votre place, استقام - اقام O. - مكث قعد O.

Rester, séjourner, بقى. Il est resté aveugle, بقى اعمى.

Rester, demeurer dans un certain état,

En *rester*, se contenter de, se borner à, اكتفى ب - اقتصر على - اقتنع ب.

En *rester*, s'arrêter, وقف. Où en étions-nous restés ? اين كنّا.

RESTITUABLE, adj. com., qui peut être remis dans son premier état, يُرجّع الى حالته الاولى.

*Restituable*, terme de pratique, qui doit être restitué, يُرَدّ.

RESTITUER, v. a., rendre, رَدّ O. - رجّع.

*Restituer*, remettre en l'état précédent ou comme il doit être (un monument, un texte), صلّح - عدّل.

*Restituer*, terme de palais, dégager d'une obligation, حلّه شرعًا من الوعد O.

RESTITUTION, s. f., action de rendre, رَدّ - رجوع.

*Restitution* d'un texte, etc., اصلاح.

*Restitution* contre une promesse, حلّ شرعي من وعد.

RESTREINDRE, v. a., au fig., diminuer, réduire, قصر الشي على - حصر - قيّد O.

Se *restreindre*, v. pron., se borner à, اقتصر على.

RESTREINT, E, adj., ضيّق.

RESTRICTIF, IVE, adj., qui limite, qui restreint, مقيد.

RESTRICTION, s. f., modification, condition qui restreint, شرط - قيد - تقييد.

RESTRINGENT, E, adj., qui resserre (remède), دوا قابض، مقبض.

RÉSULTANT, E, adj., qui résulte, ناتئ.

RÉSULTAT, s. m., ce qui résulte, s'ensuit, متحصّل - نتيجة - حاصل.

RÉSULTER, v. n., s'ensuivre, نتج من O. - ناتئ من A. - حصل من.

RÉSUMÉ, s. m., précis d'un discours, مقتصر - مختصر. En résumé, مختصر الكلام - بالاجمال.

RÉSUMER, v. a., recueillir, reprendre, réduire en peu de paroles, اجمل.

RÉSURRECTION, s. f., retour de la mort à la vie, انبعاث - بعث - قيام - قيامة.

*Résurrection*, au fig. fam., guérison surprenante, قيامة ميّت.

RÉTABLIR, v. a., remettre au premier état, اعاد الى ما كان. Rétablir quelqu'un dans sa place, اعاده الى منصبه - رجّعه الى منصبه. ǁ Rétablir l'ancienne discipline, احيى القوانين.

*Rétablir*, réparer, remettre en bon état, صلّح - عدّل.

Se *rétablir*, v. pron., recouvrir la santé, استراح - اتجه الى العافية. - I. طاب - استعدل مزاجه - راق مزاجه O. Il n'est pas encore bien rétabli de sa maladie, ما روّق من مرضه. ǁ الى الآن ما راق مزاجه. Ses affaires se sont rétablies, استقام حاله.

RÉTABLISSEMENT, s. m., action de rétablir, اعادة - تعديل - اصلاح.

*Rétablissement*, guérison, شفا. *Voyez* GUÉRISON.

RETAILLE, s. f., morceau retranché, قطعة.

RETAPER, v. a., retrousser les bords d'un chapeau contre la forme, le remettre à neuf, صلّح I. ثنى حافية برنيطة - البرنيطة.

*Retaper*, terme de perruquier, peigner à rebours les cheveux et les enfler, نفش الشعر I. O.

RETARD, s. m., délai, retardement, عاقة - بطاء. Retard, obstacle qui retarde, عايق ; plur., عوايد.

RETARDATAIRE, adj. com., qui est en retard de payement, متعوّق.

RETARDEMENT, s. m., délai, retard, عاقة - تأخير.

RETARDER, v. a., différer, أخّر.

*Retarder*, empêcher d'aller, de partir, d'avancer, عوّق - اعاق. Être retardé, انعاق.

*Retarder*, v. n., aller plus lentement, tarder à paraître, ابطى - تعوّق - عوّق.

*Retarder*, être en retard (montre), قصّر - أخّر. Ma montre retarde, ساعتي مقصّرة.

RETEINDRE, v. a., صبغ ثاني O.

Retenir, v. a., ravoir, tenir encore une fois, حصّل ثاني.

Retenir, garder par-devers soi ce qui est à un autre, ne pas lâcher, conserver, réserver ce que l'on a, حاش O. – ابقى عنك – مسك عنك I.

Retenir, conserver quelque chose de ses habitudes, بقى عنك شي من عوايدك السابقة.

Retenir, s'assurer de ce qu'un autre pourrait prendre, حاش O. – مسك I. Retenir un domestique à son service, حاشه للخدمة O.

Retenir, faire demeurer ou séjourner, حجز O. – مسك I. Retenir quelqu'un chez soi, مسكه عندك.

Retenir, réprimer, modérer, منع A. – حجز O. – ضبط O. Retenir sa langue, حفظ, ضبط لسانه ‖ Je ne peux retenir mon cheval, ما اقدر اضبط حصاني.

Retenir, garder dans sa mémoire, وعى على A. – حفظ A.

Retenir, concevoir, مسك I. – علق A.

Retenir la main de quelqu'un, حاش يد O.

Retenir son haleine, حبس نفسه I. Retenir ses larmes, حبس دموعه.

Retenir l'eau, l'empêcher de couler, حبس, حجز الما.

Retenir dans la main quelque chose que l'on vous jette, تلقّى – اسلقى.

Se retenir, v. pron., s'empêcher de, حاش O. تمسّك من – نفسه.

Se retenir, s'arrêter, وقّف.

Se retenir à, s'accrocher à, تمسّك ب.

Rétention, s. f., terme de palais, réserve, ابقا لنفسه – حوش.

Rétention d'urine, difficulté, impossibilité d'uriner, احتباس البول في المثانة – عسر البول.

Rétentionnaire, adj. com., qui retient ce qu'il a à autrui, مختلس – ماسك عند مال غيره.

Retentir, v. n., résonner, rendre un son, رنّ I. Le lieu retentit du coup, رنّت القاعة I. طنّ

طنّ المكان من الضربة ‖ Il poussa un cri qui fit retentir les montagnes, صرخ صرخة ادوت لها الجبال.

Retentir, faire un bruit éclatant, طنطن.

Retentissant, e, adj., qui retentit, مطنطن.

Retentissement, s. m., bruit, son renvoyé avec éclat, دوي – رنّة – طنطنة – طنين.

Retentum, s. m., t. de pratique, article secret, شرط مختبى.

Retenu, e, adj., destiné et arrêté, محجوش.

Retenu, sage, modéré, عاقل – رزين. Soyez retenu dans vos discours, صن لسانك.

Retenue, s. f., modération, discrétion, رزانة – ماسكة. Retenue dans les discours, حفظ اللسان – صيانة اللسان.

Retenue, t. de finance, de pratique, action, droit de retenir, حجز – مسك.

Réticence, s. f., figure de rhétorique, chose omise à dessein dans le discours, كتمة – جمجمة.

Rétigulaire, adj. com., ou Rétiforme, qui ressemble à un réseau, مشبّك – مثل شبكة.

Rétif, ve, adj. (cheval), qui résiste, حرون – حارون O. Devenir rétif, faire le rétif, حرن.

Rétif, au fig. fam., difficile à conduire (personne), مقل – عنيد. Faire le rétif, عاند.

Rétine, s. f., filets entrelacés du nerf optique, شبكية – الياف العين المشتبكة.

Retirade, s. f., t. de fortification, retranchement derrière un ouvrage, متراس وراني.

Retirement, s. m., t. de chirurgie, contraction, raccourcissement, تقلّص – كشّ – كشاشة.

Retirer, v. a., tirer à soi, en arrière; ôter une chose, une personne de l'endroit où elle était, سحب A. – شال I. – اخرج – طيلع – طالع. Retirer un seau du puits, طيلع الدلو من البير ‖ Retirer quelqu'un du péril, خلّص احد من الخطر ‖ Retirer sa main, شال يده, رفع ‖ Il

me l'avait donné, il me l'a retiré, كان اعطاني اياه
عاد اخذه مني.

*Retirer*, percevoir, recueillir, A. حصل له ـ O. اخذ. Il n'en a retiré que du mal, حصل له من ذلك ـ ما نتج من هذا الامر الا ضرر. || Il en a retiré un grand profit, استفاد, انتفع كثير من ذلك.

*Retirer*, retraire, racheter, استخلص.

*Retirer*, donner asile, أوى.

*Se retirer*, v. pron., s'en aller, O. راح ـ A. رجع ـ انصرف. Se retirer d'une affaire, cesser d'y participer, A. تجنّب ـ رفع يده من دعوة. || Pour moi je me retire, arrangez-vous ensemble, انا تجنّب عنكم اصطفّوا مع بعضكم.

*Se retirer* en arrière, reculer, ـ انجرّ الى ورا ـ تأخّر. *Se retirer* à part, انفرد ـ تفرّد بنفسه. || *Se retirer* du monde, A. زهد الدنيا ـ اختلى. *Se retirer* du service, تقاعد ـ تجرّد عن الخدمة. || *Se retirer* du vice, O. تاب عن المعاصي.

*Se retirer* dans un lieu, s'y réfugier, I. أوى الى ـ التجى الى.

*Se retirer*, rentrer chez soi, A. رجع لبيته.

*Se retirer*, se raccourcir, I. كشّ ـ تقلّص.

*Se retirer* (rivière), rentrer dans son lit après un débordement, انحسر.

RETIRÉ, E, adj., solitaire, منفرد ـ مبتعد. Homme retiré en lui-même, رجل منقبض في ذاته.

RETOMBER, v. n., tomber une seconde fois, O. عاد وقع.

*Retomber*, au fig., être attaqué de nouveau d'une maladie, انتكس ـ تنكّس في مرض.

La honte *retombera* sur vous, العار يعود عليك.

RETORDEMENT, s. m., action de retordre la soie, برم الحرير.

RETORDRE, v. a., tordre une seconde fois, I. فتل ثاني.

*Retordre*, tordre, O. برم.

RÉTORQUER, v. a., tourner contre son adversaire, ادار على.

RETORS, E, adj., qui a été retordu, مفتول ثاني ـ مفتّل.

*Retors*, au fig. fam., rusé, خبيث ـ موذك ـ مفتول.

RÉTORSION, s. f., action de rétorquer, تدوير ـ ادارة على ـ على.

RETOUCHE, s. f., terme de peinture, endroit retouché, تصليحة.

RETOUCHER, v. a., toucher de nouveau, O. عاد لمس.

*Retoucher*, corriger, réformer, اصلح ـ صلّح.

RETOUR, s. m., action de revenir, de retourner, رجعة ـ عاد ـ رجوع ـ عودة. Il est de retour, رجع. || Compliment à quelqu'un sur son retour d'un voyage, الحمد لله الذي روانا وجهك بالخير ـ الحمد لله على السلامة; réponse: الله يسلّمك. || Compliment à quelqu'un pour le féliciter du retour d'une personne qui lui est chère, اقرّ الله عينك ـ هناك الله بها ـ الله يسلّمك; réponse: عينك. || Retour vers Dieu, توبة الى الله ـ اعطاك; réponse: الله يهنيك.

*Retour*, au fig., vicissitude, تقلّب ـ انقلاب.

*Retour*, reconnaissance, équivalent de ce qu'on reçoit, مقابلة ـ مجازاة.

*Retour*, ruse, مكر.

*Retour*, prix, chose en sus de l'échange pour l'égaliser, زود.

En *retour*, échange, في مقابلة.

*Retour*, terme de pratique, droit de reprendre, رجوع في.

Être sur le *retour*, au fig., vieillir, déchoir, I. هبط.

RETOURNE, s. f., la carte qu'on retourne au jeu, ورقة الارض.

RETOURNER, v. a., retourner d'un autre sens, I. قلب ـ دوّر.

## RET

Tourner et *retourner*, قلب. Retourner la safade, حرّكت الصلاطة.

*Retourner*, au fig., faire changer d'avis, دوّر دماغه.

*Retourner*, v. n., aller une seconde fois dans un lieu où l'on a été, A. رجع الى ـ O. عاد الى. Retourner sur ses pas, عاد راجعي ـ عاود الى.

*Retourner*, recommencer à faire la même chose, O. عاد الى.

*Retourner* à Dieu, O. تاب الى الله.

*Se retourner*, v. pron., se tourner dans un autre sens, التفت ـ اندار ـ انقلب.

*Se retourner*, au fig., prendre d'autres mesures, تدوّر.

*S'en retourner*, s'en aller, A. راح ـ O. رجع.

Savoir de quoi il *retourne*, عرف كيف الحال ـ كيف حال الامور.

Retracer, verb. a., tracer de nouveau, رسم O. ثاني.

*Retracer*, au fig., décrire le passé, renouveler la mémoire, O. ذكر ـ ذكّر.

Rétractation, s. f., déclaration qu'on n'a plus l'opinion qu'on avait avancée, نقض كلامه ـ رجوع فى كلامه.

Rétracter, v. a., déclarer qu'on n'a plus (l'opinion qu'on avait avancée), A. رجع فى ـ O. نقض.

*Rétracter*, déclarer la fausseté (d'une calomnie), كذب.

*Se rétracter*, v. pron., se dédire, رجع فى كلامه ـ رجع عن قوله الاول.

Rétraction, s. f., contraction, raccourcissement, كشّ ـ كرمشة.

Retraire, verbe a., retirer un héritage vendu, استخلص ـ خلّص.

Retrait, s. m., action de retraire, خلاص ارث ـ استخلاص.

*Retrait*, terme de commerce, envoi en retour, مرسل عوض.

## RÉT 717

Retraite, s. f., action de se retirer, de s'en aller, رواح ـ رجوع.

*Retraite*, lieu particulier où l'on se retire, خلوة ـ عزلة.

*Retraite*, lieu où l'on se réfugie, ملجا ـ ماوى. Donner retraite à quelqu'un, أوى احداً. || Ce lieu est la retraite des voleurs, هذا المكان ماوى الحرامية.

*Retraite*, état de celui qui se retire du monde, وحدة.

*Retraite* d'un emploi, des affaires, تقاعد. Prendre sa retraite, تقاعد عن الخدمة. || Qui est en retraite, متقاعد.

*Retraite*, pension, راتب التقاعد.

*Retraite*, marche en se retirant, رجعة.

Retraité, adj., qui a une pension de retraite, متقاعد.

Retranchement, s. m., suppression, diminution, قطع.

*Retranchement*, espace retranché d'un plus grand, نزع.

*Retranchement*, t. de fortification, travaux pour se couvrir, كرنك ـ متراس, pl., متاريس ; pl., كرانك.

Forcer quelqu'un dans ses derniers *retranchements*, au fig., détruire ses plus fortes, ses dernières raisons, بطل كلام احد.

Retrancher, v. a., ôter, supprimer, قطع A.

*Retrancher*, diminuer, séparer une part du tout, O. قطع من ـ I. شال من. Retrancher en faisant une soustraction, I. سقط.

*Retrancher*, faire des retranchements, حصّن ـ عمل متاريس حول.

*Se retrancher*, v. pron., se fortifier, تحصّن.

*Se retrancher*, se réduire, se borner, اقتصر على ـ اكتفى ب.

*Se retrancher*, diminuer sa dépense, قلّل مصروفه.

Rétrécir v. a., rendre plus étroit, ضيّق.

*Rétrécir*, v. n., et *Se rétrécir*, v. pron., devenir plus étroit, ضاق I.

RÉTRÉCISSEMENT, s. m., تضييق.

RETREMPER, v. a., tremper de nouveau, سقى I. بلّ O., غمس من جديد.

*Retremper* l'âme, en renouveler les forces, جدّد قوى النفس.

RÉTRIBUTION, s. f., salaire, récompense, اجرة.

*Rétribution*, honoraire donné aux ecclésiastiques qui ont assisté à un office, حسنة قدّاس.

RÉTROACTIF, IVE, adj., qui agit sur le passé, فاعل فى السابق.

RÉTROACTION, s. f., effet de ce qui est rétroactif, فاعلية فى السابق.

RÉTROAGIR, v. n., avoir un effet rétroactif, عمل A. فعل فى السابق.

RÉTROCÉDER, v. a, rendre ce qui avait été cédé, رجع.

RÉTROCESSION, s. f., acte par lequel on rétrocède, ترجيع - رجوع.

RÉTROGRADATION, s. f., t. d'astronomie, action de rétrograder, انقلاب - قهقهرة.

RÉTROGRADE, adj. com., qui va en arrière, الى ورا - منقلب - مقهقر. *Marche rétrograde, mouvement rétrograde*, حركة الى ورا - رجوع الى ورا.

RÉTROGRADER, v. n., retourner en arrière, تقهقر A. رجع الى ورا - انقلب -.

RETROUSSEMENT, s. m., action de retrousser, تشمير.

RETROUSSER, verbe a., replier, relever en haut, شمر. *Retrousser ses manches*, شمر اكمامه.

RETROUVER, v. a., trouver une seconde fois, A. وجد ثانى - لقى.

*Retrouver*, trouver ce qu'on avait perdu, oublié, A. لاقى - حوّش (Alep).

*Aller retrouver* quelqu'un, عاد اليه O.

*Retrouver*, au fig., reconnaître, عرف I. لقى A.

RETS, s. m., filet, شبكة; pl. شبابيك et شبك.

RÉUNION, s. f., état d'être réuni, action de réunir, اجتماع - جمع - ضمّ الى بعض.

*Réunion*, au fig., conciliation, مصالحة - توفيق - اتفاق.

*Réunion*, société, جمعية.

RÉUNIR, v. a., rassembler ce qui était épars, O. لمّ - A. جمع.

*Réunir*, rejoindre, O. ضمّ الى بعضهم - وصّل ب.

*Réunir* à, joindre à, ضمّ الى.

*Réunir*, au fig., réconcilier, صالح بينهم - وفّق.

*Se réunir*, v. pron., se rassembler, اجتمع I.

*Se réunir* (chairs), O. ضمّ - قطب.

RÉUSSIR, v. n., avoir un succès heureux, A. نجح - طلع راس A. ما صح لى -. *Cela ne m'a pas réussi*, ما صح معى -. *Je n'ai pu réussir à en avoir une seule*, ما صحّت لى و لا واحدة. ‖ *Il a réussi dans cette affaire*, I. ختم الامر خيرا - نجح فى الامر. *Cette ruse ne réussira pas avec lui*, ما تسلك عنده او معد هذه الحيلة.

*Réussir*, prospérer dans le monde, A. نجح.

*Réussir*, terme d'agriculture, venir bien, I. صح - نوى -.

RÉUSSITE, s. f., bon succès, نجاح - حسن ختام - عاقبة خير.

REVALOIR, v. a., rendre la pareille, la même chose, جازى احدا على شى - قابله بمثل ما صنع.

REVANCHE, s. f., action par laquelle on se revanche, اخذ الثار - ثار.

*Revanche*, seconde partie de jeu, ثانى دور.

*En revanche*, adv., en récompense, pour rendre la pareille, فى مكافاة ذلك - فى مقابلة ذلك - عوض ذلك.

REVANCHER, v. a., défendre quelqu'un qui est attaqué, حامى عن.

*Se revancher*, v. pron. fam., rendre la pareille, اخذ, خلّص ثاره.

*Se revancher*, se défendre, حامى عن نفسه, دافع, تحامى.

RÊVASSER, v. n. fam., avoir des rêveries diverses et fréquentes, خترف - A. رأى منامات.

RÊVE, s. m., songe que l'on fait en dormant; au fig., espoir, projets chimériques, حلم - منام ; pl., أضغاث ; plur., أضغاث أحلام. Faire un rêve, A. شاف. ‖ Voir quelque chose en rêve, رأى منام A., شاف شى فى المنام.

REVÊCHE, adj. com., âpre au goût, غض.

Revêche, au fig., peu traitable, rébarbatif, نق - شرس.

RÉVEIL, s. m., cessation de sommeil, يقظة - انتباه من النوم - استيقاظ - ايقاظ. A mon réveil, عند انتباهى من النوم.

RÉVEILLE-MATIN, s. m., horloge, منبه.

Réveille-matin, coq, ابو اليقظان. I.

Réveille-matin, plante. Voyez ÉSULE.

RÉVEILLER, v. a., tirer du sommeil, صحى - ايقظ - نبه - فيق.

Réveiller le chat qui dort, renouveler une méchante affaire, une querelle assoupie, حرّك الساكن.

Réveiller, au fig., exciter de nouveau, حرّك ثانى.

Se réveiller, v. pron., sortir du sommeil, etc., صحا - انتبه - استيقظ I. O. - فاق من A. Compliment à quelqu'un qui se réveille, نعيمًا, réponse: الله ينعم عليك.

Se réveiller, se renouveler, تجدّد.

RÉVEILLEUR, s. m., celui qui a soin de réveiller les autres, منبه.

RÉVEILLON, s. m., petit repas extraordinaire après la messe de minuit, اكلة فى عيد نصف الليل.

RÉVÉLATION, s. f., action de révéler, كشف.

Révélation, chose révélée, inspiration divine, وحى - الهام.

RÉVÉLER, v. a., decouvrir, faire savoir une chose secrète, كشف I.

Révéler (en parlant de Dieu), اوحى الى.

REVENANT, E, adj., qui plaît, يعجب.

REVENANT, s. m., prétendu esprit qui revient de l'autre monde, عفريت ; plur., عفاريت.

Revenant-bon, profit, émolument, avantage fortuit, رزق - مكسب عارضى.

REVENDEUR, SE, s., qui achète pour revendre, بيّاع.

REVENDICATION, s. f., action de revendiquer, طلب.

REVENDIQUER, v. a., réclamer, طالب احدًا ب - طلب O.

REVENDRE, v. a., vendre de nouveau, vendre ce qu'on avait acheté, باع ثانى I.

Il en a à revendre, beaucoup, عنده للبيع.

REVENIR, v. n., venir une seconde fois, جاء I. ثانى. La fièvre lui est revenue, نقضت عليه عاد جاءه السخونة I. ‖ Revenir à l'esprit, باله O.

Revenir, retourner au lieu d'où l'on était parti, رجع - ولّى A. (Barb.).

Revenir (aliments), causer des rapports, دشى.

Revenir, recommencer à dire, à faire, عاد الى O. - رجع الى. Revenir à la charge, au combat, après avoir plié, ردّ على O. - عاد جل على.

Revenir à la charge, au fig., réitérer ses instances, الحّ على احد.

Revenir à ses moutons, au fig. prov., revenir à son sujet après une digression, رجع الى ما كان فى صدده.

Revenir sur ce qu'on a dit, changer d'opinion, رجع فى كلامه. Revenir sur une promesse, s'en dégager, رجع فى وعد.

Revenir à soi, reprendre ses esprits, فاق I. - انتعشت روحه - استفاق من غشوته - وعى على روحه A.

Revenir, v. rétablir, se remettre, تعافى O. قام من مرض - توجه الى العافية.

Revenir à l'opinion de quelqu'un, abandonner

son opinion pour celle d'un autre, رجع الى راى احد.

*Revenir* de ses erreurs, de ses débauches, s'en corriger, رجع عن عكسه - رجع عن ضرورة - O. تاب عن المعاصى.

*Revenir*, se réconcilier, s'apaiser, A. رجع.

*Revenir*, résulter à l'avantage, au profit de quelqu'un, A. ناله - A. صحّ له I. C'est à nous que l'avantage reviendra, الينا يعود النفع. ‖ Il ne vous en reviendra aucun avantage, ما يجيكى منه نفع. ‖ Que vous en reviendra-t-il? ايش يجيكى منه. ‖ Il ne lui est rien revenu, ما صحّ له شى. ‖ Il revient à chacun dix piastres, خصّ لكل واحد, طلع لكل واحد عشر غروش. ‖ Il ne me revient pas un para, ما يتبعنى مصرية.

*Revenir*, coûter, ب وقف. Il me revient à vingt piastres, واقف علىّ بعشرين غرش.

Cela *revient* au même, c'est la même chose, فرد شى - زى بعضه.

*Revenir*, plaire, اعجب.

Il m'est *revenu* que, j'ai entendu dire que, سمعت ان.

*Revenir* sur quelqu'un, exercer contre lui une action en garantie, A. رجع على.

N'en pas *revenir*, être très-surpris, تحيّر - تعجّب غاية العجيب.

*Revenir* sur l'eau, rétablir sa fortune, son crédit, O. عام - استقام حاله.

REVENTE, s. f., seconde vente, بيع ثانى.

REVENU, s. m., produit annuel, rente, مدخول سنوى.

RÊVER, v. n., faire quelque rêve, A. حلم - A. راى فى المنام. J'ai rêvé de vous, رأى منم رايتك فى المنام.

*Rêver*, être dans le délire, laisser errer son imagination, انهوس - خرّف.

*Rêver*, penser, méditer, تفكّر - افتكر. Rêver profondément, A. غرق فى الافكار.

RÉVERBÉRATION, s. f., réflexion de la lumière, etc., انعكاس ضو.

RÉVERBÉRER, v. a., réfléchir, renvoyer (la lumière, la chaleur), I. ردّ - O. عكس.

REVERDIR, v. a., peindre de vert une seconde fois, خضّر ثانى.

*Reverdir*, v. n., redevenir vert, عاد اخضر.

RÉVÉREMMENT, adv., respectueusement, باحتشام.

RÉVÉRENCE, s. f., respect, vénération, اكرام.

*Révérence*, titre d'honneur, جلالة.

*Révérence*, mouvement en se baissant pour saluer, خضوع. Faire une révérence à quelqu'un, ضرب له طابون - ضرب له تمنّى - خضع له.

RÉVÉREND, E, adj., digne d'être révéré, titre, محترم - مكرّم.

RÉVÉRENDISSIME, adj., titre des archevêques, des patriarches, كلّى الشرف و جزيل الاحترام - كلّى الاكرام.

RÉVÉRENDISSIME, subst. m., général d'ordre, رئيس عام.

RÉVÉRER, v. a., honorer, respecter, اكرم - كرّم.

RÊVERIE, s. f., pensée où se laisse aller l'imagination, افتكار - فكر. Plongé dans une profonde rêverie, غارق فى بحر الافكار.

*Rêverie*, idée extravagante, délire, تخريف - هوس.

REVERS, s. m. (de la main), ظهر, قفا اليد.

*Revers*, côté opposé à la tête dans une médaille, قفا.

*Revers*, sens contraire, قلب.

*Revers*, verso, قفا.

*Revers*, au fig., disgrâce, accident fâcheux, مصيبة; pl., مصايب.

RÉVERSIBLE, adj., qui doit retourner à une personne, راجع, عايد على الى.

RÉVERSION, s. f., رجوع الى - عودة الى.

REVÊTEMENT, s. m., action de revêtir en pierres un fossé, etc., تطبيق بحجر.

RÉVÊTIR, v. a., donner des habits, mettre à quelqu'un un habit, كسى I. ‒ لبس. Revêtir quelqu'un d'une pelisse, لبسه فروة.

Revêtir un habit, ou Se revêtir d'un habit, le mettre, لبس ثوب I. A.

Revêtir un fossé, un bastion, lui faire un revêtement, طبّق بالحجر.

Revêtir, donner un pouvoir, قلّد.

Revêtu, E, habillé, recouvert, لابس.

Revêtu, au fig., orné, مزيّن.

Revêtu, chargé de pouvoir, مقلّد ب.

Rêveur, SE, s., qui rêve, qui pense, مفتكر.

Rêveur, qui s'abandonne à de folles rêveries, خرفان - مهووس.

REVIREMENT, s. m., t. de mer, action de revirer, تدوير.

Revirement, t. de banque, virement, تحويل.

REVIRER, v. n., t. de mer, tourner d'un autre côté, حوّل القربة ‒ O. ‒ دار ‒ ادار، دوّر المركب.

Revirer de bord, au fig. fam., changer de parti, انقلب.

RÉVISEUR, s. m., qui revoit après un autre, كشّاف.

RÉVISION, s. f., nouvel examen, كشف.

REVIVIFICATION, s. f., opération pour rendre au métal sa forme naturelle, ترجيع معدن مثل ما كان.

REVIVIFIER, v. a., rendre la vie, vivifier, احيى.

Revivifier, t. de chimie, remettre (le mercure) en son état naturel, رجّع مثل ما كان.

REVIVRE, v. n., revenir de la mort à la vie, انتعش ‒ عاش ثاني I.

Revivre, au fig., reparaître, ظهر ثاني A.

Faire revivre, renouveler, جدّد.

Faire revivre, rendre les forces, أنعش ‒ احيى.

Faire revivre, rendre l'existence, احيى.

RÉVOCABLE, adj. com., sujet à la révocation, يُبطل.

Révocable, sujet à destitution, تحت العزل ‒ يُعزل.

RÉVOCATION, s. f., action de révoquer, ردّ ‒ ابطال.

RÉVOCATOIRE, adj. com., qui révoque, ردّى ‒ مُبطل.

REVOIR, v. a., voir de nouveau, عاد شافى O. Je ne l'ai pas revu, ما عدت شفته. ‖ J'espère que nous nous reverrons, ان شا الله نبقى نتواجه.

Revoir, examiner de nouveau, كشف I. ‒ نظر فى O.

Revoir, retoucher, صلح.

RÉVOLTANT, E, adject., qui choque à l'excès, يقوّم النفس.

RÉVOLTE, s. f., soulèvement contre l'autorité, قومة ‒ خروج ‒ عصيان.

RÉVOLTÉ, adj. m., qui se révolte, خارج ; plur., جوارج ; عاصى ; plur., عصاة.

RÉVOLTER, v. a., porter à la révolte contre l'autorité, قوّم على.

Révolter, choquer indigner, قوّم النفس.

Se révolter, v. pron., s'insurger, قام على O. ‒ عصى على I. ‒ احدا عاصى ‒ تظر بن.

RÉVOLU, E, adj., achevé (temps), تمام ‒ كامل ‒ مكمّل.

RÉVOLUTION, s. f., terme d'astronomie, retour d'un astre au point de son départ, دوران.

Révolution, au fig., changement dans les choses du monde, انقلاب ‒ تقلّب ‒ تغيير.

RÉVOLUTIONNAIRE, adj. com., de la révolution, قومى ‒ بخص تغيير الحكم.

Révolutionnaire, qui est partisan d'une révolution, من اصحاب تغيير الحكم ‒ من اصحاب القومة.

RÉVOLUTIONNER, v. a., exciter à une révolution, حرّك الناس على تغيير الحكم.

REVOMIR, v. a., vomir ce qu'on a avalé, بقّ O.

RÉVOQUER, v. a., rappeler, destituer, etc., عزل O.

Révoquer, ôter (les pouvoirs), رفع المأمورية عن A.

*Révoquer*, déclarer nul, ابطل.
*Révoquer* en doute, douter, شَكَّ فى O.
REVUE, s. f., recherche, inspection exacte, تفتيش - كشف.
*Revue*, inspection des troupes, سرد العساكر. Il passa son armée en revue, وقفت قدّام العساكر - عرضت عليه العساكر.
RÉVULSIF, IVE, adj., qui détourne les humeurs, محوّل.
RÉVULSION, s. f., retour des humeurs dont le cours est changé, تحويل المواد.
REZ-DE-CHAUSSÉE, s. m., niveau de terrain, ارض. Appartement au rez-de-chaussée, مندرة.
RHABILLER, v. a., habiller de nouveau, لبس ثانى.
*Rhabiller*, tâcher de justifier, de raccommoder, صلّح - رقع.
RHAPONTIC, s. m., plante, راوند ذكر.
RHÉTEUR, s. m., qui enseignait les préceptes de l'art de bien dire, معلّم البيان.
RHÉTORICIEN, s. m., qui sait la rhétorique, عالم بالبيان.
*Rhétoricien*, qui étudie la rhétorique, يتعلّم البيان.
RHÉTORIQUE, s. f., art de bien dire, علم البيان.
RHINOCÉROS, s. m., quadrupède, خرطيط - ام القرن - قاتل الفيل - كركدان.
RHODODENDRON, s. m., arbrisseau, دفلى.
RHOMBE, s. m., losange, معين.
RHOMBOÏDE, s. m., figure rectiligne, parallélogramme oblique, شبيه بالمعين.
RHUBARBE, s. f., racine médicinale, stomachique, راوند.
*Rhubarbe* des moines. *Voyez* RHAPONTIC.
RHUMATISMAL, E, adj. (douleur), de rhumatisme, حضارى.
RHUMATISME, s. m., douleur dans les muscles, les membres, حضار.
RHUME, s. m., fluxion causée par une humeur âcre, qui fait tousser, سعلة - استهواء - سعال. ‖ Rhume de cerveau, نزلة - رشح - كحّة (Barb.). ‖ Gagner un rhume, استهوى - ترشح.
RHUS. *Voyez* SUMAC.
RHYTHME, s. m., nombre, cadence, وزن.
RHYTHMIQUE, adj. com., du rhythme, وزنى.
RIANT, E, adj., gracieux, qui marque de la gaîté, بشوش - ضاحك.
*Riant*, agréable à la vue, شرح.
RIBAMBELLE, s. f. fam., longue suite, kyrielle, سربة.
RIBAUD, E, adj., terme grossier et populaire, impudique, فاسق.
RIBAUDERIE, s. f., action de ribaud, فسق.
RIBORDAGE, s. m., dommage causé à un navire par le choc d'un autre, لطم.
RIBOTE, s. f. popul., régal, طهمة - بجبجة. Faire ribote, عمل طهمة A.
RIBOTEUR, EUSE, s. popul., qui aime à faire ribote, بجبوح.
RIC-A-RIC, adv. fam., avec une exactitude rigoureuse, على الحركرك.
RICANEMENT, s. m., ضحك.
RICANER, v. n. fam., rire à demi par malice ou bêtise, ضحك - تبسّم A.
RICANEUR, SE, s., qui ricane, ضحاك.
RICHARD, E, adj., homme riche et de médiocre qualité, مقرش - متموّل.
RICHE, adj. com., opulent, qui a beaucoup de biens, غنى; plur., اغنيا.
*Riche*, abondant, fertile, مخصب.
*Riche* en vertus, كثير الفضايل.
*Riche*, de grand prix, ثمين.
*Riche*, magnifique, باهى - فاخر - مفتخر.
*Riche*, fécond en idées, etc., واسع - ملان. ‖ Rime riche, قافية تامّة. Langue riche, لغة واسعة.
*Riche* taille, قدّ جميل.
RICHEMENT, adv., magnifiquement, مفتخرًا.

RIE           RIG      723

Richement vêtu, لابس ثياب مفتخرة.

RICHESSE, s. f., opulence, مال - غنى.

*Richesse*, éclat, qualité de ce qui est riche, magnifique, اُبهة - فخر.

*Richesse* d'une langue, وسع، سعة لغة. ‖ Richesse d'une rime, نظام، حسن قافية ‖ Richesse de la taille, حسن القامة.

*Richesses*, au plur., grands biens, اموال.

RICIN, s. m., ou Palma-Christi, plante, خروع - شجر حب الملوك.

RICOCHET, s. m., bond sur la surface de l'eau, تنطيط نطّة.

RIDE, s. f., pli qui se fait sur la peau du front, du visage, etc., غضون ; plur., كرمشة.

RIDEAU, s. m., étoffe suspendue pour couvrir, entourer, ستارة ; plur., ستاير - بردايه. Rideaux de lit, moustiquaire, ناموسية - باشخانة.

*Rideau*, au fig., ce qui arrête la vue, voile, حجاب - ستر.

RIDER, v. a., faire ou causer des rides, كرمش.

*Se rider*, v. pron., se faire des rides, prendre des rides, كرمش - كشر.

RIDICULE, adj. com., digne de risée, de moquerie, هزو - مضحكة - مسخرة.

RIDICULE, s. m., chose ridicule, عيب ; plur., عيوب - شي مضحك.

Le *ridicule*, satire plaisante, هجو - هزو.

Tourner en *ridicule*. *Voyez* RIDICULISER.

RIDICULEMENT, adv., d'une manière ridicule, بنوع مسخرة.

RIDICULISER, v. a., rendre ridicule, tourner en ridicule, عمل مضحكة A.

*Se ridiculiser*, v. pron., se rendre ridicule, عمل نفسه مضحكة.

RIÈBLE, s. m. *Voyez* GRATERON.

RIEN, s. m., néant, nulle chose, لاشي - لاش - ولاش - ولاشي. ‖ Qu'est-ce que cela? Ce n'est rien, ايش هو هذا ما هو شي. ‖ Qu'est-ce que cela me fait? Rien, ايش لي فيه ما لي فيه. ‖ Je ne vois rien, ما فيه شي. ‖ Il n'y a rien, ماني شايف شي. ‖ Cela vaut mieux que rien, احسن من ما فيش. ‖ Ce n'est rien, c'est une chose de nulle importance, ما تحت خبر - ما هو شي. ‖ Cela ne sera rien (en parlant à un malade), ما شي شرّ - لا تشوف شرّ ; réponse : ما عليك شر ان شا الله الله يعفيك ; rép. : ما عليك الا العافية ان شا الله. ‖ Pour rien, بلاش. ‖ Un rien, une très-petite chose, اشيا دقيقة ‖ Des riens, ادنى شي ‖ Pour rien, sans sujet, بلا سبب.

RIEUR, SE, s., qui rit, aime à rire, ضحوك - مشرحاني - ضحّاك.

RIGIDE, adj. com., sévère, austère, صعب - فظ - صارم.

*Rigide*, exact, مدقّق.

RIGIDEMENT, adv., avec rigidité, بفظاظة.

RIGIDITÉ, s. f., grande sévérité, austérité, شدّة - صعوبة - فظاظة.

*Rigidité*, grande exactitude, غاية التدقيق.

RIGOLE, s. f., petit canal pour faire couler les eaux, ساقية - مجرى.

RIGORISME, s. m., morale trop sévère, تشدّد.

RIGORISTE, s. com., trop sévère dans la morale, متشدّد - متعنّت.

RIGOUREUSEMENT, adv., avec sévérité, dureté, بشدّة.

*Rigoureusement*, avec une exactitude rigoureuse, على التدقيق.

RIGOUREUX, SE, adj., très-sévère, صعب - قاسي - متشدّد.

*Rigoureux*, rude (hiver), شديد.

*Rigoureux*, sans réplique, مبكم.

RIGUEUR, s. f., sévérité, dureté, شدّة - قساوة - صدود - جفا - صعوبة. ‖ Rigueurs d'une maîtresse, ‖ Elle le traite avec rigueur, elle le regarde d'un air de rigueur, اعطته عين الجفا ‖ Traiter quelqu'un avec rigueur, جافى احدا ‖ Suivant la rigueur des

46.

ordonnances, حسب مقتضى القوانين.
A la *rigueur*, adv., avec rigueur, à la lettre, على التدقيق.
De *rigueur*, obligé, nécessaire, لازم ـ واجب.
Rime, s. f., uniformité des sons dans la terminaison de deux mots, قافية; plur., قوافى. Rime dans la prose, قافية ـ سجع ـ تسجيع.
Rimer, v. a., mettre en vers, نظم I.
*Rimer*, v. n., se terminer de même, ou par un même son, جاء على القافية I. Faire rimer des membres de phrase en prose, سجع الكلام. ‖ Prose rimée, كلام مسجع.
*Rimer*, faire des vers, نظم شعر I.
*Rimer*, au fig. fam., s'accorder, avoir du rapport avec, اتفق مع.
Rimeur, s. m., poëte, شاعر.
Rincer, v. a., nettoyer en lavant et en frottant, شطف نه ـ مضمض O. Se rincer la bouche, شلل فمه ـ مضمض نه (Barb.).
Rinçure, s. f., l'eau avec laquelle on a rincé, غسالة.
Ripaille, s. f., grande chère, طهمة.
Riposte, s. f., répartie, جواب ـ رد.
Riposter, v. n., répondre vivement; t. d'escrime, frapper en parant, رد على O.
Rire, v. n., ضحك A. Faire rire, ضحك. ‖ اضحك. Rire au nez de quelqu'un, ضحك على ذقنه.
*Rire*, plaire aux yeux, à l'esprit, لذ على I.
*Rire*, se divertir, تبجح.
*Rire*, être favorable, وافق المراد.
*Rire*, se moquer de, ضحك على A. ‒ اضحك على, تضحك على. Il voulut rire aux dépens de Djiḥè, et il a fait rire aux dépens de lui-même, اراد ان يضحك على جحا فوقع الضحك عليه.
*Rire*, badiner, ne pas parler, ne pas agir sérieusement, هزل ـ (هذر) هزر ـ مزح A. ‒ C'est pour rire que je vous dis cela, قلت هذا على طريق المزاح ـ انا امزح معك. ‖ Est-ce pour rire ou pour tout de bon, هذا هزل و الجد.‖Ils se battent pour rire, et non pour tout de bon, قتالهم هزل ما هوجد.
‒ *Rire*, ne pas se soucier de, ضحك على ما على باله من.
*Rire* aux anges, au fig. fam., avec extase, ou niaisement, ضحك مثل الابله.
Se *rire* de, se moquer de, ضحك على.
Rire, Ris, s. m., action de rire, ضحك.
*Ris* sardonique, convulsif, ضحك صفراوي.
*Ris*, glande sous la gorge du veau, لوزة العجل.
Ris, s. m. pl., t. de marine, œillets à une voile, O. لم طرف القلع. Prendre des ris, عراوى فى قلع.
Risée, s. f., grand éclat de rire de plusieurs en se moquant; moquerie, ضحك.
*Risée*, objet dont on se rit, مضحكة ـ اضحوكة I. صار هزو, صار مضحكة ل. Être la risée de, هزو.
Risibilité, s. f., faculté de rire, قوة ضاحكة.
Risible, adj. com., propre à faire rire, مضحك.
Risquable, adj. com., que l'on peut hasarder, بالنصيب.
*Risquable*, périlleux, خطر.
Risque, s. m., péril, danger, خطر. Courir des risques, خاطر.
Risquer, v. a., hasarder, mettre en danger, خاطر ب.
Se *risquer*, v. pr., خاطر بنفسه.
Rissole, s. f., sorte de pâtisserie de viande hachée et enveloppée dans de la pâte, سنبوسك بلحم ـ. Rissole de poisson, سنبوسة صيادية.
Rissoler, v. a., rôtir pour donner une couleur rousse, حمر.
Rit, Rite, s. m.; Rites, plur., ordre prescrit des cérémonies religieuses, طقس; pl., طقوس.
Ritournelle, s. f., ce que jouent des instruments avant ou après un chant, دق الات قبل غنا او بعدة.

RITUALISTE, s. m., auteur qui traite des divers rites, مُعَلِّمُ الطُّقُوسِ.

RITUEL, s. m., livre des cérémonies, des prières de l'Église, كِتَابُ الطَّقْسِ.

RIVAGE, s. m., bord de la mer, des rivières, شَاطِئُ البَحْرِ - سَاحِلُ البَحْرِ - شَطٌّ - بَرٌّ، pl., شَوَاطِئُ، pl., حَافَةُ النَّهْرِ - شَوَاطِئُ.

RIVAL, E, adj.; RIVAUX, pl., concurrent, خَصْمٌ؛ pl., أَخْصَامٌ - مُعَارِضٌ. Il a écarté tous ses rivaux, رَدَّ جَمِيعَ الطُّلَّابِ عَنْ. ‖ Rival d'un amant aimé, jaloux, عَاذِلٌ؛ plur., عَوَاذِلُ.

RIVALISER, v. n., disputer de talents, de mérite, etc., avec quelqu'un, l'égaler, سَاوَى - عَادَلَ.
Rivaliser d'efforts, اِجْتَهَدُوا مُغَايَرَةً فِي بَعْضِهِمْ.
Rivaliser quelqu'un, v. a., كَايَلَ - عَارَضَهُ - خَاصَمَهُ.

RIVALITÉ, s. f., concurrence, émulation, مُغَايَرَةٌ - مُخَاصَمَةٌ.

RIVE, s. f., bord d'une rivière, d'un lac, de la mer, شَاطِئُ البَحْرِ - شَطٌّ - حَافَةٌ - بَرٌّ؛ plur., سَوَاحِلُ، plur., سَاحِلُ البَحْرِ - شَوَاطِئُ. A l'autre rive du fleuve, قَاطِعُ النَّهْرِ.

RIVER, v. a., rabattre la pointe d'un clou, بَرْشَمَ - عَوَّجَ رَأْسَ المِسْمَارِ.
River le clou à quelqu'un, رَدَّ عَلَيْهِ جَوَابًا أَفْحَمَهُ.
River les fers, au fig., affermir l'esclavage, سَخَّرَ.

RIVERAIN, s. m., qui habite ou possède un terrain le long d'une rivière, سَاكِنٌ عَلَى حَافَةِ نَهْرٍ - الَّذِي لَهُ أَرْضٌ عَلَى حَافَةِ نَهْرٍ - سَوَاحِلِيٌّ.

RIVIÈRE, s. f., نَهْرٌ؛ plur., أَنْهَارٌ et (Bagdad) أَوْدِيَةٌ وَوِدْيَانٌ - (Barbarie) وَادٍ، plur., شَطٌّ. De rivière, نَهْرِيٌّ.

RIXE, s. f., querelle, مُقَاتَلَةٌ - خُنَاقَةٌ.

RIZ, s. m., grain, plante, رُزٌّ - أَرُزٌّ؛ plur., أَرْزَازٌ. Marchand de riz, رَزَّازٌ.

RIZIÈRE, s. f., campagne semée de riz, زَرْعَةُ رُزٍّ.

ROB, s. m., suc dépuré et épais de fruits cuits, رُبٌّ et رُبُوبٌ، plur., رُبُوبَاتٌ.

ROBE, s. f., vêtement long, à manches, serré au milieu du corps et ouvert par le milieu, pour homme ou pour femme, قُنْبَازٌ؛ plur., قَنَابِزُ - (Barb.). Robe pour femme, مِنْتَانَةٌ. ‖ Robe تَخْلِيلَةٌ pour femme, non ouverte par le milieu, فُسْطَانٌ؛ pl., فَسَاطِينُ. ‖ Robe pour homme, قُفْطَانٌ؛ pl., قَفَاطِينُ - شَايَةٌ مَصْبُغَةٌ. ‖ Robe, habit long de dessus, espèce de manteau à manches, pour homme ou pour femme, جُبَّةٌ. ‖ Autre robe ou manteau de drap que les hommes mettent par-dessus la précédente, فُوقَانِيَّةٌ - بِنْشٌ.

Robe d'un cheval, son poil, ثَوْبُ الفَرَسِ.
La robe, les gens de judicature, أَصْحَابُ أَهْلِ الشَّرْعِ.
Robe, profession des gens de judicature, عِلْمُ الشَّرَائِعِ.
Robe, profession ecclésiastique, كَهَنُوتٌ.

ROBIN, s. m., taureau, ثَوْرٌ.

ROBINET, s. m., pièce d'un tuyau de fontaine, de tonneau pour écouler, حَنَفِيَّةٌ - لَوْلَبٌ؛ plur., لَوَالِبُ.

ROBORATIF, IVE, adj., qui fortifie, مُقَوٍّ.

ROBUSTE, adj. com., vigoureux, fort, عَفِيٌّ - قَوِيٌّ.

ROC, s. m., masse de pierre enracinée, صَخْرٌ.
Roc, terme de jeu d'échec, tour, رُخٌّ.

ROCAILLE, s. f., cailloux, حَصَى - حِجَارَةٌ.

ROCAILLEUX, adj., au fig., dur (style), حَجَرِيٌّ - وَعْرٌ.
Rocailleux, au propre, plein de cailloux, وَعْرٌ - أَرْضُ صَوَّانٍ.

ROCAMBOLE, s. f., espèce d'ail doux, ثُومٌ حُلْوٌ.

ROCHE, s. f., rocher, صَخْرٌ؛ plur., صُخُورٌ.
De la vieille roche, au fig. fam., ancien et bon, مِنْ أَهْلِ زَمَانٍ.

ROCHER, s. m., roc, صَخْرٌ - صَخْرَةٌ، pl., صُخُورٌ - صُخُورَةٌ.

ROCHET, s. m., surplis d'évêque, etc., كَتُّونَةٌ.

Rocou ou Roucou, s. m., ترابة حرا.

Rôder, v. n., errer çà et là, دار O. – حاس O.

Rôdeur, s. m., qui rôde, دوّار – حابس.

Rodomont, s. m., fanfaron, فشّار – مهباس.

Rodomontade, s. f., fanfaronnade, فشر – مهيصة.

Rogations, s. f. pl., prières publiques au printemps pour les biens de la terre, صلوات الربيع.

Rogatoire, adj. com. (commission), qu'un juge donne à un autre pour faire une instruction, etc., طلبى – سوالى.

Rogaton, au sing. et au fig., écrit, papier inutile; ouvrage de rebut, دشار.

Rogatons, s. m. pl., mets réchauffés composés de restes, فضلة طعام – طبيخ بايت.

Roger-bontemps, s. m., qui ne songe qu'au plaisir, بحبوح – بهلول.

Rogne, s. f., gale invétérée, جرب – جربة.

Rogner, v. a., retrancher, ôter des extrémités d'une étoffe, etc., قصّ I. – قرض O. Rogner la monnaie, زيّف – قرّط. ‖ Pièce d'or rognée, ذهب مسقرّط. ‖ Rogner trop quelque chose, قلّم الاظفار. ‖ Rogner les ongles, قطع و قرّط على I. قصّ الاظفار, برى.

Rogner les ongles, au fig. fam., retrancher des profits, قرطم.

Rogner, ôter, retrancher à quelqu'un une partie de, رعى A. قطع شى من A.

Rogneur, s. m., qui rogne, terme de métiers, قرّاص.

Rogneux, se, adj., qui a la rogne, اجرب – جربان.

Rognon, s. m., rein d'un animal, كلوة; plur., كلاوى.

Rognure, s. f., ce qu'on a rogné, برّاية – قراضة.

Rogue, adj. com. fam., fier, arrogant, متجعمص – متكبّر.

Roi, s. m., monarque, مَلِك; plur., مُلُوك.

Le roi, aux échecs, السلطان; pl., سلاطين. – الشاه.

Les Rois, fête. Voyez Épiphanie.

Roide, adj. com., fort tendu, مقتّب – موتّر – متخشّب.

Roide de froid, متخشّب من البرد.

Roide, au fig., opiniâtre, inflexible, dur, يابس.

Roide, rapide, شديد الجريان.

Roide, difficile à monter, واقف.

Roide, adv., vite, fort vivement, بعترسة.

Roidement, adv., avec tension, roideur, rigueur, بشدّة.

Roideur, s. f., qualité de ce qui est roide, قصاحة – تقشيب – توتير.

Roideur, impétuosité de mouvement, عترسة – شدّة.

Roideur d'une montagne, كون الجبل واقف وقرف.

Roideur, au fig., opiniâtreté, sévérité inflexible, يُبس الراس – توقّف.

Roidir, v. a., rendre roide, tendu, شدّ – وتّر I.

Roidir, v. n., et Se roidir, v. pr., devenir roide, tendu, توتّر.

Se roidir, au fig., tenir ferme, ne pas se relâcher, شدّ I. Se roidir contre la fortune, عارك الدهر.

Roitelet, s. m., petit roi, مُلَيك.

Roitelet, petit oiseau, نهنة.

Rôle, s. m., liste, catalogue, قايمة; pl., قوايم – علم.

Rôle, rouleau, feuilles de papier, etc., collées bout à bout, درج.

Rôle, personnage, ce qu'un acteur doit jouer, تقليد – ملعوب – شخص.

Rôle, au fig., personnage, emploi, هية.

Rôle, deux pages d'écriture, ورقة.

A tour de rôle, واحد بعد واحد – بالدور.

Romain, e, adj., de Rome, des Romains, رومانى.

L'Église romaine, catholique, الكنيسة الرومانية.

Romaine, s. f., peson, سنجة ; plur., سنج - رُمّانة et رُومانة قبّاني.

Romaine, espèce de laitue longue, خسّ - خسّة.

Roman, s. m., récit fictif, حكاية.

Romance, s. f., récit touchant en vers et fait pour être chanté, قصيدة ; plur., قصايد - موال ; plur., مواليات.

Romancier, s. m., auteur de romans, مصنّف حكايات.

Romanesque, adj. com., qui tient du roman, fabuleux, كانّه كذب - باطل - مخترع.

Romantique, adj. com., se dit des lieux qui rappellent des descriptions de poëmes ou de romans, يشكع - يخرع.

Romarin, s. m., Encensier, arbuste aromatique, عبيثران - اكليل الجبل - حصالبان اخضر.

Rome, capitale de l'Italie, رومية - رومينة الكبرى.

Rompement (de tête), s. m., fatigue causée par le bruit, كسر راس.

Rompre, v. a., mettre en pièces, briser, كسر - I. كسر.

Rompre les mesures de quelqu'un, I. عكس، افسد تدبيره.

Rompre une assemblée, فضّ المجلس O.

Rompre, faire cesser, détruire, rendre nul, بطل - A. Rompre un mariage, فسخ الزيجة -

Rompre, enfreindre, نقض I. - فسخ A. Rompre un traité, نقض العهد.

Rompre, au fig., exercer, dresser, A. دعّك - عوّد على.

Rompre, interrompre, suspendre, A. قطع.

Rompre la tête à quelqu'un, l'importuner, I. دوّخ، دوّخ راسه. - I. كسر، صدّع، وجّع راسه.

Rompre le coup, empêcher le succès d'une intrigue, عطّل الامر.

Rompre, v. n., cesser d'être amis, وقعت بينهم - انقطعوا عن بعضهم.

Se rompre, v. pron., se briser, se casser, انكسر - انقطع.

A tout rompre, adv., tout au plus, بالكشير اكثر ما يكون.

A tout rompre (applaudir), بزيادة.

Rompu, e, adj., brisé, مكسور - مكسّر.

Rompu, harassé, هالك من التعب.

Rompu, exercé, معوّد على - مدعوك.

A bâtons rompus, adv., avec interruption, كرّ وفرّ.

Ronce, s. f., arbuste épineux, شوك - عليق.

Rond, e, adj., terminé par un cercle, مدوّر - مستدير. Rond en forme de couronne, creux au milieu, محقّوق. ‖ Rond formant une boule, مطوّب - مدعبل - مكبتل - مكبّب - مكبكب.

Rond, au fig. fam., franc, sincère, مخلّص - بسيط - خالص.

Rond, s. m., figure circulaire, cercle, دايرة ; pl., دواير. Rond au milieu d'un châle, rosace, بركة.

Rondache, s. m., grand bouclier rond, ترس.

Ronde, s. f., terme militaire, visite de nuit, ceux qui la font, طوف. Faire la ronde, طاف O. - دار O.

Ronde, chanson de table, دور - غنّية.

Boire à la ronde, شرب بالدور - دور الكاس.

A la ronde, adv., à l'entour, حول.

Rondeau, s. m., petit poëme, قصيد.

Rondelet, te, adj. fam., qui a un peu trop d'embonpoint, ربع - مربّع.

Rondelle, s. f., poisson, فربدنة.

Rondelle, plante, Cabaret, اسارون.

Rondement, adv., uniment, franchement, sans artifice, ببساطة - من غير لفّ.

Rondeur, s. f., figure de ce qui est rond, forme ronde, تكوير - كروية - استدارة - تدويرة.

Rondin, s. m., bois à brûler rond, زند حطب.

Rondin, gros bâton rond, زقلة.

Ronflant, e, adj., sonore, bruyant (mot, etc.), ضخم.

Ronflement, s. m., bruit fait en ronflant, نَخِير - شَخِير - تَخَنْفُر.

Ronfler, v. n., faire en dormant un bruit de la gorge et des narines, شَخَرَ - I. نَخَرَ - I. خَنْفَرَ.

*Ronfler*, au fig. fam., faire un grand bruit, شَخَّرَ.

Ronfleur, s. m., qui ronfle, شَخَّار.

Ronger, v. a., couper avec les dents peu à peu, عَرْدَشَ - O. I. قَرَضَ.

*Ronger* le frein (cheval), le mâcher, O. لَاكَ اللِّجَام.

*Ronger*, au fig., consumer, miner peu à peu, أَكَلَ - A. O. رَعَى.

Rongeur, adj. m., qui ronge, أَكَّال.

Roquet, s. m., petit chien, كَلْب صَغِير - كُلَيْب.

Roquette, s. f., plante, خَرْدَيْدَلَة - جِرْجِير.

Rosace, s. f., ou Roson, s. m., ornement d'architecture, وَرْدَة.

*Rosace*, rond de fleurs au milieu d'un châle, بِرْكَة.

Rosage, s. m.; ou Rosagine, s. f., Oléandre, plante, دِفْلَى.

Rosaire, s. m., espèce de chapelet, مِسْبَحَة - وَرْدِيَّة - سَبْحَة.

Rosat, adj. com., dans lequel entre des roses, وَرْد. Vinaigre rosat, خَلّ وَرْد.

Rose, s. f., fleur du rosier, وَرْد. Rose rouge de Damas, وَرْد جُورِي. ‖ Rose incarnate, وَرْد نَصِيبِي. ‖ Rose musquée ou muscate, نَسْرِين. ‖ Eau de rose, مَاء وَرْد.

*Rose*, couleur rose, وَرْدِي.

Rosé, e, adj., couleur de rose, وَرْدِي.

Roseau, s. m., ou Canne, plante aquatique, قَصَب - غَاب. Roseau aromatique, قَصَب الذَّرِيرَة.

Rosée, s. f., petite pluie fraîche qui tombe le matin, نَدَى.

Tendre comme la *rosée*, au fig., très-tendre, طَرِيّ مِثْل الخَسّ.

Rosette ou mieux Rachid, ville d'Égypte, رَشِيد - ثَغْر رَشِيد.

Rosette, s. f., petite rose, وُرَيْدَة.

*Rosette*, ruban noué en forme de rose, عُقْدَة.

Rosier, s. m., arbrisseau, شَجَر الوَرْد.

Rosse, s. f., mauvais cheval, حِصَان عَاطِل.

Rosser, v. a. popul., battre, O. - رَزَعَ A. قَتَلَ.

Rossignol, s. m., petit oiseau, هَزَار - عَنْدَلِيب. plur., بَلَابِل ; بُلْبُل.

Rossolis, s. m., liqueur, مُثَلَّث - عَنْبَرِي.

Rôt, s. m., viande rôtie, كَبَاب - مَشْوِي.

Rot, s. m., ventuosité, t. pop. et bas, تَكْرِيع - تَدْشِيَة - تَدْشِي - بُخَار.

Rotation, s. f., mouvement circulaire, دَوَرَان.

Roter, v. n., t. bas, faire des rots, تَكَرَّعَ - تَدَشَّى.

Rôti, s. m., viande rôtie, مَشْوِي. Petits morceaux de viande rôtis à la brochette, كَبَاب.

Rôtie, s. f., morceau de pain rôti, لُقْمَة مُقَمَّرَة - خُبْزَة مُقَمَّرَة - مُحَمَّصَة.

Rôtir, v. a., faire cuire, griller, شَوَى - I. حَمَّصَ - حَمَّرَ خُبْز. Faire rôtir du pain, كَبَّبَ - حَمَّرَ.

*Rôtir*, brûler (soleil), حَرَقَ I.

Rôtisserie, subst. fém., boutique de rôtisseur, دُكَّان شَوَّا.

Rôtisseur, se, s., qui fait rôtir de la viande et qui la vend, شَوَّا.

Rôtissoir, s. m., ustensile de cuisine pour faire rôtir beaucoup de viande, طَابِق.

Rotonde, s. f., bâtiment rond, بَيْت مُدَوَّر.

Rotondité, s. f. *Voyez* Rondeur.

*Rotondité*, masse d'une personne fort grasse, جَسَامَة.

Rotule, s. f., os mobile sur le genou, رَصَفَة - فَلَكَة الرُّكْبَة.

Roture, s. f., état d'une personne qui n'est pas noble, عَامِّيَّة. La roture, les roturiers, كَوْن الرَّجُل مِن العَامَّة - العَامَّة.

ROTURIER, ÈRE, adj., qui n'est pas noble, grossier, عاتمی.

ROUAGE, s. m., toutes les roues d'une machine, عدّة - دواليب - عجل.

ROUAN, adj. (cheval), dont le poil est mêlé de blanc, de gris et de bai, صنابى.

ROUCOU. *Voyez* ROCOU.

ROUCOULEMENT, s. m., نوح الحمام.

ROUCOULER, v. n., se dit du bruit que fait le pigeon avec le gosier, ناح الحمام O. غرّد.

ROUE, s. f., machine ronde tournant sur un essieu, عجلة; pl., دولاب, pl., دواليب - عجل. - Roue hydraulique, ناعورة; plur., نواعير. جرخ سانية (Barb.). ‖ Roue de puits dans laquelle sont pratiquées des espèces d'auges, ou à laquelle sont attachés des seaux, pour tirer l'eau d'un puits peu profond, غرّاف; plur., غراريف. ‖ Roue sur laquelle passe une longue corde avec des seaux en chapelet pour élever l'eau d'un puits profond, دولاب; plur., دواليب. ‖ Les seaux ou godets de ces roues se nomment قادوس, plur., قواديس ou برش; plur., بروش (en terre).

ROUELLE, s. f., tranche ronde (de veau, de saumon), قطعة - حلقة.

ROUER, v. a., rompre de coups de bâton, عزق A. كسر, رض عظامه.

ROUET, s. m., machine à roue pour filer, etc., دولاب.

ROUGE, adj. com., de couleur de feu, de sang, أحمر; fém., حمرا; plur., حمر. Devenir rouge, حديد محمى. ‖ Fer rouge, قلب أحمر - أحمر. *Rouge*, fard, حسن يوسف - حمرة - دهان.

ROUGE-BORD, s. m., rasade, كأس ملان.

ROUGEÂTRE, adj. com., qui tire sur le rouge, أحمراني - محمر.

ROUGEOLE, s. f., maladie qui cause des rougeurs, حرسان - حصبة.

ROUGET, s. m., poisson, سمك سلطان ابرهيم.

ROUGEUR, s. f., couleur rouge, marque rouge sur la peau, جرية - حمار - حمرة.

ROUGIR, v. a., rendre rouge, حمر.

*Rougir*, v. n., devenir rouge, avoir honte, أحمر O. فار وجهه - قلب أحمر. Faire rougir de honte, أخجل - خجل.

ROUILLE, s. f., صدى.

ROUILLER, v. a., صدى.

*Se rouiller*, v. pron., se couvrir de rouille, صدى A. - صدى.

ROUILLURE, s. f., effet de la rouille, صدى.

ROUIR, v. a., faire macérer du chanvre dans l'eau, نقع القنب A.

ROULADE, s. f., action de rouler, دحرجة.

*Roulade*, passage de plusieurs notes sur une syllabe, درج.

ROULAGE, s. m., facilité de rouler, سهولة الجرى.

*Roulage*, transport par rouliers, شيل العجل.

ROULANT, E, adj., qui roule aisément, سهل الكرت.

ROULEAU, s. m., paquet, ملق.

*Rouleau*, bois cylindrique, مبروم. Rouleau de pâtissier, شوبك; plur., شوابك. ‖ Rouleau pour aplanir la terre, مندرونة. ‖ Égaliser la terre avec le rouleau, صقل الأرض بالمدرونة - مندر الأرض.

*Rouleau* d'argent, ورقة - قرطاس.

ROULEMENT, s. m., mouvement de ce qui roule, كرت.

*Roulement*, terme de musique, bruit uniforme et continu, درج.

ROULER, v. a., faire avancer en roulant, دحرج.

*Rouler* les yeux, دوّر, أدار عينيه.

*Rouler* dans la poussière, مرغ, عفّر في التراب.

*Rouler*, plier en rouleau, برم O. - لفّ. - Rouler du fil sur un peloton, كبّ الخيط - برم, لفّ الخيط على المكبّ.

*Rouler*, v. n., avancer en tournant sur soi-même, كرت - تدحرج.

*Rouler* sur, traiter de, avoir pour objet, دار على O. ‒ وقف على. Tout le mahométisme roule sur les traditions orales, مدار الاسلام على الحديث. ‖ Tout roule là-dessus, هذا اصل الامر.

*Rouler*, terme de marine, être agité par les vagues, تدركل ‒ تبركل.

*Rouler*, errer par le monde, دار O.

*Se rouler* par terre, etc., v. pr., تمردغ ‒ تمرّغ ‒ تدركل.

ROULETTE, s. f., petite roue, بكرة.

*Roulette*, jeu de hasard, دحريجة.

*Roulette*, pièce du ressort d'une arme à feu, قوس.

ROULIER, s. m., charretier, سوّاق العجل.

ROULIS, s. m., agitation d'un navire qui penche alternativement d'un côté à l'autre, اضطراب المركب و ميله الى جانب ثم الى جانب اخر.

ROUPIE, s. f., goutte d'eau qui pend au nez, قطرة ‒ مخاطة.

ROUPILLER, v. n., sommeiller à demi, نعس A.

ROUSSÂTRE, adj. com., tirant sur le roux, اشقراني.

ROUSSEAU, s. m., qui a le poil roux, اشقر.

ROUSSEUR, s. f., qualité de ce qui est roux, شقرة.

*Rousseur*, tache rousse, نمش ‒ كلف; plur., انماش.

ROUSSI, s. m., odeur de ce qui brûle, شياط.

ROUSSIN, s. m., cheval commun, entier, حصان سامج.

ROUSSIR, v. a., rendre roux, حمّر ‒ صيّر اشقر.

*Roussir*, v. n., devenir roux, اشقرّ ‒ احمرّ ‒ رجع اشقر.

*Roussir*, être un peu brûlé, شاط I.

ROUTE, s. f., chemin, درب; plur., دروب طرقات et طرق; plur., طريق.

*Route*, au fig., moyen, طريقة; plur., طرايق.

*Route*, conduite, سلوك.

ROUTIER, s. m., homme rusé, expérimenté, خبير ‒ مدعوك.

*Routier*, livre de route, كتاب الطرق.

ROUTINE, s. f., capacité, faculté acquise par une longue expérience, مهارسة.

ROUTINER, v. a., dresser à quelque chose par routine, اخذ بالمهارسة.

ROUTINIER, s. m., qui agit par routine, من غير علم.

ROUVRIR, v. a., ouvrir de nouveau, عاد فتح O. Rouvrir une blessure, au positif et au figuré, نقض الجرح O. ‖ Ne rouvrez pas mes blessures, لا تنقض على جروحاتى.

ROUX, ROUSSE, adj., de couleur rousse, اشقر; fém., شقرا; plur., شقر.

ROUX, s. m., couleur rousse, شقرة.

*Roux*, sauce avec du beurre roussi, تقلية.

ROYAL, E, adj., ملكى ‒ سلطانى ‒ ملوكى.

ROYALEMENT, adv., مثل الملوك.

ROYALISME, s. m., amour pour le roi, محبّة الملك.

ROYALISTE, adj. com., partisan du roi, من حزب السّلطان.

ROYAUME, s. m., état gouverné par un roi, مملكة; plur., ممالك.

*Royaume* des cieux, ملكوت السموات.

ROYAUTÉ, s. f., dignité de roi, ملك.

RUADE, s. f., action d'un cheval qui rue, رفسة. Lancer des ruades, ضرب جوز ‒ لبطة I. ‖ Donner une ruade à, لبط I. O. اجوا.

RUBAN, s. m., long tissu de soie, de fil, etc., حاشية ‒ اشرطة; plur., شريط ‒ ريبان (Barb.).

RUBANERIE, s. f., marchandises de rubanier, اشرطة.

RUBANIER, ÈRE, s., qui fait des rubans, بتاع شريط.

RUBICAN, adj. m. (cheval), dont la robe est semée de poils blancs, يخالط شعره شعرة بيضا ‒ صنائى.

RUBICOND, E, adj., rouge, احمر.

RUBIS, s. m., pierre précieuse, ياقوت جوهر - بهرمان. Rubis balais, لعل.

RUBRIQUE, s. f., sorte de terre rouge, ترابة حمرا - مغرة.

*Rubrique*, terme d'imprimerie, encre rouge, حبر احمر.

*Rubrique*, terme de journaliste, pour indiquer le lieu d'où vient une nouvelle, فيها يخصّ ناحية.

*Rubriques*, au plur., terme de droit, titres de livres, عنوان فصول كتاب - اسما كتب.

*Rubriques*, terme de liturgie, règles pour officier, قوانين القداس.

*Rubriques*, méthodes anciennes, قواعد قديمة.

*Rubriques*, au fig. fam., ruses, finesses, مكريّات.

RUCHE, s. f., panier où l'on met des abeilles; ce panier et les abeilles, خلية نحل; plur., كواير - خلايا.

RUDE, adj. com., âpre au toucher, خشن - حرش.

*Rude*, âpre au goût, غصّ.

*Rude*, difficile, raboteux (chemin), وعر.

*Rude*, au fig., violent, difficile à supporter, شديد.

*Rude*, d'humeur fâcheuse, خشن - ناشف.

*Rude*, austère, sévère, صعب - قاسي.

*Rude*, pénible, صعب - متعب.

RUDEMENT, adv., d'une manière rude, بخشونة.

RUDESSE, s. f., qualité de ce qui est rude, خشانة - خشونة.

*Rudesse*, au fig., ce qu'il y a de rude dans l'esprit, l'humeur, les manières, خشانة - نشوفية.

RUDIMENTS, s. m. plur., premiers linéaments des organes, اصول الاعضا.

*Rudiments*, au fig., premiers principes d'une science, مبادي علم.

RUDOYER, v. a., traiter, mener rudement, جافى O. - اخذ بالحامي.

RUE, s. f., chemin dans une ville, سكة - حارة; plur., سكك - ازقّة et زقاقات; plur., زقاق - زنقة et زنقات; plur., شوارع et شارع; زنق (Barb.).

*Rue*, plante amère, سداب. Rue sauvage, harmale, حرمل.

RUELLE, s. f., petite rue, عطفة.

*Ruelle*, espace entre le lit et la muraille, ما بين السرير والحايط.

RUER, v. a., jeter avec impétuosité, حذف I.

*Ruer*, v. n., lancer les pieds de derrière en l'air, ضرب اجواز I. O. - لبط I. O. - رفس - رفص I. O. - زك ou صك O. (Barb.).

*Se ruer*, v. pron., se jeter avec impétuosité sur, انطبق على - انحذف على.

RUFIEN, s. m. fam. et peu honnête, entremetteur, معرّص.

RUGIR, v. n., se dit du cri du lion; au fig., faire beaucoup de bruit étant en colère, زار I. A. - هدر I.

RUGISSANT, E, adj., qui rugit, زاير - هدّار.

RUGISSEMENT, s. m., cri du lion, هدير - زئير.

RUINE, s. f., destruction (d'un bâtiment); au fig., perte (des biens, de l'honneur), خراب.

*Ruines*, débris, هدم.

RUINER, v. a., abattre, démolir, هدم I. - خرب I.

*Ruiner*, ravager, خرب I.

*Ruiner*, causer la perte des biens, خرب I. - اهلك - حرق - خرب بيت.

*Se ruiner*, v. pron., خرب A. - افلس.

RUINÉ, adj., qui a perdu son bien, مفلس.

RUINEUX, SE, adj., qui menace ruine, مشرف على الخراب.

*Ruineux*, au fig., qui cause la ruine, la perte, متلف.

RUISSEAU, s. m., petit courant d'eau, مجرى ما; شعبة - سواقي pl.; ساقية - مجاري pl. (Barb.).

RUISSELANT, E, adj., qui ruisselle, جاري - سايح.

RUISSELER, v. n., couler, سال I. - جرى I.

RUM, s. m., esprit tiré du sucre, روم.

RUMB, s. m., air du vent, partie de la boussole, جهة من جهات الهوا.

RUMEUR, s. f., grand bruit tendant à querelle, bruit confus, غوشة - مرمرة.

*Rumeur*, jugements publics, كلام الناس - خبر شايع.

RUMINANT, E, adj., qui rumine, مجتّر.

RUMINATION, s. f., action de ruminer, اجترار.

RUMINER, v. a., remâcher ce qu'on a mangé, نشور - اشتر; vulg., اجتّر.

*Ruminer*, au fig. fam., penser et repenser à une chose, تفكر في.

RUPTURE, s. f., fracture, كسر.

*Rupture*, action de rompre la paix, etc., فسخ - فنخ - نقض.

*Rupture*, division entre des personnes qui étaient unies, قطيعة - شقاق.

*Rupture*, endroit de la rupture, كسرة.

*Rupture*, hernie, فتق - فتاق - قرق.

RURAL, E, adj., des champs, خلاواتي.

RUSE, s. f., finesse, artifice, مكرية - مكر; plur., دولاب - حيل - حيلة - مكريات - كيد.

RUSÉ, E, adj., plein de ruse, fin, مكّار.

RUSER, v. n., user de ruse, احتال - تحايل.

RUSSE, adj. com., de la Russie, موسكوبي. Les Russes, الموسكوب.

RUSSIE, s. f., بلاد الموسكوب.

RUSTAUD, E, adj., grossier, فلّاح.

RUSTICITÉ, s. f., grossièreté, rudesse, غشمنة - خشانة - غلاظة.

RUSTIQUE, adj. com., de la campagne, champêtre, خلاوى.

*Rustique*, au fig., peu poli, rude, فلّاحى - خشن.

RUSTIQUEMENT, adv., d'une manière rustique, مثل الفلاحين - بعجرفة.

RUSTRE, adj. com., paysan grossier, خشنى - فلّاح.

RUT, s. m., le temps où les bêtes fauves sont en chaleur, زمن التعشير. En rut, en chaleur, طالب - حايل.

# S

S, s. m., dix-neuvième lettre de l'alphabet français, تاسع عشر حرف من الف باء وهو موافق لحرف السين.

SA, pron. fém. possessif, ه et ها. Sa femme, امراته. || Sa maison (en parlant de celle d'une femme), بيتها.

SABAÏSME ou SABÉISME, s. m., religion des anciens mages, صابية - صبوة.

SABBAT, s. m., le dernier jour de la semaine, sacré chez les juifs, سبت.

*Sabbat*, assemblée de prétendus sorciers, مجلس ابليس - سحرة.

*Sabbat*, au fig. fam., bruit, tumulte, etc., غوشة.

SABBATIQUE, adj. f., se dit de chaque septième année chez les juifs, سنة سابعة.

SABINE, s. f., plante, ابهل.

SABLE, s. m., terre légère, menue, رمل; plur., رمال.

SABLER, v. a., couvrir de sable, رمّل.

*Sabler*, avaler tout d'un trait, عبّ - قربع. O.

SABLEUX, SE, adj., où il y a du sable mêlé, مرمّل.

SABLIER, s. m., sorte d'horloge, رمليّة.

*Sablier*, vase au sable pour mettre sur l'écriture, مرملة.

SABLIÈRE, s. f., lieu d'où l'on tire le sable, رملة.

## SAC

SABLON, s. m., sable fort délié, رمل ناعم.

SABLONNEUX, SE, adj., où il y a beaucoup de sable, كثير الرمال - رملي.

SABLONNIÈRE, s. f., lieu d'où l'on tire le sablon, رملة.

SABORD, s. m., embrasure pour le canon dans un vaisseau, طاقة للمدفع في مركب.

SABOT, s. m., chaussure de bois, قبقاب ; plur., قباقيب.

Sabot, jouet d'enfant, دوّامة.

Sabot, corne du cheval, حافر ; plur., حوافر.

SABOTER, v. n., faire du bruit avec les sabots, قبقب.

SABOTIER, s. m., qui porte, qui fait des sabots, قباقيبي.

SABOULER, v. a., maltraiter, نزل عليه I. O. قتل - بهدل.

SABRE, s. m., cimeterre, سيف ; pl., سيوف.

SABRER, v. a., frapper, tuer à coups de sabre, بذل، حط السيف I. O. - ضرب بالسيف فيهم.

Sabrer, expédier précipitamment, شهّل.

SABREUR, s. m. fam., injur., qui ne fait que tuer à coups de sabre, ضرّاب سيف.

SABURRE, s. f., t. de mer, gravier pour lester, رمل صابورة.

Saburre, t. de médecine, ordures dans les premières voies, وسخ.

SAC, s. m., sorte de poche, كيس ; pl., اكياس - . Petit sac à café, مزود. || Grand sac pour les grains, la farine, عدل ; pl., اعدال - زكيبة ; pl., عدايل - عديلة - تلاليس ; pl., تلّيس - زكايب - شكارة - جوالق ; pl., جوالق - غرايز ; pl., غرارة - pl., شكاير. || Grand sac de riz, فرد رز. || Grand sac de café, طرد بنّ. || Grand sac de crin pour la paille, etc., خيشة ; pl., خيش. || Sac à plomb pour la chasse, مصفنة. || Sac de voyage où l'on met des hardes, etc., خرج ; pl., اخراج. || Petit sac qu'on

## SAC

suspend à la tête du cheval, musette, محلاية ; pl., مخالي.

Sac, habit de pénitence, d'humiliation, خيش.

Sac, dépôt de matières ; kyste, خراج.

Sac, pillage d'une ville, نهب.

Le fond du sac, au fig. fam., le secret d'une affaire, أصل الدعوة.

Cul-de-sac, زقاق سدّ.

SACCADE, s. f., secousse prompte et violente, نخعة.

SACCADER, v. a., donner des saccades, نخع A.

SACCAGE, subst. m., bouleversement, confusion, انقلاب.

Saccage, popul., amas confus, كركبة خبص.

SACCAGEMENT, s. m., pillage d'une ville, etc., نهب.

SACCAGER, v. a., mettre au pillage, نهب A.

SACERDOCE, s. m., caractère des prêtres ; prêtres, كهنوت.

SACERDOTAL, E, adj., du sacerdoce, كهنوتي - كاهني.

SACHÉE, s. f., plein un sac, خريطة - ملوكيس.

SACHET, s. m., petit sac, كيس.

SACOCHE, s. f., deux grandes bourses de cuir ou de toile jointes ensemble, خرج ; pl., اخراج.

SACRAMENTAL, E, pl., TAUX, et SACRAMENTEL, LE, adj., qui appartient au sacrement, مقدّس.

Sacramental, au fig. (mot), essentiel, décisif, لازم - جوهري.

SACRE, s. m., faucon, صقر ; pl., صقور.

Sacre, action de sacrer un roi, un évêque, ارتسام، رسم الأساقفة - مسح الملوك.

SACRÉ, E, adj., qui a reçu l'onction sainte, موسوم - ممسوح.

Sacré, saint, respectable, مقدّس - محرّم.

Sacré, auquel on ne doit point toucher, حرام.

SACREMENT, s. m., signe visible d'une grâce invisible, etc., سرّ ; pl., اسرار. Administrer un sacrement à, سرًّا مِنهُ A. ‖ Recevoir un sacrement, اقتبل سرًّا.

Sacrement, mariage, سرّ الزيجة.

Saint-Sacrement, l'Eucharistie, القربان المقدّس.

Sacrer, v. a. (un roi), مسح A. – (un évêque), رسم O.

Sacrer, v. n., jurer, blasphémer, كفر O. – جدّف.

Sacrificateur, s. m., ministre qui offre un sacrifice, كاهن.

Sacrificature, s. f., dignité de sacrificateur, كهنوت.

Sacrifice, s. m., offrande à Dieu avec des cérémonies, ذبيحة – نقربة ; pl., قربان – قرابين, pl. ذبايح.

Sacrifice, au fig., renoncement, abandon, خسارة ; plur., فوات شي، تعدية عن شي – خسابر – ترك شي محبة لاحد.

Sacrifier, v. a., offrir en sacrifice à Dieu, قرّب لله.

Sacrifier, immoler, ذبح A.

Sacrifier, au fig., se priver de quelque chose d'agréable pour l'amour, en faveur de quelqu'un, فات الشي، عدّى عن الشي I. حرم نفسه الشي محبة لاحد.

Sacrifier, employer, بذل I. – صرف O.

Sacrifier, rendre victime, عمل ضحيّة A.

Sacrifier, abandonner un ami, etc., par un intérêt, تخلّى عن – فات O. – خسر A.

Se sacrifier, v. pron., se dévouer entièrement, s'immoler, فدى احدًا بنفسه – اهلك نفسه لاجل I. Je me sacrifierais pour vous, انا قربانك – روحي فداك.

Sacrilège, s. m., action impie, كفر – تجديف.

Sacrilège, celui qui commet une action impie, كافر – مجدف.

Sacristain, s. m., qui a soin d'une sacristie, قندلفتية, pl. ; قندلفت – قلّيبي.

Sacristie, s. f., lieu pour serrer les ornements d'église, etc., بيت الخدمة – خزانة البدلات – قلّية.

Sacrum, s. m., os, la dernière vertèbre, عص – عجز – زرّ – عصعص.

Saducéens, subst. m. plur., hérétiques juifs, الصدوقيين.

Saducéisme, s. m., doctrine des Saducéens, مذهب الصدوقيين.

Safar, nom d'un mois arabe, صفر – (Barbarie) شايع العاشور.

Safran ou Crocus, s. m., plante bulbeuse, زعفران. Safran d'Inde, Curcuma ou Suchet, كركم – زعفران شعري – ورس ‖ Safran de mars, préparation chimique, زعفران الحديد.

Safran-bâtard, s. m., Carthame, قرطم.

Safraner, v. a., apprêter, jaunir avec du safran, زعفر.

Safre, adj., goulu, شره.

Sagace, adj. com., doué de sagacité, اهل فراسة – فطن.

Sagacité, s. f., pénétration d'esprit, فراسة – ذكاء العقل – فطنة.

Sagapénum, s. m., gomme, سكبينج.

Sage, adj. com., prudent, circonspect, modéré, retenu, عاقل, pl. عقلاء et عقال.

Sage, profond dans la morale et les sciences, حكيم, pl. حكماء.

Sage-femme, s. f., accoucheuse, داية – قابلة, pl. قوابل.

Sagement, adv., d'une manière sage, correcte, avisée, prudente, بعقل.

Sagesse, s. f., circonspection, prudence, bonne conduite, عقل.

Sagesse, lumières de l'esprit, philosophe, حكمة.

Sagittaire, s. m., signe du zodiaque, القوس – الرامي.

Sagouin, s. m., petit singe, قريد.

Sagouin, malpropre, مقرف – وسخ.

Saignant, e, adj., qui dégoutte du sang, دامى.

Saignée, s. f., ouverture de la veine pour tirer du sang, فصادة.

Saignée, rigole, مجرى.

Saignement, s. m., épanchement de sang, عاف - سيلان دم.

Saigner, v. a., tirer du sang en ouvrant la veine, فصد I. O. – أخذ دم من O. Être saigné, انفصد. || Il faut que je me fasse saigner, بدّى اخذ دم.

Saigner, faire des rigoles, فتح مجرى A.

Saigner, au fig. fam., tirer de l'argent de, فصد I. O.

Saigner, v. n., perdre, jeter du sang, نقط دم I. Il saigne au nez, انفه ينقط دم – سال دم من انفه A. – دم يشرّ من انفه.

Saigner du nez, manquer de résolution, تأخّر – رجع الى ورا.

Saigner, au fig., en parlant du cœur vivement affligé, دمى A. I.

Saigneur, s. m. fam., celui qui fait la saignée, حجّام – فصّاد – حلّاق.

Saigneux, se, adj., sanglant, taché de sang, ملوّث دم.

Saillant, e, adj., qui sort en dehors, خارج.

Saillant, au fig., brillant, vif, لامع.

Saillie, s. f., sortie impétueuse avec interruption, خرجة – نطّة.

Saillie, au fig., emportement, boutade, خرجة – فلتة – طلعة خلق.

Saillie, trait d'esprit, نكتة ; plur., نكت.

Saillie, avance en dehors, خرجة.

Saillir, v. a., couvrir sa femelle (cheval, taureau, etc.), قفز I. O. I. علا I. طحّ – عشّر O. I. Faire saillir une jument par un cheval, طبّح الفرس للحصان.

Saillir, v. n., jaillir, sortir avec impétuosité et par secousses, se dit des fluides, طمّ A. – نطّ O. – نبط I.

Saillir, s'avancer en dehors, déborder le nu du mur, برز O.

Sain, e, adj., de bonne constitution, qui n'est pas sujet à être malade, سالم – سليم.

Sain, qui n'est pas gâté, نظيف – طيّب.

Sain, salubre; au fig., conforme aux décisions, سليم.

Saindoux, subst. m., graisse de porc fondue, دهن خنزير.

Sainement, adv., d'une manière saine, سليم.

Sainement, au fig., judicieusement, avec bon sens, بعقل سليم – بعقل.

Sainfoin, s. m., herbe, انوبروخيس.

Saint, e, adj., essentiellement pur, طاهر. Le Saint-Esprit, روح القدس.

Saint, consacré à Dieu, à la religion, à un usage sacré, مقدّس.

Saint, e, adj. et subst., قدّيس. Saint Pierre, مار بطرس – القدّيس بطرس.

Saint, respectable, très-vertueux, طاهر – قدّيس – نفيس.

Sainte-barbe, s. f., t. de mer, endroit où l'on met la poudre, جبخانة مركب.

Saintement, adv., d'une manière sainte, بطهارة.

Sainteté, s. f., qualité de ce qui est saint, طهارة – قداسة.

Sainteté, titre du pape, قدس.

Saisi, s. m., débiteur sur lequel on a saisi, مضبوط.

Saisie, s. f., arrêt sur les biens d'une personne, ضبط اموال.

Saisir, v. a., prendre tout d'un coup avec vigueur, كبش I. – قبض I. – مسك O. – دقّ فى O. Il le saisit au collet, مسكه من ازياقه. || On le saisit, قبضوا عليه.

Saisir, attaquer (maladie), مسك – اعترى I. La fièvre le saisit, مسكته البرديّة. || La crainte l'a saisi, استولى عليه الخوف – اعتراه الخوف.

Être saisi, être subitement touché de déplaisir

ou d'étonnement mêlé de crainte, هبط قلبه I. O.

*Saisir*, arrêter les biens, ضبط أموال O.

*Saisir*, au fig., comprendre aisément, فهم A.

*Se saisir*, v. pron., prendre subitement, مسك I.

SAISI, E, adj., muni, porteur de, ماسك - حامل.

SAISISSABLE, adj. com., qui peut être saisi, يضبط.

SAISISSANT, E, adj., qui saisit tout d'un coup, يمسك.

SAISISSEMENT, s. m., impression subite et violente que cause un grand déplaisir, etc., هبوط اعترا - القلب.

SAISON, s. f., quatrième partie de l'année, أوان ; plur., فصول - فصل.

*Saison*, au fig., temps propre à chaque chose, وقت ; plur., أوقات. Hors de saison, في غير وقته.

Arrière-*saison*, s. f., commencement de l'hiver, أخر أوان الخريف.

SALADE, s. f., mélange d'herbes, سلاطة - سلطة. Faire la salade, تبل السلطة. ‖ La retourner, حركها.

SALADIER, s. m., صحن سلطة.

SALAIRE, s. m., payement, récompense, كرا - أجرة.

*Salaire*, au fig., châtiment, punition, قصاص - جزا.

SALAISON, s. f., action de saler, تمليح.

*Salaisons*, viandes, poissons, choses salées, ملوحة - موالح.

SALAMALEC, s. m., révérence, salut en arabe, سلام عليكـ.

SALAMANDRE, s. f., animal, espèce de lézard, اصحابية - سمندر - سمندل.

SALANT, adj. m., d'où l'on tire le sel, ملح. Marais salant, saline, ملاحة.

SALARIER, v. a., donner un salaire dû, أعطى أحدا كرا, أجرة.

SALAUD, E, adj. fam., sale, malpropre, مرماد - وسخ.

SALE, adj. com., malpropre, وسخ - موسخ - زفر. Devenir sale, توسخ.

*Sale*, au fig., déshonnête, obscène, قبيح - زفر.

*Sale*, sordide, قذر.

SALÉ, s. m., chair salée de porc, لحم خنزير مملح.

SALEMENT, adv., d'une manière sale, بوساخة. Manger salement, خبّص في الاكل.

SALEP ou SALAP, s. m., racine bulbeuse des Indes, سحلب.

SALER, v. a., assaisonner avec du sel, ملح.

SALETÉ, s. f., qualité de ce qui est sale, ordure; plur., أوساخ - وسخ - وساخة.

*Saleté*, au fig., parole sale, زفرة.

SALEUR, s. m., celui qui sale, ملح.

SALICAIRE, subst. f., Lysimachie rouge, plante, لوسيماخوس أحمر.

SALICOT, s. m., ou Bacile, plante, شجرة بحرية.

SALIÈRE, s. f., ustensile pour mettre le sel, ملاحة - ملحة.

*Salière*, creux au-dessus des yeux du cheval, نقرة فوق عين الفرس - وقب ; plur., أوقاب.

SALIGAUD, E, adj. pop., sale, malpropre, عفن - وسخ.

SALIN, E, adj., qui contient des parties de sel, فيه ملح.

SALINE, s. f., lieu où l'on fait le sel, d'où on le tire, ملاحة.

*Saline*, chose salée, ملوحة.

SALIQUE, adj. (loi), qui exclut les femmes et leurs descendants de la couronne de France, شريعة تمنع النسا وأولادهن من مملكة فرنسا.

SALIR, v. a., rendre sale, لوّث وسّخ.

*Se salir*, v. pron., devenir sale, توسّخ.

SALISSANT, E, adj., qui se salit aisément, يتوسّخ.

SALISSURE, s. f., ordure sur une chose salie, وسخ.

SALIVAIRE, adj. com., ريقي.

SALIVATION, s. f., écoulement de la salive, لعاب - سيلان الريق.

SALIVE, s. f., humeur aqueuse qui coule dans la bouche, لعاب - رضاب - لمى - ريق.

Salive, crachat, بزاق.

SALIVER, v. n. rendre beaucoup de salive, بصّق - لعب - برّق.

SALLE, s. f., grande pièce destinée à recevoir les visites, etc., رواق pl. أروقة - ديوان - صالة - قاعة. Salle à manger, بيت الأكل.

Salle de spectacle, منظرة.

SALMIGONDIS, s. m., mélanges confus de diverses choses, خبصة - مخلوطة.

SALMIS, s. m., sorte de ragoût, نوع بخني.

SALOIR, s. m., vaisseau de bois pour mettre le sel, صندوق الملح.

SALOMON, n. propre, سليمان.

SALON, s. m., pièce de compagnie, قاعة - مقعد - رواق - بيت القعود - ديوان. Salon ouvert en arcade d'un côté, ايوان.

SALOPE, s. f. fam., femme sale, de mauvaise vie, قحبة.

SALOPERIE, s. f., saleté, وساخة.

SALPÊTRE, s. m., sorte de sel, nitre, بورق - ملح البارود.

SALPÊTRIER, s. m., qui travaille à faire du salpêtre, شغّال في البورق.

SALPÊTRIÈRE, subst. f., où l'on fait le salpêtre, كرخانة بورق.

SALSEPAREILLE, s. f., racine médicinale du Pérou, سبارينا.

SALSIFIS, s. m., Scorsonère, plante, قعبرون - قعبول.

SALTIMBANQUE, s. m., bateleur, bouffon ; au fig., mauvais orateur à grands gestes et plaisanteries déplacées, مهيجم - خلبوص.

SALUBRE, adj. com., qui contribue à la santé, سليم.

SALUBRITÉ, s. f., qualité de ce qui est salubre, سلامة.

SALUER, v. a., سلّم على - سلّم على. Saluez de ma part M. un tel, بلّغوه - سلّم لي على فلان. اهدوا منّا جزيل السلام الى فلان - سلامي.

Saluer, proclamer roi, empereur, حيّى بالملك.

SALURE, s. f., qualité de ce qui est salé, ملاحة.

SALUT, s. m., conservation, rétablissement dans un état heureux, convenable, سلامة.

Salut, cessation de danger, سلامة - نجاة - خلاص. Il chercha son salut dans la fuite, انهزم وطلب النجاة.

Salut, retour à la santé, صحّة.

Salut, action de saluer, سلام. Rendre à quelqu'un le salut, ردّ عليه السلام, O.

Salut, félicité éternelle, خلاص.

SALUTAIRE, adj. com., utile pour la conservation, نافع.

SALUTATIONS, s. f. fam., salut, تسليم - تحيّة - سلام.

SALVE, s. f., décharge d'un grand nombre de pièces d'artillerie, de fusils, طلاق - طلاق مدافع - بندق.

SAMARITAIN, E, adj., سامري.

SAMEDI, subst. m., dernier jour de la semaine, يوم السبت - السبت.

SAMIEL, s. m., vent brûlant, سموم.

SANCIR, v. n., terme de mer, couler bas, غرق A.

SANCTIFIANT, E, adject., qui sanctifie, مطهّر - مقدّس.

SANCTIFICATION, s. f., effet de la grâce qui sanctifie, تطهير - تقديس.

Sanctification d'une fête, عمل العيد.

SANCTIFIER, v. a., rendre saint, طهّر - قدّس.

Sanctifier les fêtes, عمل الأعياد A.

SANCTION, s. f., confirmation donnée à une loi par le souverain, تثبيت.

SANCTIONNER, v. a., donner la sanction à, confirmer, ثبت - قرر.

SANCTUAIRE, s. m., le lieu saint, lieu où est le maître-autel, البيت المقدس - محراب.

SANDAL, s. m., bois des Indes, صندل.

SANDALE, s. f., chaussure, نعل.

SANDARAQUE, s. f., Sandaraz, vernis, gomme, سندروس.

*Sandaraque*, orpiment rouge, زرنيخ أحمر.

SANG, s. m., liqueur rouge qui circule dans les veines, etc., دم - دِماء; pl., دم - دَماء (vulg.).

*Sang*, meurtre, carnage, سفك الدما. Épargner le sang, حقن الدما I. ‖ Mettre un pays à feu et à sang, خرب البلاد واستأصل العباد حرقا و ذبحا وقتلا عاما.

La voix du *sang*, la force du sang, sentiment de la nature pour les parents, حنيّة الدم. Il se sentit ému par la force du sang, لحقته الرأفة والرحمة وحنّ الدم على الدم بالسرّ الرباني.

SANG-FROID, s. m., tranquillité, présence d'esprit, رواقة. Homme qui a du sang-froid, de la présence d'esprit, قلبه حاضر. ‖ Qui est de sang-froid, qui n'est pas en colère, etc., في عقله.

De *sang-froid*, adv., avec tranquillité, برواقة. Il l'a tué de sang-froid, قتله بسكون البال - صبرا.

SANG-DE-DRAGON, s. m., plante, espèce de patience, عرق الحمرة.

*Sang-de-dragon*, liqueur, substance résineuse, قطر مكة - دم الثعبان - دم الأخوين - عندم.

SANGIAC, s. m., gouverneur d'une province en Turquie, سنجق; pl., سناجق.

SANGLANT, E, adj., ensanglanté, souillé de sang, ملوّث بالدم - غرقان دم.

*Sanglant*, au fig., outrageant, offensant, مغضب. Sarcasme sanglant, كلمة تقرف جرح.

SANGLE, subst. f., bande qui sert à ceindre, à serrer, شريحة - حزام plur., حزامات et حُزُم - قشاط.

SANGLER, v. a., ceindre, serrer avec des sangles, قشط على O. - شدّ الحزام I. - حزم I. - شدّ O.

*Sangler*, au fig. fam., donner, appliquer avec force des coups, etc., شبط O.

SANGLIER, subst. m., espèce de porc sauvage, خنزير وحشي.

SANGLOT, s. m., soupir redoublé d'une voix entrecoupée, زفرة - شهيق.

SANGLOTER, v. n., pousser des sanglots, شهق A. - انتحب.

SANGSUE, s. f., animal aquatique qui suce le sang, علق; coll., علقة. La jument a une sangsue dans la bouche, الفرس معلّقة.

SANGUIFICATION, s. f., transformation du chyle en sang, تكوين الدم.

SANGUIN, E, adject., en qui le sang domine, دموي.

*Sanguin*, de couleur de sang, دمي.

SANGUINE, s. f., Hématite, حجر الدم.

SANGUINAIRE, adj. com., qui aime à répandre le sang humain, سفّاح - سفّاك الدما.

SANGUINOLENT, E, adj., t. de médecine, mêlé, teint de sang, مخلوط بدم.

SANIE, s. f., pus séreux des ulcères, قيح - مدّة.

SANIEUX, SE, adj., chargé de sanie, مقيّح.

SANS, prépos., بلا - غير - من. J'irai sans toi, أروح بلاك. ‖ Sans faute, bien certainement, من كل بدّ. ‖ Sans cela je n'y aurais pas été, لولا ذلك ما كنت رحت. ‖ Sans toi nous n'aurions pas créé les cieux, لولاك لولاك ما خلقنا الأفلاك.

SANSONNET, s. m., oiseau, نوع زرزور.

SANTÉ, s. f., état de celui qui est sain, qui se porte bien, عافية - صحّة. Recouvrer la santé, حصلنا على الشفا. ‖ J'ai recouvré ma santé accoutumée, خصلنا على صحتنا الاعتيادية. ‖ En bonne santé, بخير وعافية. ‖ Mauvaise santé, ضعف مزاج. ‖ A votre santé, بسر محبتك - بسرك. - (Barb.) ‖ A votre santé, بخاطرك - محبة فيك et faites-moi raison, réponse, بسرك وعندك; ‖ Boire à la santé de quelqu'un, عندك كل خير en l'invitant à vous faire raison, نزل عند I.

SANTOLINE, s. f., plante bonne contre les vers, خريسانة - قيصوم انثى.

SANTON, s. m., espèce de moine turc, ولي - شيخ.

SAPAJOU, s. m., singe, سعدان.

SAPE, s. f. action de saper, نحت.

SAPER, v. a., travailler avec le pic sous les fondements d'un édifice, نحت تحت حايط A.

*Saper*, au fig., détruire, renverser les fondements, هدم الاساس I.

SAPEUR, s. m., soldat employé au travail de la sape, بلطجي, plur., بلطجية.

SAPHÈNE, veine du pied, الصافن.

SAPHIR, s. m., pierre précieuse, ياقوت ازرق - صفير.

SAPIENTIAUX, adj. m. plur., se dit des livres de l'Écriture sainte, اسفار الحكمة.

SAPIN, s. m., grand arbre résineux, شنوبر - شجر الراتينج.

SAPONAIRE, s. f., Savonnière, plante, صابونية.

SARBACANE, s. f., tuyau pour jeter quelque chose, en soufflant, سبطانة - زبطانة.

SARCASME, s. m., raillerie amère et insultante, نقر - تهكم. Lancer à quelqu'un un sarcasme piquant, ضربه كلمة نقر في جر A.

SARCELLE, subst. f., oiseau aquatique, صنصن - نوع بط صغير.

SARCLER, v. a., arracher les mauvaises herbes, قلع, نقى الحشيش A.

SARCLEUR, s. m., qui sarcle, قلاع الحشيش.

SARCLOIR, s. m., instrument pour sarcler, التي لقلع الحشيش.

SARCLURE, s. f., ce qu'on arrache en sarclant, حشيش مقلوع.

SARCOCÈLE, s. m., tumeur charnue aux testicules, قليطة.

SARCOCOLLE, s. f., gomme de Perse qui consolide les plaies, عنزروت - انزروت.

SARCOPHAGE, s. m., tombeau vide, قبر.

SARCOTIQUE, adject. com., qui fait renaître les chairs, منبت اللحم.

SARDANAPALE, s. m., prince abandonné aux plaisirs, منهمك في اللذات - متنعم.

SARDINE, subst. f., petit poisson de mer, راي - سردينا.

SARDOINE, s. f., pierre précieuse, ظفر جر.

SARDONIEN, NIQUE, adj., (ris) forcé, convulsif, ضحك صفراوي. Rire d'un ris sardonique, ضحك صفر A.

SARMENT, subst. m., bois que pousse la vigne, فروع; plur., فرع دالية - شعشاع - زرجون.

SARRASIN, adj., Arabe, شرقي; plur., شرقيين - العرب.

SARRASIN, s. m., blé noir, حنطة سودا.

SARRIETTE, s. f., plante odorante, صعتر - زعتر.

SAS, s. m., tissu qui sert à passer la farine, etc., tamis, منخل; plur., مناخل.

SASSAFRAS, subst. m., bois sudorifique jaunâtre, ساسفراس.

SASSE, s. f., pelle creuse pour mettre les ordures en balayant, فرشخانة.

SASSER, v. a., passer au sas; au fig. fam., discuter, examiner, ramasser, حلل - نخل O.

SATAN, s. m., le chef des démons, شيطان - ابليس.

SATANIQUE, adj. com., diabolique, شيطاني.

SATELLITE, s. m., homme armé, ministre des violences de celui qu'il accompagne, تابع; plur., اتباع; plur., عون - اعوان.

*Satellite*, petite planète qui se meut autour d'une

47.

grande, سيّارة صغيرة تدور - توابع .plur ;تابعة
حول اخرى اكبر منها.

SATIÉTÉ, s. f., réplétion d'aliments qui va jusqu'au dégoût, شبع - صدّة نفس.

SATIN, s. m., étoffe de soie, اطلس.

SATINADE, s. f., petite étoffe imitant le satin, جنفس.

SATINER, v. a., donner l'œil du satin, صقل O.

SATIRE, s. f., ouvrage critique, هجو.

SATIRIQUE, adj. com., de la satire, هجوى.

*Satirique*, auteur de satires, هاجى.

SATIRIQUEMENT, adv., d'une manière satirique, بنوع هجو.

SATIRISER, v. a., هجا O.

SATISFACTION, s. f., contentement, رضا.

*Satisfaction*, action par laquelle on répare une offense, وفا اعطا الحق - مداواة العمل القبيح. Demander satisfaction, طلب حقّه من ‖ Avoir satisfaction, خلّص حقّه من.

*Satisfaction*, expiation, محى.

SATISFACTOIRE, adj. com., propre à expier les fautes, يمحى الذنوب.

SATISFAIRE, v. a., contenter, donner de la satisfaction, ارضى.

*Satisfaire*, payer, وفى حقّه I.

*Satisfaire* sa vengeance, شفى قلبه من احد I. ‖ *Satisfaire* ses désirs, قضى مراده I. اشتفى منه ‖ Satisfaire l'attente, وافق الامل ‖ Satisfaire son désir de voir sa famille, بلّ شوقه من اهله O.

*Satisfaire* à ses devoirs, faire ce qu'on doit, عمل ما يجب ‖ Satisfaire à ses obligations, وفى بعهله - ما عليه.

*Satisfaire*, faire réparation, وفى له اعطاه حقّه - داوى ما صدر من النقص فى حق احد.

*Se satisfaire*, v. pron., contenter ses désirs, قضى مراده I.

*Se satisfaire* soi-même, tirer raison d'une offense, اخذ حقّه - خلّص حقّه I.

SATISFAISANT, E, adj., qui satisfait, qui contente, مرضى - مسرّ.

SATRAPE, s. m, gouverneur chez les anciens Perses, مرزبان.

SATURATION, subst. f., état d'un liquide saturé, اشباع.

SATURER, v. a., donner à un liquide la quantité de matière qu'il peut dissoudre, اشبع.

SATURNE, subst. m., la planète la plus haute, زحل.

*Saturne*, terme de chimie, le plomb, الرصاص.

SATYRE, subst. m., monstre fabuleux, né d'un homme et d'une chèvre, نسناس.

SATYRION, s. m., ou testicule de chien, plante, خصى الثعلب - خصى الكلب - سطريون.

SAUCE, s. f., assaisonnement liquide, مرقة.

SAUCER, v. a., tremper dans la sauce, غمس فى المرقة.

*Saucer*, au fig. réprimander fortement, بهدل.

SAUCIÈRE, subst. f., vase à mettre la sauce, اناء للمرقة.

SAUCISSE, s. f., boyau rempli de viande crue et hachée, سجق - منبار.

SAUCISSON, subst. m., sorte de grosse saucisse, سجق كبير.

SAUF, VE, adj., qui n'est pas endommagé, hors de péril, سالم. Sain et sauf, سالم غانم.

*Sauf*, prép., sans blesser, sans donner atteinte, حاشا. Sauf le respect de la compagnie, حاشا حرمة السامعين.

*Sauf*, excepté, hormis, à la réserve de, ماعدا - الا.

*Sauf*, à condition que, بشرط ان.

SAUF-CONDUIT, s. m., sorte de passe-port, امان - ورقة امان.

SAUGE, subst. f., plante aromatique, مريمية - الناعمة - سالبية - قويسة العين - قويسة.

SAUGRENU, E, adj., بارد.

Saule, subst. m., arbre aquatique, صفصاف. ‖ Saule pleureur, صفصاف مستحيى. ‖ Saule d'Orient à fleurs odorantes, خلاف - بان.

Saumâtre, adject. com., (eau) qui a le goût de celle de la mer, ما قيضوني - ماء ملح.

Saumon, s. m., poisson de mer, حوت سليمان - سمك بحرى.

Saumure, s. f., eau, liqueur salée pour garder ou manger la viande, le poisson, etc., شرش - سلامول - سلامورة.

Saunage, subst. m., débit, trafic de sel, بيع A. ملح.

Sauner, v. n., faire du sel, صنع ملح A.

Saunerie, s. f., magasin, bâtiment pour la fabrique du sel, ملاحة.

Saunier, s. m., qui fait et vend le sel, بيّاع ملح.

Saunière, s. f., vaisseau où l'on conserve le sel, صندوق ملح.

Saupoudrer, v. a., poudrer de sel, de farine, رشّ على O.

Saur, adject. m., (hareng) salé, à demi séché, سمك مدخّن.

Saurer, v. a., faire sécher à la fumée, قدّد على الدخان.

Saut, s. m., mouvement par lequel on saute, وثبة - قفزة - نطّة.

Saut, action d'un cheval qui saillit une jument, طيح - قفزة.

Sauter, v. a., franchir, نطّ - جلب O.

Sauter le fossé, prendre un parti après avoir longtemps balancé, طقّ الساقية.

Sauter, omettre, فات O.

Sauter, v. n., s'élever de terre avec effort, s'élancer d'un lieu à un autre, نطّ I. - قفز O.

Sauter, au fig. fam., parvenir d'une place à une autre sans intermédiaires, نطّ O.

Sauter en l'air par explosion (vaisseau, etc.), طار في الهوا I.

Faire *sauter*, faire perdre une place, un bien, un état, etc., طيّر.

*Sauter* aux yeux, être évident, بان A.

*Sauter* aux nues, s'emporter, طار عقله I. - جنّ A.

*Sauter* le pas, mourir, قام رجله I.

Sauterelle, s. f., insecte, جرادة ; coll. جراد - ابزيز (Barb.).

Sauteur, se, s., qui fait des sauts, نطّاط.

Sautillement, s. m., نطّ.

Sautiller, v. n., sauter à petits sauts, نطّط.

Sauvage, adj. com., qui vit dans les bois, sans lois, وحشى - موحّش. Les sauvages الهمل - المتوحّشين.

*Sauvage*, qui vit seul, qui fuit la société, مستوحش.

*Sauvage*, qui n'est point apprivoisé, féroce, farouche, وحشى - شارد ; pl., شوارد.

*Sauvage*, désert, inculte, خرت.

*Sauvage*, qui vient sans culture (plante), برّى.

*Sauvage*, âpre (goût, saveur), وحشى.

Sauvageon, s. m., arbre venu sans culture, non greffé, شجرة غير مطعّمة.

Sauvagerie, s. f., caractère de celui qui vit seul, وحشية.

Sauvagin, e, adj. (goût), طعمة وحشية - زهمة.

Sauvegarde, s. f., protection accordée par celui qui en a le droit; au fig., ce qui garantit, جاية.

Sauvement, s. m., action de sauver de la mer des marchandises naufragées, خلاص بضايع من البحر.

Sauver, v. a., garantir, tirer du péril, خلّص - سلّك - نقذ من الخطر - نجّى (Barb.).

*Sauver*, procurer le salut éternel, خلّص - نجّى.

*Sauver*, excuser, justifier, برّر.

*Sauver* les apparences, observer, garder les apparences, حفظ الناموس الظاهر - دارى A.

*Sauver*, épargner, وفر عليه الشي.
*Sauver*, éviter, parer un coup, احترس من – حرس O.
*Sauver*, préserver de, حفظ من A.
*Se sauver*, v. pron., s'échapper, fuir, نفذ I.
*Se sauver*, échapper au danger, نجا – تخلص O. – سلك I. – نفذ من الخطر O.
*Se sauver*, se retirer dans un lieu sûr, احتمى – التجى الى – الى.
*Se sauver*, s'en aller, راح O.
*Se sauver*, se dédommager d'une perte, استعوض A.
*Se sauver*, faire son salut, خلص A. – نجا O.
SAUVEUR, s. m., celui qui sauve, مخلص.
SAVAMMENT, adv., بعلم.
SAVANT, E, adj., qui a beaucoup de science, عالم; plur., علماء. Comme les savants sont envieux, on ne doit point leur permettre de témoigner les uns contre les autres, لا يجوز شهادة العلماء بعضهم على بعض لانهم حسداء.
*Savant*, qui renferme beaucoup d'érudition (livre), حاوى كثير من العلم.
SAVANTASSE, s. m. fam., pédant, غلباوى.
SAVANTISSIME, adj. com., très-savant, علامة.
SAVATE, subst. f., vieux soulier, صرمة عتيقة – شرشوحة – برطوشة.
SAVATERIE, s. f., lieu où l'on vend de vieux souliers, عتقية.
SAVETER, v. n., travailler en savetier, رقع صرم.
*Saveter*, v. a., gâter, mal faire un ouvrage, خبّص – سخبط.
SAVETIER, s. m., qui raccommode les vieux souliers, خراز – مرقع صرم (Barb.).
SAVEUR, s. f. qualité sentie par le goût, طعم – طعمية.
SAVOIR, v. a., connaître, être instruit de, عرف I. – درى I. – علم A. Je restai sans savoir où aller, حرت الى اين اروح ان. ‖ Vous savez que, معلومك. ‖ Vous savez ce qui est arrivé, معلومك

Je ‖ I. اعلم. ‖ Sachez que, اعلم ان. ‖ الاوال التى صارت مهدى به انه شقى. savais bien qu'il était méchant, علمى به انه شقى. ‖ C'est là tout ce que j'en sais, هذا اخر علمى بالامر.
*Savoir* gré à quelqu'un de, شكر احداً على O.
*Savoir*, avoir l'adresse, le pouvoir de faire, عرف I. – قدر I. Faire *savoir*, عرف ب – علّم, اعلم ب. Qui sait? مين يعرف – مدرى (abréviat. de درى).
A *savoir*, c'est à *savoir*, et *savoir*, adv. qui spécifie, وذلك – وهم – وبيان.
C'est à *savoir*, *savoir* si, exprime le doute, يا ترى.
*Savoir*, peut-être, بلكه.
SAVOIR, s. m., érudition, علم.
*Savoir*, connaissance d'une science, d'un art, معرفة.
SAVOIR-FAIRE, s. m., habileté, industrie, شطارة – معرفة.
SAVOIR-VIVRE, s. m., connaissance des usages du monde, حسن سلوك – سلوك.
SAVON, s. m., pâte pour dégraisser, صابون. Morceau, tablette de savon, لوح صابون.
Donner à quelqu'un un *savon*, le réprimander, عمل له تغسيلة راس.
SAVONNAGE, s. m., nettoiement par le savon, غسيل الصابون.
SAVONNER, verb. act., nettoyer avec du savon, غسل بالصابون – صوبن – صبّن I.
*Savonner*, au fig. fam., réprimander, عمل له تغسيلة راس.
SAVONNERIE, s. f., lieu où l'on fabrique le savon, معمل صابون.
SAVONNETTE, subst. f., boule de savon préparé, صابونة.
SAVONNEUX, SE, adj., qui tient de la qualité du savon, صابونى.

**Savourer**, v. a., goûter avec attention et plaisir, ذاق O.

**Savoureux, se**, adject., qui a bonne saveur, لذيذ.

**Savoyard, e**, adj., t. de mépris, homme sale, grossier, جيدي.

**Saxifrage**, s. f., plante, فرنكة الحصوة - كاسر.

**Sbire**, s. m., archer, sergent en Italie, عون; pl., شرطى - اعوان.

**Scabieuse**, s. f., plante, كتلة.

**Scabreux, se**, adj., rude, raboteux, وعر - صعب.

*Scabreux*, au fig., dangereux, périlleux, difficile, صعب - خطر.

**Scalène**, adject. (triangle), مثلث مختلف الاضلاع.

**Scalpel**, s. m., instrument de chirurgie pour disséquer, مبضع; pl., مشارط - مشرطة.

**Scammonée**, s. f., espèce de plante purgative, محمودة - سقمونيا.

**Scandale**, s. m., ce qui est occasion de chute, de péché, عثرة - شك - عيب.

*Scandale*, éclat que fait une chose honteuse à quelqu'un, جرسة.

*Scandale*, indignation d'une mauvaise action, غضب.

**Scandaleusement**, adv., avec scandale, بجرسة - بعيب.

**Scandaleux, se**, adj., qui cause du scandale, عيب - مشكك - يجلب الشك.

**Scandaliser**, verb. act., donner du scandale, اعطى شك.

*Se scandaliser*, v. pron., prendre du scandale, تشكك.

*Se scandaliser*, s'offenser, اغتاظ من.

**Scander**, v. a., indiquer la mesure d'un vers, mesurer, قطع بيت شعر.

**Scapulaire**, s. m., pièce d'étoffe qui fait partie de l'habit de divers religieux; morceau d'étoffe bénite, جايل.

**Scarabée**, s. m., insecte, جعل - ابو جعران; pl., خنافس; خنفسا - جعلان pl.,.

**Scaramouche**, s. m., bouffon, مهرج.

**Scarificateur**, s. m., instrument de chirurgie pour faire des scarifications, مشراط.

**Scarification**, s. f., incision faite sur la peau, تشريط.

**Scarifier**, v. a., inciser la peau, شرط. Scarifier le derrière des oreilles avec un rasoir, شطب شطبه - دانيه.

**Scarlatine**, adj. fém. (fièvre), accompagnée de rougeurs, حمى حصبية.

**Sceau**, s. m., grand cachet, خاتم - ختام, pl., طابع - خواتم.

*Sceau*, son empreinte, ختم - ختام, pl., ختام.

Mettre le *sceau*, au fig., finir, consommer, كمل - ختم الامر I. O.

**Sceau-de-Salomon**, s. m., plante, خاتم سليمان.

**Scélérat, e**, adj., coupable ou capable de crime, شرير خاسر, pl., اشرار.

**Scélératesse**, s. f., méchanceté noire, خسران - خسر.

**Scellé**, s. m., sceau apposé sur des portes, des armoires, etc., ختم. Mettre le scellé, وضع O. ‖ Lever le scellé, فك الختم على.

**Scellement**, s. m., t. de maçon, تجبيس.

**Sceller**, v. a., mettre, appliquer le sceau, وضع الختم على; aor., يضع.

*Sceller*, fixer dans un mur avec du plâtre, etc., plomb fondu, ثبت - مسمر.

*Sceller*, fermer, boucher avec du mastic, سد O.

*Sceller*, au fig., cimenter, affermir, اكد I.

**Scène**, s. f., partie du théâtre où les acteurs jouent, ملعب.

*Scène*, assemblage d'objets exposés à la vue, فرجة.

*Scène*, décoration, spectacle, منظر.

*Scène*, lieu où l'action se passe, محلّ وقوع الامر.

*Scène*, division d'une pièce de théâtre, قطعة - قسم.

*Scène*, au fig., poste qui attire les regards, مظهر.

*Scène*, querelle, شبكة - وقعة.

SCÉNIQUE, adj. com., qui a rapport au théâtre, لعبى.

SCÉNOGRAPHIE, s. f., t. de mathématiques, représentation en perspective, تصوير - رسم.

SCÉNOGRAPHIQUE, adj. com., de la scénographie, رسمى.

SCEPTICISME, s. m., doctrine des sceptiques, مذهب اهل الشكوك.

SCEPTIQUE, adj. com., qui doute de tout, من اهل الشكوك.

SCEPTRE, s. m., bâton, marque de la royauté, قضيب ملك.

SCHALL. *Voyez* CHÂLE.

SCHÉNANTE, ou JONC-ODORANT, s. m., اذخر.

SCHISMATIQUE, adj. com., qui est dans le schisme, مشاقق - معاند.

SCHISME, s. m., séparation de communion religieuse, افتراق - شقاق.

SCHNAPAN, s. m., paysan, voleur, حرامى.

SCIAGE, s. m., action de scier, نشر.

SCIATIQUE, adj. (goutte), عرق النسا. Il fut atteint de la goutte sciatique, حصل له عرق النسا. ‖ *Nerf sciatique*, نسا. ‖ *Veines sciatiques*, عرق النسا; plur., عروق.

SCIE, s. f., lame de fer dentelée ou non pour scier, منشار; pl., مناشير.

SCIEMMENT, adv., avec connaissance, بعلم.

SCIENCE, s. f., علم; pl., علوم.

SCIENTIFIQUE, adj. com., علمى.

SCIENTIFIQUEMENT, adv., علميا.

SCIER, v. a., couper avec la scie, نشر O.

SCIEUR, s. m., celui dont le métier est de scier, نسار.

SCILLE, SQUILLE, s. f., plante qui tient du lis et de l'oignon, بصل عنصل.

SCILLITIQUE, adj. com., de scille, عنصلى.

SCINQUE, s. m., espèce de lézard, اسقنقور.

SCINTILLATION, s. f., étincellement des étoiles, برق.

SCINTILLER, v. n., étinceler, برق O.

SCION, s. m., brin, rejeton, فرع; plur., فروع.

SCISSION, s. f., division dans un État, une assemblée, شقاق.

*Scission*, partage des voix, انقسام الاراء.

SCIURE, s. f., ce qui tombe du bois, etc., quand on le scie, نشارة.

SCOLASTIQUE, adj. com., de l'école, مكتبى.

SCOLASTIQUE, s. f., théologie scolastique, mélange de philosophie et de théologie, علم الكلام.

SCOLASTIQUEMENT, adv., d'une manière scolastique, مثل الكتاب.

SCOLIASTE, s. m., commentateur, شارح.

SCOLIE, s. f., remarque pour faciliter l'intelligence du texte, شرح.

SCOLOPENDRE, s. f., ou langue-de-cerf, plante, لسان الايل.

*Scolopendre*, insecte, ابو مائة - ابو اربعين et زرغيل (Barb.).

SCORBUT, s. m., corruption contagieuse du sang, استوربوط - فساد دم.

SCORBUTIQUE, adj. com., de la nature du scorbut, يخص فساد الدم.

SCORBUTIQUE, s. m., qui a le scorbut, مفسود الدم.

SCORIE, s. f., substance vitrifiée qui nage sur la surface des métaux fondus, توبال - رغوة المعادن.

SCORIFICATION, s. f., action de réduire en scorie, ترغية المعادن.

Scorificatoire, s. m., têt ou écuelle à scorifier, بودقة.

Scorifier, v. a., réduire les métaux en scorie, رغى المعادن.

Scorpioïde, s. m., ou Chenille, plante, عقربانة - ذنب العقرب.

Scorpion, s. m., insecte venimeux, عقرب; plur., عقارب.

Scorsonère, s. f., plante, قعبارون - دبج.

Scribe, s. m., interprète de la loi judaïque, كتبة; plur., كاتب.

*Scribe*, copiste, écrivain public, ناسخ.

Scrofules, s. f. plur., écrouelles, خنازير.

Scrofuleux, se, adj., des écrouelles, خنازيرى.

Scrofuleux, se, s., qui a les écrouelles, به داء الخنازير.

Scrofulaire, s. f., plante, حشيشة الشوكى.

Scrotum, s. m., bourses, membranes des testicules, صفن - كيس الخصى.

Scrupule, s. m., trouble de la conscience, شك - تشكك. ‖ Se faire scrupule de, حسب الشى حرام عليه - حسب الشى خطية.

*Scrupule*, grande exactitude à observer les règles, تدقيق - تقيّد.

*Scrupule*, restes de doute, de difficultés après la discussion, l'explication, ريب - شك.

*Scrupule*, répugnance, تعذر من.

*Scrupule*, poids de 24 grains, قيراط.

Scrupuleusement, adv., d'une manière scrupuleuse, exacte, بتدقيق.

Scrupuleux, se, adj., qui a des scrupules, متشكك.

*Scrupuleux*, au fig., minutieux, exact, مدقق - مفرط. Scrupuleux examen de conscience, فحص الضمير باجتهاد وتدقيق.

Scrutateur, s. m., qui sonde les cœurs, فاحص القلوب.

*Scrutateur*, membre d'une assemblée appelé à la vérification d'un scrutin, كشّاف.

Scruter, v. a., sonder, examiner à fond, فحص A. - Scruter la conduite de quelqu'un, دقق عليه O. ضبط, حرّر عليه.

Scrutin, s. m., suffrages secrets, عطية راى - عطية صوت بالخفى.

Sculpter, v. a., tailler au ciseau le bois, le marbre, etc., نقش A. - O. حجر.

Sculpteur, s. m., qui sculpte, نقاش - حجّار.

Sculpture, s. f., art du sculpteur, نقش - حجر.

Scylla, s. f. (tomber de Charybde en), prov., هرب من الدب وقع فى الجب.

Se, pronom de la 3e personne, com. et de tout nombre, نفس. Il se tua, قتل نفسه.

Séance, s. f., droit de prendre place dans une assemblée, جلوس.

*Séance*, l'assemblée, sa durée, مجلس; plur., مجالس O. فتح. Lever la séance, رفع المجلس. La séance a été levée, انفض - انفض المجلس.

Séant, e, adj., qui réside actuellement à, مقيم.

*Séant*, décent, convenable, مناسب - لايق.

Séant, s. m., posture d'un homme assis dans ou sur son lit, حيل. Il se mit sur son séant, قعد قعدك - قام على حيله.

Seau, s. m., vaisseau pour puiser de l'eau, (en cuir) دلو; plur., دلا - (en bois) علبة; pl., علب - (en fer, en cuivre) سطل; plur., سطول.

Sébeste, s. m., petite prune noirâtre du sébestier d'Égypte, نبق مخيط - مخيط.

Sébestier, s. m., arbre, مخيطة.

Sébile, s. f., écuelle de bois ronde et creuse, قصعة.

Sec, Sèche, adj., qui a peu ou point d'humidité, يابس - ناشف.

*Sec*, au fig., qui n'a point d'agréments, d'ornements, عارى - عديم اللذة.

Sec, froid, incivil, sévère, ناشف - بارد - قاصح.
Tout sec, toute sèche, adv. fam., uniquement, فقط.

Employer le vert et le sec, au fig. fam., employer tous les moyens de succès, A. عمل الحامى والبارد. عمل كل الوسائط.

Sec, adv., sèchement, بنشاف.

A sec, adv., sans eau ; au fig. fam., sans argent, على الناشف.

Sécante, s. f., ligne qui coupe la circonférence, خط قاطع - قاطعة.

Sèche ou Seiche, s. f., poisson, سبيدج - سيبا - اخطبوط. Liqueur qu'elle répand, زبد البحر.

Sèchement, adv., en lieu sec, فى النشاف.

Sèchement, d'une manière sèche, بنشاف.

Sèchement, au fig., d'une manière incivile, rebutante, بقصاحة.

Sécher, v. a., rendre sec, mettre à sec, نشّف.

Sécher, v. n., devenir sec, نشف A.

Sécher sur pied, au fig. fam., se consumer d'ennui, de tristesse, ضنى A.

Sécheresse, s. f., état, qualité de ce qui est sec, نشاف - نشوفية - يبس - يبوسة.

Sécheresse, au fig., manière de répondre sèche, sévère, نشاف - قصاحة.

Séchoir, s. m., lieu où l'on fait sécher des toiles, etc., منشر.

Second, e, adj., deuxième, ثانى.

Second, s. m., qui sert sous un autre, aide, مساعد.

Secondaire, adj. com., accessoire, تابع.

Seconde, s. f., soixantième partie d'une minute, ثانية; plur. ثوانى.

Secondement, adv., en second lieu, ثانيًا.

Seconder, v. a., aider, favoriser, ساعد - اعان. وفق شغله.

Secondines, s. f. pl., t. de médecine, مشيمة.

Secouer, v. a., remuer fortement, I. هزّ O. خضّ. || Se-

couer un habit, نفض O. نفض البدلة. || Secouer la tête, هزّ راسه. || Ce cheval secoue beaucoup, هذا الحصان يخضّ.

Secouer, se défaire de.... par un mouvement violent, خلع - القى. Secouer le joug, au fig., s'abandonner à la licence, القى النير.

Se secouer, v. pr., se remuer, s'agiter fortement, انتفض.

Secourable, adj. com., qui secourt volontiers les autres, مسعف.

Secourable, qui peut être secouru, ينسعف.

Secourir, v. a., aider, donner du secours, ساعد - اعان - اسعف - عاون.

Se secourir, v. récip., s'aider mutuellement, تساعدوا.

Secours, s. m., aide, assistance dans le besoin, معاونة - معونة - مساعدة - سعفة. Demander du secours à, استعان ب. || Prêter secours à quelqu'un, O. شدّ ظهره. || Au secours ! à moi ! الحقونى.

Secours, troupes qui vont au secours, نجدة. Couper les secours, قطع المدد.

Secousse, s. f., ébranlement de ce qui est secoué, خضّة.

Secousse, violente attaque d'une maladie, رجّة.

Secousse, perte, malheur, مصيبة; pl. مصايب.

Secret, s. m., ce qui doit être caché, tenu secret, ce qui est caché, سرّ; pl. اسرار. La clef des cœurs, c'est le secret, من كتم سر الناس سلب قلوبهم. || Trahir un secret, افشى السرّ. || Garder un secret, كتم السر O. || Les gens d'honneur gardent les secrets, صدور الاحرار قبور الاسرار - الاسرار عند الاحرار.

Secret, moyen, procédé, سرّ; pl. اسرار - صنعة.

Secret, ète, adj., caché, peu connu, سرّى. Porte secrète, باب سرّ.

En secret, adv., en particulier, sans témoins, بالخفى - سرًّا - فى السرّ.

Secrétaire, s. m., qui écrit les lettres d'un supérieur, كاتب سرّ - كاتب; pl. كتّاب.

Secrétaire, meuble pour écrire, مكتب.

Secrétaire d'État, ministre en fonction, وزير - موقع.

SECRÉTAIRERIE, s. f., bureaux des secrétaires d'ambassade, etc., مكاتب.

Secrétairerie d'État, bureaux du secrétaire d'État, توقيع مكاتب.

SECRÉTARIAT, s. m., fonction de secrétaire, توقيع - كتابة السرّ.

SECRÈTEMENT, adv., en secret, en cachette, بالدسدسة - سرّاً - فى السرّ - بالخفى.

SÉCRÉTION, s. f., filtration et séparation des humeurs, رشح.

Sécrétion, matières qui sortent du corps, براز.

SÉCRÉTOIRE, adj. com., qui sert à la sécrétion (vaisseaux), رشّاح.

SECTAIRE, s. com., attaché à quelque secte, hérétique, أهل فرقة.

SECTATEUR, s. m., partisan d'un philosophe, qui soutient une doctrine, تابع; pl., توابع.

SECTE, s. f., réunion de personnes qui suivent les mêmes opinions, une opinion hérétique, فرقة; pl., فرق-طائفة, pl., طوائف. Doctrine, opinion que suit une secte, مذهب, plur., مذاهب. || Faire secte, se distinguer par des opinions singulières, تمذهب.

SECTEUR, s. m., t. de géométrie (de cercle), قطاع دايرة - قطاع كرة (de sphère).

SECTION, s. f., division d'un livre, etc., فصل, pl., فصول - قسم, pl., اقسام.

Section, t. de mathématiques, قطع; pl., قطوع. Les trois sections coniques, قطوع المخروطات الثلاثة.

SÉCULAIRE, adj. com., qui se fait de siècle en siècle, يصير فى كل مابة عام مرّة - جيلى.

Séculaire (année), qui termine un siècle, اخر عام من المابة.

SÉCULARISATION, s. f., action de séculariser, تشليح.

SÉCULARISER, v. a., rendre séculier, شلّح.

SÉCULARITÉ, s. f., état de séculier, عالمانية.

SÉCULIER, ÈRE, adj. (prêtre), qui vit dans le siècle, qui n'est pas engagé par des vœux dans une communauté religieuse, الكاهن الذى ما هو راهب.

Séculier, mondain, laïque, عالمانى - علمانى - ابن الجيل - عامى.

SÉCULIÈREMENT, adv., d'une manière séculière, على طريق العوام - مثل ابنا الجيل.

SÉCURITÉ, s. f., confiance, tranquillité d'esprit lorsqu'on pourrait avoir de la crainte, طمانية - تطمين - اطمينان - طمان.

SÉDATIF, IVE, adj., t. de médecine, qui calme, مسكّن - مهدّى.

SÉDENTAIRE, adj. com., qui demeure ordinairement assis; qui sort peu, قعدى - قعدة.

SÉDENTAIREMENT, adv., فى القعاد.

SÉDIMENT, s. m., ce qu'une liqueur dépose au fond du vase, رسوب - عكار.

SÉDITIEUSEMENT, adv., بعصيان - بافتتان.

SÉDITIEUX, SE, adj., qui a part à la sédition, عاصى; pl., عصاة.

Séditieux, enclin à faire sédition, ضرّاب فتن - فتّان.

Séditieux, qui tend à la sédition, يجلب الفتنة.

SÉDITION, s. f., soulèvement contre la puissance légitime établie, قومة - فتن, pl., فتنة.

SÉDUCTEUR, TRICE, s., qui séduit, fait tomber en faute, خدّاع - مغوى - غاوى. Discours séducteur, كلام يسلب العقل.

SÉDUCTION, s. f., action par laquelle on séduit, اغوا - خديعة - غواية.

SÉDUIRE, v. a., tromper, خدع A. - غرّ O. - غشّ O. L'appât du gain l'a séduit, غرّه الطمع.

Séduire, faire tomber en faute, corrompre, abuser, debaucher, اوقع - اغوى I. - غوى A. - خدع.

I. Séduire un juge par des présents, برطل القاضى ۔ رمى فى الخطية ۔ وقع مىل له عرق اخضر.

*Séduire*, persuader, plaire, toucher, استمال ۔ O. Séduire l'esprit de quelqu'un, s'en emparer, سلب العقل I. ۔ فتن A. ۔ لعب فى عقله ادار ۔ راسه.

SÉDUISANT, E, adj., qui séduit, فتّان.

SÉDUIT, E, adj., مفتون ۔ مغوى.

SEGMENT, s. m., partie d'un cercle compris entre l'arc et sa corde, قطعة دايرة.

SEIGLE, s. m., sorte de blé à épis barbus, جاودار ۔ نوع من القمح.

SEIGNEUR, s. m., maître, possesseur d'un pays, d'une terre, سيد; pl., سادات et اسياد.

*Seigneur*, en parlant de Dieu, رب.

SEIGNEURIAL, E, adj., qui appartient au seigneur, en donne les droits, ساداتى.

SEIGNEURIALEMENT, adv., en seigneur, مثل السيد.

SEIGNEURIE, s. f., droit, autorité du seigneur, سيادة.

*Seigneurie*, terre seigneuriale, ملك ۔ التزام.

*Seigneurie*, titre, سيادة.

SEIME, s. f., fente de l'ongle du cheval, نهلة ۔ شق يحدث فى جوافر الخيل.

SEIN, s. m., partie du corps depuis le cou jusqu'au creux de l'estomac, صدر. Presser quelqu'un contre son sein, O. ضم احدا الى صدره.

*Sein*, les mamelles, نهد; pl., نهود. Son enfant dormait sur son sein, و ولدها نايم فى حضنها.

*Sein*, l'endroit où les femmes conçoivent et portent leur fruit, احشا.

*Sein*, au fig., l'esprit, le cœur de l'homme, قلب ۔ صدر.

*Sein*, milieu, وسط.

Le *sein* de l'Église, au fig., sa communion, حضن الكنيسة.

SEING, s. m., signature, امضا.

*Seing* privé, obligation qui n'a pas été faite devant l'officier public, تمسك.

SEIZE, adj. numéral, ستة عشر; fém., ست عشرة.

SEIZIÈME, adj. com., سادس عشر. Un seizième, واحد من ستة عشر.

SÉJOUR, s. m., temps pendant lequel on demeure dans un lieu, قعود ۔ اقامة.

*Séjour*, lieu où l'on séjourne, محل اقامة.

SÉJOURNER, v. a., faire un séjour dans un lieu, O. قعد ۔ اقام ۔ استقام.

SEL, s. m., substance friable, dissoluble et picotante, ملح. Sel commun, ملح العامة ۔ ملح العادة || Sel marin, ملح البحر || Sel gemme, ملح مختوم ۔ ملح معدنى ، اندرانى.

*Sel*, au fig., ce qu'il y a de piquant, de vif dans un bon mot, etc., ملح.

SÉLÉNITE, s. f., sorte de pierre, حجر القمر.

SÉLÉNOGRAPHIE, s. f., description de la lune, رسم ، وصف القمر.

SELLE, s. f., siège pour mettre sur le dos d'un cheval, etc., سرج; plur., سروج. Fonds de la selle, partie entre le pommeau et le troussequin, بحر السرج. || Selle d'âne, de mule, etc., bardelle, جلال. || Selle de chameau, رحل. *Voyez* BÂT.

*Selle*, terme de médecine, évacuation faite en une fois, مجلس. Aller à la selle, مشى بطنه I. || Faire aller à la selle, procurer des selles, مشى البطن ۔ اجرى الطبيعة.

Être bien en *selle*, au fig. fam., être affermi dans son poste, O. كان ثابت ۔ ثبت.

Être entre deux *selles*, le cul par terre, au fig. fam., n'avoir aucune des deux choses auxquelles on prétendait, ما حصل لا دا و لا داك.

*Selle* à tous chevaux, chose banale, مثل ساير.

SELLER, v. a., mettre la selle sur le dos d'un cheval, O. سرج ۔ اسرج ۔ I. O. شدّ الحصان.

SELLERIE, s. f., lieu où l'on serre les selles, les harnois, حاصل السروج.

*Sellerie*, travail, commerce du sellier, سروجيّة.

SELLETTE, s. f., petit siége de bois où l'on fait asseoir un accusé, كرسي للمذنب.

Tenir quelqu'un sur la *sellette*, au fig. fam., lui faire subir des questions, فحص A. - دقق عليه.

SELLIER, s. m., qui fait des selles, etc., سروجي - سرّاج.

SELON, prép., suivant, حسب - بحسب - على - على مقتضى. Selon vous, selon ce que vous dites, ce que vous pensez, على قولك. ‖ C'est selon le temps, بحسب الوقت - تبع الوقت. Selon l'usage, حكم العادة - حسب العادة. ‖ Suivant mon idée, على تخميني.

SEMAILLE, subst. f., action, temps de semer, بذار.

*Semailles*, grains semés, بذار - تقاوي.

SEMAINE, s. f., sept jours, جمعة - جم ; plur., أسابيع ; pl., أسبوع. La semaine des quatre jeudis, jamais, اسقيك ياكون - حتى يجوا القيقان.

SEMBLABLE, adj. com., de même nature ou qualité, qui ressemble, مثل - نظير ; plur., أمثال - شبيه - مثيل. Figures semblables, terme de géométrie, أشكال متشابهة. ‖ Dans un cas semblable, في مثل هذه الدعوة. ‖ Et autres choses semblables, و ما يشبه ذلك.

SEMBLANT, s. m., apparence, زيّ - صورة. Faire semblant, feindre de, A. عمل روحه - صيّر روحه كأنه. ‖ J'ai fait semblant de ne pas le voir, عملت حالي ماني شايفه. ‖ Ne faire semblant de rien, cacher son dessein, داري - تجاهل.

SEMBLER, v. n., paraître, A. ظهر له ان - كأنه - اليابين انه. Il me semble que, بان له ان. ‖ Que vous en semble ? ايش تقول فيه. ‖ Si bon vous semble, ان كان لك خاطره - ان رايته مناسب. ‖ Comme bon vous semblera, كما تريد.

SÉMÉIOLOGIE, SÉMÉIOTIQUE, s. f., partie de la médecine qui traite des signes de la maladie, de la santé, علم امارات الامراض و الصحّة.

SEMELLE, s. f., dessous du soulier, etc., نعل ; plur., انعال.

SEMENCE, s. f., ce que l'on sème, بزر ; pl., بزور - زريعة.

*Semence*, matière dont les animaux sont engendrés, مني - نطفة.

*Semence*, cause éloignée, أصل ; plur., أصول.

SEMENCINE, s. f., Semen-contra, plante vermifuge, بزر خريسانة - خريسانة.

SEMER, v. a., épandre des grains sur une terre préparée, بذر .O - زرع O. Terre semée de blé, ارض مزروعة قمح.

*Semer*, au fig., répandre, distribuer de l'argent, O. نثر الازهار - نثر ، بذر المال. Semer des fleurs sur, على.

*Semer*, faire naître la discorde, etc., I. رمى القى ، الشقاق.

SEMESTRE, adj. com., qui dure six mois, مدّته ستة اشهر.

SEMESTRE, subst. m., espace de six mois, ستّة اشهر.

SEMEUR, s. m., qui sème du grain, زارع.

*Semeur* de discorde, ضرّاب فتن.

SEMI, pour demi, نصف.

SÉMILLANT, E, adj. fam., éveillé, fort vif, صاحي - فحيح.

SÉMINAIRE, subst. m., collège d'ecclésiastiques, مدرسة كهنة.

SÉMINAL, E, adj., terme d'anatomie, qui a rapport à la semence, نطفي.

SÉMINARISTE, s. m., élève dans un séminaire, تلميذ مدرسة كهنة ; plur., تلاميذ.

SÉMINIAL ou SÉMINAL, adj., de fine fleur de farine (pain), سميذ.

SEMIS, s. m, lieu où l'on sème des arbres, des fleurs, etc., ces arbres, ces fleurs, زرع.

SEMONCE, s. f., invitation dans les formes à certaines cérémonies, عزومة - استدعا.

**Semonce**, au fig., réprimande, تغسيلة راس - توبيخ.

**Semoncer**, v. a., faire une semonce, وبّخ - A. عمل له تغسيلة راس.

**Semoule**, s. f., pâte faite avec la plus fine farine, سميذ - مفتلة.

**Sempiternel, le**, adj., qui dure toujours, دايم. Vieille sempiternelle, عجوز النحس.

**Sénat**, s. m., assemblée de personnes considérables dans laquelle réside une partie de l'autorité suprême, ديوان اعيان المملكة.

**Sénateur**, s. m., membre d'un sénat, عضو من اعضا الديوان.

**Sénatorerie**, s. f., fonctions d'un sénateur, وظيفة عضو من ديوان الاعيان.

**Sénatorial, e**, adj., du sénateur, يخصّ اعيان الديوان.

**Sénatus-consulte**, s. m., décision du sénat, مرسوم ديوان الاعيان.

**Séné**, s. m., plante médicinale à gousse et grains purgatifs, سنا مكّى.

**Sénevé**, s. m., petits grains dont on fait la moutarde, خردل.

**Sens**, s. m., faculté de l'animal par laquelle il reçoit l'impression des corps, حسّ - حاسّة; plur., حواسّ. ‖ Les cinq sens, الحواسّ الخمس. Reprendre ses sens après un évanouissement, revenir à soi, انتعشت روحه - A. وعى - استفاق من غشوته - بوعى، aor. vulg., وعى على روحه.

**Sens**, faculté de comprendre les choses et d'en bien juger, رُشد - معقول - عقل. Perdre le sens, ضيّع المعقول.

**Sens**, opinion, avis, راى.

**Sens**, côté d'un corps, جهة.

**Sens**, signification, معنى; plur., معانى. Ils n'en comprennent pas le sens, ما يفهموا معناه ولا يدركوا فحواه.

**Sens**, plur., appétit concupiscible, الشهوة.

**Sens (bon)**, s. m., sagesse dans les pensées, les discours, رشد - معقول - عقل - حسّ سليم.

**Sens commun**, s. m., faculté par laquelle on juge raisonnablement des choses, حسّ مشترك.

**Sens dessus dessous**, adv., sans aucun ordre, tout étant bouleversé, الفوقانى تحتانى. Mettre sens dessus dessous, عمل الفوقانى تحتانى - I. قلب - شقلب.

**Sens devant derrière**, adv., مقدّم موخّر.

**Sensation**, s. f., l'impression que l'âme reçoit des objets par les sens, حاسّة - حسوس - أثر. Éprouver une sensation douloureuse, حسّ بوجع.

Faire *sensation*, au fig., faire impression sur le public, dans une assemblée, etc., أثّر فى.

**Sensé, e**, adj., qui a du bon sens, عاقل - ذو عقل وميزان - صاحب عقل.

*Sensé*, conforme à la raison et au bon sens, مطابق للعقل.

**Sensément**, adv., d'une manière sensée, بعقل.

**Sensibilité**, s. f., qualité par laquelle un sujet est sensible aux impressions des objets, حاسّية.

*Sensibilité*, sentiment d'humanité, de tendresse, d'amour, حنّية - حنانة - حنّة - شفقة.

**Sensible**, adject. com., qui a du sentiment, ذو حاسّة.

*Sensible*, qui reçoit les impressions des objets, حسّاس.

*Sensible*, qui est aisément irrité, ému, touché, نجيف.

*Sensible*, humain, tendre, حنون - شفوق - رقيق القلب. Être sensible aux maux de quelqu'un, حنّ عليه - I. رقّ له قلبه.

*Sensible*, qui tombe sous les sens, se fait sentir, apercevoir aisément, ظاهر - باين - محسوس. Les choses sensibles, المحسوسات.

*Sensible*, grand, عظيم. J'en ai éprouvé un sensible plaisir, حصل عندى من ذلك غاية المحظوظية. ‖ Il m'est très sensible d'être soupçonné, يشقّ

SEN          SEN    751

‖ J'ai été bien sensible, يصعب على ان يتهموني
à vos bons procédés, حصل عندى من معروفكم
غاية الممنونية.

SENSIBLEMENT, adv., d'une manière sensible et perceptible, ظاهراً.

*Sensiblement*, beaucoup, للغاية.

SENSITIF, IVE, adj., qui a la faculté de sentir, La vertu sensitive, القوة الحاسّية ـ حسّاسى ـ حسّاس.

SENSITIVE, s. f., plante qui replie ses feuilles lorsqu'on les touche, مستحية.

SENSORIUM, s. m., partie du cerveau réputée le siège de l'âme; organe de la sensibilité, مجمع الحواس.

SENSUALITÉ, s. f., attachement aux plaisirs des sens, حب اللذات والشهوات ـ تلذذ ـ لذّة.

SENSUEL, LE, adj., voluptueux, attaché aux plaisirs des sens, شهوانى ـ متلذذ.

SENSUELLEMENT, adv., d'une manière sensuelle, بتلذذ.

SENTENCE, s. f., jugement, حكم ـ قضاء.

*Sentence*, dit mémorable, apophthegme, قول; pl., كلام ـ اقوال.

*Sentence*, maxime qui a un grand sens, une belle morale, حكمة; pl., حكم.

SENTENCIÉ, adj., condamné par une sentence, محكوم عليه بالعقوبة.

SENTENCIEUSEMENT, adv., d'une manière sentencieuse, بتحكم.

SENTENCIEUX, SE, adj., qui contient des maximes, حكمى.

*Sentencieux*, qui parle par maximes, متحكم.

SENTEUR, s. f., odeur, parfum, رايحة; plur., روايح ـ Eau de senteur, ما معطر ـ رايحة طيبة ـ ما طيب الرايحة.

SENTIER, s. m., chemin étroit, سبيل; pl., سبل ـ سكّة.

SENTIMENT, s. m., perception que l'âme a des objets par les sens, حسوس.

*Sentiment*, faculté de sentir, حسّ.

*Sentiment*, sensibilité, physique, حاسّية. Perdre le sentiment, غاب عن الوجود. I.

*Sentiment*, sensibilité morale, حنانة ـ حنيّة ـ رقّة القلب.

*Sentiment*, perception, connaissance de ce qui se passe dans l'âme avec ou sans le secours des sens, Connaître une chose par sentiment, عين العقل ـ بصيرة ـ عالم الشى من عين العقل.

*Sentiment*, opinion, pensée, رأى; pl., اراء.

*Sentiment*, affection, passion, mouvement de l'âme, ما يحصل عند الانسان ـ حركة النفس من السرور والالم والمحبّة والبغضة وغير ذلك.

*Sentiment*, odorat des chiens, شمّ.

*Sentiments*, au plur., probité, générosité, honneur, etc., مروّة ـ نخوة ـ عرض.

SENTIMENTAL, E, adj., qui a le sentiment pour principe, où il entre beaucoup de sentiment, حبّى ـ صادر من الحنّة.

*Sentimental*, qui a beaucoup de sensibilité, رقيق القلب.

SENTINE, s. f., partie basse d'un navire où s'arrêtent les ordures, فنطاس مركب ـ خزّانة مركب ـ سنتينة (Barb.).

SENTINELLE, s. f., soldat qui fait le guet; sa fonction, عسّاس ـ ناطور ـ حرّاس; pl., حارس ـ غفير. Faire sentinelle, être en sentinelle pour garder, حرس O. ـ نطر O. ‖ Faire sentinelle, attendre, guetter, نطر O. ـ استنّى ـ ربط ل O. ‖ Mettre en sentinelle, نطر.

SENTIR, v. a., recevoir une impression quelconque, حسّ الشى ـ على الشى ـ بالشى A. Sentir de la joie, حصل عندك سرور A.

*Sentir*, flairer, شمّ I.

*Sentir*, répandre une odeur, فاح رايحة O. I. ـ له رايحة. Il sent mauvais de la bouche, بخاره فى تنه.

*Sentir*, connaître, s'apercevoir, علم A. ـ حسّ A.

Sentir ce que l'on est, I. عرف من عين العقل - O. ذاق نفسه.

Sentir, v. n., avoir l'apparence de, — اشبه — له رايحة.

Se sentir, v. pron., connaître l'état où l'on est, ses talents, ses forces, I. عرف نفسه - O. ذاق نفسه.

Se sentir d'un mal, l'éprouver, حصل له وجع.

Se sentir d'un mal, en avoir quelque reste, A. بقى عنك أثر من.

SEOIR, v. n., être convenable, I. لبق - لائق. A. Cela vous sied bien, يلبق لك. Il ne vous sied pas de parler ainsi, هذا الكلام ما يصلح لك - ما يحق لك. *Voyez* CONVENIR.

SÉPARABLE, adj. com., qui peut être séparé, يفترق.

SÉPARATIF, IVE, adj., qui fait séparation, qui la cause, مفرّق.

SÉPARATION, s. f., action de séparer, فصل. *Séparation*, action de se séparer, فراق - انفصال - افتراق.

SÉPARÉMENT, adv., à part l'un de l'autre, منفردا. Chacun séparément, كل واحد بمفرده.

SÉPARER, v. a., désunir les parties jointes d'un tout, ce qui était uni, O. فرق بين - I. فصل بين.

*Séparer* de, d'avec, mettre à part, O. عزل عن - I. فرز من - ميّز من - أفرد من.

*Séparer*, partager, I. قسم.

*Se séparer*, v. pron., se diviser en parties, افترق - انفصل.

*Se séparer*, se disperser, تفرّق. L'assemblée se sépara, انفضّ المجلس.

*Se séparer*, se quitter, تفارقوا. Se séparer de quelqu'un, le quitter, فارقه. ‖ Se séparer de quelqu'un, rompre avec lui, انفصل عنه - انعزل عنه - اعتزل عنه.

SEPT, adj. com., nombre, سبعة; fém., سبع.

SEPTANTE, adj. com., soixante-dix, سبعين. La version des Septante, c'est-à-dire des soixante-dix traducteurs de l'Ancien Testament, المصحف السبعوني.

SEPTEMBRE, s. m., mois, ايلول.

SEPTÉNAIRE, s. m., espace de sept ans de la vie de l'homme, أسبوع; plur., سبع سنين - اسابيع.

SEPTENNAL, E, adj., qui arrive tous les sept ans, من سبع سنين الى سبع سنين.

SEPTENTRION, s. m., nord, شمال.

SEPTENTRIONAL, E, adject., du septentrion, شمالي.

LES SEPTENTRIONAUX, s. m. plur., les peuples du Nord, اهل الشمال.

SEPTIÈME, adj. com., nombre ordinal, سابع.

SEPTIÈME, s. m., partie d'un tout, سبع; plur., اسباع.

SEPTIÈMEMENT, adv., سابعاً.

SEPTIQUE, adj. com., qui fait pourrir les chairs, معفّن.

SEPTUAGÉNAIRE, adj. com., âgé de soixante-dix ans, ابن سبعين سنة.

SEPTUPLE, adj. com., sept fois autant, سبعة اضعاف.

SEPTUPLER, v. a., ضاعف سبع مرّات.

SÉPULCRAL, E, adj., qui concerne le sépulcre, قبري. Voix sépulcrale, صوت كأنّه طالع من قبر.

SÉPULCRE, s. m., tombeau, قبر; plur., قبور.

SÉPULTURE, s. f., lieu où l'on enterre, مقبرة - مدفن.

*Sépulture*, inhumation, دفنة.

SÉQUELLE, s. f., nombre de gens qui se suivent, ou attachés au même parti, terme de mépris, سربة - عصبة - كبشة.

SÉQUESTRATION, s. f., action par laquelle on met en séquestre, تيسيق.

SÉQUESTRE, s. m., état d'une chose litigieuse séquestrée, يسق.

SÉQUESTRER, verbe a., mettre en main tierce, عمل يسق O.

*Séquestrer*, séparer, écarter des personnes d'avec d'autres, ابعد عن - O. عزل عن.

*Se séquestrer*, v. pron., s'éloigner, se mettre à part, انفرد - انعزل عن - ابتعد عن.

SEQUIN, s. m., monnaie d'or de Venise, بندقى; plur., بنادقة. Sequin, monnaie d'or au Levant, شريفى - محابيب ou زرمحبوب, pl., محبوب.

SÉRAIL, s. m., palais du Grand-Seigneur; palais en général, سرايت; plur., سرايات.

*Sérail*, pris pour les femmes qui sont dans le sérail, حريم.

SÉRAPHIN, s. m., esprit céleste de la première hiérarchie, سارافيم.

SEREIN, s. m., vapeur froide qui tombe le soir, ندى - طل.

SEREIN, adj., clair, doux et calme, صافى - رايق. ‖ Vi Jour serein, نهار صحو - ضاحى - صاحى. sage serein, وجه بشوش.

*Serein*, heureux (jour), سعيد.

Goutte *sereine*, eau qui tombe sur les yeux, كمنة - نقطة.

SÉRÉNADE, s. f., concert que l'on donne la nuit, dans la rue, sous des fenêtres, نوبة ليلية - الـ.

SÉRÉNISSIME, adj. com., titre d'honneur, حضرة جناب.

SÉRÉNITÉ, s. f., état de ce qui est serein, رواقة - صفو - صحو - ضحاء.

SÉREUX, SE, adj., aqueux, مايى.

SERF, VE, adj., esclave, مستعبد.

SERGE, s. f., étoffe de laine (grosse), مسح. Serge fine de laine et soie, شالى.

SERGENT, s. m., sous-officier, شيخ عشرة.

*Sergent* de justice, قواس المحكمة.

SERGENTER, v. a., terme de pratique, presser par le moyen des sergents, برك.

SÉRIE, s. f., suite d'objets, سلسلة - جلة.

*Série*, division, classe, قسم; plur., اقسام.

SÉRIEUSEMENT, adv., d'une manière grave et sérieuse, برزانة ووقار.

*Sérieusement*, avec suite, ardeur, tout de bon, sans rire, من جد. Est-ce sérieusement que vous avez dit cela? من جد قلت هذا.

SÉRIEUX, SE, adj., renfrogné, qui n'est pas gai, كشر - عبوس.

*Sérieux*, grave (personne), وقور.

*Sérieux*, important, grave (chose), مهم - عظيم. Maladie sérieuse, مرض خطر - مرض ثقيل - ثقيل.

*Sérieux*, sincère, vrai, حقيق - صحيح.

*Sérieux*, qui n'est point un badinage, جدّى - جدّ. Leur combat est sérieux, ce n'est pas un badinage, قتالهم جد ما هو هزل. Prendre une chose au *sérieux*, اخذ الشى على طريق الجد.

SÉRIEUX, s. m., gravité, هيبة - وقار.

*Sérieux*, mine renfrognée, مقطب - وجه معبس - عقدة.

SERIN, NE, s., oiseau jaune des Canaries, عصفور - حباشة - ترنجى.

SERINETTE, s. f., petit orgue pour instruire les serins, الة لتعليم العصافير.

SERINGUE, s. f., petite pompe portative, حقنة, plur., حقن.

SERINGUER, v. a., pousser une liqueur avec une seringue, بخ O.

SERMENT, s. m., affirmation en prenant Dieu à témoin, ايمان et يمينات, pl., يمين - حلفان. ‖ Faire Faux serment, يمين زور; pl., اقسام. ‖ Fausser son serment, حلف يمين A. حنث A.

*Serment*, promesse solennelle, عهد.

SERMENTAIRE, s. f., ou LIVÈCHE, plante, كاشم رومى.

SERMENTÉ, E, adj., qui a prêté le serment requis, حالف.

48

SERMON, s. m., prédication, remontrance, مَوْعِظَة - كَرْز - وَعْظ.

SERMONNAIRE, subst. m., auteur de sermons, كَارُوز.

SERMONNER, v. a., وَعَظ I.

SÉROSITÉ, s. f., portion aqueuse du sang, du lait, etc., مَائِيَّة.

SERPE, s. f., outil recourbé du jardinier pour couper le bois, etc., مِزْبَرَة - شَفْرَة (Barb.).

SERPENT, s. m., reptile venimeux, ثُعْبَان; plur., ثَعَابِين - حَيَّة. Dépouille du serpent, peau de serpent, ثَوْب, قَمِيص, سَلْخ الحَيَّة.

SERPENTAIRE, s. f., plante, لُوف الأرْقَط - لُوف الجَعْدَى - لُوف الحَيَّة.

Serpentaire ou Vipérine de Virginie, racine diurétique, etc., جَدْر بِنَفْسِج.

SERPENTAIRE, s. m., constellation, الحَوَّا.

SERPENTEAU, s. m., petit serpent, ثُعَيْبِين.

Serpenteau, fusée volante, qui tournoie, صَارُوخ يَتَلَوَّى.

SERPENTER, v. n., avoir une direction, un cours tortueux, تَلَوَّى.

SERPENTIN, adj. m. (marbre), نَوْع رُخَام مُبَرْقَش.

SERPENTINE, s. f., pierre, حَجَر الحَيَّة.

SERPETTE, s. f., petite serpe, شَفِيرَة.

SERPILLIÈRE, s. f., grosse toile, جِنْفَاص - خَيْش.

SERPOLET, s. m., plante odoriférante, espèce de thym, خَلَنْدَرَة - نَهَام - حَاشَا.

SERRE, s. f., lieu où l'on serre les plantes, بَيْت, ذَرَا لِلنَّبَات.

Serre, terme de fauconnerie, pied des oiseaux de proie, مِخْلَاب; plur., مَخَالِيب.

SERRÉ, adj., bien fort, شَدِيد. Étoffe d'un tissu serré, قُمَاش مُطَبَّق.

Serré, étroit, ضَيِّق.

SERRE-PAPIERS, s. m., tablettes en compartiments, رَفّ.

SERRE-TÊTE, s. m., coiffure de nuit, عِصَبَة.

SERRÉMENT, adv., avec trop d'économie, d'une manière trop ménagée, بِتَقْرِبْطَة.

SERREMENT, s. m., action de serrer la main, تَقْرِبْط.

Serrement, état d'un cœur oppressé, قَبْض - انْقِبَاض.

SERRER, v. a., presser, شَدَّ على - قَرَّط على I. O. - كَزَّ على - عَسَّس - O. عَصَّ, عَتَّس على - قَرَّط - حَصَر O. (Barb.). Il l'a serré si fort avec ses dents qu'il l'a brisé, مِن كَثَر ما شَدَّ عليه بأسْنَانه كَسَرُه. Elle mit son doigt entre ses dents, et le serra de manière à lui faire mal, أخَذَت اصْبَعْتَه بِين اسْنَانِها وَكَزَّت عليها حَتَّى أوْجَعَتْه. ‖ Serrer quelqu'un dans ses bras, ضَمَّه الى صَدْرِه. ‖ Serrer fort avec la main, tenir quelque chose serré, قَمَط على شِي قَمْط جَيِّد O. ‖ Serrer les dents, كَزَّ على أسْنَانه.

Serrer, mettre près à près, لَزَّ - زَنَق O. Serrer les lignes, لَزَّ الأسْطُر.

Serrer, mettre à couvert, en sûreté, enfermer, شَال - خَبَّى I.

Serrer, plier, لَمَّ I. - طَوَى - طَبَّق O.

Serrer, lier étroitement, شَدّ I. Serrer les sangles d'un cheval, شَدّ حَزَامَات الفَرَس.

Serrer, au fig., oppresser, عَسَّس I. - قَبَض. Cela serre le cœur, شِي يَعَسِّس القَلْب.

Serrer le bouton à, au fig. fam., presser vivement sur une chose, حَشَر O. Serrer de près l'ennemi, لَاصَقَه و ضَايَقَه. ‖ Ils serrèrent l'ennemi contre les tentes, لَزُّوا الأعْدَا الى الخِيَام.

SERRURE, s. f., machine de métal, etc., pour fermer avec une clef, كَالُون - كِيلُون; pl., كَوَالِين (Syrie) - غَال - قُفْل; plur., أقْفَال (Égypte) - ضَبَّة; pl., ضَبَب (Barb.). Serrure de bois, بُوَيْنَة.

SERRURERIE, s. f., art, ouvrage du serrurier, صَنْعَة الحَدَّادَة.

SERRURIER, s. m., qui fait des serrures, des ouvrages de fer, حَدَّاد; pl., حَدَّادِين - أقْفَالِي (Barb.).

## SER          SÉS      755

SERTIR, v. a., t. de lapidaire, enchâsser, رصع A. - ركّب.

SERTISSURE, s. f., رصع - تركيب.

SÉRUM, s. m., humeur aqueuse, partie du chyle, du sang et du lait, مصل.

SERVAGE, s. m., état de celui qui est serf ou esclave, رقّ.

SERVANTE, s. f., domestique femme, اجيرة - خدّامة - جارية ; plur., جوار.

SERVIABLE, adj. com., prompt à rendre service, صاحب معروف.

SERVICE, s. m., état, fonction de ceux qui servent en général, خدمة - خدامة. Il est au service d'un tel, هو في خدمة فلان. || Quitter le service, تجرّد من الخدمة. || Tout cela est à votre service, هذا كله قدامك، في خدمتك.

Service, assistance, bons offices, خير - معروف - جميل - جود. Rendre un service à quelqu'un, عمل معه مليح، خير A. || Je vous prie de me rendre un service, اترجّاك تقضي لي حاجة. || Il lui a demandé un service, نكلّف خاطركم بقضى حاجة. || Il lui a rendu un grand service, عمل معه خير عظيم، جودة عظيمة. || Les services que vous lui rendrez seront comme rendus à moi-même, المليح الذي تعملوه معه كانكم عاملينه معنا.

Service, vaisselle, linge de table, طقم سفرة.

Service, mets que l'on sert et que l'on ôte à la fois, مدّة طعام.

Service, cérémonie religieuse, célébration des offices, صلوات - تمجيد.

SERVIETTE, s. f., linge de table, محرمة ; plur., محارم - منشفة ; pl., مناشف. Serviette de bain, فوطة ; plur., فوط.

SERVILE, adj. com., qui appartient à l'état d'esclave, de valet, منسوب الى الخدّام - رقّي.

Servile, au fig., bas, rampant, دني.

Servile, imitateur, اسير التقليد.

Servile, littéral, تبعي.

Servile (lettre), qui n'est pas radicale dans un mot, حرف زايد.

SERVILEMENT, adv., d'une manière basse, servile, مثل الخدّام - بدناوة.

Servilement, littéralement, mot à mot, تبعيّة.

SERVILITÉ, s. f., esprit de servitude; bassesse d'âme, دناوة - تعبّد.

Servilité, exactitude servile, تبعية.

SERVIR, v. act., être au service d'un maître, خدم عند احد - O. خدمه.

Servir quelqu'un, lui présenter ce dont il a besoin, etc., خدمه. Se faire servir par quelqu'un, استخدمه.

Servir, donner des mets à quelqu'un avec qui on est à table, قدّم طعام ل.

Servir, mettre les mets sur la table, حطّ الطعام. Faites servir, خلّي يسكبوا على السفرة.

Servir, rendre de bons offices, aider, assister, A. عمل خير، جودة، مليح معه - عمل معروف معه - ساعد.

Servir à, v. n., être utile, bon pour, نفع ل A. A quoi cela nous a-t-il servi? ايش استفدنا منه.

Servir de, tenir lieu, faire l'office de, قام عوض O. Je lui servirai de père, كان بمقام - اكون له في مقام ابوه O. || Servir d'exemple à, كان عبرة ل.

Se servir, v. pron., employer une chose, user de, استعمل الشي.

SERVITEUR, s. m., domestique, خدّام ; plur., خدّام et خدمة ; plur., خادم - خدامين.

SERVITUDE, s. f., عبودية.

Servitude, captivité, اسر - يُسر.

SÉSAME, s. m., plante dont on fait de l'huile, سمسم. Huile de sésame, سيرج.

SESBAN, s. m., arbrisseau d'Égypte, سيسبان.

SÉSÉLI, s. m., espèce de fenouil, سيساليوس - كاشم - انجدان رومي.

48.

SESSION, s. f., séance d'un corps délibérant, جلسة - مجمع.

SETIER, s. m., mesure de grains, كيل.

SÉTON, s. m., petit cordon passé à travers les chairs pour faire couler les humeurs, خلل. Appliquer un séton, خلّ I.

SEUIL, s. m., pièce qui est en travers au bas d'une porte, عتبة ; plur., عتبة تحتانية - اعتاب.

SEUL, E, adj., sans compagnie, unique, واحد. Il était seul, كان وأحد ‖ Pas un seul, ولا واحد ‖ Il n'a pas un seul para, ما عنك ولا فضة واحدة ‖ Un seul, فرد واحد ‖ Cela ne suffit pas pour moi seul, ما عنك مصريّة الفرد ما يكفيني انا بمفردي ‖ Le seul remède est de, ما له دوا الّا ان ‖ C'est le seul que je possède, ما عندي غير هذا ‖ A la seule vue, بمجرّد النظر اليه ‖ Vous n'entrerez pas dans le paradis, pour cela seul que vous aurez cru au prophète, ما تدخلون الجنّة بمجرّد تصديق الرسول.

SEULEMENT, adv., rien de plus, pas davantage, du moins, فقط - بس.

Non-seulement, ليس فقط. Non-seulement je n'ai pas fait cela, mais je n'y ai pas même pensé, ما عملت هذا حتى ولا افتكرت فيه ‖ Je ne l'ai pas seulement vu, حتى ولا شفته.

SEULET, TE, adj., diminutif de seul, وحيد.

SÉVE, s. f., humeur active des arbres; force du vin; au fig., de la jeunesse, نشخة.

SÉVÈRE, adj. com., rigide, صعب - قاسي - شديد - صارم. Sévère pour soi-même, صارم على حاله.

SÉVÈREMENT, adv., avec sévérité, بصرامة - جدّا.

SÉVÉRITÉ, s. f., rigidité, rigueur, شدّة - صعوبة - صرامة. Avec la plus rigoureuse sévérité, باشدّ صرامة.

SÉVICES, s. m. pl., mauvais traitement d'un mari envers sa femme, بهدلة الرجل لزوجته.

SÉVIR, v. n., traiter avec rigueur, بهدل.

Sévir contre, punir, عاقب .O - حكم على.

SEVRAGE, s. m., temps, action de sevrer un nourrisson, فطامة - فطم.

SEVRER, v. a., ôter à un enfant l'usage du lait de sa nourrice, فطم .O. I. Être sevré, انفطم. Sevré, مفطوم - فطيم.

Sevrer, priver, frustrer de, منع احدًا عن شي .A حرمه الشي .I

Se sevrer, v. pron., s'abstenir de, امتنع عن.

SEXAGÉNAIRE, adj. com., qui a soixante ans, ابن ستين سنة.

SEXDIGITAIRE, s., celui qui est né avec six doigts, مولود بست اصابع.

SEXE, s. f., différence physique constitutive du mâle ou de la femelle, فرج. Le sexe, les femmes, النسا - الحريم.

SEXTANT, s. m., instrument d'astronomie, سدس دايرة الـ المنجّمين.

SEXTIL, E, adj. (aspect), t. d'astrologie, تسديس.

SEXTUPLE, adj. com., qui contient six fois, مسدّس.

SEXTUPLER, v. a., répéter six fois, سدّس.

SEXUEL, LE, adj., qui tient au sexe, qui le caractérise, جنسي.

SHÉRIF, s. m., officier de justice en Angleterre, شيخ عند الانكليز.

SI, conjonct. condit., en cas que, pourvu que, à moins que, ان - ان كان. Si vous faites du bien, Dieu vous récompensera, ان عملت خير الله يجازيك بالخير ‖ S'il m'avait écouté, il ne serait pas ruiné, لو كان سمع منّي ما كان اتلف ماله ‖ Si, quelque, مهما. Si petit qu'il soit, مهما كان صغير.

Si, part. affirmative fam., s'oppose à non, اي. Il dit que non, et je dis que si, هو يقول لا وانا اقول اي ‖ Si, si fait, oui, بلى.

Si, tellement, à tel point, هكذا - بهذا المقدار - قدر.

Si, autant, aussi, بهذا المقدار - بمقدار.

SIÉ

قدْ ـ على قدر. Il n'est pas si savant que vous, ما هو على قدرك فى العلم ـ ما هو عالم قدّك ‖. Il n'est pas si grand que je pensais, ما هو طويل قدّ ما كنت اظنّ ‖. Puisqu'il est si riche, ما دام هو غنى بهذا المقدار.

Si, dubitatif, ان ـ ان كان. Je ne sais s'il est venu, ما اعرف ان كان جاً وآلا لا.

SIOUTE, ville de la haute Égypte, اسيوط.

SIBYLLE, s. f., prophétesse chez les anciens, عرّافة.

SICAIRE, s. m., assassin, فاتك ـ قاتل ـ لصّ.

SICCITÉ, s. f., qualité de ce qui est sec, نشوفيّة.

SICILE, grande île de la Méditerranée, صقلية ـ جزيرة سيسيلية.

SIDÉRAL, E, adj., qui concerne les astres, les étoiles, يخصّ النجوم. Année sidérale, entière révolution de la terre, دوران الارض الكامل.

SIDÉRITIS, s. f., plante, سيدريتيس.

SIÈCLE, s. m., espace de cent ans, قرن; plur., قرون.

Siècle, espace de temps indéterminé, دهر; pl., دهور. Aux siècles des siècles, الى دهر الدهور.

Siècle, vie mondaine, monde, جيل.

Siècle, temps où l'on vit, دهر ـ عصر.

Siècle, époque où florissait un grand homme, زمان ـ زمن. Le siècle de Louis XIV, زمن السلطان لويز الرابع عشر.

SIÉGE, s. m., ce sur quoi l'on s'assoit, كرسى; pl., كراسى. Siége de pierre ou de bois en forme de banc (recouvert de tapis), مصطبة.

Siége, lieu de résidence, capitale d'un empire, كرسى.

Siége, établissement d'une armée pour attaquer une place, محاصرة ـ حصار. Mettre le siége devant une ville, حاصر المدينة ‖. Soutenir un siége, حاصر ـ ‖. Lever le siége, رفع الحصار عن ‖. Il leur fit lever le siége de, اقلع عن المحاصرة ‖. الزمهم بالقلع عن محاصرة.

SIG 757

SIÉGER, v. n., résider, occuper une place, un siége, جلس I.

SIEN, NE, adj. possessif relatif, ها ـ ه, بتاعه; fém., متاعته, بتاعته; متاعه.

SIENS (les), s. m. plur., ceux qui sont de son parti, رفاقه ـ حزبه.

Les siens, ses parents, عيلته ـ اهله.

Les siens, ceux qui dépendent de quelqu'un, qui lui appartiennent, اتباعه.

Faire des siennes, au fig. fam., faire des folies, des tours, عمل عجايبه.

SIESTE, s. f., repos pendant la chaleur du jour, قيلولة ـ تقييلة. Faire la sieste, قيّل.

SIEUR, s. m., diminutif de monsieur, titre appellatif, السيّد ـ سى ـ خواجه ـ معلّم. (Pour les non Mahométans seulement.)

SIFFLANT, E, adj., qui siffle, صافر. Lettres sifflantes, حروف الصفير.

SIFFLEMENT, s. m., bruit aigu fait en sifflant, تصفير ـ صفير ـ صفر.

SIFFLER, v. n. et a., produire un sifflement; au fig., chanter en sifflant, صفر I.

Siffler, fam., instruire quelqu'un de ce qu'il aura à dire ou à faire, لقّنه ـ علّمه ـ صفّر I.

Siffler, désapprouver avec dérision, هلّل على.

SIFFLET, s. m., instrument pour siffler, صفّارة.

Sifflet, t. d'anatomie, trachée-artère, شخّارة.

Couper le sifflet, au fig. fam., empêcher de répondre, اخرس I.

Sifflets, pl., improbation publique avec mépris, هزؤة.

SIFFLEUR, SE, s., qui siffle, صفّار.

SIGILLÉE, adj. f. (terre), طين مختوم.

SIGNAL, s. m., signe remarquable et convenu pour avertir, اشارة.

SIGNALEMENT, s. m., description faite de la figure d'une personne pour la faire reconnaître, امارة ـ اوصاف ـ صفة. Il donna le signalement du jeune homme, اعطى اوصافه - اعطى صفة الغلام.

SIGNALER, v. a., faire ou donner le signalement, اعطى امارة, صفة, اوصاف.

*Signaler*, rendre remarquable, بيّن - اشهر - اظهر. Signaler son courage, بيّن شجاعته.

*Signaler*, avertir par des signaux que l'on aperçoit un objet, اخبر, اشر بظهور شي.

*Se signaler*, v. pron., se rendre remarquable, célèbre, تبيّن - اشتهر.

SIGNALÉ, E, adj., remarquable, مشهور.

SIGNATURE, s. f., seing et paraphe, علامة - امضا - توقيع.

SIGNE, s. m., indice, marque, اشارة - دليل - علامة. C'est un bon signe, هذه علامة خير.

*Signe*, geste, اشارة - وما - غمزة. Par signes, بالوما - بالاشارة. ‖ Faire un signe de tête, اومى اليه براسه. ‖ Faire signe de la main, اشار اليه بيد. ‖ Faire signe de l'œil à quelqu'un, غمز غمزة بالعين.

*Signe* de la croix, اشارة الصليب. Faire le signe de la croix, صلّب على وجهه.

*Signe*, tache sur la peau, خال - شامة.

*Signe*, constellation, برج; plur., ابراج et بروج.

*Signe*, miracle, en style sacré, اية.

*Signes*, au pl., phénomènes dans le ciel, اشاير.

SIGNER, v. a., mettre son seing, sa signature à une lettre, etc., امضى - علّم على - وقّع على - حرّر اسمه فى ذيل الكتاب.

*Se signer*, v. pron., faire le signe de la croix. رشم الصليب - صلّب على وجهه.

SIGNET, s. m., t. de relieur, petit ruban pour marquer des passages dans un livre, علام كتاب.

SIGNIFIANT, E, adj., qui signifie beaucoup, يعنى كثير.

SIGNIFICATIF, IVE, adj., qui exprime bien la pensée, qui contient un grand sens, معنوى - يعنى كثير.

SIGNIFICATION, s. f., ce que signifie une chose; sens d'un mot, معنى; plur., معانى - عبارة; plur., عبر.

*Signification*, notification d'un arrêt, اعلام - تعريف.

SIGNIFIER, v. a., exprimer, vouloir dire, اعنى O. عنى.

*Signifier*, déclarer, notifier, عرّف ب.

*Signifier*, être signe de quelque chose, dénoter, دلّ على O.

SILENCE, s. m., cessation de bruit; état d'une personne qui se tait, سكوت - صمت. Garder le silence, سكت O. لزم السكوت A. ‖ Passer sous silence, سكت عن شى O. ‖ Le silence est quelquefois une réponse, ربما كان السكوت جوابا. ‖ Le silence est quelquefois plus éloquent que la parole, رب سكوت ابلغ من كلام.

*Silence!* interj., pour faire taire, سكتة - اسكت.

SILENCIEUX, SE, adj., qui ne parle guère, taciturne, سكوت.

SILEX, s. m., pierre à briquet, حجر صوان.

SILIQUE, s. f., enveloppe de certains fruits; gousse, خرّوب - قرن. Silique de fève, قرن فول.

SILIQUEUX, adj., en silique, مقرّن.

SILLAGE, s. m., trace du vaisseau en naviguant, جرّة المركب.

SILLER, v. n., fendre les flots en avançant, شقّ البحر O.

SILLET, s. m., terme de luthier, morceau d'ivoire, de bois sur le manche, qui porte les cordes, مركز الاوتار.

SILLON, s. m., trace que fait la charrue en labourant, خطّ; plur., خطوط.

SILLONNER, v. a., faire des sillons, شقّ O. - خطّ O.

*Sillonner*, rider, خطّ O.

SILO, s. m., مطمورة; plur., مطامير.

## SIM

SIMAGRÉE, s. f., façons de faire affectées, نوانى - بدع.

*Simagrée*, faux-semblant, بهتة.

SIMARRE, subst. fém., robe longue, نوع ثوب طويل.

SIMILAIRE, adj. com., de même nature, مجانس - متجانس.

SIMILITUDE, s. f., figure de rhétorique, comparaison, تشبيه - تمثيل.

SIMILOR, s. m., mélange de cuivre et de zinc, تنباك - يهرجان.

SIMONIAQUE, adj., où il y a de la simonie, qui commet la simonie, مداهن.

SIMONIE, s. f., vente des choses saintes, بيع الدين بالدنيا.

SIMPLE, adj. com., non composé, غير مركب - مفرد.

Fleur *simple*, qui n'est pas double, زهر طاقى.

*Simple*, seul, unique, مفرد - واحد. Avec une simple chemise, وعليه قميص فقط - بطاق القميص.

*Simple* soldat, نفر - عسكرى.

*Simple*, sans accessoires (exposé), بسيط.

*Simple*, non compliqué, بسيط - وجيز.

*Simple*, facile à faire, à comprendre, ساهل - هين.

*Simple*, sans ornement, سادج - خالص.

*Simple*, sans déguisement, sans malice, بسيط - سادج - بديه.

*Simple*, qui n'a pas de luxe, سادج.

*Simple*, facile à tromper, غشيم - ولى.

SIMPLE, s. m., herbe médicinale, مفردة ; plur., عقاقير ; عقار, plur., مفردات.

SIMPLEMENT, adv., d'une manière simple, sans ornement, بسيطًا.

*Simplement*, seulement, فقط. Purement et simplement, فقط مجردًا.

*Simplement*, naïvement, sans finesse, بسداهة - بسداجة.

## SIN

SIMPLICITÉ, s. f., qualité de ce qui est simple, سداجة - بساطة.

*Simplicité*, niaiserie, bêtise, facilité à se laisser tromper, غشومية - بداهة.

SIMPLIFIER, v. a., rendre simple, moins composé, faciliter, سهّل - اوجز.

SIMPLIFICATION, s. fém., action de simplifier, تسهيل - اقتصار - ايجاز.

SIMULACRE, s. m., image, représentation, تمثال - صورة.

SIMULATION, s. f., t. de pratique, déguisement, مصطنع.

SIMULER, v. a., feindre, اصطنع.

SIMULÉ, E, adj., déguisé, faux, كاذب - مصطنع.

SIMULTANÉ, ÉE, adj., qui se fait dans un même instant, صايرفى آن واحد - وقتى.

SIMULTANÉITÉ, s. f., existence simultanée de plusieurs choses, كون جملة اشياء فى زمان واحد - وقتية.

SIMULTANÉMENT, adv., au même instant, سوا - فى الوقت ذاته - فى آن واحد - معًا.

SINAÏ, s. m., montagne, جبل سينا.

SINAPISME, s. m., topique de graine de moutarde, لبخة بخردل.

SINCÈRE, adj. com., vrai, franc, sans artifice, sans déguisement, صافى - مخلص - صادق. - Homme sincère, رجل صادق - رجل على نيته. || Ami sincère, محبّ مخلص - خالص الفواد. || Sincère résolution, محبّ ناصح - قصد حقيقى - نية صحيحة.

SINCÈREMENT, adv., avec sincérité, خالصًا. Agir sincèrement avec quelqu'un, نصح معه فى امر - نصح A.

SINCÉRITÉ, s. f., franchise, qualité de ce qui est sincère, خلوص - صدق - مصافاة - صفاوة النية.

SINCIPUT, s. m., sommet de la tête, يافوخ. - et plus vulgairement, نافوخ - يفوخ.

SINDON, s. m., linceul dans lequel J. C. fut enseveli, كفن المسيح.

SINGE, s. m., animal, قرد; plur., قرود et قردة – شادي (Barb.). Homme qui fait danser les singes, pl., سعادين; سعدان – رقاص سعادين – قرِبداتي.

SINGER, v. a. fam., contrefaire, imiter, قلّد.

SINGERIE, s. f., grimaces, gestes de singe, قردنة.

SE SINGULARISER, v. pron., se faire remarquer par des singularités, طلع في بدع.

SINGULARITÉ, s. f., ce qui rend une chose singulière, غرابة.

*Singularité*, chose singulière, شي غريب.

SINGULIER, adj., t. de grammaire, qui ne marque qu'une personne, une chose, مفرد.

SINGULIER, s. m., opposé à pluriel, الفرد – المفرد.

SINGULIER, ÈRE, adj., particulier, مخصّص.

*Singulier*, qui ne ressemble point aux autres, عجيب – غريب.

*Singulier*, d'homme à homme, واحد لواحد.

*Singulier*, rare, excellent, نادر – عظيم.

*Singulier*, bizarre, qui affecte de se distinguer, عجيب – غريب – نكتة.

C'est *singulier*, c'est étonnant, عجايب – عجيبة.

SINGULIÈREMENT, adv., particulièrement, spécialement, خصوصاً – بالاخصّ.

*Singulièrement*, beaucoup, بالزود – زايد – جدًّا.

*Singulièrement*, d'une manière singulière, bizarre, بنوع عجيب – نكتة.

SINISTRE, adj., funeste, malheureux, نحس – ميشوم – مشوم – منحوس.

*Sinistre*, méchant, pernicieux, سوء – شرّ.

SINON, conj., autrement, sans quoi, والّا.

*Sinon*, si ce n'est, الّا.

SINUEUX, SE, adj., tortueux, معوج.

SINUOSITÉ, s. f., détour d'une chose sinueuse, التوا – تعويجة.

SINUS, s. m., terme de mathématiques, جيب.

SIPHILIS, s. f., grosse vérole, حبّ – مبارك – مرض فرنجي – بلا.

SIPHON, s. m., terme de chimie, tuyau recourbé, انبوب – قصابة – قصبة.

SIRE, s. m., titre donné à un roi, à un empereur, à un seigneur, سيّد.

SIRÈNE, s. f., monstre fabuleux, moitié femme et moitié poisson, بنت البحر – جنّية.

*Sirène*, au fig., femme séduisante, امراة فتّانة.

SIRIUS, s. m., étoile de la constellation du grand Chien, الشعرى اليمانية – شعرَى.

SIROC, s. m., vent du sud-est sur la Méditerranée, ريح شلوك.

SIROP, s. m., liqueur sucrée et épaisse, شراب; plur., اشربة.

SIROTER, v. a., boire à petits coups, قطرة – قطرة بتلذّذ.

SIRTES, sables mouvants, رمال.

SIS, E, adj., terme de pratique, situé, مستقرّ – واقع – كاين.

SISON, s. m., plante, نوع قرة العين.

SITE, s. m., partie de paysage considérée relativement à la vue, منظر.

SITÔT QUE, conj., dès que, عند ما.

SITUATION, subst. fém., assiette, position d'une ville, etc., موضع – محطّة.

*Situation*, position, posture d'un homme, حالة – قعدة.

*Situation*, état, disposition de l'âme, des affaires, حال; plur., احوال – حالة.

SITUER, v. a., placer, poser, وضع A.

SIX, adj. com., deux fois trois, ستّة; fém., ستّ.

SIXIÈME, adj. com., nombre ordinal, سادس.

SIXIÈME, s. m., sixième partie d'un tout, سُدس; plur., اسداس.

SIXIÈMEMENT, adv., en sixième lieu, سادسًا.

SMYRNE, ville, ازمير.

SMILAX, s. m., plante, فشاغ.

SOBRE, adj. com., qui a de la sobriété, قنوع - زهيد الاكل - قليل الاكل - عفيف الاكل.

SOBREMENT, adv., بقلّة - على القانون.

SOBRIÉTÉ, s. f., tempérance dans le boire, le manger, قلّة الاكل - عفّة في الاكل - قنع - قناعة.

SOBRIQUET, s. m. fam., surnom, épithète burlesque, لقب; plur., الـقاب.

SOC, s. m., fer de charrue pour ouvrir la terre, سكّة الفدّان - نورج - محراث.

SOCIABILITÉ, s. f., aptitude à vivre en société, انسية.

SOCIABLE, adj. com., fait pour vivre en société, انيس.

SOCIAL, E, adj., qui concerne la société, يختصّ جماعة النّاس.

SOCIÉTÉ, s. f., assemblage d'hommes unis par la nature et les lois, جمعية - اجتماعية.

*Société*, union des hommes, leur commerce naturel, الفة - صحبة - معاشرة - عشرة. Homme de bonne société, آدمي; plur., اوادم. ‖ Homme aimable en société, ابن عشرة.

*Société*, compagnie, réunion de personnes, جماعة - جمعية.

*Société* d'intérêts, association, شركة. Se mettre en société avec quelqu'un, اشتركت مع. *Voyez* S'ASSOCIER.

*Société*, personnes avec qui l'on vit, صحبة - جمعية. Faire société de quelqu'un, صاحبه - عاشره.

SOCINIANISME, s. m., secte des sociniens qui rejettent les mystères et la divinité de Jésus-Christ, مذهب جماعة يقولون بعدم الهية السيد المسيح والاسرار المقدسة.

SOCINIEN, s. m., partisan de Socin, احد الجماعة المذكورة قبله.

SOCLE, s. m., base carrée, piédestal, بسطة.

SOCQUE, s. m., chaussure de bois haute, قبقاب.

SOCRATE, s. m., nom propre d'un célèbre philosophe grec, سقراط الحكيم.

SOCRATIQUE, adj. com., de Socrate, سقراطي.

SODOME, ville de la Judée, مدينة سدوم.

SODOMIE, s. f., péché contre nature, خطية سدوم - لواط.

SODOMITE, s. m., coupable de sodomie, سدومي - متاع اولاد - لوطي.

SOEUR, s. f., اخت; plur., اخوات. Sœur germaine, شقيقة; plur., شقائق.

SOFA, s. m., صفّة - ديوان.

SOI, pron. de la troisième personne, com., نفس. Travailler pour soi, اشتغل لنفسه.

De *soi*, adv., de sa nature, من طبعه.

En *soi*, en sa nature, في نفسه.

A part *soi*, en son particulier, في نفسه - في خلوته.

*Soi*-disant, t. de pratique, prétendant, se disant être, مدّعي.

SOIE, s. f., fil de ver ou de chenille, حرير - ابريسم - قزّ. ‖ Soie non préparée, قزّ. ‖ Ver à soie, دود القزّ. ‖ Cabane où l'on dévide la soie, حلالة.

*Soie*, poil de porc, etc., شعر خنزير.

*Soie*, queue d'une lame d'épée, de couteau, نصاب.

SOIERIE, s. f., marchandise, commerce de soie, بضاعة حرير - حراير.

SOIF, s. m., altération, envie de boire, عطش - صدا - اوام - ظما. Avoir soif, عطش A. ‖ J'ai soif, انا عطشان. Qui a soif, عطشان; plur., عطاشى et A. ‖ Mourir de soif, هلك من شدّة العطش - عطش.

*Soif*, au fig., désir immodéré, طمع.

SOIGNER, v. a., avoir soin, traiter avec beaucoup de soin, تقيّد في, على, اعتنى ب - داري - قابل I. - دار باله على (Barb.). Soigner une affaire, s'en occuper, دبّر, باشر دعوة.

SOIGNEUSEMENT, adv., avec soin, باعتنا. Très-soigneusement, بغاية التدقيق و التحقيق.

SOIGNEUX, SE, adj., qui agit avec soin, qui veille avec soin, معتني - حريص.

Soin, s. m., application d'esprit à faire une chose, Avec ديوان بال ـ اهتمام ـ همّة ـ اعتنا. un soin scrupuleux, بغاية التدقيق. ‖ Avoir soin de quelqu'un, pourvoir à ses besoins, ـ استفقد ‎I. دار بالە عليە ـ لاحظە بكلما يلزمە ـ افتقد ـ تقيّد فيە. ‖ Avoir soin d'un enfant, le garder, Ayez-en bien soin, تقيّد فيە ـ داري الولد (Barb.). ‖ Avoir ردّ بالك عليە ـ در بالك عليە. des soins bienfaisants pour quelqu'un, تردّد عليە. ‖ Avoir soin d'une chose, la ménager, اعتنى بە فيە ـ توقّى فيە. ‖ Cela demande des soins, بلّك ديوان بال ـ هذا بدّە ملاحظة بدە توقى. ‖ Donner des soins à une affaire, عمل همّة في امر. ‖ Par vos soins, بهمّتك العالية. ‖ Ce livre a été imprimé par les soins de, طبع هذا الكتاب بعمل فلان باهتمام فلان. ‖ Confier à quelqu'un le soin d'une affaire, فوّض اليە تدبير ـ فوّض اليە الامر.

Soin, inquiétude, peine d'esprit, souci, عنا ـ هموم; plur., هم.

Soins, au plur., démarches, همّة ـ سعي.

Soir, s. m., dernières heures du jour, مسا. Soir, environ trois heures après le coucher du soleil, العشا.

Soirée, s. f., depuis le déclin du jour jusqu'à ce que l'on se couche, سهرة ـ مغربية. Passer la soirée chez quelqu'un, سهر عند فلان A. ‖ Soirée, temps entre le soir et minuit, عشية. ‖ Il est parti dans la soirée, راح من عشية.

Soirée, divertissement donné le soir à des personnes réunies, et qui se prolonge une partie de la nuit, الليلة.

Soit, adv., je le veux bien, هيك يكون ـ كذلك.

Soit, conjonct. alternative, soit l'un, soit l'autre, سوا كان هذا او هذا ـ ان كان دا او دا. Soit pour vous, soit pour d'autres, سوا كان لك او لغير بس.

Soixantaine, s. f., soixante ou environ, نحو ستّين.

Soixante, adj. com., six dizaines, ستّين.

Soixante-dix, adj., sept dizaines, سبعين.

Soixantième, adj. com., nombre ordinal, ستّين.

Sol, s. m., terrain considéré quant à la qualité, تربە ـ ارض.

Sol, fonds, ارض ـ ارضية.

Sol, monnaie de cuivre, صلدي اسم معاملة نحاس.

Solaire, adj. com., qui appartient au soleil, شمسي.

Solandres, s. f. pl., maladie du cheval, شقوق الجلد في معطف عراقيب الخيل يطلع منها مادة فاسدة.

Solanum, s. m., ou Douce-amère, حلوة مرّة ـ عنب الذيب.

Soldat, s. m., homme de guerre soldé ou non, جندي ـ عساكر ;pl., عسكري.

Soldatesque, s. f., les simples soldats, عساكر.

Soldatesque, adject. com., qui sent le soldat, عسكري.

Solde, s. f., paye donnée aux gens de guerre, علوفة ـ جامكية ـ نفقة.

Solde, complément d'un payement, غلاقة غلاق.

Solder, v. a., payer le reliquat d'un compte, غلق.

Sole, s. f., poisson plat, سمك موسى.

Sole, le dessous du pied du cheval, etc., صحن الحافر.

Solécisme, s. m., faute grossière contre la syntaxe, غلط ـ غرابة الكلام و مخالفتە.

Soleil, s. m., astre du jour, شمس ـ قايلة (Barbarie). Se mettre, se chauffer au soleil, تشمّس.

Soleil levant, au fig. fam., celui qui a la puissance, la faveur depuis peu, قرد في دولتە.

Soleil ou Tournesol, fleur, دوّار الشمس ـ عبد الشمس.

SOLENNEL, LE, adj., avec cérémonie, pompeux, عظیم - جلیل.

*Solennel*, authentique, شرعی - صحیح.

SOLENNELLEMENT, adv., d'une manière solennelle, بتعظیم - معظماً.

SOLENNISATION, s. f., action de solenniser, تجییل - تعیید.

SOLENNISER, v. a., célébrer avec solennité, جیّل - عیّد - عمل العید.

SOLENNITÉ, s. f., cérémonie, pompe, جلالة - تعظیم - اكرام.

*Solennité*, fête solennelle, عید من اعظم الاعیاد.

*Solennité*, qualité de ce qui est solennel, جلالة - عظم.

*Solennités*, plur., formalités d'un acte, شرایط الصحّة و اللزوم.

SOLFÉGE, s. m., livre élémentaire de musique, كتاب حاوی اصول فن الموسیقا.

SOLFIER, v. a., chanter en prononçant les notes, قرأ الغنا - غنّی A.

SOLIDAIRE, adj. com., qui rend plusieurs co-obligés cautions les uns des autres, یلزم الشرکا بضمانة بعضهم.

*Solidaire*, obligé solidairement, ضامن.

SOLIDAIREMENT, adv., d'une manière solidaire, بضمن بعضهم.

SOLIDARITÉ, s. f., qualité de solidaire, ضمانة.

SOLIDE, adj. com., qui a de la consistance, صلب.

*Solide*, qui n'est pas fragile ou peu durable, ماكن.

*Solide*, au fig., vrai, réel, effectif, constant, متین - ثابت - حقیق. Esprit solide, عقل متین.

SOLIDE, s. m. et adj., terme de mathématiques, corps à trois dimensions, مجسّم - مصمت.

*Solide*, ce qu'il a de bon, d'utile, متین.

SOLIDEMENT, adv., avec solidité, بصلابة - ماكن.

SOLIDITÉ, s. f., qualité de ce qui est solide, متانة - صلابة. Il n'y a pas de solidité dans sa conduite, شغله بلا اساس.

SOLILOQUE, s. m., monologue, كلام رجل لنفسه.

SOLIPÈDE, adj. com., ذو حافر.

SOLITAIRE, adj. com., qui est seul, qui aime à être seul, متوحّد.

*Solitaire*, retiré, désert, منفرد.

SOLITAIREMENT, adv., متوحّداً.

SOLITUDE, s. f., état d'un homme seul, وحدة - انفراد - خلوة.

*Solitude*, lieu éloigné de la fréquentation des hommes, موضع منفرد - خلوة.

SOLIVE, s. f., pièce de bois qui soutient un plancher, خشبة - شواحی; plur., شواحی.

SOLIVEAU, s. m., petite solive, شوحیة صغیرة.

SOLLICITATION, s. f., action d'exciter à, تحریك.

*Sollicitations*, soins, démarches, diligences pour le succès d'une affaire, جری - تدبیر امر - مساعی; plur., مسعاة، سعی فی امر.

*Sollicitation*, recommandation à des juges, des supérieurs, etc., شفاعة.

*Sollicitation*, demande avec instance, توسیل - ابرام - الحاج.

SOLLICITER, v. a., inciter, exciter à, شحّد - دعا الی - حرّك علی I.O.

*Solliciter*, poursuivre un procès, طرد دعوی - تقیّد فی دعوی.

*Solliciter* une affaire, سعی فی اجرا امر A.

*Solliciter*, postuler, طلب O.

*Solliciter* quelqu'un, lui recommander quelque chose, توسّل الیه فی امر - تشفّع الیه فی امر. Solliciter avec instance, ابرم علیه فی الخ.

SOLLICITEUR, SE, s., employé à solliciter les procès, les affaires d'autrui, وکیل - مجری.

SOLLICITUDE, s. f., soin inquiet ou affectueux, اهتمام.

SOLSTICE, s. m., le plus grand éloignement du soleil stationnaire de l'équateur, بعد - میل کلی

انقلاب صيفى ـ انقلاب كلى .|| Solstice d'été,
|| Solstice d'hiver, انقلاب شتوى.

Solubilité, s. f., qualité de ce qui est soluble, انحلال.

Soluble, adj. com., qui peut être résolu, qui peut se fondre, ينحل.

Solution, s. f., éclaircissement d'une difficulté, حلّ.

Solution, t. de pratique, payement, أدا.

Solution, t. de chimie, union à un liquide sans se décomposer, تذويب ـ ذوبان.

Solution de continuité, تفرق الاتصال ـ شق.

Solvabilité, s. f., pouvoir de payer, مقدرة.

Solvable, adj. com., qui a de quoi payer, قادر ـ قادر على الوفا.

Sombre, adj. com., peu éclairé, ténébreux, معتم ـ مظلم ـ عتم. Il fait sombre ici, هون عتمة.

Sombre, au figur., chagrin, morne, taciturne, عبس.

Sombrer, v. n. (vaisseau), être renversé par un coup de vent et couler bas, انقلب المركب من شدة الريح و غرق.

Sommaire, s. m., extrait, précis, مختصر ـ مجمل ـ مضمون.

Sommaire, adj. com., exposé en peu de paroles, bref, succinct, مختصر ـ مقتصر.

Sommairement, adv., succinctement, d'une manière sommaire, بالاجمال ـ بالاختصار ـ بالاقتصار.

Sommation, s. f., action de sommer; acte qui la constate, أمر شرعى ب ـ أعلام.

Somme, s. f., charge d'un cheval, etc., حمل. Bête de somme, دابّة; pl., دواب.

Somme, quantité d'argent, ماهية ـ مبلغ.

Somme, résultat des sommes ajoutées, جملة ـ حاصل الجمع.

Somme toute, ou en somme, enfin, pour conclusion, الحاصل ـ النهاية.

Somme, s. m., sommeil, نومة ـ نوم.

Sommeil, s. m., نوم ـ رقاد. Enseveli dans le sommeil, غارق فى النوم.

Sommeil, au figur., indolence, insensibilité, تغافل.

Sommeil, envie de dormir, نعاس. Avoir sommeil, نعس A. || Tomber de sommeil, laisser tomber sa tête en avant par envie de dormir, كبى I.

Sommeiller, v. n., dormir d'un sommeil léger, imparfait, غفل O.

Sommeiller, au fig., tomber dans une négligence, رقد O. ـ غفل O.

Sommelier, ère, s., qui a soin des vivres, etc., خزّان.

Sommellerie, s. f., lieu où l'on garde la vaisselle, etc., مخزن.

Sommer, v. a., signifier, déclarer dans les formes, أمرب ـ عرّف بان O.

Sommer quelqu'un de sa parole, en demander l'exécution, طالبه بالوعد ـ أمره بانجاز الوعد O.

Sommer une ville, استدعى أهل المدينة الى تسليمها.

Sommet, s. m., le haut, راس; plur., رؤوس. Sommet de la tête, يافوخ; plur., شواشى ـ شوشة. || Sommet d'une montagne, راس الجبل ـ نافوخ ـ سطح الجبل ـ اعلى الجبل.

Sommier, s. m., cheval de somme, حصان جولة.

Sommier, matelas de crin, فرشة من شعر.

Sommité, s. f., pointe, extrémité; la partie la plus élevée, طرف; pl., اطراف ـ راس; pl., رؤوس ـ اعلى; plur., اعالى.

Somnambule, s. com., qui agit et parle en dormant, الذى يفعل كل شى و هو نائم.

Somnambulisme, s. m., état du somnambule, حالة الشخص المذكور قبله.

Somnifère, adj. com., qui provoque le sommeil, منوّم.

Somptuaire, adj. (loi), qui réforme le luxe, ضد الزهو.

SOMPTUEUSEMENT, adv., d'une manière somptueuse, بزهو.

SOMPTUEUX, SE, adj., magnifique, splendide, de grande dépense, مكلّف - زاهى - مفتخر - عظيم.

SOMPTUOSITÉ, s. f., grande et magnifique dépense, زهو - كلفة.

SON, pron. poss. m.; SA, fém.; SES, plur., ه - ها.

SON, s. m., ce qui frappe l'ouïe, رنّة - حسّ ; plur., اصوات.

SON, s. m., partie grossière du blé, etc., نخالة - ردّة - نخال.

SONDE, subst. fém., instrument pour sonder les plaies, etc., مسبار - عسّاس - مجسّ - ميل.

Sonde pour connaître la profondeur de l'eau, عسّاس - بوليس.

SONDER, v. a., chercher à connaître la profondeur de l'eau avec la sonde, قاس عمق الما بالبوليس - عسّ .I

Sonder, mettre, employer la sonde dans une plaie, etc.; au fig., tâcher de connaître la pensée, etc., سبر .I - عسّ .O

SONDEUR, s. m., celui qui sonde, عسّاس.

SONGE, s. m., rêve, imagination de celui qui dort, حلم ; plur., حلومات et احلام ; منام ; plur., منامات. Faire un songe, راى منام .A ‖ Voir en songe, راى فى المنام .A.

SONGE-CREUX, s. m. fam., qui a l'habitude de rêver profondément à des projets chimériques, مشغول البال.

SONGER, v. n., faire un songe, راى منام .A - حلم .A - راى فى المنام .A.

Songer, penser, افتكر فى. Ne songeons plus au passé, يقول المقايل دع الالتفات الى ما فات ولا تفتكر فيها ذهب و لو كان وادى من ذهب.

SONNA, s. m., recueil de traditions religieuses chez les musulmans, السنّة.

SONNAILLE, s. f., clochette attachée au cou des bêtes, جلجل.

SONNAILLER, s. m., l'animal qui porte la sonnette, حامل الجلاجل.

SONNAILLER, v. a. fam., sonner souvent et sans besoin, دقّ الجرس .O.

SONNANT, E, adj., qui rend un son clair, رنّان.

Proposition malsonnante, peu orthodoxe, مسئلة خارجة.

SONNER, v. a., faire rendre un son, دقّ .O. Sonner les cloches, دقّ النواقيس.

Sonner, faire venir en sonnant, agiter une sonnette pour appeler, دقّ الجرس لاحضار احد.

Sonner, indiquer, marquer un son, دقّ .O.

Sonner, v. n., rendre un son, رنّ .I - دقّ .O. Les trompettes sonnèrent, دقّت البوقات ‖ L'horloge sonna, دقّت الساعة.

Sonner en frappant l'un contre l'autre (écus, monnaies, etc.), رنّ - خشّ .O - خشخش. Faire sonner ses écus, خشخش له بالذهب.

Sonner mal, faire naître des soupçons, des craintes, ما اتّفق فى اذنه - ما اعجب - اعطى شكّ.

Faire sonner bien haut, fam., vanter, عظّم - فخّم - شرع فى.

SONNERIE, s. f., timbre, marteau, etc., d'une horloge, الة دقّ الساعة.

SONNETTE, s. f., petite cloche, grelot, جرس ; plur., اجراس.

SONNEUR, s. m., qui sonne les cloches, دقّاق الجرس.

SONORE, adj. com., qui a un son beau, éclatant, favorable à la voix, au son, مطنطن - رنّان.

SOPEUR, s. f., engourdissement voisin du sommeil, et qui le précède, وسن - سنة - سبات.

SOPHISME, s. m., argument captieux, qui ne conclut pas juste, مغالطة.

SOPHISTE, s. m., rhéteur, qui fait des sophismes, سفسطى ; plur., سفسطية.

SOPHISTICATION, s. f., action de sophistiquer, غشّ - زغل.

SOPHISTIQUER, v. a., altérer des drogues; falsifier, frelater, غشّ O. ‖ زغل I.

*Sophistiquer*, v. n., subtiliser avec excès, حاول.

SOPHISTIQUEUR, s. m., qui falsifie les liqueurs, etc., غشّاش - زغلجي.

SOPORATIF, IVE, SOPORIFÈRE ou SOPORIFIQUE, adj., qui fait dormir, منوّم.

SORBE, s. f., fruit du sorbier, غبيرا.

SORBET, s. m., breuvage, composition de citron, de sucre, d'ambre, etc., شربات - شربة.

SORBIER, s. m., arbre, شجر الغبيرا.

SORCELLERIE, s. f., سحر.

SORCIER, ÈRE, s., qui a un pacte supposé avec le diable, ساحر; plur., سحرة.

Vieille *sorcière*, au fig. fam., vieille femme méchante, عجوز نحس.

N'être pas grand *sorcier*, au fig. fam., n'être pas fort habile, ما هو كثير شاطر.

SORDIDE, adj. com., sale, vilain, دنيّ - قذر.

SORDIDEMENT, adv., بقذارة.

SORNETTE, s. f., discours frivole, تخريفة - مسخرة.

SORT, s. m., destinée considérée comme cause des événements de la vie; effet de la destinée; rencontre fortuite des événements, بخت - مقدّر. ‖ Mauvais sort, سوء حظّ - سوء بخت - نصيب. Heureux sort, بخت مليح.

*Sort*, état, حال; plur., احوال.

*Sort*, manière de décider une chose par le hasard, قرعة. Tirer au sort, ضرب القرعة I. O. - تقارع.

*Sort*, maléfices, paroles, caractères qu'on suppose produire des effets extraordinaires, سحر - كتابة.

SORTABLE, adj. com., convenable, لايق. Un tel n'est pas un parti sortable pour ma fille, فلان ما هو كفو لبنتي.

SORTE, s. f., espèce, genre, نوع; plur., انواع - اشكال, pl.; شكل. De différentes sortes, de toutes sortes, متنوّع - اشكال و الوان - اشكال اشكال. ‖ Un homme de votre sorte, واحد مثلك - من انواع متعددة.

*Sorte*, manière, façon, نوع - وجه.

De *sorte* que, en sorte que, adv., tellement, si bien que, فعلى هذا الوجه - في. Faire en sorte que, دبّر الامر بحيث - حتى.

SORTIE, s. f., action de sortir, خروج.

*Sortie*, issue, porte, باب; plur., ابواب.

*Sortie*, attaque faite par les assiégés, خروج - خرجة. Les assiégés firent une sortie, خرجوا وهجموا على المحاصرين.

*Sortie*, au fig., dure réprimande, brusquerie, emportement contre quelqu'un, خرجة - طلعة.

A la *sortie*, adv., au moment où l'on sort, ساعة خروج. A la sortie de l'hiver, في اخر الشتا.

SORTILÈGE, s. m., maléfice, سحر.

SORTIR, v. n., passer de dedans au dehors, خرج O. - طلع A. Il est sorti, il n'est point chez lui, تجاوز الحدّ - طلع الى برّا. ‖ Sortir des bornes, تعدّى الحدّ. ‖ Son anneau sortit de son doigt, انسلت المحبس من اصبعه. ‖ Faire sortir, tirer dehors, اخرج - طلع - طلـّع. ‖ Sortir d'affaire, تخلّص من - خلص A.

*Sortir*, être de relief, برز O.

*Sortir* de, être issu de, طلع من A. - انتسب الى.

*Sortir*, commencer à paraître, نبت O. - طلع.

*Sortir*, s'exhaler (odeur), فاح A. - طلع O.

*Sortir*, v. a., tirer au dehors, pousser au dehors, طلـّع - طيـّع - اخرج.

SORTIR, s. m., moment de sortir, خروج. Au sortir de, عند خروجه من.

SOT, TE, adj., sans esprit, sans jugement, بهيم - قليل عقل - احمق. Chose sotte, sot discours, كلام بارد - شي بارد.

SOTTEMENT, adv., مثل البهيم - ببهامة.

SOTTISE, s. f., qualité de l'être sot, conduite, action du sot, حُمق - قِلَّةُ عقل - بَهامَة. Le plus grand ennemi de chacun, c'est sa sottise; son meilleur ami, son jugement, عدو الرجل حُمقه و صديقه عقله.

Sottise, injure, مَسبَّة - شَتيمَة.

Sou, s. m., vingtième partie de la livre, صلدى; plur., صلادى - اسم معاملة من نحاس.

SOUBASSEMENT, s. m., espèce de piédestal continu servant de base à un édifice, تبليطة.

SOUBRESAUT, s. m., saut subit, inopiné, قفزة - نطة.

SOUBRETTE, s. f., suivante, femme de chambre intrigante, قَهرَمانَة.

SOUCHE, s. f., le bas du tronc et les racines, جدر - قرمة.

Souche, au fig., premier aïeul connu, أصل.

Souche, fam., sot, stupide, خَشَبَة.

SOUCHET, s. m., plante, سُعد. Voyez CURCUMA.

SOUCI, s. m., soin avec inquiétude, هَمّ; plur. هموم - شغل البال - انشغال - بطران. Homme sans souci, 

Souci, fleur, قوقحان.

SE SOUCIER, v. pron., s'inquiéter, se mettre en peine de, بالى ب - على باله من. Il ne s'en soucie guère, ما يبالى - ما على باله.

SOUCIEUX, SE, adj., inquiet, chagrin, مهموم.

SOUCOUPE, s. f., petite assiette, طَبسى.

SOUDAIN, E, adj., subit, عاجل - على غفلة.

Soudain, adv., dans le même instant, aussitôt après, عاجل - قوام - فى الحال.

SOUDAINEMENT, adv., subitement, على غفلة - عاجلا.

SOUDE, s. f., plante, سُويد - قلى - اشنان (Barb.).

Soude, sel que l'on en tire, ماح قلى - قلى.

SOUDER, v. a., joindre par le moyen de la soudure, لحم O. A.

SOUDOYER, v. a., entretenir des gens de guerre; leur payer leur solde, أعطى علوفة - كرى I.

Soudoyer, au fig., s'assurer le secours de quelqu'un à prix d'argent, برطل - كرى I.

SOUDURE, s. f., composition qui sert à souder; endroit soudé; travail de celui qui soude, لحمة - لحام.

SOUFFLE, s. m., vent fait en poussant l'air avec la bouche, haleine, نفس - نفخ.

Souffle, respiration, نفس - تَنفُّس. Un souffle de vie, رمق.

Souffle, médiocre agitation de l'air, نسيمة. Le souffle des vents, هبوب الأرياح.

SOUFFLER, v. n., faire du vent, نفخ O.

Souffler (vent), هَبّ O. - نَسَف I. (Barb.).

Souffler, v. n., respirer avec effort, haleter, نفخ - لهج A. - نهج A.

Souffler, parler, ouvrir la bouche, فتح تَمّ A.

Souffler, v. a., au fig., حرّك. Souffler le feu, نفخ النار. || Souffler la lumière, l'éteindre, طفى الشمعة.

Souffler, au fig. fam., escamoter, enlever, ôter, خطف A. - لهف I.

Souffler, au fig. fam., inspirer, suggérer, لقّن.

Souffler, supprimer (un acte), طيّر.

Souffler, dire, répéter tout bas à quelqu'un ce qu'il doit dire, لقّن احدا.

SOUFFLÉ, adj., enflé, منفوخ.

SOUFFLET, s. m., instrument pour souffler, منفاخ; pl., منافخ - منفخ.

Soufflet, coup du plat de la main, كفّ; plur., كفوف - قلم, plur. اقلام. Donner à quelqu'un un soufflet, سفقه حلاوة كفّ - سفقة كفّ.

Soufflet, au fig. fam., échec, revers, affront, كَسفَة.

SOUFFLETADE, s. f. fam., soufflets déchargés coup sur coup, علقة اقلام.

SOUFFLETER, verbe act., donner des soufflets,

## SOU

.سفقه كفّ ـ ضربه كفّ ـ قلّم ل ـ لطّش ل .O .I

Souffleur, se, s., qui souffle à quelqu'un ce qu'il doit dire, ملقّن.

Souffleur, qui souffle en poussant l'air de sa bouche, ou avec un soufflet, نفّاخ.

Souffleur, poisson, السمكُ النفّاخ.

Souffrance, s. f., peine, douleur; état de celui qui souffre, ألم ـ مقاساة; plur., الآم.

Souffrance, t. de pratique, tolérance, احتمال.

Affaire en souffrance, suspendue, أمرٌ لم يزل مرتخيًا.

Souffrant, e, adj., qui souffre, موجوع ـ وجعان.

Souffrant, endurant, patient, حَمّيل.

Souffre-douleur, s. m. fam., حَمّال أذى.

Souffrir, verbe neutre, pâtir, قاسى الآلام ـ قاسى الشدائد ـ كابد, قاسى العنا و المشقّة.

Pour que sa réputation n'en souffre pas, لئلّا ينشلم صيته.

Faire souffrir, causer de la douleur, أوجع.

Souffrir, v. a., endurer, كابد ـ قاسى.

Souffrir, supporter, صبر على ـ احتمل .O. Je ne puis le souffrir, ما أطيقه .I طاق.

Souffrir, ne pas empêcher un mal, احتمل .I.

Souffrir, permettre que, رضى ب .A.

Souffrir, admettre, recevoir, être susceptible de, قبل .A.

Souffrable, adj. com., supportable, يُطاق.

Soufre, s. m., sorte de minéral inflammable, بَخارة ـ كبريت (Barb.).

Soufrer, v. a., enduire, frotter de soufre, donner l'odeur du soufre, كبرت.

Sougarde, s. f., demi-cercle qui couvre la détente, حلقة تحت زناد البندقيّة.

Souhait, s. m., désir, تمنّى ـ مُنى; pl., مُنية أماني; pl., أمنية.

A souhait, adv., selon ses désirs, على مرادهِ ـ على المراد.

## SOU

Souhait, vœu fait pour quelqu'un, دعا; plur., أدعية.

Souhaitable, adj. com., désirable, متمنّى.

Souhaiter, v. a., désirer, اشتهى ـ تمنّى. Si vous souhaitez, souhaitez beaucoup, إذا تمنّيت فاستكثر. || Nous vous avons beaucoup souhaité dans notre compagnie, كنا مشتهينك ـ اشتهيناك. || Il souhaitait ardemment de revoir sa famille, كان مشتاق الى اهله غاية الشوق Souhaiter || . du bien à quelqu'un, دعى له .I. || Lui souhaiter du mal, دعى عليه .I. || Souhaiter le bonjour à, صبّحه. || Souhaiter la fête à quelqu'un, بارك له. || Souhaiter la bonne année, عيد له ـ عايد عليه. || Souhaiter la bonne année, عايد عليه بدو السنة المباركة.

Je vous en souhaite, c'est-à-dire, vous n'aurez pas ce que vous espérez, اسقيك يا كمّون ـ ان شا الله.

Souille, s. f., lieu bourbeux où se vautre le sanglier, منقعة الخنازير.

Souiller, v. a., gâter, salir, نجّس ـ لوّث.

Souiller, au fig., نجّس.

Se souiller, v. pron., se salir; au fig., commettre un crime, تنجّس.

Souillon, s. com., sale, نجس.

Souillure, s. f., tache, saleté, impureté, نجاسة ـ دَرَن.

Soûl, e, adj., pleinement repu, rassasié, شبعان.

Soûl, ivre, سكران.

Soûl, suffisance, كفاية.

Soulagement, s. m., diminution de mal, de peine, تخفيف. Soulagement d'esprit, تخفيف الهمّ.

Soulager, v. a., alléger la charge, diminuer la peine de quelqu'un, خفّف عنه.

Soulager, adoucir, diminuer une peine, un mal, خفّف.

Soûlant, e, adj., qui rassasie, مشبع.

Soûlard, s. m., ivrogne, سكرى.

Soûler, v. a., rassasier à l'excès, أشبع.

Soûler, enivrer, أسكر.

*Se soûler*, v. prou., s'enivrer, سكر A.

*Se soûler*, jouir avec excès, se gorger, شبع من A.

SOULEUR, s. f., peur, saisissement, دهشة.

SOULÈVEMENT, s. m., de cœur, توقيف نفس.

*Soulèvement*, au fig., révolte, قومة.

*Soulèvement*, mouvement d'indignation, تقويم - شغب - قومة.

SOULEVER, v. a., élever un peu quelque chose de lourd, شال عن - انهض A. - رفع عن الارض I. الارض.

*Soulever* le cœur, lui causer du dégoût, دوخ - وقف النفس.

*Soulever*, au fig., exciter l'indignation, la rébellion, révolter, قوم.

*Se soulever*, v. pron., se révolter, قام O.

*Se soulever*, se lever un peu, نهض A.

SOULIER, s. m., chaussure du pied en cuir, نعل; plur., نعال - مركوب - مداس - صرمة; pl., صرم ; plur., تواسيم - صباط; plur., تاسومة ; (Barb.). Gros soulier, زربول, plur., زرابيل.

SOULIGNER, v. a., tirer une ligne sur un ou plusieurs mots, خط تحت O.

SOUMETTRE, v. a., réduire sous la puissance, la dépendance, اخضع ل - سخر ل - جعل تحت طاعة. La femme est soumise à son mari, الامراة قيادها في يد زوجها.

*Soumettre* une chose à quelqu'un, le consulter sur, s'en rapporter à sa décision, سلم له قضاء الامر - شاور في.

*Se soumettre*, v. pron., se ranger sous l'autorité de, ل A. - انقاد ل - اطاع. Se soumettre aux ordres, امتثل امره.

*Se soumettre* à une chose, s'engager, consentir à la subir, قبل ب A. - رضى A.

SOUMIS, E, adj., obéissant, مطيع.

SOUMISSION, s. f., disposition à obéir, déférence, obéissance, خضوع - الطاعة - طاعة - اذعان.

SOUMISSION, engagement de fournir, توكيل بتقديم.

*Soumission*, offre, عرض.

*Soumissions*, au plur., respects, excuses, اعتذار.

SOUMISSIONNAIRE, adj., qui fait sa soumission de fournir, de payer, etc., متعرض.

SOUMISSIONNÉ, E, adj., offert, معروض.

SOUMISSIONNER, v. a., faire sa soumission pour acheter et payer le prix, ou pour fournir, entreprendre à tel prix, تعرض ل.

SOUPAPE, s. f., languette mobile d'une pompe, etc., لولب.

SOUPATOIRE, adj. com., qui tient lieu de souper (dîner), عشائي.

SOUPÇON, s. m., opinion, croyance désavantageuse avec doute, شك - ظن - شهمة - شبهة. Avoir des soupçons, تحوش. || Jeter des soupçons sur, اتهمه ب O. تهمه.

*Soupçon*, simple conjecture, وهم - ظن - تخمين.

*Soupçon*, très-petite quantité (d'une liqueur), نطفة.

SOUPÇONNER, v. a., former une opinion désavantageuse; avoir des soupçons, شك في احد ان O. - ظن به ان O. - تهمه ب - توهم فيه ان.

*Soupçonner*, conjecturer, ظن O.

SOUPÇONNEUX, SE, adj., enclin à soupçonner, ظنان.

SOUPE, s. f., potage, aliment fait de pain et de bouillon, فتة - شربة - تسقية.

SOUPÉ, ou SOUPER, s. m., repas du soir, dernier repas, عشا. Donner à souper, عشى. || Après souper, عشية.

SOUPENTE, s. f., espèce d'entresol, de faux plancher, مطمورة.

SOUPENTES, s. f., pl. fortes courroies qui soutiennent le corps d'une voiture, حمالات الكاروصة وهي قطع غلاظ من الجلد.

49

Souper, v. n., prendre le soupé, نَعَشَّى. Faire souper, عَشَّى.

Soupeser, v. a., soulever avec la main par dessous pour connaître le poids, عَسّ I.

Soupeur; s. m., dont le soupé est le principal repas, عَشَّا.

Soupier, ère, s., qui aime la soupe, بتاع فتّة.

Soupière, s. f., plat pour mettre la soupe, سلطانية فتّة.

Soupir, s. m., aspiration et respiration pénible, prolongée par la douleur ou le plaisir, تَنهّد - حَسرة. Grand soupir, شهقة. ‖ Pousser un grand soupir, شهق شهقة A. ‖ Pousser un profond soupir, تنفّس الصعدا.

Soupirail, s. m., ouverture pour éclairer, aérer un souterrain, منفس - مَنوّر.

Soupirant, s. m. fam., amant, عاشق; plur., عشّاق.

Soupirer, v. n., pousser des soupirs, تنهّد - تاوّة. Soupirer de regret d'avoir perdu quelque chose, تأسّف على شي. ‖ Soupirer pour une chose que l'on n'a pas, تحسّر على - تاوة على - تنهّد على.

Soupirer après, rechercher avec passion, اشتاق - اشتهى - اشتاق الى.

Souple, adj. com., qui se plie aisément, flexible, ليّن. Souple de corps, ليّن الاعطاف.

Souple, au fig., docile, soumis, complaisant, مساير - أملد.

Souplement, adv., avec souplesse, بليان.

Souplesse, s. f., flexibilité du corps; au fig., d'esprit, ليانة - لِين.

Souplesse, docilité, complaisance, خضوع - مسايرة.

Source, s. f., endroit d'où l'eau sort de terre, راس العين - منبع. Ce fleuve prend sa source dans telle montagne, ينبع هذا النهر فى الجبل الفلانى وراس عينه فيه.

Source, au fig., principe, cause, origine, ينبوع; pl., اصول; اصل - منبع - ينابيع, plur.

Source d'eau, عين ماء, plur., عيون - نبع; plur., منابع; منبع.

Sourcier, s. m., celui qui prétend avoir la faculté de découvrir des sources, ينابيعى.

Sourcil, s. m., poils au bord du front et au-dessus de l'œil, حاجب; pl., حواجب. Froncer le sourcil, قطب وجهه - عرقص حواجبه.

Sourciller, v. n., remuer le sourcil, رقّص حواجبه. Il n'a pas sourcillé, il n'a laissé voir aucune altération sur son visage, ما تغيّرت احواله.

Sourcilleux, se, adj., au fig., haut et élevé, se dit d'un mont, شاهق.

Sourd, e, adj., qui n'entend pas, اطرش; pl., طرش et طرشان; اصمّ, pl., صمّ.

Sourd, qui n'est pas sonore, ابكم.

Sourd, au fig., qui n'est pas public, secret, مدسوس - خفى - مخفى. Sourdes menées, دسايس.

Sourd, inflexible aux prières, aux plaintes, etc., لا يلتفت الى - لا يسمع.

Sourd, interne (douleur), وجع جوّانى.

Sourdaud, e, adj. fam., qui n'entend qu'avec peine, ثقيل السمع.

Sourdement, adv., d'une manière sourde; au fig., secrètement, en cachette, خفية - على السكيتى.

Sourdine, s. f., ce qui sert à affaiblir le son d'un instrument, ما يخفى به صوت الالة.

A la sourdine, adv. fam., secrètement, sans bruit, على السكيتى - بالدسّ.

Sourdre, v. n., sortir de terre, d'un rocher, etc., parlant de l'eau, نبط I. A. نبع.

Souriceau, s. m., petit d'une souris, فويّر.

Souricière, s. f., piége pour prendre des souris, مصيدة.

Souriquois, e, adj., qui regarde les souris, فيراني.

Sourire, s. m., تبسّم - ابتسام.

Sourire, v. n., rire sans éclater, تبسّم. Sourire à quelqu'un, ضحك في وجهه A.

Sourire à quelqu'un, lui paraître agréable, اعجبه. Sourire aux vœux, aux désirs, وافق المراد.

Souris, s. f., petit animal du genre du rat, فارة.

Souris, s. m., sourire, ابتسام.

Sournois, e, adj., caché, qui cache ce qu'il pense, خنيس.

Sous, prép., marque la situation au-dessous, la subordination, تحت.

Sous Louis XIV, في ايّام السلطان لويس الرابع عاش.

Sous, moyennant: تحت - ب. Sous certaines conditions, بشرط كذا و كذا.

Sous trois jours, في غضون ثلاثة ايام. Étudier sous quelqu'un, قرا عليه A.

Sous-affermer, v. a., donner, prendre à sous-ferme, استاجر من باطن - اجر من باطن.

Sous-bail, s. m., rétrocession d'un bail, ايجار من باطن.

Sous-costal, e, adj., sous les côtes, تحت الضلوع.

Sous-cutané, e, adj., sous la peau, تحت الجلد.

Sous-délégué, e, adj., subdélégué, نايب الوكيل.

Sous-diaconat, s. m., درجة الشدياق.

Sous-diacre, s. m., شماس رسايلي - شدياق.

Sous-entendre, v. a., retenir dans l'esprit, donner à entendre quelque chose qu'on n'exprime point, قدّر.

Se sous-entendre, v. pron., تُقدَّر.

Sous-entendu, s. m., Sous-entente, s. f., ce qu'on sous-entend par artifice, اضمار - تقدير.

Sous-lieutenance, s. f., titre de sous-lieutenant, نيابة تحتانية.

Sous-lieutenant, s. m., lieutenant en second, نايب تحتاني.

Sous-locataire, s. com., qui sous-loue, مستاجر كاري من باطن.

Sous-louer, v. a., louer une partie de location, استكرى I., كرى من باطن.

Sous-ordre, s. m., (en), soumis aux ordres d'un autre, تحت الامر.

Sous-secrétaire, s. m., qui écrit sous un secrétaire, qui le remplace, نايب كاتب سرّ.

Sous-secrétaire d'État, fonctionnaire au-dessous d'un ministre pour l'aider et le remplacer, نايب وزير.

Souscripteur, s. m., qui souscrit pour un ouvrage, une entreprise, مقيّد اسمه.

Souscription, s. f., signature au bas de, علامة - امضا.

Souscription, soumission de fournir, d'acheter, توافق على شرى او تقديم شي.

Souscription, reçu du prix de la souscription, رجعة بدراهم المشترى.

Souscrire, v. a., approuver un écrit en mettant sa signature au bas, وضع اسمه في ذيل الكتاب - علّم على.

Souscrire, consentir, approuver ce qu'un autre dit, رضى ب - A. قبل A.

Souscrire pour, s'engager par sa signature à acheter un ouvrage, etc., قيد اسمه لمشترى.

Soussigner, v. n., mettre son nom au bas d'un acte, الواضع اسمه. Le soussigné, وضع اسمه ادناه ادناه.

Soustraction, s. f., règle d'arithmétique, سقط - خصم - اسقاط.

Soustraction, action de soustraire, de voler, سرقة - اخذ.

Soustraire, v. a., ôter quelque chose à quelqu'un par adresse ou par fraude, سرق عند الشي I.

Soustraire, terme d'arithmétique, ôter un

nombre d'un autre, O. سقط - اسقط - I. خصم.

*Se soustraire*, v. pron., se dérober, I. فرّ من.

*Se soustraire*, se tirer, se délivrer, تخلّص من.

SOUTANE, s. f., habit long des pretres, تونية - رستامية.

SOUTANELLE, subst. fém., petite soutane, تونية صغيرة.

SOUTE, s. f., somme que doit payer l'un des copartageans pour rendre les lots égaux, مبلغ يدفعه احد المتقاسمين لتسوية الاقسام.

*Soute*, solde, غلاقة.

*Soute*, magasin, خزانة - مخزن.

SOUTENABLE, adj. com., qui se peut soutenir, ينحامى عنه.

*Soutenable*, supportable, يحتمل.

SOUTENIR, v. a., porter, supporter une chose, I. حمل.

*Soutenir*, appuyer une chose, ثبّت - سند.

*Soutenir*, assurer que, affirmer, ثبّت - اكد ان.

*Soutenir*, défendre, protéger, I. حمى - حامى عن. Il soutient fortement cette opinion, هو شديد العناية شديد التمسك بهذا الراى.

*Soutenir*, secourir, aider, appuyer, ساعد - اعان I. شدّ ظهره -.

*Soutenir* l'effort de, l'attaque de, A. تلقّى لقى - A. قاوم - ثبت له -.

*Soutenir* son rang, sa dignité, agir d'une manière convenable à son rang, عمل ما يليق لشانه. Soutenir son caractère, agir en conformité avec l'idée qu'on a donnée de soi précédemment, طابق.

*Se soutenir*, v. pron., se tenir debout, وقف على رجليه.

*Se soutenir*, être ferme, durer dans un même état, A. ثبت - O. دام على حالة.

SOUTENU, E, adj., appuyé, مسند.

*Style* soutenu, كلام محبّر.

*Soutenu*, qui ne change pas, لا يستغيّر - دايم على حاله.

SOUTERRAIN, E, adj., sous terre, de dessous terre, تحت الارض.

SOUTIEN, s. m., ce qui soutient, ce qui appuie, مسند - سند.

*Soutien*, au fig., appui, protection, défense, ظهر.

SOUTIRER, v. a., transvaser une liqueur d'un tonneau dans un autre, روّق - فرّغ.

*Soutirer*, au fig. fam., enlever petit à petit avec adresse l'argent, le secret de quelqu'un, I. استرق من. Il m'a soutiré tout mon argent, مصرياتى كلها اخذها منى باسلوب.

SOUVENANCE, s. f., et SOUVENIR, s. m., impression conservée par la mémoire, ذكر.

*Souvenir*, mémoire, فكر - خاطر - بال. Effacer de son souvenir, اخرج من الخاطر.

*Souvenir*, pensée par laquelle on se souvient, ذكر - فكر, pl. افكار.

*Souvenir*, tablettes pour écrire ce dont on veut se souvenir, تفكرة.

*Souvenir*, ce qui rappelle la mémoire de, ce qui fait souvenir, تذكار - تفكرة.

*Se souvenir*, v. pron., avoir mémoire de, O. ذكر I. تذكر - فى باله - فاق على. Vous souvenez-vous de lui ? فايق عليه - هو فى بالك.

Faire *souvenir* quelqu'un de quelque chose, ذكّره الشى - فكّره فى الشى.

SOUVENT, adv., fréquemment; plusieurs fois en peu de temps, امرار كثيرة - كل كم يوم - كل قليل. Il vient souvent chez moi, يتردّد علىّ كل قليل. Le plus souvent, اكثر الاوقات - غالب - اغلب الاوقات.

SOUVERAIN, E, s., personne en qui réside la souveraineté, ملك; plur. ملوك - سلطان; plur. سلاطين.

SOUVERAIN, adj., suprême, très-excellent, اعظم - اكبر.

*Souverain*, qui a rapport à l'autorité suprême, رياسى

- Prince *souverain*, indépendant, جاكم مطلق - ملك مستقل فى ملكه.

SOUVERAINEMENT, adv., d'une manière souveraine, indépendante, مطلقا.

*Souverainement*, excellemment, عظيماً - كليّاً - جداً.

SOUVERAINETÉ, s. f., autorité suprême, رياسة.

*Souveraineté*, pays soumis à un souverain, أرض.

SOYEUX, SE, adj., doux au toucher comme de la soie, ناعم كالحرير.

*Soyeux*, dans lequel il y a de la soie, فيه حرير.

SPACIEUSEMENT, adv., en grand espace, رحباً.

SPACIEUX, SE, adj., d'une grande étendue, رحب - واسع - رحيب.

SPADASSIN, s. m., ferrailleur, ضراب سيف - شكلى.

SPAHI, s. m., cavalier turc, سباهى - دلاتى.

SPARGANE, s. f., plante, Ruban-d'eau, سافرة.

SPASME, s. m., convulsion des nerfs, عصب التوا - تشنّج. Spasme d'estomac, تشنّج المعدة. ‖ Spasme cynique, لقوة.

SPASMODIQUE, adj. com., des spasmes, تشنّجى. Mouvements spasmodiques, حركات تشنّجية.

SPATULE, s. f., instrument de pharmacie rond par un bout, plat par l'autre, ملواق صيدلانى - معلقة الشرابات - مسواط.

SPÉCIAL, E, adject., déterminé, particulier, خصوصى.

SPÉCIALEMENT, adv., خصوصاً - خصوصياً.

SPÉCIALITÉ, s. f., détermination d'une chose spéciale, خصوصية - خصوص.

SPÉCIEUSEMENT, adv., d'une manière spécieuse, غروريّا.

SPÉCIEUX, SE, adj., qui a une apparence de vérité et de justice, له صورة - يغرّ - مغرّ.

SPÉCIFICATION, s. f., détermination des choses particulières en les spécifiant, تعيين - تبيين.

SPÉCIFIER, v. a., exprimer en détail, déterminer en particulier, عيّن - بيّن.

SPÉCIFIQUE, adj. com., propre spécialement à, خاص - مختصّ ب.

SPÉCIFIQUEMENT, adv., d'une manière spécifique, مختصاً.

SPECTACLE, s. m., tout ce qui attire les regards, l'attention, فرجة. Être en spectacle, servir de spectacle à, كان فرجة للناس.

SPECTATEUR, TRICE, s., témoin oculaire; qui assiste au spectacle, ناظر - متفرج, pl., نظّار.

SPECTRE, s. m., fantôme, figure, fantastique, بعو - طيف - طايف - خيال.

SPÉCULATEUR, subst. masc., qui spécule, ضرّاب تخامين.

SPÉCULATIF, IVE, adj., qui a coutume de spéculer attentivement, متامل.

*Spéculatif*, qui s'arrête à la spéculation (science), نظرى.

SPÉCULATIF, s. m., qui raisonne sur les matières politiques, ضراب تخامين.

SPÉCULATION, s. f., action d'observer, de méditer, théorie, نظر.

*Spéculation*, calcul, combinaison commerciale, مضاربة متجر.

*Spéculation*, observation de spéculateur, conjecture politique, تخمين; plur., تخامين.

SPÉCULER, v. n., méditer attentivement, طالع.

*Spéculer*, t. de commerce, faire des spéculations, des projets sur les matières politiques, financières, commerciales, ضرب تخامين. I. O.

SPERMA-CETI, s. m., منى الحوت.

SPERMATIQUE, adj. com., de la semence, نطفى.

SPERME, s. m., semence dont l'animal est engendré, منى - نطفة.

SPHACÈLE, s. m., mortification entière d'une partie du corps, موت عضو من جسم.

SPHACÉLÉ, E, adj., attaqué du sphacèle, يبت.

Sphère, s. f., globe, solide terminé par des cercles, كرة.

Sphère, ciel, sa représentation, sa disposition, صورة الدواير العظام المفروضة فى سطوح الافلاك - فلك - كرة فلك. Sphère armillaire, كرة ذات حلق.

Sphère, terme d'astronomie, les premiers principes de l'astronomie appris avec la sphère, مبادى علم الفلك.

Sphère, espace dans lequel les astronomes conçoivent qu'une planète fait son tour, فلك.

Sphère, au fig., étendue de pouvoir, de connaissance, d'état, de condition, عرض - طاقة. Cela est hors de sa sphère, هذا خارج من عرضه.

Sphéricité, s. f., qualité de ce qui est sphérique, كون الشى كرى الشكل - تدويرة.

Sphérique, adj. com., en globe; de la sphère, كرى.

Sphériquement, adv., d'une manière sphérique, كريا.

Sphéroïde, s. f., corps qui approche du globe, كرة.

Sphincter, s. m., muscle en anneaux qui resserre ou ferme, عضلة ضابطة مضيّقة.

Sphinx, s. m., monstre fabuleux, ابو الهول - ابو الهولى.

Spicanard, s. m., fleur, سنبلة هندية.

Spinal, e, adj., terme d'anatomie, qui appartient à l'épine, يخص سلسلة الظهر.

Spinelle, adj. (rubis), لعل.

Spiral, e, adj., ملتق.

Spirale, s. f., ligne courbe autour d'un cylindre, d'un cône, ou reportée sur un plan, خط ملتق.

Spiration, s. f., manière dont le Saint-Esprit procède du Père et du Fils, انبثاق.

Spire, s. f., terme d'architecture, un tour de spirale, لفة - دورة.

Spiritualisation, s. f., terme de chimie, réduction des solides en esprit, استخراج لارواح.

Spiritualiser, v. a., terme de chimie, extraire les esprits des corps mixtes, réduire en esprits, استخرج روح.

Spiritualiser, donner un sens pieux, روحن.

Spiritualiser, raffiner, subtiliser, كرّر.

Spiritualité, s. f., l'opposé de matérialité, روحانية.

Spirituel, le, adj., incorporel, l'opposé de sensuel, de temporel, روحى - روحانى. Livre spirituel, de dévotion, كتاب عبادة.

Spirituel, ingénieux, où il y a de l'esprit, رفيع - بديع.

Spirituel, qui a de l'esprit, عاقل - ذكى العقل - صاحب عقل - فطن.

Spirituellement, adv., avec esprit, برفاعة - بعقل.

Spirituellement, en esprit, بالروح.

Spiritueux, se, adj., qui a beaucoup d'esprits; subtil, حامى - مسكر.

Spleen et Spline, s. m., état de consomption, mélancolie, سودا.

Splendeur, s. f., grand éclat de lumière, ضيا.

Splendeur, au fig., gloire, pompe, magnificence, افتخار - فخرة - جلال.

Splendide, adj. com., magnifique, somptueux, فاخر - مفتخر.

Splendidement, adv., بفخرة.

Splénétique, adj., attaqué d'obstructions à la rate, مطحول.

Splénique, adj. com., concernant la rate, طحالى.

Spode, s. f., tudie, توتيا.

Spode ou Antispode, cendres de canne, طباشير هندى.

Spoliateur, trice, s., qui dépouille, qui vole, نهّاب.

Spoliation, s. f. action de spolier, نهب.

Spolier, verbe a., déposséder par violence, عرّى احدا - A. خلع احدا من - A. نهب الشى.

## STA        STA        775

Spongieux, se, adj., de la nature de l'éponge, نزع اختلس من احد الشيى - من A.
مثل السفنجة - سفنجى.

Spontané, e, adj., que l'on fait volontairement, من تلقا نفسه - اختيارى.

Spontané, terme de médecine, (mouvement) qui s'exécute de lui-même sans la participation de la volonté, حركة صايرة بمحض قدرة الله من غير ارادة الانسان.

Spontanéité, s. f., consentement de la volonté, اختيار.

Spontanément, adverbe, de sa propre volonté, منه لحاله - من تلقا نفسه - باختيارة.

Spontanément, terme de physique et de médecine, بمحض قدرة الله.

Squelette, s. m., os décharnés joints ensemble dans leur situation naturelle, مجموع اعظام البدن المرتبة حسب الوجه الطبيعى.

Squelette, carcasse, au fig., personne très-maigre, كرنيبة - كركوبة.

Squille, s. f., crustacé qui ressemble à la chevrette, اربيان.

Squine, Esquine, China, s. m., racine médicinale des Indes; شبشينا - اصل القيناء.

Squirre, s. m., terme de médecine, tumeur dure sans douleur, ورم محجر.

Squirreux, se, adj., de la nature du squirre, محجر.

Stabilité, s. f., qualité de ce qui est stable, دوام - قرار - ثبات.

Stable, adj. com., qui est dans une situation ferme, permanente, ثابت.

Stacté, s. m., Myrrhe stactée, بلسم - ميعة مايع.

Stagnant, e, adj., qui ne coule point, متوقف - نايم.

Stagnation, s. f., état des fluides qui ne coulent pas, وقوف ـ

Stagnation, au fig., des affaires, وقوف حال. Il y a stagnation d'affaires commerciales, صاير وقوف حال على المتجر.

Stalactite, s. f., pierre qui se forme dans les grottes et ressemble aux glaçons, حجرة توجد فى المغاير وتشبه قطعة جليد.

Stance, s. f. Voyez Strophe.

Staphisaigre, s. f., ou Herbe aux poux, plante, اشاشا - زبيب الخيل - حبّ الراس - مويزج.

Staphylome, s. m., tumeur sur la cornée de l'œil en manière de grain de raisin, ورم على قرنية العين يشبه حبة عنب.

Stase, s. f., séjour, immobilité du sang ou d'humeur dans les veines capillaires, وقوف الدم.

Station, s. f., pause de peu de durée en un lieu, حطّة. Faire une station dans un endroit, حطّ فى O. قعد ـ I. ـ وقف فى ـ O.

Faire ses stations, visiter les églises, زار O. الكنايس.

Stationnaire, adj. com., qui semble n'avancer ni reculer, واقف.

Statique, s. f., science de l'équilibre des corps, علم موازنة الاجسام.

Statistique, s. f., tableau de l'étendue, de la population, des richesses d'un État, علم اعتبار البلاد.

Statuaire, s. m., sculpteur qui fait des statues, نقاش - فتّار.

Statuaire, s. f., art de faire des statues, صناعة صناعة النقش - الفجر.

Statue, s. f., figure de métal, de bois, de pierre, etc.; شخص - plur., تماثيل - plur., تمثال; اصنام, pl. صنم - اشخاص.

Statue, au fig., personne sans mouvement, صم.

Statuer, v. a., ordonner, régler, déclarer, رتب O. حكم ـ O. امر ـ

Stature, s. f., hauteur de la taille d'une personne, قامة.

STATUT, s. m., règle pour la conduite d'une compagnie, قانون ; plur., قوانين - قاعدة ; plur., قواعد.

STECHAS, s. m., plante, ضرمة - اسطوخودوس - مسك الارواح.

STELLIONAT, s. m., crime d'un homme qui vend un immeuble qui n'est pas à lui, ou qui déclare faussement que cet immeuble est franc de toute hypothèque, غش فى بيع عقار.

STELLIONATAIRE, s., qui commet le crime de stellionat, بائع عقار يغش المشترى.

STÉNOGRAPHE, s. m., كاتب بسرعه.

STÉNOGRAPHIE, s. f., art d'écrire aussi vite que la parole, علم سرعة الخط.

STÉRÉOGRAPHIE, s. f., art de représenter les solides sur un plan, علم رسم المجسمات.

STÉRÉOMÉTRIE, s. f., science de la mesure des solides, علم قياس المجسمات.

STÉRILE, adj. com., qui ne produit pas de fruits, غير مثمر - عاقر. Année stérile, عام قحط.

Stérile, qui n'engendre pas, ne conçoit pas, عاقر - عقيم.

Sterile, au fig. (esprit, temps, matière), etc., qui ne produit rien, غير مثمر - عقيم.

STÉRILITÉ, s. f., qualité de ce qui est stérile, قلة ثمرة - عقمه - عقر.

STERNUM, s. m., os du devant de la poitrine, قص.

STERNUTATOIRE, adj. et subst., qui fait éternuer, سعوط - معطس.

STIBIÉ, adj., de l'antimoine, مستخرج من جر الراسخت.

STIGMATES, s. m. pl., marques des plaies sur le corps, علامات - اثار جروح.

STIGMATISER, v. a., marquer avec un fer chaud, علم عليه بكى I. كوى.

STIMULANT, adj. et subst., qui a la vertu d'exciter, de réveiller, محكك.

Stimulant, s., au fig., ce qui stimule, excite, شى يحمى.

STIMULER, v. a., aiguillonner quelqu'un, l'exciter, حمى - نحى - O. حك - رغب. Stimuler l'appétit, حرك الاشتها.

STIPENDIAIRE, adj. m., qui est à la solde d'un autre, مكرى.

STIPENDIER, v. act., payer, gager quelqu'un, استكرى - I. كرى.

STIPULANT, E, adj., qui stipule, شارط.

STIPULATION, s. f., clause, convention, شرط; plur., شروط.

STIPULER, v. a., demander, exiger, faire promettre en contractant, شرط O.

STOÏCIEN, s. m., de la secte de Zénon, زنونى - من اهل الاسطوانة.

Stoïcien, au fig., homme ferme, vertueux et sévère, صاحب عزم.

STOÏCISME, s. m., doctrine, philosophie de Zénon, مذهب اهل الاسطوانة - فلسفة زنون.

Stoïcisme, fermeté, austérité, عزم.

STOÏQUE, adj. com., qui tient du stoïcisme, شديد. Courage stoïque, عزم شديد.

STOÏQUEMENT, adv., avec fermeté, بعزم.

STOMACAL, E, adj., bon pour l'estomac, نافع للمعدة.

STOMACHIQUE, adj. com., qui appartient à l'estomac, معدى.

Stomachique, bon pour l'estomac, نافع للمعدة. Pilules stomachiques, حب المعدة.

STORAX, STYRAX, s. m., arbre; sa résine, ميعة - اصطرك.

STORE, s. m., espèce de rideau, ستر; pl., ستور.

STRABISME, s. m., situation vicieuse du globe de l'œil, احولال - قلب العين.

STRAMONIUM, s. m., plante nommée aussi Pomme épineuse, ou Noix mételle, جوز - طاطمة - ماثل.

STRANGURIE, s. f., envie fréquente et involontaire d'uriner, سيلان البول.

STRAPONTIN, subst. masc., petit siége, كرسي صغير.

STRAS, s. m., composition qui imite le diamant, الماس مصنّع.

STRASSE, s. f., bourre ou rebut de la soie, كشكت.

STRATAGÈME, subst. masc., ruse de guerre, كيد ـ حيلة, pl., حيل; pl., مكايد ـ مكيدة ـ الحرب.

*Stratagème*, au fig., finesse, tromperie, حيلة; plur. مكربات ـ مكر ـ كيد ـ خيل.

STRATÉGIE, s. f., science des mouvements d'une armée, علم سير الجيوش فى الحرب.

STRATIFICATION, s. f., arrangement par couches de substances dans un vase, رصّ.

STRATIFIER, v. a., t. de chimie, arranger par couches dans un vase, رصّ O.

STRICT, E, adj., au fig., rigoureux, مدقّق.

STRICTEMENT, adv., d'une manière stricte, بالتدقيق.

STRIES, s. f. plur., filets, lignes, خطوط.

STROPHE, s. f., couplet, stance d'une ode, دور; plur., أدوار.

STRUCTURE, s. f., manière dont un édifice est bâti, بنا.

*Structure*, manière dont un corps animal est composé; arrangement de ses parties, des parties d'un discours, تركيب.

*Structure*, au fig., ordre, تركيب ـ نظام.

STUC, s. m., composé de chaux et de marbre pulvérisé, خافقى.

STUDIEUSEMENT, adv., avec soin, بحرس ـ برغبه.

STUDIEUX, SE, adj., qui aime l'étude, qui s'y applique, متقيّد فى الدرس ـ مطالع.

STUPÉFACTIF, adj., qui engourdit, ôte le sentiment (remède), مخدّل.

STUPÉFACTION, s. f., engourdissement des parties, انخدال.

*Stupéfaction*, au fig., étonnement extraordinaire, extatique, اندهال ـ حيرة ـ دهو.

STUPÉFAIT, E, adj., étonné, interdit et immobile, حاير ـ باهت ـ مدهوش ـ مدهول. Rester stupéfait, اندهل ـ اندهش A. ـ بهت.

STUPÉFIANT, E, adj., qui stupéfie, مدهل ـ مدهش.

STUPÉFIER, v. a., engourdir, خدل I.

*Stupéfier*, au fig., étonner, rendre immobile, حيّر ـ ادهش ـ ادهل I. ـ دهل I. ـ دهى O. اخذ العقل.

STUPEUR, s. f., au fig., étonnement, immobilité de la douleur, حيرة ـ اندهال ـ دهشة.

*Stupeur*, engourdissement, suspension du sentiment et du mouvement, انخدال ـ اندهال.

STUPIDE, adj. com., hébété, بليد.

STUPIDEMENT, adv., d'une manière stupide, ببلادة.

STUPIDITÉ, s. f., pesanteur d'esprit, بلادة ـ تخانة عقل.

STYGMATES. *Voyez* STIGMATES.

STYLE, s. m., poinçon, aiguille pour écrire, قلم ـ مرقم.

*Style* d'un cadran solaire, ميل.

*Style*, au fig., manière d'écrire, de composer, de parler, نفس الانسان فى التأليف ـ نصّ ـ كلام ـ نظم ـ عبارة ـ قلم ـ مسطرة. Échantillon de son style, قلم عبارته. || Son style est éloquent, عبارته بليغ.

*Style*, manière de compter le temps, حساب التواريخ.

STYLER, v. a. fam., former, dresser, habituer, علّم ـ وذّك.

STYLET, s. m., sorte de petit poignard, خنجر; plur. خناجر.

STYPTIQUE, adj. et s., مقبض ـ قابض.

Su, s. m., connaissance de quelque chose, علم - معرفة. Au vu et au su de, بنظر و علم.

Suaire, s. m., linceul dans lequel on ensevelit un mort, كفن; pl., اكفان. Le saint Suaire, الكفن المقدس.

Suant, e, adj., qui sue, عرقان.

Suave, adj. com., d'un goût, d'une douceur, d'une odeur agréable, زكى - حلو - لذيذ.

Suavité, s. f., qualité de ce qui est suave; douceur, agrément, حلاوة - زكاوة - لذة.

Subalterne, adj. com., subordonné, inférieur, تحتانى.

Subdélégation, s. f., action de subdéléguer, توكيل - وكالة.

Subdélégué, s. m., qui a une subdélégation, وكيل; plur., وكلا.

Subdéléguer, v. a., commettre avec pouvoir d'agir, de négocier, etc., وكل.

Subdiviser, v. a., diviser une partie en plusieurs parties, قسم - جزى.

Subdivision, s. f., division des parties, تجزية - قسم; plur., اقسام.

Subir, v. a., être assujetti à, قاسى. Subir la peine de son crime, استوفى جزاه - اخذ جزاه. ‖ Chacun subit sa destinée, كل انسان يستوفى ما كتب على جبينه. ‖ Vous en subissez les conséquences, لزمتك عاقبته.

Subir l'examen, انفحص. Subir la question, قاسى العذاب - تعذب.

Subir, supporter, endurer, احتمل.

Subir, se soumettre à, قبل - طاع A. - رضى ب A.

Subit, e, adj., prompt, soudain, فجا - بغتة. Mort subite, موت فجا.

Subitement, adv., soudainement, فجا - بغتة. Mourir subitement, مات فجا.

Subjectif, ive, adj., t. de grammaire, qui appartient au sujet de la phrase, يخص الفاعل - ابتدايى.

La voix subjective, l'actif, صيغة المعلوم.

Subjection, s. f., figure de rhétorique par laquelle on s'interroge et on se répond à soi-même, مخاطبة الانسان نفسه.

Subjonctif, s. m., mode personnel de la conjugaison des verbes, ابنا الفعل للنصب - نصب.

Subjuguer, v. a., réduire en sujétion par la force des armes, قهر A. - سخر.

Subjuguer, prendre le dessus sur; prendre de l'empire, de l'ascendant sur quelqu'un, تسلط على - استولى على.

Sublimation, s. f., volatilisation, تصعيد.

Sublime, adj. com., grand, élevé, excellent, سنى - رفيع - عالى - عظيم.

Sublime, s. m., ce qu'il y a de plus élevé dans le style, اعجاز.

Sublimé, s. m., préparation de mercure, زيبق مصعد. Sublimé corrosif, اكال - زيبق مصعد سليمانى.

Sublimer, v. a., élever les parties volatiles par le moyen du feu, صعد.

Sublimité, s. f., qualité de ce qui est sublime, ارتفاع - علو.

Sublingual, e, adj., placé sous la langue, تحت اللسان.

Sublunaire, adj. com., qui est entre la terre et la lune; qui est sur la terre, dans l'air, على الارض بين الارض و القمر - فى الجو.

Submerger, v. a., couvrir d'eau, noyer, غرق. Être submergé, غرق A.

Submersion, subst. fém., grande inondation, غرقة.

Subordination, s. f., ordre entre les personnes dépendantes les unes des autres; dépendance, obéissance, طاعة - تبع - تبعية.

Subordonnément, adverbe, en sous-ordre, على التبع.

Subordonner, v. a., établir un ordre de dépendance de l'inférieur au supérieur, جعله تحت A. حكم جعله تبعًا ل. Subordonné à, sous l'autorité de, تحت حكم - تحت يد. ‖ Subordonné à, dépendant de (en parlant des choses), تبـع - متعلق ب.

SUBORNATION, s. f., séduction avec de l'argent, تبرطل - برطلة.

SUBORNER, v. a., séduire avec de l'argent, etc., برطل.

Suborner, porter à une action contre le devoir, افسد I. - عكس.

SUBORNEUR, SE, s., qui suborne, مبرطل - مفسد.

SUBRÉCARGUE, s. m., fondé de pouvoir d'un armateur, qui veille sur la cargaison, وكيل ; plur., وكلا.

SUBRÉCOT, s. m., surplus de l'écot, زيادة.

SUBREPTICE, adj. (chose), obtenue par surprise, محصّل بالكذب على الحاكم - مختلس.

SUBREPTICEMENT, adv., d'une manière subreptice, بالكذب باختلاس.

SUBREPTION, s. f., surprise faite à un juge, etc., كذب - موالسة.

SUBROGATION, s. f., acte par lequel on subroge, انابة - اقامة احد مقام غيره.

SUBROGER, v. a., substituer, mettre à la place de quelqu'un, جعل, اقام احدًا مقام غيره - اناب احدًا عن. Il a été subrogé en mon lieu et place pour toucher, ناب عني في قبض.

SUBSÉQUEMMENT, adv., ensuite, après, بعده.

SUBSÉQUENT, E, adject., qui vient après, آتى بعد.

SUBSIDE, subst. masc., impôt, تكليف ; plur., تكاليف.

Subside, secours d'argent, عونة.

SUBSIDIAIRE, adject. com., term. de pratique, qui fortifie le principal, qui vient à l'appui, مساعد.

Hypothèque subsidiaire, seconde hypothèque à défaut de la première, رهن ثاني يتمسك به صاحب الدين ان تلف الرهن الاول.

Demande subsidiaire, seconde demande faite pour le cas où la première ne serait pas accordée, طلبة ثانية يطلبها احد احتيالًا ان لا يجيبوه الى طلبه الاول.

SUBSIDIAIREMENT, adv., d'une manière subsidiaire, ان لم يصح له الاول - للمساعدة.

SUBSISTANCE, s. f., nourriture et entretien, عيشة - معيشة.

Subsistances, au pl., vivres, زاد - مؤونة - مونة - معاش.

SUBSISTER, v. n., exister encore, continuer d'être, بقي A. - وجد A. Il subsiste encore, الى الان موجود باقي على حاله.

Subsister, vivre et s'entretenir, عاش I. - تقوّت.

SUBSTANCE, s. f., être qui existe par lui-même, matière, عين ; plur., عيون - ذات ; pl., ذوات - جوهر ; plur., جواهر.

Substance, ce qui est nécessaire à la subsistance du peuple, قوت.

Substance, ce qu'il y a de plus essentiel dans un discours, etc., زبد. Dites-nous-en la substance, احكي الزبد.

EN SUBSTANCE, adv., en gros, sommairement, بالاجمال.

SUBSTANTIEL, E, adj., où il y a beaucoup de substance, جوهري.

Substantiel, nourrissant, مشبع - مغذي.

SUBSTANTIELLEMENT, adv., quant à la substance, جوهريًا.

SUBSTANTIF, s. m., terme de grammaire, mot qui signifie une substance réelle ou abstraite, اسم منعوت - اسم موصوف.

SUBSTANTIVEMENT, adv., en manière de substantif, في محل الاسم الموصوف.

**Substituer**, v. a., mettre à la place de, حط O. جعل عوض A.

*Substituer*, appeler quelqu'un à une succession après un autre héritier, ou à son défaut, حوّل اوصى لاحد بشى بعد وارث اخر اوعوضه ـ ماله الى.

**Substitut**, s. m., officier de judicature, suppléant, adjoint, نايب ; plur., نوّاب.

**Substitution**, s. f., action de substituer ses biens, ابدال ـ تحويل.

**Subterfuge**, s. m., ruse pour s'échapper, échappatoire, حجّة ـ زيغة ; plur., حيلة ـ حجج ; pl., مخلاص ـ حيل.

**Subtil, e**, adj., délié, fin, ناعم ـ رفيع ـ لطيف. ‖ Pensée Esprit subtil, عقل ذكى ـ عقل رفيع. subtile, معنى دقيق.

*Subtil*, au fig., adroit, شاطر ـ رفيع.

*Subtil*, qui pénètre promptement, خارق.

**Subtilement**, adv., avec subtilité, بشطارة ـ بمكر ـ بلطافة.

**Subtilisation**, s. f., action de subtiliser les liquides par le feu, تكرير.

**Subtiliser**, v. a., rendre subtil, délié, رفع ـ ركّك الاخلاط. Subtiliser les humeurs, لطّف ـ نعّم.

*Subtiliser*, verbe actif, tromper subtilement, غبن I. ـ غلب O. غش ـ تحارف على.

*Subtiliser*, v. n., raffiner, chercher trop de finesse, دقّق.

**Subtilité**, s. f., qualité de ce qui est subtil, لطافة ـ رفاعة ـ نعومية. ‖ Subtilité de main, شطارة اليد ـ خفّة اليد ‖ Subtilité de l'esprit, ذكا العقل.

*Subtilité*, tour de finesse, ruse, حيلة ; plur., مكريات. Des subtilités, des ruses, مكر ـ حيل.

*Subtilités*, raffinements, finesses recherchées, دقايق.

**Subvenir** à, v. n., secourir, soulager, ساعد.

*Subvenir*, pourvoir, suffire à, قام ب O. ـ دارك.

**Subvention**, s. f., secours d'argent, سعفة.

**Subversif, ive**, adj., qui détruit, renverse, يخرب ـ يقلب.

**Subversion**, s. f., renversement d'un État, انقلاب.

**Subvertir**, v. a., au fig., renverser, قلب I. خرب I.

**Suc**, s. m., liqueur exprimée des corps, عصير ـ ما ـ عصارة.

*Sucs*, certaines liqueurs qui se trouvent dans les corps, لعاب ـ ماء ; plur., مياه.

*Suc*, ce qu'il y a de plus substantiel dans une viande, دسم.

*Suc*, ce qu'il y a de plus substantiel dans un livre, زبد.

**Succéder** à, v. n., prendre la place de, خلف I. ـ عقب O. Se succéder l'un à l'autre, تعاقبوا ‖ Succéder à un roi, succéder à un royaume, ملك بعد I.

*Succéder* à, hériter de, ورث ـ اخذ ـ اكل الميرات.

**Succès**, s. m., heureuse issue d'une affaire, d'une entreprise, عاقبة خير ـ خير عاقبة ـ نجاح.

*Succès*, issue heureuse ou malheureuse, عاقبة. Mauvais succès, سوء عاقبة.

**Successeur**, s. m., celui qui succède à un autre, خليفة ـ اخلاف ; plur., خلف ; plur., خلف.

**Successif, ive**, adj., qui succède sans interruption, متتابع ـ متعاقب ـ متوالى.

**Succession**, s. f., hérédité, bien d'un défunt, ميراث ـ وراثة.

*Succession*, suite de personnes qui se sont succédé, توالى.

Par *succession* de temps, بمرور الزمان.

**Successivement**, adverbe, l'un après l'autre, متعاقبا ـ على التوالى ـ الواحد بعد الاخر ـ ورا بعضه.

**Succin**, s. m., ambre jaune, كهربا ـ كارم.

**Succinct, e**, adj., court, bref, موجز.

SUCCINCTEMENT, adv., en peu de mots, بِإِيجَازٍ - بِالِاخْتِصَارِ.

SUCCION, s. f., action de sucer, مَصّ.

SUCCOMBER, v. n., fléchir sous le fardeau que l'on porte, وَقَعَ تَحْتَ حِمْلٍ A.

*Succomber* à la tentation, se laisser vaincre, اِنْغَرَّ - وَقَعَ A.

*Succomber*, avoir du désavantage, خَسِرَ A. - عَجِزَ I.

SUCCUBE, s. m., démon qui jouit de l'homme sous la figure d'une femme; cauchemar avec pollution, احْتِلَام.

SUCCULENT, E, adj., qui a beaucoup de suc; fort nourrissant, دَسِم.

SUCCURSALE, adj. f., se dit d'un petit établissement fait pour aider au plus grand, تَابِع.

SUCEMENT, s. m., action de sucer, مَصّ.

SUCER, v. a., attirer une liqueur, etc., avec les lèvres, مَصّ O. - اِرْتَضَعَ.

SUCEUR, s. m., qui suce les plaies pour les guérir, مَصَّاص جُرُوح.

SUÇOIR, s. m., ce qui sert à sucer, مَصّ.

SUÇON, s. m., marque, élevure faite à la peau en la suçant, مَوْضِع مَصّ.

SUÇOTER, v. a. fam., sucer peu à peu et à diverses reprises, مَصْمَص.

SUCRE, s. m., suc sec, cristallisé, de canne, de raisin, etc., سُكَّر. Sucre en poudre, سُكَّر هَشّ - سُكَّر نَاعِم. ‖ Sucre en pain, أَبْلُوج. ‖ Pain de sucre, أَبْلُوج - قَالَب سُكَّر. ‖ Sucre candi, سُكَّر نَبَات - قَنْد نَبَات.

SUCRÉ, E, adj., où il y a du sucre, qui en a le goût, بِسُكَّر - فِيهِ سُكَّر - حَالُو - سُكَّرِي.

Faire la *sucrée*, تَحَالَى.

SUCRER, v. a., mettre du sucre, assaisonner avec du sucre, رَشّ عَلَيْهِ سُكَّر - حَلَّى بِالسُّكَّر O.

SUCRERIE, s. f., lieu où l'on recueille, prépare, raffine le sucre, مَعْمَل سُكَّر - سُكَّرِيَّة.

*Sucreries*, au plur., choses sucrées, dragées, confitures, سَكَاكِر - حَلَاوِيَات.

SUCRIER, s. m., vase où l'on met le sucre, سُكَّرِيَّة.

SUD, s. m., le Midi, الجَنُوب - القِبْلَة. Vent du sud, جَنُوبِي - قِبْلِي - شِيلِي (Barb.).

SUD-EST, s. m., partie du monde entre le sud et l'est, جَنُوب وَشَرْقِي. Vent de sud-est, قِبْلِي شَرْقِي - شَلُوك.

SUD-OUEST, s. m., partie du monde entre le sud et l'ouest, جَنُوب وَغَرْب. Vent de sud-ouest, لَبْش - قِبْلِي غَرْبِي.

SUDORIFIQUE, adj. com., qui provoque la sueur (remède), دَوَا مُعَرِّق.

SUÈDE, s. f., royaume du Nord, مَمْلَكَة السُّوِيد - بِلَاد السُّوِيد.

SUÉDOIS, adj., de Suède, مِنْ بِلَاد السُّوِيد.

SUÉE, s. f., (très-bas) inquiétude, crainte, عَرْقَة.

SUER, v. n., rendre une humeur liquide par les pores, عَرِقَ A.

*Suer*, travailler, se donner de la peine, تَعِبَ A. Vous nous avez bien fait suer, اَكْنَاهَا مَشْبَعَة. ‖ Suer sang et eau, تَعِب كَثِير - كَرَامْتَكُم.

SUEUR, s. f., humeur qui sort par les pores, عَرَق. En sueur, عَرْقَان. ‖ Être trempé, baigné de sueur, خَاص فِي عَرْقَه. ‖ C'est mon bien gagné à la sueur de mon front, هَذَا مَالِي عَرَق جَبِينِي.

SUFFIRE, v. n., pourvoir à; avoir la quantité, les qualités nécessaires pour, قَضَى - كَفَى I. كَفَى - هَذَا يَكْفِينِي; aor., يَرْضَى; أَرْضَى (Barb.). Cela me suffit, يَكْفِي. ‖ هَذَا يَقْضِينِي. Cela suffit, c'est assez, بَرَكَة - حَاجَة - بَسّ.

SUFFISAMMENT, adv., assez, عَلَى قَدْرِ الكِفَايَة - كَافِيًا.

SUFFISANCE, s. f. fam., ce qui suffit, ce qui est assez, قَدْرِ الكِفَايَة - كِفَايَة.

*Suffisance*, vanité présomption, عُجُب بِرَايه - دَعْو.

A *suffisance*, adv., suffisamment, كِفَايَة.

**Suffisant, e**, adj., qui suffit, كافٍ. Il ne trouva pas le salaire suffisant, اِستَقلّ الاجرةَ.

*Suffisant*, présomptueux, مُعجَب بنفسِه – مُدَّعٍ.

**Suffocant, e**, adj., qui suffoque, مُفطِس.

**Suffocation**, s. f., étouffement, difficulté de respirer, خنق – فطس.

**Suffoquer**, v. a., faire perdre la respiration, étouffer, غَمَّ القَلبَ. I. – خنق – فَطَس – عَبَقَ القلب (en parlant d'odeurs). Les pleurs le suffoquèrent, خنَقَتهُ الدموعُ.

*Suffoquer*, v. n., فطس A. I. – اختَنَقَ.

**Suffragant**, s. m., se dit d'un évêque par rapport à son métropolitain, اُسقفٌ تابع مطرانه.

**Suffrage**, s. m., déclaration de sa volonté, de son choix dans une délibération, رأي; plur., آراء; صوت; plur., أصوات.

*Suffrage*, approbation, رضا. Son éloquence enleva tous les suffrages, فوقع التلقّى بالقبول من الخاصّ والعامّ لحسن بلاغته.

**Suggérer**, v. a., inspirer, mettre dans l'esprit de quelqu'un, حدَّث احدًا ب. Suggérer (en bonne part), الهمَه الشيَّ – وسوس (en mauvaise part), اليهَ ب. || Suggérer à quelqu'un un bon conseil, اشار عليه بشور حسن. || Suggérer un expédient, علّمه طريقةً.

**Suggestion**, s. f., instigation, persuasion en mal, اغواء – وسواس – وسوسة.

**Suicide**, s. m., action de se tuer, قتل الانسان نفسه.

*Suicide*, celui qui se tue lui-même, قاتل نفسِه.

**Suie**, s. f., matière noire et épaisse que la fumée laisse en son passage, شختار – هباب.

**Suif**, s. m., graisse fondue pour faire de la chandelle, شحم، دهن لعمل الشمع.

**Suint**, s. m., humeur qui sort des corps des animaux, دهن الجلد.

**Suintement**, s. m., action de suinter, رشح.

**Suinter**, v. n., sortir presque ostensiblement, laisser couler, رشح A. Il ne suinte du vase que la liqueur qu'il contient, ما يرشح الكوز الّا بما فيه.

**Suisse**, subst. f., république d'Europe, مشيخة السويس.

**Suisse**, subst. m., portier d'une grande maison, بوّاب.

**Suite**, s. f., ceux qui suivent, qui accompagnent, qui vont après ou avec quelqu'un, جماعة.

*Suite*, ceux qui dépendent de quelqu'un, توابع – اتباع.

*Suite*, train de domestiques, خدم وحشم.

*Suite*, ce qui suit, ce qui vient après, تبعيّة. Dans la suite, فيما بعد – ما بعد.

*Suite*, continuation d'un ouvrage, تتمّة.

*Suite*, effet d'un événement, صادر – عاقبة; pl., عواقب. Je crains les suites de cette affaire, اخاف من عاقبة هذا الامر. Cela peut avoir des suites, يمكن ينتج منه سوء.

*Suite*, ordre, liaison, enchaînement de choses arrivées l'une après l'autre, ou rangées par ordre, سلسلة – ترتيب – سلك – انتظام – نظام.

*De suite*, adv., l'un après l'autre, sans discontinuation, على التوالي – على بعضهم – ورا بعضه. Trois jours de suite, ثلاثة ايام متواليات – متواليًا – ثلاثة ايام على بعضهم.

*Tout de suite*, aussitôt, sans délai, في الحال – حالًا.

*A la suite de*, dans le cortège de, في كبكبة.

*A la suite de*, après, بعد.

**Suivant**, prépos., selon, à proportion, على حسب – استحقاقه. Suivant son mérite, تبع – حسب. || C'est suivant ce qu'il me dira, تبع ما يقول لي.

**Suivant**, adj., qui suit, qui accompagne, تابع; plur., اتباع.

*Suivant*, qui vient après, الآتي بعد. Le jour suivant il partit, وثاني يوم سافر. || Le mois suivant, وفي الشهر التالي له.

## SUJ — SUP

SUIVANTE, s. f., خدّامة.

SUIVI, E, adj., qui attire beaucoup de monde, مزحوم.

Suivi, où il y a de l'ordre, de la liaison, منظوم.

SUIVRE, v. a., aller, être, courir après, accompagner, se conformer à, se laisser aller à, تبع. A Suivre de loin, تبع من بعيد. ‖ Suivre à la piste, تبع أثره. ‖ Suivre les traces de, تبعهم على الآثار. ‖ Suivre sa passion, نبع هوى النفس. ‖ اقتفى أثره. ‖ Suivre son naturel, اعطى النفس هواها. ‖ Suivre une doctrine, مشى على مقتضى طبعه. ‖ Suivre les ordres, une opinion, تبع مذهب. ‖ Suivre un chemin, سلك طريق O. ‖ امتثل امره. ‖ Suivre une affaire, la poursuivre, سعى فى قضا. سعى فى اتمام الامر – عمل همة فى الامر – الامر.

Suivre, venir après, تلا O. – تبع A.

Suivre, épier, observer, ترقب – تتبع.

Suivre (un cours d'enseignement), حضر A. – واظب على الحضور.

Se suivre, v. récipr., تتابع. Les feuillets ne se suivent point, هذه الاوراق ما هن متتابعات – متطابقات.

SUJET, s. m., cause; motif, سبب – موجب. Sans sujet, بلا سبب.

Sujet, objet d'une science, matière sur laquelle on compose, on écrit, on parle, موضوع. Il sort du sujet, يتباعد عن المقصود.

A votre sujet, sur vous, فى حقكك – فى شانكك.

A ce sujet, à ce propos, فى هذا الشان – فى هذا الباب.

Sujet, personne sous le rapport du mérite, انسان. Mauvais sujet, معتّر. ‖ Les mauvais sujets et les honnêtes gens, الاشقيا واهل العرض.

Sujet, t. de logique, la partie principale d'une proposition, موضوع – محمول عليه.

Sujet, t. de grammaire, مسند اليه – مبتدا.

SUJET, TE, adj. et subst., soumis à une autorité souveraine, رعية; plur., رعايا. Le roi et ses sujets, الملك ورعيته.

Sujet, subordonné, obligé d'obéir, تحت حكم – قياده فى يد.

Sujet, obligé à supporter quelque charge, عليه تكليف.

Tous les hommes sont sujets à la mort, كل نفس ذائقة الموت.

Sujet à, accoutumé à, من عادته ان.

Sujet à un mal, مبتلى بمرض.

Sujet, exposé souvent à tel inconvénient, محلّ – متسلط عليه. L'homme est sujet à l'oubli, الانسان محل النسيان.

SUJÉTION, s. f., assujettissement, assiduité gênante, تعب – عنف.

SULFATE, s. m., زاج – توتيا.

SULFUREUX, SE, adj., de la nature du soufre, كبريتى.

SULFURIQUE, adj. (acide), روح الكبريت.

SULTAN, s. m., empereur des Turcs, سلطان; pl., سلاطين.

SULTANE, s. f., femme d'un souverain en Orient, سلطانة.

SUMAC, s. m., arbrisseau, سمّاق.

SUPERBE, adject. com., orgueilleux, arrogant, متكبر – متمرّد.

Superbe, très-beau, magnifique, مفتخر – فاخر – مكلف – عظيم.

SUPERBE, s. f., orgueil, كبريا.

SUPERBEMENT, adv., orgueilleusement, بتمرّد.

Superbement, magnifiquement, بفخرة.

SUPERCHERIE, s. f., tromperie avec finesse, دناسة – مكر – حيلة.

SUPERFÉTATION, subst. f., conception d'un fœtus quand il y en a déjà un de formé dans le sein de la mère, حبل الامراة مع وجود جنين فى احشاها.

Superfétation, redondance, inutilité, شى زايد.

Superficie, subst. f., surface, longueur, largeur sans profondeur, وجه - ظاهر - سطح.

Il n'en connaît que la *superficie*, il n'en a qu'une légère connaissance, ما له بذلك الّا معرفة واهية. يعرف من الجهل اذنه ما يعرف الا الظاهر.

Superficiel, le, adj., qui ne s'arrête qu'à la superficie ; léger, qui n'approfondit pas, ظاهري - خفيف.

Superficiellement, adv., d'une manière superficielle, بخفة.

Superfin, adj., très-fin, عال - مفتخر.

Superflu, e, adj., inutile, qui est de trop, زايد. Le superflu, الفاضل عن الحاجة.

Superfluité, s. f., abondance vicieuse ; ce qui est superflu, زيادة - فوضلة.

Supérieur, e, adject., qui est au-dessus; plus élevé, فوقاني - اعلى.

Esprit *supérieur*, عقل رفيع.

*Supérieur* en nombre, اكثر منهم عددًا. *Supérieur* en connaissances, اكثر منه علمًا.

*Supérieur*, qui est le premier, qui a l'autorité, كبير ; pl., رئيس - كبار ; pl., روسا.

*Supérieur*, qui a l'autorité dans un couvent, رئيس.

Supérieurement, adverb., d'une manière supérieure, احسن ما يكون.

Supériorité, s. f., autorité, رياسه.

*Supériorité*, prééminence, تقدّم - فضل.

*Supériorité*, excellence au-dessus des autres, en science, etc., كون احد اكثر من غيره علمًا. تقدّم فى العلم.

Superlatif, adject., term. de grammaire, اسم التفضيل.

Superstitieusement, adv., d'une manière superstitieuse, باعتقاد باطل - بوسوسة.

Superstitieux, se, adj., qui a de la superstition, مولع بالاعتقادات الباطلة - موسوس.

*Superstitieux*, où il y a de la superstition, باطل.

Superstition, s. f., fausse idée de certaines pratiques religieuses, وسوسة ; plur., وساوس. ظن فاسد - اعتقاد باطل.

Supplanter, v. a., faire perdre à quelqu'un sa place, lui succéder, خلع واحد من محلّ A.

Suppléant, s. m., nommer pour suppléer quelqu'un dans une fonction, مساعد - نايب ; plur., نواب.

Suppléer, v. a., ajouter ce qui manque, كمّل.

*Suppléer*, ajouter ce qu'il y a de sous-entendu, قدّر.

*Suppléer*, remplacer, ناب عن احد O.

*Suppléer* ce qui manque, remplir les lacunes, سدّ الخلل O.

*Suppléer*, v. n., réparer le manquement, le défaut de quelque chose, كان عوض - داوى النقصان O. قام مقام - O. سدّ - O.

Supplément, s. m., ce qui supplée, ce qu'on donne pour suppléer ; ce qui complète, كمالة. *Supplément* d'un livre, كمالة - ذيل.

Suppliant, e, adj., qui supplie, مترجى - متضرّع.

Supplication, s. f., humble prière, تضرّع - ابتهال.

Supplice, s. m., punition corporelle ordonnée par la justice ; au fig., douleur, peine violente, etc., عذاب. Le dernier supplice, القتل.

Supplicier, v. a., faire souffrir le supplice de la mort, قتل O.

Supplier, v. a., prier avec instance, soumission, ابتهل الى - تضرّع الى. Je vous en supplie, دخلك - انا فى حسبك - انا واقع فى عرضك - انا فى طولك - يا الله يا انت.

Supplique, s. f., requête pour demander une grâce, عرض حال.

Support, s. m., ce qui soutient une chose, ce sur quoi elle porte, مسند - حامل - حمّال.

*Support*, au fig., appui, soutien, ظهر - مساعد

SUPPORTABLE, adj. com., qu'on peut souffrir, supporter, يطاق.

*Supportable*, qu'on peut tolérer, excuser, يحتمل.

SUPPORTER, v. a., porter, soutenir, حمل I.

*Supporter*, endurer, tolérer, souffrir avec patience, صبر على O. – احتمل I. – طاق.

SUPPOSÉ QUE, adv., posez le cas que, فرضنا ان – نفرض ان.

SUPPOSER, v. a., poser une chose pour établie, pour reçue, afin d'en tirer une induction, قدّر ان A. – عمل قياس A. – جعل A. فرض ان A. Cela étant supposé, بناء على ذلك – وعلى هذا القياس.
Supposons que, فرضنا ان.

*Supposer*, mettre en avant, alléguer comme vrai ce qui est faux, ذكر اورد بالكذب O.

*Supposer*, produire une pièce fausse, زوّر. Lettre supposée, كتاب مزوّر عن لسان احد.

*Supposer*, vouloir faire reconnaître un enfant pour fils de ceux dont il n'est pas né, احضر ولدا و نسبه بالكذب الى غير والديه.

SUPPOSITION, s. f., proposition mise en avant comme vraie pour en tirer une induction, قياس ; plur., تقدير – فرض – قياسات.

*Supposition*, fausse allégation, موضوع كاذب – ايراد كاذب.

*Supposition*, production d'une pièce fausse, تصنيفة – تقديم كتاب مزوّر.

*Supposition*, action de supposer un enfant, نسب ولد بالكذب الى غير والديه.

SUPPOSITOIRE, s. m., sorte de médicament externe placé dans le fondement ou dans le vagin pour différents motifs, شاف – صوفة, pl. شياف.

SUPPÔT, s. m., fauteur et partisan ; agent pour le mal, مساعد – تابع, plur. اتباع. Suppôt de Satan, خادم الشيطان.

SUPPRESSION, s. f., action d'empêcher de paraître, ou d'avoir cours, ابطال – منع.

*Suppression*, action de passer sous silence, سكوت عن – شيء – فوات.

*Suppression* d'un acte, action de le celer ou de le détruire, ابطال كتاب – اخفا كتاب.

*Suppression* d'une loi, ابطال شريعة.

*Suppression* d'appointements, قطع علوفة.

*Suppression*, défaut d'évacuation, انقطاع. Suppression d'urine, انقطاع البول.

SUPPRIMER, v. a., empêcher ou faire cesser de paraître, منع A.

*Supprimer*, taire, passer sous silence, سكت عن O.

*Supprimer*, abolir, annuler, ابطل.

*Supprimer*, retrancher, اخفى.

*Supprimer*, retrancher, قطع A.

SUPPURATIF, IVE, adj., qui fait suppurer, مسيل مجرى القيح.

SUPPURATION, s. f., formation, écoulement du pus, تقيّح. Venir à suppuration, اندمل.

SUPPURER, v. n., jeter du pus, دمى I. – تقيّح A. طلع منه قيح.

SUPPUTATION, s. f., calcul, حساب.

SUPPUTER, v. a., compter, calculer, حسب I.

SUPRÉMATIE, s. f., droit d'être chef d'une religion, رياسة – امامة.

SUPRÊME, adj. com., au-dessus de tout en son genre, اعظم – اعلى.

*Suprême*, qui termine le tout ; dernier, منتهى – اخر. Le suprême degré de perfection, منتهى الكمال – اقصى درجة الكمال – غاية الكمال.

SUR, prép., في – فوق – على. Sur la porte, على الباب. || Sur le toit, فوق السطح. || Sur un registre, في دفتر. || Sur ma foi, sur ma conscience, في ذمتي وديني – على ذمتي وديني. Sur-le-champ, في الحال. || Une pierre tomba sur lui, وقعت عليه حجرة. Sur toutes choses, فوق كل شي. || Sur le soir, عند المسا. || خصوصا.

SUR, E, adj., qui a un goût acide, aigrelet, حاذق – حامض.

# SUR

Sûr, e, adj., indubitable, vrai, حقيق - أكيد - موكد.

Sûr, inévitable, infaillible, لا بدّ منه - لا مفر منه - موكد. C'est de l'argent sûr, يصير من كل بد - هله بالعتب.

Sûr, qui produit son effet, مجرّب. C'est un moyen sûr d'obtenir ce que vous désirez, و بهل ‖ C'est le moyen le plus sûr, الطريقة تنال المقصود بلا شك. هذا الطريق الاسلم.

Sûr, ferme, قوى.

Sûr, solide, ماكن.

Sûr, où il n'y a rien à craindre, أمان. C'est la route la plus sûre, هذا الدرب الاسلم ‖ Les chemins sont sûrs, الطرق أمان.

Sûr, en qui, ou à qui on peut se fier, أمين.

Être sûr de quelque chose, أيقن بالشي - كان الشى محقق و موكد عنك.

Goût sûr, qui ne se trompe point, ذوق صحيح - ذوق سليم.

A coup sûr, immanquablement, من كل بد - بلا شك.

Le plus sûr est de, الاصلح ان - الاسلم ان.

SURABONDAMMENT, adv., plus que suffisamment, كافياً و زيادة.

SURABONDANCE, s. f., excessive abondance, كثرة - زيادة.

SURABONDANT, E, adj., qui surabonde, كثير - متكاثر.

Surabondant, superflu, زايد.

SURABONDER, v. n., être très-abondant, كثر A. - زاد I.

SURACHETER, v. a., acheter trop cher, اشترى غالى.

SURANNATION, s. f., t. de chancellerie (lettre de), pour renouveler un titre suranné, تجديد حجّة.

SURANNÉ, E, adj., vieux, عتيق ; plur., عتاق.

SURANNER, v. n., avoir plus d'un an de date, قدم A. O. - عتق O. A.

# SUR

SURBAISSÉ, E, adj., t. d'architecture (voûte, arcade), qui s'abaisse au milieu, قبّة او قنطرة وسطها منخفض.

SURBAISSEMENT, s. m., انخفاض وسط القبّة.

SURCHARGE, subst. f., surcroît de charge, زيادة حمل.

SURCHARGER, v. a., charger trop, ثقل الحمل على - حمّله حمل زايد.

Surcharger, imposer trop, كثّر عليهم التكاليف - حمّلهم تكاليف زايدة. I. ظلم.

Surchargé d'affaires, غارق في بحر الاشغال.

SURCROISSANCE, s. f., ce qui croît au corps par-dessus la nature, زيادة في البدن خارجة عن الطبيعة.

SURCROÎT, s. m., augmentation, زيادة - زود.

SURCROÎTRE, v. n., s'accroître au delà des bornes, زاد عن الحدّ I.

SURDENT, s. m., dent de surplus, سن زايد.

SURDITÉ, s. f., privation de l'ouïe, طرش - صمّ.

SURDORER, v. a., dorer solidement, doublement, طلى جيداً I.

SUREAU, s. m., arbrisseau plein de moelle, بلسان - خمان - سبوقة - سنبُق - بيلسان.

SÛREMENT, adv., avec sûreté, بامان - بلا خوف.

Sûrement, certainement, بتأكيد - بلا شك - من كل بدّ.

SURENCHÈRE, s. f., enchère au-dessus d'une autre, زاد على غيره I. Faire une surenchère, مزاد.

SURENCHÉRIR, v. n., زاد على غيره I.

SURÉROGATION, s. f., t. de mysticité, ce qui au delà des promesses, des obligations, تطوّع - نفلة زيادة على الواجب.

SURÉROGATOIRE, adj. com., au delà de ce qu'on doit, نافلة - زايد عن الواجب ; pl., نوافل.

SURET, TE, adj. fam., un peu acide, مزر - حامض.

SÛRETÉ, s. f., éloignement de tout danger; état

# SUR — SUR

de celui qui n'a rien à craindre, أمان - حفظ - . La défiance est la mère de la sûreté, من خاف - الاستخوان يولد الامان - امن وامان - صون - امنية. ‖ Lieu de sûreté, où il n'y a rien à craindre, أمان. ‖ Lieu de sûreté, prison, موضع أمان - حبس.

En *sûreté* de conscience, بسلامة الذمة.

*Sûreté*, caution, garantie, ضمانة.

SURFACE, s. f., superficie, extérieur, سطح; pl., سطوح - وجه - ظاهر. Surface plane, سطح متسوى. ‖ Surface convexe, سطح محدّب. ‖ Surface concave, سطح مقعّر. ‖ Surface de l'eau, وجه الماء.

SURFAIRE, v. a., demander trop de sa marchandise, طلب فى الشى ثمن غالى - غلّى. O.

SURFAIX, s. m., sangle par-dessus la selle, حزام فوقانى.

SURGEON, s. m., rejeton qui sort du pied de l'arbre, فرع طالع من ساق الشجرة.

SURGIR, v. n., arriver, وصل الى.

*Surgir*, s'élever, naître, تولّد - حدث. A.

SURHAUSSEMENT, s. m., action de surhausser, son effet, غلو زايد.

SURHAUSSER, v. n., mettre à plus haut prix ce qui était déjà cher, غلّى ثانى.

*Surhausser*, t. d'architecture, رفع - على. A.

SURHUMAIN, E, adj., au-dessus de l'humain, فوق حدّ البشر.

SURINTENDANCE, s. f., inspection au-dessus des autres, رياسة المباشرين.

SURINTENDANT, E, s., qui a une surintendance, امين الامنا - ريس المباشرين.

SURJET, s. m., espèce de couture, سراجة.

SURJETER, v. a., coudre en surjet, سرّج.

SURLENDEMAIN, s. m., le jour qui suit le lendemain, ثالث يوم.

SURMENER, v. a., excéder une monture par une marche forcée, اهلك - اتعب.

SURMONTÉ, E, adj., au-dessus duquel il y a une autre chose, عليه شى ما.

SURMONTER, v. a., monter au-dessus, ركب على. A. - علا. O. I.

*Surmonter*, au fig., surpasser, فاق. O.

*Surmonter*, vaincre, ظفر ب. A. - غلب على. I. - قهر. A.

SURNAGER, v. n., nager dessus, عام فوق. O. - طاف. O. - شاى. O.

*Surnager*, au fig., subsister après un désastre, etc., بقى. A. - نفذ. A.

SURNATUREL, LE, adj., au-dessus des forces de la nature, فوق الطبيعة.

*Surnaturel*, extraordinaire, عجيب.

SURNATURELLEMENT, adv., d'une manière surnaturelle, بنوع يفوق الطبيعة - بنوع عجيب.

SURNOM, s. m., nom après le nom propre, كنية - لقب; plur., القاب.

SURNOMMER, v. a., ajouter une épithète au nom propre, لقب ب.

SURNUMÉRAIRE, adj. com., au-dessus du nombre déterminé, زايد عن العدّية - فوق العدد.

SURPASSER, v. a., excéder, être plus élevé; au fig., être au-dessus de, فاق على. O. ‖ Cela surpasse ses forces, هذا فوق طاقته. ‖ Tu surpasses mille fois Hatem en générosité, فقت بالجود على الف حاتم.

Se *surpasser* soi-même, faire merveilles, فتك.

SURPAYER, v. a., acheter trop cher, اشترى غالى.

*Surpayer* quelqu'un, lui donner plus qu'il ne lui est dû, اعطاه زيادة على حقه.

SURPLIS, s. m., vêtement d'église en toile, قميص فوقانى - تونية.

SURPLUS, s. m., le reste, l'excédant, زود - زايد - باقى - فاضل.

Au *surplus*, adv., au reste, وغير ذلك.

SURPRENANT, E, adj., qui étonne, عجيب.

SURPRENDRE, v. a., prendre sur le fait, فأجى - وقع فيه - اشتاق عليه.

*Surprendre*, prendre au dépourvu, à l'improviste, كبس I. - كبس على I. - هجم على I.

*Surprendre*, prendre furtivement, سرق I. - مسك I.

*Surprendre*, abuser, induire en erreur, غشّ I.O. - رمى في الخطية, في الغلط I.

*Surprendre*, obtenir par fraude, حصّل بالمكر و الحيلة.

*Surprendre*, découvrir un secret, اشتقّ على سرّ - اطّلع I., كشف على سرّ -.

*Surprendre*, causer un saisissement, étonner, اخذ العقل - حيّر - ادهش.

SURPRIS, E, adj., étonné, etc., متحيّر - مدهوش - حيران -.

SURPRISE, s. f., action par laquelle on prend au dépourvu, كبسة.

*Surprise*, étonnement, حيرة - دهشة.

*Surprise*, trouble, دهشة - زوعة.

*Surprise*, erreur, غلط.

*Surprise*, tromperie, حيلة - غشّ - خيانة - خديعة.

SURSAUT, s. m., surprise lorsqu'on est éveillé brusquement, رجفة - صرع. S'éveiller en sursaut, انتبه برجفة - انصرع.

SURSÉANCE, s. f., délai, suspension d'une affaire, تأخير - مهلة.

SURSEOIR, v. a.; et SURSEOIR à, v. n., suspendre, différer une affaire, اخّر, ابقى دعوة الى غير وقت I.

SURSIS, s. m., délai, مهلة - تأخير -.

SURSIS, E, adj., différé, مبقى الى غير وقت - مؤخّر الى غير وقت.

SURTAXE, s. f., taxe trop forte, taxe ajoutée à d'autres, مطلوب زايد - زايد معلوم.

SURTAXER, v. a., taxer trop haut, زوّد المعلوم على O. طلب من احد زيادة عن الحقّ -

SURTOUT, adv., plus que toute autre chose, خصوصاً - بالاخصّ.

SURTOUT, s. m., habit de dessus, فوقانية.

SURVEILLANCE, s. f., action de surveiller, حراسة. Tromper la surveillance de quelqu'un, غافل - غفل.

SURVEILLANT, E, adj. et s., qui surveille, حرّاس, plur. ; حارس.

SURVEILLE, s. f., le jour qui précède la veille, قبل بيومين - عشية قبل.

SURVEILLER, v. a., être attentif à la conduite de quelqu'un, حرس - راقب I.

*Surveiller*, v. n., veiller à, دار باله على - وعى على A.

SURVENANCE, s. f., t. de pratique, arrivée imprévue, حدوث - ظهور.

SURVENANT, E, adj., qui survient, حادث I.

SURVENDRE, v. a., vendre trop cher, باع غالي I.

SURVENIR, v. n., arriver inopinément (chose), طرى A. - حدث A. Il m'est survenu une affaire et je suis retourné, حدث لي غرض فعاودت. Il survint une tempête, حكمتنا فرتنة. || *Survenir* (personne), جا على غفلة I.

SURVENTE, s. f., vente à un prix excessif, بيعة غالية.

SURVENU, E, adj., venu inopinément, الذي جا على غفلة.

SURVÊTIR, v. a., mettre un habillement par-dessus un autre, لبس فوق ملبوس.

SURVIDER, v. a., ôter en partie ce qui est dans un vaisseau trop plein, نقّص.

SURVIE, s. f., t. de palais, état de celui qui survit à un autre, عيشة بعد موت اخر.

SURVIVANCE, s. f., droit de succéder à quelqu'un dans sa charge après sa mort, تولية بعد موت اخر.

SURVIVANCIER, s. m., qui a la survivance d'une charge, متولّي بعد اخر.

SURVIVANT, E, adj., qui survit à un autre, باقي - عايش بعد اخر -.

SURVIVRE, v. n., demeurer en vie après un autre,

SUS — SYL

**Sus**, I., بقى عاش بعد موت اخر A. Survivre à son honneur, عاش بعد كسر عرضه.

**Sus**, prép., sur, على.

**En sus**, adv., par-delà, par-dessus, زيادة على ذلك.

**Susceptibilité**, s. f., disposition à se choquer trop aisément, نزق ‑ قلّة احتمال.

**Susceptible**, adj. com., qui peut recevoir telle qualité, telle modification, مستعدّ لقبول ‑ قابل ل ‑ يقبل.

*Susceptible*, qui s'offense trop aisément, لا يحتمل ‑ كثير الاخذ على خاطره ‑ نزق.

**Suscitation**, s. f., suggestion, instigation, تحريك ‑ اغوا ‑ تسليطة.

**Susciter**, v. a., faire naître, اظهر ‑ اقام. Dieu suscita contre eux N., سلط الله عليهم فلانا.

*Susciter*, faire naître, attirer, causer, جلب I. ‑ احدث. Il a suscité la guerre dans tout l'univers, اقام الحرب و الفتنة شرقا و غربا.

**Suscription**, s. f., adresse qu'on met à une lettre, عنوان ‑ علوان.

**Susdit, e**, adj., nommé ci-dessus, مذكور اعلاه.

**Suspect, e**, adj., soupçonné, qui mérite de l'être, مظنون فيه ‑ مستخون ‑ مشكوك فيه ‑ ذو شبهة. Vous suis-je suspect? تستشقلوني ‑ تستخونوني.

**Suspecter**, v. a., soupçonner, شك فى O. ‑ استخون.

**Suspendre**, v. a., élever en l'air pour laisser pendre à l'aide d'un lien, etc., علّق.

*Suspendre*, surseoir, différer pour quelque temps, اخّر، ابقى الى غير وقت ‑ وقف.

*Suspendre*, interdire, منع A.

**Suspens**, adj., interdit (prêtre), ممنوع.

**En suspens**, adv., en doute, en incertitude, فى الحيرة. Être en suspens, حار ‑ تحيّر I. || Mettre en suspens, حيّر. || L'affaire est en suspens, المادّة مؤخّرة الى غير وقت.

**Suspense**, s. f., terme de théologie, censure qui suspend, état d'un prêtre interdit, منع ‑ منعة.

**Suspensif, ive**, adj., qui suspend, arrête, موقف ‑ معوّق.

**Suspension**, s. f., surséance, cessation d'opérations pour un temps, تعويق ‑ توقيف ‑ تأخير.

*Suspension* d'armes, رفع سلاح.

*Suspension*, interdiction pour un temps, منع.

*Suspension*, fig. de rhétorique, pour tenir en suspens, تحيير.

**Suspensoire**, s. m., bandage pour prévenir les descentes, etc., حفاظ.

**Suspicion**, s. f., terme de pratique, soupçon, défiance, شك ‑ شبهة.

**Sustenter**, v. a., nourrir, قات O.

*Se sustenter*, v. pr., اقتات ب.

**Suture**, s. f., jointure des os du crâne dont les inégalités s'engrènent, درز; plur., دروز.

*Suture*, couture d'une plaie, خياطة.

**Suzerain**, adj. m., seigneur dont on tient un fief, سيّد ‑ صاحب التزام ‑ ملتزم.

**Suzeraineté**, s. f., qualité du suzerain, التزامية ‑ سيادة.

**Svelte**, adj., léger, délié, élégant, رقيق ‑ رقيق الخصر. Qui a la taille svelte, لطيف ‑ اهيف ‑ مهفهف.

**Sycomore**, s. m., arbre, جميز. Sorte de sycomore qui a de gros fruits, جميز الحمير.

**Sycophante**, s. m., fourbe, délateur, لعين ‑ عوانى.

**Syllabaire**, s. m., livre élémentaire pour apprendre à lire, كتاب الهجا.

**Syllabe**, s. f., voyelle seule ou jointe à d'autres lettres qui se prononcent par une seule émission de voix, ما ينقرى فى ابراز واحد من الصوت ‑ تهجية ‑ هجا. Syllabe, partie d'un mot, جزء كلمة; plur., اجزا I. || Beaucoup est un mot de deux syllabes, جدّاً كلمة من جزوين. || Il n'a pas proféré une syllabe, لا ابدى ولا اعاد.

SYLLABIQUE, adj., يخص اجزا الكلمات.
SYLLOGISME, s. m., argument, قياس.
SYLLOGISTIQUE, adj., qui concerne le syllogisme, قياسى.
SYLPHE, s. m., génie, جنّ ; coll., جنّى.
SYMBOLE, s. m., figure, image qui désigne une chose, اشارة.
*Symbole*, formulaire des articles de la foi, قانون الايمان.
SYMBOLIQUE, adj. com., qui sert de symbole, رمزى - للاشارة.
SYMBOLISER, v. n., avoir du rapport, ناسب.
SYMÉTRIE, s. f., proportion de grandeur, de figure des parties d'un corps entre elles et avec leur tout, arrangement, حسن ترتيب - مناسبة - هندام - ازدواج. *Symétrie d'expression*, حسن نظام الكلام و حسن تجانس اللفظ.
SYMÉTRIQUE, adj. com., qui a de la symétrie, مناسب - مهندم.
SYMÉTRIQUEMENT, adv., avec symétrie, بهندام - بحسن نظام.
SYMÉTRISER, v. n., faire symétrie, تناسب - تقابل.
SYMPATHIE, s. f., convenance, rapport d'humeurs, d'inclination, penchant naturel pour, ميل طبيعى الى - موافقة الطباع.
*Sympathie*, correspondance prétendue des âmes, سرّيانى - جاذبية.
*Sympathie des couleurs*, مناسبة الالوان.
SYMPATHIQUE, adj. com., qui appartient aux causes, aux effets de la sympathie, جاذبى - متناسب.
Encre *sympathique*, encre blanche qui noircit au feu, حبر سرّى.
SYMPATHISER, v. n., avoir de la sympathie, وافق بعضه.
SYMPHONIE, s. f., concert d'instruments de musique, نوبة - الة طرب.

SYMPHONISTE, s. m., qui exécute des symphonies, نوباتى - الاتى.
SYMPHYSE, s. f., liaison de deux os, تعشيق عظمتين.
SYMPTOMATIQUE, adj. com., qui appartient aux symptômes, دليلى.
SYMPTÔME, s. m., signe qui indique une maladie, اشارة - علامة - دليل علة ; plur., دلايل.
SYNAGOGUE, s. f., assemblée religieuse des juifs, محفل يهود.
*Synagogue*, temple des juifs, جامع اليهود.
SYNALLAGMATIQUE, adj. com., qui contient un engagement mutuel (contrat), يلزم الطرفين - يلزم المتعاهدين.
SYNAXARION, s. m., recueil abrégé de la vie des saints, سنكسار.
SYNCHRONE, adj., se dit des mouvements qui se font en même temps, صاير فى زمان واحد.
SYNCHRONISME, s. m., rapport de deux choses arrivées dans le même temps, وقوع - اتفاق فى زمان واحد.
SYNCOPE, s. f., défaillance, pamoison, غشية - غشوة. *Tomber en syncope*, غشى عليه.
*Syncope*, t. de grammaire, retranchement d'une lettre au milieu d'un mot, حذف حرف فى وسط الكلمة.
SYNDIC, s. m., qui est chargé des affaires d'une communauté dont il est membre, نقيب ; plur., نقبا - وكيل جماعة ; plur., وكلا. *Syndic des marchands*, شاهبندر.
SYNDICAL, E, adj., qui a rapport au syndic, وكيلى - نقيبى.
SYNDICAT, s. m., charge, fonction de syndic, نقابة.
SYNECDOQUE, s. f., figure de rhétorique par laquelle on fait entendre le plus en disant le moins, et réciproquement, le tout pour la partie, la partie pour le tout, etc., كناية.

Synodal, e, adj., qui appartient au synode, يَخُصُّ المجمع.
Synodalement, adv., en synode, فى المجمع.
Synode, s. m., assemblée de curés, etc., مجمع - محفل.
Synonyme, adj. com. (mot), qui a strictement ou à peu près la même signification qu'un autre, بمعنى واحد - مشترك المعنى - متّفق فى المعنى - مترادف المعنى. Ces mots sont synonymes, هذه الالفاظ بمعنى , مترادفة المعنى. || Le premier mot n'est pas synonyme du second, الكلمة الاولى ما هى بمعنى الثانية.
Synonymie, s. f., qualité, rapport des synonymes, اتّفاق فى المعنى - مرادفة معنى.
Synoptique, adj. com., qui se voit d'un même coup d'œil, طلّة. Tableau synoptique, لوح يُنظر فى طلّة.
Synoque, adj. et s. (fièvre), continue sans redoublement, حمّى لازمة من غير اشتداد.
Synovie, s. f., liqueur visqueuse, mucilagineuse qui se trouve dans les articulations mobiles, مادّة مثل اللعاب توجد فى المفاصل المتحركة.
Syntaxe, s. f., arrangement des mots, des phrases selon les règles de la grammaire; ces règles, علم تركيب الكلام - علم النحو.

Synthèse, s. f., méthode de composition; elle est opposée à l'analyse, تاليف.
Synthétique, adj. com., de la synthèse, تاليفى.
Synthétiquement, adv., تاليفيا.
Syriac, que, adj., langue, سريانى.
Syrie, s. f., contrée d'Asie, سورية - الشام - برّ الشام - بلاد الشام.
Syrien, ne, adj., de la Syrie, شامى; plur., شوام.
Syrien de religion, سريانى.
Systématique, adj. com., qui appartient au système, قياسى - ترتيبى.
Systématique, qui fait des systèmes, بتّاع قياسات - مخترع ارا جديدة.
Systématiquement, adv., d'une manière systématique, على قاعدة - بقياس.
Système, s. m., assemblage de principes vrais ou faux, liés ensemble, et des conséquences qu'on en tire et sur lesquelles on établit une opinion, une doctrine, مذهب - راى.
Système, hypothèse, قياس.
Système, réunion d'astres, de parties, جملة.
Syzygie, s. f., temps de la nouvelle ou de la pleine lune, زمان جدّة القمر او تمامه.

# T

T, s. m., vingtième lettre de l'alphabet français, حرف التا وهو العشرين من الف ب.
Ta, pron. poss. f., كِ. Ta fille (en parlant à un homme), بنتُكَ. || Ta fille (en parlant à une femme) بنتُكِ.
Tabac, s. m., plante, حشيشة الدخّان. Tabac à fumer, دخّان. || Tabac à priser, نشوق - نَشّ - دُخّان; et vulg., زعوط - سعوط - عطوس.
Tabagie, s. f., lieu public destiné pour fumer, محششة.

Tabarin, s. m., farceur, bouffon, خلبوص.
Tabarinage, s. m., bouffonnerie, خلبصة.
Tabatière, s. f., petite boîte où l'on met du tabac en poudre, علبة نشوق; plur., علب.
Tabellion, s. m., notaire, كاتب شرعى.
Tabernacle, s. m., temple où était l'arche, مظلّة - قبّة العهد. La fête des tabernacles, عيد المظلّة.
Tablature, s. f., arrangement de lettres, de marques pour le chant, sur des lignes, جدول.

Donner de la *tablature*, au fig. fam., donner de l'embarras à quelqu'un, غلّب.

TABLE, s. f., planche, etc., sur des pieds, طاولة - سفرة. Table à manger, مايدة - سفرة ; pl., موايد. ‖ Table à manger longue, سمّاط. ‖ Bonne table, table couverte de bons mets, سفرة عظيمة. ‖ Tenir table, donner souvent à manger, فتح سفرة. ‖ Se mettre à table, قعد على السفرة.

*Table*, lame de métal, de pierre, etc., sur laquelle on grave, لوح ; plur., الواح.

*Table*, index, notes, etc., فهرسة.

*Table* rase, esprit neuf, susceptible de toutes les impressions, لوح جديد.

*Table* de nombres, جدول. Tables astronomiques, تقويم التواريخ. ‖ Tables chronologiques, زايج.

TABLEAU, s. m., ouvrage de peinture sur une surface, représentant un sujet, صورة ; pl., صور - تصاوير ; plur., تصوير.

*Tableau*, au fig., représentation vive et naturelle d'une chose, بيان - وصف - صورة.

*Tableau*, ouvrage contenant la description d'un pays, بيان - وصف - تقويم.

*Tableau*, ouvrage contenant la description d'un art, d'une science, بيان.

*Tableau*, feuille sur laquelle sont écrits les noms des personnes qui composent une compagnie, قايمة الاسامي.

*Tableau*, ouvrage à cadre, filets et accolades, برواز.

*Tableau*, planche noire sur laquelle on trace des caractères, des figures avec de la craie, لوح - دقّ.

TABLER, v. n., faire fond sur, اعتمد على.

*Tabler*, rester à table, قعد على السفرة.

TABLETIER, s. m., qui fait des ouvrages comme des échiquiers, des trictracs, خرّاط.

TABLETTE, s. f., planche pour mettre quelque chose dessus, مرفع - رفوف ; plur., رقّ - تختة. (Barb.).

*Tablette*, composition réduite en forme plate, شقفة ; plur., شقف.

*Tablettes*, au plur., agenda, calepin, تفكرة.

TABLETTERIE, s. f., métier, ouvrage du tabletier, خراطة.

TABLIER, s. m., morceau d'étoffe qu'on met devant soi, فوطة - محزم ; pl., فوط. Mettre un tablier, تفوّط في محزم.

TABOURET, s. m., siége qui n'a ni bras ni dos, اسكملة - كرسي.

Avoir le *tabouret*, avoir le droit de s'asseoir dessus à la cour, له مجلس في الدولة.

*Tabouret*, plante, bourse à pasteur, كيس الراعي.

TAC, s. m., maladie contagieuse des moutons, فصل غنم.

TAC-TAC, adv., mot qui exprime un bruit réglé, طقطق.

TACET, s. m. fam. (garder le), ne dire mot, لزم الصمت.

TACHE, s. f., souillure, marque qui salit, بقعة. Taches de rousseur, نمش. ‖ Tache blanche aux ongles, برشة.

*Tache*, défaut dans un ouvrage, عيب ; plur., عيوب.

*Tache*, au fig., ce qui blesse l'honneur, la réputation, دنس - عيب - عيبة.

TÂCHE, s. f., ouvrage qu'on donne à faire dans un temps limité, شغل - موايمة - مقاولة.

Prendre à *tâche*, au fig., s'attacher à faire, اجتهد في.

TACHER, v. a., souiller, salir, faire une tache, لوّث - سخّط - وسّخ - بقّع.

*Tacher*, au fig., blesser l'honneur, la réputation, دنس.

TÂCHER, v. n., s'efforcer de, اجتهد في - همّ - عمل همّة في - ب تحايل على.

TACHETÉ, E, adj., marqueté, ارقط - مرقّط - مشخّر - منقّش - منقوش - مبرقش.

Tacheter, v. a., marquer de diverses taches, نقش ـ نقوش ـ برقش ـ شخور.

Tachygraphie, s. f., art d'écrire très-vite, فن سرعة الكتابة.

Tacite, adj. com., qui n'est pas dit, sous-entendu, مقدّر.

Tacitement, adv., sans être formellement exprimé, تقديراً.

Taciturne, adj. com., qui parle peu, sombre, rêveur, سكيت ـ سكوت ـ صميت.

Taciturnité, s. f., humeur, tempérament de celui qui est taciturne, صمت.

Tact, s. m., sens du toucher, مسّ ـ لمس ـ جسّ.

Tact, au fig., jugement fin, délicat, ذوق. Il n'a pas de tact, il ne s'aperçoit pas qu'il fait des impertinences, ما يذوق روحه.

Tactile, adj. com., qui est l'objet du toucher, aisé à toucher, يُجَسّ ـ حسّي.

Tactique, s. f., art de ranger les troupes en bataille, et de faire des évolutions militaires, de camper, تعبية الحروب و صفّ الجيوش.

Taffetas, s. m., étoffe de soie mince et tissue comme la toile, صندل ـ دارايا ـ خبرة.

Tafia et Taffia, s. m., eau-de-vie de sucre, عرقي ـ عنبري.

Tagètes, s. m., plante, مخملية ـ قطيفة.

Taie, s. f., toile qui enveloppe un oreiller, وجه مخدّة ـ اغطية; plur., غطا مخدّة.

Taie, pellicule qui se forme sur l'œil, غطاطة ـ نقطة ـ امّاية ـ غشاوة في العين.

Taie, enveloppe du fœtus, du foie, etc., غشاء ـ برنس الجنين.

Taillable, adj. com., sujet à la taille, عليه ميري.

Taillade, s. f., coupure, balafre, جرح ـ شقّ.

Taillader, v. a., faire des taillades, شقّ O. ـ قطّع.

Taillanderie, s. f., art, ouvrage des taillandiers, حدادة.

Taillandier, s. m., qui fait des outils, des haches, etc., صانع الات حديد ـ حدّاد.

Taillant, s. m., tranchant, حدّ.

Taille, s. f., tranchant d'une épée, حدّ. Voyez Estoc.

Taille, coupe d'un habit, تفصيلة.

Taille, coupe des arbres, etc., تقليم الشجر.

Taille, manière de tailler une plume, برية.

Taille, manière de couper, de tailler les pierres, Pierre de taille, حجر منحوت. نحت.

Taille, stature du corps, طول ـ قوام ـ قدّ ـ قامة. De grande taille, طويل القامة. || De petite taille, طوله. || Il est de même taille que moi, قصير القدّ. || Il se trouva de même taille que moi, قدر طولي. جا طوله على طولي.

Taille, milieu du corps, خصر. Taille fine, خصر ناحل.

Taille, bois pour marquer par des entailles ce que l'on fournit ou reçoit, جفلة ـ جريدة ـ علام ـ دفتر الارناؤط.

Taille, imposition, جزية ـ ميري.

Taille-douce, نقش المنقاش.

Taille, opération de la pierre, شقّ لاستخراج الحصاة.

Tailler, v. a., couper, retrancher d'une matière, قطع A. I. || Tailler une plume, برى قلم. || Tailler des pierres, نحت احجار A. || Tailler un habit, فصّل ثوب. || Tailler des arbres, قلّم اشجار. || Tailler en pièces, défaire entièrement, كسرهم I. قرض العسكر ـ كسرة فاضحة.

Tailler des croupières, de la besogne à quelqu'un, lui susciter des embarras, غلبه.

Tailler, faire l'opération de la taille, شقّ O.

Bien taillé, de belle taille, حسن القامة.

Tailleur, subst. masc., qui fait des habits, خيّاط.

*Tailleur*, officier de la monnaie, قطّاع دار الضرب.

*Tailleur* de pierres, حجّار.

TAILLIS, subst. m., jeune bois, شجر جديد ـ دغلة.

TAILLOIR, s. m., bois sur lequel on coupe la viande, قرمة; plur., قرامى.

TAIN, s. m., feuille d'étain, صفيحة قزدير.

TAIRE, v. a., ne dire pas, O. سكت عن ـ O. كتم الشى. Faire taire, imposer silence, سكّت. *Se taire*, v. pron., garder le silence, O. سكت ـ A. نصت ـ O. لزم الصمت ـ صمت ـ I. Tais-toi, اخرس ـ اسكت.

TAISSON, s. m., blaireau, عناق الارض.

TALC, s. m., sorte de pierre, كوكب الارض ـ طلق.

TALENT, s. m., capacité, habileté, معرفة ـ كفاية; plur., معارف.

*Talent*, don de la nature, موهبة رتبية; plur., مواهب ـ فضيلة; plur., فضايل.

*Talent*, disposition, aptitude naturelle pour, قريحة.

TALION, s. m., punition pareille à l'offense, ثأر ـ قصاص ـ قود.

TALISMAN, s. m., figure, pierre, plaque, etc., faite sous certaine constellation supposée avoir des vertus surnaturelles, رَصَد ـ طلاسم; plur., طلسم; plur., رُصود. Chose qui est sous la garde d'un talisman, شى مرصود ـ عليه رصد. || Détruire un talisman, O. فكّ الرصد.

TALISMANIQUE, adj., qui appartient au talisman, طلسمى.

TALMUD, ou THALMUD, s. m., livre des Juifs, التلمود.

TALOCHE, s. f. popul., coup de la main sur la tête, صفعة ـ لكامية.

TALON, s. m., la partie postérieure du pied, عقب; plur., اعقاب ـ كعب; plur., اكعاب ـ عرقوب; plur., عراقيب.

Être sur les talons, au fig. fam., presser, suivre de près, O. سكن فى عراقيبه ـ فى اكتافه ـ I. جرى وراه ـ A. ركب اكتافه. Montrer les *talons*, fuir, اورى عرض اكتافه. *Talon* d'une lance, كعب الرمح ـ عقب الرمح.

TALONNER, v. a. fam., poursuivre de près, presser, importuner, O. سكن فى اكتاف.

TALUS, s. m., pente, ميل ـ حدور.

TALUTER, v. a., mettre en talus, bâtir en pente, I. بنى بميل ـ A. عمل بحدور.

TAMARIN, s. m., fruit, حُمَر ـ تمرهندى (Arabie) ـ عرديب (Égypte).

TAMARINIER, s. m., arbre qui produit le tamarin, شجر العرديب.

TAMARIS, s. m., arbuste, اثل ـ طرفا.

TAMBOUR, s. m., caisse cylindrique dont les deux fonds sont des peaux tendues, طبل; plur., طبول. Petit tambour ou timbale, bassin de cuivre ou de terre recouvert d'une peau tendue, نقّارة; plur., نقّارية ـ نقاقير. || Battre le tambour, O. دقّ الطبل ـ نقر.

*Tambour*, celui qui bat le tambour, طبّال; pl., طبّالين.

*Tambour* de basque, دقّ; pl., دفوف ـ طار.

*Tambour*, tympan de l'oreille, صماخ.

*Tambour*, instrument de forme circulaire pour broder, طار.

Mener *tambour* battant, au fig. fam., remporter des avantages successifs sur, O. كرش. Ce qui vient de la flûte retourne au tambour, les biens mal ou promptement acquis se dépensent de même, هاتى يا سدرة خذى يا مدرة ـ خذى يا سدرة و ودّى يا مدرة. || Le tambour a couvert le son des flûtes, جاء الطبل اخفى اصوات النايات غطى على النايات. (Prov. qui veut dire que les grandes douleurs font taire les petites; que le plus fait oublier le moins).

TAMBOURIN, s. m., sorte de tambour de forme allongée, دربكّة.

TAMBOURINER, v. a., battre le tambour, نقر.

TAMBOURINEUR, s. m., qui tambourine, نقرتي.

TAMIS, s. m., sac, toile, peau pour passer, tamiser, منخل ; plur., مناخل. Tamis très-fin pour séparer la partie la plus fine de la farine, دقاق.

Passer au *tamis*, au fig. fam., examiner sévèrement, نخل O. — A. فحص.

TAMISER, v. a., passer par le tamis, نخل O.

TAMPON, s. m., bouchon, سدادة.

*Tampon*, t. d'écolier, mouchoir roulé, محراق.

TAMPONNER, v. a., boucher avec un tampon, سدّ O.

TAN, s. m., écorce de chêne moulue pour tanner, دباغ ـ دبغة ـ قشر شجر البلوط مطحون للدبغ.

TANAISIE, s. f., herbe aux vers, حشيشة الدود.

TANCER, v. a. fam., réprimander, شغر O. ـ بهدل ـ ونّخ.

TANDIS QUE, conj., pendant le temps que, بينما. Tandis qu'il dormait, في حال نومه ـ بينما هو نايم. ‖ Tandis que vous êtes ici, مادامك هون. ‖ Il prétend le connaître, tandis qu'il ne l'a jamais vu, مادام انت هنا يزعم انه يعرفه والحال ما شافه ابدا.

TANGAGE, s. m., balancement d'un vaisseau de l'avant à l'arrière, et vice versa, اضطراب مركب و ميله من المقدم الى الموخر و من الموخر الى المقدم.

TANGENTE, s. f., ligne droite qui touche une courbe, خط مماس.

TANIÈRE, s. f., cavité servant de repaire aux bêtes sauvages, حجر ; plur., أحجار.

TANNER, v. a., préparer le cuir avec le tan, دبغ O.

TANNERIE, s. f., lieu où l'on tanne, مدبغة ; pl., دباغة ـ مدابغ.

TANNEUR, s. m., qui s'occupe à tanner, دبّاغ.

TANT, adv. de quantité, على هذا القدر ـ كذا ـ هلقدّ et هلقدّ ـ هذا القدر ـ هكذا. Il y aura tant pour vous et tant pour moi, يطلع لك كذا ولي كذا. ‖ Il a tant mangé qu'il s'est fait mal, اكل هلقدر انه من كثر ما اكل حصل له ضرر. ‖ A quoi sert tant de richesses ? نشوّش ايش ينفع هذا القدر من المال. ‖ Il n'a pas tant de savoir-vivre que d'esprit, ما عنك من الادب قدر ما عنك من العقل. ‖ Tant que je puis, على قدر مقدرتي. ‖ Tant il est hardi, لها به من الجراة. ‖ Tant il était difficile de fonder, لها كان من الصعوبة في وضع اساس. Les auteurs *tant* grecs que latins, اصحاب التصانيف امّا من اليونانيين وامّا من اللاتينيين. Tant pour vous que pour lui et d'autres, سواء كان لك او له او لغير ناس. ‖ Tant bon que mauvais, ما بين طيب و ردي. ‖ Tant grands que petits, ما بين كبار و صغار.

*Tant* que la vue peut s'étendre, قدر مدى البصر.

*Tant*, aussi longtemps que, طول ما ـ طالما. Tant que je vivrai, ما دام ـ طوال ما طول ما انا بالحياة ـ ما دمت بالحياة.

*Tant* plus que moins, à peu près, زايد ناقص.

*Tant* s'en faut que, فضلاً عن ان.

Si *tant* est, ان كان.

*Tant* pis, adv., à regret, يا خسارة.

*Tant* mieux, adv. de satisfaction, طيب ـ معدن ـ نور على نور ـ خيرية ـ عظيم. Tant mieux pour toi, هنيا لك.

*Tant* soit peu, un peu, قليل ـ شويّة.

TANTE, s. f., sœur du père, عمّة. Tante, sœur de la mère, خالة. ‖ Tante, femme de l'oncle, امراة العمّ.

TANTÔT, adv., dans peu de temps, bientôt, عن قريب.

*Tantôt*, il n'y a pas longtemps, من ساعة.

*Tantôt*, ce soir, في المغرب.

*Tantôt*, conj. alternative, طوراً ـ تارة ـ ساعة ـ مرة ـ شي ـ حيناً. Tantôt oui, tantôt non, ساعة اي

ساعة لا. Tantôt il s'assied, tantôt il se lève, مرّة يقعد و مرّة يقوم - تارة يقعد و تارة يقوم - شي يقعد شي يقوم.

Taon, s. m., grosse mouche à aiguillon qui tourmente les animaux, زنبور - دبّان خيل.

Tapage, s. m. fam., désordre, grand bruit, غوش - غوشة - شوشرة. Faire du tapage,

Tapageur, subst. n.asc. fam., qui fait du tapage, شلقي.

Tape, s. f., ce avec quoi on bouche, سدادة.

Tape, fam., coup de la main, رزّة - كف.

Tapé, e, adj., séché, aplati au four, ملدّن.

Tapecu, s. m., bascule, مرجيحة.

Taper, v. a., popul., frapper, ضرب O. I. - لطش O.

Taper, terme de mer, boucher le canon, سدّ O. المدفع.

Taper, terme de perruquier, faire renfler les cheveux, سبسب الشعر.

En tapinois, adv. fam., sourdement, en cachette, فى الخفية - على السكيتى - سكيتى.

Se tapir, v. pron., se cacher en se tenant dans une posture raccourcie, لبد A.

Tapis, s. m., étoffe dont on couvre un plancher, اكليم - بساطات plur., بسطة, بساط; plur., طنفسة - جول plur., جحل - الاكليم; plur., زرابى plur., زربية - كباية - طنافس (Barb.). Petit tapis long pour faire la prière, سجّادة.

Mettre sur le tapis, au fig. fam., proposer à l'examen, فتح السيرة على - فتح سيرة A.

Amuser le tapis, fam., parler de choses vagues, سلّى الجماعة.

Tapisser, v. a., orner de tapisserie, فرش O.

Tapisser de vigne, عرش.

Tapisserie, s. f., ouvrage fait à l'aiguille ou au métier, étoffe pour tenture, فرش - طنفسة.

Tapissier, ère, s., qui travaille en tapisserie, فرّاش.

Tapon, s. m. fam., étoffe, linge, soie, etc., mis en tas, كوم قماش.

Tapoter, v. a., donner de petits coups en badinant, طبطب على.

Taquin, e, adj., mutin, contrariant, مناكف - منكى - جكر.

Taquiner, v. a., contrarier, انكى - ناكف - جاكر.

Taquinerie, s. f. fam., (inus.) avarice sordide, وساخة.

Taquinerie, caractère mutin, contrariant, action de taquin, جكارة - نكاية - مناكفة.

Tarabuster, v. a. fam., importuner par du bruit, des paroles, وجّع راس.

Tarare, adv. interj., bon! bon! je m'en moque, لالا.

Tard, adv., لقيس - عوقة - وخرى (Kasraouan). Il est tard, الوقت راح - الوقت مشى الحال ou موخّر (Barb.). || Il n'est pas tard, ما زال الحال (Barb.). || Je soupe tard, انعوّق بالعشا. || Il se lève tard, يتعوّق حتى يقوم. Trop tard, بعدين.

Tarder, v. n., différer de faire, demeurer longtemps, تعطّل - تعوّق - عوّق (Barb.). Je vous prie de ne pas tarder à me répondre, نرجو عدم لا تتمهلوا عنّا فى الجواب - العايق فى الجواب. Sans tarder, من غير عاقة - بلا تأخير.

Tarder, s'arrêter, aller lentement, en sorte que l'on vient tard, تعوّق I. - بطى. Allez et ne tardez pas, رح ولا تتعوّق.

Tarder, v. impers., vouloir, souhaiter, اشتهى - ما صدّق اى متى.

Tardif, ive, adj., qui tarde, qui vient tard, متأخّر - وخرى.

Tardif, lent, بطى.

Tardivement, adv., tard, متأخرًا.

Tare, s. f., déchet sur la qualité, la quantité, نقص - غلت.

Tare, poids de l'enveloppe, barils, pots, embal-

lage des marchandises, terme de commerce, فارغ
كمية اوزان لاوعية -.

TARE, au fig., vice, défaut, نقص ; عيب ; pl., عيوب.

TARÉ, E, adj., vicié, corrompu, معيوب.

TARENTULE, s. f., araignée que l'on dit venimeuse, نُرس رَتيلا (Barb.).

TARER, v. a., causer du déchet, de la tare, بَوَّز.

Tarer, peser un vase avant de le remplir, عاير.

SE TARGUER, v. pron. fam., se prévaloir, تجهرم - افتخر على الناس ب -.

TARIÈRE, s. f., outil, grosse vrille, مبخش كبير - مثقب - بريمة -.

TARIF, s. m., rôle du prix des denrées, des marchandises, etc., تعريف - بيان الاسعار.

TARIFER, v. a., réduire à un tarif, سعّر.

TARIR, v. n., être à sec, cesser de couler, شفت نشف - A.

Tarir, v. a., mettre à sec, نشّف - نزح - A. جفّف -.

TARISSABLE, adj. com., qui peut se tarir, être tari, ينشف ماؤه - قليل الماء.

TARISSEMENT, s. m., desséchement, نزح - جفاف.

TAROUPE, s. f., poil entre les sourcils, شعر بين الحاجبين.

TARSE, s. m., رسغ الرجل.

TARTARE, s. m., enfer des poëtes, سقر.

Tartare, habitant de la Tartarie, تتري ; coll., تتر.

TARTARIE, s. f., pays d'Asie, بلاد التتر.

TARTE, s. f., pâtisserie plate, قرصة.

TARTELETTE, s. f., petite tarte, قريصة.

TARTRE, s. m., dépôt terreux et salin du vin, دردي - طرطير ‖ Sel de tartre, ملح الطرطير ‖ Tartre émétique, طرطير مطروش.

Tartre des dents, طرامة الاسنان.

TARTUFE, s. m., faux dévot, منافق.

TAS, s. m., monceau, كوم ; plur., كيمان.

Tas, au fig. fam. iron., multitude, كبشة.

TASSE, s. f., sorte de vase à boire du café, فنجان ; plur., فناجين.

Tasse, petite écuelle, طاسة.

TASSEAU, s. m., support d'une tablette, حمّال.

TASSER, v. a., mettre en tas, كوّم.

Tasser, presser, fouler, لبد I. - كبس.

TÂTER, v. a., toucher, manier doucement une chose, O. جسّ - حسّس. Tâter le pouls, جسّ النبض.

Tâter, au fig. fam., essayer, éprouver, جرّب.

Tâter, goûter d'un mets, etc., O. ذاق.

Tâter, sonder, tâcher de connaître par expérience, O. A. عسّ.

Se tâter, v. pron. fam., s'examiner, se sonder, عسّ نفسه.

TÂTEUR, SE, s., au fig. fam., irrésolu, مخندس.

TATILLON, s., فضولي - كثير غلبة.

TATILLONNAGE, s. m., كثرة غلبة.

TATILLONNER, v. n., entrer mal à propos dans toute sorte de petits détails, كثّر غلبة.

TÂTONNEMENT, subst. m., action de tâtonner, تحسيس.

TÂTONNER, v. a., chercher dans l'obscurité en tâtant; tâter des pieds, des mains, pour se conduire, حسّس - حسّ.

Tâtonner, au fig. fam., procéder avec timidité, incertitude, حسّس - عسعس.

TÂTONNEUR, SE, s., qui tâtonne, محسّس.

A tâtons, adv., en tâtonnant, وهو يعسعس - بالتحسيس.

TATOUAGE, s. m., action de tatouer, وشم - دقّ على الجلد.

TATOUER, v. a., bigarrer le corps avec des couleurs imprégnées dans des piqûres à la peau, I. دقّ O. - وشم.

TATOUÉ, E, adj., مدقوق.

Taudis, s. m., petit logement en désordre, خنّ.

Taupe, s. f., petit animal noir qui fouit la terre, ام ادراص - خُلدة - فارة غيط.

Taupier, s. m., preneur de taupes, صيّاد خلد.

Taupière, s. f., piège à taupes, مصيدة للخلد.

Taupinière, s. f., جحر الخلد.

Taure, s. f., jeune vache, عجلة.

Taureau, s. m., mâle de la vache, ثور; plur., اثوار وثيران.

Le *Taureau*, signe du zodiaque, برج الثور.

Tautologie, s. f., répétition inutile d'une même idée, تكرير, اعادة معنى.

Taux, s. m., prix établi pour la vente des denrées, سعر; plur., اسعار.

Taveler, v. a., moucheter, برقش.

Taverne, s. f., terme de mépris, cabaret, خمّارة.

Tavernier, s. m., خمّار.

Taxateur, s. m., qui taxe les lettres à la poste, محدّد اجرة المكاتيب.

Taxation, s. f., action de taxer, تحديد الاسعار.

Taxer, v. a., régler, limiter les prix des denrées, des marchandises, حدّد الاسعار - سعّر.

*Taxer*, faire une imposition, فرد فردة على. I.

*Taxer* quelqu'un de, l'accuser de, نسب I. احدا الى.

Taxe, s. f., règlement pour le prix des denrées, تسعيرة.

*Taxe*, ce prix établi, سعر.

*Taxe*, opération de taxer, taux de l'impôt, somme imposée, مطلوب من - فردة - طقس.

Technique, adj. com., propre à un art, affecté aux arts, en parlant d'un mot, كلام اصطلاحى.

Te deum, s. m., hymne de louange et d'actions de grâces, sa cérémonie, تمجيد الله.

Tégument, s. m., ce qui sert à couvrir, غطا; plur., اغشية - اغطية.

Teigne, s. f., sorte de gale à la tête, قراع.

*Teigne*, vers qui ronge les livres, les étoffes, عثّة.

Teigneux, se, adj., qui a la teigne, اقرع; plur., قرع.

Teindre, v. a., faire prendre à quelque chose une couleur différente de celle qu'elle avait; colorer, صبغ O. Teindre en bleu, ازرق. || Se teindre les ongles et la paume des mains avec du henné, تخضّب - تحنّى. || Teindre ses mains de sang, خضّب يديه بالدما.

Teint, s. m., coloris du visage, لون.

Teinte, s. f., degré de force donné aux couleurs, لون; plur., الوان.

Teinture, s. f., liqueur pour teindre, impression qu'elle fait sur l'étoffe, صباغ - صباغة.

*Teinture*, terme de chimie, لون. Teinture de carabé, لون الكهربا.

*Teinture*, impression laissée dans l'âme par l'éducation, اثر.

*Teinture*, connaissance superficielle, معرفة واهية. Il a une teinture de cette science, يعرف طرف من هذا الفن.

Teinturerie, s. f., atelier de teinturier, مصبغة.

Teinturier, ère, s., qui exerce l'art de teindre, صبّاغ.

Tel, le, adj., pareil, semblable, etc., مثل. Je n'ai jamais rien vu de tel, عمرى ما شفت شى مثل هذا, شى كذا. || Il est tel que son père, هو مثل ابوه. || Il y avait une foule telle que je n'ai pas pu entrer, من كثرة ازدحام الناس, من كثر ما كانوا الناس مزدحمين ما قدرت ادخل. || Tel maître, tel valet, كما هو السيد كذا هو العبد.

*Tel*, quelqu'un, من. L'orage tombera sur tel qui n'y pense pas, تقع المصيبة على من لا يفتكر فيها.

*Tel* quel, sans changement, مثلها هو.

*Tel* quel, quelconque, على قدّه - كيف ما كان - ايش ما كان.

Un *tel*, فلان. Une telle, فلانة. || Telle chose, الشى الفلانى. || Il a dit telle et telle chose,

(Syrie). قَالَ هِيكْ وهِيكْ - قَالَ كَذَا كَذَا.

TÉLÉGRAPHE, s. m., machine pour transmettre les nouvelles par des signes; construction en forme de tour sur laquelle est placée cette machine, آلَةُ الْاِشَارَة - بيت الاخبار - برج الاشارة.

TÉLESCOPE, s. m., lunette d'approche, نَظَّارَةٌ - دوربين.

TÉLÉSIE, s. f., pierre précieuse, يَاقُوت.

TELLEMENT, adv., si fort, de telle sorte, حَتَّى - بهذا المقدار.

TELLINE, s. f., coquillage, طَلِينس.

TÉMÉRAIRE, adj. com., hardi avec imprudence, مَا يبالي - مُتَهَجِّم - وَقِح - فَاجِر.

Téméraire, fait sans preuves (jugement), مِنْ غَيْر اِثْبَات.

TÉMÉRAIREMENT, adv., sans réflexion, contre le droit, la raison, مِن غيرِ تأَمّل - بغير حقّ - بفجر.

Témérairement, avec une hardiesse imprudente, مِنْ غَيْرِ مُبَالَاةٍ - بفجر.

TÉMÉRITÉ, s. f., hardiesse imprudente et inconsidérée, تَهَجُّم - مُجَازَفَةٌ.

Noble témérité, courage, جَسَارَة.

TÉMOIGNAGE, s. m., rapport d'un ou de plusieurs témoins sur un fait, شَهَادَة. Le témoignage des actions est plus juste que celui des hommes, شهادات الافعال اعدل من شهادات الرجال ‖ Invoquer le témoignage de quelqu'un, أَسْتَشْهَد.

Témoignage, preuve, marque d'estime, etc., شَاهِد; plur., شَوَاهِد.

TÉMOIGNER, v. a., servir de témoin, porter témoignage, شَهِد A. Témoigner en faveur de, شَهِد له ‖ Témoigner contre, شَهِد على.

Témoigner, marquer, faire connaître ce qu'on sent, ce qu'on pense, بَيَّن - اَعْطَى شَاهِد - اَظْهر.

TÉMOIN, s. m., celui, celle qui dépose ce qu'il a vu ou entendu, شَاهِد; plur., شُهُود. Prendre à témoin de, أَشْهَد, اسْتَشْهَد على.

Témoin, marque, monument, ce qui sert à faire connaître, شَاهِد.

TEMPE, s. f., partie de la tête depuis l'oreille jusqu'au front, صُدْغ; plur., أَصْدَاغ. Ornement en or et en pierres précieuses que les dames égyptiennes portent sur les tempes, شَاطِم; plur., شَوَاطِم.

TEMPÉRAMENT, s. m., complexion, constitution du corps de l'homme, مِزَاج; pl., اَمْزِجَة - طَبْع; pl., طِبَاع - طَبِيعَة.

Tempérament, penchant à l'amour physique, طَبِيعَة.

Tempérament, au fig., adoucissement, accommodement, دَوَا - طَرِيقَة - سُهُولَة.

TEMPÉRANCE, s. f., vertu qui règle les passions, les désirs, وَرَع - ضَبْطُ النَّفْس - عِفَّة.

TEMPÉRANT, E, adj., qui a la vertu de la tempérance, عَفِيف - وَرِيع.

Tempérant, qui a la vertu de tempérer (remède), مُلَطِّف.

TEMPÉRATURE, s. f., disposition, état actuel de l'air, طَقْس - كَيْفِيَّةُ الهَوَا - نَو. La température s'est un peu adoucie, النو دفي شوية.

TEMPÉRÉ, E, adj., ni trop chaud ni trop froid, مُعْتَدِل.

Tempéré, au fig., modéré, sage, posé, رَاجِح - رَزِين.

Tempéré (style), وَسَط.

TEMPÉRER, v. a., modérer, diminuer l'excès de, لَطَّف - اعْدَل.

TEMPÊTE, s. f., orage, violente agitation de l'air, مَالُو et نَو - فُرْتُنَة - زَوَابِع, plur. زَوْبَعَة (Barbarie).

Tempête, trouble, sédition, calamité, رَجَّة - مُصِيبَة.

TEMPÊTER, verbe n. fam., faire bien du bruit, قَلَبُ الدُّنْيَا بِالعِيَاط - عَمِل زَوَابِع ‖ Tempêter contre quelqu'un, تَعَزْرَن على.

TEMPLE, s. m., édifice public consacré à Dieu, هياكل ,.plur ; هيكل.

TEMPORAIRE, adj. c., à temps, momentané, وقتى.

TEMPORAL, adj., des tempes, يخص الاصداغ.

TEMPOREL, LE, adj., qui passe avec le temps, زمنى - وقتى.

*Temporel*; séculier, l'opposé de spirituel, عالمى - دنيوى.

TEMPOREL, subst. m., revenu d'un ecclésiastique, مدخول كاهن.

TEMPORELLEMENT, adv., l'opposé d'éternellement, الى وقت.

TEMPORISATION, s. f., action de temporiser, تمهّل - تأنى - ملاكعة.

TEMPORISER, v. n., retarder, différer avec espoir d'un meilleur temps, صبر O. - تمهّل - تأنى - تلاكع.

TEMPORISEUR, s. m., qui temporise, ملاكع - متأنى - متمهّل.

TEMPS, s. m., succession des moments, mesure de la durée des êtres, زمن ,pl. ازمان - زمان ,pl. زمن; وقت - اوقات ,.plur ; حين ,.pl احيان - ازمنة. En peu de temps, فى مدة يسيرة. || En moins de temps, فى اقرب مدة. || Dans peu de temps, bientôt, عن قريب. || Il y a bien du temps, من زمان. De temps en temps, بعض اوقات - اوقات اوقات. || En même temps, سوا - جملة. || Avec le temps, على مضى الزمان - على طول الزمان - على مهر الايام - على جرى الزمان. || Employer son temps à, صرف اوقاته ب فى I. || Passer son temps à, قضى اوقاته ب I. || Perdre son temps, ضيّع اوقاته - ضيّع الزمن. || Passer le temps, tuer le temps, قطع الوقت - قطع الزمن.

*Temps*, terme préfix, وقت - اجل. A temps, dans le temps prescrit, فى الوقت المعلوم.

*Temps*, délai, مهلة. Demander du temps, طلب مهلة. || Donner du temps, امهله - اعطى مهلة - تمهّل على احد.

*Temps*, loisir, فراغ - فضاوة - وقت. Nous n'avons pas le temps, ما عندنا وقت. || Si vous avez du temps, si vous n'êtes pas pressé, ان كان عندك مهلة.

Il n'a pas eu le *temps* de se rassasier, ما حله يشبع. Il n'a pas encore eu le temps d'arriver, لسّا ما حله يجى. || Il n'avait pas eu le temps de boire, que déjà il était tombé par terre, ما لحق شربه حتى وقع على الارض. || Il faut faire dix milles avant midi; nous n'aurons pas le temps, بدّنا نسير عشرة اميال قبل الظهر ما نلحق. || Je n'aurai pas le temps de faire cela, ما الحق اعمله - ما الحق عليه. || Nous avons le temps, il est de bonne heure, عندنا وقت - لاحقين عليه.

*Temps*, conjoncture, occasion propre pour, وقت. || الامور مرهونة باوقاتها Il y a temps pour tout, En temps et lieu, فى وقته و محلّه. || Le temps est venu, حكم الوقت - حان الحين - حل الوقت - حل وقت الرواح. || Il est temps de partir, آن الاوان. || N'est-il pas temps que vous partiez? ما حل لك تروح.

*Temps*, saison, اوان - وقت.

*Temps*, siècle, âge, جيل ; plur., اجيال. || Du temps de Moïse, فى ايام موسى. || Du temps du calife Haroun-Arrachid, على زمان الخليفة هارون الرشيد. || Dans notre temps, فى ايامنا. || Avant tous les temps, قبل الاجيال.

*Temps*, par rapport à l'état des choses dans un pays, à la manière de vivre, etc., زمان - ايام. Temps difficiles, ايام شدّة. || Temps heureux, ايام رخا. || S'accommoder au temps, وافق حال. || Céder au temps, طاوع الزمان.

*Temps*, disposition de l'air, حال - هوا - طقس (Barb.). || Beau temps, طقس صنحى - صحو. || Il fait beau, الطقس كويس - الدنيا صحو. || Le temps sombre, couvert, دنيا مغيّمة - طقس مغيّم. || Le temps est froid, الهوا برد - الهوا بارد. || Le temps s'est éclairci, صحت الدنيا.

*Temps* des verbes, terme de grammaire, زمان؛ plur., ازمنة.

A *temps*, adv., assez tôt, على وقت. Vous arriverez à temps, تلحق. || Je serai toujours à temps de faire cela, لاحق عليه.

A *temps*, dans le moment convenable, فى وقته.

A *temps*, pour un temps fixé, لوقت معلوم.

TENABLE, adj. com., où l'on peut rester, يمكن القرار فيه.

TENACE, adj. com., visqueux, adhérent, لزج.

*Tenace*, au fig., avare, مقربط ـ يدّ ماسكة.

*Tenace*, opiniâtre, متمسك برايه ـ مقربط ـ عنيد.

TÉNACITÉ, s. f., qualité de ce qui est tenace, غراوة.

*Ténacité*, au fig., avarice, opiniâtreté, قربطة.

TENAILLE, s. f., instrument de fer pour saisir, arracher, لقّاط ـ كلبتين ـ كلّابة ـ كمّاشة (Barb.).

TENANCIER, ÈRE, s., qui tient des terres, propriétaire, ملتزم.

TENANT, s. m., combattant envers et contre tous, من القى اباحة على جميع الناس.

*Tenant*, qui s'est impatronisé dans une maison, y domine, متملك فى ـ ملازم.

*Tenant*, défenseur, محامى.

*Tenants* et aboutissants, فواحى و حدود.

TÉNARE, s. m., t. poétique, enfer, سقر.

TENDANCE, s. f., action de tendre vers, ميل.

TENDANT, E, adj. com., qui tend à une fin, qui est dirigé vers, قاصد.

TENDON, s. m., extrémité du muscle, طرف؛ plur., اطراق؛ العصب.

TENDRE, adj. com., qui peut être très-aisément divisé, aisé à broyer, à manger, طرى ـ ليّن. Viande tendre, لحم طرى ـ رخص. || Pain tendre, خبز طرى.

*Tendre*, délicat, نحيف.

*Tendre*, jeune, جديد.

*Tendre*, au fig., sensible à l'amitié, à la piété, à l'amour, حنون ـ رقيق. Qui a le cœur tendre, شفوق ـ رقيق القلب.

TENDRE, v. a., bander, tirer une corde, شدّ I. ـ قنّب.

*Tendre*, dresser, نصب O. Tendre des filets, نصب شرك.

*Tendre*, tapisser, فرش.

*Tendre*, présenter en avant, مدّ ـ ناول O.

*Tendre*, v. n., aller, aboutir vers, مال الى I. ـ آل الى ـ ودّى الى O.

*Tendre*, au fig., avoir pour but, قصد I.

TENDREMENT, adv., avec tendresse, بحنّة.

TENDRESSE, s. f., sensibilité à l'amitié, à l'amour, حنو ـ حنيّة ـ حنّة ـ رقّة قلب.

*Tendresse*, amour tendre et passionné, غرام ـ محبّة.

TENDRETÉ, s. f., qualité de ce qui est tendre, ليانة ـ طراوة.

TENDU, adj., bandé, مقنّب ـ مشدود.

*Tendu* (style), sans aisance, sans souplesse, مشحوط.

TÉNÈBRES, s. f. pl., obscurité, privation de la lumière, ظلام ـ ظلمة.

*Ténèbres*, nuit, عتمة.

*Ténèbres*, au fig., erreur, aveuglement, عمى.

TÉNÉBREUX, SE, adj., sombre, obscur, مظلم.

TÉNESME, s. m., épreintes, envies continuelles, douloureuses d'aller à la selle, حزق.

TENEUR, s. f., le contenu d'un écrit, مضمون.

TENEUR, s. m., celui qui tient les livres, les registres, كاتب مخلّد.

TÉNIA, s. m., vers solitaire, الدودة المتوحّدة.

TENIR, v. a., avoir à la main, entre les mains, مسك I.

*Tenir*, avoir en sa puissance, posséder, ملك I. ـ مسك I. Je tiens cette maison à loyer, هذا البيت عندى بالايجار.

*Tenir* un enfant, le tenir sur les fonts de

## TEN

baptême, وقسف له شبيبيس - عمّد ولد.
*Tenir*, occuper un espace, ملا A.
*Tenir* lieu de, قام مقام O. - كان بمقام O.
*Tenir*, mettre et garder dans un lieu, حفظ A. - خبّى. || Il tient son fils dans un collège, حافظ ابنه فى مدرسة. || Tenir quelqu'un chez soi, حاشه, مسكه عنك.
*Tenir*, maintenir, entretenir en état, حفظ A.
*Tenir* sa parole, sa promesse, تمّ, كمّل وعدك - وفى بوعدك I
*Tenir*, contenir, renfermer, سع; et mieux, وسع; aor., يسع.
*Tenir*, arrêter, fixer, مسك I. - ضبط O.
*Tenir* une opinion, قال براى O. - تمسّك براى.
*Tenir*, réprimer, retenir, empêcher de, حاش O. - ضبط O. Tenir dans le devoir, ضبط O. || Tenir sévèrement, tenir serré, tenir de court, ضبطه وقرّط عليه.
*Tenir*, laisser dans un certain état, خلّى. Tenir les portes ouvertes, خلّى الابواب مفتوحة.
*Tenir*, réputer, estimer, croire, ظنّ O. - حسب L. Je le tiens pour honnête homme, احسبه رجل صالح. || Je tiendrai cela à honneur, احسب ذلك افتخاراً لى - يكون لى بذلك الافتخار.
*Tenir* de, avoir appris de, سمع الشى من A. - علم الشى من A.
*Tenir* une chose de, en être redevable à, اخذ الشى من. || Je tiens cela de ses bontés, هذا عندى من فضله وانعامه. || Ceux dont je tiens la vie, والدىّ. || Tenir une chose de ses ancêtres par héritage, ورث الشى من.
*Tenir* de, ressembler à quelqu'un, شبه احداً A.
*Tenir* un chemin, سلك طريق O. Tenir une mauvaise conduite, سلك سلوك ردى. || Tenir une assemblée, عقد مجلس. || Tenir des discours, تكلّم بكلام O. - قال كلام. || Tenir table, demeurer à table, قعد على السفرة. || Il tient une boutique dans tel quartier, فاتح دكان فى الحارة الفلانية.
*Tenir*, entretenir, soigner, نظم - دبّر. Tenir une maison, دبّر البيت.
Faire *tenir* des lettres à quelqu'un, وصّله, بلّغه مكاتيب.
*Tenir*, v. n., être attaché par un lien d'intérêt, d'amitié, له علاقة ب. Tenir à une opinion, تمسّك براى.
*Tenir* pour, être dans le parti de, شدّ مع O. - تعصّب ب, مع.
En *tenir*, être dupe, etc., بلع A. - وقع فى الشرك.
*Tenir*, v. n., subsister, durer, دام O. - استقام. Tenir dans une place assiégée, résister, مانع - دافع - وقف قدّامه. || Tenir contre quelqu'un, حاصره. || Tenir bon, tenir ferme, ثبت A. - ثبّت - قاومه.
*Tenir* à, être contigu, لازم ب - اتّصل ب - لاصق.
*Tenir*, être adhérent, لصق ب - التصق, لزق.
*Tenir*, à la troisième pers. indéf., dépendre de, تعلّق ب - وقف على. || Il tient à peu de chose que je ne fasse, لولا قليل كنت عملت. || Il ne tient pas à moi, ما فى يدى. || S'il ne tient qu'à cela, ان كان الامر موقوف على ذلك.
*Tenir*, être contenu dans, وسع فى; aor., يسع.
*Se tenir*, v. pr., être, demeurer en un lieu, dans un état, تمّ A. - ظلّ A. - قعد O. Se tenir les bras croisés, oisif, قعد بطّال. || Se tenir debout, وقف - ظلّ واقف.
*Se tenir* de, s'empêcher de, تمسّك من.
*Se tenir* à, s'en tenir à, s'arrêter, se fixer à quelque chose, ne vouloir rien de plus, اعتمد على - اقتصر على - اكتفى ب - استقرّ على.
**Tension**, s. f., état de ce qui est tendu, تغنيب - شدّ. Trop de tension produit le relâchement, كثرة الشدّ ترخى.
*Tension*, au fig., grande application d'esprit, حصر فكر.

TENTANT, E, adj., qui tente, cause du désir, يغوي.

TENTATEUR, TRICE, s., qui tente, qui cherche à séduire, مغوي - غاوي - شرّير.

TENTATION, s. f., mouvement intérieur qui excite au mal, تجربة - غواية - اغواء; pl., تجارب; محنة - وساوس, plur., وسوسة. Ne nous induisez pas en tentation, لا تدخلنا تجارب.

TENTATIVE, s. f., action par laquelle on tente de réussir, تجربة - جهد - اجتهاد - سعي.

TENTE, s. f., pavillon à la guerre, etc., خيمة; plur., خيام - اخبية; خبا - اوبة - خُيَم et خيام, plur., قيطون (Barb.). Grande tente, وطاق.

Tente, rouleau de charpie, فتيلة.

TENTER, v. a., essayer, éprouver, s'efforcer de, اجتهد في - سعى في - جرّب.

Tenter, solliciter au mal, اغوى - غرّ O. - حرّك الى الشر.

Tenter, exciter le désir, donner envie, اغوى - شهّى - شوّق. Je suis tenté d'aller, اروح.

TENTURE, s. f., certain nombre de pièces de tapisserie, de même ouvrage, جلة ابسطة - طنافس.

TENU, E, adj., entretenu, soigné, منظوم - مدبّر.

Tenu de, obligé à, ملزوم ل ب.

Ténu, fort délié, رفيق.

TENUE, s. f., durée d'une assemblée, مدة جلوس.

Tenue, assiette à cheval, قعدة - ركبة.

Tenue, manière de tenir, مسكة.

Tenue, manière d'être vêtu, هندام.

Qui n'a point de tenue, léger, variable, ما له قرار.

TÉNUITÉ, s. f., دقّة - رقّة.

TÉRÉBENTHINE, s. f., résine du térébinthe, صمغ البطم - ترمنتين - تربنتين.

TÉRÉBINTHE, s. m., arbre, بطم.

TERGIVERSATION, s. f., action de tergiverser, محاولة.

TERGIVERSER, v. a., prendre des faux-fuyants, biaiser, حاول.

TERME, s. m., fin, borne d'un temps, d'un espace, des choses, حدّ - نهاية - أخر; pl., حدود.

Terme, temps préfix de payement, ميعاد. A trois mois de terme, بوعدة ثلاثة اشهر - لانقضاء ثلاثة. Le terme est échu, حضر الميعاد - اشهر من التاريخ. || Payer son terme, la somme due au terme, دفع ما عليه في الوقت المعهود.

Terme, temps, moment, وقت. Cette femme n'est pas à terme, هذه الامرأة ما كملت ايامها - اشهرها. || Enfant venu avant terme, ولد مولود قبل وقته.

Le grand terme, terme de logique, حدّ اكبر. Le petit terme, حدّ اصغر. || Le moyen terme, حدّ اوسط.

Terme, mot, diction, لفظ - كلمة; plur., الفاظ.

Termes, au plur., état où est une affaire, حال - كيفية الامر. Termes, position où est une personne vis-à-vis d'une autre, وارد - حال. || Dans les termes où nous sommes ensemble, de semblables cérémonies sont inutiles, ما نحن معكم في وارد مثل هذا التكليف.

TERMINAISON, s. f., désinence d'un mot, اواخر الكلم; plur., اخر الكلمة.

TERMINER, v. a., borner, حدّ - حدّد O.

I. Terminer, finir, achever, تمّ - كمّل - خلّص. || I. Terminer des affaires, قضى اشغال - غلّق. || Terminer promptement une affaire, انجز الامر. || Il termina son discours par, ختم كلامه ب.

Se terminer, v. pron., se passer, se finir, s'achever, انتهى. Comment l'affaire se terminera-t-elle? على ايش ينفصل الحال.

Mot qui se termine en, par, الكلمة التي اخرها.

TERNAIRE, adj., de trois, ثلاثي.

TERNE, adj. com., qui a peu d'éclat, كابي - كدر.

TERNE, s. m., trois numéros de la loterie, ثلاث نمر.

51.

Terni, e, adj., qui a perdu son lustre, مظلم - كابي.

Ternir, v. a., ôter l'éclat, la couleur, اكبى - كدّر اللون.

Ternir la réputation, ثلم الصيت I. - سوّد وجهه - خرق الناموس I.

Ternissure, s. f., état de ce qui est terne, كباوة.

Terrain, s. m., espace de terre, sa qualité, أرض, plur., أراضي - أرضية. Reconnaître le terrain, كشف الموضع I.

Ménager le terrain, au fig., employer les moyens de succès avec prudence, مشى بحساب I. - دبّر الامور.

Disputer le terrain, l'avantage, عارض و قاوم - وقف قدّام.

Reconnaître le terrain, les personnes dont le succès dépend, تعرّف بالناس.

Être sur son terrain, parler de ce qu'on sait bien, تكلّم في فنّه.

Gagner du terrain, avancer peu à peu vers le succès, تقدّم - قدّم.

Terrasse, s. f., levée de terre, عرمة تراب - كومة.

Terrasse, toit en plate-forme, سطح; pl., سطوح.

Terrasser, v. a., mettre de la terre derrière un mur pour le fortifier, وضع تراب ورا حايط لتمكينه.

Terrasser, jeter par force à terre, رمى على الارض I.

Terrasser, au fig., consterner, faire perdre courage, ادهش - كسر قلبه I.

Terrasser, ôter les forces, accabler, لوّش - اعدمه القوى.

Terrassier, s. m., homme qui travaille à la terre, نكّاش الارض.

Terre, s. f., élément; le globe terrestre, composé de terre et d'eau; sol, أرض. Sous terre, تحت الارض ‖ Dormir sur la terre, نام على الارض ‖ La terre s'est ouverte, انشقّت الارض ‖ Tremblement de terre, زلزلة ‖ Le globe de la terre, كرة الارض.

Terre, en parlant des diverses natures de terre, أرض; pl., أراضي. Terre fertile, أرض خصيبة ‖ Terre stérile, أرض عاقرة.

Terre à potier, terre cuite dont on fait les vases, فخّار ‖ Endroit où l'on cuit cette terre, فخّورة ‖ Terre argileuse dont on se sert au bain, بيلون ‖ Terre sigillée, طين مختوم ‖ Qui est de terre (vase), من طين.

De la terre, de la poussière, تراب ‖ Il prit un peu de terre dans sa main, اخذ شوية تراب في يدّ ‖ Ils transportaient la terre dans des paniers, ينقلوا التراب في قفف ‖ Jeter de la terre sur un mort, اهال التراب على ميت.

Terre, sépulture, ثرى - تراب ‖ Que la terre lui soit légère, طاب ثراه (vœu que l'on ajoute après le nom d'une personne qui n'est plus).

Terre, contrée, أرض; plur., أراضي - بر.

Terre, domaine, fonds, أرض; plur., أراضي.

Terre, bord de la mer, continent, بر. Aller à terre, طلع الى البر A. ‖ La terre ferme, le continent, البر الاصيل.

Toute la terre, tous les hommes, جميع الناس.

Terreau, s. f., fumier pourri et réduit en terre, سبخ.

Terre-noix, s. f., plante bulbeuse, بلبوس.

Terre-plein, s. m., plateau, سطح.

Terrer, v. n., se cacher sous terre, اختفى تحت الارض.

Terrestre, adj. com., de la terre, de sa nature, أرضي.

Terrestre, l'opposé de spirituel, d'éternel, سفلي - عالماني - دنيوي.

Terreur, s. f., épouvante, grande crainte, فزع - هول - خوف عظيم; plur., اهوال.

**Terreux, se**, adj., mêlé de terre, ترابى - مخلوط بتراب.

**Terrible**, adj. com., qui est propre à donner de la terreur, مخيف - مهول.

**Terriblement**, adv., d'une manière à inspirer de la terreur, بهول.

**Terrien**, adj., qui possède des terres, صاحب اراضي.

**Terrier**, adject. et subst. masc., registre du dénombrement des terres, زمام - غنداق العقارات.

*Terrier*, cavité dans la terre, retraite des lapins, جحر; plur., اجحار.

**Terrine**, s. f., vase de terre en cône tronqué, ماجور; plur., مواجير.

**Territoire**, s. m., espace de terre qui dépend d'une juridiction, etc., ارض.

**Territorial, e**, adj., qui concerne le territoire, ارضى.

**Terroir**, s. m., terre considérée par rapport à l'agriculture, ارض - تراب - طين.

**Terrorisme**, s. m., système, régime de terreur, ايام اضطهاد.

**Terroriste**, s. m., agent ou partisan du système de la terreur, مضطهد.

**Tertre**, s. m., éminence de terre, colline, تلة; plur., تلال - كوم; plur., كيمان, اكوام.

**Tesson**. *Voyez* **Têt**.

**Testacé, e**, adj. com., couvert d'une écaille dure et forte, ابو باغة - صدفى.

**Testament**, s. m., acte qui contient les dernières volontés, وصية - وصّى. *Faire son testament*, اوصى. || *Laisser quelque chose à quelqu'un par testament*, وصّى له بشى. *Le Nouveau Testament*, l'Évangile, العهد الجديد. *L'Ancien Testament*, العهد القديم.

**Testamentaire**, adj. com., qui regarde le testament, يخص الوصية.

**Testateur, trice**, s., qui fait son testament, موصى.

**Tester**, v. n., faire son testament, وصّى.

**Testicule**, s. m., corps glanduleux où se prépare la semence, بيضة - خصى; plur., خصى; plur., بيضات, بيض.

**Testimonial, e**, adj., qui rend témoignage, يشهد. *Preuve testimoniale, par témoins*, اثبات الشى بالشهادة.

**Têt**, ou **Tesson**, s. m., morceau de pot cassé, قطع; plur., قطعة فخارة مكسورة.

**Tétanos**, s. m., convulsion qui roidit le corps, دو مورجه - لقوة.

**Têtard**, s. m., petit de la grenouille, ولد الضفدع.

**Tête**, s. f., chef, partie de l'animal, راس; pl., رؤوس. *Couper la tête*, رمى رقبته I. || *Tomber la tête la première*, وقع على راسه شكب || *Mal de tête*, صداع - وجع راس. || *Donner le mal de tête*, صدّع - وجّع الراس. || *Rompre la tête à quelqu'un, l'étourdir, l'importuner*, وجّع راسه - ازعجه - O. نخر عظمه.

*Aller tête levée*, au fig., ne pas craindre les reproches, مشى و راسه مرفوع I. || *Il n'ose plus lever la tête*, ما بقى له راس ينشال - يرتفع. || *Aller la tête baissée, avec courage, sans examen*, مشى وهو مغمض عينيه I. || *Laver la tête*, au fam., réprimander, فتل راسه - عمل له تغسيلة راس - سبخ الشجرة. || *Se jeter la tête la première*, au fam., *en aveugle*, نزل نزلة اعمى على I.

*A la tête de cinq cents cavaliers (il partit)*, سافر فى خمسماية فارس I. *Il était à leur tête, il les commandait*, كان هو يتقدمهم - كان هو المقدم عليهم. || *En tête, à la tête, devant, au premier rang*, قدّام. || *Se jeter à la tête de, faire trop d'avances*, فى راس الصف - فى اوايلهم - رمى O., عرض نفسه على I. || *Bonne tête*, عقل سليم. || *Bonne tête, homme qui a une bonne tête*, عاقل - صاحب عقل سليم. || *Mauvaise tête, homme en-*

tété, etc., مُثَقَّل. ‖ Je donne ma tête à couper qu'il ne reviendra pas, هيهات ان كان بقى بيجى. ‖ Tourner la tête à quelqu'un, lui faire adopter ses opinions, O. - دوّر راسه - ادار راسه - صبغه. ‖ A. Tourner la tête, rendre fou d'amour, لعب فى عقله - اخذ عقله - سوّسده - O. سلب عقله - جننه. La tête me tourne, je suis prêt à me trouver mal, انا دايخ. ‖ La tête lui tourna, il fut prêt à se trouver mal, داخ O. ‖ Crier à tue-tête, fam., crier de toute sa force, عيّط صرخ حتى جاب التأييهين. ‖ Avoir la tête à soi, وعى على روحه aor., يعى; vulg., يوعّى. ‖ Depuis ce moment il n'a plus la tête à lui, و من هذيك الساعة ما عاد وعى. ‖ Avoir en tête, فى خاطره. ‖ Porter à la tête, monter à la tête, لطش الراس - ضرب على الراس I. O. ‖ Qui a la tête près du bonnet, qui s'irrite aisément, روحه فى مناخيره - سريع الغضب. ‖ Deux têtes dans un bonnet, deux personnes de même opinion, طيزين فى لباس. ‖ Donner de la tête contre un mur, خبط براسه فى الحايط - طرق راسه فى الحايط. ‖ Ne savoir où donner de la tête, تحيّر فى امره - ما عرف ايش العمل. ‖ Coup de tête, étourderie, hardiesse, لطشة - صوت. ‖ Perdre la *tête*, au fig., perdre le sang-froid, la présence d'esprit, le jugement, ضيّع المعقول - ضاع عقله I. ‖ Qui a perdu la tête, طاش عقل I. ‖ طايش العقل ‖ Tenir tête à quelqu'un, au fig., lui résister, s'opiniâtrer, قاومه - عانك - ثبت قدامه له. ‖ Mettre en tête, au fig., suggérer, حط فى عقل احد. ‖ Se mettre une chose en tête, دخّل, وقف - حط, دخّل فى عقله فى راسه. Par *tête*, على راس كل واحد.

TÊTE A TÊTE, adv., seul à seul, en particulier, من راس لراس. Être tête à tête avec quelqu'un, اختلى بعضهم - اختلى معه.

TÊTE-A-TÊTE, s. m., entretien de deux personnes, اختلا.

TÊTE-CORNUE, s. f., plante, وربينج انثى.

TÉTER, v. a., tirer le lait de la mamelle par la succion, رضع A. Donner à téter, ارضع - رضّع.

TÉTIÈRE, s. f., partie de la bride, راسية - باشلق.

TÉTIN, s. m., bout de la mamelle, بزّ; plur., بزاز - حلمة.

TÉTINE, s. f., pis de la vache, de la truie, بزّ - ضرع.

TÉTON, s. m., mamelle de femme, بزّ; plur., بزاز - زوايز; plur., زيزة - ثدى; plur., نهود - نهد (Barb.).

TÉTRAÈDRE, s. m., terme de géométrie, ذو اربع قواعد.

TETTE, s. f., le bout de la mamelle des bêtes, حلبة بزّ; plur., حلمات.

TÊTU, E, adj., obstiné, عنيد الراى - مثقّل - جقم.

TEXTE, s. m., les propres paroles d'un auteur, متن - نصّ.

Texte, passage de l'Écriture, au fig., sujet de discours, عبارة.

TEXTUEL, LE, adj., qui est dans le texte, نصّى.

TEXTUELLEMENT, adv., sans s'écarter du texte, على موجب النصّ.

TEXTURE, s. f., action de tisser; au fig., le tissu, la liaison d'un ouvrage, نساجة.

THAUMATURGE, adj. com., qui fait des miracles, صانع العجايب.

THÉ, s. m., arbrisseau; ses feuilles, شاى.

THÉÂTRAL, E, adject., qui appartient au théâtre, ne convient qu'à lui, ملعبى - يصلح للعب - الكومدية.

THÉÂTRE, s. m., lieu où l'on représente les pièces dramatiques, etc., ملعب; pl., ملاعب.

*Théâtre*, au fig., lieu où un homme peut développer ses grands talents, ses belles qualités, مظهر - ميدان.

## THÉ

THÉIÈRE, s. f., vase à bec pour le thé, ابريق الشاى.

THÉBAÏDE, s. f., province d'Égypte, صعيد مصر.

THÉISME, s. m., croyance de l'existence d'un Dieu, إيمان بالة واحد.

THÉISME, s. m., qui reconnaît l'existence d'un Dieu, موحّد بالله.

THÈME, s. m., sujet, matière; t. de collége, composition d'un écolier, موضوع.

Thème céleste, terme d'astrologie, كشف النجم - استخراج الطالع.

THÉMIS, s. f., déesse de la justice; au fig., la Justice, العدل.

THÉOCRATIE, s. f., gouvernement où les chefs sont regardés comme les ministres de Dieu, حكم السلطنة والامامة فى نفس شخص.

THÉOCRATIQUE, adj., de la théocratie, qui lui appartient, يخص الحكم المذكور.

THÉODICÉE, s. f., justice de Dieu, عدالة الله.

THÉOLOGAL, s. m., qui enseigne la théologie, etc., مدرس فى علم الكلام و اللاهوت.

THÉOLOGAL, E, adj., qui a Dieu pour objet, لاهوتى.

THÉOLOGIE, s. f., science qui a Dieu, la révélation et la religion pour objet, علم اللاهوت.

THÉOLOGIEN, s. m., qui sait, enseigne la théologie, معلّم فى علم اللاهوت.

THÉOLOGIQUE, adj. com., qui concerne la théologie, لاهوتى.

THÉOLOGIQUEMENT, adv., selon les principes de la théologie, لاهوتيًا.

THÉORÈME, s. m., t. de mathématique, proposition d'une vérité spéculative qui peut se démontrer, قضيّة ; plur., قضايا.

THÉORICIEN, s. m., qui connaît les principes d'un art, عالم علمًا لا عملًا - عالم باصول الفن.

THÉORIE, s. f., connaissance qui s'arrête à la spéculation sans passer à la pratique; spéculation, علم نظرى - علم بلا عمل للرياض الخياض مقابل.

## THO 807

THÉORIQUE, adj. com., qui regarde la théorie, نظرى - علمى.

THÉORIQUEMENT, adv., d'une manière théorique, نظريًا - علميًا.

THÉRAPEUTIQUE, s. f., partie de la médecine qui enseigne à guérir les maladies, معالجة الامراض.

THÉRIACAL, E, adj., qui a la vertu de la thériaque, ترياقى.

THÉRIAQUE, s. f., composition dont la base est la chair de vipère; cordial, antidote, ترياق. Sorte de thériaque d'excellente qualité, ترياق فاروق. || Celui que le serpent a touché mourra avant que la thériaque arrive de l'Irak, الى ان يجى الترياق من العراق يكون الملسوع مات.

THERMOMÈTRE, s. m., instrument pour indiquer les degrés de froid ou de chaud, ميزان الطقس - ميزان الحرّ و البرد.

THERMAL, E, adj. (eau), eau minérale chaude, ماء ينبع من الارض وهو حارّ.

THERMES, s. m. pl., bain, حمّام; pl., حمّامات.

THÉSAURISER, v. n., amasser des trésors, de l'argent, جمع مال - كنز A. I.

THÉSAURISEUR, SE, s., qui thésaurise, كنّاز.

THÈSE, s. f., proposition, question à discuter, ou que l'on défend publiquement dans les écoles, مسألة - مجادلة ; plur., مسايل. Soutenir une thèse, اثبت مسألة.

THÉURGIE, s. f., magie pour entretenir commerce avec les dieux bienfaisants, ورد.

THLASPI, s. m., plante, خنفج - توربثة - تودرى - هرو السطوح.

THON, s. m., grand poisson de la Méditerranée, تنّة - تنّ - سمك حوت.

THORACHIQUE, adj. com., relatif à la poitrine, bon pour la poitrine, صدرى.

THORAX, s. m., poitrine, صدر.

THRUMBUS, s. m., tumeur à l'endroit de la saignée, ورم يحدث فى موضع الفصادة.

THUYA, s. m., arbre, شجر الحياة.

THYM, s. m., plante, صعتر - حاشا - سعتر.

THYMBRÉE, s. m., espèce de thym, صعتر.

THYMÉLÉE, s. f., Lauréole, Garou, بينب.

TIARE, s. f., bonnet du pape, قلنسوة البابا - تاج البابا.

TIBIA, s. m., os intérieur de la jambe, عظم الساق - القصبة الكبرى.

TIBIAL, adj., qui regarde le tibia, ساقى.

TIC, s. m., maladie, mouvement convulsif des chevaux, داء يعترى الخيل و هو نوع حركة تشنجية.

Tic, habitude ridicule, عادة رديّة - داء.

TIÈDE, adj. com., entre le chaud et le froid, فاتر.

Tiède, au fig., sans ardeur, بارد.

TIÈDEMENT, adv., بفتور.

TIÉDEUR, s. f., qualité de ce qui est tiède, فتور.

Tiédeur, au fig., manque d'ardeur, فتور - برود.

TIÉDIR, v. n., devenir tiède, فتر O. Faire tiédir de l'eau, فتر ماء.

TIEN, NE, pr. possessif, qui t'appartient, متاعك - بتاعك.

Les tiens, au plur., tes proches, اقاربك.

Les tiens, ceux qui te sont attachés, جماعتك.

TIERCELET, s. m., mâle d'oiseau de proie, ذكر الطيور الجوارح.

TIERCER, v. a., séparer une chose en trois, قسم مثلاثة.

TIERS, TIERCE, adj., troisième, ثالث. En main tierce, فى امانة. || Fièvre tierce, سخونة مثلثة - حمى غب.

TIERS, s. m., la troisième partie, ثلث; plur., اثلاث.

Un tiers, une troisième personne, ثالث. La chose s'est passée entre nous deux, il n'y avait de tiers que Dieu, صار بينى و بينه و الله ثالثنا.

Le tiers et le quart, fam., tout le monde sans choix, دول ودول.

TIGE, s. f., partie de l'arbre, de la plante qui soutient les branches, les feuilles, les fleurs, اصل - ساق نبات. Tige de plantes droites, comme tabac, aubergines, etc., شتلة. || Tige de plantes rampantes, comme concombres, etc., شتر; plur., شرور.

Tige, premier père, اصل.

TIGRE, TIGRESSE, s., bête féroce, نمر, نمرة; plur., نمورة et نمور.

Le Tigre, fleuve, شط مراد - الدجلة. Le Tigre et l'Euphrate réunis, coulant ensemble depuis Korna jusqu'au golfe Persique, se nomment شط العرب.

TIGRÉ, E, adj., مبرقش.

TILLAC, s. m., le plus haut pont du navire, فوقانى المركب - سطح المركب.

TILLEUL, s. m., arbre, زيزفون - سوسن. Eau de fleurs de tilleul, ما زهر الزيزفون.

TIMBALE, s. f., espèce de tambour à l'usage de la cavalerie, طبيل; plur., طبول - كوس; plur., كوسات. Plus petite timbale, نقريبة - نقارة.

TIMBALIER, s. m., qui bat des timbales, طبّال - دقاق نقريات.

TIMBRE, s. m., cloche frappée par un marteau, جرس.

Timbre pris pour le son du timbre, دق الجرس.

Timbre, au fig., son de voix, حس.

Timbre, marque imprimée au papier, دمغة - نشان - علامة.

Timbre, au fig. fam., la tête de l'homme, دماغ - راس - عقل.

TIMBRÉ, E, adj., marqué de timbre, مختوم بالدمغة.

Tête timbrée, au fig. fam., tête folle, مشهور - ملطوش - راس اخوت.

TIMBRER, v. a., marquer d'un timbre, دمغ O.

## TIQ        TIR    809

Timbreur, s. m., celui qui timbre, دمّاغ.

Timide, adj. com., peureux, خويف.

*Timide*, honteux, qui n'a pas d'assurance, حيي - مستحي.

Timidement, adv., avec timidité, بخجل.

Timidité, s. f., qualité de l'être timide, honteux, مستحيا - خجل - حيا.

Timon, s. m., pièce d'une voiture, جرّار - يشابه العجلة.

*Timon*, terme de mer, barre du gouvernail, يد الدقّة.

*Timon*, au fig., gouvernement d'un État, des affaires, etc., تدبير الامور - تولّي الامر.

Timonier, s. m., celui qui gouverne le timon, ماسك يد الدقّة - مدبّر الدقّة.

Timoré, e, adj., qui craint d'offenser Dieu, خايف.

Tine, s. f., espèce de tonneau, دنّ.

Tinette, s. f., petite cuve, دست.

Tintamarre, s. m. fam., bruit éclatant avec confusion, هيلولة - غاغة - غوشة. Faire du tintamarre, غوّش - هلّل.

Tintement, s. m., prolongement du son d'une cloche ; sensation que l'on éprouve dans l'oreille, طنين.

Tinter, v. a., faire sonner lentement une cloche, اطنّ.

*Tinter*, v. n., sonner lentement ; au fig., se dit de l'oreille qui éprouve une sensation semblable à un bourdonnement, طنّ I. A.

Le cerveau lui *tinte*, il est un peu fou, راسه مشعور.

Tintouin, subst. masc., inquiétude, embarras, غلبة - غمّ - همّ.

Tique, s. f., insecte noirâtre qui s'attache aux oreilles des chiens, etc., قراد.

Tiquer, v. n., avoir le tic, به داء.

Tiqueté, adj., moucheté, منقّط.

Tir, s. m., ligne suivant laquelle on tire le canon, etc., طلاق - تنشين - تحرير.

Tirade, s. f., longue suite de phrases ou de vers, قطعة من نثر او شعر.

Tirage, s. m., action de tirer, جرّ - سحب.

Tiraillement, s. m., action de tirailler, agitation, جرجرة - شطّطة.

Tirailler, v. a., tirer à diverses reprises de côté et d'autre, جرجر - شطّط.

*Tirailler*, tirer d'une arme à feu souvent ou sans ordre, بندق.

Tiraillerie, s. f., action de tirer sans ordre et sans but, بندقة.

Tirailleurs, s. m. pl., t. militaire, soldats qui tirent isolément, شلّاشات.

Tirant, s. m., cordon qui sert à ouvrir ou fermer, زرار - مزرّ.

Tirasse, s. f., sorte de filet, نوع شبكة.

Tire (Tout d'une), adv. fam., sans discontinuer, بلا انقطاع - في نفس واحدة.

Tire-balle, s. m., instrument pour tirer une balle d'un fusil, برمة.

Tire-bouchon, s. m., vis de métal pour tirer des bouchons, برمة.

Tire-d'aile, s. m., battement d'aile prompt et vigoureux, توفرف.

A tire-d'aile, adv., le plus vite possible, أسرع ما يكون.

Tire-ligne, s. m., instrument pour tracer des lignes, قلم تسطير.

Tire-lire, s. f., vase pour serrer de l'argent, مطهورة - حصّالة.

Tirer, verbe act., amener à soi, ou après soi, I. حذب - O. جرّ - A. سحب.

*Tirer*, ôter, faire sortir, أخرج I. Tirer ses bottes, A. قلع جزمته.

*Tirer*, décharger des armes à feu, طلاق I. O. - ضرب I. O. Tirer un coup de canon, ضرب مدفع.

‖ Tirer un coup de fusil, قَوَّس. ‖ Tirer au vol, قوس طاير.

*Tirer*, lancer des armes de trait, ضرب .O. I - رمى .I.

*Tirer*, recueillir, percevoir, حصّل. Tirer du profit de, انتفع ب - استفاد من. ‖ Tirer de quelqu'un l'argent qu'il doit, خلّص منه حقّه.

*Tirer* vanité de, افتخر.

Le vin est *tiré*, il faut le boire, مثلها صفيت اشرب ; prov.

*Tirer* des armes, faire des armes, طعن بالسيف - لعب بالسيف.

*Tirer*, faire venir du dehors, جلب من برّا .O. I - جاب من برّا .I.

*Tirer* une lettre de change sur, سحب بوليصة على.

*Tirer* de l'eau d'un puits, سحب ماء من بير .A.

*Tirer*, délivrer, خلّص من.

*Tirer*, extraire d'un ouvrage, recueillir dans un ouvrage, التقط .I.

*Tirer*, extraire par distillation, استخرج .I.

*Tirer*, inférer, conclure, استنتج من .I.

*Tirer* l'or, l'argent, جرّ .O. A. سحب.

*Tirer*, tracer, رسم .O. - سطر.

*Tirer*, faire le portrait de quelqu'un, رسم .O. - صوّر.

*Tirer* du sang, saigner, فصد .O. - اخذ دم من .I.

*Tirer* au clair, éclaircir, كشف - صفّى .I. - استفهم الامر جيدًا.

*Tirer*, imprimer, طبع .A.

*Tirer* son origine, être issu, خرج من .O. - انتسب الى.

*Tirer* vengeance, se venger, خلّص حقه من - اخذ ثاره من.

*Tirer* au sort, ضرب القرعة - اقترع .O. I.

*Tirer* sur, en parlant du rapport des couleurs, ضرب الى - مال الى .O. I.

*Tirer* à sa fin, قرب من الانتهاء. Tirer à sa fin, être prêt de mourir, اشرف على الموت.

*Tirer* la langue, اخرج لسانه.

Faire *tirer* la langue, au fig. fam., faire attendre l'assistance, نشّف الريق.

*Tirer* le sabre, سلّ السيف .O.

Se *tirer* d'affaire, s'en tirer, خلص من .A.

TIRET, s. m., division, trait d'union, شرطة.

TIREUR, s. m., t. militaire, celui qui tire des armes à feu, بنداقي.

*Tireur*, t. de commerce, celui qui tire une lettre de change, ساحب بوليصة.

TIREUR D'OR, s. m., qui tire, bat et file l'or et l'argent, قصبجي.

TIROIR, s. m., petite caisse à coulisses dans une armoire, etc., درج ; plur., ادراج - قجر (Barb.).

Tiroir à argent, ou petit coffre qu'ont les marchands dans leur boutique pour y mettre la monnaie, صرّافة.

TISANE, s. f., eau d'une infusion, سويق - ما البزور - ما الاصول.

TISON, s. m., reste d'un morceau de bois dont une partie a été brûlée, جذوة ; plur., جذى.

TISONNER, v. n., remuer les tisons, حرّك الحطب.

TISSER, v. a., faire un tissu, نسج .O. I. - حيّك.

TISSERAND, s. m., qui fait des tissus, des étoffes, حايك - حيّاك - قزّاز.

TISSERANDERIE, s. f., profession du tisserand, حياكة.

TISSU, s. m., liaison de plusieurs choses entrelacées qui font un corps, نسج - نسيج.

*Tissu*, petit ouvrage tissu, حباكة - حبك.

*Tissu*, au fig., longue suite d'actions, عقد - سلك.

*Tissu*, ordre, suite, نظام.

TISSURE, s. f., liaison de ce qui est tissu, لحمة - حباكة.

TOI          TOI    811

*Tissure*, au fig., disposition, liaison d'un ouvrage de littérature, نظام - سدَى.

TITHYMALE, s. m., plante, زلاعية - يتوع - نيّوع; plur., لواعى.

TITILLANT, E, adj., qui titille, منغِمش.

TITILLATION, s. f., chatouillement, نَغْمَشة.

TITILLER, v. a. et n., éprouver un mouvement de titillation; chatouiller, نغمش.

TITRE, s. m., inscription à la tête d'un livre, d'un chapitre, عنوان - اسم.

*Titre*, qualité, nom de dignité, لقب - اسم ; pl., القاب.

*Titre*, acte qui établit un droit, حجة - تمسك; plur., حجج.

*Titre*, droit de posséder, etc., حقّ ; pl., حقوق. A bon, à juste titre, بالحقّ.

*Titre*, degré de finesse d'un métal, عيار.

A *titre*, adv., en qualité de, باسم. A titre de grâce, comme une grâce, من باب الكرم.

TITRER, v. a., donner un titre d'honneur, سمّى - لقب بالقاب شرف.

TITRÉ, E, adj., qui a des titres, ملقب بالقاب شرف.

TITUBATION, s. f., ارتجاج.

TITULAIRE, adj., qui a un titre sans possession; qui a un titre, صاحب اسم.

TLEMSEN, ville, تلمسان.

TOCSIN, s. m., cloche pour donner l'alarme, ناقوس عظيم يُدَقّ عند الفتن يسمع صوته من فراسخ.

Sonner le *tocsin* sur, au fig., animer le public contre, قوّم الشعب على.

TOI, pronom de la deuxième pers. com., انتَ ; fém., انتِ ; كَ - كَ fém., كِ.

TOILE, s. f., tissu de fil, de lin, de chanvre, de coton, بَزّ - قماش (Barb.). Toile de lin, قماش - كتّان. ‖ Toile de lin blanchie, مقصور. ‖ Toile de coton, خام. ‖ Toile des Indes, شيت.

‖ Toile cirée, مشمّع. ‖ Toile imprimée, بصمة.

*Toile*, tissu que font les araignées, هلسوس - نسج العنكبوت.

*Toile*, rideau qui cache le théâtre, ستارة.

TOILERIES, s. f. pl., marchandises de toiles, بياض - اقمشة.

TOILETTE, s. f., toile garnie, étendue sur une table, محرمة.

*Toilette*, table chargée des petites choses qui servent à l'ornement, à l'ajustement des femmes, بشتختة حريم.

*Toilette*, détails de l'ajustement, زينة.

*Toilette*, habillement soigné, غندرة.

TOILIER, ÈRE, s., marchand de toiles, قمّاش.

TOISE, s. f., mesure de longueur de six pieds, قصبة مقدارها ستة اقدام.

Mesurer à la *toise*, au fig. fam., n'avoir égard qu'à la taille, قاس على الطول I. Mesurer à sa toise, juger des autres d'après soi, عدّ الناس I. قاس الناس على نفسه - مثله.

TOISÉ, s. m., t. d'architecture, mesurage à la toise; art de mesurer, قياس.

TOISÉ, E, adj., mesuré avec la toise, منقاس.

TOISER, v. a., mesurer avec la toise, قاس I.

*Toiser*, au fig. fam., examiner quelqu'un attentivement avec dédain, قاس - قاس طوله I. بالنظر.

TOISEUR, s. m., qui mesure avec la toise, قيّاس.

TOISON, s. f., dépouille d'un mouton, d'une brebis, جزّة ; plur., جزز.

TOIT, s. m., couverture d'un bâtiment, سطح ; plur., سطوح (en terrasse) - جملون ; plur., جمالين (en dos d'âne).

TÔLE, s. f., fer en feuilles, صفيح الحديد - حديد مصفح.

TOLÉRABLE, adj. com., qu'on peut tolérer, يُطاق - محتمل.

TOLÉRANCE, s. f., احتمال.

Tolérant, e, adj., qui tolère, indulgent, مسامح - محتمل -.

Tolérantisme, s. m., système qui fait tolérer toutes sortes de religions, احتمال كل الاديان.

Tolérer, v. a., supporter des choses répréhensibles, avoir de la tolérance, احتمل - صبر على O.

Tollé, s. m. (crier) sur, exciter l'indignation contre quelqu'un, قوّم الناس على.

Tomate, s. f., sorte de pomme d'amour, تماتم - بادنجان فرنجي.

Tombac, s. m., métal composé de cuivre et de zinc, تنباك.

Tombe, s. f., sépulcre, pierre qui couvre une sépulture, مقبرة ; plur., مقابر - قبر.

Tombeau, s. m. sépulcre, monument élevé à la mémoire d'un homme, قبر ; pl., تربة - قبور, pl., ترب.

Tomber, v. n., être entraîné du haut en bas par son poids, وقع ; aor., يقع - سقط A. O. طاح I. (Barb.). La muraille est tombée, هبط الحايط I. O. || Les feuilles des arbres sont tombées, انتشرت أوراق الاشجار. || Le plafond de la chambre est tombé, خفس سقف البيت. || Tomber de la main, de la poche, سلت من اليد A. طح من اليد O. || Tomber les uns sur les autres, تكردسوا فوق بعضهم. || Il est tombé de Charybde en Scylla, هرب من الدبّ ووقع في الجبّ. Faire tomber, jeter à terre, رمى - وقع I. || La pluie tombe, المطر ينزل.

Tomber malade, وقع مريض - مرض A. Tomber mort, وقع ميّت.

Tomber dans le péché, وقع في الخطية. Tomber en faute, en erreur, وقع في الغلط.

Tomber sous la puissance de quelqu'un, وقع تحت يد.

Tomber, échoir en partage, صح ل I.

Tomber à coups de bâton sur, اتكى عليه نزل عليه بالعصا I. Tomber sur, fondre sur,

هجم على - انقض على O. || Tomber sur quelque chose, la trouver, عثر في - وقع على O.

Tomber, être pendant, se dit des cheveux, des habits, نزل I. Elle laissa tomber ses cheveux sur ses épaules, ارخت شعرها على اكتافها - اسبلت.

Tomber, au fig., déchoir de sa réputation, de son crédit, نزل I. انحط.

Tomber, être affaibli, هبط O.

Tomber, ne pas réussir, سقط A. O.

Tomber, pécher, زلّ I.

Tomber, dégénérer, تلف A.

Tomber des nues, être extrêmement surpris, اندهل A. - بهت - وقع في الحيرة.

Tombereau, s. m., sorte de charrette, مزبلة - عربانة.

Tome, s. m., volume, مجلد - جزو.

Ton, s. m., degré d'élévation ou d'abaissement de la voix, d'un son, صوت - مقام الصوت.

Ton, manière de parler, نوع كلام. Si vous le prenez avec moi sur ce ton, اذا تكلمت معي بمثل تكلّم - غيّر كلامه. || Changer de ton, هذا الكلام بنوع اخر.

Etre au ton de, avoir de la conformité avec, وافق.

Ton, son, نغمة.

Ton, mode dans lequel est composée une pièce de musique, طبقة. Elle prit le luth, l'accorda et chanta sur un ton élevé, اخذت العود واصلحته وغنّت طبقة عالية.

Ton, degré de force, de tension, قوّة.

Ton, mode, manière, conduite, كسم. Le bon ton, celui des gens bien élevés, كسم الناس.

Ton, pron. possessif, ك. Ton père, ابوك - (à une femme), ابوكِ.

Tondeur, euse, s., qui tond, جزاز - قصاص.

Tondre, v. a., couper la laine, جزّ O. Tondre, couper les poils des animaux, des étoffes, les cheveux, قصّ O.

Tondu, e, adj., dont on a coupé la laine, مجزوز.
Tondu, dont on a coupé le poil, les cheveux, مقصوص.

Tonique, adj. com., qui fortifie (remède), مقوّى.

Tonnant, e, adj., qui tonne; fort, éclatant, راعد.

Tonne, s. f., grand tonneau, دنّ; plur., دنان.

Tonneau, s. m., vaisseau de bois pour les liquides, برميل; plur., براميل - بتّيّة, pl. بتاتى.

Tonnelle, s. f., berceau couvert de verdure, عريش.

Tonnellerie, s. f., profession de tonnelier; lieu où l'on fait les tonneaux, معمل البتاتى - كار البراميلى.

Tonnelier, s. m., qui fait des tonneaux, براميلى.

Tonner, v. n., se dit du bruit que fait le tonnerre, le canon; au fig., parler avec véhémence, A. رعد - أرعد.

Tonnerre, s. m., bruit éclatant occasionné par une explosion électrique entre deux nuées, رعد; plur., رعود.

Tonnerre, foudre, صاعقة; plur., صواعق.

Tonnerre, endroit de l'arme où est la poudre, موضع البارود.

Coup de tonnerre, au fig., aventure fâcheuse et imprévue, صاعقة.

Tonsille, s. f., amygdale, لوزة.

Tonsure, s. f., marque faite par l'évêque à un ecclésiastique en lui coupant les cheveux, رسمة - حلاقة شمّاس - رشمة.

Tonsuré, adj. m., qui a reçu la tonsure, موسوم - مقصوص الشعر - مرشوم.

Tonsurer, v. a., donner la tonsure, رشم I. - O. قصّ الشعر. O. رسم.

Tonte, s. f., action de tondre les moutons; laine tondue, جزّة - قصّة.

Tonte, temps où l'on tond les troupeaux, زمن الجزّ.

Tonture, s. f., poil que l'on tond sur le drap, وبرة مقصوصة.

Tonture, branches ou feuilles que l'on coupe, etc., تقليبة.

Topaze, s. f., pierre précieuse, ياقوت أصفر.

Toper, v. n., consentir, A. رضى ب.

Topinambour, s. m., plante d'Amérique semblable à la pomme de terre, كمايتة بلاد الامريك.

Topique, s. m., remède appliqué extérieurement sur une partie malade, دوا يوضع على موضع الوجع.

Topiques, au plur., t. de rhétorique, traité de lieux communs d'où l'on tire les arguments, موارد الكلام.

Topographie, s. f., description exacte et en détail d'un lieu, d'un canton, بيان بلاد.

Topographique, adj. com., de la topographie, يخصّ بيان البلاد.

Toque, s. f., sorte de chapeau, قلنسوة.

Toque, centaurée bleue, plante, قصيدة.

Torche, s. f., sorte de flambeau grossier de cire, de résine, شعلة; plur., شعل - مشعلة; plur., مشاعل.

Torche, bardelle, sorte de selle de toile et de bourre ou paille, جلال.

Torche-cul, s. m., مسحة طيز.

Torche-nez, s. m., corde, etc., avec laquelle on serre le nez d'un cheval, زيار - مشخّص.

Torcher, v. a., essuyer, frotter, A. مسح.

Torcher, au fig. fam., faire à la hâte, mal faire, خبّص - هبّب.

Torchis, s. m., mortier mêlé de paille, سياع.

Torchon, s. m., serviette de grosse toile pour torcher, مسحة; plur., مماسح.

Tordre, v. a., برم - برّم. O. - فتل I. Tordre du fil, فتل خيط. || Tordre du linge pour en exprimer l'humidité, عصر القماش. || Tordre le cou, برم الرقبة.

*Tordre*, au fig., mal interpréter, donner un sens faux, I. قلب الكلام.

Tormentille, s. f., plante, طورمنتيلا - عرق الانجبار.

Torpeur, s. f., engourdissement profond, خدر.
*Torpeur*, au fig., ونى.

Torpille, s. f., poisson électrique qui cause un engourdissement quand on le touche, رعادة - راعدة.

Torréfaction, s. f., action de torréfier, تحميص.

Torréfier, v. a., griller, rôtir, حمّص.

Torrent, s. m., courant d'eau impétueux et rapide, سيل; plur., سيول.

*Torrent*, au fig., se dit des affaires, des passions, تيّار - طيّار.

Torride, adj. com. (zone), المنطقة الحارّة.

Tors, e, adj., tordu, qui en a la figure, ملتوى - مفتول.

Tort, s. m., ce qui est contre la raison, la justice, عيب - ظلم - خطاء - العيب عنك. Il a tort, خطا صار منك. || Vous avez eu tort, الحقّ عليه. || Donner tort à quelqu'un, O. حكم عليه.

*Tort*, lésion, dommage juste ou injuste, ضرر; plur., اضرار - مضرّة - تلافي. Faire tort à quelqu'un, lui causer du préjudice, ضرّة - O. اذاء - أساء. || Quel tort vous ai-je fait? ايش اسيتك.

Faire *tort* à quelqu'un, lui faire injure, I. ظلم.

A *tort*, adv., sans justice, sans raison, مـــن غير حقّ.

A *tort* et à travers, sans discernement, sans considération, شقلبًا مقلبًا - من غير تمييز - لخبطة.

Torticolis, s. m., douleur qui empêche de tourner le cou, نزل على الرقبة صاحبه لا يقدر يدير راسه - لوى.

Torticolis, adj., qui a le cou tors, معوّج الرقبة.

Tortillage, s. m., façon de s'exprimer confuse et embarrassée, لفّ فى الكلام.

Tortillement, s. m., action de tortiller, لوى - فتل.

*Tortillement*, petites finesses dans les affaires, لفّ - تلوّى.

Tortiller, v. a., tordre à plusieurs tours, لفلف - فتّل - برم.

*Tortiller*, au fig. fam., chercher des détours, des subterfuges, O. لفّ - تلوّى - تلولو.

Tortillon, s. m., bourrelet sur la tête pour porter un fardeau, لوّاية.

Tortu, e, adj., contrefait, de travers, اعوج - معوّج.

Tortue, s. f., animal amphibie, سلحفا; plur., سلاحف - سلحفا; plur., سحالف.

Tortuer, v. a., rendre tort, عوّج.

Tortueusement, adv., d'une manière tortueuse, بعوج.

Tortueux, se, adj., qui fait plusieurs tours et retours, qui n'est pas droit; au fig., se dit de la conduite, اعوج - متلوّى - ملولو.

Voie *tortueuse*, pos. et fig., طريقة عوجا.

Torture, s. f., tourment, عذاب.

Torturer, v. a., donner la torture, عذّب.

Tost, Toast, s. m., action de porter aux convives la santé de, شرب فى محبّة احد.

Tôt, adv., vite, promptement, عاجلًا - قوام. Tôt ou tard, dans un temps indéterminé mais certain, قريبًا او بعيدًا - اليوم ام غدا. || Trop tôt, قبل وقته. || Plus tôt, قبل. || Plus tôt que plus tard, قبل بساعة.

Sitôt que, aussitôt que, dès que, عندما - وقتها - اوّلها.

Aussitôt, promptement, حالًا - بالعجل.

Total, s. m., le tout, la totalité, جملة.

Total, e, adj., كلّى.

Totalement, adv., entièrement, كلّيًا - بالجملة - بالمرّة.

Totalité, s. f., le total, كلّ - كلّية - تمّة.

Touchant, e, adj., qui touche le cœur, محنّن - حسّ شجّى. Son de voix touchant, محرّك القلب.

*Touchant*, prép., sur, concernant, بخصوص - في فيها يخصّ -.

Touche, s. f., pièce de clavier, دستان ; plur., دساتين ; ملمسة plur., ملامس.

*Touche*, épreuve, محكّة. Pierre de touche, حجر محكّ.

*Touche*, t. de peinture, etc., manière de faire, صنعة.

Toucher, v. a., mettre la main à, ou sur quelque chose, لمس A. - مسّ A. - سطع A. - لق O. Ne me touche pas, يدك عني - لا تسطعني ‖ Toucher la main à quelqu'un, lui donner une poignée de main, صافحه. ‖ Ils se touchèrent la main, تصافحوا - دقوا يد بيد.

*Toucher*, être en contact avec, لاصق ل - اتصل ب.

*Toucher*, recevoir de l'argent, قبض I. Jusqu'à ce qu'il touche le revenu de ce village, الى ان يدخل له مدخول هذه الضيعة.

*Toucher*, frapper légèrement, rencontrer, effleurer, دقر - اندقر على - O. - حكم - صادف - هق. Le bout de la pipe a touché mes habits et les a salis, راس الغليون اندقر على ثيابي فلوثها.

*Toucher*, éprouver, حكّ O.

*Toucher*, terme de mer, aborder, رسى في I.

*Toucher*, t. de musique, jouer, دقّ على O.

*Toucher*, au fig., ne touchez pas cette corde-là, ne parlez point de cela, لا تتعرّض لهذا الحديث.

*Toucher*, traiter, parler incidemment, هقّ I. - ذكر طرفاً من O.

*Toucher*, émouvoir, رقّق - حرّك القلب - شجّى - حنّ.

*Toucher*, concerner, regarder, خصّ I. O. Cela ne me touche pas, هذا ما - مالى فيه علاقة - يخصّني.

*Toucher*, t. de géométrie, avoir un point de contact, ماسّ.

*Toucher*, atteindre à quelque chose, لق O. - وصلت يدك الى.

*Toucher* à une époque, en être près, قرب A. من زمان. Toucher à sa fin. *Voy.* TIRER.

*Toucher*, appartenir par le sang, قرب ل A.

*Toucher* à, prendre, ôter une partie de, حكّ O. - اخذ شي من O.

*Toucher* à, apporter quelque changement, غيّر.

*Toucher*, terme de mer, heurter le fond, un rocher, لطم O.

*Se toucher*, v. pron., être contigu, se joindre, اتّصل ببعضه - لاصق بعضه بعضه.

TOUCHER, s. m., le tact, لمس.

TOUER, v. a., faire avancer un navire en tirant un câble d'un point fixe, سحب مركب A.

TOUFFE, s. m., assemblage de plantes, de branches, de cheveux, شوشة - باقة.

TOUFFU, E, adj., épais, bien garni, qui est en touffe, كثيف - مكلّل.

TOUG, s. m., queue de cheval au bout d'une pique, طوغ ; plur., اطواغ.

TOUJOURS, adv., sans cesse, من غير انقطاع - على الدوام - دايما.

*Toujours*, sans fin, دايماً. Pour toujours, الى الابد. L'affaire languit toujours, المادة لم تزل مرتخية.

TOUPET, s. m., touffe de poils, de cheveux, cheveux au haut du front, ناصية - قتّة ; pl., نواصي. Toupet sur le front des chevaux, ناصية - طرّة - غرّة (Halep).

TOUPIE, s. f., cône de bois, jouet d'enfant, دوّامة - قربرة.

TOUR, s. m., mouvement en rond ou autrement, دورة.

*Tour*, circuit, circonférence, داير A. Faire le tour de, دار O. - دار حول.

*Tour*, tournure d'une affaire, وجه أمر. Il a donné un bon tour à l'affaire, ارواه الامر وجه حسن.

|| Il donne aux affaires le tour qu'il lui plaît, يدير الامور كما يريد. || Voyons le tour que prendra cette affaire, نشوف كيف يتحوّل الامر.

*Tour*, rang successif, alternatif, دور. C'est votre tour, اعمل دوركـ - دورك انت. || Tour à tour, دور و دور - بالنوبة - بالدور.

*Tour*, machine pour façonner en rond le bois, les métaux, etc., مخرطة. Mettre sur le tour, ركّب على المخرطة.

*Tour*, action qui exige la promptitude, l'adresse, trait de subtilité, de finesse, ملعوب ; pl., ملاعيب.

*Tour*, tromperie, surprise, بلفكك - دولاب - ملاعيب ., plur ; ملعوب - حيل ., plur ; حيلة ; plur., مناصب. Jouer un tour à quelqu'un, O. - نصب عليه ـ A. - لعب عليه - نصب عليه حيلة - لعب عليه ملعوب - احتال على - تحارف على.

*Tour*, manière de s'exprimer, نوع.

A *tour* de bras, adv., de toute sa force, بحيلة - بكل قوّته.

*Tour*, promenade, برمة - دورة. Faire un tour de promenade, برم برمة .O - دار دورة .O.

*Tour* de force, triomphe d'une grande difficulté, عياقة - بدع.

*Tour*, armoire ronde tournant sur un pivot, دولاب.

Tour, s. f., bâtiment beaucoup plus haut que large, برج ; plur., ابراج.

*Tour*, au jeu d'échecs, رخ.

Tour de babel, s. f. fam., lieu où il règne de la confusion, où l'on ne s'entend pas, قصر بابل.

Tour de reins, s. m., انحلال الظهر. Qui a un tour de reins, محلول الظهر.

Tour du baton, s. m., profit illicite, برّاني.

Tourbe, s. f., multitude confuse, لمّة.

*Tourbe*, terre bitumineuse propre à brûler, نوع تراب له بعض خصائص النفط و يصلح للوقود.

Tourbillon, s. m., vent impétueux qui tournoie, نفقة - زوبعة - عاصف (Barbarie).

*Tourbillon*, masse d'eau qui tournoie en forme d'entonnoir, دوّار الماء - غوّار - شيمة.

*Tourbillon*, au fig., tout ce qui entraîne les hommes, تيّار - زوبعة.

Tourelle, s. f., petite tour, برج صغير.

Tourment, s. m., grande et violente douleur corporelle, وجع ; plur., اوجاع - عذاب.

*Tourment*, supplice; au fig., peine d'esprit, الم - عذاب ; plur., الام.

Tourmentant, e, adj., qui tourmente, يعذّب.

Tourmente, s. f., orage, tempête sur la mer; au fig., se dit d'une révolution, زوبعة.

Tourmenter, v. a., faire souffrir quelque tourment, عذّب.

*Tourmenter*, agiter violemment, importuner, harceler, donner de la peine, مرمر - عذّب - عتّى.

Se *tourmenter*, v. pron., se donner beaucoup de peine, تعذّب - تعتّف.

Tournailler, v. n., faire beaucoup de tours et de détours, برم O.

Tournant, s. m., lieu où l'eau tourne toujours, دوّار الماء.

*Tournant*, coude, coin de chemin, de rue, عوجة - عرقوب.

Tournant, e, adj., qui tourne, داير.

Tournebroche, s. m., machine pour tourner la broche, التّ لتدوير سيخ.

Tournée, s. f., voyage en plusieurs endroits, voyage annuel et périodique, سرحة - دورة - شقّة.

Tourner, v. a., mouvoir en rond, برم - دوّر I.

*Tourner*, passer auprès en tournant, دار حول O.

- Il faut que nous tournions cette borne, عوّج بدّنا نعوّج هذه الحجرة.

*Tourner*, façonner au tour, خرط O.

*Tourner*, mettre en un autre sens, قلب I.

*Tourner*, diriger vers, وجّه ، ادار الى. Tourner la tête vers, دار وجهه الى. ‖ Tourner la bride de son cheval, لوى عنان فرسه I. ‖ Tourner le dos à quelqu'un, اعطاه ظهره. ‖ Tourner le dos, prendre la fuite, انهزم .O - هرب - ولّى هاربًا.

*Tourner*, interpréter, اوّل.

*Tourner*, donner un certain tour, une tournure, ادار. Tourner quelqu'un en ridicule, عمله مسخرة ‖ تمسخر عليه - اضحك - تضحّك عليه. Tourner une chose en raillerie, la prendre comme une plaisanterie, اخذ الشى على طريق المزاح.

*Tourner*, arranger d'une certaine manière les paroles, les pensées, ركّب - نظّم.

*Tourner* une personne à son gré, manier son esprit, ادار عقله. Tourner la tête de quelqu'un, lui inspirer des idées, l'égarer, نفخ فى راسه .O - لعب فى عقله A. ‖ Tourner la tête à quelqu'un, l'excéder, l'importuner, زقّه. ‖ Tourner la tête, faire tourner la tête à quelqu'un, le charmer, قطع عقله - اخذ عقله.

*Tourner*, questionner pour surprendre, غفّ O.

*Tourner*, v. n., se mouvoir en rond, دار .O - برم .O - فتل .O.

*Tourner*, se mouvoir à droite ou à gauche, دار .O - اندار - مال الى I. Tourne à droite, مل الى اليمين.

*Tourner*, commencer à mûrir, ضرب O. I.

*Tourner*, s'altérer, فسد A. - انعكس - انفسد.

*Tourner*, s'aigrir, حمض A. Tourner en vinaigre, تخلّل.

La tête lui *tourne*, il a un vertige, un étourdissement, هو دايخ - داخ O. La tête lui a tourné, il est devenu fou, جنّ - اختلّ عقله.

*Tourner* en, ou *Se tourner* en, se changer en, passer d'un état à un autre, انقلب - تحوّل - صار I. عاد O.

*Tourner* court, au fig. fam., abréger, éviter l'explication, قاطع.

*Tourner*, prendre une tournure, تحوّل. Tourner mal, devenir mauvais, تلف A. - انعكس. L'affaire a mal tourné, فشلت المادّة - انعكست.

*Se tourner*, v. pron., التفت - اندار. Se tourner vers quelqu'un, التفت اليه.

TOURNESOL, s. m., plante dont la fleur paraît suivre le cours du soleil, دوّار الشمس - عبد الشمس - اكرار.

TOURNEUR, s. m., qui façonne au tour, خرّاط.

TOURNIQUET, s. m., machine qui tourne, ملوى.

TOURNOYER, v. n., tourner en faisant plusieurs tours, برم .O - برم.

*Tournoyer*, au fig. fam., biaiser, chercher des détours, لفّ O. - حاول.

TOURNURE, s. f., tour, manière, هيئة - نوع. Jeune homme d'une jolie tournure, شابّ مليح الاوصاف. ‖ Voyons quelle tournure prendront les choses, نشوف كيف يتحوّل الامر. ‖ Tournure de phrase, تركيب.

*Tournure*, ouvrage des tourneurs, خراطة.

TOURTE, s. f., sorte de pâtisserie, فطيرة - بقلاوة ; plur., فطير.

TOURTEREAU, subst. m., petit de la tourterelle, فرخ يمام.

TOURTERELLE, s. f., oiseau du genre du pigeon, يمامة ; coll., يمام - ستيتية - قمرى, plur., قمارى ; ترغل - درغل.

TOURTIÈRE, s. f., ustensile pour faire cuire les tourtes, صينية.

TOUSSAINT, s. f., fête de tous les saints chez les chrétiens, عيد القدّيسين.

TOUSSER, v. n., faire l'effort et le bruit que cause la toux, كحّ .O - سعل O. Tousser à dessein, faire hum, hum, نحنح - تنحنح.

TOUT, s. m., chose considérée dans son entier, كلّ.

TOUT, adv., entièrement, sans réserve, كلّيًا.

*Tout* à coup, incontinent, حالًا. Tout à coup je vois venir des hommes vers moi, و اذا بناس مقبلين

818  TOU　　　　　　　　　　　TRA

*Tout* à fait, entièrement, بالمرّة - كلّيا. ما لاقيت الّا وجايبيس ناس - على. Tout à fait fou, مجنون طاول - مجنون خالص. ‖ Tout à fait semblable, مثله طبق.

*Tout* à point, tout à propos, فى وقته - فى محلّه.

*Tout* au plus, au plus, بالكثير.

*Tout* haut, بالعالى. Tout bas, doucement, بالشويش - بالواطى. ‖ Tout seul, واحدك - Tout de bon, sérieusement, en vérité, صحيح - من جدّ. ‖ Tout de même, de la même sorte, سوانين. ‖ Tout du long, depuis le commencement jusqu'à la fin, بطوله - على طويله - من راس لراس. ‖ Tout ensemble, au même temps, سوا - معًا.

Point du *tout*, ou du *tout*, nullement, لا - قطّ - اصلًا - ابدًا.

Rien du *tout*, absolument rien, لا شى ابدًا - لا شى اصلًا.

En *tout*, tout compris, الجملة.

Par *tout*, en tout lieu, فى كلّ مكان.

Après *tout*, dans le fond, tout bien considéré, ومع ذلك - بعد كلّ هذا.

Surtout, principalement, خصوصًا.

*Tout* sage qu'il est, مع انه عاقل. Tout riche qu'il est, مع انه غنى - ولو انه غنى.

Tout, e, adj., جميع - كلّ. Tous les hommes, الناس كلّهم - كلّ الناس - جميع الناس. ‖ Il les tua tous, قتلهم عن اخرهم - قتلهم جميعهم - كلّهم قاطبة. ‖ Tous sans exception, قتلهم باسرهم. ‖ Il l'aime de tout son cœur, يحبّه من كلّ قلبه. Toute l'affaire est en deux mots, غاية الامر كلمتين. ‖ Tout arbre qui ne porte point de fruit, كلّ شجرة لا تجيب ثمرة. ‖ Tout homme est sujet à la mort, كلّ نفس ذايقة الموت. ‖ Tout homme qui, كلّ من. ‖ Tous les jours, كلّ يوم و ثانيه - كلّ يوم. ‖ Tous les deux ou trois jours, كلّ يومين ثلاثة. ‖ Tous les quelques jours, كلّ قليل - كلّ كم يوم. ‖ Prendre de toutes mains, اخذ من دول و من دول. Somme toute, en somme, النهاية.

TOUT-PUISSANT, s. m., Dieu, qui a un pouvoir sans bornes, قادر على كلّ شى - ضابط الكلّ.

TOUTE-BONNE, s. f., plante, كلّه طيب.

TOUTE-PRÉSENCE, s. f., attribut de Dieu présent partout, حضور الله فى كلّ مكان.

TOUTE-PUISSANCE, s. f., puissance infinie, قدرة كلّية.

TOUTE-SCIENCE, s. f., science infinie, علم كلّى.

TOUTEFOIS, adv., néanmoins, مع ذلك.

TOUTENAGUE, subst. f., substance métallique, توتيا معدنى - خارصينى.

TOUTESAINE, s. f., arbrisseau, رمّان الانهار.

TOUX, s. f., mouvement convulsif de la poitrine accompagné de bruit, كحّة - سعلة - سعال.

TOXICODENDRON, s. m., arbre, نوع سمّاق.

TOXIQUE, s. m., poison, سمّ; plur., سموم.

TRACAS, s. m., mouvement accompagné de trouble et d'embarras, دكّة.

*Tracas*, au fig., embarras, peine, عجقة - غلبة - انزعاج.

TRACASSER, v. a. fam., tourmenter, inquiéter, نكّد على.

TRACASSER, v. n., se tourmenter, s'agiter pour peu de chose, دبّك - دوّج نفسه.

TRACASSERIE, s. f., mauvais incident, chicane, مناقرة - نكد.

*Tracasserie*, rapport qui tend à brouiller, خبصة.

TRACASSIER, ÈRE, s., qui tracasse, qui chicane sur rien, مناقر.

*Tracassier*, brouillon indiscret, qui excite des brouilleries, شكلى - خبّاص.

TRACE, s. f., vestige d'un homme, d'un animal, d'un corps où il a passé, أثر; plur., آثار. Suivre les traces, marcher sur les traces, pos. et fig., تبع - اقتفى أثره - اثره.

*Trace*, marque que laisse une voiture, أثر - جرّة; plur., آثار.

*Trace*, impression des objets sur l'esprit, etc., اثر; plur., اثار.

TRACÉ, s. m., trait d'un plan, d'un ouvrage, terme d'arts, رسم.

TRACEMENT, s. m., action de tracer, رسم - ترسيم.

TRACER, v. a., tirer les lignes d'un dessin, رسم O.

*Tracer* le chemin, au fig., donner l'exemple, اروى, اورى الطريق.

TRACHÉE, s. f., canal de l'air, قصبة.

TRACHÉE-ARTÈRE, s. f., canal qui porte l'air aux poumons, قصبة الرية.

TRACTION, s. f., action d'une puissance qui tire un mobile, جذب.

TRADITION, s. f., voie par laquelle un fait se transmet de bouche en bouche, حديث - رواية.

*Tradition*, t. de pratiq., action de livrer, تسليم.

TRADITIONNEL, LE, adj., fondé sur la tradition, نقلى.

TRADITIONNELLEMENT, adv., selon la tradition, على الرواية.

TRADUCTEUR, s. m., qui traduit d'une langue en une autre, مفسر - مترجم.

TRADUCTION, s. f., action de traduire d'une langue en une autre, نقل, استخراج من لغة الى اخرى - ترجمة.

*Traduction*, ouvrage traduit, ترجمة; plur., تراجم.

TRADUIRE, v. a., faire une traduction, ترجم. مترجم, مفسر بالفرنساوى I. || Traduit en français, Traduire un livre du français en arabe, نقل, استخرج كتاب من الفرنساوى الى العربى.

*Traduire*, citer en justice, طلب فى الشريعة O. ادعى على احد فى المحكمة -.

*Traduire*, transférer quelqu'un d'un lieu en un autre, نقل O.

TRADUISIBLE, adj. com., qui peut être traduit, يترجم.

TRAFIC, s. m., commerce, تجارة - متجر.

TRAFIQUANT, s. m., commerçant, تاجر; plur., تجار.

TRAFIQUER, v. n., faire trafic, باع واشترى I. - تاجر.

TRAGACANTE, s. f., ou ADRAGANT, s. m., plante qui donne la gomme adragant, قتاد.

TRAGÉDIE, s. f., poëme dramatique, لعب تقليد بكلام منظوم و فيه يذكر بعض الحوادث العظام.

*Tragédie*, au fig., événement funeste, مصيبة; plur., مصايب.

TRAGI-COMIQUE, adj., مضحك و مبكى.

TRAGIQUE, adj. com., qui appartient à la tragédie, مهول - مهتم.

*Tragique*, au fig., funeste, malheureux, مهول - محزن.

TRAGIQUEMENT, adv., d'une manière tragique, بهول.

TRAHIR, v. a., faire une perfidie à quelqu'un, lui manquer de foi, غدر A. - O. خان - تخاوز على (en secret) - تخامر على (ouvertement). On n'est jamais trahi que par les siens, كل شى له افة من جنسه حتى الحديد يسطو عليه المبرد prov.

*Trahir*, manquer à, خان O. Trahir son serment, خان I. - عاب ||Trahir son devoir, نقص فى الواجب -.

*Trahir* un secret, افشى سرّ.

*Trahir*, laisser voir, fig., نمّ على I.

*Se trahir*, v. pron., se déceler par imprudence, indiscrétion, فضح نفسه A. Le menteur se trahit par sa propre bouche, بذات فمه يفتضح الكذوب.

TRAHISON, s. f., action de celui qui trahit, خيانة - غدر - مخاوزة - مخامرة -.

TRAIN, s. m., allure des chevaux; façon d'aller, مشى - سير. Aller bon train, grand train, سار بالعجل I.

*Train*, charronnage qui porte le carrosse, خشب عربة.

52.

*Train* d'artillerie, عدّة مدافع.

*Train* de devant, train de derrière, partie antérieure et postérieure d'un quadrupède, مقدم - موخر.

*Train*, suite, valets, chevaux, اتباع و خيل - خدم و حشم. Homme qui mène un grand train, فاتح باب كبير.

*Train*, espèce de radeau, كلك.

*Train*, au fig., cours et état des choses, حال - جرى الامور. Le train des affaires, جرى.

Aller son *train*, au fig. fam., continuer, prospérer, سار I. - مشى I.

Mettre en *train*, mettre en action, exciter au plaisir, حرّك. Je ne suis pas en train de, en humeur de, ما لى جلادة حتى - ما لى نفس حتى.

Il est en *train* de dîner, il dîne actuellement, عمّال يتغدى.

TRAÎNANT, E, adj., qui traîne, يشحط فى الارض - يُجَرّ.

*Traînant*, au fig., languissant, واقف - ضعيف.

TRAÎNEAU, s. f., sorte de voiture sans roues, نوع عربة بلا عجل.

*Traîneau*, sorte de filet, نوع شبكة.

TRAÎNÉE, s. f., suite de choses en long, قطرة.

TRAÎNER, v. a., tirer après soi, سحب - جرّ O. A.

*Traîner* les cœurs après soi, au fig., سلب القلوب.

*Traîner*, allonger, différer, طوّل. Traîner quelqu'un, ماطله.

*Traîner*, v. n., pendre jusqu'à terre, شحط A. - جرّ فى الارض A.

Laisser *traîner* une chose, ne point la serrer, دشّر O. - غفل عن الشى O. - خلّى الشى مطروح - سيّب.

L'affaire *traîne*, languit, الدعوة لم تزل مرتخية.

*Traîner*, rester en arrière, قصّر - تأخّر.

Se *traîner*, v. pron., marcher en rampant, avancer avec peine, دبّ A. - زحف I. - حبى I. Se

traîner sur le ventre, رحى على بطنه.

TRAÎNEUR, s. m., terme militaire, qui reste en arrière, مقصّر - متأخّر.

TRAIRE, v. a., tirer le lait, حلب A. I.

TRAIT, s. m., javelot, flèche, سهم ; plur., حراب ; plur., سهام - حربة.

*Trait*, longe avec laquelle les chevaux tirent un carrosse, etc., مجرّ.

*Trait*, ce qu'on avale d'une gorgée, action d'avaler tout d'une haleine, جرعة - بلع - عبّ.

*Trait*, ligne tracée avec la plume, etc., رسم ; pl., رسوم ; خطّ ; plur., خطوط.

*Trait*, linéament du visage, تقاطيع الوجه.

*Trait*, au fig., acte, action, عمل ; plur., اعمال. Trait de perfidie, خيانة - عملة خاين.

*Traits*, beaux endroits d'un écrit, محاسن.

*Trait*, saillie, نكتة ; plur., نكت.

Avoir *trait* à, se rapporter à, ناسب - تعلّق ب.

TRAITABLE, adj. com., doux, avec qui on peut traiter, يتعامل - سهل المعاملة.

TRAITANT, s. m., qui se charge du recouvrement des impositions à certaines conditions, عامل ; pl., عمّال.

TRAITE, s. f., étendue de chemin que l'on fait sans s'arrêter, مرحلة - مسيرة.

*Traite*, transport de marchandises d'un pays à un autre, نقل بضايع من بلاد الى بلاد - جلبة.

*Traite*, commerce des banquiers, مصارفة.

*Traite*, droits sur les marchandises qui sortent ou qui entrent, عوايد - كمرك.

*Traite*, lettre de change tirée sur quelqu'un, بوليصة.

TRAITÉ, s. m., ouvrage où l'on traite d'une science, d'une matière, رسالة - كتاب فى.

*Traité*, convention entre souverains ou particuliers, اتّفاق - عهد ; plur., عهود.

TRAITER, v. a. et quelquefois neutre, discourir, raisonner sur un sujet, بحث عن - تكلّم فى A.

# TRA        TRA     821

Traiter une matière à fond, اِسْتَقْصَى فِى الْمَادَّة.
‖ Chaque chapitre traite d'un sujet particulier, كُلّ فصل ينطوي على معنى يخصّه.

*Traiter*, négocier, accommoder, régler une affaire, دبّر, اتمّ امر.

*Traiter* de, négocier pour vendre, acheter, louer, اتّفق على بيع او شرا - فاصل.

*Traiter* quelqu'un, le régaler, وجّب - ضيّف.

*Traiter*, agir avec quelqu'un de telle ou telle manière, عامل. Traiter quelqu'un le mieux possible, عامله بالاحسن. ‖ Traiter avec équité, أنصف - عامله بالانصاف. ‖ Traiter honorablement, أكرم. ‖ Traiter avec les égards convenables, قام بواجب O. ‖ Traiter ignominieusement, بهدل. ‖ Je le traite en frère, اخذه بمقام أخى ‖ Traiter quelqu'un cavalièrement, ما ... استخفّ به - اعتنى فيه.

*Traiter* quelqu'un de, le reconnaître pour, le qualifier de, سمّى.

*Traiter*, panser, médicamenter, عالج - داوى.

TRAITEMENT, s. m., accueil, manière d'agir avec quelqu'un, تعامل - معاملة.

*Traitement*, soins, pansements, manière de conduire une maladie, علاج - مداواة.

*Traitement*, appointements, علوفة - جامكية; plur., علايف.

*Traitement*, honneurs, اكرام.

TRAITEUR, s. m., qui donne à manger pour de l'argent, شوّا - طبّاخ - طعّام.

TRAÎTRE, SSE, s., qui fait une trahison, خاين; plur., خوّان - خيّان.

*Traître*, qui fait le mal à l'improviste, غدّار.

En *traître*, adv., en trahison, بغدر.

TRAÎTREUSEMENT, adv., بغدر.

TRAJET, s. m., espace à traverser, مسافة.

*Trajet*, action de passer du bord d'un fleuve à l'autre, قطع نهر. ‖ Faire le trajet d'un endroit à un autre, سار من موضع الى آخر I.

TRAME, s. f., fil passé entre les chaînes, لحمة - طعمة.

*Trame*, au fig., complot, خيانة - عصبة. Ourdir une trame, دبّر خيانة.

TRAMER, v. a., passer la trame, لحم القماش - حبك.

*Tramer* un complot, دبّر خيانة - نعصب. Tramer la perte de quelqu'un, تعامل عليه - احتال على هلاكه - A. عمل على هلاكه.

TRAMONTANE, s. f., vent du Nord, côté du Nord dans la Méditerranée, ريح شمالية - جهة الشمال.

Perdre la *tramontane*, au fig. fam., se troubler, s'égarer, حار - تخبّل - اضاع نحاسته I.

TRANCHANT, s. m., fil d'un couteau, etc., حدّ. A deux tranchants, ذو حدّين.

TRANCHANT, E, adj., qui tranche, حادّ - قاطع.

*Tranchant*, au fig., péremptoire, décisif, قاطع.

*Tranchant*, qui décide hardiment, محتّم.

TRANCHE, s. f., morceau coupé mince, قطعة; plur., قطع - شقفة - حتّة.

*Tranche*, bord rogné d'un livre, حافية كتاب.

TRANCHÉE, s. f., terme militaire, fosse, fossé pour se couvrir lors d'un siège, حفرة - خندق; plur., خنادق.

*Tranchée*, douleurs vives et aiguës dans les entrailles, تقطيع - مغاص.

TRANCHELARD, s. m., couteau de cuisine, ساطور.

TRANCHER, v. a., couper, قطع A.

*Trancher* les jours de, صرم عمره O.

*Trancher* le mot, قال الكلمة O.

*Trancher*, au fig., décider, فصل I. Trancher une question, فصل دعوة. ‖ Trancher la difficulté, lever l'obstacle, رفع المانع.

*Trancher*, v. n., décider hardiment, avec présomption, حتم I.

*Trancher* court, terminer en peu de mots, نهى I. - وجز فى كلامه I.

*Trancher* du, etc., contrefaire, ادّعى ب -

A. Trancher du grand seigneur, عمل نفسه - نفسه خربة كبيرة.

*Trancher*, en parlant de couleurs qui sont très-différentes, افترق.

TRANCHET, s. m., outil de cordonnier, etc., شفرة - ازميل.

TRANCHOIR, s. m., tailloir, plateau sur lequel on tranche la viande, قرمة.

TRANQUILLE, adj. com., paisible, calme, sans émotion, مهني - مرتاح - مستريح - هادي (Barb.). La mer est tranquille, البحر راكن || Soyez tranquille, n'ayez point d'inquiétude, لا يكون لك فكرة || Il ne reste jamais tranquille, كونوا مطمئنين || Laissez-moi tranquille, ما يهدى - ما يركن || خليني - خلصني - اعتقني.

TRANQUILLEMENT, adv., d'une manière tranquille, براحة - بهدو.

TRANQUILLISER, v. a., calmer l'agitation, هدّى - سكّن.

*Tranquilliser*, rendre exempt de trouble, de souci, ريّح البال - طيّن. Tranquilliser l'esprit de quelqu'un au sujet de, طيّبنه, طيّبين خاطره علي - ريّح باله من طرف, من جهة.

*Se tranquilliser*, v. pron., se reposer, se tenir tranquille, استراح.

*Se tranquilliser*, cesser d'être inquiet, اطمأن - ارتاح قلبه على شي - ارتاح فكره.

TRANQUILLITÉ, s. f., état de ce qui est tranquille, عافية - راحة - هدو (Barbarie). Tranquillité d'esprit, طمأنينة, اطمئنان الخاطر - راحة البال.

TRANSACTION, s. f., acte par lequel on transige sur un différend, مصطلح - اتفاق - مساوية.

TRANSCENDANCE, s. f., supériorité marquée de génie, de talent, فضل - علو.

TRANSCENDANT, E, adj., qui excelle en son genre, فايق - فاضل - عالي.

TRANSCRIPTION, s. f., action par laquelle on transcrit, نقل.

TRANSCRIRE, v. a., copier un écrit, نقل .O - نسخ A.

TRANSE, s. f., frayeur, رعبة - فزع.

TRANSFÉRER, v. a., faire passer à un autre, transporter, نقل O.

TRANSFIGURATION, s. f., changement d'une figure en une autre; se dit de Jésus-Christ, تجلّي.

TRANSFORMATION, s. f., changement de forme, انقلاب.

TRANSFORMER, v. a., changer d'une forme en une autre, قلب I.

*Se transformer*, v. pron., se changer en, انقلب.

*Se transformer*, au fig., prendre plusieurs caractères, تنقلّب.

TRANSFUGE, s. m., au propre et au figuré, qui abandonne son parti pour suivre l'ennemi, خاين.

TRANSFUSER, v. a., faire passer un liquide d'un récipient dans un autre, افرغ - فرّغ.

TRANSFUSION, s. f., action de transfuser, تفريغ.

TRANSGRESSER, v. a., enfreindre, outrepasser, خالف - تعدّى.

TRANSGRESSEUR, subst. m., celui qui transgresse, متعدّي - مخالف.

TRANSGRESSION, s. f., action de transgresser une loi, مخالفة - تعدّي.

TRANSI, E, adj., tout gelé, مرصوص.

TRANSIGER, v. n., passer un acte pour raccommoder une affaire, تساوى.

TRANSIR, v. a., pénétrer et engourdir de froid; saisir de froid; et *Transir*, v. n., avoir un grand froid; être pénétré de frayeur, رصوص.

TRANSISSEMENT, s. m., رصوصة.

TRANSIT, s. m., passavant, اجازة.

TRANSITIF, IVE, adj. (verbe), qui exprime l'action d'un sujet sur un autre, متعدّي.

TRANSITION, s. f., manière de passer d'un objet à un autre, انتقال - عبور.

TRANSITOIRE, adj. com., passager, وقتي.

TRANSLATION, s. f., action de transférer, نقل.

TRANSMETTRE, v. a., céder, faire passer sa possession, ses droits à un autre, نقل - حوّل O.

*Transmettre*, faire passer à ses enfants, à la postérité, خلّف - خلّى.

TRANSMIGRATION, s. f., passage d'un peuple qui abandonne un pays pour passer dans un autre, هجّة بلاد غير الى قوم انتقال, ارتحال.

*Transmigration* des âmes, تقتّص الارواح - تناسخ.

TRANSMISSIBLE, adj. com., qui peut être transmis, ينتقل.

TRANSMISSION, s. f., action de transmettre, نقلة.

TRANSMUABLE, adj. com., qui peut être changé, يتحوّل.

TRANSMUER, v. a., transformer un métal en un autre plus précieux, احال.

TRANSMUTABILITÉ, s. f., qualité de ce qui est transmuable, احالة.

TRANSMUTATION, s. f., changement d'une chose, d'un métal en un autre, تحويل شي الى شي - احالة.

TRANSPARENCE, s. f., qualité de ce qui est transparent, شفوف - شفافة.

TRANSPARENT, E, adj., diaphane, au travers de quoi l'on voit, مشفّ - شفّاف.

TRANSPERCER, v. a., شكّ I. - نفذ فى O. Il lui transperça le corps d'un coup de lance, طعنه بالرمح ‖ Un coup فى صدره اطلع السنان يلمع من ظهره qui transperce, ضربة نافذة.

TRANSPIRABLE, adj. com., qui peut sortir par la transpiration, يتصاعد.

TRANSPIRATION, s. f., sortie imperceptible des humeurs par les pores, نفاذ الاخلاط من المسامات - عرق - بواح.

TRANSPIRER, v. n., sortir par la transpiration, نفذ, تصاعد من المسامات I.

*Transpirer*, suer, عرق A.

*Transpirer*, au fig., commencer à se divulguer, شاع I.

TRANSPLANTATION, s. f., نقلة.

TRANSPLANTER, v. a., planter dans un autre endroit, غرس فى موضع اخر I. - نقل O.

*Transplanter*, transférer d'un pays à un autre, نقل من بلاد لبلاد O.

*Se transplanter*, v. pron., passer d'un pays dans un autre, انتقل.

TRANSPORT, s. m., action par laquelle on transporte une chose d'un lieu en un autre, شيل - نقل.

*Transport*, cession juridique, تحويل - نقل.

*Transport*, au fig., mouvement passionné, impétueux, هيجان.

*Transport*, enthousiasme, حماس.

TRANSPORTER, v. a., porter d'un lieu à un autre, شال I. - نقل O.

*Transporter*, céder juridiquement, حوّل - نقل O.

*Transporter*, au fig., mettre quelqu'un hors de lui-même, جنّ. Il fut transporté de colère, de joie, طار عقله من الغضب او السرور.

*Se transporter*, v. pron., se rendre sur les lieux, توجّه الى.

*Se transporter*, passer d'un lieu dans un autre, انتقل.

*Se transporter*, se laisser emporter à quelque passion, تبع هواه A.

TRANSPORTÉ, E, adjectif, ivre de passion, etc., طاير العقل من - سكران من.

TRANSPOSER, v. a., mettre une chose hors de l'ordre où elle devait être, hors de sa place, خبط - غيّر, بدّل الموضع.

TRANSPOSITION, s. f., action de transposer, خبطة - تغيير موضع.

TRANSSUBSTANTIATION, substant. fém., changement d'une substance en une autre, se dit de l'Eucharistie, تحويل الخبز و الخبز دما و جسدا.

**Transsudation**, s. f., action de transsuder, رشح.

**Transsuder**, v. n., passer au travers des pores par une espèce de sueur, رشح. - A. ترشح.

**Transvaser**, v. a., verser des liqueurs d'un vase dans un autre, فرغ من اناء الى اناء.

**Transversal, e**, adj., qui coupe obliquement, معترض.

**Transversalement**, adv., obliquement, معتاضا.

**Trapèze**, s. m., figure de géométrie dans laquelle il y a au moins deux côtés qui ne sont pas parallèles, منحرف (Hadji Khalfa) - شبيه بالمنحرف (géométrie turque).

**Trapézoïde**, s. m., figure de quatre côtés dont deux sont parallèles, شبيه بالمنحرف (Hadji Khalfa) - منحرف (géometrie turque).

**Trappe**, s. f., sorte de porte au niveau du plancher, son ouverture, باب مخبأية.

*Trappe*, piége dans une fosse, مخبأية.

**Trapu, e**, adj., gros et court, ramassé, مكتنز - مجموع - قصير و نكت.

**Traquenard**, s. m., espèce d'amble, مشية رهوان.

**Traquer**, v. a., resserrer dans une enceinte, etc., ضيق على.

**Traquet**, s. m., piége, فخ ; plur., فخاخ.

*Traquet*, claquet de moulin, طرطقة.

**Trasi**, s. m., plante, حب الكلى.

**Travail**, s. m., **Travaux**, pl., peine qu'on prend, fatigue qu'on se donne, تعب ; pluriel, اتعاب - كد - اجتهاد - جهد - مساعي, pl.; مسعى - سعى.

*Travail*, ouvrage fait, que l'on fait, ou à faire, شغل ; plur., اشغال. ‖ Ouvrier qui est sans travail, عطال. ‖ Rester sans travail, تعطل. ‖ Donner du travail à, شغل A.

*Travail*, état d'une femme en mal d'enfant, مخاض - طلق - وجع الولادة - نفاس.

*Travaux*, au plur., entreprise, اشغال.

**Travaillé, e**, adj., fait avec soin, منظوم - مشغول.

**Travailler**, v. n., faire un travail, une besogne, اشتغل في ب. Travailler à une entreprise, اجتهد, سعى في.

*Travailler*, fermenter (liqueur); se déjeter (bois), اشتغل.

*Travailler* (argent), produire de l'intérêt, اشتغل.

*Travailler*, v. a., soigner, exécuter avec soin, اعتنى ب.

*Travailler*, tourmenter, causer de la peine, اتعب - عذب.

*Travailler* son argent, le placer, lui faire produire du profit, شغل فلوسه.

*Travailler*, façonner, شغل A. - اشتغل.

*Travailler* la terre, la remuer, قلب الارض I.

**Travailleur**, s. m., adonné au travail, qui travaille, شغال - شغيل.

**Travers**, s. m., étendue d'un corps considéré selon sa largeur, عرض.

*Travers*, biais, irrégularité d'un lieu, عوج.

*Travers*, au fig., caprice, bizarrerie, irrégularité d'esprit, d'humeur, خباط عقل - انقلاب عقل.

De *travers*, adv., obliquement, منحرفا - معترضا.

De *travers*, à contre-sens, du mauvais sens, mal, بالعكس - بالمقلوب. ‖ Il prend tout de travers, ياخذ كل شي بالمقلوب. ‖ Regarder quelqu'un de travers, fig., نظر اليه بعين البغضة و الغضب.

En *travers*, d'un côté à l'autre dans la largeur, بالعرض.

A *travers*, au travers de...., au milieu, par le milieu, من وسط - بين. ‖ A travers champs, من وسط البرية. ‖ Passer son épée au travers du corps de quelqu'un, مرق سيفه من وسط جسمه. ‖ A travers le cristal, من وسط - من قفا البلور.

A tort et à *travers*, شقلبا مقلبا.

Par le *travers* de, t. de marine, à l'opposite, vis-à-vis, من قصاد - قبال.

TRAVERSE, s. f., pièce de charpente en travers, خشبة - عارضة ;.plur عوارض.

*Traverse*, rue, chemin qui coupe à travers champ, au plus court, طريق ;.plur عطف - عطفة. مقاطعة.

*Traverse*, au fig., revers, affliction, etc., نايبة ; plur. قطوع - نوايب ;.plur قطوعات. Nous avons bien des traverses à essuyer, علينا قطوعات || Il a essuyé bien des traverses, قاسى الشدايد.

*Traverse*, obstacle, مانع ;.plur موانع. Venir à la traverse, se jeter à la traverse, تعرض ل - اعترض.

TRAVERSÉE, s. f., trajet, voyage par mer, سفر في البحر.

TRAVERSER, v. a., passer à travers, d'un côté à l'autre, A. عدّى - قطع O. عبر. Traverser un fleuve, قطع النهر, عبر.

*Traverser*, être au travers de, O. عبر من وسط - شقّ O.

*Traverser*, percer de part en part, نفذ في - O. A. نفذ من وسط - مرق من وسط O.

*Traverser* quelqu'un, au fig., lui susciter des obstacles, تعرض لـ في - عطل عليه.

*Traverser* les desseins de quelqu'un, les faire échouer, عكس, افسد تدبيره.

TRAVERSIN, s. m., chevet, oreiller long, وسادة - مخدّة.

TRAVESTIR, v. a., déguiser en faisant prendre les habits d'un autre sexe, d'une autre condition, غيّر لبسه. Travestir quelqu'un en, لبسه زى.

*Travestir*, au fig., traduire en style burlesque, déguiser une pensée, la présenter sous une autre forme, قلب I.

*Se travestir*, v. pron., se déguiser, se masquer, تخفى A. Se travestir en, لبس زى.

TRAVESTISSEMENT, s. m., déguisement à l'aide des vêtements changés, تبديل - تخفى.

TRAYON, s. m., bout du pis d'une vache, d'une chèvre, etc., بزّ ;.plur حلمة - بزاز.

TRÉBUCHANT, E, adj., qui est de poids, terme de monnaie, راجح - كامل.

TRÉBUCHER, v. n., faire un faux pas, au fig., tomber, broncher, تعثّر O. عثر.

*Trébucher*, emporter par sa pesanteur le poids qui contre-pèse, رجح A.

TRÉBUCHET, s. m., sorte de balance de monnaie, ميزان.

*Trébuchet*, piège pour les oiseaux, فخّ ,.plur فخاخ.

TRÈFLE, s. m., plante, يونجه - فصّة - ربّة.

*Trèfle*, une des couleurs noires du jeu de cartes, سبّاتة - صليب.

*Trèfle* d'eau, plante médicinale, الطريفل.

TREILLAGE, s. m., assemblage de lattes, etc., en treillis, تكعيبة - مكعّب.

TREILLAGE, s. m., assemblage de petits barreaux qui se croisent et forment des carrés, تكعيب - مخرّم - قفص.

TREILLE, s. f., berceau recouvert de ceps; treillage pour la vigne, عريشة - تكعيبة.

*Treillis*, grosse toile à faire des sacs, خيش.

TREIZE, adj. com., dix et trois, ثلاثة عشر ; fém., ثلاث عشرة.

TREIZIÈME, adj. com., nombre d'ordre qui suit le douzième, ثالث عشر.

TREIZIÈME, s. m., la treizième partie, واحد من الثلاثة عشر.

TREMBLANT, E, adj., qui tremble, مرعوش - راجف - رجفان.

TREMBLANTE, s. f., espèce d'anguille électrique, رعّاشة.

TREMBLE, subst. m., espèce de peuplier, الحور - الرجراج.

TREMBLEMENT, s. m., agitation de ce qui tremble, ارتجاج - رجفه - رعشة - ارتعاش. Tremblement de terre, زلزلة ;.plur زلازل.

*Tremblement*, au fig., grande crainte, رعشة.

TREMBLER, v. n., être agité, être mû par différentes secousses, رجف. ‒ ارتجف ‒ ارتعش ‒ O. رعش ‒ A. et ترجرج (en parlant d'êtres inanimés). ‖ Trembler, comme la surface du lait caillé quand on remue le vase qui le contient, ترجرج ‖ Trembler, en parlant de la terre, زلزل ‒ تزلزل ‒ ارتج ‖ La terre tremblait sous le pied des chevaux, ارتجّت الارض من ركض الخيل. ‖ Il poussa un cri qui fit trembler les montagnes, صرخ صرخة ارتجت لها الجبال.

*Trembler*, au fig., craindre, avoir grand'peur de, ارعب من. Faire trembler, inspirer la crainte, فزع ‒ رجف ‒ ارعب.

TREMBLEUR, SE, s., qui tremble, très-craintif, خويف ‒ رعّاش.

TREMBLOTANT, E, adj., qui tremblote, يرجف ‒ رجفان.

TREMBLOTER, v. n. fam., diminutif de trembler, رجف ‒ ارتعش O. Trembloter de froid, رجف من البرد.

TRÉMECEN. Voyez TLEMSEN.

TRÉMIE, s. f., grande auge large du haut, très-étroite du bas, faisant partie d'un moulin, قادوس ‒ عين الطاحونة ‒ الطاحونة.

TRÉMOUSSEMENT, s. m., action de se trémousser, دبكة ‒ معازلة.

TRÉMOUSSER, V. n., et SE TRÉMOUSSER, v. pron., se remuer d'un mouvement vif et irrégulier, دبك A. رعص ‒ عازل.

*Se trémousser*, au fig. fam., se donner du mouvement; prendre des soins pour réussir, عازل ‒ تعب A.

TREMPE, s. f., manière de tremper le fer, سقاية ‒ سقية الحديد.

*Trempe*, fig., caractère, humeur, manière, طبيعة.

TREMPÉ, E, adj., extrêmement mouillé, منقوع ‒ مشنتج (Barb.). Trempé de sueur, غارق في عرقه ‒ مبلول.

TREMPER, v. a., mouiller en mettant dans une liqueur, نقع A. ‒ غمس I. Tremper du pain dans la sauce, غمس خبزة في المرقة.

*Tremper*, imbiber, بلّ O.

*Tremper*, plonger le fer, l'acier, dans une eau préparée, سقى I.

*Tremper* le vin, y mettre de l'eau, مزج A. النبيذ بالماء.

*Tremper*, v. n., être dans quelque chose de liquide, انتقع في.

*Tremper*, au fig., participer, être complice, له علقة ‒ له يد في ‒ O. حطّ يدل في ‒ له اشتراك معهم في.

TRENTAINE, s. f., nombre de trente, ثلاثين et ثلثين.

TRENTE, adj. com., trois fois dix, ثلاثين.

TRENTIÈME, adj. com., nombre ordinal, ثلاثين.

TRÉPAN, s. m., instrument de chirurgie, مثقب.

TRÉPANER, v. a., ثقب القحف.

TRÉPAS, s. m., mort, اجل ‒ وفاة.

TRÉPASSÉ, s. m. fam., mort, متوفى. Les trépassés, الاموات ‒ الموتى.

TRÉPASSER, v. n. fam., mourir de mort naturelle, توفى ‒ تنتح.

TRÉPIDATION, s. f., tremblement, ارتجاج.

TRÉPIED, s. m., ustensile de cuisine, اثفية; plur., منصب ‒ كساكر; plur., كسكارى ‒ اثافى.

*Trépied*, support, siège à trois pieds, كرسى بثلاث قوايم.

TRÉPIGNEMENT, s. m., action de trépigner, دبكة ‒ ديدبة.

TRÉPIGNER, v. a., frapper des pieds contre terre d'un mouvement prompt et fréquent, دبدب ‒ دبك.

TRÈS, particule qui marque le superlatif, جدًّا. ‖ Très-bon, (Barb.) قبالة ‒ قوى قوى مليح (Barb.). Très-prudemment, بغاية بكمال الحزم والاحتياط.

TRÉSOR, s. m., or, argent dans le sein de la terre,

plur., كُنوز - ركيزة ؛ pl., ركائز. Trésor enfoui, كنز مخباية - مطمورة - دفينة.

Trésor, amas d'or, d'argent, de choses précieuses mises en réserve; lieu où l'on les garde; lieu de leur dépôt, خزينة ; pl., خزينة - خزن. Trésor de l'État, trésor public, الخزنة - خزاين. بيت المال.

Trésor, richesse, chose très-précieuse, كنز ; pl., كنوز.

TRÉSORERIE, s. f., les finances d'un État, le trésor public, خزنة المال.

TRÉSORIER, s. m., خزندار.

TRESSAILLEMENT, s. m., agitation subite d'une personne qui tressaille, نطة. || Tressaillement de joie, اهتزاز من السرور. || Tressaillement de crainte, رجفة.

Tressaillement, mouvement soudain et convulsif des nerfs, انجذاب.

TRESSAILLIR, v. n., éprouver une agitation vive et passagère, انجذب نط O. Tressaillir de crainte, ارتجف من الخوف. || Tressaillir de joie, اهتز من السرور.

TRESSE, s. f., tissu plat de fil, etc., entrelacé, جديلة ; plur., جدايل.

Tresse, cheveux tressés, assujettis sur trois brins de soie, ضفيرة ; plur., ضفاير - جديلة ; plur., جدايل. || Assemblage postiche de tresses de cheveux que les femmes attachent à leur tête, et laissent pendre derrière elles, عبيدية.

TRESSER, v. a., cordonner en tresse, جدل I. O. - ضفر - ظفر I. O.

TRESSEUR, SE, s., qui tresse les cheveux, مضفر.

TRÉTEAU, s. m., pièce de bois étroite portée sur quatre pieds, جحش ; plur., جحش - صقالة.

TREUIL, s. m., البكرة لرفع الاحمال.

TRÊVE, s. f., suspension d'hostilités par convention, مهادنة - متاركة.

Trêve, au fig., relâche, cessation, مهلة. Donner trêve à quelqu'un, اعطاه مهلة - امهله.

Trêve de cérémonie, بلا تكليف. Trêve de plaisanterie, دع عنك المزاح - خلي المزاح - بلا مزاح. Faire trêve à, cesser, خلي عن.

TRIAGE, s. m., choix, تسقية.

TRIANGLE, s. m., figure qui a trois côtés et trois angles, مثلث. Triangle acutangle, dont tous les angles sont aigus, مثلث حاد الزوايا.

Triangle, constellation, المثلث. L'étoile qui est au sommet du triangle se nomme راس المثلث.

TRIANGULAIRE, adj. com., qui a trois angles, ذو ثلاث زوايا.

TRIANGULAIREMENT, adv., en triangle, مثلثا.

TRIBADE, s. f., femme qui abuse d'une autre femme, سحيقة.

TRIBORD, s. m., côté droit du vaisseau vu de la poupe, كردور متاع اليمين - جنب المركب اليمين (Barb.).

TRIBU, s. f., grande famille, peuplade, قبيلة ; plur., قبايل - سبط ; plur., اسباط - عشيرة ; plur., عشائر - عرش ; pl., اعراش (Barb.).

TRIBULATION, s. f., affliction, adversité, شدة ; plur., شدايد - تجربة ; plur., تجارب.

TRIBULE, s. m., plante, حسك - اخلة.

TRIBUN, s. m., magistrat pour représenter le peuple, رئيس الشعب ; plur., رؤسا.

TRIBUNAL, s. m., siège, juridiction d'un juge, d'un magistrat, محكمة ; plur., محاكم. Tribunal d'un confesseur, كرسي الاعتراف.

TRIBUNAT, s. m., dignité de tribun, رياسة الشعب.

TRIBUNE, s. f., lieu élevé où se place un orateur, منبر ; plur., منابر.

Tribune, place élevée pour des assistants, pour des musiciens, موضع مرتفع - طبقة.

TRIBUT, s. m., ce qu'on paye, ce qu'un État paye pour marque de dépendance, غرامة - جزية (Barb.).

**Tribut**, impôt, خراج. *Voyez* IMPÔT.

**Tribut**, au fig., ce que l'on est obligé d'accorder d'estime, etc., حقّ - واجب.

**Tributaire**, adjectif com., qui paye le tribut, أهل خراج - يدفع جزية. Sujet tributaire du Grand-Seigneur, ذمّي.

**Tricher**, v. a. et n. fam., tromper au jeu, غالط - تزوغل - تزاغل.

**Tricher**, fig., tromper, غشّ O.

**Tricherie**, s. f. fam., tromperie au jeu, مغالطة - زغل.

**Tricherie**, au fig., tromperie, غشّ.

**Tricheur**, SE, s., trompeur au jeu, مغالط - مزوّغل - زغلجي.

**Tricoises**, s. f. plur., tenailles de maréchal, كلبتين - كلّابة النعلبند.

**Tricolore**, adject. com., de trois couleurs, ثلاثة الوان - ثلاثة اشكال.

**Tricot**, s. m., ouvrage tricoté, جدل.

**Tricot**, bâton, مسوقة - زقلة.

**Tricotage**, s. m., travail de celui qui tricote, جدل.

**Tricoter**, v. a., former des mailles avec de longues aiguilles, جدل I. O.

**Tricoteur**, SE, s., qui s'occupe à tricoter, جدّال.

**Trictrac**, s. m., jeu, نرد - لعب الطاولة - طاولة النرد.

**Trident**, s. m., fourche à trois dents, هلب - خطّاف له ثلاث شوكات.

**Trier**, v. a., choisir, tirer d'un plus grand nombre avec choix, نقّى.

**Triennal**, E, adj., qui dure trois ans, ممتدّ ثلاث سنين.

**Triennal**, qui revient tous les trois ans, يصير كل ثلاث سنين مرة.

**Trieste**, capitale de l'Istrie, مدينة تربست.

**Trigaud**, E, adj. fam., qui n'agit pas franchement, qui use de finesse, محتال - محاول.

**Trigauder**, v. n. fam., se servir de mauvais détours, de mauvaises finesses, احتال - حاول.

**Trigauderie**, s. f. fam., mauvaise finesse, محاولة.

**Trigonométrie**, s. f., science de mesurer les triangles, مساحة المثلّثات.

**Trilatéral**, E, adj., مثلّث - ذو ثلاثة اضلاع.

**Trimestre**, s. m., espace de trois mois, ثلاثة اشهر.

**Tringle**, s. f., verge de fer, عود حديد - قضبان ; plur., قضيب حديد.

**Trinité**, s. f., un seul Dieu en trois personnes, الثالوث الاقدس.

**Trinquer**, v. n. fam., boire en choquant les verres à la santé l'un de l'autre, لطم القدح I. O. بالقدح.

**Trio**, s. m. (beau), au fig. fam., trois personnes ridicules réunies, ملا ثلاثة.

**Triomphal**, E, adj., du triomphe, نصري - ظفري.

**Triomphalement**, adv., en triomphe, بنصر.

**Triomphant**, E, adj., qui triomphe, victorieux, مظفر - منصور.

**Triomphant**, superbe, pompeux, فاخر - بطشي.

**Triomphateur**, s. m., qui triomphe, ظافر.

**Triomphe**, s. m., victoire, grand succès, ظفر - نصر.

**Triomphe**, honneurs rendus au vainqueur, pompe solennelle, اكرام امير الجيوش بعد النصر - موكب - وكبة.

**Triompher**, v. n., vaincre par la voie des armes, غلب .A - قهر - انتصر على .A - ظفر ب ,على I.

**Triompher**, au fig., remporter un avantage sur quelqu'un, sur ses rivaux, غلب I. كاد I.

**Triompher** de ses passions, قمع النفس.

**Triompher**, être ravi de joie, فرح غاية الفرح .A

**Triompher** du malheur d'autrui, شمت ب .A

**Triompher** de, faire vanité de, افتخر ب.

TRIPAILLE. s. f., bas, terme de mépris, les tripes d'un animal, عفشة - مصارين - سقط.

TRIPE, s. f., partie des entrailles, boyau, كرشة - جقّة - مصارين ; plur., مصران.

TRIPERIE, s. f., lieu où l'on vend les tripes, سوق السقطية - سوق الكرشة.

TRIPIÈRE, s. f., femme qui vend des tripes, بياعة كرشة.

TRIPLE, adj. com. et s. m., qui contient trois fois le simple, trois fois autant, ثلاثة اضعاف - ثلاثة مرّات - ثلاث مرّات. Je vous en donnerai le triple, اعطيك قدره ثلاث مرّات, الطاق ثلاثة ثلاثة - اعطيك ثلاثة اضعافه ‖ Maison à triple étage, دار بثلاث طبقات.

*Triple*, qui est au nombre de trois, ثلاثة - مثلث.

TRIPLEMENT, adv., d'une manière triple, مثلثًا - بثلاثة وجوه.

TRIPLEMENT, s. m., augmentation jusqu'au triple, تثليث.

TRIPLER. v. a., rendre triple, تسلّث - صيّر ثلاثة اضعاف.

*Tripler*, v. n., devenir triple, صار ثلاثة اضعاف.

TRIPLICATA, s. m., troisième expédition, نسخة ثالثة.

TRIPLICITÉ, s. f., تثليث.

TRIPOLI, s. m., pierre tendre servant à polir, حجر طرابلس - خراسان.

TRIPOLI de Syrie, ville, طرابلس الشام.
TRIPOLI de Barbarie, ville, طرابلس الغرب.
TRIPOLITAIN, E, adj., qui est de Tripoli, طرابلسي.

TRIPOT, s. m. fam. iron., maison de jeu, de désordre, بيت عكس.

TRIPOTAGE, s. m. fam., mélange désagréable au goût, malpropre ; au fig., mélange de choses incohérentes, لخبطة - خبص.

TRIPOTER, v. a. et n., faire un tripotage, brouiller, mêler, gâter, خبص - لخبط.

TRIQUE, s. f., gros bâton, تقصيرة.

TRIQUE-BALE, s. f., machine pour transporter des canons, آلة لنقل المدافع.

TRISAÏEUL, E, s., le père ou la mère du bisaïeul ou de la bisaïeule, ثالث جدّ - ثالث جدّة.

TRISECTION, s. f., division en trois, قسمة الى ثلاثة اقسام.

TRISTE, adj. com., affligé, abattu de chagrin, حزين - مغتمّ.

*Triste*, qui n'a pas de gaîté, كئيب - مسودّن.

*Triste*, affligeant, chagrinant, pénible, مكدّر - صعب - مغمّ.

*Triste*, ennuyeux, qui inspire de la mélancolie, مسودن.

*Triste*, obscur, sombre, عتم.

*Triste*, au fig., qui n'offre point de ressources à l'imagination, à l'espérance, qui n'a rien de bon, ما فيه خير.

TRISTEMENT, adv., avec tristesse, بحزن.

TRISTESSE, s. f., affliction, mélancolie, كآبة - غمّ - حزن.

TRITURABLE, adj. com., qui peut être broyé, يسحق.

TRITURATION, s. f., action de broyer, سحق.

TRITURER, v. a., réduire en poudre, en petites parties, سحق.

TRIUMVIR, s. m., un de trois magistrats, واحد من ثلاثة حكّام.

TRIUMVIRAT, s. m., association de trois personnes revêtues de l'autorité souveraine, قيام ثلاثة بالحكم على الجمهور.

TRIVIAL, E, adj., commun, usé, rebattu, عامي - كلمة زقاقية. Expression triviale, basse, مطروق.

TRIVIALEMENT, adverbe, d'une manière triviale, بنوع عامي.

TRIVIALITÉ, s. f., caractère de ce qui est trivial, خساسة - عامية.

TROC, subst. m., échange, مقايضة - داكش.

Troc pour troc, l'un pour l'autre, راس براس.

TROÈNE, s. m., arbrisseau, فـغـو - فـاغـيـة - شجر الحنّا.

TROGLODYTES, s. m. plur., peuples qui vivaient dans des cavernes, سكان النواويس - سكان كهوف.

TROGNE, s. f., visage plein, qui a quelque chose de facétieux, وجه مكتبل مضحك - سحنة مضحكة.

TROGNON, s. m., le cœur ou le milieu d'un fruit, d'un légume, قلب; plur., قلوب.

TROIS, adj. com., deux et un, ثلاثة; fém., ثلاث.
*Trois*, troisième, ثالث.

TROISIÈME, adj. com., nombre ordinal, ثالث.

TROISIÈMEMENT, adv., en troisième lieu, ثالثاً.

TRÔLER, v. a., mener avec soi, de tous côtés, sans besoin, دوّر.

*Trôler*, v. n., aller, courir çà et là, دار O.

TROMBE, s. f., colonne d'eau et d'air mue en tourbillon par le vent, ابو الزوبعة - تنّين - فوّارة.

TROMBLON, s. m., gros pistolet à bouche évasée, قربان, coll.; قربانة.

TROMPE, s. f., instrument pour sonner à la chasse, etc., بوق; plur., ابواق.

*Trompe*, museau de l'éléphant, خرطوم - زلومة - برطوم.

TROMPER, v. a., user d'artifice pour induire en erreur, décevoir, غشّ O. - A. خدع - خوّن - زبلح (Barb.). On t'a trompé, on t'a vendu trop cher, غلبوك.

*Tromper*, donner lieu à erreur, غرّ O.

*Tromper*, tromper l'attente, l'espérance, خيّب I. خاب ظنّه, امله فى - خيّب ظنّه -.

*Tromper* son ennui, تسلّى. Tromper son chagrin, تسلّى عن همّه.

*Se tromper*, v. pron., être dans l'erreur, s'abuser, تجنن A. - غلط (Kasraouan). Vous vous trompez, انت غلطان ǁ Si je ne me trompe point dans mes conjectures, ان صدقنى حزرى.

TROMPERIE, s. f., fraude, خيانة - غشّ.

TROMPETTER, v. a., publier à son de trompe, بوّق.

TROMPETTE, s. f., tuyau d'airain ou de métal dont on sonne à la guerre, dans les réjouissances publiques, بوق - نفير; plur., ابواق و بوقات. Trompette sacrée, بوق. ǁ Emboucher la trompette, prendre le ton sublime, ضرب البوق I. O.

TROMPETTE, s. m., celui qui sonne de la trompette, ضرّاب البوق - بوّاق.

TROMPEUR, SE, s., qui trompe, غشّاش - خاين - خدّاع.

TRONC, s. m., la tige d'un arbre sans les branches, souche, جدر; plur., جدور - قرمة, plur., ساق شجر - قرامى.

*Tronc*, pour recevoir l'argent des aumônes, حصالة.

TRONÇON, s. m., morceau séparé d'une plus grosse pièce en long, قطعة - شقّة, plur., قطع.

TRÔNE, s. m., siège élevé pour un souverain dans ses fonctions solennelles, كرسي - سرير الملك - تخت.

*Trône*, au fig., puissance souveraine de rois, مُلك.

TRONQUER, v. a., retrancher une partie de, نقص A. - قطع شى من.

TRONQUÉ, E, adj., ناقص. Cône tronqué, مخروط ناقص.

TROP, adv., plus qu'il ne faut, avec excès, بالزود - ما هو كثير - قليل. Pas trop, guère, كثير - بزيادة ǁ Trop parler nuit, كثرة الكلام تضرّ. ǁ Trop de tension produit le relâchement, كثرة الشدّ ترخى. ǁ La corde est trop longue, الحبل طويل كثير ǁ Il a trop mangé, اكل بالزود. ǁ Le trop est frère du trop peu, الزايد اخو الناقص; prov. ǁ Trop grand pour, اعظم من ان. ǁ Vous êtes trop généreux pour rejeter ma demande, انت اجود و اكرم من ان تردّنى خايباً. ǁ La majesté divine est trop grande pour que, جلّ جنابه تعالى عن ان.

# TRO

‖ Il est trop avare pour accorder quelque chose, واحد بخيل مثله لا يمكنه يسمح بشي ‖ Vous avez trop de raison pour agir ainsi, عقلك ازيد من انك - ينعك عن ذلك تعمل ذلك.

TROPE, s. m., emploi d'une expression dans un sens figuré, كناية.

TROPHÉE, s. m., dépouille d'un ennemi vaincu, سلب العدو.

*Trophée*, assemblage d'armes arrangées avec art pour servir de monument, d'ornement de triomphe, باقة سلاح.

*Trophée*, au fig., victoire, نصر. Faire trophée de, افتخر.

TROPIQUE, s. m., cercle de la sphère, دايرة الانقلاب. Tropique du Cancer, مدار السرطان. ‖ Tropique du Capricorne, مدار الجدى.

TROQUER, v. a., faire un troc, échanger, قاوض - دايش - بادل, داكش, قايش احدًا فى شى - (Barb.). Voulez-vous troquer? تقاوضنى - تبادلنى. Troquer une chose pour une autre, بدل شيًا بشى - اخذ شيًا بدال شى.

TROQUEUR, SE, s., qui aime à troquer, ضرّاب مقيض.

TROT, subst. m., allure entre le pas et le galop, لكلك - لنك - خجاجة - خبب.

TROTTADE, s. f. fam., petite course, خجّة.

TROTTE, s. f. pop., espace de chemin, مشواة.

TROTTER, v. n., aller le trot, خبّ O. - O. هركل I. - مشى لنك - لكلك (Barb.).

*Trotter*, marcher beaucoup à pied, مدّ A.

*Trotter*, au fig. fam., faire bien des courses, تعب A. - خشب I. - O. دار.

TROTTEUR, s. m., cheval dressé au trot, حصان يمشى لنك.

TROTTOIR, s. m., chemin élevé pratiqué le long des quais, des rues, ممشى.

TROU, s. m., ouverture, creux dans un corps,

# TRO 831

et بخوش; plur., بخوش - خروق; ثقب; plur., ثقوب - ابخاش. Trou, fente pour regarder, دراخيش; plur., درخوش. ‖ Trou en terre, جورة - حفرة. ‖ Faire un trou dans la terre, حفر حفرة O. ‖ Trou d'une aiguille, خرم ابرة - خرت - سمّ خياط. ‖ Trou à un habit, خرق; pl., خروق.

Boucher un trou, au fig. fam., payer une des dettes, سدّ خرق O.

TROUBADOUR, s. m., poëte, شاعر; plur., شعرا.

TROUBLE, s. m., brouillerie, désordre, émotions populaires, guerres civiles, فتنة; plur., فتن - فساد.

*Trouble*, inquiétude, agitation de l'esprit, كرب تشويش الخاطر - بلبال - اضطراب.

TROUBLE, adj., brouillé, qui n'est pas clair, مكدّر - كدر - معتكر - معكّر - عكر.

TROUBLE-FÊTE, s. m., importun, qui vient troubler la joie d'une compagnie, ثقيل.

TROUBLER, v. a., rendre trouble, كدّر - عكّر - عوكر.

*Troubler*, au fig., apporter du trouble, du désordre, كدّر. ‖ Troubler le bonheur de quelqu'un, كدّر عيشه. ‖ Troubler un royaume, ضرب I. O., رمى الفتنة فى مملكة I. ‖ Troubler le repos, la tranquillité de quelqu'un, شوّش عليه - كدّر عليه. ‖ Troubler l'esprit, la raison de quelqu'un, لخبط عقله.

*Troubler*, jeter dans l'inquiétude, قلقل - اقلق.

*Troubler*, inquiéter dans la jouissance, dans la possession d'un bien, كدّر على.

*Troubler*, étonner, intimider, خبّل - حيّر.

*Troubler*, interrompre, لخبط - عطّل.

*Se troubler*, v. pron., devenir trouble, اعتكر - تكدّر - تعوكر - تعكّر.

*Se troubler*, au fig., s'intimider, لخبط - انحزى - تخبّل.

TROUÉE, s. f., ouverture, فتحة.

*Trouée*, espace vide, abattis au travers d'un bois, منفد - طريق - سكّة.

TROUER, v. a., percer, faire une ouverture, un trou, نقب O. - بخش O. - ثقب A. - خرق O.

*Trouer* un vêtement, خرق A. - خرّق.

TROUPE, s. f., multitude, réunion de gens, جماعة - جوقة.

*Troupes*, gens de guerre réunis, جيش; plur., عساكر; plur., عسكر - جنود; plur., جند - جيوش.

TROUPEAU, s. m., troupe d'animaux, قطيع; pl., أسراب; pl. سرب - اقاطيع et اقطاع. Des troupeaux, des animaux domestiques que l'on fait paître en troupeaux, مواشي - طرش; sing., ماشية - سعى.

*Troupeau*, au fig., paroissiens, fidèles, رعيّة.

TROUSSE, s. f., étui à l'usage des barbiers, etc., خرمدانة - عدّة مزيّن.

*En trousse*, *aux trousses*, adv., en croupe, par derrière, من ورا - ورا.

TROUSSEAU, s. m., nippes et hardes qu'on donne à une fille en l'établissant, à une personne en la mettant en pension, لوازم - جهاز.

TROUSSE-QUIN, s. m., bois cintré sur le derrière d'une selle, قربوس وراني.

TROUSSER, v. a., replier, relever ce qui pend, شمّر.

*Trousser*, au fig. fam., tuer vite, قلع I. - طنى. *Trousser*, expédier précipitamment, انجز - شهّل.

*Trousser* une femme, relever ses jupes, شالح مرة.

*Trousser* bagage, fuir précipitamment, فرّك O. - ولّى.

*Se trousser*, v. pron., relever ses vêtements, ses jupes, تشمّر - شمّر.

TROUSSÉ, E (bien), adj. fam., bien fait, bien arrangé, منظوم - مشمّر.

TROUSSIS, subst. m., pli fait à une étoffe pour qu'elle soit plus courte, قطب.

TROUVAILLE, s. f., chose trouvée heureusement, Faire une trouvaille, لقى لقية A.; plur., لقايا; مطلب; plur., مطالب.

TROUVER, v. a., rencontrer quelqu'un ou quelque chose, soit qu'on le cherche ou non, وجد, aor., يجد O. لاقى A. - لقى صاب I., et جبر O. (Barb.). Je l'ai cherché et ne l'ai pas trouvé, فتّشت عليه ما لقيته. ǁ Trouver une chose que l'on cherche, حوّش الشي - لقى, لاقى الشي (Alep.). ǁ Si j'en trouve l'occasion, ان وقعت لي فرصة. ǁ Je n'ai point trouvé d'occasion, صحّت لي فرصة. ǁ Je n'ai trouvé aucun renseignement positif là-dessus, ما اتّفقت لي ما وقعت لذلك على جليّة خبر.

*Aller trouver* quelqu'un, راح, توجّه الى عندك O. *Venir trouver* quelqu'un, جا, حضر الى عندك I.

*Trouver*, découvrir, inventer, وجد - لاقى - اخترع.

*Trouver*, juger, estimer, وجد - لقى A. - لاقى. Trouver à propos, راي مناسب راى A. ǁ Trouver bon de, استحسن - تحسّن عنك ان. ǁ Trouver mauvais, استقبح. ǁ Je trouve cela très-ridicule, الاقى هذا قوى شى بارد. ǁ Si vous le trouvez à votre goût, ان كان يقطع عقلك - ان يعجبك. ǁ Je ne l'ai pas trouvé à mon goût, ما طلع على خاطري - ما جاء على خاطري. ǁ Trouver trop grand, استكبر - استعظم. ǁ Trouver trop petit, استصغر. ǁ Trouver le salaire insuffisant, استقلّ الاجرة.

*Se trouver*, v. pr., se rencontrer, وجد - التقى - انجبر - انوجد (Barb.). Les mets ne se sont pas trouvés de son goût, ما طلع, ما جا الطبيخ على خاطره. ǁ Le compte s'est trouvé juste, طلع الحساب سوا.

*Se trouver*, se rendre dans un lieu, y être, التقى A. حضر - انوجد.

Il se *trouva* que, il arriva que, اتّفق ان.

*Se trouver*, sentir, éprouver que l'on est dans un certain état, حسّ - لاقى حاله - وجد حاله

حالَ. Comment vous trouvez-vous? كيف تحس ‖ Je me trouve mieux, كيف تلاقي حالك ‐ حالك الاقي حالى احسن ‖ Se trouver mal, s'évanouir, غمي ‐ A. غمى ‐ A. نغمي ‐ A. غشى ‐ غشى عليه.

TRUANDERIE, s. f., mendicité, شحادة.

TRUCHEMAN, s. m., interprète, ترجمان; plur., تراجمين.

TRUCHER, v. a. pop., mendier par fainéantise, A. شحد ‐ تسوّف.

TRUCHEUR, SE, adj. pop., qui mendie, سوّيف ‐ شحّاد.

TRUELLE, s. f., instrument de maçon pour remuer, employer le plâtre, مسلفة ‐ مسطارين.

TRUFFE, s. f., plante, ترفاس ‐ كم ‐ كماة (Barbarie).

TRUFFER, v. a., remplir de truffes, حشى كماة I.

TRUIE, s. f., femelle du porc, خنزيرة.

TRUITE, s. f., poisson de rivière fort délicat, لا بالغى ‐ سمك اريان ‐ سمكة منقوشة (Turc).

TRUITÉ, E, adj., marqué de petites taches rousses, مدنر ‐ ابرش.

TRUMEAU, s. m., espace entre deux fenêtres, بين شباكين.

Trumeau, glace entre deux fenêtres, مراية كبيرة بين شباكين.

TU, TOI, pron. de la 2e personne, انت; fém., انتى et انت.

TUABLE, adj. com., qu'on peut tuer, قتله ممكن.

Tuable, digne de mort, مستحق القتل.

TUANT, E, adj. fam., fatigant, مقتل.

TUBE, s. m., tuyau, قصبة: plur., قصب ‐ جعبة (Barb.).

TUBERCULE, s. m., petite excroissance; élevure; petit abcès au poumon, بثر; plur., بثور.

TUBÉREUSE, s. f., fleur, باسمين بحرى ‐ طبرى.

TUBÉROSITÉ, s. f., petite tumeur, ورم; plur., اورام.

Tubérosité, éminence sur un os, نتو ‐ حدبة.

TUDESQUE, adj. com., germanique, نمساوى.

TUE-CHIEN. Voyez COLCHIQUE.

TUER, v. a., ôter la vie d'une manière violente, قتل .O.

Tuer, égorger, ذبح A.

Tuer, au fig., détruire la santé, incommoder excessivement, fatiguer, قتل .O. ‐ اهلك ‐ موّت.

Tuer le temps, قطع الوقت.

Se tuer, v. pron., se donner la mort, قتل نفسه ‐ قتل حاله.

Se tuer, se fatiguer, se tourmenter, قتل حاله .O. ‐ اهلك نفسه. Je me tue à crier, انذبحت وانا اصرخ ‖ Je me tue à vous dire que, غُلبت وانا اقول لك ‐ عجزت اقول لك.

TUE-TÊTE (crier à), adv., صرخ ملو راسه ‐ صرخ حتى جاب التايهين.

TUERIE, s. f. pop., carnage, massacre, مقتلة.

Tuerie, lieu où les bouchers tuent leurs bêtes, مجزرة.

TUEUR, s. m., قتّال.

TUF, s. m., terre blanchâtre et sèche, حوارة.

TUILE, s. f., terre cuite pour couvrir les toits, قرميد; plur., قراميد ‐ طوب.

TUILERIE, s. f., lieu où l'on fait la tuile, طوّابة.

TUILIER, s. m., qui fait des tuiles, طوّاب.

TULIPE, s. f., fleur; plante qui la produit, سنبل ‐ خزام.

TULIPIER, s. m., grand arbre d'Amérique, نوع شجر كبير يوجد فى بلاد الامريك.

TUMÉFACTION, s. f., enflure non ordinaire, ورم.

TUMÉFIER, v. a., causer une tumeur, ورم.

TUMEUR, s. f., enflure causée par accident ou par maladie, ورم; plur., اورام ‐ خراج.

TUMULTE, s. m., grand mouvement avec bruit et désordre, غاغة ‐ رجّة ‐ ارتجاج.

En tumulte, adv., en confusion, en désordre, برجّة.

53

TUMULTUAIRE, adj. com., qui se fait avec tumulte, مرتج - رجّى.

TUMULTUAIREMENT, adv., d'une manière tumultuaire; et TUMULTUEUSEMENT, adv., en tumulte, بارتجاج.

TUMULTUEUX, SE, adj., fait avec tumulte, ملهوج.

TUNIQUE, s. f., sorte de vêtement de dessous, قنباز - قبا.

*Tunique*, pellicule, membrane, غشا ; plur., أغشية.

TUNIS, ville d'Afrique, مدينة تونس - تونس.

TUORBE, s. m., luth à long manche, طنبورة.

TURBAN, s. m., coiffure des Orientaux, عمّة - (en mousseline) شاش - لفّة - عمايم ; plur., عمامة - (Alger). Mettre son turban, تعمّم. A. لبس عمامته. O. لفّ لفتة - ‖ Bout du turban tombant sur l'épaule à la manière des habitants de Médine, etc., عذبة.

Prendre le *turban*, au fig., se faire musulman, اسلم.

TURBE, s. f., troupe, assemblée, nombre de personnes, لمّة.

TURBITH, s. m., plante à racine purgative, تربد.

*Turbith*, minéral, précipité jaune de mercure, تربد معدني - راسب زيبق اصفر.

TURBOT, s. m., poisson de mer plat, بلطى - سمك الترس.

TURBULENCE, s. f., caractère du turbulent, سجس - طيشان العقل.

TURBULENT, E, adj., porté à exciter des troubles, ضرّاب فتن - موسوس - خبّاص - كثير الاراجيف - Enfant turbulent, ولد بليط.

TURC, s. m., ابن ترك - اتراك ; plur., تركى. Se faire *turc*, اسلم. O. نط الساقية.

Le *turc*, la langue turque, التركى - التركية.

TURC, QUE, adj., de Turquie, تركى.

A la *turque*, adv., à la manière des Turcs, d'une manière étrange, مثل الترك.

TURCOMAN, s. m., تركمانى ; coll., تركمان.

TURGESCENCE, s. f., هياج المواد - انتفاخ.

TURLUPIN, s. m., mauvais plaisant, خلبوص.

TURLUPINADE, s. f. fam., mauvaise plaisanterie, خلبصة.

TURLUPINER, v. a. fam., se moquer de quelqu'un par des turlupinades, تسخر على.

*Turlupiner*, v. n., faire, dire des turlupinades, تخلبص.

TURPITUDE, s. f., ignominie provenant de quelque action honteuse, عار - عيب.

TURQUIE, s. f., grand empire d'Europe, d'Asie et d'Afrique, بلاد الترك. Turquie d'Europe, روم. ‖ Turquie d'Asie, اناطولى - ايلى.

TURQUOISE, s. f., pierre précieuse bleue, فيروزة - فيروزج.

TUSSILAGE, s. m., ou Pas-d'Ane, plante bonne contre la toux, دوسة الحمار - حشيشة السعال.

TUTÉLAIRE, adj. com., qui garde, qui protége, حارس - حامى.

TUTELLE, s. f., autorité donnée par la loi, le magistrat, ou par un testament, pour avoir soin d'un mineur, وكالة القاصرين - كفالة. Prendre la tutelle de, قام بكفالته - كفله. O.

Être en *tutelle*, au fig., sous la dépendance, فى حكم.

*Tutelle*, protection, حماية.

TUTEUR, TRICE, s., qui a la tutelle de quelqu'un, وكلا ; plur., وكيل.

TUTIE, s. f., chaux de zinc, suie métallique, توتية زرقا - توتيا - توتية.

TUTOIEMENT, s. m., action de tutoyer, قول انت.

TUTOYER, v. a., user des mots *tu* et *toi* en parlant à quelqu'un, استعمل لفظة انت مع.

TUYAU, s. m., tube, canal, قصبة ; coll., قصب - (Barb.). Tuyau de fontaine, انبوب - لولب - جعبة ; plur., انابيب. ‖ Tuyau de cheminée, مجرى الدخّان. ‖ Tuyau semblable à celui d'une chemi-

## ULT

née servant de ventilateur, بَادَنج - بَادْهَنج.

TYMPAN, s. m., membrane du conduit auditif, صِمَاخ.

TYMPANISER, v. a., décrier quelqu'un hautement, حرّس.

TYMPANITE, s. f., hydropisie sèche, enflure du bas-ventre causée par les vents, اِستِسقَا طبلي.

TYMPANON, s. m., instrument monté avec des cordes de fil de laiton, et qu'on touche avec de petites baguettes de bois, سنطير - صنطور.

TYPE, s. m., modèle, figure originale, قَاعِدَة - صُورَة اصليَّة.

TYPHON. Voyez TROMBE.

TYPOGRAPHE, s. m., imprimeur en lettres, طَبَّاع.

TYPOGRAPHIE, s. f., art de l'imprimerie, علم طبع الكتب.

## UNE

TYPOGRAPHIQUE, adj. com., qui a rapport à l'imprimerie, يخصّ الطبع.

TYPOGRAPHIQUEMENT, adv., à la manière des typographes, مثل معلمين الطبع.

TYR, ancienne capitale de la Phénicie, مدينة صور.

TYRAN, s. m., qui a usurpé la puissance; prince qui gouverne sans autre loi que son caprice, ظالم.

TYRANNIE, s. f., domination usurpée et illégale; gouvernement d'un tyran, ظلم.

TYRANNIQUE, adj. com., de la tyrannie, ظلم.

TYRANNIQUEMENT, adv., d'une manière tyrannique, ظلمًا.

TYRANNISER, v. a., traiter tyranniquement, ظلم I.

# U

U, s. m., vingt et unième lettre de l'alphabet français, الحرف الحادي و العشرين وهو مقابل للضمّة.

UKASE, s. m., édit impérial de Russie, فرمان - امر من قيصر الموسكو.

ULCÉRATION, s. f., formation d'ulcère, تقريح.

ULCÈRE, s. m., plaie causée par la corrosion des humeurs âcres et malignes, قرح; pl., قروح.

ULCÉRÉ, E, adj., qui a un ulcère, مقرّح.

Ulcéré, au fig., fâché, irrité, قلبه مجروح.

ULCÉRER, v. a., causer un ulcère, entamer, blesser, قرّح.

Ulcérer, au fig., faire naître un ressentiment profond et durable, جرح - اوغر A.

ULMAIRE, s. f., ou Reine des prés, plante, لحية التيس.

ULTÉRIEUR, E, adj., qui vient après, يأتي بعد - متأخّر.

ULTÉRIEUREMENT, adv., outre ce qui a été dit ou fait, من بعد.

ULTIMATUM, s. m., dernière et irrévocable condition d'un traité, اخر كلام.

ULTRA, subst. m., qui dépasse le but, خارج - زايد.

UN, UNE, adj., le premier de tous les nombres, احدى et واحدة; fém., احدى et واحد. Un seul, واحد واحد - واحد لا غير. ‖ Un à un, فرد واحد. ‖ Un à un, deux à deux, افراد افراد - واحد بعد واحد - افراد وازواج. ‖ C'est tout un, كلّه سوا. ‖ L'un et l'autre, الواحد والاخر. ‖ Ils se frappent l'un l'autre, يضربوا بعضهم بعض - يتضاربوا. ‖ On ne se fera pas de reproches les uns aux autres, ما احد يعتب على احد. ‖ Ils s'accusent l'un l'autre, يلوموا بعضهم بعض. ‖ Les uns dirent oui, les autres dirent non, ناس قالوا اي و ناس قالوا لا - هدول قالوا نعم و هدوك قالوا لا.

53.

Unanime, adj. com., qui réunit tous les suffrages, متّفق عليه - واحد.

Unanimement, adv., d'une commune voix, d'un commun sentiment, بالاتّفاق - بصوت واحد - بلا اتّحاد.

Unanimité, s. f., conformité de sentiments, اجماع - اتّحاد - اتّفاق.

Uni, e, adj., égal, qui n'est point raboteux, كلّه سوا - سوّى - مساوى. Uni, poli, املس.

Uni, joint d'amitié, متّحد.

Uni, simple, sans ornement, سادج - سادة.

Uniforme, adj. com., semblable, égal, qui a la même forme, كلّه سوا - مساوى.

Uniforme, s. m., habit d'uniforme, لبس المقام - كسم.

Uniformément, adv., d'une manière uniforme, بنوع واحد - سوا - بالاتّفاق.

Uniformité, s. f., ressemblance avec soi-même, ou entre plusieurs choses, سويّة - مطابقة - عدم الاختلاف.

Uniment, adv., d'une manière égale, على السويّة - سوا.

Uniment, simplement, sans façon, من غير تكليف - بالبسيط.

Tout uniment, seulement, فقط.

Union, s. f., jonction de deux ou plusieurs choses, اتّصال - اتّحاد - اجتماع.

Union, concorde, société, اتّحاد - وفق - الفة - اتّفاق.

Union, mariage, زواج.

Unique, adj. com., singulier, seul, excellent en son espèce, فريد - وحيد. Fils unique, ما لامه. ‖ Son unique occupation est de, ما له شغل غيره. غير انه.

Uniquement, adv., exclusivement à toute autre chose, فقط.

Unir, v. a., joindre deux ou plusieurs choses ensemble, جمع بين - جمع ـ ۸.

Unir, égaliser, aplanir, polir, صقل - سوّى O. Unir la terre avec le rouleau, صقل الارض بالمندرونة - مندر الارض.

S'unir, v. pron., se joindre ensemble, s'associer, اتّفق - اتّحد - اجتمع.

Unisson, s. m., accord de plusieurs voix, etc., qui ne forment qu'un même son, اتّفاق اصوات.

Unitaire, s. com., qui ne reconnaît qu'une seule personne en Dieu, موحّد.

Unité, subst. fém., opposition à la pluralité, وحدانية.

Unité, principe des nombres, nombre un, واحد - احد; plur., آحاد.

Unité, identité, اتّحاد.

Univers, s. m., le monde entier, عالم.

Universalité, s. f., totalité, généralité, كليّة - جملة.

Universaux, s. m. plur., et Universel, sing., terme de logique, ce qu'il y a de commun entre tous les êtres d'un même genre, كلّى; pl., كليّات.

Universel, le, adj., général, qui s'étend à tout, partout, جامع - عمومى - عام. Homme universel, qui possède toute sorte de connaissances, رجل عالم بجميع الفنون.

Universellement, adv., généralement, جامعًا - عمومًا.

Université, s. f., corps de professeurs et d'écoliers, établi par l'autorité publique pour enseigner et apprendre les belles-lettres et les sciences, دار العلم - مدرسة.

Univocation, s. f., caractère de ce qui est univoque, اشتراك - مشاركة.

Univoque, adj. com., commun à plusieurs choses (nom), اسم مشترك بين جملة اشيا.

Uranographie, subst. f., description du ciel, رسم السما - وصف السما.

Urbanité, s. f., politesse que donne l'usage du monde, شلبنة - ظرافة.

URE, s. m., espèce de buffle, taureau sauvage, ثور وحشى - نوع جاموس.

URETÈRE, s. m., canal double des reins à la vessie, بربخ.

URÈTRE, s. m., canal par lequel sort l'urine, مجرى البول.

URGENCE, subst. f., qualité de ce qui est urgent, وزم - لزوم - ضرورية.

URGENT, E, adj., pressant, qui ne souffre point de délai, لازم - ضرورى - موزم.

URINAL, s. m., vase à uriner, قارورة.

URINE, s. f., pissat, بول - شخاخ. Suppression d'urine, انقطاع البول ‖ Rétention d'urine, احتباس، انحباس البول.

URINER, v. n., pisser, évacuer l'urine, شخ .O - بال .O.

URINEUX, SE, adjectif, de la nature de l'urine, شخاخى.

URNE, s. f., vase antique, قارورة.

US, subst. masc., terme de commerce, coutume, معتاد.

USAGE, s. m., coutume, pratique reçue, معتاد - عادة; plur., عوايد. Chaque pays a ses usages, كل بلاد لها زى لها سبر ‖ C'est l'usage, هى العادة ‖ Hors d'usage, خارج عن العادة ‖ Je n'ai pas l'usage de donner de l'argent sans nécessité, ما هو سالك عندى عطا الفلوس من غير لزوم.

Usage, emploi, استعمال - تصريف. Bon usage, حسن الاستعمال ‖ Faire un bon usage de, تصرف بالشى خيرا - استعمل الشى بالمعروف ‖ Faire un mauvais usage de, تصرف, استعمل الشى بالمعروف به عاطلا ‖ Usage d'un mot, emploi d'un mot, استعمال - كلمة مستعملة ‖ Mot en usage, كلمة دارجة.

Usage, droit de se servir d'une chose, تصرف فى - تمتع ب.

Usage, expérience, habitude, مداولة.

USAGER, s. m., qui a droit d'usage, متمتع ب.

USANCE, s. f., terme de commerce, terme de trente jours, وعدة ثلاثين يوم.

USANT, E, adj., qui n'est sous l'autorité de personne, متمتع ب.

USÉ, E, adj., détérioré par l'usage, rapé, دايب - بالى. Vêtement usé, ثوب بالى, مخلوق ‖ Pièce d'or usée par le frottement de manière à perdre de son poids, ذهب مقرط.

Pensée usée, employée souvent, معنى مطروق.

USER, v. a., consommer, détériorer par l'usage, دوب.

I. User, diminuer par le frottement, برى - قرط. User, faire usage de, se servir, استعمل. User bien de quelque chose, استعمل الشى بالمعروف.

En user, agir avec quelqu'un d'une certaine manière, سلك معه سلوك .O.

User, au fig., consommer son crédit, ses forces, sa jeunesse, ses yeux, etc., ضيع - افنى.

S'user, v. pron., se consommer, se détériorer, A. داب .O - انبرى - بلى.

S'user, perdre ses forces, ضيع عافيته.

USER, s. m., usage, emploi, استعمال.

USINE, s. f., établissement fait pour une forge, une verrerie, un moulin, معمل; plur., معامل.

USITÉ, E, adj., en usage, معتاد - ساير. Mot usité, كلمة مشهورة - كلمة دارجة - كلمة مستعملة.

USNÉE, s. f., sorte de mousse, اشنة.

USTENSILE, s. m., toutes sortes de petits meubles de ménage, de cuisine, ماعون; plur., مواعين - طقاطيق - الة.

USTION, s. f., action de brûler, حرق.

USUEL, LE, adj., dont on se sert ordinairement, مستعمل - اعتيادى. Le langage usuel, الكلام الدارج.

USUFRUIT, s. m., jouissance des fruits, du revenu d'un héritage, etc., متعة - تمتع بالمدخول.

USUFRUITIER, ÈRE, s., qui jouit de l'usufruit, متمتع.

USURAIRE, adj., où il y a de l'usure, بالرّبا - حرام.

USURE, s. f., intérêt illégal tiré de l'argent, des marchandises prêtées, ربا.

Rendre avec *usure*, au figuré, au double, O. رَدّ الطّاق طاقين.

*Usure*, détérioration par l'usage, بِرى - اِنبرا.

USURIER, ÈRE, s., qui donne son argent à usure, qui fait un gain illégitime, مرابى.

USURPATEUR, TRICE, s., celui qui s'empare de ce qui ne lui appartient pas, جابر - مختلس.

USURPATION, s. f., action d'usurper, جور - اختلاس - ظلم - عدوان.

USURPER, v. a., s'emparer de ce qui appartient à autrui, اخذ ظلمًا - اختلس O.

USURPER sur, v. n., تعدّى على.

UTÉRIN, E, adj., né d'une même mère, mais non d'un même père, من أمّ واحدة.

UTÉRUS, s. m., matrice, رحم.

UTILE, adj. com., profitable, avantageux, نافع فى وقت مناسب. En temps utile, à temps, مفيد فى وقته.

UTILEMENT, adv., d'une manière utile, بنفع - مفيدًا.

UTILITÉ, s. f., profit, avantage, منفعة - افادة. Retirer de l'utilité, استفاد من فايدة - نفع.

UTOPIE, s. f., plan d'un gouvernement imaginaire, خيال باطل - فكر باطل.

UVÉE, s. f., seconde tunique du globe de l'œil, عنبية.

# V

V, s. m., vingt-deuxième lettre de l'alphabet français, الحرف الثانى و العشرين وهو الواو التركى.

VA, adv., soit, j'y consens, fam., رضيت.

VACANCE, s. f., temps pendant lequel une place n'est pas remplie, خلو.

*Vacances*, plur., cessation des études, des audiences, فراغ - بطالة. Qui est en vacances, فارغ - بطّال.

VACANT, E, adj., qui n'est plus occupé, habité, خالى - فاضى - فارغ. Charge, place vacante, منصب خالى - منصب محلول.

VACARME, s. m., tumulte, grand bruit, غوشة - غاغة.

VACATION, s. f., temps que des personnes publiques emploient à quelque affaire, شغلة.

*Vacations*, plur., cessation des séances des gens de justice, بطالة.

*Vacation*, émoluments, salaire pour les vacations, اجرة.

VACCIN, s. m., virus de pustules d'une vache, طعم الجدرى البقرى.

VACCINE, s. f., espèce d'inoculation qui préserve de la petite vérole, تلقيح الجدرى البقرى ;تطعيم.

VACCINER, v. a., inoculer la petite vérole, لقّح تطعّم. Être vacciné, طعم الجدرى البقرى.

VACHE, s. f., femelle du taureau, بقرة.

*Vache*, au fig. fam., femme trop grasse, زكيبة (sac).

*Vache* à lait, personne dont on tire beaucoup d'argent, بقرة حلّابة.

*Vache*, panier revêtu de cuir qu'on met sur l'impériale des carrosses, عيبة توضع على سطح العربانات.

VACHER, ÈRE, s., qui garde les vaches, راعى بقر.

VACHERIE, s. f., étable à vaches, زريبة بقر.

## VAI

Vacillant, e, adj., qui vacille, مُخَلْخَل - مُرْتَجّ - يَتَزَعْزَع.

*Vacillant*, au fig., irrésolu, incertain, مُخَلْخَل مُرْتَكّ.

Vacillation, s. f., mouvement de ce qui vacille, لَخْلَخَة - ارْتِجَاج.

*Vacillation*, au fig., variation dans les réponses; incertitude, irrésolution, رَكاكَة الرَاي - لَخْلَخَة - تَقَلُّب الرَاي.

Vaciller, v. n., branler, chanceler, se balancer légèrement, A. قَلِقَ - ارْتَجّ - تَزَعْزَع - تَلَخْلَجَ.

*Vaciller*, au fig., hésiter en répondant, être irrésolu, ارْتَكّ - تَلَخْلَج.

Vacuité, s. f., état d'une chose vide, فُروغ - خَلو - فَراغ.

Vagabond, e, adj., qui erre çà et là, ضَالِل - طَفْشُونِي - هَامِل.

*Vagabond*, au fig., fainéant, libertin, هَامِل; plur., هَوامِل - فَلاتِي.

Vagabondage, s. m., état de vagabond, هَمْل.

Vagabonder, v. n., faire le vagabond, O. دَارَ هَامِل.

Vagin, s. m., canal qui conduit à la matrice, اكْسَاس; plur., كَسّ.

Vagissement, s. m., cri des enfants nouveau-nés, صُراخ الصِغَار.

Vague, s. f., flot, lame d'eau, مَوْجَة; plur., مَوْج et أَمْواج.

Vague, s. m., le milieu de l'air, جَو.

Vague, adj. com., indéfini, qui n'est point fixe et déterminé, مُبْهَم.

Terres *vagues*, incultes, أَراضِي خَالِيَة.

Vaguement, adv., d'une manière vague, مُبْهَماً.

Vaguer, v. n., errer, O. دَار.

Vaillamment, adv., avec valeur, بِشَهامَة.

Vaillance, s. f., valeur, courage, بَاس - شَهامَة - شَجاعَة.

Vaillant, e, adj., courageux, valeureux, شَهْم, plur., شِهام; شُجاع, plur., شُجْعان - شِهام.

## VAL

Vaillantise, s. f., prouesse, سَطْوَة.

Vain, e, adj., inutile, qui ne produit rien; frivole, chimérique, بَطّال - بَاطِل. Sa peine a été vaine, تَعِبَ بِلا فَايِدَة - رَاح تَعَبُه سُدَى.

*Vain*, orgueilleux, superbe, مُتَكَبِّر.

En *vain*, adv., inutilement, بِلا فَايِدَة - بِالبَاطِل.

Vaincre, v. a., remporter un grand avantage à la guerre sur ses ennemis, I. كَسَر - غَلَب الأَعْدَا.

*Vaincre*, l'emporter sur un concurrent, l'emporter sur, غَلَب - O. فَاق.

*Vaincre*, surmonter, dompter, ب A. ظَفِر عَلَى.

Vaincu, e, adject., ennemi subjugué, soumis, مَغْلوب. Être vaincu, غُلِب - خَسِر A. - انْكَسَر.

Vainement, adv., en vain, inutilement, بَاطِلاً - بِلا فَايِدَة.

Vainqueur, s. m., celui qui a vaincu, غَالِب - قَاهِر. Être vainqueur, I. غَلَب - I. كَسَب.

Vaisseau, s. m., vase, ustensile pour contenir les liqueurs, وِعَاء, plur., أَوْعِيَة.

*Vaisseau*, bâtiment pour naviguer, مَرْكَب; plur., مَراكِب - سَفينَة, plur., سُفُن - غَلْيون, plur., غَلايِيس (Égypte). Vaisseau de guerre, جَفْنَة, plur., جِفان - مَرْكَب بِيلِيك (Barbarie);

*Vaisseaux*, veines, artères, petits canaux, وِعَا, plur., أَوْعِيَة. Les vaisseaux sanguins, أَوْعِيَة الدَم.

Vaisselle, s. f., ce qui sert à l'usage ordinaire de la table, comme plats, assiettes, etc., صُحون.

Valable, adj. com., recevable, qui doit être reçu en justice, شَرْعِي - مَعْمول بِه. Pour qu'il soit valable, حَتَّى يُعْمَل بِه.

Valablement, adv., d'une manière valable, شَرْعِياً.

Valachie, nom de pays, بِلاد الأَفْلاق.

Valériane, s. f., plante médicinale, فُوّ.

Valet, s. m., domestique, serviteur, خَدّام; plur., خَدّامِين. Valet de chambre, فَرّاش.

**Valet**, figure dans les cartes de jeu, أعرج ; pl., مفرشخ - عرجان.

**Valetaille**, s. f., خدم.

**Valeter**, v. n., faire bassement la cour aux autres, ذلّ للناس I.

**Valeter**, faire beaucoup de démarches, prendre beaucoup de peine, تعب I. - خشب - تبعّى A.

**Valétudinaire**, adj. com., souvent malade, maladif, عيان - ضعيف المزاج - مسقام.

**Valeur**, s. f., ce que vaut une chose suivant sa juste estimation, juste prix, حقّ - قيمة - ثمن. Je lui ai payé la valeur des marchandises, أعطيته حق البضاعة - دفعت له ثمن البضاعة ‖. Cela n'a aucune valeur, هذا ما له قدر ولا قيمة ‖. Chaque chose a sa valeur, كل شي يحرز ثمن ‖. Je lui ai donné cela en prenant en gage un objet de même valeur, أعطيته الشي فى حرز مثله ‖. La valeur de, environ, قدر.

**Valeur**, juste signification des termes suivant l'usage, معنى.

**Valeur**, courage, بطش - باس - شجاعة - مروة.

**Valeureusement**, adv., avec valeur, بباس.

**Valeureux, se**, adj., plein de valeur, ذو باس - شجاع ; plur., شجعان.

**Validation**, s. f., action de valider, تصحيح.

**Valide**, adj. com., valable, qui a les conditions requises par la loi, شرعى - معمول به - صحيح - مشتمل على شرايط الصحة و اللزوم.

**Valide**, sain, vigoureux, سليم.

**Validement**, adv., valablement, صحيحا - شرعا.

**Valider**, v. a., rendre valide, أثبت شرعا - صحّح.

**Validité**, s. f., force et valeur qu'un acte, un titre reçoivent des formalités et des conditions requises pour les rendre valables, صحّة - اشتمال على شرايط الصحة و اللزوم.

**Valise**, s. f., long sac de cuir qui s'ouvre en long, جراب - جدان - عيبة ; plur., ميّاب.

**Vallée**, s. f., espace entre des montagnes, وادى ; plur., أودية.

**Vallon**, s. m., petite vallée, espace entre deux coteaux, وهدة.

**Valoir**, v. n., être d'un certain prix, avoir un prix, حرز I. - سوى - ساوى A. Je l'achèterai pour le prix qu'il vaut, اشتريه بالثمن الذى يستحقه ‖. Chaque chose vaut son prix, كل شي يحرز ثمن ‖. Combien vaut ce drap? ايش قد يسوى هذا الجوخ ‖. Il vaut son pesant d'or, يسوى ثقله ذهب ‖. Je vous vaux bien, مثلى مثلك ‖. Cela ne vaut rien, cela n'est pas bon, ما هو مليح - ما ينفع - ما يسوى ‖. Cela n'en vaut pas la peine, ما تحرز.

**Valoir** mieux, كان احسن - افضل - خير من. Cela vaut mieux, هذا احسن ‖. Un chien vivant vaut mieux qu'un lion mort, كلب حى خير من اسد ميّت ‖. Mieux vaut le feu que la honte, النار و لا العار.

**Valoir**, rapporter du profit, procurer, faire obtenir, جاب له من I. Combien vous vaut votre place? ايش قد يجيبك من وظيفتك ‖. Que lui a valu son avarice, sinon de le rendre odieux? ايش حصل له من بخله, ايش جاب له بخله الا كراهة الناس.

Faire **valoir**, régir par soi-même, دبّر.

Faire **valoir**, mettre en valeur, en état de rapporter du profit, نفع. Faire valoir de l'argent, شغل فلوسه.

Faire **valoir**, vanter, شكر - عظم قدر O. Se faire valoir, exalter son mérite, شكر روحه O. - تكبّر فى نفسه ‖ Se faire valoir (pris en bonne part), soutenir sa dignité, ses droits, أثبت حقه.

**Valoir**, tenir lieu, avoir la signification de, قام مقام O.

A **valoir**, à-compte, من أصل. Vaille que vaille, fam., à tout hasard, يجرى ما يجرى.

VALSE, s. f., danse, رقصة.

VALSER, v. n., danser des valses, رقص O. - برم O.

VALVE, s. f., écaille, قشرة - صدف.

VALVULE, s. f., membrane dans les vaisseaux, حاجز - غشا.

VAMPIRE, s. m., être chimérique, cadavre qui, dans l'opinion du peuple, suce le sang des personnes qu'on voit tomber en phthisie; chauve-souris monstrueuse qui suce le sang des hommes, مصاصة.

VAN, s. m., instrument pour vanner, بيدر - مرفش - مذارى ; plur., مذرى.

VANILLE, s. f., fruit aromatique d'Amérique, خروب بلاد الامريك.

VANITÉ, s. f., peu de solidité, باطل ; plur., اباطيل. Les vanités du monde, اباطيل العالم ‖ Le monde n'est que vanité, ما الدنيا الا متاع الغرور.

*Vanité*, amour-propre qui a pour objet des choses frivoles ou étrangères au vaniteux, كبريا - زهو - عجب. Tirer vanité, faire vanité de, افتخر ب.

VANITEUX, SE, adj. fam., qui a une vanité puérile et ridicule, معجب بنفسه - متكبر.

VANNE, s. f., espèce de porte dont on se sert pour arrêter l'eau d'un canal, حاجز - سدّ.

VANNEAU, s. m., oiseau, بيبط - طاطوّيت (Barbarie).

VANNER, v. a., nettoyer les grains avec un van, ذرّى.

VANNETTE, s. f., sorte de corbeille pour vanner, نوع مشتّة - مذرى صغير.

VANNEUR, s. m., qui bat en grange et vanne les grains, مذرّى.

VANNIER, s. m., ouvrier qui fait des vans, des paniers, etc., صانع مذارى و سلل و نحو ذلك.

VANTAIL, s. m., plur. VANTAUX, battant d'une porte, درفة باب ; plur., ضلفة باب - ضلف ; plur., درف.

VANTARD, s. m., qui se vante, شكّار روحه - فشّار.

VANTER, v. a., louer, priser excessivement, عظم - طنّب فى O. - شكر O.

*Se vanter*, v. pron., se louer, se glorifier, افتخر - طنّب فى حاله O. - شكر روحه O. Il n'y a rien de bon à attendre de celui qui se vante lui-même, شكّار روحه ما فيه خير.

*Se vanter*, se faire tort, s'attribuer une qualité, ادّعى. Celui qui se vante à tort est démenti par l'épreuve, من ادّعى بما كذبه شواهد الامتحان.

VANTERIE, s. f. fam., vaine louange qu'on se donne et qui marque la présomption, فشار - جخّ.

VAPEUR, s. f., espèce de fumée qui s'élève des choses humides, liquide dilaté par le feu, qui s'élève d'un corps, بخار ; pl, بخارات et ابخرة - بواخ.

*Vapeurs*, maladie de nerfs, mélancolie, مالنخوليا - الرياح السوداوية.

VAPOREUX, SE, adj., sujet aux vapeurs, سوداوى - من اصحاب الرياح السوداوية.

VAQUER, v. n., s'appliquer, s'adonner à, اهتمّ ب - اشتغل ب. Vaquer à ses affaires, قضى اشغاله.

*Vaquer*, verb. neutr., être vacant, قضى A. - فرغ A.

*Vaquer*, être en vacances, بطّل.

VARIABILITÉ, s. f., disposition habituelle à varier, قلّة دوام على حال - تقلّب.

VARIABLE, adj. com., sujet à varier, qui change souvent, لا يدوم على حال - يتقلّب - قلّاب.

VARIANT, E, adj., يتقلّب.

VARIANTES, s. f. plur., diverses leçons d'un même texte, رواية اخرى - فرق نسخ.

VARIATION, s. f., changement, تغيير - اختلاف.

VARICE, s. f., dilatation d'une veine, دالية ; pl. دوالى.

VARICOCÈLE, s. f., tumeur du scrotum causée par des varices, دوالى فى الصفن.

VARIER, v. a., diversifier, apporter de la variété, تنوّع.

Varier, v. n., changer, اختلف.

VARIÉ, E, adj., de diverses sortes, متنوّع - متلوّن - مختلف - اشكال اشكال.

VARIÉTÉ, s. f., diversité, تنوّع - تشكيل.

Variétés, plur., mélanges, تنوّعات.

NE VARIETUR, adv., terme de pratique qui se dit des précautions prises pour empêcher qu'il soit fait aucun changement à une pièce, حفظًا لاصلها - حفظًا لها من التغيير.

VARIOLE, s. f., petite vérole, جدرى.

VARIOLIQUE, adj., de la petite vérole, يخصّ الجدرى.

VARIQUEUX, SE, adj., affecté de varices, به دوالى.

VARLOPE, s. f., grand rabot, رندج كبير.

VASCULAIRE, adj. com., et VASCULEUX, SE, adj., rempli de vaisseaux, فيه أوعية.

VASE, s. m., vaisseau pour contenir les liquides, فراغات - فراغ ; plur., مواعين ; ماعون ; plur., اوانى et آنية - أنا - أوعية ; plur., وعا.

VASE, subst. f., bourbe au fond de l'eau, limon, طين.

VASEUX, SE, adj., qui est de vase, qui a de la vase, طين - عكر.

VASISTAS, s. m., petite partie mobile d'une porte, d'une fenêtre, خوخة.

VASSAL, E, s., et VASSAUX, plur., qui relève d'un seigneur, تابع ; plur., اتباع.

VASSELAGE, s. m., état, condition de vassal, تبعيّة.

VASTE, adj. com., au propre et au fig., d'une fort grande étendue, واسع - متّسع.

VATICAN, s. m., palais du pape, قصر البابا.

Vatican, la cour de Rome, الدولة الرومانية.

VAUDEVILLE, s. m., chanson qui court par la ville sur un air facile à chanter, غنوة - غنية.

Vaudeville, pièce de théâtre, كومدية تهريج فيها غنيات.

A VAU-DE-ROUTE, adv., précipitamment, en désordre, على عجلة.

A VAU-L'EAU, adv., au courant de l'eau, مع الطيّار.

A vau-l'eau, au figuré, perdu sans ressource, راح - تلف - هلك.

VAURIEN, s. m., fainéant, libertin, vicieux, فلاتى - معتر - معكوس ; plur., معاكيس.

VAUTOUR, s. m., oiseau de proie, à tête et col nus; au fig., homme dur, inhumain, qui aime à rapiner, عقاب - نسر ; plur., نسور - حدا - حداية.

SE VAUTRER, v. pron., se rouler dans la boue, dans la fange, etc., تبرّغ - تبردغ.

VEAU, s. m., petit de la vache, عجل ; plur., وكريف - وكارف (Barb.). Du veau, de la chair de veau, لحم عجل. || Du veau, du cuir de veau, جلد عجل.

VEDETTE, s. f., sentinelle de cavalerie, حارس ; plur., حرّاس.

VÉGÉTABLE, adject. comm., qui peut végéter, ينبت.

VÉGÉTAL, s. m., AUX, plur., ce qui végète, نبات ; plur., نباتات.

VÉGÉTAL, E, adj., qui appartient à ce qui végète, propre à la végétation, نباتى.

VÉGÉTATIF, adj., qui fait végéter, منبت.

Végétatif, qui est à l'état de végétation, نابت.

VÉGÉTATION, s. f., action de végéter, تنبيت - نبت.

VÉGÉTER, v. n., croître par un principe inférieur et par le moyen de racines, comme les végétaux, O. - نبت - ينبت.

Végéter, au fig., vivre dans l'oisiveté, la détresse, la stupidité, l'imbécillité, عاش مثل البهايم I.

VÉHÉMENCE, s. f., impétuosité, mouvement fort et rapide, شدّة - حميّة - حماوة - دفعة.

VÉHÉMENT, E, adj., impétueux, plein d'ardeur, شديد - حامى.

VÉHÉMENTEMENT, adv., très-fort, جدا.

VÉHICULE, s. m., ce qui sert à faire passer, à conduire plus facilement, سِواغ.

*Véhicule*, au fig., ce qui prépare l'esprit à quelque chose, باب.

VEILLANT, E, adj., qui veille, ساهر.

VEILLE, s. f., privation du sommeil de la nuit, سهر.

*Veille*, partie de la nuit, حصّة من الليل - هجعة.

*Veille*, le jour précédent, أمس - عشية. Qui est de la veille, من الأمس - أمس || Il lui dit qu'il était venu la veille, قال اند جا بالامس.

*Veilles*, au plur. fig., grande et longue application au travail d'esprit, تعب; plur., اتعاب; سهرة; plur., سهرات.

A la *veille*, adv., sur le point de, مشرف على - رايح.

VEILLÉE, s. f., veille de plusieurs personnes ensemble, سهرة.

VEILLER, v. a., passer la nuit auprès de, سهر جنبه - ادار باله عليه فى الليل, حرسه O.

*Veiller*, au fig., prendre garde à la conduite de quelqu'un, دار باله عليه, وعى A.

*Veiller*, v. n., s'abstenir de dormir pendant le temps destiné au sommeil, سهر A.

*Veiller* à, sur, au fig., prendre garde, faire attention, لاحظ - يوعى, aor., يعى; vulg., وعى على - تـقـيـد فى - I. دار باله على.

VEILLEUSE, s. f., petite lampe pour passer la nuit, فتيلة - قنديل.

VEINE, s. f., vaisseau qui contient le sang; marques, raies dans le bois, le marbre, etc., عرق; plur., عروق.

*Veine*, au fig., génie, talents, esprit poétique, حماسة - قريحة.

VEINÉ, E, adj., qui a des veines, ذو عروق.

VEINEUX, SE, adj., plein de veines, ملان عروق.

*Veineux*, des veines, العروق.

VÉLAR ou ÉRYSIME, s. m., plante, تودرى.

VÊLER, v. n., faire un veau, se dit de la vache, تضع, aor.; وضعت البقرة.

VÉLIN, s. m., peau de veau préparée, très-unie, رق - جلد عجل.

*Vélin*, papier sans vergeure, ورق سادة.

VÉLITE, s. m., soldat armé à la légère, عسكرى خفيف السلاح.

VELLÉITÉ, subst. f., volonté faible, imparfaite, شى يجى فى البال - ارادة غير حقيقية, غير ثابتة.

VÉLOCITÉ, s. f., vitesse, rapidité, سرعة.

VELOURS, s. m., étoffe de soie ou de coton à poil court et serré, قطيفة - مخمل - مبرّ (Barb.).

VELOUTÉ, s. m., surface, intérieur de l'estomac, des intestins, etc., semblable à du velours, خمل.

VELOUTÉ, E, adjectif, semblable au velours, مثل المخمل - مثل القطيفة.

VELU, E, adj., couvert de poils, أزبّ - مشعر.

VELVOTE ou ÉLATINE, s. f., plante, الاطينى - لبلاب المجوس انثى.

VENAISON, s. f., chair de bêtes fauves, لحمة وحوش.

VÉNAL, E, adj. sans pl., qui se vend, qui peut se vendre, مبتاع - يباع. Ame vénale, نفس دنية.

VÉNALITÉ, s. f., état de ce qui est en vente, de ce qui est vénal, عرض للبيع.

VENANT, E, adj., qui vient, جاى.

VENDABLE, adj. com., qui peut être vendu, يباع.

VENDANGE, s. f., récolte de raisins pour faire du vin, قطف العنب.

*Vendanges*, au plur., temps où l'on fait la vendange, زمان قطف العنب.

VENDANGER, v. a. et n., faire la récolte du raisin, قطف العنب I.

VENDANGEUR, EUSE, s. qui fait la vendange, قطّاف العنب.

VENDEUR, SE, s., qui vend, بايع.

*Vendeur*, dont la profession est de vendre, بيّاع.

**VENDRE**, v. a., aliéner pour un certain prix une chose que l'on possède, باع I. Vendre une chose à quelqu'un, باع له الشى - باعه الشى. A vendre, للبيع.

*Vendre*, trahir, révéler un secret par intérêt, باع I.

*Se vendre*, v. pron., se donner, se livrer à prix d'argent à un parti, باع نفسه I.

*Se vendre*, avoir du débit, انباع.

**VENDU**, adj., مبيوع - مبيع.

*Vendu*, dévoué par intérêt à un parti, باع نفسه ل.

**VENDREDI**, s. m., jour de la semaine, يوم الجمعة. Le vendredi saint, جمعة الالام.

**VÉNÉFICE**, s. m., empoisonnement avec sortilége, سمّ بسحر.

**VENELLE**, s. f. (enfiler la), s'enfuir, هرب O. - فرّك O.

**VÉNÉNEUX, SE**, adj., qui a du venin, سمّى.

**VÉNÉRABLE**, adject. com., digne de vénération, مبجّل - مكرّم. Qui a un aspect vénérable, صاحب هيبة و وقار.

**VÉNÉRATION**, s. f., respect, estime respectueuse pour quelqu'un, تعظيم - اكرام - احترام.

**VÉNÉRER**, v. a., porter honneur à, révérer, احترم - عظم قدر - اكرم - بجّل.

**VÉNERIE**, s. f., art de chasser avec des chiens courants, علم الصيد.

*Vénerie*, corps des veneurs du roi, جماعة صيّادين السلطان. Équipage de la vénerie, عدّة الصيد.

**VÉNÉRIEN, NE**, adj., qui a rapport au commerce charnel, جماعي. Acte vénérien, مجامعة - جماع. Mal *vénérien*, دا المبارك - مرض فرنجى - دا الصفرة.

**VENETTE**, s. f., peur, فزع - خوف.

**VENEUR**, s. m., qui a le soin de faire chasser les chiens courants, صيّاد - قنّاص.

**VENGEANCE**, s. f., action par laquelle on se venge, نقمة - انتقام - ثار. Tirer vengeance de quelqu'un, اخذ منه ثاره - انتقم من احد. La vengeance n'est point un crime, اخذ الثار ما هو عار; prov.

**VENGER**, v. a., tirer vengeance, raison, satisfaction de quelque outrage, اخذ الثار من احد. Venger un affront, اخذ الثار و محى عنه العار. Venger quelqu'un, خلّص له حقه - اخذ له ثاره - خلّص له ثاره.

*Se venger*, v. pron., انتقم من احد - اخذ ثاره من.

**VENGEUR, VENGERESSE**, s., qui punit, qui venge, منتقم.

**VÉNIEL, LE**, adj., qui mérite pardon, qui peut se pardonner, مستحقّ العفو - صغير.

**VENIMEUX, SE**, adj., qui a du venin; au fig. fam., malin, médisant, مسمّ - له سمّ - موذى - سامّ.

**VENIN**, s. m., sorte de poison, liqueur, suc dangereux d'animaux ou même de végétaux, سمّ; pl., سموم.

*Venin*, au fig., malignité, haine cachée, اذا سمّ.

**VENIR**, v. n., se transporter d'un lieu à un autre où est celui qui parle, جاء; aor., يجى; plus vulg., اجا; aor., يجى. Viens, impératif, تعال; fém., تعالى. Je viens pour vous dire, جاى اقول لك. || Quand viendrez-vous chez nous? اى متى تشرّفنا. || Venez souvent nous voir, شرّف لعندنا; réponse : انت مشرّف. Faire *venir*, quelqu'un, استحضر - بعث جاب. Faire venir quelque chose d'un pays éloigné, جلب I. - O.

*Venir*, arriver, parvenir, جاء I. - وصل I. Quel jour vient le courrier? ايما يوم يجى اتى الساعى.

Laisser *venir*, voir venir, attendre, ne pas se presser, صبر O.

*Venir*, en parlant de choses qui arrivent fortui-

VEN VEN 845

tement, I. ‒ أتى ‒ حصل A. Il lui est venu un mal, وجع ‒ حصل له. ‖ Il vint une tempête, حكمهم فرطنة. ‖ S'il vient quelque changement, أن حدث تغيير. ‖ Un temps viendra, ياتى زمان ‒ يجى زمان. ‖ Le moment est venu, le temps est venu, حان الحين ‒ حل الوقت. ‖ Tout vient à point à qui sait attendre, من صبر نال.

*Venir* à la connaissance de, A. بلغ عليه.

*Venir*, échoir, جاءه ‒ وقع له ; aor., يقع ‒ طلع له A.

*Venir de*, être issu, sortir de, O. خرج من ‒ انتسب الى.

*Venir* de, dériver, être dérivé (mot), اشتق من.

*Venir*, naître, croître, être produit, A. I. صح. Il ne vient point de blé dans ce pays, ما يطلع قمح ‒ ما يصح قمح فى هذه البلاد.

Il lui *vint* à l'esprit, il lui vint à l'idée de, O. قام فى باله ‒ جاء فى باله ‒ O. خطر فى باله.

*Venir*, procéder, émaner, A. نتج ‒ O. De là vient que, ولاجل ذلك. ‖ Tous ces malheurs viennent de ce que, وسبب جميع هذه المصايب. ‖ D'où vient...? من اين ‒ لايش.

*Venir*, monter, atteindre à, I. ‒ جاء I. وصل ‒ بلغ A. Il me vient à mi-corps, يجى لحد وسطى ‖ L'eau vient jusqu'au premier étage, وصل الما الى بلغ الما اول طبقة البيوت.

*Venir*, grandir, croître, انتشا.

En *venir* aux mains, A. وقع ‒ O. قام الحرب بينهم. En venir aux gros mots, عبروا الى الحماقة. ‖ Ils en vinrent à, ils furent réduits à, التزموا ان ‒ حتى انهم ‒ احتاجوا الى. ‖ Ils en vinrent jusqu'à, ils poussèrent l'impudence jusqu'à, بلغت بهم الحماقة هذا الحد ان. ‖ Les choses en vinrent au point que, انتهى ‒ بلغ الامر هذا الحد ان الامر الى.

*Venir* à rien, انتهى الى لاشى.

*Venir* bien, être approprié, convenir, I. لاق ل ‒ ناسب.

*Venir* à bout de ses desseins, I. ‒ صح معه الامر A. حصل على المقصود. ‒ A. Venir à bout de son ennemi, le surmonter, I. غلب عدوه.

S'il *vient* à savoir que, ان عرف.

Il *vient* de partir, il est parti tout à l'heure, الساعة راح ‒ توا راح.

A *venir*, qui doit arriver, futur, مستقبل ‒ آتى.

VENU, E, part., soyez le bien-venu, اهلا و سهلا ‒ الله يسلمك ; réponse : ميت سلامة, ou سلامات ; réponse : مرحبا ou مرحبتين بك ; réponse : حلك البركة (بقصدومسك) ; réponse : الله يبارك فيك. Que notre ami soit le bienvenu, مرحبا بالحبيب ‒ اهلا بالحبيب.

Être le bien-*venu* auprès de, chez, bien accueilli, له قرب و معزة عند.

Nouveau *venu*, nouvellement arrivé, واصل جديد. Premier venu, individu quelconque, اى من كان.

VENISE, ville, مدينة البندقية.

VENT, s. m., air en mouvement, agité, ريح ; pl., رياح. Il s'est élevé du vent, ثار الهوا ‒ هوا. Plus vite que le vent, اسرع من الريح. ‖ Faire du vent avec quelque chose, هوى.

*Vent*, air retenu dans le corps, ريح ; pl., رياح.

*Vent*, popul., respiration, نفس.

Avoir *vent* de quelque chose, I. حس بالامر.

VENTE, s. f., aliénation de la propriété à prix d'argent; action de vendre, بيع. Une vente, بيعة. ‖ Exposer en vente, عرض للبيع. ‖ Chose de bonne vente, شى نافق ‒ شى ينباع مليح. ‖ Chose dure à la vente, شى كاسد.

VENTER, v. n., faire du vent, O. هب الريح.

VENTEUX, SE, adj., sujet aux vents, كثير الارياح.

*Venteux*, qui cause des vents, مريح.

*Venteux*, causé par les vents, ريحى.

VENTILATEUR, s. m., machine pour renouveler l'air dans un lieu fermé, آلة لتغيير الهوا و تجديده فى موضع مسكر. *Voyez* TUYAU.

**Ventosité**, s. f., amas de vents enfermés dans le corps, رِيحيّة.

**Ventouse**, s. f., ouverture pour donner passage à l'air, منفذ.

*Ventouse*, vaisseau que l'on applique sur la peau pour raréfier l'air, attirer les humeurs, حجامة - جامات ; plur., جام الحجامة.

**Ventouser**, v. a., appliquer les ventouses à quelqu'un, حجم. O.

**Ventre**, s. m., la capacité du corps où sont enfermés les boyaux, بطن ; plur., بطون. Bas-ventre, مأنة. || Se coucher sur le ventre, نام على بطنه A. - انطبح.

*Ventre*, au fig. fam., gourmandise, بطانة.

Courir *ventre* à terre, très-vite, ركض A. Marcher sur le ventre, terrasser, vaincre, داس عليه A.

**Ventre-bleu**, **Ventre-saint-gris**, juremens familiers, وحيات راسي.

**Ventrée**, s. f., portée, tous les petits qu'une femelle fait à la fois, بطن. De la même ventrée, من فرد بطن.

**Ventricule**, s. m., cavité dans le cerveau, le cœur, تجويف ; plur., تجاويف.

*Ventricule*, estomac des ruminants, كرش.

**Ventriloque**, adj. com. et subst., personne qui a la voix sourde et caverneuse, de sorte qu'on croirait qu'elle parle du ventre, يخرج صوته من بطنه.

**Ventru**, e, adj., qui a un gros ventre, مكرش - بطنه كبير - ابوكرش.

**Venue**, s. f., arrivée, مجي - جيّة.

Tout d'une *venue*, tout droit, كلّه سوا.

A la bonne *venue*, à la boule-vue, شقلبا مقلبا - على باب الله.

**Vénus**, s. f., déesse de la beauté, une des sept planètes, زهرة. Les plaisirs de Vénus, الجماع.

*Vénus*, terme de chimie, le cuivre, صاد - صفر - نحاس. Vitriol de Vénus, زاج ازرق.

**Vêpres**, s. f. plur., office que l'on dit à trois heures après midi, صلاة العصر - صلاة الغروب.

**Ver**, s. m., insecte long, rampant, sans os ni vertèbres, دودة ; coll., دود ; pl., ديدان - سوسة ; coll., سوس. Ver qui s'engendre dans le corps des animaux, دود. || Homme, animal qui a des vers, مدوّد. || Ver qui ronge les étoffes de laine, عثّة ; coll., عثّ. || Ver qui ronge le bois, les légumes, les grains, etc., سوسة. || Ver qui ronge le papier, علق - خراطين. || Ver de terre, ارضة - سوسة. || Ver à soie, qui donne la soie, دود القزّ. || Ver luisant, insecte qui brille la nuit, دود الحرير. || Ver solitaire. *Voyez* Ténia.

*Ver* rongeur, fam., remords, اكلة.

**Ver-coquin**, s. m., au fig. fam., caprice, fantaisie, سوسة - دودة.

**Véracité**, s. f., attachement constant à la vérité, صدق.

**Verbal**, e, adj., dérivé du verbe, فعلي.

*Verbal*, de vive voix, بالفم - فمّي.

**Verbal** (Procès-), s. m., rapport par écrit, صورة الواقعة - صورة الدعوة.

**Verbalement**, adv., de vive voix, بالسفم - باللسان.

**Verbaliser**, verbe n., faire un procès-verbal, كتب صورة دعوة O.

*Verbaliser*, dire des raisons, تحاجج.

**Verbe**, s. m., partie de l'oraison qui indique l'état, l'action d'un sujet avec rapport au temps, فعل ; plur., افعال.

Le *Verbe*, la deuxième personne de la Trinité, كلمة الله.

**Verbération**, s. f., choc qu'éprouve l'air, son qui le produit, مصادمة الهوا.

**Verbeux**, se, adj., qui abonde en paroles inutiles, كثير كلام.

**Verbiage**, s. f. fam., abondance de paroles dépourvues de sens, بجقة - علكة - ترترة - كثر كلام.

**Verbiager**, v. n., employer inutilement beau-

## VER

coup de paroles, فشّر ـ بجّق ـ كتّر الكلام.

VERBOSITÉ, s. f., vice d'un avocat, d'un mémoire verbeux, كثرة كلام ـ لتّ.

VERD, VERTE. *Voyez* VERT.

VERDÂTRE, adj. com., qui tire sur le vert, مخضّر.

VERDELET, ETTE, adj., un peu acide, حامص ـ خام ـ شويّة.

*Verdelet*, qui a encore de la vigueur, لسّا شابّ ـ لسّا له قوّة.

VERDET, substant. masc., vert-de-gris, جنزار ـ زنجار.

VERDEUR, s. m., humeur, sève des plantes, des arbres, نشخة.

*Verdeur*, acidité du vin, des fruits, défaut de maturité, فجاجة ـ حوضيّة.

*Verdeur*, au fig. fam., vigueur, قوّة.

VERDIR, v. a., peindre en vert, خضّر.

*Verdir*, v. n., devenir vert, اخضرّ.

VERDOYANT, E, adj., qui verdoie, verdit, مخضّر.

VERDOYER, v. n., devenir vert, اخضرّ.

VERDURE, s. f., herbes, feuilles d'arbre vertes, خضار ـ خضرة.

VÉREUX, SE, adj., qui a des vers (personne), مدوّد ـ (chose inanimée), مسوّس.

*Véreux*, au fig., mauvais, عيان ـ مدوّد.

VERGE, subst. f., baguette longue et flexible, قضيب; plur., قضبان. La verge de Moïse, عصاة ‖ Verge de fer, d'or, قضيب ذهب أو حديد ـ موسى ـ جرز.

*Verge*, le membre viril, génital, ذكر ـ قضيب ـ زبر ـ عوف.

VERGE-D'OR, s. f., plante, غصين الذهب ـ عصا الراعي.

VERGER, s. m., lieu clos et planté d'arbres fruitiers, غيط ـ بستان.

VERGETER, v. a., nettoyer avec des vergettes, نظّف بالبرشيمة ـ مسح بالفرشة.

## VÉR 847

VERGETTES, s. f. plur., brosse de poils, فرشة ـ برشيمة.

VERGEURE, s. f., fils de laiton sur la forme du papier, leur marque, علامة سلك.

VERGLAS, s. m., pluie qui se glace en tombant ou aussitôt qu'elle est tombée, ماء مطر يجمد ـ جليد ـ حال نزوله على الارض.

VERGOGNE, s. f. fam., honte, حيا.

VERGUE, s. f., antenne qui soutient la voile, قرية الشراع ـ (Turc) سَرَن ـ plur., رواجع; راجع ـ ميزان.

VÉRIDICITÉ, s. f., conformité entière à la vérité, حقيقة.

*Véridicité*, caractère du véridique, véracité, صداقة.

VÉRIDIQUE, adj. com., qui aime à dire la vérité, صدّيق ـ صدوق.

VÉRIFICATEUR, s. m., qui vérifie les comptes, etc., qui examine la vérité d'une pièce, d'une écriture, كشّاف.

VÉRIFICATION, s. f., examen, بحث ـ كشف.

*Vérification*, action de faire voir la vérité de, تحقيق ـ اثبات.

*Vérification*, collationnement, مقابلة.

*Vérification*, enregistrement, تسجيل.

VÉRIFIER, v. a., faire voir la vérité d'une chose, d'une proposition, حقّق ـ اثبت.

*Vérifier*, examiner, كشف.

*Vérifier*, comparer, collationner, قابل الشي على.

*Vérifier*, enregistrer, سجّل.

VÉRITABLE, adj. com., vrai, qui n'est pas falsifié ou contrefait, صحيح ـ حقيقي ـ تحقيق ـ حقّ.

VÉRITABLEMENT, adv., conformément à la vérité, réellement, à la vérité, صحيح ـ بالحقيقة ـ بالحقّ.

VÉRITÉ, s. f., conformité de l'idée avec son objet, d'un récit avec le fait, du discours avec la pensée, حقّ ـ حقيقة. La pure vérité, عين الحقّ.

الحقَ بعينه. ‖ Racontez-moi la pure vérité du fait, احكي لي الخبر على جليته، على عين الحق. En vérité? (interrogation) حقًا - تحقيق - صحيح. ‖ En vérité (affirmation), من جدّ - من حقّا - و حياتك - على ذمّتي - صحيح - حقّا. ‖ A la vérité, صحيح انّ. ‖ Mais la vérité est que, والحال ورجة أني.

*Vérités*, au plur., choses véritables, حقايق.

VERJUS, s. m., raisin cueilli avant sa maturité, sorte de raisin acide, حصرم.

*Verjus*, suc exprimé du raisin acide, ما الحصرم - عصارة الحصرم.

VERMEIL, s. m., argent doré, فضّة مطلية.

VERMEIL, LE, adj., d'un rouge plus foncé que l'incarnat, احمر - كوازى.

VERMEILLE, s. f., pierre précieuse rouge-cramoisi et orangé, عقيق.

VERMICELLE, s. m., espèce de pâte en filaments pour les potages, شعيرية.

VERMICULAIRE, adj. com., qui a quelque rapport aux vers, qui leur ressemble, دودى.

VERMIFORME, adj. com., qui a la forme d'un ver, مثل دود.

VERMIFUGE, adj. com., qui chasse, fait mourir les vers, نافع للدود.

VERMILLON, s. m., minéral d'un rouge éclatant; sa couleur, زنجفر - سلاقون - سلقون.

*Vermillon*, au figur., couleur vermeille, لون احمر.

VERMINE, s. f., insectes malpropres, nuisibles, incommodes (poux, punaises), قمل - واغش.

VERMISSEAU, s. m., petit ver de terre, دودة - دويدة.

SE VERMOULER, v. pron., être piqué des vers سوس.

VERMOULU, E, adj., piqué de vers, مسوّس.

VERMOULURE, s. f., piqûre de vers, سوسة.

VERNAL, E, adj., du printemps, ربيعى.

VERNIR, v. a., appliquer le vernis sur, enduire de vernis, دهن O. I.

VERNIS, s. m., composition avec laquelle on vernit, دهان.

*Vernis*, gomme de genièvre, سندروس.

VERNISSER, v. a., vernir de la poterie, دهن O. I. الفخّار.

VERNISSEUR, s. m., qui fait, emploie le vernis, دهّان.

VERNISSURE, s. f., application du vernis, دهن.

VÉROLE, s. f., mot obscène, maladie vénérienne, بلا - مرض فرنجى - حبّ - مبارك - صفرا.

Petite-*vérole*, maladie qui couvre la peau de pustules, جدرى. Marqué de petite-vérole, منقوش. ‖ Marque de petite-vérole, منقوش بالجدرى - اثر الجدرى.

VÉROLÉ, E, adj., qui a la vérole, مبتلى به المرض الفرنجى - متشوش بالمبارك.

VÉROLIQUE, adj. com., qui appartient à la vérole, يخصّ المرض الفرنجى - صفراوى.

VÉRONIQUE, s. f., plante médicinale, شيح - اللاتينى ذكر- لبلاب المجوس.

VERRAT, s. m., pourceau non châtré, خنزير فحل.

VERRE, s. m., corps transparent et fragile, زجاج - قزاز. Petits grains de verre, خرز. ‖ Anneau de verre bleu servant d'amulette, خرزة زرقا.

*Verre*, vase de verre pour boire, son contenu, (Barb.) - كبّاية، كأس ، كيسان et كوّوس plur.; قدح، اقداح plur.; Donnez-moi un verre d'eau, اعطينى قدح ماء.

VERRERIE, s. f., art de faire le verre, صنعة القزاز.

*Verrerie*, lieu où l'on le fabrique, معمل قزاز.

*Verrerie*, ouvrage de verre, قزاز.

VERRIER, s. m., qui fait du verre, des ouvrages de verre, زجاجى - صانع القزاز.

VERROTERIE, s. f., menue marchandise de verre, خرز - بضاعة قزاز (grains de verre).

VERROU, s. m., sorte de fermeture de porte

pièce de fer mobile, مِتْراس - تِرْباس - دِرْباس Fermer la porte au verrou, دَرَّبَ البابَ.

VERROUILLER, v. a., دَرَّبَ.

VERRUCAIRE, s. f., plante, صامِرْيوما - عَقْرَبانِة.

VERRUE, s. f., poireau, sorte de durillon, ثُؤلُولَة - ثاليل - ثالولَة.

VERS, s. m., assemblage de mots mesurés et cadencés d'après des règles fixes, شِعْر; pl., أشعار. Un vers, بَيْت شِعْر; plur., أبيات شِعْر.

VERS, prépos., désigne un certain côté, un certain endroit, الى - نَحو.

Vers, prép. de temps signifiant environ, نحو. Vers la fin de l'année, نحو اخر السنة. ‖ Vers le soir, عند المسا.

VERSANT, E, adj., qui verse, qui se renverse facilement, سريع الانقلاب.

VERSANT, s. m., penchant, côté d'une montagne, d'une chaîne de monts, حدور - كَتِف.

VERSATILE, adj. com., variable, inconstant, قَلاَّب.

VERSATILITÉ, s. f., تَقَلُّب.

A VERSE, adv., abondamment, se dit de la pluie, مثل السيل - مثل طوفان - عوم.

VERSÉ, E, adj., répandu, épanché, مسكوب.

Versé, au fig., expérimenté, consommé, ماهِر - خبير.

VERSEAU, s. m., signe du zodiaque, بُرج الدَلو - ساكب الماء.

VERSEMENT, s. m., action de verser de l'argent dans une caisse, تسليم - دفع - تقبيض.

VERSER, v. a., répandre, épancher, سكب O. - صبَّ O. كبَّ O. Verser de l'eau sur les mains de quelqu'un, صبَّ موية على يديه. ‖ Verser d'un plat dans un autre, d'un vase dans un autre, فرَّغ - سكب. ‖ Verser le riz dans l'eau qui bout, سقط الرز في الموية.

Verser à boire à quelqu'un, سقى أحدًا I.

Verser des larmes, ذرفت عيونه بالدموع I. - سالت دموعه I.

VERSER, faire un versement, دفع A. - سلَّم.

Verser, renverser, قلب I.

Verser, v. n., être renversé, انقلب - وقع.

VERSET, s. m., passage de l'Écriture sainte; signe qui l'indique, آية; pl., آيات.

VERSIFICATEUR, s. m., qui fait des vers avec facilité, ناظم شعر - شعّار.

VERSIFICATION, s. f., manière de faire les vers, نظم. Règles de la versification, science de la versification, علم العروض.

VERSIFIER, v. n., faire des vers, نظم شعر I.

VERSION, s. f., interprétation, traduction d'une langue en une autre, ترجمة - تفسير.

Version, manière de raconter un fait, حكى - رواية.

VERSO, s. m., seconde page d'un feuillet, قفا - ظهر الورقة.

VERT, E, adj., qui a la couleur des herbes, de feuilles d'arbre, أخضر; fém., خضرا; plur., خضر.

Vert, qui n'est pas mûr, qui n'est pas fait, عجم - مُرّ - فِج.

Vert, au fig., frais, jeune, vigoureux, أخضر - شاب.

Vert, étourdi, évaporé, صغار - مجنون - جاهل.

Vert, ferme, résolu, صعب - قوي.

Vert, s. m., herbes qu'on donne aux chevaux, verdure, خضار - ربيع. Au vert, dans la prairie, في الربيع. ‖ Manger du vert, prendre le vert, خصيل - قصيل. ‖ Orge, blé en vert, أكل ربيع.

Vert, verdeur, acidité, طعم حامض.

Vert, couleur verte, خضرة - أخضر.

VERT-DE-GRIS, s. m., rouille vénéneuse qui vient sur certains métaux, زنجار - جنزار.

VERT-DE-MONTAGNE, s. m., chrysocolle, تنكار - لزاق الذهب.

VERTÉBRAL, E, adj., qui a rapport aux vertèbres, فقاري.

VERTÈBRE, s. f., os de l'épine du dos, فقرة;

plur., فِقَر et فَقارات - فَقارة - فَقار ; coll., خَرزة ; coll., جَرز. Les vertèbres du dos, فَقرات الظَهر.

VERTEMENT, adv., avec fermeté, vigueur, بقوّة - صعباً.

VERTICAL, E, adj., perpendiculaire à l'horizon, مُنتَصِب. Cadran vertical, ساعة مُنتَصِبة.

VERTICALEMENT, adv., perpendiculairement à l'horizon, مُنتَصِباً.

VERTIGE, s. m., tournoiement de tête, étourdissement, دَوخة. Avoir un vertige, داخ O.

Vertige, au fig., folie, égarement de la raison, ضَلال - لَطشة - جَنان - جنون.

VERTIGO, subst. m., maladie du cheval, لَطشة - صَرع.

Vertigo, au fig. fam., caprice, fantaisie, grain de folie, لَطشة - خَونة.

VERTU, s. f., habitude, disposition habituelle de l'âme qui porte à faire le bien et fuir le mal, فَضيلة ; plur., فَضائل. Les vertus morales, الفَضائل الادبية. || Acquérir les vertus et fuir les vices, اِقتنَينا الفَضائل و اِجتناب الرَذائل || La vertu, l'honneur, la probité, السيرة الحَسنة - الصَلاح - حُسن السيرة.

Vertu, propriété, qualité qui rend propre à produire un effet, قوّة ; plur, قوى - خاصّية ; plur., خَواصّ - شان - خاصّة - خَصائص ; plur., شَان. Elle a la vertu d'apaiser la bile, و من شأنها اطفا الصَفرا.

Vertu, chasteté, عِفّة.

En vertu, adv., en conséquence, en exécution de, à cause de, بموجب.

Demi-vertu, femme équivoque, بَركاسة ou برجاسة (Égypte).

VERTUEUSEMENT, adv., d'une manière vertueuse, بعِفّة - صَلاحاً - بفَضل.

VERTUEUX, SE, adj., qui a de la vertu, صالح ; plur., صُلحا et صالحين. Femme vertueuse, امرأة حُرّة.

VERVE, s. f., chaleur d'imagination qui anime dans la composition le poëte, l'orateur, le peintre, قَريحة - هَيَجان النَفس - حَميّة. Entrer en verve جاش الشِعر في خاطره (poëte).

VERVEINE, s. f., plante, رَعى الحَمام - بَربينا - اكمَوبران - بارسطاريون.

VESCE, s. f., espèce de grain, اراخس - جِلبان - قَرفال.

Vesce noire, ers, كِرسنة - كُشنى.

VESCERON, s. m., vesce sauvage, باقية.

VÉSICAIRE, s. f., plante, خَطميّة الجَنّة.

VÉSICATOIRE, adj., qui fait venir des vessies, حَرّاقي.

VÉSICATOIRE, s. m., حَرّاقة.

VÉSICULE, s. f., petite vessie, فُقَيفيقة. La vésicule du fiel, المَرارة.

VESSE, s. f., t. obscène, ventosité puante qui sort sans bruit par le derrière, فَسوة - فَسية ; plur., فَساء.

VESSE-DE-LOUP, s. f., espèce de champignon, فَقعة - نوع فُطر.

VESSER, v. n., lâcher une vesse, فَسا - فَسى I.

VESSEUR, SE, s., qui vesse, فَسّاى.

VESSIE, s. f., sac membraneux de l'urine, مَبولة - نافِجة - نَفِجة مِسك. Vessie de musc, مِثانة.

Vessie, petite ampoule sous l'épiderme, بُقبيقة.

VESSIGON, s. m., tumeur molle au jarret du cheval, ريح في عَراقيب الخَيل.

VESTALE, s. f., au fig., fille ou femme d'une chasteté exemplaire, عَفيفة.

VESTE, s. f., vêtement qui descend jusqu'à la ceinture, جوخة - فَرملة - قَبا (en drap) - (en serge) غَليلة - مَصريّة (en soie piquée) - كَبّوت (Barb.).

VESTIAIRE, s. m., lieu où l'on serre les habits, خَزانة المَلابيس.

VESTIBULE, s. m., première pièce servant de passage aux autres pièces, دَهليز.

VESTIGE, s. m., empreinte du pied; au fig., traces, restes, etc., أثر ; plur., آثار.

VÊTEMENT, s. m., habillement, ثَوب ; plur., ثِياب.

VÉTÉRAN, s. m., ancien soldat qui a servi un certain nombre d'années, عَتيق ; plur., عتقاء.

VÉTÉRANCE, s. f., qualité de vétéran, عتاقة.

VÉTÉRINAIRE, adj. com., qui concerne le traitement des animaux, يَخُصّ الدوابّ - يَخُصّ البهائم ‖ École vétérinaire, مدرسة الطبّ البيطري.

VÉTÉRINAIRE, s. m., maréchal-expert, médecin d'animaux, بَيطار ; plur., بياطرة.

VÉTILLE, s. f., bagatelle, chose de rien, هلسة - تنتيش.

VÉTILLER, v. n., s'amuser à de petites choses, تراقع.

*Vétiller*, faire des difficultés, ناقر - عاتل.

VÉTILLEUR, SE, s., qui s'amuse à des vétilles, et VÉTILLEUX, SE, adj., رقع.

*Vétilleur* ou *Vétilleux*, qui fait des difficultés, مناقر - مزقق.

*Vétilleux* (ouvrage), plein de petites difficultés, qui demande beaucoup de petits soins, مزقّق.

VÊTIR, v. a., habiller, donner des habits à quelqu'un, لبّس - I. كسى.

*Vêtir* un habit, le mettre, لبس بدلة A.

*Se vêtir*, v. pron., s'habiller, mettre un habit, suivre une mode dans les vêtements; لبس A.

VÉTO, s. m., formule employée par une autorité pour s'opposer à un acte, منع - رفض.

VÊTU, E, adj., habillé, لابس. Vêtu comme un oignon (expres. prov.), اكسى من بصلة.

VÉTUSTÉ, s. f., ancienneté, قدم.

VEUF, VE, adj., homme qui a perdu sa femme, femme qui a perdu son mari, أرمل ; fém., أرملة ; plur., أرامل - أجال ; fém., أجالة (Barb.).

VEULE, adj. com., mou, faible, مرتخي - رخو.

VEUVAGE, s. m., état d'un homme veuf, ou d'une femme veuve, ترمّل.

VEXATION, s. f., action de vexer, تعدّى - مظلمة.

VEXATOIRE, adj. com., qui a le caractère de la vexation, ظلمى.

VEXER, v. a., tourmenter, faire injustement de la peine, ظلم I. - عذّب - تعدّى على.

VIABLE, adj., qui peut vivre, يعيش يمكنه.

VIAGER, E, adj., à vie, ما دام حيّ.

VIANDE, s. f., chair des animaux, لحمة - لحم ; plur., لحوم et لحومات. Grosse viande, لحم خشن. ‖ Viande délicate, la chair d'agneau, de mouton, لحم ضاني - لحم ضانى. ‖ Viande sèche, salée, قديد.

VIATIQUE, s. m., communion donnée à un mourant, مناولة القربان للمريض. Donner le viatique à un malade, ناول المريض القربان المقدّس - قرّب المريض.

VIBRANT, E, adj., qui vibre, مهتزّ.

VIBRATION, s. f., mouvement d'un pendule en branle; tremblement d'une corde tendue et frappée, هزهزة.

VIBRER, v. n., faire des vibrations, تهزهز - أهتزّ.

VICAIRE, s. m., celui qui est établi sous un supérieur, un curé, وكيل ; plur., وكلا - نايب ; pl., نواب - خليفة.

VICARIAT, s. m., fonction, emploi de vicaire, نيابة - خلافة.

VICE, s. m., défaut, imperfection du corps, des choses, عيب ; plur., عيوب - نقص - نقيصة ; plur., نقايص.

*Vice*, défaut de l'âme, عيب - رذيلة ; plur., رذايل. Fuir les vices, اجتناب الرذايل.

*Vice*, disposition habituelle au mal, شرّ - فساد - السيرة الردية.

*Vice*, débauche, libertinage, فساد - فسق.

VICE-VERSA, réciproquement, وبالعكس.

VICE-AMIRAL, s. m., officier de marine après l'amiral, نايب امير البحر.

VICE-AMIRAUTÉ, subst. f., charge de vice-amiral, نيابة امير البحر.

VICE-CHANCELIER, s. m., qui fait les fonctions de chancelier en son absence, نايب صاحب الختام.

VICE-CONSUL, s. m., نايب قنصل.

VICE-CONSULAT, s. m., emploi du vice-consul, نيابة قنصلية.

VICE-LÉGAT, s. m., qui fait les fonctions du légat, نايب وكيل.

VICE-LÉGATION, s. f., emploi du vice-légat, نيابة وكيل.

VICE-PRÉSIDENT, s. m., qui fait les fonctions de président, نايب رئيس.

VICE-REINE, subst. fém., femme d'un vice-roi, qui gouverne comme un vice-roi, امراة نايب السلطان.

VICE-ROI, s. m., gouverneur d'un État qui a, qui a eu le titre de royaume, نايب السلطان.

VICE-ROYAUTÉ, s. f., charge, dignité de vice-roi, نيابة سلطنة.

VICIÉ, E, adj., gâté, altéré, corrompu, تلفان - معيوب - فاسد - عيبان.

VICIER, v. a., altérer, corrompre, gâter, افسد - عيب - اتلف.

VICIEUSEMENT, adv., d'une manière vicieuse, بعيب.

VICIEUX, SE, adj., qui a quelque vice, défectueux, معور - ناقص - معيوب.

*Vicieux*, adonné au vice, à la débauche, طالح - رذل - خاسر - فاسق, plur., ارذال.

*Vicieux*, ombrageux, rétif, حرون.

*Vicieux*, contre les règles, سقيم - ضد القواعد.

VICINAL; pl., VICINAUX, adj., voisin d'un autre ou d'un pays (chemin), مجاورة.

VICISSITUDE, s. f., disposition des choses humaines à changer; changement, variation, تقلب; pl., حوادث - تغايير - انقلاب الاحوال - تقلبات صروف الدهر.

VICTIME, s. f., animal immolé, offert en sacrifice, ذبيحة - قربان; plur., قرابين; plur., ذبايح - ضحية; plur., ضحايا.

*Victime*, au fig., celui qui est sacrifié, immolé à, قتيل.

VICTOIRE, s. f., avantage remporté à la guerre; avantage remporté sur un rival, etc., نصرة - غلبة - انتصار - ظفر - نصر. Remporter la victoire, انتصر على. || La victoire fut longtemps incertaine, طال بينهم القتال ولم يبن الغالب من المغلوب.

VICTORIEUSEMENT, adv., d'une manière victorieuse, منصوراً.

VICTORIEUX, SE, adj., qui remporte, qui a remporté une victoire, مظفر - منصور. Preuve victorieuse, برهان قاطع.

VIDANGE, s. f., action de vider, نزح - تفريغ.

*Vidange*, évacuation d'une femme après son accouchement, lochies, استفراغات نفاسية.

*Vidange*, immondices d'une ville, وسخ; plur., اوساخ.

VIDANGEUR, s. m., qui vide les fosses d'aisances, etc., مشاعلي - خرابشتي - سرابانى - نزاح.

VIDE, adj. com., qui n'est rempli que d'air; qui n'est pas rempli, خالي - فارغ - فاضي. Les mains vides, يدك فارغة - صفر اليدين || Vide de sens, من غير معنى.

VIDE, s. m., espace vide, خلو.

A *vide*, adv., sans rien contenir, على الفارغ.

VIDER, v. a., rendre vide, ôter ce qu'il y a dans une chose qui contenait, فضى - فرّغ. Vider un puits, etc., نزح بير A. || Vider un verre, boire ce qu'il contient, شرب قدح A. || Vider un verre, répandre ce qu'il contient, كبّ, فرّغ القدح O.

*Vider*, évider, creuser, قور - خرم.

*Vider*, au fig., terminer, finir par un accord, un jugement, فصل I. - قضى I.

*Vider* les lieux, déloger, sortir d'un lieu, عزل.

*Vider* le corps, purger, évacuer, نظّف الجسم.

VIDIMER, v. a., collationner à l'original, certifier

## VIE

la collation, قايل الصورة على اصلها و اثبت المقابلة.

VIDIMUS, s. m., mot par lequel un juge certifie qu'il a pris connaissance d'une pièce, أخبرت بما فيه - صحّ.

VIE, s. f., état des êtres animés qui sentent et se meuvent, حيوة - حياة. Exposer sa vie, خاطر بنفسه. || Défendre sa vie, مانع عن نفسه. || L'amour de la vie, حلاوة الروح - حب الحياة. || Donner la vie, faire grâce de la vie à quelqu'un, عفا عنه I. O. || Demander la vie à, طلب الأمان - وقع في عرضه. || La vie! la vie! انا في عرضك - امان. || En vie, vivant, حي - عايش. || Être en vie, vivant, عاش I. || Être entre la vie et la mort, dans un extrême danger, بين الحياة و الموت.

*Vie*, espace de temps depuis la naissance jusqu'à la mort, مدة الحياة - عمر. || Que Dieu prolonge votre vie, الله يطوّل عمرك - اطال الله عمركم. || De ma vie je n'ai vu cela, عمري ما رايته. || Il a passé toute sa vie à, صرف عمره في I. - ضيّع. || Pour la vie, مادام بالحياة. || عمره في قيد الحياة.

*Vie*, existence de l'âme après la mort, حياة. L'autre vie, الآخرة.

*Vie*, manière de vivre quant à la nourriture et aux commodités de la vie, عيش - معيشة - معاش. || La vie est chère, المعاش غالي هنا. || Demander sa vie, mendier, شحد A. || Gagner sa vie, كسب ما يعيش به - تقوّت بشغل يديه. || Mener la vie la plus douce, la plus agréable, la plus fortunée, كان في انعم عيش, الذّ عيش, ارغد عيش O.

*Vie*, pour ce qui regarde la conduite, les mœurs, سلوك - سيرة. || Mener une vie honnête, régulière, سيرته حسنة - سلوكك حسن O.

Rendre la *vie*, redonner la vie, fig., tirer d'une grande perplexité, d'un grand abattement, انعش.

*Vie*, histoire de la vie d'un homme, سيرة; plur., ترجمة - سير.

*Vie*, au fig., action, mouvement, حركة.

*Vie*, feu, vivacité, نارية.

A *vie*, adv., tant que l'on vivra, مادام حياً.

Eau-de-*vie*, liqueur spiritueuse tirée du vin, des grains, عرق - عرقي.

VIÉDASE, s. f. pop., terme injur., visage d'âne, وش حمار.

VIEIL, LE, VIEUX, adj., qui a duré, qui dure depuis longtemps, ancien, عتيق; plur., عتاق - قديم. Du vin vieux, نبيذ عتيق. || Un vieil ami, محب عتيق - محب قديم. || Conservez votre vieil ami, il n'y a rien à gagner avec le nouveau, احفظ عتيقك جديدك ليس ينفع.

*Vieil*, avancé en âge, عجوز - اختيار - كبير في - طاعن في السن - متقدم في العمر. || Il est plus vieux que vous, هو اكبر منك في العمر. || O vieux fou! ô vieille folle! يا شيبة الضالّة.

*Vieil*, usé, ancien, عتيق - بالي. Vieil habit, ثوب بالي, عتيق.

*Vieil*, antique, qui a l'air de vétusté, قديم.

VIEILLARD, s. m., qui est dans le dernier âge de la vie, شيخ; plur., شيوخ - هرم - اختيار; اختيارية.

VIEILLE, s. f., celle qui est dans la vieillesse, عجوزة - عجوز; plur., عجايز - هرمة.

VIEILLERIE, s. f. fam., chose vieille, شي عتيق. Vieilleries, au plur., meubles, hardes, choses vieilles et usées, عفشة.

VIEILLESSE, s. f., dernier âge de la vie, شيخوخة - شيب - كبر.

*Vieillesse*, les vieilles gens, العجايز - الشيوخ.

VIEILLIR, v. n., devenir vieux, avancé en âge, تقدم في I. - كبر A. - عجز I. - شاب I. - شاخ I. Vieillir, en parlant de choses inanimées, comme le vin, etc., عتق O. || Il a vieilli dans le métier de faux témoin, نَعْتَّق فى شهـادة الـزور.

*Vieillir,* cesser d'être en usage depuis longtemps, A. O. قدم ‎- فات O.

*Vieillir,* v. a., rendre vieux, faire paraître vieux, اهرم.

VIELLE, s. f., instrument de musique, آلة موسيقا و هى نوع قانون.

VIENNE, ville capitale de l'Autriche, فينتّة كرسى مملكة النمسا.

VIERGE, s. f., fille, بنت بكر; plur., بنات ابكار ‎- عذارى; plur., بتول ‎- عذرا ‎-.

*Vierge,* signe du zodiaque, العذرا ‎- برج السنبلة. Étoile à sa main gauche nommée l'Épi de la Vierge, السنبلة ‎- السماك الاعزل.

VIERGE, adj. com., qui a vécu dans une continence parfaite, بتول.

*Vierge,* qui n'a pas été fondu, ni mêlé, ni entamé, بكر.

*Vierge* (vigne), qui ne porte pas de fruit, نـوع كرمة ما لها ثمر.

VIF, s. m., la chair vive, لحم.

Être piqué au *vif,* au fig., être offensé grièvement, انجرح فى العظم ‎- انجرح قلبه. Couper dans le vif, la chair vive, au fig., toucher à ce qui est le plus sensible, قطع فى العظم.

VIF, VIVE, adj., vivant, حىّ. Mort ou vif, طيب ولا ميّت.

*Vif,* qui a beaucoup d'activité, de vigueur, حادّ ‎- حركَ. *Vif,* actif, qui est agile, حامى ‎- نارى ‎- بطران.

*Vif,* qui fait une impression vive, violente, برد شديد. Froid vif, شديد. Propos *vifs,* qui tiennent de l'insulte, كلام حادّ.

VIF-ARGENT, s. m., mercure, زيبق.

VIGIE, s. f., terme de marine, sentinelle, ناطور.

VIGILANCE, s. f., attention sur...., avec diligence et activité, انتباه ‎- نباهة.

VIGILANT, E, adj., soigneux, attentif, qui veille avec soin à ce qu'il doit faire, نبيـه ‎- منتبـه ‎- واعى.

VIGILE, s. f., veille de fête, عشية عيد ‎- بيرمون.

VIGNE, s. f., plante qui porte le raisin, عنبة ‎- دالية ‎- كرمة. plur., دوالى. Feuilles de vigne, اوراق دوالى ‎|| Tapisser de vigne, عرّش.

*Vigne,* étendue de terre plantée de vigne, كرم; plur., كروم.

VIGNERON, s. m., qui cultive la vigne, زارع الكرم ‎- كرّام.

VIGNETTE, s. f., petite estampe, صورة; plur., صوَر.

VIGNOBLE, s. m., lieu planté de vignes, كرم; pl., كروم.

VIGOGNE, s. f., animal qui a une laine très-fine, حيوان له صوف ناعم.

VIGOUREUSEMENT, adv., avec force, vigueur, بعزم شديد ‎- بجيل.

VIGOUREUX, SE, adj, qui a de la vigueur, fort, robuste, شديد ‎- قوى ‎- عفى.

VIGUEUR, s. f., force pour agir, قوّة ‎- عافية.

*Vigueur,* force d'esprit, قرّة.

*Vigueur,* au fig., ardeur jointe à la fermeté dans toutes les actions, عزم.

VIL, E, adj., bas, abject (chose), حقير ‎- دنئ.

*Vil* (homme), méprisable par la bassesse des sentiments, لـيـيم ‎- رذيل; pl., ارذال ‎- لـيام; plur., خسسا ‎- دنئ; plur., ادنيا ‎- خسيس.

*Vil,* de peu de valeur, رخيص ‎- بخس. A *vil* prix, بارخص ثمن ‎- بابخص ثمن.

VILAIN, E, adj., qui n'est pas beau, qui déplaît à la vue, قبيح; plur., قبحا ‎- قبيح المنظر ‎- بشع ‎- وحش.

*Vilain,* incommode, fâcheux, ردى ‎- رذل.

*Vilain,* déshonnête, فاحش ‎- بشع ‎- قبيح.

*Vilain,* méchant, dangereux, خاسر ‎- ردى.

*Vilain,* avare, قذر ‎- بخيل ‎- خسيس.

*Vilain,* paysan, roturier, سفلة ‎- من الاسافل.

## VIN

Jeux de main, jeux de *vilain*, لعب اليد يغيظ.
VILAINEMENT, adv., d'une manière vilaine, ببخل ـ برذالة ـ بقباحة.
VILEBREQUIN, s. m., outil pour percer le bois, مثقب ـ مبخش ـ مخراز; plur., مثاقب.
VILENIE, s. f., ordure, saleté, وسخ; plur., اوساخ.
*Vilenie*, paroles injurieuses et basses, obscénité, كلام فاحش ـ كلام زفر ـ عيبة ـ زفرة.
*Vilenie*, nourriture mauvaise, malsaine, نتانة.
*Vilenie*, avarice sordide; actions basses et viles, بهدلة ـ رذالة ـ بخل ـ خساسة.
VILETÉ, s. f., qualité de ce qui est de peu d'importance, à bas prix, حقارة ـ رخاصة.
VILIPENDER, v. a. fam., traiter de vil, traiter avec mépris, بهدل ـ احتقر.
VILLAGE, s. f., grande ville mal peuplée, mal bâtie, قرية.
VILLAGE, s. m., assemblage de maisons trop peu nombreuses pour former un bourg, ضيعة; plur., دشار ـ ادوار; plur., دوار ـ كفر ـ ضياع; plur., دشاير (Barb.). Village de Cabyles entouré d'une muraille, قصر; plur., قصور.
VILLAGEOIS, E, adj., habitant de village, فلاح.
VILLE, s. f., assemblage d'un nombre considérable de maisons, مدينة; plur., مدن ـ بلد; plur., بلاد. La ville, les habitants de la ville, اهل البلد.
VILLETTE, s. f. fam., très-petite ville, بلدة صغيرة.
VIN, s. m., liqueur qu'on tire du raisin, خمر ـ شراب ـ نبيذ (Barbarie). Mettre de l'eau dans son *vin*, au fig. fam., se modérer, عقل A.
Entre deux *vins*, qui approche de l'ivresse, نشوان ـ متكيف.
VINAIGRE, s. m., vin rendu, devenu aigre, خلّ.
Vinaigre des quatre voleurs, خلّ المانع للتعفن ‖ Tourner en vinaigre, تخلل.

## VIO

VINAIGRER, v. a., assaisonner avec du vinaigre, حطّ خلّ فى O.
VINAIGRETTE, s. f., sauce où il entre du vinaigre, مرقة خلّ.
VINAIGRIER, s. m., qui fait ou vend du vinaigre, خلّال.
*Vinaigrier*, vase pour mettre le vinaigre, ماعون خلّ.
*Vinaigrier* ou Sumac, arbre, سمّاق.
VINDICATIF, IVE, adj., porté à se venger, حقود ـ حريص على اخذ الثار.
VINDICTE PUBLIQUE, s. f., poursuite d'un crime, مقاصصة.
VINÉE, s. f., ce qu'on recueille de vin dans une année, نبيذ سنة.
VINEUX, SE, adj., qui sent le vin, qui en a la couleur, خمرى.
*Vineux* (vin), qui a de la force, نبيذ حامى.
VINGT, s. m., deux fois dix, عشرون ـ عشرين.
VINGTAINE, s. f., nombre de vingt, عشرين.
VINGTIÈME, adj. com., nombre ordinal, عشرين.
VINGTIÈME, s. m., la vingtième partie, واحد من عشرين.
VIOL, s. m., violence qu'on fait à une fille, à une femme dont on jouit de force, فضح امراة ـ هتك امراة.
VIOLAT, adj. m., où il entre de la violette, فيه بنفسج ـ بنفسجى.
VIOLATEUR, TRICE, s., qui viole ou enfreint la loi, le droit, متعدّى.
VIOLATION, s. f., action de violer, d'enfreindre un engagement, تعدية العهود ـ نقض العهود. Violation des lois, تعدية الشرايع ‖ Violation d'un lieu sacré, خرق حرمة موضع.
VIOLEMENT, s. m., infraction, تعدية ـ نقض ـ مخالفة.
VIOLEMMENT, adv., avec violence, avec force, بشدة.

## VIP

*Violemment,* de force, ‎- بالغصب - بالقهر‎
‎جبراً و قهراً.‎

**Violence,** s. f., qualité de ce qui est violent, ‎شدّة.‎

*Violence,* force dont on use contre le droit commun, ‎ظلم - عسف - اجبار - قهر.‎

**Violent, e,** adj., qui agit avec force, impétuosité, ‎شديد‎; plur., ‎شداد.‎ Douleur violente, ‎وجع شديد‎ || Vent violent, ‎عاصف‎; pl., ‎عواصف‎ || Homme violent, ‎رجل شديد الغضب - رجل خُلقى, خلاقانى.‎

*Violent,* trop rude, trop difficile, ‎عاسف - زايد.‎

*Violent,* causé par un accident, ‎عسف.‎

**Violenter,** v. a., contraindre, faire faire par force, ‎غصب احداً على شى O.‎

**Violer,** v. a., enfreindre, agir contre, ‎خان O.‎ ‎- خالف - نقض O. تعدّى.‎ Violer son serment, ‎نقض العهد‎ || Violer un traité, ‎خان يمينه‎ || Violer ses engagements, ‎خان العهود‎ || Violer les lois, ‎خرق حرمة‎ || Violer un asile, ‎تعدّى الشرايع‎ || Violer un territoire, ‎داس ارضاً O.‎ ‎- موضع.‎ Notre territoire a été violé, ‎انداست ارضنا.‎

*Violer,* faire violence à une fille, en jouir par force, ‎اقتنص البنت غصباً A. - فضح.‎

**Violet, te,** adj., couleur pourpre tirant sur le bleu foncé, ‎بنفسجى - مناوش - منويش.‎

**Violette,** s. f., plante et sa fleur, ‎بنفسج.‎

**Violier,** s. m., plante, giroflée jaune, ‎خيرى - منثور اصفر.‎

**Violon,** s. m., instrument de musique, ‎كمنجة - رباب‎; coll., ‎ربابة.‎

**Violoncelle,** s. m., grand violon, ‎نوع كمنجة كبيرة.‎

**Viorne,** s. f., plante, ‎نوع دالية.‎

**Vipère,** s. f., serpent dangereux, ‎افعة - افعى‎; pl., ‎افاعى‎ ‎- افعى الترياق.‎ Langue de *vipère,* au fig., méchant, calomniateur, ‎لسان الافاعى.‎

## VIR

**Vipéreau,** s. m., petit d'une vipère, ‎ابن افعى‎; plur., ‎اولاد الافاعى.‎

**Vipérine,** s. f., ou Langue de bouc, Échium, ‎اخيون - راس الافعى.‎

**Virago,** s. f., femme qui a l'air d'un homme, ‎امراة مسترجلة.‎

**Virement,** s. m., transport d'une dette active, ‎نقل.‎

*Virement,* action de virer, ‎تحويل القرية.‎

**Virer,** verb. n., tourner, aller en tournant, ‎دار O.‎

*Virer,* terme de mer, tourner d'un côté sur l'autre, virer de bord, ‎حوّل القرية.‎

*Virer,* v. a., tourner, ‎ادار.‎

**Virevolte,** s. f., et **Virevouste,** s. f., tour et retour, ‎دورة.‎

**Virginal, e,** adj., qui appartient, qui a rapport à une vierge, ‎بكرى - بتولى.‎

**Virginité,** s. f., état d'une personne vierge, ‎بكارة - بكورية - بتولية.‎

**Virgouleuse,** s. f., poire qui se mange en hiver, ‎نوع كمثرى ياكلوه فى الشتا.‎

**Virgule,** s. f., signe de ponctuation, ‎شرطة.‎

**Viril, e,** adj., qui est d'homme en tant que mâle, d'un homme fait, ‎رجالى - ذكرى‎ || Age viril, âge d'un homme fait, ‎مرجلية‎ || Qui a l'âge viril, ‎رجل كامل.‎

**Virilement,** adv., d'une manière virile, avec vigueur, ‎بمرجلية.‎

**Virilité,** s. f., âge viril, ‎سن البلوغ - مرجلية.‎

*Virilité,* capacité d'engendrer dans l'homme, ‎مرجلية - نهمة.‎

**Virole,** s. f., petit cercle de métal autour du manche, ‎حلق‎; coll., ‎حلقة - دبلة.‎

**Virtualité,** s. f., qualité de ce qui est virtuel, ‎تقدير.‎

**Virtuel, le,** adj., qui est seulement en puissance, ‎مقدّر.‎

VIRTUELLEMENT, adv., d'une manière virtuelle, تَقْديراً.

VIRTUOSE, adj. com., qui a un talent remarquable pour la musique, اُستاذ فى فنّ - موسيقى الموسيقا.

VIRULENCE, s. f., qualité de ce qui est virulent, سمّ - اذيّة.

VIRULENT, E, adj., qui a du virus, du venin, du fiel, مسمّ.

VIRUS, s. m., venin des maux vénériens; اذى - سمّ.

VIS, s. f., pièce cannelée en spirale, برغى - برمة ; plur., لوالب - لولب.

VIS-A-VIS, prép., en face, à l'opposite, قِصاد - تِجاه - قِبال. Mon vis-à-vis, la personne placée vis-à-vis de moi, مقابلى - واقف قبالى.

VISA, s. m., formule, signature qui rend l'acte authentique, أخبرت بها فيه - صحّ - علامة.

VISAGE, s. m., face de l'homme, etc., وجه ; pl. وجوه - وشّ ; pl., وشوش. Faire bon visage à quelqu'un, ضحكت فى - لاقى أحداً بالبشاشة - وجهه. ‖ Faire mauvais visage à quelqu'un, بارد له - أعطاه وجه كهة - وجم. ‖ Visage riant, وجه ضاحك. ‖ Visage refrogné, وجه مقطّب. Changer de visage, pâlir ou rougir, احمرّ وجهه و - تغيّرت احواله - اصفرّ وجهه.

VISCÉRAL, E, adj., qui appartient aux viscères, احشائى.

VISCÈRE, s. m., partie intérieure du corps animal qui élabore la substance, حشا ; pl., احشا.

VISCOSITÉ, s. f., qualité de ce qui est visqueux, لزوجة.

VISÉE, s. f., direction de la vue à un certain point pour y adresser un coup, طلّة - أخذ النشان. Changer de visée, au fig., changer de desseins, حطّ عينه على غيرشى.

VISER, v. a. et n., mirer, regarder au but pour y atteindre avec une balle, etc., حرّر على - مَيّن على ; O. ١ قاس - ٢ اخذ نشان - ناشن (Barb.).

Viser, v. a., mettre le visa, علّم على.

Viser, v. n., au fig., avoir en vue une certaine fin, حطّ عينه على.

VISIBILITÉ, s. f., qualité qui rend la chose visible, ظهور - رؤية.

VISIBLE, adj., qui se voit, peut se voir, مُرْئى - يُرى عياناً. Visible à l'œil, يدركه النظر - يُرى.
— Visible, évident, manifeste, ظاهر - معلوم - مبيّن - باين - واضح.
Visible, qui reçoit des visites, يمكن الدخول الى عنك.

VISIBLEMENT, adv., d'une manière visible, ظاهراً - واضحاً.

VISIÈRE, s. f., bouton sur le canon du fusil, نشان.
Visière, pièce d'un casque, mobile sur les yeux, غما.
Visiere, vue, نظر.
Rompre en visière, au fig. fam., contrarier, parler avec hauteur, dureté, صادده و خالفه و غالظ - له فى الكلام.

VISION, s. f., action de voir, رؤية - نظر.
Vision, révélation faite aux prophètes, aux élus, رويا - وحى.
Vision, au fig., idée folle, خيال - تخيّل ; plur., خيالات.

VISIONNAIRE, adj. com., qui a des idées folles, extravagantes, مخترى.
Visionnaire, qui prétend avoir des visions, des révélations, مدّعى الرويا و الوحى.

VISIR ou VIZIR, s. m., ministre du Grand-Seigneur, وزير ; plur., وزرا.

VISIRAT, s. m., place, dignité de vizir, وزارة.

VISITATION, s. f., fête de la visite faite par la sainte-Vierge à sainte Élisabeth, عيد الزيارة.

VISITE, s. f., action d'aller voir, par civilité, devoir, زيارة ـ طلّة ـ شقّة. Faire visite à quelqu'un, زار احداً O. *Voyez* VISITER.

*Visite*, perquisition, recherche, examen, inspection, تفتيش ـ كشف.

*Visite*, d'un médecin, شقّة.

VISITER, v. a., aller voir quelqu'un chez lui, شقّ عليه I. ـ طلّ O. ـ كشف عليه O. ـ I. ـ زاره O. Visiter un malade, عاد المريض O. ـ شقّ عليه I. ـ كشف عليه O.

*Visiter*, aller voir par charité, افتقد I. Visiter des lieux saints par dévotion, زار O.

*Visiter* une chose, examiner si elle est en bon état, استفقد I. ـ كشف I. Visiter une blessure, كشف على جرح.

*Visiter*, faire une perquisition, un examen des lieux, des personnes, كشف على I. ـ كشف ـ فتّش ـ تفتّش. Être visité, قلّب.

VISITEUR, s. m., celui qui est chargé de visiter, d'examiner, كشّاف.

VISQUEUX, SE, adj., gluant, tenace, لزج ـ دبق.

VISSER, v. a., attacher avec des vis, ضبط O. Visser, faire entrer l'un dans l'autre en vissant, ركّب ذكر في انثى بيراغى.

VISUEL, LE, adj., qui appartient à la vue, نظرى.

VITAL, E, adj., qui tient aux principes de la vie, متعلّق بالحياة ـ محيى.

VITCHOURA, s. m., sorte de pelisse, نوع فروة.

VITE, adj. com., qui a de la vitesse, عجل ـ سريع.

VITE, adv., avec vitesse, بالعجل ـ بسرعة ـ قوام (Barb.): بالزربة. Marcher vite, écrire vite, خفّ يدك I. خفّ رجليه I. ‖ Va vite, روّج (Kasraouan) ـ استعجل.

VITEMENT, adv., vite, بالعجل.

VITESSE, s. f., célérité, grande promptitude à agir, سرعة.

VITEX, s. m., ou Agnus-Castus, plante, بنجنكشت ـ حب الفقد. Ses graines, كفّ مريم ـ اغنس ـ حب الطاهر.

VITRAGE, s. m., vitres d'un bâtiment, قزاز.

*Vitrage*, cloison vitrée, حاجز بقزاز.

VITRAIL, s. m., grande fenêtre d'église, شبّاك كنيسة.

VITRAUX, s. m. pl., grandes vitres, الواح قزاز كبار.

VITRE, s. f., carreau de verre a une fenêtre, لوح قزاز; plur., الواح.

VITRÉ, E, adj., qui a des vitres, بقزاز.

VITRER, v. a., garnir de vitres, ركّب قزاز ـ حطّ قزاز O.

VITRERIE, s. f., art, commerce de vitrier, قزاز.

VITRIER, s. m., qui travaille en vitres, بيّاع قزاز ـ قزّاز.

VITREUX, SE, adj., qui a de la ressemblance avec le verre, de sa nature, يشبه القزاز ـ زجاجى.

VITRIFIABLE, adj. com., propre à être changé en verre, يستحيل زجاج.

VITRIFICATION, s. f., conversion en verre, son effet, action de vitrifier, احالة, استحالة الشى زجاجاً.

VITRIFIER, v. a., convertir en verre, حوّل ـ احال الشى زجاجاً.

VITRIOL, s. m., sel astringent, زاج ـ جاز ـ توتية; plur., زاجات. Vitriol blanc, زاج ابيض بصورية. ‖ Vitriol vert, ou vitriol martial, nommé aussi couperose, قلقند ـ زاج قبرسى ـ زاج اخضر ـ قلقديس.

VITRIOLÉ, E, adj., où il y a du vitriol, فيه زاج.

VITRIOLIQUE, adj., du vitriol, de sa nature, زاجى.

VIVACE, adj. com., qui a en soi les principes d'une longue vie, يعيش كثير.

VIVACITÉ, s. f., activité, promptitude à agir, à se mouvoir, حرارة ـ حدّة ـ نشاط.

*Vivacité*, force, ardeur, شِدَّة.

*Vivacité*, brillant, pénétration d'esprit, ذَكا - ذَكاوة.

*Vivacité*, force des couleurs, زَهاوة.

*Vivacité*, emportement léger et passager, خُلْق. Parler avec vivacité, تَكَلَّم بحرقة. طلعة خلق.

VIVANDIER, ÈRE, s., qui vend des vivres aux troupes et les suit, بيّاع للعسكر.

VIVANT, E, adj., qui vit, عايش - حَيّ; plur., احياء. Du vivant de, في حياة.

Bon *vivant*, fam., qui aime le plaisir sans nuire aux autres, بَجْبُوح; plur., بَجابيح.

VIVAT, s. m. interj., qu'il vive! cri d'applaudissement, يعيش.

VIVE, interj., exprime la joie, l'admiration, يعيش. Vive celui qui sait se connaître, الفاتحة في صحايف من يذوق روحه.

Qui *vive*? terme militaire pour reconnaître ceux qui s'approchent, مَن; vulg., مين.

Sur le qui-*vive*, en état d'alarme, de défiance, مَشْغُول - مَشْغُول البال. Sur le qui-vive, sur ses gardes, على حذر - واعي.

VIVE-LA-JOIE, s. m., homme joyeux, sans souci, بَجْبُوح - بطران.

VIVEMENT, adv., avec ardeur, vigueur, sans relâche, بِشِدّة - بحميّة.

VIVIER, s. m., pièce d'eau où l'on conserve du poisson, حوض للسمك - بركة فيها سمك.

VIVIFIANT, E, adj., qui ranime, qui redonne du mouvement, مُحيي.

VIVIFICATION, s. f., action de vivifier, احياء.

VIVIFIER, v. a., donner et conserver la vie, احيا.

*Vivifier*, au fig., donner de la vigueur, de la force, احيي - قوّى.

VIVIPARE, adj. com., qui met au monde ses petits tout vivants (animal), يلد احيا.

VIVOTER, v. n. fam., vivre petitement, avec peine, تعيَّش - قاسى.

VIVRE, v. n., être en vie, عاش I. Tant qu'il vivra, مادام بقيد الحياة.

*Vivre*, subsister, se nourrir de, عاش من I. - تَقَوَّت، اقتات ب I. Il vit du travail de ses mains, يتقوّت بكدّ يديه I.

*Vivre*, passer sa vie, قضى عمره I. - عاش I.

*Vivre*, se conduire, se comporter, سلك O. Savoir vivre, connaître les usages, les manières reçues parmi les honnêtes gens, عرف عارف الواجب I. ‖ Homme qui sait vivre, الواجب ‖ - Le savoir-vivre, عنك معروف - الادب - المعروف.

Apprendre à *vivre* à quelqu'un, ادّب.

VIVRE, s. m., nourriture, tout ce dont l'homme se nourrit, مونة - زاد. Les vivres, عيش - قوت ‖ مَوُونة. Les vivres manquèrent, قلّ الزاد.

VIZIR. *Voyez* VISIR.

VOCABULAIRE, s. m., liste alphabétique des mots d'une langue, d'une science, avec une explication succincte, كتاب ترجمان مختصر.

VOCAL, E, adj., qui s'exprime par la voix, حِسّي.

VOCALEMENT, adv., d'une manière vocale, بالصوت.

VOCATIF, s. m., t. de grammaire, cas dont on se sert pour appeler, نِدا.

VOCATION, s. f., mouvement intérieur par lequel Dieu appelle à un genre de vie, لهمة - هداية.

*Vocation*, inclination pour un état, penchant; au fig., disposition, talent marqué pour un travail, ميل طبيعي الى - دعوى.

VOCIFÉRATIONS, s. f. plur., paroles accompagnées de clameurs, جعجعة - ضجّة - عياط.

VOCIFÉRER, v. n., parler avec clameurs dans une assemblée, عيّط - جعجع.

VŒU, s. m., promesse faite à Dieu d'une chose qui peut lui être agréable, sans être de précepte; offrande promise, chose offerte, نذر; pl., نذور.

Vœux, s. m. pl., souhait, désir, دعا - منا. Faire des vœux pour quelqu'un, دعا له O. I. ‖ Faire des vœux pour la santé, la prospérité de quelqu'un, دعا له بالعافية ،بالسعادة. ‖ Faire des vœux contre quelqu'un, دعا عليه. ‖ Exaucer les vœux de, اعطاه - استجاب دعاه - اجاب دعاه. ما تمنى.

Vogue, s. f., t. de mer, mouvement imprimé par les rames, قدف - عوم.

Vogue, au fig., crédit, estime, réputation, سمعة - اسم - صيت. ‖ Qui est en vogue, له صيت. ‖ Mettre en vogue, طلع له صيت.

Voguer, v. n., ramer, avancer, عوّم - قذّف - مقذّف. Vogue la galère, arrive ce qui pourra, يجري ما يجري - ايش ما صار يصير.

Vogueur, s. m., rameur, مقذّف.

Voici, prép., pour indiquer, ها هوذا - ادى - ها.

Voie, s. f., chemin, طريق; plur., طرق. Par la voie de Smyrne, عن طريق ازمير.

Voie, au fig., moyen, طريقة; plur., طرايق - باب; plur., ابواب. Par la voie de M. un tel, من تحت يد فلان - بوساطة فلان. ‖ Prendre toutes les voies pour, عمل كل الوسايط لـ.

Voie, trace, اثر; plur., اثار.

Mettre sur la voie, aider au succès, à la découverte, دلّ على O.

Voie d'eau, deux seaux, دور مويّة.

Voie d'eau, ouverture par laquelle l'eau entre dans un vaisseau, بخش في مركب يدخل منه الما.

Voie de bois, mesure de bois, charretée, حملة ملو نقالة حطب - حطب.

Voie-Lactée, amas d'étoiles qui font une trace blanche dans le ciel, طريق التبن - دريب التبّانة - المجرة - ام السما - طريق اللبّانة.

Voila, prép., pour indiquer, rappeler, هذا. Voilà que, ne voilà-t-il pas que, ما لاقيت - الّا و لا.

Voile, s. m., étoffe qui sert à cacher quelque chose, غطا; plur., اغطية - ستر. ‖ Voile de femme couvrant la tête et le visage, ne laissant voir que les yeux, برقع; plur., براقع. ‖ Voile de femme qui couvre la tête et le visage à l'exception du nez et des yeux, خمار. ‖ Petit voile d'étamine fine et noire pour le visage seulement, شعرية. ‖ Grand voile de femme qui couvre la tête et le corps tout entier, غطا - ايزار et ازار. ‖ Voile d'homme, mouchoir dont les Arabes-Bédouins se couvrent le bas du visage pour n'être pas reconnus, لثام.

Voile, grand rideau, حجاب - ستر.

Voile, au fig., apparence spécieuse; prétexte, moyen pour tenir une chose cachée, صورة - ستر. Jeter un voile sur, ستر O.

Voile, s. f., t. de mer, toile pour opposer au vent, قلع; plur., قلوع. Déployer les voiles, فتح القلوع. ‖ Serrer les voiles, لمّ القلوع. ‖ Amener les voiles, نزل القلوع. ‖ Le vaisseau mit à la voile, قلع (Barb.). ‖ Faire voile, naviguer, سافر I. سارى في البحر.

Voile, au figur., vaisseau, مركب; plur., مراكب.

Voilé, e, adj., couvert d'un voile; caché, couvert, مغطّى - مستور - محجوب. Femme voilée, امراة مغطاية ،مبرقعة ،مخمرة. Voyez Voile. ‖ Homme voilé, رجل ملثم ،مضيّق اللثام.

Voiler, v. a., couvrir d'un voile, ستر O. - برقع - غطّى. Un nuage a voilé la lumière du jour, سحابة حجبت نور الشمس.

Voiler, au fig., couvrir, cacher, déguiser, ستر - غطّى.

Se voiler, v. pron., se couvrir d'un voile (femme), تلثّم - تغطّى - تيزّر et تازّر - تخمّر - تبرقع. Voyez Voile.

Voilerie, s. f., lieu où l'on raccommode les voiles, مرقعة القلوع.

VOILIER, s. m., qui travaille aux voiles d'un vaisseau, بتاع قلوع.

VOILIER, adj. m. (bon), سريع السير. Mauvais voilier, بطيء السير.

VOILURE, s. f., toutes les voiles, quantité de voiles d'un vaisseau, قلوع.

VOIR, v. a., recevoir les images des objets par les yeux, نظر A. – رأى O. – شاف O. – قشع. – شاهد O. Je ne vois rien, ما أطقّ شي O. طقّ. ‖ Mes yeux ne voient plus, ما اشوف شي – عيني ما نطقّ. ‖ Faire voir une chose à quelqu'un, la lui montrer, فرجه على شي – أرواه الشي – أوراه. ‖ Il prie pour être vu, par affectation et hypocrisie, يصلّي على عيون الناس. ‖ Tu verras, ou je te ferai voir, manière de menacer, خذ منّي وبعدك تتفرّج – على ما يجيبك. ‖ Voir de ses yeux une chose, رأى الشي عيانا – عاين الشي بعينه O. شاف. ‖ Nous jouirons du plaisir de vous voir, نتهلّى بشوفتكم – برؤياكم – بمشاهدتكم.

Voir, avoir vue sur, طلّ على I. O. – كشف I.

Voir, faire visite, شقّر على O. – شقّ على. Venez nous voir, شرّفنا ou لعندنا réponse : شقّ علينا – انت مشرّف.

Voir, fréquenter, عاشر.

Voir, observer, regarder, أبصر – نظر الى O.

Voir, examiner, نظر في. Voir une affaire à fond, l'examiner attentivement, أمعن النظر في أمر.

Voir, au fig., pénétrer, remarquer, s'apercevoir, اطّلع على O. – شاف.

Voir, connaître, عرف I.

Voir, s'informer, استخبر عن شي – استفهم الشي.

Voir, essayer, éprouver, جرّب.

Voir, discerner, juger, رأى A. Je vois bien ce qu'il faudrait faire, mais je ne puis l'exécuter, العين بصيرة واليد قصيرة ; prov.

Voir, inspecter, كشف I. – نظر الى O.

Voir à, avoir soin, pourvoir à, دبّر.

Voir, jouir d'une femme, عاشر امرأة.

Voir de loin, au fig., prévoir, pénétrer, شاف من بعيد. Je te ferai voir du pays, au fig. fam., je te susciterai des embarras, يامّا نشوف.

Se voir, v. pron., se regarder, se fréquenter, قابلوا بعضهم – تواجهوا.

Se voir, être aperçu, paraître, بان A.

Vu, part., formule de palais, ayant été vu, بعد النظر الى.

Vu, attendu, eu égard à, نظرا الى.

Au vu de, devant les yeux de, قدّام عين.

VOIRE, adv., même, حتى و.

VOIRIE, s. f., lieu où l'on porte les immondices, les charognes, المزبلة – المزابل, pl.; كوم – الكيمان – كيمان.

Voirie, charge de voyer, نظر الطرق.

VOISIN, E, adj., qui est proche, قريب – مجاور.

VOISIN, E, s., qui demeure près ; qui loge auprès d'un autre, جار, pl.; جيران. Il faut s'informer du voisin avant de prendre une maison, et du compagnon de voyage avant de se mettre en route, الجار قبل الدار والرفيق قبل الطريق ; prov. ‖ Il faut ménager son voisin, quand même on aurait à se plaindre de ses procédés, الجار ولوجار ; prov.

VOISINAGE, s. m., proximité, lieu proche, قرب – مجاورة – جوار.

Voisinage, les voisins, الجيران.

VOISINER, v. n. fam., visiter familièrement ses voisins, عاشر جيرانه.

VOITURE, s. f., ce qui sert au transport des personnes, des marchandises, عربة – عربانة – عجلة – كرارة (Égypte) – عربية (Barb.).

Voiture, port, transport, نقل.

VOITURER, v. act., transporter par voiture, نقل O.

VOITURIER, s. m., qui conduit une voiture, qui transporte par voiture, عربجي سوّاق – شيّال.

VOITURIN, s. m., loueur de chevaux, de carrosses, مكارى.

VOIX, s. f., son de la bouche, صوت; plur., اصوات ـ حس. De vive voix, لسانا ـ مشافهة ‖ A voix haute voix, بالعالى ـ باعلى صوته ‖ A voix basse, بالواطى.

La *voix* publique, لسان الناس ـ قول الناس.

*Voix*, au fig., suffrage, رضاء ـ صوت. Aller aux voix, جمع الاراء.

VOL, s. m., action de celui qui dérobe, حرام ـ سرقة.

*Vol*, chose volée, سرقة ـ سريقة.

*Vol*, mouvement des ailes des oiseaux pour voler, طيران. Tirer au vol, طاير قوس.

*Vol*, au fig., élévation de la pensée, ارتفاع.

VOLAGE, adj. com., léger, changeant, حالاتى قلاب.

VOLAILLE, s. f., tous les oiseaux domestiques qu'on nourrit dans une basse-cour, طيور; sing., طير.

VOLANT, E, adj., qui a la faculté de se soutenir en l'air, طاير.

*Volant*, qui n'est pas stable, fixe à demeure, طاير ـ طيار ـ طيّارى.

VOLANT, s. m., morceau de liége, etc., garni de plumes, قطعة فلين او خلافه ملبّسة ريشا.

*Volant*, aile de moulin, جناح طاحون.

VOLATIL, E, adj., qui se résout et se dissipe par l'action du feu, يتصعّد.

VOLATILE, s. m., animal qui vole, طاير.

VOLATILISATION, subst. f., action de volatiliser, تصعيد.

VOLATILISER, v. a., rendre volatil, صعّد.

VOLATILITÉ, s. f., qualité de ce qui est volatil, قابلية التصعيد.

VOLCAN, s. m., montagne, gouffre qui vomit du feu, جبل نار.

*Volcan*, au fig., esprit très-vif, نار محرقة.

VOLE, s. f. (faire la), رفع الكل A.

VOLÉE, s. f., vol d'un oiseau, طيران ـ طيرة.

*Volée*, bande d'oiseaux qui volent, سرب ـ حومة.

*Volée*, t. de guerre, décharge de plusieurs canons, طلقة مدافع. Volée de coups de bâton, ضرب عصا.

*Volée*, au fig. fam., élévation, rang, qualité, شان ـ مرتبة.

A la *volée*, adv., inconsidérément, sans réflexion, بطيارة. Saisir quelque chose à la volée, ou de volée, استلقى, اسلقى الشى ـ خطف الشى من الهوا من الهوا.

VOLER, v. a., prendre furtivement, ou ce dont on n'a pas la propriété, سرق شيا من احد I. ـ I. O. Voler, prendre par force, خطف I. ـ O. ‖ Voler sur les grands chemins, قطع الطريق A. ـ O. ‖ Voler quelqu'un, le dépouiller, شلح ‖ Voler quelqu'un, lui prendre quelque chose, سرق, اخذ منه شى.

*Voler*, v. n., se soutenir, se mouvoir en l'air par le moyen des ailes; au fig., courir, avancer avec une grande vitesse, طار I.

VOLERIE, s. f. fam., larcin, pillerie, سرقة.

VOLET, s. m., tablette, panneau qui couvre une croisée, لوح الطاقة ـ درفة ـ ضلفة, pl., ضلفة.

VOLEUR, SE, s., qui vole, حرامى; pl., حرامية ـ نشّال ـ سرّاق ـ سارق ـ لصوص, plur., لص ـ. Voleur de grand chemin, قطعى; plur., قطعية ـ ربّاط طريق ـ قطّاع طريق.

VOLGA, s. m., fleuve, اتل ـ نهر الخزر.

VOLIÈRE, s. f., lieu où l'on nourrit des oiseaux, محلّ طيور ـ بيت طيور.

*Volière*, petit colombier, برج طيور.

VOLITION, s. f., acte par lequel la volonté se détermine, ارادة.

VOLONTAIRE, adj. com., sans contrainte, fait de franche volonté, بالرضا ـ اختيارى.

*Volontaire*, qui ne veut faire que sa volonté, عنيد.

VOLONTAIRE, s. m., qui sert volontairement dans les troupes, مخيّر.

VOLONTAIREMENT, adv., de bonne et franche volonté, بالطوع و الرضا - باختيار.

VOLONTÉ, s. f., faculté, puissance par laquelle on veut, مشية - ارادة. La volonté de Dieu, ses ordres, ses décrets, مشية الرب.

*Volonté*, ce qu'on veut qui soit fait, مراد - ارادة - مشتهى. Faire ses volontés, tout ce que l'on a envie de faire, عمل كل ما يعجبه. ‖ De sa propre volonté, باختيارة - ‖ Contre sa volonté, غصبا عنه - ‖ De bonne volonté, de bon gré, بغير ارادته ‖ بالطوع و الرضا. ‖ A volonté, quand on veut, اذا اردت.

Bonne *volonté* pour quelqu'un, bienveillance, ارادة خير لاحد. Il a de la bonne volonté pour vous, يريد لك الخير. ‖ Mauvaise volonté, malveillance, سوء نية.

*Volonté*, ardeur de bien faire, رغبة.

VOLONTIERS, adv., de bon cœur, de bon gré, بسم الله - تكرم - على الراس و العين - حاضر.

VOLTE-FACE (Faire), tourner le visage à l'ennemi qui poursuit, A. رجع A. قلب على العدو.

VOLTIGEMENT, s. m., action de voltiger, طيران - حوم.

VOLTIGER, v. n., voler çà et là à plusieurs reprises, I. طار - رفرف - O. حام.

*Voltiger*, flotter au gré des vents, خفق فى قذف - O. الهوا.

*Voltiger*, faire des tours de souplesse ou de force sur une corde tendue, نط O.

*Voltiger*, courir çà et là légèrement; au fig., être inconstant, léger, I. طار.

VOLTIGEUR, s. m., qui voltige sur la corde, بهلوان.

*Voltigeur*, soldat, vélite, عسكرى طيّار.

VOLUBILITÉ, s. f., facilité de se mouvoir, d'être mû en rond, سرعة الدوران.

*Volubilité*, articulation nette et rapide; habitude de parler trop et trop vite, عجلة فى الكلام.

VOLUME, s. m., étendue, grosseur d'un corps par rapport à l'espace qu'il occupe, تخين.

*Volume*, livre relié, broché, مجلد - كتاب. ‖ Le premier volume de, الجزو الاول من. ‖ Volume in-folio, كتاب قطع كامل. ‖ Volume in-quarto, مجلد وسط. ‖ Un gros volume, كتاب كبير الحجم.

VOLUMINEUX, SE, adj., fort étendu, qui contient beaucoup de volume, كبير الحجم - تخين.

VOLUPTÉ, s. f., plaisir du corps, de l'âme, لذذ - تلذذ - لذّة.

VOLUPTUEUSEMENT, adv., avec volupté, بتلذذ.

VOLUPTUEUX, SE, adj., qui aime, qui cherche la volupté, تلذذ - متنعّم.

VOLVULUS, s. m., passion iliaque, colique de miséréré, تحجّر.

VOMIQUE, adj. (noix), طعم القاق - جوز القئ.

VOMIQUE, s. f., abcès au poumon, دملة فى الرية.

VOMIR, v. a., jeter par la bouche ce qui est dans l'estomac, O. نتق - تقيّا I. - طرش O. - بكّ - استفرغ.

Envie de *vomir*, لعب النفس - دواخ. Il eut envie de vomir, لعبت نفسه - داخ - طسيت - نفسه.

*Vomir* des injures contre quelqu'un, صار يسبّه و يشتيه.

*Vomir* des flammes (volcan), طلع منه نار.

VOMISSEMENT, s. m., action de vomir, قى - طرش.

VOMITIF, VE, adj., qui fait vomir, مطرّش - شرب مقيّي. Prendre un vomitif, مقيّي - منتّق.

VORACE, adj. com., carnassier, جارح - اكول.

*Vorace*, qui mange avec avidité, اكول.

**Voracité**, s. f., avidité à manger, قرم - شره -لهفة.

**Votant**, s. m., celui qui vote, صاحب صوت.

**Vote**, s. m., vœu émis, suffrage donné, صوت; pl., اصوات - رضا - رأى, pl., ارا.

**Voter**, v. n., donner sa voix, son suffrage dans une élection, une délibération, اعطى صوت.

**Voter**, v. a., proposer une chose à une assemblée, اشار على الجماعة ب.

**Votif, ve**, adj., qui a rapport, appartient à un vœu, نذرى.

**Votre**, pron. poss., كم. Le vôtre, بتاعكم.
Les *vôtres*, vos parents, votre compagnie, votre société, جماعتكم - اهلكم.

**Vouer**, v. a., consacrer à Dieu, promettre par vœu, نذر O. I.

*Se vouer*, v. pron., se consacrer, se donner entièrement, قدّم كل ذاته ل .I - وهب نفسه.

**Vouloir**, v. a., avoir l'intention, la volonté, اراد; et plus vulg., راد .I - شاء A. Il veut partir demain, يريد يسافر، بدّه يسافر غدا. Il voulut partir, هم بالرواح - اراد الرواح. ‖ Que voulez-vous? ايش بدّك - ايش نريد. ‖ Fais ce que tu voudras, افعل ما بدا لك - اعمل الذي تريد.

**Vouloir**, désirer, souhaiter, اراد - اشتهى. ‖ Tout ce que vous voudrez, كلّما تشتهى - كلّما اردت. Si vous voulez, si vous en avez le désir, ان كان لك خاطر. ‖ Comme vous voudrez, comme il vous plaira, على خاطرك - على كيفك - كيفك. ‖ Que je voudrais savoir si... يا ريتنى، ياليتنى كنت اعرف ان. ‖ Je le voudrais bien, je m'estimerais heureux que cela fût, اتمنى.
Si Dieu *veut*, ان شا الله. Dieu le veuille, امين.

**Vouloir** du bien à quelqu'un, اراد له الخير. Vouloir du mal à quelqu'un, اراد له السوء - اضمر له الشرّ .I - دعى عليه.
*En vouloir* à quelqu'un, lui vouloir du mal, اضمر له الشرّ. En vouloir à, avoir quelque vue, quelque prétention sur, كان مقصوده - كان مطلوبه. ‖ A qui en voulez-vous? Qui cherchez-vous? qui demandez-vous? على من تفتش - انت طالب من. ‖ A qui en voulez-vous par ce discours? الى من تشير بهذا الكلام.

Que *veut* dire ce mot? ايش معنى هذه الكلمة. Que veut dire ce procédé, ايش المقصود. ‖ Que voulez-vous dire? المراد بهذه العملة - ايش بدّك تقول - ايش مرادك تقول.

*Vouloir* bien, consentir, رضى A. Ne pas vouloir, ابى .I - ما رضى. ‖ Ne vouloir plus d'une chose, y renoncer, s'en dégoûter, عاف عدّى عنه - .A الشى.

*Vouloir*, être de nature à exiger, اقتضى - بلّع.

**Vouloir**, s. m., acte de la volonté, مراد - قصد.

**Vous**, pr. plur. de tu et toi, انتم.

**Voussure**, s. f., courbure, élévation d'une voûte, قوصرة.

**Voûte**, s. f., ouvrage de maçonnerie en arc, قبوة - قبّة; plur., قبب - صباط (Barb.). La voûte du ciel, قبة السما.

*Voûte* d'acier, au fig., sabres, fusils croisés de deux rangs de soldats, جملون من سيوف. Ils firent passer les prisonniers sous la voûte d'acier, sous leurs sabres croisés, ادخلوا الاسرا تحت جملون من سيوف.

**Voûté, e**, adj., qui a une voûte, qui est en voûte, مقبّبى - مقوصر - مقبّب. Appartement voûté en pierres, بيت عقد. ‖ Qui a le dos voûté, منحنى الظهر.

**Voûter**, v. a., faire une voûte, A. - عمل قبّة I. قبى.
*Se voûter*, v. pron., se courber, انحنى ظهره.

**Voyage**, s. m., chemin fait pour aller d'un lieu à un autre lieu éloigné, سفر; pl., اسفار. Bon voyage (à quelqu'un qui part), الله يكون معك - الله يسلمك; réponse : طريق السلامة - الله يوصلك بالسلامة و يرويّنا وجهك بخير.

Bon voyage (à quelqu'un qu'on rencontre en route), و انت بخير و سلامة : .rép ; الله معك : .rép ; عوافي - الله يعافيك : .rép. الله يحفظك.

*Voyage*, allée et venue d'un lieu à un autre pour un message, etc., مشواة.

Frais de *voyage*, مصروف سكّة - حقّ طريق - مصروف السفر.

*Voyage*, relation d'un voyage, d'un voyageur, ذكر سفر - سفرة.

*Voyager*, v. n., faire un voyage, aller en pays lointain, سافر في البلاد.

*Voyageur*, s. m., qui a voyagé, qui est actuellement en voyage, سافر; plur., سفّار - سفرى - سقّار; مسافر - سقّارة pl.

*Voyant*, e, adj., éclatant, qui brille (couleur), جلّى.

*Voyelle*, s. f., t. de grammaire, lettre qui a un son par elle-même, et sans être jointe à une autre, كلمة اصطلاحية للنحويين معناها حرف من حروف الهجا ينقرى و لو كان واحد. *Voyelle* considérée comme servant à faire prononcer une consonne, حرف تحريك - حركة. || *Voyelle* brève dans l'écriture arabe, motion, حركة. || Mettre les voyelles pour la prononciation, شكل O. || *Voyelle* longue lettre de prolongation, حرف مدّ.

*Voyer*, s. m. officie préposé à la police des chemins, ناظر الطرق.

*Vrai*, e, adj., véritable conforme à la vérité, صحيح - حقّ - حقيقي. Cela est vrai, صحيح. || Tu dis vrai, صدقت.

*Vraiment*, adv., véritablement, effectivement, حقّاً - بالحقيقة - بالحقّ.

*Vraisemblable*, adj. com., qui a l'apparence de la vérité, قريب للعقل - مشابه للحقّ. Ce qu'il y a de plus vraisemblable, c'est que, الاصّح ان.

*Vraisemblablement*, adv., selon la vraisemblance, بالتخمين - الباين - الظاهر.

*Vraisemblance*, s. f., apparence du vrai, مشابهة حقّ.

*Vrille*, s. f., outil pour percer, برّيمة - مخرز - مبخش.

*Vu*, conj., à cause de, eu égard à, لاجل - نظراً ال.

*Vue*, s. f., faculté de voir, le sens par lequel on aperçoit les objets, النظر - البصر. Il a la vue courte, نظرة قصيرة.

*Vue*, organe de la vue, les yeux, le regard, نظر - عين. Jeter la vue sur, نظر الى O. || Tant que la vue peut s'étendre, قدر مدّ - مدى العين - البصر.

*Vue*, action de voir, de regarder, نظر - طلّة - شوفة. A la première vue, من اول طلّة. || A vue d'œil, autant qu'on peut en juger à l'œil, حسب راي العين. *Voyez* OEIL.

*Vue*, manière dont on regarde, طلّة.

*Vue*, étendue d'un pays, etc., que l'on voit, نظرة - طلّة. Ma maison a vue sur la place, بيتي كاشف على الميدان, مشرف على الميدان, مطلّ على الميدان.

*Vue*, fenêtre, ouverture d'une maison, طاقة.

Longue-*vue*, lunette, نظّارة - دربين.

En *vue*, exposé à la vue, قدام عيون الناس.

*Vue*, au fig., connaissance de l'esprit, بصيرة - نظر العقل.

*Vue*, dessein, but, fin proposée, مقصد - قصد. Dans la vue de, بقصد - قاصد. || Avoir en vue une chose, avoir des vues sur une chose, se proposer de l'obtenir, حطّ عينه على.

*Vulgaire*, s. m., peuple, les gens peu instruits, عوام.

*Vulgaire*, adj., usité communément, دارج - مستفاض على لسان الناس - ساير. La langue vulgaire, اللسان الدارج - اللغة العادية.

*Vulgaire*, trivial, bas, دني - واطي.

VULGAIREMENT, adv., communément, مستفاض على السنة الناس.

VULGATE, substant. fémin., traduction latine de l'Écriture sainte, ترجمة الكتاب المقدس باللاطينى.

VULNÉRABLE, adj. com., qui peut être blessé, ينجرح.

VULNÉRAIRE, adj. com., propre pour la guérison des plaies et des ulcères, نافع للجروح.

VULNÉRAIRE, s. m., médicament pour guérir les plaies, دوا نافع للجروح.

VULNÉRAIRE, s. f., plante, حشيشة الدب.

VULVE, s. f., terme d'anatomie, orifice du vagin, فرج.

# X

X, s. m., vingt-troisième lettre de l'alphabet français, الحرف الثالث والعشرين.

XANTHIUM, substant. masc., plante, بادنجان ترياقى.

XÉNÉLASIE, s. f., interdiction faite aux étrangers de séjourner dans une ville, منع الغريب عن الاقامة فى بلد.

XIPHIAS, s. m., poisson, سمك كوسج.

XYLON, s. m., plante qui porte le coton, شجرة القطن.

# Y

Y, s. m., vingt-quatrième lettre de l'alphabet français, الحرف الرابع والعشرين.

Y, adv., dans cet endroit-là, فى.

Y, à, الى.

YACHT, s. m., petit navire, معاش.

YEUSE, s. f., chêne vert, سنديان.

YEUX, s. m., plur. d'œil, أعين - عيون.

# Z

Z, s. m., vingt-cinquième lettre de l'alphabet français, الحرف الخامس والعشرين.

ZACINTHE, s. f., plante, خزامة صفرا.

ZAGAIE, s. f., sorte de javelot, حربة; plur., حراب.

ZAIN, s. m., cheval tout noir ou tout bai, sans aucune marque de blanc, بهيم - مصمت - أصمّ.

ZÈBRE, s. m., quadrupède, âne rayé, زرد.

ZÉDOAIRE, s. m., plante aromatique, sa racine, جدوار هندى - زرنبة.

ZÉLATEUR, s. m., très-zélé pour, شديد الغيرة على.

ZÈLE, s. m., affection ardente pour quelque chose, غيرة على. Mettre tout son zèle à, faire tous ses efforts pour, بذل المجهود فى - بذل مهجته فى - عمل همّة فى - عمل كل جهدك حتى.

ZÉLÉ, E, adj., qui a du zèle, شديد الغيرة على. Être zélé pour, غار على.

ZÉNITH, s. m., le point céleste perpendiculaire à un point terrestre, سمت الرأس.

ZÉNON, s. m., nom propre d'un philosophe célèbre, زينون الفيلسوف.

ZÉPHYR, s. m., vent agréable et doux, نسيم - ريح صبا.

Zéro, s. m., caractère d'arithmétique en français (o), en arabe (٠), سفر.

Zéro, au fig. fam., homme sans crédit, قطعة حاجة بطّالة.

Zest, s. m. (entre le zist et le), ni bon ni mauvais, لا طيب ولا ردى - وسط.

Zeste, s. m., cloison dans les noix qui sépare la chair en quatre, شى موجود داخل الجوزة مثل حاجز يقسمها اربعة اقسام.

Zeste, pelure, peau mince de citron, قشر ليمون.

Zibeline, sorte de martre qui tient de la belette, سمّور.

Zigzac, s. m., suite de lignes formant entre elles des angles très-aigus, شكك فلك.

Zinc, s. m., demi-métal blanc, خارصيني - توتيا معدنية.

Zizanie, s. f., au fig., discorde, division, فتنة. Semer la zizanie, رمى الفتنة.

Ziziphe, s. m., arbre qui porte le jujube, زفزوف - شجرة العنّاب.

Zodiacal, e, adj., qui appartient au zodiaque, يخص فلك البروج.

Zodiaque, s. m., grand cercle de la sphère, divisé en douze signes, منطقة - فلك البروج - البروج.

Zoïle, s. m., mauvais critique, envieux, حسود.

Zone, s. f., une des cinq parties du globe qui sont entre les pôles, منطقة. Zone glaciale, منطقة باردة. || Zone tempérée, منطقة معتدلة. || Zone torride, منطقة حارّة.

Zoologie, s. f., science qui traite de tous les animaux, معرفة الحيوان.

Zoophyte, s. m., animal-plante, حيوان نبات.

Zythum, s. m., boisson d'orge, بوزة.

&, caractère qui tient lieu de la conjonction et, و.

FIN.

www.ingramcontent.com/pod-product-compliance
Lightning Source LLC
Chambersburg PA
CBHW070857300426
44113CB00008B/868